北京社会科学年鉴

Beijing Social Sciences Yearbook

2016

北京市社会科学界联合会　编

北京出版集团公司
北　京　出　版　社

图书在版编目（CIP）数据

北京社会科学年鉴. 2016 / 北京市社会科学界联合会编. — 北京 : 北京出版社，2016. 12
ISBN 978 - 7 - 200 - 12186 - 5

Ⅰ. ①北… Ⅱ. ①北… Ⅲ. ①社会科学—北京市—2016—年鉴 Ⅳ. ①C121 - 54

中国版本图书馆 CIP 数据核字(2016)第 112598 号

项目统筹　陶宇辰
责任编辑　陶宇辰
责任印制　宋　超
封面设计　郭　宇

北京社会科学年鉴　2016
BEIJING SHEHUI KEXUE NIANJIAN　2016
北京市社会科学界联合会　编
*
北京出版集团公司
北　京　出　版　社　出　版
（北京北三环中路 6 号）
邮政编码：100120
网　址：www. bph. com. cn
北京出版集团公司总发行
北京京华虎彩印刷有限公司印刷
*
787 毫米×1092 毫米　16 开本　68. 75 印张　彩插 32 页　2100 千字
2016 年 12 月第 1 版　2016 年 12 月第 1 次印刷
ISBN 978 - 7 - 200 - 12186 - 5
定价：220. 00 元
如有印装质量问题，由本社负责调换
质量监督电话：010 - 58572393

北京市社会科学界联合会《北京社会科学年鉴》编辑部
地　址：北京市东城区西滨河路 19 号
邮政编码：100011
联系电话：010 - 64527157
E-mail：sklwh@ vip. sina. com

《北京社会科学年鉴》编辑委员会名单

编辑说明

一、《北京社会科学年鉴》是一部全面系统记述首都北京哲学社会科学事业发展状况和学术动态的年度资料性文献学术工具书，由北京市社会科学界联合会编纂，北京市社会科学理论著作出版基金重点资助出版。

二、本年鉴高举中国特色社会主义伟大旗帜，以邓小平理论、“三个代表”重要思想、科学发展观为指导，贯彻落实习近平总书记系列重要讲话精神，坚持为人民服务、为社会主义服务的方向，坚持百花齐放、百家争鸣的方针，坚持吸取借鉴国内外优秀文化成果，解放思想、实事求是、与时俱进、开拓创新，客观翔实和较全面记述北京地区社会科学领域的基本情况，力求年鉴编纂的科学性、客观性、全面性。

三、本年鉴从2000年创刊起，每年出版一卷。当年的编纂出版记述上一年度首都北京哲学社会科学事业各方面的发展状况，收录的资料来自在京的党政机关、社会科学教学、研究和科研管理等机构。

四、本年鉴主旨：体现北京市社科联秉持“学者为本、学术为根、学会为基、繁荣学术、服务首都”的宗旨。努力为党和政府科学决策提供社会科学方面的参考，为社会科学工作者从事学术研究及教学提供资料和借鉴，为国内外了解首都北京社会科学领域的现状提供新的有价值的信息，努力促进首都北京哲学社会科学的繁荣发展。

五、本年鉴采用分类编辑法，包括文章和条目，行文力求规范、准确、简练、流畅。全书除文字表述外，配以彩色照片、表格，力求具体、形象、生动地反映首都北京社会科学的发展面貌。

六、本卷年鉴栏目设置为特载、学科综述、科研课题、获奖成果、学术活动、机构、大事记、附录、索引。

七、为更好发挥本年鉴的作用、增进使用便利，在编纂出版纸质版的同时编纂出版电子版（CD-ROM）。

本年鉴在资料收集、编写、出版、发行过程中，得到了有关单位领导、学者、同人的大力支持，谨在此表示衷心感谢！

《北京社会科学年鉴》编辑部

2016年10月

The Editors' Notes

October 2016

1. *Beijing Social Sciences Yearbook* is an annual academic reference book of data and documents which, in an all-round and systematic way, records the development of the undertakings of philosophy and social sciences, as well as the concerning academic events in Beijing, the capital of the People's Republic of China. It is compiled by the Beijing Federation of the Social Sciences Circles, and published with the key sponsorship of Beijing Municipal Publishing Fund for Theoretical Works on Social Sciences.

2. In compiling this yearbook, we have raised high the great banner of socialism with Chinese characteristics, followed the guidance of Deng Xiaoping Theory, the important thought of "Three Represents", and the Scientific Outlook on Development, implemented the spirit of a series of important talks given by General Secretary Xi Jinping, and adhered to the orientations of serving the people and serving the socialist cause, to the implementation of the policy of "letting a hundred flowers blossom and a hundred schools of thought contend", to the absorption and reference of the excellent cultural achievements both at home and abroad, and to the principles of emancipating the minds, seeking truth from facts, advancing with the times, and blazing new trails in a pioneering spirit. We have tried to record the fundamental situations of the domains of social sciences in Beijing in an objective, accurate and comparatively comprehensive way. We have also done our utmost to be as scientific-minded, objective and comprehensive as possible in compiling this yearbook.

3. This yearbook has been compiled and published once a year since its first issue in 2000. Each volume of this yearbook records the development of the undertakings of philosophy and social sciences in the previous year in Beijing. The materials contained in this yearbook have been collected from the Party and Government departments in Beijing, and from the institutions which are engaged in the teaching, research and scientific research management of social sciences in Beijing.

4. This yearbook is intended to embody the mission of "taking the scholars, their academics and their associations as the foundation, to make academics prosperous and do a good service to Beijing", which is undertaken by the Beijing Federation of the Social Sciences Circles. In this yearbook we strive to provide the Party and Government departments with references in relation to social sciences needed in their policy-making, supply the professionals of social sciences with materials and references needed for their academic research and teaching, provide new valuable information to help people both at home and abroad to learn about the current situation in the domains of social sciences in Beijing, and promote the development and prosperity of philosophy and social sciences in Beijing.

5. This yearbook is compiled by the classification method, including articles and subject entries, and trying to make the wording normative, accurate, concise and smooth. This yearbook not only presents itself in written language, but also contains color photos and diagrams, in an attempt to reflect the development of social sciences in Beijing in a concrete, vivid and lively way.

6. The standing columns in the current volume of this yearbook are Special Reprints, Survey of Various Subjects, Lists of Research Topics, Award-Winning Academic Achievements, Academic Activities, Institutions, Chronicle, Appendix and Index.

7. While *Beijing Social Sciences Yearbook* is compiled and published in paper edition, it is available in CD-ROM format simultaneously, so as to bring it into full play and make it more convenient to use.

We would like to express our heartfelt thanks to those leaders, scholars and colleagues of concerning institutions for their immense help in the course of data-collection, compilation, publication and distribution of this volume.

The Editorial Department of
Beijing Social Sciences Yearbook

（翻译：北京大学教授王逢鑫）

2015 年 8 月 27 日，中央文献研究室、中国中共文献研究会联合主办的“纪念中国人民抗日战争暨世界反法西斯战争胜利 70 周年学术研讨会”在北京召开，主题为“抗日战争与中华民族伟大复兴”

2015 年 11 月 27 日，“马克思主义中国化论坛·2015”在北京交通大学开幕。论坛由北京市委宣传部、北京市中国特色社会主义理论体系研究中心、北京市社会科学界联合会与北京大学马克思主义学院、清华大学马克思主义学院、中国人民大学马克思主义学院、北京师范大学马克思主义学院等单位共同主办，北京交通大学马克思主义学院承办，主题为“‘四个全面’：中国特色社会主义的理论与实践创新”

2015 年 11 月 2 日，中国毛泽东诗词研究会在北京举办“‘毛泽东诗词与中华民族伟大复兴的中国梦’学术研讨会暨中国毛泽东诗词研究会第十五届年会”

2015 年 3 月 4 日，中央文献研究室、中央党史研究室、全国党建研究会联合主办的“学习周恩来同志的优良作风和优秀品德座谈会”在北京举行

2015 年 6 月 18 日，中央文献研究室、中国中共文献研究会在北京举办了“学习习近平同志重要讲话，纪念陈云同志诞辰 110 周年学术研讨会”

2015 年 6 月 18 日，陈云思想生平研究会在北京召开成立大会

2015 年 9 月 9 日，北京市人大常委会主任杜德印参加老年人权益保障法执法检查老龄工作体制机制专题座谈会

2015 年 9 月 28 日，北京市人大常委会主任杜德印与科技代表小组座谈

2015 年 11 月 10 日，北京市人大常委会主任杜德印率北京市代表团出席在捷克首都布拉格召开的中国投资论坛

北京市第十四届人大常委会第二十三次会议举行联组会，对重大科技成果转化及产业化专项资金使用情况开展专题询问，并进行网络直播

2015 年 11 月 5 日，北京市委宣传部、北京市中国特色社会主义理论体系研究中心、北京市社会科学界联合会共同举办“首都理论界学习十八届五中全会精神座谈会”

2015 年年底，北京市中国特色社会主义理论体系研究中心邀请专家对 2013 年度立项课题《中国特色社会主义道路研究》《提高党的建设科学化水平研究》，2014 年度立项课题《人民代表大会制度理论与实践创新研究》《推进法治中国建设研究》等进行了公开评审，形成了一批具有较高水平的研究成果

《中国特色社会主义研究》杂志 2015 年出版中文版 6 期、英文版 1 期，继续入选“全国中文核心期刊”“中国人文社会科学核心期刊”“中文社会科学引文索引来源期刊”；2015 年 12 月，入选《中国学术期刊影响因子年报（人文社会科学・2015 版）》统计源期刊，影响力指数位列 199 种中国政治类期刊第 14 名

2015 年 12 月 27 日，北京市社会科学界联合会、北京三生环境与发展研究院、北京大学中国持续发展研究中心主办“三生（生态・生活・生产）共赢发展论坛 2015 北京会议”，主题为“创业创新与生态文明建设”

2015 年 10 月 18 日，北京自然科学界和社会科学界联席会议高峰论坛在北京科技活动中心举行，主题为“科技与文化融合创新——协同助推首都城市战略发展”

2015 年 12 月 12 日，北京市委宣传部、北京市社会科学界联合会、北京市哲学社会科学规划办公室联合主办，北京第二外国语学院承办的第九届北京中青年社科理论人才“百人工程”学者论坛成功举办，主题为“全面建成小康社会：五大发展理念与人才培养”

2015 年 11 月 21 日，北京市社会科学界联合会和北京师范大学联合主办的“2015·学术前沿论坛”在北京师范大学开幕，论坛主题为“中国梦：创新型国家与创新人才”

“2015·学术前沿论坛”部分分论坛

2015 年 9 月 21 日，北京市委宣传部、市委社会工委、市科委、市科协、市社科联、市西城区委和区政府联合举办“2015·北京社会科学普及周”，科普周以“普及社科、弘扬我们的价值观”为主题，举行了“人文之光”社会科学知识竞赛决赛、社会主义核心价值观“抗战　爱国”专题讲座、“我们的价值观”百姓宣讲会和“红墙意识”主题研讨会，以及 16 区县社科普及精品活动展、京津冀协同发展主题展、社会主义核心价值观展、新西城五年发展展等活动

2015 年，北京市委宣传部会同北京市社会科学界联合会举办“社会主义核心价值观普及讲堂”。讲堂以基层乡镇、街道、社区干部群众为主要对象，分 12 个专题 60 讲（每个专题设 5 场讲座），对社会主义核心价值观三个层面 12 个主题词展开宣传阐释

2015 年 4—12 月，“周末社区大讲堂”活动在全市 16 个区开展，共举办讲座 406 场，直接受众 3 万余人

2015 年 5 月 27 日，中国中共党史学会、北京市社会科学界联合会主办的“2015 年党史讲堂”第一讲在海淀区花园路街道举办，中共党史学会常务副会长、中共中央党史研究室原副主任龙新民作了《中国共产党是全民族抗战的中流砥柱》的报告

2015 年 9 月 25 日，“2015 年党史讲堂”第二讲在西城区大观园举办，中共中央党史研究室研究员、享受国务院政府特殊津贴专家、中央直属机关五一劳动奖章获得者王新生作了《中国人民抗日战争的伟大胜利与实现中国梦》的报告

2015 年 6 月 3 日，北京市社会科学界联合会组织部分社科专家、机关干部赴延庆沈家营镇深入开展社科普及进村镇活动

2015 年 10 月 30 日，北京市社会科学界联合会举办的“社科普及进基层活动”走进海淀区东北旺中心小学，向小学生捐赠图书，并举办励志方面的社科普及讲座

2015年1月9日，中国社会科学院主办，中国社会科学院考古研究所、考古杂志社承办的“中国社会科学院考古学论坛·2014年中国考古新发现”在中国社会科学院学术报告厅举行

2015年1月26日，中国社会科学院马克思主义研究院主办的“第三届马克思主义基本原理学科学术年会（2015）”在中国社会科学院学术报告厅举行

2015年6月11日，中国社会科学院亚洲研究中心主办，世界经济与政治研究所承办的第五届“亚洲研究论坛：‘一带一路’与亚洲共赢”在北京召开

2015年8月3日，中国社会科学院学部主席团、中国社会科学院历史学部、中国社会科学院近代史研究所、湖北人民出版社主办的“纪念刘大年先生诞辰一百周年学术座谈会”在北京举行

2015 年 6 月 18 日，国家行政学院召开的“‘简政放权 放管结合 优化服务’座谈会”在国家行政学院举行

2015 年 7 月 25 日，国家行政学院、国家信息中心联合主办的“2015（第十届）中国电子政务论坛”在北京召开

2015 年 10 月 20 日，国家行政学院主办的“宏观调控创新研讨会”在北京举行

2015 年 12 月 12 日，国家行政学院信息技术部信息化与信息技术研究中心主办、中国行政体制改革研究会秘书处协办、中国信息界杂志社等单位支持的“中关村大数据日——国家行政学院‘大数据与国家治理’圆桌论坛”在国家行政学院召开

部分高校、科研单位开展的科研、学术活动

北京大学

中国人民大学–俄罗斯圣彼得堡国立大学
俄罗斯研究中心揭牌仪式
Народный университет Китая • Санкт-Петербургский государственный университет
Церемония открытия Центра исследования России
中国人民大学
Народный университет Китая
2015年9月2日

第四届吴玉章人文社会科学终身成就奖
颁奖典礼
中国人民大学

第二届全国哲学社会科学话语体系建设
理论研讨会
主办：全国哲学社会科学话语体系建设协调会议办公室
承办：教 育 部

中国人民大学

第四届世界和平论坛 同舟共济：理解 协商 互助
WORLD PEACE FORUM

剛毅堅卓
纪念抗战胜利七十周年
北大清华南开云师大四校师生书法巡展
北京首展

清华大学

北京师范大学
中国下一代教育基金会
中国移动
China Mobile
中国“互联网+教育”未来学校联盟启动仪式
中国·北京 2015年12月5日

BRICS
BRICS University President Forum
创新、变革和大学责任
Innovation, Transformation and University Engagement

未来的教育？
我们如何迈向新的时代
THE EDUCATION IN THE FUTURE：HOW WE ENTER THE NEW EPOCH
——顾明远与彼得·圣吉的跨界对话

北京师范大学

第一届全国民族生态学大会
北京 2015

民族学理论与方法暨宋蜀华先生学术思想研讨会

全国民族高等院校图书馆工作委员会会议

中央民族大学

第三届比较法学与世界共同法国际研讨会
第三届比较法学与世界共同法国际研讨会
——比较法在法制建设中的作用
The Third International Conference on Comparative Law and Global Common Law
The Role of Comparative Law in the Development of a Legal System

依法治国背景下的诉讼法学研究展望
杨寅
张越
何锋

2015 International Symposium on
Sino Swiss Evidence Science

中国政法大学

中央财经大学

第三届国际文化管理年会•2015
The Third International Cultural Administration Conference·2015

2015中国贸易论坛—不断提升的中国影响力
暨第十四届WTO与中国学术年会
2015 China Trade Forum – China's Growing Influence in World Trade
The 14th Annual Conference on WTO and China

“互联网+”时代的金融学研究与金融教学改革——第二届（2015）中国金融管理论坛

对外经济贸易大学

致辞
Speeches
雷跃捷 教授
Prof. Lei Yuejie
雷跃捷
廖祥忠

中国传媒大学

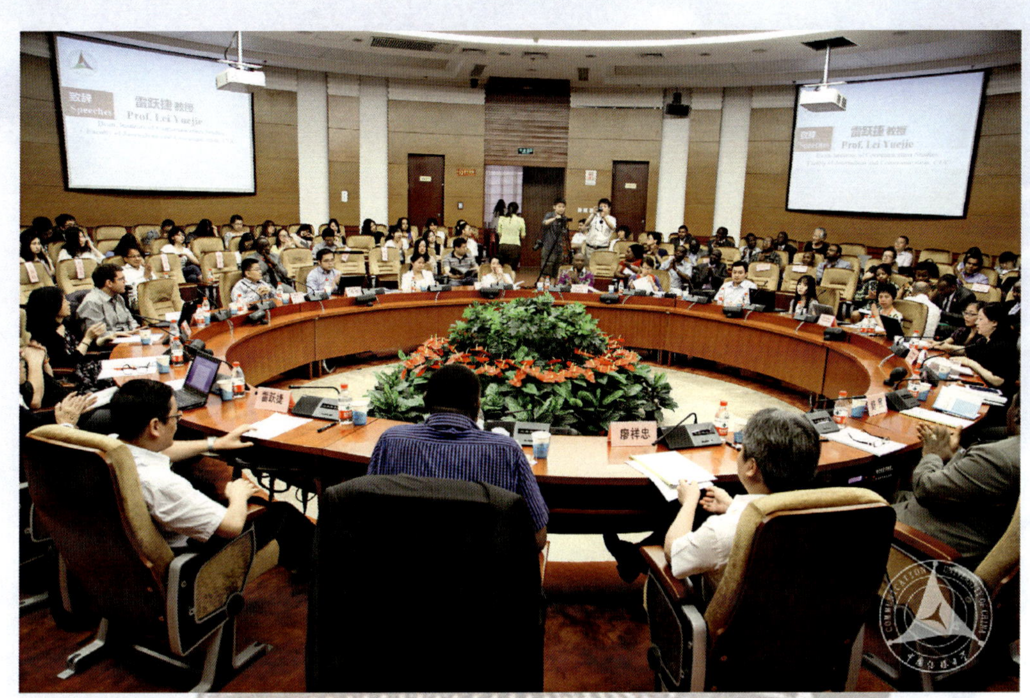

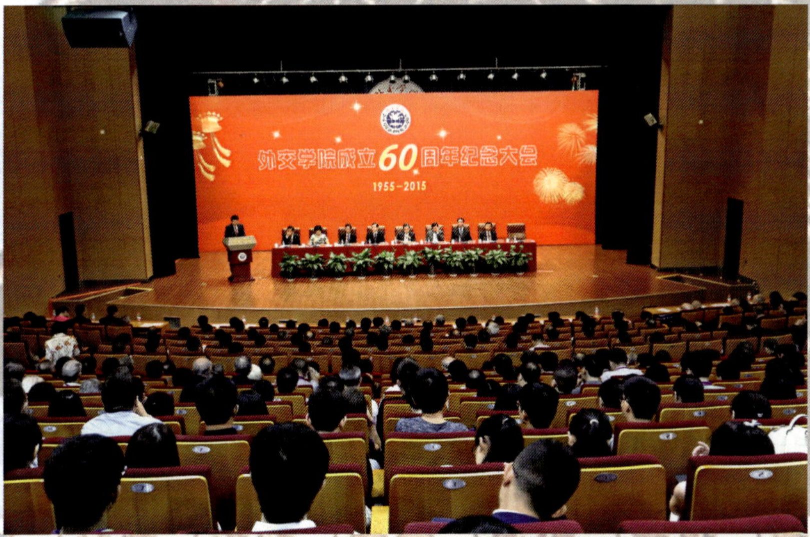
外交学院成立60周年纪念大会
1955–2015

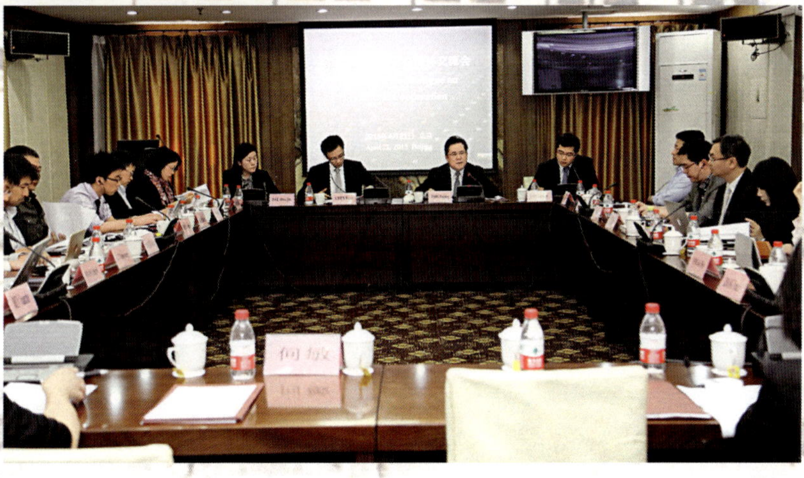
何敏

外交学院

中国青年政治学院

中国农业大学

第七届全国认知科学会议
暨第一届中国与世界认知科学国际会议
The 7th Chinese National Conference of Cognitive Science
The 1st International Conference of Cognitive Science in China and World

首都师范大学文化研究院
重大课题成果发布会

第三届现象学教育学国际会议
3rd International Phenomenology and Pedagogy Conference
现象学与专业实践
Phenomenology of Professional Practice

首都师范大学

第九届中国经济增长与周期论坛(2015)
新常态 新转型——"十三五"规划展望
暨中国城市生活质量指数发布会

京津冀协同发展联合创新中心成立大会
2015年9月16日

2015 首都圈发展高层论坛
2015首都圈发展高层论坛
——京津冀协同发展的新形势与新思路

北京新经济组织发展研究院成立大会暨高峰论坛
"十三五"经济发展与企业社会责任
BNEO

首都经济贸易大学

北京科技大学

北京工商大学

北京交通大学

北京林业大学

首都体育学院

北京市委党校、北京行政学院

北京市社会科学院

北京市委党史研究室

北京市委讲师团

北京市人口学会

北京保险学会

北京中国抗日战争史研究会

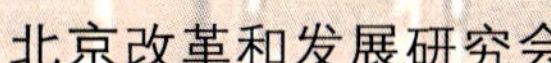

北京改革和发展研究会

北京市法学会

北京市社会科学界联合会所属学会、研究会开展各种学术调研活动

北京无形资产开发研究院

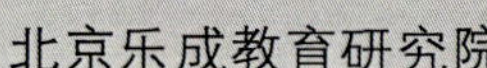
北京乐成教育研究院

北京市鸿儒金融教育基金会

北京长策经济研究基金会

北京绿能煤炭经济研究基金会

北京市社会科学界联合会所属民办社科研究机构和基金会开展各种学术研讨活动

目　　录

·获奖成果·

·学术活动·

哲学（含自然辩证法、逻辑学、伦理学、美学）

政治学（含思想政治工作、党建、统战）

经济学

社会学（含人口学）

法　学

历史学（含中共历史、中外史、考古）

教育学　心理学

民族学 宗教学

城市科学

语言学 文学

文化 艺术（含民俗）

管理学（含人才学、信息学）

·机　构·

·大事记·

·附　录·

·索　引·

Contents
(Abridged)

Special Reprints

Survey of Various Subjects

Lists of Research Topics

（翻译：北京大学教授王逢鑫）

·特　　载·

纪念中国人民抗日战争暨世界反法西斯战争胜利70周年大会在京隆重举行

天安门广场举行盛大阅兵仪式　习近平发表重要讲话并检阅受阅部队

习近平强调，我们纪念中国人民抗日战争暨世界反法西斯战争胜利70周年，就是要铭记历史、缅怀先烈、珍爱和平、开创未来。为了和平，中国将始终坚持走和平发展道路，坚决捍卫中国人民抗日战争和世界反法西斯战争胜利成果，努力为人类作出新的更大的贡献。让我们共同铭记历史所启示的伟大真理：正义必胜！和平必胜！人民必胜！习近平宣布，中国将裁减军队员额30万

李克强主持　张德江俞正声刘云山王岐山张高丽江泽民胡锦涛出席　65位外国领导人、政府高级别代表、联合国等国际组织负责人、前政要等应邀出席大会

新华社北京9月3日电　铭记历史、缅怀先烈、珍爱和平、开创未来。9月3日上午，纪念中国人民抗日战争暨世界反法西斯战争胜利70周年大会在北京天安门广场隆重举行，以盛大阅兵仪式，同世界人民一道纪念这个伟大的日子。中共中央总书记、国家主席、中央军委主席习近平发表重要讲话并检阅受阅部队。

中共中央政治局常委、国务院总理李克强主持纪念大会。中共中央政治局常委、全国人大常委会委员长张德江，中共中央政治局常委、全国政协主席俞正声，中共中央政治局常委、中央书记处书记刘云山，中共中央政治局常委、中央纪委书记王岐山，中共中央政治局常委、国务院副总理张高丽出席。65位外国国家元首、政府首脑、政府高级别代表、联合国等国际组织负责人、前政要，30个国家的外军观摩团团长等出席大会。

今天的首都北京，蓝天白云，风和日丽。天安门城楼庄严雄伟，天安门广场气象恢宏。人民英雄纪念碑前，以长城为主题的大型花坛展现出祖国山河的壮美画卷，花坛上1945、2015字样十分醒目。长安街沿线布置了舞庆中华、播种梦想、共同繁荣、美好明天等花卉景观，烘托出隆重热烈的气氛。

上午9时55分，习近平等中外领导人来到天安门城楼主席台，向广场观礼台上的各界代表挥手致意，全场5.5万人爆发出雷鸣般的掌声。

电子屏上出现了钟摆的画面，1945、1955、1965

……2015，年份数字随着钟摆不断跳动。报时钟声响起，10时整，纪念大会开始。

70响礼炮响彻云霄，200名国旗护卫队官兵护卫着五星红旗，迈着有力的步伐，从人民英雄纪念碑行进至广场北侧国旗杆前。

中国人民解放军联合军乐团、合唱团奏唱《义勇军进行曲》，全场齐声高唱，五星红旗冉冉升起。

随后，习近平发表了重要讲话，他指出，今天，是一个值得世界人民永远纪念的日子。70年前的今天，中国人民经过长达14年艰苦卓绝的斗争，取得了中国人民抗日战争的伟大胜利，宣告了世界反法西斯战争的完全胜利，和平的阳光再次普照大地。我们纪念中国人民抗日战争暨世界反法西斯战争胜利70周年，就是要铭记历史、缅怀先烈、珍爱和平、开创未来。

习近平代表中共中央、全国人大、国务院、全国政协、中央军委，向全国参加过抗日战争的老战士、老同志、爱国人士和抗日将领，向为中国人民抗日战争胜利作出重大贡献的海内外中华儿女致以崇高的敬意，向支援和帮助过中国人民抵抗侵略的外国政府和国际友人表示衷心的感谢，向参加今天大会的各国来宾和军人朋友们表示热烈的欢迎。

习近平强调，中国人民抗日战争和世界反法西斯战争，是正义和邪恶、光明和黑暗、进步和反动的大决战。在那场惨烈的战争中，中国人民抗日战争开始时间最早、持续时间最长。面对侵略者，中华儿女不屈不挠、浴血奋战，彻底打败了日本军国主义侵略者，捍卫了中华民族5000多年发展的文明成果，捍卫了人类和平事业，铸就了战争史上的奇观、中华民族的壮举。

习近平指出，中国人民抗日战争胜利，是近代以来中国抗击外敌入侵的第一次完全胜利。这一伟大胜利，彻底粉碎了日本军国主义殖民奴役中国的图谋，洗刷了近代以来中国抗击外来侵略屡战屡败的民族耻辱。这一伟大胜利，重新确立了中国在世界上的大国地位，使中国人民赢得了世界爱好和平人民的尊敬。这一伟大胜利，开辟了中华民族伟大复兴的光明前景，开启了古老中国凤凰涅槃、浴火重生的新征程。

习近平强调，在那场战争中，中国人民以巨大的民族牺牲支撑起了世界反法西斯战争的东方主战场，为世界反法西斯战争胜利作出了重大贡献。中国人民抗日战争也得到了国际社会广泛支持，中国人民将永远铭记各国人民为中国抗战胜利作出的贡献。

习近平指出，战争是一面镜子，能够让人更好认识和平的珍贵。为了和平，我们要牢固树立人类命运共同体意识，世界各国应该共同维护以联合国宪章宗旨和原则为核心的国际秩序和国际体系，积极构建以合作共赢为核心的新型国际关系，共同推进世界和平与发展的崇高事业。为了和平，中国将始终坚持走和平发展道路，中国人民将坚持同世界各国人民友好相处，坚决捍卫中国人民抗日战争和世界反法西斯战争胜利成果，努力为人类作出新的更大的贡献。习近平宣布，中国将裁减军队员额30万。

习近平强调，“靡不有初，鲜克有终。”前进道路上，全国各族人民要在中国共产党领导下，坚持以马克思列宁主义、毛泽东思想、邓小平理论、“三个代表”重要思想、科学发展观为指导，沿着中国特色社会主义道路，按照“四个全面”战略布局，弘扬伟大的爱国主义精神，弘扬伟大的抗战精神，万众一心，风雨无阻，向着我们既定的目标继续奋勇前进。

习近平最后号召，让我们共同铭记历史所启示的伟大真理：正义必胜！和平必胜！人民必胜！

习近平讲话结束时，全场响起热烈掌声。

10时18分，阅兵仪式开始，标兵就位，军乐团吹响《检阅号角》。习近平乘红旗牌检阅车，经过金水桥，驶上长安街。阅兵总指挥、北京军区司令员宋普选报告受阅部队准备完毕，习近平下达检阅开始的命令。

军乐团奏响中国人民解放军军歌。习近平乘车依次检阅11个徒步方队、27个装备方队。受阅部队军容严整、意气风发，铁甲战车整齐列阵、威风凛凛。

“同志们好！”“同志们辛苦了！”习近平的亲切问候鼓舞士气。“首长好！”“为人民服务！”受阅官兵斗志昂扬，响亮的回答声震长空。当习近平乘检阅车驶回天安门，受阅官兵齐声高呼强军口号：“听党指挥、能打胜仗、作风优良。”

10时41分，空中护旗方队率先亮相，揭开阅兵分列式的序幕——两架直升机分别悬挂中华人民共和国国旗和中国人民解放军军旗飞过天安门广场，直升机群在空中组成“70”字样，教练机拉出7道彩烟。

在摩托车队护卫下，抗战老兵、英烈子女和支前模范乘车方队缓缓驶来。他们中有中国共产党抗战老战士，也有中国国民党抗战老战士，平均年龄90岁。观礼台上，人们热烈鼓掌，向为抗战胜利立下卓著功勋的英雄前辈致以崇高敬意。

战旗猎猎，步履铿锵。陆海空三军仪仗队高擎八一军旗通过天安门广场。女仪仗队员英姿飒爽，首次亮相大阅兵。八路军、新四军、东北抗联、华南游击队等抗战英模部队，组成10个气势恢宏的方队，在20名将军率领下接受检阅。“狼牙山五壮士”英模部队、“平型关大战突击连”英模部队、百团大战“白刃格斗英雄连”英模部队、夜袭阳明堡“战斗模范连”英模部队、“雁门关伏击战英雄连”英模部队、“刘老庄连”英模部队、“攻坚英雄连”英模部队、“东北抗联”英模部队、“华南游击队”英模部队、武警部队抗战英模部队……一个个闪光的名字，一面面光荣的旗帜……

中国人民抗日战争的胜利，是世界和平事业的胜利，是世界人民永远值得纪念的胜利。来自阿富汗、白俄罗斯、柬埔寨、古巴、埃及、斐济、哈萨克斯坦、吉尔吉斯斯坦、老挝、墨西哥、蒙古国、巴基斯坦、塞尔维亚、塔吉克斯坦、瓦努阿图、委内瑞拉、俄罗斯等五大洲17个国家的军队方队或代表队，高举本国国旗、军旗，依次通过天安门广场，精神抖擞地接受检阅，传递着中国人民与世界人民一道维护和平的共同心愿。

气势如虹，排山倒海。由坦克、战车、火炮、导弹、无人机等组成的地面装备方队隆隆驶来。受阅的500余台各型装备，编成地面突击、防空反导、海上攻击、战略打击、信息支援、后装保障6个模块，体现了信息化战争的联合性特点和人民解放军保卫祖国安全、人民安宁生活的能力。这些装备全部为国产现役主战装备，84%是首次亮相，充分展示了我国国防和军队现代化建设的辉煌成就。

鹰击长空，壮志凌云。11时25分，由陆海空三军航空兵编成的9个空中梯队呼啸而来。预警机、轰炸机、加油机、歼击机、舰载机等183架战机，以新颖的编队低空飞过天安门广场。当70架直升机组成的编队最后通过时，全场响起经久不息的掌声。

这时，7万羽和平鸽展翅高飞，7万只气球腾空而起，《歌唱祖国》的激昂乐曲响彻整个广场。习近平等向各界群众挥手致意，广场内外成为一片欢腾的海洋。

纪念大会历时1小时38分钟，于11时38分圆满结束。

参加纪念大会的干部群众表示，一定要在以习近平同志为总书记的党中央坚强领导下，从伟大抗战精神中汲取前进力量，为实现“两个一百年”奋斗目标、实现中华民族伟大复兴的中国梦不懈奋斗。

纪念大会开始前，习近平和夫人彭丽媛在端门外广场迎接出席大会的外方代表团团长及其配偶，并同他们合影留念。

出席纪念大会的外国嘉宾有：白俄罗斯总统卢卡申科，波黑主席团主席乔维奇，柬埔寨国王西哈莫尼，捷克总统泽曼，刚果民主共和国总统卡比拉，埃及总统塞西，哈萨克斯坦总统纳扎尔巴耶夫，吉尔吉斯斯坦总统阿塔姆巴耶夫，老挝国家主席朱马里，蒙古国总统额勒贝格道尔吉，缅甸总统吴登盛，巴基斯坦总统侯赛因，巴布亚新几内亚总督奥吉奥，韩国总统朴槿惠，俄罗斯总统普京，塞尔维亚总统尼科利奇，南非总统祖马，苏丹总统巴希尔，塔吉克斯坦总统拉赫蒙，东帝汶总统鲁瓦克，乌兹别克斯坦总统卡里莫夫，委内瑞拉总统马杜罗，越南国家主席张晋创，埃塞俄比亚总理海尔马里亚姆，瓦努阿图总理基尔曼，阿根廷总统代表、副总统兼参议长布杜，古巴国务委员会第一副主席兼部长会议第一副主席迪亚斯-卡内尔，阿尔及利亚总统代表、民族院议长本·萨拉赫，波兰众议长基达瓦—布翁斯卡，朝鲜劳动党中央政治局委员、党中央书记崔龙海，泰国总理代表、副总理兼国防部长巴维，印度尼西亚总统特使、人类发展与文化统筹部长普安，澳大利亚政府代表、退伍军人事务部长罗纳尔森，巴西总统代表、国防部长瓦格纳，法国政府代表、外长法比尤斯，匈牙利政府代表、外长西亚尔托，印度政府代表、外交国务部长辛格，意大利政府代表、外交与国际合作部长真蒂洛尼，利比亚政府代表、外长达伊里，马来西亚政府特使、总理对华事务特使黄家定，荷兰政府特使、国务大臣威灵克，突尼斯总统代表、国防部长奥沙尼，新西兰总理特使、前副总理麦金农，新加坡政府特使、前副总理黄根成，英国首相特使、前司法大臣克拉克，加拿大政府代表、驻华大使赵朴，德国政府代表、驻华大使柯慕贤，卢森堡政府代表、驻华大使石泰峒，美国政府代表、驻华大使博卡斯，欧盟驻华代表团团长史伟，联合国秘书长潘基文，世界卫生组织总干事陈冯富珍，联合国教科文组织总干事博科娃，联合国工业发展总干事李勇，红十字国际委员会主席莫雷尔，上海合作组织秘书长梅津采夫，上海合作组织地区反恐机构执委会主任张新枫，独联体执行秘书列别杰夫，集体安全条约组织秘书长博尔久扎，亚信秘书处执行主任宫建伟，德国前总理施罗德，菲律宾前总统、马尼拉市市长埃斯特拉达，圣马力诺前执政官、圣中友协主席泰伦齐，东帝汶前总统奥尔塔，英国前首相布莱尔。

出席纪念大会的还有：马凯、王沪宁、刘延东、刘奇葆、许其亮、孙春兰、孙政才、李建国、李源潮、汪洋、张春贤、范长龙、孟建柱、赵乐际、胡春华、栗战书、郭金龙、韩正、江泽民、胡锦涛、李鹏、朱镕基、李瑞环、吴邦国、温家宝、贾庆林、宋平、李岚清、曾庆红、吴官正、李长春、罗干、贺国强，中共中央书记处、全国人大常委会、国务院、最高人民法院、最高人民检察院、全国政协、中央军委领导同志和从领导职务上退下来的老同志，香港特别行政区行政长官梁振英、澳门特别行政区行政长官崔世安。

在京中央党政军群各部门负责人、离退休老同志，在京中管企业、金融机构、高校、科研等单位主要负责人，在京中央委员、候补中央委员、十八大代表、中央纪委委员、全国人大代表、全国政协委员，香港特别行政区、澳门特别行政区全国人大代表和全国政协委员，香港特别行政区、澳门特别行政区观礼团成员，港澳台同胞、海外侨胞代表，各民主党派中央在京委员、全国工商联在京执委和无党派人士代表，参加过抗战的老战士、老同志、老民兵、支前模范代表，抗战烈士亲属代表，海内外爱国人士、抗战将领或其遗属代表，全国先进人物代表，全国少数民族参观团代表，在京中国科学院院士和中国工程院院士代表，部分已故老干部的配偶，首都各界代表等出席大会，其中2.2万余名来自北京市民家庭。

在京重要外宾，外方代表团成员代表，外军代表团，各国驻华使节、武官和国际组织代表，苏联红军、美国飞虎队等为中国抗战胜利作出贡献的国际友人或其遗属代表，外国老专家或其遗属代表等2000多人应邀出席大会。

中国国民党前主席连战，台湾抗战老兵或其遗属代表，台湾省籍抗战志士或其遗属代表，以及台湾社会各界人士代表应邀出席大会。

（原载《人民日报》2015年9月4日第1、4版）

中共中央举行纪念陈云同志诞辰110周年座谈会 习近平发表重要讲话

李克强俞正声王岐山张高丽出席　刘云山主持

本报北京6月12日电　（记者张烁）中共中央12日上午在人民大会堂举行座谈会，纪念陈云同志诞辰110周年。中共中央总书记、国家主席、中央军委主席习近平发表重要讲话强调，伟大的事业呼唤着我们，庄严的使命激励着我们。我们一定要坚定不移把老一辈革命家开创的伟大事业继续推向前进。这是我们的历史责任，也是对老一辈革命家的最好纪念。

中共中央政治局常委李克强、俞正声、王岐山、张高丽出席座谈会，中共中央政治局常委刘云山主持座谈会。

习近平在讲话中回顾了陈云同志一生的丰功伟绩，总结了陈云同志为我国革命、建设、改革作出的卓越贡献，强调陈云同志是伟大的无产阶级革命家、政治家，杰出的马克思主义者，是中国社会主义经济建设的开创者和奠基人之一，党和国家久经考验的卓越领导人，是以毛泽东同志为核心的党的第一代中央领导集体和以邓小平同志为核心的党的第二代中央领导集体的重要成员，为新中国的建立、为社会主义基本经济制度和政治制度的确立、为改革开放和社会主义现代化建设建立的功勋，党和人民将永远铭记。

习近平指出，在20世纪中国苦难而辉煌的历史进程中，涌现出一大批用特殊材料制成的优秀共产党人。陈云同志身上表现出来的坚定理想信念、坚强党性原则、求真务实作风、朴素公仆情怀、勤奋学习精神，永远值得我们学习。我们纪念陈云同志，就要学习他坚守信仰的精神。无论处于顺境还是逆境，陈云同志始终坚守对马克思主义、共产主义的信仰不动摇。全党同志一定要坚守共产党人精神家园，把改造客观世界和改造主观世界结合起来，切实解决好世界观、人生观、价值观问题，练就共产党人的钢筋铁骨，铸牢坚守信仰的铜墙铁壁，矢志不渝为中国特色社会主义共同理想而奋斗。

习近平强调，我们纪念陈云同志，就要学习他党性坚强的精神。陈云同志认为革命的利益高于一切，严格遵守党的纪律，百折不挠地执行党的决议。今天，在全面从严治党的新形势下，全党同志一定要不断锤炼党性，不断加强纪律建设，坚定维护党的团结统一，坚决维护党中央权威，确保全党统一意志、统一行动、步调一致前进。我们纪念陈云同志，就要学习他一心为民的精神。党同人民群众的关系，是陈云同志始终高度重视的问题。陈云同志严于律己、清正廉洁，一贯反对特权，反对腐败，对同志公正公平。今天，面对艰巨繁重的全面深化改革新形势，全党同志一定要坚持同人民在一起，坚持以百姓心为心，努力解民忧、办实事，为推动党和国家事业发展汇聚强大力量。

习近平强调，我们纪念陈云同志，就要学习他实事求是的精神。对实事求是，陈云同志践行了一生，依靠调查研究作决策是陈云同志坚持实事求是的思想方法和工作方法。他脚踏实地，反对虚夸浮躁、急功近利。全党同志一定要把实事求是贯穿到各项工作中去，经常、广泛、深入开展调查研究，努力把真实情况掌握得更多一些、把客观规律认识得更透一些，为协调推进“四个全面”战略布局打下扎实的工作基础。我们纪念陈云同志，就要学习他刻苦学习的精神。陈云同志靠在长期实践中坚持不懈的刻苦学习，具备了很高的思想理论水平和解决问题能力，在陈云同志身上学习和创新是紧密相连的。全党同志一定要把学习作为一种政治责任、一种精神追求、一种生活方式，不断接受马克思主义哲学智慧的滋养，自觉坚持和运用辩证唯物主义世界观和方法论，广泛学习各方面知识，做到学以益智、学以励志、学以立德、学以修身。

刘云山在主持会议时说，习近平总书记重要讲话回顾了陈云同志伟大、光荣的一生，高度评价了陈云同志的丰功伟绩和崇高品格，号召全党学习和发扬陈云同志身上表现出来的坚定理想信念、坚强党性原则、求真务实作风、朴素公仆情怀、勤奋学习精神。讲话对于激励全党全国各族人民继承老一辈革命家的崇高风范，坚定不移把中国特色社会主义事业推向前进，具有重要指导意义。我们要紧密结合协调推进“四个全面”战略布局的实际，结合正在开展的“三严三实”专题教育，认真学习领会，切实贯彻落实。

座谈会上，中央文献研究室主任冷溶、中央党史研究室主任曲青山、全国人大常委会副秘书长王万宾、国务院副秘书长肖捷、上海市市长杨雄先后发言。

部分中共中央政治局委员、中央书记处书记，部分全国人大常委会、国务院、全国政协领导同志，中央党政军群有关部门、北京市、上海市负责同志，陈云同志亲属、生前友好、原身边工作人员和家乡代表等出席了座谈会。

（原载《人民日报》2015 年 6 月 13 日第 1 版）

中共中央举行纪念胡耀邦同志诞辰 100 周年座谈会
习近平发表重要讲话

李克强张德江俞正声王岐山张高丽出席　刘云山主持

本报北京 11 月 20 日电　（记者徐隽）中共中央 20 日上午在人民大会堂举行座谈会，纪念胡耀邦同志诞辰 100 周年。中共中央总书记、国家主席、中央军委主席习近平发表重要讲话强调，一切伟大的成就都是接续奋斗、接力探索的结果，一切伟大的事业都需要在承前启后、继往开来中推进。我们要团结一心、锐意进取，努力创造无愧于时代、无愧于人民、无愧于先辈的新业绩。这是我们对老一辈革命家的最好纪念。

中共中央政治局常委李克强、张德江、俞正声、王岐山、张高丽出席座谈会，中共中央政治局常委刘云山主持座谈会。

习近平在讲话中回顾了胡耀邦同志一生的丰功伟绩，总结了胡耀邦同志为我国革命、建设、改革作出的卓越贡献，强调胡耀邦同志是久经考验的忠诚的共产主义战士，伟大的无产阶级革命家、政治家，我军杰出的政治工作者，长期担任党的重要领导职务的卓越领导人，为中华民族独立和解放、为社会主义革命和建设、为中国特色社会主义探索和开创建立了不朽功勋。

习近平指出，胡耀邦同志把自己的一生献给了党和人民。他的一生，是光辉的一生、战斗的一生。在为党和人民事业的不懈奋斗中，他夙夜在公、呕心沥血，鞠躬尽瘁、死而后已，书写了无愧于共产党员称号的人生。

习近平强调，我们纪念胡耀邦同志，就是要学习他坚守信仰、献身理想的高尚品格。胡耀邦同志认为，理想是我们这个国家和民族的一个非常重要的精神支柱，我们的最高理想是共产主义，一定要讲基本原则、基本精神，不能离开这个最终目标。打铁还需自身硬，硬就硬在我们共产党人有着坚定的理想信念。全党同志要坚定理想信念，增强中国特色社会主义道路自信、理论自信、制度自信，真正做到虔诚而执着、至信而深厚。我们纪念胡耀邦同志，就是要学习他心在人民、利归天下的为民情怀。全党同志要时刻把人民的安危冷暖放在心上，把中央的要求与人民的期待紧密结合起来，出实招、办实事、求实效，把心思和精力都用在为群众谋利益、谋福祉上，不断让人民群众得到实实在在的好处。

习近平指出，我们纪念胡耀邦同志，就是要学习他实事求是、勇于开拓的探索精神。胡耀邦同志强调共产党员要靠实事求是吃饭，不要靠别的什么吃饭，靠别的东西吃饭终究要上当吃亏。全党同志要坚持解放思想、实事求是、与时俱进、求真务实，在实践中认识真理、把握规律，用发展着的马克思主义指导新的实践，用新的实践丰富和发展马克思主义，努力开创事业发展新局面、马克思主义发展新境界。我们纪念胡耀邦同志，就是要学习他求真务实、敢于担当的优秀品质。面对当前改革发展稳定遇到的新形势新情况新问题，全党同志要有所作为、有所进步，就要敢于较真碰硬、敢于直面困难，自觉把使命放在心上、把责任扛在肩上，努力在协调推进“四个全面”战略布局中取得新的更大的成绩。

习近平强调，我们纪念胡耀邦同志，就是要学习他公道正派、廉洁自律的崇高风范。公道正派才能出清风正气，廉洁自律才能塑良好形象。党风和社会风气的根本好转，良好政治生态的营造，要靠全党上下不懈努力。全党同志要严守清正廉洁的政治本色，以良好党风带动政风民风，用实实在在的行动赢得人民群众信任和拥护，从而凝聚起推动党和人民事业不断从胜利走向胜利的强大力量。

刘云山在主持会议时说，习近平总书记重要讲话全面回顾了胡耀邦同志光辉、战斗的一生，高度评价了胡耀邦同志在中国革命、建设、改革事业中建立的不朽功勋，对学习胡耀邦同志的革命精神和崇高风范提出要求。讲话对于激励全党全国各族人民团结一心、锐意进取，深入推进中国特色社会主义伟大事业，具有重要指导意义，要认真学习领会、很好贯彻落实。我们要紧密团结在以习近平同志为总书记的党中央周围，认真落实党中央决策部署，为实现“十三五”发展宏伟蓝图、夺取全面建成小康社会决胜阶段的伟大胜利作出新贡献。

座谈会上，中央组织部常务副部长陈希、中央党校常务副校长何毅亭、中央党史研究室主任曲青山、共青团中央书记处第一书记秦宜智、湖南省委书记徐守盛先后发言。

部分中共中央政治局委员、中央书记处书记，中央党政军群有关部门、湖南省负责同志，各民主党派中央、全国工商联负责同志和无党派人士代表，胡耀邦同志亲属、生前友好、原身边工作人员和家乡代表等出席了座谈会。

（原载《人民日报》2015年11月21日第1版）

习近平在中共中央政治局第二十八次集体学习时强调
立足我国国情和我国发展实践　发展当代中国马克思主义政治经济学

新华社北京11月24日电　中共中央政治局11月23日下午就马克思主义政治经济学基本原理和方法论进行第二十八次集体学习。中共中央总书记习近平在主持学习时强调，要立足我国国情和我国发展实践，揭示新特点新规律，提炼和总结我国经济发展实践的规律性成果，把实践经验上升为系统化的经济学说，不断开拓当代中国马克思主义政治经济学新境界。

教育部社会科学委员会顾海良教授就这个问题进行讲解，并谈了意见和建议，中共中央政治局各位同志认真听取了他的讲解。

习近平在主持学习时发表了讲话。他指出，面对极其复杂的国内外经济形势，面对纷繁多样的经济现象，学习马克思主义政治经济学基本原理和方法论，有利于我们掌握科学的经济分析方法，认识经济运动过程，把握社会经济发展规律，提高驾驭社会主义市场经济能力，更好回答我国经济发展的理论和实践问题，提高领导我国经济发展能力和水平。

习近平强调，马克思主义政治经济学是马克思主义的重要组成部分，也是我们坚持和发展马克思主义的必修课。我们党历来重视对马克思主义政治经济学的学习、研究、运用，在新民主主义时期创造性地提出了新民主主义经济纲领，在探索社会主义建设道路过程中对发展我国经济提出了独创性的观点，如提出社会主义社会的基本矛盾理论，提出统筹兼顾、注意综合平衡，以农业为基础、工业为主导、农轻重协调发展等重要观点。这些都是我们党对马克思主义政治经济学的创造性发展。

习近平指出，党的十一届三中全会以来，我们党把马克思主义政治经济学基本原理同改革开放新的实践结合起来，不断丰富和发展马克思主义政治经济学，形成了当代中国马克思主义政治经济学的许多重要理论成果，比如，关于社会主义本质的理论，关于社会主义初级阶段基本经济制度的理论，关于树立和落实创新、协调、绿色、开放、共享的发展理念的理论，关于发展社会主义市场经济、使市场在资源配置中起决定性作用和更好发挥政府作用的理论，关于我国经济发展进入新常态的理论，关于推动新型工业化、信息化、城镇化、农业现代化相互协调的理论，关于用好国际国内两个市场、两种资源的理论，关于促进社会公平正义、逐步实现全体人民共同富裕的理论，等等。这些理论成果，是适应当代中国国情和时代特点的政治经济学，不仅有力指导了我国经济发展实践，而且开拓了马克思主义政治经济学新境界。

习近平指出，学习马克思主义政治经济学，是为了更好指导我国经济发展实践，既要坚持其基本原理和方法论，更要同我国经济发展实际相结合，不断形成新的理论成果。要坚持以人民为中心的发展思想，这是马克思主义政治经济学的根本立场。要坚持把增进人民福祉、促进人的全面发展、朝着共同富裕方向稳步前进作为经济发展的出发点和落脚点，部署经济工作、制定经济政策、推动经济发展都要牢牢坚持这个根本立场。要坚持新的发展理念，创新、协调、绿色、开放、共享的发展理念是对我们在推动经济发展中获得的感性认识的升华，是对我们推动经济发展实践的理论总结，要坚持用新的发展理念来引领和推动我国经济发展，不断破解经济发展难题，开创经济发展新局面。

习近平强调，要坚持和完善社会主义基本经济制度，毫不动摇巩固和发展公有制经济，毫不动摇鼓励、支持、引导非公有制经济发展，推动各种所有制取长补短、相互促进、共同发展，同时公有制主体地位不能动摇，国有经济主导作用不能动摇，这是保证我国各族人民共享发展成果的制度性保证，也是巩固党的执政地位、坚持我国社会主义制度的重要保证。要坚持和完善社会主义基本分配制度，努力推动居民收入增长和经济增长同步、劳动报酬提高和劳动生产率提高同步，不断健全体制机制和具体政策，调整国民收入分配格局，持续增加城乡居民收入，不断缩小收入差距。

习近平强调，要坚持社会主义市场经济改革方向，坚持辩证法、两点论，继续在社会主义基本制度与市场经济的结合上下功夫，把两方面优势都发挥好。要坚持对外开放基本国策，善于统筹国内国际两个大局，利用好国际国内两个市场、两种资源，发展更高层次的开放型经济，积极参与全球经济治理，同时坚决维护我国发展利益，积极防范各种风险，确保国家经济安全。

习近平指出，实践是理论的源泉。我国经济发展进程波澜壮阔、成就举世瞩目，蕴藏着理论创造的巨大动力、活力、潜力，要深入研究世界经济和我国经济面临的新情况新问题，为马克思主义政治经济学创新发展贡献中国智慧。

（原载《人民日报》2015 年 11 月 25 日第 1 版）

推动共建丝绸之路经济带和21世纪海上丝绸之路的愿景与行动

国家发展改革委　外交部　商务部

（经国务院授权发布）

2015年3月

目录

前言

2000多年前，亚欧大陆上勤劳勇敢的人民，探索出多条连接亚欧非几大文明的贸易和人文交流通路，后人将其统称为“丝绸之路”。千百年来，“和平合作、开放包容、互学互鉴、互利共赢”的丝绸之路精神薪火相传，推进了人类文明进步，是促进沿线各国繁荣发展的重要纽带，是东西方交流合作的象征，是世界各国共有的历史文化遗产。

进入21世纪，在以和平、发展、合作、共赢为主题的新时代，面对复苏乏力的全球经济形势，纷繁复杂的国际和地区局面，传承和弘扬丝绸之路精神更显重要和珍贵。

2013年9月和10月，中国国家主席习近平在出访中亚和东南亚国家期间，先后提出共建“丝绸之路经济带”和“21世纪海上丝绸之路”（以下简称“一带一路”）的重大倡议，得到国际社会高度关注。中国国务院总理李克强参加2013年中国—东盟博览会时强调，铺就面向东盟的海上丝绸之路，打造带动腹地发展的战略支点。加快“一带一路”建设，有利于促进沿线各国经济繁荣与区域经济合作，加强不同文明交流互鉴，促进世界和平发展，是一项造福世界各国人民的伟大事业。

“一带一路”建设是一项系统工程，要坚持共商、共建、共享原则，积极推进沿线国家发展战略的相互对接。为推进实施“一带一路”重大倡议，让古丝绸之路焕发新的生机活力，以新的形式使亚欧非各国联系更加紧密，互利合作迈向新的历史高度，中国政府特制定并发布《推动共建丝绸之路经济带和21世纪海上丝绸之路的愿景与行动》。

一、时代背景

当今世界正发生复杂深刻的变化，国际金融危机深层次影响继续显现，世界经济缓慢复苏、发展分化，国际投资贸易格局和多边投资贸易规则酝酿深刻调整，各国面临的发展问题依然严峻。共建“一带一路”顺应世界多极化、经济全球化、文化多样化、社会信息化的潮流，秉持开放的区域合作精神，致力于维护全球自由贸易体系和开放型世界经济。共建“一带一路”旨在促进经济要素有序自由流动、资源高效配置和市场深度融合，推动沿线各国实现经济政策协调，开展更大范围、更高水平、更深层次的区域合作，共同打造开放、包容、均衡、普惠的区域经济合作架构。共建“一带一路”符合国际社会的根本利益，彰显人类社会共同理想和美好追求，是国际合作以及全球治理新模式的积极探索，将为世界和平发展增添新的正能量。

共建“一带一路”致力于亚欧非大陆及附近海洋的互联互通，建立和加强沿线各国互联互通伙伴关系，构建全方位、多层次、复合型的互联互通网络，实现沿线各国多元、自主、平衡、可持续的发展。“一带一路”的互联互通项目将推动沿线各国发展战略的对接与耦合，发掘区域内市场的潜力，促进投资和消费，创造需求和就业，增进沿线各国人民的人文交流与文明互鉴，让各国人民相逢相知、互信互敬，共享和谐、安宁、富裕的生活。

当前，中国经济和世界经济高度关联。中国将一以贯之地坚持对外开放的基本国策，构建全方位开放新格局，深度融入世界经济体系。推进“一带一路”建设既是中国扩大和深化对外开放的需要，也是加强和亚欧非及世界各国互利合作的需要，中国愿意在力所能及的范围内承担更多责任义务，为人类和平发展作出更大的贡献。

二、共建原则

恪守联合国宪章的宗旨和原则。遵守和平共处五项原则，即尊重各国主权和领土完整、互不侵犯、互不干涉内政、和平共处、平等互利。

坚持开放合作。“一带一路”相关的国家基于但不限于古代丝绸之路的范围，各国和国际、地区组织均可参与，让共建成果惠及更广泛的区域。

坚持和谐包容。倡导文明宽容，尊重各国发展道路和模式的选择，加强不同文明之间的对话，求同存异、兼容并蓄、和平共处、共生共荣。

坚持市场运作。遵循市场规律和国际通行规则，充分发挥市场在资源配置中的决定性作用和各类企业的主体作用，同时发挥好政府的作用。

坚持互利共赢。兼顾各方利益和关切，寻求利益契合点和合作最大公约数，体现各方智慧和创意，各施所长，各尽所能，把各方优势和潜力充分发挥出来。

三、框架思路

“一带一路”是促进共同发展、实现共同繁荣的合作共赢之路，是增进理解信任、加强全方位交流的和平友谊之路。中国政府倡议，秉持和平合作、开放包容、互学互鉴、互利共赢的理念，全方位推进务实合作，打造政治互信、经济融合、文化包容的利益共同体、命运共同体和责任共同体。

“一带一路”贯穿亚欧非大陆，一头是活跃的东亚经济圈，一头是发达的欧洲经济圈，中间广大腹地国家经济发展潜力巨大。丝绸之路经济带重点畅通中国经中亚、俄罗斯至欧洲（波罗的海）；中国经中亚、西亚至波斯湾、地中海；中国至东南亚、南亚、印度洋。21世纪海上丝绸之路重点方向是从中国沿海港口过南海到印度洋，延伸至欧洲；从中国沿海港口过南海到南太平洋。

根据“一带一路”走向，陆上依托国际大通道，以沿线中心城市为支撑，以重点经贸产业园区为合作平台，共同打造新亚欧大陆桥、中蒙俄、中国—中亚—西亚、中国—中南半岛等国际经济合作走廊；海上以重点港口为节点，共同建设通畅安全高效的运输大通道。中巴、孟中印缅两个经济走廊与推进“一带一路”建设关联紧密，要进一步推动合作，取得更大进展。

“一带一路”建设是沿线各国开放合作的宏大经济愿景，需各国携手努力，朝着互利互惠、共同安全的目标相向而行。努力实现区域基础设施更加完善，安全高效的陆海空通道网络基本形成，互联互通达到新水平；投资贸易便利化水平进一步提升，高标准自由贸易区网络基本形成，经济联系更加紧密，政治互信更加深入；人文交流更加广泛深入，不同文明互鉴共荣，各国人民相知相交、和平友好。

四、合作重点

沿线各国资源禀赋各异，经济互补性较强，彼此合作潜力和空间很大。以政策沟通、设施联通、贸易畅通、资金融通、民心相通为主要内容，重点在以下方面加强合作。

政策沟通。加强政策沟通是“一带一路”建设的重要保障。加强政府间合作，积极构建多层次政府间宏观政策沟通交流机制，深化利益融合，促进政治互信，达成合作新共识。沿线各国可以就经济发展战略和对策进行充分交流对接，共同制定推进区域合作的规划和措施，协商解决合作中的问题，共同为务实合作及大型项目实施提供政策支持。

设施联通。基础设施互联互通是“一带一路”建设的优先领域。在尊重相关国家主权和安全关切的基础上，沿线国家宜加强基础设施建设规划、技术标准体系的对接，共同推进国际骨干通道建设，逐步形成连接亚洲各次区域以及亚欧非之间的基础设施网络。强化基础设施绿色低碳化建设和运营管理，在建设中充分考虑气候变化影响。

抓住交通基础设施的关键通道、关键节点和重点工程，优先打通缺失路段，畅通瓶颈路段，配套完善道路安全防护设施和交通管理设施设备，提升道路通达水平。推进建立统一的全程运输协调机制，促进国际通关、换装、多式联运有机衔接，逐步形成兼容规范的运输规则，实现国际运输便利化。推动口岸基础设施建设，畅通陆水联运通道，推进港口合作建设，增加海上航线和班次，加强海上物流信息化合作。拓展建立民航全面合作的平台和机制，加快提升航空基础设施水平。

加强能源基础设施互联互通合作，共同维护输油、输气管道等运输通道安全，推进跨境电力与输电通道建设，积极开展区域电网升级改造合作。

共同推进跨境光缆等通信干线网络建设，提高国际通信互联互通水平，畅通信息丝绸之路。加快推进双边跨境光缆等建设，规划建设洲际海底光缆项目，完善空中（卫星）信息通道，扩大信息交流与合作。

贸易畅通。投资贸易合作是“一带一路”建设的重点内容。宜着力研究解决投资贸易便利化问题，消除投资和贸易壁垒，构建区域内和各国良好的营商环境，积极同沿线国家和地区共同商建自由贸易区，激发释放合作潜力，做大做好合作“蛋糕”。

沿线国家宜加强信息互换、监管互认、执法互助的海关合作，以及检验检疫、认证认可、标准计量、统计信息等方面的双多边合作，推动世界贸易组织《贸易便利化协定》生效和实施。改善边境口岸通关设施条件，加快边境口岸“单一窗口”建设，降低通关成本，提升通关能力。加强供应链安全与便利化合作，推进跨境监管程序协调，推动检验检疫证书国际互联网核查，开展“经认证的经营者”（AEO）互认。降低非关税壁垒，共同提高技术性贸易措施透明度，提高贸易自由化便利化水平。

拓宽贸易领域，优化贸易结构，挖掘贸易新增长点，促进贸易平衡。创新贸易方式，发展跨境电子商务等新的商业业态。建立健全服务贸易促进体系，巩固和扩大传统贸易，大力发展现代服务贸易。把投资和贸易有机结合起来，以投资带动贸易发展。

加快投资便利化进程，消除投资壁垒。加强双边投资保护协定、避免双重征税协定磋商，保护投资者的合法权益。

拓展相互投资领域，开展农林牧渔业、农机及农产品生产加工等领域深度合作，积极推进海水养殖、远洋渔业、水产品加工、海水淡化、海洋生物制药、海洋工程技术、环保产业和海上旅游等领域合作。加大煤炭、油气、金属矿产等传统能源资源勘探开发合作，积极推动水电、核电、风电、太阳能等清洁、可再生能源合作，推进能源资源就地就近加工转化合作，形成能源资源合作上下游一体化产业链。加强能源资源深加工技术、装备与工程服务合作。

推动新兴产业合作，按照优势互补、互利共赢的原则，促进沿线国家加强在新一代信息技术、生物、新能源、新材料等新兴产业领域的深入合作，推动建立创业投资合作机制。

优化产业链分工布局，推动上下游产业链和关联产业协同发展，鼓励建立研发、生产和营销体系，提升区域产业配套能力和综合竞争力。扩大服务业相互开放，推动区域服务业加快发展。探索投资合作新模式，鼓励合作建设境外经贸合作区、跨境经济合作区等各类产业园区，促进产业集群发展。在投资贸易中突出生态文明理念，加强生态环境、生物多样性和应对气候变化合作，共建绿色丝绸之路。

中国欢迎各国企业来华投资。鼓励本国企业参与沿线国家基础设施建设和产业投资。促进企业按属地化原则经营管理，积极帮助当地发展经济、增加就业、改善民生，主动承担社会责任，严格保护生物多样性和生态环境。

资金融通。资金融通是“一带一路”建设的重要支撑。深化金融合作，推进亚洲货币稳定体系、投融资体系和信用体系建设。扩大沿线国家双边本币互换、结算的范围和规模。推动亚洲债券市场的开放和发展。共同推进亚洲基础设施投资银行、金砖国家开发银行筹建，有关各方就建立上海合作组织融资机构开展磋商。加快丝路基金组建运营。深化中国—东盟银行联合体、上合组织银行联合体务实合作，以银团贷款、银行授信等方式开展多边金融合作。支持沿线国家政府和信用等级较高的企业以及金融机构在中国境内发行人民币债券。符合条件的中国境内金融机构和企业可以在境外发行人民币债券和外币债券，鼓励在沿线国家使用所筹资金。

加强金融监管合作，推动签署双边监管合作谅解备忘录，逐步在区域内建立高效监管协调机制。完善风险应对和危机处置制度安排，构建区域性金融风险预警系统，形成应对跨境风险和危机处置的交流合作机制。加强征信管理部门、征信机构和评级机构之间的跨境交流与合作。充分发挥丝路基金以及各国主权基金作用，引导商业性股权投资基金和社会资金共同参与“一带一路”重点项目建设。

民心相通。民心相通是“一带一路”建设的社会根基。传承和弘扬丝绸之路友好合作精神，广泛开展文化交流、学术往来、人才交流合作、媒体合作、青年和妇女交往、志愿者服务等，为深化双多边合作奠定坚实的民意基础。

扩大相互间留学生规模，开展合作办学，中国每年向沿线国家提供1万个政府奖学金名额。沿线国家间互办文化年、艺术节、电影节、电视周和图书展等活动，合作开展广播影视剧精品创作及翻译，联合申请世界文化遗产，共同开展世界遗产的联合保护工作。深化沿线国家间人才交流合作。

加强旅游合作，扩大旅游规模，互办旅游推广周、宣传月等活动，联合打造具有丝绸之路特色的国际精品旅游线路和旅游产品，提高沿线各国游客签证便利化水平。推动21世纪海上丝绸之路邮轮旅游合作。积极开展体育交流活动，支持沿线国家申办重大国际体育赛事。

强化与周边国家在传染病疫情信息沟通、防治技术交流、专业人才培养等方面的合作，提高合作处理突发公共卫生事件的能力。为有关国家提供医疗援助和应急医疗救助，在妇幼健康、残疾人康复以及艾滋病、结核、疟疾等主要传染病领域开展务实合作，扩大在传统医药领域的合作。

加强科技合作，共建联合实验室（研究中心）、国际技术转移中心、海上合作中心，促进科技人员交流，合作开展重大科技攻关，共同提升科技创新能力。

整合现有资源，积极开拓和推进与沿线国家在青年就业、创业培训、职业技能开发、社会保障管理服务、公共行政管理等共同关心领域的务实合作。

充分发挥政党、议会交往的桥梁作用，加强沿线国家之间立法机构、主要党派和政治组织的友好往来。开展城市交流合作，欢迎沿线国家重要城市之间互结友好城市，以人文交流为重点，突出务实合作，形成更多鲜活的合作范例。欢迎沿线国家智库之间开展联合研究、合作举办论坛等。

加强沿线国家民间组织的交流合作，重点面向基层民众，广泛开展教育医疗、减贫开发、生物多样性和生态环保等各类公益慈善活动，促进沿线贫困地区生产生活条件改善。加强文化传媒的国际交流合作，积极利用网络平台，运用新媒体工具，塑造和谐友好的文化生态和舆论环境。

五、合作机制

当前，世界经济融合加速发展，区域合作方兴未艾。积极利用现有双多边合作机制，推动“一带一路”建设，促进区域合作蓬勃发展。

加强双边合作，开展多层次、多渠道沟通磋商，推动双边关系全面发展。推动签署合作备忘录或合作规划，建设一批双边合作示范。建立完善双边联合工作机制，研究推进“一带一路”建设的实施方案、行动路线图。充分发挥现有联委会、混委会、协委会、指导委员会、管理委员会等双边机制作用，协调推动合作项目实施。

强化多边合作机制作用，发挥上海合作组织（SCO）、中国—东盟“10+1”、亚太经合组织（APEC）、亚欧会议（ASEM）、亚洲合作对话（ACD）、亚信会议（CICA）、中阿合作论坛、中国—海合会战略对话、大湄公河次区域（GMS）经济合作、中亚区域经济合作（CAREC）等现有多边合作机制作用，相关国家加强沟通，让更多国家和地区参与“一带一路”建设。

继续发挥沿线各国区域、次区域相关国际论坛、展会以及博鳌亚洲论坛、中国—东盟博览会、中国—亚欧博览会、欧亚经济论坛、中国国际投资贸易洽谈会，以及中国—南亚博览会、中国—阿拉伯博览会、中国西部国际博览会、中国—俄罗斯博览会、前海合作论坛等平台的建设性作用。支持沿线国家地方、民间挖掘“一带一路”历史文化遗产，联合举办专项投资、贸易、文化交流活动，办好丝绸之路（敦煌）国际文化博览会、丝绸之路国际电影节和图书展。倡议建立“一带一路”国际高峰论坛。

六、中国各地方开放态势

推进“一带一路”建设，中国将充分发挥国内各地区比较优势，实行更加积极主动的开放战略，加强东中西互动合作，全面提升开放型经济水平。

西北、东北地区。发挥新疆独特的区位优势和向西开放重要窗口作用，深化与中亚、南亚、西亚等国家交流合作，形成丝绸之路经济带上重要的交通枢纽、商贸物流和文化科教中心，打造丝绸之路经济带核心区。发挥陕西、甘肃综合经济文化和宁夏、青海民族人文优势，打造西安内陆型改革开放新高地，加快兰州、西宁开发开放，推进宁夏内陆开放型经济试验区建设，形成面向中亚、南亚、西亚国家的通道、商贸物流枢纽、重要产业和人文交流基地。发挥内蒙古联通俄蒙的区位优势，完善黑龙江对俄铁路通道和区域铁路网，以及黑龙江、吉林、辽宁与俄远东地区陆海联运合作，推进构建北京—莫斯科欧亚高速运输走廊，建设向北开放的重要窗口。

西南地区。发挥广西与东盟国家陆海相邻的独特优势，加快北部湾经济区和珠江—西江经济带开放发展，构建面向东盟区域的国际通道，打造西南、中南地区开放发展新的战略支点，形成21世纪海上丝绸之路与丝绸之路经济带有机衔接的重要门户。发挥云南区位优势，推进与周边国家的国际运输通道建设，打造大湄公河次区域经济合作新高地，建设成为面向南亚、东南亚的辐射中心。推进西藏与尼泊尔等国家边境贸易和旅游文化合作。

沿海和港澳台地区。利用长三角、珠三角、海峡西岸、环渤海等经济区开放程度高、经济实力强、辐射带动作用大的优势，加快推进中国（上海）自由贸易试验区建设，支持福建建设21世纪海上丝绸之路核心区。充分发挥深圳前海、广州南沙、珠海横琴、福建平潭等开放合作区作用，深化与港澳台合作，打造粤港澳大湾区。推进浙江海洋经济发展示范区、福建海峡蓝色经济试验区和舟山群岛新区建设，加大海南国际旅游岛开发开放力度。加强上海、天津、宁波—舟山、广州、深圳、湛江、汕头、青岛、烟台、大连、福州、厦门、泉州、海口、三亚等沿海城市港口建设，强化上海、广州等国际枢纽机场功能。以扩大开放倒逼深层次改革，创新开放型经济体制机制，加大科技创新力度，形成参与和引领国际合作竞争新优势，成为“一带一路”特别是21世纪海上丝绸之路建设的排头兵和主力军。发挥海外侨胞以及香港、澳门特别行政区独特优势作用，积极参与和助力“一带一路”建设。为台湾地区参与“一带一路”建设作出妥善安排。

内陆地区。利用内陆纵深广阔、人力资源丰富、产业基础较好优势，依托长江中游城市群、成渝城市群、中原城市群、呼包鄂榆城市群、哈长城市群等重点区域，推动区域互动合作和产业集聚发展，打造重庆西部开发开放重要支撑和成都、郑州、武汉、长沙、南昌、合肥等内陆开放型经济高地。加快推动长江中上游地区和俄罗斯伏尔加河沿岸联邦区的合作。建立中欧通道铁路运输、口岸通关协调机制，打造“中欧班列”品牌，建设沟通境内外、连接东中西的运输通道。支持郑州、西安等内陆城市建设航空港、国际陆港，加强内陆口岸与沿海、沿边口岸通关合作，开展跨境贸易电子商务服务试点。优化海关特殊监管区域布局，创新加工贸易模式，深化与沿线国家的产业合作。

七、中国积极行动

一年多来，中国政府积极推动“一带一路”建设，加强与沿线国家的沟通磋商，推动与沿线国家的务实合作，实施了一系列政策措施，努力收获早期成果。

高层引领推动。习近平主席、李克强总理等国家领导人先后出访20多个国家，出席加强互联互通伙伴关系对话会、中阿合作论坛第六届部长级会议，就双边关系和地区发展问题，多次与有关国家元首和政府首脑进行会晤，深入阐释“一带一路”的深刻内涵和积极意义，就共建“一带一路”达成广泛共识。

签署合作框架。与部分国家签署了共建“一带一路”合作备忘录，与一些毗邻国家签署了地区合作和边境合作的备忘录以及经贸合作中长期发展规划。研究编制与一些毗邻国家的地区合作规划纲要。

推动项目建设。加强与沿线有关国家的沟通磋商，在基础设施互联互通、产业投资、资源开发、经贸合作、金融合作、人文交流、生态保护、海上合作等领域，推进了一批条件成熟的重点合作项目。

完善政策措施。中国政府统筹国内各种资源，强化政策支持。推动亚洲基础设施投资银行筹建，发起设立丝路基金，强化中国—欧亚经济合作基金投资功能。推动银行卡清算机构开展跨境清算业务和支付机构开展跨境支付业务。积极推进投资贸易便利化，推进区域通关一体化改革。

发挥平台作用。各地成功举办了一系列以“一带一路”为主题的国际峰会、论坛、研讨会、博览会，对增进理解、凝聚共识、深化合作发挥了重要作用。

八、共创美好未来

共建“一带一路”是中国的倡议，也是中国与沿线国家的共同愿望。站在新的起点上，中国愿与沿线国家一道，以共建“一带一路”为契机，平等协商，兼顾各方利益，反映各方诉求，携手推动更大范围、更高水平、更深层次的大开放、大交流、大融合。“一带一路”建设是开放的、包容的，欢迎世界各国和国际、地区组织积极参与。

共建“一带一路”的途径是以目标协调、政策沟通为主，不刻意追求一致性，可高度灵活，富有弹性，是多元开放的合作进程。中国愿与沿线国家一道，不断充实完善“一带一路”的合作内容和方式，共同制定时间表、路线图，积极对接沿线国家发展和区域合作规划。

中国愿与沿线国家一道，在既有双多边和区域次区域合作机制框架下，通过合作研究、论坛展会、人员培训、交流访问等多种形式，促进沿线国家对共建“一带一路”内涵、目标、任务等方面的进一步理解和认同。

中国愿与沿线国家一道，稳步推进示范项目建设，共同确定一批能够照顾双多边利益的项目，对各方认可、条件成熟的项目抓紧启动实施，争取早日开花结果。

“一带一路”是一条互尊互信之路，一条合作共赢之路，一条文明互鉴之路。只要沿线各国和衷共济、相向而行，就一定能够谱写建设丝绸之路经济带和21世纪海上丝绸之路的新篇章，让沿线各国人民共享“一带一路”共建成果。

（原载《北京日报》2015年3月29日第3版）

中共中央关于繁荣发展社会主义文艺的意见

（2015年10月3日）

为深入贯彻党的十八大和十八届三中、四中全会精神，认真落实习近平总书记在文艺工作座谈会上的重要讲话精神，繁荣发展社会主义文艺，提出如下意见。

一、做好文艺工作的重大意义和指导思想

1. 充分认识文艺工作的重要作用。文艺是民族精神的火炬，是时代前进的号角，最能代表一个民族的风貌，最能引领一个时代的风气。文艺事业是党和人民事业的重要组成部分。我们党历来高度重视文艺工作，在革命、建设、改革各个时期，充分运用文艺引领时代风尚、鼓舞人民前进、推动社会进步。实现中华民族伟大复兴，离不开中华文化繁荣兴盛，离不开文艺事业繁荣发展。举精神旗帜、立精神支柱、建精神家园，是当代中国文艺的崇高使命。弘扬中国精神、传播中国价值、凝聚中国力量，是文艺工作者的神圣职责。

2. 准确把握文艺工作面临的形势。当前，我国文艺创作生产活跃，内容形式丰富，风格手法多样，涌现了一大批人民喜爱的优秀作品，呈现出百花竞放、蓬勃发展的生动景象。广大文艺工作者辛勤耕耘、服务人民，取得了显著成绩，作出了重要贡献。随着改革开放和社会主义现代化建设深入推进，我国经济社会发展取得巨大成就，现代科学技术日新月异，对外交流交往不断加深，国际地位显著提升，人民精神文化需求日益增长，为文艺发展提供了坚实基础、内在动力、广阔空间。同时，意识形态领域形势十分复杂，巩固思想文化阵地、维护国家文化安全的任务更加紧迫；在思想活跃、观念碰撞、文化交融的背景下，文艺领域还存在价值扭曲、浮躁粗俗、娱乐至上、唯市场化等问题，价值引领的任务艰巨迫切；文艺创作生产存在有数量缺质量、有“高原”缺“高峰”，抄袭模仿、千篇一律、粗制滥造等问题，推出精品力作的任务依然繁重；文艺评论存在“缺席”、“缺位”现象，对优秀作品推介不够，对不良现象批评乏力，文艺评论辨善恶、鉴美丑、促繁荣的作用有待强化。文艺环境、业态、格局深刻调整，创作、传播、消费深刻变化，新的文艺组织和文艺群体大量出现，引导、管理、服务的体制机制、手段方法亟须改革创新。

3. 文艺工作的指导思想和方针原则。高举中国特色社会主义伟大旗帜，以马克思列宁主义、毛泽东思想、邓小平理论、“三个代表”重要思想、科学发展观为指导，深入学习贯彻习近平总书记系列重要讲话精神，紧紧围绕全面建成小康社会、全面深化改革、全面依法治国、全面从严治党的战略布局，深入贯彻党的十八大和十八届三中、四中全会精神，坚持社会主义先进文化前进方向，全面贯彻“二为”方向和“双百”方针，紧紧依靠广大文艺工作者，坚持以人民为中心，以社会主义核心价值观为引领，以中国精神为灵魂，以中国梦为时代主题，以中华优秀传统文化为根脉，以创新为动力，以创作生产优秀作品为中心环节，深入实践、深入生活、深入群众，推出更多无愧于民族、无愧于时代的文艺精品，不断满足人民精神文化需求，建设社会主义文化强国，为实现“两个一百年”奋斗目标、实现中华民族伟大复兴的中国梦提供强大的价值引导力、文化凝聚力、精神推动力。

二、坚持以人民为中心的创作导向

4. 为人民抒写、为人民抒情。社会主义文艺本质上是人民的文艺，人民的需要是文艺存在的根本价值。解决好“为了谁、依靠谁、我是谁”的问题，牢固树立人民是历史创造者的观点，自觉以最广大人民为服务对象和表现主体，在人民生产生活中进行美的发现和美的创造。生动展现人民创造历史的伟大进程，用现实主义精神和浪漫主义情怀观照现实生活，歌颂光明、抒发理想，鞭挞丑恶、抵制低俗，给人民信心和力量。紧跟时代发展，把握人民对文艺作品质量、品位、风格等的期盼，创作生产更多人民喜闻乐见的优秀作品，推动人民精神文化生活不断迈上新台阶。

5. 深入生活、扎根人民。生活是文艺创作的源头活水，人民是文艺工作者的衣食父母。大力倡导文艺工作者深入生活、扎根人民，虚心向人民学习、向实践学习，不断进行生活的积累和艺术的提炼。制定

支持文艺工作者长期深入生活的经济政策，健全长效保障机制，为他们蹲点生活、挂职锻炼、采风创作提供必要的工作条件和成果展示平台。完善激励机制，把深入生活纳入文艺单位目标管理和领导班子业绩考核，作为文艺工作者业务考核、职称评定、表彰奖励的重要依据。发挥知名作家艺术家的带头作用，使深入生活、扎根人民在文艺界蔚然成风。

6. 面向基层、服务群众。坚持重心下移，把各种文艺惠民措施纳入公共文化服务体系建设规划，推行菜单式服务，以实效为标准，提升质量和水平。创新形式、持续开展“文化进万家”、“送欢乐下基层”、“心连心”、文化艺术志愿服务、农村电影放映、全民阅读等活动，深入推进服务农民、服务基层文化建设先进集体创建活动。组织实施基层群众文化建设工程，发挥农家书屋、社区书屋效用，落实乡镇文化站职能，在编制总量内健全社区文化中心专兼职岗位，落实国家规定的工资待遇政策。促进“送文化”与群众需求有效对接，加大政府对面向基层文艺产品和服务的购买力度。建立“结对子、种文化”工作机制，组织专业文艺工作者到基层教、学、帮、带。实施农村中小学艺术教育计划，鼓励艺术院校毕业生到农村中小学任教。

7. 激发人民创造活力、繁荣群众文艺。充分尊重人民群众的主体地位和首创精神，使蕴藏于群众中的创造活力充分迸发。制定繁荣群众文艺发展规划，健全群众文艺工作网络，发挥好基层文联、作协、文化馆（站）、群艺馆在群众文艺创作中的引领作用，壮大民间文艺力量。完善群众文艺扶持机制，扶持引导业余文艺社团、民营剧团、演出队、老年大学以及青少年文艺群体、网络文艺社群、社区和企业文艺骨干、乡土文化能人等广泛开展创作活动，创新载体形式，展示群众文艺创作优秀成果。提高社区文化、村镇文化、企业文化、校园文化、军营文化、网络文化建设水平，培育积极健康、多姿多彩的文化形态，引导群众在参与中自我表现、自我教育、自我服务。普及文艺知识，培养文艺爱好，提高全民文化素养。鼓励群众文艺与旅游、体育等相关产业相结合。

8. 建立经得起人民检验的评价标准。评价文艺作品，要以最广大人民的根本利益为出发点和落脚点，坚持把社会效益放在首位，努力实现社会效益和经济效益、社会价值和市场价值相统一，绝不让文艺成为市场的奴隶。建立健全反映文艺作品质量的综合评价体系，完善影视剧、文艺演出、美术和文艺类出版物等创作生产出版的立项、采购、评审标准，完善文艺作品推介传播等环节的评估标准，把票房收入、收视率、收听率、点击率、发行量等量化指标，与专家评价和群众认可统一起来，推动文艺健康发展。把服务群众和引领群众结合起来，既满足人民多样化精神文化需求，又加强引导、克服浮躁，讲品位、讲格调，坚决抵制趋利媚俗之风。

三、让中国精神成为社会主义文艺的灵魂

9. 聚焦中国梦的时代主题。实现中华民族伟大复兴的中国梦，是当代文艺创作的鲜明主题。深入开展中国梦主题文艺创作活动，生动反映改革开放和社会主义现代化建设的伟大实践，全面展示中国特色社会主义发展前景，着力书写人们寻梦的理想和追梦的奋斗，汇聚起同心共筑中国梦的强大精神力量。不断丰富拓展中国梦的表现内容，既讲好国家民族宏大故事，又讲好百姓身边日常故事，用生动的艺术形象和叙事体现中国梦的丰富内涵，见人、见事、见精神。

10. 培育和弘扬社会主义核心价值观。社会主义核心价值观是中国精神的集中体现和时代表达。坚持以社会主义核心价值观引领文艺创作生产，实现核心价值观的全方位贯穿、深层次融入，通过精彩的故事、鲜活的语言、丰满的形象，使核心价值观生动活泼、活灵活现地体现在文艺作品中，潜移默化、滋养人心，让人们在文化熏陶中感悟认同社会主流价值。运用各种形式，艺术展现党史国史上的重大事件、重要人物，让光辉业绩、革命传统一代一代传承光大。大力支持文艺单位和作家艺术家从社会生活、当代人物中挖掘题材，讴歌真善美，贬斥假恶丑，彰显信仰之美、崇高之美，引导人们向往和追求讲道德、尊道德、守道德的生活。文学、艺术、电影、出版等方面的基金、资金，重点支持传递向上向善价值观的青少年文艺创作和推广。

11. 唱响爱国主义主旋律。爱国主义是中国精神最深层、最根本的内容，也是文艺创作的永恒追求。坚持唯物史观，不管历史条件发生任何变化，凡是为中华民族作出历史贡献的英雄，都应得到尊敬、受到颂扬，被人民记忆、由文艺书写。组织和支持爱国主义题材文艺创作，大力讴歌民族英雄，倾诉家国情怀，弘扬集体主义精神，不断增强做中国人的骨气和底气。正确反映中华民族五千多年文明史、中国人民近代以来斗争史、中国共产党奋斗史、中华人民共和国发展史、当代中国改革开放史，生动反映各族人民维护祖国统一、海外儿女心向祖国的心路历程。旗帜鲜明反对历史虚无主义，抵制否定中华文明、破坏民族团结、歪曲党史国史、诋毁国家形象、丑化人民群众的言论和行为，反对以洋为尊、唯洋是从，引导人民树立和坚持正确的历史观、民族观、国家观、文化观，不断增强中国特色社会主义道路自信、理论自信、制度自信。拓展爱国主义题材的表现空间，不断丰富形式、创新手法，增强艺术魅力。充分运用重要纪念日、民族传统节日等时间节点，集中展映展播展示群众喜爱的爱国主义优秀作品，开展丰富多彩的群众性文化活动。

12. 传承和弘扬中华优秀传统文化。中华优秀传统文化是中华民族的精神命脉，是我们屹立于世界文化之林的坚实根基。坚守中华文化立场，坚持古为今用、推陈出新，秉持客观科学礼敬的态度，努力实现创造性转化和创新性发展。弃其糟粕、取其精华，从传统文化中提炼符合当今时代需要的思想理念、道德规范、价值追求，赋予新意、创新形式，进行艺术转化和提升，创作更多具有中华文化底色、鲜明中国精神的文艺作品。实施中华文化传承工程，通过国民教育、民间传承、礼仪规范、政策引导和舆论宣传、文艺创作等各个方面，传承中华文化基因。做好古籍整理、经典出版、义理阐释、社会普及工作。加强对中华诗词、音乐舞蹈、书法绘画、曲艺杂技和历史文化纪录片、动画片、出版物等的扶持。发展民族民间艺术，保护和发掘我国少数民族文艺成果及资源，保护和传承非物质文化遗产。实施地方戏曲振兴计划，做好京剧“像音像”工作，挖掘整理优秀传统剧目，推进数字化保存和传播。推进基层国有文艺院团排练演出场所建设，政府采购戏曲项目，提供公共文化服务，推进戏曲进校园。扶持中华文化基因校园传承工作，建设一批中华优秀传统文化教育基地。

四、创作无愧于时代的优秀作品

13. 把创作优秀作品作为中心环节。牢固树立精品意识，推出更多思想精深、艺术精湛、制作精良，体现时代文化成就、代表国家文化形象的文艺精品。组织实施中国当代文学艺术创作工程，科学编制现实题材、爱国主义题材、重大革命和历史题材、青少年题材等专项创作规划，优化创作生产平台，重点支持文学、影视剧、戏剧、音乐、美术等创作。提高组织化程度，集中力量、集聚资源，推出一批有筋骨、有道德、有温度、艺术震撼力强的大作力作，努力形成文艺创作生产的“高峰”。中央和地方设立文艺创作专项资金或基金，加大对创作生产的投入，加强对评论、宣传和推广的保障。发挥精神文明建设“五个一工程”等的示范导向作用，加大评奖成果的宣传展示。办好媒体文艺栏目节目，实施中国文艺原创精品出版项目。

14. 把创新精神贯穿创作生产全过程。坚持思想性、艺术性相统一，坚持内容为王、创意致胜，提高文艺原创能力，在探索中突破超越，在融合中出新出彩，着力增强文艺作品的吸引力、感染力。重点扶持文学、剧本、作曲等原创性、基础性环节，注重富有个性化的创造，避免过多过滥的重复改编。把继承创新和交流借鉴统一起来，深入挖掘和提炼优秀传统文化中的有益思想艺术价值，积极吸收各国优秀文化成果，使文艺更加符合时代进步潮流，更好引领社会风尚。推动文艺与新技术、新业态、新模式、新媒体有机融合，以数字化技术为先导，积极推动文艺创作生产方式的变革和进步，丰富创作手段，拓展艺术空间，不断增强艺术表现力、核心竞争力。

15. 高度重视和切实加强文艺理论和评论工作。坚持以马克思主义为指导，继承中国传统文艺理论评论优秀遗产，批判借鉴外国文艺理论，研究梳理、弘扬创新中华美学精神，推动美德、美学、美文相结合，展现当代中国审美风范。实施马克思主义文艺理论与评论建设工程，深入研究中国特色社会主义文艺理论，编好用好马克思主义文艺理论教材，把马克思主义中国化最新成果贯穿到课堂教学和文艺评论实践各环节。扶持重点文艺评论力量，发挥好各级文艺评论组织、研究机构、高等学校的积极作用。办好重点文艺评论报刊、网站和栏目，丰富表达形式，拓展传播途径。坚持运用历史的、人民的、艺术的、美学的观点评判和鉴赏作品，褒优贬劣、激浊扬清。

16. 大力发展网络文艺。网络文艺充满活力，发展潜力巨大。坚持“重在建设和发展、管理、引导并重”的方针，实施网络文艺精品创作和传播计划，鼓励推出优秀网络原创作品，推动网络文学、网络音乐、网络剧、微电影、网络演出、网络动漫等新兴文艺类型繁荣有序发展，促进传统文艺与网络文艺创新性融合，鼓励作家艺术家积极运用网络创作传播优秀作品。充分发挥新媒体的独特优势，把握传播规律，加强重点文艺网站建设，善于运用微博、微信、移动客户端等载体，促进优秀作品多渠道传输、多平台展示、多终端推送。加强内容管理，创新管理方式，规范传播秩序，让正能量引领网络文艺发展。

17. 加强文艺阵地建设。进一步加强领导、加强规划、加大投入，充分发挥报纸、期刊、电台、电视台、网络媒体、图书音像电子出版物的积极作用，建好用好剧场、电影院、文化馆（站）、群艺馆、美术馆、工人文化宫、文化广场、基层综合性文化服务中心等各类文艺阵地。因地制宜、因时制宜，采用群众喜闻乐见的方式，举办各种展映展播展演展览和品读鉴赏传唱活动，让优秀文艺作品走进基层群众特别是广大青少年。切实增强政治意识、责任意识、阵地意识，按照谁主管谁负责和属地管理原则，加强对各类文艺阵地的管理，做到守土有责、守土负责、守土尽责，绝不给错误文艺思潮和不良文艺作品提供传播渠道。

18. 推动优秀文艺作品走出去。运用文艺形式讲好中国故事、展示中国魅力，是树立当代中国良好形象、提升国家文化软实力的重要战略任务。深入挖掘博大精深的传统文化、多姿多彩的民族文化、昂扬向上的红色文化、充满生机的当代文化，创作生产符合对外传播规律、易于让国外受众接受的优秀作品，不断增强中国文艺的吸引力感召力。加强统筹指导，完善协调机制，把实施丝绸之路文化项目、丝绸之路影视桥、丝路书香等项目纳入国家“一带一路”战略，制定文化交流合作专项计划。实施中国当代作品翻译工程，遴选具有代表性的中国当代文艺作品，进行多语种翻译、出版、播映、展示。充分利用国内和国际、政府和民间多种对外交流渠道和活动平台，把文艺走出去纳入人文交流机制，向世界推介我国优秀文艺作品。

五、建设德艺双馨的文艺队伍

19. 加强思想道德建设。文艺工作者是灵魂的工程师，必须把思想道德建设放在首位。深化马克思主义文艺观学习教育，引导文艺工作者成为党的文艺方针政策的拥护者、践行者，成为时代风气的先行者、先倡者。深化社会主义核心价值观学习教育，引导文艺工作者打牢世界观、人生观、价值观的根底，明确是非、善恶、美丑的界限，摒弃低俗、庸俗、媚俗现象，弘扬公德良序，树立新风正气。组织开展“做人民喜爱的文艺工作者”活动，引导文艺工作者牢记文化担当和社会责任，不断提高学养、涵养、修养。广泛开展职业道德职业精神教育，引导文艺工作者自觉遵守《中国文艺工作者职业道德公约》，处理好义利关系，反对拜金主义、享乐主义、极端个人主义，秉持职业操守，树立良好形象。

20. 培养造就文艺领军人物和高素质文艺人才。着眼于培养大批有影响的各领域文艺领军人物，造就大批人民喜爱的名家大师和民族文化代表人物，深入实施文化名家暨“四个一批”人才工程，进一步加大文艺名家资助扶持、宣传推介力度，实施好国家“千人计划”、“万人计划”文化艺术人才项目，加大国内文化艺术领军人才和青年拔尖人才培养支持力度。加强马克思主义文艺理论评论队伍建设，实施文艺理论评论队伍培养计划。做好各类文艺人才培训工作，实施基层文化队伍培训计划、民族地区文艺人才培养计划。加强和改进专业艺术教育工作，优化专业结构，提高教学质量。落实重大文化项目首席专家制度，完善文艺人才职称职务评聘措施和办法，支持特殊专业艺术人才的学历、职称认定。

21. 做好新的文艺组织和文艺群体工作。新的文艺组织和文艺群体已经成为文化艺术领域的有生力量。要扩大工作覆盖面，延伸联系手臂，完善工作机制，创新组织方式，做好团结、引导、服务工作，发挥好新的文艺组织和文艺群体在繁荣发展社会主义文艺中的积极作用。各级宣传、文化、新闻出版广电部门和文联、作协，要在项目申报、教育培训、展演展示、评比奖励等方面创造条件，在发展会员、职称评定等方面提供便利。文化园区、新的文艺群体聚居区所在县（区）以及街道、乡镇党委和政府要切实加强管理和服务。

六、加强和改进党对文艺工作的领导

22. 党的领导是文艺繁荣发展的根本保证。各级党委要从建设社会主义文化强国、提升党的执政能力的战略高度，增强文化自觉和文化自信，准确把握党性和人民性、政治立场和创作自由的关系，把文艺工作纳入重要议事日程，加强宏观指导，把好文艺方向，提高创作生产的组织化程度，防止把文艺创作生产完全交由市场调节的倾向。各级政府要把文艺事业纳入经济社会发展总体规划，纳入考核评价体系，落实中央支持文艺发展的政策，制定本地支持文艺发展具体措施，不断加大文艺事业投入力度。各级党委宣传部门要发挥统筹指导作用，充分调动各方面力量做好文艺工作，形成党委统一领导，宣传部门牵头抓总，文化、教育、新闻出版广电、文联、作协等部门和团体协同推进，社会各方面积极参与的文艺工作新格局。选优配强文艺单位领导班子，把那些德才兼备、熟悉文艺工作规律、能同文艺工作者打成一片的干部充实到领导岗位上来。推动文艺界廉政建设，加强纪律，反对腐败，改进作风。

23. 营造繁荣发展文艺的良好环境。尊重文艺人才，尊重文艺创造，落实国家荣誉制度，对成就卓著的文艺工作者授予国家荣誉称号。加大对优秀文艺人才、文艺作品的宣传力度，使优秀作家艺术家专业上有权威、社会上受尊重。做好中青年德艺双馨文艺工作者评选表彰工作。大力支持文艺工作者干事创业，诚心诚意同他们交朋友、为他们办实事。改革和完善有利于文艺繁荣发展的酬劳和奖励办法。尊重和遵循文艺规律，发扬学术民主和艺术民主，提倡不同观点和学派充分讨论，提倡题材、体裁、形式、手段充分发展，推动观念、内容、风格、流派积极创新，形成创新精神和创造活力竞相迸发、文艺精品和文艺人才不断涌现的生动局面。

24. 不断深化改革、完善体制机制。贯彻落实全面深化改革的要求，扎实推进文化事业单位改革，建立健全有利于出作品、出人才的体制机制。发挥骨干文化企业和小微文化企业等各种市场主体作用，运用市场机制，调动作家艺术家积极性，推动多出优秀作品。落实和完善对文化单位的配套改革政策，支持他们做大做强，助推文化产业成为支柱性产业。进一步完善各项文艺扶持政策，加大对国有文艺院团改革发展的扶持，加大对文学艺术重点报刊、重点网络文学网站的扶持。把面向基层的公益性文化活动、重大文艺项目纳入公共财政预算。用好各类专项资金和基金，把握方向，突出重点，向弘扬中国梦、弘扬社会主义核心价值观、弘扬中华优秀传统文化等方面的文艺创作倾斜。坚持政府引导和市场调节两轮驱动，创新资金投入方式，健全政府采购、项目补贴、贷款贴息、捐资激励等制度，落实公益性捐赠税前扣除等措施，鼓励和引导社会力量参与文艺创作生产和公益性文化活动，逐步建立健全文艺创作生产资助体系。加强各级各类学校艺术教育，推动学校与社会艺术教育资源和设施共建共享，提高青少年的艺术素养。修订、制定促进和保障文艺繁荣发展的法律法规。依法管理文化市场，深化文化市场综合行政执法改革，加强文化市场执法，深入开展“扫黄打非”，进一步提高依法行政水平。加强知识产权保护，维护文艺工作者和文艺机构合法权益。加强和改进文艺评奖管理，严格评奖标准，既看作品也重人品，切实提高评奖公信力和影响力。

25. 充分发挥文联、作协等人民团体作用。文联、作协是党和政府联系广大文艺工作者的桥梁和纽带。各级党委和政府要加大对文联、作协的支持保障力度，切实支持其履行团结引导、联络协调、服务管理、自律维权职能，在行业建设中发挥主导作用。文联、作协要改革创新、增强活力，改进工作机制和方法手段，改进工作作风，避免机关化、脱离群众现象，真正成为文艺工作者之家，更好地团结凝聚广大文艺工作者，充分调动一切积极因素，为繁荣发展社会主义文艺、建设社会主义文化强国作贡献。

（原载《人民日报》2015 年 10 月 20 日第 2 版）

中办国办印发《意见》　加强和改进新形势下高校宣传思想工作

新华社北京 1 月 19 日电　中共中央办公厅、国务院办公厅最近印发《关于进一步加强和改进新形势下高校宣传思想工作的意见》。《意见》强调指出，意识形态工作是党和国家一项极端重要的工作，高校作为意识形态工作前沿阵地，肩负着学习研究宣传马克思主义，培育和弘扬社会主义核心价值观，为实现中华民族伟大复兴的中国梦提供人才保障和智力支持的重要任务。做好高校宣传思想工作，加强高校意识形态阵地建设，是一项战略工程、固本工程、铸魂工程，事关党对高校的领导，事关全面贯彻党的教育方针，事关中国特色社会主义事业后继有人，对于巩固马克思主义在意识形态领域的指导地位，巩固全党全国人民团结奋斗的共同思想基础，具有十分重要而深远的意义。

《意见》分七个部分：一、加强和改进高校宣传思想工作是一项重大而紧迫的战略任务；二、指导思想、基本原则和主要任务；三、切实推动中国特色社会主义理论体系进教材进课堂进头脑；四、大力提高高校教师队伍思想政治素质；五、不断壮大高校主流思想舆论；六、着力加强高校宣传思想阵地管理；七、切实加强党对高校宣传思想工作的领导。

《意见》指出，在党中央坚强领导下，高校宣传思想战线始终坚持正确政治方向和舆论导向，大学生思想政治教育成效显著，教师思想政治素质明显提高，高校思想理论建设取得新进展，宣传思想阵地管理不断加强，党委统一领导、党政工团齐抓共管的体制机制逐步完善，为办好人民满意教育、维护改革发展稳定大局作出了重要贡献。高校宣传思想领域主流积极健康向上，广大师生对党的领导衷心拥护，对以习近平同志为总书记的党中央充分信赖，对中国特色社会主义事业和实现中华民族伟大复兴的中国梦充满信心。

《意见》指出，加强和改进新形势下高校宣传思想工作的指导思想是：高举中国特色社会主义伟大旗帜，以马克思列宁主义、毛泽东思想、邓小平理论、“三个代表”重要思想、科学发展观为指导，深入贯彻落实党的十八大和十八届二中、三中全会精神，深入贯彻落实习近平总书记系列重要讲话精神，全面贯彻党的教育方针，强化政治意识、责任意识、阵地意识和底线意识，以立德树人为根本任务，以深入推进中国特色社会主义理论体系进教材进课堂进头脑为主线，以提高教师队伍思想政治素质和育人能力为基础，以加强高校网络等阵地建设为重点，积极培育和践行社会主义核心价值观，不断坚定广大师生中国特色社会主义道路自信、理论自信、制度自信，培养德智体美全面发展的社会主义建设者和接班人。

《意见》指出，加强和改进新形势下高校宣传思想工作的基本原则是：（1）坚持党性原则、强化责任。切实担负起政治责任和领导责任，提高领导水平，增强驾驭能力，敢抓敢管、敢于亮剑，做到守土有责、守土负责、守土尽责。（2）坚持育人为本、德育为先。把坚定理想信念放在首位，始终坚持用中国特色社会主义理论体系武装师生头脑，确保社会主义办学方向。（3）坚持标本兼治、重在建设。强化依法管理，着力加强制度建设，把高校建设成为学习研究宣传马克思主义的坚强阵地。（4）坚持改革创新、注重实效。准确把握师生思想状况，创新工作理念和方式方法，把解决思想问题与解决实际问题结合起来，不断增强针对性实效性。（5）坚持齐抓共管、形成合力。推动校内外协同配合、全社会支持参与，构建高校宣传思想工作新格局。

《意见》指出，加强和改进新形势下高校宣传思想工作的主要任务是：（1）坚定理想信念，深入开展中国特色社会主义和中国梦宣传教育，加强高校思想理论建设，加强具有中国特色、时代特征的高校哲学社会科学学术理论体系和学术话语体系建设，进一步增强理论认同、政治认同、情感认同，不断激发广大师生投身改革开放事业的巨大热情，凝心聚力共筑中国梦。（2）巩固共同思想道德基础，大力加强社会主义核心价值观教育，把培育和弘扬社会主义核心价值观作为凝魂聚气、强基固本的基础工程，弘扬中国精神，弘扬中华传统美德，加强道德教育和实践，提升师生思想道德素质，使社会主义核心价值观内化于心、外化于行，成为全体师生的价值追求和自觉行动。（3）壮大主流思想舆论，切实加强高校意识形态引导管理，做大做强正面宣传，加强国家安全教育，加强国家观和民族团结教育，管好导向、管好阵地、管好队伍，坚决抵御敌对势力渗透，牢牢掌握高校意识形态工作领导权、话语权，不断巩固马克思主义指导地位。（4）推动文化传承创新，建设具有中国特色、体现时代要求的大学文化，培育和弘扬大学精神，把高校建设成为精神文明建设示范区和辐射源，继承和发扬中华优秀传统文化，促进社会主义先进文化建设，增强国家文化软实力。（5）立足学生全面发展，努力构建全员全过程全方位育人格局，形成教书育人、实践育人、科研育人、管理育人、服务育人长效机制，增强学生社会责任感、创新精神和实践能力，全面落实立德树人根本任务，努力办好人民满意教育。

《意见》指出，要切实推动中国特色社会主义理论体系进教材进课堂进头脑。强调要统一使用马克思主义理论研究和建设工程重点教材，把统一使用工程重点教材纳入相关专业人才培养方案和教学计划，把工程重点教材作为国家级重点规划教材，把工程重点教材使用情况作为教学评估的重要内容。要建设学生真心喜爱、终身受益的高校思想政治理论课，实施高校思想政治理论课建设体系创新计划，全面深化课程建设综合改革，编好教材，建好队伍，抓好教学，切实办好思想政治理论课。高校要制定思想政治理论课建设规划，在学校发展规划、经费投入、公共资源使用中优先保障思想政治理论课建设，在人才培养、科研立项、评优表彰、岗位聘用（职务评聘）等方面充分重视思想政治理论课教师，确保思想政治理论课在高校教学体系中的重点建设地位。要着力增强大学生思想政治教育针对性实效性，启动大学生思想政治教育质量提升工程，深入开展中国特色社会主义和中国梦教育，加强党史国史和形势任务政策教育，把社会主义核心价值观融入高等教育全过程，完善中华优秀传统文化教育，高度重视民族团结教育，积极开展马克思主义民族观宗教观、党的民族宗教政策和相关法律法规的宣传教育，广泛开展各类社会实践和公益活动，加强高校心理健康教育与咨询示范中心建设，做好就业指导和家庭经济困难学生资助工作。要充分发挥高校哲学社会科学育人功能，深化哲学社会科学教育教学改革，充分挖掘哲学社会科学课程的思想政治教育资源，建立健全符合国情的哲学社会科学人才培养质量标准体系，制定实施马克思主义理论、新闻传播学、法学、经济学、政治学、社会学、民族学、哲学、历史学等相关专业类教学质量国家标准，启动实施卓越马克思主义理论人才培养计划，深入实施卓越新闻传播人才、法律人才培养计划。要提升马克思主义理论学科的引领作用，实施马克思主义理论学科领航计划，改革马克思主义理论学科评价方式，重点建好一批马克思主义理论研究和建设创新基地，编写一批马克思主义理论学科研究生核心教材，培养一批马克思主义理论学科带头人，造就一批马克思主义理论教育家，重点建设一批有示范影响的马克思主义学院。

《意见》指出，要大力提高高校教师队伍思想政治素质。强调要着力加强教师思想政治工作，坚持不懈用中国特色社会主义理论体系武装教师头脑，进一步健全教师政治理论学习制度，实行学术安全培训制度，深入推进哲学社会科学教学科研骨干和思想政治理论课骨干教师研修工作，建立中青年教师社会实践和校外挂职制度，重视在优秀青年教师中发展党员。要扎实推进师德建设，落实高校教师职业道德规范，完善师德建设长效机制，实行师德一票否决制，完善加强高校学风建设办法，健全学术不端行为监督查处机制。要严把教师聘用考核政治关，探索教师定期注册制度。

《意见》指出，要不断壮大高校主流思想舆论。强调要扎实推进高校思想理论建设，推进高校哲学社会科学创新体系建设，积极参与马克思主义理论研究和建设工程，加强中国特色社会主义理论体系研究中心等重点基地建设，建设和创办一批权威的马克思主义理论研究学术期刊，深入实施“青年马克思主义者培养工程”，在青年教师和学生中培养一大批政治骨干，造就一支政治坚定、学养深厚、有重要影响的思想理论建设队伍。要提升研究回答重大问题的能力，实施中国特色新型高校智库建设推进计划，定期开展师生思想政治状况调研，建立健全高校哲学社会科学研究分类评价体系，完善以质量和贡献为导向的评价机制。要加强哲学社会科学学术话语体系建设，组织开展高校名师大讲堂、理论名家社会行等活动，推动高校哲学社会科学“走出去”，支持中外学者围绕中国发展和全球性重大问题开展合作研究。要切实做好高校新闻宣传工作，完善新闻信息发布和新闻发言人制度，进一步改进高校新闻宣传的文风作风，建立高校、宣传部门、新闻媒体三方联动宣传机制，为高校改革发展营造良好舆论氛围。要创新网络思想政治教育，开展高校校园网络文化建设专项试点工作，大力推进校报校刊数字化建设，探索建立优秀网络文章在科研成果统计、职务职称评聘方面的认定机制，着力培育一批导向正确、影响力广的网络名师，立足校园网站建设开办一批贴近师生学习生活的网络名站名栏，建设一支由学生和青年教师骨干组成的网络宣传员队伍，打造示范性思想理论教育资源网站、学生主题教育网站和网络互动社区，推进辅导员博客、思想政治理论课教师博客、校务微博、校园微信公众账号等网络新媒体建设。

《意见》指出，要着力加强高校宣传思想阵地管理。强调要加强校园网络安全管理，加强高校校园网站联盟建设，加强高校网络信息管理系统建设。要强化高校课堂教学纪律，制定加强高校课堂教学管理办法，健全课堂教学管理体系。要完善宣传思想阵地管理制度，加强高校哲学社会科学成果发布管理，建立高校出版质量监督检查体系，制定大学生社团的成立和年度检查制度，加强宗教学学科专业教学科研机构管理，加强校园反邪教宣传教育工作。

《意见》最后强调，要切实加强党对高校宣传思想工作的领导。要完善高校宣传思想工作机制，高校党委要强化政治责任和领导责任，党委书记、校长要旗帜鲜明地站在意识形态工作第一线，充分发挥高校党委的领导核心作用，坚持和完善党委领导下的校长负责制，建立健全高校党委统一领导、党政工团齐抓共管、党委宣传部门牵头协调、有关部门和院（系）共同参与的工作机制，充分发挥院（系）党组织保证监督作用，加强高校共青团建设，加快推进高校章程制定和核准工作。要配齐建强高校宣传思想工作队伍，统筹推进高校党政干部和共青团干部、思想政治理论课教师和哲学社会科学课教师、辅导员班主任和心理咨询教师等宣传思想工作骨干队伍建设，组织全国教育系统先进集体和先进个人评选表彰，坚持高标准选配高校宣传思想工作干部，高校党委宣传部长由学校党委常委兼任，加强高校宣传思想工作人才培养。要构建高校宣传思想工作大格局，各级党委和政府要从战略和全局的高度，充分认识加强和改进高校宣传思想工作的极端重要性和现实紧迫性，把这项工作始终摆在重要位置，切实加强领导。

（原载《人民日报》2015 年 1 月 20 日第 1、3 版）

刘奇葆在国家社科基金项目评审工作会议上强调 提升学术原创能力　推进学术理论创新

新华社北京 5 月 12 日电　5 月 12 日，中共中央政治局委员、中宣部部长、全国哲学社会科学规划领导小组组长刘奇葆出席 2015 年国家社科基金项目评审工作会议，强调哲学社会科学战线要深入学习贯彻习近平总书记系列重要讲话精神，立足当代中国实践，汲取中华文化精华，瞄准世界学术前沿，着力提升学术原创能力，推进我国学术理论创新，为协调推进“四个全面”战略布局，促进经济社会持续健康发展提供有力理论支撑。

刘奇葆强调，要牢牢把握研究方向和主题，紧紧围绕中国特色社会主义来展开来推进，从理论上深入总结中国经验、诠释中国道路，增强人们的道路自信、理论自信、制度自信。要把研究阐释习近平总书记系列重要讲话精神作为首要任务，在全面准确、深入透彻、联系实际上下功夫，着力用讲话精神武装头脑、指导实践、推动工作。

刘奇葆强调，创新是哲学社会科学的本质和生命力所在，要把创新贯穿到研究的方方面面，力争在一些重大基础理论问题研究上取得突破，推动形成具有中国特色的学术体系和话语体系。要加强中国特色新型智库建设，打造一批高端智库，充分发挥哲学社会科学的思想库作用。要坚持尊重规律、科学管理，培育良好学风，健全学术评价标准，加强成果宣传推介，推动哲学社会科学健康发展。

（原载《人民日报》2015 年 5 月 13 日第 4 版）

·学科综述·

概　述

本栏目包含2015年度北京地区哲学社会科学15个学科的综述文章56篇，研究北京的综述文章7篇。综述作者均为首都哲学社会科学界重要学术机构的知名学者、学科带头人及有较高学术水平的研究人员。这些学科综述文章较为客观地记述并分析了本年度相关研究领域的重点研究方向、科研项目、学术活动、学术观点和学术成果。还收录了《前线》杂志刊载“推进京津冀区域协同发展的战略思考”，《光明日报》载“2015年度中国十大学术热点”和《北京日报》载“2015年理论学术研究观点要览”“2015年理论视野中的热点”等文章。

马克思主义

马克思主义经典著作研究

彭萍萍

2015年学术界对于马克思主义经典著作的研究继续深入发展，学术交流密切，取得了重要成果。5月5日，根据中央实施的马克思主义理论研究和建设工程的安排，《马克思恩格斯列宁哲学论述摘编》（党员干部读本）出版座谈会在中央编译局召开；5月30日，由中国社会科学院马克思主义研究院、福州大学共同举办的“全国马克思主义青年学者论坛”在福州大学举行；10月23—24日，由中共中央编译局和山东师范大学联合主办的“第十二届全国马克思主义论坛”在山东师范大学召开；10月31日—11月1日，由中国社会科学院马克思主义研究院、中国社会科学院马克思主义研究学部、厦门大学等单位主办的“第八届全国马克思主义院长论坛”在厦门大学顺利召开。另外，今年适值《自然辩证法》首次发表90周年。为推进马克思主义经典理论著作的研究与传播，促进马克思主义中国化，中国自然辩证法研究会与中国马克思恩格斯研究会于8月22日在北京共同举办了“恩格斯自然辩证法思想及其当代意义”学术研讨会。

2015年是恩格斯逝世120周年，为纪念这位马克思主义先驱，探寻其光辉思想，学界展开了一系列纪念活动，相关研究成果颇多。

2015年首都学术界关于马克思主义经典著作的研究状况概述如下：

一、马克思主义经典著作研究

1. 关于《资本论》及其手稿的研究

《资本论》是一部有着重要价值的马克思主义经

典著作。对这一著作本身及其手稿的研究是学界探讨的热点问题。

有学者指出，马克思的《资本论》及其手稿在揭露和批判资本主义制度的罪恶和消极作用的同时，并没有否认资本主义制度的积极作用。长期以来，人们只重视马克思对资本主义制度的罪恶与消极作用的揭露和批判，有意或无意地忽视了马克思对资本的伟大文明作用的肯定，这是对《资本论》及其手稿的极大误解。资本的历史作用的二重性和历史评价的两种尺度，是造成对《资本论》及其手稿产生片面理解和误解的原因。学界可以从促进社会生产力的发展、为未来新社会创造物质技术条件、创造更多的自由活动时间、为建设未来新社会锻造全面发展的高素质人才，促进新社会因素的产生、孕育和形成未来社会主义的生产关系因素三个方面，具体说明资本的伟大文明作用。①

有学者专门就《1863—1865年经济学手稿》指出，这是马克思在1863—1867年这一写作阶段取得的相对独立的成果，是《资本论》的第三个手稿。其最重要的理论成就是建立起了《资本论》三卷的结构体系。这部手稿的第一册是《资本的生产过程》，第二册是《资本的流通过程》，第三册是《总过程的各种形态》，这样的结构是马克思运用唯物辩证法尤其是从抽象上升到具体的逻辑方法的结果。这种方法不但体现在《资本论》三册手稿彼此之间的关系上，也体现在每一册的结构上。第三册《总过程的各种形态》的“主要手稿”是《资本论》第三卷的唯一全卷手稿，它是恩格斯编辑出版的《资本论》第三卷的基础。

《1863—1865年经济学手稿》不仅在结构上有了重大突破，在具体理论上也有不少的进展。它突破“资本一般”的原则结构，对剩余价值理论、地租理论进行了调整。这些既体现了马克思的辛勤劳动，是马克思理论研究的结晶，也是马克思使用的唯物辩证法这一科学方法的胜利。也正因如此，《资本论》第三册的理论大厦显得宏伟而壮丽。②

关于《资本论》与马克思主义理论的整体性问题，有学者通过案例分析，具体展示出西方近代思想史上政治哲学与政治经济学的传承关系。学者指出，随着资本主义社会的发展，西方近现代哲学思想的存在形态、研究范式与话语方式也发生了一系列转变：从认识论、政治哲学转变为历史哲学再转变为政治经济学。而马克思主义恰恰产生于从历史哲学向政治经济学的转变阶段中。这就意味着，我们必须在一种全新的思想史视野和“超学科”视野中重新看待《资本论》的知识类型和学科性质，将其理解为一种新形态的“大写的哲学”。③

有学者审视《资本论》与西方近代政治哲学传统的关系，展现出了马克思超越西方政治思想传统的具体路径：将抽象观念置于特定社会历史境遇中展开总体性分析，具体揭示出自由、平等与所有权等传统政治哲学关键概念的内在矛盾与自我逆反，由此实现辩证扬弃与内在超越。④

近年来，随着《马克思恩格斯全集》历史考证版（MEGA2）第二部分“《资本论》及其准备材料”的陆续出版，有关马克思经济学手稿与《资本论》关系的研究开始基于新的文献材料进入新的发展阶段。马克思手稿的发表还第一次还原了马克思创作过程的全貌，表明其创作从来不是一个按照预定计划按部就班论述的直线过程，而是一个不断探究新问题、反复尝试新论述方法、持续收集新材料、最终实现新认识的研究和叙述相互交替的螺旋式上升过程。对“《资本论》研究中的马克思恩格斯问题”的研究，随着MEGA2第二部分“《资本论》及其准备材料”的陆续出齐，开始以新的文献资料为基础日趋科学化。MEGA2第二部分文献材料的出版将马克思的创作过程和恩格斯的编辑过程原原本本地呈现在每一位读者面前，这对于“《资本论》研究中马克思恩格斯问题”的研究来说，将是一个新的开始，同样也是我们研究马克思经济学手稿与《资本论》关系问题的新的开始。⑤

有学者指出，在新的历史条件下重读《资本论》不能简单地从“现实问题”出发然后到经典文本中寻章摘句进行“选择性引用”或“选择性阐发”，也不能简单借用当代流行的思潮和方法去“挖掘”和“阐释”其思想，更不能盲目追随“热点”或“热潮”随风起舞或随波逐流，提出当前要结合资本全球化的发展态势来重新研究思想史与现实双重维度中的《资本论》，以确立其思想史地位与当代价值。以《资本论》为思想资源，学者指出作为“时代精神精华”的《资本论》直面时代的矛盾和问题，作为“政治经济学批判”的《资本论》寻求矛盾和问题的解决之道，作为“正义论”的《资本论》维护人的尊严与推进社会公平正义。21世纪深化《资本论》研究需要开启历史唯物主义研究的三个维度：历史唯物主义的空间维度；历史唯物主义的规范维度；历史唯物主义的学术维度。《资本论》当代解释力的界域，正视时代变迁所导致的差池，写出它的新篇章。这无疑需要深化对当代资本主义的"政治经济学批判"。⑥

2. 关于《德意志意识形态》的研究

在马克思主义波澜壮阔的发展史上，《德意志意识形态》有着独特的历史地位。有的学者认为《德意志意识形态》"形成了完整的科学的历史唯物主义的体系"，有的学者称之为"里程碑式的重要著作"，有的学者则说《德意志意识形态》"引发了欧洲政治社会思潮的一次主要剧变"，"这本著作标志着人对于自身思考上的史无前例的转折点"。

针对学界不同角度的不同评价，有学者对其中蕴含的国家理论进行研究，指出国家问题是马克思、恩格斯长期思考的重要问题，《德意志意识形态》的国家理论是马克思恩格斯从1843年以来一系列政治思想观点逻辑化的必然结果。这一理论的主要内容包括国家不是从来就有的，而是历史发展的产物；国家尽管会采取共同体之类的相对独立的形式，但它实质上具有强烈的阶级性，是在阶级基础上产生的；国家具有明显的社会性和公共性，通过履行公共职能使社会秩序得到有效维护，使统治阶级能够顺利统治下去；资产阶级国家是私有制国家中最发达的国家形态，它的阶级职能与公共职能也是最完善的，这种国家制度最有利于维护资产阶级利益。当前，这一国家理论不仅没有过时，仍然有很强的生命力。中国推进国家治理体系和治理能力现代化，一方面要坚持马克思主义的国家治理理论，另一方面要着眼于解决国家治理中的重大现实问题。⑦

3. 关于《政治经济学批判大纲》的研究

《政治经济学批判大纲》也称为《1857—1858年经济学手稿》。《大纲》是马克思在19世纪50年代研究经济学的重要手稿，在马克思思想发展史上具有十分重要的地位。

以往理论界对《大纲》的关注主要集中在经济学和哲学层面，但学者提出《大纲》其实涉及超越经济学视界的历史学、社会学和空间政治学等众多宝贵的思想资源。它从总体性视野出发，阐明"现实的个人"不仅是社会性、历史性的存在，而且是空间性的存在。人的发展的三大社会历史形态就是不断打破空间界限，由"地域性的存在"向"世界历史性存在"转变的空间化过程。这种空间性变迁背后闪烁的是资本的魅影。马克思用"时间消灭空间"等经典命题对资本关系展开了空间批判，并且在资本的"创造性破坏"逻辑以及"流动性"与"自我固定化"的空间性矛盾中，看到了解放的希望。⑧

4. 关于《自然辩证法》的研究

有学者介绍《自然辩证法》的最新译本情况，指出《自然辩证法》完整的新译本收入2014年出版的《马克思恩格斯全集》中文第2版第26卷。新版的《自然辩证法》单行本将作为"马列主义经典作家文库"的一种面世。这个单行本还附有马克思恩格斯有关的《自然辩证法》的5封书信。这是《自然辩证法》的最新译本。这个新译本吸收了国内外的编译和研究成果。在译校过程中首次以1985年出版的《马克思恩格斯全集》历史考证版（MEGA 2）为主要版本依据。新版《自然辩证法》译文以1971年的《马克思恩格斯全集》中文版第20卷的译文和1995年《马克思恩格斯全集》中的节选译文为基础，参考了《马克思恩格斯全集》德文版、俄文版和英文版，参考了1984年于光远同志的译本，一些自然科学方面的疑难问题还请教了中科院的专家。其主要特点表现为：（1）在手稿的编排方式上，采用了历史考证版的按内容分类编排的方式，将手稿编为六个部分："历史导论"，"黑格尔以来的理论发展进程。哲学和自然科学"，"辩证法作为科学"，"物质的运动形式以及各门科学的联系"，"各门学科的辩证内容"，"自然界和社会"。这种划分和归纳能更好地反映《自然辩证法》各部分的内容和主题，便于读者学习和把握自然辩证法的理论精萃。（2）新版《自然辩证法》收文更完备，资料更翔实。新译本增收7篇关于数学、物理学和化学的一些计算公式和一篇关于德国化学家菲·泡利批评用劳动时间来计算某物价值的札记。此外，新译本还附有按手稿写作顺序编排的《〈自然辩证法〉细目》、按手稿内容编排的《〈自然辩证法〉细目》和《〈自然辩证法〉四束手稿内容索引》。这些材料反映了《马克思恩格斯全集》历史考证版编者对《自然辩证法》手稿进行深入考证和研究取得的新成果。（3）新版《自然辩证法》的译文进一步完善。根据中央提出的"使译文更加准确的反映马克思主义经典作家的原意"的要求，对《自然辩证法》的译文做了全面的修订，改正了原译文中的错译和不确切表达，修改了一些不符合汉语规范和表达方式的语句。⑨

5. 关于《列宁全集》第2版增订版编译工作

《列宁全集》第2版增订版是中央马克思主义理

论研究和建设工程重点项目，也是国家出版基金重点资助项目。对这项工作的进展，学者介绍称这项工作自2010年年初启动，按照预先制定的工作计划，《列宁全集》第2版增订版60卷书将在2015年年底前全部发排，2016年年底前全部出版。这次增订版的主要工作包括两项：一项是增补新文献，从已出版的《列宁全集补遗》第1卷和已发排的《列宁全集补遗》第2卷中选取一些相对重要的文献，按发表时间顺序分别收入《列宁全集》第2版相应卷次，确定收入文献共44篇，总计约20万字；二是重新修订，修订内容主要有：根据最新编译成果，对列宁著作中的马克思和恩格斯著作引文进行修订；对列宁著作译文中的个别缺陷和疏漏加以补正，对一些重要译名进行复核、统一；对各卷资料部分进行全面修订、统一；对各卷《前言》进行适当修订。[10]

二、马克思主义经典作家思想研究的新进展

1. 关于社会形态划分法的研究

对五种社会形态划分法和三种社会形态划分法的含义及其相互关系的看法，在我国理论界尚存在一些分歧。

有学者指出，这两种划分法的既有区别，又有一致性。区别主要表现为：（1）五种社会形态划分法是以生产关系的性质为标准把人类历史划分为五种不同的社会形态，而三种社会形态划分法则是以劳动者和劳动的客观条件的关系为标准把人类历史划分为三种不同的社会形态。（2）三种社会形态划分法根据个人与共同体关系的变化说明三大社会形态的依次更替。(3）三种社会形态划分法把衡量财富的尺度作为区分不同的社会形态的依据之一，这是五种社会形态划分法所没有涉及的。（4）三种社会形态划分法的重点在于具体考察和分析物的依赖性社会或商品经济社会的形成、特点、本质及其发展规律和必然导致自身灭亡的过程，揭示了物与物之间的关系所掩盖的人与人之间的社会关系和商品经济的拜物教性质。(5）三种社会形态划分法把榨取剩余劳动的形式的不同，作为区分原始共同体解体以后产生的三大文明形式的依据。

其一致性主要表现为：（1）三种社会形态划分法和五种社会形态划分法所划分开来的社会形态，都属于经济的社会形态。（2）三种社会形态划分法和五种社会形态划分法在说明人类历史由公有制社会到私有制社会再到更高发展程度的公有制社会的演变过程方面是一致的。（3）三种社会形态划分法和五种社会形态划分法在说明人类历史由无阶级社会到阶级社会再到更高发展程度上的无阶级社会的发展过程方面是一致的。（4）三种社会形态划分法实际上是五种社会形态划分法在某种程度上的归纳和概括，因而把这种归纳和概括分解开来，实际上就成为五种社会形态划分法。五种社会形态划分法和三种社会形态划分法都是马克思提出来的，二者既是互相区别的，又是内在统一的，在说明人类历史发展过程上的作用是互补的，而不是互相矛盾、互相排斥的，不能用一种划分方法取代另一种划分方法。[11]

2. 关于恩格斯思想

2015年是恩格斯逝世120周年，首都学者通过不同的形式进行纪念。大家一致认为，深入研究伟人的光辉思想，并将之发扬光大，是对伟人的最好纪念。

关于马克思恩格斯的关系，有学者提出马克思恩格斯双星合璧的观点，指出：（1）马克思与恩格斯的精神实质是一致的，批驳西方学者把两者割裂、对立起来，用以否定、贬低恩格斯；（2）提醒我们要重视学习恩格斯对创立、捍卫和发展马克思主义的独特贡献，更加重视恩格斯晚年的著作；（3）警示人们要认真学习马克思和恩格斯第一把手与第二把手互相帮助、密切合作、和谐共处的范例和精神，这是社会主义共产主义世界长盛永旺的要领。

关于恩格斯在理论上的独特贡献，学者总结为，(1）在科学世界观方面，恩格斯突出了人的创造性劳动的中心地位。他把辩证法与唯物主义紧密结合起来，充分论证了人的创造性劳动是改善自然、社会和人类本身的根本动力。这是恩格斯对完善马克思主义科学世界观的独特贡献。（2）在科学历史观方面，恩格斯以“两种生产理论”和“历史合力论”极大地丰富了唯物史观。恩格斯提出了人类社会有物质生产和人口生产两种生产的理论，指明了这两种生产的关系及其社会作用，这样就极大地丰富了唯物史观。恩格斯晚年在总结历史经验时还提出了社会变革的合力论，使我们认清经济、政治、法律、军事、文化和个人、群众、阶级、政党、领袖等因素在创造历史中的综合作用。(3）恩格斯对资本主义的发展提出了新看法。恩格斯注意到现代资本主义发生的变化，认识到现代资本主义在19世纪下半叶整整半个世纪中正处于上升阶段，还有很强的生命力，无产阶级要善于开展议会合法斗争去掌握政权。（4）在科学未来观方面，恩格斯晚年已经开始将社会主义与共产主义区别对待。他已经认识到共产主义是比社会主义更长远、更艰巨、更有待未来实践加以具体界定的科学理论和奋斗目标。[12]

关于恩格斯晚年思想的研究，近些年来有些学者提出恩格斯晚年完全抛弃了他和马克思一道制定的旧的暴力革命斗争策略，转而主张工人阶级通过合法斗争取得政权，和平过渡到社会主义，是和平长入社会主义的首倡者，是一个民主社会主义者。更有甚者，认为恩格斯此举是对马克思主义的整个理论体系进行了彻底"修正"，抛弃了其不成熟时期所憧憬的共产主义幻想的结果，是最大的修正主义者。对此，学者提出不同的意见，指出这种说法将恩格斯晚年根据历史条件变化对无产阶级革命策略的调整歪曲成对科学社会主义根本原则的放弃，从而将他与伯恩施坦的修正主义混为一谈，彻底否定了他对马克思主义的杰出贡献。事实上。恩格斯晚年的策略思想充分体现了原则坚定性和策略灵活性的辩证统一。[13]

也有学者指出，对恩格斯晚年思想的争论根源在于恩格斯晚年确实与时俱进地发表了一系列新见解、新思想，这些都是对恩格斯的误解、歪曲。[14]

3. 关于生态思想

有学者对马克思关于人与自然关系生态思想进行研究，指出马克思对这一问题作出了科学的回答。其生态思想的主要观点为：人是自然界发展到一定阶段的产物，是自然界的一部分；同时，人的存在和发展依赖于自然界提供的物质生活资料，人靠自然界生活。同时，人虽然与自然界的其他生命体一样，需要从自然界取得物质和能量，以维持自身的生存。但与其他生命体被动地适应自然有着根本的不同：人是具有自我意识的能动主体，人类通过自己的实践活动改变自然界，与自然进行物质能量交换，创造人类需要但自然界并不直接存在的物质，从而不断重构人与自然的关系。在人类作用于自然、改造自然的实践活动中，也使得人类自身的因素进入到自然中，赋予自然存在以人的尺度，通过人的活动"在自然物中实现自己的目的"。其实践意义在于，要确保社会的持续有序发展，既要保持人与人、人与社会的良好关系，也要保持人与自然的良好关系。在人类作用于自然的物质变换中，应当做到人与自然的生态平衡，应当合理地调节人与自然之间的物质变换。[15]

还有学者对马克思恩格斯的文化生态思想进行研究，指出马克思恩格斯在不同时期的经典文献中从不同的侧面、不同的维度、不同的语境对同一种新的文化现象—文化生态进行了描述和阐释，这些思想资源综合起来，便构成了一个既有特定的研究对象又存在着内在联系的基本思想。他们以"现实的个人"为历史前提，依据社会生活的不同维度，以三个不同的层级结构阐明了文化与外部环境之间的生态关系。（1）从总体的社会生活层面来观照文化生态，以社会意识依赖于社会存在的基本原理为基础为文化生态问题的阐释确立了根本的理论立场和基本解释原则。（2）从动态的实践活动层面来阐释文化生态的发展，在物质生产和精神生产的辩证统一中阐发了文化生态发展的一般规律和特殊形式。（3）从一定的社会结构层面来阐发阶级社会的文化生态状况，在经济、政治、文化的交互作用中阐明统治阶级的思想文化的主导地位与各阶级阶层文化的多样性。其当代价值在于：（1）马克思恩格斯关于文化与自然环境动态发展的生态文明思想为当下社会主义生态文明建设提供了理论支持。（2）马克思恩格斯关于文化与社会层级结构互动的思想对于社会主义意识形态建设具有重要的理论价值。（3）马克思恩格斯关于世界历史进程中的文化生态思想阐释是全球化背景下我国民族文化建设的重要理论资源。（4）马克思恩格斯关于阶级社会的文化生态的阐释对当代中国文化生态建设具有重要的指导意义。（5）马克思恩格斯关于各民族文化交流互动的文化生态思想给当代中国民族文化建设以重要的启示。[16]

4. 关于民主和自由的思想

有学者分析马克思主义的民主观，指出其要点在于："全部问题就在于确定民主的真正意义"。从民主的发生来看，民主不是商品，不能拿来贩卖；从民主的内容来看，"程序民主"固然重要，"实质民主"更为根本；从民主的形式来看，民主不限于普选，协商也是民主；从民主的价值来看，民主既有目的价值，也有工具价值；从民主的标准来看，民主没有通行的国际标准，各有各的模式；从民主的发展来看，民主无法速成，民主建设是一个过程；从民主的效果来看，本土的民主是个好东西，但也不是万能钥匙；从民主的目标来看，西式民主不是终点，民主依然在路上。[17]

还有学者分析马克思恩格斯的良法理论，指出马克思恩格斯的良法理论包含着丰富的内容。它以"法"与"法律"相区分为逻辑前设；在真理意涵上，应体现社会物质生活条件、符合事物本质；在政治伦理上，须具有特定的价值规定性，体现社会成员的意志，立法者负有诚实的义务，保障自由；在形式方面，要科学地表达权利义务，具有可操作性。其基本特征有：（1）内容与形式的统一；（2）批判与证成的统一；（3）建构与顺应的统一；（4）理论与实践的统一。马克思恩格斯的良法理论，在批判继承自然法学的基础上，又吸收各种法学方法特别是规范法学的理论资源，有所创新、发展，他们对良法问题的阐述，涉及多个维度，更具包容性和综合性。在当代中国，立法机关应以马克思恩格斯的良法理论为指导，将人民追求美好生活的梦想，通过正确的立法原则、立法指导思想，通过有效的立法体制、立法机制和立法技术，规定在良法之中，为社会的善治奠定坚实的制度基础。[18]

5. 关于党的建设思想

有学者对列宁关于党的纯洁性思想进行研究，指出列宁关于党的纯洁性思想与他对无产阶级的历史地位、历史使命以及党的性质的深刻认识密不可分，是党的学说的精华和核心部分。他指出，新型无产阶级政党要想保持思想上的纯洁性，必须以马克思主义武装全党，作为党的指导思想。为捍卫党在思想理论上的纯洁性，列宁同各种非（反）马克思主义思想进行了坚决的理论斗争：（1）批判自由主义民粹派，捍卫唯物史观和唯物辩证法。（2）批判修正主义，捍卫阶级斗争学说和无产阶级专政理论。（3）批判“左派”幼稚病，捍卫马克思主义的战略和策略。列宁高度重视党在组织上的纯洁性建设，批判了组织上的机会主义，制定了马克思主义革命政党的组织原则，并采取有力措施提高党员质量，纯洁党员队伍，为保持党在组织上的纯洁性作了大量艰苦卓绝的工作。（1）党员必须加入党的一个组织，以确保组织监督；（2）党员必须是无产阶级先进的阶层，要严把组织入口；（3）要控制党员人数，提高党员质量；（4）清洗党员队伍，畅通组织出口。列宁在保持党的作风纯洁性上有如下思想：（1）正视所犯错误，善作自我批评；（2）真心为了群众，力戒浮夸骄傲；（3）杜绝贪污腐败，反对奢靡之风；（4）克服官僚主义，严肃党纪国法；（5）认真端正学风，纯洁党风党性。[19]

6. 关于社会文化的思想

有学者对马克思社会保障思想进行分析，指出马克思并未在自己的著作中明确提出过社会保障的概念，而是通过其在《资本论》和《哥达纲领批判》中对资本补偿理论和公平正义理论的阐述中，在揭示资本主义生产过程以及资本家剥削秘密的进程中实现的。其思想前提在于保障人的基本权利以及实现人的自由与全面发展的问题，其指向是公正。马克思正是在论述资本主义再分配的过程中再次丰富了自己的社会保障思想，指出再分配是社会生活正常运行的保障，社会只有经过分配和再分配才能确保社会公共事业的正常进行。[20]

还有学者对马克思的和谐思想进行研究，指出在马克思的思想和理论中包含着丰富而深刻的“和谐”思想以及“和谐”的价值取向。在马克思的早期、中期和晚期著作中，对“和谐”有着多重论述。在早期的诗歌、《1844 年经济学哲学手稿》、《德意志意识形态》、《共产党宣言》等著作中，都多次论及“和谐”问题，有关和谐社会、和谐世界的思想，在马克思的著作中都可以找到相关论说。以《马克思恩格斯全集》中文第一版、第二版为文本依据，可以看到马克思在以下几个层面使用过“和谐”一词。（1）在文学作品中，将“和谐”视作一种崇高的价值和理想的状态。（2）在哲学著作中，作为一种哲学范畴使用。（3）在社会历史著作中使用。（4）在政治经济学著作中使用。学者指出，马克思的和谐观涵盖了人与自然、人与社会、人与人之间的关系，因此包含三个层次：一是人与自然的和谐；二是人与社会的和谐；三是人与人的和谐。[21]

另有学者对马克思恩格斯的科学文化观进行分析，指出马克思和恩格斯在继承培根思想的基础上，把科学作为一种历史现象，“破天荒地阐明了科学的社会基本属性，以及科学之于社会的必要性”，揭示了科学文化过程的社会本质是社会现象，是一种基本的实践活动，科学史是人的本质力量展开、发展的历史；马克思恩格斯在承认科学的产生和发展受物质资料生产规律制约的基础上，首次把科学纳入到生产力范畴，阐明了科学与生产力、经济发展的关系，指出科学是生产力实现全面变革的内在根据，在资本主义制度下，科学文化蕴含意识形态或权力异化；科学文化在整个社会文化发展中的基础作用，其发展具有相对的独立性。[22]

7. 关于东方观

学者指出，马克思的东方社会观及法律观经历了一个复杂的演变过程，大体可以分为早、中、后期三个阶段。早期为东方理论的孕育阶段，约在 1853 年之前，深受黑格尔等前人的影响，重点是论述东方社会专制主义因素，较偏重于哲学思考；1853—1873 年为中期，他较侧重于经济学分析，已较为系统地论述了东方法律文明，提出了著名的“亚细亚所有制形式”；1873—1883年约为后期，转向对东方社会特殊结构的探究，并多侧面全方位对东方社会进行分析。在第三阶段中，因为新材料的出现和自己理论的深化，马克思不断扬弃前人成果，并修正了自己之前的历史观点。

马克思东方观的核心是“亚细亚生产方式”概念。对于这一概念，国际学术界争论很大。尤其在中国是否存在着马克思所说的“亚细亚生产方式”问题上迄今难以达成共识。但学者指出，亚细亚生产方式与中国社会特质暗合。古代中国的政治专制传统、宗法制度以及自给自足的经济形态、奴化心理等等都是亚细亚生产方式的典型表现。所以马克思对东方社会的经济结构、社会特性和政制法权构建方式有精深把握，其东方学说对东方国家来说具有普遍指导意义。㉓

三、研究马克思主义经典著作的方法问题

学者指出，马克思主义哲学是一种科学性质的学问，要真正学好用好这一哲学，就必须采取科学的态度和方法。其中十分重要的一条便是读原著，从马克思主义经典作家的著作中原原本本地学习和把握马克思主义哲学。要注重从整体上把握马克思主义哲学的内在逻辑，防止将其中的某些论断与这一整体逻辑割裂开来，孤立、片面地去理解，那样就会走向谬误。此外，还应防止那种教条化和绝对化的倾向，要看到马克思主义哲学是一种不断发展着的活生生的学问。经典作家的认识成果与人类认识的其他科学成果一样，都是绝对真理与相对真理的统一。我们要在继承前人已有成果的基础上，不断做出新的研究和探索，推动马克思主义哲学的创新发展。㉔

关于研究马克思主义的方法，有学者指出有两种基本方式，一种是精读经典著作，一种是学习马克思主义基本原理。这两种方式，各有其用，相互促进，不能偏废。我们既重视经典著作，也重视马克思主义基本原理。马克思主义经典著作、马克思主义基本原理、马克思主义教科书三者之间存在联系和区别。经典著作是马克思主义基本原理的文本依据；离开马克思主义经典著作，当然不存在马克思主义基本原理的逻辑表述。经典著作与原理相比，有它不可取代的优越性。在经典著作中，任何基本原理都不是单纯的逻辑性存在，而是与对事实的分析结合在一起的。它具有历史感、具有无可辩驳的说服力和事实依据，它是大量事实分析后的点睛之笔。㉕

还有学者指出，为了实现恩格斯提出的按照马克思主义经典作家“写作的原样”去阅读他们的著作，避免“读出原著中没有的东西”，防止对马克思主义经典著作的误读或曲解，改进马克思主义学习、教学和研究的方法需要做到如下几点：（1）在马克思主义的教学和研究中要把“史”、“论”、“著”有机结合起来。（2）在马克思主义的教学和研究中，要把马克思主义各个组成部分有机结合起来。（3）要撰写一批马克思主义专题史。（4）要编好马克思主义经典著作导读。（5）要用发展的观点对待马克思主义。（6）要用开放包容的态度对待马克思主义的不同学派。（7）正确理解和贯彻“四个分清”。㉖

注：

①赵家祥：《全面认识资本的作用——〈资本论〉及其手稿中一个被忽视的重要观点》，《中国高校社会科学》，2015年第1期。

②张钟朴：《〈1863—1865年经济学手稿〉——〈资本论〉创作史研究之四》，《马克思主义与现实》，2015年第1期。

③张雷声、董璐璐：《马克思经济学手稿与〈资本论〉关系研究的新动向》，《高校马克思主义理论研究》，2015年第1期。

④郗戈：《自由、平等与所有权：〈资本论〉与近代政治哲学传统》，《马克思主义与现实》，2015年第2期。

⑤张雷声、董璐璐：《马克思经济学手稿与〈资本论〉关系研究的新动向》，《高校马克思主义理论研究》，2015年第1期。

⑥张艳涛：《思想史语境中的〈资本论〉——兼论〈资本论〉与21世纪“中国现代性”建构》，《马克思主义与现实》，2015年第4期。

⑦辛向阳：《〈德意志意识形态〉的国家理论及其当代启示》，《马克思主义研究》，2015年第3期。

⑧王志刚：《马克思〈政治经济学批判大纲〉中的空间思想》，《教学与研究》，2015年第3期。

⑨顾锦屏：《谈谈〈自然辩证法〉的最新译本》，《自然辩证法研究》，2015年第11期。

⑩李京洲：《为了经典著作中文版本的更加完善——记正在进行的〈列宁全集〉第2版增订版工作》，《马克思主义与现实》，2015年第1期。

⑪赵家祥：《五种社会形态划分法和三种社会形态划分法的含义及其相互关系》，《观察与思考》，2015年第2期。

⑫高放、黄帅、王瑾：《热话题与冷思考——关于恩格斯思想研究若干重要问题的对话》，《当代世界与社会主义》，2015 年第 5 期。

⑬张新：《恩格斯晚年策略思想再研究》，《当代世界与社会主义》，2015 年第 5 期。

⑭王治东：《正本清源与现实关照——对恩格斯晚年政治思想及其当代价值的研讨与反思》，《当代世界与社会主义》，2015 年第 5 期。

⑮陈金清：《马克思关于人与自然关系生态思想的当代价值》，《马克思主义研究》，2015 年第 11 期。

⑯胡海波：《马克思恩格斯的文化生态思想探讨》，《马克思主义研究》，2015 年第 7 期。

⑰陈曙光：《论马克思主义民主观》，《马克思主义研究》，2015 年第 5 期。

⑱刘风景：《马克思恩格斯的良法理论及其中国实践》，《马克思主义与现实》，2015 年第 2 期。

⑲蔡亚志：《列宁关于党的纯洁性思想及其当代价值》，《马克思主义研究》，2015 年第 2 期。

⑳路向峰：《马克思社会保障思想的历史语境与当代视域》，《教学与研究》，2015 年第 6 期。

㉑李百玲：《马克思的和谐思想对于构建社会主义核心价值观的启示》，《当代世界与社会主义》，2015 年第 3 期。

㉒马佰莲：《马克思恩格斯科学文化观及其当代学术影响》，《马克思主义与现实》，2015 年第 3 期。

㉓蒋海松、付子堂：《马克思东方观对当代中国社会转型与法治建设之启迪》，《马克思主义与现实》，2015 年第 2 期。

㉔贾高建：《重视马克思主义哲学的学习和运用——在〈马克思恩格斯列宁哲学论述摘编〉（党员干部读本）出版座谈会上的致辞》，《马克思主义与现实》，2015 年第 3 期。

㉕陈先达：《马克思主义基本原理、文本及其解读》，《光明日报》，2015 年 8 月 12 日。

㉖赵家祥：《准确解读马列经典著作——纪念恩格斯逝世 120 周年》，《党政干部学刊》，2015 年第 6 期。

（作者：彭萍萍，中共中央编译局编审）

马克思主义中国化

毛　胜　唐洲雁

2015 年，首都理论界、学术界继续深入开展马克思主义中国化与中国化马克思主义的研究，在毛泽东思想、中国特色社会主义理论体系以及深入学习贯彻习近平总书记系列重要讲话精神等领域，取得了一批新成果。特别是围绕毛泽东思想、邓小平理论的若干专题、习近平总书记系列讲话对当代中国马克思主义的新发展新贡献，进行了较为深入的探讨，提出了许多有价值的观点，使本领域本学科呈现出扎扎实实地向前发展的良好态势。限于篇幅，仅对一年来首都学者在这几个方面研究的新进展作一个简要综述。

一、关于毛泽东思想若干专题的研究

2015 年，首都学者关于毛泽东思想的研究，主要集中在以下几个方面：

1. 关于《毛泽东年谱（1949—1976）》的研究

《毛泽东年谱（1949—1976）》（以下简称年谱）虽然在 2013 年毛泽东诞辰 120 周年的时候就已经出版，但对它的深入研究和相关史料的吸收、消化、运用，则是 2015 年的一个学术热点。去年，首都学者围绕《年谱》以及运用《年谱》的相关材料，展开了深入研究，取得了不少新成果。有学者指出，《年谱》在编撰过程中，追求资料性、权威性和学术性的统一，注重系统性、完整性和可读性的统一。其主要看点是从毛泽东同外宾的谈话、毛泽东的会议讲话和谈话、毛泽东手稿、有关会议记录等几个方面，系统地提供了大量新材料。将毛泽东年谱与邓小平、彭真、李先念等其他中央领导人的年谱结合起来进行研读，有着互证互补之用，可以拓展毛泽东研究视野，深化中共党史、中华人民共和国史研究。[①]

有学者指出，《年谱》从三个方面反映了毛泽东对中国社会主义建设道路的艰辛探索：客观记录了我们党在新中国成立后几乎所有重大决策的来龙去脉；真实呈现了我们党在新中国成立后探索中国社会主义建设道路的历史经验；充分反映了我们党在新中国成立后围绕社会主义建设问题是如何进行理论创造的。可以说，毛泽东那一代人的理论探索，为中国特色社会主义的开创作了理论准备，是中国特色社会主义理论体系的重要思想来源，而中国特色社会主义理论体系，则是对毛泽东艰辛探索社会主义建设规律的重要思想成果的继承和发展。[②]

有学者通过《年谱》深入考察了毛泽东提出的“民主新路”，认为他在论述“民主新路”时所说的“民”，是包括工人阶级、农民阶级、小资产阶级、民族资产阶级这四大阶级在内的人民。这种民主，既不同于资产阶级民主，也有别于无产阶级民主，而是符合中国国情的“人民民主”。为了正确认识和处理好民主与集中、人民民主与统一战线、人民民主与共产党的领导的关系，毛泽东对极端民主化、民粹主义、西方的资产阶级民主、无政府主义这些似是而非的“民主”进行了批判。毛泽东对民主制度的创新，最为突出的有红军时期的士兵委员会、抗日战争时期的“三三制”政权、解放战争进程中建立的人民代表会议和各界人民代表会议、新中国成立时召开的中国人民政治协商会议、1954年建立的全国人民代表大会制度，等等。毛泽东提出的“民主新路”，经过一代又一代中国共产党人的努力，已经成为一条现实的和独具魅力的中国特色社会主义政治发展道路。[③]

还有学者梳理了《年谱》所收录的新中国成立之初毛泽东给亲友的回信，指出毛泽东根据实际情况，既坚持原则性、革命性，又富有人情味、亲和力，用不同方式处理了各种亲情关系。比如，对于诸如到北京工作之类不合理的要求，毛泽东坚决委婉地予以拒绝，而对于曾经为革命作出过牺牲和贡献的亲友及其家人，则尽力予以生活上的资助。同时，对于亲戚的言行，他严格约束，严禁搞特殊化。[④]

2. 关于毛泽东与抗日战争

2015年是中国人民抗日战争胜利70周年，首都学者在既往研究的基础上，就毛泽东对抗日战争胜利的贡献进行了进一步分析和总结。有学者指出，毛泽东在抗战中提出的思想理论和战略策略对于抗战胜利起到了极其重要的作用，主要体现在：高举抗日民族统一战线大旗，坚持全民族抗战，为抗战胜利奠定了最广泛的民族精神基础；创造性地提出持久战理论，为抗战胜利奠定了最深刻的科学理论基础；将游击战争提到战略地位，坚持广泛而又持久的人民游击战争，为抗战胜利奠定了最坚实的军事斗争基础；正确把握两国三方关系不断变化的特殊格局，适时调整政策和策略，为坚持国共合作夺取抗战胜利奠定了最富远见的政治谋略基础。[⑤]

有学者认为，正确处理个性与共性、矛盾的特殊性与普遍性的关系是毛泽东领导方法和思想方法的特点之一。毛泽东认为不懂得它们的关系，就是不懂得事物矛盾问题的精髓，等于抛弃了辩证法。抗日战争时期毛泽东写出的《矛盾论》《关于领导方法的若干问题》，系统阐述了它们的关系，分析了运用于实践的途径，对夺取抗日战争的胜利发挥了重要引导作用。[⑥]

3. 关于毛泽东与马克思主义中国化

有学者认为，毛泽东为推动中共思想路线的转变，采取一系列理论和政策举措以推动和促成马克思主义理论的“中国化”。鉴于马列主义是中共革命理论的源泉、顾及共产国际的潜在影响、自身理论体系尚未成熟等现实因素，在中国化马克思主义理论成果的概念定位问题上，毛泽东主张确立保留在马克思主义理论框架内的思想体系。毛泽东坚持“毛泽东思想”是马列主义在中国革命实践中的运用发展和全党的集体创造，为应对与国民党开展舆论斗争、在全党确立“中国化”思维方式的需要，他认可新理论的导向作用，最终有限接受“毛泽东思想”这一概念。[⑦]

有学者强调，毛泽东是马克思主义中国化史上的思想大师，是马克思主义中国化事业的历史元勋，在发展主体培育、本质内涵分析、根本原则揭示、科学方法制定等方面，为马克思主义中国化的奠基和开拓作出了独创性贡献。毛泽东创造性地完成了马克思主义同中国实际的第一次伟大结合并开启了第二次伟大结合，实现了马克思主义中国化的第一次历史性飞跃，开辟了具有中国特色的新民主主义革命和社会主义改造道路，创立了毛泽东思想的理论体系，开创了中国特色社会主义的探索之路，是中国特色社会主义的理论探索者、道路开拓者、实践先行者。[⑧]

4. 关于毛泽东文化思想

有学者指出，毛泽东的“又红又专”思想孕育于新民主主义革命时期，全面探索于社会主义建设开始阶段，提出于整风“反右”运动后，适用对象是干部和知识分子，集中反映了以毛泽东为核心的第一代中央领导集体对人才群体中最重要的干部与知识分子的目标要求。毛泽东反复倡导革命干部要努力于专，增强专业知识和能力；具备专业知识的知识分子要学习马克思主义，有正确的世界观，为社会主义服务，这对新中国人才队伍建设具有重大意义。虽然对“又红又专”思想在具体理解和贯彻中出现过“左”的偏差，现在已被反映时代要求的新的表述所替代，但“红”与“专”的目标要求并不过时，在新形势下仍然有积极意义。[9]

还有学者强调，毛泽东在对待中国传统文化问题上的重要思想，不但为马克思主义中国化提供了丰富的具有中国特色的文化资源，而且对于我们今天坚持社会主义文化的正确发展方向，识别和抵制诸如民族虚无主义、文化虚无主义以及“儒化中国”的复古主义等错误思潮，都有重要的指导作用。[10]

5. 关于毛泽东军事思想

有学者指出，新中国成立后毛泽东军事思想的发展、演化与丰富是全方位的，主要有如下方面：灵活运用十大军事原则，在新的历史条件对之不断补充、发展和修正；敢于以弱制强，号召结成国际统一战线反对美帝国主义；争取中间地带国家，团结“第三世界”国家，孤立美国、苏联两个超级大国；加强中国军队近代化与国防建设，以人民战争防止敌人突袭；把握战争与和平的辩证关系，不怕战争，准备战争，更要和平。[11]

有学者深入研究了毛泽东军事思想蕴含的哲学思维：在战略战术上，着眼灵活性；在战争发展的走向上，研究规律性；在战争主客观关系上，发挥自觉能动性；在战争局面的变化上，力求开创性；在战争胜负问题上，看重民众本源性。这些深刻的军事思想，体现了毛泽东的哲学思维特点：善于从实际出发把握敌我双方特点；善于在实践基础上进行思维加工和经验总结；善于把握历史逻辑，提出战略预见；善于辩证引导战争转化，走向克敌制胜。[12]

6. 关于毛泽东党建思想

有学者指出，毛泽东为了保证解放战争取得决定性胜利，选择加强纪律建设为核心环节，以推动全局工作。从1948年1月7日为中共中央起草并发出《关于建立报告制度》的党内指示，到城南庄会议前后提出一系列新概念，充分显现政治纪律含义，再到9月中央政治局会议对纪律建设全面总结提升，中国共产党开展了一场持续深入的纪律建设。通过不间断地探索创新，中国共产党对纪律工作的认识及实践在1948年达到一个空前的高度，取得极为丰硕的成果，为确保解放战争最后阶段的胜利发挥了关键作用。[13]

有学者认为，毛泽东坚持不懈地反对特权思想、特权现象，把官僚主义视为反人民的作风，一再告诫全党要警惕和防止贵族阶层的出现，具有很强的现实意义。他为此提出了一系列重要思想和积累了正、反两方面的经验。他提出的诸如要把思想教育放在首位，永远保持共产党人的政治本色；教育干部要永远以普通劳动者的姿态出现，同群众打成一片；要大力培养和造就社会主义事业的接班人；要重视在制度上对权力的监督；必须坚持不懈地同以权谋私、贪污受贿等腐败现象进行不调和的斗争等，是我们保持党和人民政权纯洁性的宝贵财富，是值得我们重视、研究和继承的。[14]

7. 关于其他专题的研究

首都学者2015年对毛泽东思想的研究，不仅关注上述专题，而且开动脑筋，拓宽思路，就若干其他问题进行深入探讨，充分体现了理论研究中的学术自觉和宽阔视野。比如，有学者认为，20世纪50年代中后期，毛泽东对于争取“用和平手段取得政权”进到社会主义有过思考，这是由英国共产党要删除毛泽东的《战争和战略问题》（英文版）一文的前两段关于革命暴力是普遍原则引起的。毛泽东以恩格斯的看法为根据，指出在特定条件下英国和美国也可以和平进到社会主义，这是他关于无产阶级革命道路问题的一个思想变化。他的这种思考与变化同当时的国际环境有较大关系，他把无产阶级通过暴力革命与和平过渡取得政权这两种方式视为战略和策略的关系，认为革命用战争手段和用和平手段也是两条腿走路，但最后解决问题还是要靠战争。[15]

又如，有学者指出，毛泽东是1975年整顿的首倡者，1975年整顿的设想是毛泽东对“文化大革命”所造成的严峻形势深入反思后提出来的，是毛泽东发动“文化大革命”的主观逻辑同当时客观现实综合的结果，这个整顿设想是一个基本肯定“文化大革命”为前提条件的改良性方案。毛泽东是1975年整顿的大力推动和支持者，为整顿工作提供了根本前提、关键依据、干部条件、具体指示，并多次批评“四人帮”，为整顿工作扫除重大障碍。邓小平是1975年整顿的实际领导者，邓小平领导的全面整顿实践是一种旨在对“文化大革命”全面否定、探索出一条中国社会主义建设新路的革命性方案，同毛泽东的整顿设想存在着原则性的分歧。1975年整顿中断的根源，表面上看是对“文化大革命”评价上的不同，从深层次上说在于两位政治家在如何建设社会主义这个问题上的分歧。[16]

二、关于邓小平理论若干专题的研究

2015年，首都学者关于中国特色社会主义理论体系的研究，主要集中在邓小平理论的研究上。

1. 关于邓小平与中国特色社会主义

有学者指出，为什么在中国特色社会主义道路上会不断涌现出众多的经济奇迹？最主要的原因，是在这条道路的构建过程中，贯穿着邓小平对于在总结国内外历史经验基础上提出的“什么是社会主义，怎样建设社会主义”问题的不懈探索和回答，从而创造性地解决了中国特色社会主义的任务、本质、方位、动力、体制等问题，为显示社会主义对于资本主义的优越性，推动社会生产力持续、快速发展，开辟了道路。而邓小平之所以能够胜利地解决这个长期困扰人们的问题，又源于他把坚持和发展马克思主义，看作是要从当前的客观实际出发，以马克思主义的基本理论和基本方法为指导，研究新情况，解决新问题，而不是离开了当前的客观实际，去搬用和演绎经典作家的某些个别论断。[17]

有学者指出，邓小平以其特有的个人禀赋、非凡的人格魅力，领导全党全国各族人民，在对“文化大革命”、中国发展落后状况和当时国际形势深刻反思的基础上，开启了对中国特色社会主义的全新探索，开辟了中国特色社会主义道路，创立了邓小平理论，坚持、完善和发展了中国特色社会主义制度，使社会主义在中国土地上焕发出勃勃生机，使中华民族大踏步赶上时代前进潮流，迎来伟大复兴的光明前景。[18]

还有学者强调，在开辟全新战略道路的艰难战斗历程中，以近半个世纪的深厚历史经验为基础上，邓小平理论应运而生，逐渐形成和发展起来，成为我们党在新时期启动大变动、新觉醒的强大精神动力和智力支持。赶上时代是改革要达到的目的，关键在于“三个解放”：解放思想，解放和发展生产力，解放和增强社会活力。[19]

2. 关于邓小平与改革开放

有学者指出，尊重民意是贯穿邓小平一生的根本价值取向。深入了解民意是推进改革开放战略的现实依据，总结提升民意是改革开放政策的活水源头，不断扩大民意基础是加速改革开放进程的战略举措，坚定维护民意是改革开放政策受到拥护的根本原因。中国的改革开放政策不仅仅是国家顶层设计的产物，同时也是顺应民意的结果。[20]

有学者强调，邓小平 1977—1978 年间，在不同场合发表了大量讲话，其主要目的是在思想领域进行拨乱反正，中心是如何正确理解马列主义、毛泽东思想。由于这些讲话深入浅出，生动形象，而且很好地和人民群众当时的工作、生活紧密相连，从而迅速地重新确立了马列主义、毛泽东思想的指导地位，为即将到来的工作重心转移、实行改革开放营造了良好的思想氛围，并为形成建设有中国特色的社会主义理论，奠定了坚实的理论基础。[21]

有学者指出，邓小平推动的重要政治改革包括：倡导解放思想、彻底否定“文化大革命”、防止个人专权和个人崇拜、改革党和国家领导制度，等等。这些改革已经深刻地改变了中国的政治发展进程和政治文化传统，是邓小平对中国政治进步的重大贡献。邓小平思考的关于党和国家领导制度的许多任务，至今仍未完成。完成他未竟的改革事业，是后继者们义不容辞的历史使命。[22]

还有学者深入研究了邓小平怎样推动科技改革，强调他独具匠心地推动科技改革，将吸收和运用海外华人科学家的才智作为打开科技改革大门的“钥匙”和“捷径”。他大力倡导人才交流“请进来”“走出去”，以建立博士后流动站为平台培养科技人才，以发展高能物理为科技改革发展的突破口等重大举措，在推动科技改革的同时也打开了对外开放的大门。邓小平科技改革思想包括利用海外华人科学家才智推动科技改革思想，是邓小平侨务思想和邓小平理论的重要内容之一。[23]

3. 关于邓小平外交思想

有学者指出，邓小平的国际战略思想是邓小平理论的重要组成部分，也是中国特色社会主义理论体系的重要组成部分。在新形势下重温邓小平的国际战略思想对于坚持和发展中国的国际战略，面对我们在国际上面临的新课题、新挑战，更好地坚持和发展中国特色社会主义事业，有着特殊和重要的意义。因此，我们一要坚持当今时代主题的科学判断，二要坚持维护世界和平的基本主张，三要坚持独立自主的和平发展道路，四要坚持对外党际关系的重要原则，五要清醒认识和正确对待国际形势的新变化。[24]

有学者认为，中国作为世界上最大的发展中国家、最重要的社会主义国家和拥有五千年历史与文明的国家，在探索中国特色大国外交之路、构建以合作共赢为核心的新型国际关系过程中，应继续以邓小平有关“不当头”的思想为基本遵循，坚持走和平发展道路，把自身不断发展壮大当作最大的机遇，结伴而不结盟，在不干涉内政、尊重国家主权与平等的前提下积极参与国际事务，承担国际责任。而不是随着中国经济的高速增长和综合国力的提升，调整邓小平提出的“不结盟、不干涉内政、不当头”的“三不原则”，采取更加强硬的外交政策。[25]

4. 关于其他专题的研究

邓小平理论的形成和发展是学术界长期关注的重要话题。有学者认为，邓小平理论概念的形成经历了一个长期的发展过程，很多理论工作者对以邓小平为代表的中国共产党人在20世纪80年代前后围绕着改革开放而形成的理论名称问题进行探讨，直到中国共产党十五大才将这一理论正式命名为邓小平理论。对于邓小平理论发展过程的研究应当以事实为原则，不轻易搞定性处理。确立邓小平理论的历史地位，是关乎中国未来的旗帜、方向问题；是对邓小平、也是对中共第二代领导集体在改革开放以来理论创造的充分肯定；是对现实和未来发展连续性所作的思想理论上的保障。[26]

“一国两制”构想同样是邓小平思想生平研究中的一个热点。有学者认为，邓小平对中国国家统一事业的理论贡献在于：提出了“和平统一”的几条重要战略原则，完成了“一国两制”构想的几大理论创新：从“和平解放”转变为“和平统一”，是从对抗到非对抗、从解决敌我矛盾到解决人民内部矛盾的重大战略性调整；从“一纲四目”到“一国两制”，是从过渡性、阶段性政策安排到长期共存制度确立的重大性质转变；将“和平统一、一国两制”确定为中国特色社会主义的重要内容；从国际视野进行战略决策，为世界和平发展作出贡献。[27]

此外，还有不少专题研究值得我们关注。比如，有学者指出，邓小平的宣传观体现了很强的务实作风。他一贯反对形式主义，主张用事实说话。解放战争中开辟大别山根据地的宣传经验，是邓小平宣传思想形成的一个重要历史线索。在改革开放历史新时期，他改变了“以阶级斗争为纲”时期宣传的指导思想，意识到世界新技术革命和信息产业重要性，及时将中国导入市场经济和信息时代的新环境。[28]

又如，有学者认为，邓小平在领导推进改革开放和社会主义现代化建设的进程中，非常重视和强调维护中央权威。他认为，维护中央权威，是党和国家形势发展的必然要求；维护中央权威，靠的是科学理论、群众支持和制度完善；维护中央权威，需要处理好与发挥地方积极性、防止“上有政策，下有对策”、维护中央领导集体中核心的权威之间的关系。[29]

三、关于习近平总书记系列重要讲话精神若干专题的研究

党的十八大以来，习近平总书记发表一系列重要讲话，形成了治国理政新理念、新思想、新战略，这是首都理论界研究的重点和热点。

1. 关于习近平总书记著作及论述摘编

近年来，习近平总书记的一系列著作相继出版，全面展现了他治国理政的主要思路和基本风格，为学习和研究习近平总书记系列讲话精神对中国特色社会主义理论的新发展，提供了丰富资料。

中共中央纪律检查委员会、中共中央文献研究室编辑的《习近平关于党风廉政建设和反腐败斗争论述摘编》，2015年1月由中央文献出版社、中国方正出版社出版，收入216段相关论述。有学者指出，这些重要论述系统阐释了党风廉政建设和反腐败斗争的重大理论问题和实践问题，为新形势下深入推进党风廉政建设和反腐败斗争提供了思想武器和行动指南。学习这些重要论述，对于我们深刻理解党风廉政建设和反腐败斗争的重要性和紧迫性，充分认识其长期性、复杂性、艰巨性，系统把握总体思路和主要任务，把党风廉政建设和反腐败斗争不断引向深入、不断取得重大成效，具有重要政治意义、理论意义和实践指导意义。[30]

中共中央文献研究室编辑的《习近平关于全面依法治国论述摘编》，2015年4月由中央文献出版社出版，收入193段相关论述。有学者指出，这些论述为推进社会主义法治建设提供了基本遵循和行动指南。学习这本重要论著，特别要深刻理解以下几个方面：从“四个全面”战略布局高度，深刻认识全面依法治国的重大意义；坚持中国特色社会主义法治道路，最根本的是坚持中国共产党的领导；全面把握法治工作基本格局，着力推进科学立法、严格执法、公正司法、全民守法；紧紧抓住领导干部这个“关键少数”。[31]

中央文献研究室编辑的《习近平关于协调推进“四个全面”战略布局论述摘编》，2015年10月由中央文献出版社出版，收入287段相关论述。有学者指出，“四个全面”战略布局，是实现民族复兴伟业的重要保障，也是坚持把马克思主义基本原理与中国实际相结合、探索社会主义发展规律取得的最新理论成果，必将指引我们在中国特色社会主义道路上实现中华民族伟大复兴的中国梦。这些论述对于全党深入理解“四个全面”战略布局的重大意义，系统把握“四个全面”战略布局的科学内涵和总体要求，把“四个全面”战略布局落到实处，实现“两个一百年”奋斗目标、实现中华民族伟大复兴的中国梦，具

有十分重要的指导意义。[32]

习近平总书记的《做焦裕禄式的县委书记》，2015年8月由中央文献出版社出版，收入6篇相关讲话。有学者指出，这些讲话对于抓好县域经济社会发展、县域治理和县级领导班子建设、党的组织建设，加强和改善县域党的领导，培养造就一支高素质干部队伍特别是县委书记队伍，把协调推进“四个全面”战略布局落到实处，具有十分重要的指导意义。[33]

2. 关于坚持和发展中国特色社会主义

有学者指出，党的十八大以来，习近平总书记紧紧围绕坚持和发展中国特色社会主义这一重大时代主题，发表一系列治国理政重要讲话，深刻回答了新形势下党和国家事业发展的一系列重大理论和实践问题，提出了许多富有创见的新思想新理论，推出了许多卓有成效的新举措新实践。主要包括：一是全面深刻地阐述了坚持和发展中国特色社会主义的基本要义，这是坚持和发展中国特色社会主义的重要前提。二是实现中国梦的提出，为坚持和发展中国特色社会主义树起了团结奋进、开辟未来的一面精神旗帜。三是强调正确认识“两个三十年”，为坚持和发展中国特色社会主义扫除思想障碍。四是关于市场作用的重要论断，为坚持和发展中国特色社会主义提供了新的理论依据。五是创新驱动发展重大战略的制定实施，为坚持和发展中国特色社会主义增添了新的战略支撑。六是对“五位一体”总布局提出新要求、作出新部署，为坚持和发展中国特色社会主义给予了新的引领。七是对全面深化改革作出科学部署，为坚持和发展中国特色社会主义创造更大动力。八是“四个全面”战略布局的形成，为坚持和发展中国特色社会主义确立了总体方略。九是坚持党要管党、从严治党，为坚持和发展中国特色社会主义提供了根本保证。[34]

有学者指出，习近平总书记系列重要讲话是新起点新阶段马克思主义中国化的最新理论成果，是党在新起点新阶段团结全党、统一全党，开展伟大斗争，继而赢得伟大胜利的思想武器。习近平总书记系列重要讲话科学地观察、分析、判断和把握国际复杂形势、发展趋势和客观规律，是顺应世界历史时代潮流的理论应答，同时鞭辟入里地分析国内形势，科学把握发展规律，顺国内发展大势而为，是指引中国特色社会主义发展的科学指南。习近平总书记系列重要讲话全面阐发和深度丰富了党的十八大精神，是对中国特色社会主义道路、理论体系和制度，对中国特色社会主义的基本理论、基本路线、基本纲领、基本经验和基本要求的科学论述，是全面阐述事关中国特色社会主义前途命运一系列重大原则问题的当代中国马克思主义重要文献，是对中国特色社会主义理论体系的丰富、发展和创新。习近平总书记系列重要讲话通篇贯穿了一脉相承、一以贯之的一条红线，这就是马克思列宁主义、毛泽东思想和中国特色社会主义理论体系所贯穿的基本立场、观点和方法，为我们树立了灵活运用马克思主义哲学的光辉典范。[35]

3. 关于中国传统文化的创造性转化和创新性发展

有学者指出，习近平同我们党的前辈领导人一样，都是坚定的马克思主义者，在对待中国传统文化问题上，既不是保守主义的尊孔崇儒派，也不是激进主义的反孔批儒派，而是“马魂、中体、西用”有机统一的马克思主义综合创新派。[36]

有学者认为，习近平中国传统文化观具有以下四方面的时代意义：改变了过去主要是从时代性看待中国传统文化的思维定式；实现了当代中国文化发展中的“通古今之变”，畅通了中华文化的精神生命；突显了中国马克思主义与中华文化传统间“传承发展”的关系，为进一步推进两者的深度结合指明了基本精神方向；立足于中华民族现代复兴的时代要求，充分肯定了中华优秀传统文化作为“根基”和“命脉”的当代价值。习近平中国传统文化观充分展示了当代中国的文化自信，为理论自信、道路自信与制度自信奠定了更为深厚的思想基础。[37]

还有学者强调，历史文化对社会制度的影响是重要的，但不是决定性的。中国社会制度深深扎根于历史文化之中。当今中国重视制度的历史文化因素，是对社会主义认识深化的自觉，是对全球化认识深化的自觉。中国制度从深层次到浅层次、从宏观到微观、从政治到文化、从内政到外交，都蕴含着丰富的历史文化因素。社会制度与历史文化关系要辩证把握。制度建设既要扎根历史，又要面向时代；既要汲取历史精华，又要剔除文化糟粕；既要立足中国，又要面向世界。制度建设既要重视历史文化，更要坚持社会主义基本原则，不能搞喧宾夺主。[38]

4. 关于全面从严治党

有学者指出，习近平反腐倡廉思想主要包括：以零容忍态度惩治腐败，坚持“老虎”“苍蝇”一起打，把权力关进制度的笼子里，坚决反对和克服特权思想特权现象，反腐倡廉要在“常”、“长”二字上下功夫，以法治思维和法治方式反腐败，反腐与改革协同推进，发挥巡视的震慑作用，筑牢拒腐防变的思想道德防线和更加科学有效地防治腐败等。应当坚持习近平反腐倡廉思想的指导，以习近平反腐倡廉思想凝聚反腐共识，促进反腐立法完善，推动反腐司法改进，推进反腐败体制机制健全和指导反腐人才培养。[39]

还有学者认为，习近平党建思想的特征主要体现在如下四个方面：第一，树立牢固的人民主体观，是习近平党建思想的最根本基础；第二，以中国梦统领执政理念，是习近平党建思想的最大亮点；第三，坚持从严管党治党，是习近平党建思想的最大特色；第四，注重党内法规制度建设，是习近平党建思想的最重要内容。[40]

5. 关于统一战线工作

有学者指出，习近平总书记在中央统战工作会议上的重要讲话，科学回答了新形势下需要不需要统一战线、需要什么样的统一战线以及怎样巩固和发展统一战线等重大问题，并直面当前统一战线存在的突出问题，提出了一系列新思想、新观念、新论断。我们必须认真贯彻落实习近平同志在中央统战工作会议上的重要讲话精神，认真贯彻落实中共中央颁布的关于统一战线工作的第一部党内法规《中国共产党统一战线工作条例（试行）》，为实现中华民族伟大复兴的中国梦而努力。[41]

有学者指出，海内外同胞关系是我国新时期爱国统一战线五大关系之一。港澳台同胞是实现中华民族伟大复兴和国家统一的重要力量。要把港澳问题放在国际斗争的环境和中国改革开放、中华民族振兴以及祖国完全统一的大局来看待和处理。争取海内外同胞的民心，要在台湾建立认同一个中国架构的价值观；在港澳促成国家、民族命运共同体意识；汇聚华人华侨力量，推进祖国现代化建设和平统一大业。以大团结大联合为宗旨，坚持原则底线，为实现中国梦团结海内外的中华儿女。[42]

6. 关于其他专题的研究

首都学者 2015 年还围绕习近平总书记在不同场合发表的重要讲话，分别进行了深入学习和研究。比如，有学者认为，习近平总书记在 2014 年中央经济工作会议上讲话，深刻指出了我国经济发展进入新常态，是我国经济发展阶段性特征的必然反映，是不以人的意志为转移的。新常态反映在农业领域，表现为农村经济发展的速度变化、结构优化和动力转化，归根结底是要加快转变农业发展方式。从主要追求产量增长和拼资源、拼消耗的粗放经营，尽快转到数量质量效益并重、注重提高竞争力、注重农业技术创新、注重可持续的集约发展上来，走产出高效、产品安全、资源节约、环境友好的现代农业发展道路。[43]

有学者指出，习近平总书记在全国党校工作会议上的重要讲话，精辟论述了新形势下党校工作的重大意义、根本原则、主要任务和基本要求，深刻回答了事关党校长远发展的一系列重大问题。具体而言，要深入学习贯彻习近平总书记关于党校工作重大意义的重要论述，切实解决好“为什么办党校”的问题，进一步增强做好党校工作的使命感责任感紧迫感；深入学习贯彻习近平总书记关于党校姓党的重要论述，切实解决好“办什么样的党校”的问题，把党校姓党原则全面贯穿党校工作始终；深入学习贯彻习近平总书记关于主业主课和职责定位的重要论述，切实解决好“党校干什么”的问题，充分彰显党校的优势和特色；深入学习贯彻习近平总书记关于党校师资队伍建设和党委主体责任的重要论述，切实解决“怎样办好党校”的问题，聚精会神把党校办出新气象。[44]

还有学者认为，习近平在新进中央委员会委员、候补委员学习贯彻党的十八大精神研讨班上的讲话中，从世界社会主义思想的源头和中国特色社会主义的历史发展出发，阐明了我们党在推进革命、建设、改革的进程中，怎样经过反复比较和总结，历史地选择了马克思主义，选择了社会主义道路；怎样把马克思主义基本原理同中国实际和时代特征结合起来，独立自主走自己的路；怎样历经千辛万苦，付出各种代价，开创和发展了中国特色社会主义。习近平关于社会主义发展史基本思路的论述和史论分析，实际上是一本中国版的科学社会主义史论，必将在社会主义发展史上留下浓墨重彩的一笔。[45]

纵观 2015 年首都学者关于马克思主义中国化与中国化马克思主义的研究，无论是宏观问题的广泛探讨，还是具体问题的深入分析，均有相当的进展，很多成果提出了独到的新观点。当然，这些成绩只能是我们继续前进的基础，而不能成为我们骄傲的资本。毋庸讳言，过去一年的研究中还存在一些薄弱环节，比如有的文章选题大而化之，论述空洞乏力，缺少学理支撑，疑似跟风之作。我们期待首都学者 2016 年继续努力，在毛泽东思想和中国特色社会主义理论体系研究、21 世纪马克思主义研究中取得更大的成绩。

注：

①张素华：《〈毛泽东年谱（1949—1976）〉的编

撰与价值》，《中共历史与理论研究》，2015年第1期。

②陈晋：《毛泽东与中国道路三谈——读〈毛泽东年谱（1949—1976）〉》，《党的文献》，2015年第2期。

③李君如：《从〈毛泽东年谱〉看毛泽东与中国“民主新路”》，《党的文献》，2015年第2期。

④尹韵公：《新中国成立之初毛泽东如何闯过亲情关——基于〈毛泽东年谱（1949—1976）〉的搜索》，《党的文献》，2015年第2期。

⑤石仲泉：《毛泽东与中华民族抗战的伟大胜利》，《中共中央党校学报》，2015年第4期。

⑥曹应旺：《毛泽东是怎样处理个性共性关系的——以抗日战争视角观察》，《湖南科技大学学报（社会科学版）》，2015年第6期。

⑦张忠山：《历史与逻辑：毛泽东与“毛泽东思想”概念的提出》，《党史研究与教学》，2015年第6期。

⑧金民卿：《毛泽东对马克思主义中国化的重大贡献及其当代启示》，《毛泽东研究》，2015年第4期。

⑨欧阳雪梅：《毛泽东“又红又专”思想的提出及影响》，《毛泽东研究》，2015年第4期。

⑩梁柱：《毛泽东对待中国传统文化的科学态度具有重要的指导意义》，《思想理论教育导刊》，2015年第5期。

⑪胡为雄：《建国后毛泽东军事思想的发展、演化与丰富——读〈建国以来毛泽东军事文稿〉》，《中国延安干部学院学报》，2015年第1期。

⑫冯国瑞：《毛泽东军事思想中的哲学思维》，《党的文献》，2015年第3期。

⑬吕臻：《“加强纪律性”：“目前工作的中心一环”——毛泽东和1948年中国共产党的纪律建设》，《党的文献》，2015年第2期。

⑭梁柱：《毛泽东防止干部特权化贵族化思想探析》，《湘潭大学学报（哲学社会科学版）》，2015年第4期。

⑮胡为雄：《毛泽东对英、美可以和平进到社会主义的思考简析》，《马克思主义研究》，2015年第5期。

⑯金民卿：《毛泽东是1975年整顿的首倡者、推动者和终结者》，《毛泽东思想研究》，2015年第6期。

⑰徐崇温：《中国道路的基础性构建——邓小平围绕“什么是社会主义，怎样建设社会主义”问题的探索和回答》，《中国浦东干部学院学报》，2015年第3期。

⑱欧阳淞：《邓小平与中国特色社会主义》，《邓小平研究》，2015年第1期。

⑲郑必坚：《邓小平为中国特色社会主义打开了一条全新的战略道路》，《邓小平研究》，2015年第1期。

⑳李娟：《社会民意与邓小平改革开放方略》，《理论学刊》，2015年第7期。

㉑谢文雄：《改革开放前夕邓小平在思想领域拨乱反正的经验及启示——以邓小平1977—1978年系列讲话为例》，《观察与思考》，2015年第7期。

㉒俞可平：《略论邓小平与中国政治的进步》，《邓小平研究》，2015年第1期。

㉓任贵祥：《邓小平“借风行船”推动中国科技改革思想研究》，《中共党史研究》，2015年第1期。

㉔李忠杰：《重温、坚持和发展邓小平的国际战略思想》，《邓小平研究》，2015年第1期。

㉕李文、沈予加：《论邓小平外交思想对构建新型国际关系的指导意义》，《政治学研究》，2015年第2期。

㉖程美东：《邓小平理论概念形成的历史考察》，《毛泽东邓小平理论研究》，2015年第2期。

㉗李琦：《邓小平对中国特色国家统一理论的贡献》，《中国延安干部学院学报》，2015年第5期。

㉘陈力丹：《邓小平改革开放时期的新闻观》，《东南传播》，2015年第1期。

㉙李庆刚：《邓小平关于维护中央权威的思想》，《中共中央党校学报》，2015年第1期。

㉚中央文献研究室：《深入推进党风廉政建设和反腐败斗争的思想武器和行动指南——学习〈习近平关于党风廉政建设和反腐败斗争论述摘编〉》，《人民日报》，2015年1月26日。

㉛中央文献研究室：《全面依法治国，开启中国法治新时代——学习〈习近平关于全面依法治国论述摘编〉》，《人民日报》，2015年5月5日。

㉜闻言：《新的历史条件下治国理政方略——学习〈习近平关于协调推进“四个全面”战略布局论述摘编〉》，《人民日报》，2015年10月14日。

㉝中央文献研究室：《培养造就一支高素质县委书记队伍，把协调推进“四个全面”战略布局落到

实处——学习习近平〈做焦裕禄式的县委书记〉》，《人民日报》，2015 年 8 月 28 日。

㉞徐光春：《坚持和发展中国特色社会主义的新理论新实践——学习习近平总书记治国理政思想的体会》，《求是》，2015 年第 18 期。

㉟王伟光：《马克思主义中国化的当代理论成果——学习习近平总书记系列重要讲话精神》，《中国社会科学》，2015 年第 10 期。

㊱方克立：《“马魂、中体、西用”是习近平文化思想的宗纲》，《思想理论教育导刊》，2015 年第 5 期。

㊲李翔海：《从延续民族文化血脉中开拓前进——论习近平中国传统文化观的时代意义》，《中共中央党校学报》，2015 年第 6 期。

㊳陶文昭：《科学认识历史文化与中国制度的关系——学习习近平总书记系列重要讲话的体会》，《教学与研究》，2015 年第 4 期。

㊴赵秉志、彭新林：《习近平反腐倡廉思想研究》，《北京师范大学学报（社会科学版）》，2015 年第 3 期。

㊵戴立兴：《习近平党建思想的特征分析》，《浙江学刊》，2015 年第 3 期。

㊶张峰：《指导统一战线事业发展的纲领性文献——学习习近平同志在中央统战工作会议上的重要讲话精神》，《中央社会主义学院学报》，2015 年第 3 期。

㊷黄易宇：《实现中华民族伟大复兴是团结海内外中华儿女最大的公约数——学习习近平同志关于做好港澳台和海外统战工作的讲话精神》，《中央社会主义学院学报》，2015 年第 3 期。

㊸陈锡文：《适应经济发展新常态 加快转变农业发展方式——学习贯彻习近平总书记在中央经济工作会议上的重要讲话精神》，《求是》，2015 年第 6 期。

㊹何毅亭：《新形势下做好党校工作的纲领性文献——学习习近平总书记全国党校工作会议重要讲话》，《学习时报》，2015 年 12 月 21 日。

㊺严书翰：《中国版的科学社会主义史论——关于习近平社会主义发展史论述的学习笔记》，《毛泽东研究》，2015 年第 1 期。

（作者：毛胜，中共中央文献研究室副研究员；
唐洲雁，中共中央文献研究室研究员）

科学社会主义

李瑞琴

2015 年，北京市科学社会主义研究紧跟时代的发展，一方面对科学社会主义基本理论、基本原理、基本原则持续关注和研究，另一方面，结合中国特色社会主义的新发展，结合党的十八大以来马克思主义中国化的新特点，对于科学社会主义在中国的理论与实践运用进行了多方面的总结与概括，形成了一批高质量的、具有中国特色的科学社会主义理论成果。此外，学界继续关注世界社会主义、当代资本主义的发展和变化，跟踪研究拉美左翼、前苏东地区、生态社会主义的新变化，取得了丰厚的理论成果。

一、关于马克思主义科学社会主义理论的一些问题

学界对于科学社会主义的研究更加注重针对性，对于基本理论、原则中存在的错误认识进行了集中的批判与纠正。

1. 关于科学社会主义研究中存在的错误认识及其批判

有学者针对马克思主义整体性问题存在的歧义进行了研究和指正。认为马克思主义的整体性本是马克思主义的内在规定性，马克思主义却因复杂的原因长期被肢解，须正本清源、返本开新。整体性的马克思主义是马克思恩格斯关于无产阶级和全人类解放和发展的学说。马克思主义的主线、主题和旨归都是人的解放和发展，马克思主义基本原理都是围绕这个主题展开的具有内在逻辑的整体。广义上的马克思主义与原义上的马克思主义在主题、思想方法和基本原理上一脉相承，二者是一个整体。作为我们立党立国指导思想的马克思主义，正是整体性的马克思主义。[①]

关于怎样理解马克思主义的几个问题也受到学者关注。改革开放以来，我国总有一些人歪曲、反对和否定马克思主义，主要有“两个马克思主义”“马克

思主义有对有错”“苏马非马”“马克思主义有许多流派”等论调，要厘清这些问题，关键是把马克思主义基本原理与它的具体运用分开。当务之急是要认真阅读马克思主义经典著作，牢牢掌握马克思主义基本原理，从而创造性地运用马克思主义的立场、观点和方法去分析和解决实际问题，不断把中国特色社会主义事业推向前进。[②]

有学者提出，坚持科学社会主义基本原则，必须警惕所谓“泛社会主义”。“泛社会主义”实际上就是不许批判民主社会主义。民主社会主义所说的各种各样的“社会主义”，理论上都是违背科学社会主义基本原则的，实践上都只是局限于对资本主义制度做点改良，而不触及资本主义的根本制度。民主社会主义不是社会主义的一种模式，而是资本主义的一种模式。否定了科学社会主义本质特征和基本原则的，就不能叫社会主义。[③]

还有学者认为，阶级斗争不仅在上层建筑领域存在，而且在经济基础领域也有表现；要坚持党中央关于市场与政府、市场与计划在资源配置中的“双重调节作用”的思想；国企改革和发展混合所有制经济，一定要坚持社会主义的方向，坚持社会主义基本经济制度的根本原则，防止财富和收入分配通过所有制结构的变化向少数人手中集中，从而强化两极分化的倾向；要防止“经右政左”而导致社会分裂。[④]

关于社会主义的长期性问题，也存在着需要进一步明确认识的必要性。有学者研究，社会主义的长期性，是关于无产阶级革命、从资本主义到社会主义过渡、共产主义第一阶段历史进程的基本判断。今天所谓“长期性”与经典作家所说的“长期性”不能同日而语，它包括社会主义代替资本主义历史过程的长期性，社会主义物质存在条件建设历史过程的长期性。一旦经济文化相对落后国家走上社会主义道路，其历史进程不可避免要受到这个定理的制约和支配。[⑤]

2. 对经典作家科学社会主义基本理论的研究

有学者研究了马克思主义的世界历史理论与中国特色社会主义道路，通过学习马克思 1879—1882 年期间研究笔记札记，深入分析和论证了马克思主义的世界历史理论和中国特色社会主义道路的基本特征和主要内涵。从马克思主义的立场观点出发，回答了理论和实践中的许多重大问题。作者指出：尽管“社会主义”和“资本主义”这类概念，在今天一些人看来已不合时宜，但仍是概括当今时代本质的理论抽象，它们并没有所谓“意识形态终结”。用唯物史观和世界历史理论来看，发现时代并没有过逝，科学社会主义并没有过世，马克思主义并没有过时。马克思主义，仍然是中国人民独立自主地前进于世界历史大道的指导思想，中国特色社会主义道路，是中国人民在世界历史进程中实现现代化的唯一正确选择。[⑥]

有学者研究指出，社会主义、共产主义概念源远流长。人们在使用社会主义、共产主义概念的同时，也在不断给社会主义、共产主义赋予以新的内涵。马克思恩格斯把社会主义、共产主义是作为同义词使用的，他们对社会主义或共产主义的阐释，奠定社会主义或共产主义的科学基础。列宁对社会主义、共产主义的界定，为共产党人认识社会主义、共产主义提供了新的视野。中国共产党对社会主义、共产主义认识的不断深化，丰富和发展社会主义、共产主义的内涵。[⑦]

科学社会主义最重要的理论论断是“两个必然”和“两个决不会”理论，这是关于社会发展方向和规律的科学判断和明确解答。这两个理论自诞生以来，相互交融，贯穿于社会主义实践的全过程，社会主义发展500年的实践历程是对这两个理论科学性和现实性的最好证明。伟大的思想不仅能够总结过去，更能指导当下，预测未来，所以，在中国特色社会主义事业的伟大建设过程中，仍要坚持“两个必然”和“两个决不会”同时并重的方针。[⑧]

有学者认真研读了恩格斯的《英国工人阶级状况》，指出，在马克思主义发展史上，恩格斯的《英国工人阶级状况》是一部重要文献，它不仅是对当时资本主义制度弊端的一种鲜活反映，更重要的是，它运用大量的历史材料阐述了唯物史观的基本原理，从“另一条道路”得出了与马克思同样的结论，从而对唯物史观的创立作出了卓越贡献。在《英国工人阶级状况》一书中，恩格斯关于工业革命及其后果的分析蕴含着唯物史观的重要原理；关于英国工人阶级状况的研究是站在一个共产主义者的立场上向资本主义制度的起诉；关于无产阶级和资产阶级斗争的论述则确立了工人阶级的历史地位，明确了工人阶级的历史使命。[⑨]

3. 坚持科学社会主义的研究

科学社会主义包含其基本理论、基本原则、基本思想，作为科学社会主义的基本原则，更是我们在实践中需要遵循和把握的。学界在这方面研究，也取得了可喜的成果。

有学者认为，科学社会主义本身并不是某种“原则”，也不是社会主义运动的出发点。但是，在运用这个理论去指导社会主义实践时，共产党人必须拥有自己的立场、态度和行为准则，这就是所谓“科学社会主义基本原则”。在无产阶级反对资产阶级的斗争中，革命就是科学社会主义基本原则本身。但是，科学社会主义基本原则在不同的时代有不同的内涵。一旦社会主义革命完成，生活资料分配的问题就上升到了“基本原则”的高度，社会主义的基本原则就是“各尽所能，按劳分配”。坚持“各尽所能，按劳分配”原则，防止“平均主义”和“两极分化”两种倾向的发生，要求找到实现按劳分配的具体途径。在当代中国体现为，以解放和发展社会生产力为前提，与按要素分配相结合，通过市场交换劳动，发挥国家的宏观调控作用，以“公平正义”为价值取向。[10]

还有学者认为，科学社会主义基本原则理论范畴的提出，是对科学社会主义理论认识的历史性飞跃。这是我们党 90 多年来坚持正确理解和对待科学社会主义的思想结晶。这一范畴最显著特点是突破了对科学社会主义基本原理的教条化理解，依据理论与实践创新概括出科学社会主义的理论逻辑和最大公约数。这个理论概括体现了科学社会主义的本质和逻辑，同时又深深扎根于 20 世纪世界社会主义的历史实践和丰富经验之中。这个理论范畴是发展与完善中国特色社会主义最锐利的思想武器。[11]

关于中国与世界社会主义，有学者这样强调，中国特色社会主义是从中国具体国情出发的，其道路、理论体系和社会制度不能照搬到其他国家。把马克思主义的普遍真理同中国具体实际相结合，是中国共产党最重要的同时也是最有普遍性的经验，是超出一国范围的具有普遍真理性的思想原则。它本身就是一条马克思主义的基本原理，是中国共产党人对马克思主义和世界社会主义的重要贡献。毛泽东思想活的灵魂的三个基本方面以中国化的形式表达了马克思主义的普遍真理，其精神实质并不以中国的具体国情为限。中国的实践为历史发展总趋势提供了有力证明，也为前进中的社会主义不断提出新的课题。[12]从马克思、恩格斯创立科学社会主义学说至今约有 170 年，解放思想，实事求是，与时俱进，与民众同忧乐、共进退，这是世界社会主义一百多年来最重要的一条经验。[13]

二、论中国道路对科学社会主义理论的发展

中国特色社会主义道路的开启，是世界社会主义运动重新走向高潮的标志，它以新的丰富内容构建了当代科学社会主义新的理论形态，并在实践中将之推进到一个新境界、新阶段。党的十八大以来，以习近平系列重要讲话为标志，中国特色社会主义对科学社会主义理论又有新的发展和推动。

1. 科学社会主义基本原则与中国特色社会主义

关于中国特色社会主义与科学社会主义的关系问题，是坚持和发展中国特色社会主义必须正确认识和解决的首要问题。党的十八大以来，习近平总书记就这一问题发表了一系列重要论述。这些重要论述不仅具有鲜明的现实针对性，而且进一步明确了中国道路探索的社会主义方向，蕴含了规范性矫正的政治意图，具有重大的理论意义和实践意义。[14]

有学者指出，科学社会主义基本原则是中国特色社会主义的“源”和“根”。中国特色社会主义，既坚持了科学社会主义的基本原则，又根据时代条件和具体国情赋予其鲜明的中国特色。它并非一种有别于科学社会主义的“独立形态的社会主义”。“中国特色”，不是就本质层面说的，而是就科学社会主义基本原则的实现形式而言的。科学社会主义基本原则是中国特色社会主义的“源”和“根”，离开科学社会主义，就没有中国特色社会主义。[15]要充分认识中国特色社会主义在科学社会主义发展史上的地位。充分认识和积极宣传中国特色社会主义在科学社会主义发展史上的地位，关系到坚定中国特色社会主义的道路自信、理论自信和制度自信，关系到坚持我们的政治定力和战略定力，关系到中华民族为人类和平与发展做出更大贡献。这对于实现中华民族伟大复兴中国梦具有重要意义。[16]

有学者论述了中国特色社会主义的世界意义，文章指出，新中国成立后特别是改革开放以来，我们党紧紧依靠人民，把科学社会主义基本原则同我国实际和时代特征有机结合起来，开创和发展了中国特色社会主义。在不断探索实践的过程中，中国特色社会主义日益体现出鲜明特质和世界意义。中国特色社会主义道路的成功探索，丰富了发展中国家实现现代化的方式和路径。中国特色社会主义道路是中国共产党和中国人民依靠自身智慧和力量走出来的，独立自主是其鲜明特征。[17]

中国道路的世界历史意义还在于，它比较成功地破解了后发国家建设社会主义所遇到的一系列历史性难题。西方学者认为只有走资本主义道路才能实现现代化，那么后发国家沿着社会主义道路能不能实现现代化？资本主义没有得到充分发展的后发型国家率先

建设社会主义如何吸收和利用资本主义的先进文明成果，并在此基础上创造出比资本主义更高的社会主义文明？社会主义国家怎样才能形成防止向资本主义演变的内在机制，确保社会主义的可持续发展？中国道路从理论和实践的结合上对这些重大问题都作出了初步回答，并继续进行着更深入的探讨。[18]

2. 要在中国特色社会主义理论与实践的双重探索中深入贯彻科学社会主义原则

有学者学习习近平总书记关于中国特色社会主义的重要论述指出，坚持和发展中国特色社会主义，是改革开放以来我们党全部理论和实践的鲜明主题。历史和现实都告诉我们，只有社会主义才能救中国，只有中国特色社会主义才能发展中国，这是历史的结论、人民的选择。中国特色社会主义就其本质而言是社会主义，既坚持了科学社会主义的基本原则，又富有时代气息、具有鲜明的中国特色。面向未来，不断丰富和发展中国特色社会主义，就要充分彰显社会主义的优越性，坚持共产主义的前进方向，又要脚踏实地贯彻创新、协调、绿色、开放、共享的发展理念，协调推进“四个全面”战略布局，不断拓展中国特色社会主义道路，不断丰富中国特色社会主义理论，不断完善中国特色社会主义制度。[19]

探讨中国经济成功、中国奇迹出现的原因时，需要从经济、政治、社会、文化等多种因素系统及其相互作用的高度上，从实现我国社会主义现代化的指导理念和道路途径层面的高度上，去把握关键性的决定因素。中国经济增长奇迹的根本原因在于把发展社会生产力确定为社会主义的根本任务，坚持发展是第一要务；中国能够保障和改善民生方面奇迹的根本原因在于把共同富裕规定为社会主义本质，坚持共享发展；中国实现科技创新奇迹的根本原因在于强调科学技术是第一生产力，坚持创新发展。归结起来，它们都根源于中国特色社会主义。中国特色社会主义就是适应中国和时代发展进步要求的科学社会主义。[20]

还有学者强调，中国特色社会主义是科学社会主义而不是其他主义。那种认为“社会主义就是普遍幸福主义”“公有或私有并不是社会主义的界限”都是错误观点。这些错误观点实际上背离了科学社会主义原则，把对社会主义的认识拉回到空想社会主义的水平上，这是一种历史的倒退，对社会主义实践也是有严重危害的。中国特色社会主义既坚持了科学社会主义的基本原则，又根据时代条件赋予其鲜明的中国特色，是一百多年来科学社会主义理论与实践发展的结晶，是当代中国的科学社会主义。我们既要从理论上驳斥有关错误观点，也要从实践上正视存在的问题，坚持改革的社会主义方向。[21]

中国特色社会主义有着鲜明的特色与优势。这一制度把根本政治制度、基本政治制度同基本经济制度以及各方面体制机制等具体制度有机结合起来，使制度既保持稳定性，又充满活力性；坚持把国家层面民主制度同基层民主制度有机结合起来，使两方面积极性都能调动起来；坚持把党的领导、人民当家作主、依法治国有机结合起来，把党的力量、人民的力量、法治的力量凝聚成磅礴的发展力量；能够牢牢驾驭市场经济的逻辑，使市场在配置资源的过程中不会产生影响党的政治逻辑的既得利益集团；中国特色社会主义制度内生于中华优秀文化的土壤之中，能够不断吸取优秀文化的营养成长壮大；始终强调集体领导制度，保证权力为人民有效实施、有序交接。这些制度优势是中国发展的根本制度保障。[22]

学界对于科学社会主义与中国特色的社会主义研究，进一步印证了中国特色社会主义与马克思主义科学社会主义一脉相承的本质关系。

三、中国特色社会主义理论与实践发展研究

中国特色社会主义是当代中国的共同理想。在保持科学社会主义精神实质与科学价值的同时，中国特色社会主义从话语体系上对其进行了创造性转换，给当代中国社会和中国人一个既能有憧憬有超越又能看得见摸得着的目标，一个既科学崇高又喜闻乐见的理想，让科学社会主义在中国的实践更加亲和、更加清晰、更加具体。

1. 中国共产党的领导是中国特色社会主义最本质特征

有学者指出，中国特色社会主义最本质特征是所有本质特征的集中体现，是所有本质特征实现的最重要基础。中国共产党的领导就鲜明地体现了这一点。中国共产党的领导是实现人民当家做主这一社会主义民主政治本质的最根本保证，离开了党的领导，人民当家做主就是一句空话；中国共产党的领导是实现解放和发展生产力这一社会主义本质的最重要的核心力量，离开了党的领导，社会生产力就不会得到充分的解放与发展；中国共产党的领导是实现共同富裕这一社会主义本质特征的最强有力的基石，离开了党的领导，共同富裕就是海市蜃楼；中国共产党的领导是实现社会和谐这一社会主义本质属性的最切实的引导者，离开了党的领导，社会和谐就是空中楼阁；中国共产党的领导是实现全面依法治国这一坚持和发展中国特色社会主义本质要求的最坚强的领导主体，离开了党的领导，全面依法治国就会走向歪路、邪路。[23]

有学者认为，中国特色社会主义道路自信有着丰富而深刻的逻辑意蕴与思想内涵。中国特色社会主义道路自信源于其深厚的历史底蕴、坚实的实践基础、坚定的未来预期和人民的主体认同。要真正做到中国特色社会主义道路自信，必须坚持党的领导、坚持科学社会主义方向、坚持中国特色。中国特色社会主义道路自信，是坚守理想信念的前提，是拨清思想迷雾的航标，是整合中国力量的纽带。我们只有凝聚共识，汇聚力量，推进国家治理体系和治理能力现代化，沿着中国特色社会主义道路前进，才能实现中华民族伟大复兴的中国梦。[24]

有学者将“四个全面”战略布局与建设中国特色社会主义进行了研究，指出中国特色社会主义是科学社会主义的有机组成部分，也是其中国化的基本理论与实践形态。坚持和发展中国特色社会主义，关系着中国的命运，也影响到科学社会主义的未来。因此，有必要从道路、理论、制度三方面准确理解中国特色社会主义的内涵，有必要从总依据、总布局、总任务的维度把握建设中国特色社会主义的要义，并以“四个全面”战略布局为依托，在新的历史时期推动中国特色社会主义建设的系统工程不断取得新的进步。[25]

2. 中国特色社会主义理论体系的主题

中国特色社会主义理论体系的主题到底是什么？学术界的意见颇不一致。要继续深化对中国特色社会主义理论体系的认识，必须解决好这一问题。有学者认为，中国特色社会主义理论体系的主题是在中国这样的经济文化比较落后国家如何建设、巩固和发展社会主义。这一理论体系之中的邓小平理论、“三个代表”重要思想和科学发展观均是围绕这一核心问题展开的，中国共产党面向未来的理论创新也将继续围绕这一主题。[26]

党的十八届五中全会提出的五大发展理念，是以习近平同志为总书记的党中央完善发展理念的重大成果，构成十八大以来中国道路新探索的重要组成部分，具有重大的理论意义与实践价值。在新的历史起点上，习近平将共享发展作为社会主义的本质要求提出来，反映了现实对理论的迫切要求。共享发展理念蕴涵鲜明的问题意识，具有鲜明的现实针对性，不仅构成五大发展理念的核心，而且构成五大发展理念的归宿。这一新的发展理念在阐明中国道路的社会主义性质和马克思主义执政党的特殊历史使命的基础上，进一步明确了中国道路探索的方向。[27]

还有学者提出，要深刻认识和把握中国特色社会主义规律。中国共产党始终强调要科学认识和把握中国特色社会主义规律。进入新世纪新阶段，我们党提出要认识和把握共产党执政规律、社会主义建设规律和人类社会发展规律，认识和把握现代化的一般规律、社会主义的普遍规律和我国社会主义现代化的特殊规律，认识和把握经济规律、自然规律、社会规律，认识和把握执政规律、共产党执政规律、中国共产党执政规律等。对这些规律的科学认识和把握使对于中国特色社会主义规律的认识达到了新的高度，使中国特色社会主义事业充满蓬勃发展的生机活力。[28]

3. 社会主义核心价值观与人类社会“一般”价值理想

有学者将社会主义核心价值观与西方“普世价值”进行比较研究认为，中国的核心价值观体现社会主义本质，重在整体观念，强调国家社会个人的全面价值提升，其落脚点是为人民服务；西方“普世价值”体现资本主义本质，强调个人的自由和权利等，其落脚点是个人。对于反对封建制度而形成发展的资产阶级“普世价值”，无产阶级在争取自身解放和建立社会主义制度后，可以而且应当吸取这些价值理念中的合理因素。所谓的“普世价值”论，存在着许多实践上和理论上的缺陷。社会主义核心价值观在突出中国“特色”的同时，也蕴含着人类社会“一般”的价值理想。我们需要进一步完善丰富这种价值观，使它对于全人类的生存与发展发挥应有的贡献和作用。[29]

像中国这样一个有着 13 亿多人口、56 个民族的大国，必须确立反映全国各族人民共同认同的价值观“最大公约数”，这就是社会主义核心价值观。在新的历史时期，积极培育和践行社会主义核心价值观、增强价值观自信，对于巩固马克思主义在意识形态领域的指导地位、巩固全党全国人民团结奋斗的共同思想基础，集聚全面实现中华民族伟大复兴中国梦的强大正能量，推进全面建成小康社会、全面深化改革、全面推进依法治国、全面从严治党，都将具有重大意义。[30]

概括学界的共识，在新的历史条件下，我国经济社会发展出现的一系列新情况、新问题，都要求我们不断推进中国特色社会主义制度建设与创新。需要我们在坚持科学社会主义的基本原则和社会主义根本制度的前提下，推进经济体制、政治体制、文化体制、社会体制以及生态文明制度等各项具体改革和创新。

四、世界社会主义研究

把握世界发展的脉络和趋势，有助于我们看清世界发展的未来走向。2015 年，世界社会主义研究围绕社会主义与资本主义两大对立与斗争，对世界左翼力量的现状分析、关注各派社会主义思潮的最新动态等，反映了世界社会主义研究的进展和动向。

1. 各国社会主义研究

国际金融危机的爆发，一是马克思主义的学说在全球重新得到青睐；二是国际金融危机后，发达国家和发展中国家广大民众对资本主义普遍不满，罢工运动频起；三是各国共产党把马克思主义与本国的具体实践相结合，积极开展对国际金融危机的研究和应对。当今仍未见底的国际金融危机愈是深化，人们便愈是觉醒，社会主义便愈是复兴和发展。[31]源自 2008 年美国次贷危机引发的全球性金融经济危机，几乎触及世界每一个角落。这是资本主义世界百年来最严重的金融经济危机，持续的低迷与衰退至今未到尽头，世界人民饱受危机恶果。危机之下，人们多方探索世界未来发展道路，努力寻找走出危机的途径。在诸多思考与探索中，世界左翼运动独树一帜、蓬勃兴盛，有力地影响着各国制定反危机纲领和措施，影响着世界秩序和格局的走向，促使世界向左转。[32]

保加利亚社会党具有悠久的历史和革命传统。在马克思主义本土化过程中，该党对马克思主义理论进行创新，为国际社会主义运动和共产主义运动做出了自己的努力和贡献。保加利亚马克思主义本土化与党的领导人的理论修养和革命实践活动是分不开的。在一个多世纪的革命实践中，该党产生了像布拉戈耶夫、季米特洛夫这样杰出的革命家，他们的事业在今天也无法否认，是保加利亚历史上的宝贵财富。[33]

当代俄罗斯社会主义党派呈现出多样化特征。主要表现为：指导思想上一元化与多元化并存，以劳动群众为主的社会基础各有侧重，新社会主义的目标前景同中有异，合法斗争的政治角色不尽相同，信仰自由适用于俄共党内。社会主义政党于俄罗斯不可或缺但暂无机会执政。[34]

2008 年 3 月 14 日，委内瑞拉统一社会主义党正式宣告成立，总统查韦斯当选为党的主席。2009 年年底和 2010 年年初，该党召开第一次特别代表大会（即“二大”），通过了党的原则声明、党章和党的基本纲领，查韦斯连选连任党的主席。2014 年 7 月 26—31 日，该党召开“三大”。“三大”是在党的主席和总统查韦斯去世后召开的。大会维护了党和国家的团结，确立了党和国家将坚持查韦斯确定的基本方针、路线，继续奉行查韦斯主张的玻利瓦尔社会主义革命。该党现有党员 760 万，为拉美第二大执政党和南美洲第一大党。目前，由于国际油价持续下降，致使委内瑞拉经济形势恶化，委内瑞拉统一社会主义党目前面临着不少挑战和问题。[35]

2. 当代资本主义研究

有学者对“当代资本主义”的不同概念、研究视角和方法进行了梳理、比较和分析，对国内外学者关于资本主义的积累和创新机制、资本主义体系的变化、资本主义社会结构和阶级分析、资本主义社会价值观念等问题的研究成果及其得失进行了剖析和解读，并在此基础上对当代资本主义的新变化阐述了自己的见解。文章指出：当代资本主义的研究范围广泛，视角多样，从多维的视角来理解和发掘一些规定性的要素，是人们揭示当代资本主义未来走向的关键。[36]

有学者对当代西方左翼学者研究资本主义民主制度问题进行了分析研究。苏东剧变后曾有学者宣称“历史将终结于资本主义自由民主制度”。对此，西方左翼学者从不同角度展开批判，既有对世界范围内当代资本主义民主现状的批判和对“历史终结论”的解构；也有从晚期资本主义的危机出发以“商议民主”对自由民主制度的改良和完善；还有探索在资本主义和社会主义之间复兴社会民主主义的“第三条道路”。此外，激进、多元民主作为新的社会主义策略，体现了后马克思主义者构想社会主义民主的理论尝试。[37]

还有学者研究，西方各界学者有不少观点对世界金融危机下的资本主义未来持悲观情绪。他们认为，造成危机根源的贫富差距及不平等没有消除，虚拟经济的疯狂还将继续，未来危机仍将爆发；资本主义的衰退不可避免；资本主义与西方民主的冲突不可调和；资本主义的未来不容乐观。持此观点的不仅有左翼学者，更有资本主义忠实的实业家、银行家等。通过西方各界学者对资本主义未来堪忧的预测，可以帮助我们进一步立足于未来世界社会主义的前景，坚定中国特色社会主义的信心。[38]

3. 生态社会主义研究

金融危机以来，资本主义体系的危机不仅在经济社会和政治层面暴露出来，而且以全球生态危机的形式表现出来，新自由主义在第三世界的蔓延不仅给当地造成了严重的经济社会问题，更是极大地破坏了所及之处的自然环境。对于这种挑战，资本主义抛出了“绿色资本主义”进行应对。绿色资本主义以绿色经济为主导，主张在生产消费等经济活动中以节能环保为核心。

绿色左翼认识到资本主义如果停止增长就会死亡，比如奥地利维也纳大学政治系乌尔里希·布兰德教授所指出的，资本主义条件下的经济增长是一种社会关系，它与社会统治和社会结构的再生产紧密结合在一起，因此在资本主义条件下，任何关于“有质量的增长”、“稳态经济”、“去增长”的看法都是虚假的。而且绿色经济带来的增长很可能会以其他部门或者产业、地区或者人群所付出的代价为前提，欧美发达资本主义国家之所以有可能发展“绿色资本主义”，是以全世界不平等的经济政治秩序为前提的，一句话，没有第三世界的这个边缘存在为他们提供血液，他们就没有在国际贸易、国际分工、自然资源获取和环境空间的使用方面的一种整体优势，这就是所谓的“帝国式生活方式”的霸权。[39]但尽管如此，布兰德依然主张社会生态转型既要使得现存的工业体制不受影响（以免工人为转型付出代价），同时又要建构和形成替代性的生产生活方式。由此可见，布兰德绿色经济批判最终仍然沦为绿色资本主义的辩护词。

有学者研究了生态社会主义的代表人物之一克沃尔。克沃尔认为，资本主义发展的未来只能是生态社会主义，同时他也指出生态社会主义运动和思潮面临着各种诱惑和陷阱，包括来自于社会民主党的、深生态学的、绿色替代方案的。作者指出，生态社会主义的发展方向不应是屈从于深生态学以及形形色色的“人文”理论，而应该自觉运用马克思主义的科学方法和基本原理使得生态社会主义理论更加成熟，在生态社会主义运动的组织和开展方面更有系统、有战斗力，沉溺于对资本主义的人文主义或者人道主义的生态批判只会削弱生态社会主义的发展。在研究分析生态社会主义的时候，需要更加自觉地运用马克思主义的立场观点和方法，从马克思主义的视角来看，生态社会主义存在着以下几方面的缺陷，第一，它在社会主义替代资本主义的原因本质方面认识不清，第二，它的反生产主义倾向与马克思主义基本精神不相容，第三，它与马克思主义在社会变革所依托的阶级力量方面有差别，第四，它的斗争策略有一定的空想性。[40]

4. 拉美左翼研究

2013 年查韦斯去世对于拉美的左翼力量是一个沉重的打击，但是综观拉美政局仍然是中左翼政权占有优势，然而，近两年的选举却明显见到中左翼的优势遭到削弱，主要有以下几方面的原因：一是国内因素。拉美这两年经济增长乏力，政府只好削减开支，紧缩政策造成福利减少，引发了民众的不满。同时，政权内部官员腐败严重，遭到民众不信任。近两年，民众大规模的抗议活动已成常态，这给觊觎执政的右翼保守势力造成可乘之机，对拉美左翼政权形成一定的威胁。二是国外因素。美国利用各种手段对拉美进行颜色革命的企图一直都存在，这两年又增加了分化瓦解拉美左翼阵营这一招，比如对古巴示好，而对委内瑞拉等用强，而且美国还与拉美国内的右翼保守派联合起来制造事端，妄图推翻左翼政权。[41]三是拉美左翼自身的原因。左翼政党和执政联盟各政党之间、左翼政党内部以及左翼政党与新社会运动之间存在分歧。[42]

不可否认，拉美左翼的构成是非常复杂的。学者从不同的视角尝试对这种复杂的构成进行分类，卡斯特内达的“正确左翼”和“错误左翼”划分影响较为广泛，但也有人认为这种划分过于简单化，而从政府与市场的关系来划分为市场取向的自由左翼和强调政府调控的干预型左翼[43]。拉美左翼的复杂性还来自于他们社会基础的异质性，他们广泛吸纳来自于社会各个阶层中的、与工人处于同等经济地位的主体，包括农民、小商业者、非正规经济的成员等，但是并不反对以阶级为基础的分析，一部分左翼倾向于以规模经济为基础的战略。拉美左翼深深受到民粹主义、激进民主、后殖民主义等理论的影响，强调民众的直接民主或参与式民主、代议制民主。许多人认为不间断的社会冲突和政治差异只要不演变成正面冲突都是正常的，这种民主作风有积极作用，但是对于拉美左翼进行统一有效的政治行动来说，在很多情况下也成为一种掣肘因素。

21 世纪拉美左翼执政以来在经济、政治、外交等方面都进行了很多改革。在政治上实行民众参与民主，在经济上反对新自由主义，提出替代模式，促进了经济增长，注重社会公平，提高人民福利，外交上与帝国主义强权政治做不妥协的斗争，总体来说取得了很大的成绩。有很多人对拉美的“社会主义”寄予厚望。但是很多国外研究者认为，本质上，拉美左翼的作为“仍旧处于资本主义国家发展的框架内，没有从根本上动摇其国家的资本主义制度并试图推翻当前的全球资本体系。在指导思想上，它们没有完全坚持马克思主义的立场，某些思想甚至带有鲜明的地缘特点和宗教色彩；在具体政策上，尽管一些国家鲜明地喊出了社会主义口号，比如，实行经济国有化，让穷人有更多发展机会，但是实质上，这也是以不动摇国家的私有制为前提的；在领导力量方面，无产阶级没有在其革命中真正占据主导地位。总结起来，他们认为，当前绝大部分拉美新左翼的主张和实践都是在对其国家固有的资本主义体制进行改良，差别只是在于是否更加重视国有经济、强调民众直接参与政治、注重社会公平、反对绝对的私有化和市场化，等等。在国际社会，拉美新左翼从未脱离主流国际体系，或试图摆脱国际分工，只是更加注意维护自身合法利益、努力实现独立自强等”[44]。这些评价有助于我们更加客观的分析拉美左翼的政策和发展。

注：

①贾建芳：《论整体性的马克思主义》，《马克思主义研究》（京），2015 年第 3 期。

②周新城：《关于怎样理解马克思主义的几个问题》，《思想教育研究》，2015 年第 8 期。

③周新城：《必须坚持科学社会主义基本原则——警惕所谓“泛社会主义”》，《毛泽东邓小平理论研究》，2015 年第 1 期。

④刘国光：《关于当前马克思主义理论的一些问题》，《马克思主义研究》，2015 年第 4 期。

⑤刘海涛：《论社会主义的长期性》，《中共浙江省委党校学报》，2015 年第 5 期。

⑥王伟光：《马克思主义的世界历史理论与中国特色社会主义道路——学习马克思 1879—1882 年期间研究笔记札记》，《哲学研究》，2015 年第 6 期。

⑦秦刚：《社会主义、共产主义概念的源流梳理》，《科学社会主义 》，2015 年第 5 期。

⑧崔玉田：《“两个必然”和“两个决不会”理论的实践论证》，《赤子》（上、中旬），2015 年第 4 期。

⑨张雷声：《恩格斯关于英国工人阶级状况的研究——读恩格斯的〈英国工人阶级状况〉》，《思想理论教育导刊》，2015 年第 9 期。

⑩刘海涛：《论科学社会主义基本原则》，《科学社会主义》（京），2015 年第 2 期 。

⑪奚广庆：《坚持科学社会主义基本原则》，《中国特色社会主义研究》，2015 年第 3 期。

⑫田心铭：《中国与世界社会主义》，《马克思主义研究 》，2015 年第 3 期。

⑬黄宗良：《追寻社会主义的三种境界》，《科学社会主义 》，2015 年第 1 期。

⑭吴波：《在理论与实践的双重探索中深入贯彻科学社会主义原则》 《中共云南省委党校学报》，2015 年第 5 期 。

⑮周新城：《科学社会主义基本原则是中国特色社会主义的“源”和“根”》，《红旗文稿》，2015 年第 23 期。

⑯严书翰：《论中国特色社会主义在科学社会主义发展史上的地位》，《当代世界》，2015 年第 3 期。

⑰邓纯东：《中国特色社会主义的世界意义》，《求是》，2015 年第 2 期。

⑱陈明凡：《中国道路对当代社会主义历史性难题的破解》，《马克思主义研究》，2015 年第 9 期。

⑲杨煌：《坚持和发展中国特色社会主义——学习习近平总书记关于中国特色社会主义的重要论述》，《中国特色社会主义研究》，2015 年第 6 期。

⑳徐崇温：《中国奇迹根源于中国特色社会主义》，《中国特色社会主义研究》，2015 年第 6 期。

㉑龚云：《中国特色社会主义是科学社会主义而不是其他主义——与王占阳商榷》，《马克思主义研究》，2015 年第 3 期。

㉒辛向阳：《中国特色社会主义制度的基本优势》，《长白学刊》，2015 年第 1 期。

㉓辛向阳：《中国共产党的领导是中国特色社会主义最本质特征》，《中共杭州市委党校学报》，2015 年第 4 期。

㉔易善武：《中国特色社会主义道路自信的逻辑意蕴》，《郑州轻工业学院学报（社会科学版）》，2015 年第 6 期。

㉕李捷：《“四个全面”战略布局与建设中国特色社会主义》，《高校马克思主义理论研究》，2015 年第 1 期。

㉖秦宣：《论中国特色社会主义理论体系的主题》，《中国特色社会主义研究》，2015 年第 1 期。

㉗吴波：《共享发展理念与中国道路的新探索》，《中共贵州省委党校学报》，2015 年第 6 期。

㉘辛向阳：《深刻认识和把握中国特色社会主义规律》，《中国特色社会主义研究》，2015 年第 1 期。

㉙包霄林：《社会主义核心价值观与西方“普世价值”比较研究》，《科学社会主义》，2015 年第

1 期。

㉚李捷：《用社会主义核心价值观凝聚中国力量》，《红旗文稿》，2015 年第 3 期。

㉛李慎明：《国际金融危机孕育着社会主义的复兴》，《红旗文稿》，2015 年第 1 期。

㉜李瑞琴：《金融危机时期的世界左翼运动》，《当代世界》，2015 年第 4 期。

㉝马细谱：《保加利亚共产党人对马克思主义本土化的理解和贡献》，《中国延安干部学院学报》，2015 年第 1 期 。

㉞李瑞琴：《当代俄罗斯社会主义党派的多样化特征》，《社会主义研究》，2015 年第 5 期。

㉟徐世澄：《委内瑞拉统一社会主义党的发展及面临的主要挑战》，《当代世界与社会主义》（京），2015 年第 1 期。

㊱林德山：《关于当代资本主义新变化的思考》，《国外理论动态》（京），2015 年第 6 期。

㊲吴晓超：《资本主义、社会主义与民主——对当代西方左翼学者研究资本主义民主制度问题的成果分析》，《科学社会主义》，2014 年第 6 期。

㊳李瑞琴：《西方学者：世界金融危机唱衰资本主义未来》，《中国矿业大学学报（社会科学版）》，2015 年第 1 期。

㊴郇庆治：《布兰德批判性政治生态理论述评》，《国外社会科学》，2015 年第 1 期。

㊵张剑：《生态社会主义的新发展及其启示》，《马克思主义研究》，2015 年第 4 期。

㊶徐世澄：《拉美左翼政权面临严峻挑战》，《当代世界》，2015 年第 12 期；徐世澄：《金融危机以来拉美左翼运动和共产党的新动向》，《求实》，2015 年第 7 期；朱幸福：《拉美政坛左翼力量正在步入下行通道》，《文汇报》，2015 年 11 月 3 日；范剑青：《拉美中左翼政党面临执政挑战》，《人民日报》，2015 年 10 月 29 日；周淼：《现代化发展模式转型与拉美激进左翼的兴起与发展》，载《变动世界中的国外激进左翼》，吕薇洲主编，广西师范大学出版社，2015 年版。

㊷徐世澄：《拉美左翼政权面临严峻挑战》，《当代世界》，2015 年第 12 期。

㊸官进胜：《拉美新左翼：类属、缘起与未来》，《上海行政学院学报》，2015 年第 6 期。

㊹黄忠、郑红：《近年来国内外拉美新左翼研究评述》，《当代世界与社会主义》，2015 年第 5 期。

（作者：李瑞琴，中国社会科学院研究员）

国外马克思主义

黄继锋　李　晶

2015 年度，北京地区学者在对西方马克思主义形成和发展史、对国外马克思主义思潮流派以及对国外马克思主义若干热点问题等方面的研究，都取得了新的进展。现将研究状况综述如下。

一、关于西方马克思主义形成和发展史的研究

（一）对西方马克思主义形成史的研究。西方马克思主义的产生和形成有其特定的历史背景和思想背景。张秀琴的《第二、三国际理论家与西方马克思主义的形成——一个思想史关系视角下的探讨》，从思想史的角度探讨了西方马克思主义理论形成的背景及其主题。文章认为，卢卡奇、葛兰西和柯尔施在 20 世纪 20 年代对第二国际理论的批判，随即引发第二和第三国际理论家的批评，而卢卡奇等人再展开一系列“反批评”，这一论争构成了西方马克思主义形成的思想史线索。具体而言，卢卡奇、葛兰西和柯尔施通过批判第二国际的庸俗马克思主义，力图恢复马克思主义的总体原则；通过批判第三国际的直观唯物主义，解释什么是真正的辩证唯物主义，而这正是西方马克思主义创始人为以后的诸流派所奠定的学术传统。[①]她的另一篇文章《直面“什么是真正的马克思主义”问题——西方马克思主义“形成期”主题辨析》进一步指出，卢卡奇、柯尔施和葛兰西在批判第二国际理论时提出了“什么是真正的马克思主义”问题，而对该主题的回答构成了西方马克思主义形成的直接理论动因。卢卡奇重建马克思主义“辩证法”的尝试；柯尔施恢复马克思主义“哲学”维度的努力；葛兰西对“实践哲学”之“绝对的历史主义”属性的强调，都是对这一主题的回答。[②]夏莹则从分析早期卢卡奇关于“资产阶级二律背反”理论入手，探讨了康德问题与当代西方马克思主义问题域形成的

联系。夏莹指出，西方马克思主义在哲学上集中于对两个主题的探讨：基于非同一性哲学而产生的断裂性思想及在断裂思维当中构筑新的主体理论。这一问题域可在早期卢卡奇关于“资产阶级二律背反”的讨论中找到思想的缘起。首先，卢卡奇认为，德国古典哲学试图体系化的理性主义遭遇到无法被纳入体系的物自体（康德问题）所造成的二律背反，这是断裂性思维得以产生的理论根源。其次，卢卡奇为弥合断裂，将无产阶级作为客体—主体的同一性，构筑了主体理论的雏形。因而，如何解决康德问题成为当代西方马克思主义问题域的关键环节。[3]周凡的文章则分析了早期西方马克思主义者卢卡奇与现象学之间的联系。认为卢卡奇在转向马克思主义之前已经受到现象学的熏陶，其《历史与阶级意识》不仅援用了现象学的术语及表述形式，而且拥有一些明确可鉴别的现象学主题。[4]他的另一篇文章详细考察了柯尔施提出“为什么马克思主义是哲学”问题的缘由、背景以及解决问题的思路和理论依据，着重阐明了黑格尔和列宁在柯尔施发现并恢复马克思主义的哲学维度的过程中所起的决定性作用。[5]

（二）*对20世纪70年代后西方新马克思主义发展趋势的研究*。贺翠香在《20世纪70年代后西方新马克思主义的发展特点和趋势》中，系统分析了西方新马克思主义产生变化的时代背景、原因、特点及历史地位。文章认为，20世纪60年代新社会运动蓬勃发展，人们对传统马克思主义所倡导的社会主义革命和阶级政治等宏大议题日益冷淡；而在多元文化主义背景下产生的认同政治或身份政治逐渐引起了人们的关注。正是在这种背景下爆发了“1968年革命”，这场革命将西方带入了“后革命”时代，微观的、多元的、具体的抗争构成了20世纪70年代以来西方社会运动的主基调。在某种程度上坚持和发展马克思主义的西方知识分子则顺应历史潮流，对当代资本主义社会的微观政治进行了反思与批判，提出并发展各种新形态的马克思主义。从马克思主义遭遇危机到重建，再到马克思主义的多元化发展，40多年的西方新马克思主义经历了一个与正统马克思主义不断纠结、离散的过程。贺翠香认为，与经典西方马克思主义的“文化批判”或“伦理转向”不同，西方新马克思主义表现出“受后现代主义影响”、“回归个体生活世界”、“立足全球”、“凸显政治诉求”等特点。这些特征与最近三四十年的国际政治经济形势、现代人所遭遇的政治压迫、社会控制、消费社会等新异化状况以及全球化、高科技和信息网络普及带来的诸多问题相关。她指出，西方新马克思主义继承和发展了马克思主义理论中的某些部分，同时还对未来的理想社会抱有同马克思一致的价值观，努力寻找着替代资本主义社会的未来社会主义社会方案，因此应在马克思主义哲学形态发展史中占有一席之地。[6]

二、关于国外马克思主义思潮流派的研究

（一）*对“新共产主义”的研究*。2008年爆发的金融危机带来了西方左翼思想和左翼理论的激进化态势，其典型表现就是共产主义观念的复兴。范春燕在《当代西方激进左翼学者的“新共产主义”》评析了以阿兰·巴迪欧、斯拉沃热·齐泽克等为代表的一批左翼思想家在新的历史条件下重启共产主义话题，并围绕新的政治经济学批判、新的革命主体和革命组织等问题展开的持续讨论。文章从当代西方激进左翼学者为什么重提共产主义、新共产主义观的创新性及新共产主义观的理论体系三个方面对此进行了探讨。1.重提共产主义的理据在于：社会主义“能指”的去激进化及共产主义观念的“不变量”；2. 超越20世纪共产主义的创新性在于：同国家保持距离以及反对经济主义的共产主义；3. 概括新共产主义观的理论体系：建立在非物质生产和认知性劳动之上的新的政治经济学批判；关于智识工人和“剩余”人口的新的革命主体理论；关于人民建制权和弹性政党的组织理论。[7]

（二）*对后马克思主义的研究*。周凡在《后马克思主义的政治本体论（上、下）—— 以穆芙的对抗概念为中心的学术史考察》一文中指出，后马克思主义虽然在诸多方面对传统马克思主义蕴含的本质主义因素提出了强烈的质疑与批评，但是，在对政治的斗争本性的理解上，后马克思主义与马克思主义依然十分贴近。政治可以退出阶级，但绝对不可能退出斗争，这是后马克思主义的基本政治信念。正是基于这一信念，后马克思主义自始至终都在着力构造一种全新的对抗概念。周凡从考察尚塔尔·穆芙的对抗概念的提出及发展角度出发，详细论证了穆芙从新社会运动、卡尔·施米特的敌友划分、精神分析的主体认同等不同的理论渠道汲取丰富的灵感，锻造出一种基于“政道”与“治道”之划分的“抗争性民主”模式，从而实现民主与抗争精神的后现代主义的接合，提出了一种后马克思主义的政治本体论。[8]李西祥在《精神分析与后马克思主义的隐秘链接——以拉克劳为例》一文中，以拉克劳的后马克思主义理论为例，论述了精神分析与后马克思主义之间的隐秘链接，论证了后马克思主义的一个重要特征就是以拉康的精神分析理论来补充马克思主义。[9]贺翠香的《德里达的回应：关于马克思主义的几个问题》评析了德里达的如下观点，即“去政治化”并不意味着马克思主义与阶级分析法已经过时，革命不再需要，而是指过去那种以“正统”、“合法”名义自居的马克思主义过时了。马克思主义已经以幽灵的形式多元化了。多元、异质的社会阶层与社会新运动的发展，新国际霸权话语的建立，使得马克思主义需要在新的现实基础上“重新政治化”。[10]郭军的《福柯话语理论的西方马克思主义之维》认为，尽管福柯与法兰克福学派不属于同一个理论阵营，但正如他所承认的，后者30—40年代的“批评理论”正是他多年来所持守的观点，这种不谋而合揭示了真正思想家共同的社会关注。[11]

（三）对有机马克思主义的研究。杨志华撰文介绍，有机马克思主义是正在生成中的新学说和新流派，是以小约翰·柯布博士为领军人物的过程哲学家和建设性后现代思想家，从自身的角度对生态危机展开的反思。柯布的弟子菲利普·克莱顿总结出了有机马克思主义的三条宣言、十大纲领以及指导生态文明建设实践的四条原则。杨志华指出，有机马克思主义坚持了马克思主义的基本精髓，借鉴了生态学马克思主义和中国马克思主义的理论成果和实践智慧，结合有机哲学对经典马克思主义有所发展。有机马克思主义眼中的生态文明，就是社会主义与生态原则之间的融合。这是一条不同于资本主义，也不同于传统社会主义的“第三条道路”，目前来看，那就是中国式的强调社会和谐与生态文明的社会主义道路。有机马克思主义不只是西方的，也不只是中国的，而是具有“国际风格”的新马克思主义。杨志华指出，有机马克思主义不同于生态学马克思主义的地方在于：它认为生态危机的真正根源是现代性，特别是现代性蕴含的无限经济增长癖，而不是生态学马克思主义所认为的资本主义制度及其生产方式；它更加强调文化传统和精神因素对经济社会的作用，自觉地从各种传统优秀文化当中吸取智慧养分，并与各种传统文化深度融合，从而成为一种活生生的、时代化、民族化的实践智慧，而生态学马克思主义很少提及中国传统文化。[12]

（四）对生态学马克思主义的研究。沈尤佳和翟敏园评述了2008年以来围绕生态社会主义的研究，认为这些研究仍然主要围绕着两个传统领域展开：生态危机的资本主义根源和生态社会主义对生产的重新定义。前一方面的进展主要是针对资本主义与生态可持续性的可兼容假说，指出资本主义进入了对抗自然的帝国主义阶段，以及将资本主义生产方式从生态角度定义为破坏生态的单调生产，认为这种生产方式有着不可治愈的内在矛盾与“代谢断层”，从而提出相反的不可兼容的假说。后一方面的进展主要是生态社会主义的理想模式和构建生态社会主义的具体路径。[13]郇庆治的《布兰德批判性政治生态理论述评》一文，勾画了布兰德关于“绿色资本主义”的批判性分析、关于社会生态转型的基本主张以及转型视野下的“全球绿色左翼”这三个方面内容所构成的政治生态学理论，并指出这一理论有助于我们正确认识当今欧美国家所引领的“绿色”潮流的经济政治本质，认识正处于政治与力量重组过程中的新左翼或“绿色左翼”的特征。[14]

（五）对东欧新马克思主义的研究。黄小寒以从历史把握理论、从理论把握历史的双重角度分析了东欧新马克思主义的形成与作用。她认为，东欧新马克思主义是在东欧独特的历史条件下形成的，包括地理和语言、不同文化的冲突、与东西方社会的特殊关系以及东欧新马克思主义的理论传统和学术视野。同时，东欧新马克思主义又以其独特的思想把握东欧的时代，包括主要集中对苏联和东欧由“权力”控制的各种扭曲问题的揭露与批判，根植于“现行的社会主义”本土而对东欧社会主义实践和整个共产主义运动做出的内在的体验与反思，及以创新的理论影响社会发展的进程。通过进行这种历史与理论的双重思考，黄小寒希望中国的马克思主义研究能够更好地理解东欧新马克思主义的留给我们的借鉴意义，即明确马克思主义研究的生命力是探讨和解决问题，善于进行横向比较和借鉴，要超越学者式的“阅读”和“讨论”，解决理论和现实问题，强调马克思主义理论的与时俱进。[15]李西祥评析了匈牙利新马克思主义者赫勒的《历史理论》所提出的要以历史理论来取代历史哲学的观点。认为赫勒所谓历史理论是对传统的历史哲学的一种修正，是一种未完成的历史哲学，它悬置了历史哲学对历史发展的必然规律的肯定，而代之以一种对历史的开放性理解。但她的历史理论也包含了一种怀疑主义和折中主义。[16]员俊雅评述了与科西克同时代的捷克马克思主义人道主义理论家斯维塔克的文化批判理论。指出斯维塔克的文化批判理论是基于欧洲社会文化之上对科学技术、官僚体制、工业文化、消费社会等进行全面批判的理论。这种全面的文化批判路径从根本上揭示了人在世界中的异化生存状态，使人们在异化的工业社会能够保持意识的清醒和自由，在一定程度上拒绝实证主义和功利主义的技术理性对人的操控，使人们坚持对意义世界的追求。斯维塔克的文化批判理论揭露了斯大林体制的许多弊端，为捷克社会主义的改革与捷克人民的思想解放提供了理论动力。[17]

三、关于国外马克思主义若干主题的研究

（一）对正义理论的研究。国外马克思主义的正义理论依然是学者们关注的热点。周凡在《正义批判的增补及其不满（上/下）——论艾伦·布坎南“内外兼顾”的激进困局》中，指出布坎南为强化不断被质疑、被冲击的“塔克尔—伍德命题”，试图通过兼顾“内在批判”与“外在批判”的“激进批判”对这一命题进行某种创造性的改良，以便在保留这一命题的基本精神的前提下做出一些灵活的变通与开放性调整。他评析，两面迎合的布坎南似乎把不可兼容的东西奇妙地融合在一起，然而，这一“改良路线”在调和相互对立的立场的过程中不可避免地呈现出诸多不可克服的困难并陷入无解的僵局，这种“综合之举”对他所标榜的“对自由主义的激进批判”最终带来了不可估量的“去—激进化”效果。[18]王晓宁的文章评析了伍德、胡萨米、塞耶斯、柯亨和诺曼·格拉斯等分析学派学者关于马克思主义平等与公正的争论，并指出这些争论对于我们今天厘清社会主义的平等、公平、正义与以往阶级社会的平等、公平、正义的区别，促进社会主义社会的公平正义的启示意义。[19]林进平评析了英美学者对马克思正义观的三种不同的阐释方式：（1）马克思不仅有唯物史观上的正义观，而且有价值观上的正义观；（2）马克思批评的是意识形态的正义，信奉的是非意识形态的正义；（3）从人的需要的视角来探索马克思的正义观，乃至马克思主义的正义观。认为相比较而言，第三种方式是富有理论前景的阐释方式，它不仅合乎历史唯物主义的内在理路，而且创造性地吸纳了其他阐释方式的一些优点。[20]臧峰宇认为，在长达40余年围绕马克思正义论的学术争鸣中，新黑格尔派的历史主义论证和分析马克思主义的道德论证分别从历史必然性和道德有效性出发，呈现了马克思正义论的历史唯物主义底蕴和道德向度。借鉴上述两种思路的合理性内涵，探究基于历史必然性的道德论证理路，构建一种符合中国国情和中国文化性格的马克思主义正义论并使之从应然走向实然，是全面深化改革的实际需要，是构建社会主义和谐社会的必然选择，也是实现未来理想社会不可逾越的精神路标。[21]雷晓欢探讨了南希·弗雷泽的“反规范正义”理论。认为弗雷泽关于在多元性公共领域的背景下，当代正义理论是经济、文化和政治三重维度的辩证统一，正义相应地包括再分配正义、承认正义和代表权正义；在传统的威斯特伐利亚框架外，存在一个跨国公共领域，因而正义应该具有跨国性；应当建立一种具有对话性和制度性的全球民主制度等观点，既拓展了法兰克福学派的批判理论，又为时下我国维护和构建社会公平正义提供了启迪。[22]

（二）对意识形态问题的研究。杨生平的《约翰·汤普森意识形态理论评析》从意识形态含义、积极意义及存在不足等方面全面评析了英国马克思主义学者约翰·汤普森的意识形态理论。汤普森认为，马克思的意识形态有三种概念，即作为论战概念的意识形态；作为“副现象”概念的意识形态以及作为潜在概念的意识形态。随着社会不断发展，马克思意识形态理论遇到了来自曼海姆知识社会学理论方面与“意识形态终结时代”盛行的现实方面的双重挑战。当然，马克思意识形态理论受到挑战并不意味着它没有生命活力。汤普森认为在当代众多意识形态理论中马克思的意识形态理论仍然是最有活力、最有影响力的思想。不过，要充分发挥它的作用就必须对它进行改造和发展。对此，他从两个方面着手。一方面将马克思意识形态意指内容从一般思想体系扩展到文化象征形式；另一方面将马克思意识形态实质从维护阶级统治关系扩展到维护一般统治关系。杨生平认为，汤普森的意识形态理论捍卫了马克思主义基本立场，同时开创了对于大众文化意识形态研究的新思路。但他的意识形态理论也有一定的局限：对马克思意识形态的理解不完全科学；对意识形态性质的认识不客观；有的观点不能自圆其说。[23]

（三）对异化消费问题的研究。吴迪和许志晋系统梳理了西方马克思主义异化消费理论的生成路径，认为异化消费理论是马克思提出的异化劳动在消费领域的合乎逻辑的对应现象，无论是马尔库塞、弗洛姆还是后来者莱易斯和阿格尔，都继承了马克思主义的传统，都或多或少地从马克思的异化劳动出发对异化消费进行分析和探讨。马尔库塞和弗洛姆分别从科学技术和社会心理学的角度提出了“消费领域的异化”和“虚假的需要”等概念，形成了异化消费理论的雏形。作为后来者的莱易斯、阿格尔和高兹等人则进一步深化和发展异化消费理论：莱易斯最早提出异化消费概念，并指出通过建立一个“较易于生存的社会”来克服消费的异化；阿格尔则对异化消费作了一个明确的界定，即人们为了补偿自己那种单调乏味的、非创造性的且常常是报酬不足的劳动而致力于获得商品的一种现象，并进一步指出通过“期望破灭的辩证法”和建立“分散化”、“非官僚化”经济模式来解决异化消费的问题；高兹则从资本主义经济理性的角度出发来分析异化消费的根源，提出要通过限制经济理性来克服异化消费。文章认为，异化消费理论对我们当今社会主义社会的发展具有重要的理论启示意义，但这些思想和理论也存在明显缺陷，且充满乌托邦色彩，不具有切实可行的实际意义。我们需要进一步发展和完善异化消费理论，使其在指导我国的生态消费建设方面具有更切实际的理论和实践意义。㉔

注：

①张秀琴：《第二、三国际理论家与西方马克思主义的形成——一个思想史关系视角下的探讨》，《教学与研究》，2015年第12期。

②张秀琴：《直面“什么是真正的马克思主义”问题——西方马克思主义“形成期”主题辨析》，《学习与探索》，2015年第11期。

③夏莹：《康德问题与当代西方马克思主义问题域的源起——基于卢卡奇的“资产阶级二律背反”的一种考察》，《社会科学辑刊》，2015年第3期。

④周凡：《论卢卡奇思想中的现象学元素》，《江苏行政学院学报》，2015年第3期。

⑤周凡：《追寻柯尔施的激进哲学精神》，《教学与研究》，2015年第12期。

⑥贺翠香：《20世纪70年代后西方新马克思主义的发展特点和趋势》，《国外理论动态》，2015年第9期。

⑦范春燕：《当代西方激进左翼学者的“新共产主义”》，《理论探索》，2015年第4期。

⑧周凡：《后马克思主义的政治本体论（上、下）—— 以穆芙的对抗概念为中心的学术史考察》，《学术月刊》，2015年第4、5期。

⑨李西祥：《精神分析与后马克思主义的隐秘链接——以拉克劳为例》，《马克思主义与现实》，2015年第4期。

⑩贺翠香：《德里达的回应：关于马克思主义的几个问题》，《东岳论丛》，2015年第9期。

⑪郭军：《福柯话语理论的西方马克思主义之维》，《马克思主义与现实》，2015年第1期。

⑫杨志华：《何为有机马克思主义？——基于中国视角的观察》，《马克思主义与现实》，2015年第1期。

⑬沈尤佳、翟敏园：《资本主义的全球联合干预可以治愈生态危机吗？——生态社会主义理论研究述评》，《教学与研究》，2015年第4期。

⑭郇庆治：《布兰德批判性政治生态理论述评》，《国外社会科学》，2015年第4期。

⑮黄小寒：《历史与理论的双重思考——再论东欧新马克思主义的形成与作用》，《学术交流》，2015年第1期。

⑯李西祥：《赫勒的历史哲学批判与对社会主义的新理解》，《苏州大学学报（哲学社会科学版）》，2015年第2期。

⑰员俊雅：《斯维塔克文化批判理论对当代中国文化发展的启示》，《马克思主义哲学论丛》，2015年第2期。

⑱周凡：《正义批判的增补及其不满（上、下）——论艾伦·布坎南“内外兼顾”的激进困局》，《江海学刊》，2015年第5、6期。

⑲王晓宁：《“分析的马克思主义者”关于平等与公正的论争及启示》，《学术交流》，2015年第4期。

⑳林进平：《论马克思正义观的阐释方式》，《中国人民大学学报》，2015年第1期。

㉑藏峰宇：《马克思正义论研究的两种进路及其中国语境》，《中国人民大学学报》，2015年第3期。

㉒雷晓欢：《弗雷泽“反规范正义”理论及其价值》，《学术交流》，2015年第1期。

㉓杨生平：《约翰·汤普森意识形态理论评析》，《学习与探索》，2015年第1期。

㉔吴迪、许志晋：《异化消费理论的生成路径探析》，《理论月刊》，2015年第12期。

（作者：黄继锋，中国人民大学教授；
李晶，中国人民大学博士生）

哲 学

马克思主义哲学

王 东 王晓红

2015年是中国发展的重要一年。开掘源头和不断创新潮头依然是马克思主义哲学研究的主要趋势，特别引人注目的是以下六个具有生长点意义的重大问题：马克思主义哲学创新；首届“世界马克思主义大会”；马克思主义哲学源头新开掘；中国特色社会主义的理论创新及其哲学基础；新文化运动百年反思；从世界历史的哲学高度重新考察抗日战争。

一、马克思主义哲学创新

创新是我们当下最重要的时代课题，创新的最深层理论基础是哲学创新。2015年由吉林人民出版社出版了“哲学创新北大六书”系列丛书——《哲学创新论》、《文化创新论》、《教育创新论》、《系统改革论》、《新时代新哲学》、《哲学创新的北大学派》六部作品。这六部书稿是当代中国著名哲学家、北京大学哲学系资深教授黄枬森，北京大学哲学系教授王东等马克思主义哲学家长期研究的心血结晶，是国家级的重大哲学科研成果，具有重要的学术价值与现实意义。该系列丛书或许可称之为“马克思主义哲学创新研究（第二辑）”，是人民出版社于2011年7月出版的“马克思主义哲学创新研究（第一辑）”的延续。第一辑包括《马克思主义哲学体系的当代构建》、《时代精神与马克思主义哲学创新》、《现代科学技术与马克思主义哲学创新》、《中西哲学的当代研究与马克思主义哲学创新》四书。“哲学创新北大六书”主要代表作，是由黄枬森为第一作者、王东为第二作者的《哲学创新论》，其副标题为《马克思哲学观与当代新问题》。

《哲学创新论》一书，是黄枬森和王东共同承担的2011年度教育部哲学社会科学研究重大委托项目“马克思主义哲学基本理论与现实问题研究”的主要成果，该书的思想主旨是探索面向新世纪、新时代，富有时代精神与民族神韵的哲学创新，支撑中华复兴、天下为公的哲学世界观、价值观。该书重新发掘了马克思，马克思的哲学观，尤其是《资本论》哲学底蕴，集中阐发哲学创新在当今时代、当代中国，最有思想活力，又最具有现实意义的六大生长点，也是哲学理论创新与改革实践创新的主要结合点，哲学观——世界观——历史观——时代观——国家观——价值观。丰子义、李景源、郝立新、安启念等著名学者对《哲学创新论——马克思哲学观与当代新问题》一书进行了理论评析，认为该书是改革开放新时期马克思主义哲学创新取得的一项重要新成果，其中提出的问题、解决的问题、遗留的问题都有重要的启迪意义。

为了更好阐明黄枬森传承创新的北大传统、北大学派，王东还仿效司马迁《史记》中的《儒林列传》体例，写下了《哲学创新论的北大学派——李大钊、冯定、张岱年、黄枬森列传》，作为“北大《哲学创新论》六书”的最后一部、画龙点睛之笔。

李大钊、冯定、张岱年和黄枬森先生是北京大学不同时期传播、研究、实践马克思主义的杰出代表，国内学界对他们的系统研究较少。王东教授“哲学创新六书”之一的《哲学创新的北大学派——李大钊、冯定、张岱年、黄枬森列传》（以下简称《哲学创新的北大学派》），主要梳理了四位北大当代中国哲学家的思想，旨在总结新文化运动100年来，北京大学在“马克思主义哲学中国化——中国哲学现代化”的进程中发挥的作用，把握蕴含其中的“北大传统”“北大精神”，以有助于新一代研究者薪火相传、反思历史、面对当代、开创未来。陈先达、崔自铎、许全兴、杨金海、庞元正、袁吉富、聂锦芳等教授认为《哲学创新的北大学派》既阐明了四位先生构成“北大学派”的共同血脉、哲学范式，也充分展示了大师的独特创新、个性风采，再现了中国马克思主义哲学创新的百年风云。“北大学派”不仅以国家民族的问题为重心，而且形成了自己的哲学创新历史，对创新中国的发展起了巨大作用。该书立意新颖、开创新风，对于北大传统作了新的开掘，为当代中国马克思主义哲学家树碑立传很有意义。[①]

二、首届“世界马克思主义大会”

2015年10月10—11日，由北京大学主办的首届“世界马克思主义大会”在北京举行。本届大会的主题是“马克思主义与人类发展”，其宗旨是直面当今人类社会面临的复杂问题，研究和分享中国经验，促进马克思主义在世界范围内的交流、传播与发展，推动世界文明的进步和人类命运共同体的建设。来自五大洲20多个国家和地区的400余位中外马克思主义研究学者与会。这是第一次在社会主义国家举办的世界马克思主义大会，是我国迄今为止举办的规模最大、参会学者层次最高的马克思主义学术研讨大会。这次大会由北京大学马克思主义学院承办。北京大学党委书记朱善璐，教育部副部长、党组副书记杜玉波在开幕式上致辞。中共中央文献研究室主任冷溶，北京市委常委、教工委书记苟仲文，光明日报总编辑何东平，人民日报副总编辑杜飞进等嘉宾出席开幕式。开幕式由北京大学校长林建华主持。大会除开幕式和主旨演讲外，下设8个分论坛和3场高端对话。8个分论坛皆由中方和外方学者共同主持，主题涵盖“马克思主义的起源和发展”、“马克思主义文本研究及其编译”、“中国道路与中国话语发展”、“习近平治国理政思想与中国马克思主义的发展 ”、“马克思主义与世界文明的未来走向”、“马克思主义与科学文化”、“马克思主义与经济全球化”、“马克思主义与人类命运共同体”。3场高端对话主题为：“中国道路与市场社会主义”、“落后国家发展道路与马克思主义”和“中国近现代史与马克思主义”。

大会规模空前，议题众多，观点纷呈，主要涉及以下几个方面的问题：第一，马克思主义理论的当代境遇：既经受理论和实践方面的双重挑战，又显现出强大的解释力和生命力。第二，资本主义制度批判。中西方学者一致认为，当今社会“全球共同体悲剧”根源于资本主义制度，资本主义制度是现代社会问题的罪魁祸首，其存在着自身无法克服的结构性危机，最终会导致“第三次社会主义浪潮的爆发”，进而走向彻底灭亡。第三，中国特色社会主义研究。与会学者一方面从理论和实践高度肯定了中国特色社会主义，一致认为“中国道路深刻改变了当代中国面貌，中国理论使马克思主义焕发生机，中国经验对世界的影响日益凸显。”另一方面，又指出了中国特色社会主义当前所面临的一系列诸如两极分化问题、社会公平正义问题、公有制经济主体地位陷落问题、环境污染问题等，指出问题的关键是处理好社会主义与市场的关系。

最后，与会学者一致通过《首届世界马克思主义大会学者共识》(以下简称《共识》)。《共识》倡议，马克思主义研究者需要直面人类发展的尖锐问题，高扬马克思主义固有的批判精神与变革意识，把马克思主义同各国具体实际和时代精神相结合，在对现实问题作出创造性的回应中，实现重大的理论突破。在实践基础上推进理论创新，把马克思主义推向新境界，这是21世纪马克思主义研究者和践行者的神圣责任。根据《共识》，北京大学将在会后出版中英文《世界马克思主义研究》期刊和“世界马克思主义研究文库”，交流研究成果；下一届世界马克思主义大会在2018年马克思诞辰200周年之际召开。[②]

三、马克思主义哲学源头新开掘

学者们围绕着马克思的文本研究工作及马克思的早期著作、晚年笔记、重点是经典文本《资本论》等，阐释了有启发意义的新观点。

聂锦芳对马克思早期作品《歌之书》进行了解读，他还解读了马克思的早期作品《伊壁鸠鲁哲学》，指出其不仅仅是摘抄，而是马克思当时一些朦胧而朴素的想法乃至不无矛盾和混乱的思绪的记录，构成一幅复杂的思想图景，涉及诸多重大而永恒的哲学问题。不管他当时的思考是否有明确的答案，或者与后来思想的发展有多么大的差别，但能进行这种思考本身，就体现出一定的哲学高度、境地和水平。[③]

鲁克俭把对马克思的文本解读置于马克思早期思想发展的历史语境和唯物史观创立的内在逻辑之中，通过对《博士论文》、《黑格尔法哲学批判》、《神圣家族》、《〈黑格尔法哲学批判〉导言》、《1844年经济学哲学手稿》、《关于费尔巴哈的提纲》的全面解读，揭示出马克思唯物史观的创立，蕴涵着对西方自巴门尼德以来的本体论及其理性主义传统的内在颠覆，是对西方传统主客二分的超越。[④]

赵敦华探讨了马克思和黑格尔政治哲学观念的关系，把黑格尔对法权制度的历史经验阐述从辩证逻辑体系中抽象出来，展开了黑格尔对现代社会国家合理性的哲学论证，并为理解马克思《黑格尔法哲学批判》的笔记准备条件。他还探讨了《关于费尔巴哈的提纲》，指出，康德、费希特、谢林和黑格尔的实践哲学是马克思哲学的前奏。通过批判费尔巴哈的感性直观唯物主义，马克思把德国唯心论从主体能动方面发展的实践观转化为革命的批判的实践，把“存在与思维同一性”转化为以实践为检验标准的真理观，把主体—客体关系转化为环境的改变和人的自我改变的一致性，把哲学世界观转化为理论改变世界的实践观。⑤

安启念重新解读了《关于费尔巴哈的提纲》前三条，指出马克思在《提纲》第一、二两条指出，实践是人的受动性（唯物主义因素）与能动性（唯心主义因素）在唯物主义基础上的结合。第三条运用上述思想批评旧唯物主义片面强调人是环境的产物，提出人通过实践活动与环境相互作用协同发展。以上思想是一种大唯物史观，它是马克思哲学思想的核心，是他哲学探索的最后成果。大唯物史观揭示了人、社会、自然界的发展机制，包含有实现人类解放这一马克思毕生追求的价值目标，它体现了人的主体性，把人、社会、自然作为有机整体来看，从一个角度超越了唯物主义和唯心主义的对立，对认识世界和改造世界都具有重要的方法论意义。⑥

魏小萍考察了马克思的经典著作，指出，马克思的研究思路与其问题意识是紧紧相伴的，而且马克思的问题意识不是形成于理论推演、不是产生于纯粹的概念考证，而是产生于他所置身于其中的资本主义社会。马克思毕其一生对资本主义社会的批判、研究与认识，对于我们在时代的境遇中分析资本主义的最新发展趋势、探讨通往资本主义之后的可能路径、在创新中发展中国特色社会主义都具有直接的现实意义。⑦

丰子义考察了托马斯·皮凯蒂的《21世纪资本论》，指出，该书中提出，资本收益率的趋势是在上升，而不是马克思所讲的平均利润率在下降。其实，皮凯蒂和马克思的结论只是表面上的冲突，并无实质上的矛盾。马克思在肯定平均利润率下降的同时，并不排斥利润绝对量的增大，二者是同时并存的。在当代社会，创新、全球化、竞争等对于资本收益率的提高起着重要的推动作用。用马克思的观点来看待《21世纪资本论》，在解决贫富差距中应当注意这样一些基本原则：一是贫富差距的缩小既在分配领域，又不能限于分配领域；二是不平等问题的解决不能仅靠市场经济，必须借助于非市场的力量；三是不平等问题的解决，需要切实确立尊重劳动的基本理念与社会机制。⑧

仰海峰考察了《资本论》，指出劳动力成为商品，是从资本逻辑的现象界到本质界的重要一环。劳动与劳动力的区分揭示了剩余价值的来源，揭示了马克思哲学与西方近代以来的哲学的重要区别，同时也有助于说明马克思思想发展的内在变迁。以劳动本体论来建构或反对马克思哲学，都没有意识到劳动与劳动力的区分的意义。“劳动力”范畴的提出，更能揭示出资本逻辑的结构化特性。⑨

韩立新认为，劳动所有权、按劳分配和“交换的正义”是资本主义所承诺的正义。成熟时期的马克思曾以“领有规律的转变”理论揭露了这一正义的虚伪性，即它所标榜的是“劳动和所有的同一性”，但它所实现的却是“劳动和所有的分离”。许多分析马克思主义者之所以在回应自由主义的挑战时表现得软弱无力，甚至怀疑马克思剥削概念的合法性，其原因之一就在于没有认识到“领有规律的转变”理论同时也是马克思的正义理论。⑩

王峰明指出，从《资本论》来看《21世纪资本论》，皮凯蒂把资本等同于物，马克思则认为资本是物为载体的生产关系；皮凯蒂从分配关系出发，根据人们的收入状况，剖析了穷人与富人之间的阶层分化，马克思则从生产关系出发，根据人们在物质生产中的地位，揭示了劳动者与剥削者之间的阶级对立；皮凯蒂担心的是继承财富基础上承袭制资本主义的回归，马克思关注的则是资本主义生产方式的历史性和暂时性；皮凯蒂提供了一幅人类收入关系的演化图景和调节愿景，马克思则指引了一条消灭剥削、消除两极分化、扬弃资本主义制度的革命道路。⑪

王伟光通过学习马克思1879—1882年期间研究笔记，深入分析和论证了马克思主义的世界历史理论和中国特色社会主义道路的基本特征和主要内涵，指出尽管“社会主义”和“资本主义”这类概念，在今天一些人看来已不合时宜，但仍是概括当今时代本质的理论抽象，它们并没有所谓“意识形态终结”。用唯物史观和世界历史理论来看，发现时代并没有过逝，科学社会主义并没有过世，马克思主义并没有过时。马克思主义仍然是中国人民独立自主地前进于世界历史大道的指导思想，中国特色社会主义道路，是中国人民在世界历史进程中实现现代化的唯一正确选择。⑫

2015年是恩格斯逝世120周年，王东、赵玉依据MEGA2（《马克思恩格斯全集》历史考证版第二版）等新文献、新成果，梳理这位科学共产主义共同创立者的伟大贡献，包括：与马克思共同创立新唯物主义世界观；全力支持马克思写作《资本论》；晚年在理论领域进行了多方面的探索和创新。[13]

2015 年 6 月 26 日，由北京大学马克思主义哲学研究中心和北京大学中国特色社会主义理论体系研究中心联合主办的“历史唯物主义与中国道路”学术研讨会在北京大学召开。来自中国社会科学院、中共中央党校、北京大学、中国人民大学、中国政法大学、北京师范大学等单位的二十余位专家学者参加了会议。与会专家学者结合各自的研究领域和学术专长，就以下三个专题展开了广泛而深入的研讨。首先，与会学者充分肯定了历史唯物主义研究取得的成果，并就其学术热点和理论形态展开了热烈的讨论。许全兴认为，必须对历史唯物主义的理论形态进行反思。五四时期，历史唯物主义作为“观察国家命运的工具”（毛泽东语），深刻影响了近现代中国历史的进程。但是 20 世纪 30 年代以后，认识论和辩证法取代历史唯物主义占据了主导地位。忽视历史唯物主义的基本原理是社会主义建设遭受挫折的重要理论根源。新时期历史唯物主义面临的最大的理论难题是建设什么样的社会主义、怎样建设社会主义。李景源对此提出了不同观点。他认为历史唯物主义始终是毛东思想体系的核心，也是中国共产党人取得革命胜利的理论支撑。但是毛泽东晚年错误地将历史唯物主义与阶级斗争理论等同起来，邓小平则恢复了生产理论在历史唯物主义中的核心地位。不过，以往的理解始终未能完全摆脱以“速度”为核心的生产观和发展观。杨学功在主题发言中提出，中国学界越来越倾向于历史唯物主义研究范式，这是对马克思哲学本来面目的回归。王东教授提出，中国道路本质上是重构劳动、资本和国家的三元结构，既破除国家统治劳动的苏联模式，又超越资本统治劳动的西方资本主义制度，建立起劳动占主导地位的新的社会形式。学界的主要任务是探讨支撑中国道路的时代观、国家观、社会主义改革观和文化观。席大民从“普遍性”概念的反思入手，提出用生成普遍性取代预成普遍性和抽象普遍性。从这种方法论出发，中国道路就不是在一个预成的社会主义模式中的特殊形式，而是一种历史生成性的实践活动。它既是一个特殊的历史活动，又可以具有统一性的趋势和普遍性的品格。[14]

四、中国特色社会主义的理论创新及其哲学基础

许全兴考察了《矛盾论》和《实践论》对马克思主义哲学中国化的启示，指出，二者是马克思主义哲学与中国革命实践、中国传统哲学优秀成果三者相结合的产物，丰富和发展了马克思主义认识论和辩证法。《实践论》和《矛盾论》是马克思主义哲学中国化的典范，为进一步推进马克思主义哲学中国化提供了有益的启示：将丰富的实践经验上升为哲学理论；学习和吸取当代马克思主义哲学最新成果；继承和发展中国传统哲学的优秀遗产；从具体哲学问题入手，推进马克思主义哲学的中国化；把哲学变成民族的事业。[15]

杨金海指出，应当从世界潮流高度和国际比较视角分析我国现行制度的优势、特点和未来。世界两种制度的转换正在悄然而深入地进行着，中华民族正在其中发挥并将继续发挥重要作用。中国制度的比较优势已愈益凸显，即高效、稳定、和谐、和平；其特点也日益鲜明，即理论先行、上下联动、刚柔相济、增量改革、人民主体，根本特点是有党的坚强领导。要推进我国治理现代化，须深入研究弘扬既有优势、特点和经验，还须研究借鉴古今中外的优秀治理成果。[16]

梁树发探讨了马克思主义形成与发展中的学科关系问题，指出学科化是指科学发展中某一方向、领域的研究成熟之后的体制化推进。学科化首先是发生在科学研究领域的现象，然后是在此基础上发生的教育发展过程。学科化是自觉建构的结果，马克思主义是科学发展的伟大成果，马克思主义以已经属于一定学科划分的科学发展为基础，特别是以哲学、经济学和政治学等的发展为基础。传统的马克思主义学科化的表现是马克思主义哲学、马克思主义政治经济学、科学社会主义等学科的划分。2005 年我国马克思主义理论一级学科的设立是马克思主义学科化的典型形式，它具有突出的积极意义，同时也具有一些矛盾和问题，应该探索一条使马克思主义学科化健康发展的有效路径，基本思路是：以三个传统的马克思主义学科（马克思主义哲学、马克思主义政治经济学、科学社会主义）为基础，以马克思主义理论学科为核心，以各社会科学中与马克思主义相关的二级学科和研究方向为辅助或补充的多层次的立体结构。[17]

韩庆祥从哲学视角探讨了中国特色社会主义重要成果——“国家治理现代化”问题，指出，“国家治理现代化”首先是针对“政府主导体制”而提出的，是为保留政府主导体制的独特优势且又克服其历史局限和弊端的一条最有效的路径。其基本内容是靠制度、能力和价值观“三位一体”来治国理政，实质就是为治理国家（政府）公共权力与正确处理党、国家（政府）、社会、公民个人及其关系提供一种现代化的治理模式。推进“国家治理现代化”具有重要的意义。它从“国家统治”走向“国家管理”再走向“国家治理”，这是国家治理模式的一种创新，也是发展中国特色社会主义的最新成果。[18]

陈占安认为，中国共产党人在不断推进马克思主义中国化的进程中积累了丰富的经验，从大的方面来说，这些经验应包括五个方面：科学对待马克思主义，准确理解马克思主义基本原理；真切把握中国具体实际，坚决贯彻一切从实际出发原则；批判继承优秀传统文化，自觉践行社会主义核心价值观；高度重视实践经验总结，善于集中党和群众集体智慧；全面领会马克思主义理论品质，讲究与时俱进同一脉相承辩证统一。[19]

袁吉富指出，中国特色社会主义改革观是马克思主义改革观中国化的创新成果。在坚持与发展中国特色社会主义改革观的基础上，习近平形成了关于当代中国的全面深化改革观。全面深化改革观是对全面深化改革的历史方位、对象、内容、目标与实现方式等重大关键性问题系统而深入的思考，是引导当代中国改革实践全面深化发展的客观要求，是对当代中国改革阶段理论的发展，也是对中国特色社会主义改革理论的重大发展。全面深化改革的方法论是全面深化改革观的重要组成部分，习近平对此高度重视并进行了系统的阐述。[20]

李德顺认为，中国特色社会主义的核心价值内容，就是要实现“公平正义”，而它的主要外在社会形式，就是民主法治。公正作为社会主义的核心价值观念是针对资本主义事实上的不平等提出的新型价值目标，代表着人类社会的发展方向。以人为本，实现人类的解放，使每个人都能够自由全面发展，是马克思主义最彻底的公平正义观。在公平正义的实现过程中，要把实现公平理解为社会主义的实质正义；要全面深化改革，突破传统观念和体制的束缚，创新体制和机制；要实现社会关系结构调整，让人民主体到位；要用法治作为实现公平正义的根本。[21]

马俊峰认为，意识形态问题是一个重要问题，与哲学社会科学发展、文化教育发展甚至国家发展道路选择，都具有密切关系。为适应我国全面深化改革，推进国家治理体系和治理能力现代化的需要，必须转变一些不合时宜的观念，创新对意识形态问题的研究。[22]

五、新文化运动百年反思

100年前，《新青年》的创办揭开了波澜壮阔的新文化运动的帷幕。新文化运动是近代中国思想文化变革中承上启下的关键历史节点。2015年，“新文化运动”再度成为热词，学者们主要探讨了新文化运动与中国文化的未来走向，新文化运动与马克思主义在中国的传播和发展，马克思主义与中国传统文化的关系，传统文化在当代中国的定位与发扬等问题。

陈先达认为，应该站在社会形态更替的高度来审视马克思主义和中国传统文化的关系；只有以马克思主义为指导才能变革中国社会；只有继承中国传统优秀文化，马克思主义才能在中国取得胜利；要正确评价儒家在中华民族文化中的地位，儒家哲学主要是人生伦理哲学，其长期处于中国传统文化的主导地位，是中华民族的血脉和文化之根；中国传统文化要创造性转化和发展，只有创造性转化，才是正确处理马克思主义与中国传统文化关系的枢纽，创造性转化，是文化复兴和文化复古的界线。文化复兴立足点是今，是古为今用；文化复古的是古，是今不如古。[23]

许全兴指出，五四新文化运动是中国社会内部新旧两种思潮的大决战。百年来围绕对它评价的争论反映了中国社会内部向何处去的不同诉求。五四新文化运动，既是辛亥革命思想上的补课，又是新民主主义革命的思想先导；新文化运动批孔是历史的必然，功不可没；“新文化运动中断了中国传统文化发展”的说法是有违历史实际的不实之词；重要的是继承和弘扬五四新文化运动的爱国、民主、科学、创新和奋斗等精神。[24]

郭建宁从坚守中华文化立场，反思激进的文化批判，保持文化主体性，推进马克思主义中国化等方面进行了探讨。他指出，要以客观、科学、礼敬的态度对待中华优秀传统文化，从延续民族文化血脉中开拓前进；要反思激进的文化批判，处理好文化进化主义与文化相对主义即时代性与民族性的关系；要在经济全球化和世界思想文化激荡中保持文化主体性，提升文化软实力，增强文化话语权；加强马克思主义与中华优秀传统文化的深度结合，不断推进马克思主义中国化。[25]

晏振宇、孙熙国认为，如何实现中华优秀传统文化的创造性转化，是中国特色社会主义文化强国建设之路中需要不断深入探究的理论创新和实践创造的重大课题。传统文化创造性转化是一个历时性的系统化工程，需要通过历史性诠释、批判性继承、综合性创新和实践性超越四个环节才能完成。在传统文化创造性转化过程中各自侧重于不同的时间向度，其中，历史性诠释更多指向过去，批判性继承侧重于当前社会生活应该继承什么，综合创新与实践超越则主要指向未来文化新体系的构建。这四个方面共同构成中华优秀传统文化进行创造性转化的基本路径。[26]

程美东指出，新文化运动作为中国近代史上最重要的思想文化运动，是对近代中国历史上政治精神与人文精神逆动效应的深刻反思，是对辛亥革命后社会政治发展不满产生的政治悲情意识的文化激情表达，是中国传统家国情怀与世界现代开放意识在近代国人身上双重反应的升华，深刻影响和改变了中国现代化的发展进程，其文化思想的关怀更多的是一种为中国寻找根本出路的殷切政治情怀的体现。[27]

2015 年 9 月 15 日，“新文化运动百年——回顾与展望”纪念大会在北京大学举行，来自教育部、首都高校的与会者从不同角度共同回顾了新文化运动的发展历程，探讨了新文化运动的历史经验，展望了新形势下大学的未来发展。求是杂志社社长李捷、北京大学马克思主义学院教授沙健孙、哲学社会科学资深教授厉以宁、中国科学院院士杨芙清进行了主旨报告。来自北京大学、清华大学、中国社会科学院、中央党校、美国纽约大学、台湾大学等学者，深入研讨了新文化运动的产生、发展和影响。2015 年 4 月 28 日至 5 月 4 日，为纪念新文化运动暨《新青年》创刊一百周年，北京大学图书馆联合北京新文化运动纪念馆举办“新文化运动与北京大学——纪念《新青年》创刊一百周年”展。展览的展板部分主要由新文化运动纪念馆编写设计，全面介绍了新文化运动及其意义和深远影响，重点揭示北京大学在其中的重大作用和积极贡献；实物展览部分由北大图书馆策划，以“《新青年》与北京大学”为主题，介绍《新青年》自创刊到第七卷的办刊经过、主要事件和重要文章，彰显与北京大学的深厚渊源。

六、从世界历史的哲学高度重新考察抗日战争

2015 年是世界反法西斯战争胜利 70 周年，也是中国人民抗日战争胜利 70 周年。学者们从世界历史的哲学高度对其进行了理论考察，提出了诸多有新意的观点。

王伟光指出，抗日战争，是世界反法西斯战争的东方主战场，是近代以来中华民族抗击外敌入侵第一次取得完全胜利的民族解放战争，是正义的、革命的、进步的人民战争，是中华民族由衰败走向复兴的重大转折点。中华民族在抗击法西斯侵略战争中所激发出来的民族精神、民族凝聚力，因胜利而树立的民族自信心和民族自豪感，成为中华民族复兴的强大精神力量。中国军民通过自身抗战努力而重新确立的大国地位，成为中华民族复兴的重要基础。抗日战争开辟了中华民族复兴的光明前景。[28]

许全兴认为，抗日战争给马克思主义中国化以动力，使毛泽东思想得到全面展开而达到成熟。民族危机，凸现了文化的民族性，拓展和深化了马克思主义中国化的内涵。国共合作抗日，为马克思主义中国化提供了有利的理论著述环境。抗日战争的胜利检验和证明了中国化马克思主义理论的正确。[29]

闫志民指出，中国人民抗日战争的胜利，是 20 世纪中华民族和人类历史上的重大事件，对于推动中华民族发展和人类文明进步事业具有重大重义。抗日战争是中华民族近代以来反对外敌入侵第一次取得完全胜利的民族解放战争，为实现国家独立、人民解放奠定了初步基础，在中华民族走向复兴的历史上具有重要里程碑的意义。中国人民抗日战争是世界反法西斯战争的重要组成部分，对于世界反法西斯战争的胜利发挥了重要作用。中国共产党在抗日战争中发挥了中流砥柱作用，逐渐走向成熟并带领中国人民建立了新中国，走向了国家富强、人民幸福，实现中华民族伟大复兴的中国梦道路。[30]

综上可知，2015 年北京的马克思主义哲学界在理论创新上取得了重大成果，为中国的改革实践创新，进一步开掘了重要的理论前提和哲学基础。

注：

①《黄枬森哲学思想研讨会暨“北大〈哲学创新论〉六书”出版座谈会举行》，北京大学中国特色社会主义理论体系研究中心，2016 年 4 月 7 日；《“哲学创新的北大学派”学术座谈会举行》，北京大学中国特色社会主义理论体系研究中心，2016 年 4 月 29 日。

②张胜、王斯敏、姬泰然：《首届世界马克思主义大会圆满落幕》，《光明日报》，2015 年 10 月 12 日；沈聪：《汇聚世界马克思主义最强音——首届世界马克思主义大会综述》，《前线》，2015 年第 11 期；李德阳：《2015 年全国马克思主义相关研究学术会议综述》，《马克思主义中国化研究参考》，2015 年第 2 期；谭扬芳、贾江华：《“首届世界马克思主义大会”研讨马克思主义与人类发展》，《马克思主义研究》，

2016 年第 2 期。

③聂锦芳：《爱的迷茫与浪漫 、救赎与结局》，《学习与探索》，2015 年第 6 期；《马克思是在什么样的基点上开始哲学征程的？——以〈伊壁鸠鲁哲学〉中对“天象”的分析为例》，《天津社会科学》，2015 年第 5 期。

④鲁克俭：《超越传统主客二分》，《中国社会科学》，2015 年第 3 期；《唯物史观“历史性”观念的引入——马克思〈1844 年经济学哲学手稿〉中“异化”概念新解》，《哲学动态》，2015 年第 6 期。

⑤赵敦华：《黑格尔的法权哲学和马克思的批判》，《哲学研究》，2015 年第 6 期；《走向马克思的德国唯心论的“四乐章”——读〈关于费尔巴哈的提纲〉》，《北京大学学报》，2015 年第 3 期。

⑥安启念：《再读〈关于费尔巴哈的提纲〉前三条——论马克思的核心哲学思想及其方法论价值》，《马克思主义与现实》，2015 年第 3 期。

⑦魏小萍：《从马克思的经典著作中解 读马克思的问题意识》，《理论视野》，2015 年第 11 期。

⑧丰子义：《重思资本积累的趋势与贫富差距的缩小——由〈21 世纪资本论〉引发的思考》，《新视野》，2015 年第 5 期。

⑨仰海峰：《劳动力成为商品意味着什么》，《中国高校社会科学》，2015 年第 2 期。

⑩韩立新：《劳动所有权与正义》，《马克思主义与现实》，2015 年第 2 期。

⑪王峰明：《资本、资本家与资本主义——从马克思看皮凯蒂的〈21 世纪资本论〉》，《天津社会科学》，2015 年第 3 期。

⑫王伟光：《马克思主义的世界历史理论与中国特色社会主义道路——学习马克思 1879—1882 年期间研究笔记札记》，《哲学研究》，2015 年第 6 期。

⑬王东、赵玉兰：《恩格斯的三大贡献》，《光明日报》，2015 年 7 月 29 日。

⑭兰洋：《“历史唯物主义与中国道路”学术研讨会综述》，《哲学动态》，2015 年第 12 期。

⑮许全兴：《〈矛盾论〉和〈实践论〉对马克思主义哲学中国化的启示》，《中国社会科学》，2015 年第 2 期。

⑯杨金海：《从世界潮流高度看中国特色社会主义制度优势》，《党政干部学刊》，2015 年第 10 期。

⑰梁树发：《学科化与马克思主义》，《山东社会科学》，2015 年第 9 期。

⑱韩庆祥：《从哲学视阈理解“国家治理现代化”》，《马克思主义与现实》，2015 年第 3 期。

⑲陈占安：《马克思主义中国化的基本经验》，《新疆师范大学学报》，2015 年第 1 期。

⑳袁吉富：《论习近平全面深化改革观》，《中国特色社会主义研究》，2015 年第 4 期。

㉑李德顺：《谈社会主义核心价值“公正”》，《中国特色社会主义研究》，2015 年第 2 期。

㉒马俊峰：《唯物史观视域下的意识形态问题》，《党政干部学刊》，2015 年第 5 期。

㉓陈先达：《马克思主义和中国传统文化》，《光明日报》，2015 年 7 月 3 日。

㉔许全兴：《纪念“五四”新文化运动百周年四题》，《毛泽东邓小平理论研究》，2015 年第 7 期。

㉕郭建宁：《关于当代中国文化建设的思考》，《辽宁大学学报》，2015 年第 3 期。

㉖晏振宇、孙熙国：《传统文化创造性转化路径的思考》，《中国特色社会主义研究》，2015 年第 6 期。

㉗程美东：《论新文化运动的政治情怀》，《北京教育·德育》，2015 年第 10 期。

㉘王伟光：《抗日战争开辟了中华民族伟大复兴的光明前景》，《光明日报》，2015 年 9 月 18 日。

㉙许全兴：《抗日战争与马克思主义的中国化》，《理论视野》，2015 年第 5 期。

㉚闫志民：《深刻理解抗日战争胜利的伟大意义》，《中国特色社会主义研究》，2015 年第 4 期。

（作者：王东，北京大学教授；
王晓红，中央民族大学马克思主义学院讲师）

中国哲学

王威威

2015 年，北京地区的中国哲学研究呈现出良好的发展态势，取得了丰硕的成果。现从学术会议、学术著作和学术论文三方面作一综述。

一、学术会议

2015 年 3 月 15 日，由北京师范大学社会主义核心价值观协同创新中心、价值与文化研究中心、哲学学院、海峡出版发行集团、福建教育出版社联合举办的“中国传统文化与社会主义核心价值观研讨会暨《周桂钿文集》卷一《秦汉思想研究》新书发布会”在北京师范大学召开。会议围绕“中国传统文化与社会主义核心价值观”这一主题，探讨了秦汉时期中国传统价值观的理论内涵、思想特征、体系结构以及历史地位与影响，并进一步揭示出秦汉思想价值观现代转化的理论创新点和发展趋势。

4 月 26 日，由邯郸学院荀子与赵文化研究中心与中国人民大学国学院主办的“海峡两岸荀子研究的新拓展研讨会”在中国人民大学举行。会议围绕荀子的人性论，荀子思想中的礼与法，荀子思想与西方哲学的比较研究等议题进行了讨论。

6 月 28 日，北京师范大学价值与文化研究中心、哲学学院、中国哲学与文化研究所在北京师范大学举办了“中国传统价值观与当代社会”学术研讨会。与会学者围绕中国传统价值观的精髓及其在当代社会的意义进行了深入研讨。

11 月 7 日，由中国社会科学院历史研究所和中国人民大学国学院主办的“由礼到法——法家思想的形成与发展”学术研讨会在中国人民大学召开。与会学者围绕礼法关系与法家思想的形成，韩非子思想，法治的人性基础，汉代法家思想与汉代政制等议题发表论文并展开讨论。

11 月 14 日，由中国社会科学院历史研究所、中国人民大学国学院、哲学院共同主办的“黄老道家研究的新拓展”学术研讨会在中国人民大学举行。会议就“黄”和“老”为何结缘，黄老道家的内涵和外延，黄老道家的文本和思想，黄老道家的演变，上博楚简《恒先》和黄老道家的关系以及《老子》思想等议题展开了热烈讨论。

12 月 5 日，由北京大学哲学系主办的“第十一届两岸三地四校南北哲学论坛”在北京大学召开。与会学者围绕“存在、生命与价值”的主题从中西哲学的不同角度进行了探讨，其中中国哲学方面的议题包括《黄帝内经》中的生命问题、中国哲学早期秩序观背后的原则和价值组织方式、儒家的美德理论、朱子哲学的理气动静问题等。

二、学术著作

2015 年北京地区学者出版著作较多，研究对象以儒家为主，此类著作的作者均重视儒家思想发展的历史，试图挖掘思想发展的动力并展现出思想发展的逻辑线索。若干与经学哲学相关的研究尤其值得注意，“经学”与“哲学”的结合被看作中国哲学研究的新路径之一，发掘经学中的哲学义理使经学有了新的生命力，而从经学的角度研究哲学则对中国哲学话语体系的建立非常重要。此外，学者们依旧关注古代哲学思想的当代诠释及现代价值的阐发。

宋志明的《中国古代哲学研究方法新探》对中国哲学史研究方法中陈旧的教条主义话语方式和质疑“中国哲学合法性”的虚无主义之风进行回应，提出了复数哲学观、中国哲学特色观、中国哲学精神观的方法论前提，语境中求因、文本中寻理、问题中明变的方法论原则，具体的研究方法有三观结合法、集约拓展法和比较评判法。[①]

曹峰的《近年出土黄老思想文献研究》一书的主体分为“基本问题研究”和“相关文献研究”两部分。“基本问题研究”部分对黄老道家的特征、分期、黄与老的关系、研究现状和未来的研究方向等问题进行了讨论。作者认为，黄老道家可分为早期、全盛期和后期三个时期；在《黄帝四经》中可以勾勒出“老子类型道论与政论”和“黄帝类型道论与政论”两条线索，上博简《恒先》《三德》《凡物流行》则揭示了这一框架的早期面貌；全盛期黄老道家的基本特征是从天道到人道，从养身到治国，虚无为本、因循为用，兼综百家。“相关文献研究”部分坚持先文本后思想的进路，在全面收集学界成果的基础之上对《太一生水》《恒先》《三德》《凡物流形》《黄帝四经》作出的注释，探讨文本的结构，进而进行思想分析。[②]

林光华的《〈老子〉之道及其当代诠释》围绕《老子》之“道”的诠释问题，选取了庄子、韩非子、王弼三个古代诠释个案和冯友兰、牟宗三、张祥龙三个当代诠释个案，提出庄子、韩非子、王弼分别用“大”“理”“无”回应老子的“不可道之道”，冯友兰、牟宗三分别将“道”解释为“总原理”和“主观境界”，张祥龙的现象学诠释则注重“恒道”的时机性、发生性和境遇性。在比较评析以上诠释及其方法论的基础上，该书揭示出老子之“道”的“非对象化”特性，说明了“非对象化”之道如何下落到万物之中发生作用，并提出了既能回归经典原意又能挖掘原典潜在思想的“诠释的还原”的方法。[3]

宋洪兵《循法成德——韩非子真精神的当代诠释》一书的核心在于韩非子的“循法成德”理论，重点在于阐释社会规则体系的运作机制。韩非子认为道德的养成离不开外在规则的引导和约束，仅仅依靠内在的道德自觉，期望通过个体的德性养成来提升社会整体道德水平的思路不符合实际。社会整体道德水平低下在于例外规则凌驾于正当规则之上，欲实现正当的规则之治应自上而下运用强制性规则移风易俗，其关键在于打击政治领域的例外规则，重点在于打击掌握重权者，以形成鼓励清廉的政治氛围。韩非子的“循法成德”理论有助于反腐败实践和提升社会整体的道德水平。[4]

任蜜林的《汉代“秘经”：纬书思想分论》在汉代经学发展的视野下对纬书的形成和思想作了整体研究，展现出纬书在经学史中的地位和意义。在纬书形成方面，该书侧重从西汉经学传承的情况方面进行分析，指出了纬书与相应学派的关系，如《春秋纬》与董仲舒及其后学的关系，《易玮》与孟喜易学的“《易》家候阴阳灾变书”的关系，《诗绎》与齐诗的“四始五际说”的关系。在纬书思想方面，该书重点分析了各个纬书中的独特内容，尤其注重发掘其中的经学思想。[5]

杨立华的《宋明理学十五讲》从韩愈与儒学复兴运动开始，将唐宋儒学复兴运动作为宋明理学发展的内在动力，以“北宋五子”及朱子集大成的哲学综合为核心，详细介绍了理学产生的社会文化背景，理学发展中的重要人物、重要论题及文化事件，同时展现出宋明理学发展过程中各个环节连贯和递进的逻辑关系。[6]

向世陵主编的《宋代经学哲学研究》包括《基本理论卷》（向世陵著）、《儒学复兴卷》（高会霞、杨泽著）和《理学体贴卷》（王心竹、吴亚楠著）。《基本理论卷》立足于宋代经学哲学基本理论的建构和发展，以本体论建构为中心，以复性论、理气论、心性论、性理学等为重点，分析了理学不同学派的治学路径、理论特点和发展脉络，较为全面地提出和论证了宋代哲学的基本框架及其理论内涵。《儒学复兴卷》从经学与社会政治、经学与文学、疑经思潮的产生、《五经》的分化与转向、经学与哲学等方面进行阐述，考察儒学如何从立足于经学转向立足于哲学并最终形成新儒学的历史过程，揭示出经学发展与儒学复兴之间的联系。并将重点放在中唐以后的经学变革上，认为唐代儒学在经学层面发动了汉学向宋学的过渡，在哲学上则是从玄学、佛学向理学过渡的重要阶段。《理学体贴卷》通过探讨周敦颐、二程、张载、朱熹等理学家如何运用经典资源建构理学体系的问题，以及他们不同的经学观与经学方法，勾勒出理学和经学深入互动与渗透的逻辑关系，阐明了理学如何在与佛老的对抗中通过经典资源的再造使传统经学转化为宋代理学的问题。[7]

辛亚民的《张载易学研究》一书包含张载的学术历程及学术定位、《周易》观、解易体例、解易特征、气论和神化学说等内容。《周易》是张载之学的基础，张载认为圣人作《易》，“易”是天道、人事的统一。张载运用了刚柔说、爻位说、取象兼取义与卦变说等解易体例，有义理为主、兼顾象数，多从道德立场解易和以经解经的解易特征。张载的气论是对易学史上阴阳二气解易思想的继承和发展，他的神化学说与气论相关，“神”指太虚之气运行变化的神妙性能，也指圣人不可测度的精神境界。[8]

陈壁生《孝经学史》的写作不同于一般学术史和文献史的单经史的写法，而是力图从经学自身的角度出发展现出《孝经》的义理在历史上演进的过程。该书正文分八章，包括《孝经》名义及其先秦传承，《孝经》与汉代政治，郑玄的《孝经》学，魏晋南北朝的《孝经》学，唐明皇御注与《孝经》学的转折，理学与《孝经》，心学与《孝经》及清代《孝经》学，展现了《孝经》今古文文本的流变，梳理了从先秦到晚清《孝经》学的发展历程。[9]

刘增光的《晚明孝经学研究》采用文献学、诠释学、内在理路与外缘背景的二重分析等方法，对明代的《孝经》学著述进行了梳理，并在此基础上对《孝经》学在晚明的发展与兴盛进行分析，揭示出晚明《孝经》学与朱子理学、阳明心学、三教合流思潮以及晚明政治之间的关系，勾勒出晚明《孝经》学的发展脉络，呈现出其多重面向。[10]

干春松的《保教立国：康有为的现代方略》从“保教”和“立国”两个维度来分析康有为关于现代民族国家政制建构的核心问题与设想。该书从康有为关于孔教会的设想与实践、戊戌变法前的宪政观念与实践、地方自治与国家一统、虚君共和的政制构想等方面进行论述，并探讨了康有为对于建立“现代”中国的当代价值。[11]

干春松的《康有为与儒学的“新世”》从儒学的分期问题开始，历述现代新儒家的儒学史叙述、意识形态化历史叙事中的儒家、现代儒学的“游魂”状态，以及儒家资本主义，认为对于儒家的种种叙事模式均未摆脱西方意识形态或理论模式的制约，最后提出重回康有为的观点。作者认为康有为始终站在对儒家经典重新解释的基础上展开儒家的现代性叙事，在坚持儒家立场的前提下消化西方的政治理念，进而建构中国国家形态，他的孔教观念和政治儒学方案均成为现代儒学的基本议题，因此，康有为才是现代儒学的起点。[12]

三、学术论文

2015 年北京地区学者所发表的论文亦有大量值得关注的新成果。从研究对象来看，各期儒学尤其是先秦儒学仍然是研究的热点，荀子哲学备受关注，道家哲学中《老子》和《庄子》的研究成果比较丰富，《老子》的文本问题被重视。

（一）先秦儒学

叶树勋对孔子的“德论”进行解析，提出思想言论的第三方立场及其价值诉求的多元化是探讨孔子学说需重视的问题。他提出，通过孔子的观念重塑，“德”思想从统治者自我解释的政治工具变为儒者群体对公共秩序的伦理规设。孔子的“德”主要表现出针对统治阶层的德政规劝、面向民众的德教期待和儒者群体的德性自觉三种向度的诉求，三者之间又紧密关联，体现出“道德第三方”对天下秩序的关切。[13]

王正以曾子、子思及其学派为中心探讨了儒家心性工夫论的建立问题。曾子通过“三省”基本确立了儒家心性工夫论，而“慎独”“诚意”等工夫论亦发端于他。子思则通过建立天道性命相贯通的天道、人道合一的人性论确立了儒家心性工夫论的基础。子思继承了曾子和《大学》的思和诚的观念，并将之纳入天人之学的模式中。人道之诚，就是通过“慎独”“诚意”“节欲”等工夫使自己的喜怒哀乐达到“发而皆中节”之和。[14]

杨立华以孟子为中心，从儒家对人的本质的理解出发，对儒家的基本价值及秩序的建立进行了研究。他主张儒家将人的本质视作与他者关联的、有牵挂的、有分别的存在者，关于人性的讨论意在探寻符合人的本质的生活道路。儒家提倡人要领会和承担责任，即知分、安分，而“分”由礼规定。礼的秩序以对物质世界的合理安排为基础，孟子主张精神活动有同于物质活动的劳动性质，且价值更大，应参与物质分配。物的分配可量化，而德不可量化，是人的高贵所在。儒家精神的关键就在于由主体性自觉而生的高贵的节制。然而，恪尽本分不是对不公正的默认，当不公正整体上超过了可容忍的限度，革命就有了正当性。[15]

梁涛重新探讨了荀子的人性论，提出《荀子·性恶》的主旨是“人之性恶，其善者伪也”，其中的“伪”应为“㤰”，指心之思虑、心之作为。此主旨既点出性恶，又指出善来自心之思虑，实际是提出了性恶、心善说。心是道德智虑心，心好善、知善、为善，具有明确的价值诉求，所以心善是说心趋向于善、可以为善。[16]

刘亮从“礼义恶生”的角度重新阐释了《荀子》的人性观。人性中的欲望和知能结合，可招致人人为敌的战争局面，令人类陷于被掠夺和伤亡的风险，亦促使圣王创制礼义来摆脱混战局面以求自保，进而通过相互合作来满足物欲。按照《性恶》中的善恶标准，欲望与知能都是可善可恶的；而依照现代的标准，礼义发生的过程中未有人性中固定的道德理性发挥作用，也可以认为性中无善。[17]

赵法生在两篇论文中分别探讨了荀子的“天论”和“礼学”。他认为儒家对天命和天道的思考奠定了道德形上学的基础，而荀子将天定义为质料化的存在物并强调天人之分，消解了天的神圣性和超越性，瓦解了儒家道德形上学的根基。荀子物化的天论颠覆了以孔子的天命观和《易传》的天道观为代表的儒家形上思想，导致天人之间的内在联系断裂，也使他的人文主义成为失去天道支撑的寡头人文主义。[18]荀子的天人观、国家观、人性论分别导致了礼的世俗化、功利化和外在化，他将礼的本质定义为“分”与“别”，与尊君思想相结合，又将礼政治化和形式化。荀子在此基础上摄仁归礼，导致儒家道德观一定程度的异变，并使原始儒家强调伦理双方相互性道德义务的五伦思想开始转向强调一方对另一方的服从义务的伦理观，成为从五伦演化到三纲的中间环节。[19]

韩星则强调了“仁”在荀子礼义构建中的基础地位。他认为荀子继承了孔孟仁学的基本精神，他的礼义体系以“仁”为基础，包含仁、义、礼、乐、法、刑在内，重视人道为本的礼义道德，强调体道和修身，发挥礼义的社会政治功能。荀子的礼义构建还传承了儒家的王道思想。[20]

李国斌反对荀子思想中人“心”与“天道”不可贯通和其道德学说缺乏形上基础的观点。他主张荀子并没有将道德的根基落于人“心”，而是认为道德主体需要一个外在的更高价值作为依托，即“天道”，“天道”落于政治生活中便是制度和礼法。“心”的认识能力使其成为联结天人的关键，“心”也是“制作”制度和礼法的发动者，通过心的修养可完成“人”向“天道”的回归。[21]

任蜜林重新反思了《大学》和《中庸》的关系，强调了二者的差异。《大学》言心而不及性，在修养方式上重“正心”；《中庸》言性而不及心，在修养方式上重“尽性”。《大学》的“慎独”与“心”相关，包含内心“诚意”和外在“独处”两方面；《中庸》的“慎独”仅包含内在之“性”一方面。《大学》的目标是“治国”“平天下”，处理的是人与社会的关系；《中庸》的目标则要达至“与天地参”，面对的是人与宇宙的关系。从理论建构上讲，《大学》是由内至外的过程；《中庸》则是上贯下通的模式。[22]

（二）道家哲学

王博通过比较《老子》的不同文本提出应关注文本变迁背后意图的观点。北大汉简《老子》中有“道殷无名”，通行诸本中“殷”为“隐”，这一改变可能因为儒家经学取得政治、社会和伦理上的主导地位，《老子》的解释者有意识地朝生命和隐退的方向发展。北大汉简中的两处“有欲者弗居”，通行诸本作“有道者”。“有欲者弗居”体现出《老子》以君人南面之术为主的特点，但随着人们对“欲”的负面看法和隐士化理解《老子》倾向的增强，“有道者”取代了“有欲者”。[23]

白奚论证了汉简本《老子》首章“下德为之而无以为”应是《老子》旧貌的观点，并通过对王弼注文的研究论证了其经文亦应作“下德为之而无以为”。汉简本揭示了道家和儒家之德的差异：“上德”是体现“自然无为”的道家式的德，“下德”（包括仁、义、礼）是与“自然无为”相违的儒家式的德；以自然、自发为特征的道家式的德在价值上高于以“自觉”为特征的儒家式的德。[24]

陈静讨论了《老子》“域中有四大”之说的两种排序的问题。她认为两种排序均有思想根据。“天大”在先的排序不是抄写之误，而是《老子》文本曾有的形态；传世本以“道大”在先，说明“道大”的排序最终胜出，主因在于汉代宇宙生成论的影响。[25]

高海波从新的角度诠释了老子的“道可道”。他认为用“道不可言”去解释“道可道，非常道”可能是受庄子思想影响。老子关心的问题是如何超越僵化的礼乐制度、伦理道德，以及政治制度的人为宰制，回到自然、无为、富有创造力的、变动不居的道，从而为人类社会提供新的安身立命的基础，所以将“道可道”解为“可以践行的具体规范”更符合老子的问题意识。[26]

王威威以老子、荀子、韩非子为例探讨了先秦思想家关于富民与教民关系的看法。她提出先秦思想家普遍承认物质需求是人之所有，主张富民，同时又对欲利之心保持警惕，希望通过教化来约束逐利会带来的负面后果。其中，老子主张君主“无为”让百姓“自富”，又主张通过“不言之教”使百姓“无知无欲”。荀子主张通过富民满足欲望，通过礼教来节制人的欲望以避免社会混乱。韩非承认人的好利本性的正当性，主张通过法的规定为百姓求富提供正当方式，通过“以法为教”来规范人的求富行为。[27]

王中江考察了《太一生水》的篇章结构、义理脉络和概念层次的问题。他通过竹简保留下来的章节符号认定《太一生水》是一篇而不是各自独立的两篇，在一篇之中分为两章。《太一生水》用来解释世界及万物起源和根源的概念是“太一”，是与道并行的最高的概念，将“道”与“天”“地”等而视之会破坏《太一生水》概念层次关系，还会造成道家概念层次关系的混乱。[28]

黄克剑通过对《庄子·至乐》髑髅寓言旧注的检讨，揭示了该寓言所蕴含的意趣，并对“至乐无乐”的要旨及其与“齐物论”“道遥游”中之所“乐”的关系进行了研究。《至乐》借梦中髑髅之口称道“死之说（悦）”，是对世人作向死而生的规诫，与内篇取不同话题讽喻劝世之风并无不同。《至乐》由死的“无所待”警诫“有所待”的生，其初衷在于使人更大程度地进于“无所待”的“天乐”之境，而较小程度地为“有所待”的际遇所牵蔽。[29]

罗安宪分析了庄子对于外物的态度。他提出庄子关于物以及其用有“有用之用”“无用之用”“无用”三个层次的分界。“无用之用”突破“有用之用”的藩蓠，但仍是从“用”的立场观物，突破“用”的限制，达到不以“用”的眼光和立场观物、待物，这才是庄子所期许的最高境界。庄子的“有用”“无用”是对老子“有为”“无为”思想的落实和发展，“有用之用”是“有为”，“无用之用”是“为无为”，而“无用”则是“无为而无以为”。[30]

蒋丽梅从“感通物我，天人合一”，“不为物迁，大而化之”，“安时处顺，与时俱化”三个层次讨论了庄子的“物化”思想，说明“物化”在人与万物之间建立了关联与感通，实现物我交融的忘我状态，体现了道家式的“天人合一”境界。庄子强调“物化”中个体生命的自主性和超越性，使人能够突破形体、时空和知识的障碍，同于大通，上契天道，实现生命的变化与提升。[31]

刘黛辨析了《齐物论》中的“存而不论”“论而不议”“议而不辩”的意涵。“论”是从各个方面、各个角度去描述对象；“议”是下定义，是对“义”的表达，一种“议”不能满足所有的义，于是有“辩”；“辩”是对已定之“议”的辩解或反驳。存、论、议、辩四层语言形式分别对应“未始有物”“有物而未始有封”“有封而未始有是非”“是非之彰”四种认知状态。从无言到有言，语言由粗到精，语言的特性表现得越强，道的意味就越淡薄。[32]

郑开从黄帝之学入手，围绕《黄帝内经》的生命问题展开讨论，分析了其中的“精”“气”“神”的概念与理论，特别是生命的“精—神”性问题，揭示了中医学理论范式的重要意义。又通过精神哲学尤其是心性论向度的展开，将生命问题延宕于精神境界层面加以讨论，在呈现古代修身养性理论复杂性的同时揭示出生命问题与人生意义和价值问题的内在相关性。[33]

（三）玄学与易学

王晓毅认为“援老入易”是王弼《周易注》的特色，此“老”不是老庄而是黄老。王弼以黄老道家“与时迁移、应物变化”的“因循”政治哲学为指导，发挥了《易传》中的时位学说，以卦时统帅爻位，将六十四卦解释为六十四种社会时势及其成功之道，为统治者顺应时变，灵活运用各家学说治理国家提供了理论依据。[34]

梁涛探讨了郭象对“内圣外王”的诠释问题。他提出郭象以“内圣外王”标举庄子思想，并对其做出了玄学化的诠释，“内圣”取道家之旨，顺乎自然，“外王”取儒家之旨，不废名教。同时，郭象视孔子为圣人，认为孔子真正体现了“内圣外王”，一定程度上或至少在形式上使“内圣外王”成为表达儒家理想的概念，所以在内圣外王语义的演变中，郭象具有承上启下的地位。[35]

王威威探讨了郭象对无为概念的诠释问题。郭象将“无为”解释为适性的“自为”，赋予了“无为”概念以新的意义。君主的“无为”是顺任万物的“自为”，而万物的“自为”以“性分”为依据，也是“无为”，因此，他不同意“君无为而臣有为”的主张，而提出了“上下皆无为”。[36]

王晓毅探讨了东晋玄学的发展阶段问题。他将东晋玄学分为恢复阶段、鼎盛阶段和衰落阶段。恢复阶段纠正了元康放达派的失误，推行“名教即自然”的玄学理念，礼玄双修，奠定了士族社会的思想基础。鼎盛阶段分为两个时期，前期时清谈达到鼎盛，后期则多有学术创建。在衰落阶段，名士们生活放纵而无学术创建，体现出士族社会与玄学文化的没落。[37]

刘震通过比较清华简《筮法》与《左传》《国语》筮例，发现春秋时人对于《周易》的理解出现了不同路径。这种分野最初表现为对占筮结果的解读有所不同，并逐步变《周易》为阐发人伦道德的哲学典籍。同时，卦象与四时五行的对应直接引出了卦象方位图，而通过清华简《筮法》可以更完整地理顺伏羲八卦方位与文王八卦方位的关系。[38]

廖名春讨论了《周易》卦爻辞时间数量表示的虚实问题。《周易》卦爻辞的时间数量词组如“日”“岁”“年”“月”所表时间是确定的，而表时间的基数则往往是虚指，但表序数时，则还是实指。所以，《周易》卦爻辞的“三岁”“三年”“十年”都是数年之意，“三日”“七日”都是数日之意，都不是实指，而是虚数。[39]

田智忠阐明了《太极图》的第三层图与《周易参同契》之“三五至精图”的关系。毛奇龄在论证《太极图》与《周易参同契》在“三五”思想上存在渊源关系时，误将《悟真篇》的表述等同于《周易参同契》的说法。《太极图》的第三层图对五行思想的表述与《周易参同契》和《悟真篇》对“三五”思想的表述均有不同。《太极图》的第三层图与《太极图说》中“五行一阴阳也”的表述一致，从而体现出相当的原创性。因此，《太极图》当出自周敦颐之手，与道教思想并无直接的渊源关系。[40]

（四）宋明理学及近现代哲学

陈来以宋明理学为核心辨析了中国哲学中的“实体”与“道体”概念。他指出，“实体”概念在宋明理学中已广泛使用，其内涵与中世纪及近代西方哲学的实体概念有接近之处，但宋明时代的实体论认为实体即是本体，实体必有流行发用，所以实体论不是关注实体的属性、样式，而是关注发用和流行。理学尤其是朱子学重视道体概念，道体指本原、本体，是最高实体。朱子还认为天地大化流行就是道体本然，强调实体与现象一致，而其道体大全的概念把生生变化不已的流行总体作为道体，开出了新的境界。[41]

雷博分析了张载《正蒙》中的“象”概念并探讨了其工夫论的意义。“象”介于“道”“器”之间，在文本中呈现出气化中的有形之象、无形之象、太虚之象和神之“象”。气化中的有形之象可感知，无形之象须在整体情境中以灵明体认觉察，太虚之象须借助理性推溯或哲性思维显现，而神之“象”只能通过“存”的工夫呈现。张载界定了“象”在认识和德性工夫中的意义，以“存象”为起点，勾勒出从“见象”“大心”到“存神知化”的德性实践路径。[42]

盛珂讨论了王龙溪的良知说。王龙溪用“虚体不变而妙应随缘”来解释良知，指出良知的道德意义源自良知本体的“虚”，即舍弃“人欲”而使对象性存在能够在良知“观照”下成为其自身，这是良知之本体论意义上的呈现。在人的生存经验中，这一良知的呈现源自人的孝亲之爱。[43]

高海波以理气论和人性论为例探讨了宋明理学从二元论到一元论的转变倾向。在理气论方面，由程朱的理气二元论向明代理学的理气一元论转变；在人性论方面，由程朱的天命之性（义理之性）、气质之性的二元论向明代理学性气合一的一元论的转变。这些转变显示出中晚明以后理学现实主义倾向逐渐加强，最后转变为排斥本体、心性观念而走入经世致用的实学思潮，实现了儒学范式的转换。[44]

张志强对章太炎民族主义主张的复杂性进行解析，揭示出了其民族主义思想的深层结构和核心旨趣。章太炎的民族主义的内涵是在与立宪派、“金铁主义”说、无政府主义者以及自由主义的论辩中确立的。他用“历史民族”和“政治民族”概念取代“天然民族”和“文化民族”，深化了近代思想界关于民族主义的认识；他通过对民族主义与无生主义关系的阐发，确立了贯穿和导引民族主义的“齐物平等”政治理想，从而赋予了民族主义以伦理性的内涵，超越了近代民族主义的自我封闭想象。[45]

王中江阐明了胡适的自然主义立场。在东西文化和思想的语境之下，胡适自觉地抵制形而上学，而以“自然”作为宇宙和万物的存在及其何以如此的最后根据，实际上建立了自然主义的宇宙观和世界观。胡适又以“自然”为中心来构建科学认知理性和技术实践理性，以人的“自然”为中心来建立伦理和道德价值，构成了科学技术上的自然主义和伦理上的自然主义。[46]

注：

①宋志明：《中国古代哲学研究方法新探》，中国人民大学出版社，2015 年版。

②曹峰：《近年出土黄老思想文献研究》，中国社会科学出版社，2015 年版。

③林光华：《〈老子〉之道及其当代诠释》，中国人民大学出版社，2015 年版。

④宋洪兵：《循法成德——韩非子真精神的当代诠释》，生活·读书·新知三联书店，2015 年版。

⑤任蜜林：《汉代“秘经”：纬书思想分论》，中国社会科学出版社，2015 年版。

⑥杨立华：《宋明理学十五讲》，北京大学出版社，2015 年版。

⑦向世陵主编：《宋代经学哲学研究》，上海科学技术出版社，2015 年版。

⑧辛亚民：《张载易学研究》，中国社会科学出版社，2015 年版。

⑨陈壁生：《孝经学史》，华东师范大学出版社，2015 年版。

⑩刘增光：《晚明〈孝经〉学研究》，上海古籍出版社，2015 年版。

⑪干春松：《保教立国：康有为的现代方略》，生活·读书·新知三联书店，2015 年版。

⑫干春松：《康有为与儒学的“新世”——从儒学分期看儒学的未来发展路径》，华东师范大学出版社，2015 年版。

⑬叶树勋：《孔子言论的“第三方”立场及其多元诉求——以孔子德论的向度解析为中心》，《孔子研究》，2015 年第 2 期。

⑭王正：《儒家心性工夫论之建立——曾子与子思的工夫论》，《河北师范大学学报（哲学社会科学版）》，2015 年第 1 期。

⑮杨立华：《价值与秩序：从孟子出发的思考》，

《江苏社会科学》，2015 年第 6 期。

⑯梁涛：《荀子人性论辨正——论荀子的性恶、心善说》，《哲学研究》，2015 年第 5 期。

⑰刘亮：《“礼义恶生”与〈荀子〉的人性观》，《郑州大学学报（哲学社会科学版）》，2015 年第 6 期。

⑱赵法生：《荀子天论与先秦儒家天人观的转折》，《清华大学学报（哲学社会科学版）》，2015 年第 2 期。

⑲赵法生：《荀子礼学新论》，《中国哲学史》，2015 年第 3 期。

⑳韩星：《荀子：以仁为基础的礼义构建》，《黑龙江社会科学》，2015 年第 1 期。

㉑王正：《从“认识心”到“道德本心”——对荀子“心”的分析》，《孔子研究》，2015 年第 5 期。

㉒任蜜林：《〈大学〉〈中庸〉不同论》，《哲学研究》，2015 年第 3 期。

㉓王博：《思想史视野中的〈老子〉文本变迁》，《中国哲学史》，2015 年第 4 期。

㉔白奚：《西汉竹简本〈老子〉首章“下德为之而无以为”考释》，《哲学研究》，2015 年第 2 期。

㉕陈静：《“域中有四大”—从“四大”的不同排序看〈老子〉文本的演进》，《中国社会科学院研究生院学报》，2015 年第 4 期。

㉖高海波：《〈老子〉“道可道”的一种新的可能诠释》，《中国哲学史》，2015 年第 3 期。

㉗王威威：《富民与教民之关系——以老子、荀子、韩非子的思想为例》，《哲学研究》，2015 年第 6 期。

㉘王中江：《从文本篇章到义理脉络：〈太一生水〉的构成和概念层次再证》，《船山学刊》，2015 年第 1 期。

㉙黄克剑：《〈庄子·至乐〉髑髅寓言抉微》，《哲学动态》，2015 年第 8 期。

㉚罗安宪：《“有用之用”“无用之用”以及“无用”——庄子对外物态度的分析》，《哲学研究》，2015 年第 3 期。

㉛蒋丽梅：《物我感通，无为任化—庄子“物化”思想研究》，《中国哲学史》，2015 年第 3 期。

㉜刘黛：《〈齐物论〉中圣人使用语言的层次》，《中国哲学史》，2015 年第 4 期。

㉝郑开：《黄帝学之生命—精神哲学》，《云南大学学报（ 社会科学版)》，2015 年第 4 期。

㉞王晓毅：《黄老“因循”哲学与王弼〈周易注〉》，《周易研究》，2015 年第 6 期。

㉟梁涛：《郭象玄学化的“内圣外王”观》，《中国哲学史》，2015 年第 2 期。

㊱王威威：《从“任万物之自为”到“上下皆无为”——郭象对“无为”概念的创造性诠释》，《北京师范大学学报（哲学社会科学版)》，2015 年第 6 期。

㊲王晓毅：《东晋玄学嬗变的三个阶段》，《东岳论丛》，2015 年第 12 期。

㊳刘震：《清华简〈筮法〉与〈左传〉〈国语〉筮例比较研究》，《周易研究》，2015 年第 3 期。

㊴廖名春：《〈周易〉卦爻辞时间数量表示的虚与实》，《社会科学战线》，2015 年第 8 期。

㊵田志忠：《再论〈太极图〉与〈周易参同契〉“三五至精”思想之关系》，《周易研究》，2015 年第 2 期。

㊶陈来：《中国哲学中的“实体”与“道体”》，《北京大学学报（哲学社会科学版)》，2015 年第 3 期。

㊷雷博：《张载〈正蒙〉“象”概念精析及其工夫论意义》，《中国哲学史》，2015 年第 4 期。

㊸盛珂：《“虚体不变而妙应随缘”——由王龙溪论良知看良知的道德意义》，《中国哲学史》，2015 年第 1 期。

㊹高海波：《宋明理学从二元论到一元论的转变——以理气论、人性论为例》，《哲学动态》，2015 年第 12 期。

㊺张志强：《一种伦理民族主义是否可能—论章太炎的民族主义》，《哲学动态》，2015 年第 3 期。

㊻王中江：《自然、人事和伦理：胡适东西语境中的“自然主义”立场》，《哲学分析》，2015 年第 2 期。

（作者：王威威，华北电力大学教授）

西方哲学

杜丽燕

一、学术活动

自2013年以来，学术会议无论从数量还是规模，呈锐减趋势。而举办系列讲座和论坛，则异军突起，不仅形式多样，而且内容丰富，颇具吸引力。

2015年3月17—19日，北京大学哲学系、北京大学外国哲学研究所、北京大学西方古典哲学研究中心联合主办“古代中世纪哲学”系列讲座。主讲人：希尔德（Christopher Shields），为美国圣母大学（George N. Shuster）哲学教授。讲座共有三讲，1. 亚里斯多德学说中的非单一性和可通约性（Non-Univocity and Commensurability in Aristotle）；2. 亚里斯多德论善（Aristotle on A Series of Goods）；3. 论意志的恶行（On a Will's Evil Acts）。

4月24日，北京大学哲学系品牌论坛“周五哲坛”邀请英国萨塞克斯大学（University of Sussex）科学史和思想史教授爱利弗（Rob Illife）先生主讲：牛顿主义在法国启蒙运动中的角色。

2015年10月20—23日，北京大学外国哲学研究所举行分析哲学工作坊系列活动，分别由博格（Professor Emma Borg）和汉森（Dr. Nat Hansen）做学术演讲。博格的演讲题目是“语义最小主义及其他理论”（Semantic Minimalism and Other Theories），汉森博士演讲的题目是“语境主义：证据与试验”（Contextualism：Evidence and Experiments）。

随着互联网时代的到来，利用互联网进行学术交流的趋势也在逐渐形成。从2015年3—6月，北京大学哲学系与英国雷丁大学语言哲学合作项目，共举行过三次视频会议，计划进行8次。

2015年，中国人民大学哲学院“希腊哲学系列讲座”共举行3次讲座。3月16日，叶秀山先生主讲“‘源头’的意义”。5月28日，吴功青先生主讲“亚里斯多德《形而上学》中两版形质论”；11月23日，吴功青先生主讲“从‘城邦世界’到‘另一个国度’”。

2015年9月11日，中国人民大学举行外国哲学系列学术讲座2015年秋季第一讲，主题：法与善：康德方法论的悖论（The Law and the Good：Kant's Paradox of Method）；主讲人：圣．安德鲁斯大学教授蒂默曼（Jens Timmermann，Professor of Moral Philosophy，University of St Andrews）

2015年10月15日，中国人民大学哲学院举办第三届全国文艺复兴思想论坛，主题是“文艺复兴：从中世纪到早期近代”。

2015年11月5日，英国伦敦大学国王学院哲学系教授、柏林洪堡大学哲学系教授、《英国哲学史杂志》主编、中英美哲学暑期学院英方主席比尼（Michael Beaney）先生在人民大学“外国哲学系列学术讲座”做学术讲座，主题是“现代分析哲学与古代中国哲学的相遇：弗雷格与公孙龙子的白马悖论”（Modern Analytic Philosophy meets Ancient Chinese Philosophy：Gottlob Frege's and Gongsun Long's Horse Paradoxes）。

2015年，清华大学西方哲学工作坊共举行10次报告会。3月12日，由刘鑫（德国海德堡大学博士研究生）主讲“亚里士多德的类比学说”。4月9日，由韩穗（德国维尔茨堡大学哲学博士，法国巴黎高师哲学硕士）主讲“普罗提诺的肯定神学”。5月7日由叶秀山先生（清华大学特聘教授，中国社科院学部委员）主讲“叔本华哲学的新思考”。5月28日，由迈阿密大学斯鲁特教授（Prof. Michael Slote，University of Miami）主讲“阴阳的哲学”（The Philosophy of Yin/Yang）。6月17日，由美国斯坦福大学希恩教授（Thomas Sheehan）主讲“海德格尔意欲何为”（What After All Was Heidegger About）。9月24日，由赵敦华教授（北京大学哲学系）主讲“黑格尔的体系：精神与自由”。10月29日，由叶秀山教授（中国社会科学院/清华大学）主讲“试论‘玄’的哲学意义”。11月12日，由牛津大学神学与宗教研究系卡罗尔教授（William Carroll）主讲“宇宙论、形而上学和天体的起源”（Cosmology，Metaphysics，and the Origin of the Universe）。11月26日，由田洁副教授（山东大学哲学系）主讲“柏拉图《游绪弗洛篇》中的虔敬与正义”。11月30日，由纽约州立大学奥伯尼分校哲学系曼德尔教授（Jon Mandel）主讲“康德和罗尔斯论平等”（Kant and Rawls on Equality）。

这些学术论坛和讲座的主讲者，多为相关领域的专家，而受众或者说参与者，多为青年老师和在校生。学术会议的参与者多年龄偏大。

二、霍布斯政治哲学研究

霍布斯哲学研究沉寂已久，或者说霍布斯哲学在中国从来就没有热过。依据关键词在知网搜索，近五年霍布斯研究统计结果如下：

年份	2011	2012	2013	2014	2015
篇数	40	33	34	41	34

相关论文，研究霍布斯政治哲学的论文为数较多。这与多年的政治哲学热相关。

不过，政治哲学热的兴奋点，似乎高度集中在罗尔斯等人身上。同样是知网关键词搜索显示，研究罗尔斯哲学研究论文为：

年份	2011	2012	2013	2014	2015
篇数	94	92	87	76	82

虽然霍布斯哲学研究目前在中国属于冷门、小众，但这并不意味着霍布斯思想属于小众。事实上，在西方近代哲学、特别是政治哲学家中，霍布斯有着令人瞩目的地位。即便是今天，研究政治哲学依然无法规避霍布斯。观国内霍布斯哲学研究，作者中青年居多。

洪琼在《霍布斯政治哲学的基础：以激情说为核心的人性论》[①]一文认为，霍布斯政治哲学是一种人性论，以激情学说为基础。文章指出，霍布斯不赞同亚里斯多德关于人是政治动物的学说，在他看来，人之所以要建立国家，不是因为人是天生的政治动物，具有天然合群的本性，而是出于自身利益的考量，为的是实现自我保存。霍布斯认为，亚里斯多德的看法是对人的自然状态的一种浅薄的说法。从人的自然本性来看，人和动物的激情大体相同，激情并不是人与动物的根本差异。人与动物的根本差异在于如下几点：1. 人类不断寻求荣誉和地位，由此产生嫉妒和仇恨，进而引发战争。2. 人类不可能像动物那样，做到共同利益和个体重点单位没有分歧。人类常常会攀比，以出人头地为乐。3. 人类大多自以为是地认为自己比别人更适合管理公共事物，群体易于陷入纷乱和内战。4. 人类具有评议技巧，从而混淆是非，随意夸大和缩小善恶程度，任意惑乱人心捣乱和平。5. 人类即便在最安闲的时候也爱惹麻烦，喜欢显示自己的聪明。6. 人类的协议只能根据人为的信约而来，这种信约如果没有令大家敬畏服从便是一纸空文。

就人性的社会性而言，霍布斯给出了人性的绝对肯定的假设，这就是列奥·施特劳斯所说的：自然欲望公理和自然理性公理。所谓自然欲望公理是说，人类是贪婪的，每个人都极力把公共财产据为己有。而自然理性是指：死于暴力是自然中的至恶，应该努力予以避免。作者认为，正是这两条人性论公理，奠定了霍布斯人性论道德的基础。而这种全新的道德，不过就是由开启的恐惧所激起的对和平状态的追求。

罗时文、姚啸宇在《利维坦：关于霍布斯学说中的战争与和平问题》[②]探讨霍布斯的自然状态理论对战争原因的理解。如果没有政治权威，人们之间相互为敌的激情与对善恶问题不可调和的主观理解，必然引起持续不断的战争。唯有代表国家的主权，能够压制人们的激情，提供关于善恶问题的统一标准。霍布斯将恐惧作为和平秩序的基础，创造了一种不同于古典传统的崭新的政治原则。

武晓磊的《略论霍布斯国家学说的内在逻辑》[③]一文认为，霍布斯的国家学说，建立在他对人性和自然状态的理解上，其基本原则是个人主义的。以个人主义为基础的人造的“利维坦”，拥有不受气绝的最高权力和绝对权威。这是一个看似矛盾的国家理论逻辑，正是因为这一逻辑，使霍布斯成为“近代政治哲学的创始人”。

从施特劳斯视野看霍布斯，是当今中国霍布斯政治哲学研究的时尚。换句话说，是借助施特劳斯之眼看霍布斯。我们暂且把这种研究视野称作“施特劳斯的霍布斯”。

陈建洪在《论施特劳斯视野中的霍布斯》[④]一文指出，施特劳斯是上 20 世纪政治哲学复兴的关键人物，他对霍布斯的解读独具特色。施特劳斯的基本思路是将霍布斯与柏拉图、亚里斯多德哲学进行对比，揭示出霍布斯的政治哲学基础与古典及基督教政治学说不同的地方。霍布斯根据历史研究和分析综合法找到了国家的根源：虚荣自负和恐惧之间的对立。即一方面是无穷无尽、欲壑难填的虚荣自负，另一方面是对造成的死亡的恐惧。正是从这一对立出发，霍布斯推出了法律和国家的起源。当霍布斯说出虚荣自负和恐惧之间的对立时，他已经走出了古典政治学的视野。施特劳斯认为，在霍布斯那里，虚荣自负是非正义的，是偏见迷信的终极原因，也是非正义的终极原因。对暴死的恐惧则是正义的。之所以如此，是因为对暴死的恐惧让人收敛，让人不再出于骄傲而殊死搏斗，从而带来人的和平共处。正是在这个意义上，施特劳斯认为，霍布斯政治哲学的基础是非正义的虚荣自负与正义的对暴死的恐惧之间的道德对立。但是，我们不能把这组对立理解为《圣经》中“精神高傲”与“对上帝的恐惧”的世俗化。原因有二，第一，霍布斯的说法以人类生活经验为基础，以对人的激情的分析为基础。第二，霍布斯意义上的道德对立并没有像基督教那样，完全陷入道德生活抽象化和忽视道德界限的危险之中。

李明坤在《霍布斯与现代政治哲学问题》[⑤]一文指出，施特劳斯认为，现代危机的方方面面，都直接或间接地源自霍布斯政治哲学的某些大胆尝试，历史主义的产生，可追溯到霍布斯政治哲学为了追求效果而对历史的吸收和对永恒秩序的忽略。当代伦理上的相对主义关联着霍布斯对理论的普遍有效性的追求。追求确定的实践效果是导致这些问题的共同因素，而实践效果的达成，是以理论视野的局限为代价的。

总体来看，霍布斯哲学研究的特点是，回到霍布斯本身的尝试几乎看不到，而借助于现代哲学家的视野探讨霍布斯是当今中国霍布斯哲学研究的一大特点。成也萧何，败也萧何。

此外，武云《宽容源于理性？——基于霍布斯宽容观的反思》[⑥]、赵雪纲《现代性第一次浪潮中的马基雅维利与霍布斯》[⑦]、张新刚《麦克弗森的霍布斯解读之辨正》[⑧]、曹钦《佩蒂特与霍布斯的自由观及其异同分析》[⑨]、陈高华《政治与反政治—论阿伦特对霍布斯的理解》[⑩]等，均为借助现代哲学家之眼透视霍布斯哲学的尝试。

三、洛克哲学研究

洛克哲学研究，关注其自然法理论以及相关政治理论者较多，亦有一些学者关注洛克对教育思想的影响，属于洛克哲学在教育理论中的运用。笔者只阐述前者。因后者严格说来不属于哲学研究。

霍伟岸的《自然法、财产权与上帝：论洛克的正义观》[⑪]一文指出：洛克的正义观有三个组成要素：自然法、财产权和上帝。其中自然法是正义的首要法则。洛克在《论自然法》一文中明确把正义概念作为首要的自然法和每个社会的纽带。正义不仅仅要依据自然法，事实上，正义本身就是首要的自然法，或者说是自然法的首要内容。洛克援引亚里斯多德《尼各马可伦理学》对法律正义与自然正义的著名区分，指出，由于自然正义不管在哪里都具有同样效力，这就可以证明存在自然法。洛克实际上把自然正义等同于自然法。洛克虽然不赞同把个人利益作为自然法的基础，但是他强调，人类平等的普遍规则与每个人的自我利益并不冲突。因为正是自然法为每个人的私有财产提供了最强有力的保护。如果不遵守自然法，任何人都不能成为财产的主人并追求自我利益。没有个人财产或所有权，就没有正义可言。对于正义、自然法、财产权三者的关系，洛克的态度是：正义是首要的自然法，自然法以保护个人权利（自我利益）为目的。而最重要的个人权利是财产权。因此，正义就是维护个人的财产权，没有财产权就没有正义。

财产正义需要回答的问题是：最初上帝把世界交给全人类共有，人类如何在共有状态中把部分资源据为己有，而又不必经过任何其他人的同意。这是父权论王权主义者菲尔默抛给所有信奉人生而拥有自然自由的自然法学派理论家的一道难题。

洛克的财产权理论包含四个要素。第一，神的意志要求我们利用他赐予全人类共同所有之物，以增进自身的保存。这是洛克财产权理论的神学背景。世界最初由上帝交给全人类所有，上帝要求个人要利用他给全人类的共有之物来增进个人生活的益处和全人类的保存。但是，如果不将共有物品划归私用就不可能让其对任何私人有所裨益，也就是说，要个人将共有之物的一部分据为己有以便加以利用是上帝的意志。这对财产权的确立来说是根本性的，因为如果没有上帝的意志作为基础，那么仅有个人的劳动是远远不足以确立私有财产权的。第二，通过属于个人所有的劳动改变物品自然所处的状态，可以使个人确立对劳动对象的所有权。要想从共有的东西中确立私有的权利，洛克必须找到一种本身是属于私有的中介。这个中介首先是人身（person），每个人都对他自己的人身拥有财产权，这种权利是排他性的。由此推理，他身体的劳动及其劳动成果都正当地属于他。因此，人天然地就拥有他的人身和他的劳动，这是他确立私有财产权的必要中介和手段。既然人拥有他自身和他的劳动，那么只要他用自己的劳动使任何共有之物脱离其自然所处的状态，他就在这物品上面加上了自己的某些东西（人格的延伸），从而使其成为他的财产，从而排除了其他人对它的共有权利。第三，腐坏原则，即劳动所得之物构成有效财产权的限度是，不能让其劳动产品在占有过程中因未能及时消费而腐坏。第四，充足性原则，即在自己通过劳动占有部分共有物品后，必须留给其他人足够多足够好的东西，以便他们可以通过自己的劳动加以占有。这两条自然法原则，是洛克为了进一步强化他的劳动财产权理论的说服力而提出来的。显而易见，当腐坏原则和充足性原则同时满足时，个人的劳动财产权就具有充分的合理性，被排除了对特定劳动对象的共有权利的人们再也提不出有力的理由进行争辩了，否则他们就是觊觎他人的劳动成果而想要不劳而获了。上述四个要素综合起来，就构成即确立私有财产权的自然法标准，依据这一标准，上帝最初赐予全人类共有的世界就可以不必经过任何人的同意，而自然形成各种各样的私有财产划分，从而为正义概念的贯彻奠定最初的基础。

那么上帝的正义如何实现？上帝的意志构成洛克劳动财产权理论的神学基础。上帝不但许可，而且实际上还要求每个人要通过劳动将共有财产的一部分划拨私用，以利于个人的保存，进而也增进全人类的保存，因为这正是上帝的正义的体现。因此，洛克劳动财产权理论所阐明的正义标准不仅仅是一般意义上的分配正义，而且是上帝的正义。

诸昭华、汤波兰的《洛克关于自然权利“天赋性”的三种论证》[12]认为，洛克对自然权利的“天赋性”提出了三种论证：一是自然法论证，认为自然权利是自然法之规定；二是神学论证，认为自然权利是上帝意志之体现；三是理性主义论证，认为自然权利是人类理性自身之内在要求。这三种论证既相互独立又相互关联，在本质上是一致的，其不同缘于对自然法的不同理解。三种论证都存在一定的问题：神学论证中，没有解决好上帝的普遍存在问题；自然法论证中，自然法观念非常含糊不清，既包含不证自明的超验成分，也包含有待证明的经验成分；理性主义论证中，其理性是“超历史的”，脱离了社会发展的具体情境。

陈肖生在《洛克政治哲学中的自然法与政治义务的根基》[13]指出，洛克认为人们自愿同意是他们负有政治义务的必要条件 ；但对人们为什么要受政治义务约束这个政治义务根基问题的解释，诉诸人们的自愿同意抑或人们之间相互的自然平等的这种道德意识和道德理解，都是不足够的。洛克认为人们接受正当政府法律规则约束的义务的最终原因，要经由守诺的自然义务最终追溯到自然法本身才能获得合理的理解。至于那些未明确表示加入社会契约服从政府但又生活在该政治社会之中的非公民成员的义务问题，诉诸正义的自然义务比洛克提出的默认同意的解决方案，在理论上更加合理同时实践上也能保证社会成员的正义合作能有效开展。洛克政治义务的基础，以及由于他对自愿同意的强调带来的非正式社会成员的义务问题，都只能在其自然法理论中才能得到合理的理解或更好的解决。

赵强在《洛克与政治立宪主义原理》[14]认为，就价值指向来说，政治宪法学与规范宪法学是殊途同归的，其最终目的都是指向一个成熟的立宪主义宪法。在立宪主义的宪法中最为核心的是两方面的内容，即立宪主义的政府和对个人权利的保障，相比于规范宪法学关注对实在宪法规范中个人权利的保障，政治宪法学关注更多的则是保护个人权利的政治基础是如何生成和运行的。正是从这个意义上说，洛克可以说是政治立宪主义的第一理论家，其立宪主义的宪法学原理主要表现在三个方面：第一，革命是人民正当的自卫权和反抗权；第二，立法权是重塑政治社会、建立立宪政府的核心；第三，虚置的人民主权。

任丽丽的《洛克自然法理论初探》[15]、武掌华、夏新华的《论洛克自由思想的逻辑路径》[16]、李忠汉的《论洛克政治哲学“公共”观的演进与特征》[17]等，从不同的视野出发，对洛克政治哲学进行梳理。

四、黑格尔哲学研究

与七八十年代相比，当今黑格尔研究已经失去往日的辉煌。根据知网提供的论文篇目，2015 年以黑格尔为关键词的论文共 170 篇。对于黑格尔《法哲学批判》以及国家学说的热情明显高于他的其他作品。

赵敦华教授在《黑格尔国家学说的现代性和保守性》[18]一文，阐述自由主义和保守主义各派对黑格尔国家学说不同的解释，以此为基础，以黑格尔文本为证据，围绕市民社会与国家关系、君主立宪制的政体、战争的意义三个问题，概括出黑格尔的八个论证加以批判性分析，说明黑格尔国家学说的现代性和保守性。

文章指出，黑格尔哲学对西方思想文化有重要影响，每当发生重大社会政治变动，人们都会到黑格尔哲学中寻找思想根源或理论依据；每当出现重要的社会思潮，人们都要在其中找到黑格尔的影响或痕迹。然而自由主义者和保守主义者对黑格尔政治哲学的态度和解释却迥然不同。

第一次世界大战期间，自由主义者霍布豪斯指责黑格尔的国家学说是德国发动战争的思想来源；第二次世界大战之后，波普尔猛烈批判黑格尔的国家学说为极权主义乃至法西斯主义张目。与此同时，自由主义阵营一直有相反的声音。1940 年，科诺克斯反对把黑格尔社会政治思想解释为普鲁士政权的辩护状，认为黑格尔的国家学说是“对现代政治生活本质的描述”，是一种“进步的自由主义”；维尔认为（1950年），黑格尔《法哲学原理》的主要目标，是有深厚道德基础和高级科学方法的自由哲学；奥托曼在“西方民主创建者们”的思想脉络中梳理黑格尔的中心思想。

另有一些学者，以批判或赞赏的态度把黑格尔描述成保守主义者。比如，曼海姆赞赏说：“黑格尔的巨大成就是针对自由主义思想，建立了保守主义的相对物。”拉纳不同意把黑格尔的保守主义与法西斯主义混为一谈，而认为黑格尔哲学为文化保守主义奠定了基础，“文化保守主义是黑格尔的继承者”。批判者如法肯海姆则说，黑格尔乐观地以为他的德国同胞已被基督教文化所教化，“奥斯维辛证明的却是一切历史中无可比拟的堕落”。马阿说：面对法国大革命的政治变革，“黑格尔诉诸德国的内在性（Innerlichkeit）说明德国有理论上而不是政治上的现代性”，德国知识分子的这种普遍心态的后果是“德国深深地、难以抑制地抵制现代性”。

作者认为，市民社会与国家的关系是各派争论的一个焦点。黑格尔对市民社会向政治国家过渡必然性的阐述可概括为三个论证：

第一，逻辑关系论证。黑格尔认为，“国家”理念是永恒的，国家“简直是自在自为存在的东西，因而应被视为神物，永世勿替的东西”。当黑格尔说国家是“神物”，乃是“神自身在地上的行进”时，意思是“国家是在地上的精神”。黑格尔一向把“神”或“上帝”当作“精神”、“理念”的代名词，不能说他把国家神化为宗教崇拜的对象。相反，他用“国家是地上的精神”说明“国家与宗教分道扬镳”。“国家是神的意志”意味着“当前的、开展成为世界的现实”。

第二，社会关系论证。从逻辑顺序说，政治国家是市民社会的目的和结果；但从时间顺序和社会结构上看，市民社会的“形成比国家晚。其实，作为差别的阶段，它必须以国家为前提，而为了巩固底存在，它也必须有一个国家作为独立的东西在它的前面”。这个保障和巩固市民社会发展的国家被称作“外在国家”，包括司法、警察和同业公会三个环节。它们是市民社会公共设施，具有政治功能，但尚不是政治国家。黑格尔明确地说，现代国家是政治国家。从市民社会的外在国家过渡到现代的政治国家的根本原因是市民社会自身不可克服的基本矛盾。这个矛盾就是由市民社会生产和财富分配方式（黑格尔称之为“需要体系”）产生的奢侈与贫困的社会矛盾。

我们可以把黑格尔前后思想组成这样一个论证：市民社会的奢侈与贫困两极分化的政治后果是贵族和富人的“赤裸裸的暴政”与“赤裸裸的群众力量”的对立，如果没有国家的中介机关，将导致“自发的、无理性的、野蛮的、恐怖的”群众行动。只有通过政治国家，才能保障市民社会不至于丧失已经获得的个人权利和自由，在此意义上可以说，“国家是达到特殊目的和福利的唯一条件”。黑格尔对市民社会基本矛盾的分析论证符合现代社会和国家的特征，他提出的解决方案没有也不可能解决奢侈与贫困、少数人暴政与多数人暴力的矛盾。

第三，政治情绪论证。市民社会过渡到国家还有主观原因。黑格尔说：“这种必然性是政治情绪”，“政治情绪即爱国心本身”。黑格尔澄清了“爱国心”的三层意义：1.“指作出非常牺牲和行动的那种志愿”；2.“从主观观念和主观思想中产生出来”；3.“这种政治情绪一般来说就是一种信任”，即“具有这样的信念：国家必须维持下去，只有在国家中特殊利益才能成立”。

按照黑格尔的看法，国家政体成长为立宪制是一个现代成就。作者把黑格尔的相关论述概括为下列三个论证。

第一，逻辑论证。黑格尔对君主立宪制合理性论证的关键是引入了“单一性”的逻辑范畴。他认为政治国家达到了普遍性与特殊性的结合，并进一步证明君主立宪制通过单一性把特殊性与普遍性统一为整体。在黑格尔的逻辑学中，普遍性、特殊性和单一性“构成概念的三个样式”，每一项“既可取得一个极端的地位，也可取得一个起中介作用的中项的地位”。在法哲学体系中，“单一性”（Einzelheit）首先指君主的单个人，这个人行使的王权“把被区分出来的各种权力集中于统一的个人，因而它就是整体即君主立宪制的顶峰和起点”。

第二，历史论证。黑格尔主张君主世袭制的理由在于历史的连续性。他说：“君主式的国家制度发展到把长子继承的王位世袭制固定下来，是一种较近代的历史产物”。他认为王位世袭制的固定克服了封建君主制的历史弊病：“旧时的纯粹封建君主制以及专制政体在历史上表现为交替不绝的叛乱、暴政、内战、君主和朝代的没落，以及由此产生的内部的和外部的普遍破坏和毁灭。”。黑格尔在《历史哲学》中“日耳曼世界中古时代”部分的描述，包含一条从封建政体到君主政体演化的历史线索。查理大帝的法兰克王国分裂后封建割据，封建主权的原则是个人——诸侯、领主们的外表力量，这是任凭性格和随意赏赐维持权力。

黑格尔在接下来的“现代”部分，说明路德发动宗教改革对君主国家取代封建政体的决定性影响。宗教改革时期形成的现代国家特点可被归纳为三点。

1. “君主政体的渐行巩固，国家给了君主一种权威”，从中世纪相承下来的全部私有的权利和义务依然保留有效，“这些权利的最高顶点是一个积极的原则——一个家庭据有帝座的独占的权利，而且君主的世代相继更有长子承袭法加以限制。这就使国家有了一个不可撼动的中枢”。

2. “同国家的原则相反，君主和他的家庭的权力必须更严格地加以规定。皇位并不是统治者的个人的私产，而是交付给皇帝家族的一种信托”，各等级只有在这种信托被忠实履行的情况下才会保卫国家的统一，这样一来，帝座“不再是各等级、阀阅或者地方等等的私有物，而成为一种国有产业——一种属于国家并且同国家相结合的机构”。

3. “贵族政体也有它的地位，他们是皇室的支柱，为国家和公共福利而从事活动，同时又支持人民的自由”，他们是联结君主和人民的等级，“现在，那个据有积极的权威的中间权力，已经完全服从国家元首了”，并在公理观念自为发生的时候，这个臣属等级最终要完成自身的解放。

第三，经验论证。黑格尔说，国家“只有两个环节，即家庭和市民社会”；又说：“如果说，国家的第一个基础是家庭，那么他的第二个基础就是等级。”我们在《历史哲学》中看到，起源于12—13世纪的城市的市民社会对君主立宪制没有多少积极贡献，主要的贡献来自家庭长子继承制度和贵族等级的支柱作用。但应该注意，黑格尔在那里只是论述肇始于16—17世纪宗教改革时期的现代君主制特点。《法哲学原理》论述的是18—19世纪的君主立宪制，此时的市民社会与中世纪起源时不可同日而语。正如皮蔡因斯基所说：“黑格尔所说的作为现代国家一个方面的市民社会出现在18世纪的西欧，在1789年法国大革命之后变得特别显眼。”黑格尔是法国大革命的同时代人，他把这个新时代的政治经验融合在对王权、行政权和立法权的论证之中。

薛丹妮在《黑格尔自我意识概念与主奴辩证法新探》[19]一文指出，一般认为，黑格尔《精神现象学》中的主奴辩证法与奴隶操持的物质性劳动对马克思异化劳动理论产生了重要影响。然而在完整的意识经验过程中，包括意识、自我意识、欲望、承认、致死的斗争与主奴关系，以及普遍性自我意识与精神等环节，探求上述内容的真实内涵与理论意义就会发现，在此基础上主张强调它们对马克思异化劳动理论的直接影响是不恰当的，是人本学家或存在论者对黑格尔哲学所做的过度的马克思式发挥。完整的意识经验过程为理解黑格尔这一著名章节提供了更为客观、连贯的理论视角。

董伟伟在《自由在黑格尔法哲学中的演进——兼论黑格尔对自由主义自由的超越》[20]一文指出，黑格尔在他的法哲学中运用概念推演的方法考察了人类自由的实现过程，他是从独特的“关系”视角探讨自由的，认为只有在社会关系（契约、道德以及伦理）中自由才能实现，反过来说，真实的自由就体现在人们的各种社会关系之中。在社会关系中谈论自由，就必然涉及主体与主体之间的关系问题，而这正是克服传统自由主义的缺陷、重构以主体之间的相互承认为特征的自由理论的基础。

贺然的《黑格尔权利思想起源》[21]一文说，黑格尔关于权利起源的思想同以霍布斯和洛克为代表的古典自由主义的思想有很大的不同。黑格尔的权利是在自我意识的发展中产生的，没有承认就没有权利。黑格尔在社会关系中定义权利，强调权利的相互性，试图在权利和义务之间建立起联系。他认为主仆关系的建立为权利的产生奠定了基础，权利的实现离不开道德人格的确立。黑格尔克服了自由主义的还原论方法的抽象性，揭示出了国家对于个人权利实现的积极意义，他的思想对于发展权利的理论，回应由现代问题所引起的对权利原则的质疑，以及重新确立基于权利原则的社会关系，有着非常重要的价值。

此外，付泽宇与李楠明的《黑格尔世界历史思想》[22]、田伟松的《黑格尔法哲学视域下的家庭伦理观及其现代启示》[23]、《精神共同体观念的现代重建——黑格尔早期宗教、经济与政治思想研究》[24]、赵敦华的《“密纳发的猫头鹰”和“高卢的雄鸡”——黑格尔和他的时代》[25]等论文，都对黑格尔思想进行较为深入的诠释。

近3年以来，哲学研究者正在进行较大规模的更新换代，论文作者年轻人越来越多。可喜的是哲学后继有人，令人担心的是论文整体出现单薄、视野狭窄的现象。相信在不远的将来，这一现象会得到改善。

注：

①《江海学刊》，2015年第4期。

②《学术交流》，2015年第1期。

③《人民论坛》，2015年第3期。

④《云南大学学报（社会科学版）》，2015年第5期。

⑤《学术月刊》，2015年第12期。

⑥《国外理论动态》，2015年第3期。

⑦《南海学刊》，2015年第1期。

⑧《国外理论动态》，2015年第3期。

⑨《国外理论动态》，2015年第3期。

⑩《社会科学辑刊》，2015年第3期。

⑪《学术月刊》，2015年第7期。

⑫《中南大学学报》，2015年第4期。

⑬《学术月刊》，2015年第2期。

⑭《清华大学学报（哲学社会科学版）》，2015年第5期。

⑮《法制博览》，2015年第12期。

⑯《湖南大学学报（人文社会科学版）》，2015年第2期。

⑰《中国社会科学院研究生院学报》，2015年第3期。

⑱《社会科学战线》，2015年第10期。

⑲《中南大学学报（社会科学版）》，2015年第6期。

⑳《理论与现代化》，2015年第2期。

㉑《学术月刊》，2015年第4期。

㉒《牡丹江师范大学学报（哲学社会科学版）》，2015年第1期。

㉓《学术探索》，2015年第4期。

㉔《陕西师范大学学报（哲学社会科学版）》，2015年第3期。

㉕《东北师范大学学报（哲学社会科学版）》，2015年第3期。

（作者：杜丽燕，北京市社会科学院研究员）

科学技术哲学（自然辩证法）

张正清　张成岗

2015年，北京地区的科学技术哲学（自然辩证法）的发展继续保持着良好态势，学术研究有不少亮点和突破，各级学会不断壮大自身力量，共同促进了本学科的建设和发展。各个领域的研究者都把握住了学术的增长点，密切关注特殊科学哲学、互联网时代的技术问题以及深化科研体制改革等重要议题。北京各个高校也继续发扬作为学术活动、国际交流主力军的传统，促进了学术繁荣。

一、学会活动

2015年1月10—11日，中国自然辩证法研究会2015年工作会议在北京召开。各工作委员会、专业委员会的负责人共50余人参加会议。会议主要议程是：（1）传达学习民政部、中国科协关于社会组织管理的相关文件精神；（2）讨论分支机构考评办法；（3）各委员会汇报2014年工作总结和2015年工作计划，提出由清华大学等高校作为调研试点单位进行调研总结，形成可行性报告。①

3月27日下午，中国自然辩证法研究会七届七次常务理事会在北京友谊宾馆嘉宾楼召开，吴启迪理事长主持会议。会议听取了《关于成立“物理学哲学专业委员会”的申请报告》和《关于成立“科学技术与公共政策专业委员会”的申请报告》，审议了《医学与哲学》更换编辑委员会主任的申请。②

6月30日，第二届自然辩证法名词审定委员会第三次名词审定工作会议在北京中国科技会堂召开。审定委员会顾问和委员（或其代表）近30人出席，尚智丛主持会议。会议听取了总论、自然哲学、科学哲学、技术哲学、工程哲学、科学技术方法论、科学技术与社会和科技伦理等八个小组关于第二次会议后工作的汇报。会议进一步明确了本届自然辩证法名词审定工作的名词收录原则和各小组交叉名词的分组原则。③

12月12日，中国自然辩证法研究会2016年工作会议在北京友谊宾馆召开，各工作委员会、专业委员会负责人40余人参加会议。各委员会负责人汇报了2015年主要工作成绩和经验体会。关于2016年的工作计划，各委员会负责人从工作思路和指导思想、目标计划和具体措施、以及拟开展的主要学术活动和承担的课题等方面进行了汇报。[④]

二、科学哲学

2015 年，北京地区的科学哲学研究整体偏向于对科学进行人文反思，强调科学的实践对于文化的塑造，科学实践哲学是对其进行深入探讨的重要方式。历史中的科学思想、特定学科领域的科学哲学问题、行动的科学哲学受到了人们的重视，很多学者从学科发展史、在中国的传承、经典案例等多个维度切入该议题。

吴彤认为，以往的科学哲学，是关于科学的哲学，缺乏关于科学研究的哲学。在拉图尔观点基础上，提出了建构一种关于“科学研究的哲学”的主张，为这种主张的成立，论证了：区分“科学”与“研究”的必要性和意义；“科学研究的哲学”的主要研究对象和内容；科学研究与科学实践的关系；如何研究“科学研究”——如何区分哲学和社会学的方法；科学研究的哲学与其他相关学科的关系；“科学研究的哲学”可用的哲学和其他资源。[⑤]

刘兵、图力古日指出作为后现代研究热点之一的身体问题，在 STS 领域中被关注不多，而对动物身体的认识和建构的关注，是有意义的研究扩展。通过比较蒙古族和日本的兽医理论对马的汗液这一特殊身体现象的不同解读，分析它们各自的特殊性、合理性，展现了生物医学知识在身体认识上的建构性、多元性特点。基于此案例，也讨论了认识自然的多元知识系统的价值与意义。[⑥]

孙慕天、刘孝廷等人关注了中国关于俄（苏）科学技术哲学的研究，经历了“以俄为师”、“以俄为敌”、“以俄为鉴”三个阶段，苏联解体后一度沉寂，近来出现了复苏的势头。不能把苏联的科学技术哲学完全等同于正统的教条主义而全盘否定，20 世纪 60 年代一批具有改革倾向的哲学家对科学哲学所做的认识论中心主义诠释，极富启发性。新世纪前后俄罗斯科技哲学出现了多元主义、社会文化语境论和人本主义等新发展趋势，具有俄罗斯特色的科技哲学范式正在形成，其中技术哲学的转向尤有代表性。马克思主义虽已不是俄罗斯的指导思想，但辩证法和唯物史观在俄罗斯哲学中仍有深远的影响，苏联和当今俄罗斯立足马克思主义的科技哲学研究，是与西方科学哲学不同的另一维度，是发展比较科技哲学的重要生长点。[⑦]

尚智丛指出，格物致知是儒学认识论的核心。他认为，明末中西会通过程中，徐光启等人将演绎推理引入，与朱熹的即物穷理观念结合，形成独特的格物穷理观念，发展了格物致知学说。儒家学者借此大大拓展了关于自然与社会事物的知识，在明清时期形成“格物穷理之学”。徐光启等人进一步引入天主教伦理道德与神学，冀望强化明代没落的封建统治理论。儒学的开放性及其与科学的相容可见一斑。[⑧]

吴国盛认为，希腊和中国均有发达的天文学，但各自的学科性质完全不同。希腊天文学是科学，中国天文学是礼学。希腊天文学以处理行星表面上的不规则运动为主要任务，通过圆周层叠的方式，再现行星表面不规则运动背后的规则。中国天文学认为天是一个有意志、有情感的至高无上的存在者，以某种神秘的方式与地上人事发生关联，于是，了解天象、破解天意是中国最高统治者的政治需要，也是所有中国人的礼仪需要。中国天文学本质上是天空博物学、星像解码学、政治占星术、日常伦理学，是中国传统礼文化的重要部分，但不是科学。[⑨]

李醒民指出丁文江虽然与批判学派的代表人物没有直接交往，但是，他的知识论却源于马赫和皮尔逊，并构成他在“科学与人生观论战”的思想武器。他在汲取他们的知识论的同时，也接受了他们的感觉论和怀疑论哲学。他通过原始文献的对比和分析，厘清了二者之间的接续状况和思想传承。[⑩]

关于特殊科学哲学，尤其是生物学哲学的讨论是今年的热点。王巍等人关注了基因选择的本质，指出生物学家和哲学家已经开始质疑支撑基因还原主义的“基因”概念和“中心法则”，而只有当基因还原主义被证明有问题时，我们才能真正颠覆基因选择。[⑪]

肖显静指出许多生物学家和生物哲学家基于进化论，认为生物的特性是不断变化的，种特异性不是普遍的，物种界限也不是明确的，由此物种的本质不存在。事实上，这种观点是站不住脚的，进化论与物种之本质并不矛盾，它只与绝对的本质主义相违背。“物种个体论”和“多元实在论”否认物种是类的存在，并进而否认物种本质的存在，是错误的。“混杂实在论”虽然承认物种是类的存在，但是在“多元”的意义上而言的，它的反本质主义也是不恰当的。[⑫]

孟建伟、王子明描述了在生物学历史上大致经历了三次方法论的革命，并因此带来了生物学范式的三次转变。认为三次革命所呈现出不断递进的过程揭示只有对认识论的原理层面产生作用的方法论才是更为先进的方法论，也才可能对生命本质问题的探索产生深远影响。[13]

其他特殊科学哲学同样受到学者关注，董春雨关注了物理学哲学，梳理了时间方向的不同表现及其理论描述所遇到的各种困难，为破解所遇难题而着重探讨了时间方向的具体性、层次性、还原性与决定性以及它们之间的层层递进关系；在此基础上最终将时间方向的讨论引向了吸引子、整体性、目的性这样的哲学高度，从而启发人们从更加广阔的理论背景中去理解时间方向的本质，去正确看待描述时间方向理论的合理性与局限性。[14]

分析的科学哲学，诸如认知科学哲学、心灵哲学依旧保持着较高热度。段伟文、黄时进认为传统的科学哲学因其表征主义的科学观而遭遇到一系列理论困难和来自相对主义的挑战，其理论困难的根源在于其过于强调科学理论的必然性，将科学视为基于形而上学的“必然的科学”。为了从根本上克服相对主义的挑战，应该超越基础主义，主张科学多元主义，在新客观主义的基础上，将科学视为可接受的科学。[15]

李建会、夏永红认为，情境认知在“认知发生在哪儿”和“认知是什么”两个问题上均与认知主义有不同的答案，根据对前一个问题的不同回答，存在着具身认知、嵌入认知、延展认知、分布认知和生成认知等几种情境认知进路；而对后一个问题的不同回答，目前存在着认知的动态系统理论和认知符号学两种研究纲领，它们的发展将决定情境认知运动能否成为一场真正的科学革命。[16]

关于历史中的科学思想的追溯，也是值得关注的领域。杨舰、李英杰指出，张大椿是民国初期北京大学的物理教授，他与何育杰、夏元瑮二人共同开创了北京大学早期的物理教育，然而学界目前对张大椿这个人物的情况尚缺乏了解。通过对相关历史资料的挖掘，梳理出张大椿早年的教育背景和归国后的任职经历。张大椿的人生轨迹，展现出了近代早期物理学家及其事业在中国的产生和发展，同时也从一个重要的侧面折射出近代物理学向中国传播和移植的若干特征。[17]

吴彤、廖苗讨论了百年来小学教科书中各类科学观及其变化，特别结合清末民国和新中国时期小学科学教科书分析研究了其中的科学观及其特征，解释了科学观与社会、主流意识形态的关联。[18]

三、技术哲学与工程哲学

2015 年，北京地区的技术哲学研究更多关注互联网背景下的技术问题，以及对经典技术哲学思想的回顾与发展，力图从理论资源中找到解决现实问题的路径；而工程哲学更关注工程中的技术、社会评估问题，讨论社会对于技术标准的构建以及工程技术中的框架性问题。

信息技术是现代社会的标志性技术，所关于计算机、网络等议题的讨论是技术哲学的热点。段伟文指出，大数据正在成为当今社会的知识基础结构，随着数据密集型科学和网络化科学等新发展，基于大数据的知识发现方兴未艾。大数据知识发现的本体论预设等同于世界的数据化表象，它是一种介于真实世界现象与大数据的知识发现之间的媒介性存在。但这一本体论预设并不完备。为了超越其背后的表征主义所带来的本体的自我隐匿和对主体自由意志的侵蚀，应从多元主义、诠释学和能动实在论等进路寻求超越之道。[19]

刘永谋认为，计算机批判理论是芬伯格技术批判理论的具体应用。在他看来，计算机是技术现代性最充分的展现，重构计算机的发展道路能走向另一种现代性，而民众参与和教育改革可以实现重新规划计算机。他提出了一种特点鲜明、值得借鉴的信息哲学理论，但作为其基础的非决定论是不牢靠的。[20]

周程认为，全球互联网犹如一个超级麻烦制造者，正在不停地给国际社会（尤其是主权国家）提出新问题，带来新挑战。面对这些新问题和新挑战，如果我们只是沿袭传统的思维方式，基于过去的管理经验，依靠现有的组织机构，采用应急的、零散的和刺激——反应式的应对措施，很难从根本上解决互联网的急速发展所引发的各种深层次问题。[21]

孙雍君、闫奎铭指出大数据时代的到来带来了一系列人类认知层面的转向，突出表现在人类从以往观察有限视角中的世界，转向更为全面地表征世界的大数据，从而实现了认知视角的平等化；并且大数据时代让经典和权威受到更为空前规模的洗礼，使得以往的知识等级受到冲击，实现了认知身份的平等化；而对于知识生产而言，由于每个人提供的数据都可以平等地成为未来知识的元数据，这又实现了知识创造的平等性。[22]

还有很多著名西方技术哲学家的思想得到了深入的发掘，王伯鲁、魏擎宇指出聚焦物与装置范式是伯格曼将技术人工物还原到具体生活情境之后创造的一组对立概念。这种对立不仅体现在理论层面，而且还表现在现实生活中的自然信息、文化信息与技术信息之间的对立。通过剖析伯格曼有关聚焦物与装置范式关系的思想，有助于理清伯格曼经验的现象学技术哲学的研究进路。[23]

王大洲、张彬通过考察伊德关于使用者—人工制品—世界之间四类关系的阐释以及海德格尔的用具分析，表明两者各有优势和不足。伊德既超越了海德格尔又遗忘了海德格尔——伊德没有充分关注作为用具的人工制品之存在结构中的“指向性”以及人工制品上手与在手之间的“转化”关系，并且在一定程度上忽视了海德格尔所强调的“打交道”这个动态过程。在此基础上，通过整合海德格尔与伊德的洞见，提出了一个对人工制品进行现象学分析的新思路，构造了一个使用者—人工制品—世界之间关系的状态空间，从而将伊德的四类关系作为其中的四个特例。最后，揭示了人工制品现象学分析与创新设计实践之间的可能关联。[24]

邱慧、董晓菊提出美国技术哲学家阿尔伯特·鲍尔格曼在其代表作《技术与当代生活的特征：一种哲学的追问》中，将现有的技术观归纳为本质主义技术观、工具主义技术观和技术多元论，并提出了以“设备范式”、“焦点物”和“焦点实践”为核心的焦点技术观。美国南伊利诺伊大学卡本代尔分校的拉里·希克曼则认为鲍尔格曼的焦点技术观实质上是一种本质主义技术观，并对其进行了批判。本文将阐明焦点技术观并不是传统意义上的本质主义技术观，而是对本质主义技术观的吸收和超越。这种超越使得对技术的改革和合理应用成为可能。[25]

唐热风认为德莱福斯基于对具身应对的独特理解对行动概念论提出质疑。其理由可以归纳为三个方面：第一，具身应对不具有意向；第二，具身应对是无心的；第三，应对中不包含对事实的知觉。本文将逐一考察并反驳这三个理由。我们将看到，以上诸种质疑都不足以否定应对的心智或概念特征。而德莱福斯之所以不能看到应对的心智特征，原因在于他没有看到心智的具身性。[26]

韩连庆认为“摩西天桥”是技术哲学中的一个经典案例，借以说明技术设计与政治意图之间的联系，在国内外流传甚广。但是对这个案例却存在多种解释，使它具有了“解释的弹性”。通过对这些不同解释的反思，可以透视出社会建构论的局限。[27]

工程中对技术评估问题的研究是工程哲学中的重点。王大洲、张彬通过分析从工程事故中进行学习的特点以及事故调查在该学习过程中的重要地位，以中美两国重大工程事故调查报告以及相关制度的文本分析为基础，从事故的调查目的、调查主体和制度安排、调查范围及论证方式、调查结论等四个维度比较了中美重大工程事故调查模式的异同，揭示了我国事故调查中存在的一些问题，针对这些问题，提出了我国在完善重大工程事故调查模式中应遵循的若干原则。[28]

李伯聪简要回溯了工程社会学和工程的社会评估的发展历程，认为二者分别属于理论领域和实际工作领域，需要相互支持、相互配合、相互渗透。工程社会学是进行工程社会评估的直接理论基础，是搞好工程社会评估的理论指导和理论保证；另一方面，工程的社会评估是工程社会学的首要应用场域，是推动工程社会学学科发展的强大的现实动力。工程的社会嵌入和社会排斥是常见的社会现象，是工程社会学中的重要概念和重要研究课题，是进行工程社会评估工作的重要“思维框架”。[29]

四、科学社会学与科技政策

2015 年北京地区的科学社会学与科技政策重点关注了政府如何做出最优科技决策以及科技资源分配问题。学者们从公共科学服务平台建设、科研体制改革、科学管理机制等方面对此议题进行了讨论。另外从大科学项目、社会计量方法等角度入手，学者们对科学中民主、法规、产权等社会政治问题也进行了深入的探讨。

如何合理做出科学决策，以及如何制定好科技决策是科学政策研究的重点，其中专家在政府中的角色受到了额外的关注。李正风认为，从全球变暖到生物技术，科学与政治越来越紧密地缠绕在一起，科学与政治关系成为人们关注的重要问题。《民主政治中的科学》试图探讨的是如何以及为什么能够通过科学的民主化来应对科学的政治化。对科学的政治化，一种常见的态度是持鲜明的拒斥和批评立场，主张科学在本质上与政治无关，应该把政治排除在科学之外，让科学摆脱政治的影响。[30]

肖广岭、岳素芳从概念演化出发，结合国内外学者对公共科技服务平台的理论研究以及现阶段我国平台建设的状况，把公共科技服务平台界定为一种动态非营利联盟组织，认为其立足之本在于“服务”，模式之新在于“平台”。并通过与以往科技服务机构相比较，得出平台在组织、功能上的特点和相对优势。[31]

李真真、王超指出，随着国家以动员科学技术资源拉动国民经济增长战略措施的确定，旧有体制以行政关系建构起来的纵向的刚性结构显然已经不适宜国家发展的现实需要。因此，如何解构旧有体制的刚性结构，消解体制壁垒，在系统之间构建具有横向联系的和更加富有弹性的体制结构，进而建立起科技与经济的内在联系和科学技术促进经济发展的有效机制，成为人们关注的焦点。在这个前提下，科技体制改革被提上日程。基于此，围绕科技体制改革如何被提上日程这个主题，重点探讨和分析了科技体制改革的历史背景、科技体制改革的战略选择过程以及这一时期的改革政策与改革路径。[32]

樊春良、李思敏指出，如何正确使用科学来应对风险，是现代政府决策面临的一个重要课题。他们分析了疯牛病应对失败的原因在于层层汇报而导致的行动拖延、传统行政方式中掩盖风险的倾向、科学建议没有得到及时的整合和正确的理解，这反映了政府使用科学应对风险的管理机制的变迁，即从部门管理转变为专家治理。[33]

李建军、廖成东讨论了美国1862年颁布的《莫里尔法案》及其建立的各州增地农学院，对美国国家农业创新体系的建设起到了基础性的作用。法案促使《哈奇法案》和《史密斯-雷佛法案》的颁布，构建了完整的国家农业创新体系从而促进了美国农业的极大发展并领先于世界。我国的国家农业创新体系建设可以借鉴美国的经验，通过相关政策增强农业大学在国家农业创新体系中的核心作用及其对农业科技创新的服务能力。[34]

关于科研体制改革的研究一直是STS研究的热点。李正风认为，长期以来，对科学建制化的研究，人们关注的是以科学共同体内部的“承认”为主要特征的产权制度，同样重要的是如何建立使科学知识生产纳入到整个社会的价值分配体系之中的产权制度，由此为科学研究提供更稳定的支持和更持久的动力。正是通过这些机制和产权制度创新，科学的职业化才能够以多种不同的方式得以实现，并带来了科学研究组织形式的重大变革，导致了研究型大学、工业实验室的出现。[35]

周程、刘崇俊指出，在批判“元科学”中客观主义和建构主义的基础上，布尔迪厄提出了“历史主义的理性科学观”，后者关注的核心内容是科学实践中社会向度与科学自律性的关系问题：一方面社会力量导致了科学自律性的相对化，另一方面社会建制为科学提供了维持较高自律性的建设性资源。鉴于此，布尔迪厄主张调度科学反思性这一思想武器将科学实践历史化但不相对化，既承认科学实践是社会历史条件建构的产物，但又试图从社会历史条件中夺取科学的实践理性：科学场域内部的同行竞争机制所形成的客观结构是提高科学自律性的阿基米德支点；而场域的入场费征收机制则通过科学惯习的型塑从主观维度维护了科学的相对自律性。[36]

高洁、袁江洋探讨了欧洲分子生物学实验室成立的艰难过程，借以展现分子生物学在“国家科学”与“超国家科学”这两个层面交织发展的制度化进程。区别于欧洲核子研究组织（CERN），欧洲分子生物学实验室（EMBL）的建立是以各国研究充分发展为基础的，并构成了对国家科学的一种必要补充，而各国学术纲领的融合统一是超国家层面的科学制度化得以推进的前提。[37]

刘华杰认为对于SSK的相对主义和强纲领，学界存在多种误解。实际上，布鲁尔并非想与自然科学做对。他模仿自然科学的方法，并试图用其研究科学本身。但是这样一种科学主义的动机事后被证明竟然成了一种原罪，因为在当下的文化中科学家并不习惯于被研究，特别是不习惯于被科学地探究。在此基础上，他提出理解科学与社会新型关系的一种分形模型。[38]

尚智丛、杨辉运用社会网络分析，定量探究这一网络的结构特征，为微博科学传播机制研究提供了结构主义的新视角。传播网络结构分析从整体结构、个体位置结构、子群结构、子群互动结构等四个层次展开。转基因食品议题的案例研究发现：公共科学议题在微博空间中具有多元交互的传播渠道；相关传播主体之间的关系呈现精英民主化特征；往往产生群体两极化的传播效果。[39]

五、学术活动与国际交流

2015年北京地区科学哲学界的学术活动和国际交流继续向前发展。中国自然辩证法学会、北京自然辩证法等各级学会等组织积极在京展开了特色鲜明的学术活动；清华大学、中国人民大学、北京师范大学、中国科学院大学等高校继续开展依托合作关系的学术活动与交流，举办了一些高水平的常态化的论坛。

3月28—29日，中国自然辩证法研究会2015年学术年会暨七届四次理事会于在北京友谊宾馆召开，会议主题为“自然辩证法与中国梦”。报告有《认知科学对哲学的挑战——从“意识难题”看》、《科学实在论：回顾与展望》等，学术年会设“自然哲学与科学哲学”、“技术与工程哲学”、“科学技术与社会”和“科技思想史”四个分会场。[40]

5月12—13日，主题为“会聚技术（NBIC）的伦理问题及其治理”的香山科学会议第527次学术讨论会在北京香山饭店举行。从事纳米技术、合成生物学等领域研究的科学家以及哲学、伦理学、科技政策等学科的专家学者共计50余人参加了本次会议。会议讨论的中心议题主要包括：（1）纳米技术的科学背景、安全与伦理问题及其治理；（2）合成生物学的科学背景、安全与伦理问题及其治理；（3）会聚技术的伦理与法律治理。[41]

8月22日，中国自然辩证法研究会、中国马克思恩格斯研究会于在北京友谊宾馆联合举办了“纪念《自然辩证法》发表90周年学术研讨会”。会议的主题是“恩格斯自然辩证法思想及其当代意义”。[42]

12月5—6日，“第七次全国生物学哲学学术研讨会暨生物哲学专业委员会换届选举会议”于北京师范大学召开。生物学哲学专业委员会委员、名誉委员以及来自全国高校的生物学哲学学者共50余人参加了此次会议。会议由三部分组成：第一部分为学术报告，包括四场共23个报告；第二部分为重大课题开题和汇报，由五个报告组成；第三部分为生物学哲学专业委员会换届选举。[43]

12月26—27日，由中国自然辩证法研究会参与主办的“诺贝尔奖与文化软实力论坛”在北京大学英杰交流中心举行。论坛由北京大学生命科学院终身讲席教授饶毅主持，中国自然辩证法研究会副理事长兼秘书长尚智丛教授等出席本次论坛。[44]

各在京高校也举办了形式多样的学术交流活动。3月29日，由中国人民大学国家发展与战略研究院社会系统工程研究中心主办、北京自然辩证法研究会和《北京文化创意》杂志共同协办的“文化创意产业、文化消费与文化治理”研讨会在中国人民大学逸夫会堂第一会议室举行。主题分为“创客”、“互联网+”：跨界融合；文化治理：从社会系统工程角度看；百家争鸣，拓展新的思路。[45]

4月23日，北京师范大学认知神经科学与学习国家重点实验室刘超研究员做客中国人民大学第六十三期科学—社会—人文论坛，进行了主题为“道德认知的神经机制”的学术报告。[46]

7月3日，中国人民大学哲学院举办了“科学技术哲学与社会系统工程学术研讨会暨黄顺基教授九十华诞庆典”。中国自然辩证法研究会编辑出版委员会主要承担了本次会议的具体组织工作。会议主要围绕科学技术哲学的学科定位、科学技术哲学的发展方向、科学技术哲学的社会功能、科学技术哲学的公共教学等问题展开了热烈讨论。[47]

8月30日，台湾学者郭文华应邀访问北京科学史与科学社会学学会，在中国科学院大学玉泉校区人文楼与学会部分成员及大陆有关学者座谈。[48]

9月23日，来自中国科学院心理研究所的蒋毅研究员做客中国人民大学第65期科学社会人文论坛，带来了关于无意识视觉信息加工的报告。哲学院众多师生参与了本次讲座。[49]

9月27日，以“生态哲学与人类未来”为主题的专题研讨会在中国科学院大学召开。报告有“解读系统生物学：还原论与整体论的综合”、“博物论哲学”、“回归生活世界与工程现象学”等内容。[50]

北京各高校与国外的学术交流已经形成传统，各个高校的品牌优势明显，极大促进了学术繁荣，比如：

8月18—22日，清华大学科技与社会研究中心与清华大学生命科学院联合主办的第2届“清华生命科学史与哲学研讨班”邀请了 Michael R. Dietrich 教授讲授“遗传学史”（Topics in History of Genetics）。课程包括5讲：（1）果蝇与其他：遗传学中的实验系统；（2）基因概念的悠久历史；（3）基因在行动：发育与遗传学的历史；（4）超越达尔文：进化综合的兴起与衰落；（5）自动化基因组学：计算核苷酸的挑战。[51]

8月30日—9月3日，国际4S协会前主席、美国康奈尔大学 STS 系 Michael E. Lynch 教授做客首届“清华 STS 工作坊”，讲授了“生命科学与社会”的海外课程。教学内容包括：（1）实践中的科学，社会中的专家知识；（2）创生论与智能设计；（3）美国与欧洲的法医学与刑事公正；（4）转基因作物；（5）生物、基因与药物的专利申请。[52]

6月30日—7月1日，以“技术的人文反思与公共政策研究”为主题的“中美西荷国际技术哲学高峰论坛”在中国人民大学哲学院500会议室举行。来自美国的兰登·温纳教授、卡尔·米切姆教授，来自西班牙何塞·安东尼奥·洛佩兹·塞雷佐教授，来自荷兰的皮特·克罗斯教授等国际知名技术哲学家，国外中青年学者马腾·弗伦岑副教授、格林·米勒讲师和朱勤博士等，国内来自北京大学、清华大学、中国人民大学、北京师范大学、大连理工大学等多所高校的研究生参加了本次会议。[53]

9月29日至10月2日，由中国人民大学哲学院与荷兰乌德勒支大学哲学系共同举办的第三届人大—乌大哲学论坛“可持续发展与生态文明：中国和欧洲不同文化中的研究”在乌德勒支大学图书馆会议室举行，来自人大科哲教研室、北京航空航天大学、华南理工大学等30多位老师和学生参加会议。[54]

注：

①中国自然辩证法研究会秘书处：中国自然辩证法研究会《工作通讯》，2015年第2期。

②中国自然辩证法研究会秘书处：中国自然辩证法研究会《工作通讯》，2015年第4期。

③中国自然辩证法研究会秘书处：中国自然辩证法研究会《工作通讯》，2015年第7期。

④中国自然辩证法研究会秘书处：中国自然辩证法研究会《工作通讯》，2016年第1期。

⑤吴彤：《论“科学研究的哲学”——从科学实践哲学的视野看》，《自然辩证法通讯》，2015年第3期。

⑥图力古日、刘兵：《对马之汗液的认识与“身体”的多元性——比较研究蒙古传统马学与日本现代马学》，《科学技术哲学研究》，2015年第2期。

⑦孙慕天、刘孝廷、万长松、白夜昕、王彦君：《科学技术哲学研究的另一个维度——中国俄（苏）科学技术哲学研究的回顾与前瞻》，《自然辩证法通讯》，2015年第5期。

⑧尚智丛：《从演绎推理的传入看儒学的开放性——兼论儒学与科学的关系》，《自然辩证法研究》，2015年第6期。

⑨吴国盛：《科学与礼学：希腊与中国的天文学》，《北京大学学报（哲学社会科学版）》，2015年第4期。

⑩李醒民：《丁文江的知识论与批判学派的思想传承》，《自然辩证法通讯》，2015年第5期。

⑪陈勃杭、王巍、范雪：《基因选择的本质》，《自然辩证法通讯》，2015年第3期。

⑫肖显静：《物种反本质主义的失当性分析》，《科学技术哲学研究》，2015年第5期。

⑬王子明、孟建伟：《从整体论、还原论到新的整体论——论生物学方法论的革命》，《自然辩证法研究》，2015年第1期。

⑭董春雨：《理解时间方向复杂性的若干问题及其策略》，《自然辩证法研究》，2015年第12期。

⑮段伟文、黄时进：《可接受的科学：走向多元主义与新客观主义》，《科学与社会》，2015年第4期。

⑯夏永红、李建会：《超越大脑界限的认知：情境认知及其对认知本质问题的回答》，《哲学动态》，2015年第12期。

⑰李英杰、杨舰：《北京大学早期的物理教授张大椿》，《中国科技史杂志》，2015年第1期。

⑱廖苗、吴彤：《百年小学科学教科书中的科学观变迁》，《科学技术哲学研究》，2015年第4期。

⑲段伟文：《大数据知识发现的本体论追问》，《哲学研究》，2015年第11期。

⑳刘永谋：《设计计算机：芬伯格的计算机批判理论》，《科学技术哲学研究》，2015年第4期。

㉑周程：《有界国家能治理好无界网络吗？——弥尔顿·L·穆勒的〈网络与国家〉刍议》，《科学与社会》，2015年第2期。

㉒闫奎铭、孙雍君：《大数据时代的认知转向及其对科研管理的影响》，《科技进步与对策》，2015年第10期。

㉓王伯鲁、魏擎宇：《伯格曼聚焦物与装置范式关系解析》，《电子科技大学学报（社科版）》，2015年第2期。

㉔张彬、王大洲：《人工制品现象学：一个新的分析框架》，《哲学研究》，2015年第6期。

㉕董晓菊、邱慧：《焦点技术观是本质主义技术观吗?》，《自然辩证法通讯》，2015年第6期。

㉖唐热风：《心智具身性与行动的心智特征》，《哲学研究》，2015年第2期。

㉗韩连庆：《“解释的弹性”与社会建构论的局限——对“摩西天桥”引起的争论的反思》，《自然辩证法研究》，2015年第1期。

㉘张涛、王大洲：《中美重大工程事故调查模式比较分析——以两起铁路事故调查为例》，《自然辩证法通讯》，2015年第2期。

㉙李伯聪：《工程的社会嵌入与社会排斥——兼论工程社会学和工程社会评估的相互关系》，《自然辩证法通讯》，2015年第3期。

㉚李正风：《科学的政治化与科学的民主化——评〈民主政治中的科学：专业知识、制度与代表〉》，《科学与社会》，2015年第4期。

㉛岳素芳、肖广岭：《公共科技服务平台的内涵、类型及特征探析》，《自然辩证法研究》，2015年第8期。

㉜李真真、王超：《科技体制改革的历史背景与战略选择》，《自然辩证法通讯》，2015 年第 1 期。

㉝李思敏、樊春良：《政府使用科学应对风险的管理机制变迁——英国疯牛病事件与口蹄疫事件比较》，《科学学研究》，2015 年第 12 期。

㉞廖成东、李建军：《莫里尔法案对美国国家农业创新体系建设的影响》，《科学管理研究》，2015 年第 2 期。

㉟李正风：《产权制度创新——科学是如何职业化的》，《科学与社会》，2015 年第 2 期。

㊱刘崇俊、周程：《科学的相对自律性及其维护——兼论布尔迪厄历史主义的理性科学观》，《自然辩证法研究》，2015 年第 7 期。

㊲高洁、袁江洋：《欧洲分子生物学学科制度化发展初探》，《自然辩证法通讯》，2015 年第 1 期。

㊳刘华杰：《相对主义与理解 SSK 的一种分形模型》，《科学与社会》，2015 年第 4 期。

㊴杨辉、尚智丛：《微博科学传播机制的社会网络分析——以转基因食品议题为例》，《科学学研究》，2015 年第 3 期。

㊵中国自然辩证法研究会秘书处：中国自然辩证法研究会《工作通讯》，2015 年第 4 期。

㊶中国自然辩证法研究会秘书处：中国自然辩证法研究会《工作通讯》，2015 年第 6 期。

㊷中国自然辩证法研究会秘书处：中国自然辩证法研究会《工作通讯》，2015 年第 9 期。

㊸中国自然辩证法研究会秘书处：中国自然辩证法研究会《工作通讯》，2015 年第 12 期。

㊹中国自然辩证法研究会秘书处：中国自然辩证法研究会《工作通讯》，2016 年第 1 期。

㊺中国自然辩证法研究会秘书处：中国自然辩证法研究会《工作通讯》，2015 年第 4 期。

㊻中国自然辩证法研究会秘书处：中国自然辩证法研究会《工作通讯》，2015 年第 6 期。

㊼中国自然辩证法研究会秘书处：中国自然辩证法研究会《工作通讯》，2016 年第 1 期。

㊽中国自然辩证法研究会秘书处：中国自然辩证法研究会《工作通讯》，2015 年第 9 期。

㊾中国自然辩证法研究会秘书处：中国自然辩证法研究会《工作通讯》，2015 年第 10 期。

㊿中国自然辩证法研究会秘书处：中国自然辩证法研究会《工作通讯》，2015 年第 10 期。

51中国自然辩证法研究会秘书处：中国自然辩证法研究会《工作通讯》，2016 年第 1 期。

52中国自然辩证法研究会秘书处：中国自然辩证法研究会《工作通讯》，2016 年第 1 期。

53中国自然辩证法研究会秘书处：中国自然辩证法研究会《工作通讯》，2015 年第 9 期。

54中国自然辩证法研究会秘书处：中国自然辩证法研究会《工作通讯》，2015 年第 10 期。

（作者：张正清，清华大学博士生；
张成岗，清华大学教授）

伦　理　学

葛晨虹　陈伟功　乔　珂

一、学术活动概况

4 月 11 日，由中国伦理学会、中国人民大学伦理学与道德建设研究中心、江苏师范大学伦理学与德育研究中心共同举办的“中国传统家训文化与优秀家风建设”国际学术研讨会在南京召开。来自中国、韩国、日本、德国等多个国家和地区的 90 余名专家学者就“弘扬中国传统家训文化、培训当代优秀家风”主题展开了讨论。

4 月 18—22 日，由中国伦理学会、韩国伦理学会举办的“第 23 次中韩伦理学国际学术大会”在云南丽江召开。来自中韩两国的三百余位学者围绕传统伦理的现代价值、社会发展中的伦理问题、伦理学理论问题展开了讨论。

6 月 14 日，由中国人民大学伦理学与道德建设研究中心与哲学院联合举办的“马克思恩格斯道德哲学研究暨宋希仁教授从教五十五周年学术研讨会”在中国人民大学举行。来自各高校和科研机构的 80 余位专家学者与会，向宋希仁教授从教 55 周年致贺，并就马恩道德哲学相关问题进行了深入研讨。

7 月 3—5 日，由中国伦理学会和宝鸡文理学院共同主办的“第三届周秦伦理文化与现代道德价值”国际学术研讨会在宝鸡召开。来自中韩两国 50 余名专家学者围绕“周秦伦理文化的传承与创新”的主题展开了讨论。

7月25—26日，由中国伦理学会和中央党校哲学部共同主办的“第八次全国政治伦理学术研讨会暨政治伦理学专业委员会换届会议”在京举行。来自全国各地的240余名专家学者参加了会议。与会学者就政治伦理与国家治理的思想资源、政治伦理与国家治理的当代实践、核心价值观与道德建设、伦理学诸领域的理论与实践等方面问题展开了讨论。

11月13—15日，由中国伦理学会经济伦理学专业委员会、浙江省委党校哲学教研部、浙江省伦理学会共同主办的全国第九届经济伦理学学术研讨会在浙江省委党校召开。来自全国高校、科研单位及人民出版社、《浙江社会科学》等单位共70余位专家参加了会议。会议围绕“中国经济伦理学的学科发展”、“分配正义与社会治理”、“经济活动中的伦理问题”等展开了讨论。

12月5—6日，以“伦理学与中国发展”为主题的中国伦理学会2015年会在北京京西宾馆举行。中共中央宣传部副部长王世明出席会议并讲话。中国社科院副院长张江，光明日报总编辑何东平，人民日报社编委、秘书长王一彪，中国伦理学会名誉会长陈瑛，中国伦理学会原副会长唐凯麟，东南大学原党委书记郭广银，以及各高校和科研机构的专家等500余名代表出席会议。会议聚焦当前中国经济社会发展中的现实伦理道德问题探讨了相关热点话题。

二、主要出版著作

2015年，北京伦理学研究取得了诸多成果，出版专著编著译著等上百部，以下为代表性成果：

（一）专著

《埃里希·弗罗姆类伦理思想研究》（徐惠芬，中国社会科学出版社）、《爱自由与责任——中世纪哲学的道德阐释》（张荣，社科文献出版社）、《柏拉图伦理思想研究》（刘须宽，中国社会科学出版社）、《藏族伦理思想史略》（余仕麟，民族出版社）、《道德价值共识论》（韩桥生，人民出版社）、《道德文化（从传统到现代）》（高兆明，人民出版社）、《风险社会的伦理责任》（李谧，中国社会科学出版社）、《后现代生命伦理学》（孙慕义，中国社会科学出版社）、《经济伦理学》（王小锡，人民出版社）、《经济学与伦理学（市场经济的伦理维度与道德基础典藏版）》（韦森，商务印书馆）、《伦理学》（任丑，中国农业出版社）、《伦理学的当代建构》（甘绍平，中国发展出版社）、《美德政治学的历史类型和现实型构》（詹世友，中国社会科学出版社）、《认知伦理学的模型构建》（杨小爱，世界图书出版公司）、《塞缪尔·约翰逊的道德关怀》（龚龑，中国社会科学出版社）、《晚清民初道德观念嬗变研究》（赵炎才，中国社会科学出版社）、《西方传统伦理——道德关系的演进逻辑和马克思的变革方式》（刘丽，中国社会科学出版社）、《信仰与人生》（单振文，中央编译出版社）、《应用伦理学概论》（卢风，中国人民大学出版社）、《责任（中西责任观之比较）》（王景平，人民日报出版社）、《中国社会转型时期道德失范问题研究》（雷结斌，人民出版社）、《中国正义论的形成——周孔孟荀的制度伦理学传统》（黄玉顺，东方出版社）等。

（二）编著

《比较与争锋（集体主义与个人主义的理论问题与实践）》（韦东，中国人民大学出版社）、《历代伦理学文献辑刊》（吴平、叶献允、张艺缤，国家图书馆出版社）、《孝经的人伦与政治》（干春松、陈壁生，中国人民大学出版社）、《职业道德与成就自我》（刘静，商务印书馆）、《中国经济伦理学年鉴（2014）》（王小锡，中国社会科学出版社）、《中国伦理思想史》（张锡勤，高等教育出版社）、《中国名门家风丛书》（王志民，人民出版社）、《中国社会道德发展研究报告（2014）》（葛晨虹，中国人民大学出版社）、《中国应用伦理学》（徐艳东、卫建国、聂静港，金城出版社）、《中华传统美德》（徐永辉，中国文史出版社）、《中华家训经典全书》（陈明，新星出版社）、《中华民族道德生活史（近代卷）》（李培超、李彬，东方出版中心）、《中华民族道德生活史（明清卷）》（彭定光，东方出版中心）、《中华民族道德生活史（宋元卷）》（王泽应，东方出版中心）、《中华民族道德生活史（隋唐卷）》（张怀承，东方出版中心）、《中华民族道德生活史（魏晋南北朝卷）》（邓名瑛，东方出版中心）、《中外荣辱思想》（吴潜涛，高等教育出版社）等。

（三）译著

《道德的原理》（［法］米歇尔·梅耶著，史忠义译；知识产权出版社）、《道德哲学十一讲》（［英］艾里克斯·弗罗伊弗著，刘丹译；新华书局）、《第二人称观点（道德尊重与责任）》（［美］斯蒂芬·达尔沃著，章晟译；译林出版社）、《根本恶》（［美］理查德·伯恩斯坦著，王钦、朱康译；译林出版社）、

《公民的激情（道德情感与民主商议）》（［美］伦莎·克劳斯著，谭安奎译；译林出版社）、《伦理学导论》（［美］梯利著，何意译；北京师范大学出版社）、《论幸福生活》（［古罗马］塞涅卡著，覃学岚译；译林出版社）、《论重要之事》（［英］德里克·帕菲特著，阮航、葛四友译；北京时代华文书局）、《善恶的彼岸》（［德］尼采著，赵千帆译；商务印书馆）、《善恶之源》（［美］保罗·布卢姆著，青涂译；浙江人民出版社）、《生活中的道德怪圈》（［德］来纳·埃尔林格著，刘菲菲译；中信出版社）、《心灵三问（伦理学与生活）》（［美］詹姆斯·斯巴特著，李楠译；中国人民大学出版社）、《职业伦理与公民道德》（［法］涂尔干著，渠敬东译；商务印书馆）、《中国伦理学史》（［日］三浦藤作著，张宗元译；山西人民出版社）、《尊严（历史和意义）》（［英］迈克尔·罗森，石可译；法律出版社）等。

三、学术研究概述

2015 年，北京伦理学研究中既有对传统学术问题的广植深耕，也有对新问题领域的勤恳勇拓。

（一）基本问题

1. 道德的客观性问题

怀疑乃至否定道德客观性是现代伦理学研究中的倾向之一。一些学者承续了休谟道德怀疑主义精神，在元伦理学视域中以事实分析方法为基础，对客观道德价值的存在进行了否定。[①]学者指出，从康德、休谟的理性主义和情感主义之争，到今天内在主义与外在主义之争，在道德理由上争论的重点也发生了转移。内在主义注重道德理由与个人行为动机之间的直接关联，外在主义强调道德理由须要尊重外部道德原则。内在主义与外在主义之争其实是反映了个人偏私的特殊性与不偏不倚的道德要求之间的关系，一个合理的道德理由须同时满足这两方面的要求。学者认为，现代社会得到普遍认可的道德，体现为三个最低限度的行为规范，即不伤害、公正、仁爱。陌生人社会更多需要践行外在的道德规范与原则，但也须更多地诉诸内在道德品德和道德情感。[②③]有学者认为，道德相对主义要义是指道德判断没有统一、客观的标准，后现代解构思维的确立使道德相对主义有了存在的合法性。有学者认为，伦理学虽含有不可还原的主观成分，但它并非纯然主观的，也具有客观性。其客观性辩护有三条路径：整体主义的策略、认知主义路线和一种非形而上学的维度。有学者指出，现代道德哲学既不能确证道德，也不能提供道德动机，因而处于危机中。[④⑤⑥]

2. 伦理学方法论

随着伦理学研究的深入，伦理学方法论问题越来越突出。目前国内外伦理实证研究已呈蔓延之势，如当代西方情感主义德性伦理学家，运用逻辑实证主义的逻辑（语义）分析和经验实证的双重原则，将人的“移情”体验作为道德命题的经验参照，使道德命题获得了客观指称意义和真值条件，由此诠释一种情感主义视域下的道德知识（元伦理）学，试图实现对逻辑实证主义—（情感表达主义）元伦理的超越。[⑦]有学者指出，学界尚未对伦理实证方法进行系统讨论，对伦理实证方法理论探讨缺场的结果是具体伦理实证研究的混乱。在对具体伦理实证方法探究前，首先有必要对方法的方法也即为具体研究方法奠基的方法论基础进行思考[⑧]。

有学者对互镜式学术评价方法在伦理学研究中的作用进行了论述。伦理学是一个时代“伦理精神”的学理化表达，因此我们可以从当代中国社会“伦理精神”与当代中国伦理学研究的互动关联语境中，检视当代中国伦理学研究的利弊，从而解释其真实的理论图景和学术潜能。具体而言，即通过互镜式学术评价，分析当下中国社会在转型期所面临的三大挤压或三大精神文化挑战，解析当代中国伦理学研究的主题开展、视域局限、方法论问题和学术话语等论题，以及造成当前学术格局的诸种因素；同时，通过国际国内两个视域，对当代多学科交叉互镜的学术发展趋势的多面透视。也有学者认为，伦理学自身在批判、反思元伦理学进路的基础上向规范伦理学的回归，构成了当代应用伦理学的实质。[⑨⑩]

3. 德性伦理

德性论是伦理学中最基本的形态之一，其立足于美德和道德的关系。美德以道德为基础，品德是道德他律通向道德自律的内驻方式，并构成美德的主体前提；品德是衔接道德与美德的中介，是道德自律的凝聚形态和美德自励的动力因素。有学者讨论了美德行动之情感体验问题，认为有美德的行动需给相应的有美德者以快乐，这种快乐源于有美德者自身所具有的良善意向的现实展开或实现而取得的某种精神满足。有学者还讨论了美德的实在性问题，认为这是当前西方道德哲学论辩的焦点之一，也是伦理知识与心理学前沿知识的一个交汇激荡处。[⑪⑫⑬]

有学者对当代德性伦理学模式与主题进行了梳理，指出这一流派呈现出多元丰富的研究局面，研究主题和范围不断向政治哲学与应用伦理学拓展，形成了新亚里士多德主义、斯多亚主义、情感主义、尼采主义等理论模式。有学者论述了德性伦理学对当今社会的重要意义，指出现当代工业文明和市场经济的快速发展，给人类带来从未有过的福祉和更加美好的期盼，但与之同时也引发了诸如物质主义、享乐主义、人被物化、单向度化以及人际关系疏离等被称之为“物质丰富，精神空虚”的现代性弊病。应对这种现代化弊病对德性伦理的挑战和冲击的积极方法是进一步加强精神文明建设，守住千百年来形成的美好精神家园。[14][15]

4. 道德困境

有学者认为，道德悖论本质上是实践理性领域出现的矛盾，表征在道德价值实现过程中出现的悖性事态。借助当代情境理论的研究成果，可依据“语境”、“心境”及“事境”的不同而将道德悖论区分为“道德悖理”、“道德悖境”、“道德悖情”三种形式。学者指出伦理两难并非逻辑悖论，所谓伦理两难实际上是把伦理规范当成是无条件的普遍教条而产生的，是一种道德语法的谬误。[16][17]

学者分析了现代性背景下的伦理困境，指出对现代性与现代道德困境之真实性的先行勘定属于科学的立场；对其正当性及正当性基础的追问则属于哲学的视野。科学的立场指称给我们的是，现代性与现代道德困境并非仅仅是一个事实判断，更是一个价值问题；哲学的视野强调人们必须站在反思、批判与预设的高度看待和对待这些基础性问题。认为现代道德哲学中存在着行动者与行动之间的分裂，体现为行动者的责任感与责任能力、道德理由与道德动机的分离。唯有确立了意愿、意志与理性的关联，才能弥合这种断裂，从而为思考集体罪行中的个人责任问题找到新的理论资源。[18][19]

（二）道德建设与道德治理

1. 社会道德现状

学者指出，当下中国社会的诸多社会问题以及道德问题，有复杂的社会原因，转型期社会特有的无序化、个体化、碎片化、价值紊乱、制度管理缺少细节等，就是其相关深层原因。变革转型的过程既是机遇期，也是问题多发期。“耗散结构理论”视野中，社会变化就是从有序到无序再到新的有序的发展过程。这一时期凸现的许多问题，也和公民主体觉醒和诉求多样化、个性化有关。强调外在制度建构的同时一定要注重人的“心灵秩序”建设及德治引导，要走一条法治德治相结合的道路。[20]学者认为，在现代世界对个体价值的重视与个体在道德上发挥作用的能力，正好形成了鲜明的反差。当代社会中道德从个体转向整体的运作与实现方式，是通过下述三层面体现出来。第一，从个体榜样的示范效应转向规制中的道德渗透与伦理涵蕴。第二，从个体德性的培育转向社会主导价值的建构。第三，从精英的道德导引转向民主的伦理商谈程序的运作。[21]与此同时，在对社会道德现状的反思中也涌现出一些方法论的突破。如有学者指出集体记忆与道德生活有着十分紧密的联系，集体记忆体现着人们的价值观和道德观。我们应该通过挖掘集体记忆与道德观之间的内在联系，来探寻当前道德失衡的原因，并从建构集体记忆的角度来思考培育主流价值观和道德观的方法。[22]

2. 道德治理

就道德治理的重要性，学者认为，道德是国家治理体系的构成性要素，影响着国家治理的各个维度。在价值层面，道德制约着“治理”理念的形成，推动着“权力本位”的破除；在制度层面，道德作为一种隐性制度，不仅与其他显性制度共同构成了国家治理的制度基础，还通过制度间互动，影响着显性制度的建构；在行动层面，道德为国家治理提供了“善”的治理主体，创设了良好的价值环境，增强了社会凝聚度，提供了必要的道德监督。从道德治理的现实作用来看，道德是一种有别于成文法规或“显性制度”的“隐性制度”。在实践维度上，道德自身的时代性与在地性、治理机制的系统性及治理作用的有限性，制约影响着道德参与社会治理的现实过程。[23]有学者指出，在国家治理体系和治理能力的现代化进程中，乡村治理的价值理念、主体伦理、关系伦理、制度伦理正面临和经历着深刻转型。促进当代乡村基层治理伦理的转型与发展，在尊重社会发展规律和满足社会发展需求的基础上，从更深层次打破传统的个人、社会、国家关系模式，不断创新基层治理理念，促进和实现乡村治理的伦理转型，建构实现良善的基层治理秩序，是我国社会主义民主政治建设和基层社会治理的一项长期性、基础性工程。与此同时，德治与法治的关系问题也是道德治理问题必不可缺的子话题。[24][25]

3. 社会主义道德体系

构建和完善社会主义道德体系是伦理学人不可推卸的责任。培育和践行社会主义核心价值观是推进社会主义道德体系建设的重要内容。学者们针对培育和践行社会主义核心价值观的一系列道德建设活动进行总结，发掘了一批成功范例。这些成功范例体现了社会主义核心价值观引领与整合大众文化资源的必要性，启示我们培育社会主义核心价值观必须植根民众生活沃土，构建政府与大众的共振机制，注重载体与方式方法创新，并继续深度凝练以促进其传播和认同。[26]有学者指出，在习近平关于“中国梦”、“全面深化改革”等系列重要论述中，始终贯穿着“促进人的自由全面发展”的深层价值逻辑，形成了关于社会主义自由问题的一系列重要思想，这些重要思想不仅阐明了加快构建我们自己的“自由”价值体系的紧迫性、必要性，而且结合时代实际与中国发展，对倡导什么样的社会主义自由理念及如何推进社会主义自由作了时代性中国化的马克思主义表诠与阐发，是社会主义自由观中国化发展的最新科学成果。[27][28]

（三）马克思主义伦理思想

1. 马克思主义思想与道德

学者认为，马克思主义道德哲学要在学理上成立，必须追问三个问题：一是历史唯物主义在何种意义上能兼容一般道德哲学得以成立的条件；二是马克思主义道德哲学在何种意义上符合道德自律这一现代道德哲学的一般特征；三是历史唯物主义以何种方式构成了这种道德哲学的前提性条件，从而使之成为一种独特的现代道德哲学。[29]有学者认为，波普尔等西方学者对马克思道德理论的解读，虽然有契合马克思理论之处，但是也存在着严重失误，相关解读存在自相矛盾，也不符合马克思道德理论本意。[30]

学者指出，对马克思的道德观不能仅从道德概念和道德现象上去理解，要深入到马克思对道德现象背后的本质的揭示上。马克思一方面揭示了道德的现实物质生产方式基础，对在阶级社会中之所以出现相互对立的道德观的原因进行了彻底分析，从而给出了我们理解道德问题的知识图景；另一方面又给出了新道德观的价值标准，把能否促进人的全面发展及其程度作为衡量一种社会制度的道德价值的尺度，从而揭示了“真正人的道德”的具体特征。在对旧道德、对资本主义社会的伦理批判中建构了新的正义理论。[31][32]

2. 马克思主义伦理思想的中国化

马克思主义伦理思想经历了中国化过程，近代以来思想家对马克思主义伦理思想注入了中国实践的创新内容。如陈独秀肯定抗日战争的进步性和正义性，坚持民族利益至上的道德原则，号召人民努力发扬民族精神。陈独秀的抗战思想对于鼓舞中国人民争取抗战最后胜利具有十分积极的作用，他对民族精神的大力弘扬也对我们今天的社会主义现代化建设有启示。[33]抗日战争时期也是毛泽东的思想成熟的时期，同时也是其伦理思想走向成熟的时期。与此前不同的是，他的伦理思想更加理性，更加内藏，也更加深沉。今天我们在纪念抗战胜利 70 周年的时候，以伦理学的视角来解读毛泽东在抗战时期的论述或者有关抗战的论述，就会发现其中饱含着毛泽东围绕抗战而表达的道德情感和伦理情怀，内涵与国家前途、民族命运等相关联的爱国主义、英雄主义、民族精神、战争的正义与非正义、革命功利主义以及群众观的伦理意蕴。[34]

（四）中国伦理思想

1. 儒家伦理

学界对于儒家伦理的性质有不同的看法，如有学者认为，安乐哲关于“儒家角色伦理”学说，强调了儒家伦理关系性、社会性和具体性的一面，凸显了儒家仁爱、忠恕、礼义等德行和规范的价值，认为这是区别于西方个人主义伦理学的东方社群主义伦理学，但忽略了儒家伦理的普遍性和终极性，消解了儒家伦理对“道”的超越追求，因而夸大了中西伦理思想的差异。有学者指出，儒家之善不是一个判断性语词。这与西方之善乃至现代人的善的观念差异较大。[35][36]

儒家伦理表现出多种规范的平衡状态。学者指出，儒家伦理学不是情境伦理学，儒家乃是以“可欲”作为“善”此一正向价值的衡量标准，基本上不忽略物质与现实，但精神仍高于物质与现实。[37]儒家这一整套伦理规范体系是如何建立起来的也是学者们讨论的焦点。有学者以“三礼”为例对此问题进行了探索。“三礼”既蕴含着伦理规范体系得以建构的、具有最大普遍性的一般原则，同时还包含着在礼仪道德生活中具有针对性的行之有效的可适用的特定方法。这些原则有四个方面，即取法天道、因循自然；比拟象征、阴阳互补；以本定末、本末一体；立中制节、因顺人性；而合于“时”、“顺”、“体”、“宜”、“称”则是其五个方面的特定方法。它们综合反映了传统社会伦理生活之客观必然性和应然性，在一定意义上具有相对的合理性和正确性，可为中国特色的伦理规范体系的建设提供有益的借鉴。[38]

2. 道德修养

中国传统伦理思想中有丰富的道德修养理论资源。有学者讨论了张载“变化气质”修养方法，也有学者认为“朱子之仁”是善良意志，是道德理性与道德情感的统一；作为仁理，则是具有先验性的道德情感，乃是道德主体对道德法则的一种表象，即四端；作为仁境则实现了意志之自由，即意志之积极自由与消极自由，其结果是康德自律道德之证成，自由意志之实现。[39][40]

道德自律不仅追求道德上的完满，而且也有强烈的现实政治关照。有学者认为，宋代士大夫不但有一种道德理想主义的精神建构，更渴望在实践层面重建社会的伦理秩序，提出并形成了“以天下为己任”的伦理精神，“致君尧舜上，再使风俗纯”，把“得君行道”、“共治天下”作为一种外王事业，凸显了立功层面的价值追求。[41]有学认为，儒学由“仁”而“礼”是从自我人格修养向家庭、社会、国家、自然乃至宇宙天道扩展的过程，这种逐层展开，强化了人的道德自主和社会承担意识，奠定了儒家道德人文主义的思想基调。儒家“仁礼合一”的人文传统正是以人格修养教育、社会关爱教育、家国情怀教育为主要内容的当代中华优秀传统文化教育可以依托的重要文化资源。[42]

（五）外国伦理思想

1. 康德

学者对康德伦理学的关注持续不断。有学者分析了康德的道德思维方式，指出康德道德哲学有一种独特道德思维方式，围绕人格尊严、人的自由、道德法则等伦理学主题，体现了思入本体的思想方向、证实自由的思维体察、确认法则的思维推演等方式，构建了一套独立于经验、偏好的真纯道德原则。[43]有学者讨论了康德伦理学中的道德感，指出康德道德哲学建立在对传统道德感理论的批判之上，探讨了纯粹实践理性动机，以解释抽象的理性法则如何能应用到具体的感性——理性存在者之上。[44]

有学者从宗教维度讨论了康德的伦理思想，指出其目的王国理念实际上是一个以上帝为首脑的理想的道德共同体。目的王国理念的宗教意义使得这一道德理想可以成为当代宗教对话的一个切入点。有学者论述了康德善原则的实在性，指出康德通过将耶稣基督诠释为完美的道德理想，即将上帝之子诠释为“善的原则的拟人化了的理念”，探讨了原善的人性，并据此阐明了人类重新向善的可能性。目的在于证成从心灵或者精神角度思考通过人性转变实现道德完善不仅具有先验的根据，而且具有形而上学的合理性。一种内在的自我救赎，既是可能的又是必要的。[45][46]

2. 麦金太尔

许多学者围绕麦金太尔伦理学展开了讨论。麦金太尔以对现代道德哲学的批判闻名于世。现代道德哲学通由三部分组成，即道德主体理论、价值理论和规范理论。麦金太尔看来，现代道德哲学的三部分都存在根本错误：道德主体理论的错误是自我个人化，价值理论的错误是善的私人化，而规范理论的错误是德性的边缘化。麦金太尔认为只有恢复西方文明的社会整体性维度，重建一种亚里士多德式的、具有统一目标的伦理生活，才能摆脱现代个人主义造成的道德危机。有学者认为，麦金太尔无视马克思在现代社会中所发现的那种“伦理潜力”，从而在根本上无法为现代社会提供出一种真正具体的道德方案。[47][48]

有学者聚焦于麦金太尔的管理伦理思想，认为麦金太尔从根本上否认了管理研究能够形成普遍规律性的知识，否认了管理学作为一门社会科学的合法性。他对管理的有效性在价值上、道德上中立的观点进行了批判，发现这种观点起到了掩饰社会操纵的本质作用。这种观点对手段与目的、事实与价值的错误割裂，提出管理有效性不仅不能价值中立，而且根本无法实现这一极具挑战意义的问题。[49][50]

（六）应用伦理

1. 医学伦理

学者提出，医学伦理学要与其他学科一起进行跨学科的研究。作为调整病患与医务工作者关系的一种规范，医学伦理学应当有明确的价值导向。学者认为，医生的美德是医学伦理的起点，包括美德在内的医生专业主义精神、医学技术、医疗保障制度，是当代保健服务体系正常运行的基本支柱。如果医学伦理学丧失了对美德的追寻，那么必然出现医疗行业的种种乱象，这也恰恰是我国当前的社会现状。有学者参考美国医疗制度指出，美国家庭医生制度对患者的医疗十分重要；美国的医院和临床医疗从细节上体现了为患者服务的职业伦理精神；美国的医疗保险制度在一定程度上减少了过度医疗；中美医疗卫生服务体系都可以有市场机制的参与，但不能偏离为人类解除痛苦的职业方向。[51][52]

2. 经济伦理

有学者认为经济本身与价值无涉，所以经济伦理学是一虚妄概念。针对质疑，有学者深入到西方经济学史之中用马克思主义经济学理论资源寻找回应。以新古典经济学为代表的西方主流经济学标榜自己是与伦理学分离的价值中立的“纯科学”。马克思主义经济学是科学性与伦理分析统一的理论，运用其方法论对西方主流经济学的伦理预设进行解析，对于正确认识西方主流经济学并非与价值中立的实质，以及其伦理预设的非科学性的理论和方法论根源具有重要的理论和实践意义。[53]由于经济学的去价值化倾向，对经济活动的伦理审视往往受到排斥。一旦我们认识到经济学并非价值无涉，那么原本缺位的伦理审视就应当重新出现。有学者针对金融风暴展开分析，指出2007年开始的金融风暴，其直接诱因是次贷泛滥和消费过度等经济因素，但是金融道德风险亦多层面、多角度地推动着这次金融风暴，成为金融风暴的内在诱因之一。反思金融风暴所带来的创伤，强化人们在金融活动中的信用准则、公平准则和责任道义感，提升金融活动中人们的伦理理性，是金融活动健康发展的必要环节。[54]

3. 行政伦理

学者认为，政府作为一个公权力运用组织，其整体公共性与个体成员的自利性并存，构成特殊道德矛盾。社会主义制度下政府职能的公共性有其更高的道德诉求。立足于当前中国现状，学者认为，转型期的中国，出于对制度的急切需求和对人的行为失范治理的迫切，制度冲突、价值冲突、行为失范的本质是社会无序，而社会秩序的重建有赖于社会制度创建和伦理道德的支持。行政伦理制度化跨越制度与德性两个领域，兼顾制度安排和德性培育，是行政伦理建设的两个基本向度和行政伦理制度化的基本属性边界。[55]一些学者对我国行政制度进行伦理反思。如针对我国行政制度中的法治指数指出，法治的意义不容否认，原因在于相对的价值共识是存在的并决定了法治的相对合理性。法治指数在实践中的问题也可以被克服，法治指数设计的可行态度和立场应该是在承认法治作为世界文明成果的前提下融入自身元素。当然，法制指数制度指数都离不开伦理应然指向。[56][57]

4. 法律伦理

学者认为，法律和道德规范是对现实的反映并同时作用于现实。道德规范和法律规范的确立需要经过实践确证。有学者还讨论了中国古代的法律伦理，认为中国古代法律与现代法律虽有不同的价值表现形式，但作为秩序与正义的综合体，中国古代法律同样旨在创设一种正义的社会秩序。根据中国古代法律内在的“仁、礼、法”的法理逻辑演化，对中国古代法律所反映的伦理秩序与伦理正义施以逻辑证成，这是伦理价值体系的衍生理路。[58][59]

确认法律与道德的内在关联后，对法律制度进行道德合理性的考察就显得尤为必要。学者针对法律活动中的诉讼调解指出，二者都是解决纠纷的方式，两者有不同类型的结合方式：类型一是把调解视为外在于诉讼并成其为补充的 ADR 类型；类型二是把调解视为诉讼基本纲领的马锡五审判方式；类型三是把调解置于诉讼过程中的诉讼调解制度。还有学者考察了作为司法伦理的不公开制度，认为侦查活动的内容和程序原则上不应公开，只在特殊情况下才可在适当范围向公开。侦查不公开的规范对象是侦查机关以及负责监督侦查活动的检察机关，其实现端赖于伦理内容的明晰化、伦理精神的培育以及警检机关对侦查程序中与媒体交往边界的把握。[60][61]

注：

①张汉静、马春雷：《论约翰·L·麦基对客观道德价值的拒斥》，《贵州社会科学》，2015 年第 12 期。

②马庆：《道德理由的普遍性和特殊性》，《学术月刊》，2015 年第 4 期。

③甘绍平：《道德：在规则与德性之间》，《思想战线》，2015 年第 1 期。

④王晓丽：《超越道德相对主义：生成性思维中的道德共识》，《学术研究》，2015 年第 8 期。

⑤胡军良：《为伦理客观性辩护的三条可能进路》，《哲学研究》，2015 年第 2 期。

⑥大卫·雷·格里芬，陈伟功译：《现代道德哲学的危机及其出路》，《唐都学刊》，2015 年第 1 期。

⑦方德志：《超越逻辑实证主义：迈克尔·斯洛特的情感主义道德知识学解析》，《内蒙古大学学报（哲学社会科学版）》，2015 年第 4 期。

⑧王珏、李东阳：《伦理实证研究的方法论基础》，《东南大学学报（哲学社会科学版）》，2015 年第 3 期。

⑨万俊人：《互镜式学术评价中的伦理精神和伦理学研究》，《中国社会科学评价》，2015 年第 1 期。

⑩郑根成：《论当代应用伦理学方法——基于方法史的考察》，《哲学动态》，2015 年第 11 期。

⑪唐代兴：《卓越道德的美德的基本问题》，《阴山学刊（社会科学版）》，2015 年第 4 期。

⑫黎良华：《有美德的行动与有美德者的快乐》，《道德与文明》，2015 年第 1 期。

⑬赵永刚：《美德的实在性问题：出场、论辩及意义》，《哲学研究》，2015 年第 5 期。

⑭高国希：《当代德性伦理学：模式与主题》，《伦理学研究》，2015 年第 1 期。

⑮温克勤：《德性伦理及其现当代价值》，《伦理学研究》，2015 年第 1 期。

⑯王艳：《“悖理”“悖境”与“悖情”：——道德悖论的情境理论解读》，《江海学刊》，2015 年第 1 期。

⑰赵汀阳：《有轨电车的道德分叉》，《哲学研究》，2015 年第 5 期。

⑱晏辉：《现代性与现代道德困境：科学的立场与哲学的视野》，《学习与探索》，2015 年第 8 期。

⑲徐亮：《服从的责任——艾希曼审判中的道德困境及出路探寻》，《现代哲学》，2015 年第 5 期。

⑳葛晨虹：《中国社会转型期面临道德问题的解读与思考》，《齐鲁学刊》，2015 年第 1 期。

㉑甘绍平：《当代社会道德形态的基本特征：从个体德性走向整体伦理》，《伦理学研究》，2015 年第 4 期。

㉒喻厚伟：《基于集体记忆视角的当前道德现状之考察》，《求实》，2015 年第 6 期。

㉓朱辉宇：《道德在社会治理中的现实作用》，《哲学动态》，2015 年第 4 期。

㉔陈荣卓、祁中山：《乡村治理伦理的审视与现代转型》，《哲学动态》，2015 年第 5 期。

㉕杨伟清：《法治与德治之辩》，《道德与文明》，2015 年第 5 期。

㉖陈延斌、天旭明：《社会主义核心价值观大众认同的有效路径——基于近年来地方道德建设经验的研究》，《马克思主义研究》，2015 年第 4 期。

㉗廖小平：《论核心价值体系对价值观变迁的引领及其机制》，《天津社会科学》，2015 年第 4 期。

㉘袁久红：《论习近平对社会主义自由价值观的创新发展》，《东南大学学报（哲学社会科学版）》，2015 年第 3 期。

㉙王南湜：《马克思主义道德哲学何以可能?》，《天津社会科学》，2015 年第 1 期。

㉚龚天平、方政：《论波普尔对马克思道德理论的诠释与批判》，《湖北大学学报（哲学社会科学版）》，2015 年第 3 期。

㉛詹世友：《马克思的道德观》，《道德与文明》，2015 年第 1 期。

㉜王雨辰：《略论西方马克思主义的伦理思想》，《北京大学学报（哲学社会科学版）》，2015 年第 3 期。

㉝金焕玲：《陈独秀抗战思想的伦理解读》，《伦理学研究》，2015 年第 4 期。

㉞李彬：《毛泽东抗战思想的伦理意涵》，《伦理学研究》，2015 年第 4 期。

㉟郭齐勇、李兰兰：《安乐哲“儒家角色伦理”学说评析》，《哲学研究》，2015 年第 1 期。

㊱沈顺福：《善与性：儒家对善的定义》，《西南民族大学学报（人文社会科学版）》，2015 年第 2 期。

㊲潘小慧：《儒家的伦理思考方式——以〈孟子〉与生命相关的例子为据的讨论》，《长安大学学报（社会科学版）》，2015 年第 1 期。

㊳王文东：《儒家伦理规范体系建构的原则和方法——以“三礼”为中心的分析》，《江西师范大学学报（哲学社会科学版）》，2015 年第 1 期。

㊴陈瑞新：《邹守益的道德修养论：“易恶至中”——心学立场上对“变化气质”的重构》，《道德与文明》，2015 年第 1 期。

㊵赖尚清：《朱子之仁：道德实践的自律主体》，《孔子研究（学术版）》，2015 年第 4 期。

㊶王泽应：《宋代士大夫“以天下为己任”的伦理精神述论》，《道德与文明》，2015 年第 4 期。

㊷李建、傅永聚：《儒家“仁礼合一”传统与中华优秀传统文化教育》，《齐鲁学刊》，2015 年第 4 期。

㊸詹世友：《康德的道德思维方式解析》，《伦理学研究》，2015 年第 4 期。

㊹周黄正蜜：《智性的情感——康德道德感问题辨析》，《哲学研究》，2015 年第 6 期。

㊺杨云飞：《康德的目的王国理念新解》，《武汉大学学报（人文科学版）》，2015 年第 4 期。

㊻傅永军：《康德论善的原则的客观实在性》，《山东大学学报（哲学社会科学版）》，2015 年第 1 期。

㊼姚大志：《麦金太尔的现代道德哲学批判》，《求是学刊》，2015 年第 3 期。

㊽田冠浩、吴永华：《麦金太尔、马克思与现代道德》，《东北师大学报（哲学社会科学版）》，2015 年第 3 期。

㊾陈真：《凡是现实的就是合理的吗？——麦金太尔的美德伦理学批判》，《哲学研究》，2015 年第 3 期。

㊿刘敬鲁：《论麦金太尔对管理有效性主张的批判》，《哲学研究》，2015 年第 5 期。

51杜治政：《美德：医学伦理学的重要基础》，

《医学与哲学》，2015年第9期。

(52)王延光：《美国临床伦理的实践与借鉴》，《中国医学伦理学》，2015年第2期。

(53)张玉喜：《西方主流经济学在与伦理学分离的表象下蕴含的伦理预设》，《天津社会科学》，2015年第5期。

(54)单玉华：《金融风暴后的金融伦理反思》，《唐都学刊》，2015年第3期。

(55)廖炼忠：《论当代中国行政伦理制度化的边界》，《哲学研究》，2015年第3期。

(56)乔法容：《政府职能公共性的伦理解读》，《哲学研究》，2015年第3期。

(57)石佑启、李锦辉：《法治指数背后的价值哲学之争》，《哲学研究》，2015年第8期。

(58)［俄］A. B. 拉津著，武卉新译：《作为掌握和改造现实之方法的道德和法律》，《求是学刊》，2015年第5期。

(59)周斌：《中国古代法律的伦理价值体系》，《兰州大学学报（社会科学版）》，2015年第4期。

(60)曹刚：《诉讼调解的伦理辩护》，《道德与文明》，2015年第5期。

(61)毕亮杰、周长军：《论作为司法伦理的侦查不公开》，《广西社会科学》，2015年第4期。

（作者：葛晨虹，中国人民大学教授；
陈伟功，北京第二外国语学院讲师；
乔珂，中国人民大学硕士生）

美　学

孙　焘

本综述旨在重点总结较有影响力的活动、具有代表性的成果和观点，以学术机构为基本单位，全面梳理美学研究成果，包括学术会议与活动、学者的论文与著作，并对本年度的发展情况做归纳总结。

一、北京大学

（一）美学与美育研究中心重大成果

2015年10月，教育部人文社会科学重点研究基地2006年、2007年、2008年重大项目、国家重点出版资助项目《中国艺术批评通史》（七卷本）由安徽教育出版社出版。该书由北京大学资深教授叶朗先生任主编、朱良志教授任副主编，北京大学美学与美育研究中心负责组织编写，为该中心“十二五”期间的标志性成果。全书共300余万字，分为先秦两汉卷、魏晋南北朝卷、隋唐五代卷、宋金元卷、明代卷、清代卷、近现代卷。

我国传统艺术遗产极其丰富，如绘画、书法、音乐、舞蹈、戏曲、园林、建筑、雕塑、工艺美术等领域，都有几千年的积累和伟大的创造。与此相应，我国还形成了独特的艺术批评传统，以及在此基础上形成的丰厚艺术批评理论。中国艺术批评理论发端较早，很早时就形成成熟的批评形态，逐渐形成重人文、重人生、重生命的批评传统。这部《中国艺术批评通史》力求从学理上对其进行综合的览观、全幅的把握，描绘中国艺术批评的特点，剖析其理论创造，展示其逻辑演进过程，研究其在中国人精神生活中的位置，从而突出中国艺术批评理论的民族特点。

《中国艺术批评通史》的出版具有突出的现实意义。

1. 当代文化的发展需要对中国传统艺术理论包括批评理论的深入研究。中国传统艺术向来讲究体现艺术家的人格追求，重视提升人的精神境界，重视人与大自然的和谐。加强对中国传统艺术的研究，保持和发展本民族文化艺术的优良传统，在全球化时代具有特别的意义。我们要将本民族灿烂的艺术介绍给国际社会，让外部世界进一步了解中国。加强对我国传统艺术的研究，也包括对传统艺术理论的研究，是其中重要的途径。

2. 建立健康的艺术生态，需要科学的艺术批评。中国当代缺少有水平的公正的艺术批评，严重影响艺术活动的开展，艺术批评基础理论的建立也很薄弱。《中国艺术批评通史》项目的完成，在这方面会起到积极作用。

3. 在我国现当代有关传统文学和艺术批评的研究中，文学批评理论研究比较深入，而艺术批评理论研究比较薄弱。《中国文学批评史》早在1949年前就有了多种，1949年后有近百种中国文学批评简史、通史等著作的出现，但我们至今没有一本中国艺术批评史，甚至连一本艺术批评的简史都没有。中国艺术批评理论具有极高的价值，理应受到研究的重视。

4. 就传统艺术本身的研究来看，近几十年来，比较重视艺术作品研究，理论研究则相对不够。中国传统艺术是本土文化的结晶，需要从理论上深入研究和发掘。但这方面的研究相对缺乏。即使在有限的传统艺术理论研究中，也多存在着以西方的艺术理论来解释中国的情况。艺术理论研究的不足，艺术批评传统重视的不够，影响我们对传统艺术的理解，也影响着我国当代艺术的发展。《中国艺术批评通史》的出版，将改变这方面的面貌。

5. 就传统艺术理论研究来看，在研究的分布上，艺术批评研究是一个弱项。目前传统艺术批评理论的独立价值并没有得到重视，往往淹没在艺术史和艺术理论史的研究中。我们的传统艺术批评理论研究，取得了一定的成就，部门艺术批评的研究也有不少研究成果，但这类研究尚没有上升到整体上和学理上对传统艺术批评进行把握的高度。这部《中国艺术批评通史》的出版，能在这方面起到推动的作用。

2015 年出版的《中国艺术批评通史》与之前出版的《中国美学通史》（2014）、《中国历代美学文库》（2003）构成近 25 年来北大美学在中国美学领域的三个重大项目。这些成果从不同的角度深化当今的美学研究者对中华美学精神和艺术传统的认识和理解，不仅在文献资料方面为人们的阅读研究提供便利，也从理论和思想的会通方面，为人们深入研究中华民族这一光辉传统提供参考。

（二）“美学散步”文化沙龙系列活动

2015 年，叶朗教授发起的北京大学美学散步文化沙龙继续在燕南园举办。本年度共有六次活动。“贝多芬的田园情致”（6 月 6 日），邀请北京大学艺术学院副教授刘小龙博士主讲，通过对贝多芬音乐及手稿的再研究，从东方文化视野重新阐释贝多芬，揭示了他英雄主题背后隐匿的田园情致。“风雅处处是平常——宋墓出土文房器用与两宋士风”（6 月 20 日），中国社会科学院文学所研究员扬之水以宋代文物、诗词、文献、图像等相互印证为法，通过展现其宋代名物研究成果，试图恢复宋代士人的日常生活场景，继而超越器物层面，阐明宋人审美的特性，呈现宋代士人的风雅的精神世界。“京剧艺术的审美核心”（6 月 27 日），来自全国各地的三十位戏曲理论界学者集中讨论如下问题：京剧的审美核心究竟是什么？四功五法承载了什么样的京剧精神？关于剧目、流派、雅俗等难题，当代的戏曲学者又如何回应？“国际汉语诗歌协会成立十周年庆典”（10 月 25 日），国际汉语诗歌协会会长，九十二岁高龄的屠岸先生为本次庆典活动致辞，肯定国际汉语诗歌协会成立十年以来为中国和外国之间的诗歌交流所做出的大量工作。叶朗指出，新的世纪必然会产生伟大的艺术经典，要使得现当代文艺经典作品为国际社会所了解，不仅要重视翻译在国际传播中所起到的重要作用，也要注意发现新的艺术经典。“自由之巅：科学与艺术的相遇”（12 月 5 日），北京大学哲学系吴国盛教授回顾从古希腊到中世纪，从 19 世纪至今科学和艺术发生、发展、相互作用的历史，梳理出“科学下行，艺术上行”的趋势，并指出自由是科学和艺术的共同本源、共同原则。“北大与红学”（12 月 27 日），来自国内红学界的学者就红学研究与北大（过去、现在和未来）、《红楼梦》与中国大学的教育、如何推进曹雪芹《红楼梦》的当代研究等问题展开讨论。

（三）学者的个人成果

张世英发表数篇关于“审美境界”“美感神圣性”的论文，包括《美感的神圣性》[①]，在理论层面上讨论如何在声色之美的背后发现和追求心灵之美，如何达到一种超越现实的高远的精神境界。《当今需提倡的人生境界和哲学》[②]一文提出了审美境界立足于现实而又以高远的态度超越现实，“我所主张的哲学是一种教人经得起痛苦和磨炼的人生态度之学。”在《当代美学应升华境界之美》[③]中，张世英指出，弘扬中国传统美学的意象之美，首先要发掘、展示传统“意象说”的现当代意义。传统的“意象说”所崇奉的“天人合一”尚具有原始性和素朴性，需要结合当今时代状况进一步丰富发展。

叶朗出版文集《燕南园海棠依旧》（华文出版社）。该文集叶朗筛选整理过去 30 年间发表于不同载体和场合的短论、杂感、随笔及讲稿等文章，主要包括以下部分：（1）谈艺术和人生的精炼短文，（2）谈治学，（3）谈美感，（4）对前辈学者和过去北大校园生活的回忆，（5）谈写文章。作者希望通过这本书，让读者感受到北京大学的人文传统和精神氛围，向往一种高远的精神追求，一种人生的神圣性。

彭锋的研究成果集中于艺术学理论方面。年初出版随笔集《跨界交响：美学在艺术中历险》（北京师范大学出版社），本书汇集了作者多年来关于艺术家的个案研究，作者尝试将美学理论与艺术批评联系起来，既用美学理论来解读艺术作品，也用艺术作品来检验美学理论。

彭锋的学术论文主要有：《艺术学的新构想》④，结合当代艺术学理论，提出艺术学，与美学和艺术哲学的联系与区别。《演绎、归纳和分析：艺术哲学的三阶段》⑤回顾了西方艺术哲学的发展历程，认为在西方艺术哲学的第三个阶段即分析的艺术哲学中展现出来的开放性，使得中国和其他文化传统中的艺术思想可以介入其中，一种跨文化的艺术哲学正在形成。《中国艺术的三个维度：自然、心灵和文化》⑥从郑板桥关于"眼中之竹""胸中之竹""手中之竹"的论述展开讨论中国艺术所蕴涵的多重审美维度。《关于中国艺术史的一种哲学思考》⑦提出中国艺术史的发展规律与黑格尔相反，主张将黑格尔与颠倒的黑格尔结合起来，以便更好地揭示中国艺术史的复杂性和独特性。论文《一次关于绘画的哲学旅程》⑧、《关于舞蹈的一次哲学之旅》⑨、《音乐的四副面孔》⑩、《设计的四副面孔》⑪是一组从美学的角度来研究具体艺术门类的文章，揭示了艺术门类发展的不同历史阶段及其蕴含的不同理论面向。《意境论的重生》⑫，阐述了中国美学的意境理论在当前美学研究中的特殊意义，间接反驳了"意境西来说"。另外，彭锋还在《中国书画》上发表了多篇理论专栏文章，包括《风格与境界》（第 1 期）、《艺术的门槛》（第 3 期）、《诗与画》（第 4 期）、《象与显》（第 5 期）、《绘画与手艺》（第 6 期）、《作为中国美学核心范畴的意境》（第 7 期）、《艺术与镜子》（第 8 期）、《新东方精神与中国当代艺术》（第 9 期）、《追认的艺术史》（第 11 期）、《中国当代艺术的概念辨析》（第 12 期）。

朱良志在《荣宝斋》第 4、5、6 期发表《石涛作品的鉴藏——传世石涛款作品真伪考系列》之一、二、三，在《荣宝斋》第 8、9、10 期发表《〈金陵探梅图〉卷诸本真伪研究——存世石涛款作品真伪考系列》之四、五、六篇。在《荣宝斋》第 11、12 期发表《〈野色〉册辨伪——存世石涛款作品真伪考系列之七》和《石涛款"赠刘石头山水图"诸问题考辨——存世石涛款作品真伪考系列之八》。

二、中国人民大学

2015 年 11 月 14 日，由中国人民大学哲学院美学与现代艺术研究所主办的"书法的书写性与图像生成专题研讨会"在京召开。来自国内的美学家和艺术家一起，就书法的书写性和书法的图像生成；书法的书写性与中国绘画的图像生成的关系；书写性图像生成（造型）的现代命运、理论争论和变迁；中西方绘画造型语言之间的比较以及书写性艺术语言（造型）的世界价值四个核心议题进行了深入仔细的讨论。会上，中央美院著名书法理论家和书法家邱振中教授做了主旨报告，对书法的书写性、书法书写性的图像构成和绘画的书写性的图像生成等问题进行了全面系统的阐述。中国人民大学哲学院美学与现代艺术研究所所长牛宏宝教授在会议总结中认为，这次会议对中国基于书写性的图像生成（造型）的艺术语言的特点、运作机制及其现代价值的认识等问题有积极推进；"书写性"和"书写性图像生成"应该成为中国美学和艺术理论的重要概念和课题，研究和阐释出其丰富内涵，对接续和弘扬中华美学精神有重要价值。此外，北京大学朱良志教授、中国社科院高建平教授、中国艺术研究院陈剑澜研究员、中央美术学院尹吉男教授、中国美术学院张浩教授等十余位美学家、艺术家、理论家在研讨会中展开对话，并进行了系统阐释与深入分析。

本年度的重要论著和教材有：

张法的《北京的深邃：京城模式与象征体系》（安徽教育出版社）。该书从现代北京作为共和国首都定型下来的基本格局，回溯了中国文化中京城的远古形成、基本结构、内蕴的丰富文化和美学内容，从而揭示了其对现代中国首都的象征体系的影响。同时，该书细致地考察了改革开放以来京城模式和象征体系的演变，并从中国京城追求世界城市与古代少数民族京城追赶华夏京城这双重视域为中国现代京城模式和象征体系提供一个文化和美学上参考。

张法的《美学导论》（第 4 版）由中国人民大学出版社重版，已是该书的第 4 版修订。作者在第四版对第三版作了较大的改动，在主题思想上，进一步加强了中国美学，以及与中国美学同调非西方美学在美学理论建构上的地位和作用。并以此为基础重新调整了全书的结构并重写了第一、二章内容，以适应正在演进的世界美学大势。另外，由张法为首席专家主编的马工程教材《中国美学史》由高等教育出版社出版。

余开亮主持的国家社科后期资助项目成果《先秦儒道心性论美学》出版（北京师范大学出版社）。该书在对先秦美学的心性论哲学思想进行概念剖析的基础上，以儒家学说和道家学说为两条主线，以性善论、性朴论、性自然论为类型，分别讨论了儒家中孔子的仁性论、思孟学派与《乐记》的性善论、《性自命出》与荀子的性朴论，道家中老子的道德论、庄子的心性论、《管子》的心气论，以及各自的美学意蕴，系统地呈现出先秦儒道美学思想与其哲学思想之间的整体性关联。该书以哲学整体观呈现先秦诸子的美学思想，不仅揭示出中国哲学的生命美学特质，也为深化中国美学研究提供了一个研究范例。

本年度的部分论文：

张法：《威仪：朝廷之美的起源、演进、定型，意义》[13]，从原始古礼之美到中央朝廷之美的演进开始，论述“威仪”之美。朝廷威仪有西周分封制和秦汉集权制两种类型，但基本思想相同，即有容乃大的胸怀（德）和战胜一切的暴力（威）在美感形式（仪）上的统一。天下观和等级性是威仪作为朝廷之美的文化基础。《东亚美学的特点及其世界意义》[14]，自“轴心时代”以来，各大文化的美学按照自身的规律运转，形成各自的特色。而自17世纪进入现代化以来，西方美学成为主流，而今则要重新审视东亚美学的特点及世界意义。

西方美学方面有牛宏宝关于西方美学史的论文《浪漫主义美学话语中的直观：以德国早期浪漫派为核心》[15]、余开亮的《双重批判与历史性叙事：卡罗尔艺术识别观的提出语境与内涵》[16]和吴琼关于视觉文化的论文：《摄影话语的视觉意志——兼论本雅明〈摄影小史〉的问题意识》[17]和《视觉文化研究：谱系、对象与议题》[18]。

三、北京师范大学

2015年11月5—8日，“汉唐：中国中古美学”学术研讨会暨中华美学学会中国美学学术委员会成立大会在京师大厦举办。汉代至唐五代，是中国美学的重构、展开、突破和繁荣时期。在这一时期，无论封建国家的制度建构、人文哲学思潮、士人精神、艺术创造，均表现出与先秦、宋元明清别样的特点和风貌。为了推进对这一时段的美学研究，来自全国40余位学者集中讨论了中国中古美学研究的视域拓展、历史沿革等理论问题，并就绘画、音乐、雕塑、建筑等专题研究领域进行了交流。在本次会议上，中华美学学会中国美学学术委员会正式成立，对团结海内外中国美学史研究队伍、提升中国美学研究水平，具有重要意义。

刘成纪专著《中国艺术批评通史·先秦两汉卷》（安徽教育出版社）、《镜像与流年：一个人的美学史》（北京师范大学出版社）、合著“马工程”教材《中国美学史》（高等教育出版社）。

刘成纪论文《上古至春秋乐论中的“乐与神通”问题》[19]指出在中国上古至春秋时期的乐论中，音乐的地位之所以至高无上，根本原因在于它被赋予了贯通人神两界的异能。所谓“乐与神通”，主要体现出通于自然和通于祖灵的双重特征。《百工、工官及中国社会早期的匠作制度》[20]，自传说中的尧舜时代至夏商西周，工匠以其区别于一般体力劳动的专业技能，成为国家权力体系的组成部分，也因此使美与艺术创造被赋予了制度形式。工匠作为当时兼具劳力与劳心的社会中间型群体，预示着他创造的世界是一个技术与艺术、器具与观念混搭的人居世界。这种混合反映了当时美和艺术的非独立性，但却为后世艺术向纯粹精神的抽离提供了背景。《中国美学：在城市与乡村之间》[21]纠正了关于中国传统美学以乡村、田园和自然山水为指向的认识误区，指出在传统中国，城市不仅是国家的政治、经济、文化中心，同时也是美的制造和传播中心。城市使跨越血缘、族际、地域的文明共同体得以形成，也因政治经济和文化的强势而成为区域性审美风尚的主导者和审美标准的制定者。

周黄正蜜关于西方哲学与美学的论文有《智性的情感——康德道德感问题辨析》[22]、《康德论美与道德的关联》[23]、《向普遍性的提升——康德论教化与艺术文化的融合》[24]。黄文杰的论文为《美的神圣性与纯粹美学批判》[25]，严春友的论文为《论作者的优先性》[26]和《理解是可怕的》[27]。

学术交流：邀请日本立命馆大学YUKO NAKAMA教授主持日本美学系列讲座（6月15—22日），邀请中国社会科学院高建平研究员、北京大学艺术学院彭锋教授做当代美学和艺术学术讲座（9月、11月），邀请德国Gunter Zoeller教授来讲授关于康德与席勒的短期课程（9月）。刘成纪赴韩国首尔参加成均馆大学孔子学术演讲会（2月），赴意大利马切拉塔大学参加跨文化对话学术会议（4月），赴北京大学参加阎国忠教授80华诞学术讨论会（10月），并参与社会服务包括：中国文联文艺批评家高级研讨班讲座《中国艺术精神的哲学本源》（云南昆明，4月），中组部厅局级干部选学讲座《中华民族的历史形成》（北京，5月），湖北省文联文艺批评家高级研讨班讲座《中国美学与农耕文明》（5月），中宣部“马工程”教材培训讲座《中国远古美学中的若干问题》（北京，7月），中纪委高级研讨班讲座《中华民族的历史形成》（北戴河）等。朱会晖赴奥地利维也纳参加15th International Kant Congress（2015年9月），提交论文The Reality of the Ideas of Pure Reason in Kant，另赴湖北武汉参加中华全国外国哲学史学会和中国现代外国哲学学会年会（2015 年 10 月），提交论文《对康德的相容论内涵的再思》。

2015 年，刘成纪当选为中华美学学术常务理事（1 月）、北京市美学学会副会长（6 月）、中华美学学会中国美学学术委员会主任、中国美学分会会长（11 月）。

四、中国社会科学院

文学研究所研究员高建平从中西美学理论互动和当代中国美学建设的角度展开讨论，发表论文包括：关于当代美学转型的《新感性与美学的转型》[28]，提出现代美学过度的理性化最终导致了当代美学的衰退。在当代美学的复兴和转型中，有必要提出美学的意义在于感性的提升，在一个感性充盈从而造成麻木的时代，重新恢复健康的感性。《美学在当代的复兴》[29]回顾了新中国成立以来伴随社会重大变革而产生的三次美学热潮，重点是讨论新世纪以来中国美学的现状和未来。从中西学术互动角度反思中国美学的《从“东方美学”概念出发：当代中国美学的学科处境和任务》[30]，指出没有一个统一的“东方美学”，只有不同民族、不同文化的审美和艺术实践中形成的各民族和各文化的美学。发展中国美学，还是要采取哲学与艺术相结合的方法。从一些哲学美学的原点出发，考察中国艺术的特点，再从具体的艺术特点出发，进行哲学的总结。面向当下实践，从传统汲取营养，对所接受的美学进行改造，是非西方民族发展自身美学的必由之路。

高建平还在《文史知识》发表关于美学的系列短文，包括《美学是一门什么样的学问?》（1 期）、《美是主观的还是客观的?》（2 期）、《从审美距离到审美视角》（3 期）、《审美与移情说的回归》（4 期）、《美感的经验模型：从要素到整体》（6 期）、《没有第六感官，只有“一个经验”》（7 期），用言简意赅的方式呈现中国美学在历史和当下所面对的问题以及回应的方式，并以当代美学前沿的视角提出如何汲取传统和进一步发展。

五、首都师范大学

为深入推动有关“微时代”文化、艺术与日常生活问题的讨论，不断拓展当下中国文艺与美学研究视野，2015 年 10 月 18—20 日，首都师范大学文学院和文化研究院、《社会科学辑刊》编辑部在北京联合举办“微时代：生活、艺术与美学”学术讨论会。在为期两天共八场论坛中，来自全国各地 100 余位专家学者围绕“微时代”与日常生活方式的变迁、“微时代”的艺术生产与传播、“微时代”与审美文化思潮的流变、微时代的跨学科研究等议题展开讨论。在讨论中，学者既全面总结分析了互联网技术造成的社会文化和审美方式的改变，也前瞻性地展望了美学学科在这个时代条件下即将出现的变革，在研究角度、方法、理论文献等方面加强了交流。

本年度，美学研究所所长王德胜教授也就“微美学”发表了数篇论文：《微时代：生活审美化与美学的重构》[31]，审视了在互联网时代审美活动与美学知识遇到的问题，指出美学需要“形成一种新的生活阐释能力”，需要更为自觉地“丰富人的日常感受、积极维护和改善生活感性的功能价值”和“寻求意义建构的新模式、新前景”。《“微时代”的文化共享：审美经验与意义“微化”》[32]指出，“微时代”的到来，改变了文化生产与传播的基本形态，带动了社会生活审美叙事向“日常生活的审美性”回归。“微时代”最基本、同时也是最明显的特征，是信息交互的广泛性和开放性。

另外，以上学术单位的部分学者还参与了《人民日报》“展现中华审美风范”的讨论[33]。中国社会科学院副院长张江认为，中华美学精神是中华民族集体性的审美意识的精髓和灵魂，是中华民族在五千多年的历史长河中形成的富有民族特色的美学精神，它引领和规约着中国人的审美活动和日常生活。当代文艺要“不断进行美的发现和美的创造”，首先要坚守中华文化立场，传承和弘扬中华美学精神。刘成纪认为，中华美学精神主要包括国家理想的审美化、自然本质的生命化和审美人生的神圣化三个方面。这三个方面分别赋予了中华美学精神存在的宽度、深度和高度。中华美学精神存在的宽度，主要指美的理想从艺术向政治、文化领域的广泛蔓延。中华美学精神存在的深度，主要指中华美学对自然生命本质的发现和肯定。中华美学精神存在的高度，主要指对超越性的审美境界的追求。牛宏宝认为，“传承和弘扬中华美学精神”是中华民族在文化上立于世界民族之林的组成部分。“传承”是要接续中华文化和美学精神源远流长的丰厚脉络，“弘扬”是要在当今时代创造性地发展“中华美学精神”的独特性，充分发挥它贡献于人类的世界性价值。高建平认为，在探讨中国传统美学精神内涵的过程中，应努力避免两种倾向：一是离开文学艺术的实际，进行概念的字源式研究，只追根溯源，不看它实际具有的现实意义；二是脱离文艺的实际，机械套用西方美学的范畴。中华美学精神，是一个活性的、动态的存在。近些年来，我们在诗歌、小说、影视以至绘画、音乐等各门艺术中，都看到了传统趣味的回归和提炼的迹象。传统题材的小说和影视剧，绘画中的新水墨，音乐中的古典风格，都在当代生活中努力寻找自己的位置，寻找新的受众。创新是艺术的生命力所在，我们要用创新的精神去找回传统。

王德胜在《中华美学精神的实践品格》[34]中指出，“中华美学精神”这一命题，一方面突出强调了当代中国文艺创作与理论批评在精神层面所应持守的“中华立场”，另一方面明确了文艺创作与理论批评的价值构建功能，体现了对文艺的文化功能与历史传承功能相统一的要求。

小结

总结2015年北京地区美学研究发展情况，我们可以梳理出以下几方面的发展态势：

（一）以当代中国文化发展作为美学研究的立足点

多数学者的美学研究都自觉地回应着当代中国的社会文化变革、艺术和审美趋向，从不同的角度和层面深化着对有关问题的理解。有的研究侧重梳理中华民族、国家和历史文化的源流，有的研究侧重在特定横截面上进行跨文化比较，有的研究引进新的方法剖析具体问题和现象入手，提供新的阐释。这些不同角度、不同层面的努力都在增进和整合中国美学界对于“中华美学精神”的共识。

（二）美学与社会生活、时代问题打通

经过二十年左右的沉寂，基础性的人文学科在今天重新开始受到广泛的重视，这得益于当代中国人对精神生活的质量提出了更高的要求。美学领域出现的日常生活审美化、身体美学、城市文化与审美、以互联网交际为核心的“微时代美学”等，都是当代人普遍关注而又能与美学研究产生交集的课题。这些领域的研究有的已经持续了几年，有的刚刚被提出来，都在潜移默化地改变着美学的理论重心和思考方式。

（三）方法论自觉

不同的问题需要有不同的研究方法，不同的学术进路也有不同的视角。美学学科归属于哲学，在研究方法上也广泛采用现象学、分析哲学，或者中国的传统经学。在哲学之外，美学研究也开始吸收其他领域的资源，如关于中国美学史和审美文化史的研究会吸收史学、考古学的成果，关于“微时代美学”的讨论则吸收了传播学的理论。在学术会议和学者论著中，有关于研究方法的讨论受到越来越多的重视。

注：

①张世英：《美感的神圣性》，《北京大学学报（哲学社会科学版）》，2015年第5期。

②张世英：《当今需提倡的人生境界和哲学》，《人民日报》，2015年1月8日。

③张世英：《当代美学应升华境界之美》，《人民日报》，2015年2月2日。

④彭锋：《艺术学的新构想》，《美育学刊》，2015年第1期。

⑤彭锋：《演绎、归纳和分析：艺术哲学的三阶段》，《天津社会科学》，2015年第1期。

⑥彭锋：《中国艺术的三个维度：自然、心灵和文化》，《中国文艺评论》，2015年第2期。

⑦彭锋：《关于中国艺术史的一种哲学思考》，《湖南社会科学》，2015年第2期。

⑧彭锋：《一次关于绘画的哲学旅程》，《美术研究》，2015年第2期。

⑨彭锋：《关于舞蹈的一次哲学之旅》，《舞蹈学院学报》，2015年第4期。

⑩彭锋：《音乐的四副面孔》，《云南大学学报》，2015年第5期。

⑪彭锋：《设计的四副面孔》，《艺术设计研究》，2015年第3期。

⑫彭锋：《意境论的重生》，《人民日报》，2015年5月15日。

⑬张法：《威仪：朝廷之美的起源、演进、定型、意义》，《中国人民大学学报》，2015年第3期。

⑭张法：《东亚美学的特点及其世界意义》，《文艺争鸣》，2015年第8期。

⑮牛宏宝：《浪漫主义美学话语中的直观：以德国早期浪漫派为核心》，《文艺研究》，2015年第9期。

⑯余开亮：《双重批判与历史性叙事：卡罗尔艺术识别观的提出语境与内涵》，《文艺研究》，2015年第5期。

⑰吴琼：《摄影话语的视觉意志——兼论本雅明〈摄影小史〉的问题意识》，《文艺研究》，2015年第2期。

⑱吴琼：《视觉文化研究：谱系、对象与议题》，《文艺理论研究》，2015第7期。

⑲刘成纪：《上古至春秋乐论中的“乐与神通”问题》，《求是学刊》，2015年第2期；人大复印资料

《中国古代、近代文学研究》，2015年第8期。

⑳刘成纪：《百工、工官及中国社会早期的匠作制度》，《郑州大学学报》，2015年第3期。

㉑刘成纪：《中国美学：在城市与乡村之间》，《光明日报》，2015年7月1日。

㉒周黄正蜜：《智性的情感——康德道德感问题辨析》，《哲学研究》，2015年第6期。

㉓周黄正蜜：《康德论美与道德的关联》，《世界哲学》，2015年第5期。

㉔周黄正蜜：《向普遍性的提升——康德论教化与艺术文化的融合》，《安徽大学学报》，2015年第4期。

㉕黄文杰：《美的神圣性与纯粹美学批判》，《中州学刊》，2015年第4期。

㉖严春友：《论作者的优先性》，《衡水学院学报》，2015年第6期。

㉗严春友：《理解是可怕的》，《中国艺术报》，2015年2月2日。

㉘高建平：《新感性与美学的转型》，《社会科学战线》，2015年第8期。

㉙高建平：《美学在当代的复兴》，《文艺报》，2015年7月22日。

㉚高建平：《从“东方美学”概念出发：当代中国美学的学科处境和任务》，《艺术百家》，2015年第4期。

㉛王德胜：《微时代：生活审美化与美学的重构》，《光明日报》，2015年4月29日。

㉜王德胜：《“微时代”的文化共享：审美经验与意义“微化”》，《党政视野》，2015年第4期。

㉝张江、姚文放、刘成纪、牛宏宝、高建平：《展现中华审美风范》，《人民日报》，2015年3月9日。

㉞王德胜：《中华美学精神的实践品格》，《人民日报》，2015年2月27日。

（作者：孙焘，中国戏曲学院讲师）

逻 辑 学

王雪君　郭佳宏

2015年北京地区逻辑学学科的发展概况，我们将分成三部分来进行综述：一是学术活动，二是研究成果，三是教学探讨。研究成果的文献主要来自中国知网（CNKI）收录的北京学者所著的中文文章，论文选取的重点是中国人民大学书报资料中心《复印报刊资料》中《逻辑学》收录的内容。

一、学术活动

2015年北京地区逻辑学界的学术活动相当活跃，主要表现在以下几个方面：

1. 举办“纪念金岳霖先生诞辰120周年学术研讨会”

2015年10月17日至19日，清华大学哲学系主办的“纪念金岳霖先生诞辰120周年学术研讨会”由北京市逻辑学会等单位协办。会议围绕“金岳霖的思想研究”、“当代哲学和逻辑学的发展”、“清华学派”、“逻辑哲学、分析哲学和哲学逻辑”等主题展开。

2. 举办“青年论坛”等学术活动

2015年5月28日，荷兰阿姆斯特丹大学逻辑、语言与计算研究所Frank Veltman教授在北京师范大学作了题为“Thinking in Stereotypes”的学术报告。

2015年7月28日，北京市逻辑学会于北京师范大学举办了一次“青年学者论坛”。此次论坛邀请的报告人是美国Case Western Reserve University的Colin Mclarty教授，报告的内容是范畴论导论。

2015年10月15日，中央财经大学文化与传媒学院在学院南路校区举行“含糊性问题研究工作坊”。会议邀请了北京大学周北海教授，台湾阳明大学王文方教授等做了精彩的报告。

2015年11月5日上午，“北京市逻辑学会青年学者论坛”于北京师范大学举行了学术报告会。此次论坛邀请了荷兰国家数学与信息中心以及阿姆斯特丹大学的Jan van Eijck教授作了题为“Logic and Action”的报告。

3. 举办“2015年逻辑学学术前沿论坛”

2015年11月26日，北京市社科联2015年学术前沿论坛逻辑学分论坛在北京师范大学顺利召开。本次论坛的主题为“逻辑、语言与认知”，此次论坛邀请了近十位来自逻辑学和部分语言学、心理学领域的专家学者，进行学术报告，并由相关专家做点评。

4. 邀请国外学者作了一系列短期讲学活动

2015 年 5 月 25 日和 29 日，美国伦斯勒尔理工学院（Rensselaer Polytechnic Institute）认知科学系终身教授杨英锐先生在北京师范大学分别作了“规范场方法引论及其在价值理论中的应用”和“价值动力学中的所谓 Man vs. Men 悖论与规范不变性原理”的学术报告。

2015 年 10 月 13—26 日，阿姆斯特丹大学的 Martin Stokhof 教授在清华大学开设了关于自然语义和语言哲学方面的短期课程：Radical Interpretation，Hermeneutics，and Practice Theory。

5. 开展科普活动，重视逻辑的社会功能

2015 年 12 月 14 日于北京师范大学经济与工商管理学院举行了主题为“MBA 联考逻辑考试冲刺攻略”的活动。本次活动邀请到了西雅图教育的王霄璇老师讲解 MBA 逻辑备考冲刺的相关知识。

二、研究成果

2015 年，逻辑学的各个研究领域都有一批新的成果问世，主要表现在以下四个方面：

1. 数理逻辑

CP（Ceteris Paribus）来自拉丁文，在哲学共同体通常被译为“其他情况均同”。关于 CP 定律的合理性在科学哲学等领域中存在广泛争议。在《排除式 CP 定律的形式刻画》中，作者张立英认为不论争论的结果如何，引入 CP 条件来表达可能存在例外的似律性结论是有意义的，且只有在对 CP 条件有相对一致的理解的情况下，才能展开真正的争论。作者首先考察了 CP 定律的不同分类和用法，继而锁定排除式 CP 定律作为重点研究对象。随后对完成者方法、不变性和稳定性理论、趋向性理论和正常性解释进行了探究。同时，作为一种尝试，将逻辑学领域中对概称句的正常刻画引入 CP 定律的刻画之中，文末对刻画标准及这些方向进行了进一步的分析和比较。①

量词是日常语言中的基本表达，对量词句法和语义的认识，有助于我们更好地认识语言的层次，从而有助于我们更好地认识与语言相关的问题，认识句子的真之条件，以及与本体论和认识论相关的问题。王路在《量词的意义》中对量词与真、全称量词与普遍性、存在量词与存在、量词与关系、量词与数词这几对概念作了探讨分析。作者指出量词可以限定表达和描述的范围，从而为表达和认识它们的真之条件提供帮助。②

在《非连续性的复合量化句逻辑语法处理方式》中，邹崇理指出，自然语言信息处理的前提是对句法语义丰富多样的自然语言进行形式化分析，逻辑语法系列科学为此应运而生。范畴语法和蒙太格语法对此的影响最大，它们在处理自然语言时的最大难点是自然语言中的非连续结构。从纯句法角度看，自然语言表达式表现为由小到大生成的连续符号串。大多数情况下，这些符号串的语义追随句法进行毗连组合。但在不少场合下，这种句法和语义的对应出现错位，句法的生成和语义的组合对应不起来，即句法上分离的符号串在语义上是不可分离的整体。这就是自然语言中的非连续结构，而复合量化句呈现出独特的非连续性特点。作者先后介绍范畴语法和蒙太格语法对非连续结构的处理方式，对此做出一些扩展，最后评价两种方法的优劣和需要探索的问题。③

2. 哲学逻辑和逻辑哲学

关系语义是相干逻辑中最为重要的语义学之一，在关系语义下可以得到一系列相干逻辑系统的完全性。但是由于关系语义一开始就以“纯粹”的形式语义面貌出现，其中三元关系 R 的直观意思是什么并不清楚，于是出现了关于关系语义，特别是 R 的多种解释。《相干逻辑关系语义的推理解释》的作者周北海和贾青认为，R 所代表的是推理规则集、前提集和结论集三者之间的关系，据此提出了推理语义。他们以相干逻辑系统 R+ 为例，在给出 R+ 推理语义模型的基础上，证明 R+ 的推理语义和关系语义是等价的。从而使关系语义有了推理结构的解释，同时说明相干逻辑是一种关于推理的逻辑。④

琚凤魁和胡祥梅在《布尔模态的公理化》中指出布尔模态（即模态生成算子补、交、并）涉及完全性问题。并模态是模态可定义的，但是补和交都不是。这意味着证明包含这三个模态的逻辑的完全性不是一件简单直接的事情。Gargov 和 Passy 使用复制方法从整体上处理这三个模态，但是，这个方法不适用于强完全性，也不能单独处理这三个模态。作者改进了这个方法，使得改进后的方法更具一般性，并且没有这两个不足之处。⑤

有关组合原则的很多话题在哲学、语言学、心理学和神经科学等领域中都有争议。组合原则因其简单性，在接纳该原则的系统中，发挥着核心作用。鉴于思考问题的角度不同，组合原则的地位和应用范围也不同。在《组合原则的哲学争论》中，作者石运宝和邹崇理关注组合原则在哲学领域中引起的论争，试图理清学界对整体主义和组合原则关系的不同看法，总结二者的不相容情形，并在那些接纳组合原则的系统中对这一概念作进一步的澄清。[⑥]

在由 M. 大卫作、梅祥翻译的《同一的真与符合的真》中，作者讨论了一个命题的真的意指。根据真之符合论，一个命题是真的，当且仅当它符合一个事实；真之同一论指的是一个命题是真的，当且仅当它是一个事实。真之符合论强调命题与事实的符合，真之同一论强调命题与事实的同一。一些真之同一论的倡导者同样是真之符合论的支持者，从一定意义上来讲，真之同一论是真之符合论的发展与简化。M. 大卫对真之符合论和真之同一论做出了比较细致的分析，并且提出了一些十分有意义的看法。[⑦]

皮尔士谜题由 C. S. 皮尔士于 1906 年提出，这一谜题涉及一阶逻辑表达式与其所对应的自然语言表达式之间的真值差异问题。逻辑上等价的表达式所对应的自然语言表达式也应是等价的，但在这一谜题中，通过构造一些特定的情景却能够获得不等价的自然语言表达式。贾青指出，对皮尔士谜题的大量研究都集中在语言学中，但这一研究进路却未能帮助我们了解逻辑在刻画自然语言中所出现的问题。因此在《皮尔士谜题》中，贾青从梳理皮尔士谜题的各种处理方案入手，指出其中存在的问题，进而给出合适的解决方案并在文章最后区分自然语言的两种逻辑研究方式。[⑧]

近代以来的墨家辩学研究，在讨论墨家辩学是否有“真”观念时，有赞成和反对两种意见。在《墨家辩学中的“真”观念辨析》中，作者杨武金和张万强首先考察了这两种意见，指出这一问题的争议焦点主要在于墨家提出的判断言辞是非的标准，墨家是否有相当于语义“真”的语词，以及墨家是否有作为真值承担者的命题三个方面。墨家提出了“三表法”和“天志”作为判断言辞是非的标准，“三表法”中的“本”“原”两条已经潜在地包含了“真”观念。墨家辩学用以表达“真”观念的语词主要是“当”，“然”“是”和“可”三个语词也可用以表达“真”。墨家辩学所说的“辞”在本质上就是命题，“辞”的“当”与“不当”也相应于命题的“真”与“假”。据此观之，他们认为墨家辩学具有符合论意义上的“真”观念。[⑨]

金岳霖先生在 1933 年发表了《范围逻辑》一文，对和“范围”这个概念相关的多个语言逻辑现象进行了考察，提出如何处理逻辑里的（1）存在问题，（2）废话问题，（3）范围的宽狭问题，并给出一个范围逻辑的基本框架，试图解决这三个问题。然而，金先生并没有对这个解决方案进行进一步的展现或评价。在金岳霖先生诞辰 120 周年之际，胡义昭在《对于〈范围逻辑〉的一个遥远回应》中，通过重新分析这些现象来评论金先生给出的理解以及范围逻辑构想的理论意义。作者基本上否定了金岳霖先生的这个尝试，并且出于逻辑不适合作为模型来处理大多数语言—逻辑现象的观念，认为范围逻辑这样的构造没有实质性的理论意义。[⑩]

3. 语言逻辑、认知逻辑

蔡曙山在《心理逻辑、创造性思维与科学发现——兼论逻辑认知的文化价值》中对心理逻辑、创造性思维与科学发现进行了分析探讨。心理逻辑作为认知逻辑的一个分支，反映了认知科学与现代逻辑的交叉特征。由于认知科学的经验性质，认知逻辑能够更好地说明人类认知过程中心理过程与逻辑过程的统一，用心理逻辑可以表征溯因推理、类比推理和归纳推理的创新思维特征。在文章的最后，作者得出四个结论：第一，任何逻辑思维过程都同时也是心里直觉过程；第二，创造性思维是具有新颖性、流畅性、原创性、灵活性的思维；第三，科学发现是一个创造性思维过程，同时也是一个心理逻辑过程；第四，逻辑认知具有重要的文化价值和意义。语言认知、逻辑认知、文化、进化和认知都是认知逻辑的题中应有之义，其中有很多重要的理论问题和实际问题值得我们去深入研究。[⑪]

在当代西方哲学中，围绕“名称如何指称对象”这个问题，“描述论”与“指称论”之间进行了长达三十多年的论争。陈波在《名称究竟如何指称对象？——社会历史的因果描述论》中指出，传统描述论及其改进版本——簇描述论由于没有引进“初始命名”环节，因而无法避免循环困境；它不能说明名称意义的来源，不能说明名称意义的可能变化，自然会招致像克里普克所提出的模态论证、认知论证、语义论证那样的批评。尽管在“如何确定名称的所指”问题上，指称论阐释了一些重要的洞见，但它所提出的由严格指示词和因果历史链条所构成的总体层面是不正确的，因为是基于许多有问题的假定之上：认为名称自动地指称对象，语言自动地与外部世界相关联，在语言与世界之间存在一种无中介的关系，语言表达式从这样一种关系中获得了它们的意义；所有这一切，都与人们的语言共同体没有什么关联。所以，需要在“语言和意义的社会建构论”（“SCLM”，即把“语言与世界”的二元关系变成“语言、人（语言共同体）与世界”的三元关系，其中语言共同体对语言和世界的关系施加了决定性影响）的基础上发展一种新的名称理论——社会历史的因果描述论SHCD。它由六个论题组成：（1）名称与对象的关系始于广义的初始命名仪式。（2）在关于名称的因果历史链条上，所传递的首先是且主要是关于名称所指对象的描述性信息。（3）被一个语言共同体所认可的那些描述性信息的集合构成了名称的意义。（4）相对于认知者的实践需要，在作为名称意义的描述集合中可以排出某种优先序：某些描述比其他描述更占有中心地位。（5）除少数名称外，绝大多数名称都有所指，但其所指不一定是物理个体，也包括依附性对象、虚构对象和内涵对象。（6）若考虑到说话者的意向、特定话语的背景条件和相关的知识网络等因素，由名称的意义甚至是部分意义也可以确定名称的所指。[12]

在《社会网络中信念修正的几个问题》中，刘奋荣引入了一个新的视角——在社会网络中考察主体信念修正的问题，探讨其中的新规律，并进一步发展信念修正理论。作者首先在传统信念修正理论和动态认知逻辑的框架上提出了社会网络的信念修正模型，将主体之间的社会关系纳入到新的模型中来，介绍并研究了“有穷自动机”模型从众心理的信念修正模式；其次，引入证据、信任度两个概念来刻画基于理由的信念修正；最后，指出社会网络中信念修正的研究如何与哲学其他领域相关联。[13]

“保证”（warrant）是图尔敏模型中最具创意同时也是备受争议的一个概念。王建芳在《“保证”是什么——国外近年有关图尔敏模型中的“保证”之争评析》中指出，即便在当前的西方学界对“保证”概念的描述亦未达成共识。有学者把“保证”界定为前提、假设或预设；有学者界定为陈述或命题；也有学者界定为推论规则、原则或推理链；还有学者只从功能方面描述而不明确给出“保证”的属概念。上述纷争的产生，究其根源，一方面在于图尔敏本人对保证概念的刻画不甚清晰，另一方面也与学者各自的研究视角密切相关。作者围绕国外学界在“保证”问题上的争议，立足图尔敏对“保证”概念的刻画展开讨论。希冀厘清学界在“保证”概念认识上存在的一些错解和歧见，深化对图尔敏模型的认识，进而推动图尔敏模型在实际论证中的应用。[14]

在《从博弈规则到博弈过程：动态认知视角下的非完美信息博弈》中，作者李楷和王彦晶指出，人们对博弈论中的扩展式博弈的信息集有着不同的解释，而对不同解释的混用可能会引起矛盾。他们认为这一问题源于对扩展式博弈的两种解释——博弈规则和博弈过程——的混淆。文章通过给出一种动态认知的逻辑框架来试图区分和联系博弈规则和博弈过程。作者运用这种理论框架从博弈规则和对参与者的假定一步一步地生成博弈过程。他们给出了一个完全的模态逻辑来描述参与者的知识及其在博弈过程中的变化。文章还证明，在特定情况下博弈规则和过程具有某种结构相似性，使得对二者的混用并不会产生混乱或矛盾。[15]

姚从军、邹崇理在《组合性与语境主义调和的两个尝试》中指出，语境主义与组合性自提出开始，经由并存到对立，再到调和方案，其中仍然存在不少争议。近期，雷卡纳蒂、韦斯特斯塔尔等人通过考察语境因素，丰富了组合性的内容一定程度上回应了组合性与语境主义之间存在矛盾的主张。作者在文中阐述了两人对组合性和语境主义调和的尝试，并指出，虽然两人的观点均佐证了组合性和语境可以很好地结合，但仍然需要关注一些后续问题。第一，文中的理论知识针对英语语言，并非其他语言，语义灵活性理论等能否通用仍需考察；第二，作者仅仅关注动词、形容词、索引词等现象，还存在诸如限定摹状词等现象需要考察。[16]

组合范畴语法实现了句法和语义的并行推演，它是目前计算机对自然语言进行信息处理的最理想工具。汉语形容词谓语句是汉语的十大典型句型之一，对汉语形容词谓语句的处理是中文信息处理的重要任务之一。汉语形容词谓语句有光杆形容词谓语句和复杂形容词谓语句之分，复杂形容词谓语句更为常见，处理起来也更为困难。姚从军、邹崇理在《面向信息处理的汉语形容词谓语句的组合范畴语法分析》中使用目前计算机对自然语言进行信息处理的理想工具——组合范畴语法CCG，并且提出扩展的CCG，全面而系统地处理了各类光杆形容词谓语句和复杂形容词谓语句，为计算机对汉语形容词谓语句进行信息处理提供了理论基础，可在一定程度上提高计算机处理汉语形容词谓语句的质量和效率。[17]

郭佳宏、邹崇理在《知道行动的一种一阶认知逻辑分析》中提出并分析理性主体如何知道一个程序或行动的问题。根据动态逻辑中一些合理的直观，作者将“知道一个行动”这样的概念定义为“知道相应行动的输入输出二元关系”。上述思想在“恒常论域”的一阶认知逻辑框架下获得初步实现。文章用这种方式探讨相关推理有效性的一些基本逻辑原则，并且运用它们总结证明一些关于知道行动推理有效的一般性质；然后研究知道复杂行动和知道它们成分之间的关系，证明了一些有效结果，也为部分无效结果构造相应反例。[18]

在《论人类认知的五个层次》中，蔡曙山指出，认知科学的学科结构图展示的是认知科学的学科结构和关系，它未能很好地说明人们头脑里的认知过程和结构，也不能说明认知过程、科学对象和学科发展之间的关系。因此，需要重新思考人类认知的过程和结构，从而更加合理地解释人们头脑里的认知加工过程、认知科学的各种对象的关系，并对认知科学日益发展的交叉综合学科做出解释。作者提出人类认知的五个层级的划分：神经认知、心理认知、语言认知、思维认知和文化认知，进而区分低阶认知和高阶认知。人类认知即高阶认知是以语言为基础，以思维和文化为特征的认知形式。人类认知的五个层级是按照科学标准划分的，即按照人类头脑里的认知过程的层次进行划分的。这种划分也是科学研究的分类依据五个层级的认知决定了认知科学相关学科的发展，五个层级认知的交叉决定了更多的交叉学科的发展。五个层级的划分使我们看清了各层级之间的关系，也看清了认知科学的科学研究与学科发展之间的关系，五个层级的划分具有重要的理论意义和实际应用价值。[19]

索引词是指那些离开了语境我们无法确定其所指的语词。夏年喜在《论弗雷格的索引词理论》中指出，索引词普遍存在于每一种自然语言中，存在于我们的日常语言中，对索引词的哲学思考及逻辑研究既是语言哲学不可缺少的一个构成部分，也是自然语言逻辑以及语义学、语用学不可或缺的一个要件。弗雷格作为现代逻辑的创始人、语言哲学的代表人物，其关于索引词的理论无疑具有重要的学术价值。作者通过“索引词”与“指示词”的用法入手，在论述弗雷格谜题的索引词理论的基础上，分析弗雷格关于“我”的不可交流的思想，并评说其学术贡献。[20]

4. 逻辑学史

墨家辩学是中国先秦墨家学派及其后人对人们言辞特别是推论方法的合理性所做的系统研究，它与逻辑学的关系一百多年来成为学术界关注的热点。杨武金在《作辩经以立名本——墨家辩学与逻辑学》中通过考察墨家辩学产生的社会历史文化背景和形成条件，认为墨家辩学是在中国春秋战国时代“礼崩乐坏”，名实关系极为混乱的情境下，为了突破周代礼乐制度、高扬理性的产物。墨家辩学追求思想的无矛盾性和确定性，这就使得它具有了逻辑的精神。墨家辩学又研究推理和论证，对论证形式进行了归类、总结，对得出结论所应该具备的“故”、“理”、“类”等前提条件进行了系统的考察和研究，这就表明了墨家辩学已经进入到逻辑学的研究领域。墨家辩学提出了判定一个推理或论证是否有效的标准问题，阐明了相应的推理原则，并且隐含着对推理形式的把握与研究。[21]

墨家逻辑是由中国先秦时代的墨子及其弟子创立、发展起来的系统逻辑学说。墨家逻辑也可称之为墨家辩学，或者简称墨辩。杨武金认为，研究其产生的历史文化背景是我们深入研究墨家逻辑的内容和本质的基础和关键所在。在《墨家逻辑产生的历史文化背景》中，杨武金指出，百家争鸣的时代背景是墨家逻辑产生的基本历史根据。同时墨家的政治伦理思想和中国特有的语言文化背景使得墨家逻辑具有了自己的特殊性质。[22]

黑格尔《逻辑学》中包含着前向、后向两种运动方向及思维路径。在《黑格尔逻辑学中的统一及其重构作用》中，吴江指出，我们所熟知的是向前的路径：知性首先抽象出一个范畴；接着，辩证理性提出一个范畴来否定第一个范畴；思辨理性作为绝对否定所提出的第三个范畴在扬弃了前两个范畴的同时也是它们的统一；之后，知性又把这个高级范畴转化成抽象的范畴，以此来开启下一个三元组循环。由于思辨理性给出的统一既是前两个范畴的他者，又是它们的共性，因此这个统一所具有的特征取决于前两个范畴之间的关系。与其对应的，还有一条不那么明显的向后的路径。如果我们不理解范畴的这种后向运动的话，就无法更好地理解黑格尔的一些有趣观点。在文中，吴江分析了逻辑学三元组中的重构现象。如果后向运动发生于一个三元组之中，并且这一三元组中的统一的环节对在先的两个环节能够起到重新塑造作用，那么我们就将这一后向运动称为重构。这种重构作用可以体现为中和物给予化学物质持存性、从变易中抽象出存在与无、定理与定义相互替换、从范畴向范畴之间的关系的转化等等。对重构作用的理解有助于以思辨的方式对问题做出分析。[23]

三、教学探讨

北京逻辑学工作者也围绕逻辑与教学展开了热烈的讨论。

在《逻辑在中国振兴的基本途径》中，杜国平、邹崇理提到，思想的发源地主要有三个：古代中国、古印度和古希腊。但是，古代中国和古印度的逻辑思想没有能够获得持续的发展，后来都衰落了。只有古希腊的逻辑思想获得了长期、持续的发展，到19世纪末20世纪初，更是产生了光耀世界的现代逻辑。在新世纪里，如何实现中国逻辑的现代化，从而助力中华文化的伟大复兴，这是值得所有中国逻辑学者认真思考的一个问题。面对这一问题，他们提出，实现中国逻辑现代化需要坚持三个结合，即教学与研究相结合、理论研究与应用研究相结合、提高与普及相结合。[24]

在《批判性思维再批判》中，王路指出，批判性思维是一个理念，而不是一个学科。批判性思维论者将它与通识教育相联系，希望设置课程。王路讨论了理念与学科及课程的关系并指出，通识教育是通过专业教学而实现的；如果批判性思维是与通识教育相符合的理念，则不需要通过专业教学来实现，不需要设置专门课程；逻辑是一门基础课，以批判性思维为目的而改造逻辑课程是错误的。既然不否认逻辑课有助于提高批判性思维素养和能力，就应该认真教好逻辑课。理念是有解释空间的，谁都可以说上几句。高校教师有开课自由，但是一门课程的设定却一定会涉及专业和学科，必须慎重。不能随意仅凭一个理念来进行，尤其是一个不那么清晰的理念。[25]

注：

①《逻辑学研究》，2015年第1期。

②《外语学刊》，2015年第2期。

③《云南师范大学学报（哲学社会科学版）》，2015年第1期。

④《逻辑学研究》，2015年第1期。

⑤《逻辑学研究》，2015年第1期。

⑥《世界哲学》，2015年第3期。

⑦《世界哲学》，2015年第4期。

⑧《世界哲学》，2015年第5期。

⑨《中州学刊》，2015年第6期。

⑩《重庆理工大学学报（社会科学）》，2015年第12期。

⑪《贵州民族大学学报（哲学社会科学版）》，2015年第1期。

⑫《南国学术》（澳门），2015年第3期。

⑬《哲学动态》，2015年第3期。

⑭《自然辩证法研究》，2015年第4期。

⑮《逻辑学研究》，2015年第4期。

⑯《中国社会科学院研究生院学报》，2015年第5期。

⑰《四川师范大学学报（社会科学版）》，2015年第6期。

⑱《哲学研究》，2015年第10期。

⑲《学术界》，2015年第12期。

⑳《哲学研究》，2015年第12期。

㉑《思想与文化》，2015年第2期。

㉒《职大学报》，2015年第5期。

㉓《陕西理工学院学报（社会科学版）》，2015年第4期。

㉔《湖北大学学报（哲学社会科学版）》，2015年第1期。

㉕《科学·经济·社会》，2015年第1期。

（作者：王雪君，北京师范大学博士生；
郭佳宏，北京师范大学副教授）

宗 教 学

黄夏年

宗教研究在改革开放以来，始终是以增长的势态呈现，并且研究的范围日益广泛，特别是传统宗教以外的基督教和伊斯兰教的研究进步较快，佛道教的研究则开始放缓，主要表现在前沿的研究不多，且空论不少，有的文章甚至有明显的错误。以下对2015年的宗教研究作一简要的综述：

一、宗教学研究

张志刚《中国宗教研究的几个关键问题》[①]抱着建设性、前瞻性与探索性的问题意识，试就中国宗教研究目前面临的三个有密切逻辑联系的关键问题略表浅见，即“关于中国宗教的整体判断”、“中国宗教研究的群众观念”和“马克思主义宗教观的方法论意义”。我们现行的宗教、民族研究与管理工作尚需改进，尚待转型，尚应不断地适应新形势，攻克新难题，推出新举措，以更好地服务于新的历史时期“对内构建和谐社会、对外倡导和谐世界”的国家发展战略。广大信教群众不但享有宪法意义上的信仰自由，而且就是国家公民，就是人民群众，他们无疑是促进社会和谐、政局稳定，推动中华民族繁荣进步的重要力量呢？一言以蔽之，我们在宗教研究与管理工作中贯彻群众观点或群众路线，也就是要站在绝大多数人、站在整个民族与国家利益的高度来认识与对待宗教问题。我们的马克思主义宗教观研究，迫切需要在学术观念上实现两个转变，即从“侧重经典论断的逐字解释”转向“注重方法论观念的继承发扬”，从“批判性的研究倾向及其结论”转向“建设性的研究取向及其结论”。曾传辉《宗教概念之迻译与格义》②指出，Religion 的拉丁文词根意为“联系”，是指人与神的沟通及因此形成的人与人之间的关系。用汉语双字词“宗教”对译 religion 始于 19 世纪后期的日本，几乎同时转口传入中国。中国知识界经过短暂的混淆逐步掌握该日式西学术语的意义且习以为常，置疑之声亦时有所闻；对“宗教”词项在古汉语境中的意义失解大致与此同步，以西解中，至今臆解流行。

李丙权《宗教对话和公共空间》③拟从已有的宗教对话理论出发，针对宗教对话背后的真理观念和对话标准进行反思，指出宗教对话面临的理论困境及其实践品质。宗教对话应该走出“范式”的迷思，打破对“身份”的执着，以实践为导向，坚持开放的对话理性，并在对话中相互学习、相互转化。为此，宗教对话需要进入公共空间，并与公共宗教/神学的建设结合起来，真正转化为信众或公众实践生活的灵性或道德资源。张鹏《宗教非政府组织参与欧盟人道主义援助初探——以基督教非政府组织援助柬埔寨为个案》④认为，宗教非政府组织依靠其丰厚的援助投入、广泛的网络分支和坚定的信仰使命与传统援助国及多边机构捉襟见肘的开支状况形成了鲜明对比。此类主体在全球最大援助方欧盟的人道主义政策当中扮演了重要角色。以柬埔寨为案例对宗教非政府组织参与欧盟人道主义援助的缘起、机制、模式、路径进行了全面探讨，以期深入分析跨国宗教势力在当今全球治理进程中的优势特性与制约瓶颈。

邵铁峰《客观宗教与生命宗教：西美尔的宗教理论刍议》⑤认为，在西美尔的宗教理论中，宗教本质以两种形式出现：一种为客观宗教，它有着外在建制与教义内容，独立于个体；一种则为生命宗教，它完全位于主体的内在生命，是灵魂的一种状态或过程。客观宗教的可能性是以生命宗教，也就是内在宗教性的分化为前提的，但是，由于现代文化的冲突，客观宗教最终只是对生命本身的束缚。生命宗教虽被视为生命直接显现自身的内在形式，却只能是一种理论构想，而无法在现实中实现。客观宗教的衰落与生命宗教的悲剧均是它们难以逃脱的文化命运。高奇琦《世俗化的弥赛亚精神：阿甘本的宗教哲学思想》⑥认为，例外状态和赤裸生命是阿甘本思想中的主要概念。例外状态理论的灵感在很大程度上来自施密特与本雅明关于政治神学的对话。赤裸生命的原型则来自“受谴者”这一宗教形象，弥赛亚精神则是阿甘本解决方案的核心。真正的例外状态就是弥赛亚时刻，而生命政治的核心则是在弥赛亚时刻下生命得到救赎。

吴效群《对帕特南粘合性社会资本与连接性社会资本关系的研究——兼论西方的教会式社团与中国的香会式社团》⑦认为，帕特南将社会资本区分为粘合性社会资本与连接性社会资本，前者秉持人人平等理念，后者则不然。总起来说，粘合性社会资本是连接性社会资本的前提和基础。共识、道德、信任、社会网络等社会资本主要产生于面对面的、经常的、平等交往的社团。传统中国的社团主要是纵向的血缘性或拟血缘性的，以香会为代表的横向关系的社团缺乏内部亲密交往的机制，社会资本难以生成。今天，在中国进行社会领域建设时，应首先关注社会组织内部的平等交流互动，以培养和积累社会资本。无论社会如何发展，面对面的平等亲密交流互动都是人们所需要的，这种关系的社团是社会资本产生的主要方式。梁恒豪《西方精神性概念的发展、应用及与中国处境的关联》⑧，强调突破宗教概念的藩篱，真正让宗教“脱敏”，引导学术界关注信仰的超越性和神圣性本质及其现实意义，更加关注普通大众的精神需求。也有助于推动中西方学术界的对话和交流，让世界更加了解中国人的精神世界，破除其“中国人无信仰”的偏见。孙尚扬《现代社会中的意义共契与公民宗教问题——兼论儒教可否建构为中国的公民宗教》⑨认为，公民宗教问题是一个亘古常新的问题，其重要性在现代社会中尤其突出。在推行政教分离这一原则的现代社会中，公民宗教乃是公共生活这一领域中的意义共契之来源。公民宗教既有先知功能，也有教士功能。中国思想界试图将儒教建构为当代中国的公民宗教以提供民族凝聚之精神资源的方案，可能会因为其遭到的诸多质疑而难以落实，或者说很难行得通。李峰《科学主义、文化民族主义与民众对佛道耶之信任：以长三角数据为例》⑩基于长三角调查数据，以民众对佛教、道教、天主教和基督教的信任为因变量，科学主义和文化民族主义为核心自变量进行 OLS 回归分析，表明民众的信任次序从高到低为佛教、基督教、天主教和道教。科学主义态度对道教、基督教和天主教的信任有抑制作用，但对民众之于佛教的信任无显著影响；文化民族主义对佛教无实质影响，对道教信任有促进作用，对天主教和基督教则表现出抑制效果。这些在一定程度上反映出当前中国宗教的“多样但有限多元”之社会处境。

二、佛教研究

学诚《全球化背景下的中国佛教》[11]，全球化大背景下，中国佛教的发展传播，一方面应借重佛教自身多语系、多元化的丰富资源，总结提炼新的应机法门；一方面应整合虚拟空间与现实场景，发挥互联网新媒体的传播优势。当宗教文明与科学文明都不足以纾解当今人类内心世界的彷徨困惑、人性的本质被逐渐外化物化之际，脱胎于佛教思想与实践传统并普及于亚洲各大文化传统的“心文明”将成为支撑文明大厦的“第三基点”；通过构建人类对于外在世界与内心世界的统合认知，促使东西方各大文明结成真正意义上的人类命运共同体。成建华《中观佛教的渊源及其理论特色》[12]认为，从龙树中观理论的哲学思考入手，详细剖析了中观佛教的思想渊源及其理论特色，并从中观哲学的论证关系上，强调指出“八不中道”在方法论上所富含的辩证法因素，进一步彰显中观佛教与般若经的继承与发展关系。

范晶晶《佛教官方译场与中古的外交事业》[13]指出，佛教官方译场与中古的外交事业还有着密不可分的联系，主要体现在三个方面：其一，译场的翻译人员与朝廷的外交译官之间有着高度的重合与相互流通。也就是说，中书省、鸿胪寺的译语人往往也参与佛教译场的翻译工作。其二，由于其特殊身份与语言修养，佛教译场的译主往往也分任鸿胪寺的部分外交事务。其三，在官方外交之外，译场也成为沟通西域、南海的中心之一，以作为外交的辅助手段。陈怀宇《唐代景教与佛道关系新论》[14]提出中古时期的佛教、道教、景教都在自己的经文中发展出一套护国话语，一方面体现了当时各个宗教对政教关系的重视，另一方面也反映出他们分享一些共同的政治心态。而长安地区作为京城的特殊性，对于这些护国话语的出现和构建无疑也是重要因素。同时，正因为这些宗教都在长安活动，这些宗教书写文献的人士可能也存在一个类似的文献社区（literary community），即他们所了解和熟悉的文本与词汇以及相关的话语，也相当类似，这才使得他们用类似的词汇和语言构建出类似的政治和宗教意识形态。吕博《明堂建设与武周的皇帝像——从“圣母神皇”到“转轮王”》[15]认为，从皇后到天后，再到圣母神皇、圣神皇帝、金轮圣神皇帝、越古金轮圣神皇帝、慈氏越古金轮圣神皇帝、天册金轮皇帝，武则天尊号的每一次变化，都浓缩地反映了她在政治上前进的每一步轨迹。与此同时，宫殿核心区以明堂为代表的建筑群不断地被建设、诠释。明堂不仅是圣母神皇百世继周、复古情怀的象征，还被诠释成弥勒所造的化城、道教圣君的仙宫、转轮王的七宝台。沿着明堂中轴线所修建的大佛像、天枢、九鼎等纪念碑景观，亦是武则天模仿转轮王供奉弥勒、化谓四方的体现。开元新政，这些景观的拆除意味着某种视觉政治的重建。孙英刚《武则天的七宝——佛教转轮王的图像、符号及其政治意涵》[16]，在中国中古时代，不论是作为帝国中心的长安、洛阳、邺城，还是位居西北边陲的敦煌，转轮王七宝的图像都广泛存在。这些坚实的作为证据，证明转轮王观念曾经在中国中古时代，在政治起伏、社会生活和思想变迁中扮演了重要的角色。从这个角度讲，武则天利用佛教宣扬自己的统治合法性，不但在中古史脉络中不特殊，而且也仅仅是当时佛教世界普遍使用转轮王来解释王权这一潮流中的一环。夏广兴《佛顶尊胜陀罗尼信仰与宋代丧葬习俗——以尊胜墓幢的建立为中心》[17]“会昌废佛”以后，佛教虽渐趋式微，但已深入民间日常生活的佛顶尊胜陀罗尼信仰却流传不衰，直至宋代，写经、造幢等活动依然非常兴盛。许效正《社会剧变中的佛教与国家——中华佛教总会与民初政府关系述评》[18]认为，中华佛教总会存在的 5 年中，围绕着佛教社团的地位、佛教寺产的所有权归属、佛教寺产的判断标准等问题，与民国政府展开了反复抗争，使民国政府的佛教管理政策、佛教社团的组织形式和活动方式等都发生了重大变化。

王启元《紫柏大师晚节与万历间佛教的生存空间》[19]欲证明紫柏生前，并没有刻意发愿“三大负”事；至其下狱的“续忧危竑议”案，与之前李贽的自尽、黄辉被逐等“攻禅”诸事，皆出于首辅沈一贯之意。沈一贯于议罢矿税关键时刻倒戈，以此得到神宗信任，京中之“攻禅”，既由偶然的政治风波引起，也伴有士大夫对当日狂禅惑世的反感，还搀杂初来传道的天主教士的推波助澜。一系列的事件本身，则与晚明一代的党争关系密切。这些都使得紫柏殒命有别于明朝其他的僧案，成为近世思想史上一个重要坐标。何峰《论宗喀巴大师的三次关键抉择》[20]宗喀巴 16 岁远离家乡青海前往西藏学佛，并在那里生活了 47 年。此间，21 岁时为探望思子心切的老母亲启程返故乡，38 岁时为留学深造师徒十数人上路前往印度，51 岁时永乐帝下诏遣使迎请入京，但宗喀巴最后都选择不离开西藏，与创立藏传佛教格鲁派大业之间的内在联系。

何欢欢《中观空性的因明论证——“掌珍比量”辨析》[21]认为公元 6 世纪的清辩将陈那重新规范了的因明论法导入对中观空性的论证，一改中观派对“空”的否定性推演，实现了对“空”的肯定性证明，发展出了有别于龙树等其他中观家的“二谛”、“空性”等理论，成为印度佛教哲学鼎盛时期的重要代表。分析清辩主著《大乘掌珍论》中的“掌珍比量”，集中考察“中观空性的因明论证”这一具有划时代意义的哲学思想与方法论。刘慧姝《试论〈坛经〉世出世法的不二》[22]说，《坛经》明示了禅宗应世方便法门，无住生心为学人修因的法要，世出世间法互相促进与增益，直彰世出世间法的不二。乌日切夫《蒙古文〈甘珠尔〉版印插图版本源流考》[23]，认为蒙古文《甘珠尔》插图形式和装饰风格也深刻影响了清代蒙古、满、藏文佛经插图和装饰风格，也在一定程度上影响了清代几大佛像集和《造像度量经》。胡彬彬、吴灿《明清时期长江流域的佛教造像愿文》[24]通过中南大学中国村落文化研究中心研究人员长达 30 多年的田野考察，已经收集到包括佛教、道教、民间宗教等在内的各类长江流域造像愿文达 3000 多卷，其中佛教造像愿文约有 1400 卷。一卷最为常见且地域特征十分明显的长江流域佛教造像愿文，至少包含了以下六个方面的内容：造像者籍贯和居住地、造像者身份、造像对象、发愿内容与造像原因、造像或者开光时间、造像工匠或者造像愿文书写者的姓名。对长江流域佛教造像愿文进行系统研究，不仅非常必要，而且具有学术研究的“补白”意义。史金波《西夏文〈大白伞盖陀罗尼经〉及发愿文考释》[25]全文翻译新见西夏文残经卷，其刻印时代为蒙古乃马真称制时期。真智应为西夏僧人，而非元朝人。发愿文中的“太子”为窝阔台第二子、镇守西凉的阔端。他印施藏文、西夏文和汉文三种文字的藏传佛教经典，证明他接受并弘扬藏传佛教，为此后不久与藏族宗教领袖举行的凉州会谈做了宗教信仰方面的准备和铺垫。廖旸《白伞盖经译传三题》[26]，以日僧南忠述《注大佛顶真言》为线索，可知它与敦煌发现的《白盖神咒》同渊源于真言之《释》，源头直指唐长安青龙寺。明清写经、刻本、钟铭中数见《白伞盖楞严经》，尚未得到学界重视，推测系明初释智光为核心的西天僧团根据新请来的梵本音写而成。在此基础上重新审视白伞盖经在内地的翻译与传持，可以看到字面一直呈现增广的趋势；尽管存在解义的需要以及意译为“真言释”的尝试，然而以梵音持诵全文仍是汉地佛教一贯坚持的信仰实践。曹刚华《清代佛教史籍的刊刻》[27]清代佛教史籍刊刻方式有三种：一是随着《嘉兴藏》而刊刻，二是随着被收入的传统丛书而刊刻，三是单本清代佛教史籍的刊刻。在单本刊刻中，既有僧侣刻本，又有经房本、家刻本、坊刻本，可谓样式多样，种类繁多。这也是佛教史籍在清代“复兴”的外在技术保证。

三、道教研究

熊铁基《略论道教的名与实——再论道教的产生问题》[28]认为，“道教”和“道家”、“老教”等一样，是一种泛称、总称，实际的道教皆为“××道”。“方仙道”、“黄老道”都是道教，开始没有创教主，反映原生性宗教的特点。历史演变中出现的各种道派又多半是有开创之祖的；宗派林立，彼此之间既互相影响又关系疏离。创生性宗教与原生性宗教的特点共存。谭德贵《道教易学命运观的现代性反思——西方文明视野下的中国术数文化》[29]，主要以西方文明的视角，从命运观切入，在理性与非理性、宗教与道德、哲学与思维三个方面，对道教易学中的术数文化进行了全面反思。雷闻《太清宫道士吴善经与中唐长安道教》[30]着重考察了吴善经的道门谱系，首次落实了申甫之师泉景仙的身份，且将这一法脉追溯至高宗时由洪州入京的高道万振，显示了一个法脉在长安道观中的传承形态。陈文龙、郑衡泌《周思得道派与明代道录司》[31]通过比较分析《明实录》、丫髻山碑刻、白云观《诸真总簿》等资料，较系统描述了周思得道派在明清时期的传承与发展，梳理出周思得道派的派系及其分派规律，周思得弟子在明中央道录司任道官的情况显示周氏道派在明代的巨大影响。王福梅、盖建民《民间散佚〈灵济宫神文志〉与明代灵济道派考论》[32]解开了永乐皇帝何以崇信二徐真人以及二徐真人信仰何以能够由一种地域性的民间信仰发展演变成为一个独立道派等谜团；《灵济宫神文志》对于研究灵济道派的形成、探究灵济派道士与明代皇室的互动关系均富史料价值。朱越利《明代几位士大夫对祭祀五显神的解读》[33]表达了引导民间信仰维护社会秩序的意图，体现了儒家神道设教（即宗教工具论）的宗教观，纵观中国封建社会的历史，对民间信仰包容和引导的做法，得民心，有利于维护社会安定祥和，而捣毁民间祠庙的作法，往往一时奏效，但难以持久。梅莉《民国城市正一火居道士群体研究——以汉口为中心》[34]根据正一火居道士登记档案，结合其他文献及口述史料，对民国年间正一火居道士群体在汉口城市的活动状况进行梳理，并结合当时其他城市正一火居道士生存状况，由此探讨其时正一火居道士在地方社会的影响。韩松涛《中教及中教道义会研究》[35]认为中教以个人功法修炼及慈善事业为核心，至20世纪40年代末，发展成有20余万信徒的民间新兴宗教。其发展地域以上海为中心，向江苏、浙江等地辐射。刘固盛、王凤英《荆州玄妙观元碑〈中兴路创建九老仙都宫记〉考论》[36]指出九老仙都宫创建于元至正间，时中兴路玄妙观住持提点、总摄荆襄都道教提点所掌书记唐洞云为开山住持，遂成为玄教在湖北荆襄地区的传播中心，荆州也成为元代玄教重镇。侯慧明《净石宫“玄天上帝应化图”初探》[37]指出洪洞净石宫东西山墙绘“玄天上帝应化图”壁画82幅，并附题记，是全国现存的面积最大、时间最早、基本完整且有明确纪年的玄天上帝壁画，反映了明末清初真武信仰在山西等北方地区传播的情况。申喜萍《王重阳绘画作品考述》[38]对王重阳绘画作品所表达的主题、作用等进行系统的分析和研究。王宗昱《对朱熹〈阴符经考异〉的再考察》[39]描述了《朱子成书》本被改编改名的过程，指出被四库全书收录的《阴符经考异》文本来自吕留良刻印的《朱子遗书》。朱熹撰写《阴符经考异》的说法定型于清初甚至更早。这个著作权的演变可以看作是一段朱熹神话。吕鹏志《赣西北发现的天师经箓》[40]结合田野调查和文献记载，全面介绍和论述了罕见的天师经箓，主要内容包括发现经过、戴祥柳生平履历与天师经箓的来源、天师经箓的名称和种类、天师经箓的内容和形式、戴祥柳主持的授箓法事、天师经箓的研究价值，等等。他认为，戴祥柳收藏的天师经箓洵为道教文化瑰宝，是近几十年来道教田野调查的重大发现之一。

周金琰《湄洲妈祖祖庙祭典及其当代意义研究》[41]简介了海神妈祖的由来和妈祖信仰的形成、湄洲妈祖祖庙的肇建以及宋代妈祖祭典的起源，认为妈祖祭典是传承中华传统美德和向世界展示中华优秀文化的一种特殊形式。宁俊伟《关于山西清代部分地区关帝庙碑刻的研究——兼论关帝财神之职》[42]考察在清代山西关帝信仰的原因，也即从关帝被神化以来，所具有多种神格中最被世人所看重的品格研究；即立庙者认为关帝所能庇佑的范围。李志鸿《闽西罗祖教与佛教》[43]认为，晚清民国时期众多闽西高僧曾皈依罗祖教，视罗祖教为进入佛教的“方便法门”。罗祖教是创建、重兴闽西佛教道场的重要力量。闽西佛教协会在宽容与默许中认可了罗祖教念诵《大乘五部六册》的活动。佛教与罗祖教原本并非是正与邪的关系，而应该是源与流的关系。在法治化的社会，所谓正统宗教与民间宗教的观念都应该消失，而代之以传统宗教和新兴宗教的概念。冯立《理教六方派调查》[44]介绍了理教六方派的起源、信仰与发展过程，披露了六方派独特的文献、修行方式与仪轨，探究了其社会作用和对地方文化的影响，还根据相关调查就理教六方派众善堂领众李来中与义和团领袖李来中的关系做了猜想。李宇遐《洛川塬民间宗教信仰考察及其生态伦理价值》[45]一文认为，陕西洛川塬的民间宗教信仰主要包括三个方面内容：一是宗法性传统宗教，包括天地人相互联系的敬天、黄土崇拜、祖先敬拜；二是民间禁忌和巫术；三是佛教、道教、儒教的融合发展。洛川塬民间宗教信仰蕴含着丰富的生态伦理思想，挖掘这些民间宗教信仰中的生态伦理价值，正确引导民间宗教信仰的发展方向，可以为当代生态文明建设提供群众基础和文化资源，对保护黄土塬的自然生态环境和人文环境具有积极作用。何倩倩、桂华《民间宗教的公共性及其变迁——基于甘肃中部的田野考察》[46]提出民间宗教活动的公共性质，认为宗教活动组织方式以及信仰活动中的象征资源是建构社区共同体和地方“权力文化网络”的重要部分。民间宗教活动的公共性本质上是产生于社会秩序的公共性，其最显著的表现形式是自然村落的共同体属性。近代以来的政权建设和市场经济发展，消解社区的功能性，瓦解社区内部结构，打破社区边界，随着农民私人生活方式的扩张，社区不再成为共同体。与之相伴，脱嵌于社会结构的民间宗教活动偏向私人性一端。张明锋《台湾未登记宗教活动场所管理的经验及借鉴：以神坛为分析样本》[47]指出台湾地区“宗教管理部门”通过走访调查的形式，获取基本资料，掌握神坛的活动情况，建立信息数据库作为监督指导的基础。台湾地区对神坛等未登记宗教活动场所的走访调查、统计列册、建立信息数据库以及致力于推动专门性立法的做法，值得借鉴。

宇汝松《北属时期道教南传越南研究》[48]崇尚巫鬼

的道教与越南本土原始鬼神信仰极为契合。汉末，初创不久的道教便经由上层及民间等多重路径南传越南。六朝期间，入越的循吏、高道及奉道世家的涉道活动，尤其是著名道士兼道医董奉、葛洪等，入越弘道布教，有力地推动了道教在越南的传播和发展。初具规模的民间道团组织的出现，堪称此间道教南传越南最为明显而又直接的发展成果。隋唐期间，入越道教不断受到上层社会的推崇而与越南本土信仰逐渐融合，发展成为越南化道教，道教南传越南亦因此达到了鼎盛。陈景熙《海外华人宗教的文化适应：以泰国德教白云师尊造像演变为例》[49]以泰国德教界所供奉的白云师尊造像的历史演变为案例，探讨 20 世纪 50 年代初海外华人本土化的历史背景下，华人宗教的文化适应的历史过程与具体机制。石沧金《跨国网络中的何氏九仙信仰与琼瑶教》[50]以何氏九仙信仰和九鲤洞神庙系统为纽带，跨越原乡莆田及新马印（尼）三国的民间信仰网络正式形成。琼瑶教主要的宗教仪式“肃坛持戒”不仅在海内外的九鲤洞神庙系统中举行，并可能扩散至莆田仙游籍华人创建的东岳观、三一教堂祠以及其他寺庙当中。侨乡莆田基于何氏九仙信仰和九鲤洞神庙系统而形成的跨国民间信仰网络，既包含丰富的宗教信仰内容，也富含乡缘情结，更含有传承发扬中华传统文化的深厚情结。

四、基督教研究

夏洞奇《奥罗修重放光芒?》[51]指出，奥罗修对晚期罗马帝国的乐观认识是与当今流行的“古代晚期”学术范式相通的，其史学地位在现代的降低是“罗马帝国衰亡”的史学模式造成的。田海华《斯坦顿与〈妇女圣经〉》[52]认为斯坦顿指出圣经是造成妇女从属的根本原因，质疑圣经为上帝之“神圣启示与话语”。她激进的个人主义传统与女性主义理论，力透纸背，对后来的宗教、性别与妇女研究，意义深远。王梓《试析亚伯拉罕在保罗思想中的地位——兼论〈罗马书〉4:16 中的含义》[53]指出应当从“出身”的角度来理解亚伯拉罕与外邦信徒是在存在论的意义上相关联的。通过把这种共同的存在方式的核心定义为信心，保罗肯定了亚伯拉罕作为上帝拯救活动中的第一人的地位。强调了这种以信心为特征的存在方式使得犹太人和外邦人都能成为亚伯拉罕的后裔而继承应许。因此，对保罗而言，亚伯拉罕的重要性在于，他在存在论的意义上是犹太人和外邦人共同的祖先，是万国经历拯救的原因。张严、班高杰《分立与统一——从“kenosis”一词看德国近代神哲学的早期演化》[54]一文强调德国宗教改革家马丁·路德对虚己（kenosis）一词的翻译及阐发中，这种“二分”倾向得到了突出体现。波墨神哲学中对统一性的强调，预示了德国近代哲学的特质、气派和走向。刘精忠、黄丁《论索伦关于布伯的哈西德研究之争》[55]认为对哈西德运动这一宗教神秘主义形式的认知差异，更关乎信仰的内在体知与外在观察之间相关“神秘主义”实质的不同把握。梁工《〈箴言〉中“外女”意象的唯物史观透视》[56]认为《箴言》消弭了现实的等级差异和经济纷争，编织出一个无阶级社会神话，其间活跃着两类由男性建构的妇女意象，一类来自犹太古拉会众的上层人士家庭，被述说成女性智慧的化身，以及擅长管家、理财、经商的贤良妻子；另一类体现于“外女”的鲜活生命中，她们虽然在性生活和财经活动中富于魅力，能满足男性的肉体欲望，却必定给那些被迷惑的男子带去死亡，因而对之须保持高度警觉，严加防范。对外女意象的剖析能解释当年犹太领袖以斯拉、尼希米何以不遗余力地谴责族外通婚。张琨、郭长刚《从“解放”到“团结”——20 世纪 70 年代的智利教会》[57]揭示智利教会中不同团体在军事独裁时期由“革命”的政治行动到“保护人权”的社会行动的转变，并试图指出产生这一转变的原因给拉美教会以及社会所带来的影响。

马伟华《国家治理与君臣之谊：康熙颁布容教诏令的考量》[58]指出康熙推动官僚体制颁布容教诏令。南怀仁等耶稣会士效力清廷的劳绩构成容教诏令颁布的基础，天主教的传播不会威胁到皇权统治是康熙颁布容教诏令的前提，而康熙对待西学的强烈的求知欲则促成了容教诏令的最终颁布。宾静《清朝禁教时期华籍天主教神职人员的国外培养》[59]试析清韩华籍天主教徒出国进修的主要场所、特点及影响等，从华籍神职人员的国外培养这一角度对天主教在中国的本地化进程研究作一些努力。吴巍巍《近代中国基督教史上的“传教区划”现象探论——以福建为考察中心》[60]指出“传教区划”在地方社会的具体实践过程中，受到多方因素的影响，形成了带有地域性特色的传教路线图，奠定了基督教在中国区域社会的传播格局。谭立铸《从圣经的确立看基督信仰与中国文化的问题——关于法国传教士白日升的“中国福传建议书”》[61]认为，在白日升看来，适合中国人天赋的福传方式，不是让基督信仰以欧洲的文化形式，即它的论证形式，或者说它的神哲学形式，而是让它以圣经原本的叙述形式出现在中国人的眼前。何先月《汉语书写与礼仪之争——利玛窦的书写技艺在跨语际文化信仰传播中的作用与后果》[62]利玛窦的书写所展示出来的技艺虽然令人叹服，但就双重张力在跨语际文化信仰传播中的客观性和普遍性而言，利氏只能化解而不可能消除两者。就此而言，类似的译名之争、礼仪之争具有不可避免性。但从长远的历史而言，双重张力及其引发的争议，恰是文化互动转型、新文化产生的内在原因。罗莹《第一位中国籍耶稣会神父澳门人郑维信生平考略》[63]以耶稣会历史上第一位中国籍神父澳门人郑维信为例，关注他与身边在华外国神父之间的往来，试图勾勒、呈现中国教会早期本土化的尝试及其对于中国天主教史的意义。陈才俊《民国肇建时期美国传教士对袁世凯之复杂情感》[64]随着袁世凯复辟帝制，期冀变儒教为国教，影响到基督宗教之在华传播，传教士最终对其表示出极大失望，痛惜其“帝制自为”。短短几年间，传教士经历了对袁世凯由“希望”变“失望”的复杂情感过程。李新德《苏慧廉温州话圣经译本研究》重点研究了苏慧廉温州话圣经翻译的缘由与版式、翻译原则，并对其翻译特色进行评价。曲艺《明末基督教插图中的儒家元素：以〈天主降生出像经解〉为例》[65]旨在探讨convenevolezza在中国版画中的应用，并从艺术实践方面论证明末耶稣会采用适应儒家思想的传教策略。姚兴富《铁蹄下的福音——日军占领江苏时期基督新教的概况》[66]概述了1937年“八·一三”上海战事后，日本军队开始大举进攻苏南，大部分基督徒流亡到外地，教会关门，学校迁移的状况。不过还有一些中外基督教人士在苦难中继续支撑，勇敢地承担起救助难民的工作。日军占领江苏，与汪伪政府媾和对人民实行奴化教育，这其中就包括日军企图派本国的新教牧师影响或接管中国教会。

五、伊斯兰教研究

丁俊《尤苏夫·盖尔达维及其伊斯兰中间主义思想》[67]在综合以往研究成果的基础上，从宗教哲学思想、宗教法学思想和政治思想三个层次论述了盖尔达维倡导的伊斯兰中间主义思想。强调在当今的世界，认清和防范宗教极端主义固然重要，但就伊斯兰世界而论，极端主义只是支流，而主流是以中正、中和、中道著称的伊斯兰中间主义思想，弘扬主流思想本身就是以实际行动来抵制宗教极端主义思想。王希《简析苏菲学者贾米的〈论存在〉》[68]论述伊斯兰神秘主义对待“存在”问题的进路颇为不同。其代表人物贾米认为：存在就是作为必然者的真主本身，是唯一真正的实在和基质；通常被认为是自立的“是什么（本质）”相对于存在而言只是心智性的偶性。因此，这种立场是一种主张存在优先于“是什么（本质）”的本体论学说。哈宝玉《马图里迪及其教义学思想》[69]认为马图里迪的教义学及其学派，既坚持了伊斯兰教义学传统，又有创新和发展，其思想适中而不偏倚，温和而不偏狭，对中国穆斯林教义学产生了深远的影响。刘欣如《中亚宗教文化和社会的重大转折（9—13世纪）》[70]指出中亚地区在9—13世纪期间经历宗教文化的重大转折。伊斯兰教替代佛教和祆教成为主流，突厥语系的语言替代印欧语系诸语种成为穆斯林信众的流行语言。北方草原兴起的游牧部落的南下、西进与沙漠绿洲社会的互动促成这些转变。伊斯兰教化先在帕米尔高原以西的中亚两河流域实现。出身于那里的社会领袖和学者成为伊斯兰教世界的精英。在塔里木盆地周边至河西走廊，佛教在党项人建立的西夏王国、高昌回鹘、西辽的统治地区一时复兴。当突厥民族的喀喇汗国跨帕米尔高原重建中亚的商业文化网络之际，苏菲派圣人把伊斯兰教传入中亚的东部。在这几个动荡的世纪里，由佛教传播时兴起的艺术传统——绘画、音乐、舞蹈——延续不断，而且与新来的伊斯兰教的宗教礼仪结合并发扬光大。李艳枝《土耳其的宗教少数派——阿拉维派》[71]认为在土耳其现代化进程中，阿拉维派是凯末尔主义的坚定支持者，与左翼政党结盟，反抗逊尼派伊斯兰主义。目前，维系阿拉维派的传统纽带进一步瓦解，其作为一种文化现象引起诸多社会力量的关注和支持，虽然已超越土耳其国界成为一种国际现象，但还要为争取合法身份地位进行艰难抗争，要为彻底摆脱边缘化处境作出更大努力。

张建芳《伊斯兰教与中国传统文化融会的理论建构与路径选择》[72]认为伊斯兰教自进入中国，其本土化历程一直伴随着伊斯兰文明与中国传统文化的交流与互动。中国穆斯林学者以对中国传统文化尤其是对儒家思想的学习与吸收，将伊斯兰教义与中国传统文化交融会通，建构中国伊斯兰教宗教理论，使中国伊斯兰教变成了中国优秀传统文化不可分割的一部分，取得重要成就。金宜久《马注论“命”》[73]分别探讨命的含义、本原、衍化及其相关特性等问题，侧重点则在于分析命在宇宙万有（尤指人）中的地位、作用，为的是强调人应关注自我的“复命归根”。马注关于命的思想虽充斥信仰色彩，研究它仍有其现实意义。姚文永《浅析马注在〈清真指南〉中对儒家的看法》[74]马注认为，儒家的典籍中存在上帝（天）等与真主造化万物相关的思想，这是马注认可儒家的基础。然而，孔子、子思、孟子之后，上帝（天）等造化万物的观念没有被后儒所传承，这也是马注对后儒不满的重要原因。对于儒家的圣人孔子，马注从真主造化万物这一理念出发，阐释了孔子所谓的“天”这一造化万物的概念，并基本与真主吻合，这是马注把孔子称为圣人的关键。在对儒家综合认识的基础上，马注提出了扶儒黜异的伊斯兰教中国化发展模式。马娟《元代伊斯兰教与佛道之关系初探——以回回诗人与僧道之关系为例》[75]一文通过对佛教、道教文献的检讨，以回回诗人萨都剌、丁鹤年与僧侣、道士的交往关系为中心，论述了元代回回精英阶层在与僧侣、道士交往过程中，吸取佛教、道教的宗教术语，客观上成为明清回回学者“新文化运动”的滥觞。王启明《晚清吐鲁番社会中的伊斯兰教首领》[76]利用新近影印出版的《清代新疆档案选辑》等材料，对晚清吐鲁番地区的伊斯兰教礼拜寺的分布，以及宗教阿訇的人事更替和社会功能等做了详细的考察，指出阿訇在当地所具有的领袖色彩，并注意到官府逐渐将乡约和吐鲁番郡王补放阿訇的权力逐渐收归已有，并进而强化了对当地礼拜寺及阿訇的有效管控等情况。马景《王静斋与近现代伊斯兰教基督教对话》[77]就王静斋在伊斯兰教与基督教对话方面的思想历程作初步的探讨，以拓宽近现代伊斯兰教与基督教关系的研究。马丽蓉《“郑和符号”对丝路伊斯兰信仰板块现实影响评估》[78]指出“郑和符号”对东南亚伊斯兰信仰板块影响集中体现为“郑和崇拜”、对中东伊斯兰信仰板块的影响集中体现为“郑和文化”、对非洲伊斯兰信仰板块的影响集中体现为“郑和精神”；郑和宗教外交成功实现了“软着陆”，其包容性外交举措取得了显著成效，其经济外交和宗教外交的互促产生了联动效应等已成为“郑和符号”影响丝路伊斯兰信仰板块的主要原因；“郑和符号”在深化我国与丝路伊斯兰国家战略合作中的现实意义凸显为：华人华侨与穆斯林已成为郑和“符号现实”的主要建构主体；“郑和符号”在中国合作型战略文化的形成中发挥了构建与维持的作用；“郑和符号”成为深化中国与丝路伊斯兰国家伙伴关系的互信酵母等。因此，评估“符号郑和”对丝路伊斯兰信仰板块的现实影响，旨在对深化丝路伙伴关系、构建丝路“命运共同体”意识、优化“一带一路”战略软环境等重大现实问题作进一步探究，因而更具战略意义。

六、结语

从改革开放到现在，已近四十年了，中国宗教研究已经与过去有天壤之别了。特别是现在，中国进入世界大国行列，中国学术研究也在开始迈进世界前列，宗教学研究作为当代中国学术研究的显学，除了一直保持增长的态势之外，还与国际学术界的发展态势不断地产生互动的情形。特别是中国传统宗教研究的领域，中国学者的研究已经受到了国际学术界的注意，正如有学者所说，在外国召开的国际宗教研究的会议，没有中国学者参加是不可能的。今天的中国学术界已经遇到了研究的春天，显示出美好的前景。

北京作为中国政治、经济、文化的中心，也是中国学术研究的中心之一。在这里聚集了国内一流的研究单位与一流的作者，又有党和政府有关管理宗教部门，所以北京具有研究宗教的天然优势。但是随着信息化与电子化的到来，北京学者所具的优势已经越来越小，宗教研究除了资料的掌握之外，田野调查也是最重要的一块。北京地区不具备优良的田野调查条件，很多好的条件都放在了外地。宗教学研究的理论优势也在受到外地学者的挑战与压力，特别是一些南方区的高校与学者拥有较好的地域文化优势，完全可以走在北京学者的前面。所以对未来的北京宗教学研究来说，除了拥有好的品牌之外，很难有更多的研究优势，这就需要我们作出更多的思考与调整，将压力变为动力，把优势变得生命力更长。

注：

①《世界宗教研究》，2015年第5期。
②《世界宗教研究》，2015年第5期。
③《世界宗教研究》，2015年第2期。
④《世界宗教研究》，2015年第2期。
⑤《世界宗教研究》，2015年第1期。
⑥《世界宗教研究》，2015年第3期。
⑦《世界宗教研究》，2015年第2期。
⑧《世界宗教研究》，2015年第6期。
⑨《世界宗教研究》，2015年第3期。
⑩《世界宗教研究》，2015年第3期。
⑪《世界宗教研究》，2015年第4期。
⑫《世界宗教研究》，2015年第6期。
⑬《世界宗教研究》，2015年第3期。
⑭《世界宗教研究》，2015年第5期。
⑮《世界宗教研究》，2015年第1期。
⑯《世界宗教研究》，2015年第2期。
⑰《世界宗教研究》，2015年第1期。
⑱《世界宗教研究》，2015年第4期。
⑲《世界宗教研究》，2015年第1期。

⑳《世界宗教研究》，2015 年第 5 期。
㉑《世界宗教研究》，2015 年第 2 期。
㉒《世界宗教研究》，2015 年第 5 期。
㉓《世界宗教研究》，2015 年第 2 期。
㉔《世界宗教研究》，2015 年第 2 期。
㉕《世界宗教研究》，2015 年第 5 期。
㉖《世界宗教研究》，2015 年第 6 期。
㉗《世界宗教研究》，2015 年第 3 期。
㉘《世界宗教研究》，2015 年第 5 期。
㉙《世界宗教研究》，2015 年第 4 期。
㉚《世界宗教研究》，2015 年第 1 期。
㉛《世界宗教研究》，2015 年第 4 期。
㉜《世界宗教研究》，2015 年第 1 期。
㉝《世界宗教研究》，2015 年第 1 期。
㉞《世界宗教研究》，2015 年第 1 期。
㉟《世界宗教研究》，2015 年第 3 期。
㊱《世界宗教研究》，2015 年第 6 期。
㊲《世界宗教研究》，2015 年第 6 期。
㊳《世界宗教研究》，2015 年第 1 期。
㊴《世界宗教研究》，2015 年第 3 期。
㊵《世界宗教研究》，2015 年第 3 期。
㊶《世界宗教研究》，2015 年第 5 期。
㊷《世界宗教研究》，2015 年第 5 期。
㊸《世界宗教研究》，2015 年第 5 期。
㊹《世界宗教研究》，2015 年第 6 期。
㊺《世界宗教研究》，2015 年第 4 期。
㊻《世界宗教研究》，2015 年第 3 期。
㊼《世界宗教研究》，2015 年第 4 期。
㊽《世界宗教研究》，2015 年第 2 期。
㊾《世界宗教研究》，2015 年第 2 期。
㊿《世界宗教研究》，2015 年第 2 期。
51《世界宗教研究》，2015 年第 1 期。
52《世界宗教研究》，2015 年第 2 期。
53《世界宗教研究》，2015 年第 6 期。
54《世界宗教研究》，2015 年第 3 期。
55《世界宗教研究》，2015 年第 4 期。
56《世界宗教研究》，2015 年第 5 期。
57《世界宗教研究》，2015 年第 1 期。
58《世界宗教研究》，2015 年第 5 期。
59《世界宗教研究》，2015 年第 6 期。
60《世界宗教研究》，2015 年第 1 期。
61《世界宗教研究》，2015 年第 5 期。
62《世界宗教研究》，2015 年第 5 期。
63《世界宗教研究》，2015 年第 1 期。
64《世界宗教研究》，2015 年第 2 期。
65《世界宗教研究》，2015 年第 2 期。
66《世界宗教研究》，2015 年第 4 期。
67《世界宗教研究》，2015 年第 2 期。
68《世界宗教研究》，2015 年第 5 期。
69《世界宗教研究》，2015 年第 6 期。
70《世界宗教研究》，2015 年第 6 期。
71《世界宗教研究》，2015 年第 3 期。
72《世界宗教研究》，2015 年第 3 期。
73《世界宗教研究》，2015 年第 6 期。
74《世界宗教研究》，2015 年第 2 期。
75《世界宗教研究》，2015 年第 4 期。
76《世界宗教研究》，2015 年第 1 期。
77《世界宗教研究》，2015 年第 4 期。
78《世界宗教研究》，2015 年第 5 期。

（作者：黄夏年，中国社会科学院研究员）

经 济 学

理论经济学

卫兴华 聂大海

2015 年是贯彻落实党的十八届三中、四中全会精神的重要一年，是落实全面深化改革和“十二五”收官的关键之年。经济学界涌现出了一系列新的理论观点，对改革与发展的诸多理论问题也进行了广泛和深入的研究与探讨，取得了有益成果。此外，随着《21 世纪资本论》的热销，在学界也引起了热议。本文就以下六个重要热点问题的研究和不同观点进行梳理和综述。

一、政治经济学的发展与创新

习近平总书记于 2014 年提出要“学好用好政治经济学”。2015 年 11 月 23 日中共中央政治局集体学习马克思主义政治经济学基本原理和方法，强调“要提炼和总结我国经济发展实践的规律性成果，把实践经验上升为系统化的经济学说，不断开拓当代中国马克思主义政治经济学新境界”。2015 年中央经济工作会议又提出：要坚持中国特色社会主义政治经济学的重大原则。学界对于“政治经济学”的发展与创新问题进行了深入讨论。

（一）发展当代中国马克思主义政治经济学

顾海良提出，应提倡领导干部学习马克思主义经典著作。马克思主义政治经济学经典著作中阐发的基本原理和方法，对改革和发展社会主义市场经济、认识和把握当前国际经济关系的本质仍具有重要的指导意义。高校要加强马克思主义政治经济学的教学与研究工作。卫兴华提出，马克思把政治经济学分为“劳动的政治经济学”和“资本的政治经济学”。马克思主义政治经济学是为劳动人民求解放和谋福祉的“劳动的政治经济学”，因此，“要坚持以人民为中心的发展思路，这是马克思主义政治经济学的根本立场”。逄锦聚提出，在一段时间内，高校乃至理论界出现忽视、怀疑甚至否定马克思主义政治经济学的问题，这是必须纠正的。要着力抓好马克思主义政治经济学进课堂和人才培养，加强政治经济学的教师队伍建设。刘伟提出，建设中国自成系统的经济学说，构建中国经济学话语体系，是中国经济学工作者义不容辞的责任。中国的实践走在了理论的前面，提出了很多问题，急切希望从需要出发做出回答。这是我们建立当代中国马克思主义经济学说最重要的基础和最深刻的根据。洪银兴提出，回顾改革开放以来的发展进程，改革和发展的每一步前进都是政治经济学领域的重大创新推动的。政治经济学不能只是发挥思想教育功能，还应指导经济决策和经济政策的制定，成为中国哲学社会科学话语体系的重要组成部分。林岗提出，应处理好马克思主义经济学与西方经济学的关系，明确马克思主义经济学在经济学教育中的主导和主体地位。反思教育国际化与人文社会科学的意义是不同的，不能将自然科学中进行的国际化教育改革做法照搬到社会科学领域。黄泰岩提出构建一个系统化的经济学说，应关注中国发展经验的世界普遍性意义。发展应成为构建中国经济学理论体系的核心概念，应包括发展的理念、目的、道路、动力、资源、制度和发展的文化。张宇提出，要适应时代的变化，不断概括出理论联系实际的科学的开放融通的新概念、新范畴、新表述，打造具有中国特色、中国风格、中国气派的政治经济学话语体系。要根据实践提出新的经济理论观点，揭示新的经济规律，说明新的经济现象，提出新的经济学命题，修正过时的经济学论断，推动理论的发展。何自力强调坚持以马克思主义政治经济学为指导。以人民为中心是进行经济学理论创新必须坚持的基本立场，要围绕人民主体地位，树立和落实创新、协调、绿色、开放、共享的发展理念。努力打造特色鲜明、科学先进、系统成熟的当代中国马克思主义政治经济学理论体系。①

（二）关于构建以马克思主义政治经济学为指导的“中国特色社会主义经济学”

顾海良提出，新政治经济学即中国特色社会主义政治经济学，是改革开放以后发展起来的马克思主义政治经济学的新形态，是 21 世纪中国马克思主义的重要组成部分。新政治经济学之“新”，最显著的在于理论创新中国话语的形成及其对学科建设的作用力和影响力。从中国话语视角，科学把握学科建设和理论创新的关系，是理解新政治经济学发展的基本方面。就生产力理论中国话语对新政治经济学学科建设拓展而言，突出地表现在两个方面：一是从经济建设和生态文明建设结合上，提出“发展生产力”和“保护生产力”关系的中国话语。二是在科学技术是第一生产力的基础上，提出“最大限度解放和激发科技作为第一生产力所蕴藏的巨大潜能”的中国话语。高度重视新政治经济学学科建设，是提升中国化马克思主义理论自信的基础。②逄锦聚提出，1978 年改革开放以来，我国大量学习借鉴西方发达国家的经验，包括学习和借鉴西方经济学的一些理论，但学习的目的不是照抄照搬，而是吸其精华、弃其糟粕、为我所用。从总体上说，尽管有的西方经济理论在经济运行发展层面上被借鉴和应用，但从来也没有成为我国现代化建设的根本性指导理论。改革开放 30 多年来，我国形成了中国特色社会主义基本经济制度、中国特色社会主义经济发展道路、中国特色社会主义市场经济体制，其根本的指导理论不是西方经济理论，而是马克思主义中国化产生的中国特色社会主义理论体系。这个理论体系当然包括中国化了的马克思主义政治经济学理论。[③]刘伟提出，只要存在社会生产关系及其历史运动，就需要开展政治经济学的研究。论证中国特色社会主义社会生产关系的历史必然性和合理性，是拥护中国特色社会主义事业的经济学者必须回答的问题，还需中国社会经济发展证实，这就构成了对现阶段中国特色社会主义生产方式进行政治经济学研究的需要，也是研究政治经济学的特殊魅力。[④]黄泰岩提出，改革开放30多年来，中国经济学的最大成就是形成了中国特色社会主义经济理论。中国经济学来源于马克思主义经济学，其形成是坚持和发展马克思主义经济学并使之中国化的过程，同时也吸收了西方经济学派的科学成分，更重要的是来源于中国经济改革与发展的伟大实践。[⑤]闵绪国、徐仲伟认为，坚持以马克思主义为指导，以中国特色社会主义经济理论为主体，增强对现实问题的解释力，科学借鉴西方经济学的有益成分并结合中国实际进行改造，充分吸收传统经济思想的优秀内容并加以时代性创造，从而在综合创新中丰富和发展中国特色社会主义经济学理论，这是中国经济学的重要任务，也是我国经济建设的迫切要求。[⑥]朱富强提出，经济理论研究必须具有强烈的问题意识，这包括“现实问题意识”和“理论问题意识”两大方面。前者是对现实经济问题的挖掘，注重理论的解释力；后者是对经济理论问题的反省，涉及理论的逻辑性。迄今为止，经济学的本土化发展在中国还没有真正起步。[⑦]

（三）构建和学好用好中国特色社会主义政治经济学

对于如何学好、用好、发展好马克思主义政治经济学问题，洪银兴提出，在学的过程中，一是学好马克思主义经济学原著，二是学好中国化的马克思主义经济学。在用的过程中，一是运用生产关系适应生产力发展理论指导经济改革，二是运用政治经济学揭示的经济规律指导经济发展。[⑧]张宇提出，新的理论和话语体系有待于探索、开拓和创新，但其方向应是明确无疑的。构建中国经济学体系和学术话语体系的首要任务，就是要坚持和发展马克思主义政治经济学。离开了马克思主义经济学作为理论基础，就不可能科学认识当今资本主义经济和社会主义经济的运动规律，不可能取得中国特色社会主义经济建设的胜利，也不可能正确总结和认识中国经济体制改革的经验。要把理论与中国特色社会主义经济建设的实际相结合，不断推进马克思主义经济学的中国化。对于西方经济学中的合理性和有用性部分，要认真学习和科学借鉴，但不能照搬照抄、盲目崇拜。[⑨]黄泰岩提出，为构建和完善既符合经济学一般规律又接中国地气、具有中国风格和中国气派的中国经济学理论体系，要坚持从中国经济学的三个理论来源出发，把理论逻辑、经验逻辑和数理逻辑有机融合起来推进创新发展，并接受中国经济实践的充分检验。[⑩]闵绪国、徐仲伟认为，中国经济学综合创新的关键，在于根据中国实际兼收并蓄、博采众长，不是将“马学”、“中学”、“西学”和“国学”弄成经济理论的大杂烩，不是古今中外经济学说优秀成分的简单叠加，而是为促进中国经济发展，在马克思主义指导下，充分利用一切有价值的经济学说，解决中国经济发展实际问题。这种创新是“创造性综合”。[⑪]

二、怎样正确认识和适应经济新常态

2015年，我国经济增速下行压力持续，经济维持中高速增长，结构调整优化进一步加深，整体依旧呈现新常态运行特点。2015年12月召开的中央经济工作会议明确指出，认识新常态、适应新常态、引领新常态，是当前和今后一个时期我国经济发展的大逻辑。这是综合分析世界经济长周期和我国发展阶段特征及其相互作用做出的重大判断。会议强调创新、协调、绿色、开放、共享的发展观念，强调推进供给侧结构性改革，是适应和引领经济发展新常态的重大创新。如何正确认识和适应新常态继续成为经济学界关注的热点。

（一）经济新常态的特征及内涵

中国人民大学宏观经济分析与预测课题组总结了当前我国经济新常态四大典型特征：一是在GDP增速逐季回落过程中，价格总水平保持相对稳定状态。二是在GDP增速与工业增加值增速持续回落的同时，就业状况保持较为良好态势。三是七大类结构参数开始发生较大变化，我国结构大调整时代已开启。四是前期刺激性政策的后遗症十分严重，经济系统性风险难以在短期内化解。[⑫]李扬和张晓晶认为，我国经济新常态面临的挑战以产能过剩、债务风险增大、城镇化转型带来的问题为主，而新常态事实上只是长期存在于我国经济发展方式和经济结构内部的各类矛盾的显化。目前我国经济已呈现“速度略降、质量效益提高、生态效应改善、可持续性增强”的良好态势转换迹象。[⑬]胡乃武和田子方提出新常态下我国经济增长的六个基本特征：即阶段性增长、创新驱动增长、产业结构优化与升级型增长、以服务业为主导的增长、环境友好型与资源节约型增长。[14]贾康总结了新常态三个关键词：中高速、结构调整优化、创新驱动，提出新常态下我国经济的九大特征：个性化、多样化消费渐成主流；一些新技术、新产品、新业态、新商业模式的投资机会大量涌现；低成本比较优势发生转化；生产小型化、智能化、专业化将成为组织新特征；人口老龄化日趋发展，农业富余人口减少，经济增长将更多依靠人力资本质量和技术进步；市场竞争逐步转向质量型、差异化为主；环境承载能力已达到或接近上限；化解以高杠杆和泡沫化为主要特征的各类风险将持续一段时间；既要全面化解产能过剩，也要通过发挥市场机制作用探索未来产业发展方向。[15]简新华、郭洋志认为，我国的经济新常态与国外不同，必须全面、准确、历史、动态、辩证地认知经济新常态。我国的经济新常态不只是中高速增长，更不是“去 GDP”；是一种动态而不是静态，也不能自然形成，而是需要经过艰苦努力才能实现；不是只由创新和消费驱动，还需投资和出口拉动；专指经济发展而不宜过度泛化。[16]金碚提出，经济新常态不仅是一种客观形势，而且是一种战略思维和战略心态，即以何种主观意识来判定经济态势的正常和合意与否。在经济新常态下，社会心理会更具战略平常心，更倾向于长期理性、公共思维和持久耐心。国家发展将更加体现战略思维的“平常心态”“长远眼界”“长效目标”和“长治久安”。[17]

（二）经济新常态下的政策建议

杨承训根据中国化马克思主义辩证法理论，认为我国经济发展进入中高速度常态化，正是生产力部分质变的表现。这一新阶段的中心在于提升经济质量和效益，并能以质量带数量，意味着向高台阶发展。适应部分质变，必须转到科技创新轨道上来，采取有力措施发挥“第一生产力”的主导作用，探索和构建“三元机制”。[18]中国人民大学宏观经济分析与预测课题组针对新常态下的宏观政策，提出应采取“均衡趋向”而不宜采取“唯增长”或“唯改革”趋向；积极破除各种“数字教条”，应在不断试探底线的过程中逐步修正各种政策变量；防止把“均衡趋向”等同于“中庸取向”，尤其要防止以“稳增长”为借口使改革和调整流于形式；“改革取向”在底线管理约束下必须强调改革的逻辑；坚守“不破不立”的大改革与大调整的基本哲学，在强化社会改革力度的同时，提高宏观经济回落的社会政治容忍度。[19]贾康提出新常态下要完成的五大任务：继续稳增长、培育新的增长点、加快转变我国农业发展方式、优化经济发展空间格局及加强保障和改善民生工作。[20]陈文通认为，适应经济发展新常态，应彻底放弃和纠正不切合实际的理论认识。经济增长和发展必须以人为中心和主要依靠国内居民需求，必须坚定不移地调整国民收入分配的“三个比重”，国家发展政策必须适度向三农倾斜，正确认识和对待转变发展方式过程中经济增长速度的降低，改革的重点是解决好政府和国有经济的职能定位。[21]张占斌、周跃辉认为，我国经济新常态要坚持新思维和新理念。一是坚持稳中求进的总体基调，保持战略定力与平常心。二是高度重视防范各种风险，保持合理的经济发展速度。三是推进经济结构优化升级，实现实实在在和没有水分的增长。四是坚持生态文明理念，努力建设美丽中国。五是牢牢把握正确方向不动摇，加大全面深化改革的力度。新常态的改革路径包括：大力实施简政放权，实现市场起决定性作用新常态；推进结构性改革，保持经济平稳增长新常态；深化科技体制改革，实现创新驱动经济新常态；深化财政金融改革，支撑产业迈向中高端新常态；构建开放型经济新体制，推进高水平对外开放。[22]刘伟提出，为适应新阶段经济失衡的新特点，宏观经济策略应采取松紧搭配的新宏观政策，同时以需求扩张作为调整供给机构的前提，努力刺激需求，以供给有效实现创造市场条件，最终完善社会主义市场经济体制和民主法治秩序，强调“四个全面”，实现制度创新。这是推动我国转变发展方式、跨越中等收入陷阱、实现现代化宏伟目标的关键。[23]张晓晶概括了新常态下宏观调控的九大特征：突出供给思维，应对潜在增速下滑；明确“上限”、“下限”和“底线”，完善区间调控；理解经济异质性与增长非均衡，重视结构性调控；“牵手”战略规划与财政货币政策，拓宽宏观调控视野；确立调控新指挥棒，重启地方竞争；考量利益博弈，把握宏观调控政治经济学；关注大国溢出效应，践行负责任宏观政策；尊重“市场决定论”，宏观调控不能包打天下；推进“机制化”建设，构筑宏观调控基本遵循。[24]刘志彪认为，新常态下经济发展战略从要素驱动、投资推动和出口导向转向创新驱动，产业政策的目标、手段、工作机制等也要随之进行根本性变革，尤其要从物资资本为重心转向以人力资本、知识资本和技术资本为重心，确立横向的产业政策和竞争政策在整个经济政策体系中的优先地位。[25]林毅夫提出，要保持经济长期增长，就必须进行产业结构转型和升级。他把产业结构按照新结构经济学的角度分为五大产业：追赶型、领先型、退出型、弯道超车型和战略性，认为这五种产业类型在新常态下处处是投资和发展机会，这些投资都能提高生产率水平、竞争力和发展质量。要使我国的潜在增长变成现实，政府应用好政策，适时进行基础设施投资，完善各种配套设施，为民营经济发展、产业升级、劳动生产率提高提供支持。[26]

三、对混合所有制改革的不同认识

自党的十八届三中全会提出“积极发展混合所有制经济”以来，混合所有制改革（简称混改）问题一直受到学界的关注与讨论。

（一）混合所有制改革的内涵

卫兴华、何召鹏提出，发展混合所有制经济，将其作为公有制经济和非公有制经济的重要实现形式，是为了更好发展公有制经济与非公有制经济。总的战略目标是服从于发展社会主义经济制度的。混改是双向混合而不是单向混合，混改不应是提供一个让私有制侵蚀公有制的平台，要防范某些国企和地方管理人员由于理解和认识上的偏误走上歧途。[27]刘伟认为，坚持在公有制为主体、多种所有制共同发展的基本制度基础上，构建和完善市场经济体制，是我国改革实践不同于其他市场化改革的最根本特点。所有制改革是建立社会主义市场经济的关键，也是改革的真正历史性难题，而混合所有制经济正是所有制改革的重要探索。如何通过发展混合所有制经济、运用混合所有制方式改造所有制，使全社会既不失其公有制的主体地位，又能发展非公经济，使全社会在所有制结构上适应市场经济要求，这是发展混合所有制经济的基本要求。[28]程恩富、董宇坤提出，以公有资本为主体的混合所有制经济是社会主义性质的保证，是完善社会主义市场经济的必要要求，是维护国家经济安全的重要保障。发展混合所有制经济的终极目标是更好地发展生产资料公有制，更好地发展社会主义生产方式，更好地发展社会主义。[29]冷兆松批判了在混合所有制问题中出现的错误观点，提出对发展混合所有制经济的任何私有化的解读都是不符合客观实际的，是错误和有害的。关于这一点，可从近现代中国经济发展史中得到深刻理解。改革开放以来发展的混合所有制经济，其本质特征是以公有制为主体、国有经济为主导、多种所有制经济共同发展的社会主义市场经济，绝不是私有制经济的回归。[30]石冀平认为，搞混合所有制，前提显然应是确保公有制的主体地位，这也是发展混合所有制的底线。目的则是实现“两个毫不动摇”，公有制经济和私有经济都发展，而不是在混改中搞私有化。而且既然公有经济和私有经济是平等的市场主体已成为体制性表述，那么就不能只将国有企业置于改革对象的地位，私有企业也应是改革的对象。[31]顾钰民提出，混合所有制经济在微观领域实现的具体形式是公司制。混合所有制经济作为基本经济制度的实现形式，能在微观领域更好地实现国有资本控制力。当前，不少人对我国微观领域基本经济制度实现形式的认识还停留在现象层次上，认为混合所有制改革就是让民间资本和外资直接参与国企改革，使国有企业转变为混合所有制经济。[32]周绍朋、朱晓静提出，发展市场经济最基本的要求就是机会均等、规则公正，资本资源可自由流动，企业能自主决策、自由交易、自负盈亏。这就要求在深化经济体制改革和经济的进一步发展中，打破公有制经济和非公有制经济之间的各种壁垒。而打破这些壁垒的最有效途径就是大力发展混合所有制经济，它可使各种所有制都能在公平竞争和相互融合发展中进一步提升自己的发展能力和发展水平。[33]杜黎明、孙晓雅提出，混合所有制经济是不同所有制性质的投资主体共同出资、组建企业的一种经济形式，能有效实现公有制经济和非公有制经济的融合发展。充分发挥混合所有制经济的融合功能，是其成为基本经济制度实现形式的基础和前提。混合所有制经济融合功能主要表现为不同经济成分、经济权利、投资与收益、经济公平与经济效率的融合四个方面。[34]

（二）混合所有制改革的方向

金碚认为，新形势下，发展混合所有制经济至少要有利于达到四个目标：一是推进国有企业改革，以注入非国有资本的方式增强国有企业活力。二是实现既保持国有经济控制力，又对非国有企业开放更多产业领域。三是进一步调整和优化我国经济的所有制结构，避免在“国进民退”还是“民进国退”问题上的纠结。四是更好适应未来的国际贸易和国际竞争规则，避免国有企业在国际纠纷仲裁中处于被指违反“竞争中立”原则的不利地位。[35]程恩富、谢长安提出，发展混合所有制经济过程中要做到“六个防止”：一是防止国有资产流失。二是防止国外资本垄断。三是防止非公资本单向参控。四是防止削弱人民币国际化。五是防止只讲混合所有制不讲国有企业改革和发展。六是防止削弱国有经济的主导作用。[36]卫兴华提出，发展混合所有制经济要注意三点：一是立足于坚持和发展社会主义初级阶段基本经济制度。二是发展混合所有制经济应是双向混合，而非单向混合。三是由谁控股应基于更好地发展国有经济和民营经济的前提下具体分析。[37]程承坪、刘凡认为，发展混合所有制经济的关键是建立科学公平的资产定价或对价机制，实现资本混合后有效的公司治理。在这当中，坚决反对国有企业私有化、坚决杜绝国有资产流失是不可逾越的两条红线。[38]邹升平提出，由于我国处于并将长期处于社会主义初级阶段，生产力水平发展不平衡、多层次，既有现代化的生产力，也存在很多落后的生产力，因此必须根据生产力状况和要求积极探索公有制的具体实现形式，根据公有制企业的具体状况有序推进混改。公有制进行混改不是对公有制经济的私有化，而是发展壮大公有制、巩固公有制主体地位的一种手段。因此，对国有企业混合所有制改革不能采取“一刀切”。此外，混合所有制是公有制的重要实现形式，但不是唯一实现形式。[39]李济广提出，片面强调公有资本与私有资本在一般经济领域平等竞争，会导致社会资源配置的低效率。在公有制比重不高的情况下，放大国有资本功能必须放大国有资本的规模和比重，国有资本保值必须做到社会总量保值，公有资本增值率需要高于非公有资本的增值率。混合所有制不是搞好国有经济的必备前提，增强国有资本竞争力不能搭私人资本便车，混合所有制企业并非公有资本比重越低治理效果越好，公有资本参股混合所有制也容易被侵蚀，并失去国有资本功能。不管混合与否，都必须保证国有股最终所有者的民主监管权力，由国家进行制度干预和必要的经营决策约束。[40]

四、对收入分配改革的不同认识

收入分配改革一直以来都是经济体制改革的重要内容。2015年学界对于收入分配改革主要从存在问题和改革方向两方面进行讨论。

（一）对当前我国收入分配中存在的问题的不同认识

李实提出，中国收入分配不平等程度不是世界上最高的，但其收入差距的扩大速度很快。从20世纪90年代中期开始，我国收入分配不公问题愈发严重，主要表现为户籍制度的约束和城乡公共资源配置失衡，导致城乡间收入分配不公；垄断行业和企业愈加强势，导致行业间工资分配不公；政府部门过度干预经济活动和政府官员贪腐，导致社会分配不公。[41]陈宗胜等提出，我国下一步收入分配格局有可能出现“葫芦形”结构，而不是“橄榄形”。这种“葫芦形”格局是由于我国特定的以户籍制度为特征的二元结构造成的，是在城乡收入差别过大、城乡户籍制度僵化、城市化落后于工业化下的一种畸型两极结构。这一结构再次形象地说明我国社会二元反差程度的严重性，说明还远没有形成“橄榄形”格局所要求的中等收入阶层。[42]朱富强认为，我国的收入分配是势力博弈型的，从而导致收入分配差距不断拉大，经济增长具有很强的无序性。收入差距迅速拉大成为我国社会经济中日益突出的现象。合理调整收入分配结构和改进社会经济关系，成为制度改革攻坚的重点和各级政府工作的重中之重。[43]薛宝贵、何炼成认为，我国的国民收入要素分配面临劳动收入份额持续下降与财富集聚的双重压力，这导致收入不平等有扩大倾向。应提高劳动收入份额，改变资本偏向型战略，实现收入代际流动及充分发挥国有企业的作用。[44]刘国光提出，按照马克思主义的观点，所有制决定分配制，财产关系决定分配关系。我国收入差距扩大的最根本原因是所有制结构上的“公”降“私”升和“化公为私”。[45]洪银兴提出，从表面看，分配不平等在很大程度上由要素参与分配导致。但深层次分析，产生收入差距的根本原因是不同的个人所拥有的要素存在很大差别。因此，解决收入不平等的关键，在于缩小不同个人所拥有的参与分配的要素差别，特别是财产和知识差别。劳动报酬不只是指生产一线的劳动者报酬，还包括技术和管理人员的劳动报酬。[46]钟卫华提出，近几年我国政府采取一系列措施缓解贫富差距过大问题，但问题仍未得到根本解决，相对贫富差距仍在继续扩大，其原因是多方面的。其中一个重要原因是财富占有不平等。目前我国财富实际占有在公民之间、城乡之间、地区之间不平等。这种财富不平等占有所产生的财产性收入远比一般的工资性收入导致的贫富差距大得多。[47]崔朝栋、崔翀认为，目前的收入分配差距过大主要是城乡收入分配差距过大，这主要是由生产要素（尤其是公共生产要素）在城乡之间分配不公引起的。[48]

（二）收入分配改革的方向

陈宗胜等提出，为达到“橄榄形”收入分配格局，必须以与当前发展阶段相适应的收入差别作为激励，大力提高经济发展水平和居民收入水平，特别注重实现居民收入增长和经济发展同步、劳动报酬增长和劳动生产率提高同步；必须深化收入分配体制改革，有序调整收入分配格局，在不断提高最低收入阶层收入水平的同时，加快培育中等收入阶层；努力缩小现存区域间、城乡间、行业间过大的收入差别，适当调节最高收入层收入增速，坚决取缔任何非法收入。[49]钟卫华提出，要解决贫富分化问题，必须解决财富占有不平等问题。防止国有资产在发展混合所有制过程中进一步流失；加大打击腐败力度，堵住权力变相转化为财富的通道；加大财富分配和优惠政策向农村及落后地区的倾斜力度；完善相关税收制度，充分发挥税收在财富分配中的调节作用；提高国家资源开发利用的相关补偿费用和税率。[50]薛宝贵等提出改变资本偏向型战略，促进收入的代际流动，征收财产所得税、财产税和累进遗产税；探索国有资本收益全民共享途径，防止国有资本收益内部化和国有资本丧失原有属性。[51]李实认为，要从全局出发，有效抑制收入差距扩大趋势。以从根本上消除收入分配不公为根本目标，制定一套较为完整的改革方案，逐步建立起一整套具有可行性、实效性的初次分配与再分配政策体系。完善生产要素市场是解决收入分配问题最根本、最有效的制度因素，因此打破垄断、建立公平的市场竞争秩序是我国要素市场化改革中的一个重要目标，重点加大资本市场、土地市场和劳动力市场改革力度。同时，解决收入差距问题必须依赖于一定程度的政治体制改革。[52]何玉长、郑素丽认为，我国收入分配制度改革的思路是：经济增长与分配公平重在公平分配；改善居民收入与财富分配重在提高公共服务水平；健全收入分配和财富调节制度体系；尽快实现财产信息联通，搭建财产信息资源平台。[53]

五、正确认识和跨越中等收入陷阱

中等收入陷阱作为一种统计意义上的概念和现象，主要指中等收入阶段的经济体由于不能进一步转型发展，导致经济增长回落或停滞。随着我国步入中等收入国家行列及经济增速的放缓，学界对于中等收入陷阱的讨论日趋热烈。

（一）正确认识中等收入陷阱

对于中等收入陷阱的概念内涵，学者持有不同观点。张平提出，经济发展的任何阶段都有所谓陷阱问题，即有一组陷阱导致国家难以逃脱发展的长期徘徊状态。低收入阶段叫马尔萨斯陷阱，中等收入阶段叫中等收入陷阱，现在又重新热烈讨论发达国家的“长期停滞”。中等收入陷阱的特征可归纳为：一是国家干预战略在中等收入阶段转型不成功。二是技术进步的“干中学”效应消失，自主创新没有成功提高全要素生产率的贡献。三是分配差距过大，易引起社会动荡。四是政府应对金融冲击不利，出现货币、银行、债务等危机，引起经济巨大波动。[54]贾康、苏京春认为，中等收入陷阱作为一种统计现象，确实是一种真实世界中的“真问题”。而且应进一步强调：对于艰难转轨、力求在“和平发展”中崛起的中国来说，这是一个关乎其现代化“中国梦”命运的顶级“真问题”。[55]田国强、陈旭东提出，既然是陷入陷阱，就有可能走得出，也有可能走不出，关键是看是否能找到走出陷阱的方式。中等收入陷阱不是一个确定性事件，不能说成是一定不存在或存在。近年来随着中国经济增长持续减速、社会矛盾激化频发、人口红利不断削弱、制度转型滞后等都使中国落入中等收入陷阱的可能性大为增加，需要引起充分警惕。[56]

也有学者对中等收入陷阱的概念内涵提出不同看法，认为在对概念的解读中存在误区。张宇提出，所谓中等收入陷阱并不是一个科学的概念，并且不是一个普遍规律，造成该问题的原因是复杂多样的，并不与中等收入有直接联系，其呈现的种种问题，从本质上看是不发达国家现代化过程中面临的矛盾和困境的表现。而导致不发达国家长期锁定不发达状态的根源，实际在于资本主义世界体系本身，在于发达国家与不发达国家的支配与被支配地位。因此，摆脱中等收入陷阱实际上是如何在资本主义世界体系中摆脱落后挨打的宿命、实现国家现代化的问题。[57]范和生认为，不能将中等收入陷阱概念狭义化，因为概念本身是动态的，过分强调中等收入陷阱对于中国来说本身就是个“陷阱”。将中等收入陷阱修正为“中等收入瓶颈”更符合中国现状。[58]华生、汲铮提出，与国际上经济学界较少提及和关注这个概念不同，中等收入陷阱在中国被人们当作一个极为有用并早已被证明的定义。比较意义上的中等收入陷阱并不存在，若把不同收入分类看作一个整体来考证的话，经验数据并不支持比较意义上的中等收入假说。而停滞角度的中等收入陷阱等同于中等收入阶段，而把只有几十年时间的中等收入阶段说成陷阱并不恰当。[59]

（二）如何跨越“中等收入陷阱”

张宇认为，在当前要紧紧抓住和用好新一轮科技革命和产业变革的机遇，加快创新型国家的建设步伐，努力实现关键技术重大突破，把关键技术掌握在自己手里，推动中国制造向中国创造转变、中国速度向中国质量转变、中国产品向中国品牌转变，打造中国经济的升级版和新优势。这是建设社会主义现代化强国和实现中华民族伟大复兴的根本途径，也是摆脱所谓中等收入陷阱的根本途径。[60]刘伟提出，很多国家长期陷入中等收入阶段，核心原因就是创新能力不足和腐败。因此，根本解决途径就是要制度创新，而制度创新的根本一是经济制度，二是政治制度。所有跨越不过中等收入陷阱的国家，其共同的一点是市场失灵、政府和市场关系紊乱。政府过多干预市场，导致企业不能通过市场竞争获得机会，市场失灵而不起作用，要找政府官员谈判，从而出现寻租或权钱交易。因此，全面深化社会主义市场经济体制改革和依法治国与跨越发展的目标是一致的。[61]田国强、陈旭东提出，应通过合理界定和厘清政府与市场、政府与社会的治理边界，来实现从发展型的全能政府向公共服务型的有限政府转型，从要素驱动向效率驱动乃至创新驱动转型，从传统社会向现代公民社会转型，建立政府、市场与社会“三位一体”的国家公共治理模式，实现国家治理体系和治理能力的现代化。[62]魏杰、杨林提出，必须推进改革才能解决经济发展中积累的矛盾与问题，避免陷入中等收入陷阱。要破除垄断，降低一些行业的进入壁垒，尤其是很多服务型行业。消除一些要素市场普遍存在的价格扭曲。调整政府支出结构，增加民生服务支出。[63]何玉长提出，成功跨越中等收入陷阱，实现中国经济健康协调发展，既是新常态经济的必然选择，也是对中国新常态经济的重大考验。一方面，新常态经济着力调整经济结构以跨越中等收入陷阱；另一方面，新常态经济着力改革收入分配以跨越中等收入陷阱。[64]彭刚、李逸浩认为，创新活动是有效推动经济增长的根本动力。实现中等收入向高收入，尤其是在进入高中等收入阶段后继续向高收入阶段跨越，就只能依靠创新来实现。因此，需要建立健全竞争性市场机制，发挥企业作为主体的核心作用，加强基础性研究，建立全国性研究开发网络，发展多层次资本市场来支持创新。[65]

六、对《21 世纪资本论》的不同评述

《21 世纪资本论》是法国经济学家托马斯·皮凯蒂的学术著作，一经出版便引发了学术界的热议。我国学界在 2015 年对《21 世纪资本论》的讨论主要集中在《21 世纪资本论》与《资本论》的关系和对比，《21 世纪资本论》的学术贡献及理论缺陷两方面。

（一）《21 世纪资本论》与《资本论》的关系和对比

崔友平认为，《21 世纪资本论》并不是《资本论》的继承与发展，只是西方经济学家寻求挽救资本主义的一次尝试。是借用了对其宣传有利的书名，本质上仍是一个资本主义社会维护者，意图在于推动社会进步，提出改革思路。而马克思《资本论》科学地论证了资本主义制度一定灭亡、社会主义一定胜利的历史必然性，是一部逻辑严谨、结构完整的科学巨著。[66]张宇、张晨认为，应当看到，《21 世纪资本论》绝非《资本论》的续篇抑或 21 世纪的《资本论》。该书不仅存在对马克思《资本论》的肤浅认识和错误理解，其研究对象、逻辑体系、理论贡献和历史影响等也都难与《资本论》等量齐观。[67]李建平认为，《21 世纪资本论》和《资本论》不可相提并论，这主要体现在对待资本主义私有制的态度上。马克思认为资本主义制度和私有制财产最终要被人类所抛弃，皮凯蒂则赞同资本主义的私有制和市场制度。[68]周新城提出，皮凯蒂仅仅停留在现象描述上，没有揭露本质。这是由他作为资产阶级经济学家的阶级本性决定的。从揭示资本主义制度的本质、阐述人类社会历史发展趋势的角度说，皮凯蒂与马克思是不能相比肩的。一个是资产阶级经济学家，总是想在资本主义框架内寻找出路；一个是无产阶级革命家，主张推翻资本主义制度，用社会主义制度取而代之。把分配问题当作经济学研究的中心，是皮凯蒂经济学的资产阶级本性的一个表现。[69]鲁品越认为，皮凯蒂的《21 世纪资本论》与马克思的《资本论》虽然书名的主语相同，但两者的研究性质完全不同。《资本论》是建立了宏伟理论体系的理论著作，是真正的“资本论”。而《21 世纪资本论》只是建立在对历史数据的统计之上的描述性科学著作，讨论“资本”而非真正的资本论。[70]杨军认为，《21 世纪资本论》没有研究资本主义生产过程，没有触碰资本主义制度，而是基于社会阶层的划分；避而不谈资本主义私有制，只在分配上兜圈子，力图在资本主义框架下寻找解决不平等问题的工具；将“资本”与“财富”等同；因此，与马克思主义的主张没有共同之处。[71]余斌认为，与马克思的《资本论》相比，该书无论是在对历史事实的把握上，还是对经济理论的理解上，都存在重大缺陷。全书的主要立论都是基于计算错误的教条工具“资本—收入比”和没有意义的教条不等式“资本收益率 r〉经济增长率 g”之上。[72]赵英杰认为，相比之下，马克思的《资本论》更加注重理论和思辨。两部著作对于历史的解释存在根本性差异，《21 世纪资本论》不构成对马克思《资本论》的证明和发展。[73]与一些观点不同，付文军、刘凤立认为，无论从形式上还是从内容上说，《21 世纪资本论》都显示出了对《资本论》的继承和超越。皮凯蒂运用历史分析与辩证分析法，受《资本论》启发创设的理论体系，是

对《资本论》的继承，用数据分析和通俗化、“经济学”化的表达在一定程度上“超越”了《资本论》。[74]

（二）《21世纪资本论》的学术贡献及理论缺陷

一些学者从《21世纪资本论》对《资本论》的误读角度，分析其理论缺陷。邱海平提出，皮凯蒂对于马克思的平均利润率趋于下降规律理论的理解是不正确的，马克思这一理论结论并不是指利润率会越来越低，甚至被认为最终趋近于零，从而整个资本主义会“自动崩溃”。事实上，马克思不仅分析了由于劳动生产率提高而导致资本有机构成提高进而推动利润率下降的一面，同时还指出了利润率下降与利润量增加是同时并存的。[75]宁殿霞认为，皮凯蒂的研究结果并没有超越马克思理论的范围，他们之间也并没有根本性矛盾。所谓矛盾也只是皮凯蒂误解了马克思的理论，以至于错误地站在了自己的对立面来否定对方，从而也否定了自己。而真正重要的是，皮凯蒂用自己的实证方法证明了马克思利润率下降规律的科学性。[76]丰子义认为，马克思所讲的平均利润率下降与皮凯蒂的资本收益率趋高并不矛盾，只是表面上冲突。马克思在肯定平均利润率下降的同时，并不排斥利润绝对量的增大，二者是同时并存的。皮凯蒂所讲的资本收益率变化体现的只是资本积累发展的表层，是对资本长期积累现象的描述。马克思所讲的平均利润率下降规律反映的是资本积累发展的深层，即不是对现象或现状的描述，而是对资本积累过程本质性、规律性的揭示。[77]

一些学者从《21世纪资本论》本身的理论缺陷和结论出发，对其进行了评述。张宇、张晨认为，《21世纪资本论》揭示的资本主义矛盾更多是现象层面，其所提出的资本主义改造方案并未超越传统社会民主主义的框架，即在不触动资本主义根本制度的前提下，通过改良主义方式实现劳资两利、社会和谐，通过重建“嵌入式”或“有管理的”资本主义来回应社会不平等及当前的经济危机。就连皮凯蒂自己也清楚地知道，他的这些建议仅仅是“有用的乌托邦”。[78]丁为民认为，皮凯蒂提出的全球累进资本税解决方案，只是一个中短期解决方案。因为皮凯蒂并没有触及资本主义最深刻的矛盾，没有对资本的长期趋势做出正确说明。但仅就这一方案而言，的确有许多值得称道之处。因为它不仅更贴近现代资本主义发展实际，而且在形式上与马克思主义对资本主义生产方式演变路径的认识有某些契合。然而，它却是一个空想的方案，因为它没有揭示实现这一方案的社会阶级基础。皮凯蒂的研究没有深刻揭示资本主义条件下财富和收入两极分化的原因。[79]顾炜宇认为，皮凯蒂在新古典理论基础上得到的关于资本主义不平等是资本主义制度外生因素决定的结论，并没有揭示资本主义发展的本质规律，即资本主义不平等是内生于资本主义制度的，只有对资本主义生产关系做出变革，才能从根本上缓解不平等。[80]

一些学者认为《21世纪资本论》尽管存在理论缺陷和对《资本论》的误读，但仍具有其理论贡献。邱海平认为，皮凯蒂运用历史统计方法和大量材料，揭示了当代资本主义世界存在的收入分配和财富占有严重不平等的事实，从而再次印证了马克思经济学理论的科学性和预见性，这是他的巨大贡献。一定意义上来说，皮凯蒂对于西方主流经济学研究范式的反叛，正是使他成为一位具有杰出学术贡献的经济学家的先决条件和前提。我们要创立中国特色的经济学理论，就必须学习和借鉴皮凯蒂的这种反主流的精神，而不能一味充当西方主流经济学的“小贩子”。[81]李建平认为，《21世纪资本论》在运用经验材料表明资本主义不平等不断扩大的趋势的同时，也大胆质疑并动摇乃至颠覆了西方经济学的一些主流观点，由效率问题转向财富分配的研究中心，动摇了西方主流经济学的研究基础，揭示了资本主义发展的必然趋势，颠覆了当代西方经济学的一些主流观点，对于我国当前经济社会发展、保证财富的公平分配、减少贫富差距等也具有重要启示意义。[82]杨军认为，应该肯定《21世纪资本论》对于正确认识当代资本主义、新自由主义有一定的参考价值，对于我国应对新自由主义思潮有一定的价值。它说明了经济发展不会自动改善贫富差距问题，说明市场机制与自由民主不是正相关的关系，证明西方发达国家不是机遇之地。[83]余斌提出，《21世纪资本论》对于揭露西方普世价值的虚伪性、打破一些人对发达国家的迷梦、警示我们限制公债规模、深入批判新自由主义等方面，都具有积极意义。另外，库兹涅茨对资本主义发展的乐观预测的主要意图，仅仅是为了推动欠发达国家并入自由发展的轨道，也就是走自由资本主义道路，因此，皮凯蒂对库兹涅茨曲线的批判有助于消除这一理论的欺骗性。[84]

注：

①《发展当代中国马克思主义政治经济学》，《光明日报》，2015年12月2日。

②顾海良：《新政治经济学的理论创新和学科建设——基于马克思主义生产力理论中国话语的思考》，

《中国高校社会科学》，2015 年第 3 期。

③逄锦聚：《为什么和怎么样学好用好政治经济学》，《政治经济学评论》，2015 年第 1 期。

④刘伟：《今天为何需要政治经济学》，《政治经济学评论》，2015 年第 1 期。

⑤⑩黄泰岩：《中国经济学为什么能解决中国问题》，《人民日报》，2015 年 1 月 26 日。

⑥⑪闵绪国、徐仲伟：《推进中国经济学综合创新的再认识——从程恩富、杨承训等学者相关论述说起》，《毛泽东邓小平理论研究》，2015 年第 5 期。

⑦朱富强：《构建中国经济学范式：缘由和思路》，《学术研究》，2015 年第 4 期。

⑧洪银兴：《学好用好政治经济学》，《政治经济学评论》，2015 年第 1 期。

⑨张宇：《关于构建中国经济学体系和学术话语体系的若干思考》，《学习与探索》，2015 年第 4 期。

⑫⑲中国人民大学宏观经济分析与预测课题组：《2014—2015 年中国宏观经济分析与预测——步入"新常态"攻坚期的中国宏观经济》，《经济理论与经济管理》，2015 年第 3 期。

⑬李扬、张晓晶：《"新常态"：经济发展的逻辑与前景》，《经济研究》，2015 年第 5 期。

⑭胡乃武、田子方：《新常态下我国经济增长的基本特征及前景》，《经济纵横》，2015 年第 8 期。

⑮⑳贾康：《把握经济发展"新常态"打造中国经济升级版》，《国际行政学院学报》，2015 年第 1 期。

⑯简新华、郭洋志：《中国经济发展新常态的几种误读》，《新疆师范大学学报（哲学社会科学版）》，2015 年第 5 期。

⑰金碚：《中国经济发展新常态研究》，《中国工业经济》，2015 年第 1 期。

⑱杨承训：《用"部分质变"原理考量新常态经济升级》，《毛泽东邓小平理论研究》，2015 年第 1 期。

㉑陈文通：《对"经济发展新常态"的经济学解读》，《中国延安干部学院学报》，2015 年第 3 期。

㉒张占斌、周跃辉：《关于中国经济新常态若干问题的解析与思考》，《经济体制改革》，2015 年第 1 期。

㉓刘伟：《经济新常态与经济发展新策略》，《中国特色社会主义研究》，2015 年第 2 期。

㉔张晓晶：《试论中国宏观调控新常态》，《经济学动态》，2015 年第 4 期。

㉕刘志彪：《经济发展新常态下产业政策功能的转型》，《南京社会科学》，2015 年第 3 期。

㉖林毅夫：《新常态下中国经济的转型和升级：新结构经济学的视角》，《新金融》，2015 年第 5 期。

㉗卫兴华、何召鹏：《从理论和实践的结合上弄清和搞好混合所有制经济》，《经济理论与经济管理》，2015 年第 1 期。

㉘刘伟：《发展混合所有制经济是建设社会主义市场经济的根本性制度创新》，《经济理论与经济管理》，2015 年第 1 期。

㉙程恩富、董宇坤：《大力发展公有资本为主体的混合所有制经济》，《政治经济学评论》，2015 年第 1 期。

㉚冷兆松：《发展混合所有制经济的决策演进》，《当代中国史研究》，2015 年第 6 期。

㉛石冀平：《关于市场决定资源配置与公有制主体地位的一些思考》，《海派经济学》，2015 年第 2 期。

㉜顾钰民：《发展混合所有制经济的理论思考》，《中国高校社会科学》，2015 年第 4 期。

㉝周绍朋、朱晓静：《论加快混合所有制经济发展》，《中国行政管理》，2015 年第 4 期。

㉞杜黎明、孙晓雅：《以混合所有制经济巩固我国基本经济制度》，《经济纵横》，2015 年第 9 期。

㉟金碚：《新常态下国企改革与发展的战略方向》，《北京交通大学学报（社会科学版）》，2015 年第 2 期。

㊱程恩富、谢长安：《论资本主义和社会主义的混合所有制》，《马克思主义研究》，2015 年第 1 期。

㊲卫兴华：《发展混合所有制经济的新视角》，《人民日报》，2015 年 7 月 27 日。

㊳程承坪、刘凡：《发展混合所有制经济应把握的若干重大问题》，《学习与实践》，2015 年第 4 期。

㊴邹升平：《公有制的产生条件与我国所有制特征》，《当代经济研究》，2015 年第 11 期。

㊵李济广：《国有企业混合所有制的目的、形式与治理保障》，《社会科学》，2015 年第 2 期。

㊶㊾李实：《中国收入分配格局的变化与改革》，《北京工商大学学报》，2015 年第 4 期。

㊷㊾陈宗胜、高玉伟：《论我国居民收入分配格局变动及橄榄型格局的实现条件》，《经济学家》，2015 年第 1 期。

㊸朱富强：《如何构建中国经济学的收入分配理论：权利框架》，《中山大学学报》，2015年第2期。

㊹㉛薛宝贵、何炼成：《劳动收入份额下降对收入不平等的影响——兼论皮凯蒂的〈21世纪资本论〉》，《北京社会科学》，2015年第5期。

㊺中国红色文化研究会：《中国需要什么样的市场经济——21位专家学者与吴敬琏先生商榷》，北京日报出版社，2016年版。

㊻洪银兴：《非劳动生产要素参与收入分配的理论辨析》，《经济学家》，2015年第4期。

㊼㊿钟卫华：《贫富差距的扩大：基于财富占有不平等的分析》，《内江师范学院学报》，2015年第7期。

㊽崔朝栋、崔 翀：《马克思分配理论与当代中国收入分配制度改革》，《经济经纬》，2015年第2期。

53何玉长、郑素利：《全球财富分配的历史的政治经济学——兼评〈21世纪资本论〉》，《毛泽东邓小平理论研究》，2015年第1期。

54张平：《中等收入陷阱的经验特征、理论解释和政策选择》，《国际经济评论》，2015年第6期。

55贾康、苏京春：《直面"中等收入陷阱"真问题——基于1962—2013年全球数据对"中等收入陷阱"的判断、认识》，《中共中央党校学报》，2015年第4期。

56 62田国强、陈旭东：《中国如何跨越"中等收入陷阱"——基于制度转型和国家治理的视角》，《学术月刊》，2015年第5期。

57 60张宇：《从马克思主义的观点看所谓"中等收入陷阱"》，《经济导刊》，2015年第1期。

58范和生：《"中等收入陷阱"，本身就是理论陷阱?》，《人民论坛·学术前沿》，2015年第4期。

59华生、汲铮：《中等收入陷阱还是中等收入阶段》，《经济学动态》，2015年第7期。

61刘伟：《"穿越中等收入陷阱"根本靠什么》，《北京日报》，2015年10月19日。

63魏杰、杨林：《回归新常态与跨越"中等收入陷阱"》，《学术月刊》，2015年第5期。

64何玉长：《结构调整与分配改革：新常态经济跨越"中等收入陷阱"之路》，《学术月刊》，2015年第9期。

65彭刚、李逸浩：《利用创新驱动跨越中等收入陷阱》，《河北经贸大学学报》，2015年第6期。

66崔友平：《〈资本论〉与〈21世纪资本论〉比较研究》，《马克思主义与现实》，2015年第2期。

67 78张宇、张晨：《〈21世纪资本论〉对〈资本论〉的误读和曲解》，《光明日报》，2015年4月9日。

68 82李建平：《当代西方经济学的暗夜之星——评托马斯·皮凯蒂的〈21世纪资本论〉》，《福建理论学习》，2015年第2期。

69周新城：《生产资料所有制决定财富的分配——兼评皮凯蒂〈21世纪资本论〉》，《思想理论教育导刊》，2015年第2期。

70鲁品越：《利润率下降规律下的资本高积累——〈资本论〉与〈21世纪资本论〉的矛盾及其统一》，《财经研究》，2015年第1期。

71 83杨军：《关于〈21世纪资本论〉若干评论的辨析》，《马克思主义研究》，2015年第9期。

72 84余斌：《小资产者的哀怨、无知和偏见——评皮凯蒂的〈21世纪资本论〉》，《政治经济学评论》，2015年第1期。

73赵英杰：《〈21世纪资本论〉不是〈资本论〉的证明和发展》，《兰州商学院学报》，2015年第4期。

74付文军、刘凤立：《〈21世纪资本论〉："超越"〈资本论〉的"资本论"》，《社会科学论坛》，2015年第10期。

75邱海平：《〈21世纪资本论〉评述——兼论皮凯蒂对马克思理论的一个误读》，《山东社会科学》，2015年第6期。

76宁殿霞：《破解〈21世纪资本论〉之谜——皮凯蒂对马克思的误解及其辩证》，《当代经济研究》，2015年第8期。

77丰子义：《重思资本积累的趋势与贫富差距的缩小——由〈21世纪资本论〉引发的思考》，《新视野》，2015年第5期。

79丁为民：《皮凯蒂曲线：两极分化、资本趋势与解决方案》，《马克思主义研究》，2015年第3期。

80顾炜宇：《资本主义不平等是外生的吗？——对托马斯·皮凯蒂〈21世纪资本论〉的评述》，《山东社会科学》，2015年第6期。

81邱海平：《收入不平等究竟如何解决——评皮凯蒂的〈21世纪资本论〉》，《学习与探索》，2015年第2期。

（作者：卫兴华，中国人民大学教授；
聂大海，中国人民大学博士生）

宏观经济学

陈享光 黄泽清

2015年我国宏观经济学的研究主要集中在新常态下的宏观经济态势与走向、经济增长与宏观经济波动、财政收支与债务的宏观经济影响、货币金融的宏观经济影响、宏观调节政策的有效性等问题上。

一、新常态下的宏观经济态势与走向

李扬和张晓晶对新常态进行了理论分析，认为全球经济低迷的新常态对我国经济产生了持续性负面影响，使得我国经济新常态具有全球背景。他们指出了我国在经济下滑的新常态下所面临的主要问题，包括产能过剩、债务风险增加、城镇化转型、金融不稳定等。他们认为解决上述问题，使得我国摆脱中等收入陷阱的前提是保证宏观经济的稳定性。我们应在此基础上发现新常态下的新动力，调整过去旧常态的结构，同时推进自贸区建设、“一带一路”战略等全新开放格局实现经济的包容性增长[①]。

张茉楠认为在中国经济新常态下，支撑高增长的内外部条件发生了改变，潜在增长率下降，经济增速呈现下降趋势。作者强调在宏观经济去杠杆的同时应注意风险问题，认为我国不存在整体偿债风险，但存在流动性风险，因为政府收入与债务在结构和期限方面的不匹配会使债务过多地向低效率投资倾斜，增大挤出效应。作者认为2015年以后的财政货币政策应以“盘存量，控增量，提效率”为着力点，货币政策应主要补充我国基础货币缺口而不是从总量上刺激，财政政策要更加有效，推进税制改革完成营改增的同时可发放永续国债为公共基础设融资以减少国债负担率[②]。

郭克莎和汪红驹认为新常态下宏观调控思路在5个方面发生了重大转变。一是从控制经济过热转为稳定经济增速。他们认为如果在经济下行的情况下政府不进行干预就会造成实际增长率低于潜在增长率的情形。二是从防通货膨胀转为防通货紧缩。他们综合国内和国际环境认为国际商品对我国的输入性通货紧缩和国内逐渐上升的通缩预期并存。三是从防止资产价格上涨转为防止资产泡沫破裂，认为房地产市场调整可能会出现泡沫破裂的问题。四是从均衡发展转为转型升级。转型升级是与解决产能过剩问题相联系的，在出现结构性矛盾的情形下应积极加快经济转型。五是从调控市场转为激发市场活力。新常态需要增强经济发展的内生力量，减少调控带来的问题以推动经济稳定增长[③]。

刘金全等比较分析了本次经济收缩和1996年经济“软着陆”的多种宏观指标并对本次经济收缩所持续的时间进行了估计。他们认为第一，本次经济收缩具有明显的“软着陆”特点，经济增速拐点不低于6%。第二，本次经济收缩平面低于1996年的“软着陆”时期，且在对比的三类指标中宏观调控政策力度的降低对其影响重大。第三，本次经济收缩可能会持续10年以上。他们建议要着重关注结构性问题，提高发展的效益和质量，再次实现经济“软着陆”[④]。

二、经济增长与宏观经济波动

梁泳梅和董敏杰通过非参数核算方法对改革开放以来全国及四大经济区域的经济增长来源进行测算，发现要素投入尤其是资本投入是中国经济增长的主要来源，而且近年来经济增长对资本的依赖性有强化趋势。TFP及要素投入差异是造成东北与中西部地区经济增速落后于东部地区的主要原因，且近几年这种差距的缩小，主要得益于各地区不断增加的要素投入，而全要素生产率仍低于东部地区。因此他们认为全要素生产率的进步是中国经济增长的重要推动力之一。需要发挥地区比较优势促进劳动力流动推动产业聚集，促进中西部地区TFP的提高[⑤]。

中国经济增长前沿课题组利用通用技术部门和知识生产部门构成的生产模型在结构上重新定义了两部门生产函数，并以此为基础分析了中国经济转型中新要素供给的作用。课题组认为中国经济增长需要纳入新的认识，包括新的知识供给和市场制度激励、建立在知识生产和知识消费的新的消费需求以及生产与消费的协同性。原有大规模工业化框架下的激励制度和生产模式正逐步成为制约创新和转型要求的障碍。因此课题组认为制度变革和知识部门的供给是中国突破中等收入陷阱，实现可持续增长的核心保障，建议一要重新定位转型时期增长新动力，重视制度改革和知识部门。二要重新定位政府角色，弱化干预，强化协调。三要推进财税金融改革提升通用部门绩效[⑥]。

邹薇和楠玉基于结构性因素即产业结构和人口结

构、社会与环境及收入不平等老龄化以及官员腐败三个方面分析阻碍中国经济加速增长之源。研究表明第一，中国的产业结构变迁对经济增长的影响具有阶段性特征。第二，中国经济增长的人口红利进入了衰退期，这会在短期内对经济增长造成实质影响。第三，腐败成为了阻碍我国经济增长的重要因素。他们给出了三点建议：一是积极推进制造业的产业升级，实现向服务业的转型，大力促进知识密集型与技术密集型产业的发展。二是政府需要通过发展教育等政策调整延缓人口红利的到来。三是健全市场经济体系，减少经济活动中的腐败行为[⑦]。

吴俊培和赵斌构建了一个包括个人、企业、政府在内的三部门的无限期世代交叠模型探讨了老龄化、公共人力资本投资和经济增长的内在关系。研究发现第一，老龄化主要是通过影响公共人力资本投资的相对规模和结构来对经济增长产生影响。第二，公共人力资本投资的相对规模和公共健康支出占比均与经济增长呈倒U形关系。当老龄化能够促进经济增长时，政府可以通过提高人力资本投资相对规模和公共健康支出占比推动经济增长。第三，现阶段我国的人口老龄化对经济增长具有副作用。因为不仅低效率的政府人力资本投资挤出了私人投资和公共物质资本投资，直接抑制了经济增长，而且公共健康支出占比偏大，挤占了公共教育投资和私人人力资本投资，间接抑制了经济增长[⑧]。

谢兰云从R&D强度和产业结构出发并通过Hansen门槛回归分析法研究了我国R&D投入增长与经济增长间的阶段性关系。研究发现，第一，R&D增长对经济增长的产出弹性随着R&D强度的变化而变化。当强度大于门槛值时，弹性会变为显著，并逐渐增大。第二，当工业部门增加值占GDP比重大于门槛值时，R&D增长对经济增长的影响会由不显著变为显著。第三，当第三产业增加值占GDP比重大于门槛值时，R&D增长对经济增长的影响由正向显著变为不显著。因此，她认为一味地强调加大R&D强度是不科学的，还需要考虑产业结构调整对创新与经济增长的影响[⑨]。

张桂文和孙亚南运用HP滤波法估算了我国潜在经济增长率，他们认为，由于出口成本增加以及中国二元经济转型滞后于工业化进程等原因，“十三五”期间我国刘易斯转折阶段潜在经济增长率会略低于此前的经济增速。他们推断，2016—2020年中国潜在经济增长率大致在7%～9%之间。这一较为乐观的推断出于以下两点原因，一是中国的结构性转型期间增长潜力较大，随着刘易斯第二转折点的到来和收入分配结构的改善，国内需求会进一步增加。二是我国经济与科技水平与发达国家差距较大，仍存在赶超空间。因此他们认为应该把经济政策重点放在结构调整与制度供给上，而不是一味地关注短期刺激政策，只有这样才能逐渐将潜在经济增长率转变为现实经济增长率[⑩]。

吴国培等通过测算我国资本存量，利用空间状态模型测算了我国改革开放以来的潜在产出，从而预测2016—2020年我国经济平均增速约为7%。他们认为未来几年我国资本投入对经济增长的贡献将减弱，劳动力数量的变化对经济增长有一定负面影响，另外全要素生产率增长对经济增长的作用将进一步显现出来。因此，一方面要加强人才培养，提高劳动生产率。另一方面要深化改革，让全要素生产率成为发展的立足点，让创新成为新常态下经济增长的新动力[⑪]。

王雄元等通过2006—2012年我国A股市场上市公司发行的短期融资融券探究了宏观经济波动性与债券风险溢价的关系。他们认为宏观经济波动性会通过影响实体经济和投资者风险态度进而影响债券风险溢价。在金融市场，货币政策波动性越大，企业风险对短期融资券利差的正面影响也越大，而信贷规模波动性却能削弱风险与短期融资券利差的相关性。宏观经济环境会直接影响债券供求关系进而影响债券利差，影响市场对待风险的态度。在产品市场，消费者越乐观就越会对风险价值进行低估从而减少企业风险对债券利差的影响。另外对于国有企业，由于其可以得到国家信用的隐性担保，因此其自身产生的风险对债券利差的影响，可能会由于国家的信用担保而减轻[⑫]。

杨光等认为随着经济的波动，企业生产率的波动也会加大，企业单位成本带来的收益也会随之改变。由于企业在跨期投资过程中面临不断上涨的调整成本，其投资存在上限，因此资本边际报酬的差异也就形成了资源错配。在经济波动加剧的时候，资源错配现象就越严重，并且这种关系会因为调整成本的存在而增强。调整成本是影响企业进行跨期投资的主要因素，而企业的投资或者扩大生产规模又不可避免地影响了资源配置效率。他们认为，控制一个行业或者地区的生产率波动性是改善该行业或者地区资源配置的重要手段。我国生产率波动与资本回报率离散程度间的正相关性意味着减少生产率波动从而减少其对资源配置造成的损失是减少成本，提高资源配置效率的重要途径⑬。

熊衍飞等以Quinn指数表示资本账户开放程度，并运用面板数据模型实证分析了资本账户开放程度与宏观经济波动的关系。他们用人均实际GDP增长率波动和人均消费增长率波动表示宏观经济波动，发现资本账户开放在长期会显著地降低OECD国家的宏观经济波动，对新兴市场发展中国家宏观经济波动影响具有不确定性。而在短期，国际资本进出对新兴市场发展中国家宏观经济波动的影响要大于OECD国家，即其对人均实际GDP增长率、人均消费增长率波动的影响都显著高于OECD国家。为了减少资本账户开放对宏观经济的负面影响他们给出了两点建议，一是管控QFII和RQFII的同时巩固和完善利率汇率市场化改革，二是制定资本账户开放计划表并定期向社会公众通报⑭。

三、财政收支与债务的宏观经济影响

黄赜琳和朱保华通过在标准的实际经济周期模型中引入政府支出冲击以及资本和劳动所得税率冲击而构建了财政税收的RBC模型，分析了财政收支冲击对经济增长和社会福利的宏观效应，得到以下结论。第一，政府支出冲击加剧了经济波动，而税收冲击对实体经济波动的影响则不显著。第二，虽然劳动收入和资本收入税率的降低都会促进经济增长，但是前者会促进消费而后者则抑制消费。第三，资本收入税率对社会福利具有正相作用，而劳动收入税率则会反向作用于社会福利。资本收入税率和劳动收入税率在技术冲击和财政冲击的作用下，其福利效应具有非对称性，两种税率同向变动会扩大社会福利，反向变动则减少社会福利⑮。

潘珊和龚六堂建了一个包括国有部门和非国有部门在内的两部门结构转型模型，将收入引入模型，应用福利分析法研究了政府税收政策对经济的长期和短期影响并估算了中国税收的福利成本。研究发现，第一，税收会影响每一时刻要素在两部门间的配置，且政府对非国有部门的税率越低，经济收敛的越快。第二，政府对国有部门的税收没有影响，而对非国有部门的税收对经济会产生影响，它在长期会降低消费和资本存量，短期虽然会刺激消费但却抑制投资。第三，政府税收的福利成本是对经济增长长短期影响的一种加权平均，税收降低10%会使福利成本下降3%。因此他们认为政府应该加大对非国有部门的税收优惠，减轻其税收负担，改善社会福利水平⑯。

毛捷等从微观视角揭示了一般性转移支付产生“粘蝇纸效应”的独特机制，认为转移支付导致公共服务价格下降的价格效应是转移支付促使地方政府支出较快增长的关键因素。他们首先通过理论分析发现一般性转移支付的价格效应降低了公共服务的边际成本，促使地方政府的公共支出迅速增长，从而产生了“粘蝇纸效应”。他们认为征税对经济扭曲的作用越大，转移支付的价格效应越明显，就越会刺激地方政府进一步的规模扩张。然后他们利用中国2000—2007年县级层面的数据对转移支付的“粘蝇纸效应”进行了经验验证并给出了两点建议。一是要加快建设新的地方税系，重视税收对经济扭曲的作用，减少地方财政对转移支付的过度依赖。二是要加强对转移支付资金使用效益的评估，合理安排转移支付的结构⑰。

陆前进结合了代理人效用最大化和政府目标损失最小化并运用我国1952—2013年数据实证分析了我国政府税率和通货膨胀率之间的关系，通过GMM模型和VAR模型发现在两种政府预算约束平衡下出现了不同情况，第一种预算约束平衡表明税率与通胀率是负相关，第二种政府预算约束平衡则表明二者是正相关，且其他变量间都出现了不确定性关系。他认为在第二种政府预算约束平衡的情况下政府税率与通货膨胀率的变动能够在很大程度上解释我国1952—2013年二者的变动关系，也符合税率应与通胀率正相关的“曼昆原则”⑱。

程宇丹和龚六堂首先构建了一个包括消费者、地方政府和中央政府的斯塔克伯格博弈模型考察三者之间的关系。模型中，中央政府是领导者，地方政府和消费者都是追随者。中央政府选择中央政府公共支出/GDP水平、转移支付比例以及税收来最大化消费者费用。然后他们将政府债务引入一个财政分权框架下的内生增长模型，采用两级政府的结构设计研究了中央政府债务/GDP和地方政府债务/GDP对经济增长的影响。研究发现地方政府债务/GDP的改变对经济的影响依赖于地方政府获取税收的方式。第一，当地方政府征收非扭曲税时，地方政府债务对经济的影响是中性的，即地方政府债务/GDP比重的增加提高非扭曲税税率，对经济的其他变量没有影响，也不影响经济增长。第二，当地方政府征收扭曲税时，地方政府债务对经济的影响是非中性的，地方政府债务/GDP比重增加在长期会损害经济增长。另外，中央政府债务/GDP的增加会损害经济增长⑲。

韩鹏飞和胡奕明通过对2007—2012年上市债券

的研究实证发现第一，政府隐性担保在降低国企债券投资者风险的同时增加了地方融资平台的债券投资者的风险。第二，在政府隐性担保对国企债券投资者风险的影响作用方面，国企债券投资者风险，从而信用利差会随着信用评级的降低而显著减少。第三，在政府隐性担保对地方融资平台债券投资者风险的影响作用方面，地方融资平台债券投资者风险，从而信用利差会随着信用评级的增加而显著上升。他们认为应当加大关于政府隐性担保对地方融资平台影响的关注，政府应采用其他融资方式以尽量减少地方融资平台的政府融资功能[20]。

吕健认为地方政府举债会通过三条渠道推动经济增长：一是地方债务事权渠道；二是基础设施投资渠道；三是官员政绩渠道。他利用动态面板数据模型检验了不同时空中地方债务对经济增长的影响，得出四点结论。第一，地方债务规模的膨胀占用了过多的流动性使其无法进入实体经济。第二，低债务省份的地方债务在短期和长期都促进经济增长。第三，在短期，高债务省份地方债务对经济增长具有不确定性，而在长期则会显著抑制经济增长。第四，目前我国经济下行很大的原因在于大量流动性被用于还债，无法在实体经济中产生投资。因此他认为减少地方债务，改善经济流动性是保证中国经济在新常态下能够实现中高速增长的关键。在财政政策方面用国债代替到期的地方政府债务。在货币政策方面降低利率，降低融资成本以增加流动性。在长远方面需要尽快建成一个成熟的证券市场，实现地方政府债务良性循环[21]。

四、货币金融的宏观经济影响

李炳和袁威运用结构协整模型实证分析了1996年1月—2013年5月货币信贷结构对我国宏观经济的影响。研究发现，第一，在现实际产出方面，货币结构与信贷期限结构都对实际产出产生影响，前者自2001年8月开始对实际产出产生正向影响，后者自2009年6月开始对实际产出产生负向影响。第二，通货膨胀方面，货币结构和信贷期限结构都对通货膨胀率产生正向影响，且信贷结构对通胀率的影响程度远大于信贷总量。他们从货币结构变化和信贷结构变化两个方面解释了中国货币迷失。在货币结构方面，M1/R（R为准货币）下降减缓了货币结构对产出和物价水平的推动作用，进一步增加了“货币迷失”程度。在信贷结构方面，商业银行发放的中长期信贷与短期信贷的比值上升使得其对产出增长的抑制作用超过了其对通货膨胀的促进作用，导致“货币迷失”增多[22]。

李健和卫平利用2000—2012年中国省际平衡面板数据实证研究了民间金融与全要素生产率之间的关系并对其进行检验。他们认为我国民间金融发展水平的稳步上升显著促进了我国全要素生产率的增长，且其增长的渠道主要是通过技术效率而不是技术进步效应。他们建议一是大力推进金融体制改革，增强金融部门对中小企业的支持力度。二是要根据不同的金融发展形势正视民间金融发展使其步入正轨，推动其良好稳健的发展，促进区域技术进步和经济增长[23]。

何其春和邹恒甫在生产函数中引入信用，探究其通过影响流向企业家资源的多少来影响经济增长。研究认为在一个信用流通均衡里，会出现两个作用：一是部分信用膨胀收益会流向企业家，有利于经济增长；二是其余的信用膨胀收益流向了银行部门以吸收更多的劳动力进入。在这种情况下企业家创新的利润随着劳动力的减少而降低，不利于经济增长。如果后一个作用占主导那么信用膨胀会阻碍经济增长；如果前一个占主导那么信用膨胀会促进经济增长。因此他们认为企业家创新是信用膨胀影响经济增长的一个中间渠道。政府的扩张性货币政策如果使得资源流向虚拟经济则会拉低经济增速，当政府为刺激经济继续增加通货膨胀时，就会形成恶性循环。因此政府应避免更加扩张的货币政策，可以在某些地区首先放弃扩张，或者对企业家创新进行补贴等避免信用的过度膨胀[24]。

郭杰和郭琦通过建立带有金融中介的两部门RBC模型，采用数值模拟的方法，分析了信贷市场有限竞争环境中财政引发的国有部门投资对于宏观经济的影响，得到两点结论：一是我国信贷市场是有限竞争的，政府通过财政政策而导致的国有部门资本扩张期间，金融中介会通过改变融资利率水平来增加资本供给以满足国有部门的投资需求。而民营部门融资利率水平上升，所获资本供给减少，融资需求难以满足；二是全社会投资总量上升大于产出的上升，消费水平下降。因此他们认为政府应让市场发挥更多的功能，降低政府对经济的调控力度，而不是一味地对国有部门进行投资刺激。想要优化资源配置，就应该减轻经济对政府的依赖，逐步走向市场化的经济[25]。

五、宏观调节政策的有效性

李绍荣和王天宇以货币政策为例，分析了完全信息下的货币政策有效性和不完全信息下的货币政策有效性。后者在两期时间不一致模型基础上加入了私人部门对经济状态或经济形势判断的信念。通过对不对称信息情形下货币政策有效性的分析发现，政府制定的有效经济政策与私人部门所持有的关于经济状态的信念有关，因此政府的相机抉择必须考虑到私人部门的信念。在不对称信息的情况下，相机抉择的通胀水平和产出水平不再与私人部门预期的一致，私人部门有获取真实经济信息的激励，因此需要鼓励民间智库的发展，摆脱私人部门的信息劣势，改善民众的福利水平[26]。

马勇在一般均衡模型的基础上构建了一个包含中央银行行为方程和货币政策透明度模块的 DSGE 模型并运用中国 1992—2013 年季度数据结合贝叶斯估计对中国货币政策的透明度进行经验研究。作者分析认为中国的货币政策透明度总体上处于较低水平。低的货币政策透明度和低的中央银行独立性彼此强化，成为导致通货膨胀和泡沫经济的重要原因。研究认为中国当前低货币政策透明度和低中央银行独立性的“双低”组合是缺乏效率且不稳定的，因此建议从三个方面健全高效的货币政策框架。一是增加通胀反应力度，二是提高货币政策透明度，三是提高央行独立性[27]。

汪莉和王先爽通过将通胀预期和央行预期管理信息引入“信息粘性”模型估算了我国通胀预期的波动数据并以此考察央行预期管理政策对通胀预期波动和银行风险承担的影响。研究发现央行预期管理政策会使得通胀预期波动幅度与银行风险承担呈现倒 U 形关系且不同商业银行间通胀预期波动与风险承担关系的临界值也不同，上市银行更可能出现在 U 形的左侧上升区间。他们建议央行政策制定者在使用传统货币政策工具应对危机时可考虑搭配使用“预期管理”政策，避免较大预期波动形成的过度投机与风险承担。在经济较为繁荣时期，央行可以适当降低“预期管理”政策[28]。

万志宏总结了金融危机后有关货币政策前瞻指引的理论分析和经验研究，认为前瞻指引中，承诺式指引更多是央行在非常时期的非常选择，很难成为常规选择。因为从央行沟通视角看，在稳定的经济系统，高透明度的货币政策情形下引导预期的功能可以通过常规沟通和公布利率信息实现且预测式指引更能够以较小的信誉损失和沟通成本实现利率预期引导功能。从零利率约束视角看，货币当局可以通过承诺延续低利率政策来有效降低中长期利率，从而使得宽松货币政策对经济产生影响。在金融危机后的特殊时期，各国均采用了承诺式指引，因为实施间接指引的前提不复存在，同时常规货币政策在零利率条件下失效。作者认为前瞻指引的作用在短期和长期是不同的。短期内确实可以通过降低不确定性以降低长期利率，但其长期效果会因为依赖于货币政策透明度，政府信誉建设等而不明显，经济稳定后央行很可能会放弃承诺式指引[29]。

郭路等首先将包括基准利率和市场利率在内的结构性利率纳入具有价格粘性以及包含国有企业和私人企业两部门的一般均衡模型分析央行的基准利率冲击、货币冲击以及生产的技术冲击对经济产生的影响。然后通过模拟比较利率市场化前后外生冲击的影响来对中国利率市场化做出估计。研究发现：第一，虽然货币发行和利率调整都会影响宏观稳定性但稳定的货币发行政策比稳定的利率政策影响要更大，且当货币发行稳定后其他变量波动幅度都下降；第二，利率市场化改革虽然会使得名义变量波动较大但会减少实际变量的波动；第三，工资、利率等外生冲击对私人企业的影响远远大于国企[30]。

杨坤等通过将非正规金融和利率双轨制引入新凯恩斯主义 DSGE 模型发现，第一，信贷扩张政策虽然会增加银行信贷但也会抑制非正规金融体系的借贷活动，而二者之间此消彼长的关系会降低信贷政策的调控效果。第二，企业对非正规金融体系的可贷资金需求可能会因为利率双轨制下正向的信贷冲击而减少，市场化利率也随之下降。因此增加信贷供给不仅具有数量效应还具有价格效应。第三，金融管制的放松政策是以降低非正规金融借贷摩擦为目标的，因此它能够减轻企业对银行信贷的依赖，并通过给非正规金融提供更多的借贷资金来降低市场化利率[31]。

谭政勋和刘少波通过构建 SVAR 模型以减弱货币政策内生性和识别货币政策立场的基础上研究了开放条件下我国货币政策是否需要对房价波动做出反应及如何反应的问题。研究得到三点结论。第一，货币供应量增加具有内生性，且主要是由外汇占款和 GDP 的快速增长造成的，因此货币供应量并不能完全代表央行货币政策立场，需要把内生性货币分离出来并识别央行的货币政策立场。第二，在排除货币政策内生性的情况下，我国货币政策对宏观经济的反应与泰勒规则相符合，且纳入房价波动的货币政策对宏观经济和房价调控效果更好。第三，管理的人民币浮动汇率制度促进经济增长的同时在一定程度上缓解了人民币升值压力，但货币供应的独立性受到一定影响，房价上涨过快。对此他们提出三点建议，一是扩大汇率浮动区间，使得汇率形成机制更加灵活。二是将房价波动纳入货币政策框架。三是循序渐进推行利率市场化[32]。

张小宇和刘金全在平滑迁移向量自回归模型（STVAR）中引入国房景气指数、产出增速与货币供给增速，对它们之间的作用机制进行了实证检验并计算了非线性脉冲响应函数以探究新常态下房地长市场对货币政策冲击的反应。研究结论包括四点。第一，货币政策，房地产景气波动与产出之间呈现显著的非线性关系。与线性向量自回归模型相比，STVAR模型更适合描述和刻画三者之间的动态关联机制。第二，在新常态时期正向和反向货币政策会正向和反向作用于房地产市场。第三，与过去相比，新常态时期国房景气指数对货币政策冲击的反应强度较小，持续时期较短。因此央行需要采取非常规货币政策使当前房地产市场走出低谷。第四，在新常态时期，正向的货币政策冲击对房地产市场的影响不存在非对称性，但反向的货币政策冲击存在明显的非对称性，因此若房地产市场泡沫化严重，货币政策调控还是很有效的[33]。

马理和娄田田构建了一个包括零利率下限的DSGE模型并通过脉冲响应分析与仿真模拟的技术手段，在有零利率下限约束与无零利率下限约束两种情况下对比研究了由货币政策与财政政策组成的宏观调控体系的短期与长期实施效果。研究得到以下结论：第一，当名义利率接近零利率下限时经济会剧烈波动；第二，无零利率下限约束的模型不能反映真实的金融危机状况和政策效果；第三，在超低利率的情形中，常规货币政策效果降低，财政政策效果明显。因此他们认为应尽量采取有效的措施避免超低利率的出现，保持政策的灵活性与主动性，且能够为以后的政策调整留下缓冲空间[34]。

中国人民大学宏观经济分析与预测课题组认为当前我国货币政策实施的困局有三大点：首先是杠杆率硬着陆阻塞货币政策传导；其次是常规货币政策有效性在经济下行时被削弱；最后是我国金融市场的安全性会影响货币政策实施的表现。他们总结了当前宏观经济形势，认为在货币供给速度较低、实际利率水平较高、实际汇率升值的新常态下，名义上稳健的货币政策实际上是相对紧缩的状态，当前货币政策取向应该从“名稳实紧”调整为“适度宽松”。在“杠杆率软着陆”的思路下，通过创新货币政策目标，配合市场化改革，尝试探索新型货币政策工具并结合市场监管体系的完善，早日实现经济复苏。他们提出了关于未来具体的货币政策的建议：降低存贷款基准利率；存款准备金率回到正常水平；货币政策应盯住名义GDP增长率；加强金融培训；加强微观主体培训；通过前瞻性引导公众预期；干预利率期限结构；重构监管框架[35]。

注：

①李扬、张晓晶：《“新常态”：经济发展的逻辑与前景》，《经济研究》，2015年第5期。

②张茉楠：《“新常态”下中国经济的主要特征与走向——2014年—2015年宏观经济分析与政策建议》，《求知》，2015年第2期。

③郭克莎、汪红驹：《经济新常态下宏观调控的若干重大转变》，《中国工业经济》，2015年第11期。

④刘金全、刘达禹、张都：《我国经济周期波动的软着陆的态势与持续期估计》，《经济学家》，2015年第6期。

⑤梁泳梅、董敏杰：《中国经济增长来源：基于非参数核算方法的分析》，《世界经济》，2015年第11期。

⑥中国经济增长前沿课题组：《突破经济增长减速的新要素供给理论、体制与政策选择》，《经济研究》，2015年第11期。

⑦邹薇、楠玉：《阻碍中国经济加速增长之源：1960—2012年》，《经济理论与经济管理》，2015年第4期。

⑧吴俊培、赵斌：《人口老龄化、公共人力资本投资与经济增长》，《经济理论与经济管理》，2015年第10期。

⑨谢兰云：《创新、产业结构与经济增长的门槛效应分析》，《经济理论与经济管理》，2015年第2期。

⑩张桂文、孙亚南：《二元经济转型视角下中国潜在经济增长率分析》，《当代经济研究》，2015年第12期。

⑪吴国培、王伟斌、张习宁：《新常态下的中国经济增长潜力分析》，《金融研究》，2015年第8期。

⑫王雄元、张春强、何捷：《宏观经济波动性与短期融资券风险溢价》，《金融研究》，2015年第1期。

⑬杨光、孙浦阳、龚刚：《经济波动、成本约束与资源配置》，《经济研究》，2015年第2期。

⑭熊衍飞、陆军、陈郑：《资本账户开放与宏观经济波动》，《经济学》（季刊），2015 年第 4 期。

⑮黄赜琳、朱保华：《中国的实际经济周期与税收政策效应》，《经济研究》，2015 年第 3 期。

⑯潘珊、龚六堂：《中国税收政策的福利成本——基于两部门结构转型框架的定量分析》，《经济研究》，2015 年第 9 期。

⑰毛捷、吕冰洋、马光荣：《转移支付与政府扩张：基于“价格效应”的研究》，《管理世界》，2015 年第 7 期。

⑱陆前进：《政府税收税率和通货膨胀率关系的理论和实证研究——对 Mankiw Principle 的理论修正及在中国的实证检验》，《金融研究》，2015 年第 8 期。

⑲程宇丹、龚六堂：《财政分权下的政府债务与经济增长》，《管理世界》，2015 年第 11 期。

⑳ 韩鹏飞、胡奕明：《政府隐性担保一定能降低债券的融资成本吗》，《金融研究》，2015 年第 3 期。

㉑吕健：《地方债务对经济增长的影响分析——基于流动性的视角》，《中国工业经济》，2015 年第 11 期。

㉒李炳、袁威：《货币信贷结构对宏观经济的机理性影响——兼对“中国货币迷失之谜”的再解释》，《金融研究》，2015 年第 11 期。

㉓李健、卫平：《民间金融和全要素生产率增长》，《南开经济研究》，2015 年第 5 期。

㉔何其春、邹恒甫：《信用膨胀、虚拟经济、资源配置与经济增长》，《经济研究》，2015 年第 4 期。

㉕郭杰、郭琦：《信贷市场有限竞争环境中财政引发的国有部门投资的宏观影响》，《管理世界》，2015 年第 5 期。

㉖李绍荣、王天宇：《经济政策有效性的理论分析——以货币政策为例》，《经济理论与经济管理》，2015 年第 4 期。

㉗马勇：《中国货币政策透明度的经验研究》，《世界经济》，2015 年第 9 期。

㉘汪莉、王先爽：《央行预期管理、通胀波动与银行风险承担》，《经济研究》，2015 年第 10 期。

㉙万志宏：《货币政策前瞻指引：理论、政策与前景》，《世界经济》，2015 年第 9 期。

㉚郭路、刘霞辉、孙瑾：《中国货币政策和利率市场化研究——区分经济结构的均衡分析》，《经济研究》，2015 年第 3 期。

㉛杨坤、曹晖、孙宁华：《非正规金融、利率双轨制与信贷政策效果——基于新凯恩斯动态随机一般均衡模型的分析》，《管理世界》，2015 年第 5 期。

㉜谭政勋、刘少波：《开放条件下我国房价波动、货币政策立场识别及其反应研究》，《金融研究》，2015 年第 5 期。

㉝张小宇、刘金全：《货币政策、产出冲击对房地产市场影响机制——基于经济发展新常态时期的分析》，《中国工业经济》，2015 年第 12 期。

㉞马理、娄田田：《基于零利率下限约束的宏观政策传导研究》，《经济研究》，2015 年第 11 期。

㉟中国人民大学宏观经济分析与预测课题组：《控风险与稳增长挤压下的中国货币政策》，《经济理论与经济管理》，2015 年第 11 期。

（作者：陈享光，中国人民大学教授；
黄泽清，中国人民大学博士生）

微观经济学

陈享光　钟　洲

2015 年微观经济学的研究主要集中在微观收入分配与个人收入差异、企业性质与企业效率、治理结构与企业行为、产能过剩与产业结构调整、竞争、垄断与管制、微观结构与微观波动等问题上。

一、微观收入分配和个人收入差异研究

钱先航等人利用中国家庭金融调查（CHFS）数据，考察了公共部门“正式工”和“合同工”在个体收入、劳动强度、社会保障等物质方面及主观态度的差异，并进一步检验了行政编制和事业编制的差异，以研究编制对公共部门微观个体的作用。结果显示，相比“正式工”，“合同工”的收入较少，工作时间较长，且难以享受退休工资和住房公积金。主观态度方面的风险承担能力和幸福感也较差。而人们当“合同工”的主要目的在于，以当前的低收入换取未来的退休保障。进一步的研究表明，行政编制和事业编制前者在收入和住房公积金方面有优势，其余均无

显著差异，这凸显了编制的普遍价值。[①]

杨耀武和杨澄宇对国家统计局 2003—2012 年城乡居民收入历史和 CHIPS（2007）微观家户数据进行了调整，使用国家统计局基尼系数计算方法对中国居民收入的基尼系数进行了点估计，并在此基础上对中国居民收入基尼系数点估计的标准误差进行了估计，构造了相应的基尼系数置信区间。研究发现，2008—2013 年间居民收入基尼系数的 5 次连续下降中，只有 3 次是统计显著的。[②]

白重恩等人在拓展居民优化决策行为对消费支出模型的原理和估计函数基础上，利用 2002—2009 年城镇住户调查数据，对我国城镇居民的隐性收入进行了研究。研究发现，调整瞒报因素后，以“城镇居民家庭总收入”为标准计算的基尼系数从原始数据中的 0.31～0.34 上升到了 0.45～0.51 之间。最后，测算出收入瞒报所导致的“隐性收入”规模约占我国 2002—2009 年间相应各年 GDP 的 19% 至 25%。[③]

二、企业性质与企业效率问题研究

肖红军等对“企业社会责任在实践中是不是一个伪命题”进行了探讨。文章基于企业个体层次构建了三个维度、六大要素、三种视角的企业社会责任检验综合模型，并运用该模型对企业社会责任命题进行了检验。结果显示，企业社会责任在实践中完全可能成为一个有价值的真命题，但需要具备六个方面的条件：由企业界转向企业个体、现代公司的组织模式、领导层心智模式的转换、理性的责权边界共识、合意的外部制度供给和适宜的社会主流氛围。[④]

钱宁宇和郑长军通过梳理政治负担这一政府间接干预机制建立竞争模型研究政府间接干预下自主经营企业内生激励对自身生产效率的影响。以研究不确定信息下的内生激励与企业效率。文章发现，尽管造成企业效率低下，但主动政治负担建立政治关联获取相关效用成为面临市场竞争的改制企业的最优选择，揭示了目前仍广泛存在的软预算约束现象的机理。在此激励扭曲下，消费者剩余提升的同时社会福利总体水平依然低于最优社会福利；更重要的是，如果效率扭曲无法通过完善竞争环境来纠正，改革开放的红利将逐渐消失。[⑤]

陈艳莹和吴龙从逃离竞争效应及其异质性的视角，分析了新企业进入对在位企业利润率的影响机制。在此基础上，运用包含工具变量的分位数回归方法检验了进入对中国制造业在位企业利润率的影响。研究表明，转轨以来，中国制造业中新企业的大量进入并没有降低在位企业利润率，反而总体上提升了在位企业的利润率水平，并且新企业进入引致的利润率提升幅度与在位企业的利润率水平呈 U 形关系，利润率偏低和偏高的企业获得的利润率提升幅度更大。分行业的实证检验还显示，这种 U 形影响普遍存在于重工业，而轻工业中进入对在位企业利润率的异质性影响则主要表现为提升幅度随在位企业利润率水平的上升而递减。[⑥]

陆旸在状态依存模型框架内，估计了中国制造业企业价格粘性的非对称性和异质性。研究发现，制造业产品的价格粘性具有非对称的特征，同时企业的“异质性”也影响了产品的价格粘性。由于价格粘性的非对称性，在通货膨胀时期，央行为了抑制通胀而采取的紧缩性货币政策将更多地表现为产出减少，而非价格水平下降；相反，为提高产出而实行的扩张性货币政策将更多地表现为价格水平上升，而非产出水平提高。只有通货紧缩时期，价格粘性的非对称性出现反转，扩张性货币政策在短期内才更有效。[⑦]

杨汝岱依托 1998—2009 年中国工业企业数据库对中国制造业企业全要素生产率进行了研究。研究发现：中国制造业整体全要素生产率增长速度在 2%～6% 之间，年均增长 3.83%，增速存在较大的波动。制造业生产率增长的来源更多是企业成长，但增长的空间在不断缩小。就不同所有制类型企业比较而言，国有企业表现较差，投资效率比民营企业低 43%。[⑧]

杨继生和阳建辉基于企业管理成本对控股主体、市场地位和经济环境等的动态响应机制，测度行政垄断和权力寻租引致的国有企业效率损失。分析结果和反事实对比仿真实验表明，政治庇佑显著增加国有控股企业的管理成本，其管理效率约为民营控股企业的 1/3。国有控股和集体控股企业的管理成本均具有刚性特征，对宏观经济和市场环境的变化不敏感；民营控股企业对经济环境的反应灵敏度是国有企业的 5.5 倍。[⑨]

张杰等利用 2000—2006 年间中国工业企业和海关贸易统计库的合并数据，从中间品和资本品两个角度来研究进口对企业生产率所造成的作用效应。多种检验结果发现：中间品进口规模和资本品进口规模与企业生产率之间均呈现显著正相关，说明中间品和资本品的进口皆对企业生产率产生促进效应。从分样本的估计结果来看，中间品进口对无出口、有研发以及民营企业生产率的促进效应更为明显，而资本品进口对有出口、有研发以及民营企业生产率的促进效应更为明显。特别值得注意的是，在考虑了进口的情形下，出口对企业生产率表现出非常突出的负向效应。[10]

汪建新等人从垂直专业化视角度出发估计了中国制造业出口产品价格汇率弹性，以研究调整汇率水平对中国对外贸易的影响。研究发现，中国各省份的垂直专业化比例对中国制造业出口产品价格的汇率弹性的正向效应占据主导地位，各省份制造业出口产品价格的汇率弹性系数随着垂直专业化比例的提高而上升。在加入垂直专业化比例的影响后，中国各省份出口价格汇率弹性的系数要远远大于文献中的估计结果。[11]

三、治理结构与企业行为问题研究

罗知等基于国有企业改制的样本，利用双重研究约束机制和激励机制对国有企业长期投资的影响，发现在相同条件下，国有企业长期投资水平低于非国有企业，这可能是造成国有企业投资非效率的重要因素。本章进一步从委托—代理的理论视角出发，剖析国有企业董事长的约束机制和激励机制。文章利用国有企业董事长总任期刻画其约束机制，利用国有企业董事长的持股数占总股本的比例来测度其激励机制，发现国有企业董事长总任期越短，长期投资越少，而持股比例对长期投资无显著影响；非国有企业董事长总任期对长期投资无显著影响，而持股比例越高，长期投资越少。[12]

侯青川等人基于政府代理问题与公司代理问题，研究宏观经济环境对微观企业行为影响的传导路径。文章发现，市场化进程较低时，政府代理问题突出表现为地方政府通过在资源配置中向国有企业倾斜以实现经济粗放型增长，使得国有企业在经济发展过程中以外延型增长为主。市场化进程提高，上述政府代理问题会有所缓解，非国有企业的制度安排更有助于减少公司代理问题，实现企业从外延型增长向内涵型增长转变，具体表现为非国有企业盈利能力提高与经济发展之间的相关性更强。[13]

李文贵和余明桂利用中国工业企业数据库的数据，分别以创新投入和创新产出衡量企业创新，分析民营化企业的股权结构对企业创新的影响。文章发现，非国有股权比例与民营化企业的创新活动显著正相关；在不同的非国有股权中，个人持股比例和法人持股比例更高的民营化企业更具创新性，但外资持股比例和集体持股比例对民营化企业的创新不具有显著影响。此外，非国有股权对民营化企业创新的促进效应主要源自经理人观，而不是政治观。[14]

秦志华等以情境检测的方式探讨创业决策的影响因素与作用机理。通过对364份样本的分析，文章发现风险感知不是风险倾向影响创业决策的中介变量，而是与风险倾向并列影响创业决策，与二者并列的另一个重要因素，是近年来创业研究所关注的手段导向逻辑。研究亦发现，经验认知作为自变量，通过风险感知、风险倾向、手段导向逻辑对创业决策发挥影响。[15]

四、产能过剩与产业结构调整问题研究

程俊杰运用协整法和随机前沿生产函数法对2001—2011年我国30个省（市）的制造业产能利用率进行测度及比较分析，以研究各地区产能过剩问题。研究发现，两种方法得出的产能利用率基本一致。产能利用率变化呈现明显的经济周期特征，东部地区的产能利用率整体低于中西部地区，地区层面的产能过剩风险可能正向全局蔓延。[16]

林灵等利用中国工业企业数据库的大样本数据，考察我国本土企业是否存在内生经济增长特有的人力资本溢出效应的微观经验证据。研究发现我国存在产业集聚带来的溢出效应，但这种效应只是显著存在于中小企业集群中。在中小企业集群地区，产业集聚程度上升将会提高企业人力资本投资的边际收益，而在非集群地区，产业集聚对企业人力资本投资的边际收益没有产生影响。进一步的实证检验表明，地区人力资本投资水平的提高会改善该地区没有人力资本投入的企业绩效，对于中小企业集群地区没有人力资本投入的企业，地区人力资本投资水平给其带来的边际绩效显著高于非集群地区的企业。[17]

周亚虹等以新能源为例，探讨政府采用传统的补贴供给端的扶持政策能否起到引导新能源等新型产业自主创新和健康发展的作用。文章通过构建基于新型产业特征的企业行为反应模型，将促进生产和补贴需求的两类政策纳入评价范畴，分别讨论了这两方面政府政策的作用，在此基础上进一步采用上市公司样本来检验理论结果，发现：（1）产业起步阶段，政府补助能带来新型产业盈利优势；（2）产业扩张后，政府扶持难以有效鼓励企业进行更多的研发投入，后果是同质化产能过剩。[18]

周浩和郑越利用城市一级数据，运用泊松模型考察了环境规制对中国新建制造业企业选址的影响，基于增量变化的视角考察了环境规制对产业转移的影响。研究表明，总体上看，在全国范围内环境规制对新建企业的迁入具有显著的约束作用，环境约束越放

松的地方越容易吸引污染型企业。通过对东中西三个地区进行的比较研究，文章进一步发现，这种“污染避难所”效应无论是在东部地区内部，还是在东部地区和中西部地区之间都十分显著，环境规制对新建企业的迁入有显著的约束作用；但是在中西部地区内部则没有显著的表现。[19]

罗来军等使用微观层面的企业数据，对中国高技术产业生产率的影响因素进行实证检验，发现资产增长、人力资本、企业利润、企业规模对生产率具有显著的促进作用，而资本劳动比、企业存货起明显的负向作用，外国直接投资等变量几乎不起作用。研发投入、银行贷款与政府补贴的实证结论与人们的正常预期不同，研发投入对生产率要么不起作用、要么起负向作用，银行贷款与政府补贴对生产率起着扭曲与阻碍作用。[20]

王松奇和徐虔从三次产业结构调整和不同要素密集度行业结构调整两个角度展开分析，分别研究人民币有效汇率对其影响。结论表明人民币有效汇率变动对第二产业具有明显的抑制作用，而对第三产业发展具有促进作用，且对经济发达的东部地区的影响明显大于对中西部地区的影响。人民币有效汇率对资本密集型行业和技术密集型行业具有促进作用，且实际有效汇率的影响大于名义有效汇率的影响。[21]

五、竞争问题研究

李三希等对公私合营下最优招标的机制设计进行了研究。文章刻画了在捆绑和非捆绑两种情况下的最优拍卖机制，证明了两种情况下最优的拍卖机制都可以通过简单的线性合约和参与费用来执行。如果任务之间呈现出足够大的正外部性，那么委托人会偏好捆绑拍卖，反之，则会偏好非捆绑拍卖。文章还进一步证明了当竞拍者的进入是内生时，捆绑会削弱竞争。[22]

杨其静和彭艳琼通过收集整理2007—2011年城市政府出让工业用地的面板数据，利用空间计量模型研究晋升竞争与用地出让的关系，研究认为辖区间土地引资竞争在很大程度上是地方领导晋升竞争的产物。其中，省内经济实力相近的城市，尤其是经济强市之间存在着土地引资的恶性竞争，此外，市委书记的个人禀赋特征也会影响地方政府的工业用地出让行为。[23]

顾振华和沈瑶本文以“保护待售”模型为基础，考察了利益集团与政府以及利益集团之间的相互影响机制，并且利用2004—2012年中国36个行业数据进行了经验验证。结果表明，我国各行业中确实存在能够影响政府的利益集团，影响方式是代表委员类政治联系。与不存在利益集团的行业相比，拥有利益集团的行业会获得较高贸易保护。若下游行业存在利益集团，则上游行业原先获得的保护会被削弱。此外，政府在制定贸易政策时基本兼顾了社会福利和利益集团利益，而利益集团的存在有时也会促进经济的发展。[24]

尹振东和桂林建立了一个博弈模型，从监管部门事中监管的视角，对垂直管理体制和属地管理体制的监管绩效进行了比较分析。文章发现，在两种体制下监管努力的相对大小是不确定的，不过垂直管理体制会激励更多的企业依法生产，而在属地管理体制下的税收总量较大，经济增长速度较快。[25]

六、垄断与管制问题研究

唐要家和尹温杰对标准必要专利歧视性许可的反竞争效应与反垄断政策进行了研究。文章针对华为诉IDC公司案、高通公司案，运用纵向寡头博弈模型证明，专利垄断企业歧视性许可收费会对下游低成本企业索要高许可费，这抑制了低成本企业的竞争优势，降低了低成本企业的产量和市场份额，阻碍低成本企业技术创新。因此，歧视性高许可费是应该受到反垄断法禁止的伤害竞争行为。歧视性许可费的反垄断审查应主要依据FRAND原则做出判定，由于缺乏公认的“合理许可费”确定方法和执法机构的信息缺乏，反垄断机构应避免直接规定“合理的”许可费水平。[26]

曲创和朱兴珍基于双边市场的理论框架，以中国银联和支付卡行业为例，构建了平台厂商市场势力获取和维持的两阶段理论模型，研究了平台厂商市场势力的决定因素 和竞争目标的阶段性差异，对中国银联从金融机构到商业公司的身份变迁过程进行了解读。研究发现“非竞争”的过去和垄断的现在使得我国支付卡行业效率低下，提高了全社会经济活动的成本。[27]

靳来群等利用中国工业企业数据，测算了要素价格因所有制差异而导致的资源错配程度。结果表明，尽管中国所有制差异所致资源错配程度总体上呈下降趋势，但资源错配情况依然严重，1998—2007年所有制差异带来的制造业全要素生产率损失每年都在200%以上。所有制差异所致资源错配问题的根本原因并不在于所有制差异本身，而在于政府行政权力与国有企业垄断结合而形成的行政垄断。行政部门通过设置市场进入壁垒、管制市场价格，以及通过支配国有银行占主导的金融体系，为国有企业带来较低的融资成本，这促使国有企业高利润以及员工高福利，进而导致资本要素和劳动要素的错配。[28]

陈刚使用4期CGSS调查数据，评估了政府管制对个人创业概率的影响。研究发现，政府管制显著降低了个人的创业概率，平均而言，样本城市的政府管制指数每上升一个标准差，个人的创业概率将会降低1.68个百分点左右。同时，政府管制对个人创业概率的影响存在异质性。总体而言，政府管制显著降低了个人从事“自我雇佣”的创业概率，但并未显著降低“自己是老板”的创业概率。另外，政府管制显著降低了“低社会网络组”和“低收入组”的创业概率，但并未显著降低“高社会网络组”和“高收入组”的创业概率。[29]

七、微观结构与微观波动问题研究

周业安通过梳理近四十年的行为和实验经济学研究成果，提出一个关于偏好的微观结构理论。文章认为，该理论可以形成新古典范式中理性自利偏好的替代性假设。按照这一理论，偏好内生于人的认知过程，既具有自利性，又具有社会性。自利偏好和社会偏好内在互动，可能相互挤出，也可能相互挤入，这种互动关系决定了人的行为的复杂性。[30]

刘瑞明和石磊从所有制结构入手研究中国城市化迟滞的所有制基础。研究发现，在中国过去农村剩余劳动力相对过剩的前提下，城镇企业对于农村剩余劳动力的“拉力”在城市化的进程中扮演了重要角色。而企业的所有制结构及其对劳动雇工的需求影响了“拉力”和城市化进程。利用1985—2011的省级面板数据，本文进一步发现，过高的国有产值比重会显著地抑制地区的城市化进程。[31]

彭国华应用匹配理论模型，将地区经济差距与劳动力流动放在一个框架下进行分析，考察了中国地区经济差距形成的微观基础。研究发现，劳动技能与工作任务的互补性导致了劳动力技能水平与工作任务复杂性之间最优的正向排序匹配。改革开放以来我国东部与中西部地区经济差距的根源主要在于东部地区引入了相对更多的高技术型工作岗位。随着劳动力流动限制的放松，中西部技能型劳动力向东部地区流动进一步拉大了地区发展差距。[32]

杨继东和刘诚利用2002—2011年中国上市公司面板数据，测度了中国企业的微观波动现状，讨论了企业微观波动对宏观经济政策的含义。研究发现：金融危机后企业微观波动显著增加。企业收入、利润和就业波动的程度和趋势有所不同，就业波动相对平稳，从企业波动对宏观政策的含义看，微观波动可能加剧企业“等待—观望”，导致宏观经济政策具有更大的短期效应。[33]

注：

①钱先航、曹廷求、曹春方：《既患贫又患不安：编制与公共部门的收入分配研究》，《经济研究》，2015年第7期。

②杨耀武、杨澄宇：《中国基尼系数是否真地下降了？——基于微观数据的基尼系数区间估计》，《经济研究》，2015年第3期。

③白重恩、唐燕华、张琼：《中国隐性收入规模估计——基于扩展消费支出模型及数据的解读》，《经济研究》，2015年第6期。

④肖红军、李伟阳、胡叶琳：《真命题还是伪命题：企业社会责任检验的新思路》，《中国工业经济》，2015年第2期。

⑤钱宁宇、郑长军：《不确定信息下的内生激励与企业效率》，《经济研究》，2015年第5期。

⑥陈艳莹、吴龙：《新企业进入对制造业在位企业利润率的影响——基于逃离竞争效应及其异质性的视角》，《中国工业经济》，2015年第8期。

⑦陆旸：《成本冲击与价格粘性的非对称性——来自中国微观制造业企业的证据》，《经济学》（季刊），2015年第1期。

⑧杨汝岱：《中国制造业企业全要素生产率研究》，《经济研究》，2015年第2期。

⑨杨继生、阳建辉：《行政垄断、政治庇佑与国有企业的超额成本》，《经济研究》，2015年第4期。

⑩张杰、郑文平、陈志远：《进口与企业生产率——中国的经验证据》，《经济学》（季刊），2015年第3期。

⑪汪建新、高运胜、常影：《中国制造业出口产品价格汇率弹性估计：垂直专业化视角》，《中国工业经济》，2015年第12期。

⑫罗知、赵奇伟、严兵：《约束机制和激励机制对国有企业长期投资的影响》，《中国工业经济》，2015年第10期。

⑬侯青川、靳庆鲁、陈明端：《经济发展、政府偏袒与公司发展——基于政府代理问题与公司代理问题的分析》，《经济研究》，2015年第1期。

⑭李文贵、余明桂：《民营化企业的股权结构与企业创新》，《管理世界》，2015年第4期。

⑮秦志华、赵婧、胡浪：《创业决策机理研究：

影响因素与作用方式》，《经济理论与经济管理》，2015 年第 3 期。

⑯程俊杰：《转型时期中国地区产能过剩测度——基于协整法和随机前沿生产函数法的比较分析》，《经济理论与经济管理》，2015 年第 4 期。

⑰林灵、阎世平、曾海舰：《产业集聚与人力资本投资效益——来自中国工业企业的微观证据》，《南方经济》，2015 年第 2 期。

⑱周亚虹、蒲余路、陈诗一：《政府扶持与新型产业发展——以新能源为例》，《经济研究》，2015 年第 6 期。

⑲周浩、郑越：《规制对产业转移的影响——来自新建制造业企业选址的证据》，《南方经济》，2015 年第 4 期。

⑳罗来军、李军林、姚东旻：《中国高技术产业生产率影响因素实证检验》，《经济理论与经济管理》，2015 年第 5 期。

㉑王松奇、徐虔：《人民币汇率变动对产业结构影响的实证研究》，《经济理论与经济管理》，2015 年第 12 期。

㉒李三希、喻俊、尹训东：《是否捆绑拍卖？公私合营下最优招标的机制设计》，《经济学》（季刊），2016 年第 1 期。

㉓杨其静、彭艳琼：《晋升竞争与工业用地出让——基于 2007—2011 年中国城市面板数据的分析》，《经济理论与经济管理》，2015 年第 9 期。

㉔顾振华、沈瑶：《利益集团影响下的中国贸易保护政策——基于产业分工的视角》，《南开经济研究》，2015 年第 2 期。

㉕尹振东、桂林：《垂直管理与属地管理的监管绩效比较——基于事中监管的博弈分析》，《经济理论与经济管理》，2015 年第 4 期。

㉖唐要家、尹温杰：《标准必要专利歧视性许可的反竞争效应与反垄断政策》，《中国工业经济》，2015 年第 8 期。

㉗曲创、朱兴珍：《垄断势力的行政获取与高额利润的市场获得——对银联身份变迁的双边市场解读》，《产业经济研究》，2015 年第 1 期。

㉘靳来群、林金忠、丁诗诗：《行政垄断对所有制差异所致资源错配的影响》，《中国工业经济》，2015 年第 4 期。

㉙陈刚：《管制与创业——来自中国的微观证据》，《管理世界》，2015 年第 5 期。

㉚周业安：《论偏好的微观结构》，《南方经济》，2015 年第 4 期。

㉛刘瑞明、石磊：《中国城市化迟滞的所有制基础：理论与经验证据》，《经济研究》，2015 年第 4 期。

㉜彭国华：《技术能力匹配、劳动力流动与中国地区差距》，《经济研究》，2015 年第 1 期。

㉝杨继东、刘诚：《企业微观波动及其对宏观政策的含义——以中国上市公司为例》，《经济理论与经济管理》，2015 年第 3 期。

（作者：陈享光，中国人民大学教授；
钟洲，中国人民大学博士生）

国际经济学

卫兴华　何召鹏

一、全球经济缓慢复苏

2015 年全球经济整体复苏情况较为缓慢，不同国家和地区情况分化明显，呈现板块化格局。

朱民认为，危机以来的全球经济处于一种弱增长状态，具体表现为：贸易增长疲软；投资占 GDP 比重降低，全球直接投资增速下降、水平走低；产能过剩、需求不足导致投资下降，潜在资本供应下降；全球潜在劳动力增长水平下降；这些不利因素给全球经济复苏蒙上阴影。①

张宁认为，全球经济整体复苏缓慢，但不同国家和地区经济复苏表现存在差异。发达国家中，美国经济复苏势头较好，试图通过加息提振经济形势；欧洲经济也逐步改善，推行量化宽松的货币政策；而发达国家中的日本和主要的新兴国家的增长不容乐观。一方面是受美元升值和全球需求趋弱等因素影响，另一方面国际大宗商品价格持续下滑，低位运行。加剧了新兴国家的复苏压力。总体来说，世界经济形势复杂，复苏依旧艰难曲折。②

史蒂芬·罗奇也指出，国际金融危机以来的世界经济并未出现触底反弹的过程，世界经济有可能陷入停滞，进而导致通缩的预期与危险。其中，发达国家与发展中国家的表现各异，发达国家中不同国家的表现也不同：发达国家中，美国经济表现虽相对较好，但消费者仍能感受到收支压力。欧洲和日本的经济尚处在弱增长轨道，短期内很难有明显的反弹。发展中国家由于经济过多依赖出口，内需不振，经济陷入低增长。[③]

李稻葵等将经济复苏中表现不同的国家和地区分为不同的板块。根据发达国家危机处理方式的不同，把其分为积极应对、灵活创新型经济体（以美国和英国为代表）和应对迟缓、艰难调整型经济体（以欧盟和日本为代表）两大板块。根据新兴市场国家是否依赖能源资源出口，将新兴市场国家阵营划分为能源资源出口依赖型（主要代表是俄罗斯、巴西和南非等资源和原料出口国）和改革型（以中国和印度为代表）两大板块。其中，英美及改革型新兴国家表现较好，而欧盟、日本表现较差。在世界经济呈现板块化格局的背景下，作为世界经济增长的主要动力，中国与美国最为引人注目。[④]

张燕生认为，美国经济走向复苏并不能有效带动全球经济增长，反而有可能导致一些国家的经济陷入困境。虽然美国经济通过多轮量化宽松的货币政策、再工业化和全球经贸规则变局率先走向复苏，但由此引发的美联储加息、美元升值、资本流动、大宗商品价格持续下跌、美元债务负担加重等新变化，使结构和体制薄弱的经济体将面临严重困难，尤其是资源出口依赖型国家。同时，由于整个世界经济缺乏持续增长的消费和投资意愿，美欧等国的产业空心化和虚拟化，进一步导致了创新和生产率增长激励不足，加上世界资产负债结构失衡的深层次矛盾难以在短期修复，最终促使世界经济增长缺乏必要的活力，潜在产出水平可能陷入长期停滞的困境。[⑤]

雷达总结了 2015 年世界经济运行表现出的五大特征：一是世界经济仍然处于 2008 年全球经济危机的复苏过程中，但是整体增速趋于下降。二是国别之间经济增长出现分化，发达经济体的增长表现好于新兴经济体。而发达经济体中，美国好于欧洲，欧洲好于日本。新兴经济体增长连续 6 年出现下滑现象，但制造业出口国的情况好于资源品出口国的状况。三是世界贸易的增长慢于世界产出的增长，这说明世界经济并没有在危机调整中实现再平衡，世界经济的复苏仍然依赖于个体国家反危机政策的效果。四是发达国家进口总量的增加，并没有为新兴经济体的出口带来明显的拉动作用，而新兴经济体进口的深度下滑值得关注。五是中国经济增速下滑至 7% 以下，成为全球关注的焦点。[⑥]

二、"一带一路"战略意义与实施举措

"一带一路"是指"丝绸之路经济带"和"21 世纪海上丝绸之路"的简称。"一带一路"沿线总人口约 44 亿，经济总量约 21 万亿美元，分别约占全球总量的 63% 和 29%。"一带一路"作为中国首倡、高层推动的国家战略，对我国现代化建设和屹立于世界的领导地位，具有深远的战略意义。如何看待"一带一路"的重要意义及有效实施，引起了学界的广泛关注。

夏先良认为，实施"一带一路"是推动中国重回世界经济中心的重大战略。古代丝绸之路是中国处于世界经济中心地位的象征。但近两百年来中国逐渐落后，失去了世界经济中心地位。改革开放以来，中国经济迅速崛起，实施"一带一路"战略将扩大欧亚非经济贸易合作利益，改变现行世界经济秩序和当前的全球贸易投资格局，有利于实现中华民族的伟大复兴。[⑦]

毛艳华认为，金融危机之后，全球经济治理格局一直处在变革之中，新的国际秩序尚未建立。中国提出"一带一路"战略，体现了积极参与全球治理和区域治理的决心，对于构建开放型经济新体制和全球经济新秩序、形成全方位对外开放新格局具有重要意义，标志着中国逐步迈入主动引领全球经济合作和推动全球经济治理变革的新时期。[⑧]

黄益平认为，中国虽然一直在积极参与全球经济治理的改革，但总体看来结果不明显，而"一带一路"是中国的深入参与全球经济治理的重要窗口。在实施"一带一路"战略时必须明确"一元多极"的基本原则，即在现有的国际经济秩序框架下，接受美国领导者的地位，坚持经济全球化的方向，鼓励更多的利益相关者参与并推动国际经济治理体制的改革。这一基本原则在短时期内不会改变。[⑨]

王国刚认为，当前中国国内经济增速放缓，并且面临诸多难题，如人均自然资源匮乏、外贸增长率下滑、对外投资不足等。实施"一带一路"战略，借助多边投资机制，实施走出去战略，将有效提高中国对全球经济资源的配置能力。同时，"一带一路"战略将打破美国主导的 TPP 和 TTIP 对中国进入国际贸易、国际服务和国际投资等市场的阻碍，在合作共赢、创造和谐世界等方面形成与霸权主义不同的国际经济新规则和新秩序。[10]

张良悦、刘东认为，“一带一路”是中国经济进入新常态下推动经济持续发展的新型开放型战略，体现了“以开放促改革，以改革促发展，以发展促转型”顶层设计的中国智慧。通过“一带一路”进行对外开放，有利于为国内发展释放空间，提供过剩产能释放的通道和产业结构优化的动力；同时，对内改革是“一带一路”对外开放战略的基础，尤其是市场机制和制度规则的建立，是确保对外开放质量的根本。在“一带一路”战略实施中，应通过国内区域经济的平衡发展与国际区域经济一体化的努力，通过产业结构优化升级，构建国家价值链和中国主导的全球价值链，使中国经济深度参与国际经济，提升中国经济竞争力及在国际经济中的地位。[11]

陈雨露从“一带一路”战略对学术界研究的要求的角度进行了研究。他认为，“一带一路”是一个极其复杂的系统工程，是当前中国学术界特别是经济学界亟待深入研究的一个系统性的大问题。“一带一路”需要研究的主要经济问题至少应包括以下几个方面：“一带一路”沿线国家的国民经济发展状况，“一带一路”战略构想和实施中涉及的基础设施、贸易、投资、金融、能源等问题，“一带一路”与世界经济体系的重构及对世界经济格局的影响。“一带一路”战略的实施对中国经济发展和经济改革的影响以及中国与其他国家战略的协同效应，等等。[12]

三、亚洲基础设施投资银行的战略意义及面临的挑战

2015年12月25日，亚洲基础设施投资银行（Asian Infrastructure Investment Bank，简称亚投行，AIIB）正式成立，是一个由中国倡议设立的政府间性质的亚洲区域多边开发机构，重点支持基础设施建设，成立宗旨在于促进亚洲区域基础设施建设互联互通和经济一体化的进程，并且加强中国与其他亚洲国家和地区的合作。2016年1月16—18日，亚投行开业仪式暨理事会和董事会成立大会在北京举行。亚投行对于推动中国经济的发展，促进世界经济的复苏，具有重要的战略意义。

张文木认为，亚投行的设立同“一带一路”战略有着相似的意义，标志着世界经济政治重心及与此相应的权力体系正在发生转移。亚投行是历史赋予中国的机遇，更是挑战。机遇是有了学习管理国际金融本领的机会，挑战是不得不接受可能产生的国际资本对坚持社会主义道路的中国更大的伤害。避免伤害的办法不是躲避，而是学习并掌握战胜它的本领。[13]

王达认为，亚投行有利于落实“一带一路”战略；有利于在经济新常态下助推中国对内改革和对外开放，降低对美元本位制的过度依赖；有利于补充和完善现有的国际发展融资体系，促进亚洲区域经济一体化发展；有利于推动全球经济再平衡和国际金融秩序改革。大量国家纷纷申请加入亚投行的现象，折射出了除美国和日本等国家之外的其他国家对推动国际金融秩序改革的强烈愿望。当然，也应该看到中国在亚投行的运作方面将面临诸多挑战，尤其是经济问题政治化带来的困扰。[14]

陈绍锋认为，亚洲具有庞大的基础建设市场，亚投行将加大对该地区基础设施建设投资的金融支持，是对现有国际金融体系的重要补充。亚投行的成立，标志着中国由此前的国际规则接受者向规则缔造者的身份的转变；亚投行在规则设定、霸权制衡、经济治理、同业竞争等方面，对美国主导的地区秩序带来一定的冲击。但亚投行的发展仍难以动摇美国的地区霸权地位，亚投行的实际运作面临诸多挑战，项目实施面临较大的风险。[15]

戴轶、李廷康也认为，由中国主导的亚投行是对美国霸权体系的突破。但美国的实力仅仅是相对下降，国际政治权力格局的变化仅仅是体系内的量变，旧的国际金融机构并未坍塌，亚投行尚难以与之比肩。因此，亚投行的成立不足以说明国际关系将进入争霸性的冲突时期。亚投行与现有的多边金融机构的合作大于竞争，现阶段的中国还不应将自己定位于秩序挑战国的地位。[16]

对于欧盟国家积极申请加入亚投行，赵柯认为，这并非意味着欧美的“分裂”。欧盟国家加入亚投行不仅仅是为了追求经济利益，通过加入亚投行有利于欧盟对中国的“一带一路”战略施加影响，为亚太可能出现的变局及早准备。而大量欧盟国家加入亚投行，也为中国通过投资和金融合作加固中欧战略关系、建立亚欧大市场提供了重要机遇。[17]

王金波认为，亚投行的主要任务是推进基础设施互联互通和区域经济一体化，正是基础设施的公共产品属性和融资约束，决定了推进互联互通融资合作将是亚洲基础设施一体化的必由之路。因此，亚投行的治理体系应兼顾市场盈利与社会责任目标，其运营模式应贯彻市场化、国际化和专业化原则，其规则与标准则需符合亚洲特色、亚洲方式。[18]

朱宏春认为，亚投行未来的治理和业务的拓展，面临制定治理规则、防范地缘政治风险、推进融资机制改革和应对大国博弈等挑战。因此，亚投行需要制定一个既能代表全体成员国的利益，又能集中体现发展中国家的利益诉求的治理规则；需要采取有效措施避免国际恐怖主义、教派冲突、领土争端和政局不稳等地缘政治风险给亚投行的基础设施建设融资带来的不利影响；需要建立一套公正、合理的融资机制，实现从“输血”功能向“造血”功能的转变；需要积极应对美国设置的各种阻碍。因为，亚投行毕竟是一个由新兴经济体发起成立的多边合作金融机构，客观上将影响到原有的国际金融秩序，触动现有国际秩序利益获得者——美国的利益。[19]

四、人民币纳入特别提款权（SDR）货币篮子与人民币国际化

国际货币基金组织在2015年11月30日宣布将人民币正式纳入特别提款权（SDR）货币篮子，将于2016年10月1日生效。人民币作为第五种货币被纳入SDR货币篮子，权重为10.92%，超过日元和英镑，这成为人民币国际化进程的一个标志性事件，将对中国经济和全球货币体系产生深远影响。

李仲周认为，人民币加入SDR，是中国经济融入全球金融体系的重要里程碑，也是对中国多年来改革金融货币制度成就的认可，将有助于加强国际金融货币制度的完善，促进中国和世界经济增长和稳定。IMF决定接受人民币加入特别提款权货币篮子，可被视为国际货币金融体系改革迈出关键的第一步，但仅是第一步。美国政府仍有可能利用其一票否决权来推行其地缘政治目的，拖延改革进程。[20]

杨娉认为，人民币加入SDR是国际社会对中国经济发展和改革开放成果的肯定。这一事件对于中国经济发展具有重要的战略意义。对外方面，有助于加强海外国家持有人民币的信心，提升人民币国际影响力和中国的金融话语权，并进一步加速人民币成为国际储备货币的进程。对内方面，有利于继续推动资本项目可兑换，完善人民币汇率形成机制，加快金融与相关配套改革进程，配合“一带一路”帮助中国企业“走出去”和推动转型升级。[21]

高海红从国际金融格局变迁的视角研究人民币国际化问题。他认为，人民币国际化既符合中国人民的利益，又符合全世界的利益。以中国为代表的发展中国家和新兴经济体的迅速崛起，深刻影响着世界经济格局。但在金融领域，美元仍是主要的国际储备货币，发达国家仍在国际金融机构治理结构中处于支配地位，以发达国家为主导的旧的国际金融秩序同新兴国家不断崛起的新的经济格局之间不相适应，这造成国际金融体系的不稳定和不平等。因此，新的国际金融体系的建立离不开发展中国家的参与，人民币加入SDR是其中的关键一步，是中国参与国际金融体系重建的体现，顺应了新的国际经济格局。[22]

张宁认为，虽然人民币加入SDR货币篮子有利于人民币国际化，但不应盲目乐观。应看到SDR在国际储备中占比很低（仅约2.4%），加入SDR本身对人民币国际化的短期直接影响有限。人民币在SDR货币篮子中的比重也不是固定不变的，与经济发展情况直接相关。以日本为例，虽然日元在1980年就被纳入到SDR货币篮子，但由于其经济自90年代以来的长期不景气，日元在SDR货币篮子中的比重呈现持续下降的趋势。并且，SDR的全球货币地位并非是不可动摇的。近年来，伴随着新兴市场国家的不断发展，SDR篮子货币所属国在全球经济中的占比呈现下降态势，由1995年的占比全球经济的71.1%，下降到2014年的49.6%，其货币的影响力势必会受到影响。[23]

孙博认为，随着中国经济不断发展，人民币国际化取得了一定进展，主要表现在储备货币、货币互换、跨境交易与离岸市场发展等方面，但仍存在人民币不可自由兑换、人民币跨境贸易结算不合理、人民币结算贸易比重不高、人民币占国际投资货币比例较低、离岸人民币业务过度集中于中国香港等问题。为进一步推进人民币国际化进程，应合理推进资本项目开放、多层次推进汇率形成机制改革、积极鼓励人民币融资、加快建设人民币离岸市场、妥善调控外来资本。[24]

余道先、王云认为，GDP规模扩大、经常项目顺差和人民币稳步升值有利于促进人民币国际化，而资本和金融项目顺差与人民币国际化之间呈负相关关系。因此除了稳步发展国民经济和逐步完善汇率改革以维持人民币币值坚挺外，还需要有序调整我国国际收支双顺差结构，这是推进人民币国际化进程的重要动力源。[25]

五、跨太平洋伙伴关系协定（TPP）的影响

跨太平洋伙伴关系协定（Trans-Pacific Partnership Agreement，简称TPP），也被称作“经济北约”，是目前重要的国际多边经济谈判组织，前身是跨太平洋战略经济伙伴关系协定（Trans-Pacific Strategic Economic Partnership Agreement，P4）。2015年10月5日，

跨太平洋战略经济伙伴关系协定（TPP）取得实质性突破，美国、日本和其他10个泛太平洋国家就TPP达成一致。12个参与国加起来所占全球经济的比重达到了40%。TPP将对近18000种类别的商品降低或减免关税。而作为全球最大贸易国之一的中国被排除在协议之外。如何认识TPP及其影响，以及如何积极应对TPP的挑战成为学界讨论的热点问题。

贺小勇认为，TPP协定是当前经济全球化发展到一定阶段的制度需求的产物。进入新世纪，全球经济呈现出以下开放趋势：一是从货物贸易的自由化转向强调投资领域的管制放松；二是从有形商品贸易转向数字贸易；三是从一般服务贸易领域开放，转向强调重点服务贸易领域开放；四是由强调自由竞争到强调公平竞争；五是从仅仅关注产品末端的待遇相同，转向强调对环境、劳工等价值目标的重视；六是由政府对政府的争端解决模式，转向注重投资者与政府争端解决模式的构建，等等。TPP协定正是适应经济全球化的新要求，协定中的30个章节基本上概括了这些新趋势、新特点。[26]

张建平认为，目前对TPP的认识存在七个误区：第一是阴谋论，认为TPP是美国设计的针对中国的阴谋。事实上，TPP刚提出来时美国并没有加入。第二是悲观论，2009年TPP扩围，多数学者认为东亚经济一体化“完蛋了”，事实上，中韩自贸区才是撬动东亚一体化的杠杆，而区域全面经济伙伴关系协定（RCEP）也才是东亚一体化的核心。第三是等待论，认为中国提不出自己的规划体系。第四是搅局论，认为这是对区域经济一体化的不支持。第五是抗衡论，觉得要用中日韩自贸区来抗衡TPP，或者用RCEP来抗衡TPP。第六是排他论，认为TPP是故意把中国排除在外。其实，TPP首先是区域贸易协定，它的规则是在WTO基础之上参与国可以共同商谈，不存在故意排斥中国。第七则是主导论，即从不同角度表明中方把TPP当成区域经济协定而过分政治化，事实上TPP在很大程度上代表的是国际贸易投资规则未来的新方向，可以说是贸易投资自由化、便利化程度最高的规则。因此，应科学准确地把握TPP及其对中国的影响。[27]

姚为群认为，美国阻碍中国作为创始缔约方参加TPP，主要因为美国顾忌中国会在TPP中成为DDA（多哈发展议程）谈判中像印度、巴西那样的“搅局者”。如果中国作为新缔约方加入，则会像入世一样，按TPP既定的自由化水平和规则，做出更多的让步和妥协。但从另一方面而言，暂时没有加入TPP，给中国提供了通过自主开放和深化改革，提高自身水平、练好内功的时间。[28]

潘悦认为，TPP对中国经济与贸易的挑战表现为如下四个方面：一是贸易转移与贸易壁垒将导致不可低估的贸易损失；二是投资转移将引发产业空心化危险并影响产业的升级；三是中国的经贸规则参与和制定权将面临打压；四是中国在亚太区域合作和全球治理中的地位与影响力受到制约。外部压力倒逼内部改革，中国应努力构建开放型经济新体制，开启新一轮制度变革，开拓全球发展新空间，以应对TPP的冲击。[29]

张幼文认为，考虑TPP对中国的影响，不仅仅是贸易投资受多大影响的问题，而是全球治理核心争夺的问题。美国的亚洲战略并不是直接针对中国，但其行为是在改变国际规则和营造新的国际制度，如果在制度上领先主导，那对中国的影响要比直接争夺市场、争取贸易伙伴大得多。[30]

张宁认为，TPP加强了北美与亚洲经济之间的联系，其对国际经济和地缘政治的影响都很大。由于中国未被纳入TPP，长期来看，不利于中国的出口及吸引海外直接投资。短期来看，由于TPP目前仅仅是部长级的协定，并未正式生效，还需要一段时间，所以短期内影响有限，这给予中国政府和企业一定的时间予以应对。首先，中国应加快培育参与国际竞争的新优势。随着中国的人力成本比较优势逐渐丧失，中国迫切需要通过制度创新、技术创新等加快培育参与国际竞争新优势。其次，长期来看，应提高环保标准、劳工权益保护标准、知识产权保护标准等，强化反垄断法的执行力度。最后，在未来中国或可以考虑发起成立另一竞争性贸易协议作为应对。打破国际贸易的制度障碍和地理障碍，如“一带一路”战略正是推进与有关国家加深国际经贸合作的重大契机。[31]

孙溯源认为，中国应当尽快打造由中国主导的区域经贸合作体系应对TPP，加紧推进东亚合作的制度化进程，提高中国的制定规则的能力，并尝试在中国主导的RCEP（区域全面经济伙伴关系协定）与TPP之间建立战略对话机制，为中国与TPP成员展开谈判，奠定物质基础、制度条件和谈判实力。[32]

六、中国对外直接投资的新变化

中国的对外投资在2015表现出一些新发展和新特征，对外直接投资比较优势逐步上升，对非洲投资增加，投资模式选择多样化。同时，应当采取措施，防止由于对外直接投资的增加导致的国内“离制造化”现象（指本国制造业大规模向外投资而导致的国内制造业份额出现下降而又无法及时填补的经济现象)。

尹忠明、李东坤指出，在对发展中国家的对外直接投资方面，中国投资比较优势整体呈稳步上升趋势，但在发达国家这一优势并不明显，出口仍是中国进入发达国家的主要方式。因此，一方面，中国应继续推进与发展中国家的投资合作，不断拓宽合作领域、深化合作层次，保持对外直接投资在发展中国家的比较优势，；另一方面，不断增强与发达国家及转型经济体的政治互信与经济交流，通过建立自贸区、签署投资协定等措施，循序渐进地推动对外直接投资向发达国家转移，不断提升中国在发达国家及转型经济体对外直接投资的数量与质量。[33]

周经、张利敏认为，在全球生产、贸易与投资体系加速调整并进入新一轮国际投资规则重构的背景下，中国企业的对外直接投资面临如何选择对外投资模式的新问题。他们认为，对外投资模式的优化组合有利于防范对外投资风险。未来的投资应以构建“多层次同时并进”模式为突破口，即不同性质、不同驱动力的投资企业应采取多层次、差异化的海外投资组合模式，才能有效防范风险，提高对外投资效益。[34]

胡兵、丁祥平、邓富华认为，近年来，中国对非洲援助和直接投资不断增加。中国对非洲国家的发展援助，促进了中国的对外直接投资，尤其是当中国投资进入规模较小的东道国时，援助对企业开展海外直接投资的促进效应更为明显。因此，积极将对外援助与对外投资等政策结合起来，推动对外援助与对外投资的协调发展，对于促进中国的对外直接投资，转移国内过剩资本意义重大。[35]

刘海云，聂飞认为，金融危机之后，中国对外直接投资增速加快。制造业对外直接投资（OFDI）规模的过快扩张会造成中国制造业资本存量的缩减和实际投资利率的上升，制造业资本向虚拟经济领域流动，制造业的资本—劳动比下降，进而出现“离制造化”现象；其中，相较于资本密集型和技术密集型制造业，劳动密集型制造业对成本变化具有高度的敏感性，受 OFDI 的资本挤出更明显；在新兴产业发展不足的情形下，更容易发生“离制造化”现象。中国应采取必要措施防范“离制造化”现象：一是进一步加强制造业引进和利用外资的水平，弥补我国制造业资本总量不足和发展水平不高（与发达国家相比）的问题，维持资本项目平衡；二是鼓励制造业企业进一步实施“走出去”战略，促进制造业过剩资本对外输出；三是将对外直接投资与促进制造业发展模式转变相结合，促进制造业结构转型与升级，尤其是在东部地区，加快制造业发展模式由初级要素驱动转向高级要素驱动，而中西部地区应防止资本流向虚拟领域，应做好承接东部地区产业转移的准备。[36]

七、美联储加息与人民币汇率问题

在持续近 10 年大规模宽松和接近零利率政策后，12 月 16 日，美联储宣布加息 0.25 个百分点。美联储加息对美国经济、全球经济，尤其是中国经济有何影响？对人民币汇率和中国资本流出是否形成压力？国内学界对这一问题展开了追踪研究。同时，人民币汇率问题仍然是学界关注的热点。

（一）美联储加息的影响问题

赵伟、孙立分析了美联储加息预期对美国金融市场以及中国可能产生的影响。对于美国金融市场而言，美元加息意味着紧缩周期的启动，市场中流动资金减少，部分资金撤出会导致股市下跌，但同时加息也表明了经济环境的不断改善，这将推动股市上涨。但总体看来加息不利于股市。美联储加息会导致美元在外汇市场上持续保持强势地位，美元汇率的上升将对以美元计价的大宗商品价格形成压制，因此，预计大宗原材料商品的价格将呈现底部震荡，小幅反弹空间有限。美联储加息经过对资本市场、外汇市场以及大宗商品市场的影响传导至中国，人民币阶段性的贬值预期上升，可能会在短期内对中国货币政策产生一定影响，但总体影响会非常有限。[37]

赵硕刚认为，虽然美联储加息将会抬升美国利率水平，提升国际流动性紧缩预期，引发全球股市等风险资产价格下跌，推动国际资本回流美国及美元升值，造成资本流出国金融波动和国际大宗商品价格下跌。但美联储加息对全球经济的冲击仍总体可控。因为：小幅加息对美国经济的负面影响有限，有利于保持美国对世界经济的拉动作用；主要发达经济体货币政策仍将继续宽松，从而为全球经济复苏延续充裕的流动性环境；新兴经济体抗风险能力已明显增强，从而有利于防止金融风险在世界范围内传导扩散。美联储加息导致国际资本回流美国可能造成我国金融市场一定的波动，但由于我国资本项目尚未完全放开且拥有庞大的外汇储备，美联储加息对我国的影响将利大于弊。有利于缓解人民币升值和热钱流入压力，有利于缓解输入性通胀风险和资源环境压力，有利于我国在国际合作和人民币走出去过程中赢得更大主动，为加速人民币国际化进程提供难得机遇。[38]

马光远认为，危机之后美国通过量化宽松的货币政策，大量印发美元应对危机，中国等新兴市场国家成为发达国家流动性泛滥的蓄水池，在带来不可持续的经济增长的同时，也吹高了资产价格泡沫，加大了地方债务和金融系统风险。美联储退出量化宽松政策并加息，会使美元走强，资本从新兴市场流出，多年以来靠国际资本支撑的高房价也将迎来重击，有可能会导致新兴市场国家的经济动荡。中国应高度重视美联储加息的冲击和影响，一方面坚持宽松的货币政策，降准降息要坚决；另一方面，应当允许人民币贬值。在美元强势，人民币汇率明显被高估的情况下，不可为维持汇率而挥霍外汇储备。允许人民币贬值10%，对中国经济利远大于弊。[39]

（二）人民币汇率问题

吴秀波认为，“8·11汇改”标志着人民币汇率市场化改革迈出重大步伐，并取得阶段性胜利，既有利于人民币汇率中间价改革，也有利于人民币加入特别提款权（SDR）货币篮子。他认为，人民币汇率和外汇储备不会因为“8·11汇改”而带来重大不利影响。但为防止人民币汇率超调，短期内应采取多种措施稳定人民币汇率；从长远来看，更重要的是摆正汇率政策定位。加快人民币国际化进程是解决汇率问题的终极手段。[40]

许家云、佟家栋、毛其淋认为，人民币实际汇率升值会导致企业出口价格下降，出口数量减少，且该效应因企业生产率的提高而显著增强；生存分析表明，人民币实际汇率升值有助于延长核心产品的出口持续期，但却缩短了非核心产品的出口持续期；此外，人民币实际汇率升值缩小了企业的出口产品范围，并且提高了企业出口产品的集中度，即人民币升值使企业更集中出口核心产品，加速了企业出口产品之间的优胜劣汰，长远来看，有益于提升中国企业的出口产品竞争力。[41]

杨广青、杜海鹏研究了人民币汇率水平及波动变化，对我国同“一带一路”沿线国家和地区进行出口贸易的影响，他们认为，人民币升值及波动增加均会对我国出口贸易产生不利影响。其中，人民币汇率波动的影响远小于升值的影响；我国同其他国家成立自贸区有利于降低汇率变动对出口的不利影响；“一带一路”沿线国家和地区收入水平的提高是拉动我国出口的重要动力。[42]

注：

①朱民等：《世界经济，低迷中寻觅内生动力》，《人民日报》，2015年12月25日。

②张宁：《2015世界经济形势分析与展望》，《人民论坛》，2015年第35期。

③史蒂芬·罗奇等：《低迷中寻觅内生动力》，《人民日报》，2015年12月25日。

④李稻葵、吴舒钰、石锦建、伏霖.：《后危机时代世界经济格局的板块化及其对中国的挑战》，《经济学动态》，2015年第5期。

⑤张燕生等：《低迷中寻觅内生动力》，《人民日报》，2015年12月25日。

⑥雷达：《反危机与再平衡困境中的世界经济》，第二届中国人民大学世界经济论坛报告，2015年12月12日。http://finance.sina.com.cn/focus/2nd_zgrmdxsjjjlt/index.shtml.

⑦夏先良：《“一带一路”助力中国重返世界经济中心》，《人民论坛·学术前沿》，2015年第23期。

⑧毛艳华：《“一带一路”对全球经济治理的价值与贡献》，《人民论坛》，2015年第9期。

⑨黄益平：《中国经济外交新战略下的“一带一路”》，《国际经济评论》，2015年第1期。

⑩王国刚：《“一带一路”：闯出全球经济资源配置的中国之路》，《金融论坛》，2015年第10期。

⑪张良悦、刘东：《“一带一路”与中国经济发展》，《经济学家》，2015年第11期。

⑫陈雨露：《新常态下的国家战略——专家学者在首届中国人民大学“一带一路”经济论坛上的发言》，《政治经济学评论》，2015年第4期。

⑬张文木：《“一带一路”和亚投行的政治意义》，《政治经济学评论》，2015年第4期。

⑭王达：《亚投行的中国考量与世界意义》，《东北亚论坛》，2015年第3期。

⑮陈绍锋：《亚投行：中美亚太权势更替的分水岭?》，《美国研究》，2015年第3期。

⑯戴轶、李廷康：《亚洲基础设施投资银行的国际政治经济学分析——以霸权稳定论为视角》，《社会主义研究》，2015年第3期。

⑰赵柯：《欧盟亚太政策转向“新接触主义”?——理解欧盟国家加入亚投行的行为逻辑》，《欧洲研究》，2015年第2期。

⑱王金波：《亚投行与全球经济治理体系的完善》，《国外理论动态》，2015年第12期。

⑲朱宏春：《中国如何应对亚投行治理和运营中的挑战?》，《南方金融》，2015 年第 6 期。

⑳李仲周：《人民币入篮 SDR：IMF 迈出全球治理第一步》，《WTO 经济导刊》，2016 年第 1 期。

㉑杨娉：《人民币加入 SDR：战略意义与未来展望》，《中国发展观察》，2015 年第 12 期。

㉒高海红：《布雷顿森林遗产与国际金融体系重建》，《世界经济与政治》，2015 年第 3 期。

㉓张宁：《2015 世界经济形势分析与展望》，《人民论坛》，2015 年第 35 期。

㉔孙博：《人民币国际化存在的问题与实现路径》，《经济纵横》，2015 年第 5 期。

㉕余道先、王云：《人民币国际化进程的影响因素分析——基于国际收支视角》，《世界经济研究》，2015 年第 3 期。

㉖贺小勇：《TPP 对中国的影响及中国的应对策略》，《上海思想界》，2015 年第 12 期。

㉗张建平：《应澄清误区理性看待 TPP》，《经济日报》，2015 年第 11 期。

㉘姚为群：《TPP 对中国的影响及中国的应对策略》，《上海思想界》，2015 年第 12 期。

㉙潘悦：《TPP 与中国开放型经济发展的危与机》，《理论视野》，2015 年第 11 期。

㉚张幼文：《TPP 对中国的影响及中国的应对策略》，《上海思想界》，2015 年第 12 期。

㉛张宁：《2015 世界经济形势分析与展望》，《人民论坛》，2015 年第 35 期。

㉜孙溯源：《TPP 对中国的影响及中国的应对策略》，《上海思想界》，2015 年第 12 期。

㉝尹忠明、李东坤：《中国对外直接投资与出口的关系变动：测算、特征及成因》，《当代经济研究》，2015 年第 8 期。

㉞周经、张利敏：《新形势下我国企业对外投资模式的选择》，《经济纵横》，2015 年第 3 期。

㉟胡兵、丁祥平、邓富华：《中国对非援助能否推动对非投资》，《当代经济研究》，2015 年第 1 期。

㊱刘海云、聂飞：《中国制造业对外直接投资的空心化效应研究》，《中国工业经济》，2015 年第 4 期。

㊲赵伟、孙利：《美联储加息的可能路径及市场影响》，《债券》，2015 年第 5 期。

㊳赵硕刚：《美联储加息的时点、方式及影响分析》，《发展研究》，2015 年第 1 期。

㊴马光远：《美国加息如何影响中国经济》，《商周刊》，2015 年第 26 期。

㊵吴秀波：《“8 · 11 汇改”后人民币汇率和外汇储备前景》，《价格理论与实践》，2015 年第 9 期。

㊶许家云、佟家栋、毛其淋：《人民币汇率变动、产品排序与多产品企业的出口行为——以中国制造业企业为例》，《管理世界》，2015 年第 2 期。

㊷杨广青、杜海鹏：《人民币汇率变动对我国出口贸易的影响——基于“一带一路”沿线 79 个国家和地区面板数据的研究》，《经济学家》，2015 年第 11 期。

（作者：卫兴华，中国人民大学教授；
何召鹏，中央财经大学讲师）

宏观经济管理与政策

方　芳　黄汝南

2015 年，新常态下的中国经济步入艰难期，各项经济指标数据普遍回落。GDP 增速明显下滑，外贸出口疲软，投资需求不足，房地产市场进入调整期，经济体制结构性问题亟待解决，地方政府债务问题集中爆发，资本市场出现大幅波动。同时，围绕使市场在资源配置中起决定性作用以及更好发挥政府的作用，各项重大改革有序推进。十八届五中全会“创新、协调、绿色、开放、共享”五大发展理念的提出，反映了我们对经济发展的新认识。“供给侧改革”目标直指产能过剩，进一步解放生产力；“互联网 + ”行动计划引领的新业态迅速成长，“大众创业、万众创新”成为探底中的中国经济的一大亮点；京津冀一体化打造区域经济发展新引擎；生态环境治理呼唤顶层设计；对外开放谋划新格局，丝路基金、亚投行相继成立，“一带一路”战略全面铺开，人民币加入国际货币基金组织特别提款权，国际化进程走到新的里程碑；养老金改革，全面二胎政策落地，让人民共享改革红利，体现社会公平正义，促进经济社会可持续发展。

一、"新常态"下的"供给侧改革"

1. "新常态"步入"新阶段"

2014年5月，习近平总书记在河南考察时首次使用"新常态"的概念。进入2015年，中国经济体制性矛盾集中爆发，在探底中艰难寻求经济转型，"新常态"步入"新阶段"，学界对于"新常态"的认识也更加深入。

李扬和张晓晶将中国经济结构性减速的原因归结为四个方面，第一是劳动力和资本投入增长率下降以及技术创新缓慢导致的要素供给效率下降，第二是人口和资源从制造业转移到劳动生产率相对较低的服务业导致的资源配置效率降低，第三是过去的长期赶超转向自主创新导致的创新能力匮乏，第四是能源资源相对不足、生态环境承载能力不强导致的资源环境约束增强。此外，他们还认为，"新常态"下的中国经济面临产能过剩风险，地方政府债务风险，新型城镇化转型风险以及流动性过剩导致的金融风险。因此，应当努力营造有利于创新的制度环境，通过一系列市场导向的改革完成调结构目标，以自贸区建设和"一带一路"战略为重点构筑全面对外开放新格局，创造有效的激励机制，实现经济社会发展与生态环境保护共赢，并重视教育、就业、社保、收入分配等领域改革，实现包容性增长。①

认识新常态，适应新常态，引领新常态的必然要求是宏观调控也要向"新常态"转变。张晓晶认为，经济"新常态"下宏观调控应具备九大特征：第一是突出供给思维，重点关注供给面的结构与效率；第二是完善区间调控，守住稳增长、保就业的"下限"，把握好防止通货膨胀的"上限"，不突破民生与金融风险的"底线"；第三是重视结构性调整，特别是产业结构、城乡二元结构等经济结构的调控；第四是充分发挥战略规划、财政政策和货币政策三者的合理作用，既关注短期波动稳增长，又关注长远促改革；第五是激励地方政府启动以提供公共产品和服务为主的新一轮竞争；第六是承认宏观调控中利益博弈的显性化，在政策制定和实施过程中需充分考量各利益相关方的诉求；第七是关注大国溢出效应，承担大国责任并重视外部因素对中国的冲击和影响；第八是尊重市场；第九是推进机制化建设，保持宏观调控的定力。②

2. 供给侧改革：概念与意义

在2015年11月10日召开的中央财经领导小组第十一次会议上，习近平总书记首次提出了"供给侧结构性改革"的概念："在适度扩大总需求的同时，着力加强供给侧结构性改革，着力提高供给体系质量和效率，增强经济持续增长动力。""供给侧改革"是我国借鉴美国"供给学派"的基本观点，并结合"新常态"下经济社会的特征而提出的。在这一概念提出之前，学界便已经开始关注中国经济的供给管理问题。

刘凯指出，实施供给管理的目的是通过经济政策以及经济制度建设对决定社会总生产函数的各个生产要素及其组织方式产生影响，进而影响社会总供给，在中短期内实现总供给与总需求的总量平衡、熨平周期性波动，在长期内实现总量平衡下总供给高效而持续的增长，从而达到社会资源优化配置及社会福利最大化。③

关于供给管理的意义，刘凯认为，短期内，中国宏观经济面临内需与外需双疲软的困境，强调供给管理是总需求管理失效时的必然选择；中期内，中国经济仍然需要次高速增长，中国经济的各种结构都需要优化升级，强调供给管理是中国经济保增长调结构的必然要求；长期内，中国经济要实现发达化、现代化的目标，中国社会主义市场经济体制要成熟化，强调供给管理是保障中国经济长期可持续发展的必由之路。④

张晓晶在总结"新常态"下宏观调控的九大特征中，第一点便提到重视供给思维。他认为当前中国经济面临的主要矛盾是中长期增速放缓问题，供给管理显得尤为重要；且诸如产能过剩和城镇化发展问题，也需要运用供给思维才能得到根本解决。张延和邱牧远也认为，应当借鉴供给学派，以微观活力支撑宏观稳定，以供给创新带动需求扩大，以结构调整促进总量平衡。⑤

3. 供给侧改革：内涵与评价

"供给侧改革"的概念提出后，学界掀起了对其内涵与评价的讨论。贾康认为，供给侧改革的核心内涵是解放生产力，制度供给是关键。为此，应当从控制人口数量转向优化实施人力资本战略，以应对劳动力人口下降和老龄化加速到来的困境；积极审慎推动土地制度改革，逐步建立城乡统一的土地流转制度，保护农民的合法权益；实施金融改革，解除金融抑制，促进金融发展更好地为实体经济服务；进一步简政放权，执行统一的市场监管规则，为企业创造良好的经营环境，激发微观经济活力；大力实施教育改革和创新驱动战略，培育高水平人，深化科技体制改革，引导各类创新主体加大研发投入，建设创新型国家。[⑥]

滕泰从“新供给主义经济学”的理论框架出发，认为供给侧改革的意义在于放开新产业供给约束，减少新经济供给抑制，为市场释放新供给创造条件，引导新供给创造新需求，最终通过经济供给和需求结构的调整，让经济回到“供给自动创造需求”的理想轨道上，恢复供给与需求的自动平衡机制和最终均衡状态。为解除供给抑制，他指出应当从五个方面进行改革。第一是人口和劳动力，由于目前中国农村与城市人均 GDP 差距较大，农村相对剩余劳动力依然存在，通过户籍制度改革促进人口流动可以进一步释放人口红利；第二是土地资源，通过农地流转改革以及打破资源垄断，可以打破土地和资源的供给抑制，提高生产效率；第三是金融改革，彻底解除金融抑制，降低中小企业融资成本；第四是技术创新，实施强化市场导向和创新活力的教育科研体制改革；第五是制度和管理，例如国有企业改革，打破国有企业低效率的行政垄断。[⑦]

二、创新发展：转型制造业，拥抱新业态

党的十八届五中全会提出，“坚持创新发展，必须把创新摆在国家发展全局的核心位置”。面对传统制造业产能过剩的现实，以创新推动“去产能”，以“新业态”引领新增长，将是中国未来的发展方向。

1. 制造业转型升级

（1）中国制造业面临的困境

中国经济进入“新常态”以来，制造业面临着严峻的发展环境。一方面，东南亚发展中国家凭借更低的成本优势逐渐成为吸纳中低端制造业的新阵地，中国在此方面的比较优势正在丧失；另一方面，金融危机后，西方发达国家重新重视制造业的地位，相继提出重振制造业的发展规划，如美国的“再工业化”战略和德国的“工业 4.0”战略等。面对这种困境，加快转型升级，在高端制造业领域赶超发达国家是我国制造业走出困境的唯一出路。

周业安认为，改革开放以来中国制造业的迅速发展源于人口红利、改革红利、制度红利和历史红利。第一，大量农村剩余劳动力为制造业提供了大量低成本的劳动供给，且人口数量是产品和服务需求的保证；第二，改革初期受益于价格“双轨制”的阶层很多成为制造业领域的企业家，他们借此改革红利迅速完成制造业的资本原始积累；第三，市场化取向的改革大大提高了资源配置效率，这是制造业发展的制度红利；第四，新中国成立初期优先发展重工业的思路使我国拥有了较为完备的工业体系，为后来的改革提供了物质、技术和人才条件。而随着市场化进程的加快，市场竞争领域的扩展，改革红利、制度红利和历史红利耗散；又由于农村剩余劳动力的转移，劳动力成本上升，人口红利也在逐渐消失。因此，中国制造业目前面临的困境来自于四种红利的耗竭。[⑧]

黄群慧和贺俊重点从技术创新的角度阐述中国制造业发展面临的困境。他们认为，生产率增速下降是目前中国制造业面临的严峻问题。改革开放以来中国制造业的高速增长多依赖来自发达工业国家的中低端制造业转移，并没有遇到大规模新兴产业涌现，这种发展模式制约了制造业技术效率提升的空间。伴随着工业产业结构的日益完备，收入增长和消费需求拉动的资源配置效率的提升效应不断弱化。此外，随着中国同发达国家技术水平差距的缩小，技术引进的难度加大，后发优势不断弱化，而自主创新能力尚有不足，且先进技术的转化与推广能力还面临着许多制度障碍。[⑨]

（2）创新助力制造业走出困境

在如何使中国制造业走出当前的困境上，周业安认为制造业应当重视技术进步和商业模式创新。首先，他通过对比 2014 年制造业各细分行业利润发现，具有一定技术门槛的制造业子行业（如计算机、通信和电子设备等）的盈利状况明显好于技术门槛较低的行业；而在技术门槛较低的行业（如服装、农副产品加工等），那些能够通过技术进步来提升自身门槛的企业同样能够实现高收益。其次，他认为，商业模式创新和技术进步同样重要，并指出运用网络化思维重塑商业模式的重要性。[⑩]

黄群慧和贺俊提出“战略互补性”是制造业转型升级的指导方向。他们指出，与美、日、德、韩等工业强国相比，中国制造业的优势主要体现在模块化架构产品和大型复杂装备领域，而在产品架构一体化领域、制造工艺一体化领域以及既具有一体化特征又需要前沿科技支撑的核心零部件领域相对缺乏优势。未来中国制造业核心能力提升的可能方向，一是通过架构创新和标准创新加强将一体化架构产品转化为模块化架构的能力，缩短或者破坏产品生命周期演进的一般路径；二是针对国外技术与中国本土市场需求不匹配的机会，充分利用中国的市场和制造优势，不断提升复杂装备的架构创新和集成能力。[⑪]

汪寿阳认为，我国制造业企业应充分抓住低端制造业向东南亚转移带来的契机，向产业链附加值高的环节转型，根据国内外市场需求，侧重于研发设计和营销服务，把产品的生产制造环节外包给东南亚国家制造业，产品生产后再销往全球市场，这样就构建了由本国企业主导的价值增值环节，有助于提升我国制造业在全球价值链协作中的地位和竞争优势。⑫

2. “互联网 +”：新业态打造经济增长新引擎

2015年3月5日，李克强总理在政府工作报告中首次提出“互联网 +”行动计划。互联网与传统产业深度融合下的新业态给传统产业带来了深刻变革，同时为制造业转型升级带来了新契机。

（1）互联网与传统产业融合的理论分析

罗珉和李亮宇从理论上分析了互联网时代创新的逻辑。他们指出，互联网时代的厂商面对的环境已经发生了重大改变。互联网时代的商业逻辑是“社群”逻辑下的平台模式，互联网经济是基于“人”的经济，而非基于产品或物的经济。双向交换的流动替代了过去供方的单向输出流动，提升价值的方式也从以前增强产品的使用价值变成了强化对产品使用价值的感知，强调顾客体验。因此，“连接”在互联网时代尤为重要，“连接”可以满足顾客深层次需求，打破传统商业模式下的信息不对称，作为一种“熊彼特租金”（或叫创新租金）的“连接红利”成为互联网时代商业模式追逐的对象。在这场变革下，经济增长方式也将从传统的斯密式增长转变为熊彼特式增长。⑬

徐晓俊认为，互联网经济拥有用户至上、跨界融合、先予后取、资源嫁接的新特点。互联网经济强调发现用户需求，从需求出发提供产品服务，以用户体验为标准。互联网从运营管理信息化工具转变为发展平台，与线下传统行业相结合，推动传统行业主动适应客户需求、加速自身调整，实现跨行业、跨领域的融合。它的主要运营模式是通过促销让利、客户免费体验等多种手段，吸引潜在用户，逐步扩大用户群体规模，在用户规模增长中实现长期利益，此外，互联网企业在业务平台基本成熟后，通过扩展平台兼容性，不断嫁接新资源，实现业务扩张，在巩固扩大用户群体的同时，进一步挖掘用户潜在价值。⑭

（2）“互联网 +”的实践

张兆安指出了目前中国发展互联网经济的障碍。一是缺乏诸如促进信息流动与共享的完善制度；二是传统观念的固化阻碍新业态发展；三是宽带、物流等基础设施建设落后；四是技术创新制度陈旧，过于依仗高校和科研院所，企业自主创新动力匮乏；五是小微企业经营环境不佳，活力不足；六是人才培养体系的落后。他认为，应当高度重视互联网经济，对于互联网经济的创新必然造成的对传统垄断行业利益的冲击应采取宽容态度，积极扶持小微企业成长，尽快制定国家层面的云计算、大数据发展战略，提升移动智能终端安全性和可控性等。⑮

任兴洲认为，未来我国“互联网 +”的重点应是发展产业互联网，以互联网改造传统制造业。这既是适应消费者需求和经济发展方式转变的必然要求，也是提升我国产业竞争力的需要。为此，要真正以用户和消费者为导向，通过互联网技术对传统的设计研发环节进行改造、创新；着重改造生产环节和流通环节，以流水线生产模式制造个性化产品，满足用户日益增强的个性化需求，通过创建电商平台提升服务效率，降低服务成本；并按照扁平化、网络化的要求对企业的组织架构进行变革，以提高对市场需求的快速反应能力和研发创新能力。⑯

汪寿阳认为，“互联网 + 制造业”除了利用互联网进行高效传播、精准销售外，更重要的是应用互联网实现制造业上下游合作伙伴的协同共享，开创全新的共享经济模式，带动大众创新和万众创业。互联网技术为制造业转型升级开辟了新空间，应用物联网等技术可以实时感知、监控生产过程中产生的海量数据，实现生产系统的智能分析和决策，使智能生产、网络协同制造和大规模个性化定制的生产方式成为可能。未来的制造业将建立在以互联网和信息技术为基础的互动平台之上，将各种生产要素按需进行整合，实现生产制造的个性化和定制化。⑰

三、协同发展：京津冀一体化的新认识

“坚持协调发展，必须牢牢把握中国特色社会主义事业总体布局，正确处理发展中的重大关系，重点促进城乡区域协调发展。”城乡区域协调发展是协同发展理念的重点，而“京津冀一体化”无疑是贯彻协同发展理念的典型代表。

1. 京津冀一体化的战略意义

肖金成和王丽论证了京津冀一体化的战略意义。他们指出，从经济梯度来看，北京、天津、河北分别处于后工业化阶段、工业化后期阶段和工业化中期阶段，梯度格局变化明显，应根据不同阶段的突出问题进行优势互补。然而，目前京津冀地区存在严重的产业结构雷同、资源利用分散、地区间恶性竞争等问题，因此亟须产业分工协作。从内部城市结构来看，城市体系断层现象明显，大城市数量偏少，中间层的

大城市数量过少，无法承接来自顶层的辐射，带动底层发展的能力也较弱，因此社会空间差异亟须区域协同合作。生态环境状况来看，近年来京津冀地区雾霾问题较为突出，对雾霾的治理也需要以区域环境保护联防联控为主要手段从源头上减少污染物。[18]

刘瑞和伍琴通过服务经济、总部经济、知识经济、绿色经济、园区经济、临轨经济、临空经济和临港经济等八个方面将北京同伦敦、巴黎、首尔和东京四个国际性首都经济圈对比后发现，北京作为首都经济单体，排名居中，但若把京津冀作为首都经济圈与之比较，其发展排名最后。单靠北京自身力量已经难以化解大城市病，只有实现京津冀一体化协同发展，即建立全域性的首都圈经济，才能实现首都经济结构优化升级。[19]

2. 京津冀一体化的路径选择

关于如何加快实现京津冀一体化协同发展，肖金成和王丽提出了“三核引领”（北京、天津、石家庄）“一轴两带”（京津发展轴、滨海经济带和京广北段经济带）“多点支撑”（唐山、保定、邯郸、沧州、衡水、秦皇岛）的整体架构。[20]

刘瑞和伍琴认为，首先应当打破地方区域封锁和行政分割，从国家层面上尽快推出首都经济圈发展规划和首都经济圈立法，确立合作发展机制；其次，要设立超越于京津冀三地政府职能之上的首都经济圈管理协调机构，且要具备权威性和干预力，打破行政分割和行政级别的差距导致的政策难以统一，目前以国务院副总理张高丽为首的京津冀协同发展领导小组的成立对形成首都经济圈具有重大意义；最后还应明确经济结构调整方向，将承担首都非核心功能的机构迁至北京边缘辖区乃至京津冀区域以外的区域，彻底解决大城市病的问题。[21]

徐涛强调了交通一体化对京津冀一体化的重要推动作用。他指出，京津冀交通一体化需要在以下几个方面取得突破。第一，做好顶层设计，打破地区行政分割，统一部署，建立区域综合交通运输管理机制，实现联合管理，提升运营效率，降低管理成本；第二，推广 PPP 融资模式，以政府主导，市场化调动民间资本、国际资本；第三，优势互补，交通一体化应与京津冀城市定位、城市群规划、产业布局规划互相融合，及早明确首都非核心功能疏解、三地产业转移的大致方向，以求实现共赢发展。[22]

陈建华从金融协同的角度阐述了京津冀产业升级的路径选择。他认为，首先，金融机构要进行产品创新，推动企业资产证券化，盘活现金流；其次，要推动设立京津冀协同发展国家基金或专项资金；再次，充分利用境内外多层次资本市场，大力发展直接融资，提高直接融资对产业发展的支持作用；最后，建立平台，加强风险管控。[23]

魏丽华从产业协同的角度阐述了培育京津冀新型战略性城市群的机制。他认为，培育完善的产业协同系统，需要从科学的产业协同机制、优化的产业结构、合理的产业布局等三方面着手。要统筹三地利益协调机制，加快构建市场化为导向的新型、科学、合理的资源要素配置与回报机制；要按照既有的产业链、技术链、服务链等发展基础，推动京津冀产业有效对接，顺应产业分工链条化趋势，缩小三地产业发展梯度，构建合理的产业空间布局。[24]

四、绿色发展：探索生态补偿机制

“坚持绿色发展，必须坚持节约资源和保护环境的基本国策，坚持可持续发展，坚定走生产发展、生活富裕、生态良好的文明发展道路，加快建设资源节约型、环境友好型社会。”党的十八大已将生态建设置于“五位一体”的新高度。面对日益严峻的雾霾威胁和生态危机，生态环境治理呼唤顶层设计，而探索建立完善的生态补偿机制是有效途径。

1. 生态环境治理的顶层设计

李晓西，赵峥和李卫锋认为，国家生态治理体系和治理能力现代化是国家治理体系的一个重要组成部分。处理好生态治理与经济发展的关系是贯穿国家生态治理的一条主线。在构建和完善国家生态治理体系和治理能力现代化的进程中，首先要明确政府与执政党之间的关系，有必要构建由国家主席亲自统领的国家生态治理体系领导小组，为可持续发展和生态治理提供有力的保障；其次要明确政府与人民代表大会的关系，解决立法与执法、与行政的统筹关系相对缺失，立法质量和执法力度不足的问题；再次要明确政府与社会和民众的关系，建立利益相关方协调机制和全民监督治理机制，激励企业和民众树立社会责任意识；最后要明确各级政府之间、同级政府各部门之间的关系。[25]

2. 完善生态功能区财政转移支付制度

早在 2008 年，中央便建立了生态功能区财政转移支付制度，其目的是维护国家生态安全，引导地方政府加强生态环境保护力度，提高国家重点生态功能区所在地政府基本公共服务保障能力，促进经济社会可持续发展。然而伏润民和缪小林认为，现行生态功能区财政转移支付制度存在缺陷导致其难以有效达到既定目标。首先是从设计理念及测算方法来看，采用计算均衡性转移支付的“标准财政收支差”计算结果，再提高其财政保障系数进行资金分配，导致资金配置与其生态价值贡献脱节；其次，省对县市生态功能区财政转移支付资金分配办法主要由各省自行确立，没有形成一套规范、统一的制度体系，政策目标各具差异。由此，他们提出以“生态外溢价值补偿”为基础，重新构建全国统一的生态功能区财政转移支付制度体系。具体来说，从生态补偿基本概念出发，将生态功能区转移支付归属为激励补偿范畴，根据不同生态资源供给主体和消费主体组合特征，选择采用政府补偿的模式。同时，考虑到生态功能区对生态资源的自身消费，以扣除自身消费后的外溢价值为依据进行价值补偿。[26]

3. 探索地区间横向生态补偿制度

党的十八届三中全会提出要“推动地区间建立横向生态补偿制度”。横向生态补偿制度是为实施横向生态补偿而建立的一系列法律、经济和行政手段的总和，是对补偿主体，补偿对象、补偿标准、补偿方式、监管方式等核心内容做出的规则性安排。

国家发展改革委国土开发与地区经济研究所课题组认为，构建横向生态补偿制度，有利于实现生态产品提供区和生态产品享用区之间发展权的公平化，并在一定程度上缓解中央财政的生态补偿支出压力；有利于实现横向生态补偿的法制化；有利于解决外部性问题，使生态保护区和生态受益区作为一个整体共同应对生态保护问题，完善区域治理体系和提高区域治理能力；有利于规范和指导地方开展横向生态补偿的实践活动。此外，他们还提出了建立地区间生态补偿制度的总体思路。第一要确定生态受益区范围，明晰补偿主体，即明确“谁来补”；第二要建立健全自然资源资产产权制度，实现自然资源资产的产权所属人格化，明晰补偿对象，即明确“补给谁”；第三要基于边际成本法和双方博弈，确定合理可行的生态补偿标准，即明确“补多少”；第四要综合运用公共政策手段和市场手段，政府调控与市场机制相结合，探索灵活多样的生态补偿方式，即明确“如何补”；第五要建立健全监管评估体系，构建动态调整的横向生态补偿制度，即明确“如何管”。[27]

宏观经济研究院国地所课题组认为，当前我国横向生态补偿机制主要存在生态产权模糊、权责不明，以财政专项资金为主的补偿方式相对单一，缺乏市场化运作机制，补偿标准科学性、合理性不足等问题。为此，应当建立健全相关法律体系，规范横向补偿机制；积极引导补偿方、受偿方等利益相关方和上级政府、专业机构等非利益相关方等多元主体的积极参与；将横向补偿制度建设纳入地方政府绩效考核中，确保补偿机制顺利实施。[28]

五、开放发展：“一带一路”与人民币国际化引领对外开放新格局

“开创对外开放新局面，必须丰富对外开放内涵，提高对外开放水平，协同推进战略互信、经贸合作、人文交流，努力形成深度融合的互利合作格局。”随着亚投行的成立，人民币“入篮”敲定，“一带一路”战略和人民币国际化将成为我国开创对外开放新格局的有力抓手。

1. “一带一路”战略：战略意义与路径选择

关于“一带一路”的战略意义，王国刚认为，“一带一路”的战略构想实现了三大突破，第一是改变了中国外汇使用长期依赖于购买美国等发达国家国债的路径，提升了中国在全球，特别是亚洲地区的资源配置能力；第二是跳出受援国生产能力扩展和福利扩展的旧套路，通过“道路”的连接和扩展，提高了受援国的经济社会效率；第三是以相互尊重、平等相待为基础，以合作共赢为主旨，突破霸权主义的国际规则，树立新型国际关系理念。[29]

陈虹和杨成玉通过建立模型模拟实证分析后得出结论，中国与“一带一路”沿线国家和地区建成自由贸易区后，参与“一带一路”各国的 GDP 增长率、进出口总额均将有不同程度提高；参与“一带一路”各国的贸易平衡趋于稳定，而中国贸易顺差会进一步扩大，中国的福利、贸易条件将得到明显改善。此外，他们还指出，“一带一路”沿线国家和地区资本需求较高，中国对外直接投资净额相对于压力情境还存在一定的资金缺口，同时侧面反映了中国对“一带一路”沿线国家和地区的投资空间巨大。[30]

关于如何推进“一带一路”战略，李晓和李俊久认为，中国应首先界定新时期中国的核心国家利益，识别威胁中国核心国家利益的关键要素，然后决定如何恰当地运用国家的综合实力去维护其核心利益。具体地，应当处理好八个关键问题，第一是界定中国在当今国际体系中的国家定位和核心利益；第二是厘清“一带一路”与当今世界秩序的关系；第三是评估“一带一路”战略面临的优劣势、机遇和挑战；第四是诠释“一带一路”框架下的区域经济合作；第五是理顺“一带一路”建设与国内体制改革的关系；第六是处理好“一带一路”建设中全面推进与重点突破的关系；第七是重构中国与“一带一路”沿线国家的新型国际关系；第八是构建一个可支撑中国长期可持续发展的国际体系。[31]

王国刚认为，要想有效实现“一带一路”战略构想，应当从五个方面进行。第一，充分尊重“一带一路”沿线各国和地区的主权，以平等、合作、互利、共赢为基础，充分考虑沿线国家经济、社会、文化等方面的巨大差异，采取灵活的方式开展运作；第二，以亚投行、丝路基金为先导建立完善的金融运作机制，还应根据不同国家的不同利益诉求，设立多种多样的投资基金，以弥补亚投行等资金规模的不足；第三，以交通运输条件改善和基础设施建设为抓手，推进相关国家工业体系和服务业的全面发展；第四，以自由贸易区建设为契机，积极推进自由贸易区谈判，推动区域一体化进程；第五，注重沿线国家教育、卫生等民生产业的发展，减少沿线国家片面工业化带来的环境污染和生态破坏问题。[32]

张辉指出，“一带一路”战略需要体现五个协同：分别是基础设施的协同、贸易协同、产业协同、资本协同和治理协同。其中，基础设施协同战略是考虑到区域内铁路、公路密度普遍较低，海运港口也处于中下水平；贸易协同和资本协同战略是以全球金融危机以来世界经济格局从“中心—外围”单循环体系向“双环流”体系转换的“新南南合作”机制为基础的；产业协同战略是为实现该区域三次产业现代化，并与中国三次产业更好地融为一体，实现以中国为枢纽点的区域一体化；治理协同则上升到一个更高的层次，它要求我们充分理解中国的发展与该区域的内在一致性，使“一带一路”不仅体现在经贸关系，还要在政治、法律、安全、文化等方面展开相互合作。[33]

2. 人民币国际化：影响因素与推进方式

在研究影响人民币国际化进程的因素时，余道先和王云以人民币境外存量作为人民币国际化的量化指标，通过实证分析发现，人民币国际化同国际收支结构、经济规模和实际汇率存在长期稳定关系。经济规模扩大、经常项目顺差对人民币境外存量增加有促进作用，从而人民币国际化程度越高，实际汇率波动对人民币境外存量有负向效应，表明人民币稳步升值有利于推动人民币国际化进程，同时，资本和金融项目顺差也会对人民币国际化产生阻碍作用。[34]

周平军为推进人民币国际化提出七点建议：一是加大国际投资贸易中人民币使用与结算力度，建立双边或多边自由贸易或货币合作协议，扩大双边和多边经贸与货币合作；二是建立内外衔接与协同发展的人民币市场，支持上海建设全球人民币中心，促进人民币回流渠道多样化，提升金融市场开放度；三是增加金融市场深度，改革债券市场，建立高效的股票市场；四是进一步推进人民币汇率制度弹性化改革；五是改善外汇储备结构，对目前国际性金融资产进行重大调整，降低美元资产比重；六是加强人民币国际化基础设施的配套建设，如跨境支付清算系统，以人民币定价的大宗商品定价体系等；七是通过深化改革形成有利于人民币国际化的体制机制。[35]

史龙祥、阮珍珍和强梦萍则从贸易结算的角度分析了人民币国际化稳步推进的新路径。他们认为，中国的相对市场份额优势越突出、进口商品订单的平均金额越大，越不利于选择美元结算，从而使用人民币结算的可能性越大。但是，中国进口行业使用美元结算存在时间惯性，前期选择美元结算的决策对后期做出相同选择会产生明显的正面影响。为此，中美产业内贸易可选择需求价格弹性大的行业作为推动人民币结算的重要目标，同时推动人民币结算的进口行业应具备相对市场份额优势和大额订单优势；企业可通过采取一致行动增强谈判能力，打破使用美元结算的惯性思维，促进中美产业内贸易采用人民币结算以规避汇率风险，从而为人民币国际化稳步推进探索有效可行的路径。[36]

黄蓉蓉则将“一带一路”战略和人民币国际化结合起来进行分析。她认为，“一带一路”将令中国步入主动资本输出新阶段，推动国际收支更趋平衡以及资本项目开放进加速，从而有利于人民币国际化。在实施“一带一路”战略中，应当坚持发展双边贸易，以能源计价和贷款作为突破口，以投资拉动、促进贸易，增加贸易人民币计价结算的便利性，降低人民币的交易成本，在丝路沿线国家的关键城市大力发展人民币离岸市场，按照先中亚、再南亚和波斯湾、后西亚和欧洲国家的顺序分阶段有序推动人民币国际化进程。[37]

李荣通过分析日本“广场协议”案例，指出人民币国际化进程中的风险。他认为，推动人民币国际化应审时度势，把握时机，如果处理不当，会像当年日本资产泡沫破裂一样对中国经济和金融发展造成严重影响。要在保持人民币汇率相对稳定的前提下，推动人民币离岸市场的建设发展；利用中国贸易大国的地位，提升人民币在国际贸易结算中的比重，推动人民币成为能够自由兑换、汇率自由浮动的货币；同时鼓励国内企业走出去，向海外以人民币进行直接投资并购，投资的重点要放在实体经济上，避免使用人民币进行投机，以史为鉴，走好、走稳人民币国际化之路。[38]

六、共享发展：人口与社会可持续发展新理念

“坚持共享发展，必须坚持发展为了人民、发展依靠人民、发展成果由人民共享，作出更有效的制度安排，使全体人民在共建共享发展中有更多获得感，增强发展动力，增进人民团结，朝着共同富裕方向稳步前进。”共享发展的核心就是要解决社会公平正义问题。去年以来，我国政府陆续推行多项对人口与社会的可持续发展影响深远的政策，其中争论最激烈、社会关注度最高的当属养老金“并轨”改革、延迟退休年龄以及全面放开二胎政策。

1. 养老保险并轨：意义与风险

一直以来，我国实行的是双轨制的养老金制度，企业职工需要自己缴纳养老金，而机关事业单位却不需要，但其养老金却远高于企业职工，这无疑严重损害了社会公平。2015 年 1 月 3 日，《国务院关于机关事业单位工作人员养老保险制度改革的决定》正式发布，标志着养老金“并轨”正式进入实质性启动阶段。

郑功成认为，当前我国养老保险制度的根本缺陷是地区分割统筹导致了国家法定的统一制度沦为地方性制度安排，并呈现出日趋固化的区域利益失衡格局，严重扭曲了这一制度的正常发展路径。优化这一制度的根本出路在于真正实现全国统筹，将地方“承包制”回归到国家统一制度。为此，应当将二元并存的养老保险费征缴机构整合成一元化的征缴机构，建立全国统一的养老保险信息系统，尽快制定养老保险基金投资政策，同步推进养老保险法制建设，使职工基本养老保险制度走向成熟、定型、稳定发展的新阶段。[39]

郑秉文指出，经济“新常态”下财政收入下行压力增大，农村劳动力向城镇流动、公共部门和私人部门之间劳动力流动加快，以及老龄化加剧下养老金收支平衡压力增大都使得养老金“并轨”改革势在必行。养老金“并轨”对于促进公共部门和私人部门间劳动力流动、保护机关工作人员的权益、推进国家治理能力现代化以及促进社会公平正义有着重要意义。同时他也指出，养老金改革存在着不容忽视的潜在风险，应当提高对顶层设计和精算技术重要性的认识，加强对并轨改革后财政配套支出的必要性的认识，警惕记账方式带来的负面影响，防止职业年金潜在的模式蜕变风险。[40]

2. 延迟退休年龄：争议与影响

近十多年来，我国养老金亏空规模迅速攀升。一方面，人口老龄化增大了养老金支出压力，另一方面，青少年人口下降又减少了养老金收入。为解决养老金亏空问题，延迟退休年龄便被提上日程。2015 年 12 月，延迟退休年龄时间表正式出台，而这项政策从提议之初，便伴随着各种争论。

中国国际经济交流中心课题组认为，延迟退休年龄对于中国经济社会具有重大意义。在工资增长率大于养老金增长率的情况下，延迟退休可以增加大龄人员的收入和消费，由此增加就业机会和带动青年人就业。大龄人口转移就业主要进入服务业，特别是养老服务业，与青年人就业在数量和结构上均不具有替代关系，反而具有促进关系。而“先女后男，先自选，后强制，分步走”的渐进式延迟领取养老金模式由于具有弹性的制度优势，是较为可行的实施方案。[41]

王晓军和赵明通过对我国人口寿命延长趋势的研究，在一定的精算假设下，测算延迟退休对我国养老金支付压力的影响，并分析不同因素变动对测算结果的敏感性。他们认为，尽管我国人口寿命延长趋势显著，延迟退休确实能够有效缓解老金支付压力，但其他经济、制度因素也能够代替延迟退休年龄起到缓解养老金支付压力的效果，因此目前建立二者的调整机制条件尚未成熟。在延迟退休年龄的建议上，不应只考虑精算意义上的财务可持续，还要兼顾社会公平正义，否则这样的政策无法令人满意。[42]

邹铁钉和叶航则从养老金亏空与劳动力市场的联动效应出发，认为由于参保者的人力资本状况及个体的差异导致的工资率和工作成就的差异，分类延迟退休年龄的方案能够更好地解决养老金的亏空问题，对新增劳动力就业的负外部性冲击也会比较小。然而，要想切实提高延迟退休的政策效果，还要依赖于人力资本状况的改善，强化参保者尤其是低劳动技能者的职业培训和学历教育。[43]

3. 全面放开二胎：现代人口治理新理念

2015 年 10 月 29 日，中共十八大五中全会公报宣布，中国将“全面实施一对夫妇可生育两个孩子政策”，从 1978 年开始提倡、1980 年开始强制推行了

35 年之久的一胎化政策宣告终结。一胎化政策对中国人口与社会可持续发展产生了深远影响，面临着中国人口红利的消失，生育率下降，养老金亏空等一系列经济社会问题，如何评价一胎化政策，如何看待全面放开二胎后对未来中国社会发展的影响，如何迈向现代人口治理理念，是学界热议的话题。

穆光宗认为，尽管从数据上看，我国通过独生子女政策已经进入低生育水平国家行列，但强制性的计生政策造成的社会代价是巨大的。低生育目标的实现并不意味着人口问题的终结，还要面临人口结构性转型的问题。从发达国家的经验来看，一旦进入“超低生育率陷阱”，由于坚韧的低生育文化形成了强大的内卷力，将很难跳出，因此他认为“二胎”政策遇冷的可能性较大。解决中国人口问题的关键是倡导科学的人口观。科学的人口价值观体现在，认识到人口是人的集合而不是数的堆积，人口发展远比人口增长更重要；认识到少子化导致的人口亏损和失衡的风险，尊重人口转型规律，未来的人口政策应当以人口安全、人口平衡、人口优化为导向，努力减少“选择性独生和不生”的现象。[44]

刘家强和唐代盛认为，“普遍两孩”生育政策是我国现行生育政策调整和完善合乎逻辑的结果，其政策实施将对我国保持人口长期均衡发展、缓解婚姻市场挤压、延长人口红利收割、推迟老龄社会进程等方面的人口学后果和经济学后果产生积极效应。未来我国需要完善适应“普遍两孩”生育政策的支持体系和治理体系，实现从奖励少生向保障人口安全的政策转型以及“普遍两孩”生育政策治理体系和治理能力现代化转型。[45]

七、新型城镇化：理论与实践

2012 年中央提出“新型城镇化道路”的概念，2014 年国务院发布《国家新型城镇化规划（2014—2010 年）》，明确了未来新型城镇化发展的主要目标及实施路径。新型城镇化是指坚持以人为本，以新型工业化为动力，以统筹兼顾为原则，推动城市现代化、城市集群化、城市生态化、农村新型城镇化，走中国特色新型城镇化道路。2015 年，学界对中国特色新型城镇化的理论逻辑、实践战略以及融资机制等进行了深入研究。

1. 新型城镇化的理论逻辑与实施路径

吴垠以刘易斯拐点为背景，对中国特色新型城镇化的理论逻辑进行了阐述。他认为，传统城镇化理论以劳动力无限供给作为约束条件，以人口城镇化作为评价指标的研究方法不适用于中国等发展中国家城镇化遭遇刘易斯拐点期的现实。中国的城镇化进程是以劳动力过剩供给转变为结构性短缺为约束条件，将提高农村剩余劳动力融入城市的质量提升而非数量提升作为目标体系的过程。中国的城镇化应走出一条有别于西方传统城镇化的道路。为此，首先要克服城市结构性劳工短缺问题，通过尽可能延长劳动用工合同的最低年限，设定非正规就业行业的最低工资水平以及完善劳动合同纠纷仲裁赔偿机制等方式保障劳动者合法权益；其次要科学合理进行城镇化布局，中央城镇化转移支付应多向中西部二三线城市倾斜；再次要以社会承载能力而非空间承载能力作为城镇化考核指标，通过增加社会保障资金投入缩小城市群体的收入差异；最后要用新的理念规划新一轮城镇化，加强土地、住房、基础设施的联动建设。[46]

2. 新型城镇化的融资机制

新型城镇化需要巨大的资金支持。据成涛林测算，2014—2020 年，地方政府仅新型城镇化一项就会导致 66387 亿元资金缺口。在传统的土地财政模式出现问题的情况下，创新融资模式是城镇化目标任务顺利实现的必要条件。[47]

李新光，胡日东和张彧泽采用我国 30 个省市 1998—2012 年的数据构建面板平滑转换模型，实证分析发现，土地财政对城镇化的贡献不再具有可持续性，土地财政不能作为城镇化的长效机制，特别是对于土地财政发展较为繁荣甚至过度的省份，地方政府应当适度压缩土地市场交易规模，将发展重心放到银行业经营效率，提高金融市场效率，发挥金融市场的融资功能上；另外，在考虑城镇化融资方式中应注重产业结构升级的要求，确保城镇化的可持续发展。[48]

熊湘辉和徐璋勇通过测度 7 个城镇化相关指标构建了新型城镇化水平综合评价体系，并从金融效率、金融规模和金融结构三个方面测度中国 2004—2013 年 31 个省份金融因素对新型城镇化建设的影响。实证结果表明，中国城镇化水平整体提高的同时区域差距进一步加大，金融支持是影响新型城镇化水平的重要因素。为此，应当重点提高直接融资比重，扩大地方债规模；充分发挥政策性金融功能作用，加强商业性金融体系建设，提高为城镇化服务的能力；主动践行民生金融，促进实现“人的城镇化”；推进相关领域改革，优化金融支持制度环境；强化金融监管，维护城镇化金融支持体系稳健运行。[49]

3. 城镇化进程中面临的其他问题

除城镇化融资机制外，与城镇化进程相关的其他问题也是学界研究的话题。

吴福象和段巍关注了新型城镇化中实施农村土地股份制的问题。他认为，现行征地补偿办法和补偿标准不能从根本上解决农民的后顾之忧。农村土地股份合作制，有利于统筹城乡发展，加快新型城镇化进程。但由于存在产权组织定位不清晰，农民尤其是老人的入股意愿不高，试点地区分布不均，农地流转市场化程度低等问题，农地股份制面临诸多困境。因此，应当充分尊重农民意愿，在加大宣传力度的前提下，由农民自主选择是否入股；同时要完善相应法律法规，健全合作社内部监督制衡和激励机制。[50]

杨森平、唐芬芬和吴栩则关注了新型城镇化和城乡收入差距的关系。他们通过建立理论模型和实证分析得出城乡收入差距和城镇化率之间存在倒U型关系的结论，说明我国目前走新型城镇化道路可以缩小城乡收入差距，进而实现城乡协调发展。但缩小城乡收入差距需要多种政策相互配合。一是要发展农村金融组织，并对优化农业生产结构，提高农业产出率提供财政支持；二是加大农村医疗、教育、基础设施建设等的投入，逐步消除城乡户籍壁垒，统一城乡社会保障与社会福利，打破城乡二元经济结构，加快城镇化进程。[51]

过去的一年里，萧条与泡沫并存。2016年是“十三五”规划的开局之年，是新常态下中国经济转型的关键之年。可以预见，“去产能”“去杠杆”“去库存”“调结构”仍然是中国经济的主旋律。只有深入贯彻“创新、协调、绿色、开放、共享”五大发展理念，推进“供给侧改革”和新型城镇化道路，中国经济才有望在2016年探底回升，实现到2020年全面建成小康社会的目标，使经济社会可持续发展。

注：

①李扬、张晓晶：《“新常态”：经济发展的逻辑与前景》，《经济研究》，2015年第5期。

②⑤张晓晶：《试论中国宏观调控新常态》，《经济学动态》，2015年第4期。

③④刘凯：《新常态下中国经济的供给管理》，《中国经济报告》，2015年第2期。

⑥贾康：《供给侧改革的核心内涵是解放生产力》，《中国经济周刊》，2015年第12期。

⑦滕泰：《供给侧改革拉开大幕——以改革开启中国经济上升新周期》，《中国中小企业》，2015年第12期。

⑧⑩周业安：《中国制造业的困境与出路》，《中国金融》，2015年第13期。

⑨⑪黄群慧、贺俊：《中国制造业的核心能力、功能定位与发展战略——兼评中国制造2015》，《中国工业经济》，2015年第6期。

⑫⑰汪寿阳：《推动我国制造业发展的因素》，《中国国情国力》，2015年第12期。

⑬罗珉、李亮宇：《互联网时代的商业模式创新：价值创造视角》，《中国工业经济》，2015年第1期。

⑭徐晓俊：《互联网经济对重大装备制造业转型的启示》，《企业改革与管理》，2015年第22期。

⑮张兆安：《实施“互联网+”战略，推动传统产业升级》，《宏观经济管理》，2015年第4期。

⑯任兴洲：《产业互联网的发展与创新》，《中国发展观察》，2015年第8期。

⑱⑳肖金成、王丽：《关于京津冀协同发展的若干思考》，《中国发展观察》，2015年第7期。

⑲㉑刘瑞、伍琴：《首都经济圈八大经济形态的比较与启示：伦敦、巴黎、东京、首尔与北京》，《经济理论与经济管理》，2015年第1期。

㉒徐涛：《打好京津冀交通一体化攻坚战》，《前线》，2015年第9期。

㉓陈建华：《金融协同与京津冀产业升级》，《中国金融》，2015年第11期。

㉔魏丽华：《培育京津冀新型战略性城市群的机制探析——基于产业协同视角》，《中国流通经济》，2015年第12期。

㉕李晓西、赵峥、李卫锋：《完善国家生态治理体系和治理能力现代化的四大关系——基于实地调研及微观数据的分析》，《管理世界》，2015年第5期。

㉖伏润民、缪小林：《中国生态功能区财政转移支付制度体系重构——基于拓展的能值模型衡量的生态外溢价值》，《经济研究》，2015年第3期。

㉗国家发展改革委国土开发与地区经济研究所课题组：《地区间建立横向生态补偿制度研究》，《宏观经济研究》，2015年第3期。

㉘宏观经济研究院国地所课题组：《横向生态补偿的实践与建议》，《宏观经济管理》，2015年第2期。

㉙㉜王国刚：《“一带一路”：基于中华传统文化的国际经济理念创新》，《国际金融研究》，2015年第7期。

㉚陈虹、杨成玉：《“一带一路”国家战略的国际经济效应研究——基于CGE模型的分析》，《国际

贸易问题》，2015 年第 10 期。

㉛李晓、李俊久：《“一带一路”与中国地缘政治经济战略的重构》，《世界经济与政治》，2015 年第 10 期。

㉝张辉：《全球价值双环流架构下的“一带一路”战略》，《经济科学》，2015 年第 3 期。

㉞余道先、王云：《人民币境外存量、国际收支与人民币国际化进程》，《经济理论与经济管理》，2015 年第 4 期。

㉟周平军：《推进人民币国际化的路径选择》，《中国发展观察》，2015 年第 5 期。

㊱史龙祥、阮珍珍、强梦萍：《人民币国际化稳步推进的新路径—基于中美产业内贸易结算货币选择影响因素的经验分析》，《国际金融研究》，2015 年第 7 期。

㊲黄蓉蓉：《人民币国际化路径分析——基于“一带一路”的视角》，《中国市场》，2015 年第 38 期。

㊳李荣：《人民币国际化研究——基于“广场协议”的启示》，《中国商论》，2015 年第 32 期。

㊴郑功成：《从地区分割到全国统筹——中国职工基本养老保险制度深化改革的必由之路》，《中国人民大学学报》，2015 年第 3 期。

㊵郑秉文：《机关事业单位养老金并轨改革：从“碎片化”到“大一统”》，《中国人口科学》，2015 年第 1 期。

㊶中国国际经济交流中心课题组：《“先女后男，先自选，后强制，分步走”渐进延迟全额养老金领取年龄方案设计——渐进式延迟退休年龄政策研究之三》，《经济研究参考》，2015 年第 4 期。

㊷王晓军、赵明：《寿命延长与延迟退休：国际比较与我国实证》，《数量经济技术经济研究》，2015 年第 3 期。

㊸邹铁钉、叶航：《普遍延迟退休还是分类延迟退休——基于养老金亏空与劳动力市场的联动效应视角》，《财贸经济》，2015 年第 4 期。

㊹穆光宗：《放开二胎：迈向现代人口治理》，《中国经济报告》，2015 年第 12 期。

㊺刘家强、唐代盛：《“普遍两孩”生育政策的调整依据、政策效应和实施策略》，《人口研究》，2015 年第 11 期。

㊻吴垠：《中国特色新型城镇化：以刘易斯拐点期为背景的理论、模式与政策研究》，《经济科学》，2015 年第 2 期。

㊼成涛林：《新型城镇化地方财政支出需求及资金缺口预测：2014—2020 年》，《财政研究》，2015 年第 8 期。

㊽李新光、胡日东、张彧泽：《我国土地财政、金融发展对城镇化支持效应的实证研究——基于面板平滑转换模型》，《宏观经济研究》，2015 年第 4 期。

㊾熊湘辉、徐璋勇：《中国新型城镇化进程中的金融支持影响研究》，《数量经济技术经济研究》，2015 年第 6 期。

㊿朱佳、金丽馥：《对新型城镇化进程中农村土地股份制的探索》，《中国集体经济》，2015 年第 7 期。

51杨森平、唐芬芬、吴栩：《我国城乡收入差距与城镇化率的倒 U 关系研究》，《管理评论》，2015 年第 11 期。

（作者：方芳，中国人民大学教授；
黄汝南，中国人民大学硕士生）

法　　学

法　理　学

冯玉军　孟祥菡

一、重要的学术研讨会与著述

2015 年，全国法学理论界对大量理论与实践问题展开了广泛而深入的探讨和研究，对全面推进依法治国、法治中国与法治社会、法治评估、一般法律理论、法教义学与社科法学、司法与案例指导制度、法律文化研究等都有深入的讨论，取得了众多研究成果，发表了一大批研究论著。

北京地区的法理学者、专家们本着务实、创新的探索精神，也对中国法学理论研究的诸多重点、热点问题进行了深入研讨。

本年度，北京地区召开了一系列学术研讨会，主要有：1月23—24日，“首届法学前沿论坛”在中国人民大学法学院举行。本次会议由中国社会科学杂志社和中国人民大学主办，中国人民大学法学院承办。会议主题为“理论建构与现实回应：法治中国视野下的法学研究”，会议从法理、宪法、民法、国际法等各个部门法，多角度、跨领域的进行了富有建设性的发言与探讨。会议强调了法治中国和全面贯彻十八届四中全会精神，通过对“法治中国与法学研究”相关问题进行发言和讨论，为实现良好的法治治理和建设法治中国起到了积极作用。2月14日，中国法学会“法治理论调研座谈会”第二次调研座谈会在北京举行，围绕如何发展中国特色社会主义法治理论这一核心问题进行了深入研讨。2月22—26日，中国人民大学法学院院长韩大元教授率代表团赴英国伦敦参加由英国司法部主办的全球法律峰会（Global Law Summit），共同探讨关于法治发展的挑战与未来展望。3月1日，《中国法治实施报告（CLER）2014》发布会暨“建设高校法治实施体系”高端论坛在北京中国科技会堂举行，此次会议由中国行为法学会和中南大学法学院联合主办，旨在记录中国法治的发展历程，为法治中国实践提供系统的“年度体检”。3月15日，中国社会科学院法学研究所法治宣传教育与公法研究中心与北京市法学会立法学研究会联合举办了“《立法法》实施的相关理论问题座谈会”，围绕“人大主导立法工作的理论依据和制度要求”、“设区的市如何用好立法权”、“如何贯彻实施十八届四中全会关于立法体制改革的措施”、“《立法法》与法治宣传教育”等主题就如何贯彻实施新修订的《立法法》相关的重要理论问题展开了深入而细致的研讨。5月10日，第二届全国法学教育高端论坛在北京大学顺利举办。本届论坛的核心议题为学术型研究生的培养，主要涉及法学硕士的培养、法学博士的培养及学术论文写作与发表三方面内容，形成了当前关于中国法学研究生教育的基本共识。5月19日至20日，亚洲法律学会（Asian Law Institute，ASLI）第十三届年度会议在北京大学法学院成功举办。本届法律年会的主题为“法律全球化下的亚洲视角”。来自亚洲及欧美22个国家和地区的120余位高校学者、法律专家、法律实务从业者共聚燕园，探讨亚洲法学研究、法学教育领域的相关问题。9月5—6日，由中国人民大学法学院、牛津大学法学院、英中协会和韩国高等教育财团联合举办的“法治的过去、现在与未来”国际学术会议在中国人民大学法学院召开。会议旨在纪念《自由大宪章》诞生800周年，研究《大宪章》的历史背景和影响，探索法治建设的路径以及法治发展的未来走向。10月9日，由中国社会科学院法学所、中共中央党校政法部、国家行政学院法学部、南京师范大学法学院与南京师范大学出版社联合主办的《马克思主义法律思想通史》项目结项暨马克思主义法学与全面依法治国学术研讨会，在北京成功举行。10月10日，教育部高校法学类专业教学指导委员会、中国法学教育研究会2015年年会暨“依法治国与法学教育”论坛在清华大学隆重召开。此次会议由教育部高校法学类专业教学指导委员会、中国法学教育研究会主办，清华大学法学院承办，曾宪义法学教育与法律文化基金会、清华大学郑裕彤法学发展基金协办。会议以贯彻实施党的十八届四中全会审议通过的《中共中央关于全面推进依法治国若干重大问题的决定》为背景，围绕创新法治人才培养机制、依法治国进程中的法律职业化建设、十字路口的国际法学教育、模拟法庭教学等议题进行了深入探讨。10月10—11日，中国法学会立法学研究会2015年学术年会在武汉大学法学院隆重召开。本次年会由武汉大学法学院、国家“2011计划”司法文明协同创新中心联合承办，湖北省法学会协办。北京的专家学者也参加了此次年会，并围绕完善以“宪法为核心的中国特色社会主义法律体系——深化司法改革与立法工作的对接”这一主题进行了深入研讨。10月17—18日，由中国法理学研究会主办、云南大学法学院承办的中国法理学研究会2015年年会暨“中国法治发展道路”学术研讨会在昆明连云宾馆举行，会议围绕“法治中国的基本理论”“国家治理现代化与治理能力现代化”“法律文化与法律哲学”“司法改革与司法公正”“道德权利与法定权利”“法治评估与依法行政”“社会转型与法律发展”“地方法治建设的理论与实践”等专题进行了发言和讨论。北京地区的专家学者积极参与了此次研讨会。10月25日，在朝阳校友会、朝阳法学研究中心和中国人民大学图书馆通力合作下，“朝阳法学先贤文集点校出版暨重大基础理论研究课题研讨会”在中国人民大学法学院隆重举行。11 月 1 日，由中国政法大学与光明日报社联合主办、“明政智库”承办的第二届“法治中国”论坛在北京举行。论坛以“‘十三五规划’与法治政府、法治经济、法治社会建设”为主题展开热烈探讨。11 月 15 日，中国案例法学研究会 2015 年年会暨“具体法治：个案公正与司法改革”研讨会在中国青年政治学院隆重举行。本次年会由中国青年政治学院承办，由清华大学法学院、北大法律信息网、法律出版社《中国法律评论》等单位协办。此次研讨会聚焦“两诉一例”、“司法员额制”、“司法公正”、“案例指导制度”、“律师执业环境”形成了丰富的研究成果，对促进司法公正和司法改革有序进行、提高司法公信力，将发挥积极的推动作用。12 月 3 日，彭真民主法制思想研究与教育基金 2015 年度学术研讨会在中国人民大学举行，本次研讨会以“学习贯彻党的十八届五中全会精神，推进依法治国”为主题展开探讨。12 月 11—12 日，由中国社会科学院主办、中国社会科学院法学研究所承办的中国社会科学论坛（2015 年 · 法治）在京举行。本届论坛的主题是依法治国与司法改革。12 月 19 日，由中国社会科学院法学研究所和《环球法律评论》编辑部共同主办的《环球法律评论》200 期纪念暨“法治中国下的规范体系及结构”学术研讨会在京隆重举行，会议针对“法治中国下的规范体系及结构”、“规范体系的价值基础和标准”、“党规与国法”、“规范类型研究”四个议题进行了主题研讨。12 月 23 日，中国人民大学法学院与北京市人大常委会法制办公室联合举行“地方社会立法”座谈会，本次专家座谈会以地方社会立法为主题。12 月 26 日，第一届中国法治文化论坛在北京隆重举行。本届论坛的主题是“法治文化与廉政建设”。这是中国法学会法制文学研究会为深入贯彻落实党的十八届四中全会、五中全会精神和习近平总书记关于党风廉政建设一系列重要讲话精神，着重从法治文化的角度，推动党风廉政建设和反腐败斗争深入开展，为依法治国、从严治党提供法理支撑和对策建议举办的一次重要论坛；也是中国法学会法制文学研究会一年一度定期面对面进行法治文化学术交流的重要平台。

除了发表诸多学术论文外，北京地区的学者出版的著述主要有李林、田禾主编的《中国地方法治发展报告 No. 1（2014）》，全面回顾总结了 2014 年中国各地方法治发展的创新成效，对今后地方法治的前景进行预测和展望，并对地方推进法治建设、地方立法、法治政府、司法改革、社会法治等方面的实践、遇到的问题等进行了研究。[①]李林、冀祥德主编的《法治中国建设的理论与实践》[②]，冯玉军著的《法论中国》[③]，许章润、翟志勇主编《历史法学（第 9 卷——立法者）》[④]，李林、齐延平主编的《中国法理学（第 1 辑）》[⑤]，冯玉军著的《迎接法治新时代》[⑥]，田夫著的《菲尼斯自然法理论研究》[⑦]，王利明著《法治——良法与善治》[⑧]，李林著《中国：在新起点上全面推进依法治国》[⑨]，李步云著《法治新理念——李步云访谈录》[⑩]，刘星著《法学阅读》[⑪]，张志铭著《法律解释学》[⑫]，高鸿均主编《中国比较法学——法律全球化：中国与世界（2014 年卷）》[⑬]，李林、田禾主编《中国法治这十年（2002—2012）》[⑭]，高鸿均著的《心寄治邦——法理学论集》[⑮]，黄卉著的《法学通说与法学方法——基于法条主义的立场》[⑯]，龙卫球著的《法学的自觉》[⑰]。译著主要有（美）汤姆 · R. 泰勒著，黄永译的《人们为什么遵守法律》[⑱]，（意）皮特罗 · 科斯塔、达尼洛 · 佐洛主编，田飞龙译，贺卫方主编《法律的规则——历史、理论及其批评》[⑲]。

二、研究热点与创新

综观本年度，北京法理学界探讨和研究的重点与热点主要集中在以下七个方面：

（一）法治与全面推进依法治国

有学者对法治进行了深入研究，认为法治是良法与善治的有机结合，法律是治国之重器，良法是善治之前提。良法应当反映人民的意志和利益，反映公平、正义等价值追求，符合社会发展规律，同时，应当反映国情、社情、民情，具备科学、合理的体系。善治是法治的目标，善治包括民主治理、依法治理、贤能治理、社会共治以及礼法合治等内容。建设法治体系，必须以良法推进善治。善治本身是规则之治，需要贯彻实施良法，同时需要以良法促善治、保善治。[⑳]

有学者对法治与改革的关系做了研究，文章认为改革不能以牺牲法治为代价，不能再采取不顾法治片面强调改革的方式，改革与法治必须同步进行，否则改革成功了，但法治却没有建立起来，改革不可持续。文章还指出，法治本身也受到一定社会条件的制约，规则之治要考虑社会稳定性程度，不能把稳定社会与迅速变迁社会的法治混为一谈；平等实施要考虑社会资源的充分性，不能把资源充分与短缺的社会的法治混为一谈；良法之治要考虑政治制度和价值标准的差异，不能把不同政治制度国家的法治混为一谈，以致把西方社会的法治作为政治制度完全不同的社会的法治改革导向。[21]

有学者对法治中国发展的趋势作了深入研究，文章认为中国共产党自20世纪70年代末推行的改革开放迄今已走过了30多年的历程，在这段历史时期，中国法治的各个领域都取得了长足进步。在一系列调研数据和实证分析的基础上，可以总结出中国法制改革与法治发展始终贯穿的七条主线：中国社会法制化进程不断加快；中国法律职业者素质日益专业化；中国司法独立公正原则以及党与司法关系初步法定；党和政府各项制度改革措施更加人性化；法律资源配置和法治发展水平加剧非均衡化；民众权利意识和维权行动更加显性化；国家政法意识形态与改革路径选择的争论尖锐化。通过这七条主线，可以总结和分析中国特色法治道路正反两方面经验、取得的成就与存在的问题，从而对法治中国的未来发展进行展望。[22]

有学者深入阐释了现代法治的含义，认为近现代意义的法治是西方文明的产物，但它作为广泛时空场景下人类实践经验与认知逻辑相结合的治国理政方式，已然成为当今世界一种全球共享的意识形态。法治在不断发展演变的历史中，不仅在理论认识上呈现出了规则之治、法律主治和良法之治三种不同的逻辑形态，而且还在生活实践上成为国家和社会实行良善之治的符号。现代法治是有品质德性的规则之治，不仅要求具备形式层面的良好特质，而且注重实质意义上的价值内涵。法治理念和法治原则是其品质德性的高度凝练与充分表达，构成了现代社会不同法治实践的共同分母，并为国家和社会的法治化治理提供了价值指引及操作路径。[23]

有学者对社会转型和中国法治进行了研究，文章认为随着中国社会主义市场经济的发展，人、财、物、信息全面流动，传统农耕社区的熟人社会向城市社会转化，经济社会发生了全面深刻的变革。基于经济运行方式和社会治理方式的转变，全面依法治国成为社会发展的必须。中国是一个政治经济文化发展很不平衡的大国，随着市场经济的发展和社会各层利益的多元化，中国的法治建设遇到了一系列深刻的难题。这需要不断与时俱进地深刻理解中国当下最重要的问题，需要明智的政治判断，而不可能简单遵循某个规则就可以确保万全。[24]

有学者研究了法治思维的九个向度，文章认为"法治思维"是党的十八届四中全会提出的重要话题，也是全面推进依法治国的题中应有之义。什么是法治思维，法治思维和法学家、法官、律师这些年关注的法律思维是什么关系，通过法律优位、司法优位等九个向度可探究法治思维的一般问题。[25]

有学者对彭真民主法制思想进行了研究，并讨论了其对依法治国指导意义。文章认为彭真同志在较长的时间内负责我国的政法工作，根据我国社会发展的实际，借鉴国内外法制建设的经验，提出了一系列民主法制建设的主张和观点，形成了独特的民主法制思想。本文首先从彭真民主法制思想产生的基础和条件谈起，比较系统地论述了彭真的民主法制思想，彭真的民主法制思想主要是提出法律面前人人平等，建设民主法制国家，阐释了党和法律的关系，建立层级分明、统一有序的立法体制，健全人民代表大会制度，改革和完善民主制度，司法机关独立地行使职权。[26]

有学者对法治共识与法治中国做了研究，文章认为当下中国，选择法治、践行法治的价值正当性已获得执政者的高度认同。法治作为现代社会良善治理的方式，是提高治理能力、治理方式现代化的不二选择。对"法治是什么"这一恒久命题的追问与探索，使得法治理论呈现出异彩纷呈的形态。然而过度分歧繁复的法治认识，难以形成指引实践的有效合力，以致无法从容应对法治建设中的困窘与纠结。要推进法治中国的事业，唯有秉持开放、包容的立场和态度，凝聚法治共识，方能终有所成。[27]

有学者借鉴德国学说，对社会法治国作了深入研究，文章认为德国社会国理念为法治演进指明了重要方向。社会国理念产生于国家和社会二分的背景，旨在保障公民最低限度的生存条件，促进社会平等，彰显社会安全价值和社会补偿功能，推动社会财富的增加并提高社会分享的水平。社会国与法治国融聚而成的社会法治国观念已在德国学界得到普遍认同，对于探索中国的法治建设之路有借鉴启示意义。[28]

有学者探讨了德国"法治国"理论，认为"法治国"概念是德国19世纪法学家的创造，为了能在主权归属问题上寻找一条中间道路。他们解决的方式是将国家政体问题与法律秩序问题分离，从而回避对主权归属问题的回答。这与德国19世纪的历史语境密切相关。1848年三月革命是德国"法治国"概念发展的重要拐点。自此革命后，论述"法治国"的法学家们将注意力集中到了"形式法治国"概念，而不是"实质法治国"概念，更重视行政问题，而非政治问题。实证主义法学家的方法论为他们的这种转向提供了灵感。英国“法治”理论的首位系统阐述者戴雪却用《英宪精义》一章的篇幅认为行政法与“法治”不相容，戴雪的主要错误在于没有区分“裁量”与“专断”。对德国“法治国”概念起源、流变的分析有助于中国发展起一种合理的法治理论。㉙

有学者对乡土法杰做了研究，认为全面推进依法治国需要政府、民间等各方面社会力量的参与，乡土法杰是我国进行现代法治建设和社会治理的重要力量。乡土法杰在乡土社会中享有威信，为乡人推崇，在习惯法的传承与弘扬、国家法律的实施、固有文化的接续等方面发挥着积极的作用，是乡村治理的重要主体。尽管乡土法杰自身存在不足，但重视其独特价值并发挥其积极作用在中国现代化进程中仍然意义重大。㉚

有学者研究了中国法治“两步走战略”，文章指出中国法治“跨越2020”战略，也叫法治“两步走”战略．以我国正处于“改革攻关期”、社会转型风险期和大国成长关键期的总体形势判断为出发点、以我国大国成长的预期进程为依据，将未来法治建设划分为两个步骤。第一步是要“跨越2020年”，即从现在起到2020年，与我国经济大国的成长进程相对应．同时也与跨越社会转型风险期和实现小康社会目标相吻合．法治建设以法治政府建设和推进我国城镇化进程的法治建设作为“两个主战场”，并辅以司法改革的局部突破和其他方面的法治建设。第二步是要“跨越2030年”，即从2020—2030年。与我国作为政治文明大国成长的部分预期进程相对应，特别是与我国完成社会转型的历史进程相对应，法治建设要全面实现社会转型的法律治理。此后，在本世纪前半叶的最后20年里，法治建设将与我国进入政治体制改革攻关期的预期进程相适应，以全面推进政治民主建设、加速社会自治培育等方面的任务为重点，最终实现社会主义法治与社会主义民主政治的高度结合。期间，以城镇化进程基本完成和全面进入后工业社会为标志，我国有望在2030年前后从“法治成长期”进入到“法治成熟社会”。㉛

有学者论述了法治是塑造全球性大国的重要支点，文章指出习近平总书记曾强调，要注重塑造我国国家形象。人口众多、经济实力和军事实力强固然是大国的重要标志，但先进成熟的政治制度、高水准的政治和社会文明才是大国的主要体现。法治是现代政治文明的重要标志。按照这样一个标准，法治是全球性大国形象的重要标志。我国作为一个有着悠久文明传统、文化传承和经济实力的国家，在政治文明水准方面也不应当落后，所以，全面推进依法治国，建设社会主义法治国家是我们塑造大国形象的重要内容。㉜

有学者深入研究了“依法治国”理念的形成，文章指出，何谓依法治国？其基本要求是什么？依法治国的概念是何时形成的？何时成为一项国家治理的基本方略的？对于这些问题，学术界还是众说纷纭，莫衷一是。而在实践的意义上，理清依法治国理念的来龙去脉，考察其含义、地位、要求的演变过程，对于实现依法治国，建设社会主义法治国家具有重要的理论指导意义。㉝

有学者研究了十八届四中全会《决定》，文章指出党的十八届四中全会通过的《全面推进依法治国若干重大问题的决定》，提出了两个目标、五大体系、六大任务，完整描绘了“全面推进依法治国”的战略蓝图。这是中国共产党治国理念上的一次飞跃。通过历次党代会的政治报告可以清晰看出，中国共产党在治国理念上，先是强调党权高于一切，忽视法治，重视人治。“十一届三中全会”之后，开始“法制”建设，重视立法工作，基本形成社会主义法律体系，但仍停留在“形式法治”层面。十八届四中全会则是治国理念的又一次转型，是中国共产党法治观的质变，寄希望于从“形式法治”迈向“实质法治”。㉞

有学者探讨了法律方法、法的安定性与法治，文章指出法律方法面临的主要挑战之一在于它可能破坏法的安定性，而后者是法治的核心之一。司法裁判首先是一种“依法裁判”，在这一领域中，法的安定性涉及制定法规则在“规范上可能的适用范围”。虽然这种适用范围在法律解释和法律续造的情形中都不明确，但是，一方面，法律规则的文义界限、受理性程序性规则导控的商谈、遵循先例与教义学的法律论证、对特定法律解释方法及其顺序的遵循，以及对宪法秩序要求的符合，大大压缩了裁量的空间，很大程度上确保了法律解释过程中法的安定性；另一方面，在法律续造过程中，法的安定性必须在权衡过程中被顾及，也在论证负担和碰撞法则中发挥作用，这又在很大程度上抵销了因逾越文义而带来的安定性损失。因此，法律方法具有满足“法的最大化安定性”的可能，法治也有实现的可能。我们在继受法律方法学说的过程中，不能将它与其背后的价值论割裂开来。㉟

有学者研究了司法改革、法治转型与国家治理能力的现代化，文章认为以司法改革为核心的法治转型是中国国家治理能力现代化的重要措施之一。文章指出中国法治转型的路径依赖问题，强调法治中国建设与执政党的执政经验以及面临的治理层面的挑战是紧密相关的。经过三十多年的经济和社会发展，中国社会已经进入高度复杂多元和快速流动的大规模人群治理阶段。这对作为治理者的政府本身的复杂性提出了更高的要求。通过建设现代法律体系，能够促进政府治理模式的转型和升级，从而更好地应对现代社会治理所面临的各种挑战。[36]

有学者对全面推进依法治国进行了思想史的解释，文章认为全面推进依法治国作为一个宏大的主题，可以从思想史的角度予以解释。在法家思想的演进历程中，管子、韩非代表的法家是第一期法家。在20世纪上半叶，梁启超、陈启天代表的法家是第二期法家。20世纪70年代末80年代初兴起的法家是第三期法家。全面推进依法治国可以作为法家第三期思想的集中表达。法家第三期与法家第一期、法家第二期都强调法治、富强，因而可以共享法家之名，但是，由于法家第三期与执政党的领导、人民当家做主具有不可分割的联系，且兴起于和平与发展居于世界主流的时代，因而与前两期法家又具有明显的区别。全面推进依法治国虽然是一个法学问题，但它的实际指向远远超越于法学的领域与视界。[37]

（二）*法治评估与法治指数*

有学者对法治评估的类型化作了深入研究。文章认为法治评估不是简单地对法治发展的各个方面进行量化处理，首先要解决的是对有着不同社会结构、处在不同社会发展水平的国家或地区按照统一标准进行法治评估的可能性问题。法治包含规则之治、平等实施和良法之治几种不同的含义，但每种含义都受制于一定的社会条件，需要类型化处理。“规则之治”有赖于社会的稳定程度，对迅速变化的社会没有实质意义。平等实施有赖于法律资源的充分性，在缺乏人力、物力、财力保证的情况下很难做到平等实施，而需要寻找成本低、替代性的措施和适合本地特点的方式。良法之治有赖于对什么是良法达成共识，不能以一种模式为基础来评估其他模式法治发展程度。法治评估必须注意各国治理结构的差别，一个国家用法律解决的问题，另一个国家可能用非法律的方法解决。[38]

有学者对法治评估的类型予以界定，文章认为国内外法治评估有着复杂的背景渊源，可被归纳为三种类型：定量评估、定性评估和建设评估。定量评估基于实证主义立场，偏重形式法治理论，以数据的形式反映法治的客观属性，具有标准化的方法步骤，即明确法治概念、界定各种变量指标、收集数据进行计算、审查评估结果。定性评估基于诠释社会科学，立足实质法治理论，结合法治价值评判实践现象，评价方法灵活多元，专业人士才能胜任。建设评估是转型时期的过渡性评估，基于法制与法治理论、社会指标理论和绩效评估方法，由政府主导，旨在推动法治的生成，存在理论基础薄弱、评估的主客体混同、指标重投入而轻结果、方法严谨性不足等结构性缺陷，未来需要予以改进，发展出真正意义的法治评估。[39]

有学者研究了法治指数的建构逻辑，认为中国法治评估过于强调指标，忽视了指数建构的整体逻辑。法治指数是对法治理念的指数化塑造，首先要对法治进行概念化和操作化界定，形成一套具有完备性、单项性、互斥性和互换性的指标体系。指标的量化需要面向专家和公众收集数据、科学处理缺失值和异常值、配置合理的权重和计算规则，最终结果的信度、效度、协调性和稳健性需要进行审查。中国法治指数的构造严重欠缺概念化；指标体系的完备性和互斥性均不足，不具有单项性，互换性也很弱；评估主体和权重设置均有争议。未来需要明确法治的概念含义，区分不同的评估类型，根据指标体系的属性修改各个指标，重新设置评估主体和权重，对指数结果进行统计审查。[40]

有学者对世界正义工程法治指数进行了研究，文章指出法治指数是对法治理念的指数化塑造。世界正义工程基于实证化的法治理论和统计指数方法论，对法治理论进行了概念化和操作化界定，发展出了评估法治效果的因子体系和具体变量，目前测量法治的因子内容有九个方面：有限的政府权力、腐败的缺席、开放的政府、基本权利、秩序与安全、监管执行、民事司法、刑事司法、非正式司法。变量数据来自调查和事件统计，专业人士和广大公众均为评估主体，指数得分通过权重的均等分配和线性计算法加总而成；指数的信度、协调性和稳健性等等也接受了外部统计审查，以保障其科学性和公信力。该法治指数完整地阐释了法治定量评估的运行过程，只是目前还存在调查取样不足的问题。该指数的建构方法值得中国法治评估借鉴。[41]

有学者强调建设法治建设考核评价体系的重要性，文章指出法律得不到很好实施，关键在于没有把法律的实施和法治建设的成效看作是政绩的一个重要组成部分。将法治建设成效纳入到政绩考核指标体系需考察三个方面的问题：一是法治建设成效及评价；二是评价结果的运用；三是实施新制度的决心。[42]

（三）人权保障与法治中国

有学者对中国特色社会主义法治与人权保障做了研究，文章认为法治是治国理政的基本方式，是走向现代文明的基本标志。中国特色社会主义法治是扎根于中国土壤的法治，是共产党设计和领导的法治。它不仅是一个手段和工具，更具有牵引的力量，具有引领和规范的作用。中国人权是共产党顶层设计和领导的人权，在理论、道路和制度等方面都具有自己的特色，在本质上不同于西方的法治和人权。人权是法治的基本价值和根本目标，法治是人权的确认和保障。要全面推进人权的立法保障，人权的执法保障和人权的司法保障。[43]

有学者探讨了尊重和保障人权对于法治国家的重要意义，文章指出“人权”和“法治”是现代文明国家的代名词。人权和法治已逐渐得到了社会的广泛认可。随着中国的不断强盛，对人权和法治认识的不断演进和发展，社会主义人权和法治逐渐开始呈现同步、协调的发展趋势。尊重和保障人权已经成为中国法治国家建设的核心价值。中国已经是世界舞台上不可或缺的大国。作为一个世界大国，中国必须扛起人权旗帜。人权是一项特殊的权利。面对未来，我国还需要继续健全人权保障体系，诸如完善人权法律制度，考虑设立国家人权机构，协助立法、行政和司法机关促进和保障人权，有组织地开展全方位的人权和法治教育。[44]

（四）一般法律理论研究

有学者对社会科学和法学是否应该模仿自然科学这一问题进行了深入研究，文章首先论证人间世界和自然世界在本质上的不同。人间世界充满主观性、多元性和偶然性，需要通过主观与客观、多元与单元、偶然与规律间的互动来理解。虽然如此，科学主义——认为社会科学应该模仿自然科学而揭示普适和确定性的规律——影响仍然非常巨大，在经济学和法学的形式主义理论传统中尤其明显。它偏重演绎逻辑以及数学化的推演，并且效仿欧几里得几何学的公理体系，结果是片面依赖于演绎而忽视归纳。如此的思维和研究进路其实违反了自然科学紧密、有机结合演绎和归纳的基本方法。文章论证社会科学应拒绝形式主义的方法，从立足于经验证据之上的归纳出发，然后应用演绎逻辑从中导出可靠的推断与假说，然后再返回到经验世界中去检验。这应是一个永不停息的过程，其目的是形成在特定的经验条件下和限定范围内适用的理论与洞见，而非去试图构建普适与绝对的真理。[45]

有学者对“法民关系”影响下的法律思维及其完善做了研究，文章指出当下法学界的一个流行主张是通过法律思维的教学训练以改进司法实践的裁判说理。然而，从各国的司法实践来看，裁判说理与法律思维常常并不一致，内外有别是常态，表里如一是例外。这是因为影响法律思维的主要因素不是法律关系而是“法民关系”。各国法律思维的各自特点和彼此差异，正是源自本国特定的“法民关系”。以“张学英诉蒋伦芳案”的二审判决书为例，可以看到中国法官基于“法民关系”的法律思维。中国特定的“法民关系”要求的是法民兼顾、情法协调的法律思维。完善中国法官的法律思维，应当“以吏为师”，总结提炼本国司法裁判的优秀经验，并运用于法学教育当中。[46]

有学者对人的理性的法律表达进行了研究，文章认为基于对具体法律制度的考察以及对人的理性差异的认识，可将法律调整的主体划分为三类：普通人、理性人和非理性人。就现代法律制度而言，普通人、理性人和非理性人对应完全不同的法律意义：普通人是法律标准得以设定的基准；理性人则要求法律将权利赋予每一个个体，并尊重人与人之间的相互创设、变更和废止法律关系的自由；人的有限理性使法律对于个人自由的干涉获得一定的正当性，但这并不意味着可以全然不顾个人的知情权与自决权。[47]

有学者讨论了权利本位论的哲学奠基，指出霍布斯是权利本位论的哲学奠基人。自然权利是其权利本位论的逻辑起点，是一种绝对的自由平等关系。从自然权利的自然平等和自然自由出发，霍布斯论述了权利本位论的三个基本主张：权利先于义务，权利先于权力，权利先于欲望（以及意志和功利）。首先，自然的和社会的义务（法律）都是有条件的，最初都源自于自然权利；自然权利是无条件的，是一切法律和义务的基础。其次，权利始终是目的，是第一位的，权力则是手段，是第二位的。国家主权和公民权利都起源于并服务于自然权利。最后，自然权利是人的本质属性，是欲望、意志、功利的前提，是一切政治性、道德性和社会性问题的开端。霍布斯的权利学说是彻底的权利本位主义，并因此为现代社会、政治和法律提供了的法理基础。[48]

有学者探讨了法理论的性质，文章认为如果承认法理论由理想化的规范理论和后设（元）理论组成，那么这两种理论之间的关系，将是说明法理论之基本性质的关键。就此而言，同时存在两种基本主张：其中的一元论认为，不但是理想化的规范理论、就连后设理论本身，也是涉及价值判断的规范理论，所以法理论在整体上就是一种规范理论；然而，二元论则认为，这两种理论之间的关系体现在，虽然后设理论是针对（涉及价值判断的）规范理论的理论，但它仍然是一套价值中立的主张。作为一元论的代表性学者，德沃金提出了一个完整的主张来辩护自己的基本立场。因此，为了捍卫二元论的主张，就需要仔细展现德沃金的完整理论框架，并从中寻找到有效的批判策略。其中，最重要的批判策略应当是：破解法理论、法概念和法实践的三位一体。[49]

有学者研究了适于法治的法律体系模式，文章认为法律体系在很大程度上是法学的产物。在规范论的语境中，以规则为基础的阶层构造论和规则—原则论提供了法律体系的两种不同模式。由于规则—原则双重构造模式能实现实践理性的最大化和法治理念的最佳化，因而对应着最优化的法治模型。在理想结构中，法律体系由规则与原则两部分构成：法律规则之间根据效力关系形成了特定的阶层构造，属于体系的刚性部分；而法律原则之间根据内容关系形成了客观价值秩序的统一体，属于法律体系的柔性部分。两部分之间既有静态的联结，更有动态的双向流动。在现实结构中，由于制度性和方法性联结的可能，规则与原则相互结合得更加紧密。[50]

有学者对《理想国》的正义理论进行了研究，文章指出伯罗奔尼撒战争以后，希腊诸城邦的礼法习俗发生了剧烈的转变并快速腐败，同时，在智者运动的刺激下，希腊人怀疑主义和虚无主义盛行。柏拉图通过《理想国》对正义问题的系统讨论回应时代的挑战。在该书中，柏拉图处理正义问题的最大特色是将“正义”问题与“好的生活”问题联系起来进行思考。柏拉图的结论是，只有过一种正义的生活，才能够过一种真正好的生活。反过来说，只有真正明白什么是“好”的生活，才能够真正坚持过一种正义的生活。《理想国》关于正义问题的阐述，对现代人具有极大的参考和启发价值。[51]

有学者对拉德布鲁赫公式进行了深入分析，文章认为拉德布鲁赫公式具有普遍的法理论意义，既有研究可以分为描述、规范—分析与适用三个层面。在规范—分析的层面上，该公式可以分为两个部分，即否认公式与不能容忍公式。以二元论讨论框架为基础进行分析，否认公式是法概念命题，体现文化相对主义，属于观察者视角下理论理性的范畴。而不能容忍公式是法效力命题，体现伦理学相对主义，属于参与者视角下实践理性的范畴，两者的性质并不相同。尽管如此，在司法适用时否认公式却可能构成不能容忍公式的“必要条件”。理解拉德布鲁赫公式的关键在于把握拉氏的法理念学说，即正义、合目的性和法的安定性之间的辩证关系。[52]

（五）法教义学与社科法学

有学者研究了法教义学的基本立场，文章指出当下中国的法学研究越来越呈现出一种方法论上的自觉，而法教义学是其中一种方法论范式，它在方法论上的主张大体可分为具体方法、方法预设和元方法论三个层面。其中元方法论或基本立场可以分为三个层面：其一，在裁判理论上，主张“认真对待法律规范”，即以法律规范为司法裁判的依据、框架和基础，但并不反对、甚至必然接纳经验知识和价值判断；其二，在法概念论上，主张“法律是一种规范”，作为具有规范性的事物，法律既不同于经验事实也不同于价值；其三，在法学理论上，法教义学主张“法学应持规范性研究的立场”，因为它本质上是以建构性活动为中心的实践科学。正因为对“规范”与“规范性”的强调，所以法教义学在元方法论层面是一种“规范法学”。[53]

有学者对中国法教义学的挑战与应对做了研究，文章认为发展法教义学是当代中国坚持法治权威的重要保障，也是构建法治中国命题的技术支撑。然而，当代中国面临的社会现象严重破裂给法作为一种社会约定的信念共识带来了实施障碍。这种障碍进一步影响了法教义学特定功能在中国之有效发挥。只有对其本质原因有所认识并从法的约定属性出发，理性处理法教义学在建构过程中面临的规范、经验与价值的关系，中国法教义学才能妥善应对挑战，走出困境。[54]

有学者对社科法学予以反思，指出社科法学的发生是一种“逆向运动”，需要有一种思维上的相向运动，当下中国法学研究格局为其提供了土壤。经过多年的发展，社科法学壮大成为包括法律社会学、法律人类学、法律经济学等研究方法在内的“学派”。然而，法律社会学关注的主要是法学研究中的“剩余范畴”，精细的法律人类学研究后期知识增量不大，法律经济学的分析陷入了一种由有限变量所构建出来的“虚拟”的真实世界之中。三种研究方法都忽视了政治因素，容易使社科法学变成没有政治的工具性分析。社科法学对政治的找回，预示着政法法学的重新复归。[55]

有学者讨论了凯尔森对法教义学的超越，文章认为中国宪法学界的政治宪法学与规范宪法学之争已经持续数年，至今仍未平息。凯尔森对法教义学的超越可为解析这场论争提供启发。法教义学以规范的有效性为立论前提，因此不关注规范的证立。凯尔森的纯粹法学把法规范完全移入认知科学的领域，以基础规范为基石建构出一套层级秩序。纯粹法学虽然在理论哲学的层面证立了规范，却对实践领域的问题毫无助益。法规范的证立是个实践哲学层面的问题，不过证立的工作既可以专注于建构法规范之效力的充分条件，也可以集中在揭示法规范之效力的必要条件。政治宪法学并非不讲规范性，而是在尝试为规范宪法学的规范性奠基。[56]

（六）司法与案例指导制度

有学者对司法方法中的推理、管理、修辞及司法公正进行了研究，文章认为“要件审判九步法”为民事诉讼所设计，但也可对刑事诉讼和行政诉讼提供参考。特定环境的司法方法、司法公正的确认包括两者关系的确认，优于对两者的或模式或概念的普遍性追寻。“要件审判九步法”的提出，实际上表明司法方法的设计本身即存在一个逻辑困难：将一个要素，或若干有限要素，在“方法表”中加以限定，会遗漏其他也可能是重要的要素，而无穷无尽地排列各种要素等于是无法界定“一个司法方法”的固定要素。“要件审判九步法”建构的积极意义，正在于尽力着眼具体的司法实践，探索具体解决司法方法问题的手段，并包含了一个学术意义的潜在逻辑张力，即暗示司法方法的开放性。[57]

有学者研究了司法中的社会科学判断，指出在司法裁判过程中，法律人需要法律逻辑推理，也需要社会科学判断。在事实认定阶段，社会科学主要通过转化成为证据来认定事实。但如果证据规则不发达，社会科学只能作为证明材料成为法官心证的来源，就会增加裁判的不确定性。在法律适用阶段，法官在审理有潜在影响的案件时，遵循先做后果判断再找法条解释的过程。社会科学的引入，有助于提高法官对后果预测的准确程度。总体而言，法律说理和社会科学理由同时存在，会增强裁判的说服力。在司法中进行社会科学判断，有助于减少法律与社会之间的隔阂，实现法律效果和社会效果的统一。[58]

有学者研究了“多元法条主义”，文章认为“多元法条主义”是一种重要的法律现象。其出现原因甚多，而法律实践中知识判断、价值判断和实用策略的分歧及其对法条选择的分散引导，尤其是法律职业内部本身关于法条的法学法律知识或明显或隐蔽的分歧，为至关重要的原因。多元法条主义机制的核心既在于法条的知识理由的持续对垒和搭建，又在于各类其他理由争论需围绕这种对垒和搭建而展开。对多元法条主义的实然研究及其意义的阐明具有重要的法学价值，它既可澄清法学界长期以来关于“法条主义”的教条之误，又可拓展对法律实践和法学实践的深入理解。[59]

有学者从“3Q”案切入，研究了不确定状况下的法官决策。文章认为法官在审理有潜在市场影响的案件，但又无法准确预测案件的积极后果时，会采取规避损失的态度来防止消极后果的发生，从而将决策成本和错误成本最小化。在这类案件中，法官首先要权衡可欲的后果，然后再去寻找合适的法条将裁判结果正当化，同时确保法院行为的正当化。由于个案裁判比制定成文化司法解释对市场的影响更可预期，法院可以通过个案裁判实现规制效果的优化。[60]

有学者论述了类似案件的判断与指导性案例的使用，文章认为使用指导性案例的核心是确定是否为类似案件。中国法官在实践中判断待判案件与指导性案例是否相似的主要支点是案件争议点和关键事实。使用指导性案例要妥当进行类比推理。指导性案例的不同部分在案例裁判中具有不同作用，其指导性也具有多重形式，可普遍化是案例使用的基本要求。不能因指导性案例可能的偏差否定案例指导制度。为了实现公正与法治，需要变隐形使用为明示适用。[61]

有学者对指导性案例的法源地位进行了再反思，指出学界对于最高法院指导性案例的法源地位以及“应当参照”的规定存在争议。为此，应首先夯实法源的理论基础即法源双层构造论：就法源性质论而言，法律渊源是司法裁判中基于制度性权威并具有规范拘束力的裁判依据；就法源分量论而言，法源拘束力的大小同时受它在法源等级序列中的位置以及依据实质理由偏离它的难度的影响。因最高法院拥有法律解释的制度性功能、法律规范的复合型确证授权以及试行立法的制度性实践，指导性案例已成为司法裁判中基于附属的制度性权威并具有弱规范拘束力的裁判依据，具备“准法源”的地位。同时，指导性案例的分量低于制定法与司法解释，并受诸多现实和制度因素的影响。[62]

有学者反思了案例指导制度的研究进路，文章认为司法位于处理最新法律问题的一线，判例制度下的法官通过判例弥补制定法的滞后，在解决社会纠纷的同时形成新的规则，进而促进社会效率的最大化。案例指导制度的建立在一定程度上也分享了这样的价值追求：适应社会变动的需要、同案同判、统一司法适用等都有这种效率追求在里面统一司法适用等都有这种效率追求的价值。但是案例指导制度建立起来之后，在司法实践中效果并不好，这主要是因为目前学术研究和实践中都将焦点放在了效力问题上，按照大陆法的传统思维方式理解案例指导制度。只有转向效率维度，回归判例法思维，才可能带来理论和实践上的双重突破。[63]

（七）法律文化研究

有学者研究了“礼法合治，德主刑辅”理念，文章认为以习近平总书记讲到的古代“礼法合治，德主刑辅”理念为背景，较为系统地阐释了该理念的内涵及它发生、发展和形成的途程。着重点在于探讨同该理念紧密相关的前贤们在以民为本与富民教民、法治与治国、德治与法治、为政与治吏诸关系上的经典论述，以揭示这些文化遗产对当今中国特色社会主义国家与法治建设的镜鉴和继承的重大意义。[64]

有学者聚焦于道德与法律在中国的过去和现在的结合，文章用意不仅在于论证两者的结合在过去实际存在并在当今也必然存在，也在于说明如此的结合不必是模糊的，而可以是精确和清晰的，并且是依据可说明的理性原则的。文章的目的是要探寻一条既是中国的也是现代的，既符合中国文明基本倾向也符合中国现代实用需要的立法进路。[65]

有学者重新论证了传统中国法的特征，文章认为传统中国法的特征是有机一体、二元主从、辩证发展和道德人文，这是与以往完全不同的认识。传统中国法的这些特征是内生、固有和特有的，相互之间存在着互动、联动和贯通的辩证逻辑关系，其中道德人文是根本，其精髓是在人为称首的思想指导下，以仁义为内核的重生与讲礼的对立统一。在有机宇宙观下，重生与讲礼对立统一的理想是和谐。和谐即合理，合理即公平。合理不是简单绝对的平等，而是同与不同、等与不等，或者说等者同等、不等者不等的有序构造，亦即重生与讲礼在传统中国法中的有机结合，这即是传统中国法的公平正义。与近代西方法相比较，传统中国法的这些特征存在着某些缺失，但并不违背人类法律的内在使命和基本价值；而且这些特征有着坚韧的生命力，依然以某种变化的形式存活于当代中国法中，成为建设有中国特色的现代型法治的文化要素。[66]

有学者探讨了乡土法学，文章认为中国法学的存在和发展与中国社会环境息息相关。法学研究离不开中国社会土壤，奠基于中国的政治、经济、文化、历史条件。中国法学需要养成研究的独立品性，形成研究的本土风格，解决现实的中国问题。乡土法学具有中国法学特质，是中国固有法学的接续和发展。进行乡土法学研究，顺应中国法学多元发展的趋势，是中国法学主体性建设的需要。乡土法学以乡土法为研究对象，内容包括乡土公共生活法学、乡土民事法学、乡土调处法学、乡土处罚法学等。乡土法学的研究对象包括乡土法规范、乡土法行为、乡土法观念、乡土法人物等方面。进行乡土法学研究，我们需要转变观念，开阔视野，立足本土，注重调查。[67]

有学者对乡土社会中的人民法庭进行了研究，文章指出当今中国社会从本质上认识仍然为乡土社会，乡土社会中的人民法庭具有明显的乡土特质，其功能和运作体现了浓郁的乡土色彩，因此在司法改革中需要谨慎对待人民法庭，在尊重人民法庭特点的基础上进行制度完善。[68]

注：

①李林、田禾主编：《中国地方法治发展报告 No. 1（2014）》，社会科学文献出版社，2015年版。

②李林、冀祥德主编：《法治中国建设的理论与实践》，方志出版社，2015年版。

③冯玉军：《法论中国》，清华大学出版社，2015年版。

④许章润、翟志勇主编：《历史法学（第9卷）——立法者》，法律出版社，2015年版。

⑤李林、齐延平主编：《中国法律（第1辑）》，法律出版社，2015年版。

⑥冯玉军：《迎接法治新时代》，中国人民大学出版社，2015年版。

⑦田夫：《菲尼斯自然法研究》，方志出版社，2015年版。

⑧王利明：《法治——良法与善治》，北京大学出版社，2015年版。

⑨李林：《中国：在新起点上全面推进依法治国》，中国社会科学出版社，2015年版。

⑩李步云：《法治新理念——李步云访谈录》，

人民出版社，2015 年版。

⑪刘星：《法学阅读》，法律出版社，2015 年版。

⑫张志铭：《法律解释学》，中国人民大学出版社，2015 年版。

⑬高鸿均主编：《中国比较法学——法律全球化：中国与世界（2014 年卷）》，中国政法大学出版社，2015 年版。

⑭李林、田禾主编：《中国法治这十年（2002——2012）》，方志出版社，2015 年版。

⑮高鸿均：《心寄治邦——法理学论集》，法律出版社，2015 年版。

⑯黄卉：《法学通说与法学方法——基于法条主义的立场》，中国法制出版社，2015 年版。

⑰龙卫球：《法学的自觉》，北京大学出版社，2015 年版。

⑱［美］汤姆·泰勒著，黄永译：《人们为什么遵守法律》，中国法制出版社，2015 年版。

⑲［意］皮特罗·科斯塔、达尼洛·佐洛主编，田飞龙译，贺卫方主编：《法律的规则——历史、理论及其批评》，上海三联书店，2015 年版。

⑳王利明：《法治：良法与善治》，《中国人民大学学报》，2015 年第 2 期。

㉑朱景文：《法治与改革的关系：谈谈法治的受制约性》，《法制与社会发展》，2015 年第 5 期。

㉒冯玉军：《法治中国发展的趋势研究》，《学习论坛》，2015 年第 1 期。

㉓张志铭、于浩：《现代法治释义》，《政法论丛》，2015 年第 1 期。

㉔苏力：《社会转型和中国法治》，《经济导刊》，2015 年第 5 期。

㉕谢晖：《法治思维的九个向度》，《行政管理改革》，2015 年第 3 期。

㉖朱力宇、丁乐超：《彭真民主法制思想及其对依法治国的指导意义》，《法学杂志》，2015 年第 7 期。

㉗张志铭、徐媛媛：《法治共识与法治中国》，《石河子大学学报（哲学社会科学版）》，2015 年第 1 期。

㉘张志铭、李若兰：《迈向社会法治国：德国学说及启示》，《国家检察官学院学报》，2015 年第 1 期。

㉙刘敏、徐爱国：《德国“法治国”的实践与启示》，《北京行政学院学报》，2015 年第 6 期。

㉚高其才：《全面推进依法治国中的乡土法杰》，《学术交流》，2015 年第 11 期。

㉛蒋立山：《中国法治“两步走战略”：一个与大国成长进程相结合的远景构想》，《法制与社会发展》，2015 年第 6 期。

㉜马怀德：《法治是塑造全球性大国的重要支点》，《人民论坛》，2015 年第 34 期。

㉝郑延谱：《“依法治国”理念的形成考释》，《北京师范大学学报（社会科学版）》，2015 年第 2 期。

㉞李树忠：《迈向“实质法治”：历史进程中的十八届四中全会〈决定〉》，《当代法学》，2015 年第 1 期。

㉟雷磊：《法律方法、法的安定性与法治》，《法学家》，2015 年第 4 期。

㊱泮伟江：《司法改革、法治转型与国家治理能力的现代化》，《中共浙江省委党校学报》，2015 年第 5 期。

㊲喻中：《法家第三期：全面推进依法治国的思想史解释》，《法学论坛》，2015 年第 1 期。

㊳朱景文：《论法治评估的类型化》，《中国社会科学》，2015 年第 7 期。

㊴孟涛：《论法治评估的三种类型：法治评估的一个比较视角》，《法学家》，2015 年第 3 期。

㊵孟涛：《法治指数的建构逻辑：世界法治指数分析及其借鉴》，《江苏行政学院学报》，2015 年第 1 期。

㊶孟涛：《法治的测量：世界正义工程法治指数研究》，《政治与法律》，2015 年第 5 期。

㊷马怀德：《建设法治建设考核评价体系确保法律有效实施》，《理论视野》，2015 年第 2 期。

㊸谷春德：《中国特色社会主义法治与人权保障》，《人权》，2015 年第 1 期。

㊹张伟：《尊重和保障人权是法治国家的核心价值》，《现代法学》，2015 年第 2 期。

㊺黄宗智、高原：《社会科学和法学应该模仿自然科学吗?》，《开放时代》，2015 年第 2 期。

㊻凌斌：《“法民关系”影响下的法律思维及其完善》，《法商研究》，2015 年第 5 期。

㊼葛洪义、张顺：《人的理性的法律表达》，《天津师范大学学报（社会科学版）》，2015 年第 2 期。

㊽凌斌：《权利本位论的哲学奠基》，《现代法学》，2015 年第 5 期。

㊾陈景辉：《法理论的性质：一元论还是二元论？——德沃金方法论的批判性重构》，《清华法学》，2015年第6期。

㊿雷磊：《适于法治的法律体系模式》，《法学研究》，2015年第5期。

51泮伟江：《〈理想国〉的正义理论》，《国家检察官学院学报》，2015年第6期。

52雷磊：《再访拉德布鲁赫公式》，《法制与社会发展》，2015年第1期。

53雷磊：《法教义学的基本立场》，《中外法学》，2015年第1期。

54王旭：《中国法教义学的挑战与应对》，《江苏行政学院学报》，2015年第3期。

55邵六益：《社科法学的知识反思》，《法商研究》，2015年第2期。

56刘刚：《凯尔森对法教义学的超越》，《苏州大学学报（哲学社会科学版）》，2015年第5期。

57刘星：《司法方法中的推理、管理、修辞及司法公正：以"要件审判九步法"为样本》，《法学》，2015年第4期。

58侯猛：《司法中的社会科学判断》，《中国法学》，2015年第6期。

59刘星：《多元法条主义》，《法制与社会发展》，2015年第1期。

60侯猛：《不确定状况下的法官决策——从"3Q"案切入》，《法学》，2015年第12期。

61张骐：《再论类似案件的判断与指导性案例的使用：以当代中国法官对指导性案例的使用经验为契口》，《法制与社会发展》，2015年第5期。

62雷磊：《指导性案例法源地位再反思》，《中国法学》，2015年第1期。

63邵六益：《从效力到效率：案例指导制度研究进路反思》，《东方法学》，2015年第5期。

64吕世伦、连赛君：《"礼法合治，德主刑辅"理念及当今启示》，《北京行政学院学报》，2015年第4期。

65黄宗智：《道德与法律：中国的过去与现在》，《开放时代》，2015年第1期。

66张中秋：《传统中国法特征新论》，《政法论坛》，2015年第5期。

67高其才：《乡土法学初论》，《哈尔滨工业大学学报（社会科学版）》，2015年第6期。

68高其才：《乡土社会中的人民法庭》，《法律适用》，2015年第6期。

（作者：冯玉军，中国人民大学教授；
孟祥菡，中国人民大学博士生）

宪 法 学

胡锦光　杨　凡

2015年宪法学研究的整体规模呈缩小趋势，突出表现在有关公民基本权利部分的探讨。而对公民基本义务的讨论则略有增加。不同学派之间的争鸣也不再突显于"学说"部分。"法史"部分，对于近代中国的宪制反思仍是其主题。又因2015年为英国《大宪章》签署800年整，便有以下两篇力作的深入研讨。"司法及其体制改革"仍为2015年度宪制研究的重点。与2014年相较，检察制度改革获得了几乎与法院改革相对等的关注度，但关注主体多是实务界人士。另外，学界深入了有关部门法与宪法关系的研究。有关"合宪性解释"的反思呈现出系统而深入的趋势，是为宪法治理部分的一大亮点。此外，对于"特区宪治"的问题，学界似乎出现了不同观点和展望的景况，可见现实的复杂与曲折。

一、学说

有政治宪法学者以卢梭的政治体平衡公式作为理论基石，但认为其理论建构并未能充分涵盖国家治理的开放性和复杂性。而同样以卢梭的政治体公式为基础，则可以提炼出政党执政权和政府执政权两种模式，进而将市民社会纳为结构要素。然而，一旦纳入多元社会，政治体就有了分化与解构的趋势，若要做到多元一统，还需要全面思考政治体成员的主权地位和法律地位以对应公民的四种主权地位：即积极的主权者地位、消极的主权者地位、主动的主权者地位和被动的主权者地位。在代议制度外，政治体还应在主权者和公民之间，建立其他可以直接沟通二者的制度。该学者认为，多元一统、收放自如的政治宪法结构才是政治宪法学的基本任务和理论基础。[①]

有学者梳理了德国宪法的变迁理论。认为其发端于 19 世纪末，经历了 20 世纪至今的复杂演进。耶利内克将宪法变迁定义为一种宪法文本形式上没有变化但是通过事实引起的改变；黑塞将早期的德国宪法变迁理论归结于国家法实证主义的结果；伯肯弗尔德区分了通过政治事实的宪法变迁和通过宪法解释的宪法变迁，并且认为这种分类的原因在于宪法裁判制度的有无。而经过黑塞和伯肯弗尔德两人的努力，早期认为政治事实的变化会直接引起宪法变迁的思想遭到摈弃，目前德国主流的做法是通过宪法解释来进行宪法变迁。宪法变迁的直接原因是宪法缺乏实效性从而贬损宪法的规范力，根本原因是由于事实的变化而引起的规范内涵的变化。但事实虽然可以引起规范内涵的变化，却不能证明这种新的规范内涵的正当性。规范的正当性只能通过其他规范来证立。所以，证立宪法变迁的关键是让它接受宪法核心规范的检验。②

二、法史

（一）中法史

有学者总结了近代中国宪制的发展历程。其论以为，从 1908 年钦定宪法大纲到 1946 年中华民国宪法，近代中国制定了多部宪法文件。考查其条文，其中杂糅了美、德、法等多国元素。而制宪者在移植外国制度时，通过“独立思考”与“理性选择”，甚至有所“创作”。如在政体的选择与混合、制宪权的归属、宪法解释机关的变动这三个宪法重大问题上，近代中国经过短短三十几年的摸索，居然与欧美“先进范式”相较毫不逊色，可谓走到了比较宪法的前列。不过，尽管在制宪事业上有所“创作”，近代中国却并没有将纸面的制度落实为宪法实践，但这并不能抹杀近代中国制宪者的智识贡献与宪制创作。③

有学者认为，1915 年的国体之争，既是一场宪法危机，也是中国的宪法时刻。彼时梁启超通过《异哉所谓国体问题者》一文，从宪法的层面论述了共和国体不容颠覆的政治主张。梁启超对国体问题的阐述，对于中国的宪法与政治产生了“共和再造”的效应。不仅如此，梁启超的国体思想，对于百余年来中国的宪法理论、宪法文本和宪法实践，也产生了潜在而深远的影响。④

还有学者探讨了比较宪法概念在近代中国的演变：在清末新政的背景下，“比较宪法”一词首次出现于《译书汇编》1901 年第 6 期，此后陆续出现于晚清时期的报纸期刊、学术著作和法政学堂。在清末民初这一阶段，比较宪法概念虽大致确立，但内涵限于外国宪法著作和文本翻译。直至 1930 年前后出版的以比较宪法为主题的著作才凸显了中国比较宪法概念的主体性内涵。1949 年后，比较宪法概念并没有随着六法全书的废除而中断，而继续以多种形式延续。⑤

甚至有学者从理论层面考察、分析和讨论军事对于历史中国宪制的影响。认为除历代均通过军事完成中国的统一外，与军事有关的宪制问题至少还有：新建立的王朝如何稳妥实现从武功到文治的宪制转换，农耕大国和平时期的军制和军备，以及在和平时期如何有效选拔、规训杰出的军事将领。而与宪制紧密相关的另一重大军事问题是如何防范北方游牧文明的南下，确保中原农耕地区的和平与安定。在这一视野下，无论是否成功实现了其建造意图，长城都是稳定和维系历史中国的一项宪制。鉴于军事的宪制重要性，该学者并简单分析了为何这一毋庸置疑的重大问题在当代西方宪制研究中被淡化甚至退隐。⑥

（二）外法史

2015 年是英国大宪章签署 800 周年。有学者认为，大宪章的诞生有着复杂、深刻的历史背景。它是盎格鲁—撒克逊自由民主传统和诺曼集权传统相互碰撞、博弈的产物。经过后世（尤其是辉格党人）的演绎和发挥，终使之从一个国王与其贵族之间的协议，演变为英国人维护自己权利、自由以及宪政体制的旗帜和号角。今天，大宪章的影响力已不限于英国本土，而是扩至世界多地。这部分源于其所经历的波澜壮阔的背景和过程，部分在于其所包含的某些具有一般性的原则和精神，部分在于后世对其本身及其所包含之原则的解读、发挥和实践。⑦而大宪章对于中国可能的借鉴意义也是多方面的，无论是宏观还是微观。择其要者，则可能在于它所体现出的妥协和理性的态度、依法而治的精神、君民共治的架构以及正当法律程序和未经同意不得征税的原则。⑧

三、权利

（一）权利学理

有学者认为，“五四宪法”的核心目标是完成社会主义国家的建构。在此目标的支配下，“五四宪法”的基本权利规范蕴含了明确的政治指向和强制色彩，它不仅具有公民权利的属性，而且要配合政治现实的需要。“五四宪法”将革命建国的目标法律化，基本权利规范则要服从以国家建构为核心的政治过程，发挥对不同群体的价值规训与统一功能。但片面强调革命建国的政治目标，使得宪法实践出现了畸形。而当我们走出革命的国家观，国家正当性的依据就要从革命胜利这一历史事实转化成宪法成立这一法律行为。为此要倡导基本权利的主观权利功能，构建个人与国家均受宪法和法律支配的新型秩序。⑨

（二）尊重与保障人权

“人权”和“法治”是现代文明国家的代名词。人权和法治已逐渐得到了社会的广泛认可。随着中国的不断强盛，对人权和法治认识的不断演进和发展，社会主义人权和法治逐渐开始呈现同步、协调的发展趋势。尊重和保障人权已经成为中国法治国家建设的核心价值。中国已经是世界舞台上不可或缺的大国。作为一个世界大国，中国必须扛起人权旗帜。人权是一项特殊的权利。面对未来，我国还需要继续健全人权保障体系，诸如完善人权法律制度，考虑设立国家人权机构，协助立法、行政和司法机关促进和保障人权，有组织地开展全方位的人权和法治教育。⑩

还有学者探讨了国家人权机构之与国家立法机关的关系。认为其对国家立法机关的关系反映了国家人权机构在国家政权结构中的地位和作用：即国家人权机构依据国家立法机关制定的相关法律设立和运行；通过向国家立法机关提交定期报告对立法机关负责；参与国家立法机关人权立法活动，并促进国家人权立法的实施。同时，国家人权机构通过不同形式对立法机关的人权立法进行监督。⑪

（三）平等权

有学者评介了英国社会学家 H. T. 马歇尔的公民权理论，及其对于社会平等的影响：马歇尔指出，18世纪兴起的民事权利和 19 世纪兴起的政治权利是 20世纪社会权利发展的前提，但社会权利是民事权利和政治权利得以落实的保证；继而认为，虽然民事权利和政治权利摧毁了以封建契约为基础的等级制，但对资本主义社会不平等的阶级结构产生直接影响的是社会权利。这一思想为英国乃至西方福利国家的社会立法提供了理论指导和合法化依据。而随着福利国家危机的出现和全球化时代的到来，马歇尔的公民权思想引发了一些批判性反思。⑫

（四）人格权

有学者认为，个人通过姓名享受公法、社会法及私法权利并承担相应的义务和责任，国家通过姓名进行社会管理，维护社会秩序和公共安全，故需在公法上对姓名进行保护与规制。但当前存在相关立法缺失或不明确，司法无据可依，行政和司法实践中做法不一导致争议等问题。因此，在公法上应确定姓名法定、姓名确定、姓名唯一、姓名合法及姓名方便等基本原则。并对完善姓名登记、姓名变更及基于公共利益的姓名诉讼等公法制度提出了相应建议。⑬

（五）政治参与

有学者认为，以 PX 项目争议为代表的公共事件显示出当下公共治理中存在比较突出的民粹倾向，对合理考量具体项目进退、提升民众的公共参与能力与政府的公共治理能力、增进社会整体利益均带来了严重妨害。而长期以来政府对封闭式经济决策模式的路径依赖、专业化与组织化公共参与机制的缺失、利益复杂和分化格局下法治共识缺失，是民粹倾向愈演愈烈的根由。因此，应当基于公私融合的客观背景，重构符合公共治理实践需要的法治共识，以强化政府担当为核心重塑政府公信力。还应完善政府决策的立法，加强对规划制定及变更、规划环评的法律监管，重点完善既有法律规范中的公众参与和信息公开制度，引入并加强社会稳定风险评估、应急治理与纠纷解决等制度，合理应对民粹倾向及行动，促进公共治理的科学、民主与法治。⑭

（六）宪法特权

存不存在宪法中的特殊权利？在美国，不自证己罪特权的适用状况始终与司法权的运作密切相关。通过 1966 年的施梅伯案，联邦最高法院历史性地将这一特权的适用范围限定在“证述或表达”，从而明确认可一系列针对人身的强制取证行为。该标准一直沿用至今，但也在强制提交文件、强制取证过程中的附带陈述、强制精神病鉴定和制定法申报义务等案件中遭遇挑战。实践表明，美国联邦最高法院对不自证己罪特权的司法适用有所保留，更多只是将其作为口供任意性的保障。而关注不自证己罪特权在美国刑事司法的适用状况，会对我们理解《刑事诉讼法》关于“不得强迫任何人证实自己有罪”的规定有所启发。⑮

（七）权利冲突

有学者从西双版纳傣族独特的佛寺教育传统入手探讨了受教育权、宗教信仰自由权、少数民族语言文字和风俗习惯权等一系列基本权利在傣族男童这一主体上的并存与冲突。而目前饱受争议的基本权利冲突理论仅限于主体多元的前提。对此，应当在理论上对同一主体的基本权利冲突加以分析并证成，预先回应可能遭遇的诘问，并在权利之毂辐辏结构的基础上探求相应的解决方案。⑯

（八）公民义务

有学者为公民基本义务“辩护”。从其规范流变来看，基本义务自法国 1795 年宪法首次规定，此后影响了德国宪法。1919 年魏玛宪法专章规定了“基本权利和基本义务”。而后德国基本法之所以抛弃了专章规定的做法，仅保留了个别的基本义务，一方面是对纳粹时期滥用公民义务的反应，另一方面是认为公民承担基本义务是不言自明的。又根据是否会产生宪法或法律上的制裁，可将基本义务分为道德义务、不完全的法义务和完全的法义务三种。基本义务中的作为义务需要通过法律来贯彻，但不作为义务和容忍义务则无须通过法律的中介。另外，基本义务与基本权利之间是非对称的关系，但基本义务也有其独立的宪法地位，因为基本义务乃是公民身份中公共性的体现。[17]

还有学者以宪法服兵役义务为研究对象，借由“五五宪草”第 127 条和“五四宪法”第 103 条所提供的两种立宪思路，深入分析服兵役义务的法理基础，并探讨其对当下的现实意义。认为服兵役义务彰显了国民与国家之间极端的关系，其将个体权利与国家主权的宪法逻辑推到极致，触及了宪法的生命维度。而“五五宪草”与“五四宪法”分别淬于抗日战争与朝鲜战争的烽火，保持着宪法对生命的真切回应与战争动员的真实语境。这两部宪法性文件对于服兵役义务的论证分别以“忠孝”与“神圣”为法理依据，形成对立的论证理路。在近代中国与国民的双重生死攸关中，建立起了国民与国家的位格阶梯与公民的人格结构。[18]

四、宪制

（一）宪制原理

论者以为，中国共产党建政后所制定之五部宪法性文件中，《共同纲领》和五四、七五、七八宪法都是革命宪法，这一点充分体现于其序言，它们均立足于革命历史叙事，而以革命证成统治之正当性。由此正当性论证，则确定国家了基本政治精神：继续革命。而这样的继续革命必定是对中国文明的革命。八二宪法则与上述四部宪法有明显不同，最重大的区别在于：“中国是世界上历史最悠久的国家之一。中国各族人民共同创造了光辉灿烂的文化，具有光荣的革命传统。”从宪法序言中可以梳理出中国历史条款、中国文化条款和中华各族人民条款。这三个条款，在政治上承认了文明相对于革命之优先性。由此，统治正当性的论证部分实现了从革命到历史连续性之转移。对中国文明的继续革命失去了正当性。这三个条款部分实现了国家的政治精神从继续革命到文明之转换。正是这一新的宪法精神改变了权力与文明之间的关系：国家权力不再凌驾于文明之上，法律不再凌驾于生活之上。相反，权力在一定程度上顺承国民的生活，对民众自下而上的制度创新保持开放。由此而有了人们以“改革开放”一词所描述的中国过去三十多年来的制度变迁。就其实质而言，改革开放是中国文明之复兴。从宪法技术上说，与此前宪法的阶段使命不同，八二宪法具有生长之品质，而得以不断修订，始终具有效力。宪法序言第一段也敞开了中国未来进一步变革的可能性。[19]

（二）政体变迁

有观察分析，自冷战结束以来，一些国家的多民族性日趋凸显，地方民族主义运动风起云涌。面对这种情况，这些国家调整了政制，但有些仍保留了单一制的宪制框架。虽然这些国家的调整暂时有效，但是各地方民族主义运动并未销声匿迹。2014 年，西方最主要的两个单一制多民族国家（英国和西班牙）分别经历了决定国家前途命运的“公民投票”。在此背景下，西方单一制多民族国家这一政制模式能否继续存在成为今日世界政学两界颇为关心的话题。有学者撰文描述了两国政党政治、公民投票和国际及地方间交往对政制的影响，说明有利于和不利于单一制多民族国家稳定的因素。并认为，以英国和西班牙为代表的西方单一制多民族国家仍然拥有未来。[20]

（三）国家义务

国家公法责任体系的建构可经由《国家赔偿法》切入。2010 年《国家赔偿法》第 2 条取消了国家赔偿的违法要件，这一重大修改即使《国家赔偿法》的规定与《宪法》第 41 条第 3 款相一致，也为我国国家公法责任体系的构建提供了契机。国家赔偿责任应在《宪法》第 41 条第 3 款的统率下，建立以《国家赔偿法》为主的公法赔偿责任和以《民法通则》为主的私法赔偿责任。国家补偿责任则需要在宪法规定的征收征用补偿的基础上，依据现行立法，建立起涵盖特别牺牲补偿责任和衡平补偿责任、财产权损失补偿和非财产性权利损失补偿的补偿体系。最终在国家赔偿、国家补偿的基础上，联系其他的公法请求权基础，构建起我国的国家公法责任体系。[21]

（四）选举制度

有学者通过比较研究来切入区域民主选举与国家统一之间的关系，并具体剖析了二十世纪下半叶几个典型国家中区域民主化的案例。并发现，首次民主大选的全国性的国家（西班牙），其选举有利于巩固国家的统一认同；而首次民主选举在地区层面展开的国家（如南斯拉夫、苏联和捷克斯洛伐克），最终激化了族群矛盾，导致了国家分裂。在设计民主制度的过程中，选举范围、选举制度和政党制度都构成了决定性的因素。在构想普选方案时，须通过制度设计避免认同政治的激化，防止认同问题成为普选的主要议题。[22]

（五）央地关系与地方治理

央地税权分配体制是财税体制中的重要组成部分和央地关系中的核心问题，更具有重要的宪法意义。国务院制定的《关于实行分税制财政管理体制的决定》形成了过于偏向中央的税权分配格局，并导致税权分配与事责（权）分配相脱节，受益权、征管权分配缺乏立法权分配的协同，引发土地财政、非税收入乱象及税收不当竞争，税权分配及央地关系被简化、异化为利益分割等一系列问题。对此，应以宪政理念和宪法制度为基础重构央地税权分配体制；促进税权分配与事责（权）分配的协同；完善税收立法权的分配，加强其与受益权、征管权分配的协同；加强配套制度建设，解决土地财政、非税收入乱象、税收不当竞争等实践难题。[23]

或论行政诉讼制度不仅意味着司法权对行政权的制约，也意味着中央权力对地方权力的监督和控制。行政诉讼具有维护中央权威、保证法制统一、协调地方竞争、调节资源配置的功能，从而建立起中央司法权对地方立法与行政的制衡，保障国家法制的统一。通过审查地方政府行为和立法的合法性，行政诉讼制度可以规制地方政府间的竞争，限制地方政府的自利行为，确保地方竞争在中央的可控范围之内。此外，经由司法政策和具体案件的裁判，行政诉讼成为中央与地方之间资源调配的重要方式。从国外的经验观察，通过中央对地方的司法监督，有利于形成统一的法律秩序，协调处理地方政府间的矛盾。而目前中国正在进行的司法改革与行政诉讼法修改，也为其上述功能的发挥提供了制度契机。[24]

另外，上下级民族自治地方的政府间关系问题也是一个值得探讨的问题。何时奉行一般上下级政府间的“命令—执行”关系，何时可以主张下级自治地方政府的自治空间？根据自治事项与委办事项的传统分野，上下级民族自治地方政府间的关系可划分为四种模式进行静态上的分析。但若单纯适用静态标准则又面临理论、逻辑和实践方面的诘难。因此，有必要引入动态的法律调整机制作为配合。这一动态机制以共同的上级裁决为主要路径，以备案、评估、反馈、监督等机制为辅助，以参照先例为过渡，以法治化为最终目标。[25]

（六）人大及议会制度

有学者认为，代议会期属于宪法基本程序问题。代议会期的价值是确保代议机关每年有充分的实际开会时间。当代宪法或直接规定长代议会期，或虽未明确规定长会期但其实施效果都呈现长代议会期。而导致多国采用长代议会期的原因有：代议会期的宪法效力获得承认；代议机关宪法地位的改变；行政行为性质的转变；代议机关职能的强化和健全；议决预算案所需时间。我国1954年《宪法》和1982年《宪法》未能将执政领导党的人民代议机关常设机关的长会期理念转化为长代议会期规范。现实中，全国人大常委会的会期一再变短，这一现象亟须宪法规范予以纠正。[26]

还有学者认为，法院向人大汇报工作虽然符合《宪法》以及相关组织法的规定，但是却与十八大以来中央对法院体制改革的总体思路——“权责统一”和“审理者裁判、裁判者负责”不相一致。这会导致审判责任主体归属不明，使得审判权的行政化和地方化痼疾难以根治，从而影响法院的独立审判权。随着中央司法体制改革部署的推进，应该对法院向人大汇报工作的传统做法进行改革，即报告的主要内容是针对年度经费支出、日常行政事务的管理以及辖区法官队伍的总体情况。[27]

（七）司法及其体制改革

学者以为，我国现行的司法制度来源于新中国成立初所确立的人民司法理念，并且基于人民代表大会制度的基本原则，司法一词一直没有在新中国成立后制定的四部宪法中得到规定，说明司法制度截至目前仍然属于执政党政策调整的范围。我国司法管理体制，主要是审判组织体制、检察组织体制和党委政法委对政法工作的领导体制等等。党的十八届三中全会与四中全会提出了深化我国司法管理体制改革的六项建议，为当下司法体制改革的具体实践提供了理论依据并为其指明了发展方向。[28]有学者认为根据十八届三中全会《决定》和四中全会《决定》的精神，改革和完善我国司法体制，应当正确处理党委、纪委和司法机关的关系；以审判为中心，理顺法院、检察院、公安机关的关系；推进司法体制去地方化影响的改革；探索法官、检察官依法独立办案；法官、检察官分类管理；统一刑罚执行体制。[29]

1. 人民法院

“法院独立”与“法官独立”之争看似语词差别，实则价值有异。我国审判组织的制度形式与运作实践似乎都在支持“法院独立”的观点。但此观点始终没有说服所有人，特别是实务部门的法律职业人。因此，法律界必须对这些理论的误解加以澄清。无论从法院组织理论，还是从法律职业理论，都可以得出法官独立的观点。且当前我国正在进行的每一项司法改革措施都在促进法官的独立性。[30]有学者认为自由裁量不仅是英美法系背景下的法官造法，更是法官根据法律（包括司法解释），依据法庭查明的事实，在个人法律意识支配下做出裁判的过程。自由裁量是司法实践中所必需的，它不仅是法律所赋予的一种权力，更是法官所应承担的一种责任。自由裁量不仅仅是依照法律和事实所作出的，还受到个人法律意识的支配。因此要通过规范的培训以提高法官素养，从而防止自由裁量异化。自由裁量作为裁判案件的过程，其结果在于得出适当的判决和裁定，以实现法律效果和社会效果的统一。[31]

另就法院财政“省级统管”的改革而言，意味着省级以下地方各级法院的经费支出不再依靠同级地方财政，而改由省级财政统筹，中央财政则通过转移支付及专项资金等予以补充。从我国历史上看，所谓司法财政保障“地方化”的现象，其实背后存在着源远流长的传统。法院财政省级统管的改革能否达成预期的目标，取决于其方案的内容构成及实施方式，牵涉众多的技术性问题及细节。一般而言，法院财政省级统管的改革大体涉及筹资来源、预算案的编制、预算的执行、预决算的审议批准程序这四个方面的内容。[32]

也有学者认为，审判人员分类改革和法官员额制是在这一轮司法改革中争议最大、困难最多的一个堡垒。法官员额制应当是审判权运行机制改革的自然结果而不是其前提条件，如果颠倒了这个逻辑顺序，将触动利益的人事关系改革置于明晰各岗位权限责任之前，就会引起一场无序的利益混战。本轮改革从宏观到微观涉及体制改革、机制改革、程序改革等环环相扣的各个方面，应当在改革全面铺开之前，认真研究审判辅助人员的职能、权限和责任的定位，及其与员额制法官之间的职权责界分标准，以作为审判人员改革的基础。[33]

还有学者聚焦巡回法庭的建设。如对巡回法庭（院）历史流变的回顾，对相关概念的辨析，对理论界关于最高法院设立巡回法庭之当下观点的梳理和评析。并认为最高法院设立的巡回法庭，在行政上是最高法院的组成部分；在审判管辖权上相当于高级法院。[34]或说我国最高人民法院巡回法庭承载了破除司法地方化及优化最高人民法院职能的独特功能，相关的制度建构应当围绕这一职能定位，有选择性地结合比较法以及新中国成立初期大区分院的相关经验，兼顾改革的整体性和阶段性设计方案。在目前的探索运行阶段，巡回区的设置应综合考虑省际司法纠纷的状况、案件量、区域面积，并允许法官根据案情需要在辖区内巡回审理；受案范围应包括巡回区内属于最高人民法院管辖，但不具有普遍法律适用意义的民商事案件、行政案件与刑事申诉案件；法官应当从本部的资深法官中遴选，并确定一定的巡回轮换期；法庭不设审委会，法官随机组成合议庭审理案件，但对于有普遍法律适用意义的案件应移送本部。[35]

2. 人民检察院

有学者认为，中国宪法上的依法独立行使检察权制度滥觞于苏联。在苏联，垂直领导制构成了依法独立行使检察权制度的必要前提；而在中国，依法独立行使检察权制度在废除垂直领导制之后实现了本土化。从苏中宪法层面看，存在着依法独立行使检察权制度的内在结构与外在限制，前者指依法独立行使检察权的独立性与排他性，后者指国家权力机关等机关与检察机关的关系；二者之间存在着结构性的共生关系。对依法独立行使检察权制度的教义学反思表明，中国现行检察制度有关地方各级检察机关应向本级国家权力机关负责并报告工作的规定缺乏理论根据。在十八届三中全会提出省以下地方检察院人财物统一管理的背景下，应更加全面地考察现行制度，严肃而认真地思考重建垂直领导制的可能性与必要性。[36]

而由于传统的行政式的检察管理模式背离了检察规律的基本要求，导致检察管理在推动检察权公正运行中的功能发挥受阻。因此需要通过对检察管理相关内容的革新，为检察权的公正行使提供高素能的主体、高效的决策机制、有效的监督机制以及科学的物资保障机制。[37]或以为，检察官相对独立具有检察制度内在的必然性和现实的必要性：它是检察院整体独立的基础，是“检察一体”的前提和防止“检察一体”弊端的重要措施，是检察官法律地位、活动原则、司法规律和深化司法体制改革的必然要求。检察官相对独立是依法独立，是党的领导、人大监督和“检察一体”下的独立，是“独立”与“受制”的有机统一。[38]

（八）国家主席制度

研究发现，最高国务会议是“五四宪法”中专属于国家主席的一种会议机制，表面上议而不决，但由于特殊的人员构成以及毛泽东在当时巨大的人格魅力和政治权威，它反而成为超越常规国家机构、党的机构以及政治协商组织的超级国家权力机关，是一种统合一切的事实上的最高国家权力机关，是“五四宪法”中国家主席制度的枢机所在。毛泽东作为国家主席，内在于“五四宪法”体制之中，并与全国人大、国务院、最高人民法院和最高人民检察院组成常规政体结构；而作为革命领袖，又超乎在宪法之外，并通过最高国务会议超越常规国家权力机关，由此形成“五四宪法”独特的二元政体结构。[39]

总之，元首制问题在新中国宪法史上主要表现为国家主席问题，其核心是如何将革命领袖转化为宪法体制上的国家元首，以及政体类型学上的法权安排。从1949年体制中的“委员会制下的主席身份”到“五四宪法”中的二元政体结构，制宪者试图将韦伯意义上的卡里斯玛和官僚制结合起来，但这一不稳定的结构使得卡里斯玛可以轻易地废除官僚体制，从而演变成“七五宪法”和“七八宪法”中的卡里斯玛一元体制。在后卡里斯玛时代，国家元首制在“八二宪法”中经历了从分权制到“三位一体”的不成文宪法变迁，最终以宪法惯例的方式稳定下来。国家元首问题是贯穿历次宪法危机的主线，需要历史主义的梳理和规范主义的分析。[40]

而作为制宪者的毛泽东看来，国家主席未必是一个实质的职位，却必须拥有实质的职权；它的存在并不是为了担当政治上的“国家元首”，而是在“继续革命”的意义上成为社会主义国家在“过渡时期”不偏离其路线的制度保障。在最终的宪制安排和日后的宪政实践中，拥有全国武装力量统帅权和最高国务会议召集权的国家主席的确有效地实现了上述创制动机。但革命政治的延续性与日常政治的周期性之间的不匹配，最终导致了这一制度的瓦解。[41]

（九）国家荣典制度

有学者系统研究了国家荣典制度，如其所论，荣誉制度作为连接国家与公民的政治纽带，一方面强化公民与国家之间的政治归属，促成政治认同与进行社会动员；另一方面则代表国家对公民进行教化与规训，经由英模塑造达成特定国家目标。而中国宪法规定了国家荣誉与个人荣誉的“双重主体结构”与实现路径，国家荣誉构成个人荣誉的前提和基础，服务于国家任务的实现。此外，国家荣誉制度兼具重要的宪制功能，包括了对于政权合法性的建构、对于政治诉求的吸纳，以及引导主流价值观。国家荣誉立法应符合宪法所设定的原则，提高与增强国家荣誉的权威性和稀缺性，强调评审机制的独立性和参与性，并通过荣誉制度来培育公民的政治人格。[42]

（十）部门法与宪制

宪法与部门法的关系成为最近几年学界关注的一个热点。对此有学者认为，中国民法典面临着外在体系、内在体系和社会基础的三重挑战，其应对有赖于民法与国家关系的再造，需要重新找回国家。民法在与国家关系的变迁中经历了从自治性民法向“中立性民法”的转变。这一新的民法范式为国家提供了内设、引致、转介、变形等进入民法典的多条通道，同时又凭借其形式理性对国家的进入予以审视、评估和接纳，从而在保持自身体系的同时容纳多元的价值和多层次的规则，调和私法自治与国家管制的张力，汇通世界民法的普遍智识与中国的独特经验，最终化解中国民法典的理论障碍。就后者而言，民法接纳国家的方式，在我国以特有的民事政策的司法适用为典型。鉴于现行司法实践存在的缺憾，我们可以参酌民事政策的层级、对象、领域、强度以及目的和实际后对立法的“开放漏洞”和“隐藏漏洞”进行填补。[43]

而“入户抢劫”的刑法规范是国家履行对住宅自由保护义务的体现，最高人民法院对“户”的司法解释因此也是对住宅自由之规范领域的界定。我国刑法上的“户”在实践中有着两种不同的解释，即“供他人生活”的场所，或者“供他人家庭生活”的场所。面对着这两种不同的解释，解释者应当选择更符合宪法的解释。那么通过合宪性解释的途径，宪法的价值理念得以注入部门法的实践，从而使得部门法能更好地承担保护基本权利的义务。[44]

五、宪治

（一）宪法实施

有学者认为，宪法实施理论不仅仅是建构一个实施机关的技术性问题，而是要发掘和探讨宪法实施的内在商谈机制。宪法实施的本质应该是人民通过各种制度化与公共领域的途径就宪法问题进行理性对话，是一个不断展现宪法规范的道德内涵和语义深度的历史过程，最终增进政治共同体对共同善的理解和认识。应该在法治主义延长线上讨论宪法实施的民主本质。宪法实施的商谈机制可以分为建制化商谈与公共领域商谈、论证性商谈与运用性商谈、日常商谈与非常商谈等多种结构类型，并可提炼出各自具体的制度设计。但无论何种制度安排都必须遵循合宪性、程序性、互惠性、分权性、公共性等理性约束条件，从而确保宪法实施成为现代政治成熟的民族国家的最高公共生活方式。[45]

（二）宪法解释

有学者认为，我国宪法解释的主体主要是全国人民代表大会常委会，在特殊情况下也可以是全国人民代表大会。其提出者应包括国务院、中央军委、最高法院、最高检察院、60 人以上的全国人大代表和代表团、省级和较大市的人大及其常委会以及社会团体、企业事业组织和个人等。法制工作委员会则应对宪法解释请求做形式要件审查，同时成立宪法委员会做实质要件审查，但是否受理应由常委会决定。宪法解释的效力应在宪法之下，与基本法律平行，高于普通法律。[46]

还有学者梳理了“合宪性解释”的概念源流，认为合宪性解释与基于宪法的解释常易引起混淆：前者是规范审查中的一种特殊制度，它的根本目的是为了保全规范，即通过选择合宪的法律解释来避免宣布规范违宪；后者是指在个案中用宪法的规定或精神将法律中的一般条款或不确定法律概念具体化。合宪性解释包括法律解释和法律解释的合宪性审查两部分，但合宪牲解释并非独立的法律解释方法，只是法律解释结果的一种选择标准或优先规则。在德国，为避免普通法院利用合宪性解释来架空联邦宪法法院的违宪审查权，学者建议采用一种分工模式，即普通法院发现有合宪性解释的必要时向联邦宪法法院提出申请。在中国，试图用普通法院的合宪性解释来绕开全国人大常委会的违宪审查权显得不切实际。就增强中国宪法司法适用性而言，法院所能采取的路径应是基于宪法的解释。[47]

或论合宪性解释、合宪性推定和合宪性限定解释三个概念分别源自德国、美国和日本。在它们三者之间的关系上，合宪性解释宜作为上位概念，即包括普通诉讼中的合宪性解释和违宪审查中的合宪性解释，后者与美国的合宪性推定和日本的合宪性限定解释内容大致相同。美国的合宪性推定和日本的合宪性限定解释虽基本等同，但强调的重点不同，合宪性推定侧重于司法权对待立法权的立场和态度，合宪性限定解释侧重于一种具体的审查技术。将合宪性解释作为宪法解释或司法适用的通幽曲径的努力虽值得肯定，但未必行得通。[48]

（三）宪法审查

有学者观察指出，世界各国的宪法发展已呈趋同态势，各国司法审查的活动也开始相互借鉴和援引各自的法律资源和司法判决，各国高等法院法官之间的交流逐渐增多。宪法全球化肇始于二战之后世界范围内传统议会主权的衰落以及对于行政权扩张的反思，同时也受到了经济全球化的极大促进。宪法的全球化同时也在实践上受到了以美国为代表的宪法民族主义的抵制，并在理论上带来了问题，诸如司法审查的全球化使得各国高等法院逐渐脱离本国的民主过程和特殊的宪法文化，呈现出国际的反多数难题。[49]

还有学者指出，虽然最高人民法院指导案例 38 号、39 号都确认对高校校规的合法性审查，但未形成系统的逻辑与路径。合法性框架下的高校校规与国家立法的关系体现在两个方面，一是校规基于学术自治的法约束松绑，二是国家立法的框架保障功能。校规合法性审查的司法实践偏向于从国家立法层面上寻求高校校规合法性的依据，既扭曲了校规与国家立法之间法律关系上的定位，也忽视了校规合法性审查依据的效力差异与适用前提。而对校规的合法性审查应当构建“目的—规范—原则”的三阶层审查结构。[50]

（四）特区宪治

有学者认为，特首普选咨询中呈现出的“爱国爱港”之政治标准与法律标准的争议，以及白皮书对“全面管治权”的澄清与重申，其背后透露出香港回归以来的政治认同难题。这一难题与香港曾经独特的殖民史之间具有直接关联。殖民史提供的西式价值观、政党政治和民主文化成为特区政治意识的核心构成，对“爱国爱港”要求构成直接制约和限定。基本法以“居民”概念为核心建构了香港居民的双重身份，包含了基于高度自治的本地化指涉，但未将具有“一国”内涵的中国宪法上的“中国公民”概念予以充分的制度化、程序化和仪式化。基本法建构了多层次、差异化的“爱国爱港”义务框架，不限于特首，而扩及广泛的香港居民。破解认同难题的根本之道在于回归公民教育，在于突破基本法的“居民”限定，重申并在制度安排上支持“中国公民”身份的最高性和优先性。[51]

另外，全国人大常委会关于香港政改的决定为特首普选提供了新的法律基础，延续并强化了政改以基本法与人大决定为严格法制框架的基本法秩序主义。

这一决定具有保守渐进的法治特征，没有为泛民派诉求的公民提名或国际标准给出适当空间，在一定程度上反映了中央治港方略从消极不作为向积极干预的转变，但这一干预并未超越基本法秩序轨道，是对基本法秩序的严格执行与守护。人大决定给出的是一种“预选式提名”，这是由机构提名的法律属性以及提名委员会对选举委员会模式及其功能代表制基础之总体继承性决定的。由此构成一种作为“循序渐进”原则下政制发展阶段性框架的“预选—直选”式普选模式，而对功能代表制的基础性反思与重构则不在本轮政改范畴之内。这一保守性普选框架意图在于：以中央外部权威实质性干预确保香港的特首忠诚与“行政主导制”。这有可能造成泛民派更广泛的政治不合作及其在立法会内的优势发展，从而造成更严重的政府管治困难，推动行政主导制向有利于立法会方向的权力均衡体制演变。疏解这一难题的出路在于建构香港的执政联盟体制机制。[52]

但也有学者指出，香港基本法实施以来，特区法院在有关案件中多次重申“普通法传统”，借以阐明基本法的含义、推动相关法律原则与规则的发展。在“一国两制”的背景下，香港的普通法传统既有助于延续香港长久以来的法治传统，也有助于因应社会变迁，促进基本法法理不断趋于完善。普通法作为香港原有法律制度最重要的组成部分之一，对基本法的顺利实施至关重要。同时，基本法作为香港特区宪制性法律，也会给香港的普通法传统注入新的内涵。[53]

另有学者指出，在最近的“吴嘉玲案”中，香港终审法院展现出对全国人大及其常委会的“全方位进攻性防守”，全国人大常委会在基本法上几乎所有重要权力在该案判词中都有提到，终审法院所要阐述的重心始终是基本法对这些权力的限制，甚至宣称有权审查全国人大及其常委会的行为。为此，其所使用的武器有三：基本法、联合声明、人权。其中，基本法既是盾牌又是紧箍圈，居于核心的地位。尽管终审法院这种司法能动主义倾向使得其说理逻辑有时就像“抓着自己的头发想离开地球”，该案判词也存在些许说理性错误或可商榷之处，并且招致诸多批评，但是终审法院的目的已然达到，经此一役，终审法院基本奠定了其香港高度自治和人权维护者角色。[54]

注：

①张龑：《多元一统的政治宪法结构——政治宪法学理论基础的反思与重建》，《法学研究》，2015 年第 6 期。

②王锴：《德国宪法变迁理论的演进》，《环球法律评论》，2015 年第 3 期。

③聂鑫：《近代中国宪制的发展》，《中国法学》，2015 年第 6 期。

④喻中：《所谓国体：宪法时刻与梁启超的共和再造》，《法学家》，2015 年第 4 期。

⑤韩大元：《比较宪法概念在近代中国的演变》，《比较法研究》，2015 年第 6 期。

⑥苏力：《宪制的军事塑造——中国古代宪制之六》，《法学评论》（双月刊），2015 年第 1 期。

⑦李红海：《历史与神话：800 年的传奇》，《中外法学》，2015 年第 6 期。

⑧李红海：《他山之玉，何以攻石？——论大宪章对中国的镜鉴意义》，《比较法研究》，2015 年第 6 期。

⑨于文豪：《“五四宪法”基本权利的国家建构功能》，《环球法律评论》，2015 年第 2 期。

⑩张伟：《尊重和保障人权是法治国家的核心价值》，《现代法学》，2015 年第 2 期。

⑪李活力、杨帅：《国家人权机构对国家立法机关关系研究》，《政法论坛》，2015 年第 3 期。

⑫胡杰容：《公民身份与社会平等——T. H. 马歇尔论公民权》，《比较法研究》，2015 年第 2 期。

⑬张新宝、吴婷芳：《姓名的公法规制及制度完善》，《法制与社会发展》（双月刊），2015 年第 6 期。

⑭冯辉：《公共治理中的民粹倾向及其法治出路——以 PX 项目争议为样本》，《法学家》，2015 年第 2 期。

⑮张薇薇：《美国宪法不自证己罪特权的适用范围考察——施梅伯案及其以后》，《现代法学》，2015 年第 3 期。

⑯郑毅：《论同一主体的基本权利冲突》，《政治与法律》，2015 年第 2 期。

⑰王锴：《为公民基本义务辩护——基于德国学说的梳理》，《政治与法律》，2015 年第 10 期。

⑱李富鹏：《忠孝与神圣：宪法上服兵役义务的法理变迁》，《法学家》，2015 年第 5 期。

⑲姚中秋：《从革命到文明：八二宪法序言第一段大义疏解》，《法学评论》（双月刊），2015 年第 2 期。

⑳屠凯：《西方单一制多民族国家的未来——进入 21 世纪的英国和西班牙》，《清华法学》，2015 年第 4 期。

㉑王锴：《我国国家公法责任体系的构建》，《清

华法学》，2015 年第 3 期。

㉒刘晗：《区域普选进程中的国家统合：转型国家的比较研究》，《环球法律评论》，2015 年第 6 期。

㉓冯辉：《宪政视野下央地税权分配体制之重构——以〈关于实行分税制财政管理体制的决定〉的修改为中心》，《政治与法律》，2015 年第 11 期。

㉔王理万：《行政诉讼与中央地方关系法治化》，《法制与社会发展》（双月刊），2015 年第 1 期。

㉕郑毅：《论上下级民族自治地方政府间关系的法律调整》，《法商研究》，2015 年第 4 期。

㉖蒋劲松：《代议会期制度探究》，《法商研究》，2015 年第 1 期。

㉗张泽涛：《法院向人大汇报工作的法理分析及其改革——以十八大以来法院体制改革为主线》，《法律科学（西北政法大学学报）》，2015 年第 1 期。

㉘莫纪宏：《论我国司法管理体制改革的正当性前提及方向》，《法律科学（西北政法大学学报）》，2015 年第 1 期。

㉙陈光中、魏晓娜：《论我国司法体制的现代化改革》，《中国法学》，2015 年第 1 期。

㉚蒋惠岭：《“法院独立”与“法官独立”之辩——一个中式命题的终结》，《法律科学（西北政法大学学报）》，2015 年第 1 期。

㉛张军：《法官的自由裁量权与司法正义》，《法律科学（西北政法大学学报）》，2015 年第 4 期。

㉜王亚新：《“省级统管”改革与法院经费保障》，《法制与社会发展》（双月刊），2015 年第 6 期。

㉝傅郁林：《以职能权责界定为基础的审判人员分类改革》，《现代法学》，2015 年第 4 期。

㉞顾永忠：《最高人民法院设立巡回法庭之我见》，《法律科学（西北政法大学学报）》，2015 年第 2 期。

㉟方斯远：《最高人民法院巡回法庭的制度建构》，《法律科学（西北政法大学学报）》，2015 年第 2 期。

㊱田夫：《依法独立行使检察权制度的宪法涵义——兼论重建检察机关垂直领导制》，《法制与社会发展》（双月刊），2015 年第 2 期。

㊲向泽选：《检察管理与检察权的公正行使》，《政法论坛》，2015 年第 1 期。

㊳朱孝清：《检察官相对独立论》，《法学研究》，2015 年第 1 期。

㊴翟志勇：《最高国务会议与“五四宪法”的二元政体结构》，《政法论坛》，2015 年第 1 期。

㊵翟志勇：《国家主席、元首制与宪法危机》，《中外法学》，2015 年第 2 期。

㊶李一达：《领袖守护宪法——论 1954 年宪法中“国家主席”条款的制成》，《政法论坛》，2015 年第 3 期。

㊷王理万：《国家荣誉制度及其宪法建构》，《现代法学》，2015 年第 4 期。

㊸许可：《民法与国家关系的再造》，《法商研究》，2015 年第 1 期。

㊹杜强强：《论宪法规范与刑法规范之诠释循环——以入户抢劫与住宅自由概念为例》，《法学家》，2015 年第 2 期。

㊺王旭：《宪法实施的商谈机制及其类型建构》，《环球法律评论》，2015 年第 6 期。

㊻马岭：《我国宪法解释的程序设计》，《法学评论》（双月刊），2015 年第 4 期。

㊼王锴：《合宪性解释之反思》，《法学家》，2015 年第 1 期。

㊽夏引业：《合宪性解释是宪法司法适用的一条蹊径吗——合宪性解释及其相关概念的梳理与辨析》，《政治与法律》，2015 年第 8 期。

㊾刘晗：《宪法的全球化：历史起源、当代潮流与理论反思》，《中国法学》，2015 年第 2 期。

㊿伏创宇：《高校校规合法性审查的逻辑与路径——以最高人民法院的两则指导案例为切入点》，《法学家》，2015 年第 6 期。

51田飞龙：《认同的宪法难题：对“爱国爱港”的基本法解释》，《法学评论》（双月刊），2015 年第 3 期。

52田飞龙：《基本法秩序下的预选式提名与行政主导制的演化》，《政治与法律》，2015 年第 2 期。

53黄明涛：《普通法传统与香港基本法的实施》，《法学评论》（双月刊），2015 年第 1 期。

54夏引业：《一国两制下香港终审法院的角色与立场——以“吴嘉玲案”终审判决为中心的分析》，《法制与社会发展》（双月刊），2015 年第 4 期。

（作者：胡锦光，中国人民大学教授；
杨凡，天津理工大学副教授）

行政法学

胡锦光　董　妍

2015年5月1日，修改后的《行政诉讼法》开始实施，这是《行政诉讼法》二十五年来的首次修改，法学界围绕这一问题，展开了一系列的讨论。除行政诉讼外，北京行政法学者的研究领域还涉及行政法基本理论、行政主体、行政行为等；从研究方法上看，呈现出基本理论与实证研究并重的特点。

一、行政法学基本理论

在行政法基本原则的探讨上，较为突出的一个特点是结合法律适用，探讨行政法原则。有学者选取了一起行政复议案件作为研究对象，指出在行政法领域，以有效率的行政权和有限制的行政权两个维度构建较为完整的行政法基本原则体系，行政诉讼中基于法律原则的裁判可以通过行政法的基本原则体系识别并筛选相关法律原则。对相关法律原则的权衡和选择是基于法律原则裁判的重要步骤，“借助于具体个案中的法益衡量”被公认为一种可能的权衡方法。通过权衡相关原则所保护的法益，确定优位的法律原则，并尝试对限制条件进行设定。借此过程，裁判者基于法律原则构造了一条新的规则。基于行政法基本原则裁判的一般方法意义在于提供裁判者一种可能的裁判思路，避免裁判者因无从下手而畏于做出超越法规范的裁判，并使得裁判的过程可供外部考查。[①]还有学者指出，关于行政法基本原则的研究，主要有三种进路，即透过行政法基本理念确定行政法的基本原则、借鉴移植外国行政法的基本原则、采纳某种标准并用涵摄的方法确定行政法的基本原则。这三种研究进路各有其优点，而其共同的缺陷是割裂了行政法与宪法的内在关联性。为使行政法基本原则的研究在价值层面回归宪法的轨道，应重视宪法规范分析方法在行政法基本原则研究上的运用。以依法行政原则为例，现行宪法不仅为其提供了规范依据，而且还在权力机关的政治控制、法律优先或法律统制、司法救济和监督控制四个方面提出了具体的制度要求。[②]有学者针对目前机动车限行中的财产权限制问题，从比例原则的角度进行了分析，指出“使用”是宪法财产权的当然保护范围，机动车限行是公权力对财产权的限制。从财产权限制的性质上区分，“按尾号每周限行一天”属于“财产权的社会义务”，而“单双号限行”则实际上具有征收效果。机动车限行在现有法秩序中缺乏明确的法律依据。限行措施未必能够促成缓解交通和治理污染之公益目的，并且还存在其他能够达成公益目的而较少限制基本权利的手段，因而限行措施有违宪之虞。财产权的保障首先在于“存续保障”，常态化的单双号限行并不能借由补偿而被正当化，这种严格的限制措施只有在极端紧迫的情况下才是正当的。[③]还有学者将依法行政和依法律行政正本清源，指出依法律行政，旨在藉由法律的合理性控制行政的恣意，并获得法的安定性和民主性，它是近代形式法治国家的产物，是自由主义与民主主义的结合。德国依法律行政原理经由奥托·迈耶的提炼基本定型，经由美浓部达吉等人传至日本，并影响了我国早期的行政法学。在新中国，依法行政逐渐得到强调。这种转变既有行政立法高涨的现实影响，也有方法论上的原因，但更多缘于全国人大—行政机关—司法机关的权力格局。从全国人大与国务院的宪法关系来看，应当重新确立依法律行政原理，并从行政诉讼上为依法律行政提供保障机制，同时摒弃依法行政中的某些错误观念，以确保法治国家的真正实现。[④]

有学者指出社会管理创新倡导社会管理理念导入服务性、管理主体推进多元化、管理手段强调多样化、管理过程实现程序化。其对行政法学基本理论革新提出了相应要求：在行政法学理论基础的讨论中，当回归公权力管理和服务并举且以服务为依归的规范主义预设；在行政主体理论中，当引入社会行政主体取代授权行政主体，并与职权行政主体共同组成行政主体；在行政行为理论中，顺应司法实践以及我们的表达习惯，还原行政行为包括行政权力运作的一切活动的最初定位；同时，改变“重实体、轻程序”传统理念，从宏观的法治理念层面、中观的法律原则层面和微观的制度规则层面全力推进程序法治建设。[⑤]

行政价值观方面，有学者指出行政价值观是决定行政活动中人的思想取向和行为选择的精神力量，是按照一定规律、遵循一定程序发生和发展的。生长历程就是对行政价值观发生和发展过程的动态展示。在行政实践活动中，随着人们认识和实践的深入，立场、情感、态度、理想、信念、信仰等精神要素依次经历萌芽、演进、升华等三个阶段，经历个体的行政价值取向转化为群体的行政价值标准、群体的行政价值标准转化为组织的行政价值理念、组织的行政价值理念转化为社会的行政价值认同等三次蜕变，完成行政价值观一个周期的发展历程，并随着行政环境的变化而进入新一轮的发展周期。[⑥]

二、行政主体

有学者对民办高校的行政法地位进行了探讨，指出随着我国市场经济体制的完善，民办高等教育已经成为社会公共行政的重要领域之一。教育行政领域的这种新发展给传统的行政法带来了许多新的挑战，民办高校也成为行政法研究的重要内容。对民办高校的行政法规制的前提是要对其法律地位包括法人属性和行政主体地位进行准确认定。此外，还要不断完善相关的行政立法规范体系，再配置有效的政府监管措施以及通畅的行政救济制度。唯此，这种行政法的规制才能成为公私合力发展我国高等教育事业的保障。[⑦]

不少学者对行政机关权力清单制度进行了研究，有学者指出，建立现代政府权力清单制度是我国行政体制改革的突破口，也是服务型政府建设的重要抓手。党的十八届三中全会与四中全会都提出要建立政府权力清单制度，为我国行政权力运行机制的改革指明了方向。党的十八大以来，我国行政体制改革不断深入，各级政府权力清单制度改革取得了长足进展，特别是2014年以来，我国各地政府掀起了全面推行政府权力清单制度的高潮。但我国目前的权力清单制度建设，仍然存在着一些亟待解决的重要问题。[⑧]有学者认为，权力清单是我国实施简政放权最直接、最透明的新政措施之一。政府在市场经济运行之中，应厘清其与市场的关系，定其位、明其权、规其责、束其手，这也是我国现今行政体制改革的重要内容。为此，建议制定权力清单管理条例等行政法规，规范相关内容，明确实施权力清单制度的措施，规定政府行政审批权限、程序和时限等内容。政府有形之手调控市场，应该严格遵守权力清单和负面清单规则，坚持简政放权，促进政府职能转变，树立服务市场新观念。[⑨]有学者针对权力清单的问题指出，在当前权力清单制度的构建中，出现了“各部门不得在公布的清单外实施其他行政审批”和“清单之外无权力”等规定和认识。此类规定和认识使权力清单的定位僭越了法律，这不仅有违依法治国的基本方略，也会直接导致迟延法律生效等问题。权力清单是实施《政府信息公开条例》第9条和第10条规定的一种具体形式，属于主动公开的政府信息，其基本功能是实现行政权力的公开透明，是实现透明行政的重要举措，并不能划定权力的界限。权力清单应当明示其与法律规定不一致时以法律为准，权力清单公开的责任主体应为相应的权力行使机关。[⑩]有学者认为，推行权力清单制度是全面深化改革的重要内容，主要功能在于提高行政效能、调控行政立法、深化行政治理、优化行政服务、推进行政公开。权力清单制度的逻辑起点在于限制权力而非设定权力；权力清单制度本质在于，通过规范行政行为达到控制行政权力，实为行政行为清单。具有代表性的三份清单样本因认识偏差、缺乏理论指导而存在功能、调控、权责、职能、依据、主体、运行和衔接等八个误区。按照轻重缓急、先后有序，循序渐进、从粗到细，法律保留、程序正当，上下联动、内外有别，权权相称、权责一致，格式统一、形式固定的选择路径推进，方能让权力清单制度迸发出制度生命力。[⑪]

对行政相对人的研究，有学者指出，行政相对人的抵抗权是基于自然正义而理应拥有的不可剥夺的一项权利。但该项权利行使的主体、对象、时间、方式等应当有一定的限度，其抵抗权的确立是具有正当性和必要性的。不过行政相对人的抵抗权在我国存在一些实现上的障碍，因此需要从具体的法律制度层面来扫除这些障碍：一是在立法规定中明确将抵抗权的行使对象与无效行政行为理论结合并确定无效行政行为的判断标准；二是建立“抵制必须答复”制度和“争讼停止执行制度”；三是针对行政行为建立独立的“无效确认之诉”；四是规定行使行政抵抗权的相对人须对特定事实承担一定程度的举证责任。[⑫]有学者认为新常态下的行政治理存在保障行政与交易行政的二元结构。保障行政搭配相对人消极同意，具有维护公共利益、保障行政秩序及修复受损权利的功能；交易行政中，行政主体与相对人为各自期待利益绑定在一起，分别实现各自的增量利益。保障行政交易化，相对人消极同意的积极化，是行政与相对人关系错位的表现；相对人积极同意消极化是相对人积极同意在交易行政中缺位的表现。前者于法不容，后者于理不合。对此应在制度上界分保障行政与交易行政，进而改进和完善国家的行政治理机制。[⑬]

三、行政行为

（一）行政处罚

对于行政处罚，有学者认为，“制裁性”不能成为在个案中界定某种行政措施是否属于行政处罚的标准，因制裁性标准的两个要素，即行政相对人行为的“违法性”和行政措施为相对人施加“额外不利效果”，本身并不周全。是否将某种有争议的行政措施视作行政处罚，关联着能否实现相关立法所期待的维护行政相对人的权利和利益、确保依法行政、确保行政管理的有效性、维护法的安定性以及实现程序经济原则等功能。在大体维持形式性界定标准的前提下，将没有必要进入个案的功能要素予以裁减，进而考量各种相冲突的功能的重要性，并借此作出判断，是在个案中界定行政处罚行为的可由之路。在相关判决不断积累的基础上对案件进行类型化处理，能够使此种功能性考量逐步走向理性化。[14]有学者就行政处罚权的集中行使问题做了研究，指出城管相对集中行政处罚权是我国最早开始跨部门综合执法体制改革的试验田，对于精简机构、提高效能起到重要的示范作用。但是，实践中出现的城管机构权限横向上无序扩张，纵向上权限下移无依据等权力配置难题以及法律保障的缺失，已经阻碍改革的深入。跨部门综合执法体制改革意味着行政权力配置格局的重大调整，是对条块结合的行政管理体制的巨大变革。破除传统行政体制的束缚，推动跨部门综合执法，需要从理论上解决行政权力纵横配置的规则。法律依据不足是制约跨部门综合执法发展的主要原因。扩大《行政处罚法》相关条款的解释只是权宜之计，未来需要地方行政组织法的完善才能供给充分的法治保障。[15]有学者将行政处罚与刑法结合起来，认为以犯罪学的研究方法对行政处罚中渎职犯罪进行实证研究，是一种全新的研究思路和视角。通过对徇私舞弊不移交刑事案件犯罪真实案例数据的量化解读和个案分析发现，行政执法人员权力的配置方式、刑事处罚的竞合优先处置权、执法人员职业操守和责任意识以及行政处罚封闭性的破坏风险，是影响行政处罚中渎职犯罪的因素。重新定位行政处罚与刑事处罚竞合关系，行政执法权运行的司法化设置，渎职犯罪处罚的威慑性与谦抑性相融合，是规制此类犯罪的路径。[16]有学者对共同违法行为的行政处罚做了研究，指出我国《行政处罚法》没有共同违法的直接规定，《治安管理处罚法》第17条作了概括式补充，但无法解决实际问题。理论界效仿刑法学所建立的判断标准，非但无法为共同违法的认定和处断提供帮助，反而会造成法律上的漏洞。实际上，共同违法只是该当构成要件和满足违法性的行为，它并不一定需要有责。从比较法的经验来看，立法者往往会将不同的相对人视为统一的“单一行为人”分别处罚。正是在这一点上，诸如我国《治安管理处罚法》第17条一样将相对人区分为教唆行为、胁迫行为的文本内容，显得较为罕见，也与执法实际的复杂性存在背离，因而需要加以修正或做变通理解。[17]

（二）行政许可

有学者从行政裁量权的视角对行政许可制度进行研究，指出行政许可作为授益性行政行为，兼具法定性与灵活性，其中的裁量问题非常复杂，在行政许可实施的过程中的裁量缺乏有效控制机制暴露出诸多问题。《行政许可法》第20条规定的行政许可评价制度，作为决策辅助机制在裁量行政许可控制领域尚有可为。该文旨在根据行政许可裁量控制特点以及行政机关功能弱化、评价制度启动期限尚不明确、社会控制机制不健全、责任制度缺失等缺陷，提出针对评价制度明确启动期限、加强社会控制机制以及纳入司法监督实现行政许可评价与行政诉讼互补等在行政许可评价机制完善行政许可裁量可控制措施。[18]有学者基于国务院设定行政许可的实践做了研究，指出国务院制定行政法规或者发布决定设定、取消和调整行政许可，是行政许可主要设定主体。国务院设定行政许可权被滥用，设定行政许可程序、内容不规范，设定行政许可具有随意性。国务院将非行政许可审批、核准等措施排除在行政许可之外，规避了《行政许可法》约束。国务院设定行政许可的实践妨碍了《行政许可法》实施，增加了行政审批制度改革的难度。[19]有学者就城市空间的行政学科问题进行研究，认为高速城市化和城市土地上多元权益结构的形成，催生了开发过程中城市空间利益分配问题。对此，私法上相邻关系规则和民事诉讼制度已不敷使用。行政法的第三人效力制度和理论，拓展出利害关系人行政诉讼。但是，对我国典型案例和样本判决的解析表明，法院将主观权利保护诉求处理成了客观合法性监督，从而减弱了原告资格扩张的意义，而行政过程中的程序权利和行政许可审查内容公开也未能形成利益的实体权衡机制。这种局限性使得作为裁判依据的城市规划和技术标准变得相对关键，其利益权衡机制的确立至关重要。这就形成了城市空间利益正当分配的多阶机制和连续过程，它在行政的合法性证成的传统模式基础上拓展了行政的正当性证成机制。[20]有学者认为，设定与撤销行政许可项目的目的在于合理界定政府职能，理顺政府与市场的关系，提升政府规制质量。各国法律界为此展开了广泛的探索，欧美通行的政府规制影响分析制度可以成为我国借鉴的素材。现行我国《行政许可法》虽有类似规定，但实践中操作并不多见，而且相关机制不完备。有必要建构起符合中国特点的规制影响分析制度，制定规制影响分析指南，并以相关领域为切入点，合理确定行政许可，进而全面实现规制改革的目标。[21]还有学者就电影行业中的行政许可制度提出了自己的见解：电影审查限度，从行政法视野上看来，实质上是行政机关在电影管理过程中对行政许可自由裁量权行使范围的规制问题。现实中，电影行政许可之立法疏漏、标准模糊等法制“短板”极易导致裁量权的滥用；相对人的电影表达自由、文化权利等涉及宪法中公民基本权利的保护界域，也因此间或受到侵损，电影行政许可之“惠益”秉性自被忽略。在加强“行政法治”完善立法之时，令相对人所授利益得以切实保护，使其对自身权利及其救济途径更为信赖，其宗旨即是意图将自由裁量的区间控制在行政行为的法定框架内。[22]有学者指出，特许是政府提供公共产品和服务的一种有效方式，也是民间资本进入公用事业领域的一种事前控制手段。然而，并不是所有的特许行为都可以达到事前预防的效果，只有合法有效的特许行为才能达到法律效果与社会效果的统一。公用事业特许行为的合法与违法虽然与特许行为的有效与无效密切相关，但并非等同，两者之间存在错综复杂的关系。有效的特许行为并不一定合法，违法的特许行为也并不一定无效。具体说，主要包括 4 种形态：合法有效的特许行为、违法无效的特许行为、违法有效的特许行为和合法无效的特许行为。每一种形态都有其具体的存在情形、适用限制和法律效果。[23]

（三）行政裁量

行政裁量基准问题是学者们研究的重点。中共十八届四中全会明确提出，必须“建立健全行政裁量权基准制度”，并将其作为深入推进依法行政的一项重要的改革任务而上升到国家战略层面。针对目前行政裁量权基准制度中存在的诸多缺陷，为保证行政裁量权基准领域法制统一性，更好地落实依法行政的要求，有必要制定统一的《行政裁量权基准制定程序暂行条例》。从对现阶段的观察来看，这一工作亦具有一定的可行性，我们可以从现有理论与实践中为其预设基本的立法框架及其主要内容。[24]有学者从案例入手，分析裁量基准，认为“炸金花”案的出现将作为行政机关内部执法规则的行政裁量权基准再次推向了社会公众的视野。行政裁量权基准有效实施的前提是制定得较完备的裁量权基准，实施前的备案审查应当区分指导性规范和裁量性规范的不同。在行政裁量权基准的实施中，现代行政程序法所确立的信息公开、说明理由、评估等一系列制度仍然存在着发挥作用的空间。行政裁量权基准实施后的责任机制关乎行政裁量权基准对内和对外拘束力的实现，行政执法责任制的落实有助于推动行政裁量权基准的外部化，从而为行政诉讼中人民法院一并审查行政裁量权基准奠定基础。[25]

有学者专门对环境法中的裁量问题作出了研究，指出软法现象已越来越普遍并发挥着积极作用，但其在我国环境行政领域内的作用易被忽视。随着环境保护过程中行政裁量权的日益扩张，加上我国环境硬法的局限性，必须正视环境软法用于规制行政裁量权的独特价值。从我国环境行政领域现状分析可以发现，环境软法对环境行政裁量权加以规制既具备必要性也具备可能性，应促成软硬法相结合的模式来实现环境正义。[26]

（四）行政强制

有学者从行政强制的类型入手，指出新型行政手段在传统行政强制类型结构中无所归依，难以与现有法律相衔接，限制了其在实践中的适用和发展。“行政上实效性确保手段”是在纵向上以抽象的上位概念涵括新型手段，并在横向上创设新类型——其他新型手段，因未触动行政强制的内部结构，可称为“外部进路”。然而，循此进路，其他新型手段被排斥在与之并列的类型之外，内容上又存在交叉，更加难以定性。以类型的开放性特征予以检视，传统间接强制类型化为代履行、执行罚的结构并不完整，应设立与之并列的“其他间接强制”类型，使之向新型手段开放。传统行政强制结构内部的类型再造，可称为“内部进路”。新型手段应以在行政处罚、行政强制中定位为基础，以与现有法律相融合。[27]有学者指出，行政调查系指行政机关为达成特定之行政目的，所从事之各种资料搜集活动。行政机关于从事行政调查时，依据“职权调查主义”，不受当事人主张之拘束，并承担调查事实之责任。唯有调查遇有困难，可由当事人依法律规定提供协助，但对事件之澄清责任仍应由行政机关承担。当事人若未尽协力义务，除非法律有特别规定，否则不得强制其履行。任意性之调查行为不具处分性，无“行政执行法”之适用。间接强制之调查行为应属行政处分。违反此种协力义务者应受行政罚上之罚款作为制裁之手段，故不得再依“行政执行法”采取强制执行措施。直接强制之调查行为属事实行为，但事先要求当事人接受调查之行为，应仍具处分性，应受“行政执行法”之约束。直接强制调查行为在法律保留之要求上较无疑义，惟调查时应遵守比例原则和法定程序。行政机关于从事行政调查时，法律若未有赋予其得强制进入之权限，则行政机关原则上仍不得采取强制进入之方式。行政调查于声请令状后皆可从事行政搜索，于个别法律之规定中，单独明定得声请令状实施行政搜索应有容许空间。有关临时进入检查，应践行通知之程序。唯基于较为重大之公益之考虑，且经事先通知将无法达到调查目的之情形，应可容许有不经事先通知之临时检查。倘当事人拒绝放行，须视此种调查是否有得直接施以强制力之规定而定，若法规允许，自得以强制力排除当事人之阻碍，否则仍只能以间接制裁之方式。当行政机关已进入关系人之场所实施检查时，不论是否以直接强制力进入，除进行相关检查外，原则上不得附带从事搜索行为，或对相关证据予以扣留。[28]对象征强制措施中的告知理由义务，有学者提出行政强制措施告知理由是《行政强制法》对有关正当程序的具体化，也将行政强制措施告知理由的制度与行政处罚、行政许可告知理由的制度予以有效衔接，其在我国行政法治中具有重要价值。行政强制措施告知理由的理由构成包括告知强制措施决定的依据、告知强制措施的事实、告知行政强制措施的不可取代性等。作为整个行政强制措施程序的一个程序环节，行政强制措施告知理由应当通过当场告知、全面告知以及具体告知等路径予以实现。[29]还有学者认为，《行政强制法》第43条限制了行政强制执行的时间，禁止为了迫使当事人履行相关行政决定而对居民生活采取停水停电等拒绝给付措施，彰显了保障公民权，限缩了行政权，以方法论个人主义诠释了强制执行过程中公共利益的本质。该条逻辑严密，理念先进，内容合理，与《行政强制法》同一章节的预置规则呼应表里，较好地处理了一般规则与例外规定的关系，尚无修改的必要。[30]

四、行政救济

由于新修订的《行政诉讼法》于2015年开始实施，行政救济特别是行政诉讼法的讨论是2015年的一个重点问题。

（一）行政复议

对于行政复议制度及其改革，有学者指出，经过多年的实践，中国行政复议制度在监督政府依法行使职权和保障相对人合法权益方面取得了一定的进步，但是由于对行政复议功能的定位偏差，过于强调行政复议的行政性，造成了行政复议制度设计的缺陷，难以达到公正复议的目标，从而阻碍了行政复议功能的发挥。司法化已成为当代各国争议解决机制的发展方向。行政复议制度的司法化，是指行政复议在解决行政争议的过程中，引入司法活动中有利于促进公平公正的基本理念和制度，以保证行政复议机关依法公正地解决行政纠纷，进而充分实现行政复议制度的价值。目前，行政复议制度所面临的问题主要表现在行政复议的功能定位不明确、复议机构不独立、复议程序过于行政化以及行政复议与行政诉讼不衔接等方面。完善中国行政复议制度，保障复议机关独立、公正地解决行政争议从而发挥其功能，必须把行政复议制度的司法化改革作为突破口，而这也正是顺应建设社会主义法治国家的必然要求。[31]有学者认为，通过对以“行政复议司法化”为主题的文献进行综述，发现学者们围绕“行政复议是否进行司法化改革”展开激烈争论。支持司法化改革一方认为：传统非司法化行政复议存在问题，司法化改革有必要性与可行性，并提出相应改革途径。反对司法化改革一方则推崇行政复议本身特征，指出司法化改革会产生相应问题，并提出相关的完善方法。另有一种中和的观点，提出“有限司法化”的概念，提倡用非激进的渐进方法对现有的行政复议进行改革与完善。[32]还有学者指出，行政复议制度已实施多年，其效果远未达到设计初衷，行政复议还没有成为人民群众维护自身权益的首选渠道。行政复议制度效果的检验标准必然应该包含行政相对人对行政复议制度的反馈。基于行政相对人的视角，探究其参与行政复议的动力所在，据此拟定相关对策，充分调动广大群众选择行政复议作为维权的制度渠道的积极性，既有利于行政复议救济功能的发挥，也有利于和谐社会的建设。[33]有学者从行政法一般原理分析了行政复议制度，指出在行政法领域，以有效率的行政权和有限制的行政权两个维度构建较为完整的行政法基本原则体系，行政诉讼中基于法律原则的裁判可以通过行政法的基本原则体系识别并筛选相关法律原则。对相关法律原则的权衡和选择是基于法律原则裁判的重要步骤，“借助于具体个案中的法益衡量”被公认为一种可能的权衡方法。通过权衡相关原则所保护的法益，确定优位的法律原则，并尝试对限制条件进行设定。借此过程，裁判者基于法律原则构造了一条新的规则。基于行政法基本原则裁判的一般方法意义在于提供裁判者一种可能的裁判思路，避免裁判者因无从下手而畏于做出超越法规范的裁判，并使得裁判的过程可供外部考查。[34]关于行政复议的功能，有学者指出行政复议的功能定位是行政复议制度的基础理论问题，是整个制度运行的基石和起点。在海峡两岸，我国大陆现行行政复议制度的功能定位侧重于行政机关的内部层级监督与自我纠错，而台湾地区诉愿制度则侧重于行政相对人的权利保障与救济，不同的功能定位直接影响着具体制度建构以及运行实效。该文从功能定位的视角切入，考察两岸行政复议制度的立法沿革和制度运行现状，从而对两岸制度背后的基本理念和相关制度进行比较研究，以加深对行政复议制度的理解，为大陆修改《行政复议法》提供相关的理论支撑。[35]有学者指出，当前，中国正处于黄金发展期，也处于矛盾凸显期。利益主体多元化、利益关系多样化、利益诉求多极化的趋势越来越明显，社会矛盾凸显呈现叠加状态。同时，信访呈现高位运行态势，传统行政纠纷解决机制面临巨大冲击，只有通过明确信访职能，构建多元互补、有序衔接的多元纠纷解决机制，才能促进行政争议的实质性解决。[36]

对于行政复议与行政诉讼衔接的问题，有学者指出《中共中央关于全面推进依法治国若干重大问题的决定》中的一项重要内容，是“健全社会矛盾纠纷预防化解机制，完善调解、仲裁、行政裁决、行政复议、诉讼等有机衔接、相互协调的多元化纠纷解决机制”。“健全”和“完善”这样的表述，意味着这一机制已经“建立”和“发展”起来，有着相当深厚的实践基础和制度经验。在《决定》所列的各类纠纷解决机制中，“调解”和“诉讼”的有机衔接和相互协调，范围最广、时间最长、经验积累最为充分。这就是相关文件和学术研究中所称的“诉调衔接”（或“诉调对接”）。诉调衔接的立法规定和司法实践，至少从 1982 年《民事诉讼法（试行）》的制定和颁布就已经开始。并且，在 20 世纪 90 年代全方位的司法改革之初，如何处理调解和诉讼的制度和组织关系，从而建立起一套适应经济社会发展的纠纷解决、矛盾化解和社会治理机制，就成为首要的实践问题和理论问题。诉调衔接在 20 世纪的浮沉和本世纪的复兴，反映了国家和学界对调解和诉讼之间关系在根本观念上的发展变化。[37]

针对行政复议申请人的资格，有学者指出，尽管行政复议和行政诉讼都应以权利救济为核心目的并应强化相应的功能，但行政系统内的行政复议因有促进行政自制的目的面向，故应以强化内部监督和解决纠纷功能作为回应；而行政系统外的行政诉讼因无须有促进行政自制的自觉，故应强化监督行政和解决纠纷功能的内驱力。复议申请人资格的标准定位应当考虑行政复议与行政诉讼目的面向的差异，宜采用比诉讼原告资格更宽泛的标准，从而让更多人有权对行政行为提请复议监督，将更多行政纠纷纳入复议渠道。放宽复议申请人资格标准后，担心造成复议之累或影响行政安定性之顾虑实无必要，但复议后起诉案件的原告范围得重新划定。[38]

（二）行政诉讼

在新《行政诉讼法》实施之际，有学者对行政诉讼法进行了回顾和展望，指出《中华人民共和国行政诉讼法》是我国建设法治政府征途中的第一个起点，也是我国行政法治发展的第一块里程碑。本次修改《行政诉讼法》，是在我国经济社会发展和司法实践所积累的丰富经验基础上，对行政诉讼法律制度的进一步完善，大大推进了对公民权利保护的力度，解决了许多行政诉讼实践中存在的问题和困难，大体上反映了实际的需要，达到了预期的目标。[39]也有学者指出，《行政诉讼法》的修改，具有明显的问题导向，呈现出对行政诉讼制度实效性的强烈追求。对司法解释及实务经验进行确认、承继和发展，丰富了行政诉讼特有的基本原则，扩展了受案范围，延长了起诉期限和审理期限，增加简易程序等，使审理程序得以充实完善，改革了管辖制度，充实完善了证据制度和举证责任分配制度，对裁判类型进行科学架构，并为确保裁判得以有效执行，而增添了行政机关负责人出庭应诉、经行政复议的案件行政复议机关一律成为被告、以及对责任人员加大惩处力度等一系列制度安排。尽管《行诉法修改决定》在理论上乃至方法论上也存在值得进一步探讨或者商榷的地方，但是，总体上说，其内容值得予以充分肯定。若能坚持好立改废并举，则该领域的善治之良法便可期待。[40]

行政诉讼的受案范围一直是学者讨论的热点，在新法实施后，仍有学者对这一问题进行探讨，有学者认为，《行政诉讼法》相关司法解释在《行政诉讼法》规定的基础上，又列举出八项不属于受案范围的行政机关的行为。但是这八项行为实际上分别属于三类不同的诉讼制度范畴，在司法实践中并未充分发挥其作为起诉条件对案件的筛选、过滤作用，还传递出了司法保守主义的信号。为此，应当再造行政诉讼理念与空间，确立可审查假定原则以消减否定性列举的生存空间，设置实体判决要件以实现受案范围的制度归位，构建复合型审查程序以优化审判流程，从而使受案范围回归其本来面目。[41]对于行政诉讼的管辖，有学者认为，我国行政诉讼管辖制度存在诸多的问题。行政诉讼管辖制度的改革应当结合行政诉讼制度在组织法上的功能，取消基层法院对行政案件的管辖权，设立中级人民法院的派出法庭；在各高级人民法院增加行政庭的数量；设立最高人民法院的巡回法庭并且具体规定中级人民法院、高级人民法院和最高人民法院的管辖范围。这是改革行政诉讼管辖制度的新的出路。[42]

针对此次行政诉讼法新的立案登记制度，有学者指出，立案登记制是2014年我国《行政诉讼法》修改的最大亮点之一，但因《行政诉讼法》又将原告资格作为起诉条件之一，这种规定是否会消解立案登记所带来的积极作用，需要对此作出审慎分析。在立案登记制下，应当区分原告与正当原告，从形式意义上来理解原告。同时，在原告资格的认定上，应当恪守“主观诉讼”原则，坚持“合法权益”要素和“规范保护理论”。至于对原告资格等实体性起诉条件的审查，法院不妨采用诉讼化的程序。[43]有学者指出，新行政诉讼法规定了行政案件受理采取登记立案制度，这是解决立案难问题，将更多的行政争议纳入法治轨道的需要，也是对行政权进行监督和保护公民行政诉权的需要。但行政诉讼法中还存在着与登记立案制度不相协调的相关条款，影响了登记立案制度的实施。司法机关要不折不扣地实行登记立案制度，同时要制定相关配套制度，例如由书记员进行形式审查后即予登记立案制度、实行审理前的筛选分流制度、加强行政审判的力量，以及建立对恶意诉讼制裁机制等，确保登记立案制度得到有效实施。[44]也有学者认为，新《行政诉讼法》所规定的立案登记制实为“准立案登记制”，由于这一制度本身立法条文含义的不甚明晰，在立案登记制实施初期因各种因素使案件数量猛增的阶段过后，今后实践中仍有滑向原“立案审查制”的危险。新司法解释虽然强调了法定的立案条件，明确了个别起诉条件的内涵，增加了立案后的实体判决要件审查与裁定制度，但仍有一些不足。为了更好地实施立案登记制，防止行政诉讼“立案难”现象的再次出现，有关机关应当进一步明确立案条件，明确对起诉条件的立案判断标准，细化起诉人投诉、越级起诉及司法内部处分制度，条件成熟的时候将实体判决要件审查与裁定制度上升为立法。[45]

对行政诉讼中的司法建议，有学者指出行政诉讼司法建议原本是一项裁判执行措施，但随着最高人民法院司法政策的变化，其发挥的事实功能被大大扩展。实践中，行政诉讼司法建议在规范性文件修改中发挥着功能性审查的作用。从社会变迁的视角观察不难发现，维稳压力、协调和解政策与地方发展型政府的模式变迁，诱发了对于行政诉讼司法建议的制度性需求，从而迫使司法建议成为行政诉讼工具箱中的重要工具。行政诉讼司法建议制度的功能衍化，为法社会学研究提供了一个极具价值的制度样本，亦为行政诉讼法的未来发展提供了背景材料。[46]行政首长出庭应诉的制度，有学者指出新《行政诉讼法》修订颁布之后，行政首长出庭应诉制度正式成为一项带有鲜明中国特色的司法运作机制。从制度变迁的角度来看，行政首长出庭应诉制度经历了一个从地方政策试验到中央立法吸纳的过程。从各地关于行政首长出庭应诉制度的政策文本出发，不难发现社会稳定压力与地方法制竞争的外部因素影响，而且行政首长出庭应诉制度的实践运作，也主要依赖于数字考核的指标控制而非行政法治的自我拘束。从中国行政诉讼模式变迁的大背景下观察，行政首长出庭应诉与行政诉讼协调和解、行政诉讼司法建议制度根源自相同的法理，均旨在实现纠纷的实质性化解，而不再将合法性判断视为行政诉讼的核心议题。[47]对行政诉讼中检察监督的范围，有学者认为，新修改的《行政诉讼法》从抗诉和检察建议两个方面，加强了检察机关的抗诉职能和检察建议的力度，但行政诉讼检察监督的范围应当是行政诉讼活动，而不只是行政审判活动。它不仅包括法院的审判活动，还包括原被告双方以及其他诉讼参与人的诉讼活动。监督行政机关依法行使行政职权是行政诉讼重要目的，应当从制约行政权的角度，强化对行政机关干预立案、审判、撤诉和履行行政裁判的监督，赋予检察机关提起行政公益诉讼权，加强检察机关对行政诉讼被告的法律监督，拓展行政诉讼检察监督的范围。[48]

注：

①蒋成旭：《基于行政法基本原则裁判的一般方法初探——以张成银诉徐州市人民政府房屋登记行政复议决定案为例》，《行政法学研究》，2015年第5期。

② 门中敬：《行政法基本原则的研究进路与反思——兼谈宪法规范分析方法的运用》，《求索》，2015年第2期。

③张翔：《机动车限行、财产权限制与比例原则》，《法学》，2015 年第 2 期。

④王贵松：《依法律行政原理的移植与嬗变》，《法学研究》，2015 年第 2 期。

⑤蔡金荣：《社会管理创新对我国行政法理论革新之要求》，《行政论坛》，2015 年第 1 期。

⑥申永丰：《论行政价值观的生长历程》，《湘潭大学学报（哲学社会科学版）》，2015 年第 6 期。

⑦桂萍：《论民办高校的行政法规制》，《学术探索》，2015 年第 1 期。

⑧李军鹏：《建立现代政府权力清单制度》，《中国党政干部论坛》，2015 年第 12 期。

⑨刘云亮：《权力清单视野下规制政府有形之手的导向研究》，《政法论丛》，2015 年第 1 期。

⑩申海平：《权力清单的定位不能僭越法律》，《学术界》，2015 年第 1 期。

⑪罗亚苍：《权力清单制度的理论与实践——张力、本质、局限及其克服》，《中国行政管理》，2015 年第 6 期。

⑫江国华、周紫阳：《论行政相对人抵抗权实现的体制障碍和制度构想》，《湖南社会科学》，2015 年第 3 期。

⑬周俊：《新常态下的行政治理与相对人同意》，《西南大学学报（社会科学版）》，2015 年第 3 期。

⑭陈鹏：《界定行政处罚行为的功能性考量路径》，《法学研究》，2015 年第 2 期。

⑮王敬波：《相对集中行政处罚权改革研究》，《中国法学》，2015 年第 4 期。

⑯彭艳霞、王爱平：《行政处罚中渎职犯罪的解析与规制——以徇私舞弊不移交刑事案件的实证研究为视角》，《北京社会科学》，2015 年第 11 期。

⑰熊樟林：《共同违法行为的认定标准与处断规则——兼对〈治安管理处罚法〉第 17 条之检讨》，《法律科学（西北政法大学学报）》，2015 年第 3 期。

⑱潘丽霞、陈伯礼、张冠华：《裁量控制视角下的行政许可评价制度研究》，《中国行政管理》，2015 年第 3 期。

⑲徐继敏：《国务院设定行政许可实践研究》，《行政法学研究》，2015 年第 1 期。

⑳陈越峰：《城市空间利益的正当分配——从规划行政许可侵犯相邻权益案切入》，《法学研究》，2015 年第 1 期。

㉑高秦伟：《行政许可与政府规制影响分析制度的建构》，《政治与法律》，2015 年第 9 期。

㉒李鹰、蒋银华：《论电影行政许可中的自由裁量权》，《广州大学学报（社会科学版）》，2015 年第 9 期。

㉓李明超：《政府公用事业特许行为的合法性与有效性研究》，《北京工业大学学报（社会科学版）》，2015 年第 6 期。

㉔周佑勇：《建立健全行政裁量权基准制度论纲——以制定〈行政裁量权基准制定程序暂行条例〉为中心》，《法学论坛》，2015 年第 6 期。

㉕黄学贤、杨红：《行政裁量权基准有效实施的保障机制研究》，《法学论坛》，2015 年第 6 期。

㉖王树义、李华琪：《论环境软法对我国环境行政裁量权的规制》，《学习与实践》，2015 年第 7 期。

㉗刘磊：《传统行政强制类型之再造——以类型的开放性为视角》，《现代法学》，2015 年第 3 期。

㉘洪家殷：《论行政调查中之行政强制行为》，《行政法学研究》，2015 年第 3 期。

㉙梁玥：《行政强制措施告知理由研究》，《法学杂志》，2015 年第 9 期。

㉚葛先园：《〈行政强制法〉第 43 条辩护——与刘启川博士商榷》，《求是学刊》，2015 年第 2 期。

㉛沙金：《论中国行政复议制度的司法化改革》，《河北法学》，2015 年第 8 期。

㉜侯志阳、张雪：《行政复议是否应该走向司法化——有关行政复议司法化改革争论的文献综述》，《北京工业大学学报（社会科学版）》，2015 年第 3 期。

㉝肖轲、高小平、谢谷萍：《行政复议制度的动力分析及对策探讨——基于行政相对人的视角》，《中国行政管理》，2015 年第 3 期。

㉞蒋成旭：《基于行政法基本原则裁判的一般方法初探——以张成银诉徐州市人民政府房屋登记行政复议决定案为例》，《行政法学研究》，2015 年第 5 期。

㉟陈尚龙：《海峡两岸行政复议制度的功能定位比较研究》，《山东社会科学》，2015 年第 2 期。

㊱安丽娜：《信访与多元行政纠纷解决机制构建问题研究》，《社会科学家》，2015 年第 4 期。

㊲凌斌：《诉调衔接的政法实践与法治意义》，《法制与社会发展》，2015 年第 5 期。

㊳贺奇兵：《行政复议申请人资格标准的基本定位——基于行政复议与行政诉讼目的差异的视角》，

《法学》，2015 年第 12 期。

㊴应松年：《行政诉讼法律制度的完善、发展》，《行政法学研究》，2015 年第 4 期。

㊵杨建顺：《行政诉讼制度实效性的期待与课题》，《法学杂志》，2015 年第 3 期。

㊶谭炜杰：《行政诉讼受案范围否定性列举之反思》，《行政法学研究》，2015 年第 1 期。

㊷张国庆：《我国行政诉讼管辖制度之重构》，《理论与改革》，2015 年第 2 期。

㊸范志勇：《立案登记制下的行政诉讼原告资格》，《法学杂志》，2015 年第 8 期。

㊹王春业：《论行政诉讼的登记立案制度——兼评新行政诉讼法相关条款》，《北京社会科学》，2015 年第 11 期。

㊺黄先雄、黄婷：《行政诉讼立案登记制的立法缺陷及应对》，《行政法学研究》，2015 年第 6 期。

㊻卢超：《行政诉讼司法建议制度的功能衍化》，《法学研究》，2015 年第 3 期。

㊼卢超：《行政诉讼行政首长出庭应诉制度：司法政治学的视角》，《北方法学》，2015 年第 4 期。

㊽史艳丽：《论行政诉讼检察监督的范围》，《东岳论丛》，2015 年第 12 期。

（作者：胡锦光：中国人民大学教授；
董妍：天津科技大学副教授）

刑 法 学

韩玉胜 史丹如 张学永

2015 年度，我国刑法学研究取得了丰硕的成果，除了刑法修正案（九）所涉及的条文修改之外，学者们还对行为无价值论、结果无价值论等刑法学的基础理论，以及刑法分则中的相关个罪等内容，进行了理论上的探讨，出现了多篇引起众多关注的力作，在学界产生了深远的影响。此外，以网络诈骗案件认定、全球化视野下的腐败犯罪、刑法修正案（九）有关争议问题等为主题的研讨会和学术论坛交流活动，为北京地区乃至我国刑事法学的创新发展提供了不竭的动力。

一、重要论著

本年度内出版了一些在学界产生了较大影响的专著和译著，其中比较有代表性的重要论著有：刘明祥著《刑法的基础理论》（中国人民大学出版社），赵秉志著《宽严相济刑事政策在死刑适用中的贯彻研究》（中国法制出版社）、《寻衅滋事的罪与罚》（北京大学出版社），陈兴良著《刑法各论精释（上下）》（人民法院出版社）、《刑事法评论：不法评价的二元论》（北京大学出版社）、《规范刑法学（教学版）》（中国人民大学出版社）、《刑法哲学（第五版）》（中国人民大学出版社），陈兴良主编《刑事法评论：规范论的犯罪论》（北京大学出版社）、《判例刑法教程（总则篇）》（北京大学出版社）、《判例刑法教程（分则篇）》（北京大学出版社），陈兴良、周光权著《刑法学的现代展开Ⅱ》（中国人民大学出版社），周光权著《行为无价值论的中国展开》（中国人民大学出版社），黎宏著《结果本位刑法观的展开》（法律出版社），张明楷著《刑法学（第四版）》（法律出版社）、《责任刑与预防刑》（北京大学出版社），劳东燕著《风险社会中的刑法：社会转型与刑法理论的变迁》（北京大学出版社）、《刑法中的学派之争与问题研究》（法律出版社），刘仁文主编《贪污贿赂犯罪的刑法规制》（社会科学文献出版社）、《废止劳教后的刑法结构完善》（社会科学文献出版社），［德］汉斯·韦尔策尔（Hans Welzel）著、陈璇译《目的行为论导论 刑法理论的新图景（增补第 4 版）》（中国人民大学出版社），梁根林、［德］埃里克·希尔根多夫（Hilgendorf，E.）主编《刑法体系与客观归责：中德刑法学者的对话（二）》（北京大学出版社），等等。另外，还有数百篇刑法学领域的学术论文公开发表。

二、研究的热点与创新

（一）《刑法修正案（九）》相关问题研究

《刑法修正案（九）》的颁布实施可以说是本年度立法工作的一件大事，这是对我国刑事法律的又一次完善，学者和专家们对其中的修正内容展开了热议。但其实，在《刑法修正案（九）》作为草案被提出时，就早已引起了法学界的广泛关注和探讨。

对于社会公众普遍关注的反腐败问题，有学者认为，反腐工作应坚持法治化、制度化的方针，做到无禁区、全覆盖、零容忍，把权力关进制度的笼子，切实做到反腐工作遵循法治化的方向。[①]在完善惩治腐败犯罪的立法方面，有学者认为，我国贪污贿赂犯罪的相关规定不够完善，逻辑层次不够清晰，没有形成层次严谨的体系化，存在一些漏洞，对一些新型的受贿行为无能为力，刑罚配置也存在罪刑不相适应的情形，因此，应当进一步理顺贪污贿赂犯罪的罪名体系，并配置更为合理的法定刑。对于贪污贿赂犯罪的入罪门槛，不同的学者之间存在一定的争议，有的认为应该提高贪污贿赂犯罪的起刑点，因为当前的入罪门槛过低；也有的认为不但不应当提高入罪标准，而且相较于盗窃罪等其他财产性犯罪，贪污犯罪不仅侵犯公共财产权，而且侵犯公务人员职务行为的廉洁性，因此贪污犯罪和盗窃类的财产性犯罪在入罪标准上应当相协调。[②]

对恐怖活动犯罪的修改，《刑法修正案（九）》引入了“恐怖主义”、“极端主义”等概念，严密了刑法体系，完善了刑罚配置，贯彻了法益保护前置的理念，适应了国际反恐立法的新趋势。相关学者建议确立“适度犯罪化”的策略，增设规制恐怖活动的核心罪名，并注重刑法和反恐法等相关法律的衔接。[③]

针对《刑法修正案（九）》（草案）中有关网络犯罪的修改，有学者认为，对违反信息网络安全管理义务行为的犯罪化要更加谨慎，尽量做到立法条文的明确化和合理化；同时，由于网络技术的普及及其对人们社会生活的积极作用，在增设相关网络犯罪、严密刑事法网的同时，应避免对提供网络技术支持和帮助行为的入罪扩大化；同时，应增加为实施违法犯罪而进行大规模恶意注册和虚假认证的有关规定，对此类行为情节严重的予以犯罪化处理，从而更好地打击和预防此类行为。[④]

有学者对《刑法修正案（九）》（草案）中的若干争议问题进行了深入研究，该学者认为，对此次修正削减死刑罪名虽有争议，但是减少死刑罪名是法治进步的表现，体现了我国刑法的价值取向，这一举措不仅应当支持，而且可以步子迈得大一些，将运输毒品罪等罪名的死刑也一并予以废除。对于贪污贿赂罪，因为其侵犯的客体不仅仅是公私财产权，而且侵犯了国家公职人员职务行为的廉洁性、公正性，影响到公职人员的公信力，甚至动摇执政的根基，因此其和普通的财产性犯罪具有本质不同，保留死刑并无不妥。针对新增的针对泄露审判工作秘密的条款，有一定争议，部分人认为不当限制新闻媒体的舆论监督权，不然还会有歧视律师的嫌疑；对新增的针对扰乱法庭秩序的行为规制条款，虽有人担心其成为打压律师的工具、增设新罪没有必要，但论者认为为建立以审判为中心的诉讼制度，上述条款的设立很有必要，只是应当注意防止其被滥用、做好打击犯罪和保障辩护权之间的平衡。论者同时认为，修法时要充分评估刑法“由轻改重”可能带来的负面影响，在对违法行为犯罪化的问题上一定要慎重。[⑤]

对于虚假诉讼的入罪问题，有学者认为，这一问题尚存在一定的争议，即是否应当入罪，以及在入罪的情况下以何罪论处，都存在不同的观点。虽然草案对相关行为予以规定，但是仍然需要斟酌三个问题：其一，条文设置应充分考量公诉机关追究相关犯罪的难度，删除“谋取不正当利益”的主观目的要件，降低公诉机关的证明标准；其二，应尽可能将虚假诉讼行为定型化，确保罪刑法定原则，避免规定过于笼统所可能造成的肆意入罪的风险；其三，充分考虑虚假诉讼案件常态和例外的关系，明确虚假诉讼罪的构成要件，避免和其他相关犯罪相混淆。[⑥]

对于聚众扰乱医疗秩序的行为，最高人民法院、最高人民检察院等有关部门于2014年联合制定的《关于依法惩处涉医违法犯罪维护正常医疗秩序的意见》（以下简称《涉医意见》）有所涉及，该意见明确将聚众扰乱医疗秩序的行为解释为可以构成聚众扰乱社会秩序罪的行为。对此，有学者认为，上述解释究竟属于类推解释还是扩张解释，是个理论和实务上都值得重视的问题。此外，聚众扰乱社会秩序罪和寻衅滋事罪的关系，也是一个具有重大现实意义的理论和实务问题，应当在把握二者界限的同时，对相关行为人的责任及处罚的范围，做出合理的判断和界定。[⑦]

对于《刑法修正案（九）》（草案）规定的终身监禁，有学者对此进行了探讨。认为终身监禁是介于死刑立即执行和死刑缓期执行之间的一种刑罚，具有废除死刑和限制死刑替代措施的双重功能；其适用对象为判处死刑立即执行过重和判处死刑缓期执行又较轻的贪污贿赂犯罪行为人，并且其适用可以溯及既往。[⑧]

（二）犯罪论相关问题研究

1. 犯罪构成体系研究。关于犯罪论中犯罪构成的体系结构，长期以来一直是刑法学界的一个热议话题。有学者对三阶层犯罪论体系中的违法性理论和我国刑法理论中的社会危害性、刑事违法性和犯罪客体等概念进行了对比研究，认为三阶层中的违法性理论和我国刑法中的社会危害性理论最为接近。但是在我国刑法理论中，社会危害性是犯罪的本质特征而非犯罪的构成要件，因此其不具备违法性理论所具有的对构成要件的实质审核、进而可能排除犯罪的功能，并且无论如何改造社会危害性理论，在四要件的犯罪构成体系中，其都难以承担限缩犯罪成立范围的功能。因此，“违法性判断的独立性”这一命题值得认真面对，正当防卫、紧急避险等违法性阻却事由应当纳入犯罪论体系之中予以考量，这也就意味着我国四要件犯罪构成体系的结构性改动或四要件犯罪构成体系的瓦解。⑨

本年度内，随着阶层论的犯罪论体系背景下的相关理论研究进行的热烈而深入，相比之下维护四要件犯罪构成体系合理性的声音显得比较微弱。有学者对四要件犯罪构成理论进行了深入的比较研究，在对比中俄四要件犯罪构成理论与三阶层构成要件理论的基础上，对四要件犯罪构成理论和三阶层构成要件理论的哲学基础进行了对比分析，认为前者的哲学基础源自黑格尔的对立统一辩证法和马克思主义唯物辩证法，进而形成了独特的符合我国“天人合一”主流思想的理论体系；而后者则以康德事实与价值二分法的哲学基础之上。两种理论体系本身人权保障的功能并无高下之分，重点在于构建理性的司法制度。⑩

2. “违法性”要件研究。对于大陆法系犯罪构成中“违法性”要件的相关问题，有大量学者进行了研究。如关于违法性认识错误问题，有学者认为，大幅高频的法定犯立法意味着法定犯时代的到来，而大量的法定犯的存在使得违法性认识错误问题变得更为复杂，也加剧了传统刑法理论中“不知法者不免责”的理念和责任主义的冲突。基于上述事实，加上刑法所面临的规制社会经济生活的艰巨任务，论者认为，对于违法性认识错误问题，理论研究的重心应当转向，由原来违法性认识的必要性的考量，转到违法性认识错误可避免性的判断上来。而此种违法性认识错误可避免性的判断标准，应当根据行为人的生活领域和专业领域、作为犯和不作为犯，以及行为人的其他附随状况予以具体的把握，并综合考量行为人避免错误认识的客观可能性与主观方面为避免认识错误所作的努力，做出合理的分析判断，进而根据认识错误可否避免的判断结论决定对行为人从轻或减免处罚的法律后果。⑪

在阶层式犯罪论体系中，违法性本质问题上存在着结果无价值论和行为无价值论之争。有学者认为，由于我国刑法学界对于四要件犯罪构成理论和阶层式犯罪论体系的论争，并且阶层式犯罪论体系在理论界占据了优势地位，为结果无价值论和行为无价值论之争提供了理论土壤。正是在这样的知识背景下，结果无价值论和行为无价值论之争也在我国刑法理论界兴起。结果无价值论和行为无价值论与客观不法论和主观不法论并非严格对应的关系，而是属于客观主义内部的争论。而我国学者在展开结果无价值论和行为无价值论之争时，表现出和德日刑法理论不同的一些自身的特点；由于存在理论上的误解，也由于行为无价值论者本身理论的变动、犹疑甚至混乱，导致了我国的学派理论之争的价值大打折扣。当前，由于我国学者对德日刑法学理论的吸收借鉴，结果无价值论和行为无价值论之间的分歧变得不那么尖锐，甚至有趋于消弭的可能。而德国刑法学者提出的规范论，和结果无价值论和行为无价值论具有明显的区别，应将之与结果无价值论和行为无价值论之争相剥离。同时，我国刑法理论界坚持四要件构成体系的传统派如果不能在学派之争中发出自己的声音，将面临被历史淘汰的风险。⑫

有学者基于行为无价值二元论的立场，认为违法性的判断必须同时考虑以行为实现结果的目的性为核心的行为自身的无价值和以法益侵害结果或法益侵害的危险为核心的结果无价值，未遂犯的不法，也须同时具备行为无价值和结果无价值。因为未遂犯未实现行为人所追求的法益侵害的结果，因此在判断未遂犯的不法时，不得不优先考虑行为人的主观要素，这也使得未遂犯的不法判断和行为人相关联。为防止未遂犯认定的恣意化，应确定相对客观的、实质化的行为着手的判断标准，以避免主观主义刑法的可能的威胁。在判断未遂犯的法益侵害危险是否存在时，应根据事前的一般人标准，评估法益侵害结果发生的可能性。对于偶然防卫行为，因其具备行为无价值但欠缺故意杀人既遂的结果无价值，故行为人不能成立故意杀人罪的既遂而只能成立故意杀人罪的未遂。⑬

有学者认为，客观归责理论是承认人类理性行为模式的理性理论架构，是检验违法性的理论，是客观构成要件精致化的产物。其从行为主观面具有规范违法性和行为无价值、行为客观面结果是否可以归结到行为人头上两个侧面判断行为的违法性，体现了行为无价值的二元论，承认客观归责理论必须承认行为无价值的二元论；与之相对，结果无价值论立足于法益侵害的结果，并遵循客观第三人事后判断的标准审视违法性问题，很难支持客观归责理论，具有方法论上的诸多缺陷。客观归责理论能够确保客观构成要件处于优先判断的地位，并且在考虑归责问题时纳入行为人的特殊认知并未动摇刑法客观主义，因此具有其理论的优越性，结果无价值论者也应承认客观归责理论。[14]该学者还认为，行为无价值论者承认主观的违法要素，具有理论上的优越性。因为结果无价值论者要么不承认主观违法要素，要么因为例外地承认主观违法要素而陷入方法论上的困境，而主观违法要素能够使构成要件的定型化功能充分发挥，明确处罚范围，更好地贯彻罪刑法定原则，更为准确地认定犯罪行为。因此，行为无价值论比结果无价值论更具有合理性。[15]

有学者从正当防卫和防卫过当的认定角度，探讨行为无价值论和结果无价值论的合理性。该学者认为，对于正当防卫的正当化根据，结果无价值论和行为无价值论者的着眼点不同：结果无价值论着眼于法益的衡量，坚持优越利益原则，这导致当前的司法实践对正当防卫的必要限度认定标准过于严苛，而且防卫过当行为一般按照故意犯罪处理；行为无价值论具有合理性，其将正当防卫行为正当化的根据着眼于个体权利的保护和法确证原则，在认定防卫过当时，也从行为限度和结果限度全面考量，在同时具备行为“明显超过必要限度”和“造成重大损害”结果这样两个相对独立的条件时，才能认定为防卫过当。在考量行为限度时，应当依据行为时的一般人标准，在行为人构成防卫过当的情形之下，优先考虑过失犯罪而不是故意犯罪。[16]

（三）其他个罪研究

刑法分则个罪研究也是刑法学者研究的重要内容。除了上述《刑法修正案（九）》相关研究对个罪的关注之外，本年度内，多位专家学者还分别对盗窃罪、诈骗罪、寻衅滋事罪、诽谤罪、家暴犯罪等个罪进行了深入研究。

有学者对盗窃罪中“非法占有目的”的对象进行了深入透彻的研究。该学者认为，在德日刑法理论及司法判例中，均认为盗窃罪中的“非法占有”并不必须是永久或长久的占有。在不以永久或长久的占有为目的而占有他人财物的情形之下，非法占有的对象究竟如何界定，是个引人深思的问题。尤其对于具有返还意图而非法取得财物的情形之下，是否可以肯定行为人“非法占有目的”，更是一个颇具争议的问题。德国刑法通说认为，对于盗窃罪中“非法占有”的对象，应采物的存在形式为主、（狭义的）物的价值说为辅的“综合说”。该学者认为，为保证盗窃罪构成要件的明确化，应借鉴上述德国通说的理论，对非法占有的对象进行界定，并根据盗窃罪的规范保护目的，认定狭义的物的价值说中的“特殊价值”。据此，在拿走被害人财物并勒索财物的赎金或骗取悬赏报酬的情形中，排除行为人对财物本身“非法占有”的目的，而不成立盗窃罪，可能成立敲诈勒索罪或诈骗罪等其他犯罪。对于盗窃信用卡并使用的情形，应成立信用卡诈骗罪而不是盗窃罪；由于盗窃罪的对象立足于特定的财物本身，因此财产性利益不是盗窃罪的行为对象。[17]

对于非法获取他人虚拟财产行为的性质，有学者认为，由于此类行为侵害的主要是个人法益，并且某些情况下该类行为的实施不以计算机这一工具为必要，同时考虑罪刑均衡的量刑原则，因此对此类行为不应按计算机犯罪处理。由于虚拟财产具有特定的功能和使用价值，并具有管理、转移的可能性，因此可以理解为刑法上财物，非法获取他人虚拟财产的行为按照侵犯财产犯罪处理，符合罪刑法定原则。对于侵犯普通用户拥有的具有明确市场价格的虚拟财产，可以按照正常的市场价格计算数额进行定罪量刑，对于被害方为提供虚拟财产的网络服务商的，则在行为人构成犯罪的前提下不宜按照数额而应根据情节量刑。[18]

对于诈骗类犯罪，有学者对被害人的怀疑对相关犯罪成立与否的影响进行了深入分析论证。论者认为，对于行为人欺骗的内容，可以包含过去、现在和将来的事实，也可以包含价值判断，并且，对于比较简单拙劣的虚假表示行为，按照同类一般人的标准，仍可以成立欺骗行为。在被害人对欺骗行为产生怀疑的情况下，如果被害人因欺骗行为而交付财产，传统刑法理论认为行为人仍然成立诈骗罪。但是被害人信条学认为，在被害人对于诈骗事项产生了“具体怀疑”的情况下，被害人须自我答责，刑法没必要对此类被害人予以保护。论者进一步认为，对于不同的领域，对被害人的注意义务的要求不同。在普通的生活领域，不能对被害人设定谨慎注意义务，而应对其进行一般的、严格的保护；在市场、投资、投机等特殊领域，对当事人设定谨慎注意义务比较合理，被害人应当对自己的行为自我答责，由此限缩诈骗罪的处罚范围。[19]

对于寻衅滋事罪，有学者认为其有“口袋罪”之嫌，并在一定程度上存在被滥用和被污名化的现象。尤其是对于起哄闹事型寻衅滋事罪，应当从保护法益、行为类型、主观违法要素等方面加以全面的考察，对于缺少流氓动机这一主观违法要素的行为不能认定为寻衅滋事罪。对于网络传谣行为，由于其发生在网络空间，并且和言论自由的宪法权利密切相关，因此，不能简单地将网络传谣行为简单解释为起哄闹事型寻衅滋事罪，否则有违反罪刑法定之嫌。[20]

“家庭暴力”在世界范围内都是一个引人关注的社会问题和法律问题。有学者对家庭暴力案件中女性“以暴制暴”行为进行了刑法学视野的研究，认为对于家庭暴力案件中的被害女性实施以暴制暴行为的，刑法学应当予以关注并给予当事女性恰当的保护。在对此类行为定罪量刑时，应当综合考虑被害人过错、正当防卫、期待可能性及故意犯罪等刑法理论，做出公正妥当的处理。[21]对于受虐妇女杀夫行为，有学者认为，在对考量正当防卫条件的前提下，杀夫的受虐妇女存在成立正当防卫的规范可能。[22]还有论者认为，在我国内地家暴犯罪相对比较普遍危害较大，并且由于此类案件发生的时间空间的特殊性导致对此类案件的查处存在很大的现实困难，认定此类犯罪时应当注意其与虐待致人重伤、死亡结果的区分，在量刑时也应当考虑被害人过错、防卫过当等因素，立法上也应当完善预防和制止家暴犯罪的罪刑规范，并从社会预防的角度对此类犯罪予以综合治理。[23]

（四）其他问题研究

除了上述有关问题的研究之外，还有学者对共同犯罪、因果关系理论、犯罪未遂、犯罪中止、过失犯的危险犯、刑罚裁量、社区矫正等问题进行了研究和探讨。

对于共同犯罪，有学者认为，我国刑法理论采单一正犯体系（不区分）正犯与共犯，这和德日三阶层犯罪论体系中区分正犯的共犯的理论具有明显的区别。我国不采共犯从属性说具有合理性，虽然可能伴随扩大教唆犯和帮助犯处罚范围的风险，但是这一风险可以通过完善立法和司法的途径加以有效控制。[24]

对于因果关系理论，有学者认为，事实—法律双层次因果关系理论和相当因果关系理论之外，晚近兴起的客观归责理论已和前者形成三足鼎立的局面。在我国刑法理论界，关于刑法因果关系的判断应当和规范层面的归责相分离，已经日趋达成共识。疫学因果和概率提升型因果，应成为新的归责类型。[25]

对于未遂犯处罚根据，有学者对比德日刑法学中主观未遂论、客观未遂论和折中论之后，认为我国刑法应采客观未遂论。这是基于刑法客观主义的立场和结果无价值的不法论所得出的合理结论，也可以通过不能犯的可罚性来予以检验。对于不能犯的危险性的判断，应采具体危险说，从而合理地界定未遂犯（可罚）和不能犯（不可罚）。[26]

对于中止犯的减免处罚的根据，也有多个学者进行了深入研究。有学者认为，我国刑法中主流观点中中止犯的减免处罚的根据在于法律与政策的并合说，即既有违法和责任的减少，也有政策方面（金桥理论）的考量。但该学者对主流观点提出了不同看法，认为中止犯和未遂犯相比其违法和责任均为减少，而金桥理论也存在明显的缺陷，因此二者的并合说并不能妥善解决中止犯减免处罚的根据。中止犯减免处罚的根据在于其违法和责任比既遂犯有所减少，并且自动终止行为说明对行为人不具有特殊预防的必要性。[27]也有学者对前述我国刑法学界关于中止犯减免处罚的根据的主流观点提出了质疑，认为根据在于“基于刑罚目的的责任减少说”。对于中止自动性的判断，该学者也提出了与传统理论和司法实践所采的侧重心理考察的主观说有所差异的“规范主观说”，即中止自动性的关键在于行为人内心放弃犯罪的意思是否可以被规范的评价为“动机逆转”。[28]

也有学者关注刑法的合宪性解释问题。该学者认为，刑法规范的合宪性解释是刑法解释的一种方法，它要求将宪法规范运用到刑法解释中，使刑法解释的结论和宪法规范相一致，避免解释结论和宪法规范相矛盾。同时，合宪性解释也能够限制刑法的边界，避免刑罚权对个人权利的不当侵犯。[29]

三、重要学术交流活动

1. 2015年1月26日，由中国人民大学刑事法律科学研究中心与北京尚权律师事务所共同举办的“大案对刑事司法的影响暨2014年最受关注刑事案件评选学术研讨会”在中国人民大学举行。本次会议以大案对刑事司法的影响和2014年最受关注刑事案件评选为议题，来自北京市、天津市检察机关、北京尚权律师事务所、中国人民大学、北京师范大学等高校、清华大学出版社的领导和专家学者参加了本次研讨会。

2. 2015年2月6日，食品安全治理协同创新中心、中国人民大学刑事法律科学研究中心在中国人民大学召开了无根豆芽案件法律问题学术研讨会。最高人民法院、北京市第二中级人民法院、北京市海淀区人民检察院、国家食品安全风险评估中心、中国法学会食品安全法治研究中心、中国法学会法律信息部、中国人民大学刑事法律科学研究中心、北京交通大学法学院、北京市社会科学院、中国食品工业协会豆制品专业委员会的有关人员参加了会议。

3. 2015 年 3 月 24 日，以“中德反恐立法之比较”为主题的学术讲座在中国人民大学举行。本次讲座的核心内容为“安全与自由的平衡：德国与中国反恐立法之比较”。

4. 2015 年 5 月 12 日，由中国人民大学刑事法律科学研究中心、中国犯罪学学会、腾讯研究院犯罪研究中心共同主办的“网络安全与犯罪研究中心”成立仪式暨“网络诈骗案件认定问题”学术研讨会在中国人民大学举行。来自最高人民法院、最高人民检察院、公安部以及各地方实务部门、中国人民大学、中国政法大学、国家检察官学院等全国各地高校专家学者参加此次中心成立仪式及学术研讨会。

5. 2015 年 5 月 20 日，北京师范大学刑科院京师刑事法名家讲座在北京师范大学举办。对《刑法修正案（九）（草案）》中新增罪名、新增单位犯罪、调整的犯罪构成要件要素、废除死刑的罪名、其他调整法定刑的罪名一一进行了分析，并从《刑法修正案（九）（草案）》谈了刑法中的两个重要问题，一个问题是逐步减少适用死刑罪名的问题，另一个问题是罚金刑数额和配置的问题。

6. 2015 年 5 月 30 日，“中日刑事法学的现状与未来”学术研讨会在中国人民大学举行。本次研讨会由中国人民大学刑事法律科学研究中心与日中刑事法研究会共同主办。来自北京大学、清华大学、中国法学会等全国各地共一百余名专家学者，和来自日本早稻田大学、一桥大学、东京大学等著名刑事法学者参加了本次研讨会，会议就“构成要件的属性问题”、“共同犯罪的本质思考”、“日本社区处遇的组织模式”等主题进行了深入交流研讨。

7. 2015 年 6 月 12 日，由中国人民大学刑事法律科学研究中心、普通法中心、诉讼制度与司法改革中心共同主办、英中协会协办的“公众参与司法的路径选择及司法公开”学术研讨会在中国人民大学举行。英国王室法律顾问、大律师 Robert Seabrook 和俄罗斯布里亚特国立大学卡尔玛耶夫·尤里·彼得洛维奇教授分别进行了致辞，中央政法委、最高人民法院、最高人民检察院、中国人民大学法学院、中国社会科学院法学研究所、北京大学法学院等科研单位以及有关省和地市人民法院等理论和实务界的专家学者出席了此次研讨会。

8. 2015 年 9 月 11—12 日，由中国人民大学刑事法律科学研究中心、伦敦大学玛丽女王学院刑事司法中心、中国人民大学普通法中心主办的第三届中英刑事司法论坛“全球化背景下腐败犯罪问题”学术研讨会在中国人民大学举行。来自清华大学、中国政法大学等二十余所京内外高校，最高人民法院、最高人民检察院等实务部门的专家学者，以及来自于美国北卡罗来纳大学、荷兰蒂尔堡大学、俄罗斯国际事务委员会、联合国毒品与犯罪办公室、贝尔格莱德大学等国外大学以及国际组织的专家学者参加了本次会议。

9. 2015 年 11 月 21 日，由中国人民大学刑事法律科学研究中心、腾讯研究院犯罪研究中心、中国犯罪学会共同主办的“2015 互联网刑事法制高峰论坛”在北京世纪金源大饭店举行。来自全国公检法系统、网络行政执法机关、网络公司、律师事务所、高等院校的两百多名代表，围绕网络财产犯罪的实体法问题、网络经济犯罪的实体法问题、电子证据的实体规则、电子取证的程序规则、网络犯罪的程序法治等五大主题展开了热烈而深入的讨论。

10. 2015 年 11 月 9 日，北京师范大学刑事法律科学研究院京师名家刑事法讲座在北京师范大学举办。讲座的主题是“《刑法修正案（九）》修法争议问题研讨”，围绕修法的背景、修法的内容、修法的争议、修法的评论四个层次对《刑法修正案（九）》的修法争议问题做了阐述。

注：

①赵秉志：《开启法治反腐新时代》，《光明日报》，2015 年 3 月 15 日。

②赵秉志等：《努力完善惩治腐败犯罪立法建设》，《法制日报》，2015 年 4 月 8 日。

③赵秉志、杜邈：《刑法修正案（九）：法益保护前置织密反恐法网》，《检察日报》，2015 年 9 月 28 日。

④刘仁文、张慧：《〈刑法修正案（九）（草案）〉有关网络犯罪规定的完善建议》，《人民法院报》，2015 年 8 月 12 日。

⑤周光权：《〈刑法修正案（九）（草案）〉的若干争议问题》，《法学杂志》，2015 年第 5 期。

⑥梁根林：《虚假诉讼入罪要斟酌三个问题》，《检察日报》，2015 年 1 月 29 日。

⑦林维：《聚众扰乱医疗秩序的定性》，《人民司法》，2015 年第 22 期。

⑧黄京平：《终身监禁的法律定位和司法适用》，《北京联合大学学报（人文社会科学版）》，2015 年第 4 期。

⑨陈兴良：《违法性的中国语境》，《清华法学》，2015 年第 4 期。

⑩时延安：《重新认识四要件犯罪构成理论》，《检察日报》，2015 年 12 月 10 日。

⑪车浩：《法定犯时代的违法性认识错误》，《清华法学》，2015 年第 4 期。

⑫劳东燕：《结果无价值论和行为无价值论之争的中国展开》，《清华法学》，2015 年第 3 期。

⑬周光权：《行为无价值二元论与未遂犯》，《政法论坛》，2015 年第 2 期。

⑭周光权：《行为无价值论与客观归责理论》，《清华法学》，2015 年第 1 期。

⑮周光权：《行为无价值论与主观违法要素》，《国家检察官学院学报》，2015 年第 1 期。

⑯劳东燕：《防卫过当的认定与结果无价值论的不足》，《中外法学》，2015 年第 5 期。

⑰王莹：《盗窃罪“非法占有目的”对象刍议》，《中外法学》，2015 年第 6 期。

⑱张明楷：《非法获取虚拟财产的行为性质》，《中国检察官》，2015 年第 6 期。

⑲黎宏、刘军强：《被害人怀疑对诈骗罪认定影响研究》，《中国刑事法杂志》，2015 年第 6 期。

⑳陈兴良：《寻衅滋事罪的法教义学形象：以起哄闹事为中心展开》，《中国法学》，2015 年第 3 期。

㉑赵秉志、原佳丽：《对女性“以暴制暴”行为的刑法学思考》，《人民检察》，2015 年第 13 期。

㉒王新：《受虐妇女杀夫案的认定问题》，《法学杂志》，2015 年第 7 期。

㉓赵秉志、郭雅婷：《中国内地家暴犯罪的罪与罚》，《法学杂志》，2015 年第 5 期。

㉔刘明祥：《论我国刑法不采取共犯从属性说及利弊》，《中国法学》，2015 年第 2 期。

㉕劳东燕：《事实因果与刑法中的结果归责》，《中国法学》，2015 年第 2 期。

㉖梁根林：《未遂犯处罚根据论：嬗变、选择与检验》，《中国检察官》，2015 年第 7 期。

㉗张明楷：《中止犯减免处罚的根据》，《中外法学》，2015 年第 5 期。

㉘周光权：《论中止自动性判断的规范主观说》，《法学家》，2015 年第 5 期。

㉙时延安：《刑法规范的合宪性解释》，《国家检察官学院学报》，2015 年第 1 期。

（作者：韩玉胜，中国人民大学教授；
史丹如，中国人民公安大学副教授；
张学永，中国人民公安大学讲师）

民商法学

林 嘉 姚 辉 王 琦

2015 年，北京地区的民商法学研究蓬勃发展，百家争鸣。民商法学者对基础理论以及民法典编纂、注册制改革等热点问题展开深入研究，取得了一系列丰硕的学术成果。此外，以民商法学基本理论、法律适用等为主题的学术交流、研讨活动，也推动着北京地区乃至全国的民商法学的发展与创新。

一、重要学术活动

2015 年 3 月 25 日，由中国人民大学食品安全治理协同创新中心举办的“食品安全风险防控协作机制研讨会”在中国人民大学成功召开。京津冀三地有关高校、研究机构专家就建立京津冀三地食品安全风险防控长效协作机制的有关问题进行了深入探讨。

2015 年 4 月 10 日，由中国人民大学民商事法律科学研究中心和悉尼大学亚太法研究中心共同主办，首都经济贸易大学法学院承办的“亚太民法学术研讨会”在京召开，研讨会主题为“面向世界的侵权法”。学者们从不同角度对侵权法涉及的新领域和新问题提出创新想法，为研究侵权法提供新的视角和思路。

2015 年 4 月 18 日，由中国证券法学研究会主办的“国家治理现代化背景下的证券法治体系建设”理论研讨会暨中国证券法学研究会 2015 年年会在清华大学法学院成功召开。与会学者就“证券立法与执法的现代化”、“投资者保护与法律意识培养”、“资本市场创新与法治”等议题进行研讨。

2015 年 10 月 26 日，由中国人民大学法学院、法国图卢兹第一大学法学院主办的中法商法研讨会“法典化的影响与挑战——庆祝中国人民大学法学院成立 65 周年系列学术活动”在中国人民大学成功举行。与会学者分别就“民法典与商法”、“商事特别法”、“合同法的改革”、“电子商务法及外资法”四个主题进行了深入探讨。

2015 年 11 月 22 日，北京市法学会物权法研究会在清华大学法学院召开成立大会暨第一次会员代表大会，选举产生了北京市法学会物权法研究会第一届理事会会长及相关机构。

2015 年 11 月 14—15 日，由北京航空航天大学法学院与台湾政治大学法学院共同主办的“第五届两岸民商法前沿论坛 · 民法典编纂与创制发展”大会在北京航空航天大学顺利召开。本次论坛以“民法典编纂与创制发展”为主题，旨在通过两岸民商法学者的高端学术对话，聚焦讨论民法典编纂，为我国民法典编纂献计献策。

二、重要学术著作

2015 年，各位学者在深入研究相关热点、前沿问题的过程中，著书立说，出版了一批重要的学术著作，主要有：王利明著《债法总则研究》（中国人民大学出版社），王利明著《合同法研究（第 1、2、3 卷）》（中国人民大学出版社），陈卫佐著《比较民法与比较国际私法》（法律出版社），韩世远著《民法的解释论与立法论》（法律出版社），程啸著《民法原理与规范解释》（法律出版社），梁上上著《民商法的转向：以利益衡量为中心展开》（法律出版社），王家福主编《民法债权》（中国社会科学出版社），马俊驹著《民法基本问题研究》（法律出版社），申卫星著《民法基本范畴研究》（法律出版社），梁慧星著《民法解释学》（法律出版社），王利明著《物权法》（中国人民大学出版社），梁慧星、陈华彬著《物权法》（法律出版社），刘家安著《物权法论（第 2 版）》（中国政法大学出版社），刘心稳著《债权法总论》（中国政法大学出版社），于敏著《日本侵权行为法》（法律出版社），程啸著《侵权责任法》（法律出版社），杨立新著《人格权法》（法律出版社），孔祥俊著《网络著作权保护法律理念与裁判方法》（中国法制出版社），龙卫球、王文杰主编《两岸民商法前沿（第 4 辑）：民商法理论与方法论》（中国法制出版社），刘俊海著《现代公司法》（法律出版社），许德风著《破产法论：解释与功能比较的视角》（北京大学出版社），何宝玉著《信托法原理研究 》（中国法制出版社），孙宪忠等著《国家所有权的行使与保护研究》（中国社会科学出版社），王保树主编《中国商法年刊 2015：商法的现代化与民法典的编纂》（法律出版社）。

三、研究动态及学术观点

（一）民法学

1. 民法典编纂

2015 年全国两会，张德江委员长在全国人大常委会工作报告中指出，“抓紧研究启动民法典编纂工作”。在此背景下，北京地区民法学者的关注焦点已经从编纂民法典的必要性及其重要意义等宏观问题转移到民法典编纂的价值取向、立法技术、立法模式、编纂体例等具体问题上。

首先，关于民法典编纂的价值取向、立法技术等问题，有学者认为，在民法典编纂过程中，必须处理好改革与民法典编纂的关系，民法典编纂应当积极反映改革成果、引领改革发展。[①]有学者指出，中国民法典的编纂要处理好以下几方面的关系：一是未来民法典与现行立法的关系；二是民法与商法、知识产权法的关系；三是法学理论、司法实践、社会习惯与民法典编纂的关系；四是法学家、立法工作委员会与民法典编纂独立委员会的关系。[②]有学者认为，我国民法典编纂要解决好“中国面向”、“时代面向”、“体系面向”、“司法面向”等“四个面向”问题。[③]有学者指出，当前民法典编纂亟须解决对民法私法属性缺乏认同的观念障碍和反法典化的理论观点、民法典编纂体系等技术障碍。[④]有学者主张对既有民事领域的司法解释进行全面的整理和汇编，整合到未来的中国民法典之中。[⑤]中国民法典编纂必须立足于中国现实语境，尊重既有的实践经验的积累，主要采取汇编式和重述式的方法。[⑥]有学者认为，民法典编纂应当兼顾技术完善与理念彰扬，有效整合学界通说，处理好立法与改革的关系。[⑦]有学者认为，民法典编纂应该委托于具体的自然人，而不应该采取单位参与制。[⑧]

其次，关于民法典的立法模式，有学者认为，民法典总则的内容和体系应当按照民商合一的体制构建，不宜在民法典总则之外另行制定商法总则。[⑨]有学者指出，编纂民法典应当吸收商事通则建议稿中对民法立法形成重大突破的内容，经由编纂民法典实现民商合一。[⑩]有学者指出，商法是私法的特别法，民法典编纂应重视商行为的特殊性。[⑪]

再次，关于民法典的编纂体例，有学者认为，人格权与主体制度存在明显区别，为了充分保护人格权，人格权应当独立成编。[12]另有学者认为，人格利益的范围具有不确定性和持续的扩张性，人格权独立成编会将人格权保护限缩和封闭于民事生活领域，同时限制了侵权责任法的适用范围，因此，人格权不应独立成编。[13]

此外，有学者认为，我国民法典应当将消费者保护法纳入民法典之中，并处理好民法典与消费者权益保护法的外在关系。[14]

2. 民法总论

2015 年，全国人大常委会法制工作委员会委托起草了《中华人民共和国民法典·民法总则专家建议稿（征求意见稿）》，掀起了民法学者对民法总则研究的高潮。

关于民法总则的体系、内容，有学者认为，民法总则应采民商合一体例，以法律关系为主线构建民法典总则体系。[15]有学者认为，民法总则的主体部分应分为九章，即一般规定、自然人、法人与非法人团体、权利客体、民事权利与义务、法律行为、代理、民事责任和时间与时效。[16]有学者认为，未来民法典总则的内容应围绕法律关系展开：法律关系的主体、客体、内容（权利）、权利的取得（法律行为与非法律行为）、权利的实现将是总则的基本内容。[17]有学者认为，《民法总则》应当明确每项基本原则的功能和适用范围，规定意思表示的构成和功能，完善时效制度。[18]有学者认为，民法总则应坚持规定具有中国特色的法例制度，明确民法的一般适用方法。[19]

关于民法基本原则，有学者认为，公序良俗原则针对法律行为的内容进行“内容审查”，诚实信用原则针对权利的具体行使行为进行“形式审查”，两原则在适用范围、保护对象、标准设立、法律效果上有重大差异。[20]

关于民事法律行为，有学者指出，民法总则应在“法律行为”部分统一规定完善的法律行为效力规则。[21]有学者对民法中的决议行为进行类型化研究，认为决议行为不同于共同行为或者合同行为，其扩展了民事法律行为的类型。[22]有学者指出，民法总则应全面接受法律行为制度的法思想基础，全面贯彻法律行为理论。[23]有学者认为，民事法律行为制度应从规范思想、规范技术和规范体系上进行立法完善。[24]有学者认为，代理制度应当作为法律行为制度的一部分规定在民法典总则中，而不能与法律行为并列规定。[25]

关于法人制度，有学者认为，我国民法典应以实在说为基础，承认法人是社会行动的基本单位，在法人人格否认等制度设计上吸纳拟制说。[26]有学者认为，民法典总则应避免将宗教法人归入任何一类明确的法人类型中。[27]有学者认为，公法人组织形态的类型化是立法对不同公法人形态的组织结构和行为规则进行系统化抽象的结果，旨在将不同公法人的目的内化为组织制度、治理模式。[28]有学者认为，我国民法典应丰富法人社团和非法人社团的类型，赋予民事团体健全有力的私法自治工具。[29]

关于民事权利，有学者认为，民法总则应当设置民事权利的一般规则。[30]有学者指出，民法总则规定权利客体时应对身份利益、知识产权的客体及行为是否作为民事权利客体等问题予以明确。[31]有学者认为，优先权是具有救济权性质的形成权，应规定在民法典总则中。[32]

关于诉讼时效制度，有学者指出，诉讼时效规则应属任意性规范，当事人得依法律行为缩短或延长法定时效期间，但其意思自由应受限制。[33]

关于民事责任制度，有学者认为，在责任形式多元化的情况下，“后果模式”与后果引导的法律救济思维特征更相契合。“后果模式”以功能性的责任形式为基础，不同功能性责任具有不同的构造逻辑和一般要件。[34]

3. 人格权法

2015 年，受到民法典编纂、互联网时代、信息时代等背景的影响，北京学者对于人格权的研究除了将人格权与民法典编纂相联系进行探讨之外，还涉及人格权的性质、人格权商品化、姓名权的保护、个人信息保护等问题。

关于人格权的性质，有学者认为，人格权规范在性质上属于行为规范，其真正价值在于对人格权的宣示。[35]有学者认为，实际生活中人格与财产不能完全界分，人格财产的存在必然影响民法典的编纂体例，影响私法和公法的具体规定。[36]

关于个人信息保护，有学者认为，应通过对个人敏感隐私信息强化保护，以及强化个人一般信息的商业利用和国家基于公共管理目的的利用，实现个人、信息业者和国家三方利益平衡。[37]

关于具体人格权的保护，有学者认为，应在公法上对姓名进行保护与规制。[38]有学者认为，死者有形人身遗存非民法之物，为类人身。对其进行保护实质上是基于人性伦理，维护人类尊严。[39]

4. 物权法

2015 年 3 月 1 日，《不动产登记暂行条例》开始施行。2015 年 3 月 26 日，《不动产登记暂行条例实施细则（草案征求意见稿）》向社会公开征求意见。同时，结合民法典编纂的背景，2015 年北京学者对于物权法的研究集中在物权行为相关理论、不动产登记制度和农村土地流转等热点问题上。

（1）物权法总论

关于物权行为，有学者认为，物权行为是一种法律事实，它应处于规范层面，不宜用现实存在来评判物权行为的独立性。[40]有学者认为，我国司法实践对《物权法》第 15 条所确立的区分原则的理解从法律事实的区分逐渐演化为法律行为的区分，最终完全接受了负担行为与处分行为的区分。[41]有学者认为，不应在处分行为与负担行为的区分之外又加上“物权行为”与“债权行为”的区分，所谓“物权行为”其实是物权法上的处分行为。[42]

对于物权的保护，有学者认为，通过物权请求权制度对物权进行保护符合立法的科学性、司法适用的方便性要求。因此，物权请求权制度有存在必要性。[43]

关于不动产登记，有学者认为，不动产登记簿中的绝大部分信息是依申请而公开的政府信息，任何单位和个人均可申请查询；原始登记资料关涉登记权利人的个人隐私和商业秘密，仅有权利人及其同意的人和有关国家机关才能查询。[44]有学者认为，不动产登记原始资料的查询主体限于权利人及其代理人、同意之人和有关国家机关。[45]

（2）所有权

有学者结合机动车限行常态化这一热点问题，指出所有权自由与所有权限制之间应求取合理的平衡。[46]有学者结合彭州乌木事件，指出先占制度与社会主义经济基础具有可兼容性，与物权法立法目的相符合，并与民众的现实生活具有一致性，应通过立法确认先占制度。[47]

（3）用益物权

关于土地承包经营权，有学者认为，为确保土地承包经营权长期稳定，进一步彰显承包地流转自由，应探寻土地承包经营权流转制度运行的制约因素，尤其是理清土地承包经营权的物权属性。[48]有学者认为，土地承包收益权担保可以定性为应收账款质权，从而发挥农地的金融价值。[49]

关于建设用地使用权，有学者提出设立空间建设用地使用权，并指出同一土地上可同时设立空间建设用地使用权与以使用、收益为内容的其他用益物权。[50]

关于宅基地使用权，有学者认为，宅基地的福利性并不能抹杀宅基地使用权本身的财产属性，应当慎重稳妥推进农户住房财产权抵押、转让，探索农民增加财产性收入渠道；在受让人取得住房所有权时，取得宅基地使用权的法定租赁权。[51]

关于宅基地使用权和建设用地使用权的登记，有学者认为，必须构建宅基地和集体建设用地使用权登记的法规体系，厘清使用权登记中各类不动产单元之间的关系。[52]

（4）担保物权

首先，关于担保物权总论，有学者指出，未来民法典应明确规定担保财产灭失、毁损或被征收而产生代位物请求权时，担保物权人依法享有针对这些请求权的法定债权质权。[53]有学者认为，肯定混合共同担保人的相互追偿权不仅对担保人有利，契合共同担保分散风险之目的，而且也有利于其他利害关系人。[54]有学者认为，民法典中担保物权应以公示方法的不同为其类型化基础，再依客体的不同进行亚类型化区分。[55]

其次，关于抵押权，有学者认为，在确定租赁与抵押权的先后时，应根据不同情形，把租赁登记或承租人占有抵押物的时点作为租赁的顺位标准，进而与抵押权登记的时点进行对比。[56]有学者认为，未办理抵押登记的不动产抵押合同符合合同生效要件应当属于生效合同，未办理抵押登记只影响抵押权的设定不影响抵押合同的效力。[57]

再次，关于质权，有学者认为，应收账款质权以登记为公示方法，通知应收账款债务人对于应收账款质权的设定没有意义，但构成应收账款质权人保全其权利的方法。[58]

最后，关于留置权，有学者认为，牵连关系的舍弃和拟制是商事留置权核心的特殊性所在。其通过扩张商事留置权留置物的范围和价值，实现了降低交易风险、维护交易安全的制度目的。[59]

（5）占有

有学者认为，通过占有改定方式转移物权只能在当事人之间发生物权变动的后果，不能发生对抗第三人的公信效力。占有改定的公信力的欠缺是其本身的制度特点，无所谓制度缺陷，也无必要赋予占有改定的公信效力。[60]

5. 债权法

（1）债法总论

关于债法总则的编纂，有学者认为，未来我国民法典中应当将债法总则单独成编，并在债法总则编规定损害赔偿法的总则。[61]

关于债的转移，有学者认为，债权让与通知仅可由让与人为之，重复转让时应当以通知来确定债权的实际取得人。[62]有学者认为，债务承担无因性本质上是将债权无法实现的风险从债权人处转嫁给了第三人。[63]

关于债的担保，有学者认为，债的担保具有从属性、补充性和保障债权切实实现性等特性。只有构成担保的措施方可适用法律关于担保的相关规定。[64]有学者提出，我国担保法应构建"保证人法定不安救济权"规则。[65]

（2）合同法

合同法总论。首先，关于合同目的，有学者认为，不能实现合同目的应指某种事实（严重）影响了当事人订立合同所期望的经济利益。不能实现合同目的与根本违约具有相近的含义，只不过二者的视角不同。[66]

其次，对于合同的效力，有学者认为，未办理批准手续的合同，属于未定的未生效合同或效力待定合同，如最终未获得批准，合同应确定无效。[67]有学者认为，对合同无效后的财产返还，应区分不同的物权变动模式，以及当事人是否具有主观过错，从而确定具体的返还请求权基础。[68]

再次，关于合同解除，有学者指出，合同所附解除条件成熟时，合同便当然地、自动地归于消灭，无须权利人发出解除合同的通知。[69]

最后，关于违约责任，有学者认为，我国《合同法》上并不存在独立的物之瑕疵担保责任制度，而是将质量瑕疵责任统合在违约责任体系内。[70]有学者认为，违约金酌减规则的实质是赋予法官对合同自由进行等价有偿的干预，只适用于惩罚性违约金，而不应适用于赔偿性违约金。[71]有学者认为，违约赔偿应以期待利益为基本标准，在期待利益无法证明或难以确定时，可采取信赖利益标准。[72]有学者指出，惩罚性赔偿是纯粹的以惩罚为目的的特别法定责任，不以权利人实际遭受损害为要件，具有独立性，可以与缔约过失责任或者违约责任并用。[73]

合同法分论。有学者认为，无权处分所订立的合同可理解为合同的权利移转效力待定，但其履行效力则不受影响。[74]有学者认为，《合同法》第148条规定的拒绝接受制度与拒绝受领无必然联系，且与继续履行请求权在制度功能上可替代，在未来民法典中不应保留。[75]有学者认为，我国房屋承租人优先购买权应属形成权，其应具有债权效力，不得对抗第三人的物权转移行为。[76]

6. 侵权责任法

（1）侵权责任法总论

关于民事法益的区分保护，有学者认为，我国侵权法中的法益区分保护应以动态系统作为方法基础，以"具有法律相关性的损害"概念作为规范前提，认为规范中隐含了法益的区分标准是法益的价值和社会典型公开性。[77]

关于侵权责任的免责事由，有学者认为，在第三人行为中断了被告加害行为与损害后果之间的因果关系时，被告可以免除责任。如果第三人行为与被告行为共同造成损害，则构成多数人侵权责任。[78]有学者认为，过失相抵规则的法哲学基础是矫正正义观。[79]

关于侵权损害赔偿，有学者指出，我国侵权法确立了完全赔偿原则，受害人所遭受的可赔偿的损害，只要与权益侵害之间存在因果关系就都应当获得赔偿，但受害人不能因致害事件获得额外的利益。[80]

（2）侵权责任法分论

有学者认为，对于机动车交通事故侵权责任，代驾人作为运行支配和运行利益的归属，应被认定为责任主体，对外承担侵权责任。[81]有学者认为，对高度危险的判断应当从外部确定其界限，在内部确定其考量因素，根据社会的发展通过对判断标准的调整保持动态化。[82]有学者认为，虚假广告的责任主要体现为侵权责任。广告代言人与广告主是否承担连带责任应区分不同情形并考察其过错程度。[83]

7. 婚姻家庭继承法

（1）婚姻法

关于夫妻财产，有学者认为，合法有效的婚内财产分割协议与夫妻财产制契约引起的物权变动，属于基于法律行为的物权变动，原则上仅在夫妻内部发生效力，不能对抗婚姻关系外的与夫妻一方或双方从事交易的第三人，除非该第三人知道。[84]有学者认为，夫妻个人财产的转化规则不但可能符合我国最大多数夫妻的意愿，还可以在事前层面促进婚姻的稳定。[85]有学者认为，基于婚姻命运共同体理念，我国现行法中的婚后所得共同制应理解为"婚后劳动和运气所得共同制"，夫妻个人财产的婚后增值应一律为夫妻共同财产。[86]

（2）继承法

有学者认为，互有继承关系的数人在同一事件中死亡且彼此之间存在保险法律关系时，应当按照《保险法》的规定来判定死亡先后顺序。若无保险法律关系时候，则按照《继承法》相关解释的规定来判定死亡先后顺序。[87]有学者认为，遗嘱信托财产更多体现的是信托财产的性质而非传统的遗产。在对遗嘱信托财产的处理上，应当优先适用信托制度的有关规定。[88]有学者认为，我国构建遗嘱信托制度，应坚持正确的价值定位和立法模式，并在微观层面做出具体的法律规制。[89]

（二）商法

1. 商法总论

有学者认为，应当借编纂民法典带来的历史机遇，通过制定商法通则来推动商事法律制度的科学化、体系化之完成。[90]有学者认为，近代立法者以民法思维构建传统商法体系，这为传统商法与民法之间的融合创造了前提条件。[91]有学者认为，营业转让的主要功能是在实现营业的终极控制人转换的同时，不影响作为转让客体的营业资产的完整性、连续性，不损害公司的经济机能。[92]

2. 公司法

首先，关于公司资本制度改革，有学者认为，我国取消最低注册资本、改实缴制为合约缴纳制等改革措施欠缺合约逻辑和经济逻辑，也不符合我国的文化偏好。[93]有学者认为，公司资本与工商登记制度改革撕裂了原有公司法制度对财产混同的程度控制，可能对公司制度的整体性造成冲击。[94]有学者认为，公司资本制度改革后，对抽逃出资行为的规制不应采取抛弃抽逃出资概念或诉诸侵权法的方法，而应重构抽逃出资规则的公司法基础。[95]有学者认为，为确保股东间的私人出资承诺能得到遵守，公司登记机关可采取公开信息披露的方式，对股东承诺及其履行进行公开监管。[96]

其次，关于债权人利益的保护，有学者主张有限公司中债权人知情权的法定化，由公司法规定有限公司债务人对债权人承担法定的信息披露义务，以此降低债权人的信息成本。[97]有学者认为，未出资股东对债权人的赔偿责任是补充责任的一种类型。该责任具有法定性、补充性、有限性、内部责任连带性等特征。[98]

再次，关于股东利益的保护，有学者认为，应建立严谨的除名程序与诉讼救济措施，以防股东除名制度被滥用。[99]有学者认为，退股股东应得到充分、合理的法律保护，其核心在于股权公平价格的确定，并兼顾公司、其他股东及公司债权人的合法权益。[100]有学者认为，应废除股东承担清算义务的观念，通过合理构造清算法人的内部治理秩序，实现公司清算制度的有效运行。[101]有学者认为，公司社会责任，不应当以牺牲公司管理效率，否认股东利益最大化为代价。[102]

又次，关于公司法的实证研究，有学者结合安盛案，指出中国尚未形成关于社团罚（包括公司内部处罚权）的完备体系，需参考德国法予以完善。[103]有学者结合盈余分配纠纷案件，指出公司自治原则存在边界，不能与公司正义原则相违背。[104]

最后，有学者认为，我国宜承认设立中公司的特定主体地位，并将先公司合同分为设立必要合同以及非必要合同分别规制。[105]有学者认为，法律应适应企业经营现实，提供充足的公司类型及恰切的公司治理模式供投资者选择。[106]

3. 证券法

国务院总理李克强在 2015 年政府工作报告中提出，加强多层次资本市场体系建设，实施股票发行注册制改革。因此，2015 年北京地区的证券法学者主要围绕注册制改革、内幕交易、信息披露等问题展开讨论。

首先，关于注册制改革，有学者认为，我国的新股发行核准制扭曲了市场力量，建立以信息披露为核心的注册制是改革方向。[107]有学者认为，顺利过渡到股票发行注册制，必须解除证券监管机关“定品质”、“定价格”、“定速度”的权力，并且提出落实股票发行注册制的路线图。[108]有学者认为，审核权作为注册权的核心权能必须由证券监管机构统一行使，而不能由证券交易所行使。[109]

其次，关于内幕交易，有学者认为，内幕交易本质上是内幕人利用通过不公平机会获得的内幕信息，对其他不知情投资者实施的不公平交易行为，而非欺诈。[110]有学者建议将对内幕人员的表述修改为“证券交易内幕信息的知情人”，并将其划分为“直接知情人”和“间接知情人”，以保证立法用语的一致性。[111]

再次，关于信息披露，有学者认为，在《证券法》修改过程中首先应当进一步完善我国上市公司收购中信息披露监管制度。[112]有学者认为，信息披露的本质是信息公示，违反信息披露义务的本质是导致上市公司公告瑕疵。[113]

4. 破产法

有学者认为，为更好地反映抵销制度的正当性基础，应细化抵销的类型，区分“独立的抵销”与

"同一交易内的抵销",并在破产法上作不同的处置。[114]有学者认为,在破产程序中,原则上应当尊重合同法等非破产法给予租赁合同的特殊保护,限制管理人对未到期租赁合同的选择履行权,尤其是对出租人的解除权加以限制。[115]有学者认为,对破产中"股转债"之评价涉及从合同法到公司法,再到破产法的多向规制。[116]有学者认为,债务人对外享有债权的诉讼时效,自人民法院受理破产申请之日起中断,诉讼时效期间应当从管理人知道或者应当知道权利被侵害时起恢复计算。[117]

5. 保险法

有学者认为,建构保险合同解除权制度体系,需要将保险合同解除权的行使主体、行使条件、行使期限、行使方式和行使的法律后果等五个要素联系起来形成一个整体。[118]有学者认为,将未经被保险人同意的死亡保险合同认定无效,不符合比例原则中的必要性和相称性标准,将其作为效力未定合同更为合宜。[119]有学者认为,未来应建立环境污染责任保险全国性立法的体系。[120]有学者认为,食品安全责任保险有助于保障大规模侵权中的受害人权益、激励经营者强化主体责任意识及能力、构建合理的风险分担机制。[121]

6. 票据法

有学者认为,我国现行《票据法》对票据行为无因性的否认不符合商事实践的需求,也背离了票据流通的法律属性。在承认票据行为无因性的基础上,融资性票据应当予以合法化。[122]有学者认为,应调整现行法律、拓展票据的融资功能,并积极培育票据中介机构和票据市场、建立有效的监管机制,最终将民间票据融资重新纳入正规金融的监管体系中。[123]

注:

①王利明:《全面深化改革中的民法典编纂》,《中国法学》,2015 年第 4 期。

②费安玲:《论我国民法典编纂活动中的四个关系》,《法制与社会发展》,2015 年第 5 期。

③刘保玉、周玉辉:《论我国民法典编纂的"四个面向"》,《法学杂志》,2015 年第 10 期。

④尹田:《中国民法典编纂的障碍及其克服》,《北方法学》,2015 年第 4 期。

⑤薛军:《民法典编纂与法官"造法":罗马法的经验与启示》,《法学杂志》,2015 年第 6 期。

⑥薛军:《中国民法典编纂:观念、愿景与思路》,《中国法学》,2015 年第 4 期。

⑦陈甦:《论民法典形成机制的时代性与科学性》,《法学杂志》,2015 年第 6 期。

⑧薛军:《中国民法典编纂的组织体制问题:结合意大利经验的讨论》,《比较法研究》,2015 年第 3 期。

⑨王利明:《民商合一体例下我国民法典总则的制定》,《法商研究》,2015 年第 4 期。

⑩孟强:《经由编纂民法典实现民商合一——兼评〈民法总则专家建议稿〉与摘事通则立法建议稿》,《社会科学战线》,2015 年第 12 期。

⑪蒋大兴:《论民法典(民法总则)对商行为之调整——透视法观念、法技术与商行为之特殊性》,《比较法研究》,2015 年第 4 期。

⑫王利明:《论民法总则不宜全面规定人格权制度——兼论人格权独立成编》,《现代法学》,2015 年第 3 期。

⑬尹田:《人格权独立成编的再批评》,《比较法研究》,2015 年第 6 期。

⑭苏号朋:《民法典编纂与消费者保护——以德国债法改革为参照》,《法学杂志》,2015 年第 10 期。

⑮王利明:《民法总则的立法思路》,《求是学刊》,2015 年第 5 期。

⑯杨立新:《民法总则编的框架结构及应当规定的主要问题——杨立新 2.0 版〈中华人民共和国民法·总则编〉建议稿的设计思路》,《财经法学》,2015 年第 4 期。

⑰李永军:《民法典总则的立法技术及由此决定的内容思考》,《比较法研究》,2015 年第 3 期。

⑱崔建远:《关于制定〈民法总则〉的建议》,《财经法学》,2015 年第 4 期。

⑲杨立新:《我国民法典总则编应当规定法例规则》,《求是学刊》,2015 年第 4 期。

⑳于飞:《公序良俗原则与诚实信用原则的区分》,《中国社会科学》,2015 年第 11 期。

㉑杨立新:《我国〈民法总则〉法律行为效力规则统一论》,《法学》,2015 年第 5 期。

㉒王雷:《论民法中的决议行为——从农民集体决议、业主管理规约到公司决议》,《中外法学》,2015 年第 1 期。

㉓孙宪忠:《民法典总则编"法律行为"一章学者建议稿的编写说明》,《法学研究》,2015 年第 6 期。

㉔朱广新:《民事法律行为制度的反思与完

善——以法律规范的逻辑合理性为中心》，《政治与法律》，2015 年第 10 期。

㉕尹飞：《论我国民法典中代理制度的类型与体系地位》，《法学杂志》，2015 年第 9 期。

㉖谢鸿飞：《论民法典法人性质的定位——法律历史社会学与法教义学分析》，《中外法学》，2015 年第 6 期。

㉗吴才毓：《民法典中宗教组织的法人化类型》，《政治与法律》，2015 年第 10 期。

㉘李昕：《论目的主导的公法人组织形态类型化》，《法学杂志》，2015 年第 11 期。

㉙王雷：《我国民法典编纂中的团体法思维》，《当代法学》，2015 年第 4 期。

㉚崔建远：《民法总则如何反映民事权利?》，《求是学刊》，2015 年第 4 期。

㉛杨立新：《我国民事权利客体立法的检讨与展望》，《法商研究》，2015 年第 4 期。

㉜田野：《民法典中优先权制度的存废取舍问题辨析》，《中州学刊》，2015 年第 12 期。

㉝高圣平：《诉讼时效立法中的几个问题》，《法学论坛》，2015 年第 2 期。

㉞张家勇：《论统一民事责任制度的建构——基于责任融合的“后果模式”》，《中国社会科学》，2015 年第 8 期。

㉟窦海阳：《人格权规范的属性与表达》，《南京大学学报（哲学·人文科学·社会科学）》，2015 年第 2 期。

㊱陈传法：《人格财产及其法律意义》，《法商研究》，2015 年第 2 期。

㊲张新宝：《从隐私到个人信息：利益再衡量的理论与制度安排》，《中国法学》，2015 年第 3 期。

㊳张新宝、吴婷芳：《姓名的公法规制及制度完善》，《法制与社会发展》，2015 年第 6 期。

㊴陈国军：《死者有形人身遗存的法律属性辨析》，《政治与法律》，2015 年第 11 期。

㊵常鹏翱：《论现实存在与物权行为的无关联性——对相关学理争辩的再辨析》，《法学》，2015 年第 1 期。

㊶黄泷一：《负担行为与处分行为区分的实务继受——以最高法院的司法解释和裁判文书为分析对象》，《河北法学》，2015 年第 5 期。

㊷陈卫佐：《处分行为理论之正本清源》，《政治与法律》，2015 年第 7 期。

㊸秦静云：《物权请求权制度之存废与民法体系的选择》，《现代法学》，2015 年第 4 期。

㊹高圣平：《政府信息公开视角下的不动产登记查询规则》，《法学》，2015 年第 1 期。

㊺路磊：《不动产登记资料的查询主体探讨》，《山东社会科学》，2015 年第 11 期。

㊻易军：《所有权自由与限制视域中的单双号限行常态化》，《法学》，2015 年第 2 期。

㊼闫黎丽：《先占制度立法可行性研究——以“彭州乌木案”为中心》，《河北法学》，2015 年第 9 期。

㊽高飞：《土地承包经营权流转的困境与对策探析》，《烟台大学学报（哲学社会科学版）》，2015 年第 4 期。

㊾高圣平：《论土地承包收益权担保的法律构造——兼评吉林省农地金融化的地方实践》，《法律科学》（西北政法大学学报），2015 年第 6 期。

㊿陈华彬：《空间建设用地使用权探微》，《法学》，2015 年第 7 期。

(51)高圣平：《宅基地制度改革试点的法律逻辑》，《烟台大学学报（哲学社会科学版）》，2015 年第 3 期。

(52)宋才发、马国辉：《农村宅基地和集体建设用地使用权确权登记的法律问题探讨》，《河北法学》，2015 年第 3 期。

(53)程啸：《担保物权人物上代位权实现程序的建构》，《比较法研究》，2015 年第 2 期。

(54)黄忠：《混合共同担保之内部追偿权的证立及其展开——〈物权法〉第 176 条的解释论》，《中外法学》，2015 年第 1 期。

(55)高圣平：《民法典中担保物权的体系重构》，《法学杂志》，2015 年第 6 期。

(56)常鹏翱：《先抵押后租赁的法律规制——以〈物权法〉第 190 条第 2 句为基点的分析》，《清华法学》，2015 年第 2 期。

(57)范小华：《未办抵押登记的不动产抵押合同中抵押人责任研究》，《法律适用》，2015 年第 4 期。

(58)高圣平：《应收账款质权登记的法理——以〈应收账款质押登记办法〉的修改为中心》，《当代法学》，2015 年第 6 期。

(59)刘凯湘：《比较法视角下的商事留置权制度》，《暨南学报（哲学社会科学版）》，2015 年第 8 期。

(60)靳文静：《占有改定取得的物权能否对抗善意

第三人？——兼评我国〈物权法〉第27条的法律适用》，《中国政法大学学报》，2015年第4期。

(61)程啸：《论未来我国民法典中损害赔偿法的体系建构与完善》，《法律科学》（西北政法大学学报），2015年第5期。

(62)尹飞：《论债权让与中债权移转的依据》，《法学家》，2015年第4期。

(63)李光琴：《慎待债务承担无因性理论》，《法律适用》，2015年第3期。

(64)崔建远：《“担保”辨——基于担保泛化弊端严重的思考》，《政治与法律》，2015年第12期。

(65)盛建明、孟光辉：《论我国担保法上“保证人法定不安救济权”规则之构建》，《法学杂志》，2015年第2期。

(66)崔建远：《论合同目的及其不能实现》，《吉林大学社会科学学报》，2015年第3期。

(67)朱广新：《合同未办理法定批准手续时的效力——对〈中华人民共和国合同法〉第44条第2款及相关规定的解释》，《法商研究》，2015年第6期。

(68)陈怡伊：《刍议合同无效或被撤销后返还请求权之性质》，《法学杂志》，2015年第3期。

(69)崔建远：《附解除条件不同于合同解除》，《法学杂志》，2015年第7期。

(70)严之：《物之瑕疵担保责任制度的发展及其在我国〈合同法〉中的定位》，《暨南学报（哲学社会科学版）》，2015年第3期。

(71)王洪亮：《违约金酌减规则论》，《法学家》，2015年第3期。

(72)于韫珩：《违约责任中的信赖利益赔偿》，《环球法律评论》，2015年第3期。

(73)韩世远：《消费者合同三题：知假买假、惩罚性赔偿与合同终了》，《法律适用》，2015年第10期。

(74)吴光荣：《再谈无权处分行为的效力——兼论法释［2012］8号第3条的理论基础》，《法学家》，2015年第5期。

(75)武腾：《拒绝受领瑕疵物的法定条件——兼论〈合同法〉第148条中拒绝接受制度的出路》，《法学》，2015年第8期。

(76)付俊伟：《试论承租人优先购买权》，《苏州大学学报（哲学社会科学版）》，2015年第2期。

(77)朱虎：《侵权法中的法益区分保护：思想与技术》，《比较法研究》，2015年第5期。

(78)程啸：《论侵权法上的第三人行为》，《法学评论》，2015年第3期。

(79)王雷：《侵害未成年人案件中过失相抵规则的适用》，《中国青年社会科学》，2015年第3期。

(80)周友军：《我国侵权法上完全赔偿原则的证立与实现》，《环球法律评论》，2015年第2期。

(81)杨立新、王毅纯：《机动车代驾交通事故侵权责任研究》，《法学论坛》，2015年第4期。

(82)窦海阳：《〈侵权责任法〉中“高度危险”的判断》，《法学家》，2015年第2期。

(83)姚辉、王毓莹：《论虚假广告的侵权责任承担》，《法律适用》，2015年第5期。

(84)程啸：《婚内财产分割协议、夫妻财产制契约的效力与不动产物权变动——“唐某诉李某某、唐某乙法定继承纠纷案”评释》，《暨南学报（哲学社会科学版）》，2015年第3期。

(85)贺剑：《论夫妻个人财产的转化规则》，《法学》，2015年第2期。

(86)贺剑：《夫妻个人财产的婚后增值归属——兼论我国婚后所得共同制的精神》，《法学家》，2015年第4期。

(87)王夙：《同一事件中判断死亡先后顺序规则的实务分析——以〈继承法〉与〈保险法〉的冲突为视角》，《求索》，2015年第1期。

(88)葛俏、龙翼飞：《论我国遗嘱信托财产的法律属性界定》，《学术交流》，2015年第9期。

(89)褚雪霏、徐腾飞：《试论我国遗嘱信托制度之构建》，《河北法学》，2015年第8期。

(90)李建伟：《制定商法通则的缘起及其立法价值的再认识》，《社会科学战线》，2015年第12期。

(91)王延川：《商法的双向运动与现代商法的生成逻辑》，《西北大学学报（哲学社会科学版）》，2015年第1期。

(92)蒋大兴：《营业转让的规制模型：直接规制与功能等值》，《清华法学》，2015年第5期。

(93)蒋大兴：《质疑法定资本制之改革》，《中国法学》，2015年第6期。

(94)甘培忠、徐可：《认缴制下的资本违法责任及其困境——以财产混同为视角》，《北京大学学报（哲学社会科学版）》，2015年第6期。

(95)刘燕：《重构“禁止抽逃出资”规则的公司法理基础》，《中国法学》，2015年第4期。

(96)蒋大兴：《“合同法”的局限：资本认缴制下的责任约束——股东私人出资承诺之公开履行》，

《现代法学》，2015 年第 5 期。

⑰张凌云：《有限公司债权人知情权的法定化》，《河北法学》，2015 年第 1 期。

⑱梁上上：《未出资股东对公司债权人的补充赔偿责任》，《中外法学》，2015 年第 3 期。

⑲李建伟：《有限责任公司的股东除名制度研究》，《法学评论》，2015 年第 2 期。

⑽段威：《有限责任公司股东退股适用要件之研究——我国公司法相关制度的检视与完善》，《扬州大学学报（人文社会科学版）》，2015 年第 1 期。

⑾叶林、徐佩菱：《关于我国公司清算制度的评述》，《法律适用》，2015 年第 1 期。

⑿叶林、李辉：《劳动契约下公司社会责任的实现机理》，《扬州大学学报（人文社会科学版）》，2015 年第 1 期。

⒀蒋大兴：《社团罚抑或合同罚：论股东会对股东之处罚权——以“安盛案”为分析样本》，《法学评论》，2015 年第 5 期。

⒁梁上上：《论股东强制盈余分配请求权——兼评“河南思维自动化设备有限公司与胡克盈余分配纠纷案”》，《现代法学》，2015 年第 2 期。

⒂方斯远：《先公司合同问题研究》，《中国法学》，2015 年第 3 期。

⒃许德风：《论法人董事与代表人董事——兼议董事独立性的界限》，《法学》，2015 年第 3 期。

⒄李曙光：《新股发行注册制改革的若干重大问题探讨》，《政法论坛》，2015 年第 3 期。

⒅叶林：《关于股票发行注册制的思考——依循“证券法修订草案”路线图展开》，《法律适用》，2015 年第 8 期。

⒆刘俊海：《打造投资者友好型证券法 推动资本市场治理现代化》，《法学论坛》，2015 年第 4 期。

⒇王林清：《内幕交易侵权责任因果关系的司法观察》，《中外法学》，2015 年第 3 期。

⑪温少昊：《证券内幕交易罪主体问题的比较与借鉴——以欧盟指令和法国证券法律法规为视角》，《法学杂志》，2015 年第 5 期。

⑫李东方：《上市公司收购监管制度完善研究——兼评“〈证券法〉修订草案”第五章》，《政法论坛》，2015 年第 6 期。

⑬石一峰：《违反信息披露义务责任中的交易因果关系认定》，《政治与法律》，2015 年第 9 期。

⑭许德风：《破产视角下的抵销》，《法学研究》，2015 年第 2 期。

⑮王欣新、乔博娟：《论破产程序中未到期不动产租赁合同的处理方式》，《法学杂志》，2015 年第 3 期。

⑯蒋大兴、王首杰：《破产程序中的“股转债”——合同法、公司法及破产法的“一揽子竞争”》，《当代法学》，2015 年第 6 期。

⑰王欣新：《破产程序与诉讼时效问题研究》，《政治与法律》，2015 年第 2 期。

⑱杨德齐：《论保险合同解除权制度的体系建构——兼评〈保险法〉司法解释三（征求意见稿）的解除权条款》，《保险研究》，2015 年第 2 期。

⑲于海纯：《未经被保险人同意的死亡保险合同效力研究》，《法学家》，2015 年第 6 期。

⑳竺效：《论环境污染责任保险法律体系的构建》，《法学评论》，2015 年第 1 期。

㉑于海纯：《我国食品安全责任强制保险的法律构造研究》，《中国法学》，2015 年第 3 期。

㉒王蓉：《我国票据贴现制度的困境、逻辑与完善》，《河南财经政法大学学报》，2015 年第 6 期。

㉓刘子平：《民间票据融资及其法律应对》，《法治研究》，2015 年第 1 期。

（作者：林嘉，中国人民大学教授；
姚辉，中国人民大学教授；
王琦，中国人民大学研究生）

诉讼法学

陈卫东　汤维建　刘计划　孔祥承　李海尧

一、刑事诉讼法学

2015 年，北京刑事诉讼法学界继续围绕刑事诉讼制度改革问题展开研究，取得了丰硕的成果。

（一）研究概况

本年度出版的专著主要有：樊崇义：《底线：刑事错案防范标准》，中国政法大学出版社；卞建林、陈旭主编：《法治中国视野下的刑事程序建设》，中国人民公安大学出版社；顾永忠主编：《2013：中国刑事法律援助面临的机遇、挑战与对策》，中国政法大学出版社；陈卫东：《反思与建构：刑事证据的中国问题研究》、《转型与变革：中国检察的理论与实践》，中国人民大学出版社；陈瑞华：《刑事证据法的理论问题》，法律出版社；张建伟：《证据的容颜：司法的场域》，法律出版社；易延友：《沉默的自由（修订版）》，北京大学出版社；甄贞主编：《遏制腐败犯罪的对策研究》，法律出版社；史立梅等著：《刑事诉讼审前羁押替代措施研究》，中国政法大学出版社；冀祥德等著：《新刑事诉讼法实施状况实证研究》，方志出版社；杨宇冠等著：《非法证据排除规则在中国的实施问题研究》，中国检察出版社；谢安平、郭华主编：《未成年人刑事诉讼程序探究》，中国政法大学出版社；等等。

本年度的学术活动主要有：1月23日，中国政法大学刑事司法学院刑事诉讼法学研究所在京举办了“刑事诉讼法实施与再修正”学术研讨会；1月24—25日，国家司法文明协同创新中心、中国政法大学诉讼法学研究院主办，中国刑事诉讼法学研究会协办的“诉讼法学高端论坛——依法治国背景下的诉讼法学研究展望”在京举行，与会代表围绕“刑事诉讼制度改革与完善”和“刑事诉讼法学研究繁荣与发展”两大主题展开探讨；3月26日，中国法学会法律信息部、国家司法文明协同创新中心主办，北京航空航天大学法学院承办，北京市金杜公益基金协办的第11期金杜明德法治沙龙在京举行，就“司法规律”问题展开讨论；4月18日，国家司法文明协同创新中心、中国政法大学诉讼法学研究院在京举行“庭前会议制度实证研究”项目启动会暨研讨会；11月21日，中国人民大学诉讼制度与司法改革研究中心主办的首届“人大刑事程序法治论坛”在京举行，学者们就“中国刑事诉讼法的现代转型”问题展开讨论；11月26日，中国法学会法律信息部、国家司法文明协同创新中心、中国法学会研究部、中国人民大学法学院主办，中央民族大学法学院承办的第12期金杜明德法治沙龙在京举行，专家学者就“优化司法职权配置”问题展开热烈讨论；12月9日，中国人民大学法学院举行以“中国刑事诉讼的两种模式”为题的第67届教授沙龙；12月12日，国家司法文明协同创新中心与中国政法大学刑事司法学院刑事诉讼法学研究所联合举办的学术研讨会在京举行，参会学者就“刑事程序与刑事证据”问题展开讨论；12月27日，中国人民大学律师业务研究所、《方圆律政》杂志社主办的“法治中国与律师发展”研讨会在京举行。

（二）热点与创新

1. 关于“以审判为中心”的诉讼制度改革

（1）关于“以审判为中心”的含义

有学者认为，“以审判为中心”的诉讼制度改革是一项复杂的、系统性的工程，这场改革的核心在于保障审判在刑事诉讼中的核心地位，只有经正当程序才能最终确定被告人的刑事责任问题。① 有学者提出，“以审判为中心”在实质上就是强调第一审程序在诉讼中的中心地位，认为对案件事实与证据认定问题应当在审判阶段解决，通过各方面制度的提升，借以重塑司法的权威。② 此外，有学者通过分析审判中心论与诉讼阶段论，揭示了“以审判为中心”内涵在于“以庭审为中心”。③ 有学者还认为，“审判中心”并非舶来品，它主要是针对我国“侦查中心”传统而言的，为推进这项改革，可以从保障司法机关独立行使职权等方面来予以展开。④

（2）与“分工负责，互相配合，互相制约”原则的关系

有学者认为，践行以审判为中心的理念需要在贯彻“分工负责，互相配合，互相制约”原则的基础上来展开，重在强调在三机关配合的基础上进行“以审判为中心”的诉讼制度改革。⑤ 不少学者对此表示赞同，他们认为，“分工负责，互相配合，互相制约”原则阻碍实现审判中心主义的看法是错误的，“以审判为中心”是对“分工负责，互相配合，互相制约”原则的创新和发展，如“以审判为中心”界定了侦查、起诉、审判之间的关系；为“互相配合”原则壮大了力量；为“互相制约”原则纠正了方向。经过诠释，“以审判为中心”合理协调了侦查、起诉与审判在诉讼中的作用。⑥

（3）关于如何实现“以审判为中心”

有学者认为，实现“以审判为中心”意在实现刑事庭审实质化。为预防庭审虚化，要构建庭审中心裁判机制以及落实“权责一致”办案责任制，建构起一套审判中心主义的诉讼结构，实现直接言词原则的庭审方式，合理定位庭前会议功能，调整定罪与量刑并重的庭审内容，在诉讼制度层面实现我国刑事审判程序的实质化。⑦ 有学者从辩护方视角来观察，认为要贯彻“以审判为中心”需要保障辩护方的对质权，提升庭审辩护的有效性，保障辩护方获得有利于

己的证据权，建立起完备的程序性裁判机制。[⑧]有学者认为，还可以通过重塑诉审、诉侦、诉辩的方向入手，实现审判中心主义。[⑨]除此以外，还有学者认为，可以通过横、纵两方面改革来实现审判中心主义，如在横向层面，以宏观的视角来梳理侦、诉、审的关系，在微观上强调通过保障对质权实现庭审实质化；在纵向层面，坚持第一审的“重心”地位，在夯实第一审的基础上，综合调整其与第二审、死刑复核程序的关系。[⑩]

2. 关于司法改革

（1）关于司法责任制

追究司法责任的前提在于司法权的独立行使，有学者认为，对于法院来说首先需要改变既有的“法院独立”的观念，因为无论从法院组织还是法律职业伦理来看，都应当承认法官独立。[⑪]在法官责任追究模式上，有的学者将责任分为结果责任模式、程序责任模式以及职业伦理责任模式三类。通过分析三者利弊，认为将职业伦理责任模式作为追究机制的建构范式更符合司法运行规律。[⑫]在检察官责任制方面，有学者认为检察官责任制改革需要在改变政策实施型司法模式的基础上，疏离政策实施型司法与行政审批之间的紧密关系，建立起一套检察一体与检察官独立相协调的办案机制。[⑬]

（2）关于司法权配置

有学者认为，应当从国家治理的视角展开对司法权配置问题的研究。[⑭]随着司法改革的不断深化，为保障司法权的有序运行，有学者认为应当在改革中继续坚持司法的去行政化与去地方化。[⑮]有的学者提出司法权的建构基点应在于重塑司法公信力。[⑯]而要提升司法公信力，则需要从司法独立、司法公开、司法参与、司法监督以及司法主体等多个方面来展开。[⑰]在司法权内部分工协调方面，有学者提出，应当在承认“分工负责，互相配合，互相制约”原则的基础上强调健全分工、配合、制约机制。[⑱]在司法权监督方面，有学者对法院向人大汇报工作提出质疑，认为这种做法与司法改革中有关“权责统一”的目标相背离，以后法院工作报告的主要内容应限定为经费支出、行政事务管理以及法官队伍的总体情况。[⑲]

（3）审判权运行相关问题

有学者认为，在审判权改革中，要注意进一步明确审判不公开的范围，排除相应阻力，防止审判程序“内部化”，探索使用互联网等新技术来实现审判公开。[⑳]有学者认为，在审判程序改革中，可以适度引入“协作”因素，实现诉讼程序中辩护权对裁判权的制约。[㉑]在考查审判质量时，应当在汲取域外经验的同时，结合本国实际，建立一套符合司法规律的案件评估体系。[㉒]在审判参与层面，可以适时开展人民陪审员制度改革，由精英陪审真正转为全民参与陪审。[㉓]

3. 关于证据制度

（1）证明责任

在证明责任方面，有的学者系统的对刑事公诉案件中控方责任的范畴进行梳理，批判了由辩护方、法官承担证明责任的观念。[㉔]在特殊情形中会出现适用推定的情形，有学者在详细分析推定制度的同时，提出在刑事司法中应当减少适用推定。[㉕]

（2）特殊证据规则

有学者对电子证据的适用展开探讨，提出在完善电子证据规则时，应坚持介质优先原则、义务提供原则、技术鉴定原则以及私权保护原则。[㉖]有学者还提出，为提升诉讼的对抗性，可以适当引入美国证据法中以品性弹劾证人可信性的规则。[㉗]针对 DNA 采样问题，有学者在对刑事 DNA 采样行为进行法理分析的基础上提出要建立一套完善的 DNA 采样与分析规范。[㉘]

（3）非法证据排除规则

针对非法证据排除难的问题，有学者认为，这是司法内部结构性缺陷导致的，应当采取司法解释与指导性案例相协调的方式来破解这一困局。[㉙]在非法证据排除制度完善方面，有学者认为，美国非法证据排除规则在宪法规范引领及公、检、法、律之间良性互动等方面对我国的制度建构有很强的借鉴意义。[㉚]但有学者同时提出，当代美国司法界开始对非法证据排除问题持审慎的态度，而这种限缩非法证据排除制度适用的趋势值得我国学者深思。[㉛]

（4）证明标准

2012 年刑事诉讼法正式吸纳“排除合理怀疑”标准，为适用这一标准，学者们展开了讨论。有学者将“排除何合理怀疑”视为“证据确实、充分”标准在主观层面的反应。[㉜]有学者还讨论了合议庭、审委会等不同主体如何运用该证明标准的问题。[㉝]

4. 刑事冤错案件的防治

（1）错案的预防与纠正

在错案成因方面，有学者认为，错案由直接原因（如过分依赖口供、忽略技术手段等）和深层原因（如“命案必破”理念、“三长会”做法等）导致。[㉞]

有学者在对错案类型进行分类的基础上对错案的防治提出了建议。[35]至于如何预防错案，有学者基于实证分析提出，应当通过贯彻证据裁判原则来实现错案的预防。[36]不少学者对此持赞成意见，认为可以通过可靠证据来遏制刑事错案，[37]还可以借鉴英国供述排除规则来对错案进行预防。[38]在错案纠正方面，有学者提出应当避免错案纠正的偶然性，明确何为错案，同时赋予受冤者权利，改变既有的“自我纠错为中心”的刑事再审体制。[39]

（2）错案的追究与赔偿

为防止错案的不断发生，应当建立一套有效的错案追究机制，有学者认为，首先应当确定错案责任的构成，在此基础上把握相应原则来追究司法官的错案责任。[40]对此有的学者还提出，应当遵循司法规律科学地建构刑事错案追究制度。[41]为完善赔偿制度，应当在厘清国家追偿制度内涵的基础上，进一步完善向冤案责任者进行追偿的制度。[42]

5. 其他问题的研究

在基础理论部分，有学者在对规范法学与社科法学进行评析的基础上，对法学研究方法提出了自己的见解。[43]有学者对刑事诉讼法司法解释的问题进行评析[44]，这都为理论扩展提供了不同的视角。在侦查程序方面，有学者认为，应当通过程序控制的思维来控制侦查，以分离式混合模式来规范秘密侦查行为。[45]在特殊程序方面，有学者认为，可以着手建立一套非刑强制医疗制度，与现有的涉刑强制医疗相协调。[46]对于刑事和解程序，有学者认为，可以从民、刑责任转化的视角来探讨刑事和解制度的理论基础。[47]对于涉案财物，有学者认为，可以围绕谦抑原则、平衡原则、法定原则和比例原则来对刑事涉案财物处置程序进行完善。[48]在死刑案件的处理方面，有学者认为，应当改变现有的“集中式”权威结构，通过垂直与水平两方面的改造来使权威分化，使死刑案件得到更妥善的处理。[49]

二、民事诉讼法学

随着《最高人民法院关于适用〈中华人民共和国民事诉讼法〉的解释》于2015年2月4日公布实施，我国民事诉讼法的发展正式步入了承前启后的关键阶段。如何正确理解和准确适用新司法解释对民事审判和执行工作的新规定，成为这一年民事诉讼法学术研究的重点。此外，如何贯彻落实党的十八届四中全会审议通过的《中共中央关于全面推进依法治国若干重大问题的决定》，也成为了本年度民事诉讼法学界和实务界关注的焦点。与以往相比，2015年民事诉讼学科的研究内容和研究形式呈现出多样化趋势。

（一）重要学术会议和活动

1月23日，法院执行领域改革走向研讨会暨典型案例专家论证会在北京召开。与会专家围绕“东莞市永发置业有限公司与广东海煌投资实业发展有限公司执行案”这一典型案例，研讨了我国司法实践中长期存在的案件“执行难”、法院执行领域改革的难点、重点和走向等问题。1月29日，全国政协社法委在全国政协会议楼召开“完善司法责任制”专题座谈会。专家学者和实务部门的负责同志，分别围绕推行主审法官、合议庭办案责任制，试行办案质量终身负责制和错案责任倒查问责制；改革案件审批制度；改革审委会制度；建立法院内部人员过问案件记录和责任追究制度；建立领导干部干预审判活动、插手具体案件记录、通报和责任追究制度等问题进行讨论并发表了意见。2月1日，由中国行为法学会执行行为研究会主办的“审执分离的理性选择”研讨会在北京举行。3月3日，中国法学会在京组织召开了全面深化人民法院改革暨“四五改革纲要”专家研讨会。与会专家高度评价了《最高人民法院关于全面深化人民法院改革的意见》（即修订后的法院“四五改革纲要”），并就如何全面深化人民法院改革提出了诸多建设性意见和建议。3月11日，《诉讼费用交纳办法》专家研讨会暨中国法学会2015年第8期立法专家咨询会在中国法学会机关召开。与会专家学者就草案的名称、收费标准的调整、新增收费制度、申请费与受理费的合理界定与划分、公益诉讼等特殊诉讼制度收费和退费等内容提出了进一步修改完善的建议。6月10日，由中国国家检察官学院与法国国家司法官学校合作举办的“检察官制度比较”国际研讨会在北京举行。来自中国、法国、韩国、比利时等国的40余名专家学者和检察官参会，并围绕“检察官的选任与养成制度”、“检察官的惩戒制度”、“检察官等级”、“晋升及工资保障制度”、“检察官辅助人员制度”和“检察官的办案机制”等内容展开了深入交流和研讨。7月15日，由中国法学会研究部与中国民事诉讼法学研究会主办、中国民事诉讼法学研究会承办的“民法典编撰与民事诉讼法专题研讨会”在京举行。此次会议主要围绕“民法典编撰与民事诉讼法的关系”、“民法总则建议稿中部分内容与民事诉讼法的衔接”、“民法总则建议稿中相关制度的规定”等主题进行，与会代表与专家学者就民法典编撰过程中，民法典编撰与民事诉讼法的衔接问题进行了充分的交流与讨论。8 月 15 日，由中国社会科学院法学研究所主办的“全面推进依法治国与稳妥促进司法改革理论研讨会”在京举行。本次研讨会共分为四个单元，与会学者围绕“当前司法改革的基础问题”、“以审判为中心的诉讼制度改革”、“司法改革多维视角的探讨”和“完善司法职能及保障体系”等主题展开热烈而充分的研讨。10 月 18 日，由中国人民大学法学院与食品安全治理协同创新中心共同举办的“检察机关提起公益诉讼制度理论和实践研讨会”在中国人民大学召开。本次会议围绕最高人民检察院最新发布的《检察机关提起公益诉讼改革试点方案》，从环境公益诉讼与食品安全公益诉讼两个角度进行了深入的讨论和交流。

（二）研究的主要问题

新司法解释对民事诉讼法新增和修改的重要制度进行了解释性建构，也对民事审判和执行中较为突出的法律适用问题做出了解释。相对应的，2015 年民事诉讼法学的主要研究也随之围绕确保民事诉讼程序公正、切实保障当事人诉讼权利、坚持审判公开原则、完善证据裁判规则、提高民事诉讼效率、落实诚实信用原则、保护社会公共利益、维持正常诉讼秩序的新规定而展开。其中的代表性成果主要包括以下几个方面。

1. 关于立案制度

我国原有的立案审查制度之所以长期被诟病，主要是因为其不仅对当事人行使诉权造成了一定的障碍，还导致了程序公平和效率目标双双落空。[50]为了贯彻落实党的十八届四中全会决定中关于改革人民法院案件受理制度和依法保障当事人诉权的要求，新司法解释对立案制度的相关程序进行了细致规定。有学者指出，任何一个案件的形成，均须符合法律所规定的程序要件及实体要件，因而立案必须审查。立案登记制并非摒弃法院的审查，而是变先前的“先审查、后立案”为“先立案、后审查”。[51]对于立案登记制的确立，学者充分肯定了这一举措的积极意义，认为所谓立案登记制，指的是在当事人起诉后，人民法院应当将该起诉的意思表示记录下来，并以此为起点，将由于该起诉而形成的民事案件纳入司法审判轨道进行处理。这可称为“回应型立案”，也可称为“柜台式立案”，在当事人的起诉和法院的立案之间，实现了“零距离”。[52]但也有学者指出，当事人起诉并非“零门槛”，法官只是不进行实质性审查而已。[53]要真正认识民事诉讼立案登记制的效果，还需要根据民事诉讼的规律来加以解读，对其可能带来的问题进行充分估计，并需要及早建立相应的配套措施，从而与司法改革的整体目标相契合。[54]还有学者认为，现行民事案件受理体制的实质和关键问题在于起诉条件设置的不合理，即错误地将实体判决要件（诉讼要件）置入起诉条件之中。这导致无法实现建立立案登记制的改革目标。因此，必须修正起诉条件，将实体判决要件（诉讼要件）的审理置于受理后的诉讼阶段，才能真正实现立案登记制。[55]

2. 关于证据制度

证据制度是现代民事诉讼制度的基石。新司法解释对证据问题所做的规定，是在总结最高人民法院《关于民事诉讼证据的若干规定》实施以来的审判实践经验的基础上，根据新民事诉讼法的规定，对原有证据相关规定的全面修改。[56]学者大都肯定了新司法解释对证据裁判主义的贯彻，同时也从不同角度提出了其中存在的问题和不足。例如，有学者从民事司法改革“庭审中心主义”的角度指出，关于组织证据交换、召开庭前会议等内容的规定，仍然是从方便法院工作的角度出发，而非为了保障当事人的诉权；[57]也有学者指出对电子证据的相关规定，虽然确立了规范层面电子证据作为法定证据类型的独立地位，但由于电子证据的“载体危机”和民事诉讼证据书证化的特点，以及在证明程序方面缺少具体化规定，导致电子证据难以实现实质独立；[58]还有学者从民事庭审质证的主体、客体、内容和方式四个方面对现行规定作出评述，认为目前民事证据理论研究仍需对庭审质证的基本要素进一步深入研究，才能纠正学术领域的诸多认识误区，并最终服务于构建科学、合理而严谨的民事庭审质证制度。[59]此外，针对举证责任分配原则的问题，有学者将其具体化到特定类型的案件中进行分析和认识，例如医疗纠纷中“病历瑕疵”的认定问题[60]；针对证据交换程序的相关规定，有学者结合规范分析和实证分析的研究方法，提出了构建法官指导型证据交换程序的建议。[61]

3. 关于公益诉讼

新司法解释在公益诉讼的特别规则和程序方面有所拓展和铺陈，对公益诉讼的立案条件、行政机关对公益诉讼中的知情与介入、公益诉讼和私益诉讼的关系等问题都做出了较为明确的规定，同时对公益诉讼的类型化发展也提供了规范性依据。然而同时也要看到，公益诉讼规范尚不够体系化，某些规定还有待继续完善。[62]有学者从比较研究的视角，对比分析了美国在环境公益诉讼领域的相关规定，认为我国在诉讼主体资格方面限制过严，同时缺少对诉讼成本的调整规则；[63]也有学者提出我国关于公益诉讼的受案范围规定明显过窄，建议应当扩展至环境保护、国有资产流失、违法出让国有土地使用权、违法使用公共资金、城市规划、公民基本权利保护、食品安全等领域；[64]还有学者针对消费者团体提起公益诉讼的问题提出看法，认为消费者团体提起公益诉讼仅限于社会公共利益受到损害的场合，“侵害众多消费者合法权益”只是判断社会公共利益是否受到损害的形式标准，因此并非指实际受到侵害的消费者人数“众多”，而是指不特定的消费者可能受到侵害。考虑到公益诉讼的适用范围和基本类型受到严格限制，应从制度层面强化代表人诉讼，处理好消费者公益诉讼与私益诉讼的关系，并充分尊重公益诉讼的特殊性，就消费公益诉讼制定特别规则。[65]此外，针对最高人民检察院于7月2日印发的《检察机关提起公益诉讼试点方案》，学者还专门就检察机关提起民事公益诉讼试点工作提出建议：有学者从检察机关提起公益诉讼的意义和优势论述了检察机关作为公益诉讼主体的合理性和优越性，并提出了检察机关提起公益诉讼应当遵循的尊重私权、谦抑审慎、循序渐进和最终守护四条原则；[66]还有学者提出，检察机关在试点过程中应当充分吸收各地检察机关探索公益诉讼的实践经验，并且应当遵循民事公益诉讼的一般原理，对检察机关提起民事公益诉讼所面临的特殊程序问题设置特别的程序规则。[67]

4. 关于诚实信用原则

诚实信用原则作为民事诉讼法修改后新增的基本原则，在分则部分和新司法解释的具体规定中都有相应体现，学者也从不同的角度对其提出了各自的观点。有学者认为，在诚实信用原则明文化、法定化的背景下，确立民事诉讼当事人的真实义务，既是诚实信用原则的基本要求和重要实现环节，也对遏制司法实践中普遍存在的虚假诉讼、恶意诉讼、证明妨碍等现象具有积极意义。[68]也有学者从人民检察院与人民法院之间权力监督与制约的关系的角度提出，诚实信用原则被纳入民事检察监督制度中，对提升检察公信力、理顺检察院和法院关系的中间环节和保护当事人权利，有着不可比拟的优势。而为了进一步在民事检察监督中贯彻诚实信用原则，还需要对检察官内心和检察院行使法律监督权形成约束，并且将国家目的的实现和私法秩序的维系相统一。[69]但也有学者认为，由于诚实信用原则本身的抽象性以及天然的伦理性等特征，在目前司法权威和公信力不足的情况下，该原则的适用无疑是对法院的考验。[70]还有学者从比较研究的视角，通过对美国禁反言规则适用条件的分析，对比得出我国当前诉讼模式也是制约诚实信用原则更好实现的原因之一。[71]还有实务界学者提出，对违反诚实信用原则的诉讼行为，特别是虚假诉讼行为，大多具有“发现难”、“查证难”和“追责难”的特征，民事行政检察部门对虚假诉讼的监督工作尚未形成相当的规模和有效的监督态势，同时还存在办案力量和人员素质难以适应工作需要等困难。[72]

注：

①王敏远：《以审判为中心的诉讼制度改革问题初步研究》，《法律适用》，2015 年第 6 期。

②樊崇义、张中：《论以审判为中心的诉讼制度改革》，《中州学刊》，2015 年第 1 期。

③张建伟：《审判中心主义的实质内涵与实现途径》，《中外法学》，2015 年第 4 期。

④陈光中、步洋洋：《审判中心与相关诉讼制度改革初探》，《政法论坛》，2015 年第 2 期。

⑤沈德咏：《论以审判为中心的诉讼制度改革》，《中国法学》，2015 年第 3 期。

⑥樊崇义：《“以审判为中心”与“分工负责、互相配合、互相制约”关系论》，《法学杂志》，2015 年第 11 期。

⑦汪海燕：《论刑事庭审实质化》，《中国社会科学》，2015 年第 2 期。

⑧张建伟：《审判的实质化：以辩方的视角观察》，《法律适用》，2015 年第 6 期。

⑨樊崇义、李思远：《以审判为中心背景下的诉审、诉侦、诉辩关系刍议》，《人民检察》，2015 年第 17 期。

⑩魏晓娜：《以审判为中心的刑事诉讼制度改革》，《法学研究》，2015 年第 4 期。

⑪蒋惠岭：《“法院独立”与“法官独立”之辩——一个中式命题的终结》，《法律科学》，2015 年第 1 期。

⑫陈瑞华：《法官责任制度的三种模式》，《法学研究》，2015 年第 4 期。

⑬杜磊：《检察官办案责任制改革探索》，《环球法律评论》，2015 年第 3 期。

⑭沈德咏、曹士兵、施新州：《国家治理视野下

的中国司法权构建》，《中国社会科学》，2015 年第 3 期。

⑮冀祥德：《全面深化司法体制改革的两个支点》，《北京联合大学学报（人文社会科学版）》，2015 年第 3 期。

⑯陈光中：《略谈司法公信力问题》，《法制与社会发展》，2015 年第 5 期。

⑰孟军、甄贞：《司法改革中司法公信力问题研究》，《湖北社会科学》，2015 年第 9 期。

⑱卞建林：《健全司法权分工配合制约机制的思考》，《河南社会科学》，2015 年第 1 期。

⑲张泽涛：《法院向人大汇报工作的法理分析及其改革——以十八大以来法院体制改革为主线》，《法律科学》，2015 年第 1 期。

⑳肖沛权：《推进司法公开问题的思考》，《法学》，2015 年第 12 期。

㉑亢晶晶：《协同主义诉讼模式在刑事诉讼中的导入——兼谈我国控辩审关系的反思与重构》，《法律科学》，2015 年第 3 期。

㉒施鹏鹏、王晨辰：《论司法质量的优化与评估——兼论中国案件质量评估体系的改革》，《法制与社会发展》，2015 年第 1 期。

㉓汪建成、刘泊宁：《论我国人民陪审制度改革的方向——基于人民陪审制度功能的思考》，《东岳论丛》，2015 年第 8 期。

㉔顾永忠：《论我国刑事公诉案件举证责任的突破、误区及理论根基》，《甘肃社会科学》，2015 年第 2 期。

㉕陈瑞华：《论刑事法中的推定》，《法学》，2015 年第 5 期。

㉖樊崇义、李思远：《论我国刑事诉讼电子证据规则》，《证据科学》，2015 年第 5 期。

㉗汪诸豪：《美国法中基于品格证据的证人弹劾》，《比较法研究》，2015 年第 2 期。

㉘刘广三、汪枫：《刑事 DNA 采样和分析中的法理思考》，《法学杂志》，2015 年第 3 期。

㉙马明亮：《非法证据排除规则的结构性困境——基于内部视角的反思》，《现代法学》，2015 年第 4 期。

㉚熊秋红：《美国非法证据排除规则的实践及对我国的启示》，《政法论坛》，2015 年第 3 期。

㉛吴宏耀：《美国非法证据排除规则的当代命运》，《比较法研究》，2015 年第 1 期。

㉜卞建林、张璐：《“排除合理怀疑”之理解与适用》，《国家检察官学院学报》，2015 年第 1 期。

㉝杨宇冠、郭旭：《“排除合理怀疑”证明标准在中国适用问题探讨》，《法律科学》，2015 年第 1 期。

㉞陈永生：《论刑事错案的成因》，《中外法学》，2015 年第 3 期。

㉟王敏远：《死刑错案的类型、原因与防治》，《中外法学》，2015 年第 3 期。

㊱汪建成：《论证据裁判主义与错案预防——基于 16 起刑事错案的分析》，《中外法学》，2015 年第 3 期。

㊲樊崇义、胡志风：《美国通过可靠证据遏制刑事错案的机制考察》，《国家检察官学院学报》，2015 年第 3 期。

㊳史立梅：《英国供述排除规则对我国防范冤假错案之借鉴》，《国家检察官学院学报》，2015 年第 3 期。

㊴李奋飞：《刑事误判纠正依赖“偶然”之分析》，《法学家》，2015 年第 4 期。

㊵朱孝清：《试论错案责任》，《人民检察》，2015 年第 16 期。

㊶樊崇义、刘文化：《客观与理性：刑事错案责任追究制度的理念建构》，《安徽大学学报（哲学社会科学版）》，2015 年第 4 期。

㊷顾永忠：《国家追偿制度的理性思考》，《当代法学》，2015 年第 5 期。

㊸陈瑞华：《法学研究方法的若干反思》，《中外法学》，2015 年第 1 期。

㊹王敏远：《2012 年刑事诉讼法修改后的司法解释研究》，《国家检察官学院学报》，2015 年第 1 期。

㊺程雷：《诱惑侦查的程序控制》，《法学研究》，2015 年第 1 期。

㊻魏晓娜：《从“被精神病”再现看我国非刑强制医疗制度之疏失》，《国家检察官学院学报》，2015 年第 4 期。

㊼李会彬：《刑事和解制度的理论基础新探——以刑、民责任转化原理为视角》，《法商研究》，2015 年第 4 期。

㊽熊秋红：《刑事诉讼涉案财物处置程序检视》，《人民检察》，2015 年第 13 期。

㊾魏晓娜：《论死刑案件的权威结构》，《中国刑事法杂志》，2015 年第 2 期。

㊿傅郁林：《再论民事诉讼立案程序的功能与结构》，《民事程序法研究》，2015年第1期。

[illegible]localhost51许尚豪、瞿叶娟：《立案登记制的本质及其建构》，《理论探索》，2015年第2期。

52汤维建：《立案登记制的意义及其程序操作》，《中国审判》，2015年第5期。

53段文波：《起诉制度的理论基础和制度前景》，《中外法学》，2015年第4期。

54范愉：《立案登记制与多元化纠纷解决机制》，《中国审判》，2015年第15期。

55张卫平：《民事案件受理制度的反思与重构》，《法商研究》，2015年第3期。

56宋春雨：《新民事诉讼法司法解释中若干证据问题的理解》，《人民司法》，2015年第13期。

57蒋惠岭、杨小利：《重提民事诉讼中的"庭审中心主义"——兼论20年来民事司法改革之轮回与前途》，《法律适用》，2015年第12期。

58刘哲玮：《电子证据：从法条独立到实质独立》，《证据科学》，2015年第6期。

59刘晓兵：《民事庭审质证的基本要素研究》，《证据科学》，2015年第3期。

60孙铭溪：《医疗纠纷证据认定的制度性调和——以瑕疵病历认定为视角》，《法律适用》，2015年第12期。

61陈昶屹：《试论构建法官指导型民事证据交换程序》，《法律适用》，2015年第3期。

62汤维建：《评司法解释中的公益诉讼》，《山东社会科学》，2015年第7期。

63曹明德：《中美环境公益诉讼比较研究》，《比较法研究》，2015年第4期。

64解志勇：《公益诉讼受案范围不宜过窄》，《人民检察》，2015年第14期。

65吴光荣、赵钢：《消费者团体提起公益诉讼基本问题研究》，《法律适用》，2015年第5期。

66汤维建：《检察机关提起公益诉讼试点相关问题解析》，《中国党政干部论坛》，2015年第8期。

67肖建国：《检察机关提起民事公益诉讼应注意两个问题》，《人民检察》，2015年第14期。

68于鹏：《民事诉讼当事人真实义务研究——从诚实信用原则制度化的视角出发》，《法律适用》，2015年第10期。

69张一博、马军：《论民事诉讼监督规则中的诚实信用原则》，《中国检察官》，2015年第4期。

70王二环：《诚实信用原则在民商事审判中的应用》，《法律适用》，2015年第12期。

71李一凡：《论美国衡平禁反言的适用》，《黑龙江省政法管理干部学院学报》，2015年第3期。

72郑新俭、吕洪涛等：《民事虚假诉讼检察监督问题研究》，《中国检察官》，2015年第23期。

（作者：陈卫东、汤维建、刘计划，中国人民大学教授；孔祥承、李海尧，中国人民大学博士生、硕士生）

经济法学

朱大旗 吴宏伟 胡延玲

一、2015年中国经济法立法之简要梳理

（一）修订的法律

1.《中华人民共和国保险法》（第三次修正）、《中华人民共和国证券投资基金法》（第二次修正）、《中华人民共和国税收征收管理法》（第三次修正）已由中华人民共和国第十二届全国人民代表大会常务委员会第十四次会议于2015年4月24日修订通过并于当日公布，自公布之日起施行。

2.《中华人民共和国广告法》已由中华人民共和国第十二届全国人民代表大会常务委员会第十四次会议于2015年4月24日修订通过，自2015年9月1日起施行。

3.《中华人民共和国食品安全法》已由中华人民共和国第十二届全国人民代表大会常务委员会第十四次会议于2015年4月24日修订通过，自2015年10月1日起施行。

4.《中华人民共和国商业银行法》（第二次修正）已由中华人民共和国第十二届全国人民代表大会常务委员会第十六次会议于2015年8月29日修订通过并于当日公布，自2015年10月1日起施行。

（二）颁布的行政法规

1.《中华人民共和国政府采购法实施条例》已

经 2014 年 12 月 31 日国务院第 75 次常务会议通过，2015 年 1 月 30 日公布，自 2015 年 3 月 1 日起施行。

2.《存款保险条例》已经 2014 年 10 月 29 日国务院第 67 次常务会议通过，2015 年 2 月 17 日公布，自 2015 年 5 月 1 日起施行。

（三）国务院规范性文件

1.《国务院关于印发进一步深化中国（上海）自由贸易试验区改革开放方案的通知》（国发〔2015〕21 号）于 2015 年 4 月 8 日发布并实施。

2.《国务院关于印发中国（广东）自由贸易试验区总体方案的通知》（国发〔2015〕18 号）于 2015 年 4 月 8 日发布并实施。

3.《国务院关于印发中国（天津）自由贸易试验区总体方案的通知》（国发〔2015〕19 号）于 2015 年 4 月 8 日发布并实施。

4.《国务院办公厅关于印发自由贸易试验区外商投资准入特别管理措施（负面清单）的通知》（国办发〔2015〕23 号）于 2015 年 4 月 8 日发布，2015 年 5 月 8 日实施。

5.《国务院关于同意设立湖南湘江新区的批复》（国函〔2015〕66 号）于 2015 年 4 月 8 日发布并实施。

6.《国务院关于实施银行卡清算机构准入管理的决定》（国发〔2015〕22 号）于 2015 年 4 月 9 日发布，自 2015 年 6 月 1 日起实施。

7.《国务院批转发展改革委关于 2015 年深化经济体制改革重点工作意见的通知》（国发〔2015〕26 号）于 2015 年 5 月 8 日发布并实施。

8.《国务院关于税收等优惠政策相关事项的通知》（国发〔2015〕25 号）于 2015 年 5 月 10 日发布并实施。

9.《国务院办公厅转发财政部人民银行银监会关于妥善解决地方政府融资平台公司在建项目后续融资问题意见的通知》（国办发〔2015〕40 号）于 2015 年 5 月 11 日发布并实施。

10.《国务院关于印发推进财政资金统筹使用方案的通知》（国发〔2015〕35 号）于 2015 年 6 月 16 日发布并实施。

11.《国务院关于促进融资担保行业加快发展的意见》（国发〔2015〕43 号）于 2015 年 8 月 7 日发布并实施。

12.《国务院办公厅关于加快融资租赁业发展的指导意见》（国办发〔2015〕68 号）于 2015 年 8 月 31 日发布并实施。

13.《国务院办公厅关于促进金融租赁行业健康发展的指导意见》（国办发〔2015〕69 号）于 2015 年 9 月 1 日发布并实施。

14.《国务院关于改革和完善国有资产管理体制的若干意见》（国发〔2015〕63 号）于 2015 年 10 月 25 日发布并实施。

15.《国务院关于加快实施自由贸易区战略的若干意见》（国发〔2015〕69 号）于 2015 年 12 月 6 日发布并实施。

（四）司法解释

《最高人民法院关于适用〈中华人民共和国保险法〉若干问题的解释（三）》已于 2015 年 9 月 21 日由最高人民法院审判委员会第 1661 次会议通过，自 2015 年 12 月 1 日起施行。

二、学术研讨活动（按会议时间排序）

（一）第七届中国财税法前沿问题高端论坛

2015 年 3 月 29 日，由中国财税法学研究会、北京大学财经法研究中心主办，辽宁大学法学院、辽宁大学财税法研究中心承办的第七届中国财税法前沿问题高端论坛在辽宁大学召开。会议主题为“新立法法与全面落实税收法定原则”。来自北京大学、中国人民大学、中国政法大学等多所高校的共二十余位专家学者参加了会议。

会议由辽宁大学财税法研究中心主任任际教授主持，中国财税法学研究会会长刘剑文教授致开幕词。刘剑文教授指出，在新《立法法》第八条中将原先规定实行法律保留的“税收基本制度”进一步细化，使税收法定原则在法律层面更为明晰的确立。会议第一阶段由中央财经大学汤贡亮教授主持，北京大学刘剑文教授和中国政法大学施正文教授作主题发言。会议第二阶段由中国人民大学朱大旗教授主持，中央财经大学汤贡亮教授和浙江大学谭立教授作主题发言。会议第三阶段由中国政法大学施正文教授主持，中国人民大学朱大旗教授和首都经济贸易大学周序中教授作了主题发言。朱大旗教授分析了税收法定原则的内涵、根本要义、精神实质、实现途径、目的、渊源等问题。周序中教授认为税收法定原则和税收公平原则是税法学界公认的税法的两大基本原则，两者相辅相成，不可偏颇。会议第四阶段由首都经济贸易大学周序中教授主持。中国财税法学研究会会长刘剑文教授在会议最后阶段总结发言。

与会专家学者一致认为本次论坛是在新立法法明

确细化税收法定之后，财税法学界在全国范围内最早召开的，对税收法定最新问题、最前沿问题进行深入研讨的高端会议。

（二）北京市经济法学会2015年年会

2015年4月18日，北京市经济法学会2015年学术年会在中国人民大学法学院顺利召开，来自北京大学、清华大学、中国人民大学、中国政法大学等高校科研系统的学者，来自北京地区法院、工商部门、律师事务所等单位的实务专家共计120余人与会，围绕"经济发展新常态背景下经济法的理论创新与制度完善"主题展开了深入的研讨。

开幕式由北京市经济法学会会长、中国人民大学法学院教授徐孟洲主持。徐孟洲教授以"经济发展新常态下中国经济法的发展"为题，阐述了经济发展新常态的特征及其背景下经济法理念更新问题；石金平副院长结合审判实务，提出新常态下的经济发展应特别注意建立人民问责制、权力问责制和具体经济法责任制；郑俊果副教授认为经济发展新常态是从西方工业文明"以在养在"人域型的经济法世界观，向注重自然生态文明"以相养在"人际型法的经济法治系统理念及其世界观的转变。

闭幕式环节，北京市经济法学会副会长、中国人民大学法学院教授朱大旗对本次会议做总结，对参加本次会议的领导、嘉宾、专家、学者表示感谢。

（三）第十届中国经济法治论坛

2015年6月13日，由中国人民大学经济法学研究中心和南京大学法学院联合举办的"第十届中国经济法治论坛"在南京大学召开。本次论坛的主题是"全面推进依法治国背景下的经济法与竞争"，来自中国人民大学、中国政法大学、吉林大学、上海交通大学等高校的专家学者60余人参加本次论坛。与会学者就"政府调控监管与竞争"、"规划产业规则与竞争政策"、"市场公平竞争法治新问题"等议题展开了深入的交流与讨论。

论坛开幕式由南京大学法学院院长李友根教授主持并代表主办方致欢迎辞，中国经济法学研究会副会长、中国人民大学经济法学研究中心主任史际春教授致开幕词。在论坛主题演讲中，刘文华教授以"振兴经济法的几点主张"为主题发布演讲。史际春教授以"市场决定资源配置与经济法"为主题发布演讲。在会议专题分组研讨中，与会专家就相关经济法问题展开了热烈的研讨。

会议由中国人民大学经济法学研究中心副主任朱大旗教授致闭幕词，他指出与会专家对会议主题进行了充分的讨论并提出诸多真知灼见，在多个专题问题研究方面达成了共识。

（四）中国经济法学研究会2015年年会暨第二十三届全国经济法理论研讨会

2015年9月19日至20日中国经济法学研究会2015年年会暨第二十三届全国经济法理论研讨会在河北大学隆重召开。本次研讨会由中国法学会经济法学研究会主办，河北大学政法学院、河北大学国家治理法治化研究中心承办，会议主题为"全面改革、依法治国与经济法"。

河北省人民政府法制办公室主任时清霜、河北省人民检察院副检察长何秉群、河北省法学会副会长田沧生、中国经济法学研究会副会长王晓晔以及河北大学政法学院党委常委杨立海教授出席开幕式并致辞，中国人民大学法学院徐孟洲教授主持大会开幕式主题发言。

开幕式后，围绕"全面改革、依法治国与经济法"这一主题，杨紫烜、顾功耘、叶明、黎江虹、刘广明、李安安等专家、学者分别作了精彩的大会发言。在会议的专题讨论阶段，来自北京大学、中国人民大学、中国政法大学、中国社会科学院、西南政法大学等90余所高等院校和科研院所的200多位专家、学者分成"经济法总论、财税法、竞争法、金融法以及公司法"等专题组，对相关主题进行了热烈研讨。

（五）中国银行法学研究会2015年年会

2015年10月31日，由中国银行法学研究会主办，成都农商银行承办的"中国银行法学研究会2015年年会"在成都举行。来自中国人民银行、中国银监会、最高人民检察院、上海市人民检察院、中国银行等部门的金融法专家和来自中国政法大学、中国人民大学、西南政法大学等高校的金融法学者200余人参加了年会。

本次年会的主题是"新常态下的金融法治创新"，与会专家学者围绕农村金融法治、互联网金融法治、"一带一路"与金融创新等问题展开了研究与讨论。参会嘉宾围绕《农村金融立法创新与实践》、《银行业立法的新思路》、《新常态下金融法治创新的思考》、《金融创新与法律监管》等发表了主旨演讲，提出了诸多开创新的意见和建议。此外，在专题讨论中，来自各行业的参会嘉宾围绕"农村金融法治"、"互联网金融法治"、"'一带一路'与金融创新"等话题进行了专项研讨，在许多金融立法空白领域形成了共识。

（六）北京市法学会金融与财税法学研究会 2015 年年会暨第五届首都金融财税法论坛

2015 年 11 月 15 日，北京市法学会金融与财税法学研究会 2015 年年会暨第五届金融财税法论坛在北京联合大学应用文理学院成功召开。来自国务院法制局、民盟中央法制委员会、国家税务总局、财政部条法司、北京市发改委、中国法学会、北京市工商银行、汇丰银行北京分行、中国人民大学、北京大学、中共中央党校等政府机关、实务部门、各大高校以及律师界的百余位专家学者齐聚一堂，学习了党的十八届五中全会精神，围绕当前我国财税、金融改革重要问题进行了研讨。

（七）中国财税法学研究会 2015 年年会暨第 23 届海峡两岸财税法学术研讨会

2015 年 12 月 5 日至 6 日，中国财税法学研究会 2015 年年会暨第 23 届海峡两岸财税法学术研讨会在华南理工大学召开。中国法学会党组书记、常务副会长陈冀平，广东省法学会会长、省政协副主席梁伟发，华南理工大学党委书记杜小明，中国法学会研究部主任李仕春等出席会议。来自北京大学、中国人民大学、中国政法大学、中国社会科学研究院等数十所高校以及全国人大常委会、国家税务总局等国家机关和实务部门的 300 多位专家学者参加会议。

论坛分为大会发言、小组讨论、青年论坛和法治沙龙四个阶段，围绕“依法治国与财税法定原则”、“财税法的性质、功能与体系”两大主题，共有四十七位学者发表演讲，十八位学者做精彩点评。与会专家学者普遍认为，财税法定原则是财税法的基本原则，不仅需要在实践中加以贯彻，也需要在理论上继续深入研究，探寻其实质和精髓，回应国家法治建设的迫切需求。财税法研究应当从推动国家治理现代化、全面依法治国和推进法学学科整体发展的高度来定位学科的性质、功能和任务。

（八）第一届“中国财税法治 30 人论坛”暨“全面深化改革背景下地方财税法治建设”研讨会

2015 年 12 月 26 日，在中国法学会指导下，“中国财税法治 30 人论坛”在上海成立，并举办了以“全面深化改革背景下地方财税法治建设”为主题的学术研讨会。研讨会由中国财税法学研究会主办，华东政法大学财税法研究中心承办。中国法学会研究部副主任李存捧先生，中国商法学研究会副会长、华东政法大学副校长顾功耘教授，华东政法大学经济法学院副院长陈岱松教授，中国财税法学会会长，北京大学刘剑文教授出席了开幕式，并先后致词。来自北京大学、中国人民大学、中国政法大学、中国社会科学院法学所、上海交通大学等高校和国家税务总局税收科学研究所、《税务研究》杂志社、《中国税务报》社等部门的专家学者 40 余人与会，就“税收法定与地方财税体制改革”、“地方税理论与地方税制创新”、“地方预算法治化及现代化建设”、“地方财政能力建设与征管体制现代化”、“自贸区建设与地方融资法制创新”等论坛主题进行了广泛而深入的探讨，这将对我国下一阶段财税体制改革和财税法治的进一步深化奠定理论基础。

三、经济法学术研究的基本情况

（一）关于经济法主体制度的研究

有学者认为，市场经济就是法治经济。先进的制度设计也是生产力。以新公司法的实施为契机，以注册资本登记制度改革为核心的商事制度改革在全国范围内落地生根、开花结果，形成了波澜壮阔的创业热潮，激发了大众创业、万众创新的市场活力。[①]

有学者认为，新《公司法》取消了最低注册资本的限制，改实缴制为认缴制，并不意味着股东可以对注册资本及其认缴和履行问题进行随意约定。合同法本身对股东出资契约之安排构成一种法律约束——按照“权利必须善意行使”及“有约必守”的原则，不当约定会产生责任风险。因此，股东应当理性进行出资的认缴承诺，并切实履行相关承诺。[②]

有学者认为，法定资本是一种多元的结构，并非只是大陆法系国家的专利，最早的法定资本制度出现在英国公司法中。法定资本的改革必须是一种系统化的改革，而且任何公司资本制度都有其合约、经济与文化基础。大量的实证数据表明，我国取消最低注册资本、改实缴制为合约缴纳制等改革措施欠缺合约逻辑和经济逻辑，也不符合我国的文化偏好。[③]

有学者认为，在安盛案中，法院认为公司章程可以规定股东会之罚款权，但应明确其标准、幅度，否则股东会作出的处罚决议属无效决议。在中国尚未形成关于社团罚（包括公司内部处罚权）的完备体系，有关社团罚之性质、权源基础、设定依据及司法审查等等，均需参考德国法予以完善。[④]

（二）关于宏观调控法的研究

1. 关于财政法的研究

有学者认为，财政是国家治理的基础和重要支柱，这与“理财治国”观念一脉相承。在现代国家，法治构成了国家运行和发展的基本轨道，因此，国家治理的现代化从本质上看就是国家治理的法治化。从整体主义视角出发，财税改革与财税法治密切衔接、相互配合，堪称国家治理的两大核心要素，共同铺就了建立法治化的现代财政制度的必由之路。⑤

有学者认为，财税法在不同国家形态下、不同社会时期中表现出不同的功能，而且在重要历史节点中往往也发挥着推动甚至是决定性的作用。在“四个全面”的新阶段，应当从国家治理现代化的高度来完整地认识财税法的功能，由此才能更好地推动我国的法学学科整体发展和法治事业进步。在“跳出财税法看财税法”的检视下，财税法功能在范围上涵摄经济、社会、政治各方面，在立场上则由“权力本位”转向“权利本位”、从“管理”转向“法治”、从“治民之法”转向“治权之法”。⑥

有学者认为，财税法总论应当以“公共财产”这一核心范畴为主线，突出问题导向的研究范式。在制度之上的基础问题方面，重点是明确财税法作为公共财产法、收入分配法、纳税人权利保护法的本质属性，强调“理财治国”的理念指引和财税法定、民主、平衡等基本原则；在制度之间的共通问题方面，应提炼以宪法为统领的财税法律体系，并探索财税法律关系的统一研究方式。⑦

2. 关于预算法的研究

有学者认为，权力机关对政府预算全方位的审查监督是现代预算监督体系中最重要的一环，是现代预算人民主权的集中体现。在我国，通过各级人大及其常委会对政府预算实施全方位的审查监督，可以有效地规范、控制和监督政府财政收支行为，进而规范政府的施政范围、方向和具体施政行为，保证政府施政行为不越位、不缺位，保障人民大众的公共财政福利和社会公共需要最大化、最优化的实现。新的《预算法》修订在确立预算完整性原则和全口径政府预算体系、强化人大对预决算的全过程监督、加强人大对政府预决算草案的实质审查能力、细化预算违法行为种类等方面做出了明确规定。但要落实这些制度规定，需要在预算编制细化与编制能力加强、各级人大预决算审查体制暨能力建设、加快财税领域立法步伐、引入一定程度的公民直接参与预算、明确预算法律责任追究体制机制等方面做出更切实的制度安排与努力。⑧

有学者认为，新《预算法》体现出由“管理法”向“控权法”的转变，本质上是为了更好地保护社会公共利益，实现公共财产有效治理。在新的观念指引下，新《预算法》较好地体现出规范原则、全面原则和透明原则。⑨

有学者认为，预算制度的产生，本来就缘于对政府恣意收支行为的监督；而预算制度的发展，则融入了更多的监督因素，由此使“监督”成为贯穿预算制度的重要经脉。在这个意义上，预算法不仅是“分配法”、“调控法”，也是“监督法”。⑩

有学者认为，各级人大及其常委会作为人民的代表对预算实施全方位的审查、监督，其实质要义是指政府的全部收入和支出都应当纳入预算，实施规范化、法治化的动态管理、监督和控制。其更深层的要义在于借由动态的预算过程将政府的一切财政收支活动纳入规范化、法治化的轨道，纳入人民大众及其代表（人大）的监控视野；实现现代民主法治国家的最高主权者、预算资金的来源者暨预算支出的受益者——人民大众对政府财政收支活动的直接或者间接的参与、控制和监督，实现现代国家的公共财政暨公共政策治理，进而实现对政府施政范围、施政方向和具体施政行为的规范和控制；保证政府施政行为不越位、不缺位，保障人民大众整体利益最优化实现。⑪

有学者认为，在迈向现代预算也即公共预算、法治预算的进程中，我国对预算目的的认知已由片面强调实现国家职能、保障公权力行使逐步转变为满足公共需求、促进民众权利的实现。正因为这种基本理念的转变，预算权力格局不能再由公权力主体尤其是行政公权主体所统领。如何更好地彰显人民在预算过程中的主体地位，如何在预算过程中切实体现和贯彻人民的利益与意愿，已成为我国预算权体系变革的方向。认真对待这种变革，我们应深刻体认和秉持“以人为本”、“人民主权”的基本理念，落实预算法治的立法保留原则、完善人大代表的预算审批权和监督权、明确民众直接性的预算权利，这是夯实现代预算权体系中人民主体地位的基础。⑫

有学者认为，我国预算法以前确立的是“量入为出”基础上的预算平衡原则，但随着市场经济改革的逐步深入，政府与市场关系的逐渐厘清，预算法修正案对政府理财观做了必要的调适，正在走向“以支定收”基础上的预算平衡，并通过有限允许地方政府举债、实行国债余额控制和构建跨年度预算平衡机制等微观层面的举措来实现此种动态的预算平衡。同时，国家推行的“简政放权”改革和划分政府事权清单，为“以支定收”基础上的预算平衡提供了宏观的制度保障。⑬

3. 关于税法的研究

有学者认为，税收法定原则与现代国家相伴而生，是民主法治理念在税收领域的体现，也因此成为税法上的“帝王原则”。在本土语境下，应当澄清和走出广义的法律界定、保守的立法策略和改革的惟效率论等认识误区，将落实税收法定原则作为推动改革发展和法治建设的突破口。落实路径应分三步走：一是从“无法”到“有法”；二是从“有法”到“良法”；三是从“良法”到“善治”，将税收立法、执法、司法和守法全过程纳入法治框架，并在税收法定的基础上进一步实现财政法定。[14]

有学者认为，落实税收法定原则是对税改最基本的法治期待。2014年开启的新一轮税制改革应继承既往经验，正视现实问题，坚守基本价值，以推进税收法治和国家整体治理体系的现代化。[15]

有学者认为，房地产税法的功能应定位在以保障组织财政收入为主、宏观调控为辅。这既是我国当前发展阶段对尽快出台房地产税法的客观要求，又是全面落实税收法定原则的重要举措。[16]

有学者认为，在国家治理体系与治理能力现代化建设不断推进的当下，《税收征收管理法》的修改需要纳入治理的整体语境中加以考量，尤其是要将纳税人权利保护作为本次修法的重要着力点。[17]

有学者认为，我国应当以修订《税收征收管理法》为契机，转变税收观念，正确处理征税权力和纳税权利的关系，明确规定纳税人的诚信推定权，限制税务机关检查权的边界，完善举证责任的分配，以落实诚实纳税推定权、推进税收法治。[18]

4. 关于金融法的研究

有的学者建议扩大证券外延，凡是具有投资回报期待的各类资本证券均应纳入证券法调整。主张在资本市场进一步简政放权，充分鼓励自由、公平的市场竞争。主张进一步完善IPO核准制的制度设计，审核权作为注册权的核心权能必须由证券监管机构统一行使，而不能由证券交易所行使。建议重典治乱，创新民事责任、行政责任与刑事责任的追究机制。主张进一步完善信息披露制度，推动资本市场透明化。[19]

2015年6月中旬以来中国A股市场出现剧烈震荡，引发监管层出台一系列救市措施。有学者认为，法治是我国资本市场改革、发展与治理的基本方式，救市必须以法为基。[20]

有学者认为，我国的新股发行核准制扭曲了市场力量，建立以信息披露为核心的注册制是改革方向。从核准制到注册制改革的过程乃从行政力量到市场力量回归的过程。在这一过程中，现有的发审委可改为股票发行聆讯委员会，独立于证监会和交易所，成为注册制的重要制度机制。在实际操作层面，聆讯机制前期可以作为替代性的审核机制，随着市场成熟则转变为建议机制，最后转变为市场的参考机制。推进注册改革必须加强信息披露，以解决信息不对称问题。同时，还须完善发行定价监管机制、优化新股发行条件，从而形成推进注册制改革的合力，使我国新股发行回归市场本质。[21]

为建立有效的融资融券担保制度以保证交易顺利进行，我国相关立法引入“信托”概念，借助信托原理及框架构建融资融券担保法律关系，但学界对此提出诸多理论质疑。对此，有学者提出“信托构造”的分析视角，认为现行制度是立法者借用信托原理规范融资融券担保的一种制度抽象，具有合理性和现实意义。[22]

有学者认为，随着P2P网贷和股权众筹等互联网金融交易在国内的迅猛发展，其本身蕴涵的风险也在实际交易中凸显出来，而受伤害的是广大金融消费者。面对此种现状与问题，亟须从保护金融消费者权益入手，研究构建互联网金融交易中的金融消费者纠纷解决机制。[23]

有学者认为，“丝绸之路”金融法律合作必须在全球性国际金融组织和相关法规的调整下进行，包括世界贸易组织、国际货币基金组织、巴塞尔银行监管委员会、世界银行等，同时要受相关区域性金融及法律合作组织的规范。“丝绸之路”金融法律合作机制主要包括市场准入法律机制、货币流通法律合作机制、外汇管制法律合作机制、投资开发法律合作机制、证券市场法律合作机制和司法裁判法律合作机制，需要正确处理国内法和全球性金融法律的合作问题、国内法与区域性金融法律的合作问题。[24]

有学者认为，国际贸易必然需要用某种货币进行支付结算，在现有各主权货币中，选择用人民币对我国来讲无疑具有重要的意义。它不仅可以取得发行收入，还可以减少我国的汇率风险和外贸交易成本，提高我国在国际经济、政治活动中的地位，使我国在国际事务中具有同经济实力相适应的影响力，使国际经济、政治环境不断向着有利于我国的方向发展。人民币国际化既是一个经济问题，也是一个法律问题，它不仅涉及国际法，更重要的是需要对我国的相关国内法进行修改和完善。[25]

5. 关于产业政策的研究

有学者认为，国家规划从原先不将港澳经济社会发展纳入其中，到对港澳经济社会发展的方向和定位作出原则性规定，反映了“一国两制”实践的深化。“十二五”规划支持澳门建设世界旅游休闲中心，推动澳门经济适度多元化，这是“一国”层面上的筹划；但就“两制”而言，中央与澳门并不存在直接的监管与被监管关系，所以国家规划在澳门特区无法直接转化为细则性的政策法规或措施。“十二五”规划在澳门的落实，有赖于澳门与国家在政治上的契合，在此基础上澳门特区政府的能动施政，与内地地方和中央部委的协商、合作，以及中央政府必要时的统筹协调。为此也需要澳门特区政府积极引导，通过各方互动在澳门夯实相关民意基础。㉖

（三）关于市场规制法的研究

1. 关于反不正当竞争与反垄断法的研究

有学者认为，就资源性公用事业反垄断问题，须考虑到在市场竞争与产业安全、效率、公平、价格及产品质量等诸方面之间的平衡。在体制层面，应进一步引入竞争，推进民营化，并完善特许经营、价格管制等公用事业的政府规制改革。在我国《反垄断法》适用层面，应以“允许结构性垄断、一般适用”为原则，促进我国《反垄断法》与行业立法、反垄断执法机构与行业主管部门或监管机构的配合，着重对资源性公用事业经营者滥用市场支配地位、价格垄断等具体行为的规制。㉗

有学者认为，竞争政策与产业政策的关系、反垄断法与产业规制法律制度的关系问题是探究反垄断执法机构与政府产业规制部门关系的基础。在我国，随着简政放权的政府职能改革，市场在资源配置中发挥着愈来愈重要的作用，竞争政策与产业政策的冲突会日渐减少。我国未来的发展方向是构建“竞争友好型”的产业政策，从而实现竞争政策与产业政策的融合，实现反垄断法与产业规制法律制度的互动协调。㉘

有学者认为，我国《反不正当竞争法》修订的理论探讨具有重要的立法价值和实践意义。建议通过增加关于“其他不正当竞争行为”的一般或弹性条款，删除或修改相应的不正当竞争行为条款，增加新的不正当竞争行为条款来实现《反不正当竞争法》对不正当竞争行为类型列举的准确性和典型性，并妥善处理《反不正当竞争法》与《反垄断法》的关系。建议修改市场混淆行为、商业贿赂行为、不正当宣传行为、侵犯商业秘密行为、不正当有奖销售行为、商业诋毁行为的条款，以实现我国《反不正当竞争法》禁止的典型不正当竞争行为构成要件的合理化。㉙

有学者认为，《反不正当竞争法》第 5 条第 3 项关于擅自使用他人企业名称构成不正当竞争的规定，在司法实践中逐渐扩大解释为企业字号。最高法院第 29 号指导案例将其进一步扩大为适用于企业名称的简称。民法、商法对企业名称的保护各有其构成要件与限制，对于简称的保护就需要引入反不正当竞争法，这是由竞争法的宗旨和利益的保护方式所决定的。但是，司法对法条的扩张解释最终需要立法修订解决，而第 29 号指导案例在理由的论证上尚有完善之处。㉚

2. 关于政府与市场关系的研究

有学者认为，我国全面深化改革的肯綮在于经济体制改革，其核心要旨是处理好政府与市场关系。没有一种机制可以称得上是最优选择，传统的政府干预和市场调节模式均有违混合经济生发延展的规制需要。经济法治的实然价值在于建构政府与市场协同联动之机制以弥合修补政府和市场的双重失灵。当下健全经济法律制度之圭臬在于复合兼容回应性、能动性与灵活性，合理厘定政府与市场的作用边界以及衔接区域，并对于两种机制协同联动的时点、方式、范围、程度等予以规范安排。㉛

3. 关于破产法的研究

有的学者研究探讨“股转债”在中国目前法规范上之可能性，以回应股东可否在公司破产阶段以“股转债”方式退出公司。“股转债”在合同法上可视为附条件履行行为，倾向于做有效判断。但在公司法上涉及库存股、股权退回公司后可否不减资等问题，法规范上的否定性解释增大。而在破产程序中，因公司原有内部决策程序处于冻结状态，诸多重大事项需债权人会议同意并需法院批准，此时公司已无法发布减资公告，难以进行减资程序。㉜

有学者认为，重整制度是预防破产、挽救企业最为有效的法律制度。我国破产法赋予了债务人、债权人、债务人的出资人等多主体的重整申请权，理解不同主体的重整申请权，不能机械理解法条的表层含义，需要综合破产法的立法目标和司法政策来考虑。重整程序启动后仍需要遵循附利息债权停止计息的规则，但在重整计划草案制定过程中，需要关注债权人尤其是担保权受限的别除权人的利息损失如何合理弥补的问题。㉝

有学者认为，企业破产的司法实践对简易破产程序提出了现实需求，从立法和司法角度看，构建简易破产程序不仅具有必要性，而且具有可行性。从必要性看，构建简易破产程序既可有效贯彻多元化纠纷解决原理和程序繁简分流的要求，又可有效应对破产程序的司法总体需求和企业破产法适用范围的扩容需求。从可行性分析，《民事诉讼法》的最新修订为简易破产程序的构建提供了重要依据和指引，国内丰富的实践素材为构建简易破产程序提供了宝贵经验，而管理人和法官队伍的日趋专业与成熟，也为实施简易破产程序提供了重要保障。[34]

有学者认为，破产程序中管理人应妥善协调平衡承租人与抵押权人、其他债权人利益，在做好前期摸底调查通知工作的基础上，注意防范恶意虚假租赁，区分不同情况决定租赁合同是否解除，准确确定承租人损失金额以及承租人的损害赔偿债权的清偿顺序，以实现破产制度公平有序分配之目的。[35]

有学者认为，诉讼时效制度在破产程序中的适用具有一定的特殊性。债权人申请破产、申报破产债权或主张债务抵销，具有中断诉讼时效的效力，但除特殊情况外，在破产程序终结时诉讼时效也随之终结，不再恢复计算。债务人对外享有债权的诉讼时效，自人民法院受理破产申请之日起中断，此种时效中断是因为权利行使主体的更替而不是权利主张的提出，所以诉讼时效期间应当从新的权利行使主体即管理人知道或者应当知道权利被侵害时起恢复计算。[36]

有学者认为，立案登记制改革的实质，是将立案时对实体法律关系的实质性审查改为对立案文件的形式性审查，凡只需要通过形式审查即可确定应否立案的案件，就应适用立案登记制。破产案件立案的关键是债务人是否发生破产原因。据此，当事人申请的破产清算以及和解案件，原则上可以适用立案登记制，申请重整的案件不适用立案登记制。[37]

（四）其他法律制度的研究

有学者认为，公私合作模式（PPP）是公共部门与私人部门合作提供公共物品的制度安排，涉及公共权力的行使与公共利益的保护，具有突出的公共性。PPP的公共性不仅与其制度目标和理论基础内在一致，也决定其应该遵循公开、公平、公益等重要法律原则。[38]

有学者认为，所谓“错法”是指难以服务于经济社会发展大计、脱离生产生活实际或者违背社会主流价值的法。“错法”现象在经济法领域尤为严重。经济法中的“错法”缘于经济关系复杂多变，主观的法律规范未能适当地反映客观的规律和要求，而难以与社会中的经济系统和非经济系统有效地沟通和互动。面对经济法中的“错法”，可以用法律评估、民主立法、问责制和违宪审查等方法来发现并改正它。[39]

有学者认为，公用型资源产品的价格改革应在产业发展与民生保障之间实现平衡，构建符合市场规律的价格形成和变动机制，并保障公众的知情权、参与权和监督权。应在促进公用型资源产业发展的同时保障基本公用服务的民生需求，提升公用型资源产品的供给质量。[40]

有学者认为，经济法关乎“三大关系”的调整，对于国家治理至为重要。提升国家治理能力，需要加强经济立法，完善国家经济治理的体系框架，解决立法的系统性和协调性问题；需要在经济法领域界定国家的经济职能和经济职权，明晰国家经济治理的权力基础，有效保障市场主体的经济自由权和经济发展权；需要提升各类经济法主体的能力，实现多元主体参与的有效经济治理。[41]

注：

①刘俊海：《推行“一照一码”助力新常态下经济转型升级》，《中国工商管理研究》，2015年第5期。

②蒋大兴：《“合同法”的局限：资本认缴制下的责任约束—股东私人出资承诺之公开履行》，《现代法学》，2015年第5期。

③蒋大兴：《质疑法定资本制之改革》，《中国法学》，2015年第6期。

④蒋大兴：《社团罚抑或合同罚：论股东会对股东之处罚权—以“安盛案”为分析样本》，《法学评论》，2015年第5期。

⑤刘剑文：《理财治国视阈下财税改革的法治路径》，《现代法学》，2015年第3期。

⑥刘剑文：《财税法功能的定位及其当代变迁》，《中国法学》，2015年第4期。

⑦刘剑文、陈立诚：《财税法总论论纲》，《当代法学》，2015年第3期。

⑧朱大旗：《新〈预算法〉：着力加强人大对政府预算全方位的审查监督》，《财经法学》，2015年第6期。

⑨刘剑文：《预算法治的三维建构：观念、原则和机制—兼论新〈预算法〉的突破》，《法学杂志》，2015年第4期。

⑩张守文：《预算监督、能力提升及其法律保障》，《探索与争鸣》，2015年第2期。

⑪朱大旗：《着力加强人大对预算全方位的审查监督》，《中国财政》，2015 年第 1 期。

⑫朱大旗：《现代预算权体系中的人民主体地位》，《现代法学》，2015 年第 3 期。

⑬徐阳光：《如何实现“以支定收”——新〈预算法〉理财观解读》，《税务研究》，2015 年第 1 期。

⑭刘剑文：《落实税收法定原则的现实路径》，《政法论坛》，2015 年第 3 期。

⑮张守文：《税制变迁与税收法治现代化》，《中国社会科学》，2015 年第 2 期。

⑯刘剑文：《论房地产税法的功能定位》，《广东社会科学》，2015 年第 5 期。

⑰刘剑文：《〈税收征收管理法〉修改的几个基本问题——以纳税人权利保护为中心》，《法学》，2015 年第 6 期。

⑱朱大旗、李帅：《纳税人诚信推定权的解析、溯源与构建——兼评〈税收征收管理法修订草案（征求意见稿）〉》，《武汉大学学报（哲学社会科学版）》，2015 年第 6 期。

⑲刘俊海：《打造投资者友好型证券法 推动资本市场治理现代化》，《现代法学》，2015 年第 3 期。

⑳刘俊海：《依法救市的思考与建议》，《清华金融评论》，2015 年第 11 期。

㉑李曙光：《新股发行注册制改革的若干重大问题探讨》，《政法论坛》，2015 年第 3 期。

㉒朱大旗、姜资含：《我国融资融券担保制度的法律分析——以“信托构造”为视角》，《辽宁师范大学学报（社会科学版）》，2015 年第 1 期。

㉓徐孟洲、殷华：《论我国互联网金融消费者纠纷解决机制的构建》，《财经法学》，2015 年第 5 期。

㉔刘少军：《“丝绸之路”金融法律合作问题》，《中国流通经济》，2015 年第 4 期。

㉕刘少军：《国际化背景下人民币现金法规的完善研究》，《中国政法大学学报》，2015 年第 5 期。

㉖史际春、蔡家浚：《“十二五”规划与澳门产业政策对接的法治思考》，《法学杂志》，2015 年第 1 期。

㉗史际春：《资源性公用事业反垄断法律问题研究》，《政治与法律》，2015 年第 8 期。

㉘孟雁北：《我国反垄断执法机构与政府产业规制部门的关系》，《中国人民大学学报》，2015 年第 2 期。

㉙孟雁北：《论我国反不正当竞争法之修订：包容、增减与细化》，《中国工商管理研究》，2015 年第 2 期。

㉚李友根：《论企业名称的竞争法保护——最高人民法院第 29 号指导案例研究》，《中国法学》，2015 年第 4 期。

㉛朱大旗、李蕊：《经济法治视阈下政府与市场的协同联动》，《江西社会科学》，2015 年第 7 期。

㉜蒋大兴、王首杰：《破产程序中的“股转债”——合同法、公司法及破产法的“一揽子竞争”》，《当代法学》，2015 年第 6 期。

㉝徐阳光、毛雪华：《破产重整制度的司法适用问题研究》，《法制与经济》，2015 年第 1 期。

㉞徐阳光、殷华：《论简易破产程序的现实需求与制度设计》，《法律适用》，2015 年第 7 期。

㉟李曙光：《破产程序中处理租赁关系方式探讨》，《法制与社会》，2015 年第 19 期。

㊱王新欣：《破产程序与诉讼时效问题研究》，《政治与法律》，2015 年第 2 期。

㊲王新欣：《立案登记制与破产案件受理机制改革》，《法律适用》，2015 年第 10 期。

㊳张守文：《PPP 的公共性及其经济法解析》，《法学》，2015 年第 11 期。

㊴史际春、孙天承：《论“错法”现象——以经济法领域为中心》，《南京师大学报（社会科学版）》，2015 年第 2 期。

㊵史际春：《论公用型资源产品价格的法律规制》，《社会科学》，2015 年第 7 期。

㊶张守文：《提升治国能力的经济法路径》，《中国高校社会科学》，2015 年第 1 期。

（作者：朱大旗、吴宏伟，中国人民大学教授；
胡延玲，中国矿业大学副教授）

环境资源法学

周 珂 金 铭

2015年北京市环境资源法学研究成果丰硕，对于环境资源法制建设中的前沿和热点问题呈现学术争鸣的良好态势，在不同学术观点的碰撞中不断探寻解决我国环境问题的最佳法律途径。2015年的研究热点主要包括以下几方面问题：我国环境法治建设、新环保法实施研究、污染防治研究、环境执法制度建设、环境司法相关研究、环境公益诉讼、能源法治建设、气候变化应对、风险预防原则适用、动物保护研究等。

一、环境法治建设

我国环境立法已有三十余年的历史，十八届四中全会更是将生态环境法治推向新的高度，要求加快建立健全生态文明法律制度。要做好立法与改革决策的衔接，推进我国的环境法治建设，学者们提出了以下不同思路：

一种思路认为，在理念与意识方面，应立足于我国国情，加强环保宣传教育的法治化，强调政府的主导作用，强调党、政府、社会、公民和市场关系的制度化，环境教育立法的设计应符合实际，作用发挥实在化；在突破与任务方面，应均衡推进环境法治体系的构建工作，还要从理念、思路、模式、环节、措施、体制、实效等方面均衡推进生态环境法治体系的构建工作。[①]

一种思路认为，国家机关开展新时期生态文明法律制度建设必须遵循的重要指导思想主要包括有效约束开发行为，促进绿色发展、循环发展和低碳发展，强化生产者环境保护的法律责任、大幅度提高违法成本三方面内涵；在上述思想指导下，以全面推进依法治国为背景，建立健全生态文明法律制度建设的重点领域，应包括自然资源产权、国土空间开发保护、生态补偿、海洋生态环境保护、气候变化应对及土壤、水、大气污染防治等方面。有关部门应当根据新形势及时调整立法规划，采取有效措施，加快生态文明建设立法进度，全力提高相关立法质量。[②]

还有思路认为，我国环境法治建设与可持续发展理念相辅相成。我国把环境保护作为基本国策之一，坚持走可持续发展道路。近年来，又确立了全面、协调可持续发展的科学发展观。在这样的基本哲学理念下，我国推进环境法治建设，把环境法作为中国实施可持续发展战略的行为规范。同时，我国的环境法治建设也是我国走可持续发展道路的重要标志。[③]

二、新环保法实施研究

新环保法实施成效显著，指导了《大气污染防治法》的修订工作，营造了严格的法制氛围；环保部与地方立法活跃，增强了新环保法的可实施性；严格执法，联动执法，整顿了环境违法行为，初步恢复了环境法治秩序；促进了产业结构优化，和落后设备、工艺的淘汰；助力公民环境意识崛起，规范了环境保护公众参与活动。但现实问题依存，环保法律措施的严格实施缺乏常态性；信息公开与公众参与障碍多，环境民主进程曲折；经济持续下滑，地方正面引导不足，消极执法现象抬头；执法力量呈“倒金字塔”型，地方缺乏实施法律所必需的能力和手段；全面落实环境监管责任面临障碍，环保监管体制改革必须深化。[④]

我国环境保护工作中各种问题的重要根源正是在于各级政府的工作失误，而对这种失误又不承担实际上的法律责任，这导致我国以往的环境保护工作呈现出软、偏、窄的问题和恶性循环。新环保法修订过程中，我国环境治理模式不断得到提升和完善。有的学者认为，新环保法成功地实现三个转变：一是法律定位上由行政管理法向国家政策法转变；二是权责性质上由行政责任型向法律责任型转变；三是治理模式上由企业责任型向公共治理型转变。这为我国生态文明建设提供了有力的法制保证，在完善和发展中国特色社会主义制度，推进国家治理体系和治理能力现代化的道路上迈出了坚实的一步。[⑤]有的学者认为，新修订的《环境保护法》中，政府、企业、公众和司法机关四大主体都承担着相应的权利、职权、义务和职责。环境保护是所有主体共同的责任，必须四者“并驾齐驱”、共同努力。政府作为主要的监管者，应当主导环境保护的推进；企业作为主要的责任人，必须切实履行环境保护义务；公众应当注重培养环保意识，积极主动参与环保；司法机关应当公正司法，为环境保护事业护航。各主体之间的良好互动构成了完整的环境法律关系，并将最终建立起环境保护与经济社会发展之间的良性关系。[⑥]

三、污染防治研究

大气污染治理领域，《大气污染防治法》的修订是继《环境保护法》修改工作之后，涉及环境保护领域里的又一大法治成绩。新修订《大气污染防治法》针对当前经济发展的客观情况，以及大气污染的现状，有针对性地解决突出污染问题，它完善了以改善大气环境质量为责任目标的考核机制，细化了监督管理职责，重点突出了燃煤、机动车船、扬尘、秸秆污染治理[⑦]，建立了重点区域大气污染联合防治制度，细化了法律责任，其修订具有鲜明的中国特色和现实经济特征。与此同时，基于大气污染防治工作与经济发展的紧密关系，修订后的《大气污染防治法》依然没有达到学界所期望的高度，政府的责任不够具体明确，虽然突破壁垒，但经济管理部门的权限依然较大，并且与《环境保护法》之间的衔接不够紧密。应当通过与《环境保护法》的协同化，增强大气污染防治工作的全面性和科学性，明晰大气污染治理的政府职责，提高污染防治的效率和效能，弥补公众权利救济手段的缺失，从而提高《大气污染防治法》的综合适用性。[⑧]

建立大气污染联防联控机制是新修订《大气污染防治法》的亮点之一，以法律的形式固化了大气污染联防联控实践中的一些工作机制，但宣示性规定过多、可实施性不强。应坚持环境保护与经济发展相结合原则、属地管理与区域联动相结合原则、先行先试与整体推进相结合的原则，将当下以原则性要求为主的大气污染联防联控机制扩充成为包含详细法律规定的一章，以增强该制度在实施中的可操作性，此为其一。其二，大气污染防治重点区域内的各地方政府具有的“经济人”属性决定了他们会追逐自身利益最大化。这就需要构建以利益协调为中心的市场化大气污染联防联控谈判机制，着重做好统筹协商、公平担责和共享利益。其三，第五章并没有规定地方政府违反联防联控义务所应承担的具体法律责任。应结合地方政府大气污染联合防治的实际情况，在今后的修法或实施方案中对监管部门及其工作人员的法律责任作细化规定，完善考核机制、厘清责任主体、细化责任形式、独立启动主体、量化追责标准、配套保障制度，并针对领导干部建立可查可追的大气环境损害责任终身追究制度。另外，还可借鉴环保约谈制度，用行政手段来推动地方政府履行大气污染联防联控的职责。[⑨]

将视野从大气污染防治扩展到更为广阔的环境行政领域可以发现，大气污染防治行政的发展变革体现了环境行政发展的一般趋势和规律。新《大气污染防治法》基本明确了强化政府责任以及加强大气污染防治的科学化、民主化的总体思路，在推进环境行政发展上做出了大量的尝试。新《大气污染防治法》在环境行政中加强了专家的作用；强化了对污染物质的综合治理和源头治理，并加强了其他行政机关的参与和不同行政机关之间的协调；针对颗粒物大气污染防治影响广泛性的问题，在环境行政中加强了跨区域环境污染联合防治；新《大气污染防治法》针对之前大气污染防治参与不足的问题，增加了大量有关公众参与的规定。大气污染防治需要以政策性、综合性和正当性为基本标准，进一步完善相关法律制度与规范。环境行政将进一步向风险行政、系统行政和参与行政方向发展。[⑩]

水污染治理领域，《水污染防治行动计划》作为国家向水污染宣战的总纲领，其提出的各项措施的贯彻实施，需要健全和完善水污染防治立法和标准，建立起严格、及时和高效的执法机制，并发挥环境司法的保障作用。为此需要尽快修订完善《水污染防治法》，并制定相应的配套法规；执法机构需要从行政编制、经费保障、技术支持、人员素质方面得到加强，并尽量避免“刮风执法”、“领导批示执法”、“检查执法”、“选择性执法”等执法方式；环境司法应解决强制执行申请难、侵权诉讼立案和胜诉难、环境公益诉讼主体资格限制过严和起诉对象过窄的问题。[⑪]

土壤污染治理领域，为切实保护土壤环境，防治和减少土壤污染，中国立法机关正在着手制定《土壤污染防治法》。目前我国耕地污染呈扩大趋势、建设用地中的工矿用地污染严重。但中国没有一部独立规范土壤污染防治的专项法，缺乏完善的土壤污染防治法律体系，缺乏正确指导土壤污染防治立法的基本原则，缺乏完善的土壤污染防治法律制度。应结合中国土壤环境保护和土壤污染防治的实际情况，遵循土壤环境保护的客观规律，在“保护优先、预防为主、风险防控，综合治理”基本原则指导下，以“土壤环境的保护、改善与风险防控”为其核心内容，设置《土壤污染防治法》的具体框架和条文。[⑫]

四、环境执法制度建设

环境执法阻力重重，破解环境执法的僵局，学者们有不同建议。有的学者认为，应当建立严格规范的环境执法责任制。建立环境行政自由裁量权基准制度，规范环境司法自由裁量权统一行使，并建立健全环境执法和司法办案责任制。[13]有的学者认为，环境执法难在执法依据、执法体制、执法态度、执法监督、执法能力和保障问题。应当开启环保立法新模式，为环境保护提供科学、有效、可操作的法律依据；完善环境监管体制，构建协调有序、高效运转的环境监管体制；保证环境保护部门和其他依法行使监督管理职权的部门，依法独立行使环境行政执法监管权，防止地方政府的不当干扰；强化环境法律责任及其落实机制，发挥社会参与和监督作用，督促和警示各方认真履责；加强执法基础和能力建设，使环境立法能够得到有效实施。[14]

环境影响评价机构作为特殊的社会中介机构，肩负着为公共利益服务的社会重担，在其切断与环保部门的行政利益联系、杜绝行政腐败源头的同时，需要在资质认证、审批环评文件等方面受到政府机关的严格管制和监督。因此，只有在制度设计上赋予环评机构以适当的独立性，才能使其独立、客观、公正地完成高质量的环评，维护环评市场的有序与稳定。环评机构独立性包括财政独立、人事独立、评价独立和责任独立四个方面。现阶段，我国存在环评机构数量过多、环评机构从业人员专业素质参差不齐、环评审批制度不完善、环评机构和建设单位利益勾结、环评机构及其从业人员的责任追究和损害赔偿机制不健全等影响环评独立性的因素。因此，我国需要通过完善环评机构财政制度、人事制度、责任追究制度、环境影响评价审批制度、环评信息公开和公众参与制度来全面加强环评机构的独立性建设。[15]

五、环境司法相关研究

我国现实中的环境危机以及不太乐观的司法实践决定了我国环境司法改革的必要性，我国的发展实况又导致市场、政府、市民社会对环境的“系统失灵”。对于环境司法机制改革，需要兼顾“顶层设计”与“重点突破”，从局部到整体逐步推进；加强从中央到地方的政府责任；推进环境司法专门化，完善各项具体的环保制度；完善环境立法，加强环境执法；厘清行政权和司法权的关系；弘扬环境法治理念和价值，推进制度创新和体制创新。[16]

《关于人民法院推行立案登记制改革的意见》、《最高人民法院关于人民法院登记立案若干问题的规定》将现行的立案审查制改革为立案登记制。立案登记制下法院不对起诉进行实质审查，仅对起诉的形式要件进行一般性核对后即可立案。这就有助于解决环境案件“立案难”问题，对行政诉讼和环境民事公益诉讼将产生积极影响。立案登记制后，环境案件数最可能会出现较大幅度的增长，人民法院和环保部门应当早作部署。立案登记制对环境案件当事人可能带来起诉不足的风险，应避免盲目起诉。人民法院要积极推进环境纠纷多元化解决机制等配套改革。[17]

六、环境公益诉讼

在环境问题日益凸显的大背景下，环境公益诉讼备受关注。无论是新修订的《民事诉讼法》，还是2015年1月1日起正式实施的《环境保护法》，均首次将环境公益诉讼制度予以确认。党的十八届四中全会明确提出，应探索建立检察机关提起公益诉讼制度。2015年7月2日，经全国人大常委会授权，最高人民检察院对外公布了《检察机关提起公益诉讼试点方案》，环境公益诉讼迎来新的篇章。但是，检察机关提起环境公益诉讼虽优势明显，却任重道远，相关制度与机制仍在试点与完善之中。关于检察机关能否作为原告提起环境公益的问题，学者间存在不同意见。

否定意见认为，检察机关作为国家行使公诉、侦查和法律监督职能的机关的性质和职责与环境公益诉讼的性质不相符合。检察机关在行使环境方面的民事起诉权后，如果将侦查权力、抗诉权力以及检察长列席人民法院审判委员会等权力也行使起来，对被诉当事人而言是不公平的。检察机关作为一个法律监督主体，不能同时担任原告的角色，不然会有既做运动员又当裁判员之嫌。检察机关作为法律监督主体，应该做的还是法律监督工作。在发现环境污染、侵害消费者合法权益等损害国家和社会公共利益的行为时，由相关政府行政部门和社会团体来担任原告的角色会更加合适。

肯定意见认为，在当今中国的背景下，检察院恰当的角色应当是监督政府部门或环保机关的违法行为，以及大型国有企业特别是央企的环境违法行为，因为它们有深厚的政府背景，可能会妨碍公益诉讼的有效实施。[18]检察机关提起环境行政公益诉讼具有更好地维护国家和社会公共利益的优势。一方面，根据我国《宪法》第一百二十九条规定，检察机关作为国家法律监督机关，具有法律监督职责，有权对法律的遵守和执行情况进行监督，维护国家、社会公共利益和广大人民群众的合法权益；另一方面，人民检察院依照法律规定独立行使检察权，不受其他行政机关、团体和个人的干涉。因此，当负有履行资源保护和污染防治等环境保护工作和资源管理监督管理职责的国家行政机关的行政行为或不作为存在“已经损害环境公共利益”或者“具有损害环境公共利益重大风险”时，在其上级机关或者监察机关依照相关法律规定进行处理后，仍不能保障“环境公共利益”的情况下，由检察机关提起环境行政公益诉讼具有可行性。检察机关提起环境行政公益诉讼必须符合非直接利害关系性、公益性、法定性、职能穷尽性。[19]

检察机关提起环境公益诉讼应遵循穷尽其他诉讼主体与救济途径原则，支持、督促、监督与参与起诉并举原则，防止检察机关权力滥用原则，有利于调动各种力量广泛参与原则。检察机关提起环境公益诉讼的方式主要有帮助起诉、督促起诉、诉讼监督、直接起诉、刑事附带民事诉讼等。[20]在提起诉讼的程序上，为提高效率，有必要对检察机关提起环境行政公益诉讼设立两个前置性程序。一是对行政机关的涉嫌违法行为，由检察机关下达检察建议，要求限期改正违法行为。如果行政机关认为自己没有错误或者不改正的，即自动进入第二个前置程序。二是由中央政法委会同中共中央组织部制定党内法规，要求检察机关在提起环境行政公益诉讼之前，由检察机关党组将案件的情况以及有关起诉准备工作提交地方同级党委常委会讨论。地方党委常委会协调成功，行政机关及时改正错误的，不予起诉；协调不成功的，则予以起诉。[21]

七、能源法治建设

在全国节能减排财政政策综合示范工作会议上，国家发展和改革委员会副主任解振华指出，节能减排财政政策综合示范工作启动实施四年来，取得了一系列可喜成绩，但也存在问题和不足。要深刻认识做好新常态下节能减排财政政策综合示范的重要意义，在完成目标、用好资金、政策创新、培育节能环保产业、打好政策组合拳等方面下功夫，走出一条资源高效利用、排放大幅减少、生态受到严格保护，更加注重发展质量和效益的新路子。[22]

我国现行的能源节约管理体制、法规体系和管理制度，为节能管理提供了重要法律依据，但在管理体制、法律调整范围、能效标准标识、市场机制、公众参与、立法技术与程序等方面存在不足。在进一步立法及其实施过程中，应参考日本、丹麦等国的成熟经验，确立科学的能源节约管理体制，扩大调整范围，改进能效标准标识制度，更加重视市场机制，完善节能宣传和公众参与机制，促进能源节约与环境保护的互动协调，同时提高立法技术，不断完善能源节约法制。[23]

城市能源规划领域，城市能源规划立法对于保障城市能源安全，应对气候变化具有多方面作用和意义，一是保障城市化中合理配置能源，减缓和应对气候变化；二是依法促进城市节能减排，减缓和应对气候变化；三是保障气候变化下的城市能源安全和城市安全；四是优化城市能源结构，加快低碳城市建设；五是引导城市整体应对气候变化，促进城市生态文明建设。我国现行立法对于不同种类的能源规划均有不同程度的关注，在能源规划技术层面已经形成系统的规划规范，但在城市能源规划立法方面还比较薄弱和欠缺。应当从以下方面入手并通过完善立法促进城市能源规划发挥更大的作用：重视城市能源规划在减缓和应对气候变化方面的整体作用；通过《能源法》明确城市能源规划的法律地位及主要内容；通过立法提升城市能源规划的规范性和实施保障；通过立法明确城市能源规划制定及其实施中的公众参与制度；建议在“多规合一”中涵盖城市能源规划。[24]

核能领域，我国在建核动力堆的数量与装机容量均居世界第一，与我国大力发展核电的形势相比，我国尚未制定专门的核法律，核安全监管模式相对落后。监管规范碎片化、核安全法规体系不健全、法规内容不完善的现状呼吁加快制定《核安全法》。核安全法是指防范、缓解与消除核能与核技术开发利用过程中可能发生的核与辐射事故风险，实现保护人类和环境免受不当辐射危害的目的，调整核能与核技术开发利用管控关系的法律规范的统称。《核安全法》是核能法律体系中的基础性法律，也是核安全立法体系的统领性文件。《核安全法》与《原子能法》、《放射性污染防治法》相区别，应当保障核安全独立监管。[25]

风电领域，我国风电产业中“弃风”问题最为突出，不仅制约了风电产业的可持续发展，也造成了社会经济的巨大损失。主要原因在于，风力发电供需矛盾突出，总量目标设定不合理，风电项目与电网项目不匹配，风电价格机制有待完善，全额保障性收购制度作用有限，输送和调峰瓶颈突出。为此，应尽快健全风电法律体系，科学规划和设定总量目标，完善风电价格、全额保障性收购、海上风电招投标、风电设备检测等风电法律制度，使风能资源获得高效而充分利用，为我国转变能源结构和推进低碳社会发展提供支持。[26]

八、气候变化应对

立法模式选择方面，任何一个国家某一方面立法模式的选择，都不是偶然发生的，而是由立法传统、立法内容、相关立法情况、立法技术水平等因素制约和决定的。综观世界各国的应对气候变化立法，立法模式的分类多依赖于立法者对立法目的实现方式、特定法律关系所调整的范围、生态脆弱性程度和应对气候变化的能力强弱等因素。在上述因素的相互作用之下，各国立法模式呈现多元化的趋势，主要表现为综合型立法模式、分散型立法模式以及单行法模式三种。有的学者认为，根据我国经济社会发展和相关立法的现状，考虑到我国仍处于高速工业化过程中的现实，我国目前还无法选择规定了量化减排目标、减适制度严苛的综合型立法模式，亦无法选择将减排任务具体规定在各个领域的分散型立法模式和针对应对气候变化过程中某一方面而制定法律的单行法模式，更无法制定一部应对气候变化法典。因此，选择较为灵活的“政策型立法”，应当是我国应对气候变化立法的最佳选择。这一选择，不仅能够在原则上对我国温室气体减排进行正确引导，为我国生产企业的绿色转型留出时间和空间，还能够提升我国在国际气候谈判中的地位，体现负责任的大国形象。[27]有的学者则认为，中国不应将二氧化碳等温室气体作为空气污染物，通过《大气污染防治法》来控制其排放。而应制定一部专门的、综合性的控制二氧化碳等温室气体排放的立法，统领在低碳发展中所涉及的各类社会关系，成为全面涵盖生产和消费领域一切温室气体排放活动，在节约使用能源、提高能源效率、优化能源结构、减缓气候变化方面统领现行相关立法的上位法。它不仅能够处理与能源、环境等各类低碳发展相关法律规范之间的衔接问题，也为控制大气中温室气体浓度所需建构和维护的新型社会关系提供了专门的平台。该立法应当对二氧化碳等温室气体减排的基本原则、主要制度措施、管理体制与机构、减排的主要领域、激励的方式作出规定。[28]

刑事责任方面，从气候变化危害严重程度、《气候变化应对法》的特点以及我国应对气候变化的立法习惯看，规定刑事责任是必要的。从我国应对气候变化刑事责任立法模式的发展看，1997 年刑法典修订之后通过或修正的有关应对气候变化的非刑事法律，不再采用比照式规定，较少采用依照式规定，大量采用照应式规定，其中，采用“违反本法规定，构成犯罪的，依法追究刑事责任”这样的措辞，已成为趋势。因此，《气候变化应对法》应该顺应上述趋势，仅规定一项刑事责任条款，即“违反本法规定，构成犯罪的，依法承担刑事责任”，便于维护我国法制的统一，是我国大一统刑法典所要求的，也是全球应对气候变化的形势所需。[29]

九、风险预防原则适用

根据《里约环境与发展宣言》原则 15，风险预防原则是指各国在从事与环境有关的活动时，在其能力范围内，遇到环境损害的严重或不可逆转威胁时，不得以缺乏科学确定证据为由，延迟采取符合成本效益的措施防止环境恶化。该原则以科学不确定性、较高的阈值以及符合成本效益分析原则为判断标准，在符合上述标准时，应采取风险预防措施来防范环境风险。风险预防原则目前尚存在争议，根据上述判断标准及我国已签署的一系列国际文件，有的学者认为目前应在我国应对气候变化、生物多样性保护、转基因食品安全领域有限适用该原则。[30]

有的学者认为在风险社会与环境风险背景下，食品安全已成为引发全球性恐慌的重大问题。结合风险预防原则的判断标准，以及食品安全领域的特殊性，参照欧美法律和制度经验，应将上述有限适用领域进一步拓展至食品安全领域，指出我国应在食品安全领域适用风险预防原则。并针对我国食品安全领域风险预防措施的主要问题，提出以下完善建议：一是完善食品安全风险全程控制制度；二是健全食品安全风险监测、评估制度和食品安全标准体系；三是加强基层食品监管体系建设；四是健全食品安全可追溯机制；五是建立网络食品安全风险预防制度；六是完善食品安全联动奖惩机制，构建社会共治格局。[31]

有的学者认为转基因食品信息敏感风险的强制标识法理基础在于风险预防原则。应以是否有足够科学证据证明转基因食品信息敏感风险足以引起环境污染或生态破坏的风险为标准，将转基因食品的潜在风险分为两类，足以引起（生态）环境风险的，应根据国内环境法领域已经确立的风险防范原则，寻求适用 SPS 协议第 2 条，进而为强制标识措施适用 GATT1994 第 20 条 b 款的规定奠定基础；尚不足以引起（生态）环境风险的，应借鉴欧盟模式，以国内食品法对风险防范原则的确立为基础，将转基因食品作为与非转基因食品非类似产品，寻求适用 TBT 协议，避免与 WTO 规则冲突。并建议应在我国《食品安全法》第 3 条“食品安全工作实行预防为主、风险管理、全程控制、社会共治，建立科学、严格的监督管理制度”中的“实行预防为主、”修改为“遵循风险防范原则，实行预防为主”。[32]

十、动物保护研究

动物不同于一般的物，虽没有意识但有感觉和生命，这是人类所不能忽视的。法律是国家保护动物最现实的方式，人性的光辉将通过立法，透过人类自身照亮同样有喜怒哀乐的动物世界。不论是野生动物还是驯养动物，都应得到人道的待遇，这是一个文明社会应有的观念，也正是我们现在要做的。

目前我国野生动物保护立法目的基本是单一经济目的取向，基本是将野生动物完全作为资源即国家财产对待，商业性的开发利用目的成为主流，对文明价值的关注严重不足，这与中国的农耕文明有关。这种立法目的缺陷在于，导致虐待动物不承担法律责任，一些繁殖驯养的动物事实上失去野生动物保护法的佑护，保护名录为主而忽视栖息地保护，以及法律、法规、部门规章衔接不佳，执行层级与法律偏离走样。野生动物保护立法目的应从对野生动物的开发利用为主转为保护为主，植入动物福利，栖息地保护与名录保护相结合的机制。现有的其他立法要紧密配合，待条件成熟时制订动物福利法。[33]

中国法学会、中国社科院法学所和中国人民大学法学院的“民法典”三套建议稿，都仅规定了动物的法律地位，但没有规定生态环境的法律地位，也没有规定生态环境的保护；应当把环境细化为有体物和无体物的生态功能。土地、山林等可作为不动产，但一些生态功能具有财产价值，应当确认其财产权，并规定其“视为动产”。关于动物、动物组织、动物器官及其制品的规定，存在一些缺陷；建议把动物组织、器官及其制品纳入“权利客体”或者“民事权利客体”一章中的“物”的节或者条文中予以规范，同时规定，动物组织、器官及其制品的占有、使用、收益和处分，要遵守相关法律法规的要求。对于高等级的宠物动物，如猫和狗等，因为有一定的社会性，有必要对其社会性的情感保护做出特殊的规定。三套稿子都把动物作为物来对待是正确的，但在措辞方面未统一，可能发生歧义。建议不采取“动物视为物”的含糊措辞，在第一章“一般规定”中规定应符合公序良俗，不得虐待和遗弃动物；在“权利客体”或者“民事权利客体”一章中规定，动物是有特殊保护要求的物，法律没有另行规定时，对动物适用有关物的民事规则，法律对动物有特别保护的，依照其规定。[34]

注：

①常纪文：《法治中国与生态环境法治的全面均衡推进——十八届四中全会〈决定〉有关生态环境法治精神的解读》，《人民法治》，2015 年第 5 期。

②孙佑海：《依法治国背景下生态文明法律制度建设研究》，《西南民族大学学报（人文社科版）》，2015 年第 5 期。

③翟勇：《中国的环境法治建设》，《人民法治》，2015 年第 5 期。

④常纪文、刘凯：《新环保法实施，多少成效？多少问题?》，《环境经济》，2015 年第 11 期。

⑤周珂：《新〈环保法〉治理模式创新》，《人民法治》，2015 年第 5 期。

⑥张钰玲、汪劲：《新〈环境保护法〉实施对四大主体的影响》，《世界环境》，2015 年第 3 期。

⑦别涛：《措施强硬 惩罚严厉——新版〈大气污染防治法〉剑指何方》，《紫光阁》，2015 年第 10 期。

⑧周珂、于鲁平：《解析新〈大气污染防治法〉》，《环境保护》，2015 年第 18 期。

⑨高桂林、陈云俊：《评析新〈大气污染防治法〉中的联防联控制度》，《环境保护》，2015 年第 18 期。

⑩王明远、曹炜：《新〈大气污染防治法〉与环境行政的新发展》，《环境保护》，2015 年第 18 期。

⑪王灿发：《〈水污染防治行动计划〉实施的关键在法治》，《环境保护》，2015 年第 9 期。

⑫罗丽：《论土壤环境的保护、改善与风险防控》，《北京理工大学学报（社会科学版）》，2015 年第 6 期。

⑬孙佑海：《下定决心确保环境法律实施到位》，《人民法治》，2015 年第 5 期。

⑭常纪文、焦一多：《还有多少执法难题亟待破解?》，《环境经济》，2015 年第 9 期。

⑮周珂、史一舒：《论环境影响评价机构的独立性》，《法治研究》，2015 年第 6 期。

⑯王明远：《关于环境司法的若干思考》，《人民法治》，2015 年第 5 期。

⑰孙佑海、代杰：《立案登记制改革对环境诉讼的影响研究》，《环境保护》，2015 年第 9 期。

⑱曹明德：《中美环境公益诉讼比较研究》，《比较法研究》，2015 年第 4 期。

⑲罗丽：《检察院提起环境公益行政诉讼的若干思考》，《苏州大学学报（哲学社会科学版）》，2015

年第5期。

⑳孙宝民、常纪文：《检察机关提起环境公益诉讼理论及实践探索》，《中国环境管理》，2015年第4期。

㉑常纪文、郭顺禛：《如何发挥公益诉讼制约监督作用?》，《环境经济》，2015年第9期。

㉒解振华：《在全国节能减排财政政策综合示范工作会议上的讲话》，《中国财政》，2015年第5期。

㉓于文轩：《典型国家能源节约法制及其借鉴意义——以应对气候变化为背景》，《中国政法大学学报》，2015年第6期。

㉔马燕：《应对气候变化背景下城市能源规划立法的完善》，《中国政法大学学报》，2015年第6期。

㉕汪劲、耿保江：《核能快速发展背景下加速〈核安全法〉制定的思考与建议》，《环境保护》，2015年第7期。

㉖于文轩、杨芸汀：《我国风电产业“弃风”问题的法律应对》，《长春市委党校学报》，2015年第4期。

㉗王灿发、刘哲：《论我国应对气候变化立法模式的选择》，《中国政法大学学报》，2015年第6期。

㉘李艳芳、张忠利：《二氧化碳的法律定位及其排放规制立法路径选择》，《社会科学研究》，2015年第2期。

㉙庄敬华：《〈气候变化应对法〉刑事责任条款探析》，《中国政法大学学报》，2015年第6期。

㉚李艳芳、金铭：《风险预防原则在我国环境法领域的有限适用研究》，《河北法学》，2015年第1期。

㉛周珂、金铭：《论风险预防原则在我国食品安全领域的适用》，《南阳师范学院学报》，2015年第1期。

㉜竺效：《论转基因食品之信息敏感风险的强制标识法理基础》，《法学家》，2015年第2期。

㉝周珂：《该不该考虑动物福利?》，《环境经济》，2015年第28期。

㉞常纪文：《关于“民法典”如何规范动物和环境问题的探讨——兼评我国三套“民法典”建议稿》，《环境保护》，2015年第22期。

（作者：周珂，中国人民大学教授；
金铭，中国人民大学博士生）

国际法学

余民才　李博伟

一、国际法与国内法的关系

国际法与国内法相互联系、相互促进。中国应该关注那些对已有软法的修订，积极担当起国际法“造法”活动的倡导者和组织者的角色，将中国的立场、观点纳入到软法的形成过程中，使得国际规则能够朝着更有利于中国的方向发展。[①]在军事外交活动中，中国应该运用国内国际两类规则，善于进行法治运作。为此最重要的是转变观念，深刻理解法治运作对军事外交的顶层设计、宏观安排的作用，在此基础上做好国际缔约、国内立法和法律服务工作。国家和军队应当设立专门的“军事条法机构”，负责军事外交的国内立法和国际缔约工作。[②]

载人航天事业的发展给载人航天法律制度带来了挑战。从国内法角度看，这些挑战包括中国载人航天体制改革问题、载人航天产业管理立法问题、私人商业载人航天运营商的责任问题以及国内法与国际条约的协调问题等。从国际法层面看，这些挑战包括太空的私人财产权问题、太空的开发利用问题以及现行有效的几大外空公约的完善问题。为了解决这些问题，应该尽快完善载人航天法律制度。从中国国内法角度看，首先应当进行载人航天体制改革，明确载人航天产业主管机关的职权，对载人航天产业实行军民分开，并对民用载人航天市场引入竞争机制；其次应当完善载人航天产业管理立法，就从事商业载人行业产业的主体进行资质审查和许可，并对该行业建立日常的监督管理制度；再次应该建立私人商业载人航天运营商的责任限制和豁免制度，以保护这一新兴产业；最后应该进一步就中国加入的外空条约制定国内法，以便在履行条约时有章可循。从国际法角度看，首先应该进一步完善《外层空间条约》，明确禁止私人针对外层空间主张财产权；其次对于外层空间的探索和开发应该建立恰当的托管机制，以保护人类这一共同继承物，同时鼓励引导外空资源的有序开发和利用；最后应对目前公约中存在的模糊和不合理之处进行修改和完善，比如在《责任公约》中增加私人受害者的诉权，明确《营救协定》中营救和返还对象。③

二、海洋法问题

海洋法问题涉及国际航运安全、中国南海历史性权利和菲律宾南海仲裁案。国际航运安全是行使海上航行自由和进行畅通海上运输的保障。实践中确保国际航运安全的直接措施主要有五种，即军舰（机）和政府公务船（机）护航、商船上配置武装保护分队或者军事安全分队、商船本身采取的积极防护措施、私营武装船舶的护卫和私营安保公司派员驻船的武装护卫。其中聘请专业安保公司实施驻船武装护卫，是确保海运安全的有效模式，不仅符合国际法，也为许多发达国家和地区法律所允许，在夯实中国海洋总体安全上具有战略意义。中国应在新型国家安全法律观的统合下，加强法律保障，建构军舰（机）护航和安保护卫的协同护卫模式作为维护海运安全的两大基本力量。在目前安保护卫尚欠发达的现实下，军舰（机）护航应是理性的行为模式。而在未来，军舰（机）护航和保安护卫的协同护卫模式应该是确保中国海运安全的最佳选择。④

历史性权利是海洋法上的基本理论问题之一，产生于确定领海基线的国家 实践之中。《联合国海洋法公约》在相关条款中使用了历史性海湾、历史性所有权、传统捕鱼权以及历史性海湾或所有权等“历史性”概念，这确认了历史性权利规则的存在。历史性权利的内涵主要包括历史性所有权、传统捕鱼权和历史性航行权。沿海国对历史性水域的历史性所有权是一种主权性质的权利，传统捕鱼权和历史性航行权是历史性权利的题中之义。对大陆架非生物资源一般不能主张和取得历史性权利。中国开发、管控南海的历史以及中国的实践表明：中国对南海诸岛享有领土主权，在南海断续线内海域享有历史性权利，主要包括对琼州海峡等历史性水域的历史性所有权、传统捕鱼权、历史性航行权以及对南海大陆架资源的历史性权利。⑤

中国不接受、不参与菲律宾2013年提起的《联合国海洋法公约》附件七南海仲裁案是中国对待该案件的一贯立场。这种立场不意味着中国不与仲裁庭进行非正式合作。提交非正式通知和非正式出庭是实践中一个不参与法律程序的国家与一个法律机构进行互动所采用的方式。中国采取了第一种方式，特别是在2014年12月7日向仲裁庭提交了《中华人民共和国政府关于菲律宾共和国所提南海仲裁案管辖权问题的立场文件》，陈述中国反对仲裁庭管辖权的立场及其法律根据。《立场文件》不构成仲裁程序中中国应该提交的辩诉状，但是仲裁庭应该予以接受和考虑。中国这种非正式合作对仲裁庭2015年3月之后的程序有重要影响。仲裁庭不仅应该将《立场文件》视为《程序规则》第20条对其管辖权的初步反对意见，而且根据之前的国际法理，仲裁庭应该分离该案件的管辖权问题与实体问题，单独审理其管辖权问题。⑥

三、国际合作机制

条约是国际合作的一个法律形式。退出条约通常也是多边条约允许的一种行为。实践中国家退出或威胁退出条约或国际组织通常是因为该体制不能继续满足其利益需要，或者不能适应国际形势的发展需要，相比之下可能已经出现其他更有效和高效，或者更能满足其需求和愿望的选择。合理的退出机制可增加国际法的灵活性，使国家能够应对未来不断变化的情势创制新的规则，这就为国际法与时俱进的演化和发展留下回旋余地和发展空间。事实上从利用退出选项的可能性中获益的国家可在全球化的进程中赢得更大的发言权，并可能在不断变化世界中为促进国际法和国际组织的效率和适应性提供一条快捷的路径。⑦

欧洲联盟是世界上一体化程度最高的区域组织，辅助性原则是欧盟法中与权能划分问题联系最紧密的宪法性基本原则。辅助性原则有两面性的作用，即消极性和积极性两种。凡是有碍于不断推进欧盟一体化深入和发展目标的作用力都可视为消极的，而有益于此目标的作用力都被认为是积极的。辅助性原则的这种制度设计意味着欧盟超国家职能的扩展有一个内在的、难以逾越的限度。一方面，它倚赖于国家主权的让渡，而另一方面，主权国家不会无限度地让渡自己的主权。《里斯本条约》之后对于各成员国国内议会作用的加强本身就是一个重大的改变，可能会促进欧盟立法和决策体制的变革。⑧

四、国际刑事法律合作与审判

1999年《中华人民共和国刑法》第6—9条确立了中国行使刑事管辖权的属地原则、属人原则、保护原则和普遍原则。从管辖权的定义及其所承载的功能来看，中国《刑法》所代表的刑事管辖权体系存在一些问题。为适应保护自身利益和履行国际义务的需要，有必要根据管辖权的功能来重构中国的刑事管辖权体系，构建积极进取型的管辖权体系。在当前境外追逃追赃工作中，中国应该利用同外国签订的众多双边或多边刑事法律合作条约，建立起一系列有助于预防工作和国际合作的长效机制，其中当务之急是改革中国已不合时宜的刑事没收制度。为此应该尽快建立统一和科学的犯罪资产没收制度，加快《国际刑事司法协助法》的立法进程。[9]

侵略是一种最严重违反国际法的罪行，侵略战争构成反和平罪，犯有这种罪行的个人必须承担刑事责任。第二次世界大战结束后的东京国际军事法庭对日本甲级战犯进行的国际审判与纽伦堡国际审判一样开创了通过国际军事法庭来清算国际罪行的先例。东京审判不是复仇，不是"政治审判"，也不是什么"强权即是真理"，更谈不上"充满了种族主义"，而既是对战胜者、同时也是对战败者的正义，是通过审判将日本军国主义分子的战争暴行忠实记录下来，以达到以史为鉴、面向未来和维护和平的目的。这是人类社会的理性、文明和进步，是中国、日本乃至全人类的一份宝贵遗产。[10]

五、国际贸易与投资

"海豹产品案"表明，动物福利问题已经进入到国际贸易领域。一些发达国家开始将动物福利标准和贸易挂钩，从而使世界贸易组织规则在追求自由贸易目标的同时，要适当兼顾非贸易价值目标——动物福利，在国际义务与国内立法之间寻求适当平衡。[11]对外国投资进行国家安全审查是一个国家确保其经济安全的重要法律制度。国家安全审查在本质上具有经济法律规范的有限确定性。从直接投资的实务流程考察，以行业范围和影响程度两个维度为基准来确定国家安全风险识别的考量因素是适当可行的。[12]各国所得税制导致的双重征税和税收差别待遇也会对贸易和投资的流动产生影响。对于这两类问题，中国采用了目前通行的分别由贸易协定和双边税收协定来处理的机制。但是，现行机制存在不足之处。中国需要从完善现行自由贸易协定和双边税收协定、构建区域性的税收合作机制、与多边体制相衔接等方面入手，进一步应对自由贸易区建设中的相关所得税问题。[13]

六、涉外法律适用

对于法律选择协议的效力的法律适用问题，适用法院地法是一个更合理、更可行的办法。[14]《涉外民事关系法律适用法司法解释（一）》第 15 条关于自然人属人法与经常居所的规定体现了中国式选择，即自然人经常居所的判定准据从法院地法到冲突法，自然人经常居所的判定方法从单一标准到叠加标准。在涉外民商事司法实践和法律适用中，应当按照冲突法的语境来理解经常居所，综合考虑经常居所判定标准的叠加适用，解决经常居所的可能冲突和连结点的时际变更，慎重考量经常居所的例外情形和公共政策。[15]以最密切联系原则为基础的例外条款在国际私法立法上有其必要性。一般性例外条款一方面维持了一国正常的冲突规则在通常情况下的适用，另一方面又准许该国法院在正常的冲突规则所指定的法律体系与案件并无密切联系时，例外地适用与案件有最密切联系的另一法律体系，从而在保持法律适用的可预见性和稳定性的同时，避免或克服了传统冲突规则的固定性、僵化性、机械性和盲目性。[16]但是，在最密切联系原则下裁量权滥用时有发生，这需要予以法律控制。由于裁量权滥用与立法、司法现状有密切关系，对其进行控制的途径也在于立法和司法两个角度。裁量权的立法控制即是通过完善涉外合同冲突规则体系，设置明确的裁量权行使边界。裁量权的司法控制即是从制度上保障法官不受现实因素干扰，自由地行使裁量权。在这两条路径中，前者以限制为主，后者以引导为主。如果能够双管齐下，或许可以构建张弛有度的裁量权控制之道。[17]

七、国际民事诉讼与国际商事仲裁协议

在域外取证法律冲突下证人权益保护方面，应当尊重证人的权利主体地位，完善证人权益的法律适用机制，设立证人的免证特权制度以及权利受损的救济机制，尤其需要关注在电子证据和视频取证领域证人权利事项。中国在这方面的现行域外取证体制和国内立法均有较大的改进余地和完善空间。[18]国际商事仲裁协议可以"分割"适用法律，同时也有统一适用法律和整合适用法律的内在要求。中国立法和司法应该回应理论与现实发展的需要，进一步完善涉外仲裁协议分割或整合适用法律的规则和机制。[19]涉外仲裁协议的司法剩余权与法院地法的谦抑性具有相容性。对于国际仲裁协议而言，"法院地法"主要表现为法院地的仲裁法，其谦抑性应得到立法和司法的保障，不适当地干预仲裁协议的效力会损及国际商事仲裁的统一运行体制。法院地法的"谦抑性"与司法对仲裁协议的"剩余权"具有一致性，中国司法对涉外仲裁协议亦应本着谦抑性原则限制法院地法的不当干预。[20]

注：

①石亚莹：《论软法的优势和作用——以国际法为视角》，《法学杂志》，2015 年第 6 期。

②肖凤城：《论军事外交的 法治运作》，《法学杂志》，2015 年第 7 期。

③宣增益：《载人航天法律制度：挑战与完善》，《政法论坛》，2015年第5期。

④李卫海：《中国海上航运的安保模式及其法律保障——以应对21世纪海上丝路的海盗为例》，《中国社会科学》，2015年第6期。

⑤贾宇：《中国在南海的历史性权利》，《中国法学》，2015年第3期。

⑥余民才、李博伟：《中国与南海争端仲裁庭的非正式合作及效果》，《现代国际关系》，2015年第2期。

⑦韩逸畴：《退出，呼吁与国际法的演化和发展——基于阿尔伯特·赫希曼的理论视角》，《法律科学》，2015年第2期。

⑧回颖：《欧盟法的辅助性原则及其两面性》，《中外法学》，2015年第6期。

⑨黄风：《建立境外追逃追赃长效机制的几个法律问题》，《法学》，2015年第3期。

⑩朱文奇：《东京审判与追究侵略之罪责》，《中国法学》，2015年第4期；朱文奇：《东京审判：人类的理性与进步——析“胜者的正义”论》，《法学家》，2015年第6期。

⑪郭桂环：《WTO体制下的动物福利与贸易自由——基于海豹产品案的思考》，《政法论坛》，2015年第3期。

⑫甘培忠、王丹：《“国家安全”的审查标准研究——基于外国直接投资市场准入视角》，《法学杂志》，2015年第5期。

⑬张智勇：《自由贸易区的所得税问题研究：中国的视角》，《中外法学》，2015年第5期。

⑭沈涓：《法律选择协议效力的法律适用辩释》，《法学研究》，2015年第6期。

⑮杜焕芳：《自然人属人法与经常居所的中国式选择、判准和适用——兼评〈涉外民事关系法律适用法司法解释（一）〉第15条》，《法学家》，2015年第3期。

⑯陈卫佐：《当代国际私法上的一般性例外条款》，《法学研究》，2015年第5期。

⑰王艺：《涉外合同最密切联系条款下的裁量权滥用及其控制》，《法商研究》，2015年第2期。

⑱王克玉：《域外取证法律冲突下证人权益保障问题的审视》，《政法论坛》，2015年第4期。

⑲王克玉：《国际商事仲裁协议法律选择的逻辑透视》，《法学》，2015年第6期。

⑳王克玉：《涉外仲裁协议案件中的司法剩余权及法院地法的谦抑性》，《法律科学》，2015年第6期。

（作者：余民才，中国人民大学教授；李博伟，中国人民大学硕士生）

法律史学

赵晓耕　王云霞　范依畴　李　原

中国法律史学科研究综述

一、重要学术会议

（一）中国法律史学会发展问题座谈会

2015年3月6日，中国法律史学会发展问题座谈会在中国社会科学院法学研究所召开。中国社会科学院学部委员、法学研究所所长李林研究员，荣誉学部委员刘海年研究员，荣誉学部委员韩延龙研究员，中国法律史学会常务理事徐立志研究员，中国法律史学会会长、法学研究所吴玉章研究员，中国法律史学会常务理事、法学研究所张生研究员及法制史研究室全体研究人员参加了座谈会。与会代表经过讨论，意识到了中国法律史学会目前存在的问题，也明确了今后一段时期内发展所需的着力点。如积极将研究室工作与学会工作相结合，在年会、会刊、网站、评奖等方面推进学会建设，通过加强与相关高等院校的沟通合作等，使中国法律史学会在法律史研究与教学过程中发挥更大、更积极的作用。

（二）中国法律史学会2015年年会暨传统法律文化与现代法治文化研讨会

2015年8月15日—16日，由中国法律史学会主办、沈阳师范大学法学院承办、清华大学法学院凯原中国法治与义理研究中心协办的中国法律史学会2015年年会暨传统法律文化与现代法治文化研讨会在辽宁大厦召开。会议共有来自全国110多个单位的201名代表出席。在大会主题发言环节，中南财经政法大学陈景良教授作了题为《礼法传统与现代中国法治》的主题发言，上海政法学院倪正茂教授作了题为《“侨易中华法制史”研究刍议》的主题发言，山东大学林明教授作了题为《中国传统法律文化的合理性因素及其现代价值》的主题发言，清华大学法学院凯原中国法治与义理研究中心廖凯原先生作了题为《轩辕召唤：有关〈轩辕4712中华共识〉的建议》的主题发言。

中国政法大学张中秋教授、南开大学侯欣一教授、中国人民大学赵晓耕教授、沈阳师范大学法学院霍存福教授分别进行了点评。大会按照不同的主题设立四个分会场进行讨论。分别由武汉大学陈晓枫、江苏省高级人民法院李玉生、安徽大学周少元、海南大学罗旭楠、西北政法大学闫晓君、厦门大学周东平、中国社会科学院吴玉章主持。来自北京大学、中国人民大学、清华大学、上海政法大学、中山大学、南开大学、河南大学等高校的专家学者分别围绕“中国传统法律文化与法治中国”、“中国古代司法、行政制度及近现代转型”、“法史前沿及基础理论研究”、“轩辕召唤：有关《轩辕4712中华共识》的建议”等主题进行了深入的研讨。

（三）马克思主义法学与全面依法治国学术研讨会

2015年10月9日，由中国社会科学院法学所、中共中央党校政法部、国家行政学院法学部、南京师范大学法学院与南京师范大学出版社联合主办的《马克思主义法律思想通史》项目结项暨马克思主义法学与全面依法治国学术研讨会，在北京举行。《马克思主义法律思想通史》是由公丕祥和龚廷泰教授担任总主编，历经十多年打磨并由南京师范大学出版社于2014年11月出版的学术精品；该书凡4卷，320多万字。该书的出版是中国法学界的大事，它是我国第一部系统研究马克思主义法律思想的重大标志性理论成果，对中国社会主义法治国家建设具有重大的实践价值。在《马克思主义法律思想通史》项目结项之际，会议主办方邀请了中国法学会、国家哲学社会科学规划办公室、教育部社科司等单位以及来自中国社会科学院法学所、北京大学、中共中央党校、国家行政学院、西南政法大学、南京大学、江苏省社会科学院、苏州大学、上海师范大学、南京师范大学等单位的马克思主义法学研究的一流学者与出版界专家出席了此次研讨会；《人民日报》、《求是》、《光明日报》、《法制日报》、《中国新闻出版报》等在京的媒体代表参加了会议。

（四）中国法律史学会所属中国法律思想史专业委员会2015年年会暨“中国古代法律思想与当代法治建设”学术研讨会

2015年11月14日，由中国法律思想史专业委员会主办，上海市法理法史研究会、上海政法学院承办的中国法律思想史专业委员会2015年年会暨“中国古代法律思想与当代法治建设”学术研讨会在上海政法学院召开。来自中国社会科学院、山东大学、华东政法大学、中国人民大学、吉林大学、四川大学、北京师范大学、杭州师范大学、华南师范大学、南京师范大学、华东理工大学、浙江工业大学、郑州大学、济南大学、商务印书馆、上海三联书店和承办校等20余所单位的70余名专家参加了此次会议。本次大会由何勤华教授主持。

在主题发言中，武树臣教授论证了“礼”“法”“刑”“德”“仁”的文字学起源，并图文并茂地展示了这五个字的原型与衍变；范忠信教授批判了法德并用的现状，提出“德法并用”的八个基本逻辑，认为依法治国不能因“德”而冲淡“法”；李瑜青教授从中国古代法治思维何以存在雏形出发，充分肯定中国古代有法治思维，并进一步探讨该研究对我国法律本土化发展的价值和意义。与会专家学者围绕大会主题发言和四个讨论单元展开研讨，学术交流充分。

（五）彭真民主法制思想学术研讨会

2015年12月3日，彭真民主法制思想研究与教育基金2015年度学术研讨会议、基金理事长会议于北京举行。基金理事长、十届全国人大法律委员会主任委员杨景宇，基金副理事长、十一届全国人大法律委员会主任委员胡康生，基金学术委员会主任、全国人大常委会法工委原副主任张春生，基金学术委员会副主任、中央文献研究室室务委员兼秘书长闫建琪，基金副理事长、北京市康达律师事务所主任付洋，基金副理事长、中国人民大学法学院院长韩大元，中国人民大学法学院朱力宇教授等参加了本次会议。彭真民主法制思想研究与教育基金2015年度学术研讨会发言气氛活跃热烈。学术研讨会由基金学术委员会主任主持。

（六）中国法律史学会第九届“全国法律文化博士论坛”

2015年12月12日，第九届“全国法律文化博士论坛：中国传统法的传承与创新”在华南理工大学法学院召开，这也是该学术活动首次来到华南地区。中国法律史学会会长吴玉章教授，以及中国法律史学会学术委员会多位知名教授担任论坛的评议嘉宾。论坛收到清华大学、中国人民大学、中国政法大学等法学院三十多位博士生的投稿。论坛上，博士生们围绕论坛主题“中国传统法的传承与创新”各抒己见，并与专家展开了深入讨论。吴玉章认为，学术论文写作需要理论支撑，不能就事论事，法律史研究要充分吸收中外学者关于法律史、社会史和思想史的研究成果，拓宽研究视野，寻找理论突破；范忠信教授评析了博士生对“情理”的研究，指出“情理与法律的关系”是中国法律史学界长期探索的问题，体现了传统中国情、理、法共存的格局；霍存福教授指出文化研究应该与制度研究结合起来，把司法文化中的理想世界与现实世界进行比较，寻找有价值的结论；赵晓耕教授对历史资料的分析发表了看法，认为研究历史文献需要综合运用法学与史学的方法，在分析文本的基础上，深入考察文本与现实之间的关系。

（七）第一届“中国法律史学会优秀研究成果奖”评审会

2015 年 12 月 16 日上午，中国法律史学会在中国社会科学院法学研究所召开了第一届“中国法律史学会优秀研究成果奖”评审会。来自中国社会科学院法学所、中国人民大学、中国政法大学、南开大学、中南财经政法大学、华东政法大学、西南政法大学、中山大学、华中科技大学、沈阳师范大学等高校和研究机构的专家、学者共计 12 人参加了本次评审。中国社会科学院学部委员、法学研究所所长李林研究员，中国法律史学会会长吴玉章研究员，出席并致辞。李林所长在致辞中肯定了法律史学科的重要意义，同时强调本次评奖应是一项良心工程，要使评奖结果经得起学界的检验。随后，中国法律史学会吴玉章会长介绍了本次评审委员会的组成、评奖办法、投票原则等。投票共分四轮进行，依次评选出特别奖、一等奖、二等奖各两名，三等奖四名。

二、主要著作研究成果

在法律史学专著方面，北京法律史学诸位同仁本年度取得了丰硕的研究成果。

《中西之间——历史与比较法视野下的法律现代化问题》[①]一书以六篇长文为核心，通过比较的视角，探讨了中西法律现代化等问题。六篇文章分别为：《法律现代化之难题》、《法意与人情：沈家本会通中西的尝试》、《外国宪法的继受与本土化》、《近代中国司法体制的现代化》、《公营事业、土地与民生问题》、《他山之石：英美法律教育检讨》。

《帝制中国的法源与适用：以比附问题为中心的展开》[②]一书试图从大处着眼，小处着手，从三个方面论述中国古代的比附问题。首先，对传统中国法学的关键性概念“比附”进行全面的研究，考察其词性与功能；其次，梳理比附所援引三种法源：经义、制定法、案例法，分析其适用位阶；再次，通过对比附为中心的帝制中国法适用模式的提炼与总结，基于中国法主体性立场，从法文化整体性的视角和政治哲学的维度，总结中国法的特质，从而回应学界近年来的关于中国法是否是卡迪司法的论争。

《〈大清新刑律〉与中国近代刑法继受》[③]一书，以《〈大清新刑律〉立法资料汇编》为依托，对《大清新刑律》的立法背景、立法基础和立法过程进行了认真梳理和考证，并借此对中国近代刑法改革肇端的问题与缺憾进行了系统而全面的检讨。《〈大清新刑律〉与中国近代刑法继受》的创新之处在于，运用了当代刑法学分析问题的思路和方法，克服了以往近代刑法史研究中大而化之的历史学描述倾向，将《大清新刑律》研究引向深入。

《清朝旗民法律关系研究》[④]一书，以清朝旗民法律的演变为主线展开。清朝旗民法律关系，既是满汉之间的民族关系，又是不同阶级之间的政治关系，两对关系错综交织、纷纭变化，与政局紧密相关。旗人与民人在职官、司法诉讼、经济地位及习俗等多个方面的法律差异及变化，既反映出清朝法律民族特色与政治特色交融的特点，又凸显了旗人作为清朝统治支柱的作用渐趋衰微，出现了旗人日趋平民化及满汉民族融合化的趋势。

《清代的故意杀人罪》[⑤]一书，选择以刑法领域中最古老的罪名之一——杀人罪作为研究对象，对清代故意杀人罪做了全面的梳理。杀人罪是最古老的犯罪之一。在我国传统律典中，杀人罪也是普通刑事犯罪中法定刑最重的罪名之一。对清代杀人各罪名的研究不仅可使读者了解清代的杀人罪立法本身，同时也可使读者了解过去几千年传统社会杀人罪立法的整体演进，并提醒读者注意其他古老罪名及其立法可能的发展道路。同时，虽然杀人罪并不是一个较大的课题，不过，以它作为研究对象也可提示一点，即律典应当成为法律制度史研究的起点和基础，因为没有人能在对律典、律文的意义还没有充分理解的前提下对传统法律进行各种评价和叙述。通过作者的研究，读者既可以了解我国传统法典中有关故意杀人的立法以及律学家的相应解释，同时通过该书中古今中外有关理论的对比，也有利于读者审视现行立法的优劣之处。

《制度、司法与变革：清代法律史专论》[⑥]一书，分别从清朝法文化、清朝行政法律、民事法律、经济法律、民族法律、司法制度与晚清法律近代等多个方面对清朝的法制形态及其发展进行了详细的介绍。该书既有助于清朝法制史的研究，又可对当前的法制建设提供某种历史借鉴，具有很高的学术、社会价值。

《辉煌的中华法制文明》[⑦]一书，以通俗明白的语言，梳理中国古代法制文明的脉络，叙说中国古代法制文明的特征、历史作用以及现代价值。中国古代法制文明根基于中国传统文化，体大思精，为维护中国传统文明的传承发展，起了重要的作用，在当代建设法治国家的过程中仍有其价值。

《清代监察大案》[⑧]一书，根据作者在 CCTV - 12《法律讲堂》文史版“反贪往事”专题的主讲内容改写而成，主要讲述了五个清代历史上惊动朝野的监察大案：包括和珅反贪案、甘肃官员集体贪腐案、小御史查处山东巡抚国泰案、盗匪法场呼冤案、一个歌妓引发的官场地震案等；以耐人寻味的故事、精彩曲折的情节、通俗易懂的语言，剖析清代监察案例，再现清代宦海沉浮。该书在用故事讲述历史、分析案件的同时，也提出了很多引人深思的评论，于故事中总结清代监察制度的历史经验、教训及其发展规律，以期为我国当代监察法律体系的建设和廉政法律文化的完善提供历史参考与借鉴，并使读者于轻松的氛围中对中国古代法律文化与监察制度具有更深入的了解和掌握。

《清入关前的法文化》[⑨]一书，以满洲的历史文化背景作为出发点，以中原法文化作为参照，探究满洲法文化的内容与特征，并试图发掘其对当今中国法制建设的启示。该书指出满洲是明朝末年兴起于东北地区的民族，它以明朝女真人为主体，吸纳了多种民族成分，在八旗制度的整合下最终形成。满洲民族共同体形成的过程，也是满洲从氏族部落到君主制国家的发展过程。满洲人民在领袖人物的带领下，建立了属于自己的政权后金一清，并最终取得了对中国的统治权。法文化既是满洲文化的重要组成部分，也是对满洲文化展开研究的绝佳视角。满洲法文化的形成有着独特的历史背景和文化渊源，其内容与中原历代王朝的法文化相比较，既有共性，又有个性。从努尔哈赤起兵后到清入关前的一段时间，是满洲民族共同体形成的时期，也是满洲法文化形成的时期。在这段历史时期中，满洲在对外战争和经济交往中经历了与其他民族文化的碰撞和交融，因此法文化呈现出了文化融合性的特征。在这一过程中，满洲统治者对法文化的进步起到了至关重要的作用，在统治者的带领下，满洲社会的法文化经历了前所未有的震荡。该书正是从法文化角度出发，对清入关前满洲文化的各个方面做出法的解读，揭示这个古老民族在崛起过程中经历的法文化变迁。

三、本年度学科研究重点问题

2015 年北京地区中国法制史学科研究的热点问题，总结起来，主要有以下几个方面：

（一）关于中国法制史宏观理论的研究

关于中国法制史宏观理论的研究一直是法制史研究领域的热点，有学者对传统中国法的特征进行了新探，指出传统中国法的特征是有机一体、二元主从、辩证发展和道德人文；这是与以往不同的认识。传统中国法的这些特征是内生、固有和特有的，相互之间存在着互动、联动和贯通的辩证逻辑关系。其中道德人文是根本，其精髓是在人为称首的思想指导下，以仁义为内核的重生与讲礼的对立统一。在有机宇宙观下，重生与讲礼对立统一的理想是和谐。和谐即合理，合理即公平。合理不是简单绝对的平等，而是同与不同、等与不等，或者说等者同等、不等者不等的有序构造，亦即重生与讲礼在传统中国法中的有机结合，这即是传统中国法的公平正义。

与近代西方法相比较，传统中国法的这些特征存在着某些缺失，但并不违背人类法律的内在使命和基本价值；而且这些特征有着坚韧的生命力，依然以某种变化的形式存活于当代中国法中，成为建设有中国特色的现代型法治的文化要素。[⑩]

有学者对中国古代德法互补的法文化进行了探讨，该学者指出在中华法文化中，德法互补不仅是法文化的核心内容，也是其精华之所在。在中国古代，德的功用之一在于以德化民，在于唤起民的内在的正直天性，使民远恶迁善，使人心纳于正道的规范。以德化民不仅表现为内在的化人性之恶，也表现为外在的化不良之俗。然而，纯任德化还不足以安民立政、禁暴止邪，推动国家机器正常运转，必须辅之以政刑法度。因此，历代统治者都奉行“法为治国之具”的主张，由皇帝亲掌国家立法和司法，形成了一系列具体的立法和司法原则。中国古代德法互补的法文化，是中华民族智慧的结晶，也是法律思维的杰出创造。它不仅具有高度的理论研究价值，更具有极为现实的借鉴意义。[⑪]

有学者对礼与法进行了探原，从“礼法”一词在古代经籍和史料中的基本用法入手，进而对古代礼、法观念的渊源和流变，尤其是二者关系的演变，予以了系统的梳理和说明，借以展示古代中国人的传统秩序观、法律观，以及在近代经历的挑战和变迁。该学者指出，回望礼法之观念史、制度史，可知三代以礼为法，礼、法无分；春秋战国至于秦，法出于礼而独立，儒法对立，礼、法分隔；汉以后，儒法合流，礼入于法，又造就一新的礼法秩序；而至晚清，西风东渐，世事丕变，民主、法治观念大兴，传统之礼法秩序无以为继，至是，礼、法再度分立。上下三千年间，礼与法先是由一而二，继则由分到合，最后再分别为二，不相隶属。其变化，有否定，亦有否定之否定，每一次分合，均对应于一种新的历史与社会情态。这其中，晚清之变，尤为深刻。盖因于道德与法律之辨中确立的法，既非中国传统之礼，亦非中国旧有之法，而是出于近代西方而被推之于世界的一套个人权利法则。就此而言，清末礼、法之争，已经逸出传统礼、法之争的界域，不复为其所范围，而具有全新的意蕴。中国数千年绵延不绝的礼法观念，亦因此而被彻底抛弃。[12]

此外，有学者对近代中国宪制的发展进行了研究，该学者指出，从 1908 年《钦定宪法大纲》到 1946 年《中华民国宪法》，近代中国制定了多部宪法文件。考查其条文，发现其中杂糅了美、德、法等多国元素；制宪者在移植外国制度时，通过“独立的思考”与“理性的选择”，甚至有所“创作”。这其中一大创作便是融会贯通各国宪制，对议会主权原则作出重大修正与改良。具体而言，在政体的选择与混合、制宪权的归属、宪法解释机关的变动三个宪法重大问题上，近代中国经过短短三十几年的摸索，居然与欧美“先进范式”相较毫不逊色、走到了比较宪法的前列。尽管在制宪事业上有所“创作”，近代中国并没有将纸面的制度落实为宪法实践，但这并不能抹杀近代中国制宪者的智识贡献与宪制创作。[13]

（二）关于传统法律制度、法律现象的微观研究

关于中国古代具体法律制度、法律现象、法律文化的微观研究，仍然是本年度的关注核心。有学者对先秦时期的司寇进行了新视角的研究，该学者指出有关先秦时代的司寇，法律史学界多依据《尚书》、《周礼》等传世文献的记载将其视为专职司法官员。事实上，揆诸周代青铜器铭文，西周时期的司寇只是一种职事而非职官。其成为职官当在西周晚期。至春秋时期，司寇一直以职官的形象存在，但其职能却超出了其字面职能的拘囿并进入司法领域。至战国年代，由于战国在历史风貌上与作为西周之延续的春秋截然不同，战国儒家试图实现官僚制与西周政制对接的设想或多或少地偏离了西周政制的原貌。司寇就是在这种情况下成为《周礼·秋官》所描绘的专职司法官员的。由此可见，司寇在先秦的演变过程其实就是先秦国家形态与治理模式之变迁的缩影。[14]

有学者对宋代死刑控制的数据、程序进行了分析，指出学界对宋代审判制度及赦降制度已有充分研究，但对死刑数据尚有许多混淆。宋代“刑不滥施，死无冤人”的死刑执行方针是以唐代贞观年间两位数的死刑执行数目为标准调控的。程序上需要奏裁的案件承担了宋代降低死刑执行数量的重任。人命至重的价值观、对高额死刑数量的忧虑、死刑制度的微调，这三者在君臣的死刑制度对话中形成了不断互动。从而使宋代死刑执法这一行动中的法律能够不断在正义与怜悯、正义与效率之间的平衡被校准，避免了死刑制度僵化和滥用。[15]

有学者对清代讼师贪利形象的多重建构进行了探讨，指出清代官员们在向民众宣扬讼师之恶时，往往极力强调其贪婪成性的逐利特点。这种贪利讼师的形象刻画，可以在一些真实案例中找到原型，并在一些文学作品中被放大。将官代书的收费情况和一些实际案例中讼师所收的写状费用进行对比，可以发现其中的讼师收费通常要远超官代书的规定收费标准和实际所收报酬。但是，这并不意味着讼师收费皆是高不可攀，因为除了那些精擅此道而引起官府注意乃至被查拿严惩的讼师外，还有一些为人代写词状的下层识字人士其实只收取较低的酬劳，而后一种情形通常不容易在史料中得到具体记载。清代官方借助于对“贪利讼师”这一模式化形象的塑造和宣扬，来对民间助讼之人进行整体污名化，试图以此警示民众要远离这一“危险”群体，从而避免更多诉讼案件被催生出来，以减轻区域性诉讼社会之背景下日趋严峻的压力。[16]

有学者以清代为视角，对中国传统民族法制进行了新的分析，指出中华法系是由各民族共同缔造的，各族人民都贡献了法律智慧，“多元统一”成为中国传统民族法制的重要特点。清代是中国历史上典型的多民族国家，其民族法制最具有代表性。清代中央政权通过“认可”民族地方原有的法规或者习惯法、“制定”民族地方的特别立法和“变通适用”全国性立法这样几种方式，使得国家的法律秩序呈现出“多

元”的色彩，保留并照顾了民族的特点和多样性。然而，“多元”的实质还是立足于“统一”，清代法律统一化的趋势随着中央政权的巩固逐步完成，民族地方法律的不足也需要国家统一立法的弥补。解读清代的民族法制可以看出，法律的“多元”与“统一”相辅相成，合则两兴，分则两败。这正是对于我们当今最大的启示。[17]

此外，还有学者以讼费法规为切入点，对清末民初法制移植与实效进行了学理分析。该学者指出，晚清至民国初期，中国频繁移植日本、德国等国的法制。评估整体法制移植的效果及其原因并非易事，近代讼费法规为考察此问题提供了良好视角。中国讼费法规与日本、德国的诉讼制度有明显渊源关系，但同时也有显著差异。自移植讼费法规后，中国立法者根据实际情况，尤其是当时财政困境以及立法者自身利益动机，对法规作了相当的调整。这种“选择性立法”破坏了原初法制的一些重要原则，成为维护立法者利益的工具。讼费法规的这种“中国特色”恰是当时整个中国法制移植的典型表现之一，也是法制移植未能实现预期的法律救国或建立法治秩序等的重要原因之一。[18]

（三）关于法律史料的研究

关于法律史料的研究是法律史研究领域的基础，有学者对大清刑律草案签注进行了考论。1907年大清刑律草案签注是研究《大清刑律》和“礼法之争”不可或缺的重要资料。该文利用诸多历史文献，对1908—1909年之间，中央部院、地方督抚的签注做了系统梳理，考证其文献来源、整理要点、上呈过程和表现形式，澄清以往研究中不清楚甚至错误的地方，辨析了签注的形成过程及其中的倾向性意见，分析了签注在《大清刑律》制定中影响和作用有限的原因。1907年大清刑律草案作为沈家本在法律领域贯彻“思想革命”的代表作，其得失是与政治领域的立宪运动同步的，由签注所引发的“礼法之争”的本质不是中西、新旧之争，而是法律领域“改良还是革命”的“主义”之争。1907年大清刑律草案既与中国自身的状况相脱节，也不符合法律自身的演进规律，是一次有着严重缺陷的立法实践。[19]

有学者从秦代简牍文献出发，考据了刑事证据规则指出，在中国古代刑事证据制度的演变过程中，秦代扮演了重要的角色。通过对秦代简牍文献的研究可以发现，刑事证据规则在秦代已经得以初步确立。秦代在证据理论问题上继承了西周以降各个历史时期的相关内容。与此同时，根据缘法而治的时代要求，又有所发展，较以往更多地体现了法家主张的证据理论精神。根据研究，可以得出这样的判断：秦代奉行综合性的刑事证据规则，包含主观与客观两方面的属性。[20]

有学者对《大清会典》目前的研究进行了考问指出，法史学界关于《大清会典》的效力、适用、编纂意义问题上具有影响力的三种观点是有待商榷的。《大清会典》并不具有最高效力层次的法律地位，其在适用上具有三个特点：朝廷统一编纂《会典》，各衙门分别适用则例；皇帝根据需要直接适用《会典》中的礼制大纲；援引律例而非《会典》断罪。编纂《大清会典》，具有确立法统、统一法律体系的政治意义和法律意义，又有建立盛世标志、争取官民拥戴的文化意义和教育意义。[21]

此外，还有学者对民国民法典的制定进行了再探讨，该学者指出，《中华民国民法》的制定，是南京国民政府时期最为成功的立法，其制度品质赢得了广泛赞誉，其立法效率亦得到充分认可。民国民法典由看似烦琐的“复合立法机构”制定完成：国民党中央执行委员会政治会议负责确定民法各编立法原则，确保民法的政治方向；隶属于立法院的民法起草委员会，负责民法各编草案的起草；立法院立法委员会负责草案的审议、议决；经议决的各编法案最后由国民政府予以颁布实施。在“复合立法机构”的运作过程中，胡汉民发挥了重要的政治作用，将四个机构的运行有效地衔接起来；史尚宽发挥了重要的专业作用，为民法各编立法原则的拟定、篇章结构的设计、全案条文的起草提供了系统的理论支持。[22]

（四）关于法律思想史的研究

本年度有学者对传统法律思想与传统社会治理的互动进行了探讨，如有学者就商鞅“法治”思想与中国传统社会治理之间的关系进行了探析。该学者指出，商鞅是中国传统法治理论的开创者和实践者，其最大的贡献在于将法家法治思想进行系统的整合，使之成为一个体系。而且，作为一名成功的政治家，他在其政治生涯中实践了这些理论，从而使得理论具备了可行性。

商鞅的“法治”是中国传统社会治理的制度实践和理论来源。然而，作为早期社会治理模式的商鞅“法治”混淆了国家与社会之间的区别，一味以强力推行实施，排除了法律的道德性，最终无法避免成为严刑酷法，给后世带来了巨大的消极影响。中国传统社会治理的得失，很大程度上是商鞅法治思想的利弊所致。这些都值得我们今天深刻反思。[23]

外国法律史学科研究综述

一、学术交流活动

2015 年是英国《大宪章》诞生 800 周年，英国法律史成为国内外国法律史学界的研究热点。多种学术活动也围绕这一主题展开，具有前沿性和国际性的特点。在这一年中，北京外国法律史学界举办或参与的外国法律史学科学术交流活动主要包括以下五个方面。

（一）全国外国法制史研究会第二十八届年会

2015 年 10 月 24—25 日，由全国外国法制史研究会主办、广西民族大学法学院和华东政法大学法律史研究中心共同承办的全国外国法制史研究会第二十八届年会在广西省南宁市召开。本届年会的主题为“中世纪英格兰宪制实践及其影响”，代表们围绕着这部 13 世纪早期英王与反叛贵族签署的统治契约文本，着重讨论了大宪章的源流与时代、文本的实践和演化及其所展示的中世纪英国宪制实践对近代宪法的影响。北京大学、清华大学、中国人民大学、中国政法大学、商务印书馆、法律出版社等北京地区各主要高校、科研单位和出版单位均派代表参会。

（二）“法治的过去、现在与未来”国际学术会议

由中国人民大学法学院、牛津大学法学院、英中协会和韩国高等教育财团联合举办的“法治的过去、现在与未来”国际学术会议于 2015 年 9 月 5—6 日在中国人民大学召开。会议旨在纪念《大宪章》诞生 800 周年，研究《大宪章》的历史背景和影响，探索法治建设的路径以及法治发展的未来走向。会议共进行了五个单元的学术交流，分别为“大宪章与世界”、“大宪章、宪法时刻与公法”、“大宪章与当代法治”、“大宪章与正当程序”、“大宪章与人权保障”。来自中国、英国、美国、韩国、加拿大、澳大利亚等 100 余名该领域的知名学者与专家出席会议并发表了学术演讲。

（三）北京大学“大宪章八百周年研讨会”

2015 年 6 月 15 日是大宪章签署 800 周年，由北京大学法学院主办的“大宪章八百周年研讨会”在北京大学举行。来自全国各地，横跨法学与历史二个学科的学者以《大宪章》颁布八百周年为契机，认真梳理文本，探究意义，并就其对中国法治建设的价值展开了热烈的讨论。北京大学、中国人民大学、中国政法大学、北京航空航天大学等北京高校的专家学者参加了会议并做主题发言。

（四）全国西方法律思想史研究会 2015 年年会

2015 年 8 月 29—30 日，由全国西方法律思想史研究会主办、辽宁大学法学院与辽宁大学比较法研究中心承办的全国西方法律思想史研究会 2015 年年会暨“法律与平等的理论和实践”学术研讨会在辽宁大学召开。来自中国人民大学、北京大学等北京地区高校和全国各大知名高校和科研机构的百余名专家学者参会进行交流讨论。

（五）中国比较法学研究会 2015 年年会

2015 年 9 月 19—20 日，由中国比较法学研究会主办，甘肃政法学院承办的中国法学会比较法学研究会 2015 年年会在甘肃政法学院举行。此次年会主题为“比较法治文化”，旨在通过研究域外法治文化，借鉴其法治建设经验，并与中国传统社会和近现代转型社会法治文化建设进行比较，为推进现代中国社会的法治化进程和建设社会主义法治国家发挥积极作用。来自北京大学、清华大学、中国人民大学、中国政法大学、中国社科院法学所等北京地区高校和科研机构以及来自全国各地共六十多所高校及科研机构的 130 余位专家学者参加了会议。

二、主要著作研究成果

2015 年北京地区的学者、学术与出版机构在外国法制史研究方面出版了丰硕的成果，涉及范围广，研究层次深。主要著作成果包括以下四个方面：第一，由何勤华教授主编、商务印书馆出版的《法律文明史》丛书；第二，以全新方法和视角编写的外国法制史与西方法律思想史教科书；第三，关于二战后对法西斯的审判，即纽伦堡审判与东京审判的研究；第四，欧美法律史专题著作。

（一）法律文明史研究

作为国家社科基金 2011 年度重大项目，“法律文明史”项目以华东政法大学法律史研究中心、外国法与比较法研究院和法律文明史研究院为基本平台，整合了全国 20 多所高校和研究机构的 100 余名中青年学者参与研究。由何勤华教授主编、商务印书馆出版的 16 卷本《法律文明史》的陆续面世，是外国法制史学界的重要研究成果，不仅是对世界法律文明史的重要总结，也能对中国特色社会主义法律体系建设和完善提供借鉴。在 2015 年，商务印书馆出版了《法律文明史》丛书中的三卷，分别为第 3 卷《古代远东法》、第 6 卷《中世纪欧洲世俗法》和第 9 卷《大陆

法系》。

《古代远东法》[24]一书主要研究隋唐之前的中国、日本、朝鲜、越南、印度五个国家和地区的法律文明。该书认为，中国经历了从夏商到魏晋南北朝时期的发展演化，形成了较为发达的文明成就，为中华法系的形成奠定了坚实基础；日本、朝鲜、越南充分吸收了中国文明的成果，形成了十分相近的法律文明样式，同时又保有自己的特色，如日本的“神道法律思想”等；古代印度法律除了具有东方法特征外，还有自身特色，如与宗教紧密结合、“种姓”身份等级制度等。

《中世纪欧洲世俗法》[25]一书认为，在长达千年的欧洲中世纪之中，各地兴起了诸种世俗法，罗马法也在一些领域继续发挥作用。它们共同推进了欧洲各地区政治、经济、社会、文化的发展，为前近代至近代欧洲的启蒙与复兴创造了条件。本卷阐述了包括中世纪欧洲日耳曼法、王室法、封建地方法、城市法、商法和海商法的发展变迁历程。作者充分挖掘史料，吸收前贤成果，凸显区域特征，体现了中世纪欧洲世俗法的多元成就。

《大陆法系》[26]一书认为，在人类法律文明进步的过程中，大陆法系的贡献特别突出。作为当今世界最大的法系，一方面，大陆法系涉及国家众多，有 40 余个国家保留着大陆法系的传统；另一方面，大陆法系以其鲜明特色，丰富着世界法律文明的内涵，推动着文明的发展。该书对大陆法系做了全面系统的阐述，从其概念、内容、特征、风格、变迁，以及与法律文明史的内在关系，到法、德、意、西班牙、葡萄牙、北欧、日本等大陆法系主要成员国的法律制度，资料丰富，内容厚重。

（二）外国法制史教科书创新

2015 年有两部重要的外国法律史学教科书问世，即由清华大学出版社出版的《新编外国法制史》和《新编西方法律思想史》。这两部著作的特点在于以下三个方面：第一，创作团队囊括了国内诸多外国法律史领域的优秀学者；第二，采用专题研究的方式，对重点问题进行详细阐述；第三，比较关注前沿性理论和观点。

《新编外国法制史》[27]一书，内容涵盖古代两河流域、希伯来、印度、希腊和罗马的法律，中世纪的日耳曼法、教会法、封建法、庄园法、商人法以及后来的罗马法复兴；近代之后按法系分类，欧陆包括法、德、俄、日等国法律的近代化，英美则包括英国和美国的各项主要法律制度；当代则主要讨论欧盟法的发展情况，最后还对伊斯兰法及非洲法也予以关照。《新编西方法律思想史》[28]一书分为古代、中世纪、近代部分以及现代、当代部分，共两卷，是一部富有新意的西方法律思想史教材。作者阵容强大，均是该领域的专家，反映了国内外最新研究成果。

（三）二战后对法西斯的审判研究

2015 年是世界反法西斯战争胜利 70 周年，商务印书馆对何勤华等学者关于纽伦堡审判和东京审判的两部著作进行了再版。

《纽伦堡审判：对德国法西斯的法律清算》（第二版）[29]一书中认为，第二次世界大战后，战胜国通过设立军事法庭，对战犯个人和犯罪组织进行了公开审判和惩处。该书围绕以下问题而展开：欧洲战场有四大战胜国，究竟由谁来主持审判？充满罪恶和双手沾满鲜血的纳粹分子如此之众，到底审判谁？指控他们犯有哪些罪行？应依据何种法律进行审判？等等。该书认为，纽伦堡审判推动了国际人权法的发展，为国际刑法、国际刑事诉讼法建构了理论、发展了学说。由此次审判确立的基本规则，被称为“纽伦堡原则”；也正是这次审判，为常设国际刑事法院的诞生奠定了基础。

《东京审判：正义与邪恶之法律较量》（第三版）[30]一书以通俗的语言和法律视角，向读者全面展现了东京审判始末。该书所要解决的法律问题包括：东京审判本身面临哪些法律困境与挑战？审判团如何克服辩护方基于英美诉讼程序规则实施的拖延策略？能否对发动战争的领导、策划和实施者追究个人刑事责任？等等。与一般历史和政治学术研究及文献类著作不同，该书不仅涉及严肃的法律问题，也具有较强的可读性。

（四）西方法律史专题研究

由何勤华主编、法律出版社出版的《外国法制史研究（第 17 卷）：罗马法与现代世界》[31]是第 27 届全国外国法制史研究会年会的优秀论文集，囊括了罗马法研究领域中的 20 余篇专题论文，反映了国内在这一问题上的最前沿的研究动向和研究水平。

由中国政法大学出版社出版的英格兰中世纪格兰维尔经典著作《论英格兰王国的法律与习惯》[32]一书，运用罗马法的概念和原则来论述相关的中世纪英格兰法律问题。全书共十四卷，序言模仿了查士丁尼法典序言，内容主要涉及直属受封地诉讼、圣职授予权、寡妇财产、嫁资、赠予、遗嘱诉讼等。该书还阐述了王座法院的管辖权和诉讼程序，并对王座法院曾经使用过的80份令状进行了系统分析。该书是格兰维尔的未竟之作，对研究中世纪英国土地法和诉讼法有着独特的价值，被后世学者公认为论述普通法的开山之作，后世法官也将其作为审判案件的重要参考。《论英格兰王国的法律与习惯》一书一直是国内英格兰法律史研究极为重要的参考文献，中文译著的问世将对这一领域的研究产生重大的影响。

由克里夫·斯隆和戴维·麦基恩著、北京大学出版社出版的《大法官与总统的对决：马伯里诉国务卿麦迪逊案》[33]一书围绕一则里程碑式的著名判例，即马伯里诉麦迪逊案展开。该书认为，通过马伯里一案，联邦最高法院的司法权大大加强；更为重要的是，原本只存于国父们脑海中的三权分立理想，终于照进了现代国家的政治蓝图。该书通过引人入胜的细节、勾心斗角的政争以及精彩纷呈的人物，精彩淋漓地展现了美国建国之初民主革命的历程。

由伏尔泰著、商务印书馆出版的《巴黎高等法院史》[34]一书认为，巴黎高等法院不是单纯的司法机关，它因其司法职能之外的活动，对法国的历史进程产生过重大影响。在路易十四亲政之前及路易十五在位期间，它与王室分庭抗礼，明争暗斗，在法国政坛上兴风作浪。法国历史上有名的“投石党之乱”便是例证之一。该书为伏尔泰撰写的第五部历史著作，也是他最后一部历史著作，他在书中翔实地叙述了巴黎高等法院的起源、发展、演变、活动、影响以及当时法国错综复杂，波谲云诡的政治局面。

三、研究热点问题

（一）《大宪章》及英国宪政史研究

2015年是英国《大宪章》诞生800周年，国内外国法律史学界掀起了研究《大宪章》以及与之相关的英国宪政史的高潮。

《历史与神话：800年的传奇》[35]一文阐述了《大宪章》的历史背景、演变历程、意义、价值和影响力。作者认为，大宪章的诞生有着复杂、深刻的历史背景，它是盎格鲁-撒克逊自由民主传统和诺曼集权传统相互碰撞、博弈的产物，加之后世（尤其是辉格党人）的演绎和发挥，终使之从一个国王与其贵族之间的协议，演变为英国人维护自己权利、自由以及宪政体制的旗帜和号角。今天，大宪章的影响力已不限于英国本土，而是扩至世界多地。

《当代英国宪政思潮中的普通法宪政主义》[36]一文对普通法宪政主义这一宪政理论体系进行了系统的梳理，介绍了普通法宪政主义思潮兴起的背景，总结其核心论点，梳理其论证思路。文章认为：普通法宪政主义是站在普通法的立场对议会、行政和司法三者关系的一种重新定位，它主张将普通法法院置于英国宪政框架中的核心位置，依据法治的原则对行政行为乃至议会的立法进行审查，以达到保护民众权利和自由的宪政目的。

《他山之玉，何以攻石？——论大宪章对中国的镜鉴意义》[37]一文认为，大宪章的影响力部分在于其所经历的波澜壮阔的背景和过程，也在于其所包含的某些具有一般性的原则和精神，还在于后世对其及其所包含的这些原则的解读、发挥和实践。大宪章对于中国可能的借鉴意义主要在于，它所体现出的妥协和理性的态度、依法而治的精神、君民共治的架构以及正当法律程序和未经同意不得征税的原则。

《论英格兰“王在法下”法治理念的生成》[38]一文对英国宪制给予了重点关注。作者认为，在西欧中世纪国王被视为贵族中的一员，国王须遵守封建习惯的观念广为流传，为国王须遵守法律提供了传统的支撑。与其他诸国不同的是，英格兰王权与贵族势力在中世纪长期保持均势，使得国王无力实施君主专制统治，在征税等问题上不得不与贵族妥协，明确划定彼此的权利义务分界，为国王须遵守法律提供了现实的政治土壤。与此同时，教皇革命及“双剑论”的神学教义，以及英格兰王权与教会的“二元对立统一”，为国王须遵守法律提供了神学的理据。在权力多元的政治格局中，以限制王权为目的的“王在法下”的理念逐渐生成，并最终成为现代宪政理念的源头。

（二）罗马法与大陆法研究

《法学学派争鸣与罗马法的“争鸣的法”的性格：以被盖尤斯〈法学阶梯〉记载的21个学派争议为中心》[39]一文认为，罗马的法学争鸣由来已久，从共和时期穆丘斯派和塞尔维尤斯派的争鸣，到元首制时期发展为萨宾派和普罗库鲁斯派之间的争鸣。这两个学派掌门人强烈的实践倾向，铸造了罗马法学的务实特性。这些争鸣，不仅有学派间的，而且有学派内的，极大地推动了罗马法学的发展，也造就了罗马法的“争鸣的法”的特色。尽管如此，罗马的法学争鸣只涉及私法问题，不涉及公法领域，这反映出当时的学术自由是在威权下进行的、有限的自由。对于罗马法学争鸣的原因，有不同哲学学派别说、保守与进步区分说、严格法与衡平法不同偏好说、与皇权关系不同说、阶级立场不同说、方法论不同说、不同祖师爷说、不同法律分支偏好说等。该论文则采用了荷兰学者特莎·雷森所提出的地方论说。

《重新思考古罗马与近现代西方法治的关系》[40]一文认为，在近代西方法治理论的构建中，人们往往只注意到了古罗马法中与“现代法治”相吻合的因素，而无视了古罗马法中维护君主专制的内容；另外对于这些因素的解读存在人为地扩大解释和曲解；还认为这种从罗马法中寻找现代法治因素的思路使西方法律文明看似有很强的延续性，而忽视了西方法律文明在罗马法复兴之前的“断代”，同时忽略了罗马法的继受者与被继受者属于不同种族的事实。因此作者认为，将近代西方法治追溯到古希腊、古罗马的观点是应当商榷的。实际上，西方近代以来形成的法治观念是建立在对人的权利和自由保护的基础之上的，而非简单地对古希腊、古罗马法律的溯源，更不能将其作为西方法律传统延续性的“依据”。

《中世纪欧洲封建法的前世今生》[41]一文分析了欧洲中世纪时期世俗法与教会法之间的关系。作者认为，世俗法一方面与教会法形成对抗，一方面不得不从教会法中吸收一些概念或原则，这就构成了当时欧洲法律文化的多元化面貌。文章通过对封建法律体系的探讨，分析了封建法、封建主义的内涵，评价了封建法的特征和影响。认为封建法为后世留下了契约互惠观、同审判观、法律上之平等观、属地管辖权、征税权的同意及公民不服从等法律观念。

《德国“法治国”的实践与启示》[42]一文提出，“法治国”概念是德国19世纪法学家的创造，为了能在主权归属问题上寻找一条中间道路，他们解决的方式是将国家政体问题与法律秩序问题分离，从而回避对主权归属问题的回答。这与德国19世纪的历史语境密切相关。1848年三月革命是德国“法治国”概念发展的重要拐点。自此革命后，论述“法治国”的法学家们将注意力集中到了“形式法治国”概念，而不是“实质法治国”概念，更重视行政问题，而非政治问题。实证主义法学家的方法论为他们的这种转向提供了灵感。作者认为，对德国“法治国”概念起源、流变的分析有助于中国发展起一种合理的法治理论。

注：

①聂鑫：《中西之间——历史与比较法视野下的法律现代化问题》，法律出版社，2015年版。

②陈新宇：《帝制中国的法源与适用：以比附问题为中心的展开》，上海人民出版社，2015年版。

③高汉成：《〈大清新刑律〉与中国近代刑法继受》，社会科学文献出版社，2015年版。

④高中华：《清朝旗民法律关系研究》，经济管理出版社，2015年版。

⑤闵冬芳：《清代的故意杀人罪》，北京大学出版社，2015年版。

⑥张晋藩主编：《制度、司法与变革：清代法律史专论》，法律出版社，2015年版。

⑦张晋藩、陈煜：《辉煌的中华法制文明》，江苏人民出版社，2015年版。

⑧林乾、焦利：《清代监察大案》，中国方正出版社，2015年版。

⑨王千石、吴凡文：《清入关前的法文化》，中国政法大学出版社，2015年版。

⑩张中秋：《传统中国法特征新论》，《政法论坛》，2015年第5期。

⑪张晋藩：《论中国古代德法互补的法文化》，《中共中央党校学报》，2015年第5期。

⑫梁治平：《“礼法”探原》，《清华法学》，2015年第1期。

⑬聂鑫：《近代中国宪制的发展》，《中国法学》，2015年第6期。

⑭朱腾：《也论先秦时代的司寇》，《法学家》，2015年第2期。

⑮张守东：《人命与人权：宋代死刑控制的数据、程序及启示》，《政法论坛》，2015年第2期。

⑯尤陈俊：《清代讼师贪利形象的多重建构》，《法学研究》，2015年第5期。

⑰宋玲：《试论中国传统民族法制的“多元”与“统一”——以清代为中心》，《政法论坛》，2015年第6期。

⑱邓建鹏：《清末民初法制移植与实效分析——以讼费法规为切入点》，《华东政法大学学报》，2015年第6期。

⑲高汉成：《大清刑律草案签注考论》，《法学研究》，2015年第1期。

⑳张琮军：《秦代简牍文献刑事证据规则考论》，《法学》，2015年第2期。

㉑刘广安：《〈大清会典〉三问》，《华东政法大学学报》，2015年第6期。

㉒张生：《民国民法典的制定：复合立法机构的组织与运作》，《比较法研究》，2015年第3期。

㉓宋玲：《商鞅“法治”思想与中国传统社会治理》，《比较法研究》，2015 年第 2 期。

㉔何勤华主编，李力、程维荣、任海涛、王晓峰著：《法律文明史（第 3 卷）：古代远东法》，商务印书馆，2015 年版。

㉕何勤华主编，陈灵海、柴松霞著：《法律文明史（第 6 卷）：中世纪欧洲世俗法》，商务印书馆，2015 年版。

㉖何勤华主编，何勤华、马贺、蔡迪著：《法律文明史（第 9 卷）：大陆法系》，商务印书馆，2015 年版。

㉗高鸿钧、李红梅主编：《新编外国法制史》，清华大学出版社，2015 年版。

㉘高鸿钧、赵晓力主编，马剑银副主编：《新编西方法律思想史》，清华大学出版社，2015 年版。

㉙何勤华、朱淑丽、马贺：《纽伦堡审判：对德国法西斯的法律清算》，商务印书馆，2015 年版。

㉚余先予、何勤华、蔡东丽：《东京审判：正义与邪恶之法律较量》，商务印书馆，2015 年版。

㉛何勤华主编：《外国法制史研究（第 17 卷）：罗马法与现代世界》，法律出版社，2015 年版。

㉜［英］格兰维尔：《论英格兰王国的法律与习惯》，吴训祥译，中国政法大学出版社，2015 年版。

㉝［美］克里夫·斯隆、戴维·麦基恩：《大法官与总统的对决：马伯里诉国务卿麦迪逊案》，王之洲译，北京大学出版社，2015 年版。

㉞［法］伏尔泰：《巴黎高等法院史》，吴模信译，商务印书馆，2015 年版。

㉟李红海：《历史与神话：800 年的传奇》，《中外法学》，2015 年第 6 期。

㊱李红海：《当代英国宪政思潮中的普通法宪政主义》，《华东政法大学学报》，2015 年第 1 期。

㊲李红海：《他山之玉，何以攻石？——论大宪章对中国的镜鉴意义》，《比较法研究》，2015 年第 6 期。

㊳陈刚：《论英格兰“王在法下”法治理念的生成》，《比较法研究》，2015 年第 5 期。

㊴徐国栋：《法学学派争鸣与罗马法的“争鸣的法”的性格：以被盖尤斯〈法学阶梯〉记载的 21 个学派争议为中心》，《中外法学》，2015 年第 5 期。

㊵罗洪洋：《重新思考古罗马与近现代西方法治的关系》，《环球法律评论》，2015 年第 6 期。

㊶马剑银：《中世纪欧洲封建法的前世今生》，《比较法研究》，2015 年第 3 期。

㊷刘敏、徐爱国：《德国“法治国”的实践与启示》，《北京行政学院学报》，2015 年第 6 期。

（作者：赵晓耕，中国人民大学教授；
王云霞，中国人民大学教授；
范依畴，中央民族大学讲师；
李原，中国人民大学博士生）

政 治 学

政 治 学

王续添 周思勤

2015 年北京地区政治学研究成果丰硕，学者们围绕“国家治理体系和治理能力现代化”的热点问题，进一步拓展了对国家理论和治理理论的探讨。在中国政治和比较政治学领域，学者们一方面集中讨论了我国基层治理和政治参与的问题，另一方面也注意从国外的政治实践中吸取经验。在政治思想史领域，中西政治思想的诸方面都有了新的增量。

一、政治学基础理论

1. 研究方法与路径

中国政治学自 20 世纪 80 年代恢复重建以来，整个学科获得了极大的发展，但研究方向更多地偏向于追求“有用”的实用性问题，一些基础性问题尚未得到深入的探讨，影响和制约着其整体发展水平。2015 年北京地区的多场学术会议和多位学者都不约而同地将关注点放在了对政治学的研究方法与路径的反思和讨论上。

2015 年 12 月 11 日和 13 日由北京大学中国政治学研究中心主办的“推进中国政治学基础研究高端研讨会”在北京大学举行，与会学者就如何推进中国政治学基础研究从本体论、认识论、方法论和价值论等多个角度进行了深入研讨，并就政治学基础研究对于政治学的学科建设的重要性达成了普遍共识，强调目前政治学基础研究相当薄弱，政治学者都有承担起加强政治学基础的责任。

随着政治科学越来越多地从某些自然科学和其他社会科学学科中获取理论方法，在某种程度上政治学研究在方法和对象两个方面都越来越脱离历史。同年 11 月 15 日由中国人民大学国际关系学院政治学系和中国人民大学中外政治思想文化研究所共同主办的“人大政治学论坛 2015”则以“政治与历史：观念·制度·方法”为主题，讨论了政治学与历史学的研究视角互涉与研究路径互补的问题，重申历史思维和历史方法在政治学研究方法中的基础地位和运用价值。

有学者提出西方的政治学理论在解释中国的政治现象时，其分析框架和理论解释力受到限制，中国学者应当基于中国政治现象的观察创新地构建“本土化”的政治理论。这个理论构建过程有四个不同的发展阶段，在范式上表现为个案式研究理论框架、比较研究理论框架、区域研究理论框架和通则式研究理论框架[①]。

还有学者认为 20 世纪末以来的政治学界，霍布斯式的科学理解和实用主义逐渐成为主流，亚里士多德—韦伯式的厚描述传统日渐退居边缘。而林德布洛姆那种着眼于“行动—过程”的视角，既不同于过度抽象而轻视具体政治活动的形式化方法，又试图超越特殊化的案例情境，它提醒我们，政治学的根本任务是解释真实具体的政治活动，描述复杂多变的因果机制。这种反思对构建中国本土政治学体系尤具警醒意义[②]。

2. 国家理论

始于 20 世纪后期的全球化运动正在把人类引入后工业社会，近代社会早期的资本主义世界化是一场民族国家对世界征服的运动，其结果是导致了民族国家的普遍建立，而全球化的使命恰恰是要终结民族国家。全球化意味着一个合作社会的生成，在合作的社会中，每一个人都可以通过自己的行为和行动去选择自己的身份和角色。[③]即便如此，现代国家仍是政治生活的主要场域。有学者介绍和梳理了基于欧洲的历史经验发展出的功能主义模型、经济交易模型和战争驱动模型来解释现代国家在欧洲的形成，以及通过将欧洲以外地区的历史经验纳入到现代国家形成的理论探讨中，发展出的精英冲突模型、世界政治的动态模型以及政治发展的时间序列模型。这些模型极大地拓展了国家形成理论的情境适应性。[④]

国家结构与功能是政治学的基本主题。国家有着兴盛与衰败的不同存在状态。人们一般更为注重国家的兴盛。有学者强调，不兜住国家衰败的底线，国家不可能实现强盛目标。避免国家理念的僵化、制度的走形和公私生活的失衡，是兜住国家衰败底线的基本要点。[⑤]为了实现国家的稳定，还要使国家权力、国家权威和国家能力被约束在合理的界限内，这也是西方国家限度理论的争论焦点。[⑥]

3. 民主理论

当今世界上大多数国家都声称自己是民主国家。然而，西式民主在实践上表现出了越来越多的问题，在理论上遭遇了前所未有的质疑，对于民主危机的性质的判断越来越悲观，民主理论家们开始反思代议制民主的内在缺陷，反思选举式民主。[⑦]

20 世纪以来，对民主转型的研究贯穿了整个西方政治学领域，通过梳理和总结，有学者发现民主转型理论的发展，基本因循国内因素和国际因素两个维度，并以结构和行为主体两个研究路径展开。尽管 20 世纪 90 年代以来国际因素有成为研究主流的趋势，但以国际因素为主要解释变量的研究还是面临理论性和解释性欠缺的挑战。[⑧]

有学者通过对“作为‘善’的民主为什么给很多国家带来的是灾难而不是福祉”这个问题的思考，提出民主的“实践模式”是为了实现“价值模式”，二者若不匹配，最终会演变为政治冲突。因此要重新认识和发掘出基于中国自己文明基因的民主价值模式和实践模式。[⑨]

代议制民主和协商民主都是民主的主要表现形式，且都引发了理论界的广泛争论。有学者试图从勒弗关于政治权力与代表之间的关系着手，展示勒弗对代表制在现代民主中的角色的理解，即代表与被代表之间的距离正是权力的基础所在，代表与被代表之间的距离的可见性成为现代民主政治的核心特征。[⑩]还有学者尝试结合中国本土经验，探讨运用协商民主方法治理群体性事件的具体机制。一方面，协商式决策可以提升决策质量和民众对公共政策的认同度，有助于预防群体性事件的发生；另一方面，协商式谈判通过政府威信空间的构建和协商治理技术的嵌入，可以实现沟通的理性化，从而有助于遏制群体性事件的发展。[11]

4. 治理理论

经过近两年对“国家治理体系和治理能力现代化”的讨论，政治学界开始对国家治理的意蕴、价值和具体操作手段做更细致的探讨，也开始对各种不同的认识进行梳理和总结。

在抽象和宏观的层面上，有学者提出在当代西方政治哲学不同流派的激烈论争中，最重要的论争发生在共同善目的论与权利正义论之间，这两种理论反映出当代西方国家治理研究的两种相反价值取向。双方在国家治理的目的、过程、国家与个人的关系等问题上存在着尖锐对立。前者强调共同善价值的根本性，后者强调个人权利价值的优先性。双方在各自的方向上都取得了重大理论成就，并对分析当今世界的国家治理实践，以及改革和完善中国的国家治理体系和治理能力，具有重要的启示意义。[12]

在具体制度安排上，有学者梳理世界各国“全能国家型”、“自由放任型”、“社会市场型”、“现代威权型”、“替代主导型”、“现代治理型”等各类特色鲜明的国家治理理念与实践模式，强调各国应将独立探索与开放借鉴相结合，根据本国国情与历史文化传统构建治理体系、提升治理能力，实现政府治理、市场治理和社会治理的有机平衡，提升国家治理效率与效能。[13]有学者认为，中国推行以“国家治理”为核心的改革，应该体现以国家整体绩效为立场，关注国家总体竞争力和国家治理的有效性；以现实问题为导向，把法治化视为改革的核心内容，更加强调国家的自主性、统一性和权威性建设；以现代文明价值理念和规则为标准，改造国家治理体系，贯彻公平正义、民主协商原则，实现依法治国。[14]还有学者讨论了人权保障与国家治理现代化的关系及其治理功能，认为人权作为现代制度体系的重要组成部分，是构建现代社会关系和公正社会秩序的一种重要方式，也作为一种精巧的国家治理技术，在国家治理体系中发挥着重要作用[15]。一方面，人权保障是国家治理现代化的基础和根本标准；另一方面，人权也为国家治理现代化的实现提供了条件和动力。[16]

有学者在学理上强调“国家治理现代化”的重点是“现代化”而不是“治理”和“管理”的区别。国家治理体系和治理能力现代化，就是为了适应社会发展现代化的要求，国家治理体系和治理能力从传统向现代转型和发展的过程与状态。推进国家治理体系和治理能力现代化，是顺应我国现代化发展趋势的重大战略举措[17]。还有学者从研究背景、基本概念、研究发展脉络和主要研究问题等方面对目前国内外有关中国国家治理体系和治理能力的相关研究进行了梳理和述评，对未来研究方向进行了展望。[18]

二、中国政治

1. 理论工具与分析路径

政治效能感是研究政治态度与政治参与的重要指标，在政治科学研究的议题中占有十分重要的地位。20世纪60年代以来，许多西方学者对政治效能感进行了深入研究，在理论上，对政治效能感的概念与内涵、主要影响、形成因素等进行了认真而系统的探讨；同时，对政治效能感的实证研究方法也进行了不断改进和完善，并在许多国家对不同社会群体进行了广泛的调查研究，取得了重要的研究成果。有学者梳理了国际学术界已经比较成熟的理论和比较可行的实证研究方法。掌握关于政治效能感规范研究与实证研究的进展，并把相关成果运用到中国相关政治问题的实证研究中，这对于拓展中国政治科学理论与实证研究的视野和方法具有重要意义。[19]

2. 基本制度与宏观研究

对于中国改革开放30年以来既实现了经济腾飞又保障了政治体制的基本稳定这一事实，有学者从社会转型与国家治理的理论视角，来解释中国的这一经验性范例，并从现有政治体制的特点来推论政治体制改革可能推进的领域和内容，认为通过渐进持续的政治体制改革提升国家治理能力依然是中国面对社会经济转型重大挑战的重要策略。在维护国家治理体系基本稳定的基础上，适应性民主改革和责任型政府体制改革才是中国政治体制改革继续深化的主要内容。[20]

还有学者将权力和参与作为政治发展的核心要素，从政治发展的长短期取向、路径选择、影响因素等方面对中国的政治发展进行分析，认为中国需立足自身历史与现实，围绕权力和参与，有步骤地形成以中国价值体系为支撑的权力能力、权力制约与公众参与的制度体系，逐步实现政治发展目标。[21]

针对中国的民主制度安排，有学者从规范层面、经验层面以及历史发展的角度，考察了协商民主在中国民主政治生态中的应然与实然，以及当下中国协商民主发展的历史逻辑和社会基础，以期理解中国协商民主的理论内涵并科学拓展其发展路径。[22]也有学者将目光投向了作为中国基本政治制度人民代表大会制度的补充制度——人大地区工委和人大街道工委制度，通过梳理和分析这一地方人大的具体制度的缘起、嬗变、体制和机制，阐释了代表制与派出制的连接及对地方治理的价值。[23]

对于一国的政治发展而言，民众的政治价值观与制度设计同样重要，有学者围绕着政体偏好、政府偏好、政治重要性、政府信任度和政治顺从这五个维度，分析了改革开放以来中国人政治价值观的基本模式及其变迁趋势，发现中国人存在较为一致的、主导性的政治价值观，这种政治价值观为中国社会的转型提供了支持。[24]

3. 社会治理与政策

随着传播媒介的多样化，政治传播在社会治理中的作用得到了越来越多的关注。学者们讨论了“受众主导型”的新媒体对农村居民政治信任的影响[25]，并试图通过建构二分因变量 Logit 模型分析来理解新媒介对动员中国农民有序政治参与行为所发挥的作用[26]。网络是近年来快速发展的公共领域，众多观念在此交汇碰撞，有学者利用一起典型的网络舆情事件——夏俊峰事件的意见领袖微博数据，对其内部网络结构进行分析，发现意见领袖发挥着将公民个体诉求转化为大众议题的中介作用，网络政治参与呈现出“个体——意见领袖——大众”的两级结构，意见领袖群体有一定的垄断性特征。[27]在新媒体得到长足发展的同时，信访制度作为传统的意见表达渠道仍然在发挥着作用，有学者指出当前我国信访制度的运作呈现出非制度化、非程序性、非规则化等机会主义特征，破除信访治理中的机会主义行为，必须摆脱信访制度运行中的泛政治化特征，实现权力运行的制度化与信访治理的现代化。[28]

作为政治参与的正式渠道，地方人大是当代中国基层治理的重要组成部分。有学者提出在当前的基层治理体系中，县级人大常委会实际的运作偏离了其法理地位，行政化色彩日益浓厚。[29]一些学者调查分析了县级人大代表选举参与率的发展变迁轨迹，发现其呈显著下降趋势，选民政治参与的积极性降低[30]。在更高一层级的地方人大运行过程中同样存在一定的困境，有学者分析了地方人大列席人员制度的规模困境，并提出了解决这一困境的设想[31]；也有学者通过对浙江部分地方人大的案例分析，对公民参与地方人大工作，提升人大治理能力的有效性和持续性持积极乐观的态度[32]。

随着反腐工作的持续推进，民主监督成为地方治理中亟待讨论的问题。有学者运用实地访谈和问卷调查方法，对县级纪检监察机构的现状与困境进行了系统分析，提炼并深入探讨了有关理论问题，在此基础上，提出了县级纪检监察机构改革的“T 县模式设想”[33]。还有学者注意到占我国人口数量 17% 以上的流动人口群体参与基层政府的民主监督，是保障该群体合法权益、扩大公民有序政治参与的重要问题。[34]。

无论是哪一种沟通渠道，其目的都在于提高公民的有序政治参与和政治认同，进而保障国家稳定。有学者通过问卷调查的方式探讨了中国公民政治认同的现状、特征及政治沟通在政治认同对国家稳定影响中的作用机制，发现中国公民表现出了较高水平的政治认同，但随着代际更替出现了回落趋势，值得引起广泛注意。[35]

除以上年度热点问题以外，中国的乡村治理依然受到了学界的持续关注。与以往相比，21 世纪中国的乡村治理研究在研究领域、理论意向和方法论三个领域都已进入一个新的历史阶段，也存在着一些不足如西方化倾向、观念固化和碎片化研究等，有待学界进一步修正。[36]特别是学术研究与政策研究没有连接，与乡村社会变革之间没有发生某种影响关联。因此有学者呼吁从乡村治理的基本事实经验出发，进行理论和实践的思考，并以此推动乡村治理的现代转型，乃是理论研究的实验性与社会变革的实践性的统一。[37]

三、比较政治

1. 研究路径与方法

为了对有关亚洲的比较政治学研究有更宏观和整体性的把握，有学者引介了西方对有关亚洲的比较政治研究的五个方面的系统回顾和分析：这一研究的经验范畴是否以非比较研究为主；研究在多大程度上是实证的，而非形成理论；这一研究与公共政策或外交政策的相关性；研究所依赖的是定性的还是定量的方法；研究者的性别和地域分布。[38]还有学者从本国实际出发，提出比较方法最适合进行国家治理研究。类型学、性质比较分析和比较历史分析可以为国家治理的实证研究提供新的方法论基础。而国家治理可以为中国比较政治学的发展提供关键性的议题领域。因此，比较政治研究需要恢复国家治理在其研究内容中的核心地位。[39]

从方法论的视角出发，有学者提出盲目模仿其他学科“方法驱动型研究创新的成功之道”将影响本学科的研究选题定位和研究结果的信度，社会科学研究中普遍存在的选择性偏差在比较政治学研究中被忽视即为一例，由于研究过程中所选取案例或变量样本对总体不具有代表性，进而导致被低估“关联效应”或伪因果机制，形成比较政治学研究中选择性偏差情形。伴随研究方法的发展，如何有效识别从而规避比较政治学研究中的选择性偏差成为学者关注的焦点。[40]

2. 政党政治

随着欧洲宗教和难民问题的发酵，欧洲右翼政党的崛起受到了来自学界的普遍关注。有学者分别讨论了2014年欧洲议会选举中具有族裔民族主义的实质属性的极右翼政党的崛起[41]，以及长期为国内学界所忽视的但却具有极强的地域影响力的德国极右派政党“德国民族民主党”的崛起和其发展策略[42]。在欧洲之外，日本的政党政治也呈现出右倾化的趋势，有学者从如今日本政党政治格局的双重结构出发分析了执政党和在野党集体右倾化的原因和表征。[43]

政党在诞生之初是政治参与和意见表达的渠道，但政党也可以反向影响甚至主导公众意见。有学者译介了美国学界对政党极化并操纵公众观点的过程，有助于更好地理解政党活动的机制和作用。[44]

3. 国别研究

对别国政治发展的经验的观察和认识有助于更好地思考本国的发展道路，2015年政治学界在国别研究领域视野进一步拓展。

作为拉丁美洲地区较具代表性的国家，秘鲁自独立以来在政治发展道路上体现出一系列鲜明的特色，为发展中国家选择政治道路提供了深刻的启示，有学者梳理了秘鲁独立以来的政治发展道路及其主要特点。[45]俄罗斯自普京执政以来，依托统一俄罗斯党逐步完善了保守主义思想体系，其治理策略开始从实用主义向保守主义转变，这套体系不再以实用主义的“优化选择”和“有效性”为原则，而以“价值观”为先导，具有越来越深层次的动机，值得引起注意。[46]

在具体制度设计上别国经验也同样值得我国借鉴。有学者结合国际社会反腐机构的运行情况，以新加坡、坦桑尼亚、乌干达三个国家和香港地区的反腐机构为研究对象，从权力控制、资源供给以及社会动员三个方面研究了不同政治决心与反腐机构运行绩效之间的关系。[47]也有学者基于使命定位——运行模式——治理结构（MOG）的三维分析框架，对美国、英国、俄罗斯、日本的国家安全委员会制度进行分析比较，总结出国家安全委员会制度的一般规律和趋势，为中国国家安全委员会制度的建设提供启示和建议。[48]

当代国家的统一虽不是一个普遍存在，但却十分重要、可对国内和地区秩序产生重大影响的问题。当代国家的统一不仅仅是追求政治权力的统一，而且是一个包括民族认同的维系与培育、异质社会制度的融合，以及应对国际介入问题等多方面内容的系统工程。有学者通过比较越南、德国和也门等国家的统一进程，说明当代国家的统一追求需要在更深层次上认识、更综合而精巧地设计政策和系统协同推进。[49]

四、政治思想史

1. 西方政治思想

托克维尔的《论美国的民主》是近代西方政治思想家讨论民主问题最重要的著作之一，有学者指出，托克维尔的“民主”概念指向的不是我们今天一般观念中作为一种制度的“薄”的概念，而是指向一种“厚”的作为一种社会形式的概念。其思想渊源上更接近西方古典时代关于政体的分类，而与今天作为制度形式的民主相去甚远。将托克维尔的民主概念误读为一种制度形式将会大大降低我们对托克维尔理论的丰富性和深刻性的体认。[50]

在从古典到现代的转变过程中，政治哲学的问题框架也发生了变化。当代西方政治哲学在冷战后发展迅速，已成为当下显学。有学者致力于解析政治哲学的学科定位，确定它的研究对象和基本定义，全面梳理西方政治哲学的兴衰历史，从理论演进中揭示当代西方政治哲学复兴的根源，并通过厘清当代西方政治哲学流派和思潮的发展线索，呈现其发展概貌，显现它与当代政治实践的关系，以及它对中国当下价值观建设的意义。[51]也有学者注意到在后现代科学与复杂现实的推动下，西方政治科学研究出现了从科学主义与人本主义转向新唯物主义的趋势。[52]有学者认为就政治哲学在我国的建构而言，我们应追随罗尔斯而不应追随施特劳斯；对于政治哲学所涉及的问题，我们应从当今中国社会面临的重大现实问题的特殊性出发，给出我们基于理性的创新性的回答。[53]在对当代西方政治思想的引介方面，有学者考察、介绍和分析了麦克弗森对霍布斯政治理论的解读，认为麦克弗森对霍布斯思想中自然哲学与人文主义的关系、现代政治的本质特征、主权者的性质等问题的讨论值得充分肯定且富有启发意义，为我们理解霍布斯提供了重要线索。[54]还有学者从思考西方发达国家选举代表制与政治意志形成过程分离的困境出发，肯定哈贝马斯的结构—功能的历史分析视野，并藉由这一视野反思社会组织原则所能容纳的文明建构潜力的基础，诊断发达国家的危机症候，预断未来社会分化与聚合的整体方向。[55]

2. 中国政治思想

任何一个学科的学术研究工作，都需要方法的指引，需要遵循正确而适当的方法。有学者从训名释义、思想诠释、比较异同、知人论世四个方面阐述了中国政治思想史学科的研究方法问题。[56]

二程在北宋中期提出立志、责任、求贤的变法大纲，立志即透过促成君主决断，树立以天理观为实质的三代之道，为政治共同体奠定信念与规范的根基，为后世治道再开新局。有学者着力分析了二程政治思想的非常气质，加深了对宋代政治思想的理解。[57]

近代中国是中西思想大碰撞的时期，一方面，戊戌维新后，西方政治学作为一门独立的新兴学科，开始逐步系统地传入中国，有学者发现随着研究视野的扩展、研究体系的扩大与研究方法的扩充，清末政治学具有从“国家学”向“政治学”的显著转型。[58]同时，以钱穆为代表的本土的学者为中国政治学的发展作出了突出的贡献，有学者强调钱穆先生的史学不同于现代主流史学，而有强烈的经学意识：透过考察历史变迁，探究中国社会治理之道。他有清醒而坚定的文化与政治主体意识：中国必须为自己创造出合适而良好的现代治理体系。为此，中国学人不能不激活关于治理的传统思考，发展中国自身的政治学。[59]

近现代中国政治学界常有学者将民本主义解释为中国的民主思想传统，有学者通过仔细比较提出民本主义是中国传统政治思想中较为积极的成分，它可能成为中国近现代民主演进的传统资源，但也有可能改头换面转型为民主时代的民粹主义。传统民本包含原始民主的精义，但在制度层面上，民本与民主却是对立的，传统民本无法开出近代民主政治之路，最多只是为民主在近代的传播和接受提供有限的思想养料。但从民本到民粹却是一条容易走通的路。[60]

注：

①岳春颖、王大鹏：《中国政治学“本土化”理论的构建路径研究》，《南阳理工学院学报》，2015 年第 3 期。

②黄晨：《政治学的“行动—过程”视角——重思林德布洛姆及其方法论意义》，《政治学研究》，2015 年第 5 期。

③张康之：《从资本主义世界化到全球化——读齐格蒙特·鲍曼的〈被围困的社会〉》，《中共宁波市委党校学报》，2015 年第 5 期。

④张孝芳：《从欧洲之内到欧洲之外：现代国家形成理论的演进》，《教学与研究》，2015 年第 8 期。

⑤任剑涛：《国家何以避免衰败：比较政治学的国家主题》，《社会科学战线》，2015 年第 3 期。

⑥庞金友：《国家为何不能超限：当代西方国家限度理论的逻辑进路》，《国外理论动态》，2015 年第 7 期。

⑦欧树军：《反思民主，探寻民主》，《开放时代》，2015 年第 5 期。

⑧张伟玉：《民主转型理论：研究路径、评论及发展》，《国际政治科学》，2015 年第 3 期。

⑨杨光斌：《民主的价值模式与实践模式——基于一些国家的民主政治演变为政治冲突之思考》，《北京日报》，2015 年 6 月 15 日。

⑩段德敏：《代表制作为民主政治的核心——克劳德·勒弗的政治代表理论探析》，《华中科技大学学报（社会科学版）》，2015 年第 1 期。

⑪苏鹏辉、谈火生：《论群体性事件治理中的协商民主取向》，《国外理论动态》，2015 年第 6 期。

⑫刘敬鲁：《当代西方国家治理研究的两种价值取向及其意义》，《哲学动态》，2015 年第 1 期。

⑬张光平、张思萌：《国家治理现代化：国际经验与教训》，《当代世界与社会主义》，2015 年第 2 期。

⑭燕继荣：《国家治理改革的方向》，《中共福建省委党校学报》，2015 年第 1 期。

⑮叶传星：《论人权的国家治理功能》，《人权》，2015 年第 3 期。

⑯张晓玲、冯巾桐：《论人权保障与国家治理现代化的关系》，《人权》，2015 年第 1 期。

⑰袁达毅：《国家治理体系和治理能力现代化问题研究——兼评学术界的几种观点》，《武陵学刊》，2015 年第 1 期。

⑱薛澜、张帆、武沐瑶：《国家治理体系与治理能力研究：回顾与前瞻》，《公共管理学报》，2015 年第 3 期。

⑲熊光清：《政治效能感：规范研究与实证研究的进展》，《学习与探索》，2015 年第 12 期。

⑳徐湘林：《社会转型与国家治理——中国政治体制改革取向及其政策选择》，《政治学研究》，2015 年第 1 期。

㉑褚松燕：《全球视野中的中国政治发展》，《上

海行政学院学报》，2015 年第 5 期。

㉒朱虹：《中国协商民主的基本理论与历史发展》，《当代世界与社会主义》，2015 年第 2 期。

㉓王续添：《代表制、派出制与地方治理——以地方人大派出工作机构为中心的考察》，《教学与研究》，2015 年第 6 期。

㉔李路路、钟智锋：《“分化的后权威主义”——转型期中国社会的政治价值观及其变迁分析》，《开放时代》，2015 年第 1 期。

㉕卢春龙、严挺：《政治传播与政治信任的关系——以中国农民的政治信任为考察对象》，《学习与探索》，2015 年第 12 期。

㉖陈鹏、臧雷振：《媒介与中国农民政治参与行为的关系研究——基于全国代表性数据的实证分析》，《公共管理学报》，2015 年第 3 期。

㉗郭凤林、邵梓捷、严洁：《网络舆情事件中的意见领袖网络结构及其政治参与意涵》，《东北大学学报：社会科学版》，2015 年第 2 期。

㉘于建嵘：《机会治理：信访制度运行的困境及其根源》，《学术交流》，2015 年第 10 期。

㉙王龙飞：《民主的平台期：当代中国基层治理中的县级人大常委会》，《东南学术》，2015 年第 3 期。

㉚孙龙、雷弢：《关于县级人大代表选举参与率的调查分析与思考》，《江苏行政学院学报》，2015 年第 5 期。

㉛黄小钫：《地方人大列席人员制度的规模困境及其治理》，《新视野》，2015 年第 2 期。

㉜孙彩红：《公民参与地方人大工作与提升治理能力——基于浙江部分地方人大的案例分析》，《广西社会科学》，2015 年第 6 期。

㉝过勇、宋伟：《中国县级纪检监察机构的现状、困境与改革思路》，《经济社会体制比较》，2015 年第 4 期。

㉞戴长征、余艳红：《流动人口参与基层政府民主监督问题探讨》，《江苏行政学院学报》，2015 年第 3 期。

㉟郑建君：《政治沟通在政治认同与国家稳定关系中的作用——基于 6159 名中国被试的中介效应分析》，《政治学研究》，2015 年第 1 期。

㊱赵秀玲：《新世纪以来中国乡村治理研究概观》，《江苏师范大学学报（哲学社会科学版）》，2015 年第 5 期。

㊲周庆智：《乡村治理转型：问题及其他》，《江西师范大学学报（哲学社会科学版）》，2015 年第 6 期。

㊳贾森 · P. 阿博特、凯文 · 费伊著：《亚洲比较政治学的现状与发展》，刘霓译：《国外社会科学》，2015 年第 3 期。

㊴高奇琦：《试论比较政治学与国家治理研究的二元互动》，《当代世界与社会主义》，2015 年第 2 期。

㊵臧雷振、陈鹏：《选择性偏差问题及其识别》，《世界经济与政治》，2015 年第 4 期。

㊶史志钦、刘力达：《民族主义、政治危机与选民分野——2014 年欧洲议会选举中极右翼政党的崛起》，《当代世界与社会主义》，2015 年第 2 期。

㊷孙立新：《联邦德国极右派政党探研——以“德国民族民主党”为中心》，《武汉大学学报（人文科学版）》，2015 年第 2 期。

㊸林圣爱：《日本政党政治右倾化的双重结构分析》，《南京政治学院学报》，2015 年第 2 期。

㊹［美］詹姆斯 · 德鲁克曼、埃里克 · 佩特森、卢恩 · 斯劳瑟斯著，张丽琴、陈平译：《极化精英政党如何影响公众意见的形成?》，《国外理论动态》，2015 年第 10 期。

㊺文学：《秘鲁独立以来政治发展道路的特点及启示》，《北京社会科学》，2015 年第 3 期。

㊻海妍：《俄罗斯保守主义政治思想及其治理实践》，《国外社会科学》，2015 年第 5 期。

㊼庄德水：《政治决心与反腐机构的运行绩效：基于国际比较的视角》，《社会经济体制比较》，2015 年第 4 期。

㊽薛澜、彭龙、陶鹏：《国家安全委员会制度的国际比较及其对我国的启示》，《中国行政管理》，2015 年第 1 期。

㊾韩献栋、董向荣：《当代国家统一的几个问题——基于越南、德国、也门等国家统一进程的比较研究》，《政治学研究》，2015 年第 3 期。

㊿段德敏：《托克维尔的“民主”概念》，《学术月刊》，2015 年第 4 期。

51周穗明：《当代西方政治哲学：定义、概况与意义》，《国外社会科学》，2015 年第 2 期。

52武海宝、谭艳秋、刘慧：《西方政治科学研究的新唯物主义转向》，《国外社会科学》，2015 年第 1 期。

(53)段忠桥：《古典政治哲学与现代政治哲学》，《四川大学学报（哲学社会科学版）》，2015 年第 4 期。

(54)张新刚：《麦克弗森的霍布斯解读之辩证》，《国外理论动态》，2015 年第 3 期。

(55)张广生：《选举代表制、专家治国与后资本文明：哈贝马斯的历史政治学》，《国外理论动态》，2015 年第 5 期。

(56)林存光：《得鱼在筌：中国政治思想史研究方法刍议》，《天府新纶》，2015 年第 4 期。

(57)任锋：《“体乾刚健”：二程政治思想的非常气质》，《学术月刊》，2015 年第 12 期。

(58)王昆：《从“国家学”到“政治学”：清末西方政治学的引入与学术体系转型》，《江汉论坛》，2015 年第 12 期。

(59)姚中秋：《钱穆政治学初探》，《学术月刊》，2015 年第 12 期。

(60)林红：《试论民本主义的近代形变》，《观察与思考》，2015 年第 5 期。

（作者：王续添，中国人民大学教授；
周思勤，中国人民大学博士生）

社　会　学

社　会　学

奂平清　杜素芳

2015 年北京社会学界的理论自觉和理论自信进一步提升。在理论社会学、社会学史、社会研究方法、社会建设和社会治理、城乡发展、社会阶层与流动、社会问题、社会政策、社会保障和社会工作、环境社会学、组织社会学、婚姻家庭与性别研究、社会心理研究、经济社会学、法社会学以及网络社会学等领域都取得了丰硕的研究成果。

一、理论社会学、社会学史研究

社会学界对理论的反思与探索进一步深入。有学者指出，当代中国社会学应具有的理论自信包括两个层面：一是坚信从中国土壤里生长出来的社会学一定能够自立于世界学术之林，即社会学中国化；二是坚信中国社会学不仅能回答中国自身的问题，也能对回答人类面临的共同性问题作出贡献，即中国社会学普遍化。[①]也有学者指出，中国社会正经历着人类历史上最大规模的工业化、城镇化和现代化转型，中国社会学在社会改革发展中面临发展与创新的历史性机遇，社会学可以从社会公平正义视角、激发社会活力视角、和谐社会与社会秩序视角等方面担负起社会建设提出的新任务。[②]

对于中国社会学前辈的学术思想也有较为深入的梳理与分析。在对费孝通思想的研究中，有学者指出，费孝通一生都在追问一个根本问题，即如何处理传统与现代之间的关系。他强调中国现代性的逻辑必须建立在历史连续性和文化主体性之上，在传统与现代之间保持一个富有张力的平衡，并努力寻找化解传统与现代冲突之道。[③]有学者指出，处理西学与中学之间的关系是费孝通学术思想的基本主题之一。自社会学恢复以来，费孝通基本秉持源自西学传统的社区研究方法，实现“从实求知”、“志在富民”的学术旨趣。但将西学作为一种研究方法基本是一种工具取向，其内在的精神层面则往往被忽视。晚年费孝通从“心”的研究入手，意在突破社会学的实证传统，在坚守社会学学科规训的基础上做古今中西融合、开放社会科学的努力，其或可为突破社会学困境提供一条路径。[④]有学者认为，费孝通以合作社形式将现代工业导入“乡土中国”社会结构，以渐进方式诱发乡村社会总体转型的主张，是一种可行的乡村工业模式。费氏合作社是传统农副经济的“家族社会主义”向现代产业经济的“合作社会主义”转型的有益尝试，对当代中国的经济转型仍有借鉴意义。[⑤]

有学者对陆学艺在社会研究方法上对中国社会学的贡献做了分析，认为其研究方法体现在从学术取向到实地调查方法，再到学术研究活动的组织方式，体现出鲜明的“接地气”特色，嵌入到中国的社会人文深层，这种方法不仅管用有效，更重要的是探索出了中国社会学的发展路径。[⑥]

在郑杭生先生逝世后，社会学界在纪念和研究文章中对其学术贡献作了评价。有学者指出，郑杭生社会运行学派的诞生和发展，本身就反映了中国社会学的理论自觉。[⑦]有学者指出，郑杭生等提出的“社会互构论”将个人与社会之间关系理解为一种“互构共变”的关系，试图通过对个人与社会之间的这种“互构共变”关系来理解和诠释现代社会的各种现象，超越了个人与社会之间的二元对立，从社会学发展史来看具有重要的理论意义。[⑧]有学者运用社会运行视角考察了中国社会发生的新变化，分析了中国社会的“政府主导、整体利益社会、关系社会、等级身份和礼仪社会、家庭伦理本位社会”等五大特征，指出应在五大特征的基础上理解中国社会运行和推进中国社会学的本土化建设。[⑨]

在对国外社会学理论的研究与借鉴方面，有学者把吉登斯等人的时空理论与费孝通的小城镇经验研究相对照，认为时空是社会学问题意识的构成性要素，时空转换对社会学问题意识的形成和演化具有决定性意义。[⑩]有学者指出，帕森斯的《社会行动的结构》标志着“古典”社会理论的“现代”转变，不过帕森斯赋予处于世纪末语境的社会理论一种积极、乐观的“美国精神气质”，在很大程度上消解了这些理论和经验探讨中原本具有的同“世纪末”的社会、文化背景及其时代问题的复杂关联。[⑪]有学者分析认为，涂尔干宗教研究的意图是旨在回应早期社会形态学研究无法充分解释道德起源和变迁的困境，宗教生活中的神圣性相当于社会生活中道德理想的位置，道德理想表达的是特定群体对其自身的自我意识，其具体化为物质化的制度，构成了道德变迁和社会重组的源头。社会学的任务在于如何透过这些制度框架抓住它们所体现的道德理想或社会意识。[⑫]有学者对社会网络研究历史的分析认为，社会网络研究的基本方向出现了偏差，工具主义替代了对人类社会基本原理的探讨。在人类社会具有高度连通性的时代，社会学研究应回到对连通性和人类社会基本原理的探讨上来。[⑬]

二、社会研究方法

在社会研究方法方面，有分析指出，中国的社会生活已经开始了大规模的网络化发展，缺场空间的迅速扩展、传递经验对实地经验的导引和助燃，已经向社会学的研究方法提出了尖锐挑战。社会学对经验事实的描述，应随着网络化引起的这些深刻变迁作出相应的调整与创新，应当用联系的表象思维替代孤立的表象思维，以便对传递经验和间接经验形成符合实际的认识与理解。[⑭]

在定性研究方法方面，有学者讨论了“主体建构”在社会科学诸多范式与取向中的合法性问题。认为主体建构是一种视角、一个解释工具，也是一种方法论取向，同时还可以被理解为一种认识论倾向。在研究中要注意作为主体的被研究者的内部复杂性，理解被研究者对特定社会现象所赋予的主观意义的重要性。[⑮]有分析指出，“求异法”是呈现和解释社会现象内部异质性的一种定性研究方法，强调以被研究者的主体建构作为差异性的来源，要求研究者呈现不同被研究者对同一现象的差异化理解，把主诉的充满异质性的经验材料类型化和理论化，以期对现象进行充分的解释性理解。[⑯]

三、社会建设与社会治理研究

社会建设与社会治理仍是学者们关注的重要主题。有学者提出，我们今天要建设的“社会”，是一个“现代”意义上的“社会”，包括优化人口品质、完善保障机制、推进自由平等、理顺社会流动等四个方面的主要内容，也可以将其归纳为两个大的方面：社会成员身体及其生存条件的建设，即民生；社会成员关系及其结构的建设，即民和。只有顺利完成民生与民和这两个任务，社会才能长治久安、稳定繁荣。[⑰]

关于治理理论的适用性和本土化问题，有学者对国内治理理论研究存在的局限性做了分析批评，认为探讨治理理论适用性的突破口是国家治理与社会治理的关系；应重在比较中西在国家治理与社会治理关系上“特殊情况下”的异同；治理理论本土化存在国家责任、主体人格以及话语体系三个方面的难题；地方经验在问题提出、理论提升以及学术争鸣中具有特殊意义。[⑱]有学者指出，社会治理研究需要在方法论上转向现代社会危机的因果关系的分析，这种分析可以使得人们认识到现代社会危机的源头是契约论知识基础上所形成的集体意识，包括三个基本共识：政府应当为主权范围内的全体社会成员的权利实现负责；政府应当执行公意；政府是公共权力的唯一合法主体。因此，重建现代新契约的集体意识，既是现代社会危机的逻辑终结点，又是现代社会治理目标实现的逻辑起始点。[⑲]

关于治理模式等问题，社会学者有很多探讨。有学者分析指出，“群体性事件”已演变成为观察维稳政治的重要窗口和国家维稳工作的中心概念。这一概念从治安概念发展为政治概念，其形成及演变是社会冲突与国家治理共同作用的结果。[20]有学者提出，构建现代社会治理模式，要改变以政府为唯一中心的“单中心”治理结构，建立政府与其他社会治理主体共同管理社会事务的多中心治理结构，提高社会自治与自我服务能力。[21]有学者指出，传统的自上而下垂直管理的网格化社会管理已经不能适应快速网络化的新社会形势，实现网格化管理向网络化治理的转向，才能科学合理地解决社会治理边缘化、社会脱域等现实困境。[22]

在城市社会治理方面，有学者指出，目前主要通过社区治理而展开的城市社会治理，不能有效地把职业群体的社会活动纳入治理范围。职业群体是城市社会和网络社会的主体群体，应当动员企事业单位各方力量，对职业群体的社会活动开展积极的社会治理，从而实现突破传统社会管理方式的社会治理创新。[23]

关于乡村社会治理，有学者梳理了从传统时期到改革开放以来乡村治理秩序的变迁路径，指出重建稳定合理的乡村治理秩序要正视各权威要素在社会结构与人心秩序中的现实权重，要允许鼓励各权威要素按规则相互竞争，据此共建一种协商共治的格局。[24]有学者指出，当前中国乡村治理面临着乡土社会的现代性变迁、结构性变迁、个人权利意识崛起、纠纷与矛盾的复杂化等新形势。为应对这些变迁，乡村治理转型应有“法律下乡”“服务下乡”、“信息下乡”等趋势。[25]还有学者指出，税费改革后开启了“项目治国”的时代，在项目制下，乡镇政权的状态是：一方面资源和权力继续被上收，另一方面又不得不开始为项目进村“跑腿办事”，乡镇政权由“悬浮型政权”走向“协调型政权”。乡镇政权无钱无权，却又不得不疲于奔命，这种制度上的困境导致了项目制在基层运作过程中走向了技术（规范）治理的反面。[26]

四、城乡发展研究

对于城镇化过程中“农民上楼与资本下乡”问题，有研究者也就指出，当前城镇化模式的关键和问题都是土地，农业的现代化和农村的社区化其实是农民“被动参与”，城镇化的最终出路在于人而不在于地，人的城镇化才是解决土地问题的根本。[27]有学者基于统计资料分析发现，虽然“进城农民”与“城里人”在收入方面无明显差异，但在社会保险、文化生活、心理接纳及身份认同等方面却显著低于“城里人”。这种不平等会促使原来的城乡二元分割转化为城镇内部户籍居民与流动人口的新二元分割，从而阻滞城镇化过程中的社会融合。[28]也有分析发现，制度约束和结构排斥使得经济和社会方面的融入进程严重滞后于文化和心理方面的融入，凸显融入的差异性；乡—城流动人口的融入水平不如城—城流动人口的融入水平，表现出融入的分层性；融入也表现出社区依赖性和互动性，良好的社区服务与接纳环境可有效推进融入进程，流入地和流出地以及流动人口和本地市民的连接影响流动人口的融入进程。因此，推进融入既需要个人的努力，更需要消除歧视、排斥的制度障碍，以营造良好的制度环境和社区氛围。[29]

有学者认为，转型后的中国乡村社会的基本性质是“后乡土”性的，主要体现为家庭农业、村落和熟悉关系等部分“乡土性”特征的留存；不流动的乡土演变为大流动的村庄；乡村结构的分化和多样化；乡村社会空间的公共性越来越强。后乡土中国所面临的基本问题是农民如何获得公平的市场机会，未来出路在于从制度、文化和市场的协调关系上激活有利于乡村劳动力转化为有效率发展的运作机制。[30]有分析指出，实现农民职业化对中国农业和农民现代化有着重要意义，但当前我国农民职业化水平还较低，城乡二元结构、现行土地制度和农民素质是农民职业化的主要制约因素。实施以推动农业剩余人口转移为根本任务的新型城镇化战略，创新土地流转推动土地制度的改革与完善，构建农民职业教育培训制度体系，是提升农民职业化的主要途径。[31]

五、社会分层与流动研究

从社会分层与流动研究社会结构变迁一直是社会学研究的重要方向。有学者的数据分析表明，近年来中国社会结构虽然出现了一些群体地位上升的现象，但下层比较巨大、中产阶层比较弱小仍是中国社会结构的基本特征。中产阶层的扩大主要有三条渠道，即教育渠道、专业技术渠道和市场渠道。通过高等教育渠道上升为中产的人数有限，通过技术地位上升的渠道受阻，迄今为止，进入中产阶层人数、比例最高的是通过市场渠道，因为市场渠道最少身份歧视。[32]有学者利用中国综合社会调查数据分析了当代中国社会阶层代际流动的变迁，发现我国总体社会流动率逐步提升，社会开放性呈波浪式变化，而代际继承在各个时期都是代际流动的主导模式。但社会排斥的主要机制从“体制排斥”转向“市场排斥”，导致社会机会结构的变迁和代际流动形态的变化，主要表现为特定阶层的代际继承优势逐渐下降，跨阶层的循环流动越来越困难。社会排斥机制的转变能够提高社会开放性从而激发社会活力，但如果社会优势阶层利用市场排斥机制实现阶层再生产，则未来中国社会仍存在阶层固化的可能性。[33]有分析指出，当今经济社会生活中，权利不平等或权利分层问题在经济社会生活中具有重要意义，因此，在分层研究中应将权利分层纳入社会分层研究必要的补充维度。[34]

关于教育对社会分层影响的分析仍是本年度的热点议题。有学者指出，工农子女上大学的比例在改革前与改革后呈现出两种不同的增减趋势，不宜简单地总结为“50年里的一场革命”，改革前的高等教育平等笼罩着浓厚的阶级斗争氛围，有违于真正的教育平等精神；而改革后被强化的重点中学制度虽然构筑了少数农村学生进入重点大学的通道，但又成为固化城乡教育不平等的机制。[35]有学者使用调查数据分析了不同等级高校大学生在家庭背景、政治身份和就业状况等方面的差异，发现在高等教育大众化的同时，高等院校出现分化，以“985”高校为代表的重点大学承担了精英教育和精英再生产的功能。高校扩招实际上改变了高等教育体系与精英阶层再生产的关系，进而可能转变中国未来的社会结构和社会流动的模式。[36]有学者分析了社会关系对教育收益率的影响，发现社会关系能够通过影响人力资本回报来间接作用于收入获得，而且在中国特殊的关系主义文化中，社会关系的广泛使用不利于劳动力市场中的人职匹配，并降低了人力资本回报。[37]

六、社会问题、社会政策、社会保障与社会工作研究

针对社会转型中的社会矛盾与问题，有学者认为转型期社会矛盾的基本根源是由社会转型初始阶段围绕基本生存诉求向社会转型中后期围绕基本权利诉求转变。随着现代化过程的推进，涉及面广泛的社会矛盾越来越趋向于在制度内特别是在法律等制度框架内得以解决或是缓解，制度外大规模激烈对抗的社会矛盾发生的概率相对来说越来越小。在实践中，应当将社会矛盾视为社会发展进程中的“常态”现象，因为在一定条件下社会矛盾的倒逼也会成为社会发展的积极推动力量。把维护和促进社会公正作为解决社会矛盾的关键，积极推动法治建设，有效化解社会矛盾的制度风险。[38]

在社会政策与社会福利方面，有学者指出，经济“新常态”给我国经济发展带来机遇的同时也可能滋生新的经济—社会问题，因此，积极的社会政策托底是十分必要的，需要顶层设计和综合实施社会政策，将救助保障与社会服务结合起来，利用好经济和社会的韧性，防止相对剥夺感的聚集。[39]有分析指出，福利社会建设是转变经济发展方式和应对当前中国社会治理困境的关键。在当前中国的福利社会建设中，迫切需要形成福利社会建设的共识，突出国家和政府在福利社会建设中的主体作用，消除福利分割与排斥，在福利与社会政策研究中要有高度的理论自觉意识。[40]

在社会工作研究方面，有学者指出当前我国社会工作存在专业性悬空和职业性排斥两大积弊，需要采取底层视角，直接面对社会转型过程中的结构需求，特别要关注社会工作所面临的中国特定的历史和制度，如民政工作系统与社会工作系统的相拒和相容，在国家策略层面提出促进社会工作本土化发展。[41]有学者分析了社会工作参与社会治理的特点及其意义，认为社会工作的服务型治理反映了新的治理机制：同时考虑解困和秩序双重目标，变自上而下的管理为多方合作，缓解经济困境、心理疏导和社会关怀相结合，以及发展服务对象的参与治理能力，从而对创新社会治理体制做出贡献。[42]还有学者对新常态时期社会工作发展面临的巨大需求、挑战和社会工作发展的主要任务进行了探讨。[43]

七、组织社会学研究

在组织体制与企业研究方面，有分析指出，1949年之后中国逐步形成了“单位制”组织形态，但在单位制下，科层制的正式制度总是“嵌入”在社会连带关系当中，如单位制中的科层关系和师徒关系相互影响、相互制约。除师徒制之外，构成单位制民情治理要素的微观机制还有家庭和社区等组织机制。这些具有延续性和扩展性的普遍社会关联是单位制下的制度保护带和润滑机制，构成了总体体制治理框架下应予以充分重视的社会领域。[44]

有学者研究了在多元治理背景下的行业协会行动机制，认为多元治理意味着主体对于权力在内的各种资源存在相互依赖，参与治理的各类组织需要通过不断的沟通建立彼此信任的合作关系，而行业协会作为市场治理领域的专业组织，是影响行业及市场秩序的主要力量。对行业协会行动机制研究有助于呈现现实治理语境中不同主体间关系变化的真实状态，这是未来行业组织及其他社会组织研究尚需关注的问题。[45]有研究利用相关数据分析了家族涉入对企业社会责任行为的影响，发现家族涉入会提高企业对外部利益相关者的社会责任投入，但会抑制企业对内部利益相关者的社会责任行为。家族涉入与企业社会责任行为的这种矛盾关系与中国家族的二元面向及中国特殊的关系结构密切相关。[46]

八、环境社会学研究

随着中国环境问题的突出，环境社会学研究日益受到重视。有学者指出，中国环境社会学已经在环境与社会的关系以及环境问题的社会原因、社会影响和社会应对等方面都取得了极具价值性的研究成果，但未来中国环境社会学研究仍需要进行必要的建设性反思，在经验研究中更加重视信息技术革命背景下的环境传播、环境政策发展过程及其实践分析等领域，并加强对特定地区、特定行业和企业实施环境治理成功经验的调查研究和理论总结。[47]

有学者利用相关调查数据比较分析发现，城乡居民之间存在环境关心差异，城乡居民在看待环境问题的方式上存在一种相似且连贯的心态体系，城乡居民的环境关心水平存在显著差异，城市居民在诸多方面都较乡村居民表现出更多的环境关心；国外关于“居住地假设”的三种理论，只有“差别暴露理论”可以解释一部分城乡差异；环境知识和媒体使用在城乡居民环境关心差异形成过程中具有重要的中介作用；城乡居民的环境关心差异在趋于缩减并开始走向同构。[48]还有个案分析表明，当前“项目制”的农村基层环境治理机制，通过包村、驻村的“自上而下”直接治理方式，突破了原有科层制的束缚，加快了城乡基本环境服务的均等化和环境状况的持续改善。但也面临一些困境，如与村庄原生的、内在的治理需求存在一定的矛盾与冲突，冲击了乡村原有的社会秩序等。因此，在农村环境治理过程中，应该注重增强村庄社区的自主性与村民的参与性，进一步创新环境服务供给机制，拓宽市场与社会的参与渠道，实现城乡环境治理的有效统合。[49]

九、婚姻家庭与性别研究

一项对农村70岁以上老年人的口述史研究表明，中国传统大家庭向小家庭的转型并不是由西方传统意义的工业化促成的，而是“农村土地集体化策略”彻底改变了传统家庭生产与生活的组织方式，改变了父权制度下的代际关系与结构，进而启动了家庭结构转型的历史进程。[50]

有学者对城镇双职工家庭的性别分工的研究发现，现阶段家务劳动依然主要由女性承担，但出现了约三分之一的夫妻合作型家务劳动模式。合作型家务劳动模式的出现受劳动性别分工的平等观念、配偶的情感投入、家庭生命周期的特殊阶段和夫妻间“去社会交换关系”等诸多因素的影响，其中家务劳动的情感属性有所凸显。因此，肯定和强化家务劳动的情感表达和相互支持功能，有助于平等、和谐的家庭关系的建设。[51]

在性别不平等问题的研究上，有学者分析了社会政策发展与性别不平等机制变化的关系。在当代中国，性别不平等模式凸显了女性在教育、就业、社会保障待遇及政治参与等方面的不利处境。随着市场经济的发展和社会政策在近年来构建就业与照顾、公共政治与家庭生活平衡的性别体制的尝试，其在一定程度上改善了性别不平等的处境，但仍然缺乏一种整体性的促进性别平等的再分配机制。在未来，女性自身的觉醒、性别主流策略与社会政策的发展将对促进中国性别平等目标的实现产生深远的影响。[52]有学者利用四次中国人口普查数据分析了中国经济体制改革以来职业的性别隔离变化趋势及其原因。发现自1982年以来全部职业的性别隔离程度持续上升。其中非农职业的性别隔离经历了一个先升后降的过程，从20世纪80年代开始提高，自1990年以来不断下降。[53]有学者基于对职业性别歧视状况及影响因素的研究，提出在老龄化加剧的背景下，我国应从竞争型经济发展向关怀型经济发展转型，倡导投资女性教育、女性创业和重新评估女性劳动，特别是重新评估女性关怀劳动的价值，建立投资女性的经济发展观将有助于社会发展。[54]在教育性别不平方面，有研究发现，近20年我国国民的学习时间普遍减少，两性学习时间呈现“男长女短”的特点，二者的差异呈逐渐缩小趋势。婚姻和劳动总时间制约着国民学习时间，且两者均对女性的影响更大。需要推动更为平等的性别观念及减轻女性工作和生活压力，增加女性的学习时间，从而提升其社会参与能力及终身发展潜力。[55]

十、社会心理研究

在社会大转型的背景下，社会心态等问题受到社会学者的密切关注。有学者指出，在风险社会中社会心态显现出个体与宏观社会相关联和互动的特性，因此社会心态的研究重点是对一个共同体验的形成机制研究，包括理论构念的特点和性质以及主要构念成分之间的关系，只有理解了这一构念的特征，才可以在选择测量工具和进行数据分析时体现这些思想。[56]有学者以“社会景气与社会信心”作为民众总体性情绪的表征，以观测和分析社会发展的总体状况和运行态势，发现2013年和2014年中国的社会景气与社会信心指数呈稳步上升的态势。[57]

有学者指出，负向社会情绪可能成为破坏社会结构和变革社会文化的集体行动的动力来源，因此，社会管理者应关注负向社会情绪。鉴于目前我国社会心态存在的问题，应把培育积极社会心态写入国家社会治理的纲领性文件，全面启动社会心理建设。[58]有学者对群体性事件背后的社会心态的分析认为，大多数群体性事件背后的社会心态是对“不公正”“不合理”遭遇表现出的怨恨、愤怒和不满。不满情绪由命运共同体从抱团取暖、情感集体唤醒到情景震撼最终爆发出来。因此，群体性事件发生后领导干部应在现场以“合情、合理、合法”的方式以群众诉求为中心解决群众的实际问题。[59]还有分析指出，在网络社会中，各种群体极化现象可能会从社会态度和社会行动层面沉淀至社会心理层面，主要表现为社会底层的“仇富”心理、社会中层的“屌丝”心理和社会上层的“不安全”心理。群体心理极化使不同社会群体难以达成合作共识，因此未来迫切需要在互联网世界中形成一些基本的社会合作意识。[60]

十一、经济社会学

关于市场与社会之间的关系，是经济社会学者关注的热点话题。有分析对波兰尼和诺思的相关分析做了比较，认为波兰尼的《大转型》建立在对劳动力、土地和货币的“虚拟商品化”的批评之上，其理论的问题在于将市场交易对象视为实物，这导致其对“嵌入”“市场社会”“社会保护”的论述显得异常含糊。比较波兰尼和诺思的思想，有助于我们认识确立经济社会分析的恰当的基本单位——权利和正确的权利观，以及建构良好的分析性理论的必要性。[61]还有学者探讨了亚当·斯密理论的社会维度，通过梳理卢梭与斯密关于“商业与道德”的争论，试图探索出商业社会新的道德基础，从而更清晰地理解现代社会的精神与基础。[62]

有学者以对“中国互联网企业”的经验观察为基础，就诺思《经济史中的结构与变迁》的基础理论与卡斯特有关网络社会组织趋势的某些论点展开对话，强调网络条件下组织形式和规模的一些基本决定逻辑并未改变，改变的是知识、技术和信息的相对价格、法定权利的界定要求以及交易费用的高低。但全球化背景和网络条件的确助推了组织中“元意识形态”重要性的凸显。[63]有学者的个案研究分析了作为市场主体的中小企业在资金短缺条件下，如何借助生产链上的大规模逐级“欠账”和成本分摊来实现融资和持续运转，揭示了交易双方在无第三方信用担保的情况下如何借助社会时间机制形成的资金结算周期来适应和促进整个市场的运作和发展。[64]

十二、法社会学

在法社会学方面，有学者指出，法社会学旨在透过社会层面的现象把握法律的社会性，从而对法律系统与价值体系提出理论性反思。理论反思与经验研究能否妥善连接对于法社会学的特殊重要性。[65]

有学者对当代中国诉讼文化变迁分析认为，随着“法治”成为基本治国理念，诉讼文化逐渐向“励讼”转型，国家精英鼓励民众将纠纷交由司法机关解决，树立了“诉讼”在纠纷解决机制中至高无上的权威，参与诉讼是权利意识高的表现。“励讼”文化使社会舆论引导大众打官司，诉讼制度也不断走向便民化。[66]有学者对“立案”过程中的纠纷转化环节的分析，阐释了生活世界诸要素是如何通过“纠纷格式化”进入法律世界的。[67]

十三、网络社会学

有学者指出，网络社会的到来伴随着社会权力结构的转变，西方学者关于网络社会权力的论述背后隐含着国家—社会对立的理论预设，但在国家与社会民众利益一致的情况下，网络社会的到来不仅不会造成国家—社会的权力冲突，并且将提供一种新的沟通权力和有效的信息沟通机制，这种网络政治沟通机制的建立，将提升国家的治理能力和效率，增强治理过程的公平公正性。[68]有学者指出，网络交流中存在着复杂的意识形态现象，在赞扬与嘲讽、调侃与抨击、传闻与段子中表达出来的属于知觉表象层面的感性意识形态，具有稳定性、普遍性，并持续地规定人们的思维与行为。在网络交流极为活跃的新形势下，明确认识网络交流中的感性意识形态，对了解广大社会成员价值理想，引导网络交流健康发展和有效开展意识形态间的沟通具有重要学术价值和实践意义。[69]

注：

①景天魁：《从社会学中国化到中国社会学普遍化》，《杭州周刊》，2015年第16期。

②李强：《中国社会学的本土化与发展创新》，《人民日报》，2015年5月11日。

③陈占江、包智明：《“费孝通问题”与中国现代性》，《中央民族大学学报（哲学社会科学版）》，2015年第1期。

④刘亚秋：《从中西学关系看费孝通“扩展学科

界限”思想》，《新视野》，2015 年第 2 期。

⑤潘建雷：《合作社：乡村工业的可能模式——费孝通〈江村经济〉的实质主题》，《社会学研究》，2015 年第 6 期。

⑥王春光：《陆学艺的社会研究方法》，《西北师大学报（社会科学版）》，2015 年第 5 期。

⑦洪大用、黄家亮：《理论自觉与社会运行学派的发展》，《社会学研究》，2015 年第 5 期。

⑧谢立中：《超越个人与社会之间的二元对立——“社会互构论”理论意义浅析》，《社会学研究》，2015 年第 5 期。

⑨李强、张莹：《社会运行视角与社会学的本土化》，《社会学研究》，2015 年第 5 期。

⑩景天魁：《时空转换与中国社会学的问题意识——以城镇化问题为例》，《人文杂志》，2015 年第 7 期。

⑪赵立玮：《世纪末忧郁与美国精神气质：帕森斯与古典社会理论的现代转变》，《社会》，2015 年第 6 期。

⑫陈涛：《道德的起源与变迁——涂尔干宗教研究的意图》，《社会学研究》，2015 年第 3 期。

⑬邱泽奇、范志英、张樹沁：《回到连通性——社会网络研究的历史转向》，《社会发展研究》，2015 年第 3 期。

⑭刘少杰：《网络化的缺场空间与社会学研究方法的调整》，《中国社会科学评价》，2015 年第 1 期。

⑮潘绥铭、鲍雨：《论“主体建构”的认识论来源及理论意义》，《学术界》，2015 年第 2 期。

⑯鲍雨、潘绥铭：《定性研究中的求异法及其理论依据》，《社会学评论》，2015 年第 2 期。

⑰谢立中：《“社会建设”的含义与内容辨析》，《北京大学学报（哲学社会科学版）》，2015 年第 2 期。

⑱郑杭生、邵占鹏：《治理理论的适用性、本土化与国际化》，《社会学评论》，2015 年第 2 期。

⑲赵孟营：《从新契约到新秩序：社会治理的现代逻辑》，《北京大学学报（哲学社会科学版）》，2015 年第 2 期。

⑳冯仕政：《社会冲突、国家治理与“群体性事件”概念的衍生》，《社会学研究》，2015 年第 5 期。

㉑陈光金：《改革社会治理体制，构建现代社会治理模式》，《中国国情国力》，2015 年第 11 期。

㉒刘少杰：《网络化时代的社会治理创新》，《中共中央党校学报》，2015 年第 3 期。

㉓刘少杰：《面向职业群体的城市社会治理创新》，《江苏社会科学》，2015 年第 2 期。

㉔潘建雷、李海荣、王晓娜：《权威的构成：乡村治理秩序的古与今》，《社会建设》，2015 年第 4 期。

㉕黄家亮：《当前中国农村社会变迁与基层治理转型新趋势——基于若干地方经验的一个论纲》，《社会建设》，2015 年第 6 期。

㉖付伟、焦长权：《“协调型”政权：项目制运作下的乡镇政府》，《社会学研究》，2015 年第 2 期。

㉗周飞舟、王绍琛：《农民上楼与资本下乡：城镇化的社会学研究》，《中国社会科学》，2015 年第 1 期。

㉘陈云松、张翼：《城镇化的不平等效应与社会融合》，《中国社会科学》，2015 年第 6 期。

㉙杨菊华：《中国流动人口的社会融入研究》，《中国社会科学》，2015 年第 2 期。

㉚陆益龙：《后乡土中国的基本问题及其出路》，《社会科学研究》，2015 年第 1 期。

㉛奂平清、何钧力：《中国农民职业化现状及其影响因素——基于中国综合社会调查 CGSS2010 的分析》，《武汉大学学报（哲学社会科学版）》，2015 年第 4 期。

㉜李强：《中国中产社会形成的三条重要渠道》，《学习与探索》，2015 年第 2 期。

㉝李路路、朱斌：《当代中国的代际流动模式及其变迁》，《中国社会科学》，2015 年第 5 期。

㉞王水雄：《权利分层：社会分层研究必要的补充维度》，《社会学评论》，2015 年第 6 期。

㉟应星、刘云杉：《“无声的革命”：被夸大的修辞——与梁晨、李中清等的商榷》，《社会》，2015 年第 2 期。

㊱田丰：《高等教育体系与精英阶层再生产——基于 12 所高校调查数据》，《社会发展究》，2015 年第 1 期。

㊲朱斌：《论社会关系对教育收益率的影响——兼评社会资本的消极作用》，《社会学评论》，2015 年第 2 期。

㊳吴忠民：《从基本生存诉求到基本权利诉求——转型期社会矛盾基本根源的演化逻辑》，《当代世界与社会主义》，2015 年第 2 期；《社会矛盾与制度内化解》，《马克思主义与现实》，2015 年第 6 期；《社会矛盾倒逼改革发展的机制分析》，《中国社会科学》，2015 年第 1 期。

㊴王思斌:《试论经济发展新常态下积极的社会政策托底》,《东岳论丛》,2015 年第 3 期。

㊵奂平清:《福利社会建设与社会治理——兼论社会政策研究的理论自觉》,《教学与研究》,2015 年第 11 期。

㊶葛道顺:《社会工作转向:结构需求与国家策略》,《社会发展研究》,2015 年第 4 期。

㊷王思斌:《社会工作参与社会治理的特点及其贡献——对服务型治理的再理解》,《社会治理》,2015 年第 1 期。

㊸李迎生:《经济新常态时期的社会工作发展:需求、挑战与应对》,《教学与研究》,2015 年第 11 期。

㊹傅春晖、渠敬东:《单位制与师徒制——总体体制下企业组织的微观治理机制》,《社会发展研究》,2015 年第 2 期。

㊺于显洋、蔡斯敏:《多元合作何以实现——现代社会治理下的行业协会行动机制》,《哈尔滨工业大学学报(社会科学版)》,2015 年第 2 期。

㊻朱斌:《自私的慈善家——家族涉入与企业社会责任行为》,《社会学研究》,2015 年第 2 期。

㊼洪大用、龚文娟:《行进在快车道上的中国环境社会学》,《南京工业大学学报(社会科学版)》,2015 年第 4 期。

㊽范叶超、洪大用:《差别暴露、差别职业和差别体验中国城乡居民环境关心差异的实证分析》,《社会》,2015 年第 3 期。

㊾吴柳芬:《项目下乡与基层环境治理——桂西 M 镇个案研究》,《社会建设》,2015 年第 5 期。

㊿王天夫、王飞、唐有财:《土地集体化与农村传统大家庭的结构转型》,《中国社会科学》,2015 年第 2 期。

51佟新、刘爱玉:《城镇双职工家庭夫妻合作型家务劳动模式》,《中国社会科学》,2015 年第 6 期。

52熊跃根:《论社会政策发展与我国性别不平等机制的变化》,《社会发展研究》,2015 年第 3 期。

53李汪洋、谢宇:《中国职业性别隔离的趋势:1982—2010》,《社会》,2015 年第 6 期。

54佟新、周旅军、马冬玲:《关怀经济学与投资女性——中国经济的新增长点》,《社会发展研究》,2015 年第 6 期。

55杨菊华、张娇娇、吴敏:《主动选择还是被动接受——1990—2010 年国民学习时间的性别差异研究》,《妇女研究论丛》,2015 年第 6 期。

56杨宜音:《社会心态:风险社会中心理共享现实的建构》,《哈尔滨工业大学学报(社会科学版)》,2015 年第 6 期。

57张彦、魏钦恭、李汉林:《发展过程中的社会景气与社会信心——概念、量表与指数构建》,《中国社会科学》,2015 年第 4 期。

58王俊秀:《当前值得注意的社会心态问题和倾向》,《中国党政干部论坛》,2015 年第 5 期;《从社会心态培育到社会心理建设》,《北京工业大学学报(社会科学版)》,2015 年第 4 期。

59单光鼐:《群体性事件背后的社会心态》,《中国党政干部论坛》,2015 年第 5 期。

60王道勇:《网络社会中的群体心理极化与社会合作应对》,《中共中央党校学报》,2015 年第 4 期。

61王水雄:《“为市场”的权利安排 VS“去市场化”的社会保护——也谈诺思和波兰尼之“争”》,《社会学研究》,2015 年第 2 期。

62康子兴:《商业与道德:亚当·斯密理论中的社会维度》,《社会学研究》,2015 年第 4 期。

63王水雄:《网络条件下的组织形式与规模——元意识形态的地位问题》,《社会发展研究》,2015 年第 1 期。

64李英飞:《资金短缺下市场如何运作》,《社会学研究》,2015 年第 2 期。

65储卉娟:《理论反思与经验研究:法社会学研究多元路径初探》,《广西民族大学学报(哲学社会科学版)》,2015 年第 4 期。

66郭星华、郑日强:《励讼:当代中国诉讼文化的变迁》,《广西民族大学学报(哲学社会科学版)》,2015 年第 4 期。

67朱涛:《纠纷格式化:立案过程中的纠纷转化研究》,《社会学研究》,2015 年第 6 期。

68陈氚:《网络权力变迁中的国家机遇》,《中共中央党校学报》,2015 年第 3 期。

69刘少杰、王克蛟:《网络交流中的感性意识形态》,《福建论坛(人文社会科学版)》,2015 年第 12 期。

(作者:奂平清,中国人民大学副教授;
杜素芳,中国人民大学硕士生)

民 族 学

民 族 学

杨圣敏　祁进玉

2015年民族学、人类学研究在学科建设、基本理论与研究方法等方面得到进一步发展，其分支学科的学科教学与科学研究方面也取得了显著的进步。近年来，我国的民族学与人类学学科发展有如下几点明显趋势：一是各分支学科发展较为迅速，新兴交叉学科研究领域取得丰硕的成果；二是民族学、人类学学科交叉、跨学科整合研究趋势得到加强；三是在应用性和基础性研究方面得到进一步重视。

在全球化与我国政府提出的"一带一路"战略背景下，我国民族学人类学的"海外民族志"研究与"中国文化走出去"策略中围绕着如何进一步加强和提升"文化自觉"与"文化自信"以及中华优秀文化传播等议题进一步加强对我国及周边国家和地区的政治、经济、文化、宗教以及跨境民族研究，及其认同变迁的研究；更多关注西部少数民族地区的文化生态、环境与社区发展；重点研究全球化背景下的多民族国家的族际关系与社会和谐，充分关注对长三角和珠三角流域的人口流动与社会适应、城市化与弱势群体权益保护等议题。

在民族学、人类学学科建设与专业设置等方面，新兴的跨专业、跨学科、交叉的分支学科的教学与研究得到充分重视，国内很多高校纷纷设立民族学、人类学学科，并加大对民族学人类学学科建设的研究经费支持。此外，各院校纷纷加大了对世界民族问题和海外民族志研究领域的科研经费投入和人才引进，重视对周边国家与世界民族研究的跨学科整合研究与学术交流，并在相关研究领域取得了初步的进展。

本研究从民族学、人类学学科建设和基本理论与方法研究；全球化与民族主义、民族理论与民族政策研究；民族与族群问题；民族地区发展；少数民族社会历史文化、民族宗教研究；分支民族学、人类学学科发展的最新研究动向；世界民族研究；重要学术会议、学科学术交流活动等八个方面分别加以概述。

一、民族学、人类学学科建设、基本理论与方法研究

有学者较为细致地分析和探讨了民族学、人类学、社会学、民俗学等几个学科之间的关系，并从理论研究和应用研究的关系来深入探讨科学研究的出发点是问题导向还是理论导向，以及怎么样产出有深度的研究成果。此外，他也谈到了创建民族学中国学派问题。他认为中国民族学界应该从如下四个方面逐步推进学科建设：第一，淡化学科界限，多学科合作，解决社会问题；第二，加强应用研究；第三，长期集中于一点的研究方法，可能会更容易产出有深度的成果；第四，要在中国社会的实地调查中，努力地创建中国学派的理论和方法。[①]也有研究者认为，当前在学科建设方面仍有几个环节需要重视：第一，我们的经典教育不充分；第二，对学科史的成就这个环节，我们工作做得也不充分，其中尤其是分支研究领域，像社会组织、经济、宗教、政治和医疗等等方面，这些分支领域并没有明确的团队；第三，上述四门学科都应该基于对社会科学的总体思考来想象自己的学科建设。他认为要重视几个层次的学术史梳理和教学；要形成真正的学术自信、文化自觉，要在学理上有贡献，就不能局限于在意识形态范围内谈问题，要使我们的论述符合学术原理。[②]

20世纪80年代以来，国际社会科学有两大学术思潮：一个是人类学的后现代主义，另一个是社会学的新制度主义。这两大学术思潮一个偏人文一个偏社科，而后现代主义提倡的人文情怀、浪漫色彩、小范围研究方法、不关注重大的现实经济社会问题、对民族志科学性的反思等特点，使得人类学民族学处于边缘学科的地位。有研究者认为，中国人类学民族学要想走出边缘成为显学，应向社会学取经，更多地吸取新制度主义的理论养分，更多地对当今重大的经济社会问题进行实证研究。[③]

在民族志研究方面，有研究者指出，在民族志中，“人”是内在差异化、人格外在化、非个人的多元复合场所，其属性不可单独以“世间性”来理解。近一个世纪的民族志研究表明，“文化”最好被理解为人文关系的总体状态。人文关系，是“己”与广义的“它”之间的关系，是“世内存在者”与“世界”的关系。所有这些关系分布在大小不一的社会共同体中，即使我们观察的是一个范围狭小的村庄，这些关系依然可以得到清楚的表现。对民族志书写者而言，所有地方，都是“世界性的”，在人文关系的“世界”中，“己”与“它”的关联性被分解为几类关系及其认知，但其本来面目是浑然一体的。有研究者认为，本体论与知识论是相对而言的；人类学史上，两类求索，是民族志一贯兼有的两面。然而，在不同历史阶段，民族志却表现出不同形态，个中因由与研究旨趣向二者中的一方倾斜有关。民族志形态史，是两种并存面向之间关系结构的先后两次“反转”构成的。近期提出的“本体论转向”指的是第二次反转，这一转向意味着现代主义民族志形态的重建和更新，而这又进而意味着，民族志对于“对象世界”的客观化（本体化）既不可避免又有其价值。④

社会研究有两条道路可循：一是所谓聚焦法，即坐标式的定点研究，其关注某个场所或地点里的人群生活，它所形成的民族志是场所民族志；二是线索追溯法，它不是点上的静态观察，而是循着人或物移动的轨迹生发出来的各种现象去实现一种在点之上的线和面上的整体宏观理解，由此而形成的民族志便是线索民族志。⑤

费孝通先生在民族学、人类学、社会学等学科本土化发展中做出了重要的贡献。有研究者认为，研究费孝通的学术思想演变，研究他在培养人才、培养学科传承人等方面贡献，这些可能是一个线索。他的思想主要体现在如下几个方面：例如在培养人才方面不拘一格；知识分子的人文情怀；天下观念和全球视野；文化研究的三重境界：文化自觉理论、中华民族多元一体格局理论；天下大同的思想等。⑥

随着社会的巨变，人类学家也需要不断地适应和调整自己的研究方向。有研究者分析指出，乔健先生的早期台湾的研究中就已经开始了有深度的思考：在急剧的变化中，台湾土著不论在深山里还是平地上的，都已经全部或局部地扬弃了规律的、保守的、稳定的与特殊的固有文化形式，而呈现出一种失调、复杂与纷乱的现象。他认为，现代的社会科学家，除非甘心为陈旧的名词作填充与解释，否则便需进一步探索一种更细微、更贴切、更活泼、包容更多的方法与观念，来处理这繁复多变的现代的社会，不管是原始的还是文明的。这样一种理解，充满了挑战既存理论概念的勇气。⑦

有研究者认为，在我国两种城市化现象凸显出“地势”与城市化中的政治关系问题，对这一问题的强调，可延伸至地势学与人类学中“本体论转向”关系之探讨，并从“非认识论相对主义”的视角来理解地势学。以与地势相关的“地势政治学”，尤其是“势力”概念为基础，引入“栖居”和“彻底解释”，可作为理解地势学的方法论路径。由此，当地势学成为有本体意义的概念时，人类学民族志不再仅是一种“方法”或工具，而是一种集实践、理论和写作表达为一体的综合知识。⑧

二、全球化与民族主义、民族理论研究、民族政策研究

在全球化的今天，随着冷战结束，全球体系越来越向多极化方向发展。区域问题、地缘政治与发展等问题，不断超越民族国家的界限，传统上认为的全球化所带来的全球文化同质性、一体化的理想模式，受到了来自地方和区域的挑战。因此从区域角度出发来探索全球性问题和现象，是认识“和而不同”的全球社会的关键出发点。有研究者以费孝通先生“全球社会”理念为基点，立足中国在“海上丝绸之路”研究的传统与当下，指出“海上丝绸之路”的重心是“丝绸”，是物，是经济，但整体上看，尤其是站在历史的维度上来看，核心是文化的交流、互通与理解。这就需要将中国传统文化思想体系中的“天下大同”的理念推向东南亚社会甚至全球，共同创造一个和而不同的全球社会。⑨有研究者认为，聚焦于工业化早期的英格兰以及美洲加勒比殖民地的甘蔗种植园，西敏司《甜与权力》以糖为刻画对象，将糖的生产、糖的消费、自然性与社会性、权利的规约与意义的制造纳入到纵向的历史叙事结构中，勾勒出糖从一件奢侈品化身为工业化生产之商品的过程，并与早期资本主义原始积累、奴隶化生产，乃至国与国之间的政治经济关系密切联系，从而建构出同世界贸易体系并行的权利文化网络。⑩

15世纪以来，在处理民族问题上，依次出现过多种理念，这些理念对当代世界各国的民族政策和立法（制度）产生了重大影响。文章分析和比较了几种有影响的处理民族问题的理念，即殖民主义、种族主义、同化主义、多元文化主义和马克思主义处理民族问题的理念，这五种理念在沿着一定历史时序发展的同时，还具有一定的共时性或同时在场性。有研究者认为，多元文化主义是西方社会迄今为止提出的文明和包容程度较高的处理民族问题的理念，它在相当程度上超越了种族主义、同化主义，但是也有其自身的局限性；马克思主义处理民族问题的理念是人类历史上最先进的价值理念，它融入了“权利正义”、“保护多元文化”等多种现代社会的理念因子，并坚持从根本（政治）上解决民族平等问题，至今在一些社会主义国家尤其是中国发挥着重要作用。⑪

对待中国现行的民族理论和民族政策，很多学者都言必称“民族—国家”理论。也有研究者认为，国家和民族之间包括三种具体关系：民族与民族（民族—民族）的关系、民族与国家（民族—国家）的关系和国家与民族（国家—民族）的关系。就国家和民族的关系而言，在探讨民族地区和少数民族发展中，我们需要找回“国家”，并在民族理论中给予“国家”居于民族之上的位置。研究者指出，在“国家—民族”自上而下关系框架下，国家的角色处于主导地位，而民族则是从属于国家。中央与民族地区和少数民族之间的关系，是通过从中央到地方的“官本位”的“分级管理”“属地管理”和“分类管理”等一系列制度化的行政管理体系和实际运作机制来实现的。⑫

中国形成统一的多民族国家的内在逻辑，是“统一”与“多样”的辩证关系。没有“统一”无所谓“多样”，而没有“多样”也构不成“统一”。民族地区呈现“集这么多的‘区’于一身”的“家底”，是中国的“家底”，是中华民族大家庭的“家底”。有研究者指出，做好民族工作，关键的是搞好民族团结，最管用的是争取人心。认同中华文化本身也包含了“统一”与“多样”的关系，中华文化同样是多元一体的文化。理解中国特色解决民族问题的正确道路，需要把握两个关键词，一是“中国特色”，二是“正确道路”。“中国特色”具有历史意义，它代表了中国独特的历史发展过程，统一的多民族国家就是“中国特色”，坚持和完善民族区域自治制度，是坚定不移走中国特色解决民族问题正确道路的标志。⑬

新中国的历史充分证明了民族区域自治制度是中国特色解决民族问题正确道路的重要组成内容。有研究者认为，中国的民族区域自治同时具有历史合理性和历史局限性，既承认、容纳和适应了文化多样性的现实，也固化了族群边界，并受到国家政治、文化传统与社会结构等多种因素的制约，在实际运行机制上制度效能有限。特别是改革开放后，由于中国的民族—国家建设所面临的内部和外部条件发生了结构性变化，民族区域自治制度正在遭遇一系列的挑战，面临一种不确定的演变前景。⑭

三、民族与族群问题研究

在如何认识当代中国民族问题的本质以及解决这些问题方面，学术界众说纷纭。有研究者认为，不同民族之间的矛盾产生于差别，差别有两种，一种是文化差别，另一种是结构性差别。只有文化差别的民族之间虽然会有一些误解和矛盾，但这些误解和矛盾都比较容易解决，他们之间可以和谐相处并逐渐融合。而有明显结构性差别的民族之间则很难化解他们之间的矛盾，也很难避免激烈和持续的冲突。中国民族政策的长远目标就是从根本上消除民族之间结构性的差别从而实现各民族的共同团结进步，共同发展繁荣。因此，解决民族之间的矛盾与冲突，让不同的民族能够和谐相处，也就是让多民族国家能够维持统一的根本出路是缩小民族之间在经济、社会等方面的差距。一旦不同民族之间消除了这种差距，文化的多元与融合，国家的统一与安定就都有了坚实的保障。境内外敌对势力的任何挑动破坏都不起作用，无法撼动。有研究者认为，民族区域自治制度能够发挥这样的作用，是因为新中国建立以来，这项制度在不断发展和完善。同时，这项制度的设计包含了多种考虑，是集多种因素为一体的制度，是历史传统与现实因素的统一，是统一和自治、民族因素与区域因素相结合的创举。⑮

辛亥革命创建了中国的现代多民族国家，但也生成了现代中国的民族问题。外蒙古的独立，西藏的“驱汉”，新疆的泛突厥运动，满洲国的创立，内蒙古的统一自治运动，西南夷苗的政治承认诉求，所有这些都是创建民国之后生成的问题。有研究者指出，与中华民国不同，中华人民共和国找到了一条解决民族问题之大道，那就是：承认中国是一个多民族国家，中国各民族共同缔造了这个国家。国家保障各少数民族的合法权利和利益，实行民族区域自治，维护和发展各民族的平等、团结、互助、和谐关系，禁止对任何民族的歧视和压迫，禁止破坏民族团结和制造民族分裂。⑯

为了解当代中国大学生的民族认同与国家认同意识的现状及其发展趋势。有研究者以基于 2009—

2012年在中央民族大学等9所高校实施的“当代大学生社会认同意识”问卷调查，对大学生的民族认同意识与国家认同意识的现状及发展趋势、类型及影响因素进行系统性分析。调查及分析显示，汉族大学生和少数民族大学生均表现出较高的国家认同感与民族认同感；在当代各族大学生的认同结构中，民族认同与国家认同呈现出良好的共生关系。[17]也有研究者认为，国家认同是一个建构性概念，既能从族群认同、地域认同获得极大的建构资源，又不得不面对二者的某些消解。根据国家整合社会各集团的理论，主张从利益、观念、制度三个维度来建构族群认同、地域认同与国家认同之间的兼容正向良性的多重复合认同关系模式，为我国顺利完成现代化进程和实现国家的长治久安奠定坚实的社会基础与政治文化条件。[18]

有研究者认为，如果把民族问题的思考放置到一种文化与知识生产的脉络中，可以完成从夷夏之别到中华民族、从民族识别到民族认同、从民族中心到去民族化，以及从散居自治到聚散分立这四对民族观念的范式转换。与之相对应的是，一种知识谱系上的从多元到一体、从模糊到清晰、从排斥到接受，以及从一体到多元的范式转换。在一个时空转换的复杂社会之中，我们需要重新面对这些知识形态的转变，借助各种民族关系融合机制的新隐喻的追溯，在变动不居的民族知识生产的局面中找寻到一个锚定点。[19]

四、民族地区发展与和谐社会建设

中国已悄然进入了“治理时代”，并且面临着前所未有的管理变革和政策创新。民族地区的社会治理无疑应该成为我国中央政府尤其是少数民族地区各级政府关注的重要内容之一。创新边疆民族地区社会治理，是我国建设和谐社会和现代国家治理体系的重要内容。一方面，新型城镇化对于不同民族来说是一种重新改变各民族人口地域分布的过程。如何应对城市中日益复杂的民族关系和民族矛盾，已经成为一个紧迫的社会治理问题。另一方面，民族地区的城镇规划要与民族文化的保护、开发和利用进行良性互动，使民族地区的城镇继续保有民族特色。[20]

随着经济体制改革和社会主义市场经济的不断深入，各民族间或各民族地区间出现了根本利益一致前提下的具体利益上的差别。资源竞争理论认为，冲突是因为政治资源、经济资源、社会资源在不同人群中的争夺而产生的，民族符号是社会竞争的工具之一。有研究者对呼伦贝尔市移民与当地居民在政治、经济、文化、社会、生态建设等几方面的权益博弈加以深入分析，并提出合理性的对策建议。[21]也有研究者通过个案调查分析了科技对当代西藏游牧民生活的影响，一方面科技进步促进了民族地区的发展，另一方面科技也对游牧民生计方式变迁产生了不可逆转的影响。[22]

中国的城镇人口已经超过总人口的50%，标志着中国的城镇化已经进入一个新的历史发展阶段。与此同时，全国流动人口规模不断扩大，其中相当比例的人口跨越了省、自治区这级行政边界。其中有三个迁移潮流与我们所关注的国内族际交流密切相关：一个是汉族劳动力从我国东部沿海和中部省市向西部少数民族地区的流动，一个是少数民族农村劳动力在西部地区内部从农村牧区向当地各级城镇的流动，一个是西部的少数民族人口向我国东部沿海和中部省市的流动。在人口迁移研究中，人口普查数据提供了各普查年份我国各民族人口中城镇人口的规模和比例，是研究人口城镇化水平和分析我国人口跨省区流动演变态势的重要数据来源。有研究者考察了我国藏族、维吾尔族、蒙古族这三个主要少数民族的跨地域流动情况，最后对新形势下我国城市民族工作的新任务进行了讨论。[23]

族际就业差异一直是政府和学界关注的热点，观察新时期少数民族与汉族的就业分布及其特征，目的是为揭示民族地区经济社会发展现状、制定政策预案提供主要依据。有研究者利用2011年西部民族地区经济社会状况家庭调查数据（CHES2011），考察了少数民族与汉族在就业分布和就业特征方面的异同，发现当前我国民族地区城镇少数民族与汉族人口的就业差异逐渐缩小，但仍然存在一定的分割痕迹；从就业特征看，少数民族在劳动收入、劳动合同和社会保障以及职业流动等方面都呈现出了规律性特征。[24]

中国边疆地区的治理创新决定着中国少数民族人权保障的前途和未来，这要求治理创新在顶层设计上必须协调好生存权和发展权的关系。有研究者认为，要通过治理创新促进边疆地区的优先发展，当务之急是在教育和经济发展中的反贫困领域探索各边疆民族地区因地制宜的管理模式创新，以进一步保障少数民族的基础性人权。边疆地区的治理创新应当以可持续发展为导向，建立和完善以培育和发展内生性减贫能力为主，内外结合、长短期结合的综合性治理机制。[25]

五、少数民族社会历史文化、民族宗教研究

有研究者结合多种文字材料对著名的回鹘卜古可汗传说进行分析，探讨了树生与丘生、树瘿生人与树洞生人等传说不同版本的成因；通过将《晋书》所记载的羯语诗中的王号与其他北方民族王号比较，推测卜古可汗传说的形成可能早于公元 4 世纪；从语音和文献的角度对“仆固”与 boγuγ 勘同的结论进行了重新审查。在以上讨论的基础上，研究者还探讨了卜古可汗传说从仆固部传说变为回鹘始祖传说的可能性。[26]

有研究者对裕固族最后一任大头目安贯布什加的生平的研究指出，当今裕固族社会有两种民族重构方案：一是以大头目后代为主体的围绕部落头目历史建构裕固族，二是放弃所谓的部落制度，把今天的裕固族完全变成一个在宗教上依附于藏传佛教、在政治上依附于国家的少数民族。研究者认为，国家还有第三个策略：努力以文化来界定民族，把裕固族放到中华民族的框架中来。结合杜蒙的“共同体主义和民族主义”两个概念，初步认为文化、宗教和国家是在裕固族社会中共存的，相互合作又制约，裕固族摇摆于民族共同体和宗教共同体之间。[27]

萨满教在我国北方各民族的信仰世界中占据非常重要的地位。满族、蒙古族、锡伯族、赫哲族、鄂伦春族、鄂温克族、达斡尔族、维吾尔族、哈萨克族、柯尔克孜族、朝鲜族等民族的民俗生活中至今还在不同程度上存在着萨满教信仰活动。有研究者指出，改革开放后，各地萨满活动和祭祀仪式明显增多。萨满文化对当代人了解少数民族的传统文化和表现中华各民族文化的多样性，对于少数民族文化在传统的基础上的继续发展，对于发展民族文化事业和旅游经济，都具有重要的开发价值。但在开发利用萨满文化的过程中，一定要重视保护萨满文化的本真性，注重真实，浓缩精华，强调知识性和观赏性，增加互动性和趣味性，正确区分萨满祭祀风俗和封建迷信的关系。[28]

公元 1578 年，俺答汗在青海湖畔之仰华寺与西藏哲蚌寺法台索南嘉措会晤，并皈依了藏传佛教。青海自然成为藏传佛教僧众来往与蒙古各部落与西藏之间的重要交通要道，藏传佛教必然会对甘青地区的土、蒙古等各民族产生重要的影响。藏传佛教传入土族社会并渗入社会的政治、经济和文化等各个方面，由此也产生了双重影响。有研究者对这些影响进行了阐述和探讨，认为一方面它成为束缚人们的精神枷锁，阻碍了土族社会的人口繁衍、经济繁荣和社会发展；另一方面却使土族地区的寺院成为文化传播的中心，一些土族的高僧成为当时的知识精英，他们通过著述与宗教实践，对加强土、藏、蒙古、汉等民族之间的有效交流与文化互动，起到了一定的影响。[29]

六、分支民族学、人类学学科发展

（一）社会人类学研究

当下人类学的发展需要关注世界文明的走向问题，以及不同文明相互之间的关系形态。应该从以人为核心的民族志的撰述，逐渐地转变到以自然和物为核心的撰述上来。文明对立的民族志往往与孤立点上的精细描述有关系；对于文明互补的民族志而言，需要探究的是将不同文明连在一起的那些媒介。有研究者认为，文明之间圆融共通的形式可能更容易在文明的边缘地带看到、找到或者感受到，我们往往过于注重语言自身的价值，而忽视了物背后的灵性价值以及不断被文化改造的过程。[30]

海外民族志是中国人类学界发明的一个新概念。有研究者认为，作为中国语境下的概念，海外民族志是“处在中国的人类学”和“以汉语为学术语言的人类学”即“中国人类学”对于海外社会文化所进行的规范的民族志研究及其成果。人类学传入中国之后，由于种种原因，形成了本土研究的传统，整个 20 世纪中国人类学的海外研究成果寥寥无几。进入 21 世纪之后，中国人类学悄然发生变化，海外民族志研究的成果不断涌现，以相关机构设置、人才培养和学术期刊专栏增设为标志的海外民族志学科的制度化建设不断向前迈进，呈现了中国人类学研究的新常态。[31]

从中国改革开放以来，“社会”从全能国家的机体内成长起来，与此伴生的社会科学也逐渐增长着认识与表述中国现实的学术能力，用定性与定量的研究方法不断跟踪着中国“社会”的发展。有研究者采用政治、经济与社会三个领域划分的理论，尝试从整体上把握中国的社会成长，根据社会自主性诸要素如社会价值观、自由结社、社团合作的成长，以及社会事件所呈现的社会动员和社会认同的机制，得出一个自主的社会领域已经在中国生成的结论。[32]

有研究者讨论了国内社会学与人类学界新近引入的“家园”概念，对其学科定义、整体性视角、地方性外延、与物质生存资源的紧密关系，以及家园边界与认同等学术内涵进行了剖析。指出了“家园”概念的三方面理论意义——中国人世界观体系的本土化表达、生活世界的整体性和主体性表达、对家园变迁所致社会问题的解释。[33]也有研究者认为，与官方主导的“伞式社会”相对应，民间的经济社会呈现出“蜂窝式社会”景象。“蜂窝式社会”有两类五种类型，包括就业者“链式”、“网式”两种形态“蜂窝”和经商者以家庭、价值链、本族裔为中心形成的三种类型“蜂窝”。“蜂窝式社会”具有民间性质，没有很多权力和资源，只能靠自身努力获得市场空间和发展机会；其经济性和社会性比较强，但政治性比较弱。社会上各种大大小小的“蜂窝”的共同特征是互惠共赢；各种“蜂窝”一旦成为群体性网络或民族性网络，将会同时具有经济性、社会性和政治性，不但具有资源配置的功能，也是推动市场化制度变迁的力量。[34]

（二）历史人类学研究

《热河日记》是清代乾隆年间关于儒佛关系的最重要的文献之一。有研究者通过对朴趾源所记录的儒佛与皇帝互动的种种细节的分析，来说明美国历史学家何伟亚关于皇帝与佛教世界的礼仪冲突的看法是对乾隆年间承德的礼仪空间与秩序的误读，认为真正的礼仪冲突产生于儒家与藏传佛教之间，而冲突的根源则在于清代夷夏观念的变革和知识分子心态的复杂性。[35]

有研究者通过分析“中国吉普赛人”的社会记忆之选择与建构，指出该族群在面对社会变迁之时所采取的积极应对策略，即失落或弱化其“表征社会记忆”，秉持和传承其“本质社会记忆”，从而既可以很好地适应社会变迁与转型，处理好与他族在互动交往过程中的问题，也可以牢固地维系本族群的认同，以达到双赢的目的。[36]

中国历史上历代中央政府对少数民族和边疆地区的统治特意实行不同于中原内地的一种羁縻政策。有研究者认为，自明至清基本上也是延续了元朝的治边方略，继续实行“封土司民、以夷治夷”的羁縻政策。随着中央政府权力的增加及其实力的巨大膨胀对少数民族及边疆地区实行的封土司民的“土司制”基本上持否定态度，因为地方政权或地方势力的崛起或存在，对中央政府始终是一种潜在的威胁。所以在中原及汉族地区行之有效的“流官制”最终取代被统治者仅仅作为一种权宜之计而不得不为之的封土司民的治理模式便是一种不可逆转的趋势。土族的土司制度同样也经历了由盛及衰的这一过程。[37]

（三）影视人类学研究

作为人类学的一个分支学科，从欧美学术界引入的“Visual Anthropology”一词在中国被通译为影视人类学，并在影像民族志实践领域获得了长足的发展。随着学科的继续拓展，“影视”这一限定词逐渐束缚了这一学科的多元实践与理论建构能力，并在某种程度上将其锁定在工具或方法的学术维度，缺乏与主体人类学对话的理论平台。因此，理应建立影视人类学、影像人类学与视觉人类学三个层次的分支学科，既坚守影像民族志摄制与研究之传统壁垒，又将人类视觉文化纳入到学术研究的视阈之中，才能为该学科发展开辟一条“由术及道”的学术道路。

“虚构式影像民族志”是一种与虚构电影相近似的影像民族志类型。其基本特点是以非现实性的人物和故事情节，展现某种社会文化的基本形态与核心价值。影像民族志作者可以根据田野调查所掌握的事实资料，以虚构的情节为架构，由族群成员采用表演的方法，以描述、表现、反思和重构等表演技巧，展示该族群的文化内容，挖掘深藏于表象之下的内在世界。有研究者认为，由于理论稀缺以及实践难度，“虚构式影像民族志”在世界人类学界较少有人尝试，成功的民族志文本更为罕见，但其在人类学领域内的学术潜力却值得进一步开掘。[38]

有研究者认为，“学者电影”不是某种影片类型，而是一种学术价值取向，是强调学者主体论和学术独立性，反对迎合强势媒体和主流的话语体系，反对模仿商业化工业化的制作流程和方法的创作观念。它抵制在影视人类学和人类学电影制作上的泛学术化倾向，同时鼓励学者为学术表达而不拘泥于传统的或约定俗成的表达方式，像作者写作一样建构影像志民族志作品。“学者电影”也有构建独有的叙事流派影响社会生活的企图心，也可以说，“学者电影”是人类学影片“作者论”的代名词。[39]

（四）法人类学研究

有研究者认为，迄今为止，人类追求权利正义的历史大致可以划分为三个阶段。第一个阶段是追求等级式权利正义阶段，这一阶段，权利正义的理念只适用于特定的人或群体。第二个阶段是追求“普遍的个人”的权利正义阶段，这个阶段的权利正义理念在形式上适用于所有个人。第三个阶段是追求实质性权利正义阶段，这个阶段的权利正义理念开始追求“实质性”的权利正义，开始在法理上为民族（族裔）、宗教、文化和语言上的少数族群权利保护提供路径探索，最终发展到社群主义与多元文化主义。[40]

植物引种的目的是利用该植物背后的“传统知识”，玛咖开发同样如此。但机遇总是与风险并存，玛咖开发的风险包括销售市场和种子市场管理混乱，品质参差不齐，种植是否符合生物安全的要求，是否需要经秘鲁事先知情同意，并与其进行惠益分享等。有研究者认为，促进玛咖产业良性运行的路径包括推动“云南省玛咖原料及其制品地方质量标准”出台，各地适时制定《玛咖产业促进条例》，通过植物新品种制度来保护玛咖产业，规范种子的生产和经营，大力发展玛咖的衍生产业等。[41]

“法治”是体现一个民族的传统伦理精神的国家治理和社会治理的良好机制，而不是一个普适的抽象模式。有研究者认为，当代中国的法治建设必然包含着法治本土化的过程，而中国人的传统守法观是其中的重要议题。本文探讨了传统守法观的三个层面：守法是一种教养；脸面和报应是守法的心理基础和行为逻辑；守法的境界包括从自在到自由的三层境界。[42]

（五）教育人类学研究

借鉴贝理的文化互动心理学，有研究者通过问卷调查探讨不同场景汉族中学生的多元文化观以及他们对少数民族学生涵化策略的期待。结果发现，被试多元文化观及其对少数民族的涵化期待总体水平良好；对整合策略的期待持很强态度；不同场景汉族样本的态度有显著性差异；整合策略期待与多元文化观间呈显著正相关；多元文化观与消极性涵化策略的期待，尤其是同化策略期待间呈显著负相关。学校培养学生的多元文化观，有助于促进族际关系和增进民族团结。[43]

有研究者运用教育人类学“工具连锁反应”理论，通过对北京市一所“在家上学”学堂R学堂的参与观察与深入访谈，探讨了中国式“在家上学”产生的原因，它是一种反抗与形塑：反抗原有僵化、扭曲，分数至上的教育目标，以及附着在分数至上基础上的以金钱、地位等为衡量标准的成功观和幸福观；要形塑的则是更加关注“人”的全面发展，关注“人”自身的教育目标。这种变化是中国社会文化变迁的结果：社会结构和文化的变化导致教育目的的改变；目的的改变，必然带来人们行为或活动的变化。“在家上学”是目标改变的结果，同时又可以成为促进新目标形成的原因。对“在家上学”这种新的教育现象的研究有助于促进人们对当前教育的反思。[44]也有研究者通过描述人类学影片《滚拉拉的枪》中的一个片段，借助社会文化人类学的分析理路，揭示出自然情境下日常生活中的教育具备三个基本条件：第一，自然的生活背景，其表现为与自然亲近、与生活融为一体、与行动密切关联；第二，既定的秩序存在，包括人与自然、人与社会、人与文化传统之间三个层面；第三，主体在社会互动中的积极参与。在社会形态和文化模式多元的时代，现代学校教育与日常生活中的教育之间存在着差别，教育形态和逻辑是复杂多样的。[45]

双语教育是少数民族年轻一代更好地融入到现代化进程、传承民族文化、提升国家软实力和保护人类文化多样性的必由之路。有研究者认为，新时期双语教育凸显出来的主要问题是缺少合格的双语师资和双语教材。因此，需要制定科学的双语教育发展规划纲要、改善双语学习的语言环境、完善师资培训和教材编写机构的功能、调整现有的评价体系、出台相应的鼓励性政策等措施来保障双语教育的持续性推进，最终形成多元文化整合的国民教育。[46]

（六）生态人类学研究

灾后重建理论中有解体论和持续论，两者并不矛盾，在地震发生的一刹那及此后的一段时间内，社会秩序的确经历了一个从破坏到恢复的过程。虽然断裂是存在的，但并非所有层面都出现了断裂，即便有了断裂，有的是瞬间的，而后很快便恢复原样；有的也可能会持续得很久；而更多的是断裂之后的重组。有研究者认为，需要强调的是，灾难呈现的是一个多元的、立体的画面，因此，应该从不同层面去做分析。四川灾后重建中除了行政和社会网络外，还有一个常被忽视的力量，即，信仰网络也起到了相当重要的作用。“聚合体”概念为分析村落等行政单位以外的群体提供了有效的分析工具，而亲属关系和围绕信仰组成的社会网络的存在，则进一步充实了“聚合体”概念的内涵。[47]

三江源地区的生态移民采用本州临近安置、建立城镇化移民定居点的本地安置模式和异地城镇化移民社区定居安置等多种方式。有研究者分析指出，这种跨县甚至跨州城镇化异地安置的做法，在一定程度上留有诸多社会文化等方面的不适应问题。此外，生态移民的后续产业配置也面临重重困境，城镇化生活负担的增加以及极低的就业率，使得这种城镇化异地安置方式遭到质疑。本文基于民族学实地调查与参与式观察，重点探讨三江源自然保护区生态移民的“城镇化异地安置”模式及其对移民群体与移入地社区的综合影响。[48]

也有研究者以虫草及松茸采集管理为例，讨论了甘孜藏区东部两个行政村资源边界与社会边界的流动性。两个案例反映了在当代公共资源市场化潮流之下，产权及行政区划变革并不能消除公共自然资源的道德经济属性，少数民族社区通过对非正式制度的创造性运用，重新塑造了资源管理的可借鉴之道。[49]

（七）艺术人类学研究

在艺术人类学研究方面。在当今的社会发展中，作为传统文化的非物质文化遗产，并没有离我们远去，相反，其正在帮助我们建构着今天的社会的同时，还在帮助我们看到通往人类社会未来之路。如果人类能很好地利用自己的传统文化或非物质文化遗产，就可以发展出一条属于自己地方性的现代文化之路和地方性的独特现代社会运行模式。有研究者认为，现代化的道路也可以有多种模式，文化的多样性不仅存在于传统文化之中，也存在于现代文化之中。在全球化发展的今天，不再存在封闭的文化系统，每个地方性的非物质文化遗产的传承人和传播者未必只是当地民众，其可以是来自不同地区不同国家的人们共同传承与传播。在人类的知识系统已经世界化了的今天，不同国家和不同地域文化的交融与互动，将会是人类世界未来发展的大趋势。[50]

舞蹈作为一个文化象征符号，可以被用来表述族群身份的差异性。有研究者认为，这种用舞蹈形式表达不同的族群身份的形式是人类社会生活的常态，可以由此看到当今世界各民族文化多样性发生和发展的起因和走向。从现实意义上看，通过这个个案可以清楚地看到企图掩盖或刻意忽略文化多样性和民族差异性是不可能的，而且极易陷入社会达尔文主义的泥潭，从而影响国家的民族政策的有效实施。[51]

（八）应用人类学及其他

在语言人类学研究方面。一般而言，因族群之间持续性接触而导致一方或双方的语言使用发生了变化，这种情况往往被归于“文化涵化”的范畴。族群之间因语言接触而导致某一族群的语言发生变化的案例很多。语言变化一般出现两种情形：因语言内部规律所引起的演变；因语言接触发生的变化。有研究者认为，族群持续性接触与语言接触过程中强势民族的文化对处于弱势的民族文化势必会产生较多影响，包括语言影响、语言兼用或语言转用等。民族语言和民族历史不是各自孤立地存在，而是紧密相关。由于土族没有自己的文字，所以相关的史料记载也很少。但是，土族语却完整地得到了保存，土语的三大方言区互助、民和和同仁等的土语虽有差异，但是大同小异，其中土语与蒙古语、东乡语、保安语、东部裕固语、达斡尔语等族语言有较多同源词，土族语中也有较多的藏语和汉语的借词。为此，研究土族语，对于识别他们的语言亲属关系和探讨其族源有着不可替代的作用。[52]

在宗教人类学研究方面。宗教人类学在传统上侧重研究非西方社会的本土宗教，直到当代，基督教研究才成为人类学中的新兴领域。然而，当代人类学较少关注西方社会中基督教的变迁——基督教常常被描述为现代性的源头，基督教自身的现代转型却被忽视。有研究者基于对美国新英格兰地区一所神教会的民族志研究，从教会成员对于教会约定与公理主义政体的理解和实践来看，该教会凸显出现代共同体意识，即：新教当中基于上帝遴选的共同体意识转变为基于自由个体联合的共同体意识，而教会自治模式则充分体现了平等参与和民主管理的精神。现代共同体意识成为一位神教赋予基督教新的历史维度的重要一面。[53]

我国沿海人民在南海诸岛所建的庙宇如天后庙、土地庙、大王庙、兄弟公庙或孤魂庙，不仅是我国人民发现、开发海南诸岛的标志和见证，而且是我国人民在南海诸岛留下的文化遗产资源，更是海上丝绸之路文明交流的重要载体。从1907年日本西泽吉次入侵东沙岛事件到1933年法国抢占南沙九小岛事件，南海诸岛上的庙宇及其相关的遗迹，都是中国政府进行外交交涉并收复主权的证据链。而日本、越南、法国、菲律宾等在侵夺南沙诸岛的主权时，都相继毁灭庙宇遗迹，以期强调所谓的“历史占有”。有研究者结合丰富的历史文献、考古挖掘、实地调查，全面、系统介绍了我国东沙群岛、南沙群岛、西沙群岛的庙宇史迹及其分布、基本情况、文化变迁，并进行翔实的考辨，得出了更为准确的结论。[54]

在医学人类学研究方面。随着我国少数民族传统医药产业的不断壮大，与世界其他国家之间的医药贸易往来不断增多，对其进行知识产权保护显得尤为必要。有研究者基于对我国少数民族传统医药专利申请现状的分析，我国少数民族传统医药知识产权法律保护机制仍存在较大的完善空间。在少数民族传统医药知识产权保护方面，印度和泰国为我国提供了立法新思路和保护新途径；我国可制定少数民族传统医药知识产权专门立法，建立少数民族传统医药知识保护基金以提供有力的知识产权保护措施。[55]

七、世界民族研究

北非是2011年底爆发的所谓“阿拉伯之春”运动的发源地。有研究者以埃及、利比亚、阿尔及利亚和摩洛哥四个具有代表性的北非国家在民族国家建构方面的共性和差异切入，从国家建构和国民建构的视角出发，探索“阿拉伯之春”运动对于民族国家建构的启示。上述四国都是在20世纪五六十年代非洲反殖民浪潮中建立的现代国家，北非案例揭示出的经验和教训能够为发展中国家排除外部干扰、应对整合挑战提供有益的借鉴。在后苏联俄国重建历程中，民族主义是其重要推动力之一。[56]

近年来，东北亚地区的政治、经济与社会形势，哪怕是些微的变化，都成了国际社会关注的焦点。鉴于东北亚地区对亚洲，乃至国际社会稳定与安全的重要作用和影响，一些学者提出了建构东北亚经济文化共同体的设想。有研究者认为，佛教是东北亚地区曾经和现在仍然共同拥有的宗教信仰，佛教在东北亚地区有悠久而深厚的传统，佛教文化可为东北亚经济文化共同体的建构提供理论和价值基轴。[57]

国家建构与国族建构是一个一体两面、交互推动的历史进程。国家的建构本身隐寓并推动着国族建构的内容，而国族的构建又巩固了国家建构并推动着国家的发展。国家建构和国族构建对外都意在完成对“他者”的辨析，对内则依国情差别而有不同的发展历程。有研究者以美国为例，探讨了现代国家建构与国族建构的历史过程。研究指出，对统一的多民族国家的外部空间而言，国家建构是一个对“他者”辨识和切割的过程，其在极端情况下通常被处理为一个“敌我辨识”的过程；就统一多民族国家的内部而言，国家建构和国族建构都是一个试图不断包容“他者”的过程，且这个过程显然需要“他者”的同意。[58]

印度独立后东北部边疆的政治整合并不平顺，武装叛乱直到20世纪90年代后期才基本得到遏制。有研究者认为，21世纪初以来，东北部边疆的年轻人大量进入印度本部的都市寻找高等教育与工作机会。他们因为不同的种族面貌与文化在印度本部城市遭受歧视，而在他们反歧视的集体行动和话语中，一个重要内容是对印度国族身份的理性确认。与此同时，东北部移民群体与印度主流社会的情感距离仍然显著存在。他们的经验既呈现了印度国族整合的进展，也暴露了它的问题。[59]

在很多国家，教育通常作为一种政府出资的公共服务，而在马来西亚，华文教育不是一项完全由政府出资的公共事业，而是一项华人自救自强的公共事业。在几代马来西亚华人的不懈坚持和努力下，形成了一套从小学到大学的华文教育体系。有研究者综合运用公共物品理论、组织与权力理论、道义经济理论、社会交换论等，从多个角度深入分析了马来西亚的华文教育。由于政府不资助或者拨款不足，华文学校只能依托华人社会，尤其是华人社团。华人企业家或富商既是主要捐赠人，也在华人社团中起着领导性的作用；不但具有传统权力，而且拥有超凡权力，甚至法定权力。在马来西亚的华文教育发展过程中，华人社团和华人企业家发挥了重要的作用。[60]

八、重要学术会议、学术交流活动

1. 2015年4月18—19日，中央民族大学民族学与社会学学院举办第二届“视觉人类学与当代中国文化论坛”。来自中国数十所高等院校、科研与传媒机构的学者齐聚一堂，从多种学术视角与表述路径，探讨视觉人类学的理论与方法，试图构建较传统影视人类学更为宽广的学科架构，并在学术研究与影像生产、视觉文化传播之间，搭建互通的桥梁。

2. 2015年6月27—28日，由中国民族学学会东北亚民族文化研究会与中央民族大学东北亚民族文化研究所共同主办的“第六届东北亚民族文化论坛：非物质文化遗产、民族文化变迁与跨文化交流国际学术研讨会”在中央民族大学召开。来自我国近30所高校及科研院所的86位京内、外代表和来自俄罗斯、蒙古、日本等国的代表应邀参会并发言讨论。本届国际学术会议由名家主旨演讲和专题发言两部分组成，主要围绕“东北亚民族文化”的主题展开了“东北亚地域社会与民族文化变迁”、“非物质文化与跨文化交流、传播”及“文化产业与文化变迁”3个分议题的发言和讨论。

论坛特邀嘉宾日本国立民族学博物馆馆长须藤健一教授、俄罗斯西伯利亚科学院哲法研究所科学处波波科夫教授、蒙古国国立大学宝木奥其尔教授及北京师范大学李稚田教授做主旨演讲。其中，须藤健一教授介绍了日本国立民族学博物馆的概况，集中介绍和探讨了经历自然灾害之后社区社会文化重建工作的重要性以及博物馆在社区文化重建中的作用。波波科夫教授介绍了俄罗斯民族文化的多样性，提出“创造性”是欧亚大陆文化最重要的特点之一，而“爱好和平”也是其重要的特点。波波科夫教授认为，欧亚大陆可分为“内欧亚”和“外欧亚”，其中“内欧亚”是其核心地区。欧亚文化并不是一个国家的文明，而是超越了一国文明的文化概念，其重要性体现在对世界的意义。最后，波波科夫教授提出了欧亚文化的发展精神：精神发展大于经济发展、人文自然发展大于科技发展、合作大于竞争，并提出了传统价值的重要性。宝木奥其尔教授从蒙古国游牧业的发展现状，深入论述了游牧民族的生态移民问题与文化传统的可持续性问题。李稚田教授对乡村品牌建设中的民族文化研究做了精彩演讲，并希望能通过乡村品牌建设的方式达到传承、保护民族文化的目的。杨圣敏教授在闭幕式做论坛总结性发言，他谈到了中国社会科学研究中应该更加重视应用性研究和以问题为导向的研究，在当前“一带一路”背景下如何致力于从事中国及其周边研究和东北亚民族文化研究的重要性。他认为，中国民族学人类学界对于西方的相关理论，我们不可一概接收，西方理论无法全面揭示我国或东亚的文化、历史现象等，因此，民族学、人类学及社会学应积极建立以问题为导向的中国研究学派，也应该建立东方学派，建立适合我们社会的理论框架和研究学派。

3. 2015 年 9 月 19—20 日，由中国民族学学会主办，中央民族大学民族学与社会学学院和中国社会科学院民族学与人类学研究所承办的中国民族学学会第八次会员代表大会暨“民族与国家”学术研讨会在中央民族大学举行。来自全国各高校和民族学、人类学研究机构的 160 多名代表参加了会议。中国社会科学院学部主席团秘书长、学部委员、第七届中国民族学学会会长郝时远教授做第七届理事会工作报告。开幕式选举出第八届理事会理事、常务理事，并宣读新一届理事会成员名单。本次学术研讨会以“民族与国家”为主题，分设“民族与国家认同”、“从民族看非遗”、“民族的历史视角”、“理论与方法探索”、“‘一带一路’的学术维度”、“宗教与信仰关怀”、“文化与经济的共同发展”、“族际关系”和“民族与文化交流”等九个子论坛，共举行十八场专题研讨会。来自高校及相关研究机构的与会学者围绕各自关心的问题展开了热烈讨论。

4. 2015 年 10 月 9—11 日，由中国人类学民族学研究会主办的“中国人类学民族学研究会 2015 年年会”在贵州民族大学成功召开。本次年会的主题为“‘一带一路’与民族文化的交融与发展”。全国政协副主席、国家民委主任、中国人类学民族学研究会会长王正伟作书面致辞，国家民委副主任陈改户出席开幕式并讲话，贵州省委常委、统战部长刘晓凯出席闭幕式并讲话。中国人类学民族学研究会部分副会长、常务理事、理事，以及来自全国各高校和科研院所的近 500 名专家学者、研究生参加会议。会议举办了主旨演讲、交流发言、专题学术讲座、学术成果展览和优秀论文评选等活动。专题会议包括“经济社会转型：多学科的探讨”、“民族传统文化与现代化建设研究”、“我国西部民族问题治理体系和治理能力现代化”、“少数民族农牧区减贫与民族经济发展”、“民族文化交融发展与跨境民族教育”、“乌江流域民族文化与社会发展”、“‘北方丝绸之路经济带’与民族文化交融发展”、“医学人类学与公共健康研究”、“‘一带一路’战略与民族关系发展”等 16 个专题会议。

注：

①杨圣敏：《学科如何进步：四个方面的思考》，《西北民族研究》，2015 年第 1 期。

②王铭铭：《对学科问题的三点看法》，《西北民族研究》，2015 年第 1 期。

③张继焦：《当代人类学社会学理论的比较分析：后现代主义，还是新制度主义》，《中南民族大学学报（人文社会科学版）》，2015 年第 5 期。

④王铭铭：《民族志：一种广义人文关系学的界定》，《学术月刊》，2015 年第 3 期；《当代民族志形态的形成：从知识论的转向到新本体论的回归》，《民族研究》，2015 年第 3 期。

⑤赵旭东：《线索民族志：民族叙事的新范式》，《民族研究》，2015 年第 1 期。

⑥王延中：《费孝通先生的人文精神和文化情怀》，《福建论坛（人文社会科学版）》，2015 年第 6 期。

⑦张小军：《飘泊中的永恒：一个人类学家的理想国》，《广西民族大学学报（哲学社会科学版）》，2015 年第 1 期。

⑧朱晓阳：《地势、民族志和“本体论转向”的人类学》，《思想战线》，2015 年第 5 期。

⑨麻国庆：《全球社会与 21 世纪海上丝绸之路》，《广西民族大学学报（哲学社会科学版）》，2015 年第 5 期。

⑩王宏宇、张亚辉：《从西敏司〈甜与权力〉看世界体系的权力文化网络》，《民族学刊》，2015 年第 6 期。

⑪周少青：《几种民族理念的分析与比较》，《学术界》，2015 年第 1 期。

⑫张继焦、尉建文、殷鹏、刘波：《换一个角度看民族理论：从“民族—国家”到“国家—民族”的理论转型》，《广西民族研究》，2015 年第 3 期。

⑬郝时远：《立足国情实际、创新发展理论》，《西北民族大学学报（哲学社会科学版）》，2015 年第 6 期。

⑭关凯：《内与外：民族区域自治实践的中国语境》，《清华大学学报（哲学社会科学版）》，2015 年第 1 期。

⑮杨圣敏：《如何认识当代中国的民族问题——以新疆为主要案例的分析》，《西北民族研究》，2015 年第 3 期；《民族区域自治制度的两个结合》，《中国民族》，2015 年第 3 期。

⑯潘蛟：《民族国家与民族问题》，《中央民族大学学报（哲学社会科学版）》，2015 年第 1 期。

⑰陈理、祁进玉：《当前高校学生民族观与国家观状况的调查分析》，《民族研究》，2015 年第 5 期。

⑱李占录：《现代化进程中族群认同、地域认同与国家认同之间关系探讨》，《中央民族大学学报（哲学社会科学版）》，2015 年第 3 期。

⑲赵旭东：《作为文化的民族问题的虚与实——复杂社会中的知识形态、范式转换与隐喻追溯》，《探索与争鸣》，2015 年第 9 期。

⑳张继焦：《民族地区社会治理研究动态》，《民族论坛》，2015 年第 3 期。

㉑彭谦、陈永亮：《内蒙古呼伦贝尔市移民与当地居民博弈问题探析》，《中央民族大学学报（哲学社会科学版）》，2015 年第 1 期。

㉒苏发祥：《科技对当代西藏游牧民生活的影响》，《中国藏学（英文版）》，2015 年第 2 期。

㉓马戎：《中国城镇化进程中的民族关系演变》，《西北民族研究》，2015 年第 1 期。

㉔马骍：《民族地区城镇少数民族人口的就业分布与特征——基于 CHES2011 数据的分析》，《民族研究》，2015 年第 6 期。

㉕韩小兵、喜饶尼玛：《边疆地区治理创新与少数民族人权保障若干问题的思考》，《中央民族大学学报（哲学社会科学版）》，2015 年第 1 期。

㉖苏航：《回鹘卜古可汗传说新论》，《民族研究》，2015 年第 6 期。

㉗侯学然、张亚辉：《安贯布什加的生命史及其当代表述——宗教共同体或民族共同体》，《河西学院学报》，2015 年第 6 期。

㉘色音：《中国萨满教现状与发展态势》，《西北民族研究》，2015 年第 1 期。

㉙祁进玉：《藏传佛教传入河湟土族地区的影响及其后果——兼论游牧与农业地域社会的政治、文化与宗教互动》，《中国藏学》，2015 年第 4 期。

㉚赵旭东：《人类学与文明互动的三种形态》，《中原文化研究》，2015 年第 3 期。

㉛包智明：《海外民族志与中国人类学研究的新常态》，《中央民族大学学报（哲学社会科学版）》，2015 年第 4 期。

㉜高丙中、夏循祥：《社会领域及其自主性的生成》，《北京大学学报（哲学社会科学版）》，2015 年第 5 期；《社团合作见证社会领域的成长——怒江事件和南都基金会案例》，《石河子大学学报（哲学社会科学版）》，2015 年第 3 期。

㉝李晓非、朱晓阳：《作为社会学／人类学概念的“家园”》，《兰州学刊》，2015 年第 1 期。

㉞张继焦：《“蜂窝式社会”——观察中国经济社会转型的另一个新概念》，《思想战线》，2015 年第 3 期。

㉟张亚辉：《〈热河日记〉与“儒藏礼仪之争”一场多民族帝国盛宴的历史人类学考》，《青海民族大学学报》，2015 年第 3 期。

㊱苏发祥、徐燕：《“中国吉普赛人”的社会记忆及其建构》，《西藏民族学院学报》，2015 年第 3 期。

㊲祁进玉：《土族旳土司制及其式微》，《青海民族大学学报》，2015 年第 1 期。

㊳朱靖江：《虚构式影像民族志：内在世界的视觉化》，《云南民族大学学报（哲学社会科学版）》，2015 年第 1 期；《影视、影像与视觉：视觉人类学的“三重门”》，《民族艺术研究》，2015 年第 4 期。

㊴庞涛：《“学者电影”的主张与逻辑》，《西南民族大学学报（哲学社会科学版）》，2015 年第 1 期。

㊵周少青：《西方权利正义理念的发展演变述评》，《民族研究》，2015 年第 1 期。

㊶田艳、胡曼：《民族地区外来传统知识开发中的法律问题研究——以玛咖为例》，《中央民族大学学报（哲学社会科学版）》，2015 年第 4 期。

㊷曹刚：《法治、脸面及其他——中国人的传统守法观》，《山东社会科学》，2015 年第 12 期。

㊸贺腾飞、杨卉紫、常永才、杨伊生：《汉族中学生多元文化观与对少数民族涵化策略的期待》，《内蒙古师范大学学报（教育科学版）》，2015 年第 6 期。

㊹任杰慧、张小军：《教育人类学视野下的“在

家上学”现象》，《学海》，2015 年第 5 期。

㊺陈学金：《少数族群社区中的教育何以可能——基于〈滚拉拉的枪〉一个片段的人类学分析》，《民族教育研究》，2015 年第 2 期。

㊻白英、滕星：《民族文化传承与双语教育发展》，《思想战线》，2015 年第 2 期。

㊼刘正爱：《断裂与整合：灾后社会秩序重整与社会网络运行机制》，《思想战线》，2015 年第 2 期。

㊽祁进玉：《三江源地区生态移民的社会适应与社区文化重建研究》，《中央民族大学学报（哲学社会科学版）》，2015 年第 3 期。

㊾郑少雄：《非正式制度与流动的公共资源边界——以甘孜东部虫草与松茸采集的社区管理为例》，《学海》，2015 年第 6 期。

㊿方李莉：《论“非遗”传承与当代社会的多样性发展——以景德镇传统手工艺复兴为例》，《民族艺术》，2015 年第 1 期；《论“非遗传承”与后现代文化模式的再生产》，《人文天下》，2015 年第 17 期。

51巫达：《舞蹈、象征与族群身份表述——以四川尔苏人为例》，《民族艺术研究》，2015 年第 5 期。

52祁进玉、牛慧丽：《持续性族际接触、文化认同与“文化涵化”的范例——以土族语借词研究为个案》，《青海民族研究》，2015 年第 4 期。

53龚浩群：《清教的流变：美国东镇一位神教会的约定、政体及其现代转型》，《中央民族大学学报（哲学社会科学版）》，2015 年第 4 期。

54陈进国：《南海诸岛庙宇史迹及其变迁辨析》，《世界宗教文化》，2015 年第 5 期。

55萨楚拉、李慧芳、阿里穆斯、庞宗然：《我国少数民族传统医药知识产权保护探究》，《中央民族大学学报（哲学社会科学版）》，2015 年第 2 期。

56庄晨燕：《北非“阿拉伯之春”对民族国家建构之启示》，《中央民族大学学报（哲学社会科学版）》，2015 年第 1 期。

57苏发祥：《论佛教与东北亚经济文化共同体的建构》，《青海民族研究》，2015 年第 2 期。

58陈健樾：《国家的建构过程与国族的整合历程——基于美国的考察》，《世界民族》，2015 年第 1 期。

59吴晓黎：《国族整合的未竟之旅：从印度东北部到印度本部》，《中央民族大学学报（哲学社会科学版）》，2015 年第 4 期。

60张继焦：《马来西亚华文教育：华人社团和企业家的重要作用》，《民族教育研究》，2015 年第 6 期。

（作者：杨圣敏，中央民族大学教授；
祁进玉，中央民族大学教授）

教 育 学

教 育 学

劳凯声 刘晓芳 刘垚玥 沈永辉 何 芳 左 哲 韩丽瑶

一、教育学学科性质与教育研究方法

1. 有关教育学学科性质的研究

关于教育学的学科性质问题，2015 年学者们的研究归纳起来可以体现为三方面的努力，即教育学作为一门学科（体系）的科学化、系统化、本土化。

一是在教育学的科学化方面，有学者提出教育学在科学性上所面临的质疑和挑战，并不能否定其科学化的可能性。教育学知识作为一种可以从经验事实中推导出来的知识，其成为科学的可能性与其他学科相比只有程度的不同而没有本质的差异。教育学所面对的经验事实，就是人的社会活动对人的身心发展的影响，即教育现象本身，并且还包括了作为主观经验的价值本身。虽然教育并非是与价值无涉的，但一旦价值成为科学的对象，它在逻辑上便已被转换成了一种经验事实。因此该学者认为，作为一门科学，教育学的任务就是实事求是地对经验事实进行描述、分析、解释和揭示，即便是在认识教育的价值时，教育学也应该努力保持价值中立，以保证对教育价值的认识符

合事实。该学者进一步指出，要完成教育学的科学化，必须在经验事实研究的基础上建立教育学核心概念体系，建立和不断完善科学的研究方法，建构遵循理性和逻辑的科学文化和学术规范[①]。此外，还有学者梳理了“范式”“元”这类“大概念”引入我国教育学的过程，探讨了这些“大概念”在革新教育研究视域与研究方式，构建和升级教育学陈述体系、提升教育学理论自觉等方面的积极作用[②]。

二是在教育学科体系的系统化方面，有学者从宏观、中观和微观三个不同层面分别对教育学学科体系进行了澄清。在宏观层次上是作为教育学体系总称之意的“教育学”，包括“普通教育学”和“教育学分支学科”。在中观层次上是作为单一学科之意的“普通教育学”，旨在研究具有普遍和一般意义的教育原理。在微观层次上则是指向学校教育实践与应用的“应用教育学”，注重解决学校教育教学实践过程中“教育应当做什么”和“具体怎么做”的问题[③]。而就教育理论而言，有学者按照教育研究者与教育实践者的关系，划分了“一体式”教育学、“平等式”教育学与“人—物式”教育学。“一体式”教育学中的教育研究者与教育实践者是统一的，教育理论主要来源于个体的实践经验；“平等式”教育学中的教育研究者与教育实践者是相互独立且平等的，教育理论主要来源于两者的互动；“人—物式”教育学中，教育研究者则将教育实践者作为研究的对象，以特定的假设而非直接经验来建构教育理论。[④]此外，还有学者提出了建立“未来教育学”的设想，认为未来教育学是从教育与未来的关系出发研究教育学问题的一门学科，关注的是当下教育如何适应社会和个人的未来。[⑤]

三是在教育学的本土化方面，有学者提出了三个建构中国教育学的主要着力点：一是加强“国学”知识的学习与研究，涵养中国文化的功夫；二是重视教育遗产，深化和拓展中国教育历史中的优秀成果；三是立足中国国情，开展当代中国教育的实证研究，为建构中国教育学提供现实支撑[⑥]。还有学者对当代中国的“生命·实践”教育学进行了详细的述评，认为其是以“生命·实践”为内核基因、扎根民族“文化传统”和学校教育“变革实践”、以中国思维和中国话语提出中国式教育命题，呈现教育学“独立学科”立场的中国原创教育学[⑦]。

2. 有关教育研究方法的研究

一是有学者对一些量化方法和质化方法进行了澄清，包括叙事研究的客观性问题、三角验证的一致性问题、样本的正态分布和数据分析问题等。该学者认为教育研究中若要深入地探讨真相，量化和质化的研究取向都无可避免地要同时用到，两种思维可以是交替出现的[⑧]。

二是有学者详细分析了教育研究中因果推断的方法，该学者通过对比传统的相关关系研究和基于实验设计的因果关系研究，认为传统的相关关系研究难以克服内生性和自选择等问题，因而无法得到因果推断。而随机实验、自然实验和准实验则具备较严谨的研究设计和较有说服力的识别策略，因此该学者认为要重视在教育研究中运用随机实验设计、自然实验设计和准实验设计等因果推断的方法，并加强对教育研究者的培训[⑨]。

三是对于教育史的研究，一些学者做了范式、路径与方法层面上的新探讨。如有学者认为教育生活史是教育史学研究的一个新的发展方向，一方面教育生活史研究有助于加强教育史学科建设特别是教育活动史研究，另一方面还有助于深化历史学特别是生活史学的研究[⑩]。还有学者通过分析国内西方教育史著作的研究视角和研究视野，主张教育思想史研究应转换研究视角，以具有实际历史影响的教育认识作为主要研究对象，从教育思想历史发展的整体出发，动态地分析教育家思想的形成过程、思想主体及其历史影响，从而克服“人头史”的研究路径[⑪]。

二、教育热点问题

1. 培育和践行社会主义核心价值观

培育和践行社会主义核心价值观是党的十八大提出的战略任务。学者们对此展开全面论述。

有学者对社会主义核心价值观进行解读，认为社会主义核心价值观、中华优秀传统文化，还有国家主权意识进教材，其实是一种国民教育、主权意识的体现。[⑫]还有学者提出，社会主义核心价值观教育的重点内容应包括理想信念教育、中华优秀传统文化教育、公民意识教育、生态文明教育、心理健康教育五个方面。提出全面落实社会主义核心价值观教育的实现路径包括融入课堂教学、社会实践、校园文化、学校管理和互联网络，贯穿于学校教育教学全过程。[⑬]还有学者在对社会主义核心价值观解读的基础上提出，公民意识教育是社会主义核心价值观的应有之义与必然要求。[⑭]

关于社会主义核心价值观教育，有学者强调指出，开展社会主义核心价值观教育不仅仅是政治任务，同时也是教育工作的内在要求，不同于传统德育。[15]还有学者提出，为了提升其有效性，学校应当改革学校育人模式、改革德育方式方法、改革德育治理结构。在课程育人上，突出“渗透融合”，改变单纯传授知识、说教的方式，推进学科统筹，发挥各学科综合育人功能，与课程内容结合，在人文内涵体验、科学探究发现、自然世界认知、体育艺术修养中培育核心价值观。[16]

2. 依法治教

依法治教保护受教育者权益。当前，中国的儿童保护法律已经走向保护儿童最大利益的阶段。[17]受教育权作为儿童权益之一进入了新的发展阶段，学习权逐渐成为受教育权新的内涵被人们所关注。有学者认为，新的社会文明发展阶段下受教育权的性质将逐渐从强调义务转向更多地强调权利，提出要把学习的权利还给学生。[18]还有学者提出，“在家教育”立法是除了《义务教育法》、《中华人民共和国未成年人保护法》之外，对儿童通过在家自行教育获得更好发展的特别保护措施。是对未成年人发展权的特别保护。[19]同时，也有学者介绍和分析了美国各州“在家上学”的立法状况，为中国推进“在家上学”立法提供了有益的参考和借鉴。[20]还有学者对美国高校以法治为原则建构的学生违纪处分制度以及纪律规范和纠纷解决机制进行了介绍与分析，为推进我国高等教育法治提供了有益的启示。[21]

依法治教强调教育主体的职责。有学者分析了网络欺凌事件中学校在保护儿童最大利益方面的职责，提出应使用过错推定责任原则。[22]还有学者提出当前在社会经济不断变化的环境下，应当科学认识教师职业特性，协调教师职业公共性与自主性的冲突，以便完善和贯彻《教师法》。[23]还有学者关注到家庭这一教育主体，并对中国台湾地区所建立起的较为系统的家庭教育政策法律体系进行了分析与解读为我国家庭教育政策法律体系建设提供了有益参考与启示。[24]

关于依法治教促进教育治理。有学者提出，要以推进管办评分离为基本要求，着力构建政府、学校、社会新型关系。学校要努力建设依法办学、自主管理、民主监督、社会参与的现代学校制度，让师生参与治理，让家长参与治理，让社会参与治理。[25]还有学者提出，推进管办评分离，需要根据不同权力的不同性质形成政府科学管理、学校自主办学、行业自律、社会参与、协同共治、开放互动的教育治理体系。[26]还有学者认为，管办评分离的关键在于教育管理权力在政府、学校和社会之间的合理重构，必须坚持权责明确、权责非线性转移、分权立法、多元制衡以及权力重心适度下移的原则。[27]还有学者提出，公立学校因其活动目的和服务对象的特殊性应成为一类介乎公法与私法之间的，非政府、非企业的特殊的社会组织，应赋予其特别的法人地位。[28]

依法治国、依法治教育首先要促进法治教育，形成法治的社会文化。有学者提出，要推动全社会树立法治意识，把法治教育纳入国民教育体系，增强从儿童、青少年到成人，全民的法治观念，实现全民守法，让法治精神融入每个儿童、青少年的血液，从小铭刻在心中。[29]

3. “京津冀”教育协同发展

2015年4月30日，中央政治局审议通过了《京津冀协同发展规划纲要》。如何促进京津冀教育协同发展是学者们关注的重要课题。有学者分析了京津冀协同发展的战略与格局，认为构建高效畅通的教育协同机制，超越过往以省市行政区划分为基本单位的分立的公共教育体制，达成区域教育优质均衡的目标，是京津冀协同发展的国家战略中的重要内容；并提出了达成目标的方案，即：构建京津冀教育协同发展的治理机制，伴随区域功能调整和产业迁移的基础教育配套建设和优质基础教育资源创生问题，高等教育协调发展的方向与路径问题，京津冀职业教育布局调整与校企合作、产教融合问题，构建京津冀普通高校、高职院校、成人高校的学分认可转换制度，等等。[30]有学者在对京津冀人口经济要素基本方面，学校教育资源格局方面进行分析的基础上提出，从服务角度对京津冀教育协同发展前景进行了展望，寻找有效的协作结合点，包括：基本公共教育服务应抓紧形成分享机制；非基本公共教育服务可以通过政府创设有利政策条件、学校分类寻求协作伙伴、吸引行业企业各方力量参与等多种方式渐进推展；非公共服务需要整治理顺非学历教育培训市场、积极使用现代信息技术促进学习者对于教育资源的需求。[31]还有学者分析了京津冀协同教育尚未形成较为成熟的协调机制的原因，包括有区域顶层设计缺失，各地发展定位不明确；其次是市场的资源配置能力不足，教育资源过度集中，高等教育定位趋同。[32]

三、学前教育研究

近年来，国家整体对学前教育事业进行了深度有效的调整及改革，政府管理职能和弱势群体扶助的落实其最显著的成效，而不足主要体现在教师生存与发展的权益保障、财政投入体制、农村学前教育普及与建设、办园体制改革等方面[33]。学界普遍通过实证研究的方法对第一期三年行动计划取得的成效进行了深刻总结，取得了丰硕成果。

1. 保障学前教育公平

学前教育公平问题涉及学前教育领域诸多利益群体，2015 年学前教育公平问题学者主要把目光投向政府、幼儿园以及相关家庭中。关注区域内部和区域之间学前教育不平等发展、流动家庭子女入园难问题以及农村幼儿园发展等问题。

政府在推动城乡学前教育发展过程中还存在明显的城区偏向。城乡二元结构和权力配置失衡（责任重心偏低、权责不对等、分级办学和权责回路封闭）是我国城乡学前教育发展中政府履职差异的原因[34]。但较发达地区内部也存在学前教育发展与经济发展不均衡的问题，主要体现在师资质量等方面[35]。在城市中流动人口子女入园仍然值得关注，户籍仍是制约流动儿童入园的关键因素，父母学历、受教育程度等都对儿童入园起到一定影响[36]。

2. 学前教育师资问题

近年来，学前教育师资“量”与“质”的矛盾均有所缓解，但师资供给总量不足与结构性矛盾突出的困境依然存在[37]。对于学前教育师资问题研究，学者们普遍聚焦于教育质量薄弱的农村地区师资问题和民办幼儿园师资问题。关照农村地区师资问题，可以发现学前教育教师数量缺口巨大且结构失调，教师质量参差不齐，相关主体对教师资源配置认识不足。为了改善这种状况，应加强学前教育教师资源的合理配置，拓宽学前教育教师资源的补充渠道，采用多途径提高农村学前教育师资质量，增强相关主体对学前教育的正确认识，构建学前教育高效循环监督机制等[38]。

就民办幼儿园师资问题，有学者认为当前民办幼儿园教师队伍存在着数量不足、素质偏低、队伍不稳定等问题，主要受法律层面保障缺失、教育行政管理不当、政府财政投人缺乏等方面的制约。对此，国家应制定或完善有关法律法规、加强政府的教育责任、落实民办幼儿园教师的工资标准和社会保障制度、提高民办幼儿园教师的专业化水平等来保障民办幼儿园教师队伍的建设及其质量的提高[39]。

从国际视野看美国学前教育师资为我国带来的经验和启示，美国保障高素质学前教育师资的经验主要有：法律保障、财政投入、促进幼师专业发展等，为我国学前教育师资质量提升提供范本[40]。日本对于学前教育目标是要儿童获得更多自我体验，因此对于师资培养更多要求站在专业角度理解儿童需求[41]。

3. 民办幼儿园问题

关于民办幼儿园问题，学者除了从民办幼儿园合法性以及师资方面来探讨，更多关注了政府与民办幼儿园之间的关系。有学者对第一期三年行动计划期间政府对扶持公办园和民办园的差别进行了调查研究，认为政府应缩小政府对公办、民办幼儿园之间扶持的差距，进一步推进相关政策与政务的公开化和透明化[42]；同时应放松对民办园的不合理限制，重点解决民办园的师资问题[43]。

另外有学者研究了欧盟国家发展私立学前教育机构的内容，并为我国发展民办幼儿园提出了宝贵经验：关注私立学前机构多元、竞争等的三大功能，即开拓本国学前教育的存量资源，满足民众的多元化需求，引入竞争机制以最大限度地提升学前教育的质量和层次，将其作为建设福利国家的重要手段；努力兴办“付得起”的学前教育，为私立学前机构提供政府拨款；通过加强学前教育立法，促进私立学前机构的健康发展；重视国家和地方政府之间的分工与合作[44]。

四、义务教育方面

1. 义务教育中的立法与政策改革

义务教育立法方面，“在家教育”不断引起关注。有学者通过对北京市“在家教育”的案例调查，结合国外和中国台湾的立法进程与法律条文，探讨“在家教育”立法的合理性及现实诉求。[45]政策改革方面的主要研究热点：第一，义务教育教师的绩效工资改革。一方面教师的平均工资得以明显提高[46]；另一方面，在经费落实、科学评价[47]、中央与地方经费分担、学校和教职工自主权等方面仍需完善。[48]第二，标准化改革。需构建公共服务标准化指标体系，强调供给主体的多中心化和去政府（学校）垄断化，重视社会、家长以及学生在教育中的供给责任和主体作用[49]。第三，学区制改革。改革加强了学区的内部联系和层次优化，但也存在城乡学区教学差距拉大、农民工子女人户分离、入学难度加大、学区建设资金监管难度加大等问题[50]。

2. 义务教育中的教育公平与均衡发展

教育公平方面，城乡间教育资源的不平等继续受到关注，需加大农村地区教育经费投入；设立农村教师工资标准；合理分配教育资源[51]；加快推进随迁子女异地中考改革[52]；推进省级统筹，推进户籍制度改革等[53]。义务教育均衡发展近些年成效明显，学校布局趋于合理，教育差距明显缩小[54]，但仍需不断完善协同机制和“问责”机制[55]；尊重地域特性特点，推进县域义务教育均衡发展[56]；加快教育信息化创新[57]；推进优质均衡发展。义务教育均衡发展的研究热点主要有：教育资源的合理配置，师资队伍建设，弱势群体的受教育权，均衡发展中的学校管理、政府职责、教育督导等方面[58]。

3. 义务教育中的教学与管理

义务教育课堂教学效果直接关系到教学的质量和人才的培养，要提高教学的有效性，激发学生的学习兴趣，寓教于乐，推进分层教学[59]，重视学业标准对课堂教学的指导作用[60]。在学生管理方面，当前突出的问题是惩戒手段的缺位和学生管理体系的不健全，应构建引导与惩戒相互支撑的学生管理体系，界定学生的权益与义务，明确授予教育惩戒权；制订合乎校情的学生管理细则；注重引导，提升管理的实效性[61]。

五、高中教育研究

所有的高中教育研究都离不开高中教育任务这一核心问题的界定，研究者提出当前普通高中教育任务应该包含：人格教育、公民教育、为终身教育做准备、为升学做准备以及为就业做准备。[62]具体来说，2015 年高中教育研究主要围绕以下四个方面展开：

1. 高中教育办学方式的多样化

高中教育多样化发展的要求及现状。根据《国家中长期教育改革和发展规划纲要（2010—2020）》精神，普通高中要适应学生个性潜质发展的需求，在学校类型、培养模式（包括评价）和办学主体等方面实现多样化发展。[63]普通高中多样化特色发展是我国高中教育从精英教育走向普及教育和大众化教育的必然选择。目前对普通高中多样化特色化发展已经在认识上、试点类型以及特色累积方面取得进展。[64]

高中教育多样化发展的困境及其突破。研究者从高中教育多样化特色化制度推进过程分析存在认识误区、规划不清、机制保障不足等困境，并提出聚焦重点、制定区域规划和完善机制等推进策略。[65]也有从体制层面分析出发，认为既有的行政性控权组织体系使得当前普通高中特色教育发展存在办学理念空洞、学校办学自主权受限等困境，因此建议树立多样与均衡兼重的制度思路、开发凸显平民化的特色课程、实施特色办学的评估监测标准、提升普通高中特色办学的基础能力。[66]

高中教育多样化发展的经验借鉴。首先，关于“综合高中”的理性思考。有研究者从教育史的角度分析了近代 1922—1932 年期间“综合中学”的弊端，最终未能实现普及教育的目标。[67]在此基础上有研究者呼吁我国暂时不宜大规模推广综合高中，并提出具体建议。[68]其次，关于科学高中培养模式的启示。研究者分析国外科学高中在培养目标和理念、招生考试、课程、考核评价等方面存在的优势，认为我国科学高中的发展应该参考和借鉴。[69]

2. 高中阶段招考制度

高中招考制度改革的必要性论证。研究者认为深化高中考试招生制度改革是适应高中教育普及化和多样化，能够满足教育改革的新要求。因此，建议改革高中招生考试，将优质普通高中和优质中等职业学校招生名额合理分配到区域内初中的具体建议。[70]扩大高中招生录取自主权建议。从学校特色发展、优质发展以及更高层次教育公平的实现角度出发，研究者认为有必要扩大高中招生录取自主权，并提出加大自主招生比例、建立多元评价体系、形成学校和学生双向选择的机制等具体建议。[71]

3. 高中课程建设

学科课程建设的实证研究。关于教材的使用情况，研究者通过抽样调查我国 12 个省份高中化学教师和学生，明确师生对教材的认同和使用情况，并提出相关建议。[72]也有研究者关注学业水平考试与课程标准的一致性程度，发现与课程标准相比，物理学业水平考试试卷在内容主题和认知水平的侧重均有一定程度的偏差，建议增强高中立刻学业水平实验操作考试。[73]

国外课程建设经验。研究者们系统研究了美国高中国际文凭课程的发展路径、特点及原因，提出我国的课程改革应积极学习和借鉴国际文凭课程的先进理念，重视高中阶段拔尖人才的早期培养等建议。[74]研究者还关注了美国大学先修课程，发现在美国大学先修课的效率性目标得到了一定程度的实现而其公平性指标方面实现程度有待进一步加强。[75]还有研究者关注了苏格兰卓越课程高中阶段改革的特征、内容设计以及存在问题。[76]

国内课程建设的实践方面，北师大附中构建起由“基石课程”“志趣课程”和“卓越课程”组成的全人格教育课程体系，以实现学校“全人格、高素质”的育人目标。[77]

4. 高中生发展

高中生发展状况研究。研究者基于广州市 6 所高中的调查发现普通高中生在职业规划认知上存在自我认知模糊和职业认知准备不足等问题。[78]研究者利用2005年1%人口抽样数据、2010年第六次人口普查数据以及2010—2012年“流动人口动态监测”数据估算了我国异地高考的青少年规模每年可达18.7万人，并对这一群体的流入地、户籍分布进行分析，为现有政策修正与新政策出台提供依据。[79]

高中生发展指导效果研究。研究者以我国东部、中部、西部和东北部地区64所高中的18164名学生为调查对象，发现学生参与所有发展指导活动的次数存在地域、年龄、学校类型等方面存在显著差异；发展指导课程对学生发展没有显著影响，而团体辅导、个体指导、心理咨询等活动对促进学生积极发展存在显著影响。[80]

六、高等教育研究

关于高等教育研究，有研究者提出近年来我国高等教育呈现繁荣态势，其中高等教育“适应论”之争、高等教育学科建设、现代大学制度等领域的研究引人注目。[81]2015年高等教育研究领域的研究者主要关注以下内容。

1. 高等教育价值

高等教育的适应性是其存在的合法性基础，超越性是其本体价值的体现。[82]关于高等教育的价值分析，大多数研究基于两种视角进行分析，即大学的社会适切性视角与受教育者的发展视角。

关于大学教育的社会适切性研究主要集中在探讨通识教育与专业教育的分歧与融合。大学的基本职能是培养各层次专门人才，[83]需要关注“立人教育”，[84]因此提倡加强通识教育，提升人文素质。[85]也有学者采用现象学的方法关注高等教育实现的“人的解放”。[86]研究者认为通识教育重视高等教育切合学生内在的理智发展需求，关注“知识构成”；专业教育切合学生外在技能获得需要，关注“实践行动”。二者应该相互超越，通过专业教育实现通识教育的目的。[87]有研究者认为在我国高等教育快速发展和经济持续转型的进程中，上大学对于个人而言是一项越来越有价值的投资，但是也要注意高等教育的回报及其变动趋势在群体之间和地区之间存在差异。[88]

2. 高等教育协同发展

关于高等教育协同发展，研究者们重点关注了京津冀协同发展，分析其可行性、存在困难、进而通过分析国内外高等教育协同发展经验而提出相关建议。

高等教育协同发展的可行性。研究者从府际关系理论分析论证了京津冀高等教育协同发展的可行性，认为高等教育协同发展处于京津冀一体化的战略核心地位，并提出建立政府的统筹协调机制、统一规划科学布局等建议。[89]

高等教育协同发展的困境。研究者指出我国当前区域高等教育发展战略规划面临强制的趋同性、模仿的相似性、规范的一致性和决策行为的有限理性等方面缺失[90]。具体来看，研究者认为由于京津冀三地的行政壁垒和资源位差，高校间的合作力度、合作方式都较受局限，三地缺乏整体联动的发展规划。[91]

高等教育协同发展的经验借鉴与路径选择。研究者研究了欧洲法院的判例促进高等教育一体化[92]的有益经验。从欧洲的经验来看，研究者认为我国高等教育区域合作与发展，必须建立面向长远的互惠、互利、互动关系，构建协同发展机制。[93]在分析各种经验与现实的基础上，研究者提出京津冀高校协同发展应该通过组建育人联盟、师资联盟、校地联盟、智库联盟、创新联盟、创业联盟，在享有京津冀协同发展的资源红利和政策支持的同时，也要为推进实施京津冀协同发展作出贡献。[94]

3. 全球化与世界一流大学建设

全球化时代扎根中国大地创建世界一流大学，是中央的战略部署，也是我国高等教育的历史使命。[95]世界一流大学的建设首先需要解决的就是高等教育国际化问题。研究者也提出在高等教育国际化的趋势下，地方高校的国际化是中国高等教育国际化的重要组成部分之一。[96]也有研究者聚焦于研究生教育的国际化，认为研究生教育应在知识结构、科研问题、培养方法上国际化。[97]

推进高等教育国际化，关注中国教育国际化的质量提高问题[98]。高等教育质量保障的发展趋势要采用通用或可比较的国际化评价标准，强调以学生为中心的增值性评价视角。[99]研究者通过梳理美国高校教学质量监控体系的特点，提出了注重高校自我监控与外部评估的有效结合，强化监控专业性，推进与国际接轨。[100]有研究者分析了法国世界一流大学的战略实践，认为该实践取得成效是基于卓越大学计划模式的治理结构、多学科跨机构的开放型人才培养体系以及产学研紧密结合的协同创新平台。[101]

全球化时代，高等教育国际化能克服以欧洲为中心的认识论和文化狭隘主义。但是，在推进国际化过程中要注意社会、政治及知识的实际影响。[102]具体在中国高等教育国际化中，研究者指出，在全球化时代，影响高等教育政策和实践的基本力量中既有全球的力量也有本土的力量，全球与本土因素相互作用。考虑高等教育的社会文化目标等，发展中国家在高等教育改革和发展中必须坚持独立自主的道路。[103]

七、职业教育研究

1. 现代职业教育体系构建

随着我国经济进入新常态，与经济发展密切相关的职业教育也进入了现代职业教育体系构建的新阶段。当前我国构建现代职业教育体系具有一定的必要性：社会经济发展、人的本质需求是构建现代职教体系的内在诉求，创新体制机制、校企合作共赢是建设现代职教体系的内在动力，中高职教衔接是增强职业教育社会吸引力和毕业生就业竞争力的关键[104]。在大职业教育观理念下，现代职业教育体系具有开放性、培养人才典型性和系统性的特征[105]。应在满足经济发展的高端性需求、人民群众的广泛性需要和职业人个体的普适性需要等外部需求的基础上进行构建[106]。直面职业教育与新兴产业衔接中出现的职业教育体系与新兴产业发展需求脱节，职业教育的人才培养目标与区域经济发展的契合程度不高，专业设置与产业经济发展需求不匹配等问题[107]。必须以制度建设为先导[108]，依法“治”职教[109]，加强纵向贯通和横向融合，建立“高度融合”的“产教融合、校企合作”体制机制[110]。

2. 职业教育治理

近年来有关职业教育治理更多关注职业教育治理主体多元化参与与体系构建，同时关注新城镇化背景下职业教育公平治理问题。职业教育治理具有多元性、复杂性、全局性、敏感性等特点[111]。“共治”是职业教育治理最主要的问题，其主体主要包括政府、市场、行业协会和职业院校[112]。促进职业教育治理现代化应促进职业教育由传统式的“管理”向现代化的“治理”转变，推进有效的职业教育制度体系建设，形成以政府宏观管理、职业院校自主办学、社会力量广泛参与的治理格局[113]，同时要优化发展环境增强职业教育吸引力，国际组织跨国跨地区推进教育治理[114]。推进职业教育公平治理，改善职业教育城镇农村二元状态一方面要注重农村务工群体职业教育与培训[115]，加强农村转移劳动力市民化进程中的终身职业教育[116]，促进留守农民人力资本提升[117]，建立城乡一体化治理平台，明确多元主体的治理责任，完善城乡交流机制，推动实现职业教育城乡一体化发展的善治目标[118]。

3. 职业教育人才培养机制改革

目前我国职业教育办学模式与人才培养机制改革主要集中于产教融合、校企合作办学以及集团化办学等方面。产教融合、校企合作的新型职教人才培养模式有利于人才培养多元化、实践化，但如今，国内高等职业教育校企合作普遍存在着合作形式单一、企业参与内在动力不足、法规和制度不健全、服务体系不完善等问题[119]。因此，促进校企合作最根本的要点是找准校企双方共同的利益点[120]，构建完整的职业教育校企合作法律制度体系[121]，拓展职业教育校企合作“六度空间”，聚合合作领域的广度、渗透合作内容的深度、拓展合作链条的长度、开放合作范围的宽度、打造合作网络的幅度、融合合作要素的密度等建立职业教育校企合作长效机制[122]，形成以学校为主体的政府、学校、行业与企业联动模式[123]。实现职业教育集团化办学需要完善集团组织架构，强化政府主导作用，探索行业指导机制，夯实校企合作平台，加强国际交流与合作[124]。

4. 职业教育师资、课程与教学

当前我国职业教育教师专业发展集中于培养“双师型”教师，职业教育信息化有利于丰富“双师型”教师专业发展内涵，拓宽其培训渠道以及提升其专业理论水平，帮助促进教师专业发展[125]。校企合作也为教师提出了拥有职业领域知识，具备实际生产技能，了解企业运作规范，领悟企业文化精髓等新的要求[126]。职业教育课程改革要注重适应经济发展方式转变，适应产业结构调整要求，满足人民群众接受职业教育的需求，满足社会经济发展对人才的需求，构建与实际联系紧密的课程与结构合理的课程[127]。职业教育课程改革与教学改革密不可分，当前职业教育教学模式存在教育形式单一、办学特色不突出、办学理念模糊、职业定位不准等问题[128]，有学者提出可以构建课内实践教学、学期段性多课程综合实训、专业综合实训和顶岗实习的“四段式”实践教学模式[129]，同时要创设自主的学习环境，突出教师为学生营造良好外部实践条件[130]。

八、课程研究

1. 全面深化基础教育课程改革

学者们对我国课程改革已有成果进行总结，并对新形势下全面深化课程改革做出展望。有学者对我国新课程改革所取得的成就进行了总结：确立了“为了每一个学生的发展”的核心理念；建立和完善了三级课程管理体制，实现了课程教材的多样化；确立了三维目标；课程设置趋于灵活与开放。[131]还有来自实践层面的研究者对课程改革成果，如北京十一学校构建可供学生选择的学校课程体系，实施走班制。[132]新形势下，国家、社会和学生发展对教育提出了新的需求，课程改革仍需进一步深化，以实现育人模式的真正转变。[133]

教育部《关于在各级各类学校推动培育和践行社会主义核心价值观长效机制建设的意见》指出将国家主权意识、社会主义核心价值观、中华优秀传统文化等内容融入课程。有学者提出，推进社会主义核心价值观、中华优秀传统文化和法治教育内容进课程教材需要把握好社会主义核心价值观、中华优秀传统文化与法治教育的关系，处理好新内容与现有课程的关系，新内容的学段衔接与学生认知水平的关系，统筹好新内容进课程教材与实施评价的关系。[134]教科书是课改的载体。有学者提出，教科书应当多样化，应当放开选用权，让真正最重要的读者参与甚至决定教科书的选择与使用。[135]还有学者提出，教科书面对当前碎片化阅读的必然趋势，应当尊重碎片的价值，整合“碎片”，建构以学生为中心的教科书。[136]全面深化基础教育课程改革阶段需要应对的挑战与难题最终都将落到教学环节上。[137]有学者建构了课堂教学模式变革的应对策略：尊重教研组的专业组织定位，走向教学模式变革决策主体与执行主体的统一；以平和与理性心态看待与利用教学模式变革中的示范效应；循序渐进推进教学模式变革，在动态变化中构建个性化教学模式。[138]

2. 培养学生核心素养

一些学者对核心素养内涵进行阐述，核心素养是知识、能力和态度等的综合表现，兼具个人价值和社会价值。[139]学科育人的价值在于核心素养的培养，核心素养强调的不是知识和技能，而是获取知识的能力。[140]

关于核心素养体系与框架的建构，有学者指出，构建核心素养体系要体现社会主义核心价值观要求。[141]有学者认为学生核心素养最终集中到培养“全面发展的人”上，包括自主发展、社会参与、文化素养三个方面。[142]在实践中，清华大学附属小学制定的“五大核心素养”包括身心健康、成志于学、天下情怀、审美雅趣、学会改变。[143]核心素养是课程改革的原动力[144]。当前，以学生核心素养推动课程改革是深化基础教育课程改革、贯彻落实“立德树人”教育目标的重要方式。[145]

九、德育研究

随着时代的发展，德育在新的社会背景中如何迈向新台阶值得学界关注。当今我国德育主要以大德育为特色，以人的思想道德素质提升为核心，注重个体自我实现和社会进步的统一，但同时也应关注德育也面临着社会思潮多元化以及网络的影响[146]。

1. 网络时代中的德育

当今信息化日益发展的今天，以互联网为媒介的网络平台对于教师德育工作以及学生接受更好的道德教育都产生了不同的影响，但同时我们认为应辩证看待信息化对德育的挑战，迎难而上，积极应对。

以微博、微信等新兴媒体为核心的“微时代”已悄然到来，这给高校大学生群体的思想教育工作带来了挑战与冲击。信息时代使高校学生一方面可以利用互联网开阔眼界，另一方面也使他们“被处于”各种负面思潮的渗透和冲击之中[147]。与此同时，以移动互联网为载体的自媒体为德育工作带来一系列困境，例如多元思潮侵扰、无限开放性以及即时通信特性都增加了德育工作难度。但与此同时，自媒体也是德育发展的良好契机，高校德育工作者应创新德育工作载体，赢得高校德育工作的主动权和话语权[148]。

2. 学校德育反思

学校中德育的构建与发展情况一直都受到学界高度的关注，近期学界对于学校德育反思集中于学校德育出现的问题、大德育体系的构建和多元文化视域下学校德育走向等内容。

就以上内容有学者反思“学校德育苍白之痛”，通过审视学校中的德育我们可以发现许多问题，例如：90%问题学生背后都有一个问题家庭，德育理想与社会现实格格不入，学校德育是不完整的等[149]。学校德育要走的路还有很长，但其背后家庭与社会亦需积极配合共同促进学生德育发展。针对此问题，学校德育也可以开辟另一种新思路——构建大德育理念。现代大德育观应包括全员德育、全过程德育、全课程德育与全环境德育四种基本理念。学校、家庭和社会每一个成员都具有承担德育工作的义务与责任，给学生创造全环境德育的氛围[150]。

另外，审视多元文化视域下学校德育新路向也是德育发展必经之路，因为目前多元文化背景导致学校德育工作低效是不争的事实[151]。在多元文化背景下改进道德教育，要在确立我国核心文化的道德价值取向基础上，重建国家伦理文化传统，提升我国道德文化自觉，以全球化和多元文化背景为参照，凝练学校德育的核心价值观，通过学校德育内容与方法的转型与变革，着重培养学生的道德判断与道德选择能力[152]。

3. 德育课程、教学与内容

学校教育中德育课程主要有国家德育课程、学科课程中的德育内容等。从学校德育视角关注国家德育课程的实质可以发现国家德育课程是学校德育的重要渠道，需要我们超越具体的课程框架去审视这门课程的育人价值[153]。从学科课程中承载的德育价值探讨学科课程中的德育，发现学科德育既有让人欣喜的地方，也存在着令人忧虑的问题。学科德育具有专门德育所不具备之独特价值与优势是道德教育之有效途径，但是要正确把握学科德育的重要价值并合理使用学科这条道德教育的有效途径[154]。

面对思想政治课程教学，有学者认为在应试教育的驱使下，思想政治课教学进入了快餐化、功利化、格式化的误区，严重偏离了素质教育的轨道。这要求我们渗透科学的世界观、人生观、价值观，用中国"最美"的人物和最令人感动的事件对学生潜移默化，组织活动，开辟第二课堂让学生亲身体验，从而还思想政治课德育功能的本来面目[155]。

针对德育课程内容，学者们普遍认为要紧随时代发展，以社会主义核心价值观为中心构建新型德育框架。落实社会主义核心价值观进教材的任务必须统筹三级课程，关注学科特点，注重学段衔接，促进学科协调配合，避免简单化、形式主义和泛德育化[156]。另外，以社会主义核心价值观为中心构建我国学生核心素养体系，是落实社会主义核心价值观教育的根本途径[157]。

十、教师教育

1. 教师教育模式改革

关于教师教育模式研究主要集中于构建教师教育一体化模式探讨，师范生培养以及"U—S"模型分析。

教师教育职前职后一体化模式创新在我国正处于起步阶段，在构建过程中需要一系列资源的支持，从高校教师教育资源来看，与现代大学教育体系相吻合的教师教育学科和专业体系尚未建立，学科教育教师在现代大学教育体系中往往被孤立、被边缘化[158]。而我国一体化模式构建也存在问题，例如体制问题、教师资格准入问题以及实践课程问题等等[159]。

对于师范生培养，有学者提出师范教育新目标——"零距离"教师教育，"零距离"教师教育是为全日制专业硕士设计的教师专业教育，其实质就是要在大学的课堂里走出专业硕士水平的基础教育教师，追求的是以严格科学的态度坚持实践取向的教师教育的理念、理论与实践[160]。对于师范生教育实践，要在"教学做合一"中逐步促进[161]；要进行整体训练[162]。对于师范生课程，需秉持教师专业发展为主导、实践取向、课程统整、灵活开放的原则，进一步厘清课程目标，不断建构科学合理的教师教育模块课程群，形成多取向的有效教学策略[163]。有学者分析了芬兰教师教育课程，指出芬兰大学尤为注重培养师范生的研究思维、态度及能力并致力于将其打造为具备一定素质能力的研究型专业人员[164]。

"U—S"是指大学与中小学教师教育共同体，即大学与中学中有志于共同发展教师教育的教师或学生等人组成的共同交流、合作与实践互动的教师教育合作团体和一种新型的教师教育模式。教师教育共同体模型，有学者指出"U—S"教师教育共同体是一个要素与功能众多、结构与环境繁复的复杂系统，具有非线性、自适性、开放性和整体性等运行特征。"U—S"教师教育共同体运行机制模型，包含组织推进、人才激励、评估反馈和环境优化等四个维度[165]。也有学者发现"U—S"模式实行过程中教师环节碰到了很大阻抗，从现象学视角分析其原因，主要包括：合作培养师范生脱离教师的生活世界，教师与学校远离平等对话，对教师评价偏失。为此，师范生应融入教师的生活世界，切身体验与领悟；尊重教师的主体地位，加强教师与学校的对话；建立表现性教师评价体系，注重个人与维护个性[166]。

2. 教师专业化发展

在教师专业化发展中，美国对初入职教师体系化教育具有借鉴意义，其"入职教育的价值与目标"，"层级具化、逻辑展开、环环相扣的设计与实践思路"，"以促进教师专业发展为核心的评价体系"三大特征，可为改进、完善我国中小学教师入职教育提供启示[167]。

反思性教学能力对于教师自我教育具有重要意义，一是要深入剖析制约反思性教学能力提升的主要因素，提出有针对性的解决措施；二是要灵活运用反思性教学的相关方法；三是要实施反思性教学能力评价，在评价的基础上进一步促进教师反思能力的发展[168]。

智慧型教师是具有较高教育智慧水平的教师。有学者对智慧型教师进行了调查研究发现：智慧型教师的情意品质呈现出了一种共性，即拥有更为虔诚的敬业精神与更为炙热的爱生情愫；突出表现了积极、坚持、开放、幽默、个性的人格特质；具有担当责任、崇尚民主、怀抱良心的伦理情怀；具有热爱生命、坚守信仰、追求艺术的审美情趣[169]。

3. 农村教师队伍建设

农村教育问题的核心在于师资尤其是对青年教师的教育和培养任重道远[170]。在我国大力推进教育均衡发展的今天，农村教师队伍建设具有重要战略价值。

乡村教师能力素质提升的诉求有对专业提升话语、专业提升愿景、专业培训学习三方面，挑战为乡村教师信任危机与文化困境、专业知识和专业学习缺乏。基于此，要完善乡村教师的师资源流，建置乡村教师研修顶岗中心，建构乡村学校改进的内部能量[171]。而农村教师知识与城市教师还有所差别，本土性、文化性和批判性是农村教师知识的本质属性[172]。在农村教师培养过程中，农村教师培养机构和教师教育学科制度中，农村教师的培养呈现出“去农村化”和“去师范性”的特征；在培养模式和课程设置方面，涌现出了全科型农村小学教师培养的新模式；在师范生的教学和学习方式上，面向农村教育需求的师范生深层学习和顶岗实习的实践学习是近年来广受关注的改革实践[173]。

十一、学术年会

1. 基础教育

5 月 29 日，2015 国际教育论坛（北京）暨国际教育资源开发研讨会在北京外国专家大厦召开。论坛主题为“基础教育国际合作与交流”，旨在共同探讨新形势下中外国际教育交流现状与前景，促进当前国外教育资源引进程序的规范，提高国际教育资源质量，针对留学人群低龄化现象产生的各种现实问题提出对策。[174]

10 月 26 日，2015 首届京台基础教育校长峰会在北京召开。与会人员围绕如何把握时代脉搏推进基础教育塑造未来优秀人才，发挥区域特色优势传承和发扬传统瑰宝，丰富创新教育理念提升基础教育水准等课题进行了探讨和交流。26 名京台中小学校长围绕办学理念与学习管理、队伍建设与专业发展等议题在分论坛发言。[175]

12 月 10—11 日，2015 年基础教育改革座谈会在北京市第十二中学举行。会议的主题是“新常态下深化高中教育综合改革”。与会的专家学者们围绕会议主题就低龄留学潮的思考、发挥综合素质评价的科学选才功能、构建高中治理体系与制度机制、促进学生全面而有个性地发展等议题畅所欲言，介绍了各地区、各学校的经验做法以及遇到的问题和困难，并提出了意见建议，极大开拓了民进在教育领域参政议政的思路。[176]

2. 高等教育

8 月 21—23 日，高等教育出版社与北京师范大学教育学部联合主办的第二届教育学学术研究与出版大会在北京师范大学英东学术会堂开幕。本届大会主题是“什么是好的教育研究”，通过主题演讲、分论坛、讲座、学术沙龙、研究生论文评奖等多种形式，从教育研究思想方法、国际研究范式、教育期刊定位、学术研究与出版等方面深入探讨了什么是好的教育研究。[177]

10 月 31 日—11 月 1 日，中国教育学会教育政策与法律研究分会第九届学术年会在北京师范大学召开，年会由北京师范大学教育学部与首都师范大学教育学院共同承办，来自国内外教育政策与法律研究领域的三百余位专家学者围绕“依法治国视角下教育改革与发展的政策与法律问题研究”主题展开了广泛而深入的研讨。[178]

12 月 4—6 日，中国高等教育学会教育评估分会 2015 年学术年会暨纪念“镜泊湖”会议 30 周年学术研讨会在北京师范大学召开，本次会议的主题是“高等教育评估：中国经验与世界新趋势”，本次会议对高等教育评估 30 年的历史和经验进行了系统回顾和反思，研讨了高等教育评估和质量保障在理论和实践方面取得的进展和面临的挑战，展望了管办评分离背景下高等教育评估的新走向，对我国高等教育评估理论与实践的发展具有重要的指导意义。[179]

3. 其他

3 月 29 日，中国教育学会 2015 年度工作会议暨第七届理事会第四次全体会议在京召开。会议认真总结了中国教育学会 2014 年工作，并就 2015 年工作做了部署。中国教育学会 2015 年将紧抓机遇，更新观念，改革创新，着力服务教育决策和服务广大教育工作者，实现学会组织自身的转型升级，在深化教育领域综合改革、推进教育治理体系和治理能力现代化方面做出应有的更大贡献。[180]

5 月 24—25 日，由教育部教育发展研究中心主办、北京市朝阳区教育委员会承办的第五届中国教育国际化研讨会在北京市朝阳区举行。来自全国 20 多个省市自治区的近 500 位代表将围绕“教育国际化的区域推进方略与学校探索实践”进行研讨。本次会议还开设区域教育国际化论坛、基础教育国际化论坛、高等教育国际化论坛和民办教育国际化论坛等四个平行会场，30 余位各地教育局局长、校长和著名专家做专题报告。[181]

6 月 12—14 日，2015 年中国教育经济学学术年会暨理事会换届大会在北京顺利召开。中国教育学会会长钟秉林教授、清华大学副校长谢维和教授、教育部财务司综合处魏秦歌处长、美国斯坦福大学 Scott Rozelle 教授、《教育研究》主编高宝立研究员和分会第七届理事长王善迈教授、副理事长范先佐教授等知名专家出席大会并做主题报告。北京师范大学副校长陈光巨教授出席开幕式并代表学校致辞。[182]

11 月 21—22 日，中国职业技术教育学会 2015 年学术年会是在全国上下深入学习贯彻党的十八届五中全会精神的热潮中召开的。年会的指导思想、宗旨和目标是，以习近平总书记系列讲话和十八届五中全会精神为指导，进一步贯彻落实全国职业教育工作会议精神，总结回顾“十二五”期间职业教育的新发展、新成就、新经验、新贡献以及职业教育学术研究的新成果。[183]

注：

①项贤明：《教育学作为科学之应该与可能》，《教育研究》，2015 年第 1 期。

②赵康：《大概念的引入与教育学变革》，《教育研究》，2015 年第 2 期。

③苏敏、魏薇：《教育学概念的理解》，《国家教育行政学院学报》，2015 年第 10 期。

④孔祥渊：《略论教育学的类型与特征——基于教育研究者与教育实践者关系的视角》，《上海教育科研》，2015 年第 1 期。

⑤许可峰：《未来教育学论纲》，《教育科学研究》，2015 年第 12 期。

⑥王卫东、闫晓丽：《建构中国教育学的主要着力点》，《教育科学研究》，2015 年第 9 期。

⑦庞庆举：《当代中国教育学之“生命·实践”特征——叶澜新作〈回归突破：“生命·实践”教育学论纲〉述评》，《教育学报》，2015 年第 4 期。

⑧张侨平、丁锐、黄毅英：《教育研究方法中的几个误区》，《教育科学研究》，2015 年第 4 期。

⑨曹浩文、杜育红：《教育研究中的因果推断方法探析——以班级规模与学业成绩的关系研究为例》，《上海教育科研》，2015 年第 6 期。

⑩周洪宇：《教育生活史：教育史学研究新视域》，《教育研究》，2015 年第 6 期。

⑪张斌贤：《西方教育思想史研究的视角与视野》，《北京大学教育评论》，2015 年第 4 期。

⑫万俊人：《正确理解与践行社会主义核心价值观》，《基础教育课程》，2015 年第 5 期。

⑬朱东斌：《将社会主义核心价值观作为教育教学的灵魂和主线》，《中小学教材教学》，2015 年第 11 期。

⑭檀传宝：《何为“公民意识”？——中国“公民意识”概念的官方定义及其特征分析》，《全球教育展望》，2015 年第 5 期。

⑮石中英：《关于中小学开展社会主义核心价值观教育的几点思考》，《中国教师》，2015 年第 1 期。

⑯王定华：《关于社会主义核心价值观教育的几点认识》，《班主任》，2015 年第 2 期。

⑰尹力：《良法视域下中国儿童保护法律制度的发展》，《北京师范大学学报（社会科学版）》，2015 年第 3 期。

⑱劳凯声：《把学习的权利还给学生——受教育权利的历史演进及当前发展的若干新动向》，《北京师范大学学报》，2015 年第 3 期。

⑲余雅风、茹国军：《“在家教育”立法的现实诉求及框架构想——以北京市义务教育阶段为例》，《北京社会科学》，2015 年第 12 期。

⑳张瑞芳：《美国“在家上学”法律渊源及特点探析》，《比较教育研究》，2015 年第 3 期。

㉑申素平、陈瑶：《美国高校学生违纪处分制度的内容与特点——基于宾夕法尼亚大学的资料分析》，《复旦教育论坛》，2015 年第 4 期。

㉒宋雁慧：《网络欺凌与学校责任》，《中国青年社会科学》，2015 年第 4 期。

㉓余雅风、劳凯声：《科学认识教师职业特性 构建教师职业法律制度》，《教育研究》，2015 年第 12 期。

㉔罗爽：《中国台湾地区家庭教育指导服务体系及其启示》，《首都师范大学学报》，2015 年第 3 期。

㉕杨银付：《教育现代化的核心任务》，《人民教育》，2015 年第 16 期。

㉖刘利民：《新形势下我国基础教育管办评分离思考》，《中国教育学刊》，2015 年第 3 期。

㉗王珊、苏君阳：《走向现代教育治理的教育管理权力重构》，《现代教育管理》，2015 年第 5 期。

㉘劳凯声：《回眸与前瞻：我国教育体制改革 30

年概观》，《教育学报》，2015 年第 5 期。

㉙庞丽娟：《为建设法治国家献计出力》，《民主》，2015 年第 1 期。

㉚孟繁华、劳凯声：《京津冀教育协同发展的挑战与应对》，《中国教育报》，2015 年 1 月 9 日。

㉛张力：《京津冀教育协同发展的基础与前景》，《天津市教科院学报》，2015 年第 3 期。

㉜高兵：《京津冀教育协同发展的现代化路径探索》，《教育理论与实践》，2015 年第 22 期。

㉝洪秀敏、马群：《学前教育三年行动计划实施效果调查——基于内部利益相关者评价的视角》，《教育学报》，2015 年第 1 期。

㉞洪秀敏、马群：《区域学前教育公平的权责博弈——基于城乡政府履职的差异分析》，《北京师范大学学报（社会科学版）》，2015 年第 6 期。

㉟叶平枝、张彩云：《发达地区学前教育发展影响因素研究》，《教育研究》，2015 年第 7 期。

㊱刑芸、胡咏梅：《流动儿童学前教育选择：家庭社会经济背景及迁移状况的影响》，《教育与经济》，2015 年第 3 期。

㊲李敏谊、程旭：《论我国学前教育师资供给的困境与突围——基于第一期三年行动计划后的数据分析》，《中国教育学刊》，2015 年第 4 期。

㊳赖昀、薛肖飞、杨如安：《农村地区学前教育教师资源配置问题与优化路径——基于陕西省×市农村学前教师资源现状的调查分析》，《教育研究》，2015 年第 3 期。

㊴王默、洪秀敏、庞丽娟：《聚焦我国民办幼儿园教师队伍的发展：问题、影响因素及政策建议》，《教师教育研究》，2015 年第 3 期。

㊵沙莉：《立法保障高素质学前教育师资：美国教育经验及启示》，《现代教育管理》，2015 年第 10 期。

㊶王幡、王建平：《日本学前教育教师培养问题研究》，《延边大学学报（社会科学版）》，2015 年第 3 期。

㊷洪秀敏、华志媛：《政府扶持与管理公办、民办幼儿园的现状——基于园长和教师评价的视角》，《教育理论与实践》，2015 年第 23 期。

㊸冯婉桢：《民办幼儿园园长对地方政府学前教育管理的满意度》，《学前教育研究》，2015 年第 4 期。

㊹刘磊、毕钰：《欧盟国家发展私立学前机构的经验探究》，《比较教育研究》，2015 年第 12 期。

㊺余雅风、茹国军：《“在家教育”立法的现实诉求及框架构想——以北京市义务教育阶段为例》，《北京社会科学》，2015 年第 12 期。

㊻吴红斌、马莉萍：《义务教育教师工资水平、结构与地区差异变化——基于对绩效工资改革前后的比较研究》，《教师教育研究》，2015 年第 11 期。

㊼诸东涛、陈国庆、周龙军：《义务教育学校绩效工资改革的困境与对策》，《中国教育学刊》，2015 年第 12 期。

㊽安雪慧：《从资历到能力与业绩：义务教育学校教师工资等级和结构决定因素》，《教育研究》，2015 年第 12 期。

㊾毛寿龙、王猛：《地方义务教育公共服务标准化指标体系构建——基于多中心的视角》，《教育发展研究》，2015 年第 22 期。

㊿龚冬梅、孙玉波：《义务教育阶段试行学区制改革的政策分析》，《现代中小学教育》，2015 年第 1 期。

51张舒恺：《浅析城乡二元体制下教育资源不平等现象》，《大学教育》，2015 年第 1 期。

52张珊珊：《随迁子女异地中考问题探寻》，《中国教育学刊》，2015 年第 9 期。

53赵力涛、李玲：《省级教育经费统筹改革的分配效果》，《中国社会科学》，2015 年第 11 期。

54王定华：《我国义务教育均衡发展之进展》，《课程·教材·教法》，2015 年第 11 期。

55高庆蓬、孙继红：《义务教育均衡发展备忘录的政策分析》，《中国教育学刊》，2015 年第 12 期。

56张茂聪、刘信阳：《县域义务教育优质均衡发展：基于内发发展理论的构想》，《教育研究》，2015 年第 12 期。

57刘玮：《县域义务教育均衡发展的不同向度与路径选择》，《中国教育学刊》，2015 年第 1 期。

58司晓宏：《义务教育均衡发展研究热点的统计分析与展望》，《教育学报》，2015 年第 12 期。

59于志静：《如何实现初中数学教学的有效性》，《中国校外教育》，2015 年第 11 期。

60王燕春、胡进：《首都义务教育阶段学业标准研究——基于中学语文、数学、地理以及小学品德与社会学科学业标准研制的实践》，《教育测量与评价》，2015 年第 1 期。

61刘长海：《学生管理体系——〈中小学生守

则〉修订的时代意义探寻》，《中国教育学刊》，2015年第9期。

⑥②石中英：《关于当前我国普通高中教育任务的再认识》，《清华大学教育研究》，2015年第2期。

⑥③袁桂林：《论高中教育机构和培养模式多样化》，《湖南师范大学教育科学学报》，2015年第3期。

⑥④黄晓玲：《普通高中多样化特色化发展推进现状、问题与建议》，《教育理论与实践》，2015年第29期。

⑥⑤黄晓玲：《普通高中多样化特色化发展推进现状、问题与建议》，《教育理论与实践》，2015年第29期。

⑥⑥吴景松：《当前普通高中特色发展的制度困境与重构》，《教育理论与实践》，2015年第25期。

⑥⑦张礼永：《近代"综合中学"模式的得失考论》，《教育学报》，2015年第4期。

⑥⑧刘丽群、林霞：《我国暂不宜大规模推广综合高中》，《中国教育学刊》，2015年第12期。

⑥⑨王雪双、孙进：《培育未来的科技英才——国外科学高中的培养模式与启示》，《外国中小学教育》，2015年第6期。

⑦⓪张珊珊：《关于高中考试招生制度改革问题的探讨》，《教育科学研究》，2015年第6期。

⑦①刘信生：《扩大高中招生录取自主权的可行性建议》，《人民教育》，2015年第8期。

⑦②王磊、唐劲军、张荣慧等：《高中化学新课程教科书使用情况及影响因素调查研究》，《教育学报》，2015年第8期。

⑦③王焕霞：《高中物理学业水平考试与课程标准的一致性研究》，《课程·教材·教法》，2015年第8期。

⑦④熊万曦：《美国高中国际文凭课程发展研究》，《比较教育研究》，2015年第3期。

⑦⑤马莉萍，刘彦林：《效率优先，兼顾公平？——美国大学先修课程的目标与实现》，《比较教育研究》，2015年第1期。

⑦⑥吴晓玲：《英国苏格兰卓越课程高中阶段改革述评》，《课程·教材·教法》，2015年第2期。

⑦⑦王莉萍：《做一方沃土，助英才成长——北京师范大学附属中学全人格教育课程建设》，《中小学管理》，2015年第5期。

⑦⑧郑泽萍、黄泓：《高中生职业规划认知状况及教育对策探讨》，《教育探索》，2015年第6期。

⑦⑨侯亚杰、段成荣、王宗萍：《异地高考流动青少年基本状况分析——对异地高考流动青少年规模的估计》，《中国青年研究》，2015年第6期。

⑧⓪方晓义、胡伟、陈海德等：《我国高中学生发展指导：现状及其有效性》，《北京师范大学学报（社会科学版）》，2015年第1期。

⑧①邬大光、王旭辉：《近年来我国高等教育研究若干问题评述》，《教育研究》，2015年第5期。

⑧②张俊超、陈琼英：《论高等教育对社会的适应与超越》，《中国高等教育》，2015年第12期。

⑧③潘懋元：《从"回归大学的根本"谈起》，《清华大学教育研究》，2015年第7期。

⑧④丁建军、杜建林等：《创新育人体制建构"立人教育"》，《中国高等教育》，2015第18期。

⑧⑤张磊：《加强通识教育，提升大学生人文素质》，《中国高等教育》，2015第19期。

⑧⑥王洪才：《理想大学寻觅：一个现象学考察》，《北京大学教育评论》，2015年第7期。

⑧⑦周光礼：《论高等教育的适切性——通识教育与专业教育的分歧与融合研究》，《教育科学文摘》，2015第3期。

⑧⑧刘泽云：《上大学是有价值的投资吗？——中国高等教育回报率的长期变动（1988—2007）》，《北京大学教育评论》，2015年第10期。

⑧⑨陈巴特尔、张琦：《高等教育协同发展：京津冀一体化的重要推动力》，《中国高等教育》，2015第23期。

⑨⓪赵哲、宋丹：《区域高等教育发展战略规划的缺失与现代体系建构》，《国家教育行政学院学报》，2015年第12期。

⑨①李强：《抓住共建机遇促进区域高等教育资源深度共享》，《中国高等教育》，2015年第23期。

⑨②阚阅：《从欧洲法院判例看欧盟教育治理：欧洲高等教育一体化的视角》，《比较教育研究》，2015年第12期。

⑨③李化树、叶冲：《我国高等教育区域合作与发展的基本框架——欧洲高等教育区建设的启示》，《教育发展研究》，2015第21期。

⑨④张亚、王世龙：《京津冀高校协同发展的战略模式和路径探索》，《国家教育行政学院学报》，2015年第12期。

⑨⑤姜斯宪：《深化综合改革，探索中国特色世界一流大学之路》，《中国高等教育》，2015年第19期。

⑨⑥吕一楠：《基于SWOT模型的地方高校高等教

育国际化策略研究》,《中国教育学刊》, 2015 年第 11 期。

⑰龚克:《关于推进研究生教育国际化的思考》,《研究生教育研究》, 2015 年第 4 期。

⑱瞿振元:《中国教育国际化要注重提高质量》,《高等教育管理》, 2015 年第 9 期。

⑲郭芳芳、史静寰:《全球化时代高等教育质量保障的特点和发展趋势——基于"全球化时代大学生学习与发展研究国际研讨会的分析"》,《比较教育研究》, 2015 年第 37 期。

⑳王轶、陈敏:《美国普通高校教学质量监控体系的特点及启示》,《首都师范大学学报(社会科学版)》, 2015 第 1 期。

⑩张惠、刘宝存:《法国建设世界一流大学的战略及实践——以巴黎萨克雷大学为例》,《清华大学教育研究》, 2015 年第 11 期。

⑩阿里夫德里克(著),张慧娟(译):《跨国化与大学:全球现代性的视角》,《国外理论动态》, 2015 年第 9 期。

⑩蒋凯:《全球化时代高等教育若干基本问题的省思》,《清华大学教育研究》, 2015 年第 11 期。

⑩孙小娅、徐承萍:《现代职业教育体系建设研究》,《教育与职业》, 2015 年第 35 期。

⑩王宁:《大职业教育理念下现代职业教育体系构建研究》,《中国职业技术教育》, 2015 年第 14 期。

⑩陈鹏、庞学光:《大职教观视野下现代职业教育体系的构建》,《教育研究》, 2015 年第 6 期。

⑩朱丽华:《适应新兴产业发展的职业教育体系的构建》,《教育与职业》, 2015 年第 7 期。

⑩宁静:《中国特色现代职业教育体系的理论意蕴、困境与出路》,《教育与职业》, 2015 年第 13 期。

⑩霍丽娟:《终身教育理念下现代职业教育体系构建的思考》,《中国职业技术教育》, 2015 年第 15 期。

⑩孙毅颖:《关于现代职业教育体系"制度设计"的审视》,《职教论坛》, 2015 年第 25 期。

⑪肖凤翔、黄晓玲:《职业教育治理:主要特点、实践经验及研究重点》,《河北师范大学学报(教育科学版)》, 2015 年第 2 期。

⑫赵蒙成、王会亭:《职业教育治理的背景、主体与路径》,《教育与职业》, 2015 年第 31 期。

⑬林慧:《职业教育治理现代化的内涵、要求和路径》,《教育与职业》, 2015 年第 32 期。

⑭肖凤祥、黄晓玲:《职业教育治理:主要特点、实践经验及研究重点》,《河北师范大学学报(教育科学版)》, 2015 年第 2 期。

⑮戴建春:《农村务工群体职业教育与培训的影响因素及优化路径》,《教育与职业》, 2015 年第 23 期。

⑯郑爱翔、吴兆明、王振华:《农村转移劳动力市民化进程中的终身职业教育研究》,《教育与职业》, 2015 年第 31 期。

⑰杨燕、刘维俭、马建富:《从职业教育角度谈新型城镇化进程中留守农民人力资本提升》,《教育与职业》, 2015 年第 17 期。

⑱孙晓玲:《现代治理视野下的城乡职业教育一体化发展》,《教育与职业》, 2015 年第 13 期。

⑲叶继强:《高等职业教育校企合作保障机制研究》,《教育与职业》, 2015 年第 10 期。

⑳齐再前、丛森、孙晓鲲:《基于博弈论的高等职业教育校企合作机制的初步探讨》,《教育与职业》, 2015 年第 17 期。

㉑杨红荃、黄雅茹:《我国职业教育校企合作法律制度体系研究》,《教育与职业》, 2015 年第 8 期。

㉒南旭光、张培:《职业教育校企合作"六度空间"拓展策略》,《教育与职业》, 2015 年第 28 期。

㉓李茂林:《论职业教育校企合作模式的选择》,《教育与职业》, 2015 年第 6 期。

㉔陶书中、陈国兵、王传荣:《职业教育集团化办学探索实践与趋势分析》,《中国职业技术教育》, 2015 年第 17 期。

㉕高峰、卢立涛:《职业教育信息化背景下"双师型"教师专业发展策略研究》,《职教论坛》, 2015 年第 23 期。

㉖闫智勇、朱丽佳:《校企合作视野下职业教育教师专业发展的策略》,《中国职业技术教育》, 2015 年第 6 期。

㉗刘福珍:《对职业教育课程改革的思考》,《教育与职业》, 2015 年第 31 期。

㉘王华:《高等职业教育教学模式改革的研究与实践》,《中国教育学刊》, 2015 年第 2 期。

㉙王丰斌、赵喜玲:《高等职业教育"四段式"实践教学改革探索》,《教育与职业》, 2015 年第 31 期。

㉚柳臻、张大凯:《中等职业教育"学、探、做"教学模式的研究与实践》,《中国职业技术教

育》，2015 年第 11 期。

⑬田慧生：《深化我国课程整合与课堂教学改革》，《教育科学论坛》，2015 年第 2 期。

⑬李希贵、秦建云、郭学军：《构建可供学生选择的普通高中学校课程体系的实践研究》，《教育学报》，2014 年第 1 期。

⑬王湛：《落实立德树人根本任务 深化基础教育课程改革》，《基础教育课程》，2015 年第 3 期。

⑬张广斌：《社会主义核心价值观、中华优秀传统文化、法治教育进课程教材需要把握的几个关系》，《基础教育课程》，2015 年第 5 期。

⑬石鸥、廖巍：《教科书内容的确立与有效教学的风险》，《湖南师范大学教育科学学报》，2015 年第 2 期。

⑬张菁、张增田：《碎片化阅读时代的教科书变革》，《课程·教材·教法》，2015 年第 10 期。

⑬申继亮：《把握育人方向 创新育人模式——解读教育部〈关于全面深化课程改革落实立德树人根本任务的意见〉》，《基础教育课程》，2015 年第 3 期。

⑬张菁：《教学模式变革的“热”与“冷”：变革理论视角的分析》，《河北师范大学学报（教育科学版）》，2015 年第 1 期。

⑬吴爽：《未来基础教育的顶层理念是强化学生的核心素养——访北京师范大学资深教授林崇德》，《教育家》，2015 年第 9 期。

⑭申继亮：《把握育人方向 创新育人模式——解读教育部〈关于全面深化课程改革落实立德树人根本任务的意见〉》，《基础教育课程》，2015 年第 3 期。

⑭辛涛、姜宇：《以社会主义核心价值观为中心构建我国学生核心素养体系》，《人民教育》，2015 年第 7 期。

⑭吴爽：《未来基础教育的顶层理念是强化学生的核心素养——访北京师范大学资深教授林崇德》，《教育家》，2015 年第 9 期。

⑭窦桂梅、胡兰：《“1 + X 课程”与学生发展核心素养》，《人民教育》，2015 年第 13 期。

⑭顾明远：《核心素养：课程改革的原动力》，《人民教育》，2015 年第 13 期。

⑭朱小蔓：《将学生核心素养的发展作为小学教育的使命》，《人民教育》，2015 年第 13 期。

⑭王易：《当前思想道德教育的特点、挑战和回应》，《人民论坛》，2015 年第 2 期。

⑭马洁、佟丞：《微时代高校思想政治教育的困境及对策》，《教育与职业》，2015 年第 9 期。

⑭张羽程：《自媒体环境下高校德育工作的困境与超越》，《教育与职业》，2015 年第 20 期。

⑭潘永久：《学校德育苍白之痛》，《人民教育》，2015 年第 8 期。

⑮苏君阳：《“四全理念”：学校德育工作新思路》，《中小学管理》，2015 年第 8 期。

⑮张兰玲：《多元文化背景下学校德育低效的成因及应对》，《中国教育学刊》，2015 年第 6 期。

⑮刘燕楠：《多元文化视域下学校道德教育的文化路向与价值选择》，《教育研究》，2015 年第 9 期。

⑮班建武：《从学校德育的视角审视国家德育课程的定位》，《教育科学》，2015 年第 5 期。

⑮汪明：《学科德育的喜与忧》，《教学与管理》，2015 年第 12 期。

⑮唐爱民：《思想政治课教学的应试困境及破解》，《中国教育学刊》，2015 年第 2 期。

⑮李斌：《落实社会主义核心价值观进教材的若干思考》，《课程·教材·教法》，2015 年第 10 期。

⑮辛涛、姜宇：《以社会主义核心价值观为中心构建我国学生核心素养体系》，《人民教育》，2015 年第 7 期。

⑮刘义兵、常宝宁：《教师教育一体化——师资队伍建设及其创新实践》，《教育研究》，2015 年第 8 期。

⑮向世见：《教师教育职前职后一体化培养研究与实践》，《教育与职业》，2015 年第 19 期。

⑯宁虹、赖力敏：《“零距离”教师教育——全日制教育专业硕士培养的探索》，《教育研究》，2015 年第 1 期。

⑯罗玉霞、邹菊萍、郑应霞：《“教学做合一”对高校师范生教学实习的启示》，《教育与职业》，2015 年第 2 期。

⑯余桥：《我国师范生教学技能训练存在的问题与对策》，《教育与职业》，2015 年第 8 期。

⑯袁强：《教师教育类课程模块化设计与实施——基于卓越教师培养的视角》，《课程·教材·教法》，2015 年第 6 期。

⑯余婷婕：《造就研究型专业人员：教师教育课程设置的芬兰经验》，《教师教育研究》，2015 年第 6 期。

⑯张景斌、朱洪翠：《U—S 教师教育共同体运行机制的思维构建——基于复杂性理论的视角》，《教

育科学文摘》，2015 年第 4 期。

⑯尹小敏：《中小学教师对 U—S 合作培养师范生的阻抗分析——以现象学为视角》，《中国教育学刊》，2015 年第 5 期。

⑰刘永凤、谭菲：《美国中小学教师的入职教育》，《教育研究》，2015 年第 4 期。

⑱钱露露：《教师反思性教学能力的提升策略》，《教育与职业》，2015 年第 3 期。

⑲王萍、田慧生：《智慧型教师情意品质的发现与认同——基于智慧型教师成长的案例研究》，《中国教育学刊》，2015 年第 3 期。

⑰王平仲、余绍龙：《农村学校青年教师队伍建设迫在眉睫》，《中国教育学刊》，2015 年第 5 期。

⑰孙兴华、马云鹏：《乡村教师能力素质提升的检视与思考》，《教育研究》，2015 年第 5 期。

⑰康晓伟：《农村教师知识的本质属性及其发展途径研究》，《教师教育研究》，2015 年第 4 期。

⑰赵萍：《我国农村中小学教师培养机构与培养过程研究——基于文献的考察》，《教师教育研究》，2015 年第 1 期。

⑰《2015 国际教育论坛暨国际教育资源开发研讨会》，《新浪教育》，http：//edu. sina. com. cn/ischool/2015 －05 －29/2031470675. shtml。

⑰张阳明：《首届京台基础教育校长峰会在京召开》，《台声》，2015 年第 21 期。

⑰戴海荣：《2015 年基础教育改革座谈会在京举行》，http：//www. mj. org. cn/mjzt/content/2016 －05/12/content_ 224912. htm。

⑰北京师范大学教育学部：《第二届教育学学术研究与出版大会在京举行》，《教育学报》，2015 年第 5 期。

⑰茹国军、刘惠：《中国教育学会教育政策与法律研究分会第九届学术年会综述》，《教育研究》，2016 年第 2 期。

⑰刘益东、杜瑞军，毛金德，赵聪环，张建锋，王明明：《高等教育评估：中国经验与世界趋势——中国高等教育学会教育评估分会 2015 年学术年会暨纪念“镜泊湖”会议 30 周年学术研讨会综述》，《中国高等教育评估》，2016 年第 1 期。

⑱《中国教育学会 2015 年度工作会议召开》，《精品学习网新闻站》，http：//news. 51edu. com/news/50711. html。

⑱崔珊恒：《2015 年中国教育国际化研讨会在北京朝阳举行》，《中国网》，http：//edu. china. com. cn/2015 －05/25/content_ 35650487. htm。

⑱北京师范大学首都教育经济研究院：《“2015 年中国教育经济学学术年会暨理事会换届大会”举行》，《教育学报》，2015 年第 4 期。

⑱刘红：《“十三五”中国职业教育发展走向——中国职业技术教育学会 2015 年学术年会综述》，《中国职业技术教育》，2015 年第 34 期。

（作者：劳凯声，首都师范大学教授；
刘晓芳，首都师范大学博士生；
刘垚玥，首都师范大学博士生；
沈永辉，首都师范大学博士生；
何芳，首都师范大学硕士生；
左哲，首都师范大学硕士生；
韩丽瑶，首都师范大学硕士生）

心　理　学

许　燕　李丹露　蔡　攀　于方静

2015 年心理学各个领域研究成果颇丰，研究者们不仅在理论上不断钻研，同时致力用心理学的方法讨论和解决现实问题，推动心理学的实践服务。

一、学术会议

2015 年 11 月 29 日在北京师范大学敬文讲堂，由北京市社会科学界联合会与北京师范大学主办，北京市社会心理学会承办了“社会心理与创新精神”的学术前沿论坛，论坛有 4 个主题报告：中科院心理所的施建农研究员的“创造力是一种文化现象”，首都师范大学罗劲教授的“顿悟与创造性思维：来自认知神经科学的启示”，北京语言大学谢小庆教授的“审辩式思维与理性社会建立”，中科院心理所张建新研究员的“创新的心理学研究”。300 余人到场听会，报告受到了与会人员的积极响应，台上台下讨论热烈。

二、学术研究

（一）人格与社会心理学

1. 中国人人格

基于我国15～75岁横断样本调查，探索了中国人大五人格5个维度及10个面的发展水平，结果表明，年龄与神经质、焦虑、抑郁、活跃、开放性、审美、创意显著负相关，与外倾性、宜人性、尽责性、自信、利他、顺从、条理和自律显著正相关。整体上，年龄大的个体开放性水平相对较低，而年龄大的个体宜人性水平反而更高；年龄大的个体尽责性水平也相对较高，但较之40～49岁群体而言，50岁以上群体的尽责性则相对较低。[①]一项考察中国背景下与文化相关的人格特质（人情、面子）如何影响个体知识分享行为的研究表明：人情和面子可以显著预测知识分享行为，并通过自我效能和社会价值间接的影响知识分享行为；在中国文化的背景下促进知识分享行为，需要考虑人情、面子等传统人格特质；同时，促进组织成员的知识收集行为与知识贡献行为应该使用不同的策略。[②]还有研究探讨了诚实—谦虚人格的特点及其内隐外显关系。研究证实中国人的诚实、谦虚相互独立且高相关；诚实对情绪智力、积极应对方式、追求成功动机有显著的正向预测作用，诚实对消极应对方式有显著的负向预测作用；谦虚对追求成功动机有显著的负向预测作用；中国人的诚实—谦虚人格为一阶8因子、二阶2因子的结构，诚实可以有效预测个体的情绪智力、应对方式和追求成功动机，谦虚可以有效预测个体追求成功动机，诚实、谦虚存在内隐效应且内隐外显之间相互分离。[③]

2. 道德与亲社会行为

助人行为受到哪些因素的影响是研究者们比较关心的一个问题。有研究探讨不同的观点采择类型下，自我—他人重叠对助人意愿的影响。结果发现：被试对高重叠对象的助人意愿显著高于低重叠组；观点采择后的被试助人意愿显著高于控制组，观点采择类型与重叠程度交互效应显著。进一步分析发现，与认知观点采择相比，情感观点采择显著提高了低自我—他人重叠条件下的助人意愿。[④]一项研究探讨社会比较对亲社会行为的影响及其内在机制。结果发现，得知测验成绩比大多数人好的时候，人们更愿意捐款，社会比较对亲社会行为的影响由个体对弱势群体的同理心所中介。[⑤]有研究探讨了求偶动机对危机救助意愿的影响。结果表明：启动择偶动机会导致男性的危机救助意愿上升；而女性的危机救助意愿则在启动择偶动机后下降。[⑥]

为探讨单个陌生他人在场及其真善/伪善行为能否抑制个体的道德伪善，结果表明：陌生他人单纯在场或做出伪善行为都不能抑制捐款情境中个体的道德伪善，而在场陌生他人的真善行为可以有效抑制捐款情境中个体的道德伪善。[⑦]有研究者考察了共情倾向和受害者可识别性对大学生捐款意愿的交互效应及内在机制。结果表明：对低共情倾向的大学生，受害者可识别性对其捐款行为不存在显著影响，对高共情倾向的大学生，受害者可识别条件下的捐款意愿显著高于不可识别条件。[⑧]

有研究采用事件相关点位技术，考察个体在道德两难情境下对不同亲属的加工特征及其亲属偏见效应，结果表明：在道德判断过程中，个体表现出对直系亲属更为敏感和关注，而对血缘关系相对较弱的旁系亲属和无亲属关系的熟人其敏感程度和分配的认知资源显著降低。[⑨]

有研究考察不同权威目击者对儿童道德情绪判断与归因的影响。结果发现，不同权威目击条件下儿童对行为者的情绪归因存在显著差异，奖惩定向更多出现在成人权威目击条件。[⑩]一项探讨了道德情绪对青少年道德决策的影响。结果表明反社会情境中，青少年在自利定向情绪预期下判断自己会做出道德行为的可能性显著大于道德定向情绪预期；亲社会情境中，两种预期下青少年的道德决策判断不存在显著差异。[⑪]还有研究探讨了3～6岁儿童白谎的概念理解、道德评价和白谎行为的发展特点以及三者之间的关系。结果发现，随年龄的增长，越来越多的儿童可区分真话与谎言的差别，对白谎的概念理解有从大谎向小谎转变的趋势；随年龄的增长，直率真话的道德评价先逐渐变好，又变得不好，白谎的道德评价却越来越差；随年龄的增长，白谎行为的得分逐渐增多。[⑫]

3. 腐败心理

关于腐败心理是近年来在我国逐渐开始关注的研究课题，在研究腐败心理过程的中，提出了“心理绑架”这一全新的、符合中国人交往模式的心理过程模型，解释了腐败过程中双方的互动方式和心理状态的变化，梳理出心理绑架发生的四个阶段，即关系建立、关系巩固、关系使用与关系终止阶段；并表现出的非对称互惠、循序渐进和情感性输出三种特征，以及在关系使用阶段表现出的软性胁迫特征。[⑬]

一项研究探讨腐败行为的发展轨迹，结果发现腐败行为发展趋势有3种不同的类型：腐败程度始终稳定在中等水平的“一般腐败者”；腐败程度较高，并呈逐渐增长趋势的“腐败沦陷者”；始终都少有腐败行为的“清廉者”。同时还发现，感知的风险概率影响初始的腐败程度，感知的风险可控感则既影响初始腐败程度，又影响腐败发展速度。[14]

4. 幸福感

有不少研究聚焦幸福感的影响因素。一项研究探索了中国文化背景下以德报德和以怨报怨两种不同互惠倾向对幸福感的影响差异。结果表明：积极互惠和消极互惠是两个相对独立的维度；个体以德报德的倾向越强，感戴心理也越强，从而有较高的生活满意度；个体以怨报怨的倾向越强，感戴心理就越弱，因而生活满意度也较低。[15]还有研究探讨了正念对主观幸福感的影响机制。结果表明，一方面，正念可以通过促进心理弹性提升主观幸福感，另一方面，正念不能直接通过重新评价策略的使用提升主观幸福感，存在“正念→重新评价→心理弹性→主观幸福感”的路径。[16]

同时，有研究发现母亲对子女的幸福感起到重要作用。有研究者们从代际传递的角度探讨母亲主观幸福感和子女主观幸福感的关系。母亲主观幸福感可显著正向预测子女主观幸福感，其中初中生代际传递效应显著高于小学生；女生代际传递效应显著高于男生；母亲主观幸福感与权威教养方式呈显著正相关，与纵容、独裁教养方式呈显著负相关，三种教养方式在母亲与子女主观幸福感代际传递中起中介作用。[17]还有研究考察了母亲自主支持和控制在家庭社经地位与初中生主观幸福感关系中的中介作用。结果表明家庭社经地位既可以直接影响初中生的主观幸福感，还可以通过影响母亲的自主支持间接影响初中生的主观幸福感。[18]

还有研究关注到不同群体的幸福感。一项从资源保存理论的视角来检验情绪劳动在职场精神力和主观幸福感之间的中介作用。结果说明职场精神力会提升员工的主观幸福感。深层扮演和表层扮演是解释职场精神力对员工主观幸福感产生影响的内在作用机制。[19]有研究探讨了心理资本与压力知觉在贫困大学生感戴与主观幸福感间的链式中介效应。结果表明感戴除了对主观幸福感产生直接预测作用外，还可以通过心理资本与压力知觉的链式中介作用对主观幸福感产生间接预测作用。[20]

有研究探索了中国大学生的幸福评价的时间轨迹。结果发现，中国大学生认为过去与现在的幸福没有显著区别，将来比过去和现在都幸福，即过去幸福＝现在幸福＜将来幸福，这与西方研究结果的轨迹不同，即过去幸福＜现在幸福＜将来幸福。不幸福评价的时间轨迹呈现出过去不幸福＝现在不幸福＞将来不幸福的趋势。[21]

另有研究考察了幸福倾向对大学生学习目标、学习毅力、学习策略、学习投入等学习行为的影响。总体来说，追求快乐还是意义会影响到青少年学习行为这一重要的发展指标，意义比快乐更能促进青少年的积极健康发展。[22]

（二）青少年心理发展

1. 问题行为

青少年的问题行为是研究者们持续关注的问题，有不少研究对其成因、影响因素及干预方法进行探讨。有研究对5－HTR1A基因rs6295多态性、负性生活事件与攻击行为的关系做出探讨。结果发现表明负性生活事件是青少年攻击行为的重要影响因素，但其与rs6295多态性的交互效应尚有待进一步验证。[23]有研究探讨同伴积极影响在负性生活事件对青少年问题行为预测中的调节效应，并分析这一调节效应在犯罪和普通青少年两类群体中不同表现。结果发现，同伴积极影响是缓冲生活事件对普通青少年的问题行为预测的重要因素，但对犯罪青少年并未起到类似作用。[24]

有研究考察四年级以上学生及初中生自我概念对网络成瘾倾向的影响及网络消极体验和学校类型的调节作用。结果发现，自我概念对能够负向预测网络成瘾，重点学校学生的网瘾得分高于非重点学校学生；网络消极体验、学校类型都会影响自我概念的作用。[25]还有研究对学校社会处境分化在性别与网络成瘾倾向关系中的中介效应进行探究。结果发现：男生的学校社会处境分化总分及分维度教师的信任与支持、父母的信任与支持和同伴的信任与支持均显著低于女生；教师的信任与支持在性别与父母的信任与支持的关系中具有完全中介作用；教师的信任与支持和父母的信任与支持在性别与网络成瘾的关系中具有部分多重中介作用。[26]在对网瘾的干预上，已有研究采用个体、团体等不同干预模式，采用认知行为、动机激发等不同咨询与治疗理论，对青少年网络成瘾行为的干预进行了大量探索。一项研究借鉴已有研究的成果与不足，采用家庭治疗、认知行为、动机激发等多种咨询与治疗理论，结合心理需求网络满足优势等网络成瘾理论，形成了个体—家庭—学校的多水平预防与干预方案，并得到了实证研究的检验。[27]

一项研究探讨大学生早期适应不良图式、焦虑与拖延的关系。研究结果发现："分离和拒绝"、"自主性和能力不足"、"缺乏自控/自律不足"图式均能显著正向预测焦虑和拖延；特质焦虑能显著正向预测拖延，而状态焦虑对拖延无显著预测作用；特质焦虑在"分离和拒绝"、"自主性和能力不足"、"缺乏自控/自律不足"图式与拖延之间起部分中介作用。[28]

有研究探讨了亲子分离经历对个体成年后自杀意念、攻击性的影响。结果表明，有亲子分离经历大学生自杀意念发生率高于无分离经历大学生，且在绝望、自杀意念、愤怒、敌意、攻击总分上得分显著高于无分离经历大学生。开始分离年龄越小、分离时间越长、父母与孩子的联系频率越少、由祖辈或其他人监护，成年后其自杀意念、攻击性水平越高。[29]

一项研究在自杀人际理论框架下，探讨大学生完美主义和自杀意念间的关系。结果发现，社会决定完美主义对大学生自杀意念的影响是有调节的中介效应，低水平的归属受挫可以缓解社会决定完美主义所导致的自杀意念。还有研究探索心理痛苦在抑郁、绝望感对自杀意念预测过程中的作用。结果发现心理痛苦在抑郁、绝望感对自杀意念的影响中起部分中介作用。[30]

一项追踪研究考察了父母养育压力对儿童问题行为的影响方式是否存在差异。结果表明，母亲早期养育压力可直接影响学前期儿童的外显问题行为；而父亲养育压力完全通过其养育方式影响学前期儿童的内隐和外显问题行为，且严厉起主要作用。[31]一项考察了青少年早期内化问题发展的稳定性及母亲教养对1年后青少年内化问题的预测。结果发现：母亲控制惩罚教养可以正向预测1年后男青少年的内化问题，母亲温情引导可以负向预测女青少年的内化问题。[32]

2. 流动儿童与留守儿童

有研究考察了歧视知觉在社会经济地位和留守儿童社会适应之间的中介作用。结果发现：留守儿童社会经济地位与其社会适应之间有着显著的正相关；相对于个体歧视知觉，留守儿童群体歧视知觉在家庭社会经济地位和社会适应之间的中介作用更为显著。[33]另有研究考察了家庭社会经济地位与父母教育投资对流动儿童学业成就的影响，结果发现：家庭收入和父母受教育水平不仅直接预测流动儿童的学业成就，且通过父母教育期望和家庭学习资源为中介影响流动儿童学业成就。[34]一项研究分析了班级结构对不同家庭背景儿童心理健康的影响机制。发现：对于自尊和未来压力感知，班级结构存在对比效应，即班级内一般农村儿童比例越高，留守儿童的自尊水平越低、；对于抑郁症状，班级结构则存在同化效应，即所在班级内其他学生的平均抑郁水平对个体自身的抑郁症状有显著的预测作用。[35]

（三）组织行为与人力资源

1. 工作—家庭关系

有研究探讨了性别对工作—家庭冲突的影响机制，结果表明相比女性而言，男性员工因获得的组织分割供给较少且其自身的工作中心度较高，导致其经历的工作—家庭冲突更多。[36]一项研究探讨了家庭支持型主管行为（FSSB）对工作满意感和离职意愿等工作态度的作用机制。结果表明，FSSB对工作满意感有显著正向影响，对离职意愿有显著负向影响；工作—家庭增益在FSSB与工作满意感之间起着中介作用。[37]

2. 团队与组织行为

一项研究探讨了内部人身份感知对员工创新行为的作用机制。研究发现：内部人身份感知与创新行为显著正相关；内部人身份感知与创新自我效能感显著正相关；创新自我效能感部分中介了内部人身份感知对创新行为的影响。[38]有研究从特质激活的角度探讨自我监控如何通过心理安全感影响员工的建言行为。结果表明，内部人感知负向调节自我监控与心理安全感的关系，进而影响员工建言行为。[39]

还有研究关注了团队的互动过程。有研究指出知识型团队的创造力不仅受到团队知识异质性和成员创造力的影响，同时还取决于团队成员之间的认知互动过程。[40]一项研究基于动机的视角，讨论了团队合作情境下不同地位的个体所具有的双重动机以及团队成员地位与个体知识分享行为之间的关系。结果发现，在团队内地位差异稳定的情况下，高地位成员会比低地位成员表现出更多的知识分享行为；在团队内地位差异不稳定的情况下，则相反。[41]

3. 领导风格

研究者们考察了不同类型领导对员工及团队带来的影响。有研究探讨了服务型领导对员工建言的作用机制。结果表明，服务型领导通过领导—成员交换的中介效应影响员工建言行为产生积极影响。[42]一项研究探讨了德行领导对员工不道德行为和利他行为的影响。结果表明，德行领导会抑制员工不道德行为的产生、促进员工利他行为的出现；道德推脱会促进员工不道德行为的产生、抑制员工利他行为的出现；德行领导通过道德推脱的完全中介作用负向影响员工的不道德行为，通过道德推脱的部分中介作用正向影响员工的利他行为。[43]有研究考察了真诚型领导行为抑制员工沉默行为的影响模型。研究结果表明：真诚型领导行为对员工沉默行为具有显著的负向影响；员工的心理安全感在真诚型领导行为和员工沉默行为之间起着中介作用；员工的外向性和责任感越高，心理安全感与员工沉默行为之间的负向联系的就越强，同时心理安全感的中介效应也越强。[44]一项研究从认知观与关系观视角检验自我牺牲型领导影响下属任务绩效与组织公民行为的中介机制。结果表明，自我牺牲型领导与下属的任务绩效与组织公民行为正向关系显，战略定向起着部分中介作用；领导认同在自我牺牲型领导与下属的任务绩效之间起着完全中介作用，在自我牺牲型领导与下属的组织公民行为间起着部分中介作用。[45]

领导者的内隐追随（Leaders' Implicit Followership Theories，LIFTs）是领导者对员工的特质和行为特征所持有的假设。研究从内隐追随的视角对员工行为的影响因素进行了探讨。结果发现，领导者积极的内隐追随与员工的角色内行为和组织公民行为显著正相关，领导—成员交换起到部分中介的作用。心理授权正向调节了领导—成员交换对领导者积极的内隐追随与员工角色内行为和组织公民行为关系的影响。[46]

4. 消费心理

一项研究探究了大五人格类型对冲动消费行为的影响以及自我控制和感觉寻求的中介作用。结果发现，大五人格类型均和冲动消费有显著相关，自我控制和感觉寻求在外倾性、宜人性和尽责性对冲动消费的影响中起了完全中介作用，外倾性和尽责性对冲动消费的总效应最大，前者表现为正效应，后者表现为负效应。[47]

为探究消费者诱导效应的作用机制，有研究从产品感知风险的角度进行了阐述。结果显示高感知风险产品类型下诱导效应显著，而低感知风险产品类型下诱导效应不显著。[48]

研究者通过一系列实验发现消费者多样化寻求行为随选择集增大而呈现倒U形变化，这是由于过大选择集情况下消费者倾向于采取启发式信息处理策略导致多样化寻求行为降低。同时也进一步对理论进行验证，在认知困难条件下，消费者也会因采用启发式信息处理策略而导致多样化寻求行为显著降低。[49]

有研究探讨了思维聚焦对发展型文化消费产品购买意愿的影响，发现结果聚焦的消费者比过程聚焦的消费者对发展型文化消费产品的购买意愿更强烈。同时，时间距离对这一效应存在调节作用，即时间距离远时，效应显著。此外，在时间距离较远时，消费者的未来时间洞察力部分中介了思维聚焦对发展型文化消费产品的购买意愿。[50]一项研究基于孤独感和感知控制缺失的相关理论探讨了孤独感对消费行为的影响。结果发现，孤独感降低个体对含有功能风险的新产品、非透明包装的产品和概率促销的评价，但孤独感对传统成熟产品和透明包装产品评价没有影响，此外在概率促销消费情景中检验了感知控制缺失的中介作用。[51]有研究者通过一系列的实验，探讨了消费者权力状态对边界偏好的影响。研究发现，当消费者处于高权力状态时更喜欢有明确边界的产品或者物品，此外，消费者权力状态对消费者边界偏好的影响来源于权力引发的控制需求。[52]

注：

①李启明、陈志霞：《大五人格5个维度及10个面的发展水平——基于我国15～75岁横断样本调查》，《心理科学》，2015年第1期。

②李小山、徐宁、张建新、周明洁：《本土化人格特征与知识分享行为的关系探讨——自我效能感和社会价值的中介作用》，《心理学探新》，2015年第2期。

③杨帆、夏之晨、陈贝贝、吴继霞：《中国人诚实—谦虚人格的特点及其内隐外显关系》，《心理科学》，2015年第5期。

④钟毅平、杨子鹿、范伟：《自我—他人重叠及观点采择类型对助人意愿的影响》，《中国临床心理学杂志》，2015年第1期。

⑤郑晓莹、彭泗清、彭璐珞：《“达”则兼济天下？社会比较对亲社会行为的影响及心理机制》，《心理学报》，2015年第2期。

⑥邢采、刘婷婷、张希：《危机情境下的亲社会行为：求偶动机对危机救助意愿的影响》，《心理科学》，2015年第1期。

⑦傅鑫媛、陆智远、寇彧：《陌生他人在场及其行为对个体道德伪善的影响》，《心理学报》，2015年第8期。

⑧邢淑芬、袁萌、孙琳、林崇德：《共情倾向与受害者可识别性对大学生捐款意愿的影响：共情反应的中介作用》，《心理科学》，2015年第4期。

⑨颜志雄、邹霞、燕良轼、范伟、谭千保、邱小艳：《道德两难判断中亲属关系的认知研究：来自

ERPs 的证据》，《心理科学》，2015 年第 1 期。

⑩李占星、牛玉柏、朱莉琪：《不同目击者对儿童道德情绪判断与归因的影响》，《心理科学》，2015 年第 4 期。

⑪李占星、朱莉琪：《不同情境中情绪预期对青少年道德决策的影响》，《心理科学》，2015 年第 6 期。

⑫张娜、刘秀丽：《3—6 岁儿童白谎的概念理解、道德评价与白谎行为的关系》，《中国临床心理学杂志》，2015 年第 2 期。

⑬徐瑞婕、许燕、冯秋迪、杨浩铿：《对腐败的“心理绑架”效应的验证性内容分析》，《心理学探新》，2015 年第 1 期。

⑭魏子晗、詹雪梅、孙晓敏：《腐败行为的发展轨迹：一项潜变量混合增长模型研究》，《心理科学》，2015 年第 6 期。

⑮李霞、张建新、张镇：《大学生互惠倾向与生活满意度：感戴的中介作用》，《中国临床心理学杂志》，2015 年第 1 期。

⑯刘斯漫、刘柯廷、李田田、卢莉：《大学生正念对主观幸福感的影响：情绪调节及心理弹性的中介作用》，《心理科学》，2015 年第 4 期。

⑰张兴慧、董爱波、王耘：《母亲与子女主观幸福感的代际传递：教养方式的中介作用》，《中国临床心理学杂志》，2015 年第 1 期。

⑱王美芳、孟庆晓、刘莉、肖堃：《家庭社经地位与初中生主观幸福感的关系：母亲自主支持和控制的作用》，《中国临床心理学杂志》，2015 年第 5 期。

⑲邹文篪、刘佳、卜慧美：《职场精神力对主观幸福感的影响：情绪劳动为中介变量》，《中国临床心理学杂志》，2015 年第 3 期。

⑳廖军和、欧阳儒阳、左春荣、李相南、苏永强：《贫困大学生感戴与主观幸福感的关系：链式中介效应分析》，《中国临床心理学杂志》，2015 年第 4 期。

㉑刘杰、黄希庭：《中国大学生幸福评价的时间轨迹》，《心理发展与教育》，2015 年第 3 期。

㉒石霞飞、王芳、左世江：《追求快乐还是追求意义？青少年幸福倾向及其对学习行为的影响》，《心理发展与教育》，2015 年第 5 期。

㉓王美萍、张文新：《5－HTR1A 基因 rs6295 多态性、负性生活事件与青少年攻击行为的关系》，《中国临床心理学杂志》，2015 年第 2 期。

㉔金灿灿、邹泓：《犯罪和普通青少年的生活事件、同伴积极影响与问题行为的关系：双重调节效应》，《中国临床心理学杂志》，2015 年第 1 期。

㉕金盛华、吴嵩、郭亚飞、张林：《青少年自我概念与网络成瘾的关系：网络消极体验和学校类型的调节效应》，《心理科学》，2015 年第 5 期。

㉖李玲、于全磊、张林、金盛华：《青少年网络成瘾的性别差异：学校社会处境分化的中介作用》，《中国临床心理学杂志》，2015 年第 6 期。

㉗方晓义、刘璐、邓林园、刘勤学、苏文亮、兰菁：《青少年网络成瘾的预防与干预研究》，《心理发展与教育》，2015 年第 1 期。

㉘唐凯晴、范方、龙可、陈世键、彭婷、杨彦川、叶婷婷：《大学生早期适应不良图式、焦虑与拖延的关系》，《心理发展与教育》，2015 年第 3 期。

㉙李艳兰：《儿童期亲子分离对大学生自杀意念、攻击性影响》，《中国临床心理学杂志》，2015 年第 4 期。

㉚刘青、赵琳、杨丽：《自杀人际理论框架下大学生完美主义和自杀意念的关系》，《中国临床心理学杂志》，2015 年第 5 期。

㉛刘亚鹏、邓慧华、张光珍、梁宗保、陆祖宏：《父母养育压力对儿童问题行为的影响：养育方式的中介作用》，《心理发展与教育》，2015 年第 3 期。

㉜徐夫真、张玲玲、魏星、张文新、陈亮、纪林芹、陈欣银：《青少年早期内化问题的稳定性及其与母亲教养的关系》，《心理发展与教育》，2015 年第 2 期。

㉝苏志强、张大均、邵景进：《社会经济地位与留守儿童社会适应的关系：歧视知觉的中介作用》，《心理发展与教育》，2015 年第 2 期。

㉞张云运、骆方、陶沙、罗良、董奇：《家庭社会经济地位与父母教育投资对流动儿童学业成就的影响》，《心理科学》，2015 年第 1 期。

㉟侯珂、刘艳、屈智勇、张云运、蒋索：《班级结构对留守儿童心理健康的影响：同化还是对比效应？》，《心理发展与教育》，2015 年第 2 期。

㊱谢菊兰、马红宇、唐汉瑛、申传刚：《性别对工作→家庭冲突的影响机制：基于社会角色理论的实证分析》，《心理科学》，2015 年第 1 期。

㊲姜海、马红宇、谢菊兰、张淑霞：《家庭支持型主管行为对员工工作态度的影响：有调节的中介效应分析》，《心理科学》，2015 年第 1 期。

㊳王永跃、王慧娟、王晓辰：《内部人身份感知对员工创新行为的影响——创新自我效能感和遵从权威的作用》，《心理科学》，2015 年第 4 期。

㊴段锦云、曹莹：《自我监控对建言行为的影响：内部人身份感知的作用》，《心理科学》，2015 年第 6 期。

㊵吕洁、张钢：《知识异质性对知识型团队创造力的影响机制：基于互动认知的视角》，《心理学报》，2015 年第 4 期。

㊶胡琼晶、谢小云：《团队成员地位与知识分享行为：基于动机的视角》，《心理学报》，2015 年第 4 期。

㊷朱玥、王晓辰：《服务型领导对员工建言行为的影响：领导—成员交换和学习目标取向的作用》，《心理科学》，2015 年第 2 期。

㊸杨继平、王兴超：《德行领导与员工不道德行为、利他行为：道德推脱的中介作用》，《心理科学》，2015 年第 2 期。

㊹吕逸婧、苏勇：《真诚型领导能否打破员工沉默？一个有调节的中介模型》，《心理科学》，2015 年第 5 期。

㊺李晔、张文慧、龙立荣：《自我牺牲型领导对下属工作绩效的影响机制——战略定向与领导认同的中介作用》，《心理学报》，2015 年第 5 期。

㊻孔茗、钱小军：《被领导者“看好”的员工其行为也一定好吗？——内隐追随对员工行为的影响》，《心理学报》，2015 年第 9 期。

㊼邓士昌；高隽：《大五人格对冲动消费的影响：一个中介模型》，《中国临床心理学杂志》，2015 年第 6 期。

㊽刘咏梅、陈思璇、卫旭华：《诱导效应的影响机制——产品感知风险的调节作用》，《心理科学》，2015 年第 6 期。

㊾刘蕾、郑毓煌、陈瑞：《选择多多益善？——选择集大小对消费者多样化寻求的影响》，《心理学报》，2015 年第 1 期。

㊿钱玮、吕巍、金振宇：《思维聚焦对发展型文化消费产品购买意愿的影响》，《心理科学》，2015 年第 1 期。

(51)陈瑞、郑毓煌：《孤独感对不确定消费偏好的影响：新产品、产品包装和概率促销中的表现》，《心理学报》，2015 年第 8 期。

(52)童璐琼：《权力状态对消费者边界偏好的影响》，《心理学报》，2015 年第 11 期。

（作者：许燕，北京师范大学教授；
李丹露、蔡攀、于方静，北京师范大学研究生）

历　史　学

史学理论及史学史

汪高鑫　周　倩

2015 年北京地区史学工作者继续关注史学理论及史学史研究，在开拓历史研究思路、回应热点理论问题、挖掘新的学术增长点等方面作出不懈努力，取得了突出的成果，继续推动着史学理论及史学史学科的发展。现将本年度的研究概况综述如下：

一、对历史虚无主义的反对和回击

历史虚无主义作为一种社会思潮和思想现象，在古今中外长期存在，影响和流传相当广泛。具体到现代中国则主要体现为主观的、孤立的、片面的肢解、曲解中华传统文化，否定中国近现代以来的发展道路，其核心是从根本上否定马克思主义的指导地位和中国走向社会主义的历史必然性，否定中国共产党的领导。历史虚无主义在这一两年中出现了新变种和新动向，并通过大众传媒向社会传播不良影响。2015 年，史学界掀起了反对和回击历史虚无主义的热潮，起到了辨析实质、正本清源、拨乱反正的积极作用，北京地区的学者也积极参与其中。

2015 年 9 月 18 日，由中国社会科学院历史学部和马克思主义研究学部联合主办、中国社会科学院世界历史研究所承办的中国社会科学院首届唯物史观与马克思主义史学理论论坛在京举行，共有来自全国各地高校和研究机构、中国社科院及一些基层单位的105位学者与会交流，共提交97篇论文。“当今历史虚无主义及其危害性”是本次会议的首要议题，既有宏观的理论探讨，又有实证性的具体研究，分析了历史虚无主义的来源、表现、危害，深化了学界和社会的认识。[①]

《历史研究》2015年第3期发表了题为“历史虚无主义评析”的系列笔谈。有学者认为，历史虚无主义的历史观以主观、孤立、片面、曲解的态度和方法来分析解读中华传统文化和中国近现代历史发展道路，得出的结论既不尊重历史发展规律、也不符合客观历史事实。通过与唯物史观的比较可见，历史虚无主义的本质是虚无客观事实、虚无唯物史观所揭示的历史发展科学规律、甚至虚无基本的史学常识。[②]有学者将历史虚无主义放在后现代主义思潮的背景下考察，认为虽然后现代主义在国际上已处于衰退分化期，但在今天的中国仍处于发展阶段，历史虚无主义大行其道，就是其具体表现之一。后现代主义毕竟是从西方传来，要让它沉淀下来，使人们认清其本质，总需要时间。尽管后现代主义已是强弩之末，但其影响却不可轻视。坚持唯物史观，反对形形色色的历史虚无主义，必须认真剖析后现代主义的历史观。[③]有学者提出，历史研究和历史知识传播中的历史虚无主义思潮有着深刻的国际国内背景，有其存在的经济和文化土壤，彻底消除它将会是一个较长的过程。在商榷和批驳的同时，史学工作者需要更多地从历史观和方法论的角度来正本清源、拨乱反正。总体来说，要坚持用唯物史观研究中国历史；清醒地认识到历史的复杂性，坚持从多重视角观察问题，用多种方法分析问题；历史研究中注重细节，反对碎片化。[④]还有学者具体驳斥了历史虚无主义者对于中国近代反帝反封建伟大斗争这一近代历史发展主线，以及对国共胜负历史必然性的否定。认为当下历史虚无主义的泛起，就主观因素来说主要有三个原因：对当下中国的时代性缺乏正确体认、思想方法上的片面性、囿于个人情感。历史虚无主义借助现代媒体蔓延到社会诸多领域，特别会在青少年中形成消极社会心理倾向，故当务之急是坚持马克思主义历史观的指导，重视历史教育，包括学校和社会两方面的历史教育。[⑤]

此外，还有不少学者从不同角度展开考察。有学者对历史虚无主义的几个主要观点一一进行批驳：力证唯物史观不是“阶级斗争决定论”；“经济决定论”是一个伪命题；唯物史观对精英人物的历史作用做出了客观公正的评价；唯物史观不是“历史终结论”；唯物史观不是提供给后人的抽象的社会学公式。唯物史观不但绝非是历史虚无主义史观，而且它的本质决定了它是历史虚无主义的克星。[⑥]有学者指出，当今中国需要警惕历史虚无主义思潮的新动向。新世纪以来，被称为马克思主义与历史虚无主义“较量区”的史学界出现了一些“新”观点，以“创新”之名行解构之实，抛弃史学存史、教化的功能，抹杀主观性原则，回避立场问题等。这些观点在本质上带有后现代主义的影子和西方文化霸权主义的诉求，具有很强的迷惑性，需要史学界和教育界加以警惕。[⑦]有学者则具体考察了五四时期历史虚无主义在中国的影响及其检讨，指出五四时期历史虚无主义在历史观上与马克思的唯物史观相对立，于是在“阶级”、“政党”、“国家”等问题上形成了有别于马克思主义的另类宣传；它在认识论上与马克思的唯物辩证法相冲突，因而在“文化”、“传统”、“历史”等问题上表现出与马克思主义完全不同的认知取向。中国早期马克思主义者在批判这一社会思潮的过程中，宣传辩证的“时空观”，阐发唯物的“历史观”。他们所坚持的历史主义观点，对于虚无主义“割裂”历史、“虚无”历史有正本清源的作用，对抵制当下“侵略有功论”、“否定革命论”等错误思潮也有重要现实意义。[⑧]

二、对史学研究热点问题的理论回应

1. 中外史学研究的会通

早在2014年10月，教育部社会科学委员会历史学学部召开年度工作会议，就以“中外历史研究的会通”为主题对此进行了深入讨论，显示了学界开始对这一问题的重视。2015年，中外史学会通的研究及其理论探讨得到加强，并且成为当今中国史学研究中的热点问题，北京地区史家也参与其中。有学者阐述了自己对中外史学会通的意义、理论基础、具体实践等基本问题的认识，认为“中外历史的会通”的意义，首先在于事物的特点是在比较中呈现出来的，理论框架的建构经常要超出历史学领域，“会通”的实践中可能会出现各种扭曲、变形。中国史学足以为历史研究的“同一平台”增添砖瓦，也对中国史学人的世界史素养和社会科学素养提出了更高要求。[⑨]有学者指出，中国史学对于西方史学，大体经历从介绍和学习到借鉴和比较、再到试图融合与会通三个阶段。中外历史研究的会通作为一个命题、一个研究方向、一种研究境界，是百余年来面向世界的中国史学不断探索自己的发展路径而逐渐形成的自觉意识，是中国史学面向世界和未来的自我要求。[⑩]有学者具体从古代中西史学比较的视角探析中国传统史学的特点，说明中国传统史学是一门治国之学。与古代希腊历史学相比，中国传统历史学在记事、编纂与取材等方面都有鲜明的特点，在治国安邦、道德建构等领域的优势更为显著。而古代希腊历史学地位相对低下、有一种反历史的倾向（anti-historical tendency）、关注的大多是近现代史与当代史、史学对社会服务少有关注。两相参照可见，中国的传统历史学确实走的是一条与古代希腊历史学不同的道路。[⑪]还有学者具体讨论了目前中外历史比较研究存在的问题，如比较对象过大、过于抽象，比较停留在描述、只触及表象、没有深入探讨本质上的不同，等等。正确的比较研究需要选定具有可比性的研究对象，确定明确的时空氛围，运用合适的比较标准，注意比较的层级。量化史学可以为比较研究提供量化的数据，有利于更准确、客观地反映中外不同的热点。[⑫]

2. 重视失败者历史的研究

历史上有成功者，就有失败者，它们共同构成历史发展的进程，都扮演了重要角色，史学工作者有责任有义务考察和思考“失败者历史”。《世界历史》2015 年第 5 期发表了题为“重视失败者历史的研究”笔谈，有学者阐述了自己对“失败者历史”研究意义、“失败者”定义和如何撰写“失败者历史”的认识。认为历史研究要努力揭示客观历史全貌，忽视或淡化“失败者”将不利于此；历史上的“失败者”，应该是指带有最终失败性质的“失败者”，且应该主要是指那些为了正义事业最终遭到失败的个人和群体；要撰写好失败者的历史，要坚持以唯物史观为指导、有意识地加强对“失败者历史”的研究尝试、从失败者的视角来撰写历史、立足于总结“失败者”的教训。[⑬]有学者提出了“失败者有自己的历史吗”这一问题，认为历史上真正的失败者应当是那些淹没在现代史学的宏大话语中，隐藏在种种结构性问题之下的个人和群体。失败者历史呈现出碎片化、异质性特点，重现的困难很大，如何避免受到先前塑造了失败者形象的主导话语的影响，是现代历史学者能否重现它的关键。[⑭]还有学者将“失败者历史”视为一种历史研究和书写的主体取向，认为现代社会在实践和认知过程中的不确定性，使得中国传统史学与西方近代史学功劳簿式的论功行赏过渡到新史学对个体命运、群体命运和人类普遍命运的关注；肯定失败者的历史应当是一种被承认的历史，应当是一种批判的历史，还应当是一种带有前瞻性探索的历史。[⑮]

3. 数字化大潮下的历史学研究

数字化技术的飞速发展和广泛运用深刻影响了现代学术研究，最为传统的历史学也不例外。各类数据库和电子文献检索系统的运用，不仅改变了传统的史料搜集方式，还将数据库方法带入逻辑分析领域，影响着学者的思维方式。2015 年教育部社会科学委员会历史学学部出版专著，辟专章讨论“历史资料的整理、研究与数字化建设”，多位专家就历史资料的整理研究水平的提升，原始古籍、族谱资料、县级档案等史料的数字化等问题发表自己的看法。[⑯]《史学月刊》2015 年第 1 期发表了题为“计算机技术与史学研究形态”的系列笔谈，有学者阐述了对史学方式革新与史学传统继承之间的合理关系的思考，认为计算机技术的确为史学研究提供了便利、提高了效率，是“利器”，但目前还不能断言它会改变史学的学术走向或者形成革命性的影响。史学的突出成就需要灵性、思辨能力、创新追求、艺术素养和美学理念等计算机无法替代的“史识”。[⑰]有学者探讨了数字化时代的史料处理与运用的问题，认为借助先进的电脑网络手段，我们可以便捷地检索到大量史料，但无法确保自己能够准确分析鉴别和合理运用史料。要解决数字化时代史料处理中的问题，考察的是史家的内在功力——才识和素养，需要我们回归传统。[⑱]在笔谈之外，还有学者讨论了中国灾害史料整理与数据库建设，对历史上尤其是新中国成立以来的国内灾害史学者业已进行的大规模史料整理与数据库建设展开批判性分析，进而以清代为例，提出有关中国灾害历史数据库建设的最新构想。[⑲]

4. 史料与历史研究

第一，新史料与历史的重构。有学者讨论了敦煌吐鲁番文书对中古史研究的新意义，认为敦煌吐鲁番文书留存了许多下层、女性、少数族群的“原始材料”，为今天研究社会史、女性史、边疆民族史、儿童史，以及环境史、疾病史等方面提供了鲜活的材料，而且没有经过任何人的“编纂”，不仅可以补史证史，还可以避开传统史家误导，直接观察事件发生的情形。[⑳]还有学者考察了戈尼萨文书对地中海史研究的意义。戈尼萨文书是中世纪时期埃及福斯塔特犹太人在犹太会堂戈尼萨中存放的文献资料，19 世纪末被发现后流散到世界各地。迄今为止世界各地学者对戈尼萨文书进行释读，从地中海经济交流、宗教交流与移民、犹太社团等多方面促进了地中海历史研究的深入。[21]

第二，齐世荣《史料五讲》读后感。已故著名史学家齐世荣先生的《史料五讲》是关于史料的论集，收录了齐先生近四、五年讨论史料问题的五篇专文，2014 年由首都师范大学出版社出版。此书一出便获得良好的反响，不少学者以此书为契机展开对史料问题的理论思考。《首都师范大学学报》（社会科学版）2015 年第 1 期发表了主题为“读齐世荣先生《史料五讲》”的系列读后感。有学者认为，《史料五讲》全书贯穿全局的见识，是以“官书”和“私记”提携全书，所讲的五个方面的史料问题各自成篇但又密切联系；论述各类私记史料价值时采用比较和分类的方法；征引材料十分丰富，来源涵盖古今中外。《五讲》在讲史料中论治学，反映了齐先生的治史理念。[22]有学者提出，史料的扩充与历史认知的深化，是史学发展不可分离、相辅相成的两个方面。认为齐先生通过《史料五讲》一书中对新史料的分析与辨析，希望能规范和提高史学工作者在处理史料方面的能力，并希望在对史料的探讨中引出新的研究问题与领域，培养创新的历史认知意识，促进史学的发展。[23]除了这次系列笔谈，还有学者系统总结了《史料五讲》的特点：一、视野开阔，内容系统；二、论述精辟，举证确凿；三、学者风范，寄意深远。认为作者于耄耋之年著成此书，更体现出其可贵的历史责任感。[24]另有学者则在史料与学风的关系方面得到了新的启示，认为史料的认识、判断、运用和解释，处处都与学风相关，而贯穿其间的则是实事求是的治学态度。[25]

三、历史学科发展的理论反思与建设

1. 史学理论与史学史学科

有学者总结并详述了中国史学发展史上的五次“反思”：第一次是唐中前期，以刘知幾《史通》的出现为代表；第二次是清代前期，以章学诚《文史通义》为代表，中国古代史学理论达到高峰；第三次是清末，以梁启超《新史学》为代表，开始中国的“史界革命”；第四次出现在 20 世纪 20 年代，马克思主义史学传入中国，以李大钊《史学要论》为代表；第五次出现在 20 世纪八九十年代，以清算文革所造成的破坏和检讨学术经验教训为特点。[26]有学者提出自己对中国史学史未来发展方向的意见，认为应当着力探讨中国史学演进中带有关键性的问题，要努力总结和阐释那些显示出中国史学的民族特色，彰显民族文化伟大创造力，具有当代价值，具有中西融通学理意义的内容、思想、命题和方法，并力求作出新概括、新表述。[27]有学者回顾和梳理了近 30 年来中国古代史学上“历史文学”的研究状况，指出学界主要围绕“历史文学”意识、“历史文学”成就和“历史文学”理论三个方面展开了研究，并取得了一定的成果。认为新时代的历史文学研究可以考虑从历史文学研究向史学审美研究发展，不失为未来的新方向。[28]有学者发表了对中国近代史学史研究现状的思考，认为近十几年来中国近代史学史研究疏离政治史、革命史的宏大叙事，出现以现代化、科学化思潮研究为线索解读史学发展过程的新叙事探索，同时也出现关注研究范式和“重返宏大叙事”的呼唤，认同多元境界有利于推进史学史研究的深入。[29]还有学者系统梳理和阐释了西方史学理论史上的历史客观性问题，认为在康德之前的古代、中世纪以及近代的历史学家缺乏历史感，康德之后的历史主义开启了西方历史研究的新篇章，强调历史客观性和科学性，之后的相对主义史学理论使得历史学家接受了一种客观性更弱或更有限的客观性。[30]

2. 中国近现代史学科

有学者分析了中国近代文化史学科研究的新趋向。认为社会文化史是 20 世纪 90 年代以后中国文化史发展的新趋势。文化史主要研究社会的精神领域，社会史主要研究社会生活领域，二者各有侧重，又互相补充，形成社会文化史这一分支学科。近代社会文化史研究必须尽快形成一套相对规范的理论和方法。[31]有学者梳理了近 30 年来中国社会史研究方法的探索，认为近 30 年来中国社会史研究方法开拓性和创新性比较突出，社会史学科逐渐走向成熟。同时，社会史研究也存在碎片化、平面化、浅薄化、过度社会科学化、重复性研究过多、缺少独立理论创新等缺陷。[32]有学者探讨了中国近代史研究中的“范式”问题，认为主要有“革命”和“现代化”两种范式的分歧，其主要观点：一是中国近代史是“一场革命史”还是“一场现代化史”，二是应当“以革命包容现代化”还是应当“以现代化包括革命”。这场争论最终达成了共识：中国近代史研究中的不同范式，应当“扩散”、“并存”、“互济”，而不是“取代”、“排斥”、“包括”。[33]还有学者就“当代人是否能写当代史”的问题发表了自己的看法。当代人写当代史是中国传统史学的优良传统，而20世纪80年代以来，有关中华人民共和国史编撰实践的得失也表明当代人写当代史不仅是可能的，而且是必要的，其中最大的启示是设立国史馆。[34]

3. 世界史学科

有学者探讨了世界史研究的源头、诞生、变化，以及我国世界史学科建设的现状和出路情况，认为进入20世纪西方人开始撰写世界史，二战后西方历史学家开始抛弃狭隘的民族主义史学关注世界历史，20世纪60年代全球史在美国诞生，20世纪80年代美国的世界史学科化。1962年周一良、吴于廑主编的《世界通史》出版，是我国世界史学科体系诞生的标志。但是我国世界史有很多基本概念不清，横向与纵向研究都有缺陷，研究力量畸轻畸重，课程设置与人才培养也存在需要解决的问题。[35]

更多学者关注了全球史的研究和理论建设。2015年6月20—21日，由首都师范大学全球史研究中心主办的“第三届全球史学术论坛暨全球史研究中心成立十周年学术研讨会”在京举行，来自多所高校、科研机构和出版单位的60余位学者参会，收到论文近40篇。[36]全球史与中国历史学科的发展、全球史研究理论与方法等重大理论问题作为本次会议的主要议题，得到了学者们的热情讨论，大家为如何推进全球史研究献计献策。[37]会议之外，有学者阐述了对西方全球史的方法论，即跨文化互动研究的认识。跨文化互动研究扩展了世界史研究的对象，更新了对世界史进程的解释模式，并努力克服“欧洲中心论”，追求全球视野的实现。[38]有学者探讨了海洋史研究的全球史转向，认为受20世纪下半叶以来兴起的全球史思潮的影响，海洋史研究的方法和理路发生了诸多转变，“新海洋史”正悄然形成。从研究特色来说，所关注的是人在这种网络形成和运行中所发挥的作用以及网络运行的机制。[39]

四、中外古代史学相关问题的研究

1. 《史记》研究

首先，系统阐述《史记》的历史编纂成就。有学者对《史记》“八书”历史编纂首创性价值进行析论，认为《史记》虽然以人物为中心，而司马迁又设置“八书”以记载典章制度和社会生活情状，凸显其多维历史视野和创为“全史”的观念，在历史编纂学史上有十分重要的首创性意义。“八书”撰著的成功为历代“正史”的典志篇章和多样的典章制度史著作的出现开辟了道路。[40]有学者阐述了“世家”的历史编纂成就，《史记》共设有“世家”三十篇，足见其地位之重要。以往有的学者错误地指责司马迁“名实无准”、“自乱其例”，实则是未能究明《史记》世家不同类型篇章所反映的历史特点。我们读“世家”，应当“另换一副眼光”，以创新的观点作出新概括。[41]有学者讨论了《史记》列传的历史编纂成就，认为“成功地刻画特定历史环境的人物形象”尤其值得我们深入总结和大力阐释，不仅展现了人物生动感人的性格、神采，而且深刻地反映出他们所处的不同时代的特点，因而为我们提供了撰写历史人物传记的成功典范。我们要认真借鉴《史记》的成功经验，使我们撰写的史书更能受到大众的欢迎。[42]同时，司马迁作列传另一难能可贵之处，是观察历史、再现历史有突出的平民视角。司马迁这种进步的历史观和卓异的历史编纂思想，使《史记》成为真正记载社会各阶层人物活动的一代“全史”，具有超越时空的意义。[43]

其次，深入探讨《史记》内蕴的历史思想。有学者系统分析了《史记》对国家大一统的称颂：司马迁热烈歌颂从黄帝的“万国和”、秦始皇的统一六国到汉武帝的开拓边陲三个波峰期的中华大一统的巨大业绩，并综合论述国家构建中的战争功能、制度演进、德力转变与人物作用等的相关因素及其理政经验。[44]有学者以《史记·货殖列传》和《盐铁论》为重点，着重讨论了汉代的经济思想。认为儒家传统思想始终坚持政府应以税赋为国利之渊薮，不应该通过垄断一般商业市场获利，司马迁和贤良文学派的经济主张，与传统儒家经济思想是一脉相承的，都倾向于维护汉初以来新兴工商业者阶层的利益，在汉代经济思想史上有重要地位。[45]有学者具体分析了《史记》蕴含的西汉法治思想，认为《史记》中的法治思想，特别是强调道德与法律的共同作用，主张有局限的法律平等及宣扬慎刑、宽刑等内容，是值得我们认真总结并借鉴的。[46]还有学者系统阐述了司马迁的多维历史视野，认为《史记》创造了由本纪、表、书、世家、列传五体有机结合的编纂形式，其内在依据和成功的奥秘，乃在于多维度、多视角、多方位地观察和叙述历史。运用“多维历史视野”这一新概括，无疑能帮助我们更深刻地理解《史记》何以被称为著史的“极则”，能更加恰当地评价《史记》历史编纂成就对20世纪史家的深远影响。[47]

再次，对《史记》研究的回顾总结。有学者系统介绍和评价了张大可先生的《史记》研究学术成就，认为张大可推动了《史记》断限、《史记》残缺和补窜问题、司马谈作史等关键问题的解决；潜心梳理司马迁生卒年问题研究，并取得了很大的进展；用功于《史记》体例及司马迁思想研究；在《史记》的教学和研究组织工作上作出了重要贡献。[48]还有学者梳理了学界对《史记》“人为主体”所展开的学术讨论，认为自梁启超提出《史记》列传“贯彻其以人物为历史主体之精神”以后，翦伯赞、肖黎、李少雍、邹贤俊、黄新亚、赵生群、程生田、张大可等学者都有涉及“人为主体”的有关见解，由此可见其讨论进程的大致线索。[49]

2. 中国古代史学思想研究

有学者探讨了《周易》与中国古代史学通变精神的发生发展，认为中国古代史学通变精神的哲理基础是儒家经典《周易》的通变思维，《左传》便开始以易解史；具有易学家学渊源的司马迁，深刻领会《周易》“长于变”的特点，最早提出以“通古今之变”为撰史旨趣；《史记》以后的中国古代史学都普遍以《周易》的通变思维作为哲理基础，传承司马迁的“通古今之变”的撰史旨趣，在历史与史学的撰述与评论中重视体现通变的精神。[50]有学者考察了三国吴人华覈的史学批评思想。认为三国时期的史学受到材料散佚的局限，获得学界的关注较少；指出三国吴人华覈史学批评思想的主要特点是：注重评价前辈史家及其撰述，对撰修史书所需的史才有独到的认识，重视撰修国史的传统等。[51]有学者探析了刘知幾的“疑古惑经”思想，认为其思想集中体现在对儒家经典《尚书》、《论语》、《春秋》等提出的怀疑与批驳中。他在强调直书实录、史学求真的同时，也注重儒家的纲常名教。“疑古惑经”思想对后世经史之学产生了深远的影响。[52]还有学者论述了明代郭大有《评史心见》史论的倾向和得失：撰述旨趣注重评论“可以为鉴者”与“不可以为鉴者”的史事；以“扶纲常、振风化”为论史目标；主张评史当观“时”、“势”与“天命人心”。指出作者评史时过于强调理学式的道德评价，忽视了事实评价，造成一定的前后矛盾。[53]另外，还有学者出版专著，系统考察有唐一代史学发展情况，指出唐代史学的发展，呈现出盛唐、中唐和晚唐的阶段性特点；对唐代主要史家刘知幾、杜佑、韩愈、柳宗元等，以及主要史著唐初“八史”、《史通》、《通典》等进行了全面梳理和总结，由此阐明了唐代史学的主要成就和特点，展示了唐皇朝的盛大气象。[54]

除此之外，历史书写问题继去年的热潮后仍获得一定的关注。有学者出版专著，对二十四史的民族史撰述展开专门研究。分北方、西域、吐蕃——西藏和南方四个区域，对正史民族史撰述的内容进行概说；从中国多民族历史的构建、历史编纂和民族思想三方面系统总结其史学成就；分析历代民族政策和统一多民族国家发展在正史民族史撰述中打下的烙印；阐述少数民族政权编纂的正史所蕴含的历史文化认同意识。[55]有学者考察了唐宋“循吏”的历史书写，认为由于社会变迁、史材选取上的偏重等原因，唐宋两朝的循吏所呈现出的表象有所差异，但其内在的循吏政治文化传统还是一脉相承的。[56]还有学者关注了明后严嵩时代的史学生态与史学文本中的严嵩，认为分析严嵩，就不能不追问和分析后严嵩时代的史学文本背后的主体价值取向的影响，既要意识到徐阶、王世贞等对严嵩负面形象建构的影响，也要意识到艾南英等竭力为严嵩开脱者与严嵩的乡谊关系，结合思考，庶几可以接近真实的严嵩的形象。[57]

3. 西方古代史学研究

有学者关注了古希腊史学家修昔底德与他的帝国主义思想。修昔底德《伯罗奔尼撒战争史》一书的主角是雅典帝国主义，修昔底德认为雅典帝国主义的崛起是战争爆发最真实的原因，西西里远征和米洛斯对话时则是雅典帝国主义的巅峰。通过审视修昔底德史书中的这三个片段，可以厘清修昔底德对帝国主义的看法。修昔底德揭示出帝国主义就是强者对弱者的武力征服，而且帝国主义具有某种必然性和普遍性，但我们并不能说修昔底德是一位帝国主义者，因为他为正义和神义留下了广阔余地。[58]有学者考察了古罗马史学家塔西佗所著《历史》一书中的命运观。塔西佗《历史》中“命运”的含义，或指神性之命运，或指偶然发生的历史事件之原因。塔西佗承认神性之命运对人事的支配作用，同时也重视从人事上探求史事的原因。此类似乎存在矛盾的命运观中，实际上蕴含了相当深刻的思想。塔西佗意识到人类理性在历史中的作用，同时也意识到人类理性无法把握历史的偶然性与具有必然性意义的演变。他所谓神性之命运，最深层意思是指人类理性的局限性。塔西佗的命运观，深受希腊和罗马传统史学命运思想的影响。[59]还有学者探讨了都尔主教格雷戈里与中古拉丁史学的兴起。都尔主教格雷戈里的历史作品《历史十书》长期以来被称之为《法兰克人史》，书名的变更带来了对作品及其作者的全新认识，格雷戈里并不是一位知道什么就说什么的“天真汉”，而是具有高明的写作策略、注重创新写作体例的历史学家。通过调查《历史十书》成书后两百年手抄本的情况，比较它们对这部历史巨著的继承和修订，可以对格雷戈里所开创的中古早期历史传统有更为深刻的认识。[60]

五、中外近现代史学相关问题的研究

1. 西方马克思主义史学与中国唯物史观史学研究

有学者分析了马克思、恩格斯“历史科学”概念的意蕴，认为马克思、恩格斯的“历史科学”概念不是指具体的学科，特别不是指历史学，而是指运用唯物辩证法的一切科学。“真正的实证科学”与广义的“历史科学”是等价的。[61]有学者考察了马克思主义影响下的法国拉布鲁斯史学，认为信奉马克思主义的拉布鲁斯不仅深化了马克思主义的革命史研究，而且创立了具有马克思主义印记的社会史范式。今天面对日益碎化的新史学，重新关注强调经济基础、重视社会群体的拉布鲁斯史学具有一定的纠偏意义。[62]还有学者比较了契希考夫斯基和马克思历史哲学的异同。不同于马克思以实践为基础的历史认识论和辩证的历史决定论，契希考夫斯基虽然建立了以行动为标志的历史哲学，但因没有脱离黑格尔历史哲学的框架，所以其历史认识论只是一种观念论（Idealism）的历史认识论。对契希考夫斯基和马克思的历史决定论、历史过程论和历史认识论进行比较研究，既能促进对契希考夫斯基行动哲学的理解，又能深化对马克思实践观及其以实践为基石的历史观的认知。[63]

有学者宏观梳理了20世纪中国史学中的唯物史观史学，介绍了其历史分期和不同历史时期的特点，提出唯物史观史学是20世纪中国史学的重要组成部分。这一客观存在的事实至少表明，在20世纪中国史学发展过程中，唯物史观史学具有其产生、发展的社会与学术土壤，亦有其对现实与史学的贡献与担当。在当前中国史学呈多元发展的学术趋向下，更需要认真分析唯物史观史学产生的原因、梳理唯物史观史学在20世纪的走向、研究唯物史观史学对20世纪中国史学的各种影响。[64]有学者考察了社会史大论战对中国马克思主义史学建立的关系。它使中国马克思主义史学具有革命性和实践性的品质特征，也带给马克思主义史学以理论思考和宏大叙事的基本特点。中国马克思主义史学阵营真正形成规模并产生广泛影响，应当是延安和重庆两地唯物史观史学得以迅速发展的抗战时期，但是不能忽视社会史论战对马克思主义史学建立的开创性意义。[65]有学者介绍了民国时期唯物史观史学与马克思主义史学的特点。民国时期的唯物史观史学是不断发展的，也存在很多缺陷。一些标榜唯物史观研究的史学作品，在传世性和严谨性上存在欠缺，这与作为唯物史观史学主流的马克思主义史学的研究者矢志追求其作品的现实革命价值有关。[66]还有学者考察了“旧史家”和新中国成立以后“五朵金花”的讨论。由民国时期转变而来且以史料考证见长的“旧史家”积极参与到以“五朵金花”的讨论中，为他们融入马克思主义话语体系提供了舞台，壮大了马克思主义史学研究队伍，也为新中国史学的理论架构与学科产生做出了重要贡献。[67]

中国唯物史观史学背景下的史学家也成为研究的对象。2015年是马克思主义史学家刘大年先生诞辰一百周年，刘大年先生是继马克思主义史学“五老”之后重要的马克思主义史学家，中国近代史研究领域的学术大师，为中国近代史研究与马克思主义史学理论建设做出了突出贡献。2015年第1期《近代史研究》发表了主题为“纪念马克思主义史学家刘大年先生诞辰一百周年”的笔谈，北京学者积极参与其中。有学者对刘大年的史学思想进行全面概述，主要包括对中国近代史的概括、对抗日战争史的概括、对马克思主义历史学理论核心问题的概括和对历史研究与现实关系的概括几方面。[68]此外，还有学者关注了新中国建立初期的顾颉刚。认为新中国建立初期的政治运动让顾颉刚深感“紧张迫促”，在镇反运动中因恐惧而拟遗嘱、违心地批判胡适、在思想改造运动中内心饱受煎熬，政治运动的“洗礼”终使他不得不对自己的生活与治学作出调整和改变。顾先生经过几番周折而最终确定择职于北京中国科学院历史研究所，既缘于社会环境的压力和政府的安排，也出于对自家生活条件的改善和自己事业发展的考虑。在唯物史观史学为主导的情况下，顾先生对自己的学术试图做出调整，却又勉为其难，自始至终未曾放弃的则是坚守其疑古学说和《古史辨》的成绩。[69]

2，中外近现代史学转型的研究

中国近代历史背景下新史学的萌生是北京学者关注的焦点。有学者考察了20世纪初“新史学”思潮及其意义，讨论了梁启超《新史学》的局限性。“新史学”思潮形成于中华民族危机日益深重的背景下，不可避免地带有理念上的局限性，对传统旧史学的批判也有偏激的一面，但不应据此加以全盘否定。[70]有学者具体考察了梁启超国族、种族意识纠结下的《新史学》，并探讨了历史书写主体问题对新史学的影响。在“反满”与“保皇”之间的徘徊，使其在史学表述上尽管常常坚持国族立场，但有时亦冲破理性的束缚，流露出种族主义倾向。最后，梁启超用国族立场消解种族意识的思路，颇具学术价值与现实意义。[71]还有学者考察了19世纪后半叶“救亡图存”背景下中国世界史编纂的萌生。自19世纪中叶到19世纪末甲午战争前约半个世纪，是中国世界史编纂的萌生时期，它是中华民族危机日趋加深催生的产物，“救亡图存”是其担当的时代使命。[72]另外，有学者出版专著，讨论中国现代历史叙述模式的形成及其在清末的实践，考察了中国现代历史书写意识的形式、现代国族意识与中国史的书写、种族意识下的汉族史书写，肯定中国历史就是在认知和认同的交融中书写而成的。[73]

“新史学”背景下的近代史学家亦得到关注。有学者考察了柳诒徵“为史以礼”说。针对梁启超等新史家的观点，柳诒徵坚持以礼为中国文化和历史的核心，著成《中国文化史》和《国史要义》。前者说明了中国文化传统的优长恰在于礼，反驳中国没有文明和文化的说法；后者提出中国史学的组织原则在于礼，力斥中国没有史学理论的观点。[74]有学者系统解析了钱穆的“新史学”思想。20世纪上半期，“新史学”代表了一种强势话语。抗战期间，钱穆发表《国史大纲》等系列著作，亦自称新史学。钱穆所说的新史学，实即适宜抗战需要的“新通史”，在抗战期间发挥了外源性的新史学所不可替代的作用。[75]还有学者论析了傅斯年、范文澜、金毓黻的交往及学术人生。三人都是出身于北京大学国文门、师从黄侃，但毕业后与黄侃关系亲疏不一。傅斯年、范文澜有明确的政治立场，金毓黻治学能谨守绳尺，依违于二人之间。但国学功底深厚，重视民族气节以及对民族文化的深厚情感，是他们的共同特点。[76]

近现代西方史学的转型以及不同阶段背景下的史家、学派研究亦有不少成果。有学者探讨了德国史学向近代转型过程中的“兰普莱希特争论”。19世纪末，围绕着兰普莱希特著多卷本《德意志史》及其文化史观，德国史学界展开了激烈论战。兰普莱希特在争论中的明显失败，对于德国史学从传统史学向“新史学”的转型产生了极其负面的影响。[77]有学者探讨了20世纪上半期思辨历史哲学代表人物“20世纪伟大天主教历史学家”克里斯托弗·道森的世界历史观。面对20世纪上半叶世界格局巨变以及世俗化倾向，他借鉴社会学研究方法，从天主教的角度反思西方近代文明，系统论述了天主教对西方文明的意义。[78]有学者梳理了战后七十年纳粹史叙事的模式和联邦德国史学界对纳粹历史的思考。纳粹史叙事经历了多次模式转换，从民族神话叙事到批判叙事，再到多样化叙事和未来的欧洲叙事，历史学家们承担起了历史“公共性”的使命，德意志民族也获得了集体归属感和行动能力的基础。[79]有学者研究了五六十年代美国著名历史学家马歇尔·霍奇森的世界历史思想。他指出历史学家要努力摆脱各种已有思想观念导致的“预设”束缚，而让新的世界历史学科在史学学术中处于应有的核心地位，从“跨区域图景”的视野出发看待世界历史和伊斯兰文明，得出了不同于传统的历史分期，也重新解释了欧美的现代性。[80]还有学者研究了加州学派与早期现代史研究范式的转换。早期现代史研究长期受西方中心主义范式的支配，而近年来西方中心主义范式遭到多元主义范式的挑战，其中“加州学派”的比较研究功不可没。该学派否定了“西方特性”论，将西方与非西方社会平等视之、互为主体的交互比较方法将大有用武之地。[81]

注：

①唐红丽：《高举唯物史观旗帜 向历史虚无主义亮剑》，《中国社会科学报》，2015年9月21日。

②卜宪群：《历史唯物主义与历史虚无主义琐谈》，《历史研究》，2015年第3期。

③于沛：《后现代主义历史观和历史虚无主义》，《历史研究》，2015年第3期。

④武力：《唯物史观视角下的历史虚无主义辨正》，《历史研究》，2015年第3期。

⑤郑师渠：《当下历史虚无主义之我见》，《历史研究》，2015年第3期。

⑥吴英：《驳历史虚无主义中的几个主要观点》，《新疆师范大学学报（哲学社会科学版）》，2015年第5期。

⑦曹守亮：《警惕历史虚无主义思潮新动向》，《中国社会科学报》，2015年1月16日。

⑧周良书：《五四时期“历史虚无主义”在中国之影响及其检讨》，《哲学研究》，2015年第12期。

⑨阎步克：《一般与个别：论中外历史的会通》，《文史哲》，2015年第1期。

⑩张越：《中外历史研究的会通与中国史学的发展——“中外历史研究的会通”学术研讨综述》，《学术研究》，2015年第4期。

⑪杨共乐：《中国传统史学是一门治国之学——以古代中西史学比较为视角》，《史学理论研究》，2015年第3期。

⑫李伯重：《量化史学中的比较研究》，《量化历史研究》，第二辑。

⑬张顺洪：《应重视“失败者历史”的研究》，《世界历史》，2015年第5期。

⑭张旭鹏：《失败者有自己的历史吗》，《世界历史》，2015年第5期。

⑮张文涛：《“失败者历史”：一种历史研究和书写的主题取向》，《世界历史》，2015年第5期。

⑯教育部社会科学委员会历史学学部编：《史学调查与探索》，北京师范大学出版社，2015年版。

⑰王子今：《“史识”与计算机“利器”》，《史学月刊》，2015年第1期。

⑱陈爽：《回归传统：浅谈数字化时代的史料处理与运用》，《史学月刊》，2015年第1期。

⑲夏明方：《大数据与生态史：中国灾害史料整理与数据库建设》，《清史研究》，2015年第2期。

⑳荣新江：《从“补史”到“重构”——敦煌吐鲁番文书与中古史研究》，《中国高校社会科学》，2015年第2期。

㉑李大伟、尹廉杰：《戈尼萨文书与地中海史研究述评》，《全球史评论》，第九辑。

㉒瞿林东：《讲史料 论治学——读齐世荣先生〈史料五讲〉书后》，《首都师范大学学报（社会科学版）》，2015年第1期。

㉓李凯：《史料扩充与历史认知——读齐世荣先生〈史料五讲〉的一点认识》，《首都师范大学学报（社会科学版）》，2015年第1期。

㉔陈其泰：《史料价值与辩证分析——读齐世荣教授著〈史料五讲〉》，《淮阴师范学院学报（哲学社会科学版）》，2015年第2期。

㉕王姝：《史料与学风——齐世荣〈史料五讲〉的理论启示》，《黑龙江社会科学》，2015年第1期。

㉖瞿林东：《中国史学上的五次反思》，《史学史研究》，2015年第1期。

㉗陈其泰：《关于拓展中国史学史研究的思考》，《陕西师范大学学报（哲学社会科学版）》，2015年第4期。

㉘王姝：《近三十年来关于中国古代史学上“历史文学”研究的考察》，《安徽史学》，2015年第2期。

㉙刘俐娜：《疏离宏大叙事之后——中国近代史学史研究现状及思考》，《湖北社会科学》，2015年第1期。

㉚董立河：《西方史学理论史上的历史客观性问题》，《史学史研究》，2015年第4期。

㉛左玉河：《从传统文化史到社会文化史：中国近代文化史研究的新趋向》，《河北学刊》，2015年第1期。

㉜李长莉：《近三十年来中国社会史研究方法的探索》，《南京社会科学》，2015年第1期。

㉝徐秀丽：《中国近代史研究中的“范式”问题》，《清华大学学报（哲学社会科学版）》，2015年第1期。

㉞曹守亮：《论当代人写当代史》，《山西师大学报（社会科学版）》，2015年第3期。

㉟徐浩：《什么是世界史？——欧美与我国世界史学科建设诹议》，《经济社会史评论》，2015年第1期。

㊱张捷：《“第三届全球史学术论坛暨全球史研究中心成立十周年学术研讨会”会议综述》，《全球史评论》，第九辑。

㊲刘文明、夏继果等：《怎样推进全球史研究——首都师范大学第三届全球史学术论坛讨论记录》，《全球史评论》，第九辑。

㊳董欣洁：《西方全球史的方法论》，《史学理论研究》，2015年第2期。

㊴夏续果：《海洋史研究的全球史转向》，《全球史评论》，第九辑。

㊵陈其泰：《〈史记〉“八书”历史编纂首创性价值析论》，《史学月刊》，2015年第6期。

㊶陈其泰：《〈史记〉“世家”历史编纂成就析论——“应另换一副眼光读之”》，《文史哲》，2015年第6期。

㊷陈其泰：《成功刻画特定历史环境的人物形象——〈史记〉列传历史编纂成就析论》，《史学史研究》，2015年第2期。

㊸陈其泰：《为平民阶层出身的人物立传——〈史记〉列传历史编纂成就析论之二》，《求是学刊》，2015年第4期。

㊹杨燕起：《〈史记〉对国家大一统的称颂及内在逻辑》，《湖湘论坛》，2015年第5期。

㊺李欣：《论“与民争利”之“民”与“利”——〈史记·货殖列传〉〈盐铁论〉的讨论为中心》，《南都学坛（人文社会科学学报）》，2015年

第6期。

㊻岳庆平:《〈史记〉中的法治思想》,《博览群书》,2015年第11期。

㊼陈其泰:《司马迁的多维历史视野》,《学术研究》,2015年第2期。

㊽安子毓:《张大可先生〈史记〉研究学术成就评介》,《渭南师范学院学报》,2015年第15期。

㊾杨燕起:《关于〈史记〉"人为主体"的学术讨论》,《渭南师范学院学报》,2015年第15期。

㊿汪高鑫:《〈周易〉与中国古代史学的通变精神》,《史学史研究》,2015年第2期。

(51)王姝:《三国吴人华覈的史学批评思想》,《苏州大学学报(哲学社会科学版)》,2015年第4期。

(52)纪丹阳:《刘知几"疑古惑经"思想探析》,《安徽史学》,2015年第3期。

(53)于泳:《论〈评史心见〉史论的倾向与得失》,《求是学刊》,2015年第4期。

(54)瞿林东:《唐代史学论稿·增订本》,高等教育出版社,2015年版。

(55)汪高鑫:《二十四史的民族史撰述研究》,黄山书社,2015年版。

(56)张吉寅:《唐宋"循史"的历史书写与身份变迁》,《沈阳大学学报(社会科学版)》,2015年第3期。

(57)向燕南:《明后严嵩时代的史学生态与史学文本中的严嵩》,《史学史研究》,2015年第1期。

(58)彭磊:《修昔底德与帝国主义问题》,《江汉论坛》,2015年第5期。

(59)刘亮:《塔西佗〈历史〉的命运观》,《史学史研究》,2015年第1期。

(60)李隆国:《都尔主教格雷戈里与中古拉丁史学的兴起》,《史学史研究》,2015年第2期。

(61)张文涛:《马克思、恩格斯"历史科学"概念的意蕴》,《甘肃社会科学》,2015年第5期。

(62)庞冠群、顾杭:《马克思主义影响下的法国拉布鲁斯史学探析》,《史学史研究》,2015年第1期。

(63)马凤阳:《契希考夫斯基和马克思历史哲学的比较》,《西南交通大学学报(社会科学版)》,2015年第4期。

(64)张越:《20世纪中国史学中的唯物史观史学》,《史学理论研究》,2015年第1期。

(65)张越:《社会史大论战与中国马克思主义史学建立论析》,《陕西师范大学学报(哲学社会科学版)》,2015年第4期。

(66)谢辉元:《民国时期的唯物史观史学与马克思主义史学》,《天府新论》,2015年第4期。

(67)朱春龙:《"旧史家"与"五朵金花"的讨论(1949—1966)》,《史学理论研究》,2015年第2期。

(68)张海鹏:《刘大年史学思想散论》,《近代史研究》,2015年第1期。

(69)张越:《选择与坚守:新中国建立初期的顾颉刚(1949—1954)》,《清华大学学报(哲学社会科学版)》,2015年第5期。

(70)杨艳秋:《20世纪初的"新史学"思潮及其意义——兼论梁启超〈新史学〉的局限性》,《齐鲁学刊》,2015年第3期。

(71)姜萌:《国族、种族意识纠结下的〈新史学〉——兼谈历史书写主体问题对清末新史学的影响》,《清华大学学报(哲学社会科学版)》,2015年第3期。

(72)于沛:《"救亡图存"与近代中国世界史编纂的萌生》,《北方论丛》,2015年第2期。

(73)姜萌:《族群意识与历史书写:中国现代历史叙述模式的形式及其在清末的实践》,商务印书馆,2015年版。

(74)张昭军:《柳诒徵"为史以礼"说的意蕴》,《社会科学》,2015年第10期。

(75)张昭军:《钱穆"新史学"思想解析》,《中国高校社会科学》,2015年第1期。

(76)周文玖:《史家三巨擘 同门而异彩——傅斯年、范文澜、金毓黻的交往及学术人生论析》,《史学史研究》,2015年第2期。

(77)柏悦:《"兰普莱希特争论"初探》,《史学史研究》,2015年第4期。

(78)武可:《一个天主教文化史学家世界历史观——评道森的〈世界历史的功力〉》,《基督教文化学刊》,第34辑·2015秋。

(79)徐健:《纳粹史叙事与民族认同——战后七十年联邦德国史学界对纳粹历史的思考》,《史学集刊》,2015年第4期。

(80)李俊姝:《马歇尔·霍奇森的世界历史思想》,《史学理论研究》,2015年第1期。

(81)魏孝稷:《"加州学派"与早期现代史研究范式的转换》,《史学理论研究》,2015年第2期。

(作者:汪高鑫,北京师范大学教授;
周倩,北京师范大学博士生)

中国古代史

仝卫敏　孙　虎

2015 年，北京地区中国古代史学界在诸多领域均有不俗表现，现将本年度研究情况综述如下：

一、主要学术交流活动

本年度北京古史学界组织发起了多次学术会议。3 月 7 日至 8 日，北京大学考古文博学院主办“中古时期丧葬的观念风俗与礼仪制度”学术研讨会，多位古史学者应邀出席，从史学角度对中国中古时期的丧葬风俗观念与礼仪制度发表看法，并就研究理论与方法问题与考古学者们展开讨论。5 月 23—24 日，首都师范大学历史学院主办的“综合的六朝史研究”学术研讨会在京举行。40 多名国内外学者分别从文学、历史、考古、宗教四个视角综合审视秦汉魏晋南北朝史研究的新出路。6 月 6—7 日，中国人民大学历史学院、国学院联合举办“出土文献与中国古代文明研究”学术研讨会，与会者结合新旧出土简牍文献探讨了中国古代文明在政治制度、名物、数术、学术史、中西交通等多方面的问题。6 月 26—28 日，北京大学历史系、中国古代史研究中心等主办“断裂与转型：帝国之后的欧亚历史与史学”国际学术研讨会，与会学者从不同视角探讨了欧亚大陆汉帝国、罗马帝国和波斯帝国瓦解之后的世界历史进程。11 月 5—6 日，由中国社会科学院学部主席团主办、中国社会科学院历史研究所承办的“中国古代社会变化与思想变迁国际学术研讨会”在京举行，与会学者探讨了中国古代的社会变化与思想变迁问题，反映了思想史与社会史相结合的研究新趋势。

二、出土材料的整理与研究

甲骨卜辞方面，有学者考察了殷墟卜辞中军事行动用词“追”，其含义系指抵抗侵略，驱逐敌寇。卜辞中多次出现外族入侵，商王命“追”的记载，其后的西周金文也沿用这一表述。[①]还有学者对花东卜辞中“妇”字的隶定及其含义提出商榷，认为该字当隶定为“从王从帚”，从王表示其属王妇性质，亦应当是对妇好的美称，花东卜辞中只有妇好一人被冠以妇称；并据此分析花东卜辞的时代当在武丁中期左右，“子”很可能是妇好的亲子。[②]

金文研究方面，近年湖北随州文峰塔 M1 号墓出土铜器由于关涉周初分封形势、南土诸侯格局及其历史文化演变等一系列重大问题而引起学界高度关注。有学者对其中的一组“正月曾侯编钟”铭文的前半部分进行了逐字逐句的新释读，并指出该曾侯与曾侯乙墓所见曾侯从年代上推算应为同一人；南宫括曾服侍文武两朝，在成王时始封。[③]还有学者深入分析了该墓出土的曾侯與钟铭内容，指出曾国的始祖“南公”可能并非周王室嫡系后裔，其始封或早至周武王世；铭文所述与《左传》等文献关于东周以降周、楚、随关系的记载是一致的。[④]

简牍帛书方面，清华简依然备受瞩目。有学者结合清华简《说命》篇及《说文》引用《商书》的体例，辨析了大、小徐本记录商王武丁得贤臣傅说一事的差异，认为大徐本作“敻求”近是，表示站在穴居房屋之上的人举目远望，有搜寻之状；而小徐本作“营求”则非。《说文》所引应为古文《尚书·说命》篇中之语，该篇在许慎的时代有可能还存在。[⑤]新近公布的清华简第五册亦有不少学者撰文讨论：如有学者将清华简《命训》与传世本《逸周书·命训》篇做了深入比对，校正了部分文句的讹误；同时断定逸周书三《训》的写作时代至迟在春秋中期。[⑥]还有学者依据清华简《汤处于汤丘》考证了商汤始居地，“汤丘”即“唐丘”，约在晋南一代，今垣曲商城或即其遗址。[⑦]

此外，围绕其他战国简帛的研究也在进行中。如随着整理工作的继续推进，北大秦简亦有系列论文发表。[⑧]近年来大批战国简帛古书问世，不仅直接揭示了一些古书的形成年代，更让学界反思古书辨伪的观念和方法论问题。有学者以今文《尚书》和《墨子》“十论”为代表，辨析了国际汉学界一些代表性观点在断代方法及结论上的不足，指出由后世校勘学所发展出的“祖本”或“底本”等观念在应用于早期的古书文本时应适当改变，口耳相传时代的“族本”观念更有利于去解释有关问题。[⑨]

秦汉史领域，新近公布的湖南益阳兔子山遗址所出《秦二世元年文书》与北大竹简《赵正书》相关联，而与《史记》相关记载抵牾，有学者冷静分析了秦二世即位前后的具体历史背景，认为简文刻意强调所谓“朕奉遗诏”，其实是出于政治需要而编造的，不能简单以出土文献为据修改传世文献的纪事叙事框架。[10]还有学者根据北京西郊石景山区出土的东汉幽州书佐秦君墓石阙铭文，结合相关传世文献，分析了汉代流行的儒家孝德观念。[11]

魏晋南北朝史方向，长沙走马楼吴简仍是关注焦点。有学者反思了学界关于这批吴简年代问题的论争，分别选取两组名词的含义加以讨论，重申了其年代可以向前延伸到东汉灵、献之际的观点。[12]还有学者考释了其中的“保质”简，提出孙吴政权设置了专门的官署“保质曹”，并采取多种举措对保质进行严格的人身控制。[13]

隋唐史方向，墓志碑刻研究成为新热点。有学者依据新出土的墓志材料对从北魏至唐这一时期内“坊”的产生与演变过程进行研究，指出在当时的日常生活与行政管理中，里的作用要远大于坊。[14]近年来新发掘出土的《武义南宋徐谓礼文书》成为宋史学界的焦点之一，有学者结合相关文献分析了“徐谓礼两类告身的形成过程以及给事中、中书舍人在其中的角色及其作用”，认为给、舍的职能及其封驳权力并不曾因为三省合一而发生实质性的改变，而“封驳职废或者职能互相侵夺”的问题也就不存在。[15]另一位学者则针对徐谓礼文书中《淳祐七年十月四日转朝请郎告》这一文书的释读，认为宋元丰改制后所确立的奏授告身体式与唐制一脉相承，只是具体格式顺应三省六部制的衍变有所调整，且在实际的政务运行中，三省的分野和分工依然存在。[16]

明清史领域，新近发现的贵州清水江文书，是继徽州文书之后发现的又一大地方文书档案遗存。有学者在对该文书进行考述的同时，将之与徽州文书进行比较，发现两种文书在整体上大致相同，只是清水江文书在承继中原契约文书的基础上更具地方和民族特色。[17]

三、传统研究领域

在传统研究领域，北京古史学界也取得诸多进展。

1. 政治史研究

先秦史方向，有学者撰文缕析了从商代“神权”、周代“君权”到春秋战国“民主”这一先秦时期最高权力发展演进的轨迹，指出三代君主在其权力尚未强大的时候，无不充分利用天、祖、民这些影响巨大的力量为其权势服务，并寻求终极的依据；战国变法运动的最大成果就是君主集权。[18]还有学者辨析了传世文献中关于商纣王身份的三种互相抵牾的记载，结合家谱刻辞的材料揭示商代的继承制度应以嫡长子继承为主，商纣王应为嫡子，微子启是其庶兄。《吕氏春秋》的相关记载实不可信，应以《史记·殷本纪》的记载为准。[19]还有学者考证了西周文献和金文中常见的“三事大夫”，分别指常伯、常任、准人，并非东汉以降注家所认为的“三公”、“三有司”，而应是天子近官，与以太史为首的“太史寮”及三有司为首的“卿事寮”等王朝官不同。[20]

秦汉魏晋南北朝领域，有学者考证了《三辅黄图》说西汉皇宫“四面皆有公车司马门”，王莽时改称为“王路四门”。此说源于该书作者对《汉书》等相关文献记载的误解，“公车司马”和“王路四门”皆为官名，前者系公车司马令和公车司马丞，后者由“公车司马”改名而来，全称应为“王路四门令”；西汉并无所谓“公车司马门”。[21]还有学者爬梳了秦汉出土简帛及传世文献中常见的官员以“主”为中心的称谓现象，主张官吏称“主”，反映出秦汉政府在行政运作中对相关责任人的主与次的区分，是对这些官吏“主要责任人”身份的特意强调。称“主”官吏通常处于统摄全局的职位或需要对某事直接负责，比其他官吏承担更多的责任和风险。政府借此称呼来强化官员的责任意识，提高行政效率。[22]一般认为秦汉“弃市”为绞刑，有学者结合出土简牍材料及传世文献对此提出商榷，指陈“弃之于市”应释为死后被抛尸于市，而非在市场处以绞刑。汉代死刑的常用刑种应为枭首、腰斩和弃市；“殊死”既是刑名也是罪名，代表谋反大逆等特殊的死罪，处决方式主要为腰斩、枭首，且要诛连父母妻子。[23]发生在汉武帝晚年的巫蛊之狱是西汉历史上重大的政治事件，学界有所谓路线之争和权力之争两种看法，有学者在辨析旧说的基础上指出汉武帝、江充及刘屈氂分别代表三种目的，互有交集，共同组成一个巨大的合力，最终将这场巨案演绎到极致。[24]

唐宋史方向，唐代马政制度详备，其牧监使职制度为后世称道，有学者对该制度的诸多问题进行探讨，认为唐代牧监使职制度并非像以往认为的静态不变，而是存在着一个逐步发展与完善的过程，并纠正了一些过去学术界的错误看法与观点。[25]宋神宗时期的元丰改制是北宋乃至宋代政治制度的重要变革之一。有学者对元丰改制的过程进行细致分析，发现宋神宗在此过程中将尚书省的地位逐渐提升，把不少六部职事都纳入尚书省管辖，并在元丰五年对尚书省的结构、职能和运行机制作了全面规范，最终使尚书都省成为首脑，从而“重塑”了北宋的国家行政体制，完成了改制的重要一环。[26]宋明两代的“巨室”既是国家统治阶级的组成部分，也是与国家争利的不安定因素，有学者从经济利益的角度对宋明两代的勋贵、乡村富户、商人进行纵向比较，认为宋朝政府在抑遏“巨室”上体现了士大夫阶层的政治主张，而明代士大夫则因为皇权与宦官的压制而无法与像宋代士大夫那样去发挥抑遏“巨室”的政治作用。[27]

辽金元史领域，有学者研究考证了“天下兵马大元帅”名号在辽代前后期的显著变化，指出它最初只是一个军队统帅名号，辽代末期才逐渐具有了皇位继承的象征意义，但仍非有明确意义的皇储封号。[28]

明清史方向，卫所制度是明代最为重要的政治军事制度之一。有学者对明清时期沿海地区的省府州县志及卫所志进行爬梳，发现明代的沿海卫所对本属州县的土地与人民并无管辖权，因而明代人口田地的实际规模、军政系统在行政区划体系中的地位，或可再加斟酌。[29]还有学者考察了明代四川永宁地区的卫所、州县、土司的疆野分划，发现其呈现出特殊的状况：永宁卫并不管领其境内的土民，却拥有其独立之行政辖区，仍然可视为实土卫所；而以往被认为是纯粹实土卫所的赤水卫与普市所，其政区形态却与永宁卫基本相同，因此皆可被视为永宁宣抚司辖区内的卫所。由此推断明代的军事政区系统与行政系统并非以往认为的泾渭分明，实土卫所与传统政区既并立又重合，即可以存在于府州及土司境内。[30]还有学者从满汉关系的角度分析清代的刑部运作，发现刑部由清初的满汉分治的运作模式过渡到清末的满汉“几无畛域”的运作模式。[31]清代通过法律来对边疆民族地区进行有效管辖，其中很早就对蒙古地区施行立法管理。但新的研究发现，清代针对蒙古地区设立的蒙古律不但适用于蒙古地区，还被理藩院用以管辖今四川北部、西藏北部和青海地区的“番子”，东北的索伦、达呼尔，西北的新疆吐鲁番、哈密地区的“回子”等边疆民族，应用很广。[32]

2. 经济史研究

先秦秦汉史领域，有学者以里耶秦简（壹）所公布的简牍材料为主，深入分析了其中所见的战国秦代出粮方式。指出当时粮食发放有三种方式，出稟最常见，系指官方发放粮食给各种在官府服役的人等，包括隶臣妾、官员、屯戍人员、冗作人员、有罪被罚的士伍、公卒和簪裹；出贷则指官方将粮食有偿借给士伍、更戍士伍、有罪被罚的士伍和簪裹；出食则指官方发放粮食给春、城旦和白粲等刑徒。出稟和出贷在发放对象有部分重叠，可能与相关人员的生活条件有关。[33]

魏晋南北朝唐宋史方向，赋役制度是中国古代国家的根本制度之一，有学者通过传世文献与敦煌吐鲁番文献等新材料的研究，认为虽然在唐前期“中男”不承担正役，但却要负担多种徭役以及一些特殊的官差，而且“中男”承担差役的同时也享受“终服”之制。[34]

明清史领域，有学者对咸丰后期的何桂清盐政改革进行了研究，指出何桂清在出任两江总督并兼管两淮盐政后，对两淮盐政进行大力改革，将原来的就场征课改为设局征课，此后又改为官为定价，以增加财税收入；这一改革，改变了两淮盐政自道光以来推行的票盐体制，并成为曾国藩等人此后盐政改革的前导。[35]

3. 思想文化史研究

先秦秦汉史领域，有学者撰文详细缕析了周人的祖先形象，指出其不具有个体色彩，而是对现实中祖先形象的抽象、概括；同时周人还对祖先形象加以神化。尽管这种形象具有想象性质，但它是周人价值观念、信仰观念的映射。祖先形象对强化家族意识，增强周代社会统一性方面，有重要作用。[36]西汉初年“色外黑内赤”服色格局出现的缘由到司马迁写《史记》时已晦暗不明，后来发展成为汉初是火德还是水德的学术公案。有学者深入考证了这一服色演变过程，认为汉初服色经历了从“尚赤”到“外黑内赤”的变化，这是汉政权先后袭用楚俗和继承秦制造成的，这一格局的形成是汉政权调和楚俗和秦制导致的，也隐约反映了秦、楚两大集团间的博弈。[37]

元明清时代的东亚政权对外语及少数民族语言教学活动十分重视，为了进行多语言教育，势必要编撰相关的外语学习教材。有学者对元明清三朝及李氏朝鲜的蒙汉合璧分类辞书的编撰进行研究，认为清代蒙汉合璧辞书的编撰是承袭自元明两代并不断向前发展的，而朝鲜司译院蒙汉合璧辞书的编撰则深受明代蒙汉对译辞书编撰传统的影响。[38]宋濂是元末明初的著名政治、文化人物，其文集史料价值极高，有学者将其记载的一些相关史事与同时期的其他文献进行比勘，分别就宋濂的年寿与姻亲、达识帖穆尔的历史事迹等六个问题展开研究。[39]严嵩是明代颇具争议的历史人物，长期以来其历史评价多是负面为主，但近年来学界不乏为严嵩翻案的呼声。有学者对后严嵩时期的官方史学著作与私家史学著作中对于严嵩的记载及其对严嵩形象的影响进行研究，认为对严嵩史学形象的分析要更注重“史学文本背后的主体价值取向”，如此才能接近真实的严嵩形象。[40]

近年来学术界对于“新清史”的讨论如火如荼，有学者专门就“新清史”学派著名学者柯娇燕的清史著作加以审察，通过年代学、历史地理、目录学与审音勘同这四把史学“钥匙”，剖析其中出现的一些史实错误，从而对“新清史”的研究范式进行批判与反思。[41]

4. 社会史研究

先秦秦汉史领域，秦亡汉兴是汉人反复言说的重要话题，“天命”说与“逐鹿”说时隐时现，且不时交锋。前者强调命运不可违，人事决定于外在于人的神秘力量，得天下者由天所规定；而后者则张扬人的力量，人的智力与才干，认为得天下者是在群雄竞逐中的捷足先登者。汉初，“逐鹿说”盛行，而随着局势稳定，统治秩序成为新问题，“天命说”卷土重来。[42]

魏晋南北朝史方向，有学者着力探讨了这一时期私人通信的各种社会功能，如政治、经济、军事、思想文化等诸多微观层面，随着私人通信的比重激增，对后世的书信礼仪系统化亦有深远影响。[43]

唐宋史方向，宋元方志文献中有关于农村基层组织的大量描述，以已经废弃的乡里组织形式，而并非当时实行的乡都形式来记载，造成文献记载与现实制度间的巨大落差。通过分析，有学者认为出现这种情况是因为唐代以来，随着乡里这种基层组织的地域化与聚落化，它已衍变为一种地理标识体系，所以当时的方志编撰者就将其作为地理标识体系大量应用，于是就出现了上述差异。[44]山西晋祠的早期祭祀对象分别为叔虞与圣母水神，有学者研究发现，宋代之前，其官方祭祀以叔虞为主。到了宋代，太原成为当时重要的边防要地，农垦与水利日益重要，所以对圣母水神的祭祀就逐渐超过了对叔虞的祭祀。此后，虽然不少士大夫都曾对晋祠祭祀进行“礼俗辩证”，但由于圣母水神的信仰被当地民间普遍接受，因此香火一直不衰。[45]学术界对于明代的卫所军户制度研究与讨论大多是从制度史或者军事史的角度进行的，有学者指出，要了解明朝为何对其疆域采取二元管理体制、卫所军户制度虽百弊丛生却为何长期延续等问题，不仅要从明朝开国立制的角度着眼，还要从社会的各个侧面加以分析。明清时代大量的民间文献中保存了不少关于明代卫所军户制度的历史信息，运用社会史的角度对这些信息进行审视对我们了解明代卫所制度提供一些新的研究线索。[46]

近年来新清史的学术讨论成为明清史研究的热门话题，有学者从移民传说的角度讨论地域认同，认为各种祖先移民传说不仅不意图割裂某一地区的地域认同，而且更有助于加强移民对本地区的地域认同，从而成为当时地域认同不断扩大及明清国家形成的标志。[47]明清档案的挖掘为中国古代中下层妇女的形象研究提供了新的资料，有学者通过《南部县衙门档案》中官员、丈夫与妇女本人对司法档案记录的影响等角度分析其中女性形象的建构问题。[48]

5. 民族史研究

中古时期一直流传的著名的卜古可汗传说在多种语言文献中都有记载，相关研究不胜枚举。有学者通过多种语言文字材料的进一步释读与分析，重新探讨了该传说不同版本的成因及其形成年代，认为最早可能形成于公元4世纪，并可能是由仆固部的传说而衍变为回鹘全部的始祖传说。[49]

文献中对于蒙古末代可汗之子额哲所属游牧地的记载模糊不清。有学者通过对康熙四年（1665）兼理藩院尚书喀兰图等人的满文题本进行研究，认为额哲所属旗的游牧地应在今天的库伦旗一带。[50]清准战争是清代早期重要的边疆民族事务之一，并在乾隆朝最终以清朝胜利告终，但关于其战争过程的研究仍在继续。有学者以蒙古国西部新发现的汉文崖壁诗为切入点，针对诗文及其作者的历史背景展开研究，梳理了与该诗文相关的清准战争的一些历史史实。[51]

四、北京地方史研究

本年度北京地方史的研究日趋活跃。

元代大都路虽然是全国的政治中心，但有学者研究发现，在其辖区内的大多数学校直到元代中后期才逐渐得到恢复与完善，其中很多学校既无学田，也无国家颁发的薪俸，其生员数目并不多，而且民办性质的书院与乡学的数量也较少，因此元代的儒学教育并不发达。[52]

清代北京作为旗人的最大聚居地，有大量的旗籍商人聚居于此，有学者研究发现清代京师的旗籍商人由于身份地位的不同，经营模式与业务范围等都有差别，经商多为副业，商人身份往往仅是旗籍商人拥有的多种身份中一种，且这个身份具有隐蔽性，研究表明经商使旗人与其他民人之间的交往渠道拓宽，因此对陶融旗民有着积极的意义。[53]

圆明园不仅是清代皇室的新宫与游乐空间，也是重要的政治空间和康乾盛世的象征。有学者从朝鲜使臣对圆明园的记述入手，梳理了当时前来朝觐的朝鲜使臣对圆明园印象的演变，发现圆明园在朝鲜使臣的观念中从“阿房”一样的皇帝娱游之地转变为“太平文物之盛”，再转变为八国联军毁坏圆明园之后的衰象，并分析了圆明园由盛而衰的过程对朝鲜产生的影响。[54]

注：

①连劭名：《商周时代军事行动中的“追”》，《殷都学刊》，2015 年第 1 期。

②黄国辉：《试论花东卜辞中的“妇”及其相关问题》，《华夏考古》，2015 年第 4 期。

③李学勤：《正月曾侯举编钟铭文前半详解》，《中原文化研究》，2015 年第 4 期。

④王泽文：《文峰塔 M1 出土曾侯与钟铭的初步研究》，《江汉考古》，2015 年第 6 期。

⑤晁福林：《从清华简〈说命〉看〈尚书〉学史的一桩公案》，《人文杂志》，2015 年第 2 期。

⑥刘国忠：《清华简〈命训〉初探》，《深圳大学学报》，2015 年第 3 期。

⑦刘成群：《清华简〈汤处于汤丘〉与商汤始居地考辨》，《人文杂志》，2015 年第 9 期。

⑧朱凤瀚：《北大藏秦简〈教女〉初识》；李零：《北大藏秦简〈酒令〉》；田天：《北大藏秦简〈祠祝之道〉初探》；刘丽：《北大藏秦简〈制衣〉简介》，皆见于《北京大学学报》，2015 年第 2 期。

⑨李锐：《先秦古书年代问题初论——以《尚书》、《墨子》为中心》，《学术月刊》，2015 年第 3 期。

⑩孙家洲：《兔子山遗址出土〈秦二世元年文书〉与〈史记〉纪事抵牾释解》，《湖南大学学报》，2015 年第 3 期。

⑪连劭名：《东汉秦君石阙铭刻与儒家思想》，《北京教育学院学报》，2015 年第 3 期。

⑫王素：《长沙走马楼三国吴简时代特征新论》，《文物》，2015 年第 12 期。

⑬凌文超：《长沙走马楼孙吴“保质简”考释》，《文物》，2015 年第 6 期。

⑭成一农：《里坊制及其相关问题研究》，《中国史研究》，2015 年第 3 期。

⑮李全德：《从〈武义南宋徐谓礼文书〉看南宋时的给舍封驳——兼论录白告身第八道的复原》，《中国史研究》，2015 年第 1 期。

⑯张祎：《徐谓礼〈淳祐七年十月四日转朝请郎告〉释读》，《中国史研究》，2015 年第 1 期。

⑰栾成显：《清水江土地文书考述——与徽州文书之比较》，《中国史研究》，2015 年第 3 期。

⑱晁福林：《先秦社会最高权力的变迁及其影响因素》，《中国社会科学》，2015 年第 2 期。

⑲黄国辉：《试论商纣王身世之谜》，《史学史研究》，2015 年第 2 期。

⑳马楠、王天然：《西周三事大夫考》，《中国史研究》，2015 年第 3 期。

㉑陈苏镇：《“公车司马”考》，《中华文史论丛》，2015 年第 4 期。

㉒刘晓满：《秦汉官吏称“主”与行政责任》，《史学月刊》，2015 年第 12 期。

㉓宋杰：《汉代“弃市”与“殊死”辨析》，《中国史研究》，2015 年第 3 期。

㉔韩树峰：《论巫蛊之狱的性质——以卫太子行巫蛊及汉武帝更换继嗣为中心》，《社会科学战线》，2015 年第 9 期。

㉕王炳文：《唐代牧监使职形成考》，《中国史研究》，2015 年第 2 期。

㉖古丽巍：《北宋元丰改制“重塑”尚书省的过程》，《中国史研究》，2015 年第 2 期。

㉗李华瑞：《宋、明对“巨室”的防闲与曲从》，《历史研究》，2015 年第 5 期。

㉘邱靖嘉：《再论辽朝的“天下兵马大元帅”与皇位继承——兼谈辽代皇储名号的特征》，《民族研究》，2015 年第 2 期。

㉙李新峰：《论明代沿海卫所与州县人口田地的关系》，《北京师范大学学报（社会科学版）》，2015 年第 5 期。

㉚李新峰：《明代永宁政区浅议》，《史学集刊》，2015 年第 5 期。

㉛郑小悠：《清代刑部满汉官关系研究》，《民族研究》，2015 年第 6 期。

㉜达力扎布：《清代蒙古律的适用范围及其文本》，《中国边疆民族研究》（第 8 辑）。

㉝平晓婧、蔡万进：《里耶秦简所见秦的出粮方式》，《鲁东大学学报》，2015 年第 4 期。

㉞赵贞：《唐前期“中男”承担差役考——以敦煌吐鲁番文书为中心》，《西域研究》，2015 年第 1 期。

㉟倪玉平：《何桂清与清代两淮盐政改革》，《吉林大学社会科学学报》，2015年第2期。

㊱罗新慧：《祖先形象与周人的祖先崇拜》，《南开学报》，2015年第5期。

㊲陈鹏：《汉初服色“外黑内赤”考》，《史学月刊》，2015年第4期。

㊳乌云高娃：《元明清蒙汉合璧辞典及其对朝鲜“类解书”的影响》，《民族研究》，2015年第4期。

㊴尚衍斌：《读〈宋濂全集〉札记（六则）》，《中国边疆民族研究》（第8辑）。

㊵向燕南、余茜：《明后严嵩时代的史学生态与史学文本中的严嵩》，《史学史研究》，2015年第1期。

㊶钟焓：《柯娇燕著作存在诸多史实错误》，《中国社会科学报》，2015年5月13日。

㊷侯旭东：《逐鹿或天命：汉人眼中的秦亡汉兴》，《中国社会科学》，2015年第4期。

㊸梁满仓：《魏晋南北朝私人书信的社会功能》，《史学集刊》，2015年第1期。

㊹包伟民：《中国近古时期“里”制的衍变》，《中国社会科学》，2015年第1期。

㊺赵世瑜：《二元的晋祠“礼”与俗的分合》，《民俗研究》，2015年第4期。

㊻赵世瑜：《卫所军户制度与明代中国社会——社会史的视角》，《清华大学学报（哲学社会科学版）》，2015年第3期。

㊼赵世瑜：《从移民传说到地域认同：明清国家的形成》，《华东师范大学学报（哲学社会科学版）》，2015年第4期。

㊽毛立平：《档案与性别——〈南部县衙门档案〉看州县司法档案中女性形象的建构》，《北京社会科学》，2015年第2期。

㊾苏航：《回鹘卜古可汗传说新论》，《民族研究》，2015年第6期。

㊿乌云毕力格：《察哈尔扎萨克旗游牧地考补证》，《中央民族大学学报（哲学社会科学版）》，2015年第2期。

51乌兰：《蒙古国西部新发现汉文崖壁诗所涉史事考》，《清史研究》，2015年第3期。

52蔡春娟：《元代大都路儒学教育》，《中国史研究》，2015年第3期。

53刘小萌：《清代京师的旗籍商人》，《中国史研究》，2015年第4期。

54孙成旭：《“盛极而衰”的圆明园——以朝鲜使臣的圆明园经验为中心》，《清史研究》，2015年第1期。

（作者：仝卫敏，北京师范大学副研究馆员；孙虎，北京师范大学博士生）

中国近现代史

王　纯　张　皓

本年度的研究，可以从以下几方面总结。

一、政治

关于中国近现代政治史的研究，可以分四个专题进行总结，即晚清政治、民国政治、共产党政治和国民党政治。

（一）晚清政治史

晚清政治一直是在变革中曲折发展。清末新政期间，为了给编订和审核新法律提供参考和借鉴，清政府开展了一场声势浩大的法制习惯调查活动。邱志红在既有研究基础上，探讨新型法政人才在法制习惯调查中扮演的角色与作用[①]。李在全对清末新式司法官群体的组合、结构等问题进行了考察。他指出，在清末时期司法官群体很多不能安心本职，不少人成为革命者。从这一角度讲，清末司法官群体未免“貌合神离”[②]。

清末在朝野的努力下，基本形成了一个全面预备立宪的改革方案，也将国会的性质、权限以及与责任内阁的关系等等明确规定下来，以便向着这个目标迈进。侯宜杰的新著《清末国会请愿风云》以丰富的史料，客观描述了这一重大历史进程，具有很高的可读性和史料价值[③]。

戊戌变法一直是学术界关注的热点。马勇在再版《1898年那场未遂政变》一书中，依据新旧史料重新建构这场政变的来龙去脉，回答了究竟是谁走漏了政变消息，日本、英国、俄国人在这场政变中究竟扮演了什么样的角色等[④]。他的新著《晚清人物与史事》

也涉及了康有为周围错综复杂的人事纠葛，进而对李鸿章、张荫桓在旅大交涉中是否受贿和康有为在政治谋划中的行贿策略等隐秘的部分也进行了细致的剖析，兼及慈禧与光绪之死，袁世凯、于右任诸人辛亥前后的行迹，为戊戌变法史乃至晚清史辟一新境⑤。“康党”是戊戌时期的一个重要概念，其指认对象与评判标准在戊戌前后经历了复杂的流变。贾小叶对这种变化进行了分析，认为“康党”指涉的流变与戊戌政局的变动有着复杂的关联⑥。

此外，学者还就清朝的一些具体问题进行了分析。马忠文以张荫桓的活动为中心，探讨英德续借款达成的原委，展现了甲午战后清廷内政外交的诸多面相⑦。邱涛探讨了在镇压太平天国过程中清廷与湘军集团的筹建长江水师之争⑧。

（二）民国政治史

2015 年 11 月 11 日，纪念孙中山诞辰 149 周年“孙中山文化”专题研讨会在北京召开。研讨会汇集了国内知名孙中山研究专家学者。这也是全国政协做出隆重举行纪念孙中山诞辰 150 周年活动决定之后的首个孙中山主题活动。周溯源、翟金懿探讨了孙中山的民生观及其对当代的借鉴意义⑨。赵庆云分析了宋庆龄对孙中山事业与思想的阐述。她的政治选择，是基于其对孙中山政治思想的理解；她对孙中山思想的论述，又一定程度基于其自身的政治倾向⑩。同年，由上海人民出版社出版的《别样的家书——宋庆龄、沈粹缜往来书信集》正式推出。该书系宋庆龄与沈粹缜的私人往来书信集，由邹韬奋、沈粹缜之女邹嘉骊整理编纂⑪。

在民国政治史上，宋教仁被刺一直备受关注，疑点重重。尚小明提出，宋被刺后嫌犯应夔丞向国务院寄出一件自造的题为“监督议院政府神圣裁判机关简明宣告文”的油印品。他通过研究“宣告文”，认为其中暗藏玄机，如宣告文暴露了杀宋主使人来自北京等。他企图通过玩弄文字游戏掩盖罪行，却不料该文成为他谋杀宋的绝妙“供述”⑫。

（三）共产党政治发展

1. 政治大事

关于中国共产党政治史的发展，按照时间顺序进行梳理。

1925 年的中共四大，是中共历史上的一次重要会议。它对中国革命的性质和前途做了新的阐述，在理论上提出了新民主主义革命的几个基础观点。李颖从党的奋斗史、理论探索和自身建设三个方面考察了四大的历史地位和作用⑬。

1939 年 3 月，粟裕参加了周恩来在云岭新四军军部主持召开的军部负责人会议，讨论新四军发展的战略方针。1978 年，白艾协助粟裕撰写战争回忆录，整理了粟裕口述的皖南事变回忆资料。张双智根据这份史料，结合党中央与项英的来往电文，指出项英贻误了新四军军部向敌后转移发展的良机，应为皖南事变的发生承担责任。但是他的错误与张国焘、王明不同，不应定性为路线错误⑭。

抗战时期，陕甘宁边区是敌后根据地中最早实行救国公粮制度的，周祖文考察了抗战时期它的公粮征收状况⑮。抗战进入相持阶段，三次出现“国民党反共高潮”。金以林认为在第二次和第三次反共高潮之间，即 1942—1943 年，国共关系出现了缓和，蒋介石主动提出和毛泽东会晤，只是这次会晤最终流产⑯。1944 年以后，中共的地缘战略布局明显出现了由北向南、由西向东、由内陆转向沿海、由农村转向城市的发展趋势。面对新的历史环境，中共七大形成了新的地缘政治方案。王志刚对此方案的生成背景、制约因素等问题进行了透彻分析⑰。

新中国的建立，对于共产党人来说，实在来之不易。杨奎松在《中华人民共和国建国史研究全集》中选取建国前后土改运动及其土改运动中出现的地主富农问题、“镇压反革命”运动、“三反”运动、“五反”运动、新中国对资产阶级的政策变动等对中华人民共和国的政治建构具有重大影响的政治事件，逐一进行了个案式的研究⑱。他的另一本著作《开卷有疑：中国现代史读书札记》中，也涉及了现代史上许多重要问题，比如北伐战争史研究中的些许遗憾、关于平型关战役的史实重建问题等，多有独到的见解⑲。

2. 政治人物

在中共历史上，有许多政治人物值得深入研究。程中原、夏杏珍所著《历史转折中的人和事》，内容涉及毛泽东、邓小平、陈云、张闻天、华国锋、胡乔木在不同历史时期的某个侧面⑳。作者还著有《党史国史上的要人大事》，比如遵义会议、十一届三中全会等㉑。

关于毛泽东的研究，一直是学界重点。杨奎松在《毛泽东与莫斯科的恩恩怨怨》一书中，根据中苏档案和亲历者的回忆，按历史发展的顺序，对涉及毛泽东与莫斯科关系的历次重大事件及毛泽东性格和处事特点作了引人入胜的描述，文中所涉及中共历史上许多事件的来龙去脉和背景值得研究㉒。毛泽东的军事才干来源于战争实践的锻炼。国共十年内战时期，在毛泽东的军事经历中有着重要意义。于化民探讨了这十年间毛泽东的军事实践之路[23]。

（四）国民党政治发展

关于国民党政治的发展，主要集中于对蒋介石、抗战的研究。

罗敏主编的《中华民国史研究（第1辑）：蒋介石的日常生活》一书根据大量一手材料，对蒋介石日常生活的方方面面做了具体描绘[24]。

1937年7月至1938年1月间，中国发生了是否对日宣战的讨论与争论。张皓、叶维维细致考察了这次争论的过程及背后隐藏的政治背景[25]。此外，张皓还探讨了"七七事变"后，蒋介石、宋哲元之间的争议[26]，"七七事变"对于中日两国、国共两党各自的性质与意义[27]。

全面抗战爆发后，国民党召开临时全国代表大会，就其内外政策进行了一系列重大调整。汪朝光对这次大会进行了研究。虽然国民党提出抗战与建国并重的施政方略，并进行组织机构改组，力图支持持久化战争。但是在内外因素的作用下，其抗战方略未能最终实现[28]。

二、经济

关于近代经济史的研究，以1949年新中国成立为界，可划分两个历史阶段进行总结。

漕运制度是中国传统社会一项重要的财政税收制度。清代后期，这一制度发生了一系列变化，折射出近代中国社会经济变迁的特点。倪玉平的《海上生命线：晚清漕粮海运之路》一书展现了清代漕粮海运的多姿多彩与波澜壮阔，另有官场势力的明争暗斗，中西双方的你争我夺[29]。

对于清末经济的研究，呈现出个案化、细致化的趋势。鸦片战争失败后中国国门被迫打开，出现大量重商思想。樊果通过晚清、民国时期的期刊资料，研究了1833—1936年间"商务"和"商业"观念[30]。光绪九年，胡广墉在上海的阜康票号倒闭，清廷清算胡氏亏欠公私资产一案随之展开。其中又牵连到了西征借款的"旧账"。吴烨舟考察了这一案件，借以揭示晚清错综复杂的官商关系[31]。1898年清政府发行的昭信股票开始在制度上允许金融机构参与国家内债事务。徐昂以昭信股票与华资金融业的双向关系为主线，考察晚清新式银行进入财政体系之前，清廷相关政策的变化及华资金融业的反应[32]。1916年、1921年，中国银行和交通银行两次遭受挤兑风潮。潘晓霞对这两次风潮的发生、应对措施及结局进行了考察[33]。

近代以来至新中国成立后社会主义改造全面完成前，私营进出口业曾是中国对外贸易中的一支重要力量。曲韵对新中国成立前后我国私营进出口业发展情况进行了回顾，探讨了"五反"运动对私营进出口业经营境况的短期冲击和长远影响[34]。姜长青对1953—1957年中央与地方财政的关系进行了研究。他在文中指出，中央与地方财政的分权总体上是成功的，推动了社会变革和经济发展[35]。此外，万立明撰文分析了战后上海联合准备机构由分到合的演变历程，从一个侧面窥探上海金融制度的变迁[36]。

三、军事与外交

中国近代外交史的发展，往往与军事问题交织在一起，按国家总结如下。

1. 中日关系

清末与民国时期。李廷江的《晚清中国社会变革与日本》探讨了从清末到民国初期中国社会变革与日本的诸多联系[37]。戴东阳就甲午战争爆发后日本驻华使领馆撤使与情报人员的布留问题进行了研究，提出日本撤使其实是备战的一个环节[38]。一战爆发后，北京政府抱定中立态度，但在何时宣布中立问题上有自身考虑。侯中军指出："某种程度上，中国的中立主要为了防日。宣布中立后，北京政府即从内政和外交两个方面着手维护中国的中立地位。"[39]

抗日战争时期。2015年是中国人民抗日战争胜利70周年，也是世界反法西斯战争胜利70周年。学界召开许多研讨会以加强交流。比如，10月22日，"勿忘历史：抗战新闻史"研讨会在北京召开；10月24—27日"抗战胜利与台湾光复70周年学术研讨会"在广州召开；10月25日"台湾光复70周年的历史与现实"学术研讨会在上海举行；10月27日，"毛泽东与抗日战争"学术研讨会在湖南韶山召开。

中共中央党史研究室组织编纂的《抗日战争时期中国人口伤亡和财产损失丛书》A系列陆续出版，涉及日本掠走资源及破坏文物情况、日军在中国制造的一系列重大惨案、中国妇女遭受日军性侵犯情况等[40]。中宣部宣教局组织编辑的《重读抗战家书》，收录了吉鸿昌、赵一曼等32位抗战英烈的家书[41]。李学通的《抗日战争时期后方工业建设研究》一书，分析和说明了战时后方工业各领域的发展过程，以及成败得失[42]。此外，新出版的著作还有李东朗的《中流砥柱：中国共产党在抗日战争中的作用和地位》[43]，线装书局编辑的《日本侵华密电·九一八事变》[44]、

《东北沦陷时期文学作品与史料编年集成》[45]等。

学者对于抗战的一些细致问题进行了更加深入地剖析，以期还原历史真相。1937年，“卢沟桥事变”发生时，香月清司任驻屯军司令官。张皓在以往研究基础上，进一步研究了他作为驻屯军司令官是如何发动全面侵华战争的[46]。他还撰文《从近卫文麿到安倍晋三：日本首相的“和平”与对华战争》[47]。杨奎松对所谓毛泽东的“七分发展，二分应付，一分抗日”的指示提出质疑，同时对抗战初期中共军事方针的变化进行了考察[48]。王树认为中共六届六中全会得以部署抗日战争的总体战略，既是中共与共产国际沟通与协调的结果，又是中共党内达成妥协的产物[49]。徐志民对抗战时期在日中国留学生的生活状态进行了考察[50]。

共产党与抗日战争。曲青山高度评价了中国共产党在抗日战争中的重要地位。[51]于化民对中共领导层对华北游击战场的战略运筹与布局进行了分析[52]。王士花对中共山东省委直接领导发动的徂徕山起义进行了考察[53]。黄道炫分析了冀中根据地的地道建设和地道斗争[54]。黄道炫分析了中共抗战持久的“三驾马车”：游击战、根据地和正规军[55]。石仲泉总结了毛泽东在抗日战争过程中的伟大作用[56]。

战后审判问题。刘萍以台北“国史馆”档案为基础，研究了二战后对德日法西斯战争罪行的审判[57]。徐志民在介绍国民政府审判日本战犯的历史概况的基础上，分析中国学界关于国民政府审判日本战犯研究的现状和特点，并探讨这一研究的未来走向[58]。他在另一篇文章中探讨了国共两党的肃奸问题，认为应该平衡国共双方战时肃奸、战后惩奸的研究，进一步关注基层汉奸、乡村汉奸、中小汉奸的个案研究[59]。

2. 中英关系

近年来，关于中英关系的研究主要集中于西藏问题上。

西藏行政区域本已确定，然而英国有意以地理名词Tibet混淆行政区域名词“西藏”，提出一个囊括整个青藏高原在内的“大西藏”。张皓就近代康藏青藏之界划问题与英国“大西藏”的战略企图进行了分析[60]。他还以擦绒·达桑占堆为切入点考察了民国时期噶厦中亲英派政治态度的演变[61]。在另一篇文章《威尔入藏“访问”与第三次康藏冲突的爆发》中，他指出这次入藏事件是英国政府在民国政府成立初期分裂中国的重要一环[62]。

抗战胜利前后，英国制造西藏“自治”。张皓对《中华民国宪法》中就西藏问题的规定进行了剖析，宪法规定西藏为中国固有疆域之一，将“高度自治”具体化为中央政府指导下的地方自治，向世界表明西藏是中国不可分割的领土[63]。1932年至1933年，中英藏两国三方围绕西藏与西康、青海的冲突展开一场争论与交涉。张皓对该问题进行了梳理、分析[64]。

1947年印度独立前后，英印私相授受侵藏权益。张皓对国民政府的应对进行了考察：国民政府打算利用印度独立之机与印度签订友好条约，解决西藏问题，并对英印私相授受进行交涉。但由于国民党忙于内战，再加上一系列其他原因，国民政府没能解决英印私相授受侵藏权益的问题[65]。此外，他还考察了国民政府解决西藏问题的尝试[66]，1931年国民政府代表唐柯三与西藏地方代表琼让就如何解决大金、白利两寺冲突进行的协商等[67]。张云探寻了20世纪50年代西藏地方历史发展规律和治理风格[68]。

3. 其他外交关系

王建朗主编的《中华民国外交文献汇编1911—1949》于2015年12月出版，全书共10卷、24册，是迄今为止首部全面系统的大型外交文献汇编[69]。陶文钊、杨奎松、王建朗编写的《抗日战争时期中国对外关系》介绍了争取国际社会的支持、联合苏联与争取德国中立、反对英美妥协与争取外援等内容[70]。

五卅惨案初，如何确定惨案责任，如何实施调查，成为各方关注的焦点。马思宇通过比照英美日等国外交部、驻华公使团的档案资料，指出英法等大国的政治博弈，最终改变了五卅事件的发展走向，损害了中国的利益[71]。20世纪30年代，德、意、日等法西斯国家形成东西战争策源地，受到威胁的中苏抓紧复交。陈开科对此背景下的苏联援华空军志愿队进行了考察[72]。何铭生、李珊就抗战时期丹麦和瑞典的对华外交政策进行了比较研究[73]。邵玮楠在重建印伊—新疆路线假道交涉过程的基础上，将其置于战时国际关系的大背景下，考察其失败的原因，兼及对战时中国的影响[74]。

贺艳青利用最新解密的美国情报档案，对美国情报机构有关中国“文化大革命”初期内政外交的情报认知进行梳理。美国情报部门认为“文化大革命”是共产主义意识形态的极左思潮在中国引起的混乱状况，已不再把美国当成“最紧迫”的威胁[75]。

四、思想与文化

清末至民国时期，是中国大变革的年代，这一时期的思想文化也极为活跃，呈现出大批的思想家。

1. 著名人物

自2010年开始，中国人民大学出版社历时5年，组织国内一流的专家学者，选编活跃在1840年至1949年间的120多位思想家最具代表性的著述分别汇编成册，出版了《梁启超卷》、《胡适卷》等一百卷文库丛书，即《中国近代思想家文库》。2015年，《辜鸿铭卷》[76]、《孙中山卷》[77]等陆续出版。

胡适作为新文化的典范性人物，以其在文学、哲学、史学多方面的创新成就，在中国知识界造成强烈的震撼性效应，同时也给日本学界以极大的冲击。日本学人通过译介胡适的作品，追踪胡适的学术动向，试图掌握中国新文化的进程。欧阳哲生对胡适访日、与日本的文化交流进行了考察[78]。许怡荪是胡适的一位重要知己，对胡适的成长、早年志业产生过深刻影响。宋广波撰文介绍了新发现的《胡许通信集》，为研究胡适生平和思想提供了重要参考资料[79]。《胡适留学日记手稿本》[80]据收藏家梁勤峰先生所藏原件复制影印，由上海人民出版社出版发行。这是胡适留学日记手稿的首次公开面世。

2. 五四与新文化运动

2015年是《新青年》杂志创刊100周年。这本杂志所带动的个人主义、个性主义，在思想史上具有重要意义。耿云志对《新青年》与"个人"的发现进行了考察[81]。他还探讨了《新青年》与新文化运动的影响[82]。郑大华分析了《新青年》的创刊与中国近代的文化走向，他指出没有中国文化自鸦片战争时期开始的从封闭走向开放，就不可能有《新青年》的创刊，而《新青年》的创刊，又对中国文化进一步走向起到了推动作用[83]。

3. 其他重要问题

在以往研究中，人们对于辛亥革命更多侧重政治、军事方面的影响。虞和平就辛亥革命对于教育改革的影响进行了分析，认为辛亥革命开启了国立、公立、私立大学三路并进的新模式，使私立大学领先发展"[84]。郑师渠对第一次国共合作时期的学生运动进行了考察，指出"五卅"与"三一八"两场学生运动，是国共合作推动国民革命共赢的范例[85]。

实现中华民族伟大复兴是近代以来中国人民的愿望和追求，这种"中华民族复兴"思想有一个从萌发到成为社会思潮的过程。郑大华认为中华民族复兴思想发展成为一种思潮是在"九一八事变"之后，他撰文分析了思潮形成的原因和具体过程[86]。他对于抗战时期报刊的舆论动员作用也进行了总结梳理[87]。李丹阳主编的《抗战时期的中国文艺（口述实录）》在2015年出版，里面收录了80位老人对当年从事抗战文艺活动的忆述[88]。

五、社会史

社会史是近年来研究的热点，其内容广泛，按照时间顺序总结如下。

李长莉、闵杰、罗检秋、左玉河、马勇编写的《中国近代社会生活史》是第一部中国近代社会生活通史著作，从社会文化史视角，较全面、系统地描述了1840—1949年中国社会生活变迁的历史过程及全景画面[89]。

清末民初正值中国朝代鼎革之际，身处其间而行将消亡的士人群体的生存模式值得关注。贾琳以《癸卯汴试日记》作者澹庵为研究个案，勾勒出近代士人在朝代鼎革与社会转型之际一种伴随着焦灼与泪痕的生命轨迹[90]。朱汉国、姜朝晖对民国时期乡村教师的生存状况进行了研究[91]。中华佛教总会成立于1912年。许效正考察了中华佛教总会与民国政府的关系[92]。中国乡村的现代化改造始于20世纪20年代。陈廷湘通过个案考察近百年来中国乡村的现代化建设[93]。北伐成功后，国民政府推行党化教育。张永广通过分析国民政府的党化教育政策对基督教学校造成的挑战，探究后者为此所做出的努力及调适[94]。耿化敏的《中国共产党妇女工作史（1921—1949）》已经出版，本书研究了中国共产党开展妇女工作的历史轨迹和历史经验[95]。

注：

①邱志红：《清末法制习惯调查再探讨》，《广东社会科学》，2015年第5期。

②李在全：《制度变革与身份转型——清末新式司法官群体的组合、结构及问题》，《近代史研究》，2015年第5期。

③侯宜杰：《清末国会请愿风云》，北京师范大学出版社，2015年版。

④马勇：《1898年那场未遂政变》，江苏人民出版社，2015年版。

⑤马勇：《晚清人物与史事》，北京师范大学出版社，2015年版。

⑥贾小叶：《"新党"抑或"逆党"——论戊戌时期"康党"指涉的流变》，《近代史研究》，2015年第3期。

⑦马忠文：《张荫桓与英德续借款》，《近代史研

究》，2015 年第 3 期。

⑧邱涛：《论清廷与湘军集团的筹建长江水师之争》，《军事历史研究》，2015 年第 4 期。

⑨周溯源、翟金懿：《论孙中山的民生观及其当代意义》，《广东社会科学》，2015 年第 3 期。

⑩赵庆云：《论宋庆龄对孙中山事业与思想的阐述》，《兰州学刊》，2015 年第 8 期。

⑪邹嘉骊：《别样的家书——宋庆龄、沈粹缜往来书信集》，上海人民出版社，2015 年版。

⑫尚小明：《“宋案”嫌犯应夔丞的绝妙“供述”——“监督议院政府神圣裁判机关简明宣告文”解读》，《民国档案》，2015 年第 4 期。

⑬李颖：《中共四大历史意义探析》，《中共党史研究》，2015 年第 1 期。

⑭张双智：《皖南事变前中共中央与项英的战略分歧——从新发现的白艾笔记说起》，《北京师范大学学报（社会科学版）》，2015 年第 4 期。

⑮周祖文：《动员、民主与累进税：陕甘宁边区救国公粮之征收实态与逻辑》，《抗日战争研究》，2015 年第 4 期。

⑯金以林：《流产的毛蒋会晤：1942—1943 年国共关系再考察》，《抗日战争研究》，2015 年第 2 期。

⑰王志刚：《中共七大的地缘战略：背景、生成及分析》，《中共党史研究》，2015 年第 6 期。

⑱杨奎松：《中华人民共和国建国史研究全集》，江西人民出版社，2015 年版。

⑲杨奎松：《开卷有疑：中国现代史读书札记》，江西人民出版社，2015 年版。

⑳程中原、夏杏珍：《历史转折中的人和事》，四川人民出版社，2015 年版。

㉑程中原、夏杏珍：《党史国史上的要人大事》，社会科学文献出版社，2015 年版。

㉒杨奎松：《毛泽东与莫斯科的恩恩怨怨》，江西人民出版社，2015 年版。

㉓于化民：《十年内战与毛泽东的军事家之路》，《史学月刊》，2015 年第 1 期。

㉔罗敏主编：《中华民国史研究（第 1 辑）：蒋介石的日常生活》，社会科学文献出版社，2015 年版。

㉕张皓、叶维维：《1937 年 7 月至 1938 年 1 月关于对日宣战问题的论争》，《晋阳学刊》，2015 年第 2 期。

㉖张皓：《能否维持现状：蒋介石、宋哲元如何处理七七事变之争》，《安徽史学》，2015 年第 1 期。

㉗张皓：《七七事变对于中日两国、国共两党各自的性质与意义》，《党史研究与教学》，2015 年第 3 期。

㉘汪朝光：《抗战与建国——国民党临时全国代表大会研究》，《抗日战争研究》，2015 年第 3 期。

㉙倪玉平：《海上生命线：晚清漕粮海运之路》，北京师范大学出版社，2015 年版。

㉚樊果：《中国近代“商务”和“商业”观念研究》，《中国经济史研究》，2015 年第 6 期。

㉛吴烨舟：《胡光墉破产案中的西征借款“旧账”清查》，《近代史研究》，2015 年第 4 期。

㉜徐昂：《昭信股票与晚清华资金融业关系研究》，《近代史研究》，2015 年第 5 期。

㉝潘晓霞：《危机背后：北京政府时期的中国银行和交通银行挤兑风潮》，《中国经济史研究》，2015 年第 4 期。

㉞曲韵：《“五反”运动对私营进出口业经营境况的影响分析》，《中国经济史研究》，2015 年第 6 期。

㉟姜长青：《中央与地方财政分权及经济绩效研究（1953—1957）》，《中国经济史研究》，2015 年第 6 期。

㊱万立明：《战后上海联合准备机构由分到和的嬗变》，《社会科学》，2015 年第 1 期。

㊲李廷江：《晚清中国社会变革与日本》，社会科学文献出版社，2015 年版。

㊳戴东阳：《甲午战争爆发后日本驻华使领馆撤使与情报人员的布留》，《近代史研究》，2015 年第 1 期。

㊴侯中军：《一战爆发后中国的中立问题——以日本对德宣战前为主的考察》，《近代史研究》，2015 年第 4 期。

㊵中共中央党史研究室编：《抗日战争时期中国人口伤亡和财产损失丛书》，中共党史出版社，2015 年版。

㊶中央宣传部宣传教育局编：《重读抗战家书》，中华书局，2015 年版。

㊷李学通：《抗日战争时期后方工业建设研究》，团结出版社，2015 年版。

㊸李东朗：《中流砥柱：中国共产党在抗日战争中的作用和地位》，湖北人民出版社，2015 年版。

㊹汤重南主编：《日本侵华密电 · 九一八事变》，

线装书局，2015 年版。

㊺刘慧娟主编：《东北沦陷时期文学作品与史料编年集成》，线装书局，2015 年版。

㊻张皓：《香月清司与卢沟桥事变的扩大》，《历史研究》，2015 年第 5 期。

㊼张皓：《从近卫文麿到安倍晋三：日本首相的“和平”与对华战争》，《北京党史》，2015 年第 4 期。

㊽杨奎松：《抗战初期中共军事发展方针变动的史实考析——兼谈所谓“七分发展，二分应付，一分抗日”方针的真实性问题》，《近代史研究》，2015 年第 6 期。

㊾王树林：《共产国际、斯大林与中共六届六中全会——以抗日民族统一战线为中心的考察》，《中共党史研究》，2015 年第 10 期。

㊿徐志民：《敌国留学——抗战时期在日中国留学生的生活实态》，《近代史研究》，2015 年第 5 期。

51曲青山：《论中国共产党在抗日战争中的历史地位和作用》，《中共党史研究》，2015 年第 8 期。

52于化民：《中共领导层对华北游击战场的战略运筹与布局》，《历史研究》，2015 年第 5 期。

53王士花：《徂徕山起义与山东中共抗日武装的兴起》，《史学月刊》，2015 年第 11 期。

54黄道炫：《敌意——抗战时期冀中地区的地道和地道斗争》，《近代史研究》，2015 年第 3 期。

55黄道炫：《中共抗战持久的“三驾马车”：游击战、根据地、正规军》，《抗日战争研究》，2015 年第 2 期。

56石仲泉：《毛泽东与中华民族抗战的伟大胜利》，《中共党史研究》，2015 年第 7 期。

57刘萍：《联合国战争罪行委员会的设立与运行——以台北“国史馆”档案为中心的探讨》，《历史研究》，2015 年第 6 期。

58徐志民：《抗战胜利后国民政府审判日本战犯研究》，《杭州师范大学学报（社会科学版）》，2015 年第 5 期。

59徐志民：《新时期以来的抗战胜利前后惩处汉奸研究》，《史学月刊》，2015 年第 11 期。

60张皓：《近代康藏青藏之界划问题与英国“大西藏”的战略企图》，《西南民族大学学报（人文社科版）》，2015 年第 8 期。

61张皓：《民国时期噶厦中亲英派政治态度的演变——以擦绒·达桑占堆为切入点的探讨》，《云南民族大学学报（哲学社会科学版）》，2015 年第 6 期。

62张皓：《威尔入藏“访问”与第三次康藏冲突的爆发》，《史学集刊》，2015 年第 5 期。

63张皓：《战后的西藏问题与〈中华民国宪法〉有关条文的制定及实施》，《史学月刊》，2015 年第 2 期。

64张皓：《1932—1933 年中英藏两国三方围绕康藏青藏冲突的争论与交涉》，《社会科学》，2015 年第 3 期。

65张皓：《英印私相授受侵藏权益与国民政府的处置》，《中国边疆史地研究》，2015 年第 2 期。

66张皓：《从西藏会议到西防会议：国民政府解决西藏问题的初步尝试》，《青海民族研究》，2015 年第 2 期。

67张皓：《1931 年中国内部各方关于康藏冲突的协商》，《西北民族大学学报（哲学社会科学版）》，2015 年第 1 期。

68张云：《20 世纪 50 年代中央治理西藏的伟大实践——从执行“十七条协议”到实行民主改革》，《中国边疆史地研究》，2015 年第 3 期。

69王健朗主编：《中华民国外交文献汇编 1911—1949》，中华书局，2015 年版。

70陶文钊、杨奎松、王建朗：《抗日战争时期中国对外关系》，中国社会科学出版社，2015 年版。

71马思宇：《“租借独立”：五卅外方调查中的各方权斗与大国博弈》，《民国档案》，2015 年第 1 期。

72陈开科：《中苏外交战略协调背景下的苏联援华空军志愿队》，《抗日战争研究》，2015 年第 4 期。

73何铭生、李珊：《并不“一切如常”：抗战时期丹麦和瑞典对华外交政策的比较研究》，《抗日战争研究》，2015 年第 1 期。

74邵玮楠：《抗战后期国民政府关于假道运输之交涉》，《南京大学学报（社会科学版）》，2015 年第 2 期。

75贺艳青：《冷战背景下美国情报机构对“文化大革命”初期中国的分析和评估（1966—1969）》，《中共党史研究》，2015 年第 3 期。

76戴逸主编：《中国近代思想家文库——辜鸿铭卷》，中国人民大学出版社，2015 年版。

77戴逸主编：《中国近代思想家文库——孙中山卷》，中国人民大学出版社，2015 年版。

78欧阳哲生：《新文化的异域回响——胡适及其著作在日本》，《中国文化》，2015 年第 2 期。

79宋广波：《研究胡适生平和思想的重要材

料——介绍新发现的〈胡适通信集〉》，《鲁迅研究月刊》，2015年第10期。

⑧⓪《胡适留学日记手稿本》，上海人民出版社，2015年版。

⑧①耿云志：《〈新青年〉与“个人”的发现——纪念〈新青年〉创刊一百周年》，《广东社会科学》，2015年第6期。

⑧②耿云志：《〈新青年〉与新文化运动的百年回响》，《史学月刊》，2015年第11期。

⑧③郑大华：《〈新青年〉创刊与中国近代的文化走向》，《教学与研究》，2015年第7期。

⑧④虞和平：《辛亥革命对教育变革的影响——以民国前中期商人捐办大学为中心》，《史学月刊》，2015年第6期。

⑧⑤郑师渠：《国共合作与学生运动（1924—1927）》，《北京师范大学学报（社会科学版）》，2015年第3期。

⑧⑥郑大华：《论九一八事变后“中华民族复兴”思潮的形成》，《史学月刊》，2015年第5期。

⑧⑦郑大华：《报刊与抗日战争时期的舆论动员》，《史学月刊》，2015年第10期。

⑧⑧李丹阳主编：《抗战时期的中国文艺（口述实录）》，中国社会科学出版社，2015年版。

⑧⑨李长莉、闵杰、罗检秋、左玉河、马勇：《中国近代社会生活史》，中国社会科学出版社，2015年版。

⑨⓪贾琳：《清末民初士人的一种生存模式——以〈癸卯汴试日记〉作者为个案的考察》，《北京师范大学学报（社会科学版）》，2015年第3期。

⑨①姜朝晖、朱汉国：《民国时期乡村教师的生存状况》，《史学月刊》，2015年第4期。

⑨②许效正：《社会剧变中的佛教与国家——中华佛教总会与民初政府关系述评》，《世界宗教研究》，2015年第4期。

⑨③陈廷湘：《从“乡村建设”到“城镇化建设”——近百年中国乡村改造与建设个案的启示》，《深圳大学学报（社会科学版）》，2015年第1期。

⑨④张广永：《党化与基督化——国民政府初期基督教学校的挑战与调适》，《学术月刊》，2015年第3期。

⑨⑤耿化敏：《中国共产党妇女工作史（1921—1949）》，社会科学文献出版社，2015年版。

（作者：王纯，中国人民大学附属中学教师；张皓，北京师范大学教授）

中国共产党历史

张静如　王炳林　张亚东

2015年是中国人民抗日战争暨世界反法西斯战争胜利70周年，陈云同志诞辰110周年，胡耀邦同志诞辰100周年，邓力群同志诞辰100周年，北京地区中共党史研究呈现出活跃态势，研究内容比较广泛，研究成果极为丰富，举办了各种规模的座谈会、纪念会和学术研讨会，推动了中共党史研究的不断发展。

一、重要学术活动和学术著作

（一）主要学术活动

1. 纪念陈云同志诞辰110周年座谈会

2015年6月12日，中共中央在北京人民大会堂召开座谈会，纪念陈云同志诞辰110周年。中共中央总书记、国家主席、中央军委主席习近平出席座谈会并发表重要讲话。习近平指出，陈云同志是伟大的无产阶级革命家、政治家，杰出的马克思主义者，是中国社会主义经济建设的开创者和奠基人之一，党和国家久经考验的卓越领导人，是以毛泽东同志为核心的党的第一代中央领导集体和以邓小平同志为核心的党的第二代中央领导集体的重要成员，为党和人民事业发展作出了重大贡献。习近平指出，在长达70年的革命生涯中，陈云同志为新中国的建立、为社会主义基本经济制度和政治制度的确立、为改革开放和社会主义现代化建设建立的功勋，党和人民将永远铭记。习近平强调，我们纪念陈云同志，就要学习他坚守信仰的精神，学习他党性坚强的精神，学习他一心为民的精神，学习他实事求是的精神，学习他刻苦学习的精神。习近平强调我们一定要坚定不移把老一辈革命家开创的伟大事业继续推向前进，这是我们的历史责任，也是对老一辈革命家的最好纪念。中共中央政治局常委李克强、俞正声、刘云山、王岐山、张高丽出席座谈会，中共中央政治局常委刘云山主持座谈会。

2. 纪念胡耀邦同志诞辰100周年座谈会

2015年11月20日，中共中央在人民大会堂举行座谈会，纪念胡耀邦同志诞辰100周年。中共中央总书记、国家主席、中央军委主席习近平发表重要讲话。习近平指出，胡耀邦同志是久经考验的忠诚的共产主义战士，伟大的无产阶级革命家、政治家，我军杰出的政治工作者，长期担任党的重要领导职务的卓越领导人，为中华民族独立和解放、为社会主义革命和建设、为中国特色社会主义探索和开创建立了不朽功勋。习近平指出，胡耀邦同志把自己的一生献给了党和人民。他的一生，是光辉的一生、战斗的一生。在为党和人民事业的不懈奋斗中，他夙夜在公、呕心沥血，鞠躬尽瘁、死而后已，书写了无愧于共产党员称号的人生。习近平强调，我们纪念胡耀邦同志，就是要学习他坚守信仰、献身理想的高尚品格，学习他实事求是、勇于开拓的探索精神，学习他公道正派、廉洁自律的崇高风范。中共中央政治局常委李克强、张德江、俞正声、王岐山、张高丽出席座谈会，座谈会由刘云山主持。

3. 全国党史界纪念中国人民抗日战争暨世界反法西斯战争胜利70周年学术研讨会

2015年8月21日，由中央党史研究室、中国中共党史学会、中国中共党史人物研究会联合举办的“全国党史界纪念中国人民抗日战争暨世界反法西斯战争胜利70周年学术研讨会”在北京召开。中央党史研究室室委会全体成员，中国中共党史学会、中国中共党史人物研究会负责同志，以及有关方面的专家学者和入选论文作者代表共约80人参加研讨会。中央党史研究室主任曲青山，中国中共党史学会会长、中国中共党史人物研究会会长、中央党史研究室原主任欧阳淞出席会议并分别作主题报告。会议围绕“抗日战争与中华民族伟大复兴”主题，从中国人民抗日战争的伟大意义和伟大的抗战精神、中国共产党在抗日战争中的中流砥柱作用、党的领袖人物对抗日战争的重大贡献、某个方面或某一地方在抗日战争中的突出贡献这四个方面分别进行了阐释。会议认为全国党史界要认真贯彻落实习近平总书记重要讲话精神，坚持正确历史观，加强规划和力量整合，加强史料收集和整理，加强舆论宣传工作，让历史说话，用史实发言，进一步推进和深化中国人民抗日战争研究。①

4. 纪念中国人民抗日战争暨世界反法西斯战争胜利70周年国际学术研讨会

由中共中央党史研究室、中国社会科学院和中国人民解放军军事科学院联合举办的国际学术研讨会于2015年9月2日在北京召开。学术研讨会围绕“铭记历史，缅怀先烈，珍爱和平，开创未来”纪念性主题，就中国抗日战争和世界反法西斯战争相关问题展开了广泛而深入的讨论。与会者普遍认为，在抗日战争中，中国共产党发挥了中流砥柱作用，也对国民党在抗战中的作用和地位给予肯定。本次研讨会的主要特点是论文选题多样化，而且比较注重实证研究。其中战时中国与周边国家的关系、东南亚国家的抗日战争等问题成为探讨的亮点。中国人民抗日战争和世界反法西斯战争结束已经70年了，然而历史分歧和争论犹存。这表明，深化第二次世界大战史的研究是中外学者共同承担的道义和责任。②

5. “中国抗日战争史研究的回顾与前瞻”学术研讨会

2015年4月12日，中国人民大学中国共产党历史与理论研究院和中国社科院近代史研究所革命史研究室联合主办召开“中国抗日战争史研究的回顾与前瞻”研讨会。来自中央党史研究室、中央党校、中国社科院、中国人民大学等单位的20多名学者参加研讨，对中国抗日战争史研究的现状、特点、热点问题和前景进行了回顾与展望。与会学者从研究特点、史料挖掘、新观点的提出和国际合作等方面概括总结了近年来的学术成就，指出应将抗日战争置于百年来中华民族由历史低谷到浴火重生的宏大背景中加以探讨，深入剖析抗日战争为战后中国带来的历史遗产。与会者通过总结现有研究成果，指出了抗日战争史研究在海外史料运用、军事史和沦陷区研究方面存在一些问题。与会学者研讨了抗日战争史研究的发展趋向并达成共识，提出在研究中要注重海外档案文献的利用，加强国际的学术对话和交流，拓展研究的新视野，推动抗日战争史研究的不断深入。③

6. 纪念中国人民抗日战争暨世界反法西斯战争胜利70周年学术研讨会

2015年12月4日，北京市委党史研究室、北京市社会科学界联合会、北京市中共党史学会共同举办“纪念中国人民抗日战争暨世界反法西斯战争胜利70周年学术研讨会”。来自北京市高等院校、社科研究机构、文博单位、党史部门等系统专家学者共60余人参加会议。会议讨论了中国共产党在抗日战争时期“人民的胜利”新构想、宗教工作、“两个战场”理论和中国共产党在战后处理问题上的主张和努力等问题。与会人员一致认为，要深入学习贯彻习近平总书记有关重要讲话精神，推进和深化中国人民抗日战争史研究。

7. 北京市党史工作会议、北京市党史办主任会议

2015 年 9 月 15 日，北京市党史办主任会议在北京会议中心召开。市委、市政府各部委办局，各区县委，各直属企事业单位、高等院校主管领导和党史部门负责人，党史学界专家学者共 130 余人参加会议。中央党史研究室副主任吕世光，中共北京市委常委、组织部部长姜志刚出席会议并讲话。市委党史研究室副主任陈志楣传达了中共中央政治局委员、中央书记处书记、中央办公厅主任栗战书《深入学习贯彻习近平总书记关于党的历史和党史工作的重要论述精神，不断开创党史工作新局面》的重要讲话，强调深入学习贯彻习近平总书记系列重要讲话，重点是学习贯彻好总书记关于党的历史和党史工作的重要论述。大家一致认为，这些重要论述是党史工作者的必读物和“指南针”，对于倍加珍惜党的历史，认真学习党的历史，深入研究党的历史，编纂写好党的历史，全面宣传党的历史，科学运用党的历史，意义重大而深远。

（二）重要学术著作

1.《邓力群自述：1915—1974》出版

经中共中央审定、国家新闻出版广电总局批准，《邓力群自述：1915—1974》由人民出版社出版。该书由邓力群同志的口述录音整理而成，分为二十一个部分，详细地记述了作者 1915—1974 年 60 年的人生经历，比较全面地反映了他的思想、工作和各种活动。本书初稿完成之后，邓力群同志又专门听读了各章文稿，提出修改意见。全书既有要人大事的描述，又有切要精到的评析，既是邓力群同志本人详细的回忆，又为党史、国史提供了珍贵的史料。

2.《胡乔木传》出版

《胡乔木传》由胡乔木传编写组编著，当代中国出版社和人民出版社联合出版。该书上下两册共 81.5 万字，按照胡乔木同志的人生经历分为青少年时代、从延安到北京、五六十年代、“文革”中、十一届三中全会到十二大、十二大以后到逝世这六个单元。该书编著出版历时二十余年，详实地记述了胡乔木同志从 1912 年出生到 1992 年逝世间八十年的生平经历，客观地评价了这位中共思想理论文化战线卓越领导人的伟大历史贡献。

3.《胡乔木与毛泽东邓小平》出版

另一本关于胡乔木研究的著作《胡乔木与毛泽东邓小平》也由当代中国出版社出版发行，作者程中原为胡乔木传编写组专家。该书全面细致地评述了胡乔木与毛泽东从 1941—1981 年 40 年间的关系，胡乔木与邓小平 1975—1982 年历史转折时期特殊的交往。该书呈现了胡乔木作为“党内第一支笔”和百科全书式的马克思主义学者，在历史关头所起的特殊的重要作用，翔实记录了党和国家最重要的一批历史文献，还原了许多鲜为人知的历史细节。

4.《新中国口述史：1949—1978》出版

《新中国口述史：1949—1978》由中央党史研究室主任曲青山、副主任高永中担任主编，中国人民大学出版社出版。全书以丰富的史料为基础，以口述历史、回忆录的形式，展现了新中国成立初期二十多年间的重大决策和重大事件始末。该书让亲身经历和见证新中国历史的老领导、老同志追忆细节，收录了陈锦华、邓力群、苏维民、李雪峰、熊向晖等 50 余老领导、老同志的回忆录、口述历史，是研究 1949 至 1978 年中国历史的重要资料和宝贵财富。

二、重要学术观点

（一）抗日战争专题研究

2015 年是中国人民抗日战争暨世界反法西斯战争胜利 70 周年，抗日战争研究取得了丰硕的成果。

有学者对抗日军饷与国共关系进行了深入研究。全面抗战爆发至皖南事变前后，国民政府拨发给八路军和新四军相当数量的军饷，这不仅解决了中共军队的部分经费问题，而且成为中共中央及陕甘宁边区政府财政收入的重要来源之一，对中共财政经济产生了复杂影响。抗日军饷是皖南事变前国共交涉的一个经常性问题，受两党关系变化的影响很大。皖南事变后，国民政府彻底停发了八路军、新四军的军饷，自此中共不再在经费上受到制约，国共关系进入了一个新的阶段。[④]

有学者认为，抗战时期根据地民主政治的构建为新中国民主制度的形成奠定了基础。抗战爆发后边区民主政治的发展前后经历两个阶段：从苏维埃式的“阶级民主”变为参议会式“议会民主”，再由“议会民主”过渡到人民代表会议式的“人民民主”。在此过程中，中共通过新民主主义理论的建构，既实现了理论创新，也实现了对社会资源的整合，赢得社会民众的广泛支持。特别是中共对边区的治理和民生的改善以及党领导下“一元化"实体民主与“党派协

商”观念民主的运用，使中共的革命行为与现代民主有机融合。这不仅为中共破解民国以来的民主难题提供了新的可能，而且为未来中国现代国家的民主建政打开了一个通道。[⑤]

有学者指出，抗战时期中共与美国在军事方面曾有过重要的合作经历。太平洋战争爆发后的几年间，中共曾经向美国传递过军事合作的重要信号，同时少数美国在华人员也开始关注中共并进行了实质性接触。随着1944年美军观察组进驻延安，双方的军事合作正式启动，主要途径是：情报搜集和交换、气象观测和人员培训、救援美军失事飞行员、制订联合作战计划等。随着抗战末期美国“扶蒋反共”政策的形成，双方的军事合作热度逐渐降低，并在战争结束后最终停止。抗战时期的中共与美国军事合作的形成和终结背后有复杂的历史原因，但双方都从中有所收获。[⑥]

有学者考察了共产国际、斯大林与中共六届六中全会的相互关系。指出共产国际、斯大林在国共之间寻求平衡，设计了抗日民族统一战线新方针，要求中共放弃苏维埃革命，联合蒋介石南京政府抗日，避免国共关系破裂，同时对国民党保持警觉性和独立性。中共党内对国共合作抗日达成共识，在国共关系和军事战略方针等问题上存在分歧，争论的焦点是统一战线中的独立自主问题。中共探索抗日民族统一战线的成果最终获得共产国际、斯大林的赞同和认可。中共六届六中全会得以部署抗日战争的总体战略，这既是中共与共产国际沟通与协调的结果，又是中共党内斗争达成妥协的产物。[⑦]

有学者研究了抗战时期中共对东北的经略及相关情况。指出，中国共产党始终把领导东北抗战进而收复东北，作为党领导抗日战争的重要组成部分，其领导的东北抗日联军在很长一个时期独立支撑了东北的抗日斗争。同时，中共还从战略层面经略东北，通过各种方式向东北渗透，在靠近东北的地区建立抗日根据地，威慑日本侵略者对东北的殖民统治，支援关内的抗日斗争。这些都为抗日战争胜利后中共力量迅速进入东北，进而以东北为战略后方，推进全国解放战争奠定了重要基础。[⑧]

（二）党史人物专题研究

1. 关于邓小平改革思想和领导1975年整顿工作的研究

有学者提出，科技改革是邓小平推动中国改革开放系统复杂工程的一个重要方面。邓小平独具匠心地推动中国科技改革，将吸收和运用海外华人科学家的才智作为打开科技改革大门的“钥匙”和“捷径”。他大力倡导人才交流“请进来”“走出去”，以建立博士后流动站为平台培养科技人才，以发展高能物理为科技改革发展的突破口等重大举措，在推动科技改革的同时也打开了对外开放的大门。邓小平科技改革思想包括利用海外华人科学家才智推动科技改革思想，是邓小平侨务思想和邓小平理论的重要内容之一，对新时期中国科技发展产生了重大影响。[⑨]

有学者对邓小平人力资本投资决策进行了研究。中国教育的现代化之路一直是国家发展的重大战略问题和战略抉择，不同时期的领导人对于教育现实状况的认知和判断均对教育现代化产生重要影响。邓小平关于高等学校招生办法曾先后做过两次重要决策：第一次是1966年6月13日，根据毛泽东的指示，与刘少奇一起做出了推迟进行高等学校招生并改革高等学校招生考试办法的决定。第二次是1977年9月，邓小平力排众议，提出恢复高等教育考试制度，获得中共中央政治局批准。第二次决策不但产生了长期的人力资本红利，还深刻地影响着中国教育现代化的进程，奠定了现代化教育体制的基础。[⑩]

1975年邓小平领导的组织整顿工作，成为邓小平研究的热点。有学者提出，邓小平的组织整顿工作为开展各领域整顿奠定了坚实基础，也为后来我们党提出干部队伍“四化”问题提供了借鉴，为改革开放和新时期的社会主义现代化建设储备了人才。[⑪]有学者指出，在1975年的整顿中，邓小平展现出了高超的政治智慧与领导艺术，不仅赢得了人心，促进了人民群众的思想觉醒，而且为他后来推动进行各方面的拨乱反正奠定了基础。[⑫]有学者指出，邓小平主持的1975年整顿是在毛泽东的支持下进行的，整顿的依据是毛泽东作出的三项指示，邓小平把这三项指示联系起来，提出“三项指示为纲”，作为指导整个整顿工作的指导思想；但是毛泽东的三项指示和邓小平的“三项指示为纲”也存在着重大分歧，这是影响1975年整顿工作中断的首要政治因素。[⑬]有学者研究指出，首先，邓小平对“全面整顿”作了部署，进行了准备，但还没有来得及展开，就中断了，所以把邓小平领导的1975年整顿称为“全面整顿 ”是不够确切的；其次，邓小平与毛泽东在实践、路线和理论三个层面上存在分歧和矛盾，这就决定了1975年整顿中断的命运是必不可免的；再次，1975年整顿是拨乱反正的开始，是改革的实验，是连接“文革命”前十年和新时期的重要环节，具有重要的历史地位；最后，1975 年整顿中邓小平的思想理论是邓小平理论的起点。[14]

2. 关于陈云的改革、治党思想及其他方面的研究

有学者把陈云的改革开放思想放在改革开放前后的整个历史过程中加以考察。指出陈云的这一思想是既要解放思想又要实事求是的思想，是既要积极推动又要稳步前进的思想，是既要搞活微观又要管好宏观的思想，是既要看到消极现象不可避免又要对消极现象坚决克服、严加限制的思想。陈云的改革开放思想是马克思列宁主义基本原理同中国社会主义建设与改革开放实际相结合的成果，是毛泽东思想和中国特色社会主义理论体系的组成部分，同时又带有陈云的鲜明特点，是我们党的宝贵精神财富。[15]

有学者对陈云的从严治党思想及其当代价值进行了研究。认为陈云的从严治党思想内涵丰富，不仅提出了“党员的质量重于数量”、“党的纪律不存在‘松绑’的问题”、“要讲真理，不要讲面子”、“执政党的党风问题是有关党的生死存亡的问题”、“各级党委和纪委负有重大责任”等一系列论述，而且对于推进全面从严治党具有重要的现实意义。在新形势下，学习陈云的从严治党思想，就要加强党员的教育管理，严明党的纪律，严肃党内政治生活，持续深入改进党的作风，落实党委的主体责任和纪委的监督责任。[16]

有学者以新中国成立初期开展的“反封锁、反禁运”斗争为切入口，对陈云进行了深入研究。指出在这场斗争中，陈云秉承不畏困难、直面挑战的斗争理念，巧妙利用西方国家对于封锁、禁运的分歧和利益冲突，审时度势，多策并举，为中国粉碎封锁、打破禁运做出了重要贡献。陈云所采取的斗争策略不仅有效推动了新中国成立初期对外贸易的开展，更成为党和国家发展对外贸易的宝贵思想财富。[17]

还有学者对陈云和邓小平在新中国成立初期粮食统购统销中的合作进行了分析。指出在全国粮食紧急会议上，邓小平和陈云从不同角度阐述了实行粮食统购统销的必要性，为这一政策的顺利出台奠定了重要的思想基础。在政策开始实施后，邓小平和陈云在宣传教育、政治动员和部署落实等方面分别做了大量工作，共同推动了粮食统购统销工作在各地的顺利展开。面对粮食统购统销中出现的新情况和新问题，邓小平和陈云积极应对，通过完善政策，使粮食统购统销工作得到明显改善。[18]

（三）党史会议研究

有学者强调要把遵义会议放到党的整个历史发展进程来考察，才能更清晰地认识这次会议的历史性意义。指出会议直接解决的是军事问题和组织问题，这是当时具有决定意义而又有可能解决的问题，但它的意义并不只限于此。在这两个问题背后反映出来的是两种指导思想和方法论的根本对立：是把马克思主义教条化、共产国际指示神圣化，还是独立自主地从中国实际出发，走自己的路？遵义会议前，前者在中共中央曾长期处于统治地位；会议后，后者取得了主导的优势。以后，又经过瓦窑堡会议、中共六届六中全会、全党整风，到中共七大，马克思主义中国化的要求在党内逐步深入人心。实事求是，群众路线，独立自主，从此成为党的新的传统，成为胜利前进的保证。这才称得上党的历史上的重要转折点。[19]

有学者对中共四大的历史意义进行了探析。从党的奋斗史、理论探索史和自身建设史三个方面，考察了中共四大的历史地位和作用。提出了中共四大所作议决案中的有三个“首次”：一是提出内涵较为丰富的无产阶级领导权和工农联盟思想，对中国革命的性质和前途等作了新的阐述，在理论上提出了新民主主义革命的几个基础观点；二是将组织建设提升为党生存和发展最重要的问题；三是开启群众性政党的新阶段，对党的自身建设起到了开创性作用。[20]

有学者以档案及文献资料为基础，对中共七大的地缘战略出台的背景、过程及内容进行了考察、分析和评价。认为抗战期间，中共的地缘战略经历了明显的变化，特别是进入 1944 年以后，中共的总体地缘战略布局明显地出现了由北向南、由西向东、由内陆转向沿海、由农村地区转向城市地区的发展趋势。面对新的历史性境况和考验，中共七大在议程的各个阶段对地缘战略进行了比较全面的酝酿和讨论，并最终形成了新的战略方案。作为东亚地缘政治格局中的主要角色，中共及其在七大上制定的地缘战略也受到诸多外部政治力量的制约，主要包括国民党、汪伪、美国、日本、苏联。总体来看，中共七大地缘战略具有鲜明的自主性、杰出的前瞻性和相当的灵活性。[21]

（四）社会主义革命和社会主义建设阶段若干问题研究

1. 关于新中国经济

有学者研究发现，新中国能够成功地应对封锁禁运，灵活调整对外贸易方式起了重要作用。针对不同

的贸易背景，灵活多变地调整结汇或易货等多种贸易方式；即使采纳易货方式也非呆板单一，而是针对不同国家变通运用直接易货、记账易货、联锁易货等作法，发挥银行在对外贸易中的桥梁、保证、清算、服务等多种扶持方式所带来的积极促进作用。面对内需与外销之间的矛盾，本着保障工业化的方针，国家统筹兼顾，采纳“内销服从外销”的主张，强调严进宽出，对重要出口物资统销，争取到国际市场的有利地位。[22]

有学者指出，新时期以来我国发展混合所有制经济的决策演进经历了三个阶段。从中共十一届三中全会至十四大期间，我们党提出和发展了多种经济成分共同发展的理论与政策；从中共十五大至十七大期间，我们党提出和发展了发展混合所有制经济的理论与政策；中共十八大以来，我们党在混合所有制经济概念、理论和政策等多个方面实现了重大完善与突破创新。发展混合所有制经济的战略意图是坚持和完善公有制为主体、多种所有制经济共同发展的基本经济制度，推进公有制经济和非公有制经济在社会主义市场经济体制中共同发展、相互融合。[23]

2. 关于新中国国防

有学者对新中国的兵役制度进行了研究。指出新中国成立后，为适应军队建设的需要，国家及时提出实行义务兵役制。1955 年《中华人民共和国兵役法》的颁布实施，标志着长期实行的志愿兵役制度的结束，这是国家军事制度的一项重大改革。虽然义务兵役制是一种比较合理的兵役制度，但在实践过程中由于缺乏经验等原因出现了一些问题。新中国成立初期，围绕预备役制度、民兵工作以及是否恢复志愿兵制等问题，经过了较长时间的探索和实践，符合中国实际的义务兵役制度逐步确立，并不断发展完善。[24]

有学者强调，1985 年百万大裁军在新中国军事历史上具有重要的地位。认为这是一次在准确战略判断基础上做出的重大决策，是对国家经济建设大局的切实呼应，是对中国特色精兵之路的成功探索，是人民军队走向强军之路的必要准备。这次裁军实际上是一次致力于触及军事领导体制、聚焦战斗力的军事改革，为军队建设向“能打仗、打胜仗”标准聚焦积累了经验。[25]

3. 关于新中国统战工作

有学者对中国人民政治协商会议协商对话机制进行了历史考察。指出“双周座谈会”是政协第一届全国委员会建立的一种工作制度，从新中国建立之初到“文革”前，共举行了 114 次。“文革”开始后“双谈”停止活动。中共十一届三中全会后，“双谈”传统得以延续。中共十八大后，全国政协在继承“双谈”传统基础上，创立了“双周协商座谈会”制度，使“双谈”重新回到中国政治舞台。“双周座谈会”及与之相关的协商对话机制，作为共产党和各民主党派凝聚共识、共商国是的重要桥梁和纽带，在新中国发展的不同时期为国家各方面建设发挥了重要的历史作用，也见证了新中国统战工作的历史变迁。[26]

有学者对 1959—1962 年间各民主党派的“神仙会”进行了探析。“神仙会”原是中共在党内进行的一种相对务虚的会议形式，1959 年年底被引入中共对工商界和民主党派的统战工作中，此后逐步扩展至统战工作的诸多领域，对调整中共与各统一战线对象的关系产生了积极影响，成为中共领导的多党合作与政治协商制度的探索性尝试。1962 年以后，“神仙会”最终停止并被污名化，直到“文革”结束后才恢复了声誉。[27]

注：

①中共中央党史研究室科研管理部学术处：《“全国党史界纪念中国人民抗日战争暨世界反法西斯战争胜利 70 周年学术研讨会”综述》，《中共党史研究》，2015 年第 9 期。

②王树林：《“纪念中国人民抗日战争暨世界反法西斯战争胜利 70 周年国际学术研讨会”综述》，《中共党史研究》，2015 年第 9 期。

③董佳：《“中国抗日战争史研究的回顾与前瞻”学术研讨会综述》，《中共党史研究》，2015 年第 4 期。

④孙艳玲：《抗日军饷与国共关系（1937—1941）》，《中共党史研究》，2015 年第 1 期。

⑤董佳：《抗战时期根据地民主政治的构建与当代中国民主的起源》，《中共党史研究》，2015 年第 3 期。

⑥殷露露：《抗战时期中共与美国的军事合作问题再探》，《中共党史研究》，2015 年第 8 期。

⑦王树林：《共产国际、斯大林与中共六届六中全会——以抗日民族统一战线为中心的考察》，《中共党史研究》，2015 年第 10 期。

⑧李树泉：《抗战时期中共对东北的经略》，《中共党史研究》，2015 年第 9 期。

⑨任贵祥：《邓小平“借风行船”推动中国科技改革思想研究》，《中共党史研究》，2015 年第 1 期。

⑩胡鞍钢：《邓小平人力资本投资决策与长期红利》，《当代中国史研究》，2015 年第 2 期。

⑪郝鹏飞：《1975 年邓小平领导的组织整顿及其意义》，《北京党史》，2015 年第 5 期。

⑫张卓然：《试析邓小平的政治智慧与领导艺术——以 1975 年整顿为例》，《北京党史》，2015 年第 5 期。

⑬刘贵军：《影响 1975 年整顿的首要政治因素——论邓小平与毛泽东的三项指示》，《北京党史》，2015 年第 5 期。

⑭程中原：《关于邓小平领导 1975 年整顿若干问题的探讨》，《北京党史》，2015 年第 5 期。

⑮朱佳木：《陈云的改革开放思想——纪念陈云同志诞辰 110 周年》，《当代中国史研究》，2015 年第 3 期。

⑯方涛：《陈云的从严治党思想及其当代价值》，《当代中国史研究》，2015 年第 4 期。

⑰周红：《陈云与新中国成立初期的“反封锁、反禁运”斗争》，《当代中国史研究》，2015 年第 5 期。

⑱张金才：《邓小平和陈云在新中国成立初期粮食统购统销中的合作》，《当代中国史研究》，2015 年第 4 期。

⑲金冲及：《对遵义会议的历史考察》，《中共党史研究》，2015 年第 1 期。

⑳李颖：《中共四大历史意义探析》，《中共党史研究》，2015 年第 1 期。

㉑王志刚：《中共七大的地缘战略：背景、生成及分析》，《中共党史研究》，2015 年第 6 期。

㉒董志凯：《新中国应对封锁禁运中的外贸方式调整》，《中共党史研究》，2015 年第 8 期。

㉓冷兆松：《发展混合所有制经济的决策演进》，《当代中国史研究》，2015 年第 6 期。

㉔姬文波：《20 世纪 50 年代围绕兵役制度的探索与争议》，《当代中国史研究》，2015 年第 3 期。

㉕潘宏：《中国百万大裁军及其历史地位》，《当代中国史研究》，2015 年第 5 期。

㉖刘维芳：《从“双周座谈会”到“双周协商座谈会”——中国人民政治协商会议协商对话机制的历史考察》，《中共党史研究》，2015 年第 7 期。

㉗李桂华：《1959—1962 年各民主党派的“神仙会”述论》，《当代中国史研究》，2015 年第 2 期。

（作者：张静如、王炳林，北京师范大学教授；
张亚东，北京师范大学博士生）

世界上古中古史

刘林海

2015 年 6 月 20—21 日，首都师范大学举办第三届全球史学术论坛暨全球史中心成立十周年学术讨论会，30 多位国内外学者参会，主题为“怎样推进全球史研究”[①]。11 月 15 日，中国人民大学历史学院举办“世界史资料建设与教材编写学术研讨会暨《西方历史文献选编》编务会”，北京地区的 20 余位世界史学者参加会，《西方历史文献选读》古代卷和现代卷出版[②]。12 月 26—27 日，北京师范大学历史学院举办“中外古史比较研究的理论与实践”学术研讨会，30 多位国内学者参会，就历史比较研究的可公度性理论及比较实践等进行交流[③]。

一、史学理论与外国史学史

张文涛认为，马克思、恩格斯的“历史科学”概念并非指具体的学科，尤其不指历史学，而是指运用唯物辩证法的一切科学。唯物史观是一种历史哲学[④]。吴英指出，在研读原典的基础上重新解释并运用唯物史观，是一项紧迫任务；他还反驳了历史虚无主义的几个主要观点，指出唯物史观的本质决定了它是历史虚无主义的克星[⑤]。

“失败者历史”问题受到关注。张顺洪指出，历史发展的结果是“胜利者”与“失败者”共同形成的，失败者历史应予重视以便揭示客观历史的全貌。坚持以唯物史观为指导，有意识地加强对“失败者历史”的研究，尝试从失败者的视角来撰写历史，立足于总结“失败者”的教训，是撰写好失败者的历史的关键[⑥]。张旭鹏指出，发现和复原失败者历史异常困难的原因有：失败者不能书写自我的历史；有关失败者的历史记录只是零星地出现在主导话语之中[⑦]。张文涛指出，“失败者历史”有三层含义：它是一种被承认的历史，是一种批判的历史，还是一种带有前瞻性探索的历史[8]。

马克垚梳理了中国世界史学科的发展历程，分析了它由普及教育、学科建立到改革开放以来取得的巨大成绩和存在的不足，提出把学习欧美作为提高的路径，以建设有中国特色的世界史学科体系；他还结合参编世界史的丰富经验，谈了自己的体会。他指出，要编写新体系、新观点、新方法的世界史，首先要先破除各种中心论的影响，通过比较研究重要国家，在了解共性和特性的基础上，总结世界的共同发展规律。[9]孟广林指出，要积极发挥世界史研究的社会功能[10]。徐浩梳理了西方自20世纪以来的世界史编写史和中国在世界史编写方面的成就，指出了其不足及存在的一些问题[11]。李世安指出，中国的世界史研究必须加强与国际的交流，这是中国改革开放、国家发展战略以及中华民族伟大复兴的需要。通过与国际学术界交流，中国的世界史研究真正走向世界，达到世界先进水平的目标一定能实现。[12]

刘新成主编的《全球史论集》出版。本书分为理论与方法、专题研究、讨论与评议三部分，共收录25篇中外学者论文或评论，较为全面地展示了全球史研究的新成就[13]。刘文明的《全球史理论与文明互动研究》出版。该书共有全球史理论、文明互动和“文明”观念、全球和互动视角的疾病传播三编19章，从宏观理论和具体问题等方面对全球史进行论述[14]。他还指出，19世纪三次全球性的霍乱灾难是欧洲主导的资本主义全球化进程中的一个副产品[15]。董欣洁指出，作为全球史理论与实践的主要方法，跨文化互动研究扩展了世界史研究的对象，更新了对世界史进程的解释模式，并努力克服“欧洲中心论”，视野全球化。虽然其包容性不断扩大，但也存在问题[16]。章毅君分析了将全球史观融入民族院校的世界现代史教学在教育与社会等领域的益处[17]。夏继果指出，新海洋史的研究视角由陆地本位转向以海洋为中心，把海洋当作互动区，研究对象包括作为通道的水面以及沿岸的港口城市和岛屿，关注人在网络形成和运行中的作用及网络运行机制，把近代以来的海洋史视为西方融入既有的海洋网络、与当地人不断互动的历史进程；476—1500年的地中海是不同政治势力之间争夺，没有形成一方独霸的局面，但有一个日益相互联系的贸易网络，基督教、犹太教和伊斯兰教共动互生是主旋律。[18]金寿福探讨了古代地中海区域不同族群的酒文化，指出，相似的地理、气候条件和宗教、语言上的渊源关系促成了整个古代地中海区域的酒文化并为之后的西方酒文化奠定了基础。作为整体的地中海及其各地贸易在酒文化传播过程中扮演了重要角色[19]。施诚从学理角度综述了西方史学界对大西洋史的定义及其在西方兴起的背景，分析了其成就与不足，尤其是其强烈的“欧洲中心论”色彩[20]。朱孝远、周施廷指出，文明重心转移的本质是新兴文明先进、完善，条件是新兴文明大国综合国力强大。区域文明的出现是当前世界文明的一种发展[21]。

张炜指出，欧美文化史家重视仪式、节庆活动的符号学意义，是对实证主义历史研究的有益补充。仪式和节庆已经成为史学研究中不可或缺的组成部分，堪称跨学科研究的典型一例。其主要意义在于，藉探讨规律以分析政治、社会、文化的演进与发展[22]。吴琼指出，文献纪录片可以成为历史认识的新途径，也是获取可靠史料新载体，《周恩来外交风云》是典型例子；文字史料和影像史料具有互补作用，传统史料和影像史料结合是未来历史学研究的新路径[23]。

杨共乐指出，亚里士多德在《诗论》中对“诗（ποίησιζ）”与“史（ἱστορία）”作了明确的区分，但其中的ἱστορία并不是指普遍意义上的古代希腊历史学，而是指具体意义上的ἱστορία，即希罗多德创作的历史学；传统中国史学的道路与古代希腊历史学不同，是一门治国之学，应该批判地继承这份遗产。[24]刘亮指出，塔西佗的命运观深受希腊和罗马传统史学命运思想的影响，既承认神性之命运对人事的支配作用，又重视从人事上探求史事的原因[25]。

侯树栋讨论了“晚期古代”概念的指向、泛文化史研究模式及连续与断裂问题等[26]。李隆国指出，都尔主教格雷戈里是中古早期历史传统的开创者，他有高明的写作策略，注重创新写作体例，从其《历史十书》成书后两百年间的手抄本流变和修订中可见一斑；战争史是考察古典史学向中古史学尤其是中古早期欧洲史学转变的媒介。在这个过程中，战争叙事模式转变，教会成为战争叙事主角。转变是适应时代变迁的逐渐演变过程[27]。

柏悦指出，19世纪末德国学界的“兰普莱希特争论”不仅兰普莱希特本人身败名裂，他所倡导的史学革新——文化史也备受阻挠。他在争论中的失败对德国史学向“新史学”的转型产生了负面影响[28]。庞冠群、顾杭指出，法国史学家拉布鲁斯深化了马克思主义的革命史研究，创立了具有马克思主义印记的社会史范式。他在年鉴学派接受马克思主义的影响，促进历史学与社会科学的融合，倡导心态史研究等方面贡献卓著[29]。董立河从后现代主义对历史客观性的攻击背景出发，梳理了西方学界关于历史客观性问题的研究历程及争论，以为后—后现代语境下重新阐释历史学的理论基础，重建历史理性信念，提供参考[30]。

武可分析了英国学者克里斯托弗·道森的世界历史观及其在现当代学术研究中的地位[31]。李俊姝分析了马歇尔·霍奇森的世界历史思想及其对世界历史学科发展所做的贡献，指出，其从“跨区域图景”的视野出发看待世界历史和伊斯兰文明，得出不同于传统的历史分期，也重新解释了欧美的现代性[32]。朱孝远、周施廷介绍了历史学家马克·布洛赫和杰弗里·巴勒克拉夫在反法西斯主义斗争中的英雄行为[33]。景德祥指出，德国批判社会史学派的领军人物汉斯—乌里希·韦乐，不但在德国史研究领域成就非凡，而且对德国史学的现代化和战后德国政治的民主化贡献卓著[34]。彭小瑜指出，勒高夫的启示是，学者不应该回避历史研究的现实关怀。史学研究必须正面肯定良善的道德和价值观，成为社会正义的声音，则是现实关怀的根本依据[35]。陈素娟分析了雅克·勒高夫的《政治还是历史的骨干吗?》一文对新政治史复兴的意义[36]。徐健总结了20世纪60年代以来德国史学界关于德国对第一次世界大战的责任和起源争论及其特点，分析了21世纪德国关于这些问题研究的新特点及存在问题。[37]

刘家和结合自己的学术研究经历，阐述了学术研究中的挑战与应对以及自我挑战等问题；他还以“共”、“恭”、“豊”、“禮”、“礼”、“仁”、“克”、“己”为例，从古今语文变易的视角，释义训诂，辨明字义句义的准确意思，说明历史及其中的思想，揭示文史之间的内在深层联系和汉字深藏的中华文化基因。[38]彭小瑜谈了古典学与西方文明的关系，以及建立古典学的必要性等，把语言和基本功的训练作为研究西方古代文明学科的基础和准备[39]。

马克垚回忆了中国世界史研究的开拓者之一杨人楩的贡献[40]。彭小瑜探讨了杨人楩史著中体现的现实关怀、革命倾向和始终的独立精神[41]。张炜指出，1949年前，阎宗临的中西交往史研究主要关注传教士对华交往的历史，把多元文化互动交流作为历史演进的重要动力。此后，他主要关注中亚在古代亚欧大陆政治、经济、文化交流中的作用，强调了物流、阶级斗争等因素对欧亚大陆历史发展的影响，注重以唯物史观为指导。其研究为理解丝绸之路的历史及现实问题提供了参照。[42]

二、世界上古史

易建平指出，国内一些学者判定民主的部落联盟的四条标准，即没有最高首脑、全体一致通过的议事原则、部落之间相互独立而又平等的关系、部落联盟的二权制或三权制，其有效性值得商榷。非专制政体的新概念可以重建判定世界古代民主与专制政体的新标准。[43]他还就“古代国家”、“早期国家”与“国家”等与王震中存在分歧的问题进行探讨[44]。

国洪更的《亚述赋役制度考略》出版。该书以分析研读楔形文字文献为基础，对亚述的赋役制度进行研究，涉及其起源、发展演变、赋役内容、征发对象和征收方式等；帝国的赋役豁免政策是统治者利用经济手段维护政权的一种策略，其变革与帝国盛衰关系密切[45]。他还指出，军队是亚述帝国的重要组成部分，其活动是占卜的重要主题。占卜虽然是一种迷信活动，但也是一种鼓舞士气的战前动员；宦官是亚述国王加强王权、维护统治的重要工具。帝国初期，他们是国王用来制衡威胁王权的大将军等力量的政治势力。帝国盛期，作为新兴贵族代表的他们与世袭贵族平分江山。帝国末期，他们一度控制了政权。[46]刘健指出，作为巩固政权的一种方式，古代赫梯的基拉姆节日全面展示了赫梯全国性节日的要素，体现了王室统治的正统性和合法性、权威性和神圣性，是国家庆典体系的重要组成部分[47]。

金寿福指出，用波兰尼的“再分配”理论概括古代埃及经济是以偏概全。古代埃及存在多种商业活动，很早就形成了相关的市场，也受到监督和保护。虽然它含有一些现代经济因素，但总体仍处在初始阶段[48]。郭子林的《古埃及托勒密王朝专制王权研究》出版。该书共九章，在梳理学术研究史的基础上，探讨了托勒密埃及专制王权的发展演变史、国王、王权及官僚统治等；复杂的族群关系、固定的等级和阶级关系是托勒密王朝社会结构的特征，作为外来统治者的国王用法律和司法手段调解各种矛盾，扩大统治阶级队伍，维持长期统治；登基仪式的意义在于王位继承者获得王位，掌握王权。加冕仪式则是对登基和王权继承的认可。继承仪式糅合了宗教与世俗两方面，使国王的身份和统治神圣化，起到了强化民族认同和凝聚社会力量的作用；波斯人对埃及的统治是古埃及文明消亡链条上的起点，一定程度上瓦解了古埃及传统的文化认同，为希腊马其顿人征服和统治埃及奠定了基础。[49]赵小凡梳理了古代埃及王室女性在王位继承中的作用与角色[50]。颜海英指出，“末日审判”是埃及宗教核心来世复活的关键。该观念初见于中王国时期的墓葬文献，一直盛行到希腊罗马时期。末日审判观念在希腊化时期发生重要转变，对古代晚期有显著影响[51]。

李渊指出，“荷马社会”并非氏族社会，胞族、氏族亦非其基本社会组织，有些地区已出现了早期国家。古风时代初期，希腊各地均出现了国家；他还从词义演变角度分析了 βα’ρβαρο 与 βαρβαρο’φωνο 二词的在具体的历史发展过程中的内涵变化。[52]晏绍祥指出，米利都在波斯统治时期整体上是一个基本自治的共同体。波斯国王采取了控制帝国上层而让地方共同体自治的政治策略，体现了波斯人的政治智慧；《剑桥古代史》第2版第6卷吸收了近50年来西方学术界的新成果，其建构的公元前4世纪古典世界的新历史形象，值得中国学术界重视。[53]徐晓旭指出，“文化选择”模式有助于认识希腊化时代的族群认同问题。认同建构的主题据自己的需求和意愿从文化这个大数据库中选择资源并进行加工。“小历史”的书写表明“文化选择”模式的合理性[54]。崔丽娜的《跨文化互动与希腊化文明》出版。该书共九章，从马其顿征服前的背景开始，历数马其顿征服、希腊化时代的政治经济及文化等问题，尤其关注文化的互动，即希腊文化与被征服地区的东方文化之间的相互作用与影响；希腊化时代的经济已具有世界性特征，是了解希腊化时代文明交流互动的重要内容。[55]王大庆指出，古希腊体育竞技中的裸体习俗在人类历史上空前绝后，是“希腊性”的重要标志，也承载着希腊人很多的人生理想，是现实与理想无形张力的体现[56]。

胡玉娟指出，“罗马化”研究模式过分强调罗马文明的单向传播和同化作用。高卢地区的“罗马化”过程表明，这是一个双向文化互动和文化转型现象，其结果是以意大利本土为核心的罗马古典文明逐渐演变为包含行省多元文化基因的“罗马化”文明。[57]岳成指出，贺拉斯的“希腊文化征服罗马”说表达的是罗马文化与希腊文化各有优劣，可以互补。贺拉斯并不是妄自菲薄，而是对罗马文化未来的高度自信；贺拉斯诗歌中的意大利是当时罗马人关于意大利的看法的一种概括和升华，有助于了解奥古斯都时代意大利的社会和文化状况。[58]倪滕达指出，必须从整体上把握琉善的作品。他不是无神论者，其批判意在将传统宗教提升到新高度，为罗马的宗教活动提供更坚实的理论支撑；从琉善的作品中可以看出，罗马帝国精神层面的衰退早在公元2世纪就已开始。[59]

武晓阳的《斯特拉波“东方世界”探研》出版。该书共九章，分别从史料、学术研究史以及斯特拉波著作中涉及的罗马疆域和埃及、叙利亚等进行探讨[60]。吴琼指出，秦汉之际中国蚕桑丝织技术的进步促进了以丝织品为中心的中西贸易和文化交流。丝绸贸易将秦汉王朝和罗马帝国联系起来，为古罗马注入了新的文化内涵[61]。王永平指出，反映古代阿拉伯人世界观念的“五王说”多以伊拉克王为中心，包括中国皇帝、突厥王、印度王和拜占庭王。反映印度佛教地理观的“四天子说”是这种观念的源头。它认为世界由人主、马主、宝主和象主四天子所统治，分别对应中国、突厥、拜占庭和印度，印度是中心。这种观念也传到了中亚和中国。古代两河流域与古代印度在有关世界认知观念中的相互影响[62]。

三、世界中古史

刘欣如指出，9—13世纪，中亚地区经历了宗教文化的重大转折。斯兰教替代佛教和祆教成为主流，突厥语系的语言替代印欧语系诸语种成为穆斯林人口的流行语言。在这个过程中，原来的艺术传统与斯兰教的宗教礼仪结合并发扬光大。[63]王向鹏指出，第一次十字军战争基本围绕着对城市、城堡的攻伐展开。十字军将城堡战术发展升华为战略制策，成为拉丁东方最为鲜明的军事特色；在东方复杂的战场环境下，十字军的给养物资供应运输形势严峻，补给是巩固十字军同拜占庭帝国关系的关键要素。[64]王玖玖指出，“十字军征服”期间，犹太人成为十字军迫害的对象，但在同一时期的西班牙，犹太人却同主体族群—基督徒大致保持着和平共存的关系。其原因在于，犹太人都被主体族群视为是“有用的”，现实需要超越宗教分歧和族群认同，成为决定犹太人同基督徒关系的首要因素。[65]

赵文洪指出，反暴君的思想贯穿整个中世纪欧洲政治思想史，被统治者有权限制、反抗、废黜甚至诛杀不同于合法君主的暴君[66]。杨盛翔指出，12世纪复兴的古典文化与中世纪神学的交融是索尔兹伯里的约翰《论政府原理》的特点。他面临限制和伸张王权的理论困局，初步调和了国王为共和国服务的古典理念和基督教王权神授理念[67]。

徐浩指出，中世纪西欧市场和集市始终处于变化之中，从少到多，形成网络体系，成为国内和国际贸易的主要平台。中世纪晚期，形成以城市市场为主导的城市市场结构，城市的发展导致市集的国际贸易乃至区域贸易功能式微；中世纪中期以来，西欧工业形成以工匠个体作坊为主体、以交换为目的的生产模式，工业管理特别是民生必需品的管理成为重要问题。国家、城市和行会承担了大量的工业立法和监管工作，保护消费者、雇主和雇工权益。这些做法客观上有利于中世纪交换型工业健康有序的发展。[68]

孟广林指出，学者多挖掘《大宪章》的“现代性”，但从当时的社会背景和历史语境来看，封建性恰恰是其精神的历史底蕴。[69]陈建军指出，中世纪英国对犹太人整体上呈现歧视、压制、剥削和压迫的特点，但也存在宽容、保护和合作[70]。裴幸超指出，英格兰的《1352年叛逆法令》影响深远，其中的大部分条款在今天依然有效。长远来看，它并不能有效制约王权，对王权的维护才是其真正目的[71]。刘新成指出，16世纪的英国已初步建立法治社会，议员身份和议会立法受到重视，法律受到尊重，且议会拥有立法权威。除封建制的契约因素和在此基础上形成的普通法体系外，法律专业性、“先在理性”原则及其对政治权力的制约也不容忽视。英国宪政发展的转型问题值得研究。[72]他还以英国议会在英国历史传统中的发展为例，讨论了其与英国历史传统及政党政治的关系等，指出中国不能照搬西方的体制。[73]

王超华指出，学术界对中世纪英国的工资差别与受雇佣时间的持续性缺乏关注，对雇工生活水平的复杂性和多样性认识不足。探讨工资差别和工资收入，有助于更全面了解中世纪乡村雇工的生活状况；中世纪英格兰劳工法令在颁布之初得到严格执行，有效遏制了劳动力价格上涨，是英格兰王室政府协调利益集团关系，干预经济社会生活的有力工具。[74]冯正好指出，中世纪英国“城市法”是指在中世纪英国城市中适用的涉及城市手工业、商业、贸易、征税、城市自治以及城市市民法律地位的一整套综合法律体系，有具体或特定城市的“城市法”（City Law）和整体意义上的“城市法”（Urban Law）之分；它是在中世纪英国城市起源和发展的基础上，在城市开展自治权的斗争和运动中逐渐产生、形成和发展起来的，后逐渐融入英国普通法等体系。[75]徐浩指出，研究范式的差异导致对中世纪英国城市人口的不同结论，经济史学家的观点具有片面性，经济社会史和社会经济史家的综合辨证态度，更值得认真对待[76]。蒋继瑞指出，教会和王室对英格兰盎格鲁和诺曼时期的对外贸影响显著；14世纪后半叶，英国羊毛出口的份额开始明显减少，而呢布的出口的份额明显增加，这既与英格兰呢布工业的发展密不可分，也与王室管理、战争等方面的影响有关[77]。陈志坚指出，从16世纪上半期起，英国社会各界就财产继承模式问题展开了长达一个世纪的规模空前的大讨论，传统的长子继承制遭到挑战。这场讨论对英国历史文化的多个层面产生了深远影响。[78]

刘程、张尚莲指出，14世纪以后，以盎格鲁—萨克逊语言为基础的古英语方言逐渐在英格兰复兴，法语和拉丁语的使用范围逐渐缩小，英语官方语言地位在英格兰逐渐确立[79]。姜启舟指出，乔叟视域中的医德困境在于医生世俗化是医术提升的前提，而世俗化的医生又走向了逐利化，没有信仰与医德支撑的医术最终演化为一种工具理性[80]。

朱孝远指出，文艺复兴时期的佛罗伦萨人顺应人求知、想好、爱美的天性，其核心人文主义具有批判封建主义旧文化、创立新文化的双重使命，有别于古典时代的希腊、罗马文化。其在三个不同阶段对应的政治理论分别是道德论、自由公民论和君主论；文艺复兴把中国和欧洲连接了起来。在中国，文艺复兴是指中华民族的伟大复兴。无论在中国还是在欧洲，以文艺复兴为旗帜，振兴、发展自己的目的都在建立和谐社会、和谐国家、和谐世界。[81]

朱孝远指出，德国特殊的社会历史背景导致市民与君主结盟无法实现，而是采用市民与农民相联合，自下而上推动向近代社会的过渡方式。通过宗教改革和农民战争，德国走向了近代政治体制、社会体制和经济体制。[82]周施廷的《信仰与生活：16世纪德国纽伦堡的改革》出版。该书以16世纪的纽伦堡为研究对象，阐述了宗教改革在新旧体制之间转换的作用，凸显了市民阶级的意志，展现民众推动德国社会变迁的图景。[83]俞金尧指出，宗教改革时期欧洲人对婚姻制度进行改革，规定子女的婚姻必须得到父母的同意。改革实际上并未剥夺年轻人的婚姻自由。父母在子女婚事上的权威是家长权，并不以牺牲个人的意志为条件，男女双方在自由、自愿的情况下表达结婚意愿仍是形成合法、有效婚姻的必要条件。中世纪的结婚自由的精神仍然保存了下来。[84]王秀红指出，学术界对“信仰告白化运动”的认识存在分歧，学者的历史和价值判断是很大原因。运用人类学和社会学等研究方法，关注普通民众生活和思想发展状况是趋势。[85]王建分析了影响20世纪后期国外再洗礼派研究的教派和意识形态因素，介绍了社会史新路径在这个领域的成就[86]。

注：

①刘文明、夏继果等：《怎样推进全球史研究——首都师范大学第三届全球史学术论坛讨论记》，《全球史评论》，第九辑（2015）。

②孟广林主编：《西方历史文献选读》（古代卷、现代卷），社会科学文献出版社，2015年版。

③王秀红、孙中华：《中外古史比较研究的理论与实践学术研讨会综述》，《史学史研究》，2016年第1期。

④张文涛：《马克思、恩格斯"历史科学"概念的意蕴》，《甘肃社会科学》，2015年第5期。

⑤吴英：《重新解读唯物史观的紧迫性与可能性》，《史学理论研究》，2015年第1期；《驳历史虚无主义中的几个主要观点》，《新疆师范大学学报（哲学社会科学版）》，2015年第5期。

⑥张顺洪：《应重视"失败者历史"的研究》，《世界历史》，2015年第5期。

⑦张旭鹏：《失败者有自己的历史吗?》，《世界历史》，2015年第5期。

⑧张文涛：《"失败者历史"：一种历史研究和书写的主题取向》，《世界历史》，2015年第5期。

⑨马克垚：《我国世界史学科建设的回顾与展望》，《经济社会史评论》，2015年第1期；《谈如何编写世界史》，《光明日报》，2015年1月10日。

⑩孟广林：《积极发挥世界史研究的社会功能》，《光明日报》，2015年11月11日。

⑪徐浩：《什么是世界史？——欧美与我国世界史学科建设诹议》，《经济社会史评论》，2015年第1期。

⑫李世安：《中国的世界史研究如何加强国际交流》，《史学理论研究》，2015年第3期。

⑬刘新成主编：《全球史论集》，中国社会科学出版社，2015年版。

⑭刘文明：《全球史理论与文明互动研究》，中国社会科学出版社，2015年版。

⑮刘文明：《十九世纪上半叶霍乱流行的全球史审视》，《光明日报》，2015年3月28日。

⑯董欣洁：《西方全球史的方法论》，《史学理论研究》，2015年第2期。

⑰章毅君：《全球史观下的民族院校世界现代史教学实践及思考》，《历史教学》，2015年第10期。

⑱夏继果：《海洋史研究的全球史转向》，《全球史研究》，第九辑；《中世纪地中海史的特点》，《光明日报》，2015年1月24日。

⑲金寿福：《古代地中海区域的酒文化》，《全球史评论》，第九辑。

⑳施诚：《方兴未艾的大西洋史》，《史学理论研究》，2015年第4期。

㉑朱孝远、周施廷：《全球化进程中文明重心的转移》，《人民论坛》，2015年第29期。

㉒张炜：《作为符号的仪式和节庆：文化史家的跨学科研究路径》，《杭州师范大学学报（社会科学版）》，2015年第6期。

㉓吴琼：《从文献到影像纪录——以〈周恩来外交风云〉为例看文献纪录片的史料价值》，《史学史研究》，2015年第1期；《从"记录"到"纪录"——以电影〈一九四二〉为例看历史影像中的史料问题》，《郑州大学学报（社会科学版）》，2015年第3期。

㉔杨共乐：《〈诗论〉中的"ίστορία"不是指普遍意义上的古代希腊历史学》，《陕西师范大学学报（哲学社会科学版）》，2015年第3期；《中国传统史学是一门治国之学——以古代中西史学比较为视角》，《史学理论研究》，2015年第3期。

㉕刘亮：《塔西佗〈历史〉的命运观》，《史学史研究》，2015年第1期。

㉖侯树栋：《关于晚期古代研究中的几个问题》，《历史教学问题》，2015年第6期

㉗李隆国：《都尔主教格雷戈里与中古拉丁史学的兴起》，《史学史研究》，2015年第2期；《欧洲中古战争叙事模式之转捩》，《中国社会科学报》，2015年7月6日。

㉘柏悦：《兰普莱希特争论"初探》，《史学史研究》，2015年第4期。

㉙庞冠群、顾杭：《马克思主义影响下的法国拉布鲁斯史学探析》，《史学史研究》，2015年第1期。

㉚董立河：《西方史学理论史上的历史客观性问题》，《史学史研究》，2015年第4期。

㉛武可：《一个天主教文化史学家的世界历史观—评道森的〈世界历史的动力〉》，《基督教文化学刊》，第34辑（2015年秋）。

㉜李俊姝：《马歇尔·霍奇森的世界历史思想》，《史学理论研究》，2015年第1期。

㉝朱孝远、周施廷：《知识分子的信仰、大义与家国情怀——世界反法西斯战争中的历史学家们》，《学术前沿》，2015年第8期（上）。

㉞景德祥：《纪念德国著名社会史学家汉斯—乌里希·韦乐（1931—2014）》，《武汉大学学报（人文科学版）》，2015 年第 2 期。

㉟彭小瑜：《勒高夫教授：中世纪的“现代回声”》，《文汇报》，2015 年 1 月 30 日。

㊱陈素娟：《年鉴学派对政治史研究的反思——以雅克·勒高夫〈政治还是历史的骨干吗?〉为中心》，《廊坊师范学院学报（社会科学版）》，2015 年第 2 期。

㊲徐健：《21 世纪德国学界关于第一次世界大战责任和起源问题的讨论》，《世界历史》，2015 年第 5 期。

㊳刘家和、蒋重跃：《在挑战与回应中前进——刘家和先生谈学术工作的基础》，《北京师范大学学报（社会科学版）》，2015 年第 2 期；《关于文史基础教材内在深层联系问题——试举例说明》，《历史教学问题》，2015 年第 3 期。

㊴彭小瑜：《从中世纪研究角度看西方古代文明》，《文汇报》，2015 年 2 月 6 日。

㊵马克垚：《追忆杨人楩先生》，《读书》，2015 年第 3 期。

㊶彭小瑜：《如何“应付我们的现代社会”——杨人楩先生谈历史与社会》，《文汇报》，2015 年 4 月 3 日。

㊷张炜：《阎宗临的中西交往史研究再探》，《山西师大学报（社会科学版）》，2015 年第 5 期。

㊸易建平：《世界古代民主与专制政体的判定》，《经济社会史评论》，2015 年第 2 期。

㊹《再论“古代国家”、“早期国家”与“国家”——与王震中先生商榷》，《世界历史》，2015 年第 6 期。

㊺国洪更：《亚述赋役制度考略》，中国社会科学出版社，2015 年版；《亚述楔形文字史料概览》，《北方论丛》，2015 年第 1 期；《赋役豁免政策的嬗变与亚述帝国的盛衰》，《历史研究》，2015 年第 1 期。

㊻国洪更：亚述帝国的占卜与军队的征战，《军事历史研究》，2015 年第 4 期；《亚述帝国宦官的地位与作用》，《古代文明》，2015 年第 2 期。

㊼刘健：《赫梯基拉姆节日活动的仪式特征及其功能》，《世界历史》，2015 年第 5 期。

㊽金寿福：《论古代埃及经济的特征》，《世界历史》，2015 年第 5 期。

㊾郭子林：《古埃及托勒密王朝专制王权研究》，中国社会科学出版社，2015 年版；《古埃及托勒密王朝的社会结构与专制王权》，《中东问题研究》，2015 年第 1 期；《“继承神秘剧”的展演：古埃及王权继承仪式探析》，《历史研究》，2015 年第 2 期；《波斯人统治埃及新探》，《史学集刊》，2015 年第 3 期。

㊿赵小凡：《古埃及王室女性在王位继承中扮演的角色》，《文化学刊》，2015 年第 10 期。

51颜海英：《从“末日审判”观念的流变看古埃及宗教的影响》，“北京论坛 2015”论文。

52李渊：《“荷马社会”性质新探》，《廊坊师范学院学报》（社会科学版），2015 年第 2 期；《古希腊语 βα’ρβαρο 与 βαρβαρο’φωνο 词义考释》，《学史研究》，2015 年第 2 期。

53晏绍祥：《米利都与波斯：专制帝国中地方共同体的地位》，《世界历史》，2015 年第 3 期；《新形象的刻画：重构公元前四世纪的古典世界》，《历史研究》，2015 年第 1 期。

54徐晓旭：《文化选择与希腊化时代的族群认同》，《中国社会科学》，2015 年第 3 期。

55崔丽娜：《跨文化互动与希腊化文明》，中央民族大学出版社，2015 年版；《希腊化经济：一种世界性的经济?》，《全球史评论》，第八辑。

56王大庆：《古希腊体育竞技中的裸体习俗探析》，《世界历史》，2015 年第 2 期。

57胡玉娟：《罗马化抑或高卢化——高卢罗马化过程中的文化互动现象考察》，《社会科学研究》，2015 年第 4 期。

58岳成：《贺拉斯“希腊文化征服罗马”说考释》，《山东理工大学学报（社会科学版）》，2015 年第 3 期；《奥古斯都时代罗马诗歌中的意大利——以贺拉斯作品为考察对象》，《北京师范大学学报（社会科学版）》，2015 年第 2 期。

59倪滕达：《审视与反思：琉善眼中的神灵》，《北京师范大学学报（社会科学版）》，2015 年第 2 期；《罗马帝国衰落的起点——以琉善对公元 2 世纪罗马社会的认识为中心》，《古代文明》，2015 年第 1 期。

60武晓阳：《斯特拉波“东方世界”探研》，北京师范大学出版社，2015 年版。

61吴琼：《秦汉蚕桑丝织技术和早期丝绸之路》，《科学技术哲学研究》，2015 年第 1 期。

62王永平：《“五王”与“四天子”说：一种“世界观念”在亚欧大陆的流动》，《世界历史》，2015 年第 3 期。

㊳刘欣如：《中亚宗教文化和社会的重大转折（9至13世纪）》，《世界宗教研究》，2015年第6期。

㊴王向鹏：《论第一次十字军战争中的城堡及城堡战术》，《南京师大学报（社会科学版）》，2015年第4期；《第一次十字军战争补给问题探微——从尼西亚至安条克役谈起》，《古代文明》，2015年第2期。

㊵王玖玖：《11—13世纪西班牙犹太人—基督徒共生机制探析》，《全球史评论》，第九辑。

㊶赵文洪：《中世纪欧洲的反暴君思想》，《经济社会史评论》，2015年第2期。

㊷杨盛翔：《双重视野下的王权——谈索尔兹伯里的约翰的〈论政府原理〉》，《史学集刊》，2015年第1期。

㊸徐浩：《中世纪西欧市场和集市制度新探》，《经济社会史评论》，2015年第4期；《中世纪西欧工业管理研究——以消费者、雇主和雇工权益为中心》，《史学理论研究》，2015年第1期。

㊹孟广林：《〈大宪章〉的历史底蕴》，《光明日报》，2015年8月29日。

㊺陈建军：《英国社会是如何对待犹太人的（1066—1656）?》，《经济社会史评论》，2015年第4期。

㊻裴幸超：《〈1352年叛逆法令〉对英格兰王权的显性制约与隐性维护》，《首都师范大学学报（社会科学版）》，2015年第2期。

㊼刘新成：《16世纪英国议会解读》，《经济社会史评论》，2015年第2期。

㊽刘新成：《历史传统与道路选择——英国案例》，《民主》，2015年第10期。

㊾王超华：《中世纪英国乡村工资史研究中的两个问题》，《史学理论研究》，2015年第1期；《中世纪英格兰劳工法令的颁布、执行及其影响》，《古代文明》，2015年第1期。

㊿冯正好：《中世纪英国"城市法"概念辨析》，《哈尔滨师范大学社会科学学报》，2015年第3期；《中世纪英国城市法初探》，《人民论坛》，2015年第14期。

76徐浩：《中世纪英国城市人口估算》，《史学集刊》，2015年第1期。

77蒋继瑞：《英格兰盎格鲁和诺曼时期教会与王室在对外贸易中的影响》，《沈阳大学学报》，2015年第6期；《论中世纪中后期英格兰羊毛、呢布的出口贸易》，《科学·经济·社会》，2015年第3期。

78陈志坚：《近代早期英国关于财产继承模式的争论及影响》，《史学理论研究》，2015年第1期。

79刘程、张尚莲：《中古晚期英语官方语言地位复兴浅述》，《鲁东大学学报（哲学社会科学版）》，2015年第5期。

80姜启舟：《试析乔叟视阈中的医德困境》，《科学·经济·社会》，2015年第4期。

81朱孝远：《意大利文艺复兴时期的人文主义》，《历史教学》，2015年第23期；《为了世界和谐：文艺复兴政治学与现代国家的起源》，"北京论坛2015"论文。

82朱孝远：《宗教改革对近代德国社会转型的影响》《经济社会史评论》，2015年第3期。

83周施廷：《信仰与生活：16世纪德国纽伦堡的改革》，北京大学出版社，2015年版。

84俞金尧：《宗教改革前后欧洲人的婚姻自由问题》，《学术研究》，2015年第4期。

85王秀红：《论德国宗教改革研究中的信仰告白化》，《吕梁学院学报》，2015年第6期。

86王建：《20世纪后期国外再洗礼派研究中的影响因素及新路径探析》，《大庆师范学院学报》，2015年第1期。

（作者：刘林海，北京师范大学教授）

世界近现代史

郭家宏　蔡妍妍

2015年，北京地区世界近现代史研究成果颇丰，在研究广度和深度上有一定发展。

一、美国史研究

学者开始对早期美国史给予更多的关注。何芊指出，反《印花税法》风波中，北美殖民地人利用"爱国"话语来为抗税行动张目。"爱国"话语中的自由内涵与效忠内涵间的矛盾浮现，自由观日益凸显，这场风波初步改变了"爱国"话语的效忠性。[①]

邵声分析了北美独立战争期间，“公民”一词取代“臣民”被写入部分殖民地新制定的州宪法之中，从而开启了殖民者在法律身份上由“臣民”转变为“公民”的历史进程，并指出这种转变是渐进缓慢的。②周钢指出非裔牛仔在美国“牧牛王国”中艰辛劳作，苦练专业技能，忠诚于雇主，做出重要贡献，但依然存在着对非裔牛仔的种族歧视和种族隔离。③金海指出早期美国人认为贫困的根源是穷人自身的陋习，导致南北战争前美国的济贫政策带有很大的屈辱性特征，但另一方面将济贫政策视为维护社会稳定的手段，济贫政策的控制权也从地方政府向州政府的转移。④金海还指出20世纪后美国人开始关注不公正的政治经济体制对贫困造成的影响，要求政府采取措施保障人们基本生活需求的呼声不断高涨。但维持社会稳定始终是美国济贫政策的重要目标。⑤柏悦指出大萧条时代美国电影业蓬勃发展，文化消费开始与物质消费出现分庭抗礼的局面，娱乐休闲的地位大幅提升，并最终促成美国大众消费的转型。⑥

在美国的对外政策方面，王立新指出美国在20世纪上半叶两次拒绝接过领导世界的“权杖”，表明美国实际上是一个踌躇、甚至不情愿的霸权，这与多种因素有关。二战后美国为维护世界领导地位所付出的巨大代价也表明孤立主义者对充当世界领袖可能付出的代价的警告并非杞人忧天。⑦他还指出20世纪20年代，美国共和党政府试图纠正凡尔赛体系的弊端，以实现欧洲的稳定与安全，重建国际秩序，这种有限的国际主义政策既有成功，也有失败。⑧许亮指出战后初期，美国对如何保障韩国的安全出现了前后迥异的政策阶段，在这变化背后隐藏的是美国维护自身霸权和掌控韩国防务的私利之心，在理论上反映出美国在“中间地带”的冷战政策和美韩同盟的困境。⑨于展指出联邦政府在冷战早期不断推进民权改革来应对种族危机，并利用改革的成果积极进行公共外交，宣扬民主是解决美国种族问题的唯一方法，维护了美国的国家形象和国家安全。⑩许海云指出约翰逊政府在越南“春节攻势”中战争政策的失败有多方原因，但为此后的美国外交与战争政策的调整提供了借鉴。⑪史宏飞认为维护因越战失败而受到严重损害的美国国家信誉，是福特政府调整亚太政策的最重要推动因素之一。⑫钟厚涛指出美国为了维护在台海地区的多重利益，对于台湾的“反服贸运动”实行了“既拉又打”的两手策略，既对岛内政局和两岸关系增添了变数，也进一步强化了美国对台湾的掌控能力。⑬他还撰文指出美国对于台湾加入“跨太平洋伙伴关系协议”是一种“似迎实拒”的矛盾态度，对台湾政局、台美关系等产生了复杂影响。⑭杜娟指出冷战期间美国对拉美经济政策的核心始终是促进自由贸易和投资、扩大对拉美经济的影响力，但随着国际和地区局势的变化，美国对拉美的经援政策和美拉关系会出现周期性调整。⑮王文仙指出美国的政治认同及经济援助对20世纪60年代“墨西哥奇迹”的出现有重要作用。⑯

二、英国史研究

刘新成以16—17世纪英国议会转型为个案，探讨了政治现代化中传统与现代的关系以及现代化普遍性与各民族现代化特性关系问题。⑰陈志坚考察了16世纪以英国学界为主的社会各界掀起的关于财产继承模式的大讨论，分析了其对英国历史文化等多个层面产生的深远影响。⑱郜峰指出科学技术的进步、专业销售机构的产生、人寿保险消费群体的出现是18世纪英国人寿保险业形成的标志，社会经济的繁荣、新兴阶层的消费是推动其产生的原因。⑲王晨辉分析了19世纪后半期英国政府对工业学校与儿童管教的介入及监管，阐明社会各界对待政府干预的态度以及这一时期英国自由主义的时代特征。⑳吕富渊考察了18世纪英国针对犬类管理从屠杀至征税的过程以及引发的争论，并分析了《犬类税法》出台的重要意义。㉑张瑾指出英国工业革命时期既需要大批的人才，也在一定程度上为英国人才的发展提供了较好的客观环境。㉒赵秀荣考查了18世纪约克静修所采用的基于善良原则之上、持续的温和及慈爱，鼓励患者通过自我约束达到治愈的目的的道德疗法，并对其给予客观的历史的评价。㉓王广坤指出19世纪后半期帕内尔领导的爱尔兰自治运动迫使英政府同意爱尔兰自治，但由于帕内尔轻信英政府，希望通过立宪方式获得爱尔兰自治，使得自治运动声势不再并归于失败，致使英爱民族关系持续恶化。㉔

在英国与殖民地关系方面，程子航指出英印总督欧文有关“印度自治”声明引发的批判声浪表现了英国各派在印度宪政改革的程度和推进的速度上的分歧和矛盾，但随着甘地发起的民众不服从运动和国内政治环境变化，英国对印政策逐渐由保守主义向中间路线回摆，最终形成以“欧文—霍尔路线”为基础的保守党印度政策。㉕杭聪指出非殖民化时期，英国政府在南非殖民地建立的中央化暴力控制体制弱化了殖民统治的合法性，并以谈判作为最终让渡途径，揭示英帝国的属性及非殖民化道路。[26]他还撰文分析了1951—1956年英国保守党政府采取的非殖民化政策，指出坚守政策使英国在中东影响力衰退，撤退政策部分保留英国在南非的影响力，其教训影响后任保守党政府的政策。[27]

三、法国史研究

庞冠群指出法国旧制度下的高等法院具有广泛的社会治理职能，主旨是维护公共秩序与社会稳定。但随着法国绝对君主制的发展，高法法官的治理职能逐渐受到行政官僚的挑战，加剧了司法权与行政权的冲突。[28]黄艳红指出职位买卖是旧制度时代法国的一个重要现象，对于购买者而言，职位的吸引力在于其特权具有社会声望；对王权而言，这一制度是一种不可或缺的财政手段。国王设立更易操纵的特派员以平衡职位持有人带来的负面效应，但两种官员之间的冲突是导致旧制度衰亡的重要诱因。[29]江天岳考察了法国首任驻华舰队司令卜罗德与上海法租界之间的关系，分析其在侨民心中被建构出的“拓垦者”与“保护神”形象，反思法租界初创时期界内侨民的心态特征和情感认同。[30]郭华榕通过法国若干档案馆所藏的秘密文件，指出克里木战争交战国的真实企图是为了争夺中近东的优势而投入这一场战争，而非官方声明中为了主权、独立、安全、荣誉被迫参战。[31]

四、德国史研究

顾全介绍了19世纪末20世纪初德国海权扩张政策的纲领“提尔皮茨计划”的基本内容和“战略缺陷”，指出诸多缺陷未对其所服务的绝对目标构成重大障碍，反而应被看作是在“政治运作”时而难免要付出的代价。[32]孙立新以德国民族民主党为中心对极右派政党进行探究，指出该党的目标是颠覆联邦德国现行自由民主制度，建立一个强大的新帝国。面对“右派危险”，联邦德国政府和广大民众表现出高度的政治理性、道义感和责任心。[33]他还认为，在近代来华德国人当中，有不少人写作并发表了诸如日记、书信、游记、记事报导、回忆录和研究性专著等各种各样的纪实报道。这些报道的产生和形成与作者的西方或德国背景有密切联系，但也并非完全虚构。它们一方面反映了作者对中国的感知，另一方面也记载了若干实际情况，为研究近代中国历史和中外关系史提供了重要史料。[34]景德祥指出在近两百年的德国历史进程中，德国的政治文化走过了从极端到妥协的成熟之路，创造出了值得借鉴的包含多种价值妥协的社会制度模式。[35]他还指出德国社会史学家汉斯—乌里希·韦乐不仅在德国史研究领域留下了汗牛充栋的著述，而且通过对德国历史科学与政治文化传统的尖锐批判为德国历史科学的现代化以及战后德国政治文化的民主化做出了卓越的贡献。[36]

五、苏俄及东欧史研究

杨尚荣指出沙皇亚历山大三世执政后，抛弃了自由主义改革的现代化模式，加强中央政府的权威和对社会的控制，实行贸易保护主义、大力引进外资、支持重工业发展等，于19世纪80年代末完成工业革命。[37]马龙闪考察了苏联从战时共产主义向新经济政策过渡，再到计划经济、渐进改革并失败的过程，指出市场经济是商品交换发展到一定阶段的产物，不以人的主观意志为转移。[38]张丹探析了苏联政府在1936年颁布的禁止堕胎政策失败的原因，指出刺激人口增长是一项系统工程，受诸多因素的制约，盲目采用行政命令手段提高出生率必然失败。[39]郭海龙指出安德罗波夫主政后采取的铁腕肃贪新举措促进了思想解放，配合了改革，但苏联高度集权的体制导致其重突击轻常规，阻力重重，以致壮志未酬。[40]张建华通过苏联电影《德尔苏·乌扎拉》考察中苏政治和外交关系的剧变在文化艺术上的体现，指出该电影的波折命运是中苏关系特殊年代和“国家间政治”的副产品，也是曾经有着较大程度同质化的两国政治文化的正常现象。[41]张建华还指出“季诺维也夫信”事件对英国大选及工党政府的黯然下台、英国社会“红色恐怖”情绪的发展以及《英苏协定》的困难进程等事件产生了重大的影响。[42]

侯艾君重新考查了苏联政府对车臣等民族的流放与平反之路，指出二者都是大规模的人口流动，都影响了流放地和迁出地的族际政治局势，威胁到当地的社会—政治稳定和族际关系，与苏联解体存在某种关联。[43]王晓菊考察了近百年内德意志人在俄罗斯的沧桑岁月，并分析了苏联政府的强制迁移政策给德意志人造成的伤害。[44]高龙彬通过犹太作家巴别尔的《骑兵军日记》等文学文献探析到犹太人在波兰和俄国之间的尴尬境地及其原因，指出作为犹太人天堂的敖德萨同时也是一个地狱，犹太人要为自己的遭遇进行自身反省和反思。[45]邢媛媛比较了波兰政治家约瑟夫·毕苏茨基和罗曼·德莫夫斯基关于俄罗斯的不同认识和思想以及在十月革命后的转变，指出无论二人的思想如何转变，其本质和目的都是恢复波兰的独立。[46]黄立茀分析了匈牙利执政者掌控1956年集体记忆的机制，指出通过掌控机制塑造了与不同发展阶段政治目标相适应的集体记忆，对推动政治进程产生了重要的影响。[47]

六、亚非拉史

日本史。陈伟对比了甲午中日战争前中日两国在社会生活、思想文化及军事方面的差异，指出清朝体制落后于日本，在政治、经济、军事、文化等诸方面亟待变革。[48]崔金柱专门从明治政府在战争期间的军费筹支这一角度研究甲午战争，指出日本政府在煽动国民的民族主义情绪的同时，利用近代金融手段，促使财界及民众在经济上支持战争，其中日本银行起到了关键作用。[49]姜瑛以黑龙会首领内田良平为例，指出战前日本吞并朝鲜的过程中，日本大陆浪人与政府的官方外交互为表里，为殖民朝鲜发挥了作用。[50]郭鑫从日本政治体制改革的角度，重新审视分析了第一次世界大战期间日本构筑总体战国家、建设国家总动员体制的前因后果。[51]刘颖指出二战前日本对中国共产党进行了较大规模的研究，大多数是对现实政治的及时反应，并直接为日本的对华政策服务，而且研究采取了多种形式加以表现，同时采用了现代的社会科学方法。[52]史桂芳对侵华战争时期日本国民与政府、与战争的关系进行了深入探讨，指出由于日本政府的动员宣传，国内出现过“举国”的战争狂热，日本国民无论是主动还是被动地卷入，客观上都支持了侵略战争。[53]她还通过考察从卢沟桥事变到北平沦陷近一个月《朝日新闻》的相关报道，分析了日本民众对卢沟桥事变及日本对中国发动战争的反应，指出该期间形成的“赤诚报国”狂潮给日本军队以巨大的精神支持，助长了日本的对华侵略气焰。[54]此外，她还系统阐释了“东亚协同体论”的背景、基本内容、目标及对“建设东亚新秩序”政策的影响，揭露其智力协助日本侵略战争的本质。[55]宋成有考证了日本在8月10日有条件地宣布投降，15日日本天皇裕仁发布《终战诏书》，日本军队停止作战，缴械投降。《终战诏书》为战后日本官方的历史认识“终战史观”提供了依据。[56]崔学森论述了日本创价学会在二战后的复兴，指出创价学会的崛起与战后日本宽松的宗教政策、社会剧烈变动、创价学会的宗教性质、传教方式和目的等内外在因素息息相关。[57]王新生从宗教社会学的视角分析了日本战后新宗教出现的社会背景、特征及其影响。[58]

东亚史。牛军叙述了战后东亚秩序的缘起，指出东亚地区特性对东亚秩序形成产生了重大影响，美苏冷战与东亚国家为建国而展开的内外部斗争等两个历史进程共同塑造了东亚国际秩序。[59]王晓秋从遗产与传统、桥梁与纽带、推动与借鉴、聚同与化异等四个方面，阐述文化交流在东亚国际关系和周边外交中能够起到的积极作用。[60]

南亚史研究。宋丽萍指出21世纪印度毛主义运动不仅暴露了印度议会民主制和联邦制的固有弊端，也显示出国大党政府在执政理念、政策措施及其实践层面所存在的诸多缺陷。[61]张颖指出1971年南亚危机不仅改变了南亚次大陆的政治格局，而且对中、美、苏等国的对外战略及大国关系调整产生了深远影响。[62]金兴礼研究了巴基斯坦穆斯林联盟的不干涉土邦政策及对土邦归属的影响。[63]

中东史研究。昝涛从土耳其对外战略定位的历史规律与特点，以及21世纪土耳其对外战略的调整两个主题对当代土耳其的对外战略进行分析。[64]姚惠娜指出高等教育是巴勒斯坦民族主义发展的助推剂，为巴勒斯坦民族主义运动培养出新一代的领导人，但仍存在诸多问题。民族国家构建的困境致使巴勒斯坦高等教育面临政治环境动荡、经费缺乏等严重挑战。[65]

非洲史研究。毕健康指出纳赛尔时期埃及教育的普及和发展对于社会流动起到了一定的推动作用。埃及各阶层之间教育发展不平衡，主要受益群体为中间阶层，抑制了社会活力和创造力。[66]刘兰指出20世纪40年代国民党政府推出相关种族隔离措施试图扭转非洲人城市化趋势，但客观的非洲人城市化进程与白人政府种族隔离的主观设计目标背道而驰。[67]

七、国际关系史

两次世界大战。柏友春指出自一战爆发至美国参战，英国在美国的军需采购经历了起步、发展到体系化的过程。英国不断调整采购政策，得以稳定从美国获得军需物资供应。[68]徐健概括分析21世纪德国学界关于第一次世界大战责任和起源研究的新特点，指出新时期的研究立足于所谓的“欧洲叙事”，尽管考察的视野越来越宽广，但纵深却略显不足。[69]孟庆龙指出美日两国对珍珠港事件相关问题的看法有很大差异，但珍珠港事件既未妨碍美国放松对日本的管制，也没有影响美日同盟关系的总体发展。[70]梁占军指出第二次世界大战后国际战争观发生了深刻明显的变化，即以正义战争论为代表，对于战争的认识突破了现实主义和理想主义的范畴，从战争的动机、交战原则、交战性质等方面对战争进行辩证分析和界定。[71]徐蓝介绍了中国大陆学术界有关二战爆发的原因和影响方面的研究新进展。[72]姜南分析了第二次世界大战与欧洲联合运动兴起的关系，指出二战直接催生了欧洲联合的许多思想和理论，欧洲人在战争期间和战争后在军事、外交、经济和政治等方面开展合作，把欧洲联合运动推向了高潮。[73]邓超指出二战后的西方和平运动在全球化、超越意识形态、非暴力、跨运动联合以及和平教育与和平文化等方面有所发展，在推动世界秩序走向日益公正与合理方面的积极作用。[74]徐蓝指出两次世界大战以近乎毁灭人类文明的方式促进了人类文明的多重进步，其中一个重要方面是集体安全思想的确立及其在实践中的发展。[75]

国际组织。陈翔指出奥格斯堡同盟的组建有一系列缘由，包括法国的宗教政策损害了新教国家的宗教权益，法国的霸权政策威胁了其他国家的生存与独立，法国的商业政策影响了别国的商业和经济利益的实现等。[76]徐蓝通过考查对国际联盟的产生背景和过程，分析国际联盟盟约的文本，论述了国际联盟所代表的第一次世界大战后的国际秩序。[77]姜南分析了法德英关系对欧洲一体化的影响，指出法德和解为战后西欧一体化扫除了障碍，法英的矛盾使欧洲共同体的扩大推迟了十年之久，东欧剧变后法德之间的合作对欧洲一体化的深化起到了至关重要的作用。[78]冯正好指出欧盟的公共就业服务机构通过对劳动力市场中的供需双方进行合理的匹配以及为弱势群体提供特殊的帮助，完善了欧洲劳动力市场的功能，促进了欧洲劳动力市场的一体化进程。[79]王立新指出太平洋国际学会从一个旨在促进亚太地区国家间相互理解的知识团体逐渐演变成服务于美国和盟国战时需要的思想库，并在冷战初期受到美国国会的指控而解散，失败原因与外部国际环境的巨变和学会自身的局限性有关。[80]许海云考查了北约转型进程的两大里程碑芝加哥峰会和威尔士峰会所制定的战略决策变化，挖掘北约转型的最新趋向、特征与规律。[81]章毅君指出新中国加入联合国既是中国政府坚持斗争、反霸权、反“两个中国”图谋的成果，也是当时操控着联合国的美国出于国家利益考虑调整其全球战略的结果，预示着中美关系的发展还需要双方付出更多的努力。[82]

八、环境史

严玉芳分析了19世纪伦敦的树木景观在主导树种和分布场所两方面的变化，指出这是伦敦城市发展所致的树木生存环境变化与城市人审美、健康和卫生观念共同作用的产物。[83]江天岳指出借助环境史的研究方法深入解读安徒生的《两个海岛》《一个贵族和他的女儿们》，可以提炼文学作品中的史学价值，了解当时人对人与自然关系的思考，体现安徒生对社会的现实关怀精神。[84]陈秋昊在分析环境史研究是当今解决环境污染重要切入点基础上，展望了中英基于环境史研究开展环境合作的基础和前景。[85]

九、史学理论与外国史学史

柏悦梳理了19世纪末的兰普莱希特之争，指出引发争论的原因是兰普莱希特著作和理论的缺陷、他对兰克史学和政治的历史编纂的批判否定。兰普莱希特的失败对于德国史学从传统史学向“新史学”的转型产生了极其负面的影响。[86]庞冠群和顾杭指出史学家拉布鲁斯创立了具有马克思主义印记的社会史范式。拉布鲁斯的史学实践在20世纪法国史学史上具有承前启后的重要意义。面对日益碎化的新史学，重新关注强调经济基础、重视社会群体的拉布鲁斯史学具有一定的纠偏意义。[87]侯艾君指出中亚地区学术界围绕历史和现实问题展开的论战反映了中亚各国独立后意识形态建设进程中存在的问题，对中亚地区的政治生活、国家关系等方面都产生了深远影响。[88]魏孝稷指出“加州学派”否定了“西方特性”论，致力于寻求西方与非西方历史的相似性因素，同时也承认两者的差异性。将西方与非西方社会平等视之、互为主体的交互比较方法将大有用武之地。[89]徐健指出二战后纳粹史叙事经历了多次模式转换，从民族神话叙事到批判叙事，再到多样化叙事和未来的欧洲叙事，历史学家们承担起了历史“公共性”的使命，突出了历史在社会和政治生活中的功能性地位。[90]施诚对大西洋史的定义、兴起的历程、主要研究内容及其影响等进行评介。[91]李俊姝指出马歇尔·霍奇森尝试发展与世界历史学科相适应的方法论，从“跨区域图景”的视野出发看待世界历史和伊斯兰文明，得出了不同于传统的历史分期，也重新解释了欧美的现代性。[92]董欣洁探讨了西方全球史在研究和编撰当中采用的主要方法即跨文化互动研究的由来与特点，指出跨文化互动研究用实证归纳法总结了各种历史现象，但却回避以此为基础从因果必然性上探讨人类社会的普遍规律，在方法论上并未实现根本性的突破。[93]张炜指出仪式和节庆已成为历史研究中不可或缺的组成部分，历史学家的主要任务是从各个历史时期的仪式与节庆活动中找出“变与不变”的要素，借以分析这一时期政治、社会、文化的演进与发展。[94]

注：

①何芊：《反〈印花税法〉风波与北美殖民地“爱国”话语的初步转变》，《史学月刊》，2015年第

9 期。

②邵声：《从“臣民”到“公民”：独立战争前北美殖民者法律身份的嬗变》，《美国研究》，2015 年第 5 期。邵声：《从“臣民”到“公民”——北美独立战争期间殖民者在各州宪法中的身份转变》，《华东政法大学学报》，2015 年第 3 期。

③周钢：《美国“牧牛王国”里的非裔牛仔》，《史学月刊》，2015 年第 10 期。

④金海：《美国的济贫原则及其在南北战争前的政策实践》，《史学集刊》，2015 年第 6 期。

⑤金海：《美国人对贫困问题的认识及济贫政策的变化》，《历史教学问题》，2015 年第 1 期。

⑥柏悦：《大萧条时代美国电影文化消费探析》，《西安文理学院学报（社会科学版）》，2015 年第 5 期。

⑦王立新：《踌躇的霸权：美国获得世界领导地位的曲折历程》，《美国研究》，2015 年第 1 期。

⑧王立新：《超越凡尔赛：美国共和党政府的国际秩序思想及其对欧洲稳定与安全的追求（1921—1929）》，《世界历史》，2015 年第 1 期。

⑨许亮：《从撤军到驻军：战后初期美国对韩防务政策演变（1945—1953）》，《湘潭大学学报（哲学社会科学版）》，2015 年第 6 期。

⑩于展：《冷战早期美国应对种族危机的公共外交》，《首都师范大学学报（社会科学版）》，2015 年第 4 期。

⑪许海云：《约翰逊政府在“春节攻势”中战争政策的得失分析》，《贵州社会科学》，2015 年第 1 期。许海云：《在越南战争中约翰逊政府的战争决策、心理与行为分析——以“春节攻势”为例》，《陕西学前师范学院学报》，2015 年第 2 期。

⑫史宏飞：《维护美国信誉：福特政府亚太政策探析》，《美国研究》，2015 年第 5 期。

⑬钟厚涛：《浅析美国在台湾“反服贸运动”中的双重角色及其影响》，《中美关系》，2015 年第 2 期。

⑭钟厚涛：《浅析美国对于台湾加入 TPP 的政策走向及其影响》，《台湾研究》，2015 年第 3 期。

⑮杜娟：《战后初期美国对拉美的经济政策及其调整》，《拉丁美洲研究》，2015 年第 5 期。

⑯王文仙：《“墨西哥奇迹”与美国因素》，《拉丁美洲研究》，2015 年第 3 期。

⑰刘新成：《16 世纪英国议会解读》，《经济社会史评论》，2015 年第 2 期。

⑱陈志坚：《近代早期英国关于财产继承模式的争论及影响》，《史学理论研究》，2015 年第 1 期。

⑲郜峰：《18 世纪英国现代人寿保险业成因初探》，《宁夏大学学报（人文社会科学版）》，2015 年第 4 期。

⑳王晨辉：《19 世纪后半期英国工业学校与儿童管教》，《史学月刊》，2015 年第 3 期。

㉑吕富渊：《18 世纪英国关于犬类税的争论》，《西华师范大学学报（哲学社会科学版）》，2015 年第 4 期。

㉒张瑾：《工业革命时期英国人才环境探究》，《郑州大学学报（哲学社会科学版）》，2015 年第 1 期。

㉓赵秀荣：《英国约克静修所的道德疗法初探》，《史学理论研究》，2015 年第 2 期。

㉔王广坤：《帕内尔与 19 世纪后半期的爱尔兰自治运动》，《世界民族》，2015 年第 2 期。

㉕程子航：《从“欧文声明”看一战后英国对印度政策调整》，《印度洋经济体研究》，2015 年第 6 期。

㉖杭聪：《非殖民化时期英帝国暴力机制研究（1945—1964）——以英属撒哈拉以南非洲为例》，《西南大学学报（社会科学版）》，2015 年第 6 期。

㉗杭聪：《试析英国保守党政府的非殖民化政策（1951—1956 年）》，《唐山学院学报》，2015 年第 5 期。

㉘庞冠群：《高等法院与法国旧制度下的社会治理》，《北京师范大学学报（社会科学版）》，2015 年第 2 期。

㉙黄艳红：《钱与权：制度史视角下法国旧制度时代的职位买卖》，《史林》，2015 年第 5 期。

㉚江天岳：《“拓垦者”与“保护神”的传说——法国首任驻华舰队司令卜罗德与上海法租界》，《史林》，2015 年第 4 期。

㉛郭华榕：《克里木战争交战国的官方言论与真实目的——基于法国档案馆所藏有关档案的探讨》，《四川师范大学学报（社会科学版）》，2015 年第 1 期。

㉜顾全：《再论“提尔皮茨计划”：德国海权扩张战略中的缺陷与政治理性》，《史学集刊》，2015 年第 5 期。

㉝孙立新：《联邦德国极右派政党探研——以

"德国民族民主党"为中心》,《武汉大学学报(人文科学版)》,2015 年第 2 期。

㉞孙立新:《近代来华德国人已刊纪实报道选介》,《国际汉学》,2015 年第 3 期。

㉟景德祥:《从极端到妥协:德国政治文化的成熟之路》,《人民论坛·学术前沿》,2015 年第 3 期。

㊱景德祥:《纪念德国著名社会史学家汉斯—乌里希·韦乐(1931—2014)》,《武汉大学学报(人文科学版)》,2015 年第 2 期。

㊲杨尚荣:《亚历山大三世与俄国的现代化》,《西伯利亚研究》,2015 年第 6 期。

㊳马龙闪:《苏联计划经济走过的坎坷道路》,《探索与争鸣》,2015 年第 2 期。

㊴张丹:《苏联禁止堕胎政策失败原因探析》,《历史教学问题》,2015 年第 6 期。

㊵郭海龙:《安德罗波夫铁腕肃贪运动评析》,《西伯利亚研究》,2015 年第 5 期。

㊶张建华:《〈德尔苏·乌扎拉〉:冲突年代苏联电影中的"中国形象"与中苏关系》,《俄罗斯研究》,2015 年第 2 期。

㊷张建华:《"季诺维也夫信"事件》,《史学月刊》,2015 年第 1 期。

㊸侯艾君:《车臣等民族的流放——平反:根源与后果的重新审视》,《俄罗斯学刊》,2015 年第 6 期。

㊹王晓菊:《德意志人在俄罗斯的百年沧桑——以人口迁移为视角》,《俄罗斯东欧中亚研究》,2015 年第 5 期。

㊺高龙彬:《巴别尔及其对俄国犹太人问题的探究》,《西伯利亚研究》,2015 年第 1 期。

㊻邢媛媛:《波兰政治思想中的俄罗斯——毕苏茨基与德莫夫斯基思想的比较》,《俄罗斯东欧中亚研究》,2015 年第 2 期。

㊼黄立茀:《匈牙利转型:集体记忆与政治——以 1956 年事件为个案》,《俄罗斯学刊》,2015 年第 5 期。

㊽郑伟:《甲午战前中日社会生活、思想文化、军事之比较》,《北方论丛》,2015 年第 6 期。

㊾崔金柱:《甲午战争期间日本的军费筹支》,《世界历史》,2015 年第 2 期。

㊿姜瑛,邵建国:《大陆浪人在日本吞并朝鲜过程中发挥的作用》,《日本研究》,2015 年第 3 期。

51郭鑫:《日本对华侵略与国家总动员体制的建立》,《军事历史研究》,2015 年第 1 期。

52刘颖,韦磊:《"二战"前日本对中共研究的特点》,《理论月刊》,2015 年第 9 期。

53史桂芳:《日本国内战争狂热的形成及原因》,《浙江师范大学学报(社会科学版)》,2015 年第 6 期。

54史桂芳:《日本民众对卢沟桥事变的反应——对 1937 年 7 月〈朝日新闻〉报道的考察》,《东北亚学刊》,2015 年第 2 期。

55史桂芳:《日本侵华战争时期的"东亚协同体论"》,《历史研究》,2015 年第 5 期。

56宋成有:《有关日本战败投降的几个问题》,《四川师范大学学报(社会科学版)》,2015 年第 5 期。

57崔学森:《简论二战后日本创价学会的复兴》,《哈尔滨学院学报》,2015 年第 6 期。

58王新生:《战后日本社会变迁中的新宗教》,《日本学刊》,2015 年第 6 期。

59牛军:《从开罗到万隆:战后东亚秩序的缘起(1943—1955)》,《史学集刊》,2015 年第 6 期。

60王晓秋:《论文化交流与改善东亚国际关系》,《中国周边外交学刊》,2015 年第一辑。

61宋丽萍,张淑兰:《试论 21 世纪印度毛主义运动暴露出的国家政府缺陷》,《南亚研究》,2015 年第 2 期。

62张颖,潘敬国:《中美关系正常化中的南亚因素》,《党史研究与教学》,2015 年第 6 期。

63金兴礼:《论穆斯林联盟的不干涉土邦政策》,《世界民族》,2015 年第 6 期。

64昝涛:《从历史角度看土耳其的多边主义战略》,《阿拉伯世界研究》,2015 年第 1 期。

65姚惠娜:《高等教育与巴勒斯坦民族国家之构建》,《阿拉伯世界研究》,2015 年第 4 期。

66毕健康,陈勇:《当代埃及教育发展与社会流动问题评析》,《西亚非洲》,2015 年第 5 期。

67刘兰:《南非白人政府在非洲人城市化进程中的作用(1948—1978)》,《湖南师范大学社会科学学报》,2015 年第 5 期。

68柏友春:《1914—1917 年英国在美国的军需采购》,《安庆师范学院学报(社会科学版)》,2015 年第 5 期。

69徐健:《21 世纪德国学界关于第一次世界大战责任和起源问题的讨论》,《世界历史》,2015 年第 6 期。

⑦孟庆龙：《珍珠港事件的余声与美日关系》，《理论视野》，2015 年第 9 期。

⑪梁占军：《第二次世界大战前后国际战争观的转向与衍生》，《武汉大学学报（人文科学版）》，2015 年第 4 期。

⑫徐蓝：《第二次世界大战史研究的新进展》，《历史研究》，2015 年第 4 期。

⑬姜南：《第二次世界大战与欧洲联合运动的兴起》，《世界历史》，2015 年第 4 期。

⑭邓超：《论当代西方和平运动的主要发展趋势》，《当代世界与社会主义》，2015 年第 4 期。

⑮徐蓝：《世界大战、集体安全与人类文明的进步》，《世界历史》，2015 年第 4 期。

⑯陈翔：《奥格斯堡同盟形成的原因探析》，《大庆社会科学》，2015 年第 1 期。

⑰徐蓝：《国际联盟与第一次世界大战后的国际秩序》，《中国社会科学》，2015 年第 7 期。

⑱姜南：《法德英关系与欧洲一体化（1945—1993）》，《浙江大学学报（人文社会科学版）》，2015 年第 5 期。

⑲冯正好，潘文富：《浅论欧盟的公共就业服务机构》，《齐齐哈尔大学学报（哲学社会科学版）》，2015 年第 9 期。

⑳王立新：《构建太平洋共同体的失败努力：太平洋国际学会的活动与影响（1925—1945）》，《四川大学学报（哲学社会科学版）》，2015 年第 1 期。

㉑许海云，王秋怡：《从芝加哥峰会到威尔士峰会——冷战后的北约转型分析》，《国际论坛》，2015 年第 3 期。

㉒章毅君：《从中国在联合国代表权问题看中美之间的战略博弈》，《中央民族大学学报（哲学社会科学版）》，2015 年第 1 期。

㉓严玉芳：《19 世纪伦敦树木景观变化及其因果探析》，《学术研究》，2015 年第 8 期。

㉔江天岳：《环境史视角下对〈两个海岛〉和〈一个贵族和他的女儿们〉的新解读》，《学术研究》，2015 年第 8 期。

㉕陈秋昊：《基于环境史研究开展中英环境合作的基础和前景分析》，《环境与可持续发展》，2015 年第 6 期。

㉖柏悦：《“兰普莱希特争论”初探》，《史学史研究》，2015 年第 4 期。

㉗庞冠群，顾杭：《马克思主义影响下的法国拉布鲁斯史学探析》，《史学史研究》，2015 年第 1 期。

㉘侯艾君：《中亚的学术论战：意识形态与国家冲突》，《史学理论研究》，2015 年第 3 期。

㉙魏孝稷：《“加州学派”与早期现代史研究范式的转换》，《史学理论研究》，2015 年第 2 期。

㉚徐健：《纳粹史叙事与民族认同——战后七十年联邦德国史学界对纳粹历史的思考》，《史学集刊》，2015 年第 4 期。

㉛施诚：《方兴未艾的大西洋史》，《史学理论研究》，2015 年第 4 期。

㉜李俊姝：《马歇尔·霍奇森的世界历史思想》，《史学理论研究》，2015 年第 1 期。

㉝董欣洁：《西方全球史的方法论》，《史学理论研究》，2015 年第 2 期。

㉞张炜：《作为符号的仪式与节庆：文化史家的跨学科研究路径》，《杭州师范大学学报（社会科学版）》，2015 年第 6 期。

（作者：郭家宏，北京师范大学教授；
蔡妍妍，北京师范大学硕士生）

考　古　学

考　古　学

高崇文

2015 年，北京地区各科研单位及高校陆续发表了一系列新的考古资料和研究成果，在众多研究领域均取得了重要进展。现综述如下：

一、重要学术活动

2016年5月16日，由中国文物报社和中国考古学会主办的2015年度“全国十大考古新发现”评选结果揭晓，入选项目是：1. 远古人类生活的完整图景——云南江川甘棠箐旧石器遗址；2. 文明扩张的见证——江苏兴化、东台蒋庄遗址；3.5000年前中国的伟大工程——浙江余杭良渚古城外围大型水利工程的调查与发掘；4. 构建海南完整的史前文化史——海南东南部沿海地区新石器时代遗存；5. 古老都邑的新认识——陕西宝鸡周原遗址；6. 古代矿冶工人的足迹——湖北大冶铜绿山四方塘遗址墓葬区；7. 西汉王侯的地下奢华——江西南昌西汉海昏侯刘贺墓；8. 紫禁城始祖——河南洛阳汉魏洛阳城太极殿遗址；9. 大辽贵妃的长眠地——内蒙古多伦辽代贵妃家族墓葬；10. 发现英雄军舰——辽宁“丹东一号”清代沉船（致远舰）水下考古调查。[①]

2015年1月9日，由中国社会科学院考古研究所主办的“中国社会科学院考古学论坛·2014年中国考古新发现”召开。会议听取了甘肃肃北县马鬃山玉矿遗址、云南祥云县大波那墓地、西藏阿里地区故如甲木墓地和曲踏墓地、山西忻州市九原岗北朝壁画墓、内蒙古陈巴尔虎旗岗嘎墓地、贵州遵义市新蒲播州杨氏土司墓地等6项重要遗址、墓地的发现情况，与会专家学者展开了深入讨论，研究了这6处遗址的重要学术意义。[②]

二、综合研究

韩建业从考古学文化的角度论述了“早期中国”的起源、形成和发展的过程。他认为商代晚期以前文化上的早期中国根植于旧石器时代，萌芽于公元前6000年左右的新石器时代中期，形成于公元前4000年左右的庙底沟时代，经历了古国时代、王国时代等发展阶段。早期中国存在以农为本、稳定内敛、整体思维、祖先崇拜等区别于世界上其他文明的特质，具有有主体有中心的多元一体文化结构，经历了有起伏有分合的连续发展进程。[③]李新伟利用新发现的考古资料，论述了中国史前社会上层远距离交流网的形成，认为公元前3500年是中国史前时代的转折期，中国各个主要文化区基本同步在飞跃发展。与此同时，地区间交流互动也进入新的阶段，形成了社会上层远距离交流网。这一社会上层交流网的形成，对于中国相互作用圈的形成发挥了决定性的作用。在密切的交流中，各地区逐渐形成并共享相似的文化精粹，逐渐成为一个整体，中国史前文化的多元一体格局初步形成。[④]徐龙国对中国古代城门门道的设置进行了研究，认为中国古代都城城门形制，以西汉都城为界分为前后两个阶段，前段以一门一道为主，后段则以一门多道占据绝对优势，且以一门三道为主要形制。一门多道最早出现在郭城城门上，至魏晋时期，宫城城门也多采用这种形制，并且建筑体量及豪华程度超越了郭城城门。都城中轴线部局及“建中立极”宫殿设计到魏晋时期日渐成熟，到隋唐时期达到极致。一门多道城门形制也被赋予了更多的政治礼仪功能。[⑤]孙机对古代城防进行了研究，指出我国古城多为夯土城墙，春秋时在墙上增筑雉堞，并设悬门和发梁。战国晚期筑起城门楼。继而在城墙外壁设马面，以御逼近城墙之敌。汉代出现了包砖的城墙，但砖城推广得相当慢。明以后县级的城垣才多为砖砌。瓮城虽出现得很早，但它和马面的结合要到汉代才完成。至明代，则不仅有外瓮城，还有内瓮城，形成复合式瓮城，更强化了防御能力。攻城时，城门首当其冲。西周时发明了攻城门的冲车和逾城用的云梯。唐代则有车梯，宋代改进成对楼天桥。攻城时除了逾城墙之外，还可挖掘地道。火药应用于战争后，穴攻发展成坑道爆破战术，农民起义军李自成和张献忠均曾用过此法。攻门、逾墙、挖地道及坑道爆破等法，有条件时可配合使用。此外古代还有若干攻城器械，如桥车、巢车、饿鹘车、扬尘车、檑木飞梯、吕公车等。[⑥]孙华对中国的土司考古进行了阐述，认为中国西南地区地处高原地区和高原前沿，这里山高林密，地势崎岖，河流众多，交通困难，古代中央王朝难以立即设立建置城市、派驻官员实施直接管理，所以往往采用委托当地土著首领及其子孙代理中央王朝实施治权的方式，从而在中国历史上形成了直接统治与间接统治并存、直接统治为主而间接统治为辅的独特的政治制度架构。这种古代中国处理中央与地方关系的政治制度，学术界将其总结为“封建王朝中央政府对边境少数民族大小首领授予世袭官职”的土司制度。文章还概述了中国西南土司遗产的背景及三处提名世界遗产土司遗址概况等。[⑦]

三、石器时代考古发现与研究

2011年秋至2012年秋，中国社会科学院考古研究所山西队等对山西襄汾陶寺城址西南疑似手工业作坊区一处大型夯土建筑基址进行了发掘。基址平面为圆角“回”字形，由主体建筑基础、西墙基础、东墙基础、南墙基础及门、庭院等组成。该基址形制规整、结构特殊，可能与陶寺都城的手工业生产管理有一定关系。此发现为研究陶寺都邑聚落考古提供了新资料。[8]2007—2012 年，中国国家博物馆田野考古研究中心等对山西绛县周家庄遗址进行了发掘，确认了遗址的大型环壕，为一处面积超过 300 万平方米的龙山期大型聚落。聚落内部有居住区、墓地和手工业遗存。从出土遗物判断，该遗址龙山期遗存属陶寺类型。通过对该遗址中部偏东南区域发掘，发现一处龙山时期的居址，房屋成组分布，附近还有陶窑、窖穴、灰坑等。居址废弃后成了墓葬成组分布的龙山期墓地，其中包括集中分布的儿童瓮棺葬，墓葬均无随葬品。这些发现为研究晋南地区龙山时期的文化与社会提供了重要资料。[9]2011 年，中国社会科学院考古研究所河南一队等对河南灵宝市西坡遗址进行发掘，发现庙底沟类型大型半地穴房址两座，建筑过程包括修整半地穴坑体、挖柱槽、立柱、夯打半地穴墙体、建造火塘和铺设居住面等，出有陶器、石器和兽骨。房址均面向聚落的中心广场。此两座房址的发掘为深入了解庙底沟类型大型半地穴式房屋的建筑方式、功能及聚落布局等提供了新资料。[10]2010 年 6—11 月，甘肃省文物考古研究所、北京科技大学材料与冶金史研究所等对甘肃西城驿遗址进行发掘，发现房址、墙体、灰坑、灰沟、墓葬等遗迹，出土陶器、石器、玉器、骨器、铜器、炼铜炉渣、矿石等遗物千余件。遗存可分为马厂晚期至四坝早期之间和四坝文化时期两个阶段。本次发掘对研究四坝文化来源、河西走廊早期冶金技术及东西方文化交流具有重要意义。[11]2014 年，辽宁省文物考古研究所、中国人民大学历史学院对辽宁牛河梁遗址开展系统性区域考古调查，全面掌握了牛河梁遗址内考古学文化的发展序列，重点分析了红山文化的生活遗存与礼仪建筑的分布规律，通过与大凌河上游和赤峰地区的对比，揭示出牛河梁遗址具有特殊的地位，是整个红山文化的祭祀中心。[12]

王震中通过对陶寺遗址的研究认为，陶寺遗址是中国最早的国家尧都。文章从文献出发，确定尧时代的主要成就与特征，即与夏商周接替、政治盟主身份、天文历法成就、龙图腾崇拜等，然后与陶寺遗址的时空定位、文明水平、天文遗址、龙图腾器物等进行对比验证，推论陶寺为尧都。[13]李维明对河西走廊的永昌三角城遗址进行了研究，认为在公元前 9 世纪至公元前 5 世纪时间范围内，一支来自北方草原的古族，在三角城一带形成学界认定为沙井文化的典型遗址。由于三角城遗址具有聚落中心地位，文化内涵丰富，特征明显，可以考虑定性为三角城类型或三角城文化。[14]韩建业对新石器时代陶鼎进行了研究，认为陶鼎基本是中国考古学文化的一个大传统，主要经历了五个发展阶段：约公元前 6200 年发源于中原地区，约前 5000 年以后扩展至黄河下游和长江中下游地区，约前 4200 年以后渗透到辽东半岛，约前 3500 年以后南渐至华南北部地区，约前 2500 年以后扩展至华南大部地区。新石器时代陶鼎在 4000 余年的发展过程中，空间虽不断扩展，但黄河中下游和长江中下游地区一直是主体，中原地区始终是核心。[15]

四、夏商周时期的考古发现与研究

2012 年秋至 2014 年春，中国社会科学院考古研究所河南第二工作队对河南偃师商城宫城第三号宫殿建筑基址进行了全面揭露和复查。三号宫殿建筑位于宫城西南角，是宫殿区西侧三重宫殿建筑的第一排。通过补充发掘及对基址的解剖，揭露了三号宫殿建筑的全貌，搞清了其修建过程。三号宫殿的发掘，使得对整个宫城形制、布局有了新的认识。[16]2012 年至 2015 年，中国社会科学院考古研究所安阳工作队对位于殷墟东北部的大司空村商代遗址进行了发掘，共清理商代房址 4 处 、灰坑和窖穴 92 个、水井 4 眼、墓葬 29 座、道路 1 条。墓葬中出土有铜鼎、觚、爵和陶鬲、罍、尊、簋等。此次发掘证实，此遗址属于殷墟范围内居址和墓葬齐全的一处商代邑聚。[17]2014 年秋，由中国社会科学院考古研究所、陕西省考古研究院、北京大学考古文博学院联合组成的周原考古队发掘了一座大型夯土建筑基址。基址位于岐山县凤雏村南，平面呈“回”字形，四面为夯土台基，中间为长方形庭院，总占地面积约 2180 平方米。是迄今发掘的最大规模的西周建筑遗址。三号基址庭院中发现了一处特殊的立石和铺石遗迹，外围出土了金箔、绿松石、原始瓷器残片等贵重物品。基址始建于西周早期，中期前后曾大面积失火，庭院中的立石、铺石遗迹在西周晚期彻底废弃。此基址应是西周时期的一处社宫遗址，是目前所见商周时期国家形态社祀最明确的实物证据。[18]2013 年，中国社会科学院考古研究所新疆工作队对新疆塔什库尔干吉尔赞喀勒墓地进行了发掘。墓地坐落在塔什库尔干河西岸台地上，分为 A、B、C、D 四区，此次对 A、B 两区发掘了 10 座墓。均为石圈竖穴墓，墓室内多见棚木和尸床，人骨散碎不全，为二次多重葬。出土物较少，主要有陶器、石器、铜器、木器等。墓葬时代为距今 2400—2600 年。本次发掘发现了很多新的文化现象，诸如墓葬构筑时直接在地表铺设黑白石条表现的明暗光线的文化内涵；出土鹰头骨所代表的鹰崇拜文化特点；死者尸体软组织被处理干净只将骨骼入葬的丧葬习俗；出土明火入葬的木火坛作为代表死者重要文化理念的葬俗等，表明这个墓地丧葬文化的主要内容可能与拜火教文化有关。此遗址所在地毗邻现今阿富汗，时代、地域、文化内容均与波斯帝国阿契美尼德王朝所接受的早期拜火教有关。吉尔赞喀勒遗址将为研究祆教早期历史提供重要的考古学材料。[19]

许宏对河南偃师二里头遗址的测年数据、地理位置、都邑变迁、文化属性等方面进行了详尽分析，认为二里头遗址所代表政治实体是东亚大陆最早的广域王权国家，无论其姓夏还是姓商，它是东亚地区最早实现了较大范围内区域社会整合的复杂政治实体。并指出，排除了二里头文化的“商王朝考古学编年”和“商代史”，未必是完整的商王朝编年和完整的商代史。强调二里头都邑王朝归属之谜的最终廓清，仍有待于包含丰富历史信息的直接文字材料的发现和解读。[20]牛世山对分布于关中地区的商文化类型进行了研究，认为商文化的京当类型是分布于陕西关中西部的一个地方类型，是商王朝势力西进到陕西渭河流域、融合本土族群后在物质文化上呈现的新的文化形态。京当类型与先周文化在时间维度上是并行关系，且两者的空间分布有相当部分是重合的，其中京当类型呈据点式分布，在考古学文化层面，它是一种特殊分布模式。文章还对这种特殊分布模式的形成背景作了探讨。[21]单月英对东周至秦代时期中国北方地区考古学文化的变迁进行了研究，认为大体以战国时期秦、赵长城地域为界，可分为南文化带和北文化带，秦朝万里长城的修建，标志着长城内外两大势力集团即南方农业帝国与北方游牧集团的最终形成。在匈奴崛起之前，中国北方地区已经成为秦帝国的版图，南方文化带和北方文化带均消失在中原文化北上的洪流中。这两条文化带的消失标志着中国北方地区春秋战国时期多元文化格局的终结。曾经在文化带里繁衍生息的当地草原部族被中原国家所征服，在中原国家的统治管理下，他们的文化认同开始发生变化，与迁居过来的中原居民发生融合，逐渐放弃自身的草原文化传统而被华夏化，草原文化因素也被吸收到中原文化中来，为中原文化带来了新鲜血液。这表明戎、狄、胡与华夏之间的互动是双向的。[22]施进松对成都十二桥遗址进行了研究，认为成都十二桥遗址的时代相当于商周时期。该遗址最早的地层中出土大量三星堆文化的典型陶器，其早期或属于三星堆文化。从当时的文化格局看，成都地区其他一些遗址中也应有三星堆文化遗存。三星堆文化与十二桥文化的面貌、内涵等均较为一致，二者或为同一文化的两个发展阶段。但十二桥文化与东周时期的巴蜀文化差异显著。[23]高崇文对随州文峰塔一号墓出土曾侯舆编钟铭文记有吴伐楚内容进行了研究，认为此正是《左传·定公四年》所记之史事。铭文所记吴伐楚的路线是“西征南伐乃加于楚”，结合《左传》记载，印证了吴军是沿淮河“西征”，联合蔡国向西攻入方城，再会合唐国“南伐”而攻入楚郢都。此次吴攻楚路线的确定，进一步证明了春秋时期的楚郢都应位于襄宜平原一带。[24]常怀颍对曾国车马葬仪进行了研究，认为曾国车马葬仪由基本遵循周文化车马葬仪，逐步走向偏受楚文化影响。这一过程可视作周系车马葬仪在南方地区的传播到逐步崩坏过程的缩影。[25]郭京宁对北京昌平张营遗址所含文化因素进行了研究，认为该遗址属于燕山南部的大坨头文化类型。该遗址的文化因素显示出与燕山北部的夏家店文化、内蒙古南部的朱开沟文化、海岱地区的岳石文化、冀中的下岳各庄文化、冀南的下七垣文化等有联系。对该遗址与周邻文化关系的分析，对于理解环渤海地区古文化的许多现象，有着重要的启发意义。[26]

五、汉唐时期的考古发现与研究

2012年和2013年，中国社会科学院考古研究所等对云南陆良县薛官堡墓地进行了发掘，墓葬均为土坑竖穴墓，随葬品有铜器、铁器、陶器、玉石器、玻璃器、漆木器、钱币和铜镜等。墓葬的主体年代应在西汉时期，文化面貌有较强烈的地方特色。判断该墓地为西南夷某地方部族的公共墓地，为研究西南夷考古学文化的变化提供了新资料。[27]2012—2014年，中国社会科学院考古研究所等在西藏阿里象泉河上游地区发掘了两处墓地。一处为噶尔县故如甲木墓地，已发掘11座竖穴土坑石室墓，多为二次合葬墓。出土有陶器、铁器、铜器、鎏金饰件、料珠等。另一处为札达县曲踏墓地，已发掘8座洞室墓葬，为多人合葬墓。出土有陶器、竹木器、金器、铜器、铁器、草编器、骨器、玛瑙珠、玻璃珠及青稞种子和牛羊马动物等。从出土文物的风格看，有许多与新疆、中亚、南亚次大陆及印度洋地带的文化有相似因素，显示出早在铁器时代早期，西藏西部已经与周边的各文化区建立了广泛的联系。两处墓地的年代从公元前3—2世纪延续到公元2—3世纪前后，应是古代象雄国的统治时期。这批资料对研究古代象雄国的社会生活面貌以及与新疆、中亚、南亚和印度洋地带的文化交流有着重要意义。[28]2013年7月至2014年12月，中国社会科学院考古研究所洛阳汉魏故城队对洛阳汉魏故城的北魏太极殿东侧的“太极东堂”遗址进行了发掘。通过发掘证实，其和太极殿同样始建于曹魏，北魏和北朝晚期重修沿用。在太极殿主殿西侧还发现与“太极东堂”同样规模和形制结构的殿址，与文献记载的“太极西堂”完全吻合。由此对太极殿的整体建筑规模和形制布局有了全新的认识。太极主殿居中，“太极东堂”和“太极西堂”分列两侧，这是中国古代都城一种崭新的宫殿建筑格局，对认识公元2—6世纪中国最高政治权力的建筑形态具有重要意义。[29]2009年10月至2010年2月，中国社会科学院考古研究所河北工作队于对河北赞皇县西高古墓群进行了发掘。该墓群为北朝赵郡李氏家族墓群，其中M4为长斜坡墓道单室土洞墓，出土陶器、瓷器、铜器等39件。据墓志，墓主人为北魏赵郡李翼及夫人博陵崔徽华。该墓墓主身份明确，纪年清楚，随葬品组合完整，具有重要的年代标尺作用，对北朝时期的考古学和历史学研究具有重要意义。[30]2014年，中国社会科学院考古研究所等对内蒙古陈巴尔虎旗岗嘎墓地进行了发掘，共清理16座墓葬。葬具以独木棺为主，还有木板棺。随葬品有陶器、木质马鞍、桦树皮箭囊、铁镞、铜带饰、玛瑙珠等。墓地年代大致为公元8—10世纪。此次发掘对探寻蒙古族起源具有重要学术价值。[31]

杨勇对云南个旧黑蚂井墓地进行了研究，认为这批墓葬与滇文化等“西南夷”土著文化墓葬差异较大，具有明显的汉文化特征，还表现出与当时岭南地区的汉墓有非常密切的联系。这种情况应与个旧地区的矿产资源开发以及由此引发的外部人群迁入有关联。文章还对当时云贵高原与岭南的交通和文化交流、汉代南方地区的移民活动及经济开发等进行了研究。[32]乔梁对山西原平市北贾铺村清理的东汉中晚期7座墓葬进行了研究，通过对随葬陶器以及棺内铺垫石灰、死者头枕灰泥枕等埋葬习俗分析，认为这批墓葬的主人与当时活跃在北方草原的鲜卑集团关系密切。原平地处汉魏时期的雁门郡，是当时北方游牧集团南下侵扰比较频繁的地区，也是中原王朝安置归附的北方游牧集团部众的区域之一。结合文献记载，北贾铺东汉晚期墓葬的人群很可能属于当时归附于中原王朝的鲜卑部众，而这些率先接受了汉文化影响的鲜卑集团有可能在埋葬习俗等方面对建立北魏的拓跋鲜卑产生过一定的影响。[33]齐东方对古代墓葬“不封不树”与丧葬观念的转变，“墓祭”、陶俑、牛车的兴起及其习俗的变化等进行了分析。他认为作为观念、习俗、礼仪、制度的混同体的丧葬活动，是从社会中吸纳了各种元素，依附于政治又维护政治。魏晋“不封不树”等薄葬主张，原本也许是正视社会现实的应时之举，适合了当时政治、经济和生死观发生的变化，迅速得以普及延续，最终形成了新时代完整的丧葬制度。丧葬中的晋制是配合了当时一系列的政治、文化调整，以新的文化符号方式顺理成章进入正统地位。墓葬从多室墓向单室墓转变，“仪仗组合”取代了“模型明器组合”作为最显著的标志，其间约存在了五百年之久。古代墓葬的再次调整、转变大约是唐“安史之乱”以后，展示着生人与死者感情的丧葬又逐渐形成了以世俗、宗教观念为主导的新方式。[34]倪润安研究了北齐墓葬文化格局的变化，认为随着北魏的分裂，北朝墓葬文化格局再次发生变化，奠定了此后隋唐文化的发展趋势，其中东魏、北齐所起的作用更显重要。东魏都城邺城的墓葬形制和随葬品种类与组合延续着北魏末期洛阳地区的基本特征，墓葬壁画则突破北魏中、晚期墓葬所遵循的“晋制”束缚，开创了新的范式。至北齐时期，新的墓葬文化格局趋于定型。北齐霸府晋阳与都城邺城形成“双核”体制，呈现出一体两面、文武兼备的互动关系，都城地区墓葬文化的影响力明显增强。北齐灭亡后，其文化残局从正、负两个方面深刻影响了隋唐社会制度与历史走向。[35]秦大树等对景德镇早期窑业进行了研究。文章依据景德镇浮梁县兰田窑窑址考古发掘资料，探讨了9—10世纪景德镇窑业的生产状况，阐述了景德镇早期窑业的三个问题。第一，根据万窑坞窑址发掘清理的五代早期窑炉遗迹，结合乐平南窑清理的晚唐时期龙窑，浮梁盈田凤凰山窑址清理的北宋早期窑炉，初步总结了景德镇地区早期龙窑从长变短，坡度从缓到陡，建筑方式从土筑到砖砌的变化趋势。第二，根据兰田窑发掘的地层，将景德镇地区9—10世纪的窑业分为5个发展阶段，并根据初步的整理结果对5个发展阶段的时代进行推断，总结了各期的基本面貌和特点。第三，万窑坞窑址地层出土资料显示，9—10世纪景德镇生产的主要瓷器品种青绿釉、青灰釉、白釉等各类器物，在所有地层中均同时出土，表明这三类器物的生产不存在早晚相继的关系，而是同时生产的不同质量和特点的器物。[36]

六、宋元明清时期的考古发现与研究

2014年，中国社会科学院考古研究所内蒙古第二工作队等对内蒙古巴林左旗辽上京宫城城墙进行了勘探与发掘，证实其始建于辽代，经过补修，至金代废弃。通过此次勘探与发掘，宫城的位置和形制得到首次确认，是辽上京遗址考古的重要收获之一，为研究辽上京的布局与沿革提供了重要资料。[37]

金连玉对北宋相州韩氏家族墓地的墓葬位序与丧葬理念进行了研究，认为宋代族葬之风盛行，家族墓地是家族丧葬理念及其礼制特点的集中体现。文章结合考古与文献材料，以北宋相州韩氏家族为例，对其家族墓地的墓葬位序及丧葬理念进行初步探讨。指出韩氏家族在北宋时期以"五音姓利说"规划墓地，集中埋葬家族成员，但墓葬位穴之间的尊卑关系又与文献所记载的五音墓地有所出入。[38]解小敏对北京地区辽代冶铁考古进行了研究，文章对辽代冶铁史、冶铁考古、延庆水泉沟辽代冶铁遗址的发掘等进行了阐述，对今后辽代冶铁考古研究提出了许多新见解。认为，辽代灭国以后建立的西辽国，是中国古代生铁技术向西方传播的重要力量之一。对水泉沟辽代冶铁遗址的综合研究将深化冶铁技术的交流和传播。[39]袁泉对山东地区元代墓葬区域与阶段特征进行了研究，认为山东地区与中原和燕云地区变动而多样的墓葬发展格局不同，而是在宋金时期的长时段内一直保持着圆形单室墓为主的墓制传统，整体面貌和丧葬习俗基本承袭了北宋传统，体现出墓葬风格的保守性与滞后性。蒙元统一帝国建立后，伴随着政治冲击与族属间的文化互动，山东地区长期固守的区域传统被逐渐打破。一方面，在当地宋金盛行的单室圆形砖雕壁画墓基础上，墓葬类型更趋多样化；另一方面，一些小范围的局部区域特征日渐明显，胶东半岛独具特色的石塔墓完全定型并确立起成熟的小区域面貌，而处于南北文化交界的济宁、嘉祥和邹县地区则在南方同坟异葬墓和大都"石椁型"墓交互影响下，进一步体现出融汇南北的墓葬特点。[40]

七、中外文化交流考古

林梅村通过中国境内出土的倒钩铜矛，论述了古代中国文化与欧亚草原早期青铜时代文化的联系。认为，塞伊玛—图尔宾诺文化是欧亚草原早期青铜时代文化，其代表性器物——倒钩铜矛，目前在中国境内已发现13件。对这13件倒钩铜矛进行的金属成分检测和类型学研究表明，它们以红铜或砷铜铸造为主，制作工艺晚于西方红铜或砷铜锻造铜器，年代多相当于中国新石器时代晚期或青铜时代早期。这些中国境内发现的倒钩铜矛与塞伊玛—图尔宾诺文化直接相关，而此文化在史前丝绸之路上的传播及其对中国文明的影响，再次揭示了古代中国与西方之间的文化交流是从欧亚草原开始的，中国古代文明的发展是中国文化与世界其他国家或民族优秀文化不断交流的历史。[41]高江涛也论述了中国境内发现的此类倒钩铜矛，认为其已不具有武器的功用，很可能属于仪礼用品。中原地区史前文化及社会对于传入的欧亚草原青铜文化并非简单的"拿来主义"，而是创造性的发明了铸造"青铜容器"的技术，并把这类青铜容器加入了"礼制"的内涵，成就了辉煌的夏商周三代青铜礼乐文明。[42]2011年，西北大学、中国国家博物馆、陕西省考古研究员组织联合考察队，对塔吉克斯坦和乌兹别克斯坦的24个重要文化遗产点和13座博物馆进行了考察，重点介绍了中亚南部阿姆河、泽拉夫善河流域发现的前贵霜时代至后贵霜时代的7个文化遗产点。指出，大月氏所建的贵霜帝国是具有高度城市文明的古国，在阿姆河流域发现有许多城址。此外，贵霜时代和后贵霜时代也是佛教在中亚大传播、大发展时期，佛教寺院等遗存在这一地域也有普遍发现。一些遗址和遗物反映出了此时期中亚与古代中国的文化交流。[43]仝涛、李林辉通过对欧亚区域出土的黄金面具进行研究认为，整个喜马拉雅地带在铁器时代早期逐渐形成了一个较为统一的考古学文化系统。这一文化系统与新疆和南亚次大陆联系非常密切，又通过新疆与中原、中亚和欧亚草原存在互动和交流，新疆地区是喜马拉雅地带与中原和中亚地区建立联系的纽带，通过新疆的丝绸之路进一步延伸到了青藏高原地区。黄金丧葬面具的出现和使用，可能也是这条丝绸之路联通的结果。[44]葛承雍从中国境内出土的中古时期外来文物研究了中外文化交流与传播。从希腊罗马的双翼羽人、人头马身到丰收女神；从少年枝形烛台到大量的东罗马金币；从三燕鸭嘴玻璃蔷薇水瓶到希腊的酒器"来通"；从景教十字架到希腊英雄牵神兽护卫皇后线刻画，这些来自希腊、罗马到拜占庭时代的西方文物，揭示了中国古代文明与世界文明沟通的历史轨迹，填补了中古时代欧洲与中国文化互动的空白。[45]白云翔通过对韩国完州郡上林里发现的铜剑和日本福冈县平原1号墓出土铜镜的研究，探讨了中国古代青铜工匠东渡朝鲜半岛和日本列岛的时间及路线问题，并探讨了古代东亚各地之间人群的移动和交流，尤其是环黄海地区之间的文化联系及环黄海之路的历史地位和作用等问题。提出了值得关注的一种研究思路。[46]

注：

①贾昌明：《2015 年度全国十大考古新发现》，《中国文物报》，2016 年 5 月 20 日。

②杨晖：《“中国社会科学院考古学论坛·2014 年中国考古新发现”纪要》，《考古》，2015 年第 7 期。

③韩建业：《略论文化上“早期中国”的起源、形成和发展》，《江汉考古》，2015 年第 3 期。

④李新伟：《中国史前社会上层远距离交流网的形成》，《文物》，2015 年第 4 期。

⑤徐龙国：《中国古代都城门道研究》，《考古学报》，2015 年第 4 期。

⑥孙机：《古代城防二题》，《中国国家博物馆馆刊》，2015 年第 10 期。

⑦孙华：《中国土司遗产考古》，《南方文物》，2015 年第 1 期。

⑧中国社会科学院考古研究所山西队等：《山西襄汾县陶寺遗址Ⅲ区大型夯土基址发掘简报》，《考古》，2015 年第 1 期。

⑨中国国家博物馆田野考古研究中心等：《山西绛县周家庄遗址 2007—2012 年勘查与发掘简报》；《山西绛县周家庄遗址居址与墓地 2007—2012 年的发掘》，《考古》，2015 年第 5 期。

⑩中国社会科学院考古研究所河南一队等：《河南灵宝市西坡遗址庙底沟类型两座大型房址的发掘》，《考古》，2015 年第 5 期。

⑪甘肃省文物考古研究所、北京科技大学材料与冶金史研究所等：《甘肃张掖市西城驿遗址 2010 年发掘简报》，《考古》，2015 年第 10 期。

⑫辽宁省文物考古研究所、中国人民大学历史学院：《2014 年牛河梁遗址系统性区域考古调查研究》，《华夏考古》，2015 年第 3 期。

⑬王震中：《陶寺与尧都：中国早期国家的典型》，《南方文物》，2015 年第 3 期。

⑭李维明：《三角城遗址文化内涵与社会现象管窥》，《考古与文物》，2015 年第 5 期。

⑮韩建业：《简论中国新石器时代陶鼎的发展演变》，《考古》，2015 年第 1 期。

⑯中国社会科学院考古研究所河南第二工作队：《河南偃师商城宫城第三号宫殿建筑基址发掘简报》，《考古》，2015 年第 12 期。

⑰中国社会科学院考古研究所安阳工作队：《河南安阳市大司空村东地商代遗存 2012—2015 年的发掘》，《考古》，2015 年第 12 期。

⑱周原考古队：《周原遗址凤雏三号基址 2014 年发掘简报》；曹大志、陈筱：《凤雏三号基址初步研究》，《中国国家博物馆馆刊》，2015 年第 7 期。

⑲中国社会科学院考古研究所新疆工作队：《新疆塔什库尔干吉尔赞喀勒墓地发掘报告》，《考古学报》，2015 年第 2 期。

⑳许宏：《关于二里头为早商都邑的假说》，《南方文物》，2015 年第 3 期。

㉑牛世山：《商文化京当类型的形成背景分析——关于考古学文化空间分布特殊模式的思考》，《考古与文物》，2015 年第 6 期。

㉒单月英：《东周秦代中国北方地区考古学文化格局——兼论戎、狄、胡与华夏之间的互动》，《考古学报》，2015 年第 3 期。

㉓施劲松：《十二桥遗址与十二桥文化》，《考古》，2015 年第 2 期。

㉔高崇文：《曾侯舆编钟铭文所记吴伐楚路线辨析——兼论春秋时期楚郢都地望》，《江汉考古》，2015 年第 3 期。

㉕常怀颖：《曾侯墓的葬车及相关问题》，《江汉考古》，2015 年第 5 期。

㉖郭京宁：《从北京昌平张营遗址所含文化因素看大坨头文化与周邻文化的交流》，《北京文博》，2015 年第 4 辑。

㉗中国社会科学院考古研究所等：《云南陆良县薛官堡墓地发掘简报》，《考古》，2015 年第 4 期。

㉘中国社会科学院考古研究所等：《西藏阿里地区故如甲木墓地和曲踏墓地》，《考古》，2015 年第 7 期。

㉙中国社会科学院考古研究所洛阳汉魏故城队：《河南洛阳市汉魏故城发现北魏宫城太极东堂遗址》，《考古》，2015 年第 10 期。

㉚中国社会科学院考古研究所河北工作队：《河北赞皇县北魏李翼夫妇墓》，《考古》，2015 年第 12 期。

㉛中国社会科学院考古研究所等：《内蒙古陈巴尔虎旗岗嘎墓地》，《考古》，2015 年第 7 期。

㉜杨勇：《论云南个旧黑蚂井墓地及其相关问题》，《考古》，2015 年第 10 期。

㉝乔梁：《山西原平北贾铺东汉墓葬所见的北方草原文化因素——附汉鲜卑遗存的发现与辨识》，《考古与文物》，2015 年第 2 期。

㉞齐东方：《中国古代丧葬中的晋制》，《考古学报》，2015 年第 3 期。

㉟倪润安：《北齐墓葬文化格局论》，《故宫博物院院刊》，2015 年第 2 期。

㊱秦大树、刘静、江小民、李颖翀：《景德镇早期窑业的探索——兰田窑发掘的主要收获》，《南方文物》，2015 年第 2 期。

㊲中国社会科学院考古研究所内蒙古第二工作队等：《内蒙古巴林左旗辽上京宫城城墙 2014 年发掘简报》，《考古》，2015 年第 12 期。

㊳金连玉：《试论北宋相州韩氏家族墓地的墓葬位序与丧葬理念》，《故宫博物院院刊》，2015 年第 1 期。

㊴解小敏：《对北京地区辽代冶铁考古研究的思考——由延庆水泉沟辽代冶铁遗址说起》，《北京文博》，2015 年第 1 辑。

㊵袁泉：《继承与变革：山东地区元代墓葬区域与阶段特征考》，《考古与文物》，2015 年第 1 期。

㊶林梅村：《塞伊玛—图尔宾诺文化与史前丝绸之路》，《文物》，2015 年第 10 期。

㊷高江涛：《试论中国境内出土的塞伊玛—图尔宾诺式倒钩铜矛》，《南方文物》，2015 年第 4 期。

㊸西北大学丝绸之路文化遗产保护与考古学研究中心等：《塔吉克斯坦、乌兹别克斯坦考古调查——前贵霜时代至后贵霜时代》，《文物》，2015 年第 6 期。

㊹仝涛、李林辉：《欧亚视野内的喜马拉雅黄金面具》，《考古》，2015 年第 2 期。

㊺葛承雍：《从出土汉至唐文物看欧亚文化交流遗痕》，《故宫博物院院刊》，2015 年第 3 期。

㊻白云翔：《从韩国上林里铜剑和日本平原村铜镜论中国古代青铜工匠的两次东渡》，《文物》，2015 年第 8 期。

（作者：高崇文，北京大学教授）

语 言 学

中国语言学

宋作艳 邵琛欣 覃俊珺 田祥胜 陈保亚

一、现代汉语

1. 语音

声调是本年度语音研究的重点。有学者通过设计不同的范畴感知实验讨论了两个问题：一是普通话单字调阳平和上声的辨认和区分是否存在声学参数上的范畴边界，二是刺激设计和实验任务对于声调范畴感知结果的影响。实验结果显示：（1）在下降段降幅较低的情况下，终点音高较高的连续统在辨认曲线上出现了较强的范畴化特征，而在下降段降幅较高的条件下，终点音高较低的连续统出现了较强的辨认范畴化特点；（2）在两种实验设计中均未得到与辨认结果显著相关的区分结果，在辨认结果具有显著范畴化特点的实验条件下，区分结果呈现弱范畴化或非范畴化特点。基于本研究的结果，调形具有相似度但并不完全相同的声调的感知类型介于范畴型和非范畴型之间。[①]另有学者通过调类个性、句中位置和重音级别 3 个层面的语音分析，考察了普通话 4 个声调在不同语调条件下的音高实现情况。实验结果表明：（1）在焦点条件以及非焦点条件下，阳平的音高位于调域的中低音区，去声低音点的理论调值尽管低于阳平低音点，但去声低音点在音高实现上往往接近阳平低音点，甚至会高于阳平低音点；（2）焦点在句首位置表现为调域向上、下两个方向扩展，在句末位置则表现为调域整体上抬，但不同声调的高音点并不都与调域上限同比例变化，不同声调低音点的变化也并不都与调域下限同比例变化；（3）重音后音节的音高对焦点音节的依赖关系受音步组合关系的制约，焦点和焦点后音节若在同一音步内，焦点后音节的音高与焦点音节的音高关系类似轻声音节与其前接非轻声音节的音高关系，二者之间如果存在音步边界，焦点后音节的音高表现出一定的独立性。这些结果说明语句中声调音高实现的复杂性，一个具有较好预测性的汉语普通话语调模型的建立需要包括焦点结构、韵律结构、协同发音、调类个性等不同层面的信息。[②]

2. 词汇

海峡两岸的语言差融合是近几年广受关注的一个问题，以往的对比研究主要关注台湾"国语"对大陆普通话的影响，以及大陆向台湾靠拢的各种表现，而对大陆普通话对台湾"国语"的影响以及后者向前者靠拢的情况却关注不够。有学者通过调查，用丰富的实例和统计数据证明了，近年来大陆普通话对台湾"国语"的影响持续加大，后者与前者趋同倾向明显，这在台湾的语言规划、工具书收词、科技术语选择和确定以及一般的日常语言运用中都有表现。海峡两岸民族共同语的融合已经发展到基本均衡的双向互动交流，并且正在加速向真正意义、更高层次上的双向互动发展。该学者还具体分析了哪些大陆词较易为台湾吸收，哪些不易吸收。[③]另有学者对台湾、福建、甘肃学生群体对两岸词语知晓度及其使用情况进行了调查，调查结果显示，有些两岸原来有差异的词语已经出现共用，在一定程度上反映了融合的趋势。[④]

3. 句法语义

本年度的句法语义研究主要集中在句式、词类等方面。

句式方面，学者们从跨语言比较、互动、历时等多种角度对反事实句、动结式、致使—被动结构、运动事件小句等进行了细致的分析。国外学者关于汉语母语者难以进行反事实表达理解和相应推理的实验存在争论。有学者研究发现，事实上，古代汉语和现代汉语中都有大量语法化的反事实条件句式，只是汉语研究者对这种句式的反事实语义特点不敏感。究其原因在于，汉语反事实条件句一般都有强烈的情感倾向（表示庆幸或遗憾），这强化了反事实思维的结果对比机制，弱化了其因果推理机制，最终掩盖了反事实思维在因果推理方面的逻辑力量，也在一定程度上遮蔽了其条件的反事实性。汉语的反事实表达及其背后的思维特点，反映了语言和思维之间的互相影响、互相塑造和互相推动。[⑤]另有学者通过对句法生成过程中多重界面互动关系的刻画，系统描写和解释了动结式在相关句式群中的不对称分布现象，并借此刻画了动结式的生成机制及其约束条件。文章首先基于动结式论元结构的整合原则及其配位规则系统对典型动结式的生成过程做出描写，在此基础上，分析了由多重界面特征互动制约而形成的特殊句法分布，进一步探讨了动词论元结构的多重性和动结式论元结构整合的多能性之间的关系。[⑥]致使和被动在很多语言中可由同一动词或语素承担。汉语的"给、让、教（交/叫）"就可以既表致使又表被动。有学者先通过"致使—被动"的变换分析，证明了"给、让、教"之所以既可以表致使又可以表被动，是因其词汇句法结构为VP结构；"给、让、教"本身的词汇语义并不含致使义和被动义，致使义和被动义源自对"给、让、教"所投射的双VP结构所做的句式解读。然后指出，"致使—被动"变换解读并不像之前许多学者认为的那样是演化的结果，而是由一个动词所投射出的双VP结构决定的。致使义和被动义以弱对立的形式共存于"给、让、教"所投射的结构，在体现具体用法时，或许有可能先有致使后有被动，即这两种用法的出现可能有时间上的先后关系，但这并不意味着被动用法是从致使用法演化而来的。实际上，二者是从一个共同的结构母体演化来的，只是在演化而出的时间上可能有一个先后次序而已。[⑦]还有学者考察了汉语表达致使运动事件的小句中受事NP的句法位置并探讨了原因。汉语表达致使运动事件的小句中，受事NP如较重，则倾向于显现在核心动词前，这与类型学研究对核心居前语言重成分移位方向的预测相反。从共时角度看，这是两个因素合力作用的结果：一方面，汉语是话题突出型语言，受事话题化结构凸显；另一方面，汉语为SVO语，但NP的定语都在核心前，这种不和谐语序导致复杂宾语构成的述宾结构和宾语重成分后置结构处理效率偏低。选择地位凸显且处理效率高的受事话题化结构是回避上述矛盾的主要策略之一。从历时角度看，为避免不和谐语序导致的言语处理效率缺陷，汉语受事话题化结构自上古以来频率不断提高。动结式发展对此趋势的形成起作用是较晚近的事。元代汉语和蒙古语的接触仅导致汉语北方方言中此趋势更明显。[⑧]

词类问题的理论探讨一直是近几年的一个热点。有学者从跨语言的角度介绍了词类的几种类型，从而指出，像英语那样名词、动词、形容词、副词四分的词类格局其实在世界语言中并不占多数。词类类型的研究聚焦在名词和动词的分合上，主要有三种：名动分立（如德语）、名动交叠（如汤加语）、名动包含（如汉语）。这三种类型中名词、动词的语法化程度依次降低。该学者还指出"名动包含"说可以解决汉语现在通行的词类系统存在的理论问题和应用问题。[⑨]另有学者评述了吕叔湘、高名凯（汉语无词类论）、朱德熙（汉语词类与句法成分是一对多的对应)、沈家煊(名动包含说)等四位学者关于汉语词类特点的观点,在此基础上以汉语事实分析说明了汉语词类的特点,明确指出:汉语实词没有印欧语那样的词类分别;汉语词类与句法成分一对多对应,动词、形容词能做主宾语,这都不是汉语词类的特点,而只是一种表面现象;汉语词类的特点不表现在动词、形容词能做主宾语这一点上,而是表现在两个方面,一是大量的零派生,二是大量省略造成动词、形容词可以在主宾语位置上落单。[10]还有学者对兼类说进行了反思,首先说明设立兼类词所依据的"数量原则"难以把握,进而从概括词和个体词关系、词类划分标准的确定以及词性标注三个方面说明了兼类概念带来的理论困境。由此认为,一旦确立"汉语词类和句法成分不是一一对应关系"这一重要原则,那么设置兼类便会多多少少和这一原则产生矛盾。[11]

具体词类的研究方面,有学者考察发现,"的"和英语介词 of 表现出较多的句法语义平行性,据此把"的"归类为后置介词。根据把词汇性和功能性视为两个维度的语类理论,"的"属于功能介词。从历时语料看,"的"是从方位领格介词发展而来,可归属于可以表达广义领格中的大多数语法意义的一级介词。如果采纳汉语词类包含模式,则"的"的前后均为名词性成分。那么,和"of－插入"规则一样,"的"给其补足语赋领格,构成介词短语共同修饰名词短语的中心语。[12]另有学者从论元结构、语义限制等方面系统探讨了汉语情态助动词的提升与控制。提升情态助动词是包含事件论元的一元谓词,允准子句主语提升为话题,不限制提升主语的语义内涵,不可以用"没、没有"否定,其事件论元被动化后,句子意义与主动结构的意义相近。控制情态助动词为包含事件论元和非典型施事的二元谓词,可以用"没、没有"否定,其事件论元被动化后,句子意义与主动结构的意义不同,甚至句子不合法。[13]

此外,有学者研究发现,现代汉语谓词性成分的时间参照有两种:(1)内部参照:以句中后续动作发生的时间为参照;(2)外部参照:以外部世界的自然时间过程中的某一时刻为参照。外部参照使句子表示的状况在现实世界中定位,而内部参照只显示句子内部多个状况之间的时间关系,与现实世界的时间无关。从时间参照角度可以解释"了、着、过"的语义功能,带"了1""着""过1"的 VP 之所以不能结句,是因为缺乏外部参照。这类 VP 要站得住,需添加给它提供时间参照的成分,如后续的 VP、数量短语或者添加外部时间参照的"了2""呢"。现代汉语小说中的叙述句有"了1"结句的情况,这种用法的"了1"正在演变为过去时的标记。[14]另有学者指出,很多学者把维特根斯坦"意义即用法"的主张理解为词在语言游戏中的用法,其实更重要的方面是儿童在语言游戏中获得词义的过程和条件,即词义的获得不是解释而是训练。意义用法论具有重要的认识论价值,因为真正的元语言的意义只能通过使用获得,这样的元语言就是自然语言,而自然语言内部无法区分对象语言和元语言,不可能完全形式化,因此数学、哲学不可能有逻辑基础。但是,基于意义即用法论的语言游戏说、家族相似说并不能否认共相论的存在,自然语言是有规则的,获得自然语言规则的基本方式就是类推,类推也是人类必要的基本认识行为之一。承认类推就需要承认和类推相关的共相、原型、模型、隐喻等范畴。[15]

二、计算语言学

三、汉语史

汉语语音史的研究一方面立足宏观,指出汉语具有"音随义变,构成新词"的特点;音变构词不仅有多种方式,如声母音变、韵母音变、声韵俱变等,且有一定的规律,如发音部位相同或相近,古音研究应将视野扩大到音变构词。[16]另一方面则对古音研究中的具体问题进行了讨论。有学者对《切韵》严韵系和凡韵系合并及真韵系和臻韵系合并提出了商榷,从分韵原则、韵书材料以及现代音位学的"对立互补"理论等角度,证明了这两对韵系不应合并,应维持原有分韵格局的原因。[17]另有学者讨论了今音读 ji、qi、xi 和 zi、ci、si 音节的古音反切的折合问题,揭示了这些音节反切的《广韵》来源和演变规律。[18]还有学者从古音角度对汉代《古诗三首》之二的"采葵持作羹"的"羹"字做了新的解释,认为这里的"羹"是"糜"的讹字,而"糜"是"鬻"的异体字,"鬻"所记录的读支部的原词后来专门用"糜"来记录,流传过程中,产生了讹误。[19]

汉语词汇史研究方面,主要对汉语具体词汇的来源及发展进行了分析。有学者从甲骨卜辞、汉语史中"往、去"的平行演变以及粤语"今"等角度,对上古汉语"之"从"往"义动词到远指代词的演变进行了考证,归纳出了"之"的语法化过程。[20]有学者结合出土文献和传世文献,梳理了副词"颇"的意义和用法,认为范围副词"颇"产生于秦代,来源于形容词,而程度副词"颇"产生于西汉,是范围副词主观化的结果，同时代产生了频率副词用法，在此基础上发展出否定副词，否定副词用法只存在于西汉至南北朝时期。[21]另有学者分析了“兄弟”一词在唐宋元明清不同阶段的语义发展过程，并详细阐释了称谓词“兄弟”从并列词组词汇化为表偏指意义，由亲属称谓扩大到社会称谓，以及由称呼对方反射为称呼自己的三种不同路径。[22]还有学者以出土文献为证，讨论了“兮”与“可”诸多问题，认为两字本为一字，“兮”是古歌的遗存，“歌”源于“可”，“可”具有应和、呵责、感叹的功能。[23]除了探讨具体词汇之外，有学者还对词义演变的方式和规律进行了概括。该学者认为，限定性义素不同，可能是近义词，也可能是同义词，而同义词的形成原因之一是一些在不同地域、不同时代词义相同的词进入到了同一个语言系统中；构成反义词的条件则包含：词义方面要处于同一个语义范畴内，有一个或几个义素相同，而一个义素相反，语用方面要经常出现表示相反的意义。[24]

汉语语法史研究主要集中探讨了词类活用和句法结构的演变。词类活用方面，有学者从动词配价的变价角度讨论了动词语义价和句法价都发生变化的两种情况：自动词化和他动词化。“破”“裂”等词自动词化的过程表明，部分他动词虽然自动词化，但他动用法依然存在，而且不同的他动词自动词化并不同步。[25]另有学者讨论了上古汉语“名词动用”现象在东汉之后的演变，认为物质名词在东汉以后表现出向单一词性分化的趋势，反映出“名词动用”从上古到中古的衰落，这种衰落又对汉语词汇和语法系统造成了影响。[26]句法结构的演变方面，有学者考察了“V败”动结式的衍生过程，认为“NP1（施事）+败1+NP2”中的“败1”是清声母，表他动，而“NP（当事）+败2”中的“败2”是浊声母，表自动，随着语言从综合向分析的转变，二者逐渐融合为一个“败”。[27]另有学者描写了双及物构式在汉语各个历史时期的面貌，从历史演变、句法语义、语用认知原则等方面探讨了汉语给予类双及物构式句式选择的制约因素。[28]还有学者分析了人称代词和助词“之”在中古的急剧衰落，并认为与之相关的狭义处置式、隔开式述补结构、新型受事主语句、“被NV”式被动句以及无标记关系小句的产生或大量使用都和“之”的衰落密切相关。[29]

四、方言

汉语方言语音研究集中在方言声调的演变、古全浊声母的演变以及方言中的特殊读音上。汉语方言声调的演变方面，有学者对晋语五台片阴平和上声在单字调和连读变调中的分合关系进行了详细讨论，认为晋语五台片阴平和上声早期是对立的两个音类，与今天吕梁片的情况类似，现在各方言根据阴平和上声的分合可以分为忻州型和宁武型两个类型。在忻州型方言中，单字调已经合流，而连读变调则保留对立，单字调合流的条件是调型一致，调值相近；宁武型方言中，单字调仍保留对立，但部分连调式已经合流，其间可能发生了推链式的演变，上声调值变同阴平的过程中使阴平有了新的变化。[30]另有学者对通泰方言中一种特殊的词末变调现象进行了分析。通泰方言中有部分多音节词的末字不论其单字调为何，一律读作同上声一样的调值。对通泰方言中如皋（桃园）话中这一现象的共时描写和地理分布状况的考察显示，这一特殊的词末变调现象可能是通泰方言早期小称变调的残迹，其形成的基础并不是现在的儿尾，而是历史上的鼻音儿尾。[31]还有学者对江西新余方言中一种特别的变音现象进行了描写。江西新余方言中名词、动词、形容词和量词都存在变音现象，变音后的调值与次阴平24相同。变音的作用包括名词化、区分词义、指小等。[32]方言声母的演变方面，有学者对徽州方言中古全浊声母无条件分化的现象进行了详细的论述，认为这是在不同时空中发生的不同性质的音变在晚期共时层面上的映射，其中既有早期单音系内部自生的区域分化和扩散式演变，也有晚期与外方言接触的叠置式演变和徽州方言内部的系统整合。[33]另有学者讨论了汉语方言中全浊声母的弱化音变。弱化包括擦音化和响音化两个方面，其中响音化包括了近音、鼻边音、拍/闪/颤音以及零声母等几种语音类型。在描写汉语方言浊音弱化的基础上认为，该学者提出浊音弱化是汉语方言的一种扩散式自然音变，但在浊音清化这一强势音变的影响下，多数方言发生了弱化的中断，也有个别方言为了应对浊音清化，进行了系统自身的调整。[34]方言特殊读音方面，还有学者对广西粤语和平话中存在的边擦音的来源进行了讨论。从中古来源来看，广西粤语和平话中边擦音主要来源于古心母，古邪、生、书、禅母次之，其他古声母零散分布。该学者在分析过程中采用了阶曲线分析法，分析结果显示，古心母当为边擦音的主要来源，经历过早期的接触和语言转换完成后形成自源层次，而古邪、生、书、禅、晓、澄、船等声母属于外源层次[35]。此外，还有学者对个别方言的音韵现象进行了全面的报道，包括安徽宣城（雁翅）方言音系[36]和广西阳朔城关土话音系[37]。

方言语法研究方面，有学者对吴语和西北方言中的受事前置语序进行了对比分析，对比的过程中充分考虑了句类限制和极性限制、前置受事的词类限制和句法属性限制、受事成分的语义属性（指称义、生命度）和语篇信息属性（新旧信息等）等各方面的因素。比较结果表明同是受事宾语前置，在吴语和西北方言中有很大的差异，其成因也有所不同：吴语的受事前置主要是受事型话题结构的扩展用法，而西北方言的受事前置是真正的OV语序，源于相邻语言SOV语序的影响。[38]另有学者以湖南益阳方言为例，对流行于部分湘赣语的小称标记“唧”的主观化及形态演变进行了分析，分析认为“唧”在来源上与“孩子”义有关，在构词层面具有“表小”和“表爱”的语义语用功能；在语义和语用表达上，“唧”经历了一系列主观化过程，其使用越来越依赖于说话者对于命题的主观态度；在形态上，“唧”经历了由构词词缀到准屈折词缀再到附缀的演变。“唧”在形态、语义、语用上的各种用法不仅体现了汉语中小称是一种显赫范畴，同时也与“唧”自身独立的音节地位有关。[39]

除了对方言现象的具体分析外，还有学者对方言分类的方法进行了讨论，主要探讨了聚类分析在汉语方言研究中的运用问题。该学者以20个汉语方言点古宕摄合口三等非组字今读的韵母材料为样本进行了若干实验，从而提出聚类分析只是一种倚重数量关系的分析，随着采用方法的不同，所得到的结果也会出现差异。聚类分析虽然可以给汉语方言研究中的分类工作提供重要的参考，但如果完全依赖聚类分析的结果，可能会有失偏颇。恰当的分类常常需要在综合考虑各种因素之后在定性和定量之间取得平衡。[40]

五、民族语言

语言类型的比较成为本年度民族语言研究中的一个重点。有学者在跨语言比较的基础上提出，连动式是汉语的类型特点，也是周边地区很多亲邻语言的类型特点，但不是所有周边语言的特点；连动式在东亚、东南亚地区常见而并非普遍，主要存在于形态不丰富的语言，如壮侗语、苗瑶语、藏缅语中的彝语支及景颇语支、南亚语系，而少见或不见于形态变化较为丰富的语言，如羌、藏语支和阿尔泰系语言。[41]有学者对景颇语基数词进行了探讨，认为与汉语等亲属语言相比，景颇语基数词的构词和文化功能都不强。[42]还有学者对察甘沟话与语序相关的句法表现进行了考察，通过与土族语、藏语比较，归纳出了它的语序类型特征，与土族语和藏语几乎完全同构，是一种动词居末的语言。[43]

语法形式和功能是本年度民族语研究中的一个热点。主要包括四个方面，一是对某些词或语素的语法功能进行了探讨，如对白语剑川话语素no33语法功能及其这些功能的形成进行了研究；[44]二是对一些特殊句式进行了分析，如对布依语连动式结构形式分类的描写及对其蕴涵的深层语义关联的讨论；[45]三是对语义格进行分析，如对独龙语的施事格和工具格标记的论述及对演变方式的探讨；[46]四是从话题与述题或话题与焦点的角度出发对一些语言现象进行了分析，如对诺苏彝语进行分析后发现句子结构以话题——述题结构来表达，语序和形态标记是话题的主要标示手段，是一种话题优先型语言。[47]

借词探讨也是本年度的一个亮点。有学者认为纳西语中的蒙古语借词与13世纪蒙古征大理以降的历史文化背景相关，经元明清三朝成为纳西语词汇系统中的重要构成之一，并列举纳西语若干蒙古语借词，以说明其词源关系。[48]另有学者认为壮语中有关经济贸易活动的词汇绝大多数是汉语借词，一些使用频繁的说法也是汉语借词。[49]

语音的演变方面，有学者以藏语中存在的语音链移变化为基础，对语音链移的性质、单位、方式、过程、类型、动因和结果进行了梳理，以事实来说明通则的局限性，以便对链移变化的语音演变现象有更合理的认识。[50]有学者对原始壮语 *？b、*？d 在板田壮语中的演变进行了分析，认为这些演变应是地缘及语言内部演变机制共同作用的结果。[51]另有学者对毛南语的？b、？d声母读为阳调的原因进行了探讨，认为是？b、？d的弱化后产生派生调，并与相应的阳调合流的结果。[52]还有学者对独龙语巴坡方言的单字调、连读调和语法调进行了描写，并联系汉语方言声调分化的实例，对独龙语中特殊的声调演变现象进行了阐述。[53]

语源关系的探讨在本年度民族语研究中有所涉及。有学者在观察亚洲、欧洲、澳大利亚和非洲语言的第一人称代词和相关基本词可跨语系对应的基础上，提出这些对应可能是早期人类迁移和语言的接触留下的证据。相关的对应可说明史前的语言情况的情况。[54]

注：

①王韫佳、覃夕航：《普通话单字调阳平和上声的辨认及区分》，《语言科学》，2015年第4期。

②王韫佳、丁多永、东孝拓：《不同语调条件下的声调音高实现》，《声学学报》，2015 年第 6 期。

③刁晏斌：《台湾“国语”词汇与大陆普通话趋同现象调查》，《中国语文》，2015 年第 3 期。

④苏金智、王立、储泽祥：《从两岸学生词语知晓度及其使用情况调查看词汇融合趋势》，《语言文字应用》，2015 年第 1 期。

⑤袁毓林：《汉语反事实表达及其思维特点》，《中国社会科学》，2015 年第 8 期。

⑥施春宏：《动结式在相关句式群中不对称分布的多重界面互动机制》，《世界汉语教学》，2015 年第 1 期。

⑦胡建华、杨萌萌：《“致使—被动”结构的句法》，《当代语言学》，2015 年第 4 期。

⑧宋文辉：《汉语表达致使运动事件的小句中受事 NP 的句法位置》，《世界汉语教学》，2015 年第 2 期。

⑨沈家煊：《词类的类型学和汉语的词类》，《当代语言学》，2015 年第 2 期。

⑩陆俭明：《汉语词类的特点到底是什么？》，《汉语学报》，2015 年第 3 期。

⑪周韧：《兼类说反思》，《语言科学》，2015 年第 5 期。

⑫完权：《作为后置介词的“的”》，《当代语言学》，2015 年第 1 期。

⑬胡波：《汉语情态助动词的提升与控制》，《当代语言学》，2015 年第 2 期。

⑭郭锐：《汉语谓词性成分的时间参照及其句法后果》，《世界汉语教学》，2015 年第 4 期。

⑮陈保亚、陈樾：《意义即用法，规则即类推》，《北京大学学报（哲学社会科学版）》，2015 年第 1 期。

⑯洪成玉：《音随义变，构成新词——兼及古音研究的方向》，《首都师范大学学报（社会科学版）》，2015 年第 1 期。

⑰冯蒸：《〈切韵〉严凡、真臻合并说商榷》，《古汉语研究》，2015 年第 3 期。

⑱张渭毅：《今音读 ji、qi、xi 和 zi、ci、si 音节的古反切的折合问题》，《汉字文化》，2015 年第 1 期。

⑲孙玉文：《释古诗“采葵持作羹”》，《中国典籍与文化》，2015 年第 1 期。

⑳张定：《从“往”义动词到远指代词——上古汉语指示词“之”的来源》，《古汉语研究》，2015 年第 3 期。

㉑孟蓬生：《副词“颇”的来源及其发展》，《中国语文》，2015 年第 4 期。

㉒张美兰、穆涌：《称谓词“兄弟”历时演变及其路径》，《中国语文》，2015 年第 4 期。

㉓胡敕瑞：《试论“兮”与“可”及其相关问题》，《民俗典籍文字研究》，2015 年第 1 期。

㉔蒋绍愚：《同义词和反义词的几个问题》，《北京大学学报（哲学社会科学版）》，2015 年第 3 期。

㉕宋亚云：《从变价的角度看古汉语动词自动词化的趋势》，《湖北大学学报（哲学社会科学版）》，2015 年第 5 期。

㉖任荷：《上古汉语“名词动用”现象在东汉以后的演变——以物质名词为例》，《语言研究集刊》第十五辑，上海辞书出版社，2015 年版。

㉗帅志嵩：《“V 败”动结式的衍生过程》，《宁夏大学学报（人文社会科学版）》，2015 年第 3 期。

㉘张文：《影响汉语给予类双及物构式句式选择的制约因素》，《语言教学与研究》，2015 年第 2 期。

㉙朱冠明：《“之”的衰落及其对句法的影响》，《语言科学》，2015 年第 3 期。

㉚范慧琴：《晋语五台片阴平和上声的分合及其演变》，《语文研究》，2015 年第 3 期。

㉛倪志佳：《通泰方言的小称变调残迹》，《语言科学》，2015 年第 4 期。

㉜王晓君：《江西新余方言的变音》，《方言》，2015 年第 1 期。

㉝李小凡、池田健太郎：《徽州方言古全浊声母无条件分化成因新探》，《语文研究》，2015 年第 2 期。

㉞夏俐萍：《论全浊声母的弱化音变》，《中国语文》，2015 年第 5 期。

㉟赵媛：《广西粤语、平话中的边擦音的来源及其形成探究》，《广西师范学院学报（哲学社会科学版）》，2015 年第 2 期。

㊱沈明、黄京爱：《安徽宣城（雁翅）方言音系》，《方言》，2015 年第 1 期。

㊲李蓝：《广西阳朔城关土话音韵研究》，《方言》，2015 年第 3 期。

㊳刘丹青：《吴语和西北方言受事前置语序的类型比较》，《方言》，2015 年第 2 期。

㊴夏俐萍、严艳群：《湘赣语小称标记“唧”的

主观化及形态演变——以湖南益阳方言为例》,《方言》,2015 年第 3 期。

㊵项梦冰:《聚类分析在汉语方言研究中的运用》,《语文研究》,2015 年第 4 期。

㊶刘丹青:《汉语及亲邻语言连动式的句法地位和显赫度》,《民族语文》,2015 年第 3 期。

㊷戴庆厦、彭茹:《景颇语的基数词——兼与汉语等亲属语言比较》,《民族语文》,2015 年第 5 期。

㊸杨永龙:《青海民和甘沟话的语序类型》,《民族语文》,2015 年第 6 期。

㊹吴福祥:《白语 no33 的多功能模式及演化路径》,《民族语文》,2015 年第 4 期。

㊺周国炎、朱德康:《布依语连动式研究》,《民族语文》,2015 年第 4 期。

㊻杨将领,《独龙语的施事和工具格标记》,《民族语文》,2015 年第 1 期。

㊼胡素华、赵镜:《诺苏彝语话题标记的功能及其话题类型》,《民族语文》,2015 年第 2 期。

㊽木仕华:《纳西语中的蒙古语借词》,《民族语文》,2015 年第 4 期。

㊾马菁屿、吴雅萍:《壮语中反映经贸活动的汉语借词》,《民族语文》,2015 年第 5 期。

㊿瞿霭堂、劲松:《新视角下的藏语链移变化》,《民族语文》,2015 年第 6 期。

51韦景云:《板田壮语几个音变特征及其演化路径》,《民族语文》,2015 年第 5 期。

52韦名应:《毛南语? b、? d 声母与声调》,《民族语文》,2015 年第 6 期。

53王莉宁:《独龙语巴坡方言的声调》,《民族语文》,2015 年第 1 期。

54吴安其:《人称代词及基本词的词源关系》,《民族语文》,2015 年第 2 期。

(作者:宋作艳,北京师范大学副教授;
邵琛欣,陕西师范大学讲师;
覃俊珺、田祥胜,北京大学博士生;
陈保亚,北京大学教授)

英语语言学

王逢鑫

语言哲学是 20 世纪初在西方出现的一门新兴的哲学分支,抓住了语言与思想的内在联系,试图通过分析语言问题来理解思想和世界,揭示语言意义以展现思想的内容。其主要任务为:(1)更好地了解语言的实际作用,以便通过分析和掌握语言用法深入理解语言使用对于认识活动的意义;(2)给出对语言意义构成方式的明证,来表明一种语言在何种意义上是有意义的;(3)通过研究语言揭示人类与世界的互动形式。江怡[①]认为在此过程中我们需要掌握一些哲学研究的基本方法,据此便可掌握语言哲学研究的方法。

形式类不是分得越细越好,不该分的分,不仅效用低,而且带来不必要的复杂,成为累赘和干扰。把握好分的"度"才方便讲语法。沈家煊[②]先以英语动词和"V-ing 形式"为例,说明"该合的要合",实现的、直观的、稳定的形态才是区分形式类的可靠依据。然后说明汉语动词(实际是动名词)形式类的分合,也要遵循这个道理。调查一种语言的语法,重要的是抓住这种语言自身重视的区分,而不是去寻找我们碰巧熟悉的语言所具有的区分。

高生文、何伟[③]通过对 Malinowski、Firth、Halliday、Gregory、Martin 等有关语域研究的回顾,厘清系统功能语言学语域思想的发展脉络,明确语域的本质和语域分析的内容。Halliday 在 Malinowski 和 Firth 的基础上经过大量的研究,提出了自己的语域思想;Gregory 与 Halliday 基本一致,不过在个别概念的理解上,二者稍有不同;Martin 对 Gregory 和 Halliday 的语域研究有继承,但不同之处比较显著。高生文、何伟基本赞同 Halliday 的观点,但认为语域不仅具有情景语境方面的特征,还具有语言方面的特征。对语篇进行语域分析不仅要包括情景语境分析,还要包括语篇语义分析。

系统功能语言学理论的核心概念元功能与语境都与意识形态之间存在互动关系,该理论对意识形态研究具有重要的应用性价值。徐英[④]认为将系统功能语言学应用于意识形态研究时,需要丰富认知方面的内容。扬内抑外的认知模式为语境与元功能角度上的意识形态分析提供了合理的认知基础。

格语法、框架语义学和框架网络项目研究是 Fillmore 语言学理论的代表性贡献，但前人对上述理论的内在关联的研究不足。武仲波[5]认为，框架语义学和框架网络工程研究继承与发展了格语法的思想，“框架”在继承“格框架”思想的同时逐渐演变为认知概念；“框架元素”在继承“格角色”内涵的同时，内容更丰富、细致，更适应所描述框架的具体情况。框架网络工程研究继承并拓展了格语法关于语义与句法界面问题的研究，但在理论发展过程中，格语法理论的缺陷在后续理论中仍然存在。由于格角色缺乏形式附着，格角色的数量和种类无法准确界定，因此上述理论仍有待进一步发展和完善。

王馥芳[6]从研究视角、基本立场、研究成果运用的风险性三个维度探讨认知语言学方法论所面临的挑战和局限性。认知视角的局限性主要表现在：未充分考虑多种理论动因的存在，相对于文化视角的狭窄性，对文化动因关注不够，认知图式对语法解释的局限性。在基本立场方面，认知语言学所秉持的“认知第一性、语言第二性”立场至少在方法论、研究取向和解释力三个方面存在局限性。认知语言学的研究成果在运用时具有一定的风险性：西方强势语言概念系统对弱势语言概念系统的强加容易导致“强势语言系统”对“弱势语言系统”的“强势改写”。

空间认知始于格式塔心理学的图形背景理论。该理论认为：在特定的知觉范围内，某些知觉对象轮廓分明，凸显为图形；而某些知觉对象轮廓则不那么明显，呈现为背景。Talmy 率先将图形背景理论运用于认知语言学。Langacker 使用“射体”与“界标”术语来表达与 Talmy 相同的意义。Levinson 把空间表征参照系分为内在、相对和绝对 3 种以推动空间认知研究的进程。齐振海、闫嵘[7]尝试运用 Talmy 图形背景理论、Levinson 空间参照三分说、以及心智哲学中的意向性理论，阐释空间认知的语言与心智表征，旨在拓展空间认知研究的范畴及视域。

基于前人研究英语词汇与汉语词汇具有前视利益效应和外周中央凹对中央凹效应，陈香兰、段雅超[8]以眼睛跟踪的方法探讨英汉转喻词汇的前视利益效应和外周中央凹对中央凹效应。结果表明：对于汉语为第一语言的中国人来说，汉语转喻词汇的语义信息比英语转喻词汇的语义信息可以更容易地获取。汉语转喻词汇出现了字面解释与转喻解释，而英语转喻词汇则更多地出现了字面解释，它的转喻解释加工比汉语的转喻解释加工需要更多的时间。英汉转喻词前视利益效应虽没有出现统计学意义上的显著差异，但汉语转喻前视利益效应和外周中央凹对中央凹效应相对英语发挥了一定的作用。

叶起昌、赵新[9]从超链接文本作为网络话语的范式、视觉素养的变革、视觉交流在多模式话语中的应用以及图像的主导地位等方面进行研究，强调视觉素养的重要性，并指出“以图做事”应理解为图像统治屏幕的事实和用图做事的能力。他们还指出，继续学习能力是定义素养必须包含的主要内容。

王立非、李琳[10]以近 5 年国际 SSCI 期刊论文为语料，采用文献计量分析方法，对国际会话分析的研究热点与进展进行考察和分析。研究发现：（1）国外会话分析论文呈逐年上升的总趋势；（2）期刊类别和具体期刊的分布呈现多样化和不平衡的特点；（3）研究热点包括会话修正等 30 个话题；（4）话轮转换、序列结构、会话修正、优先结构、民族志等理论对会话分析影响较大；（5）实证研究在会话分析中占主导地位，研究方法多元化，定性分析为主，计算机辅助方法在会话分析中越来越广泛地得到应用。

向明友[11]以 SSCI 和 AHCI 数据库为基础，借助 CiteSpace Ⅱ信息可视化技术，通过对国际语用学研究的高被引文献、共被引期刊及关键词聚类等数据的文献计量学分析，发现本世纪国际语用学研究已形成语义研究、礼貌探索、综合社会研究、语用—句法界面研究和语用学的应用语言学探究等五大走势。

实践共同体理论近年来被越来越多地运用在社会语言学研究中，成为一个日臻成熟的社会语言学研究范式。刘永厚[12]指出传统的言语共同体研究范式存在一些不足之处，如过分强调语言的核心作用、忽视边缘成员、忽视社会个体的主体性、视身份为静态的范畴以及过分依赖研究人员的解释。实践共同体理论认为语言的角色只有在实践活动中分析才能显现，它能同时兼顾语言和其他社会实践行为、兼顾宏观的社会结构和微观的个体主体性等层面，对语言变异有更强的解释力。

《评价文体学》的建构基于三个基本原则：一维过程性、轨迹在线性和层次结构性。彭宣维[13]认为三者足以统摄先前应用于话语分析的所有原则。第一条描述的是文本过程次第出现的前景化评价文体成分；第二条是针对评价文体成分所属评价次范畴的：前后关联，并始终出于工作记忆状态而具有现在的性质；第三条涉及由前二者构拟的整体评价主旨，包括前景化和背景化视野里的评价层次，从而出现立体模式。

高一虹、许宏晨[14]研究了有关英语变体的态度问题，指出现有研究一方面较为一致地指向语言刻板印象的顽固性，另一方面也揭示出语言态度具有一定的变化趋势和可能性。态度在认知和行为层面可能出现不一致或矛盾。

张晓东[15]以我国英语专业二年级学生为受试，考察了词汇量与产出性词汇知识对二语口语的影响。线性回归分析结果表明：词汇量与产出性词汇知识均能显著影响二语口语成绩；与产出性词汇知识相比，词汇量的影响更大。结构方程模型分析结果表明：虽然两种词汇知识的作用机制不同，但二者对二语口语具有协同影响效应。口语报告显示：我国二语学习者虽然能够结合使用两种词汇知识，但在加工速度、准确性和协调性上存在阶段性差异，因而造成不同质量的二语口语表达。

文秋芳[16]尝试构建“产出导向法”的理论体系。该体系包括3个部分：（1）教学理念；（2）教学假设；（3）以教师为中介的教学流程。教学理念包括“学习中心说”、“学用一体说”、“全人教育说”；教学假设涵盖“输出驱动”、“输入促成”和“选择性学习”；教学流程由“驱动”、“促成”和“评价”三个阶段构成。在整个流程中教师要恰当地发挥中介作用。教学理念是其他两个部分的指导思想，教学假设是教学流程的理论支撑，教学流程是教学理念和教学假设的实现方式。

文秋芳、王艳[17]通过开放式问卷调查，从学生视角考察了南京大学“英语＋X”本硕贯通人才培养体系的成效。参与调查的学生共有68名，分别于2002至2006年入学。研究结果表明：绝大部分毕业生积极肯定该培养体系。他们认为与其他专业毕业生相比，他们的优势表现为扎实的英语基础、良好的人文素养和跨学科的知识结构。毕业生对该体系中的通识教育课程也给予高度评价，认为这些课程有助于他们建立正确的世界观、人生观和价值观，使他们终身受益。

李航[18]采用交叉时序滞后设计，借助“二语写作焦虑量表”和两次写作测试追踪考察外语写作教学情境中330名非英语专业大学生英语写作焦虑和写作成绩的变化及其准因果关系。研究结果表明：学生的写作焦虑和写作成绩都发生显著变化，在一学期内学生的写作成绩显著提升，而学生的写作焦虑虽然呈现上升趋势，但总体仍处于适度的焦虑水平，对于学生的写作成绩没有产生妨碍性影响；学生学期初的写作焦虑能够显著负向预测他们学期末的写作成绩，但学期初的写作成绩不能显著预测学期末的写作焦虑，表明写作焦虑是写作成绩的影响因素。

闫嵘、张磊[19]基于“认知假设模型”和“限制注意广度模型”，采用不同复杂度写作任务作为实验材料，以60名英语专业学生为被试，探讨了任务复杂度、任务难度与自我效能感对外语写作的影响。研究结果表明：（1）任务复杂度与任务难度并不能等同视之，前者体现任务设计者的教育目标，后者则是外语学习者对任务的心理感知；（2）在排除目的语水平的影响后，任务复杂度对学习者总体写作成绩和语言表达的准确度、流利度、复杂度的影响均不显著；（3）任务复杂度与自我效能感对外语写作准确度具有显著交互作用，高自我效能感水平学习者在高复杂度写作任务中语言表达的准确度不仅显著高于低复杂度任务，而且显著高于低自我效能感水平学习者在高复杂度写作任务中的准确度。

刘永厚[20]以52名英语专业学生为对象，历时两个学期跟踪考察小组同伴反馈和教师反馈在英语写作教学中的效果。研究结果表明：“小组同伴反馈＋教师反馈”的模式比单一教师反馈模式的教学效果更好。它更加显著地提高了实验班学生的写作水平。小组同伴反馈有助于在写作中赋予学习者多重角色，提高学习者写作动机，培养学习者写作自主性和班级认同感。

到目前为止，对外语课堂教学会话中修正结构的认识，见仁见智，没有令人满意的结论。范文芳、赵光晖[21]用小学到大学10节英语课的录像为语料，分析阐释外语课堂教学会话中的修正结构，发现了与已有研究截然不同的结果：在外语课堂教学会话中，修正结构呈现出以自我启动自我完成修正、教师启动同伴完成修正和零启动教师完成修正三种修正结构为主，其他修正结构为辅的多元化模式。

王立非、张斐瑞[22]分析国际商务谈判的互动话语理论和近20年的发展，研究发现：机构会话分析、互动语用学、互动社会语言学、跨文化商务交际构成了商务谈判话语研究的理论基础。20年来，国外商务谈判话语研究呈上升趋势，研究热点集中在商务谈判语用学、跨文化商务谈判话语和电子商务谈判话语，涉及礼貌理论、积极与消极面子、言语行为、跨文化关系管理、跨文化互动能力、英语国际通用语等重点。谈判类、语言类和沟通类期刊发表商务谈判话语论文较多，实证研究为主流方法范式，定性研究较多，定量与定性混合研究设计呈上升趋势。

国家社科基金项目是我国人文社科研究整体水平的重要体现。通过对国家社科基金翻译类项目（2000—2013）的详尽梳理，张威[23]发现：我国翻译研究呈现以下特点：（1）以语言学科为主体，翻译研究的多学科发展趋势明显；（2）研究主题日趋多元，文学体裁、典籍文献、语料库技术成为研究重点；（3）重视本体与微观研究，强调文本信息的转换与阐释。与此同时，中国翻译研究也存在以下问题：（1）理论与实践脱节，理论研究创新乏力；（2）社会应用性、政策咨询性研究匮乏；（3）中译外研究不足，特别是翻译效果调查与分析亟待加强；（4）研究模式单一，定量研究方法不充分，跨学科研究方法待加强。

把握文本的翻译难度对于翻译教学、翻译认证考试和翻译研究均很重要。为此有必要了解翻译难度的测量对象和方法。孙三军、文军[24]提出了翻译难度测量研究的理论与方法框架，分析了影响翻译难度的两类因素：翻译任务因素（即文本阅读难度与翻译相关难度）和译者因素，并从测量原文的阅读难度、识别原文的翻译难点、测量译者的心理负荷等方面论述翻译难度测量。

张威、王克非[25]探讨了笔译训练对口译学习的作用。对不同口译人员实施多类型笔译训练的实验表明：（1）笔译训练对口译学习效果的影响较显著；（2）整体而言，笔译训练越符合口译操作特点，对口译学习的促进作用越明显；（3）笔译训练对口译学习效果的影响呈现阶段性特点。口译学习经验越丰富，笔译训练对内化翻译技能的作用越明显，对口译学习效果的促进作用也越突出。这一实验结果支持口笔译一体化教学模式的探索与改革，有助于我们客观认识翻译转换的普遍性，改进口译教法和教材编写。

王克非、秦洪武[26]探讨了平行语料库在翻译教学中应用的依据、动因和方式。他们认为：平行语料库在课堂环境下使用的主要方式是呈现数据，让学习者面对充足、易筛选的双语数据，使翻译技巧和特定语言项目翻译的讲授相对集中，重点突出。他们指出：平行语料库的研究发现，如词性分布、句段长度和结构容量等，有助于改善译文评估方式。有些可以直接应用于教学过程，提升翻译学习效率和效果。平行语料库数据运用得当，会有助于创建高质量的自主学习和发现式翻译教学环境。

口译策略是口译教学与研究的核心主题之一。在中国口译学习者语料库（CILC）中，口译策略包括：代码转换、层级转移、省略、替代、简化、解释、切分、重复。张威[27]逐一说明上述策略的标注形式、例证参考、效果评价。一方面明确口译策略的界定标准，厘清口译策略的标注方法，便于 CILC 的后期加工；另一方面启发后续（特别是基于语料库的实证性）口译策略研究。

译员轮换交接是同声传译的一个重要环节。轮换对译语质量的影响，是个重要却易被忽视的理论及实践问题。卢信朝、王立弟[28]对 20 组中国市场职业英汉同声传译员的同声传译轮换录音片段进行转写，并从轮换点、连贯性、完整性、正确性和流畅性等 5 个角度对译语语料进行标注与分析。他们发现：轮换对译语质量有较明显影响。译语的正确性和流畅性最受影响，其次是连贯性。英译汉，正确性最受影响，其次是连贯性和流畅性。汉译英，流畅性最受影响，其次是正确性和连贯性。部分译员在轮换时使用了一定的策略。他们认为：同声传译教学中应设计专门的轮换教学内容，以减轻轮换对同传译语质量的影响。

我国外语教育在新中国成立后和改革开放后的不同时期取得巨大进展，为国家培养了大批优秀外语干部和学者，同时也出现一些问题和不同意见。胡壮麟[29]归纳了几个方面：如何评价新中国成立后和改革开放后的外语教育、如何认识最近几年外语教育中出现的一系列争论、在中国崛起的国际化背景下，该如何做外语教育的战略考虑。胡壮麟认为应从跨学科和超学科的观点，扩大视野，以国家语言政策为基准，引导讨论；坚持辩证分析方法，求同存异；讲究实事求是，避免概念模糊；注重实践，深入调查，及时总结经验。

中国改革开放 30 多年来的现代化进程中，英语教育激发了各种强烈的情绪情感：包括以 20 世纪 80—90 年代为代表的“多快好省”激情与亢奋，与其相联系的是经济腾飞、发财致富的强国强己之梦；90 年代中后期开始变得突出的“费时低效”焦虑与沮丧，因英语的学习成就与期待目标相差甚远；世纪之交开始，在包括近期“英语退出高考”政策酝酿等事件中凸显出的担忧与恐惧，与其相联系的是母语和母语文化认同被蚕食的威胁。这些不无矛盾的情绪情感体现于语言教育政策制定者、教育机构、学习者诸多层面的话语之中；蕴涵在矛盾之中的是国人持久的心理情结，即对文化认同的维持与扩展、对西方文化的崇拜与憎恨。英语教育像是一块屏幕，在其两面投射着我们的爱与恨。这一心理情结植根于鸦片战争以来的社会历史情境，同时也通过话语不断被再生产和自我固化。高一虹[30]认为在当今全球化的情境中，这块屏幕或许应该转变为一面镜子，供我们反观矛盾的认同需求。在清晰的觉察之下，我们应能放下一些忽冷忽热的“疯狂”和二元对立的思维方式。用开放性、对话性、创造性的心态对待外语与母语教育，达到“1+1>2”的“生产性”效果。

21世纪全球化和经济社会发展对英语专业人才培养模式提出了严峻挑战。王立非[31]认为高校的英语教学改革应实现4个转变：（1）从通用英语教学向专用英语教学转变；（2）从输入性教学模式向输出性模式转变；（3）从语言技能训练向技能与内容并重转变；（4）从多媒体教学向模拟仿真实验教学转变。从而提升英语类专业学生的专业化、复合型和创新能力。

关于高考改革的方案尤其是英语科目的改革方案备受关注。由于高考是政府主导的行为，直接关系到广大学生的切身利益，甚至影响社会的安全和稳定。所以高考在中国具有极其特殊的影响。任何关于高考政策的调整都会引起全社会的关注，可能带来一系列重大的变化。2013年下半年以来，关于英语退出统一高考以及部分省市拟降低英语在高考中的分值的讨论，经各种媒体报道以后，引起了社会的震荡。程晓堂[32]指出要充分预见英语高考改革的蝴蝶效应。

韩宝成、张允[33]结合心理和教育测量及语言测试相关理论，对测试目标和内容进行了深入探讨，并以TOEFL iBT和IELTS为例对此进行了分析。结合Bachman Palmer（2010）关于语言运用的定义，他们提出语言能力可定义为一个人运用语言理解和表达意义的能力，并指出这两种能力属于认知能力范畴，可结合修订后的布鲁姆教育目标分类框架对其进行详细界定。他们同时指出选取典型语言使用任务作为测试内容符合现代语言测试发展趋势，并提出“任务—能力”设计框架，作为设置高考英语科目测试目标和内容的操作框架，取代传统的“语言知识—技能”框架。

注：

①江怡：《我们为什么要学习语言哲学》，《外国语文》，2015年第5期。

②沈家煊：《形式类的分与合》，《现代外语》，2015年第1期。

③高生文、何伟：《系统功能语言学语域思想流变》，《外语与外语教学》，2015年第3期。

④徐英：《系统功能语言学与意识形态研究：问题与展望》，《外语研究》，2015年第2期。

⑤武仲波：《框架语义学和框架网络对格语法的继承与发展》，《外语研究》，2015年第6期。

⑥王馥芳：《认知语言学方法论反思性批评》，《外语研究》，2015年第1期。

⑦齐振海、闫嵘：《空间认知的语言与心智表征》，《外语学刊》，2015年第4期。

⑧陈香兰、段雅超：《英汉转喻词前视利益效应的眼动对比研究》，《外语教学》，2015年第6期。

⑨叶起昌、赵新：《论多模式话语分析中视觉素养的重要性》，《当代外语研究》，2015年第11期。

⑩王立非、李琳：《会话分析的国际研究进展：考察与分析（2008—2012）》，《外国语》，2015年第1期。

⑪向明友：《语用学研究的知识图谱分析》，《外国语》，2015年第6期。

⑫刘永厚：《实践共同体：一个日臻成熟的社会语言学研究范式》，《山东外语教学》，2015年第4期。

⑬彭宣维：《一维过程性、轨迹在线性与层次结构性——〈评价文体学〉建构的三个基本原则》，《外语教学》，2015年第1期。

⑭高一虹、许宏晨：《英语变体态度研究综述》，《外语教学与研究》，2015年第6期。

⑮张晓东：《词汇量与产出性词汇知识对二语口语的影响》，《外语界》，2015年第4期。

⑯文秋芳：《构建“产出导向法”理论体系》，《外语教学与研究》，2015年第4期。

⑰文秋芳、王艳：《“英语+X”本硕贯通人才培养体系成效：基于学生视角》，《外语界》，2015年第5期。

⑱李航：《大学生英语写作焦虑和写作成绩的准因果关系：来自追踪研究的证据》，《外语界》，2015年第3期。

⑲闫嵘、张磊：《任务复杂度、任务难度和自我效能感对外语写作的影响》，《外语界》，2015年第1期。

⑳刘永厚：《英语专业写作小组同伴反馈和教师反馈效果研究》，《外语界》，2015年第1期。

㉑范文芳、赵光晖：《外语课堂教学会话中修正结构的多元化模式》，《外语研究》，2015年第2期。

㉒王立非、张斐瑞：《国际商务谈判的互动话语理论基础与研究现状》，《山东外语教学》，2015年第6期。

㉓张威：《我国翻译研究现状考察——基于国家社科基金项目（2000—2013）的统计与分析》，《外语教学与研究》，2015 年第 1 期。

㉔孙三军、文军：《论翻译难度的测量：理论与方法》，《外语界》，2015 年第 5 期。

㉕张威、王克非：《口笔译一体化教学模式的实验探索》，《外语与外语教学》，2015 年第 6 期。

㉖王克非、秦洪武：《论平行语料库在翻译教学中的应用》，《外语教学与研究》，2015 年第 5 期。

㉗张威：《中国口译学习者语料库的口译策略标注：方法与意义》，《外国语》，2015 年第 5 期。

㉘卢信朝、王立弟：《英汉同声传译译员轮换与译语质量》，《外语教学与研究》，2015 年第 4 期。

㉙胡壮麟：《对中国外语教育改革的几点认识》，《外语教学》，2015 年第 1 期。

㉚高一虹：《投射之“屏幕”与反观之“镜子”——对中国英语教育三十年冷热情绪的思考》，《外语教学理论与实践》，2015 年第 1 期。

㉛张斐瑞：《从通用走向专用：高校英语教学改革之路——王立非教授访谈录》，《山东外语教学》，2015 年第 2 期。

㉜程晓堂：《要充分预见英语高考改革的蝴蝶效应》，《外国语》，2015 年第 1 期。

㉝韩宝成、张允：《高考英语测试目标和内容设置框架探讨》，《外语教学与研究》，2015 年第 3 期。

（作者：王逢鑫，北京大学教授）

外国语言学（英语除外）

鲍　红

一、语言学与语篇学

人类中心论作为一种哲学思潮自古有之，语言学研究中的人类中心论范式只是其中的一个分支，其衍生的一系列理论学说的最大特点，是变语言客体论为语言主体论，即围绕“说话的人”和“语言中人的因素”这一主题所展开的语言动态研究。俄罗斯语言学界自 20 世纪 80 年代以来在这一领域的研究取得了举世瞩目的成就。赵爱国在对俄罗斯千余年思想传统和近 250 年来语言学研究中的人文主义学说思想进行系统梳理和考证的基础上，归纳总结出当代俄罗斯人类中心论范式语言学理论的五种哲学维度，即：视语言为人类自身之“镜子”的人类中心论；视语言为人类文化之“符号”的人类中心论；视语言为人类交际之“工具”的人类中心论；视语言为人类获取知识之“手段”的人类中心论；视语言为人类意识存在之“形式”的人类中心论。作者对上述维度的主要理论学说进行了全面的分析和评介，并指出近 20 余年来，俄罗斯学界对心理认知的研究已转向“语言意识”领域，该视阈的研究内容主要围绕人的意识中的“世界形象”这一核心展开，学说样式分别展现为“框架结构”论、“心智语汇”论、“语言意识核”论和“新本体”论等，研究方法主要为“观念分析法”和“联想实验法”。作者与姜宏对比研究了俄罗斯功能语法学理论和西方系统功能语言学。在流派纷呈的当代功能语言学理论中，由俄罗斯邦达尔科与西方韩礼德分别创建的功能语法理论和系统功能语言学最为著名，二者同属一种理论类型，而且在产生背景和一些重要观点上具有许多相通之处。但由于俄罗斯和西方的功能主义有着不同的文脉传统，加上多年来西方与俄罗斯语言学界缺乏必要的交流，因此它们对语言的阐释视点和研究方法又不尽相同。从学理维度对这两种理论进行对比研究，找出其异同，发现其长短，可以达到相互借鉴、相互补充的目的，这对推动当代语言学尤其是功能语言学的发展，有着重要意义。[①]观念是以人类中心范式为特征的现代语言学研究的重要对象，它直接反映着民族的心智特征和语言世界图景。徐东辉以人内心世界观念域中的一个基准观念 ум 为研究对象，通过分析该观念表征词位的搭配，旨在揭示该观念结构的特征及其所反映的相应语言世界图景片断。[②]情态性是一个体现在语言、言语层面的泛语言学范畴，多年来，俄罗斯语言学界对其展开了多角度、多层级的全面研讨。刘淼梳理了俄罗斯情态性研究的历史发展脉络，分析情态性研究代表学者的主要观点，总结俄罗斯学界情态性研究的特点，探讨主观情态性与客观情态性的界定方式。[③]李锡奎和史铁强对西方语言学界、俄罗斯语言学界、中国英语界和俄语界广大语言学者在语篇衔接与连贯研究各个层面的贡献进行了全面梳理，进而厘清了语篇衔接与连贯相关问题的国内外研究进展。与此同时，作者以中国知网文献库中所收录文献为依据，对我国 2004—2014 年间涉及相关问题的研究成果进行了数据统计和分析，并据此阐释和探讨了语篇衔接与连贯研究的现状和趋势。[④]徐艳宏通过对言语交际活动和言语交际效果研究的历史回顾和理论阐述，分别从近现代语言学、语用学、修辞学、言语交际学、社会心理语言学、认知语言学的角度对其历史、现状及发展趋势进行介绍和比较，指出各学科学派研究的不足之处，并结合众多研究成果对言语信息从表现形式及表现内容的角度进行多个层级的考察和类型分析。强调任何言语活动都是以一定的语境为其条件的，一切语境因素都可以作为调控言语交际效果的手段和策略在现实言语交际活动中加以运用，包括交际主体背景知识的平衡，交际主体参与交际主观能动性的调动，各类言语交际规范、原则和准则的遵守和运用等等。[⑤]张惠芹和 Т. Г. Добросклонская 通过对俄罗斯大众传媒语言研究的历史综述和最新研究状况的观察，介绍了正在兴起的俄罗斯传媒语言学的理论基础、研究方法和研究内容，重点阐述了传媒语篇的内涵及类型、描写了传媒语篇的参数，同时也展望了传媒语言学的发展趋势。俄罗斯该领域的研究成果为我国的传媒语言学研究提供了一个新的视角。[⑥]王冬雪探讨了俄语句法范式中的事实问题及其语言哲学分析，指出在语言哲学研究的不同时期，处于主导地位的语言观念有所不同，“语言哲学”对语言研究的线索分别表现为“语义范式”“句法范式”和“语用范式”。其中，“句法范式”主要探讨命题中的“事实”问题，通过句法形式反映语言表达和语言世界观之间的联系。在“句法范式”中，命题成为表达事实的语言符号，其中的谓词被归结为世界范畴外部关系与述谓行为内部关系之间达到的某种程度上的重合，并作为语言范畴中的“原子关系”而出现。[⑦]高晓茹研究了俄罗斯文学语篇空间范畴，认为它是作者创作的美学形式之一，是一种文学形象，是作者的主观—客观空间概念在语篇中的映射，受到语篇体裁、作者意图及作者所持空间观的影响。分析文学语篇空间范畴的特点，分类对于语篇范畴的研究具有重要意义。[⑧]李春蓉对比分析了国内外学术界关于语篇回指研究的各种理论、观点和方法的优劣得失。对俄、英、汉三种语言中语篇回指研究的历史、发展和趋向做了较为全面完整的综述，指出了以往研究中的不足和可供发展的空间。作者在大量收集语料的基础上，从词汇、构词、语法、语义、语用等诸多角度对俄、英、汉语言中的名词、代词和零形回指形式进行了较为深入的分析，有助于国内的俄英双语教学及相关语言之间的互译。[⑨]

二、语义学与认知语言学

杜桂枝尝试用逻辑语义分析的方法阐释俄语歧义句产生歧义的深层语义根源。句子歧义的类型各有不同，对语义矛盾、同义重复、范畴意义不搭配和修辞意义不匹配等的歧义现象，可以不依赖上下文语境，仅根据句子的意义，在语言的语义理论范畴内就可以解释，语义学理论可以对这类句子的意义做合理的描述，能很准确地判断出歧义的根源。隐藏在句子语义结构中的逻辑矛盾构成的是纯语言上的歧义，是语言语义学研究中需要特别关注的歧义现象。[⑩]蔡晖分析了近三十年来俄罗斯语言语义学研究范式所发生的一系列重要而显著的变化，从对语言生成机制的关注转向对语言进行解释，从形式—意义研究转向观念—现实研究，从同义关系转向多义关系，从对词义的清点到语义衍生模式为依据的层级分布。这些变化和转换虽不及“乔姆斯基革命”那么具有轰动效应，但却颠覆了一系列传统思想和观点，关注到以往忽视或无力探究的领域，为语言语义学研究开辟了新的领域。作者还着重论述了衍生这一 20 世纪 30 年代为了描写构词过程而提出的概念。俄罗斯语言学家 Е. В. Падучева 在本世纪前后将这一概念运用于语义学领域，用于解释语义的扩展和对词义进行参数化分析，并构建出有规律的词义衍生聚合体。词义研究的这种动态视角能够将词义历时变化特征纳入到共时平面来描述，为恢复词义的内在统一探索出了新的路径。[⑪]文化概念是文化主体经验感悟和现实印象的知性转化与意识结晶，渗透着人的生命态度、观念取向、利害趋避等丰富的价值内容。因此，价值分析、价值判断、价值解构在文化审视的高度上影响并制约文化概念的分析和研究。基于这一认识，彭玉海从文化概念的价值认识及价值性内涵和文化概念价值性的特征两个方面讨论文化概念价值问题，探讨这些问题将深化对文化概念在民族文化体系中的作用、地位的认识有益于在价值根源的思想属性层次上深入领悟和解读文化概念，能为文化概念的精神实质、文化语义研究提供新的启示。作者强调感知活动具有生理知觉和心理感应的连通性，身体上的感知体验、感知记忆相应成为语言认知表现和隐喻意义衍生的重要基础和来源。作者借助认知隐喻理论方法，主要从相似性、语义错置、意象图式、隐喻映射及隐喻模式等五个方面对视觉感知动词隐喻意义的认知运作机制展开讨论，力求展示并弄清这些隐喻意义的来龙去脉，揭示出视觉感知动词喻义衍生的认知实质，同时验证动词多义性同认知隐喻之间的关联性。[12]徐先玉从时间的测度性和拓扑性探索时间概念隐喻机制的思维操作过程，从时间的特性出发挖掘时间概念隐喻的语言表征。不同的时间隐喻反映出时间认知的不同侧面，并在时间概念系统的形成中起重要的作用。[13]李然以认知语言学框架理论、原型范畴理论重新认识称名学，对以二分法为特征的传统称名学研究方法进行改进，从概念、范畴的模糊性出发，重新认识范畴和范畴化，揭示了体验哲学的理论根源及其后现代主义特征，并以认知称名学的概念分析方法对现代俄语派生词进行系统研究，为传统构词学、词源学研究提供了新的范式。[14]王志坚运用形式语言学和功能语言学理论尝试进行了以下研究：重新界定俄语被动态的范畴；揭示被动句的边缘和核心现象，分析它们的句法和语义；描写被动句的生成机制、语义产生机制和认知机制；阐述主动句和被动句转换模式及其条件；论述被动句的句法模式、语义模式、语用、交际效果和认知理据及其相互关系；通过句法和语义来分析被动句的语体功能及篇章功能。[15]关月月研究了配位理论，指出它属于语义—句法界面的链接理论，和支配模式理论既有本质上的相同之处，又在关注焦点和研究对象方面有所区别。配位有初始配位和派生配位之分，后者是由前者经过转换实现的。配位的变化可能有形态上的标记、词汇上的标记或者语义上的标记。配位理论在传统语法学中常被用来研究态范畴，而在现代语义研究中则用来解释一些语义—句法现象及词汇单位的语义派生问题。[16]情感状态谓词是二价谓词，其语义结构的主要成分包括主体、谓词和原因。在描写情感状态的命题中，二价结构的每个要素，即谓词、主体题元和原因题元，都具有某些属性。另外，表示情感状态的语义结构和一种特殊的观察情态域密切相关。张红通过对情感状态谓词、主体和原因的属性以及观察域的系统描写，呈现情感与心智、感知等方面的相互迁移、交叉，揭示人内心生活不同领域的相互关系。[17]曹静娴探究了词素理据制约的词汇语义信息不对称。词汇语义信息不对称是在不同的语言中看似相对应的词语所携带的语义信息并不等量的问题，它体现为不同语言中词语与词语之间语义的交叉对应。词素化致使每一种语言都形成了自己的词素系统，它制约着不同语言社群表义时的选择策略。正是词素自身所携带的聚合意义与词素之间的组合意义以及不同语言中词素系统特性的差异制约着词语的隐性含义、衍生意义和搭配意义的语义信息含量，从而造成了不同语言间词汇语义信息的不对称。[18]“观察者”概念是语言学家常用的一种分析工具，它作为元语言释义元素而被引入到词典学中。俄语空间名词的元语言释义中包含观察者因素，周淑娟以典型空间名词граница，край及берег为例，借助观察者说明上述名词单复数形式的语义区别，揭示观察者观察视角以及观察者距离观察客体的远近等因素对俄语名词数范畴的影响。[19]社会性别定型是社会性别语言学的主要研究内容，它是解读性别话语含意的基础。陈春红从认知语言学的视角分析研究定型这一种转喻认知方式，男性女性范畴及其特征之间的关系建立在相邻性基础之上，用突显的性别气质可以指称相应的性别，或者用性别范畴转喻其主要特征。同时，作为语言现象的主要生产机制之一，转喻认知方式以社会性别定型内部的对立统一关系为基础，促进社会性别词汇的生成。[20]

三、语法学

副动词属于兼容了动词和副词的特点的混合型词，但其动词性和副词性在履行不同的句法功能时显现程度却各不相同。周海燕采用共时过渡率对副动词的词法特点及句法功能进行分析，探讨影响副动词履行不同句法功能的各种因素，揭示其过渡性特征。这不仅有助于更准确地掌握俄语，也有助于进一步深入研究具有过渡性特征的俄语混合型词。[21]王清从构词学的角度探讨了黏着现象在当代俄语派生词结构中的种种表现，指出当代俄语发展过程中触及整个俄语语言学系统的一个重要变化就是分析化趋势的加强，分析化是判断当代俄语发展变化趋势的一个重要方向标。作者和姜艳红重点关注了俄语中表示别国人民文化现象的异域风情词。它们经过词汇同化后产生异域风情词升级为借词、异域风情词发展转义后升级为借词及成为半异域风情词的现象，从而使异族的东西从属于俄罗斯。[22]易鑫和姜宏主要探讨了俄语无连接词复合句本质属性的问题，在历史研究的基础上，通过分析无连接词复合句的特征以及它与带连接词复合句的关系，得出结论：无连接词复合句是属于言语层面的语句，而不是语言层面的句子。[23]季小军探究了俄语疑问句的言外功能。疑问句当且仅当满足表示“疑问”这一言语行为的所有条件时才表示其原始功能，此外，在具体的不同的语境和上下文中还可以表达各种其他言外功能，表示诸多间接言语行为。[24]朱艳红和张帅臣认为虽然俄语是典型的综合语、屈折语，但现代社会的迅猛发展促进了现代俄语语言系统的发展变化，在形态学方面表现为分析化趋势的加强，尤其是最近10年现代俄语语法分析性特征增强，主要表现在：不变格名词的增加、不变格分析性形容词的增加、不变格缩略语数量的增加、合成数词变格的简化（特别是口语中）、表示职业从事者的名词在指女性时动词式的用法、前量词功能扩张、以-ово/-ево，-ино/-ыно结尾的地理名词不变格等方面。[25]俄语词重音历来是中国俄语语音教学与研究领域中的一个重要课题，然而，国内外对于俄语词重音的基本理论问题迄今依然颇有争议。徐来娣试图从俄语词重音的语音本质、位置特点和功能特性三个方面出发，对于俄语词重音的基本理论进行必要讨论，并针对目前中国俄语重音教学中的普遍现存问题提出相应对策。[26]徐涛着重研究了俄语动词体常体意义这一俄语语法研究和教学的重点和难点问题，建议将完成体和未完成体的术语改为“完成体/非完成体”，并将两体的常体意义归结为“行为在时间中展开得充分与非充分”的对立意义。同时对“情景更替理论”进行了重新的阐释，把该理论作为联系动词体常体意义和变体意义的“接口”，并尝试将最新的体学理论研究成果应用于教学实践当中。[27]张勃诺针对词法学的核心概念——词变进行了论述，指出围绕词变出现的一系列问题，如词变的定义、词变的范围，语言学界尚未形成共识。就此现状，其研究重点放在了词变的定义、广义词变和狭义词变、词变与词尾的关系、词的形式的辨别等几个问题上。[28]张扬从情态范畴和情态意义的内涵与外延扩展轨迹和发展变化，考查俄语情态词的意义、功能及语义场中的地位，强调随着情态性理论的发展，与“人”相关的情态意义研究范围不断扩大。[29]李昊天和王永从功能的角度研究了俄语电视言语中的语气词。俄语语气词的研究具有很大的理论价值和实践意义，在不同语体中，语气词的使用频率及其所发挥的功能不尽相同。电视言语中语气词的使用有其自身特点，无论从使用频率还是主频语气词的分布来看，电视言语所使用的语气词同口语语气词的特征较为相近。电视言语中，语气词主要发挥指示强调功能、转移衔接功能及身势语伴随功能。[30]尹旭以简单句与复合句的划分问题上一直存在争议的俄语同等谓语成分为切入点，整合俄罗斯语法研究传统中对于同等成分的各类观点，将同等谓语以及其余同等成分视为由典型简单句向典型复合句的过渡过程中的产物，并对其分裂过程中各类情况的述谓性特征变化进行分析，从而对同等谓语在这一过程中进行定位，以利对其进行重新认识，并重新探讨俄语简单句和复合句的划分。[31]

四、俄汉对比研究

孙淑芬等学者从俄汉构词和俄汉词汇两个角度进行了语义对比研究。首先梳理对比了俄汉两种语言的构词学理论和相关的术语体系，比较了不同理论的研究视角和优缺点，并从对比两种语言的构词机制和构词类型入手，探讨由此产生的构词词义的异同之处。作者们以俄汉语认知模式的相同性和相异性为依据，在称名视域下对两种语言在词素义、理据意义等方面表现出的共性和差异进行了深刻的剖析，在认知视域下对两种语言的派生词语义、范畴化与非范畴化、隐喻和转喻进行了颇有见地的对比，拓宽了构词意义的研究范围，为构词学研究提供了新的视角和路径。作者们采用语义场理论和义素分析理论，通过词典释义方法对俄汉语人体总语义场内义位的词典释义进行对比分析，使俄汉词汇语义对比研究更具宏观性。选取俄汉语经典空间方位结构所表示的静态空间语义范畴，从对目标物和参照物的认知次序、状态认知惯势、心理空间及物理空间差异等角度揭示其结构形式及语义差异产生的内在理据。对俄汉语空间运动动词中至关重要的徒步类和旋转类动词，以群为单位进行语义构造对比分析。[32]谢昆对结构主义、功能语言学、认知语言学等不同语言学派关于情态的理论予以分析，界定了情态范畴的内涵，将其划分为真势情态、认识情态、道义情态和评价情态，并以此为顺序呈现语言哲学、模态逻辑和语言学关于情态的三维景像。对比阐释了作为情态范畴的主要表达手段的俄、汉语情态谓词，从语法化角度对不同类型情态分支演进路径予以概述，通过俄、汉语情态谓词对比揭示俄、汉语情态谓词的差异。从广义体貌范围视角出发，就情态语境下情态谓词与体貌意义之间的互动关系作出甄别，辨析了俄、汉肯定、否定结构中体貌范畴的情态特质，对俄语情态谓词自身所具备的体貌特征作出对比、例析。[33]兰巧玲在借鉴前人研究成果的基础上，采用多维度的综合研究方法，分别从句法结构、功能语义和语用目的以及说话人运用语句时的认知状态，全面系统地进行俄汉、汉俄双向对比研究。揭示俄汉语是非问句的构句差异，探索俄汉语说话人为达到同一交际目的所采用的是非问句的表达手段，揭示说话人在不同的认知状态下，如何利用是非问句正确地提出问题，向受话人表达观点和意图，以及说话人如何根据认知状态建构是非问句。[34]徐风才和姚丽娇以俄语和汉语中的歧义现象作为研究对象，主要从语音、词汇、语法及语境四个方面对俄语和汉语中的歧义现象进行对比分析，试图找出俄汉语歧义成因的异同之处并分析俄汉语歧义的语用价值。[35]曾婷探究了俄汉语评价类指人名词构成手段。评价类指人名词是一类特殊称谓名词，在俄汉语中指称具有一定特征的人，同时表达说话者的主观态度。在俄语中，后缀构词法既是构成评价类指人名词的主要手段，也是特有手段。具有专门后缀的共性名词是俄语中的特殊表人评价词。在汉语中，复合构词法是构成评价类指人名词的主要手段，借喻手段是特有手段。俄汉语中尽管都使用隐喻手段和词类转化法，但在词源、词汇数量、语义类型、使用特点等方面存在差异。[36]

五、翻译学与语言文化学

文化翻译单位是文化翻译学基础理论中的一个课题，研究文化翻译单位可以系统揭示文化翻译对象，解决“文化翻译到底翻译什么”这一问题。杨仕章论证了研究文化翻译单位的必要性，通过分析文化翻译单位的概念，将文化翻译单位确定为加克提出的“文化素”并对文化素进行了重新界定，用来表达文化翻译单位的实际所指。翻译中的文化素是指源语中表达文化实在或者需要借助文化实在方可理解的语言手段。在此基础上，从语言符号层次角度构建了文化素的层级体系，以期解决文化翻译单位的本体问题。[37]顾鸿飞将语篇语言学作为俄语口译研究的理论基础，通过对比分析汉语和俄语各自语篇性的特点，以大量俄汉双语真实语料为对象，运用对比、案例分析、数理统计等方法分析源语语篇和译语语篇，科学地解释俄语口译过程，归纳总结俄语和汉语的语篇性异同，探索更具效率的口译训练模式，构建一个旨在考察各种语篇类型的译本是否与原文意义、功能等多个层面对等的语篇语言学视角的口译质量评估模式。[38]指示类公示语作为公示语的重要组成部分，涉及人们生活工作的各个方面，准确到位的翻译不仅能够为人们提供便利，更能调节其行为规范。王晓娟在总结归纳俄语提示类公示语的结构特点及书写规范的基础上分析了我国境内俄译提示类公示语的错误，提出了基本的翻译原则。[39]毛志文从模因论的视角出发，以汉语成语的俄译为例，在生态翻译学的基础之上探讨成语的翻译问题。成语翻译模因按转换形式可以划分为两大类：成语基因型模因和成语表现型模因。译者在对原语模因进行移植以及对译语模因进行适应性选择的时候可以主要从三个维度（语言维、文化维和交际维）去考虑译语模因能否适应整个翻译生态环境。[40]关秀娟强调口语具有经济性特征，口语翻译应实现经济性重构。经济性重构过程是解构原文经济性和建构译文经济性，解决内容与形式矛盾的过程。口语的经济性通过经济性对译、经济性增译、经济性减译、经济性转译、经济性换译、经济性分译、经济性合译、经济性交叉译等策略实现重构。[41]王灵芝分析研究了《论语》“礼”的俄译问题，指出“礼”是《论语》中重要的核心概念之一，地位仅次于“仁”，历代俄译者对它的评介非常用心。由于文化语境差异、译者目的等因素的制约，“礼”的俄译存在一定程度的偏离。[42]时政文本翻译的核心任务是达到交际的实效性，是需要对时政文本的不同层面进行分析和研究，选择最佳的翻译方法和策略。高雅古丽·卡德尔和金莉以等值翻译为理论基础，结合实例，在语形、语义以及语用等不同层面对时政文本的翻译进行了分析，总结出对译、换译等不同汉俄翻译策略。[43]安新奎探讨了文本功能和会展文本的翻译。会展文本形式各异，功能也不尽相同。会展文本汉译俄时，译者应辨明这些文本的特征和功能，使用有效的翻译策略，准确地再现会展文本的各项功能，达到所需的交际效果。[44]李向东、杨秀杰和陈戈选择当代俄罗斯语言与文化研究方向最具代表性的理论和流派：语言国情学、空缺理论、语言个性理论、文化空间和先例现象、语言文化观念、文化符号学，分析其学科性质、研究对象和研究方法，挖掘其学术思想精髓；在俄汉两种语言与文化的对比分析和实证研究基础上，提出独到的见解；通过解读当代俄罗斯语言与文化研究中的“多棱”现象，揭示俄罗斯语言与文化研究各理论和流派的共性特征、研究范式；通过梳理各理论、流派之间的关系，揭示当代俄罗斯语言与文化研究的发展轨迹，探讨语言与文化研究的新方向，新任务。[45]钱晓蕙和陈晓慧以历时研究为主线，厘清俄语的起源，俄语与古斯拉夫语、教会斯拉夫语的关系，以及俄语如何在民族融合过程中经历多种方言向共同语的过渡，最终形成具有五种功能语体的俄语标准语的艰难历程。并且在系统阐述俄语起源、发展与现状的基础上，对俄语未来的发展做出预测。在总结归纳俄语发展的过程中，简明扼要地阐述俄语在语音、语法、词汇、方言等方面的特点，厘清总体发展变化的线条脉络。以语音、语法、词汇为例，对比分析俄语在不同历史时期的变化，以共时研究的方法，对比分析使用俄语的国家或地区的经济实力、人口素质和文化影响力等因素，指出俄语目前的社会地位及发展趋势。[46]周朝虹探究了18世纪至19世纪初期俄罗斯诗歌中的彼得堡城市形象。文化特征造就一座城市的底蕴，彼得堡的变化特征是双重的，在俄罗斯诗人的创作中，彼得堡的城市形象既融合了欧洲文明，又延续了古老东方的专制传统。俄罗斯诗人们对彼得堡的文化特征持矛盾的接受态度。因而，彼得堡的城市形象，不仅仅是文学中的一种文化现象，而且还是一个哲学历史主体，是俄罗斯在现代文明生存下的主题。[47]宋洪英从模因论研究东正教在俄罗斯的传播。模因论是借用达尔文生物进化论的观点来解释文化传承规律的一种理论假设，其核心概念是模因，指可以通过模仿、学习由一个人复制并传播给另一个人的一种信息单位。东正教之所以能够在俄罗斯大地生根发芽并壮大，从模因论的角度看，是因为它执行着真实的功能，遵循着模因“利他行为”的原则，是“真理”的化身，以及众多的宗教观念因互相支持和帮助的缘故。[48]俄罗斯原始的宇宙观和宗教意识导致了对“семь”的灵物崇拜，在其影响下的俄语数字文化把“семь”奉为数字中具有灵感的幸运标志。数字语言源于对事物的认知，思想意识上多维度的认知必然形成语义辞格应用上的相应变化。邵楠希试图从“семь”的起源、形成以及宗教意识等不同角度进行分析，摒弃对数词传统的单向度思维，探讨“семь”从宗教数字的灵物崇拜到幸运数字的修辞功能之间的内在联系，以期揭开“магическая семёрка”（魔力七）的神秘面纱。[49]王燕重申了复杂的叙述交流过程中的作者、作品和读者三要素是作者形象复合结构假说的三个基本范畴。作者的生平语境和创作语境不能被排除在作者形象复合结构外，作品的叙述话语包括叙述者话语和人物话语，两者之间既相互独立又相互作用。读者对作者和作品两个范畴的解读作用促使这三个范畴共同建构起作者形象。[50]帕斯捷尔纳克的长篇小说《日瓦戈医生》的艺术成就，不仅在于它们出色的场景描绘和生动的形象刻画呈现出丰富的历史文化意蕴，还在于作品所体现的出色叙事艺术。汪介之分析研究了小说中的梦境、意象和隐喻，指出其梦境与幻觉描写、意象运用和隐喻手法，极富表现力地揭示了人物心理、命运或人物之间的关系，传达出丰富的思想内涵与时代内容，使这部作品兼具“诗意现实主义”风格和某些现代主义的艺术特色。[51]姜磊试论了普希金的后期作品《黑桃皇后》的象征意蕴，强调其人物、纸牌和牌局具有浓厚的象征意蕴。作品彰显了普希金对游戏偶然性、规律等永恒哲理的探索，体现了作家对赌牌与俄罗斯民族性格之间的渊源的哲思。[52]

注：

①赵爱国：《当代俄罗斯人类中心论范式语言学理论研究》，北京大学出版社，2015年版；《当代俄罗斯心理认知视阈的“语言意识”问题研究》，《中国俄语教学》，2015年第2期；姜宏、赵爱国：《俄罗斯功能语法理论与西方系统功能语言学对比研究发微》，《外语学刊》，2015年第1期。

②徐东辉：《俄语语言世界图景中的ум观念》，《中国俄语教学》，2015年第4期。

③刘淼：《俄罗斯情态性研究论略》，《中国俄语教学》，2015年第3期。

④李锡奎、史铁强：《语篇衔接与连贯研究进展及趋势分析》，《中国俄语教学》，2015年第3期。

⑤徐艳宏：《从受话人的角度研究言语交际效果》，世界图书出版公司，2015年版。

⑥张惠芹、Т. Г. Добросклонская：《俄罗斯传媒语言学研究状况与发展趋势》，《中国俄语教学》，2015年第1期。

⑦王冬雪：《俄语句法范式中的事实问题及其语言哲学分析》，《中国俄语教学》，2015年第2期。

⑧高晓茹：《俄罗斯文学语篇空间范畴研究》，《中国俄语教学》，2015年第1期。

⑨李春蓉：《语篇回指对比与翻译研究》，四川大学出版社，2015年版。

⑩杜桂枝：《从逻辑语义分析视角探究句子的歧义现象》，《中国俄语教学》，2015年第1期。

⑪蔡晖：《俄罗斯语言语义学近30年发展的基本走向和趋势》，《外语学刊》，2015年第2期；《试论语义衍生》，《中国俄语教学》，2015年第4期。

⑫彭玉海：《论文化概念的价值性》，《外语学刊》，2015年第6期；《视觉感知动词的认知隐喻机制》，《中国俄语教学》，2015年第4期。

⑬徐先玉：《时间概念化的隐喻机制》，《中国俄语教学》，2015年第1期。

⑭李然：《俄语派生词的认知称名学研究》，国防工业出版社，2015年版。

⑮王志坚：《俄语被动句子的多维研究》，科学出版社，2015 年版。

⑯关月月：《配位理论研究》，《中国俄语教学》，2015 年第 4 期。

⑰张红：《情感状态谓词的语义题元分析》，《中国俄语教学》，2015 年第 2 期。

⑱曹静娴：《词素理据制约的词汇语义信息不对称》，《中国俄语教学》，2015 年第 4 期。

⑲周淑娟：《俄语空间名词数范畴语义中的观察者》，《中国俄语教学》，2015 年第 4 期。

⑳陈春红：《社会性别定型的转喻认知研究》，《中国俄语教学》，2015 年第 2 期。

㉑周海燕：《俄语副动词的过渡性特征分析》，《中国俄语教学》，2015 年第 1 期。

㉒王清：《试论当代俄语构词的分析化趋势》，《中国俄语教学》，2015 年第 1 期；姜艳红、王清：《俄语中异域风情词的词汇同化现象》，《中国俄语教学》，2015 年第 3 期。

㉓易鑫、姜宏：《关于俄语无连接词复合句本质属性的问题》，《中国俄语教学》，2015 年第 1 期。

㉔季小军：《疑问句言外功能刍议》，《中国俄语教学》，2015 年第 4 期。

㉕朱艳红、张帅臣：《现代俄语词法中的分析化现象》，《中国俄语教学》，2015 年第 4 期。

㉖徐来娣：《俄语词重音基本理论应用研究》，《中国俄语教学》，2015 年第 2 期。

㉗徐涛：《基于“情果更替理论”的俄语动词体常体意义新论》，《中国俄语教学》，2015 年第 2 期。

㉘张勃诺：《论词变》，《中国俄语教学》，2015 年第 1 期。

㉙张扬：《论俄语情态词》，《中国俄语教学》，2015 年第 2 期。

㉚李昊天、王永：《俄语电视言语中的语气词及其功能》，《中国俄语教学》，2015 年第 2 期。

㉛尹旭：《过渡性理论视角下的俄语同等谓语分析——重议俄语简单句和复合句的划分》，《中国俄语教学》，2015 年第 2 期。

㉜孙淑芬等：《俄汉语义对比研究》，商务印书馆，2015 年版。

㉝谢昆：《俄汉语情态范畴对比研究》，中国社会科学出版社，2015 年版。

㉞兰巧玲：《结构 · 语义 · 语用——俄汉语是非问句多维研究》，黑龙江大学出版社，2015 年版。

㉟徐风才、姚丽娇：《俄汉语歧义现象成因及语用价值对比研究》，《中国俄语教学》，2015 年第 1 期。

㊱曾婷：《俄汉语评价类指人名词构成手段探究》，《中国俄语教学》，2015 年第 2 期。

㊲杨仕章：《文化翻译单位研究》，《中国俄语教学》，2015 年第 4 期。

㊳顾鸿飞：《基于语篇语言学的俄语口译研究的设想》，《中国俄语教学》，2015 年第 1 期。

㊴王晓娟：《提示类公示语汉俄翻译策略探析》，《中国俄语教学》，2015 年第 1 期。

㊵毛志文：《基于模因论的汉语成语的俄译研究》，《中国俄语教学》，2015 年第 3 期。

㊶关秀娟：《口语翻译的经济性重构论》，《中国俄语教学》，2015 年第 3 期。

㊷王灵芝：《〈论语〉“礼”的俄译问题研究》，《中国俄语教学》，2015 年第 4 期。

㊸高雅古丽 · 卡德尔、金莉：《时政文本的汉俄翻译机制及策略研究》，《中国俄语教学》，2015 年第 4 期。

㊹安新奎：《文本功能和会展文本的翻译》，《中国俄语教学》，2015 年第 4 期。

㊺李向东、杨秀杰、陈戈：《当代俄罗斯语言学文化研究》，北京大学出版社，2015 年版。

㊻钱晓蕙、陈晓慧：《俄语语言文化史》，北京大学出版社，2015 年版。

㊼周朝虹：《18 世纪至 19 世纪初期俄罗斯诗歌中的彼得堡城市形象》，《中国俄语教学》，2015 年第 2 期。

㊽宋洪英：《从模因论看东正教在俄罗斯的传播》，《中国俄语教学》，2015 年第 1 期。

㊾邵楠希：《俄语数词“семь”的灵物崇拜与修辞功能探析》，《中国俄语教学》，2015 年第 2 期。

㊿王燕：《作者形象的复合结构假说——兼与隐含作者的对话》，《中国俄语教学》，2015 年第 4 期。

51汪介之：《〈日瓦戈医生〉中的梦境、意象和隐喻》，《中国俄语教学》，2015 年第 4 期。

52姜磊：《〈黑桃皇后〉象征意蕴研究》，《中国俄语教学》，2015 年第 4 期。

（作者：鲍红，北京大学副教授）

文 学

文 艺 学

陈浩文 吴子林

一、学术活动概况

2015年5月，由中国社会科学院文学研究所理论研究室、文艺报社理论部、北京大学中文系和上海交通大学美学、艺术与文化理论研究中心联合主办、内蒙古民族大学文学院和湖南理工学院文学院承办的“文艺理论学科建设与文艺理论发展”研讨会在中国社会科学院召开。本次会议共有全国中青年文艺理论家40余人参加，会议主题包括“当代文艺理论发展的现状”“文艺界轻视甚至忽视文艺理论的倾向”“文艺理论界对西方当代文艺理论的重新审视”“中国当代文艺理论在当代社会转型阶段的发展”“文艺理论与文艺批评的关系”等。与会专家学者就上述问题展开了较为深入的讨论。

2015年11月，由中国社会主义文艺学会、中国延安文艺学会、中国诗酒文化协会、中国红色文化研究会、中国大众文化研究会等联合举办的“学习习近平总书记讲话精神暨新时期文艺观回顾与反思研讨会”在北京召开。本次会议旨在深入学习和探讨习近平总书记在北京文艺工作座谈会上的讲话精神。与会的专家学者，就当前时代的文艺现状和文艺观点提出了许多反思性批评意见，对当代文艺思潮形形色色的理论与观念进行了一次全方位的诊断和评估。其中许多观点，具有重要的理论意义和实践指导意义。

2015年12月，由北京师范大学文艺学研究中心、北京师范大学文学院、北京师范大学出版集团联合主办的“童庆炳先生学术思想座谈会暨《童庆炳文集》首发式”在北京师范大学英东学术会堂举行。著名作家王蒙、北京师范大学党委副书记刘利、中国社会科学院副院长张江、以及童庆炳先生的生前好友、来自全国各地的专家学者和童门弟子共100余人参加了本次座谈会。与会人员就童庆炳先生的教育理念、治学风格、为人品格等进行了探讨和追忆。

二、主要出版著作

专著：

张炯《文学透视学——文学理论体系新探》（中国社会科学出版社）以马克思主义的世界观和方法论为指导，借鉴现代科学成果及其他文学理论家的观点和方法，理论与实践相结合，从不同的时间与空间对文学进行多维透视，提出“文学创作思维”的概念，对文学起源论做了新的阐述，提出文学生态论，并对文学的历史的发展规律进行具有新意的探讨。

罗钢《传统的幻象：跨文化语境中的王国维诗学》（人民文学出版社）通过扎实的文献搜集，逐一梳理、考辨王国维所采用的中西思想资源，指出王国维诗学并非植根于中国古代诗学传统或是中西诗学融合的典范，而是西方近代美学的中国变体。在此基础上，罗钢反思了20世纪以来在中国思想和学术发展进程中占据主流地位的“传统现代化”的研究范式，并提出了“重寻传统”的命题。童庆炳先生在该书序言里概括了罗钢这一学案研究的五种方法，即揭示“学说的神话”“思想探源”“症候阅读”“对位阅读”和高度历史语境化，指出该著研究的意义在于，“找出新的证据，写出新鲜有力的文字，注入新的学术元素，形成新的学术趋势，从而给现代文学理论发展校正航标，拨正航路”。

王一川《从游问津：在文与艺之间》（北京师范大学出版社）整理了作者多年来在美学界、文艺理论界治学二十余年的学术思想，展现了其由西入中、中国本位的学术脉络，以及对社会文化问题的反思、理论与文艺生态紧密结合的学术敏感。

钱翰《二十世纪法国先锋文学理论和批评的“文本”概念研究》（北京大学出版社）主要以第一手原始资料为基础，追根溯源，原典求证，旁征博引，资料翔实，逻辑清晰。围绕“文本”这一当代关键理论术语，对相关问题做出了全景式扫描和梳理。作者在大量阅读并批判性借鉴理论资源的基础上，让人十分信服地回答了许多重要理论问题，解释了许多有争议的文学现象。

时胜勋《中国艺术话语》（中央编译出版社）是作者从事文学理论研究过程中第一部关于艺术理论的著作。本书围绕文艺美学的哲学高度和文艺美学的艺术意蕴两个主题展开，基于艺术研究的前言症候与后理论场景，梳理了艺术话语研究的学术史，进一步讨论了艺术话语本体论、艺术价值、艺术理论叙事以及中国当代艺术精神自觉等问题，

彭锋《跨界交响：美学在艺术中历险》（北京师范大学出版社）以学术随笔的形式呈现了作者从艺术理论到艺术批评、从艺术批评到艺术创作的跨界体验、思考与感悟。全书将美学理论话语与具体艺术作品紧密联系，使读者既对于现代艺术尤其是绘画和装置艺术以及策展、音乐剧等等创作有更深的理解，又对于艺术内核的深层思考以及艺术本质的深层探究更进一步。

童庆炳《童庆炳文集》（北京师范大学出版社）由作者生前审阅编定，共10卷，分别是《文学审美特征论集》《文学活动的美学阐释》《精神之鼎与诗意家园》《文体与文体的创造》《维纳斯的腰带：创作美学》《文学创作问题六章》《〈文心雕龙〉三十说》《中国古代诗学与美学》《现代视野中的中华古代文论系统》《文化诗学的理论与实践》，它们是作者不同阶段的代表性著作，是付诸毕生心血的戛戛独造之作，对中国当代文艺学的建设产生了重大的影响。

编著：

张炯、吴子林主编：《闽籍学者文丛》（福建人民出版社）是一套闽籍知名学者的学术论著精选集，囊括了中国当代文学界老中青三代著名文艺理论家、文学史家、文学评论家的代表性学术成果。其中，《燕园集》收录了谢冕各个时期的文论作品，分为诗潮篇、诗史篇、诗人篇、反思篇等几个部分；《审美及其生成机制新探》收录了童庆炳关于“审美”的解说和理解的文章，分为“美在关系”说、审美生成机制、审美与文学艺术几个部分；《写在新世纪》主要整理了张炯在2000年以后发表的文章，分为文学理论探讨、文学史研究、作家作品评论三个部分；《从普希金到巴赫金——俄罗斯文论和文学研究》选编了程正民关于俄苏文论与文学研究的已发表作品，包括“俄罗斯文论研究”和“俄罗斯文学透视”两个部分；《限度之外——求变时代的理论与批评》分为上编与下编，分别反映了陈晓明早期在福建学习、工作时渴望在文学理论批评上突破旧有的樊篱，表达新观念的努力，以及后来从现实主义理论向后现代的转向；《中西文论思想识略》分为“小说评点探魅”“当代文论撷英”“前沿问题透析”“重返文化原典”四个部分，比较集中地反映了吴子林十余年来的学术历程和学术思想。

曹卫东《审美政治化：德国表现主义问题》（上海人民出版社）详述了德国表现主义这一20世纪初发生在德国和奥地利的文化运动的历史图景，并甄选翻译了该运动中的经典文献，从文学艺术的角度入手，解读表现主义如何成为纳粹上台的推力，深度还原了思想史现场，带动读者对政治、艺术等永恒问题的反思。

方维规《思想与方法：近代中国的文化政治与知识建构》（北京大学出版社）是2014年由北京师范大学举办的“思想与方法：近代中国的文化政治与知识建构”国际高端对话暨学术论坛会议文集。本书汇编了海内外著名高校和研究机构的著名学者的阐述，重新审视了近代中国的文化政治与知识建构之间不断变动的复杂关系，探讨了如何在中国问题的内在脉络中探究近代变革的深刻意义等问题。

三、学术研究概况

（一）马克思主义文论

“审美意识形态”论是新时期以来中国马克思主义文论研究中最富于原创性的理论之一，是建构当代中国文艺理论的坚实基点。李春青认为，对于这一论说的理解不应该停留在概念含义的辨析，而应转向文学艺术与意识形态的关系问题，特别是这一关系中的“中介”问题。马克思和恩格斯提供了两种审视文学艺术的维度，即物质与精神维度、社会存在与社会意识维度，并以社会结构理论对文学艺术作出阐释。从普列汉诺夫的“社会心理”、阿尔都塞的“意识形态的物质性”到布迪厄的“惯习”和“趣味”等理论资源，它们不断深化了马克思主义的意识形态研究。文学艺术属于意识形态范畴，又能将意识形态作为对象予以处理，同时，作为“趣味”的话语表征，文学艺术还呈现着特定时代、阶级和社会集团的生活方式和生活经验[①]。

陈飞龙从马克思青年时代的诗歌创作中看到了马克思早期文学创作与《巴黎手稿》中艺术、美学思想的重要渊源关系。在早期诗歌中，作为一种拟人化

的实体，马克思提出的“世界精神”概念，在《巴黎手稿》中得到了理论化的阐释，并与“自然主义”、“人道主义”等一同成为抵达共产主义境界的路径。马克思的文学实践，为《巴黎手稿》中的艺术、美学思想积累了深厚的文化底蕴。对马克思早期文艺思想问题的研究，有助于对“艺术生产”这一重要论题研究的深化②。

丁国旗梳理了“反映论”在中国60年来的发展状况，并进一步讨论了“反映论”在当代中国文艺理论发展变化中的作用与意义。对“反映论”的认识和研究，经历了三个时期的重要转折。新中国成立后17年的文学观基本上是反映论和认识论的文学观，但文学反映论在“极左”文艺路线的推行下，逐渐走向机械唯物论和庸俗社会学；新时期以来，文学反映论不断遭受各方面的冲击，一些富于创见的理论主张在此期间被提出，推动了现代文论的转型；20世纪90年代以来，随着“文化研究”的兴起，“反映论”重新进入了人们的视野。总体来讲，反映论不是一个理论问题，它的作用和价值处于自身的历史性和现实性中③。

（二）古代文论研究

（1）古代文论的当代价值

党圣元认为，从传统文论、美学资源中获取精神支持，是当代中国文论思想、话语体系建构实现文化身份认同、重建民族美学自信的需要。挖掘传统文论的“当代性”价值，一则致力于消除经济全球化文化语境中传统文论研究领域的误区，二则是要促进传统文论与当代文论的相互融通。发现传统文论的“当代性”价值，需要秉持国学视野和“大文论”眼光，尊重古代文论文史哲合一的学术传统，在还原的基础上进行现代性阐释，并打通马克思主义文论与传统文论、儒家思想精华的对话路径，做到既能“返本”，又能“开新”④。

孙郁回顾了20世纪以降文学批评实践中古代文论传统的余绪与失落：新文化运动初期，是白话与文言都未处理好的文学批评的尴尬期；20年代末开始，则出现了对西方文论的模仿和晚清书话延伸两种发展趋势，批评家对中西方文论资源的运用趋向复杂；五六十年代随着苏联式批评成为主流，传统文论精神从文学批评实践中退场。古代文论成为研究对象而不再是当代文学批评的参照，造成当今文学批评缺乏母语的美质。对于当下的文学批评实践而言，古代文论的价值亟待召唤并恢复其活力⑤。

（2）《文心雕龙》理论研究

童庆炳先生20余年来矢志于《文心雕龙》重要理论命题的研究，2015年6月14日因心脏病突发遽然离去，留下了重要著作《〈文心雕龙〉三十说》，收入10卷本《童庆炳文集》的第8卷。对于刘勰的文体观念的研究，学界一直存在不同的见解，童庆炳在评述了若干不同意见后，运用现实的、历史的、逻辑的综合研究方法，提出刘勰文体观念的出现有其现实针对性，以及特定的社会文化根源和内涵，并且具备一定的系统性。具体而言，刘勰的文体观念可分为体制、体要、体性和体貌四个层次；其中，体制为基础，体要为内容实在，体性为个性风格，体貌为审美印象；四者之间有着复杂的联系，体制有基本的制约性，体要和体性彼此曲折反射，体貌则在这三者的基础上生成一种由内而外的整体性的美。体制、体要、体性和体貌之间的关系，在一定程度上反映了刘勰文体观念的丰富性⑥。

（3）诗学问题反思

“情志”是儒家诗学中一个重要范畴，以往的文学批评史和美学史研究的阐释意识形态色彩过于强烈。张晶另辟蹊径，从诗歌发生的动力学意义的视角，并借助西方现象学的意向性理论重新阐释，指出“情志”在诗歌创作中以非理性的形态存在，之所以能成为诗歌的动力源，在于语言的审美构形；其次，“情志”作为内在意志为诗歌表象的充盈注满了动力，使诗歌的艺术感染力得以强化⑦。

罗钢、刘凯与祁晓明展开对话，围绕日本明治时期文学批评与王国维诗学的关系问题，他们认为，就影响的全面性、系统性而言，田冈岭云并不如祁晓明所认为的那样，超过叔本华等人在王国维学术思想中的地位。从王国维的记述中可以看到，田冈岭云所扮演的角色是促使王国维进入德国哲学的中介，二者都直接受到了叔本华的影响，并各自在本民族文化背景和时代语境中不同程度地吸收和改造了叔本华的思想，王国维所吸纳的叔本华思想并非一种经由田冈岭云转译的、重释的理论。这主要表现在二者对写实主义的立场差异，以及“境界”在二者诗学体系中不同的位置与作用。“影响的神话”之所以会产生，主要在于对不同思想家的拼贴式比较，我们只有从历史的、宏观的语境出发，才能深刻地理解不同时代不同学者之间思想的关系⑧。

在对经典的阐释中，夏静指出，“隧道效应”是一个需要注意的问题。在不同时代，经典研究的焦点不同，在不同的阐释者那里，就会产生或复杂化或简单化的“隧道历史谬误”。以孟子、曹丕、刘勰的文气诠释为例，文气的“一体三相”在孟子那里主要被关注的是注重实践心性的主体之气，在曹丕那里则开拓了文艺创造的主体性和审美性维度，在刘勰则以折中的态度兼顾了文气的三个面向，并将之纳入自身理论的参照视野中。从孟子到刘勰的阐释，可以看到经典诠释过程中，问题侧重点的变化和阐释的多元发展。这也说明了，对于经典的阐释，后代解释者常处于历史客观性的彰显和主体性发挥的两难境地中，从而导致了经典诠释历史中的种种复杂情形⑨。

（三）文学基础理论

（1）当代中国文论的理论建构

高建平认为，建立文学研究中的中国话语，关键是要以当代中国的文学实践为出发点，选择性地引入西方话语，展开不同话语间的对话。建构中国文论体系需要坚持复数性和可沟通性原则，看到文学自身的有机生长状态，以及不同民族的文化、文学之间相互交流、补充、丰富的可能。从理论、创作和批评实践之间的关系来看，文学理论的建构需要以解决文学和生活的现实问题为“体”，广泛地攫取古今中外的文学文化资源，纠正唯传统论和唯西方论两种错误倾向，激活当代中国文论的生命⑩。

童庆炳先生通过研究社会文化对文学修辞（如声律、对偶和用典等）的影响，指出文学修辞不是一种孤立的现象，它的产生与特定时期的文化有密切的关系，有社会文化的根由；反过来，文学修辞一旦产生后，它必然渗透进社会文化，反过来对社会文化也会产生影响与作用。文学修辞与社会文化之间是互动又互构的，不能截然分割，所谓“内部研究”与“外部研究”的区隔并不可取，文学理论迫切需要整体综合的研究⑪。

童庆炳先生近 60 年的学术研究，由审美诗学起步，经过心理诗学、文体诗学和比较诗学的跋涉，最后抵达文化诗学。自 20 世纪 90 年代始，童庆炳先生提出了“文化诗学”的理论主张，并在具体的教学与研究实践中身体力行；其《文化诗学：理论与实践》（北京大学出版社 2015 年 11 月版）重点分析了文化诗学的理论前提、学术背景、现实依据、基本构想、精神价值、实践路径及其与社会文化的互动，可谓是文化诗学研究的集大成之作。作为一种新的文学研究范式，文化诗学从中国的文学理论实际出发，充分考虑到了文学批评和文学理论的整体性和平衡性，它从语言、审美和历史文化三个维度理解、研究文学，认为文学的基本价值在历史、人文与审美的张力之上，渐渐形成了自己的一套概念和范畴，是新时期文艺学研究的延伸与超越。随着文化诗学日渐深入人心，必将深刻影响着未来的文学研究。

（2）叙事学研究

彭亚非研究了上古历史叙事对中国古代俗文学艺术特性与美学面貌的影响，指出中国历史叙事的道统从一开始就隐含着某种超越实事常态的叙事意识与叙事追求；而从司马迁确立的“笔补造化”的叙事理念，以基于事实的想象性创造将史实写作诗意化，提供了超越常态意识的文学审美化追求。志怪存疑的传统则以“惊骇”为自觉追求，显示了口传文学中好异的群体审美意识。传奇与志怪的产生与发展，推动中国古代俗文学中“好奇尚异”的审美追求。这种对非常态审美内容的推崇，实际上是一种内视审美需求，即超越自身束缚，探求生命无限性诗意的渴望，这与纯文学贴近人情人性的审美需求其实是相类似的⑫。

徐宝锋则梳理了北美汉学界对中国叙事学的研究，指出北美汉学家的中国传统叙事研究体现了一种明确文化研究与文化批评意识。他们对因不同逻辑起点和理论基础差异生成的中西叙事理论边界与范畴予以厘定，关注中国小说与诗文传统之间的雅俗界限的模糊与消弭，对中国叙事传统中史实与虚构之间区别与联系予以辨识，发现中国的叙事传统以“道”为统摄，偏重史实，真实与虚构浑融一体；而中国小说中的价值诉求、抒情主义和历史主义的存在使得对小说的雅俗分界并不可取；中国古代叙事中实录与虚构、道德叙事与文学叙事的相互演进则需要谨慎地对待小说中的历史与虚构。总之，北美汉学家的中国传统叙事研究成果对重塑国内学界对中国叙事传统的理解有着重要的意义⑬。

（3）文学批评问题的反思

当代学科体制的专业化倾向造成作品、理论和批评之间的断裂已经成为一些学者的共识。面对文学作品“肤浅化”、文学理论“泛他者化”、文学批评“代际化”隔膜等问题，李圣传指出，只有加强作品、理论和批评之间的关联聚合，在“反思西方”和“本土重建”中，坚持本土文化立场和中国文学经验，通过理论的合理化回归，破除批评的理论化、概念化和类型化套路，让批评家引导作家回到干预现实生活的创作渠道中，才能加强文学作品的思想厚度、巩固文学理论的学理根基、改进文学批评的诊断评价⑭。

文艺"自足论"和关注内部研究的"审美主义"，自杨杰看来，是继文艺研究过度政治化之后另一个极端倾向。审美主义对廓清以往文艺研究的误区，深入阐释文艺属性有积极意义，但近年来文艺审美主义理论的唯美主义走向，无限扩大了文艺的审美性，割裂了文艺与社会的必然联系；对人性问题界定的偏差，则过度张扬了人的感性欲望和动物本能，将人性内涵抽空为精神符号，社会历史客观性的制约；文艺研究中"史学的观点"的偏差，表现在以"书写的历史"代替"客观的史实"，走向历史相对主义和历史虚无主义。当代中国文论的建设，理论创新是大势所趋，但不能为创新而抛弃科学的辨证的方法论，在匡正旧的弊端之时又陷入新的泥潭[15]。

（四）美学、新媒体与大众文化

（1）美学研究

杜书瀛回溯了文艺美学学科在20世纪80年代兴起的历史文化机缘。文艺美学产生于对主流政治文化凌驾一切学术活动予以反拨的历史氛围，是文艺学研究"向内转"的重要表现。从文艺理论自身发展的学术理路上看，文艺美学学科的兴起又有其内在依据，既是文艺与审美活动相互关系的催动，又是文艺学与美学学科精细化和深化的要求。在"全球化"的大环境中，生活与审美、生活与艺术的关系正经历着剧烈的变动，面对新形势，文艺美学研究者需要做的工作不是盲从艺术和审美终结的论调，而是要面向当下的文艺现象，作出理论的深度阐释，并最终在实践中谋求新的发展[16]。

高建平从"美学是感性的还是理性的"这一本质问题入手，讨论了在市场经济和信息技术的影响下当代社会生活感性充盈，美学何为的问题。现代美学的传统在于鲍姆加登对感性独立性的完善，但现代美学的发展却呈现出从各个角度批判鲍姆加登的倾向。其中，对理性主义的张扬，使美学学科理性化不断增强，甚至变成与感性无关的学问。在消费主义盛行的当代，理论的加强只会造成美学和现实的进一步疏离，以文化研究等其他研究思潮代替美学，实质上是对美学学科的摒弃，只能造成方向的迷失。高建平提出，回到美学，增强美学对现实的阐释力，实现美学的振兴，需要改变人类中心主义的思路，肯定人的感性活动，拯救健康的感性，以新的感性来对抗美的泛化[17]。

章启群指出，中国学界到目前为止有关美学的基本原理和导论性的话语基本上是西方学术的延伸，尽管如此，"美学与中国美学"依然可以成为一个合法命题。美学与中国美学是普遍与特殊的关系，分别指向逻辑层面和经验层面；这两个层次的区分，为美学原理的讨论从"人为什么追求美"这一本源性问题跨入"人如何追求美"这一民族国家美学的核心问题提供了更为广阔的视域。中国的民族美感形态、美的观念以及对美的价值认识都与西方存在着巨大差异，要建立属于中国的原创性的美学理论体系，必须介入中国人的美感形态中，扎根"四部之学"，通过美学史的修补，完善中国美学学科的建设[18]。

（2）新媒体与大众文化

赵勇从"荒诞"一词的语义出发，分析了大众文化盛行的时代，中国荒诞文学与文化荒诞性之间的落差。他指出，荒诞是一种随非理性主义、极权主义等因素而来的，面向人与世界关系问题的现代意识。互联网时代的到来加剧了荒诞现实的确认和碎片化演绎，但作家艺术家面对荒诞的现实缺乏相应的艺术感受力和表现力。真正的荒诞文学，不在于足以让人眼花缭乱的社会表象，而在于作家处理、反思这种表象时作为支柱的写作理念[19]。

陶东风试图借助阿伦特与哈贝马斯的世俗化理论来解读中国当代社会大众文化的变迁。哈贝马斯在阿伦特的理论基础上提出"公共领域"概念，考察了两种结构转型，即公民社会的出现和大众传媒时代公共世界的死亡。以此为借鉴，可以看到，20世纪80年代的中国第一波世俗化浪潮是对"文革"式以"公"灭"私"的极权文化的祛魅，并建立了新的公民参与方式，促进了世俗公共世界的建构；90年代世俗文化则以去政治化、去公共化、犬儒主义、消费主义和享乐主义深度结合为突出特征，本质上是权力运作方式的转型与西方资本主义后期的消费主义影响共同促成的结果。要克服这种世俗化的畸变，只能接续80年代的公共参与精神，加快公民社会的建设[20]。

与大众传媒时代相伴而来的艺术公赏力问题，在王一川看来，从根本上体现的是现代中国自我与社会语境之间的矛盾。讨论艺术公赏力的动力问题，需要将其置于问题链中，分析特定社会语境中相互作用的机制。艺术公赏力的动力模式主要有公而高式、公而低式、公而平式三种模式，它们本质上是作为表现现代中国自我在社会语境中的微妙处境的修辞性面具而存在的。在现代大众传媒作用下的社会语境中，个群、我他、公私之间的关系问题作为焦点不断凸显，当无法寻找更为合适的调节渠道时，艺术便成为一种替代性的方式出现了[21]。

（五）西方文论

（1）中西文论的比较与反思

全球化背景下，如何处理东西方学术话语和文化价值观之间的冲突业已成为当前学界的一个焦点问题。金惠敏试图通过对民族主义、世界主义等概念进行辨析，攫取各方观点的合理性，寻找出超越二元对立的理论可能。民族主义的合理性在于以观念性的表述、认同连接、承诺切实的利益；世界主义则以消除他者的方式，自我牺牲的精神来描绘囊括全人类利益的想象共同体；在价值上，民族主义和世界主义是星星和星丛的关系，在世界主义的"照亮"下，民族主义价值与其他价值对话，其指涉的利益与其他利益共存。当代中国，民族主义是传统与现代的对立，等于中西对立的错误，西方文化的引介和应用并非以西代中，而是链接中西价值，从而产生出满足现实需求的新价值[22]。

张江"强制阐释"论提出后，其所涉及的西方文论诸多层面的具体问题，引发了学界热烈的讨论，形成系列笔谈在《文艺研究》《清华大学学报》《北京师范大学学报》《文艺争鸣》《探索与争鸣》《学术研究》《社会科学战线》《学术月刊》等学术刊物发表，一定程度上深化了人们对于西方文论的理解与认识。吴子林认为，对西方文论的缺陷及其有效性的考察，不能脱离对中西方文化思维差异的辨析。概言之，西方的思维方式主要体现为一种"逻辑的可能性"，属于"思辨的智慧"；中国的思维方式则更多体现为"现实的可能性"，属于"存在的智慧"。中西方两种思维方式存在各自的缺陷，彼此是互补而非完全对立的关系，应进行融合、会通以汲取各自精华、跳出其窠臼。"钢琴诗人"傅聪杰出的艺术实践，以及国际汉学家叶嘉莹成功的学术创造进一步表明，研究者只有将自身民族文化之根扎深、扎稳，才能与世界上最优秀的灵魂对话，才能站在中西文化交汇的高度，"中西互证、古今沟通"，以中国概念重新诠释中国思想传统，衍生、创造出丰富世界思想的现代中国文学理论体系，真正"深邃壮大"国人的"精神生活"[23]。

（2）"互文性"研究

钱翰指出，人们对"互文性"概念主要有两种理解和发展的方向：其一，继续沿着克里斯蒂娃和巴尔特等人的文本性理论道路发展的解构批评；其二，走向以热奈特和里法泰尔为代表的诗学和修辞学。对后者而言，"互文性"被作为文学研究工具而非克里斯蒂娃出于反对阐释意图提出的文学性概念，其本质上是渊源批评的一种延展。尽管这两种"互文性"关心的都是文本间联系，但在联系方向上有着离心和向心的区别。"互文性"概念从革命性向工具性的转变，虽然是大学文学研究体制作用的结果，却也从侧面证明了先锋理论去作者中心化的观念[24]。

（3）文化研究

孙士聪指出，学科化与非学科化的论争隐含着普遍主义、情景主义、忧郁政治学和焦虑情绪。文化研究学科化的反思，使文化研究与文艺研究之关系、文艺批评实践与文化理论之关系、文化研究理论范式的本土化等问题得到了不同程度的厘清；此外，论争也显示着文化研究的介入性、批判性等政治品格被遮蔽乃至被遗忘的危险。超越与扬弃文化研究学科化和非学科化对立的有效途径，在于文化研究的"再政治化"，即坚持理论与批评的伦理维度、揭示真实的日常生活经验、张扬文化研究的政治想象力[25]。

金永兵、张庆雄探讨了伯明翰学派和英国"文化—文明"传统的理论渊源，认为在研究视野上，"文化—文明"传统尽管加强了文学与社会文化之间的联系，但仍然属于文学批评范畴，而伯明翰学派则实现了从文学批评向日常生活批评的转移；在学术立场上，伯明翰学派与"文化—文明"传统存在平民立场与精英主义的对峙；在理论方法上，伯明翰学派突破了"文化—文明"传统对文学批评范式的固守，呈现出跨学科和多元主义的特征。因此，伯明翰学派的文化研究和"文化—文明"传统的"文化批评"是两个完全不同的概念，从本质上看，二者的理论渊源代表了早期文化研究在批评方法和理论视域上的共同经验，其理论断层则彰显了伯明翰学派的自我开拓意识[26]。

注：

①李春青：《在趣味与意识形态之间——马克思后学对文艺作为人类精神生活之特性的思考》，《中国语言文学研究》，2015 年第 1 期。

②陈飞龙：《马克思早期艺术思想的形成》，《文艺理论与批评》，2015 年第 5 期。

③丁国旗：《列宁文艺反映论与建国后我国文论的历史缘分》，《山东社会科学》，2015 年第 3 期。

④党圣元：《传统文论的当代价值与民族美学自信的重建》，《中国文化研究》，2015 年第 3 期。

⑤孙郁：《我们应如何运用古代文论的遗产》，《文艺争鸣》，2015 年第 8 期。

⑥童庆炳：《〈文心雕龙〉“文体”四层面说》，《天津社会科学》，2015年第5期。

⑦张晶：《情志与意向——中国诗学的审美感悟之三》，《北京大学学报（哲学社会科学版）》，2015年第4期。

⑧罗钢、刘凯：《影响的神话——关于“田冈岭云文论对王国维‘意境说’的影响”一文之辨析》，《清华大学学报（社哲版）》，2015年第4期。

⑨夏静：《文气诠释中的“隧道效应”问题》，《中国社会科学院研究生院学报》，2015年第2期。

⑩高建平：《从当下实践出发建立文学研究的中国话语》，《中国社会科学》，2015年第4期。

⑪童庆炳：《社会文化对文学修辞的影响》，《华中师范大学学报（人文社会科学版）》，2015年第4期。

⑫彭亚非：《笔补造化与好异重幻的超常态审美追求》，《贵州社会科学》，2015年第5期。

⑬徐宝锋：《北美汉学的中国传统叙事研究》，《中国文学研究》，2015年第2期。

⑭李圣传：《我们需要怎样的文学、理论和批评?》，《光明日报》，2015年10月26日。

⑮杨杰：《近年文艺研究的方法论反思》，《文艺理论与批评》，2015年第4期。

⑯杜书瀛：《文艺美学的兴起与思想解放运动及其他》，《文学评论》，2015年第6期。

⑰高建平：《新感性与美学的转型》，《社会科学战线》，2015年第8期。

⑱章启群：《美学与中国美学：范式、问题和史料》，《文艺争鸣》，2015年第8期。

⑲赵勇：《荒诞的处境与不那么荒诞的文学——“日常与荒诞”之我见》，《文艺争鸣》，2015年第1期。

⑳陶东风：《畸变的世俗化与当代大众文化》，《文学评论》，2015年第4期。

㉑王一川：《艺术公赏力的动力》，《天津社会科学》，2015年第2期。

㉒金惠敏：《价值星丛——超越中西二元对立思维的一种理论出路》，《探索与争鸣》，2015年第7期。

㉓吴子林：《走向中西会通的中国文论——兼论张江教授“强制阐释论”》，《文艺争鸣》，2015年第9期。

㉔钱翰：《论两种截然不同的互文性》，《学术论坛》，2015年第2期。

㉕孙士聪：《文化研究：学科化与再政治化》，《南京社会科学》，2015年第9期。

㉖金永兵、张庆雄：《伯明翰学派与英国“文化—文明”传统的比较》，《湖南社会科学》，2015年第1期。

（作者：陈浩文，中国社会科学院研究生院硕士生；吴子林，中国社会科学院副编审）

先秦两汉文学

罗姝鸥　常　森

2015年度，北京地区先秦两汉文学研究的成果可概括为以下几方面：（1）利用新出文献的文学研究；（2）传统作家作品研究；（3）传统文学文献研究；（4）先秦两汉文学之相关学术史研究；（5）先秦两汉文学之相关文化史思想史研究。

一、利用新出文献的文学研究

这一方面的成果主要涉及《诗经》、《楚辞》以及乐籍制度。

《周易》卦爻辞中存在与《诗经》相类的语词及句式，简帛文献所见其他《易》类文献也多本《诗》语设占。姚小鸥、高中华联系《诗经·邶风·谷风》第五章“贾用不售”，释清华简《筮法》“雠”命筮辞之第一则“凡雠，三男同女，女在悔上，妻夫相见，雠”，认为“雠”指“卖出”，“相见”则是相反相成之意，为《筮法》专门术语之一。他们考察了《谷风》与《筮法》的成篇年代，认为当是《筮法》篇作者化用《诗经》成典，施诸占辞。此外，姚小鸥、高中华考察了王家台秦简《归藏·介卦》中“交交黄鸟，集彼秀虚”之语，认为它与《诗经·小雅·黄鸟》在句式与取象上更为接近。《小雅·黄鸟》“无集于榖”句与《归藏·介卦》“集彼秀虚”同用“集”字；《介卦》言黄鸟“集于有穗之墟，有禾实可食，自甚豫乐”（王辉《王家台秦简〈归藏〉校释》），而诗人以黄鸟之“集木啄粟”（《毛传》语）伤己之无谷，旨在言其“困”。《孔子诗论》第9简云：“《黄鸟》，则困而欲反其故也。”“困”为《周易》六十四卦卦名之一，《诗论》用“困”字断《黄鸟》篇旨，可见作者兼通《易》理。又《诗论》第26简谓“《邶·柏舟》闷”。“闷”亦为《周易》专门术语，出自《乾卦·文言》“遁世无闷”。姚小鸥、高中华提出，清华简《筮法》与王家台秦简《归藏》表明《诗经》对于先秦时期《易》类文献浸润之深。这一现象的揭示，对于认识春秋以降的《诗》学及《易》学源流或不无启示。①

至少从明清以降，学界日益强调屈原“在楚言楚”，解读屈原及其作品每每以此为圭臬。常森揭示出，屈原实际上接受了《尚书》、《诗经》、《左氏春秋》、《论语》、新出《五行》、《孟子》等儒典的巨大影响。他基于对儒典、儒学的接受，建构了以道德和天命为双翼的宏大历史观，并且凸显了对君臣、君上与后妃关系的政教伦理关怀。此前，屈原和儒学两大研究领域都忽视了这一点。常森指出，从儒学传播和接受层面上观照屈原，有重要学术意义：一方面，在与屈子关系的发掘中，《尚书》、《诗经》等传世儒典以及新出《五行》篇都彰宣了新的价值；另一方面，在与儒典关系的发掘中，屈子也呈现出新的景象，获得了新的诠释。②

此前，学者研究秦汉乐官制度较少涉及出土文献，而更多地注目于传世文献对“乐府”、“太乐”等术语的记载。姚小鸥、王克家考察《张家山汉墓竹简·奏谳书》及《二年律令·秩律》两篇文书中涉及“外乐”与“乐人”的部分，认为“外乐”是秦代及西汉早期的重要司乐官署，其存续、消亡与秦汉乐官系统的构成及演变有密切关系。“乐人”是秦汉时期民人社会身份的一种，“外乐”所辖“乐人”是秦代及西汉早期司乐官署常备属员的重要补充，而“乐人”践更“外乐”是秦汉礼乐制度的重要组成部分。姚小鸥、王克家综合考察出土与传世文献，认为秦汉时期已存在乐籍制度，《张家山汉墓竹简·奏谳书》所载“乐人”与后世“乐户”的身份约略相当；乐人世世相袭。秦汉户籍制度及乐人参与官方乐事活动的方式，可为学界研究后世“乐户”渊源及其沿革提供参考。③

二、传统作家作品研究

这一方面的成果主要涉及《楚辞》和李斯刻石文。

王逸《〈天问章句〉序》提出了屈原“呵壁”作《天问》说，历代学者对此多有讨论，到目前为止，仍有诸多疑问尚未解决。姚小鸥、孟祥笑从辨析《天问》文体出发，回顾学术史，对“呵壁”说重新加以审视，认为王逸注在字词训诂方面虽有合理之处，其“呵壁”说却与《天问》的创作过程不完全契合。而先前“四言诗”“哲理诗”“史诗”“咏史诗”“抒情诗”等说法都拘于一隅，他们重申，《天问》是屈原精心创作的一首“史诗式的哲理诗”。文章从“史诗”的形式和“哲理诗”的内容两个方面，分析《天问》“史诗式的哲理诗”的性质。认为以“曰”开篇是《天问》史诗性质之铁证，是屈原自觉的创作选择。它将以“曰”字开篇的先秦史传、原始民族问句体史诗和以《诗经》为代表的中原传统史诗三种文体形式有机地结合起来，构成了屈骚中别具一格的文体样式。而内容上，《天问》与一般史诗有所区别。屈原创造性地将上古神话传说和孔子笔削《春秋》以来以史为鉴的史家传统相接续，大至宇宙、细至鸟兽的自然万物与天地开辟以来的人类社会都是作者思考探索的对象。由此看来，《天问》虽具有史诗的形式，却不宜简单地称作史诗，从本质上说，它是一首探索宇宙、社会与人生奥秘的哲理诗。④

彭咸是屈原作品中的重要形象，在屈原作品中共出现七次，其中《离骚》二次，《悲回风》三次，《思美人》、《抽思》各一次。《离骚》先是称“愿依彭咸之遗则”，结尾则说“吾将从彭咸之所居”。何谓“愿依彭咸之遗则”？“彭咸之所居”位于何处？李炳海经过细致考证，认为屈原作品中提到的彭咸之所居，均与抒情主人公的神游相关联，以西海和若水为空间背景。那里是楚族发祥地，是彭咸所居的地域。彭姓与楚族同出颛顼，存在血缘上的关联。彭姓在由西向东的迁移过程中，在岷山以东留下一系列痕迹，可作追寻彭咸之所居的参考。所谓“彭咸之遗则”主要包括三方面内容：一是特立独行，不趋时媚俗；二是由诸内而发诸外，性格耿介；三是清廉峻洁，不染尘埃。屈原推崇彭咸，表现的是恋祖情结和尚贤理念。⑤

关于《楚辞》中屡屡出现的抒情主人公神游的情节设置，李炳海认为，《离骚》抒情主人公神游叙事出现的崦嵫、咸池、扶桑、若木，都是楚族祖先圣地的标志，均位于西方，是抒情主人公神游过程中短暂驻留、逍遥休憩之地。天津、昆仑、西海，是第四次神游的历经空间，把祖先圣地作为神游的最终归宿，对那里流露出依恋不舍的情怀。《思美人》、《远游》对神游情结的设置，有些段落是对《离骚》神游场景的复制，寄托的也是恋祖情结。至于《悲回风》抒情主人公的神游，顺序与《离骚》明显有别，恋祖情结表现得更为充分。以往研究忽视先秦楚辞神游叙事的恋祖情结，是由多种因素造成的，有的因为所持理念偏颇，有的则是由于研究方法不当。[⑥]

秦代刑罚酷烈，李斯又是先秦法家的代表人物之一，前人评价李斯刻石文，总会将其与法家关联。刘勰在《文心雕龙》的《封禅》与《铭箴》篇中，就给出了相互矛盾的评价，前者谓“法家辞气，体乏泓润”，后者说“政暴而文泽，亦有疏通之美矣”。李炳海提出，刘勰之所以未能把握李斯刻石文之性质，关键在于他不明白李斯的法家属性并非体现在其刻石文的辞气中，而是体现在其刻石文森严的文法结构中；李斯撰写刻石文，采用的是以六为纪的结构模式。三句一节的作品六篇，三十六句的作品每篇六章，七十二句的作品每篇六段，所有作品均是每章六句，押韵也以六为基本单位。李斯刻石文以六为纪的结构模式，与秦朝的数字崇尚直接相关。秦朝以水德配六，李斯这种观念也由来已久，根深蒂固。他把作为外部规范的以六为纪，内化为作品的结构模式。故其刻石文法度森严，具有鲜明的法家特色，它主要不是体现于辞气，而是显示在结构模式方面。李斯刻石文结构模式上以六为纪，以三句一节为基本的结构单元，这种结构原型可以上溯到《周易》本经和《诗经》。元结《大唐中兴颂》沿袭了三句一节的结构模式，它和李斯刻石文都成了碑铭作品的绝响。[⑦]

三、传统文学文献研究

《诗经》中“斯”字出现在38篇作品中，共计77次，覆盖了《风》、《雅》、《颂》三个板块。《诗经》古今注家解释该字，只有两处作为动词处理，认为表示的是“析分”之义；其余75个案例，“斯”字或被视为代词，或被当作语气词。李炳海认为，《诗经》中出现的“斯”字，用的是其本义和引申义而非假借义，不是作为语气词缀于句末。与这个字相关联的物类事象多种多样，砍伐、宰割类的刚性举措，人的空间离散或迁徙，事态离析扩散的走势，人情神意的表现和派分，虫鸟的振翅展翼，事物分列散置的格局，均是“斯”字的意义指向。把它认定为代词，是对它具体意义的抽象化；把它作为语气词处理，则是把实词虚化。这两种做法都把《诗经》解读引入了误区，造成对相关物类事象的遮蔽，应当予以拨正。[⑧]

《春秋》襄公二十九年夏载“阍弑吴子余祭”事，《左传》、《公羊》、《穀梁》都有传解。徐建委提出，《春秋》鲁襄公二十九年经文“阍弑吴子余祭”一条，参之以《左传》所记吴越之事，知其为一枚错简，被误编于此年。然三传均有传，故可知为《春秋》原本之误。《春秋》另外有三条日食的误记早已被学者考出，徐氏推测，这三条也是《春秋》原本之误而非传抄讹误，是为编者后来加入的部分。日食观测和记录是史官的职责，《春秋》若为鲁史官所编，则必有完善的日食记录。鉴于上揭情形，可判断《春秋》确为编纂之作，它是春秋末年，编者依据鲁史官所录，参考其他国史料及某种日食记录，综合编纂而成的。因此，它才会有选择地采录36次日食，这极可能就是战国秦汉间被广为称述的《春秋》之中“弑君三十六”的暗示或微言。故孔子“作《春秋》”的古说当非虚言。另外，《史记·十二诸侯年表》于余祭四年亦录有余祭被杀的内容，但余祭之纪年却延续至其十七年，且《吴世家》亦明确记载余祭在位十七年。所以，徐建委认为《史记》所据吴国史料，与今本《春秋》、《左传》有同有异。逐年排比《左传》与《年表》，可知《年表》记事所据确为《左传》，但与今本有异。考之《左传》之流传，知今本为刘歆、尹咸所校之本，与司马迁所据古本应有不同。[⑨]

《左传》成公二年有“摄官承乏”一语，杜预解作“摄承空乏”，这是晋人的普遍认识，后人多承袭旧注。王克家、姚小鸥以为该注系望文生义，与《左传》原意及古代制度皆不符合。他们利用“战国嵌错社会生活图画壶”及“辉县赵固刻纹鉴”等出土文物中关于“射礼”的图形，结合传世文献来考证，认为“摄官承乏”一语源于西周“射礼”。“承乏”为射礼活动中的官职名。“乏”为古代射礼中报靶人的蔽屏；“承乏”指单人射礼中宣布校射结果的“获者”之职。“摄官承乏”属于一种外交辞令。韩厥使用“摄官承乏”一语，是说自己的身份与职责相当于射礼中宣布校射结果的“获者”。[⑩]

四、先秦两汉文学之相关学术史研究

这一方面的成果，主要涉及《诗经》学研究、辞赋研究以及海外先秦两汉文与诗的研究。

近年来，考古文献与传世文献互相发明，为我们重新认识殷商文学奠定了坚实的基础。赵敏俐系统论述了殷商文学史书写的必要性和重大意义。他提出，以甲骨卜辞、铜器铭文、《尚书·盘庚》和《诗经·商颂》为代表的殷商文学，是中国历史上第一批由文字记录下来的文学作品，而且是第一批可以通过出土文献与传世文献互相证明的可靠的文学作品。这一时代的散文在以实用为主的基础上不断发展，具有了记言与记事散文的初步形态，奠定了周代以后中国散文的创作传统与抒写模式。这一时代的诗歌艺术，则包含着记述历史、传扬宗教观念、表达文化思想等多种功能，体现了鲜明的时代特征，开《诗经》创作之先河。由此而言，殷商文学史的书写，其意义不仅是在周代文学之前增加了一个文学史的朝代，更重要的是它划开了口传文学时代与书写文学时代的界域。殷商文学标志着中国的诗歌艺术迎来了第一个繁荣期，它应该作为一个特殊的历史时段单独书写，这也正是殷商文学史的巨大价值和意义。[11]

姚小鸥认为，在思想内涵和审美特质方面，《商颂》与《诗经》中的周人诗歌存在差异，但异中有同，这是商、周两代文化具有传承关系的缘故。《商颂》入《诗经》并非缘于“采诗”，而是商末商朝乐人投奔周人，使商乐得以流传开来，并与华夏诸国礼乐文化交流而成的结果。《左传》襄公二十九年所载“季札观乐”中，鲁乐工所演“周乐”不包括《商颂》。清人陈奂有“《诗》在鲁。鲁有《鲁颂》，又有《商颂》，遂加‘周’以别之”之说，其中即暗含了《鲁颂》和《商颂》系鲁人编入《诗经》的思想。更进一步说，《商颂》进入鲁国后，得以保存并编入今本《诗经》，应该与孔子有关。孔子既崇敬周文化的代表人物周公，把自己看作周文化继承人，又没有忘记自己是殷人的后裔，这一心理结构是研究孔子与《诗经》（包括《商颂》）关系的重要切入点。《商颂》流传过程所表现出的殷周文化融合的纵向与横向作用，在华夏民族文化的形成历史上颇为典型，是一个极具理论意义的文化个案。[12]

闻一多是民国时期研究《诗经》的重要学者。鲁洪生认为，民国时期，闻一多对《诗经》的研究用力最多，成果最为丰富。其研究主要有三个方面的特点：其一，对《诗经》研究的观念、方法是正确的，但理论与实践有时不尽相符。其二，他以廋语解释《诗经》之兴，与兴之本义、《诗经》创作实际以及古人对兴的认识皆不契合。其三，闻一多认为“《国风》中凡言鱼，皆两性间互称对方之廋语，无一实指鱼者”，对理解《国风》比、兴之喻义有一定启发，但以此言《国风》中“鱼”的喻义也许是可以的，以此言《诗经》中“鱼”的喻义则不可。因为天人物我之间只要存在相似相关的关系便可比、兴，鱼与人之间存在太多的相似相关的地方，以鱼可喻多义，以鱼喻男女之事只是众多喻义之一，而不是唯一，不可以偏概全。[13]鲁洪生按照研究角度与研究发生顺序，将民国时期的赋、比、兴研究大致划分为“对《诗经》赋、比、兴表现方法的分析”，“对汉儒赋、比、兴观念的研究”，“对《周礼》‘六诗’赋、比、兴本义的研究”，以及“对《诗经》兴意的研究”四个方面。他在每个研究角度中按纵向顺序，梳理民国时期赋、比、兴研究的发展脉络，比较并评述了古史辨派、朱自清、章太炎、闻一多等学者的相关观点，认为民国时期的《诗经》赋、比、兴研究具有强烈的时代特征：研究目的，是要扫除历代经生的政教附会，重现“《诗经》的真面目”；研究方法，是结合“《诗经》时代”读《诗经》，用“诗”的眼光读《诗经》；实践上，则充满怀疑精神，大部分研究是疑古创新有余，思辨论证不足。[14]

子夏在《诗经》学史上具有重要地位，一向为研究《诗经》的学者关注。马银琴由孔子教诫子夏的“汝为君子儒，无为小人儒”入手，通过对“君子”与“小人”内涵的区别，分析了“甚短于财”的子夏思想中固有的求利倾向，以及孔子对于他的殷切期望。在此基础上，马银琴联系子夏出身卜氏的家族背景，进一步讨论了其家学渊源（熟悉与诗相类的卜繇之文，具有“对史籍文献得天独厚的掌握与理解能力”）、学术特点（“注重实践、循序渐进的经验式学习方式”），以及子夏思想能够在晋国生根发芽的根本原因（“以重‘学’为特点、同时又切急实用的子夏学术”，恰遇好古好学的明君魏文侯，进而在“开放、多元的三晋”之地开花结果）。[15]

在先秦文献中，“辞”是对某些语言类型的描述，如誓辞、“六祝之辞”、卦爻辞、教辞等，这些“辞”在使用情境、使用者、使用方法、语体形态等方面存在着某些共同的规定。讨论中国早期文献、文学、文章，都离不开这个“辞”，但“辞”的外在形式特征并不统一，既包括口语，也包括文本文献，既有诗体，也有散文体，因此，学术界对“辞”一直没有一个明确的描述或界定。有鉴于此，过常宝梳理了由殷商至春秋时期“辞”的内涵与形式的变化，以及主“辞”之人由祝官、史官至大夫阶层的变迁，指出，西周中期，“辞”从综合性的宗教行为中分化出来，指祭祀仪式中的言语，有程式化、规范化的特点。最为典型的就是“六祝之辞”，乃太祝沟通鬼神的专业性语言。此外太祝有“六辞”，假借神意对人进行教诫，体现了周公神道设教文化改革的成果。春秋时期，通过任何方式与礼仪传统相联系，并具有教诫意义的话，都被称为“辞”，“有辞”或“辞顺”成为一种新的社会价值。春秋“有辞”观念和君子“立言”的思潮紧密相关，体现了大夫阶层的主体意识。孔子认为“辞”的特征为“文”。“文”指的是“辞”与传统仪式的关联性表征，如韵文、程式化的结构、特殊用语、“信而有征”的话语方式、仪式性场合等。而“诚”和“巧”是从情感和美学两个方面对“辞”的总体要求。[⑯]

自班固至今，对赋体起源的认识，经历了由单源论、二源论到多源论的演变过程，但仍未达成普遍的共识。李炳海系统梳理了以往有关赋类作品起源的代表性论断，力图进行深入考量和反思。他指出，诸如“假问设对，庄、列寓言之遗也”、“恢廓声势，苏、张纵横之体也”、“纵横者，赋之本”等以偏概全的命题，均应予以拨正，在此基础上才能找到破解这个学术难题应采取的理路。李炳海强调，对先秦赋类作品的追本溯源，不能停留在对历史普遍性的把握和描述上，而应从研究对象的特殊性切入进行操作，具体方式是划分时段和类型、锁定写物图貌的基本属性和功能、关注散句用韵的行文规则，聚焦于特殊的句式、句类。总之，特殊性与多源性的有机统一，是先秦赋类作品探源的必由之路。[⑰]

而关于赋体“多源说”，今人皆认为出于清人章学诚。踪凡基于《世说新语·文学篇》梁刘孝标注中征引的《续晋阳秋》一段佚文，指出早在章学诚之前一千多年的南朝宋，檀道鸾就已经提出了赋体“多源说”。他考证并分析了檀说及其特点和影响，认为檀道鸾不仅极力主张《诗》《骚》传统，而且第一次将楚辞与赋分而论之，又率先从《诗经》、楚辞、诸子百家三方面讨论赋体文学之渊源，从而把古代文体分类和赋源探讨提升到一个新的理论高度。[⑱]

赋注的起源，前贤多以为始于魏晋以后，并未关注到以曹大家《幽通赋注》为代表的汉代赋注。踪凡在从《史记》三家注、《汉书》萧该音义、《汉书》颜师古注、《文选》李善注等的征引内容中，考辨出曹大家《幽通赋注》等十二家东汉赋注。其中完全散佚者有延笃、李斐两家，其余十家皆有佚注留存，进一步揭明东汉赋注内容十分丰富，兼有注音、辨字、释词、解句、揭示修辞手法等诸多方面。其特点为施注密集、体例明晰、语言凝练。由曹大家开始倾力采用的征引之法，不仅能揭示典故出处，佐证词、句之释，而且在挖掘赋意赋旨、保存古代文献等方面都具有十分重要的意义，是训诂学的一次重要突破。其影响体现在征引之法后被王逸承袭，在六朝被广为效法，渐趋完善，直至唐代李善，而形成一种重要的训诂体式。[⑲]

踪凡又考察了明代《辞赋标义》的编者、版本及其赋学观。《辞赋标义》俞氏自序署“海阳俞王言皋如著”，该书金溥参订本卷首题“海阳俞王言皋如标义”，可知其编者为海阳人。有学者以为系广东海阳或安徽歙县人，不确。踪凡引述《太平寰宇记》卷一百四《江南西道二·歙州》所载“休宁县”之内容，认为“海阳”是安徽省休宁县的古称，作为休宁县文人的俞王言自称海阳人，在情理之中。他又考证《辞赋标义》郑之槃参订本卷端题“新安俞王言皋如标义”，及俞王言《刻楞严经标指序》所署“新安俞王言皋如著”，指出其所谓“新安”即徽州；举“天都居士”之称来源于徽州黄山之天都峰，《辞赋标义》参订者金溥、郑之槃皆为徽州人，刻书人黄鋑、黄一桂皆为同属徽州府且与休宁县相近的歙县人等，以为佐证。在这些考证的基础上，踪凡考察了《辞赋标义》的版本及其赋学观，指出该书在明末清初流传甚广，至今尚有十余部传世，主要有两种印本形态：一是明万历二十九年（1601）金溥参订、休宁金氏浑朴居刻本，一是崇祯年间郑之槃据金溥本修订、重印之本；该书是一部版式独特、备受欢迎的辞赋总集，也是一部重要的赋学理论著作，反映了编者较为通达的文体观念，以及辞赋并重、屈马同尊、崇尚楚汉、贬抑六朝的赋学思想。[⑳]

在海外先秦两汉诗文研究方面，杨海峥指出，作为日本汉学教育中的重要教科书，《史记》对日本教育乃至日本的文化都产生了重大影响。各个时期教育体制的不同以及不同读者群的需要，使《史记》在日本的刊刻和传播具有鲜明的时代特色。她以时间为序，详细介绍了日本江户时代到明治时期，日本流行之《史记》版本的成因、体例、特点，以及与之相关的汉学史事件及人物。江户中期，《史记评林》传入日本，成为最重要的《史记》读本和教材；到宽政年间，荻生徂徕、太宰春台、服部南郭等“古文辞派”删群注而回归白文，拟定《史记正文》等几个《史记》版本；再到明治时期，为满足大中学生以及普通大众需要印行《史记读本》等更加通俗易通的《史记》版本，看得出随着时代发展，作为汉学主要教材的《史记》读本也在不断地改进。而与此同时，日本学者对《史记》也进行了专门而深入的研究。

专深研究与普及推广是《史记》在日本传播过程中两条并行的轨道。《史记》在日本的传播和接受就像一面镜子，折射了不同时期日本汉学教育的特点。[21]

赵敏俐概述了20世纪苏、法、美、日、韩等国以及我国港台地区汉诗研究的情况，重点介绍了法国汉学家桀溺的《古诗十九首》与《牧女与蚕娘——论一个中国文学的题材》两篇文章，以及美国柯马丁、宇文所安等汉学家的著作。他强调，在全球化的时代，在对中国古代文学的解释权方面，外国学者以及港台地区学者与我们是平等的，他们从各自不同的角度，对中国古代文学进行新的阐释，从而将其转化为具有世界性的现代文化历史资源，这无疑是对中国古代文学价值的一种世界性提升。[22]

五、先秦两汉文学之相关文化史思想史研究

常森认为，自《五行》篇重见天日以来，其与孟子之学的关系便备受关注，然而已有成果存在着不少弊端，或失于本末倒置、牵强附会，或失于缺乏实证，有概念化、神秘化之倾向，肤泛的游谈、充斥的概念遮蔽甚或歪曲了事实的真相。因此，一系列问题都还要仔细研讨，比方说，《五行》篇与《孟子》究竟有哪些重要的渊源关系，二者间究竟有哪些重要的承继和变异等等；只有这些问题得到准确深入的回答，才能真切地认知《五行》、《孟子》之学以及两者的关联性，再现那段对于儒学乃至整个中国古代学术十分重要的历史。基于此，常森围绕简帛《五行》篇和《孟子》一系列互相联系的重要观念，以富有实证性的比较与辨析，发掘了《孟子》承继并光大《五行》学说的轨迹，也揭示了《孟子》对于《五行》学说的歧出。[23]

作为一个用来描述和评价人物品行和美学风格的概念，“清”的内涵和外延相当不确定。于迎春指出，“清”在汉代主要被用来描述和评价人物道德品行，西汉晚期特别是东汉时期被广泛使用，它代表着士人的一种人格状态。这种人格，意味着对于以物质财富为核心的世俗利益的限抑性态度和行为。于迎春征引了诸多汉代士人的事迹，层层推导出汉代士人对“清”的理解、坚守及推广。提炼出“清廉”、“清醒”、“清高”、“清浊”几个由“清”所复合衍生而出又与汉代士阶层生活息息相关的语词。指出“清士”以重道轻利的儒学原则为思想依据，身体力行“廉洁”和“清醒”的行为准则；他们称名于世，体现着对于越来越严重的以沉迷物欲为主要特征的贪浊污秽的社会风气的不满以及期以净化的时代要求。“清”在汉代逐渐复合为“清廉”、“清醒”与“清高”，成为士阶层特有的人格品性。[24]

高唐神女传说，有的传世文献显示了它与炎帝部族的关系。李炳海、刘洋认为，先秦时期，楚文化和文学与炎帝部族之文化关系密切，高唐神女传说是其中一个典型案例，把先秦时期的楚文化、楚文学，与炎帝部族文化相沟通，是一个可以大有作为的学术天地，有许多重要问题有待深入探索。李炳海二人引大量文献，意在证明炎帝部族文化的基本属性即人神杂糅、天地相通。除《尚书》、《国语》的相关记载之外，《山海经》对于炎帝发祥地域的叙事，也多处提到天帝在下界的活动场所。由此而来，高唐神女有时被说成是天帝之女，有时又被说成是炎帝之女。炎帝部族之先民认为，人死后变形转生的载体是花草，而高唐神女传说体现的就是这种观念。在高唐神女传说系统中，作为变形转生载体而出现的花草都具有优美的形态，有的妩媚可爱，产生诱人的魅力，有的显示出旺盛的生命力；瑶姬是美称，而不是恶名。[25]

李炳海又指出，汉代各民族之间交往密切而频繁，许多外族语言中的名物被吸纳到中土语言中。汉代士人对这些名物作了音译，并且通过对所用汉字的选择调遣，表达自己对这些名物的理解。他从人物称谓、植物名称、乐曲名称、山名等几个方面，具体分析了汉代文史典籍所涉相关语种的名物，认为汉代文史典籍对于相关语种所涉名物的处理，采用的是音译与意译叠加重合的方式，所用的汉字一方面具有标示读音的功能，即是所涉名物在原来语种的读音，一方面则有表意功能，即所传达的是中土士人对所涉名物的理解，跟这些读音在相关语种的本来含义多数并不一致。这种特殊的处理方式与汉代经学和文化的风尚密切相关。[26]

注：

①姚小鸥、高中华：《〈诗经〉与清华简之“雒”命》，《光明日报》，2015年2月26日。

②常森：《屈原，作为儒学传播与影响的重要个案》，《文学遗产》，2015年第5期。

③姚小鸥、王克家：《“外乐”与秦汉乐官制度》，《文艺研究》，2015年第8期。

④姚小鸥、孟祥笑：《〈天问〉文体与屈原“呵壁”说再检讨》，《学术界》，2015年第7期。

⑤李炳海：《屈骚中的“彭咸之所居”和“彭咸之遗则”》，《学术交流》，2015年第7期。

⑥李炳海：《先秦楚辞神游叙事的恋祖情结》，《中国文化研究》，2015年春之卷。

⑦李炳海：《于特定结构模式中寓含深层文化思想——李斯刻石文的结构模式及其源流考论》，《西部学刊》，2015 年第 9 期。

⑧李炳海：《〈诗经〉中“斯”字的表达功能及相关物类事象的辨析》，《西北师大学报（社会科学版)》，2015 年第 3 期。

⑨徐建委：《〈春秋〉“阍弑吴子余祭”条释证——续论〈左传〉的古本与今本》，《北京师范大学学报（社会科学版)》，2015 年第 5 期。

⑩王克家、姚小鸥：《〈左传〉“摄官承乏”正义》，《中州学刊》，2015 年第 3 期。

⑪赵敏俐：《殷商文学史的书写及其意义》，《中国社会科学》，2015 年第 10 期。

⑫姚小鸥：《殷周两代的文化传承与〈商颂〉的流传》，《北方论丛》，2015 年第 3 期。

⑬鲁洪生：《闻一多的〈诗经〉研究——以“兴”为例》，《北方论丛》，2015 年第 4 期。

⑭鲁洪生：《民国时期的赋、比、兴研究》，《诗经研究丛刊论文》，第二十七辑。

⑮马银琴：《子夏的思想特征及其家学源渊——兼论子夏思想与三晋文化精神的契合（初稿)》，《诗经研究丛刊》，第二十六辑。

⑯过常宝：《论先秦“辞”的演变及特征》，《北京师范大学学报（社会科学版)》，2015 年第 5 期。

⑰李炳海：《先秦赋类作品探源理路的历史回顾和现实应对》，《甘肃社会科学》，2015 年第 5 期。

⑱踪凡：《檀道鸾赋论发微》，《天中学刊》，2015 年第 4 期。

⑲踪凡：《东汉赋注考》，《文学遗产》，2015 年第 2 期。

⑳踪凡：《〈辞赋标义〉的编者、版本及其赋学观》，《社会科学》，2015 年第 5 期。

㉑杨海峥：《从〈史记评林〉到〈史记读本〉——作为教材的〈史记〉与日本汉学教育》，《文学遗产》，2015 年第 4 期。

㉒赵敏俐：《20 世纪国外和港台地区的两汉诗歌研究》，《南开学报》，2015 年第 6 期。

㉓常森：《从简帛〈五行〉篇到〈孟子〉：一段重要历史的追踪》，《古典学集刊》，第一辑。

㉔于迎春：《“清”与汉代士人的生活价值》，《中州学刊》，2015 年第 9 期。

㉕李炳海、刘洋：《高唐神女传说的炎帝部族文化属性》，《湖北社会科学》，2015 年第 3 期。

㉖李炳海：《音译与意译的叠加重合——汉代文史典籍对相关语种所涉名物的处理》，《文学遗产》，2015 年第 3 期。

（作者：罗姝鸥，北京大学博士生；
常森，北京大学教授）

魏晋南北朝隋唐五代文学

马自力　朱玲芝

关注古代文献的价值和意义是 2015 年古代文学研究者的共识。9 月 10 日至 11 日，黉门对话专家主题论坛“中国古代文献的阅读与理解——中美学者对话”在北京大学召开，哈佛大学宇文所安、田晓菲、普林斯顿大学柯马丁及其他学者参加了会议。会议的第一个议题是对古代文献稳定性、可信性问题的理论研究，与会学者讨论了上古和中古时期文献的面貌、整理与传承，阅读方式等问题；另一议题是中国古典文献的个案研究，涉及散文、诗歌、小说、诗文评等多种文体，学者们对具体文本形态进行了深入的分析。12 月 12 日至 13 日，由北京师范大学文学院古代文学研究所中国古代散文研究中心举办的“文学本位与文化视野：中国古代散文研究文献国际学术研讨会”在北师大召开，来自中国、美国等地的几十位专家学者出席会议，学者们充分表达了自己的学术观点，研究范围从先秦跨至现代，从本土延伸至海外，涉及文献考证、文本分析、文体生成、文学史叙述等多方面的研究内容。除了对文献的价值和意义特别关注外，由中国人民大学袁济喜主持的“南朝文学批评形态研究”、冷成金主持的“唐诗宋词审美类型研究”、首都师范大学韩宁主持的“唐乐府曲调源流考与唐诗传播关系研究”等国家社科基金一般项目在本年度立项，这些课题在研究领域、思路和方法上有所拓展和更新，也给人以一定的启示。

在上述学术背景下，北京地区的魏晋南北朝隋唐五代文学研究，也表现出一些新的特点：一是在分体研究方面，对诗歌的关注度极高，而散文、骈文、小说等其他文体的研究成果则比较薄弱；二是在作家作品的研究方面，陶渊明、杜甫等重要作家的研究成果相对减少，魏晋南北朝与隋朝的作家的研究成果则较为突出；三是文学与其他学科的交叉研究依然是最为时兴的研究方法，研究成果蔚为大观，其中最引人注目的则是文学作品的影响接收传播研究；四是《文心雕龙》相关范畴及思想的研究依然占据文学理论探讨的主阵地；五是文献研究稳步推进。

一、分体研究

在分体研究成果当中，关于诗歌体式和诗歌艺术的研究取得了丰富的成果，而其他文体的研究则相对薄弱。

1. 诗歌研究

诗歌的体裁和类型研究一直是诗歌研究的重点。本年度葛晓音在诗歌体式研究方面对五律的探索尤其用力，《从五排的铺陈节奏看杜甫长律的转型》①一文以杜甫的五言排律为研究对象，从题材、内容两方面分析了杜甫五律对传统五律的转型，同时对杜甫五律的铺陈节奏、句式和方法进行了结构性分析，形成不同于五古长篇的鲜明特色。《杜甫五律的“独造”和“胜场”》②着重探讨了杜甫五律的独特性，其“独造”主要从杜甫五律的表现力上来说；并从杜甫五律体式的表现原理着眼，辨清杜甫五律的“胜场”究竟在何处，主要是从其与盛唐五律、大历五律等的差别上着眼。《“意象雷同”和“语出独造”——从“钱、刘”看大历五律守正和渐变的路向》③一文以前人对刘长卿五律的矛盾性评价为出发点，分析了造成以钱、刘为代表的大历五律“意象雷同”的内外原因，并对其在渐变过程中体现出来的“语出独造”的具体内涵做了细致的解释。

如果说葛晓音的诗歌体式研究是在大量阅读和分析某类诗歌体裁的基础上做出历时的和共时的诗歌构成结论，那么张一南和黄琪对宫体诗和上官体诗的探讨则是建立在对特定风格诗歌样式的量化分析和价值认定上的。张一南通过聚类分析的方法，根据社会阶层及诗体倾向的不同把晚唐齐梁诗人分为旧式诗人与新式诗人两大类，具体给出每一位诗人在诗体结构系统图中的位置。④他还通过晚唐七律向宫体诗功能的扩张，证明后起文体之间对之前文体功能的转换。⑤黄琪的《“上官体”的诗歌史价值重估》⑥分析了“上官体”代表诗句具备的基本特征，做出“上官体”仍属于齐梁陈隋诗歌体制的判断，对其历史定位不贬低也不拔高，客观评价其是新体诗演进的重要一环。以上论文都是从具体的作家作品和诗体出发，对某种诗歌体式做细部分析。而李飞跃的《中国古典诗歌平仄律的形成与嬗变》⑦一文则从宏观着眼，通过翔实的数据和资料再现了平仄律在形成过程中经过了语句内的音声对立、二四异声、四声二元化，以及篇句间的声对、粘缀与定体等历史过程，指出杜甫诗歌是律体定型的标志。在其定型后，随着不同时代语言形态与声律观念的变化，相继出现拗体、平仄同叶以至新体诗基本废弃平仄律等现象。作者主张应该从平仄律的历史性和相对性出发，重新认识当代新体诗的建构问题。

对诗歌艺术的探索也是研究古典文学历久弥新的话题，陶文鹏对诗歌艺术的研究可谓开辟了新的路径。继《唐宋诗美学与艺术论》之后，又推出一部研究唐宋词艺术的专著⑧，为作者近年在唐宋词艺术领域探索的成果总结。其成就有两点：一是为唐宋词艺术研究提出新范畴，总结出新特点，其中“戏剧性”这一概念一经拈出，即生动地揭示了唐宋词表现功能的丰富多彩；二是把前人提出的有关唐宋词的艺术特点、艺术技巧进一步深化、细化，把模糊的感悟式的批评概念具体化、条理化，把普泛的手法个性化、明晰化，比如词中的点染法、白描法等。陶文鹏及其团队对唐宋诗词艺术的研究范式，一定能给未来的研究者们提供更多的启发。

谢思炜重点考察了韩愈诗歌的语言艺术⑨，认为韩愈诗歌的“造语”主要包括以古语词语素所造新词和诗人自创语词，这些“造语”对于形成其独特诗风和奇诡诗境起到了十分重要的作用。也正因为如此，其诗歌使用生僻字，或打破习惯组合，也成为难读的主要原因。另外，本年度谢思炜发表了多篇关于诗歌语词的考论文章，如《汉语诗歌词语管窥—以〈唐诗三百首〉为样本》⑩、《杜诗俗语词补释》⑪、《〈古诗十九首〉词语考论》⑫、《〈古诗为焦仲卿妻作〉词语考论》⑬，这些论文有的单纯考察语言的运用情况，有的则结合时代语言的特征考察作品的创作年代及作者问题，较有新意。

吴相洲及其团队在乐府研究乃至乐府学科的建设过程中发挥了重要的作用，也带动了乐府成为近年的研究热点之一。《乐府学概论》⑭是其多年的研究实践和理论思考的总结性著作。书中系统阐释了乐府的基本概念、基本研究方法，描述了乐府学发展的历史，介绍了历代乐府学的基本典籍。其提出的“三个层面”（文献、音乐、文学）和“五个要素”（题名、本事、曲调、体式、风格）的研究方法具有很强的学术操作性。近十几年，吴相洲以此指导他的团队从事乐府学研究取得了突出的成绩，《张籍集乐府留存情况考》[15]即为最新成果。本书理论建构、历史描述与文献典籍三位一体，内容丰富，要言不烦，可称为乐府学的奠基之作。

此外，许继起的《乐府四厢制度及其乐歌考》[16]考察了四厢制度的礼仪背景及其制度渊源，追溯两晋南北朝时期四厢制度的建设过程，对各代四厢乐歌进行详细的统计和分析，揭示四厢制度及四厢乐歌发展的历史，对研究中古乐府燕飨礼仪乐歌具有重要的文学意义。

本年度还有一本关于唐代俗体诗的研究专著问世，也有必要做一下介绍。梁海燕在其博士论文的基础上完成《唐代俗体诗研究》[17]，本书重点关注唐代的俗体诗，运用诗歌学、社会学、文献学的方法对这类诗歌的写作、流传、诗学特点与整个唐代文坛的关系进行综合研究。作者首先对唐代现存俗体诗的文献资料做了调研，归纳出四个重要体类，接着分析了唐代俗体诗的流行动因及文人创作情况。最后从俗体诗学的角度出发，重新考察了中晚唐文人诗的通俗化倾向。这种诗歌类型的研究模式横向上可以启发其他类似诗歌类型的研究，纵向上可以观照其他年代的相关研究，可以作为一个研究范式参考借鉴。

2. 其他文体研究

魏晋南北朝的骈文和小说、唐宋散文等都是当时的重要文体，2015 年北京地区的学者对此领域的关注不是特别多，值得一提的只有以下两篇论文。谷曙光的《韩柳骈文写作与中唐骈散互融之新趋势》[18]一文对韩愈、柳宗元骈体文进行了较为系统的研讨，指出韩柳对骈文的态度是扬弃，而非抛弃；韩柳是唐代骈体文的改革者，而非反对者。并对韩柳骈文的艺术特征及其与古文的参体互融现象做了描述，认为骈散融合是推动中唐文学新变的重要趋势。李飞跃的《“令”体考辨》[19]考镜令曲源流，辨章令体形式，有助于我们全面认识和把握小令的丰富内涵及其嬗变，准确理解不同文献中令体的具体含义。论文对“令”体及相关称谓做了详细的区分，避免在概念界定与运用上的混乱，具有较大的参考价值。另外还有钟涛对六朝骈文书写与政治运动关系的考察，将在后文详述。

总的来说，在分体研究中，诗歌体式和诗歌艺术研究取得的成绩最大，对特定诗歌类型的研究还可以有挖掘的余地。而其他学界关注较多的文体如六朝小说、骈文，唐代散文、赋等在宏观考察和微观分析上都可以有更多的突破。而关注较少的隋朝文体也可以作为新的研究课题展开讨论。

二、作家作品研究

陶渊明和李白、杜甫等重要作家一直是研究的热点，但本年度在这方面似乎突破不多，倒是魏晋南北朝以及隋朝的作家成为关注的重点。

陶渊明和李白的研究出现了两篇其与文化背景的关系的探讨，将放在后文叙述。杜甫研究方面，除了前文所述葛晓音关于杜甫五律研究的两篇论文外，只有左汉林出版了近年关于杜诗和杜诗学研究的论文合集[20]。本书大约可分为三个方面，一是对杜诗研究中具体问题的新解，如《遣兴五首》的系年问题，所论资料严实，论证有理；二是对宋代诗人学杜的具体分析，作者对杜甫文本非常熟悉，又曾通读先秦至宋代的重要别集，故其眼界宽广，所论多有依据；三是对宋代杜诗学中重要问题的讨论，如论北宋中期诗歌创作中的学杜风潮等，视野开阔，论证细密，观点也坚实可靠。

林静对“初唐四杰”的并称问题重新做了探讨，特别提出他们共有的入蜀经历，对其诗歌创作发生了难以忽视的影响，强化了团体内部的默契与和谐，成为四杰并称得以成立并维系其关系的关键所在。而杜甫“王杨卢骆当时体”的评语更是明确了后世对四杰诗歌整体风格的共同体认，引发了广泛共鸣。[21]孙明君在本年度发表了一系列魏晋六朝和隋朝作家的论文。以《古典文学知识》和《文史知识》为主要阵地，颜延之[22]，谢庄[23]，谢朓[24]，谢灵运[25]，杨素[26]，隋炀帝[27]等人相继上榜，张一南的《诗人陆机：天生贵族难自弃》[28]亦属此列。相比较这些文章偏重于作家的个人介绍，孙的另外几篇论文学术性要更强一些，如《陈后主、隋炀帝与陈隋诗史的转变》[29]揭示了陈后主和隋炀帝的艳情诗与边塞诗在陈隋之际诗歌史上的作用；《陈叔宝的雅篇与艳什释论》[30]重新认定了陈叔宝诗歌的价值；《后来酬唱 罕继声尘——杨素薛道衡赠答诗探析》（《人文杂志》，2015 年第 12 期）仔细探讨了杨薛赠答诗之间传递出来的友情及政治倾向。另外还有刘跃进对王褒三类不同风格的作品进行了分析，揭示了其背后的创作心态[31]。这些论文虽所论细微，但都能有所发明，对文学史的补充不无裨益。

此外还要特别提出的是王媛《张华研究》（北京师范大学出版社，2015 年版）的出版，此书亦是作者在其博士论文的基础上修改而成的。对魏晋著名文学家、政治家张华及其著作进行了系统研究，详细论述了张华由寒门士子走向朝廷重臣的经过，以及张华的文学创作、文学思想、文学活动对西晋文学的引导性意义，有助于我们进一步认识从正始文学向太康文学发展的具体过程。本书文学研究与文献整理相结合，提出较多创见，如关于《诗品》“张华”条的辨析等，均言之成理、持之有故。

在单篇作品的研究方面，杜晓勤通过调查日藏白集旧抄本后发现，人们对白居易的新乐府诗存在误解。分析《白氏文集》日藏旧抄本卷首格式和编撰体例，最后得出《秦中吟》非新乐府的结论[32]。这一结论令人信服，可以更改文学史中相关问题的论述。另外陈才智校订了《河内摩崖造像记》文本[33]，考证认为《九江琵琶亭》、《送客西陵》二诗作者应为吴处厚[34]，具有一定的参考价值。

另外，《世说新语》作为一部故事集，其高超的语言艺术也得到了范子烨的描绘。《〈世说新语〉人物语言考释》[35]以《世说新语》七例个案为核心，着眼于《世说新语》之人物语言，通过深入细致的辨析、阐释和考证，展现了晋人发言遣词的幽默风格与深刻意旨。

实际上，现在文学史上很多作家作品的描述只是在一定程度上反映了当时书写者以及学界对这些问题的基本认定，有一些随着新材料的发现可以得到更正，还有一些通过文学研究的历史还原和细致分析也能够得出新的结论，更有许多存疑和争议的问题没有得到解决，魏晋南北朝隋唐五代文学跨度大，需要解决的问题非常多，对作家作品孜孜不倦的深入探索，力图还原当时的文学真相，依然是文学研究者们的迫切任务。

三、文学与其他学科的交叉研究

文学交叉研究自从兴起之时，就受到了研究者们的普遍喜爱和广泛运用。这里既包括文学与文化、历史、艺术、宗教、政治等的关系研究，亦包括文学自身的影响接收与传播研究。北京学者在此领域内的成果可圈可点。

1. 文学的影响、接受与传播研究

在文学的接受传播方面，詹福瑞首先开宗明义，指出中国文学经典具有累积性特征[36]，因为从阅读与接受角度来看，经典应该是包括经典文本及其诠释文本的整体。所以，经典可分为原生层和次生层，次生层包括整理与注释文本、评点与批评文本。他特别强调阅读时处理好原生文本和次生文本的关系非常重要。孙少华的《钞本时代的文本抄写、流传与文学写作观念》认为：钞本时代集体性的选本、类书和社会性或个体性的钞本，皆有不同程度的文字改变，体现了编纂者对钞本文学的认识和对当时文学写法的取向与导向。刻本时代呈现出的钞本时代的文字变化情况，说明中古时期的文本观念，是将文本视作一种“公共资源”，因而才具有不断改变文本文字的可能性。通过钞本时代的选本、类书与钞本、刻本，可以大致了解周秦汉唐时期文学文本的抄写、传播和写作观念。詹文从宏观上指出文学经典的累积性面貌，孙文则从钞本出发探讨了文学文本的更改过程，这两篇论文都具有全局性的眼光。在具体作品的接收传播研究中，潘建国《〈世说新语〉在宋代的流播及其书籍史意义》[37]一文把《世说新语》在宋代的流播分为钞本时代和印本时代，并具体探讨了其在不同时代的传播特征。本文为考察钞本时代向印本时代转型之际中国典籍文化的变迁，提供了一个绝佳的学术个案，具有较大的学术参考价值。另外，陈才智通过对明代《琵琶行》书迹著录与流传情况的梳理，揭示图像化的传播途径对文学传播有着同等重要的地位。其中书法这一图像化媒介将二者融合为一，是《琵琶行》传播与接受的重要一翼。本文视角新颖，把文学作品与传播学、书法艺术相结合，为我们打开了新的研究视野。

在文学的影响接收研究方面，既有前代作家对后代作家的影响研究，如刘扬忠的《论孟浩然诗歌对宋诗宋词创作的影响》[38]和陈才智的《在似与不似之间——白居易赋的后世拟仿》[39]两文勾勒出孟浩然和白居易对后代的创作影响。也有后代作家对前代作家的接收研究，如刘京臣《论宋人对杜牧诗歌的消解》[40]一文以宋人的诗词创作为例，揭示出后代人对前人作品解读中的消解现象。这些论文对文学脉络的把握有一定的参考意义。

2. 文学与宗教、文化的关系研究

在文学与宗教的关系方面，有两篇论文值得注意。钱志熙《李白与神仙道教关系新论》[41]一文对李白求仙学道与整个生涯的关系及阶段性变化、与当代道教及古老神仙文化传统的关系进行了系统深入的研究，指出神仙道教信仰深受古老蓬莱神话影响，彰显了多种精神因素的综合作用，其中最主要的仍是追求个体精神的绝对自由。范子烨《儒道释合流的前夜：从〈世说新语〉看东晋清谈与佛学的关系》[42]一文以《世说新语》中的四个典型案例（庾亮对佛陀的人学解读，殷浩对玄、佛之理可以相通的学术发现，取义佛典的香木之喻的真实寓意和慧远“以感为体”的

《易》学观及其文化意义）揭示了庾亮、殷浩等名士以及支遁、慧远等名僧在清谈玄学与佛学逐渐调和、互融互渗的历程中所发挥的特殊作用。这两篇论文分别以作家和文学作品作为切入点，从具体的事件出发，重新考察或深入研究文学史上的重大问题，给我们观察这些问题提供了一个新的视角。

在文学与文化关系方面，陈君从青州地域文化变迁的角度考察了在浓郁的儒学氛围中孕育成长起来的、没有外来佛教思想影响的隐逸士人群体“青土隐逸”，并指出汉晋之间的“青土隐逸”与关陇高士，对陶渊明隐逸思想的形成有一定影响。[43]这种文化背景的分析更清晰地揭示了文学的发展历程及其在文学发展过程中的作用。

3. 文学与政治的关系研究

文学与政治的关系原本就不可分割，在中国古代社会，政治活动不但对文学的进程和内容产生直接影响，也在文学背景和作家的思想情感方面打下深深的烙印。钟涛的《论六朝政治运作与骈文书写的互动》[44]，是其国家社科基金项目“六朝骈文与六朝社会研究”的阶段性成果。该文认为六朝骈文是政治权力运作的重要工具，是政治活动与书写美学相结合的产物。骈文书写与政治运作的关系非常密切，不同的政治意图决定了骈文书写内容的侧重点和艺术风格的选择。

考察文人的政治思想也是作家研究中不可缺少的一环。范子烨从《归去来兮辞》出发，结合《命子》诗以及丰富的晋宋史料，对陶渊明的仕隐问题进行了全新的还原性阐释。认为陶渊明的文学成就和政治阅历密不可分，浔阳陶氏家族在门阀政治领域的失败在客观上促成了陶渊明诗国巨子的不朽地位。此文对陶渊明的政治思想有更深入的研究，并且肯定了政治活动对陶渊明文学创作的内在促进性，所论颇为贴切。

4. 文学与艺术的关系研究

古代绘画中存在着大量关于陶渊明的作品。袁行霈考察这些以陶渊明为题材的绘画，看到陶渊明在画家心目中的影像，进而探讨陶渊明作为中国文化的一个符号所体现的人生追求和美学理想，以及陶渊明所产生的广泛影响。[45]这是文学与绘画艺术的成功探索，在中国古代的绘画艺术中，还有很多文学的因素，特别是名人的画像和诗歌意境的图像表达，值得做进一步的挖掘。

文学与音乐自古相辅相成，音乐制度和音乐形式对文学创作也具有一定的影响。葛晓音《从日本雅乐看唐参军和唐大曲的表演形式》[46]通过对日本《新撰乐谱》所录的“盘涉参军”的考辨，推测唐大曲也可以有滑稽取乐的表演形式，俳优的“弄参军”、包括有参军、苍鹘两个角色的表演形式很可能摘自大曲“参军”。学者可以根据此文的考证，进一步探讨唐参军和唐大曲与滑稽文学的关系。

5. 文学与语言学的批评研究

文学创作首先就是语词的排列组合。朱子辉认为传统的唐诗批评所关注的不是诗歌作品本身，而是作品所负载的政治历史背景与思想意识形态，所以知人论世的背景批评、以意逆志的思想批评以及得意妄言的印象批评等批评模式忽视了诗歌作为一种语言艺术本身所具有的美感效应与文化内涵，因而唐诗教学与研究最首要的任务是要返回唐诗语言文本本身。[47]其专著《唐诗语言学批评研究》[48]从唐诗之形（体式结构）、唐诗之因（声韵节奏）、唐诗之义（语词构建）、唐诗之象（意境呈现）四个方面构建其唐诗语言学批评的结构框架，并据此非常细致地论述了唐诗各项语言要素的基本构成、审美特征以及其中所蕴含的生命情感。从学术价值上来讲，本书的创见较弱，甚至有不可避免的缺陷；但从研究方法的角度来看，是文学与语言学交叉研究的一次成功的尝试，特别是对诗歌体式、声律等方面的探讨，结合诗歌语言与情感表达之间关系的研究，具有较大的突破价值。

关于文学与其他学科的交叉研究，方法多样，视角新颖，参与学者广泛，取得的成绩也较为突出。

四、文学总集与文学理论研究

魏晋南北朝时期出现的几部文学总集如《文选》、《玉台新咏》等一直是学人孜孜探求的领地，而《文心雕龙》作为第一部“体大思精”文学理论著作，也占据了魏晋六朝隋唐五代文论研究的半壁江山。

1. 文学总集研究

本年度《文选》的研究主要侧重在文体探讨方面。刘宁从《文选》作家排序“自相矛盾”这一现象入手，再探《文选》与《文章缘起》《文心雕龙》之关系，围绕形名学理论对中古文体论的影响及其变化，反思《文选》文体思想的独特价值，对其何以产生巨大历史影响的内在成因，做出一种解说。[49]钟涛认为《文选》以《册魏公九锡文》为“册”体代表，不仅反映了编选者对册书与九锡文之间文体关系的认知，及其对册书文体发展的透彻了解，也从某种程度上折射出六朝独特的政治生态对《文选》选文的影响[50]。以上两文都能够由小及大，在探讨现象的过程中发掘其背后的文化内涵。

《玉台新咏》的研究以刘跃进《〈玉台新咏〉史话》[51]的出版为代表成果。刘跃进著有《〈玉台新咏〉研究》，故应邀为《中国珍贵典籍史话丛书》撰写《〈玉台新咏〉史话》可谓得当。此书经过马燕鑫博士的增补，又呈现出新的面貌。全书分别从《玉台新咏》的成书、性质和内容、版本以及价值影响四个方面展示了这部诗歌总集的生成过程、原貌及其在文学流变过程中的传播和影响。与《〈玉台新咏〉研究》相比，此书更加注重文学影响的考察，其对作品内容的艺术分析也颇为精当。

此外，《才调集》作为唐人选唐诗最多最广的一种，也得到了关注。张一南的《从〈才调集〉复古诗体的功能结构看晚唐五代诗学思潮》[52]一文认为《才调集》中的复古文体包括宫体五律（含排律、齐梁体）、古体乐府（含五绝）和歌行，这三类文体在功能上构成了一个完整的系统，这个系统排斥典型的中唐后期文体，因而体现了晚唐五代反叛中唐后期诗学系统的文学思潮。

2. 《文心雕龙》研究

在《文心雕龙》的研究方面，学者们既有对《文心雕龙》的宏观整体观照，也有对具体概念内涵和文本字义的辨析。前者以童庆炳先生的《〈文心雕龙〉“文体”四层面说》[53]和陶礼天的《知音与知味：论〈文心雕龙〉的知音批评模式》[54]两文为代表。童文认为刘勰的文体论是针对他所处的时代“文体解散”而发的，具有现实意义。刘勰对于文体问题作了历史的逻辑的梳理，指出了文体的形成的历史文化根源。所以，他把刘勰的文体论分为体制、体要、体性和体貌四层次或四个序列，并且四层次之间也是相互联系的。陶礼天通过对“知音”语义分析及其故事文献材料和思想背景的考察，认为《文心雕龙·知音》总结出的“六观论”与《礼记·乐记》以及嵇康《声无哀乐论》等音乐理论文本分不开。“知音批评”模式，是《文心雕龙》批评范式的四大模式之一，它既包含了“六观论”这样的文本细部批评，也包括重视作品之美“味”整体性体验与品评。

党圣元与桓晓虹对《文心雕龙》中涉及的重要文论范畴如“通变与时序”[55]、“骨”[56]“神”[57]等概念做出了自己的解释。陈允锋的《〈文心雕龙·神思〉篇“杼轴献功”说疑义辨析》[58]一文也对历来争议不断的“杼轴献功”提出了自己的看法。另外，夏静对《文心雕龙》与气学思辨传统也做了一些研究，认为文论传统与气学传统的相关性研究，不仅可以彰显中国文论固有的民族特质，而且有望成为未来世界性的文学理论建设中中国学术的独特贡献。

3. 其他文论的探讨

除了《文心雕龙》以外，范子烨从陶渊明作品的互文性角度出发，认为钟嵘关于陶诗“又协左思风力”有所依据，家族关系是他在品陶乃至建构《诗品》的诗学体系之时必须要考虑到的因素。[59]这是范子烨关于互文性研究的又一成果，也充分证明了互文性研究对解读文学作品的有效性和可操作性。

唐人诗学是典型的范畴诗学，其诗学传承、创作与批评多是通过范畴运动而展开的。钱志熙详细考察了唐人对传统比兴说的继承与发展，认为唐人最大的成就是对于“兴”义的发展，由此而形成了“兴寄”“兴象”“兴讽”等一系列以兴为核心词的诗学范畴[60]。

此外还必须要提到的是谢琰的《诗中“诗”的历史源流与诗学意义》[61]一文。文章把诗中“诗”这样一个特殊意向作为研究对象，描述了其萌蘖于盛唐到南宋中期蔚为大观的历史过程，认为它的造境功能的成熟，是唐宋诗歌意象化进程的自然结果。它的抽象内涵的发展，昭显了唐宋诗歌从具象思维走向抽象思维的历程。

总的来说，本年度对文学总集的研究成果不算突出，而对《文心雕龙》及其他文论概念和范畴探讨则保持着稳步推进的势头。

五、文献研究及其他成果

文献注释整理一直是古代文学研究的题中应有之意，彭庆生的《陈子昂集校注》出版（黄山书社，2014 年版），是为可喜之事。作者历数年之功，对陈子昂的诗文版本做了详细的考察和比对，本书采用弘治杨澄校刻本（即陈集最早刻本《陈伯玉文集》）之原编次，稍有改补增删，以多本和史志等参校，择善而从，并出校记，录入异文，故校注本之精赡可想而知。《陈子昂集校注》为陈子昂的研究提供了坚实的文献参考。

2015 年是杜甫学会、《杜甫研究学刊》成立与创刊 35 周年，发表了很多学者的感言文章。彭燕的《杜甫研究一百年》[62]通过对百年杜甫研究的梳理与回顾，使我们知道近现代杜甫研究发生了三次明显变化：第一次是在 20 世纪初，即辛亥革命以后，第二次则是在新中国建立以后，第三次变化发生在世纪之交。杜甫研究在经历了各种外来“先进”思想和理论的指导后，通过对现代与传统，西学与东学，理论与文献等融会贯通的思考，最后回归到了对文本细读的重视和对文献研究的积累，并在此基础上试图建立“杜诗学”研究的框架与体系。学术史的梳理不仅有助于我们了解世纪杜甫研究的状况与特点，亦有助于我们认识百年中国古代文学研究的轨迹与特点。

“正始之音”作为指称正始时代哲学与文学互融性的通约概念，近年来在一些文学史与文学思想史的著论中被援用，也引起了一些研究者的质疑。这种质疑的背后表现出如何看待中国文学史研究的一些共性问题。袁济喜认为在古代社会，人们对于这一概念的运用是从通约的角度去对待的。因此，我们讨论这一问题也应当本着尊重历史的态度来进行，全面看待“正始之音”的时代精神诸种因素不应当仅仅局限于现代学科观念层面上的观察。[63]

另外还可以略微提及的是左汉林的著作《唐史劄记》[64]。本书是著者点校四库本《旧唐书》过程中关于唐代文学、历史以及文献的短论和劄记。该书稿对通行本《旧唐书》所有拾遗补缺，在中国古代文献学、文学和历史方面提出许多新见，其中对唐代史实的辨析和唐代名物的考证，也较有学术意义，许多问题还可以做进一步的专题研究。

注：

①葛晓英：《从五排的铺陈节奏看杜甫长律的转型》，《复旦学报》，2015 年第 4 期。

②葛晓英：《杜甫五律的“独造”和“胜场”》，《文学遗产》，2015 年第 4 期。

③葛晓英：《“意象雷同”和“语出独造”——从“钱、刘”看大历五律守正和渐变的路向》，《清华学报》，2015 年第 1 期。

④张一南：《晚唐齐梁诗风的诗体结构》，《铜仁学院学报》，2015 年第 5 期。

⑤张一南：《中晚唐七律向齐梁宫体诗的功能扩张》，《云南大学学报》，2015 年第 4 期。

⑥黄琪：《“上官体”的诗歌史价值重估》，《文学遗产》，2015 年第 3 期。

⑦李飞跃：《中国古典诗歌平仄律的形成与嬗变》，《中国社会科学》，2015 年第 3 期。

⑧陶文鹏、赵雪沛：《唐宋词艺术新论》，南开大学出版社，2015 年版。

⑨谢思炜：《试论韩愈诗歌的“造语”》，《文学遗产》，2015 年第 5 期。

⑩谢思炜：《汉语诗歌词语管窥——以〈唐诗三百首〉为样本》，《清华大学学报》，2015 年第 3 期。

⑪谢思炜：《杜诗俗语词补释》，《中国典籍与文化》，2015 年第 1 期。

⑫谢思炜：《〈古诗十九首〉词语考论》，《中山大学学报》，2015 年第 5 期。

⑬谢思炜：《〈古诗为焦仲卿妻作〉词语考论》，《甘肃社会科学》，2015 年第 4 期。

⑭吴相洲：《乐府学概论》，人民文学出版社，2015 年版。

⑮宋颖芳、吴相洲：《张籍集乐府留存情况考》，《河北工程大学学报》，2015 年第 4 期。

⑯许继起：《乐府四厢制度及其乐歌考》，《文学遗产》，2015 年第 5 期。

⑰梁海燕：《唐代俗体诗研究》，中国社会科学出版社，2015 年版。

⑱谷曙光：《韩柳骈文写作与中唐骈散互融之新趋势》，《文学评论》，2015 年第 3 期。

⑲李飞跃：《“令”体考辨》，《河南社会科学》2015 年第 1 期。

⑳左汉林：《杜甫与杜诗学研究》，人民东方出版传媒，2015 年版。

㉑林静：《“初唐四杰”并称再探——以入蜀游历为中心》，《文学遗产》，2015 年第 4 期。

㉒孙明君：《玩世如阮籍，善对如乐广——元嘉诗人颜延之》，《古典文学知识》，2015 年第 2 期。

㉓孙明君：《“风流领袖”谢庄》，《古典文学知识》，2015 年第 4 期。

㉔孙明君：《永明诗人谢朓》，《古典文学知识》，2015 年第 6 期。

㉕孙明君：《山水诗人谢灵运》，《文史知识》，2015 年第 1 期。

㉖孙明君：《权臣诗人杨素》，《文史知识》，2015 年第 5 期。

㉗孙明君：《隋炀帝的人生轨迹》，《理论视野》，2015 年第 3 期。

㉘张一南：《诗人陆机——天生贵族难自弃》，《文史博览》，2015 年第 12 期。

㉙孙明君：《陈后主、隋炀帝与陈隋诗史的转变》，《安徽大学学报》，2015 年第 5 期。

㉚孙明君：《陈叔宝的雅篇与艳什释论》，《陕西师范大学学报》，2015 年第 2 期。

㉛刘跃进、彭燕：《论王褒的创作及其心态》，《社会科学战线》，2015 年第 7 期。

㉜杜晓勤：《秦中吟〉非“新乐府”考论 兼论白居易新乐府诗的体式特征及后人之误解》，《文学

遗产》，2015 年第 1 期。
㉝陈才智：《河内〈摩崖造像记〉校考》，《绍兴文理学院学报》，2015 年第 1 期。
㉞陈才智：《〈题琵琶亭〉〈送客西陵〉作者考》，《中国典籍与文化》，2015 年第 1 期。
㉟范子烨：《〈世说新语〉人物语言考释》，《黑龙江社会科学》，2015 年第 5 期。
㊱詹福瑞：《试论中国文学经典的累积性特征》，《文学遗产》，2015 年第 1 期。
㊲潘建国：《〈世说新语〉在宋代的流播及其书籍史意义》，《文学评论》，2015 年第 4 期。
㊳刘扬忠：《论孟浩然诗歌对宋诗宋词创作的影响》，《铜仁学院学报》，2015 年第 3 期。
㊴陈才智：《在似与不似之间——白居易赋的后世拟仿》，《中国文学研究》，2015 年第 3 期。
㊵刘京臣：《论宋人对杜牧诗歌的消解》，《铜仁学院学报》，2015 年第 6 期。
㊶钱志熙：《李白与神仙道教关系新论》，《中国高校社会科学》，2015 年第 5 期。
㊷范子烨：《儒道释合流的前夜：从〈世说新语〉看东晋清谈与佛学的关系》，《学术交流》，2015 年第 7 期。
㊸陈君：《汉晋之间的“青土隐逸”及其文学与学术影响》，《文学遗产》，2015 年第 6 期。
㊹钟涛：《论六朝政治运作与骈文书写的互动》，《广西师范大学学报》，2015 年第 3 期。
㊺袁行霈：《古代绘画中的陶渊明》，《铜仁学院学报》，2015 年第 1 期。
㊻葛晓音：《从日本雅乐看唐参军和唐大曲的表演形式》，《北京大学学报》，2015 年第 3 期。
㊼朱子辉：《唐诗批评传统的回眸与反思》，《求是学刊》，2015 年第 2 期。
㊽朱子辉：《唐诗语言学批评研究》，广西师范大学出版社，2015 年版。
㊾刘宁：《文体与形名——从作家排序之“自相矛盾”再探〈文选〉文体观》，《北京大学学报》，2015 年第 5 期。
㊿钟涛：《〈文选〉“册”体选〈册魏公九锡文〉略说》，《中国文学研究》，2015 年第 4 期。
51刘跃进：《〈玉台新咏〉史话》，国家图书馆出版社，2015 年版。
52张一南：《从〈才调集〉复古诗体的功能结构看晚唐五代诗学思潮》，《文艺理论研究》，2015 年第 1 期。
53童庆炳：《〈文心雕龙〉“文体”四层面说》，《天津社会科学》，2015 年第 5 期。
54陶礼天：《知音与知味：论〈文心雕龙〉的知音批评模式》，《文史哲》，2015 年第 5 期。
55党圣元：《通变与时序》，《西北大学学报》，2015 年第 6 期。
56桓晓虹、党圣元：《〈文心雕龙〉“骨”论》，《郑州大学学报》，2015 年第 2 期。
57桓晓虹：《〈文心雕龙〉“神”论》，《中国社会科学研究生院学报》，2015 年第 2 期。
58陈允锋：《〈文心雕龙·神思〉篇“杼轴献功”说疑义辨析 》，《武林学刊》，2015 年第 6 期。
59范子烨：《钟嵘〈诗品〉陶诗“又协左思风力”说发覆》，《中国文化》，2015 年第 1 期。
60钱志熙：《唐人比兴说及其诗学实践》，《文学遗产》，2015 年第 6 期。
61谢琰：《诗中“诗”的历史源流与诗学意义》，《文学遗产》，2015 年第 1 期。
62彭燕：《杜甫研究一百年》，《杜甫研究学刊》，2015 年第 3 期。
63袁济喜：《“正始之音”再解读》，《文学遗产》，2015 年第 1 期。
64左汉林：《唐史劄记》，经济科学出版社，2015 年版。

（作者：马自力，首都师范大学教授；朱玲芝，首都师范大学博士生）

宋元明清文学

孙大海　李鹏飞

一、诗、词、文的研究

本年度的诗歌研究，仍保持着平稳态势，成果颇丰。只是各朝代所占比重差异较大。

宋诗研究方面，张剑指出，陆游丰富的醉饮经历与深刻的生理体验，使其饮酒诗中的醉态和醉思描写具有强烈的艺术感染力。陆游的这类诗歌，丰富了古代饮酒诗的内容和艺术表现手段，同时体现出宋诗关注日常生活和使日常生活艺术化的特色，在中国诗歌史应该引起重视。[①]王培友认为，“观物”是邵雍用来构建其理学体系的术语，与理学家诗歌创作具有紧密联系。当理学诗人所“观”之“物”为客观实在的景物时，其诗歌因为“观物”之特质而呈现出审美性、情感性等特征；而当他们所“观”之“物”为各种事件、虚拟之哲理或者性理命题时，诗歌便呈现出哲理性、超越性等特征。由此，理学诗表现为类型化的主题与程式化的表达方式。理学诗的这一特质，说明了其具有独特的民族性品格。[②]

左东岭重新思考了明代诗话的研究方法，指出诗话具有“资闲谈”和重纪事的特征，应关注其对诗坛状况的记述与诗学风气的描绘，并进一步对其与诗法、诗论的互动关系进行考察，以便将明代诗学研究引向深入。[③]

相比宋、明而言，本年度清诗研究呈现出更大的规模，成果也最为丰硕。

蒋寅将纪昀作为本年度重点研究对象。他指出，乾隆二十二年朝廷功令试诗，引起试帖诗学的勃兴。纪昀对试帖诗的开创性研究，对乾隆中叶以后的诗学产生了不可低估的影响。这也为今天认识乾隆中期的诗学史，带来一种新的视角。[④]蒋寅同时探讨了纪昀的诗歌批评观念。他认为，纪昀的批评方法，表现为始终从体制入手把握作品。这使他对诗歌作品的理解明显比前人通达，对批评尺度的掌握也更有分寸，“切”成为他衡量艺术表现的一个重要尺度，对作品的负面评价往往更能显示他锐利的批评眼光。[⑤]蒋寅还揭示出纪昀诗评中“酌乎中”的学术理念，并由此探讨了纪昀对儒家诗学话语的重塑和改造。[⑥]而作为《四库全书》总纂，纪昀学术、文学思想的折中观念，也渗透进《四库全书总目》的诗评之中。纪昀凭借“钦定”身份，对清代中叶以降之诗学产生了重要影响。[⑦]

蒋寅对性灵派诗学的研究亦有所丰富。他介绍了清代中叶诗人吴文溥所著《南野堂笔记》，此为性灵派的一部重要诗话，迄今研究尚未涉及。吴氏诗论开始将性灵诗学的自我表现主张推向绝对化的方向，是嘉、道间绝对自我表现观念的先声。[⑧]蒋寅还指出，袁枚性灵诗学颠覆传统诗学的基本观念后，在诗学理论中产生强烈震动，促使学人对传统诗学的一些基本问题重新加以思考。由唐宋诗之争入手，分析其诗学话语背后的诗歌史和诗学史背景，以及传统的才学之争在学人之诗、才人之诗和诗人之诗三个理论层面上展开的过程，可以从一个侧面展示乾隆朝诗学的历史展开和发展趋向。[⑨]

此外，蒋寅还从姚鼐的文学观念入手，分析了他的诗学与王渔洋的继承关系，并由此透视《今体诗钞》的诗学倾向及对桐城诗学“以文论诗”的方法论启示，从理论品格与学术渊源两方面论述了姚鼐对于桐城诗学的奠基作用。[⑩]同时，蒋寅也细致分析了沈德潜诗学发展的三个阶段，指出当代学者以格调派命名沈氏诗学，不仅难以概括其主导倾向，还模糊了它的某些本质特征。[⑪]

白一瑾本年度集中考察了清初诗人在京城的文学活动。她对清初京城文学团体“海内八家”的人员构成、活动时间与诗学主张都进行了深入探讨[⑫]，并就宋琬入清后与京城诗坛的三次联系进行了重点梳理[⑬]。白一瑾还指出，申涵光入清后在京城的文学交游活动对其本人及所属文学流派扬名诗坛起到了重要作用[⑭]，而邓汉仪在清初的三次入京，则对其从事的清诗编选活动，产生了相当大的影响。[⑮]

本年度的清诗研究中，王士禛也较受论者关注。赵伯陶认为，王士禛论诗倡导神韵，并没有一套系统完整、缜密详尽的理论作后盾，其有关表述或只言片语，略事诠解；或借评诗篇，稍作引申。王士禛的有关论述，与其诗歌创作实践有一定的内在联系，凸显了其神韵诗的某些特点。王士禛有意化用前人名篇佳句乃至挦扯古人，“偷句”“偷意”是营构其诗歌神韵的重要手段；至于巧借前人诗歌的相关意象、意境为我所用，则属于其神韵诗创作更上层楼的追求，可名之曰“借境”。[⑯]陈才智考察了王士禛对白居易的取舍避就之道，认为王士禛诗与诗学如何安置白居易，不仅关涉王士禛名家与大家的定位，也是理解白居易在清代诗坛地位阶段性变化的关键。[⑰]

本年度词的研究，有两部专著值得注意。陶文鹏、赵雪沛的《唐宋词艺术新论》一书，深化了词艺批评：使模糊的感悟式概念具体化、条理化，将普泛的创作手法个体化、明晰化，在辨析点染之法、拟人手法、白描与彩绘手法、起结与过片章法等词艺范畴时，多有创见。[⑱]诸葛忆兵《多维视野下的宋代文学》，从词的文体特质出发，解析了唐宋词体之兴起、宋初词坛之沉寂、范仲淹词史地位之确立、“以诗为词”、南北宋词坛之演进等诸多问题。同时，该书还探索了科举制度之发生、演变对当时文学创作的影响，对宋代诗人与词人也进行了个案研究，深度剖析了宋代文人的政治活动与文学创作。[19]

散文方面，张庆民以《四库全书》集部别集类明人著作为中心，考察了《四库全书总目》关于明文批评的问题，主要包括明文流变与国运变迁、明文批评话语、明文品评、明文批评与社会批评等内容。[20]王媛则指出，清代康熙、乾隆间出现的一批题为陈世隆编、撰、藏的著作，多系清人伪造。陈世隆的唯一传记载于伪本《北轩笔记》之后，内容颇多疏漏。因此，对于这些著作的文献价值有必要重新评估，对于“陈世隆”其人的有无也可以重新探讨。[21]

此外，蒋寅也就清代文学的整体研究方法，提出了自己的看法。他认为，相比唐宋以前而言，清代文学研究尚存在几个明显问题：一是基本史料整理的薄弱，工具书编纂的滞后；二是作家研究范围较窄；三是有关文学现象、事件和文学史阶段的研究较为缺乏；四是对清代诗文创作和文学理论的价值评估缺乏适当的尺度和有历史感的判断；五是对文学家多样才能和不同文学体裁创作间的交叉和比较研究还很少触及。清代文学创作异于前代的最大特点就是作者数量庞大，身份多样，地域分布广泛，文学体裁齐全，作品数量浩繁。下一步的工作应该考虑基本史料的深度整理，包括基本作品的深度整理；专题文献辑录、编纂；研究资料的辑录、汇编；各类专题索引的编制等。以文人传记研究为切入点，将较大地促进清代文学研究，整体提高清代文学研究的水平。[22]

二、小说的研究

本年度的小说研究，仍然保持着充沛活力，出现了一系列有价值的研究成果。

在小说理论的探索方面，《北京大学学报》的“古代小说前沿问题丛谈”开展到第九期，集中讨论了古代小说的素材问题。刘勇强认为：以往关于古代小说“本事”的定义略嫌宽泛模糊，遮蔽了若干有价值的论题；狭义的“本事”应为“小说家直接依据的、具有一定情节、人物的文本性素材”；而古代小说本事研究，可从“情节的再生”“文体的转换”“叙述的调整”等方面谋求新的学术推进，同时也应警惕该项研究的局限性和所衍生的负面影响。[23]李鹏飞选取唐人传奇以及《红楼梦》《儒林外史》《花月痕》等清代小说为例，细致勾勒了作者生活经历在小说文本中的呈现面貌和方式，认为“自况”性小说较多出现于唐代和清代，可能与文人对于小说地位和文体功能的认识提升有关，此观点颇具学术启发性。[24]潘建国在梳理“当代史事”小说流变的基础上，指出文本主旨和时间距离是影响“当代史事”小说素材处理的两个重要因素；此类小说的历史叙事多有琐碎断裂之感，却因带给“当代”读者所期待的史事信息而流播甚广；其文学叙事总体薄弱，但也有相对成功之例，颇得今日研究者之肯定；对于“当代史事”小说而言，历史叙事和文学叙事并非只是叙事方式的区别，背后乃隐含着两种不同的文本价值，身处不同时间节点的作者及读者对此也会作出不同的选择。[25]

叶楚炎的小说研究，亦体现出一定的理论价值。他指出，故事连环不仅是章回小说的一种独特的结构方式，也非常普遍地存在于宋元之际的话本小说中，并涉及多种类别的作品。之所以在话本小说中会出现这种结构，与小说叙述视角的转换、本事改编的需要以及话本体制的特性都有着密切的关联。对于话本小说中连环结构的考察，有助于研究者摆脱长篇或短篇的概念，从古代小说共生发展的角度探讨这一结构的成因。[26]叶楚炎还注意到，明清通俗小说“休妻”这一情节，可以看到小说作者如何化解叙事困境，并释放其中蕴含的潜能，将叙事上的困境转化为小说中的妙境。[27]

去年，郑志良对宁楷《修洁堂初稿》中《〈儒林外史〉题辞》、严长明辑《八表停云录》中吴敬梓《后新乐府》诗六首等新材料的发现，引发了《儒林外史》的讨论热潮。叶楚炎也成为这次“争鸣”的一个重要代表。他认为现存《儒林外史》有后人增补痕迹，并指出宁楷很有可能便是《儒林外史》中“幽榜”一回的增补者。[28]同时，他还揭示了科举关系对于《儒林外史》的结构作用，认为《儒林外史》也可以视为一部科举如何生成、延伸并网罗着所有士人以及他们赖以生存的伦理秩序共同走向穷途末路的科举关系史。[29]朱万曙则通过《儒林外史》第十回“老鼠掉汤碗”和“小使飞钉鞋”两个细节，分析了吴敬梓的隐喻手法。[30]

《聊斋志异》方面，周先慎继续以剥茧抽丝的精读方法，对《聊斋志异》作品意蕴及蒲松龄的艺术匠心进行深入解析。《周先慎细说聊斋》一书的出版，可谓其近年来精读《聊斋》的成果总结。[31]王昕则梳理了《聊斋志异》的三百年研究史，并反思了《聊斋志异》的研究方法，她认为，强调批评意识和作品中心论立场的整体性研究，或许会成为《聊斋志异》研究的新转向。[32]王昕还厘清了小说的诗性本质，认为对小说诗性的研究，首先要看到作者的独特气质和感受方式；其次是小说世界的主观性和抒情性。这些特点与清代小说的文人化具有内在的一致性。蒲松龄以个人化的视角与立场处理小说题材和主题，使《聊斋志异》的世界同时呈现了诗性的温情与偏狭这两个极端。[33]杨子彦则试图全面把握“孤愤”说的内涵，指出蒲松龄是以个体的关系之孤、环境之孤、不公之孤三种形式，全面展现和表达时代之“愤”、社会之“愤”，通过想象和虚构来祛孤泄愤，以此来获得现实中不可实现的替代性满足，实现个人价值。[34]

在《水浒传》的研究中，李永祜提出了三个重要观点：一是南宋将军杨存中为说话艺术的发展提供了稳定环境，这促进了《水浒》故事的成形；二是根据“碗子城”的修筑时间，可以推断罗氏定稿成书的时间上限。三是嘉靖后期，剿平倭寇的现实需要，促使胡宗宪刊刻了“都察院本”《水浒传》。[35]傅承洲则从反贪小说的角度解读《水浒》，认为宋江等人的失败实属必然：皇帝和贪官为专制制度利益共同体，一旦反贪的行动危及其利益即统治地位时，一定会动用国家机器残酷镇压。即使宋江等人革命成功，也解决不了官吏的贪腐问题，只不过用一群贪官替代了另一群贪官。[36]

《红楼梦》仍然是小说研究的重镇，本年度的红学专著层出不穷。陈熙中的《红楼求真录》研讨了当前红学中的许多争论和疑难问题，包括如何研判二十世纪发现的各种《红楼梦》抄本的真伪，如何确定曹雪芹的原文以及如何理解脂砚斋的批语等，具有重要的学术价值。[37]刘梦溪《红楼梦的儿女真情》按照《红楼梦》的篇目顺序，以“宝黛爱情”跌宕起伏的过程为主线，细致解读《红楼梦》中悲天恸地的“儿女真情”。[38]赤飞的《怡亲王允祥与〈红楼梦〉和白家疃》围绕允祥、曹雪芹和白家疃之间的故事展开论述，对于《红楼梦》的创作、传播，以及北静王原型考证皆有帮助。[39]严宽的《红楼梦八旗风俗谈》结合八旗风俗与西山风物，还原了曹雪芹创作的生活原型；通过对北京地理情况和曹雪芹的佚著《废艺斋集稿》的考证，清晰描述了曹雪芹的品貌特征、性情性格和精神世界。[40]此外，林冠夫《梅权楼文集》、张云《也读红楼》等论集，也收录了作者近年来有价值的红学成果。

《红楼梦》的研究论文，则主要围绕版本、文本、传播三个面向展开。版本研究中，刘世德认为，舒元炜序本现存的四十回是由姚玉栋藏本的五十三回和录自当保藏本的二十七回拼凑而成的。[41]项旋通过考察美国国会图书馆摄甲戌本缩微胶卷，证实了甲戌本确存在附条批语，且提供了关于附条形态、书写者、粘贴时间等问题的重要线索，这是近年来甲戌本版本研究的重大发现。[42]项旋、舒鸣还指出以往学界所认为的程高本“东厂扇料”印记实为“本厂扇料”之误，这为重新探索《红楼梦》程高本用纸来源提供了重要依据。[43]此外，麻永玲、朱萍据《红楼梦》第九十三回三处戏曲语词异文，指出杨藏本、程乙本较蒙府本、程甲本更关注戏曲政策、舞台搬演及角色行当。[44]《红楼梦》的文本研究仍然保持着细化与深化的趋势，如李萌昀重新诠释了《红楼梦》中“蠢物”与“通灵”的含义[45]，刘紫云从林黛玉描写的雅俗龃龉中强调了前八十回与后四十回的区别[46]，夏薇就“晴雯补裘”事件的相关问题展开了全面深入的考索[47]，宋珂君细致分析了《红楼梦》中的文字禅描写[48]，杜志军解读了大观园园林书写的文学意义[49]，傅承洲由黛、钗形象之区别探讨了曹雪芹的创作倾向。[50]蒙语地区《红楼梦》的传播与接受状况，成为本年度《红楼梦》传播研究的热点。莎日娜认为，哈斯宝的《新译红楼梦》、尹湛纳希兄弟在文学创作中对《红楼梦》的模仿学习、蒙古王府本《石头记》的收藏，是《红楼梦》在蒙语地区传播、接受的三个主要案例。[51]陈岗龙则着重研究了哈斯宝《新译红楼梦》的底本问题，他排除了王希廉评本的可能性，将底本范围聚焦到程甲本的翻刻本东观阁本、藤花榭本或本衙藏版本。[52]此外，杜志军、张云还强调了曹雪芹对于《红楼梦》作者地位的重要性。[53]

在其他小说的研究中，张国风《云霞满纸浮世绘——闲话〈金瓶梅〉》一书，集时代背景介绍、小说结构分析、典型人物评判为一体，探讨了《金瓶梅》这部长篇世情小说的独特价值和意义。[54]段江丽的“日本中国古代小说研究系列”之二，介绍了日本学者中川谕对《三国演义》的版本研究状况：中川谕构建出32种本子的源流关系图，使错综复杂的《三国演义》版本问题呈现出前所未有的明晰的面貌。[55]

本年度，晚清、近代小说的研究也形成了一定规模。林薇《中国近代小说研究》着重揭示文化心态的变迁与小说审美意识的嬗替。一方面融贯“文学即人学”的理念，着眼于人性、人情的抉发；另一方面也努力阐扬近代小说独具特色的美学价值，从艺术的、审美的视角，勾勒出近代小说蜕旧变新的清晰轨迹。[56]司新丽则从城市繁荣、文化市场、作者群与市民读者群的角度分析了清末民初通俗小说兴起的主要原因。[57]此外，陆楠楠就刘鹗创作观念的变化以及小说写作过程的阶段性，阐释了《老残游记》的结构问题。王燕论述了中国第一种小说期刊《海上奇书》在新闻出版史和小说发展史上的重要意义。[58]潘建国《物质技术视阈中的文学景观：近代出版与小说研究》一书将研究视野扩展到物质技术层面：近代书局利用新的出版技术以及新的经营模式，开展小说征文、小说版权转让以及善本小说整理等活动，推动乃至调控晚清新小说的发生与发展，促使传统的明清章回小说实现其文本传播技术的近代升级。作为中国古代小说文本特色的图像，亦借助新技术完成它的近代复兴之路。这些在物质技术推进中的文学景观，处处展现了文学观念和文体破立的消长，具有重大的小说史及出版史意义。[59]

潘建国小说文献研究的其他成果亦值得重视。他指出，《世说新语》在宋代的流播，可以南宋绍兴八年董弅严州校刊本为界而分为两个阶段，之前为抄本时代，之后为印本时代。《世说新语》在宋代的流播情形，为考察抄本时代向印本时代转型之际中国典籍文化的变迁，提供了一个绝佳的学术个案。[60]潘建国还详尽考察了明弘治单刻本《新刊钟情丽集》的版本状况，并根据新文献揭示了话本小说集《留人眼》的真实面貌：此书成于明末、刊刻流播于清初；其第一至第三（或至第十）回，曾析出单刊为《天凑巧》小说；其第十一至十六回，则析出单刊为《贪欣误》小说。《留人眼》还是目前所知最早采用双层结构回目的文本，在古代小说史上具有一定的学术价值。[61]

三、戏曲的研究

2016 年是汤显祖逝世 400 周年，本年度的汤显祖研究，堪称戏曲研究领域的一个热点。雍繁星对 20 世纪以来的汤显祖研究进行了回顾与反思。他指出，以往的汤显祖研究以其“至情”理想及其文学表现为核心。对前者的探讨，以“反映论”统率下的社会制度和时代精神两种路向为主流逐渐推进。学界对汤显祖“至情”的认识，从“情理对抗”推进到情理欲的融合。对此问题以及汤显祖思想来源的讨论，确定了他的文化史意义。对汤显祖文学思想及文学创作的讨论，则决定了他的文学史意义。20 世纪以来汤显祖研究大致可以分为各有得失的三个阶段。未来的汤显祖研究，应该立足于实事求是的学术精神，合理建构价值系统，恰当处理文献，从而取得可能的突破。[62]廖可斌从文体选择的角度，阐述了汤显祖戏曲创作的时代意义。他认为，汤显祖具有高度自觉的文学史意识，主张文学必须表达真情实感，又深知古典诗文创作应遵守一系列体裁法度要求。经过长期实践和思考，汤显祖不仅判断自己的诗、古文创作基本失败，而且意识到当时古典诗文的审美特征已与人们的生活和思想感情不相适应，创作古典诗文真则不美，美则不真，人们在古典诗文上已难有大的作为，要恢复其繁盛局面已不可能。因此汤显祖主动作出文体选择，即把创作重心转向新兴文体戏曲，从而创作出了《牡丹亭》等不朽杰作。当同时代及其身后相当长时期内几乎所有文学家都还在师古与师心、宗唐与宗宋的圈子里打转时，汤显祖实际上已宣告了诗、古文命运的终结。他的文学史观和文体选择迥出时辈，在中国文学发展史上具有标志性意义。[63]郑志良则在新文献方面，丰富着汤显祖研究。他介绍了国家图书馆所藏汤显祖《玉茗堂书经讲意》，该书共十二卷，近二十万字，是汤显祖研究《尚书》的学术著作，徐朔方笺注《汤显祖集全编》未收录。根据汤显祖弟子周大赉所作序言，知此书万历四十年刻于南京；再证以汤显祖书信，可知此书即为朱彝尊《经义考》中提到的汤氏《尚书儿训》，乃一书而二名。《玉茗堂书经讲意》出自汤显祖之手，非托名之伪作。汤显祖其他文章中也有对《尚书》内容的解释，可与《玉茗堂书经讲意》相互印证。[64]

本年度的戏曲研究，还有两部专著颇有价值。朱源《李渔与德莱顿戏剧理论比较研究》一书，注意到了李渔与西方古典话剧理论家约翰·德莱顿在文学背景、文学史地位、戏剧观，以及对各自文化诗学传统的继承与影响等方面，皆有共通之处。该书从结构论、语言论、人物论、思想论等角度，对两位剧论家的戏剧理论进行了全面比较。[65]钟涛、朱玲的《宋元戏曲论稿》收录了作者近年来宋元戏曲研究的一系列成果，全书主要围绕宋元曲艺与戏剧的关系、元杂剧“一人主唱”的艺术体制、元散曲的美学特征与传播方式三个方面展开。作者注重联系历史场域、演出形式与审美传统，许多观点都具有学术创新性。[66]

戏曲研究论文中，麻国钧就戏曲的概念、分类等基本问题展开了思考。他认为，目前学界对戏曲的定义以及分类存在诸多问题。同样名之为戏曲者，存在历史深浅不同、艺术积累不同、演出形式迥异等现象。这些现象，在一个统一的“戏曲”概念下讨论与研究，不但会造成许多麻烦甚至困惑，也与数百种戏剧样式的存续状况不符。因此，麻国钧建议将中国全部戏剧形态称为“传统戏剧”，进而提出传统戏剧的分类以及戏曲剧种层次的设想。[67]

张帆对元明散曲中的水上演乐形式进行了研究。他指出，古人的演出活动，不仅仅局限在陆地上的戏台、厅堂等处，还存在一个水上演出系统。这个演出系统包括水傀儡、竞渡争标在内的各种形式的水嬉、游戏、戏曲、清曲、舞蹈等。它的发展脉络贯穿古今，有趣、丰富，自成体系。水上演乐，古称“水嬉”或“水戏”，根植于先民们的水崇拜心理，起源于与水有关的祭祀活动，有宫廷与民间两条发展脉络。《全元散曲》及《全明散曲》中共有160余首涉及水上演乐，元、明两代各占一半。其内容绝大多数从属于民间；其演出空间主要包括岸上、桥边、舟中、临水轩亭等，呈现于与陆地演出不同的观演关系及美学追求。[68]

路应昆澄清了“昆弋腔”研究中的一些误解。他依据黄婉仪的《钱德苍编〈缀白裘〉与翻刻、改辑本系谱析论》判断，《缀白裘》中用“昆弋腔”替换“梆子腔”，本意是用昆、弋两腔做幌子，属于冒名顶替。但某些论家引述的《缀白裘》六集合刊本的一则凡例，却给后来的研究者留下了一个特殊的难题，并引来一系列“麻烦”。80年来（从1934年杜颖陶《谈缀白裘》一文发表算起）围绕“昆弋腔”的研讨实际上是以一则可疑的材料为起点的，这导致后来研究“愈骛愈远”。[69]

此外，吴真还指出了晚明《西厢记》刊本对《调笑》体式的误解。《调笑令》是唐宋时期酒筵歌席上小型舞队表演“转踏”歌舞的曲子，多采用六章至十章的联章体，每章含一首七言诗和一片单调曲子词，一诗一曲，循环间用。但隆庆年间的《西厢记》坊刻本却将《调笑·莺莺》的诗词分署。明人已经不能理解宋代《调笑》诗词一体的体式特点，其眼中的《调笑》“正体”只是词，诗被视为词的引诗，所以诗可以无题。[70]

四、小结

综合来看，清代文学尤其是清诗的研究，由于作家数量的庞大、文献资料的丰富、既往考述尚不充分等原因，仍体现出很大的研究空间。相对成熟的宋代诗词研究，则在开拓求新方面存在一定难度。小说理论研究虽偶有亮点，却未形成热潮。小说文本研究亦多局限于名著。适当拓宽小说作品的研究范围，从全局式的考察中提炼小说理论，对于推进中国古代小说研究显得十分必要。作为一种综合艺术，戏曲显现出来的研究面向也十分丰富。本年度的戏曲研究，虽于曲家、搬演、声腔等方面有所创获，但与文学关联最为紧密的曲词、戏文研究，则颇为沉寂。这种瓶颈状态，也有待突破。

注：

①张剑：《陆游的醉态、醉思与饮酒诗》，《北京大学学报（哲学社会科学版）》，2016年第2期。

②王培友：《论两宋理学“观物”与理学诗类型化主题及程式化表达》，《清华大学学报（哲学社会科学版）》，2016年第2期。

③左东岭：《“话内”与“话外”——明代诗话范围的界定与研究路径》，《文学遗产》，2016年第3期。

④蒋寅：《纪晓岚试律诗学述论》，《阅江学刊》，2016年第2期。

⑤蒋寅：《纪昀的批评理念与诗歌批评成就》，《求是学刊》，2015年第6期。

⑥蒋寅：《纪昀的诗学品格及其核心理念再检讨》，《文艺研究》，2015年第10期。

⑦蒋寅：《纪昀与〈四库全书总目〉的诗歌批评》，《学术界》，2015年第7期。

⑧蒋寅：《吴文溥〈南野堂笔记〉与乾嘉诗学的嬗变》，《中国典籍与文化》，2015年第3期。

⑨蒋寅：《唐宋、才学之争的消弭——乾隆间性灵诗学引发的焦点话题》，《安徽大学学报（哲学社会科学版）》，2016年第2期。

⑩蒋寅：《海内论诗有正宗 姬传身在最高峰——姚鼐诗学品格与渊源刍论》，《文艺理论研究》，2015年第5期。

⑪蒋寅：《沈德潜诗学的渊源、发展及命名》，《苏州大学学报（哲学社会科学版）》，2016年第3期。

⑫白一瑾：《关于“海内八家”的几个问题》，《兰州学刊》，2016年第3期。

⑬白一瑾：《宋琬在京城的文学活动及其意义》，《山东师范大学学报（人文社会科学版）》，2015年第6期。

⑭白一瑾：《申涵光与京城诗坛》，《中国韵文学刊》，2015年第3期。

⑮白一瑾：《邓汉仪三入京城考论》，《江南大学学报（人文社会科学版）》，2015年第6期。

⑯赵伯陶：《偷句、偷意与借境：王士禛诗创作神韵举隅》，《文学遗产》，2016年第1期。

⑰陈才智：《王渔洋之于白香山——取舍避就之

道》，《文学遗产》，2016 年第 3 期。

⑱陶文鹏、赵雪沛：《唐宋词艺术新论》，南开大学出版社，2015 年版。

⑲诸葛忆兵：《多维视野下的宋代文学》，中国社会科学出版社，2015 年版。

⑳张庆民：《〈四库全书总目〉关于明文批评问题》，《首都师范大学学报（社会科学版）》，2015 年第 5 期。

㉑王媛：《陈世隆著作辨伪》，《文学遗产》，2016 年第 2 期。

㉒蒋寅：《文人传记研究与清代文学研究的拓展》，《求索》，2015 年第 6 期。

㉓刘勇强：《古代小说创作中的“本事”及其研究》，《北京大学学报（哲学社会科学版）》，2015 年第 4 期。

㉔李鹏飞：《浅议古代小说的作者与素材之关系》，《北京大学学报（哲学社会科学版）》，2015 年第 4 期。

㉕潘建国：《古代小说中的“当代史事”及其采择编演》，《北京大学学报（哲学社会科学版）》，2015 年第 4 期。

㉖叶楚炎：《论宋元话本小说的连环结构》，《文艺研究》，2016 年第 4 期。

㉗叶楚炎：《叙事困境的化解与转化——明清通俗小说中的“休妻”叙事》，《南京师范大学文学院学报》，2015 年第 3 期。

㉘叶楚炎：《〈修洁堂初稿〉及〈儒林外史〉题辞考论》，《文学遗产》，2015 年第 6 期。

㉙叶楚炎：《论〈儒林外史〉中与科举有关的人际关系》，《文学与文化》，2015 年第 3 期。

㉚朱万曙：《尴尬的婚礼：〈儒林外史〉的“隐喻”笔墨》，《明清小说研究》，2015 年第 4 期。

㉛周先慎：《周先慎细说聊斋》，上海三联书店，2015 年版。

㉜王昕：《〈聊斋志异〉研究三百年——以方法论的线索与转向为中心》，《文学遗产》，2015 年第 6 期。

㉝王昕：《〈聊斋志异〉诗性的温情与偏狭》，《文学评论》，2016 年第 1 期。

㉞杨子彦：《论蒲松龄之“孤愤”说》，《明清小说研究》，2016 年第 1 期。

㉟李永祜：《〈水浒传〉三题》，《明清小说研究》，2015 年第 3 期。

㊱傅承洲：《从〈水浒传〉看封建专制制度下的贪腐问题》，《明清小说研究》，2016 年第 1 期。

㊲陈熙中：《红楼求真录》，北京大学出版社，2016 年版。

㊳刘梦溪：《红楼梦的儿女真情》，商务印书馆，2016 年版。

㊴赤飞：《怡亲王允祥与〈红楼梦〉和白家疃》，新华出版社，2015 年版。

㊵严宽：《红楼梦八旗风俗谈》，中华书局，2015 年版。

㊶刘世德：《舒本 = 姚玉栋藏本 + 当保藏本——〈红楼梦〉舒元炜序本研究之一》，《红楼梦学刊》，2015 年第 6 辑。

㊷项旋：《美国国会图书馆摄甲戌本缩微胶卷所见附条批语考论》，《红楼梦学刊》，2016 年第 3 辑。

㊸项旋、舒鸣：《〈红楼梦〉程高本纸厂印记考辨》，《红楼梦学刊》，2015 年第 6 辑。

㊹麻永玲、朱萍：《〈红楼梦〉第九十三回戏曲语词异文与版本优化修订》，《红楼梦学刊》，2015 年第 6 辑。

㊺李萌昀：《“蠢物”考》，《红楼梦学刊》，2015 年第 5 辑。

㊻刘紫云：《雅俗龃龉中的林黛玉——从物象描写角度论人物场域的建构》，《红楼梦学刊》，2016 年第 1 辑。

㊼夏薇：《〈红楼梦〉晴雯补裘考论》，《红楼梦学刊》，2016 年第 2 辑。

㊽宋珂君：《欲来观世间 犹如梦中事——〈红楼梦〉中的禅与文字禅》，《红楼梦学刊》，2015 年第 4 辑。

㊾杜志军：《芳园应赐大观名——大观园园林书写的文学意义解读》，《红楼梦学刊》，2015 年第 6 辑。

㊿傅承洲：《钗黛的人生角色与作者的创作倾向》，《红楼梦学刊》，2015 年第 4 辑。

51莎日娜：《红楼隔“语”相望冷——蒙语地区〈红楼梦〉传播个案探析》，《红楼梦学刊》，2015 年第 6 辑。

52陈岗龙：《论哈斯宝〈新译红楼梦〉的翻译底本问题》，《红楼梦学刊》，2016 年第 2 辑。

53杜志军、张云：《曹雪芹〈红楼梦〉作者地位的确立》，《红楼梦学刊》，2016 年第 2 辑。

54张国风：《云霞满纸浮世绘——闲话〈金瓶梅〉》，海燕出版社，2015 年版。

55段江丽：《中川谕的〈三国演义〉版本研

究——日本中国古代小说研究系列之二》，《明清小说研究》，2015 年第 3 期。

(56)林薇：《中国近代小说研究》，天津古籍出版社，2015 年版。

(57)司新丽：《清末民初通俗小说兴起的传播性商业条件》，《社会科学战线》，2015 年第 11 期。

(58)王燕：《〈海上奇书〉的整理再版与学术考察》，《明清小说研究》，2015 年第 3 期。

(59)潘建国：《物质技术视阈中的文学景观：近代出版与小说研究》，北京大学出版社，2016 年版。

(60)潘建国：《〈世说新语〉在宋代的传播及其书籍史意义》，《文学评论》，2015 年第 4 期。

(61)潘建国：《新发现明末清初小说〈留人眼〉考》，《明清小说研究》，2015 年第 3 期。

(62)雍繁星：《20 世纪以来汤显祖研究的回顾与反思》，《文学遗产》，2015 年第 3 期。

(63)廖可斌：《汤显祖的文学史观与文体选择》，《文学遗产》，2016 年第 3 期。

(64)郑志良：《汤显祖著作的新发现：〈玉茗堂书经讲意〉》，《文学遗产》，2016 年第 3 期。

(65)朱源：《李渔与德莱顿戏剧理论比较研究》，北京大学出版社，2015 年版。

(66)钟涛、朱玲：《宋元戏曲论稿》，人民日报出版社，2015 年版。

(67)麻国钧：《中国传统戏剧的分类与戏曲剧种层次新论》，《戏剧》，2016 年第 1 期。

(68)张帆：《元明散曲中的水上演乐研究》，《戏剧》，2016 年第 1 期。

(69)路应昆：《“昆弋腔”辨疑》，《戏曲研究》，2015 年第 2 期。

(70)吴真：《晚明〈西厢记〉刊本对〈调笑〉体式的误解》，《文学遗产》，2016 年第 3 期。

（作者：孙大海，北京大学硕士生；
李鹏飞，北京大学副教授）

中国现代文学

秦雅萌

从整体而言，2015 年的中国现代文学研究呈现出稳步发展的态势，创新成果斐然。中国现代文学研究在不同的问题意识的推动下，进行新的研究范式与问题框架的尝试，其中所蕴含的新理论、新方法与新观点，值得特别重视。

2015 年的中国现代文学研究亦具有总结性的意义。北京大学中文系先后以孙庆升、孙玉石两位老一辈的重量级学者的学术思想为主题召开研讨会，总结其研究贡献与治学境界，并探讨学科未来的发展走向。2015 年 4 月 11 日，由北京大学中文系主办的“孙庆升先生学术思想研讨会”在北京大学人文学苑召开。孙庆升先生本人及北京老中青三代十余位现代文学研究者出席研讨。会议就孙庆升先生的学术思想与时代、其为人为学的特质等方面展开了讨论，并由此深入到戏剧研究、戏剧教育与学术史等一系列问题的探讨。会议高度肯定了孙庆升先生在现代文学研究领域的学术贡献与独创性价值，从学术史的角度出发，对孙庆升先生的学术研究做出了定位与评价，对孙庆升先生之现代戏剧研究的学术方法与治学特点进行了探讨与总结。针对孙庆升先生具体的戏剧研究成果，年轻一代的研究者与博士生也对孙先生的学术理路进行了阐发与学习。[1]

2015 年 11 月 14 日，由北京大学中文系主办的“中国现代文学研究的传统暨孙玉石教授学术思想研讨会”在北京大学百周年纪念讲堂召开。来自北京大学、清华大学、中国人民大学、中央民族大学、首都师范大学、中国社会科学院、鲁迅博物馆、美国威斯康辛大学、日本法政大学等高校和研究机构的多名学者，以及中文系在读研究生共 90 余人参与研讨。会议围绕着孙玉石先生的研究成果、思想脉络、学术品格、教学特质等多个方面展开对话和讨论。钱理群教授关注孙玉石先生始终不变的诗心与赤子之心，及其具体的学术成就背后“认认真真治学，清清白白做人”的人生境界，认为“现代文学研究的传统”正体现在孙玉石先生的学术与人生境界上。[2]研究生代表李浴洋将孙玉石先生视为“第二代中国现代文学学者”中的代表人物，“中国现代文学研究的传统”存在于跨域“代际”的“学术共同体”与“生命共同体”之中。[3]孙玉石教授发表与会感言，回顾了自己的学术历程，表达了自己对北大中文系的深厚感情和殷切期待，勉励后继学者抓住生活中的每一次契机投入学术、不忘本心。

2015 年正值《新青年》杂志创刊一百周年之际，由首都师范大学文学院、中国社会科学院文学所主办，中国现代文学研究会协办的“重返激流：新文化运动与百年中国”学术研讨会于 10 月 17—18 日在北京举行。会议围绕着“知识、态度与历史叙事”，“新思潮的知与行”，“社会改造与历史延伸”，“东亚史与地方史视野中的新文化运动”，“小说文体与周氏兄弟”，“新文化的名与实”，“《新青年》的上下左右”等几个主题展开，20 余位青年学者发表论文，重新审视新文化运动与百年中国的历史变迁。如袁一丹以《新青年》的交换广告为线索，结合新文化出版物的发行渠道，考察“五四”前后形成的杂志联盟及阅读共同体，并由此关注新文化传播到省城乃至市镇一级，进而渗入相对封闭的内地社会的渠道，考察机构与个人如何充任新文化运动的“地方代理”。[④]张丽华将鲁迅的随感录（六六）置于《新青年》的原刊本状态中考察，发现了鲁迅与德国生物学家兼自然主义哲学家海克尔（Ernst Haeckel，1834—1919）的思想渊源，丰富了这一时期鲁迅的进化论生命观与伦理观的探讨。[⑤]贺桂梅从“民族形式”建构的角度，重新思考 20 世纪 40—70 年代当代中国文学实践的历史性机制，有助于呈现文学实践活动的具体场域及其历史化形式。[⑥]季剑青将胡适与《新青年》的相遇追溯至《文学改良刍议》之前的短篇小说译作，借以思考文学革命发生的新背景与新视野。[⑦]

与此相呼应的是，关于新文化运动的讨论屡见新论。张旭东以早期《新青年》为对象，以现代国家的建构作为标准，以特别的视角重新审视《新青年》的精神结构，从陈独秀的价值选择中看到现代思想逻辑过程中的错位——以“伦理自觉”来解决社会问题带来了思想盲区。作者认为文化自觉不能代替文化政治主题性问题，对意图伦理导致的社会问题进行了深入梳理。[⑧]彭春凌认为，《新青年》以个体自主为核心价值，绝对肯定人的意志和能力，不仅呼应、承接了儒学近代转型、朝向人性回归的根本命题，也拥有鲜活的生命力介入当下的社会生活。[⑨]孙郁从语言的角度重审“新文学的起点”，通过考察胡适、陈独秀、傅斯年、周作人等人的语言观，认为正是文人语言研究的自觉，催促了一种新的文化观念的诞生。[⑩]宋声泉关注 1918 年钱玄同与刘半农合演的《新青年》“双簧戏”事件，分析了“双簧戏”的社会反响、记忆与知识化过程，从学术史的角度对文学史家过分推崇“双簧戏”的现象给出了新的解释，并由此反思五四文学革命的新基础与现代文学史的叙述。[⑪]陈洁以周氏兄弟、钱玄同和陈望道在《新青年》分化时期的通信为核心史料，考辨《新青年》编辑权的改变对同人分化所产生的影响。[⑫]李春雨、郝思聪指出，作为百年第一刊的《新青年》是伴随着中国文化现代转型中的种种焦虑而登场的，这些焦虑促使新青年同仁思考批判传统、思考国民性、塑造青年群体，探索文化救国的问题，这些关注与探索在百年后的中国仍具有现实意义。[⑬]2015 年出版的《新文化的崛起与流播》，汇集了陈平原的多篇论文，从“报刊”与“出版”的角度，探讨中国现代文学与文化，是这一研究领域的经典著述。

晚清文学与文化与新文学发生的关系也是研究者持续关注的学术话题。王风的新作《世运推移与文章兴替》，以严谨的考证，探讨了在中国现代转型过程中，书写语言与文章体式的复杂演变，以及共同语及书写体系变革中的历史民族国家问题，立足于近现代中国的历史现实，完成了与本尼迪克特·安德森相对话的“近代国家想象”。[⑭]与一般的理解不同，作者认为，这一转型并非简单的白话替代文言的问题，很多现代书写因素是首先在文言内部实现的，而且不止是在文学文本，也在学术文本中完成了这一过程。[⑮]王风从“文字”、“文章”、“文体”与“文运”等角度入手，构建出一个庞大又细密的文学史景观，对中国“近代文学”研究面临的理论困境与广阔空间，对“近代文学”与“现代文学”的关系问题，提出了深刻的见解。[⑯]

在中国现代文学研究中引入社会史视野，不仅是新方法的拓展，也是新的问题意识的推进，与 20 世纪中国文学实践所展开的广阔的社会变革背景密切相关。程凯对社会史视野下的中国现当代文学研究提出了设想与反思，认为不同于历史学领域对“社会史方法”的明确界定，在文学研究领域，社会史视野的引入，其出发点是对重新理解中国现当代历史进程的整体性考虑，以及对与之相配合的现当代文学研究所应具备视野的一种建设性思考，希望摸索现代历史进程的内在肌理的同时，兼顾还原社会历史脉络时重构结构性视野和再认识各部分、各层次间的相关性，更为开放地理解文学与政治的关系。[⑰]在萨支山看来，从社会史的视野出发讨论作家创作问题时，一方面要将文本置于具体的社会结构与社会状况中，另一方面也应避免简化和固化的理解，还原有关这一社会结构的叙述多应对的具体内容与感知经验，从而为重新进入历史提供有效途径。[18]何浩以《战争日记》为例，认为历史必须通过翻转特定现实困境的社会实践才得以进入文学，文学研究的意义在于，通过历史脉络的充分内在把握，突破固化和僵化的叙述危机，充分有效地再次介入历史和现实。[19]刘卓则认为，文学研究中的“历史化”，是从退一步的、反思的姿态呈现为一个不断的批判实践，它要求研究者对中国现代历史进程具有整体性理解，并对构成现当代文学研究的理论预设、历史叙事等加以澄清。[20]在具体研究方面，尤为值得关注的是姜涛的著作《公寓里的塔：20 世纪 20 年代中国的文学与青年》，作者以五四之后社会思潮的分化为线索，在文化与政治运动的紧张中，选取若干人物、现象、群体、事件，探讨青年群体如何通过新文学介入历史，新文学又如何作用于“新青年”，力图构建一种错综而又内在，保持整体而又执着于具体性的历史分析视野。[21]本书既在具体问题的研究中颇多创新，也在方法视野方面突破既有的认识格局，极具“重新研究”[22]的启发性意义。

作为近年来中国现代文学研究的一大热点，四十年代文学研究佳作不断。在延安文艺研究中，李杨通过观照赵树理与《在延安文艺座谈会上的讲话》之间的关系，进一步理解“赵树理方向”，并重新思考《讲话》这一现代性方案的文化政治意义。[23]李杨还考察了斯诺的“非虚构写作”《西行漫记》所具有的“文学”意义，认为《西行漫记》的“文学性”不仅在于“文学修辞”和“文学形式”层面，还指涉了“历史”的“诗学”特性，表现为对历史的认知、理解与预示，不仅表达和改变了“世界的中国观”，而且形塑了一代中国人的“世界”观，并进一步建构了中国人的“国家认同”与“阶级认同”。[24]在沦陷区文学研究领域，袁一丹将沦陷时期周作人在公开场合发表的各种言论（“官样文章”）与净化后的“正经文章”对读，发现了扮演伪教育督办的周作人和作为文章家，甚至以“道德家”自居的周作人形象，集中探讨了周作人文人兼伪官的特殊双重身份，并进而还原了周作人的“正经文章”与沦陷北平的舆论环境、政治态势的隐性关联。[25]袁一丹还借助抗战北平沦陷时期（1937—1945）被激活的士大夫传统，特别是易代之际的遗民传统，从伦理的角度探讨了中国自身的历史经验与失去政治合法性的遗民传统，对沦陷时期知识人的政治选择、道义坚持所起到的历史作用。[26]裴春芳的研究则试图打通抗战时期不同的政治地理板块，她以抗战区的小品散文为研究对象，通过对比延安的“风景谈”，重庆和昆明等地的“小品散文”，分析了抗战时期因政治和社会版图的分化而造成的文体与趣味的分裂性的空间呈现，并探讨了其背后形态各异的“人性”精神内涵与具体的文艺思潮之间的关系，视角独特，论述扎实。[27]

为纪念《白毛女》创演 70 周年，中国艺术研究院马克思主义文艺理论研究所围绕着“七十年后再回首——重读《白毛女》”的主题，于 2015 年 5 月 28 日举办青年文艺论坛。来自中国艺术研究院与中国社会科学研究院的 30 余名青年学者出席了论坛，详细梳理了歌剧《白毛女》的创作过程以及 70 年以来的改编、演出历史，分析了 20 世纪 90 年代以来学术界对这一文艺作品进行“再解读”思路的得失，并就歌剧《白毛女》的经典价值、当代意义以及中国共产党领导下文艺创作的成功经验等问题做了深入的讨论。[28]与此同时，不少研究对《白毛女》的故事渊源、创作过程、舞台演绎、文化内涵等展开深入剖析和解读，以回顾现代中国革命文艺的发展历程，为当代中国提供文化养料和历史资源。

作为现代文学研究的重要课题，鲁迅研究表现出跨学科的学术视野，与世界文学对话的方法自觉。董炳月重新考察了鲁迅在仙台医专“弃医从文”的经历与言说，认为在这一“神话”的背后，包含了鲁迅对文学与美术的关系的思考。鲁迅弃医从文的故事是一个起源于明治日本的战争美术、文学与美术意识觉醒的故事。对鲁迅而言，文学与美术一直保持着一体两面、共生共存的关系，并由此概括出鲁迅文艺的基本结构，对于探讨鲁迅美学思想具有独特的价值。[29]张丽华将鲁迅的短篇小说置于作者与世界文学的“对话”关系中阅读，打开了鲁迅小说的新的阐释空间，并发现了鲁迅在中、西小说形式之间的选择与转化。通过对读安特来夫小说《沉默》两个中文译本，解释了《药》的结尾两个争议不断的意象——“红白的花”与“乌鸦”的由来。[30]将鲁迅的短篇小说《明天》置于夏目漱石《虞美人草》的延长线上，从“思想小说”的角度解读《明天》中的时空形式，发现了鲁迅进化论思想背景中的内在争辩。[31]路杨以鲁迅文章中反复出现的“积习”的言说方式为中心，分析其否定性的字面意义背后的游移感与复杂性，在“古文与白话”问题的具体语境中，考察鲁迅在现实态度与表达策略之间的张力，并最终上升到文章风格层面的讨论。[32]在周作人研究方面，学者主要探讨了周作人的民族国家意识问题。赵京华选择了周作人一生中的几个面对“国家”必须做出决断的时刻，通过周作人对民族国家问题的态度与内在思想理路，综合分析作为文人的周作人其一生对国家的认识以及他对中国现代“国家”构成怎样的关系，从而将“国家”问题相对化和历史化，反思周作人的国家观，以及现代中国之“民族国家”凝聚、发展、演变的复杂过程本身。[33]

2015年的丁玲研究成为学界的一大热点，成果颇丰。李向东、王增如写作的五十余万字篇幅的《丁玲传》，[34]是一部平实而厚重的丁玲传记，叙写细腻，史料与见解均有发掘和创新。它不仅在一些重要方面推进了丁玲研究的深入，也在传记写作如何呈现丁玲思想的复杂性方面提供了有益的经验。[35]贺桂梅将丁玲看作为20世纪中国的经典作家中唯一一个与“革命”相始终的历史人物，丁玲是20世纪中国革命的一个活的化身，因此，理解丁玲也需要将“丁玲的逻辑”与“20世纪中国革命的逻辑”相勾连。《丁玲传》掌握了丰富可靠的文献史料，颇为完满地探索了丁玲生命史和“曲折复杂的心路历程”。[36]《丁玲传》的出版也带动了2015年的丁玲研究热潮。刘卓以丁玲在整风运动之后所作的系列报告文学为研究对象，探讨作品中出现的“新的写作作风”与当时延安对于新闻报道、报告文学所偏重的客观性写作形式的关系，尤其关注其中丁玲自己思想意识的变化，并认为其指向了整个文艺生产过程的改造，并最终落实在创作者与对象之间的新的社会关系的形成。[37]熊鹰通过对丁玲的小说集《我在霞村的时候》40年代英译本翻译出版情况的梳理，勾画出丁玲文学在中国及世界反法西斯战争中的独特位置和“隐蔽力量”，以及丁玲所处的广阔的跨文化网络。[38]

在新诗研究方面，吴晓东的著作《临水的纳蕤思：中国现代派诗歌的艺术母题》，选择了一系列母题意象作为研究现代派诗歌的微观化视角，通过对现代派诗歌派的文本细读，深入探讨了戴望舒、何其芳、林庚、废名、卞之琳等诗人的主体心灵世界和审美化的艺术形式。作者试图从理论建树和文本分析层面建立现代派诗歌研究的意象——母题诗学，表现出一种理论和方法论的原创性思维，而且对文学性和诗性分析颇有心得，字里行间表现出一种对文学文本的悟性。[39]母题研究丰富了解诗的理论和方法视野，在个性化与私人化的现代派中，找到一种群与类的意义，以及诗歌中心灵世界外化为艺术形式的中介。[40]“临水的纳蕤思”既是一个有着丰富诗学内涵的意象，又是一个可以串联起中国现代派诗歌意象的神奇的锁链，勾勒出现代派诗人共同分享的意象体系，从而系统呈现中国现代派诗歌的成熟诗艺，堪称形式主义诗学研究的典范。[41]

对于诗人诗作研究，姜涛颇具新意地考察了1946年到1948年间，“报人”与“诗人”合一的穆旦形象，将“写诗”与“办报”同样理解为一个现代知识分子参与、介入历史的文化实践，从一个特殊的视角，审视内战背景下现代诗歌自身“装置”的重构。[42]刘璐研究了从京派文人圈到延安的何其芳的诗风转变问题，认为何其芳的“抒情姿态”并不仅仅指涉某种抒情性的文学形态和风格，更指涉了一种以抒情的方式建立起个人与世界、个人与历史关系的文化性格，并由此反思了以“个人”为价值起点的新诗，如何与时代、历史产生真正的对话。[43]

《百年新诗选》作为现代新诗的新选本，由洪子诚和奚密主编，吴晓东、姜涛和冷霜等新诗研究者参与编写，精选台港澳和大陆100年来108位诗人而成，所选诗歌覆盖面大，精练而具代表性。这既是一本面向诗歌爱好者的普及读物，同时又为理解新诗历史和现状提供进一步深入的空间。诗选将简要“导读”的撰写作为重要的组成部分，也提供可以扩充阅读的诗集目录，呈现诗人的生平、创作历程和艺术特点。编选者为这部诗选以“时间和旗”与“为美而想”命名，体现了他们对新诗与历史、时代的关联，以及新诗在艺术构型、探索走向上的理解。[44]

综上，无论是经典课题还是前沿问题领域，2015年的中国现代文学研究成果可观，在文学史研究、作家作品研究以及史料文献研究等方面均有建树，并且在研究视野与方法上努力突破既有格局，表现出这一学科向新方向进一步拓展的可能。

注：

①路杨：《孙庆生先生学术思想研讨会综述》，《中国现代文学研究丛刊》，2016年第1期。

②钱理群：《孙玉石先生的学术与人生境界》，《中国现代文学研究丛刊》，2016年第3期。

③李浴洋：《孙玉石与中国现代文学研究的传统》，《中国现代文学研究丛刊》，2016年第3期。

④袁一丹：《杂志联盟与阅读共同体——以〈新青年〉的交换广告为线索》，《中国现代文学研究丛刊》，2015年第7期。

⑤张丽华：《鲁迅生命观中的“进化论”——从〈新青年〉的随感录（六六）谈起》，《汉语言文学研究》，2015 年第 2 期。

⑥贺桂梅：《“民族形式”建构与当代文学对五四现代性的超克》，《文艺争鸣》，2015 年第 9 期。

⑦季剑青：《胡适与〈新青年〉的相遇：从文学翻译到文学革命》，《华南师范大学学报（社会科学版）》，2015 年第 3 期。

⑧张旭东：《启蒙主义“伦理自觉”与当代中国文化政治——反思〈新青年〉早期论述中的文化与国家概念》，《中国现代文学研究丛刊》，2015 年第 7 期。

⑨彭春凌：《历史、价值与〈新青年〉思想能力的激活》，《杭州师范大学学报》，2015 年第 4 期。

⑩孙郁：《新文学的起点》，《杭州师范大学学报》，2015 年第 4 期。

⑪宋声泉：《被神话化的〈新青年〉“双簧戏”事件》，《中国现代文学研究丛刊》，2015 年第 1 期。

⑫陈洁：《论〈新青年〉编辑权的改变对其分化的影响》，《中国现代文学研究丛刊》，2015 年第 7 期。

⑬李春雨、郝思聪：《〈新青年〉与百年中国的文化焦虑》，《中国现代文学研究丛刊》，2015 年第 7 期。

⑭谢俊：《如何在近代想象中国？——读王风〈世运推移与文章兴替〉》，《现代中文学刊》，2016 年第 2 期。

⑮王风：《世运推移与文章兴替》，北京大学出版社，2015 年版。

⑯魏泉：《文章·文体·文运》，《读书》，2015 年第 3 期。

⑰程凯：《“社会史视野下的中国现当代文学研究”的针对性》，《文学评论》，2015 年第 6 期。

⑱萨支山：《“社会史视野”：“当代文学”研究的一个切入点》，《文学评论》，2015 年第 6 期。

⑲何浩：《历史如何进入文学？——以作为〈保卫延安〉前史的〈战争日记〉为例》，《文学评论》，2015 年第 6 期。

⑳刘卓：《现当代文学研究中的“历史化”》，《文学评论》，2015 年第 6 期。

㉑姜涛：《公寓里的塔：20 世纪 20 年代中国的文学与青年》，北京大学出版社，2015 年版。

㉒姜涛：《“重新研究”的方法和意义》，《读书》，2015 年第 8 期。

㉓李杨：《“赵树理方向”与〈讲话〉的历史辩证法》，《文学评论》，2015 年第 4 期。

㉔李杨：《“记录历史”与“创造历史”——论斯诺〈西行漫记〉的历史诗学》，《天津社会科学》，2015 年第 5 期。

㉕袁一丹：《思想战中的政治性“拟态”——周作人事伪时期的官样文章》，《中国现代文学研究丛刊》，2015 年第 1 期。

㉖袁一丹：《易代同时与遗民拟态——北平沦陷时期知识人的伦理境遇（1937—1945）》，《文学评论》，2015 年第 3 期。

㉗裴春芳：《质朴刚健或渊雅精深：抗战区“小品散文”的分流》，《文学评论》，2015 年第 5 期。

㉘李松睿：《七十年后再回首——重读〈白毛女〉》，《文学理论与批评》，2015 年第 6 期。

㉙董炳月：《“文章为美术之一”——鲁迅早年的美术观与相关问题》，《文学评论》，2015 年第 4 期。

㉚张丽华：《“误译”与创造：鲁迅〈药〉中“红白的花”与“乌鸦”的由来》，《中国现代文学研究丛刊》，2016 年第 1 期。

㉛张丽华：《“原来死住在生的隔壁”——从夏目漱石〈虞美人草〉的角度阅读鲁迅小说〈明天〉》，《文学评论》，2015 年第 1 期。

㉜路杨：《“积习”：鲁迅的言说方式之一种》，《中国现代文学研究丛刊》，2015 年第 4 期。

㉝赵京华：《周作人的民族国家意识》，《文学评论》，2015 年第 1 期。

㉞李向东、王增如：《丁玲传》，中国大百科全书出版社，2015 年版。

㉟袁盛勇：《〈丁玲传〉的求真与创新》，《中国现代文学研究丛刊》，2016 年第 1 期。

㊱贺桂梅：《丁玲的逻辑》，《读书》，2015 年第 5 期。

㊲刘卓：《“新的写作作风”——探讨丁玲整风之后的报告文学写作》，《中国现代文学研究丛刊》，2016 年第 1 期。

㊳熊鹰：《反法西斯战争中的“隐蔽力量”：以丁玲〈我在霞村的时候〉及其翻译为例》，《文学评论》，2015 年第 5 期。

㊴吴晓东：《临水的纳蕤思：中国现代派诗歌的艺术母题》，北京大学出版社，2015 年版。

㊵刘奎：《母题研究与新诗解读的前景》，《中华读书报》，2016 年 1 月 27 日。

㊶李松睿：《批评家不要忘了“临水的纳蕤思”》，《读书》，2016 年第 4 期。

㊷姜涛：《“报人”与“诗人”的视野同构：穆旦在1946—1948》，《文艺争鸣》，2015年第11期。

㊸刘璐：《在知音逻辑与抒情姿态的延长线上——何其芳延安时期诗风转变的再解读》，《新诗评论》第十九辑，北京大学出版社，2015年版。

㊹洪子诚、奚密等编：《百年新诗选》，生活·读书·新知三联书店，2015年版。

（作者：秦雅萌，北京大学博士）

中国当代文学

邵燕君　叶栩乔　杨梦皎

2015年的当代文学研究，相比此前发生了这几方面的变化：20世纪50—70年代文学研究持续减少；20世纪80—90年代文学研究中，对“85新潮”乃至先锋文学的反思成为这一年的重要话题；2015年的新世纪文学研究则受到一系列重大事件的引导，呈现出新的热点与话题性；对于文化研究学科本身的反思深入，网络文学研究则被置放在媒介革命以及2014年“净网”行动与资本行动尘埃落定之后格局中，批评理论视野进一步扩大；当代文学史与文学批评领域里，焦点集中在关于文学制度与社会历史的反思和网络文学新批评方法的建设。

一、20世纪50—70年代文学研究

2015年，20世纪50—70年代的文学研究比较少，主题是这一时期特殊的文学体制与社会体制为中国当代文学带来的多重内在矛盾与独特现代经验。贺桂梅从民族形式建构角度，重新解读了20世纪40—70年代的中国当代文学史。贺桂梅认为，20世纪40—70年代的中国，具有现代的民族—国家、“帝国”的历史传统以及冷战格局中的社会主义国家这三个丰富且矛盾重重的面向。由此，这一时期的中国当代文学在超越这种特殊的三重性时，也就得到了独特的理论与实践经验。当代文学由于对现代文学的明确超越意识而得到合法性，而超越的焦点则在于对新的文学主体，即当代文学要求的“新人”，而这又与民族文化资源在这一时期的利用与转型密切相关。由此，贺桂梅提出，20世纪70—80年代的文学转型动力在60年代的民族性书写建构转型中已经出现，而这次转型完成之后，中国当代文学某种意义上回归了“现代文学”中民族—国家、“内在的人”与文学体制的三位一体，历史经过奇妙而独特的修辞术出现了真正的“历史的反复”。①

洪子诚注意到了样板戏中“内部的困境”，并以此为线索对样板戏的起源、艺术风格做了比较充分的论述。洪子诚考证了“样板”、“样板戏”的来源，通过与词义相近的“经典”一词的对比，提出“样板”一词的独特时代与艺术内涵。从样板戏的文本内外进行分析，洪子诚认为，样板戏存在多重内在矛盾：文本之外，江青以及其他艺术领导者精英化的艺术修养，使得样板戏最终呈现出激进派希望达到的艺术面貌，而“革命样板戏”一词中“革命”的颠覆、破坏与“样板”的标准、固定从一开始就存在裂痕；在文本之内，革命传统的交接问题与阶级仇恨在工业生产主题样板戏中的渲染成为关键点，“三突出”的艺术原则反映出的艺术等级制度与革命题材暗示的阶层流动，以及对纯粹乌托邦理想的追求与艺术形象中不经意透露出的颠覆性力量，这些都在样板戏内部构成了巨大的紧张与困境，且在某些时刻呈现出“后现代”的拼贴元素。②另外，洪子诚还对林默涵在“文化大革命”中的检讨书进行了详细的注释与考辨工作，这也是“材料与注释”系列的又一篇考订文字。这些注释揭示了特定历史时期的揭发检举文化，以翔实而准确的史料补充了林文中为自己虚构的“罪行”，钩沉出了诸多20世纪50—60年代关于文艺路线矛盾的线索。③

二、20世纪80—90年代文学研究

2015年正值“85新潮”30周年，对“85新潮”、先锋文学的回溯与反思成为这一年当代文学界的重要主题。陈晓明认为，与西方现代主义运动中的社会行为不同，20世纪80年代中期及其后的先锋文学得以在当代文学史上留存硕果，因而也是“真正的”先锋派。一些当代作家专注于文本的个人创新，在先锋运动已经退潮的今天，仍然秉承着激进的写作形式。这些看似常态化的文学经验包含着先锋意识，陈晓明认为，他们正在向死而生的文学写作中寻求着突围，寻求汉语文学新的可能性。④详细辨析先锋文学之余，陈晓明指出，“85新潮”虽然并非严格意义

上的先锋派运动，先锋派运动在20世纪90年代也已消逝，但“85新潮”确实深刻影响了20世纪90年代乃至新世纪的文学。[5]

张清华也对“先锋”的概念进行了梳理，提出了中国当代文学史语境之下“先锋文学”概念的广义与狭义之辨。广义上的先锋文学之起源，应当追溯至20世纪70年代前后的先锋诗歌探索，如白洋淀诗群的写作实践，而60年代后期贵州青年诗人群的创作也可视作先锋诗歌的源头之一；只论小说，狭义的“先锋文学”则指代1985年和1987年的两波小说运动。张清华认为，作为文学新浪潮的先锋文学已经结束，但先锋文学弘扬了启蒙主义与个人本位主义，并以“形式主义”的文本实验、叙事冒险，推动了当代文坛的变革与成熟，从精神与艺术双方面都为今天留下了丰厚的遗产。[6]程光炜则从学术史的视野对“85文化热”进行分析，指出“85文化热”对今天学界的影响，尤其是对文学批评界新批评观念建立的深刻影响。[7]

张清华论述了《蝴蝶》中意识形态话语失效以及随之而来的巨大荒诞感，对此前陶东风对《蝴蝶》的解读有所回应。从《蝴蝶》中被处理得模糊不清的流行歌曲切入，张清华敏锐地指出，这个细节背后正是作品中旧时代的结束，和重新接纳世俗情感的新时代的开始，世俗情感对主人公—革命者原本坚不可摧的身份认同产生了撼动，而隐藏在作品背后的作家文化身份也正处在暧昧不清的时期。文本细读之后，张清华得出结论：《蝴蝶》可被视为当代作家语言觉醒的代表作，通过《蝴蝶》中大量的话语嬉戏，王蒙在作品中刻画了话语与权力的关系，在1980年就向解构主义靠近了孤独的一步。[8]

陈晓明提出，《怀念狼》是贾平凹彻底离开主流现实主义、走向现代主义的标志性作品，并通过这部奇峰突起的作品，从风格学和精神年代学的意义上梳理了贾平凹的写作脉络。在《废都》的古典美文道路遭遇打击后，写作于世纪之交的《怀念狼》另辟蹊径，以古典志怪的形式处理现代主义，令作品中的物象“通灵”，将“邪异美学”推到极致。贾平凹此后的鸿篇巨制，如《秦腔》、《古炉》、《带灯》等均承袭了《怀念狼》中的浓厚物性，但都呈现出朴拙凝滞的特点。由此，《怀念狼》在贾平凹的创作生涯中具有重大转折意义。

对莫言的研究也出现了一个小高潮。程光炜根据莫言以往的访谈、文章以及已有的《莫言年谱》，在2015年内发表了一组莫言生平述略。这组文章多方考辨莫言的家世[9]、生平以及写作历程[10][11]，为今后的莫言研究总结了一份翔实的重要史料集合，这也是当代作家经典化道路上的重要一步。张清华也对《透明的红萝卜》进行了解读，以精神分析学的角度细读文本，将“红萝卜”视为性隐喻，论证了主人公黑孩“童年的爱情”的产生以及最后的消逝。[12]李陀、程光炜组织了对张承志作品的讨论会，会上重点讨论了张承志在20世纪90年代的文学转型，以及他在《心灵史》前后两个版本之间的取舍。[13]旷新年将重点放在《心灵史》上，认为《心灵史》是张承志文学上的寻根之旅，解读者应当将《心灵史》放在张承志后来的散文序列中，以及资本主义全球化语境之中解读。[14]

另外，厚夫历经十年准备而写就的《路遥传》正式出版，使有关路遥及其作品的研究、影视改编等再次回潮。杨庆祥认为路遥作为命运型作家展现了想象伟大的善的可贵姿态。[15]李建军则详细评述了《平凡的世界》中路遥采用的反讽叙事。李建军指出，路遥在温暖而热情的“春夏型写作”之内，一以贯之地坚持着以客观描写为表现形式的“弱性反讽”，通过对“文化大革命”之中盛行的权力滥用、唯意志论、反智主义的严肃反思，路遥以《平凡的世界》达到了当代现实主义文学的高峰。[16]

三、新世纪文学研究

2015年新世纪文学研究中，乡村叙事依然是现实主义文学的风向标，表现在评论界内则是由追求寓言化到推崇纪实性的研究转向。徐刚批判性地指出，关仁山的《日头》陷于“金权汪杜”四大家族、半世纪中国故事的外部讲述中，在打磨乡村生活细节、加强魔幻情节流畅度方面，都完成得不甚理想。而范小青《我的名字叫王村》更是变成了一个现代/后现代的身份寓言，与真实的乡村相去甚远。徐刚较为认可的是孙惠芬的《后上塘书》，认为它借鉴侦探悬疑小说元素，抽丝剥茧地展示了地方新贵的发迹史与苦难后的心灵忏悔，开辟出一种新的历史想象可能。它和季栋梁的《上庄记》和刘庆邦的《黄泥地》一起，在顽强的现实主义叙述中展示着写作者的诚实、抱负和严肃态度。[17]

鲁太光肯定了叶炜小说《野地》的大历史与微景观并重的写法，认为作者所以塑造老万这一乡绅文化的代表人物，就是为了传达这片土地上漫溢的礼义与温情。[18]师力斌同时看到了当下乡土文学很大一部分是写农民进城的文学，并借鉴雷达的“亚乡土文学”概念，将之概括为“城中村文学”。这种文学城中有村、村模仿城，成为许多文学叙事展开的空间，典型的作品如《出梁庄记》、《到城里去》、《盖楼记》等。师力斌通过红日的《报道》和刘洋的《单孔衍射》两部作品，表达出对“城中村文学”刚健精神的期待。[19]

另一方面，城市叙事日渐成为该期文学研究的重要领域，评论界开始淘洗出都市文学在讲述中国时的正面光彩，首先进入到研究者视野中的是城市生活的运转细节与人们的精神浮沉。鲁太光评价杨小凡的作品《楼市》是中国房地产业的“清明上河图”，有着社科学者般的精密笔触。作品通过决定楼市走向的人的故事和被楼市决定命运的底层人的故事，发出升级现代方案、度过涅槃期的呼声，是一出真正的人间戏剧。[20]在题旨层面，吴义勤扎根于“五四”至新世纪的城乡书写脉络当中，肯定了近年来的城市文学创作回归人性关怀的思想倾向。他以陈彦的《西京故事》为例，认为“西京故事”就是中国故事，作家笔下的“文庙村”就是当下中国社会的象征与缩影。进城大学生罗甲成是新时代的高加林、孙少平、孙少安、于连等人物形象的混合体。并与作家达成了传统人文价值作为信仰良方的共识[21]。吴义勤同时肯定的，还有王鸿达在中短篇小说集《城市和鱼》中表现出的、从一地鸡毛中看到真善美的温暖笔触。[22]杨庆祥在分析《深圳在北纬 22°27′—22°52′》时，也注重作品主体没有变成别的生物，与卡夫卡相区别的“那一点点”。这当中既有一切消失的恐慌，也有再造一切的激动，并呼吁由此建立具有批判和生产性的真正的新城市文学写作。[23]

有关城市文学研究的命名与方法论的探讨也在持续深入。郭海军借鉴深圳宝安区民刊《民治·新城市文学》的口号，将新世纪以来的城市文学冠以“新市民文学”的称谓，强调城市文学书写中的故乡尺度。它观照城市如同有第三只眼睛看人生，所秉持的审美原则是在城乡二者之中既取舍又融通，最终形成新的文化衡量。[24]刘汀提倡用文化地理学的方法讨论城市文学，把城市和城市文学都看作大文本的一部分。[25]

与乡村/城市叙事负载情怀的真实性原则不同，“传奇性”构成了新世纪文学创作的另一脉支流。正如李云雷对当代中国文学前沿问题的总结：一是新文学终结，即大众文化、通俗文艺的流行、纸媒终结与文学严肃性和神圣性的消解；二是讲述新的中国故事，启蒙和救亡退居幕后，文化自信与城市经验在提升，并把梁鸿等为代表的非虚构写作、草根诗歌和官场小说、科幻小说等新文学类型作为后者的主要创作实绩。[26]李云雷认为，《智取威虎山》寓示大众文化语境下，讲述革命故事的新变化：即更加关注中国革命“奇观”与“奇迹”的方面。[27]徐刚在评述 2014 年小说创作时，谈到中国作家总是以历史的名义书写那些激动人心的传奇，如叶兆言的《很久以来》，在借助传奇化策略呈现出人物命运百转千回的同时，也极大遮蔽了历史的丰富复杂。[28]

经典作家的近作也得到了广泛关注。徐刚对《老生》进行了解读，认为《老生》以多文本的去历史化的方式，将 20 世纪革命史处理为“民间野史”，以非常独到的视角对主流历史叙述进行反思，但未能处理好历史中暴力与荒谬的部分，对历史复杂面向的处理犹嫌不足。[29]同样是对于贾平凹的评价，通过细读《老生》，旷新年认为，贾平凹作品中的志怪传统成为猎奇与炫耀的工具，孤立的文化碎片与装饰，而贾平凹试图将西方舶来的人道主义与中国远古背景，现代主义与民间传统嫁接的努力最终也宣告失败。[30]另外，程光炜以格非的《春尽江南》作为切口，由文本细读而深入格非的文学世界，探讨了博尔赫斯对格非写作历程的深刻影响，以及格非作品中的诗性语言和人物与时代关系里唯美忧郁的“虚幻感”。[31]

陈晓明对当代小说形式上的承袭传统与开拓创新进行了深刻的论述。他认为中国当代小说在 90 年代以后，与外国现代小说的经验已经越来越远，2014 年度出现的几部具有某些形式创新意义的作品，如《老生》、《三个三重奏》、《不二》、《繁花》等，显示出中国当代长篇小说形式之不得不变的预兆。获得广泛好评的《繁花》采用了话本形式，但一本《繁花》以传统形式取得的胜利，却揭示出了整个文学共同体缺乏张力与艺术变革可能的严重问题。陈晓明提出，中国当代小说的叙述视点、结构等方面亟待加强。[32]

2015 年，第九届茅盾文学奖首次引入大评委制，增加了评选的公正性与权威性，白烨评价其基本上做到了这一时段长篇小说的选优拔萃[33]。刘慈欣的《三体》摘取“雨果奖”桂冠，并引发一系列评论与研究热潮。李云雷认为，《三体》塑造了可以参与宇宙事务、想象并把握未来的、强盛而自信的现代中国人形象。[34]张颐武进一步看到，科幻文学作为一种现代性特征的文类，在屡遭压抑到勃兴的命运中构成与当下中国的潜在对话关系，变成了 21 世纪中国文学想象力的一个重要方面。[35]

四、大众文化研究与网络文学研究

陶东风以阿伦特、哈贝马斯的公共领域理论作为理论依据，对当代中国的两次世俗化运动下了论断。陶东风将邓丽君歌曲在改革开放初期的中国内地之流行作为标志，认为以邓丽君歌曲为代表的大众文化释放了文革后人们对于世俗情感的压抑，与知识界的新启蒙同路，参与到了20世纪80年代的公共领域建构中。而90年代的第二次世俗化运动不再建构新的公共领域，而是去政治化，将私人领域进一步开放给大众，绝对隐私热的流行与稍后的身体写作也是这一波世俗化运动的产物。陶东风认为，第二次世俗化运动中对私人空间的推崇与公共事务领域的关闭关系密切。[36]另外，陶东风也讨论了文化研究这一学科与体制的关系问题。通过对国内高校的几个文化研究机构、文化研究作为二级学科或学科方向的招生情况、文化研究期刊的发展状况与现实问题的综合考察，陶东风提出，传统意义上被认为与体制对立的文化研究学科，在当下很难完全脱离体制，而体制化对于文化研究来说也并非穷途末路。[37]

王宁认为中国的文化研究往往来自文学研究界，而且将在未来的文化研究中慢慢走出英语中心主义。[38]而宋玉雪、胡疆锋对2014年的文化研究类著译进行了综述。作者认为，文化研究在这段时期日渐兴盛，但也存在一些不如意之处。具体到著作上，作者注意到，在国内近年来的文化研究著译中，大众文化研究得到了学界的重视，出现了一些理论著作与个案分析类著作，此外，新媒体、青年亚文化以及女性主义，也都成为文化研究的热点。[39]

邵燕君提出，对于网络文学的研究应当跳出印刷文明的局限，将网络文学与它的传播媒介——网络及媒介革命联系起来。网络文学的核心特征即网络性，具体表现为网络文学的“超文本”特征、与粉丝经济的紧密结合以及与ACG文化的连通关系。网络文学以此打破了精英文学—大众文学的等级秩序与二元对立关系。邵燕君认为，网络文学的类型性与经典性并不矛盾，应当在充分考虑到网络文学的网络性与类型性的同时，通过梳理网络文学十余年来各类型的代表性作品及其类型脉络，建立一个网络文学经典体系。[40]透过媒介革命的视野看待网络文学，邵燕君认为网络文学是“媒介融合”时代的“孵化器”，将纸质文明的文学成果与ACG等新媒介时代的资源交汇融合。而在“净网”行动与资本行动之后，网络文学的前景面临挑战，但也正是在这个时期，网络文学这个“孵化器”应当更主动地承担起建构主流文艺的使命。[41]“净网”行动与资本行动，使得已经过去的2014年成为网络文学的重要转折年，政治力量、经济力量、网络文学“自主力量”三方在网络文学场中展开激烈博弈。相对于以作者为中心的纸质文学，网络文学以粉丝为中心，为数庞大的粉丝群体代表着网络文学的“自主力量”；因此，网络文学研究学者应当坚定地站在网络文学“自主力量”一方，将伟大的文学传统与网络文学本身的文学性连通起来，这是网络文学研究者的重要使命。[42]

张颐武看到了中文网络文学在世界范围内的独特性[43]，同时也看到了网络文学与近来国内热播影视之间的关联。张颐武指出，网络文学的两个主潮在于玄幻穿越等要求高度想象力的题材，以及青少年校园生活和年轻一代职场经验题材，影视与网络文学主流读者的高重合度为两者的合流与共享提供基础，而这成为了文化创意产业的新可能。[44]中产阶级消费已经成为主流的中国社会里，消费者的力量得到彰显，中国电影的“全国化”与内向化甚至带动了世界电影的全球化。[45]以2015年的热映电影《捉妖记》、《港囧》和《道士下山》为例，张颐武详细分析了中国电影的“全国化”。《捉妖记》中原本被视为传奇经历的“捉妖”的庸常成为其成功的关键；《港囧》中对中产“庸俗”奋斗的无奈与最终和解吸引了都市受众；《道士下山》中启蒙心态的焦虑与困境则显示出“第五代”与新观众的彻底脱节。中国电影的消费能量得到释放，最主流的消费人群则来自2010年后被开发出消费能量的三四线城市以及80、90后的青年。他们的趣味主导着今天中国电影的主流方向，而中国电影的“全国化”又为世界电影带来了大的变革。[46]

戴锦华则从女性主义维度，对近年来的电影及电视节目，如《星际穿越》、《爸爸去哪儿》进行了解读，认为这些作品中缺失了关键的母亲形象，而父亲以柔和的、受到创伤的、但仍然充满爱的形象出现，但这些温柔的父亲形象只不过是父权较为迷人的变奏，本质上仍然遵循着父权逻辑。[47]另外，关于电视剧的价值观，戴锦华提出，目前革命历史题材的电视剧存在着对冷战对峙中失败者想象的认同，以及冷战叙事中的裂隙，电视剧的议题也正是国家、社会和民族的议题。[48]

在纪念世界反法西斯战争70周年之际，鲁太光对从“九一八事变”开始直到今天的“抗战文艺”流变作了历史性的梳理。鲁太光认为抗战文艺在抗战期间作为绝对的主流题材，在各个文艺部门都产生了达到相当高度的作品，而这对“十七年时期”以及新时期的所有试图创作抗战文艺的作家都构成了“影响的焦虑”。尤其是新世纪以来，抗战文艺在艺术高度上乏善可陈，思想内容上则出现了一些与主流政治话语存在偏差的倾向，而艺术工作者的创作上也存在比较多的困境，新时代的抗战文艺需要有力的破局。[49]

五、当代文学史与文学批评研究

洪子诚从文学社会学的角度重新观察了当代文学中的文学制度，认为 1950 年代开始，我国就建立起了一套严密的文学管理干预体制，而这套体制又反过来制约了文学制度之下的文学从业者和读者。在此基础上，洪子诚反思了此前的文学制度研究，对制度与具体对象之间可能存在的某些历史偶然性提出了重视，警惕文学研究中的唯制度论。[50]萨支山也提出，“社会史视野”应当成为当代文学研究中的一个重要维度。萨支山认为，以往的当代文学研究往往将文学与政治的关系过度简单化了，而作品产生的“历史情境”并没有被完全打开。以孙犁、赵树理、柳青的部分作品为例，萨支山以社会史视野对它们进行了重新解读，并提出社会史视野下的现当代文学研究应当深入复杂的社会结构，还原社会历史变革对作品产生的更为鲜活可感的经验。[51]

关于网络文学的研究批评方法，庄庸谈道，目前对于网络文学的批评还有很多待改进之处，问题则主要集中在研究者大多未能深入文本，甚至深入某个具体类型进行研究，而学院派的研究也很难对网络文学业界产生真正的影响。[52]邵燕君则认为，在主流文学建构之中，精英学者的批评作用非常关键，面对网络文学，学院派研究者应当以“学者粉丝”的身份真正“入场”，进行介入式的研究。[53]从阅读网络小说的体验出发，张柠提出网络文学研究者的专业水准有待提高，并且应当建立一套属于网络文学的评价标准。传统文学的“叙事布局”和“整体布局”已经不适用于对网络小说的评价，而在新的评价标准中，应当尤其注意批评术语的准确和适用。[54]许苗苗也就网络文学批评提出了意见，认为传统文学中“作者”的概念已经不能完全适用于网络文学。许苗苗从历史的角度出发，认为唯一作者概念的形成来源于对个人才华的崇拜、印刷文化和版权意识，“文学性”也由此而来，而到了网络媒介时代，超出传统印刷媒介的新的文学形式不断出现，而即使在网络通俗小说之中，作者也已不再局限于个人，而成为文本生产的类概念，由此，关于作者，乃至其他从印刷文化承袭下来的文学批评概念应当得到重新挖掘与甄别。[55]

注：

①贺桂梅：《“民族形式”建构与当代文学对五四现代性的超克》，《文艺争鸣》，2015 年第 9 期。

②洪子诚：《内部的困境：也谈样板戏》，《文艺争鸣》，2015 年第 4 期。

③洪子诚：《材料与注释：林默涵的检讨书》，《文艺争鸣》，2015 年第 5 期。

④陈晓明：《先锋派的历史、常态化与当下的可能性——关于先锋文学 30 年的思考》，《文艺争鸣》，2015 年第 10 期。

⑤陈晓明：《先锋文学三十年：辨析与反思》，《南方文坛》，2015 年第 3 期。

⑥张清华：《谁是先锋，我们如今如何纪念》，《文艺争鸣》，2015 年第 11 期。

⑦程光炜：《“85 文化热”三十年》，《文艺争鸣》，2015 年第 10 期。

⑧张清华：《论〈蝴蝶〉的思想超越与语言内省——一个历史的和解构主义的细读》，《文艺研究》，2015 年第 6 期。

⑨程光炜：《家庭——莫言家世考证之二》，《文艺争鸣》，2015 年第 4 期。

⑩程光炜：《生平述略——莫言家世考证之一》，《南方文坛》，2015 年第 2 期。

⑪程光炜：《创作——莫言家世考证》，《新文学史料》，2015 年第 3 期。

⑫张清华：《细读〈透明的红萝卜〉：“童年的爱情”何以合法》，《小说评论》，2015 年第 1 期。

⑬李陀，程光炜：《张承志创作三十年——当代小说国际工作坊讨论之一》，《现代中文学刊》，2015 年第 3 期。

⑭旷新年：《从〈心灵史〉看张承志的写作》，《文艺争鸣》，2015 年第 6 期。

⑮杨庆祥：《社会互动和文学想象：路遥的“方法”》，《南方文坛》，2015 年第 4 期。

⑯李建军：《一把剪刀似春风——论〈平凡的世界〉的反讽叙事》，《文艺争鸣》，2015 年第 8 期。

⑰徐刚：《检视近期乡村叙事的寓言化策略》，《山花》，2015 年第 7 期。

⑱鲁太光：《叶炜长篇小说〈福地〉：乡土叙事需要多维视野》，《文艺报》，2015 年 11 月 18 日。

⑲师力斌：《城市化时代乡土文学的可能性》，

《山花》，2015 年第 7 期。

⑳鲁太光：《楼市中的心灵戏剧——杨小凡长篇小说〈楼市〉解读》，《湖南文学》，2015 年第 6 期。

㉑吴义勤：《如何在今天的时代确立尊严？——评陈彦的〈西京故事〉》，《当代作家评论》，2015 年第 2 期。

㉒吴义勤：《野百合也有春天——评王鸿达中短篇小说集〈城市和鱼〉》，《北方文学：上》，2015 年第 1 期。

㉓杨庆祥：《世纪的“野兽”——由邓一光兼及一种新城市文学》，《文学评论》，2015 年第 3 期。

㉔郭海军：《20 世纪 90 年代以来城市文学书写的一种读法》，《文艺争鸣》，2015 年第 5 期。

㉕张清华，赵坤，刘汀等：《城市叙事：历史、地理、道路与问题——关于当代“城市文学”的对话》，《长城》，2015 年第 6 期。

㉖李云雷：《当代中国文学的前沿问题》，《长江文艺》，2015 年第 6 期。

㉗李云雷：《〈智取威虎山〉：文本与历史的变迁》，《文艺理论与批评》，2015 年第 4 期。

㉘徐刚：《“碎片” “传奇”与历史的“魅影”——近年来长篇小说历史叙述的几个侧面》，《创作与评论》，2015 年第 10 期。

㉙徐刚：《历史的野兽：〈老生〉论》，《文艺研究》，2015 年第 12 期。

㉚旷新年：《文格渐卑庸福近——评贾平凹〈老生〉》，《创作与评论》，2015 年第 20 期。

㉛程光炜：《论格非的文学世界——以长篇小说〈春尽江南〉为切口》，《文学评论》，2015 年第 2 期。

㉜陈晓明：《我们为什么恐惧形式——传统、创新与现代小说经验》，《中国文学批评》，2015 年第 1 期。

㉝白烨：《九部作品看“茅奖”》，《博览群书》，2015 年第 9 期。

㉞李云雷：《〈三体〉：科幻文学之外的意义》，《光明日报》，2015 年 9 月 2 日。

㉟张颐武：《主流化进程与想象的重构：科幻文学与当下中国》，《山花》，2015 年第 19 期。

㊱陶东风：《畸变的世俗化与当代大众文化》，《文学评论》，2015 年第 4 期。

㊲陶东风：《文化研究：在体制与学科之间游走》，《当代文坛》，2015 年第 2 期。

㊳王宁：《走出英语中心主义的文化研究》，《山东外语教学》，2015 年第 2 期。

㊴宋玉雪，胡疆锋：《文化研究：众声喧哗中的冷静坚守——2014 年度中国内地文化研究类著译盘点》，《中国图书评论》，2015 年第 2 期。

㊵邵燕君：《网络文学的“网络性”与“经典性”》，《北京大学学报（哲学社会科学版）》，2015 年第 1 期。

㊶邵燕君：《“媒介融合”时代的“孵化器”——多重博弈下中国网络文学的新位置和新使命》，《当代作家评论》，2015 年第 6 期。

㊷邵燕君：《网络时代：如何引渡文学传统》，《探索与争鸣》，2015 年第 8 期。

㊸张颐武：《中文网络文学追上世界脚步》，《中关村》，2015 年第 4 期。

㊹张颐武：《网络文学与影视——一个新的文化构成》，《北京电影学院学报》，2015 年第 5 期。

㊺张颐武：《从“背面”认知电影：一个中国角度的再思考》，《电影艺术》，2015 年第 3 期。

㊻张颐武：《新观众的崛起：中国电影的新空间》，《当代电影》，2015 年第 12 期。

㊼戴锦华：《失踪的母亲：电影中父权叙述的新策略》，《海南师范大学学报（社会科学版）》，2015 年第 8 期。

㊽戴锦华：《在第三届全国青年文艺论坛闭幕式上的学术总结》，《文艺理论与批评》，2015 年第 1 期。

㊾鲁太光：《开掘新的话语空间——“抗战文艺”的历史、现状及可能性》，《文艺理论与批评》，2015 年第 5 期。

㊿洪子诚：《当代的文学制度问题》，《中国现代文学研究丛刊》，2015 年第 2 期。

51萨支山：《“社会史视野”：“当代文学”研究的一个切入点》，《文学评论》，2015 年第 6 期。

52邵燕君，周志雄，庄庸，赵斌：《新媒体时代的文学形态——关于网络文学的对话》，《名作欣赏》，2015 年第 34 期。

53邵燕君：《媒介革命视野下的网络文学》，《名作欣赏》，2015 年第 4 期。

54张柠：《网络小说的文学性和新标准》，《文学教育（上）》，2015 年第 2 期。

55许苗苗：《作者的变迁与新媒介时代的新文学诉求》，《文艺理论研究》，2015 年第 2 期。

（作者：邵燕君，北京大学副教授；
叶栩乔，北京大学硕士生；
杨梦皎，北京大学硕士生）

东方文学

魏丽明　阎鼓润

本年度外国文学学界最值得关注的是“新中国60年外国文学研究”系列丛书的出版，[①]全套丛书共计6卷7册，近320万字。丛书以全新的视角系统梳理并深入探讨了新中国60年的外国文学研究历程，并将这些研究成果分门别类进行归纳，对东方文学多有涉及：在第一卷《外国小说研究》的第四章“其他各国小说研究”中，有紫式部、夏目漱石、川端康成、大江健三郎和马哈福兹的章节；在第二卷《外国文学流派》研究中介绍了印度、日本和阿拉伯的相关流派，如印度的进步主义，日本的自然主义、私小说和唯美派，阿拉伯的旅美派、新古典派、浪漫派和自由体等；在第六卷《口述史》中也提到了东方文学研究的数位大家，如阿拉伯文学的仲跻昆、郅溥浩先生，波斯文学的张鸿年先生、印度文学的刘安武先生、日本文学的严绍璗先生、梵文文学的黄宝生先生，朝韩文学的韦旭升先生和印度尼西亚文学的梁立基先生等。这套书处处显示出编撰者“研究之研究”的指导思想，在力求尽可能精准地呈现新中国60年外国文学研究全景的同时，处处设问，问题意识贯穿始终，对新中国60年外国文学研究中出现的问题进行深入的学理分析，准确地诠释了总结自我、分析自我、判断自我、更新自我的思想理念。

一、东方文学的比较研究

2015年，比较文学仍然是东方文学研究中的重要方向。《东方文学与比较文学》[②]一书涵盖张朝柯先生近年来有关这个领域研究的最新研究成果。全书主要以专题形式对以中国为代表的东方文学与西方文学作了比较研究，既有中国文学与印度文学、日本文学等东方文学内部的比较研究，也有东方文学与西方古希腊文学、宗教文学、18世纪以来的现实主义、现代派等不同文学流派的对比。全书史料丰富，视角全面。《关于东方文学比较研究的思考》[③]认为既要全方位梳理东方各国文学内部的纵向继承性发展，又要梳理东方各国文学之间相互接触的影响关系与无影响的平行关系，深入探讨其实际存在的异质性，同时更要关注作为整体的东方文学与西方文学的相互交流情况。文学思潮及文学理论方面是本年度学术关注的重点，《中印诗学“味”、“韵”理论刍议》[④]将其置于中印历史文化大背景下做比较研究，厘清其异同，重新认识和理解“味”、“韵”概念在中印诗学体系中的特点、价值和意义，拓展中印古典诗学理论的研究视野。《论中、韩左翼文学的相互观照》[⑤]一文认为两国之间有一条逐渐清晰的脉络贯穿其间，那便是对血性与勇气的渴望与张扬。《刍议阿拉伯文学的平行研究实践》[⑥]认为《中国文学与阿拉伯文学比较研究》一书弥补了东方整体诗学研究中阿拉伯诗学研究的盲点。《试论阿拉伯文学对西方文学的影响》[⑦]认为虽然阿拉伯文学对欧洲十四行诗和骑士文学都曾产生影响，但西方学术界存在着一种故意将阿拉伯人“侏儒化”的倾向。

作家作品方面，《试论李泰俊与郭沫若〈苏联纪行〉中的民族自省意识》[⑧]从民族自省意识的产生、表现及现实对应角度对两位作家的作品进行探讨。《“三言二拍”与〈一千零一夜〉的信仰观比较》[⑨]从信仰观角度分析两部作品中人们信仰观，包括天命观、因果报应的趋同，以及相同信仰观的不同根源。《中日近现代小说中知识分子的自我救赎》[⑩]比较了明治小说与“五四”小说，以中国现代小说为参照基准来重新审视日本近代小说中知识分子自我救赎问题。《论朝鲜朝使臣李窅眼中的顺治帝形象》[⑪]认为李窅笔下的顺治形象，既是一种客观描述的结果，也是一种有意“文化误读”的产物。

二、东亚文学研究

《东亚俗文学的共通性》[⑫]指出域外俗文学初始品种、流传、作者、传播者、文字内容、反体制倾向和艺术趣味等跨越国界建立了专属的传播渠道，进而构造了一个彼此互通的知识世界并证明了古代东亚俗文学共同体的存在。

国内日本文学研究呈现出可喜的新动向。

第一，结合2015年世界范围内反法西斯战争胜利70周年的纪念活动，对相关领域文学创作的研究增加。《徘徊于良心写作与反省缺失边缘的日本核文学》[⑬]一文认为日本核文学具有局限性，缺乏深刻的反省意识，对原子弹爆炸，核危机等问题缺乏深刻的认识与剖析。《日本的阿Q与其革命乌托邦——新岛淳良的鲁迅阐释与社会实践》[⑭]分析了新岛淳良及其与鲁迅的镜像关系及其对革命的理解。《川端康成的战争感知——以〈生命之树〉为中心》[15]指出川端康成在作品中没有直接批判战争，这与川端在战争期间与战后对战争所持的微妙的、暧昧的态度是一脉相承的。《日本殖民作家的所谓“满洲文学”》[16]认为“满洲文学”充当了日本向“满洲”进行思想文化渗透的工具，带有日本殖民主义、军国主义的文化的和种族的偏见。《当经验记忆沦为文学记忆：论村上春树“满洲叙事”之史观》[17]认为经历过战后学运的村上，日本的场域，基于某种社会责任感写就的满洲叙事，凸显出战后日本流行文学中少见的二战史观，但作者对于作为个体的日本人“被害性”的强调又客观上消减了对作为整体的日本的“加害性”的认知。

第二，对儿童文学和女性文学的关注增多。《浅谈日本的妖怪文化与儿童文学》[18]认为日本的儿童文学推动了日本妖怪文化的推陈出新。《共生固恋的母女情怀》[19]认为林芙美子的《放浪记》中的母女书写填补了传统文本中母女关系叙事的空白之页，为女性性别群体挣脱父权秩序和男权羁绊提供了参照。《近代都市空间的视线文化解读》[20]结合文本分析电车如何从国民国家的载体空间变成男主人公对女性凝视的私人空间，并发掘隐含在文本中的近代国家“博览会视线”。《论小川未明童话的悲剧性》[21]以童话《金环》为例，结合小川未明的生平经历，深入解读小川未明童话中充满温情的人道精神。

第三，对热门作家的研究降温，对冷门作家和作品的研究增加。《论安部公房小说中的超现实主义》[22]从话语内容、形式风格入手，指出作者通过对以超现实主义为代表的现代西方思潮的学习、继承和改造，建构出自己独特的文学空间。《“少数文学”视域下的黄瀛诗歌与宫泽贤治诗歌》[23]认为“脱臼”的文学侵犯了日语本身的固有体系和日常规范，两位诗人是德勒兹所谓“少数文学”的先驱，对日语以及被日语所表征的各种编码体制加以解域。《日本式东方主义文化观逻辑透视》[24]认为井上靖《苍狼》中的“狼原理”将成吉思汗所化身的“苍狼”形象内化为日本的自我形象，这种认知与试图将蒙古定义为野蛮、残暴的东方主义同宗同源，是日本式的东方主义。

第四，对古代文学的研究注重影响研究，近现代文学关注思潮的发展。《中国古代日记在日本的变容——从日记到日记文学》[25]认为日本古代男性日记从形式到内容都可谓是对中国古代日记的受容。《平安女性日记文学繁荣的历史背景及其文史价值》[26]认为女性日记的记录特点和作者对自身情感的披露，使之兼备了文学研究和史料参考的价值。《流变与书写：日本文学对“朱买臣故事”的受容研究》[27]运用比较文学影响研究和变异学研究为理论依据，解析该故事在日本历史的存在和客观实在背景下的师承与受容、改编与创新的异质化现象。《韩国的日本近现代文学研究动向》[28]将韩国对日本近现代文学的研究随时代变迁分为三个阶段，即20世纪60年代的胎动期、80年代的奠基期以及九十年代以后的专业期。

2015年学界对朝韩文学反法西斯的内容特别重视。《民族脊梁下的风骨写作——中国东北创作的朝鲜抗日反日文学研究》[29]以崭新的视角分析了中国境内的朝鲜人文学，包括上海的韩国光复军文学、延安的朝鲜义勇军文学和以长春为龙头在延边地区创作的文学等。《浅析殖民地时期韩国小说中的他者形象——以同伴者作家的小说为中心》[30]以日本对韩国的殖民统治为时代背景，通过解构文本中的他者形象，揭示同伴者作家在殖民与被殖民、帝国主义扩张与社会主义意识觉醒下的困惑与迷惘，探究作家对“他者”的立场和看法。《隐藏于中国典故中的殖民地抗日号角——韩国诗人李陆史作品中的隐喻研究》[31]通过考察李陆史的创作与中国古典文学的关联，重新解释隐藏于《青葡萄》中的作者本意。《论朝鲜古典小说中的檀君神话母题》[32]认为朝鲜古典小说中的典型形象与桓雄和檀君的形象存在很多相似性，而被歌颂的女性形象则与熊女有着颇多相似之处，得出朝鲜古典小说把传统的神话母题融入创作的结论。《〈哀江南赋〉接受与朝鲜朝后期辞赋创作》[33]指出“哀江南”在国家危难等特定历史时期，上升至政治文化层面，实现了深层接受，拓展了朝鲜朝辞赋的外延和内涵。《世界文学大环境与韩国近代文学观念的历史转型》[34]结合时代背景分析了李光洙的启蒙文学理论、金东仁的写实主义理论、廉想涉的文学个性化理论对韩国近代文学观念的形成所起到的作用。《“岁月号事件”在韩国文学界激起的千层浪》[35]通过介绍“岁月号事件”给当时的韩国社会造成的影响引出了韩国文学界对此次事件做出的即刻反应，着重考察了2014年韩国几大代表性文学期刊、文人组织对“岁月号事件”的讨论视角、讨论方式等。《“新春文艺”的现代性与当下性》[36]认为作为韩国代表性的文学新人选拔机制具有广泛影响力和高度制度化的特征，展现出现代文学作为被生产和被建构的制度性产物在不同国家呈现出的特殊规律及演变趋势。

蒙古文学方面，陈岗龙的《熟悉而又陌生的当代蒙古国文学》[37]梳理了当代蒙古国文学史，并对重要的作家和作品进行细致入微的介绍。

三、南亚文学研究

《〈五卷书〉与哈萨克民间故事》[38]认为《五卷书》对哈萨克民间故事有着深刻的影响，两者在动物形象、故事情节、故事类型、思想主题等方面都很相似或者完全相同。《印度史诗〈摩诃婆罗多〉成因考论——基于印度地理环境与社会历史的分析》[39]认为史诗的生成离不开印度独特的地理环境，其对印度自然风光的多处描写形成独特的审美意蕴；史诗文本呈现的“深刻而糊涂”这一特点也是印度先民思维特征之反映。《印度佛教文学及其对维吾尔文学的影响》[40]从历史层面分析印度佛教文学和维吾尔文学之间的传承影响。

《印度英语文学在美国：研究范式与关注热点》[41]认为，从1793年印度英语文学产生至今，美国学者的研究视野也从小说扩展到印度英语文学的其他形式，并从女性批评等新的视角对印度英语文学的重要作家和作品进行全新解析。《新中国印度文学思潮流派译介与研究的考察》[42]指出新中国对印度文学思潮流派的译介和研究经历由进步主义思潮研究为主，逐渐趋向多元化的过程，也一定程度上体现了新中国成立60多年来社会文化的发展历程。《新中国60年印度乌尔都语文学研究的回顾与评析》[43]认为新中国乌尔都语文学研究从20世纪50年代的少量译介开始，20世纪80年代之后，译介数量有所增多，范围有所扩大，对印度乌尔都语文学史的梳理及各种综合研究、个案研究逐渐展开。新中国60多年来乌尔都语文学研究不乏发现与创新，但也存在研究群体有限、视野不够开阔等不足。

四、东南亚文学

《古代中国与东南亚关系与文学交往研究述评》[44]从三个方面简要评述国内外对古代中国与东南亚关系和文学交往的研究现状和发展趋势，特别着重于中越文学关系研究的评述。《越南女作家潘氏黄英作品中的时间建构》[45]认为通过无时化、模糊化、线性化等丰富多彩的“艺术时间”建构，该作家的作品试图陌生化人们熟视无睹的日常生活，从而反映社会变革时期女性小人物的生存状态及其主导人生的自我诉求。《侗台语民族祈雨仪式的口头叙事隐喻》[46]认为在泰国东北部，解释芒飞节起源的神话《青蛙神的故事》中“智斗”的情节与壮族《布伯》极其相似，侗台语族群口头叙事与仪式之间的内在联系与外在张力，其背后是深厚的越巫传统、稻作文化与蛙崇拜。

海外华人文学仍是年度研究的热门内容，尤其集中在马华文学方面。《马华抗日救亡文学中的在地意识》[47]考察了马华抗日救亡文学时期的在地化进程、抗日救亡意识的深化、文学创作的“两面性”等方面。《话语建构的记忆——文艺副刊与马华新生代小说的历史书写》[48]认为马华新生代通过话语建构的方式，推演马来西亚华人走过的历史轨迹，从曲折而又断裂的记忆中确证华人在当地的合法性身份。《阿尼玛变形记——马华作家张贵兴小说〈赛莲之歌〉的分析心理学解读》[49]从荣格分析心理学的角度，对集体无意识原型在马华作家张贵兴的自传性小说《赛莲之歌》中的表现进行了分析，认为小说中的几个女性形象对应于阿尼玛发展的不同阶段。

五、中亚、西亚及北非文学

本年度阿拉伯文学研究有以下几个特点：

第一，对经典作家和经典作品的研究持续深入。《〈移居北方的时期〉中文化身份的双重失落》[50]认为是文化身份的双重失落导致了穆斯塔法的精神极度痛苦，灵魂失去皈依之所。《后殖民主义视域下少数族裔文化身份的迷失与重构——以〈典仪〉和〈北迁季〉为例》[51]展示了世界少数族裔构建自身文化身份的艰辛历程和生存策略。《隐藏在〈北迁季节〉厌女症后的男性身份危机》[52]认为“厌女症”暴露了男性的不自信和身份认同的危机。《米哈伊勒·努埃曼及其作品在中国》[53]指出我国学界对努埃曼作品的翻译与研究自20世纪80年代开始，翻译呈碎片化趋势，只涉及个别作品，研究深度和广度不够，缺乏原创性，研究方法较单一。《论马哈福兹对东西方文化的融会与创新》[54]指出，东西方对社会现实的透视、对人的本能欲望的探索和对宗教信仰的追求与怀疑，都深刻影响了作者的创作观。

第二，对小众作家和以往研究不足的地区的关注增加。《送给突尼斯人民的礼物——2015年阿拉伯小说国际奖及其获奖作家作品》[55]介绍了突尼斯作家舒克里·马卜胡特的小说处女作《意大利人》。《沙特中篇小说〈欢痛〉的性别世界分析》[56]认为以玛哈·穆罕默德·费萨尔为代表的海湾作家的作品为研究文学创作的性别世界提供了丰富的文本案例。《抵抗身份危机——以色列境内巴勒斯坦文学创作述评》[57]意在分析以色列巴勒斯坦裔作家们从“居间”的立场出发，所采取的批判与拟仿、反抗与防守并举的抵抗手段。《解读苏非小说的原型人物体系——以〈落日的呼唤〉为例》[58]解读苏非主义的隐喻，揭示苏非主义之于现代阿拉伯社会的精神价值。《从“对话”看阿西娅·杰巴尔的女性主义》[59]指出作品的对话体承载了小说部分叙述任务，从内容上看，对话成为了小说展现伊斯兰女性丰富内心世界的主要舞台。《黎巴嫩对阿拉伯现代文学的贡献》[60]对黎巴嫩作家在诗歌、小说还是戏剧等方面的成果做了系统的梳理。

第三，对古代文学的研究更加注重文学传承与流转的关系。《试论贾希利亚时期悬诗对阿拉伯文学的影响》[61]详细论证了阿拉伯文学中的悬诗印迹。《透视内心深处的灵光——论〈一千零一夜〉的“寓教于乐”功能》[62]认为该书的魅力既来自于它神幻的故事情节，更来自于它寓教于乐的教诲功能。《〈一千零一夜〉主线故事探源》[63]一文认为，《一千零一夜》的主线故事渗透着丰富的印度故事文学因子，源自印度的可能性很大。《阿尔哈米亚语文学》[64]关注了滞留在西班牙的穆斯林及其改宗者用阿拉伯字母拼写的西班牙语文献；《〈鸽子项链〉与中世纪西班牙世俗文学》[65]则将视角投向了阿拉伯人在中世纪欧洲开创的世俗文学之风。《论中世纪阿拉伯苏菲文学的“私语”文体》[66]以10世纪苏菲派著名神学家、文学家阿布·哈彦·陶希迪的《神示》为例，分析“私语”或“静默交谈”文体所折射的苏菲文人的存在主义观。

对土耳其文学的研究仍然集中在帕慕克身上。《文学VS政治：帕慕克的文学思想探源》[67]认为帕慕克提出另一种文学的政治性，尽力创设一种超越文学与政治二元对立框架的阅读文学的方法框架。《被窃的侦探小说：帕慕克玄学侦探小说论》[68]指出“窃取”和改写传统侦探小说文本，动摇理性王国和“我思”的本体性地位，体现出不可知论和反一元论的特点。《试析帕慕克〈我的名字叫红〉的细密画手法》[69]尝试探究小说中细密画技法的运用与文本写作的互文性关系。

伊朗文学方面，《20世纪的伊朗女性解放思潮与女性诗歌》[70]梳理伊朗立宪运动（1905—1911）之后登上20世纪文学舞台的女性解放思潮。《赫达雅特研究在中国》[71]梳理和归纳了国内学界对该作家作品的译介和研究现状。

学界对希伯来文学的关注重点在圣经上。《〈圣经〉“亚伯拉罕之约”的文学人类学探析》[72]用弗雷泽的交感巫术原则阐释立约仪式中所蕴含的，在历史犹太语境中口传时期和编写时期的游牧文化和契约观念；《文脉交织中的信仰重申——〈约伯记〉的互文性探析》[73]在互文性理论的引导下，从语词象征和主题复现中解读其深厚意蕴。《希伯来圣经乱伦叙事的文学伦理学批评》[74]认为《圣经》的叙事从一开始就与伦理道德结缘，由此形成了鲜明的伦理叙事传统，该传统深刻地影响了西方文学中的伦理书写。《生命直觉主义观照下的〈耶利米哀歌〉》[75]从生命体验的整体性、想象的复合性、直觉的创造性等方面解读该卷书的情绪构成、想象生成、思维革新、表达模式。2015年人民文学出版社继续出版春季号、秋季号《圣经文学研究》集刊。《〈启示录〉的重复艺术》[76]从主导词重复、语句重复、意念重复三个角度探讨该部作品；《托马斯·莫尔〈乌托邦〉中的圣经资源》[77]认为圣经中的意象、人物、话语等原型踪迹在《乌托邦》中随处可见，圣经及基督教思想中的先知精神和天国观念也贯穿于该作品的始末。《偶像破坏者与有机共同体的重建》[78]对《斗士参孙》进行解读。《从亚比米勒到神：〈创世记〉第20章人物解读》[79]认为文本通过创造这种叙事张力推动读者进行填空阅读。《圣殿被毁与“约翰群体”的身份焦虑——兼论对“以他的身体为殿”（约2：21）的理解》[80]指出批判圣殿的潮流可以追溯至第二圣殿犹太教对“终末的圣殿”的想象，对于圣殿的书写不是一种“填补宗教真空”的策略，而是克服身份焦虑的群体性表征。《哈列维〈卡扎里〉对希伯来圣经“王”形象的发展》[81]认为该形象既是作者对希伯来圣经中“王”的形象的拓展，也是对柏拉图政治思想的完善。《〈雅歌〉重译的文学动因》[82]以译者的文化身份、译文所依据蓝本、发表刊物和副文本信息等为切入点，探寻重译背后外在和内在的文学动因。《对话、独白与文化素养——古典希伯来文学与读者认知范式》[83]致力于探讨对话式思想及文学，兼论其对立面，即独白式思想及著作。《圣经中的“弥赛亚”与阿格农小说》[84]指出阿格农小说包含着由弥赛亚引申而来的“抵达之困惑”意识。

《创伤絮语：以色列女性文学一瞥》[85]是《世界文学》“以色列女性文学专辑”的导读，有两个关注点：一是以色列女性文学传统；二是对本专辑入选作家与作品的理解。《乌托邦想象：第一部现代希伯来小说〈锡安之恋〉》[86]认为《锡安之恋》中的乌托邦想象实际上凸显了犹太启蒙运动对以锡安为象征的民族古典历史的兴趣，激发起流散地犹太人对巴勒斯坦的向往和回归锡安的渴望；《新世纪女性主义圣经研究的新趋向》[87]评阅了美国哈佛大学伊丽莎白·菲奥伦扎编辑、多位学者撰写的《二十世纪女性主义圣经研究》。

《“二希”文学传统在外国文学史教材中的模糊性书写》[88]指出我国的外国文学史教材长期以来对欧美文学中“二希”文学传统的“一希”——古代希伯来文学的忽略，使得读者无法建立“二希”文学传统概念，而概念不清会影响对中世纪及其以后欧美文学的理解程度。建议在古代罗马文学之后加入古代希伯来文学，或在早期基督教文学这一部分中植入古代希伯来文学的内容。

随着“一带一路”这一国家战略的提出与推进，中亚文学的文学研究也得到进一步拓展，特别是原先较少得到关注的中亚地区吸引了更多学者的目光。《丝绸之路上的多民族文学——以新疆及中亚跨界民族文学为视点》[89]认为从古至今，新疆各民族的文学和中亚跨界民族的文化与文学之间的渊源关系一直以来都是学者谈论的焦点，随着一带一路政策的大力推进，这种交流互动值得进行深度观察和深入研究。《突厥语民族英雄史诗的学术史观照及思考》[90]从国际视野、国内研究以及学术史反思三个方面回顾和勾勒阿尔泰语系突厥语民族口头传统学术史脉络，反思口头史诗传统的搜集、整理和研究中存在的普遍性问题。《“丝绸之路”上的波斯文学与突厥语族诸民族文学交流关系》[91]系统分析了该地区文学中的波斯与阿拉伯—伊斯兰影响。《论中亚东干文学的家园意识》[92]以东干书面文学为研究对象，认为东干文学的文化家园意识的构成元素包括俄罗斯文化、突厥文化、中国文化、伊斯兰文化。“伊儒交融”型文化是核心元素。《中亚民间文学研究的新簑》[93]介绍了近年来国内中亚民间文学研究的现状。

对撒哈拉以南非洲地区的文学研究有以下几个特点：

其一，对非洲的文学的整体研究呈现系统化特征。《非洲文学与诺贝尔文学奖》[94]认为在后殖民文化思潮的影响下，非洲文学在20世纪末21世纪初成为瑞典学院的“新宠”，“后诺奖时代”如何促进非洲文学的长足发展，已经成为摆在非洲作家面前的重要问题。《论去殖民化时期黑非洲文学的发展》[95]认为去殖民化时期的黑非洲文学突破了疆域和民族的界限，承担起历史赋予的责任，即讨伐殖民主义，建立属于非洲人的非洲。《20世纪南非英语文学创作述略》[96]辨析了南非社会状况和文化态势与南非英语文学发展的互动关系。

其二，对经典作家如索因卡、阿契贝和库切的研究进一步深入，并转向“冷门”作品、思想体系与学术史的评述。《非裔诺贝尔文学奖得主沃勒·索因卡在中国的研究》[97]梳理索因卡作品在中国的译介和引入历程。《〈痴心与浊水〉中女性“他者”形象的解读》[98]指出男权制度的压迫是造成女主人公们“他者”形象的重要原因，而女性以“自欺”的方式去解决面临的困境，只会固化“他者”形象。《阿契贝与小民族语言的解域实践》[99]分析阿契贝的小民族语言思想，即打破理论和实践的固有辖域，使文学研究和创作处于永不休止的生成和逃逸过程中。《从智慧哲学到中性哲学——阿契贝反殖民书写背后的文艺思想》[100]从语言和叙事两个层面揭示了阿契贝在反殖民书写中形成的以中性哲学为特征的文艺思想。

其三，对冷门作家的研究起步。《南非的鲁迅——阿索尔·富加德及其创作初探》[101]向国人介绍了富加德及其创作。《后殖民语境下非洲社会的男权压迫》[102]研读了齐齐·丹格仁布格的小说《惴惴不安》，认为这部作品采用自我指涉式的自传写法、多声部合唱的线性叙事手法，将多个主题揉进一个故事中，堪称一部大胆的民族文学新作。《流散·放逐·回归》[103]解读了尼日利亚女作家奇玛曼达·戈兹·阿迪切2013年新作《美国佬》，指出书中暗含后种族时代语境下地理意义上的回归是移居美国的非洲黑人的一条出路，为21世纪美国种族问题提供了一个全新的诠释视角。

从上文综述可以看出，2015年国内东方文学研究的热点还在日本文学。多国别多学科组成的东方文学，各国文学和各学科之间的发展不均衡现象日趋好转，对撒哈拉以南非洲文学等边缘区域文学的关注日渐升温。对东方文学“研究之研究”的关注十分明显，呈现出跨国别、跨区域的整体研究与比较研究互动的态势。本年度学界对于东方总体文学研究的进一步推进，对于进一步完善东方文学学科建设具有积极的促进意义。

注：

①申丹、王邦维总编：《新中国60年外国文学研究》，北京大学出版社，2015年版。

②张朝柯：《东方文学与比较文学》，东方出版社，2015年版。

③李伟昉：《关于东方文学比较研究的思考》，《河南大学学报（社会科学版）》，2015年第6期。

④于怀瑾：《中印诗学“味”、“韵”理论刍议》，《西藏大学学报（社会科学版）》，2015年第1期。

⑤吴敏：《论中、韩左翼文学的相互观照》，《东疆学刊》，2015年第1期。

⑥马征：《刍议阿拉伯文学的平行研究实践》，《比较文学与世界文学》，2015年第1期。

⑦周放：《试论阿拉伯文学对西方文学的影响》，《西北民族大学学报（哲学社会科学版）》，2015年第2期。

⑧赵帅：《试论李泰俊与郭沫若〈苏联纪行〉中的民族自省意识》，《时代文学》（下半月），2015年第1期。

⑨苏静：《“三言二拍”与〈一千零一夜〉的信仰观比较》，《边疆经济与文化》，2015年第4期。

⑩高西峰：《中日近现代小说中知识分子的自我救赎》，《贵州社会科学》，2015年第2期。

⑪徐东日：《论朝鲜朝使臣李官眼中的顺治帝形象》，《中国比较文学》，2015年第4期。

⑫王小盾：《东亚俗文学的共通性》，《中国社会科学》，2015年第5期。

⑬施敏霞：《徘徊于良心写作与反省缺失边缘的日本核文学》，《赤子》（上中旬），2015年第3期。

⑭董炳月：《日本的阿Q与其革命乌托邦——新岛淳良的鲁迅阐释与社会实践》，《鲁迅研究月刊》，2015年第4期。

⑮商雨虹：《川端康成的战争感知——以〈生命之树〉为中心》，《外国问题研究》，2015年第4期。

⑯王向远：《日本殖民作家的所谓“满洲文学”》，《名作欣赏》，2015年第22期。

⑰李立丰：《当经验记忆沦为文学记忆：论村上春树“满洲叙事”之史观》，《外国文学评论》，2015年第3期。

⑱卜小恬：《浅谈日本的妖怪文化与儿童文学》，《齐齐哈尔大学学报（哲学社会科学版）》，2015年第1期。

⑲杨本明、董春燕：《共生固恋的母女情怀》，《外国语文》，2015年第6期。

⑳王梅：《论小川未明童话的悲剧性》，《近代都市空间的视线文化解读》，《外语教育研究》，2015年第2期。

㉑孙大青：《论小川未明童话的悲剧性》，《开封教育学院学报》，2015年第12期。

㉒邱雅芬、叶从容：《“少数文学”视域下的黄瀛诗歌与宫泽贤治诗歌》，《文学研究》，2015年第11期。

㉓杨伟：《“少数文学”视域下的黄瀛诗歌与宫泽贤治诗歌》，《外国文学评论》，2015年第1期。

㉔刘素桂：《日本式东方主义文化观逻辑透视》，《外国文学》，2015年第4期。

㉕楚永娟：《中国古代日记在日本的变容——从日记到日记文学》，《山东外语教学》，2015年第6期。

㉖韩凌燕：《平安女性日记文学繁荣的历史背景及其文史价值》，《湖北社会科学》，2015年第1期。

㉗王川：《流变与书写：日本文学对“朱买臣故事”的受容研究》，《学术界》，2015年第1期。

㉘金周英：《韩国的日本近现代文学研究动向》，《外国文学研究》，2015年第3期。

㉙夏艳、尹允镇：《民族脊梁下的风骨写作——中国东北创作的朝鲜抗日反日文学研究》，《文艺争鸣》，2015年第12期。

㉚曾思齐：《浅析殖民地时期韩国小说中的他者形象——以同伴者作家的小说为中心》，《理论月刊》，2015年第3期。

㉛金鹤哲：《隐藏于中国典故中的殖民地抗日号角——韩国诗人李陆史作品中的隐喻研究》，《外国文学评论》，2015年第2期。

㉜金向德：《论朝鲜古典小说中的檀君神话母题》，《当代韩国》，2015年第1期。

㉝权赫子：《〈哀江南赋〉接受与朝鲜朝后期辞赋创作》，《四川师范大学学报（社会科学版）》，2015年第1期。

㉞夏艳、尹允镇：《世界文学大环境与韩国近代文学观念的历史转型》，《社会科学战线》，2015年第12期。

㉟苑英奕：《“岁月号事件”在韩国文学界激起的千层浪》，《当代韩国》，2015年第4期。

㊱崔昌笏：《“新春文艺”的现代性与当下性》，《社会科学战线》，2015年第12期。

㊲陈岗龙：《熟悉而又陌生的当代蒙古国文学》《世界文学》，2015年第5期。

㊳郭建新：《〈五卷书〉与哈萨克民间故事》，《佳木斯大学社会科学学报》，2015年第1期。

㊴和建伟：《印度史诗〈摩诃婆罗多〉成因考论——基于印度地理环境与社会历史的分析》，《安康学院学报》，2015年第3期。

㊵海丽恰姆·买买提：《印度佛教文学及其对维吾尔文学的影响》，《山花》，2015 年第 24 期。

㊶朱振武、张毅：《印度英语文学在美国：研究范式与关注热点》，《外国文学》，2015 年第 1 期。

㊷黎跃进：《新中国印度文学思潮流派译介与研究的考察》，《外语与翻译》，2015 年第 1 期。

㊸蔡晶：《新中国 60 年印度乌尔都语文学研究的回顾与评析》，《外语教学》，2015 年第 4 期。

㊹冯小禄、张欢：《古代中国与东南亚关系与文学交往研究述评》，《东南亚纵横》，2015 年第 7 期。

㊺黄以亭、林明华：《越南女作家潘氏黄英作品中的时间建构》，《广西民族大学学报（哲学社会科学版）》，2015 年第 2 期。

㊻李斯颖：《侗台语民族祈雨仪式的口头叙事隐喻》，《黔南民族师范学院学报》，2015 年第 1 期。

㊼黄一：《马华抗日救亡文学中的在地意识》，《中国现代文学研究丛刊》，2015 年第 9 期。

㊽温明明：《话语建构的记忆——文艺副刊与马华新生代小说的历史书写》，《暨南学报（哲学社会科学版）》，2015 年第 12 期。

㊾刘志荣：《阿尼玛变形记——马华作家张贵兴小说〈赛莲之歌〉的分析心理学解读》，《中国比较文学》，2015 年第 1 期。

㊿叶婷：《〈移居北方的时期〉中文化身份的双重失落》，《新疆职业大学学报》，2015 年第 5 期。

51于美娜、冷慧：《后殖民主义视域下少数族裔文化身份的迷失与重构——以〈典仪〉和〈北迁季〉为例》，《北京社会科学》，2015 年第 6 期。

52周宇：《隐藏在〈北迁季节〉厌女症后的男性身份危机》，《牡丹江大学学报》，2015 年第 2 期。

53李茜：《米哈伊勒·努埃曼及其作品在中国》，《西安外国语大学学报》，2015 年第 4 期。

54秦鹏举：《论马哈福兹对东西方文化的融会与创新》，《中北大学学报（社会科学版）》，2015 年第 4 期。

55汪颉珉：《送给突尼斯人民的礼物——2015 年阿拉伯小说国际奖及其获奖作家作品》，《外国文学动态研究》，2015 年第 6 期。

56崔林杰：《沙特中篇小说〈欢痛〉的性别世界分析》，《求知导刊》，2015 年第 23 期。

57余玉萍：《抵抗身份危机——以色列境内巴勒斯坦文学创作述评》，《外国文学动态研究》，2015 年第 1 期。

58张旭敏：《解读苏非小说的原型人物体系——以〈落日的呼唤〉为例》，《外国文学评论》，2015 年第 2 期。

59王佳、丁杨：《从“对话”看阿西娅·杰巴尔的女性主义》，《广西教育学院学报》，2015 年第 5 期。

60周烈：《黎巴嫩对阿拉伯现代文学的贡献》，《阿拉伯研究论丛》，2015 年第 2 期。

61杜晟：《试论贾希利亚时期悬诗对阿拉伯文学的影响》，《才智》，2015 年第 24 期。

62曹山柯：《透视内心深处的灵光——论〈一千零一夜〉的“寓教于乐”功能》，《外国文学研究》，2015 年第 3 期。

63穆宏燕：《〈一千零一夜〉主线故事探源》，《国外文学》，2015 年第 1 期。

64宗笑飞：《阿尔哈米亚语文学》，《外国文学》，2015 年第 3 期。

65宗笑飞：《〈鸽子项链〉与中世纪西班牙世俗文学》，《外国文学研究》，2015 年第 2 期。

66邹兰芳：《论中世纪阿拉伯苏菲文学的“私语”文体》，《外国文学研究》，2015 年第 2 期。

67刘苏周：《文学 VS 政治：帕慕克的文学思想探源》，《浙江工商大学学报》，2015 年第 1 期。

68陈玉洪：《被窃的侦探小说：帕慕克玄学侦探小说论》，《兰州大学学报（社会科学版）》，2015 年第 6 期。

69周敬新，杜吉刚：《试析帕慕克〈我的名字叫红〉的细密画手法》，《楚雄师范学院学报》，2015 年第 10 期。

70穆宏燕：《20 世纪的伊朗女性解放思潮与女性诗歌》，《职大学报》，2015 年第 3 期。

71武磊磊：《赫达雅特研究在中国》，《雪莲》，2015 年第 21 期。

72王晴阳：《〈圣经〉“亚伯拉罕之约”的文学人类学探析》，《忻州师范学院学报》，2015 年第 3 期。

73王晴阳：《文脉交织中的信仰重申——〈约伯记〉的互文性探析》，《阴山学刊》，2015 年第 3 期。

74李滟波：《希伯来圣经乱伦叙事的文学伦理学批评》，《外国文学研究》，2015 年第 4 期。

75王晴阳：《生命直觉主义观照下的〈耶利米哀歌〉》，《圣经文学研究》，2015 年第 2 期。

76任亭亭：《〈启示录〉的重复艺术》，《圣经文学研究》，2015 年第 2 期。

⑦刘颖：《托马斯·莫尔〈乌托邦〉中的圣经资源》，《圣经文学研究》，2015年第2期。

⑱刘庆松：《偶像破坏者与有机共同体的重建》，《圣经文学研究》，2015年第2期。

⑲南宫梅芳：《从亚比米勒到神：〈创世记〉第20章人物解读》，《圣经文学研究》，2015年第1期。

⑳洪晓纯：《圣殿被毁与“约翰群体”的身份焦虑——兼论对“以他的身体为殿”（约2：21）的理解》，《圣经文学研究》，2015年第1期。

㉑陈会亮：《哈列维〈卡扎里〉对希伯来圣经“王”形象的发展》，《圣经文学研究》，2015年第1期。

㉒马月兰：《〈雅歌〉重译的文学动因》，《圣经文学研究》，2015年第1期。

㉓泰耶·斯托达伦、侯春林：《对话、独白与文化素养——古典希伯来文学与读者认知范式》，《圣经文学研究》，2015年第2期。

㉔许相全：《圣经中的“弥赛亚”与阿格农小说》，《圣经文学研究》，2015年第2期。

㉕钟志清：《创伤絮语：以色列女性文学一瞥》，《世界文学》，2015年第4期。

㉖钟志清：《乌托邦想象：第一部现代希伯来小说〈锡安之恋〉》，《国外文学》，2015年第3期。

㉗钟志清：《新世纪女性主义圣经研究的新趋向》，《外国文学动态研究》，2015年第1期。

㉘曹卫军：《“二希”文学传统在外国文学史教材中的模糊性书写》，《天水师范学院学报》，2015年第1期。

㉙阿地里·居玛吐尔地：《丝绸之路上的多民族文学——以新疆及中亚跨界民族文学为视点》，《中外文化与文论》，2015年第4期。

㉚阿地里·居玛吐尔地：《突厥语民族英雄史诗的学术史观照及思考》，《文化遗产研究》，2015年第1期。

㉛吐尔逊·库尔班：《“丝绸之路”上的波斯文学与突厥语族诸民族文学交流关系》，《民族文学研究》，2015年第5期。

㉜杨建军：《论中亚东干文学的家园意识》，《外国文学研究》，2015年第2期。

㉝多洛肯：《中亚民间文学研究的新纛》，《西北民族研究》，2015年第4期。

㉞齐林东：《非洲文学与诺贝尔文学奖》，《南昌航空大学学报（社会科学版）》，2015年第4期。

㉟焦旸：《论去殖民化时期黑非洲文学的发展》，《学术交流》，2015年第4期。

㊱周慧梅：《20世纪南非英语文学创作述略》，《才智》，2015年第10期。

㊲江玉娇、盛钰：《非裔诺贝尔文学奖得主沃勒·索因卡在中国的研究》，《浙江师范大学学报（社会科学版）》，2015年第5期。

㊳刘江：《〈痴心与浊水〉中女性“他者”形象的解读》，《渤海大学学报（哲学社会科学版）》，2015年第2期。

㊴姚峰：《阿契贝与小民族语言的解域实践》，《国外文学》，2015年第2期。

⑩段静：《从智慧哲学到中性哲学——阿契贝反殖民书写背后的文艺思想》，《外国文学动态研究》，2015年第2期。

⑩许秋红：《南非的鲁迅——阿索尔·富加德及其创作初探》，《名作欣赏》，2015年第36期。

⑩陈永花：《后殖民语境下非洲社会的男权压迫》，《名作欣赏》，2015年第35期。

⑩武玉莲：《流散·放逐·回归》，《名作欣赏》，2015年第36期。

（作者：魏丽明，北京大学教授；阎鼓润，北京大学硕士生）

西方文学（不含英美）

杨海若 喻天舒

2015年北京学者的西方文学研究，延续了人们在2014年的相关研究中，对西方古典、中古文化文学以及对阿拉伯文学与西班牙乃至整个西方文学关系的讨论，同时在其他方面的学术探讨中也不乏新的创见，取得了相当的研究成果。以下我们分西方古典与中古文学研究、德语文学研究、法语文学研究、西班牙语文学研究、文论及其他五个部分，就笔者目下掌握的资料，对2015年北京学者的西方文学研究状况，进行一番综述。

一、西方古典与中古文学研究

在荷马史诗《奥德赛》中，塞壬女妖是以利用歌声引诱来往海上的旅者走上死亡之路的形象出现的。但在柏拉图的作品中，塞壬以一种全新的姿态在苏格拉底的口中得到了重生。李向利的文章①在探讨荷马史诗中传统塞壬传说和形象的基础上，进一步分析了柏拉图以苏格拉底为主要人物的四部作品——《会饮》、《斐德罗》、《克拉提洛斯》、《王制》中所包含的新的塞壬信息和塞壬形象在古希腊古典时代的变革与发展。苏格拉底用自己的哲学将用歌声引诱人丧生、与冥界和死亡关联密切的怪物塞壬改造成为了歌颂、追求德行的女神，从而打造了全新的符合后荷马时代雅典“新文化”运动革新思潮的“塞壬歌声”。

白美妃的文章②聚焦于韦尔南《希腊的神话与思想》一书第三章中《赫斯提—赫耳墨斯：论希腊人关于空间及运动的宗教表现》一节。文章指出，长于历史心理学分析的韦尔南，对在古希腊神话中同为十二主神的女性灶神赫斯提和男性信使神赫尔墨斯这对分别代表人类内在的、确定的、封闭的和自省的方面以及与他者交流的、象征着人类外在的、开放的、流动的方面的二元体所展现出来的“中心与运动”的空间关系具有新颖的认识，并以之为出发点进一步探讨了希腊人的心智结构，细致考察了该二元体由不同角度切入而展现出来的八种不尽相同的对立互补特性。由此，论者以为，试图勾勒出希腊人从神话思维到理性思维转变轨迹的韦尔南，其所构建的赫斯提—赫尔墨斯二元体的希腊人的心智结构，是与其所处的历史文化背景密切关联的。

岳成的文章③尝试从奥古斯都时期最为著名的三大诗人之一贺拉斯的作品中，探寻该时期罗马人对罗马与意大利之间关系的判断。论者从地理环境、民族构成、政治归属、经济状况和文化属性五个方面，详细探讨了体现在贺拉斯诗歌作品中的意大利民族精神以及意大利与罗马文化间的融合。文章认为，贺拉斯的诗歌展现出了当时罗马帝国对意大利民族的理解和认同，凸显了意大利与罗马之间独特的罗马—意大利文化的吸收性和多元性关联。

集句诗，即集合前人诗文以属辞成诗，在我国北宋时期曾十分流行。而在西方，生活于公元4世纪的基督教女诗人普罗芭，也曾用古罗马大诗人维吉尔的一系列诗歌中的词句，缀写出一部宣传基督教圣经故事内容的《集句诗》。高峰枫的文章④首先对西方古代集句诗的形式、结构和特征进行了概括，随后对普罗芭如何以一种戏谑的方式将维吉尔的诗句进行重塑和借用，从而令古典文学改头换面，成为传递基督教思想的新诗歌的过程，进行了有理有据的阐释。

二、德语文学研究

莱辛的《智者纳坦》一剧，塑造了一个以令人尊敬的智慧长者形象出现的犹太人角色，一扫旧有的其他西方文学作品中所惯常表现的犹太人的贪吝、龌龊与卑鄙形象，传达了剧作家超越民族偏见与歧视的、提倡宗教宽容与信仰自由的伟大思想。叶隽的文章⑤认为，莱辛的名剧《智者纳坦》凸显了犹太问题在德国乃至欧洲史上的核心位置，他所刻画的犹太人智者纳坦形象，一定程度上展现出在激烈的宗教冲突中探寻宗教和谐的可能性。而宗教宽容、社会和谐，正是莱辛这样的西方启蒙精英们所向往的理想世界。叶文认为，在莱辛的“诗路话语”中，由戒指之争而引发出的宗教和谐之可能性，体现出的乃是一种胸怀天下与人类命运的阔大气魄。而具有这样一种气魄的莱辛的“人类戏剧”所代表的真理观和人性观，或许正是通向“永久和平”的一条必由之路。

《浮士德》全称《浮士德：一部悲剧》，是约翰·沃尔夫冈·冯·歌德在1772—1832年长达60年的时间内倾心创作的一部拥有12111行诗句的史诗剧。谷裕的文章⑥从国内歌德研究有所欠缺的诗学形式和修辞艺术入手，通过对《浮士德》主题框架以及局部场幕的双向分析，详细研讨了该诗剧与西方传统戏剧形式意义上的悲剧的区别。文章意在说明，浮士德“悲剧”不悲，剧作本身并未采用典型的悲剧形式，而是于中穿插了滑稽剧、宗教剧及歌舞剧等多种形式的一部意义严肃但形式丰富的悲喜剧，更接近巴洛克式的“人间大戏”（theatrummundi）。而在多种戏剧形式和不同戏剧氛围包裹下的浮士德本身，则是歌德对人在存在意义上的戏剧人生的最好表达。

朱云飞的文章⑦分析了施莱尔马赫对《圣经》开篇《创世纪》中关于“伊甸园”传说的启蒙式解读。文章认为，施莱尔马赫通过对《圣经》中关于“伊甸园”传说的“重述”，庄重地将其视为一本“诗歌艺术”佳作而非“唯独圣经”的神圣性宗教经典。施莱尔马赫正是经由对《创世记》伊甸园传说在淡化宗教特性基础上的补充和改写，将《创世记》的伊甸园转变成“被启蒙的伊甸园”，并在自己的全新解读中引申出关于人性产生的探讨和对人性的罪恶与希望的定义，揭橥了现代社会人性的秘密。这样，通过对古典作品的“寓意解经”，施莱尔马赫为经过启蒙洗礼后人性的完善与现代社会的发展指引了方向。

活跃于19世纪末20世纪初的德国诗人斯特凡·格奥格尔，不仅创作了许多精致而富有象征意义的诗歌，而且在现实生活中也建立了富有柏拉图与古希腊教育传统气息的格奥格尔圈子。杨宏芹的文章[⑧]将格奥尔格圈子从神秘色彩的理想与种种传闻的衣壳中剖开，将之正视为现代共同体的一个特例，进而深入探讨了格奥尔格圈子中的核心思想及其存在价值。文章认为，格奥尔格建构的格奥尔格圈子不仅与社会相对立，体现了一种文化批判与社会批判，更重要的是，他以教育的爱为核心，重返生命之源，为心灵上无家可归的年轻人重建生命之根，由此生长出新的生命意义与价值。与此同时，文章也对格奥尔格圈子内部日益增长的冲突予以了必要的关注，认同了共同体“总是将来的事情”的观点。

梁展的文章[⑨]将西方现代小说的鼻祖之一弗朗茨·卡夫卡再次置身于一战前后的奥匈帝国的历史语境之中，以其当时并未发表的德语小说残篇《中国长城修建时》为主要对象，探讨这部小说创作与第一次世界大战和奥匈帝国的现实政治之间的隐秘关联以及它与19世纪末20世纪初诸多政治话语间的互动。通过分析对比小说中古老东方帝国制度和社会现象与现实中奥匈帝国社会政治之间的相关性，揭示出历来被认为是孤独地从事内心写作并在痛苦中忧郁生活的小说家卡夫卡内心深处对国家深沉的热爱与独特的认同方式。

在世界文学的殿堂里，许多作家的人生经历和艺术成就，都与疾病和死亡密切相关。方维规的文章[⑩]致力于分析德语语言大师托马斯·曼的小说作品对于艺术、疾病以及死亡之间关系的表述。文章首先对西方文化的相关传统及其重要概念做出了一个简要的回顾，追溯了古希腊罗马文化概念中的“狂躁”、“灵感”、“天才”等词义的病理学意义。文章随后指出，在曼氏的“病的哲学”中，疾病被视为是一种令作家走向更高级精神状态——提炼生活、超越现实、回归自然、创造艺术等的起始，疾病也由此成为了一种人们借以认识人、事、物的手段。文章认为，托马斯·曼的作品之所以关注疾病与人性、智性以及人的尊严之间的密切关系这个命题长达几十年之久，乃是意在通过“病的哲学”引发人们从“同情死亡”到“同情生活”的转变，使人们从对死的敬畏和绝望中萌生及抒发对生的信心和乐趣，说到底是为了表现作家对生命的珍视。

在经历了近乎整整一个20世纪的消歇之后，至20世纪与21世纪交界之时，家族小说在德国重新焕发了生机。时晓的文章[⑪]认为，家族小说之所以能够重新繁荣，究其原因在于它与历史的反思集合起来，成为了一种回忆文学的表现形式。文章将德国家族小说的叙述模式进行归纳和梳理，分类为“对二战历史的角色反思”、“对大屠杀受难史的记忆继承”和“文化多元背景下少数族裔的记忆书写”三部分。文章断言，德国家族小说在世纪之交的异常繁荣既凸显了这一古老文学体裁的崭新生命力，又为人们从中认识和发现当代德国社会历史观的变迁和了解德国反思二战历史的新阶段，提供了文学读本。因此，无论是从理论层面上还是现实层面上看，家族小说都具有不可小觑的关注意义。

首现于16世纪德国民间故事书中的浮士德形象，在几百年的文化流传中，经历了由下地狱的魔鬼结盟者到上天堂的自强不息者的形象沉浮。胡蔚的文章[⑫]对东渡中国的浮士德形象在民国时期的启蒙与救赎话语中所代表的意义，以及新中国建立以来数十载间人们对这一形象认识的转变和反思进行了讨论。文章分析的重点，在中国学术界改革开放以后对浮士德形象以及其精神内蕴的执着、反思和质疑，展示了这一形象在现代中国，如何从自强不息的英雄、寻找出路的迷茫知识分子形象，跌落到了罪孽深重的恶人、乃至游戏人生的犬儒主义者的过程，并最终得出结论认为，《浮士德》在当下中国的接受史，具体而微地反映了当代中国知识分子对西方启蒙文化的多元认知。

三、法语文学研究

《艾蒙的四个儿子》又被称作《蒙托邦的雷诺》，是法国中世纪盛行的“武功歌”中的一部，讲述的是公元770年至814年间，法国多尔多涅的艾蒙公爵的四个儿子阿拉尔、雷诺、居查、理查以及他们的堂兄术士摩吉共同对抗残暴的法兰西君主查理曼的英雄事迹。张文奕的文章[⑬]通过对《艾蒙的四个儿子》的十二主干情节内容与印度大史诗《摩诃婆罗多》的主体情节的比较、分析，断定前者与以《摩诃婆罗多》为代表的东方民间文学作品之间存在着紧密的联系。在此基础上，文章进一步考察8至12世纪之间以阿拉伯文化为中介的东西方文化、文学交流情况，探讨了欧洲中世纪著名的宗教异端阿尔比派在东西方民间文学交流中所起到的作用以及13至14世纪之间天主教会发动的阿尔比之战给东西方民间文学、文化交流带来的破坏性影响。这其中，既包括大量西方优秀民间艺人的流失，也包括相当数目的文学作品被当成异端之说而遭销毁。文章最后表示坚信，东西方之间、全世界各民族之间的文化交流与往来是一股不可抗拒的历史潮流，它终有一天会奔涌而来。

在20世纪60年代兴起的“新批评”对“模仿说”提出全面质疑以后，十八世纪法国著名的启蒙思想家、唯物主义哲学家、作家和百科全书派的代表人物德尼·狄德罗的小说价值重新得到评估，他被视为“反小说”的先锋。孙婷婷的文章[14]详细分析了努力摆脱传统小说窠臼的狄德罗，因英国小说家理查逊的影响而引发的对以现实主义细节制造小说幻象的重要性的关注，和对真正意义上的具有多种可能性的现实主义小说的追寻。而在其后期作品中，狄德罗虽然表面上采取了现实主义的写作手法，却从小说内部对“现实主义”进行了颠覆和破坏。由此，文章断言，尽管现代性的标准一直都在改变，狄德罗的小说仍不乏鲜明的现代性特点。

《少年维特之烦恼》是歌德的第一部小说，也是同时代作品中在法国读者最多、最具影响力的一部文学力作。李征的文章[15]从叶隽教授的“侨易十六义”出发，对《少年维特之烦恼》在法国侨易过程中出现的社会背景、思想与文学语境的“异质文化相交”的“移交”变创效应做出分析与讨论。试图以此印证，以文学作品为载体的传播过程在“移交”的侨易推力作用下，可以令不同文化体之间的物质位移导向精神质变。

埃德蒙·罗斯丹创作的新浪漫主义戏剧作品《西哈诺·德·贝尔日拉克》，因成功塑造出西哈诺这一代表法兰西民族精神的浪漫英雄人物而名震世界。张怡的文章[16]讨论的是在传统的台词和舞台指示这两大戏剧剧本要素阅读方式之外，重新阅读《西哈诺·德·贝尔日拉克》的可能性。文章通过剖析人物角色间的潜在关系以及该剧内在的隐性结构，认为《西》作呈现出一种不同于传统戏剧单一性结构的“双结构性”特点——不论是人物角色间显性关系和隐性关系的双重设定，还是该剧内在的嵌套、平行或交替的结构特点，都在一定程度上证明了某种双结构性的存在。

虽然与1911年的诺贝尔文学奖擦肩而过，但比利时诗人埃米尔·维尔哈伦仍是当时法语文坛中不可多得的诗歌巨匠，他的诗集曾被译成20多种文字，对表现主义、未来主义和象征主义文学都有深刻影响。张迎旋的文章[17]以维尔哈伦的诗作《彷徨的乡村》、《城市的触角》、《虚幻的村庄》、《城市的灵魂》和剧本《黎明》等为例，分析了反映在其作品中的艺术与政治间的相生相克关系、城市与乡村间的互引互斥张力及其对欧洲文化新脉动的准确把握。文章作者认为，象征主义和城市主题在维尔哈伦这里相得益彰，让城市诗歌映射出现代人类文明的光辉和阴影，历史和前景。

20世纪30年代，随着有声电影的崛起，法国电影迎来了一个黄金时代。朱晓洁的文章[18]通过对法国两位著名的剧作家马塞尔·帕尼奥尔和夏沙·吉特里的人生经历、性格特点、从影缘由、电影语言、场景调度、作品风格的介绍，探讨了二者共同热衷的至今依旧充满生命力的“戏剧化电影”发展历程，肯定了两人对电影事业的影响与贡献。

魏柯玲的文章[19]选取了三位极具代表性的现当代法国作家阿尔贝·加缪、埃莱娜·西克苏和雅克·德里达，来分析阿尔及利亚与法国知识分子间难以分离的关系。通过上述三位作家的自传性作品中所传达出来的撕裂、差异、漂泊、他者等思想，探讨了阿尔及利亚对法国文人及文学在隐喻层面上的影响和改变。

菲利普·索莱尔斯是法国当代著名的小说家，法国结构主义流派的代表人物之一。刘宇宁的文章[20]以索莱尔斯《戏剧》、《数》和《法》三部作品为例，渐次展现了索莱尔斯从早期作品中直截而形式化地运用中国元素，到20世纪80年代对中国诗歌熟稔的翻译与化用，再到21世纪以来将自己作品的哲思与中国道家思想融会贯通的过程，探讨了索氏借用中国文化思想与哲学的精髓反诘西方文学及其反应的思维方式，并肯定了索氏力求以文学作品建立起东方与西方的对话通道，通过汲取中国文化的精髓，大胆挑战法语写作的极限，创新自己的文学写作的努力。

安妮·埃尔诺是法国当代文坛上最具影响力的女作家之一，她的作品具有非常鲜明的书写特征。陆一琛的文章[21]以安妮·埃尔诺的小说《位置》为切入点，阐述了作者独特的“具有社会性维度自传”的作品架构。在此基础上文章，进一步探讨了作者2008年问世的“无人称自传”小说《悠悠岁月》，揭示了体现在该作品中的因“双重身份”而边缘化的叙述者、个人/集体回忆交织、融合媒介的影集式结构这三大特色。

荣获2014年度诺贝尔文学奖的法国小说家帕特

里克·莫迪亚诺，被法国评论界誉为当今法国最具才华的作家之一。吴岳添的文章[22]从作为犹太人的莫迪亚诺的人生经历和创作旅途说起，对这个在半个世纪的时间里创作了一系列融现实主义与现代主义于一体的关注人类命运的新型小说，并且具有自己虚实相间的、寓言式的独特文风的作家进行了翔实的介绍。

四、西班牙语文学研究

创作于1023年的西班牙阿拉伯语世俗文学杰作《鸽子项链》，其作者是出生于阿拉伯西方帝国后伍麦叶王朝首都科尔多瓦的一个穆斯林家庭的伊本·哈兹姆。宗笑飞的文章[23]考察的就是这部作品与中世纪西班牙世俗文学的之间的关系。文章在总体回顾中世纪拉丁文学、西班牙骑士传奇、谣曲等世俗文学与阿拉伯文学间的关联的基础上，着重分析比较了中世纪后期西班牙天主教诗人伊塔大司铎胡安·鲁伊斯的著作《真爱之书》与《鸽子项链》的异同，指出了前者对后者的多所借鉴之处，从而有力地佐证了论者关于哈兹姆作品的世俗化影响为西方沉闷的中世纪打开了一扇清新之窗的断言。

终结论在当代西方文化理论发展的旅途中，一直是备受关注的话题，无论是在今天的文学、哲学还是历史领域里，人们都能发现终结论的足迹。而世界知名的阿根廷诗人、小说家博尔赫斯，不仅以一位作家的知性思索影响了现代艺术和文学创作的发展，还以他创作的模糊了现实与艺术界限的“想象文本”，同马塞尔·杜尚、安迪·沃霍尔等前卫艺术家的作品一道，启发了美国著名哲学家、艺术批评家阿瑟·丹托提出“艺术终结论”。陈博的文章[24]阐述了博尔赫斯与“艺术终结论”的关联。在讨论博氏关于“小说的死亡”的观点时，论者将其视为小说家对史诗的复兴及诗人创造者身份合一的企盼。

五、文论及其他

《悲剧的诞生》是德国哲学家尼采的第一部公开发表的作品，也是一部别开生面的美哲学著作。张辉的文章[25]探讨了在尼采《悲剧的诞生》里被认为是对所谓的“悲剧文化”意义非常的两位古希腊兄弟神祇阿波罗与狄奥尼索斯间的张力关系。文章认为，《悲剧的诞生》按诞生、死亡与再生的内在思想理路分为三大部分，而尼采在涉及“诞生”的第一部分提及阿波罗与狄奥尼索斯之间的二元性时使用了“感性”、“繁衍”、“交合”等指涉“两性关系”的比喻；在涉及“再生”的第三部分则换用了“兄弟联盟”这个与之形成对照的另一个比喻。而无论是“两性关系”还是“兄弟联盟”，都在与《悲剧的诞生》第二部分判定的苏格拉底与欧里庇德斯之间的同谋关系的比较中形成了巨大的反差，昭示了尼采对“希腊本质”的整体判断。

挪威戏剧家易卜生是具有世界性声誉的近代戏剧先锋。王宁的文章[26]在对世界主义作了十个方面的界定后，又从三个方面总结了易卜生与世界主义的关系。随后，论者从世界主义的视角对《培尔·金特》这部最具有世界主义特征的易剧作了必要的分析，并据此认为，易剧在中国的不断被改编，也恰恰显示出了易卜生作品的世界主义元素。文章断言，如果一个作家想要自己的作品得到不同时代和不同文化语境的读者的阐释的话，那么他就无须将自己的作品局限于特定的时代或文化和审美代码，而要探讨全人类所共同面临的一些基本问题。易卜生无疑是属于这样一些有着永恒的批评和阐释价值的伟大作家。

作为存在主义哲学的创始人和代表人物之一，20世纪德国著名哲学家马可·海德格尔的思想，一直都是学术界津津乐道的话题。任昕的文章[27]脱离大多数海德格尔研究者从哲学、史学、美学或其他艺术研究角度对海德格尔诗学进行探讨的理路，牢牢抓住海德格尔诗学中一条贯穿始终的隐线——诗性，并由此入手，对海氏诗学思想的主要内容、独特维度和救赎意义做出相应的阐释，最终得出诗性是海德格尔诗学内在精神和真正意义所在的结论。

西奥多·阿多诺是德国著名哲学家、社会学家，法兰克福学派的主要代表人物和社会批评理论的奠基者。常培杰的文章[28]探讨了在二战后西德的文学批评危机中，阿多诺有关“奥斯维辛之后写诗是野蛮的”这一著名论断的功能论意义。文章认为，阿多诺此论应被视为是对以进步和同一性为内在逻辑的现代性价值的激烈批判，阿多诺以此论断反对的，不是那些能充分认识到现实的异化状态、反思和批判现实的作品，而是那些肯定和美化现实的文学。赵勇的文章[29]关注的同样是阿多诺的“奥斯维辛之后”的意义。文章认为，阿多诺此论在艺术方面成为具有可能与不可能双重意义的一个二律背反命题。奥斯维辛是阿多诺的创伤性内核，艺术工业则是其终身批判的对象，二者共同构建了阿多诺对艺术的绝望。而贝克特、策兰等人的作品中展现出的高超写作技巧和苦难、沉默、意义的否定等内涵，又令阿多诺看到了艺术的新希望。阿多诺所意识到的当代艺术危机与生机并存的艰难处境，在越来越远离奥斯威辛的今天，仍然没有过时。

罗兰·巴特是法国著名文学理论家和批判家,《论拉辛》一文在法国文学界造成极大轰动,使他成为敢与学院派权威抗衡的人物。张静的文章[30]介绍了"索尔邦之争"的前因后果,探讨了作为法国新批评创始人的巴特所创造的加剧文本差异、使之多元化的阅读、批评新形式。文章认为,巴特以欢愉的观念区别文学性语言和科学性语言,改变了文学批评的固定模式,使文学批评出现了诠释的可能,也使文学的视野投入到更为广泛的象征世界中。

李明明的文章[31]从"媚俗"的德语起源 Kitsch 入手,逐步就媚俗艺术、媚俗文学和媚俗文化三领域中的"媚俗"概念发展与流传展开讨论。并据此认为,"媚俗"作为现代美学中最令人困惑、最难以把握的范畴之一。作为社会文化急速变化的最佳观察点,无疑将为国内的文化研究、文学艺术批评等提供理论参考视角,有助于人们认识所处的时代及其特质,捕捉不断涌现的新兴文化现象。

张江的文章[32]探讨了西方文学理论历经混沌发生期、稳定共识期、震荡调整期、系统整合期四个阶段的大致发展脉络,并对历史分期的重要性做出三点归纳,即科学把握文论历史的趋势、正确判断历史理论的实际价值、预测理论发展的可能走向。

1.4 万余行的《神曲》是 14 世纪初期产生的一部意大利文人史诗,通常的评论惯于把它的作者但丁视为人文主义和文艺复兴最伟大的先驱者。王军则撰文[33]认为,《神曲》的写作指导思想和整体构思是保守的,它的中心思想是反对由于资产阶级的产生而引起的社会生活的巨变,恢复和维护旧的社会秩序和传统的思想观念。这部作品只在某些局部内容上体现了作者对新时代情感和精神的同情。

在世界童话领域中,丹麦作家安徒生之名几乎无人不晓,《安徒生童话》也是世界文学宝库的一大瑰宝。尽管如此,人们对安徒生童话中的《两个海岛》、《一个贵族和他的女儿们》两部作品却并不熟知。江天岳的文章[34]从环境史的研究视角出发,结合历史学、自然地理学和人文地理学的相关知识,对前述两部童话作品进行了综合考察。文章认为,通过提炼文学作品的史学价值,可以了解特定时代和社会背景下人们对环境以及人与自然关系的思考,从而加深对安徒生作品所体现的人文关怀精神的理解。

注:

①李向利:《苏格拉底与塞壬传说》,《安徽大学学报(哲学社会科学版)》,2015 年第 6 期。

②白美妃:《古希腊空间观念中的心智结构——读韦尔南〈希腊人的神话与思想〉之"赫斯提—赫尔墨斯:论希腊人关于空间及运动的宗教表现"》,《西北民族研究》,2015 年第 4 期。

③岳成:《奥古斯都时代罗马诗歌中的意大利——以贺拉斯作品为参考对象》,《北京师范大学学报(社会科学版)》,2015 年第 2 期。

④高峰枫:《文字游戏与价值重估——普罗芭的维吉尔〈集句诗〉》,《国外文学》,2015 年第 1 期。

⑤叶隽:《宗教和谐与人类戏剧——〈智者纳坦〉所反映的莱辛理想》,《北京大学学报(哲学社会科学版)》,2015 年第 3 期。

⑥谷裕:《人间大戏——歌德〈浮士德〉的戏剧形式》,《国外文学》,2015 年第 2 期。

⑦朱云飞:《被启蒙的"伊甸园"——论施莱尔马赫对伊甸园传说的解读》,《安徽大学学报(哲学社会版)》,2015 年第 3 期。

⑧杨宏芹:《格奥尔格圈子:以"教育的爱"为核心的共同体》,《国外文学》,2015 年第 4 期。

⑨梁展:《帝国的想象——卡夫卡〈中国长城修建时〉中的政治话语》,《外国文学评论》,2015 年第 4 期。

⑩方维规:《"病是精神"或"精神是病"——托马斯·曼艺术与疾病和死亡的关系》,《北京大学学报(哲学社会科学版)》,2015 年第 3 期。

⑪时晓:《当代德国家族小说发展趋势探微》,《北华大学学报(社会科学版)》,2015 年第 5 期。

⑫胡蔚:《中国,浮士德何为?——当代中国启蒙话语中的歌德〈浮士德〉》,《国外文学》,2015 年第 2 期。

⑬张文奕:《〈艾蒙的四个儿子〉与中世纪东西方民间文学交流》,《内蒙古民族大学学报(社会科学版)》,2015 年第 3 期。

⑭孙婷婷:《为了一种新的现实主义——论狄德罗小说创作之演变》,《外国文学》,2015 年第 6 期。

⑮李征:《"移交"的推力——以〈少年维特之烦恼〉的法国侨易为例》,《江苏师范大学学报(哲学社会科学版)》,2015 年第 9 期。

⑯张怡:《〈西哈诺·德·贝尔日拉克〉的戏剧双结构》,《外国文学》,2015 年第 3 期。

⑰张迎旋:《论比利时象征派诗人埃米尔·维尔哈伦的城市诗歌》,《外国文学》,2015 年第 5 期。

⑱朱晓洁：《从舞台到荧幕——纪念马塞尔·帕尼奥尔和夏沙·吉特里》，《国外文学》，2015 年第 1 期。

⑲魏柯玲：《朝向地中海的书写：当代法国作家的阿尔及利亚乡愁》，《外国文学研究》，2015 年第 2 期。

⑳刘宇宁：《借东方以反诘西方——索莱尔斯与中国文化》，《外国文学》，2015 年第 1 期。

㉑陆一琛：《论安妮·埃尔诺自传〈悠悠岁月〉的集体性思维》，《外国文学》，2015 年第 5 期。

㉒吴岳添：《莫迪亚诺与诺贝尔文学奖》，《外国文学动态研究》，2015 年第 1 期。

㉓宗笑飞：《〈鸽子项链〉与中世纪西班牙世俗文学》，《外国文学研究》，2015 年第 2 期。

㉔陈博：《博尔赫斯与终结论》，《外国文学研究》，2015 年第 1 期。

㉕张辉：《阿波罗与狄奥尼索斯的关系再思考——从尼采〈悲剧的诞生〉开篇说起》，《北京大学学报（哲学社会科学版）》，2015 年第 3 期。

㉖王宁：《易卜生与世界主义：兼论易剧在中国的改编》，《外国文学研究》，2015 年第 4 期。

㉗任昕：《诗性：海德尔格诗学的内在精神》，《国外文学》，2015 年第 3 期。

㉘常培杰：《“奥斯维辛”之后的批评——阿多诺批评观念及其历史语境探析》，《外国文学》，2015 年第 4 期。

㉙赵勇：《艺术的二律背反：在可能与不可能之间——阿多诺“奥斯威辛之后”命题的一种解读》，《外国文学评论》，2015 年第 3 期。

㉚张静：《从科学到文学——罗兰·巴特的先锋性批评》，《贵州社会科学》，2015 年第 4 期。

㉛李明明：《关于媚俗》，《外国文学评论》，2015 年第 1 期。

㉜张江：《关于西方文论分期问题的讨论——历史分期的标准及意义》，《外国文学研究》，2015 年第 2 期。

㉝王军：《对但丁与〈神曲〉的另一种认识》，《外国文学》，2015 年第 6 期。

㉞江天岳：《环境史视角下对〈两个海岛〉和〈一个贵族和他的女儿们〉的新解读》，《学术研究》，2015 年第 8 期。

（作者：杨海若，首都经济贸易大学本科生；喻天舒，北京大学教授）

英语文学

丁林棚

英语文学研究历来是外国文学研究的重镇。西方现当代文学理论和文学批评的许多重要现象和思潮都对欧美英语文学创作产生了重要影响，英语文学也是一颗闪烁着璀璨的明珠。2015 年度，北京市英语文学研究界取得了丰硕的成果，无论在文学研究、文学批评领域都取得了重要进展，而且逐渐走向社会文化研究、生态研究、伦理研究、历史研究，甚至还在传统较为薄弱的领域如古典学和现当代文学的交互影响领域等等，也有长足进展。本年度的研究成果大致可以归纳为以下几个特征；一、在欧美英语文学领域中，研究焦点仍然集中在各历史时期的经典作家和作品的深入阐发上。例如莎士比亚、弥尔顿、福克纳、麦尔维尔、沃尔夫、十九世纪英国文学、女性作家文学；二、除了 19 世纪英美经典作家之外，英美文学研究范围还涵盖了当代美国文学，其体裁包括后现代主义文学、后殖民主义文学、族裔文学等，并在文化研究、翻译研究、叙事学研究等诸多领域内均结出硕果；三、美洲英语文学研究主要集中在加拿大文学方面，尤其对加拿大著名作家阿特伍德的关注依然是学术焦点，但在研究视角和途径方面较之以往有更进一步的扩大和拓展；四、叙事学研究方面，申丹教授一直是这一领域最为活跃的学者。她发表了多篇论文，对不同国家的英语文学作品进行解读，阐释了她的隐性叙事的理论，因此在此特别值得一提。五、总的来说，本年度文学研究的方法和视角多元，具有跨学科的特性，结合了文化、文学、社会、历史、政治、文本主题分析等多元视角。鉴于本年度论文的数量巨大，我们仅能选其精粹，对最具代表性的学术成果进行重点归纳和总结，希冀能够以此归纳出本年度的学术动态，起到抛砖引玉的作用。

一、英国文学研究

在英国文学研究方向，2015 年北京学界的学术兴趣如以往一样主要集中经典作家和作品之上，时间跨度从文艺复兴时期的戏剧到 19 世纪英国小说、20 世纪小说和当代作品，包括诗歌、小说等主要体裁形式。内容上精彩纷呈，视角多元，既有文本分析，又出现了文化研究、社会研究等新颖的研究视角。

首先，在英国文学研究领域，文艺复兴时期的诗歌和戏剧应是学界的研究重点。莎士比亚则是学术研究的重中之重。例如，他的悲剧《哈姆莱特》、《李尔王》、《奥赛罗》等都等是传统莎学关注的焦点。相比之下，他的其他剧作却受到冷落。例如，《科里奥兰纳斯》在国内的研究远远不能和他的四大悲剧相提并论。这部戏剧是莎士比亚三部罗马剧中的最后一部，同时也是他“悲剧时期”（1601—1608）殿军之作，曾被称为一部伟大的“政治悲剧”。有观点认为，剧中的科里奥兰纳斯作为城邦戏剧的英雄不过是“无爱的”物化存。张沛对这一观点提出了质疑。他认为，如果我们将“爱”理解为柏拉图—弗洛伊德意义上的“爱欲”（eros），那么科里奥兰纳斯恰好讲述了一个“爱的故事”：这个故事与“公共事务”（respublica）或者说城邦政治（polis-politics）有关，而城邦政治的基础即是爱欲。论文认为，戏剧从一开始，科里奥兰纳斯即出于罗马城邦的杰作；科里奥兰纳斯热爱自身的高贵即“勇武”的德性更甚于城邦本身，并以城邦为实现自身高贵之工具；但在城邦特别是城邦平民看来，“勇武”无论多么高贵，终不过是保障城邦和平或人民安全的工具。双方均自视为城邦的主人，城邦就此分裂。科里奥兰纳斯公然蔑视大众，竟被后者逐出家园；为复仇他不顾一切，甚至舍弃亲情，几乎毁灭了自己的祖国。然而，爱欲的力量不可战胜：受其感召，化身嗜血“孤龙”的罗马之子科里奥兰纳斯最终实现了城邦（同时也是自身灵魂）的和平，以死亡为代价完成了自己作为城邦爱人和高贵战士的德性与命运。[①] 由此可见，这篇论文不仅仅对文本进行了解读，而且结合政治学领域展开深入阐述，这反映出莎士比亚研究的多元化趋势。

弥尔顿的诗歌恐怕是仅次于莎士比亚的经典之作了，对他的研究也是英国文学研究的核心焦点之一。弥尔顿的《咏失明》是英国诗歌历史上的经典之作，然而约翰逊博士对弥尔顿的十四行诗评价甚低。郝田虎对这首诗进行了细读，试图“推翻约翰逊博士不公正的评判”。论文指出形式与内容之间丰富而微妙的互动，表现出巧夺天工的精湛诗艺，仅仅诗中的有机统一就足以使它成为十四行诗中的一流作品。此外，这篇文章还追溯了《咏失明》在中国的早期因缘，主要是传教士杂志《遐迩贯珍》中的译诗和吴宓的译写和教学。论文指出，作为翻译，吴宓的归化有时过了头，“未免令人瞠目结舌”，但跨文化知识的生产在此呈现出文化杂糅的面貌，代表着吴宓意在打通的努力。作为创作，吴宓的《病目》和弥尔顿的《咏失明》达到了同样的美学目的：弥尔顿借“忍耐之心”（Patience）归于心灵的平复，而弥尔顿的《咏失明》本身扮演了吴宓“忍耐之心”的角色，吴宓借此走出困顿，重新发奋。在《病目》中，翻译和创作密切联结，难解难分，简直可以说是水乳交融。弥尔顿的作品作为外来触媒，推进了吴宓的诗歌创作，使其诗作在不失普遍性的同时，呈现出富有时代特色的新面目。从翻译策略的角度讲，吴宓重意译，重归化，重改写。[②]

除了莎士比亚、弥尔顿这样的经典作家研究，维多利亚时代的英国文学是最受关注的领域。维多利亚时代的最为显著的特征之一就是，这一历史时期是英国女性写作空前繁盛的时期。与此前时代相比，更多女作家开始在英国文坛占有一席之地。尤其值得注意的是，维多利亚文学研究界一直关注在卡莱尔（Thomas Carlyle）所说的“英伦现状”的历史语境下以《玛丽·巴顿》（*Mary Barton*）为代表的维多利亚中期工业小说或社会问题小说。其研究焦点之一就是女性如何在 19 世纪工业革命的背景下挣脱家庭空间或私有空间，从而通过职业、慈善等劳动实践走向公共空间。以盖斯盖尔夫人为代表的维多利亚早中期的小说家大多有意识地描述了女性对公共空间的探索，女性在工业与城市空间中获得了意想不到的身体解放和政治能动性，于是女性主义的性别意识同空间政治融合在小说之中。范一亭以大卫·哈维的空间理论为出发点细致梳理出工业小说《玛丽·巴顿》中的资本主义工业城市空间以及作者所代表的女性主义空间探索。文章指出，正是在这样的工业城市空间中，作者才得以完成阶级意识的转化，并以无产阶级代言人的身份实现了盖斯盖尔夫人关于无产阶级整体性救赎的政治想象。[③] 这篇论文也结合了文学主题、女性主义、马克思主义等多元视角，从空间主题出发阐述小说所展现的社会问题，是对小说研究的一个拓展。

在 19 世纪的英国文坛上，涌现出两位杰出的女诗人：一位是伊丽莎白·芭蕾特·布朗宁，即布朗宁夫人（1806—1861），另一位则克里斯蒂娜·罗塞蒂，她和“拉斐尔前派”著名画家但丁·加百利·罗塞蒂是兄妹关系。克里斯蒂娜·罗塞蒂的《王子出行记》是一首具有童话风格的诗歌，具有丰富的互文性因素，深入挖掘这些因素，有助于理解其时代内涵。诗人不仅是简单地改写童话故事《睡美人》，而且借用了《天路历程》和《雅歌》的叙事结构，以戏仿的手法颠覆骑士传奇即西方浪漫文学的传统，巧妙而含蓄地折射出维多利亚时代女性在爱情和婚姻方面所面临的困境。袁欣通过《王子出行记》与传统爱情诗歌、丁尼生的《公主》、狄更斯的《远大前程》等作品的比较，研究了诗歌对互文性的应用，发现诗人以含蓄的手法与维多利亚时代的文学家、思想家展开对话，通过诗歌表达了维护女性独立和自由的精神追求。论文质疑了把《王子出行记》定位为“基督教寓言”的观点，并探讨诗人在改写前文本的过程中，如何与时代展开的对话，强调她在爱情观上对维多利亚时代主流意识形态的突破。④

玛丽·雪莱是另一位英国19世纪杰出的女作家。她不同寻常的家庭背景和婚姻生活常常成为评论界关注的焦点，而她的《弗兰肯斯坦》作为19世纪英国文学史上充满科幻、哥特色彩的小说为年仅19岁的玛丽·雪莱赢得文学界的一席之地。自这部小说出版以来，国外的女性主义不同理论流派对《弗兰肯斯坦》的研究成果和发现层出不穷。可以说，以英国、法国、美国为代表的三大女性主义流派都展示出对小说的浓厚兴趣。这部小说甚至被看作是女性批评家运用不同批评方法的样板，是女性主义批评理论之下的产品。朱岩岩撰文梳理了20世纪70年代至21世纪初的《弗兰肯斯坦》女性主义批评文献，从不同侧面揭示玛丽·雪莱的女性主义观点，并可追溯过去约40年国外女性主义批评理论对这部小说研究重点和批评方法的演进历程。论文认为，通过把握该小说女性主义批评历时发展脉络，有助于研究者挖掘小说文本与生育体验、女性创作之间的互文关系，进而展示女性主义批评理论发展与这本小说女性研究关注点之间的互动变化。⑤

在女性作家占尽天下的英国19世纪文坛，一位举足轻重的男性作家就是狄更斯，他是批判现实主义的代表作家。纳海从狄更斯的小说《大卫·科波菲尔》中的主要人物之一斯蒂福的一段内心独白展开，分析这个人物所展现出的“绝望”的心境，并剖析这种“绝望”在思想史和维多利亚小说语境中的特殊含义。论文从克尔恺郭尔关于“绝望”的论述出发，联系狄更斯的具体问题。纳海提出斯蒂福这个形象呈现出拜伦式的英雄（Byronic hero）、卡莱尔（Thomas Carlyle）笔下的纨绔子弟、缺少父爱表象下的“精神孤儿”等多个层面，继而追问这部“成长小说”中主人公大卫在其心智的成长中如何面对，“什么是人的存在方式”这一核心问题，并论证大卫同样面对着“绝望”的考验。大卫的成长几乎不可避免地会被斯蒂福所表现出的英雄气概所震慑。论文试图证明，大卫必将经历“英雄”崇拜的幻灭，继而从这种“绝望”中超拔出来。对“英雄”反思也暗合了卡莱尔在《英雄崇拜》一书中所提出的问题，即什么是当代的英雄。最后，对于狄更斯采用“婚姻情节”来帮助大卫完成对“绝望”的摆脱，论文也提出了相应的质疑。纳文还认为，大卫从斯蒂福和朵拉走向艾尼斯，被他抛在身后的是对生命意义的怀疑、对世道的妥协、对人世间种种困难的惧怕与逃避；而大卫所接纳的则是对工作的担当、对情感的忠诚、自己对“自我存在”的肯定。在这过程中大卫走过了由死亡到重生的历程。从大卫的世界中消失的不仅是斯蒂福和朵拉，更是那种令他虽生犹死的“空虚”与“绝望”。⑥

2015年度北京学界对英国文学其他历史时期的经典作品也不乏关注。20世纪上半叶的英国文学史上一个举足轻重的作家是弗吉尼亚·伍尔夫。她在小说创作和文学评论两方面都有卓越的贡献，是世界三大意识流作家之一，女权主义运动的先驱人物。伍尔夫在文学上的成就和创造性至今仍然产生很大的影响。《阿弗小传》是弗吉尼亚·伍尔夫的一部动物传记，是她继《奥兰多》之后对新传记艺术的崭新尝试。作者在世时，这部传记是她最受欢迎的作品，而在身后却最被读者所忽视。学界通常认为这个轻松幽默的狗的故事是伍尔夫的一个玩笑，与她作为一个严肃的现代主义作家的身份不符，因此不值得批评界的重视。实际上，为狗立传的形式打破了维多利亚传统为动物立传的禁忌，挑战了人类中心主义的观念和视角。郑佰青和张中载的论文从非人类中心主义生态伦理批评视角解读了《阿弗小传》，从动物主体性、动物权利以及跨越人与动物的鸿沟三个方面来分析此作品内含的生态伦理，从而揭示出伍尔夫对人与动物、人与自然关系的重新认识。论文认为，伍尔夫通过动物展开她对自然与生态本质的思索与探讨。作为自然的重要组成部分，动物投射了伍尔夫重建和谐生态的理想。论文指出，伍尔夫早年就接触到动物保护主义者的言论，她同意动物保护主义运动的很多宗旨，并深受此影响，相信动物与人一样享有权利。伍尔夫传承了动物行为主义学者对动物情感与意识的认知，她把狗的情感与人类相类比，这与其说是拟人化的写作手法，不如说伍尔夫把狗也视为与人一样具有感受能力的主体。在《阿弗小传》中，伍尔夫把动物他者视为伦理主体，将动物放在和人同样重要的位置上，赋予自然界生灵同等的地位，体现出迥异于维多利亚时期主导的宇宙观。⑦

当代英国文学文坛中一个不得不提的作家是拜厄特，她的作品受到了广泛关注。《吹口哨的女人》是A. S. 拜厄特描写20世纪五六十年代英国社会思想生活四部系列小说的收官之作，这部小说将女性的生存困境问题上升到普遍、思辨的层面，在技巧和语气上较前三部小说都有明显的差异。陈姝波探讨了《吹口哨的女人》中对第二次女性主义浪潮时期一个所谓“自由女性”的特殊群体生存状态的重构。文章从作品内众多“变形”和“伪饰”意象入手，考察“自由女性”从外表到内在“失真”的状态，从而揭示她们自诩的“自由”的虚幻性。拜厄特一方面揭示了当时依然浓厚的父权制压迫，表达了对女性生存境遇的同情，另一方面，在赞赏“自由女性”勇于谋求自我发展的同时，也反思她们的“自我”，为过于强烈的自我追求也可能是“自由女性”不得“自由”的囹圄。⑧

由上可以看出，2015 年度北京学界对英国文学作品的学术态势是在传统中有所开拓，既对经典作品有集中式深入研究，又兼顾了视角的多元化，包括女性主义、动物伦理、生态文学、政治学等，这为文化和文学研究的齐头并进做出了新的贡献。

二、美国文学研究

在美国文学研究方面，2015 年度北京学界的学术兴趣主要集中在19 世纪文学，其次则是对当代美国文学研究方面有不少瞩目的成果，包括了经典作家如福克纳等作品的研究，也涵盖了移民作家作品。在美国文学方面，学者们的兴趣主要集中在经典作家和作品上，例如超验主义作家麦尔维尔、霍桑，还有狄金森、艾略特的诗歌等等。研究角度不拘一格，囊括了历史、创伤文学、叙事学、宗教研究、文体学、女性主义等各方面，充分展示了美国文学的新气象。不过，鉴于本年度论文发表、期刊来源数量较大，所涉及的文学作品时代、风格、题材等各不相同，下面也主要选取有关研究论作进行代表性选介。

19 世纪美国小说家赫曼·麦尔维尔的中篇小说《比利·巴德》免除了英美文学中惯常的道德训诫的负担，引经据典、迂回曲折地传达出这样一个寓意：文学，尤其是小说艺术作为一种叙述方式称得上是一门“揭示真相的伟大艺术”（麦尔维尔评论莎士比亚作品的话）。它以多元的视角和真实的细节呈现由内而外地揭示了被历史话语、政治宣传以及神话、宗教、哲学和文学典籍所遮蔽的历史真相、文明真相和人生真相。代显梅从这三个方面解读了麦尔维尔如何用文学的形式揭示被掩盖的历史真相、文明真相和人生真相，以此构建他所期待的美国民族文学，并在文学中寄托他自己的精神信仰。首先，这个故事自始至终穿插着真实的历史人物（如拿破仑和英国海军上将霍拉旭·纳尔逊等）和真实的历史事件（如法国大革命和1797 年4 月的英国海军舰队哗变），小说以事实和官方对事实的扭曲性记载相对照，揭示历史话语的虚假性。其次，英国政治哲学家霍布斯的经典论著《利维坦》中所论述的国家的意志和人格体现着全体授权人的意志和人格的观念可以帮助我们理解《比利·巴德》中维尔舰长在比利事件中的言谈举止，甄别比利和维尔舰长在“国家”这个范畴内各自的功过是非，揭示华丽的文明外表下被扭曲的自然良知。在麦尔维尔的故事中，公约法却把自然法的公平、正义、仁慈和谦卑全都排除在外。在公约法和自然法、国家意志和自然情感的绝对矛盾和冲突中，我们不仅看到麦尔维尔对霍布斯代表的这个西方政治哲学传统思想的质疑，更感觉到作者对文明真相的洞察与质疑。最后，《比利·巴德》中呈现的人生真相可以概括为两点，一是每一个人的命运都受性格和环境的摆布；二是“他人即地狱”，他人的存在成为人生最大的威胁。前一种是自然主义的宿命论，后一种显然是存在主义的生存观。⑨

《骗子的化装表演》是麦尔维尔生前出版的最后一部小说，是他作为职业小说家生涯的封笔之作，也是他一直孜孜不倦地进行宗教求索的终极篇。这篇小说于 1857 年在英美相继出版。但是，这本书在美国的出版基本上没有产生任何的回应，甚至曾经给予麦尔维尔其他作品以热烈评论的一些知名杂志也都缄默不言。相比在美国的无人问津，这本书在英国却受到了比在美国广泛的关注。然而，这并非全然是因为他们理解了这本书的深刻内涵，其中的一个原因明显是书中所涉及的对美国社会的尖锐讽刺契合了英国评论界的心理。英国的诸多杂志纷纷撰文评论当时美国社会的拜金主义、美国式的聪明以及诸多人性的污点意义的模糊、隐晦，形式的单调、无序使这本书自出版以来便封在尘埃之中。但是，书中提出的大胆的、灰暗的宗教玄思和哲学思考，书中所运用的那些微妙的、针针见血的讽刺智慧，那些虽难参透却不舍弃之的神秘，都预示了这本书的复兴只是一个时间问题。自20世纪20年代麦尔维尔复兴运动以来，这部小说也是最后吸引批评家注意和进行学术研究的作品。进入到20世纪40年代，这部小说作为正典的地位才逐渐被确立起来。郝运慧和郭棲庆通过阐释麦尔维尔在《骗子的化装表演》中对《新约·哥林多前书》的戏仿来揭示麦尔维尔对基督教的核心与精髓——信、望、爱的讽刺，对上帝存在的质疑，同时揭示处于“第二次成长”中的麦尔维尔的宗教幻灭感。例如，小说中一个令人困惑的问题便是被描写为“羔羊般”聋哑人所扮演的基督教福音传播者的身份。他是一个真正的使徒还是与其身后登场的人一样的骗子？论文认为，此时的他是失聪的，所有的祈祷与呼救只能是“旷野呼告”。此时的他是失语的，他对善与恶都没有任何的判断与评价。这印证了麦尔维尔在《皮埃尔》中所讲说的“沉默是我们的上帝的唯一声音”。[10]

19世纪中末期，美国女性文学发展的势头虽猛，却不能掩盖她们在文学市场上的弱势地位。文学市场被男性作家所霸占和统治，抵制女性从事创作的声音司空见惯。因此这一时期女作家笔下的女主人公形象也常常反映出歧视女性创作的社会现象。李晋对这一社会现象进行了研究，探讨了女性作家和出版业的历史与社会问题。文章以康斯坦斯·费尼莫尔·伍尔森最负盛名的短篇小说《忧伤小姐》为例展开了讨论，认为这篇小说再现了有着作家身份的女主人公试图发表作品的心路历程，小说中叙述者“我”百般为己辩护，并确保亚伦娜的剧本永无天日，这源自“我”作为名作家的身份焦虑。叙述者之所以封锁亚伦娜的剧本，是担心读者发现“我”与亚伦娜在作品艺术力量上的差距。伍尔森在此揭示出部分男性作家的焦虑心理，他们面对更具才华的女作家的挑战，试图利用手中权威，抹杀一切让他们相形见绌的作品，并企图隐瞒这一动机。伍尔森的《忧伤小姐》旨在说明，一部作品的成功取决于它自身的艺术力量，而不是作者的性别、年龄、相貌或婚姻状况。[11]

20世纪美国文学蓬勃发展，出现了一批重要的作家和流派，如现代主义、意象主义等。福克纳小说研究一直是国内外学界热点，可谓硕果累累。然而，研究者对后/印象主义画派与目标作家小说之间的跨界探讨却非常少见。后/印象主义画派重户外写生追求视觉印象的真实，用奔放的笔触糅合相互并列而并不融合的色调，强调发挥色彩独立的造型功能，善于捕捉瞬间光感下物象色彩之间相互渗透、相互转化的关系。福克纳曾经坦言受到该画派影响，在小说创作中明显可见对后/印象主义画派技巧的吸纳。鲍忠明对这一现象进行了深入研究，从意象、光线和色彩的处理，内心独白与并列对照的大量使用及小说内在结构的营建三方面论述了作品和绘画之间的相互平行关系。例如，《我弥留之际》中纯抽象词汇的叠加，造就一条高度抽象的诗意艺术链条——对视觉对象/意象河流近乎奢靡的印象式描述。福克纳小说中的内心独白和并列对照的大量运用使得故事叙述中充满了看似独立、彼此不相融合甚至有所冲突的因素。这与印象主义绘画中相互并列而不融合的色调有着异曲同工之妙。在作品内在结构的建构方式上，福克纳小说与后/印象主义开创者塞尚的绘画有着更加紧密的联系。开放性结构、意识流、时空倒置等手法的大量运用，使得读者对于整个故事的把握和理解有着一定程度的困难。然而这看似捉摸不定的写作手法之下，却仍然存在一个可供挖掘的结构。[12]

《金苹果》（*The Golden Apples*）是20世纪美国南方女性作家尤多拉·韦尔蒂（Eudora Welty）的代表作。这部作品出版之初即引来评论者关注。小说中的金·麦克莱恩是一位真人隐身、传说流布的背景人物，如何评判这个人物数十年来一直是学界悬疑公案。汪涟借助R. W. 康奈尔的主导性男性气质理论，指出麦克莱恩是摩根纳镇主导性男性气质载体人物，其诸多匪夷所思、异于常理的行为正是其攀升主导性的有效策略：金借助异地婚姻成为公众焦点、借助取悦女性传播美誉、借助漫游成为不朽传奇。传奇幻灭的一刻暴露了主导性的欺骗性。论文认为，金·麦克莱恩的人物塑造非常有代表性，不仅彰显韦尔蒂对南方社会文化敏锐深邃的洞见力，亦是其不拘一格创作手法的绝佳范例。《金苹果》解读困难的重要原因，是韦尔蒂在创作这一人物时设置了双重屏障。第一道屏障是将金的各种攀升策略、大半生的苦心孤诣设定为《金苹果》的前文本：从金主导性地位确立后开篇，直接跳过其攀升过程，浓墨重彩地讲述主导性确立后的故事，金的策略化作难解之谜从普通民众的漫谈中零零散散慢慢泄出。第二道屏障是侧写人物：金是摩根纳镇核心人物，但韦尔蒂并没有将镜头直接对准这个人物展开叙述，而是掉转镜头方向，从外围讲述，呈现金在小镇人们寻常日子中的痕迹与影响。存在于别人的生活和叙述中，表明金是小镇不可或缺的组成部分，是金这个小说人物的重要性的最有力的明证。[13]

巴巴多斯裔美国女作家葆拉·马歇尔（Paule Marshall，1929—）被誉为“当代黑人女性文学之母”，在美国当代妇女文学及加勒比海文学中起着承上启下的关键作用，在诸如黑人女性心理、加勒比海裔移民经历、泛非文化联结等主题方面有着开创性的突破。但遗憾的是，马歇尔研究在国内严重不足，在国外也因社会文化气候经历过起伏。她的划时代处女作《褐姑娘，褐砖房》（*Brown Girl*，*Brownstones*，1959）虽然获奖，但很快就受限于读者市场而停印，直至1981年被女权出版社“发现”、重印、并迅速经典化。申昌英注意到了这个现象，并结合历史与文本，从城市研究的角度重新审视葆拉·马歇尔的三部小说，重点考察她笔下的褐砖房区，探讨她对以纽约为代表的美国现代城市发展所做的思考。论文认为，通过褐砖房区的历史变迁，马歇尔揭示并批判了美国城市空间所具有的种族化、阶级化和资本化实质，同时也在美国文学的版图上创造性地凸显了纽约布鲁克林的贝德福德—斯泰森特区，为自己在纽约文学领域赢得了一席之地。[14]

毛亮根据美国近期的历史学和思想史研究成果，梳理了它们对《独立宣言》的不同阐释，尤其是《独立宣言》所涉及的伦理和价值观问题，并侧重讨论苏格兰启蒙时期的道德哲学对杰斐逊和美国独立革命的影响，借此帮助我们加深对《独立宣言》的理解。通过对于各种不同阐释的讨论，我们不仅看到《独立宣言》文本上的一些不同寻常之处，还可以理解到美国自由主义和个人主义传统内部具有的张力和复杂性。论文认为，在《独立宣言》中，无论是对天赋人权的阐述，还是对契约制政府原则的强调，其实都包含着非常深刻的社会和伦理关怀。权利的保障最终是为了实现一种以人固有的社会性本质为基础的伦理生活；而契约制政府原则的确立，是为了促进公民的美德，并造就一种理想的、能够增进社会公益和个体“幸福”的政治制度。对杰斐逊而言，伦理生活与民主政治之间本就不应该存在任何矛盾之处。自由、公共和有活力的伦理生活是民主政治的基础，而民主政治也是一种特定的伦理生活的集合和扩展。就解读《独立宣言》来说，理解杰斐逊所信奉和表达的价值观，却可以让我们看到《独立宣言》所宣扬的天赋人权和契约制政府背后的伦理关怀。[15]

三、其他领域文学研究

2015年，北京学术界呈现出欣欣向荣的局面，在英美文学方面取得了骄人的成绩。不仅如此，在其他国别英语文学，如加拿大文学，以及在古典学领域也有显著的成绩。限于篇幅，下面仅举两例加以说明。

在古典学研究方面，北京大学的高峰枫长期致力于这一领域，对古罗马和基督教传统文本进行了持续关注。“集句诗”是一种奇特的诗体，指的是采撷前人诗句，重加编排，而形成一篇与原作的主题和旨趣有很大差异的新文本。这种诗体在我国古已有之，西方古代也有集句诗这一体式。集句诗类似穿针引线，将单股的线团编织成锦缎。我国传统中，集句诗作者在一篇当中，或者杂取多位名家诗句，或者将取材范围限定在某位诗人的作品中，而西方古代的集句诗，取材往往只限定于最为经典的诗人。基督教集句诗的代表作是4世纪中叶女诗人普罗芭（Faltonia Betitia Proba）创作的长诗，传统上题为《普罗芭集句诗》（*Probae Cento*）。这首诗所有诗行都采自维吉尔的现成诗句，而主题却是重述圣经故事。高峰枫简要讨论西方古代集句诗的特点和规则，然后分析普罗芭如何借用、化用维吉尔诗歌，来传达基督教的主题。他指出，基督教集句诗将古代诗歌经典作破碎化和重新组建的处理，以戏谑的方式吸收、改造古典文学，并探索了圣经与古典史诗之间复杂的互动关系。高文指出，在集句诗中，维吉尔的确提供了丰富的诗歌资源供普罗芭利用，小到单词、套语、意象，大到完整的一行、甚至若干连续的诗行。但若将维吉尔诗歌单纯视为被利用、被改造，特别是被一位极端聪慧、汲汲于向异教文学领域扩张的基督教诗人巧妙肢解，则过于简单了，维吉尔和圣经，二者之间的相互关系不可能是单向的。我们既可以发现以基督教眼光对维吉尔的重新解读和利用，也可以发现以维吉尔史诗的眼光来审视圣经的可能性。集句诗并不单纯代表基督教诗人侵入古典文学领域、接管古典文学、重塑古典文学，它更像是一种以戏谑的方式重新解读经典的工作。[16]

在加拿大文学研究方面，北京大学的丁林棚对这一领域也进行了持续的研究。玛格丽特·阿特伍德的小说具有重要的世界影响，引起了评论界的广泛关注。她的小说《使女的故事》常常被放置在女性主义、反乌托邦小说等范畴中进行解读，而对这部小说的意识形态的关注却很少见。丁林棚针对小说中的语言和权力政治因素进行了深入解读。他撰文指出，阿特伍德用文学的想象和叙事阐释了话语的政治性。在小说中，语言不只是交流的工具，更是文化和意识形态的对个体进行控制的媒介。话语政治充斥着社会的各个角落，承载了权力政治运作的痕迹，也是文化身份和社会秩序的仲裁者。文章主要结合福柯关于话语和权力的理论以及阿尔都塞的国家意识形态机器的相关理论探讨了阿特伍德的反乌托邦小说《使女的故事》中语言与政治权力、宗教、媒体的关系，阐释了阿特伍德的话语政治观。在阿特伍德的小说中，话语权力弥漫到整个社会结构和意识形态，从而将一切主体都置于权力政治构建的等级体系之中。进一步说，也正是政治权力关系和权力机制创造了主体。福柯所预示的主体的消亡说明权力关系成为人的本质关系。从这个意义上看，《使女的故事》不仅仅是一部反乌托邦小说，更是一部不折不扣的权力政治学叙事。⑰

四、文学理论与翻译研究

文学理论对于文学研究的重要意义不言而喻，而自20世纪80年代以来，文学理论的发展逐渐走向多元化和立体化，和文化研究、哲学、美学等领域产生了重叠和交叉，使文学研究形成跨学科的特色。在文学批评领域，文学文本的研究摆脱了传统的单一模式，转向了诸如语言学、叙事学、文化和社会研究、历史研究、后殖民主义、女性主义等多个阵地。近年来还出现了生态主义、动物伦理等新的研究方向，这使文学研究出现了百花齐放、欣欣向荣的局面，也使文学真正和文化、社会、人文等建立了更加密切的联系，同时也挑战了文学与哲学、文本与理论的界限。2015年，北京学者在文学和文学理论研究方面成绩斐然，在理论构建、拓展和理论应用等方面都有所推进。下面仅选取最具代表性的论文，对本年度的学术动向作一简要陈述，以反映在过去的一年中文学理论研究阵线的总体趋势。

程虹是我国在自然文学和生态批评领域中有重要影响的一位学者。她对美国自然文学的关注由来已久。她曾经撰写文章，论述过关于自然文学的声景及心景的二维关系。在2015年第6期的《外国文学》中，她进一步深化了关于自然文学的景观的思想，提出有必要以风景、声景及心景共同形成的三维景观来描述、欣赏和评述自然文学。因为在自然文学之中，作者不仅是在用眼观察自然，而且也是在用耳聆听自然，用心体验自然。自然文学的作者呈现在读者面前的，是含有风景（landscape）、声景（soundscape）及心景（soulscape）的多维画面。这三景相互交织，相辅相成，形成了自然文学的独特之处，也衍生出独特的审美情趣和美学价值。比如，美国自然文学作家巴勒斯（John Burroughs）就是用画家之眼、诗人之耳，来捕捉林地生活的诗情画意。Soundscape（声景）一词亦非自然文学的首创：它最初用于音乐领域，后来其使用范围扩展到环境保护、建筑设计等领域，近来也被用于自然文学之中，即人们从声景的角度来欣赏评述自然文学作品。自然文学与众不同的另一特点便是风景、声景与心景的融合，即当人们接触自然时所产生的那种人类内心、内景的折射，那种心景的感悟。程虹进一步指出：从内景到心景，这种将风景、声景与心景融为一体的文学传统一直持续至今。自然文学中的风景与声景的碰撞产生了心景，而三景之中又蕴含着动与静的冲突。正是这种碰撞与冲突形成了一种有独特形式的美感，它看似分，实为合，与东方文化中的天人合一有相通之处。⑱

在精神分析学领域，雅克·拉康是继精神分析的开创者弗洛伊德之后，对其他文化领域，尤其是文学批评领域影响最为深远的一位。拉康的思想得到诸种阐发，其术语也在文学批评领域被广泛使用。然而拉康的理论文本因其艰涩难懂而很少得到细致的解读和剖析。拉康最广为人知的著作当属1966年出版的《文集》其中《关于“失窃的信”的研讨班讲演》曾在文学批评领域引起巨大争议。于洋通过分析这篇颇有影响的文章，详细阐述了象征机制在主体的构成、主体间的相互关系上所产生的决定性影响 ，并总结了20世纪50年代中期拉康对弗洛伊德死亡本能概念的理解和发展，由此从历史地位和思想内容两个方面对这篇文章在拉 康学说中的重要性做一详细的说明。文章指出，拉康的这篇文章目的是为了呼应弗洛伊德在《快乐原则之外》中对主导心理生活的首要原则“强迫性重复”原则的探讨。在文章中，拉康从主体、主体间的相互关系和象征秩序三个层面阐明了能指的移动在主体的建构中的决定性影响，并在象征性重复的固有机制中揭示出弗洛伊德提出但未全然解决的概念——死亡本能的几重内涵。⑲

随着女性主义思潮的扩大和翻译的跨学科、跨文化转向，女性主义翻译理论应运而生，为翻译研究带来了新的视角。女性主义译者通过采取干预性的翻译策略和发掘被埋没的女性作品，颠覆语言中的夫权意识，以实现女性的真正解放。女性主义为原文与译文的关系、翻译标准和译者在翻译中的角色提供了不同于传统译论的独特视角，为解构“不可译论”拓展了较大的研究空间。和静对女性主义翻译的相关问题进行了阐述，尤其关注双关语的英汉互译问题，提出可以采取谐音补偿、形象替换和意义取舍等变通策略，变不可译为可译。论文从女性主义的历史演变、女性主义思想和实验性写作对翻译的影响、女性主义对不可译论的启示和从双关语翻译看不可译论的变通出路四个部分分别阐述。论文指出，女性主义翻译理论带有很强的政治色彩。不论是女性主义作家还是女性主义译者，都在追求同一个目标，即摆脱男性话语，“使女性在语言和社会中拥有自己的形象和一席之地”。论文在理论分析的基础上，通过英汉双关互译的具体实例提出了三种变通翻译策略，进一步阐释了可译不可译的相对性，并进一步指出，可译与否同理解层次和深度直接相关，没有任何文本是绝对不译的，只能是在某个时点或理解表达上的暂时可译，需要译者的创造性变通在目的语文化中现可译的信息。在女性主义的启示下，译者就和女性一样，是复杂和多元的统一体，而翻译的过程则是女性寻找自我、实现身份认同进而追求和共生的历程。随着文化交融的日益增进，过去可译的文本也可能找到翻译中的突破点，成功在另一文化土壤中生根发芽。[20]

英国小说家和文学评论家戴维·洛奇于 1990 年出版文学批评著作《追随巴赫金》以表达对巴赫金的崇高敬意。这本书自出版以来在国内并没有得到足够的广泛重视。范莎撰文对这本书的理论价值进行了评价。书中所收十三篇文章勾勒出了巴赫金的文学批评理论框架，以巴赫金的语言对话本质、小说话语类型以及狂欢化理论，研究了乔治·艾略特、D. H. 劳伦斯等人的小说创作特点，并具体分析了简·奥斯丁、亨利·詹姆斯等作家的小说文本。范莎认为，该书是对巴赫金文学理论进行的一次有益实践，每一篇文章都包含着对其文学理论的精彩运用。巴赫金保留了语言和文学的社会建构功能，承认历时的合法性，并且开辟了分析叙事话语的新领地。洛奇作为小说家和文学批评家，选择继承并发扬这样一位重要理论家的思想理论，足见其目光之敏锐与思想之深刻，而巴赫金的理论精华也将在洛奇的创作与批评中绽放出新的生命光华。[21]

五、叙事学研究

20 世纪 80 年代中期，叙事学理论开始被逐步介绍到中国，特别是杰姆逊在北大的演讲，带来了中国叙事学的繁荣。北京大学的申丹教授从上世纪 90 年代初开始从事叙事学理论研究，通过将叙事学与小说文体学的有机结合，把结构分析与字句解析融于一体，弥补了两种理论在小说分析时的盲区。近年来，申丹又在后经典叙事学领域内进行了深入的研究工作，并把相关理论和文本解读以及翻译相结合，对叙事学的研究做出了突出的贡献。

首先，申丹认为，从古至今，中外小说研究一直围绕情节发展这一种叙事运动展开，从各种角度挖掘其深层意义。然而，在不少小说的情节发展背后，还存在一个与之并行的“隐性叙事进程”。两者走向不尽相同甚或完全相反，在相互补充或相互颠覆的过程中，表达出丰富的主题意义，塑造出多面的人物形象，引发或邀请读者做出复杂的反应。她首先对曼斯菲尔德的小说进行了叙事学挖掘。出生于新西兰的英国作家凯瑟琳·曼斯菲尔德（Katherine Mansfield）在国内外学术界都得到了大量关注。批评家们一直赞赏她观察的敏锐、描写的细致、文体的精美和技巧的现代化。但迄今为止，学界仅仅关注其作品中的情节发展。申丹发现，在曼斯菲尔德的不少作品中，像在其他很多作者笔下一样，存在双重叙事运动。她认为，在情节发展背后，还存在一股并列运行的叙事暗流，并将之命名为“隐性进程”。论文指出，如果我们能看到隐性进程，就会发现作品建构的另一个世界。在这个世界中，同样的文字选择表达出不同的意义，塑造出不同的人物形象。论文指出，从古希腊亚里士多德开始，叙事研究一直围绕情节发展展开。然而，在曼斯菲尔德的《心理》的情节发展中，男女主人公相互激情暗恋却竭力保持柏拉图式的纯洁友谊，视角在两人之间来回变换；而在隐性进程里，我们却一直从女主人公的视角来观察，看到的是女主人公单相思，把自己的激情暗恋投射到并未动情的男主人公身上。与此同时，隐性进程从情节发展里得到多层次的反衬，在对照中微妙而戏剧性地揭示出女主人公复杂的心理活动，并不断为其结局性的转轨做出铺垫。隐性进程与情节发展构成一实一虚、一真一假、暗明相映的双重叙事运动。两者相互补充又相互颠覆，塑造出双重人物形象，表达出丰富的主题意义，生产出卓越的艺术价值。[22]

申丹对美国作家凯特·肖邦的《一双丝袜》中的隐形叙事进行了分析。论文在揭示出文中以自然主义为主导的隐性叙事进程，说明这股叙事暗流如何与以女性主义和消费主义为主导的情节发展交互作用，在冲突制约、矛盾张力中塑造复杂多面的人物形象，表达丰富多层的主题意义。论文认为，自从在女性主义运动的影响下，肖邦的作品在20世纪60年代重新得到关注以来，《一双丝袜》先是受到女性主义批评的青睐，后又受到消费主义批评的重视。后者倾向于排斥前者，因为前者所看到的女主人公自我意识的短暂觉醒与后者所看到的人物始终受到消费文化的操控相冲突，而实际上作品情节发展的意义存在于两者的冲突牵制和平衡互补之中。㉓

申丹还对美国作家安布罗斯·比尔斯的《空中骑士》的双重叙事运动进行了阐述。论文指出，小说情节发展围绕战争的残酷无情、儿子被迫弑父的悲剧展开，而隐性进程则围绕履行职责的重要性展开。论文认为，《峡谷事件》的隐含作者和《空中骑士》的隐含作者对待军人履职持大相径庭的立场。比尔斯的另一作品《一种军官》跟《峡谷事件》一样，仅有情节发展这一种叙事运动，也对军人盲目履职的行为进行了强烈反讽。以往的批评阐释由于仅看情节发展，而忽略了《空中骑士》与这两个作品在军人履职这一问题上所持的截然不同的立场。㉔

此外，申丹还以四个短篇故事中的隐性进程对文学翻译提出的挑战。这些文本包括上文所述的凯瑟·曼斯菲尔德的《苍蝇》和《心理》，凯特·肖邦的《一双丝袜》，以及埃德加·爱伦·坡的《泄密的心》。这些作品的译者均旨在较好地传递原文的意义。从情节发展来看，这些译文令人相当满意；然而从情节背后隐性进程的角度来观察，译文则存在不同程度的问题。㉕

注：

①《爱欲与城邦：科里奥兰纳斯的命运》，《国外文学》，2015年第3期。

②《论弥尔顿〈咏失明〉及其早期中国因缘》，《中南大学学报》，2015年第1期。

③《女性主义的空间探索与阶级意识——论〈玛丽·巴顿〉中盖斯盖尔夫人的政治想象》，《国外文学》，2015年第1期。

④《超越维多利亚时代的爱情观——互文性视域下的〈王子出行记〉》，《国外文学》，2015年第3期。

⑤《女性主义批评的“母矿”——〈弗兰肯斯坦〉的国外女性主义批评研究》，《国外文学》，2015年第4期。

⑥《绝望的力量：重读〈大卫·科波菲尔〉》，《国外文学》，2015年第4期。

⑦《为动物立传：〈阿弗小传〉的生态伦理解读》，《外国文学》，2015年第3期。

⑧《失真的自我——论〈吹口哨的女人〉对“自由女性”的重构》，《国外文学》，2015年第1期。

⑨《文学，揭示真相的伟大艺术——论〈比利·巴德〉中的文学主题》，《国外文学》，2015年第4期。

⑩《“信仰”的幻灭——解读赫尔曼·麦尔维尔的〈骗子的化装表演〉》，《西安外国语大学学报》，2015年第3期。

⑪《女作家的创作与出版困境——康斯坦斯·费尼莫尔·伍尔森的〈忧伤小姐〉》，《国外文学》，2015年第3期。

⑫《福克纳小说创作对后/印象主义画派技巧的借鉴》，《国外文学》，2015年第4期。

⑬《〈金苹果〉的主导性男性气质策略》，《外国文学》，2015年第6期。

⑭《葆拉·马歇尔笔下的褐砖房区》，《外国文学》，2015年第3期。

⑮《不一样的〈独立宣言〉》，《外国文学》，2015年第3期。

⑯《文字游戏与价值重估——普罗芭的维吉尔〈集句诗〉》，《国外文学》，2015年第1期。

⑰《〈使女的故事〉中的话语政治》，《外国文学评论》，2015年第1期。

⑱《自然文学的三维景观：风景、声景及心景》，《外国文学》，2015年第6期。

⑲《重复的自动性与象征秩序的坚执——解析拉康的〈关于“失窃的信”的研讨班讲演〉》，《国外文学》，2015年第1期。

⑳《不可译论的女性主义重释》，《东北大学学报》，2015年第3期。

㉑《实践巴赫金的文学理论——大卫·洛奇〈追随巴赫金〉评介》，《外国文学动态研究》，2015年第6期。

㉒《双向暗恋背后的单向投射：曼斯菲尔德〈心理〉中的隐性叙事进程》，《外国文学》，2015年第1期。

㉓《女性主义和消费主义背后的自然主义：肖邦〈一双丝袜〉中的隐性叙事进程》，《外国文学评论》，2015年第1期。

㉔《反战主题背后的履职重要性——比尔斯〈空中骑士〉的双重叙事运动》，《北京大学学报（哲

学社会科学版)》, 2015 年第 3 期。

㉕《叙事“隐性进程”对翻译提出了何种挑战?如何应对这种挑战?》,《外语研究》, 2015 年第 1 期。

(作者: 丁林棚, 北京大学副教授)

俄罗斯文学

赵桂莲　刘　旭

2015 年的俄罗斯文学研究论著有 140 余篇(部), 大部分集中于 20 世纪和当代俄罗斯文学。应该说, 对当代文学倾注更多心血是值得肯定和鼓励的趋势, 因为关注当代文学有助于我国读者更多了解当代俄罗斯社会和俄罗斯人的生活及思想变化, 而从目前的总体情况来看, 我们对俄罗斯人当代生活的认知比较缺乏, 由此会在一定程度上掣肘文化交流的顺利开展。随着中国文字著作权协会和俄罗斯翻译学院负责组织实施的“中俄文学互译出版项目 · 俄罗斯文库”的不断问世, 认知方面和学术研究方面都有望大幅度提升。

对古俄罗斯文学、18 和 19 世纪俄罗斯文学的研究成果不仅数量少, 而且进步不大。这方面的研究以往的确占主流, 但尽管如此, 却并不能说我们对其认识够充分, 研究够充分。以下文章有新意, 值得关注。李建军以“重估俄苏文学”为题在《名作欣赏》上发表的系列文章[①]笔调冷峻, 对不同时期不同作家以及各种文学现象的另类解读体现了作者强烈的个性化色彩, 耐人寻味。张虎[②]对帕慕克《雪》和陀思妥耶夫斯基《群魔》的比较研究表明,《群魔》在某种意义上预言了“现代性”危机, 同处于本民族“东方或西方”的十字路口, 陀氏立足本民族文化土壤, 而帕慕克赞成温和的西化主义, 但二者却在神秘主义和“爱”的宗教观念中发生了交汇, 由此可以发现陀氏创作的生命力。杨俊杰[③]的研究可谓填补空白之作。其对托尔斯泰作品目前被提及的数个“最早中译”的考证细致入微, 资料翔实, 最大贡献在于基本确定两部“最早中译”《诚实敬神篇》和《解仇良法》的托氏文本应是《哪里有爱, 哪里就有上帝》以及《复活》节选或《纵火容易灭火难》, 说“基本”是因为中译本目前已难觅踪迹。段丽君[④]对从茹科夫斯基到帕斯捷尔纳克等十几位作家创作中暴风雪主题做了全面考察, 认为借由这一俄罗斯独特的自然现象, 俄罗斯作家思索的是国家的命运、生命的本质。

20 世纪和当代文学研究成果比较多, 研究角度各有侧重。赵晓彬[⑤]以什克洛夫斯基的叙事理论研究其本人的自传三部曲小说, 得出的结论是: 在多重主体的交织中均呈现出作家和理论家共存、显性文学主题与潜性理论方法撮合、追溯与内省并重的陌生化叙事。刘淼文、赵晓彬的《“谢拉皮翁兄弟”的文学继承性》[⑥]在梳理该流派产生语境的前提下聚焦其对西方文学和俄罗斯古典文学遗产继承方面的努力, 认为流派各成员虽然创作风格不同、艺术主张各异, 但将文学的继承性作为创作任务加以宣传和保护却是共同追求, 是其最大贡献。汪介之[⑦]对几乎无人关注的帕斯捷尔纳克小说创作之初的作品《最初的体验》进行研究, 认为其多层次、剪辑性和故事性弱化等特点及其自传因素和语言试验为《日瓦格医生》的创作做了铺垫。刘文飞[⑧]立足史实的全方位考证勾勒出日瓦格的多重身份, 他是医生又是诗人, 是哈姆雷特又是耶稣, 是生活的象征又是与历史的对峙, 是抒情主人公, 又是 20 世纪俄罗斯知识分子的“中间”类型。只有在充分认识日瓦格多元身份的前提下才有可能认识到该“秘密之书”、“文化之书”中蕴含的秘密和文化本质。汪磊[⑨]密切结合文本研究《日瓦戈医生》的时间与空间叙事, 认为把二者结合起来诠释小说的人物和故事情节有助于认识主人公的心理历程和人生轨迹, 也有利于挖掘小说的艺术和思想价值。具体而言, 小说的时间包含故事时间和文本时间, 前者依据日历时间交代故事进程, 通过光线、色彩、声音、形状的变化表达时间的流逝, 后者忽略主人公的成长经历, 注重其心路历程; 艺术空间的处理建立在主人公个体生命的体验之上, 折射出作家对客观世界的理解。该研究者的另一篇文章[⑩]同样研究该小说的叙事艺术, 认为对立于俄罗斯文学深厚的“国家主义”叙事传统, 作家所采取和呈现的是个体叙事、伦理叙事和反专制的自由叙事特点。

梁坤[⑪]对《大师和玛格丽特》的研究价值体现在文化背景知识的厚实以及对俄罗斯文化精神内涵的深入感悟。作者对主人公姓名、真理与道路的词源学考证以及对色彩寓意的剖析颇见其学术功力，以此为前提娓娓道来的作家“写神的目的正在于人”、耶舒阿是“东正教之心领受的耶稣”的结论扎实可靠。陈光兵的《布尔加科夫创作中的公鸡象征符号研究》[12]以洛特曼关于文化记忆及其功能的理论为指导，研究布尔加科夫创作中的象征符号“公鸡”，认为其中蕴含的文化记忆代表着“保存”、“传递”、“创造”，而这一切都与作家所处时空下的整体文化记忆有关。殷殿梅[13]从城市的边缘化、与古典文学的关系到作家身份认同上的边缘化透视20世纪60、70年代列宁格勒文学流派创作特点的文章有一定的补白意义。刘亚丁[14]追踪2005年以来俄罗斯肖洛霍夫研究的结果是发现了其新的特点：向文学之外的因素和负面因素开放。闫吉青[15]对当代炙手可热但又毁誉参半的小说家沙罗夫创作的渊源追溯是精准的，作家的宗教观基础并非官方正教，而是旧礼仪派。在我们看来，洞悉沙罗夫乃至诸多不同时代俄罗斯作家的创作本质，深入研究旧礼仪派的思维方式、行为方式和终极目标追求是必不可少的。张建华[16]关注的小说家沃罗斯的创作同样也折射出了俄罗斯当今文坛的一股回归风。按照该研究者的话说，作家“以一种回归传统的民间化的叙事姿态，接续了新世纪俄罗斯小说的叙事世界”，书写朴素无华，与此同时人物的命运和历史故事却令人震撼。该研究的重要价值还在于让一个完全陌生但创作底蕴深厚的作家的名字进入中国读者和学界的视野。

陈新宇[17]在厘清“乡土小说”或曰“农村小说”已有名称（比如本体论小说、道德小说、传统小说）局限性的基础上，通过比较其与战争小说、城市小说的异同，得出乡土小说的实质不仅在于书写农村生活、更在于其包罗万象的问题意识，因此乡土写作并未伴随传统农村的逝去而结束，而是延续至今。侯玮红[18]的文章与陈文具有呼应性，作者同样认为该类主题的文学写的是乡村，但思考的却往往是民族命运和国家未来的问题。也正因为此，“乡村散文”作为一个流派的名称一直打引号。该作者的另一篇文章[19]全面总结了苏联解体前后卫国战争题材作品的特点，就当代而言，正面歌颂的作品很少，揭露阴暗面、否定英雄主义精神、甚至直接否定卫国战争的作品有一些，不过，占大多数的是客观呈现与理性分析并重的作品。陈爱香[20]对当代三部以苏联卫国战争为背景的小说的研究表明，以个体记忆的视角书写战争历史体现了当代俄罗斯作家个人对苏联历史的新思考，同时也为该类题材文学的写作注入了新的艺术元素。应当指出的是，个体化书写不仅体现在该文作者论及的卫国战争小说，它是当今俄罗斯文学的一种普遍性特征。舒羽[21]对个性化写作《夜深时分》的个性化阅读别开生面，文章不能说是学术论文，但对于透视当代俄罗斯文学中呈现的“俄国灵魂的精神瓦解”有帮助。

相比于小说研究，我国学术界对当代俄罗斯戏剧的关注要弱得多。王树福[22]的长文聚焦于对“当代俄罗斯戏剧”之“当代”的界定，认为它不单单是个时间概念，更是一种思想辨析式的认知方法和话语体系，后者不仅显示出俄罗斯文学的生存时空和发展语境，而且彰显着当代学者返回历史语境、探寻文学自主性和主体性的艰辛努力，“解冻时期”或“改革时期”是俄罗斯文学包括戏剧的重要分水岭和里程碑，其后文学的探索实验、蝉变转型与社会态势、历史现实、文化思想和话语意识是遥相呼应和彼此彰显的，因此应把二者视为既彼此相连又相互差异的时期，对其进行宏观考察和整体认知。李瑞莲[23]以萨杜尔的剧作为例揭示了当代俄罗斯戏剧在主题上继承传统、在表现手法上吸收现代主义和后现代主义所呈现出的特色。而王丽丹[24]研究博加耶夫戏剧所呈现出的是另一番景象：通过对经典作品、经典作家和历史人物的重构和解构体现俄罗斯人颠覆经典、游戏传统、否定曾经的价值观。这些研究让我们从一个侧面看到当今俄罗斯戏剧乃至整个俄罗斯文学中的“继承与颠覆”。

林精华[25]梳理苏联解体后俄罗斯文坛、文学批评状况的真正目的在于呼吁面对俄罗斯文学时建构中国学者的主体性意识，避免重复俄罗斯或西方的观念，人云亦云。有趣的是，该学者的《中国现代文学进程如何面对俄罗斯文学中的东正教问题》[26]一文，从另一个侧面研究了20世纪上半叶中国“俄罗斯文学热”时中国人在对东正教的接受意识方面过于主体化导致的严重后果：在接受范围上仅限于19—20世纪上半叶很有限的作家作品，对此后苏联文学强行中断东正教传统的后果或熟视无睹，或视为先进，由此远离了俄罗斯民族的特质，也不符合俄罗斯文学的实际，同时背离了中国现代文学进程的初衷，即引进外来文化是为了更好地促进现代性在中国的成长，并借助外来经验清醒地面对自身问题。这种片面性、主观性的接受看不到东正教在俄国社会进程中坚守文化传统和民族身份的积极作用，未能帮助缓解中国反传统文化的思潮，反而因对俄罗斯文学去宗教化的启蒙主义阅读进一步刺激了破坏中国文化传统的激进主义思潮，也遮蔽了俄罗斯作家隐含的强烈的帝国意识以及俄罗斯文学所具有的严重的地方性审美特点。该研究者的两篇文章提醒我们，面对完全不同文化语境中的外国文学，我们拥有自我主体性意识是必要的，也是必需的，但与此同时深入系统认识该文化语境也是必须要做的功课。

文艺理论研究方面聚焦点仍几乎都在符号学和形式主义理论上，有些研究中更多体现了中国学者的批评和参与意识。作为社科基金重大项目《新中国外国文学研究 60 年》的阶段性成果，夏忠宪[27]对中国巴赫金研究的梳理和总结让我们看到了中国学者的努力及其贡献：从 20 世纪 70—80 年代中期的初识，到之后十年在纵深上的推进，再到最近二十余年对巴赫金理论的实际操作和对话，中国学者的研究越来越趋于多样性和个性化。王立业[28]同属该课题的中国塔尔图符号学研究经历的是类似的过程，从推介到纵深研究到多元扩展，从清一色研究文艺符号学到近些年文化符号学研究逐渐取代前者，积累了较为丰富的经验。配合这两篇科研成果反观以下几篇文艺理论研究，更可以发现我国学者的逐渐自觉和成熟。张卫东[29]以俄国形式主义和法国结构主义文艺理论的代表人物为例，对二者的局限性做了批评，认为文艺研究追求科学性是一种学科焦虑，它源于自然科学实证研究以及定量分析的理论逻辑的冲击，文学的科学性不在于形式解构，而在于多元意义的张力场上；张碧的《巴赫金符号学思想与西方马克思主义的符号学理论》[30]在比较二者之后指出，后者不同程度受巴赫金影响，意识形态问题都是其论述的关键环节，而巴赫金是最早将成熟的符号学思想运用于文化批评实践的马克思主义者。周玉芳的《巴赫金符号学理论对性别隐喻的批评认知分析》[31]是对巴赫金符号学理论的活学活用，类属交叉研究，作者结合具体文学作品，从符号的物质性、历史性、社会性和意识形态性等方面揭示语言表达背后隐藏的性别歧视。吕红周、单红[32]对几乎无人关注的符号学家韦特罗夫及其符号情境的研究丰富了我们对俄罗斯符号学的认识和贡献。刘涵之、马丹[33]表面上研究的是巴赫金的《陀思妥耶夫斯基诗学问题》，实际上却是在指出我国学界在很大程度上“文学理论领域只重理论概述、不重作品尤其是不重从作品中抽象出理论的弊端”，以巴赫金为观照，“从作品本身抽象出理论来”应该是理论研究努力的方向，在这一点上我国古代文论家同样是学习的榜样。

季明举[34]把别林斯基的哲学观与美学观结合起来考察，力图还其真实的“历史风貌”：伴随着从谢林主义有机哲学到黑格尔的“与现实和解”、再到费尔巴哈的人本主义哲学，别林斯基的美学观也相应地经历了循环式的变容过程：从宣传艺术神秘性演进到克服艺术绝对性，最后走向确立艺术的社会性。因此，作者认为，把别林斯基看成是“战斗的、不妥协的唯物主义者”令人生疑，是没有发展地看待他的文艺评论。

2015 年问世的近十部专著或文集基本上都是作者多年研究的总结或博士论文基础上的升华。刘文飞的《文学的灯塔》[35]和《俄罗斯文学的有机构成》[36]是俄罗斯文学研究，更是俄罗斯文化研究，内容涉及 19 世纪的古典文学大师、侨民文学和苏联解体后俄罗斯文学中呈现的传统与现实的关系，也涵盖俄罗斯文学的思想史意义、伊凡雷帝与库尔勃斯基公爵通信中折射的思想论争、俄罗斯文学中的斯拉夫派与西方派的对峙，等等，有具体的个案分析，也有宏观的整体把握，有富于学术性的理论研究，也有作为文化交流者和翻译者的亲身感悟，笔调轻松，酣畅淋漓。朱建刚的《十九世纪下半期俄国反虚无主义文学研究》[37]同样，既是文学研究，也是思想研究，二者是并重的。专著以反虚无主义代表评论家和作家为章，分别研究了斯特拉霍夫对虚无主义的批判，卡特科夫、皮谢姆斯基、列斯科夫和陀思妥耶夫斯基反虚无主义小说的特点，以及白银时代作家对虚无主义的反思，每个部分都对评论家的生平及其反虚无主义观点产生的原因做了必要的观照，第一章对俄国虚无主义缘起和代表人物观点和创作的论述对于更深入地认识反虚无主义小说的产生及其思想渊源不可或缺。该书在一定程度上填补了我国相关研究的空白。

曾思艺的《俄罗斯文学讲座：经典作家与作品》[38]正如它的名称，是作者多年授课的集大成之作，分上下两册，上百万字，涵盖 19、20 世纪 30 多位优秀作家及其代表作品，正如作者本人所言，授课及成书中把握两个原则，一是引入学术前沿成果，培养独立思考能力，二是加强艺术分析，培养审美能力。与此相关，该书兼顾学术性和通俗性，作者在很多方面对名著的个性化解读也是其一大特色。陈方的《俄罗斯文学的“第二性”》[39]大体从两个维度研究俄罗斯文学中的女性，一是文学中的女性，二是女性文学中的女性，专著涵盖范围广，由“上篇：19 世纪俄罗斯作家笔下的女性形象”、“中篇：19、20 世纪之交的女性文学两论”和“下篇：俄罗斯当代女作家笔下的女性形象”组成，勾勒出两个多世纪里俄罗斯文学的女性形象画廊及其在不同时期、不同作家笔下呈现的多彩风貌。陈思红的《论艺术家—心理学家陀思妥耶夫斯基》[40]通过文本细读、选取典型例证全面深入地研究了作家在心理描写方面独特的艺术技巧。作家对心理描写的情有独钟与其对人的本质的认识直接相关，探索人心灵的秘密是作家毕生的追求。在心理描写上作家往往会关注人物的病态心理、潜意识、前意识和梦，而就艺术手法而言，在外部表情和动作描写、对话、内心独白和意识流等方面多有创新。该书的最大价值不是总结了作家在心理描写领域和心理描写手法上的特点，而是对文本的精细把握。武晓霞的《梅列日科夫斯基象征主义诗学研究》[41]以作家的诗歌、小说、政论批评为研究对象，把他放在白银时代俄国象征主义文学的大背景上考察，旨在发现其诗学特征、原则、具体体现及其影响。研究者发现，“普遍化二元对立”是作家象征主义诗学的原则，该二元对立在作家创作的语言构成上体现为极端性和扩大化，情节结构上体现为循环性和对比性，主题系统上体现为极化性和扩张性，人物形象上体现为概念性和对称性。迄今为止我国对梅氏的研究多集中在思想层面，该研究的文本细读功夫做得相对而言更扎实，其艺术层面的研究尤显可贵。

作为《俄罗斯现代文学史》（2013 年）的姊妹篇，汪介之的《俄罗斯现代文学批评史》[42]集中考察了 1890—20 世纪 50 年代初的俄罗斯文学批评，大致分为白银时代文学批评、早期马克思主义文学批评、庸俗社会学批评、形式主义文学批评、域外文学批评等板块，有以流派为脉络的总体把握，也有以作家、批评家、哲学家、思想家的代表性评论为对象的具体分析，呈现了这一时期俄罗斯文学批评的全貌。更为重要的是，作者绝非止于梳理，更在于评说，体现出重构这一时期俄罗斯文学批评发展图景的鲜明主体意识。

注：

①《血床上绽放的乌托邦之花——论〈怎么办?〉》，2015 年第 31 期；《停滞时代的平庸与废坏——论勃列日涅夫时代的文学状况》，2015 年第 16 期；《一时的文学与永恒的文本——应该如何评价〈钢铁是怎样炼成的〉》，2015 年第 4 期；《用伟大的经验矫正自己时代的文学——论帕乌斯托夫斯基与他的〈金蔷薇〉》，2015 年第 7 期；《早春时节的一场暴风雪——论“解冻文学”语境下的赫鲁晓夫主义》，2015 年第 13 期；《浅蓝的色调与鸽子的温柔——论左琴科和他的小说》，2015 年第 19 期；《20 世纪真正的〈战争与文学〉——论格罗斯曼的〈生存与命运〉》，2015 年第 22 期。

②《当神蓝遇见斯塔夫罗金：〈群魔〉的“自由意志”与〈雪〉中的恐怖主义》，《俄罗斯文艺》，2015 年第 1 期。

③《托尔斯泰和狄益华——也谈托尔斯泰文学作品的最早中译》，《俄罗斯文艺》，2015 年第 4 期。

④《俄罗斯经典作家笔下的暴风雪主题》，《俄罗斯文艺》，2015 年第 4 期。

⑤《什克洛夫斯基散文体小说的陌生化叙事》，《俄罗斯文艺》，2015 年第 2 期。

⑥《俄罗斯文艺》，2015 年第 3 期。

⑦《帕斯捷尔纳克小说艺术探索的开端》，《俄罗斯文艺》，2015 年第 2 期。

⑧《日瓦格何许人也》，《世界文学》，2015 年第 3 期。

⑨《试论〈日瓦戈医生〉的时空叙事艺术》，《国外文学》，2015 年第 1 期。

⑩《反“国家主义”的“自由个体”叙事——〈日瓦格医生〉的叙事伦理刍议》，《当代外国文学》，2015 年第 1 期。

⑪《耶舒阿·伽—诺茨里：以东正教之心领受的耶稣——〈大师和玛格丽特〉的宗教文化阐释》，《俄罗斯文艺》，2015 年第 3 期。

⑫《俄罗斯文艺》，2015 年第 1 期。

⑬《20 世纪六七十年代的列宁格勒文学流派》，《俄罗斯文艺》，2015 年第 1 期。

⑭《近十年俄罗斯肖洛霍夫学回顾》，《俄罗斯文艺》，2015 年第 3 期。

⑮《果戈理传统与俄罗斯民族拯救之路的探寻》，《俄罗斯文艺》，2015 年第 4 期。

⑯《“行走”、族群、历史叙事——评安德烈·沃罗斯的长篇小说〈重返潘日鲁德〉》，《外国文学动态研究》，2015 年第 1 期。

⑰《“деревянная проза”概念辨析》，《俄罗斯文艺》，2015 年第 1 期。

⑱《乡村梦醒，路在何方？——当代俄罗斯“乡村散文”探析》，《俄罗斯文艺》，2015 年第 4 期。

⑲《卫国战争文学的当代发展》，《文艺理论与批评》，2015 年第 4 期。

⑳《新俄罗斯的卫国战争记忆与文学化的历史》，《俄罗斯文艺》，2015 年第 1 期。

㉑《圣殿旁的烂尾楼——读彼得鲁舍夫斯卡娅的〈夜深时分〉》，《世界文学》，2015 年第 2 期。

㉒《时间、方法与话语——俄罗斯戏剧“当代”概念考》,《俄罗斯文艺》,2015 年第 3 期。

㉓《当代俄罗斯剧作〈百人长之女〉中的果戈理传统》,《俄罗斯文艺》,2015 年第 1 期。

㉔《当代俄罗斯剧作家奥·博加耶夫剧作中的互文现象》,《俄罗斯文艺》,2015 年第 3 期。

㉕《后苏联俄罗斯文学研究论纲》,《俄罗斯学刊》,2015 年第 1 期。

㉖《文学评论》,2015 年第 6 期。

㉗《中国巴赫金研究之考察与分析》,《俄罗斯文艺》,2015 年第 2 期。

㉘《塔尔图符号学在中国》,《俄罗斯文艺》,2015 年第 3 期。

㉙《文学的科学性问题刍议》,《俄罗斯文艺》,2015 年第 3 期。

㉚张碧:《巴赫金符号学思想与西方马克思主义的符号学理论》,《俄罗斯文艺》,2015 年第 4 期。

㉛周玉芳:《巴赫金符号学理论对性别隐喻的批评认知分析》,《俄罗斯文艺》,2015 年第 2 期。

㉜吕红周、单红:《俄罗斯符号学研究之韦特罗夫的符号学观解读》,《俄罗斯文艺》,2015 年第 1 期。

㉝刘涵之、马丹:《关于“从小说本身抽象出理论来”的可能——以〈陀思妥耶夫斯基诗学问题〉为中心》,《俄罗斯文艺》,2015 年第 4 期。

㉞季明举:《哲学与美学的联动——别林斯基的历史面孔》,《俄罗斯文艺》,2015 年第 3 期。

㉟刘文飞:《文学的灯塔》,花城出版社,2015 年版。

㊱刘文飞:《俄罗斯文学的有机构成》,东方出版社,2015 年版。

㊲朱建刚:《十九世纪下半期俄国反虚无主义文学研究》,北京大学出版社,2015 年版。

㊳曾思艺:《俄罗斯文学讲座:经典作家与作品》,北京师范大学出版集团,2015 年版。

㊴陈方:《俄罗斯文学的“第二性”》,北京语言大学出版社,2015 年版。

㊵陈思红:《论艺术家心理学家陀思妥耶夫斯基》,北京大学出版社,2015 年版。

㊶武晓霞:《梅列日科夫斯基象征主义诗学研究》,北京大学出版社,2015 年版。

㊷汪介之:《俄罗斯现代文学批评史》,中国社会科学出版社,2015 年版。

(作者:赵桂莲:北京大学教授;
刘旭:北京大学博士生)

管　理　学

工商管理学

高　杰　邓荣霖

一、企业管理

2015 年,北京学者围绕管理理论和方法、大数据管理、国际化管理方面研究取得了新进展,现综述如下:

(一)管理理论和方法

关于管理理论和方法。有的学者回顾了“第四届中国企业管理创新案例研究前沿论坛(2014)”,认为本次论坛展示的案例研究成果代表了中国本土企业管理创新的最新进展,包括了内部治理与外部治理等公司治理模式的创新和品牌、商业模式、运营、技术创新等企业发展战略模式的创新①。有的学者提出,在新的时代下,“一带一路”战略构想,打造的是政治互信、经济融合、文化包容的利益共同体、命运共同体和责任共同体;互联网 + 的关键就是创新、创造新的发展生态。这些都对管理活动提出了新的挑战②。有的学者认为,标准化管理是指企业在经营范围内为求得最佳秩序和最大效益,制定产品生产和提供服务所需要的普遍性条款、规程要求③。有的学者在传统价值链理论的基础上提出柔性价值网的概念,指出因重构、链接和互动而形成的柔性价值网是社会化商务环境中价值共创的最终结果,并基于此总结提出社会化商务背景下企业价值共创亟需关注的研究命题，旨在提高企业进行动态、可持续价值创造的能力[④]。

（二）大数据管理

关于大数据管理。有的学者提出，政府在创造大数据良好生态、支持大数据产业发展过程中，应该同时扮演3个重要角色：（1）产业发展环境的创造者和维护者；（2）政府和公共部门数据的拥有者和提供者；（3）大数据应用的开发者和使用者[⑤]。有的学者基于行为动机理论、技术采纳与整合理论模型，通过收集中国本土化情景下的代表性众包网站平台“猪八戒网”和“一品威客网”的问卷调研数据，采用结构方程模型分析方法，探讨了基于社会媒体的企业开放式众包创新的接包主体行为的影响因素及影响路径问题[⑥]。有的学者提出包括三个维度、10个题项的网络租金的测量量表。三个维度包括交易费用的减少、李嘉图租金与熊彼特租金。其中，交易费用减少的题项包括搜寻成本、签约成本、履约成本与监督成本的减少；李嘉图租金的题项包括资源整合所产生的销售额、净利润、市场份额的增长；熊彼特租金的题项包括学习创新所带来的技术、产品或服务、管理方面的创新与改进[⑦]。

（三）国际化管理

关于国际化管理。有的学者认为，子公司的战略制定过程是一个母子公司互相协商的过程，最终的决策与子公司的相对话语权有直接关系。在战略实施阶段，子公司加深嵌入程度的活动直接反映了其战略制定导向。并提出子公司的战略实施可进入“下降螺旋”和“上升螺旋”两种路径。子公司进入上升螺旋的关键因素是其是否获得了有价值、可分享的知识，这些知识对子公司话语权的获得与地位的转变有着至关重要的影响，直接影响着子公司能否实现“双元嵌入”[⑧]。有的学者提出，在国际化环境中，公司品牌形象和国家品牌形象对购买意向具有显著的正向影响。全球消费文化和产品卷入度对上述影响关系具有调节作用，全球消费文化正向调节公司品牌形象和国家品牌形象对购买意向的影响关系，产品卷入度反向调节公司品牌形象和国家品牌形象对购买意向的影响关系，产品熟悉度决定了上述调节作用的程度[⑨]。有的学者基于投入产出框架，对增加值率的内涵及其比较静态性质进行了分析，指出增加值率的高低不只反映技术，也受到各种分配因素的影响。一国增加值率的高低不仅取决于自身的技术努力，也同样与现有的国际分配体系及制度等诸多因素密切相关。我国增加值率远低于发达国家，且持续降低在一定程度上正是国际分工背景下技术与分配诸多因素共同影响的结果[⑩]。

有的学者认为，目前尚没有一个标志性事件证明中国对外开放已进入新阶段，但某些趋势已形成：经济发展的动力由出口导向变成内需主导；海外投资在增量方面赶上引进外资；接受发达国家先进技术、思想和经验，从单纯模仿吸收变成融合创造；中国的商品、货币、资本、语言文字和文化走向世界；进一步参与国际游戏规则；中国的发展经验为世界所重视，产生世界性影响[⑪]。还有的学者提出，随着全球化进程的加快和“一带一路”战略的实施，越来越多的中国企业“走出去”，参与国际市场竞争。在海外，企业形象不是可有可无的小事，而是关系企业国际竞争力提升的大事。“走出去”的中国企业在海外形象建设方面逐渐积累了一些经验，从赴澳、新对中国企业驻外机构实地调研来看，有一些共性的做法非常有效。具体体现在：合规经营，环境保护，社区融入，文化交流，公共传播[⑫]。

二、会计与财务管理

2015年，北京地区的专家学者主要围绕公司财务行为、内部控制与审计、公司治理与资本市场、会计理论等问题进行了深入的研究和探讨。

关于公司财务行为。有的学者提出，创业企业的财务资本、生产性资源与市场性资源的需求程度与引入产业投资者正相关；创业企业技术性资源与产业投资者引入呈负相关，但其研发能力或创始股东的控制权较强时，这一负相关关系将弱化[⑬]。有的学者通过研究发现，影子银行通过拓宽短期融资来源实现了缓解企业融资约束的目的，并且企业风险承担水平越高，这种效应体现得愈加明显。作为银行正规信贷渠道的替代与补充，影子银行对企业融资约束的缓解作用随着其银行贷款水平的降低而显著增强，并且这种效应亦在高风险企业中更为明显[⑭]。有的学者通过研究发现：我国上市公司的负债融资可以降低企业代理成本，对企业价值有正面的治理效应；管理者为男性、教育水平越高、任期越短、有财务相关工作经历时，越容易出现过度自信，也更偏好使用负债融资，其中管理者性别、教育水平、工作经历更是可以显著提高负债融资对企业价值的提升作用[⑮]。

关于内部控制与审计。有的学者提出，那些以“诚信”作为企业文化的企业，其盈余管理水平更低；同时，无论是对于正向盈余管理还是负向盈余管理，“诚信”都能发挥一定程度的抑制作用。在非国有企业中以及在企业有再融资需求时，“诚信”发挥的作用更大[16]。还有的学者通过研究发现，非财务信息披露的一个动机是为了隐藏盈余操纵，在隐藏期间（被重述年度与重述年度之间），进行盈余重述的公司会披露更多的管理层讨论与分析中非财务信息。盈余操纵与管理层讨论与分析中非财务信息披露的关系在隐藏动机较大（例如有股权激励）的公司当中更强[17]。有的学者提出，为全面提升我国小企业的内控水平，重点解决现有制度执行过程中的实际问题，小企业内控规范制度体系建设工作可以概括为“三统三分”：统筹考虑、统一理念、统一体系；分类指导、分层管理、分工协作[18]。

关于公司治理与资本市场。有的学者提出，在重组中，国有企业更倾向于采取关联交易等非市场化手段，而民营企业更注重公司战略和经营策略的调整。国有企业的财务困境应对成本要显著小于民营企业[19]。还有的学者提出，非执行董事，包括控股股东董事和非控股股东董事都对过度投资具有明显的抑制作用，在两职合一与两权分离两种情况下非执行董事，特别是控股股东董事对过度投资的抑制作用受到一定的限制，而非控股股东董事对过度投资的抑制作用不受限制[20]。有的学者通过研究发现：（1）定向增发整体上市的市场反应显著为正，且有机构投资者参与的公司市场反应更好；（2）券商、基金、投资公司等相对独立的机构投资者的认购比例与定向增发整体上市市场反应之间存在倒U形关系，信托、保险等公司与上市公司可能存在一定商业关系，其参与程度对市场反应不产生规律性影响[21]。有的学者认为，其他应收款、是否亏损、经营应计项、现金销售率、股票换手率波动率、股权集中度、机构投资者持股比率、是否再融资和股市周期是鉴别中国上市公司造假的关键变量，用这些指标建立的综合模型不仅具有简单易懂的实用性，而且在辨别国内造假公司的能力方面显著优于西方常用模型[22]。

关于会计理论。有的学者提出，会计确认其实就是“登记入账”之意，包含会计计量。会计计量是会计确认的应有之义，它并不是与会计确认并列的会计程序。会计程序是指“审核原始凭证→填制记账凭证→登记会计账簿→编制财务报表”，“记账、算账、报账”是对会计程序的精炼概括。会计循环就是周而复始的会计程序[23]。有的学者系统总结和梳理了学术类会计领军人才在入选后发表在国内 23 本重要学术杂志的研究文献，研究发现：入选学术类会计领军人才后，学术研究成果数量增长迅速，学者之间的合作得到增强。研究主题中有关资本市场的财务管理研究显著增多，研究方法日趋多元化，研究所采用的理论更加丰富[24]。

三、技术经济与管理

技术经济理论与方法创新、产业经济和企业经济、区域经济与创新发展、低碳经济和绿色发展是 2015 年北京地区专家学者在技术经济与管理领域较为关注的热点问题。

关于技术经济理论与方法创新。有的学者提出，产学研合作创新是产学研三方为实现技术创新的目的，采用合作的方式最终达到协同创新的结果的过程，可以有效解决企业技术创新问题。创新式的提出内部战略导向和能力要素、外部战略要素和战略互动要素的战略协同系统，并提出内部战略评估和支持机制、外部战略环境快速反应机制和合作互动协调机制[25]。有的学者以进口贸易、对外投资和外商投资为研究视角，通过推算我国 1985—2013 年的全要素生产率，比较研究了 3 种路径的技术溢出效果发现，国内研发、进口贸易、对外投资和外商投资均能够提升我国全要素生产率水平，并且进口贸易的技术溢出效应更为显著[26]。有的学者运用多主体仿真的方法比较了 3 种分配策略的优劣得出：基于创新能力的分配策略容易出现两极分化的现象，基于学习能力的分配策略获取租金的速度较慢，基于资源位的分配策略更利于技术创新网络的稳定与发展[27]。

关于产业经济和企业经济。有的学者从多个角度研究了工业化后期各种增长动力的发展趋势以及增长新动力的源泉，结果表明：（1）从产业结构角度看，经济主导产业将由过去的资本密集型重化工业转向服务业和技术密集型制造业，这要求经济增长模式由重化工业时代的要素扩张驱动转向创新驱动；（2）从要素供给角度看，当前中国的劳动力数量和资本积累对增长的贡献已经显著下降并将进一步减少，今后增长的新动力主要在于通过提高要素质量和促进要素优化配置提高生产率；（3）从总需求角度看，进入工业化后期以后投资和出口对增长的贡献将难以维持在较高水平，今后增长的新动力主要在于扩大居民消费需求[28]。有的学者认为，我国的经济增长与产业结构存在着长期稳定的均衡关系；改革开放以来，第二产业的发展对于产业结构的优化和升级起了最主要的作用；从短期来看，第三产业对产业结构的影响效果将比较突出；而产业结构升级对经济增长的影响作用过程缓慢但是效果较为持久。在经济新常态的发展阶段，第二、三产业的发展将对产业结构的变迁起主要作用，而产业结构优化升级将对我国经济的可持续发展产生持续而深远的影响[29]。

关于区域经济与创新发展。有的学者提出，京津冀地区是中国北方地区的经济中心，选取2004年和2012年京津冀区域内184个区县单元的人均GDP、人均第二产业产值、人均第三产业产值等8项指标，通过比较两个年份区域经济差异的变化，认为京津冀区域内的经济差异尤其是河北省与京津地区的差距是扩大的[30]。

有的学者发现，我国区域创新能力空间分布呈现不均衡和空间正相关特征，即我国区域创新能力存在明显的阶梯层次分布，东部沿海地区创新水平普遍较高，而中部六省创新能力普遍一般，西部地区创新水平则较为低下，并且这一空间相关程度整体呈现持续扩大的趋势[31]。2015年8月18日，"第三届中国工业发展论坛：经济新常态下的中国工业"在北京举行，有的学者对会上主要学术观点进行了总结，与会专家学者围绕新常态下中国经济发展与宏观调控、产业经济与区域协调发展、经济增长与经济政策、产业政策与企业发展等重要议题进行了深入研讨[32]。

关于低碳经济和绿色发展。有的学者对国内外绿色技术扩散的典型商业模式和案例进行了梳理，总结出4类典型的能有效促进不同类型绿色技术市场扩散的商业模式：集中式、分布式、技术服务型和产品服务型[33]。有的学者提出，中国新能源汽车产业创新体系正处于快速完善阶段，知识获取、产业制度体系建设等功能已经成熟，而基础设施与支撑平台建设、产业链整合与升级以及正向外部性创造等功能仍有待于进一步完善。这一过程中政府采取的各种措施与产业发展过程中遇到的阻碍因素密切相关，措施的类型与着力点也随着各种阻碍因素的出现不断变化，发挥了积极的引导作用[34]。有的学者通过对当前市场中消费购买意愿的调研，证实了新能源汽车的购买选择与用户基础、互补品提供之间确实存在着所预期的直接、间接及局部网络效应。也表明在新能源汽车推广的导入期，优先发展互补品网络的重要性[35]。

四、旅游管理

"十三五"旅游业改革和发展、"一带一路"与国际旅游发展、大数据与智慧旅游、旅游对中国经济的影响以及旅游政策是2015年北京地区专家学者在旅游管理领域较为关注的热点问题。

关于"十三五"旅游业改革和发展。有的学者提出，"十三五"时期，可以从以下五个方面着手推动旅游业的改革、创新和发展：一是进一步明确金融在国家旅游"十三五"规划中的作用；二是加强对金融与旅游业融合的政策支持；三是鼓励旅游业开展金融服务创新；四是推动线上线下旅游金融服务的融合；五是推动旅游金融服务的均等化[36]。还有的学者认为，"十三五"期间，旅游业的发展目标除经济效益和人民群众满意度两大目标外，更为重要的是应发扬我国旅游业的优秀传统，树立引领全社会深化改革的担当精神和全局意识，把深化改革作为重点目标[37]。有的学者提出，旅游业的发展历来与国民经济发展态势息息相关。如何适应、并使自身也转入"新常态"，进而为国民经济进入"新常态"发挥某种引领作用，应成为谋划"十三五"旅游发展的出发点与落脚点[38]。有的学者认为，旅游业新常态的表现有五个方面：一是旅游发展兼顾经济发展与社会福祉的双重功能，保持"经济性"与"事业性"的双重特征；二是旅游市场全面发展，短期内难以形成理想的平衡；三是大众市场需求刺激大众旅游产品的供给，新业态的健康发展得到政府的支持与呵护，政府引导开发高端市场要实事求是，不与国家宏观政策和市场实际需求相抵触或错位；四是旅游与相关产业的融合力度与范围不断加大；五是政府旅游行政管理部门的职能逐渐弱化，防止过分地强化与集中，积极向其他政府部门扩散，要改变"求我所有，归我所管"的传统理念，树立"为我助力，与我同行"的新思维[39]。

关于"一带一路"与国际旅游发展。有的学者提出，我国旅游业经过30多年的发展，早已超越了单纯创汇的发展初级阶段，而是可以充分发挥对外对内两大功能：对外引领大国外交战略，成为"一带一路"的先行者，谋求国际旅游区域一体化发展的国家战略大格局和大作为，用我国旅游人口红利在国际社会充分展示我们参与国际竞争的软实力和巧实力；对内可以提升国民素质，提高国民生活品质和全社会的服务意识和管理水平[40]。有的学者认为，国家形象和目的地形象因其对消费者行为和决策的重要影响，分别发展成为国际商务领域和旅游营销领域的重要概念和研究热点，并将目的地形象放置到国家尺度下重新审视，试图揭示一个国家的综合国家形象与其作为旅游目的地的形象之间的互动机制，并尝试引入"熟悉度"等概念建立整合模型。以中国大陆为案例地，以来华国际游客为调查对象，通过研究发现：（1）熟悉度对目的地形象有正向影响；（2）国家形象与目的地形象之间具有双向且正向的影响；（3）国家形象通过目的地形象对游客的忠诚度产生间接影响[41]。

关于大数据与智慧旅游。有的学者提出，信息技术对改变游客行为和旅游体验的有 4 个方面的重要影响：（1）旅游互联网的使用已经达到饱和；（2）移动技术和社交媒体继续推动变革；（3）新的旅游行为创造了新时代的游客；（4）泛在化的、人工智能支持的环境为智慧旅游提供基础[42]。有的学者通过大数据方法对旅游局官方网站、景区官方网站和门户网站旅游频道等 205 个互联网站点进行内容分析，发现中国旅游景区网络形象呈现 4 大分异：（1）整体形象分异：我国 5A 级景区网络形象总分值差别很大，景区网络形象与其旅游接待人数存在错位现象。（2）空间分异：高分景区呈现空间集聚特征，并已经形成了“钻石地带”和“高分走廊”两大高分集聚区域。（3）知名度与美誉度分异：景区普遍存在认知形象与情感形象不匹配问题。（4）类型分异：景区网络形象类型多样，总体上以均衡型为主[43]。

关于旅游对中国经济的影响。有的学者提出，近年来，人民币持续升值，使得中国入境旅游产品价格不断提高。根据世界经济论坛发布的《旅行与旅游竞争力报告》，尽管中国的价格竞争力依然相对靠前，但是，已从 2006 年的第 11 位下降到目前的第 37 位。在人民币浮动汇率制度下，要客观看待人民币汇率变化对旅游服务贸易的影响，同时通过完善产品结构、提升消费体验、增加游客价值等非价格因素加以促进[44]。还有的学者提出旅游汽车租赁业未来发展的对策：（1）加大政策扶持力度；（2）健全法律规范与信用体系建设；（3）促进旅游交通一体化，实现交通无缝对接；（4）提供兼具普遍性与个性化的优质租车服务[45]。

关于旅游政策。有的学者提出，未来中国旅游政策应该重点关注的领域有：度假旅游政策；以旅游购物免税和退税政策为核心调整出入境旅游；设立国际旅游自由购物区，推动我国旅游购物发展；旅游企业扶持政策。还应该围绕新形势下的旅游需求，进一步改革休假制度，开放低空航线，更大范围推行更便利的签证政策等[46]。还有的学者认为，随着旅游业转型升级步伐加快，迫切需要从几个方面制定相应的政策措施：（1）从策略上，要依托重大战略和重大举措推动旅游政策；（2）从路径上，要结合旅游业不同属性确定不同的旅游政策取向；（3）从内容上，要从扩大需求和改善供给两个角度制定旅游政策；（4）从方式上，要结合旅游业自身的发展需要推动相关领域形成促进旅游业发展的政策体系；（5）从布局上，要通过差别化的政策措施支持重点区域旅游业发展[47]。

注：

①朱笑仪、戚依南：《中国企业治理与发展战略模式创新研究——第四届“中国企业管理创新案例研究前沿论坛”观点综述》，《中国工业经济》，2015 年第 2 期。

②李京文、丘斯迈：《新时代背景下的管理创新》，《管理学报》，2015 年第 12 期。

③邓荣霖：《标本兼治打造企业标准化形象》，《中国石油报》，2015 年 12 月 30 日。

④杨学成、陶晓波：《社会化商务背景下的价值共创研究——柔性价值网的视角》，《管理世界》，2015 年第 8 期。

⑤万岩、潘煜：《大数据生态系统中的政府角色研究》，《管理世界》，2015 年第 2 期。

⑥涂艳、孙宝文、张莹：《基于社会媒体的企业众包创新接包主体行为研究——基于众包网站调查的实证分析》，《经济管理》，2015 年第 7 期。

⑦杨娟、阮平南：《网络租金的测量研究》，《经济管理》，2015 年第 2 期。

⑧张竹、谢绚丽、武常岐、申宁：《本土化还是一体化：中国跨国企业海外子公司网络嵌入的多阶段模型》，《南开管理评论》，2015 年第 1 期。

⑨孙国辉、韩慧林：《公司品牌形象和国家品牌形象对购买意向的影响——基于中国跨国公司的实证分析》，《经济管理》，2015 年第 4 期。

⑩夏明、张红霞：《跨国生产、贸易增加值与增加值率的变化——基于投入产出框架对增加值率的理论解析》，《管理世界》，2015 年第 2 期。

⑪杨帆：《中国对外开放的历史与展望》，《管理世界》，2015 年第 4 期。

⑫胡钰：《中国企业海外形象建设：目标与途径》，《中国软科学》，2015 年第 8 期。

⑬王斌、宋春霞：《创业企业资源禀赋、资源需求与产业投资者引入——基于创业板上市公司的经验证据》，《会计研究》，2015 年第 12 期。

⑭程小可、姜永盛、郑立东：《影子银行、企业风险承担与融资约束》，《经济管理》，2015 年第 4 期。

⑮何瑛、张大伟:《管理者特质、负债融资与企业价值》,《会计研究》,2015 年第 8 期。

⑯姜付秀、石贝贝、李行天:《“诚信”的企业诚信吗?——基于盈余管理的经验证据》,《会计研究》,2015 年第 8 期。

⑰程新生、刘建梅、程悦:《相得益彰抑或掩人耳目:盈余操纵与 MD&A 中非财务信息披露》,《会计研究》,2015 年第 8 期。

⑱欧阳宗书、王海瑛、万文翔、米传军:《我国小企业内控规范体系建设若干问题的思考》,《会计研究》,2015 年第 8 期。

⑲祝继高、齐肖、汤谷良:《产权性质、政府干预与企业财务困境应对——基于中国远洋、尚德电力和李宁公司的多案例研究》,《会计研究》,2015 年第 5 期。

⑳胡诗阳、陆正飞:《非执行董事对过度投资的抑制作用研究——来自中国 A 股上市公司的经验证据》,《会计研究》,2015 年第 11 期。

㉑佟岩、华晨、宋吉文:《定向增发整体上市、机构投资者与短期市场反应》,《会计研究》,2015 年第 10 期。

㉒钱苹、罗玫:《中国上市公司财务造假预测模型》,《会计研究》,2015 年第 7 期。

㉓周华、戴德明:《会计确认概念再研究——对若干会计基本概念的反思》,《会计研究》,2015 年第 7 期。

㉔田志心、孙健、卢闯:《会计研究前沿述评与展望——基于学术类会计领军人才研究成果的分析》,《会计研究》,2015 年第 11 期。

㉕王荖祥、陈磊:《产学研合作创新战略协同机制研究》,《工业技术经济》,2015 年第 11 期。

㉖霍忻:《基于 L-P 和 B-K 模型的国际技术溢出获取路径比较研究——以我国 1985—2013 年经验数据为研究对象》,《工业技术经济》,2015 年第 10 期。

㉗杨娟、阮平南、刘晓燕:《技术创新网络租金分配的仿真分析》,《工业技术经济》,2015 年第 10 期。

㉘赵昌文、许召元、朱鸿鸣:《工业化后期的中国经济增长新动力》,《中国工业经济》,2015 年第 6 期。

㉙李春生、张连城:《我国经济增长与产业结构的互动关系研究——基于 VAR 模型的实证分析》,《工业技术经济》,2015 年第 6 期。

㉚赵雪冉、周文通、陆军:《京津冀区域经济空间差异研究》,《工业技术经济》,2015 年第 12 期。

㉛齐亚伟:《我国区域创新能力的评价及空间分布特征分析》,《工业技术经济》,2015 年第 4 期。

㉜李鹏飞:《经济新常态下的中国工业——“第三届中国工业发展论坛”综述》,《中国工业经济》,2015 年第 1 期。

㉝张静进、黄宝荣、王毅、陈劭锋、李颖明:《绿色技术扩散的典型商业模式、案例及启示》,《工业技术经济》,2015 年第 2 期。

㉞侯沁江、陈凯华、蔺洁、段佩伶:《中国新能源汽车产业创新系统功能演化研究——兼论政府措施的作用》,《工业技术经济》,2015 年第 3 期。

㉟许研、陶晓波、纪雪洪:《新能源汽车市场导入期的网络效应及策略选择》,《工业技术经济》,2015 年第 3 期。

㊱胡抚生:《“十三五”时期应加快推动金融与旅游业的融合发展》,《旅游学刊》,2015 年第 4 期。

㊲戴学锋:《旅游业应定位为引领社会经济全面深化改革的破冰行业》,《旅游学刊》,2015 年第 3 期。

㊳王兴斌:《以新常态思维谋划“十三五”旅游发展思路》,《旅游学刊》,2015 年第 3 期。

㊴张广瑞:《中国旅游发展新常态的发展理念与战略选择》,《旅游学刊》,2015 年第 4 期。

㊵张凌云:《适应新常态 把握新机遇 树立新观念 开拓新思路——对我国国际旅游收支逆差的再认识》,《旅游学刊》,2015 年第 3 期。

㊶张静儒、陈映臻、曾祺、吴必虎、Alastair M. MORRISON:《国家视角下的目的地形象模型——基于来华国际游客的实证研究》,《旅游学刊》,2015 年第 3 期。

㊷向征、李云鹏:《搜寻未来:智慧旅游的出现》,《旅游学刊》,2015 年第 12 期。

㊸沈体雁、黄宁、彭长江、徐海涛:《中国景区网络形象指数研究——基于互联网内容分析方法》,《旅游学刊》,2015 年第 6 期。

㊹宋瑞:《旅游服务贸易、经济增长与汇率——基于美国数据的 VAR 模型分析》,《经济管理》,2015 年第 10 期。

㊺邹统钎:《旅游汽车租赁业:运营方式、发展问题与对策》,《旅游学刊》,2015 年第 1 期。

㊻张辉、成英文：《中国旅游政策供需矛盾及未来重点领域》，《旅游学刊》，2015年第7期。

㊼曾博伟：《新时期旅游政策优化的思路和方向》，《旅游学刊》，2015年第8期。

（作者：高杰，神华管理学院助理研究员；邓荣霖，中国人民大学教授）

公共行政学

孙彩红

通过检索行政学类核心期刊，包括中国行政管理和重点省市行政学报、部分政治学核心期刊、人大复印资料，以及出版的主要著作等研究成果，发现北京地区2015年度行政学研究较多的领域主要集中在如下问题上：新型城镇化建设；政府购买服务的进展；行政审批制度和行政体制改革的讨论；政府绩效评估的状况；大数据对政府治理的影响等方面。可以大体判断，在学术研究领域里，政府的一些重要改革实践都有体现，有的还成为研究的热点问题。本综述重点围绕这几个主要研究领域，对一些重要研究成果和观点进行述评。

一、主要学术著作和学术活动

先把本年度北京公共行政学领域的一些重要学术活动和主要专著给予简述。

（一）重要学术研讨活动

4月9日，国家行政学院公共管理教研部、国际部、公共治理研究中心联合举办“简政放权：国际行政改革新动向”主题研讨会。研讨了欧洲去官僚化改革的情况，以及中欧行政改革的比较等问题。

4月25日，中国行政体制改革研究会召开“深化行政审批制度改革与政府职能创新”研讨会。与会专家学者和地方政府部门实践者梳理了积极创新宏观调控方式、持续推进简政放权的进展和成效；针对当前审批制度改革各种层面的问题，提出了上下联动、定位政府监管职能、提高监管能力等改革建议。

6月6日，中国行政管理学会等单位共同主办的公共管理国际学术研讨会在北京召开，主题是“跨世纪全球公共治理改革：回顾与展望”。来自中国、美、英、新、澳等国家和地区学者与会。主要围绕现代治理理论与实践、透明度与公民信任、公共组织改革、绩效管理、公共部门领导核心能力等专题展开广泛深入的讨论。这也是许多国家在现代治理中面临的一些共性问题，对中国政府治理转型具有启示意义。

7月19日，中国行政体制改革研究会举办了中国行政改革论坛，主题为“简政放权改革与法治政府建设”。来自政府部门的负责人和研究机构、企事业单位专家学者参会，这次充分和深入的研讨对进一步推动简政放权、加强政府监管转型、推进建设法治政府具有重要实践意义。

10月23—25日，第三届海峡两岸公共治理学术论坛在中国人民大学召开，主题是“治理转型：过程、机制与效果”。学者们围绕治理的一般性视角、民主治理、环境治理、治理和地方政府改革、治理工具、提升治理能力、经济治理等七个分主题展开了热烈讨论，与政府治理实践中的重大问题紧密结合。

10月24日，清华大学公共管理学院召开“新常态与国家治理现代化”学术研讨会，来自政策部门和研究机构的与会代表围绕着中央与地方关系、创新治理与发展、社会组织与社会治理等专题进行了深入研讨，着力解决中国发展中的现实问题，服务于国家发展战略需要。

11月7日，北京大学国家治理协同创新中心等联合主办“社会治理创新：理论与实践”学术研讨会，专家学者和地方政府官员就社会治理的思想资源、社会治理与公共服务、社会治理与社会稳定、社会治理与基层自治四个议题，展开探讨和交流，回应社会现实和热点。

（二）主要研究性学术著作

本年度公共行政学研究著作，主要涉及政府公共服务及其职能、政府职能转变、政府信息公开、政府治理、法治政府、行政体制改革、国外行政改革比较等领域。

一是对行政体制改革和简政放权的实践探讨。比较有代表性、权威性的著作是《中国行政体制改革报告》①一书，主要是对简政放权和行政审批制度改革与地方治理创新实践进行探讨，具体包括对深圳、吉林、富阳、顺德、安徽、北京等省市行政审批制度改革和地方机构改革、运行方式等创新实践进行分析。

对于全国更进一步深化行政体制改革具有一定借鉴意义。

二是对政府提供公共服务的评估和研究。有些学者是从全国层面和角度，对城市基本公共服务状况进行评估分析，对38个主要城市基本公共服务满意度情况进行评估，包括公共交通、公共住房、基础教育、社保就业、医疗卫生、城市环境等重要公共服务分项评估。通过评估提出要坚持协调发展、共享的理念来推进基本公共服务发展，改善服务质量，推进公共服务制度创新。[②]还有些学者专门研究某个城市政府提供公共服务状况。例如，对北京市公共服务创新和发展研究，就教科文、城乡养老、基础设施、公共安全、环境保护等分项公共服务进行评估和报告，认为北京公共服务供给数量和覆盖面有扩大，但公共服务质量亟待提高，包括基础教育不均衡仍然突出、养老服务面临难题，城市发展新区的服务仍是短板。[③]这些研究和探讨对北京市政府公共服务决策和实践具有政策价值。

三是对政府治理和法治政府的研究探讨。政府治理是整个国家治理体系和治理能力现代化的关键组成部分。就此有些学者探讨了政府治理变迁模式，政府治理及其现代化、如何评估，提出了推进政府治理现代化的路径。[④]有些学者从国家治理角度提出实现公共服务的现代化。公共服务制度体系是国家治理体系的组成部分，公共服务供给能力是国家治理能力的重要方面，所以要实现公共服务现代化，就要在公共服务制度体系、提供机制、公共服务均等化等方面来推进。[⑤]还有些学者对法治政府建设进行分析和评估。[⑥]这是在贯彻落实依法治国基本方略和依法行政的任务形势下具有现实意义的研究。

四是对国外行政改革的比较研究。例如，《中欧公共治理的新挑战与行政改革》[⑦]一书，针对目前公共治理中面临的挑战，学者们对丹麦、匈牙利、荷兰、德国、意大利、法国等国家公共服务、廉洁政府、政府绩效考核等领域的经验进行分享，对中国政府改革实践具有一定启示意义。

此外，还有对政府绩效评估的研究。例如，对于政府重大事项决策的评估，提出了重大决策绩效评价理论框架、指标体系、系统模型等。[⑧]还有学者对解决公共管理领域公共冲突，提出了新思路和方法，通过一定程序和协商民主，两者最大限度地达成共识。[⑨]这种协商共赢的新思维，对于解决当前地方政府管理中一些难题有可参考之处。

二、研究的重要领域与主要观点

本年度公共行政学研究的重要领域，不仅在重大学术活动和出版主要著作中体现出来，更体现在一些期刊文章等成果中。下面把行政学领域研究的主要问题进行简要综述。

（一）对新型城镇化问题的研究探讨

新型城镇化是我国政府提出的“四化同步”的一个重要组成部分，新型城镇化要坚持以人为新核心，发挥其对现代化的重要支撑作用。本年度对这一重要领域的研究涉及新型城镇化推进现状和相关财政资金问题、公共服务供给以及如何转型等问题。

1. 与新型城镇化配套的财政和金融制度改革。当前受农村居民收入以及地方政府财政收入限制而产生推进新型城镇化过程中资金供求矛盾问题，尤其是欠发达地区这个问题就更为突出。对此，有些学者提出了“要解决农村城镇化的资金和融资问题，借助资源要素收益、财政及金融扶持、项目融资等渠道，为农村新型城镇化提供金融支持；构建基于公共服务标准的财政转移支付制度。”[⑩]实现新型城镇化的公共服务供给，有观点认为，“新型城镇化条件下公共服务体系应具有提供和生产主体扩大化、公共需求和公共服务包容化等特点，扩大化的包容性公共服务体系既是新型城镇化的本质所在，也是新型城镇化建设的核心目标与重要路径。”[⑪]需要彻底打破城乡二元、条块分割的公共服务“碎片化”供给现状，实现以特定地域、行业、人群公共需求和公共服务整合为基础的“集聚式”供给方式。

2. 新型城镇化要加强人口管理与实现人的城镇化。新型城镇化引起人口流动、人口聚集、社会安全等问题，对公安行政管理提出了新挑战。为解决这个问题，有学者提出了，“立足城镇化进程中社会安全管理实际需要，从整合警力资源、优化警力配置、改革公安行政管理体制、组织机构、管理运行机制、勤务指挥模式入手，建立科学、务实、高效的公安行政管理新模式。”[⑫]

新型城镇化要以人为核心，实现人的现代化是重要目标。有些观点认为，“新型城镇化发展要向主要依靠人力资源转型，反过来，新型城镇化又不断为人的现代化创造良好的物质基础、政治环境、文化要素、社会环境和生态环境。”[⑬]以人的城镇化为核心，就不要唯城镇化率或单独追求城镇化速度。有学者指出，走出速度论误区，告别“以土地换发展”旧模式，要让城市约束性发展成为新常态；树立问题“新导向”，要让“城市病”治理成为新常态。[14]还有些学者研究了城镇化过程中对文化遗产保护的问题。

3. 推进新型城镇化的着力点。把新型城镇化与基层治理体制转型关联起来。我国的城镇化一直是在城乡二元结构体制当中推进的，所以有观点认为，“新型城镇化就是要在城乡二元的治理体制结构改革上进行突破，纳入到城乡一体化的发展视阈之中。”[15]从这个意义上说，基层政府治理的现代转型是实现城乡居民公平分享资源和城镇化成功推进的基本制度条件。另一个着力点是，从追求增长率转向实现绿色城镇化和绿色 GDP。“要解决引导绿色城镇化主体缺位的问题，使得技术体系和政策体系能够有效联动发挥作用，建立起绿色环境标准体系和动态监测调整机制，加大绿色技术投入等。”[16]保障新型城镇化的产业支撑。有学者提出了要创建多元开放平台支撑的创新社区，形成新型产业联盟，建立创业园，为返乡农民工提供创业支持和形成产业升级的动力。[17]这也是从世界城市化发展规律中提出的。

（二）对政府购买公共服务的研究

政府向社会力量购买公共服务，是当今世界诸多国家和地区政府供给基本公共服务的机制。在中国现阶段，政府向社会力量购买公共服务，是我国深化政府治理改革和优化公共服务供给机制的重要选择。对这一领域的研究，不仅体现在理论层面的深入探讨，还体现在对一些实际案例的分析。

1. 购买公共服务的理论逻辑分析。比较有代表性的观点之一是从多维度深刻分析了政府购买公共服务的内在机理与逻辑，包括以主体角色和职能的合理分解实现公共服务主体结构的重构，以契约责任关系代替行政权力关系建构公共服务诸多主体之间的联系，以多重机制有机对接和有效复合实现不同供给机制的优势互补。[18]

2. 政府购买公共服务的实践问题分析。在实践层面，积极推进政府购买公共服务是地方政府建设服务型政府、培育发展社会组织的重要举措。综合学术界研究，目前在中国大部分地区，地方政府购买公共服务处于起步阶段，存在不同领域的问题。有些学者分析了政府购买公共服务中的问责问题，“政府没有实现对公民的政治责任，政府与购买方主体独立性不够，缺乏科学系统的绩效评估，没有实现契约问责，作为接受公共服务的百姓，不能实现对提供服务组织的客户问责等。”[19]有些学者从法律、主体、财政等侧面总结了实践中的问题，“政府购买服务制度体系不健全；政府购买服务竞争性不足，政府与市场、社会定位不清晰；部门间沟通不畅，枢纽型社会组织建设滞后；政府购买服务财政保障不充分，支出结构不合理。”[20]这也比较全面地分析了公共服务购买中的关键问题。

3. 推进购买公共服务的路径和建议。在推进政府购买公共服务的建议上，有观点是从政府公共服务职能的不同理论以及国家财政状况的视角，以民生性、公共性、权力制约性和可操作性为识别因素，并通过科学立法来界定政府购买公共服务的边界。[21]推进政府购买公共服务的路径上，“要健全法律法规，理顺管理体制，加强资源整合，发展社会组织，强化过程监管，推进政府购买公共服务的规范化和法治化水平”[22]。

（三）对行政审批制度改革实践的研究

简政放权是新一届政府深化行政体制改革和转变政府职能的先手棋和当头炮。中央政府在 2015 年继续强调了简政放权、优化服务、加强事中事后监管。2015 年 5 月 12 日，国务院召开推进简政放权放管结合职能转变工作电视电话会议，强调转变政府职能要继续在简政上下功夫，着力破除审批当关、公章旅行、公文长征等乱象，更要在监管和服务上下功夫，持续为大众创业、万众创新清障搭台。这一重大现实问题成为研究热点。

1. 对行政审批制度改革的多维度研究。对于这项重要的行政体制改革和政府职能转变任务，公共行政学界进行了较多研究和探讨。例如，本年度中国行政管理学会重点研究课题就包括如何进一步扩大简政放权范围和领域、深化行政审批制度改革等。从检索的重要期刊分析，这项研究成果中既有对行政审批制度改革顶层设计研究，也有对地方行政审批改革具体案例分析，比如对于广东顺德基层行政审批制度改革分析；既有对政府职能转变面临的深层次问题阐释，也有对权力清单和负面清单等改革形式的分析；既有对如何进一步放权的诊断，也有对如何加强事中和事后监管的建议。

2. 对简政放权改革的总体评估。2015 年，国家行政学院委托国家统计局社情民意调查中心，在全国十个省随机完成了 1 万个企业样本调查，同时与县乡基层干部进行了座谈。结果显示，受访企业和基层干部对简政放权等改革高度评价，社会和基层期盼简政放权改革持续发力。例如，“75. 8% 的被调查企业建议简政放权下一步应更加突出优化政府服务，71. 4%

的被调查企业认为还应当继续取消和减少行政审批，并提高改革的含金量。有70%左右的被调查企业认为，下一步简政放权改革应突出规范审批流程、提高审批效率。”[23]另有调查分析，行政审批制度改革的主要问题在于，“在简政放权、激活市场和社会活力方面的最大阻力，超过一半比例认为是部门利益在作祟，在市场和政府关系方面，主要矛盾在政府，有些造成了市场的变形和扭曲。”[24]这都是需要突破的难题，在一些实地调研中发现，基层干部认为要加强简政放权的协同性、要有加强监管的机构、人员、资金配套等条件。

3. 深化行政审批制度改革的建议。有学者针对行政审批制度改革过程中存在一些具有普遍性的问题，提出了深化改革建议。从完善审批机制到创新审批方式，从加强负面清单管理到加强事后监管，行政审批权力从“下放给低层政府”转变为“让渡给市场和社会”[25]。有些学者提出了通过推进权力清单制度来促进行政审批制度改革的建议。“宏观上，大城市推行权力清单制度要注意上下平衡，能够与中央政府及其部门的权力清单制度相适应，形成推行权力清单制度的原则。”[26]不同层级的政府在推行权力清单制度过程中应有侧重。还有学者根据北京市西城区行政审批改革实践，提出了加强行政审批运行标准化的建议。“要改变以往行政审批以部门为中心的工作思路，转变为以行政审批事项为中心，实现审批人和审批权的分离，通过建立规范、科学、系统、完整的行政服务标准化体系，实现行政审批的标准化运行。”[27]

（四）对政府绩效管理和绩效评估的研究

推进政府绩效管理，在中央层面提出原则要求之后，已经成为政府管理实践领域和学术界共同探讨的一个重要问题。

1. 对绩效管理科学化理论的探讨。其中较多的是提出了政府绩效管理科学化。有代表性观点指出，当前政府绩效管理科学化还面临多重困境，包括价值困境、技术困境和制度困境，为此“需要构建公共价值的生成机制，这是政府绩效管理科学化的价值基础，还需结合中国政治体制、经济社会发展水平探索融合政治理性与技术理性于一体的具有中国特色的政府绩效管理体制。”[28]

2. 对政府绩效评估实践问题的总结。政府绩效评估是绩效管理的重要部分。不少地方都在推进政府绩效评估，对实践中的问题成为研究的一个主要方面。其中学术界指出的一些共性问题是，由于政府绩效评估制度不完善，基于政府领导偏好设计的绩效指标体系还有不合理之处，绩效结果的导向机制还未完全建立等。比如，有学者指出，“绩效指标与组织使命、政府职能甚至存在冲突；绩效评估目标错位，注重的是评估本身，而非绩效的改善，存在着为评估而评估的倾向。”[29]对于绩效评估中的绩效指标这一重要部分，有学者从主观指标存在的诸多局限性提出了实现主观与客观指标的动态平衡，着力点包括“合理确定相对权重，差异化处理，强化公民为本和结果导向的客观指标的设计，发挥满意度调查的诊断与改进功能”[30]。

3. 宏观层面对国家治理评估的探讨。比较有代表性的观点认为，评估治理现代化不仅要有善治的标准，还要有具体目标。基于时间、过程、结果三个维度对治理现代化进行评估具有合理性、可行性、引领性。“时间维度应更多地强调价值观念的观测点；过程维度更多强调决策科学、协商民主、公开透明、程序规范合法等；结果维度注重的是制度稳定性、科学性、法治化程度，政策执行力和人民满意度等。”[31]

（五）对大数据和政府管理的研究

随着互联网和信息技术迅猛发展，近年来对大数据的研究日益增多，逐步延伸到大数据对政府管理及其不同领域产生的影响。

1. 大数据促进政府治理的作用与对策。大数据处理技术的发展在公共管理领域蕴含应用潜力和创新空间。大数据增加公众对政府公共数据资源的需求，增大对政府数据管理能力的考验。对此，本年度《中国行政管理》在第10和第11期上就有8篇专稿从不同侧面和维度探讨大数据与政府治理的相关问题。例如，在大数据和政府管理的关系上，学术界研究主要涉及如下方面[32]：大数据对政府的政策过程产生影响，以及政策过程要适应大数据发展形势并加强对决策效果评估；通过打造大数据平台，提升政府治理现代化水平；打通部门之间信息孤岛，实现信息资源共享与融合。

2. 把大数据与国家治理相联系。大数据既是国家治理的环境和工具，也是国家治理的对象。有些学者从国家治理形态的角度，针对大数据时代对国家治理形态形成诸多冲击与挑战，提出中国“应对这种挑战的国家治理形态是协商治理”[33]。这种治理形态不仅充分考量了大数据时代的内在特性，还充分利用了该时代所带来的资源与契机，所以能够适应大数据时代并有效应对挑战。有学者提出了要加强“数据治国”

的战略思维[34]，做好大数据顶层设计，突破信息孤岛藩篱；加大政务数据开放力度，完善信息安全立法；培养高端人才，加强技术研发。

3. 大数据在政府治理中具体应用的探讨。有的学者以地方政府在社区公共卫生、社会服务管理等方面对大数据的具体应用为案例进行分析，提出了运用大数据推进政府治理能力现代化的应用框架。[35]还有学者提出了大数据与建设智慧城市的关系，探讨利用大数据技术推动智慧城市建设的方式方法。[36]还有些学者研究了大数据在舆情监测与政府对社会舆情治理中的作用。例如，通过拥有对社会舆情的数据主权，转化为应急处置和导控优势，以大数据为基础和支撑，探索形成社会舆情数据库—内在机理分析—监测与分析—社会舆情预警—输出社会舆情导控与营造社会舆情环境等决策方案的分析路径。[37]

（六）对国外相关领域和问题研究

在检索中发现，对国外政府管理领域的研究并不是很多，与去年相比可能有下降的趋势。在研究内容上，主要涉及美国公务员管理、慈善组织；救灾管理与应急管理体系[38]，日本中央与地方管理和治理；德国的中央与地方关系研究；英国的慈善事业；国外行政审批的问题，包括英、美、澳、加等国家的行政审批制度改革的制度设计模式、运行机制和工具选择等[39]；国外的政府绩效评估[40]；对国外政府购买公共服务实践的分析及其对中国的启示[41]等方面。总体看，这些对国外政府管理领域的研究，是在有意识地与中国政府改革领域的问题解决衔接起来，争取对中国政府改革有所借鉴。实际上，这些国外研究的成果质量还有待进一步提高，在内容上要细化，减少泛泛而谈或过于宏观的讨论。

除了上述研究成果较多的领域，本年度在政府职能转变、机构改革、法治政府建设、国家治理现代化、政府对社会组织的管理等领域也有一些研究成果。比如，对于北京市公共文化服务供给的探讨，从满足社会公众文化需求的角度出发，指出“赋予基层文化站点以文化公共领域的定位和功能、增强公共文化服务的适用性、创新体制机制、提升现代公共文化服务的治理能力，是构建北京现代公共文化服务体系的主要途径和理性选择。”[42]又如，对大部门制改革的分析、对政府机构改革涉及的相关关系的探讨。[43]

三、对本年度研究的简要评价

第一，抓住现实。整体上分析，本年度重要学术研讨会的主题多数集中在政府职能转变、简政放权和行政审批制度改革，公共治理改革与转型、国家治理与社会治理等领域，这都是当前政府管理领域的重大现实问题。可见，学术研讨活动与政府管理的实践和面临的现实任务是紧密结合在一起的。从学术专著和论文成果的总体分析，这些研究也基本上能抓住当前政府管理改革和公共治理转型中的一些重大现实问题。比如，对于行政审批制度改革的研究，从不同视角和维度，探讨了行政审批制度改革中的发展与创新问题。无论是对行业协会承接行政审批事项监管缺失与行政审批局模式探讨的审视，还是关于行政审批制度改革过程的反思，都是在推进国家治理现代化与地方政府创新实践基础上，有深度的理论回应与现实关切，可以为政府职能转变和纵深推进行政体制改革，提供启发性的学术阐释和可操作性对策建议。

第二，不足之处。在研究内容上，本年度对行政学研究设计与方法论的研究比较少。实际上，公共行政学应借鉴其他学科的一些方法论，从哲学和方法论、学术传统和逻辑规则等方面来不断深化公共行政的研究设计，推动公共行政学的研究更好地与政府治理实践相结合，也促进公共行政学学科发展和完善。本年度对一些重要现实问题研究还不深入。比如，实现以人为核心的城镇化，有深度的创新性研究成果很少，人的城镇化究竟要解决的本质问题是什么，还没有探讨清楚。有些研究只关注了人的城镇化所要发生的空间变化，而人的城镇化所要享受的公共服务均等化这一实质内容，还有待更为深入的研究。

第三，学术推进。虽然多数研究成果能够与政府改革领域的现实问题相衔接，但是对于政府转型与改革的重大理论问题上还是要进一步深入推进，以弥补研究的不足。对国外相关领域问题的研究，要强调突出针对性、侧重点，以期真正能够对中国政府改革有所借鉴；还要坚持洋为中用的原则，不断推进理论创新和方法创新。对国外的研究今后要特别注重比较研究和批判性研究，找到不同国家解决同一类政府改革问题的具有普遍性的规律，这样的研究成果才能对解决中国实际问题有价值。此外，下一步对行政学的研究还要注重系统性，不断完善中国公共行政学的学科体系和推进话语体系建设。

注：

①魏立群主编：《中国行政体制改革报告（2014—2015）》，社会科学文献出版社，2015 年版。

②钟君等主编：《中国城市基本公共服务能力评价（2015）》，社会科学文献出版社，2015 年版。

③施昌奎主编：《北京公共服务发展报告》，社会科学文献出版社，2015年版。

④何增科等主编：《政府治理》，中央编译出版社，2015年版。

⑤刘志昌著：《国家治理与公共服务现代化》，浙江人民出版社，2015年版。

⑥中国政法大学法治政府研究院编：《中国法治政府评估报告（2015）》，法律出版社，2015年版。

⑦时和兴等主编：《中欧公共治理的新挑战与行政改革》，国家行政学院出版社，2015年版。

⑧李江涛等著：《政府重大事项决策绩效评价》，中国经济出版社，2015年版。

⑨李亚：《创造性地解决公共冲突》，人民出版社，2015年版。

⑩杨得前、蔡芳宏：《欠发达地区新型城镇化进程中的财政政策研究》，《中国行政管理》，2015年第9期。

⑪高红、黄恒学：《新型城镇化视阈下公共服务治理模式研究》，《中国行政管理》，2015年第7期。

⑫魏永忠、杨晓宁：《城镇化进程中公安行政管理改革的创新向度》，《中国行政管理》，2015年第6期。

⑬林闽钢、周庆刚：《新型城镇化进程中人的现代化》，《新视野》，2005年第1期。

⑭谢天成：《城镇化要摆脱“唯速度论”》，《北京日报》，2015年1月12日。

⑮周庆智：《城镇化建设与基层治理体制转型》，《政治学研究》，2015年第5期。

⑯李绍飞：《让城镇化“绿”起来》，《瞭望》，2015年第9期。

⑰许正中：《新型城镇化的主要着力点》，《中共贵州省委党校学报》，2015年第6期。

⑱王浦劬：《政府向社会力量购买公共服务的改革机理分析》，《北京大学学报（哲学社会科学版）》，2015年第4期。

⑲ 胡春艳、李蕙娟：《政府购买居家养老服务的问责关系分析及建构》，《中国行政管理》，2015年第11期。

⑳许光建等：《政府购买公共服务的实践探索及发展导向——以北京市为例》，《中国行政管理》，2015年第9期。

㉑项显生：《我国政府购买公共服务边界问题研究》，《中国行政管理》，2015年第6期。

㉒ 李一宁等：《推进政府购买公共服务的路径选择》，《中国行政管理》，2015年第2期。

㉓马建堂：《简政放权：来自社会的评价与基层的声音》，《国家行政学院学报》，2015年第4期。

㉔汪玉凯：《行政审批改革：重点、难点与阻力》，《北京日报》，2015年6月29日。

㉕冉昊：《我国简政放权和行政审批制度改革的过程、问题与趋势》，《新视野》，2015年第5期。

㉖赵勇、马佳铮：《大城市推行权力清单制度的路径选择》，《上海行政学院学报》，2015年第2期。

㉗李薇：《北京市西城区行政审批制度改革与行政服务创新实践》，《行政管理改革》，2015年第7期。

㉘王永明：《政府绩效管理科学化：理论分析、现实困境与实现路径》，《中国行政管理》，2015年第11期。

㉙战旭英：《地方政府绩效评估的悖论解析》，《中国行政管理》，2015年第11期。

㉚周志忍：《论政府绩效评估中主观客观指标的合理平衡》，《行政论坛》，2015年第3期。

㉛王丛虎等：《探索治理现代化的评估维度》，《中国人民大学学报》，2015年第3期。

㉜张楠：《公共衍生大数据分析与政府决策过程重构》，《中国行政管理》，2015年第10期。

㉝章伟、曾峻：《大数据时代的国家治理形态创新及其趋向分析》，《上海行政学院学报》，2015年第2期。

㉞李江静：《大数据对国家治理能力现代化的作用及其提升路径》，《中共中央党校学报》，2015年第4期。

㉟陈之常：《应用大数据推进政府治理能力现代化——以北京市东城区为例》，《中国行政管理》第2期。

㊱李传军：《大数据技术与智慧城市建设》，《天津行政学院学报》，2015年第4期。

㊲蔡立辉：《大数据在社会舆情监测与决策制定中的应用研究》，《行政论坛》，2015年第2期。

㊳游志斌、薛澜：《美国应急管理体系重构新趋向》，《国家行政学院学报》，2015年第3期。

㊴孙迎春：《西方行政审批制度改革及其启示》，《中国发展观察》，2015年第4期。

㊵尚虎平、钱夫中：《从绩效问责到宏观调控工具——2003—2014年国外政府绩效评估综述》，《北京行政学院学报》，2015年第5期。

㊶彭婧：《新西兰政府构建购买公共服务模式的经验与启示》，《经济社会体制比较》，2015 年第 2 期。

㊷蒋淑媛：《北京现代公共文化服务体系构建研究》，《北京社会科学》，2015 年第 1 期。

㊸唐璨：《组织法视野下政府机构改革的五对关系》，《华东师范大学学报》，2015 年第 1 期。

（作者：孙彩红，中国社会科学院副研究员）

新闻传播学

新闻传播学

郭庆光　李艳艳

2015 年是我国新闻传播学科发展较为稳定的一年。在大数据背景下，媒介融合进入更深层次的讨论，在继续探讨往年热门话题的同时，新闻传播学科的理论部分也被放入新媒体环境下进行再论，社交媒体成为研究的重点。新闻教育出现了“部校共建”新模式，大数据与网络隐私权保护权愈发受到重视。这些研究进一步拓宽了该学科的研究视野，提升了该学科问题的研究层次，研究者对本学科在大数据与新媒体环境下的现状与未来有了更深层次的思考，涌现了一批较为扎实的理论成果和具有现实意义的应用研究。

一、新闻理论研究

新闻规律作为新闻学的关键概念，有研究者认为在新媒体环境下需要重新再论，从宏观视角出发新闻规律是主体性规律，包括新闻活动者的主体性和主观性因素，但这一特质并没有否认新闻规律的客观性；新闻规律还是一个规律系统，其核心是新闻传收规律，在互联网的影响下，新的新闻活动规律和运行规律也逐渐显现。[①]新闻自由在这一年仍有热度。有研究者认为在网络社会背景下，基于主体中心理性或工具理性的传统新闻专业主义理论具有不适宜性，哈贝马斯的交往理论认为语言需要同时承担认知、协调和表达的功能，并要同时满足可理解、客观真实、道德适当和真诚这四个有效性，未来的新闻专业主义，将不再是一种行业性的专业精神，而是所有参与新闻传播活动的个体普遍需要遵守的交往信条和基本精神，因此可以用哈贝马斯的交往理论来重构新闻专业主义理论。[②]“基层”作为中国新闻实践的特殊语境和重要概念，有研究者对“走改转”新闻实践中的基层报道做了相关研究，认为媒介生产正试图终结传统的基层印象，将基层纳入到一种普遍化的结构之中，当下的基层报道仍旧面临新闻报道“共谋”问题和媒介近用问题。[③]还有研究者从五大洲 31 个国家选取 59 份海外华文报纸作为研究的范本进行调查，认为新媒体不会将报纸淘汰，原因有：海外华人的语言障碍和阅读情感；报纸主办方的执着；报纸的特有优势；市场经济的空间以及海外华文报纸正与新媒体进行融合等。[④]

新闻伦理方面，有研究者认为应区分记者的个人道德和群体道德，如果不能进行正确区分，无论用个人道德去要求群体活动，还是用群体道德去规范个人行为，都会产生新闻伦理问题。[⑤]媒体失范报道激化舆论场的案例在不断上升，有研究者对这些引起争议的新闻报道进行研究，发现报道碎片化、报道停留在“信息发布”浅层面、评论先于报道、制造噱头与迎合受众是这些报道引起争议的主要原因。[⑥]

新闻生产方面，有研究者认为“报料人”脱离“源主体”成为新闻传播的主体和收受主体，并业已职业化，意味着新闻媒体的传者方正向受众靠移，“职业报料人”在弥补新闻制度性呆板、不灵动等方面的问题时，也存在自身新闻操作失范等不足之处。[⑦]有研究者对“脱媒主体”，即非职业新闻组织进行了研究，其诞生得益于互联网传播技术和较自由的新闻生产环境，对现有职业化新闻媒体的生存法则和运行方式形成一定挑战，对职业新闻组织及其生产造成某种程度上的消解，虽然“脱媒主体”扩大了新闻自由的图景，但其为“私”而立的初衷某种程度上也造成了新闻秩序的混乱。[8]

二、新闻史研究

中国新闻史研究方面，有研究者对民国报人“九一”记者节的创设及其活动进行历史追溯，认为记者节的设立并得到当时政府的承认是民国时期报人群体职业化的象征，该节日有利于重新塑造报人职业形象、提升报人社会地位、发扬报业优良传统。[9]有研究者以董显光、曾虚白、马星野为例子研究了国民党时期新闻管理者从记者到“新闻官”的职业选择和职业悲剧。这批人的教育背景和早年记者经历使得他们对新闻理想与新闻自由有一定的向往和坚持，但在民族救亡图存的关键时刻，他们加入了国民党的新闻官行列，选择了新闻的宣传功能，沦为体制内的“技术官僚”，失去了知识分子通过新闻“议政”的功能，这使他们面临着报人与党员、新闻职业伦理与党纪方面的矛盾冲突与内心斗争。[10]还有研究者对台湾媒体思想演变进行研究，日据时期和国民党时期，台湾报纸的主流思想是“文人办报”，报禁解除之后，强调市场优先的“商人办报”开始盛行，而在互联网信息技术发展的当下，台湾媒体具有“多元、互动、去中心”的特点。[11]

外国新闻史研究方面，《密勒氏评论报》是西方专业新闻人来华办报中的代表性刊物，也是最后一份离开中国大陆的外国在华英文报刊。有研究者对《密勒氏评论报》在华创办、发展及停刊这之间32年的历史进行追溯与研究，其先后经历了三任发行人和主编：密勒是最早来华从事新闻活动的西方职业记者，被誉为“美国在华新闻业之父”，在他掌管下的《密勒氏评论报》是一种美国专业办刊方式的移植；老鲍威尔是第一位受过新闻专业教育的外国来华办报人士，将大批美国专业记者带入中国，在他掌管下的《密勒氏评论报》实现了本土化；而在小鲍威尔掌管时期，该报经历了专业特色的蜕变。[12]

新闻史研究方法方面，关于新报刊史的书写范式，有研究者认为现有的中国报刊书写路径存在“现代化”逻辑和“革命史”逻辑，这两种路径都有连续的进化观和整合一统的时空观，认为媒介是一种工具或者载体，由此需要有一种新的书写方式，这种范式应以媒介为重点，以媒介实践为书写路径，来实现报刊书写史范式的变更。[13]有研究者受西方阅读史启发，认为报刊知识具有当下现实性和公共服务性特点，建议从阅读史视角出发，对中国新闻史进行研究，这种路径可以解决新闻报道“表达”与“实践”之间的差异、可以将研究方向转向广大报刊受众。[14]

三、新闻传播教育研究

2015年中国新闻传播教育界出现了“部校共建”热潮。部校共建新闻学院是当下中国新闻教育界出现的一个新现象。有研究者从动力、目标、方式三个方面对部校共建新闻学院这一现象进行研究分析，认为这种现象是由我国宣传部门和教育部门主导，也是政策先行的结果；不同的主体对这种共建模式持有不同的态度：国家级媒体、参与共建的宣传部（媒体）、高等院校、新闻学院的领导层对此持肯定态度，部分新闻学者、教育学者、媒体人及参与共建的新闻学院的普通师生则持肯定、质疑、“顺其自然”等多元态度；对于“共建”目标的理解，不同主体也存在细微的不同：有的将落脚点放在“学院建设”上，而有的将其放到“人才培养”上；在“共建”形式上，各级宣传部和各大高校是主体，从属于高等院校的新闻学院是客体。[15]

在网络社会崛起的今天，有研究者认为新闻学应基于网络化关系这一视角进行重新打造，重构当前研究焦点，并向经验性学科进行转变，反思学科原有的不合时宜的概念和理念，从“社会需要论”出发，建立新闻传播学的互联网思维，改变现有新闻传播学的专业领域划分，对该学科从人才培养目标、教学方案与内容和课程体系等方面做出整体调整。[16]基于美国经验，有研究者提出应该创新当下的新闻教育工作，加强媒体创新创业教育，促进产学融合，提倡不同新闻学院进行个性化教育，不仅要打通新闻学科内的隔阂，还要打通新闻学科与信息科学、计算机科学之间的隔阂，同时仍要对新闻伦理与新闻价值观方面的教育进行坚守与保持。[17]也有研究者认为当下从“受众中心”到“用户驱动”，从“作品”到“产品”，从“新闻人”到“产品经理”，意味着传统的新闻生产理念和流程已发生巨大改变，尤其是在财经新闻界，因此财经新闻教育界当相应做出教育上的坚守与改革。[18]

四、传播学研究

传播学理论研究方面，借用邻近学科的理论来进行创新是传播学常用的手段之一。有研究者从认知心理学出发，以生动度假设（Vividness Hypothesis）和双重编码理论（Dual Coding Theory）为维度，对信息生动度的传播劝服效果进行实证研究，发现信息生动度并不是影响传播效果的单一因素，还需考虑受众的感知能力（如想象力等）、信息的特质等因素，现有的理论过分强调了“生动度”而忽略了受众的“主动性”。[19]也有研究者主张在互联网的研究中，结合框架理论与认知心理学的范式建构传播认知架构，这种认知架构能触发两种传播效果：议程设置与集体意见协商；还能对互联网圈子进行调整和规范。[20]在新媒体环境下有研究者重新对哈贝马斯的公共领域理论进行审视，对该理论的现代性适用性提出质疑，认为私有制的媒体所建构的其实是“伪公共领域”，公共媒体在现代公共领域的重建中不可或缺。[21]互联网环境下不少学者认为“沉默的螺旋”已发生变化或不具适用性，提出“反沉默的螺旋”、“变化的螺旋”、“弹性的螺旋”等概念，但实际上舆论的寡头化和集中化才是“沉默的螺旋”的实质。[22]还有研究者对“大众传播”这一概念在西方以及中国的历史演变与发展进行梳理，认为传播在不同介质下有不同呈现方式，在当前互联网环境下，特别是社交媒体兴起的时代，大众传播的神话正在慢慢被解构。[23]

传播学研究的历史与方法方面，传播学仪式观受到热烈探讨。有研究者认为传播既是传播的类比，也是传播的实质（凯瑞认为传播主要是隐喻）；认为媒介事件由媒介仪式组成，媒介仪式在媒介事件之中，二者紧密联系但有区别。[24]有研究者从人类学“仪式”视角出发认为凯瑞的传播仪式观本质上是社会取向的传播学研究，与人类学曾经所指代的意义无关，体现的是传播服务社会的这种社会控制功能。[25]还有研究者认为仪式传播场域可以作为传播仪式观研究的支点，并对仪式传播观场域的界定、参与者、结构与功能，以及对其变迁的要素、因素和维度做了纲要性的论述。[26]还有学者从受众演变的历史视角出发，对不同学派的受众观及其受众研究方法进行理清，认为传统的受众理论在当下社会环境中已不适宜，该研究领域应打破学科界限，建立跨学科的多元视角和研究方法，以便在完全被动的受众和极度活跃的受众这两个极端中寻求一个中间路径。[27]

在国际传播研究方面，有研究者引进美国的“巧用力”，认为在中国的对外传播战略中可为己所用，具体方式是“软硬结合、借势用力”，但在使用的过程中需要区别三个概念：一是作为资源和潜力的基础（实力）；二是作为战略战术能力的策略（用力）；三是作为战略结果的影响力（权力）。[28]中国传播学本土化方面，有研究者对关系理论的学术历史进行了梳理，并从“情”与“法”两个维度来理解关系理论，认为可以利用中国特有的关系理论来进行中国传播学的本土化研究。[29]

五、广播电视研究

《新闻联播》作为中国电视新闻的一个标志，有研究者对《新闻联播》的演进史进行梳理（主要是其五次重要改版历史），认为当下的《新闻联播》虽然经过了几次改版，并努力呈现其“新闻性”的特性，但仍没有从根本上完成向“以新闻为本位”的转换，其在建构受众的观看方式和对自身以及国家的理解时用的是一种重复性的语言和影像符号以及固定的编排顺序，可以说《新闻联播》是一种具有仪式性的新闻，在互联网技术影响下新媒体、自媒体纷纷涌现，而《新闻联播》的定位和立场并没有改变，因此相比《新闻联播》的媒介信息功能，其政治仪式功能将更具现实意义。[30]还有研究者对商业网站与《新闻联播》的公信力关系做了研究，从专业维度和权利维度视角出发，认为新浪网与《新闻联播》的公信力在这两个维度上都呈现显著的正相关关系，存在一种权利的“同化”现象。[31]

电视综艺节目在中国一直有其独特的受众市场，有研究者认为在我国转型之期，怀旧正从个人到集体、由回归型向反思认同型转变，从“仪式观”视角出发认为怀旧类电视综艺节目通过对画面、影像和人物等符号进行不同组合编排形成系统符号来建构“集体记忆”，电视综艺节目的“集体记忆”其实是大众文化意识形态的一种显示，其驱动力是受众的生理参与和心理参与，通过或隐或显的意义诉求和文化担当来完成其建构。[32]版权的引进通常被理解为中国电视节目不断与“国际接轨”并日益规范的标志。有研究者以综艺节目为例，对中国电视节目引进历史进行梳理，认为在中国广播电视体系市场化和产业化过程中，中国的电视节目在文化事业和产业之间经历了从内容引进到模式引进的变化，尤其是综艺节目经历了从内容抄袭到版权引进的规范化转变。[33]

影视与民族主义的培育有紧密关系。有研究者对美剧与当代中国青年的国族意识进行考证，发现主导型的国族主义影响了当代中国青年对美剧的理解和接受，美剧中关于中国政府的正面或者负面形象，无论其故事是否具有合理性，当代中国青年都更愿意接受关于政府正面形象的部分。[34]另有研究者对影视传播和民族想象共同体二者之间的关系做了考察，认为想象是民族共同体形成不可或缺的部分，影视通过日常性的、大众的、组织性的传播，利用议程设置、趋同心理等效益来建构民族想象共同体，但在这一过程中也要避免影视传播因过度想象而带来的问题。[35]

六、新媒体研究

大数据时代网络隐私及其保护问题面临巨大挑战，有研究者建议引入“被遗忘权”来对个人数据及隐私进行保护，该权利认为数据享有主体有权要求数据控制方删除其个人数据，其核心是删除数据而不是“被遗忘”，在当下“被遗忘权”的实施有一定困难，并且其使用范围、使用程度以及是否会导致网络信息的不对称等问题也有待于进一步商榷。[36]大数据时代还增强了突发危机事件信息的不确定性，事实态、数据态、信息态和观念态之间的转化体现了噪音的正负功能，有研究者提出行动者网络协同治理的办法，主要方式有“关联问题、赋予利益、联盟成员、动员代言”。[37]有研究者对自媒体中的民粹主义倾向进行了探索，认为自媒体有批评社会的民主自由精神，但是缺乏客观的科学态度与理性的人文关怀。[38]还有研究者提出在互联网背景下建构对话伦理，可从程序理性和实质理性两方面来建构，程序伦理借鉴了阿佩尔和哈贝马斯的思想，主张主体间性和交往理性，实质伦理强调在对话中实现自我、互惠互利、促进公共利益和公共之善。[39]

新媒体同时还带来了受众概念的转变，有研究者对新媒体环境下受众的主动性与被动性特质进行研究，发现新媒体在某一方面加强了受众主动性的同时，在另一方面也会强调他们的被动性，因此受众是更主动还是更被动需视情况而定。[40]还有研究者梳理了国内外受众研究历史以及不同派别的受众研究方法，发现受众比以往都更具主动性，当下跨学科的受众研究受到欢迎。[41]

社交媒体方面，有研究者对新浪微博用户群体进行潜类分析，将之分为“公共事务冷漠群体”、“严肃政治关注群体”、“公共安全关注群体”和“高参与度群体”四类，发现在互联网碎片化的空间里分化与聚集并存，“过度政治化”现象有待于进一步考证，微博空间呈现出更多的“公共空间”。[42]还有研究者对微信中的人际传播进行了考察，[43]也有对微信用户行为进行探讨的研究。[44]

其他方面，随着新媒体众筹项目的兴盛，有研究者对影响公益众筹的筹款能力和信息透明度因素进行了研究，发现公益项目的性质、发起人身份、救助对象、筹款信息转发次数、目标筹款金额对筹款率有较大影响，项目信息转发越多、筹款率越高越有利于其信息透明度的提高。[45]还有研究者对1990—2010年全球范围内关于数字鸿沟的实证考察，认为全球数字鸿沟缩小了，中国接近世界水平，中国等发展中国家进入移动电话用户率的前十名。[46]

七、传媒经济研究

理论体系方面的建构是中国传媒经济走向成熟的必经阶段，中国的传媒经济至今已经发展了二十余年。有学者对中国传媒经济领域的历年研究文献进行梳理，整体回顾中国传媒经济发展历程，并反思当下传媒经济研究的现状，从研究范式的统一、研究范畴的固化和学科制度化三种路径试图建构以基础研究和应用研究为核心的中国传媒经济学理论体系框架。[47]

在“媒介迭代”的当下，多种媒介终端并存，媒介形态更新速度越来越快，媒介之间的界限也越发模糊，有研究者将媒介视为传播信号的渠道，认为“互联网＋”时代下媒介渠道之间存在战略联盟模式、节目同播模式、渠道独播模式和资源垄断模式，而“传媒＋”是媒体营利模式的未来发展方向，传媒应与传统行业相结合，打破广告单一形态。[48]在媒介经营的绩效评估方面，当下仍旧存在着重事业轻产业、重栏目轻平台、重收视轻效益等问题，研究者从渠道的经济能力、合理性布局、运行效率、满意度四个方面来重新对媒体的绩效评估进行理论研究与指标设计。[49]微传播和轻应用已成为传统媒体主流传播手段，有研究者从产权归属、产品形态、内容类别、平台属性四个维度分析了中国新闻类APP的市场竞争格局，认为其盈利模式主要有广告业务、收费订阅、电子商务和O2O业务、游戏等。当下中国新闻类APP存在缺乏持续有效的盈利模式、渠道受制于人、强于PGC而非UGC、内容呈现同质化倾向等问题。[50]

其他方面，有研究者采用社会网络分析法探讨了2004年至2014年国内票房较高的电影职员表中的电影制片人和导演的合作关系，发现电影生产主体关系逐渐走向不均衡、中心化和集权化，以资本为逻辑的“跨界”“跨业”和协同生产的电影生产机制逐步形成。[51]还有研究者对这对境外传媒经济研究的热点做了基于文献的计量学的分析，发现公共媒体是国外研究的重点；以应用型研究为主；跨国研究在传媒经济领域愈发重要；关于发达国家地区传媒产业研究远远大于发展中国家；热门研究话题包括策略与战略研究、市场研究和生产与消费研究。[52]

注：

①杨保军：《再论“新闻规律”》，《新闻大学》，

2015 年第 6 期。

②吴飞、田野：《新闻专业主义 2.0：理念重构》，《国际新闻界》，2015 年第 7 期。

③邵培仁、王昀：《基层：再现与终结的底层映像——“走转改”新闻实践中的基层报道》，《新闻大学》，2015 年第 4 期。

④刘康杰、夏春平：《新媒体淘汰报纸？——五大洲 31 国 59 家海外华文报纸调查》，《新闻大学》，2015 年第 1 期。

⑤陈绚：《论道德的记者和不道德的媒介》，《国际新闻界》，2015 年第 11 期。

⑥蔡雯、翁之颢：《质疑面前，专业媒体的新闻报道问题出在哪里？对 2014 年引发争议的新闻报道的综述与研究》，《国际新闻界》，2015 年第 3 期。

⑦彭华新：《从“职业报料人”看新闻活动主体的境遇变迁与身份变异》，《国际新闻界》，2015 年第 1 期。

⑧杨保军：《“脱媒主体”：结构新闻传播图景的新主体》，《国际新闻界》，2015 年第 7 期。

⑨张屹：《基于增强现实媒介的新闻叙事创新策略探索》，《国际新闻界》，2015 年第 4 期。

⑩王明亮、秦汉：《从报刊史到报刊阅读史：中国新闻史的另一种视角》，《国际新闻界》，2015 年第 10 期。

⑪佘绍敏：《基于增强现实媒介的新闻叙事创新策略探索》，《国际新闻界》，2015 年第 3 期。

⑫郑保国：《〈密勒氏评论报〉：美国来华专业报人的进与退》，《国际新闻界》，2015 年第 8 期。

⑬黄旦：《新报刊（媒介）史书写：范式的变更》，《新闻与传播研究》，2015 年第 12 期。

⑭卞冬磊：《从报刊史到报刊阅读史：中国新闻史的另一种视角》，《国际新闻界》，2015 年第 1 期。

⑮王大丽、吴廷俊：《中国新闻教育新热潮：部校共建》，《新闻大学》，2015 年第 1 期。

⑯黄旦：《重造新闻学——网络化关系的视角》，《国际新闻界》，2015 年第 1 期。

⑰陈昌凤、王宇琦，《创新与坚守：美国经验与新环境下国内新闻教育路径探索》，《国际新闻界》，2015 年第 7 期。

⑱林晖：《从“新闻人”到“产品经理”，从“受众中心”到用户驱动：网络时代的媒体转型与“大众新闻”危机——兼谈财经新闻教育改革》，《新闻大学》，2015 年第 2 期。

⑲杨帆：《信息生动度的劝服效果：一个认知心理学的研究路径》，《新闻大学》，2015 年第 4 期。

⑳朱天、张诚：《框架理论视域下互联网圈子的传播结构认知》，《现代传播》，2015 年第 10 期。

㉑赵永华、姚晓鸥：《传播政治经济学视阈下对哈贝马斯公共领域理论的再审视：资本、大众媒介与国家》，《国际新闻界》，2015 年第 1 期。

㉒郭小安：《舆论的寡头化铁律：“沉默的螺旋”理论适用边界的再思考》，《国际新闻界》，2015 年第 2 期。

㉓胡翼青、梁鹏：《词语演变中的“大众传播”：从神话的建构到解构》，《新闻与传播研究》，2015 年第 11 期。

㉔刘建明：《“仪式”视角下传播研究几个关键概念被误读现象研究——与郭建斌教授商榷》，《国际新闻界》，2015 年第 11 期。

㉕胡翼青、吴欣慰：《再论传播的“仪式观”：一种社会控制的视角》，《河南社会科学》，2015 年第 5 期。

㉖张方敏：《仪式传播场域论纲——对传播仪式观研究支点的探索》，《当代传播》，2015 年第 5 期。

㉗隋岩：《受众观的历史演变与跨学科研究》，《新闻与传播研究》，2015 年第 8 期。

㉘郭镇之、冯若谷：《中国对外传播的巧用力》，《当代传播》，2015 年第 6 期。

㉙肖荣春：《发掘关系理论资源：中国传播学本土化的文化反思》，《当代传播》，2015 年第 5 期。

㉚周勇：《〈新闻联播〉：从信息媒介到政治仪式的回归》，《国际新闻界》，2015 年第 11 期。

㉛张洪忠、张诗雨：《权力的同化商业网站与中央台〈新闻联播〉的公信力关系》，《新闻与传播研究》，2015 年第 11 期。

㉜张红军、朱琳：《论电视综艺节目对“集体记忆”的建构路径——基于“仪式观”的视角》，《新闻与传播研究》，2015 年第 3 期。

㉝张韵：《中国电视节目版权的历史建构——以综艺节目引进为例》，《新闻大学》，2015 年第 3 期。

㉞陈阳：《“主动的受众之再思考”：美剧与当代青年的国族意识》，《国际新闻界》，2015 年第 6 期。

㉟刘云舟：《想象与过度想象——论影视传播与民族想象共同体》，《新闻大学》，2015 年第 3 期。

㊱周丽娜：《大数据背景下的网络隐私法律保护：搜索引擎、社交媒体与被遗忘权》，《国际新闻界》，

2015 年第 8 期。

㊲田新玲、黄芝晓：《大数据时代突发危机事件噪音治理 ——基于行动者网络理论的视角》，《新闻大学》，2015 年第 4 期。

㊳王路坦：《论自媒体场域的民粹主义倾向》，《当代传播》，2015 年第 5 期。

㊴胡百精、李由君：《互联网与对话伦理》，《新闻与传播研究》，2015 年第 5 期。

㊵彭兰：《新媒体用户：更主动还是更被动》，《当代传播》，2015 年第 5 期。

㊶隋岩：《受众观的历史演变与跨学科研究》，《新闻与传播研究》，2015 年第 8 期。

㊷郑雯、黄荣贵：《微博异质性空间与公共事件传播中的“在线社群”——基于新浪微博用户群体的潜类分析（LCA）》，《新闻大学》，2015 年第 3 期。

㊸胡春阳、周劲：《经由微信的人际传播研究（一）》，《新闻大学》，2015 年第 6 期。

㊹匡文波：《基于技术接受模型的微信使用行为研究》，《国际新闻界》，2015 年第 10 期。

㊺钟智锦：《社交媒体中的公益众筹：微公益的筹款能力和信息透明研究》，《新闻与传播研究》，2015 年第 8 期。

㊻韦路、谢点：《全球数字鸿沟：变迁及其影响因素研究—基于 1990—2010 世界宏观数据的实证分析》，《新闻与传播研究》，2015 年第 9 期。

㊼张金海、秦祖智：《中国传媒经济学理论体系的建构思路》，《当代传播》，2015 年第 3 期。

㊽喻国明、刘旸：《“互联网 +”模式下媒介的融合迭代 与效能转换》，《新闻大学》，2015 年第 4 期。

㊾喻国明、刘旸：《“互联网 +”背景下传媒经营逻辑的重构——关于媒体的渠道效率与绩效评估的指标体系设计》，《当代传播》，2015 年第 6 期。

㊿梁智勇、郭紫薇：《中国新闻类 APP 的市场竞争格局及其盈利模式探讨》，《新闻大学》，2015 年第 1 期。

(51)李彪、陈璐瑶：《从专业逻辑到资本逻辑：中国电影生产主体的社会网络分析——基于 2004—2014 年电影制片人和导演的合作关系》，《国际新闻界》，2015 年第 7 期。

(52)丁汉青、曹璞：《2013 年境外传媒经济研究热点与场域——基于文献计量学的方法探索》，《新闻与传播研究》，2015 年第 4 期。

（作者：郭庆光，中国人民大学教授；李艳艳，中国人民大学博士生）

军 事 学

军 事 学

昝瑞礼

2015 年是中国人民解放军成立 88 周年，是中国人民抗日战争暨世界反法西斯战争胜利 70 周年，是人民空军成立 66 周年，解放军报社成立 60 周年。回顾 2015 已经过去一年，深切感到，中国军队的 2015 年：在改变中迎来历史性改革，国防和军队建设在政治建军、改革强军、依法治军和军民融合等方面书写了崭新篇章，迈入了强军兴军新常态。

一、理论创新为要，精品力作喜人

创新发展军事理论，是我军的一个传统和优势。推动军事理论创新，必须坚持以党的军事指导理论为统领，面向现代化、面向世界、面向未来，适应世界军事变革的大趋势；在继承我国优秀军事遗产，弘扬我党我军优秀军事理论成果的基础上，大胆借鉴和吸纳世界上一切有益的军事理论成果．推动军事理论创新；还应当注重理论研究的超前性、实用性和综合性，突出重大现实问题研究，提高军事理论成果的质量和效益。

（一）强军兴军的科学指南

经中央军委批准，总政治部组织编印《习近平国防和军队建设重要论述选编（二）》，与去年编印的

《习近平关于国防和军队建设重要论述选编》相衔接，形成选编系列。这是帮助全军部队特别是团以上领导干部，原原本本学习、全面准确领会习主席国防和军队建设重要论述的有力抓手，是把学习贯彻习主席系列重要讲话精神引向深入的重要举措，是深化理论武装的一项重要的基础性工作。[①]

（二）习主席关于治军重要论述

军报记者在《20句话管窥习近平治军方略》一文中认为，党的十八大以来，中共中央总书记、国家主席、中央军委主席习近平，高度重视国防和军队建设，做出一系列重要指示，为加快国防和军队现代化提供了理论依据。今天，我们梳理总结习主席关于治军的重要论述20条，管窥习主席治军方略。

1. 要坚持从政治上考察和使用干部，使枪杆子始终掌握在忠于党的可靠的人手中。2. 要深入学习贯彻党的十八大精神，建设强大的信息化战略导弹部队。3. 坚决听党指挥是强军之魂，必须毫不动摇坚持党对军队的绝对领导。4. 要始终把工作重点放在基层，关心关爱基层官兵，注意把人力物力财力向边防、向基层、向一线倾斜。5. 建设一支听党指挥、能打胜仗、作风优良的人民军队，是党在新形势下的强军目标。6. 牢记强军目标献身强军实践。7. 发挥政治工作对强军兴军的生命线作用，为实现党在新形势下的强军目标而奋斗。8. 深入贯彻落实党在新形势下的强军目标，加快建设具有我军特色的世界一流大学。9. 要坚持仗怎么打兵就怎么练，打仗需要什么就苦练什么，部队最缺什么就专攻精练什么。10. 必须抓住战略契机深化国防和军队改革，解决制约国防和军队建设的体制性障碍、结构性矛盾、政策性问题。11. 深化思想认识，把战斗力这个唯一的根本的标准牢固立起来。12. 军转安置工作十分重要，关系改革发展稳定全局和国防军队建设。13. 坚如磐石的军政军民关系是我们战胜一切艰难险阻、不断从胜利走向胜利的重要法宝。14. 准确把握世界军事发展新趋势，与时俱进大力推进军事创新。15. 要把红色资源利用好、把红色传统发扬好、把红色基因传承好。16. 牢固树立强基固本思想，按照军队基层建设纲要抓好基层建设。17. 国防和军队建设目标任务已经明确，关键在抓好落实，抓住领导干部这个“关键少数”。18. 把军民融合发展上升为国家战略，是我们长期探索经济建设和国防建设协调发展规律的重大成果。19. 坚决听党指挥，争做“四有”新一代革命军人。20. 坚持思想领先、坚持练兵备战、坚持严字当头、坚持以身作则。[②]

（三）对党的军事指导理论创新成果的新认识

张仕波：《党的军事指导理论创新发展的最新成果》一文中认为，党的军事指导理论创新发展的最新成果主要体现：习主席重要讲话科学回答了国家由大向强发展关键阶段如何改革强军的重大问题，谱写了党的军事指导理论“改革篇”的新篇章、“战略篇”的新篇章和“道路篇”的新篇章。

谱写了党的军事指导理论“改革篇”的新篇章。一是明确了改革的时代坐标。二是明确了改革的目标任务。三是明确了改革的战略举措。习主席重要讲话科学阐述了全面实施改革强军战略的问题。

谱写了党的军事指导理论“战略篇”的新篇章。一是丰富了强军战略的内涵。二是抓住了强军战略的关键。三是推进了强军实践的发展。

谱写了党的军事指导理论“道路篇”的新篇章。首先，中国特色强军之路，是党的军事指导理论的重大发展。其次，中国特色强军之路，是马克思主义军事理论中国化的创新之路。最后，中国特色强军之路，是实现党在新形势下的强军目标的必由之路。[③]

（四）百卷本军事理论丛书《文韬武略》编纂启动

陶社兰在《百卷本军事理论丛书〈文韬武略〉编纂启动》一文中认为，中国历史上篇幅最大、总字数达4000万字的百卷本军事理论丛书《文韬武略》即将编纂并陆续出版。《文韬武略》的编纂工作自2015年启动后，每年编辑10—15个卷本，到2020年用6年左右时间完成100个卷本的编纂任务，以后每年编辑上一年度的卷本，使之成为理论中心一项长期、可持续性工作。丛书在字数上大大超过中国历史上篇幅最大的兵法丛书《武经七书》，堪称是一部前无古人的军事学鸿篇巨制。其宗旨是继承发扬中华民族优秀军事文化传统，总结军事文化建设经验，培养军事文化人才，传播军事文化知识，为中国先进军事文化创新发展，为国防和军队革命化、现代化、正规化建设服务。[④]

二、着眼建设世界一流军队，迈开一流人才队伍建设新进步伐

“建设世界一流军队”，就需有一流的人才队伍。国防大学是我国最高军事学府，担负着为国家和军队培养人才的战略任务，必须努力争取成为世界一流军事院校，有了一流的教研人员，才能培养出一流的军事人才。

（一）具有里程碑意义的专著评审活动在我国军事最高学府展开

2015年5月19日，国防大学召开了著书立说优秀作品表彰宣传座谈会。刘亚洲在《向更高更远的目标扬帆起航》一文中指出，这次专著评审，我们邀请了校外30位领域内的名家，对学校的优秀作品进行了认真审读、评议和鉴定。专家们认为，“这项活动具有里程碑意义，优秀作品之多、质量之高”是少见的，必将作为重要一笔，载入国防大学理论创新史册。这次评审只评选了12个一等奖，还有一些优秀作品，比如徐弃郁的《脆弱的崛起》、孟宪生的《人民战争整体战》、郭高民的《无界战》、梁芳的《海上战略通道论》等，在国内外都引起了广泛关注。[5]

（二）一流军事院校需要一流的军事人才

张国春，国防大学信息作战与指挥训练教研部原副教授、战役兵棋系统教研室原副主任。他强军报国矢志不移，带领团队成功研制我国首个实战化大型兵棋演习系统，终因积劳成疾，为强军打赢献出了年轻的生命。2015年8月，习主席亲自签署通令，为张国春追记一等功。“宁愿让生命透支，不能让使命欠账”，张国春这种强军报国的使命担当，就是当代革命军人对党忠诚的最好诠释。

近年来，国防大学不仅有张国春这样的功臣，而且还涌现了一批具有重要影响的教研人员，他们的代表是金一南、徐焰、张彬、朱成虎、乔良、王宝付、姜鲁鸣、张召忠、孟祥青、李莉、公方彬、房兵、孟宪生、欧阳维、舒健、徐弃郁、梁芳、马骏、刘波、戴旭等，但是这还远远不够。国防大学还需要更多的理论著作，需要更多的人才。[6]

（三）国防大学的历史辉煌

国防大学组建以来，全军3万余人次高中级干部在这里“加钢淬火”，4200多名研究生在这里砥砺成长，一批批新型军事人才从这里走向全军部队。[7]

近日，国防大学为2015年国际问题研讨班举行结业典礼，来自中国、法国、澳大利亚、加拿大等40余个国家的50余名高级军官和政府防务官员顺利结业。据了解，自1999年以来，国际问题研讨班已成功举办18期。由于参与国家的广泛性、研讨方式的开放性以及中外军官同班研讨等特点，国际问题研讨班一直是防务学院最受欢迎的班次之一。[8]

（四）加强军事学研究推进军事理论创新

据2015年9月16日信息，《军营理论热点怎么看2015》印发全军。据悉，2008年以来，总政宣传部每年推出一本《军营理论热点怎么看》，连续被中宣部、国家新闻出版广电总局评为全国优秀通俗理论推荐读物，已成为军营弘扬主旋律、传播正能量的“品牌”读物。[9]

张忠海、邓丽君、罗金沐在《“国防大学说”告诉我们什么?》一文中认为，政治方向是“国防大学说”的根本遵循，问题导向是“国防大学说”的有力牵引，创新是“国防大学说”的驱动引擎，质量是“国防大学说”的生命。[10]

国外国防科技文献资料快报5月上旬报导，军事科学院传来一组喜讯：国家高端智库试点建设全面展开；中国特色现代军事理论体系构建等重大课题取得突破；同步编修《共同条令》等多部条令，推出《作战实验学》等一批新兴军事学科奠基之作……近年来，该院围绕国防和军队建设面临的重大问题，紧贴改革实践和军事斗争准备搞科研，军事理论创新呈现喜人景象。据悉，去年以来，该院推出200多项军事理论创新成果，其中40余项受到上级批示，8项获军队科技进步奖，一批研究成果和咨询建议进入上级决策。[11]

三、坚守舆论阵地60年，展现军报人的风采

（一）《解放军报》创刊60周年纪念特刊：我们的风采

请听军报人的心声：有战场的地方，就有我们无畏的身影；有部队的地方，就有我们采访的足迹。敢为人先勇探索，我们书写新篇章；不辱使命敢担当，我们永远在路上。“冲得上，挺得住，拿得下”，是军报记者采访生活和精神风貌的真实写照。从神州北极到南沙岛礁，从东海之滨到青藏高原，从空中跳伞到下潜深海，从地球南北极到赤道，一代代军报人敢为人先、勇于担当。六十一甲子，足迹灿星河。军报记者永远为强军鼓与呼，军报记者永远在路上！[12]

（二）习近平参观军报创刊60周年主题展

《解放军报》60年走过了很不平凡的历程，12月25日，习近平参观了《解放军报》创刊60周年主题展，对解放军报的成长进步的光辉历史高度关注。《解放军报》创刊号、庆祝我国第一颗原子弹爆炸成功的号外、刊登真理标准问题大讨论重要稿件的报纸原件、纪念中国人民抗日战争暨世界反法西斯战争胜利70周年阅兵特刊……在一幅幅图片、一件件实物前，习近平不时驻足观看，详细询问有关情况。

习近平参观了《解放军报》创刊60周年主题展，对《解放军报》历史新起点新征途中的精气神和正能量高度关注。他指出，党的十八大以来，《解放军报》紧紧围绕党、国家、军队工作大局，深入宣传党的十八大和十八届三中、四中、五中全会精神，宣传“四个全面”战略布局，宣传党的理论创新成果，全面反映部队铸魂育人、正风肃纪、练兵备战、深化改革的生动实践，为强国强军营造了良好氛围。特别是对坚持党在新形势下的强军目标、贯彻全军政治工作会议精神、开展党的群众路线教育实践活动、开展“三严三实”专题教育整顿、坚持战斗力标准、纪念中国人民抗日战争胜利 70 周年阅兵、全面实施改革强军战略的宣传报道，声势大、亮点多，弘扬了主旋律，提振了精气神，凝聚了正能量。

习近平参观了《解放军报》创刊60周年主题展，对《解放军报》的传统媒体和新兴媒体融合发展问题高度关注。细数一年来有五大亮点：一是政策引领，大融合促大发展；二是产品井喷，覆盖广又内容新；三是创新发力，借手段到借思维；四是贴近用户，特色化加趣味性；五是跨界合作，新招式拓新疆域。加快推进传统媒体与新兴媒体融合，这既是战略课题，更是紧迫任务。集结号已经吹响，军报人正在冲锋陷阵……[13]

（三）习近平对新形势下办好《解放军报》的新要求

习近平对新形势下办好《解放军报》提出了新的要求，他强调，新形势下办好《解放军报》，必须坚持军报姓党，必须坚持强军为本，必须坚持创新为要。

坚持军报姓党，要毫不动摇坚持党对军队的绝对领导，要宣传好党的十八大和十八届三中、四中、五中全会精神，要强化政治意识、政权意识、阵地意识，要坚持党管媒体原则，严格落实政治家办报要求。

坚持强军为本，要坚持以强军目标为引领，要坚持面向部队、面向基层、面向官兵，要坚持问题导向。

坚持创新为要，要顺应互联网发展大势，勇于创新、勇于变革，要研究把握现代新闻传播规律和新兴媒体发展规律，要深入研究论证军队新闻媒体改革问题，要多深入基层、深入一线、深入官兵，要善于观察，要善于思考。对军队宣传思想工作，习总既有工作方向指引，又有具体要求。

习近平指出，新形势下办好《解放军报》，要建设一支听党指挥、业务精湛、作风过硬的人才队伍。包括解放军报社同志在内的全军新闻工作者要自觉践行“三严三实”，加强党性修养，提高专业素质，弘扬战地记者优良传统，努力成为名记者、名编辑、名评论员。要加强队伍教育管理，严肃各项纪律，强化职业精神和职业操守，确保队伍可靠、干净、过硬。要满腔热忱为官兵和职工排忧解难，为他们创造良好工作、学习、生活条件。使其政治上更强、传播上更强、影响力上更强，为实现中国梦强军梦提供有力思想舆论支持”。[14]

（四）军报人上了又一个新战场

今天，军报人更清醒地认识到，国际社会处在多事之秋，波诡云谲，暗流涌动。我国周边形势总体稳定，但风险呈累积态势，安全变数增加。一些西方国家加紧对我国策动“颜色革命”，意识形态和政治安全领域面临的挑战十分严峻。军报人深怀忧患意识、使命意识，坚决听从党中央、中央军委和习主席指挥，勇敢担当起新一代革命军人的历史使命。今天，网络和新媒体已经成为意识形态斗争的主战场，军报人作为主力军，已经上了主战场，全力打好主动仗、遭遇战、持久战。

当前对军队新闻工作者来说，最大的时代背景是——深化国防和军队改革已经全面实施展开。习总强调，要“引导官兵拥护改革、支持改革、投身改革，为深化国防和军队改革营造良好舆论环境”。如何才能实现这一点？习总指出，军队宣传工作要紧贴改革进程和官兵思想实际，并提出3个“讲清楚”和1个“宣传好”的具体要求：3个“讲清楚”：把实施改革强军战略丰富内涵和重大意义讲清楚，把党中央和中央军委决策部署讲清楚，把事关官兵切身利益的改革举措讲清楚，1个“宣传好”把改革中涌现的先进典型和感人事迹宣传好。以上四点，均事关改革，这给当下军队新闻工作者，指明了努力方向。[15]

四、抗战胜利问题研究新成果

在中国人民抗日战争的壮阔进程中，形成了伟大的抗战精神。中国人民向世界展示了天下兴亡、匹夫有责的爱国情怀，视死如归、宁死不屈的民族气节，不畏强暴、血战到底的英雄气概，百折不挠、坚忍不拔的必胜信念。硝烟散尽，精神永存。

抗战胜利所创造的伟大的抗战精神，是中国人民弥足珍贵的精神财富，永远是激励中国人民克服一切艰难险阻、为实现中华民族伟大复兴而奋斗的强大精神动力。今天，继续发扬抗战精神，我们就没有什么困难不能战胜。

（一）抗战胜利奠定中国大国地位

何雷在《抗战胜利奠定中国大国地位》一文中

认为，从1931年九一八事变到1945年日本投降，中国军民经过14年艰苦卓绝的浴血奋战，打败了穷凶极恶的日本法西斯。中国抗日战争开辟了世界反法西斯战争的东方主战场，为挽救民族危亡、实现民族独立和人民解放，为争取世界和平、人类进步的伟大事业，作出了彪炳史册的历史贡献。[16]

（二）全民抗战是百年沉沦中的民族觉醒

金一南在《全民抗战是百年沉沦中的民族觉醒》一文中认为，中国人对战争最深刻的记忆，就是1937年7月7日卢沟桥事变爆发至1945年8月15日日本宣布无条件投降的抗日战争。这是1840年鸦片战争以来，中国抵抗帝国主义侵略历时最久、规模最大、受损最重、牺牲最多的战争。八年抗战，全国军民死伤3500万人，有形财产损失6000多亿美元，无形财产损失不计其数。在这一饱受苦难的进程中，民众觉悟程度和组织程度的进步，达到了前所未有的历史高度。[17]

（三）中国共产党全民抗战中的中流砥柱

徐焰在《中国共产党无愧中流砥柱》一文中认为，历史不容歪曲，事实胜于雄辩。在艰苦卓绝的中华民族抗战中，中国共产党无愧中流砥柱；回顾抗战不仅要看“打鬼子”，还要看谁代表社会进步，敌后抗战虽以游击战为主，却能拖住日军；这是世界战争史上的奇特现象：侵略者的后方变成了另一个前线！八路军、新四军只有“抗”方能“大”，光“坐”岂能变“大”；抗战结束4年后，中华大地上便出现了“天翻地覆慨而慷”的历史巨变，当年中国人民的政治选择是对抗日战争史的最好诠释。[18]

赵周贤在《竖起忠诚与信仰之剑》一文中认为，说中国共产党在抗战中起到了中流砥柱的重要作用是有充分根据的。首先，从抗战的意志看，中国共产党人是始终主张坚决抗战的，在全面抗战的整个阶段，我们党以自己的鲜明抗战主张和坚定意志，支撑起全民族救亡图存的希望，唤起了民族大觉醒，极大鼓舞了全国人民自强不息、抗战必胜的坚定信心。其次，从抗战的精神看，中国共产党人在抗日战争中身先士卒、勇于牺牲，在抗战中做出了巨大的牺牲，用自身的战斗精神和模范行动，激起了全中国人不怕牺牲、抗暴御侮的爱国情怀。再次，从抗战的组织领导看，中国共产党人从民族大局出发，精诚团结各个党派和各方面力量，建立了包括国共两党在内的抗日民族统一战线，把中国人团结统一、一致对外的民族精神发挥到极致。所以，毛泽东说，我们党起到了抗战司令部的关键作用。最后，从抗战的世界意义看，中国共产党人以维护世界和平和正义为己任，把独立自主抗战救国与世界反法西斯战争紧密联系在一起，极大弘扬了中国人民热爱和平、捍卫正义的精神追求。所以，从这些方面可以看出，中国共产党是全民族团结抗战的坚强核心，是全民族抗战取得胜利的当之无愧的中流砥柱。[19]

（四）抗战胜利的历史经验

罗援在《抗日战争胜利十大经验》一文中指出，我总结抗日战争有十大经验：一是统一战线是抗战胜利之基；二是中国共产党是中流砥柱；三是正确战略指导是决定性因素；四是兵民是胜利之本；五是文战武战相互配合；六是以斗争求团结；七是隐蔽战线做出重大贡献；八是将中国命运与人类命运融为一体；九是独立自主，自力更生；十是伟大的民族精神是抗战胜利之魂。[20]

五、政治建军问题研究新成果

2014年12月30日，中共中央向全党全军转发《关于新形势下军队政治工作若干问题的决定》。这份由习近平主席亲自领导和主持起草形成的重要文件，着力回答和解决了在新的历史条件下党从思想上政治上建设军队的重大问题，汇聚了在古田召开的全军政治工作会议的重要成果，凝结着习主席建军治军的雄韬伟略，闪耀着马克思主义的真理光芒，是政治建军的时代新篇。

（一）深入推动新形势下政治建军方略落地生根

许其亮在《以历史的担当落实历史性会议　深入推动新形势下政治建军方略落地生根》（《解放军报》，2015年5月7日）一文中强调，要以历史的担当落实历史性会议，深入推动新形势下政治建军方略落地生根。古田政工会是新征程上继往开来、固本开新的重要节点，必将在我军发展历程中打下深刻印记。古田政工会最核心的政治意蕴是“重整行装再出发”，古田政工会最根本最重要的是立起了旗帜、打牢了根基、革除了积弊、绘就了蓝图，我们必须深入学习习主席重要讲话和《决定》，领悟蕴含其中的精神意蕴和风格导向，紧紧围绕政治工作时代主题，从政治建军的全局上谋划推进贯彻落实。

（二）对新形势下政治建军方略的新认识

肖冬松在《新形势下政治建军方略谈》一文中认为，坚持政治建军，确保党对军队的绝对领导，这是我们党建军治军的根本原则，也是我军政治工作的根本遵循和核心任务。我们要对新形势下政治建军方略有新认识：一是加强政治建军，最根本的就是用党的方向引领军队的方向，用党的任务规定军队的使命。当前，加强政治建军要突出中国梦和强军梦的目标引领；二是加强政治建军首要的、基本的是科学认识和处理政治与军事的关系，当前同样如此；三是政治建军是一个系统工程，涉及许多方面。当前，加强政治建军要努力把政治建设、组织建设、思想建设、作风建设、文化建设、制度建设统一起来。四是只有不断研究新情况、解决新问题，才能推动政治工作创新发展，保持政治建军的强大活力和动力；五是高中级干部是我军干部队伍的重要组成部分，是政治建军的骨干和中坚，在军队全面建设和作战行动中处于重要地位，发挥重大作用。当前，加强政治建军要着力抓好高中级干部的选拔、培养与管理。[21]

（三）深刻理解把握政治建军的时代意蕴

苏晓辉 叶海源在《深刻理解把握政治建军的时代意蕴》一文中认为，坚持政治建军是我军在创建之初就确立的建军治军基本原则，是我们党从思想上政治上牢牢掌握军队的根本所在。深刻理解把握政治建军的时代意蕴，一是要坚持政治建军方略必须回归本色、永葆革命本真；二是要坚持政治建军方略必须聚焦主题、助推强军兴军；三是要坚持政治建军方略必须适应形势、着力开拓创新。[22]

（四）加强政治建军重在抓好高中级干部队伍建设

加强政治建军重在抓好高中级干部队伍建设，要深刻把握 军队好干部标准。武玉德在《深刻理解 准确把握 将军队好干部标准落到实处》一文中认为，“三军之势，莫重于将。一要认识军队好干部标准是“对党忠诚、善谋打仗、敢于担当、实绩突出、清正廉洁”。二要认识军队好干部标准突出的重大意义是：军队好干部标准的提出，实质上就是把强军目标转化为衡量和选用干部的标准，根本目的是为实现强军目标提供人才支撑。其中，对党忠诚是实现听党指挥的政治标准，善谋打仗、实绩突出是实现能打胜仗的能力标准，敢于担当、清正廉洁是实现作风优良的风气标准。习主席提出军队好干部标准，历史地立起了选贤任能的“硬尺子”、干事创业的“风向标”，是党和军队选人用人标准的回归，为重塑军队政治生态注入了强大动力。三要认识军队好干部标准的精神内涵是：1. 对党忠诚是军队好干部的立身之魂，要始终把听党指挥作为政治信念来坚守。2. 善谋打仗是军队好干部的为官之本，要始终把谋战练战作为神圣使命来履行。3. 敢于担当是军队好干部的成事之基，要始终把勇挑重担作为优秀品格来塑造。4. 实绩突出是军队好干部的履职之要，要始终把勤奋敬业作为进步基石来追求。5. 清正廉洁是军队好干部的正气之源，要始终把慎独律已作为党性修养来升华。四要将军队好干部标准落到实处。[23]

六、国防和军队改革问题研究新成果

党中央、中央军委对国防和军队改革高度重视，习主席亲自担任中央军委深化国防和军队改革领导小组组长，主持研究改革重大问题，领导推动改革重大工作，作出一系列重要论述和重大决策。

（一）2015 年开启了军队新一轮改革

2015 年的关键词如果只能有一个，那就是军改。2015 年最后一天，陆军、火箭军、战略支援部队成立。2016 年 1 月 11 日，军委部门调整后，新设立 15 个职能部门。2016 年 2 月 1 日，七大军区改为五大战区。至此，史上“最牛军改”呈现出“军委管总、战区主战、军种主建”的新格局。

（二）改革强军的重大方略

刘亚洲在《具有里程碑意义的军事变革》一文中认为，习主席在中央军委改革工作会议上的重要讲话，深刻阐明了在民族复兴征程中改革强军的重大方略，是指导我军完成这次在中华民族伟大复兴史上具有里程碑意义的军事变革的行动指南。这次中央军委改革工作会议，进一步明确了深化国防和军队改革的指导思想、指导原则、目标任务、战略举措，强调要抓住强军目标这个“牛鼻子”、做到“六个着眼于”，从领导管理体制和联合作战指挥体制等各个战略层面，擘画了改革强军的宏伟蓝图和清晰路线图。这些重大决策部署，标志着当代中国的军事变革迈开了从运筹谋划转向全面实施的关键一步。[24]

（三）中国军改的里程碑意义

这轮改革谋的是民族复兴伟业，布的是强军兴军大局，立的是安全发展之基，功在当代、利在千秋。王刚 何椿在《专家解读：改革在我军发展史上具有里程碑意义》一文指出，在中央军委改革工作会议上，习近平主席强调，深化国防和军队改革是实现中国梦、强军梦的时代要求，是强军兴军的必由之路，也是决定军队未来的关键一招。专家指出，这次会议标志着国防军队改革的全面启动，这在中国人民军队的发展史上具有里程碑的意义。[25]

（四）改革的目标原则、重点难点和方法途径

马德宝在《深化国防和军队改革的科学指南》

一文中认为，党的十八大以来，习主席对在新的历史起点上深化国防和军队改革的必要性重要性、目标原则、重点难点、方法途径等提出了一系列重要论述，为深化国防和军队改革提供了根本遵循。坚持以习主席深化国防和军队改革重要论述为指导，就要全面理解其科学内涵，深刻领悟其精神实质，切实掌握其实践要求。一是要掌握习主席强调的科学方法，即“五个坚持”，就要坚持继承和创新的统一，坚定不移地坚持和完善中国特色社会主义军事制度；坚持解放思想与凝聚共识的统一，努力在解放思想中统一思想；坚持上下结合，既注重搞好总体设计，也尊重官兵首创精神；坚持抓全局与抓重点结合，努力以重点突破带动全局跃升；坚持立足自我与广泛借鉴相结合，既善于学习借鉴外国军队有益经验和我国地方改革好的做法，更注重结合我军实际创造性加以运用。要深入领会这些方法具有的突出实践指向性，切实吃透其中蕴含的丰富辩证法思想，不断推动国防和军队改革走向深入。二是把握深化国防和军队改革的目标任务。概括起来，体现在三个层面：总的是“着眼实现强军目标”；基本目标是“构建中国特色现代军事力量体系”；关键是实现“军队组织形态现代化”。深化改革的基本任务是解决“深层次矛盾和问题”，以破解长期积累的体制性障碍、结构性矛盾、政策性问题，使领导管理体系、联合作战指挥体制、力量结构、政策制度更加科学合理。三是全面遵循深化国防和军队改革的指导原则。即“四个牢牢把握”，深化国防和军队改革，要牢牢把握坚持改革正确方向这个根本；牢牢把握能打仗、打胜仗这个聚焦点；牢牢把握军队组织形态现代化这个指向；牢牢把握积极稳妥这个总要求。四是把握深化国防和军队改革的重点难点。即四个要点：调整领导指挥体制，优化结构、完善功能，深化政策制度改革，推动军民融合深度发展。总之，改革无论在宏观上还是在微观上，都要围绕重点，强力突破、有序推进、配套展开。[26]

（五）中国军改最新方案八项“军改”措施

赵小卓在《2015中国军改最新方案解读》一文中认为，中国军改最新方案，其中八项“军改”措施值得关注。一是强化军委集中统一领导。要推进领导掌握部队和高效指挥部队有机统一，形成军委管总、战区主战、军种主建的格局。二是组建陆军领导机构，重新调整划设战区。着力构建军委——战区——部队的作战指挥体系和军委——军种——部队的领导管理体系。三是组建新的军委纪委，组建新的军委政法委和调整组建军委审计署。组建新的军委纪委，向军委机关部门和战区分别派驻纪检组，推动纪委双重领导体制落到实处。调整组建军委审计署，全部实行派驻审计。组建新的军委政法委，调整军事司法体制，按区域设置军事法院、军事检察院，确保它们依法独立公正行使职权。四是精简机关和非战斗机构人员。坚持精简高效的原则，裁减军队员额30万，精简机关和非战斗机构人员，使军队更加精干高效。五是深化军队院校改革，健全三位一体的新型军事人才培养体系。推进军官、士兵、文职人员等制度改革，深化军人医疗、保险、住房保障、工资福利等制度改革，完善军事人力资源政策制度和后勤政策制度，建立体现军事职业特点。六是全面停止军队有偿服务。完善民兵预备役、国防动员体制机制。在国家层面加强对退役军人管理保障工作的组织领导，健全服务保障体系和相关政策制度。下决心全面停止军队有偿服务。七是合理确定干部进退去留。要着力搞好配套保障，坚持立法同改革相衔接，抓紧做好法规制度立改废释工作。老干部是党和军队的宝贵财富，要精心做好老干部服务保障接续工作。八是要继续抓紧抓好作风建设和反腐败斗争。把“三严三实”专题教育整顿同深化改革紧密结合起来。要加强部队管理，保持部队安全稳定和集中统一。要把握好国家经济社会发展对国防和军队建设的新要求，抓紧制定军队建设发展“十三五”规划。[27]

（六）新中国的11次裁军

习主席9月3日宣布，中国将裁减军队员额30万，这是新中国成立后中国军队第11次大规模裁军。经新中国成立后11次裁军，解放军总数大体保持在230万人的规模上。据了解至新中国成立以来，中国10次裁军共裁减军队1507万人。中国全军员额从兵力最多时的627万人减为目前的230万人，如今这230万人还要再裁13%。[28]

（七）军队“十三五”规划六个“着眼点”

《中国干部学习网》学习中国编辑部在《习近平用六个“着眼于”为军队“十三五”规划定调》一文中认为，习主席用六个“着眼于”为军队“十三五”规划定调，即一是着眼于新形势下政治建军要求，构建两个“三位一体”新格局。习近平在此次工作会议上为军队设计了“构建军委——战区——部队的作战指挥体系和军委——军种——部队的领导管理体系”这两个“三位一体”新格局；二是着眼于依法治军、从严治军，构建严密的权力运行制约和监督体系；三是着眼于打造精锐作战力量，推动军队由数量规模型向质量效能型转变；四是着眼于抢占未来军事竞争战略制高点，培育战斗力新的增长点；五是着眼于开发管理用好军事人力资源，形成人才辈出、人尽其才的生动局面；六是着眼于贯彻军民融合发展战略，推动经济建设和国防建设融合发展。[29]

（八）世界军事新一轮改革风头正劲

王春生、张启良在《世界军事新一轮改革风头正劲》一文中认为，近年来，世界主要国家纷纷权衡国力，确定战略目标，调整军事战略，推动军事转型：压缩传统军力，发展新锐战力，着眼未来战争，打造新型部队；高新军事技术、全新作战理论、新型作战力量，正从理论走向实践，并即将步入高速发展期。毋庸置疑，这是时代发展大趋势，世界军事新潮流，每一个国家都将被裹挟其中。[30]

七、文化强军结硕果

强军事业呼唤强军文化，一个没有精神力量的民族难以自立自强，一项没有文化支撑的事业难以持续长久。“没有文化的军队是愚蠢的军队，而愚蠢的军队是不能战胜敌人的。”成就强军事业，首在立人。以文化力量培养新一代革命军人，是强军文化支撑强军事业的根本价值所在。

（一）中宣部向全社会公开发布“时代楷模”阎肃的先进事迹

2015年11月29日，中共中央宣传部在中央电视台向全社会公开发布“时代楷模”阎肃的先进事迹。阎肃是空军政治部文工团创作员。从艺65年来，他始终坚定爱党报国的理想信念，牢记以人民为中心的工作导向，把弘扬时代主旋律作为崇高使命，把真诚为民为兵服务作为价值追求，创作了《江姐》《党的女儿》《长征颂》《红旗颂》《我爱祖国的蓝天》等一大批脍炙人口的红色经典，深受广大人民群众喜爱，感染和激励了几代中国人。党的十八大以来，他以80多岁高龄追梦筑梦，辛勤创作，参与策划多场重大文艺活动，为讴歌主旋律、汇聚正能量，繁荣发展社会主义文艺事业作出了突出贡献。[31]

（二）解放军新闻奖和解放军新闻奖国际传播奖

第六届中国人民解放军新闻奖评选活动于2015年4中旬在京举行。经过评委认真审看评议、差额投票表决，共评选出解放军新闻奖和解放军新闻奖国际传播奖特别奖获奖作品3件，一、二、三等奖获奖作品118件。[32]

（三）五大亮点凸显中俄军事文化交流新高度

李宣良、张继业在《中国军事文化周在俄圆满落幕，五大亮点凸显中俄军事文化交流新高度》一文中认为，为期半个月的“让历史告诉未来——纪念中国人民抗日战争暨世界反法西斯战争胜利70周年”系列活动圆满落幕。此次活动展示出五大亮点：一是活动主题突出。这是中国军队以纪念中国人民抗日战争暨世界反法西斯战争胜利70周年为主题举办军事文化交流活动，抓住了中俄两国民众共同关注的焦点。二是文化内涵丰富，形式多样。不仅展示了中国军事文化的独特魅力，而且贴近俄罗斯不同层次、不同爱好受众的需求，多个活动现场出现座无虚席、一票难求的现象。三是交流融合默契。活动期间，中俄双方不断拓宽合作领域，创新合作形式，交流共享经验，达到相互取长补短、促进共同发展的目的。四是艺术水准高超。此次参加交流的84件美术作品、200多种军事图书、6部抗战题材军事影视片，都是能够代表我军水准的优秀作品，受到俄罗斯专业人士和普通观众的一致好评。解放军军乐团的精彩演出和精湛技能，把我军整齐划一、威武雄壮的“精气神”体现得淋漓尽致，许多观众称赞演出“非常震撼”“终生难忘”。五是影响广泛深入。从莫斯科到圣彼得堡，中国军事文化周在俄社会各界引起广泛反响，俄罗斯主流媒体对活动进行了持续跟踪报道，“中国军事文化周”成为一些网络论坛的热词。通过文化交流，进一步增进了两军了解，升华了感情友谊。[33]

（四）以文化力量培养新一代革命军人

回顾习主席关于强军文化的论述，我们可以看到，字里行间都紧紧连着一个大写的“人”：“有灵魂、有本事、有血性、有品德的新一代革命军人”。“强军兴军，要在得人”。强军文化支撑强军事业的根本价值，就在于为实现强军目标培养有灵魂、有本事、有血性、有品德的新一代革命军人。强军文化构筑官兵灵魂世界，强军文化增强官兵打赢本领，强军文化砥砺官兵英雄血性，强军文化提升官兵品德境界。有灵魂、有本事、有血性、有品德，这四个方面是一个紧密联系、相辅相成、内在统一的有机整体。[34]

经军委、总政领导批准，由总政宣传部主办、解放军电视宣传中心承办的2015年度“四有”新一代革命军人新闻人物和特别奖评选日前揭晓，9位个人当选新闻人物，5个先进群体荣获特别奖。经过网上投票和专家评选，陈玉晋、李恒年、李浩、张国春、张楠、赵劲松、郭峰、黎登贵、戴明盟当选2015年度“四有”新一代革命军人新闻人物，解放军援非抗埃医疗队、沈阳军区“战斗堡垒坚强红三连”官兵群体、兰州军区乌鲁木齐民族干部学院“兵巴郎”群体、第二炮兵某洲际战略导弹旅官兵群体、广西军区某边防团十连官兵群体荣获2015年度“四有”新一代革命军人新闻人物特别奖。他们中既有爱党报国、忠诚担当的时代楷模，又有练兵备战、矢志打赢的精武标兵；既有开拓创新、勇攀高峰的科研先锋，又有敬业精业、无私奉献的优秀干部；既有抢险救援、爱民助民的先进群体，又有纯正风气、廉政勤政的典型模范，较好地体现了年度新闻人物的典型性、新闻性和代表性。[35]

（五）打造助推强军的文化平台

冷国伟在《打造助推强军的文化平台》一文中指出，2015年2月9日，“牢记强军目标，献身强军实践”优秀主题出版物评选，8种图书、2种音像制品脱颖而出。突出军事特色，打造鲜明的专业品牌，军队出版单位平均每年策划军事图书选题400多个，出版重印各类军事图书、音像制品和电子出版物近千种，构建起全国军事出版的主力方阵。发挥专业优势，推动军事文化精品出版。近两年，先后有32种图书和音像制品入选国家新闻出版广电总局重点选题和出版规划，2种图书荣获第十三届“五个一工程”奖，15种图书和音像电子出版物获得第四届中华优秀出版物奖，13个出版项目获得2014年度国家出版基金资助，1人获得第十二届韬奋出版奖，7人入选第四批全国新闻出版行业领军人才。2014年建军节，全国第二十四届图书交易博览会在贵阳隆重开幕，4625种优秀军版图书集中参展，443种强军主题精品图书重点展示，获得观众青睐和业界好评，军事出版的品牌影响不断扩大。[36]

八、2015年军事学研究的新亮点

（一）2015年十大国内军事热点新闻

一是中国人民抗日战争暨世界反法西斯战争胜利70周年阅兵。中国将裁军30万。二是全军和武警部队深入开展“三严三实”专题教育整顿。三是全军广泛开展实战化军事训练。四是全军和武警部队推开基层军政主官换岗锻炼。五是中国海军多艘新舰艇入列。六是我军首次派出作战步兵营参加国际维和。七是第六届香山论坛于10月16—18日在北京举行。八是中国人民解放军仪仗队首次亮相红场阅兵。九是中国发布军事战略白皮书。十是中央军委改革工作会议召开 军队改革全面启动。

（二）军事专家解读《中国的军事战略》十大亮点

白瑞雪、熊争艳、李志晖在《军事专家解读〈中国的军事战略〉十大亮点》一文中指出，军事科学院的军事专家们对这部白皮书中的十个亮点进行了解读。

一是“四个维护”成为中国军队新使命。即坚决维护中国共产党的领导和中国特色社会主义制度，坚决维护国家主权、安全、发展利益，坚决维护国家发展的重要战略机遇期，坚决维护地区与世界和平。二是中国军队八项战略任务。“中国军队主要担负以下战略任务：应对各种突发事件和军事威胁，有效维护国家领土、领空、领海主权和安全；坚决捍卫祖国统一；维护新型领域安全和利益；维护海外利益安全；保持战略威慑，组织核反击行动；参加地区和国际安全合作，维护地区和世界和平；加强反渗透、反分裂、反恐怖斗争，维护国家政治安全和社会稳定；担负抢险救灾、维护权益、安保警戒和支援国家经济社会建设等任务。”三是毫不动摇坚持积极防御战略思想。四是“将军事斗争准备基点放在打赢信息化局部战争上”。五是海上方向维权斗争将长期存在。六是首提“海外利益攸关区”。七是首次公布海军战略转型。八是首次披露“重大安全领域力量发展”。九是“保持常备不懈的战备状态”。十是中国军队将“提供更多公共安全产品”，为维护世界和平、促进共同发展作出更大贡献。[37]

（三）2015年军事科技新亮点

李大光在《2015世界10大军事科技亮点》一文中认为，2015年世界十大军事科技亮点是：一是无人智能技术。未来战争将转向一种全新的战争模式，无人和自主系统将扮演核心角色。二是高超音速技术。高超音速技术在军事上具有重要意义，高超音速武器航程远、速度快、结构简单，能够快速打击远程目标，被军事专家称为继螺旋桨、喷气推进器之后航空史上的第三次革命性成果。三是精确制导技术。精确制导技术是指按照一定规律控制武器的飞行方向、姿态、高度和速度，简称制导律；用于引导其战斗部准确攻击目标的军用技术。按照不同控制导引方式可概括为自主式、寻的式、遥控式和复合式等四种制导。四是战机隐身技术。发展具有隐身突防能力的新一代战机是各国航空科技领域的重点方向。五是防空反导技术。防空反导技术是指用以拦截在空中和空间飞行轨道上的战略性弹道导弹或其组成部分的技术，主要包括截击导弹、发射器和雷达。六是军事航天技术。军用航天技术是以军事应用为目的、开发和利用太空的一门综合性工程技术。迄今世界各国共发射了5000多个航天器，其中70%用于军事目的。它的发展，使军事侦察、通信、测绘、导航、定位、预警、监视和气象预报等能力空前提高。七是新概念武器技术。新概念武器是采用高新技术提高作战效能的一类新型武器，如定向能武器、动能武器等。八是网络作战技术。作为新兴作战领域，网络空间在未来高端战争中扮演关键角色。九是3D打印技术。3D打印（3DP）即快速成型技术的一种，它是一种以数字模型文件为基础，运用粉末状金属或塑料等可粘合材料，通过逐层打印的方式来构造物体的技术。美军不断推进3D打印技术的发展，试图通过材料和制造领域的突破来获取军事优势。十是仿生物技术。仿生物技术是将现代生物技术与军事、物理、化学、材料、信息等领域交叉融合，应用到国防领域的综合性科技。比如，脑控武器能让士兵远程意念控制机器人，实现人与武器装备高度融合。[38]

（四）国家科学技术奖励大会的“军事名片”

邹维荣、苏贝、罗国金、刘昂在《军队系统42个项目获国家科学技术奖》一文中认为，经过严格评审，2015年度国家科学技术奖共授奖295项成果和7名外籍科技专家。军队系统共有42个项目获奖，其中国家技术发明奖6项、国家科技进步奖36项，前瞻性、先导性和探索性以及自主创新类成果获奖比例较以往又有提升。2015年9月，马伟明团队被海军授予“创新强军马伟明模范团队”荣誉称号。2015年11月，马伟明获得何梁何利基金年度最高奖——“科学与技术成就奖”。[39]

九、南海问题研究新成果

南海问题本来就不是中美之间的问题。美国热衷插手南海，执意搅乱南海，意图昭然、用心险恶。南海问题并不是问题本身有多么大，完全是被炒作的结果，是为了遏制中国崛起和美国完成所谓亚太再平衡所进行的炒作，这也成为2015年一个非常大的特点。美欲夺南海要道用战争遏华超美，中国要做好迎接战争的准备。

（一）金一南点评2015全球安全：南海问题纯属炒作

金一南在点评2015全球安全时指出，2015年一个非常突出的特点一是国际恐怖主义势力“伊斯兰国”在全世界发动的恐怖袭击，给世界带来很大的震惊。二是中东的难民潮。三是中国的南海问题被人为炒热。我们经常讲“南海本无事，庸人自扰之”，南海的格局没有发生一点变化，中国只是在自己的岛礁进行了有限的岛礁建设而已，就被人为炒得这么热。南海问题并不是问题本身有多么大，完全是被炒作的结果，是为了遏制中国崛起和美国完成所谓亚太再平衡所进行的炒作，这也成为2015年一个非常大的特点。[40]

（二）美国没资格在南海问题上苛责中国

华益声在《美国没资格在南海问题上苛责中国》一文中认为，美国热衷插手南海，执意搅乱南海，意图昭然、用心险恶。然而在南海问题上，有几个基本道理，美国必须明白。第一，就法理而言，美国在南海问题上没有发言权，因为美国不是南海争议声索方之一。第二，就道义而言，美国没资格在南海问题上苛责中国。美国动辄谈“航行自由”，但其所谓自由的实质却是美军舰机任意而为，甚至进入别国领海领空。第三，就现实而言，美国在南海打造“对华包围圈”只能是妄想。第四，就战略而言，美国不可能动摇中国维护主权权益的决心。主权问题没有商量余地，中国今天不会、将来也不会拿主权问题做交易。美国企图通过多方施压逼迫中国停止岛礁建设，实在是打错了算盘。其实，中国的回应已很明确：维护国家主权和领土完整的意志“坚如磐石”。美国真想促进亚太地区和平稳定，就应看清中国的战略意图和基本政策，切不可不顾基本道理，蛮干胡来。[41]

（三）美在南海当“台前打手”失态失理

齐楚在《美在南海当“台前打手”失态失理》一文中认为，近来，美国在南海问题上似乎有些“坐不住”，可以说，美国在南海问题上已经从“幕后黑手”变为“台前打手”，既失态更失理。南海问题本来不是中美之间的问题。中美在维护南海和平稳定方面拥有重大共同利益，完全可以通过对话沟通妥善处理彼此分歧。但如果美国试图通过“高嗓门”和“秀肌肉”在涉及中国主权和海洋权益的问题上迫使中国就范，那就完全打错了算盘。中国人从不挑事，也决不怕事。美国的挑衅只会更加坚定中国政府和人民捍卫国家主权和领土完整的意志和决心。奉劝美方不要在南海兴风作浪，否则只会搬起石头砸自己的脚。[42]

（四）南海问题中国十问美国

罗援在《南海，十问美国防长卡特》一文中提出，一是试问南海政治棋局是否已经延续到了非要美国与中国“对车”的地步？二是一旦与中国摊牌，美国有打胜的绝对把握吗？三是美国做好了冲突升级和持久作战的准备了吗？四是中美对决，美国应对得了吗？五是中美由合作转为对抗，对美国国家利益是否有利？六是美国民众凭什么要为不负责任的政客买单？七是民意可以载舟，民意亦可以覆舟。一旦中美在南海发生海上摩擦，民意将会回落到低谷，这对中美关系的伤害将是伤筋动骨的。卡特，你不明白吗？八是中国在永暑礁等岛礁上建立科学考察站是经过联合国相关组织提议的，对于这些用于和平目的的国际公共产品，美国有什么理由横加干涉？若出兵，法理依据何在？九是亚太地区是引领世界经济增长的引擎，美国对外投资的一半以上，经济增长点的一半以上都在亚太。一旦亚太地区动荡，经济引擎出现问题，对世界来说，对美国来说是好事还是坏事？十是在美国的战略天平上，中国和那些为一己私利、无理取闹的小国相比，孰重孰轻，美国稍有战略头脑的政治家难道会不心知肚明吗？以上不是恫吓，而是善意的提醒，是对美国国防部长卡特先生一些“狠话”所引起后果的合理想象。美国是一个实用主义的国家，相信美国会三思而后行。[43]

（五）搅乱南海决非美国之福

尹承德在《搅乱南海决非美国之福》一文中提出，南海事态趋紧，主要肇因是美国从遏华出发，罕见地加大了对南海问题的干预卷入。南海问题的实质是中国的岛礁和海洋权益被其他国家侵占。美不顾这一事实，把挑起事端，“引发地区紧张”的责任横加到中国身上。其对华无理指责主要有三：一是指责中国“改变南海现状”和“侵犯”别国岛礁主权。二是指责中国的行动挑战了南海的“航行自由”。这是“莫须有”的“欲加之罪”。三是指责中国在南海岛礁进行建设与国际法“不合”，强行要求中国停建。美国的责难毫无道理，无理要求只会落空。中国作为主要当事方，在其中起着关键作用。中国坚持由争议双方和谈，协商解决问题的主张，为争端和平解决指明了方向。[44]

（六）美国搅乱南海真实意图何在

梁芳在《南海，美欲拿下第17条海上要道》一文中认为，为了达到控制南海战略通道的目的，美国海军进行了近20年的准备。为何美国在这个时间发难南海，真实意图有三。一是担心中国在南海岛礁扩建压缩美国海军战略空间。美国认为，中国在南海岛礁扩建完成，将提升中国对南海的控制能力，这是其不愿看到的。二是拉日本协防南海。美国制造南海紧张，是希望日本出兵共同协防南海。三是与马六甲海峡形成战略置换。中国实施“一带一路”，打破美国围堵中国的战略设计，特别是中巴经济走廊建立，能源通道直接从中国腹地通到北印度洋，马六甲海峡战略地位下降，美国已将南海置于马六甲海峡之上的优先地位。

应该做好军事斗争准备。中国不想打仗，而美国不会泯灭战争的冲动。当前又遇经济不景气、失业率居高不下，而转嫁国内矛盾最好的办法是战争，战争可以抽走全球对亚洲的投资，战争可以迟滞中国超越美国，美国不会在乎世界的和平，只在乎自己的利益。对此我们必须高度重视，加紧准备。[45]

注：

①新华网，2015年4月13日。

②《20句话管窥习近平治军方略》，新华网，2015年8月12日 。

③张仕波：《党的军事指导理论创新发展的最新成果》，《解放军报》，2015年12月18日。

④陶社兰：《百卷本军事理论丛书〈文韬武略〉编纂启动》，中国新闻网（北京），2015年6月27日。

⑤刘亚洲：《向更高更远的目标扬帆起航》，《国防大学学报》，2015年第6期。

⑥刘亚洲：《向更高更远的目标扬帆起航》，《国防大学学报》，2015年第6期。

⑦《解放军报》，2015年5月20日。

⑧石强、王逸涛：《国防大学“2015年国际问题研讨班”结业》，新华网，2015年11月3日。

⑨人民网，2015年9月16日 。

⑩张忠海、邓丽君、罗金沐：《“国防大学说”告诉我们什么?》，中国军网，2015年5月20日。

⑪国防部网，2016年5月23日。

⑫刘航：《解放军报创刊60周年纪念特刊：我们的风采》，《解放军报》，2015年12月25日。

⑬李刚：《习近平参观解放军报创刊60周年主题展》，《人民日报》，2015年12月28日 。

⑭《习近平视察解放军报社 强调军报姓党》，中国军网，2015年12月26日。

⑮《习近平视察解放军报社 强调军报姓党》，中国军网，2015年12月26日。

⑯何雷：《抗战胜利奠定中国大国地位》，参考消息网，2015年5月13日。

⑰金一南：《全民抗战是百年沉沦中的民族觉

醒》，参考消息网，2015 年 5 月 13 日。

⑱徐焰：《中国共产党无愧中流砥柱》，中国军网，2015 年 8 月 31 日。

⑲人民网·强国论：《竖起忠诚与信仰之剑——国防大学专家谈纪念中国人民解放军建军 88 周年》，2015 年 7 月 31 日。

⑳罗援：《抗日战争胜利十大经验》，参考消息网，2015 年 5 月 13 日。

㉑肖冬松：《新形势下政治建军方略谈》，《解放军理论学习》，2015 年第 8 期。

㉒苏晓辉、叶海源：《深刻理解把握政治建军的时代意蕴》，《解放军报》，2015 年 10 月 21 日。

㉓武玉德：《深刻理解 准确把握 将军队好干部标准落到实处》，《解放军理论学习》，2015 年第 8 期。

㉔刘亚洲：《具有里程碑意义的军事变革》，《解放军报》，2015 年 12 月 18 日。

㉕王刚、何椿：《专家解读：改革在我军发展史上具有里程碑意义》，央视新闻，2015 年 11 月 26 日。

㉖马德宝：《深化国防和军队改革的科学指南》，《解放军报》，2015 年 8 月 28 日。

㉗赵小卓：《2015 中国军改最新方案解读》，人才网，2015 年 12 月 5 日。

㉘世界军事编辑部：《新中国的 11 次裁军回顾》，《世界军事》，2015 年第 24 期。

㉙《习近平用六个"着眼于"为军队"十三五"规划定调》，中国干部学习网，2015 年 11 月 28 日。

㉚王春生、张启良：《世界军事新一轮改革风头正劲》，《世界军事》，2015 年第 24 期。

㉛新华网，2015 年 11 月 30 日。

㉜新华网，2015 年 4 月 22 日。

㉝李宣良、张继业：《中国军事文化周在俄圆满落幕，五大亮点凸显中俄军事文化交流新高度》，新华网，2015 年 10 月 1 日。

㉞《解放军报》编辑部：《强军事业呼唤强军文化》，2015 年 5 月 14 日。

㉟中国军网，2015 年 5 月 17 日。

㊱冷国伟：《打造助推强军的文化平台》，《解放军报》，2015 年 3 月 10 日。

㊲白瑞雪、熊争艳、李志晖：《军事专家解读〈中国的军事战略〉十大亮点》，新华网，2015 年 5 月 26 日 。

㊳李大光：《2015 世界 10 大军事科技亮点》，《解放军报》，2015 年 12 月 31 日。

㊴邹维荣、苏贝、罗国金、刘昂：《军队系统 42 个项目获国家科学技术奖》，中国军网，2016 年 1 月 9 日。

㊵金一南：《点评 2015 全球安全：南海问题纯属炒作》，央广军事，2015 年 12 月 31 日。

㊶华益声：《美国没资格在南海问题上苛责中国》，《人民日报》，2015 年 5 月 27 日。

㊷齐楚：《美在南海当"台前打手"失态失理》，《环球时报》，2015 年 5 月 27 日。

㊸罗援：《南海，十问美国防长卡特》，《环球时报》，2015 年 6 月 1 日。

㊹尹承德：《搅乱南海决非美国之福》，《环球时报》，2015 年 6 月 1 日。

㊺梁芳：《南海，美欲拿下第 17 条海上要道》，《环球时报》，2015 年 6 月 5 日。

（作者：昝瑞礼，国防大学研究员）

北京研究

北京经济

孟 斌 尹 芹

2015 年是全面深化改革的关键之年，是全面推进依法治国的开局之年，也是全面完成"十二五"规划的收官之年。经初步核算，北京市 2015 年全年实现地区生产总值 22968.6 亿元，比上年增长 6.9%。

其中，第一产业增加值140.2亿元，下降9.6%，第二产业增加值4526.4亿元，增长3.3%，第三产业增加值18302亿元，增长8.1%。全年文化创意产业实现增加值3072.3亿元，高新技术产业实现增加值5180.8亿元，信息产业实现增加值3508亿元，生产性服务业实现增加值12160.3亿元。由此可见，通过大力统筹稳增长、促改革、调结构、惠民生、防风险等各项工作，经济社会保持了平稳健康发展，围绕“北京经济”，学者们展开一系列学术研究，取得了丰硕的科研成果。

一、重要学术会议简介

1. 2015年中国区域经济学会年会

“一带一路”战略是党中央、国务院统筹国内国际两个大局作出的重大决策，对加快区域经济发展、开创全方位对外开放新格局、促进世界和平发展都具有重大意义。为了深入研讨“一带一路”战略，推动我国区域经济理论与实践创新，2015年9月19日在北京举办了2015年中国区域经济学会年会暨“一带一路”战略与中国区域经济发展学术研讨会。“一带一路”战略将区域经济发展推向国际舞台。中国社会科学院学部委员、中国区域经济学会会长金碚表示：“在新的全球化形势下，每一个地区都一定要根据自己的资源状况、地理条件以及文化特征来发展自己的产业，找到最适合本地区发展的产业结构。”此次会议由中国区域经济学会、中央民族大学主办，中央民族大学发展规划处、北京产业经济学会、北京区域经济学会承办。

2. 北京市农产品品牌与新经济学研讨会

2015年10月18日，在北京农学院举行了题为“北京农产品品牌与新经济学”的研讨会，此次研讨会主办单位是北京市科协、北京农学院、北京市农业局、北大中国经济研究院。承办单位为北京新农村研究基地、北京市农村专业技术协会、北京农学院经济管理学院、北京市家禽创新团队。来自河北农业大学、天津农学院、北京农学院、北京各农业协会、企业的代表等近百人参加了此次研讨会。王曙光教授、郭夏教授、李华教授、马达飞总裁等6位专家分别作了“新经济学与现代农业”、“新生农业与现代农业新常态”、“家禽品牌建设与保护”、“创意农业之‘田园文旅综合体’”的报告。

3. 2015年“中国梦：创新型国家与创新人才”学术前沿论坛

2015年11月21日，由北京市社会科学界联合会和北京师范大学联合主办的“2015年度学术前沿论坛”在北京师范大学举办。论坛以“中国梦：创新型国家与创新人才”为主题，旨在聚焦人才与创新，力求从多学科、多角度探讨转型期的人才培育与创新型国家建设等相关问题。首都社科界社会组织的专家学者和北京师范大学师生300余人参加了论坛研讨。北京师范大学党委书记刘川生认为，要以人才为依托，着力发现、培养、集聚“高精尖缺”等高层次专门人才，鼓励大众创新、全民创新，化“人口红利”为“人才红利”；要以制度为保障，形成推动创新的体制机制，营造公平开放的创新环境，释放人才创新活力；要以自主创新为基点，强化原始创新、集成创新和引进消化吸收再创新，加强基础研究和协同创新，形成我国创新发展的“先发优势”。

4. “中国经济的热点问题”学术研讨会

2015年11月22日，由北京大学光华管理学院主办的“‘中国经济的热点问题’学术研讨会暨厉以宁教授从教六十周年庆祝活动”在北京大学办公楼礼堂举行。北京大学光华管理学院名誉院长厉以宁教授以《中国双重转型之路为发展经济学增添了什么?》为题做了主题演讲，阐述了中国“双重转型”之路的历程、经验和对未来的展望。他指出，中国的发展历程既是“体制转型”（由计划经济体制转为社会主义市场经济体制）之路，也是“发展转型”（由农业社会转为工业社会和现代化社会）之路，我们应有充足的制度自信，中国的“双重转型”之路也为世界提供了先例。来自政、商、学不同领域的40多位嘉宾分别参加了会议的高峰对话和平行论坛环节，近500人参加了此次活动。

5. 2015年区域规划学术年会

2015年12月11日，由中国城市规划学会区域规划和城市经济学委会、中国地理学会区域规划分会联合主办、中国城市规划设计研究院承办的2015年联合年会在北京中规院主楼召开。本次会议的主题为“创新空间规划体制机制、促进区域全面协同发展”。与会嘉宾和专家包括中国城市规划学会副理事长兼秘书长石楠，住房和城乡建设部城乡规划司副司长俞滨洋，学委会主任委员兼中国地理学会区域规划分会主任樊杰，北京大学城市与环境学院教授林坚等；以及来自国土资源部、国家发改委、新华社、多所高校、研究院所、规划院等百名学者参加了本次学术活动。本次年会是一次跨学科、跨领域共同研讨新背景下我国区域规划空间机制体制创新、区域协同发展的学术盛会。

6. “集聚与增长：面向十三五规划的空间发展战略”高端论坛

2015 年 12 月 15 日，由中国人民大学经济学院主办的“面向‘十三五’规划的空间发展战略高端论坛”在京举行。来自日本、荷兰、中国等国家的区域与城市经济领域的 20 多名学者共聚一堂，围绕“集聚与增长”的会议主题，探讨空间经济理论与区域经济发展战略的最新进展，研究中国未来空间发展趋势和重大战略政策问题。经济发展是在一定的时间和空间范围内进行的，空间经济学和区域发展经济学问题非常重要。中国人民大学经济学院院长张宇指出：“新四化”即新型工业化、信息化、城镇化、农业现代化，推动信息化和工业化深度融合、相互促进、相互融合，是我国经济在时间发展上的特点。以“长江经济带”、“经济一体化”和“一带一路”为核心的完整区域发展战略体现我国经济的空间发展特点。

7. 2015 中国产业经济研究学术年会

由工业和信息化部指导，电子工业出版社与中国电子信息行业联合会联合主办，华信研究院、《产业经济评论》编辑部承办的“2015 中国产业经济研究学术年会”于 12 月 19—20 日在北京召开，来自全国各地产业经济研究机构、高等院校的专家学者 200 多人参加会议。经济与社会发展研究院教授、产业经济研究所所长杜传忠应邀参加会议，并作了题为“推进‘互联网 + 产业’是提升全要素生产率的重要途径”的主题演讲。与会学者表示：我国应坚定不移的实施“互联网 + 产业”战略，通过互联网推进制造业转型升级，实现生产方式变革、商业模式创新、产业价值链重构和企业组织结构的优化，最终提高全要素生产率，并将此作为供给侧改革的重要着力点。

二、重要学术论著简介

1. 产业发展及产业结构论著

《包容性增长视阈下的环首都县域经济区产业发展规划研究》（初钊鹏，经济科学出版社）[①]的研究工作主要集中于分析环首都经济圈县域经济区产业发展规划与产业政策制定问题，分为主体和附录两部分。主体部分包括绪论、相关研究综述、首都地区空间经济过程、环首都地区产业发展外部环境、环首都地区产业发展规划范式、产业发展规划总则、主导产业枢纽驱动、支柱产业节点支撑、关联产业网络覆盖、高端产业分蘖演化、特色农业转型升级、产业发展支撑体系以及县域产业发展目录；附录部分包括产业发展规划访谈提纲、生态农业模式与配套技术和环境监测评价报告。

《北京产业结构高级化研究》（张伯旭，中国经济出版社）[②]紧密围绕北京工业结构发展的实际情况，在京津冀协同发展的背景下，谋划北京未来工业发展的路径。本书从产业结构、行业结构、企业结构、空间布局结构等方面系统分析了北京工业发展现状和存在问题，并提出工业结构高级化的思路建议。

2. 特色产业发展论著

《北京文化创意产业发展报告（2015 版）／创意城市蓝皮书》（张京成、王国华，社会科学文献出版社）[③]综合研究了 2014 年北京文化创意产业的整体运行与发展情况，梳理分析了重点区县文化创意产业发展的现状与特点，对文化创意产业的部分行业进行了重点研究，并从文化与相关产业融台、文化消费指数与消费市场培育、京津冀文化产业协同发展等方面深入探讨了北京文化创意产业发展的关键问题。

我国高度重视培育战略性新兴产业，将发展战略性新兴产业作为加快转变经济增长方式和产业结构调整升级的重要途径。加快培育和发展战略性新兴产业对推进我国现代化建设具有非常重要的战略意义。《战略性新兴产业创新驱动发展研究——以北京市生物医药产业为例》（乔晗，科学出版社发行部）[④]一书从创新驱动的视角探讨战略性新兴产业的发展，分别从发展现状、发展评价、发展路径和发展周期四个方面进行研究，提出战略性新兴产业创新驱动四要素螺旋模型，并对北京市生物医药企业实地调研，通过典型案例验证四要素螺旋模型。在此基础上，对我国战略性新兴产业的平稳较快发展提供政策建议与理论参考。

《北京山区生态产业发展研究》（何忠伟、刘芳、邬津，中国农业出版社）[⑤]在对国内外文献调研及经验借鉴的基础上，全面搜集、整理了北京山区的历史与现状，对其整体状况进行客观的评价与分析。通过综合采用统计调查、归纳分析、专家访谈等多种研究方法，全面剖析了资源环境约束下的北京山区生态产业发展前景，并提出有针对性的政策建议。

《北京体育蓝皮书：北京体育产业发展报告（2014—2015）》（钟秉枢、陈杰、杨铁黎，社会科学文献出版社）[⑥]是首次以蓝皮书的形式对北京市体育产业发展进行的系统研究。本报告以国家统计局和国家体育总局颁布的《体育及相关产业分类标准》为基本依据，结合北京体育产业发展的环境和特点，从体育产业政策、体育竞赛业、体育休闲健身业、体育用品业、体育场馆业、体育传媒业、体育中介业、体育彩票业、体育人才发展以及北京体育产业园区规划等几个方面进行了研究。

《北京特色商业街》［胡昕，中经文通图书有限责任公司（中国经济出版社）］⑦在对商业街的基本概念、特点等进行论述的基础上，总结了世界城市特色商业街发展的特征、规律及趋势；探讨北京特色商业街的内在特征和发展规律，并以世界城市为标准，借鉴国内外发达城市商业街的成功运作模式和经验，对北京特色商业街未来发展提出建议。

3. 旅游业论著

《低碳经济背景下北京乡村旅游转型升级研究》（何忠伟、陈艳芬、罗红，中国农业出版社）⑧在对低碳经济、低碳旅游等相关文献研究的基础上，通过对北京乡村旅游发展现状、低碳发展水平及其市场需求等方面的实证分析，指出北京乡村旅游目前低碳化发展存在的问题，从而在此基础上，探索北京低碳乡村旅游低碳化转型升级模式及其相应对策，旨在为北京低碳乡村旅游的提档升级提供很好的理论基础和技术保障，培育乡村旅游潜力，拓展乡村旅游的研究领域和思路。

《2015北京旅游发展研究报告》（本书编委会，社会科学文献出版社）⑨一书在于对北京市旅游经济与旅游市场的整体发展、北京旅游各行业运行状况、旅游供需市场、旅游行政管理及年度热点与创新等问题进行充分研究和集中展示，以期对实践具有一定的指导作用。

伴随着旅游产业的快速发展与北京经济结构的调整变化，北京旅游服务贸易已经成为全国旅游服务贸易与北京经济发展的重要组成部分。《产业发展背景下的北京旅游服务贸易发展研究》（刘敏，中国经济出版社）⑩从北京旅游服务贸易的发展背景、发展历程、贸易结构、贸易主体、发展意见等不同层面对北京旅游服务贸易的发展进行了研究。

4. 农村经济及农业发展论著

在现代农业示范区建设过程中，房山区根据自身资源条件、产业基础和社会发展需求，创造出了独具特色的国家现代农业示范区“房山模式”，即“特产支撑、龙企带动、圆满人生、金沟聚财、质安垂范、智农高远”。《房山模式——国家现代农业示范区北京市房山创新发展模式研究》（郭淑敏，中国农业科技出版社）⑪一书主要围绕“房山模式”进行理论研究与实践探索，对“房山模式”发展的对策建议进行了深入分析。

沟域经济是京郊山区农民智慧的结晶，是北京各级政府部门联动的成果，也是社会各界参与的尝试，是北京城乡互动的探索。《北京沟域经济实践与理论探索》（中共北京市委农村工作委员会、北京市农村工作委员会，中国农业出版社）⑫是北京沟域经济建设以来，首次系统地、全面地总结沟域经济工作。本书详细介绍了沟域经济的发展历程、相关理论、建设成果等，用大量精美的图片展示了北京沟域经济建设的风采，采撷了部分发展成型的示范沟域，收录了社会各界对北京沟域经济建设的评论和点赞，具有资料性、指导性和可读性。

《北京都市型现代农业文化创新发展比较研究》（郑文堂，中国农业出版社）⑬分为理论篇、借鉴篇和发展篇三部分。理论篇着重从理论上阐明都市农业文化及相关理论，以及北京和谐宜居之都建设对都市农业文化要求等问题。借鉴篇分析了国外纽约、伦敦、巴黎、东京等世界大都市的都市农业文化，国内上海、天津、武汉、西安的都市农业文化，归纳出它们对北京发展都市农业文化的启示。发展篇从分析北京发展都市农业的现状出发，研究北京都市农业文化发展模式、发展路径，提出政策建议。

《北京农村研究报告（2014）》（郭光磊，社会科学文献出版社）⑭为2014年度北京市农村经济研究中心调研成果汇编，针对北京农村改革和城乡一体化发展中的一系列重大问题，如生态文明建设、新型城镇化与城乡一体化、“新三起来”、农业农村信息化、平谷农村改革试验区的改革与发展等展开了富有理论前瞻性和实践指导性的探讨，分析了当前北京农村改革面临的整体形势，提出了未来推进北京农村改革的方向和路径。

《北京市家禽产业经济研究：2011—2015》（李华，中国农业出版社）⑮首先从北京市家禽产业生产规模、产值和效益、布局和结构、发展环境等方面总结了现状和特征；然后对家禽产业发展中面临的产业竞争力不强、产业抗风险能力较弱和产业技术的薄弱环节等突出问题进行了分析；最后提出了相应的对策和建议。

5. 其他方面论著

《北京总部经济发展报告2014》（北京市商务委

员会，电子工业出版社）[16]主要总结了北京市总部经济概括，进行了相应的经济结构分析、税收贡献分析、外资公司分析、发展影响及对策等；按总部集聚区、总部发展新区等进行区域性分析；最后给出北京市发展总部经济的环境、基础设施、产业生态和软环境分析，以及北京市总部经济发展展望。

《明代北京社会经济史研究》（高寿仙，人民出版社）[17]并非对明代北京社会经济状况进行系统全面的概述，而是围绕一些问题进行比较细致的专题研究，地域范围主要限于北京城市，即五城兵马指挥司管辖的城内及近城地方，书中讨论的问题旨在深化对明代北京城市社会经济状况的认识。

《北京市科技促进经济发展动态 CGE 模拟研究》（张士运，北京科学技术出版社）[18]主要运用北京市 CGE 模型对北京市科技投入的政策效果进行了模拟研究，根据实证研究结论，从财税政策、人才政策、金融政策、制度建设等方面提出相关政策建议。为建立合理、完善的科技投入政策管理体系、促进创新型城市建设提供依据。

《北京是大了还是小了—人口与经济协调发展优化研究》（张耀军，知识产权出版社）[19]通过对超大城市人口与经济协调从新的视角定义的基础上，以超大城市北京为例，深度解剖人口与经济协调的关键所在；通过对超城市人口承载力全面的研究，对超大城市人口到底是多了，还是少了等问题作出回答，为超大城市人口优化提供思路。

三、北京经济研究

1. 城市创新与创意城市研究

城市是创新的主要载体，城市创新联系促进了城市创新功能的优化与互补，促进了城市创新放大与创新外溢，促进了城市创新都市圈的形成。中国把自主创新，建设创新型国家作为国家发展的核心战略。城市创新是国家创新系统的核心内容之一，城市创新联系是国家创新体系的重要组成部分，对国家创新体系建设有重要作用。吕拉昌等对国内外城市创新联系综述及理论分析的基础上，通过一组测度指标，界定了城市外向创新联系规模，采用引力模型，测度了中国主要城市间的创新联系强度及格局。研究表明：中国主要城市创新联系格局基本为东强西弱，东部地区城市创新联系格局显现出以上海、南京、杭州为顶角，以北京、天津，以广州、深圳为 2 个底角的创新联系“金三角”[20]。段德忠等基于城市邮编区划空间数据库，从创新产出的视角建构城市创新评价指标体系，对 1991—2014 年上海市和北京市的创新空间结构的空间演化模式进行了探讨，研究发现：25 年间，上海市和北京市的创新空间结构生长体现出了诸多的共性特征，随着参与创新的城市空间单元逐年增加，区域创新产出虽总体差距在缩小，但空间集聚趋势在加剧[21]。

对创意城市的研究多从文化角度切入，王林生提出，从全球发展来看，创意文化支撑着城市发展，不仅是因为知识与创意在城市经济发展中日益重要，更因为城市发展需要从创意文化中寻求新的经济增长点。在这种城市发展的大趋势下，北京作为现代化的国际都市，文化创意以多种形式渗透和散布于城市空间之中，由此造就了北京城市创意空间的布局和基本形态[22]。范玉刚认为创意城市其着力点要放在创新教育模式、保护创意权益、科学规划城市空间布局，尊重创意培育的区位选择、文化指向和创新指向，营造创意氛围和社会环境，发展优势主导性行业，提高文化创意产业的质量和效益。“创意北京”建设旨在通过文化创意有效提升北京的文化凝聚力、文化生产力和文化创造力，为全国文化中心建设提供支撑[23]。

2. 产业研究

第一，文化创意产业。安景文等从行业异质性分析的视角出发，运用 DEA—BCC 模型从静态角度测算了 2006—2013 年北京文化创意产业九类细分行业的综合技术效率、投入冗余与产出不足，并运用 RD-Malmquist 模型从动态角度对其全要素生产率变动、技术进步和技术效率进行评价，对产业内细分行业效率的异质性及其原因进行了有针对性的讨论[24]。朱永杰认为《研读北京：北京遗产旅游与文化创意产业协同研究》一书采用多元化研究方法，深入解读了中国语境下的北京文化遗产运动，把握了北京遗产旅游与文化创意协同发展的学术趋势，是推进北京遗产旅游学术的重要力作[25]。吴俊运用产业关联理论分析了北京创意产业的产业关联状况以及它顺向和逆向波及效应，相关指标数据显示，北京创意产业关联效应显著，与几乎所有支柱产业存在紧密的关联，对北京经济发展起到了重要的作用，应该进一步营造良好的产业发展环境，促进产业集聚、壮大，以使文化创意产业在促进首都经济发展转型升级中发挥更加突出的带动和推动作用[26]。

第二，现代服务业。席强敏等利用 2003—2012 年京津冀地区 13 个地级城市面板数据，测算了京津冀生产性服务业分工的空间特征与行业特征，并基于空间面板计量模型，实证检验了生产性服务业各行业在京津冀地区城市之间的空间外溢效应[27]。孙永波等利用北京市2004—2013年现代服务业相关数据，通过建立多元回归模型，对北京市现代服务业发展的影响因素进行实证分析。结果表明：经济发展水平，服务消费需求水平，城市化水平，工业化水平，区域开放度以及政府投资支出与北京现代服务业发展均存在正相关关系。其中，经济发展水平对现代服务业发展的影响最为显著，而工业与现代服务业之间还未实现“无缝对接”，第二产业的发展并没有真正发挥对现代服务业发展的促进作用[28]。申静等基于对高端服务业在中国经济结构及其升级转型中重要性的认识，通过系统分析国内外的相关研究，并结合首都的发展定位，对北京市高端服务业进行了概念界定。基于经济一体化和服务全球化的发展，借鉴欧洲工业标准的分类体系并参考北京现行的行业分类标准，建立了北京市高端服务业分类体系并明确了其产业范围。综合运用内容分析法和统计分析方法，确立了北京市高端服务业的7大重点行业，全面探析了北京市高端服务业的内涵和外延[29]。

第三，商业。王芳等以北京市中心城区和近郊区为研究区域，运用POI数据提取研究区零售商业网点信息，采用点模式分析和构建耦合度模型，探讨了北京市不同业态商业空间格局，及在居住小区中观尺度上商业空间与人口的耦合性[30]。

第四，流通业。李丽等基于协同学理论，构建了首都流通业与首都经济协同发展成熟度模型，定量分析了两者协同发展所处的阶段。研究发现，首都流通业与首都经济的发展不够协调，两者协同发展还有较大的上升空间。最后提出从战略高度上重视两者协同发展、加强首都流通业法制建设等建议[31]。

第五，产业链、产业结构研究。蔡安宁等根据1997、2002和2007年北京投入产出表，以净输出、区位商、影响力及感应度系数等综合指标分析了北京核心产业和产业链的演变。研究表明：核心产业具有一定的稳定性和延续性。1997—2007年，一直处于核心产业的主要有计算机制造业、建筑业、航空运输业、金融业及科教服务业。同时，一些不再适合北京城市性质和功能的产业链如纺织服装业、饮料制造业、钢铁制造业等劳动密集型、高能耗型、高耗水的产业链逐步退出，而适应北京向世界城市转变的知识密集型的产业链在城市经济发展中逐渐形成，产业链逐步向高端化方向演替[32]。邹燕青等利用1987—2012年的数据，首先对北京市FDI的资本效应和技术溢出效应分别进行了分析，然后运用分布滞后模型对北京市产业结构和外商直接投资之间的关系进行了实证研究，并提出相关政策建议，如引导国内企业对产业的合理投资、努力提高企业自主研发的能力、引导外资在三大产业中的合理分配[33]。

3. 经济稳定增长影响因素研究

姜敏斐等学者为了研究经济增长的主要影响因素，利用C—D函数计算全要素生产率的方法，结合索洛模型以及历史数据，估算影响北京经济增长的各要素对经济增长的贡献，得出资本存量的增加是北京经济增长的主要推动力，并且随着时间的推移，技术进步对北京经济增长越来越重要[34]。陈智国等以国际特大型城市演进规律为立足点，探讨经济发展与就业人口增长作用机制，深入分析北京经济发展不同阶段对就业人口变动的影响，进而提出推动北京经济与人口协调发展的相关建议[35]。崔继鹏探索了大都市区界定对北京经济发展的影响，认为通过大都市区的科学界定，在一定空间上形成分层次的城市区，将通过网络联系实现有效结合，促进城市主导产业崛起，进而吸引其他经济活动向增长极的靠拢，形成合理的分工格局，提升大城市区的经济发展[36]。此外，还有学者基于能源消费节约与经济发展之间的关系特征，提出了建立创新型能源消费与经济发展关系的重点[37]。

4. 经济发展水平及可持续发展研究

孙中刚等以北京市2006—2013年的GDP数据为例，建立灰色预测模型，对其未来几年的经济状况进行灰色预测，在不考虑价格因素的情况下，得出未来北京市的经济增长大致保持在12%的发展水平的结论。并进一步利用灰色系统建模软件对经济增长与相关产业进行灰色关联分析，得出第三产业与北京经济增长的关联最为密切，而在第三产业中应该重点发展信息产业。另外新兴产业与北京经济增长的关联度也比较高，应重点发展文化创意产业和物流业。最后提出相关建议，为决策者制定相关的经济政策提供依据[38]。

李小敏通过梳理近年来北京在自然资源、人力资源、投入产出效率和科技资源等方面的发展变化情况，对新常态下经济发展面临的风险和挑战进行了分析。以此为基础，在人口调控、产业结构优化及科技创新等方面就如何处理好发展经济与疏解非首都功能的关系，实现首都经济的可持续发展提出几点认识与思考[39]。

5. 经济发展对策研究

李国平等学者在充分了解北京经济发展阶段性特征及转型动力机制的基础上，结合新时期、新常态下的首都发展重点及趋势，认为首都经济转型应采取北京创造，着力打造北京服务品牌，全面发展总部经济，加快建设高端人才集聚特区，优化区域功能布局，积极加强区域合作等对策[40]。王德利等构建了由经济效率、经济影响力、经济福利、经济发展代价四类指标组成的城市经济发展质量综合评价指标体系，基于数据包络分析模型及标准值法对北京市的经济发展质量进行了测度分析。在此基础上，提出了未来北京市经济发展质量的提升对策：推动中心城区非首都功能疏解，奠定提高经济发展质量的基础；积极发挥中央在京科技创新优势，进一步提高北京市的经济发展效率；培育战略性新兴产业，挖掘新型经济增长点；限制低端行业的发展，减少经济发展的代价；加快环首都经济圈外围生态屏障建设，提高北京经济发展的生态保障水平[41]。

注：

①初钊鹏：《包容性增长视阈下的环首都县域经济区产业发展规划研究》，经济科学出版社，2015年版。

②张伯旭：《北京产业结构高级化研究》，中国经济出版社，2015年版。

③张京成、王国华：《北京文化创意产业发展报告（2015版）/创意城市蓝皮书》，社会科学文献出版社，2015年版。

④乔晗：《战略性新兴产业创新驱动发展研究—以北京市生物医药产业为例》，科学出版社，2015年版。

⑤何忠伟、刘芳、邬津：《北京山区生态产业发展研究》，中国农业出版社，2015年版。

⑥钟秉枢、陈杰、杨铁黎：《北京体育蓝皮书：北京体育产业发展报告（2014—2015）》，社会科学文献出版社，2015年版。

⑦胡昕：《北京特色商业街》，中经文通图书有限责任公司（中国经济出版社），2015年版。

⑧何忠伟、陈艳芬、罗红：《低碳经济背景下北京乡村旅游转型升级研究》，中国农业出版社，2015年版。

⑨本书编委会：《2015北京旅游发展研究报告》，社会科学文献出版社，2015年版。

⑩刘敏：《产业发展背景下的北京旅游服务贸易发展研究》，中国经济出版社，2015年版。

⑪郭淑敏：《房山模式——国家现代农业示范区北京市房山创新发展模式研究》，中国农业科技出版社，2015年版。

⑫中共北京市委农村工作委员会、北京市农村工作委员会：《北京沟域经济实践与理论探索》，中国农业出版社，2015年版。

⑬郑文堂：《北京都市型现代农业文化创新发展比较研究》，中国农业出版社，2015年版。

⑭郭光磊：《北京农村研究报告（2014）》，社会科学文献出版社，2015年版。

⑮李华：《北京市家禽产业经济研究：2011—2015》，中国农业出版社，2015年版。

⑯北京市商务委员会：《北京总部经济发展报告2014》，电子工业出版社，2015年版。

⑰高寿仙：《明代北京社会经济史研究》，人民出版社，2015年版。

⑱张士运：《北京市科技促进经济发展动态CGE模拟研究》，北京科学技术出版社，2015年版。

⑲张耀军：《北京是大了还是小了—人口与经济协调发展优化研究》，知识产权出版社，2015年版。

⑳吕拉昌、梁政骥、黄茹：《中国主要城市间的创新联系研究》，《地理科学》，2015年第1期。

㉑段德忠、杜德斌、刘承良：《上海和北京城市创新空间结构的时空演化模式》，《地理学报》，2015年第12期。

㉒王林生：《北京创意文化都市的空间特征与塑造》，《前线》，2015年第1期。

㉓范玉刚：《文化创意城市的理论思考——兼及“创意北京”建设的若干建议》，《人文杂志》，2015年第2期。

㉔安景文、刘颖：《文化创意产业细分行业发展效率异质性实证研究——以北京市为例》，《北京社会科学》，2015年第5期。

㉕朱永杰：《研读北京：北京遗产旅游与文化创意产业协同研究》评介，《地理研究》，2015年第2期。

㉖吴俊：《北京文化创意产业关联性实证分析》，《知识经济》，2015年第12期。

㉗席强敏、李国平：《京津冀生产性服务业空间分工特征及溢出效应》，《地理学报》，2015年第12期。

㉘孙永波、甄圆圆：《北京现代服务业发展影响因素实证分析》，《经济体制改革》，2015年第2期。

㉙申静、周青：《北京市高端服务业的内涵和外延》，《技术经济》，2015 年第 9 期。

㉚王芳、高晓路：《北京市商业空间格局及其与人口耦合关系研究》，《城市规划》，2015 年第 11 期。

㉛李丽、张益民：《首都流通业与首都经济协同发展成熟度测评分析》，《商业经济研究》，2015 年第 6 期。

㉜蔡安宁、张华、庄立、梁进社：《世界城市目标下的北京产业链演变研究》，《经济地理》，2015 年第 2 期。

㉝邹燕青、王雪梅：《外商直接投资对北京市产业结构影响的实证分析》，《商业经济研究》，2015 年第 6 期。

㉞姜敏斐、明洋、李世豪：《基于索洛模型的北京地区经济增长实证分析》，《时代金融》，2015 年第 3 期。

㉟陈智国、张晓丽：《基于特大城市演进视角的北京经济与人口协调机制研究》，《经济研究参考》，2015 年第 57 期。

㊱崔继鹏：《大都市区界定对北京经济发展的影响研究》，《中国商论》，2015 年第 27 期。

㊲刘小敏：《北京能源与经济互动关系特征分析》，《中国集体经济》，2015 年第 34 期。

㊳孙中刚、徐丽：《北京市经济增长灰色预测及相关产业的关联分析》，《商业经济研究》，2015 年第 10 期。

㊴李小敏：《新常态下对北京经济可持续发展的认识与思考》，《中国统计》，2015 年第 4 期。

㊵李国平、张杰斐：《首都经济转型特征、动力机制及对策》，《中国流通经济》，2015 年第 8 期。

㊶王德利、王岩：《北京市经济发展质量测度与提升路径》，《城市问题》，2015 年第 10 期。

（作者：孟斌，北京联合大学研究员；
尹芹，北京联合大学硕士生）

北京历史与文化

张　勃　刘会靖

北京历史与文化研究历来是北京研究的重要内容，2015 年，专家学者们对此进行了多角度、广范围的研究与探讨，并取得了丰硕的研究成果。现将本年度的学术交流情况与研究情况综述如下：

一、重要学术会议

（一）中国古村镇保护与利用学术研讨会

2015 年 4 月 25—26 日，由北京市社会科学院主办，北京古都学会、北京永定河文化研究会、中国文物学会古村镇专业委员会联合承办的中国古村镇保护与利用学术研讨会在京召开，来自清华大学、北京大学等院校，以及贵州、四川、福建、山西等相关古村镇研究机构的 80 余位专家学者参加了会议。与会专家学者围绕古村镇历史文化资源的整理与研究、古村镇保护与利用、乡村旅游与古村镇发展规划、中外古村镇保护利用比较研究等，展开了热烈的学术交流和讨论，成果丰富，对于北京及其他地区古村镇的保护和利用具有借鉴意义。

（二）记住乡愁 传承文化——第十七次北京学学术年会

2015 年 6 月 5—6 日，由北京学研究基地和北京史研究会主办的“记住乡愁，传承文化——第十七次北京学学术年会”在京举行，来自全国数十家单位的 100 多位专家学者出席会议。乡愁是我们挥之不去的情感，文化是我们赖以立身的根脉。记住乡愁，传承文化，是实现中华民族伟大复兴中国梦的历史使命。本次北京学学术年会紧紧围绕“记住乡愁，传承文化”展开热烈讨论，学者们一方面系统梳理了乡愁的内涵，结合历史与现实对其加以理论化和哲学思考，另一方面从记住乡愁、传承文化的角度深入思考了中国社会的城镇化进程、文化遗产的保护与利用、城市景观规划等问题，体现了学者们的社会责任和担当，获得了深刻的认识，取得了丰富的成果。

（三）中国的“双城记”：比较视野下的北京与上海城市历史学术研讨会

2015 年 6 月 13—14 日，中国的“双城记”：比较视野下的北京与上海城市历史学术研讨会在北京召开。本次会议由北京市社会科学院、华东师范大学、北京古都学会联合主办，来自国内外几十家学术机构的专家学者 60 余人参加了会议。此次研讨会在北京与上海城市史比较研究方面具有开创性，为拓展城市史研究的新问题、丰富城市史研究的理论框架、建立城市史研究的新图景，提供了宝贵的对话平台。

（四）“旧城历史街区：保护、更新与社区参与”国际研讨会

2015年9月23日，由北京历史文化名城保护学术委员会和北京工业大学主办的“旧城历史街区：保护、更新与社区参与”国际研讨会在东城区史家胡同博物馆召开。来自海内外的不同学者围绕社区营造的方法和实施手段，德国居民参与改善居住环境，台北老市中心历史街区的保存成功经验与教训，以及北京历史文化街区保护、更新与社区参与的努力和最新进展等进行了深入的交流和探讨，加深了人们对街区保护与社区参与的内涵理解，坚定了胡同居民共同建设美好家园的决心，为北京旧城历史文化街区的保护、更新和社区参与工作提供了借鉴和参考。

（五）北京史研究与北京学探索学术前沿论坛暨研究成果展

2015年10月16日，由北京市社会科学界联合会、北京史研究会和北京联合大学北京学研究所共同主办的“北京史研究与北京学探索学术前沿论坛暨研究成果展”在北京社科活动中心举行。80余名专家学者和社会各界人士参加了会议，就北京史研究的历史与发展趋势、北京学学科建设历程及发展方向、北京学研究的理论建设、首都发展阶段与特征进行交流与讨论，对于北京史、北京学研究的进一步深入和拓展具有积极意义。本次活动还展出了200多部（件）北京史和北京学的研究成果。

（六）全球视域下三山五园文化遗产传承和保护学术研讨会

2015年10月31日，由北京联合大学、中共海淀区委宣传部、天津大学联合主办的“全球视域下三山五园文化遗产传承和保护”学术研讨会在京举行，来自京内外的高等院校、科研机构以及文化产业等领域的百余名专家学者参加了此次研讨会，并围绕中西园林文化遗产和保护、数字化在园林文化遗产传承和保护中的作用等问题，展开了热烈的讨论，对于进一步推进三山五园文化遗产传承、保护和利用，具有积极作用。

二、学术研究

（一）北京历史研究

北京历史研究向来是学界的热点，2015年度北京历史方面的资料整理和研究成果仍然较为丰富。

著述上，在资料整理方面，北京市档案馆主编的4辑《北京档案史料》[①]共收入38组史料和7篇研究论文，包括15组最新公布的史料。其中第2辑是纪念中国人民抗日战争暨世界反法西斯战争胜利70周年的史料专辑，不仅刊布了7组新公布史料，还精选重刊了10组《北京档案史料》历年来公布的与日本侵华有关的史料。这些档案是研究20世纪中叶以前北京政治、经济、文化、生活等方面的第一手资料，具有十分重要的史料价值。

此外，北京市档案馆第一次以原始档案影印与释文并存的形式收录并出版了761份记录日本侵华期间在京津冀地区所犯罪行的实证档案。[②]北京市政协文史和学习委员会则汇编了“抗战忆事”“往事回眸”“人物春秋”“梨园别话”“旧京琐记”“京华风物”“遗产保护”等文史资料，在纪念抗战胜利70周年的同时，也具有重要的史料价值。[③]

研究成果方面，张法从现代北京作为首都定型下来的基本格局，回溯中国文化中的京城，揭示其对现代中国首都象征体系的影响，思考全球化时代的京城模式和象征体系及其演变。[④]李颖伯则对北京地区不同时期天文、铸造、工程技术等科技文化的发展变迁做了系统研究。[⑤]周小翔等不仅纵向分析北京商业文化发展的历史脉络和特点，且横向研究北京商业文化行业、会馆、商俗等诸多面相。[⑥]杜丽红以近代北京公共卫生制度为研究对象，阐述了北京公共卫生制度的变迁过程及其在社会中的实际运作，构建出以制度为中心的近代国家与社会互动的历史过程。[⑦]舒燕梳理了北京旧城观音女庙的女市民信仰群体类型、地方仪式、传承特征与日常生活，探讨北京旧城观音女庙与北京城市社会结构和北京女性人生史的关系。[⑧]萧振鸣通过爬梳鲁迅在北京文化版图上的轨迹，描述鲁迅在北京的活动及其与北京文化的纠结，折射民国时期北京的生活状态及其带给鲁迅的影响和改变。[⑨]顾钧梳理了民国时期美国第一批专业汉学家在北京的研究工作及其回国后的著述与活动，揭示当时以北京为中心的中美学术文化交流，并讨论美国专业汉学的兴起。[⑩]

包路芳以挂甲屯为例，描述了挂甲屯由乡村社区发展为城乡社区的历史过程，阐释了中国乡土社会的变迁及城市化背景下从有农到无农、村屯到城市、农民到市民的变迁轨迹，刻画了中国乡村剧烈的社会变迁。[⑪]有学者对海淀区花园路地区的历史沿革、地名形成、文化遗产和历史文化名人等做了系统梳理和研究，呈现了该地区历史文化发展的主要脉络。[⑫]此外，

还有不少学者以史话的形式，分别对北京故宫、长安街、体育场馆、曲剧等的发展演变进行了梳理。[13]

著述之外，还有多篇对北京社会历史进行较为深入研究的论文。

在北京城市发展及其管理方面，《北京史学论丛2014》收录文章中，高福美关注辽金时期北京文化发展的脉络和特点，探究北京都城的历史地位及影响；孙冬虎关注元大都与明清北京的文化艺术，探索该时期北京艺术空间的特征与发展和北京的文化传统与地域特色；罗炤关注元朝“丝绸之路”对人类历史发展的贡献和元大都在其中的关键地位，阐述元大都在世界历史中的重要影响及其独特性；王建伟关注清末民初北京城市的近代化进程，全方位展现北京从皇权附属的帝都发展成初具形态的近代化城市；张艳丽关注清末北京自来水厂的初建和自来水公司的发展，探究清末自来水与京师的城市生活及其积极意义；程尔奇关注清末北京体育活动与体育教育和文化事业的发展，分析公共文化设施的设立和日常生活的转变，探讨报纸与阅报社的兴起及专业性质社会团体的涌现；王娟关注民国北京地区的卍字会系列慈善组织的发展脉络和慈善救助事业，阐述诸卍字会与红十字会的关联及其民族主义的发展趋向；吴文涛关注文化视野中北京的水环境变迁问题，重新审视北京古都风貌的城市水系和水环境印象及其与北京城市发展的辩证关系和文化意义，为解决北京的水资源困局提供新的视野。[14]

此外，刘洋对清末北京城市治理法规的结构、渊源及其社会基础等在制度层面进行了探讨，强调了该时期有关立法尝试的巨大导向作用。[15]王建伟认为近代北京工商经济的发展为城市文化环境的更新提供了适宜土壤，促进民国初年北京文化版图的形式与内容进一步更新。[16]周尚意等通过考察鲁迅的在京足迹，统计分析其中的一系列地名，呈现了当时北京城市的空间结构和文人城市空间结构意象。[17]林峥选择“公园”来讨论“城市”，兼及政治史、社会史、文化史、文学史等多重维度，考察“公园”作为新兴西方文明装置进入晚清及民国北京的历史进程。[18]章永俊分析了影响北京古代手工业发展的因素，初步揭示诸因素对北京各时期手工业推动和阻碍的双重制约。[19]刘仲华概述了乾嘉时期的私垦趋势，梳理了嘉道以后南苑私垦查禁与招佃垦种的过程，揭示晚清南苑在政治原则与经济诉求之间的命运抉择，从侧面探讨清廷在面对现实变局中的制度坚守与困境，以及政治因素对北京城市发展的强力塑造。[20]

在历史人物和事件方面，董焱评述了利玛窦在北京的传教活动，阐述了利玛窦在中西文化交流中的贡献及其意义，突出其传入的西方自然科学与生活方式对中国经济文化发展的推动。[21]常颖梳理了包惠僧在北京地区的革命活动，认为包惠僧在中国共产党成立初期的北方工人运动中所做的工作和贡献不能因后期的错误被否定。[22]尹晓冬考察了张东荪及其儿女在北京大学从事学习研究的经历，以这一文化世家的家庭境遇折射出中国近现代科学的发展状态。[23]赵雅丽选取光绪年间的铁路争议事件，考察铁路之争中京师清议舆论和廷争激辩的出发点与深意，指出清议与廷争是基于特定角色地位发生的特定政治参与和思想行为。[24]何树远则对1922年北京教育界与直系的合作及其对1922年北京政局的影响进行了分析与探讨。[25]

在宗教信仰方面，丁慧倩梳理了明清以来北京城区及关厢地区清真寺的位置和数量变化，并由此分析明清两代北京回民聚居区域的空间变化和历史变迁过程。[26]麦锦恒回顾了社会变革下的道门往事，揭示了北京白云观在新的时代环境下为求自身权益和自我防护做的积极努力。[27]Anne Swann Goodrich以北京东岳庙为研究对象，考察东岳庙供奉的诸神，分析中国的神灵信仰和灵魂世界，探究中国的民俗宗教和皇家祭祀。[28]陈晓苏诠释了妙应寺白塔在古都北京历史变迁、文化象征和市井民风民情中的重要地位。[29]

在民俗文化方面，鞠熙强调文人记录文献与民间碑刻的结合在传统城市民俗研究中的作用，并以北京内城碑刻揭示民俗传承主体与动因的根本转变，阐明社会转型的事实。[30]季剑青分析了老舍小说中的北京民俗与历史，认为其作品铺展了北京市民生活的人情世态，有北京市民阶层的民俗志特征，但也虚化了部分历史背景。[31]杨源对晚清民国八角鼓的起源考辨、传承流变和表演形式等内容进行了深入分析。[32]

在旗人研究方面，樊志斌研究了清末北京旗人的祭祀与换索礼节，认为它为北京文化添加了极具地方和民族特点的色彩。[33]杜佩红从民族文化认同的角度研究老北京的满族女装。[34]李扬研究清代北京满族村落的礼俗、社会生活和庙会，并以成府村为例探讨其中的满汉差异，分析旗人社会的形成、发展和历史变迁及其象征意义。[35]

总体上看2015年度北京历史研究的特点主要有二。其一，从历史分期上看，清末民国时期的成果较之其他时期明显丰富。除了该历史时期与现代关联密切，资料丰富容易引起学者兴趣之外，也在一定程度上反映出该时期在北京发展史上的重要性。其二，史料范围广泛，档案、碑刻、日记、报刊、竹枝词、小说等文献，在历史研究尤其是近现代史研究中的作用十分突出。

（二）北京城市文化与城市形象的记录与研究

从个人经历或家庭生活史的角度回忆并记录北京城市文化，是形成北京城市文化方面著述的重要方式，2015 年也有诸多相关成果，有学者主要用带有个人情感的回忆性文字来讲述记忆中的北京故事，重构老北京印象；[36]有学者主要以图像的方式来展示 20 世纪 60 年代以来的北京城市文化；[37]较之上述带有强烈个人情感色彩的记录和书写，有不少学者采用更为客观的态度来展示北京城市文化或历史文化的多个方面。[38]此外，有学者从艺术、文学、城市语言、区域文化四方面呈现了北京文化的具体样态，并对北京城市文化、城市形象及其传播问题进行了多方面研究。[39]也有学者选择揭示方言与文化之间相辅相成的联系，体现方言与文化在历史变迁中的相互作用与影响。[40]

北京城市形象研究是近几年研究的一个热点。有不少学者从文学角度对此加以分析，如张鸿声分析近现代书刊中的北京记述，勾画出北京城市的帝都、家园、废都等城市形象。[41]沈庆利等关注台港作家的北京情怀，阐释台港暨海外华人作家书写中的老北京形象，认为是“中国”特性的集中体现与华夏文明的生动象征，也是全球华人建构“文化中国”的重要内容。[42]宋秋明等分析 20 世纪 80 年代“文化寻根”热潮下京味小说对老北京文化记忆的书写与重构，解读北京城文化身份和印象由“政治北京”到“文化北京”的转变，诠释京味小说型构北京城市文化身份的实现过程与方式。[43]董琦琦分析邱华栋和铁凝两位作家不同的北京城市书写和城市形象。[44]

有学者以来华外国人对北京的书写和记述为视角，研究外国人的北京体验和北京印象。如张鸿声指出近代外国书刊中北京记述的叙述视角既有乌托邦的东方想象，更有出自西方中心论的意识形态。[45]孙成旭以朝鲜使臣的圆明园经验为主，探讨不同时期朝鲜士人圆明园印象的演变，分析圆明园由盛至衰的过程及其对朝鲜的影响。[46]

有学者从戏剧方面来展开北京城市形象研究。如何明敏以京味话剧中的北京城市改造为考察对象，透析北京的城市现代性问题，认为京味话剧不仅展示了平民视角中当代北京的城市变迁，也参与了北京城市形象的建构和推广。[47]他还采用文化研究的方法解读近年上演的京味话剧，揭示“北京怀旧”的文化面貌，探讨怀旧对于现代认同危机的修复。[48]

有学者重视对北京形象传播受众的研究。如赵永华等分析北京城市形象国际传播中受众的媒体选择，以及国际受众对北京城市形象的认知与评价，认为北京的城市形象在国际舆论中具有双重性特征，同时指出北京的政治形象最显著，文化形象最受欢迎，应妥善利用以构建理想的国际城市形象。[49]曲茹等聚焦外国留学生对北京城市形象的具体感知和综合评价，揭示其中存在的局限性，主张留学生参与北京城市形象建设有助于“世界城市”发展目标的实现。[50]

（三）北京文化遗产保护与传承研究

无论从实践层面还是从学术层面，文化遗产的保护与传承都是当前的一个热点。

1. 北京中轴线研究

对北京中轴线的研究主要集中在中轴线的历史文化内涵、文化积淀与特色、和保护发展策略等方面。《北京联合大学学报（人文社会科学版）》2015 年第 2 期集中发表了王岗、张宝秀、李建平、吕舟等人的相关文章，概括了北京中轴线的概念、历史演变和中轴线两侧的主体建筑，阐述了它的历史文化内涵与当代政治意义，分析了它的文化积淀与特色，研究了它的文化空间格局及其重构，探讨了它的申遗研究与遗产价值认识，突出北京中轴线对北京古都风貌研究和现代城市建设的特殊意义。[51]卫蓝等也对北京中轴线保护与发展面临的形势和策略与措施进行了专门研究与分析。[52]《紫禁城》，2015 年第 4 期集中发表刘阳、杨新成和张镈等人的文章，回顾了北京城中轴线的建筑旧影和古建筑测绘始末，追溯了朱启钤促成的对故宫及北京中轴线文物建筑的两次测绘，展示了测绘成果和保存情况。[53]

2. 北京历史文化街区、胡同、四合院研究

对北京历史文化街区研究，主要是围绕某处具体街区的保护更新、立面整治、产业发展等进行普遍性分析。如赵鹏军等以大栅栏地区为例，从游客的场地感受出发，分析历史街区改造后城市文脉的存在和延续问题，总结城市更新对历史文脉的影响因素与模式，强调历史街区更新过程中文脉影响研究的重要性。[54]许苗苗则关注前门地区的空间形象设计与文化主题塑造问题。[55]孙书同等以长辛店历史街区为例，研究保存欠佳型历史街区的保护更新策略，提出以居民行为、居住环境和生活方式来决定规划方向的设计

思路。[56]刘敏等以南锣鼓巷为例，从业态视角分析和探讨了建筑遗产的再利用问题。[57]郗志群、王丹丹均以什刹海地区为研究对象，梳理了什刹海的历史变迁及自然与人文景观，认为什刹海是北京历史文化的荟萃之区，形成了独具特色的多元文化形态，并探讨了历史公共园林在生态、审美、文化和社会等方面的价值。[58]王春娟以历史街区区域资源与产业发展为研究视角，对牛街的区域资源条件、产业背景、产业发展必要性进行分析，提出牛街区域多元文化结合民族主题的发展构想。[59]

北京胡同、四合院是北京地域文化的重要载体和典型代表，如何对其加以保护传承和利用，近些年来一直是深受关注的问题。吴颐宗在简述北京胡同历史与现状的基础上，结合城市经济理论与现有胡同保护经验，提出了具体改造模式建议。[60]李勤等对北京庭院空间的构成要素优势和特点进行分析，并探索传承和应用的可能性。[61]韩文强分析了北京胡同四合院的设计实践及共同诉求，认为对胡同四合院的改造是基于环境肌理的再设计。[62]

3. 北京传统村落和工业遗产研究

传统村落蕴藏着丰富的历史信息和文化景观，是中国农耕文明留下的最大遗产，是地域文化和聚落演变的真实档案，也是承载居民乡愁的重要载体。近年来随着北京传统村落休闲旅游热的兴起和全国传统村落保护行动的升温，传统村落研究成果快速增长。2015年北京传统村落研究主要围绕村落的发展史、价值、保护开发和民俗旅游等展开。

薛林平等人在北京传统村落历史分期的基础上，对多个具体传统村落进行了较为细致的研究。[63]王长松等通过地名探讨了北京村落形成发展的历史脉络、时空分布特征和地理驱动因素等问题。[64]苑焕乔等撰文探讨了国内外历史文化村镇的保护动态与经验，分析了北京传统村镇及其文化资源的类型、保护开发现状和问题，并提出相应对策。[65]

时少华等以门头沟区传统村落为例，总结了北京传统村落民俗旅游资源类型，讨论北京传统村落保护与利用中面临的困境和民俗旅游资源保护利用的建议。[66]张广林等也以门头沟例讨论了新型城镇化形势下村落文化的保护、传承与利用问题。[67]杜姗姗等以门头沟区爨底下村为例，分五个层次分析其文化特征和内涵，探讨传统村落对新型城镇化背景下乡村规划的文化启示。[68]陈远笛等以北京郊区琉璃渠村为例，从非物质文化遗产的视角论及传统村落的保护问题。[69]张大玉以北京密云古北水镇民宿为例，探索传统村落保护与再生的方法与途径。[70]李扬以三山五园周边的村落与八旗驻防遗存为例，探讨了新型城镇化背景下的历史文化景区的整体保护问题。[71]

工业遗产是近年越来越受到关注的遗产类型，北京798艺术区即其中典型之一。刘明亮评述了798艺术区的发生和发展过程，认为其变迁和所遇困境集中体现了中国社会转型和文化转型时期当代艺术及其艺术群落的整体面貌和艺术生态。[72]林芳璐选择当下进驻798艺术区的几十个不同类型的聚焦点，揭示798艺术区的文化活力。[73]李剑波则强调了798艺术区的观赏价值、历史见证与发展潜力，指出其利用闲置厂房打造文化创意产业区的工业遗存保护利用模式是当前最认可的基本形式。[74]

4. 北京非物质文化遗产研究

北京非物质文化遗产的保护行动是国家非物质文化遗产保护行动的重要组成部分。2015年“非物质文化遗产丛书”继续推出新作，分别对北京琴书、北京评书、北京杠箱、北京宫灯、北京刻瓷、北京砖雕、北京琉璃烧制等进行了系统全面的解读。[75]此外，有学者对北京宫灯的传承保护与创新发展做了深入研究。[76]有学者对老北京香会的历史、分化、组织、仪式，朝顶进香的规矩礼节以及当代香会等进行了系统研究。[77]有学者归纳了北京民间美术典型类型的风格特征和造型规律，并就其未来保护与发展提出思考建议。[78]

著述之外，毕传龙以北京珐琅行业能人张同禄为个案，从艺人、商人、传承人三种社会角色的角度，对其生存现状以及珐琅手工技术传承特点、行业能人知识结构与社会资本进行了分析。[79]毕海等则侧重北京童谣研究，突出其文学审美价值和文化教育意义，分析将北京童谣作为文化教育资源纳入教学资源系统的功能、价值与成效。[80]郭风岚通过梳理北京儿化地名文化的发展历史，探寻其中蕴含的地域文化内容和人文气息，提出自觉传承与原态保存等保护路径和构建北京地名文化知识库的构想。[81]周爱华等则强调北京老字号在文化遗产保护与传承和首都特色文化创新发展中的价值。[82]

（四）北京文化建设研究

文化建设是提升城市软实力、塑造文化形象、建设全国文化中心的必要路径，也是学者们积极思考的课题。有学者对2014年北京文化发展新进展、新成就和新动态进行分析，并对当前存在的问题提出意见和建议。[83]有学者重点考察北京的地域文化资源要素，从理论与现实两个层面对北京文化资本展开定性与量化研究，揭示当前北京文化资本的积累与发展及城市建设中具有的优势，并针对其中不足提出建议。[84]王颖借鉴国内外文化中心城市建设的经验，探讨了北京建设国家文化中心的路径。[85]何芬在比较北京与全球公认的文化中心城市的基础提出有针对性的建议。[86]吕小蓬调查分析在京留学生的北京文化认同，强调加强北京文化的国际推广的重要性，并提出相应建议。[87]

在公共文化服务建设方面，蒋淑媛分析北京公共文化建设的投入与服务效能存在反差的原因，并从多角度阐述构建北京现代公共文化服务体系的主要途径和理性选择。[88]张勃分析了政府对节庆论坛展会的规范和清理，提出当前情境下促进北京新兴节庆优化发展的多种路径。[89]还有学者分析“非遗”的博物馆保护与展现形式，探索民俗博物馆走出馆藏天地的思路。[90]

在生态文化建设方面，邓乃平有系统的研究成果，总结了北京生态文化建设的总体思路，并分析了中外生态文化的发展及借鉴意义。[91]《北京史与北京生态文明研究》则收录多篇文章，从不同角度和侧面阐释现代化建设和生态文明建设、生态文明建设与文化传承之间的关系。[92]《绿化与生活》连续刊文，解读生态文化的内涵和载体，分析北京的生态演变和京津冀生态空间格局，强调森林文化建设的作用，并就京津冀生态保护和北京生态文化体系建设提出应对思路与策略。[93]

在文化产业方面，李庆本等从多方面对比了文化创意产业的“北京模式”和“昆士兰模式”，并提出北京文化创意产业的发展战略。[94]李朝鲜等对北京文化创意产业集群发展实践、发展动力机制和规划、集群效应等进行了系统研究。[95]范玉刚结合文化创意城市理论与“创意北京”建设，对全球语境下北京的文化创意产业发展和创意城市建设进行了理论思考。[96]张丽峰等关注北京文化创意产业与经济增长关系，测算北京文化创意产业及其内部行业与经济增长和其他行业的关联度，分析其中存在的问题。[97]此外，还有多位学者对北京文化创意产业的发展现状、集聚区空间分布特征和旅游功能进行了多方位探索，并从创意文化都市建设、文化产业园旅游资源的开发利用、文创产业集聚效应等方面对北京文化创意产业健康发展的思路与策略进行了归纳和总结。[98]

注：

①北京市档案馆主编：《北京档案史料》，新华出版社，2015年版。

②北京市档案馆主编：《证据：日本侵华暴行调查档案全编（京津冀卷）》，北京人民出版社，2015年版。

③北京市政协文史和学习委员会主编：《北京文史资料：第80辑》，北京出版社，2015年版。

④张法：《北京的深邃：京城模式与象征体系》，安徽教育出版社，2015年版。

⑤李颖伯：《格致之路：古都北京的科技文化》，中华书局，2015年版。

⑥周小翔等：《贾道燕蕴：古都北京的商业文化》，中华书局，2015年版。

⑦杜丽红：《制度与日常生活：近代北京的公共卫生1905—1937》，中国社会科学出版社，2015年版。

⑧舒燕：《北京旧城观音女庙研究》，学苑出版社，2015年版。

⑨萧振鸣：《鲁迅与他的北京》，北京燕山出版社，2015年版。

⑩顾钧：《美国第一批留学生在北京》，大象出版社，2015年版。

⑪包路芳：《挂甲屯的故事：北京城乡社会变迁研究》，中国大百科全书出版社，2015年版。

⑫中共海淀区委花园街道工作委员会编：《北京市花园路地区历史与文化研究》，学苑出版社，2015年版。

⑬郭京宁：《当代北京故宫史话》，于永昌：《当代北京长安街史话》，金汕：《当代北京体育场馆史话》，吴雅山：《当代北京曲剧史话》，当代中国出版社，2015年版。

⑭高福美：《辽金时期北京文化发展脉络及特点》，孙冬虎：《元大都与明清北京的艺术空间》，罗炤：《元朝“丝绸之路”与元大都》，王建伟：《清末民初北京城市近代化进程的初启》，张艳丽：《自来水与清末北京的城市生活》，程尔奇：《清末北京文化事业发展述略》，王娟：《民国北京地区的卍字会系列慈善组织述略》，吴文涛：《文化视野中的北京水环境变迁》，载王岗主编《北京史学论丛2014》，北京燕山出版社，2015年版。

⑮刘洋：《清末北京城市治理和治安立法样式的法理分析》，《北京警察学院学报》，2015年第2期。

⑯王建伟：《民国初年北京的文化版图》，《福建论坛·人文社会科学版》，2015年第4期。

⑰周尚意、张乐怡：《鲁迅在京足迹折射的文人城市空间结构意象——对〈鲁迅日记〉中北京地名的分析》，《热带地理》，2015 年第 4 期。

⑱林峥：《北京公园：现代性的空间投射（1860—1937）》，博士学位论文，北京大学，2015 年。

⑲章永俊：《北京古代手工业发展因素探析》，载王岗主编《北京史学论丛 2014》，北京燕山出版社，2015 年版。

⑳刘仲华：《“足民食”与“祖宗之制”的抉择——嘉道以后南苑私垦查禁与招佃垦种之议》，《清史研究》，2015 年第 3 期。

㉑董焱：《利玛窦在北京的传教活动及意义》，载王岗主编《北京史学论丛 2014》，北京燕山出版社，2015 年版。

㉒常颖：《包惠僧在北京地区的革命活动》，《北京党史》，2015 年第 1 期。

㉓尹晓冬：《张东荪父子与北京大学》，《科学文化评论》，2015 年第 2 期。

㉔赵雅丽：《浅议晚清铁路之争中京师的清议与廷争》，载王岗主编《北京史学论丛 2014》，北京燕山出版社，2015 年版。

㉕何树远：《从希望到失望——北京教育界与 1922 年的北京政局》，《中山大学学报（社会科学版）》，2015 年第 3 期。

㉖丁慧倩：《明清北京城区及关厢地区的清真寺》，《回族研究》，2015 年第 1 期。

㉗麦锦恒：《社会变革下的道门往事——民国初年的北京白云观》，《中国道教》，2015 年第 1 期。

㉘Anne Swann Goodrich 著，李锦萍译：《民俗宗教与皇家祭祀：北京东岳庙供奉诸神之考察》，见北京民俗博物馆主编：《北京民俗论丛：第三辑》，学苑出版社，2015 年版。

㉙陈晓苏：《珍铎迎风而韵响，金盘向日而光辉——记北京的白塔和妙应寺》，见北京史研究会编：《北京史与北京生态文明研究》，经济科学出版社，2015 年版。

㉚鞠熙：《碑刻所见 18 世纪北京内城民俗的变化》，《华东师范大学学报（哲学社会科学版）》，2015 年第 2 期。

㉛季剑青：《老舍小说中的北京民俗与历史——以〈骆驼祥子〉〈四世同堂〉为中心》，《民族文学研究》，2015 年第 1 期。

㉜杨原：《试析晚清民国北京八角鼓之流变》，《满族研究》，2015 年第 1 期。

㉝樊志斌：《清末旗人的祭祀与换索礼节》，见北京民俗博物馆主编：《北京民俗论丛：第三辑》，学苑出版社，2015 年版。

㉞杜佩红：《老北京的满族女装》，见北京民俗博物馆主编：《北京民俗论丛：第三辑》，学苑出版社，2015 年版。

㉟李扬：《清代北京旗人社会生活管窥——以〈成府村志〉为中心》，见王岗主编：《北京史学论丛 2014》，北京燕山出版社，2015 年版。

㊱赵新义：《西边的云彩：渐行渐远北京往事》，中国文史出版社，2015 年版。片儿白：《白门三代：一户老北京平民的百年家事》，哈尔滨出版社，2015 年版。张帆：《哈德门外：一个戏剧界老北京的叙说》，中国环境出版社，2015 年版。李维基：《我们的老北京：古稀土著的京华琐忆》，中国轻工业出版社，2015 年版。吴勇：《北京大院记忆》，学苑出版社，2015 年版。肖长春：《北京大院的“熊”孩子》，中国文史出版社，2015 年版。

㊲何大齐绘著：《燕京往事：老北京民俗风情画集》，知识产权出版社，2015 年版。

㊳刘一达：《北京老规矩》，中华书局，2015 年版。梁欣立、任震：《北京古戏楼》，国家图书馆出版社，2015 年版。刘秋霖：《老北京的记忆》，百花文艺出版社，2015 年版。侯洁、刘阳：《老北京的门墩：砖石小品》，清华大学出版社，2015 年版。朱天纯、黄明哲：《中国古老文化寻踪：市井北京》，中国科学技术出版社，2015 年版。沙立功：《刻在大门上的家风：北京门联集粹》，北京出版社，2015 年版。梓奕荣轩：《话说北京：老北京那些小吃》，梓奕荣轩：《话说北京：老北京那些坊间趣闻》，梓奕荣轩：《话说北京：老北京那些胡同儿》，梓奕荣轩：《话说北京：老北京那些玩意儿》，中国铁道出版社，2015 年出版。

㊴朱佩芬、裴登峰主编：《北京文化形态研究》，中国社会科学出版社，2015 年版。朱佩芬、裴登峰主编：《北京文化传播策略研究》，中国社会科学出版社，2015 年版。

㊵汪大昌：《北京方言与文化》，中国国际广播出版社，2015 年版。

㊶张鸿声：《近现代书刊中的北京记述（1900—1949）》，《现代传播（中国传媒大学学报）》，2015

年第5期。

㊷沈庆利、刘岩：《台港作家的北京情怀》，《世界华文文学论坛》，2015年第2期。

㊸宋秋明、董琦琦：《记忆素与北京城市文化身份——对20世纪80年代京味小说的一种解读》，《北京工业大学学报（社会科学版）》，2015年第1期。

㊹董琦琦：《北京城市书写中的空间性别化研究》，《名作欣赏》，2015年第6期。

㊺张鸿声：《外国书刊中的北京记述释要（1900—1949）》，《现代出版》，2015年第1期。

㊻孙成旭：《“盛极又衰”的圆明园——以朝鲜使臣的圆明园经验为中心》，《清史研究》，2015年第1期。

㊼何明敏：《憧憬与惆怅：中国城市变迁的现代性悖论——以京味话剧中的北京城市改造为考察对象》，《四川大学学报（哲学社会科学版）》，2015年第3期。

㊽何明敏：《“北京怀旧”与认同危机：对近年“京味话剧”的深层解读》，《清华大学学报（哲学社会科学版）》，2015年第1期。

㊾赵永华、李璐：《北京城市形象国际传播中受众的媒体选择与使用行为研究——基于英语受众的调查分析》，《对外传播》，2015年第1期。赵永华、李璐：《国际受众对北京城市形象的认知与评价研究——基于英语受众的调查分析》，《对外传播》，2015年第5期。

㊿曲茹、邵云：《北京城市形象及文化符号的受众认知分析——以在京外国留学生为例》，《对外传播》，2015年第4期。

(51)王岗：《北京中轴线的历史文化内涵与当代政治意义》，张宝秀、张妙弟、李欣雅：《北京中轴线的文化空间格局及其重构》，李建平：《北京中轴线的文化积淀与特色》，吕舟：《北京中轴线申遗研究与遗产价值认识》，《北京联合大学学报（人文社会科学版）》，2015年第2期。

(52)卫蓝、张晓研等：《浅析北京中轴线保护与发展的策略与措施》，《北京规划建设》，2015年第4期。

(53)刘阳：《百年回望：北京城中轴线建筑旧影》，《紫禁城》，2015年第4期。杨新成：《北京中轴线古建筑测绘始末》，《紫禁城》，2015年第4期。张镈：《故宫及北京中轴线文物建筑测绘回忆》，《紫禁城》，2015年第4期。

(54)赵鹏军、马博闻：《基于场地感受的历史街区更新文脉影响研究——以北京前门大栅栏地区为例》，《城市发展研究》，2015年第3期。

(55)许苗苗：《论北京前门地区空间形象设计与文化主题塑造》，《中国名城》，2015年第1期。

(56)孙书同等：《保存欠佳型历史街区保护更新策略——以北京长辛店历史街区保护更新规划为例》，《规划师》，2015年第2期。

(57)刘敏、刘爱利：《基于业态视角的城市建筑遗产再利用——以北京南锣鼓巷历史街区为例》，《旅游学刊》，2015年第4期。

(58)郗志群：《什刹海的自然与人文之美》，见北京史研究会编：《北京史与北京生态文明研究》，经济科学出版社，2015年版。王丹丹：《历史公共园林的价值探讨——以北京内城最大的水系公共园林什刹海地区为例》，《建筑与文化》，2015年第4期。

(59)王春娟：《北京牛街区域资源与产业发展研究》，《中国市场》，2015年第51期。

(60)吴颐宗：《北京胡同改造模式研究》，《中国市场》，2015年第30期。

(61)李勤、孟海：《北京传统居住空间文化的承继研究》，《林产工业》，2015年第6期。

(62)韩文强：《由内及外——有关北京胡同四合院的设计实践》，《建筑技艺》，2015年第3期。

(63)薛林平等：《北京传统村落》，中国建筑工业出版社，2015年版。

(64)王长松、马千里：《基于地名变迁的北京村落时空分布研究》，《干旱区资源与环境》，2015年第7期。

(65)苑焕乔：《北京国家级历史文化村镇现状及保护对策研究》，《北京联合大学学报（人文社会科学版）》，2015年第1期。李凌：《北京传统文化村落的保护与开发研究》，《北京农业职业学院学报》，2015年第3期。李梅、苗润莲等：《北京乡村文化资源保护与开发现状及建议》，《江西农业学报》，2015年第4期。

(66)时少华、黄凤清：《北京传统村落民俗旅游资源利用与保护研究——以北京门头沟区为例》，《武汉商学院学报》，2015年第2期。

(67)张广林等：《新型城镇化形势下地方文化保护与传承——以京西幡会及太平鼓等“非遗”项目为例》，侯秀丽、刘德全：《延续京西文脉　留住家园乡情——试论新型城镇化与门头沟古村落的保护利用》，见张宝秀主编：《北京学研究 2014》，中国社会科学出版社，2015 年版。

(68)杜姗姗等：《传统村落发展对新型城镇化下乡村规划的启迪》，见张宝秀主编：《北京学研究 2014》，中国社会科学出版社，2015 年版。

(69)陈远笛、戴林琳：《非物质文化遗产视角下的传统村落保护——以北京郊区琉璃渠村为例》，《中外建筑》，2015 年第 12 期。

(70)张大玉：《传统村落风貌特色的保护传承与再生研究——以北京密云古北水镇民宿为例》，《小城镇建设》，2015 年第 1 期。

(71)李扬：《新型城镇化与历史文化景区的整体保护——以北京三山五园地区为例》，见张宝秀主编：《北京学研究 2014》，中国社会科学出版社，2015 年版。

(72)刘明亮：《北京 798 艺术区：市场化语境下的田野考察与追踪》，中国文联出版社，2015 年版。

(73)林芳璐：《北京现代派 798》，旅游教育出版社，2015 年版。

(74)李剑波：《“798”——从工业遗存到时尚艺术区》，见北京史研究会编：《北京史与北京生态文明研究》，经济科学出版社，2015 年版。

(75)崔维克：《北京琴书》，梁彦：《北京评书》，张艺军：《北京杠箱》，李俊玲：《北京宫灯》，李俊玲：《北京刻瓷》，张彦：《北京砖雕》，杜昕：《北京琉璃烧制》，北京美术摄影出版社，2015 年版。

(76)赵佳：《“京”雕细琢：北京宫灯传统手工艺传承保护与创新发展研究》，知识产权出版社，2015 年版。

(77)张青仁：《幡鼓齐动进香来：老北京的香会》，中州古籍出版社，2015 年版。

(78)张旗：《北京民间美术》，知识产权出版社，2015 年版。

(79)毕传龙：《艺人、商人、传承人：北京珐琅行业能人的知识结构与社会资本》，《文化遗产》，2015 年第 3 期。

(80)毕海、陈晖：《北京童谣的文化教育意义》，《北京社会科学》，2015 年第 6 期。

(81)郭风岚：《论北京地名文化的保护——以儿化地名为例》，《中国文化研究》，2015 年第 1 期。

(82)周爱华等：《北京城区餐饮老字号空间格局及其影响因素研究》，《世界地理研究》，2015 年第 1 期。陈丽红：《北京西城区老字号品牌在建设世界城市中的作用》，《广西经济管理干部学院学报》，2015 年第 1 期。

(83)李建盛主编：《北京蓝皮书：北京文化发展报告：2014—2015》，社会科学文献出版社，2015 年版。

(84)许德金等：《北京文化资本发展报告》，中国人民大学出版社，2015 年版。

(85)王颖：《关于国家文化中心建设及发展的思考——以北京为例》，《行政与法》，2015 年第 4 期。

(86)何芬：《推进北京建设全国文化中心的思考》，《北京市经济管理干部学院学报》，2015 年第 4 期。

(87)吕小蓬：《跨文化视野下的北京文化国际推广——在京留学生的北京文化认同调查》，《中华文化论坛》，2015 年第 3 期。

(88)蒋淑媛：《北京现代公共文化服务体系构建研究》，《北京社会科学》，2015 年第 1 期。

(89)张勃：《当前情境下北京节庆活动的优化发展》，见张宝秀主编：《北京学研究：2014》，中国社会科学出版社，2015 年版。

(90)王建涛：《走出馆藏天地的困惑与思路——基于北京民俗博物馆对文化传承基地调研的思考》，艾晶：《在博物馆展现“非遗”形式的探索——就讨论〈傩戏神韵——中国傩戏傩面具艺术展〉所引发的思考》，见北京民俗博物馆主编：《北京民俗论丛：第三辑》，学苑出版社，2015 年版。

(91)邓乃平：《北京生态文化建设理论与实践》，中国林业出版社，2015 年版。

(92)北京史研究会编：《北京史与北京生态文明研究》，经济科学出版社，2015 年版。

(93)蔡登谷：《北京森林与生态文化——北京生态文化体系建设的战略思考》，《绿化与生活》，2015 年第 3 期。吴斌：《关于京津冀生态保护和建设的几点思考——北京生态文化体系建设的战略思考》，《绿化与生活》，2015 年第 4 期。邹大林：《打造森林文化，丰富首都生态文明内涵——北京森林文化取得阶段性成果》，《绿化与生活》，2015 年第 6 期。

(94)李庆本等：《文化创意产业：“北京模式”与“昆士兰模式”比较研究》，北京大学出版社，2015 年版。

(95)李朝鲜、方燕等：《北京文化创意产业集群效应研究》，经济科学出版社，2015 年版。

(96)范玉刚：《文化创意城市的理论思考——兼及“创意北京”建设的若干建议》，《人文杂志》，2015 年第 2 期。

⑰张丽峰、丁于思：《北京文化创意产业与经济增长关系研究》，《科技管理研究》，2015 年第 10 期。

⑱汤宇军、王欣等：《北京文化创意产业集聚区的旅游功能发展研究》，《北京第二外国语学院学报》，2015 年第 1 期。郑美丽：《北京创意产业集聚区空间分布特征及发展模式研究》，《首都师范大学学报（自然科学版）》，2015 年第 4 期。王林生：《北京创意文化都市的空间特征与塑造》，《前线》，2015 年第 1 期。杨培玉：《北京鸟巢文化旅游创意开发策略研究》，《北京城市学院学报》，2015 年第 2 期。武亚军：《提高影视文化创意产业“北京式集聚”模式的集聚效应》，《艺术教育》，2015 年第 6 期。

（作者：张勃，北京联合大学研究员；刘会靖，北京联合大学硕士生）

北京国家文化中心建设

金元浦　王林生

2015 年是全面深化改革的关键之年，是“十二五”规划收官之年。在开启“十三五”规划谋划的历史节点，北京文化紧密围绕“创新、协调、绿色、开放、共享”的五大发展理念，以创新发展为统领，深入贯彻创新驱动战略，实施“互联网＋”行动计划，增强以互联网为基础设施和创新要素对社会经济发展的促进作用，培育文化业态创新发展的环境；推动“大众创业、万众创新”，打造创新发展的新引擎，驱动城市转型发展；逐步完善京津冀协同发展的战略与措施，充分发挥文化在京津冀一体化进程中的重要促进作用，加强三地间的文化资源的沟通与共享，在不断探索优势互补、协作发展的过程中推进京津冀的文化一体化进程。总体来说，2015—2016 年度，北京丰富的文化实践活动为人文北京的研究的拓展与延伸提供了坚实的现实基础。一年以来人文北京研究既有宏观层面的战略设计，又包括微观层面的案例分析，以问题类别归属来看，大致可以围绕以下几个方面进行。

一、“互联网＋”助力文化业态创新

“互联网＋”理念的提出与实践，意味着互联网已成为社会经济发展最基本的生产力和基础性设施。伴随着互联网信息技术的快速发展，互联网引发了生产、生活和消费方式的革新，并促成了互联网与各行各业的融合。在互联网与产业融合发展的过程中，许多新路径、新模式、新形态得以探索和发展。围绕“互联网＋”与文化业态创新的互动关系，主要讨论集中在如下方面。

第一，培育新增长点：“互联网＋”推动文化业态创新的价值追求。产业结构优化的目的在于通过寻找供需之间的平衡，深入挖掘和培育潜藏的经济增长点，实现社会经济的转型创新发展。“互联网＋”引领下的文化业态创新，以互联网技术为依托，将现代数字科技融入文化发展中，衍生出许多令人瞩目的文化样式。

从文化业态的实践形式层面而言，在新运行机制推动下，一些新产业业态和产业运营模式开始出现，网红经济、VR/AR、IP 等日渐成为新的经济增长点。网络直播、众筹模式等新的产业运作模式，影网红经济的出现，是传统粉丝经济的高级形式，是传统经济主动适应网络社交化时代新的探索。虽然网红经济在数量与规模上依然处于起步阶段，但作为一种新的营销现象已改变着传统的营销结构。据预测，网红经济的市场规模已愈千亿，潜力巨大。VR/AR 是利用互联网环境模拟技术达成成像效果的一种图像形式。由于它们具有典型的交互式三维动态视景和实体行为的系统仿真，VR/AR 有望取代 PC 端游戏及其他拟像成像形式，成为未来互联网虚拟现实技术竞争的热点。“IP”作为文化产业领域另一个火热的概念，以文本的知识产权为基础，被改变为各类影视剧作，背后彰显出资本的逻辑。[①]网络直播吸取和延续了互联网的优势，利用视讯方式进行网上现场直播。目前，中国市场上直播平台已经超过 200 家，映客、新浪秀场、百度秀吧、微吼直播等在京注册的直播平台成为该领域的佼佼者。同时，北京地区网络直播竞争也日趋激励，2016 年 4 月，《北京网络直播行业自律公约》的公布与实施，对规范北京网络直播平台的有序健康发展发挥了积极作用。众筹模式作为一种融资平台，在互联网的参与下重新整合了各方面的优势资源，破解行业发展的资本困境，有助于提升行业的市场化水平。北京是文化资本较为集中的地区，2015 年，北京共发生文化产业众筹事件487起，募资规模2.84亿元，[②]显示出北京文化众筹具有较高的活跃度。

针对出现的文化新业态，一些论者从理论的高度对其进行了阐释分析。金元浦从发展范式转换的层面，认为“互联网+”是信息化促进工业化的升级版，是以文化促进硬实力条件下的软实力提升。文化新业态的出现是文化从技术基础形态到文化内容产业、数字传播、体验营销转变的体现。[③]在这一转变中大数据、智慧城市、云计算、移动网、自媒体的出现，构成了我国文化产业发展的新方向，而且在产业发展中，小企业、微方式、新业态、酷特色、融思维重构了文化发展的要素，开示了未来产业发展的方向和路径。向勇指出，文化产业的未来发展以创意融合为特征，融合不仅塑造了泛在生存的生活方式，而且推动了产品价值转化、产业结构优化和区域价值融化。[④]与以上两位论者不同，魏鹏举从文化创意内生价值增长的角度，指出文化创意构成了文化业态创新发展的内驱力，而一个好的文化创意生态是保持文化经济持续发展的保障。[⑤]

第二，供给侧结构优化：“互联网+”推动文化业态创新的内在机理。文化产业的供给侧结构优化与改革，是互联网时代文化产业结构升级发展的重要议题，而互联网也为文化产业的供给侧改革提供了有力支撑。“互联网+”能够催生出文化新业态，在于互联网为文化的发展融入了新的技术质素。

“互联网+”提升了产业的发展质量，促进了产业的升级，但文化领域存在“去产能、去库存、补短板”的问题，成为推进文化供给侧结构性改革的背景。范周等人指出，互联网掀起的消费革命成了供给侧结构调整和升级的契机，通过互联网这一全新平台，产生的新的消费倒逼产业转型。[⑥]在产业发展的实践中，北京市不断优化产业发展环境，在产业的供给侧大力培育“高精尖”知识型产业在全行业的引领性作用，强化海淀区中关村互联网文化创意产业园区的产业融合效应，加快优质文化企业快速发展。[⑦]

第三，运营模式转变：“互联网+”推动文化业态创新的实施路径。“互联网+”理念的提出，意味着互联网的基础性生产力作用已开始得到人们的广泛认可。随着文化产业供给侧结构优化的进一步深化，以及新文化业态的出现，推动了文化产业发展模式与路径的升级，提升了文化产业各要素的运营效率。

熊澄宇、董鸿英等在对“互联网+”的阐述中，则将供给侧结构优化与产业发展的宏观形势联系在一起，认为随着改革开放红利的结束，以及经济增长模式转型的要求，“互联网+”理念推动互联网多媒体技术、智能终端技术与产业的融合发展，出现了新社群经济、体验式营销、个性化定制、众筹众包等发展模式，使文化产业成为经济下行压力下财富创造的亮点。[⑧]而陈少峰则将“互联网+”推动文化业态的价值追求，概括为新的价值产业链的构建。[⑨]指出“互联网+文化产业”的机制特征表现为市值高、市盈率高，探索出现了产业链长、IP热、混合模式、企业联盟、平台为王、视频时代、反向延伸、资本纽带、跨界发展等较为显著的商业发展新模式。北京市在践行“互联网+”，探索新的发展模式和新的经济增长点的过程中，涌现出顺义等地区的许多好的做法。[⑩]顺义区在探索实践中，以互联网平台为依托，推动互联网与传统行业的深度融合，增强价值创造的动力。

第四，复兴传统文化：“互联网+”推动文化业态创新的内在要求。文化的传承始终处在发展变化的过程中，在互联网向一切领域渗透的历史语境中，互联网充分发挥其技术优势，赋予传统文化以新的内容与形式，为传统文化注入新的生命力，增强了传统文化传承与发展的动力。

傅斌认为推进数字化的中华文明基因种子库建设，是文博行业布局互联网时代的基础性工作，加强文博事业与互联网的融合，能够增强传统文化的知识传播、物人互动，提升民族文化自我认同，促进优秀传统文化的传承创新。[⑪]与傅斌视角不同，其他论者还阐述了传统文化的载体与互联网多媒体技术的结合。随着民俗旅游、民宿旅游的勃兴，在传统村落中注入旅游等现代文化要素有助于传统村落的文化复兴。王鹏指出将旅游融入传统村落的方式能为文化遗产带来丰厚的经济支持。[⑫]目前，利用APP为公众提供直接的相关平台，或者利用微信、微博等接口为公众推介相关旅游信息成为主要方式，但未来技术的多元化与处理量形成的统一信息平台，将在传统文化村落的推广、保护、发展中发挥决定性的作用。北京龙泉寺是近年来利用互联网与传统遗产相结合的优秀案例，被誉为“最具互联网思维寺院”。龙泉寺在佛教文化的弘扬与传播中，充分发挥互联网自媒体科技的作用，利用网站、博客、微博、微信公众平台、H5手机电子杂志、论坛微社区、动漫事业、出版、展览、音乐、微电影等，科技创新的自媒体形式，为传统文化赋予了新的形式与内涵。赵妍妍结合北京餐饮老字号分析了网站、企业APP、移动社交媒体、二维码等形式在老字号品牌传播过程中的作用。[13]张颐武以“网络红包”为个案，指出互联网注重传统年俗，构成了新的年俗景观。[14]认为传统始终是处在变化之中的，互联网时代的兴起延续着传统文化的生命力，建构着新的传统和民族记忆。

需要特别指出的是，2015 年 7 月，国务院发布《关于支持戏曲传承发展的若干政策》，将戏曲文化的传承与发展提升至国家战略。这份文件既强调对戏曲文化的传承，又推崇戏曲在现代形势下的创新，且着力强调发挥互联网在戏曲传承发展中的重要作用，鼓励通过新媒体普及和宣传戏曲。金元浦指出，中国戏曲艺术深厚的创新基因和市场化基因是其在今天全球化经济和信息化社会中得以创新发展的保障。[15]于建刚从戏曲习俗在互联网时代价值转化的层面，阐释了挖掘戏曲习俗对戏曲文化的信仰、规范等具有重要意义。[16]胡娜从宏观的视角，阐释了戏曲作为文化产品在文化贸易中地位，认为真正进入文化贸易范畴，形成有影响力的演出作品还很有限，[17]并以张火丁赴北美演出为例，阐释出中国传统文化在当代媒介语境下的国际营销与推广的路径。[18]徐涟也从“互联网 +”与戏曲文化传承发展的角度，阐释了互联网营销对戏剧院团发展的意义。[19]指出在院团营销与互联网的结合中，应具有新思维，充分利用朋友圈、微博、微信等多媒体传播手段，发挥和吸引年青人在戏曲营销和传播中的作用。

第五，维护文化安全，“互联网 +”推动文化业态创新的责任担当。文化安全是互联网时代文化传播与发展中应格外重视的内容。2015 年，随着国务院发布《关于运用大数据加强对市场主体服务和监管的若干意见》，以及网络安全和信息化工作座谈会的召开，强化了文化安全与互联网业态创新之间的关系。在维护文化安全的过程中，文化新业态既关系到传统文化的传承，又涉及意识形态导向的引领，兼具多种功能属性。

在理论维度，李金从较为宏观的层面指出信息霸权主义和“唯信息主义”是影响我国信息化进程的两种障碍。[20]推动文化新业态发展，加快文化与工业化、信息化的深度融合，需要强化产业发展政策引导，提高信息产业对经济发展的贡献率。吕本富、张崇认为，“互联网 +”推动了传统行业的数据化、在线化、移动化、远程化发展，同时也产生了海量消费数据和信息，个人信息泄露风险、在线支付安全、CPS（cyber physical system）安全等问题是新业态在发展中应着力注重的。[21]与以上论者的视角不同，孙立军则结合动漫行业的发展，从动漫产业转型、动漫的启蒙认知、紧贴文化的时尚性、与大数据的结合等方面，阐释了文化安全的建设路径。[22]在现实实践维度，北京通过设立首都网络安全日和召开“网络与信息安全博览会”等形式，宣传信息安全保护意识，发布网络安全法律法规普及、网络安全事件、案件播报、网络安全行业动态等。国家教育行政学院举行北京安全文化论坛、北京印刷学院成立北京文化安全研究基地等，以智库建设的方式，推进了新形势下文化安全的研究。

从整体来说，“互联网 +”作为引领时代发展的新理念，对文化等领域的影响是不可忽视的。随着“互联网 +”在文化领域的全面渗透，文化新业态的形式、内容、特征、路径，乃至担当的社会责任，也会逐步显现，对“互联网 +”与文化新业态的相关研究也会逐步深入。

二、“双创”运动促进城市转型发展

“大众创业、万众创新”是新时期深入实施创新发展，充分调动各类创新主体的积极性、创造性作用的重要战略。北京市在推进“双创”运动的过程中，分别在出台《关于大力推进大众创业万众创新若干政策措施的意见》（2015 年 6 月）、《关于加快构建大众创业万众创新支撑平台》（2015 年 9 月）、《关于建设大众创业万众创新示范基地的实施意见》（2016 年 5 月）等系列文件，着力加强各类创新主体的政策环境优化，促进创新与创业、创新与产业、科技与经济、科技与文化等要素的融合，强化城市转型发展的内驱力。2015 年 10 月，北京“双创周”启动，期间参与人数达 10 万多人，举办各类活动 300 多场，发布各类平台和项目 686 个，达成合作意向项目 108 项，签订合作协议 117 项，金额超过 20 亿元，彰显出北京作为全国高端创新创业的核心区与发源地的优势。“双创周”的开展，从整体上有助于北京成为具有全球影响力的创新创业地区。围绕“双创运动”与城市的转型发展的互动关系，主要的论述集中在以下三个方面。

第一，推动转型发展：“双创”运动的目标与使命。“双创”运动的提出是我国发展历程中的重大事件，不仅能够扩大就业、推动分享经济和收入分配模式创新等，而且更重要的是通过社会经济发展要素的重新配置，促进社会转型发展。

曾红颖指出，“双创”运动的开展与我国当下的产业结构调整密切相关，原有的以增量带动发展的路径已走到极限，必须通过调整结构、创造新产品、新市场、新需求再造发展新空间。[23]对北京而言，全国科技创新中心是北京的最新定位，为寻求新的经济增长点，加快城市转型发展，且到2020年将北京建设成为具有全球影响力的创新创业地区，是北京面临的重大任务。为增强科技与“双创”运动的联系，北京在未来几年内要打造南北创新创业发展带：建立围绕研发服务和高新技术产业服务创新的北部创新创业发展带和建立围绕高技术制造业和战略性新兴产业技术创新、产品创新的南部创新创业发展带，形成南北创新驱动的格局。为切实增强“双创”运动的落实与推进，北京在回龙观地区设立了我国第一个“双创”社区，且腾讯等众创空间入驻实现了将创业服务、投资人与投资机构服务、第三方创业运营服务以及“互联网＋”新商业业态服务相结合的全要素创业生态系统的突破。

第二，建构主体和载体：“双创”运动实施的关键。“双创”运动的落地实施需要支撑其发展的主体和承载其发展的载体，二者健康有序发展是“双创”运动成功推进的重要保证，也是深入激发城市创造活力的重要基础。

“创客”是“双创”运动的主体，金元浦从经济增长方式转型的角度认为创客是数字世界颠覆现实世界的助推器，在全球实现“全民创造”的过程中将掀起新一轮的工业革命。在此过程中极客作为非常重要的创客类别，正在以技术创新改变互联网以及文化产业和文化经济的生态面貌。[24]顾学雍等则从全球化科技教育的视角，阐释了微型学校和轻资产的教育服务组织对创客人才的资助与培养。[25]魏岳江认为，创客是第三轮创业潮的主要力量，托起北京“互联网＋”“双创”运动的新热潮。[26]中关村作为北京乃至中国创客较为集聚的地区，涌现出越来越多的智能硬件创意、创新、创业和投资活动，汇集了大量智能硬件创业团队。

与关注“双创”运动主体的层面不同，还有论者探讨创客空间这一载体对“双创”运动促进作用。闫傲霜从发展战略的高度，指出北京众创空间的发展应着力提升创业承载能力、支撑服务能力、社会协作能力，将众创空间建设为区域科技创新体系的重要组成部分。[27]在微观层面，诸多论者着眼于众创空间的产业运营。投中研究院结合北京等地的创客空间发展，认为其提供的辅助创业创新的服务是众创空间的核心价值所在。[28]桑子文以“极地创新中心”为案例，分析创新生态系统下众创空间的孵化模式，认为极地创新中心聚合的核心创新要素对培育大众创业、万众创新环境和促进经济创新式的内生增长模式有重要意义。[29]李双涛等以清华大学 i. Center 为例分析了挑战式系列教学活动及相关创客信息平台在开展创客教育、培养创新创业人才中的经验。[30]众创空间的丰富实践，彰显出众创空间的发展模式具有开放性和发展性。

第三，探索盈利模式：“双创”运动推进的着力点。“双创”运动在北京城市经济发展中已发挥出显著的作用。京东、小米、百度、海尔、阿里巴巴等企业积极布局，手环、路由器、无人机、服务机器人、可穿戴设备等新产品不断涌现，为北京创新发展提供了设计生产、市场推广、云储存服务、大数据服务、物联网服务等平台。但是北京众创空间的发展也存在亟待解决的问题，其中盈利模式是最为核心的问题。研究调查显示，众创空间大都是依靠个人赞助、基金或公司的支持，仅靠会员费难以实现收支平衡。[31]当前，众创空间的盈利模式较为单一，在竞争压力之下，诸多众创空间的孵化器职能存在演变为“二房东”的可能性，与以往租赁房屋、招商引资没有太大区别。[32]因此，众创空间不再仅仅是提供物业服务，探索，而是构建涵盖创业资金、工业设计、技术开发、供应链条等在内的资源平台建设，加强资金、人才、市场、客户等资源的全方位服务，[33]才能助推孵化项目和众创空间实现盈利创收。

“双创”运动作为理论和实践问题，其具有的理论内涵和产业价值在其发展过程中得以逐步显现。无论是作为“双创”运动主体的创客，还是作为载体的众创空间，尽管仍处在发展阶段，处在盈利模式探索的过程中，但一些众创空间的成功实践为“双创”运动的顺利推进提供了经验借鉴，通过发展的方式解决存在的问题仍是“双创”运动着力的重点。

三、文化创新促进京津冀协同发展

京津冀协同发展，是国家为实践京津冀区域均衡协调发展而作出的战略部署。2015年4月，《京津冀协同发展规划纲要》审议通过标志着京津冀一体化协同发展已进入实质性推进阶段。京津冀协同发展以疏解非首都核心功能、解决北京“大城市病”为基本出发点，通过调整区域产业结构和布局，实现京津冀优势互补、互利共赢的发展格局。围绕北京文化创新与京津冀协同发展的关系，主要的论述集中在以下四个方面。

第一，打造文化共同体：京津冀协同发展的重要目标。文化是京津冀协同发展的重要内容，在地缘上京津冀三地的源远流长，文化相近，交流频繁，为京津冀文化共同体的打造奠定了坚实的文化基因。

刘勇、范周等从京津冀文化协同发展的高度，指出文化认同是京津冀协同发展的基础，打造一个具有共同基因的文化共同体是京津冀协同发展的重要目标。刘勇指出，京津冀协同发展应以文化认同为抓手，在城市规划、产业布局中找准自身的功能定位和利益平衡点，从而将文化转化为区域协同发展的内在驱动力。[34]范周认为，京津冀地缘相接，文脉相承，只有激活文化协同的基因，才能从根本上提高京津冀区域协同发展的内在驱动力，这就要求在京津冀协同发展过程中通过顶层设计形成分工明确、互补式的文化发展格局。[35]

与以上两位论者注重文化整体发展的视角不同，祁述裕、高宏存等较为注重文化产业的协同发展。祁述裕阐释了京津冀文化共同体建设的重要意义。他认为，推进京津冀地区文化产业协同发展，应着力从以下“四个推手”为路径开展工作：以“互联网＋”为依托推动“双创”运动；以建立文化城市作为依托构建京津冀特色文化城市建设；以特色化产业作为中心，发展特色文化产业思路和互动机制；促进文化产业与公共文化服务体系融合发展。[36]高宏存在阐释文化建设与京津冀协同发展间的关系时，更为突出特色文化产业“跨区域”治理的重要性。[37]认为推动特色文化产业发展要注重围绕城市群、产业带的新格局规划和布局，通过搭建跨区域合作组织平台、建立跨区域合作机制规则和政策工具、深入推动特色文化资源资本化运作，以提高跨区域协同治理水平和质量。胡昕则以老字号的文化渊源为研究对象，阐释了京津冀商业文化特征，提出了京津冀视域下推进三地文化共享、资源共享的相关对策建议。[38]某程度上可以说，京津冀协同发展过程中，打造文化共同体是涉及区域宏观战略和行业微观发展的系统性工程。

第二，建设城市副中心：优化调整北京城市空间布局。建设北京城市副中心，是京津冀协同发展战略中疏解非首都核心功能、解决北京“大城市病”的重要举措。这一举措围绕北京通州行政副中心的建设具体展开，文化作为副中心建设的重要内容，以一批重点文化设施建设为重点，以中心区文化单位的转移为突破，实现中心区人口、资源的疏解。

在相关问题的研究中，杨开忠认为，调整疏解非首都核心功能应按照发挥市场决定作用和政府辅导作用相结合的原则，着力制定和实施政府引导非首都核心功能调整疏解的政策。[39]刘洁、高敏、苏杨等从宏观规划的视角，以北京为例分析了城市副中心的概念、选址和发展模式。认为北京副中心应是以现有基础为重要依托、以轨道交通和大运量交通为纽带、以明确的生态区域为界限的、功能完整、组团式布局的新城市。[40]石芸、陈昱霖等则从具体行业的转移发展入手，研究分析了高端商务、现代都市休闲旅游产品的深度开发等问题。石芸认为，通州作为北京城市副中心，应着力围绕大型、重点企业发展以总部经济、金融后台等为核心的高端商务。[41]陈昱霖以旅游产业的开发为视角，分析通州休闲旅游的产品开发在构建城市副中心过程面临的机遇与挑战，认为通州新城体验休闲游产品、运河休闲游产品、宋庄艺术游产品、环球影城游产品、都市田园游产品等，是未来可以深度开发的选择项目。[42]需要指出的是，构建城市副中心的目的是让城市更宜居。窦群、田大江从城市宜居的视角出发，认为通州城市副中心建设，应秉持以人为本的理念，充分利用通州自身建设新兴旅游休闲目的地的条件，将通州规划为集中国传统文化与现代时尚元素交相辉映的旅游新城。[43]

第三，京张冬奥会：京津冀协同发展的机遇与契机。2022 年冬奥会正式落户北京，这为京津冀协同发展提供了重要契机。奥运会在现代城市发展史中，已不仅仅是单纯的体育赛事活动，而是能够发挥文化、经济和社会效应的综合性事件。京张冬奥会念就其意义而言，已超越城市层面，融入京津冀协同发展的大格局中。

在区域发展层面，雷海超认为京张冬奥会将加快京津冀地区产业布局和结构调整，筹备阶段的场馆建设和包括体育文化设施在内的基础设施建设等也将对地区经济发展起到支持作用。[44]陈剑从城市发展的层面，指出奥运会对北京等地的九大变化。[45]其中文化领域表现在有利于推进社会的公平正义、带动多项产业协同发展、促进冰雪运动发展等。刘聪、林君等则通过对北京奥运文化内涵的挖掘，认为体育竞赛活动中的民族传统文化的植入既具有鲜明的地域文化特色，还具有独特的人文魅力和体育文化内涵，[46]有利于城市文化形象的塑造与传播。

在产业发展层面，金元浦、赵田力等认为，京张冬奥会的举办将会带动体育产业的快速发展，可以加快互联网巨头向体育产业扩展。[47]林显鹏在回顾二战以来奥运经济对城市发展促进作用的基础上，认为京张冬奥会有助于我国冬季体育项目和冰雪产业的发展普及，有力推动京张地区经济一体化的进程。[48]可以说，京张冬奥会能够发挥对京津冀地区文化发展的促进作用是毋庸置疑的，随着京张冬奥会的深入开展与各项工作的实施，其影响必将逐步显露出来。

第四，创新引领：全国文化中心建设的内在动力。在京津冀一体化的进程中，北京的定位是政治中心、文化中心、世界著名古都和现代国际城市。可以说，文化中心城市依然在新形势下具有举足轻重的地位，而构建全国文化中心城市建设，仍需要文化的创新引领。

在文化实践领域，继续激发城市文化活力和创造力，发挥文化对城市发展的推动作用仍是年度重点。2015年，北京举办第三届惠民文化消费季，通过设立文化消费阅读季、文化消费演出季，以及“京津冀一体化”“互联网+”“大众创业、万众创新”等领域的专项活动和展销板块提升北京文化消费对城市和区域发展的影响力和辐射带动作用，而且为深入发挥文化消费在推动北京科学创新发展中的积极作用。2015年北京出台了全国首个关于文化消费的指导性意见，即《关于促进文化消费的意见》，致力于打通文化消费要素链，从政策领域优化文化消费的环境。[49]同时，2015年北京第五届国际电影节、中国设计节、北京国际设计周等文化节庆，也塑造和提升了城市的文化影响力和竞争力。需要特别指出的是，2015年11月，联合国教科文组织第38届大会通过的“国际创意与可持续发展中心”落户北京的决定，进一步增强了北京在文化创意领域的代表性和话语权，有助于北京在“一带一路”等国家战略的实施中发挥导向作用。

在理论研究领域，针对“十三五”时期，北京文化发展的趋势与问题诸多论者进行了讨论。张晓明指出文化建设应具有国际性视野，亟须创造性地制定“对外文化发展战略”与“一带一路”战略相配套，以克服我国全球发展战略中的“文化短板”。[50]李建盛则详细分析了新中国成立后历次北京城市规划对城市性质定位与全国文化中心建设的关系，认为定位的变化创新体现了我们对政治、经济、社会和文化语境中的城市规划话语体系和城市文化意识对全国文化中心内涵和功能的理解和把握。[51]金元浦强调了五大理念对北京加快建设全国文化中心的引领作用，文化创新离不开协调、绿色、开放、共享理念的协同运行。[52]认为通过深化文化体制机制改革与创新，以文化精品创作、文化创意培育、文化人才集聚、文化要素配置、文化信息传播、文化交流展示为着力点，提升北京作为全国乃至世界文化中心的影响力。

以上论者从战略全局的维度剖析了文化创新对文化中心城市建设的推动作用。科技与文化等要素的融合对城市发展的支撑作用。2014年12月首家国家文化产业创新实验区北京揭牌，实验区以“北京商务中心区（CBD）—定福庄”为核心承载空间，重点发展创意设计业、动漫游戏业、演艺娱乐业、艺术品交易业、数字文化产业等六大产业。王林生认为发展文化产业应对文化科技融合持以一种开放的心态，破除彼此之间的壁垒，统筹市场、机制和金融之间的关系，注重各要素间的协同。[53]陈名杰以海淀区文化科技融合发展为例，论述了机制创新、深层发展、视野拓展对文化发展的重要意义。[54]

可以说，伴随北京文化中心城市的建设，文化创新与驱动在城市发展中的作用将日益明显。富有特色的文化活动、相对发达的文化产业和相关发展战略，为北京文化中心城市建设提供了强有力的支撑。尤其是在北京参加世界文化中心城市竞争的历史背景下，北京也面临化创新驱动层面的路径选择、模式探索等问题。李庆本视角独特，通过分析北京和昆士兰两地文化创意产业的发展现状，揭示出北京文化创意产业的优势、劣势、机遇和挑战，并提出北京文化创意产业发展的W—T战略，为构建富有世界影响力的文化中心城市提供了借鉴参考。[55]

综上所述，人文北京研究在新的发展背景下取得了新的进展。无论是“互联网+”助力文化业态的创新，还是以“双创”运动促进城市转型，文化都在整合经济、科技等资源，在融合创新中提升城市的发展水平。尤其是在京津冀一体化和全国文化中心建设的过程中，文化既是内容又是动力。围绕文化创新，形成促进创新的体制架构，塑造更多依靠创新驱动的引领型发展，形成均衡、协调的文化生态，是文化北京建设的应有之义。

注：

①张贺：《“IP热”为何如此流行》，《人民日报》，2015年5月21日。

②劳卓杰：《文化众筹现状尴尬 政府应加强孵化》，《中国文化报》，2016年2月27日。

③金元浦：《互联网+时代：文化科技创新创意新特征》，《江苏社会科学》，2016年第2期。

④向勇：《创意融合：中国文化产业的发展趋势与新常态》，《艺术评论》，2015年第5期。

⑤魏鹏举：《文化产业与经济增长——文化创意的内生价值研究》，经济管理出版社，2016年版。

⑥范周等：《从供给侧改革看文化发展新思路》，《南京日报》，2015年12月9日。

⑦陈名杰：《北京海淀设计"互联网+文化"的登顶之路》，《中国出版传媒商报》，2015年7月24日。

⑧董鸿英、熊澄宇：《经济下行压力下文化产业如何创造新增长点》，《北京联合大学学报》，2015年第4期。

⑨陈少峰：《"互联网+文化产业"的价值链思考》，《北京联合大学学报》，2015年第4期。

⑩李向英：《顺应"互联网+"趋势，推动顺义传统服务业转型升级》，《前线》2016年第2期。

⑪傅斌：《打造"互联网+"时代数字化的中华优秀传统文化种子基因库》，《中国文物报》，2016年4月29日。

⑫王鹏：《传统文化怎么玩互联网+》，《北京青年报》，2015年6月16日。

⑬赵妍妍：《移动互联网时代北京餐饮老字号的品牌传播》，《青年记者》，2015年第23期。

⑭张颐武：《互联网红包唤起温馨的年俗景观》，《前线》，2016年第4期。

⑮金元浦：《中国戏曲的市场基因》，《光明日报》，2015年12月10日。

⑯于建刚：《如何认识戏曲习俗的当代价值》，《北京文化创意》，2016年第2期。

⑰胡娜：《中国戏曲进入文化贸易的路径探索》，《中华文化论坛》，2015年第7期。

⑱胡娜：《张火丁北美演出对中国戏曲跨文化传播的启示》，《艺术评论》，2016年第3期。

⑲徐涟：《戏曲院团，也要善用互联网营销》，《中国文化报》，2015年6月30日。

⑳李金：《构筑中国信息化战略 维护意识形态安全》，《前线》，2016年第4期。

㉑吕本富、张崇：《"互联网+"环境下信息安全的挑战与机遇》，《中国信息安全》，2015年第6期。

㉒赵珊：《从文化安全看中国动漫——访北京电影学院副院长、动画导演孙立军》，《人民周刊》，2015年第9期。

㉓曾红颖：《"双创"的实施进展与建议》，《宏观经济管理》，2015年第12期。

㉔金元浦：《互联网+与创客时代》，《理论讲坛》，2015年第10期。

㉕顾学雍、汪丹华：《创客运动与全球化的科技教育》，《现代教育技术》，2015年第5期。

㉖魏岳江：《北京"创客"托起"互联网+""双创"新热潮》，《经济研究导刊》，2015年第21期。

㉗闫傲霜：《众创空间，创新创业的新选择》，《中国科技奖励》，2015年第4期。

㉘投中研究院：《众创空间在中国：模式与案例》，《国际融资》，2015年第6期。

㉙桑子文：《基于创新生态系统的"极地创新中心"孵化模式研究》，《中华文化论坛》，2015年第7期。

㉚李双涛、杨建新、王德宇、付志勇、顾学雍：《高校众创空间建设实践——以清华大学i. Center为例》，《现代教育技术》，2015年第5期。

㉛周爽：《创客空间运营模式研究》，《现代商业》，2015年第24期。

㉜陈晴：《联合办公与众创空间盈利模式仍不成熟》，《中国商报》，2015年11月24日。

㉝柳进军：《创客空间助推智能硬件创新创业》，《中关村》，2015年第3期。

㉞刘勇：《京津冀协同要下好文化关键棋》，《光明日报》，2015年7月29日。

㉟范周：《京津冀文化协同发展很关键》，《环球时报》，2015年8月19日。

㊱祁述裕、李慧：《京津冀文化产业协同要把握四个关系》，《光明日报》，2016年1月18日。

㊲高宏存：《特色文化产业发展要实现"跨区域"治理》，《行政管理改革》，2015年第5期。

㊳胡昕：《京津冀商业文化特征及老字号文化渊源研究》，《时代经贸》，2015年第20期。

㊴杨开忠：《京津冀协同发展的探索历程与战略选择》，《北京联合大学学报》，2015年第4期。

㊵刘洁等：《城市副中心的概念、选址和发展模式——以北京为例》，《人口与经济》，2015年第3期。

㊶石芸：《通州北京城市副中心高端商务发展研究》，《北京财贸职业学院学报》，2015年第4期。

㊷陈昱霖：《通州北京城市副中心现代都市休闲

旅游产品深度开发研究》，《时代经贸》，2015 年第 7 期。

㊸窦群、田大江：《北京城市副中心应宜居宜业又宜游》，《中国旅游报》，2015 年 7 月 24 日。

㊹雷海超：《冬奥会成推动京津冀一体化的催化剂》，《中国产经新闻报》，2015 年 8 月 3 日。

㊺方烨、陈剑：《冬奥会将给北京带来九大变化》，《经济参考报》，2015 年 8 月 6 日。

㊻刘聪、林君：《北京奥运传统文化内涵及对我国体育事业发展的思考》，《体育世界（学术版）》，2015 年第 3 期。

㊼王鹏、郭永芳：《体育创客：与巨头共舞》，《新京报》，2015 年 11 月 19 日。

㊽林显鹏：《筹备和举办 2022 年冬奥会对京张地区经济一体化的影响》，《2015 第十届全国体育科学大会论文摘要汇编（一）》，2015 年 11 月。

㊾首席时政观察员：《北京率先打通文化消费要素链》，《领导决策信息》，2015 年第 9 期。

㊿张晓明：《以国际文化战略推动我国文化改革发展》，《前线》，2016 年第 3 期。

51李建盛：《新中国成立后北京城市性质定位对全国文化中心建设的影响》，《北京联合大学学报》，2015 年第 3 期。

52金元浦：《以创新理念引领全国文化中心建设》，《前线》，2016 年第 1 期。

53王林生：《文化科技融合须放开心态》，《经济日报》，2015 年 11 月 27 日。

54陈名杰：《推进文化与科技融合新发展》，《前线》，2015 年第 12 期。

55李庆本：《文化创意产业：“北京模式”与“昆士兰模式”比较研究》，北京大学出版社，2015 年版。

（作者：金元浦，中国人民大学教授；
王林生，北京市社会科学院副研究员）

北京环境建设

陈　剑　毛雪峰

一、重要的学术观点

2015 年在北京环保历史上注定是不平凡的一年。这一年里，环保领域发生了很多“大事”：新环保法开始实施，环保监管层层加码，在“APEC 蓝”之后“阅兵蓝”又成为新名词，北京首发空气重污染红色预警。

2015 年 12 月，北京再次发生重污染。环保部组织中国科学院、清华大学等单位的专家学者，研究分析此次重污染过程的成因、发展和趋势等问题。专家分析认为，本次重污染过程是不利气象条件与多种污染源排放共同作用、导致污染物大量积累而形成的。从污染物的排放来源上看，综合多种监测数据的分析结果，本次重污染过程中污染物来源按贡献依次是：燃煤、机动车、工业源、扬尘和其他，其中燃煤污染物主要来自原煤散烧和中小锅炉排放，工业源则主要包括北京及周边地区的钢铁、石化和建材等主要工业过程。但从北京市排放情况来看，仍以原煤散烧和机动车排放为主。

2015 年，继“APEC 蓝”后，“阅兵蓝”成为首都新目标。对此，12 月 28 日《经济参考报》发表文章认为，“阅兵蓝”尽管是在多方努力的情况下产生的暂时现象，但从另一个侧面也反映出治理雾霾的举措是有效果的。文章同时认为，因为受到经济、就业和社会等问题的综合影响，治理污染有一个逐步的过程，京津冀地区空气质量改善最终将有赖于建立行之有效的长效机制，从根本上来看，还是要加快进行经济转型，建立新的能源资源消费结构。

针对“APEC 蓝”现象，北京市人大代表、中国政法大学教授王玉梅追问，如果没有 APEC 会议期间的临时性限制，治霾成绩会怎样？对此，北京市政府报告提出，正因为 APEC 会议成功召开给北京带来更多治霾的经验与反思，推动了京津冀协作机制与联防联动机制功能的发挥，厘清了北京大气中主要污染物的几大来源，强化了实践论证与科技支撑。

针对上述区域联防联动机制，中科院大气物理研究所研究员王自发认为，重污染过程形成后，仅凭单个城市的减排措施很难改善区域空气质量，实施区域内统一协调的防控措施，在联防联控的同时有区别、有针对性地开展各城市应急减排，可以有效地降低局地污染源排放。他认为，后续应继续加强应急控制，冬季雾霾来临前的 24 小时是应急措施取得效果的关键期，应对措施还需再提前。

中科院大气物理研究所研究员王庚辰支持区域联防的观点，他认为，霾灾害已经成为一个社会问题、政治问题。目前污染是全国性的，北京市就是采取再严格的措施，也不会达到预期的效果，应建立区域性的污染治理法律。

2015 年 1 月，北京市环保局发布上年度治霾成绩，PM2.5 年均浓度同比下降 4%，超额完成国家下达的下降 2.5% 的任务，但离 5% 的地方目标尚差 1%。原因在哪里？在北京“两会”上，北京市长王安顺认为，大气污染防治有滞后效应，一些减排治污效果要随后体现；其次，根据北京市政府首次披露的情况，除了本地污染，外来传输占污染总量的28% ~ 36%，而在大范围极端不利气象条件下，外来传输对空气重污染的贡献高达 50%，京津冀协同治理空气需要形成合力。有代表提出，在执法落实方面，仍然存在处罚力度小、违法成本低等问题，对排污的硬约束还不够。对此，有专家认为，北京不应再考核 GDP，而应当将环境指标作为考核硬指标，加强追责与惩治力度，把解决柴油车“黑烟”排放作为重点。

针对机动车尾气排放问题，中国社会科学院教授何裕建认为，机动车尾气对北京市雾霾的贡献率较高，症结在于市售燃油质量普遍不达标。与其让国家检测标准被动跟着造假者走，不如在国家标准里明确规定燃油里可包括的成分及含量标准。氮氧化物是引起雾霾的罪魁祸首之一，因此，国家燃油标准中除了目前芳烃、硫和重金属等指标外，还应增加氮含量标准，除此之外均为非法添加，这不仅有利于监管，还可大大降低监管成本。

针对北京道路拥堵治理难的问题，中国地震局副研究员赵阿兴分析认为，不是城市管理者或者相应职能部门没有尽职，而是多年以来对特大型城市预防和治理交通拥堵的理论指导和相应的处置方法层面出现了严重的认知偏差。例如：交通流与有限道路通行能力的矛盾、路网规划设施结构不合理、理念误差等。因此，有必要从整体思维的视角重新审视，将整体思维与分解思维的认知结果综合与辩证，创新出对于北京市道路交通综合治理的独特模式和行之有效的办法。

针对北京环境建设中应急避难场所的建设问题，北京自然辩证法研究会陈印政认为，北京作为人口众多、居住相对集中的国际化大都市，目前的应急避难场建设的现状总体规模有限，供需矛盾突出，现存的一些设施闲置老化，缺乏日常维护。在将来的应急避难场所建设中，应该合理规划新建场所布局，提高现有场所的利用率，建设应急避难场所需要考虑地震、战争和暴风雨等因素。

针对这个话题，北京减灾协会副会长金磊认为，安全北京应是一个有综合应急管理能力的城市，要有综合减灾立法为前提保障的综合应急管理及处置能力，要有与中央政府相协调的、区别其一般直辖市的特殊的“属地管理”的职能；安全北京对各类灾变应有综合“跨界”的控制力、指挥力，决策力、具有国内外灾害防御及协调救援的快速反应能力及认知水平。

二、论坛和研讨会

3 月 26 日，北京节能技术监测中心等单位举办“北京地区燃气锅炉低氮排放研讨会”。会议主要议题：低氮燃烧的主要技术路径、北京地方标准《锅炉大气污染物排放标准》修订工作情况介绍、《燃气锅炉低氮燃烧技术装备研发与示范》项目进展等。与会专家认为，低氮燃烧技术对实践要求很强，今后应坚持实验研究为主，将计算机模拟技术与实践开发有机结合，降低研发成本、缩短研发周期、提高创新频率，为北京市燃气锅炉 NOx 排放控制提供更多实用技术。

5 月 8 日，北京生态学学会、北京林业大学举办“第十届新世纪北京生态论坛”。论坛主要议题：PM2.5 霾污染及危害、生态保护红线等。关于 PM2.5 霾污染，与会专家认为，目前对北京地区重霾污染的形成机制已基本清楚，即引发于周边输送，加强于本地排放，霾污染的重点源主要是机动车、燃煤、工业排放和扬尘。就北京而言，机动车为城市 PM2.5 的最大来源，约为四分之一，其次为燃煤和外来输送，各占五分之一。京津冀区域应重点控制工业和燃煤过程，尤其是燃烧过程的脱硫、脱硝和除尘；同时应高度关注柴油车排放和油品质量。关于生态红线，与会专家认为，应加快推进京津冀生态红线落地及监管工作，优化京津冀大城市内部生态功能布局，减少机动车流动，降低大气污染；设置京津冀城镇间最小生态安全距离，提高城市宜居性，为大气污染物扩散净化预留空间；在京津冀城市群外围，构建京津冀生态安全屏障，控制风沙危害，减少大气污染。

6 月 6 日，北京植物病理学会召开“植物病理学教学与科研研讨会”。会议主要议题：植物病理学理论教学和实践教学中存在的问题。与会专家认为，植物病理学是理论和实践结合非常紧密的科学，在重视课堂教学的前提下，应进一步加强实践实习教学，重视培养学生服务生产解决实际问题能力，发挥植物病理学在生态文明建设中重要作用，加强学科间的交流，促进植物保护学和森林保护学的可持续发展。

8月25日，北京市环境保护科学研究院大气污染防治所举办“北京市餐饮业大气污染物排放标准”研讨会，会议主要议题：“标准”采用颗粒物指标的必要性和颗粒物采样检测方法的选择。与会专家认为，国标中“油烟”指标的检测方法操作复杂，不能满足环境管理的需求，并且检测过程所需的四氯化碳溶剂即将被禁用，因此“标准”采用颗粒物作为污染物控制指标更能满足环境管理的需求，与大气环境质量的指标保持一致性。对于颗粒物的采样检测方法，光散射法虽然简单便携，但是结果的准确性有待考证。专家建议采用颗粒物公认的检测方法——滤膜称重法。但是应该在滤膜称重原理的基础上针对餐饮源颗粒物的特性改进采样和检测条件，建立适合餐饮源特性的颗粒物采样方法。

9月21日，北京市环保局举办“北京市‘十三五’环保规划编制农村煤改清洁能源专题座谈会”。会议主要议题：农村“减煤换煤”、“煤改电”、“煤改气”以及燃气管网建设、电力消费增长预测等。与会专家认为，农村散煤改用清洁能源，是实现本市空气质量改善的重要措施，将清洁能源减排战略由城市向农村转移是“十三五”大气污染治理的主要手段。农村散煤改用清洁能源，是最公平的环境公共服务项目，推进过程中，政府部门应及时调整出台有利政策，发挥市场机制作用，引导第三方积极参加治理。

12月20日，首都科学讲堂第419期，中国水科院水资源所副所长赵勇做《你喝的水真的安全吗?》为题的科普讲座，赵勇认为，新时期水系治理应贯彻以人为本的理念，体现居民的意愿，满足他们的需求，保障居民的安全，包括防洪安全、供水安全、休闲需求、美学需求、贴近自然的归属感等。城市化是今后一段时期中国发展的核心动力之一，水系治理是城市发展的基础，应从理念上，全面提升对水系治理工作重要性、战略意义的认识。此外，应降低人类对河湖等水系的人为干预，建立和修复近自然的水生态系统。体现出各具特色、政府主导、资源利用、系统性原则的特点。

三、研究课题

《“十三五”时期北京市改善环境质量的思路与措施研究》课题，由北京市“十三五”规划前期研究课题之一，北京市环境保护科学院承担。课题在分析总结“十二五”时期环境污染防治工作进展和面临形势的基础上，研究提出“十三五”时期环境保护的总体目标和思路；以环境质量改善为出发点，提出大气、水等主要环境污染防治领域的具体规划指标和对策措施，以及生态保护红线划定、产业结构调整、人口约束和城市管理水平提升等方面的城市发展对策措施，立足京津冀区域，提出区域联防联控机制和监管体系完善建议。

《北京市污染场地四项标准》课题，北京市固体废物和化学品管理中心、北京市环境保护科学研究院共同承担。其内容包括《污染场地修复技术方案编制导则》、《污染场地修复工程环境监理技术导则》、《污染场地土壤再利用评估导则》、《污染场地挥发性有机物调查与风险评估技术导则》四项地方标准。课题为进一步规范和指导场地修复技术方案编制、修复工程环境监理、污染场地土壤再利用、挥发性有机物调查与风险评估提供技术依据，对促进北京市污染场地治理和开发利用具有指导意义。

《北京市农业领域温室气体排放清单》课题，“北京市市级和区县温室气体排放清单”子课题之一，北京市发改委牵头。课题针对北京市和不同区县不同种植制度条件下的耕层土壤碳、主要农作物播种面积和产量、耕种方式因素调研，构建了本地化的排放因子，准确计算了北京市和各区县农业领域温室气体排放情况、排放水平、排放结构和组分。课题识别了关键排放源，尤其是构建了精确的本地化排放因子，研究成果对于科学合理确定减排目标，制定和实施行动计划，提出切实有效的温室气体减排措施和方案，具有重大的现实意义。

《北京市2013—2017年清洁空气行动计划中期评估》，北京市环保局承担。课题基于资料收集、现场走访、典型调研及抽样监测等方式，从燃烧源、工业源、移动源、扬尘源、保障措施等五方面，对清洁空气行动计划中期措施执行情况、减排量、财政投入等方面进行分析，提出措施执行过程中存在的问题。测算了清洁空气行动计划全部落实的污染物减排量，提出措施调整建议。

《2014年北京市地下水基础环境状况调查评估》课题，北京市环保局、市水文地质工程地质大队等单位承担。课题建立完善了七类地下水污染源清单；建立了地下水长效监测制度、加油站地下水MTBE监测方法；开展了地下水污染防治区划评估；编制了典型水文地质单元地下水环境保护实施方案。课题成果对全国地下水调查评估工作有很好的示范和指导作用。

《北京缺水型城市河流水生生物监测与健康评估指标筛选》课题，是“北京市典型流域生态健康调查与评估”课题的重要组成部分，由中国水利水电科学研究院承担。课题开展了北京市河流水生生物调查工作，分析了水生生物的种类和组成现状，结合国内外河流健康评价指标的研究成果，提出了北京缺水型城市河流健康评价的候选指标，对山区水生生物指标进行了筛选，进行了初步评价。课题对“北京市典型流域生态健康调查与评估”的完成具有重要的支撑作用。

《丰台区重点河段水环境改善技术研究》课题，丰台区科技项目。课题经过一个完整水文年的河流水质监测与污染源溯源调查，明确了丰台区凉水河流域和小龙河段水质时空分异特征，建立与完善了流域污染源排放清单，同时开展了人工生态浮床技术在河道水质净化试验研究，构建了丰台区重点河段水环境管理平台，并通过搭建凉水河流域一维水动力水质耦合模型，对不同削减方案下考核断面水质达标情况进行了模拟预测，进一步结合经济投资与经济效益提出了最佳方案，最后从技术与管理两个层面制定出可切实有效削减措施，以保障丰台区重点河段水环境改善以及考核断面水质达标。该课题对丰台区重点河段及其他区域城市河流水环境改善及考核断面水质达标具有重要指导意义。

《石景山区集中式饮用水水源地保护区划定技术报告》课题，北京市环科院水环境与水资源保护研究所承担。课题针对北京市石景山区现有集中式饮用水水源地进行的保护区划定工作，在收集石景山区地形地貌、水文气象、水资源开发利用等相关资料基础上，分析了区域地质特征与水文地质条件，结合现有集中式饮用水水源地状况，采用数值模拟法、经验公式法分别对第四系水井、基岩水井划定保护区范围，针对存在的问题提出了监督管理措施，该课题对于保障居民饮水安全具有重要的实践意义。

四、重要项目

“门头沟区‘煤改电’工程环境效益监测分析项目”。项目对门头沟区“煤改电”工程实施情况进行了调研，选择典型区域对PM2.5、PM10、SO_2及NO_2等大气污染物浓度进行监测，通过对比分析，评估了“煤改电”工程实施的环境效益，并提出相应的对策建议。该项目的分析结果为北京市农村地区“减煤换煤、清洁空气行动”的进一步开展提供了具有重要参考价值的数据支撑。

“利用餐厨垃圾产BT生物农药的工艺研究”基金项目。项目通过对餐厨垃圾半固态发酵过程参数优化进而控制代谢途径，并将发酵所得经分析提纯的δ-内毒素（生物农药有效成分）与聚乳酸混合制得缓释农药。该农药具有稳定的生物杀虫性能，解决了生物农药控制虫害的时效性和易被冲刷、流失、分解等问题，为餐厨垃圾半固态发酵生长生物农药工业化应用奠定了基础。

“燃气锅炉低氮燃烧技术装备研发与示范”项目，2014年北京市科技计划重大项目。项目包括天然气低温稳燃、多种低氮机理耦合联用技术、锅炉本体匹配、低氮燃烧主动控制等多项关键技术的研发和应用，全面实现“燃气锅炉低氮燃烧系统”的自主知识产权，预期成果将达到国际先进水平，为新锅炉标准限值实施提供技术支撑。

“生物燃气关键技术研究与科技示范”重大项目。项目在生物燃气生产和利用高端技术研发及标准化成套工程装备集成、示范推广首都生物燃气发展的商业模式等方面取得了阶段性成果。项目定量分析了北京地区典型沼气工程沼渣沼液营养成分，建立营养成分图谱1套，开发了沼液营养成分在贮存过程中的动态变化模型1个；初步形成了沼渣沼液农田施用技术规范和利用指导手册各1套，在顺义、通州、大兴、房山等区县沼气站以及德青源、盈和瑞两家企业开展示范应用。

“北京市地表水环境优先控制污染物名录”项目。该项目是落实《水污染防治行动计划》中环境激素类污染风险评估工作和《北京市水污染防治条例》的重要支撑项目。项目主要实现以下三个目标：编制北京市地表水优控污染物名录；构建北京市地表水环境风险污染物数据集；完成环境激素类污染风险评估。项目的开展有利于实现北京市环境安全的提前预警，补充国家或北京市相关水体环境质量或排放的标准限值，推进北京市新增产业的禁、限目录及既有工业行业的调整退出及淘汰目录的进一步完善，构建首都水环境安全体系具有极其重要的意义。

北京《地下水环境功能区划定方案项目》。项目开展了地下水水文地质调查、水质调查评估、地下水污染源、风险源调查评估、地下水循环特征研究、防污性能研究等工作，在此基础上，建立了北京市平原区分层地下水流数值模型，构建了地下水环境功能区划指标体系，提出了地下水环境功能区划分方案，完成了《北京市地下水环境功能区划方案项目》报告，绘制了《北京市平原区地下水环境功能分区图》，并针对不同地下水环境功能区提出地下水保护方案。

“北京市典型加油站地下水污染调查评估与修复方案”，2015年北京市地下水基础环境状况调查评估项目。该项目在2012—2014年北京市加油站地下水基础环境状况调查评估基础上，选择典型地下水污染案例加油站，开展污染场地土壤和地下水污染详细调查，圈定污染范围，进行环境健康风险评估和污染修复方案制定。包括典型加油站渗（泄）漏污染场地调查、地下水污染风险评估与修复目标确定和典型加油站地下水污染修复方案确定等内容。

五、政策建议

11月26日，北京举行市十四届人大常委会第23次会议，市人大常委会副主任柳纪纲作《北京市水污染防治条例》等实施情况报告，报告数据显示，北京夏季日直排污水约100万吨，地下水污染较重。

针对水污染防治，中国工程院院士刘鸿亮建议，应向国家发改委和环境保护部申请建立地下水污染修复工程实验室。此外，建议在《水十条》“强化城镇生活污染治理”中补充：进行三级深度处理，用分子筛将污水进一步净化，再利用河岸两边的湿地净化。这相当于将污水处理厂的出水变成景观水，对于解决缺水地区的问题意义重大。例如北京永定河的模式，建议成为今后污水处理厂的发展方向。建议在《水十条》“加强农村环境综合治理”中提出垃圾的处理方式。

中国工程院院士卢耀如建议：在水污染防治方面，要实施雨水、河水、湖水、地下水、大型人工水库和海水这“六水”共同防治，综合考虑包括涝灾、旱灾、地质灾害等在内的各种因素。在体制机制方面，环境保护部的工作职责要创新，要明确地方政府、各级环保部门、相关职能部门以及企业的环保责任。要发挥环境保护部的统一监督管理作用，调动各部门的积极性。

2015年，VOC（挥发性有机物）在PM2.5形成过程中的作用逐渐被重视。北京大学环境学院副院长邵敏教授认为，目前VOC治理还没有明确的路线，但各界都在从市场、管理、技术方面寻求可行方案，这对产业来说也是一个很好的战略机遇期。他从以下几方面提出了建议：完善标准，现行《大气污染防治法》对于挥发性有机物的总量控制没有明确的约束性指标，必须要完善；优化产业结构，目前严重的大气污染归根结底是由于多年以GDP增长为主要目标的经济发展模式和不合理产业结构，推动产业进步、寻求产业技术的转型升级也一个出路；严格监管，控制VOC的排放；从环境目标出发，精细的科学设计，做到精细管理；资源化利用。

对此，北京大学环境科学系教授唐孝炎建议在“十三五”环保规划里，进一步明确VOC治理的重要性。在VOC排放总量不好估计的情况下，建议先缩小VOC约束性指标控制范围，先只在工业领域进行一定量控制，随着大家对VOC各种排放量数据越来越多的掌握，再提出总量控制计划。此外，建设生态文明可以在环保科技上做一些工作，特别是环保标准和基准的问题，结合国情，制定出属于中国人自己的标准。

中科院老科协建议，在京津冀地区划定空气污染重点防治区域，并向社会公布，将这些区域列为空气污染物排放量的严控区。对这些区域有效组织落实各项应急措施并对执行情况开展监督检查，强化信息公开，鼓励媒体监督，畅通公众监督渠道，对防治措施不落实、不到位等情况予以曝光，确保空气质量改善目标如期实现。

针对环保数据的科学性，中国工程院院士殷瑞钰建议，加强对环保数据可靠性、合理性和真实性的监管，建立区域性、流域性、分批性环境监测系统。在重视末端治理的同时，加强能源结构的调整，推动源头治理和过程控制。源头治理、过程控制、末端治理三方面都是重点工作，要解决三个方面存在的问题，就要推进循环经济，提高节能减排和清洁生产水平，推动物流制造业相互之间的连接和循环利用。特别是在京津冀地区，要强调区域之间功能的合理分布，在创新体制机制以及调整产业结构等方面多下功夫。

北京市园林绿化局蚕业蜂业管理站站长刘进祖认为，蜂产业是北京园林绿化产业的重要组成部分，也是北京市农村地区一项传统产业。因此他建议：制定连续性的产业扶持政策，扩大全市蜜蜂饲养规模，逐步改变蜂业生产模式，向集约化、产业化方向转变；加速科技成果转化，推进生产标准化进程；加强蜂业合作组织建设，培育重点龙头企业；发展蜜蜂授粉业及蜂业旅游观光业，实现产业功能拓展；建立蜂业风险互助及补偿机制。

北京大学城市与环境学院阙维民教授认为，中国圆明园遗址最重要的遗产价值，是不忘国耻的爱国主义教育基地，理想的圆明园遗址公园景观，应当是1860 年遭受英法联军劫焚时的残园景观，而不是乾隆盛期紫碧辉煌的圆明园。因此，他建议基于对历史事实的尊重，圆明园遗址公园的整治修复，应当定格于 1860 年的残园景观，再根据遗址现状进行调整。

（作者：陈剑，中国经济体制改革研究会副会长、研究员；
毛雪峰，北京改革和发展研究会秘书长、经济师）

北京科技创新

陈　剑　毛雪峰

一、有关科技创新的重要观点

北京市科委发布的《2015 年北京市众创空间发展报告》显示：2015 年北京市新创办科技型企业突破 4 万家，国家高新技术企业 1.2 万家，数量居全国首位。在学术领域，围绕科技创新，专家学者从不同角度提出观点和看法。

中央党校教授赵建军认为，北京建设全国科技创新中心，需要适应“新常态”下创新驱动的特点，努力实现自身的四个突破：一是突破传统理念；二是突破制度瓶颈；三是突破管理束缚；四是突破考评拖累，进一步依靠理念上、制度上、管理上的创新去推动科技创新。

中科院政策研究所研究员赵作权从创新生态系统角度阐述了北京的战略定位与选择。他认为“卓越精神”是存在于市场、政府之外的第三种驱动发展的力量，国家发展的第三驾马车。北京应当成为“全球卓越创新集群”，打造国家命运（市场、政策和思想）共同体，要高度重视统一市场建设和统一政策建设，利用自身看得见的手放活“市场”和“卓越精神”这两只看不见的手，建设更富有活力的全国科技创新中心。他认为，在创新过程中，合作比竞争更重要。现在世界上主要的创新集群地区，都有高度发达的创新网络，这个创新网络实际上在政府和市场之外的第三种配置资源的机制。

中国社会科学院副研究员康大臣从方法论的角度阐述了对北京建设全国科技创新中心的认识。他认为，北京建设全国科技创新中心首要解决的是其存在价值的问题，找到应对新常态国家经济转型和体制增效的战略需求，满足社会、企业和资本等实际需求的真正途径。科技创新中心之间的竞争，不是资源禀赋或自身资源规模的竞争，而是战略性创新服务体系建设能力的竞争。全国科技创新中心的内涵还处于不断深化认知的过程中，制定的规划应该是一种灵活性的工作体系的规划，给各区县预留足够的想象和价值创造空间，对其进行导引或启发，全面发挥北京内外各种创新资源的主体性、积极性和自觉性。

中国国际经济交流中心研究员梁云凤从人才建设的角度提出观点，她认为，北京建设全国科技创新中心要“人才为本，科技为壳”。科技创新最终还是以人才为本，要把人才作为第一资源、第一动力、第一资本，把人才作为一个大的产业来发展。人才产业，尤其是创新型人才的发展，可以广泛采用 PPP 项目模式，即政府和市场的合作模式，做到“上下左右”联动起来。以全球的视野，围绕人才产业的国际布局和争夺，在不断开放的环境中培养国际化人才，营造国际人才自由流动环境，促进人在加速集聚，构建全方位系统性的人才政策体系，打造最适宜国内创新创业的发展平台。

中国自然辩证法研究会崔伟奇认为，不同地域的创新蕴含着不同特色的文化，北京建设全国科技创新中心，一定是中国特色的。此外，应当处理好以下几个问题：第一，解决长远利益和短期利益的矛盾。第二，当前中国最需要的就是行业共性的核心技术，而这恰恰是很多企业最大的短板，北京只有解决核心技术问题，才能实现产业机构真正转型。第三，创新需要精益求精，所有环节都要做到精益求精，并不是所有创新都来自于最新科技。

2015 年 4 月，李克强总理在政府工作报告中提出，制定“互联网 +”行动计划，推动移动互联网、云计算、大数据、物联网等与现代制造业结合，引导互联网企业拓展国际市场。”针对“互联网 +”和大数据发展，结合北京科技创新，诸多学者发表了不同观点。

北京大学教授杨开忠认为，在京津冀一体化过程中，会遇到疏解北京非首都核心功能与京津冀协同发展的问题，应通过创新来解决。所谓创新，其一，怎么通过“互联网+”把北京优势的、高质量的公共服务向河北延伸；其二，京津冀地区之所以发展不协同，其中重要原因在于条块分割，通过“互联网+”正好可以规避和克服这种条块分割，把京津冀各个地区的优势和潜力整合起来，提升竞争力；其三，通过“互联网+”，使京津冀的创新体系得到拓展和提升。

北京市社会科学院副院长赵弘认为，“互联网+”时代，京津冀在产业创新当中是这样的关系：一方面“互联网+”本身能够形成一个产业集群，在空间上要重新配置；另一方面京津冀地区的环境问题，其根源在于传统产业过多，该地区一年消耗3.5亿吨的煤，其中河北占80%。在这种情况下，河北的很多传统产业，比如建材、钢铁、家具、印刷等等，都可以通过“互联网+”进行技术升级和市场模式的创新，未来很多要素会在这个平台上融合。

北京市科学技术协会副主席周立军从科普的角度提出观点，他认为，科普信息化的发展是科学传播和互联网技术深度融合的过程。所谓科普信息化就是将科学知识、科学方法、科学思想和科学精神的各种载体，例如文字、音频、视频以及互动游戏等进行数字化处理，然后通过互联网应用终端，向不同类型的受众进行传播的科普方式。这种方式一改传统科普的特征，呈现出即时性、互动性、共享性和碎片化、泛在式的特点。

中国工程院院士李言荣认为，当前正深入实施创新驱动发展战略，行业特色型大学应该走在这一工作的前列。借鉴斯坦福大学和硅谷的发展历史与发展模式，实施“一校一带”战略，即在高校及周边形成以“互联网+”为核心，集教育实训、孵化转化、加速发展三大功能的“创新创业发展带”，打造学校、政府、市场三位一体的创新创业生态链，同时主动对接学校周边的IT巨头，真正将学校在信息领域的综合优势交叉渗透到各个行业中去。

对外经贸大学商学院邢小强副教授从民生的角度对科技成果的转化提出观点，他认为，发展民生科技，政府是主导，企业是主体。在促进民生科技成果转化中，需要突出和强化企业的主体地位和作用，而政府则有责任和义务引导企业强化新技术、新产品的平民化应用，对于服务惠民的中小型科技企业要同大企业一样给予大力扶持，制定财政、信贷和税收等优惠政策。还要建立一套鼓励民生科技发展的激励机制，在项目立项时给予更多关照。

针对京津冀三地在交通信息化建设方面存在的差距，中国智能交通协会理事长吴忠泽认为，首先应该加快三地交通信息化基础设施的建设，同时加紧各自的统一数据平台的整合。其次，应相互借鉴和学习，加快发展速度，对北京交通信息化建设的成功经验，天津和河北应该结合自身实际情况加以借鉴和学习，北京也应该将自身建设经验和成果提供分享，共同推进京津冀区域交通信息化水平的不断提高。

二、重要论坛和研讨会

1月30日，北京科技大学等单位举办“养老服务业科技支撑与发展研讨会”。研讨会对物联网、云计算、大数据等新一代信息技术、中医治未病、健康管理等内容进行讨论，北京中医药大学副校长王伟、杭州师范大学副校长郭清、第三军医大学曹佳分别从中医治未病、健康管理等方面进行阐述。会议形成《养老服务业科技支撑的发展建议报告》。国家养老服务专家委员会王志良教授认为，政府应鼓励大家积极参与养老服务业重大科研项目和重大理论课题的研究，浙江大学吴健教授认为，创新的信息技术是提高我国养老服务业水平的关键。

5月13日，首都经济贸易大学课题组等单位举办“两种工业化战略新视角下我国三大制造业发展研究”学术研讨会。首都经济贸易大学张学平教授对我国出口导向战略型产业发展概况进行了回顾和总结，他认为，我国出口导向型战略的实施功效显著，已经完成了两次跨越，但同时面临全球价值链分工锁定的威胁，亟待实现第三次跨越。王晖博士则认为，我国进口替代型战略实施功效也很显著，汽车工业和医药工业是我国进口替代战略两个典型的代表产业，医药工业显示出后来者居上的发展势头。

5月25日，北京物联网研究会举办“智慧城市智慧养老智慧医疗物联网高峰论坛”。论坛主题：交流、创新、发展、应用。北京物联网研究会理事长王志良教授做“面向养老服务的智能设备市场机遇”的报告，认为当下以及将来会有“智能硬件大市场”，这个大市场的发展，将是养老服务和智能硬件的结合。体育科学研究院郭建军主任做“生活方式指导与智慧医疗”报告，他从体育与卫生、预防医学与临床医学、预防中的运动营养学角度进行阐述，提出将来智慧医疗会是“专家+大数据”给出智能建议的模式。

8月12日，北京技术经济和管理现代化研究会举办“北京市产业升级与协调发展”学术研讨会。与会专家认为，从北京市各区县各产业之间协同发展角度考察，北京市已经形成了“产业集聚、层次错落、分区域功能定位”的格局，体现出产业“集聚”与“分散”协调发展的生态经济结构特征。北京市三次产业之间集中度差距显著：第一产业集中度最高，且2005—2011年集中度变化不明显；第二产业集中度明显低于第一产业，但呈现不断上升的趋势；第三产业集中度最低，表现为先降后升的趋势。北京市三次产业结构合理化的方向应该特别着重于三次产业结构之间和三次产业内部的协调发展，而不是一味地追求第三产业比重无限制地攀升。

9月16日，北京农业信息化学会、北京市农林科学院共同举办“农业物联网与智能装备技术研讨会”。研讨会主要议题：现代高效节水灌溉与作物水肥一体化管理技术、水肥一体化与现代农业、农田节水滴管技术发展等。中国农业大学教授康绍忠院士、全国农业技术推广服务中心首席专家高祥照等与会专家针对现代农业的重大需求进行探讨。

10月15日，北京光学学会等单位举办“第12届北京激光技术前沿论坛”。会议主要内容：基于全固态激光器的高精度先进激光退火及其在微电子领域的应用、全固态脉冲功率技术及其在准分子激光器上的应用、8～10微米可调谐长波红外固体激光器实验研究、激光雷达技术研究进展、激光频率步进雷达技术研究、3D打印技术在数字化医疗领域的应用、激光制孔技术在航空工业应用及发展趋势等。

11月11日，北京环境保护科学研究院固废污染防治研究所举办“固废联盟沙龙——京津冀协同创新发展研讨会”，会议围绕京津冀协同发展科技工作情况展开讨论。与会专家和企业代表主要就以下议题展开了讨论：如何建立京津冀固废协同处置联盟；以何种形式建立固废领域不同方向的创新攻关与成果平台；京津冀地区所需求、有条件开展的影响重大的固废领域的协同创新科技工程项目有哪些；如何联合相关单位（包括企业）成立固废领域产业基金；组织开展固废领域技术发布与需求对接会。

12月11日，北京市社会科学界联合会、北京改革和发展研究会在北京经济管理职业学院共同举办“2015学术前沿论坛——科技创新与京津冀协同发展”论坛。与会专家围绕科技创新、非核心功能疏解、跨区治理、资源配置等问题进行研讨。与会专家认为，当前京津冀协同发展已经列入国家三大重点发展战略，在未来五至十年，京津冀协同发展步伐将会大大加速，并影响这一地区一亿多人的生活。特别是北京非首都核心功能疏解，对北京未来长远发展将产生重要影响。京津冀地区的协同发展须放眼全球化、科技创新、经济周期维度，并立足本地问题和首都地区特殊性。

12月19日，北京市计算中心举办“低维纳米材料多尺度集成计算与实验研讨会”。研讨会主题：如何将低维纳米材料的实验研究与多尺度集成计算相统筹。与会专家认为，材料工业是国民经济的基础产业，新材料是材料工业发展的先导，是重要的战略性新兴产业。应加快培育和发展新材料产业，引领材料工业升级换代，这对支撑战略性新兴产业发展，保障国家重大工程建设，促进传统产业转型升级，构建国际竞争新优势具有重要的战略意义。

12月27日，北京市科学技术协会、北京食品学会共同举办“科技创新促进京津冀食品产业升级论坛”。会议主要内容：京津冀食品产业升级、京津冀食品行业新常态下的科技优势及需拓展的领域、食品发展新常态下的新内涵及新思路等。与会专家通过分析京津冀食品产业发展的优劣势及制约因素等方面，提出三地食品产业创新驱动发展构想，并建议京津冀食品科技创新要立足于服务产业布局的优化、服务首都食品供应与安全保障、促进地区协同发展，建立京津冀食品科学与工程研究共用平台、人才基地及食品原料和加工产业示范带。

三、重要研究课题

《中关村文化创意产业提升公共文化能力的调研和对策研究——中关村科技与文化融合创新案例研究》课题，2015年中关村战略规划与政策研究专项课题，北京数字科普协会承担。课题结合互联网发展趋势和中关村实际，通过典型案例研究，总结归纳中关村科技与文化融合发展的需求和模式，探寻科技与文化产业融合创新的方法和路径，对于顺应高端产业发展新趋势、推动科技与文化融合创新具有非常重要的意义。

《北京农科城创新驱动与高端服务发展战略研究》课题，北京市科委委托，中国农业大学承担。课题总结了北京农科城过去五年创新驱动与高端服务的发展成效和典型案例，分析了未来五年发展的战略需求、优势条件和问题挑战，提出了服务京津冀、引领全国、链接世界的战略定位，构建了创新驱动加快北京农科城转型升级、高端服务引领北京农科城提质增效、创新驱动与高端服务融合促进北京农科城跨越发展的三大路径，提出了组建北京农科城基金群、打造涉农领域的国家智库、构建创新创业人才团队的高级孵化器、建立京津冀农业科技协同创新联盟等措施。

《营养和功能成分标示的基标准方法及标准物质关键技术研究与应用》课题，北京市科学技术三等奖，北京市营养源研究所与中国计量科学研究院共同承担。课题创新点包括：提出并在国内首次构建了符合国际营养定义的食品重要标示成分的“计量基本方法—标准物质—检测方法国家标准”量值溯源传递标准体系模式；实现了重要食品标示成分分离、纯化、制备和定值技术的突破，建立制备新路径；国内首次建立、制订了适应国家最新食品标签标示要求，并符合国际营养定义的新检测方法国家标准。课题成功研制食品营养和功能成分标示用标准物质31种，研究制订新检测方法国家标准13项，发布实施8项，发表期刊论文17篇（SCI文章3篇），出版专著2部，发明专利2项；成功主导我国胆固醇检测能力验证，完成国际分析化学家协会（AOAC）方法验证，结果国际等效。

《设施蔬菜小型害虫的生物防控技术研究及产品开发》课题，北京市科委委托，中国农科院植物保护研究所和蔬菜所承担。课题研发建立了集诱剂防治、微生物防治、携带毒检测与控制技术等综合防治技术体系，首次调查明确了西花蓟马在北京传播番茄斑萎病的危害情况，并研究筛选出检测是否感染或携带番茄斑萎病的特导性引物，在国内首次实现白僵菌和蜡蚧轮杆菌的微菌核培养，为虫生真菌防治土栖昆虫提供新方法，并获2项国家发明专利。其综合防治技术体系在昌平、顺义、大兴、延庆等地的设施蔬菜种植中进行了示范应用，防效超过83%，实现了设施蔬菜小型害虫防治工作的重大突破。

《农用机井计量装备与节水灌溉系统研发》课题，北京市科技计划，北京市水科学技术研究院、中国水利水电科学研究院等单位共同承担。课题以北京市农用机井灌溉用水的总量控制、定额管理为根本出发点和落脚点，建立了水电折算关系动态更新模型，开发了基于水记录GPRS远程上传的IC卡水电双重计量控制器和售水软件，申请了专利和软件著作权各2项，制定了一套农用机井用水计量系统技术规程，实现了农业机井用水的集中式管理，在节水灌溉领域获得了新的进展，促进了农业用水总量控制，提升了水源涵养。

《碱化土壤改良调理剂开发及盐碱地改良科技示范》课题，北京市农林科学院、清华大学共同承担。课题研究形成了以脱硫石膏为主要成分的三种碱化土壤改良调理剂的配方及制作方法，申请了8项国家发明专利，其中有5项获得了专利授权。经2014—2015年田间小区试验表明，三种调理剂产品对中度、重度碱化土壤和碱土有显著的改良效果，在保证作物品质的条件下能大幅度提高作物产量；通过对碱化土壤改良调理剂的安全性评价，形成了相关安全性评价方法，明确了碱化土壤改良调理剂施用后，土壤中的重金属含量以及作物果实中重金属含量均符合相关国家标准；制定出了碱化土壤改良调理剂改良工艺流程，并建立中度和重度碱化土壤改良示范基地共1.4万亩。

四、重要项目

“京张地区生物燃气技术装备集成应用科技示范工程”项目。项目依托首都生物质能源产业技术联盟，面向京津冀一体化国家战略及区域整体生态需求，针对京张一线气候和生物质资源特征，开展生物燃气高效生产利用技术研究及标准化成套工程装备提升、研发和集成。项目预期将以科技创新引领京张生物燃气商业模式实践，带动整体区域示范模式、服务模式、产业模式创新，推动首都生物燃气研发内涵式提升和产业化能力外延式发展，形成京津冀清洁能源产业带技术创新平台（联盟），促进京津冀地区能源环境协同、可持续发展和首都圈生态文明建设，为北京—张家口2022年冬季奥运会提供保障。

“创新工程Ⅱ-3：航天发动机大深径比微小孔超精密电火花加工装备系统集成研究”项目，北京市电加工研究所承担。项目针对航天发动机中微型喷嘴、喷注器微小孔面板等尺寸小、材料特殊、微米级精度等关键零件的制造需求，开展航天发动机大深径比微小孔超精密电火花加工装备系统集成的研究，首次在电火花小孔加工领域成功应用直线电机驱动技术，并在使用油加工液和实心电极的条件下实现了大深径比微小孔的高效精密加工，形成专用设备和全套加工工艺，解决了航天复杂零部件加工难题。

“果蔬自动检测分级设备转化”项目，国家农业科技成果转化资金项目，北京市农业机械研究所承担。项目通过对果蔬自动检测分级设备的完善、熟化和转化工作，解决了果蔬品质的多指标同步检测、果蔬的多表面检测、实时自动分级、传输系统、卸料装置和卸料控制程序等关键技术问题。该项目研发的设备经北京市农业机械试验鉴定推广站检测，设备果蔬分级达3～7个级别，大小分级精度在4mm以内，串果率精度在5%以内，处理速度达每通道每秒6个，有效减少了果蔬的损失，提高了果品的附加值。

“京津冀菜篮子保障与科技示范”项目。项目按照国家无公害食品行动计划，落实京津冀区域协同创新发展战略，在京津冀重点地区建立蔬菜安全生产示范基地2500亩，建立不同品种蔬菜全产业链标准化技术规程4套，建立产地认证和产地准出制度；搭建京津冀蔬菜质量可追溯平台，实现数据采集、风险预警、质量追溯和产品展示等功能；建立京津冀地区蔬菜质量安全的标准化、规范化检测，为京津冀地区蔬菜全产业链溯源数据库提供蔬菜中农药残留第三方检测数据。通过项目实施，京津冀蔬菜将实现生产、流通、销售等环节可控，保障蔬菜的质量安全和稳定供应，并通过现代农业创新服务联盟组织形式，与京津冀地区合作组织、协会对接，探索京津冀一体化新模式。

“食品安全未知成份鉴定平台构建及不明危害物质检定评估技术体系研究与应用”项目，北京市食品安全监控和风险评估中心负责实施。该项目将通过建立不少于20项食品中未知物鉴定关键技术，形成化学性、放射性、生物性3个种类不明危害物质检定评估技术体系，构建集快速鉴别、精准确证、科学评估于一体的国际领先的食品安全未知成份鉴定平台，形成规范有序的鉴定技术流程，为突发事故的快速处置、重大活动的有效保障、食品安全犯罪的源头控制提供强有力的技术支持。项目实施将提升首都食品安全风险监测水平和监管能力，能在短时间内实现不明物质的鉴定，获取更为丰富的食品安全数据，提供给消费者快速分享，提高首都食品安全风险筛查能力。

五、政策建议

针对北京市科技创新话题，北京市科协副主席、高级工程师景晓东认为，北京应积极抢抓新一轮科技革命和经济发展的机遇，根据自身资源和经济社会发展需要重新进行产业布局，发挥自身优势，发展智能制造以及由此衍生出的新型产业。为此，他提出如下建议：一是组建北京智能制造研究院。研究院主要依靠北京总部基地和大型国有企业云集、咨询研发机构众多的优势，分行业研发智能制造相关国家标准，并提供相应的行业智能化解决方案。二是依托目前的科技园区建立智能制造产业孵化器，逐渐培育产业环境。三是加快专业人才的培育，加快复合型人才的培养。四是鼓励相关生产性服务的发展，可以通过金融政策创新来鼓励智能制造产业和技术的创新发展。五是鼓励和发展中小型制造企业，北京应提出相关措施鼓励和支持中小型制造企业发展。

针对北京打造世界级科技创新中心，南开国际管理论坛执行主席曾宪章提出八点建议：一是北京应设定科技创新“人才强市指标”，把北京市的人才从“量”变成“强”；二是每年设立1亿元人才培训“循环基金”，大量培养科技创新人才；三是在关键行业、关键技术领域，主动邀请礼聘“大师级人才”，把“千里马”请出来；四是打造适合“工作、生活、学习、宜居 ”的创新人才特区；五是打造“创新、创业、创投”三创融合的科技创新特区；六是重点发展“微电子创新产业”基地；七是打造全国“创新创业免费展示及体验”基地；八是设立“创新大讲堂”和举办“创新大赛”，加强国际交流。

针对信息化科普公共平台建设，北京市科学技术协会副主席周立军教授提出以下建议：一是加强基础设施建设，加大基于云计算、物联网的科技传播网络整合，充分发挥新技术新方法在科技传播中的积极作用。二是突出资源和内容建设。积极推动科普创作形式的转变，加大对科普微视频、科普轻游戏、科学词条等适合互联网和移动互联网传播的科普内容的创作扶持。三是健全有利于科普社会化的体制机制。探索政府购买信息化科普服务的支持机制，培育网络科普市场；有计划地开展网络科普研究，对社会组织参与网络科普服务进行指导和帮助；营造开放、共享、协作的互联网科普环境，鼓励和培养一批从事科普信息化工作的专兼职人才。四是深入开展国际合作，进一步加强信息交流沟通，合作开发资源，共同创造具有全球影响力的科普产品。

针对2022年冬奥会制冷技术，北京制冷学会举办决策咨询会，与会专家建议：一是建立先进的冷链物流体系，为冬奥会食品冷链物流体系建立提供先进装备条件，鼓励和推进采用高效、环保、安全的冷链新技术，科技先行；二是对本次冬奥会将修建和改建的冰雪运动场馆，人工环境所需配备的制冷装置和配备的设计方案进行节能、安全审查评估，为本届冬奥会所需专业技术标准的落实提供技术支持，并对设备安装、调试、检测提供全程技术服务；三是推广清洁能源，提升冬奥会的可再生能源应用水平；四是高效利用资源，制冷和制热结合，实现冷热资源联动；五是从设备的选择到系统的集成以及效果控制，减少环境污染，实现对冬奥会室内室外环境控制，建立空气品质保障体系；六是做好冬奥会后制冷、制冰、制雪设备转移和再利用的调研和后续使用；七是利用信息化手段，在冬奥会期间除了做好食品追溯，还要做到全冷链的追溯；八是利用冬奥会契机推广冰雪运动，合理布局冰雪运动场地。

针对智慧北京空间信息服务的建设，北京测绘学会专家提出“打造全三维智慧北京”的建议。他们认为，目前北京市三维模型的建模面积仅达200平方千米，距全三维智慧北京还有差距。同时需要建立多元空间感知信息的融合体系，即通过感知系统的标识编码与地址编码技术，实现多元空间感知信息的汇聚、管理、融合、交换、分析决策等功能。为此，建议搭建智慧北京空间信息服务云平台，大力发展移动GIS应用，建立多元空间感知信息的融合体系。

（作者：陈剑，中国经济体制改革研究会副会长、研究员；
毛雪峰，北京改革和发展研究会秘书长、经济师）

北京城市建设和管理

孟 斌 尹 芹

2015年，北京市主动适应经济发展新常态，牢牢把握新时期首都城市战略定位，积极推进京津冀协同发展战略，有序疏解非首都功能，城市建设更加注重生态文明，城市管理更加注重精细化，首都经济社会持续健康发展。2015年是北京市国民经济和社会发展第十三个五年规划的编制之年，编制好“十三五”规划，科学谋划首都经济社会未来发展，对北京市建设国际一流的和谐宜居之都具有重大而深远的意义。面对新时期首都城市发展的形势和任务，学者们旨在为首都这座超大型城市的发展提供学术支撑，北京城市的建设和管理成为学术研究的热点问题。

一、重要学术会议简介

1. 第十届新世纪北京生态论坛

2015年5月8日，由北京生态学学会主办、北京林业大学承办的“第十届新世纪北京生态论坛”在北京林业大学顺利召开。本届论坛以“京津冀一体化”为主题，邀请了中国环境科学研究院刘军会副研究员、中国科学院大气物理研究所王跃思研究员、中国科学院生态环境研究中心欧阳志云研究员介绍京津冀地区生态和环境的演变、现状、存在的问题及建议。本次论坛由学会理事长马克平研究员主持，北京市科学技术协会学会部李金涛部长、北京市园林绿化局甘敬主任、石景山区环境保护局李元员局长等来自京内外35家单位、3家新闻媒体（北京电视台、中国经济信息网、中国花卉报）共约140余人参加了本次论坛。

2. 第六届北京城市发展战略论坛

2015年10月17日，北京自然辩证法研究会第6届城市发展战略论坛在北京交通大学顺利召开，来自中国人民大学、中国科学院大学、中国农业大学、中国政法大学、北京大学、北京科学学研究中心等单位的专家学者及部分高校研究生共40余人，齐聚一堂，共同探讨“创新、发展与人才培养”以及“屠呦呦现象和中国科教体制”。本次论坛会议共分为三个单元进行，11位教授和11位青年博士分别围绕“创新与发展”、“创新与人才培养”以及“屠呦呦现象和中国科教体制”三个专题进行交流与研讨。22位发言人的精彩报告激发了与会专家学者对中国科教体制下如何实现创新、发展与人才培养话题的深入思考。

3. “伦理视域下的城市发展”第五届全国学术研讨会

2015年10月24—25日，由中国伦理学会主办、北京建筑文化研究基地、北京建筑大学文法学院联合承办的“伦理视域下的城市发展”第五届全国学术研讨会暨北京建筑文化研究基地2015年学术年会在北京召开。在主题报告阶段，与会专家围绕“伦理视域下的城市发展”展开了深入演讲。在两天的会议期间，还举办了建筑伦理与城市空间哲学、京津冀协调发展与智慧城市建设、红色建筑物保护与人文城市建设、城市发展思潮与价值观变迁4个分论坛，以及“城市，让生活更美好——2015中青年学者对话会”等一系列活动。

4. 首都圈巨灾应对高峰论坛暨京津冀协同发展综合减灾应急保障体系建设

2015年11月27日上午，由北京市科学技术协会主办，北京减灾协会、中国灾害防御协会承办的“首都圈巨灾应对高峰论坛暨京津冀协同发展综合减灾应急保障体系建设”在中国科技会堂举行。论坛特邀来自消防、灾害保险、气候变化、公共安全、法制建设、气象服务、地震等防灾减灾领域的资深专家，以京津冀系统发展综合减灾应急保障体系建设为主题，分别从如何将消防工作的新发展融入国家战略、京津冀巨灾风险管理中保险的作用及发展、气候变化如何结合国家的战略布局、京津冀协调发展综合减灾法制建设框架研究、天津港“8.12”特大火灾爆炸事故气象应急保障服务与思考、提高京津冀区域防震减灾能力等方面作专题报告。来自北京减灾协会理事单位从事防灾减灾相关工作的领导、专家学者、科技人员共110余人参加了论坛交流。

5. 2015年城市暴雨与海绵城市建设学术研讨会

2015年12月24日，由北京师范大学水科学研究院、数字流域校级重点实验室共同主办的“城市暴雨与海绵城市建设学术研讨会”于北京师范大学京师学堂隆重召开。来自中国科学院、清华大学、北京师范大学、中国城市规划设计研究院、中国水工业互联网站等国内高等院校和科研机构，以及校内地理学与遥感科学学院、环境学院等兄弟院系的80余师生参加了本次学术研讨会议，与会人员共同探讨了城市暴雨与海绵城市建设研究的背景意义、理论基础、研究方法及其应用案例，此次会议对我国海绵城市建设工作起到了积极的促进和推动作用。

二、重要学术论著简介

1. 城乡一体化论著

“城乡一体化”成为2015年北京市城市建设和管理的研究热点，主要著作及报告有：

《城乡一体化蓝皮书：中国城乡一体化发展报告（北京卷）（2014—2015）》（北京联合大学北京学研究基地，社会科学文献出版社）[①]围绕落实首都城市战略定位和建设国际一流的和谐宜居之都的目标，重点分析了农民增收、农村基础设施建设、公共服务均等、集体经济优化升级、新型城市化推进、城乡接合部改造、城市病治理等体制机制领域，重点对城乡土地利用方面进行了关注。展望2015年，北京城乡发展面临重要机遇，绿色发展、城市功能优化、农村土地改革创新等新要素会助推北京城乡发展的可持续性和科学性。

《北京市城乡发展一体化进程研究》（张英洪，社会科学文献出版社）[②]从理论研究、政策实践、实际成效等方面对北京的城乡一体化进程进行比较系统全面的回顾与总结。在借鉴国内已有研究成果的基础上，建立了北京狭义城乡一体化评价指标体系，对2007—2012年北京狭义城乡一体化进程做了动态监测与评价。同时，从推进国家治理体系和治理能力现代化的战略目标出发，提出了北京市加快城乡一体化发展的对策建议。

《北京现代化报告2013—2014：北京城乡发展一体化研究》（李永进、张士运，北京科学技术出版社）[③]总体概括了北京城乡一体化发展的战略、阶段特征和面临的任务；论述了北京现代农业的发展历程以及农业现代化建设途径；总结了北京农村土地制度的变革和探索，提出北京农村土地制度的完善策略；研究了北京城乡基本公共服务现状，分析城乡基本公共服务存在的差异，在农村居民对公共服务满意度调研基础上，提出推进北京城乡公共服务均等化政策建议。

2. 绿色发展论著

雁栖湖生态发展示范区生态技术评价组的《低碳生态城镇建设与科技创新研究—以北京雁栖湖生态发展示范区为例》（雁栖湖生态发展示范区技术评价组，经济科学出版社）[④]以雁栖湖生态发展示范区为例，构建了科技创新视角下的低碳生态城镇建设体系，分析了低碳生态城镇建设与科技创新的关系，建立了低碳生态城镇建设的技术体系，构建了低碳生态城镇评价指标体系。雁栖湖生态发展示范区综合利用了70余项先进适用的生态环保技术，其技术开发与管理创新机制，为我国低碳生态城镇建设提供一条可供参考的实施路径。

《北京世界城市建设中的新资源发掘问题研究》（韩文琰，中国金融出版社）[⑤]从北京的现实与建设目标出发，比较分析北京与纽约、伦敦和东京等主要世界城市的差距，从资源分析的角度为北京建设世界城市提供相关的理论依据；对资源（环境）、可持续发展、循环经济、城市与资源等有关概念进行评述，突破传统资源观的认识障碍，树立新型资源观，为北京新型资源的挖掘提供理论依据；运用定性分析、定量分析和模型分析等手段，丰富和完善资源与产业理论，对环境与资源约束下的北京建设世界城市提供一个新的研究途径。

3. 健康城市论著

党的十八大报告中提出“健康是促进人的全面发展的必然要求”，随之，“健康城市建设”成为2015年学术研究的新主题。《健康城市蓝皮书：北京健康城市建设研究报告（2015）》（王鸿春，社会科学文献出版社）[⑥]基于大量权威数据和实地调研材料，对北京健康城市建设状况及其数据等进行深度整理、挖掘、提炼、分析。系统地介绍了2011—2014年北京健康城市建设研究的发展状况，对主要问题、存在的不足及其原因进行详细分析，并借鉴国外发达国家城市治理经验，针对未来北京健康城市建设工作实际进行了科学预测、决策研究，并提出了政策建议，是关于北京健康城市建设的最新研究成果。

《报告》旨在对北京市健康城市建设和发展状况进行宏观描述和战略性研究，以便为提高北京市健康城市建设水平、促进中国健康城市发展、增强健康城市建设顶层设计和城市公共管理水平、有效解决“特大城市病”提供科学性和合理性依据。

4. 旅游城市论著

《北京建设世界一流旅游城市：2013：理念创新与模式探索》（计金标，经济管理出版社）[⑦]系统探究了北京旅游的新问题、新挑战与新模式：北京建设世界城市的文化旅游路径，北京市文化创意旅游发展模式与对策，北京市旅游景区发展与升级，北京国际网络营销平台分析与构建，北京低碳旅游发展模式，首都区域旅游合作创新发展模式，北京建设世界一流智慧旅游城市创新。

三、北京城市发展战略相关研究

1. “一带一路”战略与北京建设发展

2014年底，中央经济工作会议确立“一带一路”、“京津冀协同发展”、“长江经济带”为优化经济发展格局的三大战略。国家赋予了北京“全国政治中心”、“文化中心”、“国际交往中心”、“科技创新中心”的“四个中心”明确定位。北京如何通过坚持推进“四个中心”建设和“京津冀协同发展”，融入“一带一路”战略中，对北京在新常态下实现可持续发展至关重要。韩晶等学者认为，尽管在“一带一路”战略中，京津冀地区没有被直接圈定为涵盖省份。但“一带一路”、“京津冀协同发展”与北京“四个中心”的城市发展战略之间明显存在着大三角的互动关系。北京融入国家“一带一路”战略，需要把握首都优势、经济优势、区位优势三个要点，找准自己的合作定位、城市发展定位、产业定位和文化定位。提出北京融入“一带一路”的战略对策，即突出政策协调功能，打造北京“一带一路”总指挥部；确定北京投融资中心地位，形成“一带一路”主题的金融集聚；通过北京国际影响力，发挥支撑服务功能；依托北京中国文化中心优势，促进一带一路文化交流[⑧]。王姣娥等基于2014年的OAG计划数据，重点分析了中国与“一带一路”沿线国家的国际航空运输联系空间格局，并运用枢纽度模型识别国际航空枢纽。研究表明，北京是中国面向“一带一路”沿线国家的国际航空客运枢纽机场，北京、上海、广州等国际综合性枢纽和乌鲁木齐、哈尔滨等区域航空枢纽，及郑州等国际货运航空枢纽共同构成了中国面向“一带一路”沿线国家的国际航空枢纽[⑨]。

2. 京津冀协同发展

2015年北京市通过贯彻《京津冀协同发展规划纲要》的意见，该《纲要》描绘了京津冀未来发展的美好远景和宏伟蓝图，对解决好北京发展和管理中的各种问题、实现区域协同发展具有重大的指导和推动作用。

陆大道阐述了改革开放以来，京津两市和河北省的经济发展特点及已形成的优势，根据各自的特点、优势和符合国家战略利益的原则，提出了京津冀大城市群中北京、天津、河北省的功能定位[⑩]。学者们围绕京津冀环境一体化、城市质量等问题进行了研究。张永安等学者将区域经济增长与PM2.5污染二者的关系研究分为省市内部主要部门排放和省市间污染联动效应，主要排放部门包括工业、建筑业、机动车，基于VAR模型对其进行格兰杰因果检验和脉冲响应分析。研究表明，北京市工业、建筑业和机动车排放标准虽然严格，但排放总量远超环境承载能力，且受天津、河北的地区间污染传输影响明显；天津、河北受地区间传输效应影响较少，但其工业、建筑业和机动车排放控制不力，对环境产生了很大的直接影响[⑪]。阎东彬以城市综合承载力为切入点，采用灰色关联分析法，对北京、天津以及河北的石家庄、唐山、秦皇岛、保定、张家口、承德、沧州、廊坊8个城市的城市综合承载力进行了测评和比较，在厘清各地优势与不足基础上，提出优势互补、梯度错位、多维协同的京津冀一体化城市发展之路[⑫]。李磊等学者从智慧化水平、公共服务水平、基础设施现代化水平、生态可持续发展水平四个维度，构建了城市群城市发展质量评价指标体系，对京津冀城市群地级城市发展质量，以及京津冀、长三角城市群内核心城市发展质量做了对比评价。研究表明：北京在智慧化水平、公共服务水平方面的质量指数高于上海和天津，上海在基础设施现代化水平、生态可持续发展水平方面的质量指数高于北京[⑬]。

3. 落实首都战略定位

王殿茹对非首都功能疏解的路径进行分析，探索保障非首都功能疏解的机制和环境，提出实现非首都功能疏解政策措施[14]：有序推进北京非首都功能疏解需要控增量、调存量；关停淘汰一般性制造业和污染企业；高耗水农业生产功能外迁、转移批发市场、疏解教育医疗功能及行政事业性服务机构等。

四、北京城市建设研究

1. 国际一流的和谐宜居之都建设

党云晓等构建宜居城市主观评价指标体系，基于三次大规模抽样调查问卷，对北京市居住环境从2005年至2013年的变化进行评价，重点分析居住环境的生活方便性、安全性、自然环境舒适度、人文环境舒适度、出行便捷度、健康性六大方面在不同城区及不同人群之间评价的差异。研究表明：居民比较认可宜居北京的生活方便性，对舒适度的评价逐渐上升，对健康性的评价持续下降；主城区居民满意度高于郊区大型居住区；年轻群体、高收入高学历人群、商品房居民以及本地居民对居住环境的评价更高[15]。湛东升等以北京市为案例，基于2013年宜居城市大规模问卷调查数据，运用因子分析方法提取了北京市居民宜居满意度主要感知因素，并分别从居民宜居感知因素、个体与家庭属性因素两个视角，借助地理探测器方法揭示了北京市居民宜居满意度特征与影响机理[16]。陈叶秀等探究了社区环境对居民主观幸福感的影响，研究表明："景观优美"、"邻里关系良好"等5个指标是影响居民主观幸福感的主要社区环境因素。这些因素反映了居民对社区环境的需求，有关部门和企业可以根据居民的需求来规划、建设和管理社区，让社区居民生活得更加幸福[17]。还有学者就特殊人群进行了幸福感、城市归属感进行了研究，例如张景秋等分析了老年人的居住环境及生活满意度[18]；朱海琳等基于流动人口的调查数据对流动人口的城市归属感和主观幸福感进行了分析[19]。

2. 文化中心建设

学者们围绕文化中心建设研究主要集中于三方面。第一，北京文化中心建设与世界城市建设的关系。王琪延等阐述了北京建设世界文化中心城市的意义及必要性，分析了其在文化设施、国际文化交流、文化创新等方面存在的不足，并从文化的传承与创新、文化资源的保护和利用、文化服务网络的完善、文化交流的增强、文化人才队伍的打造、文化产业的发展等角度提出了具体建议，以期为有关部门制定北京文化发展战略提供参考[20]。刘珂欣论述了民族文化宣传教育与世界城市建设的关系，认为民族文化宣传教育是民族工作的一项重要内容。民族文化宣传教育在北京市世界城市建设中具有弘扬民族文化、打造民族品牌、协调民族关系、维护民族团结、构建和谐宜居城市、整合社会精神资源、提升城市文化软实力的重要地位和作用[21]。

第二，学习型城市与学术之都。杨树雨在《我国学习型城市建设的实践与发展》一文中进一步深入明确界定了学习型城市的概念，介绍了我国学习型城市建设实践起源时间，阐述了2013年由联合国教科文组织、中国教育部和北京市政府合办的"首届国际学习型城市大会"在北京召开的意义。同时，分析总结了我国学习型城市建设的理论基础、已经取得的成绩、成就和存在的问题，指出了我国学习型城市建设的发展方向[22]。李强认为北京建设学术之都具有深刻的理论和实践内涵，学术建设对北京的城市发展具有深远的积极影响。从历史与现实出发，认为北京的学术传统和精神是兼容并包，只有进一步以开放、包容、自信的心态促进学术交流和进步，进一步改革现有学术体制机制、理顺部属与市属高校之间的关系，充分利用北京的学术和智力资源为首都、国家发展提供智力支持，北京的发展乃至国家的发展才会在下一轮激烈的全球竞争中更上一个台阶，立于不败之地[23]。

第三，还有学者研究了现代公共文化服务体系的构建[24]，论述了节事活动与地方文化空间生产的关系[25]，这些研究进一步丰富完善了文化中心城市建设的理论内涵。

3. 智慧城市建设

王红霞系统梳理了智慧城市的内涵、特征、建设研究现状、发展趋势，建议加快北京智慧城市建设进程，这能在一定程度上缓解北京建筑稠密、交通阻塞、景区超载、资源短缺等一系列"城市病"，并及时有效地杜绝群体性事件的发生[26]。杨京英等从理论与实践两个方面开展北京"智慧城市"发展状况评价研究工作，构建了智慧城市发展指数，并实际采集数据实现了对"智慧城市"发展水平的量化评估。同时实现了对北京市"智慧城市"建设进程的纵向动态跟踪监测和所属16个区县之间的横向差异比较，为市政府制定"智慧城市"发展战略、以及"智慧城市"建设在重点地区、重点领域、重点工作上的推进提供量化支持依据[27]。齐恩乐就智慧型街道应急管理模式创新进行了分析，文中提到，北京市在街道应急方面存在不少问题，表现为危机意识薄弱、缺少应急管理组织、信息技术支撑能力不强等。在总结团结湖街道和月坛街道相关经验的基础上，为进一步完善应急管理模式，一方面，要将北京智慧街道突发事件应急管理列入“智慧北京”建设重点工程；另一方面，需要加快实施北京智慧街道突发事件应急管理专项行动计划[28]。还有学者对物联网技术在智慧城市建设过程中发挥的作用[29]、智慧北京的惠民体验等相关问题进行了探究[30]。

4. 生态、节水及海绵城市建设

宋涛等聚焦城市发展问题，深入研究城市可持续发展和中国绿色城镇化发展战略[31]。在分析城市发展现状和中国城市病出现原因的基础上，构建绿色城镇化分析框架和理论模型，构建绿色城镇化指标体系并测度中国绿色城镇化水平，探讨绿色城镇化理论内涵，研究实现城市可持续发展和推进绿色城镇化的主要手段，提出绿色城镇化发展实现路径和政策建议。韩文琰从北京的现实与建设目标出发，比较分析北京与纽约、伦敦和东京等主要世界城市的差距，从资源分析的角度为北京建设世界城市提供相关的理论依据[32]；对资源（环境）、可持续发展、循环经济、城市与资源等有关概念进行评述，突破传统资源观的认识障碍，树立新型资源观，为北京新型资源的挖掘提供理论依据；运用定性分析、定量分析和模型分析等手段，丰富和完善资源与产业理论，对环境与资源约束下的北京建设世界城市提供一个新的研究途径。

生态城市是人类文明未来发展的主要空间节点与物质载体，在生态文明语境里早已成为持续升温的关注热点。作为人类发展的理想与目标，生态城市已经成为现代人居、生产和环境相互协调的重大社会实践。作为科学问题，生态城市是包含自然科学与社会科学众多学科交叉渗透的现代重大研究领域[33]。有学者认为，建设发展绿色、生态北京，应促进和鼓励地热资源的可持续发展与综合利用，提倡规模化开发，加强地热资源矿业管理、统一规划、科学利用[34]；有学者在实地调研和综合评价的基础上，针对北京市郊野公园植物景观存在的不足提出优化改进建议，以促进城市植物景观的美景度、生态和实用性，为北京市郊野公园植物景观建设提供参考和借鉴[35]；还有学者从城市监管角度提出绿色生产的规范要求[36]。

2014年习总书记提出了“节水优先、空间均衡、系统治理、两手发力”的治水新思路。节水中心以“节水优先”为统领，进一步落实“向观念要水，向机制要水，向科技要水”，坚持最严格水资源管理制度，推进首都节水型城市建设[37]。近年来北京市的节水工作取得了一定进展，但水资源严重缺乏的压力并没有缓解，因此学者们围绕节水城市建设提出了一系列措施和建议。例如，金树东提出北京市节水工作的重点任务：一是以生态文明理念为引领，推进节水理念的转变；二是落实“三起来”，进一步挖潜节水空间；三是按照国际一流标准，深入推进节水型社会创建活动；四是建立节水与水资源保护转移支付考核奖补政策，进一步推动各项节水工作开展[38]。方秀玉等在分析用水概况和水总量面临的压力后，提出了节水发展的几点建议：一是控制生活用水规模；二是控制环境用水过快增长；三是控制工农业用水总量[39]。“十二五”时期，北京水务围绕国家“四个全面”战略部署、首都新的城市功能定位和京津冀协同发展等新的形势和要求，全面提高水安全保障能力，促进水资源的可持续利用和经济社会的转型发展，为建设北京国际一流和谐宜居之都提供了坚实的水务支撑[40]。

海绵城市比喻城市像海绵一样，国外称为低影响开发（LID），指遇到有降雨时城市社区能够就地或就近吸收、存蓄、渗透、净化雨水，补充地下水、调节水循环；在干旱缺水时有条件将蓄存的水释放出来，并加以利用，从而让水在城市中的迁移活动更加“自然”，同时丰富城市景观，增强城市生态功能，让城市更加宜居[41]。北京市海绵城市建设成套技术，包括“渗、滞、蓄、净、用、排”，即雨水的资源化利用、涝洪减灾防治、面源污染减控及生态环境改善等[42]。在吴明华的《海绵城市怎么建——专访中国海绵城市倡导者、反城乡硬化运动发起人刘波》一文中提到：海绵城市技术只代表一种技术体系和方法，而不能代表城市发展的全部内涵。应利用海绵城市技术，达到城市水资源可持续利用与管理，最终实现城市可持续发展的战略目标。在推进海绵城市建设时，需要遏制城市无限制硬化趋势、积极实施城市生态修复、建立科学的流域管理行政体制及构建完备的水资源法律和政策体系[43]。

五、北京城市管理

1. “城市病”治理

加快破解城市难题，治理“大城市病”，实施精细化管理，是城乡建设与发展的必要措施。当前北京城市发展距离新定位、新目标的要求还有差距，还面临一些阶段性矛盾和阶段性难题，突出表现为人口过快增长、交通严重拥堵，资源环境压力日益加大等

"大城市病"问题[44]。齐心根据城市病的表现，建构了由 7 个表现层和 25 个具体指标构成的北京城市病综合测度体系，并对北京市 2008—2012 年的城市病状况进行了实际测度，结果显示，北京城市病的总评分呈逐年下降趋势，但 2012 年有较大反弹，北京是在城市发展所需的各类资源日趋紧张的条件下，逐步减轻了城市病在其他方面的一些症状[45]。

学者们从"城市病"治理角度切入，进行了大量研究。肖周燕等以北京为例，从城市功能结构入手，在分析城市功能及结构演变的基础上，探究特大城市功能布局在疏解人口规模过程中存在的问题及可行性，为促进城市可持续发展、缓解城市病提供相应的对策建议，认为应该促使城市发展与其功能定位相符，减少核心功能区在经济功能方面的绝对优势地位，尊重市场机制对人口配置的决定性作用，这样才有利于缓解特大城市的"城市病"，达到疏解中心城区人口的目标[46]。宋梅在《北京城市综合治理体系研究》一文中提到，"大城市病"治理要从城市发展规律出发，有效推动首都产业结构转型；从优化中心城结构出发，确立北京城市空间发展边界；从公交导向的交通发展战略出发，优化城市大型住宅的供给策略；从城市可持续发展出发，培养环境保护意识；从整合城乡一体化资源出发，探索农村土地补偿制度[47]。棚户区改造是"城市病"治理的重要方面。学者们通过实地考察调研、梳理文献资料和改造实践经验等研究方式，针对改造工作所面对的改造对象、实施改造的政策依据、实施中存在的问题等方面进行了论述和分析。并且，以此作为借鉴，探究北京今后棚户区改造工作过程中需要面对和解决的问题以及产生问题或困难的原因分析[48]。柴浩放认为，北京的城市病日益严重，有着城乡关系方面的深刻原因，城市化进程中人的城市化与空间城市化之间的脱节是城市病的重要诱因，这种脱节所产生的城乡接合部是城市病的典型标本，城市病的治理除了常规经济技术手段，还需向农村和郊区借力，不良的城乡关系会加剧城市病的程度，因此城市病的治理需要城乡统筹思维，加快城乡接合部的改造[49]。

2. 城市人口流动：格局、过程与管治

城市化带来的区域及城乡发展不平衡加速了人口大规模流动，北京凭借其优越的区位条件和丰富的公共资源成为流动人口的重要聚集地。武玉结合 2012 年北京市计生委流动人口抽样调查以及北京市五普、六普数据，从全国城市化发展阶段的角度探究城市化给首都流动人口发展带来的新变化。研究发现，首都的快速发展增加了对青壮年劳动力的需求，促使流动人口规模增长，但增速趋于减缓；同时首都流动人口的分布呈郊区化态势且趋向均衡；流动人口女性化趋势显现，但流动人口职业阶层较低[50]。针对流动人口问题，高爽对北京市少数民族流动人口的公共服务与管理进行了研究[51]。

随着城市化进程的加快，我国城市规模不断膨胀，超过 1000 万人的超大城市不断涌现，城市人口规模过大、增长过快以及带来的城市问题引起社会各界的关注。童玉芬等在厘清北京人口增长机制的基础上，采用系统动力学方法，通过政策模拟，考察不同政策导向对未来北京市人口增长趋势的影响[52]。安慧等在分析了近年来北京市人口就业发展变化情况和特点的基础上，提出了以产业结构优化升级促进人口调控目标的实现和以产业布局的调整引导人口的合理分布的思路[53]。

学者们对城市人口的研究还集中于人口分布的时空格局。例如，钟少颖等利用 2000 年"五普"和 2010 年"六普"北京街道、乡镇层面的数据，通过人口分布重心、人口分布空间自相关分析、人口密度分布模拟、人口密度和人口密度差分克里金插值等方法分析了 2000—2010 年北京市人口分布格局的时空演变[54]。再如，饶烨等尝试采用地理学扩展方法改进传统的密度函数，量化北京市都市区人口增长的空间规律，并探讨背后的机理，理论上有助于丰富采用数量方法描述城市空间结构的研究，实践上为制定符合北京实际的人口引导政策提供指引[55]；宋志军分析了新中国成立以来北京城乡人口变化的时空特点，研究表明，60 多年来北京城乡人口的时空演化模式呈现了多样性，传统的人口增长模型已退化为内部区域以对数函数为主、但总体又表现为双曲函数的增长模式，这一结论将有助于通过表象认识北京城乡人口时空变化的实质，推进城乡一体化的科学演进[56]。

居民行为是研究城市人口的独特视角，贾晓朋等学者通过问卷调查获得了北京市四类社区下居民的社会属性和通勤行为等数据，运用统计分析、空间数据分析和地理信息系统等方法，对四类社区居民通勤时间、通勤距离、通勤方式、通勤预留时间进行分析，试图揭示城市社会空间极化背景下居民通勤行为差异，为进一步理解城市空间结构及其变化提供参考[57]。

3. 城市交通研究

北京市的综合交通枢纽经历了漫长的发展过程，

在促进城市发展、引导城市空间格局调整的同时，也出现了一些与城市发展不相适应的问题，尤其体现在整体布局、承载能力、功能发挥和外部衔接方面，综合交通枢纽建设越来越不适应于北京城市功能的优化调整和居民出行需求多样化的变化。李纪宏等基于北京综合交通枢纽的现状特征，分析了综合交通枢纽的问题，提出了从系统性、网络化、协同化、层级性和品质化等方面提出了北京综合交通体系的构建策略[58]。

围绕城市公共交通，学者们展开了一系列研究。例如，刘云枫等利用 DEA-Malmquist 指数方法，依据北京市 2007—2013 年公共交通行业的基础数据，从时间和系统内部两个角度对公共交通行业进行研究。结果表明，2007—2013 年间，北京市公共交通行业全要素生产率的增长主要归功于技术进步，而技术效率则对效率变动起阻碍作用。此外，轨道交通子系统的发展态势良好，但常规公共交通子系统效率较低，亟需改善。最后，结合公共交通行业存在的问题，提出了相应建议[59]。徐建平等以北京市客运交通为研究对象，利用交通生态足迹的测算方法分析了 2012 年北京市各种客运交通的生态足迹及生态效率，估算了北京市客运交通的生态足迹目标函数值，从降低交通生态足迹与提高客运交通总分担量的角度提出了优化北京市客运交通结构的策略。分析结果显示，从不同客运交通的生态足迹构成分析可看出，小汽车的生态足迹最高，且小汽车生态效率最低。因此，应提高交通能源利用效率，限制小汽车的增加，并进一步发展公共交通[60]。

4. 城市应急防灾研究

应急避难场所在我国的发展比较晚，近年来，城市自然灾害的频发才吸引了人们对于应急避难场所的注意。由于北京奥运会的召开，为了提高安全水平，北京新建了 29 所避难场所。邵鹏程以北京市海淀区应急避难场所为研究对象，通过现场调查和理论分析相结合的方法展开研究。并建立避难场所应急能力评价指标体系评价其功能实现情况。根据调查研究的情况，对海淀区应急避难场所未来的规划建设提出可行性建议[61]。吕元等结合北京建外商务型社区案例，在分析商务型社区基本特征的基础上，从总体防灾空间、防救灾组团、应急援疏散网络、避难空间体系和防灾设施等方面对商务型社区应急防灾空间设计策略进行探讨，以期能为其他商务型社区的规划设计及应急防灾管理提供参考[62]。

2014 年以来，北京市环境应急体系建设取得了很大进步。2015 年 1 月 1 日实施的新环境保护法，对于突发环境事件的风险控制、应急准备、应急处置和事后恢复等工作提出了新的要求[63]。王凌慧等学者针对 2013 年 1 月 10—14 日北京达到预警一级的典型灰霾严重污染过程，利用我国自主研发的模式 NAQPMS，评估北京应急预案预警一级的实施对北京市 PM2.5 浓度的影响，量化机动车单双号限行、工业减排 30% 等强制性措施对 PM 2.5 浓度在时间和空间上的削减效果，以期为科学制定应急预案提供理论支持，是应急预案科学性评估的初步探索[64]。

近年来，随着北京城市的快速发展，城市热岛效应的影响以及能源消耗带来的大气环境问题日渐显著。主要表现在：局地暴雨或强雷暴、高温、重雾霾等极端天气事件的频次增多，特别是局地暴雨引发的城市内涝灾害事件不断出现，对城市交通、居民生活和生命财产安全带来明显影响，受到社会各界的广泛关注[65]。为此，侯雷从城市内涝灾害的成因入手，反思了城市内涝灾害应急管理工作存在的问题，并寻求应急管理能力的提升路径[66]。目前，北京市迈入了城市轨道交通网络化运营阶段，这对城市轨道交通网络的应急救援体系提出了更高要求。学者们围绕轨道交通应急管理进行了研究，例如，聂鑫路进行了基于 PSO 的城市轨道交通应急救援选址研究[67]，王春雪等对地铁应急疏散恐慌程度模型进行了探究[68]。

通过梳理总结发现，“京津冀协同发展”、“疏解首都功能”、“海绵城市”、“和谐宜居”、等成为 2015 年度的热点名词。当前，我国经济发展步入新常态，新常态的主要特征和趋势性变化在首都发展中表现得比较突出和明显。主动适应经济发展新常态，坚持稳中求进工作总基调，牢牢把握首都城市战略定位，积极落实京津冀协同发展战略，更加注重改革创新，更加注重经济发展的质量和效益，更加注重生态文明建设，更加注重城市精细化管理，更加注重保障和改善民生，更加注重法治政府建设，推动首都经济社会持续健康发展，向着国际一流的和谐宜居之都迈出坚实步伐。

注：

①北京联合大学北京学研究基地：《城乡一体化蓝皮书：中国城乡一体化发展报告（北京卷）（2014—2015）》，社会科学文献出版社，2015 年版。

②张英洪：《北京市城乡发展一体化进程研究》，社会科学文献出版社，2015 年版。

③李永进、张士运：《北京现代化报告 2013—

2014：北京城乡发展一体化研究》，北京科学技术出版社，2015 年版。

④雁栖湖生态发展示范区技术评价组：《低碳生态城镇建设与科技创新研究——以北京雁栖湖生态发展示范区为例》，经济科学出版社，2015 年版。

⑤韩文琰：《北京世界城市建设中的新资源发掘问题研究》，中国金融出版社，2015 年版。

⑥王鸿春：《健康城市蓝皮书：北京健康城市建设研究报告（2015）》，社会科学文献出版社，2015 年版。

⑦计金标：《北京建设世界一流旅游城市：2013：理念创新与模式探索》，经济管理出版社，2015 年版。

⑧韩晶、刘俊博、酒二科：《北京融入国家“一带一路”战略的定位与对策研究》，《城市观察》，2015 年第 6 期。

⑨王姣娥、王涵、焦敬娟：《“一带一路”与中国对外航空运输联系》，《地理科学进展》，2015 年第 5 期。

⑩陆大道：《京津冀城市群功能定位及协同发展》，《地理科学进展》，2015 年第 3 期。

⑪张永安、邬龙：《京津冀经济增长与细颗粒物污染的区域联动关系》，《城市问题》，2015 年第 1 期。

⑫阎东彬：《京津冀一体化进程中重点城市综合承载力研究》，《国家行政学院学报》，2015 年第 2 期。

⑬李磊、张贵祥：《京津冀城市群内城市发展质量》，《经济地理》，2015 年第 5 期。

⑭王殿茹、邓思远：《京津冀协同发展中非首都功能疏解路径及机制》，《河北大学学报（哲学社会科学版）》，2015 年第 6 期。

⑮党云晓、余建辉、张文忠、谌丽、湛东升：《基于主观感受的宜居北京评价变化研究》，《人文地理》，2015 年第 4 期。

⑯湛东升、张文忠、余建辉、孟斌、党云晓：《基于地理探测器的北京市居民宜居满意度影响机理》，《地理科学进展》，2015 年第 8 期。

⑰陈叶秀、宁艳杰：《社区环境对居民主观幸福感的影响》，《城市问题》，2015 年第 5 期。

⑱张景秋、刘欢、齐英茜、李雪妍：《北京城市老年人居住环境及生活满意度分析》，《地理科学进展》，2015 年第 12 期。

⑲朱海琳、白薇、陈建成、张玉静：《流动人口城市归属感与主观幸福感的关系研究—基于北京市流动人口的调查数据》，《河北科技大学学报（社会科学版）》，2015 年第 1 期。

⑳王琪延、王博：《将北京建设成为世界文化中心城市的建议》，《北京社会科学》，2015 年第 4 期。

㉑刘珂欣：《试论民族文化宣传教育与北京世界城市建设的关系》，《民族教育研究》，2015 年第 1 期。

㉒杨树雨：《我国学习型城市建设的实践与发展》，《北京宣武红旗业余大学学报》，2015 年第 1 期。

㉓李强、葛天任：《学术建设与北京城市发展—建设北京学术之都的含义、举措与展望》，《北京社会科学》，2015 年第 4 期。

㉔蒋淑媛：《北京现代公共文化服务体系构建研究》，《北京社会科学》，2015 年第 1 期。

㉕周尚意、吴莉萍、张瑞红：《浅析节事活动与地方文化空间生产的关系——以北京前门—大栅栏地区节事活动为例》，《地理研究》，2015 年第 10 期。

㉖王红霞：《北京智慧城市发展现状与建设对策研究》，《电子政务》，2015 年第 12 期。

㉗智慧城市发展指数统计评价研究课题组、杨京英、陈彦玲、王海峰、侯小维、倪东、童腾飞：《北京智慧城市发展指数 SCDI（2014）统计测评报告》，《中国信息界》，2015 年第 3 期。

㉘齐恩乐、文晓灵：《智慧型街道（社区）应急管理模式创新——以北京市两个街道的创新实践为例》，《新视野》，2015 年第 5 期。

㉙曹银平：《物联网开启智慧城市之门》，《自动化博览》，2015 年第 4 期。

㉚《智慧北京的“惠民体会”》，《中国信息界》，2015 年第 1 期。

㉛宋涛、郭迷：《城市可持续发展与中国绿色城镇化发展战略》，经济日报出版社，2015 年版。

㉜韩文琰：《北京世界城市建设中的新资源发掘问题研究》，中国金融出版社，2015 年版。

㉝蒋艳灵、刘春腊、周长青、陈明星：《中国生态城市理论研究现状与实践问题思考》，《地理研究》，2015 第 12 期。

㉞鞠风萍、郭中泽、闫德刚、郭密文、常铁森、林叶、李春宝：《浅析“绿色北京”形势下地热资源的可持续发展模式》，《中国矿业》，2015 年第 2 期。

㉟刘淼：《北京市郊野公园植物景观研究》，硕

士论文，北京林业大学，2015 年。

㊱中国建材数字报网：《北京市严格规范混凝土管理实现绿色生产》，《建材发展导向》，2015 年第 4 期。

㊲北京市节约用水管理中心：《坚持节水优先建设宜居之都》，《北京水务》，2015 年第 2 期。

㊳金树东：《北京：转变用水观念创新发展模式在新起点上推进首都国际一流节水型城市建设》，《中国水利》，2015 年第 7 期。

㊴方秀玉：《量水发展促进北京市节水型城市建设》，《节能与环保》，2015 年第 7 期。

㊵张瑜洪：《理念先行重点突破为国际一流和谐宜居之都建设添彩》，《中国水利》，2015 年第 24 期。

㊶北京：《全方位推进“海绵城市”建设》，《城市规划通讯》，2015 年第 11 期。

㊷《北京市海绵城市建设成套技术》，《北京水务》，2015 年第 3 期。

㊸吴明华：《海绵城市怎么建——专访中国海绵城市倡导者、反城乡硬化运动发起人刘波》，《决策》，2015 年第 1 期。

㊹赵弘：《破解首都“大城市病”》，《前线》，2015 年第 4 期。

㊺齐心：《北京城市病的综合测度及趋势分析》，《现代城市研究》，2015 年第 12 期。

㊻肖周燕、王庆娟：《我国特大城市的功能布局与人口疏解研究——以北京为例》，《人口学刊》，2015 年第 1 期。

㊼宋梅：《北京城市综合治理体系研究》，《城市发展研究》，2015 年第 2 期。

㊽王晓宁、张龙、郑宇：《北京市棚户区改造项目成本测算及资金平衡研究》，《建设科技》，2015 年第 23 期；刘晶：《北京市棚户区改造模式与管理研究》，硕士论文，中国地质大学，2015 年。

㊾柴浩放：《北京城市病的城乡关系透视》，《生态经济》，2015 年第 7 期。

㊿武玉：《城市化进程中首都流动人口变动的新特点与问题》，《人口与社会》，2015 年第 2 期。

51高爽：《北京市少数民族流动人口的公共服务与管理研究》，硕士论文，中央民族大学，2015 年。

52童玉芬、王莹莹：《北京市人口动态模拟与政策分析》，《资源与环境》，2015 年第 2 期。

53安慧、崔佳：《对北京市人口规模调控的思考》，《前线》，2015 年第 10 期。

54钟少颖、陈锐、杨鑫：《2000—2010 年北京市人口分布格局的时空演变分析》，《城市规划》，2015 年第 11 期。

55饶烨、宋金平、于伟：《北京都市区人口增长的空间规律与机理》，《地理研究》，2015 年第 1 期。

56宋志军、朱战强、郭治华、刘黎明：《建国以来北京城乡人口变化的时空分析》，《经济地理》，2015 年第 10 期。

57贾晓朋、孟斌、张媛媛：《北京市不同社区居民通勤行为分析》，《地域研究与开发》，2015 年第 1 期。

58李纪宏、张晓妍：《北京综合交通枢纽发展战略》，《综合运输》，2015 年第 1 期。

59刘云枫、王楠：《北京市公共交通效率评价》，《城市问题》，2015 年第 4 期。

60徐建平、林晓言：《中国城市客运交通生态足迹测算—以北京市为例》，《城市问题》，2015 年第 9 期。

61邵鹏程：《北京海淀区城市应急避难场所的调查》，《安全》，2015 年第 1 期。

62吕元、苏效杰、胡斌：《商务型社区应急防灾空间设计策略》，《规划师》，2015 年第 11 期。

63本刊评论员：《推进环保公众参与提升环境应急能力》，《中国应急管理》，2015 年第 2 期。

64王凌慧、曾凡刚、向伟玲、王自发、杨文夷：《空气重污染应急措施对北京市 PM2.5 的削减效果评估》，《中国环境科学》，2015 年第 8 期。

65姚学祥、李青春、韩淑云：《北京城市气象灾害与应急管理》，《城市与减灾》，2015 年第 5 期。

66侯雷：《对城市内涝灾害应急管理的反思及建议》，《行政与法》，2015 年第 1 期。

67聂鑫路、魏庆朝：《基于 PSO 的城市轨道交通应急救援站选址研究》，《铁道工程学报》，2015 年第 7 期。

68王春雪、索晓、吕淑然、杨凯：《地铁应急疏散恐慌程度模型研究》，《中国安全科学学报》，2015 年第 2 期。

（作者：孟斌，北京联合大学研究员；
尹芹，北京联合大学硕士生）

2015 年北京社科基金项目成果综述

尹　岩　范向华

2015 年，在市委宣传部、市哲学社会科学规划领导小组的正确领导下，市社科规划工作始终坚持正确导向，深刻领会习近平总书记系列重要讲话精神和对北京工作的重要指示精神，深入学习党的十八大和十八届三中、四中、五中全会精神和《京津冀协同发展规划纲要》，贯彻落实中共北京市委十一届六次、七次和八次全会部署，围绕新时期首都城市战略定位和改革发展稳定大局，着眼于首都科学发展和北京学术之都建设，依靠首都社科界广大专家学者，以研究项目为抓手，以研究基地为依托，以培育高水平、具有决策影响力的研究成果为目标，力求在原有的工作基础上不断实现突破、锐意创新，在思想库智囊团建设和首都哲学社会科学事业繁荣发展方面，充分发挥了引领、支持和纽带作用，实现了“十二五”时期社科规划工作的圆满收官。

一、2015 年结项项目基本情况

2015 年，共有 390 项北京社科基金项目完成研究任务，通过鉴定审核，办理了结项手续。其中，优秀等级的 166 项，占结项总数的 42.6%；良好等级的 117 项，占结项总数的 30%；合格等级的 61 项，占结项总数的 15.6%；符合条件免于鉴定的 46 项，占结项总数的 11.8%。

从已结项项目的类别看，有重大项目 3 项、特别委托项目 7 项、重点项目 82 项、一般项目 194 项、青年项目 104 项。

从最终成果形式看，以研究报告和专著形式结项的占绝对多数。其中，以研究报告形式结项的项目有 300 个，占 76.9%；以专著形式结项的项目有 57 个项目，占 14.6%；以论文集形式结项的项目有 33 个项目，占 8.5%。

从学科分布看，已结项项目涵盖了目前北京社科基金项目的全部学科领域。其中，结项数量最多的为经济·管理学科 146 项，占结项总数的三分之一强。该学科的研究领域较广，基本覆盖了经济学和管理学等相关学科的方方面面，研究关注点既与北京市社会经济发展的热点、难点问题息息相关，又体现了社会经济未来的发展方向。如绿色经济和低碳经济背景下的新兴产业发展和优势产业升级改造，特大城市和京津冀协同发展背景下的公共服务和社会经济发展，财税制度改革背景下的收入分配和企业管理，信息化背景下的智慧城市和电子商务，以中关村为代表的自主创新和知识经济，与实现首都功能密切相关的行政管理改革和经济结构调整等。其他学科门类结项数量差距不大，科社·党建·政治学学科 40 项，研究内容主要涉及社会主义核心价值观、马克思主义的时代发展、“中国梦”的理论研讨和实践、新时期党的建设、执政党建设、传统文化与现代政治和外交研究等；法学学科 35 项，内容主要是食品安全、医疗纠纷、劳动仲裁、土地管理、公共安全、网络安全、社会保障等相关领域的立法、司法和执法问题；综合学科 34 项，内容主要是社会建设、文化创意、城市管理、首都核心功能实现和世界城市建设等相关综合性问题；语言·文学·艺术学科 28 项，内容主要是物质和非物质文化遗产保护，语言的词源学和语料学研究，北京地域性历史、景观、文学、美学研究等；教育学学科 26 项，主要是学前教育、义务教育、高等教育等各个阶段的教育改革理论和实践的研究探讨，还包括成人教育、职业教育、研究生教育以及学生就业等问题；社会学学科 24 项，研究内容主要是在人口老龄化、世界城市、城镇化等背景下的社会建设、社会治理和社会融合等问题；历史学学科 24 项，研究彰显北京特色和地域文化，对文物古迹、考古发掘、古文字、历史典籍、物质和非物质文化遗产保护、水资源与水环境等方面进行了抢救性、保护性研究；城市学学科 19 项，研究内容主要是与首都功能实现、国际化一流宜居城市建设密切相关的城市空间布局规划、城市精细化管理、交通综合治理、市政设施建设、生态文明建设、城市可持续发展等问题；哲学学科 14 项，研究内容主要包括人学问题研究、价值观问题研究、逻辑学、伦理学、中国古代哲学研究、马克思主义哲学中国化研究等方面。

从应用转化来看，2015 年已结项目的成果形式丰富、整体质量较高。这些项目共形成专著 81 部、研究报告 312 份、论文集 45 部，此外还有词典、盲文乐谱、数据库、活动手册等其他形式的成果 19 份。这些成果或注重学术观点和科研方法创新，积极提出新思路、新观点、新论断，或聚焦重点、难点、热点问题，积极以学术研究助力经济社会发展。越来越多成果获得各级、各类奖项，理论创新和学术价值得到广泛认可；越来越多成果得到领导批示或被实际部门采纳应用，实践意义和应用价值获得充分肯定。有35个项目的53项成果获得各级、各类奖项（包括13项省部级奖项），有20个项目的研究成果获得省部级以上领导批示25人次，有38个项目的成果被党政机关或企事业单位参考采纳。此外，还出版专著80余部，发表论文1400余篇。其中，如对外经济贸易大学李俊教授承担的“完善我国产品责任法相关问题研究——以北京市法制实践为视角”，由其阶段性成果《关于完善我国产品质量责任制度的建议》形成的“参事建议”，于2011年9月7日上报国务院并获得时任国务院总理温家宝、副总理李克强、秘书长马凯等领导同志的批示；首都经济贸易大学文魁教授承担的“首都经济圈的目标定位及战略重点研究”，成果观点被《人民日报内参特刊》采纳，获得中央政治局常委、京津冀协同发展领导小组组长张高丽副总理、天津市委书记孙春兰等领导批示。

2015年，为落实党的十八届三中全会《中共中央关于全面深化改革若干重大问题的决定》中关于“加强中国特色新型智库建设，建立健全决策咨询制度”的精神，宣传和推出更多北京社科基金项目精品力作，占领社科研究学术前沿，市社科规划办努力转变工作思路，不断开拓创新，在成果出版资助工作基础上，全面启动北京市社会科学基金项目成果文库工作。历经前期调研、方案研讨、组织申报和专家评审等环节，《梅兰芳全集》《清实录北京史料》《北京高腔研究》等5部选题立意深远、学术价值高的著作入选北京社科基金项目成果文库，由北京出版集团、中国人民大学出版社等正在陆续出版中。此外，对经专家评审未能入选成果文库、但具有较高出版价值的5项成果和其他符合条件的2项优秀成果给予了出版资助，全年共资助11项成果出版。

2015年，为进一步提升北京社科基金项目成果的决策影响力和社会影响力，市社科规划办不断拓展渠道，搭建平台，主动服务，多管齐下，采取丰富多样的形式，全方位、多角度地宣传推介研究成果，有力地促进了项目研究成果的应用转化。一是以《成果要报》为品牌阵地，推介北京社科基金项目研究观点，为领导决策提供智库支撑。全年共编发《成果要报》40期，有宣传23期得到郭金龙、王安顺等市领导的批示。内容既有贯彻落实中央精神的京津冀协同发展、“中国梦”宣传教育、培育和践行社会主义核心价值观、群众路线教育等问题，也有人口调控与管理、重污染天气应对、应急管理、交通管理、功能疏解、教育均衡、社区养老等北京市所面临的城市管理等难题。二是与社会媒体合作，全方位展示北京社科基金项目研究成果。《北京日报·理论周刊》整版刊登由北京市社会科学院许传玺研究员主持的《北京市法治政府建设研究》等5项北京社科基金项目优秀成果，此外还刊发了14篇北京社科基金项目阶段性成果；在《人民论坛》杂志开设“北京社科基金项目专栏”，刊发了喻国明、郭建宁、韩震等知名学者，以及叶堂林、尹德挺、吕波等中青年学者的研究成果；向《前线》推荐并刊发19篇项目成果；在《中国社会科学报》刊发重大项目负责人韩震教授、祝尔娟教授的专访及其研究成果，充分发挥北京社科基金项目资政育人的作用。

二、2015年结项项目成果概述

总体来看，2015年度结项的项目均能坚持正确政治导向，用马克思主义的立场、观点和方法开展研究工作，广大的社科专家学者以服务好中央重大战略部署为时代使命，以服务好首都发展重大问题为历史使命，扎根学科沃土、努力开拓耕耘，涌现出一批研究质量过硬、学术价值较高、创新意识较强、转化应用较实的研究成果。主要体现在：

（一）服务好习近平总书记系列重要讲话精神的研究阐释，理论研究结出累累硕果

习近平总书记系列重要讲话是新一届中央领导集体对中国特色社会主义的坚定自信和对国家对民族对人民的责任担当。研究和阐释习近平总书记系列重要讲话精神等中央重大战略部署是哲学社会科学繁荣发展的时代使命。2015年，北京社科基金项目紧密围绕习近平总书记系列重要讲话精神，特别是在“中国梦”、社会主义核心价值观和全面深化改革等方面推出了一批成果，取得了较为丰富的研究成果。

1. 紧密围绕实现中华民族伟大复兴“中国梦”，进一步丰富传播手段和实现路径研究

中国传媒大学段鹏教授主持的“‘中国梦’对外传播的路径与策略研究”立足于第一手资料进行分析，梳理了“中国梦”对外传播的现状，并将其放置于跨文化传播的语境之下进行研究，通过国内与国外关于“中国梦”的理解和舆情态度的对比，进一步明确了以“中国梦”为核心的中国发展新思路，

丰富了“中国梦”的实质性内涵，为进一步传播“中国梦”思想做好了铺垫。大学生杂志主编陶世同志主持的“首都大学生对‘中国梦’认知情况调研”以问题调查和重点访谈相结合的方法，从首都大学生不同性别、年龄、专业、学历和生源地等方面分类，较为系统地分析研究了各类别大学生对“中国梦”的认知情况，总结出“主流性与多元化共存，科学性与价值性共存，整体性与层次性共存”的认知特点，对有针对性地加强对大学生“中国梦”的宣传教育具有较强的理论探索和现实意义。

2. 紧密围绕践行社会主义核心价值观，积极探索宣传路径创新和学科理论创新

北京外国语大学韩震教授主持的“社会主义核心价值观研究”从人类文明、国家发展战略高度，对社会主义核心价值观建设的意义进行了深入分析，对社会主义核心价值观凝练的基本原则进行了系统阐发，在较短的研究周期内推出了丰富的研究成果，出版了《社会主义核心价值观新论》和《社会主义核心价值观关键字》（12 册）（中英文版）等系列成果，为在国内外同步宣传社会主义核心价值观提供了强有力的思想武器。北京交通大学韩振峰教授承担的“社会主义核心价值体系问题研究”，对社会主义核心价值体系的形成、发展及科学体系做出系统概括，对新时期建设社会主义核心价值体系的现实意义和具体措施做了全面分析和论证，并探讨了社会主义核心价值体系融入国民教育全过程的方法和途径，厘清了当前人们在社会主义核心价值体系一些深层次理论问题认识上的不足与偏差，为该领域的后续研究提供有意义的参考与借鉴。首都师范大学韩文乾讲师主持的青年项目“以社会主义核心价值体系建设推进社会主义文化强国建设”提出核心价值观是文化软实力的灵魂，要树立价值自信，理性对待外来文化，以社会主义核心价值观引领社会思潮。研究提出了高校进行社会主义核心价值观教育的七个着力点，探讨了新媒体环境下开展社会主义核心价值观教育的有效途径。

3. 紧密围绕“四个全面”战略布局，推动学科领域研究发展

一是围绕全面建成小康社会，推动马克思主义中国化中关于人的发展等理论研究。首都师范大学陈新夏教授承担的“马克思主义人的发展理论当代形态研究”，围绕人的发展理论与实践论述了人的发展研究的问题意识和理论自觉，其中关于经济增长、科学技术与人的发展的关系，消费观与公平观在人的发展意识中的意义等论述，体现了较强的理论创新性，代表了近年来国内关于马克思主义人的发展理论研究的新进展和新思考，有助于提升人的发展理论的研究层面，丰富马克思主义哲学的理论内涵；清华大学冯务中副教授主持的“科学发展观与国民幸福关系研究”，立足于马克思主义理论，采用经济学、心理学、社会学等多学科的方法和观点，针对在国际上颇具影响的“经济增长发展观”提出并论证了“幸福发展观”。

二是围绕全面深化改革，探索经济、社会、文化、生态文明等各领域协调发展问题。在深化经济体制改革方面，中国人民大学黄泰岩教授承担的“经济学发展报告——中国经济热点前沿、国外经济热点前沿”，全面总结归纳了中国经济学 2013 年的发展概况和中国经济学十大热点研究问题，对我国经济发展中存在的主要问题及进一步发展方向做了深刻论述，为中国经济学界和相关部门社会经济体制改革提供了重要参考依据。在深化社会体制改革方面，清华大学邓海峰副教授承担的“土地管理制度改革与农民权利保障问题研究”，针对社会体制改革中集体建设用地流转限制、林权概念模糊和客体范围不确定给土地增减挂钩工作开展造成的阻碍、户籍制度对人口流动的制约以及城镇住房保障制度不完善给因增减挂钩而流入城镇的农民造成的居住困境等问题进行了详细分析，并提出了有针对性的对策建议，成果中的相关理论观点被北京市委农工委参考采纳。在深化生态文明体制改革方面，北京大学韩光辉教授主持的“北京水资源的应用历史地理学思考与研究”从历史地理学的角度分析北京水资源基本面问题，研究水资源可持续利用的理论，并提出跨流域解决方案，为落实习近平总书记视察北京工作时强调的“以水定城、以水定地、以水定人、以水定产”原则提供了学理支撑；北京市社会科学院王德利助理研究员主持的“北京市经济增长与生态环境协调发展研究”建立了经济增长与生态环境协调发展综合测度指标体系，运用相关模型对北京市经济增长与生态环境协调发展进行了评价，完善了城市经济与生态环境协调发展的理论框架。

三是围绕全面依法治国，探索法治建设的新领域、新思路。北京政法职业学院孙午生副教授主持的“依法加强我国网络社会管理研究”以法治的视角审视我国互联网社会治理的新领域问题，从立法、执法、司法等方面寻求破题，填补了国内网络社会治理法治化进程研究的空白，对促进法治北京建设有积极

意义。北京农学院龚刚强副教授主持的“北京食品安全法律对策研究——以促使生产经营者自律为中心”采用了法经济学和法社会学交叉的研究方法，对食品生产经营者自律缺失的原因及法律对策进行了研究，运用“资产专用性”“外部性”“科斯定理”等法经济学的理论模型分析了食品安全问题的症结，对认证制度在促使食品生产经营者自律方面所具有的功能以及认证机构的法律责任问题进行了研究，提出了促使食品生产经营者自律的法律对策新思路。

四是围绕全面从严治党，推动党的建设学术领域研究。中央财经大学张世飞副教授主持的“中国共产党作风建设理论与实践创新及对群众路线教育实践活动的启示研究”以党建为纲，以党史为脉，横向和纵向相结合，多视角、全方位解读了中国共产党加强作风建设的历史实践，对该领域学术建设产生了积极推动作用。北京交通大学纪淑云教授主持的“党的先进性与纯洁性建设的历史进程及基本经验研究”结合当前党的建设实际，对中国共产党先进性和纯洁性建设过程中的一些热点理论和现实问题进行了研究，对新时期党的指导思想、新时期党群关系的处理等问题进行了比较系统、深刻的探讨；对党的历代领导核心对党的群众路线的贡献作了系统概括，尤其是对以习近平为总书记的新一届党中央领导集体关于党的先进性和纯洁性的重要思想和实践创新进行了系统探讨，对推进新时期党的思想建设和作风建设具有重要的现实意义和历史意义。

（二）服务好首都发展重大理论和现实问题，研究成果资政价值凸显

服务首都工作大局、助力北京建设发展是北京社科基金项目的历史使命。2015 年，北京广大社科理论工作者共同努力，回答首都科学发展进程中的重大理论和现实问题，重点服务好新时期首都改革发展大局，重点聚焦经济、社会及城市管理等学科领域，为北京经济社会健康发展发挥了智库作用。

1. 服务国家战略，助力京津冀协同发展

首都经济贸易大学文魁教授主持的“首都经济圈的目标定位及战略重点研究”，着眼于京津冀协同发展的大局，立足于首都经济圈发展的重要理论，对京津冀三地进行实地调研，提出了促进首都经济圈发展的总体思路。研究成果《对推动京津冀协同发展情况的调查与思考》的主要观点被《人民日报内参》采用，并获京津冀协同发展领导小组组长张高丽副总理的批示；关于推进京津冀协同发展的相关观点和建议被天津市委办公厅《决策参考》采用，获时任中央政治局委员、天津市委书记孙春兰批示；《京津冀综合承载力测度与对策建议》被《中国社会科学院要报·专供信息》刊登，并报送国务院办公厅；《京津冀区域协调发展研究》的主要观点被北京市委研究室采纳。北京化工大学张英奎教授主持的“产业集聚、产业转移和京津冀区域分工与协调发展研究”从不完全竞争视角出发，结合经济地理学和区域经济学所强调的产业集聚与区域分工分析和产业经济学所强调的产业效率分析，以京津冀制造业产业转移和产业结构调整优化为例展开研究，在产业转移与产业空间结构调整优化重点领域的识别方法研究上取得新的进展。北京市社会科学院李彦军副教授主持的“环境约束下京津冀城市群产业协调发展研究”从理论上探讨了环境约束下区域产业协作的动机、条件、目标和机理，用量化方式评价和分析了京津冀城市群产业结构、产业内结构和产业分工程度，明确了京津冀城市群产业协作的重点和区域产业协作及企业分工模式，探讨了区域协作中京、津的职能分工和河北省内的产业分工，为京津冀产业协同发展提供了理论支持。

2. 聚焦城市建设和功能疏解，努力缓解“大城市病”

在城市规划建设方面，中国人民大学叶裕民教授主持的“北京新城规划建设与人口均衡发展研究”着眼于北京新城规划的热点问题，系统梳理和介绍了国外新城建设情况，特别是对英、法、美、日等发达国家和地区新城开发实践的梳理，将新城发展分为四代，丰富了新城的理论依据，给北京城市规划提供了借鉴。其研究结论中关于“新城以制造业为主的发展模式对于人口的吸引力将变小”等结论，对新城的人口布局和产业优化具有指导意义。北京工业大学赵之枫教授主持的“世界城市视角下北京市重点小城镇可持续发展研究”从首都长远发展的角度，论述了北京市小城镇建设的重要性和存在的问题；运用国际比较的方法，通过广泛收集东京、纽约、伦敦等世界城市小城镇发展案例，分析北京小城镇与世界城市小城镇在规模与数量、人口与密度、产业布局和城市规划等方面存在的发展差距；以城乡统筹的视野分析新型城镇化背景下北京小城镇的机遇与挑战；通过梳理北京小城镇发展历程，总结北京小城镇在城镇化高速推进阶段、稳定提升阶段和成熟完善阶段的发展特点，指出当前北京小城镇发展面临的城乡产业协作不突出、差异化引导不明确、城乡土地利用不集约等问题。对

当前落实中央对北京工作的指示特别是非首都功能疏解问题具有重要的现实意义。北京理工大学李金林教授主持的“基于生态优化的北京新城发展机理研究”，构建了生态新城发展的理论框架，将新城发展进行要素及层次划分，在新城发展的各个阶段都植入了生态环境要素，从理论上丰富和完善了城市规划及建设发展的体系和研究视角，促进了城市发展相关学科的交叉创新。北京石油化工学院刘卫国副教授承担的“北京智慧城市发展水平评价研究”，全面研究了智慧城市发展指数构建、评级指标体系优化、评价模型和评价方法科学选择等理论问题，较好解决了指标的可计量和指数的年度可比性等实际操作难点问题，形成了科学、完整、可持续的统计评价监测体系。其研究成果 2013、2014 年连续两年被北京市经济和信息化委员会应用于北京智慧城市发展水平的实际评价和检测工作，为北京市“智慧城市”建设的战略研究和落实推进提供了量化参考依据。

在功能和人口疏解方面，北京市社会科学院谭日辉副研究员承担的“北京特大型城市治理体系与治理能力现代化研究”，聚焦于解决北京“大城市病”，将北京特大型城市治理体系与治理能力现代化嵌入到国家治理体系与治理能力现代化中进行分析，厘清了北京特大型城市社会治理体系的治理主体、治理客体、治理结构、治理机制，提出促进政府组织、市场组织和社会组织等多方面利益主体共同参与的有效措施，其阶段性成果《北京人口疏解工作存在的问题及对策》得到王安顺同志肯定性批示。中共北京市委党校尹德挺副教授承担的“首都人口红利延续机制研究——北京‘用工荒’现象探微”，着眼于流动人口这个功能和人口疏解的难点问题，在对北京及其流动人口主要来源省份的人口年龄结构进行深入分析的基础上，结合北京市相关产业与就业需求，对北京的人口红利、“用工荒”等问题做出判断与分析，其研究成果刊载于市委办公厅刊物《北京信息》并得到郭金龙同志批示。

3. 聚焦“高精尖”经济结构调整，为首都创新势能加速释放出谋献策

北京交通大学冯华教授承担的“实施创新驱动战略，建设中关村国家创新特区研究”，围绕北京市创新创业生态系统构建，提出了构建创新创业生态系统的三大重点、要处理好四个关系，其阶段性成果《关于建立中关村国家创新特区的建议》被北京社科基金项目《成果要报》采纳，并得到市委常委、宣传部部长李伟同志批示，成果提出的相关对策建议在中关村科技园区管理委员会规划编制和政策制定等工作中发挥了参考借鉴作用。由北京印刷学院刘千桂副教授主持的“北京数字音像产业创新型商业模式研究”，从安全的角度审视数字音像产业的地位和社会责任，以数字音像监管平台为切入点，深入研究了如何净化网络空间、改变行业由外资控制的格局、发挥数字音像产业带动作用等问题，其阶段性成果《北京推动传统媒体与新兴媒体融合发展的路径选择》被北京社科基金项目《成果要报》采用，并得到市委常委、宣传部长李伟同志批示；北京大学李连发教授主持的“中关村自主创新示范区深化发展路径研究”，结合中关村自主创新示范区的实践，从宏观和微观两个层面分析了中关村目前的发展形势和挑战，将中关村创新实践与熊彼得经济学、与有关原创思维的分析结合起来，从人的激励和动机出发考察我国以及中关村创新过程中存在的问题。

4. 聚焦社会民生热点问题，助力北京和谐宜居城市建设

北京大学王红漫教授主持的“北京城乡一体化居民医疗保障制度研究”探讨了北京市基本医疗保险的运行现状和问题，对我国基本医疗保险制度未来发展的道路做了探索；通过定义优良性指标和建立模型，提出了可供居民自由选择性医保水平的城乡一体化模式；通过实证研究得出该模式适合北京市社会发展现状下对居民医疗保险的不同需求，对全国卫生改革提供了可参考的思路和手段。其研究成果《全面构建北京基本医疗卫生制度》《关于北京市城乡统筹医疗保障体系整合优化问题跟踪调查研究报告》《关于北京市实施基本医疗保障制度城乡统筹的建议》分别获得 2011、2013、2014 年度北京市侨联系统理论研究与调查研究优秀成果一等奖；《北京市 2010—2014 年实施基本医疗保障制度城乡统筹状况调查报告》于 2014 年 11 月分别得到市领导牛有成、苟仲文同志批示；《关于建立京津冀城乡医保互联平台的几点建议》2015 年获林克庆副市长批示，同时该文章以“京津基本医保制度统筹面临若干问题”为题，被《人民日报内参》采用，并获得中央政治局常委张高丽同志批示。由首都医科大学彭迎春副教授承担的“京郊乡镇卫生院服务可及性研究”，探讨了提升乡镇卫生院卫生服务可及性的价值定位，提出了乡镇卫生院服务可及性的改善对策，其阶段性成果被北京社科基金项目《成果要报》采纳，得到牛有成同志批示。北京

师范大学薛二勇副教授承担的“北京市义务教育均衡发展的政策创新”，提出义务教育均衡发展的理论假设，绘制发北京市义务教育均衡发展的路线图，其阶段性成果获得民进中央参政议政成果一等奖。由北京师范大学郭殊副教授承担的“北京市突发公共事件应急管理中的法律问题”，对北京市突发公共事件进行了调查研究和理论分析，提出了有效的应对思路，其阶段性成果被北京社科基金项目《成果要报》采纳并得到市委常委、宣传部长李伟同志批示。北京市社会科学院殷星辰研究员承担的“北京市完善立体化社会治安防控体系研究”，总结了北京市社会治安防控体系建设的经验，梳理了北京市社会治安防控体系建设中存在的差距与问题，提出了具有较强创新性和首都特色的完善立体化社会治安防控体系的思路与对策建议，其中关于公交卡实名制的相关阶段性成果得到时任市委常委、公安局长傅政华同志批示。

（三）耕耘学科沃土，基础理论研究取得创新发展

深厚的学术积淀和学术创新是北京市社会科学基金项目研究成果不断推陈出新的源泉。2015 年，广大社科学者植根学术沃土、努力耕耘，在基础理论方面又取得了一批丰厚的研究成果。

1. 研究方法融汇多学科背景，基础理论学科实现新发展

北京语言大学韩经太教授承担的“中国审美文化焦点问题研究”，从挖掘中国传统文化软实力的角度，以“道法自然”为原点深入阐述了中国审美文化本体论和实践论合一的特色，内容涉及广泛、材料丰富翔实，其研究成果入选《国家哲学社会科学成果文库》。清华大学阎学通教授承担的“道义现实主义的国际关系理论”，从梳理中国古代有关大国崛起和国家间秩序的思想认识入手，结合现代国际关系理论的基本原理，构建了“道义现实主义”理论体系，提出诸多新的概念、范畴、关系以及由此而来的若干推论，并就国家崛起战略和外交策略提出了不同于以往的新思路，是一项在国际关系理论研究领域具有创新意义的成果。北京大学王一川教授主持的“当代条件下艺术公赏力研究”提出了当前中国艺术中的一个新问题——艺术公赏力，并就其在现代中国的历时演变线索和在当前发展中的共时要素做了全面而系统的纵深分析，在艺术公赏力领域做出了新的理论建树。

2. 充分体现北京地域特色，研究成果在一定程度上填补学科空白

在传统医学研究方面，由首都医科大学附属北京中医医院王麟鹏教授承担的“京城针灸名家学术思想脉络研究”，借助口述史和文献搜集方法系统归纳总结了京城十四位针灸名家的学术思想脉络、临证经验以及成才经历等方面的特点与规律，对于抢救和继承当代名老中医的学术经验、推动和发展针灸事业都具有重要意义。北京中医药大学张其成教授主持的“北京太医院医事制度研究”以金、元、明、清四代北京太医院医事制度为研究内容，并涉及太医院的历史沿革和遗址考证，第一次系统整理研究了四朝太医院的职官制度、诊疗制度、教育考试制度、祭祀制度及与相关机构关系等五个方面，尤其是对太医院诊疗制度研究弥补了既往同类研究的弱项，较已有的研究更加地系统和丰富，为今后深入研究提供了重要依据。

在语言学研究方面，北京语言大学魏兆惠副教授的“清末民初北京话副词研究”，描述了极具北京话特色的副词和部分通语中的副词的全貌，是北京话副词的断代史研究，全面展示清末民初北京话副词的面貌和特点，分析了语言接触和方言接触对清末民初北京话副词的影响。北京语言大学张维佳教授承担的“当代北京话上声调变异的实验研究”，通过语音实验和社会语言学统计分析方法，发现当代北京话中上声调基频存在的差异，考察不同社会分层发声的低调伴随音嘎裂声分布情况，对学界存在争议的问题提出具有说服力的解释，尤其是基频模式和嗓音状态可以反映上声调的变化、开商和速度商是区别男女嗓音的重要参数等发现，对上声调的研究具有较强的推进作用，体现了严谨的学风和较高的学术价值。

在史学研究方面，中国人民大学黄爱平教授承担的“清实录北京史料”研究，历时十年，从 4433 卷近 4000 万字的《清实录》中整理、辑录出与北京有关的史料约 900 万字，加以校勘、标点、分类，按时间先后顺序汇为一书，成果填补了《清实录》北京史料辑录的空白，为北京历史文化研究提供了重要的文献资料，同时也为当前北京经济文化建设和城市发展提供了重要参考借鉴。由北京市社会科学院刘仲华研究员承担的“北京古代学术发展史研究”，系统梳理了北京地区古代学术发展变化的历史，时间跨度上自先秦、下迄清代中叶，内容范围涉及经学、史地、诸子、历算、文学以及图书编纂、科举教育等，涉及人物既包括籍隶北京地区的学人群体，又涵盖长期居

留或主要活动于北京地区的士子官员，尤其在对辽、金、元时期北京地区学者活动和学术发展情形的发掘与梳理方面多有建树。由北京师范大学姜海军副教授承担的“元明清北京官方的典籍编纂、诠释与文化认同”，以经学、儒家学说的传承与诠释为切入点，分析了元明清北京在典籍编纂、学术传承以及文化认同方面的具体举措，重点探讨了儒家学说在统一思想、稳定社会政治秩序、引领地方思想文化以及塑造地方文化认同等方面的地位与作用。北京市社会科学院吴文涛副研究员主持的“北京水环境变迁研究”以社会科学研究与自然科学研究相结合的方法，借鉴历史地理、灾害史、环境史、城市史等学科的理论，围绕北京河湖水系、盛水景观、水源与城市关系、水利开发、园林营造、地下水开采、自然灾害与人类社会活动对水环境的影响等多个方面问题，对历史上北京地区的水环境风貌及其演变过程，水源、水环境的变迁对北京城市形成与发展的影响，历代北京城市规划和建设中对水源、水环境的合理利用进行了深入研究，综合分析了水资源和水环境这一“焦点”元素影响城市发展的历史过程，阐释二者之间相互作用的机制、基本规律和经验教训，为传承历史文脉，处理好人与自然和谐发展的关系，提供了科学的理论支持。

（作者：尹岩，北京市社科规划办成果处处长；范向华，北京市社科规划办主任科员）

附：

推进京津冀区域协同发展的战略思考

祝尔娟　文　魁

习近平总书记强调，实现京津冀协同发展是一个重大的国家战略，“要坚持优势互补、互利共赢、扎实推进，加快走出一条科学持续的协同发展路子来”，并具体提出 7 条要求。习总书记的讲话引起了京津冀三地的强烈反响，为推进京津冀协同发展指明了方向，提供了强大的推动力。怎样理解加快推进京津冀协同发展是一个重大的国家战略？推进区域协同发展关键要处理好哪些重大关系？在全面推进中有可能在哪几个方面率先实现战略突破？这些都是实践发展迫切要求我们予以回答并解决的重要问题。

从国家战略视角看推进京津冀协同发展的意义

从国家战略层面看，京津冀地区在促进中国的经济转型和经济崛起中担负着重大使命。

第一，打造中国参与全球竞争和国际分工的世界级城市群。中国作为世界第二大经济体，已经成为引领带动世界经济发展的重要引擎，迫切需要建设若干个具有世界影响力的城市群，为我国在全球范围内进行优质资源集聚和配置、产业重构和升级提供核心平台，并通过发挥它的集聚、辐射和带动作用，引领中国经济的科学持续发展。京津冀城市群是我国最重要的政治、经济、文化与科技中心，拥有完整的现代产业体系，是国家自主创新战略的重要承载地，其发展目标应当是打造世界级城市群。

第二，构筑中国乃至世界的研发创新、高端服务和“大国重器”的集聚区。京津冀地区是中国自主创新、高端服务、现代制造的核心区域，在加快中国工业化、信息化进程中担负着科技引领、产业支撑的重要使命。首都北京的产业已呈现服务主导和创新主导特征，如服务业占 GDP 的比重超过 80%，研发产业产值规模全国最大，技术市场交易量占全国 40%，文化创意产业位居全国前列，是区域现代制造的研发中心、创新中心、营销中心及管理控制中心，占据产业链条的高端位置。天津的产业呈现高端制造和技术集约特征，航空航天、高端装备制造等八大优势产业产值已占工业的九成，正在着力打造先进制造研发转化基地、北方国际航运中心和国际物流中心。河北省产业呈现资源加工、资本密集特征，正在积极打造现代制造产业带和沿海重化工产业带。未来一个时期是京津冀地区经济转型、产业升级、合力打造世界级研发创新、高端服务和“大国重器”集聚区的重要阶段。

第三，中国未来最具活力的核心增长极和带动环渤海经济圈发展的核心区。京津冀地区人口 1 亿多，土地面积占全国的 1.9%，区域生产总值（2012 年）占全国的 10.0%，已成为推动我国经济发展的主引擎之一，在全国生产力布局中起着战略支撑点、增长极和核心节点的作用。推进京津冀区域协同发展，有利于实现京津冀三地优势的有机整合，增强区域的整体优势，有望成为中国未来最具活力的核心增长极。通过京津冀地区的快速崛起，可以进一步激活和带动环渤海经济圈的发展。环渤海经济圈是以京津冀地区为核心，山东半岛和辽东半岛为两翼，腹地广阔，内联“三北”，外联东北亚，其经济总量和对外贸易占到全国的1/4，是中国乃至世界上城市群、产业群、港口群以及科技人才最为密集的区域之一。环渤海经济圈的振兴，对缩小我国“东西和南北”差距具有特殊的意义。

第四，带动中国北方向东北亚、西亚、中亚、欧洲全方位开放的门户地区。在当今世界，东北亚已经成为全球经济中最具活力和发展潜力的地区之一，区域GDP约占世界的五分之一，占亚洲的70%以上；而蕴藏着丰富资源的中亚国家，正成为世界大国角力的重要区域。京津冀地区正处于东北亚经济圈的中心地带和连接欧亚大陆桥的战略要地。加快京津冀地区的快速发展，有利于实现我国新丝绸之路战略下对东北亚、中亚、俄罗斯以及欧洲的全方位开放，进而带动我国周边发展中国家的经济增长，扩大中国经济的影响范围，形成以中国为核心的亚欧大陆经济圈，进而降低美国通过海洋通道对中国政治经济的战略钳制。推进京津冀协同发展和快速崛起，关系到国家战略安全的大局，意义重大。

第五，探索区域空间优化、科学持续、协同发展、互利共赢的示范区。习近平总书记强调，实现京津冀协同发展是面向未来打造新的首都经济圈、推进区域发展体制机制创新的需要，是探索完善城市群布局和形态、为优化开发区域发展提供示范和样板的需要，是探索生态文明建设有效路径、促进人口经济资源环境相协调的需要，是实现京津冀优势互补、促进环渤海经济区发展、带动北方腹地发展的需要。我们理解，京津冀地区既有首都经济圈面临的特殊区情，又有作为我国东部沿海发达地区面临的共性问题，探索京津冀协同发展的新路子，可在三个方面发挥全国示范效应：一是针对京津冀跨省区域合作的体制机制等深层次矛盾和问题，着力探索跨界治理、“抱团”发展、政府与市场调节相结合的新机制；二是针对首都北京面临的“首堵”、雾霾、水资源短缺等“大城市病”，着力探索特大城市通过功能疏解、空间优化、实现中心与外围共生互动的新路径；三是针对京津冀地区经济社会快速发展与资源环境形势严重的突出矛盾，着力探索建设生态友好、环境优美、宜居宜业、社会和谐的新模式，这些都可以为全国跨区域协同发展树立新典范，创造新经验。

推进京津冀协同发展关键要处理好四大关系

第一个关系是中心城市与所在区域共生互动关系。从都市圈理论与实践来看，中心城市与所在区域存在着共生互动关系。中心城市的形成发展离不开所在区域的基础和支撑；中心城市在率先实现由制造经济向服务经济、创新经济转型升级过程中发挥着区域核心、科技引领和增长引擎的作用；所在区域在中心城市的集聚、扩散和阶段跃升不同阶段，为其提供要素、拓展空间和发展平台等重要支撑。从京津冀来看，城镇体系的“中心—外围”特征明显。尽管近年来北京采取了一系列产业疏解的措施，但在市场机制的作用下，各种优质要素仍在向京津两大城市集聚，中心与外围经济落差仍在加大。这种区内发展水平差距过大以及“大的过大、小的过小”的城市规模结构，不仅拉低了区域整体的发展水平，而且因周边众多中小城市难以有效承接并快速发展起来，导致特大城市的功能和人口难以有效疏解，“大城市病”难以从根本上破除。因此，如何处理好中心城市与所在区域的关系，在中心城市功能疏解过程中带动中小城市发展，进而构造起合理的城镇体系，提升区域的整体发展水平，是我们当前迫切需要破解的一个重大课题。

第二个关系是北京与天津两大核心城市分工合作关系。京津合作是推进京津冀区域协同发展的核心与关键。我们认为：一是“双核心”能否形成合力事关全局。京津作为相距仅有100千米的两个千万人口特大城市并肩而立，世界少有。京津各自优势明显。北京的首都优势、总部优势、科技人才优势、全国市场优势以及全国交通枢纽等得天独厚，是区域当之无愧的首位城市和核心；天津凭借现代制造优势、海港优势以及科技人才优势等也位居全国前列。但基于现行体制下的利益考量，京津“双核”始终未形成合力，区域龙头作用及其合力优势也远未充分发挥。京津双核心协调难，是影响和制约京津冀区域快速发展的要害所在。二是京津实力水平接近，合作领域更宽，影响更深远。北京与河北的合作，由于经济落差较大，更多的是互补性的资源合作、生态合作以及产业链布局的合作。与京冀合作不同，京津合作，由于经济技术水平接近，产业结构错位，资源禀赋各异，因此更多的是功能分工、强强联合、互补合作，如金融合作、科技合作、物流合作、海空港合作、生产性服务业与现代制造业合作、教育医疗合作等，合作领域更宽，影响更深远。只有处理好京津的功能分工、优势互补与有机合作，京津冀协同发展才有可能取得突破性进展。三是只有京津联手，才有可能实现区域发展的战略目标。只有京津联起手来，京津冀才有可能实现打造世界级高端服务业基地、中国科技创新能力最强的科技高地、北方国际金融中心、国际航运中心和国际物流中心等战略目标。因此，处理好京津两市的分工合作关系，是推进京津冀协调发展的关键所在。

第三个关系是经济社会生态协调发展关系。京津冀地区作为我国相对发达地区，发展机会多，大量流动人口涌入北京、天津两个超大城市，使城市和区域的资源环境承载压力越来越大，特别是近年来大气环境污染已经成为制约京津冀区域发展的突出问题。这不仅影响到居民的身体健康与生活质量，也必然影响优质资源向京津冀地区的集聚，甚至出现高端人才、外资企业、研发机构等逃离外迁的现象，已影响到京津冀能否可持续发展。像京津冀这样一个重化工业占有较大比重的地区，能否在推进区域协同发展进程中逐步化解加快经济发展与资源环境承载压力的矛盾、人民群众改善环境的迫切要求与环境治理的长期性矛盾、发展经济提高收入的迫切要求与淘汰落后产能的矛盾等，是我们亟待破解的新课题。

第四个关系是市场调节与政府引导的关系。京津冀地区既不同于长三角市场化程度较高，又不同于珠三角主要在同一省域范围内进行区域合作，它是在国有企业比重较大、行政干预力量较强、市场发育不足的环境下和现行的财政、税收、行政区划的体制下进行跨省域区域合作，难度很大。因此，处理好政府和市场的关系，寻求政府行为和市场功能的最佳结合点，直接影响到区域协同发展的成效。我们认为，在实际推进区域协同发展的过程中，首先，要明确划分政府和市场的行为边界，如产业协作、企业创新、要素流动、资源配置等经济活动应该更多地由市场来调节，政府主要为其创造良好的环境和条件；在一些市场失灵的领域，如基础设施、公共服务、生态建设等则主要由政府来规划和协调。其次，要处理好地方政府与中央政府的关系，对一些具有共同利益并取得共识的重大问题，可以通过地方政府间的平等协商来解决；而对一些难以协调又关系区域整体利益的问题，由中央站在国家战略层面进行顶层设计和督导推动。如何探索建立一个市场调节与政府引导相结合的跨界治理协调机制，以保障通过区域的协同发展，使经济更具活力、社会更加公平、运行更有效率，是我们亟待回答和解决的一个重要命题。

推进京津冀协同发展的重要抓手

在顶层设计方面，要以首都经济圈规划为导向，推进京津冀三地的战略对接。基于国家战略、区域整体利益和长远利益，在明确主体功能区划分、城市功能定位的前提下，立足三地的比较优势，进行区域规划和政策配套的顶层设计，对推进跨省域的区域协同发展意义重大。如城镇布局、产业布局、生态布局、交通体系以及重大跨区域项目等规划，应在中央层面做好京津冀区域规划的顶层设计，以避免重复建设，无序竞争。以区域规划顶层设计为导向，京津冀三地应主动将首都经济圈、环首都绿色经济圈、河北沿海经济带、正定新区以及滨海新区等战略规划与区域发展顶层设计进行对接，并进一步深化研究相关配套政策和体制机制，以保障规划的顺利实施。

在机制保障方面，要探索建立横向与纵向结合、公平与效率兼顾的区域协调机制。科学高效的制度安排是推进区域协同发展的根本保障。首先，探索建立横向协商与纵向协调相结合的协调机构。横向协商机制主要表现为地方政府联席会议，通过平等的谈判和协商，共谋发展大计，协调各自利益，促进区域协同发展。纵向协调机制主要表现为超越地方行政区划的组织架构（如京津冀协同发展办公室），主要对京津冀区域发展进行顶层设计，审议区域内城市的总体规划和重大项目的规划安排，协调区域内的重大利益关系，以维护区域公平，保障区域整体利益和长远发展。这种以省级横向协商机制为基础、纵向协调机制为补充的区域协调模式，具有地方政府与中央政府共同参与、市场协调与政府协调有机结合的体系特征。其次，探索建立税收分享、成本分摊、生态补偿等多种协调机制。按照“优势互补、互利共赢”的原则，针对产业合作、基础设施合作和生态合作等，探索建立税收分享、成本分摊、生态补偿等多种跨界治理的协调机制。再次，要推出相关配套政策，为推进区域协同发展保驾护航。如建立特殊的首都财政政策、横向的财政转移支付、投融资体制创新、共同发展基金、碳汇市场等。最后，要创新区域合作模式，如探索构建“你中有我、我中有你”的命运共同体等。

在全面推进方面，要建设交通、产业、城镇、生态、社会一体化的新首都经济圈。京津冀区域协同发展，必须打破“一亩三分地”的行政藩篱，实现三地“抱团发展”，闯出一条基础设施相连相通、产业发展互补互利、资源要素对接对流、公共服务共建共享、生态环境联防联控的路子来。为此，要充分发挥北京服务、天津制造与河北加工的优势，按照优势互补、共赢发展的原则，全面推进区域一体化，打造交通、产业、城镇、生态、社会一体化的新首都经济圈。一是交通体系建设先行。发展大交通，强化城市间的空间网络联系，实施基础设施共建共享。统一部署区域内重大基础设施建设，构建包括铁路、公路、空港、海港、管道、轨道交通的综合交通体系。二是推进区域内产业的转移、集聚、链接、融合，促进科技成果的产业化，做大做强优势产业链条与集群，实现区域的共同发展。三是优化城镇空间布局，加快推进大都市周边的新城开发与中小城市建设，将其建设成为生态、科技、宜居宜业的新兴城市。四是加强生态环境共建与联防，大力推进绿色生态屏障建设和低碳生态宜居家园建设，重点在对 PM2.5 大气环境污染治理等方面加强合作。五是推进区域社会政策的一体化，完善区域社会保险转移接续、医疗保险异地就医结算、公积金异地互贷等制度，推进区域内基本公共服务等制度规则的对接，逐步实行政策互惠、资证互认、信息互通，创造有利于人才等要素自由流动的社会政策环境。

推进京津冀协同发展的突破口

根据区域经济发展的实践经验，一些拥有重大战略机遇、迫切需要共同解决并已取得共识、通过合作可能成为新增长点的地方，往往有可能成为区域协同发展的战略突破口。针对京津冀的发展实际，我们认为，如能抓住重大战略机遇，区域协同发展有可能在以下方面率先取得战略突破。

其一，以北京新机场建设为契机，共建国家级临空经济合作示范区。首都第二机场的建设，不仅是北京疏解城市功能、优化空间结构、打造新经济增长点的重要抓手，也为京津冀三地围绕新机场统一规划、整合资源、联手共建临空产业、航空城镇、交通体系、宜居生态等提供了合作平台和战略支点。京津冀应抓住机遇，共同申报建设国家级“临空经济区域合作示范区”，包括联合共建以航空、航海、航天一体化为核心，以地铁、高铁、市郊快铁为主干的国际航运中心、综合交通体系和基础设施体系；联合共建以航空物流和航空服务业、高端制造业、现代服务业和文化创意中心为主导的高端产业体系；联合共建以水、园、绿为主体的一流生态体系；联合共建以航空小镇为重点的绿色、智慧、宜居航空都市体系等。通过京津冀合力共建，完全有可能将其建成一个以高端产业为支撑、科技创新为驱动和生态环境为保障的绿色临空经济区和现代化城镇体系，成为国家区域合作示范新区。

其二，依托天津滨海新区，共建中国投资和服务贸易最便利的综合改革创新区。天津获准建立中国投资和服务贸易便利化综合改革创新区，这不仅仅是天津的机遇，也是京津冀协同发展的重大契机。从国家战略看，天津综合改革创新区是我国积极主动对外开放的重大举措，可以与上海自贸区形成“南北并进”的开放新格局，有利于培育中国面向全球竞争的新优势，打造中国经济的“升级版”。从区域发展看，建设具有“贸易自由、投资便利、金融服务完善、高端产业聚集、法制运行规范、监管透明高效、辐射带动效应明显”等鲜明特征的“综合改革创新区”，无疑会给京津冀区域发展提供一个强大的改革引擎，为我们破除体制性障碍，建设更宽松的发展环境提供重要契机。建设这样一个创新区，天津必须依托京冀在人才、科技、金融等方面的支持，打整体牌，联手共建，充分用足用好先行先试的政策优势，积极探索京津冀三地在海港、空港、产业、科技、金融、物流、生态和社会政策等多方面的区域合作新模式与新途径，共同将京津冀地区建设成为中国北方的国际贸易中心、国际金融中心、国际航运中心和国际物流中心，打造更具国际竞争力和影响力的城市群。

其三，抓住京津冀三地优化空间结构的机遇，共建国家级“京津科技新干线”。北京近年来实施“南城行动计划”，城市空间发展重心南移；天津城市空间布局将“战略东移”调整为“东移北转”；河北重点打造环首都绿色经济圈，使廊坊成为重要的核心节点。京津冀三地空间布局的调整，反映了高端产业和优质要素向京津发展轴聚集，为三地合力打造一条从“中关村—亦庄—廊坊—武清—北辰—东丽—滨海新区”的京津科技新干线创造了条件。实际上经过多年的建设和发展，京津发展轴已经聚集了若干个国家级开发区和高新区，充分利用现有的产业优势和园区基础，推进各功能区的进一步整合，进一步吸引国际资本、高端产业和优质要素向这里集聚，实现知识与产业的对接、服务与制造的对接。北京应充分发挥科技服务、金融服务、信息服务等辐射带动作用，发挥首都总部经济的引领作用，增强对区域要素整合和资源配置的能力；天津应发挥其现代制造、研发转化的优势，将其与北京产业关联密切的高新技术产业向西北板块转移，以智慧产业带连接北京的空间布局。河北廊坊应抓住北京产业外迁、首都二机场建设等新机遇，承接发展高端制造业、临空产业以及文化创意产业等。京津冀联手打造京津科技新干线，完全有可能将其建设成为面向世界的国家级高科技创新产业带。

其四，抓住北京中心城区功能疏解的机遇，共建首都绿色生活圈。缓解北京的人口资源环境压力，除了在北京周边加快建设新城、发展城市副中心以外，可以考虑把北京的一些满足全国市场需求的科技、教育、医疗、会展以及养老保健等功能疏解到周边地区。天津与河北应抓住北京功能疏解的机遇，积极推进城市组团建设，在首都周边共同打造首都绿色生活圈。比如正在积极建设的“环首都绿色经济圈”，有通州、燕郊、三河、大厂、香河、蓟县、宝坻组团，有房山、涿州、涞水、高碑店组团，还有大兴、固安、永清、廊坊、武清组团等。同时，在距离北京与天津市区 50 千米左右的京津冀交界的地方，选择一些交通便利、城市功能完整，公共设施基础较好，资源环境还有一定承载空间的地方，京津冀共建满足全国市场需求的专科医疗中心、职业教育基地和休闲会展基地。建设一批康复中心和养老小镇，以优质的公共服务和宜居生态环境，把大都市的人口吸引到周边的田园小镇来生活。

（作者：祝尔娟、文魁，首都经济贸易大学教授）

（原载《前线》2015 年第 5 期）

2015 年度中国十大学术热点

《光明日报》理论部　《学术月刊》编辑部　中国人民大学书报资料中心

热点 1　“四个全面”战略布局研究

入选理由：“四个全面”战略布局是新一届中央领导集体治国理政的施政纲领，是中国化马克思主义最新的重大理论和实践成果。2015 年学界针对“四个全面”战略布局集中探讨了以下几个问题：1.“四个全面”战略布局的提出。梳理了全面建成小康社会、全面深化改革、全面依法治国、全面从严治党形成和确立的历史脉络；分析了提出“四个全面”战略布局的历史背景和现实依据。2.“四个全面”战略布局的历史地位、指导意义。论证了“四个全面”战略布局是实现“两个一百年”奋斗目标、实现中华民族伟大复兴中国梦的理论指导和实践指南。3.“四个全面”战略布局的科学内涵。解读每一个“全面”的内涵和意义；从多个维度研究各个“全面”之间的辩证关系；分析“四个全面”体现的马克思主义的立场、观点和方法，指出其中蕴含的理论精髓，如执政为民思想、求真务实态度、民生导向和大局意识、统筹协调思维等。4. 研究如何协调推进“四个全面”战略布局。从理论和实践相结合的角度思考如何贯彻落实“四个全面”战略布局，指出了一些根本问题、战略重点和实践难点。5.“四个全面”与中国特色社会主义理论的关系研究。探讨“四个全面”战略布局如何深化和发展了中国特色社会主义理论；研究“四个全面”战略布局与“三步走”战略、五位一体总布局的关系，与习近平同志一系列治国理政新思想、新论断、新理念之间的关系等。

【专家点评】我们可以从 3 个方面把握“四个全面”成为年度学术热点的根据：一是要从整体上全面准确深入把握“四个全面”，最好从哲学思维入手。运用历史思维和系统思维，把握其提出、形成以及意义；运用战略思维，把握其内涵和实质；运用辩证思维，把握其内部的重大关系；运用创新思维，把握其创新发展。二是全面准确理解“四个全面”需要一种分析框架，即要将“四个全面”置于实现“两个一百年”奋斗目标和中华民族伟大复兴中国梦的框架中把握。三是要从主要矛盾、问题意识角度来思考“四个全面”，把协调推进“四个全面”作为当前和今后一个时期我国改革发展的工作重点。

（点评人：韩庆祥，中共中央党校教授）

热点 2　全球治理与中国外交

入选理由：随着参与全球治理的深度和广度逐步加深，中国为解决全球性问题提供了越来越多有价值的资源和理念。2015 年，中国学术界聚焦新问题，提出新理念，使得全球治理在研究对象、学科领域等层面都得到拓展，尤其是围绕中国特色大国外交的理论和实践，对中国在推动建立国际治理新秩序方面的努力与贡献做了比较完整的概括和总结。1. 学术研究聚焦于当前全球治理出现的重大挑战。针对国际社会面临的全球治理困境，学者们重点关注了网络安全、气候变化、难民问题、反恐问题等。2. 中国参与全球治理实践的理论研究。研究中国特色大国外交理论及其蕴含的中国特色全球治理理念；研究“一带一路”、亚投行等中国主导的国际多边合作机制，探讨中国以及广大发展中国家如何通过积极参与全球事务推动塑造更加公平合理的全球治理新秩序；全球治理视域下中国自身发展问题等。3. 对原有全球治理理论进行反思。包括：二战后建立起来的国际关系体系的合理性；主权国家主导的世界政治秩序与全球治理的关系；全球利益与国家利益的关系；国家治理与全球治理的关系；新兴经济体发展与全球治理体系的调整转型；地区政治、国内政治对全球性问题的影响等。4. 中国特色的全球治理理论构建。重点在于发掘中华传统文化中的积极处世之道和治理理念的共鸣点，在此基础上提出新的全球治理价值观和世界秩序观。

【专家点评】2015 年是中国特色大国外交的推进之年，也是中国深度参与全球治理的一年。外交理论研究要为当代中国外交实践服务，学术理论要随着实践的发展而发展，更多体现资政功能。当前学术界对这一问题的研究主要聚焦于全球治理的内涵、中国参与全球治理的方式以及中国在全球治理体系中的角色定位等问题。但中国发展的势头非常快，外交实践更是十分丰富，相关理论研究仍然落后于实际需要，至少要在以下几个方面进一步拓展：中国外交理论的创新；明晰当前所指的全球治理主要是全球经济治理；中国与全球治理体系的关系问题等等。

（点评人：胡键，上海社会科学院研究员）

热点 3　网络空间法治建设研究

入选理由：网络强国战略、大数据战略、“互联网 +”行动计划的提出和实施，要求法治发挥引领与规范作用，进而使得“网络空间法治化”成为重要议题。2015 年，该领域的讨论突破了原有关注较多的网络知识产权、个人隐私和信息保护等，将更广的视角投向以下方面：1. 在网络犯罪领域方面，相关研究扩展到网络犯罪的演进、罪名体系的立法完善与发展、网络犯罪的认定与防控、管辖权等角度。具体而言，较多讨论了网络诽谤的处罚范围及其相关司法解释、打击利用互联网传播恐怖活动相关非法信息等网络恐怖活动、惩治与预防 P2P 网络借贷等网络金融犯罪、网络虚拟财产的界定与刑法保护、网络诈骗的分类剖析及打击防范机制等。2. 在互联网金融方面，较多关注金融行业、金融市场、金融理财、股权众筹模式的监管、消费者权益的保护、风险防控等。3. 在网络安全方面，随着网络安全法草案征求意见的结束，相关讨论更多地集中在草案的解读、价值追求及其与现行法的关系等角度。具体而言，较多讨论了草案与现行相关法律的关系分析、中国网络安全形势及对策研究、网络安全管理法律体系的构建、网络安全审查制度、国家网络安全战略等。4.在研究方法方面，着眼于大数据作为研究方法、执法形式的应用及其科学性的讨论等，涉及法学研究应如何回应无处不在的大数据及其影响，大数据背景下公安、交通、侦查、反腐、监狱、审判等相关领域面临的挑战与应对等。

【专家点评】2015 年，中央提出了网络强国战略，在国际上高举网络主权大旗，“互联网 +”、大数据、云计算等成为简政放权、经济结构调整的重要抓手，网络安全法草案成为海内外关注的重要问题。在此背景下，网络信息法研究出现了一个小高潮，研究成果大量涌现，在互联网金融、网络主权、网络犯罪、网络知识产权、新业态与政府规制的关系等方面对各种现实问题的回应明显增强。但也要看到，在传统部门法学划分之下成长起来的研究者，知识宽度、研究方法等都还不够，一些研究成果停留在比较初级的阶段。接下来，法学研究需引入多元研究方法，综合运用不同学科知识，实现研究转型。

（点评人：周汉华，中国社会科学院法学研究所研究员）

热点 4　新文化运动百年反思

入选理由：新文化运动是近代中国思想文化变革中承上启下的关键历史节点，有着复杂的层面和巨大的意义。百年之后，对新文化运动进行再认识、再评估，意义非凡。2015 年，学界针对新文化运动的讨论，主要涉及以下几个方面：1. 文化层面。学者们探讨了新文化运动与中国文化的未来走向，阐述了传统文化在当代中国如何定位、发扬，深化了对文化现代化、中西文明的冲突与融合、中国文化发展如何在多元性中保持主体性等问题的认识，尤其是关于新文化何以在中国未能成为主流文化方面，有了突破性进展。2. 以对《新青年》杂志的研究为中心，深入探讨启蒙主义“伦理自觉”，反思《新青年》早期论述中的文化与国家概念；开创性地从儒学现代化的角度研究新青年派与学衡派的论战；批评理论的非中国化、文学译介对西方的移植、语言的欧化、文化思想的西方化等。3. 社会层面。学者们从教育、科学、人性解放等方面对新文化运动所带来的社会变革进行了论述。研究了新文化运动倡导的西方自由观、社会伦理观、婚姻观对中国传统思想观念的深刻变化；对新文化运动的启蒙做了纵深的研究，问题涉及重新理解启蒙、启蒙与革命等问题。

【专家点评】值此新文化运动百年，学界举办了许多研讨会，许多文章从不同角度对相关史实作了新的厘定。这其中，新文化运动的意义及其对于当代中国的影响，几乎成为所有会议和论文的焦点。有些问题一时难以达成共识，更多问题不仅关乎史实还原，还更依赖意义的开显。譬如，对新文化运动的性质，新文化运动与五四运动的关系，新文化运动所学西方具体是哪个国家和哪个时段，新文化运动中保守、激进与自由派的评价等等，都有待作进一步的研究；对运动的实际收获，类似新科学的成就历来为人公认，新文学的成就也较显见，但新民主与新道德建设仍须作出恰如其分的论定。

（点评人：汪涌豪，复旦大学中文系教授）

热点5　东方主战场：中国抗日战争在世界反法西斯战争中的地位与作用

入选理由：2015 年是中国人民抗日战争暨世界反法西斯战争胜利 70 周年。本年度，学者们以开放的视野、面对未来的心态就世界反法西斯战争中的中国战场展开了深入细致的研究，涌现出许多富有创新见解的学术成果。1. 厘清了中国抗日战争和世界反法西斯战争的关系。说明了中国抗日战争是世界反法西斯战争的重要组成部分，中国率先独立开辟了世界反法西斯战争的东方主战场，并积极倡导和推动国际反法西斯统一战线的建立，中国各民族紧密团结，一致对敌，为世界反法西斯战争的最终胜利作出了不可磨灭的历史性贡献。2. 客观阐明中国共产党在抗日战争中的地位和作用。探究了人民战争的有效运作、抗日根据地的经济文化建设、抗日民族统一战线的指导作用，重申中国共产党的中流砥柱作用是中国人民抗日战争胜利的关键。3. 全面解读国民党正面战场。研究重点从宏观概述国民党正面战场的总体贡献转向关注具体战役、国统区及沦陷区的政治社会生态等微观实证研究。4. 深刻揭露日本战争暴行及其遗留问题。学者们利用多国多种文字的原始文献，真实再现了日军在中国的战争暴行，对日本国内右翼势力否认侵略战争的性质、否认战争罪行的诡辩进行了有力驳斥。

【专家点评】在世界反法西斯战争中，中国率先开辟世界反法西斯战争的东方主战场，积极推动世界反法西斯统一战线的建立，为世界反法西斯战争的胜利作出了巨大贡献。但长期以来，由于受欧洲中心论等因素的影响，中国战场在世界反法西斯战争中的地位与作用未能得到国际社会应有的尊重与承认。在今年召开的第 22 届国际历史科学大会上，许多国际学者高度评价中国抗战在世界反法西斯战争中的地位与作用，这是一个良好的开端。历史是一面镜子，揭示过去，也昭示未来。随着世界反法西斯战争中中国战场研究的不断深入，人们一定会从历史的经验教训中获得有益启迪。

（点评人：张连红，南京师范大学南京大屠杀研究中心教授）

热点6　“一带一路”：共建开放包容的利益共同体

入选理由：2015 年，学界针对“一带一路”展开热烈探讨，研究重点主要集中在：“一带一路”建设对中国和沿线（路）国家或地区的战略意义，共建“一带一路”的时代背景和原则，“一带一路”战略框架、思路和目标，“一带一路”沿线各国的合作重点、合作机制，中国参与“一带一路”建设所面临的机遇、风险与挑战等。“一带一路”沿线各国资源禀赋和发展水平各异，经济互补性较强，彼此合作潜力和空间很大，但各国在政治体制、历史、文化、宗教等方面亦有较大差异，因此共建“一带一路”要坚持“共商、共建、共享”的原则，全方位推进务实合作，打造政治互信、经济融合、文化包容的利益共同体、命运共同体和责任共同体。中国积极推动建立以合作共赢为核心的新型国际关系，以“一带一路”建设为纽带，以互联互通为抓手，从政治、经济、安全和社会人文等不同角度对内、外部风险进行分类评估、规避，将自身发展战略与区域合作有效对接，将中国梦与亚洲梦、欧洲梦连通，加强双边合作，开展多层次、多渠道沟通磋商，推动双边关系全面发展。强化多边合作机制作用，发挥上海合作组织、亚太经合组织、亚欧会议、亚洲合作对话、亚信会议等现有多边合作机制作用，相关国家加强沟通，使更多国家和地区参与“一带一路”建设，让沿线各国人民共享“一带一路”的共建成果。

【专家点评】“一带一路”既是我国全面深化改革的伟大战略，也是全方位扩大对外开放、融入并引领经济全球化的重要举措。这项工程的建设和实施必将给沿线（路）国家或地区带来经济社会发展和繁荣，必将大力促进中国经济结构转型升级和发展，必将造福全人类。正是由于“一带一路”战略意义重大、影响深远，一经发布，旋即获得世界各国的积极响应和沿线（路）国家或地区的积极支持，成为中国和“一带一路”相关国家或地区的21世纪的发展愿景，也成为国内外学术界讨论和研究的热点。

（点评人：方福前，中国人民大学经济学院教授）

热点7　“互联网+”时代信息技术发展与教育变革

入选理由：国家“互联网+”行动计划的提出，推动了信息技术与教育领域的融合发展。2015年，学者们在国家政策的宏观指导下，从学术角度进行了深入探索，主要集中在以下几个方面：1. 追踪国际最新进展，运用多学科视角，探讨以移动互联网、云计算、智能终端、大数据等为代表的新一代信息技术手段在教育领域的创新应用，探索互联网概念与学校教育的深度融合，为各教育阶段的学习、课程、教学、考试、决策管理、评价体系、人才培养模式等带来革命性变化。2. 深度反思以慕课（MOOC，大规模开放在线课程）、微课为代表的网络教育资源浪潮，澄清其中的混乱概念和各种误解，探究潮流背后的深层次动力，正视当前存在的资源碎片化、利用率低、分布不均等现实问题，提出“MOOC+翻转课堂”、SPOC（小规模限制性在线课程）等优化的模式和资源。3. 理性认识大数据对教育改革和教育研究的影响，在肯定大数据为教学管理和实证研究等带来机遇的同时，也理性地看到其在“价值密度”与“技术难度”、“数据广度”与“信息安全度”方面的局限性，强调利用高质量的大数据信息，化解不良数据的风险，为教育研究服务，而不是陷入对大数据的盲目追求或者全然抵触。4. 在“互联网+教育”模式被大多数人推崇和追捧的局面下，部分研究者存有争议，认为应理性看待这种狂热，信息技术对教育的影响是有限度的，传统教育模式仍有其存在的基础和价值。

【专家点评】互联网正在深刻改变着世界，改变着人类的生产生活方式，也对教育变革产生了深刻影响。2015年，我国教育理论和实践工作者对慕课、翻转课堂、创客教育、智慧教育、无缝学习等研究较多，这对我们的教育观念与教育实践不无裨益。也要看到，信息技术对教育的影响和作用还有很多争议，著名的“乔布斯之问”针对的即是这个方面。未来，我们要认真研究信息技术对教育的影响，既不无限扩大教育技术的作用，持技术干涉的观念；也不能认为信息技术可有可无，持技术无用论的观念。而应着力研究如何推进信息技术与教育教学的融合发展，创新教育教学方式与人才培养模式。

（点评人：李立国，中国人民大学教育学院教授）

热点8　媒体融合与新闻传播业变革

入选理由：2015年，媒体融合突破了学理阐述和行业探索的藩篱，上升成为涉及国家整体战略的热词，与此相关的研究主要围绕以下四个方面展开：1. 新闻传播基础理论的梳理、调适与突破式创新。媒体融合促生了新的传播体系，颠覆了传统媒体时代的许多规律、规则。围绕新传播格局下的传受关系变革、多元化传播主体、基于关系的开放性网络、倡导双向对话等特点，对传统以大众传播为基础的新闻传播理论进行反思，主要表现在对框架理论、沉默螺旋假说、新闻专业主义等的重新思考，重视人际传播、群体传播、组织传播的回归和影响，借鉴对话理论、交往行为理论、剧场表演理论等理论资源，探索新格局下的传播规律。2. 对国家整体传播战略布局及顶层设计的分析和研判。聚焦中央的媒体融合政策，对新形势下的政治沟通、传统媒体的话语权重塑、新型主流媒体建设、网络治理等展开探讨。3. 媒体机构的功能角色转型及信息生产与传播变革。针对不同媒体机构的融合转型探索，学界对角色定位、组织架构、运作机制、用户平台、内容产品、商业模式等战略层面的问题进行了回应和研讨；在信息传播理念上，围绕叙事模式、话语表达、价值感召、文本意义建构及其对主流意识形态的影响等方面的研究也具有预见性的价值。4. 媒体融合时代新闻传播教育的创新。主要围绕跨媒体人才培养，社会化媒体传播能力、媒体产品的设计和运营能力训练，跨学科培养体系、新媒体课程设置，师资队伍建设，产学合作拓展，价值观坚守等展开论述。

【专家点评】媒体融合一方面引发了新闻传播业的变革，另一方面改变了既有的社会生态与社会关系，使整个社会的传播状态发生了巨大变化。当前研究的不足体现在，主要从媒介生产自身逻辑的角度来理解媒介融合，关注的是媒介内部空间所关涉的一整套相互关系及其整合，侧重“融合”而忽略“媒介”。如果换一个视角，将“媒介融合”的讨论重点放在“媒介”而不是“融合”，就会发现，媒介与技术融合带来的一个结构性的变化，就是“原来互相分割的社会交往语境和形态（比如私人与公共）模糊乃至坍塌，媒介产业的霸权地位已经不在，而另外一种形式的融合——社会融合悄然崛起”。这将大大拓展现有媒介融合的研究视域，重塑传播观念和范式。

（点评人：孙玮，复旦大学新闻学院教授）

热点 9　中国人口政策调整及其社会影响

入选理由：人口政策调整是关系国计民生的大事。十八届五中全会作出了启动“全面二孩”的生育政策的决定，这标志着中国人口政策进入了重要的转折期。2015 年，专家学者对此议题进行了广泛而深入的研究，主要包括：1. 围绕人口政策调整本身。从理论的视角深刻阐述了当前实行生育政策调整的内涵及意义，指出目前需对中国人口问题进行重新反思，尤其要从人口理念的高度进行再建构；对人口政策调整与完善的具体相关问题进行了研究，探讨了相关人群目标定位、新增生育的测算方法、计生部门工作转型以及相配套的立法程序和社会政策等；从历史的向度详述了我国生育政策的发展轨迹，指出当前实施生育政策调整是恰如其时的；与国外生育政策进行比较分析，提出当前中国进行生育政策调整的重要性与迫切性，并介绍了国外实施生育政策调整的经验与教训。2. 集中对人口政策调整后可能产生的社会影响进行了跨学科、多层次的探讨。一方面从宏观的视角，探讨了在生育率长期走低、老龄化不断加剧、城市化不断上升、人口流动日渐频繁等人口格局下，人口政策的调整对人口总体发展的影响，譬如人口的结构，人口老龄化，人口红利等等；另一方面从微观的层面，指出其对家庭结构与家庭伦理关系、男女比例等方面形成的冲击，认为应引导家庭及其成员提前做好心理准备和文化准备，及时适应变化，重新塑造新的家庭伦理和社会关系。

【专家点评】重大人口生育政策的调整，不仅会直接影响到我国人口结构的发展和变化，也会影响到我国社会的方方面面：从社会的经济生产、物质消费，到教育、医疗卫生等公共服务；从宏观层面的劳动力资源、社会抚养比、老年社会保障，到微观层面普通人的家庭生活、子女教育。因此，“中国人口政策调整及其社会影响”成为 2015 年中国学术热点之一理所当然。相比“单独二孩”政策，“全面二孩”政策涉及的人群规模更为广大，带来的社会影响也将更为深远。探索这一政策调整带来的人口结构变化，研究和分析这种变化对我国社会结构、社会心理、社会文化、社会生活方式等可能带来的冲击和影响，是我国学术界的责任和义务。

（点评人：风笑天，南京大学社会学院教授）

热点 10　大气环境治理与低碳发展

入选理由：2015 年，学者们关于大气环境治理和低碳发展的研究主要体现在以下几个方面：1. 大气环境社会治理模式研究与公共政策分析，包括大气污染的社会经济评价与大气环境治理的费用效益分析，大气环境保护的法律制度研究，大气环境治理、排放总量控制、排放许可的公共政策设计与实施机制，区域大气环境协同治理模式与社会经济协调发展。2. 大气环境治理的经济政策研究与评价，包括环境保护税、排污收费制度、能源价格机制的设计与研究，大气污染物排放权、二氧化碳排放权、节能权的市场交易体系研究。3. 低碳发展研究与实施战略，包括中国低碳发展的模式与路径，低碳发展的经济学理论分析与方法研究，清洁与可再生能源发展战略与经济学研究，气候变化的适应性与公共治理模式，气候变化的社会经济影响评价，低碳城市建设发展，气候变化与中国低碳经济发展，低碳发展的社会经济分析，低碳社会建设与低碳文化形态研究，低碳发展的产业政策与国家战略。

【专家点评】2015 年是“十二五”规划的收官之年，也是实现全面建成小康社会的启动之年。中共中央关于“十三五”规划建议提出坚持绿色发展，实现生态环境质量总体改善。低碳发展是一种以能源高效清洁、生态环境优美、经济健康发展、社会持续进步为特征的可持续发展模式。低碳发展有利于两型社会建设，实现人与自然和谐相处。治理大气环境，实现低碳发展，成为经济学、管理学、社会学、政治学、传播学、法学等多个学科研究关注的重点，各个学科从不同视角研究中国大气环境治理、低碳发展的理论意义和现实作用，推动了中国环境治理和低碳、绿色发展理论与实践的深入发展。

（点评人：马中，中国人民大学环境学院教授）

（原载《光明日报》2016 年 1 月 13 日第 16 版）

2015年理论学术研究观点要览

哲学篇

强调共产主义是马克思主义哲学之魂

警惕以非意识形态化方式“创新”马哲

有学者提出，之所以强调共产主义是马克思主义哲学之魂，针对的是一段时间以来出现的试图以非意识形态化的方式“创新”马克思主义哲学的倾向。纠正这一偏向，不仅决定了马克思主义哲学学科能否健康发展，而且关系到科学看待作为国家意识形态理论基础的马克思主义。有学者认为，马克思主义作为共产主义思想体系这一点这些年被淡化了，而作为马克思主义世界观基础的哲学，则更是长期疏远了共产主义。这种疏远尽管在某些方面是出于误解，从而把共产主义视为只是一个与哲学没有什么关系的政治概念，但从根本上说，则是用非意识形态化的观点解读马克思主义哲学的必然结果。

正确地理解马克思主义和中国传统文化的关系

反对文化虚无主义防止保守主义思潮沉渣泛起

有学者提出，目前在中国大地上，传统文化研究和宣传热潮高涨，儒学重新成为显学。这使得有些理论工作者感到迷茫，意识形态领域陷于两难：似乎强调坚持马克思主义思想指导，就是贬低以儒学为主导的中国传统文化，反之，则应把马克思主义请下指导地位的“神坛”，重走历史上尊孔读经、以儒治国的老路。这种非此即彼、冰炭不可同炉的看法，理论上是错误的，实践上是有害的。有学者指出，不要抽象地争论马克思主义指导思想和中国传统文化的关系，尤其是非历史主义地争论马克思主义与儒学的高下优劣。应该用历史唯物主义观点处理马克思主义与中国传统文化的关系，反对蔑视以儒学为主导的中国传统文化的文化虚无主义，中国的马克思主义可以从中国传统文化的精髓中得到思想资源、智慧和启发，但也要防止以高扬传统文化为旗帜，反对马克思主义、拒斥西方先进文化的保守主义思潮的沉渣泛起。

当前主流意识形态地位稳步提升

非主流意识形态逐渐失去影响力

有学者认为，党的十八大以来主流意识形态的地位和影响力稳步提升，处于明显的优势和主导地位：主流意识形态的公信力和认同度提高了，这种公信力和认同度来自于党中央推行的一系列治党治国治军举措；主流意识形态的引导力和掌控力增强了，多年来与主流意识形态挑战争锋的新自由主义、社会民主主义、普世价值论、西方宪政论、历史虚无主义等非主流意识形态影响力下降；国际上的“中国崩溃论”、“中国失败论”等渐趋式微，“中国威胁论”、“中国争霸论”尽管有所抬头，但由于中国推行和平共赢的外交政策，这些论调也难以赢得多数人认同；主流意识形态的开放性和包容性拓展了，充分展现了主流意识形态的博大自信和蓬勃生命力。有学者认为，非主流意识形态在时代大潮淘洗和实践检验中逐渐失去影响力，同时呈现出新的特点和态势，继续以变化了的内容和方式持续挑战主流意识形态。学者们认为，当前是巩固和创新主流意识形态的大好时期，要在新的实践中增强中国特色社会主义的道路自信、理论自信、制度自信。

破除“西方制度迷信”

防范抵制文化霸权

学者们认为，“颜色革命”与文化霸权同属西方和平演变战略之下，已成为资本主义强国推行新霸权主义的基本手段，其根本目的在于改变特定国家的政治经济制度或政权组成。有学者认为，各国国情、政情、民情等不同，照搬西方的发展道路与政治制度模式，不仅不能达到社会变革的目的和民主的期望，反而会导致国家的乱局，必须在观念上“去西方化”，破除“西方制度迷信”，探索适合自己的发展道路与制度模式。有学者认为，全球正处在大动荡、大变革时期，如果发展中国家不小心掉入“颜色革命”的陷阱，整个社会将会为此付出巨大代价。防范“颜色革命”、抵制文化霸权、防止和平演变，是社会主义国家和所有期望全球化进步的人民的共同任务。

（作者李建国为中国社会科学院马克思主义研究院副研究员）

政治学篇

国家治理现代化取得了成就

国家治理体系现代性仍不足

有学者指出，国家治理能力是国家治理体系运行的结果。经过近两年的全面深化改革，我国推进国家治理现代化已经取得了一定的成就，具体包括治理理念现代化、顶层设计系统化、重点领域制度化和治理技术多样化。但是，我国国家治理体系的现代性依然不够，具体包括：国家治理体系的有效性不高、国家治理能力建设仍然滞后、虚拟网络空间正在对我国的社会稳定和政治安全提出严峻挑战。有研究者强调中国推行以“国家治理”为核心的改革，应该体现如下特点：第一，以国家整体绩效为立场，关注国家总体竞争力和国家治理的有效性；第二，以现实问题为导向，把法治化视为改革的核心内容，更加强调国家的自主性、统一性和权威性建设；第三，以现代文明价值理念和规则为标准，改造国家治理体系，贯彻公平正义、民主协商原则，实现依法治国。

依法治国是实现国家治理现代化的实质性步骤

落实依法治国必须正确处理党和法的关系问题

有学者指出，依法治国是中共由革命党转向执政党的一个重要标志，也是实现国家治理现代化的实质性步骤。民主与法治不可分割，必须整体推进，没有民主不可能有真正的法治，法治最终是为民主服务的，法治根本的作用还是保障公民的权利。许多学者指出，在中国的现实环境下，贯彻落实依法治国首先必须彻底解决党和法的关系问题。党的领导并不排斥依法治国，依法治国恰好体现了党的领导。依法治国是党治理国家的基本方略，党必须自觉地接受宪法和法律的规范，自觉地在宪法和法律的范围内活动。

政府与其他治理主体构建合作共治机制

政府向购买公共服务职能转变基本路径

有学者指出，政府职能转变的目标和任务是建设有限、有为、有责、有能和有效的现代政府，并构建政府与其他治理主体的合作共治机制。政府职能转变有三重使命：第一，实施政府的自我革命，减少和简化政府权力，以放权实现简政，以减权促进增效，以简权促成繁荣。第二，改革和调整行政管理体系的内在权力结构和权力关系，以优权催化优能，以督权推进履职，以限权达成归位。第三，政府治理现代化取向要求政府与企业、政府与社会的结构性共治。有学者指出，政府向社会力量购买公共服务是转变政府职能、创新政府治理方式和推进社会事业深化改革的重要内容，是优化公共服务供给机制的重要路径，其主要任务在于建构公共服务社会企业的竞争性关系、完善政府向社会力量购买公共服务的制度机制、强化政府向社会力量购买公共服务过程中各主体的能力以及建设理性的社会信任。

协商民主在政治现实和政治理论中深化

协商民主实践为中国特色民主提供契机

有研究者认为协商民主是中国建构现代国家过程中所形成的重要政治创造，内生于中国的新民主主义革命，成长于中国特色社会主义民主政治的探索，不仅为中国革命胜利以及中华人民共和国的诞生立下了汗马功劳，而且为超大规模国家的平稳转型、有序发展以及有效治理发挥了越来越重要的作用。有学者指出协商民主成为理论界和党政部门的关注热点，一是因为协商民主本身的重要性，二是协商民主比较切合中国的国情。对话、磋商、讨论、听证、交流、沟通、审议、辩论、争论等协商民主的各种形式，其实都是公民参与政治生活的重要渠道以及决策科学化民主化不可或缺的环节。

（作者张宁为北京大学国家治理协同创新中心助理研究员）

经济学篇

供给侧结构性改革注重结构优化

开启经济恢复增长动力的新周期

有学者认为，供给侧改革的目的是侧重于企业微观机制的重构，提高要素和资源优化配置，进而提高经济效率。有学者认为，供给侧改革意味着中国将实行新计划经济，即所有的生产都会按照消费需求进行，未来的每一件产品，在生产之前都知道它的消费者是谁，并且知道这件产品的标准是怎么样的。也有学者认为，供给侧改革不是回到计划经济，而是要在市场发挥资源配置决定性作用的基础上，实现直接调控与间接调控的有机结合。有学者认为，供给侧改革是一个长期的过程，而中国经济持续健康发展需要供给和需求两侧的互相衔接与良好配合。还有学者认为，从注重需求侧到强调供给侧，明确供需两端同时发力，这是决策层对未来宏观调控政策达成的重要共识，这将有助于开启中国经济恢复增长动力的新周期。

发展中国特色政治经济学

探索符合经济规律的制度

有学者认为，政治经济学作为一门研究经济关系及其运行规律的科学，是观察和分析经济社会的望远镜和显微镜。有学者认为，学好用好政治经济学，发展中国特色政治经济学重在掌握和遵循经济规律。经济规律有多个层次的内容，遵循经济发展规律应掌握和遵循人类社会发展的一般经济规律，如生产关系一定要适合生产力发展状况的规律和生产力自身发展的规律；要掌握和遵循几个社会形态中存在的经济规律，如商品经济规律、市场配置资源的规律；更要研究掌握和遵循社会主义经济发展的特有规律。有学者认为，马克思主义政治经济学要保持和增强生命力，必须研究这些经济社会发展变化情况，必须科学回答当代中国经济发展中的一系列问题，必须增强自己的有用性和解释力。要汲取和借鉴包括西方经济学在内的各门学科一切可以借鉴的东西，从更广阔的视野审视马克思主义政治经济学的研究和教学，努力跟上实践发展的步伐。有学者认为，提高经济治理能力、推动经济持续健康发展，离不开科学的制度保障。完善制度，使制度安排符合经济规律，就要用好政治经济学。社会主义市场经济体制为我们遵循规律治理经济提供了体制基础，也提供了相应制度安排。在建立和完善社会主义市场经济体制过程中，政治经济学研究成果起到了重要作用。

实施精准扶贫方略

遏制贫困代际传递

有学者认为，扶贫首先要找准扶贫脱贫的最佳路径，实施精准扶贫，首先应解决“扶持谁”的问题。实施精准扶贫，必须以改革创新投融资体制机制为动力，多渠道、多手段、多方式加大扶贫投入。要努力提高扶贫资源的配置效率。有学者认为，实现物质脱贫首先要精神脱贫，只有具备想脱贫、想致富的信念、追求和勇气，才能把理想变为现实。还有学者认为，用教育有效遏制贫困代际传递，治穷先治愚，扶贫先扶智，教育扶贫是扶贫开发工作的重要组成部分，也是从根本上实现贫困人口脱贫致富、遏制贫困代际传递的重要途径。

落实“一带一路”

推动双向开放

有学者认为，随着“一带一路”建设，中国已逐步成为资本净输出国家，这对双向对外开放提出更高要求。有学者认为，把“一带一路”、亚投行、自贸区等战略规划落实到位，就要继续转变我们的对外贸易发展方式，从“大进大出”到“优进优出”，从供给侧改革入手，在对外出口领域改变需求减弱的现状，以优秀的产品撬动别国的购买欲望，优化我们对外出口的产业结构；一方面我们在利用外资上不会再“来者不拒”，另一方面则是我们还是要给外资吃“定心丸”，积极提供各种服务，有方向地欢迎和鼓励外资进入。

（作者孙咏梅为中国人民大学中国经济改革与发展研究院副教授）

社会学篇

将社会治理与社会建设结合起来

从一元管理到社会治理转型仍难

有学者指出，中国社会学界的研究，在理论上继续深化的同时，开始将社会治理与社会建设结合起来，将社会服务与社会行动结合起来，逐渐走上了理论联系实际的道路。但研究同时也指出，中国社会组织还很少，尤其是在中西部地区，政府与社会之间的界限，还很难分清。甚至于很多社会组织还不够成熟，难以承担其本应承担的职责。这就是说，从社会管理的一元管理，到社会治理的多元治理之间的转型，在理论上易于说明，但在实践中却实难进步。

中小城市空壳化消解户籍政策配置效力

城市新二元结构埋下社会治理风险种子

研究指出，最近几年，一方面政府加大了户籍制度的改革，另外一方面也推进了居住证制度的实施，甚至于在积分落户方面，各地政府也出台了多项规定。但在将城市区别为超大城市、特大城市、大城市、中等城市和小城市而分类施策时，却也使绝大多数就业于百万人口以上城市的流动人口尤其是农民工的落户需求与政策供给之间出现错配。政府希望通过政策性导引，让农民工就近就地落户转变为城里人，并让他们在中小城市购物买房拉动消费，但中小城市产业空壳化趋势所形成的市场推力，却消解了政府政策配置的效力。毕竟，绝大多数流动人口主要看重的是就业的收入。如果大城市、特大城市和超大城市的收入远远高于中小城市，农民工就不可能回流到家乡。因此，东部经济发达地区仍然会成为年轻的、学历较高的、具有创新精神的劳动力的流入地。在这种情况下，传统的城乡二元结构，就变相形成城市户籍人口与外来人口的新二元结构。而这个二元结构，又在区位分布上形成城市中心区与城乡接合部的张力，给未来的社会治理埋下风险的种子。所以，在户籍制度改革仅仅限于将暂住证升级为居住证，并让居住证承担积分职能的情况下，农民工市民化的重点就取决于地方政府包容性社会政策的配置力度。

中等收入群体庞大而不定型

消费社会牵引出供给侧改革

学术界在近期研究中，经常使用的热词有中产阶层、中等收入群体、社会中间层等，其表达的内涵基本一致。这就是说，中国正在形成一个非常庞大但也不成熟的中产阶层。在阶层结构的转变中，中国的消费结构也从原有的模仿式排浪型转变为个性化、多样化。因为中国社会阶层结构的迅速变化导致了消费结构的迅速变化，但消费品的生产与供给市场却依然如故，所以，其一方面抑制了需求端的改革，另外一方面将庞大的内需转变为外需，导致中产阶层与先富阶层发展出了出国旅游与购物旅游。在中国社会从工业社会转变为后工业社会的过程中，只有认识到消费社会的来临及其影响，才能够适应这一重大转型而发展出供给侧改革，并解决当前消费领域存在的诸多问题。

城乡收入差距趋于缩小

居民收入差距趋于扩大

虽然国家统计局公布的基尼系数缓慢下降，近期达到0.471左右。但学术界提出的基于抽样调查得到的基尼系数却依然高高在上，个别数据甚至高于0.5。大家在讨论中得到的一个基本结论是：城乡之间的收入差距的确有缩小的趋势，但收入最高20%人口与收入最低20%人口之间的差距，依然缺少有效的缩小机制。另外，学术界的研究还发现：城市内部常住人口之间的收入差距有扩大趋势，农村内部常住人口的收入差距也有扩大趋势。所以，应该在经济治理和社会治理上，密切关注导致收入差距扩大的新问题。一些改革仍然走的是“增量改革”的老路，在解决老问题的同时，又增加了新问题，没有起到二次分配缩小收入差距的功能。

（作者张翼为中国社会科学院社会学研究所研究员）

伦理学篇

在国际视野下看待中华优秀传统文化

关注文化传统的内在价值和综合继承

中华传统文化影响到我们生活的方方面面，也影响着中国未来的发展。有学者指出，我们要在现代国际大视野下关注中华传统文化的现代化问题。国际视野下的中国道路，有两种视野，一个是横向的国际视野。一个是纵向的历史视野。这两种视野激励我们在现代化道路上不断前行。一路走来，中华文明之所以能源远流长，最重要的正是博大精深的中华文化这块基石。因此，承托优秀文化传统是中华民族永远不可卸脱的文化使命。传承优秀传统文化不是对其中某种或某几种文化元素的传承。任何关于传统文化的认识和理解都不仅要遵循文明与文化相互发明、相互印证的历史辩证法原则，而且要关注文化传统自身的内在价值取向和精神品格。

核心价值观公民认同研究深化

认同机理和具体途径不断拓展

从社会认同的角度推动社会主义核心价值观的落实，是2015年伦理学界的关注点。有学者认为，核心价值观的形成以公民的自我认同、群体认同和国家认同为基础。社会主义核心价值观认同机理包含着外在机理与内在机理。而外在机理包括大众对社会主义核心价值观的生发认同机理、凝练认同机理、倡导认同机理和颁布认同机理四个部分。而针对实践中核心价值体系政治认同边缘化的危机，有学者从价值自觉的角度，对解决核心价值体系政治认同问题的具体路径进行分析。社会主义核心价值观要得到公众的认同，必须在理论上进行科学的建构和阐释，在现实性上说服公众，在实践中印证价值理念，在价值认同中实现“物质利益激励、优越制度推进、官员示范引领”三大机制齐头并进的作用。同时，在价值认同主客体互动的过程中，尤其要紧紧抓住“人”的因素，加强主体自身的美德培育，以公民德性内化和守望获得认同。

道德可充任社会关系的调节器

德治在社会治理中有相应地位

继2014年社会治理问题在社会学界、政治学界的讨论之后，今年伦理学界讨论道德治理在社会治理中的特殊地位和作用方式。伦理学者认为，道德是国家社会治理体系的构成性要素，影响着国家社会治理的各个维度。在价值层面，道德制约着治理理念的形成，推动着“权力本位”的破除；在制度层面，道德是一种有别于成文法规或“显性制度”的“隐性制度”，影响着显性制度的建构；在行动层面，道德为社会治理提供了“善”的治理主体，创设了良好的价值环境，增强了社会凝聚力，提供了必要的道德监督。有学者提出，道德治理同所有的社会治理一样，都离不开现实的社会关系，尤其是要映照现实的伦理关系。社会治理是通过协调社会关系，减少甚至避免人与人之间的利益冲突，促进合作，进而通过制度安排，保证每个国家成员都能获得社会合作所带来的合理利益，从而实现国家的持续稳定与不断发展。而道德作为主要的社会治理力量，可充任社会关系调节器的作用。

气候问题是一个道德和价值问题

汲取中国伦理思想治理环境问题

随着雾霾天气以及其他环境问题的日益突出，人们对气候问题的关注与日俱增。有学者强调，气候问题是人的问题，是一个价值和道德问题。气候变化应该是自然的自我更新过程。但当代的气候急剧变化不是自然现象，而是人为过度活动造成的。需要我们改变“人类中心主义”的立场，重建价值观，以天地为上，把人看作天地的一部分，从而遏制造成气候变化的原始动因。儒家在以天地为本源的价值观基础上所提出的天地与人一家的观念，特别强调人对天地万物和保护物种的道德责任。我们今天思考气候变化与全球责任问题时，应该认真汲取。

（作者郭清香为中国人民大学哲学院伦理学与道德建设研究中心副教授）

党史学篇

党史人物研究依然是热点和重点

研究涌现出富有启发性的新观点

2015年，以纪念重大历史事件和重要人物为契机，党史研究涌现出一些富有启发性的新观点。

关于毛泽东研究。关于毛泽东晚年说自己“一生做了两件事”的谈话流传已久，有关它的争议却持续不断。有学者根据已披露的史料及谈话的内容推论：毛泽东晚年很可能作过这样的谈话，时间大约在1976年1月8日周恩来病逝至28日毛泽东提议华国锋主持中央工作之间。但最终确证，仍待相关档案文献的公开和相关当事人回忆的披露。

关于陈云研究。所谓毛泽东说“陈云一贯右倾”的说法在党史上流传甚广。有学者指出，从现有史料中并未发现毛泽东说过“陈云一贯右倾”的直接证据；但有毛泽东批评“陈云是右倾机会主义”说法的记载。“陈云一贯右倾”的说法，从反面显现了陈云抵制和矫正“左”倾错误的史实，比如：坚持“按比例发展”法则反冒进；面对“大跃进”，最早提出降低指标和保证质量的主张等。

关于恽代英研究。恽代英是我党早期领导人和著名政治家、理论家，有学者系统总结了恽代英在传播马克思主义、探索中国革命发展道路、推进马克思主义中国化、大众化过程中作出的独特贡献，具体表现在：他短暂的一生，经由激进的民主主义者到具有初步共产主义思想的知识分子转变为坚定的马克思主义者三个阶段，致力于探索革命真理，追求马克思主义，传播马克思主义；积极地学习和宣传马克思主义，撰写大量文章和通讯，成为我党早期马克思主义中国化的推动者和马克思主义大众化的实践者；对马克思主义的立场观点方法和精髓要义有深刻的认知，努力推动马克思主义中国化。

关于叶挺研究。有学者剖析了高敬亭案件，认为1939年6月被处死的新四军第4支队司令员高敬亭确实犯有严重错误，新四军军长叶挺不应对高案负主要责任。高案的处理决定，是在矛盾激化之后最终由中共中央拍板的。其中，皖南项英是遥控者，江北叶挺、张云逸、邓子恢等人是执行者，延安党中央是最后决断者，蒋介石“所请将高敬亭处以枪刑照准”不过是顺水推舟、乐见其成罢了。

关于罗瑞卿研究。有学者指出，1965年中央军委作战会议上发生的林彪禁止罗瑞卿做总结发言的风波，其远因是毛泽东否定了林彪提出的“北顶南放”战略方针，近因是罗瑞卿在作战会议上批评作战部一份材料时无意间触怒了林彪。至于“弹打不飞，棒打不散，我罗瑞卿死了烧成骨灰，都忠实于林彪同志”这句话，则是叶群编造的。林彪、叶群和邱会作说罗瑞卿“上了贺龙的船”，既是对罗瑞卿的诬陷，也是对贺龙的诬陷。

纪念抗战胜利70周年成为契机

抗战史研究进一步深化和细化

关于中共在抗战中的作用与地位研究。有学者重视挖掘新史料，特别是用敌方的资料来阐明中共的抗战作用与地位，指出：红军东征壮大了抗日力量，宣传了抗日主张，初步显示出中共是中国抗战的中坚力量，有力推动了抗日民族统一战线的形成。有学者指出，九一八事变爆发后，中国共产党一直是抗击日本侵华战争的中流砥柱。日本侵略者对之极为仇视并妄图扑灭。为此，日本政府、军方乃至一些民间侵华机构长期搜集相关情报并据此作出叙述、分析。这些资料所涉及的大量史实及当时日方的态度，在今天反而成了历史见证。还有学者指出，战后日本编纂的几部战史，对中国共产党及其领导开辟的敌后战场、开展的敌后游击战争、倡导的全民族抗战所发挥的重要作用和具有的重要地位，都有详细反映。日军在与中共领导的军队长期交战过程中，终于发现其游击战的力量源泉正在于民众，从而意识到中国共产党领导的人民战争的巨大威力。

关于抗战期间中共对外交往研究。有学者以太平洋战争爆发后在晋察冀边区“国际饭店”逗留的几个西方人士撰写的关于敌后根据地的报告为中心进行研究，指出：这些因为偶然机会成为中共抗日观察者的西方人，进一步促进了美国有关方面对敌后根据地情况的了解，从而对美国政府1944年最后下决心派美军观察组产生了一定的影响。有学者对1944年中外记者团赴西北考察进行了再审视，认为从舆论宣传来看，中共获得了极大成功，国民党遭遇极大挫折。

关于抗战史研究的诸多共识。2015 年人民出版社出版的《中国抗日战争史简明读本》，富蕴新论，吸纳了学界最新研究成果：一是再现了中国人民艰难曲折的 14 年抗战历程。以 1931 年九一八事变为起点，中国军民的抵抗打响了世界反法西斯战争的第一枪；以 1937 年七七事变为起点，中国开辟了世界反法西斯战争的东方主战场。二是客观地评价了国共两党在抗日战争中的地位和作用，国共两党领导的抗日军队分别担负着正面战场与敌后战场的作战任务，两个战场的战略配合形成了共同抗击日本侵略者的战略态势。中共领导的敌后战场逐渐发展成为全国抗战的主战场；中共创建了抗日民主根据地，在全民族抗战中发挥了中流砥柱的作用。三是论述了中国是亚洲反法西斯主战场，是名副其实的世界反法西斯大国。

中共创建史、遵义会议研究呈现新亮点

知青史、“文革”史等专题研究有新视角

关于中共创建史研究。有学者研究了《新青年》与中国共产党关系，指出《新青年》杂志与中国共产党相生相起，并曾一度成为党的机关刊物。它既是马克思主义在我国早期传播的舆论重镇，也是马克思主义中国化的先锋，在马克思主义与早期中国工人运动相结合的实践中，起到了先锋和桥梁作用，直接推动了共产主义在中国的传播。有学者研究了杨明斋在中共创建过程中发挥的作用。杨明斋作为俄共（布）正式派往中国代表团中的一员，不仅为党的创建发挥了重要作用，也为马克思主义在中国的早期传播作出了积极贡献。

关于遵义会议研究。有学者认为，对遵义会议的认识不能仅仅停留在一次具体的会议上，应联系大革命失败以来中国共产党所领导的武装斗争和毛泽东的重要贡献，第五次反“围剿”失败和红一方面军被迫长征，长征初期的困境等史实来加深对其历史背景的认识；应联系遵义会议之前的系列会议（通道会议、黎平会议、猴场会议），遵义会议的具体经过，以及之后的扎西会议、苟坝会议、会理会议来全面理解其内容和历史进程；还应明确其对长征胜利、抗日战争胜利等重大历史事件的深远影响。以遵义会议为界，又经过瓦窑堡会议、中共六届六中全会、全党整风、中共七大，马克思主义中国化的要求在党内逐步深入人心。实事求是，群众路线，独立自主，从此成为中国共产党新的传统，成为胜利前进的保证，这才称得上党的历史上的重要转折点。

关于知青史和“文革”史研究。有学者从地方志资料入手来研究知识青年上山下乡，认为知青安置经费的实际支出、人均经费及具体使用在各地存在较大差异，即使在一个省区内，各县的经费使用情况也不尽相同。在动员政策方面，个别地方率先进行调整，中央政策则受到地方政策的影响。

有学者考察了“文革”期间的黑体字语录，指出其发端于 1967 年 1 月 1 日《人民日报》和《红旗》杂志同时刊登的社论《把无产阶级文化大革命进行到底》，其中引用毛泽东的语录时全部是用黑体字排印的。此后，直到 1978 年在邓小平的干预下才得以取消。

（以上由中央党校党史教研部教授李庆刚撰写）

文化学篇

互联网 + 推动文化发展升级换代

传统文化行业在运营中革新观念

有学者认为，“互联网 +”模式中的“ + ”是指用互联网思维改造或改变传统行业，旨在促进互联网与各产业的融合创新，在技术、标准、政策等多个方面实现互联网与传统行业的充分对接，使传统文化行业在运营与发展中革新观念，利用技术破除地域、组织、行业对自我发展的束缚，积极探索前沿技术创新及成果转化，繁荣和活跃文化市场。

有学者指出，“互联网 + ”理念在文化发展的实践中推动着当代高科技与文化创意的跨界融合，是科技革命中范式转换的必然成果，其核心要义在于通过更新思维方式和产业运作方式，带动和实现发展路径和模式的升级。

“大众创业、万众创新”激发文化活力

创客、威客、极客、数客等人才脱颖而出

有学者认为，“大众创业、万众创新”作为一个理论话题，意在说明我国创业者群体越来越多元化，而且与文化科技相融合，创客、威客、极客、数客等文化创意类复合型人才，将在这轮新产业、新业态、新产品的培育与发掘中脱颖而出。推动“大众创业、万众创新”，激发全民创新、创造与创意的活力，是进一步提升文化治理能力和体系现代化的要求，这需要以改革的思维打造“大众创业、万众创新”的新引擎，营造有利于大众创业、市场主体创新的政策制度环境。

有学者认为，“大众创业、万众创新”作为一个实践话题，是我国经济社会深化改革的重要战略，是继上世纪80年代“个体户”创业潮、90年代“网络精英”创业潮之后的第三次创业潮。而文化科技的创新、创意与创业在此轮高潮中具有举足轻重的作用，成为“双创”战略的引擎。“大众创业、万众创新”的推动与实践，涌现出创客空间、创客总部、京西创业公社、极地国际创新中心、3W咖啡馆等一批较为活跃的众创空间和各类创新孵化机构。

文化助力非首都功能疏解

文化资源仍有制约因素

有学者认为，文化在京津冀协同发展中应发挥“排头兵”的作用。推进京津冀协同发展，要明确京津冀区域的功能定位，在此基础上加速推进京津冀区域合作。北京作为“知识型+服务型”城市，重点发展高端服务业、高新技术产业和文化创意产业等优势产业，优化区域功能布局。发挥品牌企业的影响力，推动文化产业跨界融合、创业投资。在北京向津冀进行辐射和带动的层面上，在京的百度、京东、新浪、搜狐等高科技文化产业“准航母群”可以总部经济的形式，将产业下游的服务性行业以产业转移的方式转移至周边，既减轻自身发展包袱，又可以通过产业链的拓展与创新推动产业升级。

有学者指出，一体化是一个各系统要素重新配置的过程，推动京津冀协同发展的过程将大幅提升产业协作、企业协作和资源整合的机遇，但也存在一些亟待突破的障碍或制约性因素，如行政管理的分割让区域内的文化资源难以实现高效整合；京津冀文化协同的程度相对较低，没有形成高低搭配的合理产业布局等；京津冀三地的财政实力、经济水平、消费成本等存在显著差异，三地之间没有形成一体化发展的文化认同，这将制约着文化整合、文化合作的深入开展。

文化立法进程不断加快

文化产业发展不断提速

有学者指出，文化立法是我国法律体系中的短板。2015年我国加快文化立法的进程，全面开启了文化立法的新篇章。文化立法的必要性和紧迫性与新形势下文化的大发展大繁荣密切相关，与人民群众日益增长的物质文化需求相关，与文化生产及产品的日益丰富相关。

有学者认为，建立覆盖全社会的公共文化服务体系，努力实现基本公共文化服务均等化，是我国2020年文化改革发展的重要目标之一，但公共文化设施建设相对薄弱、公共文化投入率偏低、管理体制和经营方式混乱、人员配备不足、社会力量发展公共文化服务渠道有限等因素，制约着我国公共文化服务体系建设。文化产业发展迅速，成为国民经济支柱性产业的趋势日益明显。但协调文化产业的双重属性、规避文化产业发展中的乱象、促进文化与各行业融合发展、加强对外文化贸易与文化竞争力等因素，都需要文化产业法律体系的完善。

（以上由北京社会科学院文化研究所博士王林生、中国人民大学文学院教授金元浦撰写）

法学篇

国家能力和法律体系完善的宏观法治建设持续推进

法治运行及公民守法层面的微观法治建设受到重视

有学者指出，就宏观社会领域而言，我国社会存在着国家整体蓬勃发展趋势向好，而一些公民个体却认为存在社会不公、微观体验不佳的悖论；就法治建设领域而言，存在着国家推进法治建设和法治体系不断进步，而在具体实践中却依然存在着以权代法、以权压法等破坏法治的悖论。

也有学者通过全球比较研究发现，二战以来在众多试图进行法治转型的后发国家中，真正成功实现高水平法治的比例很低，甚至不到10%。对于成功的法治转型或法治建设而言，至少需要考虑三个环节的因素：作为环境性必要条件的国家能力、法律体系完善或制度供给，以及法治运行实践。前两个环节属于法治建设的宏观方面，而运行环节则既有宏观的一面，也有微观的一面。整体上的国家权力行使，包括行政、立法和司法，属于宏观方面；而具体个案中的执法、立法与司法，以及贯穿于公权力行使及公民日常生活的每个公民的守法，则属于法治建设的微观方面。在全面推进依法治国新的历史阶段，我国法治建设就应该在兼顾国家能力和法律体系完善的宏观法治建设的同时，更加侧重法治运行及公民守法层面的微观法治建设。重点是两个方面：一是政府、人民团体、国企和事业单位乃至私营单位内部的微观法治建设，抓住领导干部这个关键少数；二是通过厉行法治，形成守法光荣、违法可耻的社会氛围，真正实现全民守法。

“打虎拍蝇”引发对党纪与国法关系的思考

中国法治理论与西方法治理论有重要分殊

有学者认为，十八大以来“打虎拍蝇”的反腐行动，不仅在实践上淬炼了纪检机关，也在理论上引发了对党纪与国法关系的思考。中纪委就党纪与国法的关系指出：党的先锋队性质和先进性要求决定了党规党纪严于国家法律。国法是所有公民的行为底线，党纪是对党组织和党员立的规矩。这说明党纪与国法二者之间的关系是一个具有中国特色的实践问题，也是中国特色社会主义法治理论的一个重要命题；在社会主义中国，其法律体系、法治体系及依法治国，与西方以多党政治和三权分立为背景的法治有着鲜明的区别；也正是在这里，中国特色社会主义法治理论与西方法治理论有了重要的分殊，不与党建结合起来，就无法完整理解中国的依法治国。

司法公信力不高是世界难题

司法改革仍是理论研究热点

有学者指出，司法公信力不高是世界性问题，司法改革是世界性潮流。一方面，司法改革一直在遵循司法规律、提高专业化和职业化的道路上推进；但另一方面，在依法独立行使审判权与公正司法、专业化和职业化与提高司法权威、实行员额制与法官遴选制度改革、人财物省级统一之后，上下级法院之间以及法院与其他地方党政和权力机关诸多的关系如何摆正和理顺，都成为司法改革研究不可回避的重要理论问题。

特赦是国际通例，更是我国传统

法治精神与德政传统成功衔接

有学者指出，特赦是国际通例，更是我国固有传统。遇有重要庆典、重大事件，行大赦、曲赦、德音之令，给行差走错的人一个改过自新的机会，是中国政治“宽宥之道”的传统，也是平和世道人心、和谐社会关系的仁爱政治。

有学者认为，在抗日战争胜利 70 周年之际，对曾于国家有功的部分罪犯实行特赦，是对他们所做历史性贡献的认可，使他们在胜利日分享国家的喜庆；而对符合条件的部分犯罪时不满 18 周岁、被判处三年以下有期徒刑或者剩余刑期在一年以下的服刑罪犯的特赦，体现了我国法制史上一直提倡的“矜老恤幼”赦免原则。通过法治精神与德政传统的成功衔接，将向世界展示中国法治发展的成果与制度自信；以法治与德治的结合，亦能促进社会和谐，彰显中国政治中和宥恕的雍容气象。

（以上内容由《环球法律评论》杂志副主编、中国社会科学院法学研究所副研究员支振锋撰写）

新闻传播学篇

大数据时代催生新闻学的数字化转向

机器人记者写稿引发一系列敏感问题

有学者指出，大数据时代的新闻，从实践到理论都已经开始了前期的探索，但还谈不上媒体的大规模普及。从实践层面看，大数据新闻根据各自内容的不同和操作层面的侧重开始有了分类。在理论层面，对新闻传播的内容生产、真实观念、价值观念、权威性甚至新闻机构的未来组织模式等，都会产生相应的变化。

有学者认为，大数据时代催生了新闻学的数字化转向，留存在互联网中的海量数据通过各种统计采集和方法计算，并通过不同的可视化呈现应用在新闻报道中，不仅可以加强报道的深度，而且可以提升报道的精确性和对未来预测的科学性。有学者将其分为以下几个类型：计算机辅助报道——以计算机在报道过程中为提高准确性而进行的数据采集、处理和分析为特点；数据新闻学——以精确数据的抓取挖掘、统计和分析以及可视化呈现为特点；计算新闻学——以算法、文本分析法、矢量空间文档模型等计算思维应用在新闻报道中的使用为特点。

有学者针对媒体开始尝试机器人记者写稿的现象，指出这一做法必将引发一系列的敏感问题，如记者未来的从业前景如何？是否会影响记者的从业积极性？虽然美联社说此举是为了让记者能从一般报道中解放出来更多地投入到深度报道中，但当报道领域越来越多地开放给自动撰写软件的时候，那些带有思想的深度报道是否会消逝呢？

媒介生态正在发生根本性变化

跨越时空的社会协作成为可能

有学者认为，互联网对于社会传播业态的最大改变，是将传统的、以机构为基本单位的社会性传播，改变为今天的以个人为基本单位的社会性传播。互联网作为一种革命性力量，已经并将继续改变整个社会的资源配置方式和权力结构。伴随社会传播技术门槛的降低，以个人为基本单位的传播力量被激活，跨越时空的社会协作成为可能，互联网引导下的媒介生态正在发生根本性变化。传统的以大众媒体为传播中心的不平等的、单向的媒介生态结构被打破，个人成为信息传播网络中的一个重要关节点，大众闲置的碎片化时间和知识通过互联网完成聚合，从而实现信息的生产、分享和价值创造。传统媒体所主导的信息偏好逐渐被弱化，个人化的信息只要得到认可就可以通过社交媒体实现裂变式传播，传播内容和传播方式更加多元和富有个性，大众的个人生活、个人情感和个性体验开始得到关照。

有学者指出，过去依靠规模占领市场的旧思维应该改变，传统媒体应该突破“内容为王”的单一竞争法则，摆脱单纯以广告为中心的盈利模式，与移动化的传播技术融合，向社交化的传播方式融合，朝平台化的经营方向融合，立足媒体自身的特点，以互联网思维指导转型，在互联网逻辑下完成传媒生态的重构。

数字媒体技术力量不断地显化

两个舆论场呈现互动融合趋势

有学者指出，在传统媒体时代，国家所有的媒介体制使得社会舆论场呈现出官方舆论场一统天下的格局，民间舆论场只能以口语传播的形式在有限的媒介空间呈现，而互联网与新媒体技术的诞生与普及，逐渐使社会的信息传播系统扁平化，纵向的传播控制被逐步打破，横向的民间舆论在网络世界里开始串联，于是原本隐形于线下的民间舆论场凭借数字媒体技术开始显化，社会出现两个舆论场的格局，并由此开始了新的社会互动。

有学者认为，民间舆论场自显现之初到现在，经历了与官方舆论场的分化和若即若离，到被官方舆论场吸纳、融合和主导，舆论场域的变化往往是政治、技术、社会等多种力量互动与博弈的结果。政治力量在整个社会话语场域中一直扮演着绝对主导者的角色。媒介技术作为重要的社会变革力量，不断地对现有的舆论场域的空间进行着拓展突破。社会力量在整个社会话语场域中从萌芽到不断壮大，并且在政府、市场、社会大结构中渐次凸显出自己的存在感，表现出自身的舆论影响力及动员力。

（以上由中国人民大学新闻学院教授王润泽、中国人民大学新闻学院博士王鲁亚撰写）

（原载《北京日报》2015 年 12 月 28 日第 22、23 版）

2015 年理论视野中的热点

“十三五”规划建议

关于中国发展方向的全景式图谱

如期召开的中共十八届五中全会重点审议了“十三五”规划建议，描绘了 2020 年全面建成小康社会的新路径，勾勒了中国未来五年的发展图景。“十三五”规划适逢中国改革发展处于关键时刻，因而备受关注。

学者认为，“十三五”规划建议提出“六个必须”作为经济社会发展的“纲”与“魂”，明确五大发展理念，是关于中国未来发展方向的全景式战略图谱。深化各领域改革，让民众对改革有更多的获得感，是“十三五”规划的核心目标。未来 5 年，中国经济将继续稳定保持中高速增长，6.5% 将是经济增速的下限，只有稳定的增长，才能更好地推动各领域改革。

分析认为，“让人民群众有更多获得感”，是检验改革“含金量”高低的重要“标尺”。随着“十三五”规划出炉，各项改革事业的不断深入、经济发展方式的大力转变、公共服务的持续升级、社会建设的不断完善、绿色发展道路的确立，中国百姓的幸福指数也将会不断提升。中国特有的五年规划，本质上是人民的发展规划，有助于 13 亿全体人民通过教育投资、社会保障等人力资源投资，实现全面发展、幸福发展、健康发展。

“全面二孩”

关系中国人口红利消退压力

十八届五中全会提出实施全面二孩政策，即在坚持计划生育的基本国策的前提下，完善我国人口发展战略，全面实施一对夫妇可生育两个孩子政策，积极开展应对人口老龄化行动。观察者注意到，这是继十八届三中全会决定启动实施“单独二孩”政策之后的又一次人口政策调整。之前，从 10 年前十六届五中全会公报中“稳定人口低生育水平”，到 5 年前十七届五中全会公报中“全面做好人口工作”，措辞表述的细微变化，也表明对计划生育政策的规范逐渐上升到人口均衡发展的高度上来。

学者观察认为，伴随着经济社会的发展，新世纪以来我国人口发展呈现出重大转折性变化：总量惯性增长的趋势明显减弱、人口老龄化速度加快、劳动年龄人口和育龄人口开始减少。如果维持现行生育政策，将影响人口长期均衡发展。低出生率及人口老龄化令人口红利逐渐消失，人口结构性问题也正在日益突出。

人口红利是中国经济 30 多年来保持高速增长的重要支撑条件之一，虽然目前人口红利还在持续，但中国人口红利正在逐渐消失。中国不得不面对即将到来的“未富先老”局面，全面放开二孩是重要解决办法之一。

学者认为，“全面二孩”政策有助于在一定程度上缓解老龄化压力，调整劳动力结构，缓解我国人口红利消退的速度，增强我国经济社会发展活力和国际竞争力。

抗日战争暨世界反法西斯战争胜利 70 周年

正义必胜！和平必胜！人民必胜！

习近平总书记在纪念中国人民抗日战争暨世界反法西斯战争胜利 70 周年大会上，向世界发出了最强音：“正义必胜！和平必胜！人民必胜！”学者认为，这“三个必胜”正是对历史发展规律的科学概括和人民愿望的充分表达，也是对当今时代和平与发展主题的准确诠释和高度凝练，更是中国共产党人一以贯之的主张和奋斗目标，必将鼓舞更多的人们团结起来，为维护正义、和平事业的伟大斗争成果而不懈努力。

学者指出，在那场正义和邪恶、光明和黑暗、进步和反动的大决战中，在长达 14 年的抗战特别是 8 年的全面抗战中，中华民族遭受了惨重的牺牲。其间，有人丧失了信心，有人屈膝了，有人投降了，有人助纣为虐了，但是，中华民族的主体没有被敌人的屠杀所吓倒，没有屈膝，没有投降，而是在极其艰难困苦的条件下坚持抵抗，坚持正义战争，坚持阵地战与游击战的战略配合，坚持以弱胜强，以少胜多，积小胜为大胜，用持久战的理论指导战争的进展，以中国共产党及其领导的武装力量为中流砥柱，终于经过苦战取得抗日战争的完全胜利。那几年是何等艰苦卓绝，中华民族在浴血奋战中浴火重生，需要用鸿篇巨制的史书来详加记载。

学界强调，总结世界反法西斯战争的历史教训，历史昭示的伟大真理在于，国家不分大小，都有在世界上平等生存的权利。地球只有一个，各个国家只有和平共处、合作共赢，才能创造一个美好的地球，创造人类美好的未来。

反腐风暴

廉洁政治建设迈向制度化

十八大提出要“建设廉洁政治”，要实现“干部清正、政府清廉、政治清明”后，有专家认为，这标志着反腐败的终极目标首次被正式确立，是指导今后反腐倡廉建设的总方针。经过 3 年的“治本准备时间”，2015 年，反腐成为中国大街小巷最具热度的话题，与反腐风暴相呼应的是一系列落地有声的制度性建设。

梳理一年来的反腐行动，学者认为，有八大亮点值得关注。一、反腐没有休止符。反腐方向越发清晰，反腐“红利”也越发突出。通过严厉查处减少腐败存量，通过制度建设堵住腐败增量和变量，反腐行动为“四个全面”战略布局的推进起到重要作用。二、明确党纪严于国法。今年的重要变化是纪检部门执纪中将纪律挺在前面，明确对党员的要求高于群众。具体思路是靠法律惩治贪腐的极少数，靠党纪管住党员干部的大多数，从源头防止腐败滋生。三、海外追逃成反腐“第二战场”。中国正通过不断完善自身法律制度为国际合作创造更多条件，海外不再是逃避司法打击的“避难天堂”。四、对“团团伙伙”、“山头主义”零容忍。新修订的《中国共产党纪律处分条例》明确规定，在党内搞团团伙伙、结党营私、拉帮结派等活动捞取政治资本，情节严重的给予留党察看或者开除党籍处分。五、聚焦群众身边“蚊蝇腐败”。群众身边的“蚊蝇腐败”行为小危害大，有的表现出“小官大贪”“腐败窝案”等特点，直接损害群众利益，影响执政党形象。六、反腐不力将被追责。落实主体责任、监督责任，意味着明哲保身当“老好人”、对下属贪腐苗头熟视无睹的“太平官”不好当了，也让日常的批评教育、纪律处分成为组织生活常态。七、专项巡视“利剑出鞘”。专项巡视把一大批专业性强、带有行业特点、之前不易发现的腐败问题揭露出来，使巡视工作更加深入，反腐更加高效。

学者认为，这一年的反腐行动，紧扣全面从严治党时代主题，为全面从严治党、反腐倡廉提供了更加坚固、更加坚实、也更加坚决有力的实践载体。这对于政治生态的修复再造，对于干部状态的重启重塑，具有定盘星、震慑治本作用，倒逼党员领导干部收手收心。

从“扶贫攻坚”到“脱贫攻坚”

拉开精准脱贫的帷幕

未来 5 年我国的经济社会发展，全面小康是主旋律，脱贫攻坚是关键词。十八届五中全会提出要精准扶贫、精准脱贫，同时，也把以往常用的扶贫攻坚，改成了脱贫攻坚，更加鲜明地体现了党所肩负的历史使命。中共中央政治局审议通过《关于打赢脱贫攻坚战的决定》，要求各级党委和政府必须把扶贫开发工作作为重大政治任务来抓，逐级立下军令状，层层落实脱贫攻坚责任。中央扶贫工作会议随后召开，从而正式拉开了我国“十三五”脱贫攻坚工程、精准扶贫精准脱贫的帷幕。

学者认为，农村贫困人口脱贫是全面建成小康社会的“突出短板”。改革开放以来，我国7亿农村贫困人口脱贫，对全球减贫贡献率超过70%，成为“中国奇迹”精彩的篇章。但也应看到，越往后，扶贫难度越大，任务越艰巨。扶贫开发已进入啃硬骨头、攻坚拔寨的冲刺期，到了决战决胜的关键时刻。

脱贫攻坚是一项系统工程，面对复杂严峻的脱贫形势、嗷嗷待哺的贫困地区、千差万别的贫困群体。因此，学者认为，中央加强顶层设计、通盘考虑、系统谋划，坚持“分类扶持”，破解“一个瓶颈”（即加快破除发展瓶颈制约），加强“三项保障”（即政治保障、资金保障和社会保障）。下一步政策建议，必须建立精准识别、精准决策、精准扶持、精准管理的工作机制，特别是要着力提高精准识别、精准决策、精准帮扶水平，以期达到精准扶贫、精准脱贫。

供给侧改革

让供给跟上和引领不断变化的需求

2015年下半年以来，“供给侧改革”屡屡成为高层会议的高频词，而且以崭新的面目引爆媒体，各家纷纷从不同角度解读其对于中国经济发展的重大影响。

供给侧改革的定位和角色，在不久之前举行的中央经济工作会议上已有明确的说法，即推进供给侧结构性改革，是适应和引领经济发展新常态的重大创新，是适应国际金融危机发生后综合国力竞争新形势的主动选择，是适应我国经济发展新常态的必然要求。这意味着中央将供给侧改革摆在经济工作更加突出的位置，供给侧改革必将在中国经济转型升级中扮演越来越重要的角色。

有经济学家指出，现阶段，供给侧不足的弊端已经凸现。在投资面临边际效益递减、出口面临外部环境不稳定考验的情况下，刺激消费内需成为拉动经济增长“三驾马车”中最重要的一驾马车。然而，网络消费和出境消费的迅猛增长表明，消费内需已得到足够的刺激，关键在于没有转化为拉动经济增长的内需，许多消费力转为外需。不强化供给侧管理和改革，就无法聚集经济增长的动能。同时，旧的调控手段限制了正常的消费内需；滞后的制度因素抑制了企业活力。供给侧改革正是应对这些挑战的一种有效手段和可行措施。

这次中央经济工作会议还提出了供给侧改革的五大政策支柱，分别是宏观政策要稳、产业政策要准、微观政策要活、改革政策要实、社会政策要托底。从这“五大支柱”来看，供给侧改革尽管是全新表述，但与现在已经部署并次第展开的一系列改革高度重合。实际上此前围绕上述“五大支柱”的改革已经展开。有学者分析，供给侧改革是十八大以后一个渐进过程的结果。

“一带一路”、亚投行

中国外交凸显全球视野

作为一个发展中的大国，中国的外交不仅具有地区影响力，也具有全球影响力；不仅影响到中国的国际环境，也影响到中国国内的改革和进步。在2015年的中国外交中，“一带一路”与亚投行齐飞是中国领导人在出访时最关注的话题之一。

学者认为，筹建亚投行和金砖银行，是中国“一带一路”宏伟发展计划的重要组成部分，不仅会对中国发展起深远作用，且影响亚洲、中亚、中东、欧洲乃至全球的经济、金融发展趋势，意义重大。亚投行成立，体现了中国作为世界第二大经济体对国际事务尤其对亚洲事务的应有话语权和担当。当然，亚投行是国际金融领域的新事物，项目规模庞大，牵涉利益复杂。要管理亚投行这样一家多边国际金融机构，挑战不容低估。中国在改革开放进程中，不断适应国际规则，也是学习、借鉴并遵守国际规则的受益者。近年来，从上海合作组织开发银行到金砖国家开发银行，再到现在的亚投行，中国积极倡导、参与推动组建新的多边开发金融机构，不断深耕多边金融机制，开启了经济外交新模式。

学者认为，从中国领导人出访，到加强互联互通伙伴关系对话会成功举行，从亚洲基础设施投资银行签约，到丝路基金的设立，“一带一路”建设稳扎稳打，中国打通了政策沟通、道路联通、贸易畅通、货币流通、民心相通的外交节点。中国以宏远眼光和开放包容的姿态，近睦远交，互利共赢，既为区域经济一体化提供了有力抓手，又大大拓展了本国发展战略空间。

中国科学家首次凭借本土科研获得诺奖

中国科技方向：创新、创新、再创新

中国女药学家屠呦呦获2015年诺贝尔生理学或医学奖。这是中国科学家因为在中国本土进行的科学研究而首次获诺贝尔科学奖，是中国医学界迄今为止获得的最高奖项。依据是她发现了青蒿素，这种药品可以有效降低疟疾患者的死亡率。

诺贝尔奖对中国科学家的意义有多大？受访问的中国科学家认为，对中国科学家来说，得奖的意义在于鼓励大家在基础研究方面进行原始创新。“我国科技发展的方向就是创新、创新、再创新”。诺贝尔奖对人类有重要的影响，在这方面，中国科学家应该做出应有的贡献。当然诺贝尔奖并不是唯一的科学标准，并不能把它当做科学研究的唯一目标。不是所有的研究取得了成果就能拿到诺贝尔奖。获奖并不是一个科学家从事科学研究的目的。但无论如何，屠呦呦捧获诺奖，是中国科技繁荣进步的一个缩影。

对于屠呦呦给中国教育的启示，学者认为，一、做学问要“坐得住冷板凳”，要有“克服浮躁，长期努力创新，献身科学研究的牺牲精神”，要大胆质疑、求证、创新，从而取得关键性突破，而正是这点，尤其值得当前基础教育者们深思。二、学术研究的突破在创新，而创新突破的动力来自于不迷信权威、敢于质疑和批判，要尊重和呵护学生的好奇心、求知欲，培养他们的问题意识、探索精神，这恰恰是我们当下教育所欠缺的。三、在中国，不少科学家没有把“求真”放在很高的位置，这种情况在教育中也存在，教育评价和科技评价都被另一种忽视“真”的价值意识所渗透，直接操控、误导或左右着教育和科技的发展。

“互联网 +”

网络时代下的生产生活方式升级

在全功能接入国际互联网 20 年后，中国正全速开启通往“互联网 +”时代的大门。这扇大门打开速度之快令外界惊讶：今年 3 月的政府工作报告提出制定“互联网 +”行动计划，6 月 24 日国务院常务会议通过《“互联网 +”行动指导意见》，仅隔 10 天国务院发布全文。12 月 16 日到 18 日，第二届世界互联网大会在浙江乌镇召开，“互联网 +”时代又增添一个全新注脚。

与传统产业全面融合后，互联网不再是简单的应用工具或获取信息的渠道，而是一种可以对全产业链各要素进行有效整合的基础设施。学界认为，互联网倒逼工业转型升级，“中国智造”将拉开序幕。当传统工业的采购和销售环节遇上互联网，原本神秘的工业制造也逐渐放下“高冷”，紧跟市场行情和客户需求。在互联网的倒逼作用下，传统工业制造正重塑生产流程和价值体系，以提升产品外围竞争力。

根据调查，互联网在服务业主导的第三产业领域内刮起“旋风”，普通百姓时时处处感受着互联网对衣食住行的改变。目前电子商务进入黄金时代。电子商务在一定程度上缩小了东、西部人均商业基础设施的差距，满足了欠发达地区群众的消费需求。同时，电子商务在扩大内需，释放消费潜力，促进就业方面也起着重要作用。另外，互联网可以实现普惠金融。“互联网 + 金融”掀起了全民理财的热浪，低门槛准入与便捷操作推动资金快速流动，大数据的发展为征信体系的完善奠定了基础。

上海外滩踩踏、天津仓库爆炸、深圳光明新区滑坡灾害……

因脆弱而显短板效应的城市公共安全

从上海外滩拥挤踩踏，到天津港 8 · 12 大爆炸，再到深圳光明新区“12 · 20”滑坡灾害……“关注城市安全，保证特大型城市安全稳定运行”成为今年国内大城市两会重要议题。

德国人帕布斯 · 海恩提出一个在航空界关于飞行安全的法则：每一起严重事故的背后，必然有 29 次轻微事故和 300 起未遂先兆以及 1000 起事故隐患。海恩法则强调两点：一是事故的发生是量的积累结果；二是再好的技术，再完美的规章，在实际操作层面，也无法取代人自身的素质和责任心。事故的发生不是没有预兆的，更多地在于管理人员的疏忽或漠视。

评论指出，出现事故不可怕，信心也是完全可以重拾的，重要的是需要对公众疑虑和关切的每一个安全隐患都作出“真诚负责任”的交代：让调查处理过程公开透明，使公众得到真相；查清事故原因，作出经得起历史检验的结论，进而采取科学有效的改进措施。唯有这样，才能真正堵住安全漏洞，增加安全系数，帮助人们找到安全信心的生长基点。

分析认为，加强城市公共安全，要借助群众无所不在的雪亮眼睛，真诚倾听百姓对公共安全的各种意见，善用社会公众的智慧和力量化危为安。这不仅因为，公众作为“体验者”，晒出来的安全隐患往往目光如炬地指出了真实问题；更是因为，在公众关注的目光下，隐患的背后凝结着社会关切，影响着安全预期，对事故和隐患的正确态度和负责行动，本身就是提升社会安全感的基础工程。

（编辑部策划，执笔：张耀、魏志奇）

（原载《北京日报》2015 年 12 月 28 日第 21 版）

· 科研课题 ·

概　　述

本栏目记述2015年度4个国家级社会科学研究课题指南、招标选题，10个国家级和部级（北京地区）及7个北京市级单位在人文社会科学方面的申报公告、通知和已通过评审获准立项的课题，这些课题涉及20多个学科及其众多研究领域，包括重大项目、重点项目、一般项目、青年项目、资助项目等，以及这些课题的项目名称、承担单位、项目负责人、项目分类、类别、项目来源单位、预期成果形式及计划完成时间等内容；记述北京地区部分高校、科研单位承担的国家级、省部级社会科学研究项目及部分院校校级社会科学研究项目等内容。这些信息反映了北京社会科学研究的概貌及2015年度社会科学研究的重点和特点。

国家社会科学基金项目 2015年度课题指南

说明

一、申报国家社科基金项目的指导思想是，全面贯彻落实党的十八大和十八届三中、四中全会精神，高举中国特色社会主义伟大旗帜，以邓小平理论、“三个代表”重要思想、科学发展观为指导，深入贯彻习近平总书记系列重要讲话精神，坚持解放思想、实事求是、与时俱进、求真务实，坚持以重大现实问题为主攻方向，坚持基础研究和应用研究并重，构建哲学社会科学创新体系，发挥国家社科基金示范引导作用，推动哲学社会科学为党和国家工作大局服务、为社会主义文化大发展大繁荣服务。

二、《国家社科基金项目2015年度课题指南》围绕习近平总书记系列重要讲话、十八届三中和四中全会精神，在相关学科中拟定了一批重要选题，申请人可根据自己的研究专长选择申报。

三、申报国家社科基金项目，基础研究要力求具有原创性、开拓性和较高的学术思想价值，应用研究要具有现实性、针对性和较强的决策参考价值，着力推出体现国家水准的研究成果。

四、课题申请人须具备下列条件：遵守中华人民共和国宪法和法律；具有独立开展研究和组织开展研究的能力，能够承担实质性研究工作；具有副高级以上（含）专业技术职称（职务），或者具有博士学位。不具有副高级以上（含）专业技术职称（职务）或者博士学位的，可以申请青年项目，但必须有两名具有正高级专业技术职称（职务）的同行专家书面推荐。青年项目申请人和课题组成员的年龄均不超过35周岁（1980年3月1日后出生）。课题组成员或推荐人须征得本人同意并签字确认，否则视为违规申报。申请人可以根据研究的实际需要，吸收境外研究人员作为课题组成员参与申请。全日制在读研究生不能申请，具备申报条件的在职博士生（博士后）从所在工作单位申请。

五、课题申请单位须符合以下条件：在相关领域具有较雄厚的学术资源和研究实力；设有科研管理职能部门；能够提供开展研究的必要条件并承诺信誉保证。以兼职人员身份从所兼职单位申报国家社科基金项目的，兼职单位须审核兼职人员正式聘用关系的真实性，承担项目管理职责并承诺信誉保证。

六、课题申报范围涉及 23 个学科，须按照《国家社科基金项目申报数据代码表》填写《申请书》。跨学科研究课题要以“靠近优先”原则，选择一个为主学科申报。教育学、艺术学、军事学单列学科的申报分别由全国教育科学规划办、全国艺术科学规划办、全军社科规划办另行组织。

七、《国家社科基金项目 2015 年度课题指南》条目分范围性条目和具体题目两类。范围性条目只规定研究范围和方向，申请人要据此自行设计具体题目，没有明确的研究对象和问题指向的申请不予受理和立项；依据具体题目申报的选题，应选择不同的研究角度、方法和侧重点，题目的文字表述可做适当修改。只要符合《课题指南》的指导思想和基本要求，各学科均鼓励申请人根据研究兴趣和学术积累申报自选课题（包括重点课题）。自选课题与按《课题指南》申报的选题在评审程序、评审标准、立项指标、资助强度等方面同样对待。无论是按《课题指南》拟定的选题还是自选课题，课题名称的表述应科学、严谨、规范、简明，一般不加副标题。

八、2015 年度国家社科基金项目继续实行限额申报，限额指标另行下达。各地社科规划办、在京委托管理机构和申请单位要着力提高申报质量，适当控制申报数量，特别是要减少同类选题重复申报。

九、申报课题的资助额度为：重点项目 35 万元，一般项目和青年项目 20 万元。申请人应按照《国家社科基金管理办法》（2013 年 5 月修订）和《国家社科基金项目经费管理办法》的要求，根据实际需要编制科学合理的经费预算。

十、国家社科基金项目的完成时限，基础理论研究一般为 3 ~ 5 年，应用对策研究一般为 2 ~ 3 年。

十一、为避免一题多报、交叉申请和重复立项，确保申请人有足够的时间和精力从事课题研究，2015 年度国家社科基金项目申请作如下限定：（1）课题负责人同年度只能申报一个国家社科基金项目，且不能作为课题组成员参与其他国家社科基金项目的申请；课题组成员同年度最多参与两个国家社科基金项目申请；在研国家级项目的课题组成员最多参与一个国家社科基金项目申请。（2）在研的国家社科基金项目、国家自然科学基金项目及其他国家级科研项目的负责人不能申请新的国家社科基金项目（结项证书标注日期在 2015 年 3 月 10 日之前的可以申请）。（3）申请国家自然科学基金项目及其他国家级科研项目的负责人同年度不能申请国家社科基金项目，其课题组成员也不能作为负责人以内容相同或相近选题申请国家社科基金项目。（4）申请教育部人文社会科学研究一般项目的负责人同年度不能申请国家社科基金项目。（5）凡以在研或已结项的各级各类项目为基础申请国家社科基金项目，须在《申请书》中注明所申请项目与已承担项目的联系和区别，且不得以内容基本相同的同一成果申请多家基金项目结项。（6）凡以博士学位论文或博士后出站报告为基础申报国家社科基金项目，须在《申请书》中注明所申请项目与学位论文（出站报告）的联系和区别，申请鉴定结项时提交学位论文（出站报告）原件。（7）不得以已出版的内容基本相同的研究成果申请国家社科基金项目。

十二、申报课题须按照新修订的《国家社科基金项目申请书》（2014 年 12 月版）和《国家社会科学基金项目课题论证活页》要求（以下分别简称《申请书》和《活页》），如实填写材料，并保证没有知识产权争议。按旧版《申请书》填报者一律不予受理。凡存在弄虚作假、抄袭剽窃等行为的，一经发现查实，取消三年申报资格；如获立项即予撤项并通报批评。为保证申报评审的公正性和严肃性，评审会议召开前申报单位或个人不得以任何名义走访、咨询学科评审组专家或邀请学科评审组专家进行申报辅导。凡行贿评审专家者，一经查实将予通报批评；如获立项即予撤项，五年内不得申报国家社科基金项目。凡在国家社科基金项目申报和评审中发现严重违规违纪行为的，除按规定进行处理外，均被列入不良科研信用记录。

十三、申报课题全部实行同行专家通讯初评，初评采用《活页》匿名方式，《活页》论证字数不超过七千字，要按《活页》中规定的方式列出前期相关研究成果。

十四、课题负责人在项目执行期间要遵守相关承诺，履行约定义务，按期完成研究任务；获准立项的《申请书》视为具有约束力的资助合同文本。最终成果实行匿名通讯鉴定，鉴定等级予以公布。除特殊情况外，最终研究成果须先鉴定、后出版，擅自出版者视为自行终止资助协议。

十五、项目申报材料从我办网站下载，或向受理单位索取。《申请书》经所在单位审查盖章后，报送本省（区、市）社科规划办或在京委托管理机构。

十六、各地社科规划办、在京委托管理机构和基层科研管理部门要加强对申报工作的组织和指导，严格审核申报资格、前期研究成果的真实性、课题组的研究实力和必备条件等，签署明确意见。

十七、各省（区、市）社科规划办受理当地的课题申报，新疆生产建设兵团社科规划办受理兵团的课题申报，中国社会科学院科研局受理本院的课题申报，中央党校科研部受理中央国家机关及在京直属单位的课题申报，教育部社科司受理中央各部委所属在京普通高等院校的课题申报，全军社科规划办受理军队系统（含地方军队院校）的课题申报。全国社科规划办不直接受理个人申报。

十八、各地社科规划办、在京委托管理机构和基层科研管理部门要按规定做好申报数据录入、打印报表、纸本《申请书》与《活页》及电子版《申请书》（WORD 文件格式）的汇总报送等工作。各地社科规划办、在京委托管理机构要按申报单位和申请人分类汇总后，将电子版《申请书》统一刻录成光盘，随同纸质版申请材料一同报送我办。

十九、课题申报时间为 2014 年 12 月 15 日至 2015 年 3 月 10 日。各省（区、市）和新疆生产建设兵团社科规划办、在京委托管理机构须于 2015 年 3 月 15 日前，将汇总并认真校对后的《申请书》中“数据表”数据发至我办邮箱（npopss@vip.163.com），并确保电子数据和《申请书》中“数据表”一致；3 月 20 日前将纸质版《申请书》和《活页》、电子版《申请书》光盘、统计表报送至我办，逾期不予受理。

马克思主义·科学社会主义

1. 马克思主义经典作家的群众观研究
2. 马克思主义经典作家关于国家与法的理论研究
3. 马克思主义的基本范畴及其阐释研究
4. 马克思主义学术史研究
5. 马克思主义的整体性研究
6. 马克思主义基本原理的科学体系和当代价值研究
7. 马克思主义的理论体系、学科体系、教材体系与教学体系转换研究
8. 马克思主义理论创新的实践基础、一般经验和基本规律研究
9. 马克思主义发展的基本规律研究
10. 马克思主义价值观及其当代意义研究
11. 马克思主义国家理论的发展及其当代价值研究
12. 马克思主义民族理论及其在中国的运用和发展研究
13. 马克思主义关于落后国家社会发展的重要著作和基本理论研究
14. 马克思主义中国化的历史进程、基本规律和基本经验研究
15. 马克思主义中国化理论成果海外传播与宣传研究
16. 马克思主义中国化的学术思想史研究
17. 马克思主义大众化的路径研究
18. 马克思主义生态理论与我国生态文明建设研究
19. 马克思主义的社会治理理论研究
20. 马克思主义全球化理论的探索与建构研究
21. 马克思主义信仰养成规律和机制研究
22. 马克思主义信仰教育的问题与对策研究
23. 马克思主义意识形态领导权、管理权与话语权研究
24. 马克思主义的思想方法与工作方法研究
25. 马克思主义发展史上的重要人物及其思想发展史研究
26. 马克思主义在不同国家和地区的发展史研究
27. 马克思主义阶级分析理论与我国现阶段阶级阶层问题研究
28. 马克思主义妇女理论的内涵和实践价值研究
29. 马克思主义宗教理论研究
30. 马克思重要文本新发现研究
31. 列宁对科学社会主义的理论贡献及其现实反思研究
32. 列宁关于民主与法制建设的理论与实践研究
33. 毛泽东群众工作方法论研究
34. 毛泽东与中国社会主义基本制度确立研究
35. 毛泽东思想的时代价值研究
36. 邓小平理论对马克思主义中国化的新贡献研究
37. 邓小平依法治国思想和方略研究

38. 邓小平对开创中国特色社会主义道路的历史贡献研究

39. “三个代表”重要思想在马克思主义中国化进程中的地位与作用研究

40. 科学发展观在马克思主义中国化进程中的地位与作用研究

41. 习近平总书记系列重要讲话精神与中国特色社会主义实践研究

42. 习近平总书记系列重要讲话精神与中国特色社会主义理论研究

43. 习近平总书记治国理政的战略思维研究

44. 习近平总书记改革方法论研究

45. 习近平总书记系列重要讲话对马克思主义中国化的新贡献研究

46. 习近平总书记关于全力推进法治中国建设的战略思想研究

47. 习近平总书记关于中国特色社会主义“新常态”思想研究

48. 中国梦凝聚社会共识研究

49. 实现中国梦的现实路径和动力源泉研究

50. 科学社会主义与其他社会主义流派关系研究

51. 科学社会主义的时代范畴研究

52. 中国特色社会主义的历史渊源和现实基础研究

53. 中国特色社会主义的历史方位研究

54. 中国特色社会主义理论体系的基本范畴和逻辑研究

55. 中国特色社会主义理论体系的历史逻辑与理论逻辑研究

56. 中国特色社会主义理论体系的宣传教育研究

57. 中国特色社会主义理论体系的国际影响与世界意义研究

58. 中国特色社会主义理论体系对科学社会主义的创新研究

59. 中国特色社会主义理论体系与当代人类文明成果研究

60. 中国特色社会主义理论的大众化研究

61. 中国特色社会主义道路、理论体系、制度相互关系研究

62. 中国特色社会主义道路的选择与中国文化传统、历史命运、基本国情的关系研究

63. 中国特色社会主义制度的基本依据、本质特征与实践优势研究

64. 中国特色社会主义新农村、新农业、新农民研究

65. 坚持和完善中国特色社会主义制度研究

66. 十八大以来马克思主义中国化时代化大众化研究的新进展研究

67. 新媒体环境下马克思主义大众化问题研究

68. 坚定“三个自信”与中国特色社会主义的实践进程研究

69. 坚定“三个自信”与人类社会发展规律、社会主义建设规律、共产党执政规律研究

70. 改革开放 30 多年的历史经验研究

71. 全面深化改革中的社会矛盾研究

72. 全面深化改革背景下的政治体制创新研究

73. 改革开放以来文化体制改革研究

74. 中国特色社会主义协商民主制度体系构建研究

75. 人民主体与协商民主关系研究

76. 深化决策权、执行权、监督权既相互制约又相互协调的权力运行机制研究

77. 现代国家治理体系与“一国两制”研究

78. 推进国家治理体系和治理能力现代化的理论和实践问题研究

79. 中国特色社会主义法治道路研究

80. 中国特色社会主义法治体系研究

81. 坚持党的领导与依法治国关系研究

82. 依法治国与促进国家治理体系和治理能力现代化研究

83. 依法治国与以德治国关系研究

84. 依法治国同中国特色社会主义事业总体布局关系研究

85. 强化权力运行制约和监督体系的理论和实践问题研究

86. 我国知识分子队伍发展状况研究

87. 共产党执政国家的改革及其发展趋势研究

88. 共产主义信仰的历史和现实研究

89. 历史唯物主义社会形态理论视域下的当代社会发展研究

90. 新时期坚持党性和人民性相统一研究

91. 新时期坚持人民民主的本质研究

92. 党的群众路线教育实践活动经验研究

93. 中国共产党群众路线形成史研究

94. 坚持党的群众路线的经验和教训研究

95. 新形势下群众路线长效机制建设研究

96. 党的干部教育制度化、常态化研究

97. 长期执政条件下党内制度执行力和约束力建设研究

98. 新时期反腐败斗争经验研究

99. 加强反腐败体制机制创新和制度保障的理论和实践问题研究

100. 中国共产党历次集中教育活动基本经验研究

101. 新世纪中国共产党纯洁性建设的实践与理论研究

102. 推进国家治理能力现代化与加强党的执政能力建设研究

103. 长期执政条件下严肃党内政治生活的有效途径探索研究

104. 中国增强在国际上的话语权问题研究

105. 当代中国马克思主义话语体系建构研究

106. 中华优秀传统文化与中国特色社会主义文化建设研究

107. 弘扬中国精神增强社会认同的途径研究

108. 改革开放以来思想政治教育基本经验研究

109. 大数据时代我国意识形态安全问题研究

110. 推进公民道德建设工程研究

111. 互联网领域思想政治教育的话语权研究

112. 网络虚拟社会中的道德问题与治理研究

113. 新的历史条件下坚定党员干部理想信念研究

114. 增强理想信念教育的针对性实效性问题研究

115. 新形势下坚定理想信念的新内容、新特点、新作用研究

116. 新形势下宣传思想工作规律和特点研究

117. 全球化背景下中华民族精神的培育研究

118. 思想政治工作在网络舆论生态发展中的作用与方法创新研究

119. 当代人类文明优秀成果与社会主义核心价值体系建设研究

120. 中国优秀传统文化与社会主义核心价值观辩证关系研究

121. 新形势下坚持马克思主义在意识形态领域指导地位研究

122. 当代中国社会主义意识形态发展史研究

123. 当代中国社会思潮新情况新特点研究

124. 中国和平发展道路新理念研究

125. 历史虚无主义思潮的现实表现、历史根源、社会影响及对策研究

126. 当代社会思潮对青年思想行为的影响及对策研究

127. 生态文明建设的政府、市场和社会综合治理研究

128. 世界社会主义五百年的历史分期研究

129. 当代世界社会主义重大理论与现实问题研究

130. 全球化条件下资本主义与社会主义关系研究

131. 欧洲社会民主主义在当代的演变及其发展趋势研究

132. 当代资本主义发展的最新动向和趋势研究

133. 当代资本主义发展的新特点及我国应对方略研究

134. 当代生态文明理论比较研究

135. 当代西方马克思主义研究

136. 西方社会思潮与当前我国意识形态安全研究

137. 国外马克思主义与中国化马克思主义的关系研究

138. 国外对中国道路和中国模式研究及其评析

139. 国外社会主义思潮新发展研究

140. 国外左翼学者的社会主义研究及其评析

141. 国外左翼学者对当代资本主义的研究及其评析

142. 国外马克思主义在21世纪的发展及趋势研究

143. 国外马克思主义代表人物及其文本思想研究

144. 西方马克思主义阶级理论与马克思主义阶级理论比较研究

145. 东欧“新马克思主义”理论与实践研究

146. 冷战后资本主义国家左翼政党的发展及影响研究

147. 21世纪欧洲社会党及其转型研究

148. 发达国家共产党发展现状研究

党史·党建

1. 习近平总书记关于党史、国史重要论述研究

2. 中国共产党的奋斗史与中华民族伟大复兴的中国梦研究

3. 中国共产党推进马克思主义中国化、时代化、

大众化的历程与经验研究

4. 中国共产党历史的分时期综合性研究及相互关系研究

5. 中国共产党的重大决策、重大事件、重要会议、重要人物研究（分专题）

6. 中国共产党中央领导集体形成发展史研究

7. 中国共产党制度建设史研究

8. 老一辈革命家生平和思想研究

9. 中国共产党领导新民主主义革命历程与经验研究

10. 古田会议精神与中国共产党领导人民军队的历程与经验研究

11. 中国共产党在新民主主义革命时期统一战线思想及实践研究

12. 中国共产党创建发展革命根据地、实行局部执政历程与经验研究

13. 中国共产党领导革命根据地法制建设历程与经验研究

14. 中国共产党领导新民主主义文化建设的历程与经验研究

15. 中国共产党在新民主主义革命时期的组织史研究

16. 中国共产党革命传统、革命精神研究（包括：五四精神、红船精神、井冈山精神、苏区精神、长征精神、南梁精神、延安精神、西柏坡精神、红岩精神等）

17. 新文化运动与中国共产党创建发展史研究

18. 中国共产党早期发展史和组织史研究

19. 中国共产党与共产国际、联共（布）关系问题研究

20. 中国共产党对待传统文化的历史经验教训研究

21. 土地革命战争时期革命根据地创建与发展、建设研究

22. 中国工农红军长征史研究

23. 中国共产党在全民族抗战中的中流砥柱作用研究

24. 中国共产党领导的中国人民抗日战争史研究

25. 中国人民抗日战争在世界反法西斯战争中的地位作用研究

26. 中国共产党在中国人民抗日战争中提出并实行全面抗战路线和持久战、人民战争等战略思想研究

27. 中国人民抗日战争胜利后历史和人民选择中国共产党领导的历程及其必然性研究

28. 人民解放战争中第二条战线的出现及其成因研究

29. 中国共产党领导中国新民主主义革命取得成功的历史规律性和历史必然性研究

30. 新中国成立以来党领导社会主义现代化建设的历史经验研究

31. 新中国成立以来党领导教科文卫和社会福利事业的历史经验研究（分专题）

32. 新中国成立以来党加强马克思主义理论建设的历史经验研究

33. 新中国成立以来党领导哲学社会科学事业的历史经验研究

34. 新中国成立以来党领导马克思主义唯物论和无神论教育的历史经验研究

35. 新中国成立以来党处理民族、宗教关系的历史经验研究

36. 新中国成立以来党处理阶级阶层关系的历史经验研究

37. 新中国成立以来党的社会治理思想与实践研究

38. 新中国成立以来党推进统一战线工作的历史经验研究

39. 新中国成立以来党处理中央和地方关系的历史经验研究

40. 新中国成立以来党推进国防和军队现代化建设的历史经验研究

41. 新中国成立以来党推动实现祖国统一大业的历史经验研究

42. 新中国成立以来党维护国家主权和领土完整的历史经验研究

43. 新中国成立以来党处理同周边国家关系的历史经验研究

44. 新中国成立以来党处理同大国关系的历史经验研究

45. 新中国成立以来党在国际上处理和发展党际关系的历史经验研究

46. 中国共产党探索中国特色社会主义法治道路的历程与经验研究

47. 新中国成立以来党的知识分子政策及其历史经验研究

48. 新中国成立以来党领导妇女运动的历史经验研究

49. 中国共产党深刻总结“文化大革命”历史教训研究

50. 党在社会主义初级阶段基本路线形成与发展研究

51. 党领导的改革开放史研究

52. 中国特色社会主义道路形成发展研究

53. 中国特色社会主义理论体系形成发展研究

54. 中国特色社会主义制度形成发展研究

55. 中国特色社会主义总体布局形成发展研究

56. 中国共产党在全社会培育和践行社会主义核心价值观的历程和经验研究

57. 中国共产党在改革开放新时期坚持和运用毛泽东思想活的灵魂研究

58. 人民代表大会制度形成和发展研究

59. 中国共产党领导的多党合作和政治协商制度形成和发展研究

60. 民族区域自治制度形成和发展研究

61. 基层群众自治制度形成和发展研究

62. 中国共产党探索中国特色社会主义法治道路的理论与实践研究

63. 中国共产党推进国家治理体系和治理能力现代化的理论与实践研究

64. 中国共产党对台方略研究

65. 中国共产党治藏方略研究

66. 中国共产党治疆方略研究

67. 中国共产党“一国两制”构想在香港、澳门实施研究

68. 中国共产党维护国家安全的理论和实践研究

69. 中国共产党领导意识形态工作的历史和经验研究

70. 中国共产党开展反腐败斗争的历史和经验研究

71. 中国共产党攻坚克难、有效应对各种风险的历史和经验研究

72. 中国共产党坚持从严治党的历史和经验研究

73. 改革开放以来中国共产党历史文献和当代文献编纂与利用研究

74. 改革开放以来党和国家领导人年谱传记编写和利用研究

75. 改革开放以来地方史志的编写利用研究

76. 中国共产党历史资料的收集、整理与研究(分专题)

77. 海外中国共产党历史资料的收集、整理与研究(含俄罗斯、美国、英国、法国、德国等及中国台湾、香港、澳门)

78. 中国共产党红色遗产的传承、保护和利用研究

79. 提高党史研究科学化水平与加强党史学科建设研究

80. 中国共产党历史的主题和主线、主流和本质研究

81. 马克思主义历史观、方法论与中国共产党历史、中华人民共和国历史研究

82. 对围绕中国共产党历史的错误史观、错误思潮和错误论点的评析

83. 海外对中国共产党历史、中华人民共和国历史研究评析

84. 习近平总书记关于党的建设思想研究

85. 新形势下从严治党的特点和规律研究

86. 党的群众路线理论与群众观点创新研究

87. 必须准备进行具有许多新的历史特点的伟大斗争研究

88. 党的建设制度改革研究

89. 党的纪律检查体制改革研究

90. 提高军队党的建设科学化水平研究

91. 增强党的自我净化、自我完善、自我革新、自我提高能力研究

92. 坚守共产党人精神追求和坚定理想信念研究

93. 坚持党性与人民性相统一研究

94. 思想建党与制度治党有机结合研究

95. 党内运用批评与自我批评思想研究

96. 新形势下加强马克思主义唯物论和无神论教育研究

97. 中国共产党党内政治生态建设研究

98. 严肃党内政治生活研究

99. 完善党内民主制度研究

100. 加强党员教育管理服务研究

101. 中国共产党选人用人制度研究

102. 完善干部考核评价机制研究

103. 健全干部激励和约束机制研究

104. 民主评议党员机制研究

105. 建立健全党员队伍建设体制机制研究

106. 优化党员结构、控制党员规模、完善党员退出机制研究

107. 增强党员意识研究

108. 党的作风建设制度化规范化常态化长效化

研究

109. 巩固和扩大党的教育实践活动成效研究

110. 密切联系群众的动力机制和实现机制研究

111. 新形势下弘扬焦裕禄精神研究

112. 青年干部继承发扬群众路线传统研究

113. 党的建设制度科学化研究

114. 完善党内监督体系研究

115. 完善党内法规体系研究

116. 党内法规制度体系与国家法律法规关系研究

117. 健全以民主集中制为核心的党内制度体系研究

118. 加强党的纪律建设研究

119. 党内提案制度研究

120. 反腐败体制机制创新研究

121. 党风廉政建设党委主体责任和纪委监督责任研究

122. 健全反腐倡廉法规制度体系研究

123. 健全不敢腐的惩戒机制、不能腐的防范机制、不易腐的保障机制研究

124. 完善对各级党委主要负责人行使权力监督机制研究

125. 落实管党治党主体责任研究

126. 规范并严格执行领导干部工作生活保障制度研究

127. 创新基层党建工作和夯实党执政的组织基础研究

128. 加强党的基层组织执行力研究

129. 服务型基层党组织建设研究

130. 党的基层组织生活常态化研究

131. 农村党的基层组织建设研究

132. 非公有制经济组织中的党组织作用研究

133. 新形势下党政机关、国有企业、社区、科研院所、高等院校党组织建设研究（分专题）

134. 依法治国与依法执政关系研究

135. 坚持党的领导与全面推进依法治国研究

136. 坚持党的领导与国家治理体系和治理能力现代化研究

137. 坚持党的领导与社会治理法治化关系研究

138. 全面深化改革与完善党的领导体制、执政方式研究

139. 提高党员干部法治思维和依法办事能力研究

140. 中国共产党提高运用法治思维和法治方式能力研究

141. 执政党的意识形态建设规律研究

142. 网络信息化条件下巩固党在意识形态领域的主导权研究

143. 中国共产党的领导与协商民主关系研究

144. 新形势下执政党建设与参政党建设及其相互关系研究

145. 协商民主与参政党关系研究

146. 政党协商与政协协商相互关系研究

147. 党的执政风险与历史周期率研究

148. 国际视野下党的执政能力建设研究

149. 党的建设基本理论和学科建设研究

150. 政党比较的科学方法研究

哲学

1. 中华民族伟大复兴中国梦的哲学基础研究
2. 中国特色社会主义道路的哲学基础研究
3. 习近平总书记治国理政思想的哲学研究
4. 国家治理体系与治理能力现代化的哲学研究
5. 全面深化改革的哲学研究
6. 全面深化改革的本质要求和内在规律研究
7. 凝聚改革共识和形成改革合力研究
8. 全面深化改革方法论研究
9. 全面推进依法治国的哲学研究
10. 建设社会主义法治文化研究
11. 创新驱动发展战略的哲学研究
12. 中国和平发展道路的哲学研究
13. 完善和发展中国特色社会主义制度的哲学研究
14. 当代中国社会价值观研究
15. 弘扬中华优秀传统文化与增强国家文化软实力研究
16. 法律与道德、法治与德治关系研究
17. 马克思主义意识形态理论与我国意识形态建设研究
18. 社会信息化条件下我国意识形态建设研究
19. 现代性与当代中国社会发展研究
20. 公共领域和公共性问题的哲学研究
21. 马克思主义哲学中国化与中国话语体系研究
22. 马克思主义哲学前沿问题研究
23. 唯物史观重大问题研究
24. 马克思主义价值观研究
25. 马克思主义公平观研究

26. 马克思主义哲学史专题研究
27. 唯物史观文明思想与当代文明形态研究
28. 马克思主义发展哲学基础理论研究
29. 马克思主义政治哲学基础理论研究
30. 马克思主义哲学大众化问题研究
31. 基于MG2版的马克思、恩格斯哲学文本专题研究
32. 国际视野中的马克思主义哲学创新研究
33. 国外马克思主义当代思潮研究
34. 国外马克思主义重点人物研究
35. 中华优秀传统文化与中国特色社会主义道路关系研究
36. 中华优秀传统文化与治国理政关系研究
37. 中华优秀传统文化与社会主义核心价值观关系研究
38. 儒家思想及其当代价值研究
39. 中国哲学文献的整理和研究
40. 中国近现代思潮中的中国哲学发展和转型问题研究
41. 中西哲学比较研究
42. 西方哲学史（断代、国别）研究
43. 外国重要哲学家著作编译研究
44. 当代国外哲学思潮、流派和前沿问题研究
45. 西方政治哲学研究
46. 西方社会哲学研究
47. 马克思主义伦理学基础理论研究
48. 应用伦理学热点问题研究
49. 中国伦理思想史研究
50. 西方伦理思想史研究
51. 中西伦理思想比较研究
52. 当代中国社会道德风尚研究
53. 科技创新和科技革命新趋势研究
54. 科学技术哲学问题研究
55. 科学哲学、技术哲学理论问题研究
56. 科技革命带来的重大社会变革研究
57. 科技革命与哲学变革研究
58. 生态女性主义哲学研究
59. 美学基础理论与前沿问题研究
60. 美学与艺术关系综合研究
61. 中西美学比较研究
62. 中西生态美学的范式研究
63. 当代中国文化建设中的美学问题研究
64. 逻辑学基础理论和前沿问题研究
65. 逻辑、语言和认识的交叉研究
66. 逻辑、计算和认知的交叉研究
67. 应用逻辑与逻辑应用研究
68. 中国逻辑史、西方逻辑史和因明研究
69. 当代宗教重大问题的哲学研究
70. 当代无神论思潮研究
71. 战略哲学基本理论研究
72. 当代战略思维形态研究
73. 新兴哲学学科研究

理论经济

1. 马克思主义经济理论现代化研究
2. 马克思主义世界市场经济理论和我国的对外经济战略研究
3. 当代中外马克思主义经济学与西方经济学范式的比较研究
4. 马克思主义经济学在中国的传播史研究
5. 马克思主义经济学在中国的创新与发展研究
6. 马克思主义经济思想史研究
7. 马克思主义经济思想主要流派研究
8. 马克思劳动力商品理论的发展与应用研究
9. 中国马克思主义经济学学术话语体系研究
10. 中国马克思主义经济学主要代表人物研究
11. 中国特色社会主义经济学新概念和话语体系研究
12. 全面推进依法治国与全面深化改革、全面建成小康社会的关系研究
13. 法治的政治经济学研究
14. 依法治国与完善社会主义经济治理体系和治理能力研究
15. 中国经济道路与中国经济模式系研究
16. 经济发展与社会发展协调研究
17. 全面小康社会和基本实现现代化有机衔接研究
18. 中国经济减速的原因研究
19. 新常态下提升我国经济质量的关键问题研究
20. 中国经济发展新常态研究
21. 中国经济新常态基本特征研究
22. 中国经济发展新常态形成的客观依据和适应对策研究
23. 中国经济新常态下的财政货币政策设计研究
24. 中国经济新常态的目标、路径与标志研究
25. 中国经济新常态问题研究
26. 新常态下经济结构转型升级研究

27. 新常态经济发展的动力与机制研究
28. 新常态下就业增长与结构研究
29. 双重转型背景下的中国经济新常态研究
30. 中国经济增长新常态下长江经济带产业转型升级与协同发展研究
31. “一带一路”新丝绸之路战略研究
32. “一带一路”建设的国际经济效应研究
33. 丝绸之路经济带与口岸经济发展研究
34. 丝绸之路经济带“核心区”建设研究
35. 新丝绸之路经济带创新合作模式研究
36. 新丝绸之路经济带合作体制机制创新问题研究
37. 新丝绸之路经济带基础设施互联互通问题研究
38. 新丝绸之路经济带贸易投资便利化问题研究
39. 新丝绸之路经济带能源合作问题研究
40. 新丝绸之路经济带开放型经济体系研究
41. 市场在资源配置中决定作用与政府作用的关系研究
42. 加强社会主义市场经济法制建设研究
43. 深化经济体制改革与获取制度红利关系研究
44. 社会主义市场经济与资本主义市场经济的体制比较研究
45. 社会主义市场经济条件下市场在资源配置中起决定性作用的适用范围问题研究
46. 市场在资源配置中起决定性作用条件下中央政府和地方政府职能转换研究
47. 市场起决定作用条件下的集中与分散决策研究
48. 建立统一开放、竞争有序的市场体系研究
49. 资源配置中市场决定作用的倒逼机制研究
50. 宏观调控目标制定和政策手段运用机制化研究
51. 发挥市场决定性作用与基本经济制度之间关系研究
52. 规制经济学视阈下中国特色新型智库建设的政府职能研究
53. 多元主体参与的新型智库建设协调机制研究
54. 构建与市场起决定性作用相适应的宏观调控体系研究
55. 资本主义和社会主义混合所有制研究
56. 公有经济主体及其指标体系研究
57. 盈利性国有企业与公益性国有企业分类改革研究
58. 混合经济背景下公司治理研究
59. 国有企业与市场经济相容的理论、机理与实证研究
60. 混合所有制经济中国有股比例的确定研究
61. 发展混合所有制与发挥国有资本功能、提高竞争力问题研究
62. 同等保护各类资本产权与促进混合所有制经济的健康发展问题研究
63. 释放改革红利领域与对策研究
64. 城镇化对中国经济结构调整的影响研究
65. 城镇化进程中的就业问题研究
66. 促进城镇化健康发展体制机制研究
67. 我国城镇化多元化格局与实现路径研究
68. 新型城镇化背景下城乡一体化研究
69. 新型城市化视野下的产城融合实现机制研究
70. 新型城镇化中人、地、资金均衡协调发展的理论研究
71. 人口城镇化和土地城镇化协调发展研究
72. 中国城市综合承载力评价研究
73. 大城市蔓延及其福利影响研究
74. 京津冀协同发展的路径与机制研究
75. 城市副中心发展问题及对策研究
76. 西北民族地区城镇化问题研究
77. 中外城市化历史比较研究和专题研究
78. 经济全球化条件下当代垄断资本主义基本理论研究
79. 经济全球化下的区域经济合作和两岸经济融合研究
80. 经济全球化与经济区域化关系研究
81. 金砖国家贸易合作机制研究
82. 金砖国家金融合作机制研究
83. 金砖国家经济转型路径研究
84. 新兴大国全要素生产率研究
85. 新兴大国高新技术产业发展研究
86. 亚洲金融危机、美国金融危机与欧债危机比较研究
87. 中国与中亚经济合作中环境问题研究
88. 发展中大国的多元经济结构研究
89. 美国能源革命的全球影响研究
90. 扩大我国与周边国家利益汇合点研究
91. 我国对外投资、产业转移与比较优势动态升级研究

92. 中国工业化发展阶段及其阶段转变研究
93. 新兴工业国发展道路比较研究
94. 新兴经济国家经济发展道路研究
95. 新科技革命与我国创新驱动研究
96. 科技革命与各国经济发展关系研究
97. 我国企业创新驱动的激励机制问题研究
98. 创新驱动经济发展质量研究
99. 科技资源市场化配置中的规矩与意识研究
100. 知识与智力资源配置的市场化与规制研究
101. 产业结构与中等收入陷阱关联研究
102. 将生态系统服务纳入包容性财富核算的原理、方法与应用研究
103. 宏观调控的合理期间研究
104. 国内市场规模与出口产品结构研究
105. 需求动力结构及其阶段性调整研究
106. 灵性资本、企业家精神与中国经济增长研究
107. 我国承接国际服务外包的经济风险及防范措施研究
108. 城市安全评估与风险防范研究
109. 完善产权保护制度研究
110. 比较优势、综合竞争优势与知识产权优势比较研究
111. 改革和完善宏观调控目标问题研究
112. 破解欠发达地区民间融资困境的对策研究
113. 探索不确定性环境下我国电子商务独特模式与对策研究
114. 中国实体经济与虚拟经济关联度研究
115. 我国绿色能源发展与能源结构调整研究
116. 我国跨境电商物流模式研究
117. 加快发展电子商务服务业的对策研究
118. 我国金融安全与金融监管的理论与实践研究
119. 依法治国与完善产权保护制度研究
120. 地方政府行为与产能过剩的关系研究
121. 企业、地方政府与中国经济增长的关系研究
122. 企业年龄与创新、绩效治理综合研究
123. 经济增速下降背景下投资与就业关系研究
124. 中外财富基尼系数与收入基尼系数的比较研究
125. 深化收入分配制度改革研究
126. 低收入、中等收入、高收入陷阱成因及其应对研究
127. 中国消费新趋势研究
128. 消费增长、消费结构对产业结构的影响研究
129. 资本积累、经济增长与社会成员间财富、收入差距的关系研究
130. 农民工市民化进程中制度冲突与协调问题研究
131. 提高我国农民财产性收入的途径研究
132. 近现代中国农村金融思想演变与政策主张研究
133. 农村承包地和宅基地入市问题研究
134. 新农村建设与公共品供给机制研究
135. 我国农村普惠金融发展的区域差异研究
136. 完善农村基本经营制度与土地产权制度改革研究
137. 缩小城乡收入差距与赋予农民更多财产权利研究
138. 农产品流通渠道治理机制研究
139. 流通视角下生鲜农产品质量安全治理研究
140. 提升我国生鲜农产品物流效率的对策研究
141. 推进我国农产品批发市场升级的对策研究
142. 粮食主产区规模种植的效率与实现途径研究
143. 我国农产品电子商务发展模式与路径选择研究
144. 中国古代农村经济与乡贤文化研究
145. 区域经济转型发展中的政府与市场关系研究
146. 西北内陆区域向西开放问题研究
147. 西部能源与生态特区问题研究
148. 中国沿边地区经济带民生发展问题研究
149. 长江经济带产业集群打造研究
150. 长江经济带城市群联动发展与区域一体化战略研究
151. 中国区域经济协调发展的历史、现状和展望研究
152. 城市间流通系统研究
153. 西部地区新型工业化、城镇化道路研究
154. 西部民族地区减贫、扶贫与文化产业发展问题研究
155. 中国历史上经济领域国家治理理论与途径研究

156. 中国区域经济发展史研究

157. 中国人口红利的代际分配效应研究

158. 我国人口年龄结构演变的经济效应研究

159. 建立公平可持续的社会保障制度研究

160. 我国社会保障支出的经济效应研究

161. 社会保险基金市场化、多元化投资运营研究

162. 人口规模、结构与储蓄率研究

163. 产业转型升级下扩大就业问题研究

164. 加快发展养老服务业研究

165. 养老金待遇确定和正常调整机制研究

166. 通货膨胀与通货紧缩预期研究

167. 世界近现代经济史主要问题研究

168. 21 世纪以来西方经济学多元化发展研究

169. 20 世纪初美国进步运动的经济理论基础与政策主张研究

170. 中国重要行业和重要企业发展史研究

171. 主要国家实体经济发展史比较研究

172. 中外经济史比较研究和专题研究

173. 各主要国家近 10 年来经济发展比较研究

174. 中国产业经济发展史研究

175. 中国现代经济思想史研究

176. 中国经济转型的历史与思想研究

177. 中国传统经济思想的继承与创新研究

178. 中国古代和近代经济价值观研究

179. 中国改革开放史

180. 亚当·斯密《国富论》经济思想与中国近代市场经济发展问题研究

181. 西方马克思主义经济思想研究

182. 西方经济学的中国化研究

183. 西方经济学新进展研究

184. 西方非正统经济学发展与演变研究

185. 演化经济地理学研究

应用经济

1. “十三五”时期我国经济发展重大战略问题研究

2. “十三五”时期区域经济发展战略研究

3. “十三五”期间我国的经济安全战略研究

4. 经济新常态下宏观调控改革和创新研究

5. 经济新常态的内涵、特点和政策研究

6. 经济新常态下培育新的消费增长点研究

7. 经济新常态下就业问题研究

8. 我国经济“三期叠加”的内涵和对策研究

9. 我国经济发展面临的外部风险及对策研究

10. 我国全面建成小康社会发展目标的实现程度与对策研究

11. 我国社会主义市场经济体制改革目标的实现程度与对策研究

12. 建设统一、竞争、公平、有序的市场体系研究

13. 后小康时代我国经济发展阶段与战略对策研究

14. 供需管理相结合的宏观政策研究

15. 现阶段我国经济增长的合理区间及实现对策研究

16. 从事前审批为主转变为事中事后监管和政府职能创新研究

17. 跨区域公共服务问题与财政政策研究

18. 深化财税体制改革面临的问题、难点和对策研究

19. 我国跨年度财政预算平衡机制研究

20. 我国财政支出绩效评估研究

21. 经济增速下行条件下的金融风险及防范机制研究

22. 深化金融改革的重点领域和政策选择研究

23. 我国货币政策与汇率政策协调的实证研究

24. 我国银行业负面清单管理问题研究

25. 债券市场回归直接金融的条件、机制和对策研究

26. 农村金融风险管控及金融创新研究

27. 允许民间资本发起设立中小商业银行问题研究

28. 提高外汇储备使用效益问题研究

29. 互联网金融发展与监管问题研究

30. 降低企业融资成本和金融创新服务研究

31. 人民币跨境业务发展与人民币国际化问题研究

32. 我国企业走出去与金融支撑研究

33. 准确反映经济运行状态的货币供应量指标研究

34. 发展普惠金融问题研究

35. 促进产业向中高端升级的金融支持政策研究

36. 国民财产向海外转移的现状、趋势及对策研究

37. 全球经济格局演变及中国的战略选择研究

38. 美国量化宽松货币政策退出的影响及我国对

策研究

39. 实施“一带一路”战略和亚欧经济融合问题研究

40. 对外开放新形势下竞争、产业、贸易政策协调研究

41. 国内外产业关联对我国产业结构调整影响的动态计量研究

42. 我国对外投资企业的国际竞争力研究

43. 通过国际转移消化过剩产能问题研究

44. 深化国有企业改革与混合所有制经济研究

45. 民营企业有效参与混合所有制经济发展研究

46. 深化国有企业改革的重点、难点和对策研究

47. 以管资本为主和国资监管体制改革研究

48. 国有资本投资公司和国有资本运营公司职能、运营问题研究

49. 降低企业负债率研究

50. 支持小微企业发展的公共服务体系研究

51. 加快服务业对外开放与发展研究

52. 国际大宗产品价格变化趋势与我国的对策研究

53. 应对国际自贸区发展新趋势的战略对策研究

54. 上海自贸区经验及复制推广研究

55. 发展长江经济带的若干重大问题及对策研究

56. 推动京津冀一体化的若干重大问题及对策研究

57. 中央与地方经济社会发展规划协调研究

58. 经济社会发展规划、城乡规划、土地规划三规协调与融合研究

59. 促进生态文明建设体制机制改革研究

60. 促进我国新能源健康发展战略研究

61. 雾霾的成因及综合治理对策研究

62. 过剩产能退出的支持政策研究

63. 我国工业行业能源强度影响因素的定量分析与研究

64. 城市公用事业深化改革与科学监管研究

65. 我国房地产发展阶段、趋势及政策选择研究

66. 新型城镇化进程中的卫星城建设研究

67. 新型城镇化背景下小城镇发展研究

68. 城市群协调发展体制机制研究

69. 新型城镇化与设市制度改革研究

70. 城市交通拥堵的深层原因及综合治理对策研究

71. 紧凑型城市发展问题研究

72. 集约、智慧、绿色、低碳城市发展问题研究

73. 我国都市区标准和制度研究

74. 农业转移人口与农民福祉比较研究

75. 农村土地“三权分离”的农业经营体制创新研究

76. 农村集体产权流转交易市场建设研究

77. 完善我国农业发展支持保护体系研究

78. 农村集体产权改革研究

79. 农村征地制度改革研究

80. 农产品目标价格改革问题研究

81. 农业水价改革与发展节水农业研究

82. 多种形式农业适度规模经营研究

83. 粮食安全与农业结构调整研究

84. 我国种业发展战略研究

85. 推进精准扶贫的政策研究

86. 基于缩小收入差距的收入分配制度改革研究

87. 现阶段的人口、就业和劳动关系研究

88. 促进公平就业的劳动力市场监管机制研究

89. 进一步促进教育、医疗、养老事业的改革和发展研究

90. 支持健康产业发展的对策研究

91. 我国假期制度与旅游经济研究

92. 推进互联网资源有效配置研究

93. 互联网发展与商业模式创新问题研究

94. 互联网发展与新业态研究

95. 新产业革命背景下中国工业强国战略研究

96. 新一代信息技术与工业创新发展研究

97. 新阶段工业转型升级与自主创新问题研究

98. 工业智能化绿色化发展研究

99. 我国产业攀登技术制高点战略研究

100. 加快创新型国家建设问题研究

101. 科技创新和激励机制研究

统计学

1. 中国经济增长潜力的统计研究

2. 国民经济核算改革研究

3. 国民经济核算数据质量问题研究

4. 产业结构调整与经济转型下各行业现状的统计监测研究

5. 社会经济统计学方法论体系研究

6. 基于云计算的统计方法研究

7. 互联网思维与统计工作模式研究

8. 互联网思维与大数据背景下统计法规建设研究

9. 互联网金融对传统金融影响的统计研究
10. 大数据背景下复杂数据的统计推断研究
11. 大数据背景下数据资源规划、管理与共享研究
12. 大数据背景下的官方统计研究
13. 大数据与时间利用调查研究
14. 国际比较统计方法研究
15. 劳动生产效率统计方法研究
16. 中国就业问题的统计研究
17. 中国雾霾污染问题的统计研究
18. 中国地方债务的统计监测与预警研究
19. 中国上市公司资金效率统计分析
20. 统计信息安全机制与策略研究
21. 非结构化数据分析及应用研究
22. 经济计量模型的统计诊断及应用研究
23. 贝叶斯分层分析模型及其应用研究
24. 居民财产核算研究
25. 资本服务核算研究
26. 国家非生产资产核算问题研究
27. 政府部门资产负债核算研究
28. 市场违规操作统计预报研究
29. 社交网络对社会稳定性影响的统计研究
30. 养老金可持续发展的统计研究
31. 性别统计在政府决策中的作用研究
32. 收入分配统计问题研究
33. 收入不平等、身份异质与流动人口幸福感研究
34. 植入行政记录的人口普查制度研究
35. 经济结构调整对能源消费影响的统计研究
36. 基于增加值视角的进出口贸易差额统计研究

政治学

1. 习近平总书记关于国家治理现代化的系列重要讲话精神研究
2. 党的领导、人民当家做主与依法治国有机结合的内在机理和制度路径研究
3. 全面推进依法治国的政治基础研究
4. 培育和践行核心价值观的政治途径研究
5. 增强人民群众国家、民族、文化和社会主义道路认同机制研究
6. 进一步提升中国共产党治国理政能力的路径研究
7. 健全党领导依法治国的制度和工作机制研究
8. 实现党内法规与国家法律的有机衔接研究
9. 依法治国与人民民主政治发展的关系研究
10. 社会公平正义的政治实现机制研究
11. 中国共产党执政方式与依宪治国的关系研究
12. 依宪执政的运行机理和实施机制研究
13. 国家治理能力现代化的评估指标体系研究
14. 党的领导与人民代表大会制度的关系研究
15. 完善全国人大及其常委会政治监督功能和制度研究
16. 完善人民政协民主监督研究
17. 完善党对立法工作中重大问题决策的程序研究
18. 国家机关和人大代表与人民群众的联系制度研究
19. 各层次各领域扩大公民有序政治参与研究
20. 党的群众路线与中国特色社会主义协商民主的关系研究
21. 中国特色社会主义协商民主的独特优势研究
22. 人民政协在国家治理现代化中的地位和作用研究
23. 增强参政党协商治理能力的路径研究
24. 推进人民政协和政协委员履职能力建设研究
25. 协商民主与共识民主的关系研究
26. 构建程序合理、环节完整的协商民主体系研究
27. 人民政协制度与国外相关政治制度比较研究
28. 国家政治安全与推进依法治国研究
29. 意识形态安全与社会政治思潮研究
30. 推进公共安全法治化和制度化研究
31. 新安全观与解决非传统安全问题的体制机制研究
32. 中华优秀传统文化与推进国家治理现代化的关系研究
33. 依法治国的政治文化基础研究
34. 建设职能科学、权责法定、执法严明、公开公正、廉洁高效、守法诚信的法治政府研究
35. 完善科学有效的权力运行制约和监督体系研究
36. 加强党内法规制度建设研究
37. 党的作风建设长效机制研究
38. 提高党员干部法治思维和依法办事能力研究
39. 领导干部道德素质测评与提升研究
40. 完善惩治和预防腐败的制度体系和机制研究
41. 建立健全网络依法监督机制研究

42. 健全依法行政决策机制和程序研究
43. 建立重大决策终身责任追究制度及责任倒查制度研究
44. 加强城市管理综合执法机构和制度建设研究
45. 提高政府行政执法能力和水平研究
46. 建立健全行政裁量权基准制度研究
47. 加强对于政府内部权力的制约机制研究
48. 完善行政纠错问责机制和程序研究
49. 政府依法行政的监督体制机制研究
50. 政府绩效第三方评估主体体系研究
51. 法治政府评估指标和评估体系研究
52. 加强中国特色新型智库建设与建立健全决策咨询制度研究
53. 全面推进政务公开研究
54. 我国预算和税收制度改革跟踪研究
55. 完善审计制度与国家治理关系研究
56. 加强互联网政务信息数据服务平台和便民服务平台建设研究
57. 网络虚拟社会条件下意识形态安全机制研究
58. 网络虚拟社会条件下的公民权益保障机制研究
59. 完善司法行政机关职能和运行机制研究
60. 改革司法机关人财物管理体制研究
61. 大数据与国家治理现代化研究
62. 推行政府权力清单制度研究
63. 政府绩效管理创新与治理能力现代化研究
64. 政府向社会力量购买公共服务的法治化研究
65. 政府向社会力量购买公共服务的评估指标研究
66. 公共产品和公共服务供给的公私合营模式研究
67. 我国区域文化与区域治理的关系研究
68. 地方治理能力评估指标和评估体系研究
69. 提升基层政府依法行政管理能力和水平的途径研究
70. 促进城乡基本公共服务标准化、均等化研究
71. 新型城镇化与户籍制度改革追踪研究
72. 新型城镇化与社区治理创新研究
73. 新型城镇化背景下农民社会保障制度构建研究
74. 农业现代化进程中农村基层民主和群众自治发展研究
75. 建立健全公民和组织守法信用体系研究
76. 我国公民政治信任状况研究
77. 我国公民有序参与政治的能力研究
78. 建立健全社会矛盾预警机制、利益表达机制、协商沟通机制、救济救助机制研究
79. 健全政府应急管理的协同体系机制研究
80. 行政信访法治化研究
81. 健全化解社会矛盾的人民调解、行政调解、司法调解联动机制研究
82. 推进社会治安综合治理体系和机制研究
83. 地方政府深化行政审批制度改革研究
84. 完善中央政府与地方政府事责财权关系研究
85. 地方政府编制管理的精细化研究
86. 深化公务员管理体制改革研究
87. 公务员行为的依法激励与问责制度研究
88. 人才科学管理与培养激励机制研究
89. 深化事业单位分类改革跟踪研究
90. 建立事业单位法人治理结构研究
91. 企事业单位依法依规管理研究
92. 健全企事业单位民主管理制度研究
93. 加强社会组织民主机制建设研究
94. 发挥人民团体和社会组织在国家治理现代化进程中的积极作用研究
95. 女性社会组织在治理体系和能力现代化中的作用研究
96. 加强在华境外非政府组织管理研究
97. 建立健全政府治理与社会自我调节良性互动机制研究
98. 我国城乡居民社会自治的绩效评估与研究
99. 我国城市雾霾污染的源头治理和综合治理研究
100. 特大城市交通拥堵的综合治理国际比较研究
101. 食品药品安全协同治理的国际比较研究
102. 建立健全生态事件的协同治理机制研究
103. 生态建设和保护问责制的国际比较研究
104. 我国海洋安全的保障体制和机制研究
105. 我国国民海洋权益保障体制机制研究
106. 坚持民族区域自治制度与民族团结发展研究
107. 维护边疆民族地区社会政治稳定的长效机制研究
108. 边疆民族地区公共安全治理体系研究
109. 民族地区农村牧区生态移民政策研究

110. 边疆民族地区社会风险预防机制研究

111. 有效打击暴力恐怖主义、民族分裂主义、宗教极端势力的体制机制研究

112. 强化我国侨民海外权益保障机制研究

113. 中国（上海）自由贸易试验区管理体制改革创新研究

114. 两岸经济和产业合作实验区管理体制研究

115. 巩固和深化两岸关系和平发展的政治机制研究

116. 台湾地区政治发展研究

117. 全面准确贯彻“一国两制”和有效保持香港长期繁荣稳定研究

118. 中国传统的国家治理思想及其现代意义研究

119. 中华传统德治思想转化与以德治国的关系研究

120. 当代西方政治思想跟踪研究

121. 当代西方国家金融危机的政治制度研究

122. 发展中国家政治发展道路的比较研究

123. 发展中国家国家治理现代化的比较研究

124. 政治学交叉学科、新兴学科发展研究

125. 政治学研究方法发展研究

法学

1. 中国特色社会主义法治理论体系研究

2. 全面推进依法治国战略研究

3. 法治与国家治理现代化研究

4. 完备的法律规范体系研究

5. 高效的法治实施体系研究

6. 严密的法治监督体系研究

7. 有力的法治保障体系研究

8. 完善的党内法规体系研究

9. “法治中国”建设中的基层治理法治化问题研究

10. 依法治国与全民法治观念培养研究

11. 弘扬公序良俗与增强法治的道德底蕴研究

12. 中国特色的法治评估进路研究

13. 法治政府的评估指标体系研究

14. 法律政策的性别平等评估机制研究

15. 当代中国新型城镇化战略及其实施的重大法律问题研究

16. 民主诉求的法治化表达研究

17. 依法执政的实现形式研究

18. 党内法规与国家法律之间关系的理论与实践问题研究

19. 法治建设与人民认同研究

20. 腐败治理的传统机制与实现路径研究

21. 网络安全立法研究

22. 移动新媒体对推进依法治国和国家治理现代化的影响及对策研究

23. 互联网有害信息依法综合治理研究

24. 西部民族地区维稳与维权法律问题研究

25. 社区治理法律问题研究

26. 涉法涉诉信访制度改革研究

27. 城乡接合部及农村地区食品安全问题研究

28. 法律适用学的理论构建研究

29. 现代法治视野下的法律语言与法律解释研究

30. 打造地方法治政府先行区和示范区的实践总结和理论创新研究

31. 转型社会法律共同体的核心伦理研究

32. 司法与行政互动的法律规制研究

33. “法治”概念在中国的继受与发展研究

34. 清末民初中西法制文明的冲突与调适研究

35. 现代法治视角下的中国传统法律文化研究

36. 行政法的近代构造研究

37. 民本法政传统的现代中国价值研究

38. 中国法律文化传统与法治中国构建研究

39. 中国法律观念史梳理与研究

40. 礼法、刑德与中国法治资源研究

41. 依宪执政与党内法规体系建设重大问题研究

42. 依宪治国重大理论和实践问题研究

43. “一国两制”与香港特别行政区高度自治权的理论与实践研究

44. 重大决策终身责任追究制度研究

45. 社会治理创新背景下的网络公共领域法治新秩序研究

46. 法治中国背景下民族区域自治法体系重大问题研究

47. 国家安全法治体系研究

48. 依法治军问题研究

49. 法学教育体系和管理体制改革研究

50. 创新法治人才培养机制研究

51. 宪法与社会主义核心价值观研究

52. 完善宪法实施和宪法监督制度研究

53. 我国宪法解释程序机制研究

54. 国家机关宪法解释提请权研究

55. 人大会议制度改革研究

56. 行政处罚与刑罚的衔接研究
57. 行政执法体制改革研究
58. 中国财政监督机制改革研究
59. 国家安全宪法制度研究
60. 防止和克服立法中的部门利益研究
61. 防止和克服立法中的地方保护主义研究
62. 第三方立法评估制度研究
63. 香港特别行政区“普选”制度研究
64. 中央和地方警察权划分与体制改革研究
65. 权力清单的制定与实施研究
66. 乡镇执法权问题研究
67. 司法规律研究
68. 司法改革与司法公信力研究
69. 人权司法保障研究
70. 完善行政执法与刑事司法衔接机制研究
71. 公共安全风险管控法律机制构建研究
72. 律师在法治国家建设中的地位作用研究
73. 法官、检察官司法主体建设与国家法治实现问题研究
74. 实现个案正义的法律方法研究
75. 反恐怖法治研究
76. 国家网络治理的法律问题研究
77. 社会矫正法研究
78. 依法治国与法院体系改革研究
79. 不动产统一登记制度研究
80. 企业社会责任立法研究
81. 中国民法典的制定研究
82. 中国民法典编纂中的重点和难点问题研究
83. 知识产权基本理论研究
84. 泛太平洋规则及中国知识产权应对研究
85. 反垄断与保护知识产权协调发展的理论和实践问题研究
86. 大数据时代知识产权协同执法机制研究
87. 专利质量相关法律问题研究
88. 延伸性著作权集体管理制度研究
89. 数字环境下知识产权保护与竞争法实施的冲突与协调研究
90. 促进知识产权运用的制度创新研究
91. 标准专利许可中的 FRAND 规则研究
92. 知识产权诉讼程序研究
93. 中医药传统知识保护专门制度研究
94. 数字时代著作权交易制度研究
95. 新媒体时代著作权制度的应对和变革研究
96. 落实税收法定原则与完善财税法治体系研究
97. 农村土地权利制度改革研究
98. 融资的法律形式及法律工具的新发展研究
99. 现代市场体系下的法治化营商环境研究
100. 大数据时代金融机构的安全保障义务研究
101. 中央与地方金融监管权的划分问题研究
102. 政府调控证券市场法治化研究
103. 内幕交易的系统化防治研究
104. 电子商务关系法律调整与规制研究
105. 上市公司重组法律规制问题研究
106. 食品安全民事侵权问题研究
107. 反不正当竞争法与反垄断法的关系研究
108. 社会保障城乡一体化法律问题研究
109. 我国就业创业法律机制研究
110. 工作时间与休息休假法律制度完善研究
111. 我国退休制度整体改革的法律问题研究
112. 完善农民工参加城镇职工养老保险的法律制度研究
113. 生态保护法治体系建构研究
114. 应对气候变化的立法研究
115. 环境治理一体化与区域性环境政策法律协调机制研究
116. 公私合作开展环境治理的模式创新与法律保障研究
117. 我国矿产资源公平分配法律制度研究
118. 环境影响评价的司法审查制度研究
119. 自然资源国家所有权的行使研究
120. 生态修复性司法的理论与实践研究
121. 生态环境责任追究制度研究
122. 环境诉讼特别程序研究
123. 审判权运行机制改革研究
124. 司法员额制与人员分类管理研究
125. 司法民主化研究
126. 刑事程序性权利救济制度研究
127. 审判委员会实证研究
128. 国家治理视野下的司法鉴定体系研究
129. 我国人身损害赔偿司法鉴定标准研究
130. 口供治理问题研究
131. DNA 数据库相关立法研究
132. 司法官职业保障制度研究
133. 侦查权的程序性控制研究
134. 刑事诉讼的特别程序研究
135. 刑事法律援助的立法完善与司法回应研究

136. 职务犯罪的事实认定与证据运用研究

137. 国际民事诉讼管辖权协调问题研究

138. 商业欺诈的抽象危险犯研究

139. 刑事政策视野下的互联网金融安全保障研究

140. 跨国追逃的法律难题与应对研究

141. 境外追逃追赃的国际司法合作与国内法律完善研究

142. 死刑限制研究

143. 犯罪叠加结果的本质及其刑事责任研究

144. 我国反腐败刑事立法完善研究

145. 涉外法律工作与法律外交研究

146. 新一代国际经贸规则的构建与我国的因应研究

147. 新兴大国与国际法律秩序变革研究

148. 国家参与全球治理的指数研究

149. 我国海洋法治体系建设研究

150. 我国参与国际立法的经验与教训研究

151. 中国加入《国际刑事法院规约》研究

152. 中国批准《公民权利和政治权利国际公约》研究

153. 国际人权条约在我国法律制度中的地位和适用研究

154. 反恐国际合作研究

155. 恐怖主义的刑事司法对策研究

156. 恐怖活动数据库的建立及恐怖犯罪防控研究

157. 全球经济治理法治化新路径研究

158. 国际法规则制定及其变更中的中国话语权实现研究

159. 国家豁免立法研究

160. 中国自贸区法治建设若干问题研究

161. "走出去"背景下的我国海外投资保护机制研究

162. 中国海洋权益维护中的国际法问题研究

163. WTO 国际纠纷解决对我国内外经贸政策的影响与调整研究

164. 当代国际税法的新议题与中国对策研究

165. 国际劳工组织与中国劳工权利保护研究

166. 国际私法公约在中国的适用研究

167. 内地与香港、澳门和台湾民商判决和裁决的相互承认和执行研究

168. 国际商事仲裁机制研究

169. 中国"市场经济地位"问题的国际法研究

170. 冷战后的国际法研究

171. 联合国人权条约制度改革研究

172. 联合国国家人权审议机制研究

173. 中国参与联合国维持和平行动研究

174. 基于生态文明的气候变化政策与国际贸易法的协调机制研究

175. 南海海洋划界问题研究

176. 国际法治和国内法治良性互动研究

社会学

1. 中国梦与社会主义现代化国家的指标化研究

2. 国家治理体系与治理能力的社会学研究

3. 经济社会发展成果考核评价体系及社会指标设置的研究

4. 中国法治社会建设的体系和框架研究

5. 法治社会的社会学研究及社会法体系的构建

6. 法治社会建设中调节社会关系、规范社会行为研究

7. 法治社会建设中统筹社会力量研究

8. 法治社会建设中平衡社会利益研究

9. 法治建设背景下社会道德重塑与社会关系重建研究

10. 中国传统文化对现代法治建设的启示研究

11. 丝绸之路经济带社会发展质量评价研究

12. 中国传统优秀文化与基层社会治理研究

13. 中国共产党延安时期社会治理研究

14. 当代西方社会治理理论的国别比较研究

15. 社会对话机制与我国社会治理体制创新研究

16. 主要国家和地区缓解社会矛盾的经验和教训研究

17. 人民团体、社会组织在社会治理中的角色研究

18. 新职业群体社会治理现代化研究

19. 特大城市基层社会治理的机制与路径研究

20. 我国基层社会治理及组织创新研究

21. 新型城镇化进程中的生活方式变迁研究

22. 居住空间结构化与人口城镇化路径及策略研究

23. 旧城改造中的文化重建与社会生产研究

24. 新型城镇化背景下集中农转居社区变迁与治理模式研究

25. 新型城镇化战略与农村居民移居城市意愿关系研究

26. 新型城镇化与青年就业创业关系研究
27. 城市化过程中失地农民补偿安置模式比较研究
28. 中国城乡一体化与机会平等问题研究
29. 城乡一体的基本公共服务均等化研究
30. 农村公共物品供给与基层政府执政能力研究
31. 农民工市民化背景下的社会保障改革研究
32. 土地征迁过程中乡村干部腐败及其防控机制研究
33. 征地补偿中的社会冲突研究
34. 社会流动的阻碍因素研究
35. 农民合作组织在乡村社区治理中的作用研究
36. 外籍人口聚居区社区管理与服务研究
37. 社区治理及服务型社区建设研究
38. 土地流转与农民生计模式转变研究
39. 农村公共服务体系与基层文化建设研究
40. 乡土社会秩序的变迁与重建研究
41. 项目制在农村公共品供给中的实践研究
42. 新型农业经营组织培育与人地关系的社会学研究
43. 中国村落理论研究
44. 社会转型与“孝文化”的变迁研究
45. 贫困群体的社会支持研究
46. 产业转型升级与大学毕业生就业研究
47. 符号消费与青年消费亚文化研究
48. 大学生人际关系网络及其对社会适应的影响研究
49. 社会转型中的当代青年研究
50. 社会转型期中国女性创业研究
51. 转型时期不同社会阶层社会流动策略研究
52. 中国社会政策评估体系研究
53. 取消城乡户口区分后的社会政策研究
54. 中国社会福利体系建构问题研究
55. 社会转型期中国女性就业研究
56. 大学毕业生就业质量评价指标体系研究
57. 我国城镇女性就业率变动研究
58. “单独二孩”政策对妇女就业的影响研究
59. 发展型家庭政策研究
60. 家庭政策比较研究
61. 我国农村残疾人社会保障与社会管理问题研究
62. 构建适应流动性异地养老的社会保障服务体系研究
63. 我国公立医院改革对医保基金的影响研究
64. 事业单位改革与基本公共服务研究
65. 社会事业改革创新研究
66. 退休制度改革研究
67. 中国企业国际化进程及面临挑战的社会学研究
68. 企业社会责任与创新社会治理体制研究
69. 中国国有企业劳动体制与生产模式变迁研究
70. 劳动过程中的工作环境研究
71. 社会发展中的组织绩效与工作质量研究
72. 职业社会学研究
73. 民间网络经济的组织形式与行为方式研究
74. 民间非正式金融组织及其借贷行为研究
75. 消费社会理论研究
76. 网络社会理论研究
77. 网民分层研究
78. 网络消费及其对社会结构的影响研究
79. 消费分层与社会治理研究
80. 民间借贷中的群体行为与社会风险研究
81. 经典社会学家的宗教理论研究
82. 中国流动人口的宗教信仰和活动研究
83. 边疆民族地区宗教群体性事件研究
84. 网络发展对民族关系的影响研究
85. 我国西部地区生态环境保护与民生发展协调机制研究
86. 基层社会宗教群体行为研究
87. 边疆社会发展与民族文化研究
88. 中国西部生态文明建设对东、中部地区深度影响研究
89. 西部少数民族地区水电移民生计影响与重建研究
90. 中外社会救助比较研究
91. 中国文化传统与社会工作发展的关系研究
92. 中国社会工作伦理研究
93. 中国本土社会工作理论的挖掘与整理研究
94. 社区社会工作的推进与评价体系研究
95. 社会工作发展面临的瓶颈研究
96. 社会工作机构管理模式研究
97. 农村留守人员的社会工作服务模式研究
98. 民族社会工作的理论和实践研究
99. 社会工作视角下老年人社区参与能力的建构研究
100. 中国社会工作督导的本土化研究

101. 专业社会工作与我国社会工作本土实践的互动研究
102. 社会工作在社会政策托底中的作用研究
103. 社会工作职业的社会认同度研究
104. 社会工作者的社会地位研究
105. 特大城市老年人的社会支持网研究
106. 老年慢性病患者的社会工作干预研究
107. 慈善事业与社会救助的衔接模式与推进路径研究
108. 慈善捐赠及其决定因素研究
109. 公益慈善与社会转型研究
110. 我国慈善组织发展的制度环境研究
111. 社会组织中的维权机制研究
112. 民间志愿组织职业化研究
113. 政府购买社会组织公共服务相关问题研究
114. 建立与市场经济相适应的社会组织体制研究
115. 中国人社会关系生存依赖度调查及研究
116. 监狱社会学研究
117. 刑满释放人员的社会适应研究
118. 自杀问题的理论及防范研究
119. 食品安全视域下消费者对转基因的态度研究
120. 社会生活网络化发展与社会学研究方式创新研究
121. 日常生活研究的方法论研究
122. 典型调查法与质性社会学理论构建研究
123. 环境污染型工程项目社会稳定风险与治理研究

人口学

1. “十三五”时期人口发展战略目标研究
2. 人口管理体制机制改革研究
3. 生育政策调整影响研究
4. 从性别视角完善人口政策研究
5. 户籍制度改革研究
6. 卫生计生机构合并后存在的问题与改革研究
7. 低生育率下生育意愿和生育行为差异研究
8. 生育政策调整后计划生育奖扶政策改革研究
9. 计划生育服务新模式研究
10. 近年来国际生育率新变动研究
11. 生育率与出生率关系研究
12. 当前实际生育水平研究
13. “后人口转变”与计划生育转型研究
14. “后人口转变”理论与实践研究
15. 中国“后人口转变”研究
16. 当前死亡水平研究
17. 婴儿死亡率变动研究
18. 预期寿命研究
19. “六普”生命表分析研究
20. 人口流动流量、流向新变化研究
21. 西部流出人口对当地发展影响研究
22. “候鸟”式流动人口问题研究
23. 人口数量与素质关系研究
24. 人口健康素质研究
25. 立足以人为本教育体制改革研究
26. 民办教育问题研究
27. 继续教育问题研究
28. 人口素质与转变发展方式研究
29. 人力资本积聚与经济结构调整问题研究
30. 扩大就业与提高劳动生产率关系研究
31. 西部增强人力资本积聚对策研究
32. 以人为核心的城市化理论研究
33. 城市化“城”与“市”关系研究
34. 当前城镇化风险研究
35. 土地城镇化超前问题研究
36. 城镇化与房地产市场研究
37. 农民工市民化研究
38. 大中小城市功能与协调发展研究
39. 城市化阶段推进研究
40. 城乡协调发展问题研究
41. 中外人口老龄化比较研究
42. 养老保障体系研究
43. 养老保险体制改革研究
44. 居家养老问题研究
45. 老年人福利政策的性别研究
46. 老龄化中的女性化、农村化趋向研究
47. 农村老年妇女养老问题研究
48. 城乡空巢老人家庭问题研究
49. 城市社区养老模式研究
50. 发达国家应对老龄化政策研究
51. 东亚主要国家和地区养老经验研究
52. 提高老年人口素质研究
53. 渐进式延迟退休年龄研究
54. 生育政策与出生性别比关系研究
55. 抑制出生性别比升高决策选择研究
56. 农民工恋爱、婚姻问题研究

57. 同居成因、特征和趋势研究
58. 丁克家庭研究
59. 失独家庭研究
60. 单亲家庭研究
61. 独生子女品格特征研究
62. 房地产市场的人口学研究
63. 理财和股市群体的人口学研究
64. 人口结构变动对妇女和家庭影响研究
65. 西部少数民族人口转变研究
66. 香港、澳门特区人口研究
67. 新中国人口科学回顾与展望研究

民族问题研究

1. 中国特色解决民族问题的正确道路研究
2. 统一多民族国家的基本国情与民族工作研究
3. 依法治国与贯彻落实民族区域自治法研究
4. 坚持和完善民族区域自治制度的相关法律法规研究
5. 民族区域自治地方依法自治研究
6. 全面推进民族工作事务法制化研究
7. 依法保障民族团结研究
8. 中华民族共同体思想研究
9. 构筑各民族共有精神家园的理论与实践研究
10. 民族团结进步事业创新载体和方式研究
11. 中华文化与中华文化认同研究
12. 尊重差异、包容多样与民族政策实践研究
13. 民族工作领域意识形态安全研究
14. 促进各民族交往交流交融研究
15. 少数民族文化价值观研究
16. 加强城市民族工作的理论与实证研究
17. 城镇化进程中各民族相互嵌入式社区建设研究
18. 全面建成小康社会与民族地区差距问题研究
19. 全面建成小康社会与民族地区基本公共服务均等化研究
20. 民族地区全面建成小康社会指标体系研究
21. 民族地区开放发展与丝绸之路经济带建设研究
22. 完善差别化支持政策与激发民族地区内生动力研究
23. 民族地区资源有偿使用制度和生态补偿制度研究
24. 民族地区资源税改革研究
25. 民族地区生态移民与“留得住、能致富”调查研究
26. 民族地区农牧民专业合作组织研究
27. 少数民族特色产品与小微企业发展研究
28. 民族地区产业结构调整与促进稳定就业研究
29. 2020年民族地区基本消除绝对贫困问题研究
30. 民族地区集中连片特困地区调查和对策研究（分区域）
31. 民族地区县域内义务教育均衡发展研究
32. 少数民族特色村镇建设研究
33. 少数民族特色文化产业的现状与发展研究
34. 少数民族非物质文化遗产保护的现状与对策研究
35. 中国少数民族史（志）研究
36. 少数民族文字珍善本的搜集、整理和研究
37. 西方国家多元文化主义政策及其当代困境研究（地区、国别）

国际问题研究

1. 党的十八大后中央外交战略思想研究
2. “丝绸之路经济带”和“21世纪海上丝绸之路”现状、前景与战略研究
3. 当今时代、时代主题、世界格局及我国战略运筹研究
4. 马克思主义战争与和平观及其当代价值研究
5. “三个世界划分”理论及当代意义与运用研究
6. 中国国家安全战略研究
7. 构建不冲突、不对抗、相互尊重、合作共赢的新型大国关系研究
8. 我国在国际话语体系中的现状及对策研究
9. 中国特色社会主义道路的国际传播战略研究
10. 中国反腐败国际合作研究
11. 中国的核安全观研究
12. 中国NGO走向世界研究
13. 新旧中国外交基本理论、战略与政策的比较研究
14. 维护我国海洋权益与维持和发展周边有关国家友好合作关系研究
15. 我国实施自由贸易区战略研究
16. 我国资本项目开放与人民币国际化的机遇与挑战研究
17. 中欧全面战略伙伴关系研究
18. 中俄全面战略协作伙伴关系研究
19. 中国与拉丁美洲国家经贸关系研究
20. 中国东北亚区域合作战略与对策研究

21. 中国南亚区域合作战略与对策研究
22. 中国东南半岛区域合作战略与对策研究
23. 中国与世界各国人文交流机制研究
24. 我国与周边国家人文交流的现状及作用研究
25. 中国“走出去”战略在金砖国家的现状及对策研究
26. 中国“走出去”战略在非洲面临的风险及对策研究
27. 中国参与极地开发的理论及实践研究
28. 中国参与太空开发的理论及实践研究
29. 中国与新兴市场国家的团结合作研究
30. 中亚国家划界问题对中国的影响研究
31. 中国与拉美国家的团结合作研究
32. 中国与南非、巴西全方位合作规划研究
33. 中国海外投资的国家战略规划与风险防范研究
34. 中国开拓“两洋”出海大通道战略问题研究
35. 经济全球化背景下的中国产业安全研究
36. 双边、多边、区域、次区域开放合作研究
37. 世界大国中亚战略对我丝绸之路经济带的影响研究
38. 网络信息安全研究
39. 西方“软实力”与我国意识形态安全研究
40. 境外新媒体传播及渗透方式研究
41. 亚洲基础设施投资银行作用研究
42. 周边国家金融现状及发展趋势与人民币走出去战略研究
43. “亚太梦想”与互联互通建设研究
44. 亚洲新安全观研究
45. 亚太自贸区及相关问题研究
46. 亚洲经济一体化及亚元研究
47. 联合国在当今“全球治理”中的地位与作用研究
48. 国际金融危机跟踪研究
49. 国际货币基金组织份额改革研究
50. 国际制裁比较研究
51. 国际战略格局变化与中印战略关系研究
52. 国际关系视野中的埃博拉疫情事件研究
53. 各国公共卫生事件应急措施研究
54. 石油、粮食、水等资源安全问题研究
55. WTO 与 TPP 等自由贸易谈判研究
56. 转基因相关问题研究
57. 中医药走向世界战略研究
58. 全球气候变化谈判与清洁能源的前景研究
59. 气候变化南南合作基金及相关问题研究
60. G20 现状、功能与前景研究
61. 新兴经济体与世界格局研究
62. 新兴经济体长期增长问题研究
63. 金砖国家开发银行作用研究
64. “金砖五国”、“上海合作组织”合作机制及扩容等问题研究
65. 全球贫富差距现状及发展趋势研究
66. “托马斯·皮凯蒂”现象研究
67. 世界高新科技发展趋势与全球有效需求研究
68. 发达国家大数据战略研究
69. 当今国际政治理论思潮研究
70. “街头政治”与“颜色革命”的对策研究
71. 外国反华势力介入“香港事务”现状及对策研究
72. 西亚、北非政局现状及中国应对战略研究
73. 境外非政府组织在我国的现状及作用研究
74. 美国“亚太再平衡”战略对中国安全的影响研究
75. 美国及英国、德国、日本等国智库研究
76. 应对美国“棱镜”计划的相关安全策略研究
77. 基辛格、布热津斯基等当代美国战略家的战略思想研究
78. 欧洲人民币离岸交易及相关问题研究
79. 当今俄罗斯各种政治思潮跟踪研究
80. 苏联走向衰败中的知识分子群体研究
81. 乌克兰危机中的大国博弈及对策研究
82. 古巴及拉美二十一世纪社会主义研究
83. 世界社会主义及左翼思潮跟踪研究
84. “共产党和工人党国际会议”、“国际共产主义研讨会”、“世界社会论坛”、“全球左翼论坛”、“圣保罗论坛”等跟踪研究
85. 世界各大国对朝鲜外交战略比较及我国相关对策研究
86. 世界各国共产党跟踪研究
87. 越南的革新开放与外交政策研究
88. 老挝人民革命党研究
89. “伊斯兰国”崛起与国际反恐新形势研究
90. 伊斯兰世界与西方的文化差异与矛盾研究

中国历史

1. 唯物史观与中国特色社会主义理论体系研究
2. 唯物史观与中国近代社会性质研究

3. 马克思主义中国化与当代史家的探索
4. 中华民族伟大复兴的历史进程研究
5. 中国特色社会主义宪法形成史研究
6. 中国协商民主制度历史发展研究
7. 人民政协与中华民族优秀传统文化关系研究
8. 中国社会形态演变研究
9. 外国人视野中的中华民族复兴研究
10. 历代国家治理制度研究
11. 历代社会危机与政府应对研究
12. 历代国家信息安全策略与实践研究
13. 历史时期我国西部地区边疆治理与国家安全研究
14. 法家与国家治理研究
15. 历代法治与法制观念研究
16. 中国传统文化核心价值研究
17. 传统天下观的形成与演化过程研究
18. 大一统观与国家统一研究
19. 中华民族自强不息传统研究
20. 民族融合与中华民族的形成研究
21. 贯穿中国历史文化的传统基因研究
22. 中国现代化进程与传统文化的扬弃研究
23. “丝绸之路”与华夏文明传播研究
24. 海上“丝绸之路”研究
25. 辽宋夏金元时期中国文化的变异研究
26. 中国古代官邸制与官员住房问题研究
27. 中国古代疆域观与中国疆域的形成研究
28. 中国海洋疆域的形成与管理研究
29. 宗藩关系与东亚国际关系研究
30. 琉球归属与东亚世界秩序重构研究
31. 历史时期中国与周边国家、地区关系研究
32. 敦煌文书与敦煌学学术史研究
33. 简帛研究
34. 中国古代移民与文化传播研究
35. 中国古代移民与民族融合研究
36. 历代本土宗教与外来宗教共处研究
37. 历代外来宗教与中国社会和历史条件的相适应研究
38. 历代环境生态思想研究
39. 历史时期边疆地区城市发展与社会变迁研究
40. 长江流域古代文明进程研究
41. 历史时期少数民族的活动与环境变迁研究
42. 宋以来长江经济带的形成与发展研究
43. 古代黄河流域与长江流域文化比较研究
44. 明清以来江淮地区经济发展与社会变迁研究
45. 藏族文化与丝绸之路关系研究
46. 骆越文化研究
47. 中国传统商帮兴起发展与地域特色文化演进研究
48. 我国历史上的 GDP 及其结构研究
49. 明朝万历年间援朝战争研究
50. 明朝嘉靖年间“倭乱”再研究
51. 明清时代的中缅（甸）、中老（挝）关系研究
52. 明清时代的“禁海”与“走私”研究
53. 明清时代中国西南部地区的开发与改土归流研究
54. 明清时期民族融合和国家认同研究
55. 晚清、民国时期经学史、学术史研究
56. 中国近代官员培养与管理研究
57. 近代中国内政与外交互动关系研究
58. 中外条约与近代中国政治研究
59. 近代中国边疆治理与外交研究
60. 近代中国民族主义的理论构建及其过程研究
61. 近代华北区域的水资源与城市环境研究
62. 近代中国社会环境的历史变迁研究
63. 近代城市妇女史研究
64. 北洋时期的中国政治研究
65. 国民党时期的民众运动研究
66. 近代中国口岸城市研究
67. 中日战争时期国际关系研究
68. 抗战时期中国国际地位变迁研究
69. 抗战时期反投降斗争研究
70. 抗日战争胜利后的接收问题研究
71. 中国与二战后世界秩序构建研究
72. 20 世纪中国大学生社会来源变迁的量化研究
73. 近代以来归国留学生研究
74. 民国时期中国知识界关于社会主义道路的研究
75. 近代以来美国对华援助和投资研究
76. 20 世纪 50 年代国家工业化战略与工业基地建设研究
77. 近现代中日关系的历史症结与历史观研究
78. 毛泽东与中国共产党建国方略的形成与实践研究
79. 民族区域自治演变研究
80. 新中国法治建设成就研究

81. 新中国侨务政策研究
82. 新中国金融体制演变研究
83. 新中国国防战略思想史研究
84. 新中国大学教育发展史研究
85. 新中国土地制度研究
86. 新中国成立以来维护领土、领海主权反蚕食斗争理论与实践研究
87. 改革开放以来城市发展与社会变迁研究
88. 新中国成立以来边疆建设与国家安全研究
89. 台湾光复与重建研究
90. 中美建交后双方在涉台问题上的互动关系研究
91. 《告台湾同胞书》发表以来两岸关系发展史研究
92. 跨界民族与边疆安全历史经验研究
93. 历史虚无主义本质及其表现形式研究

世界历史

1. 世界史视域下的丝绸之路专题研究
2. 世界历史上的重大改革研究
3. 世界历史上各国的国家治理经验研究
4. 二战以后西方在国际关系中对非政府组织的政治利用研究
5. 各国"汉学"、"中国学"发展研究
6. 世界史前史研究
7. 世界各国的世界史学史研究
8. 世界古代中世纪文明的交流与比较研究
9. 世界古代政治与文化专题研究
10. 近代以来亚洲地区国际关系研究
11. 第二次世界大战专题研究
12. 近代以来国际关系中的文化因素与公共外交研究
13. 近代以来全球海洋史、海军史
14. 国际共产主义运动史专题研究
15. 世界各国宗教史、社会史、环境史、文化史等专题研究
16. 地区国别史研究

考古学

1. 旧石器时代文化研究
2. 旧、新石器文化过渡遗存研究
3. 史前聚落的考古学研究
4. 夏商周时期的考古学文化研究
5. 多元民族文化区源流的考古学研究
6. 古代城镇的考古学研究
7. 古代手工业遗存的考古学研究
8. 古代宗教遗存的考古学研究
9. 中外文化交流的考古学研究
10. 区域间文化交流与互动的考古学研究
11. 科技考古相关研究
12. 外国考古学研究
13. 考古学理论与考古学史研究
14. 大遗址保护中考古学作用分析与对策研究
15. 中国重要考古遗址的综合研究

宗教学

1. 马克思主义宗教观与中华优秀传统文化的关系研究
2. 宗教与社会主义核心价值建设研究
3. 国外马克思主义的宗教观研究
4. 宗教与民族及国家认同研究
5. 宗教与人类文明交流互鉴研究
6. 中华文明起源及发展进程中的宗教信仰问题研究
7. 中国社会转型期的宗教发展及其特点研究
8. 中国宗教信仰与中国社会发展的关系研究
9. 宗教学理论体系及中国宗教学发展研究
10. 社会主义法治建设与依法管理宗教问题研究
11. 中国当代宗教场所管理研究
12. 中国宗教院校建设问题研究
13. 中国宗教教职人员队伍建设及其科学管理研究
14. 中外无神论与有神论的关系研究
15. 中外政教关系研究
16. 宗教与国际关系及公共外交作用研究
17. 文化"走出去"战略中的中国宗教作用及国际形象研究
18. 丝绸之路与宗教传播研究
19. "丝绸之路经济带"及"海上丝绸之路"发展战略的宗教关联研究
20. "全球化"时代宗教发展、宗教对话及宗教冲突研究
21. 宗教极端思潮及境外利用宗教渗透问题研究
22. 当代宗教的网络传播研究
23. 西方国家政治及文化外交中的宗教因素研究
24. 当代非政府组织与宗教关系研究
25. 宗教思想发展及其理论体系研究
26. 宗教历史发展及其断代史研究
27. 国内外宗教典籍及经典文献的整理、翻译及

研究

28. 中国大都市及城镇化发展中的宗教问题研究
29. 民国时期宗教发展及其报刊出版研究
30. 新文化运动以来中国宗教理解研究
31. 港澳台及海外华人宗教研究
32. “一国两制”与宗教关系研究
33. 中国少数民族宗教及民族与宗教关系研究
34. 儒教信仰方式研究
35. 儒家思想与中国宗教精神研究
36. 中国特色佛教文化及其影响研究
37. 佛教各派发展及其关系研究
38. 中外佛教思想比较研究
39. 中国佛教制度史研究
40. 蒙藏佛教现状及对社会稳定、民族团结的影响研究
41. 各语种的大藏经研究
42. 国内外道教发展及其对思想文化影响研究
43. 道教典籍及其研究史料的搜集、梳理与研究
44. 道教与民间信仰关系及其综合管理研究
45. 中国民间宗教及民间信仰的历史形成与当代走向研究
46. 基督教思想发展及文化影响研究
47. 新教宗方济各一世任职以来的天主教发展及对中国的影响研究
48. 基督教“中国化”理论与实践研究
49. 中国基督教文献、档案、报刊等资料整理与研究
50. 传教士汉学研究
51. 中国基督教发展现状及其特点研究
52. 中外伊斯兰教最新发展及其社会影响研究
53. 伊斯兰教与民族关系的理论探讨和社会引导研究
54. 伊斯兰教门宦、教派问题研究

中国文学

1. 习近平总书记在文艺工作座谈会重要讲话研究
2. 文艺学前沿和热点问题研究
3. 马克思主义经典文论及中国化、大众化研究
4. 中国特色文学理论话语体系建构研究
5. 文学史理论创新与研究
6. 中国文学批评学和批评史研究
7. 中国文学研究现代化进程研究
8. 文学与制度关系研究
9. 中国现当代文学前沿和热点问题研究
10. 中国共产党的文艺思想与文艺政策研究
11. 当代西方文学理论批判与反思研究
12. 文学与市场的关系研究
13. 中国古代文论中的中华美学精神研究
14. 中国文学的民族性与世界文学关系研究
15. 中国古代文学前沿和热点问题研究
16. 历代重要文学概念的生成与接受研究
17. 历代文人日常生活与文学创作研究
18. 古代多民族政权之间的文学交流研究
19. 汉文化圈中的中国文学研究
20. 家族文学研究
21. 现当代文学与影视关系研究
22. 港澳台左翼文艺研究
23. 新文学与现代戏曲关系研究
24. 六七十年代文学资料整理与研究
25. 当代地域文学研究
26. 海外华文写作的左翼传统研究
27. 当代少数民族文学研究
28. 当代文学与五四传统研究
29. 新世纪以来科幻文学研究
30. 儿童文学现状研究
31. 中国少数民族文学前沿和热点问题研究
32. 中国跨境民族文学交流与影响研究
33. 口头诗学专题研究
34. 比较文学与世界文学前沿和热点问题研究
35. 世界文学语境中的中国当代文学研究
36. 文学中的人文主义传统与后人文研究
37. 文化与女性审美观念的嬗变研究
38. 海外华裔文学研究与汉语文学史的重新书写
39. 民俗学前沿和热点问题研究
40. 跨文化民间文学交流的理论与实践研究
41. 中外民间故事比较研究

外国文学

1. 外国文学与人文主义研究
2. 外国文学文献学研究
3. 外国文学研究方法论
4. 外国文学与国民教育研究
5. 中外文学关系研究
6. 当前外国文学的重要问题研究
7. 外国重要作家、作品研究（含非虚构）
8. 外国重要文艺思想、流派研究

语言学

1. 新媒体背景下的语言文字规范研究

2. 中国语言资源保护的理论与实践研究

3. 中国边疆地区语言国情调查研究

4. 中国境内语言类型特征及语言普遍现象研究（汉语、各少数民族语言）

5. 汉语、汉字的域外传播研究

6. 汉语语法理论接受史研究

7. 汉语术语问题研究

8. 汉语方言特征研究（区、片、边界点等）

9. 语言接触复杂地区汉语地点方言研究

10. 分省语言地图集

11. 构式语法理论与应用研究

12. 句法和语义的互动关系研究

13. 汉语词类的新探索和特殊小类研究

14. 汉语篇章的韵律特征和音系表达研究

15. 现代汉语语文类词典的收词与释义研究

16. 虚词的语义结构与语用功能研究

17. 汉语官话方言的历史研究

18. 汉语语法史、词汇史研究

19. 汉藏历史比较语言学研究

20. 阿尔泰语系三大语族亲缘、接触关系的历史研究

21. 稀有历史文献资料的发掘整理及相关语言历史研究

22. 自然语境下汉语理解的认知过程和神经机制研究

23. 儿童语言发展的心理学与神经语言学研究

24. 语言治疗标准与汉语语言能力评估研究

25. 信息化时代的外语课堂教学有效性研究

26. 国内外语言（外语）政策与规划研究

27. 我国外语能力标准研究

28. 少数民族地区中小学外语教学理论与方法研究

29. 当代英汉、汉英平行语料库的创建与应用研究

30. 双语对比与翻译研究

新闻学与传播学

1. 习近平总书记对外传播思想研究

2. 国家治理体系建设与现代传播研究

3. 依法治国环境下的新闻传播研究

4. 新闻宣传坚持党性与人民性的统一和一致研究

5. 舆论监督在法治监督体系中的地位与作用研究

6. 新闻舆论推动和促进依法治国研究

7. 新闻事业改革发展与法制中国建设研究

8. 新闻出版公共服务模式研究

9. 媒介意识、媒介素养与法治意识、法治素养研究

10. “三个自信”与建立中国自主的新闻标准和新闻价值标准研究

11. 新闻宣传在意识形态工作中的极端重要性研究

12. 我国主流意识形态话语体系构建与传播研究

13. 宣传思想工作改革创新研究

14. 宣传舆论引导工作的领导权、管理权和话语权研究

15. 中国崛起背景下的国家战略传播体系构建研究

16. 中国传播战略的路径选择研究

17. 新时期我国新闻发布制度建设研究

18. 党的新闻发布制度理论与实践研究

19. 大宣传工作理念与格局研究

20. 宣传方式创新及其效果研究

21. 党管媒体原则与建立有效媒体监管机制研究

22. 中国特色新闻阅评工作研究

23. 舆论引导的时、度、效研究

24. 网络空间法治化研究

25. 开展网上舆论斗争研究

26. 全媒体时代新闻理论与实践创新研究

27. 新型主流媒体研究

28. 新媒体对社会主义核心价值观的宣传规律研究

29. 新媒体时代公共舆论中的表达理性研究

30. 新媒体环境下主要国家舆论管理机制研究

31. 新媒体视角下的传播伦理研究

32. 新媒体环境下的城市传播研究

33. 新媒体语境下的性别平等问题研究

34. 新媒体条件下党和国家重大活动、领导人公务活动的宣传报道研究

35. 新媒体背景下提升中国民众媒介素养的策略研究

36. 新媒体对人类文化创造力影响研究

37. 新媒体环境中的医患关系研究

38. 政府新媒体传播效果研究

39. 基于新媒体环境的社会认同建构及意义研究

40. 数据新闻研究

41. 建立传统媒体和网络媒体统一的管理体系研究

42. 媒体融合发展背景下我国国家通讯社的发展战略研究

43. 媒体融合条件下“三农”宣传报道规律研究

44. 媒体融合发展下的群体传播研究

45. 媒体融合背景下传统媒体的影响力和公信力研究

46. 媒体融合条件下从业人员结构、身份、职责划分研究

47. 媒体资本运营研究

48. 媒体融合的机制、框架及运行规律研究

49. 媒体融合背景下舆论的形成与扩散机制研究

50. 媒介融合语境下的新闻传播教育改革研究

51. 传统媒体与新兴媒体融合发展研究

52. 中外媒体融合观念与路径选择的比较研究

53. 网络媒介形态演变机制研究

54. 移动互联网背景下自媒体健康发展研究

55. 网络自制视听节目的管理研究

56. 网络视频在国际新闻传播中的作用研究

57. 网络安全与身份认证体系研究

58. 微博微信公共平台中政治话语框架研究

59. 微信传播机制与治理问题研究

60. 微信传播的社会功能研究

61. 大数据时代网络舆情与社会治理研究

62. 大数据与中国广告产业发展研究

63. 大数据时代社交媒体中的信息风险与治理研究

64. 大数据与文化产业的关系研究

65. 强化互联网思维与网上群众宣传工作机制创新研究

66. 网络舆论场博弈与治理研究

67. 网络新闻传播中的意见冲突与主流价值观传播研究

68. 网络舆情安全监管与评估机制研究

69. 网络公共议题的建构与实践研究

70. 网络社区文化建设研究

71. 互联网时代的集体记忆与国家认同研究

72. 媒介公平与和谐社会建设研究

73. 大众媒介的政治参与研究

74. 危机传播与互联网“圈子”社群研究

75. 社交媒体社会责任研究

76. 社交媒体使用行为对青少年社会化的影响及应对研究

77. 公共治理视野下的现代网络舆情体系建构研究

78. 国内媒体和网络中的国际谣言传播与应对机制研究

79. 社会风险视域下的舆情管理研究

80. 重大突发事件舆情引导与博弈策略研究

81. 突发公共事件的网络视频传播及效果研究

82. 传统出版与新兴出版融合下的版权机制研究

83. 数字版权在推进传统媒体与新兴媒体融合中的促进作用研究

84. 全版权运营时代的资本运营协同创新研究

85. 国民阅读指数研究

86. 数字时代发达国家新闻出版管理方式变化研究

87. 中国传媒产业与海外华文传媒的跨国合作模式研究

88. 学术期刊的数字化转型研究

89. 城市信息传播与文化生态研究

90. 反腐败议题的中国媒体话语构建研究

91. 少数民族地区传播网络构建和社会动员模式研究

92. “新型城镇化”与农村地区信息传播能力提升策略研究

93. 新闻媒体使用与都市农民工的社会化研究

94. 社会媒体扁平化宣传机制研究

95. 新闻信息环境评估体系研究

96. 我国地方政府公共传播能力建设研究

97. 老龄化现象与社会传播体系研究

98. 中国的健康传播与青少年发展研究

99. 公益广告效果研究

100. 马克思主义新闻观与西方专业主义思潮比较研究

101. 中国新闻史史料学建设研究

102. 中国古代舆论沟通机制研究

103. 新民主主义革命时期中国共产党大众传播策略研究

104. 中国新闻教育史研究

105. 我国国际传播人才创新培养的目标与路径研究

106. 勃列日涅夫时期的苏联新闻体制研究

107. 国际传播对国家形象的影响研究

108. 传媒格局变革对国际传播的影响研究

109. 对台传播效果研究

110. 南海岛礁争端与中国对外传播策略研究

111. 海外华文传媒与海外华人的身份认同研究

112. 中国电视在海外华人中的传播现状研究

113. 中俄战略伙伴语境下媒介合作研究

114. 美国大纽约地区华文媒体发展研究

115. 历史虚无主义对我国新闻界和新闻教育界的影响和应对研究

116. 西方媒体在“颜色革命”中的作用及警示研究

117. 东盟华文传媒在构建新海外丝绸之路中的功能研究

118. 美国主流媒体关于中国国家形象报道的评析

图书馆·情报与文献学

1. 文化强国战略中的公共图书馆研究

2. 2020 年图书馆国家或区域战略与规划研究

3. 文化体制改革背景下我国图书馆事业的变革与趋势研究

4. 图书情报学科在国家智库建设中的作用研究

5. 转型期图书馆的社会责任研究

6. 图书馆在国际文化传播体系中的功能与机制研究

7. 数字人文与图书馆研究

8. 图书馆制度建设与公民阅读权利保障研究

9. 转型环境下各类图书馆社会职能拓展研究

10. MOOC 背景下的图书馆应对策略研究

11. 图书馆社会教育方法的创新实践研究

12. 海外华人图书馆学家的学术贡献与影响研究

13. 社区图书馆事业发展的保障机制研究

14. 图书馆理事会制度的建设与完善研究

15. 图书馆的智慧化水平测度研究

16. 图书馆组织文化建设及其测评方式研究

17. 出版领域的变化对图书馆带来的影响研究

18. 媒体融合背景下的数字图书馆发展策略研究

19. 图书馆大数据应用模式与实证研究

20. 数字图书馆资源整合策略与应用研究

21. 数字图书馆网站性能优化与服务改进研究

22. 数字资源使用绩效研究及其综合统计平台建设研究

23. 网络信息保存保护体系建设研究

24. 图书馆职业能力研究

25. 书目元数据新型标准的应用与测评研究

26. 中国文献编目规则发展研究

27. 网络一代的信息行为特征与图书馆服务策略研究

28. 图书馆资源与服务的融合趋势研究

29. 图书馆决策咨询服务研究

30. 图书馆延伸服务的理论与实践探索研究

31. 政府购买民间图书馆服务研究

32. 图书馆的微服务体系构建与保障研究

33. 可穿戴计算机设备在信息服务中的应用研究

34. 民族院校学生信息素养的培养与提高研究

35. 基于大数据的图书馆移动用户行为研究

36. 用户生成信息的质量控制研究

37. 基于信息行为理论的信息用户满意度及其测量研究

38. 泛在环境下图书馆空间设计的理念与应用研究

39. 中国近代古籍出版与文化传承研究

40. 外国古典文献在中国的流传研究

41. 古籍修复技术与管理研究

42. 纸质文献脱酸处理综合技术研究

43. 二战期间日本战争罪行文献史料整理与研究

44. 大数据环境下情报研究方法论体系研究

45. 基于大数据的信息资源管理理论创新研究

46. 大数据环境下政府信息服务模式创新研究

47. 企业技术创新风险管理中的竞争情报预警研究

48. 网络虚拟社区交流环境下企业反竞争情报体系构建研究

49. 我国信息资源产业发展政策研究

50. 我国信息资源开发利用战略问题研究

51. 信息资源在我国经济社会发展中的战略价值研究

52. 国家学术数字资源保障策略与服务体系研究

53. 面向重大决策的信息资源保障体系建设研究

54. 战略性新兴产业的信息资源服务创新研究

55. 南海问题东盟国家多语种信息资源建设及保障研究

56. 促进科技成果转化的知识产权价值链研究

57. 支撑“丝绸之路经济带”和“海上丝绸之路”研究的数据库建设

58. 人文社会科学领域的开放获取可持续运营机制研究

59. 开放数据的政策与技术研究

60. 我国政府数据开放机制研究
61. 政府科技信息呈缴与开放制度研究
62. 政府数据开发及其影响力研究
63. 网络信息生态链价值管理研究
64. 移动互联网新模式、新业态研究
65. 网络信息安全法制研究
66. 总体安全观下我国网络文化安全治理的体制机制与政策框架研究
67. 信息安全策略与网络强国关系研究
68. “智慧城市”建设中的信息安全问题研究
69. 机构网络信息监控环境下的用户隐私保护研究
70. 突发事件应急管理中的情报融合问题研究
71. 社会化媒体环境下突发事件舆情传播规律和应对策略研究
72. 基于社会网络分析的网络舆情主题发现研究
73. 我国哲学社会科学“走出去”的评估方法与指标体系研究
74. 基于数字网络的知识评价模型构建与应用研究
75. 大数据环境下知识关联揭示方法与关键技术研究
76. 知识网络的结构、特征及演化研究
77. 人文社会科学科学计算的语义知识挖掘研究
78. 自媒体环境下学术评价机制与模式研究
79. 超越基于引文及影响因子的科技评价新体系研究
80. 大数据环境下人文社会科学学术创新力测度研究
81. 文本挖掘与语料库建设的关联性及其应用研究
82. 社会化标注系统语义发现与语义映射研究
83. 学术资源的深度挖掘与推送研究
84. 科研合作中的协同信息行为研究
85. 社交媒体对学术信息交流和获取的影响研究
86. 基于关联数据的科研关系揭示研究
87. 泛在环境下科学交流信任机制研究
88. 基于多类型产出的学术影响力综合评价模型研究
89. 科学数据监护嵌入科研活动的机制研究
90. 机构规范文档结构及构建方式研究
91. 数字时代档案保护理论与技术的发展研究
92. 数字档案资源生态管理研究
93. 档案信息生态性保护理论与实现研究
94. 博物馆数位典藏与基于社会化媒体的社会教育资源共享平台建设及实践研究
95. 云环境下电子文件的凭证性保障方法研究
96. 电子文件信息安全管理体系建设研究
97. 互联网环境下电子文件形成规律研究
98. 档案服务质量优化控制研究
99. 社交媒体对档案工作的影响和应对研究
100. 信息化条件下档案信息资源整合路径与机制研究
101. 业务驱动模式中的电子文件管理流程与方法研究
102. 基于档案的近代史事件或行业制度研究
103. 民族、地域及行业文书档案的开发与利用研究

体育学

1. 国家治理背景下的中国体育体制改革研究
2. 体育法学研究
3. 新中国体育政策法规演进研究
4. 体育与社会主义核心价值观研究
5. 体育承载的社会责任研究
6. 体育学理论与学科建设研究
7. 全民健身与国家战略研究
8. 公共体育服务指标体系与绩效评估研究
9. 新时期中国竞技体育发展创新战略与体系研究
10. 国际大型体育赛事与国家形象研究
11. 国际体育学科研究动态
12. 近现代体育历史研究（1840—1949）
13. 竞技体育与职业体育关系研究
14. 体育需求与参与研究
15. 体育与宗教研究
16. 我国公民体育权力研究
17. 中外体育哲学比较研究
18. 中外体育治理研究
19. 老龄化社会与体育研究
20. 我国女性体育与女性发展研究
21. 体育赛事改革研究
22. 体育与社会建设研究
23. 竞技体育职业化的中国道路研究
24. 体育资源配置研究
25. 学校体育、社会体育、竞技体育协同发展研究

26. 政府职能转变与体育社会组织建设研究
27. 中国体育与奥林匹克文化研究
28. 我国体育投入绩效研究
29. 公共户外运动设施布局与运营管理研究
30. 公共体育服务模式研究
31. 农村体育研究
32. 全民健身法规研究
33. 社会力量参与公共体育服务研究
34. 政府购买基本公共体育服务制度研究
35. 群众体育活动的社会学研究
36. 球迷文化研究
37. 奥林匹克文化中国化研究
38. 体育非物质文化遗产研究
39. 体育文化多样性发展研究
40. 我国体育文化的传承与创新研究
41. 竞技体育文化竞争力研究
42. 教练员教育国际比较研究
43. 体育竞赛中伤害事故的法律研究
44. 学校、青少年校园足球与学校体育研究
45. 振兴“三大球”研究
46. 反兴奋剂研究
47. 我国联赛制度创新研究
48. 我国职业体育组织建设研究
49. 我国体育产业发展与专业技术人才培养体系研究
50. 我国体育产业发展的路径研究
51. 大数据时代体育营销研究
52. 大型体育场馆运营管理研究
53. 户外运动研究
54. 体育产权研究
55. 体育产业投融资研究
56. 体育产业与健康产业协同发展机制研究
57. 体育促进城市发展研究
58. 体育赛事风险管理研究
59. 体育消费观研究
60. 我国体育企业国际化研究
61. 我国冰雪运动产业发展研究
62. 我国经济新常态对体育产业发展的影响研究
63. 我国体育产业结构优化升级研究
64. 我国健身产业与体育产业相关业态的融合研究
65. 职业体育联盟研究
66. 中外体育产业统计指标比较研究
67. 校园足球运动研究
68. 竞技体育后备人才培养研究
69. 学校体育理论发展趋势研究
70. 青少年体育健康促进与管理研究
71. 体育传统特色学校发展研究
72. 体育与青少年全面发展研究
73. 促进青少年体育参与研究
74. 学生参与体育的风险管理研究
75. 青少年体育俱乐部研究
76. 青少年体育政策研究
77. 我国体育教育发展史研究
78. 体育传统项目学校发展研究
79. 体育促进青少年社会适应能力研究
80. 武术与气功经典古籍的译注与诠释
81. 武术运动的国际传播研究
82. 民俗民间体育文化发掘与整理研究
83. 民族传统体育国际化研究
84. 我国体育社会组织的建设与发展路径研究
85. 体育社会组织自治的理论与实践研究
86. 体育基金组织研究
87. 学校体育与社会体育联动机制研究
88. 学校与学生体育社团发展研究
89. 农村体育社团研究
90. 老、少、边、穷、灾地区体育援助研究
91. 冬季奥林匹克运动会的研究
92. 海洋体育研究
93. 体育健身“广场操/舞”现象的社会学研究
94. 大中小型体育赛事相互关系研究
95. 残疾人体育研究
96. 体育伦理研究

管理学

1. 习近平总书记关于全面深化改革思想的管理学研究
2. 十八大以来政府管理创新的若干重大问题研究
3. 依法治国相关问题研究
4. 依法治国背景下社会治理模式创新研究
5. 国家治理体系现代化与管理智能化研究
6. 国家治理体系和治理能力现代化的理论与实践问题研究
7. 治理现代化视野下公共危机治理问题研究
8. 国际化背景下中国管理学变革与发展研究
9. 二十一世纪管理理论创新研究

10. 中国公共管理思想发展史

11. 中外管理思想史研究

12. 国内一流哲学社会科学学科建设与学科评价研究

13. 国家资产负债表与提高国家治理能力研究

14. 政府综合财务报告编制研究

15. 自然资源资产负债表编制研究

16. 自然资源资产离任审计研究

17. 地方公共服务供给机制创新研究

18. 地方政府治理能力研究

19. 社会风险管理的运行机制及实施路径研究

20. 政府审计与国有企业绩效改善研究

21. 政策执行效果审计研究

22. 审计服务国家治理路径研究

23. 基于大数据平台的服务型政府建设机制研究

24. “简政放权”的顶层设计问题研究

25. 社会主义市场经济条件下的宏观调控研究

26. 中国行政管理体制的宽度和深度适应性问题研究

27. 国家治理中的财政透明度治理机制研究

28. 地方财政风险的内部控制制度设计、执行与评价体系研究

29. 建立透明规范的城市建设投融资机制研究

30. 中国特色智慧城市的建设与管理研究

31. 舞弊审计与腐败治理研究

32. 政务微博受众影响力评估研究

33. 地方政府行政服务中心绩效评价研究

34. 国家安全背景下应急管理顶层体系设计研究

35. 国家经济安全评价理论、方法及应用研究

36. 中国非传统安全风险源研究

37. 外资控制互联网企业对国家安全的威胁及应对研究

38. 地方政府防范征地冲突群体性事件的路径与绩效实证研究

39. 应急管理法制体系建设研究

40. 跨域突发事件应急联动机制研究

41. 应急管理国际合作机制构建研究

42. 基层社会治理新常态研究

43. 突发事件预警机制研究

44. 突发事件现场指挥权研究

45. 应急产业发展支持政策研究

46. 应急管理学科体系建设研究

47. 城市应急服务均等化研究

48. 社会组织参与应急管理研究

49. 城镇化进程中的社区管理体制研究

50. 社区防灾减灾能力建设研究

51. 健全社会矛盾纠纷预防化解机制研究

52. 信息化在社区治理中的运用研究

53. 社区共同体建设研究

54. 中国传统管理思想与现代企业管理实践研究

55. 现代企业人本管理与企业治理结构研究

56. 企业家个人特质与创业管理问题研究

57. 大数据语境下企业治理与管理研究

58. 大数据环境下创新政策仿真研究

59. 全球价值链中“资本—劳工—政府”关系研究

60. 新常态背景下我国企业和谐劳动关系的系统构建研究

61. 我国战略性新兴产业发展路径研究

62. 第三次工业革命与中国制造业发展研究

63. 中国企业国际化战略研究

64. 基于价值链理论的传媒产业融合发展研究

65. 产业联盟网络治理与产业自主创新研究

66. 网络治理与共享价值创造研究

67. 网络情境下组织创新行为的合法性及其治理研究

68. 社交网络中舆论引导机理研究

69. 互联网参与顾客价值共创研究

70. 基于互联网的商业模式创新研究

71. 大数据背景下消费者行为模式研究

72. 女性企业家融资与发展研究

73. 基于网络情境的企业跨界成长研究

74. 企业资源分配与核心能力研究

75. 技术创新优化模式研究

76. 企业技术创新动态能力提升研究

77. 协同创新组织模式、运行机制与我国创新驱动发展战略研究

78. 建立产学研用协同创新机制与政策研究

79. 我国创新驱动发展战略与科技创新人才开发研究

80. 发挥市场对创新要素配置的导向作用研究

81. 推进应用型技术研发机构的市场化、企业化改革研究

82. 健全技术创新市场导向机制研究

83. 移动互联网时代人才开发理论与实践创新研究

84. 基于专利的新兴产业与技术关联性研究
85. 新兴产业环境效应评价研究
86. 负面清单管理中我国战略性新兴产业补贴方式转型问题研究
87. 新常态下加速我国现代服务业升级的战略研究
88. 扩大内需对我国自主创新能力提升的促进机制研究
89. 创新驱动发展的需求侧动力研究
90. 全球化视角下我国区域创新系统的演化研究
91. 新经济下企业创新生态系统与自主创新战略研究
92. 沿海与内陆产业集群协同创新机制、战略和对策研究
93. 全球价值链视角下我国产业集群的转型升级研究
94. 新环境下战略性新兴产业对策调整研究
95. 以市场为导向的国家科技创新体制研究
96. 稀土产业供应链网络新体系的构建研究
97. 铜资源二次利用与产业链延伸研究
98. 全球制造与中国企业创新网络发展研究
99. 移动互联时代企业管理创新问题研究
100. 中国本土企业国际化战略研究
101. 基于中国传统文化的企业和谐管理研究
102. 中国企业协同创新网络治理研究
103. 移动互联时代中国企业战略变革研究
104. 全球化背景下跨国企业组织与文化创新问题研究
105. 混合所有制改革与中国企业国际化战略研究
106. 我国制造业的服务转型战略与路径研究
107. 上市公司财务预警研究
108. 新兴产业演化动因研究
109. 以企业为主体的科技创新综合评价研究
110. 利率市场化后的中小企业贷款定价问题研究
111. 国有企业混合所有制改革过程中管理层激励机制问题研究
112. 混合所有制企业治理问题与对策研究
113. 转型期企业集团成长模式与治理对策研究
114. 中国公司治理的有效性研究
115. 国有企业管理层政治晋升激励及其经济后果研究
116. 我国中小银行资产负债管理策略研究
117. 证券公司融资融券业务中的信用风险研究
118. 商业银行资产负债风险管理研究
119. 商业银行中小企业信用评价体系研究
120. 债券信用评级研究
121. 上市公司退市风险综合评价研究
122. 我国地区性商业银行信贷风险管理研究
123. 内部审计与企业风险管理研究
124. 上市公司中小股东权益保护研究
125. 会计功能拓展与国家治理效率研究
126. 上市公司治理结构优化研究
127. 上市公司董事会功能建构与优化研究
128. 股票市场实现混合所有制改革的机制研究
129. IPO 注册制与投资者权益保护研究
130. 长江流域开发战略下的区域市场一体化与企业创新活力研究
131. 区域金融服务在全国价值链中的重要性研究
132. 区域创新系统中知识分享成本研究
133. 京津冀区域文化资源整合与产业链优化研究
134. 京津冀物流网络的规划研究
135. 京津冀能源供应网络的弹性研究
136. 基于区域协同发展的主导产业优化研究
137. 城乡统筹背景下我国欠发达地区发展模式研究
138. 促进新型农村合作医疗公平、可持续发展的财政体系研究
139. 农村电子商务及物流发展研究
140. 建立全国三农基础数据统一平台研究
141. 我国三农信息化管理体系规划与建设研究
142. 基于新型城镇化视角的现代农业产业发展模式研究
143. 农产品质量安全问题研究
144. 我国蔬菜流通体系创新研究
145. 我国生鲜农产品流通渠道模式的比较及优化研究
146. 城镇化推进中农村基础设施建设研究
147. 农产品质量安全保障机制研究
148. 新型农业经营主体组织创新研究
149. 传统侨乡的现代变迁研究
150. 进一步放开服务领域外资准入限制问题的研究
151. 量化宽松政策退出的流动性效应研究
152. “两路一带”区域发展战略下我国总部经济

发展战略研究

153. 两岸科技合作模式研究

154. 基于资源产品定价及结算的人民币国际化研究

155. 中国环境治理中的政府责任和公众参与机制研究

156. 环境审计在推进我国生态文明建设中的作用研究

157. 考虑环境成本的项目投资经济评价研究与应用研究

158. 中国有色金属产业温室气体排放减量化的途径与政策研究

159. 雾霾治理监管的第三方介入研究

160. 基于生态创新的中国“可持续制造”转型研究

161. 工业绿色转型中环保服务商业模式研究

162. 城市绿色产业评价体系研究

163. 中国旅游贸易逆差形成机制与对策研究

164. 旅游产业融合与产业关联发展研究

165. 区域旅游目的地品牌营销战略研究

166. 丝绸之路旅游发展战略研究

167. 低空旅游项目发展模式与政策研究

168. 实施带薪休假制度的路径、障碍与对策研究

169. 大型体育赛事对旅游城市的影响研究

170. 京津冀区域旅游合作机制研究

171. 中国传统节事活动旅游开发模式研究

172. 大数据时代旅游企业融合创新发展战略研究

173. 经济新常态下高端酒店转型升级战略研究

174. 电子商务对旅游产业链的影响与对策研究

175. 电子商务时代女性的创业与就业研究

176. 文化演出与旅游产业融合战略研究

177. 乡村旅游转型升级与美丽乡村建设研究

178. 旅游需求发展与旅游产品创新开发研究

179. 我国公务员薪酬制度改革研究

180. 我国事业单位薪酬制度改革研究（可分领域，如教师、医生等）

181. 大病医疗保险的风险管理机制研究

182. 以社区为中心的社会养老服务体系研究

183. 经济结构转型下的长期和短期经济政策对居民家庭福利影响研究

184. 城镇化进程中基本医疗保障一体化的公共财政保障机制研究

185. 促进我国高等学院入学公平的根本性机制创新研究

186. 构建中国特色军事法治体系与提高国防和军队建设法治化水平研究

187. 军队走出去的法律保障问题研究

188. 世界主要国家军队依法治军比较研究

189. 世界主要国家军事监察体制机制比较研究

190. 国家由大向强的安全困境与军事能力发展研究

191. 国家治理体系、治理能力现代化过程中的军事制度创新改革研究

192. 重大危机管理中的深远谋划与战略较量问题研究

193. 军事资源统筹问题研究

194. 加强对外军事交流与合作问题研究

195. 新形势下国家安全战略与军事战略关系问题研究

196. 高校廉政建设制度化研究

197. 高校内部控制制度优化研究

（全国哲学社会科学规划办公室供稿）

2015 年度国家社会科学基金项目立项课题（北京地区）

一、马列·科社

重点项目

项目名称	负责人	工作单位	预期成果	完成时间
《资本论》语境中马克思的历史决定论及其当代价值研究	王峰明	清华大学马克思主义学院	专著	2018. 12

续表

项目名称	负责人	工作单位	预期成果	完成时间
中国特色社会主义道路三大方位研究	郭　强	中共中央党校科学社会主义教研部	专著、研究报告	2018.06
国家治理视域下人民团体参与协商民主建设制度化的对策研究	康晓强	中共中央党校科学社会主义教研部	研究报告	2017.12
当代欧洲社会民主主义演变及发展趋势研究	林德山	中央编译局	专著、研究报告	2018.12
中国特色社会主义制度研究	秦　刚	中共中央党校科学社会主义教研部	专著	2017.12

一般项目

项目名称	负责人	工作单位	预期成果	完成时间
马克思主义经典作家民族理论文献在中国传播的考据研究	杨须爱	中央编译局	专著	2018.06
马克思法律思想的逻辑演进及其现实意义研究	王贵贤	清华大学马克思主义学院	专著	2018.12
我国马克思主义哲学史范式研究	顾伟伟	中共北京市委党校	专著	2018.12
制度执行力与治理现代化研究	李　拓	国家行政学院政治学教研部	专著、研究报告	2017.12
法治思维的理论与当代中国实践研究	徐　斌	北京师范大学马克思主义学院	专著	2019.10
古巴社会主义经济模式更新研究	贺　钦	中国社会科学院马克思主义研究院	专著、研究报告	2018.02
中华优秀传统文化与社会主义核心价值观辩证关系研究	李红辉	中央文化管理干部学院	专著、研究报告	2018.03
整体性发展研究	邱耕田	中共中央党校马克思主义理论教研部	专著	2018.09

青年项目

项目名称	负责人	工作单位	预期成果	完成时间
《神圣家族》及其当代价值研究	李彬彬	中共中央党校马克思主义理论教研部	专著	2017.12
关于毛泽东和毛泽东思想评价的研究	欧阳奇	中国人民大学马克思主义学院	论文（集）	2018.06
新中国马克思主义大众化载体与路径研究	张　莉	北京大学	专著	2018.06
新中国农村分配制度的探索历程与基本经验研究（1949—1966）	尤国珍	北京市社会科学院	专著	2017.12
阶层分化背景下农村社会治理研究	陈　锋	北京工业大学人文社会科学学院	论文（集）	2018.06
国外中国特色社会主义研究话语评析	郑云天	中国人民大学国际关系学院	论文（集）	2018.09
国外左翼学者的社会主义研究及其评析	童　晋	对外经济贸易大学思想政治理论课教学科研部	专著	2018.12
马克思主义价值观研究	王虎学	中共中央党校马克思主义理论教研部	专著	2018.12
习近平总书记关于思想政治教育工作重要论述研究	张　智	中国人民大学马克思主义学院	专著	2017.09
社会主义核心价值观对当代中国社会思潮的引领作用研究	万资姿	中国青年政治学院中国马克思主义学院	专著	2018.12

二、党史·党建

重点项目

项目名称	负责人	工作单位	预期成果	完成时间
提高党的科技治理能力研究	许先春	中共中央文献研究室	专著、研究报告	2018. 06
中国共产党决策思想史研究（1949—2012）	沈传亮	中共中央党校中共党史教研部	专著	2018. 06

一般项目

项目名称	负责人	工作单位	预期成果	完成时间
民主改革与西藏社会变动研究	杜玉芳	中央社会主义学院	专著	2018. 07
中国共产党对台方略研究	朱　磊	中国社会科学院台湾研究所	专著、研究报告	2017. 12
当代中国社会治理史研究	吴　超	中国社会科学院当代中国研究所	专著	2018. 12
国外当代中国社会史研究评析	王爱云	中国社会科学院当代中国研究所	专著	2019. 03
混合所有制企业党组织地位作用研究	王金柱	中共中央党校党的建设教研部	专著	2017. 11
中国共产党干部任用中的五湖四海原则研究	刘海飞	中国社会科学院马克思主义研究院	专著、研究报告	2018. 01
中国共产党在全民族抗战中的中流砥柱作用研究	李东朗	中共中央党校中共党史教研部	专著	2017. 09
改革开放以来中国共产党核心政治概念源流考证	张旭东	中共中央党校中共党史教研部	专著	2017. 03
政党合作引领协商治理的瑞士模式研究	徐　锋	中央社会主义学院	研究报告	2017. 12
党建微信与党的执政能力建设研究	张　垚	人民日报社理论部	专著、研究报告	2018. 12

青年项目

项目名称	负责人	工作单位	预期成果	完成时间
我国预防腐败体制机制的国际借鉴研究	彭成义	中国社会科学院世界经济与政治研究所	专著、研究报告	2018. 05
中国共产党巡视制度研究	王　峰	北京联合大学人文社会科学教学部	专著	2017. 06
抗战时期中国共产党组织发展研究	赵淑梅	中国人民大学马克思主义学院	专著	2018. 12
中国共产党领导的妇女组织研究（1921—1949）	周　蕾	全国妇联妇女研究所	研究报告	2020. 07
城市新移民群体中社区党组织影响力实现机制研究	田　栋	中共北京市委党校	专著	2018. 07
延安时期中国共产党自我革新的历史经验及其当代启示研究	李　蕉	清华大学马克思主义学院	论文（集）	2018. 12
中国共产党的执政方式创新研究	王雪竹	中共北京市委党校	专著	2018. 06

三、哲学

重点项目

项目名称	负责人	工作单位	预期成果	完成时间
科学知识的民主问题研究	尚智丛	中国科学院大学	专著	2018. 06

续表

项目名称	负责人	工作单位	预期成果	完成时间
基于先秦两汉涉医简帛文献的早期医家身体观研究	张其成	北京中医药大学	专著、论文（集）	2019.06
先秦儒家“意义—感通”的教化哲学研究	于述胜	北京师范大学教育学部	专著	2019.12
“人是遵守规则的动物”之论题研究	韩林合	北京大学	专著	2020.06
儒、道、佛学生态伦理思想内在结构比较研究	任俊华	中共中央党校哲学教研部	专著	2017.10

一般项目

项目名称	负责人	工作单位	预期成果	完成时间
历史唯物主义视野中的马克思价值哲学思想研究	宋友文	中国人民大学马克思主义学院	论文（集）	2020.03
习近平总书记治国理政的战略思维研究	胡　卫	中共中央党校哲学教研部	专著	2017.06
拉克劳晚期政治哲学思想研究	周　凡	北京师范大学哲学学院	专著、译著	2018.06
德国古典哲学与法兰克福学派现代性批判的思想谱系研究	张　严	中共中央党校马克思主义理论教研部	专著	2017.12
科技时代的科学“无知”的哲学研究	段伟文	中国社会科学院哲学研究所	专著	2018.12
经验、信念与知识	唐热风	中国社会科学院哲学研究所	专著	2019.06
个体化医学的伦理与社会问题研究	陈海丹	中国农业大学人文与发展学院	论文（集）	2018.12
大数据视域下科学方法创新研究	张　峰	北京理工大学	专著	2018.12
规范性的本质与结构研究	韩东晖	中国人民大学哲学院	论文（集）、专著	2018.12
道德语言与道德推理研究	刘　隽	首都经济贸易大学马克思主义学院	研究报告	2018.07
宗教性视阈中的生存伦理研究	田　薇	清华大学人文学院哲学系	专著	2018.08
意大利文艺复兴早期宗教绘画的文化阐释	吴　琼	中国人民大学哲学院	专著	2018.12

青年项目

项目名称	负责人	工作单位	预期成果	完成时间
资本、法权与人的道德自觉研究	王纵横	中共中央党校哲学教研部	专著	2017.12
达尔文革命中的“非达尔文”进化思想研究	刘　利	北方工业大学马克思主义学院	专著、论文（集）	2017.12
《归藏》研究	辛亚民	中国人民大学国学院	专著	2019.12
哲学史视域下的先秦儒家《诗》学研究	孟庆楠	北京大学	专著	2018.08
清代来华传教士的易学思想研究	陈欣雨	中共北京市委党校	专著	2018.03
战后“台湾儒学”基本形态研究	常　超	中国社会科学院台湾研究所	专著	2018.12
亚里士多德《修辞术》的哲学研究	何博超	中国社会科学院哲学研究所	专著、研究报告	2018.06
康德想象理论的现代价值研究	车　辕	清华大学人文学院哲学系	专著	2018.03
尊严概念的层级研究	王福玲	中国人民大学哲学院	专著	2020.09

四、经济理论

重点项目

项目名称	负责人	工作单位	预期成果	完成时间
从经济全球化的视角看西方的崛起和中西大分流研究	张　丽	北京航空航天大学人文社会科学学院	专著	2018.11
全球经济变局下推进两岸经济融合研究	张冠华	中国社会科学院台湾研究所	研究报告、专著	2017.12
建立公平可持续的老年收入保障体系研究	李　珍	中国人民大学公共管理学院	专著	2019.09
中国城市规模、空间聚集与管理模式研究	张自然	中国社会科学院经济研究所	研究报告	2017.12
新常态下我国产业园区资源整合“二次成长”的市场化模式研究	曹和平	北京大学经济学院	专著、研究报告	2018.06

一般项目

项目名称	负责人	工作单位	预期成果	完成时间
地方政府行为与产能过剩关系研究	冯　梅	北京科技大学	专著、研究报告	2018.09
农民工市民化：自主选择与社会秩序统一	解　安	清华大学马克思主义学院	专著	2019.06
人口结构变化对中国经济减速的影响和对策研究	陆　旸	中国社会科学院人口与劳动经济研究所	研究报告	2018.06
中国电子商务企业的售假治理问题研究	霍　达	中央财经大学国际经济与贸易学院	专著	2017.02
基于金融包容视角的地区银行业市场结构与优化设计研究	粟　勤	对外经济贸易大学金融学院	研究报告	2018.07
食品防护情境下内部举报行为之激励机制研究	周清杰	北京工商大学经济学院	研究报告	2018.06
瞄向“经济—社会—生态”协调发展的公共经济治理研究	樊继达	国家行政学院经济学教研部	研究报告	2017.12
新产业革命背景下欧盟工业智能化绿色化发展及其启示研究	孙彦红	中国社会科学院欧洲研究所	专著、研究报告	2018.12
区域产业升级的碳金融支持研究	李　丽	北京工商大学经济学院	研究报告	2018.06
大国战略与新中国交通业发展研究（1949—2014）	彤新春	中国社会科学院经济研究所	专著	2017.12
经济史与国际比较视角下以中国为代表的新兴大国经济转型中的产业发展选择研究	李　毅	中国社会科学院世界经济与政治研究所	专著	2017.12
金砖银行互利共赢合作模式及风险防范机制研究	高杰英	首都经济贸易大学金融学院	研究报告	2017.12
发达国家制造业回流对中国产业转型升级的影响评估与对策设计研究	李玉梅	对外经济贸易大学国际经济研究院	研究报告	2017.12
跨境制度匹配、对外直接投资与中国价值链升级研究	李国学	中国社会科学院世界经济与政治研究所	专著	2018.12

续表

项目名称	负责人	工作单位	预期成果	完成时间
新—新贸易理论拓展模型视角下的中国外贸结构转型升级研究	项松林	中共中央党校国际战略研究所	专著、研究报告	2017.05
金融资源依赖与我国特大城市产业结构调整的关联机制研究	王曼怡	首都经济贸易大学金融学院	专著	2018.06
空间计量经济学视角下的开发区过度建设成因与地方间政府策略互动机制研究	虞义华	中国人民大学经济学院	论文（集）	2017.12
市场导向下京津冀协同创新的激励机制研究	赵旭梅	对外经济贸易大学国际经济研究院	专著、研究报告	2018.06

青年项目

项目名称	负责人	工作单位	预期成果	完成时间
2008 年国际金融危机后马克思主义金融资本理论的新发展研究	蔡万焕	清华大学马克思主义学院	专著	2017.09
新常态下经济增长对环境污染的“增速红利效应”与“增长压力效应”研究	杜雯翠	首都经济贸易大学经济学院	专著	2017.12
混合所有制企业中国有资本与民营资本的合作机制研究	方明月	首都经济贸易大学经济学院	论文（集）、研究报告	2018.07
消费者对转基因食品安全性的“主观态度”在模糊性决策框架下的解析与度量研究	姚东旻	中央财经大学中国财政发展协同创新中心	专著、研究报告	2017.12
新结构经济学的视角下新常态经济发展的动力与机制研究	付才辉	北京大学国家发展研究院	论文（集）、研究报告	2017.12
中国农村普惠金融的绩效评估与内生发展路径研究	星　焱	中国社会科学院金融研究所	论文（集）、研究报告	2018.06
农民工市民化进程中制度冲突与协调问题研究	邹一南	中共中央党校经济学教研部	专著、论文（集）	2017.12
公共债务风险的国际比较研究与约束机制框架构建研究	郝宇彪	首都经济贸易大学经济学院	专著	2017.12
反垄断法对国际贸易影响的理论和实证分析研究	颜　菁	中央财经大学国际经济与贸易学院	论文（集）、研究报告	2018.04
对口支援政策的区域协调发展效应与机制优化研究	邬晓霞	首都经济贸易大学城市经济与公共管理学院	研究报告	2018.07
高速铁路建设对中国区域经济一体化影响的研究	钟少颖	中国科学院科技政策与管理科学研究所	研究报告	2017.12
京津冀产业区际转移与疏解非首都功能路径研究	齐子翔	北京大学	研究报告、电脑软件	2018.09

五、应用经济

重点项目

项目名称	负责人	工作单位	预期成果	完成时间
我国城乡就业人员收入流动性比较研究	杨　穗	中国社会科学院农村发展研究所	论文（集）、研究报告	2017.06

续表

项目名称	负责人	工作单位	预期成果	完成时间
新时期组织领导力的社会结构理论构建与实证研究	章　凯	中国人民大学	专著、研究报告	2018.12
雾霾的成因及综合治理对策研究	宋国君	中国人民大学	研究报告、其他	2017.09
两种工业化战略进程中比较优势动态升级与战略匹配研究	邹昭晞	首都经济贸易大学工商管理学院	专著、研究报告	2018.06
“十三五”时期我国的金融安全战略研究	何德旭	中国社会科学院金融研究所	专著、论文（集）	2017.06

一般项目

项目名称	负责人	工作单位	预期成果	完成时间
综合收益概念框架、报告体系以及信息运用研究	杨有红	北京工商大学	研究报告	2018.12
空间特征下的上市公司监管格局与监管效率研究	于　鹏	首都经济贸易大学会计学院	论文（集）	2018.06
大数据的知识化演进、组织模式及其对决策创新的影响研究	张才明	中国劳动关系学院经济管理系	专著、论文（集）	2018.12
新常态下的企业劳动关系冲突调节方式研究	孙兆阳	中国社会科学院办公厅	专著、其他	2018.12
新生代农民工本地创业行为的东西部比较研究	汪昕宇	北京联合大学生物化学工程学院	研究报告、其他	2018.12
轴辐式网络设计下特大城市交通拥堵治理机制研究	宗　刚	北京工业大学科学技术发展院	专著	2018.06
新型城镇化下中国城镇水务管理体制与运行机制研究	周耀东	北京交通大学经济管理学院	论文（集）、研究报告	2018.12
基于DPSIR模型框架的京津冀雾霾成因分析及综合治理对策研究	李云燕	北京工业大学循环经济研究院	论文（集）、研究报告	2017.12
新常态下国内外产业关联对我国产业结构调整的影响及对策研究	李新忠	中国社会科学院数量与技术经济研究所	专著、研究报告	2017.09
农村土地“三权分置”的农业经营体制创新研究	吕亚荣	中国人民大学	研究报告	2018.09
基于博弈视角的我国铁路公益性运输补贴模式比较研究	佟　琼	北京交通大学经济管理学院	研究报告	2017.12
基于税负归宿实证分析的税收政策对收入不平等的影响研究	周　波	对外经济贸易大学国际经济贸易学院	论文（集）	2018.12
新常态下的货币政策转型问题研究	闫先东	中国人民银行金融研究所	专著、研究报告	2018.06
促进产业向中高端升级的金融支持政策研究	张军生	对外经济贸易大学国际经济研究院	论文（集）	2017.06
货币政策、资本结构与促进产业向中高端升级研究	王朝阳	中国社会科学院财经战略研究院	论文（集）、研究报告	2017.06
新常态下我国商业银行流动性风险的防控及监管效果研究	周　晔	首都经济贸易大学金融学院	专著	2018.06

青年项目

项目名称	负责人	工作单位	预期成果	完成时间
我国少数民族地区经济增长与经济扶持政策研究	陈亮亮	北京印刷学院	研究报告、其他	2017. 07
专业服务业人才对我国经济增长贡献率研究	汪沛沛	北京大学经济学院	研究报告	2016. 12
我国人口城镇化与土地城镇化协调发展研究	熊　柴	中国社会科学院人口与劳动经济研究所	研究报告、其他	2017. 12
环境约束视阈下的我国工业增长绩效、动态演进及影响因素问题研究	郭　威	中共中央党校经济学教研部	专著	2018. 02
精准扶贫战略下贫困地区农村信息化减贫能力提升研究	郭君平	中国社会科学院财经战略研究院	研究报告、专著	2017. 06
基于主产区棉农视角的棉花目标价格补贴效果及精细化政策研究	钱静斐	中国农业科学院农业经济与发展研究所	研究报告	2018. 08
我国生产性服务业空间结构的本地效应、溢出效应及其优化研究	席强敏	北京大学	专著	2017. 12
中国高端消费外流研究	刘　畅	北京第二外国语学院	论文（集）、研究报告	2017. 06
新形势下竞争、产业、贸易政策的综合协调及实现机制研究	张　昊	中国社会科学院财经战略研究院	论文（集）、研究报告	2018. 02
负面清单管理模式下服务业开放路径与政府策略选择研究	余颖丰	首都经济贸易大学金融学院	专著、研究报告	2018. 06
价格改革的学术争论与历史经验研究	王振霞	中国人民银行金融研究所	专著	2017. 12
营改增后企业与居民之间税负分布及影响研究	姜明耀	首都经济贸易大学财政税务学院	研究报告、其他	2018. 06
经济增速下行条件下地方政府债务风险的先导预警机制研究	何　杨	中央财经大学税务学院	专著	2018. 12
中国式财政分权角度下的地方政府投资行为研究	蒋　震	中国社会科学院财经战略研究院	专著、研究报告	2017. 12
金砖国家应急储备安排的风险分担、收益分配与治理优化问题研究	陈奉先	首都经济贸易大学金融学院	研究报告	2017. 12

六、统计学

重点项目

项目名称	负责人	工作单位	预期成果	完成时间
新常态下的经济结构调整对地区能源消费影响力研究	赵　楠	北京师范大学	研究报告	2018. 07
基于碳排放视角的中国生态价值补偿标准统计研究	李国平	中央财经大学管理科学与工程学院	专著、研究报告	2018. 06

一般项目

项目名称	负责人	工作单位	预期成果	完成时间
中国高速铁路全社会价值综合评价及其与经济协同发展相关重大政策问题研究	林晓言	北京交通大学经济管理学院	专著、研究报告	2017. 12

续表

项目名称	负责人	工作单位	预期成果	完成时间
我国税收改革政策宏观效果的统计测度与评价研究	肖　尧	北京师范大学统计学院	研究报告	2017.12
大数据背景下从科技统计到创新统计的体系构建研究	甄　峰	中国人民大学	论文（集）	2018.08
大数据背景下非概率抽样的统计推断问题研究	金勇进	中国人民大学统计学院	研究报告	2018.12

青年项目

项目名称	负责人	工作单位	预期成果	完成时间
全球价值链视角下的中国进出口贸易分解及对经济发展的影响研究	尹伟华	国家信息中心经济预测部	论文（集）、研究报告	2017.12

七、政治学

重点项目

项目名称	负责人	工作单位	预期成果	完成时间
国际比较视野下的中国国家认同构建研究	戴长征	对外经济贸易大学国际关系学院	论文（集）、研究报告	2017.12
中国特色新型智库调查、评价与建设方略研究	蔡继辉	中国社会科学院社会科学文献出版社	专著、研究报告	2017.06
我国雾霾成因及财政综合治理问题研究	白彦锋	中央财经大学财政学院	研究报告	2018.07
台湾社会分化与社会运动影响政党政治演变的实证研究	郑振清	清华大学公共管理学院	专著、研究报告	2018.12

一般项目

项目名称	负责人	工作单位	预期成果	完成时间
政治学研究方法前沿及其在国家治理能力指标建构中的应用研究	臧雷振	北京大学	专著、译著	2018.06
中国治道传统中的公共理念及其现代转换研究	任　锋	中国人民大学国际关系学院	专著、其他	2018.12
资产属性对中国社会利益群体政治态度和行为的影响研究	周　强	北京大学	论文（集）、研究报告	2018.06
京津冀区域大气污染治理中的整体性政策协调研究	赵新峰	首都师范大学	研究报告	2017.06
中国特色新型智库参与公共政策过程研究	果　佳	北京师范大学政府管理学院	专著	2017.06
公私合作特许经营项目全生命周期财政风险监管技术研究	温来成	中央财经大学财政学院	论文（集）、研究报告	2018.06
我国廉政建设中的制度移植有效性及其影响因素研究	李秀峰	北京师范大学政府管理学院	研究报告、其他	2018.07
治理现代化战略导向下的地方政府绩效评估体系创新研究	尹艳红	国家行政学院公共管理教研部	专著	2018.02

续表

项目名称	负责人	工作单位	预期成果	完成时间
简政放权背景下地方政府对市场后续监管的部门间协调机制研究	董晓宇	中共北京市委党校	研究报告	2017. 12
大数据网络与中国特色数字协商民主研究	汪　波	北京师范大学政府管理学院	专著	2017. 12

青年项目

项目名称	负责人	工作单位	预期成果	完成时间
当代西方政治哲学中的代表问题跟踪研究	段德敏	北京大学	专著	2018. 12
非洲国家治理失效的比较研究	闫　健	中央编译局	专著	2018. 12
政治信任视域下人大代表身份建构研究	隋斌斌	交通运输部党校	专著、研究报告	2017. 08
药品安全协同治理的运行机制与实践路径研究	杨华锋	国际关系学院公共管理系	专著、研究报告	2017. 12
基层公务员职业道德素质测评与提升方法研究	张　满	北京开放大学	研究报告、其他	2017. 12
治理能力视阈下政府质量评估体系及提升路径研究	孟天广	清华大学社会科学学院	论文（集）	2017. 12
西藏农业发展与社会稳定研究	强　舸	中共中央党校党的建设教研部	论文（集）、研究报告	2017. 06

八、法学

重点项目

项目名称	负责人	工作单位	预期成果	完成时间
中国传统法哲学研究	张中秋	中国政法大学法律史学研究院	专著	2018. 12
刑事审判中心主义模式研究	刘计划	中国人民大学	专著	2018. 09
刑事庭审实质化研究	汪海燕	中国政法大学刑事司法学院	专著、其他	2018. 03

一般项目

项目名称	负责人	工作单位	预期成果	完成时间
《资政院第二次常年会会议记录》辑佚与研究	李启成	北京大学法学院	专著	2019. 12
第三方立法评估制度研究	于兆波	北京理工大学	专著	2018. 12
中国法治发展战略问题研究	蒋立山	中国政法大学法学院	专著、研究报告	2018. 09
民办学校分类管理法律制度研究	李　昕	首都师范大学政法学院	专著	2018. 08
西汉百年法律文化变迁研究	李巍涛	北京交通大学	专著	2019. 06
宪法财产权教义学研究	谢立斌	中国政法大学比较法学研究院	专著、研究报告	2018. 01
信赖保护原则的行政法意义追问	刘　飞	中国政法大学中欧法学院	专著	2019. 06
单位贿赂犯罪预防模式研究	周振杰	北京师范大学刑事法律科学研究院	专著、译著	2018. 04
社区矫正立法研究与立法设计	但未丽	首都师范大学政法学院	专著	2017. 07

续表

项目名称	负责人	工作单位	预期成果	完成时间
我国反恐数据库的建立及恐怖犯罪防控机制研究	王新建	中国人民公安大学治安学院	研究报告	2018.10
技术侦查取证规则研究	张　中	中国政法大学证据科学研究院	专著	2018.12
死刑限制的程序模式研究	魏晓娜	中国人民大学	专著	2018.09
民事公益诉讼激励机制的法经济学研究	白　彦	北京大学政府管理学院	专著、研究报告	2016.12
不真正不作为犯论之重构研究	黎　宏	清华大学法学院	论文（集）	2018.02
刑事政策实现效果评估体系研究	黄京平	中国人民大学	专著、研究报告	2017.12
套取挪用科研经费行为的刑法规制研究	刘　科	北京师范大学刑事法律科学研究院	专著、研究报告	2017.07
民事诉讼证明妨碍救济制裁制度研究	于　鹏	北京理工大学	研究报告	2018.06
罗马法与中国民法法典化研究	费安玲	中国政法大学法律硕士学院	专著、研究报告	2019.12
高校性骚扰防治机制研究	林建军	中华女子学院	专著	2017.12
系统重要性金融机构恢复与处置计划法律问题研究	徐　超	中国社会科学院信息情报研究院	专著	2018.12
全球化背景下国际劳工组织及其劳动立法与中国劳动法治的完善研究	陈一峰	北京大学法学院	专著	2018.12
环境权的证成、构造和救济研究	杨朝霞	北京林业大学人文社会科学学院	论文（集）	2017.12
我国反就业歧视法实施机制构建研究	王显勇	首都经济贸易大学法学院	专著、研究报告	2017.12
道路交通事故中侵权责任及第三者责任保险的交互关系研究	林承铎	中国人民大学国际学院（苏州研究院）	研究报告	2018.09
应对恐怖袭击的损害补偿机制研究	周学峰	北京航空航天大学法学院	研究报告	2017.12
基于风险防范原则的环境与健康政策法律制度比较研究	李　萱	环境保护部环境与经济政策研究中心	专著	2017.12
境外追逃追赃国际司法合作与国内法律完善研究	黄　风	北京师范大学刑事法律科学研究院	专著、研究报告	2017.10
日本侵华期间劫掠中国文物的返还问题研究	霍政欣	中国政法大学国际法学院	专著	2018.07

青年项目

项目名称	负责人	工作单位	预期成果	完成时间
德国判例制度研究	雷　磊	中国政法大学法学院	专著	2018.12
公用事业价格规制的行政法研究	尹少成	首都经济贸易大学法学院	论文（集）、研究报告	2018.06
地方协同治理的宪法机制研究	于文豪	中央财经大学法学院	论文（集）、研究报告	2018.05
行政法视野中的成本收益分析方法研究	郑雅方	对外经济贸易大学法学院	论文（集）	2017.12
新一代信息技术与个人信息刑法保护研究	吴沈括	北京师范大学刑事法律科学研究院	专著	2017.07
刑法中紧急权的体系与解释研究	陈　璇	中国人民大学	专著	2018.09

续表

项目名称	负责人	工作单位	预期成果	完成时间
错案追究制度的历史考察和实证分析研究	李文静	中共中央党校政法教研部	专著	2017.12
“三权分置”下农村土地承包经营法律制度改革研究	王大鹏	农业部管理干部学院	专著、研究报告	2018.03
海洋油污损害生态环境民事追责制度研究	刘长霞	北京工商大学法学院	专著	2018.06
标准必要专利的 FRAND 许可规则研究	张吉豫	中国人民大学	研究报告	2018.08
农村土地经营权与承包权分离的法律制度构建研究	宋志红	国家行政学院法学教研部	研究报告	2017.08
大数据时代网上银行的安全保障义务研究	李　晗	北京工商大学法学院	专著	2017.12
税收立法模式实证研究（1977—2015）	张学博	中共中央党校政法教研部	论文（集）、研究报告	2018.12
“丝绸之路经济带”合同法区域整合研究	金　晶	中国青年政治学院法学院	译著、论文（集）	2018.12
企业信用信息公示法律问题研究	张凌云	国家法官学院	专著、研究报告	2017.06
第四代战争时期国际法的变革与我国话语权实现路径研究	朱　路	首都经济贸易大学法学院	专著	2018.06
国际民事诉讼中的临时措施研究	张文亮	中国人民大学	专著	2018.12

九、社会学

重点项目

项目名称	负责人	工作单位	预期成果	完成时间
城镇化进程中的小城镇社区建设研究	李远行	中央财经大学社会发展学院	专著、研究报告	2018.06
中国特色现代社会福利体系建构研究	刘继同	北京大学医学部	研究报告	2018.08
文化转型背景下乡土社会秩序的变迁与重建研究	赵旭东	中国人民大学	专著	2018.09

一般项目

项目名称	负责人	工作单位	预期成果	完成时间
日常生活研究的方法论	赵　锋	中国社会科学院社会学研究所	专著、研究报告	2018.09
消费社会理论研究	郑红娥	中国农业大学人文发展学院	专著	2019.01
仪式、社会团结与合作：合作困境的涂尔干之解	陶　林	北京大学	论文（集）	2018.12
超大型城市城乡接合部社区包容性发展路径研究	袁振龙	北京市社会科学院	专著、研究报告	2017.12
环境污染型工程项目社会稳定风险与治理研究	樊良树	华北电力大学思想政治理论课教学部	专著	2018.06
土地流转后农户的可持续生计研究	陆继霞	中国农业大学人文与发展学院	专著	2017.12
环境污染型工程项目社会稳定风险与治理研究	孔祥涛	中央维护稳定工作领导小组办公室调研室	专著、研究报告	2018.05

续表

项目名称	负责人	工作单位	预期成果	完成时间
社会服务制度框架构建研究	李 兵	中共北京市委党校	论文（集）、研究报告	2018.12
中国0~6岁儿童家庭教养中父母角色的调查研究	丛中笑	全国妇联中国儿童中心	研究报告	2017.05
城镇低收入阶层居民的身心健康及其影响机制研究	张会平	中国人民大学	研究报告	2018.09
基层社会治理与遏制性别分层加剧研究	李慧英	中共中央党校科学社会主义教研部	专著	2018.09
农民工随迁子女文化融合教育的人类学研究	樊秀丽	首都师范大学教育学院	研究报告	2018.06
新时期高校贫困女生群体弱势处境和社会支持研究	石 彤	中华女子学院	研究报告	2018.09
少数民族青年的不确定性认知、民族国家认同对群际行为的预测研究	吴 莹	中央民族大学民族学与社会学学院	研究报告	2018.08
司法文明创新下的诈骗犯循证矫正体系建构研究	杨 波	中国政法大学社会学院	论文（集）、研究报告	2017.09
新婚夫妻婚姻质量和稳定性综合预测模型与干预示范研究	琚晓燕	中国青年政治学院社会工作学院	论文（集）、研究报告	2018.07
马克斯·韦伯的宗教理论与蒙藏佛教社会的人类学研究	张亚辉	中央民族大学民族学与社会学学院	论文（集）、研究报告	2018.12
日本社区混合制养老模式的人类学研究及其对我国的启示	姚新华	北京大学	专著	2018.04
社会转型中公益与民情关系的人类学研究	李荣荣	中国社会科学院社会学研究所	研究报告	2018.12
企业工作环境研究	张 彦	中国社会科学院社会发展战略研究院	研究报告	2018.06
中国社会工作发展路径与策略研究	卫小将	中央民族大学民族学与社会学学院	专著	2019.12
新型城镇化进程中农村家庭结构变迁与养老模式创新研究	杨桂宏	北京工业大学	论文（集）、研究报告	2018.12
中国残疾人福利立法研究	韩君玲	北京理工大学	研究报告	2018.12

青年项目

项目名称	负责人	工作单位	预期成果	完成时间
社会理论传统的重构及其对当代中国的现实意义研究	陈 涛	中国社会科学院社会学研究所	专著、研究报告	2017.12
新型城镇化背景下大城市发展的文化动力研究	吴 军	中共北京市委党校	专著、研究报告	2017.12
治理创新与农民工市民化研究	胡杰成	国家发展和改革委员会经济体制与管理研究所	研究报告	2018.06
家庭行为对子女教育获得的代际效应研究	郑 磊	北京师范大学教育学部	论文（集）、研究报告	2018.12
中国城镇化进程中西部底层孩子们阶层再生产发生的日常机制及策略干预研究	李 涛	中国社会科学院社会学研究所	专著、研究报告	2018.03

续表

项目名称	负责人	工作单位	预期成果	完成时间
社会治理创新的地方实践及经验研究	陈　鹏	北京师范大学中国社会管理研究院	研究报告	2019.03
社区、社会组织、社工在基层社会治理创新中的协同机制研究	许亚敏	民政部社会福利与社会进步研究所	研究报告	2017.03
内迁工厂的劳动体制与劳工养成方式的新变化研究	黄斌欢	清华大学	研究报告	2018.12
“制度适应理论”视野下的征地补偿冲突及其解决机制研究	连宏萍	北京师范大学政府管理学院	论文（集）、研究报告	2018.12
城市家庭祖辈—父辈共同养育的特征及其对婴幼儿适应的影响研究	李晓巍	北京师范大学	论文（集）、研究报告	2018.12
“乡治”传统与民国时期社会工作发展的关系研究	侯俊丹	首都经济贸易大学劳动经济学院	论文（集）、研究报告	2018.12
以社区服务为切入点的城市新熟人社区建构研究	史云桐	中国社会科学院社会学研究所	研究报告	2018.06
慈善事业与社会救助的衔接模式与推进策略研究	乜　琪	首都师范大学政法学院	研究报告	2019.06
养老服务购买中政府与民间组织的互动关系研究	徐　静	首都经济贸易大学劳动经济学院	研究报告	2018.06

十、人口学

重点项目

项目名称	负责人	工作单位	预期成果	完成时间
20世纪80年代以来中国实际人口死亡水平及其变化研究	黄荣清	首都经济贸易大学劳动经济学院	研究报告、其他	2018.03

一般项目

项目名称	负责人	工作单位	预期成果	完成时间
生育率与出生率关系研究	乔晓春	北京大学人口研究所	研究报告、论文（集）	2017.12
出生性别比失衡的生育选择机制研究	宋　健	中国人民大学	研究报告	2018.12
独生子女品格特征研究	李燕芳	北京师范大学脑与认知科学研究院	论文（集）、研究报告	2018.06
社区整合与农村空巢老人心理干预研究	孙薇薇	中央财经大学社会发展学院	论文（集）、研究报告	2018.06
南疆少数民族人口与社会发展关系研究	马胜春	中央民族大学	研究报告	2018.06
调整完善生育政策对城镇女性就业的影响机理研究	杨　慧	全国妇联妇女研究所	研究报告	2017.06
城镇化背景下流动人口家庭发展问题研究	宋月萍	中国人民大学社会与人口学院	论文（集）	2018.06
中国人口空间聚集对环境污染的影响及作用机制研究	肖周燕	首都经济贸易大学劳动经济学院	研究报告	2017.12

青年项目

项目名称	负责人	工作单位	预期成果	完成时间
社区养老整合发展模式研究	王伟进	民政部社会福利与社会进步研究所	论文（集）、研究报告	2017.03
生命历程视角下流动人口社会融入分析研究	杨胜慧	中国人民大学公共管理学院	研究报告	2017.09
城市老年人精神健康状况研究	李　宁	北京大学人口研究所	研究报告	2017.12
人口结构变迁对中国房地产市场的综合影响及应对措施研究	李　超	中国社会科学院财经战略研究院	专著、研究报告	2017.06
当代中国单亲、重组家庭分布状况及其对子女抚养的影响研究	张春泥	北京大学	研究报告	2018.06
同居问题成因、特征和趋势研究	於　嘉	中国社会科学院社会学研究所	研究报告	2018.12

十一、民族问题研究

重点项目

项目名称	负责人	工作单位	预期成果	完成时间
全面依法治国背景下深入贯彻实施民族区域自治法研究	敖俊德	全国人大常委会民族委员会	研究报告	2017.12
民族地区基层政府社会治理能力评估及提升途径研究	党秀云	中央民族大学管理学院	专著、研究报告	2018.06
少数民族人口的城市融入研究	郑信哲	中国社会科学院民族学与人类学研究所	专著、研究报告	2018.05

一般项目

项目名称	负责人	工作单位	预期成果	完成时间
武陵山片区少数民族贫困村家庭、社会关系结构及影响研究	刀　波	中央民族大学	研究报告	2017.12
蒙古族宗教服饰文化研究	萨仁格日勒	中央民族大学蒙语系	专著	2018.08
《蒙古源流》叙事研究	孟根娜布其	中国社会科学院民族文学研究所	专著	2019.12
国家视域中宗教权威与藏青川结合部藏区和谐治理的探索研究	王　媛	中国社会科学院民族学与人类学研究所	研究报告	2017.12
维吾尔族流动人口的城市接纳与融入调查研究	包路芳	北京市社会科学院	研究报告	2017.12
一个世纪来青藏高原泛江河源区岛状生态环境变迁研究	文艳林	中国社会科学院民族学与人类学研究所	专著	2017.07

青年项目

项目名称	负责人	工作单位	预期成果	完成时间
北京地区察合台文珍善本保护整理研究	高彩云	中国民族图书馆	研究报告、其他	2017.12

续表

项目名称	负责人	工作单位	预期成果	完成时间
11—15 世纪藏传佛教上乐教法在西藏、尼泊尔和河西的传播研究	魏　文	中国藏学研究中心	专著	2018. 03
互嵌式民族社区异质性与族际融合研究	李　健	中央民族大学	研究报告	2017. 10
美利坚民族—国家建构的过程、理论与经验研究	王　坚	中国社会科学院民族学与人类学研究所	专著	2017. 12

十二、国际问题研究

重点项目

项目名称	负责人	工作单位	预期成果	完成时间
统筹国内国际两个大局、完善外交总体布局研究	张清敏	北京大学	研究报告、专著	2018. 12
自由贸易区建设与亚太安全关系重构研究	陈　琪	清华大学社会科学学院	论文（集）、研究报告	2018. 05
中国“走出去”战略风险及应对策略研究	齐建华	外交学院外语系	专著、研究报告	2017. 12

一般项目

项目名称	负责人	工作单位	预期成果	完成时间
中国 NGO 走向世界研究	杨　丽	北京师范大学中国社会管理研究院	专著、研究报告	2018. 03
中美网络安全审查制度比较研究	李　青	国际关系学院	研究报告	2018. 03
美国“亚太再平衡”战略对中国领土主权安全的影响研究	张仕荣	中共中央党校国际战略研究所	研究报告	2017. 08
中国与拉丁美洲国家经贸关系研究	谢文泽	中国社会科学院拉丁美洲研究所	专著	2016. 12
全球能源大趋势下的中国核电“走出去”战略研究	惠春琳	中共中央党校国际战略研究所	专著、研究报告	2017. 12
后全球金融危机时期新兴经济体国家风险形成机制研究	李天国	中国社会科学院亚太与全球战略研究院	专著、研究报告	2018. 12
中国海外投资的国家战略规划与风险防范研究	张碧琼	中央财经大学金融学院	研究报告	2018. 06
拉美 21 世纪社会主义研究	袁东振	中国社会科学院拉丁美洲研究所	专著	2018. 12
中亚国家的宗教事务管理与上海合作组织反宗教极端合作研究	张　宁	中国社会科学院俄罗斯东欧中亚研究所	专著	2017. 12
金砖国家可持续合作的动力研究	卢　静	外交学院国际关系研究所	专著、研究报告	2018. 06
未来十年金砖国家合作的发展趋势及影响因素研究	徐秀军	中国社会科学院世界经济与政治研究所	研究报告	2017. 02
不同贸易碳排放责任划分原则下中国的碳减排责任比较及其因应策略研究	余晓泓	北京理工大学	论文（集）、研究报告	2016. 12

青年项目

项目名称	负责人	工作单位	预期成果	完成时间
美欧在对外制裁问题上的战略协作及我国应对策略研究	刘建伟	中央财经大学国防经济与管理研究院	译著、研究报告	2018. 06
欧盟低碳话语权对“丝绸之路经济带”的影响及中国对策研究	柳思思	北京第二外国语学院	专著、其他	2018. 12
发展合作视角下中国支持非洲加强治理能力建设研究	宋　微	商务部国际贸易经济合作研究院	专著	2018. 03
中国的印度洋海上战略通道研究	孙现朴	中共中央党校国际战略研究所	专著、研究报告	2017. 06
北极航道的发展前景、经济影响与中国的参与机制研究	丛晓男	中国社会科学院城市发展与环境研究所	论文（集）、电脑软件	2017. 12
联盟政治与中美新型大国关系的冲突管控研究	杨　原	中国社会科学院世界经济与政治研究所	论文（集）、研究报告	2018. 06
资源诅咒与委内瑞拉的“21 世纪社会主义”研究	冯潇然	中央编译局	专著	2018. 08
基于大数据驱动的外交决策模式创新与我国实践路径研究	董青岭	对外经济贸易大学国际关系学院	研究报告	2018. 12

十三、中国历史

重点项目

项目名称	负责人	工作单位	预期成果	完成时间
《大唐开元礼》校勘整理与研究	吴丽娱	中国社会科学院历史研究所	专著、其他	2019. 12

一般项目

项目名称	负责人	工作单位	预期成果	完成时间
汉魏六朝时期改历之争的观念史研究	张齐明	中国人民大学国学院	专著	2018. 06
东林党、复社研究	张宪博	中国社会科学院历史研究所	专著	2018. 05
锦衣卫“体外监察”与明代社会演进研究	张金奎	中国社会科学院历史研究所	专著	2018. 12
清代京控与社会危机处理研究	李典蓉	中国政法大学法律史学研究院	论文（集）	2018. 02
明清易代与清前期司法制度变迁研究	胡祥雨	中国人民大学历史学院	专著	2019. 12
20 世纪中国大学生社会来源变迁的量化研究	李伯重	清华大学人文学院历史系	专著、论文（集）	2020. 12
晚清内外互动与权力格局变迁研究（1862—1900）	邱　涛	北京师范大学历史学院	专著	2018. 07
抗战时期国共两党司法比较研究	胡永恒	中国社会科学院近代史研究所	专著	2018. 12
150 年来中国边疆研究学术思想史	冯建勇	中国社会科学院中国边疆研究所	专著、研究报告	2017. 12
17—20 世纪华北地区旗人及其后裔群体研究	邱源媛	中国社会科学院历史研究所	专著	2019. 12
六朝时期建康政权的地域基础研究	王　铿	北京大学历史学系	专著	2018. 09

青年项目

项目名称	负责人	工作单位	预期成果	完成时间
唐宋丧葬仪制与信仰研究	王　铭	首都师范大学历史学院	专著	2018. 07
台湾统派舆论重阵《海峡评论》研究	郝幸艳	中国社会科学院近代史研究所	专著、研究报告	2018. 02
民国时期北平、天津地区民众运动研究（1928—1948）	王　煦	中共中央党校文史教研部	专著、其他	2018. 12

十四、世界历史

一般项目

项目名称	负责人	工作单位	预期成果	完成时间
7—15 世纪地中海史研究	夏继果	首都师范大学历史学院	专著	2020. 06
中世纪早期西欧国家形态研究	侯树栋	北京师范大学历史学院	专著	2019. 12
古代两河流域的社会公正思想研究	国洪更	中国社会科学院世界历史研究所	专著	2018. 12
战后东亚经济发展与环境治理研究	包茂红	北京大学历史学系	专著	2018. 12
1800 年以来的美国城市环境史研究	侯　深	中国人民大学历史学院	专著	2019. 09
冷战前期美国对华宣传与文化外交研究（1949—1972）	翟　韬	首都师范大学历史学院	专著	2019. 06
冷战对美国民权改革的影响研究	于　展	首都师范大学历史学院	专著	2018. 07
近代英国公共医疗服务体制变迁研究	郭家宏	北京师范大学历史学院	专著	2018. 12
19 世纪上半叶法国思想界对启蒙和大革命的反思	倪玉珍	首都师范大学历史学院	专著	2020. 06

青年项目

项目名称	负责人	工作单位	预期成果	完成时间
古希腊史学中帝国形象的演变研究	吕厚量	中国社会科学院世界历史研究所	专著	2019. 12
宗教改革时期的修女还俗与家庭回归研究	周施廷	中国人民大学历史学院	专著	2018. 06
战后英国英属撒哈拉以南非洲政策研究（1945—1980）	杭　聪	中国社会科学院世界历史研究所	专著	2017. 12

十五、考古学

一般项目

项目名称	负责人	工作单位	预期成果	完成时间
海岱地区先秦时期考古学文化的互动与族群变迁研究	庞小霞	中国社会科学院考古研究所	研究报告	2018. 11
北京地区新石器时代制陶工艺研究	王　涛	首都师范大学历史学院	研究报告	2018. 08
卢龙蔡家坟遗址考古发掘报告	吕学明	中国人民大学历史学院	专著	2017. 12
南北朝墓葬礼制研究	韦　正	北京大学	专著	2018. 12
北京军都山古代游牧民族人骨遗存的生物考古学研究	何嘉宁	北京大学	研究报告	2018. 12

青年项目

项目名称	负责人	工作单位	预期成果	完成时间
福建地区旧、新石器时代过渡遗存综合研究	周振宇	中国社会科学院考古研究所	其他、专著	2018. 12
宁夏北部旧—新石器时代过渡遗存综合研究	仪明洁	中国人民大学历史学院	专著	2018. 12
太湖东南地区市镇的考古学调查与保护利用策略研究	张薇薇	中央民族大学	专著	2017. 12
中原地区先秦时期家养黄牛的分子考古学研究	赵　欣	中国社会科学院考古研究所	研究报告	2017. 12

十六、宗教学

重点项目

项目名称	负责人	工作单位	预期成果	完成时间
二战以后美国宗教社会学理论的关键论题研究	孙尚扬	北京大学	专著	2020. 12
中国佛教制度史研究	温金玉	中国人民大学哲学院	专著	2020. 06
唐代长安佛教与丝绸之路研究	湛　如	北京大学	研究报告	2018. 12
基督教中国化视角下的路德文集翻译与研究	游　斌	中央民族大学哲学与宗教学学院	专著、译著	2017. 12
改革开放以来我国宗教政策法规发展及实施成效研究	曾　强	国家宗教事务局宗教研究中心	研究报告、专著	2018. 12

一般项目

项目名称	负责人	工作单位	预期成果	完成时间
阿底峡道次第理论及其在西藏地区的传承和发展研究	郑　堆	中国藏学研究中心	专著	2016. 12
中国佛教史学批评资料整理与研究	曹刚华	中国人民大学历史学院	专著	2020. 09
民国时期伊斯兰教报刊研究	马　景	中国社会科学院世界宗教研究所	专著	2018. 06
明代道教医学服食文献整理及其治未病思想研究	何振中	中国中医科学院中国医史文献研究所	专著、研究报告	2018. 03
黄天道研究	梁景之	中国社会科学院民族学与人类学研究所	专著	2018. 07

青年项目

项目名称	负责人	工作单位	预期成果	完成时间
格鲁派三大寺康村（KHAMS—TSHAN）组织研究	魏　毅	中国科学院自然科学史研究所	专著	2018. 03
俄罗斯东正教圣徒传统与俄罗斯民族性格的形成研究	王　帅	北京大学	专著	2017. 12
康熙朝来华传教士拉丁文儒学译述整理与研究	罗　莹	北京外国语大学中国海外汉学研究中心	专著	2020. 09
清代档案道教文献研究	林巧薇	中国社会科学院世界宗教研究所	专著	2018. 12

续表

项目名称	负责人	工作单位	预期成果	完成时间
清代以来北京民间信仰与城市空间研究	鞠 熙	北京师范大学文学院	专著	2020.03
网络宗教事务管理法治化研究	濮 灵	对外经济贸易大学思想政治理论课教学科研部	专著	2018.06

十七、中国文学

重点项目

项目名称	负责人	工作单位	预期成果	完成时间
习近平总书记文艺工作座谈会讲话的理论突破研究	丁国旗	中国社会科学院文学研究所	专著	2017.12
先秦出土文献及佚文献文学综合研究	徐正英	中国人民大学文学院	专著、其他	2020.09
中国小说史	石昌渝	中国社会科学院文学研究所	专著	2016.12
香港报刊文学史	赵稀方	中国社会科学院文学研究所	专著	2020.01
中华各民族神话比较研究	那木吉拉	中央民族大学蒙古语言文学系	专著	2019.08

一般项目

项目名称	负责人	工作单位	预期成果	完成时间
南朝文学批评形态研究	袁济喜	中国人民大学国学院	专著	2019.12
大众文化与文学生产的关系研究（20世纪90年代以来）	赵 勇	北京师范大学文学院	专著	2018.06
全元笔记	杨 镰	中国社会科学院文学研究所	专著、工具书	2018.12
唐乐府曲调源流考与唐诗传播关系研究	韩 宁	首都师范大学文学院	专著	2018.07
明清时期汉藏佛教小说比较研究	宋珂君	中华女子学院	专著	2019.03
唐诗宋词审美类型研究	冷成金	中国人民大学	专著	2018.09
抗战期间古典文学学科述论研究	程方勇	中国社会科学院中国地方志指导小组办公室	专著	2018.12
学术史视野中的《春秋左传》批校题跋研究	梁葆莉	国家图书馆	专著	2018.06
宋僧诗文集在日本的刊刻流传研究	许红霞	北京大学	专著	2018.12
中国现代作家藏书文化研究	张鸿声	中国传媒大学	专著	2018.12
“五四”新文学家的身份塑造研究	林分份	北京师范大学文学院	论文（集）	2019.09
台湾左翼文艺研究	李 娜	中国社会科学院文学研究所	专著	2019.05
当代散文理论的建构研究	陈亚丽	首都师范大学文学院	专著	2019.07
中华传统节日的文化内涵及其传承研究	张 勃	北京联合大学北京学研究所	专著	2018.06
满族文学与汉族文学关系研究	赵志忠	中央民族大学民族文学研究所	专著	2018.12

青年项目

项目名称	负责人	工作单位	预期成果	完成时间
天地知识与商周文献关系研究	林甸甸	北京师范大学历史学院	专著	2018. 06
新疆乌恰县史诗歌手调查研究	巴合多来提·木那孜力	中国社会科学院民族文学研究所	研究报告	2018. 06

十八、外国文学

重点项目

项目名称	负责人	工作单位	预期成果	完成时间
20 世纪俄罗斯先锋主义文学研究	王宗琥	首都师范大学外国语学院	专著	2019. 07
爱尔兰文学民族认同研究	吴庆军	外交学院英语系	专著	2018. 12

一般项目

项目名称	负责人	工作单位	预期成果	完成时间
短篇小说双重叙事运动研究	申　丹	北京大学	专著	2019. 06
后现代社群与库切文本研究	王敬慧	清华大学外国语言文学系	译著、论文（集）	2018. 03
比较视野下的赵萝蕤汉译《荒原》研究	黄宗英	北京联合大学应用文理学院基础教学部	专著	2018. 12
日本古代文学对谢灵运的接受研究	蒋义乔	北京师范大学外国语言文学学院	论文（集）、研究报告	2018. 12
俄罗斯生态思想与生态文学研究	梁　坤	中国人民大学文学院	专著	2020. 09
古希腊悲剧在近现代中国的跨文化戏剧实践研究	陈戎女	北京语言大学	专著	2018. 12
莎士比亚戏剧汉译批评史	朱安博	首都经济贸易大学外语系	专著	2019. 12
晚清民初稀见德语文学译作考	吴晓樵	北京航空航天大学外国语学院	专著	2018. 12
法国学术期刊《自然主义手册》与“左拉学”谱系建构研究（1955—2015）	吴康茹	首都师范大学文学院	专著	2018. 12
莫里森文学创作与美国国家认同研究	吴新云	中央财经大学外国语学院	专著	2018. 06

青年项目

项目名称	负责人	工作单位	预期成果	完成时间
阿拉伯当代思想文化中的传统与西化矛盾问题研究	肖　凌	北京第二外国语学院	专著	2019. 12
韩国古代文学中的庄子接受研究	郝君峰	对外经济贸易大学外语学院	专著	2018. 03
知识话语与拜厄特小说创作研究	姚成贺	首都经济贸易大学外语系	专著	2019. 12
意大利思想家洛伦佐·瓦拉的《论快乐》翻译及其伦理观研究	李婧敬	北京外国语大学欧洲语言文化学院	专著、译著	2018. 09
20 世纪美国文学中的城市形象研究	尹　星	中国人民大学外国语学院	专著	2019. 09

十九、语言学

重点项目

项目名称	负责人	工作单位	预期成果	完成时间
中国典籍英译的传播与评价机制研究	罗选民	清华大学	专著	2018.05
四川省藏区语言生态与和谐语言生活的创建研究	尹蔚彬	中国社会科学院民族学与人类学研究所	研究报告	2018.12
中国北方人口较少民族语言资源保护的理论与实践研究	丁石庆	中央民族大学少数民族语言文学系	研究报告、论文（集）	2018.12

一般项目

项目名称	负责人	工作单位	预期成果	完成时间
基于互动观的构式语法理论与应用研究	施春宏	北京语言大学语言科学院	专著	2019.12
基于语料库的英汉反讽对比研究	杨庆云	北京师范大学外国语言文学院	专著	2018.03
汉语作为外语在美国发展的综合研究	刘元满	北京大学	专著	2018.06
美国汉语传播现状、问题及对我国的启示研究	朱　麟	北京第二外国语学院	专著、研究报告	2018.12
中国媒体语言政策社会知晓度及推广策略研究	郭龙生	教育部语言文字应用研究所	专著、研究报告	2017.12
中外法庭辩论的语音特征、策略及其对判决的影响力研究	殷治纲	中国社会科学院语言研究所	专著	2018.12
语音轻化视角下汉语韵律句法互动的实验研究	邓　丹	北京大学	专著	2018.09
汉语方言研究的实验语音学理论与方法研究	胡　方	中国社会科学院语言研究所	专著、论文（集）	2018.12
信息化时代的外语课堂教学有效性研究	范姣莲	北京邮电大学	专著	2018.03
汉语古典韵文体文学语言颜色词历时演变研究	马燕华	北京师范大学	专著	2018.12
否定与几个相关范畴的互动研究	尹洪波	北京外国语大学	研究报告	2018.06
双宾构式句法语义接口研究与语义地图研究	林　艳	北京语言大学汉语学院	专著	2019.09
甲骨字释的整理与研究	王子杨	首都师范大学文学院	研究报告	2018.07
元明时期蒙古语汉语对译词典比较研究	布日古德	中国社会科学院民族学与人类学研究所	专著	2019.05
回鹘汗国时期古突厥文碑铭语言的词汇研究	艾尔肯·阿热孜	中央民族大学	专著	2017.12
RUTHWODAK政治语篇分析的学术思想研究	杨　敏	中国人民大学外国语学院	专著	2018.12
基于背景化理论的日汉非限制性关系从句比较研究	孙海英	北方工业大学文法学院日语系	专著、论文（集）	2018.07
两岸三地现代汉语对日语借词的吸收及创造性使用研究	谯　燕	北京外国语大学	研究报告	2018.12
中日法律语言对比与互译研究	陶　芸	中央民族大学外国语学院	译著、工具书	2017.12
俄语语篇整合性研究	安　利	中央民族大学	专著	2018.07

青年项目

项目名称	负责人	工作单位	预期成果	完成时间
中国电影外译史研究	金海娜	中国传媒大学	专著	2018.12
鸳鸯蝴蝶派通俗文学期刊译介史研究	修文乔	中国石油大学（北京）外国语学院	专著	2018.12
系统功能语言学视角下的微博话语规范研究	于 洋	中国地质大学（北京）外国语学院	专著	2018.12
中国初中英语教师评价素养量表研制与验证研究	林敦来	北京师范大学外国语言文学学院	专著、研究报告	2018.05
《思溪藏》与《碛砂藏》随函音义比较研究	谭 翠	中华女子学院	专著	2019.12
藏族译学史研究	那加才旦	中央民族大学藏学研究院	专著	2019.12

二十、新闻学

重点项目

项目名称	负责人	工作单位	预期成果	完成时间
习近平总书记的大国传播与公共外交思想研究	钟 新	中国人民大学新闻学院	论文（集）、研究报告	2018.12
中国国际传播学术话语体系建构研究	李 智	中国传媒大学	专著	2018.12

一般项目

项目名称	负责人	工作单位	预期成果	完成时间
新形势下媒体驻外机构建设与管理创新研究	文 建	新华通讯社新闻研究所	研究报告	2017.06
网络环境下新闻聚合的版权及相关法律问题研究	周艳敏	北京印刷学院社科部	论文（集）、研究报告	2018.06
20世纪中国播音史史料学研究	马玉坤	中国传媒大学	专著、其他	2019.06
电视媒体与新媒体融合发展战略研究	王长潇	北京师范大学新闻传播学院	专著、论文（集）	2017.09
4G时代媒体立体监管体系与模式研究	郭媛媛	首都经济贸易大学文化与传播学院	论文（集）、研究报告	2018.05
新传播环境下医患有效沟通的新模式及其实现路径研究	高丽华	北京工商大学	研究报告	2017.12
图像传播与中国文化价值输出策略研究	陈红玉	北京市社会科学院	研究报告	2016.12
移动终端谣言传播与社会认同影响及对策研究	雷 霞	中国社会科学院新闻与传播研究所	专著、研究报告	2018.12
互联网对乡村社会价值观变迁影响的研究	王朋进	中国农业大学人文与发展学院媒体传播系	专著	2018.12
网上舆论斗争的核心理论与实务方法研究	高红玲	国际关系学院文化与传播系	专著、研究报告	2018.06
新媒体时代公共舆论中的表达理性研究	胡百精	中国人民大学	专著	2017.12
新型主流媒体与国家意识形态传播研究	顾亚奇	中国人民大学	研究报告	2017.12

续表

项目名称	负责人	工作单位	预期成果	完成时间
政治传播与主流意识形态话语体系构建研究	施惠玲	北京交通大学人文社会科学学院	研究报告	2018.12
互联网时代的集体记忆与国家认同研究	黄卫星	中国科学院自动化研究所	专著、研究报告	2017.03
政治与技术双重动因下的中国网络媒介形态演变机制研究	赵云泽	中国人民大学新闻学院	论文（集）、研究报告	2018.06
我国司法公信力建设中的传媒角色与全媒体传播策略研究	王天铮	中国政法大学光明新闻传播学院	专著	2018.08
中国网络广告发展史（1997—2016）	王凤翔	中国社会科学院新闻与传播研究所	专著	2017.12
中国网络视频生产模式及管理研究	曹书乐	清华大学新闻与传播学院	论文（集）、研究报告	2017.09

青年项目

项目名称	负责人	工作单位	预期成果	完成时间
新媒体背景下数据新闻的生产与传播策略研究	肖　倩	北京印刷学院新闻出版学院	专著	2018.06
中国共产党反腐败传播历史研究（1921—2020）	姬德强	中国传媒大学	专著、论文（集）	2020.03
大数据时代网络舆情与网络社会治理研究	李　彪	中国人民大学新闻学院	研究报告	2017.12
新型城镇化进程中农村地区信息传播能力提升策略研究	冯　献	北京市农林科学院	研究报告	2018.06
中国崛起背景下美国主流媒体对中国国家形象的建构机制研究	常　江	中国人民大学	专著	2018.09

二十一、图书馆、情报与文献学

重点项目

项目名称	负责人	工作单位	预期成果	完成时间
新型出版模式对学术图书馆的影响研究	初景利	中国科学院文献情报中心	研究报告	2018.12
《中图法》最终用户版体系结构及可视化研究	卜书庆	国家图书馆	研究报告	2018.11

一般项目

项目名称	负责人	工作单位	预期成果	完成时间
民国时期图书馆学者群体研究	韦庆媛	清华大学图书馆	论文（集）	2018.06
机构规范文档结构及构建方式研究	赵　捷	中国科学技术信息研究所	论文（集）、研究报告	2018.06
网络信息采集与保存策略研究	张　炜	国家图书馆	研究报告	2015.12
中国图书馆动漫服务研究	李常庆	北京大学	专著	2018.05
面向叙词表构建的知识组织生态系统研究	常　春	中国科学技术信息研究所	研究报告	2018.12

续表

项目名称	负责人	工作单位	预期成果	完成时间
古籍修复技术的科学化管理研究	马文大	首都图书馆	专著、研究报告	2018. 06
产学研协同创新中的知识产权问题及对策研究	李玲娟	中国科学院大学	研究报告	2017. 12
科学数据引用的实现机制研究	屈宝强	中国科学技术信息研究所	专著	2017. 06
数据连续性的实现方法与保障机制研究	朝乐门	中国人民大学	论文（集）、研究报告	2017. 12
基于信息熵的学术期刊传播规律和评价方法研究	马　峥	中国科学技术信息研究所	专著、研究报告	2018. 12
跨学科研究影响力的计量分析研究	陈仕吉	中国农业大学图书馆	论文（集）、研究报告	2017. 12
云计算环境下电子文件的凭证性保障原理和方法研究	薛四新	清华大学	论文（集）、研究报告	2019. 09

青年项目

项目名称	负责人	工作单位	预期成果	完成时间
基于关联数据的学术资源深度挖掘方法研究	王　颖	中国科学院文献情报中心	论文（集）、电脑软件	2018. 06
移动互联网思维中图书馆微服务体系构建与保障研究	孙慧明	首都图书馆	论文（集）、研究报告	2017. 12
《明史艺文志》五种文本研究	王宣标	北京大学	专著	2018. 12
基于复杂网络的公众健康知识网络构建研究	李晓瑛	中国医学科学院医学信息研究所	研究报告、电脑软件	2017. 12
基于多维信息计量分析的学术影响力综合评价研究	王菲菲	北京工业大学经济与管理学院	论文（集）、研究报告	2018. 08
大数据时代面向国家安全的非通用语社交网络舆情研究	梁　野	北京外国语大学	论文（集）、研究报告	2018. 12
基于超网络分析的微博舆情主题发现研究	田儒雅	中国农业科学院农业信息研究所	研究报告、其他	2017. 12
面向高新技术企业技术创新的技术威胁预警研究	张丽玮	首都经济贸易大学信息学院	专著、论文（集）	2018. 07

二十二、体育学

重点项目

项目名称	负责人	工作单位	预期成果	完成时间
我国体育科学研究水平评价与提升策略	蔡有志	北京体育大学科技处	研究报告	2017. 06

一般项目

项目名称	负责人	工作单位	预期成果	完成时间
我国大中小学运动技能等级标准实证研究	郝光安	北京大学	专著、研究报告	2018. 12
关于我国中小学生安全教育内容、方法与评价的研究	张吾龙	北京师范大学体育与运动学院	研究报告	2019. 12

续表

项目名称	负责人	工作单位	预期成果	完成时间
我国登山户外参与人口现状调查与动态监测机制研究	王勇峰	国家体育总局登山运动管理中心	研究报告	2018. 07
公共体育服务购买中政社互动合作机制研究	张小航	首都经济贸易大学体育部	研究报告	2018. 07
国家战略决策下的全民健身研究	李相如	首都体育学院休闲与社会体育学院	专著、研究报告	2018. 11
基于社会生态学模型的青少年体育健康促进研究	路瑛丽	国家体育总局体育科学研究所	专著、研究报告	2017. 09
体育参与对独生子女青少年社会适应的影响研究	刘　波	清华大学	研究报告	2019. 09
我国职业体育伤病保险制度研究	陆　淳	清华大学体育部	研究报告	2018. 12
运动员竞赛压力下任务目标导向的注意控制研究	张力为	北京体育大学	研究报告	2018. 12

青年项目

项目名称	负责人	工作单位	预期成果	完成时间
我国体育与旅游产业融合发展的路径与协同治理机制研究	金媛媛	首都体育学院休闲与社会体育学院	研究报告	2018. 12
大数据时代我国体育赛事传播体系研究	陆　虹	北京体育大学	研究报告	2017. 06

二十三、管理学

重点项目

项目名称	负责人	工作单位	预期成果	完成时间
移动社交网络舆情线上线下相互作用机理及引导机制研究	姚翠友	首都经济贸易大学信息学院	研究报告	2018. 06
多元产业集团投资控股型战略的产业选择量化方法研究	裘晓东	北京交通大学经济管理学院企业管理系	专著、研究报告	2018. 01
国土资源资产负债表编制及其运行机制研究	杨世忠	首都经济贸易大学会计学院	研究报告、电脑软件	2017. 12
全面深化改革视域下景区门票价格管理与改革研究	吴　普	中国旅游研究院	论文（集）、研究报告	2017. 06

一般项目

项目名称	负责人	工作单位	预期成果	完成时间
基于中国实践的供应链管理基础理论体系建构研究	刘晓红	中央财经大学商学院	论文（集）、研究报告	2018. 06
中国跨境投资企业的外汇风险敞口测度、对冲动因与效果评价研究	赵　峰	北京工商大学经济学院	研究报告	2018. 06
自然资源资产负债表编制研究	胡文龙	中国社会科学院工业经济研究所	专著、研究报告	2017. 10
持续经营审计意见对资本市场资源配置效率的影响机理研究	张立民	北京交通大学经济管理学院	研究报告	2017. 12

续表

项目名称	负责人	工作单位	预期成果	完成时间
基于碳会计体系下的碳排放指数构建研究	闫华红	首都经济贸易大学会计学院	论文（集）、研究报告	2017. 12
资本成本约束下混合所有制公司股权结构优化研究	邹　颖	首都经济贸易大学会计学院	研究报告	2018. 06
我国过度劳动的动态特征、驱动机制及应对策略的跨层次研究	张杉杉	首都经济贸易大学劳动经济学院	研究报告	2017. 12
我国入境旅游内生增长机制及对策研究	孙梦阳	北京联合大学旅游学院	专著、研究报告	2018. 06
创意旅游驱动下原住民文化古镇转型升级及其发展战略研究	张胜男	首都师范大学资源环境与旅游学院	专著	2017. 06
旅游需求结构与旅游产品创新的动态关系研究	宋　瑞	中国社会科学院财经战略研究院	专著	2018. 07
中国旅游救援发展的深层次思考	翟向坤	中国劳动关系学院高职学院	研究报告	2016. 12
西部地区生态减贫与林木生物质能源产业协同发展研究	米　锋	北京林业大学经济管理学院	研究报告	2017. 12
国家治理体系现代化目标理念的博弈论研究	蔡　芸	北京交通大学经济管理学院	专著、论文（集）	2018. 10
基于社会网络分析法的分级诊疗试点政策效果研究	吕兰婷	中国人民大学公共管理学院	研究报告	2017. 09
推进管办评分离的高校治理改革路径研究	柯文进	首都经济贸易大学工商管理学院	论文（集）、研究报告	2018. 05
我国公立医院改革对医保基金的影响研究	吴　明	北京大学	研究报告	2017. 05
中国医疗纠纷数据库建设与基于数据库应用的医疗纠纷防控机制研究	刘兰秋	首都医科大学	专著、研究报告	2018. 12
我国生鲜农产品电子商务与传统流通体系的融合发展研究	张　浩	北京工商大学商学院	研究报告	2018. 06

青年项目

项目名称	负责人	工作单位	预期成果	完成时间
国家资产负债表与提高国家治理能力研究	杨志宏	中国社会科学院财经战略研究院	论文（集）、研究报告	2016. 12
混合所有制改革中周期性公司估值模型的理论修正与实践调整研究	陈　蕾	首都经济贸易大学财政税务学院	论文（集）、研究报告	2018. 07
“嵌入”视角下农村信贷契约的共同治理机制研究	杨　帅	北京理工大学	研究报告	2018. 06
行为金融视角下我国商业银行信贷效应及信贷决策行为研究	周　超	中国劳动关系学院经济管理系	论文（集）、研究报告	2018. 12
专用性资源演化视角下国有企业混合所有制改革中的控制权合理配置研究	郭　斌	北京第二外国语学院	论文（集）、研究报告	2017. 12
中国农村环境管理中的政府责任和公众参与机制研究	陈秋红	中国社会科学院农村发展研究所	论文（集）、研究报告	2018. 06
治理视域下地方公共服务供给的系统优化研究	罗　植	北京市社会科学院	研究报告	2017. 12

续表

项目名称	负责人	工作单位	预期成果	完成时间
“项目制”下财政专项资金影响高等职业教育发展的效果分析研究	刘云波	北京师范大学教育学部	论文（集）、研究报告	2017.12
新常态下完善政府财政和社会资本投资高等教育的机制研究	方　芳	北京师范大学教育学部	研究报告、其他	2017.06
环保组织在环境冲突中的策略选择研究	郑　琦	中共中央党校党的建设教研部	专著	2017.12
新型农业经营主体影响农产品质量安全的作用机理与治理优化研究	刘红岩	农业部管理干部学院	论文（集）、研究报告	2017.10
大数据时代自媒体风险感知与矛盾化解研究	刘新传	清华大学公共管理学院	论文（集）	2017.06
大数据时代突发事件中基于利益相关者抗逆力的治理模式研究	杨　旎	中共北京市委党校	论文（集）、研究报告	2017.12
辟谣信息构成要素实证研究	熊　炎	北京市社会科学院	专著	2017.12
分级诊疗新政下社区平台慢性病管理模式创新研究	李　颖	首都医科大学	研究报告	2017.12

（全国哲学社会科学规划办公室供稿）

教育部办公厅关于做好全国教育科学“十二五”规划2015年度课题组织申报工作的通知

教办厅函〔2015〕28号

各省、自治区、直辖市教育厅（教委）、教育科学研究院（所）、教育科学规划领导小组办公室，新疆生产建设兵团教育局，解放军总参谋部军训部、全军军事教育科学规划办公室，部属各高等学校，部内各司局、各直属单位：

为深入贯彻落实党的十八大和十八届三中、四中全会精神以及《国家中长期教育改革和发展规划纲要（2010—2020年）》，经全国教育科学规划领导小组批准，决定于2015年6月11日—8月10日开展2015年度全国教育科学规划课题申报工作。本年度只设国家重大和重点招标课题指南（见附件1），其他类别课题不设指南，由申请人自拟课题名称申报。课题组织申报办法详见附件2。

附件：

1. 2015年度全国教育科学规划国家重大和重点招标课题指南

2. 全国教育科学“十二五”规划2015年度课题组织申报办法

教育部办公厅

2015年6月11日

2015年度全国教育科学规划国家重大和重点招标课题指南

重大招标课题

1. “一带一路”战略中扩大教育开放研究
2. 经济转型升级中的创新创业教育研究
3. 适应新高考要求的普通高中学业水平考试与综合素质评价实施策略研究
4. 法治教育融入国民教育体系的路径和机制研究
5. 高校培育和践行社会主义核心价值观长效机制研究

重点招标课题

1. 京津冀教育协同发展研究
2. 区域教育综合改革的推进路径和监测体系研究
3. 全面提升农村教育质量背景下的农村教师结构调整及编制需求研究
4. 地方高校转型发展研究
5. 当代中国社会的教育责任研究
6. 艺术教育综合改革研究
7. 聚焦深化教育领域综合改革中的青少年体育问题及对策研究
8. 民族地区依法实施双语教育政策和模式研究
9. 民办院校办学体制与发展政策研究
10. 中国终身教育体系构建的路径与机制研究

（全国教育科学规划领导小组办公室供稿）

全国教育科学“十二五”规划2015年度课题组织申报办法

一、申报教育科学规划课题的指导思想是，高举中国特色社会主义伟大旗帜，以邓小平理论、“三个代表”重要思想、科学发展观为指导，深入贯彻落实党的十八大和十八届三中、四中全会精神，贯彻落实习近平总书记系列讲话精神，以《国家中长期教育改革和发展规划纲要（2010—2020年）》的重大理论和现实问题为主攻方向，解放思想，实事求是，大力推进理论创新、制度创新和方法创新，发挥全国教育科学规划课题的示范引导作用，推动教育科学为教育事业发展服务、为人力资源强国建设服务。

二、申报基础研究课题要力求具有原创性、开拓性和较高的学术思想价值；申报应用研究课题要具有现实性、针对性和较强的决策参考价值，着力推出体现国家水准的研究成果。

三、国家重大和重点招标课题申请人须具有正高级专业技术职务或厅局级以上领导职务，能够担负起课题研究实际组织者和指导者的责任；其他类别课题申请人须具有副高级以上专业技术职务或博士学位，不具备的须由两名具有正高级专业技术职务的同行专家书面推荐。青年项目申请人和课题组成员的年龄均不超过35周岁（1980年8月10日之后出生）。课题组成员或推荐人须征得本人同意并签字确认，否则视为违规申报。申请人可以根据研究的实际需要，吸收境外研究人员作为课题组成员参与申请。在读的全日制研究生不能申请，具备申报条件的在职博士生（博士后）从所在工作单位申请。

四、课题承担单位必须符合以下条件：在相关领域具有较雄厚的学术资源和研究实力；设有科研管理的职能部门；能够提供开展研究工作的必要条件并承诺信誉保证。

五、本年度只设国家重大和重点招标课题指南，其他类别课题不设指南。申报重大和重点课题的，其名称须与指南保持一致，不得自行更改或添加副标题；需参加现场答辩，不参加答辩视为自动放弃。其他类别课题由申请人自拟课题名称，鼓励开展反映国家需要和国际趋势的前瞻性、创新性课题研究，不支持以编译著作、编写教材、编写丛书、编写工具书为直接目的课题研究。自拟课题名称的表述应科学、严谨、规范、简明，一般不加副标题。

六、全国教育科学规划涉及 14 个学科。依照《评审书》列出的学科分类代码填写相应学科，跨学科课题根据“尽量靠近”原则选定一类学科进行申报。国防军事教育课题申报评审工作由全军军事教育科学规划办公室负责另行组织。

七、本年度全国教育科学规划课题继续实行限额申报，限额指标另行下达。各省级教育科学规划领导小组办公室、教育部直属高校和部内司局、直属单位要着力把关提高申报质量，适当控制申报数量，特别是要减少同类选题重复申报。

八、申报课题的资助额度为：国家社科基金教育学重大招标课题为 30 万 ~50 万元、重点课题为 30 万元、一般课题为 18 万元，青年基金课题为 15 万元；教育部重点课题为 3 万元、教育部青年专项为 2 万元。申请人要根据《全国教育科学规划课题成果鉴定结题细则》和《国家社会科学基金项目经费管理办法》的要求，确定申报课题类别，并根据实际需要编制合理科学的经费预算。

九、全国教育科学规划课题的完成时限，国家重大、重点招标课题原则上要求在 2 年内完成；其他类别课题在 1 ~3 年完成，最迟在 5 年内完成。

十、为避免一题多报、交叉申请和重复立项，确保申请人有足够的时间和精力从事课题研究，对课题申请作如下限定：（1）课题负责人同年度只能申报一个全国教育科学规划课题，且不能作为课题组成员参与全国教育科学规划课题的申请；课题组成员同年度最多只能作为两个全国教育科学规划课题的课题组成员进行申请。在研国家级项目的课题组成员最多参与一个国家社科基金项目申请。（2）在研的国家社科基金项目、国家自然科学基金项目、全国教育科学规划课题、教育部人文社会科学课题及其他国家级科研项目的负责人不能申请新的全国教育科学规划课题（结题证书标注日期在 2015 年 8 月 10 日之前的可以申请，需附证明）。（3）申请国家自然科学基金项目、国家社科基金项目及其他国家级科研项目的负责人同年度不能申请全国教育科学规划课题，其课题组成员也不能作为负责人以内容相同或相近选题申请全国教育科学规划课题。（4）国家重大和重点招标课题投标者的要求与国家社科基金重大项目投标者的要求相同。（5）凡以已结项的各级各类项目为基础申请全国教育科学规划课题，须在《评审书》中注明所申请项目与已承担项目的联系和区别，且不得以内容基本相同的同一成果申请多家基金项目结项。（6）凡以博士学位论文或博士后出站报告为基础申报全国教育科学规划课题，须在《评审书》中注明所申请项目与学位论文（出站报告）的联系和区别，申请鉴定结项时提交学位论文（出站报告）原件。（7）不得以已出版的内容基本相同的研究成果申请全国教育科学规划课题。

十一、申请人应如实填写申请材料，并保证没有知识产权争议。凡存在弄虚作假、抄袭剽窃等行为的，一经发现查实，取消 3 年申报资格；如获立项即予撤项并通报批评。为保证申报评审的公正性和严肃性，评审会议召开前申报单位或个人不得以任何名义走访、咨询学科评审组专家或邀请学科评审组专家进行申报辅导。凡行贿评审专家者，一经查实将予通报批评；如获立项即予撤项，5 年内不得申报全国教育科学规划课题。凡在课题申报和评审中发现严重违规违纪行为的，除按规定进行处理外，均被列入不良科研信用记录。

十二、课题实行同行专家通讯评审初评和专家会议集中复评方式。中小学和幼儿园系列申报基础教育学科课题，以及西部地区的课题申请人申报课题，实行单列单评，并给予一定比例的立项数量倾斜。

十三、课题负责人在项目执行期间要遵守相关承诺，履行约定义务，按期完成研究任务；获准立项的《全国教育科学规划课题评审书》视为具有约束力的资助合同文本。最终成果实行结题鉴定制度，鉴定等级予以公示。除特殊情况外，国家社科基金项目的最终研究成果须先鉴定、后出版，擅自出版者视为自行终止资助协议。

十四、全国教育科学规划课题申报采用三级审核管理制度。第一级为“申报者所在单位”（如学校、院系、科研院所等），第二级为“省部级管理部门”（含各省级教育规划办、教育部直属高校和直属单位），第三级为“全国教育科学规划领导小组办公室”（以下简称全规办）。各级管理机构要加强对课题申报工作的组织和指导，严格审核申报资格、前期研究成果的真实性、课题组的研究实力和必备条件等，签署明确意见。各级科研管理部门不得收取任何申报评审费用。全规办不直接受理个人申报。

十五、项目申报材料从全规办网站（http：//onsgep. moe. edu. cn）下载。评审书文本须经所在单位审查盖章后，报送至省部级管理部门，最后由省部级管理部门审核盖章后报全规办。

十六、评审书文本要求统一用计算机填写、A3纸双面印制、中缝装订。报送全规办的纸质材料包括：（1）审查合格的国家重大和重点招标课题《评审书》一式6份（原件1份，复印件5份）；其他类别课题《评审书》一式2份（原件1份，复印件1份），活页6份。（2）加盖公章的用统一表格制作的申报数据汇总表。同时报送上述材料的电子版到指定邮箱。

十七、申报时间为2015年6月11日起至8月10日止，逾期不予受理。办公室咨询电话：010－62003471，62003307；电子邮箱：qgb@moe.edu.cn；邮政编码：100088；地址：北京市海淀区北三环中路46号全国教育科学规划领导小组办公室。

（全国教育科学规划领导小组办公室供稿）

全国教育科学“十二五”规划2015年度课题评审结果（北京地区）

序号	课题类别	课题名称	姓名	工作单位
VGA150001	国家重大	“一带一路”战略中扩大教育开放研究	刘宝存	北京师范大学
VEA150004	国家重大	法治教育融入国民教育体系的路径和机制研究	孙霄兵	教育部政策法规司
AGA150006	国家重点	京津冀教育协同发展研究	蔡　春	首都师范大学
AIA150008	国家重点	地方高校转型发展研究	郭建如	北京大学
AMA150011	国家重点	民族地区依法实施双语教育政策和模式研究	苏　德	中央民族大学
BDA150022	国家一般	管办评分离下社会第三方参与教育评价的机制与模式比较研究	王　璐	北京师范大学
BCA150023	国家一般	“互联网＋”新型知识生产：基于企业MOOC建设我国企业知识共享体系的战略研究	吴　峰	北京大学
BDA150029	国家一般	民族融合视角下的新疆民族杂居地区民汉合校研究	胡玉萍	中共北京市委党校
BGA150035	国家一般	京津冀教育协同发展的政策研究	薛二勇	北京师范大学
BFA150038	国家一般	北京市城乡学校一体化管理模式和典型案例研究	陈　丹	北京教育学院
BFA150041	国家一般	我国高校大学生资助管理评估研究	曲绍卫	北京科技大学
BBA150049	国家一般	走神的心理结构、个体差异及其与元认知的关系	刘兆敏	中国政法大学
BCA150050	国家一般	青少年科技创新能力培养研究	朱小明	北京师范大学
BLA150063	国家一般	促进儿童动作发展及影响因素的教育干预研究	姜桂萍	北京师范大学
BHA150078	国家一般	基于核心素养的课堂教学改革研究	李　帆	中国教育报刊社
BHA150085	国家一般	教科书评价的理论与实践	张增田	首都师范大学
BHA150086	国家一般	随班就读教师融合教育素养及提升模式研究	王　雁	北京师范大学
BIA150091	国家一般	大学教师参与大规模开放在线课程（MOOCs）的专业能力需求、阻碍因素与因应策略	张　伟	中国人民大学
BIA150107	国家一般	研究型大学翻转课堂有效教学实证研究	杨春梅	北京理工大学
BHA150118	国家一般	普通高中创新人才培养的实践研究	李有毅	北京市第十二中学

续表

序号	课题类别	课题名称	姓名	工作单位
CMA150130	国家青年	内地新疆高中班教育政策实施效果及其提升策略研究	苏傲雪	中央民族大学
CMA150131	国家青年	民族地区双语教育对学生认知、情绪及社会化发展的影响	余红玉	中央民族大学
CFA150158	国家青年	产业链视角下京津冀高等教育协同发展模式及对策研究	张喜才	北京物资学院
CCA150160	国家青年	多水平认知诊断模型：大规模教育评估中的个体和群体诊断	田　伟	北京师范大学
CJA150162	国家青年	我国本科层次职业教育的判断标准与推进策略研究	聂　伟	中国教育科学研究院
CHA150183	国家青年	卓越教师精神成长史研究	张华军	北京师范大学
CIA150188	国家青年	城市群高等教育协同发展的评价体系及推进策略研究	沈蕾娜	首都师范大学
CIA150189	国家青年	创新驱动发展战略背景下本科生批判性思维教学的理论与实证研究	李慧华	北京体育大学
CIA150190	国家青年	基于大学生公益创业能力提升的社会支持体系研究	刘　蕾	中国矿业大学
CIA150194	国家青年	高校教师收入分配：工资和养老保险互动机制研究	郭　磊	中国青年政治学院
CIA150198	国家青年	治理视角下研究生教育省级统筹权研究	王顶明	清华大学
CIA150200	国家青年	教师教育者的身份认同及其专业发展研究	康晓伟	首都师范大学
CIA150202	国家青年	美国营利性高等教育的法律规制与司法实务研究	周　详	中国人民大学

（全国教育科学规划领导小组办公室供稿）

2015 年度全国艺术科学规划项目申报公告

经文化部和全国艺术科学规划领导小组批准，《2015 年度全国艺术科学规划项目课题指南》（以下简称《课题指南》）现已发布，全国艺术科学规划领导小组办公室开始受理 2015 年度全国艺术科学规划项目申报。现将申报工作的有关事项公告如下：

一、2015 年度全国艺术科学规划项目申报工作的指导思想是：全面贯彻落实党的十八大和十八届三中、四中全会精神，高举中国特色社会主义伟大旗帜，以邓小平理论、“三个代表”重要思想、科学发展观为指导，深入贯彻习近平总书记系列重要讲话精神，坚持解放思想、实事求是、与时俱进、求真务实，坚持以重大现实问题为主攻方向，坚持基础研究和应用研究并重，构建艺术科学创新体系，为党和国家工作大局服务，为推动社会主义文化大发展大繁荣、建设社会主义文化强国服务。

二、申报 2015 年度全国艺术科学规划项目，要围绕习近平总书记系列重要讲话及党的十八届三中、四中全会提出的一系列新思想、新论断、新举措，紧密联系我国改革开放与中国特色社会主义建设特别是全面深化改革、完善和发展中国特色社会主义制度、推进国家治理体系和治理能力现代化进程中的文化艺术建设实践，以重大理论和现实问题为中心，坚持基础研究和应用对策研究相结合，推进、完善中国特色社会主义艺术科学体系建设，深化、拓展我国文化建设实践中的重大现实问题研究。基础研究要力求具有原创性、开拓性和较高的学术思想价值，应用研究要具有现实性、针对性和较强的决策参考价值，努力推动传统学科、新兴学科和交叉学科健康发展，力求居于学科前沿，避免低水平重复，着力推出代表国家水平的艺术科学研究成果。

三、全国艺术科学规划项目含国家社会科学基金艺术学项目和文化部文化艺术科学研究项目。国家社会科学基金艺术学项目申请人须具备下列条件：遵守中华人民共和国宪法和法律；具有独立开展研究和组织开展研究的能力，能够承担实质性研究工作；具有副高级以上（含）专业技术职称（职务），或者具有博士学位。不具有副高级以上（含）专业技术职称（职务）或者博士学位的，可以申请青年项目，但必须有两名具有正高级专业技术职称（职务）的同行专家书面推荐。青年项目申请人和课题组成员的年龄均不超过35周岁（1980年3月31日后出生）。文化部文化艺术科学研究项目的申请资格参照以上要求。

国家社会科学基金艺术学重点项目的申请者，须是完成过省、部级以上同专业研究课题的负责人（需在申报中提供完成过的省、部级以上同专业研究课题的证明材料）；国家社会科学基金艺术学一般项目的申请者，须在与申报项目相关研究领域的重要期刊发表相关研究论文至少3篇或有主持完成的相关研究专著（须在申报材料中注明出版或发表的题目、时间及期刊或出版社名称等主要信息）。

申请人填报课题组成员或推荐人有关信息资料前，必须征得本人同意，否则视为违规申报。申请人可以根据研究的实际需要，吸收境外研究人员作为课题组成员参与申请。全日制研究生不能申请，具备申报条件的在职博士生（博士后）从所在工作单位申请。

四、全国艺术科学规划项目承担单位必须符合以下条件：在相关领域具有较雄厚的学术资源和研究实力；设有科研管理职能部门；能够提供开展研究的必要条件并承诺信誉保证。以兼职人员身份从所兼职单位申报全国艺术科学规划项目的，兼职单位须审核兼职人员正式聘用关系的真实性，承担项目管理职责并承担信誉保证。

五、《课题指南》条目分范围性条目和具体题目两类。范围性条目只规定研究范围和方向，申请人要据此自行设计具体题目，没有明确的研究对象和问题指向的申请不予受理和立项；依据具体题目申报的选题，应选择不同的研究角度、方法和侧重点，题目的文字表述可做适当修改。只要符合《课题指南》的指导思想和基本要求，各学科均鼓励申请人根据研究兴趣和学术积累申报自选课题（包括重点课题）。自选课题与按《课题指南》申报的选题在评审程序、评审标准、立项指标、资助强度等方面同样对待。无论是按《课题指南》拟定的选题还是自选课题，课题名称的表述应科学、严谨、规范、简明，一般不加副标题。

为进一步突出重点，针对我国艺术科学各门类学科理论体系建设中的薄弱环节、我国文化建设中亟待研究回答的重大理论与实践问题，《课题指南》确定了若干优先研究方向，为全国艺术科研机构、科研人员和社会各界有关人士提供研究参考，优先研究方向的申报课题一经获准立项，可根据研究工作的实际需求，适度放宽资助额度。

跨学科研究课题应根据主要研究内容按照“靠近”原则，选择一个主要的学科进行申报。

六、本年度全国艺术科学规划项目设置国家社会科学基金艺术学重点项目、一般项目、青年项目、西部项目（注：西部项目不专门申报，从西部地区研究人员申报的国家社会科学基金艺术学项目中评审产生）以及文化部文化艺术科学研究项目。国家社会科学基金艺术学项目面向全社会，文化部文化艺术科学研究项目原则上面向文化系统人员所申报的课题，同时定向吸收以艺术院校为主的研究人员申报的研究内容紧密围绕国家和地方文化艺术建设实际、亟需开展的研究课题。符合条件的申请人，可在填报项目类别时，同时选择国家社会科学基金艺术学项目和文化部文化艺术科学研究项目，但不能同时获得国家社会科学基金艺术学项目和文化部文化艺术科学研究项目立项。

七、全国艺术科学规划项目的完成时限，自批准立项之日起计算，基础理论研究一般为3～5年，应用对策研究一般为2～3年。

八、为确保申请人有足够的时间和精力从事课题研究，2015年度全国艺术科学规划项目申请作如下限定：（1）课题负责人同年度只能申报一个全国艺术科学规划项目，且不能作为课题组成员参与其他全国艺术科学规划项目的申请；课题组成员同年度最多参与两个全国艺术科学规划项目申请；在研国家级项目的课题组成员最多参与一个全国艺术科学规划项目申请。（2）在研的国家社会科学基金项目、国家自然科学基金项目、教育部人文社会科学研究项目、文化部文化艺术科学研究项目及其他国家级科研项目的负责人不能申请新的全国艺术科学规划项目（结项证书标注日期在2015年3月31日之前的可以申请）。

(3) 申请国家社会科学基金项目、国家自然科学基金项目及其他国家级科研项目的负责人同年度不能申请全国艺术科学规划项目，其课题组成员也不能作为负责人以内容相同或相近选题申请全国艺术科学规划项目。(4) 申请教育部人文社会科学研究项目的负责人同年度不能申请全国艺术科学规划项目。(5) 凡以在研或已结项的各级各类项目为基础申请全国艺术科学规划项目，须在申报时注明所申请项目与已承担项目的联系和区别，且不得以内容基本相同的同一成果申请多家基金项目结项。(6) 凡以博士学位论文或博士后出站报告为基础申报全国艺术科学规划项目，须在申报材料中注明所申请项目与学位论文（出站报告）的联系和区别，申请鉴定结项时提交学位论文（出站报告）原件。(7) 不得以已出版的内容基本相同的研究成果申请全国艺术科学规划项目。

九、2015 年度全国艺术科学规划项目全面实行网上申报，不再接受纸质申请材料报送。请申请人登录全国艺术科学规划项目申报管理系统（系统路径为：文化部网站主页→文化科技司→全国艺术科学规划项目申报管理系统；也可直接输入网址：http：//119.255.27.41)，按照有关说明注册账号并提交申报材料。

申请人要如实填写申报材料，保证申报内容的真实性且不涉及知识产权争议。凡发现弄虚作假等违规申报者，经查实后，取消 3 年内申报资格，如获立项即作撤销处理并通报批评。凡在全国艺术科学规划项目申报和评审中发现违规违纪行为的，除按规定进行处理外，均将列入不良科研信用记录。

十、所有申报项目将通过资格审查、同行专家通讯初评和终评等程序。资格审查和评审工作严格按照《全国艺术科学规划课题管理办法》及本公告的规定进行，同行专家通讯初评采用《活页》匿名方式，《活页》论证字数不超过 4000 字，不得出现申请人、课题组成员姓名及所在单位名称等有关信息，否则不予评审。项目评审坚持公平、公正原则，保证质量，宁缺毋滥。评审结果报全国艺术科学规划领导小组审批后公示。

十一、如课题获准立项，申请人填写立项通知书回执后，申报系统形成的《申报书》即成为有约束力的资助合同文本。项目负责人在项目执行期间要遵守相关承诺，履行约定义务，按期完成研究任务。项目研究的最终成果将实行匿名通讯鉴定制度。除特殊情况外，计划出版的成果须先鉴定后出版，违反规定擅自出版者视为自行终止资助协议；经批准同意出版的成果出版后须报送全国艺术科学规划领导小组办公室 2 套样书。

十二、2015 年度全国艺术科学规划项目实行 3 级申报制度。各单位科研管理部门作为初级管理单位，要做好申报组织及申报材料的审核把关工作，根据本公告及有关规定严格审核《申报书》的所有栏目内容，特别是严格审核申报资格，前期成果的真实性，选题、课题设计与论证的科学性及可行性，课题组的研究实力和完成任务的必备条件等，签署明确意见，承担信誉保证。如违规申报，将予以申请人所在单位通报批评。

除北京市外的各省（区、市）艺术科学规划领导小组办公室或文化厅（局）艺术科研管理部门作为中级管理单位，受理本行政区划内的课题申报。中级管理单位要加强组织和指导，认真审核，严格把关，努力提高申报质量。要认真负责地做好账号管理、项目审核提交、名单报送等工作，确保网上申报按期完成。

全国艺术科学规划领导小组办公室委托文化部民族民间文艺发展中心承担在京单位的课题申报及各地申报材料的受理及初审工作。全国艺术科学规划领导小组办公室不直接受理申报。

十三、课题申报相关文件材料，包括《2015 年度全国艺术科学规划项目课题指南》、《国家社会科学基金项目经费管理办法》、《全国艺术科学规划课题管理办法》、《全国艺术科学规划历年立项课题汇编》等，可在文化部网站或申报系统主页上查询、下载。

十四、申请人及所在单位网上申报和提交时间从 2015 年 1 月 31 日起至 3 月 31 日止，逾期系统关闭不予受理，申报单位完成本级资格审查及项目提交后，要同时将系统生成的本单位项目汇总表打印盖章后报送至中级管理单位（在京单位直接报送至文化部民族民间文艺发展中心）；中级管理单位网上受理和提交时间截至 4 月 10 日，中级管理单位完成本级资格审查及项目提交后，要同时将系统生成的本地区项目汇总表打印盖章后报送至文化部民族民间文艺发展中心。

文化部民族民间文艺发展中心地址：北京市东城区北河沿大街 83 号，邮政编码：100009

联系人：张帆　邱邑洪

电话：010－84019554

特此公告。

2015 年 1 月 14 日

（全国艺术科学规划领导小组办公室供稿）

2015年度全国艺术科学规划项目课题指南

《2015年度全国艺术科学规划项目课题指南》的指导思想是：高举中国特色社会主义伟大旗帜，以邓小平理论、“三个代表”重要思想、科学发展观为指导，深入贯彻落实党的十八大及十八届三中、四中全会精神和习近平总书记系列讲话特别是在文艺工作座谈会上的讲话精神，坚持解放思想，实事求是，与时俱进，求真务实，坚持以重大现实问题为主攻方向，坚持基础研究与应用研究并重，努力构建艺术科学体系，为党和国家工作大局服务，为推动社会主义文化大发展大繁荣、建设社会主义文化强国服务。

申报2015年度全国艺术科学规划项目，要围绕党的十八届三中、四中全会精神和习近平总书记系列讲话特别是在文艺工作座谈会上的讲话精神、全国宣传思想工作会议提出的一系列新思想、新论断、新举措，紧密联系我国改革开放与中国特色社会主义建设特别是全面深化改革、完善和发展中国特色社会主义制度、推进国家治理体系和治理能力现代化进程中的文化艺术建设实践，以重大理论和现实问题为中心，坚持基础研究和应用对策研究相结合，推进、完善中国特色社会主义艺术科学体系建设，深化、拓展我国文化建设实践中的重大现实问题研究，着力推出代表国家水平的艺术科学研究成果。

为进一步突出重点，针对我国艺术科学各门类学科理论体系建设中的薄弱环节、我国文化建设中亟待研究回答的重大理论与实践问题，本《课题指南》确定了若干重点领域和优先研究方向（以*标注），为全国艺术科研机构、科研人员和社会各界有关人士提供研究参考，具备相应学术积累、学术资源和研究实力的申请者可在相关的范围和方向下自行拟定题目，其中优先研究方向的申报课题一经获准立项，可根据研究工作的实际需求，适度放宽资助额度。基础研究要具有创新性和开拓性，应用研究要具有现实性、针对性和时效性；鼓励艺术科学体系建设重要领域、方向与我国文化建设重大现实问题研究的集体攻关项目，鼓励这些研究领域与方向中优势学术资源的整合；努力推动传统学科、新兴学科和交叉学科健康发展，力求居于学科前沿，避免低水平重复。除重要的基础研究外，鼓励以高水平的论文和研究报告作为最终研究成果进行申报。

为切实提高规划水平和研究水平，2015年度全国艺术科学规划项目的评审立项要与学科建设、队伍建设、基地建设、人才培养及科研结构调整、合理布局结合起来，加强协同攻关，加强整合创新。在选题上应注意处理好几个方面的关系：

1. 注意处理好总结历史、研究现实以及准确把握未来三者之间的关系，努力使研究项目体现出科学性、时代性与前瞻性。

2. 注意处理好理论和实践统一的关系，防止理论与实践脱节的倾向。

3. 注意处理好共性与个性的关系，既要认真开展对当前艺术学发展有普遍指导意义的课题研究，也要针对本学科领域和本地区存在的特殊问题，深入开展个案研究和实证性研究。

4. 在数量和质量上注意做到缩短战线，控制规模，注重立项课题的质量，杜绝低水平重复选题，切实提高全国艺术科学研究的整体水平。

5. 在研究方法上，提倡定性研究与定量研究、理论研究与实证研究相结合，实现研究方法的科学性、规范性和严谨性。

根据突出重点、兼顾一般、控制规模、提高质量的要求，本年度项目将对我国文化建设实践中的重大现实问题研究给予重点关注，推出一批有代表性和重要社会影响的应用对策研究项目，以充分发挥项目的决策咨询功能，更好地为社会主义文化建设大局服务。同时，对在学科建设方面具有填补空白意义的基础理论研究、民族民间艺术研究等集体攻关课题以及边远贫困地区和少数民族地区特别是西部地区艺术研究给予一定倾斜。

艺术基础理论研究

马克思主义艺术理论中国化研究*

习近平文艺工作座谈会讲话的艺术美学观念研究与阐释*

中国当代艺术理论重大问题研究*

中国传统艺术体系研究

中国现代艺术体系研究
20 世纪中外艺术理论家及其思想研究
中国与西方艺术哲学比较研究
中外民间艺术比较研究
中国艺术史理论与方法研究
丝绸之路艺术史研究
中国近现代艺术史研究
地方艺术史研究
新中国成立以来艺术发展研究
新时期艺术学发展研究
艺术学新兴学科与交叉学科研究
当代中国艺术的伦理问题研究

戏剧（含戏曲、话剧、歌剧、音乐剧、曲艺、木偶、皮影）研究

中国戏剧作家作品研究
中国少数民族戏剧研究
中国戏剧（戏曲、话剧、曲艺、木偶、皮影）艺术家研究
中国当代戏剧导演研究
中国当代戏剧舞台美术研究
区域戏剧的生态研究
中国各剧种史论研究
中国戏剧演出史研究
中国戏曲表演艺术研究*
中国戏曲音乐研究
中国戏曲改编史研究
20 世纪戏曲学术史研究
戏曲文献文物研究
音乐剧研究
中国戏剧批评史研究
戏剧受众与文化影响研究*
戏曲市场研究
濒危剧种曲种保护与传承研究*
中国地方曲种研究
民间曲艺发展问题的对策研究
木偶戏、皮影戏史论研究

电影、广播电视及新媒体艺术研究

电影学、广播电视学学科现状与前沿问题研究*
中国电影、电视剧、动画创作现状与传播方式研究*
中国电影发展专业史、专题史研究
中国电影艺术家研究
中国电影中的视听结构研究
电影、电视剧批评的理论与方法研究
电影观众心理研究
外国电影艺术创作及理论研究
中外电影比较研究
中国数字电影创作理论与实践探索
微电影现状与发展前景研究
电影产业深化改革的方向与路径研究
中外电影院线建设与影院运营模式比较研究
中国影视动画作品中的核心价值观研究*
大数据对我国电视剧生产与传播研究
中国纪录片发展战略研究
当代中国电视娱乐文化传播创新研究
多屏融合背景下网络自制节目生产模型研究
媒介融合环境下的广播艺术文化发展研究
新媒体创作和受众研究

音乐研究

历史民族音乐学研究
中国音乐专题史断代史研究
民族音乐中的区域音乐研究
中国传统音乐表演艺术与音乐形态关系研究*
中国传统声乐唱法研究*
传统音乐活态传承与保护研究
现当代作曲技法与技术理论研究
中国当代歌剧音乐创作研究
中国当代流行音乐创作的民族化研究*
中国当代音乐作品与音乐家研究
舞蹈音乐研究
电影音乐创作研究
音乐社会学研究
中国音乐文化产业研究
音乐传播研究
西方音乐研究

舞蹈研究

东方舞蹈文化研究
中国舞蹈艺术的表演体系研究*
中国舞蹈文化史研究
中国传统舞蹈研究
中国民间舞蹈文化研究
中国现当代舞蹈创作研究
中国当代舞剧理论与实践研究
中西当代舞蹈跨文化研究*
西方当代舞蹈创作思潮与方法研究
西方舞蹈史研究

西方舞蹈作品与人物研究
新媒体与舞蹈艺术研究
舞蹈批评研究
社区舞蹈研究*
舞蹈的产业与市场研究
歌舞表演研究
中国杂技艺术研究

美术研究

世界视野中的中国美术研究*
中国区域性民族性民间美术体系研究
中国现实主义美术研究
中国古代书论画论研究
中国传统绘画色彩体系在当代的应用研究
中国绘画史研究*
中国传统绘画与壁画中的社会史研究
中国传统壁画的创新应用研究
中国版画研究
中国漫画研究
中国水彩画研究
中国雕塑史研究
中国古代书法史研究
现当代书法研究
摄影艺术研究
视觉艺术的图像方式与图像语言研究
中外美术交流与比较研究
外国美术史（国别史、断代史、艺术家个人）研究
美术批评研究
当代美术博物馆学研究
美术馆的公共教育功能及实施策略研究
中国民间美术馆现状调查与研究
美术馆、博物馆艺术国际交流研究
当代中国艺术品市场问题与对策研究
中国艺术品流散海外的调查与研究
中外艺术品市场政策法规比较研究*

设计艺术研究

中国设计思想及设计理论研究*
中国设计艺术史研究
“丝绸之路”的古代设计研究
中国古代器物文化的当代价值研究
中国传统营造当代价值研究
地域文化与公共艺术形式语言研究
城市公共空间环境行为研究
中国城市公共艺术规划工作框架及规划内容研究
全球化背景下的景观设计与地域文化特性研究
传统村落民居的保护性设计研究
中国书籍装帧与插图创作研究
交互设计与用户体验的应用研究
3D 动画技术的发展趋势研究
中国传统服装服饰研究
设计艺术批评研究
中国设计管理与方法研究
中国设计产业竞争力理论与实践研究*
中外设计产业比较研究*

艺术文化综合研究

中国特色社会主义文化制度研究
国家文化管理体制改革与创新研究*
当代中国的边疆文化治理体系研究
传统艺术成果的知识产权问题研究*
文化投入绩效评价研究
当代文化艺术的分类管理研究*
文化艺术赞助机制及政策研究
国有文化资产管理体制与运营方式研究
国有文化企业法人治理结构及经营管理机制研究
演艺机构（产品）综合效益与保障机制评价指标体系研究
网络文化对生活方式的影响研究
公共文化服务体系建设协调机制研究
公共文化服务体系建设路径研究
社区非物质文化遗产的保护规划与建设研究
中国传统艺术活态传承机制研究
艺术产品的产权交易研究
我国大众文化消费研究
民营艺术表演团体现状调查与研究
文化产业融资平台建设研究
区域特色文化产业发展研究
中国动漫企业发展风险研究
艺术品鉴证体系建构研究
对外文化国际贸易研究
世界各国文化法律、文化政策比较研究
世界文化思潮及文化热点问题研究
（加“*”的为优先研究方向）

（全国艺术科学规划领导小组办公室供稿）

2015 年度国家社会科学基金艺术学重大项目招标公告

经文化部和全国艺术科学规划领导小组批准，2015 年度国家社会科学基金艺术学重大项目面向全国公开招标。现将有关事项公告如下：

一、招标单位

全国艺术科学规划领导小组办公室。

二、招标对象

主要包括文化行政机关、文化艺术研究领域重点研究机构、高等院校以及社科研究机构等。投标要以单位名义进行，多单位联合投标须确定一个责任单位。鼓励跨地区、跨单位联合投标，鼓励理论工作部门与实际工作部门合作开展研究。

三、招标工作总的要求

高举中国特色社会主义伟大旗帜，以邓小平理论、“三个代表”重要思想、科学发展观为指导，深入贯彻习近平总书记系列重要讲话特别是在文艺工作座谈会上的讲话精神，贯彻党的十八大和十八届三中、四中全会精神，坚持解放思想，实事求是，与时俱进，大力推进理论创新，建设艺术科学创新体系，发挥国家社科基金示范引导作用，着力推出具有重大学术创新价值和文化传承意义的标志性研究成果，为党和国家工作大局服务，为推动社会主义文化大发展大繁荣，建设社会主义文化强国服务。

四、招标数量和资助强度

本年度重大项目共发布 11 个招标选题，每个招标选题原则上只确定 1 项中标课题。资助强度根据研究的实际需要确定，一般为每项 60 万 ~ 80 万元。

五、投标资格要求

（一）投标单位须具备下列条件：

1. 在文化艺术科研领域具有较强的科研力量和深厚的学术积累；

2. 设有专门负责科研管理工作的职能部门；

3. 能够为开展重大课题研究工作提供良好条件。

（二）投标课题组须具备下列条件：

1. 每个课题组可且只可设置 1 名首席专家。首席专家须具有中华人民共和国国籍，具有较高的政治素质；在文化艺术科研领域具有深厚的学术造诣和丰富的科研经验，社会责任感强，学风优良；具有正高级专业技术职务或厅局级以上（含）领导职务，能够承担实质性研究工作并担负科研组织指导职责。

2. 在研的国家社科基金重大项目、马克思主义理论研究和建设工程重大项目、教育部哲学社会科学重大攻关项目、国家出版基金项目及其他国家级重大科研项目的课题负责人，不能作为首席专家参加本次投标。申请教育部哲学社会科学重大攻关项目及其他国家级重大科研项目的首席专家同年度不能申请国家社科基金艺术学重大项目。

3. 首席专家只能投标一个项目，且不能作为子课题负责人或课题组成员参与本次投标的其他课题。子课题负责人只能参与一个投标课题，课题组成员最多参与两个投标课题。

六、投标课题要求

1. 投标课题组须按《招标公告》发布的招标选题投标，自选课题不予受理。投标课题组须按《2015 年度国家社会科学基金艺术学重大项目投标书》规定的内容和要求填写申报材料。《投标书》文本要简洁、规范、清晰，不加附件。

2. 投标课题要突出研究重点，体现有限目标，课题设计不宜过于宽泛，避免大而全，子课题数量一般不超过 5 个；大型文献典籍整理、丛书编纂等规模较大的课题，可根据实际需要设定子课题数量。

3. 投标课题组要熟知国内外相关领域研究前沿和动态，除必要的学术史梳理外，应着重对同类课题研究状况和他人研究成果做出分析评价，阐明投标选题的价值和意义。

4. 投标课题组成员须具备扎实的研究基础和丰富的相关前期研究成果，《投标书》要重点介绍首席专家近年来在相关研究领域的学术积累和学术贡献、同行评价和社会影响等方面情况。

5. 要树立鲜明的问题意识和创新意识，在框架设计、研究思路、主要内容、基本观点、研究方法等方面，体现创新的学术思想、独到的学术见解和可能取得的突破。

6. 项目完成时间根据研究工作的实际需要确定，一般应在 5 年内完成，部分研究任务艰巨、规模较大、周期较长的课题可分期完成，完成时限不作统一规定。

7. 预期研究成果的规模和数量应科学合理，确保质量和学术水准，多出精品力作，避免重复出版；最终成果为大型文献典籍整理、多卷本专著、系列丛书等形式的，应注意编纂体例的科学性和统一性。

七、投标纪律要求

1. 投标单位和首席专家要加强审查把关，切实把好政治方向关和学术质量关。各地中级管理单位要从选题设计、课题论证、首席专家、前期研究成果、科研团队和投标单位等方面进行详细审查，合格者予以上报。

2. 要弘扬严谨求实、注重诚信的优良学风，自觉坚持公平竞争的原则，严格遵守国家社科基金项目管理规定。凡有弄虚作假、抄袭剽窃、违规违纪等行为的，一经查实，即取消参评资格；如获中标，一律撤项，首席专家5年内不得申报国家社科基金项目。

3. 拟定子课题负责人和课题组成员前必须征得本人同意，子课题负责人必须在《投标书》上签字，否则视为违规申报。如获中标，子课题负责人一般不得变更。

4. 投标课题组可提出2名以内建议回避评审专家，全国艺术科学规划领导小组办公室将根据评审工作的实际情况予以考虑。

八、申报程序和时间安排

1. 除北京市外的各省（区、市）艺术科学规划领导小组办公室或文化厅（局）艺术科研管理部门作为中级管理单位，受理并审核本行政区划内的投标课题申报并汇总、报送《2015年度国家社科基金艺术学重大项目投标材料汇总表》。全国艺术科学规划领导小组办公室委托文化部民族民间文艺发展中心承担在京单位的投标课题申报及各地申报材料的受理及分类汇总工作。全国艺术科学规划领导小组办公室不直接受理申报。

2.《招标公告》、《投标书》等相关材料可登录文化部网站（http://www.mcprc.gov.cn）查阅、下载（路径：文化部网站主页→文化科技司→国家社科基金艺术学项目）。《投标书》一律用计算机填写、A3纸双面印制中缝装订，经投标单位审核盖章，由各地中级管理单位审核汇总后，于2015年3月10日前（以邮戳时间为准）统一报送至文化部民族民间文艺发展中心，逾期不予受理。

各地报送的材料包括：（1）审查合格的纸质《投标书》一式6份，其中1份原件（请在封面上标明）、5份复印件；（2）每项《投标书》的电子文本1份（请用WORD文件格式制作）；（3）投标材料汇总表1份（请严格按照表格样式用EXCEL文件格式制作）。《投标书》电子文本和汇总表电子表格请通过电子邮件发至全国艺术科学规划领导小组办公室邮箱（ysghb809@163.com）。

3. 全国艺术科学规划领导小组办公室对《投标书》进行资格审查，并组织专家对通过资格审查的投标课题进行评审，提出建议中标课题名单。

4. 建议中标课题名单经全国艺术科学规划领导小组审批后，在文化部及全国社科规划办网站上公示7天，对无异议者下达立项通知书。

文化部民族民间文艺发展中心地址：北京市东城区北河沿大街83号

邮政编码：100009

联系人：张帆 邱邑洪

电 话：010－84019554

特此公告。

附件：

一、2015年度国家社会科学基金艺术学重大项目招标选题

二、2015年度国家社会科学基金艺术学重大项目投标书（略）

三、2015年度国家社会科学基金艺术学重大项目投标材料汇总表（略）

全国艺术科学规划领导小组办公室

2015年1月14日

（全国艺术科学规划领导小组办公室供稿）

2015 年度国家社会科学基金艺术学重大项目招标选题

1. 中国传统艺术精神在现当代艺术中的创新实践研究
2. 戏曲艺术的当代传承研究
3. “中国梦”影视创作与传播策略研究
4. 中国当代音乐的海外传播研究
5. 新时期中国舞剧的创作脉络与发展趋势研究
6. 外来文化对中国美术本体建构的影响研究
7. 社会转型与传统工艺美术的发展研究
8. 国家文化法制体系研究
9. 文化市场信用体系研究
10. 文化产品价值评估的方法与标准研究
11. 海外中国文化中心对外文化传播研究

（全国艺术科学规划领导小组办公室供稿）

国家社会科学基金艺术学“十二五”规划 2015 年度项目（北京地区）

项目名称	负责人	负责人所在单位	批准号	项目类别	预期成果形式	计划完成时间
媒介融合环境下的广播电视发展战略研究	段　鹏	中国传媒大学	15AC001	国家重点项目	专著、论文、研究报告	2017. 12
社会转型与传统工艺美术的发展研究	方李莉	中国艺术研究院	15AG003	国家重点项目	专著、研究报告、论文	2020. 12
民国设计艺术实践研究（1912—1949）	何　洁	清华大学	15AG005	国家重点项目	专著	2017. 12
海外中国文化中心对外文化传播研究	刘晓天	首都师范大学	15AH006	国家重点项目	研究报告	2020. 12
中国当代艺术话语范式研究	时胜勋	北京大学	15BA011	国家一般项目	专著	2019. 12
南亚文化对南北朝隋唐艺术的影响	李静杰	清华大学	15BA014	国家一般项目	论文	2018. 12
戏曲文献学史研究	詹怡萍	中国艺术研究院	15BB022	国家一般项目	专著、论文	2019. 12
北京人民艺术剧院演出史研究	罗　琦	北京联合大学	15BB028	国家一般项目	专著	2018. 12
全球化语境下中国纪录片发展战略研究	张同道	北京师范大学	15BC031	国家一般项目	专著、研究报告、论文	2018. 12
中国动画电影创作现状与传播方式研究	孙立军	北京电影学院	15BC032	国家一般项目	专著、论文、研究报告	2018. 12
港台抗战电影史稿	史博公	中国传媒大学	15BC036	国家一般项目	专著	2015. 12
影视文化的社交媒体传播机制研究	张洪忠	北京师范大学	15BC038	国家一般项目	论文、研究报告	2017. 12
新媒体艺术创作理论与实践探索	肖　庆	中国艺术研究院	15BC041	国家一般项目	专著、论文、电脑软件	2018. 12
锡伯族传统音乐文化研究	肖学俊	中央音乐学院	15BD045	国家一般项目	专著、其他	2018. 12

续表

项目名称	负责人	负责人所在单位	批准号	项目类别	预期成果形式	计划完成时间
唐前士人音乐观念与行为之研究	程　乾	中央音乐学院	15BD054	国家一般项目	专著、论文	2018. 12
中国当代舞蹈的理论与实践——体制外青年当代舞蹈创作与理论研究	卿　青	中国艺术研究院	15BE059	国家一般项目	专著、研究报告	2018. 12
中国当代舞蹈发展的“现代性”研究——以历史书写与艺术实践为中心	仝　妍	北京舞蹈学院	15BE060	国家一般项目	论文、专著	2018. 12
佛教美术演变进程——丝绸之路中外美术比较研究	欧阳启名	首都师范大学	15BF065	国家一般项目	专著	2018. 12
博物馆的公共美术教育功能及实施策略研究	郑勤砚	中央美术学院	15BF067	国家一般项目	专著、研究报告、论文	2017. 12
新中国画报史——图像中的社会变迁	曹培鑫	中国传媒大学	15BF071	国家一般项目	专著	2017. 12
城市公共环境行为研究	李宇宏	中国人民大学	15BG087	国家一般项目	论文、专著、研究报告	2018. 12
“正仓院”藏唐代乐器设计工艺及当代价值研究	贾荣建	北京工业大学	15BG095	国家一般项目	论文、研究报告、其他	2017. 12
晚清民国设计思想研究(1840—1949)	郭秋惠	清华大学	15BG096	国家一般项目	研究报告、论文、其他	2018. 12
张光宇与中国现代装饰学派研究	张玉花	北京化工大学	15BG099	国家一般项目	专著、论文	2018. 12
提高中国文化贸易出口品质的理论基础和政策途径研究	雷　达	中国人民大学	15BH108	国家一般项目	论文、研究报告、其他	2017. 12
中国传统手工艺术活态传承机制研究	吴　南	中国艺术研究院	15BH112	国家一般项目	专著、研究报告	2018. 12
区域特色文化产业发展研究	杭　敏	清华大学	15BH113	国家一般项目	专著、论文、研究报告	2017. 12
新时期以来中国艺术人类学的知识谱系研究	王永健	中国艺术研究院	15CA121	国家青年项目	研究报告、论文、专著	2018. 12
战后香港“南来影人”研究	苏　涛	中国人民大学	15CC128	国家青年项目	专著、论文	2019. 12
互联网时代的电影粉丝文化研究	许　航	北京电影学院	15CC130	国家青年项目	专著、论文、其他	2017. 12
国产儿童电影发展战略研究	彭静宜	中国电影艺术研究中心	15CC132	国家青年项目	专著	2017. 12
中缅景颇—克钦跨界民族基督教音乐文化研究	徐天祥	中国音乐学院	15CD134	国家青年项目	专著	2018. 12
蒙汉杂居区的音乐与文化认同	魏琳琳	中央民族大学	15CD136	国家青年项目	专著、译著、论文	2017. 12
古代“朝贡”体制与中国、朝鲜半岛音乐文化交流研究	曹贞华	中国艺术研究院	15CD138	国家青年项目	专著、论文	2018. 12
俄罗斯美术中的国家形象研究	于润生	中央美术学院	15CF145	国家青年项目	专著、论文	2018. 12
中国近现代平面设计史研究	周　博	中央美术学院	15CG149	国家青年项目	专著、工具书	2018. 12

续表

项目名称	负责人	负责人所在单位	批准号	项目类别	预期成果形式	计划完成时间
丝绸之路上的中西方染织与服饰文化交流研究	宋　炀	北京服装学院	15CG155	国家青年项目	专著、研究报告、其他	2018.12
中国公共艺术发展史研究	武定宇	北京联合大学	15CG158	国家青年项目	专著、论文、研究报告	2020.12
区域特色文化产业发展研究	陈娴颖	中国传媒大学	15CH166	国家青年项目	研究报告、论文、专著	2017.12

批准号释义：

一、“15”—2015年度。

二、第一个英文字母分别代表：ZD—国家重大项目；A—国家重点项目；B—国家一般项目；C—国家青年项目。

三、第二个英文字母分别代表：A—艺术基础理论研究；B—戏剧（含曲艺、木偶、皮影、杂技、魔术）研究；C—电影、广播电视及新媒体艺术研究；D—音乐研究；E—舞蹈研究；F—美术研究；G—设计艺术研究；H—艺术文化综合研究。

四、最后二或三位数字为序号。

（全国艺术科学规划领导小组办公室供稿）

2015年度教育部在京高校国家社会科学基金重大项目（第一批、第二批、第三批）

批准号	首席专家	课题名称	责任单位
15ZDA004	张世飞	习近平总书记全面从严治党重要思想研究	中央财经大学
15ZDA007	刘　伟	改革开放以来我国经济增长理论与实践研究	北京大学
15ZDA009	王立勇	新常态下完善我国宏观调控目标体系与政策调控机制研究	中央财经大学
15ZDA021	刘彦随	城镇化对我国农业农村发展的影响与对策研究	北京师范大学
15ZDA022	张明玉	新型城镇化下农产品物流体系创新与发展战略研究	北京交通大学
15ZDA029	廖　理	互联网金融理论、实践与政策研究	清华大学
15ZDA030	丁志杰	大规模外汇储备管理研究	对外经济贸易大学
15ZDA034	汪　勇	当前我国反恐形势及对策研究	中国人民公安大学
15ZDA039	孟庆国	意识形态视域下的网络文化安全治理研究	清华大学
15ZDA043	高晓虹	中国特色国际新闻传播人才的培养模式与创新研究	中国传媒大学
15ZDA045	刘少杰	网络社会的结构变迁与演化趋势研究	中国人民大学
15ZDA059	李　虹	国际能源新形势对中国发展与战略环境影响研究	北京大学
15ZDA069	阎学通	中外关系数据库建设	清华大学
15ZDB001	鲁克俭	基于《马克思恩格斯全集》历史考证版第二版（MEGA2）的马克思早期文本研究	北京师范大学
15ZDB003	韩　震	中华思想文化术语的整理、传播与数据库建设	北京外国语大学
15ZDB011	聂敏里	陈康著作的整理、翻译与研究	中国人民大学

续表

批准号	首席专家	课题名称	责任单位
15ZDB017	蔡曙山	语言、思维、文化层级的高阶认知研究	清华大学
15ZDB021	叶　朗	人文学导论	北京大学
15ZDB025	王晓朝	古希腊哲学术语数据库建设	清华大学
15ZDB033	李学勤	五一广场出土东汉简牍的整理与研究	清华大学
15ZDB041	黄兴涛	清末民国社会调查数据库建设	中国人民大学
15ZDB057	秦大树	非洲出土中国古代外销瓷与海上丝绸之路研究	北京大学
15ZDB058	李崇峰	中印石窟寺研究	北京大学
15ZDB071	傅　刚	《春秋左传》校注及研究	北京大学
15ZDB081	陈跃红	国民语文能力研究暨测试系统分类建设	北京大学
15ZDB082	钟进文	中国当代少数民族作家资料库建设及其研究	中央民族大学
15ZDB089	张哲俊	日本五山文学别集的校注与研究	北京师范大学
15ZDB095	赵平安	先秦两汉讹字综合整理与研究	清华大学
15ZDB096	王立军	基于国际化、标准化的古籍印刷通用字字形规范研究	北京师范大学
15ZDB097	王贵元	日本藏汉文古字书集成与整理研究	中国人民大学
15ZDB101	王佶旻	汉语交际能力标准与测评体系研究	北京语言大学
15ZDB104	周晓文	基于资料库的古籍计算机辅助版本校勘和编撰系统研究	北京师范大学
15ZDB111	陈建龙	《格萨尔》说唱语音的自动识别与格萨尔学的创新发展	北京大学
15ZDB114	何克勇	中亚民族关系与冲突研究译丛	中央民族大学
15ZDB119	孙　华	中国西南少数民族传统村落的保护与利用研究	北京大学
15ZDB129	李广建	大数据时代知识融合的体系架构、实现模式及实证研究	北京大学
15ZDB130	李稻葵	我国历史上的 GDP 及其结构研究（980—1840）	清华大学
15ZDB133	方福前	中国经济自发展能力研究	中国人民大学
15ZDB137	周　宏	大数据背景下债券风险统计监测理论与方法研究	中央财经大学
15ZDB138	林丹华	流动背景下处境不利儿童青少年发展数据库建设及积极发展体系研究	北京师范大学
15ZDB139	侯志瑾	人际和谐心理健康促进技术研究	北京师范大学
15ZDB140	王润泽	百年中国新闻史史料整理与研究	中国人民大学
15ZDB143	隋　岩	互联网群体传播的特点、机制与理论研究	中国传媒大学
15ZDB147	池　建	中国高等体育教育发展进程与改革	北京体育大学
15ZDB154	吕廷杰	中国基础电信服务业开放战略问题研究	北京邮电大学
15ZDB162	刘纪鹏	我国自然资源资本化及对应市场建设研究	中国政法大学
15ZDB164	王亚华	中国特色水权市场制度体系研究	清华大学
15ZDB165	张兴平	清洁能源价格竞争力及财税价格政策研究	华北电力大学
15ZDB174	曹富国	政府与社会资本合作（PPP）模式立法研究	中央财经大学
15ZDC003	杨光斌	以建设“公正社会”为导向的全面深化改革研究	中国人民大学
15ZDC006	石敏俊	中国经济绿色发展的理论内涵、实现路径与政策创新	中国人民大学
15ZDC024	苏　治	“互联网＋”推动经济转型机理与对策研究	中央财经大学
15ZDC026	汪三贵	实施精准扶贫、精准脱贫的机制与政策研究	中国人民大学

续表

批准号	首席专家	课题名称	责任单位
15ZDC033	赵景华	基于总量与强度双控的水资源治理转型与市场化机制研究	中央财经大学
15ZDC036	陈　卫	全面两孩生育政策的实施效应研究	中国人民大学
15ZDA038	王淑芹	我国诚信文化与社会信用体系建设研究	首都师范大学
15ZDB050	梁景和	20世纪中国婚姻史研究	首都师范大学
15ZDB094	黄天树	殷墟甲骨拓本大系数据库建设	首都师范大学
15ZDB100	洪　波	中国境内语言语法化词库建设	首都师范大学
15ZDB160	杨世忠	基于自然资源资产负债表系统的环境责任审计研究	首都经济贸易大学
15ZDC016	安树伟	拓展我国区域发展新空间研究	首都经济贸易大学

（高校社科管理中心白晓供稿）

2015年度教育部人文社会科学研究一般项目（北京地区）

序号	学科门类	学校名称	项目类别	项目名称	项目批准号	申请人
1	管理学	北方工业大学	青年基金项目	产业协同视阈下京津冀区域减排困境及对策研究	15YJC630101	齐　园
2	交叉学科/综合研究	北方工业大学	青年基金项目	基于文化模式的北京村落活态保护研究	15YJCZH123	潘明率
3	交叉学科/综合研究	北方工业大学	青年基金项目	乡愁情结的建筑表达：乡土意识觉醒背景下的中国本土建筑形式创作研究	15YJCZH177	王新征
4	管理学	北京城市学院	青年基金项目	组织中员工资质过高感对工作绩效的影响：对作用机制的检验	15YJC630076	刘金菊
5	经济学	北京大学	青年基金项目	农民工市民化成本分摊机制研究——以北京市为例	15YJC790019	傅帅雄
6	经济学	北京大学	青年基金项目	中国县级财政对本地居民偏好的回应性研究	15YJC790127	杨龙见
7	政治学	北京大学	青年基金项目	中国与周边国家之间的跨境水资源安全问题研究	15YJC810008	李志斐
8	法学	北京大学	规划基金项目	刑事诉讼法实施问题与对策研究	15YJA820003	陈永生
9	图书馆、情报与文献学	北京大学	规划基金项目	中日图书馆学交流65年（1899—1964）历史探微	15YJA870004	范　凡
10	教育学	北京大学	规划基金项目	高等教育研究的全球发展：历史、制度与人物	15YJA880053	沈文钦
11	中国文学	北京第二外国语学院	青年基金项目	英语世界的胡适	15YJC751065	郑　澈
12	经济学	北京第二外国语学院	青年基金项目	A股股价信息含量研究：基于小样本轮换回归	15YJC790099	汪建雄
13	外国文学	北京工商大学	青年基金项目	当代欧美后经典叙事空间研究	15YJC752013	孔海龙
14	经济学	北京工商大学	规划基金项目	私募股权基金在国有企业混合所有制改革中的优化效应研究	15YJA790036	栗书茵

续表

序号	学科门类	学校名称	项目类别	项目名称	项目批准号	申请人
15	经济学	北京工商大学	青年基金项目	多均衡视角下我国地方政府债务加速器机制与管理政策研究	15YJC790014	邓　磊
16	管理学	北京工商大学	青年基金项目	基金经理异质性与基金业绩	15YJC630164	于上尧
17	法学	北京工商大学	青年基金项目	明清时期土地管业制度研究	15YJC820089	邹亚莎
18	交叉学科/综合研究	北京工商大学	青年基金项目	大学生社会主义核心价值观的内隐认同及提升路径研究	15YJCZH012	陈红敏
19	交叉学科/综合研究	北京工商大学	青年基金项目	北京城市商业活动空间特征研究	15YJCZH224	张　珣
20	教育学	北京工业大学	规划基金项目	大学生学业收获影响因素追踪研究	15YJA880055	苏林琴
21	教育学	北京工业大学	规划基金项目	高等学校青年教师学术规范继续教育机制的理论与实验研究	15YJA880088	杨昌勇
22	教育学	北京工业大学	青年基金项目	我国加入《华盛顿协议》背景下高等工程教育专业认证现状研究	15YJC880056	齐书宇
23	语言学	北京航空航天大学	青年基金项目	形式类型学框架下的英、汉、蒙语名词短语的比较研究	15YJC740079	王洪磊
24	管理学	北京航空航天大学	青年基金项目	员工感知的关系导向型人力资源管理实践的变化对其态度变化的影响：一项追踪研究	15YJC630139	谢凌玲
25	管理学	北京航空航天大学	青年基金项目	家族企业传承行为研究：影响因素与财富效应	15YJC630042	贾子超
26	教育学	北京航空航天大学	规划基金项目	创业培训对大学生创业意愿的影响研究	15YJA880011	董青春
27	交叉学科/综合研究	北京航空航天大学	青年基金项目	青年创业团队道德敏感性对绩效的影响机制研究：基于创业团队成长的视角	15YJCZH027	邓丽芳
28	管理学	北京化工大学	青年基金项目	人群拥挤踩踏事故的演化规律与干预策略研究	15YJC630047	蒋美英
29	马克思主义/思想政治教育	北京建筑大学	青年基金项目	当代大学生社会主义核心价值观日常生活化融入机制研究	15YJC710066	尹保红
30	交叉学科/综合研究	北京建筑大学	青年基金项目	中国农村文化生态系统建构的动力机制研究	15YJCZH042	冯　蕾
31	语言学	北京交通大学	青年基金项目	二语动词结构意义—句法加工图式研究：基于大数据分析技术	15YJC740061	秦　琴
32	艺术学	北京交通大学	规划基金项目	应对气候环境变化影响下的城市住区低碳交通规划设计研究	15YJA760041	魏泽崧
33	艺术学	北京交通大学	规划基金项目	基于遗产廊道理论的北京地铁站内公共空间文化遗产资源整合策略	15YJA760025	孟　彤
34	新闻学与传播学	北京交通大学	规划基金项目	中美互联网媒体管理的政策体制与法律机制比较研究	15YJA860002	董媛媛
35	教育学	北京警察学院	规划基金项目	公安高等院校学校特色研究	15YJA880092	杨玉海
36	语言学	北京科技大学	规划基金项目	基于微课的大学英语项目式翻转课堂资源建设与拓展研究	15YJA740022	李晓东

续表

序号	学科门类	学校名称	项目类别	项目名称	项目批准号	申请人
37	经济学	北京科技大学	规划基金项目	京津冀地区冶金工业实现循环经济的机制与政策研究	15YJA790020	何维达
38	管理学	北京科技大学	规划基金项目	企业员工的目标对其工作绩效及心理幸福感的影响：基于目标内容理论的视角	15YJA630099	张　剑
39	马克思主义/思想政治教育	北京理工大学	青年基金项目	虚无主义思潮对当代中国价值观的影响及其对策研究	15YJC710077	赵　亮
40	艺术学	北京理工大学	青年基金项目	民间传统手工艺在高校素质教育中的实践研究	15YJC760072	满芊何
41	艺术学	北京理工大学	青年基金项目	中日当代艺术设计教育比较研究	15YJC760128	张洪海
42	新闻学与传播学	北京理工大学	青年基金项目	基于唯一标识符的出版产业大数据在高校出版管理中的应用研究	15YJC860015	林　杰
43	图书馆、情报与文献学	北京理工大学	规划基金项目	基于文献计量学视阈的科学家学术谱系研究	15YJA870009	吕瑞花
44	教育学	北京理工大学	规划基金项目	专业学位研究生教育与职业资格证书制度协同发展与衔接研究	15YJA880019	郜　岭
45	语言学	北京联合大学	青年基金项目	1949—1979 年中国现当代文学在美国的译介研究	15YJC740120	叶秀娟
46	艺术学	北京联合大学	规划基金项目	河南卫视《梨园春》栏目 20 年间传承中原文化及产业化研究	15YJA760040	王彦霞
47	艺术学	北京联合大学	规划基金项目	中国当代工艺美术品牌化发展现状及创新策略研究	15YJA760033	王丹谊
48	艺术学	北京联合大学	青年基金项目	海上丝绸之路与华人国族认同——以东南亚妈祖造像为中心的研究	15YJC760093	王　芊
49	法学	北京联合大学	青年基金项目	环境公共决策中“非组织公众”参与权保障机制研究	15YJC820062	吴　梅
50	心理学	北京联合大学	自筹经费项目	农转居社区居民的社区感研究	15YJE190001	刘视湘
51	交叉学科/综合研究	北京联合大学	青年基金项目	基于集群网络结构视角的高技术产业集群风险演化及控制体系研究	15YJCZH114	马丽仪
52	经济学	北京林业大学	青年基金项目	基于费率厘定和保障水平差异化的森林保险补贴政策优化研究	15YJC790022	顾雪松
53	法学	北京林业大学	青年基金项目	大数据时代刑事电子数据证据的收集与运用	15YJC820088	庄乾龙
54	体育科学	北京林业大学	青年基金项目	中美学校体育教学内容体系比较研究	15YJC890012	姜志明
55	语言学	北京师范大学	青年基金项目	基于语言可加工理论的高校大学生英语语言能力分布研究	15YJC740087	王筱晶
56	语言学	北京师范大学	青年基金项目	汉语名词语义—语法双向互动关系研究	15YJC740069	宋作艳
57	语言学	北京师范大学	青年基金项目	汉语单音多义词的义位分析与入典研究	15YJC740123	尹　洁
58	中国文学	北京师范大学	青年基金项目	民间传说与宗族社会关系之研究——以赣县白鹭古村为例	15YJC751059	张　丽
59	外国文学	北京师范大学	规划基金项目	论巴尔特的思想转折及其文论与风格之间的关系	15YJA752009	钱　翰

续表

序号	学科门类	学校名称	项目类别	项目名称	项目批准号	申请人
60	经济学	北京师范大学	青年基金项目	特大城市产业发展与多中心空间结构的形成——基于以北京市为案例的研究	15YJC790085	邵　晖
61	法学	北京师范大学	规划基金项目	中国涉外经济法律体系的重构	15YJA820031	邢　钢
62	社会学	北京师范大学	青年基金项目	农村服务性社会组织的发育机制和可持续发展研究	15YJC840005	杜静元
63	教育学	北京师范大学	规划基金项目	从传统教育到现代教育：杜威的批判与构建	15YJA880022	郭法奇
64	教育学	北京师范大学	青年基金项目	知识地图在教师微培训中的实证研究	15YJC880050	马　宁
65	教育学	北京师范大学	青年基金项目	北欧国家教育创新政策理论与实践研究	15YJC880074	檀慧玲
66	心理学	北京师范大学	规划基金项目	网络游戏线索对于青少年网络游戏成瘾者抑制能力缺陷影响的脑机制研究	15YJA190010	张锦涛
67	心理学	北京师范大学	规划基金项目	藏汉双语者汉语翻译识别及其眼动预视效益	15YJA190007	王爱平
68	心理学	北京师范大学	青年基金项目	农村留守青少年的同伴系统及其对社会适应的影响	15YJC190005	侯　珂
69	体育科学	北京师范大学	规划基金项目	我国中小学校园足球发展方案实证研究	15YJA890018	王长权
70	统计学	北京师范大学	青年基金项目	复杂数据的稳健分析方法研究	15YJC910003	金　蛟
71	交叉学科/综合研究	北京师范大学	规划基金项目	促进学习困难小学生脑执行功能改善的运动干预方案开发与应用研究	15YJAZH101	殷恒婵
72	交叉学科/综合研究	北京师范大学	青年基金项目	跨文化视域下的法国毛主义研究	15YJCZH192	徐克飞
73	交叉学科/综合研究	北京石油化工学院	规划基金项目	社交网络舆情演化的数据溯源及信任机制研究	15YJAZH052	倪　静
74	法学	北京外国语大学	青年基金项目	现代比较法方法论的危机与应对	15YJC820029	李晓辉
75	历史学	北京协和医学院	规划基金项目	北京协和医学院民国时期教育史料整理与研究	15YJA770021	王　勇
76	管理学	北京协和医学院	青年基金项目	医院内部激励对医生开展按病种付费行为的影响研究——基于计划行为理论	15YJC630009	陈　丽
77	图书馆、情报与文献学	北京协和医学院	青年基金项目	基于多重数据融合的科研关系网络中关系挖掘研究	15YJC870005	陈　颖
78	马克思主义/思想政治教育	北京信息科技大学	规划基金项目	当代大学生价值观自信教育与引导研究	15YJA710039	赵爱玲
79	经济学	北京信息科技大学	青年基金项目	社会信任、企业社会责任履行与企业价值：基于企业慈善捐赠视角的研究	15YJC790147	张　雯
80	新闻学与传播学	北京印刷学院	青年基金项目	中国形象在缅甸媒体中的他塑与自塑研究	15YJC860038	张　聪
81	语言学	北京语言大学	青年基金项目	英、汉母语使用者时间认知与语言相关性的多任务实证研究	15YJC740003	陈光明
82	语言学	北京语言大学	青年基金项目	汉语篇章广义话题结构理论的实证性研究	15YJC740064	尚　英

续表

序号	学科门类	学校名称	项目类别	项目名称	项目批准号	申请人
83	外国文学	北京语言大学	青年基金项目	民族文学视野下的18世纪英—爱作家研究	15YJC752008	龚　璇
84	历史学	北京语言大学	青年基金项目	白鸟库吉与顾颉刚关于《禹贡》的研究比较	15YJC770047	张文静
85	管理学	北京语言大学	青年基金项目	基于产业价值链分解的模块化供应链管理与关系价值研究	15YJC630123	王　岚
86	交叉学科/综合研究	北京语言大学	规划基金项目	学习分析技术在汉语国际教育翻转课堂中的实证研究	15YJAZH089	徐　娟
87	交叉学科/综合研究	北京中医药大学	规划基金项目	中医药文化在中美关系发展中促进作用的研究	15YJAZH117	赵慧玲
88	交叉学科/综合研究	北京中医药大学	青年基金项目	基于情感分析的中医网络舆情研究	15YJCZH137	沈俊辉
89	马克思主义/思想政治教育	对外经济贸易大学	规划基金项目	马克思主义中国化视域下中共反帝话语范式的建构与演变及其基本经验研究	15YJA710021	刘建萍
90	语言学	对外经济贸易大学	青年基金项目	英美总裁风险认知的评价话语特征研究	15YJC740038	李　琳
91	语言学	对外经济贸易大学	青年基金项目	中国新时期女作家作品英译研究（1979—2010）	15YJC740017	付文慧
92	语言学	对外经济贸易大学	青年基金项目	语言接触视角下的北京郊区语音演变研究	15YJC740023	韩沛玲
93	经济学	对外经济贸易大学	规划基金项目	地方财政困境、最优税收分权与地方税改革评估：理论与实证	15YJA790070	行伟波
94	经济学	对外经济贸易大学	规划基金项目	家庭金融脆弱性对居民消费和福利的影响及政策模拟研究	15YJA790082	张　冀
95	经济学	对外经济贸易大学	规划基金项目	服务业开放对就业的影响机制：基于不同提供模式比较研究的中国服务业开放策略	15YJA790035	李　杨
96	经济学	对外经济贸易大学	青年基金项目	经济新常态下的金融不稳定性及宏观经济政策有效性研究	15YJC790110	王　妍
97	经济学	对外经济贸易大学	青年基金项目	中国出口信用保险的政策作用机制：基于多层次、多方法政策效应研究的制度完善策略	15YJC790153	章添香
98	管理学	对外经济贸易大学	青年基金项目	网络渠道情境下制造商渠道冲突治理机制研究	15YJC630172	张磊楠
99	政治学	对外经济贸易大学	青年基金项目	政治文化视角下的中国群体性事件及其治理	15YJC810021	余艳红
100	统计学	对外经济贸易大学	青年基金项目	中国外向型经济空心化发展趋势及影响因素的统计研究—基于人民币汇率变动视角	15YJC910005	刘　英
101	国际问题研究	对外经济贸易大学	青年基金项目	"一带一路"战略下中国—中亚地区能源合作机制研究——新地区主义视角的探索	15YJCGJW003	李　扬
102	交叉学科/综合研究	国际关系学院	规划基金项目	美国网络安全审查制度及中国对策研究	15YJAZH108	张孟媛

续表

序号	学科门类	学校名称	项目类别	项目名称	项目批准号	申请人
103	交叉学科/综合研究	国际关系学院	青年基金项目	日本的人神信仰研究	15YJCZH150	孙　敏
104	管理学	华北电力大学	规划基金项目	大规模可再生能源并网背景下常规能源参与调峰的利益协调及激励机制研究	15YJA630011	董福贵
105	管理学	华北电力大学	青年基金项目	京津冀地区重点用能行业能效差异化分析及优化研究	15YJC630058	李金超
106	交叉学科/综合研究	华北电力大学	青年基金项目	基于Bootstrap方法的随机动态死亡率模型研究及其在人口与养老保险领域的应用	15YJCZH186	吴晓坤
107	艺术学	清华大学	规划基金项目	中国汉字设计史	15YJA760006	陈　楠
108	艺术学	清华大学	青年基金项目	清代楹联书法研究	15YJC760113	薛帅杰
109	经济学	清华大学	青年基金项目	大数据视角下宏观经济预测的技术与方法研究	15YJC790119	徐晓飞
110	管理学	清华大学	青年基金项目	教练式领导对团队创新影响的中介与调节机制研究	15YJC630050	康　飞
111	管理学	清华大学	青年基金项目	领导批判性思维对员工创造力影响的跨层研究	15YJC630043	江　静
112	社会学	清华大学	青年基金项目	多元共治视角下社会组织参与环境治理的机制研究	15YJC840039	邢宇宙
113	新闻学与传播学	清华大学	规划基金项目	新中国对外传播制度史研究	15YJA860022	周庆安
114	教育学	清华大学	青年基金项目	组织学习视角下的校本教师学习研究	15YJC880135	张晓蕾
115	体育科学	清华大学	青年基金项目	基于北京冬奥会申办情境下的体育环境伦理与环境教育研究	15YJC890008	郭　振
116	交叉学科/综合研究	清华大学	规划基金项目	长跑负荷强度与心率监控方法的研究与应用	15YJAZH074	王培勇
117	交叉学科/综合研究	清华大学	青年基金项目	人口疏解背景下特大城市流动人口聚业空间治理研究——以北京农贸市场为例	15YJCZH016	陈宇琳
118	交叉学科/综合研究	清华大学	青年基金项目	都江堰灌区传统人居环境实践模式及其当代生态文明价值研究	15YJCZH215	袁　琳
119	管理学	首都经济贸易大学	青年基金项目	混合所有制、投资者异质信念与股权再融资行为	15YJC630102	卿小权
120	法学	首都经济贸易大学	青年基金项目	海洋强国战略下邮轮业长效发展的法制保障研究	15YJC820027	李璐玲
121	教育学	首都经济贸易大学	青年基金项目	乡村教师生活补助政策的落实情况及对乡村教师供给影响的实证研究	15YJC880030	姜金秋
122	交叉学科/综合研究	首都经济贸易大学	青年基金项目	异质企业假定下政府研发资助效应研究——来自二十万工业企业的证据	15YJCZH017	陈远燕
123	交叉学科/综合研究	首都经济贸易大学	青年基金项目	政治伦理视域中的朱迪斯·巴特勒思想研究	15YJCZH058	何　磊
124	艺术学	首都师范大学	青年基金项目	义务教育阶段学校美术教育中的“视觉性”研究	15YJC760025	段　鹏

续表

序号	学科门类	学校名称	项目类别	项目名称	项目批准号	申请人
125	社会学	首都师范大学	青年基金项目	单亲家庭儿童的福利水平与抗逆力提升机制研究	15YJC840013	黄　霞
126	图书馆、情报与文献学	首都师范大学	规划基金项目	《新疆图志》版本研究	15YJA870012	史明文
127	教育学	首都师范大学	青年基金项目	中小学课堂学习环境测评的理论与实践研究	15YJC880084	王晶莹
128	教育学	首都师范大学	青年基金项目	农民工投入子女学前教育的现状及促进研究	15YJC880132	张瑞瑞
129	交叉学科/综合研究	首都师范大学	青年基金项目	民间音调与北京民俗文化传承	15YJCZH071	蒋　聪
130	外国文学	外交学院	青年基金项目	日本教科书中的“军国美谈文学”研究（1894—1945）	15YJC752049	周萍萍
131	国际问题研究	外交学院	青年基金项目	美国国内气候政治机制研究	15YJCGJW010	杨　强
132	国际问题研究	外交学院	青年基金项目	联盟的转型与中国的对策研究	15YJCGJW004	凌胜利
133	语言学	中国传媒大学	规划基金项目	多元语境下的俄语媒体语篇研究	15YJA740051	徐洪征
134	中国文学	中国传媒大学	规划基金项目	鲁迅文章学研究	15YJA751017	刘春勇
135	艺术学	中国传媒大学	青年基金项目	影像美学（导论）	15YJC760038	侯　军
136	新闻学与传播学	中国传媒大学	规划基金项目	传播技术路径下的中国大众媒介变迁史研究	15YJA860010	李　煜
137	交叉学科/综合研究	中国传媒大学	青年基金项目	民族器乐的乐律感知协和性研究	15YJCZH178	王　鑫
138	管理学	中国地质大学（北京）	青年基金项目	新形势下三峡库区快速城镇化地区耕地利用管理对策研究	15YJC630005	曹银贵
139	体育科学	中国地质大学（北京）	规划基金项目	中国武术国际化传播双语网络平台构建研究	15YJA890016	刘小学
140	管理学	中国科学院大学	规划基金项目	高绩效科研团队社会网络及其对知识创新作用机理研究	15YJA630094	曾明彬
141	交叉学科/综合研究	中国科学院大学	青年基金项目	美国智库对公共政策的影响机制研究	15YJCZH163	王桂侠
142	教育学	中国矿业大学（北京）	青年基金项目	美国非终身制教师效益分析：对我国研究型高校聘任制度改革的启迪	15YJC880053	莫蕾钰
143	马克思主义/思想政治教育	中国农业大学	青年基金项目	马克思恩格斯城乡统筹发展思想及对我国城乡发展一体化的启示	15YJC710086	宗成峰
144	语言学	中国农业大学	规划基金项目	西北方言声调合并现象研究	15YJA740057	衣　莉
145	体育科学	中国农业大学	规划基金项目	大学体育引进美国青年成长计划（4H-YDP）的实践研究	15YJA890005	邓毅明
146	法学	中国青年政治学院	青年基金项目	卢梭法治思想的人性论基础	15YJC820075	张国旺
147	交叉学科/综合研究	中国青年政治学院	规划基金项目	环境传播场域冲突机制与舆论引导策略研究	15YJAZH056	漆亚林
148	语言学	中国人民大学	规划基金项目	关于中日韩共用汉字的应用与推广研究	15YJA740035	申淑子
149	语言学	中国人民大学	青年基金项目	两周金文惯用语辑考	15YJC740076	陶曲勇

续表

序号	学科门类	学校名称	项目类别	项目名称	项目批准号	申请人
150	管理学	中国人民大学	规划基金项目	社会网络、风险承担与价值创造：一项基于民营企业的研究	15YJA630101	张　敏
151	管理学	中国人民大学	规划基金项目	基于电子商务大数据的产品销量预测与库存优化策略研究	15YJA630068	王明明
152	体育科学	中国人民大学	规划基金项目	京津冀校园足球协同发展及保障体系的研究	15YJA890025	张　磊
153	交叉学科/综合研究	中国人民大学	规划基金项目	中国语境下新媒体与基层社会抗争的理论关系研究	15YJAZH067	王　斌
154	法学	中国人民公安大学	规划基金项目	警察特殊职务行为的刑法分析	15YJA820004	陈志军
155	法学	中国人民公安大学	青年基金项目	警察武力使用裁量的法律问题研究	15YJC820049	史全增
156	法学	中国人民公安大学	青年基金项目	刑罚的正当性根据研究	15YJC820015	郝英兵
157	经济学	中国石油大学	青年基金项目	赋予民众环境产权的污染市场化解决方案及其影响分析	15YJC790128	杨培方
158	管理学	中国石油大学	青年基金项目	中国页岩气开发潜力及对区域水资源消耗的影响研究	15YJC630121	王建良
159	管理学	中国石油大学	青年基金项目	提升 WEEE 正规回收渠道竞争能力的市场合作和政府补贴机制研究	15YJC630075	刘慧慧
160	管理学	中国石油大学	青年基金项目	库存不准确和风险规避下供应链优化与协调研究	15YJC630195	朱丽晶
161	国际问题研究	中国石油大学	青年基金项目	乌克兰危机下俄罗斯能源战略“转向”与中俄油气合作研究	15YJCGJW005	刘　乾
162	交叉学科/综合研究	中国石油大学	青年基金项目	虚拟问答社区中的个性化知识共享服务研究	15YJCZH081	李　明
163	艺术学	中国戏曲学院	青年基金项目	京剧旦行唱片研究（1906—1949）	15YJC760048	李　楠
164	历史学	中国政法大学	青年基金项目	17—19 世纪李氏朝鲜视野中的清朝正统性研究	15YJC770010	桂　涛
165	历史学	中国政法大学	青年基金项目	近代中国银行业风险防控机制研究	15YJC770035	王　强
166	经济学	中国政法大学	青年基金项目	亚太地区一体化对中国和美国农产品贸易的影响：基于异质农业部门条件的考察	15YJC790065	刘志雄
167	管理学	中国政法大学	规划基金项目	假品诱惑与消费者的假品认知对消费者假品购买意愿影响的研究	15YJA630047	马克态
168	法学	中国政法大学	规划基金项目	我国基层法律服务工作者队伍发展问题研究	15YJA820002	陈　宜
169	法学	中国政法大学	规划基金项目	网络犯罪电子数据证据适用规则研究	15YJA820007	郭金霞
170	法学	中国政法大学	规划基金项目	环境税立法之环境税收入再循环机制研究	15YJA820024	施正文
171	法学	中国政法大学	青年基金项目	企业破产中的环境债权研究	15YJC820078	张钦昱
172	法学	中国政法大学	青年基金项目	能源财产权利的行使、限制与冲突协调	15YJC820083	郑佳宁

续表

序号	学科门类	学校名称	项目类别	项目名称	项目批准号	申请人
173	社会学	中国政法大学	青年基金项目	政治社会学视野下的中央苏区土地革命再研究（1927—1934）	15YJC840022	孟庆延
174	社会学	中国政法大学	青年基金项目	居住模式与我国老年人的主观幸福感	15YJC840047	张　莉
175	交叉学科/综合研究	中国政法大学	青年基金项目	公安机关讯问笔录的语言规范研究	15YJCZH226	张　彦
176	社会学	中华女子学院	青年基金项目	中国幼儿教育机构中性别社会化的过程与机制研究	15YJC840006	范　譞
177	经济学	中央财经大学	规划基金项目	消费者对食品安全认证支付意愿的干预式选择实验研究	15YJA790080	张彩萍
178	经济学	中央财经大学	青年基金项目	农村土地流转背景下劳动力迁移的空间选择：集聚还是分散？	15YJC790113	魏海涛
179	经济学	中央财经大学	青年基金项目	保险需求及其与经济增长的关系研究：理论与中国实证	15YJC790053	廖　朴
180	管理学	中央财经大学	规划基金项目	中国社会养老保险财务平衡自动调整机制研究	15YJA630107	周渭兵
181	管理学	中央财经大学	青年基金项目	公共资源、风险承受度与社会信任	15YJC630063	李新荣
182	管理学	中央财经大学	青年基金项目	会计信息可比性与企业财务决策：作用机理、表现形式及经济后果	15YJC630044	江轩宇
183	政治学	中央财经大学	规划基金项目	跨域合作治理中的纵向政府关系嵌入及其影响因素：交易成本的视角	15YJA810006	邢　华
184	图书馆、情报与文献学	中央财经大学	青年基金项目	我国政府社交媒体信息档案化管理体系研究	15YJC870018	宋魏巍
185	体育科学	中央财经大学	青年基金项目	我国体育场馆冠名权定价、交易匹配与杠杆作用机制研究	15YJC890020	刘彩凤
186	交叉学科/综合研究	中央财经大学	规划基金项目	P2P 网络借贷主体决策行为与风险防控策略研究	15YJAZH066	涂　艳
187	交叉学科/综合研究	中央财经大学	规划基金项目	国防预算绩效动态测度与评估：理论、模型与实证研究	15YJAZH103	余冬平
188	交叉学科/综合研究	中央财经大学	青年基金项目	我国大中城市空气污染及其影响因素的空间效应研究——基于空间动态面板数据模型	15YJCZH122	欧变玲
189	交叉学科/综合研究	中央财经大学	青年基金项目	清代别集中与西方有关资料辑要及清诗文中的西方形象研究	15YJCZH083	李　鹏
190	交叉学科/综合研究	中央财经大学	青年基金项目	京津冀雾霾治理的生态补偿机制研究	15YJCZH035	杜纯布
191	马克思主义/思想政治教育	中央民族大学	青年基金项目	宗教极端势力渗透内地高校新疆籍少数民族学生防御机制研究	15YJC710026	李松洁
192	外国文学	中央民族大学	规划基金项目	英国文学框架下汉译苏格兰文学之困境	15YJA752012	宋　达
193	外国文学	中央民族大学	规划基金项目	“文学地域主义”视阈下的美国西北诗派研究	15YJA752002	洪　娜
194	外国文学	中央民族大学	青年基金项目	美国本土裔小说正义主题研究	15YJC752037	杨　恒
195	艺术学	中央民族大学	规划基金项目	中国朝鲜族舞蹈史	15YJA760029	朴永光

续表

序号	学科门类	学校名称	项目类别	项目名称	项目批准号	申请人
196	艺术学	中央民族大学	青年基金项目	西南少数民族舞蹈教学钢琴音乐曲集及研究	15YJC760041	金玉仁
197	历史学	中央民族大学	青年基金项目	近代中国人对土耳其的认知研究(1840—1949)	15YJC770006	陈　鹏
198	管理学	中央民族大学	青年基金项目	东部城市少数民族流动人口服务与管理创新机制研究	15YJC630114	孙　婷
199	社会学	中央民族大学	青年基金项目	转型时期的社会情绪表达与化解疏导研究	15YJC840023	秦广强
200	民族学与文化学	中央民族大学	规划基金项目	我国少数民族现行生育政策对生育水平的作用效应、适应性及其调整研究	15YJA850001	蔡果兰
201	教育学	中央民族大学	规划基金项目	新丝路沿线西南边境民族地区教育发展研究	15YJA880077	吴明海
202	交叉学科/综合研究	中央民族大学	规划基金项目	基于协作式批量主动学习的藏语 LVCSR 语音语料标注方法研究	15YJAZH120	赵　悦
203	交叉学科/综合研究	中央民族大学	青年基金项目	民族地区义务教育阶段双语教育模式的计量模型研究	15YJCZH169	王　兢
204	艺术学	中央戏剧学院	规划基金项目	互联网环境下的当代中国电影产业研究	15YJA760010	顾　峥
205	艺术学	中央戏剧学院	青年基金项目	斯坦尼斯拉夫斯基演员训练在欧美发展的借鉴研究	15YJC760070	罗　宇

(高校社科管理中心白晓供稿)

2015 年度教育部哲学社会科学研究重大攻关项目(北京地区)

立项批准号	项目名称	单位	首席专家
15JZD001	社会主义核心价值观基本理念研究	清华大学	吴潜涛
15JZD010	法治中国建设背景下警察权研究	清华大学	余凌云
15JZD011	中国经济发展新常态的内涵、特征及其演变逻辑研究	中央财经大学	昌忠泽
15JZD015	基于大数据的经济形势监测理论与方法研究	中国人民大学	田茂再
15JZD022	互联网金融的风险防控与多元化监管模式研究	中央财经大学	欧阳日辉
15JZD027	重大突发事件社会舆情演化规律及应对策略研究	北京师范大学	傅昌波
15JZD032	中国特色大国外交研究	外交学院	王　帆
15JZD034	世界主要多民族国家的民族政策实践及对我启示研究	中央民族大学	石亚洲
15JZD037	亚太自贸区建设与中国国际战略研究	中国人民大学	保建云
15JZD040	教育与经济发展关系及贡献研究	北京师范大学	杜育红
15JZD041	我国社会需求变化与学位授予体系发展前瞻研究	北京师范大学	姚　云
15JZD044	现代大学治理结构中的纪律建设、德治礼序和权力配置协调机制研究	北京师范大学	周作宇

(高校社科管理中心白晓供稿)

2015 年度北京市社会科学基金项目

序号	项目编号	项目名称	项目负责人	学科	项目类别	信誉保证单位
1	15ZDA01	中国法治三重因素的冲突与融合	徐爱国	法学	重大项目	北京大学
2	15ZDA02	我国宪法实施制度的改进与完善	马　岭	法学	重大项目	中国青年政治学院
3	15ZDA03	完善以宪法为核心的中国特色社会主义法律体系研究	冯玉军	法学	重大项目	中国人民大学
4	15ZDA04	社会治理法治化问题研究	高秦伟	法学	重大项目	中央财经大学
5	15ZDA05	北京知识产权法院建设研究	易继明	法学	重大项目	北京大学
6	15ZDA06	古代石刻法律文献分类集释与研究	李雪梅	法学	重大项目	中国政法大学
7	15ZDA07	丝绸之路经济带建设的对外传播战略研究	赵永华	经济・管理	重大项目	中国人民大学
8	15ZDA08	城镇化进程中首都郊县小城镇社区研究	李远行	经济・管理	重大项目	中央财经大学
9	15ZDA09	革命根据地教科书整理与研究	石　鸥	教育学	重大项目	首都师范大学
10	15ZDA10	美国研究型大学通识教育反思兼论我国通识教育	郑晓齐	教育学	重大项目	北京航空航天大学
11	15ZDA11	青少年的创伤后应激障碍与创伤后成长的结构及影响机制研究	伍新春	教育学	重大项目	北京师范大学
12	15ZDA12	汉字发展史	王贵元	历史学	重大项目	中国人民大学
13	15ZDA13	宋前出土文献及佚文献文学研究	徐正英	历史学	重大项目	中国人民大学
14	15ZDA14	中国古代散文序跋文献整理与研究	张德建	历史学	重大项目	北京师范大学
15	15ZDA15	元明清时期北京与周边地区关系的历史地理学研究：基于古地图的考察	张妙弟	历史学	重大项目	北京联合大学
16	15ZDA16	北京都市型现代农业与城乡一体化发展的金融服务创新研究	马九杰	经济・管理	重大项目	中国人民大学
17	15ZDA17	北京及周边地区重大雾霾自然灾害时空规律的统计学研究及预警	田茂再	经济・管理	重大项目	中国人民大学
18	15ZDA18	基于大数据的经济形势监测理论与方法研究	刘涛雄	经济・管理	重大项目	清华大学
19	15ZDA19	老龄化背景下中国养老保险体系的长寿风险管理理论研究	高建伟	社会学	重大项目	华北电力大学
20	15ZDA20	现代国家的伦理基础与伦理使命研究	黄裕生	哲学	重大项目	清华大学
21	15ZDB21	马克思主义哲学体系的研究与创新	杨　耕	哲学	重大项目	北京师范大学
22	15ZDB22	网络零售管理的基础理论研究	王国顺	经济・管理	重大项目	北京工商大学
23	15ZDA23	中国与波斯海上丝绸之路考古学研究	林梅村	历史学	重大项目	北京大学

续表

序号	项目编号	项目名称	项目负责人	学科	项目类别	信誉保证单位
24	15ZDA24	京津冀地缘关系的历史考察	孙冬虎	历史学	重大项目	北京市社会科学院
25	15ZDA25	教育与美国社会改革（1890—1920年）	张斌贤	教育学	重大项目	北京师范大学
26	15ZDA26	中国地方政府的政策创新机制研究	杨宏山	科社·党建·政治学	重大项目	中国人民大学
27	15ZDA27	新中国成立以来国共关系史（1949—2009）	李松林	科社·党建·政治学	重大项目	首都师范大学
28	15ZDA28	世界主义理论及其当代价值	蔡　拓	哲学	重大项目	中国政法大学
29	15ZDA29	平等主义研究	段忠桥	哲学	重大项目	中国人民大学
30	15ZDA30	信息技术革命与当代认识论研究	肖　峰	哲学	重大项目	中国青年政治学院
31	15ZDA31	唯物史观价值取向研究	陈新夏	哲学	重大项目	首都师范大学
32	15ZDA32	新媒体环境下对外英语新闻翻译及传播效果创新研究	司显柱	语言·文学·艺术	重大项目	北京交通大学
33	15ZDA33	大数据视角下汉语课堂教学建模研究	郑艳群	语言·文学·艺术	重大项目	北京语言大学
34	15ZDA34	中国近百年外国转译著作的资料整理与研究	王志松	语言·文学·艺术	重大项目	北京师范大学
35	15ZDA35	魏晋南北朝志怪小说新考	张庆民	语言·文学·艺术	重大项目	首都师范大学
36	15ZDA36	国学“子部小说”研究	王　昕	语言·文学·艺术	重大项目	中国人民大学
37	15ZDA37	北京饮食文化发展史	万建中	历史学	重大项目	北京师范大学
38	15ZDA38	北京民间工艺美术史	张　旗	历史学	重大项目	北京联合大学
39	15ZDA39	中国电影政策的历史沿革与理论构建	于　丽	语言·文学·艺术	重大项目	北京电影学院
40	15ZDA40	民法基本原则的适用研究	于　飞	法学	重大项目	中国政法大学
41	15ZDA41	法学方法与史学方法的贯通性研究	张世明	法学	重大项目	中国人民大学
42	15ZDA42	生态文明法制建设与绿色3E（能源—经济—生态）系统路径优化研究	庞昌伟	法学	重大项目	中国石油大学（北京）
43	15ZDA43	关于加快首都北京养老服务体制改革和法制建设的研究	黄石松	社会学	重大项目	北京市人大常委会研究室
44	15ZDA44	新媒体环境下重大突发事件社会舆情传播规律研究	姚广宜	科社·党建·政治学	重大项目	中国政法大学
45	15ZDA45	金融普惠与京津冀协同发展研究	尹志超	经济·管理	重大项目	首都经济贸易大学
46	15ZDA46	我国外汇储备的投资优化决策问题研究	余　湄	经济·管理	重大项目	对外经济贸易大学
47	15ZDA47	人口老龄化背景下中国养老产品供求研究	徐景峰	社会学	重大项目	中央财经大学
48	15ZDA48	中国传统治国方略研究	彭新武	科社·党建·政治学	重大项目	中国人民大学
49	15ZDA49	气候变化与国际贸易协同发展研究	方　虹	经济·管理	重大项目	北京航空航天大学
50	15ZDA50	面向众创空间的大众创新创业模式及相关支撑理论研究	金　鑫	经济·管理	重大项目	中央财经大学

续表

序号	项目编号	项目名称	项目负责人	学科	项目类别	信誉保证单位
51	15ZDA51	国有企业混合所有制改革理论与实现路径研究	谢志华	经济·管理	重大项目	北京工商大学
52	15FXA001	法官惩戒制度研究	熊跃敏	法学	重点项目	北京师范大学
53	15FXA002	推进北京市生态文明建设的依法治理研究	白彦锋	法学	重点项目	中央财经大学
54	15FXA003	城乡二元结构下改善社会治理研究	温铁军	法学	重点项目	中国人民大学
55	15FXA004	国际文化财产法：原理、体系与视角	霍政欣	法学	重点项目	中国政法大学
56	15FXA005	治官之法与文官治理：传统中国的权力规制与法律秩序	顾　元	法学	重点项目	中国政法大学
57	15FXA006	国家信息安全视角下的网络空间法治化研究	毕　颖	法学	重点项目	北京交通大学
58	15FXA007	大数据时代用户数据利益的法律保护研究	董京波	法学	重点项目	中国政法大学
59	15FXA008	民间融资的法律规制研究	邢会强	法学	重点项目	中央财经大学
60	15FXB009	北京市文化创意产业保护的立法研究	丛立先	法学	一般项目	北京外国语大学
61	15FXB010	法律修辞的能动性研究	张　清	法学	一般项目	中国政法大学
62	15FXB011	中国标准著作权保护制度研究	柳经纬	法学	一般项目	中国政法大学
63	15FXB012	3D 打印技术的知识产权风险与应对	翟业虎	法学	一般项目	首都经济贸易大学
64	15FXB013	困境儿童分类保障研究：北京模式的民法考察	陈　鑫	法学	一般项目	中国青年政治学院
65	15FXB014	京津冀一体化的协同治理与法治保障研究	郭　殊	法学	一般项目	北京师范大学
66	15FXB015	“案多人少”与司法职权配置的经验研究	侯　猛	法学	一般项目	北京大学
67	15FXB016	刑事判决在民事诉讼中的效力研究	纪格非	法学	一般项目	中国政法大学
68	15FXB017	制度演进与模式转换：近代中国官办企业治理结构研究	蒋燕玲	法学	一般项目	北京航空航天大学
69	15FXB018	法的自主性问题研究	泮伟江	法学	一般项目	北京航空航天大学
70	15FXB019	刑事错案发现机制研究——基于北京经验的研究	陶　杨	法学	一般项目	北京交通大学
71	15FXB020	政府与社会资本合作（PPP）法律问题研究	邢　钢	法学	一般项目	北京师范大学
72	15FXB021	北京市判决书论证质量调查	杨　贝	法学	一般项目	对外经济贸易大学
73	15FXB022	北京市精神病人危害防控与权利保障研究	张品泽	法学	一般项目	中国人民公安大学
74	15FXB023	北京市地下空间利用立法问题研究	赵秀梅	法学	一般项目	北京理工大学
75	15FXB024	金融隐私权合理使用规则研究	颜　苏	法学	一般项目	北京工商大学
76	15FXB025	特定地区“扰序上访”的刑事政策研究	彭智刚	法学	一般项目	北京邮电大学

续表

序号	项目编号	项目名称	项目负责人	学科	项目类别	信誉保证单位
77	15FXB026	北京市和谐劳动关系协调机制构建与劳动者保护研究	薛长礼	法学	一般项目	北京化工大学
78	15FXB027	国家治理中法治与德治相结合研究	王建敏	法学	一般项目	中国青年政治学院
79	15FXB028	《大清律例》律文译注	闵冬芳	法学	一般项目	外交学院
80	15FXB029	公共治理视野下北京市精神卫生法制问题研究	张博源	法学	一般项目	首都医科大学
81	15FXB030	行政事业性收费法律规制研究	贾小雷	法学	一般项目	中共北京市委党校
82	15FXB031	北京市社会稳定形势量化分析及预警管理研究	张景荪	法学	一般项目	北京政法职业学院
83	15FXB032	北京市未成年人犯罪及其诉讼权利保障研究	李　扬	法学	一般项目	中央民族大学
84	15FXB033	北京市追逃追赃国际合作机制研究	罗　斌	法学	一般项目	中国人民公安大学
85	15FXB034	北京市整建制农转居集体建设用地法律制度研究	王伟伟	法学	一般项目	北京市社会科学院
86	15FXB035	区域协同下统筹法律与政策治理京津冀大气污染研究	郭锦鹏	法学	一般项目	首都经济贸易大学
87	15FXC036	北京市公众参与城市规划法律机制研究	裴　娜	法学	青年项目	北京建筑大学
88	15FXC037	传统村落古建筑保护中的私权限制及其补偿	杨长更	法学	青年项目	北京建筑大学
89	15FXC038	首都新经济形势下的一般反避税管理研究	汤洁茵	法学	青年项目	中国青年政治学院
90	15FXC039	我国宪法解释程序机制完善研究	王　旭	法学	青年项目	中国人民大学
91	15FXC040	审判中心主义视野下的辩审关系研究	印　波	法学	青年项目	北京师范大学
92	15FXC041	转基因食品法律规范研究	周　超	法学	青年项目	中国农业大学
93	15FXC042	刑事和解中的国家角色	何　挺	法学	青年项目	北京师范大学
94	15FXC043	北京地区贪污贿赂案件中的异地审判及量刑标准研究	邓矜婷	法学	青年项目	中国人民大学
95	15FXC044	《北京市警察执法人权手册》制定研究	化国宇	法学	青年项目	中国人民公安大学
96	15FXC045	媒体参与庭审公开的合宪性规制——基于对北京市法院系统的调查	赵　真	法学	青年项目	中央财经大学
97	15FXC046	生育中人格权益的民法保护	朱晓峰	法学	青年项目	中央财经大学
98	15FXC047	北京市戒毒措施的实施现状与改善研究	包　涵	法学	青年项目	中国人民公安大学
99	15FXC048	首都反恐体系与反恐国际合作的措施研究	焦　阳	法学	青年项目	外交学院
100	15FXC049	京津冀物流一体化的知识产权法制保障研究	刘　洁	法学	青年项目	北京物资学院
101	15FXC050	北京市购买服务法制研究	刘　权	法学	青年项目	中央财经大学

续表

序号	项目编号	项目名称	项目负责人	学科	项目类别	信誉保证单位
102	15FXC051	北京市反垄断法实施面临的困境及应对问题研究	谭　袁	法学	青年项目	中国青年政治学院
103	15FXC052	大数据环境下个人信息的刑法保护研究	于　冲	法学	青年项目	中国政法大学
104	15FXC053	边沁法理学的人性论基础研究	张延祥	法学	青年项目	北京工业职业技术学院
105	15FXC054	意大利物权法研究	翟远见	法学	青年项目	中国政法大学
106	15FXC055	行政垄断的法律规制研究	徐铭勋	法学	青年项目	北京科技大学
107	15JGA001	新常态下中国实现包容性发展的理论与战略	邸玉娜	经济·管理	重点项目	北京工商大学
108	15JGA002	基于低碳经济的北京城市生活垃圾处理模式研究	李　颖	经济·管理	重点项目	北京建筑大学
109	15JGA003	知识产权质押融资风险形成机理与风险动态共担机制设计	鲍新中	经济·管理	重点项目	北京联合大学
110	15JGA004	北京市生态文明建设及评价指标体系研究	张　琦	经济·管理	重点项目	北京师范大学
111	15JGA005	进口贸易的经济发展效应及北京外贸战略转型研究	魏　浩	经济·管理	重点项目	北京师范大学
112	15JGA006	中国内生经济转型理论研究	韩忠亮	经济·管理	重点项目	北京市社会科学院
113	15JGA007	互联网用户点评行为的激励机制及动态规律——基于大数据与计量模型的实证研究	殷国鹏	经济·管理	重点项目	对外经济贸易大学
114	15JGA008	政策信息学方法论研究	张　楠	经济·管理	重点项目	清华大学
115	15JGA009	首都经济圈文化产业协同创新基础理论体系研究	杭　敏	经济·管理	重点项目	清华大学
116	15JGA010	资本成本测算及其应用领域研究	汪　平	经济·管理	重点项目	首都经济贸易大学
117	15JGA011	选择试验中属性不在场问题的理论研究：以北京居民对可追溯食品支付意愿为例	白军飞	经济·管理	重点项目	中国农业大学
118	15JGA012	北京市空气污染健康损失评估方法、参数及应用研究	宋国君	经济·管理	重点项目	中国人民大学
119	15JGA013	国际金融危机理论：基于美元主导国际货币体系的研究视角	王　芳	经济·管理	重点项目	中国人民大学
120	15JGA014	大数据时代中国国家反恐模式研究	陈　刚	经济·管理	重点项目	中国人民公安大学
121	15JGA015	经济增长的微观解释与理论发展研究	严成樑	经济·管理	重点项目	中央财经大学
122	15JGA016	经济时空分析方法及相关理论框架的初步构建	荣朝和	经济·管理	特别委托项目	北京交通大学
123	15JGB017	分类别、多环节促进北京市文化产业发展的财税政策及其效应研究	丁　芸	经济·管理	特别委托项目	首都经济贸易大学
124	15JGA018	中国经济学发展报告（2015）——中国经济热点前沿（第12辑）	黄泰岩	经济·管理	特别委托项目	中央民族大学

续表

序号	项目编号	项目名称	项目负责人	学科	项目类别	信誉保证单位
125	15JGA019	北京市文化产品国际竞争力提升的路径研究	曲如晓	经济·管理	重点项目	北京师范大学
126	15JGA020	北京蔬菜生产碳足迹及生态补偿机制研究	穆月英	经济·管理	重点项目	中国农业大学
127	15JGA021	北京市地方政府债务管理与风险控制研究	孙玉栋	经济·管理	重点项目	中国人民大学
128	15JGA022	“一带一路”新战略与北京金融发展研究	涂永红	经济·管理	重点项目	中国人民大学
129	15JGA023	北京市机关事业单位养老保险财政负担的精算评估	杨再贵	经济·管理	重点项目	中央财经大学
130	15JGA024	北京自然资源资产负债表编制及其管理研究	史　丹	经济·管理	重点项目	中国社会科学院工业经济研究所
131	15JGA025	支撑京津冀环境公共服务一体化的PPP模式环保产业基金研究	蓝　虹	经济·管理	重点项目	中国人民大学
132	15JGA026	互联网环境的北京市食品安全监管体系研究	杨浩雄	经济·管理	重点项目	北京工商大学
133	15JGA027	财政补贴和风险投资在北京上市公司技术创新中的耦合机制研究	贺炎林	经济·管理	重点项目	对外经济贸易大学
134	15JGA028	北京市医院社会责任信息披露规制研究	郭　蕊	经济·管理	重点项目	首都医科大学
135	15JGA029	京津冀跨域突发事件应急联动中的社会动员协调问题研究	王宏伟	经济·管理	重点项目	中国人民大学
136	15JGA030	环首都贫困带与北京协调发展研究	龚晓菊	经济·管理	重点项目	北京工商大学
137	15JGA031	北京市文化创意产业发展效应研究	方　燕	经济·管理	重点项目	北京工商大学
138	15JGA032	北京旅游服务贸易竞争力提升研究	刘　敏	经济·管理	重点项目	北京联合大学
139	15JGA033	经济新常态下的北京人才红利测量和释放问题研究	鄢圣文	经济·管理	重点项目	北京市社会科学院
140	15JGA034	一体化通关管理格局视角下服务首都总部企业对策研究	高融昆	经济·管理	重点项目	北京海关
141	15JGB035	基于产品架构的企业产品创新路径研究	顾元勋	经济·管理	一般项目	北京交通大学
142	15JGB036	政府购买服务在北京市社区公共服务供给中的角色定位、实践应用与机制设计研究	崔　军	经济·管理	一般项目	中国人民大学
143	15JGB037	基于幸福视角的北京市区县发展水平研究	高启杰	经济·管理	一般项目	中国农业大学
144	15JGB038	京津冀地区雾霾治理的协同机制研究	韩　晶	经济·管理	一般项目	北京师范大学
145	15JGB039	北京企业品牌国际化经营问题研究	郝旭光	经济·管理	一般项目	对外经济贸易大学
146	15JGB040	北京新能源洗车鼓励消费政策效果评价研究	马宝龙	经济·管理	一般项目	北京理工大学
147	15JGB041	北京市国有资本管理体系重塑与实施机制研究	马　忠	经济·管理	一般项目	北京交通大学

续表

序号	项目编号	项目名称	项目负责人	学科	项目类别	信誉保证单位
148	15JGB042	京津冀社会保障制度协同发展研究	石美遐	经济·管理	一般项目	北京交通大学
149	15JGB043	北京市科技创新产业联盟与产业自主创新	唐方成	经济·管理	一般项目	北京交通大学
150	15JGB044	基于民生和生态文明建设理念的北京平原造林工程绩效评估研究	王立群	经济·管理	一般项目	北京林业大学
151	15JGB045	北京市生态承载力评价与补偿机制研究	王瑞梅	经济·管理	一般项目	中国农业大学
152	15JGB046	北京市公交提价后财政补贴的测评模型与补贴机制研究	肖　翔	经济·管理	一般项目	北京交通大学
153	15JGB047	就业选配视角下北京市大学生的人力资本提升路径研究	张　力	经济·管理	一般项目	北京交通大学
154	15JGB048	天津自贸试验区建设对北京开放经济影响的研究	张晓涛	经济·管理	一般项目	中央财经大学
155	15JGB049	基于家庭金融的北京市居民资产选择与消费行为研究	周　明	经济·管理	一般项目	中央财经大学
156	15JGB050	京津冀产业协同下的能源效率提升策略研究	王敬敏	经济·管理	一般项目	华北电力大学
157	15JGB051	北京山区传统民居生态范式及维度研究	郭晓东	经济·管理	一般项目	北京建筑大学
158	15JGB052	海绵城市建设管理模式创新及其制度设计研究	王建龙	经济·管理	一般项目	北京建筑大学
159	15JGB053	绿色建造过程资源循环利用协同机制研究	尤　完	经济·管理	一般项目	北京建筑大学
160	15JGB054	京津冀资本流动与产业结构升级研究	孙　凯	经济·管理	一般项目	北京信息科技大学
161	15JGB055	“互联网+”驱动下的京郊乡村旅游产业升级转型研究	安永刚	经济·管理	一般项目	北京农学院
162	15JGB056	北京市新蓝领负债消费行为研究	陈　岩	经济·管理	一般项目	北京联合大学
163	15JGB057	京津冀协同发展中北京会展产业升级的路径选择	高凌江	经济·管理	一般项目	北京第二外国语学院
164	15JGB058	京津冀化解产能过剩中企业劳资冲突风险的治理研究	何　勤	经济·管理	一般项目	北京联合大学
165	15JGB059	世界服务贸易规则新动向与北京服务贸易竞争力提升研究	何　蓉	经济·管理	一般项目	北京外国语大学
166	15JGB060	基于北京小微企业创新激励的股权众筹机制研究	黄凌灵	经济·管理	一般项目	北方工业大学
167	15JGB061	基于全面薪酬满意度的北京零售企业员工激励机制研究	李春玲	经济·管理	一般项目	北京工商大学
168	15JGB062	北京市新企业绿色创业行为与制度环境的协同演化机制研究	李华晶	经济·管理	一般项目	北京林业大学
169	15JGB063	北京市郊区居民转基因食品购买意愿及影响因素实证研究	李　嘉	经济·管理	一般项目	北京农学院
170	15JGB064	大客流情况下北京地铁乘客疏散行为研究	李　森	经济·管理	一般项目	北京交通大学

续表

序号	项目编号	项目名称	项目负责人	学科	项目类别	信誉保证单位
171	15JGB065	北京市城乡接合部重点地区社会治理创新研究	李水金	经济·管理	一般项目	首都师范大学
172	15JGB066	基于大数据的北京市雾霾形成机理与综合治理对策研究	李卫东	经济·管理	一般项目	北京交通大学
173	15JGB067	城乡公共服务一体化视角下北京农村社区治理模式研究	李玉红	经济·管理	一般项目	北京农学院
174	15JGB068	京津冀一体化模式下基于EPR的北京市餐饮链垃圾减量研究	刘文涛	经济·管理	一般项目	北京信息科技大学
175	15JGB069	北京市人口膨胀演变及资源压力趋势预测研究	刘轶芳	经济·管理	一般项目	中央财经大学
176	15JGB070	北京小汽车限行政策效果评价	陆方文	经济·管理	一般项目	中国人民大学
177	15JGB071	京津冀一体化下应急物资储备问题研究	马向国	经济·管理	一般项目	北京物资学院
178	15JGB072	基于空间溢出视角的产业结构、能源结构对京津冀的雾霾影响及对策研究	欧变玲	经济·管理	一般项目	中央财经大学
179	15JGB073	严重雾霾对北京旅游业的综合影响研究	彭　建	经济·管理	一般项目	中央民族大学
180	15JGB074	卫生管理体制机制对乡村两级医德关系的作用研究	彭迎春	经济·管理	一般项目	首都医科大学
181	15JGB075	北京市保障性住房全过程建设管理机制研究	任　旭	经济·管理	一般项目	北京交通大学
182	15JGB076	分税制以来北京财力的变化及重构地方政府收入体系研究	史兴旺	经济·管理	一般项目	首都经济贸易大学
183	15JGB077	北京市流动人口家庭化与消费行为研究	宋月萍	经济·管理	一般项目	中国人民大学
184	15JGB078	北京市电子商务与网络消费发展研究	王　琦	经济·管理	一般项目	北京邮电大学
185	15JGB079	环境硬约束下北京地区苜蓿种植对农户收入影响研究	王文信	经济·管理	一般项目	中国农业大学
186	15JGB080	国际贸易保护主义盛行背景下北京市企业应对贸易壁垒的策略体系研究	王孝松	经济·管理	一般项目	中国人民大学
187	15JGB081	北京城市发展与零售业态适应性研究	王　勇	经济·管理	一般项目	北京工商大学
188	15JGB082	微营销时代品牌营销渠道机制研究	韦　恒	经济·管理	一般项目	北京联合大学
189	15JGB083	调整疏解非首都功能研究	魏　楚	经济·管理	一般项目	中国人民大学
190	15JGB084	基于运输效率的北京城市轨道交通网络时空优化研究	吴　昊	经济·管理	一般项目	北京交通大学
191	15JGB085	北京市灵活就业及其政策执行效果研究	吴　江	经济·管理	一般项目	首都经济贸易大学
192	15JGB086	基于区际协同创新的京津冀公共服务一体化研究	吴　强	经济·管理	一般项目	北京工商大学

续表

序号	项目编号	项目名称	项目负责人	学科	项目类别	信誉保证单位
193	15JGB087	创业股权众筹的价值共创和治理协同机制研究：以北京地区为例	许　进	经济·管理	一般项目	中央财经大学
194	15JGB088	北京市高端装备制造业创新驱动的模式与路径研究	余吉安	经济·管理	一般项目	北京林业大学
195	15JGB089	北京房地产泡沫检测防止长效机制研究	张宝林	经济·管理	一般项目	北京林业大学
196	15JGB090	家庭金融脆弱性视角下的北京地区居民消费变化研究及政策模拟	张　冀	经济·管理	一般项目	对外经济贸易大学
197	15JGB091	"互联网＋"战略升级北京旅游业的路径及关键要素研究	张运来	经济·管理	一般项目	北京工商大学
198	15JGB092	基于 IPAC—SGM 模型的北京电力能源发展模式与雾霾防治的评估与政策研究	赵洱岽	经济·管理	一般项目	华北电力大学
199	15JGB093	北京市建立绿色供应链的管理机制研究	周永圣	经济·管理	一般项目	北京工商大学
200	15JGB094	北京市中小企业股权众筹问题研究	刘德红	经济·管理	一般项目	北京交通大学
201	15JGB095	北京新农人农业生产的互联网金融支持体系研究	张　峰	经济·管理	一般项目	北京联合大学
202	15JGB096	经济新常态下的北京市外来务工人员城市融合评价体系研究	梁栩凌	经济·管理	一般项目	北京信息科技大学
203	15JGB097	自有品牌、零制融合与北京本土零售企业的战略转型研究	刘海龙	经济·管理	一般项目	北京工商大学
204	15JGB098	电子商务推进北京市产业升级转型的动力机制与路径研究	曹怀虎	经济·管理	一般项目	中央财经大学
205	15JGB099	快递隐私信息安全流转研究	康海燕	经济·管理	一般项目	北京信息科技大学
206	15JGB100	京津冀印刷产业协同发展对策研究	李治堂	经济·管理	一般项目	北京印刷学院
207	15JGB101	北京市网络消费中信任感来源与信任机制建设研究	刘红璐	经济·管理	一般项目	北京交通大学
208	15JGB102	后专营时代北京市食盐封闭供应链运行机制研究	刘永胜	经济·管理	一般项目	北京物资学院
209	15JGB103	内部控制影响国有控股上市公司非效率投资行为的理论与实证研究	秦江萍	经济·管理	一般项目	北京物资学院
210	15JGB104	面向定制化服务的精益原则适用性研究	曲　立	经济·管理	一般项目	北京信息科技大学
211	15JGB105	京津冀及周边地区大气污染治理与可持续转型研究	王　江	经济·管理	一般项目	北京化工大学
212	15JGB106	北京市网购食品质量安全管理政策创新研究	王可山	经济·管理	一般项目	北京物资学院
213	15JGB107	北京市机关事业单位养老保险转制成本测算与财政负担能力分析	周渭兵	经济·管理	一般项目	中央财经大学
214	15JGB108	跨年度预算平衡机制构建与北京市引入中期预算管理研究	肖　鹏	经济·管理	一般项目	中央财经大学
215	15JGB109	京津冀通关一体化对北京的经济效应研究	李海莲	经济·管理	一般项目	对外经济贸易大学

续表

序号	项目编号	项目名称	项目负责人	学科	项目类别	信誉保证单位
216	15JGB110	北京新型农业经营体系构建研究	辛 岭	经济·管理	一般项目	中国农业科学院农业经济与发展研究所
217	15JGB111	北京财政风险的估量及内控制度的设计	韩文琰	经济·管理	一般项目	北京青年政治学院
218	15JGB112	北京三山五园文化旅游价值分析评估及开发研究	田彩云	经济·管理	一般项目	北京联合大学
219	15JGB113	社会网络视角下中关村创新集群发展研究	黄婉秋	经济·管理	一般项目	北京工商大学
220	15JGB114	大数据时代公众参与的网络治理模式研究	邱 锐	经济·管理	一般项目	中共北京市委党校
221	15JGB115	北京公共交通票制票价改革和财政补贴政策效果评价	沈银萱	经济·管理	一般项目	北京信息科技大学
222	15JGB116	基于贫困地理学的环京津贫困带的时空演变及其形成机理研究	何仁伟	经济·管理	一般项目	北京市社会科学院
223	15JGB117	京冀区域市场化生态补偿机制研究	刘 薇	经济·管理	一般项目	北京市社会科学院
224	15JGB118	美国创新共同体发展模式对京津冀协同创新借鉴研究	吕志坚	经济·管理	一般项目	北京市科学技术研究院
225	15JGB119	北京高科技创业生态系统研究	唐 莉	经济·管理	一般项目	北京航空航天大学
226	15JGB120	北京老字号文化创新研究	胡 昕	经济·管理	一般项目	北京财贸职业学院
227	15JGB121	北京12911件医疗纠纷视角的医疗风险预警研究	刘 亮	经济·管理	一般项目	解放军总医院
228	15JGB122	基于实验经济学的大学生就业模拟体系研究	刘 伟	经济·管理	一般项目	北京信息科技大学
229	15JGB123	治理视角下北京高校廉政体系研究	王美英	经济·管理	一般项目	北京物资学院
230	15JGB124	要素异质性视角下京津冀现代制造产业转移路径研究	何喜军	经济·管理	一般项目	北京工业大学
231	15JGB125	收入分配理论与马克思经济学的中国化研究	李帮喜	经济·管理	一般项目	清华大学
232	15JGB126	北京提升互联网产业国际化水平研究	刘 鹏	经济·管理	一般项目	北京外国语大学
233	15JGB127	北京市社区社会组织的培育与发展	刘娴静	经济·管理	一般项目	北京信息科技大学
234	15JGB128	北京市反恐影响因素与防御策略研究	刘忠轶	经济·管理	一般项目	中国人民公安大学
235	15JGB129	对外直接投资对北京产业结构升级的影响效应与发展对策研究	马相东	经济·管理	一般项目	中共北京市委党校
236	15JGB130	北京居民信用管理及社保公共服务体系研究	闫 俊	经济·管理	一般项目	北京物资学院
237	15JGB131	普惠金融促进北京小微企业融资便利化的模式研究	李秀婷	经济·管理	一般项目	北京工商大学嘉华学院
238	15JGB132	北京市就业质量水平评价及完善就业政策研究	王 阳	经济·管理	一般项目	国家发展和改革委员会社会发展研究所
239	15JGB133	北京市农业节水生态补偿机制研究	赵 姜	经济·管理	一般项目	北京市农林科学院

续表

序号	项目编号	项目名称	项目负责人	学科	项目类别	信誉保证单位
240	15JGB134	城镇化背景下北京城市湿地生态补偿机制研究	王昌海	经济·管理	一般项目	中国社会科学院农村发展研究所
241	15JGB135	产业结构调整视角下的北京对外直接投资研究	赵家章	经济·管理	一般项目	首都经济贸易大学
242	15JGB136	北京美丽乡村建设与乡村优秀传统文化传承研究	谭　英	经济·管理	一般项目	中国农业大学
243	15JGB137	健康管理 App 的用户特征与实施效益研究	章红英	经济·管理	一般项目	首都医科大学
244	15JGC138	金融脱媒背景下的北京居民互联网理财行为研究	任金政	经济·管理	青年项目	中国农业大学
245	15JGC139	城市人群密集场所行人拥挤管理与安全疏散研究	李之红	经济·管理	青年项目	北京建筑大学
246	15JGC140	北京工业遗产的保护与发展研究	王长松	经济·管理	青年项目	对外经济贸易大学
247	15JGC141	北京市中等收入群体主客观双视角对比研究	陈　云	经济·管理	青年项目	北方工业大学
248	15JGC142	基于大数据的北京市物流企业统计体系研究	韩　嵩	经济·管理	青年项目	北京物资学院
249	15JGC143	京津冀过剩产能向“一带一路”国家转移的投资风险研究	黄晓薇	经济·管理	青年项目	对外经济贸易大学
250	15JGC144	基于知识网络嵌入的北京市文化创意企业能力跃迁研究	焦　豪	经济·管理	青年项目	北京师范大学
251	15JGC145	新常态下北京市新型农业经营主体组织形式对信贷可得性的影响研究	李　宾	经济·管理	青年项目	北京化工大学
252	15JGC146	北京市小微企业绩效与社会网络影响关系及作用机制的研究	李晓宇	经济·管理	青年项目	华北电力大学
253	15JGC147	新能源产业政策与贸易政策的匹配性研究	刘会政	经济·管理	青年项目	北京工业大学
254	15JGC148	北京市城市绿地用水效率及合理供水研究	米　锋	经济·管理	青年项目	北京林业大学
255	15JGC149	北京市机动车限购限行政策评估	王　皓	经济·管理	青年项目	对外经济贸易大学
256	15JGC150	基于北京路况大数据的交通治理策略研究	王　悦	经济·管理	青年项目	中央财经大学
257	15JGC151	北京市新城建设与“城市病”治理研究	杨　卡	经济·管理	青年项目	国际关系学院
258	15JGC152	考虑能源回弹效应的北京市节能减排效果研究：统计测算和路径优化	杨晓华	经济·管理	青年项目	北京工商大学
259	15JGC153	北京市“以房养老”定价、可行性与政策激励	张　宁	经济·管理	青年项目	中央财经大学
260	15JGC154	“一带一路”战略下北京出口企业市场进入与扩张的策略研究	王丽丽	经济·管理	青年项目	对外经济贸易大学
261	15JGC155	北京市国有企业混合所有制改革研究	蔡卫星	经济·管理	青年项目	北京科技大学
262	15JGB156	2016 年北京市社会科学基金项目课题指南研究	葛新权	经济·管理	一般项目	北京信息科技大学

续表

序号	项目编号	项目名称	项目负责人	学科	项目类别	信誉保证单位
263	15JGC157	北京市青年创业项目商业模式创新研究	刘　鑫	经济·管理	青年项目	对外经济贸易大学
264	15JGC158	北京市流动人口的居住隔离现状与“人的城镇化”	马湘君	经济·管理	青年项目	对外经济贸易大学
265	15JGC159	网上购物对京津冀零售商业活动空间的影响机制研究	谭　娟	经济·管理	青年项目	北京工商大学
266	15JGC160	基于平衡计分卡方法的北京市公共交通财政补贴政策绩效评价研究	许　评	经济·管理	青年项目	北京工商大学
267	15JGC161	北京市国有资本授权经营体制改革研究	杨克智	经济·管理	青年项目	北京工商大学
268	15JGC162	全球价值链背景下京津冀产业协同发展战略研究	余心玎	经济·管理	青年项目	对外经济贸易大学
269	15JGC163	协同创新视角下科技型中小企业绩效提升机制与路径研究	高书丽	经济·管理	青年项目	北京联合大学
270	15JGC164	旅游影响下北京历史文化街区保护中的合作网络治理研究	时少华	经济·管理	青年项目	北京联合大学
271	15JGC165	公益性视角下评价公立医院运行效果的财务指标研究	王秋宇	经济·管理	青年项目	首都医科大学
272	15JGC166	基于大数据规则挖掘的交通拥堵治理研究	周辉宇	经济·管理	青年项目	北京交通大学
273	15JGC167	京郊粮田灌溉设施管护现状及其创新模式	刘　玉	经济·管理	青年项目	北京市农林科学院
274	15JGC168	大数据背景下“一带一路”科学知识图谱绘制及应用	宋亚军	经济·管理	青年项目	北京第二外国语学院
275	15JGC169	北京市文化志愿服务体系建设及评价研究	李冠南	经济·管理	青年项目	首都图书馆
276	15JGC170	京津冀区域创新资源整合与产业优化研究	陈　蕾	经济·管理	青年项目	北京语言大学
277	15JGC171	应急救援资源动员的情景推演与流程仿真研究	胡　敏	经济·管理	青年项目	北京信息科技大学
278	15JGC172	信任修复对警察腐败与警民关系的动态作用机制研究：以北京市为例	李　辉	经济·管理	青年项目	中国人民公安大学
279	15JGC173	北京市上市公司高管权力与企业融资行为研究	李小荣	经济·管理	青年项目	中央财经大学
280	15JGC174	北京农村家庭能源消费行为研究与政策引导	李　杨	经济·管理	青年项目	北京石油化工学院
281	15JGC175	行业薪酬差距常态化测算与分解方法研究	梁　峰	经济·管理	青年项目	北京石油化工学院
282	15JGC176	高管激励创新与费用粘性：针对北京市制造业企业的考察和研究	梁上坤	经济·管理	青年项目	中央财经大学
283	15JGC177	北京高新区企业协同创新驱动机制研究：基于核心企业网络能力视角	倪　渊	经济·管理	青年项目	北京信息科技大学
284	15JGC178	互联网新常态下基于社会情绪感知的北京公共危机治理研究	庞　宇	经济·管理	青年项目	中共北京市委党校

续表

序号	项目编号	项目名称	项目负责人	学科	项目类别	信誉保证单位
285	15JGC179	促进北京农民积极造林及林业经营的模式评价与激励机制研究	秦光远	经济·管理	青年项目	北京林业大学
286	15JGC180	基于中关村科技园区的企业用户云计算创新行为研究	邵明星	经济·管理	青年项目	北京外国语大学
287	15JGC181	京津冀经济生态系统运作模式与实施对策研究	王仕卿	经济·管理	青年项目	北京联合大学
288	15JGC182	北京市城乡居民大病保险"共保联办"模式研究	王　琬	经济·管理	青年项目	对外经济贸易大学
289	15JGC183	碳市场、财务信息与企业价值——基于试点省市碳交易核算标准差异及北京实践	许　骞	经济·管理	青年项目	中国农业大学
290	15JGC184	基于金融孤子理论与大数据思维的北京市金融风险预测及管控方法研究	薛玉山	经济·管理	青年项目	中央财经大学
291	15JGC185	北京市能源供应网络的弹性决策研究	杨　洋	经济·管理	青年项目	中国矿业大学（北京）
292	15JGC186	北京旅游产业国际投融资渠道分析、模式选择与体系构建	于　宁	经济·管理	青年项目	北京第二外国语学院
293	15JGC187	北京房地产市场结构检验与优化的实验研究	张　洋	经济·管理	青年项目	北京林业大学
294	15JGC188	人群拥挤踩踏事故的演化规律与干预策略研究	蒋美英	经济·管理	青年项目	北京化工大学
295	15JGC189	北京市电动汽车充换电服务网络规划研究——基于供应链视角	黄安强	经济·管理	青年项目	北京交通大学
296	15JGC190	北京创业生态研究	龚　轶	经济·管理	青年项目	北京市科学技术研究院
297	15JGC191	京津冀区域旅游产业协同发展：要素、动力与模式研究	张佑印	经济·管理	青年项目	中国旅游研究院
298	15JGC192	北京科技服务业自主创新体系国际化的影响因素与应对策略研究	朱相宇	经济·管理	青年项目	北京工业大学
299	15JGC193	新常态下北京山区生态经济发展空间格局特征及其优化模式研究	穆松林	经济·管理	青年项目	北京市社会科学院
300	15JGC194	"一带一路"战略下北京文化"走出去"的新路径研究	田　蕾	经济·管理	青年项目	北京市社会科学院
301	15JGC195	京津冀医疗服务一体化研究	董香书	经济·管理	青年项目	首都经济贸易大学
302	15JGC196	北京市科技创新人才工作使命感对创新行为的影响研究	王默凡	经济·管理	青年项目	首都经济贸易大学
303	15JGC197	绿色经济视角下我国可再生能源产业发展的就业效应与实现路径研究	李晓曼	经济·管理	青年项目	首都经济贸易大学
304	15JGC198	协同发展视域下的京津冀地方政府间税收合作机制研究	刘　翔	经济·管理	青年项目	首都经济贸易大学
305	15JGC199	我国政党制度背景下的国企高管行为与治理研究	王元芳	经济·管理	青年项目	首都经济贸易大学
306	15JGC200	京津冀区域政府间合作的约束与激励机制研究	杨志云	经济·管理	青年项目	北京科技大学

续表

序号	项目编号	项目名称	项目负责人	学科	项目类别	信誉保证单位
307	15JGB201	北京市战略性新兴产业的资本配置效率研究	刘亭立	经济·管理	一般项目	北京工业大学
308	15JGB202	基于物质流分析的北京市物质代谢趋势及减物质化措施研究	戴铁军	经济·管理	一般项目	北京工业大学
309	15JGB203	大数据时代北京文化创意产业知识产权保护研究	孙玉荣	经济·管理	一般项目	北京工业大学
310	15JGB204	北京市零售业领先用户参与服务创新的管理研究	彭艳君	经济·管理	一般项目	北京工商大学
311	15JGB205	混合所有制、董事会治理结构和治理机制	张继德	经济·管理	一般项目	北京工商大学
312	15JGB206	城市垃圾减量视角下废旧纺织品回收及再利用体系研究	姚　蕾	经济·管理	一般项目	北京服装学院
313	15JGB207	北京艺术品市场发展战略研究	陶　宇	经济·管理	一般项目	首都师范大学
314	15JGB208	北京申办冬奥会背景下首都体育旅游产业拓展与践行路径研究	陈　亮	经济·管理	一般项目	首都体育学院
315	15JGB209	经济新常态下北京市知识密集型服务业演化及升级研究	郭红莲	经济·管理	一般项目	北京物资学院
316	15JGB210	京津冀生态文明建设中企业区域合作的博弈分析	张　波	经济·管理	一般项目	北京联合大学
317	15JGB211	北京市高校青年教师职业幸福感与绩效提升的跨层次路径研究	苗仁涛	经济·管理	一般项目	首都经济贸易大学
318	15JGB212	社会媒体情境下京津冀跨域突发事件应急决策支持体系研究	陆文婷	经济·管理	一般项目	首都经济贸易大学
319	15JGB213	北京居民生存压力的缓解途径与社会信心的形成机制研究	阮　敬	经济·管理	一般项目	首都经济贸易大学
320	15JYA001	人文社会科学知识的生产与评价	陈洪捷	教育学	重点项目	北京大学
321	15JYA002	中国拔尖人才培养的新模式：国际论争和模型启示	阎　琨	教育学	重点项目	清华大学
322	15JYA003	推进管办评分离的体制与机制研究	柯文进	教育学	特别委托项目	首都经济贸易大学
323	15JYA004	特殊教育学校课程改革研究	邓　猛	教育学	重点项目	北京师范大学
324	15JYA005	北京市教育科研热点、前沿及其演进的图谱可视分析	郭秀晶	教育学	重点项目	北京教育科学研究院
325	15JYA006	中学综合素质评价研究	杜毓贞	教育学	重点项目	清华大学
326	15JYB007	中学生学业能力倾向、兴趣和人格特点对未来专业选择的影响	徐建平	教育学	一般项目	北京师范大学
327	15JYB008	北京市流动儿童的心理健康状况及其提升策略研究	杨芷英	教育学	一般项目	首都师范大学
328	15JYB009	中小学语文学科开展优秀传统文化经典阅读的理论与实践研究	孙素英	教育学	一般项目	首都师范大学
329	15JYB010	自我分化视角下亲子关系对青少年同伴关系影响的纵向研究	安　芹	教育学	一般项目	北京理工大学
330	15JYB011	基于创业计划竞赛的北京市大学生创业能力培养模式研究	邓立治	教育学	一般项目	北京科技大学

续表

序号	项目编号	项目名称	项目负责人	学科	项目类别	信誉保证单位
331	15JYB012	北京高校翻转课堂有效教学评价与影响因素研究	杨春梅	教育学	一般项目	北京理工大学
332	15JYB013	留学生汉语认知隐喻能力发展及教育策略研究	袁凤识	教育学	一般项目	北方工业大学
333	15JYB014	“一带一路”沿线国家和地区高层次学术人才向北京市流动的现状、规律与制度设计研究	刘　进	教育学	一般项目	北京理工大学
334	15JYB015	北京市贫困儿童自我调节状况及对社会适应作用机制的研究	刘　杨	教育学	一般项目	北京航空航天大学
335	15JYB016	早期语言发展的性别差异：学步儿消极情绪表达及母亲敏感性的影响	卢　珊	教育学	一般项目	首都师范大学
336	15JYB017	积极心理学视角下危机生活事件对首都大学生心理影响机制及干预研究	陈红敏	教育学	一般项目	北京工商大学
337	15JYB018	“燕京八绝”传承与职业教育对接机制研究	王　剑	教育学	一般项目	北京财贸职业学院
338	15JYB019	动作技能发展视角下大学生体质健康提升策略、方案开发与追踪研究	张　磊	教育学	一般项目	中国人民大学
339	15JYB020	城市发展新区高中生人生规划教育实施途径与方法的研究	桂登岚	教育学	一般项目	北京市大兴区教师进修学校
340	15JYB021	留学生来京留学动因与就读体验研究：基于高等教育国际化的视角	杨晓平	教育学	一般项目	对外经济贸易大学
341	15JYB022	基于地域文化生态的“京津冀”远程教育区域合作与发展研究	张亚斌	教育学	一般项目	北京开放大学
342	15JYB023	太阳旗遮蔽下的童年——1935—1945 年日伪在北京编写、审查、出版、发行、使用的中小学奴化教科书研究	暴生君	教育学	一般项目	北京教育科学研究院
343	15JYC024	社会转型时期的青少年价值观教育研究	胡　萨	教育学	青年项目	首都师范大学
344	15JYC025	科技创新活动中的师生合作模式及其合作绩效研究	刘俊婉	教育学	青年项目	北京工业大学
345	15JYC026	北京市小学儿童流行性肥胖形成的认知机制：执行功能的作用及干预	王明怡	教育学	青年项目	北京林业大学
346	15JYC027	北京地区高校青年教师学术现状、困境与对策研究	于　颖	教育学	青年项目	北京化工大学
347	15JYC028	北京高校“90 后”新生代研究生价值观塑造路径研究	李　涛	教育学	青年项目	北京交通大学
348	15JYC029	北京市流动青少年的多重生态风险与情绪适应	孙　铃	教育学	青年项目	中央财经大学
349	15JYC030	基于公平感的北京市义务教育政策社会评估研究	任婧玲	教育学	青年项目	北京信息科技大学
350	15JYC031	北京市内地新疆、西藏高中班民族团结教育成效的调查研究	苏傲雪	教育学	青年项目	中央民族大学

续表

序号	项目编号	项目名称	项目负责人	学科	项目类别	信誉保证单位
351	15JYC032	数学理解性教学的理论建构与实践策略研究	王瑞霖	教育学	青年项目	首都师范大学
352	15JYC033	投射技术对中小学生立体化心理评估模式探索	项锦晶	教育学	青年项目	北京林业大学
353	15JYC034	现代多元性媒体环境下首都儿童阅读障碍的成因分析及干预模式探索	赵丽波	教育学	青年项目	北京航空航天大学
354	15JYC035	小学舞蹈教育改革实践——拉班动作教育课程研究	唐　怡	教育学	青年项目	北京师范大学
355	15JYC036	北京市区县义务教育资源配置及其优化途径研究	杜玲玲	教育学	青年项目	北京教育科学研究院
356	15JYC037	基于循证管理理论的北京市属高校教师评价机制研究	张日颖	教育学	青年项目	北京信息科技大学
357	15JYC038	专业学位教育与执业准入资格关系的国际比较研究	张秀峰	教育学	青年项目	首都师范大学
358	15JYB039	以学生职业发展能力为导向的工程硕士质量评价标准的研究与实践	李　娟	教育学	一般项目	北京工业大学
359	15JYB040	北京市学习型学校组织建设研究——基于北京市中小学的面板数据分析	荣利颖	教育学	一般项目	首都师范大学
360	15JYB041	北京市属高校本科毕业实习现状调查及改进策略研究	杨　鹏	教育学	一般项目	北京联合大学
361	15JYB042	中外首都圈职业教育比较研究	李继延	教育学	一般项目	北京劳动保障职业学院
362	15JYB043	高校培育和践行社会主义核心价值观落细落小落实对策研究	李双辰	教育学	一般项目	华北电力大学
363	15JYB044	高校大学生新媒体社区建设案例剖析——以北京大学创新学生网络思想政治教育研究为例	蒋广学	教育学	一般项目	北京大学
364	15JYB045	大学新生心理问题的干预策略研究	宁秋娅	教育学	一般项目	中国农业大学
365	15JYB046	以社会主义核心价值观为引领的高校资助育人机制研究	武立勋	教育学	一般项目	北京航空航天大学
366	15JYB047	新媒体时代高校少数民族学生思想教育现状研究	曲昭伟	教育学	一般项目	北京邮电大学
367	15JYB048	研究生微信行为特征与关注偏好研究	屈晓婷	教育学	一般项目	北京交通大学
368	15JYB049	高等学校学生管理法治化理论与实践研究——以首都高校为例	卢少华	教育学	一般项目	中国政法大学
369	15JYB050	大学生认同践行社会主义核心价值观的机制研究	李　爽	教育学	一般项目	首都医科大学
370	15JYB051	“首都高校少数民族大学生认同践行社会主义核心价值观的内在机制研究”	高喜军	教育学	一般项目	北京农学院
371	15JYB052	社会主义核心价值视域下的大学生榜样培育研究	张文杰	教育学	一般项目	北京联合大学

续表

序号	项目编号	项目名称	项目负责人	学科	项目类别	信誉保证单位
372	15JYB053	基于要素分析的大学生社会主义核心价值观践行策略研究	汪　涓	教育学	一般项目	北京城市学院
373	15JYB054	首都女大学生价值观的调查分析与对策研究	王　涛	教育学	一般项目	中华女子学院
374	15KDA001	文化影响力理论构建	魏海香	科社·党建·政治学	重点项目	北京工商大学
375	15KDA002	儒家社会治理思想研究	艾　国	科社·党建·政治学	重点项目	北京工业大学
376	15KDA003	中国特色社会主义协商民主理论研究	谈火生	科社·党建·政治学	重点项目	清华大学
377	15KDA004	涌现秩序视角下的网络舆情生成、传播和演化机制研究	刘业进	科社·党建·政治学	重点项目	首都经济贸易大学
378	15KDA005	儒家心性论的当代德育价值研究	张艳清	科社·党建·政治学	重点项目	首都医科大学
379	15KDA006	中美公民教育比较研究	李　罡	科社·党建·政治学	重点项目	中共北京市委党校
380	15KDA007	跨界民族与周边关系研究	吴楚克	科社·党建·政治学	重点项目	中央民族大学
381	15KDA008	道义现实主义的国际关系理论	阎学通	科社·党建·政治学	特别委托项目	清华大学
382	15KDA009	中国特色社会主义道路的历史渊源研究	欧阳军喜	科社·党建·政治学	重点项目	清华大学
383	15KDA010	新形势下中国共产党密切联系群众制度化常态化长效化研究	李东明	科社·党建·政治学	重点项目	首都师范大学
384	15KDB011	北京现代警务体系构建研究	朱旭东	科社·党建·政治学	一般项目	中国人民公安大学
385	15KDB012	首都大学生培育和践行社会主义核心价值观研究	郝潞霞	科社·党建·政治学	一般项目	北京交通大学
386	15KDB013	马克思国家治理理论与中国国家治理现代化研究	刘　军	科社·党建·政治学	一般项目	北京大学
387	15KDB014	美国智库的中国共产党研究及启示	刘　颖	科社·党建·政治学	一般项目	国际关系学院
388	15KDB015	在京留学生群体对华政治认知状况及对策研究	史泽华	科社·党建·政治学	一般项目	北京外国语大学
389	15KDB016	北京区县人大代表选举中的选民参与追踪研究	孙　龙	科社·党建·政治学	一般项目	中国人民大学
390	15KDB017	高校思想政治理论课审美教育研究	王天民	科社·党建·政治学	一般项目	北京师范大学
391	15KDB018	北京市参与中国主场外交的实践研究	尹继武	科社·党建·政治学	一般项目	北京外国语大学
392	15KDB019	北京市新型公务员培训体系探索研究	张相林	科社·党建·政治学	一般项目	中央财经大学
393	15KDB020	新形势下高校意识形态建设面临的现实问题及应对策略研究	赵　静	科社·党建·政治学	一般项目	北京科技大学

续表

序号	项目编号	项目名称	项目负责人	学科	项目类别	信誉保证单位
394	15KDB021	北京城市软实力的新媒体海外传播研究	申险峰	科社·党建·政治学	一般项目	北京第二外国语学院
395	15KDB022	京津冀大学生生态素养培育路径研究	张　馨	科社·党建·政治学	一般项目	北京化工大学
396	15KDB023	党内法规体系建设研究	韩　强	科社·党建·政治学	一般项目	北京联合大学
397	15KDB024	十六届六中全会以来社会主义核心价值观领域若干前沿问题研究	赵爱玲	科社·党建·政治学	一般项目	北京信息科技大学
398	15KDB025	台湾主要政党对外党际关系研究	余科杰	科社·党建·政治学	一般项目	外交学院
399	15KDB026	美国学者论习近平治国理政研究	韦　磊	科社·党建·政治学	一般项目	中共北京市委党校
400	15KDB027	新形势下北京市领导干部跨文化交际能力提升路径研究	汪　消	科社·党建·政治学	一般项目	中共北京市委党校
401	15KDB028	社会治理视域下北京市社会稳定风险评估公民参与机制研究	刘　婧	科社·党建·政治学	一般项目	北京理工大学
402	15KDB029	移动互联对大学生思想行为影响实证研究	邵明英	科社·党建·政治学	一般项目	北京航空航天大学
403	15KDB030	马克思主义大众化学术自觉研究	何海兵	科社·党建·政治学	一般项目	北方工业大学
404	15KDB031	十八大以来美国对中国共产党执政方略的研究	周文华	科社·党建·政治学	一般项目	北京联合大学
405	15KDB032	社会主义核心价值观培育中的新媒体舆论引导研究	郑　建	科社·党建·政治学	一般项目	中共北京市委前线杂志社
406	15KDC033	现代庇护主义与规模化腐败的机理研究	项　冶	科社·党建·政治学	青年项目	首都师范大学
407	15KDC034	中国公众司法信任实证研究	韩冬临	科社·党建·政治学	青年项目	中国人民大学
408	15KDC035	首都高校穆斯林大学生宗教信仰及国家认同的调查研究	贾旭杰	科社·党建·政治学	青年项目	中央民族大学
409	15KDC036	北京市民绿色发展意识调查研究	邬晓燕	科社·党建·政治学	青年项目	北京交通大学
410	15KDC037	互联网领域高校思想政治教育的话语权研究	王　颖	科社·党建·政治学	青年项目	首都经济贸易大学
411	15KDC038	中国优秀传统文化与培育大学生社会主义核心价值观研究	马骁毅	科社·党建·政治学	青年项目	北京航空航天大学
412	15KDC039	互联网时代提升首都大学生主流意识形态认同度的社会实践策略研究	张旭路	科社·党建·政治学	青年项目	对外经济贸易大学
413	15KDC040	新形势下高校网络思想政治教育工作创新研究	段海超	科社·党建·政治学	青年项目	北京化工大学
414	15KDC041	中国特色新型智库的发展模式研究	杜英歌	科社·党建·政治学	青年项目	北京交通大学
415	15KDC042	北京市高校海归青年教师思想动态调查研究	李　娟	科社·党建·政治学	青年项目	中央财经大学

续表

序号	项目编号	项目名称	项目负责人	学科	项目类别	信誉保证单位
416	15KDC043	亚洲新安全观与周边命运共同体的构建	凌胜利	科社·党建·政治学	青年项目	外交学院
417	15KDC044	中国梦的实现路径和动力源泉研究	史为磊	科社·党建·政治学	青年项目	中国青年政治学院
418	15KDC045	北京市在全面从严治党新常态下提高党校党性教育实效性研究	孙　宁	科社·党建·政治学	青年项目	中共北京市委党校
419	15KDC046	首都乡镇、街道党委领导干部协商素养研究	杨守涛	科社·党建·政治学	青年项目	中共北京市委党校
420	15KDC047	新媒体时代思想政治教育的话语权研究	郑士鹏	科社·党建·政治学	青年项目	北京交通大学
421	15KDC048	反腐倡廉建设机制研究	吴国斌	科社·党建·政治学	青年项目	北京航空航天大学
422	15KDC049	社会主义核心价值观对儒家价值体系的扬弃与时代性转化	陈　萌	科社·党建·政治学	青年项目	北京航空航天大学
423	15KDC050	北京市廉政建设评价指标体系创新研究	宋　伟	科社·党建·政治学	青年项目	北京科技大学
424	15LSA001	《北京专史集成》第二批	王　岗	历史学	重点项目	北京市社会科学院
425	15LSA002	近二十年西方史学理论研究与历史书写	邓京力	历史学	重点项目	首都师范大学
426	15LSA003	中国近代警察法规收集与整理	汪　勇	历史学	重点项目	中国人民公安大学
427	15LSA004	图说北京交通史	颜吾佴	历史学	特别委托项目	北京交通大学
428	15LSA005	清代京畿水环境研究	赵　珍	历史学	重点项目	中国人民大学
429	15LSB006	清华简《逸周书》类文献研究	刘国忠	历史学	一般项目	清华大学
430	15LSB007	北京及周边地区金元墓葬研究	袁　泉	历史学	一般项目	首都师范大学
431	15LSB008	民国北京中医药期刊医案医话类文献整理研究	陈　婷	历史学	一般项目	首都医科大学
432	15LSB009	民国时期北京市民离婚问题研究	余华林	历史学	一般项目	首都师范大学
433	15LSB010	民国时期三山五园历史变迁	赵连稳	历史学	一般项目	北京联合大学
434	15LSB011	北京国子监乾隆石经研究与保护	王琳琳	历史学	一般项目	北京市文物局
435	15LSB012	民国北京文化生态研究	王建伟	历史学	一般项目	北京市社会科学院
436	15LSB013	20 世纪 50 年代北京市卫生治理研究	刘春梅	历史学	一般项目	首都医科大学
437	15LSC014	光谱无损分析技术在北京印刷绘画材料中的应用研究	王纪刚	历史学	青年项目	北京印刷学院
438	15LSC015	基于纂修档案的《四库全书》北京采进本研究	徐　亮	历史学	青年项目	北京第二外国语学院
439	15LSC016	民国时期旅京藏族人群体研究	央　珍	历史学	青年项目	中央民族大学
440	15LSC017	民国初年京津地区清遗民群体研究	周增光	历史学	青年项目	中国政法大学
441	15LSC018	北京市文物局图书资料中心藏契约文书整理与研究	张胜磊	历史学	青年项目	北京市文物局
442	15LSC019	北京延庆辽代冶铁炉研究与展示	黄　兴	历史学	青年项目	中国科学院自然科学史研究所

续表

序号	项目编号	项目名称	项目负责人	学科	项目类别	信誉保证单位
443	15LSB020	里耶秦简编年考证（第一卷）	蔡万进	历史学	一般项目	首都师范大学
444	15SHA001	全媒体情境下的北京公众知识鸿沟现象探究	刘　晖	社会学	重点项目	北京第二外国语学院
445	15SHA002	网络社会中的跨语言信息传播与舆情预警机制研究	梁　野	社会学	重点项目	北京外国语大学
446	15SHA003	非理性消费问题研究	孙　凤	社会学	重点项目	清华大学
447	15SHA004	北京市人口调控的分解研究	陈　卫	社会学	重点项目	中国人民大学
448	15SHA005	北京市民的互联网生活模式研究	雷　雳	社会学	重点项目	中国人民大学
449	15SHA006	养老康复护理整合应用模式研究	谢　红	社会学	重点项目	北京大学
450	15SHA007	北京市服务型社会治理模式研究	杨　荣	社会学	重点项目	北京工业大学
451	15SHA008	北京市养老服务人才队伍建设研究	康　越	社会学	重点项目	北京化工大学
452	15SHA009	多源数据视野下京津冀人口发展趋势研判	尹德挺	社会学	重点项目	中共北京市委党校
453	15SHB010	北京市应急救护组织管理与应急联动体系建设研究	时立荣	社会学	一般项目	北京科技大学
454	15SHB011	北京市城乡接合部社区参与式治理的路径和对策研究	李　凌	社会学	一般项目	北京农业职业学院
455	15SHB012	专业社会工作介入城市社区居家养老服务的途径及效能研究	晁　霞	社会学	一般项目	北京建筑大学
456	15SHB013	北京中产阶层发展状况研究	赵卫华	社会学	一般项目	北京工业大学
457	15SHB014	新型城镇化下北京村镇自维持社区技术可行性与组织模式研究	高　巍	社会学	一般项目	北京交通大学
458	15SHB015	北京市城镇居民社会生活质量的追踪及提升策略研究	郭洪伟	社会学	一般项目	首都经济贸易大学
459	15SHB016	北京郊区环形扩张进程中的代耕现象与嵌入式发展研究	黄志辉	社会学	一般项目	中央民族大学
460	15SHB017	北京市老年人失能失智影响因素与干预机制研究	李爱华	社会学	一般项目	中央财经大学
461	15SHB018	人民调解化解基层矛盾冲突的机制和策略研究	王国芳	社会学	一般项目	中国政法大学
462	15SHB019	成人暴力犯心理矫正方案的建构与评估	张　卓	社会学	一般项目	中国政法大学
463	15SHB020	北京市试点建立失能老人社区看护服务体系研究	赵　敬	社会学	一般项目	对外经济贸易大学
464	15SHB021	北京家庭社会工作研究	卫小将	社会学	一般项目	中央民族大学
465	15SHB022	突发性公共事件中网络的放大效应研究	郭玉锦	社会学	一般项目	北京邮电大学
466	15SHB023	北京市老龄护理专业人员的培养与发展规划研究	李红武	社会学	一般项目	北京青年政治学院
467	15SHB024	北京市失能老年人长期护理模式的需求偏好研究	李星明	社会学	一般项目	首都医科大学

续表

序号	项目编号	项目名称	项目负责人	学科	项目类别	信誉保证单位
468	15SHB025	社会决定因素与青少年健康公平问题研究	周华珍	社会学	一般项目	中国青年政治学院
469	15SHB026	北京市老年公寓体系的构建研究	王笑梦	社会学	一般项目	北京工业大学
470	15SHB027	组织制度变迁与北京社会治理模式创新研究	王修晓	社会学	一般项目	中央财经大学
471	15SHC028	基层纠纷解决的制度生态和治理研究	储卉娟	社会学	青年项目	中国人民大学
472	15SHC029	政府购买服务背景下的北京市民办非营利性养老机构发展研究	龙玉其	社会学	青年项目	首都师范大学
473	15SHC030	大数据背景下北京市网络社会风险动态监测与控制机制研究	唐晓彬	社会学	青年项目	对外经济贸易大学
474	15SHC031	社会治理背景下北京第一代失独家庭的社会工作介入模式研究	赵　莉	社会学	青年项目	中国青年政治学院
475	15SHC032	风险社会视域下的北京公益慈善事业研究	郭祖炎	社会学	青年项目	清华大学
476	15SHC033	从社会认知心理学角度解析当今群体性“雾霾焦虑”及其归因机制	李　琛	社会学	青年项目	北京第二外国语学院
477	15SHC034	京郊农村老年人医疗卫生服务需求与可及性研究	李　敏	社会学	青年项目	北京农学院
478	15SHC035	北京市城乡接合部流动人口社区公共卫生服务的利用现状	邵　爽	社会学	青年项目	首都医科大学
479	15SHC036	北京市农转居社区治理模式研究	王　迪	社会学	青年项目	北京大学
480	15SHC037	北京市残疾青少年人口社会服务可及性研究	杨蓉蓉	社会学	青年项目	中国青年政治学院
481	15SHC038	北京“村改居”社区安全多元共治机制研究	周延东	社会学	青年项目	中国人民公安大学
482	15SHC039	北京市“死墓”现状及其转型研究	徐　莉	社会学	青年项目	北京社会管理职业学院
483	15SHC040	北京市失独群体精神救助模式研究	陈　恩	社会学	青年项目	中国人口与发展研究中心
484	15SHC041	北京市单独两孩政策实施效果及全面两孩政策新增目标人群测算	黄匡时	社会学	青年项目	中国人口与发展研究中心
485	15SHC042	北京市社会公共服务评价指标与评估机制研究	魏义方	社会学	青年项目	国家发展和改革委员会社会发展研究所
486	15SHC043	北京市流动人口聚居区形成机制与社会治理研究	陈宇琳	社会学	青年项目	清华大学
487	15SHC044	北京市养老机构公建（办）民营机制研究	江　华	社会学	青年项目	首都经济贸易大学
488	15SHB045	整合式老年居家照护发展模式的研究与实践	肖树芹	社会学	一般项目	首都医科大学
489	15SHB046	北京市残疾人精准脱贫的路径与政策研究	廖　娟	社会学	一般项目	首都师范大学
490	15WYA001	译介学视角下中国当代文学域外传播的英译规范研究	程　维	语言·文学·艺术	重点项目	北京第二外国语学院

续表

序号	项目编号	项目名称	项目负责人	学科	项目类别	信誉保证单位
491	15WYA002	中国影院运营管理机制研究	吴曼芳	语言·文学·艺术	重点项目	北京电影学院
492	15WYA003	北京市文化创意产业与首都经济关系研究	苏林森	语言·文学·艺术	重点项目	北京交通大学
493	15WYA004	城市导向设计理论研究与创新	王　瑾	语言·文学·艺术	重点项目	北京林业大学
494	15WYA005	乐府的音乐文学体制	张哲俊	语言·文学·艺术	重点项目	北京师范大学
495	15WYA006	中国学习者翻译语料库的构建与研究	秦　颖	语言·文学·艺术	重点项目	北京外国语大学
496	15WYA007	北京工艺美术史研究	滕晓铂	语言·文学·艺术	重点项目	北京印刷学院
497	15WYA008	影响外国留学生汉语口语发展的社会语言因素研究	陈　默	语言·文学·艺术	重点项目	北京语言大学
498	15WYA009	联接主义理论观照下的英语二语句子加工研究	任虎林	语言·文学·艺术	重点项目	华北电力大学
499	15WYA010	中国艺术史观与方法研究	陈池瑜	语言·文学·艺术	重点项目	清华大学
500	15WYA011	中国白裤瑶粘膏染工艺文化研究	贾京生	语言·文学·艺术	重点项目	清华大学
501	15WYA012	中国少数民族电影文化史研究	胡谱忠	语言·文学·艺术	重点项目	首都师范大学
502	15WYA013	《春秋左传校注》	傅　刚	语言·文学·艺术	重点项目	北京大学
503	15WYA014	北京市中小学生英语素养提升战略研究	程晓堂	语言·文学·艺术	重点项目	北京师范大学
504	15WYA015	北京话的来源与演变史研究	冯　蒸	语言·文学·艺术	重点项目	首都师范大学
505	15WYA016	“京味儿”文学的晚清视域	杨联芬	语言·文学·艺术	重点项目	中国人民大学
506	15WYA017	汉语中介语语料库建设标准研究	张宝林	语言·文学·艺术	重点项目	北京语言大学
507	15WYA018	京味文学英译中的城市文学翻译研究	吴庆军	语言·文学·艺术	重点项目	外交学院
508	15WYA019	北京市剧院现状及发展对策研究	陈　平	语言·文学·艺术	特别委托项目	国家大剧院
509	15WYB020	蒙古国语言状况调查研究	呼格吉勒图	语言·文学·艺术	一般项目	北京语言大学
510	15WYB021	德语文学中的北京形象研究	吴晓樵	语言·文学·艺术	一般项目	北京航空航天大学
511	15WYB022	《乐府续集·宋代卷》编纂及研究	郭　丽	语言·文学·艺术	一般项目	首都师范大学
512	15WYB023	书面广告语篇的多模态研究——以宣传首都企业产品的广告语篇为例	杨增成	语言·文学·艺术	一般项目	北京工商大学
513	15WYB024	晚明版画与出版文化研究	李啸非	语言·文学·艺术	一般项目	北京印刷学院
514	15WYB025	南宋刻《成都西楼苏帖》研究	李剑锋	语言·文学·艺术	一般项目	北京印刷学院
515	15WYB026	书写的意义：当代法国文学新探索	魏柯玲	语言·文学·艺术	一般项目	中国人民大学
516	15WYB027	城镇化背景下北京乡村社区公共艺术研究	朱　军	语言·文学·艺术	一般项目	北京建筑大学
517	15WYB028	北京旧城历史文化保护区城市色彩管理策略研究	陈静勇	语言·文学·艺术	一般项目	北京建筑大学
518	15WYB029	京剧英译研究	管兴忠	语言·文学·艺术	一般项目	北京语言大学
519	15WYB030	北京涉外企业商务实践中法律英语之应用研究	周玲玲	语言·文学·艺术	一般项目	对外经济贸易大学

续表

序号	项目编号	项目名称	项目负责人	学科	项目类别	信誉保证单位
520	15WYB031	国内外城市住区雨洪景观利用对北京建设海绵城市的启示	魏泽淞	语言·文学·艺术	一般项目	北京交通大学
521	15WYB032	北方昆曲剧院院史（1957—2001）	陈　均	语言·文学·艺术	一般项目	北京大学
522	15WYB033	基于汉语作为第二语言教学的现代汉语趋向结构系统功能研究	郭晓麟	语言·文学·艺术	一般项目	北京语言大学
523	15WYB034	国际汉语课堂纠错反馈的认知心理研究	洪　芸	语言·文学·艺术	一般项目	北京第二外国语学院
524	15WYB035	乔治·艾略特文学作品中的跨文化元素研究	李　涛	语言·文学·艺术	一般项目	北京科技大学
525	15WYB036	社会叙述理论与京剧英译和传播	彭　萍	语言·文学·艺术	一般项目	北京外国语大学
526	15WYB037	巴尔特的思想转折及其文学风格学	钱　翰	语言·文学·艺术	一般项目	北京师范大学
527	15WYB038	北京城市公共艺术与设计文化发展研究	舒　怡	语言·文学·艺术	一般项目	中国传媒大学
528	15WYB039	近代日本知识分子眼中的北京	王书玮	语言·文学·艺术	一般项目	北京科技大学
529	15WYB040	银雀山汉简字形对小篆书写机制的突破因素研究	张　会	语言·文学·艺术	一般项目	北京师范大学
530	15WYB041	基于“散点多线”汉语语音史观的汉语音韵史研究	张渭毅	语言·文学·艺术	一般项目	北京大学
531	15WYB042	设计伦理研究	张晓东	语言·文学·艺术	一般项目	北京印刷学院
532	15WYB043	面向北京市老龄社会需求的产品与服务创新发展模式研究	赵　超	语言·文学·艺术	一般项目	清华大学
533	15WYB044	英语文学中的北京形象研究	姜　红	语言·文学·艺术	一般项目	北京外国语大学
534	15WYB045	电视新闻节目音译词和字母词使用状况及规范方略研究	舒笑梅	语言·文学·艺术	一般项目	中国传媒大学
535	15WYB046	北京语言景观考察与建设研究	叶　洪	语言·文学·艺术	一般项目	北京外国语大学
536	15WYB047	宋代杜诗学研究	左汉林	语言·文学·艺术	一般项目	中央财经大学
537	15WYB048	中外媒体涉华报道差异的批评话语分析	严　玲	语言·文学·艺术	一般项目	中国传媒大学
538	15WYB049	基于大数据的影视剧风险评估与风险管控体系研究	司　若	语言·文学·艺术	一般项目	中国传媒大学
539	15WYB050	汉语网络语言的认知构式语法研究	袁　野	语言·文学·艺术	一般项目	北京航空航天大学
540	15WYB051	仿古舞蹈——扇舞文化与动态呈像研究	李　馨	语言·文学·艺术	一般项目	北京舞蹈学院
541	15WYB052	北京传统雕漆文化传承研究	臧小戈	语言·文学·艺术	一般项目	中国政法大学
542	15WYB053	民国京派绘画研究	倪　葭	语言·文学·艺术	一般项目	北京市文物局
543	15WYB054	计算机辅助下的汉语中介语混淆词语研究	李　华	语言·文学·艺术	一般项目	北京语言大学
544	15WYB055	基于语料库的英、汉语名物化现象的认知对比研究	许保芳	语言·文学·艺术	一般项目	北方工业大学
545	15WYB056	北京剧院团功能定位与发展模式研究	陈　楠	语言·文学·艺术	一般项目	中国音乐学院

续表

序号	项目编号	项目名称	项目负责人	学科	项目类别	信誉保证单位
546	15WYB057	元明清京畿地区三大道教宫观艺术研究	赵　伟	语言·文学·艺术	一般项目	中央美术学院
547	15WYC058	中西方服饰礼仪文化比较研究	宋　炀	语言·文学·艺术	青年项目	北京服装学院
548	15WYC059	古典文学篇章结构分析法研究	姚苏杰	语言·文学·艺术	青年项目	首都师范大学
549	15WYC060	日本尊经阁藏元版《分类补注李太白诗》研究	张　佩	语言·文学·艺术	青年项目	北京印刷学院
550	15WYC061	首都国际化社区中的语言景观研究——以望京“韩国城”为例	聂平俊	语言·文学·艺术	青年项目	北京建筑大学
551	15WYC062	电影数字特效先锋设计研究	袁　萱	语言·文学·艺术	青年项目	北京印刷学院
552	15WYC063	汉语儿童第二语言习得的统计学习规律	官　群	语言·文学·艺术	青年项目	北京科技大学
553	15WYC064	西方媒体中的北京形象：基于语料库的批评话语分析	江进林	语言·文学·艺术	青年项目	对外经济贸易大学
554	15WYC065	汉语新词语的存现与隐退研究	宋作艳	语言·文学·艺术	青年项目	北京师范大学
555	15WYC066	本土意识与乡愁情结语境下的北京当代建筑风格与形式研究	王新征	语言·文学·艺术	青年项目	北方工业大学
556	15WYC067	新世纪英美音乐小说研究	张　磊	语言·文学·艺术	青年项目	中国政法大学
557	15WYC068	抗战时期北平刊物译介行为研究	付文慧	语言·文学·艺术	青年项目	对外经济贸易大学
558	15WYC069	基于特朗勃墙原理的北京近代历史建筑砖石外墙保护更新方法研究	杜晓辉	语言·文学·艺术	青年项目	北京交通大学
559	15WYC070	《京华烟云》的无根回译研究	江慧敏	语言·文学·艺术	青年项目	北京第二外国语学院
560	15WYC071	“后戏剧”审美功能与感知模式的转换	李明明	语言·文学·艺术	青年项目	清华大学
561	15WYC072	中国电影海外研究视野下的北京影像“走出去”策略分析	石　嵩	语言·文学·艺术	青年项目	中央民族大学
562	15WYC073	汉语中介语语料库的语料质量监控研究	李桂梅	语言·文学·艺术	青年项目	北京语言大学
563	15WYC074	琴学传统研究	杨　芬	语言·文学·艺术	青年项目	北京大学
564	15WYC075	中国当代电影中的北京城市空间研究	陈　涛	语言·文学·艺术	青年项目	中国人民大学
565	15WYC076	中国传统绘画转型研究：以乾隆朝宫廷画为个案	刘　晨	语言·文学·艺术	青年项目	北京大学
566	15WYC077	汉语几种特殊句式中的“数·量·名”结构允准机制研究	汪昌松	语言·文学·艺术	青年项目	北京理工大学
567	15WYC078	北京历史文化文本口译策略的实证研究	王海若	语言·文学·艺术	青年项目	华北电力大学
568	15WYC079	听力残疾学生的音乐韵律特点研究	闫　征	语言·文学·艺术	青年项目	北京联合大学
569	15WYC080	审美现代性视域下的中国流行音乐研究	杨　华	语言·文学·艺术	青年项目	北京工业大学
570	15WYC081	北京环保微博研究的批评话语分析视角	于　洋	语言·文学·艺术	青年项目	中国地质大学（北京）

续表

序号	项目编号	项目名称	项目负责人	学科	项目类别	信誉保证单位
571	15WYC082	元代上京纪行诗文与文人心态研究	赵　欢	语言·文学·艺术	青年项目	北京工业职业技术学院
572	15WYC083	京绣技艺在高级定制中的创新研究	马淑燕	语言·文学·艺术	青年项目	北京电子科技职业学院
573	15WYC084	赵万里研究	付　佳	语言·文学·艺术	青年项目	清华大学
574	15WYC085	北京城市新移民的语言使用和文化认同——国际化多元语言文化体系的建构研究之一	李　红	语言·文学·艺术	青年项目	首都经济贸易大学
575	15WYB086	纤维时尚应用推广研究	孙雪飞	语言·文学·艺术	一般项目	北京服装学院
576	15WYB087	隐喻对医学英语词汇语义影响的研究	卢凤香	语言·文学·艺术	一般项目	首都医科大学
577	15WYB088	俄罗斯戏剧复兴对北京戏剧院团发展的启示	张变革	语言·文学·艺术	一般项目	北京第二外国语学院
578	15WYB089	聋哑生空间概念及语言生成的认知神经机制研究	齐振海	语言·文学·艺术	一般项目	北京第二外国语学院
579	15WYB090	民国时期戏曲文化转型与嬗变研究	钟　鸣	语言·文学·艺术	一般项目	中国戏曲学院
580	15WYB091	中国民族民间舞蹈生存现状调查(青海地区)	高　镀	语言·文学·艺术	一般项目	北京舞蹈学院
581	15WYB092	现代性视野中的新时期儿童戏剧研究	雷丽平	语言·文学·艺术	一般项目	北京青年政治学院
582	15ZHA001	现代传播历史发展的理论与现实问题研究	周　毅	综合	特别委托项目	北京电影学院
583	15ZHA002	媒介融合背景下北京电台电视台发展策略研究	段　鹏	综合	重点项目	中国传媒大学
584	15ZHA003	社交媒体对社会政治结构产生的影响研究	赵云泽	综合	重点项目	中国人民大学
585	15ZHA004	新媒体舆论的演化模型及其危机免疫对策研究	杨孔雨	综合	重点项目	北京信息科技大学
586	15ZHB005	北京地区馆藏中医古籍资源的目录整理研究与利用对策研究	王育林	综合	一般项目	北京中医药大学
587	15ZHB006	北京高校突发事件中手机舆情的传播规律及引导机制研究	徐敬宏	综合	一般项目	北京邮电大学
588	15ZHB007	网络实名制效果研究	王维佳	综合	一般项目	北京大学
589	15ZHB008	新媒体舆论的理论模型及对策研究	逢金辉	综合	一般项目	北京理工大学
590	15ZHB009	在京留学生跨文化适应性的传播学研究	孙　庚	综合	一般项目	北京第二外国语学院
591	15ZHB010	促进北京地区传统媒体和新兴媒体融合发展研究：基于组织结构变革视角	吴玉玲	综合	一般项目	北京工商大学
592	15ZHB011	微媒体对北京大学生行为模式变化影响的研究	徐天晟	综合	一般项目	首都经济贸易大学
593	15ZHB012	北京日报报业集团融合发展研究	张晓红	综合	一般项目	中国传媒大学

续表

序号	项目编号	项目名称	项目负责人	学科	项目类别	信誉保证单位
594	15ZHB013	北上广地区数字出版政策及实施效果比较研究	黄孝章	综合	一般项目	北京印刷学院
595	15ZHB014	基于数字博物馆平台建设的北京老字号挖掘保护与文化创新研究	刘英华	综合	一般项目	中国传媒大学
596	15ZHB015	“没有围墙的北京博物馆”资源在学校教育中的应用	唐帼丽	综合	一般项目	北京化工大学
597	15ZHB016	北京市区域图书馆信息资源共享途径与机制研究	王松霞	综合	一般项目	首都图书馆
598	15ZHB017	民国时期北京的图书馆发展史研究	韦庆媛	综合	一般项目	清华大学
599	15ZHB018	社会化媒体舆情的演化机理及治理研究	付　宏	综合	一般项目	北京市科学技术研究院
600	15ZHB019	首都全民阅读保障体系研究	司新丽	综合	一般项目	首都经济贸易大学
601	15ZHC020	新媒体环境下北京市政府信息传播与效果研究	贾哲敏	综合	青年项目	北京航空航天大学
602	15ZHC021	一种基于北京高校图书馆阅读倾向分析的个性化推荐方法	杨蔚宇	综合	青年项目	中央民族大学
603	15ZHC022	新媒体时代政府信息传播的话语研究	李彦冰	综合	青年项目	北京联合大学
604	15ZHC023	北京高校微电影与核心价值观传播研究	赵艳明	综合	青年项目	北京交通大学
605	15ZHC024	媒介融合背景下北京传媒道德发展状况研究	钟媛媛	综合	青年项目	外交学院
606	15ZHC025	北京市突发性事件的网络舆论博弈与社会治理研究	李先知	综合	青年项目	首都经济贸易大学
607	15ZHC026	新媒体环境下北京城市形象传播的路径选择研究	谭宇菲	综合	青年项目	首都经济贸易大学
608	15ZHB027	传统媒体与新媒体融合发展的实现路径研究	郝振省	综合	一般项目	北京印刷学院
609	15ZHB028	新媒体语境下北京影视文化产业的创新力与传播力研究	毛　琦	综合	一般项目	首都经济贸易大学
610	15ZHB029	“互联网+”背景下首都影视业的产业链重构研究	张　锐	综合	一般项目	北京电影学院
611	15ZXA001	莱布尼茨科学哲学思想研究	刘孝廷	哲学	重点项目	北京师范大学
612	15ZXA002	基于郭店楚简的早期儒家心性论问题研究	孙　伟	哲学	重点项目	北京市社会科学院
613	15ZXA003	越南宗教文化的形成和发展研究	米　良	哲学	重点项目	北京外国语大学
614	15ZXA004	基于当代西方元伦理视角的道德推理研究	刘　隽	哲学	重点项目	首都经济贸易大学
615	15ZXA005	中西哲学比较研究史论	张耀南	哲学	重点项目	中共北京市委党校
616	15ZXA006	当代学术语境中的实用主义哲学研究	王成兵	哲学	重点项目	北京师范大学
617	15ZXA007	北京佛教通史	圣　凯	哲学	重点项目	清华大学

续表

序号	项目编号	项目名称	项目负责人	学科	项目类别	信誉保证单位
618	15ZXB008	我国健康相关大数据的伦理法律研究	丛亚丽	哲学	一般项目	北京大学
619	15ZXB009	北京佛教律宗研究	温金玉	哲学	一般项目	中国人民大学
620	15ZXB010	《1861—1863 年经济学手稿》当代解读	李怀涛	哲学	一般项目	首都师范大学
621	15ZXB011	解放神学历史观研究	刘春晓	哲学	一般项目	首都师范大学
622	15ZXB012	跨文化视域下的法国毛主义研究	徐克飞	哲学	一般项目	北京师范大学
623	15ZXB013	社会心态视角下诚信价值与信任修复研究	刘　东	哲学	一般项目	北京市社会科学院
624	15ZXB014	康德美德理论研究	董滨宇	哲学	一般项目	中共北京市委党校
625	15ZXB015	风险治理中专家信任构建路径及机制研究	张成岗	哲学	一般项目	清华大学
626	15ZXC016	列维纳斯他者思想的人本维度研究	郭　菁	哲学	青年项目	北京化工大学
627	15ZXC017	模态性的认识论问题研究	刘　东	哲学	青年项目	中国人民公安大学
628	15ZXC018	思想史视域中的意识形态研究	沈江平	哲学	青年项目	中国人民大学
629	15ZXC019	卢梭政治哲学研究：以人性论为中心	张国旺	哲学	青年项目	中国青年政治学院
630	15ZXC020	中国社会道德现状的大数据时空分析	喻　丰	哲学	青年项目	清华大学
631	15ZXC021	朱迪斯·巴特勒思想研究	何　磊	哲学	青年项目	首都经济贸易大学
632	15ZXC022	马克思主义哲学体系中的社会心理范畴及其当代价值研究	李厚羿	哲学	青年项目	首都经济贸易大学
633	15ZXB023	德性伦理学及其对我国高校德育理论建设的借鉴意义研究	王瑞昌	哲学	一般项目	首都经济贸易大学

（北京市哲学社会科学规划办公室供稿）

北京市教育委员会 2016 年度社科计划重点项目批准立项项目

项目编号	项目名称	承担单位	负责人	研究类别	成果形式	完成时间
SZ20161000501	北京市战略性新兴产业的资本配置效率研究	北京工业大学	刘亭立	综合研究	研究报告	2017. 12
SZ20161000502	基于物质流分析的北京市物质代谢趋势及减物质化措施研究	北京工业大学	戴铁军	应用研究	研究报告	2017. 12
SZ20161000503	大数据时代北京文化创意产业知识产权保护研究	北京工业大学	孙玉荣	应用研究	研究报告	2017. 12
SZ20161000504	以学生职业发展能力为导向的工程硕士质量评价标准的研究与实践	北京工业大学	李　娟	应用研究	研究报告	2017. 12
SZ20161001105	北京市零售业领先用户参与服务创新的管理研究	北京工商大学	彭艳君	应用研究	研究报告	2018. 12

续表

项目编号	项目名称	承担单位	负责人	研究类别	成果形式	完成时间
SZ20161001106	混合所有制、董事会治理结构和治理机制	北京工商大学	张继德	综合研究	研究报告	2018.12
SZ20161001207	纤维时尚应用推广研究	北京服装学院	孙雪飞	综合研究	研究报告	2016.12
SZ20161001208	城市垃圾减量视角下废旧纺织品回收及再利用体系研究	北京服装学院	姚　蕾	综合研究	研究报告	2017.12
SZ20161001509	传统媒体与新媒体融合发展的实现路径研究	北京印刷学院	郝振省	综合研究	研究报告	2018.12
SZ20161002510	整合式老年居家照护发展模式的研究与实践	首都医科大学	肖树芹	应用研究	研究报告	2018.12
SZ20161002511	隐喻对医学英语词汇语义影响的研究	首都医科大学	卢凤香	综合研究	专著	2018.12
SZ20161002812	北京艺术品市场发展战略研究	首都师范大学	陶　宇	应用研究	研究报告	2018.12
SZ20161002813	北京市残疾人精准脱贫的路径与政策研究	首都师范大学	廖　娟	应用研究	研究报告	2018.12
SZ20161002814	里耶秦简编年考证（第一卷）	首都师范大学	蔡万进	基础研究	专著	2018.06
SZ20161002815	北京市学习型学校组织建设研究——基于北京市中小学的面板数据分析	首都师范大学	荣利颖	应用研究	研究报告	2017.12
SZ20161002916	北京申办冬奥会背景下首都体育旅游产业拓展与践行路径研究	首都体育学院	陈　亮	应用研究	研究报告	2018.12
SZ20161003117	俄罗斯戏剧复兴对北京戏剧院团发展的启示	北京第二外国语学院	张变革	应用研究	研究报告	2017.12
SZ20161003118	聋哑生空间概念及语言生成的认知神经机制研究	北京第二外国语学院	齐振海	应用研究	研究报告	2017.12
SZ20161003719	经济新常态下北京市知识密集型服务业演化及升级研究	北京物资学院	郭红莲	应用研究	专著	2018.12
SZ20161003820	北京市高校青年教师职业幸福感与绩效提升的跨层次路径研究	首都经济贸易大学	苗仁涛	应用研究	研究报告	2017.12
SZ20161003821	社会媒体情境下京津冀跨域突发事件应急决策支持体系研究	首都经济贸易大学	陆文婷	应用研究	研究报告	2018.12
SZ20161003822	北京居民生存压力的缓解途径与社会信心的形成机制研究	首都经济贸易大学	阮　敬	应用研究	研究报告	2018.12
SZ20161003823	新媒体语境下北京影视文化产业的创新力与传播力研究	首都经济贸易大学	毛　琦	综合研究	研究报告	2018.06
SZ20161003824	德性伦理学及其对我国高校德育理论建设的借鉴意义研究	首都经济贸易大学	王瑞昌	基础研究	专著	2018.12
SZ20161004925	民国时期戏曲文化转型与嬗变研究	中国戏曲学院	钟　鸣	综合研究	论文集	2018.12
SZ20161005026	“互联网+”背景下首都影视业的产业链重构研究	北京电影学院	张　锐	应用研究	研究报告	2017.06
SZ20161005127	中国民族民间舞蹈生存现状调查（青海地区）	北京舞蹈学院	高　镀	综合研究	专著	2017.12
SZ20161141728	京津冀生态文明建设中企业区域合作的博弈分析	北京联合大学	张　波	应用研究	专著	2018.12

续表

项目编号	项目名称	承担单位	负责人	研究类别	成果形式	完成时间
SZ20161141729	北京市属高校本科毕业实习现状调查及改进策略研究	北京联合大学	杨　鹏	应用研究	研究报告、论文集	2018. 12
SZ20161162630	现代性视野中的新时期儿童戏剧研究	北京青年政治学院	雷丽平	基础研究	专著	2018. 12
SZ20161407531	中外首都圈职业教育比较研究	北京劳动保障职业学院	李继延	综合研究	论文集	2017. 12

*北京市教育委员会 2015 年评出的 2016 年度社会科学计划批准立项重点项目。

（北京市教育委员会科学技术与研究生工作处供稿）

北京市教育委员会 2016 年度社科计划一般项目批准立项项目

项目编号	项目名称	承担单位	研究类别	负责人	成果形式	完成时间
SM201610005001	面向北京战略性新兴产业发展的新兴技术识别研究	北京工业大学	应用研究	李　欣	研究报告	2017. 12
SM201610005002	面向科研评价的多维信息计量指标比较性融合与应用研究	北京工业大学	应用理论研究	王菲菲	论文、研究报告	2017. 12
SM201610005003	我国经济“新常态”下北京市发展商业健康保险的前景分析	北京工业大学	应用研究	郭春燕	研究报告、论文	2017. 12
SM201610005004	北京市旅游消费者行为模式与营销策略研究	北京工业大学	应用研究	徐　磊	研究报告、论文	2017. 12
SM201610005005	京津冀一体化背景下在京农民工城市居留意愿研究	北京工业大学	应用理论研究	杨桂宏	研究报告、论文	2017. 12
SM201610005006	北京旅游纪念品开发与设计研究	北京工业大学	调查与对策研究	王　鹏	研究报告	2018. 01
SM201610005007	京津冀协同发展背景下农民工城市融入研究	北京工业大学	应用研究	姜海珊	研究报告、论文	2018. 12
SM201610005008	服装企业库存循环再利用的创新设计	北京工业大学	调查与对策研究	张　鹏	研究报告	2017. 12
SM201610005009	北京色彩交通引导系统应用测试	北京工业大学	应用研究	任雁明	研究报告	2017. 12
SM201610005010	北京市创意产业与非物质文化遗产保护的耦合发展研究	北京工业大学	应用研究	赵健磊	论文、研究报告	2017. 12
SM201610005011	促进北京市餐饮企业参与废弃食用油生物燃料的激励机制研究	北京工业大学	应用研究	刘婷婷	研究报告	2017. 12
SM201610005012	北京市新兴产业生态环境效应评价理论与实证研究	北京工业大学	应用研究	罗晓梅	专著、论文	2017. 12
SM201610005013	首都大学生创业能力模型建构与评价研究	北京工业大学	应用理论研究	齐书宇	研究报告、论文	2017. 12
SM201610005014	基于跨领域技术预测理论的激光技术产业未来分析	北京工业大学	应用理论研究	陈　虹	研究报告、论文	2017. 12

续表

项目编号	项目名称	承担单位	研究类别	负责人	成果形式	完成时间
SM201610009001	股权激励对企业研发支出的驱动路径与异质性研究——以中关村高科技企业为例	北方工业大学	应用理论研究	洪 峰	研究报告、论文	2018.12
SM201610009002	京津冀一体化下区域环境审计研究	北方工业大学	应用理论研究	刘桂春	研究报告、论文	2018.12
SM201610009003	社会化媒体的广告传播研究	北方工业大学	应用理论研究	张 哲	论文	2018.12
SM201610009004	“对外汉语教学”学科发展战略研究	北方工业大学	基础研究	刘 妍	论文、研究报告	2018.12
SM201610009005	可持续包装设计策略的影响因素及评价方法研究	北方工业大学	应用理论研究	王雪莹	论文、研究报告	2018.12
SM201610009006	红色文化资源融入高校“立德树人”实践研究	北方工业大学	基础研究	谢毓洁	研究报告、论文	2018.12
SM201610009007	互联网金融平台企业的定价策略研究	北方工业大学	应用理论研究	赵晓男	研究报告、论文	2018.12
SM201610011001	基于首都智慧城市建设的环保产品与服务设计研究	北京工商大学	应用研究	李晓珊	专著、论文	2017.12
SM201610011002	旅游电商品牌在女性消费者中的传播手段及其效果研究	北京工商大学	应用研究	林 刚	论文、研究报告	2017.12
SM201610011003	新兴组织场域的创业研究——以北京知识密集型服务企业为例	北京工商大学	基础研究	朱 蓉	论文	2017.12
SM201610011004	支持北京小微企业发展的小微金融体系研究	北京工商大学	调查与对策研究	徐小茗	研究报告、论文	2017.12
SM201610011005	《习近平谈治国理政》中的隐喻英译策略研究	北京工商大学	应用研究	唐义均	论文	2017.12
SM201610011006	乔伊斯作品中的都柏林叙事空间建构：一项基于语料库的研究	北京工商大学	基础研究	孔海龙	专著、论文	2017.12
SM201610011007	无讼法律传统与当代多元化纠纷解决机制的完善	北京工商大学	基础研究	邹亚沙	论文	2017.12
SM201610011008	京津冀协同发展中的区域性环境法律协同机制研究	北京工商大学	应用研究	刘长霞	论文	2017.12
SM201610011009	老龄化背景下养老金融发展研究	北京工商大学	应用研究	杨建海	论文	2017.12
SM201610012001	唐诗宋词的语义可视化设计研究	北京服装学院	应用研究	彭 璐	研究报告、论文、其他	2017.12
SM201610012002	“一带一路”战略下我国纺织服装产业转移的对策研究	北京服装学院	应用研究	索 珊	论文、研究报告	2017.12
SM201610012003	“创客”孵化——流行绘本的App开发与研究	北京服装学院	应用研究	李祖旺	研究报告、论文、其他	2017.12
SM201610005001	功能语言学视角下的语篇体裁分析和外语写作教学的应用研究	北京印刷学院	应用研究	谷 颖	研究报告、著作、论文	2017.12
SM201610005002	博物馆陈列艺术中的叙事性研究	北京印刷学院	应用研究	陶海鹰	研究报告、论文	2017.12
SM201610005003	《风景油画创作中的意象表达与传统审美趣味研究》	北京印刷学院	应用研究	梁智龙	研究报告、著作	2017.12

续表

项目编号	项目名称	承担单位	研究类别	负责人	成果形式	完成时间
SM201610005004	北京文化创业者自我领导的理论和实践研究	北京印刷学院	应用理论研究	高海涛	研究报告、著作、论文	2017. 12
SM201610005005	我国众筹出版模式选择研究	北京印刷学院	应用研究	张　颖	研究报告、著作、论文	2017. 12
SM201610016001	先秦儒家公正思想现代性转换与大学生社会主义公正观培育研究	北京建筑大学	应用理论	汪琼枝	论文	2018. 12
SM201610016002	BIM 与 RFID 技术在建筑物流管理中的集成应用研究	北京建筑大学	应用研究	张　俊	论文	2018. 12
SM201610016003	北京市古建筑类全国重点文物保护单位社会文化价值评估策略研究	北京建筑大学	应用理论研究	赵晓梅	论文	2017. 12
SM201610017001	北京市生产性服务业的就业效应研究	北京石油化工学院	基础研究	贾　辉	论文	2017. 12
SM201610017002	中外大学生“京津冀”旅游消费行为模式比较研究	北京石油化工学院	调查与对策研究	张　远	研究报告、论文	2017. 12
SM201610017003	北京农产品区域品牌化机理研究——基于京津冀协同视角	北京石油化工学院	应用研究	张传统	研究报告、论文	2016. 12
SM201610020001	北京乡村旅游创意商品开发研究	北京农学院	应用研究	桂　琳	专著	2017. 12
SM201610020002	我国农产品新型电子商务模式发展研究	北京农学院	应用理论研究	严继超	专著	2017. 12
SM201610020003	基于环境承载力的北京市畜禽养殖对策研究	北京农学院	应用研究	杨博琼	专著	2018. 12
SM201610020004	农业高校“都市农业文化”立体资源库建设研究	北京农学院	调查与对策研究	刘乾凝	专著	2018. 12
SM201610025001	抗战时期晋察冀边区卫生工作研究	首都医科大学	基础研究	刘春梅	论文	2018. 12
SM201610025002	改革开放以来北京农村公共卫生政策变迁及现状研究	首都医科大学	应用理论研究	张晓荣	研究报告	2018. 12
SM201610025003	中国医患关系法的困境与出路	首都医科大学	基础研究	唐　超	专著	2018. 12
SM201610025004	住院医师抗逆力要素、现状及作用模式研究	首都医科大学	应用研究	刘　颖	研究报告、论文	2018. 12
SM201610025005	北京市全科医生团队评价指标体系的构建研究	首都医科大学	应用研究	刘小平	研究报告、论文	2018. 12
SM201610028001	北京传媒产业生产创新研究	首都师范大学	应用研究	郭　嘉	专著	2017. 12
SM201610028002	先秦至汉代西北地区的黄金技术与文化交流	首都师范大学	基础研究	员雅丽	专著	2018. 12
SM201610028003	古希腊老人生存状态研究	首都师范大学	基础研究	赵山花	论文	2017. 12
SM201610028004	特大城市基础教育发展与治理的特征研究	首都师范大学	基础研究	刘　帆	研究报告	2017. 12
SM201610028005	北京市义务教育阶段家长对择校治理的态度与回应研究	首都师范大学	应用理论研究	何　颖	研究报告、论文	2018. 12
SM201610028006	20 世纪瑞士经典德语作家小说专题	首都师范大学	基础研究	安　尼	论文	2018. 12
SM201610028007	首都高校英语专业硕士生思辨倾向现状研究	首都师范大学	基础研究	张　莎	论文	2018. 12
SM201610028008	A. S. 拜厄特的科技叙事研究	首都师范大学	基础研究	陈姝波	论文	2018. 12

续表

项目编号	项目名称	承担单位	研究类别	负责人	成果形式	完成时间
SM201610028009	小学生心理需要满足的现状及其对家庭教育和学校教育的启示	首都师范大学	应用理论研究	张　俊	论文	2017. 12
SM201610028010	面向海外教学的汉语基础句型表达功能分布研究	首都师范大学	应用研究	马思宇	论文	2018. 12
SM201610028011	进化论与鲁迅人道主义思想的危机	首都师范大学	基础研究	符　鹏	论文	2017. 12
SM201610028012	北京市中小学学校治理：过程、结构及对策研究	首都师范大学	调查与对策研究	杨　光	研究报告	2018. 12
SM201610028013	现代新儒家的境界论思想研究	首都师范大学	基础研究	陶　悦	论文	2017. 12
SM201610028014	北京市中小学课堂学习环境测评及其影响因素研究	首都师范大学	调查与对策研究	王晶莹	研究报告、论文	2017. 12
SM201610028015	基于“手段—目的链”理论的京郊休闲旅游产业创新与休闲旅游消费心理研究	首都师范大学	应用理论研究	姜　珊	研究报告、论文	2018. 12
SM201610029001	体育院校建立学术英语课程的重要性探析——以体育学术论文英文计量为依据	首都体育学院	基础研究	刘　伟	研究报告、论文	2017. 12
SM201610029002	体育教学中学习集体对学生社会性发展的培养研究	首都体育学院	基础研究	李海燕	研究报告、论文	2018. 12
SM201610029003	青少年体质健康监测机制研究	首都体育学院	应用研究	季　钢	研究报告、论文	2017. 12
SM201610029004	北京市群众篮球比赛中球员冲突的研究	首都体育学院	应用理论研究	谭朕斌	研究报告、论文	2017. 12
SM201610029005	“北京市高等学校参与小学体育发展工作（高参小）”中“高”、“小”合作模式化研究	首都体育学院	应用研究调查与对策研究	霍笑敏	专著、研究报告、论文	2017. 12
SM201610031001	京津冀协同背景下传媒业区域化发展问题研究	北京第二外国语学院	应用理论研究	王春枝	研究报告、论文	2017. 12
SM201610031002	北京市绿色会展经济战略、绩效与对策研究	北京第二外国语学院	应用研究	刘林艳	研究报告、论文	2017. 12
SM201610031003	京津冀一体化对区域内上市公司投融资的影响	北京第二外国语学院	应用理论研究	代冰彬	研究报告	2017. 12
SM201610031004	社交媒体、社会压力与审计师的独立性	北京第二外国语学院	应用研究	尹美群	研究报告、论文	2017. 12
SM201610031005	北京口译志愿者队伍建设	北京第二外国语学院	应用理论研究	张梦璐	研究报告	2017. 12
SM201610031006	汉日被动句中的领属关系研究	北京第二外国语学院	基础研究	熊仁芳	研究报告	2017. 12
SM201610037001	京津冀一体化下的物流网络协同发展与风险管理研究	北京物资学院	应用理论研究	张方风	研究报告、论文	2017. 12
SM201610037002	京津冀农业全产业链合作模式及对策研究	北京物资学院	应用研究	张喜才	研究报告，论文	2017. 12
SM201610037003	商品防伪防窜货质量安全追溯系统的构建研究	北京物资学院	应用研究	芮嘉明	研究报告、论文	2017. 12
SM201610037004	京津冀区域农产品电子商务产业创新发展模式研究	北京物资学院	调查与对策研究	杨　玺	研究报告，论文	2017. 12

续表

项目编号	项目名称	承担单位	研究类别	负责人	成果形式	完成时间
SM201610037005	基于社交网络的电子商务信任评价体系研究	北京物资学院	应用理论研究	于　真	研究报告、论文	2017.12
SM201610037006	物流服务供应链能力合作协调研究	北京物资学院	应用理论研究	杨　丽	论文、研究报告	2017.12
SM201610037007	北京市流通空间问题研究	北京物资学院	应用研究	刘玉奇	研究报告	2017.12
SM201610038001	西方会计研究的科学知识图谱分析	首都经济贸易大学	基础研究	王　伟	研究报告	2016.12
SM201610038002	财政视角下的机关事业单位职业．金及其投资	首都经济贸易大学	应用研究	郎大鹏	论文	2018.12
SM201610038003	大数据环境下北京市企业研发投入的政府资助政策效应评估	首都经济贸易大学	应用研究	陈远燕	研究报告	2017.12
SM201610038004	应急储备安排的机制障碍与破解路径	首都经济贸易大学	应用研究	陈奉先	论文	2017.12
SM201610038005	北京市机动车尾气对雾霾的影响分析及控制对策	首都经济贸易大学	应用理论研究	陶桂平	研究报告	2017.12
SM201610038006	互联网征信时代的个人信息权问题研究	首都经济贸易大学	基础研究	陶　盈	研究报告、论文	2017.12
SM201610038007	厄普代克美国二十世纪后半叶中产阶级文化建构研究	首都经济贸易大学	基础研究	任菊秀	研究报告	2018.01
SM201610038008	科技投入、科技创新与京津冀经济增长的实证研究	首都经济贸易大学	应用研究	杜　军	论文、研究报告	2017.12
SM201610038009	北京实现国际人才红利路径研究	首都经济贸易大学	应用研究	魏华颖	研究报告	2018.12
SM201610038010	当代北京老年公共文化空间研究	首都经济贸易大学	基础研究	何　磊	研究报告	2016.12
SM201610038011	拜厄特小说中的科学与文学知识研究	首都经济贸易大学	基础研究	姚成贺	论文	2017.12
SM201610038012	北京现代公共文化服务数字化建设研究	首都经济贸易大学	应用研究	徐轶瑛	研究报告、论文	2016.12
SM201610038013	地方债务的宏观经济效应及其风险约束机制构建	首都经济贸易大学	应用研究	郝宇彪	论文、研究报告	2017.12
SM201610038014	新媒体时代特稿中的北京形象建构研究	首都经济贸易大学	基础研究	王　冲	研究报告	2017.12
SM201610046001	基本乐理的分级制教学研究	中国音乐学院	基础研究	左　佳	教材	2017.12
SM201610046002	在京高等艺术院校艺术实践服务社会文化发展创新研究	中国音乐学院	应用理论研究	吴　哲	研究报告	2017.12
SM201610046003	北京音乐表演艺术组织功能定位与发展模式研究	中国音乐学院	应用研究	陈　楠	研究报告	2018.12
SM201610049003	戏曲经典折子戏综合研究	中国戏曲学院	应用理论研究	乔慧斌	论文	2018.12
SM201610049004	扬琴在戏曲环境里的发展演变与演奏技巧研究	中国戏曲学院	应用理论研究	钱伟宏	论文	2018.12
SM201610049005	荀慧生戏剧理论研究	中国戏曲学院	基础研究	李　楠	专著	2018.12

续表

项目编号	项目名称	承担单位	研究类别	负责人	成果形式	完成时间
SM201610050001	中国文化视野下的电影表演艺术探究	北京电影学院	基础研究	高敬瑜	专著	2017.12
SM201610050002	“互联网＋电影”背景下影院电子商务研究	北京电影学院	基础研究	林晓霞	论文	2017.12
SM201610050003	互联网时代中国电影产业发展研究	北京电影学院	应用研究	唐玲玲	研究报告	2018.12
SM201610050004	装置艺术造型语言研究	北京电影学院	基础研究	马跃军	专著	2018.12
SM201610050005	普及型电影教育的可能发展路向	北京电影学院	应用理论研究	许 航	研究报告	2017.06
SM201610050006	影视表演创作中的形象和意象研究	北京电影学院	应用研究	张杰勇	专著	2018.12
SM201610051001	中国古典舞教学剧目创作研究	北京舞蹈学院	应用理论研究	宋海芳	论文、作品	2017.12
SM201610051002	中国古典舞音乐研究	北京舞蹈学院	基础研究	张丽民	专著	2016.12
SM201610051003	毛南傩乐舞研究	北京舞蹈学院	基础研究	陈玉玉	专著	2017.12
SM201610051004	京津冀公共文化艺术服务一体化研究	北京舞蹈学院	应用研究	马 明	研究报告、论文	2016.12
SM201610051005	舞蹈作品著作权集体管理模式研究	北京舞蹈学院	调查与对策研究	刘 洁	研究报告、论文	2017.12
SM201611232001	基于知识驱动的企业研发协同与成本控制方法研究	北京信息科技大学	应用理论研究	李湧范	论文、研究报告	2017.12
SM201611232002	北京战略性新兴产业集群协同创新增进机制研究：基于核心企业领导风格的视角	北京信息科技大学	应用理论研究	倪 渊	论文	2017.12
SM201611232003	创业者社会资本对小微企业成长性影响研究——基于创业环境的视角	北京信息科技大学	应用理论研究	李晓非	论文、研究报告	2017.12
SM201611232004	内部控制审计对审计收费的影响及其实施效应研究	北京信息科技大学	应用基础研究	黄 胜	论文	2017.12
SM201611232005	近代北京公园文化研究	北京信息科技大学	应用研究	石桂芳	专著、研究报告	2017.12
SM201611232006	城市产业用地集约利用布局评价与优化：基于北京市的实证研究	北京信息科技大学	应用研究	路振华	专著、论文、研究报告	2017.12
SM201611232007	北京高校自主外语教育规划探究	北京信息科技大学	应用研究	程京艳	研究报告、论文	2017.12
SM201611232008	基于地方高校科研条件共享平台建设的科技管理运行机制研究	北京信息科技大学	应用理论研究	董 亮	论文、专著、研究报告	2016.12
SM201611417001	社会化媒体影响下北京旅游消费者行为模式和营销策略研究	北京联合大学	应用研究	丁于思	研究报告、论文	2017.12
SM201611417002	对照与镜鉴：魏晋南北朝文学与绘画的比较阅读	北京联合大学	基础研究	杨 柳	专著、论文	2018.12
SM201611417003	基于移动电子商务的北京网络消费发展路径研究	北京联合大学	应用研究	刘宇涵	研究报告、论文	2017.12
SM201611417004	移动互联时代大数据对供应链整合营销影响的实证研究	北京联合大学	应用研究	郭慧馨	专著、论文	2017.12
SM201611417005	有限条件约束下的科研项目绩效评价研究	北京联合大学	应用研究	李 林	研究报告、论文	2017.12

续表

项目编号	项目名称	承担单位	研究类别	负责人	成果形式	完成时间
SM201611417006	规范视角下的北京地方立法评估标准研究	北京联合大学	应用理论研究	王柏荣	研究报告	2017. 12
SM201611417007	全球化时代美国对外英语传播政策对中国大学生文化认同的影响	北京联合大学	应用研究	朱丽华	论文	2018. 12
SM201611417008	城市化进程中三山五园地区村落文化现状调查与保护策略研究	北京联合大学	应用研究	李自典	研究报告	2017. 12
SM201611417009	残疾人体育对促进我国构建和谐社会的影响研究——以北京地区为例	北京联合大学	调查与对策研究	陈金堂	专著、论文、研究报告	2017. 12
SM201611417010	从严治党视阈下的党内巡视制度研究	北京联合大学	基础研究	王　峰	论文	2017. 12
SM201611626001	北京市高校来华留学生管理研究	北京青年政治学院	应用理论研究	王育珍	论文	2017. 12
SM201611626002	高职院校专业教育与通识教育的融合研究	北京青年政治学院	应用研究	张瑞芬	论文、研究报告	2017. 12
SM201611626003	北京市高职院校财务绩效评价指标体系研究	北京青年政治学院	应用理论研究	田　静	论文、研究报告	2017. 12
SM201611626004	法治理念下高校学生班级治理运行现状及策略研究	北京青年政治学院	调查与对策研究	祁志钢	论文、研究报告	2017. 12
SM201611626005	新媒体时代青年社会主义核心价值观教育模式创新研究	北京青年政治学院	应用研究	张子荣	论文、研究报告	2017. 12
SM201611626006	基于信任提升的虚拟团队沟通策略研究	北京青年政治学院	应用研究	黄　昕	研究报告	2017. 12
SM201651638001	新常态下北京市物流企业协同发展模式研究	北京财贸职业学院	应用研究	付丽茹	研究报告	2016. 12
SM201651638002	北京生活性服务业“零距离”“云服务”发展模式研究	北京财贸职业学院	调查与对策研究	康　健	研究报告	2016. 12
SM201651638003	北京服务贸易比较优势研究	北京财贸职业学院	应用研究	石　芸	研究报告	2016. 12
SM201651638004	北京市旅游经济与城市环境协调发展研究	北京财贸职业学院	调查与对策研究	王丽娟	研究报告	2016. 12
SM201651638005	京津冀一体化的聚合型投资分析——世界城市群发展视角下	北京财贸职业学院	应用研究	米锦欣	研究报告	2016. 12
SM201610858001	房地产策划师职业人才效能及储备机制研究	北京电子科技职业技术学院	调查与对策研究	何　红	调查报告、研究报告、论文	2016. 12
SM201610858002	水墨语言在现代装饰设计中的应用研究	北京电子科技职业技术学院	应用理论研究	徐　彬	研究报告、论文、作品、专利	2017. 12
SM201610858003	“互联网＋”京津冀一体化快消品物流配送体系研究	北京电子科技职业技术学院	应用研究	严霄蕙	研究报告、论文	2017. 12
SM201610853001	团体心理辅导对提升高职学生积极心理品质的实证研究	北京工业职业学院	应用研究	沈　杰	研究报告、论文	2017. 12
SM201612448001	中德现代农业职业教育比较研究	北京农业职业学院	调查与对策研究	李　凌	论文、研究报告	2017. 12

续表

项目编号	项目名称	承担单位	研究类别	负责人	成果形式	完成时间
SM201612448002	“80后”新一代父母消费观下的北京亲子农业开发设计研究	北京农业职业学院	调查与对策研究	郑 莹	论文、研究报告	2017.12
SM201650061001	优秀园长专业发展的机制研究——以北京市名园长发展工程成员为例	北京教育学院	应用理论研究	杨秀治	研究报告、论文	2017.12
SM201650061002	基于学生核心素养提升的理科教师培训课程体系研究	北京教育学院	应用研究	顿继安	论文、教材	2017.12
SM201650061003	中学史政学科培养青少年树立社会主义核心价值观的教育策略研究	北京教育学院	调查与对策研究	李 军	研究报告、论文	2016.12
SM201651160001	开放大学绩效评价指标体系研究	北京开放大学	应用研究	韩世梅	论文、研究报告	2017.12
SM201651160002	“互联网+”背景下教师网络研修创新实践研究	北京开放大学	应用研究	张 晓	论文、研究报告	2017.12
SM201651160003	再造产学研用协同运行机制，构建首都区域创新体系	北京开放大学	应用研究	孙 丹	论文、研究报告	2017.12
SM201651160001	开放大学绩效评价指标体系研究	北京开放大学	应用研究	韩世梅	论文、研究报告	2017.12
SM201651160002	“互联网+”背景下教师网络研修创新实践研究	北京开放大学	应用研究	张 晓	论文、研究报告	2017.12
SM201651160003	再造产学研用协同运行机制，构建首都区域创新体系	北京开放大学	应用研究	孙 丹	论文、研究报告	2017.12
SM201614075001	人力资本投资与企业业绩——基于世界银行企业调查数据的实证研究	北京劳动保障职业学院	应用研究	贾 娜	论文	2017.12
SM201614073001	高等职业教育校企合作实践探索研究——基于2014年职业教育国家级教学成果奖的分析	北京经济管理职业学院	应用研究	常红梅	研究报告、论文	2016.12
SM201614073002	京津冀区域创新资源配置与优化研究	北京经济管理职业学院	应用研究	徐 晨	研究报告、论文	2017.12
SM201614019001	以审判为中心背景下完善刑事证据收集工作机制研究	北京警察学院	调查与对策研究	李 娜	论文、研究报告	2016.12
SM201614019002	公安情报交流与协作问题研究	北京警察学院	基础研究	鲍晓燕	研究报告、论文	2016.12
SM201614019003	涉众型经济犯罪侦查工作机制研究	北京警察学院	调查与对策研究	任 怡	研究报告、论文	2016.12
SM201614019004	首都涉众型经济犯罪侦查阶段证据收集相关问题研究——以非法集资、非法吸收公众存款犯罪的侦查为视野	北京警察学院	调查与对策研究	姚 东	论文	2016.12
SM201614019005	法治公安行政裁量权基准制度完善研究	北京警察学院	调查与对策研究	袁晨钧	论文	2016.12

*北京市教育委员会2015年评出的2016年度社会科学计划批准立项一般项目。

（北京市教育委员会科学技术与研究生工作处供稿）

2015年度北京市调查研究重点课题

题目	主持人
一、常委会统筹课题	
北京新阶段城乡一体化问题研究	
新常态下北京经济增长潜力、结构及动力机制研究	
北京新阶段扩大对外开放问题研究	
北京服务“一带一路”国家战略的定位与切入口研究	
北京控制城市开发强度与优化土地利用问题研究	
二、市级领导调研课题	
促进北京市城市公共交通发展研究	王安顺
当前形势下首都地方立法工作研究	杜德印
围绕编制北京市国民经济和社会发展“十三五”规划有关问题开展联合调研	吉林、沈宝昌
如何结合实际贯彻落实《关于加强中央纪委派驻机构建设的意见》进一步发挥派驻机构的作用	叶青纯
强化首都核心功能，完善空间布局支撑的规划研究	陈　刚
“十三五“期间北京市保障房供应及布局研究	陈　刚
关于推动从严管理监督干部常态化问题研究	姜志刚
中国特色社会主义大学的内涵及实现路径研究	苟仲文
关于创新首都立体化社会治安防控体系建设的调研	杨晓超
新形势下首都统战工作创新发展的思路与对策研究	戴均良
在京境外非政府组织管理研究	王小洪
北京市“十三五”时期城乡发展一体化若干问题研究	林克庆
轨道交通体制改革研究	张延昆
关于全面加强停车管理的调研	梁　伟
全面落实我市居家养老服务条例的调研	牛有成
北京市行政程序立法研究	柳纪纲
代表“建议”、“批评”和“意见”比较研究	唐　龙
关于加快建设全国科技创新中心，实施北京技术创新行动计划（2014—2017年）情况的调研	孙康林
关于贯彻《中共中央关于加强社会主义协商民主建设的意见》，推进政协协商民主建设有关问题的调研	沈宝昌
关于促进历史街区保护立法工作的调研	陈　平
关于村镇两级医疗服务能力建设情况的调研	陈　平
关于京津冀区域交通一体化协同发展问题的调研	赵文芝
关于《北京市宗教事务条例》实施情况的调研	赵文芝
关于北京科技服务业发展的调研	闫仲秋

续表

题目	主持人
关于完善以审判为中心的诉讼制度的调研报告	慕　平
检务公开制度研究	池　强
三、各民主党派市委主委调研课题	
关于进一步促进我市科技领域军民融合发展的调研与建议	傅惠民
探索生态服务型经济发展模式，推动京津冀协同发展	葛剑平
虚拟经济和实体经济均衡发展研究	王永庆
“十三五”时期进一步加强全国文化中心建设若干重大问题研究	庞丽娟
关于建立适应新型医疗卫生模式需求的人力资源管理制度的调研	于文明
划定生态红线 优化首都生态安全空间布局	李昭玲
京津冀协同发展若干问题的调研	马大龙
关于推进京津冀固体废弃物处置与管理协同发展的对策建议	蔡国雄
四、部委办区县调研课题	
新形势下北京市宗教工作现状、问题及对策研究	张　洋
从严治党新形势下加强机关党委建设研究	夏尚武
京台新闻交流机制研究	汪明浩
推行政府部门权力清单责任清单制度的研究	刘云广
首都“十三五”时期教育总体发展战略研究	线联平
全面加强新形势下高校党的建设研究	张　雪
深化首都教育督导改革研究	唐立军
北京市少数民族村镇建设和发展研究	王孝东
北京共青团战线重构	常　宇
“单独二孩”政策对女性权益潜在影响调研	马兰霞
培育和弘扬社会主义核心价值观，发扬光大中华民族传统家庭美德的思考	滕盛萍
“十三五”国民经济与社会发展基本思路研究	卢　彦
构建高精尖产业体系的政策机制与战略措施研究	张伯旭
通过技能竞赛促进技能人才队伍建设作用研究	李　平
关于推进城乡接合部建设工作的思路和建议	黄　艳
加强物业服务企业监管措施研究	徐贱云
工程质量隐患排查及处理监管体系研究	徐贱云
首都城市环境治理现代化研究	孙新军
深化首都城市管理体制改革研究	宋连娣
互联网时代对交通发展的现实与未来影响研究	周正宇
新常态下北京商务发展的趋势性变化研究	闫立刚
“十三五”时期北京口岸大通关建设研究	许　康
京津冀及区域卫生计生协同发展的客观要求与政策措施及实施路径研究	雷海潮
国外典型都市圈建设经验借鉴研究	赵会民
以管资本为主重塑国资监管模式研究	林抚生

续表

题目	主持人
全面深化市属国资国企改革实施规划研究	林抚生
国有文化资产监管理论与探索	周茂非
关于推进法治民政建设研究	李万钧
社区矫正立法研究	于泓源
推动京津冀协同发展的财政政策研究	李颖津
北京市社会保险发展评估研究	张欣庆
北京市大兴区集体经营性建设用地入市制度改革试点研究	魏成林
关于京津冀协调发展生态环保率先突破路径研究	陈　添
关于建立健全河湖管护长效机制的调研	聂玉藻
北京市农业水价综合改革调研	金树东
京津冀三省市文化协同发展战略研究	陈　冬
“四个全面”战略布局下审计作用研究	吴素芳
税收管理现代化研究	杨志强
关于加强“一把手”监督管理的思考与实践	刘江平
建立“先照后证”衔接机制，切实加强事中事后监管	陈　永
京津冀一体化质量安全体系研究	赵长山
首都安全生产领域科技创新成果转化现状调研及相关政策研究	张树森
推进北京市传统媒体和新兴媒体融合发展研究	李春良
北京市支持“中国（怀柔）影视产业示范区”建设配套政策研究	李春良　杨培丽
关于建设“圆明园国家考古遗址公园”的研究与思考	舒小峰
关于政府购买体育服务与体育社会组织培育的调查研究	李颖川
关于建立调整疏解与稳增长平衡关系评价指标体系的研究	王文杰
北京高精尖经济结构监测评价指标体系研究	李　纲
北京科技创新监测评价指标体系研究	钱　岩
国际一流和谐宜居之都园林绿化指标体系比较研究	邓乃平
知识产权首善之区建设研究	汪　洪
关于全面推进从严治党的研究	杨柳荫
东城区加快推进非文保区改造的模式和路径研究——以天坛简易楼腾退搬迁改造实践为例	张家明
关于西城区强化“红墙意识”全面从严治党的调研与思考	王　宁
关于加强西城区法治政府建设的实践与思考	王少峰
朝阳区基层治理体系建设研究	程连元
城乡接合部地区分类治理模式研究	吴桂英
海淀区深入推进非首都功能疏解和创新驱动发展的政策措施研究	崔述强
新常态下海淀区构建高精尖经济结构发展研究	于　军
建设首都市民生活服务业创新示范区研究	杨艺文
优化丰台区域发展环境研究	冀　岩
关于城市管理体制改革试点区建设的实践与探索	牛青山

续表

题目	主持人
关于加快破解石景山区农转居后续工作的研究	夏林茂
门头沟区农村城市化问题研究	韩子荣
门头沟区“多规合一”及配套工作体系问题研究	张贵林
关于在新常态下推动房山转型发展的实践与思考	刘　伟
加快构建高精尖经济结构，全面提速房山产业转型升级步伐	曾赞荣
关于提升城市副中心基础设施建设和管理水平的研究	杨　斌
如何主动适应新常态，加速打造功能完备的城市副中心	岳　鹏
关于推进顺义区社会治理现代化的研究	王　刚
顺义提升新城品质的路径与对策研究	卢映川
基层党组织全面落实从严治党责任情况调查	侯君舒
关于深化中关村昌平园体制机制改革、构建“大昌平园”发展格局的思考	张燕友
关于进一步加强基层党组织建设的调查研究	李长友
关于强化群众主体地位推进城乡一体化的研究与思考	谈绪祥
平谷区党建工作责任制落实机制研究	张吉福
完善农村基础设施管护长效机制 为社会主义新农村建设夯实发展基础	姜　帆
大力发展生态产业，努力实现生态优势向经济发展优势的转变	祁　静
努力构建“高精尖”经济结构，加快推动怀柔转型发展	常　卫
关于密云县处级干部选拔任用工作的实践与思考	汪先永
京津冀协调发展中密云功能定位初探	王海臣
延庆县新型城镇化发展战略研究和路径探索	李志军
关于完善延庆县行政执法体制的研究	李先忠

（中共北京市委研究室供稿）

2015 年度北京市人大常委会调查研究课题

2015 年度北京市人大常委会主任、副主任重点调研课题

序号	题目名称	负责人	工作单位	预期成果形式	计划完成时间
1	当前形势下首都地方立法工作研究	杜德印	市人大常委会	调研报告	12 月
2	全面加强停车管理的调研	梁　伟	市人大常委会	调研报告	12 月
3	全面落实我市居家养老服务条例的调研	牛有成	市人大常委会	调研报告	12 月
4	北京市行政程序立法研究	柳纪纲	市人大常委会	调研报告	12 月
5	代表“建议”、“批评”和“意见”比较研究	唐　龙	市人大常委会	调研报告	12 月
6	加快建设全国科技创新中心，实施北京技术创新行动计划（2014—2017 年）情况的调研	孙康林	市人大常委会	调研报告	12 月

2015 年度北京市人大常委会重点调研课题

序号	题目名称	责任部门	负责人	计划完成时间
1	市人大常委会党组会议工作程序研究	办公厅	张　清	12 月
2	编制国民经济和社会发展计划第十三个五年规划若干问题的调研	财政经济办公室	王　琪	12 月
3	落实新预算法，制定新常态下的首都财政支出政策的调研	财政经济办公室	王　琪	12 月
4	贯彻市委第四次人大工作会议精神跟踪调研	研究室	黄石松	12 月
5	对人大代表履职监督情况的调研	代表联络室	陶世欣	12 月
6	本市区县、乡镇人大代表换届选举有关问题的调研	人事室	张　越	12 月

2015 年度北京市人大专门委员会及常委会工作机构调研课题

序号	题目	申报部门	负责人	计划完成时间
1	市人大常委会机关信息化建设规划研究	办公厅	向建华	12 月
2	特定问题调查工作机制研究	办公厅	向建华	12 月
3	人大机关重复信访情况的调研	办公厅	董立柱	12 月
4	本市公安规范执法情况的调研	内务司法办公室	赵志建	12 月
5	反家庭暴力情况的调研	内务司法办公室	尹玲珍	12 月
6	贯彻落实残疾人保障法实施办法情况的调研	内务司法办公室	袁　芳	12 月
7	本市“六五”普法情况的调研	内务司法办公室	王　玲	12 月
8	我市金融业发展状况的调研	财政经济办公室	乔　瑞	12 月
9	推进我市循环经济发展的调研	财政经济办公室	程晓君	12 月
10	关于构建我市教育支出绩效指标体系的调研	财政经济办公室	陈京朴	12 月
11	制定预算监督条例的调研	财政经济办公室	陈京朴	12 月
12	制定可再生能源法实施办法的调研	财政经济办公室	程晓君	12 月
13	本市暴雨灾害防治立法研究	农村办公室	杨　瑞	12 月
14	北京市公园管理条例立法可行性研究	农村办公室	杨武林	12 月
15	本市重点农村地区生活污水治理研究	农村办公室	刘景才	12 月
16	道教文化在首都全国文化中心建设中的地位和影响研究	民族宗教侨务办公室	武高山	12 月
17	在京少数民族流动人口服务与管理情况的调研	民族宗教侨务办公室	武高山	12 月
18	进一步贯彻实施侨法提升为侨服务整体水平研究	民族宗教侨务办公室	吴宝华	12 月
19	完善市人大常委会新闻工作格局研究	研究室	李正斌	12 月

（北京市人大常委会研究室艾淑英供稿）

2015年度北京市社会科学界联合会立项课题

2015年度决策咨询课题

序号	项目编号	项目名称	首席专家	所在单位	预期成果形式
1	2015SKLJZ001	京津冀协同发展中北京城市副中心建设的现状与对策研究	陈为邦	北京城市发展研究院	研究报告
2	2015SKLJZ002	北京市融入国家“一带一路”战略研究	韩　晶	北京区域经济学会	研究报告
3	2015SKLJZ003	北京城市历史文脉传承的现状、挑战与对策研究	李建平	北京史研究会	研究报告
4	2015SKLJZ004	北京市生活性服务业的发展现状与提升对策研究	龚晓菊	北京区域经济学会	研究报告
5	2015SKLJZ005	京津冀公共服务均等化建设的现状与对策研究	张　强	北京城市经济学会	研究报告
6	2015SKLJZ006	北京市新型城镇化建设的现状、挑战与对策研究	牛　颖	北京城市发展研究院	研究报告
7	2015SKLJZ007	北京市小产权房的现状、挑战与对策研究	赵秀池	北京市法学会	研究报告
8	2015SKLJZ008	北京市人口调控的现状、挑战与对策研究	尹德挺	北京市人口学会	研究报告
9	2015SKLJZ009	市级大型公共文化设施维修维护财政投入机制研究	童　伟	中央财经大学	研究报告
10	2015SKLJZ010	北京张家口2022年冬奥会可持续发展研究	陈　剑	北京改革和发展研究会	研究报告
11	2015SKLJZ011	北京改革蓝皮书	周立云	北京市委研究室（市委改革办）	专著
12	2015SKLJZ012	北京社区基层治理架构和运行机制研究	赵孟营	北京师范大学	研究报告
13	2015SKLJZ013	北京新阶段城乡一体化问题研究	张　强	首都经济贸易大学	研究报告
14	2015SKLJZ014	文化认同对京津冀协同发展的促进作用研究	刘　勇	北京师范大学	研究报告
15	2015SKLJZ015	京津冀地区人口功能分区与布局调整研究	李国平	北京大学	研究报告
16	2015SKLJZ016	新常态下北京经济增长潜力、结构及动力机制研究	昌忠泽	中央财经大学	研究报告
17	2015SKLJZ017	北京新阶段扩大对外开放问题研究	桑百川	对外经济贸易大学	研究报告
18	2015SKLJZ018	北京控制城市开发强度与优化土地利用问题研究	吴唯佳	清华大学	研究报告
19	2015SKLJZ019	当前形势下首都地方立法工作研究	郑　翔	北京交通大学	研究报告
20	2015SKLJZ020	北京市构建“高精尖”经济结构研究	赵　莉	北京市委党校	研究报告
21	2015SKLJZ021	北京市科技服务业的发展现状与提升对策研究	王国顺	北京工商大学	研究报告

续表

序号	项目编号	项目名称	首席专家	所在单位	预期成果形式
22	2015SKLJZ022	疏解非首都功能视野下的北京人口调控研究	张耀军	中国人民大学	研究报告
23	2015SKLJZ023	北京金融业参与疏解非首都功能研究	丁志杰	对外经济贸易大学	研究报告
24	2015SKLJZ024	首都网上理论宣传形势分析和对策建议	张小锋	对外经济贸易大学	研究报告
25	2015SKLJZ025	北京融媒体发展战略研究	刘燕南	中国传媒大学	研究报告
26	2015SKLJZ026	舆论主动引导机制研究	唐远清	中国传媒大学	研究报告
27	2015SKLJZ027	创新讲好北京故事，为建设国际一流的和谐宜居之都营造良好国际舆论环境的策略研究	刘　琛	北京外国语大学	研究报告
28	2015SKLJZ028	加强首都网络空间治理的对策研究	王四新	中国传媒大学	研究报告
29	2015SKLJZ029	市属国有文化单位职责分清、事企分开、功能分类的实证研究	李曦辉	中央民族大学	研究报告
30	2015SKLJZ030	加强北京文化市场依法监管问题研究	魏鹏举	中央财经大学	研究报告
31	2015SKLJZ031	北京服务“一带一路”国家战略的定位与切入口研究	张　鹏	国家信息中心	研究报告
32	2015SKLJZ032	北京市社会组织化问题研究	黄恒学	北京大学	研究报告
33	2015SKLJZ033	如何运用数字化资源推动北京组织工作	周庆山	北京大学	研究报告
34	2015SKLJZ034	北京文化建设“四大平台”协作机制研究	彭　翊	中国人民大学	研究报告
35	2015SKLJZ035	近两年北京文化精品创作规律和特点研究	赵曙光	清华大学	研究报告

（北京市社会科学界联合会科研工作部供稿）

2015年度两界协同创新课题

序号	评审立项课题名称	承担单位
1	治理视野下的首都公共文化资源配置效率研究	北京科技政策与管理研究会
2	移动互联网时代公共出行政策研究	北京交通信息中心
3	北京提升创客与众创空间发展环境建设研究	北京科学技术情报学会
4	京城针灸历史文化研究（立项名称）“训诂版本校勘学支撑下的中医古籍之整理研究”（结项名称）	北京针灸学会
5	结构约束条件下的旅游业增长系统理论研究	北京联合大学
6	城市环境治理的社会企业路径研究	首都经济贸易大学
7	北京市食用农产品流通安全防控机制研究	北京工商大学
	委托课题名称	**承担单位**
9	北京自然科学与社会科学协同创新智库建设研究（2015年—2020年）	北京自然辩证法研究会
10	北京市哲学社会科学人才发展研究	北京交通大学

2015年度青年社科人才资助项目

序号	学科分类	项目名称	负责人
1	哲学	习近平辩证法思想的总体性研究	顾伟伟

续表

序号	学科分类	项目名称	负责人
2	政治学	基于大数据的首都服务型政府建设研究	孟天广
3	政治学	美国智库的当代中国热点问题研究评析	韦　磊
4	社会学	风险社会视域下的北京公益慈善事业研究	郭祖炎
5	马克思主义理论	生活实践视角下社会主义核心价值观的社会融入路径研究	王洪波
6	法学	北京“新三板”科技创新企业的法律监管研究	朱芸阳
7	法学	公民个人信息的刑法保护研究	李怀胜
8	教育学	京津冀中小学教师效能测评及发展策略研究	王晶莹
9	教育学	京津冀“学分银行”一体化建设的制度设计	李锋亮
10	艺术学	十七世纪海上丝绸之路的中西艺术交流	孙　晶
11	新闻传播学	大数据时代北京传媒业的变革与创新研究	方　洁
12	新闻传播学	北京网络文化企业媒介融合实践及策略研究	黄　佩
13	应用经济学	北京“跨境投资”的外汇风险对冲绩效研究	赵　峰
14	应用经济学	“一带一路”与我国出口市场多元化发展研究	马相东
15	应用经济学	北京市服务业开放对京津冀价值链升级的影响	刘　斌
16	应用经济学	北京、上海、广州现代制造业中间投入服务化水平测算及比较研究	周念利
17	应用经济学	京津冀医疗服务一体化中的首都引领作用研究	董香书
18	应用经济学	北京市服务业双向投资与创新竞争力提升研究	李宏兵
19	应用经济	功能疏解背景下北京产业再集聚的路径与政策	陈红霞
20	理论经济学	“一带一路”战略与北京市外贸竞争新优势	吕　越
21	经济学	“一带一路”战略下的北京市企业“走出去”研究	伍晓光
22	管理学	北京城郊农户创业孵化体系构建研究	薛永基
23	公用管理	电子商务促进首都产业结构优化调整对策研究	涂　艳
24	公共管理	智慧城市理念下首都城市副中心发展战略研究	张　楠
25	公共管理	北京软件与信息服务业国际竞争力提升策略研究	王红霞
26	工商管理	大数据时代下北京市虚拟产业集群的演进研究	赵颖斯
27	工商管理	基于文化植根性的北京市文化创意企业创新生态系统研究	焦　豪
28	工商管理	北京市绿色新技术企业创业与成长模式研究	李华晶

（北京市社会科学界联合会学术活动部供稿）

2015 年度北京市中国特色社会主义理论体系研究中心立项课题

序号	课题名称	首席专家	责任单位	职称
1	习近平治国理政思想研究	陶文昭	中国人民大学	教授
2	习近平治国理政思想研究	韩振峰	北京交通大学	教授
3	大都市圈的发展与治理研究	王玉海	北京师范大学	教授

续表

序号	课题名称	首席专家	责任单位	职称
4	社会主义核心价值观与当代中国人精神世界构建研究	王　易	中国人民大学	教授
5	马克思主义中国化学术话语体系构建研究	Roland Boer	中国人民大学	讲席教授
6	新形势下以管资本为主完善国资监管机制研究	田　丰	中国社会科学院	教授

（北京市中国特色社会主义理论体系研究中心办公室张军强、安然供稿）

部分高校及科研单位承担国家或省部级人文社会科学研究项目及院校级社会科学研究项目

北京大学

2015年度承担国家级、省部级社会科学研究项目

序号	项目名称	负责人	承担部门	项目分类、类别	项目来源单位	预期成果形式	计划完成日期
1	人文学导论	叶　朗	艺术学院	国家社会科学基金、重大项目	全国哲学社会科学规划办公室	专著	2018.12
2	非洲出土中国古代外销瓷与海上丝绸之路研究	秦大树	考古文博学院	国家社会科学基金、重大项目	全国哲学社会科学规划办公室	专著	2018.12
3	中印石窟寺研究	李崇峰	考古文博学院	国家社会科学基金、重大项目	全国哲学社会科学规划办公室	专著	2018.12
4	《春秋左传》校注及研究	傅　刚	中文系	国家社会科学基金、重大项目	全国哲学社会科学规划办公室	专著	2018.12
5	国民语文能力研究暨测试系统分类建设	陈跃红	中文系	国家社会科学基金、重大项目	全国哲学社会科学规划办公室	专著	2018.12
6	《格萨尔》说唱语音的自动识别与格萨尔学的创新发展	陈建龙	信息管理系	国家社会科学基金、重大项目	全国哲学社会科学规划办公室	专著	2018.12
7	中国西南少数民族传统村落的保护与利用研究	孙　华	考古文博学院	国家社会科学基金、重大项目	全国哲学社会科学规划办公室	专著	2018.12
8	大数据时代知识融合的体系架构、实现模式及实证研究	李广建	信息管理系	国家社会科学基金、重大项目	全国哲学社会科学规划办公室	专著	2018.12
9	改革开放以来我国经济增长理论与实践研究	刘　伟	经济学院	国家社会科学基金、重大项目	全国哲学社会科学规划办公室	专著	2018.12
10	国际能源新形势对中国发展与战略环境影响研究	李　虹	经济学院	国家社会科学基金、重大项目	全国哲学社会科学规划办公室	专著	2018.12
11	统筹国内国际两个大局、完善外交总体布局研究	张清敏	国际关系学院	国家社会科学基金、重点项目	全国哲学社会科学规划办公室	专著	2018.12
12	新常态下我国产业园区资源整合“二次成长”的市场化模式研究	曹和平	经济学院	国家社会科学基金、重点项目	全国哲学社会科学规划办公室	专著、研究报告	2018.06
13	中国特色现代社会福利体系建构研究	刘继同	医学部	国家社会科学基金、重点项目	全国哲学社会科学规划办公室	专著、研究报告	2018.12

续表

序号	项目名称	负责人	承担部门	项目分类、类别	项目来源单位	预期成果形式	计划完成日期
14	二战以后美国宗教社会学理论的关键论题研究	孙尚扬	哲学系	国家社会科学基金、重点项目	全国哲学社会科学规划办公室	专著	2020.12
15	唐代长安佛教与丝绸之路研究	湛　如	外国语学院	国家社会科学基金、重点项目	全国哲学社会科学规划办公室	研究报告	2018.12
16	“人是遵守规则的动物”之论题研究	韩林合	外国语学院	国家社会科学基金、重点项目	全国哲学社会科学规划办公室	专著	2020.06
17	《资政院第二次常年会会议记录》辑佚与研究	李启成	法学院	国家社会科学基金、一般项目	全国哲学社会科学规划办公室	专著	2019.12
18	民事公益诉讼激励机制的法经济学研究	白　彦	政府管理学院	国家社会科学基金、一般项目	全国哲学社会科学规划办公室	专著	2018.12
19	全球化背景下国际劳工组织及其劳动立法与中国劳动法治的完善研究	陈一峰	法学院	国家社会科学基金、一般项目	全国哲学社会科学规划办公室	专著	2018.12
20	我国公立医院改革对医保基金的影响研究	吴　明	医学部	国家社会科学基金、一般项目	全国哲学社会科学规划办公室	研究报告	2018.12
21	南北朝墓葬礼制研究	韦　正	考古文博学院	国家社会科学基金、一般项目	全国哲学社会科学规划办公室	专著	2018.12
22	北京军都山古代游牧民族人骨遗存的生物考古学研究	何嘉宁	考古文博学院	国家社会科学基金、一般项目	全国哲学社会科学规划办公室	研究报告	2018.12
23	生育率与出生率关系研究	乔晓春	人口所	国家社会科学基金、一般项目	全国哲学社会科学规划办公室	专著	2018.12
24	仪式、社会团结与合作：合作困境的涂尔干之解	陶　林	社会学系	国家社会科学基金、一般项目	全国哲学社会科学规划办公室	论文集	2018.06
25	日本社区混合制养老模式的人类学研究及其对我国的启示	姚新华	社会学系	国家社会科学基金、一般项目	全国哲学社会科学规划办公室	专著	2018.06
26	战后东亚经济发展与环境治理研究	包茂红	历史系	国家社会科学基金、一般项目	全国哲学社会科学规划办公室	专著	2018.12
27	中国图书馆动漫服务研究	李常庆	信息管理系	国家社会科学基金、一般项目	全国哲学社会科学规划办公室	专著	2018.12
28	我国大中小学运动技能等级标准实证研究	郝光安	体育教研部	国家社会科学基金、一般项目	全国哲学社会科学规划办公室	专著	2018.12
29	短篇小说双重叙事运动研究	申　丹	外国语学院	国家社会科学基金、一般项目	全国哲学社会科学规划办公室	专著	2018.12
30	新型主流媒体与国家意识形态传播研究	顾亚奇	艺术学院	国家社会科学基金、一般项目	全国哲学社会科学规划办公室	专著	2018.12
31	汉语作为外语在美国发展的综合研究	刘元满	对外汉语教育学院	国家社会科学基金、一般项目	全国哲学社会科学规划办公室	专著	2018.12
32	语音轻化视角下汉语韵律句法互动的实验研究	邓　丹	对外汉语教育学院	国家社会科学基金、一般项目	全国哲学社会科学规划办公室	专著	2018.06
33	六朝时期建康政权的地域基础研究	王　铿	历史学系	国家社会科学基金、一般项目	全国哲学社会科学规划办公室	专著	2018.06
34	宋僧诗文集在日本的刊刻流传研究	许红霞	中文系	国家社会科学基金、一般项目	全国哲学社会科学规划办公室	专著	2018.06

续表

序号	项目名称	负责人	承担部门	项目分类、类别	项目来源单位	预期成果形式	计划完成日期
35	政治学研究方法前沿及其在国家治理能力指标建构中的应用研究	臧雷振	政府管理学院	国家社会科学基金、一般项目	全国哲学社会科学规划办公室	专著	2018. 06
36	资产属性对中国社会利益群体政治态度和行为的影响研究	周　强	政府管理学院	国家社会科学基金、一般项目	全国哲学社会科学规划办公室	论文集	2018. 06
37	国际民事诉讼中的临时措施研究	张文亮	法学院	国家社会科学基金、青年项目	全国哲学社会科学规划办公室	专著	2018. 06
38	新结构经济学的视角下新常态经济发展的动力与机制研究	付才辉	国家发展研究院	国家社会科学基金、青年项目	全国哲学社会科学规划办公室	论文集	2017. 12
39	京津冀产业区际转移与疏解非首都功能路径研究	齐子翔	政府管理学院	国家社会科学基金、青年项目	全国哲学社会科学规划办公室	研究报告	2017. 12
40	偏向性政策下资源误置的宏观经济效应研究	张天华	国家发展研究院	国家社会科学基金、青年项目	全国哲学社会科学规划办公室	论文集	2017. 12
41	专业服务业人才对我国经济增长贡献率研究	汪沛沛	经济学院	国家社会科学基金、青年项目	全国哲学社会科学规划办公室	专著	2018. 12
42	我国生产性服务业空间结构的本地效应、溢出效应及其优化研究	席强敏	政府管理学院	国家社会科学基金、青年项目	全国哲学社会科学规划办公室	专著	2018. 12
43	新中国马克思主义大众化载体与路径研究	张　莉	马克思主义学院	国家社会科学基金、青年项目	全国哲学社会科学规划办公室	专著	2018. 12
44	城市老年人精神健康状况研究	李　宁	人口研究所	国家社会科学基金、青年项目	全国哲学社会科学规划办公室	专著	2018. 12
45	当代中国单亲、重组家庭分布状况及其对子女抚养的影响研究	张春泥	社会学系	国家社会科学基金、青年项目	全国哲学社会科学规划办公室	研究报告	2018. 06
46	《明史艺文志》五种文本研究	王宣标	中文系	国家社会科学基金、青年项目	全国哲学社会科学规划办公室	专著	2018. 12
47	俄罗斯东正教圣徒传统与俄罗斯民族性格的形成研究	王　帅	外国语学院	国家社会科学基金、青年项目	全国哲学社会科学规划办公室	专著	2018. 12
48	哲学史视域下的先秦儒家《诗》学研究	孟庆楠	哲学系	国家社会科学基金、青年项目	全国哲学社会科学规划办公室	专著	2018. 12
49	当代西方政治哲学中的代表问题跟踪研究	段德敏	政府管理学院	国家社会科学基金、青年项目	全国哲学社会科学规划办公室	专著	2018. 12
50	地方高校转型发展研究	郭建如	教育学院	国家社科基金全国教育科学、重点项目	全国哲学社会科学规划办公室	专著	2018. 12
51	中国当代艺术话语范式研究	时胜勋	中文系	国家社科基金全国艺术科学、一般项目	全国哲学社会科学规划办公室	专著	2018. 12
52	养老康复护理整合应用模式研究	谢　红	医学部	北京市社会科学基金、重点项目	北京市哲学社会科学规划办公室	论文集	2017. 06

续表

序号	项目名称	负责人	承担部门	项目分类、类别	项目来源单位	预期成果形式	计划完成日期
53	春秋左传校注	傅　刚	中文系	北京市社会科学基金、重点项目	北京市哲学社会科学规划办公室	其他（校注本）	2020.12
54	网络实名制效果研究	王维佳	新闻传播学院	北京市社会科学基金、一般项目	北京市哲学社会科学规划办公室	研究报告	2016.06
55	“案多人少”与司法职权配置的经验研究	候　猛	法学院	北京市社会科学基金、一般项目	北京市哲学社会科学规划办公室	研究报告	2018.06
56	马克思国家治理理论与中国国家治理现代化研究	刘　军	马克思主义学院	北京市社会科学基金、一般项目	北京市哲学社会科学规划办公室	专著	2017.06
57	北方昆曲剧院院史（1957—2001）	陈　均	艺术学院	北京市社会科学基金、一般项目	北京市哲学社会科学规划办公室	专著	2017.12
58	基于“散点多线”汉语语音史观的汉语音韵史研究	张渭毅	中文系	北京市社会科学基金、一般项目	北京市哲学社会科学规划办公室	论文集	2018.12
59	我国健康相关大数据的伦理法律研究	丛亚丽	医学部	北京市社会科学基金、一般项目	北京市哲学社会科学规划办公室	研究报告	2016.06
60	琴学传统研究	杨　芬	图书馆	北京市社会科学基金、青年项目	北京市哲学社会科学规划办公室	专著	2018.06
61	碳市场、财务信息与企业价值——基于试点省市碳交易核算标准差异及北京实践	许　骞	光华管理学院	北京市社会科学基金、青年项目	北京市哲学社会科学规划办公室	论文集	2017.12
62	北京市农转居社区治理模式研究	王　迪	社会学系	北京市社会科学基金、青年项目	北京市哲学社会科学规划办公室	研究报告	2017.06
63	中国传统绘画转型研究：以乾隆朝宫廷画为个案	刘　晨	艺术学院	北京市社会科学基金、青年项目	北京市哲学社会科学规划办公室	专著	2017.12
64	中国与波斯海上丝绸之路考古学研究	林梅村	考古文博学院	北京市社会科学基金、重大项目	北京市哲学社会科学规划办公室	专著	2018.06
65	创新驱动北京产业升级与空间格局优化研究	李国平	政府管理学院	北京市社会科学基金、重点项目	北京市哲学社会科学规划办公室	专著	2018.06
66	当代中国价值观建设的历史回顾与现实展望	程美东	马克思主义学院	北京市社会科学基金、重点项目	北京市哲学社会科学规划办公室	专著	2018.06
67	中国研究型大学学院设置决策过程案例研究	谢广宽	医学部	北京市教育科学规划、青年项目	北京市教育科学规划领导小组办公室	专著	2018.06
68	MOOC模式下的学习型组织知识生产研究	吴　峰	教育学院	北京市教育科学规划、重点项目	北京市教育科学规划领导小组办公室	专著	2018.06
69	刑事诉讼法实施问题与对策研究	陈永生	法学院	教育部哲学社会科学、一般项目	教育部	著作	2018.12
70	中日图书馆学交流65年（1899—1964）历史探微	范　凡	图书馆	教育部哲学社会科学、一般项目	教育部	著作	2018.12
71	农民工市民化成本分摊机制研究——以北京市为例	傅帅雄	光华管理学院	教育部哲学社会科学、一般项目	教育部	论文、咨询报告	2018.12
72	中国与周边国家之间的跨境水资源安全问题研究	李志斐	国关学院	教育部哲学社会科学、一般项目	教育部	论文、咨询报告	2018.12

续表

序号	项目名称	负责人	承担部门	项目分类、类别	项目来源单位	预期成果形式	计划完成日期
73	高等教育研究的全球发展：历史、制度与人物	沈文钦	教育学院	教育部哲学社会科学、一般项目	教育部	论文	2018. 12
74	中国县级财政对本地居民偏好的回应性研究	杨龙见	光华管理学院	教育部哲学社会科学、一般项目	教育部	论文	2018. 12
75	你不能不知道的刑法知识	王世洲	法学院	教育部哲学社会科学普及读物项目	教育部	著作	2018. 12
76	文化强国的欧洲经验	朱孝远	历史学系	教育部哲学社会科学普及读物项目	教育部	著作	2018. 12
77	高校附属医院党风廉政建设现状和对策研究	刘江平	医学部	教育部哲学社会科学专项项目	教育部	论文	2016. 10
78	高校优秀班集体形成的特征及其影响因素	郑清文	外国语学院	教育部哲学社会科学专项项目	教育部	论文	2016. 12
79	以共青团组织为基础平台的高校实践育人协同体系探索	阮　草	团委	教育部哲学社会科学专项项目	教育部	论文	2016. 12
80	专业硕士的发展定位与竞争优势	闫凤桥	教育经济研究所	教育部人文社会科学重点研究基地、重大项目	教育部	论文、研究报告	2018. 12
81	高职院校毕业生的就业特征与影响因素研究——基于城镇化的视角	刘明兴	教育经济研究所	教育部人文社会科学重点研究基地、重大项目	教育部	研究报告	2018. 12
82	海德格尔《黑皮本》辑相关文献的翻译与研究	靳希平	外国哲学研究所	教育部人文社会科学重点研究基地、重大项目	教育部	译著	2018. 12
83	十六卷本中文版《谢林著作集》的翻译和研究	先　刚	外国哲学研究所	教育部人文社会科学重点研究基地、重大项目	教育部	专著、译著	2018. 12
84	立法权的科学配置	焦洪昌	宪法与行政法研究中心	教育部人文社会科学重点研究基地、重大项目	教育部	专著	2018. 12
85	宪法视野下的代表理论比较研究	陈端洪	宪法与行政法研究中心	教育部人文社会科学重点研究基地、重大项目	教育部	研究报告	2018. 12
86	公共部门中的组织创新与激励机制：事业单位去行政化的理论与实践	顾　昕	政治发展与政府管理研究所	教育部人文社会科学重点研究基地、重大项目	教育部	专著、论文、研究报告	2018. 12
87	社区治理问题与创新管理——基于治理体系与治理能力评价的实验研究	肖鸣政	政治发展与政府管理研究所	教育部人文社会科学重点研究基地、重大项目	教育部	论文、研究报告	2018. 12
88	〈史记〉校勘研究	辛德勇	中国古代史研究中心	教育部人文社会科学重点研究基地、重大项目	教育部	专著	2018. 12

续表

序号	项目名称	负责人	承担部门	项目分类、类别	项目来源单位	预期成果形式	计划完成日期
89	吴闿生《文史甄微》点校整理研究	吴　鸥	中国古文献研究中心	教育部人文社会科学重点研究基地、重大项目	教育部	专著	2018.12
90	经学文献学研究	顾永新	中国古文献研究中心	教育部人文社会科学重点研究基地、重大项目	教育部	专著、论文	2018.12
91	产品质量、企业绩效与国际贸易研究	余淼杰	中国经济研究中心	教育部人文社会科学重点研究基地、重大项目	教育部	论文	2018.12
92	徐州地区南北朝隋唐墓葬研究	韦　正	中国考古学研究中心	教育部人文社会科学重点研究基地、重大项目	教育部	专著	2018.12
93	丝绸之路天山廊道文物古迹调查	李　零	中国考古学研究中心	教育部人文社会科学重点研究基地、重大项目	教育部	专著、论文	2018.12
94	列宁、斯大林民族理论和苏联在民族问题上的实践及其对中国的影响	马　戎	中国社会与发展研究中心	教育部人文社会科学重点研究基地、重大项目	教育部	论文、研究报告	2018.12
95	中国基层城镇化动力、机制与后果研究：来自东中西部村庄的观察	卢晖临	中国社会与发展研究中心	教育部人文社会科学重点研究基地、重大项目	教育部	研究报告	2018.12
96	生态文明的哲学基础	徐　春	中国特色社会主义理论体系研究中心	教育部人文社会科学重点研究基地、重大项目	教育部	专著	2018.12
97	东南亚现当代文学翻译与研究	吴杰伟	东方文学研究中心	教育部人文社会科学重点研究基地、重大项目	教育部	译著	2018.12
98	泰戈尔的翻译、接受和影响研究	魏丽明	东方文学研究中心	教育部人文社会科学重点研究基地、重大项目	教育部	专著	2018.12
99	汉语词汇双音化的形式选择和功能表现	董秀芳	中国语言学研究中心	教育部人文社会科学重点研究基地、重大项目	教育部	论文、研究报告	2018.12
100	构式的语义分析及其在语料库中的标注	詹卫东	中国语言学研究中心	教育部人文社会科学重点研究基地、重大项目	教育部	论文、研究报告、电脑软件	2018.12

（北京大学社会科学部供稿）

中国人民大学

2015 年度承担国家级、省部级社会科学研究项目

序号	项目名称	负责人	所属单位	项目分类、类别	项目来源单位	预期成果形式	计划完成日期
1	实体与形式——亚里士多德《形而上学》Z卷研究（Z10—17）	聂敏里	哲学院	国家社会科学基金、国家哲学社会科学成果文库	全国哲学社会科学规划办公室	专著、论文	2015.11

续表

序号	项目名称	负责人	所属单位	项目分类、类别	项目来源单位	预期成果形式	计划完成日期
2	浪漫的中国：性别视角下激进主义思潮与文学（1890—1940）	杨联芬	文学院	国家社会科学基金、国家哲学社会科学成果文库	全国哲学社会科学规划办公室	专著、论文	2015.11
3	中国通货膨胀动态形成机制的多重逻辑	张成思	财政金融学院	国家社会科学基金、国家哲学社会科学成果文库	全国哲学社会科学规划办公室	专著、论文	2015.11
4	陈康著作的整理、翻译与研究	聂敏里	哲学院	国家社会科学基金、重大项目	全国哲学社会科学规划办公室	译著、论文集	2020.12
5	清末民国社会调查数据库建设	黄兴涛	清史所	国家社会科学基金、重大项目	全国哲学社会科学规划办公室	工具书、数据库	2020.12
6	完善以宪法为核心的中国特色社会主义法律体系研究	冯玉军	法学院	国家社会科学基金、重大项目	全国哲学社会科学规划办公室	研究报告、论文	2016.12
7	日本臧汉文古字书集成与整理研究	王贵元	文学院	国家社会科学基金、重大项目	全国哲学社会科学规划办公室	专著、工具书、数据库、资料集	2020.12
8	中国经济自发展能力研究	方福前	经济学院	国家社会科学基金、重大项目	全国哲学社会科学规划办公室	专著、研究报告	2018.06
9	百年中国新闻史史料整理与研究	王润泽	新闻学院	国家社会科学基金、重大项目	全国哲学社会科学规划办公室	专著、数据库、资料集	2020.12
10	网络社会的结构变迁与演化趋势研究	刘少杰	社会与人口学院	国家社会科学基金、重大项目	全国哲学社会科学规划办公室	专著	2017.12
11	互联网安全主要问题立法研究	张新宝	法学院	国家社会科学基金、重大项目	全国哲学社会科学规划办公室	研究报告、论文	2016.12
12	完善以宪法为核心的中国特色社会主义法律体系研究	冯玉军	法学院	国家社会科学基金、重大项目	全国哲学社会科学规划办公室	研究报告、论文	2016.12
13	民法典编纂重大疑难问题研究	王　轶	法学院	国家社会科学基金、重大项目	全国哲学社会科学规划办公室	专著、论文	2017.09
14	西方管理哲学思想史	刘敬鲁	哲学院	国家社会科学基金、重点项目	全国哲学社会科学规划办公室	专著	2018.10
15	新环境下的自然资源资产审计与环境责任审计研究	耿建新	商学院	国家社会科学基金、重点项目	全国哲学社会科学规划办公室	专著、论文	2018.12
16	新常态下中国普惠金融体系建设研究	李　焰	商学院	国家社会科学基金、重点项目	全国哲学社会科学规划办公室	专著、论文	2017.08
17	我国经济发展新常态下的货币政策研究	陈彦斌	经济学院	国家社会科学基金、重点项目	全国哲学社会科学规划办公室	专著、论文	2017.08
18	行政民主进程中的法治政府建设理论与制度创新研究	莫于川	法学院	国家社会科学基金、重点项目	全国哲学社会科学规划办公室	专著、论文	2016.12
19	先秦出土文献及佚文献文学综合研究	徐正英	文学院	国家社会科学基金、重点项目	全国哲学社会科学规划办公室	专著、论文	2020.09
20	中国佛教制度史研究	温金玉	哲学院	国家社会科学基金、重点项目	全国哲学社会科学规划办公室	专著、论文	2020.06
21	习近平总书记的大国传播与公共外交思想研究	钟　新	新闻学院	国家社会科学基金、重点项目	全国哲学社会科学规划办公室	专著、论文	2018.12

续表

序号	项目名称	负责人	所属单位	项目分类、类别	项目来源单位	预期成果形式	计划完成日期
22	文化转型背景下乡土社会秩序的变迁与重建研究	赵旭东	社会与人口学院	国家社会科学基金、重点项目	全国哲学社会科学规划办公室	专著、论文	2018.09
23	新时期组织领导力的社会结构理论构建与实证研究	章　凯	商学院	国家社会科学基金、重点项目	全国哲学社会科学规划办公室	专著、论文	2018.12
24	雾霾的成因及综合治理对策研究	宋国君	环境学院	国家社会科学基金、重点项目	全国哲学社会科学规划办公室	专著、论文	2017.09
25	建立公平可持续的老年收入保障体系研究	李　珍	公共管理学院	国家社会科学基金、重点项目	全国哲学社会科学规划办公室	专著、论文	2019.09
26	刑事审判中心主义模式研究	刘计划	法学院	国家社会科学基金、重点项目	全国哲学社会科学规划办公室	专著、论文	2018.09
27	道路交通事故中侵权责任及第三者责任保险的交互关系研究	林承铎	国际学院	国家社会科学基金、一般项目	全国哲学社会科学规划办公室	专著、论文	2018.09
28	新型主流媒体与国家意识形态传播研究	顾亚奇	艺术学院	国家社会科学基金、一般项目	全国哲学社会科学规划办公室	研究报告	2017.12
29	出生性别比失衡的生育选择机制研究	宋　健	社会与人口学院	国家社会科学基金、一般项目	全国哲学社会科学规划办公室	专著、论文	2018.12
30	空间计量经济学视角下的开发区过度建设成因与地方间政府策略互动机制研究	虞义华	经济学院	国家社会科学基金、一般项目	全国哲学社会科学规划办公室	专著、论文	2017.12
31	数据连续性的实现方法与保障机制研究	朝乐门	数据工程与知识工程教育部重点实验室	国家社会科学基金、一般项目	全国哲学社会科学规划办公室	专著、论文	2017.12
32	意大利文艺复兴早期宗教绘画的文化阐释	吴　琼	哲学院	国家社会科学基金、一般项目	全国哲学社会科学规划办公室	专著、论文	2018.12
33	规范性的本质与结构研究	韩东晖	哲学院	国家社会科学基金、一般项目	全国哲学社会科学规划办公室	专著、论文	2018.12
34	政治与技术双重动因下的中国网络媒介形态演变机制研究	赵云泽	新闻学院	国家社会科学基金、一般项目	全国哲学社会科学规划办公室	专著、论文	2018.06
35	新媒体时代公共舆论中的表达理性研究	胡百精	新闻学院	国家社会科学基金、一般项目	全国哲学社会科学规划办公室	专著、论文	2017.12
36	俄罗斯生态思想与生态文学研究	梁　坤	文学院	国家社会科学基金、一般项目	全国哲学社会科学规划办公室	专著、论文	2020.09
37	唐诗宋词审美类型研究	冷成金	文学院	国家社会科学基金、一般项目	全国哲学社会科学规划办公室	专著、论文	2018.09
38	RUTHWODAK政治语篇分析的学术思想研究	杨　敏	外国语学院	国家社会科学基金、一般项目	全国哲学社会科学规划办公室	专著、论文	2018.12
39	大数据背景下非概率抽样的统计推断问题研究	金勇进	统计学院	国家社会科学基金、一般项目	全国哲学社会科学规划办公室	专著、论文	2018.12
40	大数据背景下从科技统计到创新统计的体系构建研究	甄　峰	统计学院	国家社会科学基金、一般项目	全国哲学社会科学规划办公室	专著、论文	2018.08
41	城镇化背景下流动人口家庭发展问题研究	宋月萍	社会与人口学院	国家社会科学基金、一般项目	全国哲学社会科学规划办公室	专著、论文	2018.06

续表

序号	项目名称	负责人	所属单位	项目分类、类别	项目来源单位	预期成果形式	计划完成日期
42	城镇低收入阶层居民的身心健康及其影响机制研究	张会平	社会与人口学院	国家社会科学基金、一般项目	全国哲学社会科学规划办公室	专著、论文	2018. 09
43	农村土地“三权分置”的农业经营体制创新研究	吕亚荣	农业与农村发展学院	国家社会科学基金、一般项目	全国哲学社会科学规划办公室	专著、论文	2018. 09
44	历史唯物主义视野中的马克思价值哲学思想研究	宋友文	马克思主义学院	国家社会科学基金、一般项目	全国哲学社会科学规划办公室	专著、论文	2020. 03
45	中国佛教史学批评资料整理与研究	曹刚华	清史所	国家社会科学基金、一般项目	全国哲学社会科学规划办公室	专著、论文	2020. 09
46	卢龙蔡家坟遗址考古发掘报告	吕学明	历史学院	国家社会科学基金、一般项目	全国哲学社会科学规划办公室	专著、论文	2017. 12
47	1800 年以来的美国城市环境史研究	侯　深	历史学院	国家社会科学基金、一般项目	全国哲学社会科学规划办公室	专著、论文	2019. 09
48	明清易代与清前期司法制度变迁研究	胡祥雨	历史学院	国家社会科学基金、一般项目	全国哲学社会科学规划办公室	专著、论文	2019. 12
49	南朝文学批评形态研究	袁济喜	国学院	国家社会科学基金、一般项目	全国哲学社会科学规划办公室	专著、论文	2019. 12
50	汉魏六朝时期改历之争的观念史研究	张齐明	国学院	国家社会科学基金、一般项目	全国哲学社会科学规划办公室	专著、论文	2018. 06
51	中国治道传统中的公共理念及其现代转换研究	任　锋	国际关系学院	国家社会科学基金、一般项目	全国哲学社会科学规划办公室	专著、论文	2018. 12
52	基于社会网络分析法的分级诊疗试点政策效果研究	吕兰婷	公共管理学院	国家社会科学基金、一般项目	全国哲学社会科学规划办公室	专著、论文	2017. 09
53	死刑限制的程序模式研究	魏晓娜	法学院	国家社会科学基金、一般项目	全国哲学社会科学规划办公室	专著、论文	2018. 09
54	刑事政策实现效果评估体系研究	黄京平	法学院	国家社会科学基金、一般项目	全国哲学社会科学规划办公室	专著、论文	2017. 12
55	宁夏北部旧—新石器时代过渡遗存综合研究	仪明洁	历史学院	国家社会科学基金、青年项目	全国哲学社会科学规划办公室	专著、论文	2018. 12
56	国际民事诉讼中的临时措施研究	张文亮	法学院	国家社会科学基金、青年项目	全国哲学社会科学规划办公室	专著、论文	2018. 12
57	“嵌入”视角下农村信贷契约的共同治理机制研究	杨　帅	经济学院	国家社会科学基金、青年项目	全国哲学社会科学规划办公室	专著、论文	2018. 06
58	抗战时期中国共产党组织发展研究	赵淑梅	马克思主义学院	国家社会科学基金、青年项目	全国哲学社会科学规划办公室	专著、论文	2018. 12
59	尊严概念的层级研究	王福玲	哲学院	国家社会科学基金、青年项目	全国哲学社会科学规划办公室	专著、论文	2020. 09
60	中国崛起背景下美国主流媒体对中国国家形象的建构机制研究	常　江	新闻学院	国家社会科学基金、青年项目	全国哲学社会科学规划办公室	专著、论文	2018. 09
61	大数据时代网络舆情与网络社会治理研究	李　彪	新闻学院	国家社会科学基金、青年项目	全国哲学社会科学规划办公室	专著、论文	2017. 12
62	20 世纪美国文学中的城市形象研究（国社科）	尹　星	外国语学院	国家社会科学基金、青年项目	全国哲学社会科学规划办公室	专著、论文	2019. 09

续表

序号	项目名称	负责人	所属单位	项目分类、类别	项目来源单位	预期成果形式	计划完成日期
63	关于毛泽东和毛泽东思想评价的研究	欧阳奇	马克思主义学院	国家社会科学基金、青年项目	全国哲学社会科学规划办公室	专著、论文	2018.06
64	习近平总书记关于思想政治教育工作重要论述研究	张　智	马克思主义学院	国家社会科学基金、青年项目	全国哲学社会科学规划办公室	专著、论文	2017.09
65	宗教改革时期的修女还俗与家庭回归研究	周施廷	历史学院	国家社会科学基金、青年项目	全国哲学社会科学规划办公室	专著、论文	2018.06
66	《归藏》研究	辛亚民	国学院	国家社会科学基金、青年项目	全国哲学社会科学规划办公室	专著、论文	2019.12
67	国外中国特色社会主义研究话语评析（国社科）	郑云天	国际关系学院	国家社会科学基金、青年项目	全国哲学社会科学规划办公室	专著、论文	2018.09
68	生命历程视角下流动人口社会融入分析研究	杨胜慧	公共管理学院	国家社会科学基金、青年项目	全国哲学社会科学规划办公室	专著、论文	2017.09
69	标准必要专利的 FRAND 许可规则研究	张吉豫	法学院	国家社会科学基金、青年项目	全国哲学社会科学规划办公室	专著、论文	2018.08
70	刑法中紧急权的体系与解释研究	陈　璇	法学院	国家社会科学基金、青年项目	全国哲学社会科学规划办公室	专著、论文	2018.09
71	杨遇春研究	赵　珍	历史学院	国家社会科学基金、后期资助项目	全国哲学社会科学规划办公室	专著、论文	2017.06
72	北宋神宗朝政治革新研究	古丽巍	附中	国家社会科学基金、后期资助项目	全国哲学社会科学规划办公室	专著、论文	2016.12
73	墨学大辞典	孙中原	哲学院	国家社会科学基金、后期资助项目	全国哲学社会科学规划办公室	专著、论文	2016.09
74	利润率下降与价值转形	沈民鸣	经济学院	国家社会科学基金、后期资助项目	全国哲学社会科学规划办公室	专著、论文	2017.12
75	宋诗史释	曾祥波	文学院	国家社会科学基金、后期资助项目	全国哲学社会科学规划办公室	专著、论文	2017.12
76	新型城镇化发展的关键因素及改革研究	陶　然	经济学院	国家自然科学基金、重点项目	国家自然科学基金委员会	专著、论文	2020.12
77	地区差距测度与均等化转移支付制度研究	郭庆旺	财政金融学院	国家自然科学基金、重点项目	国家自然科学基金委员会	专著、论文	2020.12
78	基于社会网络计算的企业舆情管理新理论新方法	梁　循	信息学院	国家自然科学基金、重点项目	国家自然科学基金委员会	专著、论文	2020.12
79	刻板印象威胁：学习困难青少年的诱发、影响机制和教育干预	俞国良	教育学院	国家自然科学基金、面上项目	国家自然科学基金委员会	专著、论文	2017.12
80	新型城镇化背景下城乡接合部农业地域功能与实现机制——以北京为例	刘　玉	经济学院	国家自然科学基金、面上项目	国家自然科学基金委员会	专著、论文	2019.12
81	专利引致创新的产业动态及社会福利效应研究	杨利宏	商学院	国家自然科学基金、面上项目	国家自然科学基金委员会	专著、论文	2019.12
82	人民币国际使用的最佳边界与金融风险管理	何　平	财政金融学院	国家自然科学基金、面上项目	国家自然科学基金委员会	专著、论文	2019.12
83	新型城镇化背景下 FDI 区位迁移与我国城市群发展响应	文余源	经济学院	国家自然科学基金、面上项目	国家自然科学基金委员会	专著、论文	2019.12

续表

序号	项目名称	负责人	所属单位	项目分类、类别	项目来源单位	预期成果形式	计划完成日期
84	农村信仰结构变迁背景下的“家”“校”冲突与农民教育决策行为研究	阮荣平	农业与农村发展学院	国家自然科学基金、面上项目	国家自然科学基金委员会	专著、论文	2019. 12
85	多元目标下金融支农政策的选择性执行研究	周　立	农业与农村发展学院	国家自然科学基金、面上项目	国家自然科学基金委员会	专著、论文	2019. 12
86	基于RIA分析框架下的中国食品安全监管体系评估及优化研究	刘　鹏	公共管理学院	国家自然科学基金、面上项目	国家自然科学基金委员会	专著、论文	2019. 12
87	分析师关注与企业创新	伊志宏	商学院	国家自然科学基金、面上项目	国家自然科学基金委员会	专著、论文	2019. 12
88	机构和个人投资者交易行为差异及其对股票价格和波动性的影响	汪叔夜	商学院	国家自然科学基金、面上项目	国家自然科学基金委员会	专著、论文	2019. 12
89	中国矿难的原因与治理机制：基于大样本企业数据的实证分析	聂辉华	经济学院	国家自然科学基金、面上项目	国家自然科学基金委员会	专著、论文	2019. 12
90	面向科技型中小企业的数字化服务创新生态系统价值共创机制研究	余　艳	信息学院	国家自然科学基金、面上项目	国家自然科学基金委员会	专著、论文	2019. 12
91	不确定环境下服务经济设备人员复合能力的集成规划问题及其求解算法	蒋洪迅	信息学院	国家自然科学基金、面上项目	国家自然科学基金委员会	专著、论文	2019. 12
92	情绪影响人际信任的效应与机制研究	董　妍	心理学系	国家自然科学基金、青年科学基金项目	国家自然科学基金委员会	专著、论文	2018. 12
93	DC型养老金最优资产配置与给付方案问题研究	何　林	财政金融学院	国家自然科学基金、青年科学基金项目	国家自然科学基金委员会	专著、论文	2018. 12
94	投资者信念交叉与金融市场	尹澄溪	商学院	国家自然科学基金、青年科学基金项目	国家自然科学基金委员会	专著、论文	2018. 12
95	中国住宅型不动产价格决定机制研究	刚健华	财政金融学院	国家自然科学基金、青年科学基金项目	国家自然科学基金委员会	专著、论文	2018. 12
96	异质性个体与财政融资方式对扩张性财政政策效果的影响	李　戎	财政金融学院	国家自然科学基金、青年科学基金项目	国家自然科学基金委员会	专著、论文	2018. 12
97	团队工作环境对工作选择与工作表现影响的性别差异研究	翁　茜	劳动人事学院	国家自然科学基金、青年科学基金项目	国家自然科学基金委员会	专著、论文	2018. 12
98	股票期权价格收益问题研究	郭　彪	财政金融学院	国家自然科学基金、青年科学基金项目	国家自然科学基金委员会	专著、论文	2018. 12

续表

序号	项目名称	负责人	所属单位	项目分类、类别	项目来源单位	预期成果形式	计划完成日期
99	美元本位下中国金融开放与最优货币政策研究	刘　凯	经济学院	国家自然科学基金、青年科学基金项目	国家自然科学基金委员会	专著、论文	2018.12
100	粮食主产区城镇化影响粮食生产和消费的机制与实证研究——以河南省为案例	蒋　黎	经济学院	国家自然科学基金、青年科学基金项目	国家自然科学基金委员会	专著、论文	2018.12
101	身份广度对消费者决策行为的影响机制研究	丁　瑛	商学院	国家自然科学基金、青年科学基金项目	国家自然科学基金委员会	专著、论文	2018.12
102	投资期限与企业决策——基于我国2012年股利税改革的证据	倪晨凯	商学院	国家自然科学基金、青年科学基金项目	国家自然科学基金委员会	专著、论文	2018.12
103	贫困地区人口的动态变化对扶贫开发的影响与应对研究	张耀军	社会与人口学院	国家自然科学基金、应急管理项目	国家自然科学基金委员会	专著、论文	2016.09
104	我国贫困地区精准扶贫政策研究	汪三贵	农业与农村发展学院	国家自然科学基金、应急管理项目	国家自然科学基金委员会	专著、论文	2016.09
105	中国扶贫开发的战略和政策研究	孙久文	经济学院	国家自然科学基金、应急管理项目	国家自然科学基金委员会	专著、论文	2016.09
106	中国企业管理案例与质性研究	MAOJIYE	商学院	国家自然科学基金、应急管理项目	国家自然科学基金委员会	专著、论文	2016.02
107	基于大数据的经济形势监测理论与方法研究	田茂再	统计学院	教育部人文社会科学研究、重大课题攻关项目	教育部社科司	专著、论文	2018.12
108	亚太自贸区建设与中国国际战略研究	保建云	国际关系学院	教育部人文社会科学研究、重大课题攻关项目	教育部社科司	专著、论文	2018.12
109	福利体制理论视角的中国与欧盟典型国家住房保障政策比较研究	黄燕芬	公共管理学院	教育部人文社会科学研究、基地重大项目	教育部社科司	专著	2018.12
110	乌克兰危机下欧盟与北约关系之走向	王义桅	国际关系学院	教育部人文社会科学研究、基地重大项目	教育部社科司	专著	2018.12
111	复杂时空大数据的统计建模理论、方法及其应用研究	田茂再	统计学院	教育部人文社会科学研究、基地重大项目	教育部社科司	论文	2018.12
112	企业信用评级的统计模型研究与应用评价	何晓群	统计学院	教育部人文社会科学研究、基地重大项目	教育部社科司	论文、研究报告	2018.12
113	大数据时代网络舆情治理研究	文继荣	数据工程与知识工程教育部重点实验室	教育部人文社会科学研究、基地重大项目	教育部社科司	论文、研究报告	2018.12
114	关于媒介用户使用体验的模型与定量化研究	喻国明	新闻学院	教育部人文社会科学研究、基地重大项目	教育部社科司	专著	2018.12

续表

序号	项目名称	负责人	所属单位	项目分类、类别	项目来源单位	预期成果形式	计划完成日期
115	低生育率的中国模式	陈　卫	社会与人口学院	教育部人文社会科学研究、基地重大项目	教育部社科司	研究报告	2018. 12
116	新型城镇化进程中的社会政策问题研究	李迎生	社会与人口学院	教育部人文社会科学研究、基地重大项目	教育部社科司	研究报告	2018. 12
117	中国流动人口健康状况及相关问题研究	杜本峰	社会与人口学院	教育部人文社会科学研究、基地重大项目	教育部社科司	研究报告	2018. 12
118	当代中国社会转型中的社会冲突治理与政治秩序建构	冯仕政	社会与人口学院	教育部人文社会科学研究、基地重大项目	教育部社科司	论文	2018. 12
119	网络安全的刑事法治应对	刘品新	法学院	教育部人文社会科学研究、基地重大项目	教育部社科司	专著	2018. 12
120	刑法调控范围的界定与积极主义刑法观的展开	付立庆	法学院	教育部人文社会科学研究、基地重大项目	教育部社科司	专著	2018. 12
121	编纂我国民法典的重大问题研究	杨立新	法学院	教育部人文社会科学研究、基地重大项目	教育部社科司	专著	2018. 12
122	我国民事非讼程序法理与立法研究	邵　明	法学院	教育部人文社会科学研究、基地重大项目	教育部社科司	专著	2018. 12
123	国有企业分类改革战略下的混合所有制企业：效率评估与模式选择	杨瑞龙	经济学院	教育部人文社会科学研究、基地重大项目	教育部社科司	专著	2018. 12
124	专利、专利政策与专利泡沫对中国经济增长的影响、机制与对策研究	高德步	经济学院	教育部人文社会科学研究、基地重大项目	教育部社科司	论文、研究报告	2018. 12
125	我国巨灾风险及其保险制度研究	魏　丽	财政金融学院	教育部人文社会科学研究、基地重大项目	教育部社科司	论文、研究报告	2018. 12
126	地方政府行为经济周期论	郭庆旺	财政金融学院	教育部人文社会科学研究、基地重大项目	教育部社科司	专著	2018. 12
127	嘉道变局下的西北边疆治理研究	孙　喆	清史所	教育部人文社会科学研究、基地重大项目	教育部社科司	专著	2018. 12
128	清代民间赈灾事业研究	朱　浒	清史所	教育部人文社会科学研究、基地重大项目	教育部社科司	专著	2018. 12

续表

序号	项目名称	负责人	所属单位	项目分类、类别	项目来源单位	预期成果形式	计划完成日期
129	道教心性学及其与佛教的交涉	张广保	哲学院	教育部人文社会科学研究、基地重大项目	教育部社科司	专著、论文	2018.12
130	日本所藏中国佛教典籍的研究	张文良	哲学院	教育部人文社会科学研究、基地重大项目	教育部社科司	专著	2018.12
131	中西政治伦理比较研究	王露璐	哲学院	教育部人文社会科学研究、基地重大项目	教育部社科司	专著	2018.12
132	中国当代民族宗教伦理研究	熊坤新	哲学院	教育部人文社会科学研究、基地重大项目	教育部社科司	专著	2018.12
133	社会主义生态文明的伦理诉求	张云飞	马克思主义学院	教育部人文社会科学研究、基地重大项目	教育部社科司	专著	2018.12
134	21世纪西方马克思主义新思潮研究	张秀琴	马克思主义学院	教育部人文社会科学研究、基地重大项目	教育部社科司	专著	2018.12
135	中国特色人权话语的理论构建	谷春德	法学院	教育部人文社会科学研究、基地重大项目，国家人权教育与培训基地项目	教育部社科司	专著、论文	2018.12
136	思想政治教育基本原理	王　易	马克思主义学院	教育部人文社会科学研究、重大委托课题	教育部社科司	专著、论文	2018.12
137	走近档案	冯惠玲	信息资源管理学院	教育部人文社会科学研究、普及读物项目	教育部社科司	专著、论文	2016.07
138	中国古代发达的农业和农业文明	贺耀敏	经济学院	教育部人文社会科学研究、普及读物项目	教育部社科司	专著、论文	2016.07
139	我们为什么需要历史唯物主义	郝立新	马克思主义学院	教育部人文社会科学研究、普及读物项目	教育部社科司	专著、论文	2016.07
140	中国现代时期新旧诗学互训	王巨川	文学院	教育部人文社会科学研究、规划项目	教育部社科司	专著、论文	2015.10
141	关于中日韩共用汉字的应用与推广研究	申淑子	外国语学院	教育部人文社会科学研究、规划项目	教育部社科司	专著、论文	2018.09
142	基于电子商务大数据的产品销量预测与库存优化策略研究	王明明	信息学院	教育部人文社会科学研究、规划项目	教育部社科司	专著、论文	2018.09

续表

序号	项目名称	负责人	所属单位	项目分类、类别	项目来源单位	预期成果形式	计划完成日期
143	京津冀校园足球协同发展及保障体系的研究	张　磊	体育部	教育部人文社会科学研究、规划项目	教育部社科司	专著、论文	2018.09
144	社会网络、风险承担与价值创造：一项基于民营企业的研究	张　敏	商学院	教育部人文社会科学研究、规划项目	教育部社科司	专著、论文	2018.09
145	中国语境下新媒体与基层社会抗争的理论关系研究	王　斌	新闻学院	教育部人文社会科学研究、规划项目	教育部社科司	专著、论文	2018.09
146	两周金文惯用语辑考	陶曲勇	文学院	教育部人文社会科学研究、青年项目	教育部社科司	专著、论文	2018.09
147	《中小学生学籍诚信管理办法》研制	吴晶姝	财政金融学院	教育部人文社会科学研究、委托项目	教育部社科司	专著、论文	2016.01
148	马克思主义理论学科评价体系研究	郝立新	马克思主义学院	教育部人文社会科学研究、委托项目	教育部社科司	专著、论文	2016.12
149	香港青少年教育、国民教育问题研究	吴　鹏	公共管理学院	教育部人文社会科学研究、委托项目	教育部社科司	专著、论文	2016.10
150	改善香港行政与立法关系对策研究	王英津	国际关系学院	教育部人文社会科学研究、委托项目	教育部社科司	专著、论文	2016.04
151	当前思想理论领域重大理论和现实问题研究	徐志宏	马克思主义学院	教育部人文社会科学研究、专项任务项目	教育部社科司	专著、论文	2017.11
152	“朋辈互助”志愿服务项目	唐　颖	社会与人口学院	教育部人文社会科学研究、思想政治工作项目	教育部社科司	专著、论文	2017.10
153	高校培育社会主义核心价值观模式研究——基于辅导员的视角	丁莉婷	历史学院	教育部人文社会科学研究、思想政治工作项目	教育部社科司	专著、论文	2016.12
154	美国盈利性高等教育的法律规制与司法实务研究	周　详	教育学院	全国教育科学规划、国家青年基金	全国教育科学规划办公室	专著、论文	2018.12
155	大学教师参与大规模开放在线课程（MOOCs）的专业能力需求、阻碍因素与因应策略	张　伟	教育学院	全国教育科学规划、国家一般项目	全国教育科学规划办公室	专著、论文	2018.12
156	战后香港“南来影人”研究	苏　涛	文学院	全国艺术科学规划、青年项目	全国艺术科学规划办公室	专著、论文	2019.12
157	城市公共环境行为研究	李宇宏	艺术学院	全国艺术科学规划、一般项目	全国艺术科学规划办公室	专著、论文	2018.12

续表

序号	项目名称	负责人	所属单位	项目分类、类别	项目来源单位	预期成果形式	计划完成日期
158	提高中国文化贸易出口品质的理论基础和政策途径研究	雷　达	经济学院	全国艺术科学规划、一般项目	全国艺术科学规划办公室	专著、论文	2017. 12
159	中国传统治国方略研究	彭新武	哲学院	北京市社会科学基金、重大项目	北京市哲学社会科学规划办公室	专著、论文	2017. 12
160	法学方法与史学方法的贯通性研究	张世明	法学院	北京市社会科学基金、重大项目	北京市哲学社会科学规划办公室	专著、论文	2018. 12
161	国学“子部小说”研究	王　昕	文学院	北京市社会科学基金、重大项目	北京市哲学社会科学规划办公室	专著、论文	2018. 12
162	中国地方政府的政策创新机制研究	杨宏山	公共管理学院	北京市社会科学基金、重大项目	北京市哲学社会科学规划办公室	专著、论文	2018. 12
163	平等主义研究	段忠桥	哲学院	北京市社会科学基金、重大项目	北京市哲学社会科学规划办公室	专著、论文	2018. 12
164	丝绸之路经济带建设的对外传播战略研究	赵永华	新闻学院	北京市社会科学基金、重大项目	北京市哲学社会科学规划办公室	专著	2017. 12
165	北京及周边地区重大雾霾自然灾害时空规律的统计学研究及预警	田茂再	统计学院	北京市社会科学基金、重大项目	北京市哲学社会科学规划办公室	专著	2017. 12
166	北京都市型现代农业与城乡一体化发展的金融服务创新研究	马九杰	农业与农村发展学院	北京市社会科学基金、重大项目	北京市哲学社会科学规划办公室	专著	2016. 10
167	汉字发展史	王贵元	文学院	北京市社会科学基金、重大项目	北京市哲学社会科学规划办公室	专著	2017. 12
168	宋前出土文献及佚文献文学研究	徐正英	文学院	北京市社会科学基金、重大项目	北京市哲学社会科学规划办公室	专著	2017. 12
169	汉语体貌、时制与情态范畴的互动研究	陈前瑞	文学院	北京市社会科学基金、重点项目	北京市哲学社会科学规划办公室	专著、论文	2018. 12
170	北京法海寺壁画岩彩与图像学研究	丁　方	艺术学院	北京市社会科学基金、重点项目	北京市哲学社会科学规划办公室	专著、论文	2018. 10
171	城乡二元结构下改善社会治理研究	温铁军	农业与农村发展学院	北京市社会科学基金、重点项目	北京市哲学社会科学规划办公室	专著	2016. 06
172	社交媒体对社会政治结构产生的影响研究	赵云泽	新闻学院	北京市社会科学基金、重点项目	北京市哲学社会科学规划办公室	论文集	2018. 06
173	“京味儿”小说的晚清视域	杨联芬	文学院	北京市社会科学基金、重点项目	北京市哲学社会科学规划办公室	专著	2018. 06
174	北京市民的互联网生活模式研究	雷　雳	心理学系	北京市社会科学基金、重点项目	北京市哲学社会科学规划办公室	研究报告	2018. 05
175	北京市人口调控的分解研究	陈　卫	社会与人口学院	北京市社会科学基金、重点项目	北京市哲学社会科学规划办公室	研究报告	2017. 06
176	清代京畿水环境研究	赵　珍	历史学院	北京市社会科学基金、重点项目	北京市哲学社会科学规划办公室	专著	2018. 06
177	支撑京津冀环境公共服务一体化的PPP模式环保产业基金研究	蓝　虹	环境学院	北京市社会科学基金、重点项目	北京市哲学社会科学规划办公室	研究报告	2016. 12

续表

序号	项目名称	负责人	所属单位	项目分类、类别	项目来源单位	预期成果形式	计划完成日期
178	京津冀跨域突发事件应急联动中的社会动员协调问题研究	王宏伟	公共管理学院	北京市社会科学基金、重点项目	北京市哲学社会科学规划办公室	研究报告	2017.06
179	"一带一路"新战略与北京金融发展研究	涂永红	财政金融学院	北京市社会科学基金、重点项目	北京市哲学社会科学规划办公室	研究报告	2016.06
180	北京市地方政府债务管理与风险控制研究	孙玉栋	公共管理学院	北京市社会科学基金、重点项目	北京市哲学社会科学规划办公室	研究报告	2016.12
181	国际金融危机理论：基于美元主导国际货币体系的研究视角	王　芳	财政金融学院	北京市社会科学基金、重点项目	北京市哲学社会科学规划办公室	专著	2016.12
182	北京市空气污染健康损失评估方法、参数及应用研究	宋国君	环境学院	北京市社会科学基金、重点项目	北京市哲学社会科学规划办公室	专著	2017.12
183	北京小汽车限行政策效果评价	陆方文	经济学院	北京市社会科学基金、一般项目	北京市哲学社会科学规划办公室	论文集	2017.06
184	动作技能发展视角下大学生体质健康提升策略、方案开发与追踪研究	张　磊	体育部	北京市社会科学基金、一般项目	北京市哲学社会科学规划办公室	专著	2017.12
185	北京佛教律宗研究	温金玉	哲学院	北京市社会科学基金、一般项目	北京市哲学社会科学规划办公室	专著	2018.06
186	书写的意义：当代法国文学新探索	KELINGWEI	外国语学院	北京市社会科学基金、一般项目	北京市哲学社会科学规划办公室	专著	2018.06
187	北京区县人大代表选举中的选民参与追踪研究	孙　龙	国际关系学院	北京市社会科学基金、一般项目	北京市哲学社会科学规划办公室	论文集	2018.06
188	调整疏解非首都功能研究	魏　楚	经济学院	北京市社会科学基金、一般项目	北京市哲学社会科学规划办公室	研究报告	2016.06
189	北京市流动人口家庭化与消费行为研究	宋月萍	社会与人口学院	北京市社会科学基金、一般项目	北京市哲学社会科学规划办公室	论文集	2017.06
190	国际贸易保护主义盛行背景下北京市企业应对贸易壁垒的策略体系研究	王孝松	经济学院	北京市社会科学基金、一般项目	北京市哲学社会科学规划办公室	研究报告、论文集	2017.06
191	政府购买服务在北京市社区公共服务供给中的角色定位、实践应用与机制设计研究	崔　军	公共管理学院	北京市社会科学基金、一般项目	北京市哲学社会科学规划办公室	论文集	2016.06
192	思想史视域中的意识形态研究	沈江平	马克思主义学院	北京市社会科学基金、青年项目	北京市哲学社会科学规划办公室	论文集	2018.06
193	中国当代电影中的北京城市空间研究	陈　涛	文学院	北京市社会科学基金、青年项目	北京市哲学社会科学规划办公室	论文集	2017.12
194	基层纠纷解决的制度生态和治理研究	储卉娟	社会与人口学院	北京市社会科学基金、青年项目	北京市哲学社会科学规划办公室	研究报告	2017.08
195	中国公众司法信任实证研究	韩冬临	国际关系学院	北京市社会科学基金、青年项目	北京市哲学社会科学规划办公室	论文集	2017.12
196	北京地区贪污贿赂案件中的异地审判及量刑标准研究	邓矜婷	法学院	北京市社会科学基金、青年项目	北京市哲学社会科学规划办公室	论文集	2017.12

续表

序号	项目名称	负责人	所属单位	项目分类、类别	项目来源单位	预期成果形式	计划完成日期
197	我国宪法解释程序机制完善研究	王　旭	法学院	北京市社会科学基金、青年项目	北京市哲学社会科学规划办公室	论文集	2017.06
198	西方马克思主义对马克思“巴黎手稿”的解读	张秀琴	马克思主义学院	北京市社会科学基金、研究基地项目重点项目	北京市哲学社会科学规划办公室	其他	2017.12
199	北京冬奥会语境下大众冰雪运动参与的实证研究	李树旺	体育部	北京市社会科学基金、研究基地项目重点项目	北京市哲学社会科学规划办公室	研究报告、其他	2016.05
200	基于关联数据的“北京城市记忆”数字资源库构建研究	牛　力	信息资源管理学院	北京市社会科学基金、研究基地项目重点项目	北京市哲学社会科学规划办公室	论文集、其他	2017.12
201	文化转型背景下的乡村社会民间文化创造性的培育机制研究	赵旭东	社会与人口学院	北京市社会科学基金、研究基地项目一般项目	北京市哲学社会科学规划办公室	研究报告	2017.12
202	北京市城乡空巢老人家庭问题研究	陶　涛	社会与人口学院	北京市社会科学基金、研究基地项目一般项目	北京市哲学社会科学规划办公室	研究报告	2017.12
203	北京市人口老龄化与养老体系建设研究	翟振武	社会与人口学院	北京市社会科学基金、研究基地项目一般项目	北京市哲学社会科学规划办公室	年度报告	2016.12
204	近年来我国社会主要思潮评析	汪亭友	马克思主义学院	北京市社会科学基金、研究基地项目一般项目	北京市哲学社会科学规划办公室	研究报告	2017.12
205	集体记忆视角下农民工档案资源的价值及其实现策略研究——以北京地区为例	马林青	信息资源管理学院	北京市社会科学基金、研究基地项目一般项目	北京市哲学社会科学规划办公室	研究报告	2017.12
206	北京市人口老龄化与养老体系建设研究报告	翟振武	社会与人口学院	北京市社会科学基金、研究基地项目基地研究报告	北京市哲学社会科学规划办公室	专著、论文	2016.12
207	延迟退休对北京市劳动力市场结构的影响研究	刘晓光	国家发展与战略研究院	北京市社会科学基金、研究基地项目青年项目	北京市哲学社会科学规划办公室	研究报告	2017.09
208	北京市家庭财富分布及其对养老政策的启示	靳永爱	社会与人口学院	北京市社会科学基金、研究基地项目青年项目	北京市哲学社会科学规划办公室	研究报告	2017.12
209	党内基层选举制度研究——以北京市为例	赵淑梅	马克思主义学院	北京市社会科学基金、研究基地项目青年项目	北京市哲学社会科学规划办公室	研究报告	2017.09
210	“北京城市记忆”数字资源库建设	冯惠玲	信息资源管理学院	北京市社会科学基金、研究基地项目特别委托项目	北京市哲学社会科学规划办公室	研究报告、其他	2016.12
211	京津冀协同一体化发展研究	刘元春	经济学院	北京市教育委员会共建项目	北京市教育委员会	专著、论文	2015.12

续表

序号	项目名称	负责人	所属单位	项目分类、类别	项目来源单位	预期成果形式	计划完成日期
212	2015—科学研究与研究生培养共建项目—科研基地（人文北京研究基地）	冯惠玲	信息资源管理学院	北京市教育委员会共建项目	北京市教育委员会	专著、论文	2015. 12
213	2015—科学研究与研究生培养共建项目—科研基地（马克思主义研究基地）	郝立新	马克思主义学院	北京市教育委员会共建项目	北京市教育委员会	专著、论文	2015. 12
214	2015—科学研究与研究生培养共建项目—科研基地（社会建设研究基地）	翟振武	社会与人口学院	北京市教育委员会共建项目	北京市教育委员会	专著、论文	2015. 12
215	北京社区的推进性整合与社区内聚力关系研究	张建明	学校办公室	北京市教育委员会共建项目	北京市教育委员会	专著、论文	2015. 12
216	《资本论》哲学思想与当代中国社会发展研究	郗　戈	马克思主义学院	北京市教育委员会共建项目	北京市教育委员会	专著、论文	2015. 12
217	基于政府开放数据的城市记忆资源整合研究	牛　力	信息资源管理学院	北京市教育委员会共建项目	北京市教育委员会	专著、论文	2015. 12
218	面向在职成人的移动微型学习应用于评价	岳俊芳	继续教育学院	北京市教育科学规划一般项目	北京市教育委员会	专著、论文	2017. 07
219	城市水污染治理行业监管指标体系及考核方法研究	张秀智	公共管理学院	国家科技重大专项子课题	科技部	专著、论文	2018. 12
220	支撑我国产业升级的技术发展序列研究	李　平	商学院	国家软科学研究计划	科技部	专著、论文	2015. 12

2015 年度校级社会科学研究项目

序号	项目名称	负责人	承担部门	项目分类、类别	预期成果形式	计划完成日期
1	中国农村社会变迁与治理转型——河北定县农村百年演变的调查研究	洪大用	社会与人口学院	重大规划项目	专著、研究报告：《定县社会调查研究丛书》（10 卷）	2018. 03
2	中国法学发达史	朱景文	法学院	重大规划项目	专著、论文	2020. 03
3	中华民国编年史（北洋政府时期）	黄兴涛	清史所	重大规划项目	专著、论文	2018. 12
4	工业化以来主要国家农业发展模式比较研究	唐　忠	农业与农村发展学院	重大规划项目	专著、论文	2018. 11
5	中国道路：改革开放 40 年以来的中国经济	张　宇	经济学院	重大规划项目	专著、论文、研究报告	2018. 03
6	“大国学”研究文库	孛尔只斤乌云毕力格	国学院	重大规划项目	专著、译著	2018. 12
7	中国共产党思想史研究（系列）	杨凤城	马克思主义学院	重大规划项目	专著	2020. 03
8	《马克思主义发展史》十卷本	郝立新	马克思主义学院	重大规划项目	专著	2017. 06
9	当代中国哲学创新研究	XINZHONG YAO	哲学院	重大规划项目	专著、论文、研究报告	2018. 04

续表

序号	项目名称	负责人	承担部门	项目分类、类别	预期成果形式	计划完成日期
10	先秦至六朝出土文献文学研究	徐正英	文学院	重大项目	专著、论文、资料汇编	2015.12
11	中世纪东亚都城制度研究——“华夏型”城市的历史变迁	牛润珍	历史学院	重大项目	专著	2017.12
12	人民陪审员制度改革研究	魏晓娜	法学院	重大项目	专著	2017.07
13	唐诗音律的文学与审美研究	朱子辉	文学院	重大项目	专著、论文	2017.08
14	汉语体貌、时制与情态范畴的互动研究	陈前瑞	文学院	重大项目	专著、论文	2015.12
15	中华传统美德的创造性转化与创新性发展研究	王　易	马克思主义学院	重大项目	论文、研究报告	2017.12
16	宪法实施的商谈原理研究	王　旭	法学院	重大项目	专著	2015.12
17	发展干预、自然资源管理与乡村转型——基于行动者导向理论的解读	刘金龙	农业与农村发展学院	重大项目	专著、论文、研究报告	2015.12
18	新疆罗布泊地区汉代遗存的考古学研究	陈晓露	历史学院	重大项目	专著	2015.12
19	中国地方政府的政策创新模式研究	杨宏山	公共管理学院	重大项目	专著	2015.12
20	双重挤压背景下我国农产品价格调控新策略研究——以玉米和生猪为例	张利庠	农业与农村发展学院	重大项目	专著、论文、研究报告	2015.12
21	数字 Records 理论及管理方法论研究	LI XIE	信息资源管理学院	重大项目	专著、论文	2017.12
22	敦煌文献中的藏文咒语对音研究	李建强	国学院	重大项目	专著、论文	2017.12
23	费孝通思想研究：人类学视野的展开	赵旭东	社会与人口学院	重大项目	专著、研究报告、文物展	2017.12
24	中美日管理文化的比较与融合研究	彭新武	哲学院	重大项目	论文	2017.12
25	以”绿色管理“释放人才红利：中国企业”绿色人力资源管理“的实践构成与有效性研究	周　禹	商学院	重大项目	专著、译著、论文	2016.12
26	“黄”、“老”关系研究	曹　峰	哲学院	重大项目	专著、论文	2017.12
27	情绪冲突背景下种族群体身份识别的心理机制	张　晶	心理学系	重大项目	论文	2017.12
28	“一带一路”背景下的央企国际形象管理研究	张　迪	新闻学院	重大项目	论文、研究报告	2016.12
29	《大乘起信论》的思想史研究	张文良	哲学院	重大项目	专著、译著、论文	2017.12
30	比较财政史研究	刘晓路	财政金融学院	重大项目	专著	2017.12
31	金融创新的理论与应用研究——以资产证券化和互联网金融为例	邱志刚	汉青高级经济与金融研究院	重大项目	论文、研究报告	2015.12
32	德国柏林皮藏晚清华北舆图研究	华林甫	清史所	重大项目	专著	2017.12

续表

序号	项目名称	负责人	承担部门	项目分类、类别	预期成果形式	计划完成日期
33	中国供暖的重新分区及其对能源空间布局的影响	王　汶	环境学院	重大项目	专著、论文	2017. 12
34	中国养老机构服务供给能力研究：指标开发与应用	鲁　全	劳动人事学院	重大项目	研究报告	2016. 12
35	语块认知与译员口译焦虑的实证研究	王建华	外国语学院	重大项目	专著、论文	2017. 12
36	中国传媒业融资模式效果的实证评估研究	张辉锋	新闻学院	重大项目	论文、著作	2015. 12
37	中央八项规定、国企在职消费抑制及其经济后果研究	叶康涛	商学院	重大项目	论文、研究报告、教学和研究型案例	2016. 12
38	新型城镇化背景下农村社会养老服务体系研究	孙鹃娟	社会与人口学院	重大项目	论文、研究报告	2016. 12
39	社会政策促进社会公平、增进人民福祉的理论与应用研究	李迎生	社会与人口学院	重大项目	专著、论文、研究报告、政策咨询报告	2017. 12
40	大数据统计学基础理论的发展研究	田茂再	统计学院	重大项目	专著、论文	2017. 12
41	中国现代国家治理体系构建研究	杨开峰	公共管理学院	重大项目	论文专著、译著、论文、研究报告	2017. 12
42	素质教育框架下农村儿童营养与食品安全校本教育研究	彭亚拉	农业与农村发展学院	重大项目	论文、研究报告	2017. 12
43	新时期新型农业经营体系构建研究	钟　真	农业与农村发展学院	重大项目	论文、研究报告	2015. 12
44	从帝国到民国转型期的国家与地方关系研究——阎锡山及其军政势力的形成（1912—1924年）	牛贯杰	历史学院	重大项目	专著、论文专著、论文、文献汇编	2017. 12
45	新媒体环境下的社会治理研究	唐　杰	公共管理学院	研究品牌计划基础研究项目	论文	2017. 12
46	建设农村普惠金融体系研究	周　立	农业与农村发展学院	研究品牌计划基础研究项目	论文	2017. 12
47	秦汉魏晋南北朝户籍制度研究	韩树峰	历史学院	研究品牌计划基础研究项目	专著	2017. 12
48	西方马克思主义发展史	张秀琴	马克思主义学院	研究品牌计划基础研究项目	专著、论文	2017. 12
49	利率市场化背景下中国货币政策框架的转型研究	陈彦斌	经济学院	研究品牌计划基础研究项目	专著、论文、研究报告	2017. 12
50	十九世纪英译中国古典小说资料整理与研究	王　燕	文学院	研究品牌计划基础研究项目	专著、论文	2017. 12
51	公投制度及其对民族国家主权的新挑战	王英津	国际关系学院	研究品牌计划基础研究项目	专著、研究报告	2017. 12
52	走向平等的自由财产法权：财产私法的理论基础与体系规则研究	朱　虎	法学院	研究品牌计划基础研究项目	专著、论文	2017. 12
53	基于微观基础的宏观金融决策机制研究	张成思	财政金融学院	研究品牌计划基础研究项目	专著、论文	2017. 12

续表

序号	项目名称	负责人	承担部门	项目分类、类别	预期成果形式	计划完成日期
54	菲中南海争端仲裁跟踪研究	余民才	法学院	研究品牌计划基础研究项目	论文	2017.12
55	中国系统重要性银行指数与金融风险预警研究	宋建波	商学院	研究品牌计划基础研究项目	论文、研究报告	2017.12
56	生物医学大数据的统计方法基础研究	李　扬	统计学院	研究品牌计划基础研究项目	论文、研究报告	2017.12
57	《字汇》音注研究	高永安	文学院	研究品牌计划基础研究项目	论文	2017.12

（中国人民大学科研处关晓斌供稿）

清华大学

2015 年度承担国家级、省部级社会科学研究项目

序号	项目名称	负责人	项目分类、类别	项目来源单位
1	中国特色水权市场制度体系研究	王亚华	国家社会科学基金、重大项目	全国哲学社会科学规划办公室
2	先秦两汉讹字综合整理与研究	赵平安	国家社会科学基金、重大项目	全国哲学社会科学规划办公室
3	五一广场出土东汉简牍的整理与研究	李学勤	国家社会科学基金、重大项目	全国哲学社会科学规划办公室
4	古希腊哲学术语数据库建设	王晓朝	国家社会科学基金、重大项目	全国哲学社会科学规划办公室
5	语言、思维、文化层级的高级认知研究	蔡曙山	国家社会科学基金、重大项目	全国哲学社会科学规划办公室
6	我国历史上的 GDP 及其结构研究(980—1840)	李稻葵	国家社会科学基金、重大项目	全国哲学社会科学规划办公室
7	意识形态视域下的网络文化安全治理研究	孟庆国	国家社会科学基金、重大项目	全国哲学社会科学规划办公室
8	中外关系数据库建设	阎学通	国家社会科学基金、重大项目	全国哲学社会科学规划办公室
9	互联网金融理论、实践与政策研究	廖　理	国家社会科学基金、重大项目	全国哲学社会科学规划办公室
10	唐元景教综合研究	张绪山	国家社会科学基金、重点项目	全国哲学社会科学规划办公室
11	我国经济体制改革试点第三方评估研究	朱旭峰	国家社会科学基金、重点项目	全国哲学社会科学规划办公室
12	全球价值链发展变化与我国创新驱动发展战略研究	陈　劲	国家社会科学基金、重点项目	全国哲学社会科学规划办公室
13	《资本论》语境中马克思的历史决定论及其当代价值研究	王峰明	国家社会科学基金、重点项目	全国哲学社会科学规划办公室
14	中国典籍英译的传播与评价机制研究	罗选民	国家社会科学基金、重点项目	全国哲学社会科学规划办公室
15	自由贸易区建设与亚太安全关系重构研究	陈　琪	国家社会科学基金、重点项目	全国哲学社会科学规划办公室
16	台湾社会分化与社会运动影响政党政治演变的实证研究	郑振清	国家社会科学基金、重点项目	全国哲学社会科学规划办公室
17	大数据时代自媒体风险感知与矛盾化解研究	刘新传	国家社会科学基金、青年项目	全国哲学社会科学规划办公室
18	汉代铜镜铭文综合研究及数据库建设	鹏　宇	国家社会科学基金、青年项目	全国哲学社会科学规划办公室
19	内迁工厂的劳动体制与劳工养成方式的新变化研究	黄斌欢	国家社会科学基金、青年项目	全国哲学社会科学规划办公室
20	治理能力视阈下政府质量评估体系及提升路径研究	孟天广	国家社会科学基金、青年项目	全国哲学社会科学规划办公室

续表

序号	项目名称	负责人	项目分类、类别	项目来源单位
21	2008 年国际金融危机后马克思主义金融资本理论的新发展研究	蔡万焕	国家社会科学基金、青年项目	全国哲学社会科学规划办公室
22	康德想象理论的现代价值研究	车　辕	国家社会科学基金、青年项目	全国哲学社会科学规划办公室
23	延安时期中国共产党自我革新的历史经验及其当代启示研究	李　蕉	国家社会科学基金、青年项目	全国哲学社会科学规划办公室
24	我国职业体育伤病保险制度研究	陆　淳	国家社会科学基金、一般项目	全国哲学社会科学规划办公室
25	体育参与对独生子女青少年社会适应的影响研究	刘　波	国家社会科学基金、一般项目	全国哲学社会科学规划办公室
26	云计算环境下电子文件的凭证性保障原理和方法研究	薛四新	国家社会科学基金、一般项目	全国哲学社会科学规划办公室
27	民国时期图书馆学者群体研究	韦庆媛	国家社会科学基金、一般项目	全国哲学社会科学规划办公室
28	中国网络视频生产模式及管理研究	曹书乐	国家社会科学基金、一般项目	全国哲学社会科学规划办公室
29	后现代社群与库切文本研究	王敬慧	国家社会科学基金、一般项目	全国哲学社会科学规划办公室
30	20 世纪中国大学生社会来源变迁的量化研究	李伯重	国家社会科学基金、一般项目	全国哲学社会科学规划办公室
31	不真正不作为犯论之重构研究	黎　宏	国家社会科学基金、一般项目	全国哲学社会科学规划办公室
32	农民工市民化：自主选择与社会秩序统一	解　安	国家社会科学基金、一般项目	全国哲学社会科学规划办公室
33	宗教性视阈中的生存伦理研究	田　薇	国家社会科学基金、一般项目	全国哲学社会科学规划办公室
34	马克思法律思想的逻辑演进及其现实意义研究	王贵贤	国家社会科学基金、一般项目	全国哲学社会科学规划办公室
35	中国产业政策转型研究	刘涛雄	国家社会科学基金、后期资助项目	全国哲学社会科学规划办公室
36	转型时期的城市空间：打造什刹海	王天夫	国家社会科学基金、后期资助项目	全国哲学社会科学规划办公室
37	缔约上过失的构成与功能	王洪亮	国家社会科学基金、后期资助项目	全国哲学社会科学规划办公室
38	周秦两汉书经考	马　楠	国家社会科学基金、后期资助项目	全国哲学社会科学规划办公室
39	中国的早期近代经济——19 世纪 20 年代华亭—娄县地区 GDP 研究	李伯重	国家社会科学基金、中华学术外译项目	全国哲学社会科学规划办公室
40	世界权力的转移——道义现实主义的国际关系理论	阎学通	国家社会科学基金、中华学术外译项目	全国哲学社会科学规划办公室
41	多元城镇化与中国发展	李　强	国家社会科学基金、中华学术外译项目	全国哲学社会科学规划办公室
42	社会主义核心价值观基本理念研究	吴潜涛	教育部人文社会科学研究、重大攻关	教育部
43	法治中国建设背景下警察权研究	余凌云	教育部人文社会科学研究、重大攻关	教育部
44	生活在“网络社会”	陈昌凤	教育部人文社会科学研究、普及读物项目	教育部
45	当代青少年宪法教育实践研究	王振民	教育部人文社会科学研究、中国特色社会主义理论体系专项	教育部

续表

序号	项目名称	负责人	项目分类、类别	项目来源单位
46	我国 K-12 阶段 STEM 教育的现状与问题研究	李曼丽	教育部人文社会科学研究、教育工程专项	教育部
47	中国汉字设计史	陈　楠	教育部人文社会科学研究、一般项目	教育部
48	新中国对外传播制度史研究	周庆安	教育部人文社会科学研究、一般项目	教育部
49	长跑负荷强度与心率监控的方法研究与应用	王培勇	教育部人文社会科学研究、一般项目	教育部
50	多元共治视角下社会组织参与环境治理的机制研究	邢宇宙	教育部人文社会科学研究、一般项目	教育部
51	基于北京冬奥会申办情境下的体育环境伦理与环境教育研究	郭　振	教育部人文社会科学研究、一般项目	教育部
52	教练式领导对团队创新影响的中介与调节机制研究	康　飞	教育部人文社会科学研究、一般项目	教育部
53	组织学习视角下的校本教师学习研究	张晓蕾	教育部人文社会科学研究、一般项目	教育部
54	大数据视角下宏观经济预测的技术与方法研究	徐晓飞	教育部人文社会科学研究、一般项目	教育部
55	人口疏解背景下特大城市流动人口聚业空间治理研究——以北京农贸市场为例	陈宇琳	教育部人文社会科学研究、一般项目	教育部
56	领导批判性思维对员工创造力影响的跨层研究	江　静	教育部人文社会科学研究、一般项目	教育部
57	都江堰灌区传统人居环境实践模式及其当代生态文明价值研究	袁　琳	教育部人文社会科学研究、一般项目	教育部
58	清代楹联书法研究	薛帅杰	教育部人文社会科学研究、一般项目	教育部
59	中国优秀传统文化创造性转化与创新性发展研究	陈　来	马克思主义理论研究和建设工程重大课题	中共中央宣传部
60	社会结构和阶层变化研究	李　强	马克思主义理论研究和建设工程重大课题	中共中央宣传部
61	基于大数据的经济形势监测理论与方法研究	刘涛雄	北京市社会科学基金、重大项目	北京市哲学社会科学规划办公室
62	现代国家的伦理基础与伦理使命研究	黄裕生	北京市社会科学基金、重大项目	北京市哲学社会科学规划办公室
63	道义现实主义的国际关系理论	阎学通	北京市社会科学基金、特别委托项目	北京市哲学社会科学规划办公室
64	中国拔尖人才培养的新模式：国际论争和模型启示	阎　琨	北京市社会科学基金、重点项目	北京市哲学社会科学规划办公室
65	政策信息学方法论研究	张　楠	北京市社会科学基金、重点项目	北京市哲学社会科学规划办公室
66	首都经济圈文化产业协同创新基础理论体系研究	杭　敏	北京市社会科学基金、重点项目	北京市哲学社会科学规划办公室
67	中国特色社会主义协商民主理论研究	谈火生	北京市社会科学基金、重点项目	北京市哲学社会科学规划办公室

续表

序号	项目名称	负责人	项目分类、类别	项目来源单位
68	非理性消费问题研究	孙　凤	北京市社会科学基金、重点项目	北京市哲学社会科学规划办公室
69	中国艺术史观与方法研究	陈池瑜	北京市社会科学基金、重点项目	北京市哲学社会科学规划办公室
70	中国白裤瑶粘膏染工艺文化研究	贾京生	北京市社会科学基金、重点项目	北京市哲学社会科学规划办公室
71	中学综合素质评价研究	杜毓贞	北京市社会科学基金、重点项目	北京市哲学社会科学规划办公室
72	中国特色社会主义道路的历史渊源研究	欧阳军喜	北京市社会科学基金、重点项目	北京市哲学社会科学规划办公室
73	北京佛教通史	圣　凯	北京市社会科学基金、重点项目	北京市哲学社会科学规划办公室
74	收入分配理论与马克思经济学的中国化研究	李帮喜	北京市社会科学基金、一般项目	北京市哲学社会科学规划办公室
75	清华简《逸周书》类文献研究	刘国忠	北京市社会科学基金、一般项目	北京市哲学社会科学规划办公室
76	面向北京市老龄社会需求的产品与服务创新发展模式研究	赵　超	北京市社会科学基金、一般项目	北京市哲学社会科学规划办公室
77	民国时期北京的图书馆发展史研究	韦庆媛	北京市社会科学基金、一般项目	北京市哲学社会科学规划办公室
78	风险治理中专家信任构建路径及机制研究	张成岗	北京市社会科学基金、一般项目	北京市哲学社会科学规划办公室
79	风险社会视域下的北京公益慈善事业研究	郭祖炎	北京市社会科学基金、青年项目	北京市哲学社会科学规划办公室
80	北京市流动人口聚居区形成机制与社会治理研究	陈宇琳	北京市社会科学基金、青年项目	北京市哲学社会科学规划办公室
81	“后戏剧”审美功能与感知模式的转换	李明明	北京市社会科学基金、青年项目	北京市哲学社会科学规划办公室
82	赵万里研究	付　佳	北京市社会科学基金、青年项目	北京市哲学社会科学规划办公室
83	中国社会道德现状的大数据时空分析	喻　丰	北京市社会科学基金、青年项目	北京市哲学社会科学规划办公室
84	公共利益原则的法律适用	梁上上	司法部项目	司法部
85	实现担保物权非讼执行程序研究	任　重	司法部项目	司法部
86	失独家庭的权利保障与救济问题研究	王天玉	司法部项目	司法部
87	体育哲学社会科学方法论研究	李　睿	国家体育总局哲社项目	国家体育总局

（清华大学文科建设处刘金梅供稿）

北京师范大学

2015 年度承担国家级、省部级社会科学研究项目

序号	项目名称	负责人	承担部门	项目分类、类别	项目来源单位	预期成果形式	计划完成时间
1	城镇化对我国农业农村发展的影响与对策研究	刘彦随	资源学院	国家社会科学基金、重大项目	全国哲学社会科学规划办公室	专著、论文、咨询报告	2018. 07
2	人际和谐心理健康促进技术研究	侯志瑾	心理学院	国家社会科学基金、重大项目	全国哲学社会科学规划办公室	论文集、研究报告、资料集	2019. 12
3	流动背景下处境不利儿童青少年发展数据库建设及积极发展体系研究	林丹华	心理学院	国家社会科学基金、重大项目	全国哲学社会科学规划办公室	专著、研究报告、数据库	2019. 12
4	基于资料库的古籍计算机辅助版本校勘和编撰系统研究	周晓文	文学院	国家社会科学基金、重大项目	全国哲学社会科学规划办公室	专著、电脑软件、数据库	2020. 07
5	基于国际化、标准化的古籍印刷通用字字形规范研究	王立军	文学院	国家社会科学基金、重大项目	全国哲学社会科学规划办公室	研究报告、电脑软件、数据库	2019. 12
6	日本五山文学别集的校注与研究	张哲俊	文学院	国家社会科学基金、重大项目	全国哲学社会科学规划办公室	专著	2020. 09
7	基于《马克思恩格斯全集》历史考证版第二版（MEGA2）	鲁克俭	哲学与社会学学院	国家社会科学基金、重大项目	全国哲学社会科学规划办公室	专著、研究报告	2020. 12
8	中华优秀传统文化的创造性转化与创新性发展研究	于　丹	文化创新与传播研究院	国家社会科学基金、重大项目，马克思主义理论研究和建设工程、重大项目	全国哲学社会科学规划办公室	研究报告	2018. 01
9	先秦儒家“意义—感通”的教化哲学研究	于述胜	教育学部	国家社会科学基金、重点项目	全国哲学社会科学规划办公室	专著	2019. 12
10	新常态下的经济结构调整对地区能源消费影响力研究	赵　楠	统计学院	国家社会科学基金、重点项目	全国哲学社会科学规划办公室	研究报告	2018. 07
11	资本核算数据在增长核算和生产率分析中的应用研究	王亚菲	国民核算研究院	国家社会科学基金、重点项目	全国哲学社会科学规划办公室	论文集、研究报告	2020. 12
12	我国税收改革政策宏观效果的统计测度与评价研究	肖　尧	统计学院	国家社会科学基金、一般项目	全国哲学社会科学规划办公室	研究报告	2017. 12
13	中国特色新型智库参与公共政策过程研究	果　佳	政府管理学院	国家社会科学基金、一般项目	全国哲学社会科学规划办公室	专著	2017. 06
14	我国廉政建设中的制度移植有效性及其影响因素研究	李秀峰	政府管理学院	国家社会科学基金、一般项目	全国哲学社会科学规划办公室	研究报告、其他	2018. 07
15	大数据网络与中国特色数字协商民主研究	汪　波	政府管理学院	国家社会科学基金、一般项目	全国哲学社会科学规划办公室	专著	2017. 12
16	单位贿赂犯罪预防模式研究	周振杰	刑事法律科学研究院	国家社会科学基金、一般项目	全国哲学社会科学规划办公室	专著、译著	2018. 04
17	套取挪用科研经费行为的刑法规制研究	刘　科	刑事法律科学研究院	国家社会科学基金、一般项目	全国哲学社会科学规划办公室	专著、研究报告	2017. 07
18	境外追逃追赃国际司法合作与国内法律完善研究	黄　风	刑事法律科学研究院	国家社会科学基金、一般项目	全国哲学社会科学规划办公室	专著、研究报告	2017. 10

续表

序号	项目名称	负责人	承担部门	项目分类、类别	项目来源单位	预期成果形式	计划完成时间
19	独生子女品格特征研究	李燕芳	中国基础教育质量监测协同创新中心	国家社会科学基金、一般项目	全国哲学社会科学规划办公室	专题论文集、研究报告	2018.06
20	中国NGO走向世界研究	杨　丽	中国社会管理研究院、社会学院	国家社会科学基金、一般项目	全国哲学社会科学规划办公室	专著、研究报告	2018.03
21	晚清内外互动与权力格局变迁研究（1862—1900）	邱　涛	历史学院	国家社会科学基金、一般项目	全国哲学社会科学规划办公室	专著	2018.07
22	中世纪早期西欧国家形态研究	侯树栋	历史学院	国家社会科学基金、一般项目	全国哲学社会科学规划办公室	专著	2019.12
23	近代英国公共医疗服务体制变迁研究	郭家宏	历史学院	国家社会科学基金、一般项目	全国哲学社会科学规划办公室	专著	2018.12
24	大众文化与文学生产的关系研究（20世纪90年代以来）	赵　勇	文学院	国家社会科学基金、一般项目	全国哲学社会科学规划办公室	专著	2018.06
25	"五四"新文学家的身份塑造研究	林分份	文学院	国家社会科学基金、一般项目	全国哲学社会科学规划办公室	专题论文集	2019.09
26	日本古代文学对谢灵运的接受研究	蒋义乔	外国语言文学学院	国家社会科学基金、一般项目	全国哲学社会科学规划办公室	专题论文集、研究报告	2018.12
27	基于语料库的英汉反讽对比研究	杨庆云	外国语言文学学院	国家社会科学基金、一般项目	全国哲学社会科学规划办公室	专著	2018.03
28	汉语古典韵文体文学语言颜色词历时演变研究	马燕华	汉语文化学院	国家社会科学基金、一般项目	全国哲学社会科学规划办公室	专著	2018.12
29	电视媒体与新媒体融合发展战略研究	王长潇	新闻传播学院	国家社会科学基金、一般项目	全国哲学社会科学规划办公室	专著、专题论文集	2017.09
30	关于我国中小学生安全教育内容、方法与评价的研究	张吾龙	体育与运动学院	国家社会科学基金、一般项目	全国哲学社会科学规划办公室	研究报告	2019.12
31	影视文化的社交媒体传统机制研究	张洪忠	艺术与传媒学院	国家社会科学基金、一般项目	全国哲学社会科学规划办公室	论文、研究报告	2017.12
32	全球化语境下中国纪录片发展研究战略	张同道	艺术与传媒学院	国家社会科学基金、一般项目	全国哲学社会科学规划办公室	专著、论文、研究报告	2018.12
33	新一代信息技术与个人信息刑法保护研究	吴沈括	刑事法律科学研究院	国家社会科学基金、一般项目	全国哲学社会科学规划办公室	专著	2017.07
34	"制度适应理论"视野下的征地补偿冲突及其解决机制研究	连宏萍	政府管理学院	国家社会科学基金、青年项目	全国哲学社会科学规划办公室	专题论文集、研究报告	2018.12
35	城市家庭祖辈—父辈共同养育的特征及其对婴幼儿适应的影响研究	李晓巍	教育学部	国家社会科学基金、青年项目	全国哲学社会科学规划办公室	专题论文集、研究报告	2018.12
36	清代以来北京民间信仰与城市空间研究	鞠　熙	文学院	国家社会科学基金、青年项目	全国哲学社会科学规划办公室	专著	2020.03
37	天地知识与商周文献关系研究	林甸甸	历史学院	国家社会科学基金、青年项目	全国哲学社会科学规划办公室	专著	2018.06
38	中国初中英语教师评价素养量表研制与验证研究	林敦来	外国语言文学学院	国家社会科学基金、青年项目	全国哲学社会科学规划办公室	专著、研究报告	2018.05

续表

序号	项目名称	负责人	承担部门	项目分类、类别	项目来源单位	预期成果形式	计划完成时间
39	“项目制”下财政专项资金影响高等职业教育发展的效果分析研究	刘云波	教育学部	国家社会科学基金、青年项目	全国哲学社会科学规划办公室	专题论文集、研究报告	2017.12
40	新常态下完善政府财政和社会资本投资高等教育的机制研究	方　芳	教育学部	国家社会科学基金、青年项目	全国哲学社会科学规划办公室	研究报告、其他	2017.06
41	中国共产党巡视制度研究	王　峰	马克思主义学院	国家社会科学基金、青年项目	全国哲学社会科学规划办公室	专著	2017.12
42	日汉法律词典	冷罗生	法学院	国家社会科学基金、艺术学项目青年项目	全国艺术科学规划办公室	工具书	2018.07
43	杜预《春秋经传集解》研究	方　韬	古籍与传统文化研究院	国家社会科学基金、后期资助项目	全国哲学社会科学规划办公室	专著	2018.07
44	迎接工业化的挑战：美国职业教育运动研究	张斌贤	教育学部	国家社会科学基金、后期资助项目	全国哲学社会科学规划办公室	专著	2018.07
45	运用国际通行规则和惯例维护文化安全文化权益	张桂红	法学院	国家社会科学基金、特别委托项目	全国哲学社会科学规划办公室	研究报告	2015.08
46	防范“政治反对派”研究	施雪华	政府管理学院	国家社会科学基金、特别委托项目	全国哲学社会科学规划办公室	研究报告	2016.06
47	重大突发事件社会舆情演化规律及应对策略研究	傅昌波	社会学院	教育部哲学社会科学研究、重大课题攻关项目	教育部社科司	专著、研究报告	2018.12
48	教育与经济发展关系及贡献研究	杜育红	教育学部	教育部哲学社会科学研究、重大课题攻关项目	教育部社科司	专著、论文、研究报告	2018.12
49	我国社会需求变化与学位授予体系发展前瞻研究	姚　云	教育学部	教育部哲学社会科学研究、重大课题攻关项目	教育部社科司	论文、研究报告	2018.12
50	现代大学治理结构中的纪律建设、德治 礼序和权力配置协调机制研究	周作宇	教育学部	教育部哲学社会科学研究、重大课题攻关项目	教育部社科司	专著	2018.12
51	学校改进模式与策略比较研究	张东娇	教育学部	教育部重点研究基地、重大项目	教育部社科司	研究报告	2018.12
52	大学教师职业伦理和行为规范的国际比较研究	林　杰	教育学部	教育部重点研究基地、重大项目	教育部社科司	论文、研究报告	2018.12
53	中小学生数学学习投入的发展与影响机制研究	刘儒德	心理学院	教育部重点研究基地、重大项目	教育部社科司	研究报告	2018.12
54	青少年参与志愿服务的长效机制及服务学习模式研究	姚梅林	心理学院	教育部重点研究基地、重大项目	教育部社科司	论文	2018.12
55	从秩序到富强——严复与中国哲学的转型	贾新奇	哲学与社会学学院	教育部重点研究基地、重大项目	教育部社科司	专著	2018.12

续表

序号	项目名称	负责人	承担部门	项目分类、类别	项目来源单位	预期成果形式	计划完成时间
56	市场正义与社会正义研究	胡敏中	哲学与社会学学院	教育部重点研究基地、重大项目	教育部社科司	专著	2018. 12
57	“国培计划”实施的项目模式构建经验、问题及其解决对策实证研究	朱旭东	教育学部	教育部重点研究基地、重大项目	教育部社科司	论文、研究报告	2018. 12
58	地方政府教师培训项目实施：成效、问题及其解决对策研究	李　琼	教育学部	教育部重点研究基地、重大项目	教育部社科司	论文、研究报告	2018. 12
59	跨文化方法论研究	金丝燕	文学院	教育部重点研究基地、重大项目	教育部社科司	专著	2018. 12
60	西方汉字学史	ImreGalambos	文学院	教育部重点研究基地、重大项目	教育部社科司	专著	2018. 12
61	中国古代史学批评研究	瞿林东	历史学院	教育部重点研究基地、重大项目	教育部社科司	专著	2018. 12
62	唐至民国修史机构与史注纂集	牛润珍	历史学院	教育部重点研究基地、重大项目	教育部社科司	专著	2018. 12
63	中国当代大众文化的发生研究	赵　勇	文学院	教育部重点研究基地、重大项目	教育部社科司	专著	2018. 12
64	中国古代文体论概念史研究（先秦至隋唐）	姚爱斌	文学院	教育部重点研究基地、重大项目	教育部社科司	专著	2018. 12
65	基于语言可加工理论的高校大学生英语语言能力分布研究	王筱晶	外国语言文学学院	教育部人文社会科学研究、一般项目	教育部社科司	论文	2018. 09
66	汉语名词语义—语法双向互动关系研究	宋作艳	文学院	教育部人文社会科学研究、一般项目	教育部社科司	论文	2018. 09
67	汉语单音多义词的义位分析与入典研究	尹　洁	汉语文化学院	教育部人文社会科学研究、一般项目	教育部社科司	著作、论文	2018. 09
68	民间传说与宗教社会关系之研究——以赣县白鹭古村为例	张　丽	文学院	教育部人文社会科学研究、一般项目	教育部社科司	论文、咨询报告	2018. 09
69	论巴尔特的思想转折及其文论与风格之间的关系	钱　翰	文学院	教育部人文社会科学研究、一般项目	教育部社科司	著作	2018. 09
70	从传统教育到现代教育：杜威的批判与构建	郭法奇	教育学部	教育部人文社会科学研究、一般项目	教育部社科司	论文	2018. 09
71	知识地图在教师微培训中的实证研究	马　宁	教育学部	教育部人文社会科学研究、一般项目	教育部社科司	论文、课程工具	2018. 09
72	北欧国家教育创新政策理论与实践研究	檀慧玲	中国基础教育质量监测协同创新中心	教育部人文社会科学研究、一般项目	教育部社科司	著作、论文	2018. 09

续表

序号	项目名称	负责人	承担部门	项目分类、类别	项目来源单位	预期成果形式	计划完成时间
73	网络游戏线索对于青少年网络游戏成瘾者抑制能力缺陷影响的脑机制研究	张锦涛	脑与认知科学研究院	教育部人文社会科学研究、一般项目	教育部社科司	论文	2018.09
74	藏语双语者汉语翻译识别及其眼动预视效益	王爱平	心理学院	教育部人文社会科学研究、一般项目	教育部社科司	论文、咨询报告	2018.09
75	农村留守青少年的同伴系统及其对社会适应的影响	侯　珂	文科学报	教育部人文社会科学研究、一般项目	教育部社科司	论文	2018.09
76	我国中小学校园足球发展方案实证研究	王长权	体育与运动学院	教育部人文社会科学研究、一般项目	教育部社科司	著作、论文	2018.09
77	复杂数据的稳健分析方法研究	金　蛟	统计学院	教育部人文社会科学研究、一般项目	教育部社科司	论文	2018.09
78	促进学习困难小学生脑执行功能改善的运动干预方案开发与应用研究	殷恒婵	体育与运动学院	教育部人文社会科学研究、一般项目	教育部社科司	论文	2018.09
79	跨文化视域下的法国毛主义研究	徐克飞	哲学学院	教育部人文社会科学研究、一般项目	教育部社科司	著作	2018.09
80	特大城市产业发展与多中心空间结构的形成——基于以北京市为案例的研究	邵　晖	经济与资源管理研究院	教育部人文社会科学研究、一般项目	教育部社科司	论文、咨询报告	2018.09
81	中国涉外经济法律体系的重构	邢　钢	法学院	教育部人文社会科学研究、一般项目	教育部社科司	咨询报告	2018.09
82	农村服务性社会组织的发育机制和可持续发展研究	杜静元	中国社会管理研究院、社会学院	教育部人文社会科学研究、一般项目	教育部社科司	著作、论文、咨询报告	2018.09
83	在大学生中培育和践行社会主义核心价值观的有效途径研究	隋璐璐	本科生工作处	教育部人文社会科学研究、专项任务项目	教育部社科司	论文	2016.12
84	大学生党员自我成长路径实证研究——以北京师范大学和中央财经大学为例	郭智芳	政府管理学院	教育部人文社会科学研究、专项任务项目	教育部社科司	论文、报告、案例集	2016.12
85	思政课对象化教学系统构建研究——以《思想道德修养与法律基础》课为例	张润枝	马克思主义学院	教育部人文社会科学研究、专项任务项目（高校思想政治理论课）	教育部社科司	研究系列报告和教学成果	2018.11
86	如何提高创新创业能力	赖德胜	经济与工商管理学院	教育部哲学社会科学研究、普及读物项目	教育部社科司	专著	2016.07

续表

序号	项目名称	负责人	承担部门	项目分类、类别	项目来源单位	预期成果形式	计划完成时间
87	重建中国当代伦理文明与家教门风	于　丹	文化创新与传播研究院	教育部哲学社会科学研究、普及读物项目	教育部社科司	专著	2016.07
88	心理学纵横谈	彭聃龄	脑与认知科学研究院	教育部哲学社会科学研究、普及读物项目	教育部社科司	专著	2016.07
89	马克思主义哲学体系的研究与创新	杨　耕	哲学院	北京市哲学社会科学规划项目、重大项目	北京市哲学社会科学规划办公室	专著	2017.12
90	青少年的创伤后应激障碍与创伤后成长的结构及影响机制研究	伍新春	心理学院	北京市哲学社会科学规划项目、重大项目	北京市哲学社会科学规划办公室	论文集	2017.12
91	中国古代散文序跋文献整理与研究	张德建	文学院	北京市哲学社会科学规划项目、重大项目	北京市哲学社会科学规划办公室	专著	2017.12
92	法官惩戒制度研究	熊跃敏	法学院	北京市哲学社会科学规划项目、重点项目	北京市哲学社会科学规划办公室	研究报告	2016.09
93	北京市生态文明建设及评价指标体系研究	张　琦	经济与资源研究院	北京市哲学社会科学规划项目、重点项目	北京市哲学社会科学规划办公室	研究报告	2016.04
94	进口贸易的经济发展效应及北京外贸战略转型研究	魏　浩	经济与工商管理学院	北京市哲学社会科学规划项目、重点项目	北京市哲学社会科学规划办公室	论文集	2017.12
95	乐府的音乐文学体制	张哲俊	文学院	北京市哲学社会科学规划项目、重点项目	北京市哲学社会科学规划办公室	专著	2016.06
96	莱布尼茨科学哲学思想研究	刘孝廷	哲学院	北京市哲学社会科学规划项目、重点项目	北京市哲学社会科学规划办公室	专著	2017.12
97	审判中心主义视野下的辩审关系研究	印　波	刑事法律科学研究院	北京市社会科学基金项目	北京市哲学社会科学规划办公室	论文集	2017.12
98	刑事和解中的国家角色	何　挺	刑事法律科学研究院	北京市社会科学基金项目	北京市哲学社会科学规划办公室	研究报告	2018.06
99	北京市文化产品国际竞争力提升的路径研究	曲如晓	经济与工商管理学院	北京市社会科学基金项目	北京市哲学社会科学规划办公室	专著	2017.06
100	京津冀地区雾霾治理的协同机制研究	韩　晶	经济与资源研究院	北京市社会科学基金项目	北京市哲学社会科学规划办公室	研究报告	2016.12
101	基于知识网络嵌入的北京市文化创意企业能力跃迁研究	焦　豪	经济与工商管理学院	北京市社会科学基金项目	北京市哲学社会科学规划办公室	研究报告	2017.04
102	高校思想政治理论课审美教育研究	王天民	马克思主义学院	北京市社会科学基金项目	北京市哲学社会科学规划办公室	专著	2017.06
103	北京市中小学生英语素养提升战略研究	程晓堂	外国语言文学学院	北京市社会科学基金项目	北京市哲学社会科学规划办公室	研究报告	2018.06

续表

序号	项目名称	负责人	承担部门	项目分类、类别	项目来源单位	预期成果形式	计划完成时间
104	巴尔特的思想转折及其文学风格学	钱　翰	文学院	北京市社会科学基金项目	北京市哲学社会科学规划办公室	专著	2019.07
105	银雀山汉简字形对小篆书写机制的突破因素研究	张　会	汉语文化学院	北京市社会科学基金项目	北京市哲学社会科学规划办公室	专著	2017.06
106	特殊教育学校课程改革研究	邓　猛	教育学部	北京市社会科学基金项目	北京市哲学社会科学规划办公室	研究报告	2018.06
107	中学生学业能力倾向、兴趣和人格特点对未来专业选择的影响	徐建平	心理学院	北京市社会科学基金项目	北京市哲学社会科学规划办公室	研究报告	2018.06
108	小学舞蹈教育改革实践——拉班动作教育课程研究	唐　怡	艺术与传媒学院	北京市社会科学基金项目	北京市哲学社会科学规划办公室	研究报告	2017.09
109	京津冀一体化的协同治理与法治保障研究	郭　殊	法学院	北京市社会科学基金项目	北京市哲学社会科学规划办公室	研究报告	2017.12
110	政府与社会资本合作（PPP）法律问题研究	邢　钢	法学院	北京市社会科学基金项目	北京市哲学社会科学规划办公室	研究报告	2017.06
111	汉语新词语的存现与隐退研究	宋作艳	文学院	北京市社会科学基金项目	北京市哲学社会科学规划办公室	研究报告	2018.06
112	当代学术语境中的实用主义哲学研究	王成兵	哲学与社会学学院	北京市社会科学基金项目	北京市哲学社会科学规划办公室	专著	2018.06
113	跨文化视域下的法国毛主义研究	徐克飞	哲学与社会学学院	北京市社会科学基金项目	北京市哲学社会科学规划办公室	专著	2017.12
114	鲁迅在北京的文化消费地图	姜异新	北京文化发展研究基地	北京市社会科学基金项目	北京市哲学社会科学规划办公室	专著	2018.12
115	基础教育生产中的教师教学质量评价体系研究	梁文艳	首都教育经济研究院	北京市社会科学基金项目	北京市哲学社会科学规划办公室	专著、研究报告	2017.12
116	子女教育机会与农村家庭的迁移决策	邢春冰	首都教育经济研究院	北京市社会科学基金项目	北京市哲学社会科学规划办公室	论文集	2017.06
117	元大都与古罗马文化比较研究	杨共乐	北京文化发展研究基地	北京市社会科学基金项目	北京市哲学社会科学规划办公室	专著	2017.12
118	北京市市与区县基础教育事权与支出责任划分研究	袁连生	首都教育经济研究院	北京市社会科学基金项目	北京市哲学社会科学规划办公室	研究报告	2017.12
119	“一带一路”战略中扩大教育开放研究	刘宝存	教育学部	国家社会科学基金“十二五”规划教育学、重大项目	全国教育科学规划办公室	专著、论文	2018.12
120	美国研究型大学章程研究	李子江	教育学部	全国教育科学“十二五”规划教育部、重点项目	全国教育科学规划办公室	专著或论文	2018.12
121	借鉴与创新：哈佛大学翻转课堂教学模式与创 新应用的实证研究	张　萍	物理学院	全国教育科学“十二五”规划教育部、重点项目	全国教育科学规划办公室	专著或论文	2018.12

续表

序号	项目名称	负责人	承担部门	项目分类、类别	项目来源单位	预期成果形式	计划完成时间
122	促进研究生课堂学习共同体形成的案例研究	周　钧	教育学部	全国教育科学“十二五”规划教育部、重点项目	全国教育科学规划办公室	专著或论文	2018.12
123	管办评分离下社会第三方参与教育评价的机制与模式比较研究	王　璐	教育学部	国家社科基金“十二五”规划教育学、一般项目	全国教育科学规划办公室	专著、论文	2018.12
124	京津冀教育协同发展的政策研究	薛二勇	教育学部	国家社科基金“十二五”规划教育学、一般项目	全国教育科学规划办公室	专著、论文	2018.12
125	青少年科技创新能力培养研究	朱小明	信息科学与技术学院	国家社科基金“十二五”规划教育学、一般项目	全国教育科学规划办公室	专著、论文	2018.12
126	促进儿童动作发展及影响因素的教育干预研究	姜桂萍	体育与运动学院	国家社科基金“十二五”规划教育学、一般项目	全国教育科学规划办公室	专著、论文	2018.12
127	随班就读教师融合教育素养及提升模式研究	王　雁	教育学部	国家社科基金“十二五”规划教育学、一般项目	全国教育科学规划办公室	专著、论文	2018.12
128	多水平认知诊断模型：大规模教育评估中的个体和群体诊断	田　伟	中国基础教育质量监测协同创新中心	国家社科基金“十二五”规划教育学、青年项目	全国教育科学规划办公室	专著、论文	2018.12
129	卓越教师精神成长史研究	张华军	教育学部	国家社科基金“十二五”规划教育学、青年项目	全国教育科学规划办公室	专著、论文	2018.12
130	北京市中小学教师薪酬水平研究	蔡永红	教育学部	北京市教育科学规划“十二五”规划、重点课题（优先关注）	北京市教育科学规划领导小组办公室	研究报告、论文	2017.12
131	“十三五”期间北京市幼儿教师的供给及其影响因素	杜　屏	教育学部	北京市教育科学规划“十二五”规划、重点课题	北京市教育科学规划领导小组办公室	研究报告、论文	2017.12
132	北京市中小学传统文化教育的现状、问题及对策研究	姚　颖	教育学部	北京市教育科学规划“十二五”规划、重点课题	北京市教育科学规划领导小组办公室	研究报告、专著	2017.12
133	北京市幼儿园教育质量评价体系的元评估：新制度主义的视角	潘月娟	教育学部	北京市教育科学规划“十二五”规划、重点课题	北京市教育科学规划领导小组办公室	研究报告、专著	2018.08

续表

序号	项目名称	负责人	承担部门	项目分类、类别	项目来源单位	预期成果形式	计划完成时间
134	社会实践理论视野中的大学生存在性焦虑问题研究	楚江亭	教育学部	北京市教育科学规划“十二五”规划、重点课题	北京市教育科学规划领导小组办公室	研究报告、论文	2018.07
135	父亲与母亲教养投入对青少年心理适应影响的比较研究	伍新春	心理学院	北京市教育科学规划“十二五”规划、重点课题	北京市教育科学规划领导小组办公室	研究报告、论文	2018.12
136	促进学习困难小学生脑执行功能健康发展的运动干预理论构建与实证研究	殷恒婵	体育与运动学院	北京市教育科学规划“十二五”规划、重点课题	北京市教育科学规划领导小组办公室	研究报告、专著	2018.06
137	专家教师原型观下课堂教学执行力的提升	张春莉	教育学部	北京市教育科学规划“十二五”规划、重点课题	北京市教育科学规划领导小组办公室	研究报告、专著	2017.12
138	智慧教室环境下协作学习的学习行为分析研究	杨开城	教育学部	北京市教育科学规划“十二五”规划、重点课题	北京市教育科学规划领导小组办公室	研究报告、论文	2018.06
139	青少年元认知调节技能的评估与训练	黎　坚	心理学院	北京市教育科学规划“十二五”规划、青年专项课题	北京市教育科学规划领导小组办公室	研究报告、论文	2018.05
140	面向北京市中小学创客教育的教学体系研究——以创意电子教育为例	傅　骞	教育学部	北京市教育科学规划“十二五”规划、青年专项课题	北京市教育科学规划领导小组办公室	研究报告、论文	2017.10
141	新时期高校反腐倡廉制度建设研究	彭新林	刑事法律科学研究院	北京市教育科学规划“十二五”规划、青年专项课题	北京市教育科学规划领导小组办公室	研究报告、论文	2018.03
142	《金史·选举志》笺释	华　喆	古籍院	省部级项目	高校古委会	专著	2018.09
143	敦煌七曜历术文献的整理与研究	赵　贞	历史学院	省部级项目	高校古委会	专著	2017.12
144	超主权国际货币的构建：国际货币制度的改革（英文版）	李　翀	经济与工商管理学院	中华学术外译项目	全国哲学社会科学规划办公室	译著	2018.12
145	当代海外汉语汉字应用与中华文化传承研究	张　会	汉语文化学院	中国侨联、一般项目	中华全国归国华侨联合会	调研报告和学术论文	2017.10
146	华人移民网络对中国企业出口的影响研究	蔡宏波	经济学院	中国侨联、一般项目	中华全国归国华侨联合会	研究报告和咨询要报	2017.10

2015 年度校级社会科学研究项目

序号	项目名称	负责人	承担部门	项目分类、类别	计划完成时间
1	汉语国际教学案例库建设	张　会	汉语文化学院	北师大自主科研、重大项目	2017.05
2	正念水平对团队创造力的影响及其作用机制：多层次研究	孙晓敏	心理学院	北师大自主科研、重大项目	2017.05
3	多维测验能力估计及等值方法研究	刘红云	心理学院	北师大自主科研、重大项目	2017.05

续表

序号	项目名称	负责人	承担部门	项目分类、类别	计划完成时间
4	媒介文化素养的理论体系创新与教育推广实践研究	于翠玲	新闻传播学院	北师大自主科研、重大项目	2017. 05
5	刑事法前沿问题的国际视野	宋英辉	刑事法律科学研究院	北师大自主科研、重大项目	2017. 05
6	新常态下战略人力资源管理价值与模式创新研究	王建民	政府管理学院	北师大自主科研、重大项目	2017. 05
7	后4%时代中国高等教育财政投资规模预测及相关政策研究	胡咏梅	教育学部	北师大自主科研、重大项目	2017. 05
8	幼儿园教师胜任力发展研究	霍力岩	教育学部	北师大自主科研、重大项目	2017. 05
9	当代大学教师存在性焦虑问题研究：社会实践理论的视角	楚江亭	教育学部	北师大自主科研、重大项目	2017. 05
10	教育国际化在中国：学生的感知、成果与期望——以北京师范大学用英语教学的研究生学位项目为例	陈　青	教育学部	北师大自主科研、重大项目	2017. 05
11	融合教育背景下随班就读实施现状及支持体系研究	邓　猛	教育学部	北师大自主科研、重大项目	2017. 05
12	主要国家教育智库比较研究	谷贤林	教育学部	北师大自主科研、重大项目	2017. 05
13	我国0~3岁婴幼儿观察与测评工具研制	刘　馨	教育学部	北师大自主科研、重大项目	2017. 05
14	京津冀教育协同发展的政策研究	薛二勇	教育学部	北师大自主科研、重大项目	2017. 05
15	人的发展的经济学及其研究	罗楚亮	经济与工商管理学院	北师大自主科研、重大项目	2017. 05
16	企业家认知、动态能力与企业创新研究	焦　豪	经济与工商管理学院	北师大自主科研、重大项目	2017. 05
17	元代士人的文化认同与文学创新研究	韩格平	古籍与传统文化研究院	北师大自主科研、重点项目	2017. 05
18	王思任文集研究及校注	李　鸣	古籍与传统文化研究院	北师大自主科研、重点项目	2017. 05
19	关于中国学校武术的教育发展及文化传承的研究	王建华	体育与运动学院	北师大自主科研、重点项目	2017. 05
20	运动技能的默会认识论研究	张建华	体育与运动学院	北师大自主科研、重点项目	2017. 05
21	百年中国学校体操教学内容的演变及其体系构建研究	姚明焰	体育与运动学院	北师大自主科研、重点项目	2017. 05
22	大数据下的网球运动技战术解析	王力晨	体育与运动学院	北师大自主科研、重点项目	2017. 05
23	公共体育场馆资源定价研究	王兆红	体育与运动学院	北师大自主科研、重点项目	2017. 05
24	全球生态碳同化模型系统改进及性质研究	李　勇	统计学院	北师大自主科研、重点项目	2017. 05
25	互联网、大数据与关联信息潜入结构研究——大数据与信息形态的强关系模型和分析方法	张永林	统计学院	北师大自主科研、重点项目	2017. 05
26	具有删失特征时序数据的统计建模及在金融保险中的应用	李　慧	统计学院	北师大自主科研、重点项目	2017. 05
27	英语短篇小说：从现实主义到后现代主义	蒋　虹	外国语言文化学院	北师大自主科研、重点项目	2017. 05
28	当代西方批评理论中的《安提戈涅》研究	王　楠	外国语言文化学院	北师大自主科研、重点项目	2017. 05
29	全球华语学专题研究	刁晏斌	文学院	北师大自主科研、重点项目	2017. 05

续表

序号	项目名称	负责人	承担部门	项目分类、类别	计划完成时间
30	苏联理论与我国党性民间文艺研究	董晓萍	文学院	北师大自主科研、重点项目	2017.05
31	新时期文学理论学案史研究	李春青	文学院	北师大自主科研、重点项目	2017.05
32	环地中海东部及黑海古代文学“东”、“西”交汇与传播研究	李正荣	文学院	北师大自主科研、重点项目	2017.05
33	中国现代文学编年与谱系学研究	刘　勇	文学院	北师大自主科研、重点项目	2017.05
34	历代文学经典的传承与中华人文精神的塑造	马东瑶	文学院	北师大自主科研、重点项目	2017.05
35	语言学研究与中学语文教育	宋作艳	文学院	北师大自主科研、重点项目	2017.05
36	都市民俗学视野下地位群体的日常生活研究	岳永逸	文学院	北师大自主科研、重点项目	2017.05
37	基于资源库的古代字书计算机辅助版本校勘和编撰系统研究	周晓文	文学院	北师大自主科研、重点项目	2017.05
38	当代中国死刑改革问题研究	卢建平	刑事法律科学研究院	北师大自主科研、重点项目	2017.05
39	腐败犯罪的防治对策问题研究	郭理蓉	刑事法律科学研究院	北师大自主科研、重点项目	2017.05
40	中国网络电影、网络剧、网络节目研究	张智华	艺术与传媒学院	北师大自主科研、重点项目	2017.05
41	中国影视音乐评价体系研究	冯广映	艺术与传媒学院	北师大自主科研、重点项目	2017.05
42	中美大学美术与设计教育比较研究	甄　巍	艺术与传媒学院	北师大自主科研、重点项目	2017.05
43	“一带一路”战略与亚欧区域关系研究	李　兴	政府管理学院	北师大自主科研、重点项目	2017.05
44	家校合作的现状及对高中生学业、生涯发展的影响	邓林园	教育学部	北师大自主科研、重点项目	2017.05
45	基于学习分析技术的在线交互质量评价的研究	冯晓英	教育学部	北师大自主科研、重点项目	2017.05
46	中学教师复原力的干预研究	傅　纳	教育学部	北师大自主科研、重点项目	2017.05
47	社会环境与学校课程环境对学生阅读反思评论能力影响的研究：基于北京市初中、高中学生 AR 阅读测试数据的分析	阚　维	教育学部	北师大自主科研、重点项目	2017.05
48	新技术对学校教育的影响研究——基于美国已有相关研究的系统分析	刘美凤	教育学部	北师大自主科研、重点项目	2017.05
49	U-D-S 合作促进薄弱中小学内涵发展的策略研究	卢立涛	教育学部	北师大自主科研、重点项目	2017.05
50	教授教育学术，养成专门人才——20 世纪 20 年代教育研究科述论	施克灿	教育学部	北师大自主科研、重点项目	2017.05
51	不同类型硕士研究生职业决策困难的影响因素及干预研究	王乃弋	教育学部	北师大自主科研、重点项目	2017.05
52	公众艺术、多元价值、自由创造——农村学校艺术教育的现状、问题与对策研究	王懿颖	教育学部	北师大自主科研、重点项目	2017.05
53	家庭行为视角下的教育代际流动机制研究	郑　磊	教育学部	北师大自主科研、重点项目	2017.05
54	学习者在线学习状态分析与可视化工具研发	郑勤华	教育学部	北师大自主科研、重点项目	2017.05
55	基于指导方式的博士培养质量研究	朱志勇	教育学部	北师大自主科研、重点项目	2017.05

续表

序号	项目名称	负责人	承担部门	项目分类、类别	计划完成时间
56	弘扬与传承中华美学精神研究	刘成纪	哲学与社会学学院	北师大自主科研、重点项目	2017.05
57	认知哲学前沿问题研究	李建会	哲学与社会学学院	北师大自主科研、重点项目	2017.05
58	霍鲁日的协同人学研究	张百春	哲学与社会学学院	北师大自主科研、重点项目	2017.05
59	关于时间方向问题的当代科学与哲学研究	董春雨	哲学与社会学学院	北师大自主科研、重点项目	2017.05
60	经典诠释发展的典范：成玄英《道德经义疏》指略	强　昱	哲学与社会学学院	北师大自主科研、重点项目	2017.05
61	博物价值与生态文明建设	田　松	哲学与社会学学院	北师大自主科研、重点项目	2017.05
62	国际民事诉讼管辖权协调问题研究	刘懿彤	法学院	北师大自主科研、一般项目	2017.05
63	未决羁押制度与人权保障	肖　萍	法学院	北师大自主科研、一般项目	2017.05
64	中国涉外经济法律体系的重构	邢　钢	法学院	北师大自主科研、一般项目	2017.05
65	依法治理腐败论	郑延谱	法学院	北师大自主科研、一般项目	2017.05
66	中国涉外经济法律体系的重构	邢　钢	法学院	北师大自主科研、一般项目	2017.05
67	《民法总则》起草中的法律行为制度研究	崔文星	法学院	北师大自主科研、一般项目	2017.05
68	中国自贸区知识产权保护制度研究	韩赤风	法学院	北师大自主科研、一般项目	2017.05
69	中央与地方关系的法治化调整机制研究	郭　殊	法学院	北师大自主科研、一般项目	2017.05
70	涉诉信访法治化的实证研究	黄凤兰	法学院	北师大自主科研、一般项目	2017.05
71	包容性法治研究	袁达松	法学院	北师大自主科研、一般项目	2017.05
72	联合国核心人权公约对中国工商企业CSR的促进研究——以经社文权利委员会对中国的审议为视角	邢爱芬	法学院	北师大自主科研、一般项目	2017.05
73	我国环境民事公益诉讼程序构建研究	徐胜萍	法学院	北师大自主科研、一般项目	2017.05
74	元代艺术类典籍整理与研究	魏崇武	古籍与传统文化研究院	北师大自主科研、一般项目	2017.05
75	海外中小学汉语课程标准研究	步延新	汉语文化学院	北师大自主科研、一般项目	2017.05
76	孔子学院资源共享平台（特色数据库）的设计与研究	朱　筠	汉语文化学院	北师大自主科研、一般项目	2017.05
77	中国工业绿色转型的测度与影响因素研究——基于空间面板数据的分析	韩　晶	经济与资源管理学院	北师大自主科研、一般项目	2017.05
78	中国城市绿色发展的评估体系研究	林永生	经济与资源管理学院	北师大自主科研、一般项目	2017.05
79	资源环境政策评价可计算一般均衡模型的开发与应用	潘浩然	经济与资源管理学院	北师大自主科研、一般项目	2017.05
80	环境规制与中国工业绿色增长	张江雪	经济与资源管理学院	北师大自主科研、一般项目	2017.05
81	清代迁居北京的维吾尔群体研究	王东平	历史学院	北师大自主科研、一般项目	2017.05
82	清末民国的中国历史教科书与中华民族认同研究	李　帆	历史学院	北师大自主科研、一般项目	2017.05
83	近代新史学与中国形象的重构	张昭军	历史学院	北师大自主科研、一般项目	2017.05
84	1979—2002年地区行署制度若干重要问题研究	侯桂红	历史学院	北师大自主科研、一般项目	2017.05
85	中古德意志形态研究	侯树栋	历史学院	北师大自主科研、一般项目	2017.05

续表

序号	项目名称	负责人	承担部门	项目分类、类别	计划完成时间
86	郑樵学术接受史：南宋至20世纪前期史学批评中的郑樵研究	向燕南	历史学院	北师大自主科研、一般项目	2017.05
87	清末政改与满蒙权贵的政治心态系列研究	孙燕京	历史学院	北师大自主科研、一般项目	2017.05
88	书籍之交——明清江南非商业性图书流通研究	张　升	历史学院	北师大自主科研、一般项目	2017.05
89	从俄国到苏联：帝国形象的变迁与他者的认识	张建华	历史学院	北师大自主科研、一般项目	2017.05
90	中国古代的《易》学教育	张　涛	历史学院	北师大自主科研、一般项目	2017.05
91	民国时期华北乡村社会研究	朱汉国	历史学院	北师大自主科研、一般项目	2017.05
92	宋代文献研究	游　彪	历史学院	北师大自主科研、一般项目	2017.05
93	西方史学理论最新进展研究	董立河	历史学院	北师大自主科研、一般项目	2017.05
94	从唯物史观史学到中国马克思主义史学	张　越	历史学院	北师大自主科研、一般项目	2017.05
95	孙吴基层社会管理与控制——以走马楼简为中心	张荣强	历史学院	北师大自主科研、一般项目	2017.05
96	高校党建的历史进程与基本经验研究(1949—1978)	周良书	马克思主义学院	北师大自主科研、一般项目	2017.05
97	马克思主义国家理论视域下的中国国家治理现代化研究	冯留建	马克思主义学院	北师大自主科研、一般项目	2017.05
98	当代中国的唯物史观——习近平著作中的哲学思想	尚九玉	马克思主义学院	北师大自主科研、一般项目	2017.05
99	思想政治教育学科视域下的《论语》研究	王天民	马克思主义学院	北师大自主科研、一般项目	2017.05
100	人口较少民族聚居区双语教育改革发展研究	巴战龙	社会发展与公共政策学院	北师大自主科研、一般项目	2017.05
101	社会转型时期中国人的公益慈善行为和国民幸福感之间的关系研究	刘凤芹	社会发展与公共政策学院	北师大自主科研、一般项目	2017.05
102	中国社会企业生态系统的要素及功能分析	余晓敏	社会发展与公共政策学院	北师大自主科研、一般项目	2017.05
103	构建发展型家庭政策体系促进儿童福利和儿童保护研究	乔东平	社会发展与公共政策学院	北师大自主科研、一般项目	2017.05
104	基于应急管理全过程的媒介信息使用及其整合策略研究	周　玲	社会发展与公共政策学院	北师大自主科研、一般项目	2017.05
105	中国社会服务组织的内部管理与运作模式研究	高　颖	社会发展与公共政策学院	北师大自主科研、一般项目	2017.05
106	基于韧性的协同治理：中国灾害治理体系之社会参与机制研究	张　强	社会发展与公共政策学院	北师大自主科研、一般项目	2017.05
107	郭沫若译学思想背后的文艺美学要素研究	丁振琴	外国语言文化学院	北师大自主科研、一般项目	2017.05
108	英语名词可数性的认知及其教学研究	王德亮	外国语言文化学院	北师大自主科研、一般项目	2017.05
109	学术语篇人际意义的建构：基于中国学生和本族语者语篇的对比研究	岳　颖	外国语言文化学院	北师大自主科研、一般项目	2017.05
110	后苏联电影的创伤记忆与意识形态	张晓东	外国语言文化学院	北师大自主科研、一般项目	2017.05

续表

序号	项目名称	负责人	承担部门	项目分类、类别	计划完成时间
111	日本室町时代的抄物资料《三体诗幻云抄》与唐宋诗辑佚校勘研究	刘　玲	外国语言文化学院	北师大自主科研、一般项目	2017.05
112	翻译教育体系的探索与建构	王广州	外国语言文化学院	北师大自主科研、一般项目	2017.05
113	文化取舍与价值取向——中日文化比较	宛金章	外国语言文化学院	北师大自主科研、一般项目	2017.05
114	英汉反讽对比研究	杨庆云	外国语言文化学院	北师大自主科研、一般项目	2017.05
115	和本汉籍善本考录	李小龙	文学院	北师大自主科研、一般项目	2017.05
116	语文教材编制基本问题研究	温立三	文学院	北师大自主科研、一般项目	2017.05
117	中学语文模块课程的理论研究及实践探索	张秋玲	文学院	北师大自主科研、一般项目	2017.05
118	文本与潜文本：20 世纪西方文论与中国当代文论建设	赵　勇	文学院	北师大自主科研、一般项目	2017.05
119	提升青少年志愿服务动机的服务学习路径研究	姚梅林	心理学院	北师大自主科研、一般项目	2017.05
120	亲社会行为的传递：边界条件及其心理机制	寇　彧	心理学院	北师大自主科研、一般项目	2017.05
121	社会目标在决策过程年龄差异中的作用	彭华茂	心理学院	北师大自主科研、一般项目	2017.05
122	儿童空间位置表征中的线索编码与利用	胡清芬	心理学院	北师大自主科研、一般项目	2017.05
123	中国大学生职业发展指导体系研究	乔志宏	心理学院	北师大自主科研、一般项目	2017.05
124	中国电视剧规避“文化折扣”的策略与实践研究	王长潇	新闻传播学院	北师大自主科研、一般项目	2017.05
125	数字出版的运行模式与发展趋势研究	万安伦	新闻传播学院	北师大自主科研、一般项目	2017.05
126	刑事诉讼审前释放的风险调查、评估及控制机制研究	史立梅	刑事法律科学研究院	北师大自主科研、一般项目	2017.05
127	法国刑罚制度研究	孙　平	刑事法律科学研究院	北师大自主科研、一般项目	2017.05
128	网络视频著作权刑法保护研究	刘　科	刑事法律科学研究院	北师大自主科研、一般项目	2017.05
129	中国刑法与文学	李山河	刑事法律科学研究院	北师大自主科研、一般项目	2017.05
130	《21 世纪中华人民共和国刑法典》编纂建议稿及要义	赵　路	刑事法律科学研究院	北师大自主科研、一般项目	2017.05
131	中国电影批评的现状与发展策略研究	史可扬	艺术与传媒学院	北师大自主科研、一般项目	2017.05
132	中国网络游戏生产消费机制研究	周　雯	艺术与传媒学院	北师大自主科研、一般项目	2017.05
133	当代中国艺术教育研究	郭必恒	艺术与传媒学院	北师大自主科研、一般项目	2017.05
134	古代习字教学与当代中小学书法教育之相关性研究	查　律	艺术与传媒学院	北师大自主科研、一般项目	2017.05
135	舞蹈教育在基础教育中的实践问题与对策研究	王　杰	艺术与传媒学院	北师大自主科研、一般项目	2017.05
136	基于日志的高校图书馆用户检索行为研究	黄　崑	政府管理学院	北师大自主科研、一般项目	2017.05
137	面向科研数据监护的信息服务研究	黄国彬	政府管理学院	北师大自主科研、一般项目	2017.05
138	金融市场算法交易策略及应用研究	李汉东	政府管理学院	北师大自主科研、一般项目	2017.05
139	亚投行建立与“一带一路”战略实施的关系研究	仲　鑫	经济与工商管理学院	北师大自主科研、一般项目	2017.05

续表

序号	项目名称	负责人	承担部门	项目分类、类别	计划完成时间
140	行业分析师盈利预测偏差研究——基于控制利益驱动和信息透明度的视角	伍燕然	经济与工商管理学院	北师大自主科研、一般项目	2017.05
141	儒家伦理与企业家才能研究	郑飞虎	经济与工商管理学院	北师大自主科研、一般项目	2017.05
142	大学扩招、民工荒与刘易斯拐点	邢春冰	经济与工商管理学院	北师大自主科研、一般项目	2017.05
143	城镇化与服务业集聚：新经济地理学的视角	蔡宏波	经济与工商管理学院	北师大自主科研、一般项目	2017.05
144	在线零售动态响应定价及其对价格公平感知影响的实证研究	朱艳春	经济与工商管理学院	北师大自主科研、一般项目	2017.05
145	社会化媒体用户参与行为的研究：基于知识共享和创新的视角	李　静	经济与工商管理学院	北师大自主科研、一般项目	2017.05
146	政府间财务资源配置研究	张海燕	经济与工商管理学院	北师大自主科研、一般项目	2017.05
147	新常态：基于长周期理论对中国经济增长的研究	沈　越	经济与工商管理学院	北师大自主科研、一般项目	2017.05
148	证券市场投资者对会计信息的非理性反应模式研究	吕兆德	经济与工商管理学院	北师大自主科研、一般项目	2017.05
149	教育的人力资本功能与信号功能的经验检验	刘泽云	经济与工商管理学院	北师大自主科研、一般项目	2017.05
150	中国转型中的公共利益研究	李　由	经济与工商管理学院	北师大自主科研、一般项目	2017.05
151	中国对外直接投资的就业极化效应研究	赵春明	经济与工商管理学院	北师大自主科研、一般项目	2017.05
152	唯思史观对中国历史的重新解释	张　跃	经济与工商管理学院	北师大自主科研、一般项目	2017.05
153	营改增”实施效果评价和对北京市的影响分析及对策研究	陆跃祥	经济与工商管理学院	北师大自主科研、一般项目	2017.05
154	家长式领导对员工创造性行为的影响：基于合法判断的视角	许志星	经济与工商管理学院	青年教师基金项目	2017.05
155	社会资本与收入差距：理论研究与实证分析	刘　倩	经济与资源管理研究院	青年教师基金项目	2017.05
156	中国创业经济发展路径研究	颜振军	经济与资源管理研究院	青年教师基金项目	2017.05
157	开展东方外交史研究的初步探索	陈奉林	历史学院	青年教师基金项目	2017.05
158	9—15世纪中国与东非关系的考古学研究	丁　雨	历史学院	青年教师基金项目	2017.05
159	历史理性的重建——以曼德尔鲍姆的史学理论为中心	顾晓伟	历史学院	青年教师基金项目	2017.05
160	古代地方管理的一种模式：先秦“巡狩”研究	李　凯	历史学院	青年教师基金项目	2017.05
161	《春秋》三传及《国语》史论研究	曲柄睿	历史学院	青年教师基金项目	2017.05
162	中国共产党从严治党视域下的党内巡视制度研究	王　峰	马克思主义学院	青年教师基金项目	2017.05
163	中国特色社会主义视域下的和谐劳动关系研究	肖　潇	马克思主义学院	青年教师基金项目	2017.05
164	中国武术功法训练理论体系构建研究	张长思	体育与运动学院	青年教师基金项目	2017.05
165	兼顾效率与公平的中国基础设施投资	张　勋	统计学院	青年教师基金项目	2017.05
166	儿童语音发展的认知机制研究	曹梦雪	文学院	青年教师基金项目	2017.05

续表

序号	项目名称	负责人	承担部门	项目分类、类别	计划完成时间
167	先秦诸子文献的文本形态及其成因研究	刘全志	文学院	青年教师基金项目	2017.05
168	朱熹诗歌的哲学意义	刘思宇	文学院	青年教师基金项目	2017.05
169	社会经济地位对认知能力的影响：来自社会认知的解释	黄四林	心理学院	青年教师基金项目	2017.05
170	“一带一路”上的多元舞蹈文化——以天水地区民间舞蹈为例	王阳文	艺术与传媒学院	青年教师基金项目	2017.05
171	中国当代美术教育研究	熙方方	艺术与传媒学院	青年教师基金项目	2017.05
172	静止中的动态——“Tableau Vivant”	徐梦婕	艺术与传媒学院	青年教师基金项目	2017.05
173	创新型舞蹈应用人才的培养	叶　波	艺术与传媒学院	青年教师基金项目	2017.05
174	苏格拉底伦理学	田书峰	哲学学院	青年教师基金项目	2017.05
175	康德美学研究	周黄正蜜	哲学学院	青年教师基金项目	2017.05
176	基于发展性评价的中国儿童青少年法律素养提升研究	张　伟	中国基础教育质量监测协同创新中心	青年教师基金项目	2017.05
177	郑州市基础教育质量监测大规模数据的深度分析及应用	周平艳	中国基础教育质量监测协同创新中心	青年教师基金项目	2017.05
178	中国广播电视产业政策变迁研究	刘逸帆	中国社会管理研究院	青年教师基金项目	2017.05
179	我国福利企业的发展与改革研究——基于多元治理理论	谢　琼	中国社会管理研究院	青年教师基金项目	2017.05
180	新媒体环境下社区传播与社区治理——以北京社区为例	赵　雯	中国社会管理研究院	青年教师基金项目	2017.05

（北京师范大学社科处刘娜供稿）

中央民族大学

2015 年度承担国家级、省部级等社会科学研究项目

序号	项目名称	负责人	承担部门	项目类别、类别	项目来源单位	预期成果形式	计划完成时间
1	中国特色社会主义政治经济学研究	黄泰岩	学校办公室	国家社会科学基金、重大项目	全国哲学社会科学规划办公室	专著	2017.12
2	文化法治体系建设研究	熊文钊	法学院	国家社会科学基金、重大项目	全国哲学社会科学规划办公室	专著、研究报告	2017.12
3	中国当代少数民族作家资料库建设及其研究	钟进文	文学与新闻传播学院	国家社会科学基金、重大项目	全国哲学社会科学规划办公室	研究报告、数据库	2020.12
4	中亚民族关系与冲突研究译丛	何克勇	国际交流处	国家社会科学基金、重大项目	全国哲学社会科学规划办公室	译著	2018.12
5	民族地区基层政府社会治理能力评估及提升途径研究	党秀云	管理学院	国家社会科学基金、重点项目	全国哲学社会科学规划办公室	专著、研究报告	2018.06
6	基督教中国化视角下的路德文集翻译与研究	游　斌	科研处	国家社会科学基金、重点项目	全国哲学社会科学规划办公室	专著、译著	2017.12
7	中华各民族神话比较研究	那木吉拉	文学与新闻传播学院	国家社会科学基金、重点项目	全国哲学社会科学规划办公室	专著	2019.08
8	中国北方人口较少民族语言资源保护的理论与实践研究	丁石庆	少数民族语言文学系	国家社会科学基金、重点项目	全国哲学社会科学规划办公室	研究报告、专题论文集	2018.12

续表

序号	项目名称	负责人	承担部门	项目类别、类别	项目来源单位	预期成果形式	计划完成时间
9	民族地区依法实施双语教育政策和模式研究	苏　德	教育学院	国家教育科学规划、重点项目	全国教育科学规划办公室	专著、研究报告	2017.12
10	少数民族青年的不确定性认知民族国家认同对群际行为的预测研究	吴　莹	民族学与社会学学院	国家社会科学基金、一般项目	全国哲学社会科学规划办公室	研究报告	2018.08
11	马克斯·韦伯的宗教理论与蒙藏佛教社会的人类学研究	张亚辉	民族学与社会学学院	国家社会科学基金、一般项目	全国哲学社会科学规划办公室	专题论文集、研究报告	2018.12
12	南疆少数民族人口与社会发展关系研究	马胜春	理学院	国家社会科学基金、一般项目	全国哲学社会科学规划办公室	研究报告	2018.06
13	武陵山片区少数民族贫困村家庭社会关系结构及影响研究	刀　波	学校办公室	国家社会科学基金、一般项目	全国哲学社会科学规划办公室	研究报告	2017.12
14	蒙古族宗教服饰文化研究	萨仁格日勒	蒙古语言文学系	国家社会科学基金、一般项目	全国哲学社会科学规划办公室	专著	2018.08
15	满族文学与汉族文学关系研究	赵志忠	中国少数民族语言与古籍研究所	国家社会科学基金、一般项目	全国哲学社会科学规划办公室	专著	2018.12
16	回鹘汗国时期古突厥文碑铭语言的词汇研究	艾尔肯·阿热孜	维吾尔语言文学系	国家社会科学基金、一般项目	全国哲学社会科学规划办公室	专著	2017.12
17	中日法律语言对比与互译研究	陶　芸	外国语学院	国家社会科学基金、一般项目	全国哲学社会科学规划办公室	译著、工具书	2017.12
18	俄语语篇整合性研究	安　利	外国语学院	国家社会科学基金、一般项目	全国哲学社会科学规划办公室	专著	2018.07
19	中国社会工作发展路径与策略研究	卫小将	民族学与社会学学院	国家社会科学基金、一般项目	全国哲学社会科学规划办公室	专著	2019.12
20	互嵌式民族社区异质性与族际融合研究	李　健	管理学院	国家社会科学基金、青年项目	全国哲学社会科学规划办公室	研究报告	2017.10
21	太湖东南地区市镇的考古学调查与保护利用策略研究	张薇薇	民族学与社会学学院	国家社会科学基金、青年项目	全国哲学社会科学规划办公室	专著	2017.12
22	藏族译学史研究	那加才旦	藏学研究院	国家社会科学基金、青年项目	全国哲学社会科学规划办公室	专著	2019.12
23	蒙汉杂居区的音乐与文化认同	魏琳琳	人事处	国家社会科学基金、艺术学项目	全国艺术科学规划办公室	研究报告	2017.12
24	内地新疆高中班教育政策实施效果及其提升策略研究	苏傲雪	理学院	国家社会科学基金、教育学项目	全国教育科学规划办公室	专著	2018.08
25	民族地区双语教育对学生认知、情绪及社会化发展的影响	余红玉	教育学院	国家社会科学基金、教育学项目	全国教育科学规划办公室	专著	2018.12
26	贵州苗族侗族女性传统服饰传承研究	周　梦	美术学院	国家社会科学基金、后期资助项目	全国哲学社会科学规划办公室	专著	2016.12

续表

序号	项目名称	负责人	承担部门	项目类别、类别	项目来源单位	预期成果形式	计划完成时间
27	《黄侃手批说文解字》字词关系批语疏证	韩　琳	文学与新闻传播学院	国家社会科学基金、后期资助项目	全国哲学社会科学规划办公室	专著、工具书	2017. 12
28	基于词向量的藏语实体知识抽取方法研究	孙　媛	信息工程学院	国家自然科学基金、青年项目	国家自然科学基金委员会	论文	2018. 12
29	EEG 异族情感计算在民族认同感中的关键技术研究	蒋惠萍	信息工程学院	国家自然科学基金、青年项目	国家自然科学基金委员会	论文	2018. 12
30	基于深度学习和马尔科夫逻辑网络的特殊视频识别研究	宋　伟	信息工程学院	国家自然科学基金、青年项目	国家自然科学基金委员会	论文	2018. 12
31	世界主要多民族国家的民族政策实践及对我启示研究	石亚洲	中国民族理论与民族政策研究院	教育部哲学社会科学研究、重大攻关项目	教育部社科司	咨询报告	2018. 12
32	“一带一路”视野下的跨界民族事务与边疆治理创新经验国际比较研究	庄晨燕	世界民族学人类学研究中心	教育部人文社会科学重点研究基地、重大项目	教育部社科司	研究报告	2018. 12
33	民间文学作为“一带一路”沿线民族交往桥梁的运行机制研究	林继富	文学与新闻传播学院	教育部人文社会科学重点研究基地、重大项目	教育部社科司	著作	2018. 12
34	“文学地域主义”视域下的美国西北诗派研究	洪　娜	外国语学院	教育部人文社会科学研究、规划基金项目	教育部社科司	著作	2018. 12
35	英国文学框架下汉译苏格兰文学之困境	宋　达	外国语学院	教育部人文社会科学研究、规划基金项目	教育部社科司	著作、论文	2018. 03
36	中国朝鲜族舞蹈史	朴永光	舞蹈学院	教育部人文社会科学研究、规划基金项目	教育部社科司	著作	2017. 12
37	我国少数民族现行生育政策对生育水平的作用效应适应性及其调整研究	蔡果兰	理学院	教育部人文社会科学研究、规划基金项目	教育部社科司	论文、咨询报告	2018. 08
38	新丝路沿线西南边境民族地区教育发展研究	吴明海	教育学院	教育部人文社会科学研究、规划基金项目	教育部社科司	论文、咨询报告	2017. 07
39	基于协作式批量主动学习的藏语 LVCSR 语音语料标注方法研究	赵　悦	信息工程学院	教育部人文社会科学研究、规划基金项目	教育部社科司	论文、专利	2018. 12
40	东部城市少数民族流动人口服务与管理创新机制研究	孙　婷	管理学院	教育部人文社会科学研究、青年项目	教育部社科司	论文、咨询报告	2018. 03
41	宗教极端势力渗透内地高校新疆籍少数民族学生防御机制研究	李松洁	理学院	教育部人文社会科学研究、青年项目	教育部社科司	论文、咨询报告	2019. 01
42	高校思想政治理论课教学重点难点问题解答	陶　玉	马克思主义学院	教育部人文社会科学研究、专项任务（高校思想政治理论课）	教育部社科司	问题答案	2015. 12

续表

序号	项目名称	负责人	承担部门	项目类别、类别	项目来源单位	预期成果形式	计划完成时间
43	高校思想政治理论课教学重点难点问题解答	宫玉涛	马克思主义学院	教育部人文社会科学研究、专项任务（高校思想政治理论课）	教育部社科司	问题答案	2015.12
44	美国本土裔小说正义主题研究	杨　恒	外国语学院	教育部人文社会科学研究、青年项目	教育部社科司	著作	2018.07
45	西南少数民族舞蹈教学钢琴音乐曲集及研究	金玉仁	舞蹈学院	教育部人文社会科学研究、青年项目	教育部社科司	著作	2016.12
46	近代中国人对土耳其的认知研究（1840—1949）	陈　鹏	历史文化学院	教育部人文社会科学研究、青年项目	教育部社科司	著作	2018.06
47	转型时期的社会情绪表达与化解疏导研究	秦广强	民族学与社会学学院	教育部人文社会科学研究、青年项目	教育部社科司	论文、咨询报告	2017.12
48	民族地区义务教育阶段双语教育模式的计量模型研究	王　兢	理学院	教育部人文社会科学研究、青年项目	教育部社科司	论文、咨询报告	2017.12
49	中国经济学发展报告（2015）——中国经济热点前沿（第12辑）	黄泰岩	学校办公室	北京市社会科学基金、特别委托项目	北京市哲学社会科学规划办公室	研究报告	2016.12
40	北京郊区环形扩张进程中的代耕现象与嵌入式发展研究	黄志辉	民族学与社会学学院	北京市社会科学基金、一般项目	北京市哲学社会科学规划办公室	研究报告	2017.12
51	北京市未成年人犯罪及其诉讼权利保障研究	李　扬	法学院	北京市社会科学基金、一般项目	北京市哲学社会科学规划办公室	研究报告	2017.06
52	严重雾霾对北京旅游业的综合影响研究	彭　建	管理学院	北京市社会科学基金、一般项目	北京市哲学社会科学规划办公室	研究报告	2016.12
53	北京家庭社会工作研究	卫小将	民族学与社会学学院	北京市社会科学基金、一般项目	北京市哲学社会科学规划办公室	研究报告	2018.06
54	一种基于北京高校图书馆阅读倾向分析的个性化推荐方法	杨蔚宇	图书馆	北京市社会科学基金、一般项目	北京市哲学社会科学规划办公室	论文集	2016.12
55	北京市内地新疆西藏高中班民族团结教育成效的调查研究	苏傲雪	教育学院	北京市社会科学基金、一般项目	北京市哲学社会科学规划办公室	研究报告	2017.06
56	首都高校穆斯林大学生宗教信仰及国家认同的调查研究	贾旭杰	管理学院	北京市社会科学基金、一般项目	北京市哲学社会科学规划办公室	研究报告	2017.11
57	中国电影海外研究视野下的北京影像“走出去”策略分析	石　嵩	外国语学院	北京市社会科学基金、青年项目	北京市哲学社会科学规划办公室	研究报告	2017.11
58	民国时期旅京藏族人群体研究	央　珍	历史文化学院	北京市社会科学基金、青年项目	北京市哲学社会科学规划办公室	研究报告	2018.12

续表

序号	项目名称	负责人	承担部门	项目类别、类别	项目来源单位	预期成果形式	计划完成时间
59	民族地区基本公共卫生服务均等化的实现路径研究	党秀云	管理学院	国家民委、重点项目	国家民委项目管理办公室	研究报告	2016.05
60	民族地区金融发展水平研究	冯彦明	发展规划处	国家民委、一般项目	国家民委项目管理办公室	研究报告	2016.05
61	新中国民族题材纪录片史研究	汤文靖	文学与新闻传播学院	国家民委、一般项目	国家民委项目管理办公室	研究报告	2016.05
62	新形势下对口援疆、援藏机制创新研究	李曦辉	发展规划处	国家民委、一般项目	国家民委项目管理办公室	研究报告	2016.05
63	跨界民族国家认同与和谐边疆建设研究	王　伟	监察处	国家民委、一般项目	国家民委项目管理办公室	研究报告	2016.05
64	我国边民跨境婚姻家庭困境与解决机制研究	雷明光	法学院	国家民委、一般项目	国家民委项目管理办公室	研究报告	2016.05
65	民族地区生态文明的环境法治保障研究	陈群峰	法学院	国家民委、青年项目	国家民委项目管理办公室	研究报告	2016.05
66	新疆南疆地区少数民族青少年教育治理法制化研究	韩小兵	研究生院	国家民委、一般项目	国家民委项目管理办公室	研究报告	2016.06
67	习近平民族工作思想研究	金炳镐	中国民族理论与民族政策研究院	国家民委、委托（一般）项目	国家民委项目管理办公室	研究报告	2016.07
68	近年来民族理论政策热点研究	吴月刚	中国民族理论与民族政策研究院	国家民委、委托（一般）项目	国家民委项目管理办公室	研究报告	2016.07
69	2015世界民族问题跟踪研究	庄晨燕	世界民族学人类学研究中心	国家民委、委托（重点）项目	国家民委项目管理办公室	研究报告	2016.07
70	中亚民族关系与冲突研究译丛	刘　立	外国语学院	国家民委、委托（重点）项目	国家民委项目管理办公室	译著	2016.07
71	世界民族概览研究	林圣爱	世界民族学人类学研究中心	国家民委、委托（重点）项目	国家民委项目管理办公室	研究报告	2016.07
72	“互联网+”移动医疗和民族医学（中医学）西医结合医疗卫生保健模式在民族地区的构建和应用研究	刘同祥	中国少数民族传统医学研究院	国家民委、委托（一般）项目	国家民委项目管理办公室	研究报告	2016.07
73	民族地区重点生态功能区生态恢复模式与评估——以和林格尔县生态造林示范区为例	石　莎	生命与环境科学学院	国家民委、委托（一般）项目	国家民委项目管理办公室	研究报告	2016.07
74	支持武陵山片区职业教育发展的财政政策研究	张玉刚	学校办公室	国家民委、委托（一般）项目	国家民委项目管理办公室	研究报告	2016.07
75	我国37个百万人口以下少数民族受教育水平及进步程度的统计分析	徐世英	理学院	国家民委、后期资助项目	国家民委项目管理办公室	研究报告	2016.08
76	族际通婚及子女民族选择状况的统计分析	沈　思	理学院	国家民委、后期资助项目	国家民委项目管理办公室	研究报告	2016.08
77	维吾尔族族源、人种特征及演化的生物人类学研究	王　斌	生命与环境科学学院	国家民委、后期资助项目	国家民委项目管理办公室	研究报告	2016.08

续表

序号	项目名称	负责人	承担部门	项目类别、类别	项目来源单位	预期成果形式	计划完成时间
78	县处级少数民族干部胜任力素质模型及成长规律研究	黄　锐	研究生院	国家民委、委托项目（自筹经费）	国家民委项目管理办公室	研究报告	2016.12
79	国内外民族理论政策年度报告	严　庆	中国民族理论与民族政策研究院	国家民委、委托项目	国家民委项目管理办公室	研究报告	2016.12
80	民族地区农牧民就地（就近）城镇化研究	刘云喜	人事处	国家民委、后期资助项目	国家民委项目管理办公室	研究报告	2016.12
81	中外民族事务管理机构比较研究	傅景亮	管理学院	国家民委、后期资助项目	国家民委项目管理办公室	研究报告	2016.12
82	北京包容性文化中的少数民族民间文学	王卫华	文学与新闻传播学院	国家民委、后期资助项目	国家民委项目管理办公室	研究报告	2016.12
83	现代化背景下的民族地区特色饮食与族群文化传承——以贵州省陇脚布衣族村为例	杨青青	民族学与社会学学院	国家民委、自筹类项目	国家民委教育科技司	专著或论文	2015.12
84	少数民族村落宗教信仰种类及人员状况调查研究：以道教为中心	焦玉琴	中国少数民族语言与古籍研究所	国家民委、自筹类项目	国家民委教育科技司	论文、研究报告	2015.12
85	西藏矿业开发中的环境保护及对农牧社会的影响研究	王天津	经济学院	国家民委、自筹类项目	国家民委教育科技司	调研报告	2015.10
86	少数民族大学生就业质量评价指标体系研究	王丽平	管理学院	国家民委、自筹类项目	国家民委教育科技司	调研报告	2015.12
87	面向贫困人口的西南少数民族山区旅游扶贫政策创新研究	彭　建	管理学院	国家民委、自筹类项目	国家民委教育科技司	研究报告	2015.12
88	东北朝鲜地区建成小康社会路径研究	孟凡东	马克思主义学院	国家民委、自筹类项目	国家民委教育科技司	论文、调研报告	2016.01
89	关于积极引导少数民族宗教信仰与社会主义社会相适应的研究	王冬丽	马克思主义学院	国家民委、自筹类项目	国家民委教育科技司	调研报告、论文、研究报告	2016.06
90	满汉语言接触背景下的《儿女英雄传》称谓词文化特征研究	翟　燕	文学与新闻传播学院	国家民委、自筹类项目	国家民委教育科技司	研究报告、论文	2016.12
91	民族地区双语教育现状与问题研究——以新疆蒙古族、哈萨克族学校双语教育为个案	袁　梅	教育学院	国家民委、自筹类项目	国家民委教育科技司	论文、研究报告	2015.12
92	畲族民歌艺术的传承与创新发展研究	雷桂榕	教育学院	国家民委、自筹类项目	国家民委教育科技司	调研报告、论文	2016.06
93	广西壮族药用植物青篱柴的抗氧化活性药效物质基础研究	王业玲	生命与环境科学学院	国家民委、自筹类项目	国家民委教育科技司	论文	2016.09
94	武陵山片区黑石耳生物资源调查及黑石耳提取物抗病毒作用研究	王　斌	生命与环境科学学院	国家民委、自筹类项目	国家民委教育科技司	调研报告、论文	2017.12

续表

序号	项目名称	负责人	承担部门	项目类别、类别	项目来源单位	预期成果形式	计划完成时间
95	新疆沙漠腐蚀环境下油气管道的损伤容限分析	买歌菲热提	理学院	国家民委、自筹类项目	国家民委教育科技司	论文、研究报告	2017.06
96	突发事件应急处置与救援系统构建及实证研究—以新疆为例	李赵祥	理学院	国家民委、自筹类项目	国家民委教育科技司	论文、研究报告	2016.12
97	面对民族地区公共安全的社会感知数据计算理论与方法研究	宋　伟	信息工程学院	国家民委、自筹类项目	国家民委教育科技司	论文	2016.12
98	基于SPR免标记高通量技术的新疆紫草抗肿瘤活性成分的快速筛选研究	申刚义	中国少数民族传统医学研究院	国家民委、自筹类项目	国家民委教育科技司	论文	2017.08
99	贵州“长裙苗”传统服饰传承及文化变迁研究	周　莹	美术学院	国家民委、自筹类项目	国家民委教育科技司	论文	2015.12
100	面向少数民族大学生的管乐理论教学法研究	朴长天	音乐学院	国家民委、自筹类项目	国家民委教育科技司	专著	2016.10
101	家庭语言生态对维吾尔族中小学生语文学习的影响	曹红梅	预科教育学院	国家民委、自筹类项目	国家民委教育科技司	研究报告	2015.12
102	意大利南蒂罗尔地区自治的历史、结构与效度	袁　剑	世界民族学人类学研究中心	国家民委、自筹类项目	国家民委教育科技司	研究报告	2015.11
103	主要民族语言调查·蒙古语卫拉特方言	包满亮	蒙古语言文学系	中国语言资源保护工程专项	国家语委科研规划领导小组	调查手册	2015.12
104	主要民族语言调查·维吾尔语中心方言	力提甫·托乎提	维吾尔语言文学系	中国语言资源保护工程专项	国家语委科研规划领导小组	调查手册	2015.12
105	主要民族语言调查·维吾尔语和田方言	力提甫·托乎提	维吾尔语言文学系	中国语言资源保护工程专项	国家语委科研规划领导小组	调查手册	2015.12
106	主要民族语言调查·哈萨克语	张定京	哈萨克语言文学系	中国语言资源保护工程专项	国家语委科研规划领导小组	调查手册	2015.12
107	主要民族语言调查·朝鲜语	姜镕泽	朝鲜语言文学系	中国语言资源保护工程专项	国家语委科研规划领导小组	调查手册	2015.12
108	主要民族语言调查·彝语北部方言	胡素华	中国少数民族语言与古籍研究所	中国语言资源保护工程专项	国家语委科研规划领导小组	调查手册	2015.12
109	北方民族语言调查·撒拉语新疆伊宁方言	米娜瓦尔·艾比布拉	维吾尔语言文学系	中国语言资源保护工程专项	国家语委科研规划领导小组	调查手册	2015.12
110	北方民族语言调查·达斡尔语齐齐哈尔方言	丁石庆	少数民族语言文学系	中国语言资源保护工程专项	国家语委科研规划领导小组	调查手册	2015.12
111	北方民族语言调查·达斡尔语新疆方言	丁石庆	少数民族语言文学系	中国语言资源保护工程专项	国家语委科研规划领导小组	调查手册	2015.12
112	北方民族语言调查·土族语互助方言	包玉柱	期刊社	中国语言资源保护工程专项	国家语委科研规划领导小组	调查手册	2015.12
113	北方民族语言调查·土族语民和方言	包玉柱	期刊社	中国语言资源保护工程专项	国家语委科研规划领导小组	调查手册	2015.12
114	北方民族语言调查·东乡语	包玉柱	期刊社	中国语言资源保护工程专项	国家语委科研规划领导小组	调查手册	2015.12

续表

序号	项目名称	负责人	承担部门	项目类别、类别	项目来源单位	预期成果形式	计划完成时间
115	北方民族语言调查·乌孜别克语	阿达来提	中国少数民族语言文学学院	中国语言资源保护工程专项	国家语委科研规划领导小组	调查手册	2015.12
116	北方民族语言调查·保安语	丁石庆	少数民族语言文学系	中国语言资源保护工程专项	国家语委科研规划领导小组	调查手册	2015.12
117	北方民族语言调查·俄罗斯语新疆方言	白 萍	外国语学院	中国语言资源保护工程专项	国家语委科研规划领导小组	调查手册	2015.12
118	民族语言调查·音像摄录	张国兵	信息化建设管理处	中国语言资源保护工程专项	国家语委科研规划领导小组	调查手册	2015.12
119	北方民族语言调查管理项目	丁石庆	少数民族语言文学系	中国语言资源保护工程专项	国家语委科研规划领导小组	调查手册	2015.12
120	南方民族语言调查·布依语	周国炎	少数民族语言文学系	中国语言资源保护工程专项	国家语委科研规划领导小组	调查手册	2015.12
121	南方方民族语言调查·景颇语	戴庆厦	离退休工作处	中国语言资源保护工程专项	国家语委科研规划领导小组	调查手册	2015.12
122	南方民族语言调查项目管理	李锦芳	少数民族语言文学系	中国语言资源保护工程专项	国家语委科研规划领导小组	调查手册	2016.12
123	濒危语言调查·西部裕固语	苗东霞	中国少数民族语言文学学院	中国语言资源保护工程专项	国家语委科研规划领导小组	调查手册	2016.12
124	濒危语言调查·普米语南部方言	蒋 颖	中国少数民族语言文学学院	中国语言资源保护工程专项	国家语委科研规划领导小组	调查手册	2016.12
125	濒危语言调查·普米语北部方言	蒋 颖	中国少数民族语言文学学院	中国语言资源保护工程专项	国家语委科研规划领导小组	调查手册	2016.12
126	濒危语言调查·仡佬族多罗方言	李锦芳	少数民族语言文学系	中国语言资源保护工程专项	国家语委科研规划领导小组	调查手册	2015.12
127	我国社会治理中的公众利益吸纳机制研究	周晓丽	管理学院	留学人员科技活动项目（优秀类）	国家民委	研究报告	2017.12
128	哈萨克语语气范畴研究	阿依努·艾比西	哈萨克语言文学系	留学人员科技活动项目（启动类）	国家民委	研究报告	2018.08
129	少数民族预科招生及培养工作现状的调查和研究	京 生	就业工作处	国家民委、委托类项目	国家民委教育科技司	研究报告	2016.12
130	少数民族高层次骨干人才计划实施情况调研	吴应辉	研究生院	国家民委、委托类项目	国家民委教育科技司	研究报告	2015.06
131	新疆籍高校毕业生就业情况	宋 敏	学校办公室	国家民委、委托类项目	国家民委教育科技司	研究报告	2015.09
132	民族事务管理数据资源库及信息管理与服务平台维护管理及建设	潘秀琴	信息工程学院	国家民委、委托类项目	国家民委舆情中心	数据库维护	2016.06
133	少数民族传统文化资源目录数据库系统	卢 勇	信息工程学院	国家民委、委托类项目	国家民委舆情中心	数据库	2015.11
134	“中国少数民族特需商品传统生产工艺和技术保护工程”第八期（少数民族服饰）	张丽君	经济学院	国家民委、委托类项目	国家民委经济发展司	文字、图片、影像资料	2016.06

续表

序号	项目名称	负责人	承担部门	项目类别、类别	项目来源单位	预期成果形式	计划完成时间
135	民族地区全面建成小康社会指标体系评估方法研究	徐世英	理学院	国家民委、委托类项目	国家民委经济发展司	研究报告	2016. 10
136	边疆民族地区网络发展及社会效应研究	黄志辉	民族学与社会学学院	中央网信办、委托项目	中央网信办政策法规局	研究报告	2016. 05
137	规范性文件相关问题研究	张　杰	法学院	中央网信办、委托项目	中央网信办政策法规局	研究报告	2016. 01
138	日本海洋战略研究	陶　芸	外国语学院	国家海洋局、委托课题	国家海洋局国际合作司	研究报告	2016. 11
139	东北、内蒙古边境地区民族人口流动状况研究	任国英	民族学与社会学学院	国家卫生和计划生育委员会、委托项目	国家卫生和计划生育委员会流动人口计划生育服务管理司	研究报告	2015. 12
140	《文化蓝皮书：中国文化志愿服务发展报告》编辑出版	良警宇	民族学与社会学学院	文化部、委托项目	文化部公共文化司	著作	2015. 12
141	讲好中国的民族与宗教故事	杨桂萍	哲学与宗教学学院	国务院新闻办公室、委托项目	国务院新闻办公室国际传播局	专著	2016. 10
142	《中国唐卡文化档案·甘南卷》学术纪录片	朱靖江	文学与新闻传播学院	国家社会科学基金重大项目、子项目	中国文联民间文艺艺术中心	视频资料	2016. 03
143	"一带一路"战略下中国西部地区经济结构转换效率评估研究	张春敏	经济学院	全国统计科学研究、重点项目	国家统计局	研究报告	2017. 11
144	社会组织参与基层协商机制研究	李　健	管理学院	民政部、部级课题	国家民间组织管理局	研究报告	2015. 10
145	社区服务类社会组织发展管理研究	马玉洁	管理学院	民政部、委托课题	民政部政策研究中心	研究报告	2015. 09
146	农村基层社会治理创新研究	田　艳	法学院	民政部、委托课题	民政部政策研究中心	研究报告	2015. 09
147	妇女与婚姻家庭社会工作政策研究	卫小将	民族学与社会学学院	民政部、委托课题	民政部	研究报告	2015. 12
148	内地民族班教学质量提升问题研究	何　伟	理学院	教育部、委托项目	教育部民族教育发展研究中心	研究报告	2016. 02
149	少数民族语言文字政策法规研究及知识库构建	张　阳	信息工程学院	科研规划项目	国家语委科研规划领导小组办公室	研究报告	2017. 12
150	福建宁化县客家七圣庙庙会	朱靖江	文学与新闻传播学院	国家社会科学基金重大项目、子项目	文化部民族民间文艺发展中心	视频资料	2016. 08
151	高校学雷锋志愿活动长效机制研究——以中央民族大学为个案	王瑞武	经济学院	横向课题	北京市教育工作委员会	研究报告	2015. 10
152	民族语言广播听评研究	赵丽芳	文学与新闻传播学院	横向课题	中央人民广播电台	研究报告	2015. 12

续表

序号	项目名称	负责人	承担部门	项目类别、类别	项目来源单位	预期成果形式	计划完成时间
153	推进民族地区各民族干部互相学习语言文字政策与措施研究	李俊清	管理学院	横向课题	国家民委教育科技司	研究报告	2016.05
154	我国28个人口较少民族及9个人口在30万~100万的少数民族的人口统计分析研究	徐世英	理学院	横向课题	国家民委	研究报告	2015.07

（中央民族大学科研处供稿）

中国政法大学

2015年度承担国家级、省部级社会科学研究项目

序号	项目名称	负责人	承担部门	项目分类、类别	项目来源单位	预期成果形式	计划完成时间
1	我国自然资源资本化及对应市场建设研究	刘纪鹏	资本金融研究院	国家社会科学基金、重大项目	全国哲学社会科学规划办公室	专著、研究报告、数据库	2019.06
2	生态文明法律体系的构建及实施保障研究	曹明德	民商经济法学院	国家社会科学基金、重点项目	全国哲学社会科学规划办公室	专著、论文(集)	2016.12
3	中国传统法哲学研究	张中秋	法律史学研究院	国家社会科学基金、重点项目	全国哲学社会科学规划办公室	专著	2018.12
4	刑事庭审实质化研究	汪海燕	刑事司法学院	国家社会科学基金、重点项目	全国哲学社会科学规划办公室	专著、其他	2018.03
5	医患关系视角下我国医事行为的伦理思考及法律规则研究	刘　鑫	证据科学研究院	国家社会科学基金、重点项目	全国哲学社会科学规划办公室	专著	2020.12
6	中国法治发展战略问题研究	蒋立山	法学院	国家社会科学基金、一般项目	全国哲学社会科学规划办公室	专著、研究报告	2018.09
7	宪法财产权教义学研究	谢立斌	比较法学研究院	国家社会科学基金、一般项目	全国哲学社会科学规划办公室	专著、研究报告	2018.01
8	信赖保护原则的行政法意义追问	刘　飞	中欧法学院	国家社会科学基金、一般项目	全国哲学社会科学规划办公室	专著	2019.06
9	技术侦查取证规则研究	张　中	证据科学研究院	国家社会科学基金、一般项目	全国哲学社会科学规划办公室	专著	2018.12
10	罗马法与中国民法法典化研究	费安玲	法律硕士学院	国家社会科学基金、一般项目	全国哲学社会科学规划办公室	专著、研究报告	2019.12
11	日本侵华期间劫掠中国文物的返还问题研究	霍政欣	国际法学院	国家社会科学基金、一般项目	全国哲学社会科学规划办公室	专著	2018.07
12	司法文明创新下的诈骗犯循证矫正体系建构研究	杨　波	社会学院	国家社会科学基金、一般项目	全国哲学社会科学规划办公室	专题论文集、研究报告	2017.09
13	清代京控与社会危机处理研究	李典蓉	法律史学研究院	国家社会科学基金、一般项目	全国哲学社会科学规划办公室	专题论文集	2018.02
14	我国司法公信力建设中的传媒角色与全媒体传播策略研究	王天铮	光明新闻传播学院	国家社会科学基金、一般项目	全国哲学社会科学规划办公室	专著	2018.08

续表

序号	项目名称	负责人	承担部门	项目分类、类别	项目来源单位	预期成果形式	计划完成时间
15	德国判例制度研究	雷　磊	法学院	国家社会科学基金、青年项目	全国哲学社会科学规划办公室	专著	2018.12
16	国家动员和社区反应：泥河村社区治理60年	郭伟和	社会学院	国家社会科学基金、后期资助项目	全国哲学社会科学规划办公室	专著	2015.12
17	股权众筹监管基础理论研究	武长海	资本金融研究院	国家社会科学基金、后期资助项目	全国哲学社会科学规划办公室	专著	2016.02
18	把社会主义核心价值观融入法律法规研究	郝　倩	法治政府研究院	国家社会科学基金、特别委托项目	全国哲学社会科学规划办公室	研究报告	2015.10
19	走神的心理结构、个体差异及其与元认知的关系	刘兆敏	社会学院	国家社会科学基金、教育学项目	全国教育科学规划领导小组办公室	专著、研究报告、其他	2019.12
20	构建中国特色军事法治体系研究	肖凤诚	法学院	国家社会科学基金、军事学项目	全军哲学社会科学规划办公室	研究报告	2015.08
21	中华传统法律学术研究——以清代对此前学术的继承和发展为线索	陈　煜	法律史学研究院	教育部人文社会科学、重点研究基地重大项目	教育部	专著	2018.12
22	中国古代法德结合与当代国家治理研究	李　鸣	法律史学研究院	教育部人文社会科学、重点研究基地重大项目	教育部	专著	2018.08
23	司法体制改革与刑事诉讼的再改造	栗　峥	诉讼法学研究院	教育部人文社会科学、重点研究基地重大项目	教育部	著作、调研报告	2018.12
24	“以审判为中心的诉讼制度改革”与刑事辩护研究	顾永忠	诉讼法学研究院	教育部人文社会科学、重点研究基地重大项目	教育部	专著	2018.12
25	人权与中国政治发展研究	王人博	人权研究院	教育部人文社会科学、重点研究基地项目	教育部	论文、专著	2019.12
26	高等法学教育贯彻十八届四中全会精神教学指导意见研究	黄　进	国际法学院	教育部哲学社会科学研究、重大委托项目	教育部	研究报告	2015.12
27	环境税立法之环境税收入再循环机制研究	施正文	科研处	教育部人文社会科学研究、规划项目	教育部	著作、论文	2018.09
28	网络犯罪电子数据证据适用规则研究	郭金霞	刑事司法学院	教育部人文社会科学研究、规划项目	教育部	著作、论文	2018.09
29	我国基层法律服务工作者队伍发展问题研究	陈　宜	法学院	教育部人文社会科学研究、规划项目	教育部	论文、咨询报告	2018.09

续表

序号	项目名称	负责人	承担部门	项目分类、类别	项目来源单位	预期成果形式	计划完成时间
30	假品诱惑与消费者的假品认知对消费者假品购买意愿影响的研究	马克态	商学院	教育部人文社会科学研究、规划项目	教育部	论文、咨询报告	2018.09
31	能源财产权利的行使、限制与冲突协调	郑佳宁	民商经济法学院	教育部人文社会科学研究、青年项目	教育部	论文、咨询报告	2018.09
32	企业破产中的环境债权研究	张钦昱	民商经济法学院	教育部人文社会科学研究、青年项目	教育部	著作、论文	2018.09
33	政治社会学视野下的中央苏区土地革命再研究（1927—1934）	孟庆延	社会学院	教育部人文社会科学研究、青年项目	教育部	论文	2018.09
34	居住模式与我国老年人的主观幸福感	张　莉	社会学院	教育部人文社会科学研究、青年项目	教育部	论文	2018.09
35	近代中国银行业风险防控机制研究	王　强	马克思主义学院	教育部人文社会科学研究、青年项目	教育部	著作	2018.09
36	亚太地区一体化对中国和美国农产品贸易的影响：基于异质农业部门条件的考察	刘志雄	商学院	教育部人文社会科学研究、青年项目	教育部	咨询报告	2018.09
37	公安机关讯问笔录的语言规范研究	张　彦	人文学院	教育部人文社会科学研究、青年项目	教育部	论文、咨询报告	2018.09
38	17—19世纪李氏朝鲜视野中的清朝正统性研究	桂　涛	法律古籍整理研究所	教育部人文社会科学研究、青年项目	教育部	论文	2018.09
39	高校教师兼职管理机制研究	胡　明	学校党委	教育部人文社会科学研究、专项任务项目	教育部	论文、政策建议	2016.01
40	我国法律法规涉港澳内容的立法问题研究	焦洪昌	法学院	教育部、委托项目	教育部	——	2016.04
41	高校无形资产法律保护研究	罗晓季	资产管理处	教育部、委托项目	教育部	研究报告、学校无形资产管理制度	2016.10
42	应对气候变化背景下的可再生能源产业法律规制研究	于文轩	民商经济法学院	教育部、留学回国人员科研启动基金项目	教育部	研究报告、论文	——
43	面向东亚货币金融合作的中国对策研究	张毅来	商学院	教育部、留学回国人员科研启动基金项目	教育部	——	——
44	量能课税原则与遗产税立法研究	翁武耀	民商经济法学院	教育部、留学回国人员科研启动基金项目	教育部	论文若干篇	——

续表

序号	项目名称	负责人	承担部门	项目分类、类别	项目来源单位	预期成果形式	计划完成时间
45	天一阁藏明钞本《天圣令》补校与译注	赵 晶	法律古籍整理研究所	全国高等院校古籍整理研究项目	教育部	专著	2018.07
46	古代石刻法律文献分类集释与研究	李雪梅	法律古籍整理研究所	北京市社会科学基金、重大项目	北京市哲学社会科学规划办公室	专著、论文集	2017.12
47	世界主义理论及其当代价值	蔡 拓	全球化与全球问题研究所	北京市社会科学基金、重大项目	北京市哲学社会科学规划办公室	专著	2018.12
48	民法基本原则的适用研究	于 飞	科研处	北京市社会科学基金、重大项目	北京市哲学社会科学规划办公室	研究报告	2019.03
49	新媒体环境下重大突发事件社会舆情传播规律研究	姚广宜	光明新闻传播学院	北京市社会科学基金、重大项目	北京市哲学社会科学规划办公室	研究报告	2018.12
50	治官之法与文官治理：传统中国的权力规制与法律秩序	顾 元	法律史学研究院	北京市社会科学基金、重点项目	北京市哲学社会科学规划办公室	专著	2017.12
51	国际文化财产法：原理、体系与视角	霍政欣	国际法学院	北京市社会科学基金、重点项目	北京市哲学社会科学规划办公室	专著	2017.11
52	大数据时代用户数据利益的法律保护研究	董京波	国际法学院	北京市社会科学基金、重点项目	北京市哲学社会科学规划办公室	研究报告	2018.06
53	法律修辞的能动性研究	张 清	外国语学院	北京市社会科学基金、一般项目	北京市哲学社会科学规划办公室	专著	2017.06
54	中国标准著作权保护制度研究	柳经纬	比较法学研究院	北京市社会科学基金、一般项目	北京市哲学社会科学规划办公室	研究报告	2016.05
55	刑事判决在民事诉讼中的效力研究	纪格非	民商经济法学院	北京市社会科学基金、一般项目	北京市哲学社会科学规划办公室	研究报告	2017.06
56	人民调解化解基层矛盾冲突的机制和策略研究	王国芳	社会学院	北京市社会科学基金、一般项目	北京市哲学社会科学规划办公室	研究报告	2018.06
57	成人暴力犯心理矫正方案的建构与评估	张 卓	社会学院	北京市社会科学基金、一般项目	北京市哲学社会科学规划办公室	研究报告	2017.06
58	北京传统雕漆文化传承研究	臧小戈	人文学院	北京市社会科学基金、一般项目	北京市哲学社会科学规划办公室	研究报告	2017.06
59	反腐机制的法治化研究	曹 鎏	法治政府研究院	北京市社会科学基金、一般项目	北京市哲学社会科学规划办公室	研究报告	2017.03
60	大数据环境下个人信息的刑法保护研究	于 冲	刑事司法学院	北京市社会科学基金、青年项目	北京市哲学社会科学规划办公室	专著	2017.06
61	意大利物权法研究	翟远见	比较法学研究院	北京市社会科学基金、青年项目	北京市哲学社会科学规划办公室	专著	2018.06
62	民国初年京津地区清遗民群体研究	周增光	马克思主义学院	北京市社会科学基金、青年项目	北京市哲学社会科学规划办公室	研究报告	2018.06
63	新世纪英美音乐小说研究	张 磊	外国语学院	北京市社会科学基金、青年项目	北京市哲学社会科学规划办公室	专著	2018.06
64	亚洲基础设施投资银行建设法律问题研究	刘少军	民商经济法学院	国家法治与法学理论研究项目、重点课题	司法部	专著	2017.09
65	未决羁押的撤销、变更机制研究	罗海敏	诉讼法学研究院	国家法治与法学理论研究项目、中青年课题	司法部	专著	2017.12

续表

序号	项目名称	负责人	承担部门	项目分类、类别	项目来源单位	预期成果形式	计划完成时间
66	对民事违法审判行为的检察监督	胡思博	诉讼法学研究院	国家法治与法学理论研究项目、中青年课题	司法部	研究报告	2017.08
67	国家法制统一背景下的设区市立法权研究——《立法法》第72、73条相关内容实施	秦奥蕾	法学院	国家法治与法学理论研究项目、专项任务	司法部	论文	2017.08
68	完善行政执法与刑事司法衔接机制研究	刘 玫	刑事司法学院	国家法治与法学理论研究项目、专项任务	司法部	论文	2017.09

（中国政法大学科研处魏雯、曲欣供稿）

2015年度重要横向课题（省部级单位委托研究项目）

序号	项目名称	负责人	承担部门	委托单位类别	项目来源单位	预期成果形式	计划完成时间
1	司法鉴定技术规范研制	常 林	证据科学研究院	省部级	司法部	研究报告	2016.09
2	主要国家（地区）规范地方立法活动的法律规定与具体实践	高 祥	比较法学研究院	省部级	国务院法制办	研究报告	2016.04
3	“中国城乡困难家庭社会政策支持系统建设“数据分析专题研究	郭伟和	社会学院	省部级	民政部	研究报告	2015.12
4	纳米金粒子增强和蛋白阻抗技术在毒品检测芯片中的应用	郝红霞	证据科学研究院	省部级	公安部	论文	2016.10
5	行业协会商会占用使用国有资产管理	贺绍奇	民商经济法学院	省部级	国务院国家机关事务管理局	研究报告	2015.12
6	上级检察院领导与下级检察院依法独立办案关系研究	洪道德	刑事司法学院	省部级	最高人民检察院	研究报告	2015.08
7	“十三五”能源立法规划研究	胡继晔	法和经济学研究中心	省部级	国家能源局	研究报告、论文	2015.12
8	新《环境保护法》实施跟踪评价	胡 静	民商经济法学院	省部级	环境保护部	研究报告	2016.03
9	土壤污染防治立法	胡 静	民商经济法学院	省部级	环境保护部	研究报告	2016.03
10	新媒体舆论生态治理研究	黄 金	光明新闻传播学院	省部级	国家互联网信息办公室	研究报告	2015.06
11	1970年公约改革与完善的跟踪研究：中国的理由、立场和主张	霍政欣	国际法学院	省部级	国家文物局	研究报告	2016.02
12	章公肉身祖师像追索法律问题研究	霍政欣	国际法学院	省部级	国家文物局	研究报告	2015.07
13	欧美主要文物市场国文物返还案例研究	霍政欣	国际法学院	省部级	国家文物局	研究报告	2016.10

续表

序号	项目名称	负责人	承担部门	委托单位类别	项目来源单位	预期成果形式	计划完成时间
14	《价格法》修订研究	解志勇	研究生院	省部级	国家发展和改革委员会	研究报告	2015. 05
15	专利法第四次修改研究	来小鹏	民商经济法学院	省部级	国家知识产权局	研究报告	2015. 05
16	中国特色专利行政执法保护制度完善研究	来小鹏	民商经济法学院	省部级	国家知识产权局	研究报告	2016. 07
17	行政诉讼法修订完善与行政复议和应诉工作者制度研究	冷新宇	法学院	省部级	国家发展和改革委员会	研究报告	2015. 12
18	教育财经法律法规汇编	李国强	财务处	省部级	教育部	研究报告	2016. 05
19	交通运输立法立项论证机制研究	林　华	法治政府研究院	省部级	交通运输部	研究报告	2016. 09
20	国有股权管理问题之划转国有资本充实全国社保基金问题	刘纪鹏	法治政府研究院	省部级	国务院国有资产监督管理委员会	研究报告	2015. 12
21	国内外电子数据取证法律及技术研究	刘建伟	证据科学研究院	省部级	国家保密局	技术报告	2015. 12
22	部分国家市场监管机构和法律制度研究	刘俊生	政治与公共管理学院	省部级	国家工商行政管理总局	研究报告	2017. 06
23	公共图书馆立法研究	吕　芳	政治与公共管理学院	省部级	文化部	研究报告	2015. 06
24	“十三五”体育法治研究	马宏俊	法学院	省部级	国家体育总局	研究报告	2016. 09
25	街道办事处管理体制改革	潘小娟	政治与公共管理学院	省部级	民政部	研究报告	2015. 06
26	出口管制法研究	史晓丽	国际法学院	省部级	商务部	研究报告	2015. 10
27	渔业资源和生态保护制度及相关法律关系研究	王灿发	民商经济法学院	省部级	农业部	研究报告等	2016. 03
28	国外政府信息公开制度研究	王敬波	法治政府研究院	省部级	国务院办公厅	研究报告	2015. 02
29	行政复议审理方式研究	王敬波	法治政府研究院	省部级	国务院法制办	研究报告	2015. 07
30	信访制度与行政诉讼、行政复议、行政监察制度关系研究	王万华	诉讼法学研究院	省部级	国家信访局	研究报告	2015. 11
31	政府法律顾问制度比较研究	王万华	诉讼法学研究院	省部级	北京市政府法制办	研究报告	2015. 11
32	金融信息服务法律规范研究	王卫国	民商经济法学院	省部级	国家互联网信息办公室	研究报告	2015. 04
33	互联网金融与金融信息行业放宽市场准入限制可行性研究	王卫国	民商经济法学院	省部级	国家互联网信息办公室	研究报告	2015. 11
34	商用密码管理体系政策法规研究能力建设研究	王卫国	民商经济法学院	省部级	国家密码管理局	研究报告	2016. 10
35	商用密码法律文件与制度文件备案管理规范研究	王卫国	民商经济法学院	省部级	国家密码管理局	研究报告	2016. 10

续表

序号	项目名称	负责人	承担部门	委托单位类别	项目来源单位	预期成果形式	计划完成时间
36	法医临床学视觉电生理检查规范	王　旭	证据科学研究院	省部级	司法部	技术规范	2015.10
37	《长城保护条例》修订预研究	王　涌	民商经济法学院	省部级	国家文物局	研究报告	2016.03
38	公法理念研究	吴宏耀	诉讼法学研究院	省部级	最人民检察院	论文	2016.06
39	主要国家规范地方立法活动的法律规定与具体实践	谢立斌	比较法学研究院	省部级	国务院法制办	研究报告	2016.04
40	国际海洋保护区制度有关问题研究	辛崇阳	法律硕士学院	省部级	国家海洋局	研究报告	2015.11
41	国家战略物资储备案例立法研究	薛刚凌	法学院	省部级	国家发展和改革委员会	研究报告	2015.09
42	人口与计划生育法修订重点问题研究	薛刚凌	法学院	省部级	国家卫生和计划生育委员会	研究报告	2015.12
43	《北京市行政程序条例》（法规草案建议稿）逐条说明	应松年	法治政府研究院	省部级	北京市人大常委会	研究报告	2015.02
44	网络犯罪问题研究	于志刚	学校办公室	省部级	最高人民法院	研究报告（调研报告）	2015.09
45	网络社会组织管理对策研究	于志刚	学校办公室	省部级	民政部	研究报告	2016.02
46	外商投资企业国家安全审查法律制度研究	张　东	民商经济法学院	省部级	国家发展和改革委员会	研究报告	2015.12
47	美国国务院《2014 年国别人权报告翻译》	张　伟	人权研究院	省部级	中共中央宣传部	研究报告	2015.07
48	残疾人领域国际交流与合作研究（“一带一路”交流与合作）	张　伟	人权研究院	省部级	国务院残疾人工作委员会	研究报告	2015.08
49	电子商务立法研究	赵旭东	民商经济法学院	省部级	国家工商行政管理总局	研究报告	2015.06
50	新《环境保护法》实施情况评估	王灿发	民商经济法学院	省部级	环境保护部	研究报告	2016.01
51	理顺行政强制执行体制	薛刚凌	法学院	省部级	中央机构编制委员会办公室	研究报告	2015.09
52	“东方之星”轮翻沉事件新闻宣传与舆情应对工作第三方评估	王天铮	光明新闻传播学院	省部级	交通运输部	研究报告	2015.12
53	人民检察院刑事诉讼规则（试行）修改研究	刘　玫	刑事司法学院	省部级	最高人民检察院	论文	2016.08
54	社区治理动态检测平台及深度观察点网络建设项目——观测点建设指导专家委托	郭伟和	社会学院	省部级	民政部	研究报告	2016.12
55	土地督察制度建设规划	刘　杨	法学院	省部级	国土资源部	研究报告	2016.05
56	基础设施和公用事业特许经营配套制度建设研究	刘坤轮	法学教育研究与评估中心	省部级	国家发展和改革委员会	研究报告	2016.01

2015 年度校级人文社会科学研究项目

序号	项目名称	负责人	承担部门	项目分类、类别	预期成果形式	计划完成时间
1	贺登崧神父的中国研究	邓庆平	人文学院	规划项目	著作、论文	2018.07
2	城镇化进程中集体建设用地流转法律制度研究	符启林	民商经济法学院	规划项目	论文	2018.07
3	防空识别区政策国别比较研究	韩献栋	政治与公共管理学院	规划项目	论文、研究报告	2018.07
4	制度经济学视角下我国煤层气和煤炭协调开发机制研究	黄立君	商学院	规划项目	专著、论文	2018.07
5	先秦两汉法制文学史	黄震云	人文学院	规划项目	著作、论文	2018.07
6	慈善腐败治理与慈善组织监管创新研究	李　响	民商经济法学院	规划项目	论文	2018.07
7	提升企业资源整合能力：解决我国OFDI 绩效不佳问题对策研究	李　泳	商学院	规划项目	论文	2018.07
8	从通用英语向学术英语的转型研究	刘　艳	外国语学院	规划项目	论文、研究报告	2018.07
9	从自由—权利辩证法到经济—阶级辩证法——政治哲学视野下马克思和黑格尔的辩证法研究	罗朝慧	人文学院	规划项目	论文、研究报告	2018.07
10	当代西方国家理论最新进展跟踪研究	庞金友	政治与公共管理学院	规划项目	论文	2018.07
11	“直接适用的法”适用研究	齐湘泉	国际法学院	规划项目	专著、论文	2018.07
12	食品安全风险交流的法律制度研究	孙　颖	民商经济法学院	规划项目	专著、论文	2018.07
13	近代中国银行业风险管理研究	王　强	马克思主义学院	规划项目	论文	2018.07
14	中国社会质量理论重建问题研究	袁　方	马克思主义学院	规划项目	论文、研究报告	2018.07
15	父母亲的社会经济地位对我国青少年体重的影响机制之研究	张　莉	社会学院	规划项目	论文、研究报告	2018.07
16	欧盟合同法的最新立法趋势及其对中国的启示	张　彤	比较法学研究院	规划项目	论文	2018.07
17	诈骗犯说谎及决策的神经心理机制	张　卓	社会学院	规划项目	论文、研究报告	2018.07
18	诊所学生在刑事法律援助工作中辩护人资格取得与辩护权行使路径研究	赵天红	刑事司法学院	规划项目	论文、研究报告	2018.07
19	非营利性组织发展的路径选择——我国社会企业创立的必要性	郑佳宁	民商经济法学院	规划项目	论文、研究报告	2018.07
20	中法刑事法律领域人权话语体系比较研究——以符号学为视角	朱　琳	外国语学院	规划项目	论文	2018.07
21	转型期社会冲突事件中的新媒体与社会动员	邓　力	光明新闻传播学院	青年项目	论文、研究报告	2018.07
22	我国的房价泡沫、消费不足和投资回报率下降研究——基于加总风险的均衡资产定价模型	霍　钊	商学院	青年项目	论文、研究报告	2018.07
23	中国网络空间安全的法律保障——以网络战为视角	李　强	法学院	青年项目	论文、研究报告	2018.07

续表

序号	项目名称	负责人	承担部门	项目分类、类别	预期成果形式	计划完成时间
24	打车软件对出租车监管的影响——法和经济学的视角	李文静	法和经济学研究中心	青年项目	论文	2018.07
25	我国食物消费结构特征与变化趋势——基于AIDS模型的实证分析	刘婷文	商学院	青年项目	论文、研究报告	2018.07
26	宗教多样性问题的知识论研究	钱雪松	人文学院	青年项目	论文	2018.07
27	审美的救赎——从宗教和审美的双重视角管窥佩特	谢　娟	外国语学院	青年项目	论文、研究报告	2018.07
28	行政立法中的协商问题研究	张　力	法学院	青年项目	论文	2018.07
29	中国研究型高校本科生学术剽窃动因分析与教育对策：以学术英语为载体	张文娟	外国语学院	青年项目	论文	2018.07
30	公司自治与政府管制：中国证券市场公共监管实施的实证研究	周天舒	法和经济学研究中心	青年项目	论文	2018.07

（中国政法大学科研处韩冰供稿）

中央财经大学

2015年度承担国家级、省部级社会科学研究项目

序号	项目名称	负责人	承担部门	项目分类、类别	项目来源单位	预期成果形式	计划完成日期
1	政府与社会资本合作（PPP）模式立法研究	曹富国	法学院	国家社会科学基金、重大项目	全国哲学社会科学规划办公室	研究或咨询报告	2018.12
2	大数据背景下债券风险统计监测理论与方法研究	周　宏	会计学院	国家社会科学基金、重大项目	全国哲学社会科学规划办公室	研究或咨询报告	2018.12
3	习近平总书记全面从严治党重要思想研究	张世飞	马克思主义学院	国家社会科学基金、重大项目	全国哲学社会科学规划办公室	研究或咨询报告	2017.12
4	新常态下完善我国宏观调控目标体系与政策调控机制研究	王立勇	统计学院	国家社会科学基金、重大项目	全国哲学社会科学规划办公室	研究或咨询报告	2017.12
5	城镇化进程中的小城镇社区建设研究	李远行	社会发展学院	国家社会科学基金、重点项目	全国哲学社会科学规划办公室	研究或咨询报告	2018.06
6	我国雾霾成因及财政综合治理问题研究	白彦锋	财政学院	国家社会科学基金、重点项目	全国哲学社会科学规划办公室	研究或咨询报告	2018年7
7	基于碳排放视角的中国生态价值补偿标准统计研究	李国平	管理科学与工程学院	国家社会科学基金、重点项目	全国哲学社会科学规划办公室	研究或咨询报告	2018.06
8	代议制方面党内法规同国家法律的衔接和协调：国外经验与理论	蒋劲松	法学院	国家社会科学基金、重点项目	全国哲学社会科学规划办公室	研究或咨询报告	2017.12
9	中国海外投资的国家战略规划与风险防范研究	张碧琼	金融学院	国家社会科学基金、一般项目	全国哲学社会科学规划办公室	研究或咨询报告	2018.06
10	社区整合与农村空巢老人心理干预研究	孙薇薇	社会发展学院	国家社会科学基金、一般项目	全国哲学社会科学规划办公室	研究或咨询报告	2018.06
11	公私合作特许经营项目全生命周期财政风险监管技术研究	温来成	财政学院	国家社会科学基金、一般项目	全国哲学社会科学规划办公室	研究或咨询报告	2018.06

续表

序号	项目名称	负责人	承担部门	项目分类、类别	项目来源单位	预期成果形式	计划完成日期
12	中国电子商务企业的售假治理问题研究	霍　达	国际经济与贸易学院	国家社会科学基金、一般项目	全国哲学社会科学规划办公室	研究或咨询报告	2017.02
13	基于中国实践的供应链管理基础理论体系建构研究	刘晓红	商学院	国家社会科学基金、一般项目	全国哲学社会科学规划办公室	研究或咨询报告	2018.06
14	莫里森文学创作与美国国家认同研究	吴新云	外国语学院	国家社会科学基金、一般项目	全国哲学社会科学规划办公室	研究或咨询报告	2018.06
15	经济增速下行条件下地方政府债务风险的先导预警机制研究	何　杨	税务学院	国家社会科学基金、青年项目	全国哲学社会科学规划办公室	研究或咨询报告	2018.12
16	美欧在对外制裁问题上的战略协作及我国应对策略研究	刘建伟	国防经济与管理研究院	国家社会科学基金、青年项目	全国哲学社会科学规划办公室	研究或咨询报告	2018.06
17	地方协同治理的宪法机制研究	于文豪	法学院	国家社会科学基金、青年项目	全国哲学社会科学规划办公室	研究或咨询报告	2018.05
18	反垄断法对国际贸易影响的理论和实证分析研究	颜　菁	国际经济与贸易学院	国家社会科学基金、青年项目	全国哲学社会科学规划办公室	研究或咨询报告	2018.04
19	消费者对转基因食品安全性的“主观态度”在模糊性决策框架下的解析与度量研究	姚东旻	中国财政发展协同创新中心	国家社会科学基金、青年项目	全国哲学社会科学规划办公室	研究或咨询报告	2017.12
20	无形财产权基本问题研究	董新义	法学院	国家社会科学基金、中华外译项目	全国哲学社会科学规划办公室	专著	2017.12
21	增值税制度效应的经济学分析	樊　勇	税务学院	国家社会科学基金、后期资助项目	全国哲学社会科学规划办公室	专著	2016.12
22	自适应学习与全局博弈下的资产定价——基于异质交易者模型的研究	郑　敏	中国精算研究院	国家自然科学基金、面上项目	国家自然科学基金委员会	研究或咨询报告	2019.12
23	超材料中电磁波的非协调有限元数值模拟及加速技术的新研究模式	贾尚晖	应用数学学院	国家自然科学基金、面上项目	国家自然科学基金委员会	研究或咨询报告	2019.12
24	正熵动力系统的不变集、测度和复杂性	孙　鹏	中国经济与管理研究院	国家自然科学基金、面上项目	国家自然科学基金委员会	研究或咨询报告	2019.12
25	保险模型中考虑交易成本及偿付能力限制的最优控制策略研究	周　明	中国精算研究院	国家自然科学基金、面上项目	国家自然科学基金委员会	研究或咨询报告	2019.12
26	地域偏爱、政治权力距离与公司财务行为	陈运森	会计学院	国家自然科学基金、面上项目	国家自然科学基金委员会	研究或咨询报告	2019.12
27	失败是成功之母吗？创业失败经历与后续创业的联系研究	林　嵩	商学院	国家自然科学基金、面上项目	国家自然科学基金委员会	研究或咨询报告	2019.12
28	中国企业海外研发中心发展路径及其 NIS 效应	崔新健	商学院	国家自然科学基金、面上项目	国家自然科学基金委员会	研究或咨询报告	2019.12

续表

序号	项目名称	负责人	承担部门	项目分类、类别	项目来源单位	预期成果形式	计划完成日期
29	能源价格波动、信息化投资和技术进步对我国低碳经济增长的影响——基于IGEM与微观模拟联结模型的研究	樊茂清	经济学院	国家自然科学基金、面上项目	国家自然科学基金委员会	研究或咨询报告	2019.12
30	选择性执法：基于上市公司债务诉讼的研究	王彦超	会计学院	国家自然科学基金、面上项目	国家自然科学基金委员会	研究或咨询报告	2019.12
31	社交网络对大学生社会适应性的影响效应模型及预测方法研究	杨　蕊	应用数学学院	国家自然科学基金、青年项目	国家自然科学基金委员会	研究或咨询报告	2018.12
32	货币政策、房地产价格与金融稳定	方　意	金融学院	国家自然科学基金、青年项目	国家自然科学基金委员会	研究或咨询报告	2018.12
33	省以下地方政府竞争模式研究：性质特征与经济影响	宁　静	财经研究院	国家自然科学基金、青年项目	国家自然科学基金委员会	研究或咨询报告	2018.12
34	我国碳交易市场连接及宏观调控机制研究	陈　波	财经研究院	国家自然科学基金、青年项目	国家自然科学基金委员会	研究或咨询报告	2018.12
35	社会养老保险政策对于我国生育率和经济增长的影响	江　政	中国公共财政与政策研究院	国家自然科学基金、青年项目	国家自然科学基金委员会	研究或咨询报告	2018.12
36	"营改增"背景下服务贸易出口退税政策设计与经济效应研究：基于CGE-MS模型的分析	陈　宇	税务学院	国家自然科学基金、青年项目	国家自然科学基金委员会	研究或咨询报告	2018.12
37	地区间横向耕地保护补偿的层级适宜性与实现机制研究	柴　铎	政府管理学院	国家自然科学基金、青年项目	国家自然科学基金委员会	研究或咨询报告	2018.12
38	同行公司股价崩盘风险的传染效应与溢出效应研究	李小荣	财政学院	国家自然科学基金、青年项目	国家自然科学基金委员会	研究或咨询报告	2018.12
39	生育水平、性别选择和女性发展：性别观念的视角	张川川	经济学院	国家自然科学基金、青年项目	国家自然科学基金委员会	研究或咨询报告	2018.12
40	"求有功"还是"求无过"：CEO调节焦点的前因及结果变量研究	张宏宇	商学院	国家自然科学基金、青年项目	国家自然科学基金委员会	研究或咨询报告	2018.12
41	内部人交易、高管激励与上市公司投资决策：基于监管制度变迁的研究	陈　玥	会计学院	国家自然科学基金、青年项目	国家自然科学基金委员会	研究或咨询报告	2018.12
42	基于印象管理视角的中国企业内高管权力对高管利益影响研究	曲红燕	管理科学与工程学院	国家自然科学基金、青年项目	国家自然科学基金委员会	研究或咨询报告	2018.12
43	IPO定价管制与信息披露机制的有效性	宋顺林	会计学院	国家自然科学基金、青年项目	国家自然科学基金委员会	研究或咨询报告	2018.12
44	个性化推荐何时更有效？——大数据驱动的个性化推荐与消费者决策阶段	孙鲁平	商学院	国家自然科学基金、青年项目	国家自然科学基金委员会	研究或咨询报告	2018.12
45	期权对标的股价暴跌影响的理论和实证研究	钟　锐	中国金融发展研究院	国家自然科学基金、青年项目	国家自然科学基金委员会	研究或咨询报告	2018.12
46	基于图核机器的学习算法及其在金融分析理论的研究	白　璐	信息学院	国家自然科学基金、青年项目	国家自然科学基金委员会	研究或咨询报告	2018.12

续表

序号	项目名称	负责人	承担部门	项目分类、类别	项目来源单位	预期成果形式	计划完成日期
47	贝叶斯柔性密度方法及其在高维金融数据中的应用	李　丰	统计学院	国家自然科学基金、青年项目	国家自然科学基金委员会	研究或咨询报告	2018.12
48	高维半参数模型假设检验问题的研究	王思洋	统计学院	国家自然科学基金、青年项目	国家自然科学基金委员会	研究或咨询报告	2018.12
49	带竞争的分枝过程和超过程	马儒刚	应用数学学院	国家自然科学基金、青年项目	国家自然科学基金委员会	研究或咨询报告	2018.12
50	经费配置不均衡对科研产出的影响研究：基于国家自然科学基金数据的实证分析	智　强	政府管理学院	国家自然科学基金、青年项目	国家自然科学基金委员会	研究或咨询报告	2018.12
51	新常态下中国经济与世界经济周期协动性的传导机制及相关政策研究	李林玥	国际经济与贸易学院	国家自然科学基金、青年项目	国家自然科学基金委员会	研究或咨询报告	2018.12
52	国际贸易与环境：因果效应、机制及对策研究	林发勤	国际经济与贸易学院	国家自然科学基金、青年项目	国家自然科学基金委员会	研究或咨询报告	2018.12
53	新型城镇化对扶贫开发的影响与应对研究	戴宏伟	经济学院	国家自然科学基金、应急项目	国家自然科学基金委员会	研究或咨询报告	2016.09
54	青年科学基金的有效性验证与政策发展研究	智　强	政府管理学院	国家自然科学基金、应急项目	国家自然科学基金委员会	研究或咨询报告	2017.12
55	国家自然科学基金大型数据项目管理研究——中期评审项目申请书	李海峥	中国人力资本与劳动经济研究中心	国家自然科学基金、应急项目	国家自然科学基金委员会	研究或咨询报告	2016.12
56	基础研究在产业重大创新成果中的作用机制与案例分析	张　剑	政府管理学院	国家自然科学基金、应急项目	国家自然科学基金委员会	研究或咨询报告	2016.06
57	互联网金融的风险防控与多元化监管模式研究	欧阳日辉	中国发展和改革研究院	教育部哲学社会科学研究、重大课题攻关项目	教育部	研究或咨询报告	2018.12
58	中国经济发展新常态的内涵、特征及其演变逻辑研究	昌忠泽	财经研究院	教育部哲学社会科学研究、重大课题攻关项目	教育部	研究或咨询报告	2018.12
59	中国社会养老保险财务平衡自动调整机制研究	周渭兵	保险学院	教育部人文社会科学研究、规划项目	教育部	研究或咨询报告	2017.12
60	消费者对食品安全认证支付意愿的干预式选择实研究	张彩萍	经济学院	教育部人文社会科学研究、规划项目	教育部	研究或咨询报告	2017.12
61	跨域合作治理中的纵向政府关系嵌入及其影响因素：交易成本的视角	邢　华	政府管理学院	教育部人文社会科学研究、规划项目	教育部	研究或咨询报告	2017.12
62	P2P 网络借贷主体决策行为与风险防控策略研究	涂　艳	信息学院	教育部人文社会科学研究、规划项目	教育部	研究或咨询报告	2017.06
63	国防预算绩效动态测度与评估：理论、模型与实证研究	余冬平	国防经济与管理研究院	教育部人文社会科学研究、规划项目	教育部	研究或咨询报告	2017.12

续表

序号	项目名称	负责人	承担部门	项目分类、类别	项目来源单位	预期成果形式	计划完成日期
64	京津冀雾霾治理的生态补偿机制研究	杜纯布	财经研究院	教育部人文社会科学研究、青年项目	教育部	研究或咨询报告	2017.12
65	清代别集中与西方有关资料辑要及清诗文中的西方形象研究	李　鹏	文化与传媒学院	教育部人文社会科学研究、青年项目	教育部	研究或咨询报告	2017.12
66	我国大中城市空气污染及其影响因素的空间效应研究——基于空间动态面板数据模型	欧变玲	管理科学与工程学院	教育部人文社会科学研究、青年项目	教育部	研究或咨询报告	2017.12
67	我国体育场馆冠名权定价、交易匹配与杠杆作用机制研究	刘彩凤	体育经济与管理学院	教育部人文社会科学研究、青年项目	教育部	研究或咨询报告	2017.12
68	我国政府社交媒体信息档案化管理体系研究	宋魏巍	政府管理学院	教育部人文社会科学研究、青年项目	教育部	研究或咨询报告	2017.12
69	会计信息可比性与企业财务决策：作用机理、表现形式及经济后果	江轩宇	会计学院	教育部人文社会科学研究、青年项目	教育部	研究或咨询报告	2017.12
70	公共资源、风险承受度与社会信任	李新荣	经济学院	教育部人文社会科学研究、青年项目	教育部	研究或咨询报告	2017.12
71	中国县级财政对本地居民偏好的回应性研究	杨龙见	税务学院	教育部人文社会科学研究、青年项目	教育部	论文	2018.12
72	保险需求及其与经济增长的关系研究：理论与中国实证	廖　朴	中国精算研究院	教育部人文社会科学研究、青年项目	教育部	研究或咨询报告	2017.12
73	农村土地流转背景下劳动力迁移的空间选择：集聚还是分散？	魏海涛	政府管理学院	教育部人文社会科学研究、青年项目	教育部	研究或咨询报告	2017.12
74	人口老龄化问题的动态研究：模型与对策	齐　玲	中国精算研究院	教育部人文社会科学研究、基地重大项目	教育部	研究或咨询报告	2017.12
75	偿二代体系下我国保险公司资产负债管理量化研究	周　明	中国精算研究院	教育部人文社会科学研究、基地重大项目	教育部	研究或咨询报告	2017.12
76	税收与长寿风险影响下的“以房养老”研究	张　宁	中国精算研究院	教育部留学归国人员科研启动基金项目	教育部	研究或咨询报告	2017.03
77	我国商业银行信贷业务的环境风险管理研究	许寅硕	财经研究院	教育部留学归国人员科研启动基金项目	教育部	研究或咨询报告	2017.03

续表

序号	项目名称	负责人	承担部门	项目分类、类别	项目来源单位	预期成果形式	计划完成日期
78	运作性对冲与我国涉外企业的外汇风险暴露	高文莲	中国金融发展研究院	教育部留学归国人员科研启动基金项目	教育部	研究或咨询报告	2017.03
79	思想政治理论课重难点问题教学研究	冯秀军	马克思主义学院	教育部专项课题	教育部	研究或咨询报告	2017.12
80	如何认识依法治国方略中党的领导地位？（王静）	王　静	马克思主义学院	教育部专项课题	教育部	研究或咨询报告	2017.12
81	如何认识依法治国方略中党的领导地位？（蔡亚志）	蔡亚志	马克思主义学院	教育部专项课题	教育部	研究或咨询报告	2017.12
82	如何认识当今世界社会主义与资本主义的长期共存？	王　淼	马克思主义学院	教育部专项课题	教育部	研究或咨询报告	2017.12
83	当代大学生马克思主义宗教观教育内容研究	邢国忠	马克思主义学院	教育部专项课题	教育部	研究或咨询报告	2018.11
84	马克思恩格斯国家理论与我国国家治理现代化	李　娟	马克思主义学院	教育部专项课题	教育部	研究或咨询报告	2017.06
85	大学博物馆在大学文化建设中的地位和作用研究	刘　刚	马克思主义学院	教育部专项课题	教育部	研究或咨询报告	2016.06
86	全国高校思想政治理论课教学能手	邢国忠	马克思主义学院	教育部专项课题	教育部	研究或咨询报告	2016.12
87	社会治理法治化问题研究	高秦伟	法学院	北京市社会科学基金、重大项目	北京市哲学社会科学规划办公室	研究或咨询报告	2017.12
88	城镇化进程中首都郊县小城镇社区研究	李远行	社会发展学院	北京市社会科学基金、重大项目	北京市哲学社会科学规划办公室	论文	2017.12
89	面向众创空间的大众创新创业模式及相关支撑理论研究	金　鑫	信息学院	北京市社会科学基金、重大项目	北京市哲学社会科学规划办公室	研究或咨询报告	2019.01
90	人口老龄化背景下中国养老产品供求研究	徐景峰	中国精算研究院	北京市社会科学基金、重大项目	北京市哲学社会科学规划办公室	论文集	2018.12
91	面向大数据的网络经济学分析理论与方法研究——以京津冀地区熵控经济网络为例	曹怀虎	信息学院	北京市社会科学基金、重点项目	北京市哲学社会科学规划办公室	研究或咨询报告	2018.12
92	北京市机关事业单位养老保险财政负担的精算评估	杨再贵	中国精算研究院	北京市社会科学基金、重点项目	北京市哲学社会科学规划办公室	论文	2018.06
93	民间融资的法律规制研究	邢会强	法学院	北京市社会科学基金、重点项目	北京市哲学社会科学规划办公室	研究或咨询报告	2017.06
94	经济增长的微观解释与理论发展研究	严成樑	经济学院	北京市社会科学基金、重点项目	北京市哲学社会科学规划办公室	研究或咨询报告	2017.12
95	推进北京市生态文明建设的依法治理研究	白彦锋	财政学院	北京市社会科学基金、重点项目	北京市哲学社会科学规划办公室	研究或咨询报告	2017.12
96	基于家庭金融的北京市居民资产选择与消费行为研究	周　明	中国精算研究院	北京市社会科学基金、一般项目	北京市哲学社会科学规划办公室	研究或咨询报告	2018.06
97	北京市新型公务员培训体系探索研究	张相林	政府管理学院	北京市社会科学基金、一般项目	北京市哲学社会科学规划办公室	研究或咨询报告	2016.07
98	电子商务推进北京市产业升级转型的动力机制与路径研究	曹怀虎	信息学院	北京市社会科学基金、一般项目	北京市哲学社会科学规划办公室	研究或咨询报告	2018.06

续表

序号	项目名称	负责人	承担部门	项目分类、类别	项目来源单位	预期成果形式	计划完成日期
99	宋代杜诗学研究	左汉林	文化与传媒学院	北京市社会科学基金、一般项目	北京市哲学社会科学规划办公室	研究或咨询报告	2018.06
100	组织制度变迁与北京社会治理模式创新研究	王修晓	社会发展学院	北京市社会科学基金、一般项目	北京市哲学社会科学规划办公室	研究或咨询报告	2017.12
101	创业股权众筹的价值共创和治理协同机制研究：以北京地区为例	许　进	商学院	北京市社会科学基金、一般项目	北京市哲学社会科学规划办公室	研究或咨询报告	2017.12
102	北京市人口膨胀演变及资源压力趋势预测研究	刘轶芳	经济学院	北京市社会科学基金、一般项目	北京市哲学社会科学规划办公室	研究或咨询报告	2017.12
103	天津自贸试验区建设对北京开放经济影响的研究	张晓涛	国际经济与贸易学院	北京市社会科学基金、一般项目	北京市哲学社会科学规划办公室	研究或咨询报告	2017.06
104	北京市老年人失能失智影响因素与干预机制研究	李爱华	管理科学与工程学院	北京市社会科学基金、一般项目	北京市哲学社会科学规划办公室	研究或咨询报告	2018.06
105	基于空间溢出视角的产业结构、能源结构对京津冀的雾霾影响及对策研究	欧变玲	管理科学与工程学院	北京市社会科学基金、一般项目	北京市哲学社会科学规划办公室	论文集	2017.06
106	跨年度预算平衡机制构建与北京市引入中期预算管理研究	肖　鹏	财政学院	北京市社会科学基金、一般项目	北京市哲学社会科学规划办公室	研究或咨询报告	2017.06
107	北京市机关事业单位养老保险转制成本测算与财政负担能力分析	周渭兵	保险学院	北京市社会科学基金、一般项目	北京市哲学社会科学规划办公室	研究或咨询报告	2017.12
108	北京市“以房养老”定价、可行性与政策激励	张　宁	中国精算研究院	北京市社会科学基金、青年项目	北京市哲学社会科学规划办公室	研究或咨询报告	2017.06
109	基于北京路况大数据的交通治理策略研究	王　悦	信息学院	北京市社会科学基金、青年项目	北京市哲学社会科学规划办公室	论文集	2018.06
110	基于金融孤子理论与大数据思维的北京市金融风险预测及管控方法研究	薛玉山	应用数学学院	北京市社会科学基金、青年项目	北京市哲学社会科学规划办公室	研究或咨询报告	2016.06
111	高管激励创新与费用粘性：针对北京市制造业企业的考察和研究	梁上坤	会计学院	北京市社会科学基金、青年项目	北京市哲学社会科学规划办公室	研究或咨询报告	2017.06
112	北京市购买服务法制研究	刘　权	法学院	北京市社会科学基金、青年项目	北京市哲学社会科学规划办公室	研究或咨询报告	2017.06
113	生育中人格权益的民法保护	朱晓峰	法学院	北京市社会科学基金、青年项目	北京市哲学社会科学规划办公室	研究或咨询报告	2017.06
114	媒体参与庭审公开的合宪性规制——基于对北京市法院系统的调查	赵　真	法学院	北京市社会科学基金、青年项目	北京市哲学社会科学规划办公室	研究或咨询报告	2018.06
115	北京市上市公司高管权力与企业融资行为研究	李小荣	财政学院	北京市社会科学基金、青年项目	北京市哲学社会科学规划办公室	论文集	2017.06
116	北京市流动青少年的多重生态风险与情绪适应	孙　铃	社会发展学院	北京市社会科学基金、青年项目	北京市哲学社会科学规划办公室	论文集	2017.06

续表

序号	项目名称	负责人	承担部门	项目分类、类别	项目来源单位	预期成果形式	计划完成日期
117	北京市高校海归青年教师思想动态调查研究	李　娟	马克思主义学院	北京市社会科学基金、青年项目	北京市哲学社会科学规划办公室	研究或咨询报告	2017. 06
118	基于异质性的京津冀产业转移特征与效应研究	赵浚竹	财经研究院	北京市社会科学基金、基地项目	北京市哲学社会科学规划办公室	研究或咨询报告	2017. 12
119	优化北京市财政转移支付方式与结构的制度设计研究	宁　静	财经研究院	北京市社会科学基金、基地项目	北京市哲学社会科学规划办公室	研究或咨询报告	2017. 12
120	京津冀雾霾协同治理与大数据应用：排放识别、费用分配与补偿机制设计	贾尚晖	应用数学学院	北京市社会科学基金、基地项目	北京市哲学社会科学规划办公室	研究或咨询报告	2017. 12
121	京津冀电子商务协同发展研究	欧阳日辉	中国发展和改革研究院	北京市社会科学基金、基地项目	北京市哲学社会科学规划办公室	研究或咨询报告	2017. 11
122	基于大数据的京津冀劳动力转移及产业升级研究	鞠雪楠	中国互联网经济研究院	北京市社会科学基金、基地项目	北京市哲学社会科学规划办公室	研究或咨询报告	2016. 12
123	北京财经研究报告（2015）	王雍君	财经研究院	北京市社会科学基金、出版资助项目	北京市哲学社会科学规划办公室	研究或咨询报告	2017. 06
124	促进北京市低碳经济发展的环境政策及工具选择研究	樊　勇	税务学院	北京市自然科学基金、面上项目	北京市自然科学基金委员会	研究或咨询报告	2017. 12
125	基于人工免疫原理的北京高科技中小企业信用风险模型研究	杨　雨	管理科学与工程学院	北京市自然科学基金、面上项目	北京市自然科学基金委员会	研究或咨询报告	2017. 12
126	北京市人口膨胀与房地产价格演化——基于异质代理人模型和计算实验方法的研究	郑　敏	中国精算研究院	北京市自然科学基金、面上项目	北京市自然科学基金委员会	研究或咨询报告	2017. 12
127	关于消费者信用消费的效用和异质性分析——以信用卡数据为例	李新荣	经济学院	北京市自然科学基金、青年项目	北京市自然科学基金委员会	研究或咨询报告	2016. 12
128	失而复得：基于我国农民工返乡对创业决策和教育代际影响的研究	于　丽	中国人力资本与劳动经济研究中心	北京市自然科学基金、青年项目	北京市自然科学基金委员会	研究或咨询报告	2016. 12
129	北京市上市公司会计盈余与宏观经济：会计盈余信息含量的宏观视角研究	黄益建	会计学院	北京市自然科学基金、青年项目	北京市自然科学基金委员会	研究或咨询报告	2016. 12
130	进口对企业自主技术创新能力的影响及其机制研究——基于微观专利数据的实证分析	李　兵	国际经济与贸易学院	北京市自然科学基金、预探索项目	北京市自然科学基金委员会	研究或咨询报告	2016. 12
131	基于语义维基与社交网络融合的网络教育资源知识聚合与知识服务研究	金　鑫	信息学院	全国教育科学规划项目、教育部项目	全国教育科学规划办公室	研究或咨询报告	2017. 12
132	基于知识建构效果视角的翻转课堂虚拟学习社区建设研究	涂　艳	信息学院	北京市教育规划项目、重点项目	北京市教育科学规划办公室	研究或咨询报告	2017. 06

（中央财经大学科研处供稿）

对外经济贸易大学

2015 年度承担国家级、省部级社会科学研究项目

序号	课题名称	负责人	承担部门	项目分类、类别	项目来源单位	预期成果形式	计划完成时间
1	大规模外汇储备管理研究	丁志杰	金融学院	国家社会科学基金、重大项目	全国哲学社会科学规划办公室	论文、研究报告	2017. 12
2	引进外资和对外投资两大开放战略的协调机制与对策研究	洪俊杰	国际经济贸易学院	国家社会科学基金、重点项目	全国哲学社会科学规划办公室	专著、论文	2017. 08
3	国际比较视野下的中国国家认同构建研究	戴长征	国际关系学院	国家社会科学基金、重点项目	全国哲学社会科学规划办公室	专题论文集、研究报告	2017. 12
4	发达国家制造业回流对中国产业转型升级的影响评估与对策设计研究	李玉梅	国际经济研究院	国家社会科学基金、一般项目	全国哲学社会科学规划办公室	研究报告	2017. 12
5	促进产业向中高端升级的金融支持政策研究	张军生	国际经济研究院	国家社会科学基金、一般项目	全国哲学社会科学规划办公室	专题论文集	2017. 06
6	基于税负归宿实证分析的税收政策对收入不平等的影响研究	周　波	国际经济贸易学院	国家社会科学基金、一般项目	全国哲学社会科学规划办公室	专题论文集	2018. 12
7	市场导向下京津冀协同创新的激励机制研究	赵旭梅	国际经济研究院	国家社会科学基金、一般项目	全国哲学社会科学规划办公室	专著、研究报告	2018. 06
8	基于金融包容视角的地区银行业市场结构与优化设计研究	粟　勤	金融学院	国家社会科学基金、一般项目	全国哲学社会科学规划办公室	研究报告	2018. 07
9	行政法视野中的成本收益分析方法研究	郑雅方	法学院	国家社会科学基金、青年项目	全国哲学社会科学规划办公室	专题论文集	2017. 12
10	韩国古代文学中的庄子接受研究	郝君峰	外语学院	国家社会科学基金、青年项目	全国哲学社会科学规划办公室	专著	2018. 03
11	基于大数据驱动的外交决策模式创新与我国实践路径研究	董青岭	国际关系学院	国家社会科学基金、青年项目	全国哲学社会科学规划办公室	研究报告	2018. 12
12	国外左翼学者的社会主义研究及其评析	童　晋	思想政治理论课教学科研部	国家社会科学基金、青年项目	全国哲学社会科学规划办公室	专著	2018. 12
13	网络宗教事务管理法治化研究	濮　灵	思想政治理论课教学科研部	国家社会科学基金、青年项目	全国哲学社会科学规划办公室	专著	2018. 06
14	中国税式支出的规模结构测度、形成机制分析和经济效应研究	毛　捷	国际经济贸易学院	国家自然科学基金、面上项目	国家自然科学基金委员会	论文、研究报告	2019. 12
15	关键词拍卖机制均衡分析：从广告主角度	刘树林	国际经济贸易学院	国家自然科学基金、面上项目	国家自然科学基金委员会	论文	2019. 12
16	基于信息更新的需求不确定环境下的供应链柔性策略研究	杨　柳	国际商学院	国家自然科学基金、面上项目	国家自然科学基金委员会	论文、研究报告	2019. 12
17	农业保险的财政补贴政策对农户参保的激励效应测度及最优补贴水平研究：以种植业为例	何小伟	保险学院	国家自然科学基金、面上项目	国家自然科学基金委员会	论文	2019. 12

续表

序号	课题名称	负责人	承担部门	项目分类、类别	项目来源单位	预期成果形式	计划完成时间
18	基于大数据分析的P2P借贷平台风险承担行为研究	张海洋	金融学院	国家自然科学基金、面上项目	国家自然科学基金委员会	论文、研究报告、专著	2019.12
19	加速国际化：企业国际化过程理论的拓展与检验	陈建勋	国际经济研究院	国家自然科学基金、面上项目	国家自然科学基金委员会	论文	2019.12
20	家族异质性、制度空隙与企业创新	陈德球	国际商学院	国家自然科学基金、面上项目	国家自然科学基金委员会	论文、专著	2019.12
21	中国民营企业合法性战略及其反哺机制研究——基于组织与制度协同演化的视角	周晓艳	国际商学院	国家自然科学基金、面上项目	国家自然科学基金委员会	论文、专著	2019.12
22	预防和化解产能过剩问题的长效机制研究：基于无限期动态博弈模型	徐朝阳	国际经济贸易学院	国家自然科学基金、面上项目	国家自然科学基金委员会	论文、专著	2019.12
23	移动互联网情境下消费者点评的行为模式与激励机制——基于大数据与计量模型的实证研究	殷国鹏	信息学院	国家自然科学基金、面上项目	国家自然科学基金委员会	论文	2019.12
24	企业跨国混合式虚拟团队协作中的个人信任提升研究：基于协作工程方法	程絮森	信息学院	国家自然科学基金、面上项目	国家自然科学基金委员会	论文	2019.12
25	信息技术（IT）能力对虚拟团队绩效提升的机理研究：基于调适性IT使用与团队共享心智交互作用的视角	于晓丹	信息学院	国家自然科学基金、青年项目	国家自然科学基金委员会	论文	2018.12
26	流动人口的居住隔离现状与“人的城镇化”——基于全国性大样本的理论和实证研究	马湘君	国际经济贸易学院	国家自然科学基金、青年项目	国家自然科学基金委员会	论文	2018.12
27	信息不对称半鞅金融市场套利分析	邓　军	金融学院	国家自然科学基金、青年项目	国家自然科学基金委员会	论文	2018.12
28	汇率波动，出口传导，和异质性企业对外直接投资	田　巍	国际经济贸易学院	国家自然科学基金、青年项目	国家自然科学基金委员会	论文	2018.12
29	积分逆变换精确算法的金融应用	史　钞	金融学院	国家自然科学基金、青年项目	国家自然科学基金委员会	论文	2018.12
30	长度偏差右删失数据下剩余寿命模型的半参数推断	白芳芳	统计学院	国家自然科学基金、青年项目	国家自然科学基金委员会	论文	2018.12
31	金融市场开放与本土制造业的出口价值链升级：来自中国的微观证据	吕　越	中国世界贸易组织研究院	国家自然科学基金、青年项目	国家自然科学基金委员会	论文、专著	2018.12
32	对外直接投资、出口的二元边际与价值链升级	刘　斌	中国世界贸易组织研究院	国家自然科学基金、青年项目	国家自然科学基金委员会	论文、研究报告	2018.12
33	CR奇点和映射芽的开折	苏　丹	统计学院	国家自然科学基金、青年项目	国家自然科学基金委员会	论文	2018.12
34	社会信任程度对于审计师行为的影响及经济后果研究——基于事务所和签字审计师层面	李　莉	国际经济贸易学院	国家自然科学基金、青年项目	国家自然科学基金委员会	论文、研究报告	2018.12

续表

序号	课题名称	负责人	承担部门	项目分类、类别	项目来源单位	预期成果形式	计划完成时间
35	中国在全球价值链上的贸易地位跃升模式研究	余心玎	国际经济贸易学院	国家自然科学基金、青年项目	国家自然科学基金委员会	论文	2018.12
36	基础设施驱动经济空间集聚的理论机制、经验证据及政策方案优化研究	苑德宇	国际经济贸易学院	国家自然科学基金、青年项目	国家自然科学基金委员会	论文、研究报告	2018.12
37	上市公司送转行为研究——基于投资者认可度和市值管理的视角	胡聪慧	国际商学院	国家自然科学基金、青年项目	国家自然科学基金委员会	论文	2018.12
38	移动社交网络用户对转帖信息的可信度判断和传播行为——基于健康保健和食品安全类信息的研究	顾　睿	信息学院	国家自然科学基金、青年项目	国家自然科学基金委员会	论文	2018.12
39	多维动态辖区竞争及税收协调可行性研究	韩玉桃	国际经济贸易学院	国家自然科学基金、青年项目	国家自然科学基金委员会	论文、研究报告	2018.12
40	银行业改革、信贷资源与资本配置效率	Xiumin Martin 陈德球	国际商学院	国家自然科学基金、海外及港澳学者合作研究基金	国家自然科学基金委员会	论文	2017.12
41	新常态下中国企业对外投资的理论创新与政策研究	洪俊杰	国际经济贸易学院	国家自然科学基金、应急项目	国家自然科学基金委员会	研究报告	2015.12
42	面向策略性消费者的供应链融资和运营决策研究	丁　鼎	国际经济贸易学院	国家自然科学基金、应急项目	国家自然科学基金委员会	论文、研究报告	2016.12
43	新常态下中国对外投资理论的创新与发展研究	卢进勇	国际经济贸易学院	国家自然科学基金、应急项目	国家自然科学基金委员会	研究报告	2015.12
44	新常态下中国对外直接投资的深层模式与驱动因素研究及趋势预测——基于广义二阶段引力模型的计量分析	刘　青	国际经济贸易学院	国家自然科学基金、应急项目	国家自然科学基金委员会	研究报告	2015.12
45	新常态下建设源于中国的全球公司的发展策略研究	汤　碧	国际经济研究院	国家自然科学基金、应急项目	国家自然科学基金委员会	研究报告	2015.12
46	新常态下中国企业对外投资的经营理念和责任文化提升研究	许亦平	国际经济贸易学院	国家自然科学基金、应急项目	国家自然科学基金委员会	研究报告	2015.12
47	新常态下中国企业对外投资的管治结构研究	郑建明	国际商学院	国家自然科学基金、应急项目	国家自然科学基金委员会	研究报告	2015.12
48	新常态下中国企业对外投资的发展战略研究	蓝庆新	国际经济研究院	国家自然科学基金、应急项目	国家自然科学基金委员会	研究报告	2015.12
49	国际贸易投资规则对科技创新政策的影响研究	卢进勇	国际经济贸易学院	国家软科学研究计划	科技部	论文、研究报告	2015.08
50	结构性科技保险财政激励机制研究	吕文栋	国际商学院	国家软科学研究计划	科技部	论文、研究报告	2015.08
51	地方财政困境、最优税收分权与地方税改革评估：理论与实证	行伟波	国际经济贸易学院	教育部人文社会科学研究、规划项目	教育部	论文	2018.12

续表

序号	课题名称	负责人	承担部门	项目分类、类别	项目来源单位	预期成果形式	计划完成时间
52	马克思主义中国化视域下中共反帝话语范式的建构与演变及其基本经验研究	刘建萍	思想政治理论课教学科研部	教育部人文社会科学研究、规划项目	教育部	专著	2017.12
53	服务业开放对就业的影响机制：基于不同提供模式比较研究的中国服务业开放策略	李　杨	中国世界贸易组织研究院	教育部人文社会科学研究、规划项目	教育部	论文	2017.12
54	家庭金融脆弱性对居民消费和福利的影响及政策模拟研究	张　冀	保险学院	教育部人文社会科学研究、规划项目	教育部	论文	2018.12
55	经济新常态下的金融不稳定性及宏观经济政策有效性研究	王　妍	统计学院	教育部人文社会科学研究、青年项目	教育部	论文	2018.08
56	中国新时期女作家作品英译研究（1979—2010）	付文慧	英语学院	教育部人文社会科学研究、青年项目	教育部	专著	2017.12
57	中国外向型经济空心化发展趋势及影响因素的统计研究——基于人民币汇率变动视角	刘　英	统计学院	教育部人文社会科学研究、青年项目	教育部	专著	2018.06
58	“一带一路”战略下中国—中亚地区能源合作机制研究——新地区主义视角的探索	李　扬	国际关系学院	教育部人文社会科学研究、青年项目	教育部	论文	2018.02
59	英美总裁风险认知的评价话语特征研究	李　琳	英语学院	教育部人文社会科学研究、青年项目	教育部	专著	2018.02
60	政治文化视角下的中国群体性事件及其治理	余艳红	国际关系学院	教育部人文社会科学研究、青年项目	教育部	论文	2018.02
61	网络渠道情境下制造商渠道冲突治理机制研究	张磊楠	国际商学院	教育部人文社会科学研究、青年项目	教育部	论文	2017.12
62	中国出口信用保险的政策作用机制：基于多层次、多方法政策效应研究的制度完善策略	章添香	保险学院	教育部人文社会科学研究、青年项目	教育部	论文	2017.12
63	语言接触视角下的北京郊区语音演变研究	韩沛玲	中国语言文学学院	教育部人文社会科学研究、青年项目	教育部	专著	2018.12
64	香港参与国家“一带一路”的战略构想与可行路径	华晓红 张晓静	国际经济研究院	教委部人文社会科学研究、专项委托项目	教育部	研究报告	2016.12
65	建立健全高校意识形态工作体系研究	张小锋	思想政治理论课教学科研部	教育部人文社会科学研究、专项项目	教育部	论文	2015.11
66	北京汉语方言调查	周晨萌	中国语言文学学院	中国语言资源保护工程专项任务	教育部、国家语委	研究报告	2017.12

续表

序号	课题名称	负责人	承担部门	项目分类、类别	项目来源单位	预期成果形式	计划完成时间
67	国际直接投资规则发展新趋势及中国的应对研究	杨荣珍	中国世界贸易组织研究院	教育部人文社会科学研究、重点研究基地重大项目	教育部	论文、研究报告	2017.12
68	中国制造业中间投入服务化水平测度及服务开放政策的微观生产率影响研究	周念利	中国世界贸易组织研究院	教育部人文社会科学研究、重点研究基地重大项目	教育部	论文、研究报告	2018.09
69	信息技术使用在高效虚拟团队中作用研究	于晓丹	信息学院	教育部第50批留学回国人员科研启动基金	教育部	论文	2018.12
70	转售价格维持规制的比较法研究	陈丹舟	法学院	教育部第49批留学回国人员科研启动基金	教育部	论文	2018.12
71	闽南方言常用动词语义演变研究	陈伟蓉	中国语言文学学院	教育部第49批留学回国人员科研启动基金	教育部	论文	2018.12
72	我国外汇储备的投资优化决策问题研究	余　湄	金融学院	第六批北京市社会科学基金基础类重大项目	北京市哲学社会科学规划办公室	研究报告	2018.12
73	全球化背景下北京市企业协同创新绩效评价与提升机制研究	王永贵	国际商学院	北京市社会科学基金、重点项目	北京市哲学社会科学规划办公室	年度报告	2018.12
74	财政补贴和风险投资在北京上市公司技术创新中的耦合机制研究	贺炎林	金融学院	北京市社会科学基金、重点项目	北京市哲学社会科学规划办公室	论文集	2018.06
75	互联网用户点评行为的激励机制及动态规律——基于大数据与计量模型的实证研究	殷国鹏	信息学院	北京市社会科学基金、重点项目	北京市哲学社会科学规划办公室	论文集	2016.12
76	全球价值链背景下生产性服务业开放与北京制造业转型升级研究	李　杨	中国世界贸易组织研究院	北京市社会科学基金、一般项目	北京市哲学社会科学规划办公室	论文集	2017.12
77	京津冀通关一体化对北京的经济效应研究	李海莲	公共管理学院	北京市社会科学基金、一般项目	北京市哲学社会科学规划办公室	研究报告	2017.06
78	北京市判决书论证质量调查	杨　贝	法学院	北京市社会科学基金、一般项目	北京市哲学社会科学规划办公室	研究报告	2017.06
79	留学生来京留学动因与就读体验研究：基于高等教育国际化的视角	杨晓平	校长办公室	北京市社会科学基金、一般项目	北京市哲学社会科学规划办公室	专著	2017.12
80	北京企业海外发展战略与路径研究	张新民	国际商学院	北京市社会科学基金、一般项目	北京市哲学社会科学规划办公室	年度报告	2015.12
81	家庭金融脆弱性视角下的北京地区居民消费变化研究及政策模拟	张　冀	保险学院	北京市社会科学基金、一般项目	北京市哲学社会科学规划办公室	论文集	2018.06

续表

序号	课题名称	负责人	承担部门	项目分类、类别	项目来源单位	预期成果形式	计划完成时间
82	北京涉外企业商务实践中法律英语之应用研究	周玲玲	英语学院	北京市社会科学基金、一般项目	北京市哲学社会科学规划办公室	专著	2017.12
83	北京市试点建立失能老人社区看护服务体系研究	赵　敬	外语学院	北京市社会科学基金、一般项目	北京市哲学社会科学规划办公室	研究报告	2017.12
84	北京企业品牌国际化经营问题研究	郝旭光	国际商学院	北京市社会科学基金、一般项目	北京市哲学社会科学规划办公室	专著	2017.06
85	北京市流动人口的居住隔离现状与“人的城镇化”	马湘君	国际经济贸易学院	北京市社会科学基金、青年项目	北京市哲学社会科学规划办公室	论文集	2017.06
86	北京工业遗产的保护与发展研究	王长松	公共管理学院	北京市社会科学基金、青年项目	北京市哲学社会科学规划办公室	论文集	2017.12
87	“一带一路”战略下北京出口企业市场进入与扩张的策略研究	王丽丽	国际经济研究院	北京市社会科学基金、青年项目	北京市哲学社会科学规划办公室	论文集	2017.12
88	北京市城乡居民大病保险“共保联办”模式研究	王　琬	保险学院	北京市社会科学基金、青年项目	北京市哲学社会科学规划办公室	论文集	2017.06
89	北京市机动车限购限行政策评估	王　皓	国际商学院	北京市社会科学基金、青年项目	北京市哲学社会科学规划办公室	研究报告	2017.06
90	抗战时期北平刊物译介行为研究	付文慧	英语学院	北京市社会科学基金、青年项目	北京市哲学社会科学规划办公室	论文集	2017.12
91	北京市青年创业项目商业模式创新研究	刘　鑫	英语学院	北京市社会科学基金、青年项目	北京市哲学社会科学规划办公室	研究报告	2017.06
92	西方媒体中的北京形象：基于语料库的批评话语分析	江进林	英语学院	北京市社会科学基金、青年项目	北京市哲学社会科学规划办公室	论文集	2017.12
93	全球价值链背景下京津冀产业协同发展战略研究	余心玎	国际经济贸易学院	北京市社会科学基金、青年项目	北京市哲学社会科学规划办公室	研究报告	2017.06
94	互联网时代提升首都大学生主流意识形态认同度的社会实践策略研究	张旭路	国际经济贸易学院	北京市社会科学基金、青年项目	北京市哲学社会科学规划办公室	研究报告	2017.06
95	大数据背景下北京市网络社会风险动态监测与控制机制研究	唐晓彬	统计学院	北京市社会科学基金、青年项目	北京市哲学社会科学规划办公室	研究报告	2017.06
96	京津冀过剩产能向“一带一路”国家转移的投资风险研究	黄晓薇	金融学院	北京市社会科学基金、青年项目	北京市哲学社会科学规划办公室	研究报告	2016.12
97	中国企业海外发展报告2015	张新民	国际商学院	北京市社会科学基金、年度报告出版资助项目	北京市哲学社会科学规划办公室	研究报告	2015.12
98	基于APC模型的北京市人口膨胀与资源压力预测模型研究	许晓娟	国际商学院	北京市自然科学基金、面上项目	北京市自然科学基金委员会	专著、论文	2016.12
99	基于多源信息融合的北京公共危机事件情境感知研究	李　兵	信息学院	北京市自然科学基金、面上项目	北京市自然科学基金委员会	专著、论文	2016.12
100	考虑现货市场交易和不完全需求信息更新下的供应期权合同研究	赵映雪	国际经济贸易学院	北京市自然科学基金、预探索项目	北京市自然科学基金委员会	论文	2015.12

2015 年度校级社会科学研究项目

序号	项目名称	负责人	承担部门	项目分类、类别	预期成果形式	计划完成时间
1	供应链管理研究创新团队	赵映雪	国际经济贸易学院	学术创新团队	论文、专著	2017.12
2	银行业改革与资本市场研究创新团队	陈德球	国际商学院	学术创新团队	论文、专著	2017.12
3	电子商务创新实践与前沿理论研究团队	殷国鹏	信息学院	学术创新团队	论文、专著	2017.12
4	“比较视野下的现代政治治理理论与实践”学术创新团队	霍伟岸	国际关系学院	学术创新团队	论文、专著	2017.12
5	中国对外话语体系构建研究创新团队	李紫莹	外语学院	学术创新团队	论文、专著	2017.12
6	身体的政治化与符号化：“文革”时期女性体育发展的社会学检视	于　鹏	体育部	一般项目	论文	2017.12
7	高校国有资产管理绩效评价体系及应用研究	王元彬	资产处	一般项目	论文	2017.12
8	大国经济外交视野下中国自贸区战略的设计与管理	王宏禹	国际关系学院	一般项目	论文	2017.12
9	“一带一路：战略的新空间政治学理论基础和价值研究	王贵楼	思想政治理论课教学科研部	一般项目	论文	2017.12
10	评巴尔加斯·略萨的戏剧创作	毛　频	外语学院	一般项目	论文	2017.12
11	欧盟委员会主席化进程研究	石贤泽	国际关系学院	一般项目	论文	2017.12
12	证券监管者损失厌恶、后悔厌恶及沉没成本效应关联性研究	兰俊美	国际商学院	一般项目	论文	2017.12
13	中日韩自贸区进程的效应与路径研究	李　丽	英语学院	一般项目	论文	2017.12
14	自动聚类算法在保险客户细分问题中的应用	李　岩	保险学院	一般项目	论文	2017.12
15	艾丽斯·门罗作品在美国的传播研究	李　靓	英语学院	一般项目	论文	2017.12
16	学术机构知识库支持科研及优化策略研究	邱小红	图书馆	一般项目	论文	2017.12
17	基于语料库的情感表达型交际的语用学考察	宋成方	英语学院	一般项目	论文	2017.12
18	中国波指期限结构测度及其风险预警研究	屈满学	金融学院	一般项目	论文	2017.12
19	明清女性的公共空间建构	赵崔莉	思想政治理论课教学科研部	一般项目	论文	2017.12
20	新媒体环境下媒介化公共外交研究	赵鸿燕	国际关系学院	一般项目	论文	2017.12
21	美国能源革命的全球性影响研究	徐　凡	英语学院	一般项目	论文	2017.12
22	索引词主义主要论证的批判性研究	马欣欣	英语学院	青年项目	论文	2017.12
23	单叶函数族及其子族上的极值问题	王利梅	统计学院	青年项目	论文	2017.12
24	市场经济发展进程中社会法的功能研究	太　月	保险学院	青年项目	论文	2017.12
25	房地产市场波动影响因素的区域差异研究	卞　洋	金融学院	青年项目	论文	2017.12

续表

序号	项目名称	负责人	承担部门	项目分类、类别	预期成果形式	计划完成时间
26	TPP 劳工标准对我国的影响及对策	卢杰锋	法学院	青年项目	论文	2017. 12
27	企业专利申请提前公开决策研究	李晨乐	英语学院	青年项目	论文	2017. 12
28	经济政策不确定性指标体系构建	张书宇	金融学院	青年项目	论文	2017. 12
29	“一带一路”视域下中国国家形象的多维塑造与传播策略研究	张淑玲	英语学院	青年项目	论文	2017. 12
30	教育的婚姻回报与性别间教育差异	陈建伟	教育与开放经济研究中心	青年项目	论文	2017. 12
31	随机环境中近邻界随机游动的重整化极限	周　珂	统计学院	青年项目	论文	2017. 12
32	汉语第二语言学习者词汇深度知识发展研究	周　琳	中国语言文学学院	青年项目	论文	2017. 12
33	中国国家身份的话语建构研究	赵　洋	国际关系学院	青年项目	论文	2017. 12
34	金融监管与银行风险	宫　迪	金融学院	青年项目	论文	2017. 12
35	高维成分数据的稀疏分类算法及应用	秦　磊	统计学院	青年项目	论文	2017. 12
36	波动率衍生产品的定价和最优投资组合问题	唐　丹	国际经济贸易学院	青年项目	论文	2017. 12
37	意大利复兴运动中国家形象构建研究	潘源文	外语学院	青年项目	论文	2017. 12
38	IPO 定价市场化与我国上市公司的治理质量	马　琳	金融学院	新进青年教师科研启动项目	论文	2017. 12
39	全球价值链视角下的中国制造业碳排放问题研究	王　苒	全球价值链研究院	新进青年教师科研启动项目	论文	2017. 12
40	京津冀区域信用体系建设的评价指标体系研究	王　璐	深圳研究院	新进青年教师科研启动项目	论文	2017. 12
41	复杂数据的统计分析	叶　鹏	统计学院	新进青年教师科研启动项目	论文	2017. 12
42	琉球独立运动的传播策略研究	史　歌	外语学院	新进青年教师科研启动项目	论文	2017. 12
43	不确定信息下的城市应急物流系统仿真与承载力评价研究	刘小月	信息学院	新进青年教师科研启动项目	论文	2017. 12
44	中国制造业软国际竞争力统计测度研究	刘思明	统计学院	新进青年教师科研启动项目	论文	2017. 12
45	巴西媒体对中国国家形象的建构	刘　镓	外语学院	新进青年教师科研启动项目	论文	2017. 12
46	语言之争与现代希腊民族认同问题研究	孙　涛	外语学院	新进青年教师科研启动项目	论文	2017. 12
47	新兴国家农业贸易政策的比较分析及启示	李思奇	中国世界贸易组织研究院	新进青年教师科研启动项目	论文	2017. 12
48	专利制度变革对企业创新的影响——基于中国上市公司的实证研究	何文龙	国际商学院	新进青年教师科研启动项目	论文	2017. 12
49	政党社会学的理论谱系与中国研究	张　汉	国际关系学院	新进青年教师科研启动项目	论文	2017. 12

续表

序号	项目名称	负责人	承担部门	项目分类、类别	预期成果形式	计划完成时间
50	中国视阈下的大众媒体、公共事件和法律制度供给研究	张　欣	法学院	新进青年教师科研启动项目	论文	2017. 12
51	拓展训练纳入高校学生教育培养体系的研究	张树敏	体育部	新进青年教师科研启动项目	论文	2017. 12
52	社区大众健身俱乐部的组织结构及价值取向研究	范　恺	体育部	新进青年教师科研启动项目	论文	2017. 12
53	仿拟“亚文化”：数字媒体流行话语分析	欧阳春雪	英语学院	新进青年教师科研启动项目	论文	2017. 12
54	创新社会经济治理模式——社会企业国际比较研究	金仁仙	公共管理学院	新进青年教师科研启动项目	论文	2017. 12
55	大数据环境下面向危机信息的企业在线回应策略研究	屈启兴	信息学院	新进青年教师科研启动项目	论文	2017. 12
56	中国企业在俄罗斯运营的风险管理体系的构建	胡　明	外语学院	新进青年教师科研启动项目	论文	2017. 12
57	大学教师发展评估研究	秦冠英	教育与开放经济研究中心	新进青年教师科研启动项目	论文	2017. 12
58	基于语料库的英语硕士论文中介入评价语言使用分析——校际间不同学科论文的比较	耿异凡	英语学院	新进青年教师科研启动项目	论文	2017. 12
59	中法农产食品贸易发展研究	桂泽元	外语学院	新进青年教师科研启动项目	论文	2017. 12
60	美学自由与对人的颠覆——论德国作家博纳文图拉小说《守夜》中的破界	贾涵斐	外语学院	新进青年教师科研启动项目	论文	2017. 12
61	企业高层管理者的动态战略领导行为探索	黄鸣鹏	国际商学院	新进青年教师科研启动项目	论文	2017. 12
62	社会化媒体营销对消费者采纳行为的影响	龚诗阳	国际商学院	新进青年教师科研启动项目	论文	2017. 12
63	在线社区识别与管理中的自然语言处理	喇　磊	信息学院	新进青年教师科研启动项目	论文	2017. 12
64	跨社交网络的用户行为研究	路冬媛	信息学院	新进青年教师科研启动项目	论文	2017. 12
65	稳健高维降维方法及其在大数据及生物医学中的研究与应用	熊　巍	统计学院	新进青年教师科研启动项目	论文	2017. 12
66	Popular Shakespeare in China：1993—2008	李　军	英语学院	学术出版资助	论文	2015. 12
67	中日诗学研究	祁晓明	中国语言文学学院	学术出版资助	论文	2015. 12
68	不稳定梁振动系统的自适应边界反馈镇定与干扰抵消	郭　伟	统计学院	杰出青年学者培育计划	论文	2016. 12
69	我国生态文明评价指标体系构建与发展策略研究	蓝庆新	国际经济研究院	杰出青年学者培育计划	论文	2016. 12
70	基于博弈模型的电子商务与交通及环境关系研究	邵　婧	国际商学院	杰出青年学者培育计划	论文	2016. 12

续表

序号	项目名称	负责人	承担部门	项目分类、类别	预期成果形式	计划完成时间
71	基于资产配置模型开发下的我国投资风险防范及度量方法研究	余 湄	金融学院	杰出青年学者培育计划	论文	2016. 12
72	信息处理成本与市场有效性：基于媒体覆盖的研究	董 毅	金融学院	优秀青年学者培育计划	论文	2017. 12
73	中国企业的境外专利与其出口行为之间的关系和作用机制	荆 然	国际经济贸易学院	优秀青年学者培育计划	论文	2017. 12
74	云计算模式下信息系统应用对企业组织双元性的影响机制研究	李 亮	信息学院	优秀青年学者培育计划	论文	2017. 12
75	中国生产性服务业开放与全球价值链地位提升：作用机制、问题与开放策略	李 杨	中国世界贸易组织研究院	优秀青年学者培育计划	论文	2017. 12
76	宏观经济政策、组织结构与企业税收规避行为	刘慧龙	国际商学院	优秀青年学者培育计划	论文	2017. 12
77	组织冗余、连锁董事与企业绩效：资源依赖的视角	王分棉	国际商学院	优秀青年学者培育计划	论文	2017. 12
78	出口经历与企业市场进入的路径依赖——基于异质性企业理论视角	王丽丽	国际经济研究院	优秀青年学者培育计划	论文	2017. 12
79	市场对不同信息的反应差异研究	谢海滨	金融学院	优秀青年学者培育计划	论文	2017. 12
80	依赖风险度量及其整合定价研究	谢远涛	保险学院	优秀青年学者培育计划	论文	2017. 12
81	高频交易、系统风险与市场质量	薛 熠	国际经济贸易学院	优秀青年学者培育计划	论文	2017. 12
82	商务法律英语学科基础框架研究	周玲玲	英语学院	优秀青年学者培育计划	论文	2017. 12

（对外经济贸易大学科研处供稿）

中国传媒大学

2015 年度承担国家级、省部级社会科学研究项目

序号	项目名称	负责人	承担部门	项目分类、类别	项目来源单位	预期成果形式	计划完成时间
1	中国特色社会主义新闻传播理论的构建	高晓虹	新闻传播学部—电视与新闻学院	国家社会科学基金、重大项目	全国哲学社会科学规划办公室	系列论文、专著、研究报告	2017. 12
2	国家语言文字舆情数据库	程南昌	国家语言资源监测与研究中心有声媒体语言分中心	国家语委、一般项目	国家语委	系列论文、研究报告、软件系统	2016. 06
3	文化援疆的传播战略与创新路路径研究	赵淑萍	新闻传播学部—电视与新闻学院	国家民委、重点项目	国家民委	研究报告	2016. 05
4	“一带一路”战略背景下中国国家形象提升战略研究	张树庭	经济与管理学院	教育部人文社会科学研究、基地重大项目	教育部	专著	2018. 12

续表

序号	项目名称	负责人	承担部门	项目分类、类别	项目来源单位	预期成果形式	计划完成时间
5	媒体融合背景下广播电视新闻理念与形态发展创新研究	曾祥敏	新闻传播学部—电视与新闻学院	教育部人文社会科学研究、基地重大项目	教育部	专著	2016.12
6	黄金十年：省级卫视发展与调控研究（2005—2015）	郎劲松	新闻传播学部—电视与新闻学院	国家社会科学基金、一般项目	全国哲学社会科学规划办公室	专著	2017.12
7	北京地区4A广告公司发展与转型研究	丁俊杰	广告学院	北京市社会科学基金、一般项目	北京市哲学社会科学规划办公室	研究报告	2017.12
8	北京地区传统媒体发展策略研究	段　鹏	文科科研处	北京市社会科学基金、重点项目	北京市哲学社会科学规划办公室	研究报告	2016.07
9	区域特色文化产业发展研究	陈娴颖	协同创新中心	国家社会科学基金、青年项目	全国哲学社会科学规划办公室	专著、论文、研究报告	2017.12
10	港台抗战电影史稿	史博公	艺术学部—艺术研究院	国家社会科学基金艺术学、一般项目	全国哲学社会科学规划办公室	专著	2015.12
11	新中国画报史——图像中的社会变迁	曹培鑫	新闻传播学部—电视与新闻学院	国家社会科学基金艺术学、一般项目	全国哲学社会科学规划办公室	专著	2017.04
12	2015年首都互联网视频业态研究	陈斯华	协同创新中心—新媒体研究院	北京市社会科学基金、一般项目	北京市哲学社会科学规划办公室	研究报告	2016.12
13	首都移动媒体政策与管理研究	卢　迪	协同创新中心—新媒体研究院	北京市社会科学基金、一般项目	北京市哲学社会科学规划办公室	研究报告	2016.12
14	互联网群体传播的特点、机制与理论研究	隋　岩	新闻传播学部—电视与新闻学院	国家社会科学基金、重大项目	全国哲学社会科学规划办公室	专著	2016.11
15	首都影视行业发展激励机制与扶持政策研究	邓文卿	文科科研处	北京市社会科学基金、一般项目	北京市哲学社会科学规划办公室	研究报告	2016.12
16	濒危语言调查——格曼语	李大勤	文法学部—文学院	教育部人文社会科学研究、一般项目	教育部	研究报告	2016.12
17	马克思主义在我国少数民族地区传播研究	葛艳玲	文法学部—政治与法律学院	国家社会科学基金、青年项目	全国哲学社会科学规划办公室	专著、研究报告	2015.10
18	“一带一路”核心区语言战略研究	邢　欣	文法学部—对外汉语教育学院（留学生院）	国家语委、重点项目	国家语委	专著	2017.12
19	新形势下广播电视媒体对台传播效果研究	张　丽	新闻传播学部—电视与新闻学院	国家广电总局、一般项目	国家新闻出版广电总局	论文集、研究报告	2017.07
20	媒介融合背景下广播电视传播公信力建设研究	段　鹏	文科科研处	国家广电总局、一般项目	国家新闻出版广电总局	专著	2017.07

续表

序号	项目名称	负责人	承担部门	项目分类、类别	项目来源单位	预期成果形式	计划完成时间
21	新媒体环境下我国影视产业生态集群发展研究——以金田影视产业园为例	胡正荣	广播电视研究中心	国家广电总局、一般项目	国家新闻出版广电总局	研究报告	2016.07
22	媒介融合环境下广播媒体的生态空间拓展研究	宫承波	新闻传播学部—电视与新闻学院	国家广电总局、一般项目	国家新闻出版广电总局	研究报告	2016.05
23	我国重大题材理论文献片创作研究	金德龙	文法学部—文学院	国家广电总局、一般项目	国家新闻出版广电总局	研究报告	2016.12
24	电视节目跨屏传播效果评估体系研究	刘燕南	新闻传播学部—传播研究院	国家广电总局、一般项目	国家新闻出版广电总局	研究报告	2016.06
25	互联网群体传播语境下的电视节目策划研究	隋　岩	新闻传播学部—电视与新闻学院	国家广电总局、一般项目	国家新闻出版广电总局	论文集	2016.08
26	媒介融合视域下中国电子媒介演进史	李　煜	新闻传播学部—电视与新闻学院	国家广电总局、一般项目	国家新闻出版广电总局	论文集	2018.12
27	打工春晚：流动人口的广播影视公共服务模式研究	曹培鑫	新闻传播学部—电视与新闻学院	国家广电总局、一般项目	国家新闻出版广电总局	研究报告	2016.06
28	频危语言调查——义都语	李大勤	文法学部—文学院	国家语委、重点项目	国家语委	研究报告	2016.12
29	县市级政府网站语言文字使用状况监测与研究	段　鹏	文科科研处	教育部语信司、重点项目	教育部	研究报告	2016.11
30	用户收视行为数据分析模型研究及直播卫星数据业务规范	段　鹏	文科科研处	国家广电总局、重点项目	国家新闻出版广电总局	研究报告	2016.06
31	中国特色国际新闻传播人才的培养模式与创新研究	高晓虹	新闻传播学部—电视与新闻学院	国家社会科学基金、重大项目	全国哲学社会科学规划办公室	专著、研究报告	2017.09
32	明代剧坛对元杂剧接受之研究	王永恩	艺术学部—艺术研究院	文化部专项、一般项目	文化部	研究报告	2017.09
33	政治传播视角下社会主义核心价值观教育研究	赵　波	马克思主义学院	教育部人文社会科学研究、一般项目	教育部	研究报告	2016.12
34	新的诠释：网络视频传播范式及意义研究	王晓红	新闻传播学部—电视与新闻学院	国家社会科学基金、一般项目	全国哲学社会科学规划办公室	研究报告	2016.09
35	媒介变迁：范式转换与机制更迭（霍英东教育基金项目）	崔　林	新闻传播学部—电视与新闻学院	教育部人文社会科学研究、青年项目	教育部	专著	2017.03
36	基于数字博物馆平台建设的北京老字号挖掘保护与文化创新研究	刘英华	广告学院	北京市社会科学基金、一般项目	北京市哲学社会科学规划办公室	专著	2017.03

续表

序号	项目名称	负责人	承担部门	项目分类、类别	项目来源单位	预期成果形式	计划完成时间
37	基于大数据的影视剧风险评估与风险管控体系研究	司　若	艺术学部—戏剧影视学院	北京市社会科学基金、一般项目	北京市哲学社会科学规划办公室	研究报告	2016.12
38	中外媒体涉华报道差异的批评话语分析	严　玲	外国语学院	北京市社会科学基金、一般项目	北京市哲学社会科学规划办公室	论文集	2016.06
39	电视新闻节目音译词和字母词使用状况及规范方略研究	舒笑梅	研究生院（研究生工作部）	北京市社会科学基金、一般项目	北京市哲学社会科学规划办公室	研究报告	2018.06
40	北京城市公共艺术与设计文化发展研究	舒　怡	广告学院	北京市社会科学基金、一般项目	北京市哲学社会科学规划办公室	专著	2018.12
41	身边的数据会说话	丁　迈	新闻传播学部—电视与新闻学院	教育部人文社会科学研究、一般项目	教育部	著作	2016.07
42	北京日报报业集团融合发展研究	张晓红	新闻传播学部—电视与新闻学院	北京市社会科学基金、一般项目	北京市哲学社会科学规划办公室	专著	2018.06
43	媒介融合背景下北京电台电视台发展策略研究	段　鹏	文科科研处	北京市社会科学基金、重点项目	北京市哲学社会科学规划办公室	研究报告	2017.05
44	中国现代作家藏书文化研究	张鸿声	文法学部—文学院	国家社会科学基金、一般项目	全国哲学社会科学规划办公室	专著	2018.12
45	中国共产党反腐败传播历史研究（1921—2020）	姬德强	广播电视研究中心	国家社会科学基金、青年项目	全国哲学社会科学规划办公室	专著、系列论文	2020.03
46	中国国际传播学术话语体系建构研究	李　智	新闻传播学部—传播研究院	国家社会科学基金、重点项目	全国哲学社会科学规划办公室	专著	2018.12
47	中国电影外译史研究	金海娜	外国语学院	国家社会科学基金、青年项目	全国哲学社会科学规划办公室	专著	2018.12
48	20世纪中国播音室史史料学研究	马玉坤	播音主持艺术学院	国家社会科学基金、一般项目	全国哲学社会科学规划办公室	专著	2019.06
49	广播电视用语在社会语言生活中的地位和作用研究	张　磊	广播电视研究中心	国家语委、一般项目	国家语委	研究报告	2018.12
50	高等教育大众化与媒体融合时代菁英女性培养与领导力提升研究	刘继南	现代女性领导力研究院	教育部人文社会科学研究、重大项目	教育部	专著	2018.12
51	北京电视媒体的视频内容价值拓展现状与策略创新	段晶晶	广告学院	北京市社会科学基金、重大项目	北京市哲学社会科学规划办公室	研究报告、论文	2015.12
52	民族器乐的乐律感知协和性研究	王　鑫	艺术学部—音乐与录音艺术学院	教育部人文社会科学研究、青年项目	教育部	论文、咨询报告	2018.03
53	传播技术路径下的中国大众媒介变迁史研	李　煜	新闻传播学部—电视与新闻学院	教育部人文社会科学研究、一般项目	教育部	论文	2018.03
54	影像美学（导论）	侯　军	艺术学部—戏剧影视学院	教育部人文社会科学研究、青年项目	教育部	著作、论文	2018.03

续表

序号	项目名称	负责人	承担部门	项目分类、类别	项目来源单位	预期成果形式	计划完成时间
55	鲁迅文章学研究	刘春勇	文法学部—文学院	教育部人文社会科学研究、一般项目	教育部	著作、论文	2018.03
56	多元语境下的俄语媒体语篇研究	徐洪征	外国语学院	教育部人文社会科学研究、一般项目	教育部	著作、论文	2018.03

2015 年度校级社会科学研究项目

序号	项目名称	负责人	承担部门	项目分类、类别	预期成果形式	计划完成时间
1	社交电视发展趋势研究	张　磊	广播电视研究中心	重点项目	研究报告	2016.11
2	中国传统文化视觉化表现及网络传播研究	沈　晶	艺术学部、戏剧影视学院	重点项目	研究报告	2016.10
3	重大突发事件舆论引导的案例研究	高晓虹	新闻传播学部、电视与新闻学院	重点项目	研究报告	2016.10
4	中国电影社会学	史博公	艺术学部、艺术研究院	重点项目	译著	2016.10
5	区域化新闻宣传模式研究	宋　凯	文科科研处	重点项目	研究报告	2016.10
6	图文叙事的语言结构研究——以叙事性漫画为主	王　婧	艺术学部、动画与数字艺术学院	一般项目	研究报告	2016.06
7	商学院品牌宣传推广研究	王维娟	MBA 学院	一般项目	研究报告	2016.06
8	分众化传播视域下的马克思主义大众化与大学生思想政治教育	吴　俊	马克思主义学院	一般项目	研究报告	2016.06
9	英国浪漫主义与 18 世纪政治哲学思潮之关系	孙凌钰	文法学部、文学院	一般项目	论文集	2016.06
10	中国传媒大学文库	毛　欢	图书馆	重点项目	软件、平台建设	2016.06
11	媒体节目智能综合信息平台	张　晶	文法学部、文学院	重点项目	软件、平台建设	2016.06
12	媒体艺术的审美体验研究	陈思勤	协同创新中心	一般项目	论文、研究报告	2016.12
13	新世纪以来的中国对美公共外交活动研究	田　田	文法学部、对外汉语教育学院（留学生院）	一般项目	研究报告	2016.06
14	实验、竞赛和专业型社团协会培养传媒科技领域创新人才	章文辉	理工学部、理学院	一般项目	调研报告	2016.10
15	中国传媒大学职员制背景下专职辅导员职业发展问题与对策	张　蕊	发展战略规划处	一般项目	研究报告	2016.10
16	中国传媒大学非通用语学科建设与人才培养模式研究	尹明明	外国语学院	一般项目	研究报告	2016.10

续表

序号	项目名称	负责人	承担部门	项目分类、类别	预期成果形式	计划完成时间
17	中国传媒大学微信公众号与校园文化建设研究	王锡苓	新闻传播学部、电视与新闻学院	一般项目	研究报告	2016. 10
18	中国传媒大学和附属学校的教育资源流动与互动研究	徐 雯	发展战略规划处	一般项目	研究报告	2016. 10
19	构建高校固定资产精细化管理新模式	杨蕴清	资产管理处	一般项目	论文集	2016. 05
20	跨越藩篱——“诗意情境”的影像及审美意蕴	李文宁	远程与继续教育学院、高职学院	一般项目	专著	2016. 05
21	传媒艺术研究的必要性论析	刘 俊	学报	一般项目	论文、专著	2016. 05
22	《梅益工作日记（1948—1966）》的释读与研究	魏 婧	传媒博物馆	一般项目	研究报告	2016. 05
23	高校教育基金会建设与资金运作研究	孙 雷	财务处	一般项目	研究报告	2016. 05
24	中国传媒大学“十三五”改善基本办学条件专项经费项目库	胡 疆	财务处	一般项目	论文集、研究报告	2016. 05
25	角色与自我——女性纪录片的主体性研究	姜 娟	中传电视台	一般项目	专著	2016. 05
26	社会化媒体的MOOC传播平台研究与实现	宋 凯	文科科研处	一般项目	论文集、研究报告	2015. 12
27	传媒高校人文社会科学科研管理体制创新研究	闫磊凡	文科科研处	一般项目	研究报告	2016. 05
28	社会化媒体与共青团工作研究	李 伟	团委	一般项目	研究报告	2016. 05
29	我国新闻传播学学科演进的知识图谱研究	杨 凤	图书馆	一般项目	论文集	2016. 05
30	广播电视艺术学学科服务实践与模式研究	赵 莹	图书馆	一般项目	论文集	2016. 05
31	高校高层次人才队伍建设研究	葛 娜	人事处	一般项目	研究报告	2016. 05
32	我校传统重点就业市场巩固与发展策略研究	王 彧	就业指导中心	一般项目	研究报告	2016. 05
33	传媒类研究生国际化培养的系列问题研究	王德平	文科科研处	一般项目	研究报告	2016. 05
34	媒介融合背景下网络剧创作模式与传播机制研究	冯宗泽	教务处（招生办）	一般项目	研究报告	2016. 05
35	面向信息化管理的数字化校园建设和效率评估研究	肖 博	计算机与网络中心	一般项目	图书出版、报告	2016. 05
36	自媒体传播的表达自由与规制	严文明	后勤服务总公司	一般项目	研究报告	2016. 05
37	现代公共文化服务社会化的理论探索及政策法规研究	刘京晶	文化发展研究院	一般项目	研究报告	2016. 05
38	活态非物质文化遗产活态传承与开发研究——以沧州武术燕青拳为例	赵书波	文化发展研究院	一般项目	论文集、研究报告	2016. 05

续表

序号	项目名称	负责人	承担部门	项目分类、类别	预期成果形式	计划完成时间
39	移动互联网与健康传播的现状与趋势	周　亭	广播电视研究中心	一般项目	论文、研究报告	2016. 05
40	新媒体时代国家领导人公共形象的建构	周　亭	广播电视研究中心	一般项目	系列论文、研究报告	2016. 05
41	移动互联时代纪录片内容生产与传播策略研究	万彬彬	国际交流与合作处	一般项目	系列论文	2016. 05
42	深度报道的中外比较研究	张　龙	国际交流与合作处	一般项目	系列论文	2016. 05
43	数字土著伦理状况与对策研究	何雪莲	发展战略规划处	一般项目	论文	2016. 05
44	大学体育教育与大学生社会化——社会学视野中的大学体育教育	于　晶	体育部	一般项目	论文、研究报告	2016. 05
45	关于如何对体育课堂中的“边缘化”学生进行教学干预的研究	杨　奇	体育部	一般项目	研究报告	2016. 05
46	网络体育传播的偏向及其建议	宋立欣	体育部	一般项目	研究报告	2016. 05
47	新媒体背景下体育传播及产业发展研究	张　云	体育部	一般项目	论文、研究报告	2016. 05
48	大学生体育新利及专项运动研究	潘石磊	体育部	一般项目	专著	2016. 05
49	基于语料的英意财经新闻评论对比研究	付　卓	外国语学院	一般项目	论文集、研究报告	2016. 05
50	新媒体环境下俄罗斯广电业生态研究	谢　飞	外国语学院	一般项目	研究报告	2016. 05
51	韩国语发音矫正教育中的声学评价体系研究	范　柳	外国语学院	一般项目	研究报告	2016. 05
52	中国葡萄牙语专业教育发展研究	颜巧容	外国语学院	一般项目	研究报告	2016. 05
53	中华民族文化传播与翻译文化战略研究	邵海静	外国语学院	一般项目	研究报告	2016. 05
54	基于大数据的电影版权价值评估研究	卢　威	经济与管理学院	一般项目	研究报告	2016. 05
55	媒介融合趋势下电视媒体的竞争战略与市场绩效研究	于　晗	经济与管理学院	一般项目	研究报告、论文	2016. 05
56	新常态下的品牌危机管理变革与创新研究	吕艳丹	经济与管理学院	一般项目	论文集、研究报告	2016. 05
57	数字内容资产交易平台模型及其商业模式研究	孙江华	经济与管理学院	一般项目	研究报告	2016. 05
58	近年来中国电视娱乐文化的“传播逆差”现象研究	徐智鹏	艺术学部—戏剧影视学院	一般项目	系列论文	2016. 05
59	中国著名播音主持艺术家代表作品及语料库建设研究	刘　卓	播音主持艺术学院	一般项目	论文集	2016. 05
60	音乐录音三维实景模拟多媒体演示系统的理论与应用研究	张一龙	艺术学部—音乐与录音艺术学院	一般项目	研究报告、软件	2016. 05

续表

序号	项目名称	负责人	承担部门	项目分类、类别	预期成果形式	计划完成时间
61	金鸡奖最佳音乐获奖影片之音乐研究	刘 洋	艺术学部—戏剧影视学院	一般项目	研究报告	2016.05
62	中国影视文化人才竞争力提升研究	周建新	艺术学部—戏剧影视学院	一般项目	研究报告	2016.05
63	传媒艺术学视野下的卡通内容研究	王可越	艺术学部—动画与数字艺术学院	一般项目	专著	2016.05
64	微电影的艺术特点及其传播机制研究	张智慧	艺术学部—动画与数字艺术学院	一般项目	研究报告	2016.05
65	战争语境下的中国电影儿童形象塑造——中国儿童电影导演创作研究(1922—1982)	韩佳政	艺术学部—动画与数字艺术学院	一般项目	专著或论文集	2016.05
66	新世纪中美电影音乐创作比较研究	雷 伟	艺术学部—音乐与录音艺术学院	一般项目	研究报告	2016.05
67	基于电影叙事理论的重拍片叙事创作研究	张净雨	艺术学部—戏剧影视学院	一般项目	专著	2016.05
68	数字媒体时代少数民族文化的生存与发展	宋 戈	艺术学部—动画与数字艺术学院	一般项目	论文	2016.05
69	日本与德国电影的二战叙事比较研究	陆嘉宁	艺术学部—艺术研究院	一般项目	专著	2016.05
70	从立法与实践层面探析国际各行业组织对音乐产业发展的重要影响——以美国、日本和中国为例	张丰艳	艺术学部—音乐与录音艺术学院	一般项目	研究报告	2016.05
71	中国古代核心价值观传播研究	白文刚	文法学部—政治与法律学院	一般项目	专著、研究报告	2016.05
72	京郊村落方言的现状及历史层次研究	范慧琴	文法学部—文学院	一般项目	论文（集）	2016.05
73	政府网站语言资源建设及其舆情监测技术研究	邹 煜	文法学部—文学院	一般项目	论文集、研究报告（含语料库）	2016.05
74	中国近现代科幻文学研究	王晓云	文法学部—文学院	一般项目	专著	2016.05
75	中华文化海外传播实证研究——以CCTV-4为例	乐 琦	文法学部—对外汉语教育学院(留学生院)	一般项目	论文、电视节目	2016.05
76	全球化语境下中国电影跨文化有效传播的路径及策略研究	吴易霏	文法学部—对外汉语教育学院(留学生院)	一般项目	论文集	2016.05
77	抗战新闻史补考——《中国儿童时报》研究	孙 倩	新闻传播学部—电视与新闻学院	一般项目	研究报告	2016.05
78	媒体融合背景下的欧洲传媒环境变迁研究	赵如涵	新闻传播学部—电视与新闻学院	一般项目	研究报告	2016.05
79	全媒体语境下恐怖主义的信息传播及其应对	李 智	新闻传播学部—传播研究院	一般项目	论文集、研究报告	2016.05
80	国际新闻传播教育与创业实践融合模式研究	顾 洁	新闻传播学部—电视与新闻学院	一般项目	研究报告	2016.05

续表

序号	项目名称	负责人	承担部门	项目分类、类别	预期成果形式	计划完成时间
81	移动互联网条件下电视新闻传播新趋势研究	田维钢	新闻传播学部—电视与新闻学院	一般项目	论文集、研究报告	2016.05
82	新媒体和中国社会	赵　均	学报	一般项目	专著	2016.05
83	外国电视剧的研究（以美、韩等国家为例）	郭瑛霞	宣传部	一般项目	专著	2016.05
84	中国现代新闻观念的产生：基于知识社会学的考察（1815—1926）	涂凌波	新闻传播学部—电视与新闻学院	一般项目	论文集	2016.05
85	新媒体时代环境公共议题的媒介呈现与舆论引导研究	曹晚红	新闻传播学部—电视与新闻学院	一般项目	研究报告	2016.05
86	新媒体视域下的新经济形态研究	谭　笑	艺术学部—动画与数字艺术学院	一般项目	研究报告	2016.05
87	“移动短视频”发展现状及趋势研究	郭　杨	党委、校长办公室（法规办）	一般项目	研究报告	2016.05
88	基于移动互联网平台的动漫新型消费模式研究	金　炜	艺术学部—动画与数字艺术学院	一般项目	研究报告	2016.05
89	国际新闻报道的消息源研究	马奇炎	文科科研处	一般项目	专著	2016.05
90	我国高中生手机媒介素养教育研究	于　杨	教务处（招生办）	一般项目	专著	2016.05
91	自然意象的电影色彩语言	李　力	艺术学部—戏剧影视学院	一般项目	专著	2016.05
92	儿童电影创作研究	刘　硕	艺术学部—戏剧影视学院	一般项目	专著	2016.05
93	中国流行声乐发展史	王　韡	艺术学部—艺术研究院	一般项目	专著	2016.05
94	议程设置的博弈——主流新闻媒体与大学生舆论引导研究	邹　欣	新闻传播学部—电视与新闻学院	一般项目	专著	2016.05
95	3D 电影环绕声技术与艺术创作研究	王　珏	艺术学部—音乐与录音艺术学院	一般项目	译著、论文集	2016.05
96	北京文化生态与首都戏剧舞台创作发展的共生研究	郑　月	艺术学部—戏剧影视学院	一般项目	研究报告	2016.05
97	地域性文化形象重构视角下的城市光环境设计研究	张　林	艺术学部—戏剧影视学院	一般项目	论文集、研究报告	2016.05
98	资本运营视角下媒体融合路径研究	曲小刚	经济与管理学院	一般项目	研究报告	2016.05
99	中国城市公共艺术规划框架及内容研究	舒　怡	广告学院	一般项目	著作	2016.05
100	基于数字存储和在线平台建设的中国现当代广告史料挖掘与保护的口述史研究	刘英华	广告学院	一般项目	研究报告、数字平台	2016.05
101	新闻传播学和艺术学译丛 10	邢北冽	艺术学部—戏剧影视学院	一般项目	译著	2016.05
102	新闻传播学和艺术学译丛 9	韩　莹	艺术学部—戏剧影视学院	一般项目	译著	2016.05

续表

序号	项目名称	负责人	承担部门	项目分类、类别	预期成果形式	计划完成时间
103	新闻传播学和艺术学译丛8	徐智鹏	艺术学部—戏剧影视学院	一般项目	译著	2016.05
104	新闻传播学和艺术学译丛7	王　雷	艺术学部—动画与数字艺术学院	一般项目	译著	2016.05
105	新闻传播学和艺术学译丛6	武　楠	宣传部	一般项目	译著	2016.05
106	新闻传播学和艺术学译丛5	叶明睿	新闻传播学部—电视与新闻学院	一般项目	译著	2016.05
107	新闻传播学和艺术学译丛4	李　智	新闻传播学部—电视与新闻学院	一般项目	译著	2016.05
108	新闻传播学和艺术学译丛3	周　逵	新闻传播学部—电视与新闻学院	一般项目	译著	2016.05
109	新闻传播学和艺术学译丛2	姬德强	广播电视研究中心	一般项目	译著	2016.05
110	新闻传播学和艺术学译丛1	张　磊	广播电视研究中心	一般项目	译著	2016.05
111	大学生心理压力分析及应对策略研究——以三所高校为例	李　湾	学生工作处（武装部）	一般项目	研究报告、论文	2016.05
112	网络文化对当代大学生价值观影响探析	刘　娇	经济与管理学院	一般项目	研究报告、论文	2016.05
113	基于社交网络的大学生关注热点事件分析方法研究	殷复莲	理工学部—信息工程学院	一般项目	研究报告、论文	2016.05
114	大学生志愿服务与思想政治教育研究	李建广	理工学部—信息工程学院	一般项目	研究报告、论文	2016.05
115	社会主义核心价值观在当代大学生党员中的培育和践行研究	王曼霖	理工学部—计算机学院	一般项目	研究报告	2016.05
116	新媒体在高校学生事务“一站式”服务模式中的应用研究	杨　璇	学生工作处（武装部）	一般项目	研究报告、论文	2016.05
117	在高校学生工作中开展社会主义核心价值观培育的方法论	路　延	理工学部—信息工程学院	一般项目	论文	2016.05
118	大学生社会主义核心价值观构建内化路径研究	孙　靖	文法学部—文学院	一般项目	研究报告	2016.05
119	新媒体时代辅导员综合素质提升研究	胡　芳	新闻传播学部—电视与新闻学院	一般项目	论文	2016.05
120	高校问题学生的成因及思想政治教育策略	周媛媛	文法学部—文学院	一般项目	论文	2016.05
121	高校困难学生群体实践育人项目化运作研究	柴　娟	文法学部—文学院	重点项目	研究报告、调查报告、论文	2016.05
122	全媒体时代大学生践行社会主义核心价值观的外化途径研究	何　清	文法学部—文学院	重点项目	研究报告、论文	2016.05
123	高校传媒类学生在网络舆情处置中的角色维度及话语表征	陈　卓	播音主持艺术学院	重点项目	调研报告、论文	2016.05

（中国传媒大学文科科研处供稿）

中国农业大学

2015 年度承担国家级、省部级社会科学研究项目

序号	项目名称	负责人	承担部门	项目来源	预期成果形式	计划完成日期
1	土地流转后农户的可持续生计研究	陆继霞	人文与发展学院	国家社会科学基金项目	著作	2017.12
2	跨学科研究影响力的计量分析研究	陈仕吉	图书馆	国家社会科学基金项目	论文、研究报告	2017.12
3	互联网对乡村社会价值观变迁影响的研究	王朋进	人文与发展学院	国家社会科学基金项目	著作	2018.12
4	个体化医学的伦理与社会问题研究	陈海丹	人文与发展学院	国家社会科学基金项目	论文	2018.12
5	消费社会理论研究	郑红娥	人文与发展学院	国家社会科学基金项目	著作	2019.01
6	高等教育评估的网络治理机制研究	张红伟	图书馆	全国教育科学规划课题	论文、研究报告	2017.12
7	大学体育引进美国青年成长计划（4H-YDP）的实践研究	邓毅明	体育与艺术教学部	教育部人文社会科学研究项目	论文	2018.02
8	马克思恩格斯城乡统筹发展思想及对我国城乡发展一体化的启示	宗成峰	思想政治教育学院	教育部人文社会科学研究项目	著作	2018.05
9	西北方言声调合并现象研究	衣　莉	人文与发展学院	教育部人文社会科学研究项目	著作、论文	2017.03
10	国家治理现代化视域下的城乡一体化发展研究	张　晖	思想政治教育学院	教育部人文社会科学研究项目	论文	2016.04
11	碳市场、财务信息与企业价值——基于试点省市碳交易核算标准差异及北京实践	许　骞	经济管理学院	北京市社会科学基金项目	研究报告	2017.12
12	环境硬约束下北京地区苜蓿种植对农户收入影响研究	王文信	经济管理学院	北京市社会科学基金项目	研究报告	2017.06
13	北京蔬菜生产碳足迹及生态补偿机制研究	穆月英	经济管理学院	北京市社会科学基金项目	研究报告	2018.06
14	基于幸福视角的北京市区县发展水平研究	高启杰	人文与发展学院	北京市社会科学基金项目	研究报告	2018.06
15	金融脱媒背景下的北京居民互联网理财行为研究	任金政	经济管理学院	北京市社会科学基金项目	研究报告	2017.06
16	北京美丽乡村建设与乡村优秀传统文化传承研究	谭　英	人文与发展学院	北京市社会科学基金项目	专著	2017.11
17	转基因食品法律规范研究	周　超	人文与发展学院	北京市社会科学基金项目	研究报告	2017.06
18	北京市生态承载力评价与补偿机制研究	王瑞梅	经济管理学院	北京市社会科学基金项目	研究报告	2017.06
19	选择试验中属性不在场问题的理论研究：以北京居民对可追溯食品支付意愿为例	白军飞	经济管理学院	北京市社会科学基金项目	研究报告	2016.12
20	苜蓿产业发展问题研究	王文信	经济管理学院	农业部软科学	研究报告	2015.12

续表

序号	项目名称	负责人	承担部门	项目来源	预期成果形式	计划完成日期
21	农产品质量安全监管模式比较研究	方向明	经济管理学院	农业部软科学	研究报告	2015. 12
22	我国农村人居环境公共服务供给效果及其优化路径研究：以华北地区为例	赵　霞	经济管理学院	农业部软科学	研究报告	2015. 12
23	农村集体经济组织成员界定法律问题研究	肖　鹏	人文与发展学院	农业部软科学	研究报告	2015. 12
24	主要农作物机械化生产的技术经济分析	杨敏丽	工学院	农业部软科学	研究报告	2015. 12
25	我国大豆目标价格实施的福利变化和要素分配效应分析	蔡海龙	经济管理学院	国家自然科学基金	论文	2018. 12
26	基于市场导向的畜牧业标准化运行机理与绩效研究	李秉龙	经济管理学院	国家自然科学基金	论文	2019. 12
27	基于居民健康福利视角的中国道路交通节能减排政策模拟及优化研究	何凌云	经济管理学院	国家自然科学基金	论文	2019. 12
28	休闲农业、生态资源与乡土文化的互动机制及发展模式研究：以全国休闲农业与乡村旅游示范县为例	米增渝	经济管理学院	国家自然科学基金	论文	2019. 12
29	基于学生视角的首都高校研究生课程质量调查研究	金　帷	人文与发展学院	北京市教育工作委员会	研究报告	2017. 02
30	思想政治理论课讨论式教学的探索	王　娜	人文与发展学院	北京市教育工作委员会		2016. 05
31	新时期中国乡土电影研究	李焕征	人文与发展学院	文化部	研究报告	2018. 12

（中国农业大学科学技术发展研究院王虹供稿）

中国地质大学（北京）

2015 年度承担国家级、省部级社会科学研究项目

序号	项目名称	负责人	承担部门	项目分类、类别	项目来源单位	预期成果形式	计划完成时间
1	页岩气招标区块勘查投入核算研究	沙景华	文管学院	国土资源部、地质调查项目专题（课题）	中国地质调查局油气资源调查中心	论文、研究报告	2016. 12
2	基于生态文明视角的铁矿资源承载力评价	雷涯邻（李莉）	文管学院	重点实验室开放基金	国土资源部	论文、研究报告	2015. 12
3	国际贸易隐含非能源矿产资源转移研究——以我国优势战略资源稀土和钨为例	邵　玲	文管学院	国家自然科学基金、青年基金	国家自然科学基金委员会	论文、研究报告	2018. 12
4	国外矿产资源供应风险评价理论和方法跟踪研究	沙景华	文管学院	国土资源部、地质调查项目专题（课题）	中国地质调查局发展研究中心	论文、研究报告	2016. 06
5	我国主要矿产品进出口形势及对地质工作部署的影响研究	安海忠	文管学院	国土资源部、地质调查项目专题（课题）	中国地质调查局发展研究中心	论文、研究报告	2016. 06

续表

序号	项目名称	负责人	承担部门	项目分类、类别	项目来源单位	预期成果形式	计划完成时间
6	重点油气资源国家和地区投资环境动态评价	高湘昀	文管学院	国土资源部、地质调查项目专题（课题）	国土资源部油气资源战略研究中心	论文、研究报告	2016.05
7	高校微信公众平台对大学生价值观的影响研究	王　琴	文管学院	首都大学生思想政治教育研究课题	北京市教工委首都大学生思想政治教育研究中心	论文、研究报告	2016.05
8	新形势下全国油气资源评价运行机制研究	葛建平	文管学院	国土资源部、地质调查项目专题（课题）	国土资源部油气资源战略研究中心	论文、研究报告	2015.12
9	习近平总书记系列重要讲话精神融入“毛泽东思想和中国特色社会主义理论体系概论”课教学研究	刘武根	马克思主义学院	教育部人文社科研究项目	人文社科项目	论文、研究报告	2018.12
10	社会主义核心价值观有效融合思想政治理论教学方法探索	杨峻岭	马克思主义学院	北京市教委	北京高校思想政治理论课名师工作室项目	教学实践活动（如专家大讲堂、理论面对面等）	
11	系统功能语言学视角下的微博话语规范研究	于　洋	中国地质大学外国语学院	国家社会科学基金、青年项目	全国哲学社会科学规划办公室	专著	2018.12
12	北京环保微博研究的批评话语分析视角	于　洋	中国地质大学外国语学院	北京市社会科学基金、青年项目	北京市哲学社会科学规划办公室	专著	2018.06
13	中国武术国际化传播双语网络平台的构建研究	刘小学	体育部	教育部人文社会科学研究、规划项目	教育部	论文、研究报告	2017.12

2015年度校级社会科学研究项目

序号	项目名称	负责人	承担部门	项目分类、类别	预期成果形式	计划完成日期
1	中国各省市二氧化碳减排成本与碳税及碳排放配额制度研究	雷涯邻	文管学院	基科研费优秀导师基金项目	论文、研究报告	2016.07
2	我国进口铁矿资源价格影响因素与对策研究	雷涯邻	文管学院	基科研费优秀导师基金项目	论文、研究报告	2016.07
3	风电建设能源·环境·经济协同效益区域分异评价与优化	杨　谨	文管学院	基科研费科研启动基金项目	论文、研究报告	2017.12
4	基于虚拟水理论的京津冀水资源合理配置研究	沙景华	文管学院	基科研费优秀导师基金项目	论文、研究报告	2016.06
5	北京市能源消费碳排放的影响因素研究	雷涯邻	文管学院	基科研费优秀导师基金项目	论文、研究报告	2016.07
6	多变量经济时间序列间的传导动力学特性研究	高湘昀	文管学院	基科研费优秀导师基金项目	论文、研究报告	2017.12
7	石油国际贸易网络对经济发展的影响研究	安海忠	文管学院	基科研费优秀导师基金项目	论文、研究报告	2016.04
8	基于灰色关联网络的全球原油价格波动关系研究	安海忠	文管学院	基科研费优秀导师基金项目	论文、研究报告	2016.04

续表

序号	项目名称	负责人	承担部门	项目分类、类别	预期成果形式	计划完成日期
9	金融时间序列单变量多尺度构造演化特征研究	安海忠	文管学院	基科研费优秀导师基金项目	论文、研究报告	2016. 04
10	基于 CGE 模型的京津冀水资源与区域经济发展研究	沙景华	文管学院	基科研费优秀导师基金项目	论文、研究报告	2016. 04
11	基于系统动力学中国铁矿石供应风险分析	沙景华	文管学院	基科研费优秀导师基金项目	论文、研究报告	2016. 04
12	黄山花岗岩地质遗产科学价值的对比评价研究	许 涛	文管学院	基科研费优秀教师基金项目	论文、研究报告	2017. 12
13	京津冀地区碳排放潜力与政策支撑研究	葛建平	文管学院	基科研费优秀教师基金项目	论文、研究报告	2017. 12
14	申请赴荷兰海牙参加第 36 届 IAHR 世界大会	邵 玲	文管学院	基科研费国际交流基金项目	论文、研究报告	2015. 07
15	北京地区生物质能源利用对水资源环境改善效果的动态评价	闫晶晶	文管学院	基科研费国际交流基金项目	论文、研究报告	2015. 08
16	基于地方政府规制的环渤海与川渝产业空间布局资源环境效应比较研究	雷 平	文管学院	基科研费优秀教师基金项目	论文、研究报告	2017. 11
17	基于信息熵的多属性群决策问题中权重集结方法研究	何大义	文管学院	基科研费优秀教师基金项目	论文、研究报告	2017. 12
18	污水处理工程的资源消耗核算与可再生性评价	邵 玲	文管学院	基科研费优秀教师基金项目	论文、研究报告	2017. 12
19	经济长期预测与中日博弈研究	任景波	文管学院	基科研费优秀教师基金项目	论文、研究报告	2017. 12
20	刑法责任主义中德比较研究	柏浪涛	文管学院	基科研费国际交流基金项目	论文、研究报告	2016. 03
21	基于案例推理的地震灾害应急管理系统研究与设计	张 龙	文管学院	基科研费优秀教师基金项目	论文、研究报告	2017. 12
22	我国城市生态承载力	方 伟	文管学院	基科研费国际交流基金项目	论文、研究报告	2015. 05
23	我国城市生态承载力评价理论与方法研究	方 伟	文管学院	基科研费优秀教师基金项目	论文、研究报告	2017. 12
24	中国人民抗战精神研究——以抗战烈士家书为中心	彭文峰	马克思主义学院	中央高校基本科研业务费启动基金项目	研究报告	2017. 12
25	正念训练影响个体身体健康水平的认知神经机制研究	卢焕华	马克思主义学院	中央高校基本科研业务费启动基金项目	论文	2017. 11
26	习近平系列重要讲话精神融入高校思想政治理论课研究	刘武根	马克思主义学院	基科研费优秀教师基金项目	论文	2017. 12
27	基于评估完善翻译硕士培养方案的研究	安 静	外国语学院	研究生教改建设项目	论文	2015. 12
28	当代中、美、英三国主流媒体英语新闻语篇批判性话语对比研究	孙婷婷	外国语学院	青年教师预研项目	论文	2017. 11

续表

序号	项目名称	负责人	承担部门	项目分类、类别	预期成果形式	计划完成日期
29	基于语料库的地质英语词汇特征研究	何春艳	外国语学院	青年教师预研项目	论文	2017.11
30	中国现有世界地质公园园区内公示语的汉英翻译研究	张翼翼	外国语学院	优秀教师基金项目	论文	2017.12
31	慕课时代下大学英语分层开放式自主学习模式的研究与实践	张焕香	外国语学院	教学研究与教学改革项目	论文	2017.12
32	理工类本科生学术英语写作教学研究	吴学玲	外国语学院	教学研究与教学改革项目	论文	2017.12
33	英语写作策略研究	王安琪	外国语学院	教学研究与教学改革项目	论文	2017.12

［中国地质大学（北京）科技处供稿］

北京科技大学

2015 年度承担国家级、省部级社会科学研究项目

序号	项目名称	负责人	承担部门	项目分类、类别	项目来源单位	预期成果形式	计划完成时间
1	社会思潮研究	彭庆红	马克思主义学院	马克思主义理论研究和建设工程 2015 年度重大项目	全国哲学社会科学规划办	专著	2017.12
2	地方政府行为与产能过剩的关系研究	冯　梅	东凌经济管理学院	国家社会科学基金	全国哲学社会科学规划办公室	专著、研究报告	2018.09
3	我国高校大学生资助管理评估研究	曲绍卫	文法学院	国家社会科学基金（教育类）	全国哲学社会科学规划办公室	研究报告	2018.09
4	京津冀地区冶金工业实现循环经济的机制与政策研究	何维达	东凌经济管理学院	教育部人文社会科学规划项目	教育部社科司	论文、咨询报告	2017.12
5	企业员工的目标对其工作绩效及心理幸福感的影响：基于目标内容理论的视角	张　剑	东凌经济管理学院	教育部人文社会科学规划项目	教育部社科司	论文	2017.12
6	基于微课的大学英语项目式翻转课堂资源建设与拓展研究	李晓东	外国语学院	教育部人文社会科学规划项目	教育部社科司	著作、论文	2018.03
7	基于网络的大学生党员述责测评系统工程	景　鹏	自动化学院	2014 年高校辅导员工作精品项目	教育部思政司	系统、报告、论文	2016.09
8	“大冰辅导员”网络新媒体思想政治教育平台建设实践	刘　冰	东凌经济管理学院	2015 年高校辅导员工作精品项目	教育部思政司	论文、研究报告	2017.11
9	2015 年大学生思想政治教育工作创新研究	彭庆红	马克思主义学院	教育部人文社会科学规划项目	教育部思政司	研究报告	2016.12
10	思想政治课教学科研创新团队	彭庆红	马克思主义学院	教育部其他	教育部思政司	研究报告	2017.12
11	汉语儿童第二语言习得的统计学习规律	官　群	外国语学院	北京市社会科学基金项目	北京市哲学社会科学规划办公室	论文集	2018.06

续表

序号	项目名称	负责人	承担部门	项目分类、类别	项目来源单位	预期成果形式	计划完成时间
12	北京市廉政建设评价指标体系创新研究	宋 伟	马克思主义学院	北京市社会科学基金项目	北京市哲学社会科学规划办公室	研究报告	2017.06
13	行政垄断的法律规制研究	徐铭勋	文法学院	北京市社会科学基金项目	北京市哲学社会科学规划办公室	专著	2017.06
14	基于创业计划竞赛的北京市大学生创业能力培养模式研究	邓立治	东凌经济管理学院	北京市社会科学基金项目	北京市哲学社会科学规划办公室	论文集	2017.12
15	北京市国有企业混合所有制改革研究	蔡卫星	东凌经济管理学院	北京市社会科学基金项目	北京市哲学社会科学规划办公室	研究报告	2017.06
16	新形势下高校意识形态领域面临的现实问题及应对策略研究	赵 静	马克思主义学院	北京市社会科学基金项目	北京市哲学社会科学规划办公室	论文集	2018.06
17	近代日本知识分子眼中的北京	王书玮	外国语学院	北京市社会科学基金项目	北京市哲学社会科学规划办公室	专著	2018.05
18	京津冀区域政府间合作的约束与激励机制研究	杨志云	文法学院	北京市社会科学基金项目	北京市哲学社会科学规划办公室	论文集	2017.06
19	乔治·艾略特文学作品中的跨文化元素研究	李 涛	外国语学院	北京市社会科学基金项目	北京市哲学社会科学规划办公室	专著	2018.06
20	北京市应急救护组织管理与应急联动体系建设研究	时立荣	文法学院	北京市社会科学基金项目	北京市哲学社会科学规划办公室	研究报告	2017.06
21	北京企业低碳供应链构建中碳减排责任划分与成本分摊	朱晓宁	东凌经济管理学院	北京市社会科学基金项目	北京市哲学社会科学规划办公室	研究报告、论文集	2015.12
22	京津冀钢铁企业低碳排放对北京市大气环境质量影响研究	张 群	东凌经济管理学院	北京市社会科学基金项目	北京市哲学社会科学规划办公室	研究报告、论文集	2016.08
23	环保企业商业模式与企业绩效研究——以京津冀环保企业为例	王 旭	高等工程师学院	北京市社会科学基金项目	北京市哲学社会科学规划办公室	研究报告、论文集	2016.12
24	低碳经济背景下北京工业企业环境责任评价和循环发展路径研究	冯 梅	东凌经济管理学院	北京市社会科学基金项目	北京市哲学社会科学规划办公室	研究报告	2016.12
25	京津冀地区城镇化进程与循环经济协同发展研究	胡 睿	东凌经济管理学院	北京市社会科学基金项目	北京市哲学社会科学规划办公室	研究报告	2016.12
26	基于"双赢"的校企合作培养工程技术人才的企业角色研究	郭德侠	文法学院	北京市教育科学规划项目	北京市教育科学规划办公室	研究报告、论文	2017.06
27	基于原位分析的金属文物科学认知与保护关键技术研究	陈坤龙	冶金与生态工程学院	文物保护科学和技术研究课题	国家文物局	研究报告	2018.08
28	陕北地区出土先秦铜器及冶铸遗物科学分析研究	陈坤龙	冶金与生态工程学院	文物保护科学和技术研究课题	国家文物局	论文、研究报告	2015.12
29	河南郑韩故城出土金属器及冶铸遗物科学分析研究	李秀辉	冶金与生态工程学院	文物保护科学和技术研究课题	国家文物局	论文、研究报告	2015.12
30	政府购买公共服务中的政社关系研究	唐德龙	文法学院	民政部科研项目	国家民间组织管理局	研究报告	2015.11

续表

序号	项目名称	负责人	承担部门	项目分类、类别	项目来源单位	预期成果形式	计划完成时间
31	思政政治教育中青年杰出人才支持计划	左　鹏	马克思主义学院	教育部其他	教育部思政司	研究报告	2018. 12
32	材料工程领域吸引行业企业专家、工程师参与工程硕士课程与教学工作机制的研究	郭德侠	文法学院	专业学位研究生培养模式改革项目	教育部学位与研究生教育司	研究报告、论文	2015. 12
33	《2014 技术性贸易措施经济影响年度调查》抽样分析方法	胡　波	东凌经济管理学院	国家 WTO/SPS 通报咨询中心软科学研究项目	国家质量监督检疫总局	研究报告	2016. 02

（北京科技大学科学研究与发展部李静供稿）

北京交通大学

2015 年度承担国家级、省部级社会科学研究项目

序号	项目名称	负责人	承担部门	项目分类、类别	项目来源单位	预期成果形式	计划完成时间
1	新型城镇化下农产品物流体系创新与发展战略研究	张明玉	经济管理学院	国家社会科学基金、重大项目	全国哲学社会科学规划办公室	研究报告、专著、专家建议	2017. 08
2	多元产业集团投资控股型战略的产业选择量化方法研究	裘晓东	经济管理学院	国家社会科学基金、重点项目	全国哲学社会科学规划办公室	专著、研究报告	2018. 01
3	新型城镇化下中国城镇水务管理体制与运行机制研究	周耀东	经济管理学院	国家社会科学基金、一般项目	全国哲学社会科学规划办公室	研究报告、论文	2018. 12
4	基于博弈视角的我国铁路公益性运输补贴模式比较研究	佟　琼	经济管理学院	国家社会科学基金、一般项目	全国哲学社会科学规划办公室	研究报告	2017. 12
5	中国高速铁路全社会价值综合评价及其与经济协同发展相关重大政策问题研究	林晓言	经济管理学院	国家社会科学基金、一般项目	全国哲学社会科学规划办公室	专著、研究报告	2016. 12
6	持续经营审计意见对资本市场资源配置效率的影响机理研究	张立民	经济管理学院	国家社会科学基金、一般项目	全国哲学社会科学规划办公室	研究报告	2017. 12
7	国家治理体系现代化目标理念的博弈论研究	蔡　芸	经济管理学院	国家社会科学基金、一般项目	全国哲学社会科学规划办公室	研究报告	2016. 12
8	西汉百年法律文化变迁研究	李巍涛	法学院	国家社会科学基金、一般项目	全国哲学社会科学规划办公室	专著、论文	2019. 09
9	政治传播与主流意识形态话语体系构建研究	施惠玲	马克思主义学院	国家社会科学基金、一般项目	全国哲学社会科学规划办公室	研究报告、论文	2018. 12
10	基于遗产廊道理论的北京地铁站内公共空间文化遗产资源整合策略	孟　彤	建筑与艺术学院	教育部人文社会科学研究、规划项目	教育部	论文	2018. 08
11	中美互联网媒体管理的政策体制和法律机制比较研究	董媛媛	语言与传播学院	教育部人文社会科学研究、规划项目	教育部	论文	2018. 10
12	应对气候环境变化影响下的城市住区低碳交通规划设计研究	魏泽崧	建筑与艺术学院	教育部人文社会科学研究、规划项目	教育部	专著、研究报告	2018. 10

续表

序号	项目名称	负责人	承担部门	项目分类、类别	项目来源单位	预期成果形式	计划完成时间
13	二语动词结构意义—句法加工图式研究：基于大数据分析技术	秦　琴	语言与传播学院	教育部人文社会科学研究、青年项目	教育部	研究报告、论文	2018.10
14	研究生职业发展与就业指导工作室建设研究	李　涛	交通运输学院	教育部人文社会科学研究、专项项目	教育部	研究报告、论文	2016.12
15	新媒体环境下对外英语新闻翻译及传播效果创新研究	司显柱	语言与传播学院	北京市社会科学基金、重大项目	北京市哲学社会科学规划办公室	专著	2018.12
16	图说北京交通史（2）	颜吾佴	马克思主义学院	北京市社会科学基金、特别委托项目	北京市哲学社会科学规划办公室	专著	2016.07
17	经济时空分析方法及相关理论框架的初步构建	荣朝和	经济管理学院	北京市社会科学基金、特别委托项目	北京市哲学社会科学规划办公室	研究报告、论文	2017.12
18	国家信息安全视角下的网络空间法治化研究	毕　颖	法学院	北京市社会科学基金、重点项目	北京市哲学社会科学规划办公室	专著	2017.06
19	北京市文化创意产业与首都经济关系研究	苏林森	语言与传播学院	北京市社会科学基金、重点项目	北京市哲学社会科学规划办公室	研究报告	2016.12
20	北京市中小企业股权众筹问题研究	刘德红	经济管理学院	北京市社会科学基金、一般项目	北京市哲学社会科学规划办公室	研究报告	2017.09
21	国内外城市住区雨洪景观利用对北京建设海绵城市的启示	魏泽崧	建筑与艺术学院	北京市社会科学基金、一般项目	北京市哲学社会科学规划办公室	研究报告	2017.06
22	刑事错案发现机制研究——基于北京经验的研究	陶　杨	法学院	北京市社会科学基金、一般项目	北京市哲学社会科学规划办公室	论文集	2017.12
23	基于产品架构的企业产品创新路径研究	顾元勋	经济管理学院	北京市社会科学基金、一般项目	北京市哲学社会科学规划办公室	研究报告	2017.12
24	北京市国有资本管理体系重塑与实施机制研究	马　忠	经济管理学院	北京市社会科学基金、一般项目	北京市哲学社会科学规划办公室	研究报告	2017.06
25	京津冀社会保障制度协同发展研究	石美遐	经济管理学院	北京市社会科学基金、一般项目	北京市哲学社会科学规划办公室	研究报告	2017.06
26	北京市科技创新产业联盟与产业自主创新	唐方成	经济管理学院	北京市社会科学基金、一般项目	北京市哲学社会科学规划办公室	研究报告	2017.06
27	北京市公交提价后财政补贴的测评模型与补贴机制研究	肖　翔	经济管理学院	北京市社会科学基金、一般项目	北京市哲学社会科学规划办公室	专著	2017.12
28	就业选配视角下北京市大学生的人力资本提升路径研究	张　力	经济管理学院	北京市社会科学基金、一般项目	北京市哲学社会科学规划办公室	研究报告	2017.06
29	大客流情况下北京地铁乘客疏散行为研究	李　森	经济管理学院	北京市社会科学基金、一般项目	北京市哲学社会科学规划办公室	研究报告	2016.06
30	基于大数据的北京市雾霾形成机理与综合治理对策研究	李卫东	经济管理学院	北京市社会科学基金、一般项目	北京市哲学社会科学规划办公室	研究报告	2016.12
31	北京市保障性住房全过程建设管理机制研究	任　旭	经济管理学院	北京市社会科学基金、一般项目	北京市哲学社会科学规划办公室	研究报告	2016.06

续表

序号	项目名称	负责人	承担部门	项目分类、类别	项目来源单位	预期成果形式	计划完成时间
32	基于运输效率的北京城市轨道交通网络时空优化研究	吴　昊	经济管理学院	北京市社会科学基金、一般项目	北京市哲学社会科学规划办公室	研究报告	2017. 06
33	北京市网络消费中信任感来源与信任机制建设研究	刘红璐	交通运输学院	北京市社会科学基金、一般项目	北京市哲学社会科学规划办公室	研究报告	2016. 06
34	首都大学生培育和践行社会主义核心价值观研究	郝潞霞	马克思主义学院	北京市社会科学基金、一般项目	北京市哲学社会科学规划办公室	研究报告	2017. 12
35	新型城镇化下北京村镇自维持社区技术可行性与组织模式研究	高　巍	建筑与艺术学院	北京市社会科学基金、一般项目	北京市哲学社会科学规划办公室	论文集	2018. 06
36	基于大数据规则挖掘的交通拥堵治理研究	周辉宇	经济管理学院	北京市社会科学基金、青年项目	北京市哲学社会科学规划办公室	论文集	2017. 06
37	北京市电动汽车充换电服务网络规划研究——基于供应链视角	黄安强	经济管理学院	北京市社会科学基金、青年项目	北京市哲学社会科学规划办公室	论文集	2017. 12
38	北京高校“90后”新生代研究生价值观塑造路径研究	李　涛	交通运输学院	北京市社会科学基金、青年项目	北京市哲学社会科学规划办公室	研究报告	2016. 12
39	北京市民绿色发展意识调查研究	邬晓燕	马克思主义学院	北京市社会科学基金、青年项目	北京市哲学社会科学规划办公室	研究报告	2017. 12
40	中国特色新型智库的发展模式研究	杜英歌	经济管理学院	北京市社会科学基金、青年项目	北京市哲学社会科学规划办公室	研究报告	2017. 06
41	新媒体时代思想政治教育的话语权研究	郑士鹏	马克思主义学院	北京市社会科学基金、青年项目	北京市哲学社会科学规划办公室	论文集	2017. 06
42	基于特朗勃墙原理的北京近代历史建筑砖石外墙保护更新方法研究	杜晓辉	建筑与艺术学院	北京市社会科学基金、青年项目	北京市哲学社会科学规划办公室	研究报告	2017. 06
43	北京高校微电影与核心价值观传播研究	赵艳明	语言与传播学院	北京市社会科学基金、青年项目	北京市哲学社会科学规划办公室	研究报告	2017. 12
44	当代社会思潮与首都大学生主流意识形态认同研究	张立学	校内其他部门	北京市社会科学基金、基地项目	北京市哲学社会科学规划办公室	研究报告	2017. 09
45	北京市大学生志愿服务创新发展研究	屈晓婷	校内其他部门	北京市社会科学基金、基地项目	北京市哲学社会科学规划办公室	研究报告	2017. 10
46	北京历史文化融入高校思想政治教育全过程研究	闫长丽	马克思主义学院	北京市社会科学基金、基地项目	北京市哲学社会科学规划办公室	研究报告、文集	2017. 09
47	京津冀协同发展对北京商贸物流的影响研究	李伊松	经济管理学院	北京市社会科学基金、基地项目	北京市哲学社会科学规划办公室	研究报告	2017. 12
48	京津冀一体化环境下危化品物流的安全保障及防护问题研究	朱晓敏	机械与电子控制工程学院	北京市社会科学基金、基地项目	北京市哲学社会科学规划办公室	研究报告	2017. 12
49	大数据环境下北京城市共同配送体系建设研究	尚小溥	经济管理学院	北京市社会科学基金、基地项目	北京市哲学社会科学规划办公室	研究报告	2017. 12
50	京津冀明清皇家古建筑 BIM 管理模型研究	张育南	建筑与艺术学院	北京市社会科学基金、基地项目	北京市哲学社会科学规划办公室	研究报告	2017. 12
51	北京市城镇化效率与交通线路密度关系的时空分异研究	刘铁鹰	经济管理学院	北京市社会科学基金、基地项目	北京市哲学社会科学规划办公室	研究报告	2017. 03

续表

序号	项目名称	负责人	承担部门	项目分类、类别	项目来源单位	预期成果形式	计划完成时间
52	京津冀城际铁路票制票价研究	邱　奇	经济管理学院	北京市社会科学基金、基地项目	北京市哲学社会科学规划办公室	研究报告	2017.12
53	北京城市轨道交通 PPP 模式的公益性和经营性平衡机制研究	林晓言	经济管理学院	北京市社会科学基金、基地项目	北京市哲学社会科学规划办公室	研究报告	2017.12
54	产业融合视角下北京金融产业安全问题研究	陈芬菲	经济管理学院	北京市社会科学基金、基地项目	北京市哲学社会科学规划办公室	研究报告	2017.09
55	北京市公共服务产业安全发展研究	段建强	经济管理学院	北京市社会科学基金、基地项目	北京市哲学社会科学规划办公室	研究报告	2017.12
56	新常态下保险产业发展问题研究	李孟刚	经济管理学院	北京市社会科学基金、基地项目	北京市哲学社会科学规划办公室	研究报告	2017.12
57	北京市公共危机中心理干预对策与法制化建设	高晓莹	法学院	政府购买社会组织项目、决策研究类项目	北京市社工委	研究报告	2016.06
58	依法治国背景下的社会治理创新研究	栾志红	法学院	政府购买社会组织项目、决策研究类项目	北京市社工委	研究报告	2015.05

2015 年度校级社会科学研究项目

序号	项目名称	申请人	承担部门	项目类别	预期成果形式	计划结项时间
1	新型城镇化下农产品物流发展研究	曹卫兵	经济管理学院	重大培育项目	论文、课题、研究报告	2018.01
2	“一带一路”铁路建设项目物流发展战略研究	周建勤	经济管理学院	青年学术创新团队项目	论文、课题	2018.12
3	企业社会责任表现及披露意愿对盈余管理有影响吗?	姚立杰	经济管理学院	自由探索项目	论文、课题	2017.03
4	旅游引导的新型城镇化——模式分析与实施路径研究	王学峰	经济管理学院	自由探索项目	论文	2017.12
5	经济政策不确定性、行业特征与民营上市公司流动性管理研究	程小可	经济管理学院	自由探索项目	论文、课题	2018.04
6	基于规则挖掘的交通拥堵传导机制研究	周辉宇	经济管理学院	自由探索项目	论文、课题	2017.06
7	北京市国有铁路融入城市交通的合作机制研究	王　超	经济管理学院	自由探索项目	论文	2016.12
8	对我国宏观经济中不可观测变量的新研究——引入结构方程模型(SEM)的计量估计	杨　旭	经济管理学院	自由探索项目	论文、课题	2017.04
9	双重属性视角下我国文化产业安全问题研究	张　娜	经济管理学院	自由探索项目	论文、课题	2016.12
10	预售模式下的定价—库存联合决策研究	华国伟	经济管理学院	自由探索项目	论文、课题、研究报告	2017.03
11	学术不端行为特性及其治理体系研究	谢　祥	经济管理学院	自由探索项目	论文、课题、研究报告	2017.12

续表

序号	项目名称	申请人	承担部门	项目类别	预期成果形式	计划结项时间
12	基于情景模拟的多维本体构建与集成研究	穆文歆	经济管理学院	自由探索项目	论文、课题	2017.04
13	北京市保障性住房建设中实施住宅产业化的研究	任　旭	经济管理学院	自由探索项目	论文、课题	2017.03
14	内蒙古自治区大青沟旅游区 5A 提升规划研究	殷　平	经济管理学院	自由探索项目	规划文本、图件、说明书	2017.04
15	大都市区交通资源配置制度研究	胡雅梅	经济管理学院	自由探索项目	专著	2016.06
16	北京高新技术企业网络能力与创新绩效的关系研究	赵颖斯	经济管理学院	自由探索项目	论文、课题、研究报告	2017.02
17	中国商业银行系统风险溢出效应的实证研究	张晓明	经济管理学院	自由探索项目	论文、课题	2017.04
18	互联网金融推动中国金融变革的机制与路径研究	陆　超	经济管理学院	自由探索项目	论文、课题	2017.03
19	我国经济转型中的政府与市场关系研究	蔡　芸	经济管理学院	自由探索项目	论文、课题、研究报告	2017.04
20	PPP 项目知识转移的治理机制研究	刘婷婷	经济管理学院	自由探索项目	论文、课题	2018.03
21	基于复杂网络的城市基础设施系统可恢复性研究	双　晴	经济管理学院	自由探索项目	论文、课题	2018.03
22	北京市国有铁路融入城市交通的合作机制研究	王　超	经济管理学院	自由探索项目	论文、课题、研究报告、成果要报	2018.03
23	北京交通大学“十三五”哲学社会科学发展规划调研报告	王　超	经济管理学院	自由探索项目	研究报告	2015.12
24	多远视角的企业民主管理理论体系研究	朱往立	经济管理学院	后期资助项目	专著	2016.08
25	集装箱供应链中的港口运输需求预测方法研究	黄安强	经济管理学院	自由申报项目	研究报告	2016.08
26	随机时效神经网络的构造及其对证券价格预测	方　雯	经济管理学院	自由申报项目	论文、课题	2016.12
27	大都市区发展与治理问题研究	卯光宇	经济管理学院	自由申报项目	研究报告	2015.12
28	公共服务产业发展研究	段建强	经济管理学院	自由申报项目	研究报告	2015.12
29	产业安全模拟仿真工程研究	李政全	经济管理学院	自由申报项目	论文、系统平台	2015.12
30	我国物流法律法规体系研究	宋　光	经济管理学院	自由申报项目	论文、课题、研究报告	2018.12
31	城市轨道交通资产一体化管理信息平台核心软件与采集设备研发	黄安强	经济管理学院	研究中心专项	软件著作权	2015.12
32	高校助力“一带一路”发展策略研究	冯　丹	经济管理学院	战略研究专题	研究报告	2016.06
33	高校“十三五”科技服务体系构建及协同发展研究	杜迎雪	经济管理学院	战略研究专题	论文、研究报告	2016.05
34	大数据环境下欧美主流媒体新闻生产的新特点研究	李　冰	语言与传播学院	自由探索项目	论文、课题	2018.04

续表

序号	项目名称	申请人	承担部门	项目类别	预期成果形式	计划结项时间
35	非华语区播出的中国纪录片的受众解码研究	张梓轩	语言与传播学院	自由探索项目	论文、课题	2017.09
36	基于实践社团理论的农业转移人口子女语言身份研究——以北京城中村自然社区为个案	何　丽	语言与传播学院	自由探索项目	论文、课题	2018.03
37	尼采哲学视域下的赫尔曼·麦尔维尔十九世纪五十年代小说研究	郝运慧	语言与传播学院	自由探索项目	论文、课题	2017.04
38	铁路方向葡萄牙语复合人才培养	祝明姗	语言与传播学院	自由探索项目	论文、课题	2018.04
39	晚清传教士西学译介与民族主义思潮	卢明玉	语言与传播学院	自由探索项目	论文、课题	2017.09
40	成长小说的认知文体学研究—以《简．爱》为例	程瑾涛	语言与传播学院	自由探索项目	论文、课题	2017.03
41	影视创作弘扬社会主义核心价值体系研究	张　杰	语言与传播学院	自由探索项目	论文、课题	2018.03
42	《北京交通大学章程》汉译英翻译研究	刘竹林	语言与传播学院	自由探索项目	研究报告	2016.11
43	晚清新教传教士的蕴含救国策略的西学译介	卢明玉	语言与传播学院	后期资助项目	专著	2016.08
44	羽毛球高吊杀击球技术差异性对比量化研究	杨　杨	体育部	自由探索项目	论文、课题	2018.06
45	功能性动作筛查（FMS）在高校高水平运动队中的应用研究	郭晓培	体育部	自由探索项目	论文、课题	2016.12
46	新媒体时代大学生社会心态引导与培育研究	郑士鹏	马克思主义学院	自由探索项目	论文、课题	2017.03
47	服务型政党建设研究——兼论中国共产党党性和人民性一致性研究	侯菲菲	马克思主义学院	后期资助项目	专著	2016.08
48	中国传统村落及其保护发展理论与方法研究	刘　捷	建筑与艺术系	青年学术创新团队项目	课题	2018.10
49	互联时代街区形态对本地公共空间使用的影响因素研究	盛　强	建筑与艺术系	青年学术创新团队项目	论文、课题	2018.11
50	文化创意产业内容建设中的动画角色的创新设计研究	樊丽娜	建筑与艺术系	自由探索项目	论文	2017.04
51	历史人类学视野下的晋东乡土聚落与建筑研究	潘　曦	建筑与艺术系	自由探索项目	论文、课题、专著	2018.04
52	基于低碳目标的北京市旧城区改造更新设计模式研究	鲍英华	建筑与艺术系	自由探索项目	论文、课题、研究报告	2018.04
53	交通建筑太阳能一体化设计研究	杜晓辉	建筑与艺术系	自由探索项目	论文、课题	2018.04
54	新型城镇化下的农村自维持社区组织模式研究	高　巍	建筑与艺术系	自由探索项目	论文	2018.04
55	基于数字化理念的汾河中游传统村镇空间组构研究	王　鑫	建筑与艺术系	自由探索项目	论文、课题	2018.04
56	建筑与抽象绘画	曾忠忠	建筑与艺术系	后期资助项目	专著	2016.08
57	人文社科处管理信息系统研究与应用	范文星	信息化办公室	自由探索项目	管理系统	2016.01

（北京交通大学社科处李敏供稿）

首都师范大学

2015年度承担国家级、省部级社会科学研究项目

序号	项目名称	负责人	承担部门	项目分类、类别	项目来源单位	预期成果形式	计划完成时间
1	殷墟甲骨拓本大系数据库建设	黄天树	文学院	国家社会科学基金、重大项目	全国哲学社会科学规划办公室	数据库	2020.06
2	中国境内语言语法化词库建设	洪　波	文学院	国家社会科学基金、重大项目	全国哲学社会科学规划办公室	专著、数据库	2020.12
3	20世纪中国婚姻史研究	梁景和	历史学院	国家社会科学基金、重大项目	全国哲学社会科学规划办公室	专著	2020.12
4	我国诚信文化与社会信用体系建设研究	王淑芹	马克思主义学院	国家社会科学基金、重大项目	全国哲学社会科学规划办公室	专著、研究报告	2017.12
5	国外历史教材中有关中国抗日战争的历史叙述	梁占军	历史学院	国家社会科学基金、重大项目	全国哲学社会科学规划办公室	研究报告、论文集	2016.12
6	20世纪俄罗斯先锋主义文学研究	王宗琥	外国语学院	国家社会科学基金、重点项目	全国哲学社会科学规划办公室	专著	2019.07
7	唐乐府曲调源流考与唐诗传播关系研究	韩　宁	文学院	国家社会科学基金、一般项目	全国哲学社会科学规划办公室	专著	2018.07
8	当代散文理论的建构研究	陈亚丽	文学院	国家社会科学基金、一般项目	全国哲学社会科学规划办公室	专著	2019.07
9	甲骨字释的整理与研究	王子杨	文学院	国家社会科学基金、一般项目	全国哲学社会科学规划办公室	研究报告	2018.07
10	法国学术期刊《自然主义手册》与“左拉学”谱系建构研究（1955—2015）	吴康茹	文学院	国家社会科学基金、一般项目	全国哲学社会科学规划办公室	专著	2018.12
11	7—15世纪地中海史研究	夏继果	历史学院	国家社会科学基金、一般项目	全国哲学社会科学规划办公室	专著	2020.06
12	冷战前期美国对华宣传与文化外交研究（1949—1972）	翟　韬	历史学院	国家社会科学基金、一般项目	全国哲学社会科学规划办公室	专著	2019.06
13	冷战对美国民权改革的影响研究	于　展	历史学院	国家社会科学基金、一般项目	全国哲学社会科学规划办公室	专著	2018.07
14	19世纪上半叶法国思想界对启蒙和大革命的反思	倪玉珍	历史学院	国家社会科学基金、一般项目	全国哲学社会科学规划办公室	专著	2020.06
15	北京地区新石器时代制陶工艺研究	王　涛	历史学院	国家社会科学基金、一般项目	全国哲学社会科学规划办公室	研究报告	2018.08
16	民办学校分类管理法律制度研究	李　昕	政法学院	国家社会科学基金、一般项目	全国哲学社会科学规划办公室	专著	2018.08
17	社区矫正立法研究与立法设计	但未丽	政法学院	国家社会科学基金、一般项目	全国哲学社会科学规划办公室	专著	2017.07
18	京津冀区域大气污染治理中的整体性政策协调研究	赵新峰	管理学院	国家社会科学基金、一般项目	全国哲学社会科学规划办公室	研究报告	2017.06
19	农民工随迁子女文化融合教育的人类学研究	樊秀丽	教育学院	国家社会科学基金、一般项目	全国哲学社会科学规划办公室	研究报告	2018.06
20	创意旅游驱动下原住民文化古镇转型升级及其发展战略研究	张胜男	资源环境与旅游学院	国家社会科学基金、一般项目	全国哲学社会科学规划办公室	专著	2017.06

续表

序号	项目名称	负责人	承担部门	项目分类、类别	项目来源单位	预期成果形式	计划完成时间
21	慈善事业与社会救助的衔接模式与推进策略研究	乜　琪	政法学院	国家社会科学基金、青年项目	全国哲学社会科学规划办公室	研究报告	2019. 06
22	唐宋丧葬仪制与信仰研究	王　铭	历史学院	国家社会科学基金、青年项目	全国哲学社会科学规划办公室	专著	2018. 07
23	三国的兵争要地与攻守战略	宋　杰	历史学院	国家社会科学基金、后期资助项目	全国哲学社会科学规划办公室	专著	2016. 09
24	原始纳西语及其历史地位研究	李子鹤	文学院	国家社会科学基金、后期资助项目	全国哲学社会科学规划办公室	专著	2016. 09
25	慈善教育论纲	石国亮	马克思主义学院	国家社会科学基金、后期资助项目	全国哲学社会科学规划办公室	专著	2016. 08
26	康有为“大同立教”思想研究	张　翔	文化研究院	国家社会科学基金、后期资助项目	全国哲学社会科学规划办公室	专著	2016. 09
27	教师教育者的身份认同及其专业发展研究	康晓伟	学前教育学院	国家社会科学基金单列学科项目	全国教育科学规划办公室	专著、论文、研究报告	2018. 10
28	城市群高等教育协同发展的评价体系及推进策略研究	沈蕾娜	教育学院	国家社会科学基金单列学科项目	全国教育科学规划办公室	专著、论文、研究报告	2018. 12
29	教科书评价的理论与实践	张增田	教育学院	国家社会科学基金单列学科项目	全国教育科学规划办公室	专著、论文、研究报告	2018. 10
30	京津冀教育协同发展研究	蔡　春	教育学院	国家社会科学基金单列学科项目	全国教育科学规划办公室	专著、论文	2017. 12
31	佛教美术演变进程——丝绸之路中外美术比较研究	欧阳启名	初等教育学院	国家社会科学基金单列学科项目	全国艺术科学规划办公室	专著	2018. 12
32	海外中国文化中心对外文化传播研究	刘晓天	国际文化学院	国家社会科学基金单列学科项目	全国艺术科学规划办公室	研究报告	2020. 12
33	中德（NSFC-DFG）跨学科重大国际合作研究项目双边评审会	罗　劲	教育学院	国家自然科学基金项目	国家自然科学基金委员会		2015. 12
34	阅读中眼动控制的脑成像研究	周　蔚	教育学院	国家自然科学基金项目	国家自然科学基金委员会		2018. 12
35	视觉快速加工技能与汉语流畅阅读能力发展关系的研究	赵　婧	教育学院	国家自然科学基金项目	国家自然科学基金委员会		2018. 12
36	多元文化经验对创造性的作用及其神经机制	师保国	教育学院	国家自然科学基金项目	国家自然科学基金委员会		2019. 12
37	解释认知偏差修正对高焦虑青少年的效果及其认知神经机制	崔丽霞	教育学院	国家自然科学基金项目	国家自然科学基金委员会		2019. 12
38	医患沟通障碍的心理过程解析及其对策研究：从信息交换到共同决策	朱冬青	教育学院	国家自然科学基金项目	国家自然科学基金委员会		2018. 12

续表

序号	项目名称	负责人	承担部门	项目分类、类别	项目来源单位	预期成果形式	计划完成时间
39	组织社会化交互视角下新员工政治自我效能的作用机制及动态演化研究	赵　晨	管理学院	国家自然科学基金项目	国家自然科学基金委员会		2019.12
40	民间音调与北京民俗文化传承	蒋　聪	音乐学院	教育部人文社会科学研究、青年基金项目	教育部社科司	著作	2018.06
41	单亲家庭儿童的福利水平与抗逆力提升机制研究	黄　霞	政法学院	教育部人文社会科学研究、青年基金项目	教育部社科司	论文	2018.03
44	农民工投入子女学前教育的现状及促进研究	张瑞瑞	学前教育学院	教育部人文社会科学研究项目、青年基金项目	教育部社科司	论文	2018.04
45	义务教育阶段学校美术教育中的“视觉性”研究	段　鹏	美术学院	教育部人文社会科学研究项目、青年基金项目	教育部社科司	论文	2018.06
42	《新疆图志》版本研究	史明文	历史学院	教育部人文社会科学研究项目、青年基金项目	教育部社科司	著作	2018.06
43	中小学课堂学习环境测评的理论与实践研究	王晶莹	物理系	教育部人文社会科学研究项目、规划基金项目	教育部社科司	论文	2018.06
46	京津冀协同发展背景下的首都高等教育多样性研究	宫天然	国际文化学院	全国教育科学规划（教育部）、重点项目	全国教育科学规划办公室	论文、研究报告	2018.12
47	普通高中课程标准修订测试（美术）	尹少淳	美术学院	教育部其他项目	教育部	测试报告	2016.06
48	普通高中课程标准修订测试（数学）	王尚志	首都基础教育发展研究院	教育部其他项目	教育部	测试报告	2016.06
49	普通高中课程标准修订测试（历史）	徐　蓝	历史学院	教育部其他项目	教育部	测试报告	2016.06
50	美育课程标准及学业质量标准研究	郑　萼	学校办公室	教育部其他项目	教育部体育卫生与艺术教育司	研究报告、论文	2016.12
51	如何认识“四个全面”战略布局对中国特色社会主义事业发展的重大意义	祝志男	马克思主义学院	教育部其他项目	教育部社科司	论文	2015.12
52	2015文明区划研究中心基地经费	梁占军	历史学院	教育部其他项目	教育部国际合作与交流司	专报专刊	2016.11
53	高中数学教学内容和高考命题内容调整要求的系统研究	王尚志	首都基础教育发展研究院	教育部其他项目	教育部基教二司	研究报告	2016.01
54	特色高中现象研究	田汉族	学前教育学院	教育部其他项目	教育部政策法规司	研究报告	2016.01
55	外国人对北京城市形象建构研究	郑以然	文化研究院	教育部其他项目	教育部国际合作与交流司	系列论文	2018.03

续表

序号	项目名称	负责人	承担部门	项目分类、类别	项目来源单位	预期成果形式	计划完成时间
56	普通高中课程标准修订（数学）	王尚志	首都基础教育发展研究院	教育部其他项目	教育部基教二司	课程标准修订稿等	2016.06
57	普通高中课程标准修订（美术）	尹少淳	美术学院	教育部其他项目	教育部基教二司	课程标准修订稿等	2016.06
58	普通高中课程标准修订（历史）	徐　蓝	历史学院	教育部其他项目	教育部基教二司	课程标准修订稿等	2016.06
59	语言文字使用规范化智能监测系统研发与应用	周建设	文学院	中央其他部门社科专门项目	国家语委	专著	2018.12
60	社会组织第三方评估与社会组织公信力建设研究	石国亮	马克思主义学院	中央其他部门社科专门项目	民政部	研究报告	2015.10
61	社会组织第三方评估机制研究	李　春	管理学院	中央其他部门社科专门项目	民政部	研究报告	2015.10
62	劝募师职业国家职业标准研制	石国亮	马克思主义学院	中央其他部门社科专门项目	民政部		2015.12
63	魏晋南北朝志怪小说新考	张庆民	文学院	省、市、自治区社科基金项目省部级重大项目	北京市哲学社会科学规划办公室	专著	2018.12
64	唯物史观价值取向研究	陈新夏	马克思主义学院	省、市、自治区社科基金项目省部级重大项目	北京市哲学社会科学规划办公室	专著	2018.12
65	新中国成立以来国共关系史（1949—2009）	李松林	马克思主义学院	省、市、自治区社科基金项目省部级重大项目	北京市哲学社会科学规划办公室	专著	2018.10
66	革命根据地教科书整理与研究	石　鸥	教育学院	省、市、自治区社科基金项目省部级重大项目	北京市哲学社会科学规划办公室	专著、其他	2017.01
67	近二十年西方史学理论研究与历史书写	邓京力	历史学院	省、市、自治区社科基金项目省部级重点项目	北京市哲学社会科学规划办公室	专著	2017.12
68	中国少数民族电影文化史研究	胡谱忠	文学院	省、市、自治区社科基金项目省部级重点项目	北京市哲学社会科学规划办公室	专著	2017.12
69	从学校教育到影子教育：教育竞争与社会再生产	薛海平	教育学院	省、市、自治区社科基金项目省部级重点项目	北京市哲学社会科学规划办公室	研究报告	2017.12
70	北京话的来源与演变史研究	冯　蒸	文学院	省、市、自治区社科基金项目省部级重点项目	北京市哲学社会科学规划办公室	专著	2018.06
71	新形势下中国共产党密切联系群众制度化常态化长效化研究	李东明	政法学院	省、市、自治区社科基金项目省部级重点项目	北京市哲学社会科学规划办公室	研究报告	2017.06
72	《乐府续集·宋代卷》编纂及研究	郭　丽	文学院	省、市、自治区社科基金项目省部级一般项目	北京市哲学社会科学规划办公室	专著	2017.12

续表

序号	项目名称	负责人	承担部门	项目分类、类别	项目来源单位	预期成果形式	计划完成时间
73	民国时期北京市民离婚问题研究	余华林	历史学院	省、市、自治区社科基金项目省部级一般项目	北京市哲学社会科学规划办公室	论文集	2018.06
74	北京及周边地区金元墓葬研究	袁　泉	历史学院	省、市、自治区社科基金项目省部级一般项目	北京市哲学社会科学规划办公室	论文集	2018.06
75	北京市流动儿童的心理健康状况及其提升策略研究	杨芷英	马克思主义学院	省、市、自治区社科基金项目省部级一般项目	北京市哲学社会科学规划办公室	研究报告	2017.06
76	《1861—1863年经济学手稿》当代解读	李怀涛	马克思主义学院	省、市、自治区社科基金项目省部级一般项目	北京市哲学社会科学规划办公室	论文集	2017.06
77	早期语言发展的性别差异：学步儿消极情绪表达及母亲敏感性的影响	卢　珊	教育学院	省、市、自治区社科基金项目省部级一般项目	北京市哲学社会科学规划办公室	论文集	2018.06
78	中小学语文学科开展优秀传统文化经典阅读的理论与实践研究	孙素英	首都基础教育发展研究院	省、市、自治区社科基金项目省部级一般项目	北京市哲学社会科学规划办公室	研究报告	2018.07
79	北京市城乡接合部重点地区社会治理创新研究	李水金	管理学院	省、市、自治区社科基金项目省部级一般项目	北京市哲学社会科学规划办公室	研究报告	2017.12
80	解放神学历史观研究	刘春晓	马克思主义学院	省、市、自治区社科基金项目省部级一般项目	北京市哲学社会科学规划办公室	专著	2018.06
81	北京市中学生性别角色与体质健康的关系及干预策略研究	陈少青	体育教学研究部	省、市、自治区社科基金项目省部级一般项目	北京市教委市社科规划办	研究报告	2016.12
82	基于质量视角的北京市幼儿园教师培养模式综合改革研究	康晓伟	学前教育学院	省、市、自治区社科基金项目省部级一般项目	北京市教委市社科规划办	研究报告	2017.06
83	北京明清宅园造景设计艺术研究	谢明洋	美术学院	省、市、自治区社科基金项目省部级一般项目	北京市教委市社科规划办	专著	2017.03
84	北京特殊老龄群体长期照护服务体系研究及绩效评估	刘亚娜	管理学院	省、市、自治区社科基金项目省部级一般项目	北京市教委市社科规划办	论文集	2017.12
85	美国对外宣传与文化外交史史料整理与研究综述	翟　韬	历史学院	省、市、自治区社科基金项目省部级一般项目	北京市教委市社科规划办	其他	2017.12
86	北京市U-D合作教师脱产培训有效性提升研究	岳欣云	教育学院	省、市、自治区社科基金项目省部级一般项目	北京市哲学社会科学规划办公室	论文	2018.09

续表

序号	项目名称	负责人	承担部门	项目分类、类别	项目来源单位	预期成果形式	计划完成时间
87	古典文学篇章结构分析法研究	姚苏杰	文学院	省、市、自治区社科基金项目青年项目	北京市哲学社会科学规划办公室	论文集	2017.12
88	现代庇护主义与规模化腐败的机理研究	项　冶	政法学院	省、市、自治区社科基金项目青年项目	北京市哲学社会科学规划办公室	研究报告	2017.06
89	社会转型时期的青少年价值观教育研究	胡　萨	教育学院	省、市、自治区社科基金项目青年项目	北京市哲学社会科学规划办公室	研究报告	2018.06
90	数学理解性教学的理论建构与实践策略研究	王瑞霖	教育学院	省、市、自治区社科基金项目青年项目	北京市哲学社会科学规划办公室	研究报告	2017.06
91	政府购买服务背景下的北京市民办非营利性养老机构发展研究	龙玉其	管理学院	省、市、自治区社科基金项目青年项目	北京市哲学社会科学规划办公室	研究报告	2017.06
92	专业学位教育与执业准入资格关系的国际比较研究	张秀峰	大学英语教研部	省、市、自治区社科基金项目青年项目	北京市哲学社会科学规划办公室	论文集	2018.06
93	北京市属高校内涵式发展战略研究	李　娟	科技处	省教育厅社科项目	北京市教育委员会	研究报告	2017.12
94	国内外在线信息素质教育比较研究	王　莲	图书馆	省教育厅社科项目	北京市教育委员会	论文	2017.12
95	北京市中小学教师对健康教育的认知与课堂实践状况调查研究	贾宝剑	体育教学研究部	省教育厅社科项目	北京市教育委员会	研究报告、论文	2016.12
96	北京外来移民的城市空间体验及其对城市形象建构研究	郑以然	文化研究院	省教育厅社科项目	北京市教育委员会	研究报告、论文	2016.12
97	利用绘本阅读有效开展幼儿园主题活动的实践研究	张　迪	学前教育学院	省教育厅社科项目	北京市教育委员会	研究报告、论文	2016.12
98	胜任传统文化教育的小学教师培养保障研究	刘峻杉	初等教育学院	省教育厅社科项目	北京市教育委员会	论文	2016.12
99	北京市义务教育阶段学生艺术素质测评体系建构研究	段　鹏	美术学院	省教育厅社科项目	北京市教育委员会	研究报告、论文	2017.12
100	北京地区艺术品市场与管理专业人才培养现状调查与研究	英爱平	美术学院	省教育厅社科项目	北京市教育委员会	研究报告、论文	2016.12
101	本土化电子音乐教学在基础音乐教育中的效能辩证研究	宋璐璐	音乐学院	省教育厅社科项目	北京市教育委员会	研究报告、教材	2017.12
102	艺术视野下的舞蹈作品类型研究	胡　伟	音乐学院	省教育厅社科项目	北京市教育委员会	专著	2016.12
103	不同情境中个体的亲社会行为：可识别受害者效应及内在心理机制研究	邢淑芬	教育学院	省教育厅社科项目	北京市教育委员会	论文	2017.12

续表

序号	项目名称	负责人	承担部门	项目分类、类别	项目来源单位	预期成果形式	计划完成时间
104	北京市社会组织培育与管理研究	乜　琪	政法学院	省教育厅社科项目	北京市教育委员会	论文	2016. 12
105	转型国家经济政策与社会政策整合的政治分析	杨山鸽	政法学院	省教育厅社科项目	北京市教育委员会	论文	2017. 12
106	秦汉行政思想研究	刘晓满	历史学院	省教育厅社科项目	北京市教育委员会	研究报告、论文	2017. 12
107	北京市传统媒体盈利模式变革与电子商务化转型研究	罗　赟	文学院	省教育厅社科项目	北京市教育委员会	研究报告、论文	2016. 12
108	北京话词汇多维研究	王伟丽	文学院	省教育厅社科项目	北京市教育委员会	论文	2017. 12
109	纳西语方言声调的调查分析与历史比较	李子鹤	文学院	省教育厅社科项目	北京市教育委员会	研究报告、论文	2017. 12

（首都师范大学社科处李志成供稿）

首都经济贸易大学

2015 年度承担国家级、省部级等社会科学研究项目

序号	项目名称	负责人	承担部门	项目分类、类别	项目来源单位	预期成果形式	计划完成时间
1	基于自然资源资产负债表系统的环境责任审计研究	杨世忠	会计学院	国家社会科学基金、重大项目	全国哲学社会科学规划办公室	研究报告、论文	2019. 12
2	拓展我国区域发展新空间研究	安树伟	城市经济与公共管理学院	国家社会科学基金、重大项目	全国哲学社会科学规划办公室	专著	2018. 06
3	移动社交网络舆情线上线下相互作用机理及引导机制研究	姚翠友	信息学院	国家社会科学基金、重点项目	全国哲学社会科学规划办公室	研究报告	2018. 06
4	20 世纪 80 年代以来中国实际人口死亡水平及其变化研究	黄荣清	劳动经济学院	国家社会科学基金、重点项目	全国哲学社会科学规划办公室	研究报告、其他	2018. 03
5	国土资源资产负债表编制及其运行机制研究	杨世忠	会计学院	国家社会科学基金、重点项目	全国哲学社会科学规划办公室	研究报告、电脑软件	2017. 12
6	两种工业化战略进程中比较优势动态升级与战略匹配研究	邹昭晞	工商管理学院	国家社会科学基金、重点项目	全国哲学社会科学规划办公室	专著、研究报告	2018. 06
7	4G 时代媒体立体监管体系与模式研究	郭媛媛	文化与传播学院	国家社会科学基金、一般项目	全国哲学社会科学规划办公室	论文集、研究报告	2018. 05
8	中国人口空间聚集对环境污染的影响及作用机制研究	肖周燕	劳动经济学院	国家社会科学基金、一般项目	全国哲学社会科学规划办公室	研究报告	2017. 12
9	金融资源依赖与我国特大城市产业结构调整的关联机制研究	王曼怡	金融学院	国家社会科学基金、一般项目	全国哲学社会科学规划办公室	专著	2018. 06
10	基于碳会计体系下的碳排放指数构建研究	闫华红	会计学院	国家社会科学基金、一般项目	全国哲学社会科学规划办公室	论文集、研究报告	2017. 12
11	公共体育服务购买中政社互动合作机制研究	张小航	体育部	国家社会科学基金、一般项目	全国哲学社会科学规划办公室	研究报告	2018. 07

续表

序号	项目名称	负责人	承担部门	项目分类、类别	项目来源单位	预期成果形式	计划完成时间
12	我国过度劳动的动态特征、驱动机制及应对策略的跨层次研究	张杉杉	劳动经济学院	国家社会科学基金、一般项目	全国哲学社会科学规划办公室	研究报告	2017.12
13	资本成本约束下混合所有制公司股权结构优化研究	邹 颖	会计学院	国家社会科学基金、一般项目	全国哲学社会科学规划办公室	研究报告	2018.06
14	我国反就业歧视法实施机制构建研究	王显勇	法学院	国家社会科学基金、一般项目	全国哲学社会科学规划办公室	专著、研究报告	2017.12
15	道德语言与道德推理研究	刘 隽	马克思主义学院	国家社会科学基金、一般项目	全国哲学社会科学规划办公室	研究报告	2018.07
16	空间特征下的上市公司监管格局与监管效率研究	于 鹏	会计学院	国家社会科学基金、一般项目	全国哲学社会科学规划办公室	论文集	2018.06
17	金砖银行互利共赢合作模式及风险防范机制研究	高杰英	金融学院	国家社会科学基金、一般项目	全国哲学社会科学规划办公室	研究报告	2017.12
18	新常态下我国商业银行流动性风险的防控及监管效果研究	周 晔	金融学院	国家社会科学基金、一般项目	全国哲学社会科学规划办公室	专著	2018.06
19	莎士比亚戏剧汉译批评史	朱安博	外语系	国家社会科学基金、一般项目	全国哲学社会科学规划办公室	专著	2019.12
20	推进管办评分离的高校治理改革路径研究	柯文进	工商管理学院	国家社会科学基金、一般项目	全国哲学社会科学规划办公室	论文集、研究报告	2018.05
21	混合所有制企业中国有资本与民营资本的合作机制研究	方明月	经济学院	国家社会科学基金、青年项目	全国哲学社会科学规划办公室	论文集、研究报告	2018.07
22	公用事业价格规制的行政法研究	尹少成	法学院	国家社会科学基金、青年项目	全国哲学社会科学规划办公室	论文集、研究报告	2018.06
23	新常态下经济增长对环境污染的“增速红利效应”与“增长压力效应”研究	杜雯翠	经济学院	国家社会科学基金、青年项目	全国哲学社会科学规划办公室	专著	2017.12
24	对口支援政策的区域协调发展效应与机制优化研究	邬晓霞	城市经济与公共管理学院	国家社会科学基金、青年项目	全国哲学社会科学规划办公室	研究报告	2018.07
25	公共债务风险的国际比较研究与约束机制框架构建研究	郝宇彪	经济学院	国家社会科学基金、青年项目	全国哲学社会科学规划办公室	专著	2017.12
26	面向高新技术企业技术创新的技术威胁预警研究	张丽玮	信息学院	国家社会科学基金、青年项目	全国哲学社会科学规划办公室	专著、论文集、电脑软件	2018.07
27	第四代战争时期国际法的变革与我国话语权实现路径研究	朱 路	法学院	国家社会科学基金、青年项目	全国哲学社会科学规划办公室	专著	2018.06
28	“乡治”传统与民国时期社会工作发展的关系研究	侯俊丹	劳动经济学院	国家社会科学基金、青年项目	全国哲学社会科学规划办公室	论文集、研究报告	2018.12
29	负面清单管理模式下服务业开放路径与政府策略选择研究	余颖丰	金融学院	国家社会科学基金、青年项目	全国哲学社会科学规划办公室	专著、研究报告	2018.06
30	养老服务购买中政府与民间组织的互动关系研究	徐 静	劳动经济学院	国家社会科学基金、青年项目	全国哲学社会科学规划办公室	研究报告	2018.06

续表

序号	项目名称	负责人	承担部门	项目分类、类别	项目来源单位	预期成果形式	计划完成时间
31	金砖国家应急储备安排的风险分担、收益分配与治理优化问题	陈奉先	金融学院	国家社会科学基金、青年项目	全国哲学社会科学规划办公室	研究报告	2017.12
32	知识话语与拜厄特小说创作研究	姚成贺	外语系	国家社会科学基金、青年项目	全国哲学社会科学规划办公室	专著	2019.12
33	混合所有制改革中周期性公司估值模型的理论修正与实践调整研究	陈　蕾	财政税务学院	国家社会科学基金、青年项目	全国哲学社会科学规划办公室	论文集、研究报告	2018.07
34	营改增后企业与居民之间税负分布及影响研究	姜明耀	财政税务学院	国家社会科学基金、青年项目	全国哲学社会科学规划办公室	研究报告、其他	2018.06
35	人口老龄化背景下超龄就业人员权利保障立法研究	范　围	劳动经济学院	教育部科研启动基金	教育部	研究报告	2016.12
36	信息技术变革时代的商标帮助侵权问题研究	陶　乾	国际经济管理学院	教育部科研启动基金	教育部	研究报告	2016.12
37	政治伦理视域中的朱迪斯·巴特勒思想研究	何　磊	文化与传播学院	教育部人文社会科学研究、青年项目	教育部	专著	2018.09
38	混合所有制、投资者异质信念与股权再融资行为	卿小权	会计学院	教育部人文社会科学研究、青年项目	教育部	论文、研究报告	2017.12
39	乡村教师生活补助政策的落实情况及对乡村教师供给影响的实证研究	姜金秋	城市经济与公共管理学院	教育部人文社会科学研究、青年项目	教育部	论文、咨询报告	2018.02
40	异质企业假定下政府研发资助效应研究——来自二十万工业企业的证据	陈远燕	财政税务学院	教育部人文社会科学研究、青年项目	教育部	著作、论文	2018.06
41	海洋强国战略下邮轮业长效发展的法治保障研究	李璐玲	法学院	教育部人文社会科学研究、青年项目	教育部	论文、研究报告	2018.05
42	中央对香港特别行政区行政长官的免除权研究	张　鹏	法学院	教育部人文社会科学研究、特别委托项目	教育部、全国人大常委会香港、澳门基本法委员会	论文、研究报告	2017.04
43	金融普惠与京津冀协同发展研究	尹志超	金融学院	北京市社会科学基金、重大项目	北京市哲学社会科学规划办公室	研究报告	2018.12
44	基于当代西方元伦理论视角的道德推理研究	刘　隽	马克思主义学院	北京市社会科学基金、重点项目	北京市哲学社会科学规划办公室	论文集	2017.12
45	资本成本测算及其应用领域研究	汪　平	会计学院	北京市社会科学基金、重点项目	北京市哲学社会科学规划办公室	专著、论文集	2016.12
46	涌现秩序视角下的网络舆情生成、传播和演化机制研究	刘业进	城市经济与公共管理学院	北京市社会科学基金、重点项目	北京市哲学社会科学规划办公室	研究报告、论文集	2017.12
47	推进管办评分离的体制与机制研究	柯文进	工商管理学院	北京市社会科学基金、重点项目	北京市哲学社会科学规划办公室	研究报告、论文集	2018.03

续表

序号	项目名称	负责人	承担部门	项目分类、类别	项目来源单位	预期成果形式	计划完成时间
48	京津冀生态共建共享机制研究	彭文英	城市经济与公共管理学院	北京市社会科学基金、重点项目	北京市哲学社会科学规划办公室	研究报告、论文集	2017.12
49	分类别、多环节促进北京市文化产业发展的财税政策及其效应研究	丁 芸	财政税务学院	北京市社会科学基金、一般项目	北京市哲学社会科学规划办公室	研究报告	2017.12
50	区域协同下统筹法律与政策治理京津冀大气污染研究	郭锦鹏	文化与传播学院	北京市社会科学基金、一般项目	北京市哲学社会科学规划办公室	研究报告	2018.06
51	3D 打印技术的知识产权风险与应对	翟业虎	法学院	北京市社会科学基金、一般项目	北京市哲学社会科学规划办公室	论文集	2017.03
52	产业结构调整视角下的北京对外直接投资研究	赵家章	经济学院	北京市社会科学基金、一般项目	北京市哲学社会科学规划办公室	研究报告	2017.06
53	分税制以来北京财力的变化及重构地方政府收入体系研究	史兴旺	财政税务学院	北京市社会科学基金、一般项目	北京市哲学社会科学规划办公室	研究报告	2017.08
54	北京市灵活就业及其政策执行效果研究	吴 江	劳动经济学院	北京市社会科学基金、一般项目	北京市哲学社会科学规划办公室	研究报告	2017.12
55	北京市城镇居民社会生活质量的追踪及提升策略研究	郭洪伟	统计学院	北京市社会科学基金、一般项目	北京市哲学社会科学规划办公室	论文集	2017.06
56	微媒体对北京大学生行为模式变化影响的研究	徐天晟	信息学院	北京市社会科学基金、一般项目	北京市哲学社会科学规划办公室	研究报告	2017.06
57	首都全民阅读保障体系研究	司新丽	文化与传播学院	北京市社会科学基金、一般项目	北京市哲学社会科学规划办公室	研究报告	2017.12
58	北京 CBD 发展指数研究	蒋三庚	金融学院	北京市社会科学基金、一般项目	北京市哲学社会科学规划办公室	专著	2016.20
59	京津冀综合发展指数研究	祝尔娟	城市经济与公共管理学院	北京市社会科学基金、一般项目	北京市哲学社会科学规划办公室	专著	2016.04
60	北京 CBD 现代服务业扩大开放研究	张 杰	城市经济与公共管理学院	北京市社会科学基金、一般项目	北京市哲学社会科学规划办公室	研究报告	2017.12
61	大学“双创”人才培养模式研究	丁立宏	统计学院	北京市社会科学基金、一般项目	北京市哲学社会科学规划办公室	研究报告	2018.12
62	北京 CBD 产业转型升级的财税政策研究	赵书博	财政税务学院	北京市社会科学基金、一般项目	北京市哲学社会科学规划办公室	研究报告、其他	2017.12
63	协同发展视域下的京津冀地方政府间税收合作机制研究	刘 翔	财政税务学院	北京市社会科学基金、青年项目	北京市哲学社会科学规划办公室	研究报告	2017.07
64	京津冀医疗服务一体化研究	董香书	经济学院	北京市社会科学基金、青年项目	北京市哲学社会科学规划办公室	研究报告	2018.06
65	我国政党制度背景下的国企高管行为与治理研究	王元芳	会计学院	北京市社会科学基金、青年项目	北京市哲学社会科学规划办公室	研究报告	2017.06
66	绿色经济视角下我国可再生能源产业发展的就业效应与实现路径研究	李晓曼	劳动经济学院	北京市社会科学基金、青年项目	北京市哲学社会科学规划办公室	研究报告	2017.07
67	北京市科技创新人才工作使命感对创新行为的影响研究	王默凡	国际学院	北京市社会科学基金、青年项目	北京市哲学社会科学规划办公室	研究报告	2017.06

续表

序号	项目名称	负责人	承担部门	项目分类、类别	项目来源单位	预期成果形式	计划完成时间
68	互联网领域高校思想政治教育的话语权研究	王　颖	马克思主义学院	北京市社会科学基金、青年项目	北京市哲学社会科学规划办公室	研究报告	2018.06
69	北京市养老机构公建（办）民营机构研究	江　华	劳动经济学院	北京市社会科学基金、青年项目	北京市哲学社会科学规划办公室	研究报告	2017.05
70	北京城市新移民的语言使用和文化认同——国际化多元语言文化体系的建构研究之一	李　红	国际学院	北京市社会科学基金、青年项目	北京市哲学社会科学规划办公室	研究报告	2017.06
71	马克思主义哲学体系中的社会心理范畴及其当代价值研究	李厚羿	马克思主义学院	北京市社会科学基金、青年项目	北京市哲学社会科学规划办公室	专著	2017.04
72	朱迪斯·巴特勒思想研究	何　磊	文化与传播学院	北京市社会科学基金、青年项目	北京市哲学社会科学规划办公室	专著	2018.06
73	北京市突发性事件的网络舆论博弈与社会治理研究	李先知	文化与传播学院	北京市社会科学基金、青年项目	北京市哲学社会科学规划办公室	研究报告	2017.12
74	新媒体环境下北京城市形象传播的路径选择研究	谭宇菲	文化与传播学院	北京市社会科学基金、青年项目	北京市哲学社会科学规划办公室	研究报告	2017.06
75	非首都功能疏解过程中北京CBD土地空间集约利用开发研究	张　杨	城市经济与公共管理学院	北京市社会科学基金、青年项目	北京市哲学社会科学规划办公室	研究报告	2016.12
76	北京地方政府债券安全发行规模与风险控制研究	陈奉先	金融学院	北京市社会科学基金、青年项目	北京市哲学社会科学规划办公室	研究报告	2017.12
77	新常态下京津冀经济增长对环境污染的作用机理与情景模拟研究	杜雯翠	经济学院	北京市社会科学基金、青年项目	北京市哲学社会科学规划办公室	研究报告	2017.12
78	国家重点龙头企业政策绩效研究	吴启富	统计学院	农业部农业产业化项目	农业部	研究报告	2015.12
79	承包地经营权抵押试点若干问题研究	阎　竣	会计学院	农业部软科学研究、定向委托项目	农业部	研究报告	2015.12
80	自然资源资产负债表编制与审计问题研究	杨世忠	会计学院	全国会计科研课题、重点项目	财政部	研究报告	2017.06
81	管理会计工具应用的瓶颈及其解决方案研究	马元驹	会计学院	全国会计科研课题、重点项目	财政部	研究报告	2017.06
82	生态价值核算的方法与应用研究——以北京地区碳排放会计体系的构建与应用	崔也光	会计学院	全国会计科研课题、重点项目	财政部	研究报告	2017.06
83	会计师事务所国际化品牌建设研究	顾奋玲	会计学院	全国会计科研课题、一般项目	财政部	研究报告	2017.05
84	受贿罪地区量刑差异问题研究	王剑波	法学院	最高人民检察院检察理论研究、自筹经费课题	最高人民检察院	调查报告	2016.08
85	京津冀协同发展法律合作机制研究	高桂林	法学院	最高人民法院审判理论研究、自选课题	最高人民法院	研究报告	2016.07

续表

序号	项目名称	负责人	承担部门	项目分类、类别	项目来源单位	预期成果形式	计划完成时间
86	UBI保险业务的国际经验及在中国的应用	徐　昕	金融学院	中国保监会部级研究、青年课题	中国保险监督管理委员会	研究报告	2016.09
87	贫困村旅游精准扶贫机制研究	李　佳	工商学院	国家旅游局旅游业青年专家培养计划项目	国家旅游局	论文、研究报告	2018.10
88	社会组织提供公共服务的财政激励机制研究——以文化公共服务供给为例	蔡秀云	财税学院	民政部“中国社会组织建设与管理”理论研究部级课题	民政部	研究报告	2015.11
89	能源与碳排放约束条件下我国经济增长模式的统计研究	马立平	统计学院	全国统计科学研究、重点项目	国家统计局	研究报告	2016.11
90	居民消费结构变化对经济发展的影响研究	廖明球	统计学院	国家统计局2012投入产出研究、一般资助项目	国家统计局	论文	2016.06
91	基于2012年各省区投入产出表的中国区域经济结构差异分析	蒋雪梅	统计学院	国家统计局2012投入产出研究、一般资助项目	国家统计局	研究报告	2016.06
92	我国受贿罪量刑差异问题实证研究	王剑波	法学院	国家法治与法学理论研究、中青年课题	司法部	论文	2017.12
93	“一带一路”战略下中国海外权益法律保护研究	郭锦鹏	文化与传媒学院	国家法治与法学理论研究、专项任务课题	司法部	论文	2017.12
94	北京高新企业实施信息化管理的风险度量和治理研究	王凡林	会计学院	北京市教育委员会科研计划、重点项目	北京市教育委员会	研究报告	2017.12
95	基于人力资本的我国代际收入流动机制与公共政策研究	黎　煦	劳动经济学院	北京市教育委员会科研计划、重点项目	北京市教育委员会	专著	2017.06
96	京津冀多中心城市网络的发育与功能优化研究	吴　康	城市经济与公共管理学院	北京市教育委员会科研计划、重点项目	北京市教育委员会	研究报告、论文集	2017.12
97	基于生产者责任延伸制的北京汽车报废回收体系构建研究	周永强	工商管理学院	北京市教育委员会科研计划、重点项目	北京市教育委员会	研究报告	2017.12
98	京津冀协同发展中的首都功能定位与产业分工研究	周　伟	城市经济与公共管理学院	北京市教育委员会科研计划、一般项目	北京市教育委员会	研究报告	2016.12
99	延安时期中共推进马克思主义理论学习的历史经验研究	成林萍	马克思主义学院	北京市教育委员会科研计划、一般项目	北京市教育委员会	研究报告、论文	2016.12

续表

序号	项目名称	负责人	承担部门	项目分类、类别	项目来源单位	预期成果形式	计划完成时间
100	新媒体条件下的政府传播与公信力提升策略研究	王靖华	马克思主义学院	北京市教育委员会科研计划、一般项目	北京市教育委员会	专著、论文	2016. 12
101	基于北京市财政可持续性的政府投融资体系研究	黄芳娜	财政税务学院	北京市教育委员会科研计划、一般项目	北京市教育委员会	研究报告	2015. 12
102	我国文化创意企业估值问题研究——基于企业知识资产价值贡献视角	赵　琼	财政税务学院	北京市教育委员会科研计划、一般项目	北京市教育委员会	研究报告	2016. 12
103	媒体对北京市城镇居民廉政感知影响的实验调查研究	朱梅红	统计学院	北京市教育委员会科研计划、一般项目	北京市教育委员会	研究报告、论文	2016. 12
104	网络集体行动与首都网络环境治理研究	李先知	文化与传播学院	北京市教育委员会科研计划、一般项目	北京市教育委员会	研究报告	2016. 12
105	知识型员工天职取向对工作绩效的影响研究	王默凡	国际学院	北京市教育委员会科研计划、一般项目	北京市教育委员会	专著	2016. 12
106	基于大数据的管理会计信息化研究	王海洪	会计学院	北京市教育委员会科研计划、一般项目	北京市教育委员会	研究报告、论文	2016. 12
107	基于移动互联网的北京零售业服务开发与创新模式研究	邱　琪	工商管理学院	北京市教育委员会科研计划、一般项目	北京市教育委员会	研究报告、论文	2016. 12
108	政府补贴对京津冀协同治霾绩效影响及有效性研究	孔海宁	工商管理学院	北京市教育委员会科研计划、一般项目	北京市教育委员会	研究报告	2016. 12
109	叙事文体学视角下中国现当代文学英译研究	郝　莉	外语系	北京市教育委员会科研计划、一般项目	北京市教育委员会	论文	2016. 12
110	文化触变与中国英语教育变迁研究	赵海燕	外语系	北京市教育委员会科研计划、一般项目	北京市教育委员会	专著、研究报告、论文	2016. 12
111	职业教育视角下北京市劳动力层次优化问题研究	毛艾琳	劳动经济学院	北京市教育委员会科研计划、一般项目	北京市教育委员会	研究报告	2017. 12
112	京津冀产业协同发展研究	祝合良	经济学院	北京市属高校创新能力提升计划项目	北京市教育委员会	研究报告	2018. 12
113	基于 SERVPERF 模型的北京市高校本科生教育服务质量评价及对比研究	翟春娟	工商管理学院	北京市教育科学“十二五”规划、重点项目	北京市教育科学规划领导小组办公室	研究报告	2018. 06

续表

序号	项目名称	负责人	承担部门	项目分类、类别	项目来源单位	预期成果形式	计划完成时间
114	项目教学模式在高校经管类本科教学中的导入研究	宋丕丞	经济学院	北京市教育科学“十二五”规划、青年专项	北京市教育科学规划领导小组办公室	研究报告、论文	2017.06
115	公用事业监管的法经济学研究	尹少成	法学院	中国博士后基金面上资助二等资助	中国博士后科学基金会	论文、研究报告	2016.05
116	中国特色社会主义法律实训课程的改革探索	王剑波	法学院	首都大学生思想政治教育研究、支持课题	北京市委教育工作委员会	研究报告	2017.04
117	本科生思想政治理论课“专题式翻转”教学创新研究	李厚羿	马克思主义学院	首都大学生思想政治教育研究、支持课题	北京市委教育工作委员会	研究报告	2016.07
118	运用萨提亚模式提升大学生自我价值感的应用性研究	王　玉	马克思主义学院	首都大学生思想政治教育研究、支持课题	北京市委教育工作委员会	论文、研究报告	2018.12
119	京津冀地区双酚A大气源清单建立与排放特征分析	胡　磊	信息学院	北京市优秀人才培养资助项目	北京市委组织部	论文集	2017.12
120	基于京津冀地区氮氧化物减排目标的新型生物法烟气脱硝技术研究	丁　爽	安全与环境工程学院	北京市优秀人才培养资助项目	北京市委组织部	论文、专利	2017.12
121	多中心城市网络的经济绩效研究——基于京津冀协同和长三角一体化的比较研究	吴　康	城市经济与公共管理学院	北京市优秀人才培养资助项目	北京市委组织部	论文	2016.12
122	北京小微企业发展的财税支持政策优化研究——财税与金融协同视角	王海南	财政税务学院	北京市优秀人才培养资助项目	北京市委组织部	论文、研究报告	2018.03
123	北京市“村改居”社区居民就业与社会保障问题研究	刘　潇	劳动经济学院	北京市优秀人才培养资助项目	北京市委组织部	研究报告	2017.12
124	面向“十三五”的北京首善精神及其培育路径研究	李厚羿	马克思主义学院	北京市优秀人才培养资助项目	北京市委组织部	研究报告	2018.12

2015年度校级社会科学研究项目

序号	项目名称	负责人	承担部门	项目分类、类别	预期成果形式	计划完成时间
1	制造服务网络的生态特性及性能评价方法研究	苏　薇	安全与环境工程学院	规划项目	论文	2015.12
2	试论标准必要专利的法律规制	翟业虎	法学院	规划项目	论文	2015.12
3	外国学生汉语学习策略研究	栾育青	国际学院	规划项目	论文	2015.12
4	公允价值计量准则、所有权性质和会计信息质量	刘　瑛	会计学院	规划项目	研究报告	2015.12
5	技术创业三阶段动态局部均衡分析	施慧洪	金融学院	规划项目	研究报告、论文	2015.12
6	FDI溢出效应的机理分析	赵　涛	经济学院	规划项目	研究报告	2015.12

续表

序号	项目名称	负责人	承担部门	项目分类、类别	预期成果形式	计划完成时间
7	技术创新对京津冀经济增长研究的影响	杜　军	经济学院	规划项目	研究报告、论文	2015. 12
8	大陆台资代工转型升级的政治经济学分析——以富士康、捷安特、宝成集团为例	周丽群	马克思主义学院	规划项目	研究报告、论文	2015. 12
9	大学生体育运动能力及功能性动作评价的实证研究	顾毅明	体育部	规划项目	研究报告、论文	2015. 12
10	跨文化视角下中美习语对比研究	王宏玉	外语系	规划项目	论文	2015. 12
11	奥尼尔的悲剧情结与悲剧创作	杨述伊	外语系	规划项目	论文	2015. 12
12	低碳经济背景下 IT 项目风险评估与投资决策研究	卢　山	信息学院	规划项目	论文	2015. 12
13	促进城市新区健康发展的科学基础与优化路径研究	邬晓霞	城市经济与公共管理学院	青年项目	论文	2015. 12
14	网络主权建构国际法研究	朱　路	法学院	青年项目	论文	2015. 12
15	人民法庭参与首都基层社会治理创新研究	陈寒非	法学院	青年项目	研究报告	2015. 12
16	环境态度、过度自信与盈余管理	孙　静	会计学院	青年项目	研究报告	2015. 12
17	高管过度自信与财务危机	李盈璇	会计学院	青年项目	论文	2015. 12
18	北京地区小微企业金融行为研究	王婉婷	金融学院	青年项目	研究报告、论文	2015. 12
19	兼顾绩效与幸福感的高绩效工作系统作用机制的多层次研究：不同社会认知角度	苗仁涛	劳动经济学院	青年项目	论文	2015. 12
20	集体劳动争议的预防与处理机制研究	雷晓天	劳动经济学院	青年项目	研究报告、论文	2015. 12
21	中国城镇基本养老保险制度的劳动供给效应研究	王晓霞	劳动经济学院	青年项目	论文	2015. 12
22	历史唯物主义“社会心理”范畴研究	李厚羿	马克思主义学院	青年项目	研究报告、论文	2015. 12
23	基于稀疏表示的高位数据办监督特征提取研究	古楠楠	统计学院	青年项目	论文	2015. 12
24	日本战后民主主义研究	陈都伟	外语系	青年项目	研究报告	2015. 12
25	“兔子”系列中的中产阶级文化构建研究	任菊秀	外语系	青年项目	论文	2015. 12
26	C2C 电子购物环境中地域特性对商家的业绩影响	付东普	信息学院	青年项目	论文	2015. 12
27	基于大数据挖掘的电动汽车电池里程与充电站密度协同优化研究	杨艳妮	信息学院	青年项目	研究报告、论文	2015. 12

（首都经济贸易大学科研处文玮供稿）

北京工商大学

2015 年度承担国家级、省部级等社会科学研究项目

序号	项目名称	负责人	承担部门	项目分类、类别	项目来源	预期成果形式	计划完成日期
1	海洋油污损害生态环境民事追责制度研究	刘长霞	法学院	国家社会科学基金、青年项目	全国哲学社会科学规划办公室	研究报告	2017.12
2	大数据时代网上银行的安全保障义务研究	李　晗	法学院	国家社会科学基金、青年项目	全国哲学社会科学规划办公室	研究报告	2017.12
3	食品防护情境下内部举报行为之激励机制研究	周清杰	经济学院	国家社会科学基金、一般项目	全国哲学社会科学规划办公室	研究报告	2017.12
4	区域产业升级的碳金融支持研究	李　丽	经济学院	国家社会科学基金、一般项目	全国哲学社会科学规划办公室	研究报告	2017.12
5	综合收益概念框架、报告体系以及信息运用研究	杨有红	商学院	国家社会科学基金、一般项目	全国哲学社会科学规划办公室	研究报告	2017.12
6	新传播环境下医患有效沟通的新模式及其实现路径研究	高丽华	艺术传媒学院	国家社会科学基金、一般项目	全国哲学社会科学规划办公室	研究报告	2017.12
7	中国跨境投资企业的外汇风险敞口测度、对冲动因与效果评价研究	赵　峰	经济学院	国家社会科学基金、一般项目	全国哲学社会科学规划办公室	研究报告	2017.12
8	我国生鲜农产品电子商务与传统流通体系的融合发展研究	张　浩	商学院	国家社会科学基金、一般项目	全国哲学社会科学规划办公室	研究报告	2017.12
9	上市公司参与高息委托贷款研究：行为动机、驱动因素和经济后果	余　琰	商学院	国家自然科学基金、青年项目	国家自然科学基金委员会	研究报告	2018.12
10	媒体监督的交易成本对我国新食品安全监管体系之监管效率的影响机制研究：制度要件价值的视角	倪国华	经济学院	国家自然科学基金、面上项目	国家自然科学基金委员会	研究报告	2019.12
11	国家自然科学基金管理的立法梳理与制度需求	赵　颖	法学院、马克思主义学院	国家自然科学基金、应急管理项目	国家自然科学基金委员会	研究报告	2017.12
12	当代欧美后经典叙事空间研究	孔海龙	外国语学院	教育部人文社会科学研究、青年项目	教育部	专著	2018.07
13	私募股权基金在国有企业混合所有制改革中的优化效应研究	栗书茵	经济学院	教育部人文社会科学研究、规划项目	教育部	专著	2018.07
14	多均衡视角下我国地方政府债务加速器机制与管理政策研究	邓　磊	经济学院	教育部人文社会科学研究、青年项目	教育部	专著	2018.07
15	基金经理异质性与基金业绩	于上尧	商学院	教育部人文社会科学研究、青年项目	教育部	专著、研究报告	2018.07

续表

序号	项目名称	负责人	承担部门	项目分类、类别	项目来源	预期成果形式	计划完成日期
16	明清时期土地管业制度研究	邹亚莎	法学院、马克思主义学院	教育部人文社会科学研究、青年项目	教育部	研究报告	2018.07
17	大学生社会主义核心价值观的内隐认同及提升路径研究	陈红敏	体育与艺术教学部	教育部人文社会科学研究、青年项目	教育部	研究报告	2018.07
18	北京城市商业活动空间特征研究	张　珣	计算机与信息工程学院	教育部人文社会科学研究、青年项目	教育部	研究报告	2018.07
19	金融隐私权合理使用规则研究	颜　苏	法学院	北京市社会科学基金、一般项目	北京市哲学社会科学规划办公室	研究报告	2018.12
20	积极心理学视角下危机生活事件对首都大学生心理影响机制及干预研究	陈红敏	体育部	北京市社会科学基金、一般项目	北京市哲学社会科学规划办公室	研究报告	2018.12
21	北京市文化创意产业发展效应研究	方　燕	经济学院	北京市社会科学基金、重点项目	北京市哲学社会科学规划办公室	专著、研究报告	2018.12
22	环首都贫困带与北京协同发展研究	龚晓菊	经济学院	北京市社会科学基金、重点项目	北京市哲学社会科学规划办公室	研究报告、论文集	2018.12
23	互联网环境的北京市食品安全监管体系研究	杨浩雄	商学院	北京市社会科学基金、重点项目	北京市哲学社会科学规划办公室	研究报告	2018.12
24	北京城市发展与零售业态适应性研究	王　勇	商学院	北京市社会科学基金、一般项目	北京市哲学社会科学规划办公室	研究报告	2018.12
25	北京市建立绿色供应链的管理机制研究	周永圣	商学院	北京市社会科学基金、一般项目	北京市哲学社会科学规划办公室	研究报告	2018.12
26	基于区际协同创新的京津冀公共服务一体化研究	吴　强	经济学院	北京市社会科学基金、一般项目	北京市哲学社会科学规划办公室	研究报告、论文集	2018.12
27	自有品牌、零制融合与北京本土零售企业的战略转型研究	刘海龙	商学院	北京市社会科学基金、一般项目	北京市哲学社会科学规划办公室	研究报告、其他	2018.12
28	社会网络视角下中关村创新集群发展研究	黄婉秋	文科实践中心	北京市社会科学基金、一般项目	北京市哲学社会科学规划办公室	专著	2018.12
29	基于全面薪酬满意度的北京零售企业员工激励机制研究	李春玲	商学院	北京市社会科学基金、一般项目	北京市哲学社会科学规划办公室	研究报告	2018.12
30	“互联网+”战略升级北京旅游业的路径及关键要素研究	张运来	商学院	北京市社会科学基金、一般项目	北京市哲学社会科学规划办公室	研究报告	2018.12
31	基于平衡计分卡方法的北京市公共交通财政补贴政策绩效评价研究	许　评	经济学院	北京市社会科学基金、青年项目	北京市哲学社会科学规划办公室	研究报告	2018.12
32	网上购物对京津冀零售商业活动空间的影响机制研究	谭　娟	商学院	北京市社会科学基金、青年项目	北京市哲学社会科学规划办公室	研究报告	2018.12
33	北京市国有资本授权经营体制改革研究	杨克智	商学院	北京市社会科学基金、青年项目	北京市哲学社会科学规划办公室	研究报告	2018.12
34	考虑能源回弹效应的北京市节能减排效果研究：统计测算和路径优化	杨晓华	经济学院	北京市社会科学基金、青年项目	北京市哲学社会科学规划办公室	研究报告	2018.12

续表

序号	项目名称	负责人	承担部门	项目分类、类别	项目来源	预期成果形式	计划完成日期
35	书面广告语篇的多模态研究——以宣传首都企业产品的广告语篇为例	杨增成	外国语学院	北京市社会科学基金、一般项目	北京市哲学社会科学规划办公室	研究报告	2018.12
36	促进北京地区传统媒体和新兴媒体融合发展研究：基于组织结构变革视角	吴玉玲	艺术与传媒学院	北京市社会科学基金、一般项目	北京市哲学社会科学规划办公室	研究报告	2018.12
37	新媒体语境下转型社区农村青年的代际交往	高　崇	艺术与传媒学院	北京市社会科学基金、青年项目	北京市哲学社会科学规划办公室	研究报告	2018.12
38	新常态下中国实现包容性发展的理论与战略	邸玉娜	经济学院	北京市社会科学基金、重点项目	北京市哲学社会科学规划办公室	研究报告	2018.12
39	文化影响力理论构建	魏海香	法马学院	北京市社会科学基金、重点项目	北京市哲学社会科学规划办公室	研究报告	2018.12
40	电子商务环境下北京市多渠道供应链协调分析	张霖霖	商学院	北京市社会科学基金、青年项目	北京市哲学社会科学规划办公室	研究报告	2018.12
41	首都生鲜农产品电子商务模式创新研究	徐　凤	经济学院	北京市社会科学基金、青年项目	北京市哲学社会科学规划办公室	研究报告	2018.12
42	北京市蔬菜价格波动趋势的微观研究	辛士波	经济学院	北京市社会科学基金、一般项目	北京市哲学社会科学规划办公室	研究报告	2018.12
43	O2O 情景下北京市实体零售企业功能定位、特色化经营与消费者店铺选择机制研究	陈立彬	商学院	北京市社会科学基金、一般项目	北京市哲学社会科学规划办公室	研究报告	2018.12
44	北京市零售业领先用户参与服务创新的管理研究	彭艳君	商学院	北京市社会科学基金、重点项目	北京市教育委员会	研究报告	2018.12
45	混合所有制、董事会治理结构和治理机制	张继德	商学院	北京市社会科学基金、重点项目	北京市教育委员会	研究报告	2018.12
46	北京聚集国际高端人才的政策	张宏宇	体育与艺术教学部	北京市社会科学基金、一般项目	北京市科学技术委员会	研究报告	2018.12
47	环境标志视野下的国际贸易问题研究	熊　英	法学院、马克思主义学院	北京市社会科学基金、一般项目	国家环境保护部	研究报告	2018.12
48	不动产信托登记法律制度研究	陈　敦	法学院、马克思主义学院	北京市社会科学基金、一般项目	司法部	研究报告	2018.12
49	内部审计在公司治理中的作用研究	谢志华	商学院	北京市社会科学基金、重点项目	审计署	研究报告	2018.12
50	“问题教学法”在思想政治理论课教学中的构建及应用研究	王鲁娜	法学院、马克思主义学院	北京市社会科学基金、一般项目	北京市委教工委	研究报告	2018.12
51	新媒体与高校意识形态安全	赵春丽	法学院、马克思主义学院	北京市社会科学基金、一般项目	北京市委教工委	研究报告	2018.12
52	会计名家培养工程	杨有红	商学院	北京市社会科学基金、重点项目	财政部	研究报告	2018.12
53	财政部会计名家培养工程	谢志华	商学院	北京市社会科学基金、重点项目	财政部	研究报告	2018.12
54	北京食品安全输入性风险防控机制研究	谭向勇	经济学院	北京市社会科学基金、重点项目	北京市科协	研究报告	2018.12

续表

序号	项目名称	负责人	承担部门	项目分类、类别	项目来源	预期成果形式	计划完成日期
55	人口变动对北京教育发展的影响：机理、趋势与对策研究	蒯鹏州	商学院	北京市社会科学基金、一般项目	北京市教育科学规划领导小组办公室	研究报告	2018.12
56	高校本科生导师制的质量评价体系构建研究	罗朝能	外国语学院	北京市社会科学基金、一般项目	北京市教育科学规划领导小组办公室	研究报告	2018.12
57	管理会计报告研究	谢志华	商学院	北京市社会科学基金、一般项目	财政部	研究报告	2018.12
58	北京市零售业领先用户参与服务创新的管理研究	彭艳君	商学院	北京市社会科学基金、重点项目	北京市教育委员会	研究报告	2018.12
59	混合所有制、董事会治理结构和治理机制	张继德	商学院	北京市社会科学基金、重点项目	北京市教育委员会	研究报告	2018.12
60	基于首都智慧城市建设的环保产品与服务设计研究	李晓珊	艺术与传媒学院	北京市社会科学基金、面上项目	北京市教育委员会	专著、论文	2018.12
61	旅游电商品牌在女性消费者中的传播手段及其效果研究	林　刚	艺术与传媒学院	北京市社会科学基金、面上项目	北京市教育委员会	论文、研究报告	2018.12
62	新兴组织场域的创业研究——以北京知识密集型服务企业为例	朱　蓉	商学院	北京市社会科学基金、面上项目	北京市教育委员会	论文	2018.12
63	支持北京小微企业发展的小微金融体系研究	徐小茗	经济学院	北京市社会科学基金、面上项目	北京市教育委员会	研究报告、论文	2018.12
64	《习近平谈治国理政》中的隐喻英译策略研究	唐义均	外国语学院	北京市社会科学基金、面上项目	北京市教育委员会	论文	2018.12
65	乔伊斯作品中的都柏林叙事空间建构：一项基于语料库的研究	孔海龙	外国语学院	北京市社会科学基金、面上项目	北京市教育委员会	专著、论文	2018.12
66	无讼法律传统与当代多元化纠纷解决机制的完善	邹亚沙	法马学院	北京市社会科学基金、面上项目	北京市教育委员会	论文	2018.12
67	京津冀协同发展中的区域性环境法律协同机制研究	刘长霞	法马学院	北京市社会科学基金、面上项目	北京市教育委员会	论文	2018.12
68	老龄化背景下养老金融发展研究	杨建海	经济学院	北京市社会科学基金、面上项目	北京市教育委员会	论文	2018.12
69	北京都市型现代农业发展中的农业补贴政策效应研究	孙宁宁	经济学院	北京市社会科学基金、面上项目	北京市委组织部	论文	2018.12

2015 年度校级社会科学研究项目

序号	项目名称	负责人	承担部门	项目分类、类别	预期成果形式	计划完成日期
1	精神病人强制医疗程序研究	王迎龙	法学院、马克思主义学院	人文社科类青年教师科研启动基金项目	论文	2017.06
2	电子商务中的知识产权保护问题研究	王　琦	法学院、马克思主义学院	人文社科类青年教师科研启动基金项目	论文	2017.06
3	地方政府审计维护区域金融安全作用机理及实现方式研究	刘　恋	商学院	人文社科类青年教师科研启动基金项目	论文	2017.06

续表

序号	项目名称	负责人	承担部门	项目分类、类别	预期成果形式	计划完成日期
4	大数据环境下经济新闻信息生产模式研究	刘　超	艺术与传媒学院	人文社科类青年教师科研启动基金项目	论文	2017.06
5	竞争类国企混合所有制改革中的股权结构研究	杨克智	商学院	人文社科类青年教师科研启动基金项目	论文	2017.06
6	老龄化背景下养老金融发展研究	杨建海	经济学院	人文社科类青年教师科研启动基金项目	论文	2017.06
7	IPO募集资金使用效率：基于超募资金投向及其经济后果的考察	张　路	商学院	人文社科类青年教师科研启动基金项目	论文	2017.06
8	传统启蒙教育的道德教化研究	班高杰	法学院、马克思主义学院	人文社科类青年教师科研启动基金项目	论文	2017.06
9	马克思恩格斯东方社会理论整体性研究	袁　雷	法学院、马克思主义学院	人文社科类青年教师科研启动基金项目	论文	2017.06
10	耐用消费品在债券均衡收益率曲线中的作用	郭　娜	经济学院	人文社科类青年教师科研启动基金项目	论文	2017.06
11	多国汇率经济影响机制的复杂性研究	熊　文	经济学院	人文社科类青年教师科研启动基金项目	论文	2017.06
12	私募股权基金在国有企业混合所有制改革中的优化效应研究	栗书茵	经济学院	社科类两科基金培育项目	论文	2017.06
13	基于公平与效率的我国省域碳排放权初始分配机制研究	谭　娟	商学院	社科类两科基金培育项目	论文	2017.06
14	多重嵌入性视角下我国企业生态创新的动因及后果研究	王　楠	商学院	社科类两科基金培育项目	论文	2017.06
15	区域产业升级的碳金融支持研究	李　丽	经济学院	社科类两科基金培育项目	论文	2017.06
16	国企混合所有制改革 国有资产流失防范与非国有权益保护研究	王仲兵	商学院	社科类两科基金培育项目	论文	2017.06
17	媒体监督在我国新食品安全监管体系中的制度要件价值研究	倪国华	经济学院	社科类两科基金培育项目	论文	2017.06
18	境外媒体传播与国内舆论引导研究	余金城	法学院、马克思主义学院	社科类两科基金培育项目	论文	2017.06
19	我国城市养老服务市场化模式研究	徐晓慧	经济学院	社科类两科基金培育项目	论文	2017.06
20	新传播环境下医患有效沟通的新模式及其实现路径研究	高丽华	艺术与传媒学院	社科类两科基金培育项目	论文	2017.06
21	包容性发展的微观机制研究	邸玉娜	经济学院	社科类两科基金培育项目	论文	2017.06
22	创新智慧城市交通的智能化服务设计研究	郑子云	艺术与传媒学院	社科类两科基金培育项目	论文	2017.06
23	我国商业银行规模扩张路径研究	王　楠	商学院	人文社科类学术专著出版资助项目	专著	2017.06
24	林产工业企业绩效管理系统研究	李业昆	商学院	人文社科类学术专著出版资助项目	专著	2017.06
25	传播心理距离：理论与应用	张景云	商学院	人文社科类学术专著出版资助项目	专著	2017.06

续表

序号	项目名称	负责人	承担部门	项目分类、类别	预期成果形式	计划完成日期
26	当代西方译学思想研究	郑昊霞	外语学院	人文社科类学术专著出版资助项目	专著	2017.06
27	资源环境约束与区域产业结构升级	孟　昌	经济学院	人文社科类学术专著出版资助项目	专著	2017.06
28	我国社会转型背景下大学师生交往方式比较研究	赵慧杰	教育研究中心	人文社科类学术专著出版资助项目	专著	2017.06
29	超越血缘：礼村冲突沟通中的“怕”	高　崇	艺术与传媒学院	人文社科类学术专著出版资助项目	专著	2017.06
30	中国上市公司会计投资者保护评价报告（2014）	谢志华	商学院	人文社科类学术专著出版资助项目	专著	2017.06
31	社会力量参与北京市生态建设的理论探索与实践	张　予	文科实践中心	人文社科类学术专著出版资助项目	专著	2017.06
32	我国跨境电商发展中的风险管控研究	栾　红	经济学院	首都流通业研究基地2015年度项目	论文	2017.06
33	基于第三方电子货架视角的我国跨境人身保险电商服务平台的发展及促进作用研究	宁　威	经济学院	首都流通业研究基地2016年度项目	论文	2017.06
34	发展出口信用保证服务服务跨境电子商务发展	王绪瑾	经济学院	首都流通业研究基地2017年度项目	论文	2017.06
35	中国跨境进口电商经营模式比较研究	谢雪燕	经济学院	首都流通业研究基地2018年度项目	论文	2017.06
36	我国跨境电商发展中的税制及征管研究	杨　琼	经济学院	首都流通业研究基地2019年度项目	论文	2017.06
37	跨境电商体验店光顾对消费者线上线下购买行为影响研究	陈立彬	商学院	首都流通业研究基地2020年度项目	论文	2017.06
38	跨境电商背景下的零售创新价值链绩效提升路径研究	高俊光	商学院	首都流通业研究基地2021年度项目	论文	2017.06
39	全球老龄化背景下中国跨境电商的蓝海战略新视角研究	蒯鹏州	商学院	首都流通业研究基地2022年度项目	论文	2017.06
40	跨境网络零售对本土零售商自由品牌的影响机制及对策研究	刘海龙	商学院	首都流通业研究基地2023年度项目	论文	2017.06
41	政府支持对提高流通效率的异质性影响研究	彭红星	商学院	首都流通业研究基地2024年度项目	论文	2017.06
42	“大数据”背景下我国中小企业跨境电商发展模式研究	谭　娟	商学院	首都流通业研究基地2025年度项目	论文	2017.06
43	中小零售企业发展跨境跨境电商的转型模式及价值创造机理研究	王　楠	商学院	首都流通业研究基地2026年度项目	论文	2017.06
44	我国跨境电商物流体系现状及发展对策	张　浩	商学院	首都流通业研究基地2027年度项目	论文	2017.06
45	零售企业发展跨境电商的创业研究	朱　蓉	商学院	首都流通业研究基地2028年度项目	论文	2017.06
46	我国跨境电商的模式及典型案例的研究	王　滢	文科实验中心	首都流通业研究基地2029年度项目	论文	2017.06

续表

序号	项目名称	负责人	承担部门	项目分类、类别	预期成果形式	计划完成日期
47	支持我国跨境电商发展的物流模式创新研究	杨红艳	文科实验中心	首都流通业研究基地2030年度项目	论文	2017.06
48	我国B2C式跨境电商的品牌传播策略研究	公克迪	艺术与传媒学院	首都流通业研究基地2031年度项目	论文	2017.06

（北京工商大学科学技术处王葳供稿）

北京工业大学

2015年度承担国家级、省部级等社会科学研究项目

序号	项目名称	负责人	承担部门	项目分类、类别	预期成果形式	计划完成日期
1	货币政策多目标交互行为协调控制研究	刘　超	经管学院	国家自然科学基金项目	论文	2016.12
2	我国特大城市生态化转型发展战略研究	左铁镛	循环经济研究院	国家自然科学基金科学部主任基金	报告、论文	2016.06
3	基于DPSIR模型框架的京津冀雾霾成因分析及综合治理对策研究	李云燕	循环经济研究院	国家社会科学基金项目	论文集、研究报告	2017.12
4	轴辐式网络设计下特大城市交通拥堵治理机制研究	宗　刚	经管学院	国家社会科学基金项目	专著	2018.06
5	城镇化进程中农村家庭结构变迁与养老模式创新研究	杨桂宏	人文学院	国家社会科学基金项目	报告、论文	2018.12
6	阶层分化背景下农村社会治理研究	陈　锋	人文学院	国家社会科学基金项目	报告、论文	2018.06
7	基于多维信息计量分析的学术影响力综合评价研究	王菲菲	经管学院	国家社会科学基金项目	论文	2018.08
8	我国科技服务业自主创新体系国际化发展模式与政策选择研究	朱相宇	经管学院	国家社会科学基金项目	报告、论文	2016.12
9	区域高校创新体系建设及其支撑引领经济转型和新产业发展研究	肖　念	高等教育研究所	教育部人文社会科学研究、重点项目	研究、报告	2015.06
10	教育系统严明纪律、创新治理的理论与实践研究	唐　军	人文学院	教育部人文社会科学研究项目	研究、报告	2016.10
11	高等学校青年教师学术规范继续教育机制的理论与实验研究	杨昌勇	实验学院	教育部人文社会科学研究项目	论文、咨询报告	2018.06
12	我国加入《华盛顿协议》背景下高等工程教育专业认证现状研究	齐书宇	高等教育研究所	教育部人文社会科学研究项目	报告、论文	2017.12
13	大学生学业收获影响因素追踪研究	苏林琴	高等教育研究所	教育部人文社会科学研究项目	报告、论文	2018.06
14	科技重大专项实施监理制度研究	吴菲菲	经管学院	国家科技重大专项项目	报告 论文	2015.12
15	发明过程和机理的概念地图表示研究	任海英	经管学院	北京市自然科学基金、预探索项目	报告、论文	2016.06
16	京津冀地区碳排放权交易法律机制研究	谭柏平	人文学院	北京市社会科学基金项目	报告、论文	2016.12

续表

序号	项目名称	负责人	承担部门	项目分类、类别	预期成果形式	计划完成日期
17	京津冀 PM2.5 排放的驱动因素及协同减排模式研究	张永安	经管学院	北京市社会科学基金项目	论文集	2016.12
18	智慧能源视角下北京市能源产业优化和大气污染治理协同发展研究	迟远英	经管学院	北京市社会科学基金项目	研究报告、论文	2016.12
19	大学治理框架下的教学改革机制研究	肖　念	高等教育研究所	北京市社会科学基金项目	报告、论文	2015.12
20	科研基地建设—哲社基地—北京现代制造业研究基地（市级）	王　江	经管学院	北京市社会科学基金项目	报告、论文	2016.03
21	数字博物馆技术研究	吴伟和	艺术设计学院	北京市科委科技计划项目	报告、论文	2015.12
22	社区志愿服务现状与发展对策专题调研	鞠春彦	人文学院	北京市软科学研究计划课题	调研报告	2016.05
23	高校外籍师生突发事件管理及其应对机制研究	吴文英	外事处	北京市社会科学基金项目	论文、报告	2016.12
24	北京科技社会组织发展研究	张风帆	马克思主义学院	北京市社会科学基金项目	论文、著作	2017.12
25	基于绿色供应链生命周期分析的城市垃圾减量化管理模式研究	崔铁宁	经管学院	北京市社会科学基金项目	论文、专著	2017.12
26	MOOC 学习质量研究：基于用户体验视角	安哲锋	高等教育研究所	北京市社会科学基金项目	报告、论文	2016.12
27	当代中国社会思潮对大学生思想行为的影响及对策研究	王秀彦	学生处	北京市社会科学基金项目	报告、论文	2016.12
28	北京市农村社区治理机制创新的阶层基础研究	陈　锋	人文学院	北京市社会科学基金项目	研究报告	2016.06
29	京津冀地区 PM2.5 污染控制政府绩效评估模式的构建	李云燕	循环经济研究院	北京市社会科学基金项目	研究报告	2016.12
30	京津冀现代制造业发展研究报告 2014	李京文	经管学院	北京市社会科学基金项目	报告、论文	2015.12
31	基于有效反馈的高校教师教学质量持续改进机制研究	苏林琴	高等教育研究所	北京市社会科学基金项目	专著、研究报告、其他	2016.12
32	北京市基层社会合作治理机制研究	蔡扬眉	人文学院	北京市社会科学基金项目	报告、论文	2016.12
33	北京现代制造业结构升级路径与资源约束研究	关　峻	经管学院	北京市社会科学基金项目	专著	2015.12
34	基于系统动力学的京津冀现代制造业协同发展研究	艾小青	经管学院	北京市社会科学基金项目	报告、论文	2016.12
35	首都工程教育专业认证的现状、问题及对策研究——基于《华盛顿协议》视角	齐书宇	高等教育研究所	北京市社会科学基金项目	报告、论文	2015.12
36	儒家社会治理思想研究	艾　国	马克思主义学院	北京市社会科学基金项目	专著	2016.12
37	中美工程伦理规范比较研究	张恒力	马克思主义学院	北京市教育科学规划项目	报告、论文	2016.12

续表

序号	项目名称	负责人	承担部门	项目分类、类别	预期成果形式	计划完成日期
38	博硕本学术规范有效教育的理论与实验研究	杨昌勇	实验学院	北京市教育科学规划项目	研究报告、论文	2017.06
39	市属高校本科教学现状及改进策略调查研究	李庆丰	高等教育研究所	北京市教育科学规划项目	报告、论文	2017.12
40	《华盛顿协议》与我国高等工程教育专业认证制度研究	齐书宇	高等教育研究所	北京市教育科学规划项目	报告、论文	2017.12

（北京工业大学科发院人文处张爱民供稿）

北京林业大学

2015年度承担国家级、省部级等社会科学研究项目

序号	项目名称	负责人	承担部门	项目类别	项目来源单位	预期成果形式	计划完成日期
1	不同产权下我国退耕还湿农户受偿意愿研究：理论、实证与政策设计	王　会	经济管理学院	国家自然科学基金项目	国家自然科学基金委员会	研究报告、论文、专著	2018.12
2	具有多处理机任务约束的混合作业车间调度建模与嵌入式仿真	樊　坤	经济管理学院	国家自然科学基金项目	国家自然科学基金委员会	研究报告、论文、专著	2018.12
3	创业者伦理与制度环境交互作用对绿色创业机会开发的影响机理研究	李华晶	经济管理学院	国家自然科学基金项目	国家自然科学基金委员会	学术论文等	2019.12
4	经济与生物系统耦合条件下野生动物冲突管理研究	陈文汇	经济管理学院	国家自然科学基金项目	国家自然科学基金委员会	研究报告、论文、专著	2019.12
5	基于实验的住房信息市场机制设计与运行研究	张　洋	经济管理学院	国家自然科学基金项目	国家自然科学基金委员会	研究报告、论文、专著	2019.12
6	西部地区生态减贫与林木生物质能源产业协同发展研究	米　锋	经济管理学院	国家社会科学基金项目	全国哲学社会科学规划办公室	论文	2017.12
7	环境权的证成、构造和救济研究	杨朝霞	人文社会科学学院	国家社会科学基金项目	全国哲学社会科学规划办公室	论文	2017.12
8	北京市小学儿童流行性肥胖形成的认知机制：执行功能的作用及干预	王明怡	人文社会科学学院	北京市社会科学基金项目	北京市哲学社会科学规划办公室	论文	2018.06
9	投射技术对中小学生立体化心理评估模式探索	项锦晶	人文社会科学学院	北京市社会科学基金项目	北京市哲学社会科学规划办公室	论文	2017.07
10	基于民生改善和生态文明理念的北京平原造林工程绩效评估研究	王立群	经济管理学院	北京市社会科学基金项目	北京市哲学社会科学规划办公室	研究报告	2017.06
11	北京市新企业绿色创业行为与制度环境的协同演化机制研究	李华晶	经济管理学院	北京市社会科学基金项目	北京市哲学社会科学规划办公室	学术论文	2017.07
12	北京房地产泡沫检测防治长效机制研究	张宝林	经济管理学院	北京市社会科学基金项目	北京市哲学社会科学规划办公室	研究报告	2017.12

续表

序号	项目名称	负责人	承担部门	项目类别	项目来源单位	预期成果形式	计划完成日期
13	北京市高端装备制造业创新驱动的模式与路径研究	余吉安	经济管理学院	北京市社会科学基金项目	北京市哲学社会科学规划办公室	论文	2017.12
14	促进北京农民积极造林及林业经营的模式评价与激励机制研究	秦光远	经济管理学院	北京市社会科学基金项目	北京市哲学社会科学规划办公室	论文	2017.07
15	北京房地产市场结构检验与优化的实验研究	张　洋	经济管理学院	北京市社会科学基金项目	北京市哲学社会科学规划办公室	论文	2017.06
16	北京市城市绿地用水效率及合理供水研究	米　锋	经济管理学院	北京市社会科学基金项目	北京市哲学社会科学规划办公室	论文	2017.06
17	北京市公益林保险运行机制与实施效果评价	秦　涛	经济管理学院	北京市社会科学基金项目	北京市哲学社会科学规划办公室	论文	2016.12
18	城市导向设计理论研究与创新	王　瑾	艺术设计学院	北京市社会科学基金项目	北京市哲学社会科学规划办公室	论文	2016.12
19	农林院校研究生思想政治理论课实践教学模式研究	金鸣娟	人文社会科学学院	首都大学生思想政治教育研究课题	北京市教育工作委员会	论文	2016.01
20	中美学校体育教学内容体系比较研究	姜志明	体育教学部	教育部人文社会科学研究项目	教育部社会科学司	论文、咨询报告	2017.06
21	基于费率厘定和保障水平差异化的森林保险补贴政策优化研究	顾雪松	经济管理学院	教育部人文社会科学研究项目	教育部社会科学司	论文	2018.09
22	大数据时代刑事电子数据证据的收集与运用	庄乾龙	人文社会科学学院	教育部人文社会科学研究项目	教育部社会科学司	著作	2018.07
23	我国林业从业人员的职业可持续发展机制研究——以心理学为视角	雷秀雅	人文社会科学学院	国家林业局林业软科学研究项目	国家林业局	论文	2015.12
24	森林认证支付意愿调查研究	张　颖	经济管理学院	国家林业局林业软科学研究项目	国家林业局科学技术司	论文	2016.12
25	REDD+对于中国热带木材进口的影响研究	程宝栋	经济管理学院	国家林业局林业软科学研究项目	国家林业局	论文	2015.12
26	中国林业产业转型升级研究	程宝栋	经济管理学院	国家林业局业务委托项目	国家林业局发展规划与资金管理司	咨询报告、论文	2016.09
27	林业服务贸易和投资协定谈判策略研究	程宝栋	经济管理学院	国家林业局业务委托项目	国家林业局发展规划与资金管理司	咨询报告、论文	2016.06
28	中国农村林业改革综合改革试验示范区监测与绩效评估（新增）	米　锋	经济管理学院	国家林业局业务委托项目	国家林业局调查规划设计院	咨询报告、论文	2016.01
29	2015年木材供需平衡表编制	宋维明	经济管理学院	国家林业局业务委托项目	国家林业局发展规划与资金管理司	咨询报告、论文	2016.08
30	林业建设PPP模式应用研究	李小勇	经济管理学院	国家林业局业务委托项目	国家林业局经济发展研究中心	咨询报告、论文	2016.12

续表

序号	项目名称	负责人	承担部门	项目类别	项目来源单位	预期成果形式	计划完成日期
31	国家储备林建设融资模式研究	程宝栋	经济管理学院	国家林业局业务委托项目	国家林业局	咨询报告、论文	2016.06
32	临时禁止进口 CITES 生效后所获的非洲象牙雕刻品措施成效评估及象牙雕刻企业调研	谢屹	经济管理学院	国家林业局业务委托项目	国家林业局野生动物植物保护与自然保护区管理司	咨询报告、论文	2015.12
33	十三五规划执行情况评估方法研究	姜雪梅	经济管理学院	国家林业局业务委托项目	国家林业局经济发展研究中心	咨询报告、论文	2016.11
34	国有林场森林资源监管体制研究	田明华	经济管理学院	国家林业局业务委托项目	国家林业局国有林场和林木种苗工作总站	咨询报告、论文	2016.06
35	林业行政执法体制改革研究	徐平	人文社会科学学院	国家林业局业务委托项目	国家林业局	咨询报告、论文	2016.12
36	林地行政许可类行政诉讼案件研究	杨帆	人文社会科学学院	国家林业局业务委托项目	国家林业局政策法规司	课题报告	2016.06
37	林业生态安全指数研究（新增4）	张大红	经济管理学院	国家林业局业务委托项目	国家林业局经济发展研究中心	研究报告	2016.12
38	野生动物违法行为惩处措施研究	杨朝霞	人文社会科学学院	国家林业局业务委托项目	国家林业局	研究报告、论文	2016.03
39	我国野生动物驯养繁殖合作组织现状及关键问题调研	谢屹	经济管理学院	国家林业局业务委托项目	国家林业局野生动物植物保护与自然保护区管理司	研究报告3篇、发表论文2~3篇	2016.07
40	生态安全状况评价方法研究	米锋	经济管理学院	国家林业局业务委托项目	国家林业局经济发展研究中心	研究报告	2016.07
41	国家林业局行政审批窗口规范化研究	李媛辉	人文社会科学学院	国家林业局业务委托项目	国家林业局	研究报告	2016.09
42	中央财政湿地补贴项目绩效评估研究	王立群	经济管理学院	国家林业局业务委托项目	国家林业局经济发展研究中心	研究报告	2016.06
43	规范性文件合法性审查研究	李媛辉	人文社会科学学院	国家林业局业务委托项目	国家林业局	研究报告	2016.06
44	大熊猫保护对社区居民生计的影响评估	温亚利	经济管理学院	国家林业局业务委托项目	国家林业局野生动物植物保护与自然保护区管理司	研究报告	2016.12
45	国有林场档案管理立法研究	韦贵红	人文社会科学学院	国家林业局业务委托项目	国家林业局国有林场和林木种苗工作总站	研究报告	2017.12
46	社会经济发展对极小种群影响评价及管理对策	温亚利	经济管理学院	国家林业局业务委托项目	国家林业局野生动植物保护与自然保护区管理司	研究报告	2016.12
47	濒危野生动植物非法贸易机制及应对策略课题	谢屹	经济管理学院	国家林业局业务委托项目	国家林业局国际合作司	研究报告	2016.04

续表

序号	项目名称	负责人	承担部门	项目类别	项目来源单位	预期成果形式	计划完成日期
48	野生动物执法能力绩效评价、林改后野生动物产业发展研究、濒危物种保护模式及管理研究	温亚利	经济管理学院	国家林业局业务委托项目	国家林业局野生动物植物保护与自然保护区管理司	研究报告	2016. 12
49	濒危野生动植物非法贸易机制及应对策略课题	温亚利	经济管理学院	国家林业局业务委托项目	国家林业局国际合作司	研究报告	2016. 04
50	北京市农民林业收入监测方案及林业产业发展方案研究	谢　屹	经济管理学院	国家林业局业务委托项目	国家林业局经济发展研究中心	论文、报告	2016. 05
51	农村林地承包经营纠纷调解仲裁工作研究	吴成亮	经济管理学院	国家林业局业务委托项目	国家林业局农村林业改革发展司	研究报告	2015. 10
52	中央指定地方实施的林业行政审批事项规范化研究研究	李媛辉	人文社会科学学院	国家林业局业务委托项目	国家林业局	研究报告	2016. 12
53	湿地监测与管理 2015	温亚利	经济管理学院	国家林业局业务委托项目	国家林业局湿地保护管理中心	研究报告	2015. 12
54	国家林业局行政审批事项规范化工作材料制定研究	李媛辉	人文社会科学学院	国家林业局业务委托项目	国家林业局	研究报告	2016. 07
55	2014 年林产品市场研究	胡明形	经济管理学院	国家林业局业务委托项目	国家林业局经济发展研究中心	研究报告	2016. 04
56	国有贫困林场扶贫工作绩效考评办法编制	陈文汇	经济管理学院	国家林业局业务委托项目	国家林业局国有林场和林木种苗工作总站	政策咨询报告	2016. 04
57	集体林权制度改革监测：辽宁省监测及林权流转专题研究	温亚利	经济管理学院	国家林业局业务委托项目	国家林业局经济发展研究中心	研究报告	2016. 03
58	中国农村林业改革综合改革试验示范区监测与绩效评估	米　锋	经济管理学院	国家林业局业务委托项目	国家林业局调查规划设计院	研究报告	2015. 12
59	中国森林认证面临的问题及路径选择	温亚利	经济管理学院	国家林业局业务委托项目	国家林业局科技发展中心	研究报告	2015. 12
60	森林资源清查与动态监测（项目绩效评价）	潘焕学	经济管理学院	国家林业局业务委托项目	国家林业局	研究报告	2016. 12
61	中央财政森林公安补助资金和生态定位站建设项目（项目绩效评价）	田治威	经济管理学院	国家林业局业务委托项目	国家林业局	研究报告	2016. 12
62	林业及相关产业产品分类标准研究	胡明形	经济管理学院	国家林业局业务委托项目	国家林业局发展规划与资金管理司	研究报告	2016. 12
63	吉林、山西草原生态补奖政策效益研究	张立中	经济管理学院	国家林业局业务委托项目	农业部	研究报告	2015. 12
64	国家森林病虫害预测预报补助经费、荒漠化检测项目绩效评价	王富炜	经济管理学院	国家林业局业务委托项目	国家林业局	研究报告	2016. 12
65	林业生态站等监测运行项目（项目绩效评价）	顾雪松	经济管理学院	国家林业局业务委托项目	国家林业局	研究报告	2016. 12

续表

序号	项目名称	负责人	承担部门	项目类别	项目来源单位	预期成果形式	计划完成日期
66	林业科技成果国家级项目推广、野生动物疫病监测和预警系统维护、森林公安管理经费项目（项目绩效评价）	秦　涛	经济管理学院	国家林业局业务委托项目	国家林业局	研究报告	2016. 12
67	森林防火专项经费项目（项目绩效评价）	邓　晶	经济管理学院	国家林业局业务委托项目	国家林业局	研究报告	2016. 12
68	亚洲象与周边居民冲突现状调查研究	陈文汇	经济管理学院	国家林业局业务委托项目	国家林业局	研究报告	2016. 12
69	森林认证与中国林产品国际贸易关系研究	宋维明	经济管理学院	国家林业局森林认证项目	国家林业局科技发展中心	研究报告	2016. 12
70	生态文明发展水平国际比较研究	严　耕	人文社会科学学院	中国工程院咨询研究项目	中国工程院	研究报告	2017. 06

2015 年度校级社会科学研究项目

序号	项目名称	负责人	承担部门	项目类别	预期成果形式	计划完成日期
1	中外传统园林造园意匠与使用方式比较研究	赵　晶	园林学院	人文社科振兴专项计划	论文	2017. 12
2	生态心理学的理论与治疗技术研究	王明怡	人文社会科学学院	人文社科振兴专项计划	论文	2017. 12
3	生态文明哲学	杨志华	人文社会科学学院	人文社科振兴专项计划	论文	2017. 12
4	生态法治视域下的环境公益诉讼研究	韩静茹	人文社会科学学院	新进教师科研启动基金项目	论文、专题研究报告	2017. 11
5	北京高校体质监测运行风险与对策的研究	董金蕾	体育教学部	新进教师科研启动基金项目	论文	2017. 10
6	基于体感技术的互动式园林表现方法研究	董瑀强	艺术设计学院	新进教师科研启动基金项目	论文	2017. 10
7	本硕博英语一条龙教育体系研究	李　芝	外语学院	创新计划项目	论文、教材	2020. 12
8	森林保险运行机制与保费补贴政策优化研究	秦　涛	经济管理学院	创新计划项目	论文、研究报告	2020. 12
9	生态法治研究	杨　帆	人文社会科学学院	创新计划项目	论文	2020. 12
10	林地经营风险下经营者对保险和补助方式的偏好研究	罗长林	经济管理学院	新进教师科研启动基金项目	论文	2017. 10
11	生态文化的可视化设计与应用研究	韩静华	艺术设计学院	创新计划项目	论文、作品	2020. 12
12	生态宜居的环境和产品设计研究	公　伟	艺术设计学院	创新计划项目	论文	2020. 12
13	基于社会媒体大数据分析的网络直播自杀污名化现象应对模式研究	李　昂	人文社会科学学院	新进教师科研启动基金项目	论文	2017. 10
14	考虑城市服务偏好差异与社会互动的居住选址行为机制研究	张英杰	经济管理学院	新进教师科研启动基金项目	论文	2017. 10
15	中国林产制造业的空间集聚及对出口的影响研究	李凌超	经济管理学院	新进教师科研启动基金项目	论文	2017. 10

续表

序号	项目名称	负责人	承担部门	项目类别	预期成果形式	计划完成日期
16	经济新常态下中国林产品贸易转型升级研究	程宝栋	经济管理学院	创新计划项目	论文	2020. 12
17	生态文明建设绩效评价研究	吴明红	人文社会科学学院	创新计划项目	论文、专著	2020. 12
18	中国林业史研究	张连伟	人文社会科学学院	创新计划项目	论文、专著	2020. 12
19	生态文明背景下林业经济与生态协调发展机制及主要模式研究	王　会	经济管理学院	创新计划项目	论文、专著	2020. 12
20	中国大百科全书林业卷编纂	欧阳汀	发展规划处	创新计划项目	专著	2016. 12
21	中国与亚太地区贸易伙伴国木质林产品贸易影响因素研究	侯方淼	经济管理学院	人文社科振兴专项计划	论文	2016. 12
22	安杰拉・卡特小说研究	武田田	外语学院	人文社科振兴专项计划	专著	2016. 12
23	美国有机马克思主义生态文明思想研究	杨志华	人文社会科学学院	人文社科振兴专项计划	论文	2016. 12
24	基于非物质文化遗产竹编工艺及竹材料的产品创新应用设计研究	张　婕	艺术设计学院	人文社科振兴专项计划	研究报告、论文、作品	2016. 12
25	泛太平洋地区经济合作的平衡与发展研究	万　璐	经济管理学院	人文社科振兴专项计划	论文	2016. 12
26	基于美学特性的数字林业景观展示研究	白志勇	艺术设计学院	人文社科振兴专项计划	论文、视频和报告	2016. 12
27	画树等投射技术对青少年心理健康的生态化评估和干预模式	项锦晶	人文社会科学学院	人文社科振兴专项计划	论文	2016. 12
28	造纸工业生态效率的定量评价研究	于　畅	经济管理学院	人文社科振兴专项计划	论文	2016. 12
29	高校生态文明教育理论与实践研究	宋兵波	人文社会科学学院	人文社科振兴专项计划	论文、研究报告	2017. 12
30	绿色行政理论体系研究	方　然	人文社会科学学院	人文社科振兴专项计划	论文	2017. 12
31	生态文明进程中的法律保障机制研究	杨　帆	人文社会科学学院	创新计划项目	论文	2016. 12
32	基于云模型的高管声誉评价体系构建及薪酬结构分层设计	李辰颖	经济管理学院	人文社科振兴专项计划	论文	2017. 12
33	森林资源利用统计与评价研究(2015)	翟　祥	经济管理学院	人文社科振兴专项计划	论文	2015. 12
34	关系和道德强度对灰色营销决策的影响	彭　茜	经济管理学院	人文社科振兴专项计划	论文	2015. 12
35	国有林场管理决策信息智慧平台研究	瞿　华	经济管理学院	人文社科振兴专项计划	论文	2015. 12
36	林木生物质能源企业成长动因及其对可持续发展的影响研究	李华晶	经济管理学院	人文社科振兴专项计划	论文	2015. 12
37	林区农户行为对林农创业、林权流转影响的机制研究	安　欣	经济管理学院	人文社科振兴专项计划	论文	2015. 12
38	我国林业巨灾风险管理机制设计及路径选择研究	邓　晶	经济管理学院	人文社科振兴专项计划	论文	2015. 12

续表

序号	项目名称	负责人	承担部门	项目类别	预期成果形式	计划完成日期
39	房地产实验研究的方法论	张　洋	经济管理学院	人文社科振兴专项计划	论文	2015. 12
40	新生代农民工职业选择研究	王　刚	经济管理学院	人文社科振兴专项计划	论文	2015. 12
41	林地经营者应对气候变化的策略研究	姜雪梅	经济管理学院	人文社科振兴专项计划	论文	2015. 12
42	边缘话语分析视角下的公共话语研究	姚晓东	外语学院	人文社科振兴专项计划	论文	2016. 12
43	译者主体性视角下中国典籍英译对比研究	卢晓敏	外语学院	人文社科振兴专项计划	论文	2016. 12
44	农林英汉语互译研究及相关语料库建设初探	张永萍	外语学院	人文社科振兴专项计划	论文、语料库样本	2016. 12
45	雾霾环境下大学功能性体育课程开发的理论与实践研究	姜志明	体育教学部	人文社科振兴专项计划	论文	2016. 12
46	集体林权制度改革后森林资源采伐实证研究	王兰会	经济管理学院	人文社科振兴专项计划	论文	2016. 12
47	西方景观规划发展及影响	赵　晶	园林学院	人文社科振兴专项计划	论文	2016. 12
48	服务创新与激励政策对国际服务贸易发展的影响及中国的政策选择	付亦重	经济管理学院	人文社科振兴专项计划	论文	2016. 12
49	体现城市传统文化与特色的现代照明设施设计应用研究	韩　鹏	艺术设计学院	人文社科振兴专项计划	论文、作品、结题报告	2016. 12
50	中国19世纪以来女性与油画依存互动之研究	萧　睿	艺术设计学院	人文社科振兴专项计划	论文、作品、结题报告	2016. 12
51	激发创意性思维的小学校园环境设计研究	丁　可	艺术设计学院	人文社科振兴专项计划	论文、报告	2016. 12
52	环境权与环境公益诉讼研究	杨朝霞	人文社会科学学院	人文社科振兴专项计划	论文	2016. 01

（北京林业大学科技处张力供稿）

首都体育学院

2015 年度承担国家级、省部级社会科学研究项目

序号	项目名称	负责人	承担部门	项目分类、类别	项目来源单位	预期成果形式	计划完成时间
1	国家战略决策下的全民健身研究	李相如	休闲与社会体育学院	国家社会科学基金、一般项目	全国哲学社会科学规划办公室	专著、研究报告	2018. 11
2	我国体育与旅游产业融合发展的路径与协同治理机制研究	金媛媛	休闲与社会体育学院	国家社会科学基金、青年项目	全国哲学社会科学规划办公室	研究报告	2018. 12
3	科技创新服务能力建设—科技成果转化—提升计划项目—京津冀一体化背景下校园足球发展研究（市级）	于振峰	体育教育训练学院	北京市教育委员会、提升计划项目	北京市教育委员会	研究报告	2017. 12

续表

序号	项目名称	负责人	承担部门	项目分类、类别	项目来源单位	预期成果形式	计划完成时间
4	校园足球身体运动功能进阶训练方法研究	陈亚中	体育教育训练学院	全国教育科学规划课题、教育部重点课题	全国教育科学规划办公室	专著	2017. 06
5	近 6 年冬奥会的支出及对京张筹备、举办 2022 年冬奥会的启示	董　杰	休闲与社会体育学院	北京市社会科学基金、研究基地重点项目	北京市哲学社会科学规划办公室	研究报告	2017. 12
6	京津冀体育产业协同发展管理运行创新机制研究	郝晓岑	管理与传播学院	北京市社会科学基金、研究基地一般项目	北京市哲学社会科学规划办公室	研究报告	2017. 12
7	京津冀区域武术节事协同创新发展研究	丁传伟	武术与表演学院	北京市社会科学基金、研究基地一般项目	北京市哲学社会科学规划办公室	论文集	2017. 12
8	京津冀协同发展视野下的区域校园足球竞赛体制构建研究	陈亚中	体育教育训练学院	北京市社会科学基金、研究基地一般项目	北京市哲学社会科学规划办公室	研究报告	2017. 06
9	“十三五”三大球项目发展研究	钟秉枢	体育教育训练学院	国家体育总局体育哲学社会科学研究、重点项目	国家体育总局	研究报告	2016. 10
10	体育与文化、旅游产业融合：机理、模式与路径	金媛媛	休闲与社会体育学院	国家体育总局体育哲学社会科学研究、青年项目	国家体育总局	研究报告	2016. 10
11	我国社会信用体系建设的基本情况及体育信用建设之借鉴	韩　勇	管理与传播学院	国家体育总局体育哲学社会科学研究、委托项目	国家体育总局	研究报告	2016. 10
12	高校综合型科学健身示范区建设研究	王凯珍	休闲与社会体育学院	国家体育总局科教司科学健身示范区建设研究项目	国家体育总局	研究报告、其他	2017. 11
13	竞走项目备战 2016 奥运会技战术和体能训练监控的综合科技服务（2015）	李厚林	体育教育训练学院	国家体育总局科技服务工作	国家体育总局	研究报告	2015. 12
14	女子铅球项目备战 2016 奥运会综合科技攻关与科技服务（2015）	李建臣	体育教育训练学院	国家体育总局科技服务工作	国家体育总局	研究报告	2016. 01
15	备战里约奥运会国家女子沙滩排球队重点队员体能训练综合研究（2015 年度）	潘迎旭	体育教育训练学院	国家体育总局科技服务工作	国家体育总局	研究报告	2015. 12
16	促进飞碟射击运动员里约奥运会稳定发挥的心理服务研究	李四化	运动科学与健康学院	国家体育总局科技服务工作	国家体育总局	研究报告	2015. 12
17	我国击剑重点运动员备战 2016 年里约奥运会个体化体能训练的体系设计与训练方法的研究	周龙峰	体育教育训练学院	国家体育总局科技服务工作	国家体育总局	研究报告	2015. 12

续表

序号	项目名称	负责人	承担部门	项目分类、类别	项目来源单位	预期成果形式	计划完成时间
18	国家艺术体操队成套动作技术诊断与分析	高　扬	武术与表演学院	国家体育总局科技服务工作	国家体育总局	研究报告	2015. 12
19	锻炼促进老年人认知功能的脑机制研究	蒋长好	运动科学与健康学院	国家体育总局科教司全民健身研究领域项目	国家体育总局	研究报告、论文	2017. 12
20	在职人群久坐少动行为的运动干预模式研究	周志雄	体育教育训练学院	国家体育总局科教司全民健身研究领域项目	国家体育总局	论文	2017. 12
21	全国体育传统项目学校体育师资培训质量评估体系的研究	陈　钧	体育教育训练学院	国家体育总局科教司全民健身研究领域项目	国家体育总局	研究报告、论文	2017. 12

（首都体育学院科研处供稿）

外交学院

2015 年度承担国家级、省部级社会科学研究项目

序号	项目名称	负责人	承担部门	项目分类、类别	项目来源单位	预期成果形式	计划完成时间
1	爱尔兰文学民族认同研究	吴庆军	英语系	国家社会科学基金、重点项目	全国哲学社会科学规划办公室	著作	2018. 12
2	中国“走出去”战略风险研究：法语非洲政治风险中的法国因素	齐建华	外语系	国家社会科学基金、重点项目	全国哲学社会科学规划办公室	著作	2017. 12
3	金砖国家可持续合作的动力研究	卢　静	国际关系研究所	国家社会科学基金、一般项目	全国哲学社会科学规划办公室	著作	2018. 06
4	中国特色大国外交研究	王　帆	国际关系研究所	教育部人文社会科学研究、重大攻关项目	教育部	著作	2017. 10
5	联盟的转型与中国的对策研究	凌胜利	国际关系研究所	教育部人文社会科学研究、规划项目	教育部	论文	2017. 10
6	日本教科书中的“军国美谈文学”研究（1894—1945）	周萍萍	外语系	教育部人文社会科学研究、规划项目	教育部	著作	2018. 01
7	美国国内气候政治机制研究	杨　强	英语系	教育部人文社会科学研究、规划项目	教育部	著作	2018. 04
8	京味文学英译中的城市文学翻译研究	吴庆军	英语系	北京市社会科学基金、重点项目	北京市哲学社会科学规划办公室	著作	2018. 12
9	北京市境外追账追逃的立体司法体系研究	严文君	国际法系、国际法研究所	北京市社会科学基金、一般项目	北京市哲学社会科学规划办公室	研究报告	2017. 09
10	北京市对境外京籍人员的安全保护研究	夏莉萍	外交学与外事管理系	北京市社会科学基金、一般项目	北京市哲学社会科学规划办公室	研究报告	2017. 12

续表

序号	项目名称	负责人	承担部门	项目分类、类别	项目来源单位	预期成果形式	计划完成时间
11	口岸建设与京津冀协同发展	杨　莉	国际经济学院	北京市社会科学基金、一般项目	北京市哲学社会科学规划办公室	研究报告	2017.11
12	台湾主要政党对外党际关系研究	余科杰	基础教学部	北京市社会科学基金、一般项目	北京市哲学社会科学规划办公室	研究报告	2017.06
13	《大清律例》律文译注	闵冬芳	国际法系、国际法研究所	北京市社会科学基金、一般项目	北京市哲学社会科学规划办公室	著作	2019.03
14	媒介融合背景下北京传媒道德发展状况研究	钟媛媛	基础教学部	北京市社会科学基金、青年项目	北京市哲学社会科学规划办公室	著作	2017.12
15	亚洲新安全观与周边命运共同体的构建	凌胜利	国际关系研究所	北京市社会科学基金、青年项目	北京市哲学社会科学规划办公室	研究报告	2017.06
16	首都反恐体系与反恐国际合作的措施研究	焦　阳	国际法系、国际法研究所	北京市社会科学基金、青年项目	北京市哲学社会科学规划办公室	论文	2017. 6

2015 年度外交学院中央高校基本科研业务费专项资金项目

序号	项目名称	负责人	承担部门	预期成果形式	计划完成时间
1	大数据时代的公共外交与中国软实力建设	陈雪飞	外交学与外事管理系	专著	2017.08
2	文化与外交：中国对外社会文化交往研究	杨　悦	英语系	专著	2017.08
3	“一带一路”沿线国家安全风险评估：方法与指数	曲　博	国际关系研究所	专著	2017.08
4	世界经济秩序与中国经济外交	竺彩华	国际经济学院	专著	2017.08
5	全球治理视野中的国际法治与中国作用	许军珂	国际法系、国际法研究所	专著	2017.08
6	国家特色重点学科建设研究	王　帆	国际关系研究所	专著	2017.08
7	中国古代外交史纲	袁南生	院办	专著	2017.08
8	忠诚、使命、奉献——中国外交人核心价值观研究	袁南生	院办	编著或教材	2017.08
9	中国新一轮对外开放中内陆开放对我国劳动力跨区流动的影响	张璐超	国际经济学院	论文	2016.12
10	分而制胜：冷战时期美国楔子战略研究	凌胜利	国际关系研究所	论文	2016.10
11	基于多模态语料库的英语精读辅助教学资源的建设	吉　洁	英语系	研究或咨询报告	2016.11
12	全球能源治理：发展、挑战与改革	马　妍	研究生部	研究或咨询报告	2016.11
13	视觉语言叙述与恐怖主义	贺　刚	国际关系研究所	研究或咨询报告	2016.11
14	认知道义与政治利益——冷战后美国在中韩对日历史追责问题上的舆论与政策回应	赵罗希	外交学与外事管理系	研究或咨询报告	2016.12
15	新一轮高水平对外开放背景下中国银行业市场格局变化与前景	黄彦君	国际经济学院	研究或咨询报告	2016.11

续表

序号	项目名称	负责人	承担部门	预期成果形式	计划完成时间
16	亚太中等强国的“建设和平”战略：以日、澳为例	李福建	亚洲研究所	研究或咨询报告	2016.12
17	日本海洋国家战略框架下的南海政策	苗　吉	亚洲研究所	论文	2016.12
18	我国派遣劳工法律救济制度探析	杨　赟	国际法系、国际法研究所	论文	2016.11
19	对尼布尔之人性论思想的批判性考察	唐　瀚	基础教学部	论文	2016.12
20	海上决战与海洋战略传统塑造：基于中国经验的研究	李隽旸	中国外交理论研究中心	研究或咨询报告	2016.11
21	次强国政权变动与外交政策的突变——对中国的影响	查　雯	国际关系研究所	论文	2016.12
22	中国与“一带一路”沿线国家农业经贸合作路径研究	何　敏	国际经济学院	研究或咨询报告	2016.12
23	批判性文化意识的发展过程：基于框架的阐释	和媛媛	英语系	研究或咨询报告	2016.12
24	大数据时代高校图书馆特色学科数据资源整合与知识发现研究	刘　丹	图书馆	研究或咨询报告	2016.12
25	“一带一路”背景下中国企业跨国并购的案例研究	张文佳	国际经济学院	论文	2016.11
26	战后日本“战争责任论”中的政治伦理问题研究	代红光	外语系	研究或咨询报告	2017.02
27	外事口译员英语变体听辨能力提升策略研究	许宏晨	英语系	研究或咨询报告	2017.12
28	亚洲地区金融“互联互通”建设与离岸人民币流通的关系研究	邓　鑫	国际经济学院	研究或咨询报告	2016.11
29	印度金融业发展与中印金融合作	欧明刚	国际经济学院	专著	2017.11
30	“一带一路”战略国际经济效应的理论与实证研究	胡再勇	国际经济学院	专著	2017.11
31	以色列强制政策与阿拉伯国家反以立场弱化关系研究	高尚涛	国际关系研究所	专著	2018.01
32	外交翻译中的译者伦理责任研究	徐　英	英语系	专著	2017.12
33	“一带一路”建设中的经济合作机制研究	江瑞平	国际经济学院	专著	2017.12
34	友好城市交流的东京经验与提升北京文化软实力的对策研究	周萍萍	外语系	研究或咨询报告	2016.05
35	税源国际化背景下的一般反避税规则研究	张春燕	国际法系、国际法研究所	研究或咨询报告	2016.06
36	“一带一路”背景下中国企业海外投资风险防范机制研究	李　锋	国际经济学院	研究或咨询报告	2016.05
37	对外开放、互联互通与“一带一路”沿线省市 TFP 增长研究——基于 DEA 模型和随机前沿模型的实证研究	付韶军	国际经济学院	研究或咨询报告	2016.07
38	印度周边外交新政策及中国的对策研究	林民旺	国际关系研究所	研究或咨询报告	2017.06
39	国际刑事法院与国家间司法合作研究	王少华	党委办公室、宣传部	研究或咨询报告	2017.06
40	《古事记》神话中的历史	李濯凡	外语系	研究或咨询报告	2017.06

续表

序号	项目名称	负责人	承担部门	预期成果形式	计划完成时间
41	外交语言的日译问题研究	王　源	外语系	研究或咨询报告	2016.05
42	万历、乾隆戏曲思想比较研究	王春晓	基础教学部	研究或咨询报告	2017.07
43	宗教视野下的美国当代小说研究	于　倩	英语系	研究或咨询报告	2017.06
44	美国海洋航行自由原则的演变及其对中国的启示	李文雯	外交学与外事管理系	研究或咨询报告	2017.06
45	联合国制裁措施在欧盟成员国执行机制研究	王　媚	国际法系、国际法研究所	研究或咨询报告	2017.06
46	治理型周边外交与中国战略能力成长研究	雷建锋	外交学与外事管理系	研究或咨询报告	2016.06
47	美国气候政治中的权力分立与制衡——以奥巴马"清洁电力计划"为例	杨　强	英语系	研究或咨询报告	2016.07
48	社交媒体在美国公共外交中的作用研究——基于对"脸书"的话语分析	陆晓红	英语系	研究或咨询报告	2017.12
49	口岸经济在互联互通中的地位、影响及政策建议	郭宏宇	国际经济学院	专著	2017.06
50	美国族裔女性文学的政治诗学研究	王　惠	英语系	专著	2017.03

（外交学院科研处供稿）

国家行政学院

2015 年度承担国家级社会科学研究项目

序号	项目名称	负责人	承担部门	项目分类、类别	项目来源单位	预期成果形式	计划完成时间
1	把握经济发展趋势性特征，加快形成引领经济发展新常态的体制机制和发展方式研究	张占斌	国家行政学院	国家社会科学基金、重大项目	全国哲学社会科学规划办公室	专著、研究报告	2018.06
2	制度执行力与治理现代化研究	李　拓	国家行政学院	国家社会科学基金、一般项目	全国哲学社会科学规划办公室	专著、研究报告	2017.12
3	瞄向"经济—社会—生态"协调发展的公共经济治理研究	樊继达	国家行政学院	国家社会科学基金、一般项目	全国哲学社会科学规划办公室	研究报告	2017.12
4	治理现代化战略导向下的地方政府绩效评估体系创新研究	尹艳红	国家行政学院	国家社会科学基金、一般项目	全国哲学社会科学规划办公室	专著	2018.02
5	农村土地经营权与承包权分离的法律制度构建研究	宋志红	国家行政学院	国家社会科学基金、青年项目	全国哲学社会科学规划办公室	研究报告	2017.08
6	文化安全监测预警与风险评估研究	龚维斌	国家行政学院	国家社会科学基金、特别委托项目	全国哲学社会科学规划办公室	研究报告	2016.06
7	中国地缘政治的战略选项研究	刘　峥	国家行政学院	国家社会科学基金、后期资助项目	全国哲学社会科学规划办公室	专著	2016.12

续表

序号	项目名称	负责人	承担部门	项目分类、类别	项目来源单位	预期成果形式	计划完成时间
8	国外科学基金管理制度研究	王　静	国家行政学院	应急管理项目	国家自然科学基金委员会	研究报告	2017.02
9	基于大数据和互联网思维下的反恐认知系统研究	许正中	国家行政学院	应急管理项目	国家自然科学基金委员会	研究报告	2019.12

2015 年度院级社会科学研究项目

序号	项目名称	负责人	承担部门	项目分类、类别	预期成果形式	计划完成时间
1	中国经济发展新常态下的经济结构调整研究	张孝德	国家行政学院	院级科研、重大项目	专著、论文	2017.06
2	中国特色社会主义法治道路研究	刘　锐	国家行政学院	院级科研、重大项目	专著、研究报告	2017.06
3	全面深化改革背景下的政治体制创新研究	李　拓	国家行政学院	院级科研、重大项目	专著、论文	2017.06
4	中国特色社会主义制度与国家治理现代化研究	范　文	国家行政学院	院级科研、重大项目	专著、研究报告	2017.06
5	习近平法治思想研究	韩春晖	国家行政学院	院级科研、一般项目	研究报告、论文	2016.06
6	网络社会与政府治理现代化研究	雷　强	国家行政学院	院级科研、一般项目	研究报告、论文	2016.06
7	公共政策执行中的梗阻问题研究	宋雄伟	国家行政学院	院级科研、一般项目	研究报告、论文	2016.06
8	“十三五”时期创新驱动新突破的重点任务和主要举措研究	樊继达	国家行政学院	院级科研、一般项目	研究报告、论文	2016.06
9	政府信息共享的法律保障体系研究	刘密霞	国家行政学院	院级科研、一般项目	研究报告、论文	2016.06
10	网络空间法治化研究	宋志红	国家行政学院	院级科研、一般项目	研究报告、论文	2016.06
11	商事制度改革问题研究	李清池	国家行政学院	院级科研、一般项目	研究报告、论文	2016.06
12	城乡一体化背景下的社会保障体系研究	叶响裙	国家行政学院	院级科研、一般项目	研究报告、论文	2016.06
13	完善公共安全与应急管理体制研究	游志斌	国家行政学院	院级科研、一般项目	研究报告、论文	2016.06
14	中国杠杆率与金融风险研究	董小君	国家行政学院	院级重大、委托项目	专著	2017.07
15	行政体制改革目标实现进展研究	刘旭涛 王满传	国家行政学院	院级重大、委托项目	研究报告、送阅件	2016.05
16	全面依法治国、依规治党与机关党建问题研究（机关党委党建课题）	焦　利	国家行政学院	院级科研、委托项目	研究报告	2015.10

（国家行政学院科研部刘斌供稿）

中国青年政治学院

2015年度承担国家级、省部级社会科学研究项目

序号	项目名称	负责人	承担部门	项目分类、类别	项目来源单位	预期成果形式	计划完成时间
1	民法证据规范论：案件事实的形成与民法学方法论的完善	王　雷	法学院	国家社会科学基金、后期资助项目	全国哲学社会科学规划办公室	专著	2016.06
2	新婚夫妻婚姻质量和稳定性综合预测模型与干预示范研究	琚晓燕	社会工作学院	国家社会科学基金、一般项目	全国哲学社会科学规划办公室	论文集、研究报告	2018.07
3	“丝绸之路经济带”合同法区域整合研究	金　晶	法学院	国家社会科学基金、青年项目	全国哲学社会科学规划办公室	译著、论文集、研究报告	2018.12
4	社会主义核心价值观对当代中国社会思潮的引领作用研究	万资姿	中国马克思主义学院	国家社会科学基金、青年项目	全国哲学社会科学规划办公室	专著	2018.12
5	高校教师收入分配：工资和养老保险互动机制研究	郭　磊	社会工作学院	国家社会科学基金、青年项目	全国哲学社会科学规划办公室	论文集	2018.12
6	环境传播场域冲突机制与舆论引导策略研究	漆亚林	新闻与传播学院	教育部人文社会科学研究、一般项目	教育部社科司	著作	2018.09
7	卢梭法治思想的人性论基础	张国旺	法学院	教育部人文社会科学研究、青年项目	教育部社科司	著作	2018.09
8	执行和解协议的救济机制研究	孔金萍	法学院	教育部留学回国人员科研启动基金	教育部留学服务中心	论文	
9	创新团队发展计划	林　维	校领导	教育部2013年度“创新团队发展计划”	教育部科技司		
10	我国宪法实施制度的改进与完善	马　岭	法学院	北京市社会科学基金、重大项目	北京市哲学社会科学规划办公室	专著	2016.12
11	信息技术革命与当代认识论研究	肖　峰	中国马克思主义学院	北京市社会科学基金、重大项目	北京市哲学社会科学规划办公室	专著	2018.01
12	困境儿童分类保障研究：北京模式的民法考察	陈　鑫	法学院	北京市社会科学基金、一般项目	北京市哲学社会科学规划办公室	研究报告	2017.06
13	国家治理中法治与德治相结合研究	王建敏	学报编辑部	北京市社会科学基金、一般项目	北京市哲学社会科学规划办公室	研究报告	2016.12
14	社会决定因素与青少年健康公平问题研究	周华珍	图书馆	北京市社会科学基金、一般项目	北京市哲学社会科学规划办公室	研究报告	2018.06
15	中国梦的实现路径和动力源泉研究	史为磊	中国马克思主义学院	北京市社会科学基金、青年项目	北京市哲学社会科学规划办公室	专著	2018.06
16	北京市反垄断法实施面临的困境及应对问题研究	谭　袁	法学院	北京市社会科学基金、青年项目	北京市哲学社会科学规划办公室	专著	2017.12

续表

序号	项目名称	负责人	承担部门	项目分类、类别	项目来源单位	预期成果形式	计划完成时间
17	首都新经济形势下的一般反避税管理研究	汤洁茵	法学院	北京市社会科学基金、青年项目	北京市哲学社会科学规划办公室	论文集	2018. 06
18	北京市残疾青少年人口社会服务可及性研究	杨蓉蓉	社会工作学院	北京市社会科学基金、青年项目	北京市哲学社会科学规划办公室	论文集	2016. 12
19	卢梭政治哲学研究：以人性论为中心	张国旺	法学院	北京市社会科学基金、青年项目	北京市哲学社会科学规划办公室	论文集	2018. 06
20	社会治理背景下北京第一代失独家庭的社会工作介入模式研究	赵　莉	社会工作学院	北京市社会科学基金、青年项目	北京市哲学社会科学规划办公室	研究报告	2017. 06
21	以审判为中心与刑事案件繁简分流——以刑事和解案件为研究对象	李卫红	法学院	最高人民检察院检察理论研究课题、一般课题	最高人民检察院检察理论研究所	论文	2016. 07
22	直接言辞原则的落实与公诉质量提升	孙　远	法学院	最高人民检察院检察理论研究课题、一般课题	最高人民检察院检察理论研究所	论文集	2016. 12
23	司法协助制度研究	吴　用	法学院	最高人民检察院检察理论研究课题、一般课题	最高人民检察院检察理论研究所	论文	2016. 12
24	我国民法典中团体类型及团体治理的实现	王　雷	法学院	司法部国家法治与法学理论研究课题、中青年项目	司法部研究室	论文集	2017. 09
25	保险合同中免责条款的法律规制研究	王建敏	学报编辑部	司法部国家法治与法学理论研究课题、专项课题	司法部研究室	研究报告	2017. 12
26	环境风险预防与环境损害责任追究制度研究	姜文秀	法学院	司法部国家法治与法学理论研究课题、专项课题	司法部研究室	论文集	2017. 09
27	新媒体环境下运动员形象传播研究——基于中美比较的视角	刘朝霞	新闻与传播学院	国家体育总局哲社科学研究课题、青年项目	国家体育总局政策法规司	研究报告	2016. 10
28	法治与德治相结合推进国家治理现代化	王建敏	学报编辑部	中央编译局申请委托项目、重点项目	中央编译局	研究报告	2017. 12
29	模因理论指导下的中央文献术语翻译的原则与策略研究	范慧玉	外国语言文学系	中央编译局申请委托项目、一般项目	中央编译局	研究报告	2017. 06
30	马克思主义大众化载体建设研究	韩永涛	青少年研究院	中央编译局申请委托项目、一般项目	中央编译局	研究报告、论文	2017. 06
31	法制建设与国家治理现代化	李石强	经济管理学院	中央编译局申请委托项目、一般项目	中央编译局	研究报告	2018. 04

续表

序号	项目名称	负责人	承担部门	项目分类、类别	项目来源单位	预期成果形式	计划完成时间
32	马克思主义大众化载体建设研究	万资姿	中国马克思主义学院	中央编译局申请委托项目、一般项目	中央编译局	研究报告	2017. 12
33	民法典编纂背景下的中国社会组织统一立法研究	陈　鑫	法学院	民政部 2015 年"中国社会组织建设与管理"理论研究部级课题	民政部民间组织管理局	研究报告	2015. 12

2015 年度校级社会科学研究项目

序号	项目名称	负责人	承担部门	项目分类	预期成果形式	计划完成时间
1	"一带一路"司法保障重点问题研究——以民法为视角	金　晶	法学院	留学归国人才科研支持计划	论文	2018. 10
2	互联网条件下的专利侵权管辖问题研究	孔金萍	法学院	留学归国人才科研支持计划	论文	2018. 10
3	北京市流动儿童开展成长向导服务研究	周晓春	社会工作学院	留学归国人才科研支持计划	论文	2018. 10
4	中国宪法问题的专题研究	马　岭	法学院	学术领军人才科研支持计划	论文	2018. 10
5	区域府际间合作治理模式的创新研究等 4 个主题	孙广厦	公共管理系	学术领军人才科研支持计划	论文	2018. 10
6	社会变迁中的财税法改革	汤洁茵	法学院	青年拔尖人才科研支持计划	论文	2018. 10
7	我国失独老人的生活困境、危机与社工介入策略研究	赵　莉	社会工作学院	青年拔尖人才科研支持计划	论文	2018. 10
8	周作人"五四"之前的文学活动研究	丁　文	中国语言文学系	青年拔尖人才科研支持计划	论文	2018. 10
9	风险规制与行政法体系的变革	伏创宇	法学院	学术创新支持计划	论文	2016. 06
10	基于双边投资条约的国际投资仲裁研究	李晓玲	法学院	学术创新支持计划	论文	2016. 06
11	直接言辞原则的落实与公诉质量提升	孙　远	法学院	学术创新支持计划	论文	2016. 06
12	未成年人财产处分权行使之探究	于　晶	法学院	学术创新支持计划	论文	2016. 06
13	中国区际私法立法完善问题研究——以国际私法条约在中国适用为视角	张美榕	法学院	学术创新支持计划	论文	2016. 06
14	我国传统家教智慧与当代大学生培养	冯静颖	公共管理系	学术创新支持计划	论文	2016. 06
15	推进我国地方治理体系与治理能力的若干追问：主体、关系及发生机制	孙广厦	公共管理系	学术创新支持计划	论文	2016. 06
16	美国工业化时期（1868—1925）的国家治理研究	岳西宽	公共管理系	学术创新支持计划	论文	2016. 06

续表

序号	项目名称	负责人	承担部门	项目分类	预期成果形式	计划完成时间
17	青年康有为政治人格的形成与发展	魏万磊	国际教育交流学院	学术创新支持计划	论文	2016.06
18	深度图像质量提升	盖 赟	计算机教学与应用中心	学术创新支持计划	论文	2016.06
19	响应式网页开发及 HTML5 页面技术实用性研究	鞠文飞	计算机教学与应用中心	学术创新支持计划	论文	2016.06
20	大数据时代数据呈现和数据分析研究	马竹青	计算机教学与应用中心	学术创新支持计划	论文	2016.06
21	大数据环境下的个人隐私保护策略研究	宿培成	计算机教学与应用中心	学术创新支持计划	论文	2016.06
22	商业银行并购贷款风险控制分析	韩 莉	经济管理学院	学术创新支持计划	论文	2016.06
23	PPP 投融资模式及风险管控研究	吉富星	经济管理学院	学术创新支持计划	论文	2016.06
24	我国资本市场的信息套利研究	李朝晖	经济管理学院	学术创新支持计划	论文	2016.06
25	收入不平等与经济增长的关系研究	王秀云	经济管理学院	学术创新支持计划	论文	2016.06
26	居民最优养老保险选择研究——基于户籍差异的视角	杨 娟	经济管理学院	学术创新支持计划	论文	2016.06
27	韩国的自组织共同体精神研究	刘 欢	青少年工作系	学术创新支持计划	论文	2016.06
28	社会主义核心价值体系与大学生核心价值观构建研究	韩永涛	青少年研究院	学术创新支持计划	论文	2016.06
29	北京市社区青年汇社会工作者职业认同及影响因素研究	韩 辉	社会工作学院	学术创新支持计划	论文	2016.06
30	基层青年志愿者行动研究	马 灿	社会工作学院	学术创新支持计划	论文	2016.06
31	国有企业集团化管控实务研究	徐 明	社会工作学院	学术创新支持计划	论文	2016.06
32	普通高校排球队科学训练方法研究	庞 丁	体育教学中心	学术创新支持计划	论文	2016.06
33	中国大学生户外运动的发展前景	张韶光	体育教学中心	学术创新支持计划	论文	2016.06
34	社交网络对青年亚文化群体的影响	陈 敏	外国语言文学系	学术创新支持计划	论文	2016.06
35	剖析美国高校学生社团兄弟会和姐妹会旺盛的生命力及其启示	李 蕊	外国语言文学系	学术创新支持计划	论文	2016.06
36	认知诗学理论对中国近现代诗歌的赏析与解读	刘珊珊	外国语言文学系	学术创新支持计划	论文	2016.06
37	中国英语、法语专业大学生外语运动事件词汇化研究	马玉学	外国语言文学系	学术创新支持计划	论文	2016.06
38	英国詹姆斯一世戏剧性别语言研究	吴琳娜	外国语言文学系	学术创新支持计划	论文	2016.06
39	英美青少年文学现状研究	夏晓敏	外国语言文学系	学术创新支持计划	论文	2016.06
40	二十一世纪美国青少年反乌托邦小说研究	杨 春	外国语言文学系	学术创新支持计划	论文	2016.06
41	中国文化传播的效果实证研究	张 捷	外国语言文学系	学术创新支持计划	论文	2016.06
42	美语新词语解析	周丽娜	外国语言文学系	学术创新支持计划	论文	2016.06
43	村改居：制度变迁与行动选择	陈 涛	新农村发展研究院	学术创新支持计划	论文	2016.06

续表

序号	项目名称	负责人	承担部门	项目分类	预期成果形式	计划完成时间
44	京郊大学生村官创业案例研究	王文丽	新农村发展研究院	学术创新支持计划	论文	2016.06
45	社会文化变迁视角下的女飞行员报道研究	陈彤旭	新闻传播学院	学术创新支持计划	论文	2016.06
46	青少年肥胖：一个社会问题的媒介镜像	杜　涛	新闻传播学院	学术创新支持计划	论文	2016.06
47	框架建构视野下《中国新闻》的国家形象研究	李永健	新闻传播学院	学术创新支持计划	论文	2016.06
48	数字媒体环境下的隐私保护研究	刘英华	新闻传播学院	学术创新支持计划	论文	2016.06
49	青少年类电视媒体弘扬社会主义核心价值观的可行性分析	宋双峰	新闻传播学院	学术创新支持计划	论文	2016.06
50	卡梅哈梅哈一世时代夏威夷社会变迁研究	王　华	新闻传播学院	学术创新支持计划	论文	2016.06
51	《告台湾同胞书》发表以来两岸关系发展研究	曹　骏	中国马克思主义学院	学术创新支持计划	论文	2016.06
52	青年马克思主义者培养的时代境遇、理论根基和现实路径	秦国伟	中国马克思主义学院	学术创新支持计划	论文	2016.06
53	从公共选择理论看我国经济新常态	王浩倩	中国马克思主义学院	学术创新支持计划	论文	2016.06
54	网络视阈下中国共产党践行群众路线之路径研究	于　昆	中国马克思主义学院	学术创新支持计划	论文	2016.06
55	周氏兄弟关于现代中国小品文的分歧与论争	丁　文	中国语言文学系	学术创新支持计划	论文	2016.06
56	马克·吐温研究	何玉蔚	中国语言文学系	学术创新支持计划	论文	2016.06
57	儒家价值体系与当代青年价值观的冲突和融合	孙亚丽	中国语言文学系	学术创新支持计划	论文	2016.06
58	党团关系发展研究——以某中央企业党建带团建为例	杨　名	中央团校教育培训学院	学术创新支持计划	论文	2016.06
59	省级共青团微信公众号运维情况研究	毛赟美	党委宣传部	青年教师学术创新支持计划	论文	2017.04
60	“丝绸之路经济带”合同法区域整合研究	金　晶	法学院	青年教师学术创新支持计划	论文	2017.04
61	一审判决与二审诉外和解协议的效力冲突研究	孔金萍	法学院	青年教师学术创新支持计划	论文	2017.04
62	标准必要专利反垄断规制研究	谭　袁	法学院	青年教师学术创新支持计划	论文	2017.04
63	纳税人的协力义务及其正当程序权的保障	汤洁茵	法学院	青年教师学术创新支持计划	论文	2017.04
64	《婚姻法》中的夫妻共同债务推定规范	王　雷	法学院	青年教师学术创新支持计划	论文	2017.04
65	卢梭法治思想的人性论基础	张国旺	法学院	青年教师学术创新支持计划	论文	2017.04
66	社会化媒体的网络信息传播研究与应用	翟剑锋	计算机教学与应用中心	青年教师学术创新支持计划	论文	2017.04

续表

序号	项目名称	负责人	承担部门	项目分类	预期成果形式	计划完成时间
67	青少年创新后备人才培养机制的多元化研究——以学科竞赛为例	朱 俭	计算机教学与应用中心	青年教师学术创新支持计划	论文	2017. 04
68	“一带一路”战略下我国内外贸协调发展研究	冯 明	经济管理学院	青年教师学术创新支持计划	研究报告	2017. 04
69	北京市保障房建设融资模式创新研究	胡吉亚	经济管理学院	青年教师学术创新支持计划	论文	2017. 04
70	“营改增”对我国上市公司盈余管理行为的影响研究	蒋 楠	经济管理学院	青年教师学术创新支持计划	论文	2017. 04
71	“部门主导立法”的经济逻辑——兼论简政放权改革的意义	李石强	经济管理学院	青年教师学术创新支持计划	论文	2017. 04
72	从“普通法心智”看美国最高法院对“契约自由”的宪法解释	范暘沐	青少年工作系	青年教师学术创新支持计划	论文	2017. 04
73	社会主义核心价值观教育的仪式载体研究	杨 巧	青少年工作系	青年教师学术创新支持计划	论文	2017. 04
74	互联网使用对不同性格特征大学生个体孤独感的影响研究	陈 爽	青少年研究院	青年教师学术创新支持计划	论文	2017. 04
75	移动互联网时代两岸青年主体意识比较研究	丛培影	青少年研究院	青年教师学术创新支持计划	论文	2017. 04
76	养老保险并轨：再分配调节机制的完善	郭 磊	社会工作学院	青年教师学术创新支持计划	论文	2017. 04
77	中国人口迁移政策对城镇化格局变动的影响	吴丽丽	社会工作学院	青年教师学术创新支持计划	论文	2017. 04
78	我国第一代“失独家庭”的社会福利政策研究	赵 莉	社会工作学院	青年教师学术创新支持计划	论文	2016. 12
79	对高校建立学生体质健康测试档案的研究	李贵森	体育教学中心	青年教师学术创新支持计划	论文	2017. 04
80	大学英语青年教师话语分析	丁潇潇	外国语言文学系	青年教师学术创新支持计划	论文	2017. 04
81	日本学校的道德教育——以道德教育实践体验活动为中心	韩 旭	外国语言文学系	青年教师学术创新支持计划	论文	2017. 04
82	新媒体环境下影视剪辑艺术新走向研究	黄媛媛	新闻传播学院	青年教师学术创新支持计划	论文	2017. 04
83	试论行政相对人在熟人社会里的合作博弈	李 瑞	新闻传播学院	青年教师学术创新支持计划	论文	2017. 04
84	高校新媒体的传播风险与应对策略研究	王 娟	党委宣传部	行政教辅项目	研究报告	2016. 04
85	高校基本养老保险制度改革难点分析——以中青院基本养老保险改革为例	刘 川	党委组织部	行政教辅项目	研究报告	2016. 04
86	高校中层干部教育培训制度化研究——以中国青年政治学院为例	余中海	党委组织部	行政教辅项目	研究报告	2016. 04
87	大学生风险意识培养体系研究——以中国青年政治学院为例	洪 欣	法学院	行政教辅项目	研究报告	2016. 04

续表

序号	项目名称	负责人	承担部门	项目分类	预期成果形式	计划完成时间
88	关于高校引智工作的几点思考	蔡晨青	国际交流处	行政教辅项目	研究报告	2016. 04
89	基于掌上媒体开展招生宣传工作的探析——以手机为例	王锦冰	教务处	行政教辅项目	研究报告	2016. 04
90	高校教学信息员制度研究	展宾宾	教务处	行政教辅项目	研究报告	2016. 04
91	“翻转课堂”教学模式的研究与在我校推行的思考	张洪磊	教务处	行政教辅项目	研究报告	2016. 04
92	浅谈大学一年级的班级管理工作——基于中青院班主任职责角度的分析	胡　蓉	经济管理学院	行政教辅项目	研究报告	2016. 04
93	全人发展导向下学生工作项目建设研究	左　涛	社会工作学院	行政教辅项目	研究报告	2016. 04
94	高兼容性浏览器软件研发	郭俊杰	信息化工作办公室	行政教辅项目	研究报告	2016. 04
95	青年院校学报专业化的机遇与挑战	刘向宁	学报编辑部	行政教辅项目	研究报告	2016. 04
96	新媒体背景下改进高校校友工作的对策研究	陈学渊	学生工作部、武装部、学生处	行政教辅项目	研究报告	2016. 07
97	高校法学职业生涯教育在加强法治工作队伍建设中的作用研究	严天何	学生工作部	行政教辅项目	研究报告	2016. 04
98	科研经费执行率提升与精细化管理研究	程立耕	财务处	一般委托项目	研究报告	2016. 12
99	全校科研数据统计与分析	马竹青	计算机教学与应用中心	一般委托项目	研究报告	2016. 12
100	我校科研成果的统计分析与综合利用	钟德寿	图书馆	一般委托项目	研究报告	2016. 12

（中国青年政治学院科研处供稿）

中国劳动关系学院

2015 年度承担国家级、省部级社会科学研究项目

序号	项目名称	负责人	项目来源	预期成果形式	计划完成日期
1	大数据的知识化演进、组织模式及其对决策创新的影响研究	张才明	国家社会科学基金、一般项目	论文	2018. 12
2	中国旅游救援发展的深层次思考	翟向坤	国家社会科学基金、一般项目	论文	2018. 12
3	行为金融视角下我国商业银行信贷效应及信贷决策行为研究	周　超	国家社会科学基金、青年项目	论文	2018. 12
4	合作学习在高校思想政治理论课大班教学的探索	钟雪生	首都大学生思想政治教育课题	论文	2018. 12
5	“一带一路”战略下我国境外劳动者权益保护法律问题研究	李文沛	司法部	论文	2018. 12

（中国劳动关系学院科研处陈邓海供稿）

中国社会科学院

2015 年度承担国家社会科学基金项目

序号	项目批准号	项目名称	项目类别	负责人	承担部门
1	15@ZH006	以法制保障和促进社会主义核心价值观建设	委托项目	支振锋	法学所
2	15@ZH014	中国特色社会主义文学理论话语体系建设	委托项目	张　江	院部
3	15@ZH027	防范“政治反对派”研究	委托项目	朱继东	马研院
4	15@ZH027	建立健全文化安全审查制度研究	委托项目	邓纯东	马研院
5	15@ZH064	有机马克思主义研究	委托项目	冯颜利	马研院
6	15ZDA026	国有企业改革和制度创新研究	重大项目	黄速建	工经所
7	15ZDA051	稀有矿产资源开发利用的国家战略研究——基于工业化中后期产业转型升级的视角	重大项目	杨丹辉	工经所
8	15ZDA055	我国低碳城市建设评价指标体系研究	重大项目	庄贵阳	城环所
9	15ZDA067	中拉关系及对拉战略研究	重大项目	吴白乙	拉美所
10	15ZDB091	《剑桥文学批评史》（九卷本）翻译与研究	重大项目	王柯平	哲学所
11	15ZDB103	中国方言区英语学习者语音习得机制的跨学科研究	重大项目	李爱军	语言所
12	15ZDB108	方志中方言材料的辑录、整理与数字化工程	重大项目	李　蓝	语言所
13	15ZDB131	中国经济史学发展的基础理论研究	重大项目	叶　坦	经济所
14	15ZDB149	“中国制造 2025”的技术路径、产业选择与战略规划研究	重大项目	黄群慧	工经所
15	15AJL010	全球经济变局下推进两岸经济融合研究	重点项目	张冠华	台湾所
16	15AJL013	中国城市规模、空间聚集与管理模式研究	重点项目	张自然	经济所
17	15AJY006	我国城乡就业人员收入流动性比较研究	重点项目	杨　穗	农发所
18	15AJY017	“十三五”时期我国的金融安全战略研究	重点项目	何德旭	金融所
19	15AMZ004	少数民族人口的城市融入研究	重点项目	郑信哲	民族所
20	15AYY007	四川省藏区语言生态与和谐语言生活的创建研究	重点项目	尹蔚彬	民族所
21	15AZD020	构建一体化的新型城乡关系研究	重点项目	朱　钢	农发所
22	15AZD028	中国对非洲关系的国际战略研究	重点项目	张宏明	西亚非所
23	15AZD045	元代笔记丛刊	重点项目	杨　镰	文学所
24	15AZS001	《大唐开元礼》校勘整理与研究	重点项目	吴丽娱	历史所
25	15AZW002	习近平总书记文艺工作座谈会讲话的理论突破研究	重点项目	丁国旗	文学所
26	15AZW008	中国小说史	重点项目	石昌渝	文学所
27	15AZW012	香港报刊文学史	重点项目	赵稀方	文学所
28	15AZZ009	中国特色新型智库调查、评价与建设方略研究	重点项目	蔡继辉	社科文献出版社
29	15BDJ005	中国共产党对台方略研究	一般项目	朱　磊	台湾所
30	15BDJ026	当代中国社会治理史研究	一般项目	吴　超	当代所
31	15BDJ027	国外当代中国社会史研究评析	一般项目	王爱云	当代所
32	15BDJ044	中国共产党干部任用中的五湖四海原则研究	一般项目	刘海飞	马研院
33	15BFX129	系统重要性金融机构恢复与处置计划法律问题研究	一般项目	徐　超	情报院

续表

序号	项目批准号	项目名称	项目类别	负责人	承担部门
34	15BGJ017	中国与拉丁美洲国家经贸关系研究	一般项目	谢文泽	拉美所
35	15BGJ033	后全球金融危机时期新兴经济体国家风险形成机制研究	一般项目	李天国	亚太院
36	15BGJ041	拉美 21 世纪社会主义研究	一般项目	袁东振	拉美所
37	15BGJ043	中亚国家的宗教事务管理与上海合作组织反宗教极端合作研究	一般项目	张　宁	俄欧亚所
38	15BGJ051	未来十年金砖国家合作的发展趋势及影响因素研究	一般项目	徐秀军	世经政所
39	15BGL043	自然资源资产负债表编制研究	一般项目	胡文龙	工经所
40	15BGL114	旅游需求结构与旅游产品创新的动态关系研究	一般项目	宋　瑞	财经院
41	15BJL012	人口结构变化对中国经济减速的影响和对策研究	一般项目	陆　旸	人口所
42	15BJL046	新产业革命背景下欧盟工业智能化绿色化发展及其启示研究	一般项目	孙彦红	欧洲所
43	15BJL065	大国战略与新中国交通业发展研究（1949—2014）	一般项目	彤新春	经济所
44	15BJL067	经济史与国际比较视角下以中国为代表的新兴大国经济转型中的产业发展选择研究	一般项目	李　毅	世经政所
45	15BJL082	跨境制度匹配、对外直接投资与中国价值链升级研究	一般项目	李国学	世经政所
46	15BJY028	新常态下的企业劳动关系冲突调节方式研究	一般项目	孙兆阳	办公厅
47	15BJY075	新常态下国内外产业关联对我国产业结构调整的影响及对策研究	一般项目	李新忠	数技经所
48	15BJY161	货币政策、资本结构与促进产业向中高端升级研究	一般项目	王朝阳	财经院
49	15BKG002	海岱地区先秦时期考古学文化的互动与族群变迁研究	一般项目	庞小霞	考古所
50	15BKS067	古巴社会主义经济模式更新研究	一般项目	贺　钦	马研院
51	15BMZ068	《蒙古源流》叙事研究	一般项目	孟根娜布其	民文所
52	15BMZ069	国家视域中宗教权威与藏青川结合部藏区和谐治理的探索研究	一般项目	王　媛	民族所
53	15BMZ099	一个世纪来青藏高原泛江河源区岛状生态环境变迁研究	一般项目	文艳林	民族所
54	15BSH009	日常生活研究的方法论	一般项目	赵　锋	社会学所
55	15BSH101	社会转型中公益与民情关系的人类学研究	一般项目	李荣荣	社会学所
56	15BSH105	企业工作环境研究	一般项目	张　彦	社发院
57	15BSS007	古代两河流域的社会公正思想研究	一般项目	国洪更	世历所
58	15BXW038	移动终端谣言传播与社会认同影响及对策研究	一般项目	雷　霞	新闻所
59	15BXW082	中国网络广告发展史（1997—2016）	一般项目	王凤翔	新闻所
60	15BYY061	中外法庭辩论的语音特征、策略及其对判决的影响力研究	一般项目	殷治纲	语言所
61	15BYY073	汉语方言研究的实验语音学理论与方法研究	一般项目	胡　方	语言所
62	15BYY159	元明时期蒙古语汉语对译词典比较研究	一般项目	布日古德	民族所

续表

序号	项目批准号	项目名称	项目类别	负责人	承担部门
63	15BZJ027	民国时期伊斯兰教报刊研究	一般项目	马　景	宗教所
64	15BZJ040	黄天道研究	一般项目	梁景之	民族所
65	15BZS058	东林党、复社研究	一般项目	张宪博	历史所
66	15BZS059	锦衣卫“体外监察”与明代社会演进研究	一般项目	张金奎	历史所
67	15BZS093	抗战时期国共两党司法比较研究	一般项目	胡永恒	近代史所
68	15BZS108	150 年来中国边疆研究学术思想史	一般项目	冯建勇	边疆所
69	15BZS109	17—20 世纪华北地区旗人及其后裔群体研究	一般项目	邱源媛	历史所
70	15BZW049	全元笔记	一般项目	杨　镰	文学所
71	15BZW108	抗战期间古典文学学科述论研究	一般项目	程方勇	地方志
72	15BZW174	台湾左翼文艺研究	一般项目	李　娜	文学所
73	15BZX024	科技时代的科学“无知”的哲学研究	一般项目	段伟文	哲学所
74	15BZX028	经验、信念与知识	一般项目	唐热风	哲学所
75	15CDJ003	我国预防腐败体制机制的国际借鉴研究	青年项目	彭成义	世经政所
76	15CGJ024	北极航道的发展前景、经济影响与中国的参与机制研究	青年项目	丛晓男	城环所
77	15CGJ028	联盟政治与中美新型大国关系的冲突管控研究	青年项目	杨　原	世经政所
78	15CGL012	国家资产负债表与提高国家治理能力研究	青年项目	杨志宏	财经院
79	15CGL039	中国农村环境管理中的政府责任和公众参与机制研究	青年项目	陈秋红	农发所
80	15CJL031	中国农村普惠金融的绩效评估与内生发展路径研究	青年项目	星　焱	金融所
81	15CJY026	我国人口城镇化与土地城镇化协调发展研究	青年项目	熊　柴	人口所
82	15CJY048	精准扶贫战略下贫困地区农村信息化减贫能力提升研究	青年项目	郭君平	财经院
83	15CJY059	新形势下竞争、产业、贸易政策的综合协调及实现机制研究	青年项目	张　昊	财经院
84	15CJY075	中国式财政分权角度下的地方政府投资行为研究	青年项目	蒋　震	财经院
85	15CKG001	福建地区旧、新石器时代过渡遗存综合研究	青年项目	周振宇	考古所
86	15CKG017	中原地区先秦时期家养黄牛的分子考古学研究	青年项目	赵　欣	考古所
87	15CMZ036	美利坚民族—国家建构的过程、理论与经验研究	青年项目	王　坚	民族所
88	15CRK019	人口结构变迁对中国房地产市场的综合影响及应对措施研究	青年项目	李　超	财经院
89	15CRK022	同居问题成因、特征和趋势研究	青年项目	於　嘉	社会学所
90	15CSH004	社会理论传统的重构及其对当代中国的现实意义研究	青年项目	陈　涛	社会学所
91	15CSH012	中国城镇化进程中西部底层孩子们阶层再生产发生的日常机制及策略干预研究	青年项目	李　涛	社会学所
92	15CSH072	以社区服务为切入点的城市新熟人社区建构研究	青年项目	史云桐	社会学所
93	15CSS006	古希腊史学中帝国形象的演变研究	青年项目	吕厚量	世历所
94	15CSS026	战后英国英属撒哈拉以南非洲政策研究（1945—1980）	青年项目	杭　聪	世历所

续表

序号	项目批准号	项目名称	项目类别	负责人	承担部门
95	15CZJ019	清代档案道教文献研究	青年项目	林巧薇	宗教所
96	15CZS039	台湾统派舆论重阵《海峡评论》研究	青年项目	郝幸艳	近代史所
97	15CZW057	新疆乌恰县史诗歌手调查研究	青年项目	巴合多来提·木那孜力	民文所
98	15CZX030	战后“台湾儒学”基本形态研究	青年项目	常　超	台湾所
99	15CZX032	亚里士多德《修辞术》的哲学研究	青年项目	何博超	哲学所
100	15FGJ001	中国与拉丁美洲和加勒比国家关系史	后期资助项目	贺双荣	拉美所
101	15FGJ005	俄罗斯软实力与国家形象研究	后期资助项目	许　华	俄欧亚所
102	15FJL004	人民公社时期农户收入研究	后期资助项目	黄英伟	经济所
103	15FJY003	可再生能源城市理论分析	后期资助项目	娄　伟	城环所
104	15FJY006	人类为什么合作——基于行为实验的机理研究	后期资助项目	王国成	数技经所
105	15FKG001	上古的天文、思想与制度	后期资助项目	冯　时	考古所
106	15FKG003	礼仪神器与欧亚草原社会世俗生活	后期资助项目	郭　物	考古所
107	15FKG004	西周金文礼制研究	后期资助项目	黄益飞	考古所
108	15FZS002	天长纪庄汉墓木牍整理与研究	后期资助项目	杨振红	历史所
109	15FZS019	西南联大与现代中国	后期资助项目	闻黎明	近代史所
110	15FZW016	欧阳予倩研究	后期资助项目	陈建军	文学所
111	15FZX030	当代西方政治哲学研究	后期资助项目	周穗明	哲学所
112	15KKS001	文化生产力：人类走向新文明的一种现实力量	成果文库	李春华	马研院
113	15KWW001	新时期比较神话学反思与开拓研究	成果文库	叶舒宪	外文所
114	15KYY003	藏缅语族羌语支研究	成果文库	孙宏开	民族所
115	15KZS005	明清徽州诉讼文书研究	成果文库	阿　风	历史所
116	15WJL006	中国与世界经济（英文版）	中华学术外译项目	余永定	世经政所
117	15WZS004	中国古代国家的起源与王权的形成（日文版）	中华学术外译项目	王震中	历史所
118	15WZX002	回归原创之思——“象思维”视野下的中国智慧（英文版）	中华学术外译项目	王树人	哲学所

2015 年度创新工程研究领域指令性研究方向

序号	研究方向	总负责人	承担部门
1	习近平总书记系列重要讲话精神研究	王伟光	院部
2	中国特色社会主义制度、道路、理论研究	李　扬	院部
3	中国话语体系建设研究	李培林	院部
4	中国特色社会主义法治道路和建设社会主义法治国家、实施依法治国研究	李培林	院部
5	“十三五”时期中国发展目标、任务与政策思路研究	李培林 蔡　昉	院部 院部
6	经济增长新常态与全面深化改革研究	蔡　昉	院部
7	新形势下党风廉政建设和反腐败斗争体制机制创新研究	张英伟	院部

续表

序号	研究方向	总负责人	承担部门
8	我国现阶段意识形态形势及其对策研究	荆惠民	院部
9	中国经济中长期发展的资源条件和地缘关系研究	李　扬	院部
10	世界格局新变化与我国国际战略研究	蔡　昉	院部
11	新疆问题研究	赵胜轩	院部
12	中华思想通史（18 卷本）	王伟光 高　翔 荆惠民	院部 院部 院部
13	《中华人民共和国史稿》第五至七卷（1984—2012 年）	荆惠民	院部
14	《中国大百科全书》第三版编纂	李培林	院部
15	中华传统文化扬弃研究	荆惠民	院部
16	海外近代中国珍稀文献搜集整理工程	王建朗	近代史所

2015 年度国情调研项目

序号	项目名称	项目类别	负责人	承担部门
1	革命精神与核心价值观	重大	赵胜轩	直属机关党委
2	关于农村集体经济发展现状的调研	重大	崔红志 苑　鹏	农发所
3	关于司法体制改革与司法公信力调研	重大	田　禾	法学所
4	东中西部城乡社区综合养老服务体系建设调研	重大	姚　宇	经济所
5	社区综合养老服务体系建设调研	重大	田德文	欧洲所
6	我国城市社区综合养老服务体系建设状况调查	重大	赵一红	研究生院
7	关于民间资本进入新媒体问题调研	重大	黄速建	工经所
8	关于京津冀协同治理雾霾问题调研	重大	潘家华	城环所
9	“一带一路”面临的国际风险与合作空间拓展	重大	蔡　昉	国际学科各所
10	建设国家级“昌九新区”问题调研——金融配套措施与方案设计的考察	院基地	陈经伟	金融所
11	加快黑龙江省绿色食品安全产业发展调研	院基地	于法稳	农发所
12	新常态下沿海地区新的经济增长点调研	院基地	原　磊	工经所
13	宁夏回族自治区宗教事务依法管理的状况研究	院基地	莫纪宏	法学所
14	我国哲学社会科学的发展历程、主要成就、基本经验、存在问题及面临的主要任务	考察	王卫东	办公厅
15	经贸合作与边疆稳定	考察	马　援	科研局
16	中国特色新型智库人才队伍建设	考察	张冠梓	人事局
17	哲学社会科学高层次创新型人才培养研究	考察	刘晖春	人事局
18	自由贸易试验区建设：创新、挑战与成效	考察	王　镭	国际局
19	社区养老服务体系建设考察	考察	刘　红	离退干局
20	我国海洋经济发展与海洋权益维护研究——以辽宁半岛和山东半岛为例	考察	崔建民	机关党委
21	妇女减贫政策及其执行情况考察	考察	闫　坤	机关党委

续表

序号	项目名称	项目类别	负责人	承担部门
22	新常态下长江经济带新的增长点——以江苏浙江为例（换青海生态文明）	考察	孙伟平	机关党委
23	基层党风廉政建设和反腐败工作特色经验的实践考察	考察	公茂虹	监察局
24	广西县镇社会、经济与文化建设服务考察活动	考察	庄前生	图书馆
25	社会科学信息化国情考察	考察	杨沛超 罗文东	信管办
26	学术报刊数字化产品深度开发调查	考察	李新烽	杂志社
27	红色文化与当代文化创新——围绕保定地区的调研	所基地	刘跃进	文学所
28	社会史视野下的中国文学研究——以山西为中心	所基地	陆建德	文学所
29	百色市靖西县语言与地方民俗文化的调查	所基地	吴福祥	语言所
30	巴林右旗蒙古族非物质文化遗产现状调研·2015	所基地	斯钦巴图	民文所
31	21世纪的柯尔克孜族口头史诗传统与变迁——对阿合奇县及周边地区《玛纳斯》史诗传统的调查	所基地	阿地里·居玛吐尔地	民文所
32	甘肃临洮马家窑遗址保护与居民生业发展	所基地	刘　政	考古所
33	魏晋隋唐时期商洛地区的历史文化	所基地	卜宪群	历史所
34	台儿庄大战资料收集整理	所基地	高士华	近代史所
35	涞源县社会历史文化资源分区调查	所基地	杜继东	近代史所
36	现代化进程中传统文化、现代文化的基本状况——对甘肃文县的调研	所基地	赵文洪	世历所
37	新形势下西藏边境地区稳定与发展调研——以日喀则市为中心	所基地	孙宏年	边疆所
38	三沙市政权基层组织建设调研	所基地	李国强	边疆所
39	马克思主义哲学中国化研究——对天津静海县的调研	所基地	王立民	哲学所
40	孟中印缅经济带之跨境民族宗教研究——以云南德宏为例	所基地	郑筱筠	宗教所
41	基层公共文化服务体系建设的数量与质量调研	所基地	张小平	马研院
42	新型社会组织健康发展状况调研系列之二——新型社会组织统一战线工作的情况调研	所基地	余　斌	马研院
43	保定农村农业现代化情况典型调查数据	所基地	隋福民	经济所
44	无锡“农民转居民”家庭经济情况典型调查数据库	所基地	赵学军	经济所
45	浙江省开化县绿色发展经验考察	所基地	黄速建	工经所
46	营口老边区汽保工业园区发展调研	所基地	刘戒骄	工经所
47	浙江湖州市农民福祉的调研	所基地	杨　穗	农发所
48	城乡公共服务基本情况调查	所基地	谭秋成	农发所
49	新型城镇化与县域经济发展——以湖南洞口县为例	所基地	田　侃	财经院
50	新形势下农村流通模式的变化——以黑龙江省木兰县为例	所基地	依绍华	财经院
51	构建解决融资难、融资贵的政策体系——小微贷款实践调查	所基地	曾　刚	金融所
52	山东乳山金融生态环境状况考察	所基地	杨　涛	金融所
53	“鄂温克民族生活方式传承与新牧区建设示范区”调研	所基地	李　青	数技经所
54	城市基层社区治理调研（全福街道基地）	所基地	李　群	数技经所

续表

序号	项目名称	项目类别	负责人	承担部门
55	我国养老服务体系与政策研究——四川省成都市郫县调研	所基地	王　桥	人口所
56	海宁制造业企业微观调查	所基地	都　阳	人口所
57	社区安全共治：特大城市安全社区建设研究	所基地	李红玉	城环所
58	典型城市碳排放总量控制政策案例调研	所基地	朱守先	城环所
59	浙江法院阳光司法指数	所基地	田　禾	法学所
60	用法治思维和法治方法化解纠纷	所基地	陈　甦	法学所
61	泸水县工业园区发展的法律问题	所基地	黄　晋	国际法所
62	强化监督功能　完善人民代表大会制度	所基地	韩　旭	政治学所
63	云南省开远市城乡统筹发展状况与政府职能研究	所基地	贠　杰	政治学所
64	科尔沁左翼中期蒙古族萨满文化调研	所基地	色　音	民族所
65	宁夏永宁县闽宁镇城镇文化建设研究	所基地	丁　赛	民族所
66	老年人日常照料的居家模式和市场机制	所基地	夏传玲	社会学所
67	江苏太仓市常丰社区创新社会治理调研	所基地	王春光	社会学所
68	贫困波动与发展风险防御的调查	所基地	沈　红	社发院
69	中国社会转型期农村传播生态和地方文化建设研究	所基地	赵天晓	新闻所
70	城镇化进程中农业人口的市民化调研	所基地	黄　平	欧洲所
71	“一带一路”战略下的中欧科技创新合作	所基地	张　敏	欧洲所
72	连云港与“一带一路”战略构想研究	所基地	唐志超	西亚非所
73	广东与拉美经贸合作状况调查与分析	所基地	柴　瑜	拉美所
74	深圳龙华新区文化建设研究	所基地	郭立军	亚太院
75	武城县城镇化推进中农村历史文化资源保护性挖掘调研	所基地	王玉巧	图书馆
76	乡村治理体系与治理能力建设研究——对四川省雅安市荥经县天凤乡追踪调研	所基地	董礼胜	研究生院
77	广西柳州市职业教育及其汽车城人力资源培训状况调查	所基地	张菀洺	研究生院
78	临朐县史志办公室修志工作推进情况调研	所基地	冀祥德	方志办
79	广东省人民政府地方志办公室修志工作推进情况调研	所基地	赵　芮	方志办

2015年度研究所创新工程研究项目

序号	项目名称	首席专家	承担部门
1	社会主义国家主流意识形态建设与我国意识形态安全研究	辛向阳	马研院
2	马克思主义中国化思想通史研究	金民卿	马研院
3	社会主义核心价值体系引领社会思潮研究	赵智奎	马研院
4	马克思主义历史发展与社会主义文明建设研究	杨　斌	马研院
5	国外马克思主义研究的若干前沿问题	冯颜利	马研院
6	金融危机背景下资本主义的变化与马克思主义时代化	吕薇洲	马研院
7	马克思主义本土化的国际经验与启示	潘金娥	马研院
8	中国特色社会主义基本理论、基本路线、基本纲领、基本经验、基本要求研究	辛向阳	马研院

续表

序号	项目名称	首席专家	承担部门
9	坚持改革的社会主义方向研究	龚　云	马研院
10	十八大后习近平同志党的建设思想创新研究	陈志刚	马研院
11	贯彻落实习近平总书记“8·19”重要讲话精神的对策研究	李春华	马研院
12	经济制度比较研究	杨春学	经济所
13	工业化、城镇化进程中农户经济的转型研究——以近百年来无锡、保定22村农户为案例	赵学军	经济所
14	公共经济学研究室学科建设	朱恒鹏	经济所
15	中国收入分配政策与制度研究设计	魏　众	经济所
16	企业创新和市场结构：经济结构的最优化路径	仲继银	经济所
17	中国宏观经济形势分析与风险预警	张晓晶	经济所
18	中国经济增长理论与应用研究	刘霞辉	经济所
19	公有企业收益共享机制的国际比较	朱　玲	经济所
20	我国初期工业化模式形成与路径探索：观念和实践	徐建生	经济所
21	再分配与公共福利的政治经济学	赵志君	经济所
22	经济危机相关理论及其历史作用研究	裴小革	经济所
23	中国传统经济再研究：以制度转型为视角	魏明孔	经济所
24	中国经济新增长阶段的主要特征与结构调整研究	张　平	经济所
25	工业经济运行监测风险评估	张其仔	工经所
26	扩大内需与工业转型发展研究	刘　勇	工经所
27	垄断产业深化改革研究	刘戒骄	工经所
28	稀有资源的国家战略研究	杨丹辉	工经所
29	中国企业管理模式创新跟踪研究	王　钦	工经所
30	新时期国有企业制度创新研究	余　菁	工经所
31	中小企业服务体系研究	罗仲伟	工经所
32	中国工业发展差距	吕　政	工经所
33	中国工业强国战略研究	吕　铁	工经所
34	我国石油工业体制改革研究	史　丹	工经所
35	产业转移与区域协调发展研究	陈　耀	工经所
36	中国工业企业税负研究	杜莹芬	工经所
37	国有企业混合所有制变革与路径研究	黄速建	工经所
38	公平与效率关系的理论与实践	金　碚	工经所
39	加快经济结构调整和经济发展方式转变的若干重大问题研究	刘戒骄	工经所
40	中国农产品安全战略研究	张元红	农发所
41	中国农民福祉研究	吴国宝	农发所
42	社会转型背景下农村公共服务研究	党国英	农发所
43	中国城乡关系研究	朱　钢	农发所
44	农业资源与农村生态保护研究	孙若梅	农发所
45	农产品市场和农村要素市场研究	李国祥	农发所

续表

序号	项目名称	首席专家	承担部门
46	中国农村组织研究	苑　鹏	农发所
47	中国财税价格体制改革研究	杨志勇	财经院
48	国家治理现代化进程中的税制改革研究	张　斌	财经院
49	中国服务业发展趋势与战略思路研究	夏杰长	财经院
50	城镇化、工业化与住房发展模式	倪鹏飞	财经院
51	共建“一带一路”的对外投资战略研究	夏先良	财经院
52	国际服务贸易：理论与中国的战略	赵　瑾	财经院
53	物流业与经济发展“新常态”关系研究	依绍华	财经院
54	大陆台湾经济一体化研究	汪红驹	财经院
55	利益格局与收入分配：决定因素及改革战略（制度创新）研究	钟春平	财经院
56	中国经济新常态与货币政策	彭兴韵	金融所
57	系统性风险与金融监管协调研究	胡　滨	金融所
58	金融视角的保险理论与政策研究	郭金龙	金融所
59	财富管理业的宏观框架和微观机理研究	殷剑峰	金融所
60	中国金融市场风险的发展趋势与监管建议	曾　刚	金融所
61	互联网金融理论、实践与政策研究	杨　涛	金融所
62	人民币离岸市场建设与人民币国际化	程　炼	金融所
63	经济新常态下我国上市公司股权融资决策研究	张跃文	金融所
64	能源安全与新能源技术经济研究	李　平	数技经
65	循环经济发展评价的理论与方法创新研究	齐建国	数技经
66	经济预测与经济政策评价	李雪松	数技经
67	人口老龄化经济增长效应理论与实证研究	李　军	数技经
68	宏观调控政策效应评价——基于宏微观一体化建模框架	张　涛	数技经
69	促进生态文明建设的绿色发展战略与政策模拟研究	张友国	数技经
70	科技创新战略与科技政策研究评价	王宏伟	数技经
71	信息化测评体系创新研究与应用计划	姜奇平	数技经
72	中等收入阶段劳动力市场政策研究	都　阳	人口所
73	中国快速人口老龄化的原因、后果及应对策略	林　宝	人口所
74	人口管理创新与社会保障包容：地方经验考察和总体设计研究	张展新	人口所
75	社会转型时期中国家庭人口变动、问题和对策	王跃生	人口所
76	“单独二孩”生育政策及其影响研究	王广州	人口所
77	城乡劳动力流动、基本公共服务均等化与新型城市化	高文书	人口所
78	基于智慧城市的城市经济转型发展研究	刘治彦	城环所
79	与新型城镇化工业化相协调的住房发展模式选择	李景国	城环所
80	特大城市治理与城市群协同发展	宋迎昌	城环所
81	联合国后千年可持续发展目标研究	陈　迎	城环所
82	推进中国特色生态文明建设的思路与对策研究	陈洪波	城环所

续表

序号	项目名称	首席专家	承担部门
83	推动低碳绿色经济发展的体制机制研究	庄贵阳	城环所
84	城市安全与风险评估研究	李红玉	城环所
85	中国农业的起源和早期发展——栽培大豆的起源和早期耕作技术研究	赵志军	考古所
86	中国动物考古学的区系类型研究	袁　靖 李志鹏 吕　鹏	考古所
87	黄河中游地区旧石器时代向新石器时代过渡的考古学研究	王小庆	考古所
88	2015 年长江中游地区史前城址的发掘与研究	黄卫东	考古所
89	西北地区史前聚落调查和发掘	李新伟	考古所
90	成都平原北东区域史前考古调查	叶茂林	考古所
91	新砦聚落研究	赵春青	考古所
92	黄淮中下游地区史前城址与聚落的考古发掘与研究	梁中合	考古所
93	辽东半岛积石冢考古发掘与研究	贾笑冰	考古所
94	华南地区史前考古学文化谱系研究	傅宪国	考古所
95	2015 年度二里头遗址的勘探、发掘与研究	许　宏	考古所
96	陶寺遗址发掘与研究	何　驽 常怀颖	考古所
97	洹北商城发掘报告	唐际根	考古所
98	偃师商城宫城遗址资料整理与报告编写	谷　飞	考古所
99	丰镐遗址考古勘探与试掘	徐良高	考古所
100	汉长安城遗址考古发掘与研究	刘振东	考古所
101	唐长安城遗址考古发掘与研究	龚国强	考古所
102	洛阳汉魏城遗址考古发掘与研究	钱国祥	考古所
103	洛阳唐城遗址的考古发掘与研究	石自社	考古所
104	河北邺城遗址考古发掘与研究	朱岩石	考古所
105	辽上京城考古发掘和研究	董新林	考古所
106	西安秦汉上林苑的考古与研究	刘　瑞	考古所
107	苏州木渎古城的发掘与研究	唐锦琼	考古所
108	唐宋扬州城遗址考古发掘与研究	汪　勃	考古所
109	北朝石窟寺调查与研究（童子寺佛寺遗址发掘）	李裕群	考古所
110	古文字研究	冯　时	考古所
111	巴蜀符号研究	严志斌	考古所
112	中亚考古	王　巍	考古所
113	北庭古城综合考古研究	巫新华	考古所
114	新疆博尔塔拉河流域青铜文化研究——博尔塔拉和流域考古调查与发掘	丛德新	考古所
115	秦汉时期西南夷地区考古发掘与研究	杨　勇	考古所
116	西藏阿里象泉河上游象雄时期墓地测绘与发掘	仝　涛	考古所

续表

序号	项目名称	首席专家	承担部门
117	蒙古族源考古研究	刘国祥	考古所
118	三海子遗址群考古研究	郭　物	考古所
119	碳十四年代学研究和古人类食物状况研究	张雪莲	考古所
120	现代分析测试技术在考古学研究中的应用	赵春燕 叶晓红	考古所
121	考古遥感与地理信息系统研究	刘建国	考古所
122	AgisoftPhotoscan（数字摄影建模系统）绘制复杂考古遗物图	刘　方	考古所
123	中原地区新石器早期文化遗址的调查和试掘	陈星灿	考古所
124	2015 年重要遗址考古发掘资料与口述考古史	巩　文	考古所
125	青铜器陶范铸造技术的发展与演变	刘　煜	考古所
126	临淄齐故城冶铸遗址调查研究	白云翔	考古所
127	龙山时代到商代中原地区生态环境及植物利用——应用木炭分析方法	王树芝	考古所
128	考古遗址古环境重建及人地关系研究	齐乌云 王　辉	考古所
129	古 DNA 技术的应用和人骨的综合研究	张　君 王明辉	考古所
130	考古基地	李　港	考古所
131	中国文化遗产科学体系创新研究	杜金鹏	考古所
132	考古遗产空间资源结构性维系及价值挖掘研究（2015）	王学荣	考古所
133	实验室考古创新研究	李存信	考古所
134	文物修复技术研究	王浩天 王金霞	考古所
135	中国文化遗产纺织考古科学体系创新研究——江西靖安李洲坳东周墓葬出土纺织品文物	王亚蓉	考古所
136	中华思想通史·原始社会卷	王震中	历史所
137	中华思想通史·夏商西周卷	刘　源	历史所
138	中华思想通史·春秋战国卷	王震中	历史所
139	中华思想通史·秦汉卷	卜宪群	历史所
140	中华思想通史·隋唐五代卷	雷　闻	历史所
141	中华思想通史·宋辽金元卷	刘　晓	历史所
142	中华思想通史·明代卷	汪学群	历史所
143	中华思想通史·清代卷	林存阳	历史所
144	中国古代契约社会研究	阿　风	历史所
145	北魏开国史研究	楼　劲	历史所
146	中国古代多样文化研究	杨宝玉	历史所
147	清末十年新政改革研究	崔志海	近代史
148	社会文化史新兴学科与近代社会文化研究	李长莉	近代史
149	1840—1950：中国近代国家观念演变与社会变迁互动	雷　颐	近代史

续表

序号	项目名称	首席专家	承担部门
150	新文化运动研究	耿云志	近代史
151	抗战建国与民族复兴：20 世纪 30—40 年代中国思想界研究	郑大华	近代史
152	民国时期中共党史资料的收集整理与研究	金以林	近代史
153	中共建国方略的形成与实践研究	于化民	近代史
154	中国政府光复台湾史料汇编	张海鹏	近代史
155	台湾历史与现状研究	李细珠	近代史
156	口述历史理论研究与口述访谈	左玉河	近代史
157	近代影像史料整理与研究	李学通	近代史
158	中国现代化史	马　勇	近代史
159	传教·边疆·战争：晚清中法关系再研究	葛夫平	近代史
160	抗战时期中共的发展与壮大	黄道炫	近代史
161	基督宗教与近代中国经济——以基督新教传教士和机构为重点	赵晓阳	近代史
162	清末民初思想研究（1900—1915 年）	邹小站	近代史
163	社会震荡中的学术家族——家族文化视野中清末民初的学术传承与创新	罗检秋	近代史
164	通向东京审判之路——国民政府与联合国战争罪行委员会研究	刘　萍	近代史
165	清代西藏与哲孟雄（锡金）关系史研究	扎　洛	近代史
166	20 世纪的历史学和历史学家	景德祥	世历所
167	制度与古代社会	徐建新	世历所
168	近代以来国外社会变革与社会稳定专项研究	吴必康	世历所
169	跨学科研究室学科建设	姜　南	世历所
170	印度和中国边界问题档案文献整理与研究	孟庆龙	世历所
171	南非种族资本主义经济史研究	刘　兰	世历所
172	近现代以来印度中央与地方关系研究	宋丽萍	世历所
173	近代日本两党制的构想与挫折研究	文春美	世历所
174	原敬政治思想研究	陈　伟	世历所
175	巴勒斯坦民族国家构建的进程与困境研究	姚惠娜	世历所
176	18—19 世纪俄日两国岛屿问题的历史研究	李文明	世历所
177	日本马克思主义史学研究	张经纬	世历所
178	巴西的日本移民和中国移民比较研究	杜　娟	世历所
179	中国边疆学学科构建	邢广程	边疆所
180	中国南海历史性权利研究	李国强	边疆所
181	新疆生产建设兵团体制与新疆长治久安	王义康	边疆所
182	近代西藏治理研究	孙宏年	边疆所
183	东北及北部边疆与周边关系研究	毕奥南	边疆所
184	新疆治理研究	许建英	边疆所
185	中国文学文献学研究	刘跃进	文学所
186	中国文学：经典建构与多元进程	范子烨	文学所

续表

序号	项目名称	首席专家	承担部门
187	隋唐文艺思想与唐宋文学转型	吴光兴	文学所
188	中国古代文艺思想与文献研究（辽金元）	郑永晓	文学所
189	元明清戏曲小说及说唱文学研究	李　玫	文学所
190	清代近代文学文献整理与研究	王达敏	文学所
191	五四与左翼文学研究	赵京华	文学所
192	基础史料编纂与研究	刘福春	文学所
193	民间视角与经验研究	安德明	文学所
194	中国文学的多元经验与现代形态研究	董炳月	文学所
195	文学经验与空间互动	赵稀方	文学所
196	年度文集报告	李洁非	文学所
197	中国现当代美学和外国美学研究	高建平	文学所
198	文学理论研究：西方与中国	金惠敏	文学所
199	当代马克思主义文学理论与文学批评研究	丁国旗	文学所
200	长城学者资助	蒋　寅	文学所
201	学部委员资助	杨　义	文学所
202	中国少数民族口头传统音影图文档案库建设	王宪昭	民文所
203	少数民族作家文学与当代文学批评研究	阿地里·居玛吐尔地	民文所
204	中国史诗学研究	巴莫曲布嫫	民文所
205	濒危“格萨（斯）尔”抢救、保护与研究	俄日航旦	民文所
206	马克思主义文艺理论与外国文学批评：文学史体现的资本语境与诗性资源	叶　隽	外文所
207	跨国资本主义时代的外国文学与国家认同：1898—1930 的西方文学译介与“世界主义”的兴衰	程　巍	外文所
208	跨国资本主义的东方遭遇——资本驱动与异文化互动	穆宏燕	外文所
209	外国文学学术史研究工程·经典作家作品学术史研究	涂卫群	外文所
210	梵文学科	黄宝生	外文所
211	外国文学重要思潮研究	周启超	外文所
212	文学与大国兴衰之俄罗斯经验与教训	吴晓都	外文所
213	文学与大国兴衰之日耳曼现代性反思	李永平	外文所
214	语音与言语科学重点实验室	李爱军	语言所
215	汉语句法语义研究的理论与实践	张伯江	语言所
216	汉语语法史研究	曹广顺	语言所
217	基于语法化和语言接触的汉语句法、语义演变研究	吴福祥	语言所
218	上古汉语语法、训诂、音韵、文字及文献的综合研究	孟蓬生	语言所
219	中国重点方言区域示范性调查研究	李　蓝	语言所
220	辞书编纂的理论与实践	谭景春	语言所
221	《现代汉语大词典》二期第三段工程及其相关问题研究	程　荣	语言所
222	汉语多模态语言资源库暨大数据研究	顾曰国	语言所

续表

序号	项目名称	首席专家	承担部门
223	汉语口语跨方言调查与理论分析	刘丹青	语言所
224	马克思主义哲学中国化、时代化、大众化文本研究与历史研究	李景源	哲学所
225	创建马克思主义哲学中国化新形态	崔唯航	哲学所
226	社会主义核心价值体观研究	孙伟平	哲学所
227	中国农民哲学村调查	单继刚	哲学所
228	马克思主义哲学思想的源头活水——《马克思恩格斯全集》历史考证版（MEGA2）研究和国外马克思主义哲学研究	魏小萍	哲学所
229	马克思主义哲学中国化与西方哲学中国化的比较研究	李俊文	哲学所
230	转型期道德建设的伦理学基础研究	甘绍平	哲学所
231	全球化视野下的东方哲学研究	孙　晶	哲学所
232	中国语境中的西方哲学基础理论研究	叶秀山	哲学所
233	西方哲学经典著作翻译	张　慎	哲学所
234	学术交流“走出去”战略启动和扩展	尚　杰	哲学所
235	跨文化视野下的美学与美育研究	王柯平	哲学所
236	逻辑学当代发展的创新研究	邹崇理	哲学所
237	中国哲学的近现代转型	李存山	哲学所
238	儒释道三教关系研究	张志强	哲学所
239	中国哲学史资料选辑新编	陈　静	哲学所
240	当代哲学背景下的科技哲学理论创新与实践	段伟文	哲学所
241	文化发展的理论与实践	张晓明	哲学所
242	文化产业政策与法律	贾旭东	哲学所
243	中国特色社会主义宗教理论创新	金　泽	宗教所
244	宗教学理论创新研究	赵广明	宗教所
245	当代宗教发展态势研究	邱永辉	宗教所
246	中国传统宗教与当代文化发展	卢国龙	宗教所
247	中国宗教艺术现状研究	何劲松	宗教所
248	中华封建社会宗教思想史	魏道儒	宗教所
249	基督宗教与近现代中国	王美秀	宗教所
250	当代伊斯兰教热点问题研究	卓新平	宗教所
251	东南亚宗教研究	郑筱筠	宗教所
252	新时期的道教与民间宗教研究	戈国龙	宗教所
253	《中华思想通史》（第 14 卷）	李　文	当代所
254	《中华思想通史》（第 15 卷）	欧阳雪梅	当代所
255	《中华人民共和国国史稿》（第 5 卷）	宋月红	当代所
256	《中华人民共和国国史稿》（第 6 卷）	荆惠民	当代所
257	《中华人民共和国国史稿》（第 7 卷）	郑有贵	当代所
258	《中华人民共和国史编年》（1964—1967）	武　力	当代所
259	中华人民共和国史宣传与传播	张星星	当代所

续表

序号	项目名称	首席专家	承担部门
260	深化经济体制改革中的行政法治问题研究	周汉华	法学所
261	中华人民共和国民法典编纂问题研究	谢鸿飞	法学所
262	知识产权战略的法治机制研究	李明德	法学所
263	刑法完善与司法人权保障研究	刘仁文	法学所
264	中国国家法治指数研究	田　禾	法学所
265	法治中国建设与宪法的完善	莫纪宏	法学所
266	中国传统文化与程序法治问题研究	王敏远	法学所
267	司法体制改革重大理论与实践问题研究	熊秋红	法学所
268	社会法重大理论与实践问题研究	薛宁兰	法学所
269	深化经济体制改革与我国商事法律制度完善	陈　洁	法学所
270	国际条约法律框架下中国权益保护之对策研究	朱晓青	国际法所
271	构建开放型经济新体制的国际法律问题研究	廖　凡	国际法所
272	国际贸易法律体制重构中的中国话语权研究	刘敬东	国际法所
273	核心人权条约主要条款研究	赵建文	国际法所
274	国家治理与民主理论研究	张明澍	政治学所
275	地方政府治理与社会治理现代化研究	周庆智	政治学所
276	国外国家治理与民主建设比较研究	周少来	政治学所
277	基层社会治理与民主建设研究	赵秀玲	政治学所
278	行政管理体制改革与地方政府绩效评估研究	贠　杰	政治学所
279	民俗学的理论与方法	尹虎彬	民族所
280	中国周边国家的民族与民族问题	王延中 刘　泓	民族所
281	大调查问卷调查及数据分析研究	丁　赛	民族所
282	新疆裕民县经济社会发展综合调查	王延中	民族所
283	西藏昌都县（卡若区）经济社会发展综合调查	扎　洛	民族所
284	新疆生产建设兵团第一师经济社会发展综合调查	郭宏珍	民族所
285	广西金秀瑶族自治县经济社会发展综合调查	徐　平	民族所
286	云南迪庆藏族自治州香格里拉经济社会发展综合调查	方　勇	民族所
287	内蒙古锡林郭勒盟东乌珠穆沁旗经济社会发展综合调查	色　音	民族所
288	四川省凉山州甘洛县（彝族）经济社会发展综合调查	吴兴旺	民族所
289	宁夏回族自治区西吉县经济社会发展综合调查	孙伯君	民族所
290	海南省五指山市（黎族）经济社会发展综合调查	张继焦	民族所
291	阿拉善盟阿拉善左旗（蒙古族）经济社会发展综合调查	周竞红	民族所
292	21 世纪初中国少数民族发展系列影像志	庞　涛	民族所
293	云南贡山独龙族怒族自治县经济社会发展综合调查	郑信哲	民族所
294	云南省澜沧拉祜族自治县经济社会发展综合调查	管彦波	民族所
295	中国社会质量指标体系研究	李　炜	社会学所

续表

序号	项目名称	首席专家	承担部门
296	超大城市社会治理与社会稳定：北上广中产阶级及大学生群体的态度与行为研究	李春玲	社会学所
297	中国家庭结构与家庭变迁关系研究	吴小英	社会学所
298	新社区建设与基层社会治理	王　颖	社会学所
299	包容性社会发展机制和体制	王春光	社会学所
300	社会心态的机制和监测	王俊秀	社会学所
301	农村公共事务治理	王晓毅	社会学所
302	当代中国社会变迁与文化认同	罗红光	社会学所
303	中国社会景气研究	葛道顺	社发院
304	转型期新闻传播发展趋势研究	宋小卫	新闻所
305	中国特色传播与社会发展研究	卜　卫	新闻所
306	全球化时代跨文化传播的理论研究与成功应用	姜　飞	新闻所
307	国内外新闻与传播前沿问题跟踪研究	殷　乐	新闻所
308	我国新媒体发展现状与对策研究	孟　威	新闻所
309	新闻学与传播学学科基础建设	王怡红	新闻所
310	我国新闻学与传播学一流核心期刊建设	钱莲生	新闻所
311	国际力量格局变化及我国对外战略研究	张宇燕	世经政
312	中国参与国际安全合作与治理的战略研究	李东燕	世经政
313	世界经济预测与政策模拟研究	张　斌	世经政
314	中国参与国际金融体系重建研究	高海红	世经政
315	全球价值链背景下中国对外贸易战略研究	宋　泓	世经政
316	中国海外资产安全问题研究	姚枝仲	世经政
317	公司治理国际比较研究	鲁　桐	世经政
318	中国能源安全的国际地缘战略研究	徐小杰	世经政
319	包容型增长与结构转型——新兴经济体的政策选择	李　毅	世经政
320	全球政治与安全领域的热点问题与中国的战略选择	邵　峰	世经政
321	普京新时期俄罗斯的政治稳定与国家治理	庞大鹏	俄欧亚
322	俄罗斯经济现代化：进程、问题、前景	程亦军	俄欧亚
323	全球化背景下的中俄关系（2008—2012）	郑　羽	俄欧亚
324	中亚国家政治和社会稳定及其发展趋势	吴宏伟	俄欧亚
325	转型前的俄罗斯：改革与剧变	张盛发	俄欧亚
326	中东欧与欧洲的分与合——当代东西欧关系研究	朱晓中	俄欧亚
327	俄罗斯主导下的独联体一体化	薛福岐	俄欧亚
328	中乌战略伙伴关系研究	柳丰华	俄欧亚
329	苏联执政党最后十年	李永全	俄欧亚
330	转型与重建：当代俄罗斯历史研究	吴　伟	俄欧亚
331	中俄边境地区合作研究——以口岸调查为视角	姜　毅	俄欧亚
332	普京新时期俄罗斯地方权利体系及其调整	李雅君	俄欧亚

续表

序号	项目名称	首席专家	承担部门
333	苏联解体后俄罗斯最新史料暨述评	吴恩远	俄欧亚
334	欧洲经济竞争力研究	陈　新	欧洲所
335	安全视角下的欧洲气候政治	李靖堃	欧洲所
336	欧盟法治的观念、演进与影响	刘　衡	欧洲所
337	欧洲秩序变动中的中东欧与中国中东欧合作	孔田平	欧洲所
338	欧洲社会治理转型及其影响	田德文	欧洲所
339	欧洲科技一体化与欧洲绿色节能产业的创新政策	张　敏	欧洲所
340	欧洲形式跟踪研究	江时学	欧洲所
341	中国对非关系的国际战略研究	张宏明	西亚非所
342	中东热点问题与我国应对之策研究	王林聪	西亚非所
343	中国对非洲投资战略研究	姚桂梅	西亚非所
344	中国对中东战略和大国与中东关系研究	唐志超	西亚非所
345	中东国家与中国经贸及能源关系研究	杨　光	西亚非所
346	中国在非洲的“软实力”研究	贺文萍	西亚非所
347	中拉整体合作研究	吴白乙	拉美所
348	中拉关系及对拉战略研究	贺双荣	拉美所
349	拉美产业发展研究	柴　瑜	拉美所
350	拉美政治发展、改革与治理研究	袁东振	拉美所
351	拉美社会治理的经验与教训	房连泉	拉美所
352	拉美区域合作与一体化研究	张　凡	拉美所
353	习近平外交思想研究	许利平	全球院
354	亚洲新安全全观	朴键一	全球院
355	亚太梦的背景、内涵及其实践	李　文	全球院
356	亚洲区域经济合作的发展方向与中国的选择	王玉主	全球院
357	“一带一路”研究	赵江林	全球院
358	新型大国关系研究	王玉主	全球院
359	周边地区网络研究项目	韩　锋	全球院
360	美国再平衡战略研究	李向阳	全球院
361	美国全球战略的基本逻辑	樊吉社	美国所
362	美国全球战略的调整及走向	倪　峰	美国所
363	美国对华战略发展趋势研究	王荣军	美国所
364	美国综合国力变化与国际比较	袁　征	美国所
365	中国对外直接投资涉美政治风险	王孜弘	美国所
366	美国实力变化的社会文化因素	姬　虹	美国所
367	美国研究	赵　梅	美国所
368	日本海洋战略研究	吕耀东	日本所
369	日本国家能源战略研究	张季风	日本所

续表

序号	项目名称	首席专家	承担部门
370	日本文化软实力战略研究	崔世广	日本所
371	日本老龄化社会应对战略研究	王　伟	日本所
372	中国对日战略研究	杨伯江	日本所
373	日本国家安全战略研究	吴怀中	日本所

（中国社会科学院办公厅刘玉杰供稿）

国务院发展研究中心

2015 年度承担国家级、省部级社会科学研究项目

序号	项目名称	负责人	承担部门	项目分类、类别	项目来源单位	预期成果形式	计划完成时间
1	APEC 经济体贸易增加值核算的政策含义与对策研究	赵晋平	对外经济研究部	国家自然科学基金、应急管理项目	国家自然科学基金委员会	论文、研究报告	2015. 03
2	“十三五”时期我国经济社会发展若干重大问题的政策研究	李善同	发展战略与区域经济研究部	国家自然科学基金、应急管理项目	国家自然科学基金委员会	论文、研究报告	2015. 07
3	“十三五”时期国民经济风险评估与防控对策	魏加宁	宏观经济研究部	国家自然科学基金、应急管理项目	国家自然科学基金委员会	论文、研究报告	2015. 07
4	经济转型时期中国的区域间产业转移：观察、机制与对策	刘云中	发展战略与区域经济研究部	国家自然科学基金、面上项目	国家自然科学基金委员会	论文、研究报告	2018. 12
5	基础研究的投入机制研究	吕　薇	技术经济研究部	国家自然科学基金、专项基金项目	国家自然科学基金委员会	论文、研究报告	2015. 07
6	创新经济体内生发展机制的理论与经验研究	程　郁	农村经济研究部	国家自然科学基金、面上项目	国家自然科学基金委员会	论文、研究报告	2017. 12
7	金融干预下的城镇化：机制、影响与对策	卓　贤	发展战略与区域经济研究部	国家自然科学基金、面上项目	国家自然科学基金委员会	论文、研究报告	2019. 12

（国务院发展研究中心郭巍供稿）

中共中央编译局

2015 年中央编译局社会科学研究项目

类别	申报人	课题名称	最终成果
A 类	昔　群	中国政党政治话语及其现代化重构研究报告	研究报告
	赵　超	海外学者对十八大后中国特色社会主义研究信息跟踪（2015）暨《海外中国研究报告》	研究报告
B 类	肖德强	从文化视角看当代俄罗斯的中央与地方关系	专著
	干保柱	《资本论》在日本的传播研究	研究报告或专著
	易小明	转型时期中东左翼政党研究	专著
	龙宁丽	行业协会治理现代化研究	研究报告
	李月军	当代中国国家治理中的武装力量	著作或研究报告
	郝建臻	公职人员财产申报制度比较研究	专著
	顾建军	中国特色社会主义政党协商解析	研究报告、专著
	何海兵	马克思主义传播现代转型的学术自觉研究	研究报告
	曲延明	马克思、恩格斯著作引用和提到的其他作者著作目录	专著

续表

类别	申报人	课题名称	最终成果
C类	范大祺	浅议我国对外宣传交流的政治话语体系问题	论文
	李　旭	俄罗斯创新发展战略研究	论文
	段东海	中央文献中译日的理论与方法研究——以国家领导人讲话为例	论文
	蒋芳婧	传播学视角下的政府工作报告对外翻译研究——以受众接受为中心	论文
	马　瑞	志愿服务创新研究	论文
	吕连宏	生态文明建设的资源配置战略及其法律保障	论文
	邹卫中	整体性治理视域中的苏南农村公共服务体系完善研究	论文
	秦　秋	社会治理视角下农民工社会组织增权研究	论文
	顾　超	中国特色社会主义文化公共领域的建构	论文
	曾银慧	马克思主义在中国早期传播研究——以武汉为例	论文

（中共中央编译局供稿）

国家发展和改革委员会宏观经济研究院

2015年度院级重点课题

序号	课题名称	负责人	承担单位	预期成果形式	计划完成时间
1	重点领域改革的增长红利研究	郭春丽 王　蕴	经济研究所	研究报告	2015.12
2	2013年以来宏观经济政策实施效果研究	王　元 李世刚	经济研究所	研究报告	2015.12
3	推进“一带一路”建设的策略研究	张哲人 李大伟	对外经济研究所	研究报告	2015.12
4	新常态下政府投资方向和方式研究	吴有红 吴亚平	投资研究所	研究报告	2015.12
5	“十三五”培育产业新增长点对策研究	姜　江 洪群联	产业经济与技术经济研究所	研究报告	2015.12
6	东北经济下行趋势和转型升级出路研究	高国力 刘　洋	国土开发与地区经济研究所	研究报告	2015.12
7	老龄化社会带来的新挑战和机遇研究	张本波	社会发展研究所	研究报告	2015.12
8	依托“一带一路”深化国际能源合作研究	高世宪 朱跃中	能源研究所	研究报告	2015.12
9	“一带一路”战略下的交通互联互通发展研究	谢雨蓉 冯　浩	综合运输研究所	研究报告	2015.12
10	国有资产交易流转监管体制研究	张晓文 刘现伟	经济体制与管理研究所	研究报告	2015.12

（国家发展和改革委员会宏观经济研究院丁刚供稿）

中共北京市委党校

2015年度承担国家级、省部级社会科学研究项目

序号	项目名称	负责人	承担部门	项目分类、类别	项目来源单位	预期成果形式	计划完成时间
1	社会服务制度框架构建研究	李　兵	社会学学教研部	国家社会科学基金、一般项目	全国哲学社会科学规划办公室	专著	2018.12

续表

序号	项目名称	负责人	承担部门	项目分类、类别	项目来源单位	预期成果形式	计划完成时间
2	简政放权背景下地方政府对市场后续监管的部门间协调机制研究	董晓宇	公共管理教研部	国家社会科学基金、一般项目	全国哲学社会科学规划办公室	专著	2017.12
3	我国马克思主义哲学史范式研究	顾伟伟	校刊编辑部	国家社会科学基金、一般项目	全国哲学社会科学规划办公室	专著	2018.12
4	民族融合视角下的新疆民族杂居地区民汉合校研究	胡玉萍	社会学教研部	全国教育学科规划、一般项目	全国哲学社会科学规划办公室	专著	2018.06
5	中国共产党的执政方式创新研究	王雪竹	党史党建教研部	国家社会科学基金、青年项目	全国哲学社会科学规划办公室	专著	2018.06
6	城市新移民群体中社区党组织影响力实现机制研究	田　栋	党史党建教研部	国家社会科学基金、青年项目	全国哲学社会科学规划办公室	专著	2018.07
7	清代来华传教士的易学思想研究	陈欣雨	哲学教研部	国家社会科学基金、青年项目	全国哲学社会科学规划办公室	专著	2018.03
8	新型城镇化背景下大城市发展的文化动力研究	吴　军	社会学教研部	国家社会科学基金、青年项目	全国哲学社会科学规划办公室	专著	2017.12
9	大数据时代突发事件中基于利益相关者抗逆力的治理模式研究	杨　旎	公共管理教研部	国家社会科学基金、青年项目	全国哲学社会科学规划办公室	专著	2017.12
10	中西哲学比较研究史论	张耀南	哲学教研部	北京市社会科学基金、重点项目	北京市哲学社会科学规划办公室	专著	2017.12
11	中美公民教育比较研究	李　罡	政治学教研部	北京市社会科学基金、重点项目	北京市哲学社会科学规划办公室	专著	2016.12
12	执政党意识形态生活化研究	秦德占	北京党建研究基地	北京市社会科学基金、研究基地项目（重点项目）	北京市哲学社会科学规划办公室	专著	2017.10
13	北京超低生育水平风险研究	马小红	北京人口与社会发展研究中心	北京市社会科学基金、研究基地项目（重点项目）	北京市哲学社会科学规划办公室	研究报告	2018.12
14	京津冀协同发展中高端服务业对接协作研究	曾宪植	北京市高端服务业发展研究基地	北京市社会科学基金、研究基地项目（重点项目）	北京市哲学社会科学规划办公室	研究报告	2017.12
15	首都功能定位下的北京高端服务业发展问题研究	钟　勇	北京市高端服务业发展研究基地	北京市社会科学基金、研究基地项目（特别委托项目）	北京市哲学社会科学规划办公室	研究报告	2017.12
16	多源数据视野下京津冀人口发展趋势研判	尹德挺	社会学教研部	北京市社会科学基金、一般项目	北京市哲学社会科学规划办公室	专著	2018.06
17	行政事业性收费法律规制研究	贾小雷	法学教研部	北京市社会科学基金、一般项目	北京市哲学社会科学规划办公室	专著	2017.10
18	大数据时代公众参与的网络治理模式研究	邱　锐	公共管理教研部	北京市社会科学基金、一般项目	北京市哲学社会科学规划办公室	专著	2016.12

续表

序号	项目名称	负责人	承担部门	项目分类、类别	项目来源单位	预期成果形式	计划完成时间
19	对外直接投资对北京产业结构升级的影响效应与发展对策研究	马相东	校刊编辑部	北京市社会科学基金、研究基地一般项目	北京市哲学社会科学规划办公室	研究报告	2017.06
20	美国学者论习近平治国理政研究	韦 磊	党史党建教研部	北京市社会科学基金、研究基地一般项目	北京市哲学社会科学规划办公室	专著	2017.06
21	新形势下北京市领导干部跨文化交际能力提升路径研究	汪 消	外语教研部	北京市社会科学基金、一般项目	北京市哲学社会科学规划办公室	专著	2017.06
22	康德美德理论研究	董滨宇	哲学教研部	北京市社会科学基金、一般项目	北京市哲学社会科学规划办公室	专著	2018.06
23	互联网新常态下基于社会情绪感知的北京公共危机治理研究	庞 宇	工商管理教研部	北京市社会科学基金、青年项目	北京市哲学社会科学规划办公室	研究报告	2016.12
24	北京市在全面从严治党新常态下提高党校党性教育实效性研究	孙 宁	党史党建教研部	北京市社会科学基金、青年项目	北京市哲学社会科学规划办公室	专著	2018.06
25	首都乡镇、街道党委领导干部协商素养研究	杨守涛	工商管理教研部	北京市社会科学基金、青年项目	北京市哲学社会科学规划办公室	研究报告	2017.06
26	北京市乡镇党员干部法治素养问题研究	张玉宝	北京党建研究基地	北京市社会科学基金、研究基地项目（一般项目）	北京市哲学社会科学规划办公室	研究报告	2017.09
27	创新驱动视角下北京创客群体发展需求与流动机制研究：兼与上海、深圳比较	吴 军	北京人口与社会发展研究中心	北京市社会科学基金、研究基地项目（一般项目）	北京市哲学社会科学规划办公室	研究报告	2016.12
28	北京市老年打工族的现状和社会保护研究	李 兵	北京人口与社会发展研究中心	北京市社会科学基金、研究基地项目（一般项目）	北京市哲学社会科学规划办公室	研究报告	2018.12
29	促进北京科技成果转化的协同创新模式研究	贺 艳	北京市高端服务业发展研究基地	北京市社会科学基金、研究基地项目（一般项目）	北京市哲学社会科学规划办公室	研究报告	2017.12
30	北京科技服务业创新发展路径研究	盖艳梅	北京市高端服务业发展研究基地	北京市社会科学基金、研究基地项目（一般项目）	北京市哲学社会科学规划办公室	研究报告	2017.12
31	治理能力视野下首都商品住宅社区党组织建设研究	田 栋	北京党建研究基地	北京市社会科学基金、研究基地项目（青年项目）	北京市哲学社会科学规划办公室	研究报告	2018.06
32	政府购买非营利组织社会服务问题研究	潘建雷	北京人口与社会发展研究中心	北京市社会科学基金、研究基地项目（青年项目）	北京市哲学社会科学规划办公室	研究报告	2018.12

续表

序号	项目名称	负责人	承担部门	项目分类、类别	项目来源单位	预期成果形式	计划完成时间
33	特大城市地区空间增长的经济效应评估研究：以北京市为例	刁琳琳	经济学教研部	北京市自然科学基金、青年科学基金项目	北京市自然科学基金委员会	研究报告	2016.12
34	京津冀产业对接与转移中的合作模式选择与创新	王　昊	经济学教研部	全国党校系统重点调研课题	中央党校	调研报告	2016.06
35	多源数据视野下首都人口疏解问题研究	尹德挺	社会学教研部	全国党校系统重点调研课题	中央党校	调研报告	2016.06
36	大数据时代基于利益相关者理论的首都公共安全治理模式研究	杨　旎	公共管理教研部	全国行政学院科研合作基金课题	国家行政学院	调研报告	2016.06
37	京津冀协同发展背景下疏解非首都功能与“稳增长”平衡关系研究	刁琳琳	经济学教研部	全国行政学院科研合作基金课题	国家行政学院	调研报告	2016.06
38	城市基层社会组织体系建设研究：以北京为例	吴　军	社会学教研部	全国行政学院科研合作基金课题	国家行政学院	调研报告	2016.06

2015 年度校级社会科学研究项目

序号	项目名称	负责人	承担部门	项目分类、类别	预期成果形式	计划完成时间
1	北京市文化创意产业的国际比较研究	张海平	哲学教研部	学科建设项目	论文	2016.12
2	传教士易学思想研究——以梵蒂冈图书馆所馆藏傅圣泽易学著作为例	陈欣雨	哲学教研部	学科建设项目	论文	2016.12
3	我国经济新常态的理论设计和实践基础研究	曾宪植	经济学教研部	学科建设项目	论文	2016.12
4	北京建设国家创新中心的现状调查与分析	刘治兰	经济学教研部	学科建设项目	论文	2016.12
5	地方人大政治问责的理念与路径	周美雷	政治学教研部	学科建设项目	论文	2016.12
6	当代中国马克思主义研究	蔡　杨	政治学教研部	学科建设项目	论文	2016.12
7	依法规范领导干部的政治生活	江　伟	党史党建教研部	学科建设项目	论文	2016.12
8	美国学者论习近平治国理政研究	韦　磊	党史党建教研部	学科建设项目	论文	2016.12
9	大数据时代治理“城市病”的技术路径	梁　丽	公共管理教研部	学科建设项目	论文	2016.12
10	新媒体传播概论	邱　锐	公共管理教研部	学科建设项目	论文	2016.12
11	北京市领导干部能力素质提升研究	庞　宇	工商管理教研部	学科建设项目	论文	2016.12
12	领导者协商文化素养论	杨守涛	工商管理教研部	学科建设项目	论文	2016.12
13	我国民生立法问题研究	傅　强	法学教研部	学科建设项目	论文	2016.12
14	中华法律文化中的“德法合治”研究	王　菲	法学教研部	学科建设项目	论文	2016.12
15	北京市养老机构发展研究	闫　萍	社会学教研部	学科建设项目	论文	2016.12
16	一体化背景下京津冀医疗卫生资源配置研究	薛伟玲	社会学教研部	学科建设项目	论文	2016.12

续表

序号	项目名称	负责人	承担部门	项目分类、类别	预期成果形式	计划完成时间
17	隐喻的认知和隐喻的翻译策略研究	赵永江	外语教研部	学科建设项目	论文	2016.12
18	论口语教学中的中式英语现象	张　静	外语教研部	学科建设项目	论文	2016.12
19	北京舆情监测与引导研究	李铁牛	校刊编辑部	重点项目	调研报告	2016.12
20	北京市深化行政执法体制改革研究	金国坤	法学教研部	重点项目	调研报告	2016.12
21	大数据背景下北京市应急管理流程再造研究	董　武	公共管理教研部	重点项目	调研报告	2016.12
22	自媒体时代北京市网络舆论引导机制研究	王雪竹	党史党建教研部	青年项目	调研报告	2016.12
23	北京市非公企业党组织建设制度创新研究	孙　宁	党史党建教研部	青年项目	调研报告	2016.12
24	北京市区县金融业差异化定位与协同发展研究	李诗洋	经济学教研部	青年项目	调研报告	2016.12
25	社会组织的协同功能优化与社会管理体制创新	余　茜	社会学教研部	青年项目	调研报告	2016.12
26	京津冀产学研协同创新机制研究	陆园园	经济学教研部	青年项目	调研报告	2016.12
27	社会主义核心价值观中生态伦理思想研究	董滨宇	哲学教研部	青年项目	调研报告	2016.12

（中共北京市委党校供稿）

北京市社会科学院

2015年度承担国家级、省部级社会科学研究项目

序号	项目名称	负责人	项目类别	预期成果形式	计划完成日期
1	新中国农村分配制度的探索历程与基本经验研究（1949—1966）	尤国珍	国家社会科学基金、青年项目	专著	2017.12
2	图像传播与中国文化价值输出策略研究	陈红玉	国家社会科学基金、一般项目	研究报告	2016.12
3	治理视域下地方公共服务供给的系统优化研究	罗　植	国家社会科学基金、青年项目	研究报告	2017.12
4	超大型城市城乡接合部社区包容性发展路径研究	袁振龙	国家社会科学基金、一般项目	专著	2017.12
5	辟谣信息构成要素实证研究	熊　炎	国家社会科学基金、青年项目	专著	2017.12
6	维吾尔族流动人口的城市接纳与融入调查研究	包路芳	国家社会科学基金、一般项目	研究报告	2017.12
7	《党委（党组）中心组学习规则》可行性研究和草案初拟	许传玺	国家社会科学基金、委托项目	研究报告	2016.06
8	中国近代辞书指要	钟少华	国家社会科学基金、后期资助项目	专著	2016.04
9	经济新常态下的北京人才红利测量和释放问题研究	鄢圣文	北京市社会科学基金、重点项目	研究报告	2016.12
10	北京市整建制农转居集体建设用地法律制度研究	王伟伟	北京市社会科学基金、一般项目	研究报告	2017.06

续表

序号	项目名称	负责人	项目类别	预期成果形式	计划完成日期
11	基于贫困地理学的环京津贫困带的时空演变及其形成机理研究	何仁伟	北京市社会科学基金、一般项目	研究报告	2017. 05
12	京冀区域市场化生态补偿机制研究	刘　薇	北京市社会科学基金、一般项目	研究报告	2017. 06
13	民国北京文化生态研究	王建伟	北京市社会科学基金、一般项目	专著	2017. 12
14	社会心态视角下诚信价值与信任修复研究	刘　东	北京市社会科学基金、一般项目	研究报告	2017. 12
15	新常态下北京山区生态经济发展空间格局特征及其优化模式研究	穆松林	北京市社会科学基金、青年项目	研究报告	2017. 03
16	"一带一路"战略下北京文化"走出去"的新路径研究	田　蕾	北京市社会科学基金、青年项目	研究报告	2016. 09
17	社会治理创新中的社区减负研究	谭日辉	北京市社会科学基金、重点项目	研究报告	2017. 12
18	北京市民社区感的测量与理论研究	宋　梅	北京市社会科学基金、重点项目	专著	2017. 10
19	新常态下首都意识形态安全创新路径研究	尤国珍	北京市社会科学基金、一般项目	研究报告	2017. 09
20	新媒体视域下首都传播社会主义核心价值观的方式与机制研究	陈界亭	北京市社会科学基金、青年项目	研究报告	2017. 12
21	京津冀世界级城市群污染防治区域联动与低碳发展机制研究	陆小成	北京市社会科学基金、一般项目	研究报告	2017. 10
22	"新常态"下北京城市文化建设研究	贾　澎	北京市社会科学基金、青年项目	研究报告	2016. 09
23	京津冀地缘关系的历史考察	孙冬虎	北京市社会科学基金、重大项目	专著	2018. 12
24	清代国家与京畿区域互动研究	刘仲华	北京市社会科学基金、重点项目	专著	2018. 12

2015 年度院级社会科学研究项目

序号	课题名称	负责人	承担部门	项目类别	预期成果形式	计划完成时间
1	北京对外文化交流史	程尔奇	历史所	重点项目	专著	2015. 12
2	北京军事史	靳　宝	历史所	重点项目	专著	2015. 12
3	三山五园历史文化区研究	刘仲华	历史所	重点项目	专著	2015. 12
4	北京历史文化新名片构建研究	赵雅丽	历史所	重点项目	专著	2015. 12
5	京津冀科技协同创新机制及路径研究	毕　娟	管理所	重点项目	研究报告	2015. 12
6	京津冀协同发展背景产业结构调整研究	王　婧	管理所	重点项目	研究报告	2015. 12
7	基于大数据的北京城市精细化管理研究	王　忠	经济所	重点项目	研究报告	2015. 12

续表

序号	课题名称	负责人	承担部门	项目类别	预期成果形式	计划完成时间
8	人口总量约束下的北京市人口经济互动机制创新研究	王德利	经济所	重点项目	研究报告	2015. 12
9	北京农村集体土地改革研究、以宋庄为例	张真理	法学所	重点项目	研究报告	2015. 12
10	协商民主发展规律研究	张洪武	科社所	重点项目	研究报告	2015. 12
11	首都意识形态领域工作对策研究	杨　奎	科社所	重点项目	研究报告	2015. 12
12	超大城市社区治理国际比较研究：以日本、韩国和新加坡为例	李伟东	社会学所	重点项目	研究报告	2015. 12
13	北京新智库发展方向和思路研究	唐　鑫	市情调研中心	重点项目	研究报告	2015. 12
14	北京优秀传统文化传承与传播创新研究	傅秋爽	文化所	重点项目	专著	2015. 12
15	建设法治中国首善之区重点、难点和对策研究	成协中	法学所	重点项目	研究报告	2015. 12
16	新媒体快速发展背景下中国优秀传统文化传播创新研究	郭万超	传媒所	重点项目	研究报告	2015. 12
17	新常态下北京高端工业区如何提速增效	李江涛	管理所	重点项目	专著	2015. 12
18	生态环境联防联控与京津冀协同发展研究	陆小成	市情	重点项目	专著	2015. 12
19	北京社区治理机制研究	谭日辉	城市所	重点项目	专著	2015. 12
20	北京市老旧街区更新改造与社会治理研究	包路芳	社会学所	重点项目	研究报告	2015. 12
21	北京市疏解非首都功能的制度保障研究	袁振龙	综治所	重点项目	研究报告	2015. 12
22	北京参与“一带一路”建设切入点研究	刘　薇	经济所	重点项目	研究报告	2015. 12
23	京津冀协同发展框架下的区域法治协调问题研究	陶品竹	法学所	重点项目	研究报告	2015. 12
24	中国“一带一路”战略下对外文化传播研究	赵玉宏	传媒所	重点项目	研究报告	2015. 12
25	京津冀人才一体化发展战略研究	鄢圣文	管理所	重点项目	专著	2015. 12
26	统一担保法在民法典中的体系定位研究	王伟伟	法学所	青年项目	动态综述、研究报告、论文	2015. 12
27	京津冀地区人口变化的时空过程与政策启示	王　婧	管理所	青年项目	动态综述、研究报告、论文	2015. 12
28	移动互联网企业商业模式创新发展研究	赵玉宏	传媒所	青年项目	动态综述、研究报告、论文	2015. 12
29	京津冀文化产业协同发展研究	赵雅萍	市情调研中心	青年项目	动态综述、研究报告、论文	2015. 12
30	京津冀城镇化与生态文明建设关联耦合水平综合测度——以平谷区、蓟县、兴隆县为例	穆松林	城市所	青年项目	动态综述、研究报告、论文	2015. 12
31	互联网时代知识产权案件电子证据的运用与保障	刘　蕾	法学所	青年项目	动态综述、研究报告、论文	2015. 12

续表

序号	课题名称	负责人	承担部门	项目类别	预期成果形式	计划完成时间
32	当代外国文艺美学前沿问题借鉴研究——以德国为例	杨　震	文化所	青年项目	动态综述、研究报告、论文	2015. 12
33	北京城市社区治理体制改革创新研究	李晓壮	市情调研中心	青年项目	动态综述、研究报告、论文	2015. 12
34	微信传播模式与治理体系研究	李　茂	市情调研中心	青年项目	动态综述、研究报告、论文	2015. 12
35	北京旗人寺庙道教满文碑	关笑晶	满学所	青年项目	动态综述、研究报告、论文	2015. 12
36	剧场演出系列研究	高　音	文化所	一般项目	系列论文	2015. 12
37	北京文化创意产业功能区研究	刘　瑾	文化所	一般项目	系列论文	2015. 12
38	城市文化与公共文化服务研究	陈　镭	文化所	一般项目	系列论文	2015. 12
39	城市文化发展研究	李建盛	文化所	一般项目	系列论文	2015. 12
40	城市创新发展背景下的首都城市形象传播研究	陈红玉	文化所	一般项目	系列论文	2015. 12
41	民国时期北京的文人与学者	季剑青	文化所	一般项目	系列论文	2015. 12
42	创意城市视域中的文化再生产	王林生	文化所	一般项目	系列论文	2015. 12
43	比较视野下的网络文学研究	许苗苗	文化所	一般项目	系列论文	2015. 12
44	战时下的文化触变	陈玲玲	文化所	一般项目	系列论文	2015. 12
45	北京文化与人	傅秋爽	文化所	一般项目	系列论文	2015. 12
46	家庭国学的理论与实践研究	刘伟见	哲学所	一般项目	系列论文	2015. 12
47	基督教哲学研究	杜丽燕	哲学所	一般项目	系列论文	2015. 12
48	新柏拉图主义研究	王玉峰	哲学所	一般项目	系列论文	2015. 12
49	当代科技哲学若干重要问题研究	程倩春	哲学所	一般项目	系列论文	2015. 12
50	古希腊哲学与戏剧	王双洪	哲学所	一般项目	系列论文	2015. 12
51	日本江户时期思想研究	王　杰	哲学所	一般项目	系列论文	2015. 12
52	萨特与梅洛—庞蒂对于“时间”问题的现象学研究	李婉莉	哲学所	一般项目	系列论文	2015. 12
53	科学解释学前沿发展研究	郝　苑	哲学所	一般项目	系列论文	2015. 12
54	社会心态与信任问题研究	刘　东	哲学所	一般项目	系列论文	2015. 12
55	基于心性视角的荀子“道”论思想研究	孙　伟	哲学所	一般项目	系列论文	2015. 12
56	非公经济组织参与志愿服务工作情况研究	李　洋	社会学所	一般项目	系列论文	2015. 12
57	国际视野下的社会政策比较研究	江树革	社会学所	一般项目	系列论文	2015. 12
58	单位制社区社会治理研究	李伟东	社会学所	一般项目	系列论文	2015. 12
59	制度的复苏——以新单位制住宅供应为例	刘　阳	社会学所	一般项目	系列论文	2015. 12
60	城市化进程中的民族文化变迁研究	包路芳	社会学所	一般项目	系列论文	2015. 12
61	家政工的组织化研究	马　丹	社会学所	一般项目	系列论文	2015. 12

续表

序号	课题名称	负责人	承担部门	项目类别	预期成果形式	计划完成时间
62	北京市青年创业群体的发展趋势研究	汪琳岚	社会学所	一般项目	系列论文	2015. 12
63	社区治理与城市化研究	曹婷婷	社会学所	一般项目	系列论文	2015. 12
64	新型城市化背景下城市流动人口的社会融入	李小敏	城编	一般项目	系列论文	2015. 12
65	乡城人口流动对城市人口特征的影响	赵　勇	城编	一般项目	研究报告	2015. 12
66	中心城人口与功能疏解方略	翁姗姗	城编	一般项目	系列论文	2015. 12
67	新型城镇化背景下中国老龄产业的发展方向	刘嫒君	城编	一般项目	系列论文	2015. 12
68	城镇化问题研究文献索引	詹依文	城编	一般项目	资料	2015. 12
69	社会治理理论与实践创新研究	殷星辰	综治所	一般项目	系列论文	2015. 12
70	依法维护首都社会安全稳定研究	姚　兵	综治所	一般项目	研究报告	2015. 12
71	辟谣策略实证研究	熊　炎	综治所	一般项目	系列论文	2015. 12
72	综合治理的理论思考与实践分析	袁振龙	综治所	一般项目	系列论文	2015. 12
73	户籍制度改革的难点及其对策研究	万　川	综治所	一般项目	系列论文	2015. 12
74	依法治理若干问题研究	左袖阳	综治所	一般项目	系列论文	2015. 12
75	北京市基层社会治理创新实践研究	马晓燕	综治所	一般项目	系列论文	2015. 12
76	媒介融合语境下的国际传播研究	张　力	外国所	一般项目	系列论文	2015. 12
77	职业教育人才培养模式的创新研究	赵苏阳	外国所	一般项目	系列论文	2015. 12
78	国际大都市发展建设与城市管理比较研究	张　暄	外国所	一般项目	系列论文	2015. 12
79	新时期首都精神文明建设研究	白志刚	外国所	一般项目	系列论文	2015. 12
80	和平与发展时代主题下中国人权研究	刘　波	外国所	一般项目	系列论文	2015. 12
81	习近平总书记国家安全战略思想研究	张　丽	外国所	一般项目	系列论文	2015. 12
82	“一带一路”与北京文化“走出去”新路径研究	田　蕾	市情调研中心	一般项目	系列论文	2015. 12
83	环京津贫困带的时空演变及影响因素分析	何仁伟	市情调研中心	一般项目	系列论文	2015. 12
84	北京隐含能源存量估算研究	刘小敏	市情调研中心	一般项目	系列论文	2015. 12
85	北京低碳创新与生态文明体制改革研究	陆小成	市情调研中心	一般项目	系列论文	2015. 12
86	“新常态”下城市文化建设的理念	贾　澎	市情调研中心	一般项目	系列论文	2015. 12
87	基于DEA的京津冀地区物流业协同发展研究	唐　鑫	市情调研中心	一般项目	系列论文	2015. 12
88	北京南口地区风口区域生态环境治理战略研究	丁　军	经济所	一般项目	系列论文	2015. 12
89	北京经济新常态的阶段性特征研究	唐　勇	经济所	一般项目	系列论文	2015. 12
90	新机场建设与北京临空经济研究	孙　莉	经济所	一般项目	系列论文	2015. 12

续表

序号	课题名称	负责人	承担部门	项目类别	预期成果形式	计划完成时间
91	北京农村土地制度改革研究	王朝华	经济所	一般项目	系列论文	2015. 12
92	首都经济圈转型发展研究	梁昊光	经济所	一般项目	研究报告	2015. 12
93	建设首都创新型产业体系战略研究	邓丽姝	经济所	一般项目	系列论文	2015. 12
94	新常态下培育北京国际竞争新优势研究	温晓红	经济所	一般项目	系列论文	2015. 12
95	经济转型期体育产业发展研究	年　炜	经济所	一般项目	系列论文	2015. 12
96	新常态下的北京人口经济互动机制与发展策略研究	凌　宁	经济所	一般项目	系列论文	2015. 12
97	京津冀产业一体化对策研究	杨维凤	经济所	一般项目	系列论文	2015. 12
98	首都经济圈产业转移及布局优化研究	王德利	经济所	一般项目	系列论文	2015. 12
99	北京市发展节水农业中的几个问题研究	魏　巍	经济所	一般项目	系列论文	2015. 12
100	北京政府数据开放经济影响研究	王　忠	经济所	一般项目	系列论文	2015. 12
101	PPP 模式作用机制、路径及在北京公共服务中的应用研究	杨　松	经济所	一般项目	系列论文	2015. 12
102	京津冀区域生态经济协同发展研究	刘　薇	经济所	一般项目	系列论文	2015. 12
103	十八大以来核心价值观培育前沿问题研究	杨　奎	科社所	一般项目	系列论文	2015. 12
104	国内协商民主研究的阶段性特征	孙照红	科社所	一般项目	系列论文	2015. 12
105	当代中国廉政文化建设的基本经验与首善之区建设	尤国珍	科社所	一般项目	系列论文	2015. 12
106	十六大以来党内民主建设的创新及启示研究	刘冀瑗	科社所	一般项目	系列论文	2015. 12
107	党的建设与依法治国	左宪民	科社所	一般项目	系列论文	2015. 12
108	政府采购补偿交易支持北京新能源产业发展	孙天法	其他	一般项目		2015. 12
109	北京市主导产业人才集聚力研究	鄢圣文	管理所	一般项目	研究报告	2015. 12
110	新经济形势下的战略管理	李江涛	管理所	一般项目	专著	2015. 12
111	北京市政府激励企业 R&D 投入的门槛效应研究	罗　植	管理所	一般项目	系列论文	2015. 12
112	京津冀科技协同创新的组织模式研究	毕　娟	管理所	一般项目	系列论文	2015. 12
113	北京市基础设施引入社会资本的风险管理研究	施昌奎	管理所	一般项目	系列论文	2015. 12
114	京津冀协同发展与交易区理论研究	董丽丽	管理所	一般项目	系列论文	2015. 12
115	首都全国科创新中心建设研究	张　耘	管理所	一般项目	系列论文	2015. 12
116	北京城市土地利用与城市交通系统协调发展研究	庞世辉	管理所	一般项目	系列论文	2015. 12
117	新时期首都城市管理研究	吴向阳	管理所	一般项目	系列论文	2015. 12

续表

序号	课题名称	负责人	承担部门	项目类别	预期成果形式	计划完成时间
118	构建京津冀食品安全风险防控协作机制研究	门玉峰	管理所	一般项目	系列论文	2015.12
119	北京公共交通财政补贴测算模型研究	李志斌	管理所	一般项目	系列论文	2015.12
120	十二生肖与中国传统文化	王 岗	历史所	一般项目	系列论文	2015.12
121	民国时期的吴稚晖研究	陈清茹	历史所	一般项目	系列论文	2015.12
122	南苑与清代北京历史文化研究	刘仲华	历史所	一般项目	系列论文	2015.12
123	辽金以来北京地区农业生产与城市发展研究	高福美	历史所	一般项目	系列论文	2015.12
124	习近平用典“修身篇”之历史解读	赵雅丽	历史所	一般项目	系列论文	2015.12
125	两汉燕地诗经学研究	靳 宝	历史所	一般项目	系列论文	2015.12
126	清代北京社会生活与历史发展	张艳丽	历史所	一般项目	系列论文	2015.12
127	北京古代手工业专题研究	章永俊	历史所	一般项目	系列论文	2015.12
128	民国北京城市消费问题研究	王建伟	历史所	一般项目	系列论文	2015.12
129	明清北京史迹专题研究	郑永华	历史所	一般项目	系列论文	2015.12
130	唐五代幽州世家大族研究	许 辉	历史所	一般项目	系列论文	2015.12
131	庚子事变中的北京	王鸿莉	满学所	一般项目	系列论文	2015.12
132	近代早期日本的满族史研究	哈斯巴根	满学所	一般项目	系列论文	2015.12
133	民国时期满蒙文词典研究——以《满蒙成语词典》等为例	晓 春	满学所	一般项目	系列论文	2015.12
134	关于清代满洲民族共同体的思考	常越男	满学所	一般项目	系列论文	2015.12
135	北京城市病的城乡关系透视	柴浩放	城市所	一般项目	系列论文	2015.12
136	北京特大城市人口治理研究	谭日辉	城市所	一般项目	系列论文	2015.12
137	北京市可持续发展的水土资源基础	杨 波	城市所	一般项目	研究报告	2015.12
138	北京大气污染治理政策研究	赵 清	城市所	一般项目	系列论文	2015.12
139	北京文化创意产业的典型案例研究	赵继敏	城市所	一般项目	专著	2015.12
140	政府社会建设绩效评估研究	齐 心	城市所	一般项目	系列论文	2015.12
141	北京社区非营利组织的自主性与问责制研究	宋 梅	城市所	一般项目	系列论文	2015.12
142	北京低碳发展与建设和谐宜居之都研究	冯 刚	城市所	一般项目	系列论文	2015.12
143	行政区划对京津冀协同发展的作用研究	张佰瑞	城市所	一般项目	系列论文	2015.12
144	2014年北京市网络法律治理情况分析	于雯雯	法学所	一般项目	研究报告	2015.12
145	中美犯罪统计制度比较研究	王 洁	法学所	一般项目	系列论文	2015.12
146	中美大气污染法律治理的比较研究	陶品竹	法学所	一般项目	系列论文	2015.12
147	城市规模的权利与权力分析——以北京为例	张真理	法学所	一般项目	研究报告	2015.12

续表

序号	课题名称	负责人	承担部门	项目类别	预期成果形式	计划完成时间
148	全面推进依法治国背景下行政法学的体系革新	成协中	法学所	一般项目	系列论文	2015. 12
149	内生制度变迁思想研究	韩忠亮	法学所	一般项目	系列论文	2015. 12
150	风险社会与食品安全的刑法保护	常秀娇	法学所	一般项目	研究报告	2015. 12
151	农村四位一体经营模式中的法律创新与风险	罗瑞芳	法学所	一般项目	研究报告	2015. 12
152	国家治理现代化视角下的舆情治理创新研究	郭万超	传媒	一般项目	系列论文	2015. 12
153	构成要件解释方法论研究	张　苏	法学所	一般项目	系列论文	2015. 12
154	新型城镇化背景下的北京新城发展研究	袁　蕾	城市所	一般项目	系列论文	2015. 12
155	近代北京文化研究	程尔奇	历史所	一般项目	系列论文	2015. 12
156	关于“马列主义与中国实际相结合”的几点理论思考	张　宁	科社所	一般项目	系列论文	2015. 12
157	迁徙对妇女与儿童社会服务可及性的研究	韩嘉玲	社会学所	一般项目	系列论文	2015. 12
158	新自由主义全球化与古巴的社会主义——挑战、应对与未来发展	张登文	科社所	一般项目	系列论文	2015. 12
159	北京经济发展报告（2015—2016）	杨　松	经济所	皮书项目	系列论文	2015. 12
160	北京社会治理发展报告（2015—2016）	殷星辰	综治所	皮书项目	研究报告	2015. 12
161	北京公共服务发展报告（2015—2016）	施昌奎	管理所	皮书项目	系列论文	2015. 12
162	北京法治发展报告（2015—2016）	许传玺	院办	皮书项目	系列论文	2015. 12
163	北京社会发展报告（2015—2016）	李伟东	社会学所	皮书项目	系列论文	2015. 12
164	北京文化发展报告（2015）	李建盛	文化所	皮书项目	系列论文	2015. 12
165	中国区域经济发展报告（2015—2016）	梁昊光	经济所	皮书项目	系列论文	2015. 12
166	中国社区发展报告（2015—2016）	于燕燕	城市所	皮书项目	系列论文	2015. 12
167	中外人文精神研究	程倩春	哲学所	皮书项目	论文集	2015. 12
168	外国问题研究论丛	刘　波	外国所	皮书项目	论文集	2015. 12
169	满学论丛	赵志强	满学所	皮书项目	论文集	2015. 12
170	北京史学	王　岗	历史所	皮书项目	论文集	2015. 12
171	中国特色社会主义与“四个全面”	杨　奎	科社所	皮书项目	论文集	2015. 12
172	新媒体发展论丛	郭万超	传媒所	皮书项目	论文集	2015. 12

（北京市社会科学院科研处供稿）

北京市档案局

2015 年度承担省部级以上社会科学研究项目

序号	项目名称	负责人	承担部门	项目来源	预期成果形式	计划完成日期
1	新形势下档案人才队伍建设策略研究	吕和顺 徐玉伟	北京市档案局	国家档案局	研究报告、论文	2016. 11

续表

序号	项目名称	负责人	承担部门	项目来源	预期成果形式	计划完成日期
2	国家综合档案馆馆藏档案信息资源共享模式研究	李　军	北京市朝阳区档案局	国家档案局	研究报告	2016.11
3	数字档案信息容灾备份策略研究	刘　念	北京易迅科技有限公司	国家档案局	研究报告	2016.03

2015 年度北京市档案局社会科学研究项目

序号	项目名称	负责人	承担单位	预期成果形式	计划完成时间
1	新形势下档案人才队伍建设策略研究	吕和顺 徐玉伟	北京市档案局（馆）	研究报告、论文	2016.11
2	国家综合档案馆馆藏档案信息资源共享模式研究	李　军	北京市朝阳区档案局	研究报告	2016.11
3	档案有偿征集工作研究	马　魁	北京市平谷区档案局	研究报告	2016.11
4	新时期档案馆用户利用需求研究	芦晓竹	北京市昌平区档案局	研究报告	2016.11
5	区县机关档案整理业务外包管理研究	张学玲	北京市大兴区档案局	研究报告	2016.11
6	建筑企业集团档案管理多元化模式研究	张晋勋	北京城建集团有限责任公司	研究报告	2015.12
7	智能档案管理系统的开发研究	李奎涛 刘月宗	北京东港嘉华安全信息技术有限公司	研究报告、论文	2016.11
8	北京市档案文化资源深度开发途径与模式研究	朱建邦	北京联合大学应用文理学院	研究报告、论文	2016.11
9	数字档案信息容灾备份策略研究	刘　念	北京易迅科技有限公司	研究报告、论文	2016.03

（北京市档案局科教处胡晓燕供稿）

中共北京市委讲师团

2015 年度承担省部级社会科学研究项目

项目名称	负责人	承担部门	项目分类、类别	项目来源单位	预期成果形式	计划完成时间
提升首都对外“微传播”能力研究	刘小丰	北京市委讲师团	北京市社会科学基金	北京市哲学社会科学规划办公室	研究报告	2017.12

（中共北京市委讲师团刘小丰供稿）

·获奖成果·

概　述

本栏目记述北京地区18个高校、科研单位获国家、省部级人文社会科学研究成果奖获奖情况，以及获特等奖、一等奖成果简介。获奖成果的记述，包括成果名称、主要作者、奖项名称、颁奖单位、成果形式、获奖等级等内容。这些信息反映出北京地区社会科学研究领域的最新成果和理论贡献。

部分高校、科研单位获国家或省部级人文社会科学研究成果奖

北京大学

序号	成果名称	主要作者	奖项名称	颁奖单位	成果形式	获奖等级
1	中国儒学史（九卷本）	汤一介	第七届高等学校科学研究优秀成果奖（人文社会科学）	教育部	著作	一等奖
2	希腊古代经济史（上下编）	厉以宁	第七届高等学校科学研究优秀成果奖（人文社会科学）	教育部	著作	一等奖
3	简帛文明与古代思想世界	王中江	第七届高等学校科学研究优秀成果奖（人文社会科学）	教育部	著作	二等奖
4	马克思主义社会发展理论研究	丰子义	第七届高等学校科学研究优秀成果奖（人文社会科学）	教育部	著作	二等奖
5	当代宗教冲突与对话研究	张志刚	第七届高等学校科学研究优秀成果奖（人文社会科学）	教育部	著作	二等奖
6	大学生英语学习动机与自我认同发展——四年五校跟踪研究	高一虹	第七届高等学校科学研究优秀成果奖（人文社会科学）	教育部	著作	二等奖
7	词汇化：汉语双音词的衍生和发展（修订本）	董秀芳	第七届高等学校科学研究优秀成果奖（人文社会科学）	教育部	著作	二等奖

续表

序号	成果名称	主要作者	奖项名称	颁奖单位	成果形式	获奖等级
8	On Several Principles in Reconstructing a Proto-language-With the Reconstruction of tones and Pre-initials * h-and * ? -of Proto-Yi	陈保亚	第七届高等学校科学研究优秀成果奖（人文社会科学）	教育部	论文	二等奖
9	英语数字素养评价研究	张　薇	第七届高等学校科学研究优秀成果奖（人文社会科学）	教育部	著作	二等奖
10	汉语句子的焦点结构和语义解释	袁毓林	第七届高等学校科学研究优秀成果奖（人文社会科学）	教育部	著作	二等奖
11	“在地性”与越界——莫言小说创作的特质和意义	陈晓明	第七届高等学校科学研究优秀成果奖（人文社会科学）	教育部	论文	二等奖
12	汉魏乐府艺术研究	钱志熙	第七届高等学校科学研究优秀成果奖（人文社会科学）	教育部	著作	二等奖
13	元典章	张　帆	第七届高等学校科学研究优秀成果奖（人文社会科学）	教育部	著作	二等奖
14	蒙古山水地图——在日本新发现的一幅16世纪丝绸之路地图	林梅村	第七届高等学校科学研究优秀成果奖（人文社会科学）	教育部	著作	二等奖
15	Realized GARCH：A Joint Model for Returns and Realized Measures of Volatility	黄　卓	第七届高等学校科学研究优秀成果奖（人文社会科学）	教育部	论文	二等奖
16	改革的逻辑	周其仁	第七届高等学校科学研究优秀成果奖（人文社会科学）	教育部	著作	二等奖
17	新结构经济学——反思经济发展与政策的理论框架	林毅夫	第七届高等学校科学研究优秀成果奖（人文社会科学）	教育部	著作	二等奖
18	协调发展与区域治理：京津冀地区的实践	李国平	第七届高等学校科学研究优秀成果奖（人文社会科学）	教育部	著作	二等奖
19	以治理的民主实现社会民生：对于行政信访的再审视	王浦劬	第七届高等学校科学研究优秀成果奖（人文社会科学）	教育部	著作	二等奖
20	刑法的知识转型（学术史）	陈兴良	第七届高等学校科学研究优秀成果奖（人文社会科学）	教育部	著作	二等奖
21	批判民法学的理论建构	薛　军	第七届高等学校科学研究优秀成果奖（人文社会科学）	教育部	著作	二等奖
22	Population and Society in Contemporary Tibet	马　戎	第七届高等学校科学研究优秀成果奖（人文社会科学）	教育部	著作	二等奖
23	搭建实践与理论之桥——教师实践性知识研究	陈向明	第七届高等学校科学研究优秀成果奖（人文社会科学）	教育部	著作	二等奖
24	全球化时代的高等教育：市场的挑战	蒋　凯	第七届高等学校科学研究优秀成果奖（人文社会科学）	教育部	著作	二等奖
25	Maximum-likelihood Estimation for Diffusion Processes via Closed-form Density Expansions	李辰旭	第七届高等学校科学研究优秀成果奖（人文社会科学）	教育部	论文	二等奖
26	中国国家图书馆藏西域文书梵文、佉卢文卷	段　晴	第七届高等学校科学研究优秀成果奖（人文社会科学）	教育部	著作	二等奖

续表

序号	成果名称	主要作者	奖项名称	颁奖单位	成果形式	获奖等级
27	马克思主义大众化的历史经验	陈占安	第七届高等学校科学研究优秀成果奖（人文社会科学）	教育部	著作	三等奖
28	现代思想政治教育课程论	宇文利	第七届高等学校科学研究优秀成果奖（人文社会科学）	教育部	著作	三等奖
29	缅甸语汉语比较研究	汪大年	第七届高等学校科学研究优秀成果奖（人文社会科学）	教育部	著作	三等奖
30	杜登德汉大词典	赵登荣	第七届高等学校科学研究优秀成果奖（人文社会科学）	教育部	著作	三等奖
31	中国文学俄罗斯传播史	李明滨	第七届高等学校科学研究优秀成果奖（人文社会科学）	教育部	著作	三等奖
32	看懂美术	丁　宁	第七届高等学校科学研究优秀成果奖（人文社会科学）	教育部	著作	三等奖
33	《春秋》与“汉道”：两汉政治与政治文化研究	陈苏镇	第七届高等学校科学研究优秀成果奖（人文社会科学）	教育部	著作	三等奖
34	北京大学藏西汉竹书【贰】	韩　巍	第七届高等学校科学研究优秀成果奖（人文社会科学）	教育部	著作	三等奖
35	中国历史农业地理	韩茂莉	第七届高等学校科学研究优秀成果奖（人文社会科学）	教育部	著作	三等奖
36	东南亚古代史：上古至 16 世纪初	梁志明	第七届高等学校科学研究优秀成果奖（人文社会科学）	教育部	著作	三等奖
37	中古医疗与外来文化	陈　明	第七届高等学校科学研究优秀成果奖（人文社会科学）	教育部	著作	三等奖
38	Early Pottery at 20,000 years ago in Xianrendong Cave, China	吴小红	第七届高等学校科学研究优秀成果奖（人文社会科学）	教育部	论文	三等奖
39	金融市场全球化下的中国金融监管体系改革	曹凤岐	第七届高等学校科学研究优秀成果奖（人文社会科学）	教育部	著作	三等奖
40	China's Land Market Auctions: Evidence of Corruption?	蔡洪滨	第七届高等学校科学研究优秀成果奖（人文社会科学）	教育部	论文	三等奖
41	我国经济增长中的产业结构问题	刘　伟	第七届高等学校科学研究优秀成果奖（人文社会科学）	教育部	论文	三等奖
42	冷战与新中国外交的缘起 1949—1955	牛　军	第七届高等学校科学研究优秀成果奖（人文社会科学）	教育部	著作	三等奖
43	“扒窃”入刑：贴身禁忌与行为人刑法	车　浩	第七届高等学校科学研究优秀成果奖（人文社会科学）	教育部	论文	三等奖
44	生育自由与人权保障	湛中乐	第七届高等学校科学研究优秀成果奖（人文社会科学）	教育部	著作	三等奖
45	以利为利：财政关系与地方政府行为	周飞舟	第七届高等学校科学研究优秀成果奖（人文社会科学）	教育部	著作	三等奖
46	对外传播及其效果研究	程曼丽	第七届高等学校科学研究优秀成果奖（人文社会科学）	教育部	著作	三等奖
47	作为劳动的传播——中国新闻记者劳动状况研究	王维佳	第七届高等学校科学研究优秀成果奖（人文社会科学）	教育部	著作	三等奖
48	“德国的欧洲”与“欧洲的德国”问题新考	连玉如	第七届高等学校科学研究优秀成果奖（人文社会科学）	教育部	论文	三等奖

续表

序号	成果名称	主要作者	奖项名称	颁奖单位	成果形式	获奖等级
49	Twenty-year trends in the prevalence of disability in China	郑晓瑛	第七届高等学校科学研究优秀成果奖（人文社会科学）	教育部	论文	三等奖

特等奖、一等奖成果简介

《中国儒学史》（九卷本）

北京大学 汤一介

北京大学出版社 2011年出版

《中国儒学史》（九卷本）是教育部哲学社会科学研究重大攻关项目“《儒藏》编纂与研究”的一个子项目，由北京大学汤一介教授、李中华教授担任主编，历时八年完成。全书开篇为项目首席专家汤一介教授的长篇总序，其后按朝代分为《先秦卷》《两汉卷》《魏晋南北朝卷》《隋唐卷》《宋元卷》《明代卷》《清代卷》《近代卷》《现代卷》，共计九卷五百万字。该书通过多视角、多层次和多方位的综合研究，避免了以往儒学史研究与思想史、哲学史在内容、结构、形式等方面的重叠，创造出儒学史贯通式断代研究的新范式，同时在体例、范式、方法、内容、文献考证和思想观点等多方面实现了对传统研究的突破，是目前国内外学术界最具整体性、全面性和系统性的儒学研究成果。

汤一介，男，1927年生，湖北省黄梅人。1951年毕业于北京大学哲学系。曾任北京大学哲学系资深教授、博士生导师，儒学研究院院长、《儒藏》编纂与研究中心主任、曾任国际中国哲学会主席（1992—1994）。曾先后在美国俄勒冈大学（1986年）、麦克玛斯特大学（1986年、1990年）、香港科技大学（1992年）、澳大利亚墨尔本大学（1995年）等校任客座教授。主要研究领域：魏晋玄学、早期道教，儒家哲学，中西文化比较等。主要论著有《郭象与魏晋玄学》、《早期道教史》、《魏晋南北朝时期的道教》、《中国传统文化中的儒道释》等，在国内外哲学界产生很大影响。2003年发起并主持《儒藏》工程，一年间组织20多所高校二三百位学者投入此项工程，主要包括500多种约1.5亿字儒家典籍的《儒藏》精华本。

《希腊古代经济史》（上下编）

北京大学 厉以宁

商务印书馆 2013年出版

《希腊古代经济史》（上下编）是国内学术史上第一本厚重全面的希腊史著。本著作以希腊古代经济史为考察对象，分上下两编，上编研究希腊城邦制度的兴起和解体，下编研究三个希腊化王朝（安提柯王朝、塞琉古王朝、托勒密王朝）的建立和衰亡过程。本书不局限于综合各家研究成果、对希腊古代历史作全面讲述，而是根据具体材料，精心研究提出了重大理论创新。本部著作虽然名为经济史，但它的写法是纵论政治制度、阶级斗争、阶级关系变化等和经济发展的关系以及相互影响，甚至还有文化、思想变化的内容，所以这不只是一部经济史，而是熔经济、政治、社会等于一炉的全面的古代希腊的历史，为国内学界了解古希腊史搭起了方便的桥梁。

厉以宁，男，1930年生，江苏仪征人。著名经济学家，中国经济学界泰斗。1951年考入北京大学经济学系，1955年毕业后留校工作、任教至今。现为北京大学光华管理学院名誉院长、博士生导师。第七、八、九届全国人大常委，第七届全国人大法律委员会副主任，第八、九届财经委员会副主任，第十、十一届全国政协常委、经济委员会副主任，第十二届全国委员会常务委员会委员。主持了《证券法》和《证券投资基金法》的起草工作，因在经济学以及其他学术领域中的杰出贡献而多次获奖，包括“孙冶方经济学”奖、“金三角”奖、国家教委科研成果一等奖、环境与发展国际合作奖（个人最高奖）、第十五届福冈亚洲文化奖——学术研究奖（日本）、中国经济年度人物终身成就奖等。

（北京大学社会科学部供稿）

中国人民大学

序号	成果名称	主要作者	奖项名称	颁奖单位	成果形式	获奖等级
1	马克思主义理论学科体系建构与建设研究	张雷声	第七届高等学校科学研究（人文社会科学）优秀成果奖	教育部	著作	一等奖
2	关于深化养老保险制度改革研究报告	郑功成	第七届高等学校科学研究（人文社会科学）优秀成果奖	教育部	研究报告	一等奖
3	法学方法论	王利明	第七届高等学校科学研究（人文社会科学）优秀成果奖	教育部	著作	一等奖
4	历史唯物主义的理论本质和发展形态	郝立新	第七届高等学校科学研究（人文社会科学）优秀成果奖	教育部	论文	二等奖
5	历史唯物主义的史学功能——论历史事实·历史现象·历史规律	陈先达	第七届高等学校科学研究（人文社会科学）优秀成果奖	教育部	论文	二等奖
6	中国绘画理论史	陈传席	第七届高等学校科学研究（人文社会科学）优秀成果奖	教育部	著作	二等奖
7	中国金融制度的结构与变迁	张　杰	第七届高等学校科学研究（人文社会科学）优秀成果奖	教育部	著作	二等奖
8	中国宏观经济分析的理论体系	郑超愚	第七届高等学校科学研究（人文社会科学）优秀成果奖	教育部	著作	二等奖
9	解读苏南	温铁军	第七届高等学校科学研究（人文社会科学）优秀成果奖	教育部	著作	二等奖
10	寻找公共行政的伦理视角（修订版）	张康之	第七届高等学校科学研究（人文社会科学）优秀成果奖	教育部	著作	二等奖
11	财产权的社会义务	张　翔	第七届高等学校科学研究（人文社会科学）优秀成果奖	教育部	论文	二等奖
12	环境友好的社会基础——中国市民环境关心与行为的实证研究	洪大用	第七届高等学校科学研究（人文社会科学）优秀成果奖	教育部	著作	二等奖
13	中国社会舆情年度报告（2013）	喻国明	第七届高等学校科学研究（人文社会科学）优秀成果奖	教育部	著作	二等奖
14	武装的中国：千年战略传统及其外交意蕴	时殷弘	第七届高等学校科学研究（人文社会科学）优秀成果奖	教育部	论文	二等奖
15	存在与实体——亚里士多德《形而上学》Z 卷研究（Z 1－9）	聂敏里	第七届高等学校科学研究（人文社会科学）优秀成果奖	教育部	著作	三等奖
16	文化与政治：西方马克思主义研究	欧阳谦	第七届高等学校科学研究（人文社会科学）优秀成果奖	教育部	著作	三等奖
17	重建历史唯物主义历史总体观	张文喜	第七届高等学校科学研究（人文社会科学）优秀成果奖	教育部	著作	三等奖
18	太平广记会校（附索引）	张国风	第七届高等学校科学研究（人文社会科学）优秀成果奖	教育部	著作	三等奖
19	秦汉边疆与民族问题	王子今	第七届高等学校科学研究（人文社会科学）优秀成果奖	教育部	著作	三等奖
20	中国地方政府规模和结构优化研究	郭庆旺	第七届高等学校科学研究（人文社会科学）优秀成果奖	教育部	著作	三等奖

续表

序号	成果名称	主要作者	奖项名称	颁奖单位	成果形式	获奖等级
21	美国学派：推进美国经济崛起的国民经济学说	贾根良	第七届高等学校科学研究（人文社会科学）优秀成果奖	教育部	论文	三等奖
22	腐败、公共支出效率与长期经济增长	刘勇政	第七届高等学校科学研究（人文社会科学）优秀成果奖	教育部	论文	三等奖
23	增长目标与民生目标协同的中国宏观经济政策选择	王晋斌	第七届高等学校科学研究（人文社会科学）优秀成果奖	教育部	研究报告	三等奖
24	工资形成机制变革下的经济结构调整——契机、路径与政策	杨瑞龙	第七届高等学校科学研究（人文社会科学）优秀成果奖	教育部	著作	三等奖
25	中国出口国内附加值的测算与变化机制	张　杰	第七届高等学校科学研究（人文社会科学）优秀成果奖	教育部	论文	三等奖
26	中国农民专业合作社运行机制与社会效应研究——百社千户调查	孔祥智	第七届高等学校科学研究（人文社会科学）优秀成果奖	教育部	著作	三等奖
27	Idiosyncratic Deals and Employee Outcomes: The Mediating Roles of Social Exchange and Self-Enhancement and the Moderating Role of Individualism	刘　军	第七届高等学校科学研究（人文社会科学）优秀成果奖	教育部	论文	三等奖
28	政治变迁中的国家与制度	杨光斌	第七届高等学校科学研究（人文社会科学）优秀成果奖	教育部	著作	三等奖
29	模范刑事诉讼法典（第二版）	陈卫东	第七届高等学校科学研究（人文社会科学）优秀成果奖	教育部	著作	三等奖
30	金融服务统合法论	杨　东	第七届高等学校科学研究（人文社会科学）优秀成果奖	教育部	著作	三等奖
31	法律、资源与时空建构：1644—1945年的中国（一～五卷）	张世明	第七届高等学校科学研究（人文社会科学）优秀成果奖	教育部	著作	三等奖
32	比较法研究中的中国法——关于法律的地位和权力组织形式的思考	朱景文	第七届高等学校科学研究（人文社会科学）优秀成果奖	教育部	论文	三等奖
33	日本における新聞連載子ども漫画の戦前史	徐　园	第七届高等学校科学研究（人文社会科学）优秀成果奖	教育部	著作	三等奖
34	舆论学——舆论导向研究	陈力丹	第七届高等学校科学研究（人文社会科学）优秀成果奖	教育部	著作	三等奖
35	信息分析理论与实践	卢小宾	第七届高等学校科学研究（人文社会科学）优秀成果奖	教育部	著作	三等奖
36	Model selection and estimation in the matrix normal graphical model	尹建鑫	第七届高等学校科学研究（人文社会科学）优秀成果奖	教育部	论文	三等奖
37	中国专利对经济增长方式影响的实证研究：1988～2008年	赵彦云	第七届高等学校科学研究（人文社会科学）优秀成果奖	教育部	论文	三等奖
38	意义：当代神学的公共性问题	杨慧林	第七届高等学校科学研究（人文社会科学）优秀成果奖	教育部	著作	三等奖
39	双赢的未来：全球化时代的中国经济	黄卫平	第七届高等学校科学研究（人文社会科学）优秀成果奖	教育部	著作	普及奖

特等奖、一等奖成果简介

《马克思主义理论学科体系建构与建设研究》（著作）

中国人民大学　张雷声等　著

经济科学出版社　2011 年 3 月出版

本书除“前言”和“附录”外，共分三篇十五章。上篇“马克思主义理论学科形成的基础”包括五章的内容：在总结中国共产党开展马克思主义理论教育的基本经验基础上，论述了马克思主义理论学科形成的科学基础、高校思想政治理论课的改革进程等。中篇“马克思主义理论学科体系的构成”包括五章的内容：以对马克思主义理论学科内在逻辑体系的分析为前提，概述了六个二级学科的研究范围和研究重点，以及马克思主义理论学科与思想政治理论课的关系等。下篇“马克思主义理论学科建设的思路”包括五章的内容：对马克思主义理论学科的教师素质构成、人才培养模式、学术交流等问题进行了探讨。

本书从马克思主义理论学科形成的基础分析入手，运用历史、理论与现实相结合的研究方法，逻辑与历史相统一的方法，以及文献梳理、实际调研和理论概括的方法，阐述了马克思主义理论一级学科的内在逻辑体系，以及所属的六个二级学科的研究范围、研究重点和学科建设方向，探讨了马克思主义理论学科的突出特征，讨论了马克思主义理论学科与思想政治理论课课程之间的关系，研究了马克思主义理论学科建设中的师资队伍、人才培养、学术交流等问题，并提出了一些相应的具体建设意见和建议。全书共 53 万字。一是不仅从整体性、学术性与意识形态性统一的角度对马克思主义理论学科特征作出集中论述，而且将此贯穿于研究始终。二是对马克思主义理论学科的内在逻辑体系及各二级学科的内涵、研究范围和重点作了至今理论界在这一问题研究上的最为系统、最为全面的论述，反映了这一学科发展的要求和趋势。三是提出了一些创新性观点并做了论证。例如，马克思主义理论一级学科的形成不仅有历史的基础、思想政治理论课建设的需要，而且还有学科发展本身的要求，并对此做了详尽的论证。四是提出了马克思主义理论学科建设的具体建议，如加强教师的专业化建设、建立学科的人才评价指标体系、在本科教育中设立马克思主义理论专业等。

本书是目前理论界第一部系统、全面研究马克思主义理论学科理论与实践问题的著作，也是中国人民大学马克思主义学院在马克思主义理论学科研究上的一个标志性成果。该书的主要观点，在中国人民大学关于马克思主义理论学科建设、研究生的培养中得到体现。该书出版后受到理论界的广泛好评，对高校马克思主义理论学科建设有很重要的参考价值。同时，本书也有助于进一步拓宽理论界关于马克思主义理论及其学科建设研究的思路，促进马克思主义理论学科规范化。

张雷声，女，1954 年生，安徽芜湖市人，中国人民大学二级岗位教授、博士生导师。1977 级本科生，获安徽大学经济学学士学位，1984 级研究生，获北京师范大学经济学硕士学位。历任中国人民大学马克思主义学院教研室主任、院长助理、副院长、党委书记等职。兼任中央马克思主义理论研究和建设工程首席专家、国务院学科评议组召集人、教育部社会科学委员会马克思主义理论学部委员、教育部马克思主义理论专业教学指导委员会副主任委员、教育部思想政治理论课教学指导委员会委员、全国高校马克思主义理论学科研究会副会长等职。入选教育部“跨世纪人才培养计划”、全国文化宣传系统“四个一批人才”、国家“万人计划”第一批哲学社会科学领军人才，享受国务院政府特殊津贴，获北京市爱国立功标兵、北京市教学名师等。主要研究方向为马克思主义基本原理、马克思主义经济思想史。出版专著多部，发表论文 200 余篇。

《关于深化养老保险制度改革研究报告》

中国人民大学　郑功成

全国哲学社会科学规划办公室《成果要报》

（总第 803 期）　2012 年 4 月

主要内容：一、深刻地剖析了现行养老保险制度的缺陷。包括：一是养老保险制度承担着超越自身功能的负荷和压力。二是养老金双轨并存损害了老中青三代人的养老权益公平。三是职工基本养老保险制度地区分割状态严重损害了制度自身的公平与正常发展，并波及市场经济公平竞争与地区协同发展全局。四是各种养老保险制度责任分担机制失衡，基金贬值风险巨大等。二、提出了优化养老保险制度体系的总体思路。包括：一是立足于整个养老保险制度体系的定型、稳定与可持续发展，对现行制度进行全面优化、立体优化。二是坚持平衡过渡、权利义务相结合、责任分担相对均衡与保障福利可持续增长相结合、维护同一代人养老权益相对公平、制度全覆盖与参保率逐渐推进相结合、相关改革同步协同推进等原则。三是提出制度体系建设目标，包括形成“一体、两翼、多层次”的养老保险体系、确保适龄老年人均可享有相对公平的基本养老金、科学厘定不同层次养老金替代率、统筹考虑战略储备基金与个人账户基金积累规模等。四是调整筹资责任分担机制，同时厘清政府财政的雇主责任和公共财政责任，固化财政补贴责任。五是制定全国统筹过渡性方案、机关事业单位“中人”过渡方案等。三、提出了全国统筹方案的基本框架，主张明确划分全国统筹的前后界线并厘清中央与地方的责任，划分中央与地方对未来养老金制度的责任分担比例；强调优化统账结合结构；主张尽快完成配套技术支持。四、提出了机关事业单位养老保险改革方案。主张坚持一体联动、单独建制、基本养老保险与职业年金双层构架、统一待遇计发办法、切实贯彻“老人老办法、新人新办法、中人选办法”原则，并极力主张不再搞地区试点，而是全国同步推进。

本成果就强化农民养老保险的激励性、建立统一的养老信息系统、尽快制定养老保险基金投资政策、明确在2020年开始延迟退休年龄和在“十二五”期末全面放开生育两胎等提出了政策建议。

本成果的特点是突出了养老保险改革与体系建设的系统性、整体性、协同性、前瞻性。《成果要报》发表后及此后的系列研究报告得到了多位中央领导批示，多项政策主张在此后的重大改革决定中得到了体现。如国务院2015年1月发布的《机关事业单位养老保险改革决定》就充分体现作者的主张等等。

郑功成，男，湖南平江人，1964年9月生。1985年毕业于武汉大学政治经济学专业。现为中国人民大学社会保障学科教授，中国社会保障学会会长，是第十、十一、十二届全国人大常委会委员。长期从事社会保障、灾害保险、慈善公益及与民生相关领域的教学与研究工作。出版有《社会保障学：理念、制度、实践与思辨》《论中国特色的社会保障道路》《中国社会保障改革与发展战略》《灾害经济学》《慈善事业立法研究》等30多部著作，在国内外发表理论文章约500多篇。荣获过第六、七届教育部高等学校科研优秀成果（人文社会科学）一等奖，第十一、十二届北京市哲学社会科学优秀成果一等奖以及第三届中国政府出版物图书奖提名奖、多届中国图书奖等。

《法学方法论》（著作）

中国人民大学　王利明著

中国人民大学出版社　2012年2月出版

本书共分5编，第一编为导论，包括一章，阐述法学方法论的基本概念；第二编为司法三段论，共分为六章，即司法三段论的一般原理、大前提—法律规范、小前提—法律事实、连接—法律规范与法律事实的结合、连接的典型方法、自由裁量及其限制；第三编为法律解释学，共分为三章，即狭义法律解释方法、不确定概念和一般条款的具体化、法律漏洞的填补；第四编为价值判断与利益衡量，共分为两章，即价值判断、利益衡量；第五编为法律论证与法律思维，共分为两章，即法律论证、法律思维。

本书的主要内容包括：第一，构建法学方法论的体系。第二，阐释如何正确解释法律。本书对法律解释的具体方法与步骤进行了深刻、系统的阐释，并对各种法律解释的方法以及具体的运用规则进行了阐述。第三，阐释如何正确适用法律。本书提出了自由裁量权行使的原则，包括合法性原则、合目的性原则、合理性原则、公开性原则以及统一性原则，同时对自由裁量权的规范以及规范的具体方法进行了探讨。第四，阐释如何进行说理论证。本书讨论了法律论证在方法论中的作用，主要包括：准确寻求妥当的大前提、填补漏洞、确定法律事实、寻找妥当的裁判结论。本书还对论证负担进行了探讨，并提出了法律适用过程中的论证程度区分。全书共76万字。

一是对法律解释学的各种学说和理论进行了系统整理，构建了法律解释学的内容和体系。二是本书以民法为视角对法律解释学进行系统分析和论证的著作，真正将法律解释学从抽象理论转化为与部门法密切结合的理论。三是在狭义法律解释和漏洞填补的方法、规则和运用顺序等方面提出了作者的独到见解。

《法学方法论》的学术影响和社会效益主要体现在以下几个方面：第一，促进民法学自身的发展。本书对各种法律解释方法进行了系统阐述，有利于促进我国民法学的发展。第二，有助于法律的准确适用。本书对法律适用过程进行了深刻阐释，对于准确适用法律具有重要指导意义。第三，促进法学研究方法的革新。本书对法律解释的方法进行了系统阐述，必将促进我国法学研究方法的革新。第四，促进中国法学走向世界。本书结合我国立法和司法现状，建立了适合我国国情的方法论体系和相关概念，有利于确立我国方法论理论在国际学界中的地位。

王利明，男，1960 年 2 月生，汉族，湖北仙桃人，中共党员，教授，中国人民大学常务副校长，“长江学者”特聘教授，“新世纪百千万人才工程”国家级人选，享受国务院政府特殊津贴。兼任中国法学会副会长、中国法学会民法学研究会会长。主要从事法学方法论、民法总论、商法理论、物权法、债与合同法、侵权行为法等领域的研究。在核心期刊发表论文 200 余篇，其中在《中国社会科学》等重要学术刊物上发表了三十多篇有影响的文章。出版了《民法总则》、《物权法研究》等 20 余部个人专著。先后多次获得国家级、省部级奖励。作为第九届、十届、十一届全国人大代表，第九届全国人大财经委委员，第十届和十一届全国人大法律委员会委员，参与了改革开放以来许多重要民商事法律的起草、讨论和修订工作。

（中国人民大学科研处张玉洁供稿）

清华大学

序号	成果名称	主要作者	奖项名称	颁奖单位	成果形式	获奖等级
1	自主创新战略与国际竞争力研究	吴贵生	教育部第七届高等学校科学研究（人文社会科学）优秀成果奖	教育部	著作	一等奖
2	Reasoning about Preference Dynamics	刘奋荣	教育部第七届高等学校科学研究（人文社会科学）优秀成果奖	教育部	著作	一等奖
3	清华大学藏战国竹简（壹—肆辑）	清华大学出土文献研究与保护中心	教育部第七届高等学校科学研究（人文社会科学）优秀成果奖	教育部	著作	一等奖
4	刑法分则的解释原理	张明楷	教育部第七届高等学校科学研究（人文社会科学）优秀成果奖	教育部	著作	一等奖
5	多元城镇化与中国发展——战略及推进模式研究	李　强	教育部第七届高等学校科学研究（人文社会科学）优秀成果奖	教育部	著作	一等奖
6	公共政策文献量化研究及其决策实践应用	黄　萃	教育部第七届高等学校科学研究（人文社会科学）优秀成果奖	教育部	研究报告	二等奖
7	水利发展阶段研究	王亚华	教育部第七届高等学校科学研究（人文社会科学）优秀成果奖	教育部	研究报告	二等奖
8	《OECD 中国创新政策研究报告》（中文版）	薛　澜	教育部第七届高等学校科学研究（人文社会科学）优秀成果奖	教育部	著作	二等奖
9	全面理解爱国主义的科学内涵	吴潜涛	教育部第七届高等学校科学研究（人文社会科学）优秀成果奖	教育部	学术论文	二等奖
10	问道：改革开放以来的社会思潮和青年思想政治教育研究	林　泰	教育部第七届高等学校科学研究（人文社会科学）优秀成果奖	教育部	著作	二等奖

续表

序号	成果名称	主要作者	奖项名称	颁奖单位	成果形式	获奖等级
11	包山楚墓文字全编	李守奎	教育部第七届高等学校科学研究（人文社会科学）优秀成果奖	教育部	著作	二等奖
12	文化产业背景下手工艺产业转型与发展调研报告	何　洁	教育部第七届高等学校科学研究（人文社会科学）优秀成果奖	教育部	研究报告	二等奖
13	医疗保险与消费：来自新型农村合作医疗的证据	白重恩	教育部第七届高等学校科学研究（人文社会科学）优秀成果奖	教育部	学术论文	二等奖
14	国体概念史：跨国移植与演变	林来梵	教育部第七届高等学校科学研究（人文社会科学）优秀成果奖	教育部	学术论文	二等奖
15	Multiple Imputation with Diagnostics（mi）in R：Opening Windows into the Black Box	苏毓淞	教育部第七届高等学校科学研究（人文社会科学）优秀成果奖	教育部	学术论文	二等奖
16	实验伦理学：研究、贡献与挑战	彭凯平	教育部第七届高等学校科学研究（人文社会科学）优秀成果奖	教育部	学术论文	二等奖
17	国情报告（1998—2011）	胡鞍钢	教育部第七届高等学校科学研究（人文社会科学）优秀成果奖	教育部	著作	二等奖
18	协同创新	陈　劲	教育部第七届高等学校科学研究（人文社会科学）优秀成果奖	教育部	著作	三等奖
19	马克思哲学革命的文本学解读	李成旺	教育部第七届高等学校科学研究（人文社会科学）优秀成果奖	教育部	著作	三等奖
20	越南政治革新研究	陈明凡	教育部第七届高等学校科学研究（人文社会科学）优秀成果奖	教育部	著作	三等奖
21	技术与现代性研究——技术哲学发展的“相互建构论”诠释	张成岗	教育部第七届高等学校科学研究（人文社会科学）优秀成果奖	教育部	著作	三等奖
22	爱欲抒写的“诗与真”——沈从文现代时期的文学行为叙论	解志熙	教育部第七届高等学校科学研究（人文社会科学）优秀成果奖	教育部	学术论文	三等奖
23	可持续室内环境设计理论	周浩明	教育部第七届高等学校科学研究（人文社会科学）优秀成果奖	教育部	著作	三等奖
24	世界文化产业研究	熊澄宇	教育部第七届高等学校科学研究（人文社会科学）优秀成果奖	教育部	著作	三等奖
25	中国现代民间手工蜡染工艺文化研究	贾京生	教育部第七届高等学校科学研究（人文社会科学）优秀成果奖	教育部	著作	三等奖

续表

序号	成果名称	主要作者	奖项名称	颁奖单位	成果形式	获奖等级
26	中国与拜占庭帝国关系研究	张绪山	教育部第七届高等学校科学研究（人文社会科学）优秀成果奖	教育部	著作	三等奖
27	中国的区域关联与经济增长的空间溢出效应	潘文卿	教育部第七届高等学校科学研究（人文社会科学）优秀成果奖	教育部	学术论文	三等奖
28	现代行政法上的指南、手册和裁量基准	余凌云	教育部第七届高等学校科学研究（人文社会科学）优秀成果奖	教育部	学术论文	三等奖
29	刑法客观主义与方法论	周光权	教育部第七届高等学校科学研究（人文社会科学）优秀成果奖	教育部	著作	三等奖
30	利益衡量论	梁上上	教育部第七届高等学校科学研究（人文社会科学）优秀成果奖	教育部	著作	三等奖
31	表达的力量：当中国公益组织遇上媒体	曾繁旭	教育部第七届高等学校科学研究（人文社会科学）优秀成果奖	教育部	著作	三等奖
32	批判与重构：英国媒体与传播研究的马克思主义传统	曹书乐	教育部第七届高等学校科学研究（人文社会科学）优秀成果奖	教育部	著作	三等奖
33	Does private tutoring improve students' National College Entrance Exam performance? —A case study from Jinan，China	张　羽	教育部第七届高等学校科学研究（人文社会科学）优秀成果奖	教育部	学术论文	三等奖
34	产品设计中的材料感知 Sensory Perception of Materials in Product Design	左恒峰	教育部第七届高等学校科学研究（人文社会科学）优秀成果奖	教育部	著作	三等奖

特等奖、一等奖成果简介

《多元城镇化与中国发展——战略及推进模式研究》（著作）

清华大学　李强、刘静明、陈宇琳、王大为等

社会科学文献出版社　2013 年 7 月出版

该书共分五篇。第一篇共三章，通过对中外城镇化模式的比较发现，中国城镇化模式的特点和难题都在于如何解决人的城镇化，核心是怎样突破城乡二元结构和户籍制度等束缚，最终完成城乡统筹和城乡一体化任务。第二篇共八章，研究发现中国城镇化有七种推进模式，即建立开发区、建设新城、城市扩展、旧城改造、建设中央商务区、乡镇产业化和村庄产业化。第三篇共四章，研究县域经济与人口转移，核心议题仍是为了给人的城镇化问题找到解决办法。第四篇共六章，探讨农业转移人口如何融入城市、实现市民化。第五篇共五章，探讨人的城镇化中的具体难题，如巨型城市高风险、城市犯罪、城市土地问题等。

该书对中国特色城镇化道路进行诠释，提出中国的“多元城镇化模式”，并提出城镇化“推进模式”的概念，具体分析了中国推进城镇化的多种类型：建立开发区、建设新城、城市扩展、旧城改造、建设中央商务区，以及改造乡村推进乡镇产业化等，这些都体现了中国的城镇化具有鲜明的政府主导特征，优点是推进速度快，但是也带来了居民被动城镇化的后果。所以，本书特别突出，城镇化的核心在于人的城镇化，在于以人为本的城镇化。为此，针对外来打工

族在城市中遇到的难题，专门研究了如何推进农业转移人口市民化的问题，更将移民过程同时纳入更为广泛的社会阶层关系结构变迁的视野中加以讨论。针对人口城市化过程中的社会风险、犯罪问题、邻里关系、农村土地制度等几个突出问题进行了探讨。

一是探索中国特色的新型城镇化道路，突出人的城镇化，在理论上具有很大的创新性。二是提出中国城镇化的七种“推进模式”。专门论证了改革开放以来，特别是20世纪90年代中后期以来，中国城镇化呈现明显的“推进”特征。三是案例研究与地方政府的城镇化规划相结合，同时避免受到地方政府权力的影响，在调研过程中能够从积极方面影响地方政府强烈的开发意图，促使政府改正不尊重农民意愿的倾向。

该书围绕中国特色社会主义建设中的重大理论与实践问题——中国的城镇化，提出了具有重大价值的新观点，对中国城镇化发展战略和推进模式研究有所贡献，对中国未来稳定、持续、健康地推进城镇化，具有十分重要的政策决策价值和应用价值。成果提交给决策部门，得到很好的评价。成果的学术价值受到学术界的重视和好评，影响力超越单一学科的领域范围，对城镇化、城市社会学、城市规划的研究方面都做出了贡献，产生了显著的社会效益。

Reasoning about Preference Dynamics（著作）

清华大学　刘奋荣

Springer　2011 年出版

该书共分为 7 个部分 12 章。第一部分为引论。第二部分是动态认知逻辑。第三部分是世界上的偏好，分四章，即静态逻辑、动态逻辑、偏好、知识和信念、关于偏好的一个量化模型。第四部分是基于优先性的偏好，分三章，即静态逻辑、基于信念的偏好、动态逻辑。第五部分是关于偏好的双层模型，第六部分是应用和讨论，分两章，即道义推理、博弈和行动。第七部分是结语。

该书从著名的逻辑学家冯·莱特（Von Wright）的重要著作《偏好逻辑》出发，指出冯莱特曾提及但后来一直没有在学术界得到足够重视的两个问题，即，关于偏好的原因和偏好变化的研究。本书首先给出基于可能世界的静态偏好逻辑，将其扩展为动态偏好逻辑，并给出了完全的公理化，证明了这些逻辑系统的完全性。本书接着给出了涵盖偏好及其原因的模型，利用一阶语言的片段来定义偏好关系。作者进一步提出双层偏好模型，指出对偏好的研究离不开对其原因的考察。此外，本书研究了偏好、信念和知识等概念纠缠在一起的各种可能性。也给出了偏好动态变化的量化模型和逻辑。考察了如何将偏好的研究与道义推理、博弈推理相结合，指出一些未来的研究方向。

第一，本书对偏好的变化进行了系统的研究，提出了两种新的动态偏好逻辑，即基于模态逻辑的动态偏好逻辑和基于一阶逻辑的动态偏好逻辑。本书采用动态认知逻辑的方法论，分别给出了新的动态归约公理，证明了动态偏好逻辑系统的完全性。这些成果具有重要的理论价值，推动了哲学逻辑的整体发展。

第二，在理解偏好的哲学概念方面，本书从冯莱特的内在偏好和外在偏好出发，研究偏好产生的原因，提出了偏好的双层结构理论。这个理论对偏好及其“原因”在逻辑系统中同时进行刻画和建模。从技术上证明了偏好的这两个层次不可相互规约，缺一不可。此外，还证明了发生在两个层面上的偏好动态变化的系列对应定理，具有重要的哲学意义。这一理论为理解偏好及其变化提供了全新的思路，在经济学领域产生了重要的影响。

第三，偏好和信念是刻画主体认知状态的两个重要的方面。本书对它们之间的关系进行了深入的分析，给出了可能的各种情形。在形式上，本书给出了一个基于命题的信念偏好逻辑来对不确定性的情景进行建模，证明了这个系统的完全性，还证明了这个系统与基于对象的逻辑系统的等价性。这一成果对于理解偏好和信念相互作用、相互影响的机理有着重要的理论意义。

该书采用信息流和动态逻辑中的最新的逻辑技术为偏好及其变化提出了新的模型和理论，首次将偏好的原因放在逻辑语言和系统中进行研究，对偏好和信念之间相纠缠的可能情形进行了刻画。此项研究成果出版后，得到了计算机科学、人工智能、经济学、哲学研究领域专家们的关注，基于这个工作的新的研究项目已经展开。

《清华大学藏战国竹简（壹—肆辑）》（著作）

清华大学　李学勤、赵平安、李均明、
李守奎、沈建华、刘国忠等

中西书局　2013 年 12 月出版

《清华大学藏战国竹简（壹—肆辑）》系由四辑

清华简整理报告共同组成，每辑整理报告均包括图版、释文、注释、字形表、竹简信息表等五大部分。

清华简整理报告（壹）共包括《尹至》、《尹诰》、《程寤》、《保训》、《耆夜》、《金滕》、《皇门》、《祭公》和《楚居》九篇文献。整理报告（贰）收录了一篇史书《系年》。整理报告（叁）包括《说命上》、《说命中》、《说命下》、《周公之琴舞》、《芮良夫毖》、《良臣》、《祝辞》和《赤鹄之集汤之屋》八篇文献。整理报告（肆）收录了《筮法》、《别卦》和《算表》三篇文献。

同以往的简帛整理报告相比，清华简的整理报告在方法上有了很大的创新。比如清华简整理报告的图版、字形表两部分有了很大改进，为今后竹简报告的编撰提供了典范。图版力求复原性与完整性，提供了竹简的正反面原色、原大的照片以及放大 2 倍的文字照片，无论是否有字，都竭力恢复竹简信息的原始状态，极大便利了学者的研究。增设的字形表收录了每一辑整理报告所公布文献的所有字形，大致按《说文解字》的部首编排，方面读者检索。所用字形，都从原图版一字一字提取出来，未经人工描摹，清晰可靠。释文及注释两部分的撰写，以二重证据法为指导，采取专人负责、集体讨论的形式，每篇清华简的整理都要经过多次的集体讨论和修改，最后由全书主编李学勤教授审定。这种工作模式可以最大限度地发挥集体的作用，为高质量地完成整理报告提供保障。

《清华大学藏战国竹简（壹—肆辑）》所收各篇文献的观点和学术价值主要体现在以下七点：1. 重现了《尚书》及类似典籍。这是汉代以后首次发现《尚书》以及类似的典籍，学术价值重大。2. 澄清了一些学术史上长期争论的疑难。如清华简中真古文《尚书》的出现，有助于解决《古文尚书》真伪的纠纷。3. 发现了前所未知的周代诗篇。如《耆夜》、《周公之琴舞》、《芮良夫毖》等篇的面世，对于先秦文学史的研究意义重大。4. 提供了研究先秦历史及历史地理的鲜活资料。如《楚居》为楚国历史地理研究及文物考古工作提供了大量线索；《系年》对于周代历史的研究有重大的补充和修订。5. 提供了古文字特别是楚文字研究的珍贵材料。这些新材料对于古文字研究有重大的推动作用。6. 丰富了对先秦巫术、数术的认识。《祝辞》和《赤鹄之集汤之屋》与先秦的巫术有关，丰富了我们对于先秦巫术及数术活动的了解。7. 展现了世界上最古老的十进制乘法算表。《算表》是中国目前所发现的最早的数学文献实物，对于了解先秦时期的数学成就极为重要。

《清华大学藏战国竹简（壹—肆辑）》所收文献是公元前 300 年的古本，大部分属于中华文明早期的元典。这些文献再现了 2000 多年前文化典籍较为原始的面貌，不仅引发当下古史、古文献、古文字等相关领域的研究热潮，更为重要的是，这些新发现的先秦古籍，将极大丰富以往的先秦文献，并且将与传世的先秦经典一起，作为中华传统文化的核心部分，为后世所一直学习与研究，对于中华传统文化的发扬光大具有不可替代的巨大作用。

《自主创新战略与国际竞争力研究》（著作）

清华大学　吴贵生、蔺雷、王毅、
吴灼亮、梁玺、魏守华等
经济科学出版社　2011 年 8 月出版

全书分为四篇，共 13 章。第一篇为理论篇，分为第三章，提出中国自主创新的理论，构建自主创新与国际竞争力的关系模型；第二篇为实证篇，分为三章，概述中国自主创新的现状，分析样本企业自主创新调查的结果、我国产业国际竞争力现状、自主创新与国际竞争力的关系；第三篇为战略篇，分为五章，阐述我国自主创新战略路径；第四篇为实证篇，分为两章，包括产业案例和企业案例两部分。

该书系统阐述了我国自主创新战略和国际竞争力问题，提出中国自主创新的理论框架，阐述自主创新理论；概述我国自主创新现状，揭示中国自主创新的特点；构建自主创新与国际竞争力的关系模型，定量分析我国产业国际竞争力现状及自主创新与国际竞争力的关系；构建自主创新战略的分析框架和技术路线，提出自主创新战略判断，分析自主创新战略的焦点、历史演进和未来走向；运用案例研究方法，提出自主创新战略路径的相关假设，对自主创新战略路径展开实证检验；分析自主创新政策的演进、结构和协同性，提出自主创新的战略要点和政策建议。

一是提出了中国自主创新的理论观点——创新壁垒论、创新实践论、广义轨道论、能力阶段论、开放创新论和创新意志论；二是通过大量现场访谈、大样本问卷调查等多种渠道获取第一手资料，运用案例研究、统计研究等方法，对中国自主创新作出了七个重要判断；三是本着“未来战略要以过去实际实行的战略为基础”的指导思想，深入追踪中国自主创新的历史战略路径，揭示了中国产业和企业自主创新道路的内在逻辑，进而提出了未来自主创新的战略思路和路径；四是提出了中国企业和产业在高度开放条件下自主创新的“破壁”之道，这也为后发国家提供了可资借鉴的自主创新经验。

在主流报刊、重要学术期刊和高端论坛上发表了一系列基于本研究成果的论文、报告；关于广义轨道理论等理论观点得到学术同行认可，其深入和延伸研究获国家自然科学基金资助；成果受到国家和部门的重视，国家领导人和科技部领导批示，肯定有关观点和建议，指示予以研究、落实；成果得到大唐电信等多个企业的应用。

《刑法分则的解释原理》（第二版）（著作）

清华大学　张明楷

中国人民大学出版社　2011 年 5 月出版

该书除序说外另有 17 章，各章的标题依次为“解释原理与解释方法”，“分则与总则”，“‘的，’与‘处……’”，“防止漏洞与减少对立”，“避免矛盾与保持协调”，“保护法益与违法要件”，“客观要素与主观要素”，“主观的超过要素与客观的超过要素”，“单一行为与复数行为”，“‘非法’与‘违反’”，“表述顺序与行为结构”，“抽象的升格条件与具体的升格条件”，“注意规定与法律拟制”，“普通法条与特别法条”，“并列与包容”，“用语的统一性与用语的相对性”，“普通用语的规范化与规范用语的普通化”。全书共 88 万字。

该书根据刑法分则的规定，归纳出 17 个在刑法总论中不能得到研究的重要问题。重点讨论了如何理解解释技巧与解释理由、如何区分扩大解释与类推解释、如何判断法条对构成要件的表述是否完结、如何防止处罚漏洞和减少法条的对立、如何以保护法益为指导解释构成要件、如何区分主观要素与客观要素以及如何判断个罪的责任形式、如何判断构成要件行为是单一行为还是复合行为、如何处理特别法条法定刑过轻的情形、如何对普通用语进行规范化解释以及对规范化用语进行普通化解释等问题，对相关疑难问题都发表了自己的独到见解。

该书通过对刑法分则法条的分析、刑法理论争议焦点的剖析、司法实践中的问题整理，并基于作者解释刑法分则的经验与体会，归纳出刑法分则的解释原理，并进行了详细论证。本书提出了不少独创观点，不少概念与观点为作者首创并被广泛使用（如客观的超过要素，注意规定与法律拟制的区分、解释技巧与解释理由的区分、普通用语的规范化等）。本书采取归纳方法、注释研究法、比较研究法等方法，注重理论联系实际，特别注重对中国问题的思考。有学者评论道：“该书既解释现行法条，又深究规范背后的理念；既阐述刑法分则理论上的重点，又解决当前司法实践中的难题，堪称刑法理论与司法实践有机结合的经典范本。”

该书出版后受到学术界和实务界的广泛欢迎，被引用3500余次，不少学者自发地在刊物或者网络上发表好评。本书不仅使刑法教义学的理论得到明显深化，而且对法解释学做出了重要贡献。本书对于法学教育具有重要参考价值，已经成为国内诸多高校法学刑法专业研究生的重要参考书目。本书解决了司法实践中的许多争论与难题，对司法实践具有重要指导意义。

（清华大学文科建设处刘金梅供稿）

北京师范大学

序号	成果名称	主要作者	奖项名称	颁奖单位	成果形式	获奖等级
1	中国文化发展史	龚书铎	第七届高等学校科学研究优秀成果奖（人文社会科学）	教育部	著作	一等奖
2	中国教育大百科全书	顾明远	第七届高等学校科学研究优秀成果奖（人文社会科学）	教育部	著作	一等奖
3	实施扩大就业的发展战略研究	赖德胜	第七届高等学校科学研究优秀成果奖（人文社会科学）	教育部	著作	一等奖
4	中国当代社会史	张静如	第七届高等学校科学研究优秀成果奖（人文社会科学）	教育部	著作	一等奖

续表

序号	成果名称	主要作者	奖项名称	颁奖单位	成果形式	获奖等级
5	《通用规范汉字表》（报送稿）咨询报告	《通用规范汉字表》（报送稿）研制组	第七届高等学校科学研究优秀成果奖（人文社会科学）	教育部	研究报告	二等奖
6	教育现代化的路径（第 2 版）	褚宏启	第七届高等学校科学研究优秀成果奖（人文社会科学）	教育部	著作	二等奖
7	教育政策的监测与评价研究——“西部地区基础教育发展”项目影响力评价为例	杜育红	第七届高等学校科学研究优秀成果奖（人文社会科学）	教育部	著作	二等奖
8	先秦文艺思想史	李春青	第七届高等学校科学研究优秀成果奖（人文社会科学）	教育部	著作	二等奖
9	中国收入差距变动分析——中国居民收入分配研究Ⅳ	李　实	第七届高等学校科学研究优秀成果奖（人文社会科学）	教育部	著作	二等奖
10	林崇德心理学文选	林崇德	第七届高等学校科学研究优秀成果奖（人文社会科学）	教育部	著作	二等奖
11	中国学前教育发展报告	庞丽娟	第七届高等学校科学研究优秀成果奖（人文社会科学）	教育部	著作	二等奖
12	历史文化认同与中国统一多民族国家	瞿林东	第七届高等学校科学研究优秀成果奖（人文社会科学）	教育部	著作	二等奖
13	公民教育引论——国际经验、历史变迁和 中国公民教育的选择	檀传宝	第七届高等学校科学研究优秀成果奖（人文社会科学）	教育部	著作	二等奖
14	我国基本公共文化服务：指标体系构建与地区差距测量	王洛忠	第七届高等学校科学研究优秀成果奖（人文社会科学）	教育部	论文	二等奖
15	公共财政框架下公共教育财政制度研究	王善迈	第七届高等学校科学研究优秀成果奖（人文社会科学）	教育部	著作	二等奖
16	创新的教育研究范式：基于设计的研究	王文静	第七届高等学校科学研究优秀成果奖（人文社会科学）	教育部	著作	二等奖
17	La Tutela Penale della Privacy nell'Epoca di Internet	吴沈括	第七届高等学校科学研究优秀成果奖（人文社会科学）	教育部	著作	二等奖
18	关于中国现阶段慎用死刑的思考	赵秉志	第七届高等学校科学研究优秀成果奖（人文社会科学）	教育部	论文	二等奖
19	上博简《诗论》研究	晁福林	第七届高等学校科学研究优秀成果奖（人文社会科学）	教育部	著作	三等奖
20	A Study of Surnames in China Through Isonymy	陈家伟	第七届高等学校科学研究优秀成果奖（人文社会科学）	教育部	论文	三等奖
21	综合施策遏制我国青少年网络成瘾趋势	方晓义	第七届高等学校科学研究优秀成果奖（人文社会科学）	教育部	研究报告	三等奖
22	中国散文通史	郭预衡 郭英德	第七届高等学校科学研究优秀成果奖（人文社会科学）	教育部	著作	三等奖
23	网众传播：一种关于数字媒体、网络化用户和中国社会的新范式	何　威	第七届高等学校科学研究优秀成果奖（人文社会科学）	教育部	著作	三等奖
24	企业动态能力论：企业家的创新视角	焦　豪	第七届高等学校科学研究优秀成果奖（人文社会科学）	教育部	著作	三等奖

续表

序号	成果名称	主要作者	奖项名称	颁奖单位	成果形式	获奖等级
25	计算主义——一种新的世界观	李建会	第七届高等学校科学研究优秀成果奖（人文社会科学）	教育部	著作	三等奖
26	中国古典小说回目研究	李小龙	第七届高等学校科学研究优秀成果奖（人文社会科学）	教育部	著作	三等奖
27	中国外贸依存度和失衡度的重新估算——全球生产链中的增加值贸易	李　昕	第七届高等学校科学研究优秀成果奖（人文社会科学）	教育部	论文	三等奖
28	中国现代文学史的叙述范式	李　怡	第七届高等学校科学研究优秀成果奖（人文社会科学）	教育部	论文	三等奖
29	汉字学新论	李运富	第七届高等学校科学研究优秀成果奖（人文社会科学）	教育部	著作	三等奖
30	撬动中国基础教育的支点——中国特色教研制度发展研究	梁　威	第七届高等学校科学研究优秀成果奖（人文社会科学）	教育部	著作	三等奖
31	中西古代历史、史学与理论比较研究	刘家和	第七届高等学校科学研究优秀成果奖（人文社会科学）	教育部	著作	三等奖
32	论古典经济学的市民性质——马克思市民理论再探索	沈　越	第七届高等学校科学研究优秀成果奖（人文社会科学）	教育部	论文	三等奖
33	20 世纪中国民间故事研究史	万建中	第七届高等学校科学研究优秀成果奖（人文社会科学）	教育部	著作	三等奖
34	中国特殊教育教师培养研究	王　雁	第七届高等学校科学研究优秀成果奖（人文社会科学）	教育部	著作	三等奖
35	国际间人才流动及其影响因素的实证分析	魏　浩	第七届高等学校科学研究优秀成果奖（人文社会科学）	教育部	论文	三等奖
36	The Core Issue of Values and the Prepositional Criticism of the Answer	吴向东	第七届高等学校科学研究优秀成果奖（人文社会科学）	教育部	论文	三等奖
37	个人所得税改善中国收入分配了吗——基于 1997—2011 年微观数据的动态评估	徐建炜	第七届高等学校科学研究优秀成果奖（人文社会科学）	教育部	论文	三等奖
38	Le Maoisme de la revue Tel Quel-L'engagement politique des intellectuels autour de Mai 1968	徐克飞	第七届高等学校科学研究优秀成果奖（人文社会科学）	教育部	著作	三等奖
39	区域内义务教育均衡发展指标体系的构建——当前我国深入推进义务教育均衡发展的政策评估指标	薛二勇	第七届高等学校科学研究优秀成果奖（人文社会科学）	教育部	论文	三等奖
40	危机中的重建：唯物主义历史观的现代阐 释（第二版）	杨　耕	第七届高等学校科学研究优秀成果奖（人文社会科学）	教育部	著作	三等奖
41	杨柳的形象：物质的交流与中日古代文学	张哲俊	第七届高等学校科学研究优秀成果奖（人文社会科学）	教育部	著作	三等奖
42	近代民众教育馆研究	周慧梅	第七届高等学校科学研究优秀成果奖（人文社会科学）	教育部	著作	三等奖
43	Der Westen und das Reich der Mitte：Die Verbreitung westlichen Wissens im Sp? tkaiserlichen China	方维规	第七届高等学校科学研究优秀成果奖（人文社会科学）	教育部	著作	二等奖

特等奖、一等奖成果简介

《实施扩大就业的发展战略研究》（著作）

北京师范大学、对外经济贸易大学

赖德胜、李长安、孟大虎　等著

人民出版社　2013 年 3 月出版

本书是国家社科基金重大项目“实施扩大就业的发展战略研究”的结项报告，共 46 万字。其部分观点和建议，如“实施就业优先的发展战略”、“高度重视就业质量”等，得到了有关部门的采纳。经全国哲学社会科学规划领导小组批准，2012 年 8 月，本书入选“国家哲学社会科学成果文库”，出版后得到了学术界的广泛关注和重视，是相关领域的重要文献。本书对实施扩大就业发展战略的目标、途径、任务和措施进行了详细科学的论证，提出了实施扩大就业发展战略的基本框架。本书回顾和总结了积极就业政策实施以来的经验教训，归纳了当前我国就业领域面临的主要矛盾和问题，揭示了产生各种矛盾和问题的根源。在总结国内外经验的基础上，提出了实施扩大就业发展战略的具体举措，其原则与目标可以概括为“实施一项战略，做好两项统筹，实现三大目标”，即实施就业优先的发展战略，做好“城乡统筹就业”和“地区统筹就业”，实现“规模扩大、结构优化、质量提高”三大目标。此外，本书还特别关注了大学生、失地农民和残疾人等特殊群体的就业问题，实证地研究了创业带动就业的效应及其政策选择。一是当前我国就业领域的主要矛盾表现在：经济增长与就业增长的矛盾、国民经济重型化与扩大就业的矛盾、流动人口增加与城市就业压力增大的矛盾、就业难与技工荒并存的矛盾，转轨就业、青年就业和转移就业是目前就业领域的重点和难点。二是经济增长是扩大就业的必要但不充分条件，经济增长并不必然或自动地促进就业增长，创业是缓解就业问题的一种有效途径。三是高等教育扩招并不是大学生就业难的根本原因，相反，教育扩展对提高劳动者的就业具有积极作用。四是扩大就业需要多管齐下，即数量增加是基础，保证质量；和谐劳动是前提，依法落实；促进创业是手段，政策扶持；提高素质是方法，转变观念；制度完善是保证，注重保障。

赖德胜，北京师范大学经济与工商管理学院院长、教授、博士生导师，教育部长江学者特聘教授。1988、1991 年毕业于北京师范大学经济系并获经济学学士学位和硕士学位，1997 年毕业于中国社会科学院研究生院并获经济学博士学位。1991 年开始任教于北京师范大学，1996 年破格晋升为副教授，1999 年破格晋升为教授。曾任北京师范大学社会科学处处长、出版社社长，2008 年 12 月至今，任北京师范大学经济与工商管理学院院长。长期致力于劳动经济学、教育经济学、发展经济学等领域的教学和研究，在《经济研究》、《教育研究》、*China Economic Review*、*Chinese Education and Society* 等国内外刊物发表论文 100 多篇。享受国务院政府特殊津贴，曾获霍英东基金青年教师奖（研究类）二等奖、北京市“五四”奖章、教育部高校人文社会科学优秀成果奖三等奖、北京市哲学社会科学优秀成果奖一等奖、北京市高等教育教学成果奖一等奖等。2004 年入选教育部新世纪优秀人才支持计划，2012 年入选教育部“长江学者”特聘教授，2013 年入选“百千万人才工程”国家级人选，并被授予“有突出贡献中青年专家”称号。

《中国当代社会史》（著作）

北京师范大学　张静如主编

湖南人民出版社　2010 年 12 月出版

《中国当代社会史》是“十一五”期间国家重点图书出版规划项目，该图书出版之后，召开了出版座谈会，相关新闻媒体予以报导，并有系列书评发表，在学术界引起了广泛关注并给予高度评价，被誉为中国当代社会的“小百科”，在中国当代社会史研究领域具有一定的开创性，可以为中华人民共和国史的各专门史提供一定的学术基础和资料基础，也可以为高等学校思想政治理论课教师提供重要的教学参考。全书五卷共 180 万字。本书在坚持唯物史观的基础上，按照社会史的研究理论，借鉴了社会学、政治学、心理学、历史学的方法，根据历史发展的阶段分为五卷进行研究，每卷分别从经济、政治、教育科技文化、阶级与阶层、社会组织和社会团体、家庭、社会生活和社会习俗、社会心理和社会意识、社会问题和社会保障等诸多方面展现新中国成立以来不同历史时期、不同社会方面的发展变化情况，全景式地研究了中国当代社会的历史风貌，探寻当代中国社会发展变化的轨迹。第一，体现了该书主编张静如对社会史研究的理论思考，即以“综合史”的宽阔视野来考察中国当代社会。第二，撰写体例按照纵向分段、各卷独立成篇的设计，对中国当代社会历史做出了一个整体式的“大社会”研究，是“全景式”的历史展现。第三，运用了大量的数据资料，发掘和使用了以往学术界很少使用的报刊档案、书信回忆录等，实事求是地研究了若干历史敏感和疑难问题，贯彻了实事求是的历史主义原则。第四，在坚持唯物史观的基础上，运用了社会学、政治学、心理学、历史学的方法，研究了“民工潮”、“中国新社会阶层”、“婚恋观念”等学术界较少关注的历史问题。

张静如，男，北京师范大学政治学与国际关系学院教授、博士生导师，北京师范大学高校党建研究中心主任。曾任中国中共党史学会副会长、李大钊研究会副会长、北京中共党史学会会长、国务院学位委员会学科评议组成员、国家哲学社会科学基金学科评议组成员、北京市政协委员。中央马克思主义理论研究和建设工程“加强党的执政能力建设研究”项目首席专家。主要从事李大钊、中共党史党建、高校党建、中国近现代社会史研究，首倡中共党史学研究、以中国社会史研究深化中共党史研究，提出并论证了中共党史是历史科学及其重要意义。发表学术论文300多篇，出版了《李大钊同志革命思想的发展》、《北洋军阀统治时期的中国社会》、《国民政府统治时期的中国社会》、《中国共产党思想史》、《毛泽东思想概论》、《中共党史学》、《唯物史观与中共党史学》、《中国共产党通史》等40余部专著和教材。其中：《李大钊同志革命思想的发展》是国内第一部研究李大钊生平及思想的著作，《唯物史观与中共党史学》获北京市1996年哲学社会科学优秀著作一等奖，《中国共产党通史》2003年获第六届国家图书奖提名奖。

《中国教育大百科全书》（著作）

北京师范大学　顾明远主编

上海教育出版社　2012年12月出版

本书为我国第一部专业类的教育大百科全书，历经12年努力，汇集老中青三代教育学者的智慧。《中国大百科全书》2005年修订后的第二版没有再出“教育卷”，且有关教育的内容大量缩减，本书的出版恰好填补了空缺，并与1998年出版的《教育大辞典》构成了完整的姊妹篇，对建设有中国特色的教育理论体系具有历史性意义，是一项扎扎实实为教育事业增砖添瓦的知识工程，也是教育学科体系建设中的一项基础性工程。刘延东副总理亲自为本书的出版发来贺信，认为“全书用准确精练的语言，深度诠释教育学科基本理论，总结历史经验，介绍最新研究成果，对于推动教育学科建设、丰富完善中国特色社会主义教育理论体系具有重要的基础性作用。”本书被列入首批国家出版基金项目和“十二五”国家重点图书出版规划项目。2013年，本书荣获第三届中国出版政府奖图书奖提名奖；2014年，荣获北京市第十三届哲学社会科学优秀成果奖特等奖。全书700万字1100余条条目。全书以中国的教育问题为核心议题，以教育领域改革与发展的主要问题为立目原则，通过辞书的形式，用准确、精练的语言深度诠释教育学科基本理论，忠实记录了中国教育事业的发展成就，集中展现了中国和世界教育科学研究与实践的系列成果，为把握教育科学发展的时代脉搏提供系统而权威的阐释。第一，着眼于中国教育改革和发展的基本点。第二，融国内外教育研究的优秀成果于一体。第三，注重学科理论建设，具有较强的学术性。第四，收录了与教育教学实践密切相关的内容，兼具知识性和实用性。第五，设计有多种索引和附录，便于阅读，易于查找。

顾明远，男，博士生导师、学者、教育家，1929年出生于江苏江阴，毕业于苏联莫斯科列宁师范学院教育系。1998年获曾宪梓师范教育一等奖，1999年被北京市授予“人民教师”称号。代表作品有《鲁迅的教育和实践》、《比较教育》、《比较教育学》、《教育学》等。现任中国教育学会会长、教育部社会科学委员会副主任等职。1991年获全国优秀教师称号并获政府津贴及证书。1995年《战后苏联教育研究》获国家教委人文社会科学研究优秀成果奖励办公室（教委社会科学司）颁发的人文社会科学研究优秀成果一等奖，《中国教育大系》获国家图书奖提名奖。1997年获曾宪梓教育基金会97年高等师范院校教师一等奖。1998年12月《比较教育导论》获北京市第五届哲学社会科学优秀成果一等奖、1999年9月《教育大辞典》获全国第二届教育科学优秀成果一等奖。2000年《民族文化传统与教育现代化》获北京市第六届哲学社会科学优秀成果一等奖。2002年《比较教育导论》获北京师范大学优秀教学成果（教材）一等奖、北京市优秀教学成果（教材）一等奖、教育部优秀教学成果（教材）二等奖，《教育大辞典》获吴玉章奖一等奖，《国际教育新理念》获北京市第七届哲学社会科学优秀成果二等奖。2007 年《中国教育的文化基础》获教育部第四届高等学校哲学社会科学优秀成果一等奖。他主编的两部大型工具书《世界教育大系》和《世界教育大事典》，被誉为传世精品。

《中国文化发展史》（8 卷）（著作）

北京师范大学　龚书铎 主编

山东教育出版社　2013 年 3 月出版

《中国文化发展史》系 2013 年度国家出版基金资助项目，由著名文化史研究专家龚书铎先生任总主编，中国社会科学院、北京师范大学、清华大学、中国人民大学、复旦大学、山东大学等院校的专家学者组成主创团队，历时 15 年精心打磨而成。该书以唯物史观为指导，是一部全面系统研究中华民族数千年物质文明与精神文明共同进步、交互推进历程的通史，共分 8 卷：先秦卷、秦汉卷、魏晋南北朝卷、隋唐卷、宋元卷、明清卷、晚清卷和民国卷。各卷既突出不同历史阶段文化演进的特色，又兼顾文化发展史应当注意的共性，力图达到个性与共性的和谐统一。在共性方面，全书各卷均涉及文化史有关的 10 个层面内容，即社会与文化、地域文化、思想变迁与文化、学术流变与文化、教育与文化、分层文化、宗教与文化、科学技术与文化、文化交流与文化辐射、文学艺术与文化。在个性方面，则视各卷的特点列出若干文化热点问题，围绕着多元文化的渊源与趋同、经学的独尊、文化碰撞与融合、大一统下的开放文化、理学及其文化形态、对传统文化的冲击、中西文化的冲突和融合、现代文化的选择等问题进行了深入探讨。全书扎根史料，史论结合，体例严谨，敢于创新，以宏阔的视野和独到的眼光，审视不同历史时期的文化成果，对丰富多彩的民族文化传统给予全面理解，对于争奇斗艳的时代文化特点进行多角度展示，对于各时期的外来文化也充分尊重，紧紧抓住了中国文化的历史精神。作者认为，中国文化源远流长、博大精深，从孕育发生到辉煌灿烂，经历了一个漫长而曲折的发展历程。这一历程既是中华民族物质文化、精神文化日臻丰富的积累过程，也是各具特色的时代文化既各擅胜场又相互联系，共同推动中华文明走向高峰的历程，体现了中国文化多元一体的特征。该书是中国新时期文化史研究成果的集中展现，对于正确理解和分析传统文化与现代文明的关系，提高文化创新的自信力，实现中华民族的伟大复兴，必将会起到有益的推动作用。《人民日报》、《光明日报》、《中国新闻出版报》、山东卫视等 9 家媒体在重要版面和栏目对该书进行了全方位报道，并得到专家学者的高度评价。2015 年荣获中华优秀出版物奖图书奖等奖项。

龚书铎（1929. 3—2011. 11），男，福建泉州人。马克思主义历史学家、教育家，全国五一劳动奖章获得者，国务院学位委员会历史学科评议组原召集人，中国史学会原副会长，北京市历史学会原会长，北京师范大学历史学院原教授、博士生导师。2011 年 11 月 9 日，龚书铎因病医治无效在北京逝世，享年 83 岁。

（北京师范大学社科处刘娜供稿）

中央民族大学

序号	成果名称	主要作者	奖项名称	颁奖单位	成果形式	获奖等级
1	五溪大地的忧思——来自雪峰山深处的乡村调查	刀　波等	2014 年度全国民委系统调研报告奖	国家民族事务委员会	调研报告	一等奖
2	中央民族大学维吾尔族师生反映的问题及建议	余梓东等	2014 年度全国民委系统调研报告奖	国家民族事务委员会	调研报告	二等奖
3	西藏、新疆地区少数民族受众对媒介的接触与使用调研	赵丽芳等	2014 年度全国民委系统调研报告奖	国家民族事务委员会	调研报告	二等奖
4	新时期武陵山片区经济社会协同发展路径调研	刘璐琳等	2014 年度全国民委系统调研报告奖	国家民族事务委员会	调研报告	三等奖
5	少数民族自治县域财政预算自主性缺失调研	张冬梅等	2014 年度全国民委系统调研报告奖	国家民族事务委员会	调研报告	三等奖

续表

序号	成果名称	主要作者	奖项名称	颁奖单位	成果形式	获奖等级
6	三江源自然保护区的生态移民“城镇化异地安置”模式及其影响的实地调查	祁进玉等	2014年度全国民委系统调研报告奖	国家民族事务委员会	调研报告	三等奖
7	环境承载压力下我国牧区人口流动和城镇化问题调研报告	马胜春等	2014年度全国民委系统调研报告奖	国家民族事务委员会	调研报告	优秀奖
8	朝鲜中古文学批评史研究	李　岩	国家哲学社会科学成果文库（2014年度）	全国哲学社会科学规划领导小组	著作	
9	蒙古语喀喇沁土语社会语言学研究	宝玉柱	国家哲学社会科学成果文库（2014年度）	全国哲学社会科学规划领导小组	著作	
10	汉藏民间叙事传统比较研究——基于民间故事类型的视角	林继富	国家哲学社会科学成果文库（2014年度）	全国哲学社会科学规划领导小组	著作	
11	民族理论前沿研究	金炳镐等	第三届国家民委民族问题研究优秀成果奖	国家民族事务委员会	著作	一等奖
12	民族地区公共文化建设研究	周晓丽	第三届国家民委民族问题研究优秀成果奖	国家民族事务委员会	著作	一等奖
13	环境人类学	王天津等	第三届国家民委民族问题研究优秀成果奖	国家民族事务委员会	著作	一等奖
14	历史记忆与认同重构：土族民族识别的历史人类学研究	祁进玉	第三届国家民委民族问题研究优秀成果奖	国家民族事务委员会	著作	二等奖
15	伊斯兰教与中国穆斯林社会现代化进程	丁　宏等	第三届国家民委民族问题研究优秀成果奖	国家民族事务委员会	著作	二等奖
16	冷战结束以来中国的民族主义：基于关系实在论的探索	王　军	第三届国家民委民族问题研究优秀成果奖	国家民族事务委员会	著作	二等奖
17	中国国家图书馆藏西夏文《大波若波罗蜜多经》研究	黄延军	第三届国家民委民族问题研究优秀成果奖	国家民族事务委员会	著作	二等奖
18	特色与质量：民族幼儿教育研究	苏　德等	第三届国家民委民族问题研究优秀成果奖	国家民族事务委员会	著作	三等奖
19	财政共治论	王玉玲	第三届国家民委民族问题研究优秀成果奖	国家民族事务委员会	著作	三等奖
20	北京市世界城市建设与和谐民族关系构建相关性研究	李东光等	第三届国家民委民族问题研究优秀成果奖	国家民族事务委员会	著作	三等奖
21	鄂伦春族狩猎文化的变迁与聚居区村民健康研究	方　征等	第三届国家民委民族问题研究优秀成果奖	国家民族事务委员会	著作	三等奖
22	民族教育政策文化分析——以民族预科教育政策为线	敖俊梅	第三届国家民委民族问题研究优秀成果奖	国家民族事务委员会	著作	三等奖
23	环境容量产权与民族地区利益实现	张冬梅	第三届国家民委民族问题研究优秀成果奖	国家民族事务委员会	论文	二等奖
24	中国沿边开放政策实施效果评价及思考	张丽君等	第三届国家民委民族问题研究优秀成果奖	国家民族事务委员会	论文	二等奖
25	俄语“民族”概念的内涵及其争论	何俊芳等	第三届国家民委民族问题研究优秀成果奖	国家民族事务委员会	论文	三等奖
26	民国时期西南“夷苗”的政治承认诉求——以高玉柱的事迹为主线	伊利贵	第三届国家民委民族问题研究优秀成果奖	国家民族事务委员会	论文	三等奖

续表

序号	成果名称	主要作者	奖项名称	颁奖单位	成果形式	获奖等级
27	壮族双语教育的问题及转向	滕　星	第三届国家民委民族问题研究优秀成果奖	国家民族事务委员会	论文	三等奖
28	少数民族语文网站现状	王志娟等	第三届国家民委民族问题研究优秀成果奖	国家民族事务委员会	论文	三等奖
29	维吾尔语词汇学与研究	阿布都鲁甫·甫拉提·塔克拉玛干尼	第七届高等学校科学研究优秀成果奖（人文社会科学）	中华人民共和国教育部	著作	二等奖
30	内蒙古区域游牧文化的变迁	邢　莉	第七届高等学校科学研究优秀成果奖（人文社会科学）	中华人民共和国教育部	著作	二等奖
31	《资治通鉴》突厥回纥史料校注	杨圣敏	第七届高等学校科学研究优秀成果奖（人文社会科学）	中华人民共和国教育部	著作	三等奖
32	布衣者	格日南加等	第十届中国舞蹈“荷花奖”	中国舞蹈家协会	舞蹈	作品奖
33	哼嗦哩	金永森等	第十届中国舞蹈“荷花奖”	中国舞蹈家协会	舞蹈	十佳作品荣誉称号
34	情深谊长	沙呷阿依等	第十届中国舞蹈“荷花奖”	中国舞蹈家协会	舞蹈	作品奖
35	阿里路	崔月梅	第十届中国舞蹈“荷花奖”	中国舞蹈家协会	舞蹈	作品奖

特等奖、一等奖成果简介

《民族理论前沿研究》（著作）

中央民族大学　金炳镐、王瑜卿、林艳、肖锐等

中央民族大学出版社　2014年8月出版

该书是全面阐述中国特色社会主义民族理论的主要内容，特别是习近平总书记关于民族方面的重要论述，全面梳理和澄清十多年来我国民族研究界以“族群”替代“民族”、“民族问题去政治化要文化化”、实行所谓“第二代民族政策”说等为代表的干扰中国特色社会主义民族理论的观点，坚定坚持中国特色解决民族问题的道路、理论、制度自信的学术专著。该书在2014年9月中央民族工作会议召开之前出版，起到了正面的、积极的导向作用；该书观点与中央民族工作会议精神相吻合，在中央民族工作会议精神的宣传贯彻中起到了有益的参考、积极的辅助作用。

该书是首届国家级教学名师、国家民委决策咨询委员会委员、中央宣传部马克思主义理论研究和建设工程“民族学导论”编写组首席专家金炳镐教授主编，表现出坚持马克思主义和中国特色社会主义的立场坚定，阐述马克思主义理论和中国特色社会主义民族理论的观点正确，澄清干扰性民族理论观点的批驳有力有据，澄清明晰清楚，是一本弘扬主旋律，坚定中国特色社会主义的道路自信、理论自信、制度自信的著作。该书出版后社会上反响热烈，认为是梳理科学、说理透彻、明辨是非、澄清思想的一本好书。该书出版一年来有四篇评介文章

金炳镐，男，朝鲜族，黑龙江延寿人，哲学博士，教授，国家级教学名师，国家民委决策咨询委员，中央宣传部马克思主义理论研究和建设工程“民族学导论”编写组首席专家，中央民族大学中国民族理论与民族政策研究院博士生导师，校学术委员会委员；是享受国家有突出贡献专家的政府特殊津贴专家（1993）两次获北京市优秀教师称号（1989、1995），获首届全国高等学校教学名师称号（2003），成为全国民族院校首位国家级教学名师。获首都五一劳动奖章（2004），获首届国家民委有突出贡献专家称号（2004）。主要从事民族理论、民族政策、民族关系、民族学等方面的教学和研究。在国内外出版学术著作

85部，发表学术论文560多篇，论文全文转载于权威刊物100多篇。专著《民族理论通论》，2012年列入中国人文社会科学图书学术影响力排行榜 民族学论文引用国内学术著作第五名。论著获国家部委级、省市级奖25项。

《民族地区公共文化建设研究》（著作）

中央民族大学 周晓丽

中央民族大学出版社 2014年出版

该书作者在对甘肃、云南、贵州等民族地区公众的公共文化的参与度、公共文化活动的满意度，公共文化服务和建设情况进行实地调研和分析的基础上，通过理论和实证相结合的手段进行研究的结果。在理论上，作者分析民族地区一些公共文化产品和服务的特性、分类的基础上，分别提出了纯公共文化产品和服务的政府权威性供给；一些公共文化产品和服务的市场商业性供给；一些公共文化产品和服务的非营利组织的志愿性供给等独特的观点和理念。总之，在现代公共治理模式之下，民族地区公共文化产品和服务的多中心供给将是进行民族地区公共文化建设的重要模式。同时，作者还结合调研地公共文化产品和服务供给和建设的实际情况，提出了符合当地实际情况的建设思路，为民族地区文化建设提供了有益的指导，该书送给当地政府后，受到了极大的好评。

周晓丽（1973—），女，河南漯河人。2007年获于南京大学管理学博士学位。美国佛罗里达州立大学访问学者（2012年2月—2013年2月），国立政治大学交流学者（2015年7月），中国人民大学青年骨干教师国内访问学者（2015年9月—2016年6月）。中央民族大学行政管理教研室副教授，硕士生导师，主要从事公共管理和公共政策等相关问题的研究。主持国家社科基金项目1项，北京市社科基金2项，北京市教育规划课题1项，教育部留学归国人员科技活动优秀项目1项，主持校级科研和教改项目8项。发表论文60多篇，其中多篇被人大复印资料和《新华文摘》转载。调研报告《北京市公共文化服务中存在的问题与对策》、《北京市社会治理公众利益吸纳中的问题和对策》分别获2013年和2014年北京高校青年教师社会调研优秀项目一等奖和二等奖。

《环境人类学》（著作）

中央民族大学 王天津、田广等

宁夏人民出版社 2012年出版

这本书于2015年获得了国家民族事务委员会社会科学研究成果一等奖（民族问题研究著作类）。《环境人类学》阐述理论的出发点是，人们一些不科学的行为是导致目前地球环境恶化、危及人类生存的主要原因，因而实现人与自然和谐意义重大。该书从地理、历史、民族、市场等多方面研究人与环境的关系，综合分析目前的生态循环失衡、资源濒临枯竭、空气河流污染等问题，提出了一些解决人与自然矛盾的建议。该书是作者们的一系列研究环境保护与人类活动关系的课题的成果，例如，2011年国家社科基金重大特别委托项目（编号XZ1111），2010年教育部规划基金项目（编号10YJAZH080）等。《环境人类学》分为三篇总计十五章。第一篇绪论含五章，阐述信息时代人类行为与生态演变，民族文化与自然禀赋利用，人口发展与环境承载力等。第二篇经济发展与环境含四章，表述农业、工业、市场与环境，国际环境贸易，联合国气候变化谈判及其影响。第三篇是社会发展与环境含六章，说明主体功能区开发、环境金融与运作，环境服务业发展特征，绿色食品标准化管理，创新思维引领环境保护建设。

王天津，男，汉族，山东省蓬莱市人，1952年11月5日出生。1987年北京中央民族学院少数民族经济研究所“中国少数民族经济”硕士。留校从事教学与科研至今，教授三级。独著《青藏高原人口与环境承载力》获2000年国家民委社会科学著作一等奖，独著《西部环境资源产业》获2004年辽宁省第九届精神文明建设“五个一工程”“入选作品”奖。

田广，男，回族，宁夏回族自治区固原市人，1957年5月25日出生，加拿大籍华人。1987年，在北京中央民族学院经济研究所获“中国少数民族经济”硕士。1996年，在加拿大YORK大学研究生院获社会人类学博士。2005年，在美国MEDAILLE大学是工商管理学终身教授。2011—2015年，广东省汕头大学商学院特聘外籍专家。英文《国际工商人类学杂志》主编。

（中央民族大学科研处供稿）

中国政法大学

序号	成果名称	主要作者	奖项名称	颁奖单位	成果形式	获奖等级
1	我国行政管理体制改革中的部门利益问题	石亚军 施正文	第七届高等学校科学研究优秀成果奖（人文社会科学）	教育部	论文	二等奖
2	关于深化司法改革若干问题的思考	陈光中 龙宗智	第七届高等学校科学研究优秀成果奖（人文社会科学）	教育部	论文	二等奖
3	中华法制文明史（古代卷，近、现代卷）	张晋藩	第七届高等学校科学研究优秀成果奖（人文社会科学）	教育部	著作	二等奖
4	传统中国的法秩序及其构成原理与意义	张中秋	第七届高等学校科学研究优秀成果奖（人文社会科学）	教育部	论文	二等奖
5	生命价值的法律与经济分析——中国生命赔偿法律的改革路径	李本森	第七届高等学校科学研究优秀成果奖（人文社会科学）	教育部	论文	三等奖
6	国际环境法（修订版）	林灿铃	第七届高等学校科学研究优秀成果奖（人文社会科学）	教育部	著作	三等奖
7	现代财产法的理论建构	王卫国	第七届高等学校科学研究优秀成果奖（人文社会科学）	教育部	论文	三等奖

（中国政法大学科研处谭义供稿）

中央财经大学

序号	成果名称	主要作者	奖项名称	奖励单位	成果形式	获奖等级
1	中国金融思想史（上下册）	姚　遂	第七届高等学校科学研究优秀成果奖（人文社会科学）	教育部	著作类	二等奖
2	社会变革时期中国大学生道德价值观调查	冯秀军	第七届高等学校科学研究优秀成果奖（人文社会科学）	教育部	著作类	三等奖
3	中国转基因作物抗性的动态优化政策和管理研究	乔方彬	第七届高等学校科学研究优秀成果奖（人文社会科学）	教育部	著作类	三等奖
4	住房与幸福：幸福经济学视角下的中国城镇居民住房问题	李　涛	第七届高等学校科学研究优秀成果奖（人文社会科学）	教育部	论文类	三等奖
5	存款保险制度还是央行直接救市？	姚东旻	第七届高等学校科学研究优秀成果奖（人文社会科学）	教育部	论文类	三等奖
6	关税效应分析与关税政策走向研究	樊　勇	2014、2015 年度商务发展研究成果奖	商务部	论文类	二等奖

（中央财经大学科研处供稿）

对外经济贸易大学

序号	成果名称	主要作者	奖项名称	颁奖单位	成果形式	获奖等级
1	中国企业转型升级若干问题的调研报告	林汉川 蓝庆新 韩　晶 林洲钰 王分棉	第七届高等学校科学研究优秀成果奖（人文社会科学）	教育部	研究报告	一等奖
2	Free Trade and Cultural Diversity in International Law（国际法上的自由贸易和文化多样性问题研究）	石静霞	第七届高等学校科学研究优秀成果奖（人文社会科学）	教育部	著作	二等奖

续表

序号	成果名称	主要作者	奖项名称	颁奖单位	成果形式	获奖等级
3	中国国民收入的要素分配份额研究	钱震杰	第七届高等学校科学研究优秀成果奖（人文社会科学）	教育部	著作	二等奖
4	语言与高层转喻研究	陈香兰	第七届高等学校科学研究优秀成果奖（人文社会科学）	教育部	著作	二等奖
5	Market Conduct of the Three Busiest Airline Routes in China（中国三大最繁忙航线的市场竞争行为）	杨杭军 王　强 张　琼	第七届高等学校科学研究优秀成果奖（人文社会科学）	教育部	论文	三等奖
6	Testing the moderating effects of toolkits and user communities in personalization: The case of social networking service	王永贵等	第七届高等学校科学研究优秀成果奖（人文社会科学）	教育部	论文	三等奖
7	The Effect of Attribute Alignability on Service Evaluation: The Moderating Role of Uncertainty	孙瑾等	第七届高等学校科学研究优秀成果奖（人文社会科学）	教育部	论文	三等奖
8	信心比黄金更重要？——关于投资者不确定性感受和资产价格的理论分析	吴卫星 付晓敏	第七届高等学校科学研究优秀成果奖（人文社会科学）	教育部	论文	三等奖
9	中国制造业集聚与对外贸易：微观经济视角的分析	邓慧慧	第七届高等学校科学研究优秀成果奖（人文社会科学）	教育部	著作	三等奖
10	中国制造业国际竞争力研究——基于机电产业的实证分析	张军生	2014/2015 年度商务发展研究成果奖	商务部	著作	二等奖
11	上市公司为什么要退市——基于盛大互动和阿里巴巴的案例研究	祝继高 隋　津 汤谷良	2014/2015 年度商务发展研究成果奖	商务部	论文	三等奖
12	是“腾笼换鸟”还是“隐性冠军”——加工贸易企业转型升级路径多案例研究	杨震宁 范黎波 李东红	2014/2015 年度商务发展研究成果奖	商务部	论文	三等奖
13	中国所涉自贸区原产地规则与相关问题研究	徐进亮 丁长影	2014/2015 年度商务发展研究成果奖	商务部	著作	三等奖
14	欧债危机背景下的欧元区：理论根源、宏观政策冲突与货币区前景	蔡彤娟	2014/2015 年度商务发展研究成果奖	商务部	著作	优秀奖
15	低碳经济条件下我国对外经济贸易发展研究——基于国际竞争优势理论	李　丽	2014/2015 年度商务发展研究成果奖	商务部	著作	优秀奖
16	中国外商投资发展报告（2014）——新一轮改革开放下的外商投资	杨立强 王丽丽 桑百川 李玉梅 太　平 等 28 人	2014/2015 年度商务发展研究成果奖	商务部	著作	优秀奖
17	开放经济条件下外资进入对中国流通企业的影响	陈福中 刘向东	2014/2015 年度商务发展研究成果奖	商务部	论文	优秀奖

续表

序号	成果名称	主要作者	奖项名称	颁奖单位	成果形式	获奖等级
18	区域服务贸易自由化分析与评估	周念利	2014/2015 年度商务发展研究成果奖	商务部	著作	优秀奖
19	美元过度特权、经济暗物质与全球治理变革	丁志杰 谢　峰	2014/2015 年度商务发展研究成果奖	商务部	论文	优秀奖

特等奖、一等奖成果简介

《中国企业转型升级若干问题的调研报告》
（调研报告）

对外经济贸易大学　林汉川等

企业管理出版社　2013 年出版

该报告聚焦中国企业转型升级战略中提升企业国际化经营与中小企业竞争力两项重大问题，通过调查研究，撰写了 15 篇对我国企业转型升级具有前瞻性战略性和针对性可操作性的调查研究报告。其中第一部分包括中国工业绿色转型的国际经验借鉴与发展策略；当前我国外商直接投资方式的新变化及对策；加快改善我国企业不合理出口贸易结构选择与对策建议；我国企业对外直接投资绩效影响因素与战略选择；当前国外对华贸易壁垒的新趋势和应对措施；我国机床企业通过海外并购促进产品升级的新鲜经验及其推广策略；外资侵蚀我民族品牌加剧与民族产业发展需予支持的调研报告；国际品牌成长驱动因素实证研究等内容。第二部分主要包括我国小微企业面临的严峻困境及战略转型；珠三角中小企业国际化经营环境影响因素与对策；发展“新三板”市场创建我国高技术企业融资新平台；完善中小企业集合债融资创新模式；创新与完善小额贷款公司破解小微企业融资难；发展融资租赁促进中小企业转型升级；中小型房地产企业面临风险与应对策略等内容。该调研报告已被多位中央领导批示或被相关部门所采纳，为“推动我国企业转型升级，提升国际竞争力”这一重大战略决策提供了高质量的智力支持，为政府决策提供了创新性的政策思路与解决方案。

林汉川，1949 年 2 月生，经济学博士，博士生导师，享受国务院政府津贴专家。现任对外经济贸易大学校长顾问、特级教授、校学术委员会副主任、校学位委员会副主任、中小企业研究中心主任、北京企业国际化经营研究基地首席专家；兼任中国工业经济学会副理事长、中国企业管理研究会常务理事、中国商业联合会专家委员等职。已公开发表论文 200 多篇，出版专著教材 20 多部，其中在《中国社会科学》、《经济研究》、《管理世界》等权威期刊发表 80 多篇；已主持或完成 11 项国家级项目，其中国家社会科学基金 4 项（含重大项目 1 项）、国家自然科学基金 7 项（含重点项目 2 项）、教育部重大课题攻关项目 1 项；获得教育部高等学校科学研究优秀成果奖一等奖、北京市委市政府哲学社会科学优秀成果奖一等奖、孙冶方经济科学奖、蒋一苇企业改革与发展学术基金优秀著作奖、武汉市政府社科优秀成果一等奖、湖北省政府人文社科二等奖、商务部优秀成果二等奖，以及国家级优秀教学成果二等奖、北京市政府优秀教学成果一等奖、全国教学科学优秀成果奖等省部级以上科研与教学奖励 24 项；有多篇研究报告得到中央领导批示，或被国家社科基金《成果要报》采用。

（对外经济贸易大学科研处供稿）

中国传媒大学

序号	成果名称	主要作者	奖项名称	颁奖单位	成果形式	获奖等级
1	政治传播：历史、发展与外延	段　鹏	第七届高等学校科学研究优秀成果奖（人文社会科学）	教育部	专著	一等奖
2	故事的可能性与话语的可能性——以张黎“史诗剧”为例	卢　蓉	第四届飞天电视剧优秀评论	国家新闻出版广电总局、中国电视艺术委员会	论文	一等奖

续表

序号	成果名称	主要作者	奖项名称	颁奖单位	成果形式	获奖等级
3	近年影视剧创作的人学反思	杨　杰	第四届飞天电视剧优秀评论	国家新闻出版广电总局、中国电视艺术委员会	论文	二等奖
4	有质感的表达——电视剧《北平无战事》影像解析	杨荣誉	第四届飞天电视剧优秀评论	国家新闻出版广电总局、中国电视艺术委员会	论文	三等奖

特等奖、一等奖成果简介

《政治传播：历史、发展与外延》（专著）

中国传媒大学　段鹏

中国传媒大学出版社　2011年11月出版

本书首先从中国古代以及西方早期的政治传播活动入手，梳理了政治传播学诞生与发展的历史沿革，以及在新时期新媒体技术不断革新、全球化不断扩张的时代背景对政治传播学发展的影响。其次，从政治传播的基本定义出发，在政治说服、政治修辞、政治沟通等三方面做出了阐释。并对政治传播的特征以及政治传播的重要性进行了分析和总结。对政治传播的发展历程进行了梳理，并对其未来的发展方向做出了展望。再次，从政治传播与大众传播的关系出发，对政治传播中的大众传播、大众传播中的政治内容，二者互相渗透的现象作出了阐述。分析研究了政治传播行为主体与代理人，并对政治传播与大众传媒的互动带来的双向影响进行了分析。着重分析了政治传播带来的效果，围绕控制分析、内容分析、媒介分析、受众分析等四个方面展开，并就如何对政治传播效果进行评估做出了说明。最后，本书对我国政治传播与政府传播的媒介进行了分析，具体包括印刷媒介、国际广播、电视、通讯社、互联网络等五个渠道，并就各类媒介的特征及其发展状况进行了详尽的说明。

本书对政治传播学这一新闻传播学科中的新兴领域做出了系统化的阐述，在国内政治传播研究领域首次使用焦点小组访谈法并发掘使用了一手的独家访谈资料与大量新闻传播史上的典型事例。全书理论性与实用性兼备，提出的观点被国内各类书刊大量引用，为我国政治传播学的发展作出了重要的总结，具有相当的理论价值与现实意义。此著作相关成果产生了一篇SSCI论文和三篇CSSCI论文，被国内外学者广泛引用，并于2014年获北京市哲学社会科学优秀成果一等奖。

段鹏，男，北京人，1974年12月生。1993年9月进入北京广播学院电视系（新闻系）学习。1997年6月获免试硕士生资格并参加工作，1998年在北京广播学院攻读新闻理论硕士，2000年6月正式留校任教。现任校学术委员会委员。校传播专业委员会主任、文科科研处处长、移动互联与社会化媒体研究中心主任、教授、博士生导师。系国家有突出贡献中青年专家、百千万人才工程国家级人选、教育部新世纪优秀人才支持计划入选者、北京市四个一批理论人才入选者。同时兼任国际传播学会ICA会员、中国记协特邀理事、中国新闻奖评委、中宣部特聘外宣专家、教育部信息化工作委员会理事、国家社科基金评委、国家留学基金委评审专家，以及北京大学、南京大学等7所国内知名高校兼职教授或特邀研究员，北京市青联委员。CSSCI期刊《网络传播研究》编委、英文期刊*Global Media and China*联合主编。

段鹏教授主持了2项国际合作项目和22项国家级、省部级及大型企事业单位横向课题，其中包括主持国家社科基金后期资助项目、国家社科基金重点项目、教育部人文社科基地重大项目、教育部新世纪优秀人才支持计划项目、教育部人文社科青年项目、国家广电总局人文社科项目、北京市优秀人才支持项目、欧盟、世界银行与中国政府合作中欧天然林保护NFMP项目等重大项目。累计发表学术论文90余篇（含英文9篇，SSCI 2篇，CSSCI 82篇），科研成果400余万字，其中专著10部（含英文专著一部）、教材4部、与人合著4部、合译1部。获教育部第七届高等学校科学研究优秀成果奖（人文社会科学）（2015年）一等奖，北京市第十三届哲学社会科学优秀成果奖（2014年）一等奖，国家广电总局科研成果一等奖两次、三等奖一次，中广协会优秀成果一等奖两次、二等奖一次。

（中国传媒大学文科科研处供稿）

中国农业大学

成果名称	主要作者	奖项名称	颁奖单位	成果形式	获奖等级
Internal Migration and Left-behind Populations in China	叶敬忠	第七届高等学校科学研究优秀成果奖（人文社会科学）	教育部	论文	三等奖

（中国农业大学科学技术发展研究院张红伟供稿）

中国地质大学

序号	成果名称	主要作者	奖项名称	颁奖单位	成果形式	获奖等级
1	新民主主义革命时期中国精神的历史发展及其主要特征	杨峻岭	首都大学生思想政治教育优秀成果	北京市教委、首都大学生思想政治教育研究中心	论文	二等奖
2	全面理解爱国主义的科学内涵	吴潜涛 杨峻岭	第七届高等学校科学研究优秀成果奖（人文社会科学）	中华人民共和国教育部	论文	二等奖

［中国地质大学（北京）科技处供稿供稿］

北京交通大学

序号	成果名称	主要作者	奖项名称	颁奖单位	成果形式	获奖等级
1	北京市轨道交通司机安全性评价与管理研究	叶　龙	第七届高等学校科学研究优秀成果奖（人文社会科学）	教育部	研究报告	二等奖
2	综合交通运输体系研究——认知与建构	荣朝和	第七届高等学校科学研究优秀成果奖（人文社会科学）	教育部	著作	三等奖
3	集约型城镇化与我国交通问题研究	赵　坚	第七届高等学校科学研究优秀成果奖（人文社会科学）	教育部	论文集	三等奖
4	文化资本论（海外版）	皇甫晓涛	第七届高等学校科学研究优秀成果奖（人文社会科学）	教育部	著作	三等奖
5	新能源汽车产业技术创新与示范运行研究	刘颖琦	2014年度能源软科学研究优秀成果奖	国家能源局	研究报告	二等奖
6	境外资本进入中国传媒市场——行为、影响与政策	闻　学	2014、2015年度商务发展研究成果奖	商务部	著作	三等奖

（北京交通大学社科处李敏供稿）

首都师范大学

序号	成果名称	主要作者	奖项名称	颁奖单位	成果形式	获奖等级
1	中国诗歌通史	赵敏俐　吴思敬 李炳海　钱志熙 吴相洲　韩经太 张　晶　左东岭 王小舒　王光明 梁庭望等	第七届高等学校科学研究优秀成果奖（人文社会科学）	教育部	著作奖	一等奖
2	北魏政治史	张金龙	第七届高等学校科学研究优秀成果奖（人文社会科学）	教育部	著作奖	二等奖
3	汉代监狱制度研究	宋　杰	第七届高等学校科学研究优秀成果奖（人文社会科学）	教育部	著作奖	二等奖

续表

序号	成果名称	主要作者	奖项名称	颁奖单位	成果形式	获奖等级
4	中国近现代教科书史	石鸥 吴小鸥 方成智 张增田 段发明 石玉	第七届高等学校科学研究优秀成果奖（人文社会科学）	教育部	著作奖	二等奖
5	大学生诚信伦理研究	王淑芹 曾令辉 张鸿燕 杜凡 向征 常建勇等	第七届高等学校科学研究优秀成果奖（人文社会科学）	教育部	著作奖	三等奖
6	甲骨拼合续集	黄天树 刘影 王子杨 莫伯峰	第七届高等学校科学研究优秀成果奖（人文社会科学）	教育部	著作奖	三等奖
7	自由摹状词理论研究	冯艳	第七届高等学校科学研究优秀成果奖（人文社会科学）	教育部	著作奖	三等奖
8	内生与杂糅视野下的古埃及文明起源	金寿福	第七届高等学校科学研究优秀成果奖（人文社会科学）	教育部	论文类	三等奖
9	清末预备立宪研究	迟云飞	第七届高等学校科学研究优秀成果奖（人文社会科学）	教育部	著作奖	三等奖
10	古典民主与共和传统（上下卷）	晏绍祥	第七届高等学校科学研究优秀成果奖（人文社会科学）	教育部	著作奖	三等奖

特等奖、一等奖成果简介

《中国诗歌通史》

首都师范大学　赵敏俐、吴思敬主编

人民文学出版社　2012 年 6 月出版

该成果共计 11 卷，分别是先秦卷、汉代卷、魏晋南北朝隋代卷、唐五代卷、宋代卷、辽金元卷、明代卷、清代卷、现代卷、当代卷和少数民族卷，每卷 70 多万字，总字数约 819 万。它是迄今为止第一部贯通古今、包容汉民族诗歌和各少数民族诗歌、兼及港澳台诗歌的多卷本的大型“中国诗歌通史”。

该通史叙述的范围包括古今中国各民族所有诗歌文体。作为中华民族最先发展起来的文学艺术形式，它与民族的历史同样漫长久远。据此，该通史将中国诗歌按历史发展分为 10 卷，再增列少数民族诗歌 1 卷。每一卷内部同样按照历史时期诗歌发展的时间线索，分别对诗、词、曲等各类诗体的发展演变过程进行详细的描述，综合展现中华民族诗歌的总体风貌。

第一，该通史以汉民族诗歌为主体，兼顾历史上各少数民族诗歌，从多民族融合的角度探讨了中国诗歌发展的内在规律。第二，该通史采取广义的诗歌概念，包容汉语诗歌中的诗、词、曲，少数民族的史诗、抒情诗、宗教祭祀诗等各类诗体，并以其发展变化为经，全面展示中国诗歌体式的丰富多样，揭示其内在发展规律。第三，打通古今诗歌界限，建立古今贯通的诗歌史观。第四，站在世界文化的立场上揭示中国诗歌的艺术本质，阐释其民族文化特征。第五，在坚持共同目标的基础上发挥每一位撰写者的特长，在充分吸收学界最新学术成果的前提下突出学术个性，开掘新的研究领域，在诸多诗歌史问题上提出了自己的新见。在以上五点基础之上，该通史建立了一个以“通”字为标志的诗歌史观。其要义包括两个方面，一是“通古今之变”，二是“观中西之别”。

该成果立意高远，规模宏大，内容丰富，锐意创新。它的完成，将为学习研究中国古代诗歌、弘扬优秀的传统文化、向世界各国介绍辉煌灿烂的中华文化做出重要贡献。本成果原为国家社会科学基金重点项目，在 2011 年结项时，受到专家的高度评价，全国哲学社会科学规划办 2012 年 1 月 16 日在《光明日报》“甘露无声润学林——2011 年国家社科基金项目成果综述”一文中，将本成果作为 2011 年度全国哲学社会科学年度最代代表性成果予以介绍，称其为“它折射出 2011 年国家社科基金项目成果的亮丽风景。”2013 年本成果获得政府出版奖提名奖。2014 年，本成果获得了由岳麓书院、凤凰网、凤凰卫视联合主办的“首届全球华人国学大典国学成果奖”。同年又获得了北京市第十三届哲学社会科学优秀成果特等奖。

赵敏俐，男，1954年生，文学博士，内蒙古赤峰市人。现为首都师范大学文学院教授、博士生导师，教育部人文社会科学重点研究基地——首都师范大学中国诗歌研究中心主任，国家级重点学科中国古代文学学科带头人，首都师范大学中国国学教育学院院长，日本广岛大学客座教授。主要研究方向为中国古代诗歌、先秦两汉文学、中国古代文化。主要著作有《两汉诗歌研究》、《文学传统与中国文化》、《汉代诗歌史论》、《先秦君子风范》、《周汉诗歌综论》、《汉代乐府制度与歌诗研究》、《20世纪中国古典文学研究史》（合著）、《中国古代歌诗研究——从〈诗经〉到元曲的艺术生产史》（合著）、《中国诗歌通史》（主编兼汉代卷著者）、《中国诗歌史通论》（主编）等。

（首都师范大学社科处李志成供稿）

首都经济贸易大学

序号	成果名称	主要作者	奖项名称	颁奖单位	成果形式	获奖等级
1	北京中心城人口疏解与新城发展机制研究	赵秀池 刘欣葵	第七届高等学校科学研究优秀成果奖	教育部	专著	二等奖
2	社会组织提供公共服务的财政激励机制研究——以文化公共服务供给为例	蔡秀云	民政部2015年“中国社会组织建设与管理”理论研究部级课题	国家民间组织管理局	研究或咨询报告	三等奖
3	我国能源资源开发管理研究	吴庆玲 王建强等	2014年度能源软科学研究优秀成果奖	国家能源局	研究或咨询报告	三等奖

（首都经济贸易大学科研处李艳杰供稿）

北京工业大学

成果名称	主要作者	奖项名称	颁奖单位	成果形式	获奖等级
当代中国社会建设	陆学艺　唐　军 胡建国　赵卫华 李君甫　李晓婷	第七届高等学校科学研究优秀成果奖（人文社会科学）	教育部	著作	一等奖

（北京工业大学科发院人文处张爱民供稿）

中国青年政治学院

成果名称	主要作者	奖项名称	颁奖单位	成果形式	获奖等级
宪法权力解读	马　岭	教育部第七届高等学校科学研究优秀成果奖（人文社会科学）	教育部	专著	三等奖

（中国青年政治学院科研处供稿）

国家发展和改革委员会宏观经济研究院

序号	成果名称	奖项名称	主要作者	承担单位	成果形式	获奖等级
1	我国春运有关问题研究	2014年度国家发展和改革委员会优秀研究成果奖	樊一江等	综合运输研究所	研究报告	二等奖
2	我国工业发展的阶段性变化研究	2014年度国家发展和改革委员会优秀研究成果奖	付保宗等	产业经济与技术经济研究所	研究报告	二等奖
3	2020年我国温室气体控制目标实现路径和相应配套措施研究	2014年度国家发展和改革委员会优秀研究成果奖	康艳兵等	能源研究所	研究报告	二等奖

续表

序号	成果名称	奖项名称	主要作者	承担单位	成果形式	获奖等级
4	地方政府债务融资可持续性研究	2014年度国家发展和改革委员会优秀研究成果奖	林勇明等	投资研究所	研究报告	三等奖
5	重大决策社会稳定风险评估研究	2014年度国家发展和改革委员会优秀研究成果奖	顾　严等	社会发展研究所	研究报告	三等奖
6	我国城市群发展研究	2014年度国家发展和改革委员会优秀研究成果奖	汪阳红等	国土开发与地区经济研究所	研究报告	三等奖
7	转变经济发展方式与深化改革研究	2014年度国家发展和改革委员会优秀研究成果奖	俞建国等	经济研究所	研究报告	三等奖
8	人民币国际化战略和实施路径	2014年度国家发展和改革委员会优秀研究成果奖	张岸元等	经济研究所	研究报告	三等奖

（国家发展和改革委员会宏观经济研究院丁刚供稿）

北京市档案局

序号	成果名称	主要作者	奖项名称	颁奖单位	成果形式	获奖等级
1	北京市不动产登记档案集约化管理模式研究	程建华 赖俊峰 王英玮 张猛等	国家档案局优秀科技成果奖	国家档案局	研究报告、规范性文件	二等奖
2	北京市住房城乡建设系统行政审批档案管理规范化研究	潘世萍 张　静 崔晓婧 曾佳等	国家档案局优秀科技成果奖	国家档案局	研究报告、智能化系统	三等奖

（北京市档案局科教处胡晓燕供稿）

·学术活动·

概　述

本栏目记述2015年度北京地区哲学社会科学各大学科的重要学术活动简况，包括国内和国际的理论研讨会、纪念座谈会、学术年会、学术论坛、学术报告会、学术讲座以及调查研究、社科普及活动等学术活动。简介包括活动主题、主办协办单位、参与单位、主要出席人士、主要观点、主要成果等内容。

马克思主义　科学社会主义

马克思主义学院博士生高峰论坛　1月9日，中国社会科学院首届“马克思主义学院博士生高峰论坛”在京举行。中国社会科学院院长、党组书记、中国社会科学院马克思主义学院院长王伟光出席论坛开幕式，并作了题为“坚持马克思主义，发展马克思主义，不断推进马克思主义中国化”的报告。论坛旨在通过对马克思主义理论和中国发展研究前沿课题的深入探讨，提高博士生的理论水平以及分析和解决实际问题的能力，从而有效地提高全国马克思主义理论专业博士生的学术能力和水平。

（中国社会科学院办公厅刘玉杰供稿）

马克思主义与中国发展论坛前沿问题研讨会　3月13日，由北京工业大学马克思主义学院钱伟量教授发起并主持的“马克思主义与中国发展论坛”在北京工业大学人文楼举行。马克思主义学院李东松院长、丁云副院长及各教研室教师和马克思主义理论专业研究生共15人参加了研讨会。他首先就举办研讨会的目的、研讨方式、研讨规则、研讨问题和结构做了说明，尔后提出了对马克思主义理论体系的整体性理解，组织与会者并就马克思主义理论体系中诸多关键性的重要理论问题展开了研讨。会后创建了“北京工大马克思主义论坛”微信群，作为论坛前沿问题研讨的延伸平台，便于师生在线开展深入研讨。

前沿问题研讨会是马克思主义学院主办的“马克思主义与中国发展论坛”的一种学术交流形式。举办该研讨会是深入探讨马克思主义理论难题和重大现实问题，开展思想政治理论课教学内容改革，推进马克思主义学院师资队伍建设的一种尝试，今后将两周举办一次（一般定在双周二上午8：00—9：30）。讨论会将在坚持马克思主义基础上，本着价值导向和学术导向并重、自愿和相互尊重等原则，围绕理论和现实中的重大问题深入开展连续的、有计划的专题研讨，逐步构建促进教学、科研的教师和专业研究生学术共同体，积极推动北京工业大学马克思主义理论学科建设，提升思想政治理论课教育教学质量。

（北京工业大学科发院人文处张爱民供稿）

第五届列宁学论坛　3月14日，第五届列宁学论坛暨《系统改革论——列宁遗嘱·苏联模式·中国道路》出版座谈会举办。此书作者系全国列宁思想研究会会长、北京大学哲学系教授王东。会议围绕“列宁思想的生长点和争论焦点”“《系统改革论》的学术探讨”和“列宁思想研究会发展探讨”三大议题展开讨论。来自中央编译局、中央党校、中国社会科学院、北京大学、中国人民大学等学术机构的20余位国内专家学者参会，作为教育部哲学社会科学重大委托项目“马克思主义哲学基本理论与现实问题研究”的最新成果，《系统改革论》一书昭示了“列宁遗嘱—苏联模式—中国道路”三大有机层次，全面系统地研究了历史文献和新解密的历史档案，最后落脚到中国道路，直面马克思列宁主义遇到的新挑战，为全面深化改革战略探寻理论源头、对象和发展思路。

（北京大学社会科学部供稿）

“四个全面”与中国特色社会主义理论研讨会 3月26日，中国特色社会主义研究杂志社召开2015年度编委会暨“四个全面”与中国特色社会主义理论研讨会，市社科联党组书记、杂志社社长、编委会主任韩凯，市社科联党组副书记、杂志主编、编委会副主任孟春利出席会议并讲话，陈之昌、闫志民等15位编委参加会议研讨交流。会议由杂志副主编李翠玲主持。

会议听取和审议了杂志2014年工作汇报和2015年选题意见。2014年，《中国特色社会主义研究》杂志高举中国特色社会主义伟大旗帜，坚持以邓小平理论、“三个代表”重要思想、科学发展观为指导，深入贯彻落实党的十八大、十八届三中和四中全会精神，学习贯彻习近平总书记系列重要讲话精神，坚持导向意识、责任意识、问题意识和受众意识，明晰定位特色，加强选题策划，设置重点栏目，组织理论研讨会，编发优质文章，充分发挥政策解读与引领社会思潮，开展学术讨论交流，提出、分析与解决问题和社会科学理论研究成果展示功能，进一步提升杂志的权威性、公信力和影响力，保持了优秀核心期刊学术水准。2015年杂志重点选题策划，在选题内容上侧重思想的原创性和问题导向，坚持学术研究为本，基础理论创新与现实重大问题研究并重，着眼于科学性、思想性、创新性。选题既有国家改革、社会发展的主导方向，同时也有基础理论研究的突破点，在一定程度上折射出现实社会变革中的焦点问题和深层问题。与会编委们对杂志2014年取得的成绩给予了充分肯定，并对杂志2015年选题以及如何提升杂志质量、影响提出意见和建议。

与会编委们围绕“四个全面”与中国特色社会主义主题展开热烈讨论。大家一致认为，“四个全面”战略思想和战略布局，深刻回答了党和国家发展的深层次理论和现实问题，是推进中国特色社会主义事业的战略指引，是坚持和发展中国特色社会主义道路、理论、制度的战略抓手。坚持和发展中国特色社会主义是“四个全面”战略布局的出发点。“四个全面”战略布局立足于社会主义初级阶段的基本国情，面向中国特色社会主义发展的现实需要，坚守人民群众对美好生活的向往和期盼，着力于推动解决改革发展稳定的突出矛盾和问题，确立了新形势下党和国家各项工作的战略方向、重点领域、主攻目标，是对中国特色社会主义规律的新认识。希望杂志能够围绕深刻认识中国特色社会主义事业与“四个全面”战略布局的关系，把握“四个全面”战略布局的内在联系、深刻意涵及其重大意义等重大理论问题进行深入研究宣传。

韩凯在讲话中充分肯定杂志2014年取得的成绩，对一年来编委们对杂志的支持和帮助表示感谢，真诚希望各位专家对杂志的发展和工作提出意见和建议。

孟春利代表杂志社感谢编委们长期以来对杂志的关心、支持和指导，要求编辑部对编委们提出的意见和建议进行认真梳理，深入研究，落实措施，不断提高刊物的质量和水平，更好地服务学者，推介学术研究成果。

（中国特色社会主义研究杂志社供稿）

中国特色社会主义理论体系研究学术研讨会 4月2日，中国特色社会主义研究杂志社与中国人民大学马克思主义学院联合主办了“中国特色社会主义理论体系研究”学术研讨会，来自中国人民大学、中央民族大学、对外经贸大学、北京市社会科学院等近20名专家学者参加了会议。与会专家学者围绕中国特色社会主义理论体系的逻辑结构、经济新常态、社会主义核心价值观的培育和弘扬、党的理论创新成果与话语体系建设研究、全面从严治党的内涵和特点、马克思主义中国化的主体等问题进行了热烈讨论。与会学者一致认为，中国特色社会主义理论体系研究要有学理性、前瞻性、现实性，适应经济全球化、信息化的时代特征，取得创新性的成果，为中华民族的复兴提供理论支撑。

（中国特色社会主义研究杂志社供稿）

时代、霸权与历史虚无主义学术研讨会 4月3日，由中国社会科学院世界社会主义研究中心和社科文献出版社共同举办的“时代、霸权与历史虚无主义”学术研讨会在京举行，张全景、汝信、沙健孙、李慎明、张国祚等专家学者，以及有关部委和科研机构的学者百余人出席会议，共同研讨世界社会主义发展的历程与时代主题。会议同时发布了《2014—2015世界社会主义黄皮书》（简称黄皮书）和《世界社会主义小丛书（第三辑）》（简称小丛书）。黄皮书是该系列的第十一本，对当今世界范围的社会主义思潮、理论、运动与制度作了多视角、深层次的研究讨论，反映了世界社会主义研究领域的最新发展动态。小丛书共计10本，包括刘国光的《中国经济体制改革的方向问题》、有林等的《抽象的人性论剖析》、侯惠勤的《中国道路和中国模式》、顾玉兰的《列宁帝国主义论及其当代价值》、刘淑春的《俄罗斯联邦共产党二十年》等。

（参见《光明日报》2015年4月5日第3版）

学习贯彻“四个全面”战略布局理论座谈会 4月13日，由国防大学中国特色社会主义理论体系研究中心、科研部与解放军报社共同举办的“学习贯彻‘四个全面’战略布局理论座谈会”在国防大学召开。会议围绕“四个全面”战略布局的重大意义、深刻内涵、对国防和军队建设的指导作用等进行了深入研讨交流。国防大学校长张仕波、国防大学政委刘亚洲、国防大学副校长毕京京、解放军报社副总编辑林乘东、总政治部宣传部理论教育局局长毛乃国以及来自全军部队院校的有关专家学者40余人出席会议。

刘亚洲在致辞中强调，“四个全面”战略布局是习主席治国理政思想的集中体现，是马克思主义中国化的重大创新成果，是实现“两个一百年”奋斗目标和中华民族伟大复兴的大战略。协调推进“四个全面”，一定能加快中华民族伟大复兴的历史进程，再创中华民族繁荣发展的新辉煌。与会代表一致认为，“四个全面”战略布局既是对全面建成小康社会的科学规划和整体统筹，又是坚持和发展中国特色社会主义的关键环节和战略步骤。“四个全面”战略布局既是治国理政的总方略、路线图，也是强军兴军的根本指导思想。国防和军队建设是“四个全面”战略布局的重要组成部分，强军兴军只有立起“四个全面”精神旗帜和战略总纲，以与时俱进的精神旗帜引领强军发展、以使命在肩的担当品格夯实强军基础、以敢涉险滩的改革精神破解强军难题，才能筑牢强军兴军的稳固基础，不断推动强军目标落地生根。在学习贯彻“四个全面”的热潮中，部队官兵要标准更高、走在前列，坚持用胜战能力为全面建成小康社会护航，打赢“保卫战”；坚持用忠诚品质为全面深化改革开路，打赢“攻坚战”；坚持用法治信仰为全面依法治国筑基，打赢“持久战”；坚持用清正形象为全面从严治党立威，打赢“防御战”。

（参见《光明日报》2015年4月14日第3版）

中国特色社会主义道路、理论、制度学术研讨会 4月16日，中国特色社会主义研究杂志社与北京师范大学马克思主义学院联合主办了“中国特色社会主义道路、理论、制度”学术研讨会，来自北京师范大学、沈阳师范大学、南昌大学、贵州师范大学等高校的近20名专家学者参加了研讨会。与会专家围绕四个全面与中国特色社会主义理论与实践创新、中国经济发展新常态、全面深化改革与中国特色社会主义制度建设、全面依法治国与提升国家治理能力、全面从严治党与加强理想信念教育、马克思主义理论与当代中国经济社会重大问题、中华优秀传统文化与社会主义核心价值观、马克思主义中国化时代化大众化、中华民族伟大复兴的历史进程与基本经验、纪念抗日战争胜利70周年等问题进行了讨论。与会专家学者也对杂志选题策划、版块设计、作者队伍建设等方面提出了意见和建议。

（中国特色社会主义研究杂志社供稿）

坚持和发展中国特色社会主义学术研讨会 4月20日，中国特色社会主义研究杂志社与中国人民大学马克思主义学院联合主办了坚持和发展中国特色社会主义学术研讨会，来自中国人民大学、中央民族大学、对外经济贸易大学、北京市社会科学院等近20名专家学者参加了会议。与会专家学者围绕中国特色社会主义理论体系的逻辑结构、全面深化改革与坚持中国特色社会主义道路、社会主义核心价值观的培育和弘扬、关于经济新常态的认识和把握、马克思主义中国化的主体构建、当代中国哲学社会科学话语体系 、新媒体时代马克思主义大众化传播、大数据时代国家治理能力建设、信息化发展对党的组织建设影响、全面从严治党的内涵和特点等问题进行了讨论。

（中国特色社会主义研究杂志社供稿）

“一带一路”战略与中国第五次崛起院长论坛 4月29日，由北京市社会科学院经济所承办的2015年第2期院长论坛在院二层报告厅成功举办。本次论坛由赵弘副院长主持，由清华大学李希光教授主讲，报告题目为"'一带一路'战略与中国第五次崛起"。谭维克院长、许传玺副院长及全院科研人员、机关干部等参加了论坛。李希光结合多年来实地考察的体会，从丝绸之路的历史渊源、概念内涵、新丝绸之路六大廊道、新丝绸之路上的大国博弈等方面介绍了"一带一路"发展战略的重大意义及"一带一路"与中国第五次崛起的关系。李希光的报告视野开阔，信息量丰富，材料鲜活，运用大量的数据、图表、照片及实地考察的材料，从地缘政治、经济、文化、历史、民族等多角度阐述了"一带一路"发展战略实施的重要性和艰巨性，有利于全院科研人员全面和深入了解"一带一路"发展战略问题。

（北京市社会科学院科研处供稿）

马克思主义理论学科前沿问题报告会 5月27日，教育部社科司副司长徐艳国应邀到清华大学马克思主义学院作题为"马克思主义理论学科前沿问题"的专题报告，学院院长艾四林主持报告会。徐艳国阐述了当前我国马克思主义理论学科建设和发展中的十个前沿问题，即马克思主义理论学科各二级学科的科学内涵、学科边界、核心课程、功能定位和人才培养问题；马克思主义理论学科本科生、硕士研究生和博士研究生培养的贯通问题；马克思主义理论学科的话语权建设问题；马克思主义理论学科的学科自觉和自信问题；以中国化的马克思主义审视、理解当代世界的问题；思想政治理论课建设规律的研究问题；加强对错误思潮批判研究的问题；网络思想政治教育研究的问题；思想政治教育的环境形态问题；思想政治教育的管理体系、治理体系和治理能力的问题。此外，徐艳国副司长还谈到了思想政治教育的法治化建设、思想政治教育的制度执行等问题。徐艳国在报告中既指出了马克思主义理论学科建设和发展所取得的成就及存在的问题，也对马克思主义理论学科的长远发展和规划提出了意见和建议，既有基于思考和研究的理论深度，又紧密联系教育教学的现实。

（清华大学文科建设处刘金梅供稿）

纪念《愚公移山》发表七十周年座谈会 6月6日，由中共中央党校中共党史教研部、光明日报理论部、中共济源市委联合主办的"学习习近平总书记系列重要讲话弘扬愚公移山精神暨纪念毛泽东同志《愚公移山》发表70周年座谈会"在北京召开。与会代表回顾毛泽东同志发表《愚公移山》一文的背景、影响和意义，系统学习习近平总书记有关愚公移山精神的重要讲话，并对如何在新形势下继承和弘扬愚公移山精神展开研讨。

中央马克思主义理论研究和建设工程咨询委员会主任、中共河南省委原书记徐光春在致辞中指出，1945年6月，毛泽东同志以《愚公移山》为题作了党的七大闭幕词，赋予了愚公移山这个寓言故事以新的内涵和时代精神。从此，愚公移山精神成为我们党团结带领全国人民战胜一切艰难险阻、从胜利走向胜利的强大思想引领。党的十八大以来，习近平总书记在不同场合多次强调要继续弘扬愚公移山精神。当前，全国上下正在致力于全面建成小康社会、实现中国梦的伟大事业，这要求我们大力弘扬愚公移山精神，以新状态迎接新挑战，以新能力引领新常态，以新作为开拓新局面。为此，要保持战略定力，咬住青山不放松；要增强创新意识，开拓进取求突破；要强化优良作风，务实重干勇担当；要敢于不怕牺牲，在浴火中求重生；要排除千难万险，去争取新的胜利；要坚定必胜信念，实现伟大中国梦。

中央党校副校长黄浩涛，光明日报总编辑何东平，中共河南省委常委、宣传部部长赵素萍，河南省济源市委书记王宇燕先后致辞。求是杂志社社长李捷，中央文献研究室副主任陈晋，中央党校原副校长李君如，教育部社科中心主任王炳林，中央宣传部思想政治工作研究所副所长戴木才，河南省社科院副院长刘道兴，北京大学马克思主义学院教授郭建宁，清华大学马克思主义学院院长艾四林，中国人民大学马克思主义学院党委书记、副院长杨凤城，北京师范大学马克思主义学院院长王树荫先后发言。大家认为，伟大的事业需要崇高的精神，崇高的精神推动伟大的事业。当前，我们正面临着前所未有的困难和挑战，全面建成小康社会进入关键期，全面深化改革进入攻坚期，全面依法治国进入爬坡期，全面从严治党进入深入期。面对纷繁复杂的国际形势和艰巨繁重的改革发展任务，我们要继续发扬愚公移山精神，坚定中国特色社会主义道路自信、理论自信、制度自信，直面矛盾、正视困难，破关夺隘、攻坚克难，引领中国人民全面建成小康社会、全面深化改革、全面依法治国、全面从严治党，努力开创中国特色社会主义发展新局面，为实现"两个一百年"宏伟目标和中华民族伟大复兴的中国梦而努力奋斗。

中央党校副校长赵长茂、中央组织部干教局副巡视员程霜枫、光明日报理论部主任李向军出席座谈会，中央党校中共党史教研部主任谢春涛主持座谈会。

（参见《光明日报》2015 年 6 月 8 日第 3 版）

学习习近平总书记 6 · 12 重要讲话暨纪念陈云同志诞辰 110 周年座谈会　6 月 14 日，中国社会科学院和中华人民共和国国史学会的陈云与当代中国研究中心在北京联合举办“学习习近平总书记 6 · 12 重要讲话暨纪念陈云同志诞辰 110 周年座谈会”。全国政协副主席、陈云的长子陈元出席会议并致辞。中央军委原副主席迟浩田上将，解放军总后勤部政委、刘少奇之子刘源上将，毛泽东之女李敏，邓小平之女邓榕，任弼时之女任远征，周恩来侄女周秉德，解放军装备学院原副院长、朱德的外孙刘建少将等多位老一辈党和国家领导人的后代出席会议。国史学会顾问、中共中央组织部原部长张全景和国防大学原副政委李殿仁在会上讲了话。出席会议的还有原轻工业部部长杨波，国史学会顾问、国家安全部原部长许永跃和求是杂志社原总编辑有林，中共中央文献研究室原常务副主任杨胜群，陈云与当代中国研究中心副理事长、中央党史研究室原副主任张启华和中央纪委驻中国科学院纪检组原组长王庭大，中央纪委驻文化部纪检组原组长李洪峰，以及中国曲艺家协会名誉主席罗扬。会议由国史学会常务副会长、中国社会科学院原副院长、当代中国研究所原所长朱佳木主持。

出席座谈会的有中共中央文献研究室、陈云纪念馆、中国社会科学院当代中国研究所国史学会的专家学者，以及陈云亲属、媒体记者和有关工作人员共计 60 余人。

（中国社会科学院办公厅刘玉杰编辑，
当代中国研究所国史学会供稿）

学习习近平同志重要讲话　纪念陈云同志诞辰 110 周年学术研讨会　6 月 18 日，为深入学习贯彻习近平总书记在纪念陈云同志诞辰 110 周年座谈会上的重要讲话，中共中央文献研究室、中国中共文献研究会在京举办了“学习习近平同志重要讲话，纪念陈云同志诞辰 110 周年学术研讨会”。

全国政协副主席陈元出席研讨会并讲话。中共中央文献研究室主任冷溶，中共中央组织部原部长张全景，中共中央党校原常务副校长、全国党建研究会会长虞云耀等出席会议并发言。中央国家机关、地方有关部门、各有关高校、科研院所、军队等方面的代表和专家学者，以及陈云同志亲属代表、陈云同志原身边工作人员和老同志代表等约 100 人参加会议。

习近平总书记在 6 月 12 日纪念陈云同志诞辰 110 周年座谈会上发表了重要讲话。讲话高度评价了陈云同志的丰功伟绩和崇高品格，号召全党学习和发扬陈云同志坚守信仰的精神、党性坚强的精神、一心为民的精神、实事求是的精神、刻苦学习的精神，把老一辈革命家开创的伟大事业继续推向前进。

在研讨会上，与会同志围绕习近平总书记的重要讲话进行了深入学习交流。大家认为，习近平总书记的重要讲话，高度评价了陈云同志为党和人民事业发展作出的重大贡献，精辟概括了陈云同志五个方面的革命精神，向全党提出“五个一定要”的学习要求，强调要永远铭记老一辈革命家的历史功绩，把他们开创的伟大事业继续推向前进。讲话对于激励全党全国各族人民继承老一辈革命家的崇高风范，坚定不移把中国特色社会主义事业推向前进，具有重要指导意义。

与会同志认为，陈云同志在长达 70 年的革命生涯中，尤其是在历史关键时期的担当和作为，充分显示了一个无产阶级革命家忠诚、坚毅、襟怀坦荡的优秀品格和崇高思想境界。陈云同志之所以能够为党和国家作出突出贡献，就源于他对共产主义的坚定理想信念、为人民服务的高尚情操、实事求是的思想方法、注重调查研究的工作作风，尤其源于他极端重视在生活和工作中学习哲学，并善于运用马克思主义哲学的立场观点方法去分析问题、解决问题。

与会同志表示，陈云同志身上所体现的老一辈革命家的精神风范，是激励我们不断前进的强大精神动力。现在，历史的接力棒已经传到了我们这一代人身上。我们国家比历史上任何时期都更接近中华民族伟大复兴的目标，比历史上任何时期都更有信心、有能力实现这个目标。我们要在以习近平同志为总书记的党中央领导下，坚定不移坚持中国特色社会主义道路，坚定不移把老一辈革命家开创的伟大事业继续推向前进。

（中央文献研究室科研管理部胡昌勇供稿）

纪念刘少奇《论共产党员的修养》发表 75 周年学术研讨会　近日，由刘少奇思想生平研究会编辑的《提高党员修养是党的建设的永久性课题——纪念刘少奇〈论共产党员的修养〉发表 75 周年学术研讨会论文集》，近日由中央文献出版社出版。

该书收入了2014年11月在河南渑池举办的“党员修养与党的建设”学术研讨会的研究成果。这些成果对《论共产党员的修养》的历史地位和深远影响、思想内涵和理论价值、现实意义和指导作用等进行了深入研讨，对于深刻理解习近平总书记关于党性修养的重要论述，更加有力地贯彻执行中央关于作风建设的决策部署和深入开展“三严三实”专题教育，都具有重要参考价值。

（参见《人民日报》2015年7月9日第4版）

第六届世界社会主义论坛　10月16—17日，由中国社会科学院世界社会主义研究中心、中联部当代世界研究中心和中国文化软实力研究中心联合举行的“第六届世界社会主义论坛：话语权与领导权——‘颜色革命’与文化霸权国际学术研讨会”在北京举行。中国社会科学院院长王伟光出席大会开幕式致辞并作主旨报告。中国社会科学院原副院长、世界社会主义研究中心主任李慎明作题为“话语权与领导权的相关思考”的报告。出席会议并作大会发言的还有中组部原部长张全景、中央政策研究室原副主任郑科扬、中国社会科学院原副院长汝信、国防大学原政委赵可铭上将、国防大学原副政委李殿仁中将等。开幕式由中国社会科学院马克思主义研究院院长、党委书记邓纯东主持。

会议期间，来自中国、越南、老挝、古巴、埃及、美国、俄罗斯、英国、法国、德国等20多个国家和中组部、中宣部、中央政策研究室、中央文献研究室、中央党史研究室、中国社会科学院、中联部、中国文化软实力研究中心、中央编译局、中央党校、新华社、北京大学、清华大学、中国人民大学、复旦大学、南开大学、人民日报、光明日报、中新社、《红旗文稿》等单位的200多位专家学者出席会议。会议就“如何看待话语权与领导权”、“发展中国家怎样防范‘颜色革命’”、“西方文化霸权的危害”等议题进行了探讨。

会议由中国社会科学院世界社会主义研究中心、中联部当代世界研究中心和中国文化软实力研究中心联合举办。

（中国社会科学院办公厅刘玉杰编辑、供稿）

毛泽东诗词与中华民族伟大复兴的中国梦学术研讨会
11月2日，中国毛泽东诗词研究会在北京举办“毛泽东诗词与中华民族伟大复兴的中国梦”学术研讨会暨中国毛泽东诗词研究会第十五届年会。中央文献研究室主任、中国中共文献研究会会长冷溶，中宣部原副部长、文化部原代部长、中国毛泽东诗词研究会名誉会长贺敬之，中央文献研究室原主任、中国毛泽东诗词研究会名誉会长逄先知，中央文献研究室原主任滕文生，中国人民对外友好协会原会长陈昊苏，全国政协常委、中央文献研究室原常务副主任杨胜群，中央文献研究室副主任陈晋，中华诗词学会常务副会长李文朝，以及郑伯农、张玉凤、董学文等近百位同志出席会议并参加研讨。

冷溶同志在讲话中强调，习近平总书记《在文艺工作座谈会上的讲话》中指出：伟大事业需要伟大精神。实现“两个一百年”奋斗目标、实现中华民族伟大复兴的中国梦是长期而艰巨的伟大事业。实现这个伟大事业，文艺的作用不可替代，文艺工作者大有可为。刚刚闭幕的十八届五中全会审议通过的关于“十三五”规划的建议稿，对“加强社会主义精神文明建设，建设社会主义文化强国”提出明确具体的要求。这次年会把主题确定为“毛泽东诗词与中华民族伟大复兴的中国梦”，深入挖掘毛泽东诗词所蕴含的推进伟大事业的伟大精神，非常有意义。

冷溶同志指出，中华民族在五千多年的文明演进中，培育和发展了独具特色、博大精深的中华文化，为中华民族克服困难、生生不息提供了不竭的力量源泉。中国共产党成立以后，毛泽东同志那一代领导人，感国运之变化、立时代之潮头、发人民之呼声，把共产主义科学真理和中国传统文化相结合，为中华文化注入新的时代内涵。毛泽东诗词，是革命浪漫主义和革命现实主义的完美结合，反映了中国人民在中国共产党领导下追求民族独立、人民解放、国家富强的强烈愿望和生动历程，展现了中国共产党人坚定的理想信念和百折不挠的奋斗精神，成为凝聚和体现时代精神的文学精华，成为中华文化的一种崭新的艺术表现形式，是社会主义先进文化的瑰宝。

冷溶同志指出，中国毛泽东诗词研究会作为专门从事毛泽东诗词研究和宣传的全国性学术机构，使命光荣、责任重大。一是要大力弘扬毛泽东诗词文化，使毛泽东诗词体现的中国精神，成为实现“两个一百年”奋斗目标、实现中华民族伟大复兴中国梦的强大支撑。二是要大力研究宣传毛泽东诗词和诗论，坚持为人民服务、为社会主义服务这个根本方向，为繁荣社会主义文艺事业特别是中华诗词的创作作出贡献。

三是要深入挖掘毛泽东诗词的精神内涵，发挥毛泽东诗词在培育和弘扬社会主义核心价值观方面的独特作用。

与会专家围绕“毛泽东诗词与中华民族伟大复兴的中国梦”这一主题，结合毛泽东同志在各个历史时期创作的诗词进行了深入探讨。与会专家指出，毛泽东诗词是中华优秀诗词文化的杰出承传，是中国人民近百年来奋斗历程和经验教训的诗意记录，是中华儿女近百年来伟大理想和宏伟抱负的艺术载体，是今天我们中国人民为实现中华民族伟大复兴的“中国梦”的思想宝库和精神动力。与会专家表示，今天学习和研究毛泽东诗词，不仅能够学习毛泽东诗词所体现的中国精神、中国智慧和中国力量；而且可以学习和欣赏毛泽东诗词所蕴含的中华传统诗词的永恒魅力；还可以从它强烈的时代担当、鲜明的时代精神和伟岸的人格魅力中汲取到为实现中华民族伟大复兴中国梦的思想和精神力量。

研讨会后，中国毛泽东诗词研究会还举行了第五届会员代表大会暨第五届一次理事扩大会议，审议通过了中国毛泽东诗词研究会五年工作报告和研究会章程，选举了研究会新一届领导机构。陈晋同志当选为中国毛泽东诗词研究会会长。他在讲话中表示，中国毛泽东诗词研究会自 1994 年成立以来，已经成为研究宣传毛泽东诗词、毛泽东文艺思想的重要阵地，取得了丰硕成果。同时，他就进一步推动研究会各项工作提出几点要求，一是要增强政治自觉，认真学习贯彻习近平总书记系列重要讲话精神。新近公开发表的习近平总书记《在文艺工作座谈会上的讲话》，这篇论著是当前文艺工作的指导方针，对中国毛泽东诗词研究会工作，有直接的指导作用，为我们在新形势下开展毛泽东诗词研究宣传提供了基本遵循和努力方向。二是要服务大局，把毛泽东诗词研究宣传工作与培育和弘扬社会主义核心价值观结合起来。毛泽东诗词是中国精神的诗意表达，在培育和弘扬社会主义核心价值观方面有独特作用。研究会的工作要树立为这个大局服务的自觉意识。三是要研究、宣传并重，凝聚各方力量，着力推进会员年轻化工作。

本次研讨会共收到学术论文 170 多篇，有 60 多篇论文提交会议参加了研讨。其中有 10 篇论文获“中国毛泽东诗词研究会 2015 年学术年会优秀论文奖”。

（中央文献研究室科研管理部胡昌勇供稿）

中宣部举办学习贯彻党的十八届五中全会精神研讨班　11 月 4—5 日，中宣部在京举办学习贯彻党的十八届五中全会精神研讨班，深入学习领会全会精神，培训地方宣讲骨干，对做好理论研究阐释和宣讲工作作出安排。

与会同志认真学习领会党的十八届五中全会精神，学习领会习近平总书记对宣讲工作的重要批示精神，学习领会中央宣讲团动员会精神，并就组织好各地宣讲工作，做好全会精神的研究阐释，进行了深入研讨交流。大家认为，习近平总书记在全会上发表的重要讲话和全会通过的《建议》，全面总结我们党领导改革开放和社会主义现代化建设的成功实践，专题研究部署“十三五”时期经济社会发展规划、科学制定全面建成小康社会的路线图，充分体现了我们党对肩负历史使命的深刻把握，体现了全党全国各族人民的共同愿望，必将极大激励全党全国各族人民万众一心、艰苦奋斗，共同夺取全面建成小康社会决胜阶段的伟大胜利。

大家表示，深入学习宣传贯彻党的十八届五中全会精神，是当前一项重大政治任务。要紧紧围绕习近平总书记重要讲话和全会《建议》，围绕干部群众普遍关心的热点难点问题，精心组织好面向基层的宣讲活动，面对面回应群众关切，更好地推动全会精神走近群众、深入人心。要着力增强宣讲的针对性实效性，注重联系实际、解疑释惑，切实把全会精神讲全、讲准、讲透，引导干部群众把思想和行动统一到中央决策部署上来。要围绕全会提出的一系列新理念新思想新战略，列出一批重点选题，组织理论界力量进行深入研究，推出一批有价值有分量的成果，为如期全面建成小康社会、实现“两个一百年”奋斗目标和实现中华民族伟大复兴的中国梦提供坚实有力的理论支撑。

各地党委宣传部门有关负责同志、讲师团长，全国中国特色社会主义理论体系研究中心负责同志、中央主要新闻媒体有关负责同志参加了研讨班。

（参见《光明日报》2015 年 11 月 6 日第 3 版）

党的十八届五中全会精神座谈会　11 月 5 日，北京市委宣传部、北京市中国特色社会主义理论体系研究中心、北京市社会科学界联合会共同举办“首都理论界学习十八届五中全会精神座谈会”。北京市委宣传部副部长赵卫东出席并讲话。北京市社科联党组书记、常务副主席韩凯主持。

中共中央党史研究室原副主任李忠杰、中国人民大学副校长洪大用、中央党校辛鸣、清华大学胡鞍钢、北京大学曹和平、首都师范大学徐志宏、北京市社科院赵弘等单位的有关领导、专家学者在会上发言。与会专家一致认为，党的十八届五中全会，是在协调推进“四个全面”战略布局、全面建成小康社会进入决胜阶段召开的一次重要会议。会议审议通过的《中共中央关于制定国民经济和社会发展第十三个五年规划的建议》，明确提出“十三五”时期我国经济社会发展的指导思想、目标要求、基本理念和重大举措，顺应了经济发展进入新常态的内在要求，提出并阐述了创新、协调、绿色、开放、共享的发展理念，是全面建成小康社会的纲领性文件。

赵卫东在讲话中要求，全市宣传部门和社科理论界要充分认识十八届五中全会的重大意义，认真学习、深刻领会全会精神，加强全会精神的研究阐释和宣传解读，深入研究破解首都改革发展难题，积极投身于“十三五”规划的建设大潮中，不断开拓北京发展新境界作出贡献！

各区县委、工委宣传部门有关负责人，市属社科理论单位负责人、市社科联代表等近百人参加了座谈会。

（北京市中国特色社会主义理论体系研究中心办公室）

2015·学术前沿论坛　11月21日，由北京市社会科学界联合会和北京师范大学联合主办的“2015·学术前沿论坛”在北京师范大学开幕，论坛以“中国梦：创新型国家与创新人才”为主题，旨在深入贯彻落实科学发展观的要求，聚焦人才与创新，力求从多学科、多角度探讨转型期的人才培育与创新型国家建设等相关问题。首都社科界社会组织的专家学者和北京师范大学师生300余人参加了论坛研讨，会议由北京市社会科学界联合会党组书记韩凯、北京师范大学副校长陈丽主持。

北京师范大学党委书记刘川生在致辞中指出：“学术前沿论坛以创新为关键词意义深远。创新是引领社会发展的第一动力，人才则是创新的根基。我国正处于全面建成小康社会和深化改革的关键时期，应当加快形成以创新为主要引领和支撑的发展模式。”刘川生认为，要以人才为依托，着力发现、培养、集聚“高精尖缺”等高层次专门人才，鼓励大众创新、全民创新，化“人口红利”为“人才红利”；要以制度为保障，形成推动创新的体制机制，营造公平开放的创新环境，释放人才创新活力；要以自主创新为基点，强化原始创新、集成创新和引进消化吸收再创新，加强基础研究和协同创新，形成我国创新发展的“先发优势”。

中共北京市委宣传部副部长赵卫东在致辞中对学术前沿论坛的重要作用表示充分肯定：“北京市社科联作为首都社科界学术性社会团体的联合组织，多年来紧紧围绕着联、研、普功能的发挥，着力打造学术活动、决策咨询服务、社科出版资助、社科成果评价、社科普及推广等系列学术平台。学术前沿论坛自2001年创办至今已整整15年，论坛以立足学术前沿、把握时代脉搏、聚焦民生国事、探讨发展思路为宗旨，先后围绕小康社会、和谐社会、科学发展、中国梦等主题举办了论坛15场和各学会专场近400余场，编辑出版学术前沿论丛14套，已经成为首都哲学社会科学繁荣发展的重要学术品牌，成为首都哲学社会科学界集中展示最新研究成果，推动学术创新的年度盛会。

在主题论坛上，工业和信息化部国际经济技术合作中心主任、中国国际贸易促进会电子信息行业分会常务副会长龚晓峰阐释了如何正确处理好人口红利、人才红利和创新红利之间的关系，认为我国应加快实现从人口红利到人才红利的转型，这一转型无疑将带来更多的创新红利，并真正让中国由大变强。北京师范大学经济与工商管理学院院长、劳动力市场研究中心主任、教育部长江学者特聘教授赖德胜认为人力资本是创新的重要一环，因此一方面要继续加大人力资本的投资和生产，加大教育和培训；另一方面，要改进人力资本的生产与配置，使它有更好的激励，特别是要发挥市场的作用。

北京市知识产权局副局长、高级经济师周砚强调了专利运营对于当下中国的重要意义，指出加快实施创新驱动发展战略的关键是要在持续提升科技创新能力的同时，要加快推进科技创新能力向现实社会生产力的转化。北京市教育科学研究院副院长、北京师范大学教授褚宏启指出中国想要培养出创新型人才，需要在教育现代化的道路上深耕细作：倡导启发式、探究式、讨论式、参与式教学，激发学生的好奇心，培养学生的兴趣爱好，营造独立思考、自由探索、勇于创新的良好环境，让学生学会发现学习、合作学习、自主学习。

中国人民大学重阳金融研究院执行院长，中国金融学会绿色金融专业委员会常务理事兼秘书长王文指出中国新型智库的特色在于集咨政、启民、伐谋和孕才于一体。智库的产业化、专业化、职业化才是未来发展的方向。北京交通大学经济管理学院院长、国务院学科评议组成员、财政部会计准则委员会会计准则咨询专家张秋生提出创新教育的改革是一个系统性和多方参与的工作。“在培养创新型人才的过程当中，高等教育是关键的环节，需要把各方面的知识和能力的提升在人生当中做一个融合。”中国政法大学资本金融研究院院长、中国企业改革与发展研究会副会长刘纪鹏认为中国的企业一定要在现代的大公司制度背景下保留强大的国有资本和市场经济对接，在市场经济方向上让国有资本这样一个政治经济社会制度的基础，在竞争中凤凰涅槃，完善中国的制度创新。

2015 年学术前沿论坛下设近 40 个分论坛，研讨历时约半年，主题涉及习近平“四个全面”战略思想研究；社会主义核心价值观与当代中国哲学；大数据时代社科信息服务决策的重点和方法探讨；人口老龄化应对与生育政策调整；京津冀协同发展与金融支持；创业创新与生态文明建设等学术热点领域。

（北京市社会科学界联合会学术活动部供稿）

中国马克思主义论坛　11 月 24 日，中国马克思主义研究基金会和中央党校培训部共同主办了“中国马克思主义论坛 2015 暨中央党校培训部学员论坛”。论坛围绕“创新·协调·绿色·开放·共享——马克思主义与发展新理念”展开了深入研讨。徐伟新、李君如、韩俊、李稻葵、张季、范恒山、田溯宁、孙学庆、赵明、刘佳义、李再勇、杨朝飞、蒋传海、海萨尔·夏班拜等作了主旨演讲。中央党校部分在校学员、中央党校及部分省级党校的领导和专家教授、部分高校马克思主义学院院长等近 600 人出席论坛。

中央党校常务副校长、中国马克思主义研究基金会理事长何毅亭在开题演讲中提出，发展是人类社会的永恒主题，也是马克思主义的永恒主题。中国共产党人在坚定不移地坚持马克思主义发展观的同时，又用新的实践、新的创造不断丰富发展着马克思主义发展观。党的十八届五中全会深刻总结国内外发展经验教训，深刻分析中国社会当前和未来发展大势，鲜明提出创新、协调、绿色、开放、共享五大发展理念，用发展理念统领发展思路、发展方向、发展着力点，用发展理念彰显价值、重申立场、宣誓决心，再一次实现了对马克思主义发展观的中国创新。

中国马克思主义论坛是中国马克思主义研究基金会主办的大型思想理论性交流平台，创办于 2009 年，每年一届，今年是第七届。论坛还举行了第四届马克思主义研究优秀成果奖颁奖仪式。

（参见《光明日报》2015 年 11 月 25 日第 13 版）

纪念邓力群同志诞辰 100 周年座谈会　11 月 25 日，纪念邓力群同志诞辰 100 周年座谈会在京举行。中共中央政治局常委、中央书记处书记刘云山出席座谈会，并在会前会见了邓力群同志亲属。

邓力群同志是中国共产党第十二届中央委员、中央书记处书记，原中央顾问委员会委员。

中共中央政治局委员、中央书记处书记、中宣部部长刘奇葆在座谈会上深切缅怀了邓力群同志的崇高品格和革命风范，强调要学习他坚守崇高理想信念的革命精神、坚持理论联系实际的优良作风、刻苦学习敏于求知的可贵品质、严于律己廉洁奉公的高尚情操。强调要紧密团结在以习近平同志为总书记的党中央周围，万众一心、艰苦奋斗，为实现中华民族伟大复兴的中国梦作出更大贡献。

（参见《光明日报》2015 年 11 月 26 日第 3 版）

发展当代马克思主义政治经济学理论研讨会　11 月 26 日，发展当代中国马克思主义政治经济学理论研讨会在中国人民大学明德主楼会议室举办。中国人民大学校长刘伟出席研讨会。中国人民大学荣誉一级教授卫兴华，全国人大教科文卫委员会委员顾海良，中央民族大学校长黄泰岩，南京大学原党委书记洪银兴，中国人民大学原副校长林岗等参加研讨会。会议由中国人民大学经济学院、南开大学经济学院、南京大学经济学院、中国特色社会主义协同创新中心共同主办。与会专家一致认为，中国共产党历来重视对马克思主义政治经济学的学习、研究和运用，产生了一系列重要的理论成果，是中国经济社会发展改革和现代化建设的理论指导。

（中国人民大学科研处李素萍供稿）

马克思主义中国化论坛·2015　11 月 27 日，“马克思主义中国化论坛·2015”在北京交通大学开幕。论坛由北京市委宣传部、北京市中国特色社会主义理论体系研究中心、北京市社会科学界联合会与北京大学马克思主义学院、清华大学马克思主义学院、中国人民大学马克思主义学院、北京师范大学马克思主义学院等单位共同主办，北京交通大学马克思主义学院承办，主题为“‘四个全面’：中国特色社会主义的理论与实践创新”。北京市委宣传部副部长、市中国特色社会主义理论体系研究中心常务副主任赵卫东，北京交通大学党委书记曹国永出席并致辞，北京市社科联党组书记、常务副主席、市中国特色社会主义理论体系研究中心常务副主任韩凯主持。

中央党校副教育长韩庆祥教授、中国社会科学院学部委员程恩富教授、中央编译局杨金海研究员、清华大学肖贵清教授、北京交通大学韩振峰教授、中央社会主义学院副院长张峰教授、中国人民大学校长助理郝立新教授、北京大学孙熙国教授、北京师范大学王树荫教授等专家相继作主题发言，分别围绕马克思主义中国化的现实逻辑与中国问题、“四个全面”统领下的五个发展理念、从“四个全面”战略布局看“十三五”规划建设、全面建成小康社会的内涵意义和制度保障、中国特色社会主义经济理论的新发展、“四个全面”战略布局与国家治理现代化等进行了深入探讨。

大家在研讨中一致认为，习近平总书记关于全面建成小康社会、全面深化改革、全面依法治国、全面从严治党这“四个全面”战略布局的论述，是中国在新的历史条件下的治国理政方略，为实现“两个一百年”奋斗目标、实现中华民族伟大复兴的中国梦提供了理论指导和实践指南。全面建成小康社会是我们的战略目标，我们所有奋斗都要聚焦于这个目标；全面深化改革、全面依法治国、全面从严治党是三大战略举措，要努力做到“四个全面”相辅相成、相互促进、相得益彰。协调推进“四个全面”战略布局，就要以与时俱进、奋发有为的精神状态，不断推进理论和实践创新，继续书写马克思主义中国化、时代化新篇章。

北京大学、清华大学、中国人民大学、北京师范大学、北京交通大学等高校马克思主义学院专家代表，论坛征文作者代表，在京全国中国特色社会主义理论体系研究中心代表，有关专家学者和理论工作者以及新闻媒体近200人参加论坛。

（北京市中国特色社会主义理论体系研究中心办公室供稿）

学习习近平关于马克思主义政治经济学重要讲话研讨会　12月12日，中国社会科学院马克思主义研究学部、经济社会发展研究中心和广东省社会科学院国有资产监管研究中心在北京举办“学习习近平关于马克思主义政治经济学重要讲话研讨会”。中国社会科学院马研学部主任程恩富、中国人民大学荣誉一级教授卫兴华以及来自中国社会科学院、北京大学、清华大学、北京师范大学、中共中央党校、吉林财经大学等单位的40多位学者参加会议。

与会学者认为，习近平同志在中共中央政治局第二十八次集体学习会上的讲话，科学地阐述了马克思主义政治经济学的重要意义和发展创新问题，为我国加强政治经济学理论研究和教学工作指明了方向。提炼和总结我国经济发展实践的规律性成果，把实践经验上升为系统化的经济学说，不断开拓当代中国马克思主义政治经济学新境界，是我国领导人和学者义不容辞的历史使命。学好用好马克思主义政治经济学及其中国化理论，迫切需要改进和加强现有规章制度的设计，从根本上保证政治经济学入师生大脑、入干部大脑。它不仅要成为国民教育系统通识教育的必修课，也要成为社会科学教研人员的必备知识，更要成为各级党政干部理论素养的必通课。与会学者强调，必须正确认识坚持马克思主义政治经济学与推进全面深化改革的关系。我国改革开放以来的经济成就，是马克思主义政治经济学及其中国化理论指导的成果，其中包含批判性地借鉴西方经济学，而目前存在的阻碍经济持续健康发展的重大问题，则多与西方经济学特别是新自由主义的影响密切相关。西方经济学至今仍然思维僵化，否定社会主义可以与市场经济有效结合的理论和实践。实践证明，西方主流经济学不仅不能指导中国特色社会主义经济的发展壮大，而且也难以引导西方资本主义市场经济缓解贫富分化的严重对立、走出艰难复苏的困境。与会学者认为，开拓马克思主义政治经济学的新境界需要“中国智慧”。今后，应进一步加强对当代经济的规范分析，注重概念、规律和定理的提炼；加强其中的实证和定量分析，运用大数据和长时段的客观史料来揭示制度变迁和演化的规律；加强运用系统论、控制论、博弈论、场态论等方法对当代经济的深层次研究；加强依据《资本论》对当代资本主义的马克思主义微观经济学和宏观经济学分析体系的构建，以继续实现超越各种新自由主义和凯恩斯主义的理论目标；加强用马克思主义政治经济学来构建其他理论经济学、应用经济学和交叉经济学的学科体系和范畴体系；立足于初级阶段社会主义，并联系中高级阶段社会主义，完善中国化的马克思主义政治经济学学科体系和话语体系。

（中国社会科学院办公厅刘玉杰编辑，马克思主义研究院侯为民供稿）

哲学（含自然辩证法、逻辑学、伦理学、美学）

面向中国问题的哲学研讨会　1月21日，中央党校哲学教研部、中央党校社会发展研究中心主办的“面向中国问题的哲学”学术研讨会在中央党校召开。来自中国社会科学院、中央编译局、北京大学、清华大学、中国人民大学、北京师范大学等单位的40余位专家学者出席会议。与会学者围绕哲学研究要以哲学方式密切关注中国问题，要回归“面向问题、分析问题、解决问题”的哲学本质，正确处理好哲学与中国问题之间的关系，建构面向“中国问题”的哲学话语体系等展开研讨。

中央党校副教育长兼哲学部主任韩庆祥教授指出，哲学发源于疑惑和问题，而问题是时代的声音。马克思主义哲学的本性就是以哲学方式关注现实人的生活世界，这种对现实的关切本质上正是对问题的关切。所谓“面向中国问题的哲学”，既要善于运用哲学理论、思维和方法来分析哲学层面的重大问题，又要在分析和解决重大问题的过程中发展哲学。他认为，中央党校哲学教研部具有辉煌的历史和优秀的传统，更具有面向中国问题的哲学特色，要在今后的发展过程中继承和坚持这种问题意识。

对于中国问题的哲学分析，中央党校庞元正教授认为可以从权力、资本和劳动的三维结构进行切入。改革开放以来，中国破除了权力高度集中的僵化体制，资本市场开始复苏并呈现迸发之势，劳动实现了高度的自由化与市场化，三者综合作用推进了中国社会的迅猛发展。但在此过程中也出现了权力泛滥、资本失控等问题，给当代中国造成了诸多社会难题。因此，对于这些问题的解决，也要从权力、资本和劳动三者关系的相互平衡入手。

对于面向问题的哲学发展，中央党校侯才教授指出哲学作为一种抽象思维，既有对现实生活的贴近，又有对理论抽象的追求，两者共同构成哲学的特质，也说明了两种目标范式之间的界限。面对现实问题，哲学要关注、要回应，但不能就此陷入经验而无法自拔，否则将导致哲学走向庸俗，这是我们在开展哲学研究需要注意的问题。

切入到具体的中国问题，清华大学邹广文教授从文化角度给予了充分阐释。他认为，改革开放以来的中国经济实现了高速发展，但社会文化却进展缓慢，甚至在某些方面有所退步，这与社会中“文化搭台，经济唱戏”的现实诉求密切相关。因此，作为一种哲学批判，我们要从文化检醒的角度建构一个以文化为价值核心的“文化中国”。从另一个角度，北京师范大学哲学学院院长吴向东教授从价值哲学的视角出发，指出社会核心价值观的重建问题是我国当前面临的一个重大问题，这一问题的本质是中国特色社会主义的自我理解与自我建构，其背后是个人与社会、制度与价值的关系等经典理论问题。

此外，与会学者还围绕信息化与哲学、研究中国问题的具象思维、马克思主义的“心智哲学”、战略哲学与中国问题、顶层设计的战略视野、意识形态话语的哲学层次、互联网革命与哲学发展、大数据与哲学、中国政治体制改革与新自由主义的发展、中华传统文化的当代传承、当代政治哲学的前沿热点等众多问题发表了看法。

（参见《光明日报》2015年1月28日第14版）

易学经典整理研究研讨会　“易学经典整理研究”学术研讨会暨中国易学文化研究会年会近日在京举行。70余位易学专家、文化学者出席了会议。知名学者余敦康先生在会上指出，《周易》是六经之首、大道之源，易学思想是中国传统思想文化的主潮流、主旋律，要将易学思想与实现中华民族伟大复兴的中国梦联系起来。北师大中国易学文化研究院作为国内易学研究的重镇，理应协同国内外其他学术力量，承担起编纂易学文献总集——《易藏》的重任。

北师大中国易学文化研究院院长张涛教授回顾了一年来团结其他高校和科研单位的学术力量在人才培养、科学研究、文化传承创新、社会服务、对外交流合作等方面取得的成绩。首都师范大学校长宫辉力教授，电子文献研究所所长、国学网CEO尹小林教授介绍了《中华易学全书》的编纂和出版情况。《中华易学全书》编纂工程由国学网与北京师范大学中国易学文化研究院合力承担，以《四库全书》经部易类文献为基础，经过标点整理，共收入易学典籍172种1839卷3500余万字，另有2053幅易学图，计划由上海科学技术文献出版社出版，届时将按照《周易》六十四卦之数分为64册，插图全部采用现代制图软件依照原图重新绘制成高清矢量图，并随之建立起一套完整的易学图库。

（参见《光明日报》2015年2月9日第16版）

道教道法自然的生命哲学学术讲座　6月3日，北京师范大学中国易学文化研究院在北师大举办“汉典大讲堂学术讲座”，邀请全国人大常委、中国道教协会副会长张继禹道长担任主讲嘉宾。张道长以“道教道法自然的生命哲学”为题，为我校师生及社会人士奉献了一场精彩的学术讲座。在讲座中，张继禹道长以《道德经》“人法地，地法天，天法道，道法自然”一句作为开篇，征引了《道德经》《庄子》(《南华真经》)《无上秘要》《太平经》《养性延命录》《太上老君内观经》《九天生神章经》《道教义枢》等十余种道家道教典籍，从生命哲学、生态智慧、生活态度三个方面论述了“道法自然”的文化价值和历史影响，并强调了它们与《周易》智慧之间的密切关系。张道长指出，道教“重生”，重视生命、生态、生活，其特点可用“顺”、“复”、“虚”三个字来概括。道教道法自然的生命哲学博大精深，对于当代大众生活、社会建设特别是思想文化建设、精神文明建设等都也具有重要的启发和借鉴意义。

（北京师范大学社科处刘娜供稿）

国际价值哲学论坛　6月6日—7日，由北京师范大学社会主义核心价值观协同创新中心、价值与文化研究中心、哲学学院以及国际价值哲学学会联合主办的“变化世界中的价值观”国际价值哲学论坛在京举行。在为期两天的会议中，来自海内外的百余位专家学者围绕“价值哲学与价值观对话”“核心价值观的理论与实践”“价值观与传统文化”“价值认同与价值观教育”四个议题展开深入探讨。

与会学者提出，不同价值观之间的相互融通和共识取决于价值观的对话，对价值观的研究也离不开特定的文化背景。吉林大学孙正聿教授提出从哲学本身看价值观研究、从人类文明看核心价值观、从实践观理解价值冲突。俄罗斯哲学学会副会长 Alexander Chumakov 认为当前基督教与伊斯兰教、东方与西方之间，价值取向差异显著。因此，不同文化之间基于共同文明成果的对话将成为维持现代世界共同体存在的重要条件。美国波士顿大学曹天予教授认为当代价值对话，是在社会经济现实和旧有的文化观念间的错位所引起的特定语境中产生和展开的。

围绕核心价值观理论，与会学者阐释了其与唯物史观、价值体系的关系以及核心价值观的内涵和意义。中国社会科学院李景源教授指出价值理论研究要取得实质性成果，就要从理论上总结近代以来核心价值体系变迁的经验、教训，准确把握历史观与价值观相互制约的基本事实，自觉地以唯物史观推进价值理论的研究。北京大学丰子义教授认为核心价值体系是一项系统工程，需要理清价值体系建设与民族主义、文化相对主义、后现代主义之间的关系。在核心价值观内涵上，北京师范大学吴向东教授认为社会主义核心价值观是中国特色社会主义的自我理解与自我建构，是社会主义根本的价值理想、价值原则和价值规范的统一，需要在与历史传统、与世界文化的广泛对话中，不断充实其内涵。

关于核心价值观实践，学者从中国现代社会建设、社会公平正义和社会规范三个方面展开讨论。复旦大学吴晓明教授认为目前我们面临最为紧迫的思想任务之一就是当代中国的精神重建，而中国哲学、西方哲学以及马克思主义哲学三者构成了其思想资源。

中国儒家文化在当今时代的变化及其对价值观的影响引起了学者们的热烈讨论。北京外国语大学韩震教授认为“和谐”是最具中华民族特色的核心价值观，同时也具有世界的普遍性意义。北京师范大学张曙光教授从“仁爱与自由”关系中分析了中西方文化的两大价值系统之间的对话与张力。在价值观与西方传统文化问题上，与会学者主要对西方伦理学中的概念和方法进行了阐释。价值观教育的发展状况和存在问题也成为本次会议探讨的重要议题。北京师范大学王葎教授认为人的存在与价值教育之间具有某种内在的、本体性关联；价值教育因人的存在而发生，人的存在随价值教化得以生长与扩展。

（参见《光明日报》2015年7月1日第14版）

马克思恩格斯道德哲学学术研讨会　6月14日，由中国人民大学哲学院、中国人民大学伦理学与道德建设研究中心联合举办的“马克思恩格斯道德哲学研究暨宋希仁教授从教五十五周年学术研讨会”在中国人民大学逸夫会议中心举行。中国人民大学常务副书记张建明出席会议并致辞。宋希仁教授在大会上作了题为“马克思恩格斯道德哲学的基本思想”的主旨报告。报告就马克思恩格斯道德哲学是什么、社会主义社会的核心价值观以及和谐社会的基本伦理秩序、自由意志—责任能力—自由与必然的关系等三个方面做了具体阐述。中国伦理学会会长万俊人、哲学院院长姚新中以及陈先达等教授参加会议并致辞讲话，来自国内各高校、党校和科研机构的80余位专家学者与会。

（中国人民大学科研处李素萍供稿）

纪念哲学社会科学部成立六十周年座谈会 6月19日，由中国社会科学院老专家协会主办的“纪念哲学社会科学部成立六十周年座谈会”在北京举行。中国社会科学院副院长、党组成员蔡昉出席座谈会并讲话。中国社会科学院原副院长、学部委员汝信等作主题发言。座谈会由院老专家协会会长张椿年主持。与会者表示，学部的成立是中国哲学社会科学史上的一件大事，是新中国哲学社会科学事业走上发展道路的重要标志和里程碑。一批国内外知名的学术大师来到这里，他们胸怀祖国、治学严谨，以高度的责任感和使命感培养、造就了大批学术人才，创作出了许多优秀、有影响的学术著作。这些学术大师既是哲学社会科学部的财富和骄傲，也是中国社会科学院的财富和骄傲。

中国社会科学院老专家协会部分成员、各单位离退休专家学者代表、青年学者代表80余人参加座谈会。

（中国社会科学院办公厅刘玉杰编辑、供稿）

第八次全国政治伦理学术研讨会 日前，由中国伦理学会和中央党校哲学部共同主办的第八次全国政治伦理学术研讨会在北京举行，来自全国29个省市自治区的240余名专家学者和道德教育工作者参加会议。

本次会议共设七个分会场，就政治伦理与国家治理的思想资源、政治伦理与国家治理的当代实践、核心价值观与道德建设、伦理学诸领域的理论与实践等方面问题展开了讨论。来自全国各省市县党校的代表还就干部道德培训问题进行了经验交流。

会议还举行了政治伦理学专业委员会换届，选举产生了中国伦理学会政治伦理学专业委员会第三届理事会组成人员，中央党校靳凤林教授当选为政治伦理学专业委员会主任。

（参见《光明日报》2015年7月31日第4版）

纪念《自然辩证法》发表90周年学术研讨会 近日，在《自然辩证法》发表90周年之际，为进一步探讨恩格斯自然辩证法思想及其当代意义，中国自然辩证法研究会、中国马克思恩格斯研究会联合举办了“纪念《自然辩证法》发表90周年学术研讨会”。来自中国社会科学院、中央编译局、中国人民大学等高等院校、科研机构的30余名专家学者围绕会议主题进行了深入交流。

中央编译局原副局长、中国马克思恩格斯研究会原常务副会长顾锦屏指出，《自然辩证法》开辟了马克思主义哲学的一个新领域，在这部著作中，恩格斯对当时的自然科学成就做了辩证唯物主义的科学概括，论述了自然科学的发展史，阐明了辩证的自然观和自然科学观，揭示了自然界的辩证法规律和自然科学的辩证内容，阐述了自然科学研究中的认识论问题、辩证唯物主义的问题等，批判了当时自然科学研究中的形而上、唯心主义等错误理论，并对人类破坏自然环境造成的严重后果做了深刻阐述，对人和自然的关系提出了发人深省的论述。这些基本思想在今天还具有现实意义。

中国自然辩证法研究会原副理事长、中国社会科学院荣誉学部委员李惠国介绍了《自然辩证法》在中国的传播和研究，尤其介绍了于光远在其中的突出贡献。他指出，改革开放以来，中国的自然辩证法学科不断加强与国外科学技术哲学的学术交流，密切与中国科学技术、经济社会发展的联系，逐渐扩展和丰富自己的研究领域和内容，形成了一个包括自然观、科学论、科学方法论、科学哲学、工程技术哲学、医学哲学等在内的完整的学科体系。在于光远的推动下，中国自然辩证法研究不仅致力于自然观、科学方法论和各门科学的哲学问题，也将人类实践活动创造的技术、工业、农业作为研究对象，并不断吸收西方科学哲学、技术哲学和科学社会学研究的成果。当前，中国的自然辩证法研究作为一个开放的体系，正沿着恩格斯《自然辩证法》开拓的方向不断前行。

与会学者还梳理和总结了我国学者对《自然辩证法》思想的研究成果，探讨了恩格斯的生态思想和科技思想及其当代意义。

（参见《光明日报》2015年10月14日第14版）

刘敬东专著学术评论会 10月24日，清华大学马克思主义学院教授刘敬东的专著《理性、自由与实践批判——两个世界的内在张力与历史理念的动力结构》学术评论会在马克思主义学院举行。来自清华大学、北京大学、中国人民大学、北京师范大学、中国社会科学院的20余位专家学者参加会议。会议由马克思主义学院主办，院长艾四林参加会议并致辞。该书入选《国家哲学社会科学成果文库》，2015年4月正式出版。刘敬东通过十几年的潜心研究、学术积累和深入思考，以理性、自由和实践批判为核心概念，以“两个世界的内在张力与历史理念的动力结构”

为分析视角和解释框架，考察了西方历史哲学的基本精神，着重阐释了康德黑格尔历史哲学和马克思历史理论。与会专家认为，《理性、自由与实践批判》一书很有气魄，主线清晰，旁征博引，具有厚重的历史感，是近年来马克思历史理论研究领域中不可多得的一部高水平学术著作。评论会上，与会学者充分肯定作者所取得的研究成果和学术成就，同时也指出了一些意犹未尽和值得商榷之处。刘敬东，马克思主义学院教授、博士生导师，曾任广东马克思主义哲学史研究会秘书长、广东历史唯物主义学会常务理事、副会长，马克思主义理论研究与建设工程《马克思主义发展史》课题组主要成员等。

（清华大学文科建设处刘金梅供稿）

第二届全国哲学社会科学话语体系建设理论研讨会 11月14日，由全国哲学社会科学话语体系建设协调会议办公室主办、教育部承办、中国人民大学协办的第二届全国哲学社会科学话语体系建设理论研讨会在中国人民大学召开。中国社会科学院院长王伟光、教育部部长袁贵仁等出席会议并讲话。中共中央党校、国家行政学院、中央文献研究室、中央党史研究室、中央编译局、国务院新闻办、中国外文局等有关部委负责同志及相关专家学者共120余人参加了会议。中国人民大学党委书记靳诺代表学校致辞，党委副书记吴付来主持下午的理论研讨会总结部分，校长助理贺耀敏、郑水泉和相关院系教授参加会议。中国人民大学陈先达教授、中国社会科学院房宁研究员、中共中央党校韩庆祥教授、上海大学夏小和教授等4位专家作主题发言。与会专家围绕理论创新成果与话语体系建设、新型智库建设与话语体系建设、如何创新对外话语体系传播方式、如何提升中国哲学社会科学学术话语权和影响力等主题进行了交流研讨。

（中国人民大学科研处李素萍供稿）

金岳霖先生诞辰120周年学术研讨会 日前，由清华大学和金岳霖学术基金会主办，北京大学、华东师范大学、中国社会科学院、北京市逻辑学会、中国逻辑学会协办的“纪念金岳霖先生诞辰120周年学术研讨会”在清华大学开幕。来自中国、美国、荷兰、日本、丹麦、挪威等国共计110名专家学者参会。会议围绕“金岳霖的思想研究”“当代哲学和逻辑学的发展”“清华学派”“逻辑哲学、分析哲学和哲学逻辑”等主题展开。

金岳霖学术基金会会长邢贲思先生高度评价了金岳霖先生对中国学术作出的卓越贡献以及《金岳霖全集》的出版意义，并向参会代表介绍了“金岳霖学术奖”的评选情况；清华大学校党委副书记邓卫教授代表主办方致辞，并指出了金岳霖先生所开创的分析哲学对于大学人文学科建设的重要价值；华东师范大学哲学系主任郁振华教授回顾了以冯契先生为代表的华东师大学人在传承金岳霖先生学术脉络方面所做出的坚守和努力。此外，清华大学人文学院院长万俊人教授、清华大学哲学系主任黄裕生教授相继发言，他们就金岳霖先生对“特定历史条件下中国哲学形态的重塑”以及在“中西哲学的有效对话”方面所发挥的关键性作用做出学理分析，并就清华大学自文科复建以来相关学科的发展情况进行了简要介绍。国际著名知识论研究专家、阿姆斯特丹大学SonjaSmets教授代表国际学者发言，她认为，“中西合璧”是金岳霖先生学术思想的独特魅力，正是这一点将各国学人汇集在了一起。金岳霖学术基金会秘书长杜国平宣布了第六届“金岳霖学术奖”获奖结果，南京大学张建军教授团队的《当代逻辑哲学前沿问题研究》获一等奖。

（参见《光明日报》2015年11月29日第7版）

中国伦理学2015年年会 12月5日，中国伦理学会2015年年会在北京举行。会议的主题是“伦理学与中国发展”。中共中央宣传部副部长王世明出席会议并致辞。中国社会科学院副院长、党组成员张江，光明日报社总编辑何东平，中国伦理学会会长、清华大学人文学院院长万俊人等出席会议。来自全国各地高校、各省市伦理学会和科研机构的专家学者参加会议。大家围绕“伦理学与中国发展中的道德建设”“改善社会道德风尚”“践行和培育社会主义核心价值观”等热点问题进行了讨论和交流。

（中国社会科学院办公厅刘玉杰编辑、供稿）

中国无神论学会2015年学术年会 12月5—6日，中国无神论学会2015年学术年会在北京科技大学召开。中国无神论学会理事长朱晓明，中国社科院荣誉学部委员杜继文、金宜久研究员，北京科技大学党委副书记权良柱出席开幕式，马克思主义学院左鹏教授主持活动。来自中国社科院、国家宗教事务局、中国科协、武汉大学、浙江大学、北京师范大学、中央民族大学等30余所高校的70多位专家学者参加了会议。此次学术年会由中国无神论学会、中国社科院科学与无神论研究中心和北京科技大学共同主办，北京科技大学马克思主义学院承办。

权良柱致开幕词，他对此次学术年会的召开表示祝贺，表示北京科技大学一直重视马克思主义宗教观和科学无神论宣传教育，近年来通过马克思主义学院和北京高校思想政治理论课名师工作室“左鹏工作室”开展了大量大学生宗教观教育的工作；希望借此机会，提升学校在此领域的研究能力，同时更好地推动新时期宗教工作和高校宣传思想工作的开展。

朱晓明在开幕式上总结了学会近一年来的工作，向大家传达了近期中央关于加强和推进马克思主义无神论研究和宣传教育的相关政策。他说，旗帜鲜明地开展马克思主义无神论宣传教育是党在思想战线上的一项重要任务；在工作中，要将无神论宣传教育与普及科学知识和先进文化相结合，引导形成健康进步的生活方式和社会风尚；同时意识到这是一项长期工作，坚持不懈、广泛、深入地开展马克思主义无神论宣传教育。

随后的会议中，与会专家学者围绕“科学无神论与新形势下的宗教问题”以及习近平总书记在2015年中央统战工作会议上提出的做好宗教工作、积极引导宗教与社会主义社会相适应的“四个必须”，进行了主旨发言和专题研讨。杜继文教授、武汉大学段德智教授，国家宗教事务局宗教研究中心副主任加润国，中国社会科学院科学与无神论研究中心主任习五一等相继作了主题发言。金宜久等与会专家学者围绕马克思主义无神论中国化研究、科学无神论、宗教与道德的关系、宗教信仰自由、境外宗教渗透、高校思政课教学中的马克思主宗教观教育等主题做了35个发言，并就相关问题进行了热烈的讨论。

中国无神论学会成立于1978年底，是全国性的研究马克思主义宗教理论、中外无神论思想的学术团体，一直以“宣传科学精神，开展无神论教育，维护公民宗教信仰自由权利，推动科教兴国战略实施”为活动宗旨。

（北京科技大学科学研究与发展部李静供稿）

丝绸之路上的科技与文明国际学术研讨会　12月8—11日，“国际哲学与人文科学理事会第32届大会”与“丝绸之路上的科技与文明国际学术研讨会”在北京召开。中国社会科学院副院长、党组成员蔡昉，联合国教科文组织社会与人文科学部助理干事长纳达·阿勒-纳西夫及来自亚洲、非洲、美洲、欧洲的数十位代表出席会议。中国提出的“一带一路”倡议与古代丝绸之路，包含着文明互鉴的成果，为国际哲学与人文科学的交流和发展提供了丰富资源。会议从哲学与人文科学的独特视角出发，关注、思考人类未来可持续发展等重大问题，并围绕“一带一路”倡议与古代丝绸之路文明研究等主题，从横跨欧亚大陆的天文学，文学、艺术、农业与地图学，科学与宗教，古代文明中的科学理性，考古学及人类学等五个具体视角深入交流，对人类社会当下面临的诸多困难和挑战给出了症结的诊断和发展的思路。会议由国际哲学与人文科学理事会主办，中国社会科学院民族文学研究所、中国科学院大学人文学院和中国科学技术史学会共同承办。

（中国社会科学院办公厅刘玉杰编辑，民族文学研究所供稿）

政治学（含思想政治工作、党建、统战）

党建科学化论坛　1月21日，北京师范大学党委副书记王炳林教授主编的《党的建设科学化丛书》出版座谈会暨党建科学化论坛在北京师范大学举行。教育部思想政治工作司司长冯刚、首都经济贸易大学党委书记柯文进、北京社科规划办主任王祥武、中央编译局马克思主义研究部主任季正聚、北京市委讲师团团长贺亚兰，以及来自中央党校、北京大学、中国人民大学、北京市委党校等高校的专家、北师大出版社、有关杂志社和媒体记者参加了座谈会。马克思主义学院院长王树荫主持座谈会。

与会专家充分肯定了丛书的学术价值和实践指导意义。冯刚司长认为该丛书具有三个鲜明特点：一是具有很强的思想性，是对党建理论的丰富发展；二是方法的科学性，揭示党建的一些内在规律；三是实践的针对性，问题导向明显。柯文进书记认为，丛书注重理论的系统性与实践指导性相结合，并从历史的角度分析党的作风建设，具有历史的纵深感。北京市委党校教授姚桓教授着重分析了从严治党理论，从党的宗旨使命、党群关系等方面进行了论述。北京社科规划办主任王祥武认为，丛书作为社科基金资助重大项目，编著者坚持科学的态度、科学的方法，很好地发挥了咨政功能，具有十分重要的科学价值。与会专家还就党建理论与实践问题进行了研讨。

《学习的力量——中国共产党学习活动纪实》，

对中共成立以来90多年的学习活动进行系统考察，梳理党开展历次学习活动的内容、途径和方法，并从这些学习活动中提炼和总结它的历史特点和基本经验。《党的领导干部作风建设研究》深入分析当前各级领导干部思想作风、学风、工作作风、领导作风和生活作风中存在的主要问题及其成因，提出了加强作风建设的对策建议。该书还重点考察北京高校权力制衡与权力监督问题，提出了建立健全高校权力制约监督制度的基本思路。《党的思想作风建设研究》在考察历史进程、总结历史经验的基础上，着重分析了党内不良思想作风的现实表现及其主要原因，提出了促进传统文化的现代转换、加强对互联网的管理和监督、建立健全思想作风建设的长效机制、构建科学合理的思想作风考核指标体系等政策建议。

（北京师范大学社科处刘娜供稿）

学习周恩来同志的优良作风和优秀品德座谈会 3月4日，由中央文献研究室、中央党史研究室、全国党建研究会联合主办的“学习周恩来同志的优良作风和优秀品德”座谈会在京举行。

与会者的发言从不同角度和侧面展现了周恩来的精神风范和高贵品格，论述了学习周恩来优良作风和优秀品德的心得体会。与会者一致认为，周恩来以身作则、率先垂范，守纪律、讲规矩、不搞特殊化、做任何事情都以国家和人民的利益为重等优良作风和优秀品德，在今天仍然具有很强的教育意义。

与会者表示，学习周恩来的精神风范，要学习他对党、对国家、对人民的无限忠诚，学习他严以修身、严以用权、严于律己的优秀品德，学习他实事求是的精神、求真务实的作风和以诚待人的品格。纪念周恩来就要像他那样在党言党、在党忧党、在党为党、在党护党，不断加强党性锻炼、提高党性修养，同心同德、勇于担当、开拓创新、锐意进取，努力把老一辈革命家的美好理想变成现实，把我国建设成为富强民主文明和谐的社会主义现代化国家。

来自中共中央组织部、中共中央宣传部、中共中央文献研究室、中共中央党史研究室、全国党建研究会等单位和周恩来身边工作人员代表和亲属代表40余人参加会议。

（中央文献研究室科研管理部胡昌勇供稿）

廉政研究学科化研讨会 3月17日，中国社会科学院中国廉政研究中心承接仪式暨廉政研究学科化研讨会在北京举行。中国社会科学院院长、党组书记、中国廉政研究中心名誉理事长王伟光，副院长、党组副书记、中国廉政研究中心理事长赵胜轩，副院长、党组成员李培林，中央纪委驻中国社科院纪检组组长、党组成员张英伟，第十二届全国政协委员、香港特别行政区廉政公署原专员汤显明等出席会议。王伟光、李培林、汤显明致辞。赵胜轩主持承接仪式。张英伟主持研讨会并作总结讲话。研讨会上，专家学者围绕推动廉政研究学科化和发挥党风廉政专业智库功能进行了深入探讨和交流。

会议由中国社会科学院社会学研究所、中国社会科学院中国廉政研究中心主办。院内外廉政研究及相关研究领域的专家学者，院职能部门、直属单位负责同志等90余人参加会议。

（中国社会科学院办公厅刘玉杰供稿）

部分高校党委书记、校长座谈会 3月27日，中共中央政治局常委、中央书记处书记刘云山同在中央党校学习的部分高校党委书记、校长座谈，强调要坚持中国特色社会主义办学方向，加强对师生的思想政治引领，认真落实责任、积极改进创新，推动高校党的建设和思想政治工作取得新成效。

座谈会上，12所高校的党委书记、校长结合实际，讲情况、谈认识、提建议，普遍反映党的十八大以来高校党建工作和思想政治工作进一步加强，主流积极健康、趋势不断向好，广大师生对以习近平同志为总书记的党中央治国理政的大政方针衷心拥护，对党和国家发展前景充满信心，同时也要清醒认识面临的新情况新问题，采取有效措施加以解决。

刘云山在认真听取大家发言后说，高校党建是整个党的建设的重要组成部分，是办好中国特色社会主义大学的根本保证。高校党委和党委书记要进一步增强党建意识，认真落实党建工作责任制，切实抓好学校领导班子和干部队伍建设，抓好学校党组织建设和党员队伍管理，抓好党风廉政建设和师德师风建设，把党要管党、从严治党的要求落到实处。

刘云山指出，思想政治工作是立德树人的重要工作，事关青年学生健康成长。要加强马克思主义理论教育，完善相关学科设置和教材体系。要深入学习研究中国特色社会主义理论体系，深入学习研究习近平总书记系列重要讲话精神，把社会主义核心价值观贯穿教书育人全过程，打牢道路自信、理论自信、制度自信的思想基础。要加强对中国实践经验的总结提炼，加强战略性全局性问题研究，构建具有中国特色的话语体系和学术评价标准。

刘云山指出，思想政治理论课是大学生思想政治教育的主渠道，要坚持与时俱进、树立问题导向，充分发挥思想政治理论课的应有作用。要总结推广高校思想政治理论课的好经验好做法，紧密联系党和国家事业发展的生动实践，充分考虑学生的接受习惯，注重案例分析、互动交流，对准现实问题，着力解疑释惑，增强思想政治理论课的实际效果。

刘云山强调，各级党委和党委组织部门、宣传部门以及教育行政部门，要切实加强对高校党建工作和思想政治工作的指导，帮助解决实际问题，努力营造良好环境。

中组部、中宣部、中央党校、教育部负责同志出席座谈会。

（参见《人民日报》2015 年 3 月 29 日第 2 版）

新形势下高校立德树人座谈会　日前，由教育部社科中心主办、《中国高校社会科学》编辑部承办的“新形势下高校立德树人座谈会”在京举行。全国部分高校的领导和专家参加会议。与会专家围绕深入学习贯彻《关于进一步加强和改进新形势下高校宣传思想工作的意见》精神，就如何做好高校意识形态建设、培育和践行社会主义核心价值观、有效推进高校宣传思想工作等进行了深入探讨。教育部社科中心主任王炳林主持会议。

与会专家一致认为，高校是意识形态工作的前沿阵地，肩负着学习研究宣传马克思主义、培养中国特色社会主义事业建设者和接班人的重大任务。必须坚持马克思主义在意识形态领域的指导地位，把马克思主义意识形态建设贯穿高校立德树人全过程。要正确认识当前意识形态领域里斗争的复杂性和多样性，把高校意识形态工作放在国内外整个大格局中考察，深入探究意识形态工作困境的成因及其破解方法；充分发挥马克思主义理论学科在高校立德树人中的领航作用，马克思主义理论教育要与时俱进地应对挑战、实现创新，把青年马克思主义理论者的培养作为高校立德树人的重要组成部分；充分发挥高校哲学社会科学传播主流意识形态的独特作用，在全员育人格局中做好高校意识形态建设；正确处理好意识形态主导性与校园文化建设多样性的辩证关系。加强青年群体性心理研究，把德性教育的“学”与做人品行的“习”结合起来；把师德建设与培育践行社会主义核心价值观紧密结合，充分发挥高校名师在培育社会主义核心价值观中的作用，加强广大教师对大学生世界观、人生观、价值观培育的正面引导。

中央党校副教育长韩庆祥、国防大学马列所原所长颜晓峰、北京外国语大学党委书记韩震、中央财经大学原党委书记胡树祥、中国社科院马克思主义发展研究部主任辛向阳等在会上作了主题发言。

（参见《光明日报》2015 年 4 月 1 日第 7 版）

“三严三实”专题教育工作座谈会　4 月 21 日，“三严三实”专题教育工作座谈会在京召开，中共中央政治局常委、中央书记处书记刘云山出席会议并讲话，强调要深入学习贯彻习近平总书记系列重要讲话精神，认真落实党中央部署，突出教育主题，强化问题导向，贯彻从严要求，坚持以上率下，注重讲究实效，确保专题教育取得实实在在的成果。

刘云山说，“三严三实”体现着共产党人的价值追求和政治品格，明确了领导干部的修身之本、为政之道、成事之要。开展专题教育，目的是推动领导干部自觉践行“三严三实”，在深化“四风”整治、巩固和拓展党的群众路线教育实践活动成果上见实效，在守纪律讲规矩、营造良好政治生态上见实效，在真抓实干、推动改革发展稳定上见实效。要充分认识专题教育的重要意义，积极主动做好工作，把中央要求落到实处。

刘云山指出，开展专题教育，要把学习教育放在首位，着眼于坚定理想信念、强化党性观念、增强实干精神，深入学习习近平总书记系列重要讲话，学习党章和党的纪律规定，组织好专题党课、专题学习研讨、专题民主生活会和组织生活会，把严和实的要求立起来、树起来。教育是为了解决问题，要紧密联系思想和工作实际，对照正反两方面典型，着力解决“不严不实”的突出问题，强化整改落实和立规执纪，以解决问题的成果检验专题教育的成效。

刘云山强调，“三严三实”专题教育不是一次活动，要把专题教育融入经常性学习教育之中。各级党委（党组）要强化责任落实，坚持从实际出发，区分层次、分类指导，坚决防止形式主义、走过场。主要负责同志要担负起第一责任人的责任，既带头接受教育，又进行具体指导。要坚持围绕中心、服务大局，把开展专题教育与做好改革发展稳定各项工作结合起来，与落实“四个全面”战略布局结合起来，做到两手抓、两促进。

中共中央政治局委员、中组部部长赵乐际主持会议并作总结讲话，强调抓好专题教育，关键是要深入学习贯彻习近平总书记系列重要讲话精神，把思想和行动统一到中央部署要求上来。要把专题教育与中心组学习、“三会一课”、年度民主生活会结合起来，实现由被动向主动的转变、由“不敢”向“不想”的转变。要扎实做好专题党课、专题学习研讨、专题民主生活会和组织生活会、整改落实和立规执纪等工作，坚持问题导向，在解决不严不实的突出问题上取得新进展。要落实组织实施的责任，确保专题教育取得实效。

中共中央政治局委员、中宣部部长刘奇葆出席会议。

中央党建工作领导小组成员，各省区市和新疆生产建设兵团以及各副省级城市党委组织部部长，中央和国家机关各部委、各人民团体以及各中管金融企业、部分国有重要骨干企业和高校党委（党组）负责同志，解放军总政治部和武警部队政治部负责同志参加会议。福建、河南、广西、审计署、航天科技集团公司、清华大学等6个省区、部门和单位的党委（党组）负责同志在会上交流发言。

（参见《光明日报》2015年4月22日第3版）

被误读的西方：思想与制度学术研讨会　4月25日，由中国政法大学政治与公共管理学院和《探索与争鸣》杂志社共同主办的“被误读的西方：思想与制度”学术研讨会在中国政法大学昌平校区国际交流中心举行。中国政法大学副校长张桂林教授，政治与公共管理学院院长常保国教授、副院长卢春龙教授，《探索与争鸣》杂志社副主编叶祝弟先生等出席了开幕式。天津师范大学政治与行政学院副院长佟德志教授、副院长刘训练教授，西北政法大学政治与公共管理学院张师伟教授等20余名来自国内各高校的专家学者参加了研讨会。

张桂林在开幕式上致辞。她回顾了中国政法大学及政治学专业各位老师和与会专家学者的深厚渊源和友情，对大家不辞辛苦相聚中国政法大学召开这次学术交流盛会表示热烈欢迎。她指出，当下面对中国转型发展所出现的一系列问题，从西方的发展经验和思想制度成果中寻求启示具有十分重要的现实意义。但由于文化差异、主观偏见、个人能力等原因，当代中国对西方产生了许多误读，各位政治学领域的专家学者理应为我们完整地、理性地、全面深刻地理解西方担当起应负的责任，使我们对西方的认识更加贴近于西方思想与制度的事实本身。

（中国政法大学科研处郭丰琪供稿）

贯彻落实“四个全面”战略布局理论与实践研讨会　7月11日，由中国青年政治学院、中共中央编译局马克思主义研究部共同主办的“贯彻落实‘四个全面’战略布局理论与实践”研讨会暨第五届中国青年学术论坛在北京举行。来自中央编译局、中央党校、北京大学、清华大学等单位的80余名专家学者参会，其中近30名专家学者做主题发言。

共青团中央书记处常务书记贺军科、中共中央编译局局长贾高建出席研讨会开幕式并致辞。中央编译局秘书长杨金海，中国青年政治学院党委副书记、常务副校长王新清，党委常委、副校长林维出席开幕式。

研讨会采取主题报告、专题研讨和观点交流相结合的形式进行，先后有29位知名专家学者作了大会主题发言。

中共中央编译局秘书长杨金海研究员，清华大学马克思主义学院院长艾四林教授，中国人民大学马克思主义学院院长郝立新教授，分别作了题为《“四个全面”战略布局与国家治理现代化》、《全面深化改革：一种新的改革理论》、《“四个全面”战略布局思想中的辩证思维》的主旨报告。

在研讨中，专家学者们解放思想，大胆探索，结合各自的研究方向和最新的研究成果，围绕“四个全面”战略布局提出的实践背景、理论逻辑、科学内涵、实施条件等展开深入细致的交流与探讨，在很多方面达成了共识，加深了对“四个全面”战略布局的认识。

“中国青年学术论坛”是中国青年政治学院主办的以开展青年问题研究和交流为主旨的论坛，自2010年举办以来，每年围绕一个议题进行研讨，已形成一定社会影响力的学术品牌。

（中国青年政治学院科研处供稿）

北京高校中国化马克思主义教学研究会2015年暑期研讨会　近日，北京高校中国化马克思主义教学研究会2015年暑期研讨会在京举行。围绕马克思主义中国化与“毛泽东思想与中国特色社会主义理论体系概论”（以下简称“概论”）课程教学，来自北京大学、北方工业大学、北京第二外国语学院等院校近百位教师展开讨论。

北京高校中国化马克思主义教学研究会名誉理事长陈占安作为2015年思想政治理论课“概论”教材修订组召集人介绍了教材修订情况，并作题为“以‘四个全面’战略布局为统领，大力推进高校思想政治理论课的‘三大建设’”的报告。陈占安指出，高校思想政治理论课是大学生思想政治教育的主渠道，马克思主义理论学科是我国哲学社会科学学科体系中的主学科，马克思主义学院是高校宣传思想工作的主阵地。要加强和巩固主渠道、主学科、主阵地，必须自觉用马克思主义中国化的最新成果去武装头脑、指导工作。不仅要深刻理解和把握“四个全面”战略布局的思想真谛，还要自觉担当“四个全面”的学习、研究、宣传任务；不仅要在思想政治理论课教育教学中充分体现“四个全面”，还要将“四个全面”中的重大理论和实践问题尽快纳入马克思主义理论学科建设和科研领域。

北京高校中国化马克思主义教学研究会理事长、北京大学马克思主义学院副院长程美东针对教学实际，指出“概论”课不能只求观点不错，而是要真正了解世情国情党情，发挥其思想政治理论教育功能。教师要从马克思主义指导下的当代中国实践出发，以当代马克思主义的科学性、必要性为价值取向，关注现实问题，不断增强中国特色社会主义的“三个自信”。会上，来自清华大学、北京科技大学和中国人民公安大学三所高校教师代表分别作了“概论”课研究型示范教学。

（参见《光明日报》2015年7月23日第16版）

第五届全国企业党建创新论坛　8月16日，由中国合作贸易企业协会、中国企业党建研究中心共同举办的第五届全国企业党建创新论坛在京召开。有关专家学者和企业党务工作者代表就全面深化企业改革、不断推进企业党建创新进行了经验交流。与会代表认为，党的建设工作是企业健康发展的重要条件和根本保证，是促进企业实现转型升级和可持续发展的重要力量源泉。论坛发布了《2015中国企业党建优秀成果集》，表彰了2015年度全国企业党建工作先进单位、全国企业优秀党委书记和全国企业党建先进工作者。

（参见《光明日报》2015年8月17日第8版）

2015中国共产党与世界对话会　9月8日，“2015中国共产党与世界对话会”在京开幕。对话会由当代世界研究中心和中央纪委国际合作局联合主办，主题为“从严治党：执政党的使命”。全国政协副主席、中联部部长王家瑞出席开幕式并致辞。

王家瑞指出，中共十八大以来，以习近平同志为总书记的党中央提出并形成了全面建成小康社会、全面深化改革、全面依法治国、全面从严治党的“四个全面”战略布局，其中全面从严治党是关键。治国必先治党，治党务必从严，中共通过提高自我净化、自我完善、自我革新和自我提高的能力，巩固了执政基础，保障了改革发展。希望中国共产党的探索和努力可以为世界政党治理贡献“中国智慧”。

中央纪委副书记、监察部部长黄树贤在开幕式上介绍了十八大以来党风廉政建设和反腐败工作情况。他介绍，以习近平同志为总书记的党中央深入推进党风廉政建设和反腐败斗争，从严治党取得重要进展，党风政风为之一新，党心民心为之一振。

南非前总统姆贝基、澳大利亚前总理陆克文、意大利前总理达莱马分别致辞，积极评价中共从严治党的理念和做法，认为中共与世界对话彰显了中共的自信与开放。

开幕式后，对话会举行全体会议，中方多名与会代表分别围绕十八大以来全面从严治党的主要考虑、从严教育管理党员的主要举措、党的纪律审查工作情况、党纪与国法的关系以及地方党组织贯彻落实从严治党的举措和成效等，进行了权威的阐释介绍，并回答了外方代表的问题。

（参见《人民日报》2015年9月9日第3版）

中欧廉政智库高端论坛　9月10日，由中国社会科学院中国廉政研究中心、国际合作局、社会学研究所共同主办的“中欧廉政智库高端论坛”在北京举行。论坛围绕“反腐败体制机制建设国际比较”“腐败新动向及其治理”“廉政智库与国际合作”等议题进行研讨。

中国社会科学院院长、党组书记、中国廉政研究中心名誉理事长王伟光发来致辞。中央纪委委员、中央纪委驻新闻出版广电总局纪检组组长、中国廉政研究中心首任理事长李秋芳作主旨演讲。中央纪委驻中国社会科学院纪检组组长、党组成员张英伟主持会议并作总结讲话。来自中国、俄罗斯、芬兰、欧盟、经济合作与发展组织等国家和国际组织相关智库的50多位专家学者参加会议。

（中国社会科学院办公厅刘玉杰编辑、供稿）

政党与青年国际学术研讨会 9月16日，由中国青年政治学院中国马克思主义学院与德国罗莎·卢森堡基金会共同主办的2015年度“政党与青年”系列国际学术研讨会在北京举办。来自德国及校内外的20余名专家学者参会。

研讨会由中国马克思主义学院执行院长李伟主持。德国罗莎·卢森堡基金会北京代表处首席代表卢茨·勃勒博士代表基金会致辞。

在主旨发言阶段，德国柏林自由大学环境政策研究中心文化政治研究员丹尼尔·海弗纳、德国左翼党柏林负责人助理塞巴斯蒂安·科赫分别做题为“团体组织互联网线上竞选”、“德国在线政治交流：社会主义政党‘左翼党’的策略”的发言。

在自由讨论阶段，与会专家就“欧洲左翼政党社会知识结构的新变化”“群团工作新思维”“新媒体视角下高校思想政治教学的视角转变”等问题进行了交流探讨。

最后，卢茨·勃勒博士和李伟教授对此次研讨会进行总结。

（中国青年政治学院科研处供稿）

北京人权论坛 9月17日，由中国人权研究会和中国人权发展基金会联合举办的“2015·北京人权论坛”在北京闭幕。(会议16日—17日举行)

本届论坛的主题为“和平与发展：世界反法西斯战争的胜利与人权进步”，下设“世界反法西斯战争：人权和反人权的博弈和教训”“维护人权和维护世界和平：中国的卓越贡献”“和平权：人权的重要内涵”“二战胜利后发展权的实现与保障”四个分议题。

两天时间里，来自世界30余个国家和地区的100多位人权高级官员、专家学者和相关机构负责人，通过大会演讲、分组讨论等形式进行了交流和研讨。

参会人员普遍认为，本届北京人权论坛围绕反对战争、保护人权、促进和平和发展等议题，展开了开放和坦诚的交流对话，凝聚了共识，取得了丰硕成果，有利于吸取战争教训，共同促进世界人权事业发展。

自2008年以来，北京人权论坛已成功举办八届。

（参见《人民日报》2015年9月18日第9版）

国际政治思潮的新动向研讨会 日前，由中国社会科学院马克思主义研究院和《红旗文稿》杂志社共同举办的“国际政治思潮的新动向”专家研讨会在京举行。中国社会科学院马克思主义研究院院长、党委书记邓纯东，《红旗文稿》杂志社社长李菱，中共中央对外联络部研究室局级参赞柴尚金，中共中央编译局马克思主义研究部研究员林德山，以及相关领域的专家学者共约40人参加了本次研讨会。

与会专家指出，“国际政治思潮的新动向”是一个重大课题。近年来，欧美国家在政治思潮上有些新的变化，政治理念、基本价值观有了新的发展，原有的理论已经难以解释当下面临的问题，给国际政治研究提出了新的挑战。应对这一发展和挑战，进行国际政治思潮新动向的研究和辨析，是十分必要和迫切的。

与会专家强调，“国际政治思潮的新动向”是一个具有现实意义和理论意义的选题。目前整个意识形态斗争的现状复杂且多变，西方把中国的崛起视为对其价值观和思维模式的一种挑战，所以他们更加强化了通过多种渠道，尤其是通过互联网渠道对中国的渗透和分化。这种渗透与分化与中国当前经济社会的深刻变化交融在一起，使得各种问题和矛盾更加叠加和凸显，本次研讨会力求对这些问题做充分讨论和研究。

（参见《光明日报》2015年9月21日第13版）

以文化人与社会主义核心价值观培育践行研讨会 10月16日，教育部思想政治工作司在首都师范大学组织召开“以文化人与社会主义核心价值观培育践行”研讨会，思想政治工作司司长冯刚、思想政治工作处处长蒋宏潮，首都师范大学党委副书记徐志宏出席研讨会，北京8所高校宣传部长参加研讨会。

此次研讨会，目的是从文化的角度，围绕“以文化人”与“社会主义核心价值观培育和践行”进行专题研讨，梳理工作思路，积累工作经验，探讨工作对策，不断推进社会主义核心价值观培育和践行工作。会上，与会各位宣传部长就“以文化人与社会主义核心价值观培育践行”谈了自己的认识和各自学校的做法。

（首都师范大学社科处李志成供稿）

第三届全国基层党建创新论坛 11月20日，第三届全国基层党建创新论坛暨基层党建创新最佳和优秀案例颁奖仪式在人民网举行。

由中国浦东干部学院、人民网·中国共产党新闻网、中国组织人事报社和组织人事报社联合举办的全国基层党建创新典型案例征集评选活动自2009年开展以来已连续举办三届，活动影响力不断提升。本届共征集到2300多个基层案例，经过初选、复选，网友推荐和专家评审，最终评选出浙江省嘉兴市委组织部“以96345党员志愿者服务为载体，打通联系服务群众‘最后一公里’”等30个最佳案例和福建省福州市台江区委组织部“打造‘党员诚信店’品牌，破解非公党建难题”等60个优秀案例。

全国党建研究会副会长高世琦，人民日报社编委委员、秘书长王一彪出席会议并讲话。论坛上，4家主办单位还正式启动了第四届全国基层党建创新典型案例征集活动，将以“全面从严治党”为主线，深入宣传十八大以来基层党组织贯彻全面从严治党的创新做法和成功经验，重点征集在理想信念教育、基层干部管理、严肃组织生活、“互联网+党建”、基层党建制度、党建工作责任制等方面的创新案例。

（参见《人民日报》2015年11月21日第4版）

第四届中俄政党论坛　11月30日，第四届中俄政党论坛在京举行。全国政协副主席王家瑞出席并发表主旨讲话。

王家瑞说，当前中俄关系处于历史上最活跃、最富有成果的时期。中国共产党和俄罗斯统一俄罗斯党作为执政党，要更加努力地为推动中俄全面战略协作伙伴关系深入发展作出贡献。

统俄党主席、俄罗斯总理梅德韦杰夫给论坛发来贺信，他说，在全球危机和新挑战日益增多的背景下，包括党际交往在内的俄中合作尤显珍贵。

统俄党最高委员会主席、联邦安全会议常委格雷兹洛夫出席论坛并致辞，表示俄方要同中方一道，全方位、多角度地深入开展各领域的互利合作，造福两国人民。

此前，王家瑞还会见了格雷兹洛夫一行。

中共中央对外联络部部长宋涛参加了上述活动。

（参见《人民日报》2015年12月1日第3版）

国有企业党建研讨会　日前，由中共中央党校出版社主办的“国有企业党的建设理论研讨会暨《引擎——党的建设科学化铸就航天梦》首发式”在京举行。与会专家学者及企业代表济济一堂，共同探讨国有企业党的建设，挖掘新时期党的建设科学化的新模式。

中央党校副校长王东京表示，市场经济时代，党建和中心工作怎样有机结合，是一个值得深入探讨的问题。对于《引擎——党的建设科学化铸就航天梦》一书，他表示，航天党建首先值得学习的是为国担当、勇于引领的精神，勇于引领、善于引领、有效引领，是航天党建的突出之处。

中国社科院马克思主义研究院党委书记、院长邓纯东认为，要始终坚持党建工作“融入中心、服务中心”的科学定位，“党的建设离不开促进事业发展这个主题，离开事业空对空地搞党建是不行的。”

“党的建设科学化是新时期党的建设新的伟大工程。”在中国航天科技集团公司第一研究院党委书记梁小虹看来，党的建设科学化不是纯粹的理念，而是一种系统的科学化的工作方法。只有以科学的精神，把科学的方法运用在实践当中，并在实践中不断完善和创新，才能不断提高党的建设科学化水平。

研讨会上，与会代表纷纷表示，当前国有企业改革正处在攻坚期和深水区，加强党的建设尤为重要。要以改革创新精神全面推进党的建设新的伟大工程，不断探索国企党建的新思路、新举措、新办法，全面提高党的建设科学化水平。

（参见《光明日报》2015年12月1日第16版）

党的作风建设理论与实践学术研讨会　12月3—4日，由中共北京市委党校主办的全国性“党的作风建设理论与实践”学术研讨会召开。

来自中央组织部党建研究所、中央对外联络部研究室、中央党史研究室专家分别从“继承发扬党的三大作风”、“当前国外政党依规管党治党的新情况、新挑战以及新举措”、“党的十八大以来党的作风建设的历史地位”等方面作了专业讲话。会议聚焦“党的作风建设”，认为党的作风建设特征在于：党的作风建设是一项重大的课题，直接关系到与人民群众的血肉联系，关系到人心向背，关系到执政党的生死存亡；党的作风建设是一个历久弥新的课题，需要不断用创新精神来推进新时期党的作风建设研究，尤其是理论研究；党的作风建设是一个很复杂的课题，相对于制度建设和组织建设来讲，党的作风建设带有难量化和难衡量的软科学特征。党的十八大以来，党内政治生态已经大为改观，在新形势下如何推动党的作风建设有许多理论和实践的问题需要深入研究和探讨。前不久中共中央审议通过的《关于加强和改进新形势下党校工作的意见》，对党校是一次非常难得的历史发展机遇，党校要努力抓住机遇，把机遇用好用足，党校的事业会开创一个崭新的历史局面。

（中共北京市委党校供稿）

第二届政治传播与社会发展论坛　12月5日，第二届政治传播与社会发展论坛在中国青年政治学院举办。来自国内外的诸多知名学者参加论坛，围绕“政治传播：多元对话”的主题展开热烈讨论。

中国青年政治学院党委副书记张树辉、中国人民大学新闻学院教授、中国人民大学新闻学院与中国青年政治学院新闻传播学院学科共建委员会主任高钢，中国青年政治学院政治传播研究中心主任何晶相继为开幕式致辞。

论坛主题演讲部分，中国青年政治学院中国马克思主义学院执行院长李伟教授，香港城市大学媒体与传播系讲座教授、传播研究中心主任李金铨，清华大学公共管理学院副院长彭宗超教授，中国政法大学光明新闻传播学院院长、新华社音视频部主任陆小华，台湾大学财金系、新闻所教授黄达业和美国芝加哥大学社会学系教授赵鼎新分别以自身研究方向为基础，呈现了当下中国政治传播研究的核心问题。

工业和信息化部原党组成员、总工程师、新闻发言人朱宏任，《中国青年报》副总编辑刘健，阿里巴巴集团政府事务专家马志鹏和安平公共传播公益基金总干事张天潘从经验出发，以多元化的研究视角展现业界对于政治传播的关注。

下午的分论坛围绕“中国政治传播史研究”“中国语境下的政治传播理论研究”“社会行动中的政治传播”“新媒体与公共治理”“政治传播与政治参与”和“国际政治传播研究”六个主题展开，来自北京大学、清华大学、中国人民大学、复旦大学、中国社会科学院、南京大学、中国传媒大学、武汉大学、中山大学、南京师范大学、南开大学、上海外国语大学、国家行政学院、北方交通大学、暨南大学、厦门大学、南京政治学院、华中师范大学、广西大学、香港城市大学、北京市社科院、人民日报总编室、共青团中央网络影视中心、中国广播网的众多学者就议题分享研究成果，和与会嘉宾展开热烈的讨论，充分展现了方法多样化、对象多层次化、学科多元化的特点。

本次论坛还特设三个研究生专场，来自清华大学、中国人民大学、中国传媒大学、中山大学、中国青年政治学院等9所大学的12位研究生通过论文遴选，在论坛发表了学术报告。经评审委员会遴选，共评选出6篇优秀学术论文。

（中国青年政治学院科研处供稿）

首次中拉政党论坛　12月8—9日，以“创新、发展、合作与未来”为主题的中拉政党论坛首次会议在北京举行。与会拉美政党表示，中拉合作的战略性更加突出，希望学习中国共产党的治国理政经验，加强双方贸易、投资等领域合作。

“中拉政党论坛作为中拉论坛框架下的机制化活动，是落实双方领导人重要共识、推进中拉各国政党交往、从政治上引领和助推中拉全面合作的重要举措，将为中拉政党开展战略对话、交流发展经验提供一个崭新的多边平台。”中共中央对外联络部部长宋涛在会议开幕式上说。

中国—拉共体论坛于去年7月成立。今年年初，中国—拉共体论坛首届部长级会议在北京举行，标志着中国—拉共体论坛机制正式启动。

本次政党论坛会议由中联部和拉共体轮值主席国厄瓜多尔执政党主权祖国联盟运动联合主办，拉美和加勒比地区的27个政党的60多位代表出席。

（参见《人民日报》2015年12月10日第21版）

影像、网络与高校思想政治教育论坛　12月14日，“影像、网络与高校思想政治教育”论坛在中国传媒大学召开。校党委书记陈文申到会致辞，副校长胡正荣作主旨发言，来自全国近30所高校思想政治教育部门的负责人和教师参加会议。

陈文申在致辞中指出，高校思想政治教育是举国关注的大事。今年以来，国家出台了一系列促进高校思想政治教育的文件，对于真正使思政课成为大学生真心喜爱、终身受益的课程，有重要意义。

胡正荣在“媒介融合与讲好中国故事”的主旨发言中指出，在以移动化、社交化、视频化和完全网络化为特征的媒介融合时代，每个学校都要结合自己的特点，从内容和形式上进行变革，应对新的挑战。

上海大学李梁教授介绍了慕课在促进思政课教学模式创新中的作用；中国人民大学王易教授介绍了微信公众号“别笑我是思修课”的运作和特点；北京服装学院席宇梅副教授介绍了将思政课教学改革与学校特色相结合的做法和经验。中国传媒大学计算机学院院长石民勇教授、新闻传播学部党委书记胡芳研究员、新媒体研究院副院长曹三省教授介绍了利用严肃游戏引导学生、加强专业实践与价值观教育相结合、利用新媒体视频传播主流价值观等方面的做法。作为深受学生欢迎的思政课教师，中国传媒大学马克思主义学院王宇英副教授，结合“纲要”课程与影像史学，就影像与思政课如何结合谈了自己的做法和感受。三名我校学生就什么是她们心目中好的思政课和应该如何加强思政课建设进行了发言。

论坛由中国传媒大学马克思主义学院主办，马克思主义学院院长张付教授、马克思主义传播与大众化研究中心副主任王锦刚分别主持会议。全校百余名师生参加了论坛。

来自全国高校和北京其他高校的思政课教师又分别就如何用“慕课”发展混合式教学、如何将新媒体技术与思政课相结合的方法与途径，以及问题与难点进行了深入的交流。

（中国传媒大学文科科研处供稿）

习近平治国理政与中国传统文化研讨会　12 月 22 日，“习近平治国理政与中国传统文化”研讨会在中国人民大学举行。中国人民大学党委副书记吴付来、光明日报副总编辑沈卫星与会并致辞，著名文史哲学者张立文、牟钟鉴、周桂钿等 10 位专家从不同学理角度阐扬了习近平治国理政思想的文化背景，以及中国传统政治思想的创造性转化和创新性发展问题。

从党的群众路线教育实践活动总结大会上的“奢靡之始，危亡之渐”，到文艺工作座谈会上的“文变染乎世情，兴废系乎时序”，再到第二届世界互联网大会上的“天下兼相爱则治”——党的十八大以来，习近平总书记讲话中的“用典”带来了一股文化热。今年 8 月以来，光明日报在中国新闻奖名专栏《光明论坛》下设置《温故》栏目，请文史大家解读习近平总书记在讲话中的用典，引发了读者的热烈反响，也引起了首批国家高端智库建设试点单位——中国人民大学国家发展与战略研究院的关注。

本次研讨会由中国人民大学和光明日报社主办，中国人民大学国家发展与战略研究院、光明日报社评论部承办。吴付来在致辞中说，作为学习型政党，善于对本国优秀传统文化加以吸收、借鉴与创造性运用，是我党的优良传统之一。“我相信只要我们秉持马克思主义的历史唯物主义立场，中华优秀传统文化一定会成为党在新时期治国理政取之不尽的思想宝库。”

“十八大以来，习近平总书记在系列讲话中频繁引用古语、善于引用古语、贴切引用古语的现象，引起了社会各界的关注。”沈卫星指出，“语言反映思维，也塑造思维。我们通过研究习近平总书记用语、用典，从而了解他治国理政的思想和精髓，有利于我们更好地贯彻落实习近平总书记系列重要讲话精神，进一步把党和国家的事业推向前进。”

北京语言大学教授方铭认为，习近平总书记系列重要讲话中所体现的中国传统思想的线索，既是对传统政治文化的继承，更体现了全面把握中国传统文化核心价值的高度和广度。首都师范大学国学院院长吴相洲表示：“我体会习近平总书记引用经典有两点意义——变传统文化为当下的传统；提升了执政者话语能力，也带动了全社会文化素养的提升。”

学者们借“温故”以“知新”，“阐旧邦以辅新命”，也对《光明论坛 · 温故》提出了期望。“光明日报设置《温故》栏目，向社会传递习近平总书记所引用的中华名言，是一种很生动的阐扬社会主义核心价值观的方式。”哲学史家牟钟鉴如是评价。

（参见《光明日报》2015 年 12 月 23 日第 1 版）

经济学

2014 中国互联网经济发展论坛　1 月 7 日，由中央财经大学中国互联网经济研究院、经济学院主办的“2014 中国互联网经济发展论坛暨《互联网经济：中国经济发展的新形态》发布会”在中央财经大学学术会堂举行。中央财经大学、清华大学、对外经济贸易大学、国务院发展研究中心、电子商务交易技术国家工程实验室、亿邦动力网等单位多名专家就“互联网经济对中国经济发展的影响和趋势”等问题进行了精彩演讲。大会发布了由中央财经大学互联网经济研究院院长孙宝文教授主编，李涛、欧阳日辉等执行主编的中国互联网经济发展报告——《互联网经济：中国经济发展的新形态》（经济科学出版社出版）。该书阐述了互联网经济将成为新的经济增长点，应对中国互联网经济安全所面临严峻的考验，应提高互联网经济安全意识，完善互联网经济安全法律法规体系，建立政府监管和行业自律结合的监管体制，加大信息基础设施和技术研发建设，建立和完善大数据信息安全体系。与会专家指出，我国互联网新贵崛起，传统行业互联网化，互联网经济发展水平，正在成为衡量一个国家或地区是否具有经济发展主导权的主要标志。

（中央财经大学科研处供稿）

“新常态　新发展”研讨会　日前，怎样深入理解“新常态”的内涵与意义？“新常态”下将迎来怎样的“新发展”？在中国行政体制改革研究会、北京师范大学中国社会管理研究院、商务印书馆共同主办的“新常态 新发展”研讨会上，来自国务院研究室、国家行政学院、商务部、中国社会科学院、中国国际经济交流中心等部门和单位的近百位专家学者围绕“新常态 新发展”展开研讨，为国家发展献计献策。《中国改革与发展热点问题研究（2015）》同期发布。

国家行政学院副院长杨克勤出席会议并发言。他认为，此次研讨会和新书出版，是学习领会贯彻落实中央经济工作会议的实践举措，也体现了经济转型升级阶段国家智库的自觉与作用。

与会专家认为，习近平总书记提出并深刻论述的“新常态”揭示了我国经济发展阶段的新变化。中国经济进入新常态主要基于以下几方面因素：全球经济格局深刻调整，外部需求出现常态萎缩；创新驱动竞争更为激烈，产业结构转型升级滞后；传统人口红利逐渐减少，资源环境约束正在加强；面临跨越中等收入陷阱挑战，改革红利有待强力释放。

专家们指出，新常态经济具有丰富内涵和特征：增长速度由高速向中高速转换；发展方式从规模速度型粗放增长向质量效益型集约增长转换；产业结构由中低端向中高端转换；增长动力由要素驱动向创新驱动转换；资源配置由市场起基础性作用向起决定性作用转换；经济福祉由非均衡型向包容共享型转换。由此，适应和引领新常态，关键要靠全面深化改革、进一步扩大开放、全方位推进创新。一要大力实施简政放权，实现市场起决定性作用新常态；二要推进结构性改革，保持经济平稳增长新常态；三要以全球视野谋划和推动创新，实现创新驱动发展新常态；四要深化财政金融改革，支撑产业迈向中高端新常态；五要保障和改善民生，实现城乡人民共享改革红利新常态。

中国行政体制改革研究会会长、北京师范大学中国社会管理研究院院长、国务院研究室原主任、国家行政学院原党委书记、常务院长魏礼群指出，提出新常态、新发展具有重大战略意义：在理论上有利于丰富中国特色社会主义理论体系；在实践上有利于走出中国经济发展的新路子，特别是改革开放和现代化建设的新路子；有利于党和国家、人民保持战略定力，坚定决心，增强信心，继往开来，不动摇、不懈怠、不折腾。要主动适应新常态、推动新常态。一要树立新观念、新思维，要转变观念，要剖析以往的盲目追求、片面追求高速度的理念，改变高投入、高消耗、高污染的发展理念。二要采用新方式、新方法，我们党领导经济工作的方法和方式要与时俱进，要制度化、法治化，宏观调控要创新。三要全面深化改革，扩大开放，要创新驱动，形成新动力、新机制。四要深入研究新机遇、新挑战、新问题、新风险。

（参见《光明日报》2015 年 1 月 7 日第 7 版）

中拉企业家理事会年会暨对话会　1 月 7 日，中拉企业家理事会年会暨对话会在京召开。拉共体轮值主席国哥斯达黎加总统路易斯·吉列尔莫·索利斯出席并发表演讲。乌拉圭、哥斯达黎加、玻利维亚、特立尼达和多巴哥等拉共体成员国的外交（贸）部长、拉美多国驻华使节出席活动。中国国际贸易促进委员会会长姜增伟出席活动并致辞。

索利斯在会上表示，近年来中拉双方的贸易往来在数量和质量上都取得了巨大飞跃。“希望能在拉美的更多领域看到中国的投资，尤其希望中国投资帮助提高拉美国家在高附加值产品上的竞争力。”

姜增伟表示，年会暨对话会活动是配合即将召开的中国—拉共体论坛首届部长级会议而举行，旨在为中国企业搭建与拉共体成员国部长直接对话和交流的平台，帮助中国企业了解相关国家的贸易投资机遇，并表达对相关市场的业务意向、关切和诉求。

（参见《人民日报》2015 年 1 月 8 日第 22 版）

第十九届中国资本市场论坛　1 月 17 日，第十九届（2015 年度）中国资本市场论坛在中国人民大学举行，本届论坛主题是“中国资本市场：开放与国际化”。论坛由中国人民大学金融与证券研究所（FSI）、《中国证券报》、华融证券股份有限公司共同主办。中国证券报社副董事长王坚、华融证券股份有限公司董事长祝献忠代表主办方分别致欢迎词和开幕词，中国人民大学校长陈雨露、教育部社科司司长张东刚致辞。来自中央机关、国家机关、著名高校、著名研究机构等有关负责人和国内外著名专家学者，以及证券公司、基金公司、上市公司的嘉宾和新闻媒体的代表等共计 400 余人参加了此次论坛。吴晓求所长作了题为“大国金融中的中国资本市场”的主题报告。开幕式与主题演讲之后，与会专家分别围绕“大国金融中的资本市场：中国路径与目标”、“中国资本市场新态势：成长与开放”展开讨论。

（中国人民大学科研处李素萍供稿）

第二届 UIBE 国际政治经济高端论坛 1月17日，由对外经济贸易大学国际关系学院主办的第二届UIBE国际政治经济高端论坛在对外经济贸易大学举行。中国国际关系学界一批顶级专家学者出席此次论坛，围绕“国际制度和国家治理”主题深入讨论和交流。与会嘉宾来自北京大学、国防大学、国际关系学院、清华大学、外交学院、政治大学（台湾）、中共中央编译局、中共中央党校、中国国际问题研究院、中国人民大学、中国社会科学院、中国现代国际关系研究院、中国政法大学、对外经济贸易大学等国内著名高校及科研院所。

对外经济贸易大学校长助理、研究生院常务副院长丁志杰教授致开幕辞。论坛包括“国际制度的发展趋势”、“国际制度与国际关系的相互影响”、“中国对国际制度的参与和塑造”等议题，对外经济贸易大学国际关系学院院长戴长征教授在论坛总结环节中表示，为打造具有贸大特色的国际关系研究品牌，UIBE国际政治经济高端论坛由对外经济贸易大学国际关系学院每年举办一届，通过富有深度的交流研讨促进相关领域的研究，为中国外交决策和战略制定提供智力支持。

（对外经济贸易大学科研处供稿）

深化国有企业改革与反垄断研讨会 日前，由首都经济贸易大学中国产业经济研究院、山东大学反垄断与规制经济学重点研究基地、东北财经大学产业组织与企业组织研究中心联合主办的深化国有企业改革与反垄断研讨会在北京召开，来自高等学校、科研院所的70余名专家学者参加会议。与会专家就现阶段国有企业面临的主要问题、深化国有企业改革的方向和路径、垄断行业改革的具体模式等议题发表了自己的看法。专家们一致认为，新常态下深化国有企业改革的方向是积极发展混合所有制经济，将引入的非国有资本作为战略投资者，建立规范的公司法人治理机制，依法改革。

与会专家指出，目前中国各部门之间的要素生产率差别很大，说明存在流动障碍，究其根源还在于垄断。所以，新常态下改革的关键是要提高生产率，而提高生产率就必须要反垄断。国企改革和反垄断是分不开的，国企改革要深化，必须要反垄断，尤其是要破除行政性垄断，维护市场公平竞争。

有学者认为，35年来的国企改革沿着放权让利、制度创新和战略性结构调整的思路，使得我国市场经济体制不断地向纵深发展，这一令人瞩目的改革成就也是同中国道路、中国模式联系在一起的。渐进式改革在取得各方面成就的同时，也累积了一系列矛盾，如强政府模式、强国有模式、强财政模式、强垄断模式等，这必然会造成一系列“挤压”现象，如政府对市场的挤压、国有对民营的挤压、垄断对竞争的挤压等。在改革向纵深发展的关头，对国有企业的不同定位将决定完全不同的改革方向。有学者进一步指出，国企改革应该在去行政化的基础上，实施分类改革，确立国有企业不同的改革目标和分类监管措施，通过国家顶层设计和地方支撑协同进行。

（参见《光明日报》2015年1月18日第7版）

2015首届中国自主品牌峰会 1月18日，人民日报社人民论坛杂志社主办的2015首届中国自主品牌峰会在人民大会堂举行。会议以“大国复兴与自主品牌未来”为主题，深入探讨了“新常态”下中国自主品牌崛起的成就、挑战与机遇，发布了《中国自主品牌发展调研报告（2015）》、2015首届自主品牌十大领军人物及中国自主品牌100佳。全国政协副主席、全国工商联主席王钦敏，全国人大常委会原副委员长周铁农，人民日报社副总编辑杜飞进出席会议。

王钦敏说，以技术创新的强大动力支撑转型升级，以自主品牌的蓬勃发展助推中国经济，不仅是全面贯彻落实十八大和十八届三中全会精神的具体体现，而且是加快转变经济发展方式的重要措施。

杜飞进介绍，越来越多的中国企业如华为、中兴、阿里、京东等，通过积极创新、不懈努力，在世界产业体系和全球价值链中赢得了认可和尊重，也为中国乃至世界的经济发展注入了全新活力。

（参见《人民日报》2015年1月18日第9版）

国际税收发展战略学术座谈会 1月21日，由中央财经大学税务学院、国际税务研究中心联合国际财税协会（IFA）中国秘书处举办以“国际税收智库建设”与“国际税务硕士项目发展”为题的国际税收发展战略学术座谈会。来自国家税务总局、商务部、江苏省国家税务局、北京大学、厦门大学、首都经贸大学、中国税务出版社、国际税收杂志社、中国税务报社、总局税收科研所、高顿财经培训、汉唐教育集团，传统四大国际会计师事务所安永、德勤、毕马威普华，以及中国国际税务新锐中瑞岳华、尤尼泰、中汇、中税咨询、中国转让定价网、华税等，共计专家

50余人参加了座谈会。座谈会就国际税收智库建设进行讨论，专家们围绕国际财税协会（IFA）专家团队组成以及如何协同和创新，尤其是如何建设一路一带国际税收智库、自贸区国际税收智库建言献策；并就如何推动国际税收科研在国际税务管理中进行规范堵漏、在国际税制改革中进行调整衡平、在国际税收发展中创新共赢，以保护税基、改革税基、创新税基，建立国际税收新秩序、新格局进行了探讨。

（中央财经大学科研处供稿）

中英从环境科学到环境政策研讨会 3月11日，研讨会由国务院发展研究中心资源与环境政策研究所、国务院发展研究中心国际合作局携手英国科学与创新全球网中国工作小组以及英国生态学与水文学中心共同举办中英“从环境科学到环境政策”研讨会。此次研讨会旨在交流中英两国环境科学研究进展，探讨环境科学研究如何更有效支撑环境保护领域的政策分析和政府决策，为提高中国环境政策研究的科学性、推动中国环境治理体系和治理能力现代化献计献策。

国务院发展研究中心副主任张来明、英国驻华大使吴百纳出席开幕式并致辞。国务院发展研究中心国际合作局局长程国强主持开幕式。国务院发展研究中心资源与环境政策研究所所长高世楫研究员、中国工程院院士、中国水利水电科学研究院水资源研究所名誉所长王浩、英国生态学与水文学中心副主任阿兰·詹金斯教授出席会议并发表重要演讲。

国务院发展研究中心资源与环境政策研究所副所长李佐军研究员、中国科学院生态环境研究中心吕永龙研究员、英国詹姆斯赫顿研究所蒂姆斯·丹尼尔博士、中国农业科学院朱立志博士、国务院发展研究中心资源与环境政策研究所王海芹副研究员等分别发表演讲。

出席本次研讨会的还有来自英国兰卡斯特大学、国家行政学院、中国环境科学研究院、中国农业大学、北京市环保局、天津市环保局、湖南省发展研究中心和湖南师范大学等高等院校的专家学者。

（国务院发展研究中心办公厅科研处郭巍供稿）

中国财富管理论坛 3月19日，中国社会科学院金融研究所主办、兴业银行私人银行部和金融研究所财富管理研究中心承办的“中国财富管理论坛（2015年）暨《私人银行——机构、产品与监管》新书发布会”在中国社会科学院学术报告厅举行。

论坛汇聚了理论学术界和金融实务界的著名专家学者，阐释私人银行内涵与功能，俯瞰私人银行市场全貌，剖析私人银行市场存在问题，构建私人银行市场监管体系，勾勒全球私人银行市场发展蓝图，主要成果均体现在《私人银行——机构、产品与监管》一书当中。

论坛由中国社会科学院学部委员、金融研究所所长王国刚主持。中国社会科学院副院长李扬、兴业银行行长李仁杰、社会科学文献出版社社长谢寿光等出席会议并致辞。中国社会科学院金融研究所副所长、财富管理研究中心主任殷剑峰做主题发言。中国人民银行研究局局长陆磊、中国银监会创新监管部主任王岩岫、中国民生银行研究院院长黄剑辉、中央财经大学银行业研究中心主任郭田勇教授做嘉宾发言。来自金融监管部门、金融机构和学术研究机构的80余人出席了论坛及新书发布仪式。

（中国社会科学院办公厅刘玉杰编辑，
金融研究所科研处供稿）

产业组织与竞争政策研讨会 3月21日，由对外经济贸易大学国际经济贸易学院主办的“产业组织与竞争政策研讨会”在对外经济贸易大学召开。此次研讨会聚集了来自国内外相关领域的著名专家学者，与会专家有来自 UC Berkeley 的 Richard J. Gilbert 教授、Georgetown University 的 Marius Schwartz 教授、Oregon University 的 Wesley W. Wilson 教授、University of Colorado 的 Yongmin Chen 教授、Texas University 的 Li Gan 教授、德国柏林洪堡大学的 Elmar G. Wolfstetter 教授、上海交通大学的陈宏民教授、上海财经大学的蒋传海教授、天津财经大学的于立教授、山东大学乔岳教授、中国人民大学叶光亮教授、对外经济贸易大学黄勇教授，对外经济贸易大学龚炯副教授以及国家发改委反垄断局的李青副局长等。

为期一天的研讨会由三个专场讨论和一个专家论坛组成，专场讨论包括“竞争政策理论前沿”、“中国市场的理论和实证研究”、“产业组织前沿”三个议题，专家论坛则重点探讨了“中国竞争政策及实施”。与会嘉宾对相关的理论问题及竞争政策在中国的实施案例及问题进行了热烈地讨论，参会人员积极地分享了各自的最新研究成果，并对相关议题交换了彼此的看法和观点。此次研讨会促进了中外学者对产业经济与竞争政策相关议题的交流探讨，与政府官员就竞争政策的执行问题进行了面对面的对话，为该领域的学术交流及政策探讨提供了一个良好的平台。

（对外经济贸易大学科研处供稿）

中国发展高层论坛 2015 年年会　3 月 21—23 日，由国务院发展研究中心主办的“中国发展高层论坛 2015 年会”在北京钓鱼台国宾馆举行。本届论坛的主题为“新常态下的中国经济”，2015 年是全面深化改革的关键之年，是全面推进依法治国的开局之年，也是稳增长调结构的紧要之年。中国将如何主动适应和引领经济发展新常态，全面推进社会主义经济建设、政治建设、文化建设、社会建设、生态文明建设，促进经济平稳健康发展和社会和谐稳定，受到国际社会的热切关注和期待。中国发展高层论坛积极回应这一关切，为国际工商界、学术界、国际组织等提供了解中国经济和社会发展趋势，理解中国特色社会主义发展道路和理念，正确解读我国全面深化改革重大政策举措的重要平台。

开幕式由中国发展研究基金会理事长、国务院发展研究中心原主任王梦奎主持。中共中央政治局常委、国务院副总理张高丽出席并发表主旨演讲。本届论坛主席国务院发展研究中心主任李伟致欢迎辞，施耐德电气集团董事会主席、首席执行官赵国华与国际货币基金组织总裁克里斯蒂娜·拉加德代表外方参会嘉宾致辞。3 月 23 日上午，国务院总理李克强在人民大会堂会见来华出席中国发展高层论坛 2015 年年会的境外代表并同他们座谈。

开幕式前一日，中国发展高层论坛还举行了经济峰会。92 岁高龄的基辛格博士在经济峰会上与外交部党委书记、副部长张业遂举行了关于变革世界中的新型大国关系的对话。本届论坛围绕主题，共安排 43 场活动，其中 8 场正式会议、27 场经济峰会，另有对话会、圆桌会等环节。来自 19 个国家和地区 400 余位境外代表和 300 多位中方代表出席本届论坛，国际知名企业的董事长或者 CEO 70 余位，其中 40 多家位列世界 500 强。四大国际组织，包括国际货币基金组织、世界银行、亚洲开发银行、经济合作与发展组织的负责人也出席论坛并发言。中国政府也派出了强大阵容，来自九个部委，40 余位副部级以上政府官员参加会议。

（国务院发展研究中心办公厅科研处高巍供稿）

信息时代的经济理论发展研讨会　近日，由“信息社会 50 人论坛”与北京大学国家发展研究院法律经济学研究中心联合主办的“信息时代的经济理论发展”研讨会在北大举办。北京大学市场网络经济研究中心主任、中国企业家论坛首席经济学家张维迎，北京大学国家发展研究院法律经济学研究中心联席主任薛兆丰，北京大学中国宏观经济研究中心主任卢锋等专家学者参与研讨会并发言。

与会学者围绕信息时代对经济学理论提出的挑战、信息时代经济学的完善与发展等问题展开了深入研讨。大家认为，信息化改变了传统经济学的理论假设和人类行为方式的约束条件，需要在新的社会与技术环境下构建新的话语体系，对包括数据产权归属、网络平台治理、供求边界模糊化以及为观念定价等在内的新现象进行研究和解释。从本质上看，信息时代的经济理论发展与其说是经济学被信息化颠覆，不如说是经济学在信息化的环境中不断调整自身、丰富自身、超越自身。为此，在信息时代条件下，经济学理论需要创新性发展与重构，需要克服简单化、绝对化的传统思维，重点从新价值、新结构、新伦理、新货币、新产权、新规制等方面着手建立新经济理论体系。

研讨会由“信息社会 50 人论坛”成员、中国信息经济学会信息社会研究所所长王俊秀主持，来自北京大学、中国人民大学、中国科学院等单位专家学者以及部分企业代表参与研讨会。

（参见《光明日报》2015 年 3 月 22 日第 7 版）

如何实现中欧可持续均衡增长学术研讨会　3 月 24 日，中国社会科学院欧洲研究所与欧盟委员会经济与金融总司在北京联合举办“如何实现中欧可持续均衡增长”学术研讨会。中国社会科学院副院长、党组成员李培林，财政部副部长朱光耀出席会议并讲话。中国社会科学院欧洲研究所所长黄平、欧盟委员会经济与金融总司总司长马克·布提分别在会上致辞。会议围绕“从中国的视角考察和分析欧盟实现可持续均衡增长的途径和方式”“从欧盟的视角考察和分析中国实现可持续均衡增长的途径和方式”“公共投资在实现可持续增长中的关键作用”“二十国集团成员国间如何开展双边及多边合作，实现互利共赢的增长”等主题进行了讨论。

来自国家发改委、财政部、商务部、外交部、中国社会科学院、国务院发展研究中心，欧盟委员会经济与金融总司、欧盟驻华使团、国际货币基金组织驻华代表处、世界银行驻华代表处，以及法国、德国、英国、意大利等国驻华使馆等机构的官员和专家学者约50人参加了会议。

（中国社会科学院办公厅刘玉杰编辑、供稿）

2015春季创业投资峰会 3月28日，2015春季创业投资峰会在北京举行。峰会的主题是“如何HOLD住创业风口”。中国社会科学院副院长、党组成员蔡昉出席会议并作题为“万众创新的经济学”的主题演讲。蔡昉在演讲中指出“万众创新的经济学”就是尝试回答如何把不利时刻和不利趋势，转化为有利时刻和有利趋势。他认为，从生产要素和生产率进步的速度看，中国经济潜在增长率下降是一种必然。经济减速是中国经济新常态的主要特点之一，也是一个长期趋势，我们要做的就是引领这个新常态。会议分为嘉宾演讲和圆桌论坛两种形式。来自有关企业的负责人围绕创新、创业、新机遇等议题进行了交流和探讨。会议代表们认为，这是一个“大众创业，万众创新”的年代，我们要充分利用最好的政策环境，把握最佳的经济时机，抓好机遇，以最好的姿态、用创新思维投入到创业的大潮中去。中国社会科学院工业经济研究所所长黄群慧作为演讲嘉宾之一作了题为“制造企业战略转型与管理创新”的讲座。

峰会由中国社会科学院研究生院主办，会上同时举行了中国社会科学院创新项目启动仪式 。

（中国社会科学院办公厅刘玉杰编辑、供稿）

气候融资高层论坛 4月12日，由中央财经大学气候与能源金融研究中心和第三代环保主义组织（E3G）主办，中国绿色投融资对话平台秘书处承办的“中国绿色投融资对话平台专家研讨会暨气候融资高层论坛”在中央财经大学学术会堂举行。来自中国社科院、华北电力大学、中央财经大学的学者，来自国务院参事室、国家发改委、人民银行、财政部、环保部、北京金融工作局等政府部门专家，以及来自金融机构、新能源及环保企业和第三方机构的专家，就共同关心的绿色投融资话题展开了对话研讨。100余名来自学术机构、金融机构、气候与低碳领域从业人员参加了本次会议。“绿色对话”（Green Dialogue）平台是多方参与平台，包括国家发改委、财政部、环保部等政府部门，“一行三会”等金融监管部门，商业银行、机构投资者代表以及新能源企业等息息相关行业和部门，同时还包括国际相关专家，通过研究及实践活动，致力于加深利益相关方对转型投资挑战的共同发现，探讨绿色和气候金融对中国经济转型的作用，为政、产、学、研多方人士创造专业化交流平台。本次论坛对中国低碳转型所遭遇的投融资挑战进行共同发现、深度讨论并寻求解决方案。

（中央财经大学科研处供稿）

互联网经济与电子商务热点问题的经济理论探索学术研讨会 4月17日，由中国信息经济学会主办，中央财经大学经济学院、互联网经济研究院联合承办的“互联网经济与电子商务热点问题的经济理论探索”学术研讨会暨“中国信息经济学会基础理论专业委员会2015年学术研讨会”在中央财经大学学术会堂举办。中国信息经济学会名誉理事长、国家信息中心专家委员会名誉主任乌家培教授，信息经济学会名誉理事长、中国人民大学陈禹教授，信息经济学会理事长、中山大学谢康教授，中央财经大学孙宝文教授、李涛教授等来自全国各大高校的40余位专家学者与多名企事业单位负责人参与了此次会议。会议的主要议题为：互联网经济热点问题的经济理论探索、电子商务热点问题的经济理论探索、互联网经济与中国经济增长、电子商务创新与中国经济新常态等多个研究热点。与会专家还发表了“社会规范如何激活创业活动”、“电子商务服务业与制造业协同发展”等新颖的研究思路和学术论断。会议致力于探讨交流互联网经济与电子商务领域的最新热点话题，旨在推动互联网领域的理论创新，期望能为我国经济新常态的发展建言献策。

（中央财经大学科研处供稿）

2015中国信用4·16高峰论坛 4月18日，由北京大学经济学院、北京大学中国信用研究中心和20多个全国性行业组织联合举办的“第11届（2015）中国信用4·16高峰论坛”在全国政协常委会议厅、北京国谊宾馆举行。全国人大常委会副委员长、中国民主同盟中央委员会主席张宝文、中国经济体制改革研究会原会长、著名经济学家高尚全、中共中央委员、中央社会主义学院党组书记、第一副院长叶小文、全国人大常委、全国人大教科文卫委员会副主任委员、民进中央副主席、全国信用教育联盟理事长王佐书等领导莅临会议并发表讲话。北京大学经济学院党委书记、副院长、中国信用研究中心主任、全国信用教育联盟常务副理事长章政教授作了“2014年度中国信用体系建设回顾和2015年展望”的主题报告。

中国信用4·16高峰论坛开始于2005年，已经连续成功举办10届。本届论坛的主旨是“全面深化改革、依法治国进程中的信用建设”。论坛以党的十八届三中全会、四中全会以及今年全国“两会”李克强总理《政府工作报告》提出的加快社会信用体系建设的精神为指导，全面贯彻落实国务院《社会信用体系建设发展规划纲要》（2014—2020）战略部署，创新信用知识理论体系，搭建社会各界交流与合作的平台，加快推进我国各领域诚信建设步伐，是唤起社会诚信意识的又一次重要盛会。

（北京大学社会科学部供稿）

支付清算理论与政策高层论坛　4月22日，由中国社会科学院金融研究所主办、VISA公司和中国银联协办的“《中国支付清算发展报告（2015）》发布暨支付清算理论与政策高层论坛”在北京举行。中国社会科学院副院长、党组成员李扬，VISA亚太区总裁柯如龙出席论坛并致辞。论坛由中国社会科学院学部委员、金融研究所所长、支付清算中心理事长王国刚主持。中国社会科学院学部委员、副院长李扬，中国人民银行支付司副司长樊爽文，中国支付清算协会副秘书长亢林，中国银联副总裁柴洪峰，visa亚太区总裁柯如龙（Chris Clark），上海清算所副总经理沈伟，阿里巴巴小微金融首席战略官陈龙，VISA中国区副总经理龚亮，百度钱包战略负责人王重等参加论坛并演讲。业内人士和媒体记者等百余人参加了论坛。论坛就“当前支付清算领域的热点问题”进行了讨论。中国社会科学院金融研究所党委书记何德旭做总结发言。

论坛上，中国社会科学院金融研究所支付清算研究中心发布了新的年度研究报告——《中国支付清算发展报告（2015）》。该报告系中国社会科学院金融研究所支付清算研究中心推出的系列年度报告的第三期。报告分为总报告、分报告和专题报告三个组成部分。总报告对中国支付清算系统的现状、问题和未来发展进行了全面的回顾和展望；分报告运用数量分析工具考察了支付清算体系与宏观经济变量、区域发展、金融风险和货币政策的联系；专题报告介绍了全球支付清算体系的理论与实践进展，并讨论了当年支付清算领域的热点问题。

（中国社会科学院办公厅刘玉杰编辑，
金融研究所科研处供稿）

清华中国经济高层论坛　4月24日，为迎接清华大学建校104周年，清华大学经济管理学院举办了“清华中国经济高层讲坛”，财政部部长、清华大学经济管理学院顾问委员会委员、清华大学经济管理学院兼职教授楼继伟以《中高速增长的可能性及实现途径》为题发表演讲。院长钱颖一在致辞中介绍了楼继伟在中国经济改革方面的研究经历和推动改革的经历。他还向现场的师生们介绍了楼继伟对清华大学经济管理学院一直以来在多方面的支持。当晚，楼继伟在两个多小时的演讲中围绕“中高速增长的可能性及实现途径”这个主题进行了深入透彻的经济学分析。首先，他从劳动生产率和工资增长率这两个变量在过去30多年中的波动关系，概括性地回顾了迄今为止中国经济发展过程中的重要特征。接着，楼继伟着重分析了在当前人口老龄化加速的情况下，如何跨越中等收入陷阱，使经济保持中高速增长的可能性和实现途径。在互动环节，楼继伟细致地回答了清华大学经济管理学院教师和学生们提出的问题。

（清华大学文科建设处刘金梅供稿）

2015年中国经济形势分析与预测春季座谈会　4月28日，“2015年中国经济形势分析与预测春季座谈会暨《2015年中国经济前景分析》发布会”在北京举行。中国社会科学院副院长、党组成员李扬出席并致辞。中国社会科学院数量经济与技术经济研究所所长李平主持会议。

《2015年中国经济前景分析》指出，2015年，在全球经济总体保持温和增长的态势下，发达经济体货币政策分化，美联储加息预期增强，预计2015年中国经济增长7.0%左右，经济增速比上年回落0.4个百分点，继续保持在就业稳定的合理区间。预计第三产业比重继续提高，固定资产投资增速进一步放缓，消费增长总体平稳，外贸进出口低速增长，物价涨幅继续走低，收入增长有所回落。学者认为，经济上行或下滑都是正常的现象，经济周期不会直线前行。当前经济下滑有两个因素在起作用，一是缺少新的经济增长点，二是缺乏资金。

展望2015年，《2015年中国经济前景分析》认为，政府需要采取一系列政策调控措施，更加关注就业市场，提高劳动收入，健全工资合理增长机制，同时要改革资本市场，畅通资本收益转化为居民财产性收入的渠道。在财政政策方面，继续强化经济的财政政策，增加基础设施投资，推进财税体制改革，加大对中小企业的减税政策力度。进一步加快利率市场化改革进程，形成规范和完善的市场利率体系，适时降息降准，增加市场活力，有效降低社会融资成本，缓解企业“融资难、融资贵”问题。货币政策关注长期金融稳定，引导利率走势和利率结构。专家提出，要采取积极的宏观调控政策稳定经济增长；治理工业领域结构性通缩的主要措施是去库存化、化解产能过剩；要进一步扩大开放，促进外贸稳定增长；同时推进简政放权的市场化改革，拉动民间投资。

就货币政策而言，《2015 年中国经济前景分析》建议，保持货币政策中性偏松，创新和应用货币政策工具组合，引导流动性适度加速；加强信贷结构引导，加快推动资产证券化，改善信贷增量，优化信贷存量；加强金融基础设施和货币传导机制建设，推动利率市场化改革，引导利率下调预期；完善人民币汇率形成机制，加强跨境资本流动监管，保持人民币实际有效汇率的基本稳定；大力发展多层次资本市场，加快债务清理处置步伐，提高货币政策传导效率和有效性。

会议由中国社会科学院经济学部与社会科学文献出版社联合主办。

（中国社会科学院办公厅刘玉杰编辑、供稿）

新常态下的中国金融市场学术会议　5 月 9 日，由对外经济贸易大学金融学院主办的第二届金融学院校友论坛暨“新常态下的中国金融市场”学术会议在对外经济贸易大学举行。中国人民银行原副行长、中国金融会计学会会长马德伦，国家外汇管理局国际收支司原司长、中国金融四十人论坛（CF40）高级研究员管涛，对外经济贸易大学副校长刘亚等出席会议。对外经济贸易大学金融学院各届校友、各界来宾约 500 余人参加会议。

对外经济贸易大学副校长刘亚致开幕辞，中国金融会计学会会长马德伦先生做主旨演讲。随后的主题演讲环节中，金融学院 87 级、88 级、92 级的五位校友结合自身金融从业经验带来了五个不同视角、不同领域的演讲。本次论坛将新常态的宏观背景与中国金融市场的微观发展紧密结合起来，紧扣当前经济金融发展趋势，理论联系实际，为广大师生和业界人士带来了充分的思想交流。

（对外经济贸易大学科研处供稿）

当前印度金融业的发展讲座　5 月 13 日，印度金融学院副院长阿曼·安格瓦尔教授（Aman Agarwal）为外交学院师生做了有关印度金融业情况的讲座。讲座由国际经济学院国际金融系主任、国际金融研究中心主任欧明刚教授主持。

安格瓦尔教授是印度一名活跃的经济学家和金融学者，经常在国际会议和重要刊物中代表印度的声音，也是印度金融学院出版的《金融印度》（*Finance India*）刊物的副主编。他十分关注中国的经济金融形势，在过去四年中五次到访中国，并应商务部邀请在杭州参加研讨会议。安格尔教授在讲座中先介绍了印度的社会情况。在此基础上，印度的经济和金融业拥有自己的特点：国内导向性，印度 95% 的产品和服务被国内居民消费，决定了其在对外经济封锁的特殊情况下也能独立生存；印度对外来品的进入非常开放；印度储备银行与印度国家银行构成了世界上独一无二的双重金融体系，但是地下交易和现金交易较多，影响了宏观经济指标。另外，他还介绍了滚动式五年计划在经济发展中的作用。最后，安格尔教授就中国的“一带一路”和亚投行话题分享了自己的看法，他认为亚投行的建立是中国模仿西方欧美体系的世界银行的一次尝试，以促进亚洲地区的金融繁荣和提升人民币货币的重要性；“一带一路”意味着中国进一步深化开放，其中带来的诸多挑战包括人民币不可避免的汇率自由浮动。

（外交学院科研处供稿）

互联网经济与金融理论和实践研讨会　5 月 16 日，由中央财经大学经济学院、电子工业出版社、中国互联网经济研究院、中国先锋金融集团和中国信达·金保中心联合主办，中财博士校友分会（筹）、中财金融青年会承办，中央财经大学北京校友会协办的互联网经济与金融理论和实践研讨会暨《“中国式”互联网金融：理论、模式与趋势之辨》新书发布仪式在中央财经大学学术会堂召开。来自中央财经大学、电子工业出版社、人民银行金融信息化研究所、保监会、国务院发展研究中心、中国金融学会、京东集团、易宝支付、网信金融、星火钱包、平安银行、信达财产保险股份有限公司、云南日日昌信息技术股份有限公司等单位的 70 余位嘉宾参加了此次会议。此次研讨会通过探讨交流互联网经济与金融领域的最新前沿问题，旨在推动互联网领域的理论和实践创新，期望能为我国互联网经济发展建言献策。与会嘉宾一致倡议发起设立互联网经济和金融前沿问题研讨会，为政府、科研机构、企业及行业协会搭建一个开放式的交流与分享平台。

（中央财经大学科研处供稿）

中巴经济走廊的风险和挑战研讨会　5月21日，由对外经济贸易大学中国企业“走出去”协同创新中心主办、国际学院协办的“中巴经济走廊的风险和挑战”研讨会在对外经济贸易大学召开。巴基斯坦驻华公使SHUJAAT RATHORE先生、中国民营经济国际合作商会副会长兼秘书长王燕国、巴基斯坦来华留学博士研究生和协同创新中心科研课题负责人等参加了会议。

对外经济贸易大学副校长林桂军在欢迎词中对巴基斯坦和其他机构来访的嘉宾表示热烈欢迎，巴基斯坦驻华公使SHUJAAT RATHORE先生在发言中代表巴基斯坦祝贺本次研讨会成功召开。中巴两国专家学者围绕“中巴经济走廊概况”、“巴基斯坦国内政治以及对‘中巴经济走廊’的影响”、“极端主义的发展，极端主义与新疆穆斯林分裂主义者的联系以及对基础设施互通合作的影响”、“中巴经济走廊，美国新丝绸之路倡议以及印度：如何实现共同发展”、“中巴经济走廊实施路线图”等议题，展开了深入讨论与互动交流，共享彼此的思想成果。

（对外经济贸易大学科研处供稿）

中美、中欧BITs及TPP投资规则研讨会　5月21日，对外经济贸易大学法学院召开“2015年‘中国与美国、欧盟BITs及TPP投资规则’研讨会”。商务部和国资委部门领导、几家大型央企的法务总经理、著名律所合伙人及国际投资法专家受邀参加此次研讨会。

会议伊始，由中航科工副总法律顾问王耀国简要介绍了本次会议召开的背景及前期工作。对外经济贸易大学法学院石静霞教授就该次研讨会的主要内容向与会者进行了汇报。来自中交集团刘江南、中国移动陈丽洁以及中航集团聂颖等央企的法务专家从实践角度指出了我国企业对外投资中的主要问题，并与商务部条法司投资处领导、国资委法规处领导与央企专家进行了积极互动。

随后，来自金杜、金城同达和中伦律师事务所的几位资深合伙人专家从实务经验出发，结合以往的投资案例，分析了我国企业对外投资的法律风险及解决途径。最后，来自西安交通大学法学院的国际投资法专家张生老师对当前的新一代投资规则及我国企业对外投资的主要问题进行了学理分析。

（对外经济贸易大学科研处供稿）

债务危机与欧元区的未来讲座　5月21日，应外交学院国际金融研究中心邀请，波兰华沙经济学院（Warsaw School of Economics）教授Adam Budnikowski就“债务危机与欧元区的未来”为主题举办了讲座。讲座由国际金融研究中心主任欧明刚教授主持。

Budnikowski教授的主要研究领域为世界经济，包括经济全球化，国际贸易政策和国际金融问题。讲座中，他首先回顾了全球经济一体化与欧元区建立的历史进程、金融危机的爆发与紧随其后的欧元区债务危机，提出欧元区的失败之处在于危机前市场和政策失误，在公共和私人部门中积累了过度的风险。他解释了金融一体化、金融稳定与财政独立性构成的新“三元悖论”和经济疲软导致债务增长的恶性循环。随后他又对欧元区各个国家的经济改革和新成员的加入提出了自己的看法。

Budnikowski教授的讲座增进了师生们对欧元区发展与债务危机发生原因的理解，启发了对欧元区未来发展的新思考。

（外交学院科研处供稿）

战后70年的日本经济与中日经贸合作国际学术研讨会　5月22—23日，由中国社会科学院日本研究所、全国日本经济学会、中日经济研究中心主办的“战后70年的日本经济与中日经贸合作”国际学术研讨会在北京召开。来自日本经济研究中心、日本国际协力机构、国务院发展研究中心、商务部研究院、中国国际问题研究所、中国社会科学院世界经济与政治研究所、北京大学、中国政法大学、对外经济贸易大学、中国地质大学、南开大学、天津社会科学院、河北大学、辽宁大学、中国社会科学院日本研究所等国内外学术机构的50余名专家学者出席了会议。

会议开幕式上，中国社会科学院日本研究所所长李薇研究员致辞。日本经济研究中心研究顾问、著名经济学家小峰隆夫就战后70年日本经济的发展变化发表基调报告，总结了日本经济的发展历程与经验教训，并对未来前景进行了展望。中国社会科学院日本研究所所长助理张季风研究员从中国日本经济问题专家的视角，回顾了战后70年中日经济交流的发展轨迹，分析了中日经济合作的现状与存在的问题，并指出“一带一路”战略构想将给中日经贸合作带来新机遇。前驻日使馆商务公使、全国日本经济学会副会长吕克俭对基调报告作了点评。

与会专家学者围绕“战后以来日本经济形势及各个领域的发展变化、对中国的影响、启示”等方面问题进行了深入讨论。

（中国社会科学院办公厅刘玉杰编辑，日本研究所李清如供稿）

国防经费与国防经济协同创新论坛 5月23日，由中央财经大学中国财政发展协同创新中心、中央财经大学国防经济与管理研究院、知远战略与防务研究所、北京航空航天大学战略研究中心、《军事文摘》杂志社等联合举行的“国防经费与国防经济协同创新论坛·知远防务论坛2015：‘一带一路’安全评估专家研讨会”在中央财经大学学术会堂召开。国防大学乔良少将、北京航空航天大学战略研究中心主任王湘穗主任、中国国际问题研究基金会研究部吕德宏主任、中国现代国际关系研究院骆永昆研究员、知远战略与防务研究所高山和汪川研究员、新加坡杰凯咨询控股集团郭志豪总裁、中央财经大学国防经济与管理研究院院长陈波教授等30几位专家学者围绕“一带一路”战略对泛亚安全环境、军事力量建设、东南亚安全风险评估、阿富汗反恐形势、国家风险评估、华人海外安保服务的现状与前景、国家能力、国家债务等问题进行了深入讨论。

（中央财经大学科研处供稿）

第九届中日韩学术研讨会 5月28日，由中国社会科学院、韩国国际经济政策研究所（KIEP）和日本财政部综合研究所（PRI）联合举办的“第九届中日韩学术研讨会”在北京举行。会议由中国社会科学院国际合作局主办，数量经济与技术经济研究所承办。会议的主题为“经济新常态”，下有三个议题，分别是“各自国家宏观经济情况与前景分析介绍”“目前在三个国家关注的不同领域的债务问题（国债、地方债、企业债和家庭负债等）”“当前各自国家的中小企业融资问题的研究”。

（中国社会科学院办公厅刘玉杰编辑，数量经济与技术经济研究所科研处供稿）

加快构建中国开放型经济新体制与我国自贸区建设研讨会 5月28日，对外经济贸易大学国际经济研究院与《亚太经济》杂志社联合举办“加快构建中国开放型经济新体制与我国自贸区建设”研讨会。国务院发展研究中心副主任隆国强，对外经济贸易大学副校长林桂军、校长助理兼研究生院常务副院长丁志杰，《亚太经济》杂志主编全毅，对外经济贸易大学科研处处长王强、国际经济贸易学院院长洪俊杰、中国世界贸易组织研究院院长屠新泉，以及来自国家发展改革委员会、中国社会科学院、商务部研究院和外交学院多位专家学者，国际经济研究院全体师生共计70余人出席了本次会议。

林桂军首先代表学校致欢迎词，并就当前开放型经济新体制面临的一系列问题和挑战发表了自己的见解，隆国强研究员到会祝贺并发表主旨演讲，全毅研究员就本次会议的举办和征文情况进行了说明，并就开放型经济新体制的内涵、目标与发展路径进行了主旨发言。与会专家分别从各自的专业角度探讨了开放型经济新体制与我国自贸区建设的发展经验。

（对外经济贸易大学科研处供稿）

“互联网+”时代的电商金融及其法律规制高峰论坛 6月6日，由中央财经大学法学院主办，友利银行（中国）有限公司协办的“‘互联网+’时代的电商金融及其法律规制”高峰论坛在中央财经大学召开。本次高峰论坛积极响应2015年5月7日国务院发布的《关于大力发展电子商务加快培育经济新动力的意见》精神和国家“互联网+”发展战略，促进互联网商务平台和金融机构的有机融合，探讨电商金融的持续、健康发展的背景下召开的。现场气氛十分热烈，有互联网商业模式和法律观点之间的交锋，有法学和经济学之间的融合，有实务和理论的交流，还有中韩两国模式的比较，内容丰富，形式灵活，取得了良好的效果。最高人民法院研究室副主任、中国证券法学研究会会长郭锋、中央财经大学法学院副院长吴韬、友利银行中国总行行长郑和永等专家学者参加了会议。与会专家论述了传统金融与互联网金融两者的关系与过渡，介绍了企业在互联网金融方面所做的积极有益的探索，分析了互联网金融中的法律问题与法律风险，并对其中的有关法律条款进行了解析，同时，还对信联网的未来发展进行了构想。

（中央财经大学科研处供稿）

2015互联网和大数据金融（WIBF2015）国际研讨会 6月11—12日，由中央财经大学信息学院主办，香港城市大学商学院、*Financial Innovation* 国际期刊协办的2015互联网和大数据金融（WIBF2015）国际研讨会在中央财经大学学术会堂举行。美国伊利诺伊大学信息与决策科学系J. Christopher Weatland教授、美国德克萨斯理工大学林漳希教授、香港城市大学商学院信息管理系系主任赵建良教授、香港城市大学商学院信息管理系刘耀强副教授、新加坡管理大学Liu Jun等国内外知名学者、产业界专家、信息学院部分师生等80多人出席了本次会议。此次会议主要围绕互联网和大数据金融展开讨论，与会专家就大数据和互联网分析广泛前景、金融公司所面临的问题、大数据和网络分析、联网时代的云计算战略、微细加工技术和移动互联网技术的等互联网金融热点问题展开了讨论。本次国际研讨会还对互联网及大数据金融的新的应用模式及发展趋势进行了展望，对学术界和产业界之间的协作起到了促进作用，推动了金融与信息技术交叉领域的学术研究和实践创新。

（中央财经大学科研处供稿）

中关村创新示范区引领京津冀地区产业结构升级的金融支持政策研讨会　6月13日，由北京工商大学主办的中关村创新示范区引领京津冀地区产业结构升级的金融支持政策研讨会在京召开。会议邀请了近20位相关专家、学者与会发言，北京工商大学经济学院部分教师及金融专业研究生共计120多人参加了该研讨会。

根据党中央、国务院的总体部署，京津冀协同发展符合国家发展全局规划。随着京津冀协同发展的进一步推进，更需要金融支持来促进产业结构的升级，中关村是北京建设全国科技创新中心的主要示范园区，其无疑要在京津冀协同发展中发挥重要的引领作用。

与会专家围绕京津冀区域产业结构升级，从不同角度对京津冀地区的金融支持政策提出了建议。中国人民银行研究员、营业管理部副主任蒋再勇博士，从银行业务的角度出发，讨论了三地资金互通互用的建议。北京市金融工作局党组成员、副局长栗志刚先生，从北京视角，探讨了产业升级未来发展方向，和政策支持。随后，河北经贸大学金融学院院长王重润教授、天津财经大学经济学院金融系主任王学龙教授分别从河北视角和天津视角对京津冀地区产业结构升级谈了自己的看法。中国人民大学经济学院区域与城市经济研究所所长孙久文教授结合自己多年研究，提出了对产业结构升级的金融支持方面的建议。

中国区域经济学会副理事长兼秘书长陈耀，三河蒙银村镇银行岳彬峰董事长，首经贸首都经济研究所所长祝尔娟教授，宏观私募基金管理机构侯玉成总经理也分别对会议议题进行了发言。

（北京工商大学科学技术处王葳供稿）

第四届全球能源安全智库论坛　6月15—16日，第四届全球能源安全智库论坛暨《世界能源发展报告2015》发布会在北京召开。论坛由中国社会科学院数量经济与技术经济研究所、中国社会科学院研究生院、国际能源安全研究中心、中华能源基金会、美国能源安全理事会、全球安全研究所（美国）主办，国际清洁能源论坛（澳门）协办。论坛的主议题为“‘一带一路’战略与全球能源合作”。

（中国社会科学院办公厅刘玉杰编辑、数量经济与技术经济研究所科研处供稿）

金融危机与自然灾害（Financial Crisis and Disaster）讲座　6月17日，英国谢菲尔德·哈勒姆大学（Sheffield Hallam University）的经济与商业史学教授约翰·辛格顿（John Singleton）应邀来外交学院作了一场精彩的学术讲座。他的讲座题目是“金融危机与自然灾害（Financial Crisis and Disaster）”，辛格顿教授曾经在英国和新西兰的多所大学担任教职，其主要研究兴趣是自然灾害经济史和金融史，是多家国际史学期刊的审稿人。自20世纪90年代以来，他在牛津大学、剑桥大学等出版社出版多部专著。其2011年在剑桥大学出版社出版的《20世纪的中央银行》一书已由国经学院张慧莲副教授带领外交学院学生翻译完毕，并于2015年4月在中国金融出版社出版发行，此书已被列入中国人民银行内部培训参考书目录。

讲座中，辛格顿教授讲述了金融危机与自然灾害之间惊人的相似之处，他认为无论是自然灾害还是金融危机，都要经过类似的发展阶段；在各个不同的发展阶段，人类的行为和自然力之间会相互作用和影响；人们对危急情势的感知和决策能力对于避免危机发展为灾难至关重要，但这种感知和决策能力在重压面前往往难以奏效。而且，危机和灾害过后，随着它们慢慢淡出人们的视野，公众对其逐渐失去兴趣，改革的进程也会被政治力量所阻挠，所以危机和灾难一再发生。在整个讲座过程中，辛格顿教授的讲座旁征博引，史料丰富，逻辑严密，介绍了许多不同于平时课堂教学的新的观点及思维模式。

（外交学院科研处供稿）

2015商品流通高层论坛 6月19日，由中国人民大学商学院贸易经济系和中国人民大学中国流通经济研究中心联合举办的“2015商品流通高层论坛”在中国人民大学逸夫会议中心举行，中国人民大学副校长伊志宏出席论坛并作开幕致辞，全国供销合作总社党委副书记、理事会副主任李春生以及商务部内贸专家委员会主任、原部长助理黄海作开幕主题演讲。论坛分为开幕、主题发言和两个分论坛，17位专家学者发表了主题演讲。此次论坛以“经济新常态与中国贸易发展”为主题，就“‘一带一路’与中国贸易政策”、“‘互联网+’与流通产业发展”、“全球价值链与内外贸一体化”、“供销社综合改革与农村商品流通”等热点话题展开讨论。

（中国人民大学科研处李素萍供稿）

全球深化改革理论研讨会 6月24日，北京市社会科学院科社所召开以“全面深化改革”为主题的理论研讨会，重点讨论新时期条件下中国农村改革的问题。此次研讨会由科社所所长杨奎研究员主持，刘长军博士做主题发言，科社所全体人员参加了研讨。刘长军围绕“当代我国农村公共财产治理”的主题从财产的范畴辨析、我国农村公共财产治理方面的主要问题和治理思路进行深入阐述。与会的科研人员重点围绕农村财产改革的问题进行探讨，认为划清财产公有与财产私有、政府与市场之间的关系是当前我国农村改革的重点，也是全面深化改革的难点。研讨会主持人杨奎对此次研讨会进行总结。各位学者基于自身学术背景，阐发真知灼见，在认真交流与热情讨论过程中加深了对全面深化改革，特别是农村社会治理体系建设的理解，有助于全面、准确、深刻地理解“四个全面”战略布局的重大理论和实践意义。

（北京市社会科学院科研处供稿）

“一带一路”与区域投资国际学术研讨会 6月25日，由北京市社会科学院外国问题研究所、北京市社会科学院国际交流中心与北京国际经济研究中心联合举办的“一带一路系列活动之印尼投资座谈会”在北京市社会科学院会议室召开。本次座谈会邀请到的主要出席与发言嘉宾包括：印度尼西亚驻华大使馆公使衔参赞弗莱迪（Freddy Sirait）阁下、中国原驻印尼大使兰立俊先生、北京市社科院副院长、北京国际经济研究中心常务副理事赵弘研究员、中国社科院亚太社会文化研究室主任许利平研究员、中国太平洋经济委员会对外经济技术合作委员会执行理事长吴巍先生、秘书长牛丽女士、全国工商联国际合作商会办公室主任罗晓东先生、分会副会长李保民先生等。座谈会由北京国际经济研究中心秘书长邹长峰先生主持。近年来，中国与印尼双边政治互信互利，经贸合作获得迅速发展；近期两国分别提出“一带一路”与“海洋立国”战略，为两国进一步深化、扩大合作提供了良好的战略背景。座谈会围绕一带一路战略下中国如何加强对印尼投资的问题展开。赵弘致欢迎辞并表示北京作为中国经济、科技重镇，在新时期两国经贸合作中必然能够占据重要地位，北京社科院作为北京市委市政府的唯一智库，对此负有重要的政策研究支持功能。弗莱迪（Freddy Sirait）详细介绍了中国以往在印尼投资的基本情况及新政策，表达欢迎中国方面对印尼进行更多更优秀的投资。兰立俊则强调中国企业对印尼投资要有针对性的选择项目，要符合国内产业政策，更要符合当地的发展需求，各自发挥优势。许利平则表示两国投资合作需要重点关注海洋能源、渔业、旅游业等，同时也要注重海洋界限划定与海洋权益问题。在之后的讨论环节，各位专家、学者及产业界人士分别就自己过往的研究或投资经验进行了更多的详细介绍，同时也就若干问题向弗兰迪参赞先生与兰立俊大使提问并互动讨论。《第一财经》、《国际商报》等媒体的记者也受邀参与了座谈会。

（北京市社会科学院科研处供稿）

2015年省区市经济形势分析座谈会 6月25—26日，国务院发展研究中心每年一度的年中宏观经济形势分析会——2015年省区市经济形势分析座谈会在北京召开。国务院发展研究中心主任李伟出席会议并讲话，国务院发展研究中心副主任刘世锦、张军扩、张来明、隆国强，国务院发展研究中心党组成员王一鸣，党组成员、办公厅主任、宏观部部长余斌出席会议。刘世锦作大会总结，张军扩主持开幕全体会议，隆国强主持地方经济形势讨论及闭幕会议。

本次会议主要任务是综合研判2015年上半年全国经济形势，并对下半年经济走势进行分析、判断和建议。31个省区市发展研究中心负责人和国务院发展研究中心有关专家参加了会议。

李伟在讲话中表示，近期，我国经济继续保持分化态势，部分核心指标略有好转，宏观政策效应有所显现，但经济运行整体下降态势没有逆转。重化工业和产能过剩主导的下行力量，与新技术、新业态和新模式引导的新兴上升力量并存；实体经济降杠杆、降风险与资金“脱实入虚”、金融风险增大并存；创新动力增强与知识产权保护不力、政府行为不适应新要求、体制机制不匹配并存。经济分化本身是结构调整的体现，是新旧动力转换接替的过程。在此过程中，必须坚持宏观政策要稳、微观政策放活和社会政策兜底的思路，避免经济失速，稳步重建新平衡。

李伟认为，当前经济运行的六个方面基本情况和特点是：第一，生产侧小幅回升，市场预期略有改善。第二，消费总体平稳，新兴消费保持快速增长。第三，受基础设施和房地产开发增速下滑影响，固定资产投资继续放缓。第四，出口降幅收窄，增长总体低于预期。第五，财政增收压力明显，企业盈利尚未好转。第六，经济分化趋势继续加快。

李伟强调，分析判断当前短期经济形势，一定要看大势，要有中长期视角，不要被月度或季度数据牵着走。中国经济新常态是阶段性特征，“三期叠加”在短期内并不会改变，研判经济形势看清主导性、全局性和长期性因素，做到“三性结合”。所谓“主导性”，就是要认清经济发展态势的主导因素。这一轮经济增速下行压力持续加大，增速回落作为阶段性的重要特征，与1998年和2008年不同，那时主导经济下行的是外部冲击，而中国经济进入新常态，有国际环境的外部因素，但主要因素来自内部，是国内经济结构失衡，不可持续性加剧的矛盾所决定的。所谓“全局性”，就是中国经济转型调整是全空间、全领域的问题，是我国迈向现代化的必经阶段和必经过程，不是局部地区问题，也不是单一领域问题，而是共性和全局问题。不但要在960万平方千米土地上做文章，还要与世界经济新一轮分工调整紧密结合。所谓“长期性”，就是要看到经济结构调整主要受经济规律决定，一个位居世界经济总量第二的发展中大国发展方式的历史性转变，对比世界上发达国家与发展中国家类似转变的经验和教训，这绝不是短期可解决的。这个过程孕育着新机遇、开辟着新空间，但也是痛苦的、漫长的。即便是在市场经济制度比较完善的发达国家，结构调整也不是短期问题。

此外，李伟认为，当前经济运行中主要面临六大问题：一是通货紧缩风险依然存在。二是基础设施“稳增长”的作用面临考验。三是资金“脱实入虚”的问题依然突出。四是地方干部行为与激励机制重建问题。五是知识产权保护与人才恶性流动问题。六是统计覆盖不全和数据质量堪忧。

刘世锦在作大会总结时表示，今年的会议是在一个比较特殊的情况下召开的，大家对李伟主任的讲话高度肯定，还进行了热烈而深入、信息量很大的讨论，会议举办是成功的，取得了预期效果。在总结发言中，刘世锦还就地方经济态势、中国经济继续探底的底在何方及增长动力等三方面发表了看法。

25日上午，国务院发展研究中心外经部部长赵晋平、金融所所长张承惠、资环所所长高世楫、宏观部副部长陈昌盛分别从国际经济形势、货币政策、生态文明建设、宏观经济形势等角度作了专题报告。中国经济时报社代理社长、总编辑刘守英就中国经济时报刚刚完成的2015年年中经济形势调查报告向大会作了介绍。25日下午，与会代表分三个小组进行了讨论。来自全国不同省区市的与会代表结合本地区发展实际以及当前的热点、重点和难点问题发表看法，并提出了不少政策建议。李伟、张军扩、隆国强、余斌等分别参加了小组讨论，并与代表们进行深入交流。

26日上午，各小组召集人分别对25日的分组讨论进行总结。来自吉林省、河北省、福建省、陕西省的与会代表还就当地经济形势做了发言。

（国务院发展研究中心办公厅科研处郭巍供稿）

中美农业合作社发展研讨会　6月27日，对外经济贸易大学中国开放经济与国际科技合作战略研究中心、中国大豆产业协会、美国大豆出口协会联合举办“中美农业合作社发展研讨会”在对外经济贸易大学召开。

美国大豆出口协会中国首席代表张小平首先对美国农业合作社近年来的发展现状做了介绍，然后美国俄克拉荷马州立大学（Oklahoma State University）的Phil Kenkel教授和北达科他州立大学（North Dakota State University）的Gregory McKee教授作了“美国农业合作社架构及其发展趋势”的主题发言，中国大豆产业协会常务副会长刘登高作“中国农业合作的发展”主题发言，随后与会人员围绕美国农业合作社的构架、经营模式、种类及中美农业合作社的比较及其发展趋势等方面展开讨论。

（对外经济贸易大学科研处供稿）

全球创业金融与创新学术论坛 6月27—28日，由清华大学五道口金融学院及清华大学国家金融研究院主办的“全球创业金融与创新”学术论坛在金融学院召开。本次学术论坛吸引并聚集了多名现任和卸任世界一流学术期刊的主编和副主编，在国内举办的高水平学术论坛中尚属首次。学院常务副院长廖理教授出席并致开幕词。近30名来自国际多所著名大学的金融创新领域的学术领袖和顶级学者及100多名来自全国多所知名高校教授、博士生、企业科研人员齐聚金融学院，围绕“全球创业金融与创新”这一主题，就金融创新的前沿问题，特别是具有重要学术价值和实际应用意义的最新研究进展进行广泛交流和深入研讨。“创业金融与创新领域之父”、来自哈佛大学商学院的Josh Lerner教授在论坛期间作了题为“成长资本的去中介化”的主旨演讲。为期两天的全球创业金融与创新学术论坛以相关领域的研究论文为主，旨在促进国内外顶级学术交流，同时展现金融创新研究人员在该领域国内外的最新研究成果。讨论话题主要包括各种制度、法律、金融部门的发展对创业、技术创新、企业成功率、现有企业的活力及对经济发展的贡献。会议还专注于理解企业家、多种金融中介机构、投资公司的作用，以及理解金融市场对创业型企业的管制和在全球金融背景下创新的动机。论坛由6个主题分论坛组成。分论坛围绕创新主题来探讨政府激励企业与税收政策、公司治理和人力资本、风险投资与创业、法律与竞争、中国创新等问题。

（清华大学文科建设处刘金梅供稿）

首届互联网金融安全高级研讨会（2015） 7月4日，由中央财经大学信息学院主办，北京中安国发信息技术研究院协办的“首届互联网金融安全高级研讨会（2015）”在中央财经大学学术会堂举行。本次研讨会以“揭秘黑客攻击，共筑安全长城”为主题，聚焦互联网金融安全威胁，深度剖析安全新形势，揭秘还原黑客攻击路径，构建互联网金融安全体系。来自国家发展和改革委员会、国资委信息中心、中国人民银行总行、中国信息安全认证中心、中国信息安全测评中心等单位的专家，新华网、科技日报、科学出版社、互联网金融公司等单位的专家、代表以及中央财经大学信息学院师生参加了研讨会。本届研讨会得到了北京中安国发信息技术研究院、杭州安恒信息技术有限公司的大力支持，包括腾讯、网信理财等多家安全和金融领域的创新公司和研发机构全面参与，赛迪网等新闻媒体进行了跟踪报道。

（中央财经大学科研处供稿）

稳增长政策跟踪审计专家论坛 7月3日，中国社会科学院财经战略研究院联合审计署办公厅、财政审计司在北京举办了“稳增长政策跟踪审计专家论坛”。中国社会科学院副院长张江、审计署副审计长袁野出席会议并致辞。中国社会科学院财经战略研究院党委书记、院长高培勇主持会议。审计署财政审计司司长、研究员郝书辰，国务院参事室特约研究员、国家统计局原总经济师姚景源，亚洲开发银行驻中国代表处高级经济学家庄健等参加论坛。

论坛旨在以科学、客观、专业视角评估稳增长政策的落实情况，评价跟踪审计的力度与功能，揭示重大政策措施以及宏观调控部署落实中存在的问题，关注经济增长过程中出现的新情况，为保障经济社会平稳运行、健康发展资政献言。

（中国社会科学院办公厅刘玉杰编辑、供稿）

第九届中国经济增长与周期论坛 7月4日，由中国社会科学院经济研究所、经济研究杂志社、经济学动态杂志社共同主办的“第九届中国经济增长与周期论坛”在北京召开。来自国内外各高校、研究机构的200多位专家学者、40多家媒体参加了论坛。论坛的主题是“新常态、新转型——‘十三五’规划展望”。

论坛围绕主题，探讨未来的中国经济发展，为我们国家未来五年的发展献计献策。大会发言的学者有中国社会科学院学部委员、论坛主席刘树成研究员，中国社会科学院学部委员张卓元研究员，国家统计局副局长许宪春，中国社会科学院经济研究所所长裴长洪研究员，中国社会科学院经济研究所副研究员袁富华，中国经济实验研究院院长张连城教授，西南财经大学经济与管理研究院院长甘犁教授，上海财经大学经济学院院长田国强教授，中国社会科学院学部委员杨圣明研究员，中国人民大学教授胡乃武，中国人民大学学术期刊社社长杨瑞龙教授，南京大学商学院院长沈坤荣教授，国务院发展研究中心社会发展研究部副部长李建伟研究员，云南财经大学金融研究院院长龚刚教授，北京大学国民经济核算与经济增长研究中心副主任蔡志洲教授，北京师范大学经济与工商管理学院教授沈越，浙江工业大学经贸管理学院高级研究中心主任陈昆亭教授，河北省社会科学院副院长彭建强研究员，湖南大学经贸学院教授陈乐一等。

在大会发言的同时，会议还围绕“新常态下的开放与改革”“经济增长与‘十三五’展望”等议题举办了三个分论坛，针对“十三五”时期的宏观环境、经济增长态势、宏观调控、“一带一路”建设、经济结构调整、产业升级，以及改革与政府职能转变进行了讨论。

（中国社会科学院办公厅刘玉杰编辑，经济研究所科研处供稿）

金融与保险风险管理国际研讨会　7月4—5日，由中央财经大学中国精算研究院主办的金融与保险风险管理国际研讨会在中央财经大学举行，旨在探讨金融保险风险的量化分析与决策在理论与实务中的应用，推动风险管理与定量分析在理论和应用方面的发展。来自海内外15所高校的30位著名专家学者以及中央财经大学部分教师和研究生共计80余人参加了本次会议。此次研讨会共进行了29个学术报告，围绕金融保险风险量化研究、风险度量下的最优化决策研究、风险量化和决策分析的应用三个主题，探讨了我国养老基金收益、养老金低息风险管理、相容激励机制在最优保险设计的作用、变动和固定成本下的最优再保险等问题。促进了国内金融与风险管理领域的理论与应用研究的发展，加强了国内外专家学者之间的交流与合作。

（中央财经大学科研处供稿）

“黉门对话”专家主题论坛　7月7日，北京大学“黉门对话”专家主题论坛——“经济学家论道：经济学思想与数理工具”在北京大学经济学院学术报告厅成功举行。本期“黉门对话”由北京大学研究生院主办，北京大学经济学院和《技术经济与管理研究》杂志社共同承办。论坛邀请到北京大学经济学院院长孙祁祥教授、北京大学市场网络经济研究中心主任张维迎教授、中国人民大学学术期刊社社长杨瑞龙教授、《经济研究》常务副主编郑红亮研究员、南开大学经济学院院长梁琪教授、北京大学光华管理学院副院长龚六堂教授等六位我国经济学界的知名专家学者作为对话嘉宾。

（北京大学社会科学部供稿）

中国企业国际化之道学术研讨会　7月10日，清华大学经济管理学院中国企业全球化研究中心（以下简称中心）成立仪式暨新常态下的中国企业国际化之道学术研讨会在清华大学举行。中心由清华大学经济管理学院与法国巴黎银行携手共同组建，旨在成为金融及经济全球化方面的思想领袖，搭建中外企业深入交流的平台，并成为中国政府在全球化政策方面的高端智库。副校长谢维和，中心执行委员会主席、清华大学经济管理学院院长钱颖一，党委书记、副院长高建，法国巴黎银行集团亚太区行政总裁 Eric Raynaud 等200多位嘉宾参加了中心的成立仪式。谢维和在致辞中回顾了清华大学的国际化战略，清华大学经济管理学院成立中心具备良好条件。谢维和还感谢法国巴黎银行对中心成立的支持，并对中心的发展壮大提出美好祝愿。随后，钱颖一在致辞中表示，希望中心成立后为大家提供更多合作交流机会，让中心真正成为企业全球化的思想领袖。法国巴黎银行集团亚太区行政总裁 Eric Raynaud 在致辞中表示，相信通过双方共同努力，中心将为中国和外国企业进行深入沟通和合作建立起坚实的平台，同时，能够帮助更多的中国企业走上国际化之路。启动仪式结束后，“新常态下的中国企业国际化之道学术研讨会”举行。前中国投资有限责任公司总经理高西庆发表了题为“中国企业国际化所面临的挑战和可能路径”的主旨演讲。法国巴黎银行首席经济学家 William Devijlder 作了题为“欧洲：周期性复苏和结构性发展——对中国企业的投资机会”的主旨演讲。在专题讨论环节，各位嘉宾围绕“中国企业的国际化之路”展开讨论，他们结合自身经历和背景，从学术、企业实践、政府行为等角度深入探讨了中国企业投资、并购过程中的特点和问题。仪式由中心主任、清华大学经济管理学院会计系教授贾宁主持。

（清华大学文科建设处刘金梅供稿）

精算与保险国际论坛　7月11日，“精算与保险国际论坛暨中国精算与风险管理报告发布会（2015）”在对外经济贸易大学召开。对外经济贸易大学副校长赵忠秀教授、中国精算师协会创始会长魏迎宁、保监会人身保险监管部主任袁序成、希腊财政部秘书长 Nikos E. Frangos、北京市保险局副局长冷煜、中国保险学会副秘书长蔡宇、英国精算师协会 Trevor Watkins、美国精算师协会代表 Wai Ling Yung 共同出席了论坛并致辞。

论坛由对外经济贸易大学保险学院院长孙健教授主持。来自中国（含香港、台湾地区）、美国、英国、法国、希腊、日本等国家和地区的100多位专家、学者和业界人士参会，共同探讨我国和国际精算学发展的最新实践和发展趋势。随后，论坛发布《中国精算与风险管理报告（2015）》。在“精算与保险国际论坛”学术讨论环节，来自美国哈佛医学院的李丰盛教授、美国密西根州立大学肖益民教授、清华大学陈秉正教授、上海财经大学谢志刚教授、中国人民大学王晓军教授等嘉宾作主旨演讲。

本次论坛成功搭建了中国与国际保险与精算重要的学术与教育交流平台，为促进我国保险精算行业的发展、提升风险管理水平、提高我国保险业在国际市场的地位起到了积极作用。

（对外经济贸易大学科研处供稿）

中国货币政策新常态讲座 7月13日，清华大学五道口金融学院紫光讲席教授、副院长，清华大学国家金融研究院副院长周皓教授在清华大学（社科学院）野村综研中国研究中心，为来自日本学术界和金融领域的专业人士做了题为“中国货币政策新常态”的讲座。周皓用双轨性、结构性、实用性定义了新常态下的中国货币政策特征，并且对中国货币政策和宏观经济进行了全面、深入的解读。他认为，当前货币政策在总体保增长、向投资型经济转型以及改革的经济状况下的态势是“中性稳健，适当宽松”。对于上一轮股市动荡，周皓表示，此次下跌不是经济本质原因引起的，也并没有触及到系统性风险爆发的底线，央行7月8日的公告内涵是给出了一个救市与否的底线，即防止系统和区域性的风险爆发。如果达到，央行将提供无限制的流动性；如果没有，央行就不会做。他表示依然看好中国股市将长期回归经济的基本面。在问答环节中，周皓与日本经济学者和金融机构专业人士就人民币国际化、中长期汇率等问题进行了探讨。野村综研中国研究中心表示，希望今后还能与清华大学五道口金融学院合作，举办更多这样专业性强、紧扣时事的学术讲座。

（清华大学文科建设处刘金梅供稿）

中国视野下的专利保护宣言研讨会 7月15—16日，“中国视野下的‘专利保护宣言’研讨会”在北京举行。此次会议由中国知识产权法学研究会、中国人民大学法学院、中国人民大学知识产权学院及德国马克斯—普朗克创新与竞争研究所联合主办。参会代表结合“专利保护宣言”的内容，共同研讨专利制度的全球化与本土化。

德国马克斯—普朗克创新与竞争研究所所长瑞托·赫尔提教授与该所马提亚·兰平博士介绍了“宣言”的起草背景、重点内容与主要目标。瑞托·赫尔提教授在此次会议期间被聘任为中国人民大学知识产权学院客座教授及学术委员会委员。

会议中，嘉宾结合“宣言”的重点内容，围绕“一种保护标准能否普遍适用”“可专利性与相关信息的披露”“专利权的保护范围”“专利强制许可与政府使用”“专利权保护制度的实施”五个专题展开研讨。在“综合讨论”环节，参会代表针对先前研讨过程中的难点、重点问题展开进一步的交流和探讨。

“专利保护宣言”由来自25个国家的数十名学者在马克斯—普朗克创新与竞争研究所的主持下共同起草，倡导更为合理的专利制度。此次会议为“宣言”的改进和完善提供了基于中国经验的意见和建议，也为我国专利制度的改革与发展贡献了宝贵的经验和智慧。

（参见《光明日报》2015年7月27日第10版）

国际经济与金融学会（IEFS）中国第七届年会 7月15日，国际经济和金融学会（中国）（International Economics and Finance Society China，即 IEFS China）第七届年会——国际政策论坛在京举行。此次会议由首都经济贸易大学与对外经济贸易大学共同主办。WTO首席经济学家、美国国际贸易委员会经济学家罗伯特.库普曼（Robert Koopman）作了题为《贸易在经济增长与发展中的作用》（The Role of Trade in Economic Growth and Development）的主旨演讲，他主要阐述了世界贸易、经济增长和全球价值链情况以及WTO现阶段的主要工作，并就全球经济发展、全球价值链的重要性等方面问题阐述了其独到的见解。演讲环节，与会专家围绕“‘一带一路’倡议与中国区域战略调整”（“One Belt and One Road” Initiative and Adjustment of Regional Strategy in China）、“区域一体化背景下的中国边境贸易”（China's Border Trade Under Regional Integration），“再议人民币国际化路线图”（Reassessment of Roadmap for the Renminbi Internationalization）等内容进行了精彩演讲。

（首都经济贸易大学科研处李琳供稿）

中国品牌论坛 7月16日，中国品牌传播中国价值，中国品牌彰显中国力量。由人民日报社主办、以“中国品牌 中国力量”为主题的中国品牌论坛在北京开幕。全国人大常委会副委员长张宝文、人民日报社社长杨振武等出席开幕式并致辞。

张宝文在致辞中说，做大做强中国品牌、大力发展品牌经济，是推进中国企业迈向国际产业链高端、掌握产业话语权、提升国际竞争力的必然选择，是提高我国经济发展质量和效益，主动适应经济新常态，增强我国综合国力的现实需要。近年来，中国企业越来越重视品牌建设，加快“走出去”步伐，一些企业瞄准国际科技前沿，加快核心技术攻关，抢抓机遇、趁势而上、弯道超车，开始在世界舞台上崭露头角。中国经济正在走上结构优化、资源节约、环境友好的集约型增长之路，我们要以品牌战略助推中国经济战略转型，为中国经济持续健康发展提供重要支撑和持久动力。

杨振武在致辞中表示，新常态下的经济发展，必然是以提高质量和效益为中心的发展，必须要大力实施品牌战略。习近平总书记强调，“推动中国制造向中国创造转变、中国速度向中国质量转变、中国产品向中国品牌转变”，为我们提供了科学遵循和行动指南。做大做强中国品牌要抓好四个着力点：以质量提升中国品牌、以创新点亮中国品牌、以开放锻造中国品牌、以文化涵养中国品牌。我们要共同为中国品牌建设注入新力量，传播新气象，弘扬正能量。

国务院新闻办公室副主任郭卫民、国家工商总局副局长刘俊臣、国家质检总局副局长吴清海、全国人大财经委副主任委员辜胜阻先后致辞，人民日报社副社长张建星主持开幕式。联想控股董事长柳传志、大连万达董事长王健林和加多宝、贝因美、兰石等近百家知名企业负责人，以及国务院发展研究中心、中国社科院等单位的专家学者共聚一堂，就做大做强民族品牌、提升中国品牌国际影响力和竞争力交流经验、分享心得、分析把脉、建言献策。

（参见《人民日报》2015 年 7 月 17 日第 4 版）

供应链金融比较研究国际研讨会　7 月 23 日，中国社会科学院金融研究所与日本株式会社野村综合研究所在北京共同举办了“供应链金融比较研究”国际研讨会。中国社会科学院学部委员、金融研究所所长王国刚主持会议。中国社会科学院学部委员、原副院长李扬和日本驻华使馆公使高见博、野村综研理事长谷川史郎先后致辞。来自人民银行、银监会、商务部、日本银行等单位的专家参加会议。会议就“供应链金融的发展和现状”进行了讨论。会议还发布了联合课题组的合著《中外供应链金融比较研究》。

（中国社会科学院办公厅刘玉杰编辑，金融研究所科研处供稿）

中国国家资产负债表 2015：杠杆调整与风险管理国际研讨会　7 月 24 日，“中国国家资产负债表 2015：杠杆调整与风险管理”国际研讨会在北京召开。中国社会科学院副院长、党组成员蔡昉；中国社会科学院经济学部主任、原副院长，国家金融与发展实验室理事长李扬；国家统计局副局长许宪春等出席研讨会。

参加研讨会的还有中国社会科学院金融研究所所长王国刚以及来自中国人民银行、财政部、国际货币基金组织、世界银行等国内外著名智库和研究机构的专家学者 40 余位。会议围绕“中国经济发展”“资产负债表动态”“中国的杠杆率及去杠杆化”“经济中的金融风险及其管理机制”等问题进行了讨论。根据 2015 国家资产负债表，当前中国的资产负债表所存在的结构风险主要表现在三个方面：一是在地方资产负债表中存在期限错配问题；二是在非金融企业资产负债表中存在资本结构错配问题；三是在对外资产负债表中存在货币和资产错配问题。此次新发布的《中国国家资产负债表 2015：杠杆调整与风险管理》一书对上述问题分别提出了相应的建议措施。

研讨会由中国社会科学院国家金融与发展实验室和中国社会科学院经济学部主办，中国社会科学出版社承办。

（中国社会科学院办公厅刘玉杰编辑、供稿）

G20 智库论坛　7 月 30 日，有史以来规模最大的 G20 国家智库论坛在北京开幕，来自中国、美国、英国、日本、德国等全球最重要的 20 个大国的顶级智库代表、部分政要及 500 多位听众参会，为今年年底的土耳其 G20 峰会和 2016 年即将在中国召开 G20 峰会献计献策。作为中国人民大学主办的第三届 G20 智库论坛，本次论坛的主题是“全球治理与开放型经济”，由中国人民大学重阳金融研究院、上海国际问题研究院、中国社会科学院世界经济与政治研究所与土耳其经济政策研究基金会联合具体承办，目标是为了更好地研究全球经济增长面临的问题与对策。论坛开幕式上发布了 G20 智库 2015 年年度报告——《为增长而合作：塑造全球经济协调体系》。

（中国人民大学科研处李素萍供稿）

2015国际货币论坛　近日，由中国人民大学与交通银行联合主办的“2015国际货币论坛暨《人民币国际化报告》发布会”在北京举行。来自欧、美、亚23个国家和地区的近200位海内外著名专家学者出席了论坛。

中国人民大学副校长查显友说，《人民币国际化报告》从2012年首次发布以来，因其国际性、独立性、客观性和决策参考性，得到了社会各界的高度重视。据悉，今年的报告以“‘一带一路’建设中的货币战略”为题，从理论探讨、历史经验和实证检验等多个角度出发，系统梳理了“一带一路”与人民币国际化这两大国家发展战略之间相互促进的逻辑，并提出了很多有建设性的政策建议。今年，报告还将被翻译成英文、俄文、阿拉伯文，在纽约、阿拉木图和新加坡等地陆续发布。

（参见《光明日报》2015年8月4日第13版）

人才经济论坛　日前，北京外企人力资源服务有限公司（FESCO）携手《哈佛商业评论》中文版，在京举办了“人才经济论坛·2015”。

论坛以“破解移动互联时代人才困局”为主题，邀请全球知名的管理咨询大师拉姆·查兰，以及微软、中粮、联想等国内外知名企业的高管担当演讲嘉宾，深入分享“互联网+”时代的趋势与机遇，以及各自企业在这一大背景下的选人、用人、育人之道。500余位企业领袖、高管和学界精英会聚一堂，希望从中受益，提升企业管理水平，推动企业战略转型和发展。

FESCO常务副总经理郝杰表示，中国的人才需求缺口将越来越大，对企业人才战略的要求越来越高，但人力资源却被大多数企业定位于“事务处理型”的角色，即企业80%的人力资源工作是处理离职管理、员工信息管理、薪酬统计等事务性工作，只有20%的工作聚焦在战略层面。

郝杰认为，企业亟须人力资源转型，人力资源服务商在这方面大有可为，可以借助共享服务和外包服务等多样化手段，帮助企业人力资源部门把工作重心由操作性事务向战略性事务转移。

（参见《光明日报》2015年8月6日第10版）

首届全国产业经济学博士后论坛　8月18日，由中国社会科学院、全国博士后管理委员会、中国博士后科学基金会共同主办的“首届全国产业经济学博士后论坛”在北京召开。论坛的主题是“中国产业发展的理论与实践”。中国社会科学院秘书长、党组成员高翔在论坛上致辞。开幕式上，首届全国产业经济学博士后论坛优秀论文奖颁奖仪式同期举行。中国政策科学研究会执行会长、中国国际经济交流中心副理事长郑新立，中国社会科学院学部委员吕政、金碚分别作了题为“高度重视应对经济下行压力”“经济新常态下几个值得探讨的问题”“中国产业发展的几个理论问题”的学术讲座。

在分论坛上，与会博士后研究人员围绕“产业经济”“国民经济”“企业管理”等主题进行了交流。

（中国社会科学院办公厅刘玉杰编辑、供稿）

新型开发融资机构的兴起及其未来学术研讨会　8月26日，由中央财经大学全球金融治理协同创新中心主办的“新型开发融资机构的兴起及其未来”学术研讨会在中央财经大学学术会堂举行。会议由中央财经大学金融学院院长、全球金融治理协同创新中心主任张礼卿教授主持。著名发展经济学家、美国哥伦比亚大学“政策对话倡议组织”金融市场研究总监Stephany Griffith-Jones教授作了“A Brics Development Bank: A Dream Coming True”（金砖国家开发银行：梦想成真）的主旨演讲。前国家外汇管理局副局长魏本华先生、国家开发银行研究院国际战略研究处处长吴志峰先生、中国社会科学院世界经济与政治发展研究所经济发展室主任徐奇渊副研究员、中央财经大学金融学院陶坤玉博士进行了点评，并就金砖国家开发银行的设立背景、资金来源、贷款质量、具体运营、与亚洲开发银行的关系及其对全球金融治理的影响等问题进行了讨论。同时，与会专家还对新型发展融资机构的研究前景进行了展望。

（中央财经大学科研处供稿）

探索新的发展之路：中国与拉丁美洲的经验国际学术研讨会　8月28—29日，“探索新的发展之路：中国与拉丁美洲的经验”国际学术研讨会在京召开。研讨会由中国人民大学经济学院与美国哥伦比亚大学政策对话倡议组织（IPD）联合主办，中国特色社会主义经济建设协同创新中心、国务院国有资产监督管理委员会研究中心以及哥伦比亚大学全球中心（东亚·

北京）协办。出席本研讨会的嘉宾有来自哥伦比亚大学、联合国发展政策委员会、联合国拉丁美洲委员会等单位的数十位国际友人与各国专家学者以及来自各中央国家机关、高等院校、科研院所以及中央企业的中国官员、专家和企业家。中国人民大学校长陈雨露出席研讨会并致辞，经济学院院长张宇主持了开幕式。本次研讨会共设置了六个专题讨论。

（中国人民大学科研处李素萍供稿）

我国水资源安全与可持续利用财政治理问题研究学术研讨会　9月8日，由中央财经大学财政学院和广东省地税局财科所联合举办的“我国水资源安全与可持续利用财政治理问题研究”学术研讨会在中央财经大学学术会堂召开。财政部科研所、国家税务总局科研所、中国社科院、中国人民大学、中央财经大学等20余位专家学者与会。与会专家学者热烈探讨了如何通过财税治理实现我国以及广东省水资源安全与可持续利用问题，普遍认为：首先要摸清楚当前的水资源费收入规模，充分肯定水资源费在过去实践过程中起到的保护环境的作用；其次要理清全国各省市地区的水资源费征收标准；再次要树立全球视野，体现典型国家的水资源政策出台过程和执行情况；最后要从财政治理的综合角度研究水资源可持续利用，尤其是要注意水资源事权与支出责任划分，包括纵向的中央与地方以及横向的部门之间事权划分。在目前经济下行压力背景下，如何调动地方积极性，发挥中央、地方和企业积极性，培养自觉节水的意识是我们必须要考虑的问题。水资源税定位不能局限为政府增加收入的手段，更是政府加强资源管理、促进我国社会经济可持续发展的重要抓手。

（中央财经大学科研处供稿）

中国经济形势分析与展望院长论坛　9月16日，主题为“中国经济形势分析与展望”的院长论坛在北京市社会科学院二层报告厅举办。本次主讲人是国家统计局新闻发言人、国民经济综合统计司司长盛来运。盛来运长期从事经济统计调查和宏观经济分析研究工作，在宏观经济增长、农民收入、粮食安全、农村贫困和农村劳动力流动转移等领域均有深入研究。论坛由北京市社会科学院赵弘副院长主持，全院科研人员听取了论坛报告。盛来运从四个方面阐述了当前我国宏观经济态势以及对未来经济发展作展望：一是尽管增速下滑，但稳中有进的态势没有改变；二是经济仍面临下行压力，趋稳的基础不牢固；三是未来走势为“上有压力，下有支撑”；四是积极适应新常态，加快改革创新。这次院长论坛是在管理所策划下完成的，论坛气氛活跃、内容精彩、反响较好，有助于我们更好地了解当前我国经济发展态势以及未来发展方向。

（北京市社会科学院科研处供稿）

首届中国普惠金融国际论坛　9月18日，由中国银行业监督管理委员会指导，中国人民大学、中国银行业协会、中国小额贷款公司协会主办，中国人民大学小微金融研究中心承办，以“好金融 好社会”为主题的“2015中国普惠金融国际论坛”在北京国际会议中心隆重举办。中国人民大学校长、中国人民大学小微金融研究中心理事会联席主席陈雨露致欢迎词。全国人大财经委副主任吴晓灵、中国银监会副主席周慕冰、英国普惠金融委员会主席古沛勤爵士（Sir. Sherard Cowper-Coles KCMG LVO）分别在论坛致辞，来自比尔 & 梅琳达·盖茨基金会的扶贫金融全球副主任 Kosta Peric 先生发表主旨演讲。来自海内外的500多位政府官员、行业政策制定者、研究者及实践者，共同探讨中国普惠金融的创新与发展，商议如何促进“好金融与好社会”目标的实现。

（中国人民大学科研处李素萍供稿）

人民币国际化与中国黄金战略研讨会　9月18日，“人民币国际化与中国黄金战略”研讨会在北京召开。研讨会在中国黄金协会的指导下，由首都经济贸易大学中国黄金研究中心和北京黄金经济发展研究中心共同主办。来自政府、银行、黄金矿业、黄金投资机构、珠宝公司及教育机构等单位的130余名代表参加了此次研讨会。

研讨会上，专家们深入分析人民币国际化的本质、内在规律和非金本位制下的黄金新定位、新作用，从政治、经济等多个维度，以历史、现实等视角探讨了黄金在人民币国际化的战略意义以及新时期下的我国黄金战略。专家一致认为，黄金在货币国际化进程中发挥着不可替代的作用，人民币国际化不应忽视黄金这一重要因素。国家应该从战略高度重视对黄金产业和市场的发展，增加黄金储量。

（首都经济贸易大学科研处李琳供稿）

结构转型与中国经济增长动力学术研讨会　9月19

日，由中央财经大学经济学院主办的“结构转型与中国经济增长动力学术研讨会”在中央财经大学学术会堂举行。来自国务院发展研究中心、浙江大学、南开大学、山东大学经济研究院等多所重点院校的近30几位专家学者参加了此次会议。与会学者探讨了与当前我国宏观经济发展关联的几个重要问题，包括土地政策与宏观经济波动、政治稳定与经济发展、外资管制和金融抑制与经济冲击，以及产业结构变迁与经济增长等，并认为土地政策与政治稳定对经济发展、居民收入有着重要影响，而金融抑制和外资管制则成为经济结构失衡的重要因素。其中，学者们关注的焦点集中在了资源分配、产业及行业结构转变、企业创新与经济增长等方面，并认为行业人力资本、资源错配与TFP损失之间存在多重关系。未来，加强工业和服务业的发展将成为引领中国经济增长的主导方向。本次研讨会旨在促进交流、整合研究力量、形成研究合力，共同推动经济结构转型与增长相关领域的学术研究，为中国经济发展方式转型提供借鉴和参考。

（中央财经大学科研处供稿）

制度、改革与经济发展国际学术研讨会 9月19—20日，“制度、改革与经济发展”（Institutions, Reforms and Economic Development）大型国际学术研讨会在北京大学经济学院举行。本次论坛由北京大学经济学院与新兴市场研究协会（美国）（Society for the Study of Emerging Markets）合作举办，北京大学海外名家讲学计划参与资助。来自24个国家和地区近百位经济学者共襄盛举。

北京大学经济学院院长孙祁祥教授在开幕式上致欢迎辞，她对参会的各国和地区的学者表示热忱欢迎，并详细介绍了本次研讨会的宗旨和意义。她指出，中国是世界上最大的新兴经济体，并且当下正面临着新常态下的产业结构转型升级问题，希望本次会议能够给当下中国经济的一些重大难题提出一些解决的思路。经济学院院长助理秦雪征副教授主持开幕式。

美国新兴市场研究协会会长Josef Brada教授就跨国公司FDI受本国和所在国的政府腐败影响进行了主题发言。斯坦福大学Scott Rozelle教授在他的主题发言中探讨了我国人力资本的地域分布等问题。北京大学经济学院宋敏教授对企业欺诈和企业现金持有等问题进行了深入的研究。前IMF官员Vito Tanzi博士就市场经济中政府的角色和运营机制进行了分析，并对转型提出了自己的见解。

（北京大学社会科学部供稿）

绿色经济、文化传承、材料创新2015年北京洪堡论坛 9月19—21日，“绿色经济、文化传承、材料创新”2015年北京洪堡论坛在对外经济贸易大学举行。论坛主题为“文化传统与绿色经济：技术、经济增长和绿色移动”。国内和国际经济、环境等领域知名学者60余人和洪堡学者70余人出席会议，来自国内外近300余名关注低碳环保绿色经济的各界代表与会。开幕式由对外经济贸易大学副校长赵忠秀教授主持，对外经济贸易大学校长施建军教授致辞。

2015年北京洪堡论坛历时三天。德国驻华使馆经济处主任吕帆博士（Dr. Frank Rückert）、奥地利驻华使馆科技参赞海慕先生（Helmut Spitzl）、山东财经大学校长卓志先生、上奥地利应用技术大学校长Gerald Reisinger先生、北京外国语大学副校长贾文键先生、德国宝马（中国）汽车贸易有限公司业务拓展副总裁科博恩先生（Bernd Koerber）、德国欧洲经济研究院行政总裁柯途思先生（Prof. Thomas Kohl）、德国弗劳恩霍夫协会哈勒研究院院长韦哈佛先生（Prof. Dr. Ralf Wehrspohn）、中国民营经济国际合作商会副会长、德恒律师事务所全球首席合伙人王丽博士、清华大学国情研究院院长胡鞍钢教授等专家学者作主旨发言。

此次论坛由对外经济贸易大学和德国洪堡基金会联合主办，宝马（中国）汽车贸易有限公司（BMW）、德国欧洲经济研究中心（ZEW）、德国弗劳恩霍夫协会（FhG）、德国莱布尼茨协会分析科学研究所（ISAS）、上奥地利应用科技大学（FH OOE）、德国马丁路德-哈勒维滕贝格大学（MLU）、北京联合大学协办，新华社瞭望智库、中国民营经济国际合作商会提供支持。

（对外经济贸易大学科研处供稿）

国企改革、投资者保护论坛 9月25日，在北京工商大学召开国企改革、投资者保护论坛坊暨会计投资者保护指数（AIPI2015）发布会。主办单位：北京工商大学；协办单位：国有资产管理协同创新中心，北京工商大学投资者保护研究中心，南开大学公司治理研究院，中国证券投资者保护基金。

《中国证券报》等在京媒体、《会计研究》等专业期刊、上市公司及投资机构代表、在京高校和科研机构代表以及北京工商大学商学院部分教师和学生，共约 100 余人参加会议。

财政部会计司、企业司刘玉廷司长就新常态下的企业财务管理创新进行了主题演讲。在介绍了经济新常态背景的基础上，刘玉廷介绍了财务管理的目标、环境与内容，阐述了国际会计准则概念框架的新观点，并描绘了财务管理产学研相良性互动的前景。中国财务管理协会李永延会长发表了题为新环境下企业的投资机制的演讲，他根据自身的实践体会，生动地阐述了价值链的核心内容，并提出了经济下行趋势下的投资机遇与挑战。北京工商大学副校长谢志华教授就国有企业改革与投资者保护做了演讲。中国社会科学院财经战略研究院院长高培勇博士做了关于经济运行与财政政策的主题发言。北京工商大学商学院张宏亮副教授就 2015 年上市公司会计投资者保护指数结果进行了报告与 数据发布。中国全聚德（集团）股份有限公司总会计师徐佳和大唐电信科技产业集团总会计师、大唐电信财务公司董事长郭光莉和申万宏源固定收益总部市场研究部总经理助理易娅莉等就本公司的投资者保护问题在会上进行了深度交流。商学院副院长毛新述和《会计之友》期刊总编笑雪分别宣读了 2015 中国上市公司排名前十名与后十名名单。

中国上市公司会计投资者保护指数（AIPI2010、2011、2012、2013、2014、2015），在国家相关部门、学术界和企业界引起了较强的反应，被社会称为“上市公司会计投资者保护的晴雨表”。

指数连续多年从会计角度对上市公司投资者保护程度的评价，该体系将为评价投资者保护程度提供重要的基础数据，对中小投资者、政府监管部门、上市公司以及金融中介等具有重要的参考价值。

（北京工商大学科学技术处王葳供稿）

第五次中欧经贸高层对话　　9 月 28 日，国务院副总理马凯与欧盟委员会副主席卡泰宁在北京共同主持第五次中欧经贸高层对话。

马凯表示，今年是中欧建交 40 周年，双方要认真落实两国领导人重要共识，共同深化全方位、多层次、宽领域互利合作，推动中欧全面战略伙伴关系向前发展。当前，世界经济复苏状况依然错综复杂，中欧应加强宏观政策沟通协调，推动地区和全球经济持续稳定增长。要找准“一带一路”倡议和“欧洲投资计划”契合点，加强国际产能合作，建设互联互通基础设施，并探索数字经济、网络安全等合作新领域。中欧已从单向投资进入双向投资新阶段，中方期待早日达成高水平的中欧投资协定。

卡泰宁表示，欧中关系不断向更广更深层次发展，强有力的贸易投资关系是欧中关系的核心。在全球经济发展不确定情况下，新一届欧委会致力于推动欧中加强投资等各领域合作。

对话期间，双方表示对中欧经济发展前景充满信心，积极支持并愿意参与对方经济发展规划，共创开放与公平的贸易投资环境。双方就“一带一路”倡议、国际产能合作与“欧洲投资计划”对接及推进中欧投资协定谈判、设立中欧共同投资基金等取得重要共识。双方签署了建立中欧互联互通平台的谅解备忘录和中欧在 5G 领域开展战略合作的联合声明。

马凯与卡泰宁共同出席有关文件签字仪式和联合记者会。

（参见《人民日报》2015 年 9 月 29 日第 4 版）

发展中国家森林资源可持续经营与对策研修班　　10 月 15 日—11 月 6 日，北京林业大学经济管理学院承办商务部援外培训项目——2015 年发展中国家森林资源可持续经营与对策研修班。来自南非、加纳、苏丹、坦桑尼亚、圭亚那、波斯尼亚、莱索托、尼泊尔、巴拿马、古巴以及津巴布韦共计 11 个国家的 21 名司处级林业官员参加研修班学习，研修班学员通过课程讲座、集体研讨、实地调研、京外考察等方式对林业政策、林业管理与执行力、林业产业发展能力建设、森林资源多目标经营和利用等多个主题开展学习交流。

（北京林业大学科技处张力供稿）

中青年税收学术研讨会　　10 月 17—18 日，全国中青年税收学术研讨会在中央财经大学隆重召开。来自北京大学、中国人民大学、中央财经大学、厦门大学、对外经贸大学、西南财经大学、山东大学、中央民族大学、首都经贸大学、中国政法大学、华东政法大学、西南政法大学、中国社会科学院财经战略研究院、财政部科学研究所、国家税务总局科学研究所等 25 所高校和科研院所的近 50 名中青年学者参加了会议。《财贸经济》、《税收研究》、《国际税收》、《中国税务》、《税收与民生》等多家杂志的代表出席了会议。与会专家围绕税收与创新、产业结构转型、地方税体系建设、税制改革经验借鉴、税收遵从与税收法制、税制改革效应分析、反避税与国际税收协调等热点问题进行了讨论，本次研讨会由中央财经大学税务学院和《中央财经大学学报》编辑部共同主办，旨在推动中青年经济学者致力于中国税收经济的学术研究，加强中青年税收学者之间的交流，进一步推动我国税收学科的繁荣发展。

（中央财经大学科研处供稿）

第13届国际菌草技术及产业发展研讨会 10月17—18日，由北京市通州区人民政府、科技部国家菌草工程技术研究中心、国家发改委菌草综合利用技术国家地方联合工程研究中心、福建省科学技术协会、福建农林大学、教育部战略研究（培育）基地——对外经济贸易大学中国开放经济与国际科技合作战略研究中心、文化部中国建筑文化研究会、清华大学水沙研究和水利水电工程国家重点实验室、中国治理荒漠化基金会联合主办的“第13届国际菌草技术及产业发展研讨会”在北京通州举办。

联合国文明联盟生态文明委员会主席及国际生态安全合作组织创始主席蒋明君、水利部黄河水利委员会国际合作与科技局局长尚宏琦、福建农林大学校长兰思仁、北京市通州区区长岳鹏在开幕式中致辞。对外经济贸易大学中国开放经济与国际科技合作战略研究中心执行主任夏友富教授在研讨会上做“黄河流域、京津冀生态屏障建设与菌草产业体系发展”的主题发言。来自19个国家的专家学者、政府官员、企业家共210多人参加了研讨会。

（对外经济贸易大学科研处供稿）

2015北京新兴市场论坛 10月19日，由北京师范大学新兴市场研究院联合中国人民对外友好协会和美国新兴市场论坛共同举办的“2015北京新兴市场论坛”在人民大会堂东大厅举行。秘鲁前总统亚历杭德罗·托莱多，孟加拉国前总理法赫尔丁·艾哈迈德，肯尼亚前总理拉伊拉·奥廷加，吉尔吉斯斯坦前总理卓奥玛尔特·奥托尔巴耶夫等外国前政要应邀出席论坛并在开幕式上和专题研讨中发表演讲。北京师范大学党委书记、校务委员会主任刘川生，中国人民对外友好协会会长李小林，美国新兴市场论坛执行主席哈瑞尔达·考利出席开幕式并致辞。校长董奇，副校长周作宇出席了论坛的部分活动。本次论坛的倡导者和组织者、北京师范大学新兴市场研究院院长胡必亮教授主持了开幕式。

新兴市场研究院在人民大会堂举行聘任仪式，聘请一批国际知名专家学者为该院顾问。刘川生为受聘专家学者颁发证书。本次受聘为新兴市场研究院顾问的专家学者共有10位。他们是国际货币基金组织前主席米歇尔·康德苏、世界银行前副行长胜茂夫、拉丁美洲开发银行行长恩里克·加西亚、日本国际协力银行行长渡边博史、亚洲开发银行前常务副行长拉贾特·纳格、世界银行前局长安东尼·佩莱格里尼、美国林肯土地政策研究院前院长格里高利·英格拉姆、日本国际协力研究所副所长北野尚宏、新加坡国立大学东亚研究所所长郑永年、美国新兴市场论坛执行主席哈瑞尔达·考利。

下午，国家副主席李源潮在人民大会堂会见了出席“2015北京新兴市场论坛”的外国前政要和部分国际金融机构的负责人。

（北京师范大学社科处刘娜供稿）

第三届运输与时空经济论坛 10月24日，由北京交通大学经济管理学院、中国铁道学会、中国技术经济学会主办的“第三届北京交通大学运输与时空经济论坛”在北京交通大学召开。论坛的主题是“‘一带一路’与交通发展”。来自国务院研究室、国家发改委、交通运输部、中国铁路总公司、国家铁路局等机关代表，美国丹佛大学、日本岐阜大学等国内外高校、科研院所代表及北京交通大学经管学院副院长施先亮、荣朝和教授、欧国立教授、武剑红教授及部分师生200余人参加了本次论坛，论坛开幕式由赵坚教授主持。

国务院研究室工业、交通和贸易司副司长张泰在致辞中介绍了当前我国智能交通发展面临的形势、问题、对策和发展趋势。论坛主题报告阶段，荣朝和教授、应江黔教授、武剑红教授、Peter Lung教授、欧国立教授和黄承锋教授分别作了题为“‘一带一路’的经济时空分析”、“关于基础设施投资建设领域国际合作的一些思考‘欧亚大陆桥运通道现状、问题和展望：兼论丝绸之路经济带’的开发”、“The Impact of OBOR on the Equity Valuation”、“交通运输中的相关经济学问题思考”、“‘一带一路’下的重庆交通”的报告。

分论坛中分别对“运输与时空经济理论”、“城镇化与城市交通”、“产业安全与发展”等方面进行学术交流讨论。

（北京交通大学社科处李敏供稿）

2015 年生态补偿国际研讨会　10 月 29—30 日，由国家发改委西部开发司、亚洲开发银行东亚局、中国农业大学人文与发展学院中国生态补偿政策研究中心共同举办的“2015 年生态补偿国际研讨会”在北京举行。会议以“以生态补偿促进生态文明：社会和市场参与创新”为主题，旨在通过国内外知识共享，更好地促进社会和市场参与生态补偿机制创新，加快我国生态文明建设进程。与会专家学者围绕“长江流域环境保护的融资创新与水基金”、“大湄公河次区域（GMS）生物多样性保护的融资机制创新”、“养分交易”、“湿地银行”以及“生态补偿立法与制度”等国内外的研究与实践进行了深入的研讨与交流。来自国内外高等院校、科研机构、国际组织等单位的 160 余位专家学者参加了研讨会。

（中国农业大学科学技术发展研究院王虹供稿）

经济转型与财政金融理论创新学术研讨会　11 月 1 日，第七届“黄达—蒙代尔经济学奖”颁奖典礼暨“经济转型与财政金融理论创新”学术研讨会在世纪馆北大厅举行。本次大会由中国人民大学中国财政金融政策研究中心主办。中国人民大学党委书记靳诺出席颁奖仪式并致辞，中国人民大学常务副校长王利明宣布获奖名单并介绍获奖论文学术贡献。中国金融学科的主要奠基人之一、中国金融学会名誉会长、中国人民大学原校长黄达出席颁奖仪式并为获奖者颁奖。颁奖仪式结束后，“经济转型与财政金融理论创新”学术研讨会正式启动，中国人民大学财政金融学院副院长张杰教授主持论坛。他表示，我国目前正处于重要的发展战略机遇期，而此次学术研讨会符合十八届五中全会提出的“创新、协调、绿色、开放、共享”的十字发展理念。

（中国人民大学科研处李素萍供稿）

中法气候与绿色经济论坛　11 月 3 日，国务院总理李克强上午在钓鱼台芳菲苑与法国总统奥朗德共同出席中法气候与绿色经济论坛闭幕式。

李克强在致辞中表示，中法就应对气候变化携手合作，不仅表明两个大国对涉及人类命运的重大问题负有共同责任，也表明中法关系一直走在中国同西方大国关系的前列。昨天两国元首发表了气候变化联合声明。今年 6 月，我访问法国期间，中国政府向联合国气候变化框架公约秘书处提交了应对气候变化国家自主贡献文件。中方高度赞赏法国在应对气候变化方面所作努力，愿同法方密切配合，在共同但有区别的责任原则、公平原则、各自能力原则基础上，推动巴黎气候变化大会达成全面、均衡、有力度的协议，为人类的可持续发展作出更大贡献。

李克强指出，当前世界经济复苏依然乏力，下行压力持续加大。受外部环境影响，中国经济增速也有所放缓。中国要在本世纪中叶达到中等发达国家水平，需要保持经济长期中高速增长，迈向中高端水平，把发展方式从过度依赖消耗自然资源转到更多发挥人力资源上来，培育新的经济增长点。只有坚持绿色发展，才能实现可持续发展。当前中国正在推进新型工业化和城镇化。中法企业开展合作，根据中国消费者需求开拓市场，打造节能环保新产业，进而携手开展第三方市场合作，将给世界带来新技术、新产品、新理念，帮助新兴市场国家应对经济下行压力，实现可持续增长。

李克强强调，中国将按照刚刚闭幕的十八届五中全会部署，包括遵循绿色发展理念等，继续通过转变发展方式、调整结构和促进经济提质增效，拓宽经济增长与环境改善的双赢之路，开拓生态文明建设新局面。中方期待巴黎气候变化大会取得成功，希望大会能为人类的发展探索新的增长点和增长路径。各国政府应加强方向引导、标准制定和政策扶持。期待中法两国企业家推动绿色发展、开展节能环保产业合作结出新的硕果，在中法两国、在世界范围开辟更大市场，为世界经济可持续发展作出积极贡献，更好造福两国和世界人民。

奥朗德表示，法中都是大国，肩负着促进全球发展的重大责任，在应对气候变化方面目标一致，理念契合，愿按照共同但有区别的责任原则，为巴黎气候变化大会成功作出积极努力。法方高度赞赏中方提出建设生态文明、推动绿色发展的战略。法中在清洁能源和环保产业领域进行了良好合作，希望两国企业界抓住机遇，深化合作，开创法中经济关系和全球绿色发展的崭新局面。

来自中法两国的企业家和各界代表 400 余人出席活动。

（参见《光明日报》2015 年 11 月 4 日第 3 版）

中德战略对话　11 月 5—6 日，由国际财政协会（IFA）德国分会与中国分会联合主办的 IFA 中德战略对话在中央财经大学学术会堂隆重举行。德国联邦财政部、国际税务司司长 Martin Kreienbaum，德国联邦中央税务局（德国主管机关）Allit Lohbeck，德国IFA主席chritian KASEAR，德国IFA秘书长Berthold Welling等20余位德方高级财税专家和中国国家税务总局（SAT）副局长张志勇，中国财政部税政司胡汉宁，IFA中国主席、中央财经大学副校长李俊生教授，IFA中国秘书长、中央财经大学国际税务研究中心主任曹明星副教授等30余位中国财税专家参加主题对话，中德高校、大型事务所、主要跨国公司代表100余人参加会议。International Fiscal Association（国际财税协会，IFA）是全球最为著名的组织国际财税学术研究与交流的国际性组织，成立77年来在国际财税领域形成广泛影响和丰硕成果。中央财经大学国际税务研究中心负责IFA中国的学术组织工作，此次联合IFA德国分会进行大规模、高层次的战略对话，是中国学术界组织类似活动的一次重大创新尝试。

（中央财经大学科研处供稿）

中美政府采购合同纠纷解决机制专题研讨会 11月7日，由中央财经大学法学院、中国公共采购研究所举办的“中美政府采购合同纠纷解决机制专题研讨会”在中央财经大学学术会堂召开。中央财经大学法学院教授曹富国、前美国联邦巡回法院法官Rollin A. Van Broekhoven、财政部国库司政府采购管理一处副调研员翟司霞、北京仲裁委副秘书长陈福勇、中央财经大学法学院副教授张小平、北京世泽律师事务所合伙人律师张利宾等参加了研讨会并进行了主题发言，分别发表了对ADR机制与我国政府采购争端需求、政府采购合同的可仲裁性、政府采购的投诉处理机制与监督检查机制等问题的看法。与会专家还就ADR的适用案例范围展开了讨论，借鉴美国ADR机制与执行方式，提出了对中国的政府采购合同争端解决的建议。

（中央财经大学科研处供稿）

2015年中国贸易论坛 11月11日，“2015中国贸易论坛暨第十四届WTO与中国学术年会”在北京举行。大会由对外经济贸易大学和中国世界贸易组织研究会主办，中国世界贸易组织研究院承办，美中贸易全国委员会、中国欧盟商会、强生（中国）投资有限公司和国际贸易与可持续发展中心（ICTSD）共同参与。

中国世贸组织研究会会长、中国首任驻WTO大使孙振宇，国务院发展研究中心副主任隆国强，前WTO副总干事Harsha V. Singh，中国欧盟商会副主席Mats Harborn，前美国助理贸易代表Tim Stratford，对外经济贸易大学副校长林桂军，国际货币基金组织驻华副代表林卫基（W. Raphael Lam）等20多位专家学者共聚一堂，围绕中国在WTO中的作用、TPP和中国的自贸区战略、中国外资政策与对外投资等热点话题，发表了各方观点。对外经济贸易大学校长施建军出席年会并致欢迎辞。

（对外经济贸易大学科研处供稿）

2015年中国气体清洁能源发展与能源大转型高层论坛 11月14日，国务院发展研究中心资源与环境政策研究所与产业经济研究部共同主办的“2015年中国气体清洁能源发展与能源大转型高层论坛”在北京召开。国务院发展研究中心李伟主任、张军扩副主任、王一鸣副主任、刘世锦同志参加会议及相关活动，李伟致辞并发表《以新的发展理念，扎实推进中国能源转型》主旨演讲。

国家能源局副局长张玉清致辞，介绍了中国能源革命及未来能源规划的情况，重点介绍了天然气的发展前景。国际能源署能源市场与能源安全主管Keisuke Sadamorl先生进行了“全球能源革命与气体清洁能源发展”的演讲。国务院发展研究中心研究员、原副主任刘世锦作了“中国经济新常态与互联网发展”的演讲，同时发布《中国气体清洁能源发展报告2015》。中国科学院院士、中国石化石油勘探开发研究院院长金之钧进行了“页岩革命对油气生产与消费的影响”的演讲。浙江大学副校长、英国皇家工程院院士宋永华进行了“中国气体清洁能源与电力体制革命”的演讲。产业经济研究部赵昌文部长作了“利用大宗商品价格下降机遇加快中国能源资源市场改革”的演讲。资源与环境政策研究所郭焦锋研究员作了“2030年中国天然气体制革命战略与实现途径展望”的演讲。

本次会议旨在促进气体清洁能源合理开发利用与国际合作，推动能源革命，实现能源大转型。会议探讨了能源大转型的基本规律及其政策和技术支撑与保障；展示和介绍了推动能源大转型的技术、金融、产业和商业模式创新成果；发布了《中国气体清洁能源发展报告2015》绿皮书等研究成果。来自清华大学、华北电力大学、浙江大学、中石化、新奥、上海能源国际交易中心、美国奥菲、美国葡萄太阳能、LNG基金、FGE公司等产学研各界代表与会并发表演讲，

300 余位听众到场。会议由资源与环境政策研究所高世楫所长主持。

（国务院发展研究中心办公厅科研处郭巍供稿）

2015（首届）中国国际产能合作论坛　11 月 15 日，“2015（首届）中国国际产能合作论坛”在对外经济贸易大学举办。本次论坛由对外经济贸易大学、中国民营经济国际合作商会、新华社瞭望智库、蓝迪国际智库、德恒律师事务所和建设创新型国家战略推进委员会联合主办，对外经济贸易大学中国企业“走出去”协同创新中心、“产能过剩产业暨传统优势产业国际梯度转移实践指导研究”课题组具体承办。对外经济贸易大学副校长林桂军代表学校出席并致开幕辞。

论坛围绕产能国际合作展开，设置“国际产能合作路径和模式探讨”主论坛，以及“国际产能合作理论研究内参与创新成果汇演”、“产能合作与‘一带一路’第三方服务机构实践案例”、“‘一带一路’：国家政策与企业实践”三个分论坛。

全国人大、全国政协有关领导应邀出席。国家发改委、工信部、外交部、财政部、交通部等主管部门领导，大学和研究机构专家，国有和民营企业负责人，经济学家，金融、法律、会计等机构代表，以及外国驻华使领馆官员出席论坛，就国际产能合作的学术研究和理论创新、产能合作服务机制构建、产能合作项目有效对接等问题展开深入探讨。此外，他们还对国际产能合作的有效路径和模式，“一带一路”战略与国际产能合作契机，“一带一路”建设中第三方服务机制建立，国际产业转移中心建设，“一带一路”沿线国家合作等问题给予解答并开展项目信息交流。

（对外经济贸易大学科研处供稿）

2015 中国国际贸易学会年会暨国际贸易发展论坛　11 月 20—21 日，由中国国际贸易学会主办、对外经济贸易大学国际经济贸易学院和中国国际贸易学会吉林省图们江经济贸易合作研究分会共同承办、中国国际贸易学会商务日语专业委员会协办的“2015 中国国际贸易学会年会暨国际贸易发展论坛”在北京举办。

论坛主题是“更高水平的开放、更大的经贸格局、更强的应对能力”，原外经贸部副部长、中国国际贸易学会名誉会长沈觉人、商务部政研室副主任刘日红、国际经贸关系司副司长孙元江、中国国际贸易学会会长王俊文、对外经济贸易大学副校长林桂军等领导专家出席会议；来自全国相关院校领导、教授和专家，以及师生代表等 300 余人参会。

对外经济贸易大学副校长林桂军、商务部国际贸易经济合作研究院原院长霍建国等专家就中国外贸当前的困难、解决途径，分别从货物贸易、服务贸易等方面做了阐述并提出自己的建议。

（对外经济贸易大学科研处供稿）

中国宏观经济论坛（2015—2016）年度报告会　11 月 22 日，由中国人民大学国家发展与战略研究院、经济学院、中国诚信信用管理有限公司联合主办的“中国宏观经济论坛（2015—2016）”年度报告会在人民大学逸夫会议中心举行。本次论坛的主题是“探底进程中的中国宏观经济”。中国人民大学校长刘伟、经济学院教授胡乃武、国家发展与战略研究院执行院长刘元春、经济研究所联席所长杨瑞龙、经济研究所联席所长毛振华，中国银行原首席经济学家曹远征，国务院发展研究中心副主任王一鸣，中国社会科学院学部委员、财经战略研究院院长高培勇，北京大学校长助理、经济学院教授黄桂田，国家信息中心经济预测部主任、首席经济师祝宝良等专家学者出席了论坛。

本年中，在 3 月 29 日，举办了“2015 年第一季度宏观经济论坛”，郭杰教授代表中国宏观经济分析预测课题组发布了《中国宏观经济形势分析与预测报告》（2015 年第一季度）：财政困局下经济结构调整路径的再定位。6 月 20 日，举办了“中国宏观经济论坛 2015 年中期”，主题是“低迷与繁荣，萧条与泡沫并存的中国宏观经济”。9 月 26 日，则举办了，“中国宏观经济论坛 2015 第三季度”，主题是“控风险与稳增长挤压下的中国货币政策”。

（中国人民大学科研处李素萍供稿）

中国经济的热点问题学术研讨会　11 月 22 日，“中国经济的热点问题”学术研讨会暨厉以宁教授从教六十周年庆祝活动在北京大学办公楼礼堂举行，北京大学校长林建华，第十届、十一届全国政协副主席张梅颖，全国政协常委、中华海外联谊会副会长颜延龄，北京大学光华管理学院董事长尹衍樑，中国人民大学校长刘伟出席开幕式并致辞，光华管理学院名誉院长厉以宁教授作了题为“中国双重转型之路为发展经济学增添了什么”的主题演讲，来自政、商、研等不同领域的40多位嘉宾参加了会议的高峰对话和平行论坛环节。

活动主会场的高峰对话环节，国家统计局局长王保安、科技部副部长张来武、中国人民银行副行长易纲、国务院发展研究中心副主任隆国强、中国房地产开发集团理事长孟晓苏、万科集团总裁郁亮、英国社会科学研究院院士孙来祥、中国人民大学财政金融学院院长郭庆旺、北京大学经济学院院长孙祁祥、北京大学光华管理学院院长蔡洪滨等就“经济新常态下的挑战与机遇”、“企业的转型与发展”和“经济学创新与中国道路”话题进行探讨。活动还举办了“宏观经济与金融改革”、“国有企业改革与民营企业转型”、“城镇化与可持续发展”、“经济学理论研究与中国实践”四场分论坛，与会嘉宾以圆桌论坛形式，探讨中国经济热点问题。

（北京大学社会科学部供稿）

北京新经济组织发展研究院成立大会暨高峰论坛 11月28日，“十三五”经济发展与企业社会责任——北京新经济组织发展研究院成立大会暨高峰论坛在北京举办。大会由首都经济贸易大学和北京市委社会工作委员会、北京新经济组织党建研究会、北京叶氏企业集团、瑞华会计师事务所、北京阳光溢华科贸有限公司、北京山水文旅品牌策划有限公司共同主办，首经贸工商管理学院承办。

北京市副市长王宁，市委副秘书长刘宇辉，市委教育工委副书记、市教委主任线联平，市委统战部副部长、市工商联党组书记郑默杰共同为北京新经济组织发展研究院揭牌。在高峰论坛环节，演讲嘉宾围绕“十三五”规划与供给侧改革、新经济组织发展、中国企业社会责任发展的现状与特征、民营经济发展与深化国有企业改革等主题，为北京市经济社会发展特别是新经济组织发展建言献策。

（首都经济贸易大学科研处李琳供稿）

地方财政与体制创新研讨会 11月28日，“地方财政与体制创新”研讨会在北京举办。来自财政部财政科学研究所、南开大学、天津财经大学、河北经贸大学和北京市人大预算工作委员会、市财政局、市发改委，以及北京市各区县财政局的21名专家学者、政府官员参会研讨。与会专家围绕地方财政与体制创新的最新进展，如何推进地方财政改革理论和政策研究的深化和创新，如何推动地方财政更好地服务于地方社会经济发展等问题参会研讨。

（首都经济贸易大学科研处李琳供稿）

第二届首都土地利用与住房保障论坛 11月29日，由首都经济贸易大学主办，城市经济与公共管理学院、首都土地利用与住房问题研究科研基地承办的第二届“首都土地利用与住房保障”论坛在北京落幕。论坛以“新常态下国土资源利用管理研究前沿与热点问题研讨”为主题，探讨新时期下我国土地利用方式转型，深度剖析当前我国土地利用模式，梳理土地政策，同时关注京津冀协同发展，促进土地资源管理学科发展，为首都土地资源优化与可持续利用、疏解非首都功能出谋划策。来自国土资源部、国务院发展研究中心、武汉大学、北京师范大学、中国土地勘测规划院、中国地质大学（武汉）、中央财经大学等专家学者出席本届论坛。

与会专家围绕京津冀土地利用一体化的可能性与科学问题、土地利用空间优化模型与应用问题、京津冀协同发展战略下土地利用研究问题、疏解非首都功能区的财政政策研究、发挥法规政策促进首都人口和功能疏解研究、构建土地增值收益分配机制——深化改革的突破口问题、新常态背景下不动产登记对经济发展影响分析、城市热岛与土地利用定量关系研究、京津冀协同发展战略下土地优化配置及利用研究、城市住宅地价空间分布规律研究、适应经济新常态的土地政策等问题进行深入探讨。

（首都经济贸易大学科研处李琳供稿）

2015中国流通高峰论坛 11月28日，由北京工商大学主办，中国市场学会、中国商业经济学会、中国流通30人论坛（G30）、中国商业史学会、中国商业文化研究会、中国国际电子商务中心协办的“2015中国流通高峰论坛”在京召开。商务部内贸专家委员会主任理事长黄海，中国市场学会理事长高铁生，国家发展和改革委员会经济体制综合改革司司长徐善长，中国商业经济学会会长安惠民，中国商业史学会会长王茹芹，中国商业文化研究会执行会长王作言，中国社会科学院中国社科评价中心主任荆林波，中国人民大学教授黄国雄，北京工商大学副校长方德英等100余位来自各学会、研究机构、高校企业的代表参加了论坛。

荆林波以“流通改革与模式创新”为题发表主

题演讲，阐述未来流通业的改革方向和创新发展趋势。黄国雄带来了关于“十三五”流通业发展前景的深度演讲，就流通业如何迎接“十三五”时期的新形势、新挑战发表了自己的看法。徐善长作了“‘十三五’经济发展整体规划思路”主题报告，从国家战略角度，全面剖析了“十三五”时期我国整体经济的发展趋势及改革方向。北京大学流通研究中心主任陈丽华教授、北京工商大学经济学院副院长郭馨梅教授等也在论坛上分享了各自观点。

（北京工商大学科学技术处王葳供稿）

第三届金融风险高层论坛　11 月 29 日，由首都经济贸易大学、中国社会科学院金融研究所主办，首经贸金融风险研究院、金融学院、特大城市研究院承办的第三届金融风险高层论坛暨《中国金融风险报告（2015）》蓝皮书发布会在京举行。作为中国金融风险研究领域的高层次学术交流活动，本次会议旨在聚焦我国金融风险热点问题，深度剖析金融风险的核心难点问题。中国社科院金融研究所党委书记何德旭、北京市金融局副局长张幼林、《管理世界》杂志副总编尚增健、中国工商银行金融研究所所长、中国城市金融学会秘书长詹向阳等出席了发布会。

金融风险高层论坛环节，与会专家、学者围绕金融风险的识别、判定、控制及金融监管体制的改革问题，中国金融监管体系的改革问题，如何推导出能够反映我国实体经济和基准市场的基本收益率，提出以国债和报价制度为主、未来辅以衍生产品等发表观点和看法，并从银行业的角度就我国金融风险的存在和防范问题，提出了“扩大监管范围、实现监管全覆盖、实体经济结构调整、放开综合经营、加强金融基础设施建设”等观点。

会上发布的《中国金融风险报告（2015）》蓝皮书包括 7 个子报告，涉及国际资本流动、全球资本市场、货币国际化、天使投资、量化投资、股权衍生品投资以及大类金融资产配置等领域，重点关注上述领域的风险识别、评估、预警及防控问题，是金融风险研究院全体研究人员辛勤付出的结晶，代表了中国金融风险研究的先进水平。

（首都经济贸易大学科研处李琳供稿）

TPP 协议对中国及中拉合作的影响研讨会　12 月 2 日，拉美区域合作与一体化创新项目在拉丁美洲研究所召开了题为《TPP 协议对中国及中拉合作的影响》的学术研讨会。会议由国际关系研究室和综合理论研究室共同主办。来自智利、墨西哥和秘鲁的外交官员和专家以及来自国家发改委对外经济研究所、对外经贸大学、中国社会科学院世界经济与政治研究所和拉丁美洲研究所的近 50 名学者参加了研讨会。

中国社会科学院拉丁美洲研究所所长吴白乙研究员和秘鲁驻华大使胡安·卡洛斯·卡普纳伊（Juan Carlos Capunay）分别致开幕词，并对与 TPP 相关的议题提出了各自的见解。研讨会分两个议程。第一个议程是“TPP（跨太平洋伙伴关系协议）与中国”，由中国社会科学院拉丁美洲研究所国关室主任张凡研究员主持，国家发改委对外经济研究所国际合作室主任张建平研究员、对外经贸大学 WTO（世界贸易组织）研究院院长屠新泉研究员等分别发言。第二个议程是“TPP 与拉美”，由中国社会科学院拉丁美洲研究所综合室主任杨志敏研究员主持。智利经济参赞贝安之（Andreas Pierotic）、墨西哥使馆经济合作和发展办公室主任阿尔玛达（Rodrigo Melendrez Armada）和秘鲁经济参赞柏碧澜（Diana Pita Rodríguez）分别发言。

会议围绕“TPP 成立的背景和过程”“TPP 对中国的影响”“中国是否应该加入 TPP”“TPP 对世界经济秩序、标准和规则的影响”“TPP 和 WTO 的关系”“TPP 对拉美国家的影响”等核心问题进行了讨论和交流。学者们从政治、经济、贸易、投资、文化、战略等各个角度对 TPP 带来的或可能带来的冲击进行了深入且专业的探索与分析。

（中国社会科学院办公厅刘玉杰编辑，
拉丁美洲研究所宋霞供稿）

第二届中美经贸发展论坛　12 月 4 日，以首都经济贸易大学和美国克利夫兰州立大学合办的孔子学院为平台，由首都经济贸易大学和美国克利夫兰州立大学联合主办的第二届“中美经贸发展论坛”在首都经济贸易大学隆重召开。克利夫兰州立大学副校长辛迪·斯科卢贝、首都经济贸易大学副校长王文举以及来自克利夫兰州立大学会计系副教授马克·霍兹布拉特和学校的专家学者参加了会议。

主题演讲环节，与会教师围绕“Market Size, Competition and Firm Productivity”、“Should U. S. and Global Regulators take a Bigger Tax Bite Out of Technology Companies?”、“美国高等教育税收激励机制的借鉴与启示”、“从人民币国际化看货币信任度”、“中美

BIT 谈判步履艰难”和“全球价值链下的中美贸易与气候变化”等主题，进行了精彩演讲。

（首都经济贸易大学科研处李琳供稿）

2015 新兴经济体论坛　12 月 4—6 日，由中国新兴经济体研究会、中国国际文化交流中心和广东工业大学主办，广东中星控股集团投资有限公司、广东盛林融资担保有限公司、广东工业大学金砖国家研究中心、对外经济贸易大学广东校友会、致公党广东省委经济委员会协办，广东省新兴经济体研究会、广东工业大学经济与贸易学院、广东外语外贸大学国际经济贸易研究中心和广东财经大学国民经济研究中心等机构承办的“中国新兴经济体研究会 2015 年会暨 2015 新兴经济体论坛”在广州举行。本次会议得到了博鳌亚洲论坛研究院的战略支持。来自巴西、俄罗斯、美国、印度、智利、墨西哥等 11 个国家的官员、学者以及来自中国社会科学院、博鳌亚洲论坛、国务院发展研究中心、北京大学等 60 多个著名研究机构和高校的与会者约 300 人参加了会议。

论坛的主题是“新兴经济体创新发展与中国自由贸易试验区建设”。来自俄罗斯科学院、广东省海上丝绸之路商会、云南大学、印度阿里格尔穆斯林大学、复旦大学、湖南师范大学、墨西哥驻广州总领事、中国社会科学院、孟加拉政策宣传与治理研究所的 16 位官员和学者发表了主题演讲，内容包括“‘十三五’：迈向更高层次开放型经济”“2016 全球经济影响因素”“多变世界中的金砖国家现状与展望”“‘一带一路’战略中的金融和实业”等。会议专题论坛分为五个部分：一是新兴经济体结构改革与合作机制创新；二是新兴经济体服务业开放与金融合作；三是新兴经济体贸易与投资合作；四是新兴经济体与“一带一路”建设；五是中国（广东、福建、上海、天津）自贸区建设。与会专家学者的关注点主要集中在新兴经济体结构改革与合作机制创新、服务业开放与金融合作、贸易与投资合作、新兴经济体与“一带一路”建设中国（广东、福建、上海、天津）自贸区建设等方面。

（中国社会科学院办公厅刘玉杰编辑，
世界经济与政治研究所郗艳菊供稿）

第八届中国能源环境高峰论坛　12 月 5—6 日，“第八届中国能源环境高峰论坛”在北京召开。峰会由中国能源环境研究中心、国家可再生能源中心联合主办，来自国内外政界、产业界、学界和媒体界 260 多位代表和嘉宾参加了会议。

论坛围绕“十三五”绿色节能环保高效战略，重点就能源绿色转型的中外路径、气水土污染治理、太阳能开发的终极目标、节能环保产业等主题展开。国家能源局、国务院国有重点大型企业监事会、国家发展改革委能源研究所、环境保护部、科技部、中国气象局、人民日报理论部、国务院发展研究中心专家型领导，国务院参事、两院院士，美国国家空间协会、国际再生能源组织、美国俄亥俄大学、联合国官员等发表演讲或对话交流。

中国能源环境“百千万”活动共同启动单位领导——对外经济贸易大学校务委员会主席王玲致辞，国家能源局新能源与可再生能源司副司长史立山致辞并发表“绿色发展的关键问题——能源绿色革命”主旨演讲，中国能源环境研究中心主任、中国能源环境高峰论坛秘书长、对外经济贸易大学林智钦教授主持。

（对外经济贸易大学科研处供稿）

2015 中国商品流通论坛　12 月 6 日，由首都经济贸易大学中国流通研究院主办、中国流通 30 人论坛（G30）协办的“中国商品流通论坛·2015”在北京召开。商务部内贸专家委员会主任、中国流通 30 人论坛理事长黄海，中国市场学会理事长高铁生，国务院发展研究中心市场经济研究所所长任兴洲等出席了论坛。来自流通业界各学会、研究机构、高校、企业等 100 余位代表参加了论坛。

论坛围绕“十三五”期间中国流通的发展方向、对商贸流通业转型创新及供给侧改革的认识等问题进行了探讨，并发布了《中国城市流通竞争力报告 2014—2015》，该报告由中国国际电子商务中心内贸信息中心与首都经济贸易大学特大城市经济社会发展研究院共同完成，2008 年启动以来，每年公开出版发行，已成为国内系统、全面反映我国主要城市流通综合实力和竞争能力的深度分析报告。

（首都经济贸易大学科研处李琳供稿）

2015 中国国有经济发展论坛　12 月 6 日，由吉林大学中国国有经济研究中心、中国社会科学院马克思主义研究学部共同主办的“2015 中国国有经济发展论坛暨国有企业深化改革学术研讨会”在京举行。中国社会科学院、清华大学、武汉大学、吉林大学等单位的专家学者围绕做强做优做大国有企业、激发国有企业创新动力、新一轮国企改革的特点及措施、中国国有经济角色的历史定位等问题进行讨论。与会学者表示，国有企业在深化改革、做强做优做大的同时，要主动回应社会关切，主动转变只做不说、多做少说的思维定式和习惯做法；同时做好全方位、立体式的舆论引导工作，为推动国企国资改革发展营造良好的舆论氛围。

会议由吉林大学中国国有经济研究中心主任徐传谌主持，吉林大学经济学院与国务院国资委《国资报告》杂志社协办。

（参见《光明日报》2015 年 12 月 8 日第 3 版）

第二届金砖国家经济智库论坛　12 月 10 日，由清华大学中国与世界经济研究中心、重建布雷顿森林体系委员会主办，金砖国家经济智库承办的第二届金砖国家经济智库论坛在北京举行。来自十多个国家政、商、学界的近百名专家学者参加会议。会议就“G20 框架下的金砖合作与推动世界金融多极化”主题进行了深入探讨。

会上，中国社科院副院长蔡昉、国家开发银行行长郑之杰、金砖国家新开发银行行长卡马特、重建布雷顿森林体系委员会执行长和创始人、金砖国家经济智库国际协调人、顾问马克·乌赞发表了主旨演讲。与会专家在经济增长压力给金砖国家带来的挑战、金砖国家和国际金融安全网架构的启动、G20 框架下金砖国家与全球金融体系改革等方面展开了热烈讨论，就应对溢出效应、中国经济新常态、经济增长模式再平衡、美国财政政策未来的正常化、潜在资本回流、商品周期结束以及严重放缓的国际贸易等挑战，采取增加外汇储备、进行相关领域金融改革等措施；在 G20 背景下，金砖国家加强合作推动国际金融体系改革等观点达成了一致。

论坛还发布了《金砖国家经济智库年度报告》《2015 金砖国家经济智库北京宣言》。

（中国社会科学院办公厅刘玉杰编辑、供稿）

2015 中国国际贸易便利化暨北京外贸发展研讨会　12 月 11—12 日，由中国国际商会、中国口岸协会、首都经济贸易大学主办，中海国际咨询有限公司、中海华夏（北京）国际会展有限公司协办的“2015 中国国际贸易便利化暨北京外贸发展研讨会”在北京举行。此次会议以“新常态新挑战新引擎”为主题，围绕中国经济发展进入新常态，外经贸发展面临严峻挑战的背景下，如何通过推动贸易便利化和单一窗口建设以及加强中日韩合作等促进外经贸发展展开了研讨，同时探讨了开放经济背景下北京外贸发展等议题。专家学者的发言为促进贸易便利化、加快经济复苏、扩大区域经济合作提供了建设性的建议和启示。

来自商务部、海关总署、中国口岸协会、北京市商务委员会、中国日本商会、韩国对外经济政策研究院、杜邦（中国）集团、5100 公司、科慕化学公司、对外经贸大学、中央财经大学、首都经济贸易大学、北方工业大学、北京信息工业大学等官、产、学、研、商的代表参加了研讨会。

（首都经济贸易大学科研处李琳供稿）

第十届中国公司治理（国际）论坛　12 月 12 日，第十届中国公司治理（国际）论坛——国企混改与中小投资者权益保护研讨会在北京举办。会议由北京师范大学公司治理与企业发展研究中心、北京师范大学经济与工商管理学院主办，中国公司治理论坛组委会、玖零互生投资（北京）股份有限公司和觉悟文化（北京）有限公司承办，国务院国资委研究中心作为支持单位，中央企业媒体联盟协办。会议发布了高明华教授主持完成的三类中国公司治理指数报告，分别是“中国上市公司中小投资者权益保护指数报告 2015”、“中国上市公司董事会治理指数报告 2015”和“中国上市公司财务治理指数报告 2015”。三个报告以国际上先进的公司治理规范为评价标准，同时考虑中国国情，从总体、行业、所有制、地区、上市板块等方面，对中国全部上市公司的中小投资者权益保护、董事会治理和财务治理进行了全方位评价和有效性分析。这些报告对于洞察中小投资者权益保护、董事会治理和财务治理中存在的问题，了解政府在这些方面的立法和执法现状，具有非常重要的现实意义。同时，报告又构成了中小投资者权益保护、董事会治理和财务治理理论和实证研究的重要基础，是公司强化中小投资者权益保护、规范董事会治理和财务治理的重要依据，是监管机构加强公司治理相关立法和执法的重要参考。尤其是，它对于引导投资者理性投资，降低投资风险，具有重要的参考价值。另外，这些报告对于国企混合所有制改革中有效吸引民资参与，强化董事会治理的有效性，助推国企深化改革，可以提供大数据支持。与会专家对高明华教授主持并连续发布 6 类 14 个公司治理指数报告给予高度评价，认为从公司治理多维度研究国企改革和上市公司规范发展具有现实指导意义，并各自对如何通过健全公司治理推动国企混改和中小投资者权益保护提出了很多真知灼见。

国务院国有重点大型企业监事会主席季晓南、国务院国资委企业改组局局长李冰、经济科学出版社社长郭兆旭、新华社对外新闻编辑部主任严文斌、国务院扶贫办原副主任严万鸿、国务院国资委研究中心副主任彭建国、国家发改委体改司副司长宋葛龙、中国证监会研究中心副主任黄明、中国诚通集团有限公司总裁朱碧新、中共中央编译局办公厅主任崔友平、天津财经大学副校长于立、北京大学经济学院学术委员会主任平新乔、国务院发展研究中心企业研究所副所长张文魁、中央财经大学中国发展和改革研究院院长邹东涛、中国社科院世界经济与政治研究所公司治理研究中心主任鲁桐、中国社科院经济研究所研究员剧锦文、加拿大皇家科学院院士李明、澳大利亚芒市大学教授李涛、美国纳斯达克亚洲区前董事总经理徐光勋、北京华远集团公司副总经理许惠龙等300余名专家学者和企业家参加了本次会议。新华社、《人民日报》、《光明日报》、《经济日报》、《中国日报》、《经济参考报》、《经济观察报》、《企业观察报》、《证券日报》、《上海证券报》、《中国证券报》、《法制晚报》、《中国经济时报》、《中国经营报》、《第一财经》、《中国城市报》、新华网、中新网、央企媒体联盟等多家媒体参会报道本次会议。

（北京师范大学社科处刘娜供稿）

世界经济论坛 12月12日，由中国人民大学经济学院主办、中国特色社会主义经济建设协同创新中心协办的中国人民大学世界经济论坛在中国人民大学国学馆报告厅举行。中国人民大学经济学院雷达教授代表课题组发表主题为“反危机和再平衡困境下的世界经济”的论坛主报告。中国人民大学校长刘伟出席论坛并讲话。中国人民大学原副校长杜厚文、中国社会科学院世界经济与政治研究所所长张宇燕、南开大学副校长佟家栋、北京师范大学国际金融研究所所长贺力平、中国人民大学国家发展与战略研究院执行院长刘元春分别就论坛主报告作评论演讲。

（中国人民大学科研处李素萍供稿）

中国体育产业发展论坛 12月12日，2015中国体育产业发展论坛暨《中国体育产业发展报告（2015）》发布仪式在首都体育学院隆重举行。中国皮书之父、社科院社会科学文献出版社社长、中国社会学会秘书长谢寿光，体育蓝皮书主编、首都体育学院校长、国际教练教育委员会副主席钟秉枢，北京体育大学校长池建，体育蓝皮书主编、环中新传科技有限公司董事长阮伟，中国体育报常务副总编辑张乐年、北京市东城区体育局副局长、北京东城体育产业协会会长马力等近两百位体育产业界重量级嘉宾出席论坛。

发布会上，谢寿光、钟秉枢、池建、马力、阮伟分别就“体育产业的社会价值”、“《中国体育产业发展报告（2015）》发布”、“体育人视角看体育产业”、“体育场馆与‘互联网’的几点思考与建议”、“你在体育产业里做什么”等主题进行了演讲。

论坛由中国社科院社会科学文献出版社、首都体育学院和体育蓝皮书编委会联合主办，中视恺昱体育文化咨询有限公司承办，环中新传科技有限公司、国际体育产业联盟、全国城区体育工作研讨会等作为战略合作伙伴。

（首都体育学院科研处供稿）

集聚与增长高端论坛 12月15日，由中国人民大学经济学院举办的“集聚与增长高端论坛暨集聚经济学第二版中译本新书发布会”在中国人民大学召开。著名空间经济学家藤田昌久教授出席论坛并作主旨演讲，来自国内外的11位著名学者围绕集聚经济学理论前沿、“十三五”期间的城市与区域发展战略等热点问题报告了最新研究成果，来自国内高校师生、科研机构研究人员、媒体记者等共计100余人参加了此次论坛。中国人民大学经济学院院长张宇教授致开幕辞。日本经济产业研究所所长、甲南大学教授藤田昌久做了题为“人工智能与脑力社会的未来”的主旨演讲。在最后的总结和讨论环节上，来自国内外的学者和研究人员进行了热烈的讨论，多位专家踊跃发言，就集聚经济学理论前沿、“十三五”期间的城市与区域发展战略等相关问题开展了深入的探讨。

（中国人民大学科研处李素萍供稿）

当前创业研究的学术热点与社会重大需求圆桌论坛 12月18日，由中央财经大学商学院举办的“当前创业研究的学术热点与社会重大需求”圆桌论坛在京召开。论坛旨在探讨当前创业研究的最新热点问题以及当前社会重大需求相关的研究议题。中央财经大学商学院院长兼MBA教育中心主任王瑞华教授致开幕辞，他介绍了商学院在创业研究和创业教育方面的研究团队和教学成果。浙江大学管理学院创业研究所所长、讲座教授、美国宾夕法尼亚布鲁斯堡大学管理学院终身教授斯晓夫讲述了当前创业研究的前沿热点问题，特别是在创业和贫穷、创业机会识别和创建、社会创业方面的最新前沿。美国中佛罗里达大学讲座教授兼创业研究中心主任 James Combs 教授主要讲解了家族企业传承和家族创业领域的理论前沿和典型案例。清华大学经济管理学院雷家骕教授则结合多年创业研究和创业教育经验，讲解了他在创新和创业之间关系、创业模型设计、创业学术研究方面的思考和观点。本次论坛为创业研究领域的专家和学者提供一个思想交流和碰撞的平台，创造了未来合作研究的空间。

（中央财经大学科研处供稿）

第十五届中国经济论坛　12 月 18 日，由人民日报社指导，中国经济周刊杂志社、科技部火炬中心联合主办的第十五届中国经济论坛在北京举行。

本届论坛以“创新驱动发展——互联网精神与制造业革命”为主题，著名经济学家厉以宁、财政部副部长史耀斌围绕论坛主题发表主旨演讲。第十一届全国人大常委会副委员长周铁农、人民日报社副社长张建星出席开幕式。

本届论坛还颁发了“2015 中国创新榜样”和“2015 中国原创技术奖”两大奖项，进行了“如何打造国家级科创中心”“高峰论道——如何让 PPP 落地生根”“供给侧改革助力中国制造 2025”及“国际产能合作的中国动力”四场高端对话，嘉宾们分别就打造科创中心、制造业转型升级、国际产能合作等议题进行了深入探讨和交流。

（参见《人民日报》2015 年 12 月 19 日第 6 版）

第十届中国雇主品牌论坛　12 月 19 日，“第十届中国雇主品牌论坛”在北京召开，论坛年度主题为“互联网＋雇主品牌”。本届论坛由首都经济贸易大学中国雇主品牌研究中心和国际人力资源管理协会、中国雇主品牌网、《职业》杂志、中国企业公民委员会联合主办，中国教育电视台、《人力资源》、CCTV-2、《人民日报》、《人民政协报》、《新京报》、《环球时报》、《中华工商时报》、人民网、中国网、凤凰网、央视网、新华网、腾讯网等 50 多家媒体到会进行采访和报道。

与会专家围绕“中小企业的轻管理和雇主品牌顶层设计”、“老字号企业的传承密码和雇主品牌”、“教练式领导力和雇主品牌轻管理”、“2015 中国雇主品牌年度观察——现状与趋势”、“‘90 后’需要什么样的雇主品牌”和“‘大众创业、万众创新’时代初创企业的‘轻管理’”做了新视角下的探讨。

（首都经济贸易大学科研处李琳供稿）

首都企业改革与发展研究会 2015 年年会　12 月 19 日，首都企业改革与发展研究会年会暨产业升级与企业转型研讨会在京举行。本次会议由首都企业改革与发展研究会主办，首都经济贸易大学工商管理学院承办，首经贸 MBA 校友会和工商管理学院国有企业治理与协同创新平台联合协办。北京市社会科学界联合会学会管理部主任、学会名誉会长、副会长、常务理事、理事、会员等 150 余人参加此次会议。

会上，相关学者就《深化国有企业改革的目标和路径》为题总结了我国 38 年国企改革的进程，指出我国国有企业改革存在的争议，并提出国有企业改革要“去六化”，即去行政化、去独资化、去独治化、去垄断化、去独享化、去刚性化。戚聿东提出深化国有企业改革的有效路径设想：去行政化、运营模改政策、竞争模改政策、产权模改政策、治理模改政策、进入充分放开、放松价格监管、全面放松乃至取消监管部门等。

与会专家围绕产业升级与企业转型的主题发表了自己对转型升级路径的思考，从企业并购重组看企业转型升级方向问题，国企改革中企业的转型和“互联网＋”信息化这两个热点来讲述企业转型和升级，并探讨了首都非公有制企业参与发展混合所有制经济的专题研究问题。

（首都经济贸易大学科研处李琳供稿）

第二届（2015）中国金融管理论坛　12 月 20 日，第二届（2015）中国金融管理论坛在对外经济贸易大学召开，论坛的主题是“‘互联网＋’时代的金融学研究与金融教学改革”，由对外经济贸易大学中国金融学院承办。

对外经济贸易大学校长施建军，中国社会科学院学部委员、财经战略研究院院长高培勇，中国人民大学教授吴晓求，中央财经大学教授张礼卿，中国银行业协会首席经济学家巴曙松，中国金融四十人论坛高级研究员管涛，学校校长助理丁志杰教授，国家杰出青年科学基金获得者、北京化工大学余乐安教授，金融学院院长吴卫星教授出席论坛开幕式。来自全国各高校的参会代表、学校师生共500余人参加论坛。

对外经济贸易大学校长施建军首先致辞，以东道主的身份对到场嘉宾表示热烈欢迎，本届论坛学术委员会主任张礼卿教授宣读了大会论文评选结果。与会嘉宾高培勇院长以“迈向‘十三五’的中国税收”为题做主旨发言；吴晓求教授演讲的题目为“互联网金融的理论结构”；巴曙松教授做“人民币加入SDR之后的新趋势”发言；管涛高级研究员演讲题目为“互联网金融创新与监管”；学校吴军教授演讲主题为“互联网+时代：金融的创新、风险与监管”；余乐安教授以“大数据与互联网金融”为题阐述了自己的见解。在论文报告阶段，入选论文按照不同主题分为九个分会场，近一百位论文作者宣读了论文并进行互动讨论。

（对外经济贸易大学科研处供稿）

财经智库主题座谈会 日前，由人民政协报社主办的第11期财经智库主题座谈会“‘互联网+农业’的碰撞与变革——电商平台重构农业产业链助推三产融合”在北京召开。各领域专家学者热议“互联网+农业”如何助推我国迈向农业强国。

自21年前我国接入国际互联网以来，中国已经有6.7亿网民、413万多家网站，互联网基础设施的不断完善，让地处偏远的农村也可以搭乘互联网的快车获得高速发展。“中国要强，农业必须强”，自从“互联网+”被提升到国家战略以来，农业这个最基础的行业也站在了互联网的风口，在中国经济面临下行压力的当下，最现代的互联网与最传统的农业深度融合必将迸发出无限的生机与活力，不仅有利于让互联网发展成果惠及13亿多中国人民，也有助于提高农业发展的质量和效益。

基于这个发展的大背景，本次主题座谈会共设定了三个议题，一是电商平台重塑农产品流通模式；二是“互联网+”助推第一、二、三产融合；三是“互联网+”引导农产品打造品牌形象。全国政协常委、中国科协副主席陈章良，全国政协委员、中国农业科学院原党组书记薛亮，全国政协委员、国家质检总局原副局长、中国品牌促进会理事长刘平均等部分全国政协委员、专家和业界代表100多人参加了座谈会。

（参见《光明日报》2015年12月21日第3版）

2015税收与法律高峰论坛 12月24日，2015税收与法律高峰论坛暨“大数据时代的税收治理与互联网税务”在京召开。高峰论坛由中央财经大学税务学院、中央财经大学税收筹划与法律研究中心、中财大创新管理研究院联合举办，北京中崇信会计师事务所、河北金税桥（集团）税务师事务所、华尔街金融杂志协办。国务院发展研究中心、国家税务总局、各地税务局、中国税务学会、清华大学、中国人民大学、中国社会科学院、中国政法大学、中央财经大学的专家学者，以及阿里研究院、京东集团、腾讯集团、国美电器、建工集团、北京地铁等业界领袖和实务界精英数百余人参加了论坛。《中国经济时报》、《经济内参》、《人民政协报》、《证券日报》、《中国财经报》、《中国税务报》、《中国青年报》、《新理财》、《首席财务官》、《财会信报》等十几家媒体记者参与报道本次高峰论坛。此次高峰论坛以“财税研究服务于社会”为基本理念，汇集了财税界精英和知名人士，弘扬税收精神，为财税教育事业、税收公益事业服务。

（中央财经大学科研处供稿）

中国改革与发展高层论坛 12月27日，2015年“中国改革与发展高层论坛”在京召开，来自各界的百余位知名专家齐聚一堂，共同就“中国改革与发展”系列课题研究中的热点、焦点等问题展开了深入探讨。该论坛由中国领导科学研究会主办。

与会专家普遍认为，“供给侧结构性改革”是中央针对我国经济发展实际提出的一剂重要药方，而如何厚植中国经济发展优势、如何突破政府职能转变中的重点与难点、如何使创新成为引领发展第一动力等，则是各级领导干部在实践中需要应对的重大课题。

（参见《人民日报·海外版》
2015年12月28日第2版）

人民币离岸市场发展与人民币国际化主题研讨会 12月30日，由中国社会科学院金融研究所主办的“社科论坛：人民币离岸市场发展与人民币国际化”在北京举办。中国社会科学院金融研究所副所长胡滨主持论坛，金融研究所党委书记兼副所长何德旭致辞。“金融四十人论坛”研究员管涛、中央财经大学金融学院教授谭小芬、三菱东京日联银行的石洪室长、清华大学经济管理学院副教授何平、中国社会科学院世界经济与政治研究所副研究员肖立晟等分别就人民币离岸市场的发展与建设历程、人民币离岸市场的现状与经济特征、人民币离岸市场与在岸市场的联系以及我国推动人民币离岸市场的相关政策进行了发言和讨论。与会嘉宾认为，人民币离岸市场对于人民币国际化、人民币资本项目开放和我国的经济体制转型具有积极的作用，并且正在形成与国内资本市场的良性互动，如果能够通过有效的政策破解人民币离岸市场发展中存在的一些障碍，将会为我国的经济发展与开放起到有力的推动作用。

（中国社会科学院办公厅刘玉杰编辑，金融研究所科研处供稿）

社会学（含人口学）

京津冀食品安全风险防控协作机制研讨会　3 月 25 日，“京津冀食品安全风险防控协作机制”研讨会在中国人民大学举行。来自国家食品安全风险评估中心、中国人民大学、中央财经大学、天津财经大学、河北经贸大学等单位的专家学者和多家新闻媒体的工作者参加了本次研讨会。中国人民大学常务副校长、食品安全治理协同创新中心主任王利明致辞。随后，与会专家围绕京津冀地区食品安全共治与风险防控协作机制的建立进行了深入探讨。中国人民大学法学院、公共管理学院、农业与农村发展学院的学者和来自天津财经大学法学院、河北经贸大学法学院的学者们提出了许多建设性意见。国家食品安全风险评估中心食源性疾病检测部副主任张英男表示，京津冀一体化，既是整体的顶层设计，又是一个大的规划，需要行业协会、科研机构等各方面做出相应调整。

（中国人民大学科研处李素萍供稿）

家庭护理工作国际学术研讨会　4 月 20—21 日，由中国政法大学政治与公共管理学院、奥地利维也纳大学家庭研究所、对外经济贸易大学保险学院、北京市信访矛盾分析研究中心联合主办的“家庭护理工作”国际学术研讨会在学院路校区举办。会议是中国政法大学与维也纳大学在社会保障领域合作召开的第四次国际学术会议，会议的规模也由最初的两校合作扩展为四方协同举办，来自中国社会科学院、中国保险行业协会的代表出席了本次会议。会议开幕式由中国政法大学政治与公共管理学院副院长卢春龙教授主持。

开幕式上，政治与公共管理学院院长常保国教授首先回顾了中国政法大学与维也纳大学学术合作的历程，对各位学者的到来表示热烈欢迎；全国政协代表、对外经济贸易大学保险学院副院长孙洁教授在致辞中强调家庭护理以及长期养老对于中国社会发展的重要性；维也纳大学教授 Wolfgang Mazal 对会议的组织者尤其是卢春龙教授的努力表示由衷的感谢；北京市信访矛盾分析研究中心主任郑广淼博士对于四方首次合作办会表达了高度认可，并希望能够在此基础之上进一步加强交流与合作。

（中国政法大学科研处郭丰琪供稿）

超高龄少子化社会日本的老年人实际情况与社区援助座谈会　5 月 9 日上午，北京社区研究基地邀请日本中京大学教授野口典子在北京社科院办公楼 6 层会议室，举办社区养老讲座。参加座谈的有来自民政部社会工作研究中心，中国青年政治学院，北京市社会科学院的相关专家学者。讲座主题是超高龄少子化社会日本的老年人实际情况与社区援助——围绕 1 县 1 市的小区域活动应有的状态。野口典子教授认为，现今的日本正面临着如何从社区的角度来克服高龄社会带来的问题。她以一个自治体开展的工作为例，围绕四个方面进行了详细的介绍。

（北京市社会科学院科研处供稿）

人口老龄化统筹治理中的医疗卫生改革新常态论坛　5 月 10 日，为进一步推进全球化医疗卫生事业在养老方面的进程，积极应对中国当下及未来老龄化问题，为中国政府下一步医疗卫生改革、社会保障改革提供政策建议，在财政部、国家卫生计生委等中央部委与有关地方政府部门的支持下，由中央财经大学中国财政发展协同创新中心主办的“人口老龄化统筹治理中的医疗卫生改革新常态”论坛在中央财经大学学术会堂召开。出席论坛的嘉宾包括：财政部政策研究室主任王卫星、社会保障司副司长宋其超，国务院医改办专职副主任、国家卫生计生委体制改革司司长梁万年，国家卫生计生委家庭发展司巡视员许梅林、基层卫生司司长杨青、药物政策与基本药物制度司司长郑宏、医管中心主任赵明钢、疾病预防控制局副局长雷正龙，国务院参事马力，民政部社会福利和慈善事业促进司副司长甄炳亮、全国老龄工作委员会副主任阎青春，国家自然科学基金委管理学部处长杨列勋，葛兰素史克（中国）投资有限公司副总裁 Leslie Chang、中央政府事务总监王锐敏，默沙东（中国）有限公司疫苗和客户方案部总监李珊，北京市卫生计生委副主任钟东波、上海市长宁区卫生局局长葛敏、上海市卫生发展研究中心副主任丁汉升、浙江省嵊州市卫生和计划生育局局长吴达贤、河北省财政厅社会保障处副处长刘文洲、河北省沧州市财政局副局长郭振通、四川省成都市武侯区卫生局局长田军及相关领域校内外专家学者和学生等150余人。

（中央财经大学科研处供稿）

第五届中国社会治理论坛　5月17日，第五届中国社会治理论坛在北京师范大学举行。论坛由北京师范大学中国社会管理研究院/社会学院联合中共北京市委社会工作委员会、中国社会科学院社会学研究所、中国社会工作协会和厦门市人民政府举办，以“创新社会治理，建设法治社会——‘十三五’建言”为主题，集中研讨社会治理与法治社会建设的理论和实践问题。北京师范大学党委书记刘川生出席论坛，党委副书记刘利主持论坛。

（北京师范大学社科处刘娜供稿）

北京世妇会+20：我们在行动学术研讨会　5月21—22日，“北京世妇会+20：我们在行动”学术研讨会在北京大学举行。会议由北京大学中外妇女问题研究中心、香港中文大学性别研究中心/性别课程中心、韩国启明大学女性研究所共同主办，以庆祝联合国第四次世界妇女大会在北京召开20周年，与会的专家学者从各个角度讨论20年来世界妇女地位的改善以及今后妇女发展的方向。开幕式由北京大学中外妇女问题研究中心副主任周云教授主持。全国妇联妇女研究所副所长杜洁教授，北大党委副书记、中外妇女问题研究中心主任叶静漪教授，北大原副校长岳素兰教授，香港中文大学副校长张妙清教授，韩国培花女子大学校长金淑子教授，韩国启明大学女性研究所所长曹珠铉教授等嘉宾参加了开幕式。

（北京大学社会科学部供稿）

联合国残疾人权利公约的实施——面临的问题与挑战国际论坛　5月23—24日，由中国政法大学中加法学研究中心、国际法学院、人权研究院和全球治理与国际法治协同创新中心及中国残疾人事业发展研究会、加拿大蒙特利尔大学法学院联合主办，残疾者就业法律问题国际劳工组织与中国政法大学产学研项目和北京德和衡律师事务所协办的“联合国残疾人权利公约的实施——面临的问题与挑战”的国际论坛在北京成功举办。本次论坛所邀请的嘉宾与代表无论是在地域还是在职业上都呈现了多元性的特点——他们来自中国（含香港地区）、加拿大、美国、欧盟、韩国、瑞典等国家和地区，有政府和事业团体的领导和专家，有联合国驻华机构官员及非政府组织的代表、也有各大院校、研究机构的教授、专家和学者。论坛为期一天半，以“主题研讨”的形式进行。论坛分三个“主题研讨”阶段，每个阶段由一人主持，若干嘉宾发言，并设提问环节。

（中国政法大学科研处郭丰琪供稿）

2015年WREA国际学术大会暨休闲体育北京论坛　6月7—11日，“2015世界休闲运动娱乐教育协会国际学术大会暨休闲体育北京论坛”在首都体育学院举行。大会由世界休闲运动娱乐教育协会（World Recreation Educational Association）主办，由首都体育学院承办。大会主题是“全球化的变革：运动休闲的机遇与发展”。来自22个国家和地区的60多所高校的专家学者参会，共收到投稿论文200余篇。专家、学者围绕“运动休闲与健康”、“运动休闲与旅游”、“运动休闲与城市发展”、“运动休闲与体育产业”、“运动休闲与生态文明”、“运动休闲与文化教育”等六大专题通过主报告、专题报告、墙报、青年论坛等方式展开学术交流与研讨。

（首都体育学院科研处供稿）

性别与国际比较视野下的创业就业国际学术研讨会　6月24日，适逢联合国第四次世界妇女大会制定的《北京宣言》战略目标和中国实施男女平等基本国策（双）20周年之际，为了进一步研究国际比较视野下女性创业，并着眼于建设具有国际影响力的高端智库的学术发展目标，北京市社会科学院妇女研究中心、北京市社会科学院国际交流中心、北京市社会科学院市情调研中心和北京市妇女国际交流中心在北京市社会科学院联合举办了主题为“性别与国际比较视野下的创业就业”的国际学术研讨会和中外学术对话交流活动。研讨会旨在从学术的视角客观地理解和分析中国社会变迁和经济转型中不断增长的女性创业和创新成长，在分享国外专家经验和交流的过程中，伴随着结合中国实际的讨论，将本次国际学术研讨引向深入。本次国际学术研讨和学术对话交流活动由北京市社会科学院社会学所副所长、院妇女研究中心主任江树革主持，同时，江树革代表本次研讨会会务组做开场致辞，并与北京市妇联副主席一同做了会议总结。来自德国维尔茨堡大学、北京大学、北京市妇联、北京市妇女国际交流中心以及北京市社会科学院社会学所、市情调研中心、管理所和国际交流中心等单位的专家和学者出席了会议并进行了学术研讨交流。

（北京市社会科学院科研处供稿）

战后 70 年的日本社会：变迁与变革学术研讨会　6 月 27 日，由中国社会科学院日本研究所社会研究室主办的“战后 70 年的日本社会：变迁与变革”学术研讨会在北京召开。来自中国社会科学院日本研究所、外国文学研究所、世界历史研究所和北京大学、清华大学、南开大学、北京外国语大学、国务院发展研究中心、天津社会科学院、北京理工大学等单位的学者参加会议。

会议从不同的学科、不同的研究视角和不同的理论范式梳理了战后 70 年日本社会的变迁与变革的历史脉络，围绕“家庭”“人口”“收入差距”“福利制度”“产业制度”“住宅保障制度”“社会运动”“社会稳定”等议题进行了讨论。

会议讨论了日本的女性地位、死亡教育、有机农业、雇佣制度和右翼思潮等议题。

（中国社会科学院办公厅刘玉杰编辑，
日本研究所吴限供稿）

本市控制吸烟条例贯彻实施情况专题研讨会　6 月 29 日，市人大常委会教科文卫体办公室召开本市控制吸烟条例贯彻实施情况专题研讨会。会上，市卫生计生委汇报了条例施行一个月以来的总体进展情况，民众的控烟意识空前高涨，宣传覆盖广泛、监督处罚坚决，被世界卫生组织称为取得了令人鼓舞的初步成效，并被授予“世界无烟日奖”。与会委员、代表与政府有关部门负责同志就目前控烟条例实施存在的外来人口控烟，行业管理，写字楼、中小餐馆、娱乐场所监管，控烟经费等问题以及下一步的工作计划进行了交流和讨论。

（北京市人大常委会研究室艾淑英供稿）

我国当前的社会转折与新成长阶段院长论坛　7 月 15 日，北京市社会科学院举办院长论坛，论坛邀请中央候补委员、中国社科院副院长李培林研究员发表了题为“我国当前的社会转折与新成长阶段”的演讲。谭维克院长参加并主持了会议。李培林长期从事社会发展、组织与工业社会学等相关研究，在国内外有较高的学术和社会影响力。他首先引入罗斯托关于经济成长的“六阶段理论”，分析了社会转型的理论背景，认为当前我国所处的经济发展的新常态和社会发展的新成长阶段，实际上是罗斯托的从起飞阶段到新成长阶段的过渡时期，当前经济新成长阶段的特征包括以下三个方面：一是发展结构变化，即工业化、城镇化进入中后期；二是发展动力变化，即大众消费阶段（追求生活质量阶段）到来；三是发展成本变化，即老龄化加速和低成本劳动时代的终结。相应的，经济新常态下的社会转折主要体现在城市化的转折、劳动力供求关系的转折、职业结构变动的转折、老龄化的转折、收入分配格局的转折和生活消费的转折。谭维克对李培林的发言进行了点评，认为报告切中了当前经济社会发展的要害，用科学严谨的方法分析了发展的特征和趋势，具有较强的理论深度和战略高度，对北京市社会科学院社会科学研究有较高的指导和参考价值。

（北京市社会科学院科研处供稿）

“十三五”时期人口发展与调控专项规划专家研讨会　7 月 31 日，市人大常委会财经办公室召开“十三五”人口发展与调控专项规划专家研讨会。会上，部分市人大代表和来自北京大学人口研究所、中国人民大学人口与发展研究中心、北京市委党校社会学教研部和北京市社科院社会学所的专家学者就如何认识北京人口问题的本质；如何评价目前出台的人口调控政策；如何看待人口规模与经济发展的关系；如何认识人口增长与城市病形成的关系以及本市在推进京津冀协同发展过程中，人口调控方面的意见和建议等方面进行了研讨。会议强调，人口是城市发展的战略问题，也是城市发展、建设、管理的综合反映。人口规划既体现城市经济社会发展总体规划的要求，又是总体规划编制的基础。会议提出要从三方面理清工作思路：1. 充分认识人口调控自身的目的、理由、目标和必要性。科学、合理的测算出人口与地域面积、环境、资源、管理水平、舒适程度等之间的承载值。2. 坚持“控”与“疏”双管齐下，突出人口调控的“有序”和“合理”。3. 未雨绸缪，提前预估人口调控后的影响。

（北京市人大常委会研究室艾淑英供稿）

2015年联合国世界人道主义日学术研讨会　8月19日，联合国世界人道主义日纪念活动在美国纽约联合国总部、中国北京、意大利米兰、瑞士日内瓦、阿联酋迪拜、土耳其伊斯坦布尔等地同步举行。良好而负责任的新闻界对于启迪公众的人道精神具有重要意义，有鉴于此，联合国人道主义事务协调办公室和中国传媒大学媒介与公共事务研究院在当日联合举办学术研讨会，旨在呼吁媒体的人道精神，启迪全球公众参与，共同采取行动，创造一个人人致力于人道主义行动的人文世界。

联合国人口基金驻华代表处代表何安瑞先生、中国地震局震灾应急救援司司长赵明先生、联合国人道主义事务办公室亚太办事处马库斯·维尔纳先生、壹基金秘书长李劲先生、可口可乐大中华及韩国区副总裁张华莹女士、亚洲基金会高级顾问邱越伦先生等参与了讨论。

专家认为，政府在妥善处置各类突发事件的同时，还要及时、真诚地与公众和媒体沟通，在新闻发布中要注重人文关怀。新闻媒体在报道突发事件时要秉持平衡与公正，为启迪世界的人道主义精神贡献传播力量。

中国传媒大学传播研究院国际新闻研究所所长刘笑盈教授在闭幕致辞中说，在人道主义救援中，新闻报道是非常重要的方面，信息与救援物资一样都是灾难中人民急需的资源。

（中国传媒大学文科科研处供稿）

联合国教科文组织媒介与女性教席十周年论坛　10月9日，联合国教科文组织媒介与女性教席十周年论坛在中国传媒大学举行。来自性别研究和媒体领域的100余位专家和学者参加了会议。

中国传媒大学党委书记陈文申为论坛做了主旨讲话。陈书记首先对出席论坛的各界人士表示热烈欢迎和衷心感谢。陈书记指出，中国传媒大学非常重视教席的发展，十年来，教席在教学科研等各个领域都有了长足的发展和进步。

中国传媒大学媒介与女性研究中心主任、联合国教科文组织媒介与女性教席主持人、中华女子学院院长刘利群主持论坛。刘利群教授对中国传媒大学、联合国教科文组织与各界机构和人士对媒介与女性教席的支持表示衷心感谢。联合国教科文组织驻华代表处传播与信息项目国际顾问S·T·克瓦姆·博弗博士、联合国教科文组织国际传播发展计划（IPDC）秘书处项目专家法克森．班达分别致辞。博弗博士代表联合国教科文组织对媒介与女性教席在性别平等领域所作的贡献表示赞赏和肯定。班达先生作为《联合国教科文组织新闻教育课程模板》的主编对该书做了介绍。

来自中国社会科学院、北京大学、清华大学、中国传媒大学、中华女子学院、全国妇联妇女研究所、中国妇女报、天津市妇联、社会科学文献出版社等单位的多位专家围绕“全球视野中的新闻教育、性别传播的研究与实践、新媒体时代的性别话语”等主题做了发言。

在本次论坛上举行了《联合国教科文组织新闻教育课程模板》和《中国媒介与女性发展报告（2013—2014）》蓝皮书发布会。本次论坛聚焦的主题是：性别传播与新闻教育发展。

（中国传媒大学文科科研处供稿）

数字时代女性领导力理论与实践国际学术研讨会　10月17—18日，由中国传媒大学主办，现代女性领导力研究院、新闻传播学部、文科科研处承办的“数字时代女性领导力：理论与实践”国际学术研讨会在中传国际交流中心三层M1多功能厅召开。研讨会以数字时代与女性领导力、跨界思维下的女性领导力、国际视野下的女性领导力三个主题，分三个专场展开讨论。

在“数字时代与女性领导力”专场研讨现场，主讲嘉宾围绕“中国女性领导力提升研究”、“走向卓越：数字化进程中女性教育的时代使命”、“女性学者领导力提升的利与弊：女性领导逐步由‘幕后’走到‘台前’”、“我要做女校长：西部贫困地区女性领导力提升的本土化策略研究”、“领导力+：数字时代的女性领导力——‘世界大学女校长·女子大学’丛书编辑出版感言”等主题进行交流互动。

在“跨界思维下的女性领导力”专场研讨现场，与会嘉宾就“女性领导力的作用：在高等教育中寻求性别平衡”、“女性领导力培养与大学教育教学改革”、“中国式的跨界女性主义领导力的理论与实践——以性别平等政策倡导团队为例”、“女性领导的性别身份认同及其对领导行为的影响”、“数字时代与女性领导力——女性传媒领导者的机遇与挑战”等议题进行深入探讨。

在“国际视野下的女性领导力”专场研讨现场，主讲嘉宾围绕“国际视野下的女性领导力：以行动谋求妇女参与政治和决策目标的实现”、“‘世界大学女校长论坛’在领导力发展中的角色”、“从打破‘玻璃天花板’到走通‘迷宫’——美国妇女晋升的障碍与路径讨论”、“数字技术对非洲女性领导力提升的可行性探究”、“数字时代：大学女校长领导力的机遇与挑战”等主题进行交流与探讨。

研讨会期间，现场参会者针对主讲嘉宾的演讲进行了提问并互动，参会者还进行了论文交流。

（中国传媒大学文科科研处供稿）

中国养老服务业发展高层论坛　10月21日，由中国社会保障学会、中国红十字总会事业发展中心联合主办的中国养老服务业发展高层论坛在人民大会堂举行。全国人大常委会副委员长陈竺向论坛发出贺信，第十届全国政协副主席张怀西出席论坛并题词，原全国妇联副主席、党组书记黄晴宜，全国人大内务司法委员会副主任委员王胜明，中国社会科学院副院长蔡昉，中国红十字会总会副会长郭长江，人民日报社原副总编辑陈俊宏，以及来自全国社会保障学界的专家学者与全国养老机构负责人代表约700人出席了论坛。全国人大常委、中国社会保障学会会长郑功成主持了论坛开幕式。中国社会科学院副院长蔡昉、中国社会保障学会会长郑功成、全国老龄办副主任朱耀垠、人力资源社会保障部社会保障研究所所长金维刚、中国红十字会总会事业发展中心主任江丹、中国社会保障学会副会长童星等为论坛作了主旨报告。与会专家分别围绕“养老服务综合”“居家养老服务”“医养结合”“养老机构”“养老产业”等主题进行了研讨。

（中国社会科学院办公厅刘玉杰编辑、供稿）

2015全国休闲体育学术研讨会　10月30日—11月1日，2015全国休闲体育学术研讨会在首都体育学院举行，来自全国近40所院校及教育机构的专家学者、博士生、研究生100余人参加了会议。首都体育学院校长钟秉枢、副校长谢军、国家体育总局原政策法规司司长谢琼桓，休闲与社会体育学院领导和部分师生参与了研讨。大会由休闲与社会体育学院及休闲体育研究院主办。开幕式由休闲与社会体育学院院长董杰主持。

大会研讨分三个单元进行。第一单元研讨由湖北大学刘勇教授、成都体院杨冰教授主持。研讨话题为休闲体育对产业经济与人的发展的作用。第二单元研讨由北师大珠海分校赵顺来和武汉体育学院程序教授主持，研讨话题为休闲体育、社会体育专业发展的方向与出路。第三单元研讨由聊城大学张雪临教授和青岛科技大学葛振营教授主持，研讨话题为休闲体育、社会体育专业建设面临的问题、如何破解。与会其他老师也积极参加了讨论，大会气氛热烈，观点碰撞，思想交锋。李相如教授在不同环节给与点评和答疑。

（首都体育学院科研处供稿）

郑杭生教授逝世周年追思及学术思想研讨会　11月7日，“郑杭生教授逝世周年追思暨学术思想研讨会”在中国人民大学举行。会议由中国人民大学社会学理论与方法研究中心、中国人民大学社会与人口学院、北京郑杭生社会发展基金会联合举办。中国人民大学党委常务副书记张建明教授主持追思会。中国人民大学党委书记靳诺教授出席并致辞。郑杭生教授逝世后，中国人民大学社会学与理论与方法研究中心组织专门力量编辑完成了郑杭生教授生前计划的《郑杭生社会学学术历程》（第五卷），并在中国人民大学出版社的大力支持下顺利出版。追思会上为该书举行了简朴的发布仪式。在追思会后的学术研讨会上，来自北京大学、清华大学、《江苏社会科学》等40余家高校、科研机构和学术期刊的代表及专家学者满怀追思与感恩之情，对郑杭生教授的学术思想展开研讨。

（中国人民大学科研处李素萍供稿）

清华公益慈善国际研讨会　11月7—8日，由清华大学公益慈善研究院主办的“清华公益慈善国际研讨会”在北京举行。本次会议旨在推动全球范围内公益慈善的有效沟通，促进中国乃至世界公益慈善的正向发展。

本次会议以“跨界、创新、共享”为主题，来自中国、美国、英国、德国、新加坡等国家和地区的80多名专家、学者、实践者，围绕公益的本质、公益跨界、公益创新与市场以及公益的力量四个方面，展开探讨与交流。清华大学公益慈善研究院院长王名主持会议。清华大学党委书记陈旭，民政部党组成员詹成付，全国工商联专职副主席谢经荣分别在开幕式上致辞，表达了对本次会议的祝贺和期待。佳通集团副主席林美金，第三部门国际学会（ISTR）主席Annette Zimmer分别作主题演讲。在开幕式上还举行了清华大学公益慈善研究院公益社创实验室的启动仪式，该实验室旨在为社会领域的创新活动提供一个开放的平台。

由民政部与清华大学联合发起的清华大学公益慈善研究院成立于2015年4月。秉承“卓越公益、化成天下”的理念，研究院致力于推动中国和世界公益慈善事业的可持续发展。

（参见《光明日报》2015年11月8日第12版）

第三届中国粮食与食品安全战略峰会 11月14—15日，由国务院发展研究中心指导，国务院发展研究中心农村经济研究部和中国经济年鉴社联合主办的“2015（第三届）中国粮食与食品安全战略峰会”在北京举行。此次峰会以“农业发展方式转变与增长动力接续”为主题，集中探讨如何着眼于农业现代化推动农业发展方式转变和动力升级。

与会专家学者指出，当前，中国经济发展进入新常态，农业发展也面临着生产成本快速攀升、大宗农产品价格普遍高于国际市场、资源环境约束增强、保障农产品有效供给和质量安全难度加大等问题。破解这些难题，必须加快转变农业发展方式，从主要追求产量和依赖资源消耗的粗放经营转到数量质量效益并重、注重提高竞争力、注重农业科技创新、注重可持续的集约发展上来，走产出高效、产品安全、资源节约、环境友好的现代农业发展道路。

中国粮食与食品安全战略峰会自2013年举办以来，就多个重要议题如中国粮食安全形势、全球粮食安全与中国的作用、中国粮食价格流通体制改革、粮食企业走出去等进行了广泛而深入的探讨。峰会已成为各界人士探讨中国粮食与食品安全的重要平台，社会影响力越来越大，会议成果受到各方高度关注，发挥了中国智库政策研究与成果交流的重要作用。

（参见《光明日报》2015年11月16日第4版）

第二届学校社会工作暨第三届青少年社会工作理论与实践研讨会 11月14—15日，第二届学校社会工作暨第三届青少年社会工作理论与实践研讨会在中国青年政治学院举办，会议由中国社会工作教育协会、青少年社会工作专业委员会和中国青年政治学院社会工作学院共同主办。

中国社会工作教育协会学校与青少年社会工作专业委员会于2013年与中国青年政治学院社会工作学院联合举办首届学校社会工作研讨会和第二届青少年社会工作研讨会。本次研讨会的举办，是推动学校社会工作和青少年社会工作专业化发展的重要举措。专委会此前还成功申请到2017年“第七届学校社会工作国际大会”的举办权。

（中国青年政治学院科研处供稿）

德国工会专家与中国劳动关系学院教师座谈会 11月18日，德国不莱梅大学沃尔夫冈·多伊普勒教授（博士）、德国五金工会国际处书记克里斯蒂安·维斯博士一行7人到中国劳动关系学院与中国劳动关系学院教师进行了座谈，此次座谈会的主题为中德两国集体协商及劳动争议。法学系主任姜颖教授主持了座谈会。座谈会期间，沃尔夫冈·多伊普勒教授（博士）做了题为“德国集体协商制度的问题及教训”的报告，介绍了全球化和技术信息化对德国集体协商制度带来的改变和挑战。克里斯蒂安·维斯博士以金属电气工业为例，深入讲解了德国劳资政策的现状、挑战和发展思路。中国劳动关系学院法学系主任姜颖教授以劳动争议为主题作了报告，介绍了中国的劳动争议形势及处理制度构想；公共管理系主任黄任民教授重点介绍中国集体协商制度的特点；工会学院曹荣副教授重点介绍农民工群体权益保护的现状，尤其是农民工工资集体协商过程中存在的问题。之后，中国劳动关系学院参会教师就报告相关问题与德方专家进行了深入探讨。

（中国劳动关系学院科研处陈邓海供稿）

全国第三届人口与健康学术研讨会 11月21日，全国第三届人口与健康学术研讨会暨《深圳人口与健康蓝皮书（2015）》发布会在北京大学英杰交流中心召开。会议由北京大学中国社会与发展研究中心主办，中国人口学会人口政策专业委员会和深圳市人口和计划生育科学研究所协办 。来自国务院发展研究中心、中国社会科学院、香港科技大学、北京大学、中国人民大学、复旦大学、河北大学、西南财经大学以及深圳市卫生和计划生育委员会等政府部门、高校、科研机构的专家学者及研究生共接近80人出席了会议。本次会议由开幕式、专题研讨会和新书发布会三大部分组成，其中专题研讨会重点围绕着“人口与健康现状与前景”“人口与健康特殊群体”两个专题展开。

（北京大学社会科学部供稿）

第三届中国民生发展论坛 11月26日，人民日报社、民生周刊杂志社和北京师范大学政府管理研究院联合举办的第三届中国民生发展论坛今日在北京举行。十届全国人大常委会副委员长蒋正华、顾秀莲，人民日报社副总编辑谢国明，国家发改委秘书长李朴民等出席论坛。

本次论坛以“法治保障民生”为主题，研讨推动把民生建设纳入法治轨道，实现法律保障。论坛首次推出了浙江湖州“12345 阳光热线”、河南虞城“六位一体”社会治安模式、内蒙古翁牛特旗旅游扶贫富民工程、湖南张家界武陵源城中村改造等 20 个群众满意度高、社会影响大、具有推广价值的“2015 民生示范工程”。论坛还发布了由北京师范大学“民生课题组”推出的《2015 中国民生发展报告》，首次对 293 个地级以上城市的民生发展指数进行了测算和排序。

（参见《人民日报》2015 年 11 月 27 日第 6 版）

第七届劳动关系国际研讨会 11 月 28—29 日，“第七届劳动关系国际研讨会暨劳动关系规制与政府劳工政策研讨会”在中国人民大学召开。研讨会由中国人民大学劳动人事学院、剑桥大学达尔文学院、首都经济贸易大学劳动经济学院、澳大利亚莫纳什商学院、加拿大蒙特利尔大学产业关系学院和英国曼彻斯特大学发展与管理研究院等 6 所学院共同主办，由中国人民大学劳动人事学院承办。研讨会以劳动关系规制与政府劳工政策为核心议题，对和谐劳动关系构建中政府规制与政策发展路径进行了全方位的探讨，来自全球 11 个国家和地区的 90 余名劳动关系研究专家学者参与研讨。

（中国人民大学科研处李素萍供稿）

第七届人力资本与劳动市场国际研讨会 12 月 12 日，“第七届人力资本与劳动市场国际研讨会暨 2015 年中国人力资本报告发布会”在中央财经大学学术会堂召开。中央财经大学中国人力资本与劳动经济研究中心（CHLR）对外发布了《中国人力资本报告 2015》。中央财经大学副校长史建平教授，中国人力资本与劳动经济中心（CHLR）主任李海峥教授，《中国经济评论》主编、俄亥俄大学荣誉教授 Belton Fleisher，华夏基石董事长、人民大学教授彭剑锋，北大方正集团有限公司副总裁兼首席人才官马建斌，北大方正集团有限公司副总裁卢旸，特邀评论专家、北京师范大学教授李实，特邀评论专家、布兰迪斯大学教授 Gary Jefferson，特邀评论专家、斯坦福大学教授 Scott Rozelle，特邀评论专家、北京师范大学教授辛涛，“双师项目”云南和内蒙古参与项目的中学校长，CPS 团队出席了会议，中心（CHLR）人力资本项目团队、国内外学者、媒体记者等 100 余人参加了大会。与会专家对《中国人力资本报告 2015》提出点评及期望，并就人力资本与劳动经济相关的教育、收入、健康、贫穷与行为、劳动力市场、就业、移民、人力资本、子女和复杂技能解决等问题进行了探讨。

（中央财经大学科研处供稿）

第三届休闲体育学术大会 12 月 18—20 日，由休闲与社会体育学院举办的第三届休闲体育学术大会在首都体育学院举办，会议主题是“休闲体育与人的发展”。全国 40 多所院校的师生积极投稿，收到稿件近 200 篇。全国 180 余位专家学者、20 家京内外公司负责人济济一堂，共商休闲体育发展新思路。首都体育学院校长钟秉枢教授、副校长骆秉全教授出席开幕式，大会由休闲与社会体育学院院长董杰教授主持。

学术会议采用大会报告与现场提问的形式进行，钟秉枢、公冶民、马惠娣、肖焕禹、卢锋、刘平江等六位专家作大会报告。李相如教授主持了上午的大会报告环节。

18 日下午，学院邀请北京第二外国语学院中国闲暇经济研究中心主任魏翔，休闲与社会体育学院休闲体育教研室主任刘平江副教授、金媛媛博士，共同录制一期以体育旅游为主题的“体育热点面对面”节目。

本次大会的召开贯彻落实了《国民旅游休闲纲要》的精神，进一步推动了休闲体育的理论研究，集中展示了近年来休闲体育理论与实践研究的学术成果，促进了产、学、研相关机构的充分交流与合作，发挥了首都体育学院在休闲体育研究领域的引领作用。

（首都体育学院科研处供稿）

民盟第六届民生论坛 12 月 22 日，中国民主同盟第六届民生论坛在京举行。此次论坛主题为“十三五”民生面临的挑战与应对，全国政协常委、副秘书长，民盟中央副主席徐辉出席开幕式并致辞。

徐辉指出，“十二五”期间我国在民生领域取得了巨大成就，但贫富差距过大、住房难、看病难、养老难、教育公平、环境污染等问题依然存在。“奔走国是、关注民生”是民盟的优良传统，在“十二五”期间，民盟中央每年都把民生问题作为参政议政的重点，取得了多项重要成果。在“十三五”期间，民生也将是民盟参政议政重点关注的领域。

（参见《光明日报》2015 年 12 月 23 日第 3 版）

法 学

聚焦刑法修正案（九）（草案）系列学术座谈会 1 月 10—11 日，“刑法修正案（九）（草案）”系列学术座谈会在京召开。“我国死刑立法改革的新发展学术座谈会”举行，座谈会由北京师范大学死刑研究国际中心承办。中央纪律检查委员会副书记张军、全国人大常委会法工委副主任郎胜等来自中央政法机关的领导和北京师范大学刑事法律科学研究院名誉院长高铭暄教授、特聘教授储槐植先生、刑事法律科学研究院暨法学院院长赵秉志教授、中国社科院国际法研究所所长陈泽宪研究员等来自科研院校的专家学者30 余人参会。会议重点讨论了死刑适用标准、死刑罪名取消、死刑适用对象限制、死缓制度完善等死刑立法改革问题。11 日上午，“我国惩治恐怖犯罪的立法完善学术座谈会”举行，座谈会由北京师范大学反恐怖法治研究中心承办。来自中央政法委、最高人民法院、公安部、北京市人民检察院第二分院等中央、地方政法机关和北京师范大学、中国社科院、中国人民大学、中国政法大学、武汉大学、重庆大学等科研院校的近 30 位专家学者参会。会议围绕就我国恐怖犯罪的形势、反恐立法模式、反恐罪名的增设和恐怖活动的立法认定等问题展开了热烈研讨。下午，“我国惩治腐败犯罪的立法完善问题学术座谈会”举行，座谈会由国际反腐败学院联盟成员单位北京师范大学中国反腐败教育与研究中心承办。来自中央纪委、中央政法委、全国人大常委会法工委、最高人民法院、最高人民检察院、公安部等中央政法机关以及清华大学、北京师范大学、中国社科院、中国人民大学、中国政法大学、武汉大学、重庆大学等科研院校的近30 位专家学者与会。会议针对《刑法修正案（九）（草案）》对惩治腐败犯罪法律规定的修改，围绕贪污受贿犯罪定罪量刑标准的立法修改完善、行贿罪的立法修改完善、严密惩治行贿犯罪的法网、贿赂犯罪对象的立法完善、收受礼金罪的增设等问题进行了热烈而深入的讨论。

“聚焦《刑法修正案（九）（草案）》系列学术座谈会”是北京师范大学刑事法律科学研究院关注国家重大刑事立法而举办的系列重要学术研讨活动。会后，北京师范大学刑事法律科学研究院将研讨会的内容整理成纪要并提交给国家立法机关，将对完善我国相关立法将具有积极的参考借鉴价值。

（北京师范大学社科处刘娜供稿）

民法典编纂：问题与挑战学术研讨会 1 月 17 日，由中国政法大学民商经济法学院与比较法学研究院联合主办、“民法学青年教师学术创新团队”承办的“民法典编纂：问题与挑战”学术研讨会在中国政法大学学院路校区召开。

十八届四中全会明确提出“编纂民法典”。但从这一宏观的指导意见到具体的法典颁布之间，尚有遥远的路途，这一路之上，还存在着大量的问题和挑战。在民法典目标终于被明确之际，民法学界当然有理由欢欣鼓舞，但更应当做的，是沉下心来审慎思量，厘清问题，直面挑战，并研讨应对方略。“民法典编纂：问题与挑战”学术研讨会在此背景下召开，具有重要学术价值和社会意义。

研讨会邀请了来自全国高校、科研机构、全国人大法工委、最高人民法院代表共 50 余人参加，与会学者来自中国政法大学、北京大学、清华大学、中国人民大学、中国社会科学院法学所、北京航空航天大学、《中国法学》编辑部、对外经贸大学、北京工业大学、华北电力大学、吉林大学、烟台大学、西南政法大学、中南财经政法大学、华东政法大学、海南大学、黑龙江大学、大连海事大学、暨南大学、重庆邮电大学、华北科技学院等京内京外 20 余所高校、科研机构及法学刊物，体现了与会代表的广泛性与综合性。

（中国政法大学科研处郭丰琪供稿）

诉讼法学高端论坛 1 月 24—25 日，由国家司法文明协同创新中心、中国政法大学诉讼法学研究院主办，中国刑事诉讼法学研究会协办的“诉讼法学高端论坛——依法治国背景下的诉讼法学研究展望”在北京举行。来自全国人大法工委、国务院法制办、国家检察官学院、北京市高级人民法院、河南省高级人民法院，与中国社会科学院、北京大学、清华大学、中国人民大学、中国政法大学、北京师范大学、中国人民公安大学、中央财经大学、首都师范大学、南开大学、复旦大学、华东政法大学、上海司法研究所、南京大学、南京师范大学、西南政法大学、西北政法大学、浙江工商大学、湘潭大学、山西财经大学的实务界与理论界代表，以及法律媒体代表、在读研究生等共 80 余人出席了会议。

会议开幕式由诉讼法学研究院副院长杨宇冠教授主持，国家司法文明协同创新中心首席科学家、诉讼法学研究院院长卞建林教授，国家司法文明协同创新中心首席科学家、中国政法大学终身教授、诉讼法学研究院名誉院长陈光中，中国民诉法学研究会常务副会长、南京师范大学教授李浩分别致辞。

（中国政法大学科研处郭丰琪供稿）

第二届中国消费者保护法论坛　3 月 7 日，第二届"中国消费者保护法论坛"在对外经济贸易大学召开。此次论坛由对外经济贸易大学法学院、对外经济贸易大学消费者保护法研究中心、北京市第三中级人民法院联合举办，会议主题为：新消法实施一周年——新问题与新挑战。来自中国消费者权益保护法学研究会、北京大学、中国人民大学、中国政法大学、对外经济贸易大学、西南政法大学、北京市第三中级人民法院、北京市朝阳区人民法院等单位的专家、学者、法官参加了此次研讨会。

对外经济贸易大学法学院副院长、消费者保护法研究中心主任苏号朋教授主持研讨会。中国消费者权益保护法学研究会会长、对外经济贸易大学消费者保护法研究中心名誉主任河山教授致开幕辞。会议的学术研讨阶段分为三个单元。北京市第三中级人民法院民三庭侯军庭长对北京市第三中级人民法院审理的消费者权益保护案件进行情况通报，内容包括案件受理情况和特点分析，总结了案件的裁判观点和法官建议，并提出了案件审理过程中存有争议的问题。

此次论坛邀请法学理论界的学者和审判实务一线的法官们齐聚一堂，针对消法修订并实施一周年以来，审判实践和理论研究中面临的新问题和新挑战进行讨论和研究，不仅有助于法院对消费纠纷案件的审理和裁判，也推动了消费者保护法的研究和中国消费者保护事业的发展。

（对外经济贸易大学科研处供稿）

东亚的刑法与社会——以东西方两个世界的比较为视野学术研讨会　3 月 25 日，中国政法大学法律古籍整理研究所在北京举办了"东亚的刑罚与社会——以东西方两个世界的比较为视野"国际学术研讨会，来自日本京都大学、日本关西学院大学、德国明斯特大学的十余名外国学者及中国政法大学法律古籍整理研究所的教师出席了本次会议。开幕式上，中国政法大学法律古籍整理所所长徐世虹教授、京都大学人文科学研究所富谷至教授先后致辞。徐世虹对与会外国学者的到来表示热烈欢迎，并对中国政法大学及法律古籍整理研究所的概况进行了简要介绍。富谷至在致辞中回顾了"东亚的犯罪与社会"项目的实施情况，同时对本次研讨会的主题与性质进行了说明。

本次会议是日本学术振兴会国际合作项目"东亚的犯罪与社会"（日本京都大学人文科学研究所富谷至教授主持）的实施计划之一，也是继德国明斯特大学汉学研究所、日本京都大学人文科学研究所后，由中国政法大学法律古籍整理研究所承办的该项目的第三次学术会议。

（中国政法大学科研处郭丰琪供稿）

法律与会计——基于英国实践的视角的讲座　4 月 3 日，伦敦政治经济学院（LSE）的 Richard Macve 教授以及英格兰及威尔士特许会计师协会的大中华区总监 James Lee 应邀在外交学院沙河校区模拟法庭为国际法系的学生做了题为"法律与会计——基于英国实践的视角"的精彩讲座，国际法系的张春燕老师担任讲座主持，张华教授及潘皞宇老师出席了此次讲座。

Richard Macve 是伦敦政治经济学院（LSE）的资深教授，曾任英格兰及威尔士特许会计师协会（ICAEW）技术委员会的副主席，2010 年被英国会计学会（BAA）授予杰出学术奖。James Lee 是英格兰及威尔士特许会计师协会大中华区总监，英国商会执行委员会委员。讲座从法律与会计专业之间的冲突与联系展开，Richard Macve 教授以生动、幽默的语言，丰富的实例，并结合英国及中国的具体实践，分析了会计制度的制定者、如何制定会计制度，以及如何保障会计制度的有效运行等问题。

（外交学院科研处供稿）

面向世界的侵权法——亚太民法学术研讨会　4 月 10 日，由中国人民大学民商事法律科学研究中心与悉尼大学亚太法研究中心共同主办、首都经济贸易大学法学院承办、北京法意科技有限公司协办的"亚太民法学术研讨会——面向世界的侵权法"在北京举办。会议不仅为侵权法研究带来新的思路，也为中国民法典的编纂发挥积极作用，为推动世界性的法学交流提供借鉴意义。

大会共分三个单元，与会专家分别作了题为“论药物人体试验中受试者的知情同意权之保护”、“我国食品安全法中民事赔偿制度”和“环境分别侵权行为研究”的研究报告。

来自澳大利亚、日本、韩国、中国台湾地区、澳门地区和中国大陆近20所大学的专家学者、最高人民法院法官、律师、媒体记者以及首都经济贸易大学法学院的部分师生共计70余人出席了会议。

（首都经济贸易大学科研处李琳供稿）

第二届中法宪法论坛　4月11日，第二届中法宪法论坛在北京举行。本次论坛由中国政法大学法学院宪法学研究所主办，主题为“公共财政与宪法实施”。论坛开幕式由中国政法大学法学院宪法学研究所所长姚国建主持。

中国政法大学副校长李树忠首先致辞。他指出，我国财政宪法的实施是一项既严肃又紧迫的任务，约束政府的财政权、把政府的财政权关进笼子是现代宪法的核心命题之一。《预算法》的修改，表明这一任务已取得一定进展，但在提高预算透明度等方面，财政宪法的实施还有待进一步推进。本次论坛的召开正是为此而进行的学术努力。

研讨会共设四个单元，其主题分别为“公共财政权力的配置”、“财政宪法的实施”、“财政权力的监督”和“纳税人权利保障”。

（中国政法大学科研处郭丰琪供稿）

国家治理现代化背景下的证券法治体系建设理论研讨会　4月18日，由中国证券法学研究会主办，清华大学法学院金融与法律研究中心、北京华宇股份有限公司承办的“国家治理现代化背景下的证券法治体系建设”理论研讨会暨中国证券法学研究会2015年年会在清华大学召开。出席和参加本次会议的有来自全国人大、最高人民法院、证券监管部门、交易所、证券公司、上市公司、律师事务所、各院校研究机构的领导嘉宾、专家学者和研究会的理事以及京内外高校的同学共计400余人。本次会议在全面推进依法治国的背景下召开，同时证券法修订即将提交立法机关审议。会议围绕证券市场健康发展的现实需要以及未来发展趋势，海峡两岸理论界与实务界的专家学者从不同角度与立场发表了精彩纷呈的演讲。此外，互联网金融的兴起和发展，为传统金融带来新的机遇，也为法律监管带来新的挑战。如何在资本市场的创新与法律监管之间寻找平衡，也是学者重点研讨的问题。与此同时，针对投资者保护与法治意识培养的问题，也展开了激烈的讨论，与会者纷纷提出建设性意见和建议，可谓百家争鸣。

（清华大学文科建设处刘金梅供稿）

民法典编纂与商事立法研讨会　6月13日，由中国商法学研究会与中国政法大学民商经济法学院主办、中国政法大学商法研究中心承办的“民法典编纂与商事立法研讨会”在京举行。来自民法典编纂工作的牵头单位全国人大常委会法工委以及中国法学会、最高人民法院、最高人民检察院、国务院法制办、中国社会科学院等五家参与单位的10余位领导与立法专家，以及来自清华大学、北京大学、中国人民大学、中国政法大学、西南政法大学、南京大学、中山大学、吉林大学、烟台大学、扬州大学、北京理工大学、中国社科院法学所、四川省社科院的20多位知名民法、商法学者出席会议。研讨会开幕式由中国政法大学民商经济法学院副院长、中国商法学研究会常务副会长赵旭东教授主持。

此次研讨会是民法典编纂的重要研讨会之一，专题研讨“民法典编纂与商事立法”的关系。本次研讨会的定位是小规模、高层次、跨学科、学界与立法机关互动等四大特色。与会专家学者围绕着“民法典编纂与商事立法的总体统筹与安排”、“民法总则立法与民商事主体制度和商事登记、营业转让制度”、“民法典编纂与民商事行为与代理制度”三个主题展开了深入讨论。

（中国政法大学科研处郭丰琪供稿）

北京市企业法治与发展研究会年会暨商法论坛第三届学术研讨会　6月13日，北京工商大学主办的“北京市企业法治与发展研究会年会暨商法论坛”第三届学术研讨会在京召开。国家工商总局法规司姜天波司长及来自全国高校、政企、研究会等40多家单位的有关领导、专家共计100余人，参加会议。会议讨论的主题是公司注册资本认缴制探讨。会议通过了对北京企业法制与发展研究会的变动决议，北京工商大学李仁玉教授担任法定代表人，吕来明教授担任副会长，聘请杨再学担任北京企业法制与发展研究会专家委员会主任。会议随后围绕主题进行了注册资本认缴制若干问题的研讨。首都经济贸易大学法学院教授王德山、中国青年政治学院法律系教授梁鹏、北京市铭鑫航空科技有限公司代表酒海燕、北京企业研究会企业治理研究中心主任李可书，以及北京工商大学董彪副教授等多名实务以及高校研究人员进行了主题发言，与会人员也纷纷参与了讨论。

（北京工商大学科学技术处王葳供稿）

《大清律例》国际学术研讨会　6月27—28日，《大清律例》国际学术研讨会在清华大学法学院举行。会议由清华大学法学院主办，法学院法律史研究中心承办。会议本着“回顾中国固有法制传统、寻觅法治建设内在动力”的目的和“以文会友、阐扬学术”的宗旨，邀请并吸引了来自美、加、法、韩、瑞士以及中国（含港台地区）的数十位相关领域学者参与研讨。法学院教授苏亦工主持会议开幕式，法学院副院长张建伟以及中国法律史学会执行会长、中国人民大学法学院教授赵晓耕在开幕式上致辞。参会学者们围绕《大清律例》这一中国古代法典的最后形态及典型代表，对律例文化及其传播、律例变迁、司法制度、商业法制、妇女犯罪等八个单元的议题展开了深入细致、立体全面的探讨与交流。台湾辅仁大学法学院教授黄源盛作题为《情欲·规范·历史：从〈大清律例〉到〈民国刑法〉的亲属相奸罪》的主题报告；中国政法大学法律史学研究院教授林乾对乾隆十三年的“聚众定例”做了分析；加拿大多伦多大学历史文化研究系助理教授陈利介绍了《大清律例》在西方的传播及对西方法律现代化的影响；瑞士日内瓦大学副教授张宁讨论了清代赦免制度之实践与死刑之间的关系；复旦大学法学院教授王志强及香港浸会大学历史学系谭家齐博士均对清律中的“故勘平人”一条进行了研究，两位学者还就相关问题的不同看法进行了交流和回应。香港中文大学历史系教授邱澎生为会议作总结发言。他首先评点了学者们所作报告在研究内容、研究方法及价值取向上的不同特色，高度评价会议所取得的成果，阐释他对于法制史研究的深刻见解。他认为法制史研究的视角和路径应当具有多元性，而每一位法史学者都应在选择适合自身的研究道路的基础上，不断拓展和更新法制史研究的学术价值和意义。

（清华大学文科建设处刘金梅供稿）

由实力看债权的复式担保——兼谈对大陆物权法的建议学术报告　6月29日，中国台湾的台北大学终身荣誉特聘教授、台湾法曹协会秘书长、台湾国际私法研究会副秘书长陈荣传先生来访清华大学法学院并做题为“由实例看债权的复式担保——兼谈对大陆物权法的建议”的学术报告。学术报告以午餐学术沙龙的形式在清华大学法学院一层多功能报告厅举行，法学院国际私法与比较法研究中心主任陈卫佐主持。陈容传的夫人许女士，法学院院长王振民以及法学院师生约30人参加了活动。陈容传结合2007年完成的台湾地区民法典物权编抵押权章的修正，以台湾地区最高法院的数个判决为实例，生动地讲解了复式担保特别是“连带保证”与抵押权对债权的共同担保的民法原理，阐明了关于物的担保和人的担保的平等原则，探讨了其中所涉及的争议和法理，对比了《担保法》的相关条文，并就《物权法》的相关规定提出了若干修改建议。

（清华大学文科建设处刘金梅供稿）

首届“互联网＋传媒法治”论坛　8月19日，由中国传媒大学文法学部网络法与知识产权研究中心主办的首届“互联网＋传媒法治”论坛在中国传媒大学举行。

来自最高人民法院、最高人民检察院、国家互联网信息办公室、国家新闻出版广电总局、中央电视台、中央人民广播电台、北京市朝阳区人民法院、海淀区人民法院、中国社会科学院、北京市政府法制办公室、中国法学会、北京市法学会、北京市互联网信息办公室、北京大学、北京航空航天大学、北京外国语大学、中国社会科学杂志社、检察日报、法制晚报、中国新闻出版广电报、《民主与法制》杂志社、北京圣运律师事务所、安博律师事务所及成都分所、新浪微博、正义网、腾讯公司、360公司、今日头条、京东集团、成都好多熊猫、北京天润嘉能科技有限公司、北京巴士、四达时代等单位领导、专家学者、企业代表、律师代表及媒体记者齐聚一堂，探讨在“互联网＋”战略席卷各行各业的今天，如何实现新媒介环境下的传媒功能，实现传媒与政府、企业、个人的良性互动和权力制衡，建构符合法治精神的关系模式。

中国传媒大学文法学部书记孙杰主持本次论坛的嘉宾致辞，国家新闻出版广电总局政策法规司司长王自强、北京市法学会副会长杜石平、国家互联网信息局长尤雪云、中国政法大学王松苗教授、北京市政府法制办政府法制研究中心韩景峰主任以及360公司副总裁、总法律顾问傅彤为本次论坛致辞。

围绕“互联网+传媒权利与义务”“互联网+传媒治理”等主题，中国社会科学院支振锋、中国传媒大学研究员黄典林、中国传媒大学李丹林主任等12位嘉宾进行了发言与讨论。

（中国传媒大学文科科研处供稿）

民主与法治学术交流研讨 9月11—12日，“全面推进依法治国与坚持完善人民代表大会制度”民主与法治学术交流研讨会在京举行。会议以贯彻落实党的十八届四中全会、中发18号文件为主题，围绕在全面推进依法治国进程中坚持和完善人民代表大会制度，加强和改进人大工作，进一步加强县乡人大工作和建设进行深入研讨。全国人民代表大会制度理论研究会、中央党校、中国人民大学、中国社会科学院、北京市社科院、北京市人大制度理论研究会、北京市委党校、清华大学、四川省委党校、云南省委党校社科部、南开大学、中南财政大学等相关单位负责人参加会议并作主题发言。

（北京市人大常委会研究室艾淑英供稿）

2015知识产权与反垄断高峰论坛 9月12—13日，由中国知识产权法学研究会主办，对外经济贸易大学竞争法中心、工信部电子知识产权研究中心以及中国人民大学知识产权学院承办的“2015知识产权与反垄断高峰论坛”在对外经济贸易大学召开。

美国哥伦比亚特区巡回上诉法院前首席法官Douglas H. GINSBURG，美国联邦贸易委员会委员Maureen K. OHLHAUSEN，英国竞争和市场局非执行主任、美国联邦贸易委员会前任主席、乔治华盛顿大学法学院教授William E. Kovacic、宾夕法尼亚大学法学院教授Christopher S. Yoo，查尔斯河经济咨询公司主管王晓茹等十余位国外专家；商务部反垄断局局长尚明，国家发改委价格监督检查与反垄断局副局长李青，工商总局反垄断与反不正当竞争执法局副局长陆万里，中央网信办政策法规局副局长李长喜，以及来自工信部、国家知识产权局的政府官员；来自最高人民法院，北京、上海、江苏、浙江、广东、山东、湖南省高级人民法院，北京、上海、广州三个知识产权法院的30余名法官；来自中国人民大学、北京大学、对外经济贸易大学、中国社科院、上海交通大学、中国政法大学、南开大学等高校的专家学者，跨国公司、著名律师事务所代表共计200余人出席了此次论坛。

论坛围绕知识产权反垄断领域最前沿的、涉及标准必要专利的反垄断法实施问题组织了三场专题圆桌会议，在中外嘉宾开放式讨论环节，与会专家分别从行政执法和司法的角度对《专利法》修改的热点问题发表了意见，建言献策。本次论坛是中国《反垄断法》实施七周年后业内召开的首次大型国际会议，具有研讨议题前沿、跨领域参会嘉宾背景丰富、专业性强等突出特点，全面展示了我国行政执法机构以及司法机构实施反垄断法的最新进展，深入探讨了当前知识产权反垄断领域的前沿问题及国际范围内的经验。

（对外经济贸易大学科研处供稿）

第三届比较法学与世界共同法国际研讨会 9月25—26日，由亚洲比较法学会、中国政法大学比较法学研究院共同主办，北京市法学会比较法学研究会、邦信阳中建中汇律师事务所协办的第三届比较法学与世界共同法国际研讨会在北京举行。中国政法大学校长黄进教授，亚洲比较法学会主席、中国政法大学终身教授江平，瑞士驻华大使馆副馆长高晟安先生，日本驻华大使馆经济参赞梶川光俊先生，瑞士比较法研究所副所长Lukas HeckendornUrscheler教授，亚洲比较法学会理事会秘书长、东吴大学法学院历任院长程家瑞教授，中国法学会比较法学研究会常务副会长李秀清教授等专家学者出席开幕式并致辞。会议开幕式由亚洲比较法学会行政理事会秘书长、中国政法大学比较法学研究院院长高祥教授主持。

来自日本、瑞士、英国、俄罗斯、印度尼西亚、以色列、澳大利亚、韩国、印度、中国等国家近百名享誉盛名的专家学者将在为期两天的会议中，就比较法基础理论、比较公法、比较投资法、反垄断法的理论与实践、全球化与商法的发展、亚洲国家民法典制定的经验、互联网法制与法学教育等专题，进行深入的探讨和交流。

（中国政法大学科研处郭丰琪供稿）

马克思主义法学与全面依法治国理论学术研讨会 10月9日，由中国社科院法学所、中央党校政法部、国家行政学院法学部、南京师范大学法学院和南京师范大学出版社联合主办的“马克思主义法学与全面依法治国理论学术研讨会”在京举行。来自全国的马克思主义法学思想研究专家围绕南京师范大学出版社出版的《马克思主义法学思想通史》进行了深入研讨。该书共4卷，是国家出版基金项目、国家社科基金重点项目和国家“十二五”重点图书出版规划精品成果。与会专家学者认为，该书立足对马克思主义法律思想经典论著的深刻解读，完整而深刻地展现了马克思主义法学及其中国化的历程与规律，系统梳理了马克思主义法律思想的形成、发展和丰富的历史。该书作为马克思主义法学基本理论和马克思主义理论建设工程的最新理论成果，是马克思主义法学基本理论和马克思主义法学发展史研究领域的一部力作，具有重要学术价值和理论创新意义。

（参见《光明日报》2015年10月10日第4版）

青少年司法社会工作制度建设研讨会　10月10日，首都师范大学少年司法社会工作研究与服务中心（以下简称“中心”）成立五周年暨“青少年司法社会工作制度建设研讨会”在京召开。

北京市社工委书记宋贵伦等领导以及来自公安部、最高检、最高法、基层司法机关、国际机构、教育系统、社会组织、企业、媒体等100多位代表出席会议。首都师范大学党委书记郑萼、副校长周建设出席会议。

在上午的会议议程中，中心的一线社工、司法机关代表以及服务对象，通过亲身讲述和视频展现了北京市少年司法社会工作的发展历程。期间展现了社工服务对涉法青少年在个体、家庭、人际关系和个人发展的切实帮助，及其对民政部门、共青团、司法机关未成年人保护工作的有效补充。与会专家一致认为，中国青少年司法社会工作的制度建设是社会的迫切需要，也是司法改革的必然趋势。大家均表示后续要围绕青少年司法社会工作制度建设、服务体系建设进一步深入探索。

（首都师范大学社科处李志成供稿）

变革与发展：经济新常态下中国劳动法治建设国际研讨会　10月22日，由中国人民大学法学院举办的“变革与发展：经济新常态下中国劳动法治建设”国际研讨会在中国人民大学明德法学楼国际会议室开幕。会议邀请了来自美国、德国、法国、英国、意大利、丹麦等国家共15位劳动法和社会保障法专家以及全国各地50余位专家学者及实务部门代表共聚一堂，就经济新常态背景下中国劳动法所面临的挑战及应对进行研讨，以推动中国劳动法治建设的进程。中国人民大学常务副校长王利明教授，中国法学会副会长、中国社会法学会研究会会长张鸣起，中国人力资源和社会保障部法规司副司长余明勤，中华全国总工会法律工作部副部长孙文彬，美国弗吉尼亚大学法学院教授、劳动法研究中心主任J. H. Verkerke教授，中国人民大学法学院院长韩大元教授分别致辞。

（中国人民大学科研处李素萍供稿）

中国社会法学研究会2015年年会　10月24—25日，中国社会法学研究会2015年年会在中国人民大学逸夫会议中心举办。本届年会由中国社会法学研究会主办，中国人民大学法学院承办，会议主题为“全面推进依法治国背景下社会法的发展”。中国社会法学研究会理事，全国人大法工委、最高人民法院、人力资源和社会保障部等部门的代表以及来自中国人民大学、北京大学、清华大学、中国政法大学、西南政法大学等全国各个高校、研究机构的相关领域专家学者共200余名嘉宾参加了此次年会。中国人民大学党委书记靳诺，中国法学会副会长、中国社会法学研究会会长张鸣起等分别致辞。

（中国人民大学科研处李素萍供稿）

2015知识产权与技术创新国际研讨会　10月25日，由对外经济贸易大学国际经济贸易学院和法学院联合主办的“2015知识产权与技术创新”国际研讨会在对外经济贸易大学举行。参加研讨会的嘉宾包括来自美国的Keith Maskus教授和Yongmin Chen教授、来自加拿大的Olena Ivus教授，来自中国香港地区的Edwin Lai教授，来自新加坡的Albert Hu教授等知名学者，以及来自美国专利和版权局的资深专家Mark Cohen先生，来自国家知识产权局发展研究中心、国家版权局、北京高级人民法院、法律界的专家以及国内其他高校的学者。

会议从知识产权和技术创新的经济学和实证研究到知识产权保护的法律和政策讨论，对知识产权保护对专利申请、技术转移、贸易和投资的影响，对中国企业创新的近况和原因，以及中国在新时期对知识产权的全球利益和主张进行了讨论。在研讨会最后一个环节，与会嘉宾还对TPP中涉及的知识产权问题以及中国的应对策略进行了讨论。

本次会议邀请相关领域国际一流学者和专家参与，是跨学科平台建设逐渐获得国际影响力的体现。在这一平台上，同各位与会学者和专家保持长期紧密合作的友好关系，将持续为我国知识产权和创新领域的学术研究和政策制定献计献策。

（对外经济贸易大学科研处供稿）

中日韩电子支付与法律规制国际研讨会 11月6—7日，“中日韩电子支付与法律规制国际研讨会”暨第三届“中国消费者保护法论坛”在北京举办。研讨会由中国消费者权益保护法学研究会、对外经济贸易大学主办，对外经济贸易大学法学院、对外经济贸易大学消费者保护法研究中心、北京市朝阳区律师协会、北京市海淀区律师协会承办。此次研讨会邀请了来自中、日、韩三国电子支付领域的政府官员、学界专家、企业管理人员、律师等100余人参加。对外经济贸易大学法学院副院长、对外经济贸易大学消费者保护法研究中心主任苏号朋教授主持开幕式。

学术研讨分为三个单元，第一单元由对外经济贸易大学法学院李俊教授主持，讨论主题为“中日韩电子支付法律与政策”；来自中、日、韩的六位发言人围绕“中日韩电子支付产业的现状和未来”第二主题单元进行交流；随后与会嘉宾围绕“跨境电子商务与电子支付”这一主题展开讨论，研讨结束后进入自由讨论环节。对外经济贸易大学法学院副院长、对外经济贸易大学消费者保护法研究中心主任苏号朋教授致闭幕词。

（对外经济贸易大学科研处供稿）

民法典与动物、环境学术研讨会 11月7日，国务院发展研究中心资源与环境政策研究所和野生救援在北京共同主办“民法典与动物、环境学术研讨会”。国务院发展研究中心资源与环境政策研究所常纪文副所长主持开幕式，中国地质大学（北京）人文经管学院王丽艳副院长主持闭幕式。

会议以生态文明建设的法治化和《民法典》对动物和环境的科学规范为目标导向，以现存问题为基础，围绕国外《民法典》关于动物和环境的规定，民法典在动物与环境方面能够做什么，民法典如何规定动物、动物组织、动物器官、动物制品（特别是珍稀动物的组织、器官和制品），环境的法律地位，环境功能的民事法律关系客体归类，民法典如何规范野生动物及其组织、器官、制品的商业贸易，民法典如何规定人道对待动物，《民法典》有关动物、环境的规定体例，对三套《民法典》建议稿的修改和完善建议等议题，开展充分讨论，发表意见，并形成了一些学术共识。

本次会议由中国地质大学（北京）人文经管学院和北京爱它动物保护公益基金会承办，由北京市环境资源法学研究会、北京市公益法学研究会中国地质大学（北京）人文经管学院、北京祥伦律师事务所协办。资源与环境政策研究所法律与治理研究室副主任吴平等同志参加了会议。

（国务院发展研究中心办公厅科研处郭巍供稿）

京津沪渝法治论坛 日前，由北京市、天津市、上海市、重庆市法学会主办，北京市法学会承办的第五届“京津沪渝法治论坛”在北京召开。中国法学会副会长兼秘书长鲍绍坤，北京市委常委、政法委书记张延昆在论坛开幕式上致辞。

本届论坛以“直辖市法治建设”为主题，围绕城市法治治理方式、促进司法公正、法治建设状况评价三个分论题展开研讨，形成了一批理论与实践结合的优秀成果。本届论坛共征集论文170余篇，评出获奖论文77篇。除了四个主办方外，本届论坛还邀请了河北省法学会参加。

张延昆指出，京津冀法学交流将加快推进区域法治建设，凝聚专家学者和广大法学法律工作者的智慧，更好地服务京津冀协同发展大局。北京、天津、上海、重庆四市均为经济较为发达的地区，在经济社会发展的进程中面临着许多共性问题，如人口、交通、环境污染、区域协同发展等。这些都亟须法学研究提供理论指导和对策建议。他希望，四市法学会认真总结合作交流的经验，进一步完善合作机制，创新合作手段，拓展合作领域，互通资源、共享成果。

（参见《北京日报》2015年11月8日第4版）

高铁走出去战略中的铁路法制研究论坛 11月14日，由北京交通大学法学院主办的“高铁走出去战略中的铁路法制研究暨《铁路法》修改问题论坛”在北京交通大学举办。论坛邀请北京交通大学孙守光副校长和中国铁路总公司、国家铁路局、中国中车股份有限公司等多家单位领导以及来自全国多所高校、律师事务所的近30名专家学者出席。此次论坛的召开以“一带一路”战略的提出和实施为背景，旨在研究如何防范高铁走出战略中的法律风险，对高铁走出去战略的顺利推进十分必要。此外，还针对目前《铁路法》修改中的热点问题及司法实践中的铁路客票的性质、铁路客票的退补票、铁路信息公开等热点问题进行了讨论。

（北京交通大学社科处李敏供稿）

国际商事和投资仲裁焦点法律问题研讨会　11月19日，“国际商事和投资仲裁焦点法律问题研讨会”在对外经济贸易大学举行。研讨会由最高人民法院民四庭刘敬东副庭长主持，与会专家紧密围绕“临时仲裁”、“国际商事仲裁中‘涉外’因素的理解与适用”、“东道国与投资者争议解决（ISDS）中内国司法功能之体现”、“中国仲裁法修改中的核心问题”、“中国仲裁业的对外开放”五个议题展开讨论。

与会专家围绕临时仲裁、国际商事仲裁中“涉外”因素的理解与适用、东道国与投资者争议解决（ISDS）中内国司法功能之体现、中国仲裁法修改中的核心问题、中国仲裁业的对外开放等议题，进行了热烈的互动和讨论，最高人民法院民四庭张勇健庭长对此次研讨会进行总结。

（对外经济贸易大学科研处供稿）

中国古代法律文献研究前沿论坛　11月21—22日，中国政法大学法律古籍整理研究所、中国法律史学会法律古籍整理专业委员会在京举办“中国古代法律文献研究”前沿论坛。

来自清华大学、北京师范大学、中国人民大学、中国社会科学院、南开大学、复旦大学、中山大学、兰州大学、吉林大学、华中科技大学、华东政法大学、西南政法大学、西北政法大学、天津师范大学、天津商业大学、山东政法学院、西安碑林博物馆、深圳大学、中国台湾科技部人文科学研究中心、韩国庆北大学等境内外学术机构及中国政法大学法学院、法律史学研究院、法律古籍整理研究所的40余位学者出席了此次论坛。

中国法律史学会法律古籍整理专业委员会是中国法律史学会辖下的全国性二级学会，成立于1990年，原名“中国法律古籍文献研究会”。中国政法大学法律古籍整理研究所一直是该学会的会长单位及秘书处所在。此次研讨会也是中国法律史学会法律古籍整理专业委员会的常态化活动之一。

（中国政法大学科研处郭丰琪供稿）

保护新闻作品版权论坛　12月3日，由新华社、国家版权局指导，中国版权协会、新华社新闻研究所共同主办的“第八届中国版权年会——保护新闻作品版权论坛”在北京举行。作为第八届中国版权年会的平行论坛，该论坛旨在促使新闻媒体在加强新闻版权保护方面达成更多共识，增强新闻作品权利人、传播者和使用者的版权意识。

新华社社长、党组书记蔡名照作主旨演讲时表示，当前，新闻媒体正在深入推进融合发展，无论是传统媒体还是新兴媒体，原创内容都是核心资源，新闻作品版权是媒体的核心资产。保护好媒体的新闻作品版权，才能将内容资源转化为版权资产。他同时坦言，随着现代信息传播技术的迅猛发展和广泛应用，数字化作品的复制和传播越来越便捷，侵犯新闻作品版权的现象几乎每天都在互联网上发生。蔡名照提出了五点倡议：加强新闻作品版权保护的宣传力度、依法加强对新闻作品版权的保护力度、进一步发挥行业组织的作用、强化新闻媒体行业自律、研究解决传媒技术发展带来的新挑战新问题。国家新闻出版广电总局副局长、国家版权局副局长阎晓宏指出，目前互联网上的大量转载是没有经过授权和许可的。“即使著作权法还未进行修改，也仍然对信息网络传播权有明确的界定，那就是转载必须事先得到许可，即对构成著作权意义上的作品进行使用要事先得到许可，而且应当支付报酬。因此，我们基本的判定就是新闻作品的使用是否获得了新闻作品的权利人的授权和许可。”中国人民大学新闻学院教授宋建武认为，从实践角度来看，目前互联网媒体获得传统媒体信息的主要方式是通过相关技术从数据库里面拿取。“因此，我们应当更多地用技术去实现版权的有效保护，可以通过在数据库里面设置必要的规则去保护自己的数据库版权。”光明日报社法律顾问、法学博士黄晓作专题演讲时表示，在全面依法治国的今天，全体社会成员终将培养起一个基本的法律理念：不经允许地随意使用他人的知识产权无异于盗窃。新闻作品是新闻机构的原料和产品，它的权利能不能得到合法而有效的保护事关新闻机构的命运。

（参见《光明日报》2015年12月4日第7版）

首届中德刑法与犯罪学研讨会　12月4—5日，中国政法大学中德法学院联合德国汉斯·赛德尔基金会在学院路校区成功举办了“首届中德刑法与犯罪学研讨会”。德国刑法、犯罪学和刑事诉讼领域的“三驾马车”齐聚法大，以“刑事司法中的被害人及被害人保护”为主题，与中方学者展开对话。中国政法大学副校长于志刚教授出席开幕式并致辞，对中德两国刑事法领域的定期交流和对话表示期待。

德国慕尼黑大学法学院贝恩德·许乃曼（Bernd Schuenemann）教授以“潜在被害人在刑事诉讼法中的地位”为题发表主题演讲。北京外国语大学法学院郑曦副教授和中国政法大学刑事司法学院卫跃宁教授分别以“刑事诉讼中公安机关对被害人的保护”和“中国刑事诉讼中被害人权利保护的现状与反思”为题作专题报告。首都经济贸易大学法学院高洁博士对三位专家的报告进行了点评。

（中国政法大学科研处郭丰琪供稿）

竞技体育法律规制国际研讨会　12月6日，中国政法大学体育法研究中心在学院路校区举办了主题为“竞技体育法律规制”的研讨会。会议邀请了国内数位体育法专家学者以及我校教师、体育法研究生、博士生和本科生参会，其中还特别邀请了来自美国、英国、韩国等国家的体育法专家学者参与研讨。

本次研讨会围绕球员权利保护问题、赛事转播权问题、阴阳合同问题、消极比赛与打假球治理问题、赛事组织的权力与义务问题、体育协会自治法律问题、职业体育俱乐部以及裁判员、体育经纪人、球迷法律地位与规范等社会关注问题进行了探讨。

（中国政法大学科研处郭丰琪供稿）

法治社会进程中的旅游市场规制与消费者保护学术研讨会　12月12日，“法治社会进程中的旅游市场规制与消费者保护学术研讨会”在对外经济贸易大学召开。研讨会由中国消费者权益保护法学研究会、北京市法学会旅游法学研究会联合主办，对外经济贸易大学法学院、对外经济贸易大学消费者保护法研究中心承办。

对外经济贸易大学法学院副院长、对外经济贸易大学消费者保护法研究中心主任苏号朋教授主持开幕式，中国消费者权益保护法学研究会会长河山教授、北京市法学会旅游法学研究会会长、北京第二外国语学院国际法学院杨富斌教授致开幕辞。与会嘉宾围绕《旅游法》实施中的重大问题、“零负团费的法律规制”、“旅游与消费法律纠纷的解决”和“旅游市场秩序的维护”四个议题展开讨论。

（对外经济贸易大学科研处供稿）

第五届中国法律实施论坛　日前，由中国行为法学会主办的第五届中国法律实施论坛在京召开，与会专家学者围绕“法治经济建设与法律实施”主题，分别就“经济发展法治化的基本理论与实践”等议题进行研讨。中国法学会会长王乐泉指出，法治不仅是经济发展的重要条件，而且也是经济发展新的、持久的动力保障。中国行为法学会会长江必新强调，法治经济的实现，不仅要求构建完备的法律规范体系，而且要求良法为治。要理性对待改革和转型阶段的特殊情况，处理好形式法治与实质法治之间的关系。

（参见《光明日报》2015年12月17日第7版）

第六届中美司法与人权研讨会　12月7—8日，由中国人权发展基金会、中国人权研究会和美国美中关系全国委员会共同主办的第六届中美司法与人权研讨会在北京举行。来自中美两国人权和司法领域的近40位专家学者、法官、律师以及相关领域人士参加了研讨。第十一届全国政协副主席、中国人权发展基金会理事长黄孟复，中宣部副部长、国务院新闻办公室副主任崔玉英，美国美中关系全国委员会会长史蒂夫·欧伦斯等出席开幕式并致辞。黄孟复在开幕式致辞中指出，中美两国发展水平不同，社会制度、文化传统和价值观念各异，对人权问题有着不同的理解是完全正常的。国与国之间，只有在平等和相互尊重的基础上开展交流对话，才能加深理解、消除误解，相互学习借鉴。崔玉英在致辞中强调，人权问题是中美关系的一个重要而敏感的话题，中美有共识，也有分歧，加强在人权领域的交流沟通非常必要。我们要客观理性地看待彼此国家人权发展状况；应正视中美历史背景、文化传统、政治体制以及经济社会发展的阶段不同，充分理解由此造成的两国在人权观念上的差异；要尊重不同的人权道路选择，中美双方在关注和探讨公民政治权利的同时，也不应忽视消除贫困和促进发展的问题。

本届研讨会以“法治国家建设与加强人权保障”为主题，与会中美专家学者就两国执法机关保障涉案人员权利的新进展、司法体制改革中的人权保障理念、引导律师在司法建设中发挥积极作用等议题深入探讨，坦诚交流。与会美方代表充分肯定改革开放以来特别是近几年来中国人权事业的巨大进步，指出中国的人权司法保障和司法体制改革解决了很多过去的遗留问题，美方对中国的法制建设充满信心。

中美司法与人权研讨会是中美两国非政府组织间人权交流对话的重要机制，自2009年以来，已成功举办了五届，对促进两国在人权司法领域沟通交流，求同存异，增进共识，发挥了积极作用。

（参见《光明日报》2015年12月9日第3版）

历史学（含中共历史、中外史、考古）

全国首届影像史学学术研讨会　1月10日，“全国首届影像史学学术研讨会”在北京师范大学历史学院举行。会议依托北京师范大学历史影像实验教学和影像史学的成果，深入探讨了影像历史研究和数字化、国际化及新媒体背景下传统历史学研究和影像化传播相结合的路径和课题。来自全国包括中国台湾辅仁大学在内的11所高校的影像史学专家和中央电视台等国内9家一线影像媒体从业高管共计40余人参加了研讨会。该研讨会在北师大举行集中体现了北京师范大学历史学院近年来积极开展历史影像教学和科学研究的成果。北京市委宣传部副部长崔耀中和直属部门的理论专家参加了研讨会。

首届全国“影像史学”学术研讨会的召开为历史学研究和教学打开了新视窗。影像史学专家的研究和探索为影像史学研究搭建了新的学术交流平台。“全国影像史学”学术研讨会的召开不仅为更好地讲述中国故事打开了新视角，对促进历史学研究创新和中国文化深度传播，进一步加强中国文化在国际文化传播中的地位都具有重要的学术和现实意义。

（北京师范大学社科处刘娜供稿）

清史研究百年学术史国际研讨会　近日，由中国人民大学清史研究所、《清史研究》编辑部主办的“清史研究百年学术史”国际研讨会近日在京召开。来自日本名古屋大学、御茶之水女子大学、意大利那不勒斯东方大学、韩国首尔科技大学、澳门大学、南开大学、南京大学、四川大学、辽宁大学、山东大学、厦门大学、中国社会科学院、第一历史档案馆等海内外高校和科研机构的50余名专家学者参加会议。

会议期间，与会学者进行了“通史研究”、“经济·社会史研究”、“法律·疆域·舆图研究”、“政治·中外关系史研究”、“档案文献·思想文化研究”、“海外清史研究”等六场专题讨论和一场“百年清史研究史”项目专场讨论。大家或以国家、地区为单位，或从政治史、经济史、社会史、思想文化史、边疆民族史、中外关系史以及历史地理、档案文献等专门研究领域出发，系统、深入地探讨各地区或各领域清史研究的历史背景、研究机构、学术流派、学术范式、研究成果和学术贡献等，亮点频出。

南开大学社会史研究中心常建华教授以郑天挺先生跨越三个时代的研究经历作为百年清史进程的一个侧影，分析了郑先生在各个阶段的研究重点及与时代相呼应的学术特色。中国人民大学清史研究所黄爱平教授从项目中期成果《清史书目》的编纂出版，谈到书目不但整体反映了清史研究的面貌，而且著录的变化清晰反映了每个时代学界观念的转变和特色，能够借此引起学界理性的认识和反思。第一历史档案馆李国荣副馆长专门为大会作了“清宫档案与清史研究的百年回顾与简略思考”的报告，梳理了该馆档案文献服务于清史研究的百年历程，并对深化档案利用和清史研究提出建议。辽宁大学张杰教授通过编纂《清朝三百年史》，总结了清史著作展现的阶段性规律以及其中呈现的历史分期等共性问题。中国人民大学清史研究所所长夏明方以“清史研究向何处去”为题，梳理了清朝立国以来特别是清亡后100多年来清史书写的发展脉络、主要流派以及近年来国内外清史研究的新动向，并针对美国“新清史”的影响与挑战提出建设性的反思路径，提倡通过对话寻求共识，既吸收“新清史”研究的有益因素，也要反思研究存在的问题，从而构建“新”的中国史书写体系。清史所孙喆副教授把边政学这一新兴学科的成型演进作为线索，梳理了这一阶段边疆民族史研究的重点和热点。南京大学范金民教授不但梳理了35年来江南经济史研究的众多成果，而且详细考察了康雍乾时期江苏积欠赋税清查的过程。中国人民大学历史学院华林甫教授的论文对清代舆图研究成果做了详尽的统计，在此基础上对其发展和不足得出总体认识。朱浒教授对三个理论范式影响下的经济史研究发展脉络进行了分析和归纳。山东大学陈尚胜教授以入关前中朝边境互市贸易及其管理主体转换为切入点，呈现了清初统治者对东北地区战略治理思路的变化。80岁高龄的日本著名学者森正夫先生对其早年提出的“地域社会论”与郑振满提出的“乡族论”作了探讨和反思，认为应注意地域的差异性，并以中国南北交界的汝宁府地区为例进行了个案研究。岸本美绪教授对百年来日本清史学界的重要成果、热点、流派作了详尽介绍，并对百年来日本清史研究中有关中国中间团体的各类研究潮流进行了个案考察。

中国人民大学清史研究所于2011年启动重点基地科研项目“百年清史研究史”，计划以十卷本的规模，系统总结百余年来清史研究的演变脉络，更好地探索新时期清史研究的理论、方法与发展趋势。中国人民大学历史学院院长黄兴涛和清史研究所杨念群教授介绍了基地项目设立过程和研究进展，希望与会学者在国家清史纂修工程即将完成的背景下，对百年来的清史研究历程进行一次总体回顾和反思。本次会议也是为广泛汲取学界的意见建议，补充清史学界的最新研究动态，尤其是海外清史学界的研究动向，推动项目更好进行并共同谋划清史研究的未来发展。《清史研究百年学术史》各分卷主编分别介绍了各卷框架结构、写作进展情况以及目前面临的难题。与会学者就各分卷撰写内容、结构安排等进行热烈讨论，提出了许多中肯、宝贵的意见和建议。

（参见《光明日报》2015 年 1 月 21 日第 14 版）

东京审判研究的新进展学术报告 3 月 23 日，今年是世界反法西斯战争暨中国抗日战争胜利七十周年，清华大学法学院教师学术沙龙邀请到上海交通大学数学系教授、东京审判研究中心名誉主任向隆万，以“东京审判研究的新进展”为题进行学术报告。法学院近 30 名教师和多位学生参加本次沙龙。在报告中，向隆万全方位介绍了我国在东京审判研究与资料收集与整理方面的新情况、新进展与新问题。他说，尽管我国针对东京审判的研究起步相对较晚，但近年来在国家的大力支持下，已经开始在美国、日本、中国台湾等地的多个图书馆搜寻到了各种珍贵史料，并先后出版了多种图书，尤其是 2014 年在巴黎首发的 80 卷《远东国际军事法庭庭审记录》（英文版）及 3 卷索引附录卷（中文版），更是弥足珍贵。在之后的交流环节，与会老师积极参与了讨论，气氛十分热烈。向隆万的父亲是代表我国参加东京审判并担任检察官的清华大学 1917 届校友向哲濬。

（清华大学文科建设处刘金梅供稿）

古都历史文化讲座 4 月 1 日，北京市文物保护协会在东城区图书馆举办了北京古都历史文化讲座。特邀市委党史研究室宣传处刘岳处长作为主讲人，讲座的主题是“品味胡同”，100 余名会员和市民前来听讲。刘岳处长分别从胡同的由来、规制、建筑、四合院、摆设、名人遗迹、变迁、小吃等九个方面和大家一起共同品味了北京的胡同，每一品都以一首竹枝诗结尾，语言非常生动。通过参加讲座的学习，会员们对身边的胡同文化，有了更深的了解，同时也认识到：胡同不仅是城市的脉搏，更是北京普通老百姓生活的场所。胡同这种北京特有的古老的城市小巷已成为北京文化的载体。

（参见《北京社科联》2015 年合订本）

党史工作与京津冀协同发展座谈会 4 月 10 日，“党史工作与京津冀协同发展”座谈会在北京召开，中共北京市委党史研究室主任谢荫明、副主任李明圣，中共天津市委党史研究室主任刘润忠、副主任王永立，中共河北省委党史研究室副主任赵胜军以及三省市党史研究室有关人员参加会议。与会人员围绕党史工作如何服从服务于京津冀协同发展、加强相互协作展开热烈讨论，提出要配合中心工作，及时跟进，理清工作思路，拓展工作领域，发挥工作优势，健全协作机制，整合区域力量，在贡献良策上取得新的实效。三省市同志还就今后的协作进行研讨务虚，包括以项目、课题为抓手，推出代表三省市水平的作品；收集京津冀协同发展有关史料，编写大事记；设计京津冀红色旅游活动，出版传承抗战精神的京津冀地区传奇故事书籍、动漫作品等。

（中共北京市委党史研究室乔文魁供稿）

马克思主义与世界史研究研讨会 4 月 21 日，中国社会科学院世界历史研究所在北京举办“马克思主义与世界史研究研讨会”。会议的主题为“历史与现实中的阶级和国家”。会议的主导精神是强调唯物史观的研究方法是科学的研究方法，是世界史研究的指导方法。世界历史研究所及所外 40 余位学者参加了研讨会。中国社会科学院世界历史研究所学部委员廖学盛研究员与马克思主义研究院学部委员李崇富研究员对各位学者的发言作了点评。

北京师范大学教授瞿林东以“中国史学史上的五次反思和中国史学当前的任务”为题发言。中国社会科学院世界历史研究所研究员张顺洪以“对世界历史和现实中阶级与阶级斗争的若干认识”为题发言。黄立茀研究员以“社会主义核心价值观必须立足中华优秀传统文化”为题发言。吴英研究员以“对马克思阶级和国家理论的几点思考”为题发言。

（中国社会科学院办公厅刘玉杰、世界历史研究所科研处供稿）

海上丝绸之路建设与东南亚：历史与现实学术研讨会 5 月 9 日，“海上丝绸之路建设与东南亚：历史与现实”学术研讨会在北京大学英杰交流中心星光厅举行。研讨会由北京大学东南亚学研究中心和北京外国问题研究会联合主办，北京大学海洋战略研究中心协办。出席会议的有来自外交部、新华社、中国社科院、现代国际关系研究院、北京外国问题研究会、环保部中国—东盟环保合作中心、清华大学、广西社科院、厦门大学、云南大学、海南琼州学院、北京大学、中国对外建设公司、中国水利电力对外公司以及中国皮革协会等单位的 40 多名专家学者和实业家。北京大学东南亚学研究中心主任包茂红教授致开幕辞。本次学术研讨会总共有 14 名专家学者和实业家发表学术报告。

（北京大学社会科学部供稿）

新四军抗战与铁军精神传承学术研讨会　5 月 25—27 日，为纪念中国人民抗日战争暨世界反法西斯战争胜利 70 周年，中国中共党史学会、北京市委党史研究室、北京新四军暨华中抗日根据地研究会在北京鸿府大厦召开学术研讨会，中国中共党史学会常务副会长李忠杰、北京新四军暨华中抗日根据地研究会会长陈昊苏、北京市委副秘书长刘宇辉、市委党史研究室主任谢荫明出席，新四军老战士代表、专家学者和入选论文作者共 100 余人参加。

（中共北京市委党史研究室黄迎风供稿）

天工开物：环境史中的自然与技术国际学术研讨会　5 月 28—31 日，由中国人民大学生态史研究中心、德国慕尼黑大学蕾切尔·卡森环境与社会中心联合主办的“天工开物：环境史中的自然与技术”国际学术研讨会在中国人民大学召开。来自中国、德国、美国、英国、荷兰、丹麦等国的 60 余位专家学者参加了会议。中国人民大学校长陈雨露、中国人民大学历史学院院长黄兴涛、慕尼黑大学蕾切尔·卡森研究中心联合主任和慕尼黑德意志博物馆研究主任赫尔穆特·特里施勒致辞。整个会议分主题演讲和专题讨论两个阶段。主题演讲嘉宾美国历史学会副主席、美国堪萨斯大学赫尔杰出教授埃德蒙·罗素做了“飞梭织史：蚕、桑与制造的景观”的演讲。专题讨论阶段，与会学者分别围绕“食物的景观”、“治水”、“解决自然与技术间的矛盾”、“建设基础设施”展开了两天热烈而富有成效的讨论。

（中国人民大学科研处李素萍供稿）

交流与互动——民族考古与文物学术研讨会　6 月 6—7 日，由中央民族大学民族学与社会学院考古文博系主办的第二届“交流与互动——民族考古与文物学术研讨会”在中央民族大学中慧楼第一会议室举行，中央民族大学副校长青觉教授、国家文物局文物出版社总编辑葛承雍研究员、中央民族大学民族学与社会学学院院长丁宏教授莅临会议并致辞，来自全国 32 个单位的 50 多位专家、学者参加了会议并发表专题演讲。

与会专家学者就“交流与互动”、“丧葬与文化阐释”、“宗教与信仰”、“民族与边疆”、“文化遗产与博物馆”，以及“技术与工艺”等六个专题进行热烈研讨，讨论内容丰富多样，涵盖自史前至现代、从中原到边疆甚至国外的不同议题，特别是针对边疆民族地区和民族文化，进行了广泛深入的讨论，既有理论探析，亦有实践总结，更有对问题的反思和对新问题的探索。专家一致认为，本次会议的议题非常重要，边疆考古是用出土的资料、物化的载体来说明中国和中华民族一体化的重要途径，也呈现了中国与周围各国、各民族和世界互动的一个重要的例证，作为国家视野下的边疆考古也日益受到国家的重视。

“交流与互动——民族考古与文物学术研讨会”已成为中国考古学中关于民族考古学研讨的专题学术交流平台，受到相关科研机构研究人员的重视和高校相关学科专业师生的欢迎，对于高校考古学学科建设与发展具有促进作用。

（中央民族大学科研处供稿）

纪念七大 70 周年座谈会　6 月 11 日，党史学界纪念党的七大召开 70 周年座谈会在北京举行。本次座谈会由中央党史研究室举办，来自中央党史研究室、中共党史学会、中国延安干部学院的 80 余名领导干部、党史专家学者参加会议，就“中共七大胜利召开的历史意义”进行了深入的探讨。

中央党史研究室主任曲青山在发言中指出，党的七大从历史与现实、理论与实践结合的高度，深刻阐述了中国共产党在中国人民争取民族独立、人民解放事业中的领导核心地位和作用，为实现中华民族伟大复兴确立了领导力量。

中共党史学会会长、中央党史研究室原主任欧阳淞在会上发言强调，弘扬从严从实优良作风，是党的七大得以顺利召开、取得圆满成功的一个重要原因，也是七大的一个重要特色。

（参见《人民日报》2015 年 6 月 13 日第 6 版）

铭记历史吸取力量院长论坛　6月17日，由北京市社会科学院主办，科社所承办的院长论坛“铭记历史，吸取力量”在北京市社科院二楼多功能会议厅成功召开。论坛的主讲专家为中共中央党史研究室原第一研究部副主任李蓉研究员。论坛由赵弘副院长主持，谭维克院长出席，全院职工参加了学习活动。李蓉围绕“铭记历史，吸取力量”的主题从纪念抗战胜利70周年的目的和主题、中国抗战胜利的重大意义、抗战胜利的主要原因三个方面进行了深入阐述。赵弘对李蓉的报告给予了高度的评价，认为此次报告是一场平实、富有正能量、发人深省的报告。他进一步指出，李蓉的报告不仅了解了中国14年抗日战争的时段划分，明确了抗战时期中国的死亡人数、经济损失等详细内容，而且理清了许多事件背后的故事，这有助于我们深入地把握抗日战争的内涵和纪念抗战胜利70周年的伟大意义。他号召全院科研人员要努力学习李蓉研究员扎实做研究、认真做调查的敬业精神，争取在自己的科研领域取得更多更好的成绩。

（北京市社会科学院科研处供稿）

《中国古代社会和政治研究丛书》发布暨学术研讨会　6月18日，北京师范大学历史学院何兹全教授主编的二十卷本《中国古代社会和政治研究丛书》发布暨学术研讨会在北京师范大学历史学院举行。北京师范大学资深教授瞿林东，中国社会科学院荣誉学部委员王宇信，北京师范大学历史学院陈其泰教授、晁福林教授，中国社科院世界历史研究所所长张顺洪研究员，北京市社科联科研工作部主任程文进，《历史教学》主编柳文全，商务印书馆学术图书中心主任郑殿华，《光明日报》编辑户华为，北京大学历史系王春梅教授，中国社会科学院历史研究所楼劲研究员，清华大学历史系张国刚教授，中国社会科学院民族学与人类学研究所陈勇研究员，中国社会科学院历史研究所雷闻研究员，北京师范大学历史学院院长杨共乐教授、副院长李帆教授，中国古代史教研室主任宁欣教授，历史学院师生代表等50余人参加了会议。

《中国古代社会和政治研究丛书》被列为国家“十二五”重点图书出版规划项目，是北京师范大学历史学院国家重点学科——中国古代史学科建设的一个重要内容。丛书分为《中国上古社会和政治研究丛书》、《中国中古社会和政治研究丛书》、《中国近世社会和政治研究丛书》三部分，共二十卷。丛书多方面、多角度、多层次地对中国古代社会和政治进行了深入研究和分析，体现了当今中国古代社会史、政治史研究的最新成果。丛书出版后，在学术界和社会上均产生了较大影响。商务印书馆学术图书中心主任郑殿华先生介绍了丛书的撰著过程和出版情况。他指出，这部丛书集中体现了何兹全先生关于中国古代社会和政治研究的学术思想，对从上古到近世一系列重要问题进行了深入思考和考订，观点独到，有所突破，具有重要的学术价值。自2005年丛书编辑工作启动以来，商务印书馆高度重视，严肃认真地开展出版工作。相信该丛书将很好地推动中国古代社会和政治研究。

（北京师范大学社科处刘娜供稿）

第三届全球史学术论坛　6月21日，首都师范大学第三届全球史学术论坛暨全球史研究中心成立十周年学术研讨会落幕。会议历时两天，来自清华大学等高校的60余位学者出席了大会。

在开幕式上，首都师范大学校长宫辉力教授、历史学院院长郝春文教授分别代表学校和历史学院向会议的召开表示祝贺。全球史研究中心主任刘新成教授作了题为《文明史与全球史》的发言。接下来是题为“十年来全球史研究的回顾与反思”的专题讨论。会议分八组进行了学术交流与讨论，共有35位参会者进行了分组发言。本次会议的一大特色是设立了“自由讨论”时段，与会学者围绕“怎样推进全球史研究”展开了讨论。

在大会的闭幕仪式上，夏继果教授作了总结发言，回答了各位学者的问题，并对未来全球史的发展作出了展望。

（首都师范大学社科处李志成供稿）

断裂与转型：帝国之后的欧亚历史与史学国际学术会议　6月26—28日，国际学术会议“断裂与转型：帝国之后的欧亚历史与史学（Between Empires：Rupture，Transmission and Transformation）”在北京大学中关新园举行。会议由北京大学历史学系、北京大学古典学与中世纪研究中心、北京大学中国古代史研究中心主办，普林斯顿大学、普林斯顿高等研究院、芝加哥大学和维也纳大学协办。

31位与会学者皆为相关领域的知名历史学家，分别来自北京大学、复旦大学、就实大学，普林斯顿大学、芝加哥大学、牛津大学、伦敦大学，奥地利的维也纳大学，德国的柏林自由大学等国内外高校。学者们或者从宏观视角，结合考古新材料，以比较的视野，联络亚欧大陆的东、中、西部，对丝绸之路沿线的交通和历史进行了深入的总结。通过交流讨论，与会学者认识到，在汉帝国、罗马帝国和波斯帝国瓦解之后的历史进程中，宗教是一个最具有可比性的前沿性研究课题。这些帝国的瓦解，不仅带来了多元化的历史发展可能性，而且也为宗教的发展提供了广阔的空间。基督教、拜火教、伊斯兰教、佛教和道教如何在这一时期传播开来，如何在地理空间上进行布局，如何与财富和权力进行结合，以及如何创造新的文化话语和认同，这些话题涉及长时段性历史转换，影响到此后世界历史的进程，是需要加以深入研究的重大学术课题。

（北京大学社会科学部供稿）

抗日战争与中华民族复兴学术座谈会　7 月 2 日，中共北京市委党史研究室举办“抗日战争与中华民族复兴”学术座谈会在北京展览馆宾馆召开。来自中国社会科学院、北京师范大学、中国人民大学、北京科技大学等知名专家学者参加会议。与会专家学者就近代以来中华民族复兴的思潮缘起、发展与实践、新启蒙运动与民族复兴、抗战时期国共两党民族复兴思想的变迁、现代民族精神建设与文化自信等问题，进行了深入研讨。

（中共北京市委党史研究室乔文魁供稿）

历史与记忆二战史专题研讨会　7 月 17—18 日，由首都师范大学历史学院世界史学科和国际关系史研究中心主办的“‘历史与记忆’——二战史专题学术研讨会”在北京召开。来自北京师范大学等高校以及来自美国、法国、马来西亚等首都师范大学的合作院校的近百位专家学者齐聚一堂，用学术研讨的方式反思和纪念二战结束 70 周年。

本次会议是近年来少有的老中青三代二战史学者共同参加的全国性的大型二战史研讨会。共提交论文 60 余篇，平行分三个小组共 15 个小节，分别就“二战研究的回顾与展望”、“有关二战的历史书写”、“二战记忆与纪念”、“抗日战争研究”、“战时宣传”、“外交与军事”、“大战与社会经济研究”、“苏联与二战”等七大专题进行了研讨。

（首都师范大学社科处李志成供稿）

纪念刘大年先生诞辰 100 周年学术座谈会　8 月 3 日，由中国社会科学院学部主席团、中国社会科学院历史学部、中国社会科学院近代史研究所和湖北人民出版社共同主办的“纪念刘大年先生诞辰 100 周年学术座谈会”在北京举行。中国社会科学院院长、党组书记、学部主席团主席王伟光出席会议并讲话。中国社会科学院秘书长、党组成员高翔主持开幕式。中共中央文献研究室原常务副主任金冲及、中共中央党史研究室原副主任章百家出席会议。

来自中国社会科学院、国内史学界、国内新闻出版界的领导、专家学者，以及刘大年的家属、朋友等近 70 人参加座谈会，共同追忆刘大年的光辉一生，缅怀他的学术风骨和为后人留下的宝贵学术遗产。中国社会科学院近代史研究所所长王建朗在会上介绍了刘大年的生平。座谈会由中国社会科学院近代史研究所党委书记周溯源主持。

（中国社会科学院办公厅刘玉杰供稿）

第一届近代法律史论坛　日前，为纪念著名法律史专家瞿同祖先生 105 周年诞辰，共同推进近代法律史研究，“第一届近代法律史论坛暨纪念瞿同祖先生诞辰 105 周年”学术研讨会在北京召开。会议由中国社会科学院近代史研究所主办，该所法律史研究群承办。来自中国社会科学院、北京大学、中国人民大学、南开大学、四川大学、山东大学、浙江大学、中山大学、上海大学、中国政法大学、华东政法大学、西北政法大学等相关院校与科研机构的 40 多位专家学者与会。近年来，法律史研究渐成学术研究的一个热点，新著迭出，但也存在缺乏相关学科的有效对话等不足。本次会议旨在为相关学科搭建对话与交流的平台，参会学者的学科背景包括史学、法学、政治学、文学等。中国社科院近代史所副所长汪朝光研究员，中国社科院荣誉学部委员、中国法律史学会原会长韩延龙研究员，家属代表瞿泽祁先生等回忆了瞿老治学经历和特点以及法律史学科的发展历程，他们表示，作为法律史研究的前辈大家，瞿老生前在近代史研究所工作了 30 余年，留下很多值得传承与发扬的学术遗产，法律史研究群发起、组织的多学科对话与交流非常必要，应长期开展下去。

本次研讨会主要围绕以下六项议题展开：一、传统法律及其近代变革。涉及清代民事裁判变更、清代公羊学与晚清变法、清末民初立法和司法中的一田两主习惯、民国法律与诉讼中的“异姓承嗣”等问题。二、以人物为视角探讨近代法律史的发展变迁。涉及伍廷芳、沈钧儒、瞿同祖等近代法律名人，并对晚清灾荒中的妇女拐卖、民国时期北京大学法学共同体等问题进行了讨论。三、中外关系视野中的法律史。包括收回法权与基层司法改革、法政留学生与清末民初制宪运动、一战期间北京政府划定行军区域的相关国际法问题、民国法律名校朝阳大学的罗马法教育等。四、社会文化与理论反思。涉及传统中国的“讼师恶报”话语及其法律文化分析、清末冲击宁波审判厅风波的社会分析、民国初年北京陈绳被害案的新闻追踪与文化观察、法律史研究中的“向前看”和“向后看”问题、对瞿同祖具有结构功能倾向的法律史研究方式的思考等。五、革命根据地的司法与制度。探讨了陕甘宁边区的三三制、政治体制的构建与转变、司法的理念与实践，以及著名的“黄克功逼婚杀人案”等。六、政治、法律与司法建设。讨论了民国司法中的立宪派与革命派、国民政府时期的《监督慈善团体法》、20 世纪 40 年代的地方实验法院等个案问题。此外，与会学者还就当前司法档案的开放与利用、法律史研究中的问题意识与选题等展开了热烈的讨论。

（参见《光明日报》2015 年 8 月 5 日第 14 版）

纪念中国人民抗日战争暨世界反法西斯战争胜利 70 周年学术研讨会 8 月 15—16 日，由中国第二次世界大战史研究会、国家领土主权与海洋权益协同创新中心共同主办的“纪念中国人民抗日战争暨世界反法西斯战争胜利 70 周年”学术研讨会在北京召开。来自武汉大学、国防大学、中国社会科学院、国家海洋局海洋战略研究所、军事科学院、首都师范大学等高校和科研院所的百余位专家学者参加会议。与会专家围绕中国人民抗日战争与世界反法西斯战争的关系、中国抗战的地位和作用、二战与战后国际秩序、二战对中国边海问题的影响、树立正确二战史观等展开发言和讨论。二战史研究会会长、武汉大学中国边界与海洋研究院院长胡德坤教授，国防大学副政委李殿仁中将，外交部边界与海洋事务司司长欧阳玉靖在开幕式上分别致辞。

二战史研究会常务副会长肖裕声少将做了题为《世界反法西斯战争的东方主战场——兼论中国抗日战争的热点问题》的主题发言。他认为，中国抗日战争是世界反法西斯战争的东方主战场。因为中国抗日战争开始最早、持续时间最长，中国战场付出的民族牺牲最大，消灭的日军最多，对日本经济军事实力消耗最大，中国艰苦卓绝的抗战赢得了世界的认同和尊重。正是由于中国抗战的历史贡献，为中国赢得了大国的地位，成为联合国主要创始国之一和当之无愧的安理会常任理事国。

二战史研究会会长胡德坤教授指出，中国战场沉重打击了日本法西斯，有力地支援了美英苏盟国的作战，为二战的胜利和战后国际秩序的重建，作出了巨大贡献。捍卫二战胜利的果实，维护当今世界和平、发展、合作的大好形势，是中国和世界各国的共同责任。

（参见《光明日报》2015 年 9 月 5 日第 4 版）

抗日战争与民族复兴学术研讨会 8 月 15 日，在抗日战争胜利 70 周年之际，北京大学中国特色社会主义理论体系研究中心举行“抗日战争与民族复兴”学术研讨会。石仲泉、杨凤城、荣维木、沙健孙、梁柱、曹长盛、黄宗良、赵家祥、陈志尚、李士坤、王东、仝华、程美东、白雪秋、杨学功、徐春等校内外专家学者出席了研讨会，会议由中心主任杨河教授主持。研讨会上，专家学者就抗日战争在世界反法西斯战争中的历史地位和影响、抗日战争在中华民族伟大复兴中的历史地位和影响、中国共产党在抗日战争中的历史地位和影响等重大理论和现实问题进行了讨论。

（北京大学社会科学部供稿）

全国党史界纪念中国人民抗日战争暨世界反法西斯战争胜利 70 周年学术研讨会 8 月 21 日，“全国党史界纪念中国人民抗日战争暨世界反法西斯战争胜利 70 周年学术研讨会”在京举行

由中央党史研究室、中国中共党史学会、中国中共党史人物研究会联合举办的“全国党史界纪念中国人民抗日战争暨世界反法西斯战争胜利 70 周年学术研讨会”在京召开。中央党史研究室主任曲青山，中国中共党史学会会长、中国中共党史人物研究会会长欧阳淞出席会议并分别作“中国共产党在抗日战争中的中流砥柱作用”“抗日战争胜利与中华民族伟大复兴”的主题报告。中央党校原副校长李君如、中央文献研究室副主任陈晋等 5 位论文作者作交流发言。研讨会由中央党史研究室原副主任、中国中共党史学会常务副会长龙新民主持。

本次研讨会共收到来自全国党史、党校、干部学院、高等院校、史志、档案、文博、军队等系统专家学者论文 187 篇，有关方面的专家学者和入选论文作者约 80 人参加会议。会议围绕“抗日战争与中华民

族伟大复兴”主题，着重对中国人民抗日战争的伟大意义、中国人民抗日战争在世界反法西斯战争中的重要地位、中国共产党的中流砥柱作用是中国人民抗日战争胜利的关键等重大问题，进行了深入研讨。与会代表一致认为，要深入贯彻习近平同志在中共中央政治局第二十五次集体学习时的重要讲话精神，坚持正确历史观，加强规划和力量整合，加强史料收集和整理，加强舆论宣传工作，让历史说话，用史实发言，进一步推进和深化中国人民抗日战争研究。

（参见《光明日报》2015 年 9 月 2 日第 14 版）

纪念抗战胜利 70 周年座谈会 8 月 25 日，中共北京市委党史研究室、市政协文史和学习委员会联合举办“纪念中国人民抗日战争暨世界反法西斯战争胜利 70 周年座谈会”。市委党史研究室主任李良、市政协文史和学习委员会主任吴世民等出席会议并讲话，八路军、中共地下党老同志及亲属，社会各界代表 200 余人参加会议。

（中共北京市委党史研究室第一研究处供稿）

纪念台籍抗日志士林正亨诞辰 100 周年座谈会 8 月 25 日，由台盟中央主办的“纪念台籍抗日志士林正亨诞辰 100 周年暨《林正亨画传》出版座谈会”在北京台湾会馆举行。全国政协副主席、台盟中央主席林文漪出席座谈会。

林正亨，台湾台中人，生于 1915 年，是著名爱国志士林祖密将军之子，“雾峰林家”的第八代传人。1937 年卢沟桥事变爆发后，林正亨毅然投笔从戎，报考了南京中央陆军军官学校，毕业后任国民革命军三十六军军部见习军官。后参加广西昆仑关战役、中国远征军赴缅甸作战，身负重伤。1946 年，林正亨秘密加入中国共产党，回台从事革命活动。1947 年，他参加了“二二八”起义，后加入台湾民主自治同盟。1949 年 8 月，林正亨在台北家中被国民党当局逮捕，次年 1 月英勇就义。

来自国务院台办、中央统战部、全国政协、台盟、全国台联等单位的代表以及在京台胞 60 多人参加座谈会。

（参见《人民日报》2015 年 8 月 26 日第 9 版）

中共中央文献研究室纪念中国人民抗日战争暨世界反法西斯战争胜利 70 周年学术研讨会 8 月 27 日，由中共中央文献研究室、中国中共文献研究会联合主办的“纪念中国人民抗日战争暨世界反法西斯战争胜利 70 周年学术研讨会”在北京召开。研讨会的主题为“抗日战争与中华民族的伟大复兴”。来自全国各地的 90 多位专家学者参加了研讨会。中央文献研究室主任冷溶在会上作主旨发言。16 位专家作大会发言。中央文献研究室副主任陈晋、国家行政学院副院长杨克勤分别主持会议。

冷溶同志指出，党的十八大以来，习近平总书记对中国人民抗日战争的伟大意义、历史地位、历史贡献等作过多次阐述，在前不久举行的第 25 次中央政治局集体学习上，他又专门就加强中国人民抗日战争研究发表重要讲话强调：要深入开展中国人民抗日战争研究，必须坚持正确历史观、加强规划和力量整合、加强史料收集和整理、加强舆论宣传工作，让历史说话，用史实发言，着力研究和深入阐释中国人民抗日战争的伟大意义、中国人民抗日战争在世界反法西斯战争中的重要地位、中国共产党的中流砥柱作用是中国人民抗日战争胜利的关键等重大问题。习近平总书记特别指出，抗日战争研究涉及多个领域，是一个系统工程，必须充分调动学术界和社会各界的积极性。研究要深入，要更多通过档案、资料、事实等各种人证、物证来说话，运用精准化、实证化的研究成果，戳穿日本右翼势力歪曲历史、美化侵略的谎言和谬论。

冷溶同志指出，中国中共文献研究会要深入学习贯彻习近平总书记的这个重要指示和要求，发挥在这方面特殊的研究优势，抓紧确立一批重点课题，推出高水准的研究成果，努力发挥好作用。

冷溶同志重点结合习近平总书记对学术界开展中国抗战研究提出的“深入研究中国人民抗日战争在世界反法西斯战争中的地位和作用”这一关键问题，谈了毛泽东同志论述的三个主要观点，即中国人民抗日战争是世界反法西斯战争的重要组成部分；中国共产党大力提倡和积极推动世界反法西斯统一战线的形成；中国人民为世界反法西斯战争胜利做出伟大贡献。他指出，中国人民抗日战争成为世界反法西斯战争的组成部分并占有重要地位，这是历史的必然，是由中国抗战的进步性、正义性决定的。但最终形成这样一种有利的局面也是非常不容易的，是中国共产党正确判断，积极倡导和大力推动的结果。世界反法西斯战争的最终胜利，凝结着中国人民的巨大牺牲和伟大贡献。中国人民抗日战争在世界反法西斯战争中的重要地位，中国共产党在中国人民抗日战争中的中流砥柱作用，是不容置疑的，是任何人也否定不了的。今天，重温毛泽东同志的重要论述，有助于进一步坚定我们对这些重大问题的认识。

与会专家学者围绕“抗日战争与中华民族伟大复兴”这一主题进行了深入探讨。与会专家指出，抗日战争是中国近代以来反抗外敌入侵所取得的第一次完全胜利的民族解放战争，大大增强了中华民族的自尊心和自信心，为中华民族的伟大复兴开启了光明之路；抗日战争的胜利重新奠定了中国的大国地位，为中华民族的伟大复兴奠定了坚实不拔的根基。在抗日战争中，中国共产党领导敌后抗日，在全民族抗战中发挥了中流砥柱作用，为中华民族实现伟大复兴提供了根本的组织保障。同时，抗日战争也使中国人民空前团结起来，为实现中华民族伟大复兴奠定了深厚的群众基础。

此次学术研讨会在收到应征论文90多篇的基础上，经专家评选，其中有50多篇入选，同时，还特别邀请国内知名学者撰写文章10余篇。这些论文从军事、政治、文化、社会、外交、国际等领域对中国人民抗日战争的地位和作用进行了广泛的研究和探讨。

（中央文献研究室科研管理部胡昌勇供稿）

首届中国——白俄罗斯学术论坛 9月4日，由中国社会科学院和白俄罗斯科学院联合主办的首届中国—白俄罗斯学术论坛在北京召开。论坛的主题是“中国和白俄罗斯在世界反法西斯战争中的作用与贡献”。论坛旨在推动对世界反法西斯战争暨中国人民抗日战争相关问题的深入研究，促进丝绸之路经济带建设以及中白两国关系健康发展。

中国社会科学院院长王伟光、白俄罗斯科学院主席团第一副主席奇日克、中国外交部欧亚司参赞孙炜东和白俄罗斯驻华大使布里亚分别致辞。中国社会科学院副院长蔡昉主持开幕式。

中白两国都是第二次世界大战的获胜国，为世界反法西斯战争的胜利起到了重要的作用、承受了巨大的牺牲。与会的两国学者一致认为，有必要让国际社会充分地认识到两国对于二战胜利的卓越贡献，对曲解甚至否定中白两国历史贡献的言论给予证伪和批判。为此，中白两国社会科学工作者需要加深彼此之间的了解和交流，促进两国在社科学术领域的合作。白俄罗斯科学院历史研究所所长维克托洛维奇还在论坛中表示，白俄罗斯将为中国学者开放部分文献和档案，便于中国学者从事二战历史研究。

（中国社会科学院办公厅刘玉杰编辑、供稿）

戴逸与清史研究学术座谈会 9月10日，中国人民大学举办“戴逸与清史研究”学术座谈会，探讨戴逸先生在史学界特别是对清史学科发展所作出的贡献，共商推动清史学科在中国人民大学乃至全国的发展之计。90岁高龄的中国人民大学一级教授、清史编委会主任戴逸与史学界的专家学者欢聚一堂，共度节日、共话史学。教育部副部长郝平，中国人民大学党委书记靳诺，教育部社科司副司长徐青森，中国史学学会会长、中国社科院学部委员张海鹏，中国社科院学部委员方克立，中国社科院荣誉学部委员张椿年，中国社会科学出版社前总编辑、中国人民大学清史研究所前所长王俊义以及来自国家清史办的人士等相关专家学者出席座谈会。

（中国人民大学科研处李素萍供稿）

学习贯彻《全国地方志事业发展规划纲要（2015—2020年）》会议 9月11日，中国地方志指导小组办公室在北京召开学习贯彻《全国地方志事业发展规划纲要（2015—2020年）》（以下简称《规划纲要》）会议。中国社会科学院副院长、党组成员，中国地方志指导小组常务副组长李培林出席会议并讲话。各省（自治区、直辖市）地方志编委会（办公室）、新疆生产建设兵团志办公室、全军军事志指导小组办公室、武警部队政治部编研部主要负责人参加会议。

会议围绕《规划纲要》与李培林讲话等进行了研讨，认为《规划纲要》的出台非常及时，意义重大，影响深远，饱含党中央国务院对地方志工作的关怀、重视和殷切期望。它的公开发布，使全国地方志工作者倍感振奋，备受鼓舞，倍增信心，为地方志事业发展创造了难得的战略机遇。与会代表表示，决心按照《规划纲要》要求和本次会议部署，结合本地区本部门工作实际，认真贯彻落实，尽快制定本地区本部门地方志事业发展规划或实施方案。

国务院办公厅于2015年8月25日印发的《规划纲要》共分“发展基础与机遇”“指导思想与基本原则”“总体目标与主要任务”“保障措施”“加强领导”五个部分，是全国地方志工作第一部规划性文件。

（中国社会科学院办公厅刘玉杰编辑、供稿）

首届唯物史观与马克思主义史学理论论坛　9月18日，由中国社会科学院历史学部、马克思主义研究学部联合主办，中国社会科学院世界历史研究所承办，中国社会科学院人文公司协办的"中国社会科学院首届唯物史观与马克思主义史学理论论坛"在北京举行。

中国社会科学院院长、党组书记、学部主席团主席王伟光作主旨报告。中国社会科学院党组成员、秘书长、中国社会科学杂志社总编辑高翔主持开幕式。中央编译局局长贾高建，天津市社会科学联合会主席、南开大学党委书记薛进文在开幕式上致辞。中国社会科学院原副院长李慎明，中央党史研究室原副主任、北京大学马克思主义学院教授沙健孙，中国史学会史学理论分会副会长、天津师范大学教授庞卓恒，中国社会科学院学部委员、马克思主义研究学部主任程恩富，中国社会科学院马克思主义研究院研究员龚云等作大会发言。与会学者一致认为，历史研究必须坚持以唯物史观为指导。在当下，要深入学习领会习近平总书记系列重要讲话精神，特别是要深入学习领会习近平总书记关于历史问题的系列重要讲话精神，批判和摒弃历史虚无主义，为弘扬社会主义核心价值观，作出当代中国史学工作者的贡献。

来自全国各地高校和研究机构、中国社会科学院及一些基层单位的105位学者参加会议。会议就"当今历史虚无主义及其危害性""阶级和阶级斗争再认识：历史与现实""唯物史观在中国的传播和发展""社会形态演进的多样性和统一性"等议题进行了研讨。中国社会科学院研究生院马克思主义学院及史学专业的上百名研究生参加了旁听。

（中国社会科学院办公厅刘玉杰、世界历史研究所科研处供稿）

第十五届国史学术年会　9月23—24日，中国社会科学院当代中国研究所和中华人民共和国国史学会共同在北京主办第十五届国史学术年会。年会的主题是"改革开放与中国特色社会主义"。中国社会科学院原副院长、当代中国研究所原所长、国史学会会长朱佳木在会上作题为"国史研究工作要重视同历史虚无主义思潮的斗争"的讲话。中国社会科学院当代中国研究所副所长、国史学会秘书长张星星主持开幕式并作题为"深化改革开放史研究，增强中国特色社会主义信念"的讲话。来自中央有关机关、全国高等院校和科研院所的60多名入选论文作者和出席国史学会第五次会员代表大会的代表参加了会议。

会议认为，"改革开放与中国特色社会主义"是两个紧密联系在一起的重大时代主题。改革开放是党在新的历史条件下带领人民进行的一场新的伟大革命，是中国特色社会主义创立、发展的实践源泉和不竭动力；中国特色社会主义是改革开放伟大实践的最主要成果，同时也指导和引领着改革开放的正确方向。会议主要围绕"深入学习贯彻习近平总书记系列重要讲话精神，增强坚持和发展中国特色社会主义的战略定力""推进国家治理体系和治理能力现代化，不断完善和发展中国特色社会主义制度""发挥市场决定性作用与更好发挥政府作用相结合，积极拓展中国特色社会主义经济发展道路""坚持中国特色社会主义文化发展道路，创造中华文化新的辉煌""创新和谐社会与生态文明建设，切实提高和增进人民福祉""坚持和平发展道路，为维护世界和平、促进共同发展做出更加积极的贡献"等方面专题进行了研讨。

（中国社会科学院办公厅刘玉杰编辑，当代中国研究所国实供稿）

第四届中国技术史论坛　9月24日，第四届中国技术史论坛开幕式在北京科技大学会议中心顺利召开。论坛的主办单位包括中国科学技术史学会农学史专业委员会、中国科学技术史学会技术史专业委员会、中国科学技术史学会金属史专业委员会、中国科学技术史学会传统工艺研究分会、中国科学技术史学会少数民族科技史专业委员会、中国科学技术史学会物理学史专业委员会、中国科学技术史学会综合史专业委员会、中国机械工程学会机械史分会、中国造船工程学会船史研究会，由北京科技大学科技史与文化遗产研究院承办。与会代表不仅有来自中国科学院、中国社会科学院和北京大学、清华大学、中国科学技术大学、哈尔滨工业大学、复旦大学、南京农业大学等国内高校的专家学者，还有中国国家博物馆、首都博物馆等文博机构的学者，本次论坛特邀美国技术史学会主席、英国爱丁堡大学白馥兰教授和奥地利维也纳艺术大学的 Manfred Schreiner 教授等国外著名学者出席了会议。前来参会的嘉宾学者共计160余人。

北京科技大学科技史与文化遗产研究院院长潜伟教授主持开幕式。北京科技大学党委常委、科学技术与文明研究中心主任权良柱教授，中国科学技术史学会副理事长、北京大学吴国盛教授，中国科学院自然科学史研究所所长张柏春教授，英国李约瑟研究所所长、大会组委会执行主席梅建军教授分别致辞。

权良柱回顾了北京科技大学科技史与文化遗产研究院的发展历程，这一过程伴随着学科建设和研究工作的逐渐扩展和完善，提出技术史研究应为中华民族的复兴梦贡献力量。

吴国盛认为，中国技术史将有很大的发展契机，从本次论坛规模之盛、论文范围之广亦可窥见其将蓬勃发展的态势。基于此，吴国盛教授提出了三点看法，一中国古代科技史基本上是技术史，技术史的研究蔚为大观；二是技术史可以吸收技术哲学家，使技术史与技术哲学相互促进；最后提出中国技术史应走向西方、走向世界、走向现代化。

中国科学院自然科学史研究所所长张柏春作为技术史论坛的发起人之一，回顾了历次论坛召开的情形，热烈祝贺本次论坛顺利召开。

梅建军首先以大会执行主席的身份衷心欢迎和感谢大家的到来，感谢承办单位北京科技大学科技史与文化遗产研究院的辛勤工作；然后代表李约瑟研究所热烈祝贺第四届技术史论坛召开。

论坛开幕式安排了三场大会报告和一场圆桌论坛。梅建军和潜伟分别主持了大会报告和圆桌论坛。

第一场报告主讲人是张柏春从技术史与文化遗产、技术史与工业遗产、技术史与科技战略三个方面谈了技术史应用研究的相关问题。第二场报告的主题是《技术史研究应重视地方性知识研究》，广西民族大学万辅彬教授以广西特色的物产为例，探讨了地方性知识的价值。接着，英国爱丁堡大学白馥兰教授作了题为“全球技术史：超越‘欧洲中心主义’”（Global histories of technology：beyond“European exceptionalism”）的报告，她不赞成以欧洲为中心叙述历史，希望以中国为中心撰写历史。

圆桌论坛邀请了几位国内科学技术史学科的重要机构和专业委员会负责人围绕科学技术学科的建设与发展展开讨论。哈尔滨工业大学姜振寰教授、清华大学刘兵教授、中国科学技术大学石云里教授、南京农业大学王思明教授、首都师范大学李艳平教授作为圆桌论坛的嘉宾，谈了各自对本学科建设的看法。姜振寰认为技术史研究应该普及与提高相结合，科研与教学相结合；刘兵提出技术史研究要关注国际上新的议题、新的视角；石云里谈了对本次论坛开幕会的感想；王思明厘清了农学史和农业史的区别，谈了目前农业史研究的四大重点课题；李艳平提出了坚守物理学史研究阵地的期待。主持人潜伟则强调了技术史研究应更多与考古学文化遗产保护结合的思路。圆桌论坛开放的讨论方式引起了大家的共鸣，北京科技大学韩汝玢教授回顾了北科大科技史发展的历史，鼓励年轻人不畏困难、坚持坚守。

第四届中国技术史论坛持续三天时间，当日下午和次日进行分会场报告，包括技术史、农业史、金属史、纺织史、交通史、军事技术史、医药技术史、综合史、物理学史、传统工艺、文物保护等专题。9月25日下午去首钢进行学术考察。9月26日上午，本次论坛在大会报告和圆桌谈论结束后举行闭幕式。

（北京科技大学科学研究与发展部李静供稿）

北京史与北京学学术前沿论坛 10月16日，由北京市社会科学界联合会、北京史研究会和北京联合大学北京学研究所主办的“北京史与北京学”学术前沿论坛暨成果展在北京社科活动中心举行。来自北京大学、北京联合大学、首都师范大学、北京史研究会、北京学研究基地、北京市社会科学院、北京市地方志编纂委员会、北京市档案馆、北京市文物局、首都博物馆的专家学者和社会各界人士80余人参加会议。

作为全国的首都和历史文化名城，北京历史悠久、底蕴深厚、文化灿烂。北京史和北京学两门学科都是以北京为研究对象的学科，北京史关注北京历史文化的研究，是对过往的总结和分析；北京学比较年轻，主要聚焦北京城市及其区域综合体的形成、演化及发展规律。两者的研究领域有交叉，也有借鉴和学习，共同记载传承着北京的经济社会文化成果，也为北京的城市发展战略和管理决策提供参谋。

市社科联党组书记、常务副主席韩凯在致辞中指出，我国正处于深化改革的关键时期，首都发展正以习近平总书记对北京工作的重要指示精神为指导，主动适应经济发展新常态，牢牢把握首都“四个中心”的战略定位，积极推动落实京津冀协同发展战略，向着国际一流的和谐宜居之都迈出坚实步伐。建设国际一流的和谐宜居之都，离不开哲学社会科学的繁荣发展，离不开哲学社会科学工作者的智慧建言。首都社科工作者有责任、有义务承担起研究北京、宣传首都的时代重任。北京社科联将一如既往地为首都的社科工作者开展学术研究、参与经济发展、服务首都建设提供力所能及的服务与支持。

学术研讨会上，北京史研究会会长李建平以“三十五年来北京史研究及展望”为主题作了发言；北京联合大学北京学研究所所长张宝秀以“北京学发展历程及学术前沿思考”为主题发言。多位与会嘉宾作自由发言。

与会人员一致认为，首都社科学界对北京史的研究时间较长，研究机构众多，研究力量雄厚，涌现出《北京史》、《北京通史》、《北京专史》等一大批优秀成果和颇具影响的研究报告，成绩卓著；北京学以“立足北京、研究北京、服务北京”为研究宗旨，以侯仁之先生为代表的北京学研究队伍始终站在学术的最前沿，研究视野广阔，既涉及北京的区位与环境、人口与文化、政治与经济，也涵盖城市建设以及区域综合体的特点及发展规律，注重研究的学术性与普及性相结合、理论性与应用性相结合，为首都的发展出谋划策、贡献颇多。

为向社会各界展示北京史研究与北京学探索所取得的成果，本着简朴、务实的原则，特在北京市社科活动中心展厅举办“北京史与北京学研究成果展”。

该展览将展出200多部（件）北京史和北京学的研究成果。北京史方面的代表成果有：北京史研究会编辑的系列《北京史苑》，北京市社会科学院历史研究所编著的《北京通史》（十卷本），北京市档案馆编辑的《北京档案史料》，北京大学历史系教师编写的第一本《北京史》，北京市地方志编撰委员会办公室组织编辑的《北京志》，北京市文物研究所编辑的《图说北京史》；北京学方面的代表成果有《北京学研究》集刊、《北京学研究报告》、《北京学丛书》、《北京社会文化史》丛书等系列出版物。

（参见《北京社科联》2015年合订本）

勿忘历史：抗战新闻史学术研讨会　10月17—18日，由中国传媒大学、中国新闻史学会联合主办，中国传媒大学新闻传播学部新闻学院、文科科研处和《现代传播》杂志社承办的“勿忘历史：抗战新闻史”学术研讨会在中国传媒大学举办。来自我国新闻史学界和业界的专家学者齐聚一堂，回顾总结抗战时期新闻宣传工作，以期推动对这个时期新闻史的深度研究。研讨会是今年我国新闻史学界举办的一次以抗战新闻史研究为主题的全国性学术研讨会。

会议开幕式由校新闻传播学部新闻学院副院长丁迈主持，中国传媒大学副校长袁军，中国新闻史学会副会长、中国人民大学新闻学院教授王润泽，中国传媒大学文科科研处副处长程爱晶、新闻传播学部副学部长、新闻学院院长刘昶、《现代传播》副主编赵均出席会议。

袁军在致辞中说，新中国成立后，特别是改革开放以来，学界更加关注抗战时期新闻宣传的研究，并取得了丰硕的成果。中国传媒大学在抗战新闻史特别是抗战广播史的研究上就有着很好的积淀。

在17日上午的大会主题报告中，与会代表们各抒己见。赵玉明教授首先为大会作了主题报告。他指出，在抗战新闻史研究取得成绩的同时，我们也要清醒地认识到其研究工作还远远不够，还存在着一些困难和不足，比如史料的收集和整理工作亟待加强，研究规划亟须完善，研究队伍需要进一步整合。

研讨会上，大多数专家学者和与会代表能够自觉地坚持辩证唯物主义历史观，做到实事求是、客观地研究问题。同时吸收现代历史科学的研究方法，实现研究手段从传统到现代的创新。

（中国传媒大学文科科研处供稿）

抗日战争与中华民族伟大复兴——纪念中国人民抗日战争暨世界反法西斯战争胜利七十周年学术研讨会
10月25日，清华大学马克思主义学院在北京举行“抗日战争与中华民族伟大复兴——纪念中国人民抗日战争暨世界反法西斯战争胜利七十周年学术研讨会”。来自清华大学、北京大学、中国人民大学、北京师范大学、中国政法大学、北京工业大学、首都师范大学、南开大学、天津师范大学、安徽大学、中国医科大学、河北地质大学、青海大学、新疆大学等高校及中国社会科学院《近代史研究》编辑部、思想理论教育导刊杂志社、北京市委前线杂志社的50多位学者参加会议。研讨会由马克思主义学院副院长肖贵清主持，马克思主义学院院长艾四林致开幕词。中共中央党史研究室原副主任、北京大学原副校长沙健孙，北京市文史研究馆馆员、清华大学、北京大学双聘教授刘桂生，清华大学人文学院原副院长林泰，历史系原系主任朱育和，马克思主义学院教授、《思想理论教育导刊》杂志常务副主编刘书林等做大会主题报告。与会学者围绕习近平总书记有关抗日战争史研究的一系列重要讲话精神、抗日战争与中华民族伟大复兴、抗日战争中的中流砥柱、正面战场与敌后战场的抗战及其相互关系、日军侵华罪行、抗日战争时期的社会建设与文化建设等问题进行了深入探讨，并对抗日战争史研究中的历史虚无主义现象进行了反思批评，对改进抗日战争史的研究与教学等提出了建议。

（清华大学文科建设处刘金梅供稿）

第三届中国公共考古——首师论坛 10 月 25—26 日，由中国社会科学院考古研究所和首都师范大学共同主办，中国社会科学院考古研究所公共考古研究中心、首都师范大学历史学院、中国考古网、首都师范大学公众考古学中心联合承办的第三届中国公共考古·首师论坛在校国际文化大厦举行。中国社会科学学部委员、中国考古学会理事长、考古研究所所长王巍研究员等出席开幕式并发言。来自中国社会科学院等全国 50 余家考古文博机构、高校，以及新华社等新闻媒体的 150 余位代表和首都师范大学师生参与了论坛。

论坛为期两天。首日的公众考古演讲，由来自中国社会科学院考古研究所等单位的七位考古界权威专家与公众分享了精彩纷呈的考古故事。第二日的研讨会包括公共考古在一线、公共考古在校园、公共考古与媒体等诸多目前公众考古学领域的重要话题。

（首都师范大学社科处李志成供稿）

中日交流与中日关系的历史考察双边学术研讨会 11 月 2—3 日，“中日交流与中日关系的历史考察”双边学术研讨会在中国社会科学院近代史研究所召开。来自北京大学、南开大学、中国社会科学院、日本明治大学的学者参加会议。会议研讨的议题有“古代中国、日本与中日关系”“近代中国、日本与中日关系”。中日两国学者 30 人围绕“唐长安城东西两市遗址的考古新发现”“隋唐洛阳城宫城御苑九洲池初步研究”“汉魏晋代的四夷印与‘汉委奴国王’印”“唐长安城（隋大兴城）的设计规格”等议题进行了讨论。

（中国社会科学院办公厅刘玉杰编辑、供稿）

学习习近平总书记关于党史国史工作重要论述精神座谈会 11 月 13 日，中华人民共和国国史学会在北京召开主题为“学习习近平总书记关于党史国史工作重要论述精神”座谈会。国史学会会长、中国社会科学院原副院长朱佳木出席会议并讲话。国史学会顾问、中央党史研究室原副主任沙健孙，国史学会副会长、中央文献研究室原常务副主任杨胜群和国防大学原副政委李殿仁，国史学会学术顾问、北京大学原副校长梁柱和中国社会科学院世界历史研究所原所长于沛等分别作了发言。来自教育部、中国社会科学院、中国延安精神研究会、中国藏学研究中心和北京市委党史研究室等单位的专家学者近 50 人参加会议。

朱佳木在题为“学习习近平总书记关于党史国史工作的重要论述精神，掌握同历史虚无主义思潮斗争的思想武器”的讲话。

与会专家学者认为，习近平总书记关于党史国史工作的重要论述精神，对于端正党史国史工作的研究方向具有现实和深远指导意义，对于破除历史虚无主义思潮的影响也具有极强的针对性。

（中国社会科学院办公厅刘玉杰编辑，
当代中国研究所国实供稿）

2015 中国图像史学学术论坛 日前，“2015 中国图像史学学术论坛暨第一届图像史学年会”在京举办。论坛由西南大学历史地理研究所和科学出版社历史分社共同主办，旨在促进图像史领域的发展，强化图像在记录历史、剖析历史方面的独特意义。50 余位专家、学者参会，并围绕“图像史料运用的基础理论”“图像史料所见文化史、环境史、思想史、经济史”“照片图像与史学研究”“绘画图像与史料研究”等话题展开了讨论和交流。

（参见《光明日报》2015 年 12 月 3 日第 6 版）

口述历史在中国国际研讨会 12 月 12 日，由中国传媒大学崔永元口述历史研究中心主办，北京市永源公益基金会联合主办，中国红十字基金会崔永元公益基金、传媒大学教育基金会特别支持的“口述历史在中国”国际研讨会在京召开。口述历史研究中心创始人崔永元、中国传媒大学党委书记陈文申、口述历史研究中心主任丁俊杰、海内外口述历史领域著名专家学者、口述历史相关领域从业人员及各界人士 1500 余人参加了开幕盛典。

此次国际研讨会是崔永元口述历史研究中心成立后，召开的第一次关于口述历史实操和理论方面的研讨会，也是国内口述历史领域的首次大规模国际交流活动。

陈文申书记在致辞中向到会的国内外专家学者表示欢迎。在回顾了崔永元口述历史团队 13 年的坚持之后，陈文申说，看到这些多年搜集的资料，感到非常震撼，也很让人感动。研究中心创始人崔永元上台回顾了自己进行口述历史工作的起源，并感慨做口述历史的不容易。在大会上，研究中心主任丁俊杰做了

“我们的口述历史”主题分享。他分享了 13 年来研究中心团队采集口述历史的经验，回顾了研究中心进入中国传媒大学以后进行的专业化、系统化调整之路。

在分享环节结束后，大会特设向口述历史受访者代表、支持者代表致敬的环节。会上，研究中心特邀国内外口述历史理论和实践方面著名专家学者作为研究中心受聘顾问，崔永元、丁俊杰主任及中国红十字基金会理事长郭长江为受聘顾问颁发了证书。大会还发布了《促进口述历史事业全面发展的宣言》及《口述历史实践公约》，简称《定福庄宣言》及《定福庄公约》，针对口述历史的长远发展，提出了建设性的意见。

（中国传媒大学文科科研处供稿）

纪念中国商业史学会成立三十周年暨商业史论坛
12 月 12 日，纪念中国商业史学会成立三十周年暨商业史论坛在北京召开。本次论坛由中国商业史学会主办，首都经济贸易大学承办。原商业部部长、中国商业史学会第三届理事会会长胡平，商务部原副部长张志刚到会祝贺。相关学术团体、高等院校、企事业机构的专家学者，来自各地的中国商业史学会会员代表 100 余人参加了庆典。

会议举办了第一届货殖奖颁奖仪式，本届货殖奖共评出荣誉奖 1 项、特别奖 2 项、优秀奖 10 项。会议还为新增的万里茶道专业委员会、鲁商史专业委员会、川商史专业委员会、秦商史专业委员会、老字号专业委员会举办了授牌仪式。

商业史论坛是中国商业史学会每年不定期举办的国内最高层级的商业史学术研讨活动之一。本次商业史论坛的主题，根据中国商业史学会承接的 2015 年国家新闻出版改革发展项目——“中国商贸经典文化”建设内容设立，即商路文化、商帮文化、商号文化。与会专家围绕论坛主题以主题演讲和圆桌研讨的方式，针对传承优秀治史传统、繁荣中国商业史文化，古今贯通的商业文化价值观，展开了充分的交流和讨论。

（首都经济贸易大学科研处李琳供稿）

教育学　心理学

第一届全国正念冥想学术研讨会　4 月 8 日，“第一届全国正念冥想学术研讨会”在北京举行，研讨会由中国心理学会临床与咨询心理学专业委员会和心理学普及工作委员会主办，首都师范大学教育学院承办。此次大会的顺利召开，标志着正念冥想研究在中国学术界的积极兴起。

研讨会主要围绕“正念与情绪”的主题进行。8 日上午的主题报告中，正念认知疗法联合创始人，英国牛津大学正念中心的创始人 Mark Williams 教授作了题为“Mindfulness and the prevention of depression”的演讲。研讨会在北京正念文化发展中心的支持下，设立了“研究生论文奖”，评出了 3 位获奖者。北京正念文化发展中心联合发起人，北京维特奥医院詹永院长在开幕式上致辞祝贺。

出席大会的嘉宾还有来自首都师范大学教育学院副院长丁锦红教授等国内心理学、医学、教育和军队等心理学领域 100 多位学者。

（首都师范大学社科处李志成供稿）

第四届崇德学术论坛　4 月 18 日，由教育部人文社会科学重点研究基地北京师范大学发展心理研究所主办的“第四届崇德学术论坛暨北京师范大学发展心理研究所成立 30 周年大会”在北京师范大学英东学术会堂举行。论坛的主题是“发展心理学的时代使命”。来自中国心理学会、中国教育学会及兄弟院校的领导和专家对崇德学术论坛的成功举办和北师大发展心理研究所过去 30 年在学科建设、科研、社会服务、人才培养等方面取得的丰硕成果表示了衷心的祝贺。共有来自全国 50 余所高校的 200 余名师生参加了本次盛会。崇德学术论坛是教育部人文社会科学重点研究基地北京师范大学发展心理研究所推出的一项重要的学术交流活动，旨在搭建一个思想交流平台，研讨学术前沿问题，推介新的研究成果，促进中外专家在该领域内的深层次对话，引领和推动该领域学科发展与人才培养，是发展与教育心理学领域的标志性高层次论坛，受到心理学界和教育学界专家学者及实践工作人员的广泛关注。

（北京师范大学社科处刘娜供稿）

第 27 届清华教育信息化论坛　4 月 18—19 日，由清华大学教育研究院教育技术研究所主办的“第 27 届清华教育信息化论坛”在北京举行。论坛的主题为“十三五”教育信息化发展的趋势与教学改革，来自全国 130 余所院校的 220 余名代表参加了会议。会议邀请了来自清华大学、北京师范大学、山东大学、北京开放大学、江南大学、河南大学、首都师范大学的知名专家做主旨报告，分别从技术促进教育变革、MOOCs与教学改革、数字校园建设、教育信息化与改革创新、信息化与职业教育等视角发表了精彩演讲。会议还邀请了北京交通大学、石河子大学、山东科技职业学院、青岛酒店管理职业技术学院、福建化工学校等院校领导、管理人员和一线教师等，分享了技术促进教学改革的实例和经验。教育研究院副院长韩锡斌以及教育技术研究所研究团队分别从四个层面进行了研究进展汇报：混合教学改革理念、院校混合教学改革方案、课程混合教学设计及在线教育平台新技术等。“清华教育信息化系列论坛”由教育技术研究所2002年创办并延续至今，已成为国内颇具影响力的面向高等院校、职业院校教育教学信息化的学术会议之一。

（清华大学文科建设处刘金梅供稿）

通往学术之路——兼论如何在学术界幸存讲座 4月27日，清华大学五道口金融学院院长助理、昆吾九鼎讲席教授、博士生导师田轩为金融学院在读博士生带来了一场题为“通往学术之路——兼论如何在学术界幸存”的精彩讲座。讲座吸引了慕名而来的清华多个院系以及北大、人大等院校学生的广泛参与。田轩向大家讲述了自己对于博士学位的理解，指出博士学位是一个人所获教育的最高阶段，是对独立的研究能力的证明。田轩分享了自己对于论文写作的观点。他建议大家在论文主题的选取上要专注于大局，写重要且有趣的论文。田轩强调，一篇论文只有一个观点。田轩表示，完成一篇优秀论文不仅需要多阅读文献，了解研究趋势，同时还要了解现实世界，了解政策或者金融市场中重要的问题。他同时告诫同学们，在对数据进行尝试性分析的过程中不要先入为主，不要强迫数据来证实你的理论，意外的结果也很有趣。对于具体的论文写作方法，他就论文的标题、引言、图表几个主要模块简要介绍。田轩反复强调，论文写作的精髓是反复练习，不断的练习是提高写作水平的最有效方式。他鼓励同学们积极参加学术会议，了解新的研究动态，收集对自己研究的反馈，同时积攒自己的人脉。田轩还针对学术研讨会、论文发表、助理教授职业生涯等问题提供了自己的建议，并就同学们在学术研究过程中的困惑和疑问进行了一一解答。

（清华大学文科建设处刘金梅供稿）

教育+——高等教育改革与质量建设 5月9日，第409期博士生学术论坛、教育研究院博士生论坛暨高等教育质量建设协同创新中心博士生论坛，在清华大学人文社科图书馆大同厅举办。为配合国家在新时期提出的全面提高高等教育质量的战略，共同探讨提升我国高等教育质量的机遇和挑战，唤起教育相关领域青年学生对此问题的责任意识和关注，本次论坛主题定为“教育+——高等教育改革与质量建设”。会上，来自北京大学、北京师范大学、华中科技大学、清华大学、厦门大学、首都师范大学、中国人民大学、中央民族大学的21位同学进行了现场汇报或论文张贴，主要讨论“高教改革国际视野”“研究生质量评价”“高等教育质量建设”“高等教育组织变革”等问题。清华大学副校长、教育研究院院长谢维和教授，厦门大学教育研究院院长刘海峰教授，厦门大学教育研究院副院长别敦荣教授，华中科技大学教育科学研究院副院长陈廷柱教授，清华大学教育研究院常务副院长史静寰教授、王孙禺教授，清华大学教育研究院高等教育研究所所长王晓阳，教育政策管理所李锋亮、张羽等作为嘉宾出席论坛，并进行了精彩的讲话或点评，与同学们进行了亲切的交流。论坛闭幕式上，在场同学谈了参加此次论坛的感受，纷纷表示收获良多，也对论坛提出了中肯的建议。老师们都表示，希望以此次论坛为契机，建立起交流机制，为青年学生的学术交流与合作提供更好的平台。

（清华大学文科建设处刘金梅供稿）

创意创新创业教育思想与方法研讨会 5月21日，创意创新创业教育思想与方法研讨会在清华大学经济管理学院舜德楼举行。来自清华大学经济管理学院、美术学院、基础工业训练中心的十几位老师参加此次研讨会，就日前出台的《国务院办公厅关于深化高等学校创新创业教育改革的实施意见》进行学习，并对清华大学目前三创教育的现状和未来发展方向进行了深入讨论。活动由清华大学经济管理学院创新创业与战略系副主任朱恒源教授主持。学院党委书记、副院长高建教授在发言中强调，“创意创新创业教育要培养和塑造新一代具有创意创新创业能力的人”。经济管理学院会计系教授贾宁、市场营销系教授胡左浩、领导力与组织管理系教授陈昊、市场营销系系主任赵平教授、创新创业与战略系教授程源、创新创业与战略系教授李习保、王毅分别发表了各自观点。美术学院信息艺术设计系系主任徐迎庆教授、基础工业训练中心教授杨建新也结合自身经验和国外知名院校案例，畅谈三创教育培养方式。最后，各位老师就引导学生进行微创新还是颠覆性创新、学生创业如何持续发展、以及清华学生创业领域等更多话题展开讨论。

（清华大学文科建设处刘金梅供稿）

北京 2015 教育督导与评价研讨会　6月3日，由国务院教育督导委员会办公室、北京市教育委员会与北京市人民政府教育督导室举办，北京工业大学高等教育研究所承办的“北京 2015 教育督导与评价研讨会”在北京工业大学召开。研讨会的主题是“教育现代化发展与督导评价”。北京市委常委、教育工委书记苟仲文，国家教育咨询委员会委员、国家总督学顾问陶西平，国家教育咨询委员会委员、中国教育学会会长钟秉林，国家教育咨询委员会委员、中国教育学会常务副会长谈松华，国务院教育督导委员会办公室副主任周坚，北京市委教育工委副书记、市教委主任线联平，北京市委教育工委副书记、市政府教育督导室主任唐立军，北京工业大学党委书记郑吉春等领导出席会议。来自各省（市）、自治区和北京市教育行政、教育督导方面的相关领导及专家，北京市政府特约教育督导人员以及各区、县教育督导室负责人等 240 余人参加会议。

会议由北京市委教育工委副书记、市教委主任线联平主持。北京市委常委、教育工委书记苟仲文在致辞中指出，北京市委市政府始终把教育督导作为政府加强教育宏观管理的一支重要力量，不断强化教育督导职能，在落实教育优先发展的战略地位，推进教育现代化发展等方面发挥了重要的保障和促进作用。国务院教育督导委员会办公室副主任周坚代表教育部刘利民副部长在会前致辞。北京市委教育工委副书记、市政府教育督导室主任唐立军代表主办方作了题为“深化教育督导改革，全面推进首都教育现代化”的主旨演讲。国家教育咨询委员会委员、国家总督学顾问陶西平，国家教育咨询委员会委员、中国教育学会会长钟秉林，国家教育咨询委员会委员、中国教育学会常务副会长谈松华，剑桥国际考试委员会首席执行官沙利文先生等就相关主题进行大会演讲。另外，来自北京、天津、上海、江苏、浙江、广东、大连、青岛和深圳等省市教育督导部门相关领导、专家、学者围绕研讨会主题进行了深入的研讨和交流。

（北京工业大学科发院人文处张爱民供稿）

2015 年国新硕士班国情教育系列讲座　6月4日，为期两个月的 2015 年度国际新闻传播硕士班“国情教育系列讲座”在中国人民大学逸夫楼讲堂落下帷幕。全国政协副秘书长刘佳义为来自中国传媒大学、中国人民大学、清华大学的 2014 级国际新闻传播硕士生们带来了最后一场主题为“人民政协与协商民主”的讲座。

2015 年度的 16 场国情教育讲座，在国务院学位办、中宣部、教育部的统一部署和安排下，全国人大、全国政协、中央纪委、商务部、外交部、科技部、国家发改委、中国记协、求是杂志社、人民日报社等国家部委及来自新闻工作一线的领导、老师，为三校学生带来了理论结合实践、主题多样的系列讲座。

今年的国情教育讲座，紧扣时代主题，从4月2日举办的第一场讲座——中国记协党组书记翟惠生的“讲好中国故事”，到外交部新闻司副司长、新闻发言人洪磊的“推进中国特色的大国外交”等，主讲人们既结合现时国情，又结合专业领域，并根据国际新闻传播的实际需要，为同学们深入浅出地讲解了当前国情的重点，特别是针对“丝绸之路”、“亚投行”等一系列热点现象和焦点问题。

（中国传媒大学文科科研处供稿）

国际传媒教育论坛　6月12—13日，由中国传媒大学文科科研处、国际传媒教育学院与中美教育基金会联合承办的 2015 国际传媒教育论坛暨数据新闻奖学术沙龙在中国传媒大学举行。论坛期间，美国普利策新闻奖获奖记者，美国外交关系协会、财新传媒、中国日报代表，以及清华大学等国内 30 余所高校代表，共同探讨大数据时代面向全球的数据新闻中国报道，梳理三十年中美元首峰会新闻报道，以及媒介外交发展经验策略。此次会议推动落实了中国传媒大学英文权威期刊的编辑出版，并基于学校与美国密苏里新闻学院合作传播学本科的中外办学，探索该校数据新闻学的教育创新。

中美教育基金会主席、美国首位华裔大使张之香，普利策奖获奖者、南加州大学新闻学院原院长 Michael Parks，美国外交关系协会默罗研究员、《洛杉矶时报》北京分社原社长 Barbara Demick，财新传媒首席技术官（CTO）黄志敏，清华大学多媒体新闻学责任教授 Richard Dunham，以及来自北京大学、兰州大学、北京外国语大学、西北师范大学、IREX（International Research & Exchange Board）等高校和国际组织的嘉宾，与中国传媒大学师生代表共同参加论坛。

与会嘉宾从媒介角度出发探讨中美关系，以及美国政府与媒体之间的关系。此次研讨的成果将联合英文学术期刊出版，会上确定了编辑团队和工作计划，以此开拓与美国传媒高等教育和业界的联系，在学术、教学和人才交流等方面进行合作，为中美民间交流和中国传媒大学国际化发展提供有益支持。

（中国传媒大学文科科研处供稿）

京津冀教育协同发展高峰论坛 6月26日，首都师范大学首都教育发展协同创新中心携手京津冀三地高校、科研机构、中小学校和政府部门举办“京津冀教育协同发展”高峰论坛，来自京津冀三地的专家学者、中小学校长、政府部门有关负责人150余人出席论坛，高峰论坛主要围绕“京津冀协同发展战略背景和规划”、“京津冀协同发展下的社会经济与人力变化”、“教育在京津冀协同发展中的地位和功能”、“教育协同发展的内容和重点”、“教育协同发展模式和治理机制”、“教育协同发展策略”等主题展开讨论。

教育部政策法规司司长孙霄兵、北京市教委主任线联平、首都师范大学党委书记郑萼出席论坛开幕式并致辞。开幕式由校长宫辉力主持。

（首都师范大学社科处李志成供稿）

中国教育学会2015年度教育评价研讨会 日前，中国教育学会“2015年度教育评价研讨会”在京举行。会议以“高考与中小学教育质量综合评价改革”为主题，重点研讨深入推进高考和中小学教育质量综合评价改革的最新理论、实践成果，探求在深入推进教育管办评分离背景下，解决高考及教育质量综合评价改革过程中存在的重大问题。教育部有关负责人，上海和浙江两个高考改革试点省份的专家学者，全国中小学教育质量综合评价改革实验区及其他地区的400余位教育管理工作者和校长、教师参加了此次会议。中国教育学会顾问、著名教育家陶西平在主旨报告中指出，高等教育考试招生制度改革关系到国计民生和国家稳定，各国都高度关注，遇到的问题也不相同，涉及政治、经济、文化、教育等多种因素，而解决问题的过程，也是寻求社会功能和教育功能协调发展的过程。

（参见《光明日报》2015年7月21日第6版）

北京高校中国化马克思主义教学研究会 近日，“北京高校中国化马克思主义教学研究会”在北京召开。与会者围绕“马克思主义中国化与毛泽东思想和中国特色社会主义理论体系概论课程教学”这一主题进行了研讨。

与会者认为，我国高校思想政治教育工作已取得不少值得肯定的成绩，今后应在三个方面继续下功夫：第一，在教学上下功夫。增强思想政治理论课程的吸引力和感染力，将内容聚焦到学生的思想困惑上来，建立教学改革试验点，改革教育教学方法。第二，在科研上下功夫。科研是搞好教学的重要支撑，思想政治理论课教师在教学之余应把精力放在理论研究上，切实加强科研能力水平建设。第三，在规范上下功夫。无论是思想政治理论课，还是思政课教师与教学成果的评定，都要有严格规范的标准，以此建立有效的激励机制，切实推动高校马克思主义思想理论教学水平得到不断提升。

（参见《人民日报》2015年8月3日第15版）

2015中美校长高峰论坛 日前，“2015中美校长高峰论坛——美国年度荣誉校长北京行”举行。论坛由北京师范大学中国教育创新研究院、北京师范大学校长培训学院与美国国家中学校长协会（NASSP）合作主办。本届高峰论坛特邀多位美国年度荣誉校长、知名专家和中国的专家学者、优秀中小学校长，双方对话与交流的主题涉及“现代学校管理”“面向未来的教育”“数字化时代学校的挑战与机遇”等。

（参见《光明日报》2015年8月3日第6版）

游戏化学习研讨会 8月29日，中国教育技术协会教育游戏专业委员会成立大会暨游戏化学习研讨会在教育学院召开。来自中国教育技术协会、中央电化教育馆、北京大学、清华大学、南京大学、香港中文大学等组织机构的教育游戏研究者、教育信息化从业者和从事教育游戏研发的教育产业部门代表，以及北京市、天津市、大连市等教育行政部门代表、中小学校代表、国际组织代表100余人参加了会议。会议由中国教育技术协会教育游戏专业委员会荣誉理事长、中央电化教育馆资源综合部主任郑大伟主持。陈晓宇教授首先代表学院致欢迎词，中国教育技术协会常务副会长、中央电化教育馆长王珠珠致词。

（北京大学社会科学部供稿）

国际女童与妇女教育研讨班　9月1—5日，由教育部、联合国教科文组织、中国联合国教科文组织全国委员会、海航集团联合主办，北京师范大学、联合国教科文组织国际农村教育研究与培训中心（INRULED）承办的“国际女童与妇女教育研讨班”在北京师范大学举行。教育部副部长、联合国教科文组织第37届大会主席郝平，北京师范大学校长董奇出席开幕式并致辞。联合国教科文组织总部和位于亚洲、非洲的8个办事处和非洲能力建设研究所的16位官员，来自14个亚非国家近50位代表，以及20多位国内专家、学者共同参加了此次活动。为了让代表们更好地了解我国女童和妇女教育的成就与经验，宣传中国妇女解放运动的历程及相关政策和实践，INRULED组织专家编写了题为“Chinese Women Go Global: Empowerment through Education”的中国妇女女童教育发展报告。此外，INRULED还举办了展览，回顾中心在过去二十年间的发展历程，并展出多类中英文出版物。

（北京师范大学社科处刘娜供稿）

第三届现象学教育学国际学术研讨会　9月18—20日，由首都师范大学教育学院主办的第三届现象学与教育学国际学术研讨会召开。来自北京大学等学术研究机构的100多名专家学者围绕“现象学与专业实践”的主题进行了研讨。

首都师范大学副校长周建设教授在开幕式致辞中指出，现象学以“回到事情本身”为口号，不仅开启了当代实践哲学的传统，而且为教育学、心理学、医学、护理学等人文科学的研究和实践提供了取之不竭的思想源泉。加拿大阿尔伯塔大学名誉教授马克斯范梅南教授认为，“现象学教育学”同时包含着两个主题：“现象学”与“教育学”。与会学者提出，现象学教育学研究有助于解决困扰当前我国教育界的许多理论和实践问题。在这个意义上，现象学教育学对于我们重新思考如何培养师范生、如何有效促进在职教师的专业发展，也有着深远的意义和影响。

（首都师范大学社科处李志成供稿）

“互联网＋”国学教育研讨会　日前，由北京大学与中华书局联合主办、北京大学教育学院与中华书局经典教育推广中心联合承办的“互联网＋国学教育”学术研讨会举行。据悉，中华书局与北京大学教育学院合作，将中华书局优质的内容资源与北京大学教育学院先进的教育技术相结合，共同开发国内首个专门服务于中小学教师的国学在线教育平台——“云国学”，该平台力争为大家打造一个全方位的便捷的教育平台，培养出更多的国学教育优质师资力量。研讨会上，北京师范大学资深教授顾明远表示，在传承中国的经典，开展国学教育是非常有必要的，用“互联网＋”国学教育、信息化时代的手段传播我们中国的经典，使我们的教育真正的有根，使我们的培养人才也有了根。

（参见《光明日报》2015年10月9日第7版）

交融·互进——2015清华大学国际艺术设计教育论坛　10月15日，“交融·互进——2015清华大学国际艺术设计教育论坛”在清华大学美术学院举办。院长鲁晓波出席论坛并发表讲话，陶瓷艺术设计系教授郑宁担任学术主持。作为2015ISCAEE国际陶艺教育交流年会的重要组成部分，本次论坛汇集来自中国、美国、英国、韩国、日本、土耳其、南非、新加坡等8个国家和地区知名陶瓷院校专家学者，论坛以“交融·互进”为主题，各位对ISCAEE国际陶艺教育年会的发展和未来，建言献策，就各国陶艺教育的现状和特色，各抒己见。2015 lSCAEE国际陶艺教育交流年会今年是第八届举办，此前先后在中国、日本、韩国、英国、土耳其、肯尼亚等国举办。2006年清华大学美术学院作为主办方成功举办交流年会，此次年会是本活动第二次在中国举办，共有百余名国外大学的教授、学生和陶艺家参加。

（清华大学文科建设处刘金梅供稿）

国学教育与研究学术研讨会　10月16日，中国人民大学国学院庆祝建院十周年“国学教育与研究”学术研讨会在国学馆报告厅开幕。当天的研讨围绕国学教育与研究展开，旨在进一步探索国学教育模式，完善国学学科体系，深化国学研究。中国藏学研究中心总干事郑堆，中国哲学史学会会长、清华大学国学研究院院长陈来等专家学者和长期关注并扶持国学教育的程十庆等校友出席。中国人民大学校长陈雨露在开幕式前会见与会的专家学者。中国人民大学副校长洪大用出席开幕式并致辞。中国人民大学国学院副院长乌云毕力格代表国学院致辞。在大会交流阶段，中国社会科学院研究员、《文学遗产》原主编陶文鹏等分别围绕“对当代古典文学研究的几点看法”“国学与西夏学”“国学热的意义”以及“我所理解的国学”进行了大会交流发言。当天下午，与会专家分为“经学与子学组”“历史组”“国文组”，围绕当前国学教育中的热点和相关学术问题进行了深入研讨。

（中国人民大学科研处李素萍供稿）

金砖国家大学校长论坛 10月17—18日，金砖国家大学校长论坛在北京师范大学举行，来自金砖国家50多所著名大学的校长以及知名学者、企业家、有关国际组织代表和各界领袖相聚在古朴而典雅的北京师范大学校园，共襄盛举。300余名与会嘉宾在世界大发展、大变革、大调整时代，审视大学的历史责任；在金砖国家合作程度日益加深、领域日益拓展之际，共同谱写金砖国家团结协作的历史新篇章。联合国教科文组织总干事博科娃女士（Irina Bokova）和金砖国家新开发银行行长卡马特先生（K. V. Kamath）分别发来贺信。本次论坛的主题是“创新、变革和大学责任”，设立大学校长圆桌会议及教育、经济、环境、文化和社会五个分论坛，各分论坛主题分别是：“新挑战、新举措：21世纪金砖国家高等教育改革”、“经济发展与经济转型”、“可持续发展的志愿服务路径探索：金砖国家经验分享”、“文化传统与社会创新”、“可持续发展与生态文明”。

10月17日上午，国家教育部部长袁贵仁，巴西驻华大使 Roberto Jaguaribe、俄罗斯驻华大使 Andrey Denisov、印度驻华大使 Ashok K. Kantha、南非驻华公使 Rosemary Mashaba、北京市教育委员会副主任郑登文、北京师范大学校长董奇等嘉宾出席论坛开幕式并致辞。北京师范大学党委书记、校务委员会主任刘川生主持开幕式。袁贵仁在致辞中指出，中国教育部愿意与金砖国家教育界同行协助开展务实合作，共同发展金砖国家更紧密、更团结、更牢固的伙伴关系。金砖国家鼓励和支持高水平大学生之间的交流合作，各国大学也应坚持开放包容，开展办学经验交流和学习借鉴，建立多层次、全方位的交流合作框架，争取取得更多的成果。10月18日上午，金砖国家大学校长论坛于北京师范大学英东学术会堂演讲厅闭幕。闭幕式上刘川生宣读《金砖国家大学校长论坛——北京共识》，宣布金砖国家大学校长联盟成立。董奇在闭幕式上总结论坛的讨论交流成果时指出，在世界格局正发生重大变化、金砖国家新兴经济体在全球的位置不断上升的今天，金砖国家大学正面临着重大机遇与挑战，需要各自承担重要的历史责任，也要广泛开展合作。如何评价金砖国家大学的发展标准成为一个重大问题，必须建立一个更能反映金砖国家各国实际，更能反映每一所大学实际的评价标准。此外，金砖国家各个大学之间已经进行了大量的卓有成效的单边和多边合作，这些都是金砖国家大学之间进一步加强合作的基础。金砖国家大学联盟需服务于金砖国家的发展，为世界科学研究、国际交流、学术发展做出一些新的贡献。

（北京师范大学社科处刘娜供稿）

首届京台基础教育校长峰会 10月26日，京台两地200余名中小学校长代表相聚北京，参加由北京市教委、市台办、西城区政府主办的首届京台基础教育校长峰会，共同探讨京台基础教育未来发展前景等。峰会向与会校长发出倡议，成立京台基础教育校长联谊会，定期召开会议，促进校际沟通与协作。与会专家表示，京台两地基础教育资源各有优势，此次峰会致力于集中两地优质资源，强化教育互动交流，弥补交流与合作形式化、表面化的不足。

京台中小学校际交流合作已有多年。据介绍，目前西城区已有30余所中小学与台湾学校有过交流。

（参见《人民日报·海外版》
2015年10月27日第3版）

首届国际教育 WE 论坛 10月27日，北京师范大学京师学堂京师厅中，一场凝聚时空智慧的跨界对话在中国教育界泰斗、北京师范大学资深教授顾明远先生与世界级管理学大师、北京师范大学名誉教授彼得·圣吉先生之间展开。对话同时开启了继续教育与教师培训学院“首届国际教育 WE 论坛”。对话的主题为“未来的教育：我们如何迈向新的时代”，两位大师回溯了教育对自身成长的影响，探讨了工业时代下中美教育的症结及其影响因素，并共同展望了未来教育如何迈进新的时代。北京师范大学教授、博士生导师、教育管理专家周作宇先生担任本场对话主持嘉宾，北京师范大学高级管理者发展中心执行主任赵实先生主持开场环节。中国老区建设促进会副会长、北京师范大学中国教育扶贫研究中心主任司树杰先生、北京师范大学继续教育与教师培训学院院长王文静教授、北京市教委及各区县教委的领导、北京市各中小学的校长和教师代表、“2030中国未来乡村学校计划”种子学校的校长和教师代表、北师大各院系师生和进修教师代表，以及来自企业界、公益机构、研究机构、知名媒体热心教育的人士等共240余人出席活动，人民日报、新华社、中国教育报、中国国际广播电台等10多家央级媒体出席并报道活动。

顾明远先生和彼得·圣吉先生从教育对各自心智模式的影响谈起，深入分析本国的教育现状，并从社会学、社会分层、社会竞争、文化基因等角度，讨论当前工业化时代的教育弊病以及产生的根源，最后展望了全球化背景下未来教育的发展方向。北京师范大学继续教育与教师培训学院联合北师大高级管理者发展中心、北京师范大学教育学部和明远教育基金，共同促成此次跨界对话。本次“国际教育WE论坛”由北京师范大学继续教育与教师培训学院发起，论坛旨在将“西方（West）”与“东方（East）”融合成为“我们（We）”，共同参与并推动东西方教育的融通，助力东西方文化的交流与互鉴。

（北京师范大学社科处刘娜供稿）

首届幼儿体育研讨会　10月29—31日，首都体育学院幼儿体育研究所在京召开自2014年成立以来首次幼儿体育发展研讨会。会议由幼儿体育研究所所长张莹副教授主持，幼儿体育研究所首席专家王凯珍副校长致开幕辞。体育教育训练学院书记张仁秀，朝阳区教育学院特级教师胡凌燕，西城区教委幼教科主管领导以及研究所专家冯晓东副教授、席凯强副教授、郝晓岑副教授、周志雄副教授和北京市城区35所幼儿园园长、教学主任等应邀出席本次会议。

会议还荣幸邀请到中国台湾国立体育大学黄永宽副教授（推广教育中心主任，体育推广学系主任，亚洲幼儿体育学会秘书长，台湾幼儿体育学会秘书长）针对台湾幼儿体育课程现状与体育课程设计做了专题报告。张莹就研究所主要专家研究方向、研究成果、研究特长等进行了介绍。同时还展示了部分幼儿体育课程视频和相关教学照片。参会的幼儿园园长对课程和研究所的研究方向表现了浓厚的兴趣和极大的热情，纷纷表示希望进一步加强合作。

10月30日下午，全体参会人员赴幼儿体育研究所实验基地观看幼儿体育研究所体育项目以及台湾专家黄永宽教授实践课展示。

通过本次研讨会，展示了首都体育学院幼儿体育研究所近年的研究成果，促进了研究所与中国台湾地区以及北京市各幼儿园之间的交流与合作，为深化进行幼儿体育研究内容，促进幼儿体育发展，进一步明确首都体育学院幼儿体育科研所的研究方向奠定了一定的基础，开创了新的途径。

（首都体育学院科研处供稿）

第七届民族高校教育信息化研讨会　10月31日，第七届民族高校教育信息化研讨会暨中国高等教育学会教育信息化分会“民族教育信息化行业协作组”成立大会在中央民族大学召开。

来自国家民族事务委员会、中国高等教育学会教育信息化分会、清华大学、华东师范大学、北京大学的领导和专家及来自全国各地11个民族院校的40余名代表参加了会议。蒋东兴、汪琼和付小龙等专家就高校信息化“十三五”规划、智慧校园建设和MOOCs等做了主题报告，各民族高校在会上分享了信息化建设经验。

为了响应国家加快民族教育信息化发展的决策，进一步整合少数民族高等院校在信息化建设方面的科研和实践力量，促进各高校在民族教育信息化建设领域的交流和协作，经中央民族大学现代教育技术部倡议，中国高等教育学会教育信息化分会理事长会议研究决定成立“民族教育信息化行业协作组”，旨在整合教育信息化和民族高校领域专家，成立民族教育信息化行业协作组，并研讨民族教育信息化中的重点问题、最新进展和建设经验。在此次会议上，正式成立了民族教育信息化行业协作组，首任组长由中央民族大学担任。

（中央民族大学科研处供稿）

2015高校生态文明教育论坛　10月31日，首经贸主办2015高校生态文明教育论坛，研讨生态文明新时代与高等教育新使命。中国绿色时报社、中国特色镇发展论坛组织委员会、北京大学中国持续发展研究中心共同协办了本次论坛。论坛分三个分论坛，围绕京津冀协同发展与生态文明教育、自然文学发展与生态文化培育、高校生态文明教育实践活动与育人机制创新三个主题进行研讨。与会专家分别以“中国生态文明建设的挑战和举措”、“关于创建‘人文森林学’和实施‘人文森林工程’的建议”、“中国自然文学的特点和使命”、“生态文明建设与应对气候变化——绿色碳汇与碳交易”为题，作了主旨报告。

来自教育部思想政治工作司、国家林业局、团中央、北京市教育委员会、共青团北京市委员会、原致公党中央常委、北京大学中国持续发展研究中心、中国绿色时报社的领导，及来自北京大学、复旦大学等京内外66所高校代表、全国15家基层乡镇负责人出席论坛。

（首都经济贸易大学科研处李琳供稿）

从当权者的知识到强有力的知识学术讲座 11月10日，英国伦敦大学教育学院荣誉教授麦克·扬（Michael Young）在京为清华大学教研院师生作题为“从‘当权者的知识’到‘强有力的知识’”的讲座，自述了其学术研究重点的转变并介绍了其最新的教育社会学理论观点。校务委员会副主任、教研院院长谢维和出席并讲话。麦克·扬从三个基本内容展开：一是其早期的社会建构主义观点的理论来源、理论看法、现实实践等，反思了早期观点的不足；二是转变后的观点的理论来源，他介绍了迪尔凯姆、维果茨基和伯恩斯坦三人分别对其后期社会实在论的课程观的影响所在；三是总结了其最新概念——“强有力的知识”的基本特征、内涵。谢维和总结了麦克·扬的研究和思考的本质——知识的客观性/实在性与社会性这对矛盾，并以一个图表概括了历史上针对这对矛盾而发展出的不同理论流派及其主要观点。他指出，这样的理论探讨对我们中国的理论研究及课程实践现实都有很大的启发，我们研究者要重视以理论的态度分析知识和教育问题，而教育界则需要重新思考斯宾塞的经典质问——教给学生怎样的知识才是最有价值的？此次讲座也吸引了北大、北师大、青岛大学等部分国内外院校的学者师生前来参加。

3月20日下午，法国巴黎银行集团（BNP Paribas）董事长Jean Lemierre一行访问清华大学经济管理学院。经济管理学院院长钱颖一及中国企业全球化研究中心主任贾宁等一同会见了来宾。会见中，钱颖一就法国巴黎银行捐资建设中国企业全球化研究中心一事表示感谢，并向来宾介绍了学院的师资、学生、顾问委员会等情况。贾宁向来宾介绍了研究中心的组织架构、主要目标、发展方向等内容。双方对合作充满了信心与期待。副校长杨斌在工字厅会见来宾。清华大学经济管理学院副院长夏冬林及贾宁陪同会见。在会谈中，杨斌介绍了清华大学国际化进程及学生国际化培养情况，并对法国巴黎银行和清华大学经济管理学院近期共建的中国企业全球化研究中心寄予了高度期望。杨斌表示，希望研究中心成为金融及经济全球化方面的思想领袖以及中国企业走向国际舞台过程中的高端智库。Jean Lemierre表示对法国巴黎银行与清华大学的合作高度期待，并希望今后能与大学进行更加深入和紧密的合作。

（清华大学文科建设处刘金梅供稿）

教育部普通高中美术课程标准研讨会 11月14日，由首都师范大学美术学院主办，亚洲美术教育研究与发展中心承办的“中外基础美术教育交流会暨普通高中美术课程标准研讨会”在首都师范大学国际文化大厦召开。教育部高中美术课程标准修订组奚传绩、尹少淳等八位专家及来自全国高师院校代表、北京市五十五中学国际部视觉艺术科外籍教师80余人参加会议。首都师范大学美术学院党委书记常建勇、院长刘进安、副院长韩振刚、副院长吴明娣参加开幕式，副院长韩振刚代表学院致欢迎辞。

研讨会上，高中美术课程标准组长、首都师范大学美术学院教授、博士生导师尹少淳教授对《普通高中美术课程标准（修订版）》的精神及主要内容进行了介绍，并对美术学科核心素养的含义及表现进行了深入的阐述。会议以越洋连线的方式与美国芝加哥大学艺术学院教授Olivia Gude、美国宾州库兹敦大学美术教育教授Marilyn G. Stewart进行了视频会议。会议的第二部分，对美国艺术课程教学进行了案例探讨。

（首都师范大学社科处李志成供稿）

新京师MBA青年领袖论坛分论坛：“互联网+”背景下的教育微创新 11月21日，第二届“新京师MBA青年领袖论坛”之“‘互联网+’背景下的教育微创新”主题论坛在北京师范大学京师学堂举行。论坛由北京师范大学经济与工商管理学院主办，北京师范大学MBA教育中心、北京师范大学MBA联合会联合承办，由2015级教育运营与管理方向春季班负责方案总策划和具体执行。论坛紧扣时代脉搏，回归教育本源，汇聚了国家教育发展战略研究专家、北京师范大学教育运营与管理MBA精英、教育创业投资专家以及处于时代最前沿的教育教学技术探索者，以主题演讲、圆桌论坛和创新案例分享的形式对“互联网+”大背景下教育领域的创新理念、创新思维和创新实践进行了深入探讨。

国家教育发展研究中心副研究员熊建辉、北京101中学双榆树分校校长万锡茂、大家汇创始人兼CEO葛文伟、未来工场合伙人宁柏宇分别以“互联网+与中国教育改革创新”、“互联网时代学校教育创新的思考与实践”、“教育产业的发展趋势及创业机会”、“国际教育创新案例分享”为题作主题演讲，从四个不同的角度阐释了"互联网+"时代教育相关从业者如何进行资源整合，实现"跨界融合"，肩负起历史使命，共同促进中国教育事业的持续创新与发展。北京市太平路中学副校长赵杰志，郭培在线名师、海淀区教师进修学校教研员许长明，北京闪联信息技术工程中心有限公司总监王斌，皮影客创始人兼CEO胥克谦和四位主题演讲嘉宾针对大家通过现场投票确定的两个感兴趣的话题，即"互联网+教育下的学校应对策略"、"'互联网+'教育下市场格局的变化与机会"，各自分享自己的观点并与观众热情互动，掀起了本次论坛的高潮。数百位北京师范大学MBA学子以及众多关注教育产业发展、支持教育创新的商界领袖和新锐企业代表积极参与本次教育论坛。论坛由北京师范大学校友、博瑞艾科品牌营销机构总经理梅峰和中关村四小副校长赵彦主持。海淀区教工委书记助理、海淀区教育党校常务副校长、海淀区中小学干部研修中心主任陈岩，北师大第一届教育运营管理MBA学员、现任海淀区温泉苏家坨学区书记孙继刚，北京国富众乐投资有限公司董事长文波以及北京MBA联盟常委会主席团成员等嘉宾团体应邀出席活动。

（北京师范大学社科处刘娜供稿）

大学校长论坛　11月27日，由人民网主办的2015大学校长论坛在京举行，人民网与27所大学就人才培养、专业建设、形象推广等签署战略合作协议。

本次论坛聚焦"'十三五'高校如何发力"这一主题，深入探讨世界一流大学和一流学科建设以及高校治理等问题。中国人民大学、北京理工大学、北京外国语大学等高校负责人围绕"如何让创业梦想照进现实""一流学科建设与大学核心竞争力""如何提高高校治理能力"三个话题进行了讨论。

人民日报社总编辑李宝善在致辞中介绍说，举办2015大学校长论坛，就是要通过这个平台充分交流、集思广益、凝聚共识、共谋发展，以创新的思维、开放的视野、共享的理念，推动高校"两个一流"建设步伐迈得又稳又快。

全国政协常委、民进中央副主席朱永新在致辞中认为，"未来大学"的门槛会降低，课程的重要价值可能会取代文凭，"大学的改造将不可避免，早改早得益。改造我们的大学，需要我们从点滴做起，从今天做起。"

中国高等教育学会会长瞿振元等出席。人民日报社编委委员、秘书长王一彪主持论坛。

（参见《人民日报》2015年11月30日第4版）

2015首都教育论坛·学校法制教育学术研讨会　11月28日，由首都师范大学主办，首都师范大学教育学院、继续教育学院、首都基础教育研究基地、首都教育发展协同创新中心及北京市法学会教育法学研究分会承办的"2015年首都教育论坛·学校法治教育"学术研讨会在首都师范大学北一区举行。来自北京大学等多所大学和研究机构的专家、学者和法律实践工作者及全国中小学法治教育骨干教师"国培计划"项目的全体学员近100人参加了会议。

大会以"学校法治教育"为主题，围绕中小学法治教育的创新与发展、学校法治文化建设与管理及道德教育、公民教育与法治教育等议题展开一系列精彩纷呈的主题演讲、交流互动与专家对话活动。会议在深入讨论和充分交流的基础上，对社会转型期学校法治教育的基本定位、主要问题和有效对策达成了广泛的共识，对中小学法治教育的理论研究与实践创新起到了重要的推动作用。

（首都师范大学社科处李志成供稿）

本科教学教法研讨会　12月2日，中国传媒大学新闻传播学部新闻学院召开由全体教师参加的"本科教学教法研讨会"，这场围绕改进新闻传播学本科教学的认真思考和互动交流的学术活动，历时8个小时之久。

为了更好地落实国务院印发的《统筹推进世界一流大学和一流学科建设总体方案》，新闻学院特此举办了本科教学教法研讨会，从本科教学的实际问题出发，为如何打造一流的新闻传播学科献计献策。学院希望以"本科教学教法研讨会"为契机，进一步提升学院本科教学质量。

研讨会由新闻传播学部副学部长、新闻学院院长刘昶教授主持。副院长丁迈教授首先就最新版的本科评教结果进行了数理分析，针对学生反馈信息，总结了当前学院本科教学中存在的优点与不足。

应邀与会的胡正荣副校长在介绍全媒体时代的新闻传播学教育发展趋势之后，还详细解读了《统筹推进世界一流大学和一流学科建设总体方案》。教务处副处长张济荣和许一新则分别就本科教学质量管理与评价体系和《中国传媒大学深化创新创业教育改革实施方案》细则，向老师们作出解释。

在经验介绍环节，专程应邀与会的首都师范大学博士生导师、课程与教学论专家邢红军教授就如何获得令学生满意的课堂效果，与新闻学院全体教师进行了交流；中国传媒大学广电研究中心副研究员、“北京高校第八届青年教师教学基本功比赛”二等奖和“最受学生欢迎奖”双料得主张磊和新闻学院副教授倪桓也分别示范了课堂教学心得。

在中青年教师基本功展示环节，新闻学院6名教师分别进行了15分钟的课程展示，由新闻学院8名教授组成的匿名评议组对6名教师的教学进行了点评。

最后，新闻学院全体教师就课程建设、教师梯队培养、推进教学国际化等议题进行了分组讨论。

（中国传媒大学文科科研处供稿）

第二届北京学前教育高峰论坛 12月4—5日，由首都师范大学学前教育学院主办的“第二届北京学前教育高峰论坛”在北京举行。论坛的主题是“学前教育人才培养质量内涵与提升策略”，国内20余所高等院校的学前教育专业负责人近80位专家前来参会。

12月4日上午，北京师范大学教育学部副部长朱旭东教授做了“论我国三轨多级教师教育体系”的报告。冯晓霞教授做了“新教师资格证制度下学前教育专业人才培养”的报告。两位专家高水平的报告在代表中产生了深刻的反响。

12月4日下午，24所高等院校分为三个分论坛，分别报告了各自学前教育专业硕士、本科、专科人才培养方案，并就改革中的培养目标、课程结构、实践方式、评价方式等难点和热点问题进行了广泛而深入的讨论。

12月5日，在主题分别为“学前教育人才培养模式改革”、“幼儿园教师心理健康与专业发展”的分论坛中，10位学者就各自研究的主题做了精彩报告，与参会专家学者就相关问题展开了深入的研讨。

（首都师范大学社科处李志成供稿）

新常态下北京高校继续教育的创新与发展研讨会 12月7日，由北京市教育委员会、北京师范大学人才培养共建项目“北京高校继续教育办学综合改革研究”（简称“共建项目”）项目组主办、北京师范大学继续教育研究与发展中心承办的“新常态下北京高校继续教育的创新与发展——改革·融合·跨越”研讨会在京师大厦召开。北京市教委委员黄侃，中国教育技术协会学术委员会副主任、清华大学教育研究院程建钢教授应邀出席研讨会并做主题发言，部分在京部属高校、北京市属高校、在京高职院校、独立设置成人高校的继续教育部门主要负责人、项目组成员等共60余人参加了研讨会。共建项目主持人、北京师范大学继续教育研究与发展中心主任包华影教授主持会议。

黄侃委员以“北京高校继续教育的新思考”为题，从新时期北京继续教育工作的定位谈起，系统地提出了关于北京继续教育改革发展的个人思考。黄侃委员指出北京高校继续教育发展应和国家宏观战略、北京市功能定位及经济新常态、“互联网+”背景等的要求和机遇契合，在保证质量、规范发展的前提下服务社会和行业需求，实现融合、跨越式发展。北京市教委高教处原副处长刘承邠调研员做总结发言，鼓励各高校在继续加强规范办学的同时，关注自身内涵发展，积极应对新常态下的机遇和挑战。与会领导、专家一致认为此次研讨会恰逢其时，简洁务实，议题接地气，研讨有收获，充分引发了各高校继续教育发展的深层次思考。本次会议旨在汇聚北京高校继续教育改革的建议和思考，研讨继续教育发展的问题和对策，为“北京高校继续教育办学综合改革研究”项目研究提供依据，为深入推进北京高校继续教育的改革发展建言献策。

（北京师范大学社科处刘娜供稿）

第十届民盟高教论坛 近日，第十届民盟高教论坛在京举行。本次论坛由民盟北京大学委员会、清华大学委员会和北京大学医学部委员会联合举办，与会专家围绕“大学之策”的主题进行发言并作研讨。

全国人大常委会副委员长、民盟中央主席张宝文到会致辞，他就高等教育规模、高等教育布局、分层分类办学、现代大学制度建设以及大学创业教育等十个题目点题，要求在座的民盟专家献计出力，为我国加快从高等教育大国向高等教育强国迈进作出新的贡献。清华大学热能工程系史琳教授、北京大学人民医院叶颖江主任医师、北京大学地球与空间科学学院鲁安怀教授分别就学科评估存在引导办学同质化、指标简单的问题，论文造假问题，过度强调绩效管理不利于基础科学研究问题发表了主旨演讲。

（参见《光明日报》2015年12月8日第13版）

第五届中国外语教育高层论坛 12月10日，由北京外国语大学中国外语教育研究中心、北京师范大学外国语言文学学院、首都师范大学外国语学院共同主办的第五届中国外语教育高层论坛在首都师范大学召开。论坛以“中小学外语教师核心专业素养与评价”为主题。

中国外语教育研究中心主任王文斌教授、北师大外国语言文学学院院长程晓堂教授、首师大外国语学院院长封一函教授、中国外语教育研究中心副主任韩宝成教授出席论坛并分别主持主旨发言和各场发言讨论。会议还邀请了来自北京外国语大学、北京师范大学、首都师范大学、华东师范大学、中国教育科学研究院的专家和教师，以及全国部分省市的中小学教研员和名师发展工程骨干教师作主旨发言。

（首都师范大学社科处李志成供稿）

民族学　宗教学

当代中国民族工作历史经验研讨会　日前，中国社会科学院当代中国研究所召开“当代中国民族工作历史经验研讨会”，来自国家民委、国家行政学院、中国社会科学院、中国藏学研究中心、中央民族大学以及西藏、云南、新疆、内蒙古等地区的科研院所、政策研究部门的专家学者 30 余人与会。会议就当代中国民族工作的成就与经验、当前民族地区发展与稳定的若干重大问题等进行了深入研讨。

与会学者指出，坚定不移走中国特色解决民族问题的正确道路，就是要坚持党的领导，坚持中国特色社会主义道路，坚持维护祖国统一，坚持各民族一律平等，坚持和完善民族区域自治制度，坚持各民族共同团结奋斗、共同繁荣发展，坚持打牢中华民族共同体的思想基础，坚持依法治国。坚持和完善民族区域自治制度，是坚定不移走中国特色解决民族问题的正确道路的重要内容和制度基础。在新的历史条件下，坚持和完善民族区域自治制度，需要正确认识和把握民族区域自治的时代内涵与特征，坚持统一和自治相结合、民族因素和区域因素相结合，推进自治地方依法自治，推动民族地区发展经济、改善民生；需要围绕民族地区的社会主要矛盾和特殊矛盾，根据经济社会发展的深刻变化，努力推进民族事务治理体系和治理能力现代化，不断完善民族区域自治的体制机制，发展和创新适合中国国情与民族地区实际的具体实现形式。

与会学者认为，坚定不移走中国特色解决民族问题的正确道路，要进一步增强各民族共同团结奋斗、共同繁荣发展的思想基础和精神动力，在让各族人民增强对伟大祖国的认同、对中华民族的认同、对中华文化的认同、对中国特色社会主义道路的认同等方面努力，积极培养中华民族共同体意识，建设各民族共有精神家园。同时，深入推进反分裂斗争，自觉维护国家最高利益和民族团结大局，努力把统一的多民族国家建设成为富强、民主、文明、和谐的社会主义现代化国家。

（参见《光明日报》2015 年 1 月 7 日第 15 版）

丝绸之路与海外华人国际学术研讨会　5 月 19 日，由中国社会科学院民族学与人类学研究所主办、中国社会科学院民族学与人类学研究所民族文化研究室、中国人类学民族学研究会丝绸之路文化产业专业委员会联合承办，广西师范大学出版社的“理想国文化品牌”协办的“丝绸之路与海外华人”国际学术研讨会在北京举行。

中国社会科学院民族学与人类学研究所党委书记方勇，中国驻蒙古国前大使黄家骙，中国社会科学院民族学与人类学研究所副所长尹虎彬，北京利腾基础科技有限公司董事长、中国人类学民族学研究会丝绸之路文化产业专业委员会副主任孔军，中国友谊促进会联络部副部长、中国人类学民族学研究会海外文化研究专业委员会秘书长葛海亭以及来自海内外科研机构、高校的 50 余位专家学者参加会议。20 多位专家学者做了学术报告。新加坡宗乡会馆联合总会理事兼学术委员会主任柯木林做了题为“侨史何人秉笔书——新加坡华人史研究的经验分享”的主题演讲。研讨会邀请了中国社会科学院、北京大学、中央财经大学、中央民族大学、首都经贸大学、上海大学等单位的专家学者及相关部门的民族学、人类学、社会学、历史学研究的部分代表参加了会议研讨。北京大学社会学系人类学专业主任高丙中教授、中国驻蒙古国前大使黄家骙、日本关西学院大学丝绸之路研究中心主任山泰幸教授、全球总裁联合会秘书长卞洪登、蒙古国蒙中经贸文化教育促进会会长赵勒城分别作了主题报告。

（中国社会科学院办公厅刘玉杰编辑，民族学与人类学研究所科研处供稿）

马克思主义宗教观研讨会 · 2015　5 月 30—31 日，中国社会科学院世界宗教研究所与中国宗教学会共同主办的“马克思主义宗教观研讨会（2015）”在北京召开。

来自国家宗教事务局、中央社会主义学院、中央文献研究室、陕西社会科学院、江西社会科学院、天津社会主义学院、四川省人民政府参事室、中国人民大学、中央民族大学、陕西师范大学、新疆师范大学、辽宁大学、四川大学、湘潭大学、渤海大学、燕山大学、内蒙古工业大学、牡丹江师范学院、山东枣庄学院、常德市委党校等单位的中国学者，和来自美国、德国、澳大利亚、韩国、法国等国家的外国学者共约50人出席会议。

研讨会的主题是“事实与价值：新常态视野中的马克思主义宗教观”。会议围绕“宗教研究中的事实判断和价值判”“资本运动视域中的宗教图景”“全球信教人口统计分析”“宗教事务法治化管理”“宗教公益慈善”“新疆伊斯兰教地域化现状及对策”“基督教中国化”等问题进行了讨论。

（中国社会科学院办公厅刘玉杰编辑，世界宗教研究所科研处供稿）

满洲民族共同体及其文化学术研讨会 今年是“满洲”命名380周年，为促进满学、清史研究的发展，6月26—28日，由北京市社会科学院满学研究所主办的“满洲民族共同体及其文化”学术研讨会在北京召开。来自中国社科院、国家清史编纂委员会、北京大学、故宫博物院、沈阳故宫博物院、中国第一历史档案馆等近20家社科院、高校、文博单位的50多名专家学者参加了会议。此次学术研讨会围绕女真与满洲的关系；清代政治、经济、军事、文化之满洲元素；清朝满文档案文献整理、编译、出版的最新成果及其发展趋势；满语文教学、研究之现状及满文入选第四批国家级非物质文化遗产代表性项目名录扩展项目的意义四大主题展开。与会学者就相关主题，进行了深入的探讨，推动了对满洲民族共同体及满文档案等方面的研究。北京市社会科学谭维克院长参加了此次研讨会，做开幕式致辞。谭维克指出，清代是满洲民族共同体形成、发展的时期，以满文为中心的民族文化得到了空前的发展和繁荣，在特定的历史时期发挥了重要作用。对于满洲民族共同体及其文化的研究，亟待学术界给予更多的关注。

（北京市社会科学院科研处供稿）

首届中国的东正教研究及东正教群体学术研讨会 6月27日，首届“中国的东正教研究及东正教群体”学术研讨会在中国社会科学院世界宗教研究所召开。研讨会由中国宗教学会、中国社会科学院基督教研究中心举办。出席会议的有中国宗教学会会长、世界宗教研究所所长卓新平研究员，中国宗教学会常务副会长、中国社会科学院世界宗教研究所党委书记曹中建，国家宗教事务局四司司长戴晨京，北京大学哲学系教授徐凤林，北京师范大学哲学系教授张百春、现代国际关系研究院研究员蒋莉等以及来自新疆维吾尔自治区、黑龙江省、贵州省、哈尔滨市、沈阳市的从事中国东正教研究的40余名学者及新疆维吾尔自治区乌鲁木齐市东正教堂管委会、新疆维吾尔自治区伊宁市东正教堂管委会、黑龙江省哈尔滨市东正教堂管委会、内蒙古自治区拉布达林镇东正教管委会的负责人也参加了会议。

会议围绕“中国东正教史研究”“东正教与国际关系、社会生活”“东正教与哲学、文学”“东正教研究现状”“中国的东正教现状”等专题进行了讨论。

（中国社会科学院办公厅刘玉杰编辑，世界宗教研究所科研处供稿）

第六届东北亚民族文化论坛 6月27—28日，由中央民族大学民族学与社会学学院与中国民族学学会东北亚民族文化研究会、延边大学朝鲜族文化研究基地主办，东方毅拓展文化协会协办的“第六届东北亚民族文化论坛：非物质文化遗产、民族文化变迁与跨文化交流国际学术研讨会”在中央民族大学召开。来自俄罗斯、蒙古国、日本等国外代表和我国近30所高校及科研院所的86位京内外代表应邀参与会议并发言讨论。

本届国际学术会议主要围绕“东北亚民族文化”的主题展开了“东北亚地域社会与民族文化变迁”、“非物质文化与跨文化交流、传播”及“文化产业与文化变迁”3个分议题的发言和讨论。

在东北亚地域社会与民族文化变迁方面，与会代表对“非遗与文化生态——保护还是破坏?”进行了激烈的讨论。在“非物质文化与跨文化交流、传播”议题中，海内外学者以各具体的非物质文化（如民间传统工艺、餐饮文化、佛教等）为线索，对非物质文化的传承与保护、非遗对文化遗产保护的意义、非物质文化保护的策略等进行了主题鲜明的演讲，对非物质文化的保护以及不同地区的文化交流和传播有重要的研究及实践意义。对于文化产业与文化的变迁，参会学者及专家主要从工商业文化、种植文化、旅游文化、传统服饰文化、民间美术等领域进行了具有现实意义的发言和讨论。

（中央民族大学科研处供稿）

首届北京宗教研究高端论坛 7月11日，中国社会科学院世界宗教研究所、中国宗教学会、北京东岳庙、中央民族大学哲学与宗教学学院、中国社会科学院巴哈伊研究中心联合举办了“首届北京宗教研究高端论坛”。

出席论坛的中国社会科学院世界宗教研究所主要领导有：全国人大常委会委员、世界宗教研究所所长卓新平研究员，世界宗教研究所党委书记曹中建，世界宗教研究所原副所长金泽，世界宗教研究所副所长郑筱筠研究员。出席论坛的中央和国家机关以及北京市委和市政府主要领导有：国家宗教事务局副局长蒋坚永，北京市民委宗教局副局长刘先传等。

参加论坛的学者分别来自中国社会科学院世界宗教研究所、马克思主义研究院、哲学研究所、近代史研究所，中国社会科学出版社，中央民族大学，北京市社会科学院，北京大学、中国人民大学、北京师范大学、华中师范大学等。

论坛开幕式由中国社会科学院世界宗教研究所党委书记曹中建主持。

会议围绕“北京的多元宗教与和谐社会建设”“北京宗教的多元通和：儒教信仰、巴哈伊信仰、佛教”“北京道教的社会历史变迁”“北京基督教历史与基督教中国化”“北京乡土宗教的历史脉络”“北京伊斯兰教、天主教的社会文化作用”等专题进行了讨论。

（中国社会科学院办公厅刘玉杰编辑，世界宗教研究所王潇楠供稿）

“一带一路”战略下新疆发展的机遇和挑战暨庆祝新疆维吾尔自治区成立60周年座谈会 9月12日，由中国社会科学院民族学与人类学研究所主办、新疆历史与发展研究室承办的“‘一带一路’战略下新疆发展的机遇和挑战暨庆祝新疆维吾尔自治区成立60周年座谈会”在中国社会科学院民族学与人类学研究所召开。国家民族事务委员会原副主任周明甫、中央新疆办公室王新、全国政协民族和宗教委员会办公室副主任窦文分别致辞。来自国家民族事务委员会、全国政协民族和宗教委员会、中央新疆办公室、中国社会科学院中国边疆研究所、新疆社会科学院、中央民族大学民族学与社会学学院、北京大学社会学系、新疆石河子大学政法学院、新疆师范大学民族学与社会学院等单位的领导和专家30多人出席会议。中国社会科学院民族学与人类学研究所党委书记方勇主持开幕式。

会议围绕“新疆维吾尔自治区成立60周年以来取得的发展成就”“新疆在‘一带一路’中面临的机遇和挑战”等议题进行了讨论。

（中国社会科学院办公厅刘玉杰编辑，民族学与人类学研究所科研处供稿）

中国社会科学论坛（2015·宗教学）——“一带一路”与宗教对外交流 9月18—20日，由中国社会科学院世界宗教研究所、国家宗教事务局外事司、中国宗教学会主办的“中国社会科学论坛（2015年·宗教学）——‘一带一路’与宗教对外交流”在北京召开。开幕式上，国家宗教事务局副局长陈宗荣，中国社会科学院世界宗教研究所党委书记曹中建等致辞。共有来自学界、政界和教界约100人参加会议。

会议围绕“宗教在公共外交中的作用”“从‘文明互鉴’和‘民心相通’的角度挖掘‘一带一路’的宗教文化内涵”“如何推进‘一带一路’上的宗教文化建设”“海上丝绸之路的作用与意义”“亚洲宗教的特点及其对文化交流的影响”“五大宗教与‘一带一路’的关系” “关于基督教与‘一带一路’”“天主教与‘一带一路’”“伊斯兰教与‘一带一路’战略”“道教在‘一带一路’战略中发挥的作用”等议题进行了讨论。学者们深度挖掘古老“丝绸之路”文化精神和今日“一带一路”国家战略实施过程中宗教扮演的角色与地位，围绕着各种宗教与文明间的多维相处之道、深入探讨当今国际诸宗教与世界文明对话的途径、主要特点及发展趋势。

（中国社会科学院办公厅刘玉杰编辑，世界宗教研究所王鹤琴供稿）

首届全国宗教学博士后论坛 9月21—22日，由中国社会科学院、全国博士后管理委员会、中国博士后科学基金会主办，中国社会科学院博士后管理委员会、中国社会科学院世界宗教研究所承办的“首届全国宗教学博士后论坛”在中国社会科学院举行。论坛的主题为“宗教学与中华文化复兴”。论坛发言分为六场，主题分别为“我国宗教现状及对策”“佛教文化历史研究”“儒教的发展及未来”“佛道研究”“宗教的文化意义”“多元宗教研究”。来自中国社会科学院世界宗教研究所、民族学与人类学研究所、亚太与全球战略研究院，以及北京大学、复旦大学、南京大学、武汉大学、山东大学、四川大学、西北大学等博士后流动站的近30位博士后参加会议并作主旨发言。来自中国社会科学院、北京大学、清华大学、复旦大学、中国人民大学、中央民族大学等大学和研究机构的博士生导师进行了点评。共计近80人参加了论坛。

（中国社会科学院办公厅刘玉杰编辑，世界宗教研究所科研处供稿）

中国国际象雄文化学术研讨会 9月19—22日，由中央民族大学和西藏自治区民族宗教事务委员会联合主办、四川大学和北京象雄盛世文化发展有限公司协办的首届“中国国际象雄文化学术研讨会”（China International Conference of Shang Shung Cultural Studies）在北京西藏大厦召开。来自中国、美国、法国、日本、捷克和荷兰的专家学者等250余人参加了开幕式。开幕式由中央民族大学藏学研究院院长才让太教授主持，中央民族大学副校长宋敏教授、西藏自治区民族宗教事务委员会副主任多吉次仁和北京象雄盛世文化发展有限公司董事长陈泠先后作了大会发言。

多吉次仁在发言中说：“藏民族文化是中华文化的重要组成部分，象雄文化又是藏民族为主的青藏高原多民族文化的重要源头，特别是对西藏文化的形成、演变和发展产生了重大而深远的影响，至今滋养着数百万藏族儿女。”他指出：目前象雄文化的研究虽然取得了较多成果，“但对象雄文化的整体研究推进还存在一些困难和问题，有些领域的争论和分歧也较大”，而只要本着“科学精神，带着正确的研究方法和真诚严谨的学术态度，多维度、多领域实事求是地进行研究论证，就一定能够达成诸多共识，共享文明成果。”他诚挚地邀请各位研究象雄文化的专家学者到今天西藏的阿里、那曲、昌都等实地考察，感受象雄文化的存在和演变。

此次研讨会是中国高校第一次携手国内外有关象雄文化研究方面的专家学者共同举行的国际学术研讨会，收到学术论文50余篇。论文主题分为历史与宗教、考古与艺术、语言与文化、自然科学（象雄环境与气候等）、象雄与亚洲文明交流等五个方面。论文内容涉及历史、宗教、语言、文化、考古、文献、艺术史等相关领域；首次公开展示有关象雄的珍贵文物，就有关象雄问题展开广泛的学术讨论。与会专家认为，这次会议必将推进学术界对古代象雄的历史、宗教、文化、语言、考古等方面的研究和认识，丰富人类对中亚各民族文明的知识，提高藏学界对中亚古代文化研究的学术水平。

（中央民族大学科研处供稿）

首届胡仁·乌力格尔国际学术研讨会 10月16日，“首届胡仁·乌力格尔国际学术研讨会暨第二届胡仁·乌力格尔高层论坛”在中央民族大学召开。来自蒙古国、日本、匈牙利等国家的10余位外籍专家和来自北京大学、中国社会科学院、内蒙古大学、内蒙古师范大学、内蒙古民族大学和中央民族大学等单位的专家学者以及来自吉林和内蒙古的说书艺人甘珠尔等60余人参加了会议。

胡仁·乌力格尔（蒙古说书）是蒙古族民间文学的一个重要载体，已有300多年的历史，产生了600多名著名胡尔奇（说唱艺人），演唱的故事有500余部，很多演唱的内容是汉族英雄故事。这次会议围绕着“胡仁·乌力格尔的传承人——胡尔奇的风格和流派研究”、“胡仁·乌力格尔的传承人——胡尔奇的生平研究”、“胡仁·乌力格尔文本研究”、“胡仁·乌力格尔比较研究”、“胡仁·乌力格尔的相关问题研究”展开了主题讨论。

此次会议的召开，对胡尔奇各流派的传承、发展具有重要的理论意义、现实意义和指导意义，为我国民族高等院校及科研院所的蒙古民间文学、曲艺艺术、蒙古语言和方言、蒙古族音乐、蒙汉文学关系的教学科研工作提供了有价值的参考资料，并从非物质文化遗产保护、蒙古民间文学的传承、民族教育的发展、蒙古文化的研究等角度肯定了召开此次会议的重要性。同时也为文化行政部门有效保护和传承胡仁·乌力格尔提出了建设性意见和建议，进一步推动了胡仁·乌力格尔传承、保护和研究工作迈上一个新台阶。

（中央民族大学科研处供稿）

民族学人类学理论方法创新发展国际论坛 10月18—19日，“中国社会科学论坛：民族学人类学理论方法创新发展国际论坛暨纪念费孝通先生大瑶山调查80周年学术研讨会”在北京召开。中国社会科学院副院长、党组成员李培林出席开幕式并致辞。出席论坛的还有中国社会科学院民族学与人类学研究所所长王延中、哥伦比亚大学教授孔迈隆、广西壮族自治区金秀瑶族自治县党委副书记莫慧军等。来自中国、美国、日本、韩国、澳大利亚等国的专家学者参加会议。会议研讨的主要问题有："民族学人类学理论方法创新发展""社会秩序与社会管理""文化遗产与文化自觉""纪念大瑶山调查80周年、缅怀费孝通先生"等。

与会学者认为，费孝通致力于多学科视角研究民族，通过这些学科的理论和方法调查和理解中国社会的民族现象，推动了中国民族理论的本土化建构。从历史、社会、文化三个维度呈现他的理论观点，而这些理论观点揭示了中华民族和民族发展进程中的一些特点和规律，为处理民族问题提供了正确的理论和方法，对延续中华民族认同的精神命脉指明了方向。与会学者认为，费孝通先生的广西大瑶山调查，是当时中国人类学田野工作的一个经典范例，其中不仅反映了田野工作的一些基本方法和原则，更体现了田野工作背后的基本价值取向。在几十年之后，中国和世界都发生了很多重大变化，人类学田野工作也处于全新的人文社会环境之中，如何在新的历史条件下，坚守优良传统、探索开拓创新、保持田野工作前沿活力，是民族学、人类学实地研究者的一个重要的学术使命。

会议由中国社会科学院主办，中国社会科学院民族学与人类学研究所、国际合作局承办。

（中国社会科学院办公厅刘玉杰供稿）

宗教与台湾问题院长论坛　10月21日，由北京市社会科学院主办，科学社会主义研究所承办的院长论坛"宗教与台湾问题"召开。论坛的主讲专家为中共中央委员、中央社会主义学院党组书记、第一副院长叶小文。北京市社会科学院院长谭维克主持，院科研人员参加论坛。叶小文委员围绕"画出最大的同心圆"的题目从"画出最大的同心圆"的必要性、"画出最大的同心圆"的热点问题、如何画出最大的同心圆三个方面阐述当前的统战工作，形象地阐述通过发挥宗教的作用来团结台湾同胞，推动海峡两岸和平统一进程。"画出最大的同心圆"的热点问题——台湾问题。叶小文从宗教和台湾的关系，回顾了宗教特别是佛教在促进海峡两岸关系过程中的重要作用，分析了当前台湾地方领导人大选的热点问题。"如何画出最大的同心圆"来实现海峡两岸的统一。叶小文总结到，应该"从说不到一起，争取唱到一起；从唱到一起，争取说到一起；从说到一起，争取想到一起；从想到一起到干到一起"，必将会实现海峡两岸的统一。他认为，要"画出最大的同心圆"，我们应该正确处理好"一致性"和"多样性"的关系，找到最大的公约数，凝聚社会共识，共同推进海峡两岸的统一，共同推进"中国梦"的实现。谭维克对叶小文委员的报告给予了高度的评价，认为这是一场非常精彩的报告，充分肯定了本次论坛的理论与现实意义。他指出，宗教与台湾问题是当前的热点问题，对理解和把握两岸的和平统一、实现国家统一大业具有重要意义。

（北京市社会科学院科研处供稿）

中国少数民族语言信息结构国际学术研讨会　10月22—25日，由中央民族大学中国少数民族语言文学学院和中国少数民族语言与古籍研究所共同主办的"中国少数民族语言信息结构国际学术研讨会"在文化楼1446会议室召开，来自世界6个国家和地区的20位学者参加了此次会议并做了报告。

著名语言学家戴庆厦教授以"中国少数民族语言信息结构研究的思考"为题做了大会报告，指出在目前国内外高校普遍重视学科建设（包括少数民族语言）的大环境下，民族语研究的喜和忧，强调要秉承"立足本土，开拓国际学术视野"的理念加强学科建设。

与会专家在当代语言学理论和框架下对中国少数民族语言信息结构进行深入的比较和研究，报告涵盖了国内40余种语言（方言）及国外的某些语言（方言），打破了语种间的隔阂。就信息结构在各语言中的共性和差异及其相关性问题进行了深入的交流，特别是韵律和语序在话题与焦点标记方面作了深入的讨论，对术语的统一与界定、下一步研究的重点及研究方法进行了探讨。

此次会议与中国少数民族语言的句法及语音等领域的学科发展和学科建设密切相关，该会议为中国少数民族语言文学院的语言专家与国际知名学者提供一个良好的交流平台，并对提升中国少数民族语言研究的国际化水平有重要意义。大家一致同意，将结集出版一本反映项目开展以来及本次研讨会的高水平的学术成果的论文集（中英文）。

（中央民族大学科研处供稿）

第四届东南亚宗教研究高端论坛 10月24—25日，由中国社会科学院世界宗教研究所、中国宗教学会主办的第四届东南亚宗教研究高端论坛在北京召开。

论坛的主题为“东南亚宗教的转型与创新”。来自中国社会科学院、北京大学、香港教育学院、中国政法大学、北京外国语大学、厦门大学、中山大学、暨南大学、华侨大学、云南大学、云南师范大学、云南民族大学、云南社会科学院、宁夏大学、深圳大学等高校和研究机构的学者和斯里兰卡凯拉尼亚大学、马来西亚南方大学、马来西亚拉曼大学的学者及来自中国佛学院、云南西双版纳州勐海县佛教协会等机构的宗教界人士共计近80人参加了论坛。

论坛开幕式上，中国社会科学院世界宗教研究所党委书记曹中建与国务院发展研究中心民族研究所副所长王虹分别致辞。

论坛学者发言分为七场，分别为“主旨发言”“东南亚天主教研究”“南亚、东南亚佛教研究”“东南亚伊斯兰教研究”“跨境民族与宗教研究”“东南亚儒学研究”与“‘一带一路’与中国佛教研究”。内容以东南亚地区的天主教、佛教、伊斯兰教三教为主，兼有儒学、民族学、宗教外交等其他方面的研究。与会学者围绕东南亚宗教的现状与处境进行讨论，在回溯历史、阐述现实的同时进行反思。

（中国社会科学院办公厅刘玉杰编辑，世界宗教研究所司聃、王伟供稿）

伊斯兰教与中国社会全国伊斯兰教学术研讨会 10月27—29日，“伊斯兰教与中国社会”全国伊斯兰教学术研讨会在北京召开。会议由中国社会科学院世界宗教研究所、中国宗教学会主办，世界宗教研究所伊斯兰教研究室承办。与会代表围绕“伊斯兰教与中国化”“伊斯兰教与本土化”“中国伊斯兰教与对外交流”“伊斯兰教与当代中国社会”“伊斯兰教与中国地方社会”“伊斯兰教与地方知识”“伊斯兰教与中国文化”以及“伊斯兰思想与文化”等主题展开讨论。

（中国社会科学院办公厅刘玉杰编辑、世界宗教研究所科研处供稿）

宗教社会学2015北京论坛 10月31日—11月1日，由中国社会科学院世界宗教研究所和“中国社会学会宗教社会学分论坛（筹）”联合举办的“宗教社会学2015北京论坛”在北京召开。论坛的主题是“宗教的功能与公共性”，旨在对宗教社会学上的功能论进行追根溯源，厘清其内涵与流变，并考察宗教的公共性及宗教的社会治理。

（中国社会科学院办公厅刘玉杰编辑，世界宗教研究所科研处供稿）

基督教中国化之路国际学术研讨会 11月20日，由中国社会科学院世界宗教研究所、中国宗教学会、北京基督教“两会”、中国社会科学院基督教研究中心主办的“基督教中国化之路”国际学术研讨会在北京举行。开幕式由中国社会科学院世界宗教研究所党委曹中建书记主持。中国社科院世界宗教研究所所长、中国宗教学会会长卓新平研究员在开幕中致辞。来自中央统战部、国家宗教局、中国社会科学院、北京市宗教局、四川泸州市宗教局、北京大学、北京师范大学、山东大学、兰州大学、西北师范大学、北京市基督教“两会”、燕京神学院等机构以及来自中国香港、中国台湾、美国、芬兰等国家和地区的近50位专家、学者、教牧人员参加了研讨会。会议的主题是“基督教中国化的历史、现状、理论、实践”。

（中国社会科学院办公厅刘玉杰编辑，世界宗教研究所科研处供稿）

第三届都市人类学会议暨城市科学转型与民族文化研讨会 11月21—22日，第三届都市人类学会议暨“城市社会转型与民族文化”研讨会在中国社会科学院民族学与人类学研究所召开。

会议由中国社会科学院民族学与人类学研究所、中国人类学民族学研究会联合主办，由民族学与人类学研究所社会研究室、研究会都市人类学委员会联合承办。来自国家民委、中国社会科学院民族学与人类学研究所、中国国家博物馆、中国人民大学、北京大学、清华大学、北京师范大学、中央财经大学、山东大学、河北社会科学院、天津社会科学院、中央民族大学、中南民族大学、西北民族大学、华南师范大学、云南农业大学、中国戏曲学院、大理大学、广西师范学院等20多个国家机关、高等院校和科研院所的专家学者约50人参加会议。

在开幕式上致辞的有：民族学与人类学研究所副所长尹虎彬研究员，国家民委政研室原巡视员、中国人类学民族学研究会副会长黄忠彩，中央民族大学民族学与社会学学院院长、都市人类学委员会主席麻国庆教授，国家民委国际司副司长、都市人类学委员会副主席吴金光。会议围绕“城市转型与流动人口（移民）”“城市化与老字号文化的现代转型”“城镇化与社会建设”“城市转型与民族文化”“城市转型与旅游”“城市转型与宗教文化”“城镇化与价值观变迁”“城镇化与教育、非遗、记忆”等专题进行了讨论。

（中国社会科学院办公厅刘玉杰、民族学与人类学研究所科研处供稿）

西藏及四省藏区稳定与发展学术研讨会　12 月 12 日，由中国社会科学院民族学与人类学研究所、中国社会科学院“西藏研究智库”、中国社会科学院“涉藏问题研究中心”联合举办的“西藏及四省藏区稳定与发展”学术研讨会在北京召开。

开幕式由中国社会科学院民族学与人类学研究所所长王延中主持。中国藏学研究中心前党组书记朱晓明、中央统战部七局副局长金志国、中国社会科学院民族学与人类学研究所党委书记方勇先后致辞并发言。中国社会科学院民族学与人类学研究所副所长尹虎彬作会议总结，并主持了闭幕式。来自中国社会科学院、中国藏学研究中心、中央统战部、中央党校、中央民族大学、青海社会科学院、云南民族大学、浙江大学等单位的专家学者及《中国社会科学报》、《中国西藏》杂志社等媒体记者 40 多人参加会议。会议围绕“西藏及四省藏区的稳定与发展”这一主题，就“西藏社会创新治理”“依法治藏”“南亚大通道建设”“藏传佛教管理”“反贫困与可持续发展”“反分裂斗争”等问题进行了深入探讨。

（中国社会科学院办公厅刘玉杰、民族学与人类学研究所科研处供稿）

城市科学

解析当代城市讲座　5 月 18 日，米兰理工大学设计学院教授卢卡（Luca Guerrini）在清华大学美术学院进行题为“解析当代城市”的公开讲座，讲座由环艺系系主任张月主持。现场吸引了百余名校内外学生参加。讲座中，卢卡分别从城市中公众的互动交往行为、城市的结构和现代新技术的潜力等方面，结合生动的实例来阐述其对设计和未来城市的影响。讲座开始卢卡以未来城市是什么样为切入点，探讨我们既关注当下市井生活，也在构想未来都市的轮廓，设计者要思考什么会成为可能，以探询各种可能透视未来的线索。对于设计师而言，创新思维是必须的。因此，现代的办公空间需符合人们的多样化创新需求，传统空间的改造再利用也要满足当代的社会条件，特定地区的城市和建筑发展也要符合特定的地域文脉。卢卡认为，传统西方意大利罗马式的建筑和城市规划经过千年的曲折发展，还能完好地继承、发展，是经典的、符合特定地域条件和社会生活文化的理念的体现和映射。而中国的东方文化也源远流长，但历史朝代的频繁更新迭代，让东方的人们更多地思考新与旧、现代与传统之间的突破，当代很多中国城市也是一味地奉西方科学规划或高新技术为圭臬，对于传统文化的承继性已经很少，实为可惜。这是一个快速发展的时代，东方的迅速崛起为世界震惊，这已经不再是一个东方一味学习西方的时代，而是反过来，东方应该要以丰富的传统文化和独特姿态来影响西方了。历时两个小时的演讲，激发了现场学生们的积极思考和讨论，演讲结束后学生们纷纷提出关于中国的旧房改造设计、中西方广场功能变化的设计异同、当代城市设计中传统生态技术与现代高科技技术孰轻孰重等问题，卢卡也从自己的角度出发一一给予了耐心的解答。卢卡·圭里尼（Luca Guerrini）是米兰理工大学设计学院副教授、设计学博士项目副主任。

（清华大学文科建设处刘金梅供稿）

新常态下首都发展战略研讨会　5 月 22 日，“新常态下首都发展战略研讨暨《首都发展报告（2015）》发布会”在北京大学举行，本次活动由北京大学首都发展研究院、北京市哲学社会科学规划办公室和科学出版社联合举办。北京市委办公厅、市社科规划办、市社科联等单位的领导和专家学者出席了会议。《首都发展报告（2015）》由北京大学首都发展研究院编著，是首部全面反映首都发展现状、规律与趋势的综合性研究报告。该报告是在北京市社会科学基金重点项目“首都发展规律及趋势分析研究”的基础上完成的，旨在客观、全面、系统描述首都发展现状，分析发展规律和趋势，为制定新时期首都发展战略，建设国际一流和谐宜居之都，以及“十三五”规划提供智力支撑。发布会上，北京大学秘书长杨开忠教授代表北京大学对各位与会来宾表示热烈欢迎，北大首都发展研究院院长、《首都发展报告（2015）》主编李国平教授系统介绍了本报告的编著过程和主要内容。

北京市委研究室副巡视员余钟夫，国务院参事、清华大学公共管理学院研究员施祖麟，首都经贸大学教授张强等专家学者结合各自的研究领域对报告中涉及的主要观点展开了讨论，并就新常态下首都发展战略以及《首都发展报告（2016）》的编著提出了相关的意见和建议。

（北京大学社会科学部供稿）

第四届全国中央商务区发展研究高峰论坛　5月31日，由首都经济贸易大学科研处、特大城市经济社会发展研究院主办，北京市哲学社会科学CBD发展研究基地承办的“第四届全国中央商务区发展研究高峰论坛”在京举行。新常态下我国城市经济发展进入新阶段，一带一路、长江中游城市群和京津冀三大支撑带发展战略日益凸显，北京等地的服务业对外开放拓宽了中国CBD进入全球阵列的视野。CBD是高端服务业高度聚集的城市功能单元，是整合了人流、物流、资本流、信息流的城市发展制高点。作为区域经济发展的极点、城市经济发展的核心——中央商务区（CBD）面临着新的发展阶段。本届论坛分上午主旨演讲和下午圆桌对话两个环节。与会嘉宾和一线工作管理人员共同就新常态下我国中央商务区的产业发展、区域治理与国际化、CBD建设热潮的反思、系统视角下的CBD以及未来CBD的发展等问题进行了交流探讨。

来自中国社会科学院、住建部中国城市科学研究会、商务部政策研究室、北京市哲学社会科学规划办公室、北京商务委员会、东城区文委和来自北京、深圳、武汉、郑州等地CBD管委会的一线领导以及北京邮电大学、北京工商大学、北京联合大学、中国劳动关系学院、北京印刷学院等高校科研机构的学者共同参与了此次论坛。

（首都经济贸易大学科研处李琳供稿）

健全城乡发展一体化体制机制专家座谈会　6月5日，由中国社会科学院办公厅、经济学部和光明日报理论部共同举办的健全城乡发展一体化体制机制专家座谈会在北京举行。会议围绕习近平总书记关于城乡发展一体化的讲话展开研讨。中国社会科学院副院长、党组成员蔡昉主持座谈会并致辞。

会议围绕“新农村建设”“产业融合”“农村医疗保障”等问题进行了研讨。来自民建中央、中国社会科学院、国务院发展研究中心、清华大学、北京大学、中国人民大学等单位的专家学者参加会议。全国人大财经委员会副主任委员辜胜阻认为，影响农民工就地就近城镇化的重要因素是小城镇的就业机会、教育水平、公共服务等。国务院发展研究中心发展战略和区域经济研究部第一研究室副主任卓贤认为，由于不同于以往老城市的发展模式，再加上互联网的发展，应该建立新的农村地区发展模式。主要有三个方向：一是通过“互联网+”推动劳动密集型产业，二是发展现代物流产业，三是旅游休闲和健康产业可以大有作为。有学者指出，要让农村成为留得住年轻人的乐园，长期来看，根本的办法是发展农村经济，加强乡村社会建设，让农民成为体面的职业，让农村成为生机盎然的乐土。中国社会科学院学部委员张晓山认为，不砍树、不占田、不拆房，琼海市以就地城镇化为原则探索如何推动城乡发展一体化。张晓山表示，大力推进第一、二、三产业融合应该是重点关注的问题之一。中国社会科学院工业经济研究所所长黄群慧认为，从产业融合角度看，习近平总书记在华东七省市党委主要负责同志座谈会上所强调的科技创新、产业创新、企业创新、市场创新、产品创新、业态创新、管理创新是一个很好的途径。他建议，要以产业融合促进城乡一体化建设，一要在规划中强调产业发展，强调产业融合和产业质量提升；二要促进信息化工业化和农业现代化的渗透、融合，尤其利用信息技术培育城乡第一、二、三产业融合的新业态；三要进一步放松管制，促进来自于第二、三产业的现代生产要素和农业的融合；四要培育新兴农民，包括新兴农业经济体。

（中国社会科学院办公厅刘玉杰编辑、供稿）

中国的双城记比较视野下的北京与上海城市历史学术研讨会　6月13—14日，中国的“双城记”：比较视野下的北京与上海城市历史学术研讨会在北京召开。会议由北京市社会科学院、华东师范大学、北京古都学会联合主办。6月13日上午，大会举行开幕式。北京市政协文史委、北京市社科规划办、北京市地方志办的领导出席，北京市社科院谭维克院长、华东师范大学上海史研究中心主任姜进教授分别致辞。北京市社科院周航副院长主持开幕式。随后，北京大学陈平原教授、华东师范大学许纪霖教授先后发表题为“北京研究的可能性”与“以北京为‘他者’的近代上海”的主题演讲。6月13日下午和14日上午，会议进行分组讨论。与会专家学者就北京与上海的历史文化及二者之间的比较与对照等诸多议题，展开了热烈地研讨。6月14日下午，举行圆桌论坛暨闭幕式。在圆桌论坛上，与会专家学者都纷纷谈了自己参加此次会议的学术心得并期待下一次“双城记”学术会议的举办。北京市社科院历史所所长、北京古都学会会长王岗研究员主持闭幕式。他指出，通过比较研究，深入探讨城市之间的差异性具有非常重要的意义。北京和上海是中国最具代表性的两座城市，相应的“北京研究”与“上海研究”也呈现出鲜明的学术理路。此次会议的召开，为拓展城市史研究的新问题、丰富城市史研究的理论框架、建立城市史研究的新图景，提供了宝贵的对话平台。最后，作为本次会议的主办方，北京市社会科学院和华东师范大学上海史研究中心就以后持续举办北京与上海城市史比较研究的计划达成了共识。

（北京市社会科学院科研处供稿）

《城市蓝皮书：中国城市发展报告 NO.8》发布会　9月28日，由中国社会科学院城市发展与环境研究所和社会科学文献出版社共同举办的《城市蓝皮书：中国城市发展报告 No.8》发布会在北京举行。中国社会科学院副院长、党组成员蔡昉出席发布会并致辞。

《城市蓝皮书：中国城市发展报告 No.8》认为，“十二五”期间，中国的城镇化率实现了两大重要突破：2010—2011 年中国城镇化率达到并开始超过 50.0%，中国整体进入城市型社会阶段；2012 年中国城镇化率达到 52.6%，超过世界总体水平（52.5%），并以高于世界平均水平的速度（年均 0.5 个百分点）快速推进。

《城市蓝皮书：中国城市发展报告 No.8》指出，在新常态下，可预期的城市发展时序内，存在几个极其重要、需要特别关注的时间节点。要把握五个变化态势：一是国家整体发展战略面临新的选择。二是劳动力供给规模出现转折性变化。三是传统资源型产业步入下行通道。四是全面进入城市型社会。五是正式迈向服务经济时代。

（中国社会科学院办公厅刘玉杰编辑、供稿）

中国城市百人论坛 2015 年年会　10月17日，中国城市百人论坛 2015 年年会在北京举行。来自联合国人居署及中央有关部门，中国社会科学院、中国科学院、中国工程院、清华大学、北京大学等单位的专家学者出席会议。与会代表们通过跨学科、多领域的沟通交流平台共商城乡协同发展大计，为党中央、国务院及相关部门的决策提供理论支撑和政策咨询。第十届全国政协副主席、中国工程院主席团名誉主席徐匡迪，中国社会科学院院长、学部主席团主席王伟光，中国工程院院长、院士周济，中央农村工作领导小组副组长陈锡文，中国社会科学院副院长、学部委员李培林，中国社会科学院副院长、学部委员蔡昉，中国科学院副院长、院士张亚平，联合国副秘书长、人居署署长华安·克洛斯等出席会议并讲话。

会议由中国社会科学院、中国科学院和中国工程院共同举办。

（中国社会科学院办公厅刘玉杰编辑、供稿）

2015 城市绿色发展与科技创新研讨会　10月27日，经济与资源管理研究院“2015 城市绿色发展与科技创新研讨会”在北京师范大学京师学堂举行。北京师范大学周作宇副校长为研讨会开幕式致辞，来自英国剑桥大学、美国佛蒙特大学、新加坡国立大学、泰国亚洲理工学院、中国社会科学院、北京师范大学等国内外著名高校及研究机构的专家学者，来自联合国工业发展组织、联合国环境规划署等国际组织代表，国家环境保护部、北京市科学技术委员会等相关政府机构的负责人，以及部分国内外相关企业的负责人参与了研讨会。北京师范大学副校长周作宇教授，北京师范大学学术委员会副主任李晓西教授，亚洲理工学院亚太地区资源中心主任 Osamu Mizuno 先生，环境保护部政策研究中心主任夏光教授，北京市科学技术委员会伍建民先生分别在开幕式上发表致辞。研讨会开幕式由北京师范大学经济与资源研究院院长关成华教授主持。

参会嘉宾围绕“亚太城市发展与治理”和“城市绿色科技与创新发展”两大主题展开研讨。夏光结合城乡发展中的生态环境问题，提出了“以绿色化引领新型城镇化”的思路。美国专家 Eric Zencey 和 Elliott 介绍了“真实进步指数”（GPI：Genuine Process Index）指标体系，即运用经济、社会和环境三个维度的指标衡量国家经济社会发展水平。中国社会科学院技术创新和战略管理研究中心主任金周英教授和北京师范大学经济与资源管理研究院院长关成华教授分别予以回应：金周英指出城市的绿色发展需要系统的解决方案；关成华分享了城市规划发展的美国经验，介绍了北京市未来科技城和海淀田村街道的基本情况。北京市科学技术研究院院长丁辉认为需要关注城市绿色发展中的新兴技术风险。李晓西提出了“城市人本化”的新概念，发挥城市居民人力资本的价值。另外，针对以北京为代表的特大城市、以首都圈为代表的城市群的绿色发展与科技创新问题，专家们集思广益，为推动亚太地区城市发展提出了思路与建议。此次研讨会是亚太绿色发展中心和城市绿色发展科技战略研究北京市重点实验室的标志性年度项目，吸引了更广地域的更多学者参与亚太绿色发展研究，进一步明确亚太绿色发展中心的发展方向，建立起更为广泛的学术网络。同时，会议加强了亚太绿色发展中心、城市绿色发展科技战略研究北京市重点实验室与相关政府部门、联合国有关组织、绿色科技研发机构以及产业界的交流与合作，建立跨国、跨行业、跨领域的研究、开发与应用平台。城市绿色发展科技战略研究北京市重点实验室，是由北京市科学技术委员会批准成立的省部级重点实验室。两年来，围绕首都和全国的经济社会重大需求，聚焦“绿色科技”研究，凝聚海内外各方智慧，发挥人才优势，在加强文理学科交叉、软硬科学融合等方面，做出了积极的探索。

（北京师范大学社科处刘娜供稿）

2015特大城市发展高层论坛　11月21日，由首都经济贸易大学主办，特大城市经济社会发展研究院和科研处承办的2015特大城市发展高层论坛——特大城市发展模式与规划控制会议在北京举行，来自国家发改委、中国社会科学院、国务院发展研究中心、中国城市经济学会、北京市哲学社会科学规划办，首都经济贸易大学及相关院校专家学者到会。本次论坛以研究特大城市发展模式与规划控制为主题，对京津冀协同发展有现实意义和理论意义。推动京津冀协同发展，是适应我国经济发展进入新常态，应对资源环境压力加大、加快转变经济发展方式、优化区域发展格局的现实需要。

论坛主题演讲分两个部分进行，第一部分与会专家分别以“‘十三五’规划与特大城市的可持续发展”“都市圈中小城市发展的国际经验借鉴与启示”“特大城市环境及其优化——以北京市为例”“特大城市‘城中村’和城乡接合部治理”为题先后进行大会报告。第二部分与会学者先后以“发挥法规政策作用，促进首都人口和功能疏解”“大数据与特大城市产业空间分析”“大数据下的城市安全与风险演化分析”为题发表演讲。

（首都经济贸易大学科研处李琳供稿）

2015首都圈发展高层论坛　11月21日，2015首都圈发展高层论坛在北京召开。本次论坛的主题是京津冀协同发展的新形势与新思路，由首经贸主办，北京市经济社会发展政策研究基地、首经贸京津冀大数据研究中心等联合承办，并受到了北京大学、中国人民大学、天津滨海综合发展研究院、河北工业大学和河北经贸大学等单位的大力支持。来自京津冀三地的政府领导、专家、各界特约嘉宾、新闻媒体共计120多人出席了此次论坛。

会上，与会专家从首都北京的国际地位和功能定位两大视角，对在实现中华民族伟大复兴背景下的北京城市发展规划进行了深入探讨；重点探讨了如何破解北京“大城市病”的主要路径，并提出相应的对策建议；对现代化新型首都圈从学理和现实两个视角进行辨析，重点阐述了首都圈的内在含义、外在表现、未来构想以及实现路径；并围绕本次论坛的主题，重点阐述了京津冀协同发展规划纲要中明确推进的几项重点任务及进展情况。

（首都经济贸易大学科研处李琳供稿）

第八届城市国际化论坛　12月4—5日，由首都经济贸易大学、北京市社会科学界联合会、中国城市发展研究会、全国高校国际政治研究会、亚太城市发展研究会联合发起，由首都经济贸易大学、国家发改委宏观经济研究院、中国空间技术研究院联合主办的第八届城市国际化论坛在北京召开。论坛主题为“全球化、技术革命下的特大城市发展新动力”。

主题研讨分三个环节，与会学者分别就城镇化的动力支持与特大城市走向；建设创新、绿色和共享的特大城市：城市空间的视角；美国地方治理与城市治理结构；非正式经济、共享模式与城市转型等问题展开研讨。

（首都经济贸易大学科研处李琳供稿）

中国城镇化进程中农村集体土地的利用与保护研讨会　12月5日，由中国政法大学城镇化法律问题研究中心主办的中国城镇化进程中农村集体土地的利用与保护研讨会在中国政法大学学院路校区召开。中国政法大学城镇化法律问题研究中心主任蒋立山，执行主任王淑焕，副主任李秀云及研究中心特邀研究员王称心共同出席了会议。来自北京城市学院、北京真农汇农业科技中心、北京市国土资源局、中赫置地有限公司、北京中瑞律师事务所等单位的20余名专家学者参与了此次研讨。研讨会由王淑焕主持。

研讨会由三个部分组成，第一部分为主题演讲。来自北京市国土资源局耕地保护处的张洪克首先发言。他对我国城镇化进程中有关集体土地利用与保护的最新政策进行了介绍和解读。他指出，目前集体建设用地存在的主要问题是集体土地处分权缺失、产权实现方式单一、无序利用现象突出、经营粗放导致整体效益较低、“碎片化”严重。他表示，要解决上述问题，必须明确农村集体土地利用管理的价值取向，提升农村集体经济的组织化程度，打破区域和城乡界限，明确政府和市场的关系，加快推进规划、规则、规律的统筹协调。

（中国政法大学科研处郭丰琪供稿）

“一带一路”与北京城市外交研讨会　12 月 11 日，北京对外交流与外事管理研究基地和外交学院科研处在外交学院国际交流中心联合召开了主题为“‘一带一路’与北京城市外交”的学术研讨会。来自中国社会科学院、中国国际问题研究院、察哈尔学会、上海社会科学院、上海国际问题研究院、吉林大学、首都师范大学以及外交学院等单位的近 30 名学者参加了会议。

外交学院副院长、科研处处长孙吉胜教授致开幕词。她介绍了北京对外交流与外事管理研究基地的发展历程，并强调就“一带一路”倡议进行研讨的重要学术意义及政策意义，希望与会专家展开深入的交流。

参会学者紧密围绕三个专题进行了主旨发言和深入的讨论。在以“‘一带一路’与中国外交”为主题的环节，察哈尔学会秘书长柯银斌研究员提出“一带一路”需要“共同现代化”和国际合作理论作为理论支撑。中国社会科学院地区安全研究中心任晶晶研究员和外交学院国际经济学院院长竺彩华教授从经济外交角度分析了“一带一路”倡议对我国推进经济外交转型、促进对外经贸合作的重要意义。中国国际问题研究院陈须隆研究员指出，在“一带一路”推进过程中会面临各国立场不同以及战略对接不顺畅等问题，需要以合作共赢理论为基础协调解决。

下午，与会专家首先围绕“城市外交与‘一带一路’倡议”进行了热烈讨论。首都师范大学历史学院梁占军教授提出保护和传承中国城市文化是“一带一路”建设的基础。上海社会科学院汤伟副研究员认为推动“城市自治”应该作为城市外交的前提条件。上海国际问题研究院比较政治与公共政策研究所唐为红副所长向与会专家介绍了该院“城市对外交往活力指数”的发布及其重要意义。

最后，围绕“北京对外交往与‘一带一路’”这一专题，外交学院国际经济学院杨莉教授指出，以北京为核心的“京津冀”城市圈建设对我国推进“一带一路”倡议具有重要意义。外交学院外交学系夏莉萍教授也提出，北京在推进城市外交的过程中也应加强相应的外交保护机制。

（外交学院科研处供稿）

城市创意经济发展的国际模式与经验研讨会　12 月 13 日，由中央财经大学文化经济研究院和北京新元文智咨询服务有限公司联合举办的“城市创意经济发展的国际模式与经验研讨会”在中央财经大学学术会堂召开。来自英国的创意城市发展的国际权威学者查尔斯·兰德利教授、中国城市经济学会文化发展委员会张晓明主席、中央财经大学文化经济研究院魏鹏举院长、中国人民大学文化创意产业研究所金元浦所长、北京市文化创意产业促进中心梅松主任等国内外一流专家到会。研讨会由新元文智创始人刘德良董事长主持，相关地方政府管理人员、创意发展机构及企业、高校师生、广大媒体等参加了此次会议。查尔斯·兰德利教授就“创意城市：过去，现在与未来”进行了主旨演讲，他认为文化是一个城市最终特性的决定因素，文化和创造力才是城市的核心，而传统与创造力之间是很好的合作伙伴，开放的思维，创造性、创造力与想象力都是城市创造财富的源泉。与会专家围绕“中外城市创意经济发展路径选择”主题展开了热烈对话，就中国的城市创意发展、创意项目及园区的发展、创意城市与创新城市的关系、创意城市建设的去中心化以及生态化，面对在国外强调文化多样性与中国语境中对文化向心性的强调这种国际经验与中国实践的矛盾如何解决等问题进行了深入的交流研讨。

（中央财经大学科研处供稿）

主场外交——APEC 峰会与北京城市发展学术研讨会　12 月 26 日，由北京对外交流与外事管理研究基地和外交学院科研处联合举办的“主场外交——APEC 峰会与北京城市发展”学术研讨会在外交学院主楼举行。来自中国国际问题研究院、中国国际贸易促进会以及外交学院外交学系、国际经济学院、国际关系研究所的专家学者 20 余人参加了会议。

在上午以“中国外交形势与城市外交”为主题的会议中，外交学院外交学系熊炜副教授指出，在新世纪城市已经成为重要的次国家行为体和外交活动的主要场所。他提出，北京成功举办 APEC 峰会取得了良好的国际影响，但我国城市的国际化发展仍需整体推进。外交学系夏莉萍教授在借鉴世界城市移民管理经验的基础上，提出了我国管理外来移民的建议。她指出，我国应设定长远目标，完善法律法规，并加强信息和数据库建设，同时推进各部门间的统筹协调以完善外来移民的管理机制。国际关系研究所高尚涛副教授分别从巴以关系、伊朗核问题，以及中埃关系等方面分析了我国的中东外交政策并提出相应的政策建议。

在下午以“APEC 峰会与主场外交”为主题的会议中，中国国际问题研究院陈须隆研究员详细总结了我国开展主场外交的成功经验。他认为，2014 年我国主场外交成就显著，体现了“高规格”、“大视野”、“理念新”、“见实效”、“周密部署”和“真诚服务”等重要特点。同时，为更好地开展主场外交，我国应在软件建设、媒体报道以及学术研究等方面加强工作。

外交学院国际关系研究所曲博副教授就“主场外交与中国外交能力建设”进行发言。他提出，为更有效地发挥主场外交优势，我国应加强外交能力建设，包括创新理念，提升制度设计和资源利用能力，以及统筹国内外、调动地方参与的能力。中国国际问题研究院姜志达副研究员提出，主场外交是中国特色大国外交的重要创新，我国通过主动展开一系列主场外交活动，发挥了以多边促双边以及提升北京国际形象的积极作用。外交学系副教授欧亚以“北京城市形象的国际传播策略”为题做了主旨发言。她提出，我国在利用新媒体传播方面仍处于弱势地位，应整合利用多种宣传渠道，尤其是提高“媒介事件”的策划能力以推进国家和首都形象的塑造。外交学系副教授任远喆对主场外交与北京全球治理角色的生成做了深入剖析。他认为，北京开展主场外交具有政治、经济、地缘和文化等多方面的优势，但也存在国际组织落户少、管理机制欠完善等局限性。因此，将来应进一步推进北京的“世界城市”建设，提高公众的国际意识，通过主场外交向世界展示“进一步融入世界的中国、外交上奋发的中国和走和平发展道路的中国”。

发言结束后，与会学者们就相关各问题进行了深入的讨论。会议最后，外交学院科研处副处长徐小红做总结发言，她对各专家的到来及发言再次表示感谢，同时肯定了会议取得的成果。

（外交学院科研处供稿）

语言学　文学

先锋精神与传统书写：北京师范大学驻校作家苏童入校仪式暨创作三十年研讨会　3 月 21 日，“先锋精神与传统书写：北京师范大学驻校作家苏童入校仪式暨创作三十年研讨会”在京师大厦举行。北京师范大学校长董奇，国际写作中心主任莫言，资深教授童庆炳，驻校作家苏童，驻校诗人欧阳江河，文学院院长过常宝，国际写作中心执行主任，文学院副院长张清华，北京大学中文系教授陈晓明，清华大学中文系教授格非，著名作家李洱、邱华栋等嘉宾出席入校仪式，会议由国际写作中心主任莫言主持。

董奇首先致词，欢迎苏童校友回到母校成为驻校作家，希冀苏童先生在潜心创作之外，能够有时间与师生，与对文学创作、文学研究感兴趣的同仁多交流，为推动我国文学的发展做出更大贡献，也相信苏童先生驻校对推动北师大文学学科乃至中国文学发展将起到重要作用。国际写作中心学术委员会主席、资深教授童庆炳先生在致辞中回顾了师生情谊，并对苏童的文学想象力给予高度评价，祝愿苏童日后写出更多更好更有魅力的作品来，为世界文学、中国文学做出更大贡献。

（北京师范大学社科处刘娜供稿）

机器翻译：重建巴别塔的必由之路学术讲座　4 月 14 日，中国地质大学（北京）外国语学院教师和学生参加了题为“机器翻译：重建巴别塔的必由之路”的学术讲座。主讲人为北京师范大学外文学院教授、博士生导师张政教授。

张政在机器翻译、翻译学、语言学等各方面都有很深的学术造诣，有丰硕的学术研究成果。在讲座中，张政首先基于古希腊的相关论述、西方哲人的观点到机器翻译的现状对机器翻译进行了界定，随后讲述了机器翻译的发展历程，机器翻译的应用原理和规则。如今，机器翻译的准确率还不是很高，其发展受到很多限制，存在很多难点，包括一词多义和语意模糊等问题。张政举了很多生动的例子，比如肯德基的广告词和一些汉语中的歧义现象。目前，机助翻译广泛应用于科学技术领域，在文学翻译领域的应用仍为空白。

讲座最后，张政现场对语音识别系统和计算机软件翻译的准确性进行了验证。出人意料的是，软件可以准确识别语音，并精准地进行双语转换，这充分说明目前的一些相关技术已经比较先进了。

在回答问题环节，张政耐心回答了在座师生提出的问题，包括计算机翻译的未来前景，机器翻译和其他学科比如语料库建设、句法学、语用学等之间的联系和结合。同时他给大家介绍了几款常用的翻译软件，如 trados 和 deja vu 等。

身为比较文化与翻译研究所所长，张政还为外国语学院在翻译专业硕士的培养和信息技术在翻译方面的应用提出了建议，并对有意考取翻译专业博士的师生提供了指导。

[中国地质大学（北京）科技处供稿]

当代西方文论的有效性国际高层论坛　4 月 17—18 日，“当代西方文论的有效性”国际高层论坛在北京召开。来自美国、英国、俄罗斯等国以及国内部分高校和研究机构的专家学者参加会议。会议围绕“当代西方文论存在的问题及有效性”“当代文论的建构”“当代西方文论的强制阐释倾向”“文学研究中的话语理论”“文学理论与世界主义”等问题进行了讨论。中国社会科学院副院长、党组成员，《中国文学批评》主编张江出席论坛并发表主旨演讲。

论坛由中国文学批评研究会、中国社会科学院文学研究所、中国社会科学院外国文学研究所、中国社会科学出版社共同主办。

（中国社会科学院办公厅刘玉杰编辑，文学研究所科研处供稿）

文学研究的中国话语学术研讨会　5 月 10 日，由中国社会科学出版社主办的“文学研究的中国话语”学术研讨会在北京举行。中国社会科学院副院长张江出席会议并发言。中国社会科学出版社社长兼总编辑赵剑英出席并致辞。

张江指出，文学研究的中国话语这个论题不仅具有学术性，而且具有国家性、民族性，对于我们国家，对于党都是非常重要的。中国社会科学出版社社长兼总编辑赵剑英在致辞中指出，文学研究要充分体现文化自信，这种文化自信来源于深厚的中国传统文化、中国古典文学作品、中国文学理论等。在大众文化、消费主义席卷而来的时代，文学研究需要重新思考并回答一些理性问题：比如文学与社会，文学与生活，文学与时代，文学与人的关系，文学的本体论、认识论、审美论和价值论等问题。来自全国哲学社会科学规划办、中国社会科学院、北京师范大学、中国人民大学、浙江工业大学、首都师范大学、海南师范大学等机构院校的专家学者从不同角度进行了学术探讨。全国哲学社会科学规划办公室副主任杨庆存教授指出，讨论“文学研究的中国话语”，是落实国家文化发展战略的具体行动。他认为，必须首先以中华民族优秀的传统文化和优秀的文化传统为基础，结合时代的发展和文学创作的实际，强化国家意识，开阔世界视野，放眼未来发展，精心淘洗，精心锻造，创新传播方法，讲求实际效果。中国社会科学院文学研究所所长陆建德研究员认为，学者要用中国话语阐述中国立场，保持开放的心态，加强对自身的认识和对西方的认识。中国社会科学院外国文学研究所所长陈众议研究员指出，所有的理论、概念都要放在一定的语境里，站在中国人自己的立场去判断、攫取、批判和借鉴，所以还有许多工作需要去做。中国社会科学院文学研究所副所长高建平研究员认为，对于当代的中国文学理论而言，当代中国的文学实践是唯一的源泉，一切理论、方法，都必须立足于今天的文学经验和成果。在文学实践的基础上，应该用我们自己的研究成果，建立起既是当代的，又是中国的文学理论。

（中国社会科学院办公厅刘玉杰编辑、供稿）

文学、语言与爱尔兰民族认同的变化讲座　5 月 20 日，来自爱尔兰都柏林大学（University College Dublin）的玛格丽特·凯莱赫尔（Margaret Kelleher）教授来到外交学院做了题为“文学、语言与爱尔兰民族认同的变化”的讲座。讲座由英语系吴庆军教授主持。

玛格丽特·凯莱赫尔教授是国际爱尔兰文学研究会主席，欧洲人文科学委员会成员，曾到剑桥大学圣约翰学院、蒙特利尔康考迪亚大学、圣保罗大学、波士顿学院和北京外国语大学等多所大学访学。

玛格丽特教授首先介绍了爱尔兰语在爱尔兰的地位变迁及其对爱尔兰民族认同的影响。随后，玛格丽特教授结合 W. B. 叶芝与葆拉·米汉的诗歌作品介绍了重大政治事件、宗教信仰、女性地位以及社会关系中的爱尔兰民族认同感，及其对爱尔兰文学创作的重要影响。

玛格丽特教授就爱尔兰小说、语言在国家形象构建中的地位等问题回答了同学们的提问。讲座结束前，玛格丽特教授播放了一段有关中国人在爱尔兰生活的视频，视频以诙谐幽默的方式阐释了语言文学的民族认同建构作用，讲座在欢快的氛围中结束。

（外交学院科研处供稿）

汉字书写与应用规范座谈会 6月9日，由清华大学美术学院书法研究所主办的“汉字书写与应用规范”座谈会在美术学院举行。出席会议的有国家语委会语言文字规范标准测查认证中心主任王晓明，人民日报海外版图书周刊原主编潘衍习，北京汉仪科印信息技术有限公司董事长陈彦，中国文字字体设计与研究中心主任、北京北大电子有限公司字库业务部总经理张建国，中国印刷技术协会名誉理事长武文祥，清华大学美术学院教授、书法研究所所长杜大恺，美术学院双聘教授、博士生导师、书法研究所名誉所长苏士澍，人文学院教授赵平安，书法研究所学术秘书林书杰等。会议由美术学院视觉传达设计系主任赵健主持。汉字书写的应用与规范关乎国家、民族和文化的尊严，特别是在新媒体不断地涌现和汉字制作的技术日新月异的今天。2000年以后，国家不再设立专门的字体审查机构。汉字书写的随意性变大，汉字书写的不规范问题日益严重，致使对汉字的形象产生不良影响。为此清华大学美术学院书法研究所邀请了有关专家、行业代表参加了本次座谈会。会上苏士澍提出在大数据时代，汉字书写规范严重缺失。这对汉字信息化、数据化乃至国家战略安全都会受到影响。因此我们在对汉字字形的设计时要考虑汉字书写的学理性、习惯性和美感的结合。赵健认为国家需要有一个审查机制，来对过去铅字时代的字体和现在投放市场的字体设计产品做评估。王晓明认为规范书法字体有一定难度。陈彦认为要解决现在的字体缺少书法韵味的问题，应加强字体设计人员的书法素养，提高整个字体设计行业的标准。杜大恺提出要有针对性地开展书法字体的展评会，进而延伸到规范和统一上来对待汉字。对报纸、杂志、新媒体等媒介用字要有一定的监管，严肃汉字书写问题。最后会上对做一款具代表性楷书、行楷书和草书字体，国家有关部门尽快建立书法字体规范标准，设“书法字体”设计国家级奖项和成立书法字体设计评审机构等提出建议。

（清华大学文科建设处刘金梅供稿）

国际汉语讲坛 6月25日，北京大学对外汉语教育学院在北京大学举办第十八期“国际汉语讲坛”，邀请美国中文教师学会会长、加州大学戴维斯分校储诚志教授以“对语言学与汉语教学若干关系问题的检视与思考”为题，分别从教学理念、教学规划和教学实践这三个层次探讨了语言学对于语言教学的作用，并从语言教学的实用角度出发，将语言学研究及其成果作出“必要的语言学、无关的语言学、误导的语言学和缺位的语言学”四种区分。对于外语学习的四个目标“准确、流利、丰富、得体”，提出对这四个方面重视程度的不同决定了对语言学研究成果的不同态度和取舍选择，而健康的语言教学理念和教学方案对这四个方面应该进行综合考量，作出平衡处理。

9月25日，第十九期“国际汉语讲坛”上，特邀北京外国语大学中国外语教育研究中心的文秋芳教授作题为“对国家语言能力的研究与思考”的报告。报告围绕“国家语言能力”这一话题展开，探讨了我国对语言能力的研究有哪些新进展，以及与世界其他大国尤其是和美国有什么差距。文教授分别从“对研究国家语言能力的认识”、“对国家语言能力的定义”、“衡量国家语言能力的指标”和“中国与其他大国国家语言能力的差别”四个方面展开了详细的论述。指出为国家战略的语言研究是个未开垦的金矿，大有可为，国家语言能力是战略层面上应对现在和未来对语言需求的能力。

（北京大学社会科学部供稿）

第五届中国女性文化研究学术研讨会暨国际女性文学论坛 6月27日，第五届中国女性文化研究学术研讨会暨国际女性文学论坛在北京举行。会议是由首都师范大学中国女性文化研究中心、中国女性文化研究基地，与中国世界华文文学学会女性文学委员会联合主办。校党委书记郑萼女士、校长宫辉力先生任本届会议主席。中国作家协会副主席、国务院参事、中国女性文化研究基地名誉主任、资深作家张抗抗女士、北京市妇女联合会党组副书记、副主席、北京市妇女理论研究会会长陈玲女士等参与了本次会议。

本届大会论坛的主题是，围绕着女性文学的经典化与跨界书写展开研讨，在总主题的统领下，分为两个分议题论坛同时进行。第一个议题以“女性文学的经典化问题”为核心。第二个议题是“性别视野与跨界书写”。

（首都师范大学社科处供稿）

首届中文前沿国际论坛 7月18日，为促进中文研究领域中外学者的国际交流，捕捉当下最新研究动向，提升中国文化软实力，建构国际合作平台，对外经济贸易大学中国语言文学学院和匈牙利罗兰大学东亚学院在对外经济贸易大学联合举办首届“中文前沿”国际论坛，论坛主题为“跨界”，讨论重点聚焦于跨文化、跨学科、跨时代背景下的语言文化话题。同时，对外经济贸易大学还推出了同名学术辑刊《中文前沿》，以加强各领域学者间的线下交流。

对外经济贸易大学副校长林桂军教授、前中华人民共和国驻冰岛大使王荣华先生、对外经济贸易大学出版社社长余兴发、对外经济贸易大学中国语言文学学院院长邓如冰教授、匈牙利罗兰大学中文系主任、东亚研究中心主任 Imre Hamar 教授、美国蒙大拿大学 Philip Williams 教授、肯塔基大学 Andrew Maske 副教授、美国杜伦大学郑冰寒副教授等国内外学者参会并做了“欧洲汉语教学的近期变化”、“重塑崔莺莺：肯定主题性”、“跨界：做有影响力的人文科学研究”等主题发言。

（对外经济贸易大学科研处供稿）

当代中国文学批评的现状与发展趋势学术研讨会　7 月 21 日，由中国社会科学杂志社主办的“当代中国文学批评的现状与发展趋势”学术研讨会在北京举行。中国社会科学院副院长、党组成员，《中国文学批评》主编张江出席会议并讲话。

中国社会科学院文学研究所所长陆建德，外国文学研究所所长陈众议、党委书记党圣元等出席会议。来自国内知名文学研究刊物、学术期刊评价机构以及中国社会科学杂志社有关部门的负责人等参加了会议。会议围绕“中国文学批评的现状和发展趋势”“如何办好文学批评刊物”等专题进行了讨论。有学者表示，中国文学批评要直面当代中国文学的创作实践，应学会一种批评的话语风格，在描述中暗含一种伦理的立场和力量。有学者认为，文学批评可褒可贬可尖锐，但对于高端的文学批评刊物来说，要避免一味的溢美之词或者过度的酷评。还有学者建议，文学批评刊物要注重中青年作者队伍的培养，这既能帮助学术后继力量成长，同时也有利于刊物自身的长期发展。

（中国社会科学院办公厅刘玉杰编辑、供稿）

文学世界与资本语境中的侨易现象学术研讨会　8 月 21—23 日，由中国社会科学院外国文学研究所创新工程资本语境项目组主办的“文学世界与资本语境中的侨易现象”学术研讨会在北京召开。来自全国多所高校与研究机构的 30 余名学者参加会议。会议围绕“侨易学与文学研究”“侨易个体与文学创作”“语际内外的概念迁变”“中外交流与经典流转”“资本语境中物象之符的侨易内涵”“观念旅行与学科、制度的侨易”“跨学科的侨易视域”等主题进行了研讨。

（中国社会科学院办公厅刘玉杰编辑，外国文学研究所科研处供稿）

作家与文学市场学术研讨会　9 月 5 日，由首都师范大学外语学院主办的“作家与文学市场”学术研讨会在首都师范大学召开。研讨会的主旨发言人有：北京大学陶洁教授、中国社会科学院文学研究所所长陆建德研究员等，首都师范大学校外语学院作主旨发言的有李晋教授等。出席研讨会的还有来自中国社科院、北京部分高校和我校外国语学院英文和英教系部分系领导、青年教师和研究生。

来自研究所、高校、文坛和出版界的学者，从各自研究领域发表了对作家与文学市场之间关系的观点，充分探讨了制约作家和文学市场的众多复杂因素，拓宽了研究眼界和视野。

（首都师范大学社科处李志成供稿）

汉字与中国文化高峰论坛　日前，由北京市社会科学界联合会主办，北京国际汉字研究会、《汉字文化》杂志、北京三面向教育科技中心承办的“汉字与中国文化高峰论坛”在京举行。来自中国社会科学院、教育部、北京大学等单位或高校的 100 多位专家、学者参加了会议。会议围绕“汉字与中国文化的关系”展开讨论，认为不仅要自觉维护汉字的地位和权威，而且更重要的是了解汉字的文化内涵，讲好汉字的故事，为文化强国助力。

（参见《光明日报》2015 年 9 月 14 日第 9 版）

学习贯彻《关于繁荣发展社会主义文艺意见》座谈会　9 月 17 日，中国文学批评研究会在北京召开座谈会，学习贯彻《关于繁荣发展社会主义文艺的意见》。中国社会科学院副院长、党组成员，中国文学批评研究会会长张江出席座谈会并讲话。张江指出，《关于繁荣发展社会主义文艺的意见》给文艺工作者提供了强大的理论武器和实践指南。希望通过此次学习，推动文艺界和文艺研究界更广泛深入地领会这个文件，并在工作中落实，推动中国文艺和文艺研究的繁荣发展。张江表示，中国文学批评研究会一定要充分利用自身优势资源，积极带头贯彻好、落实好《关于繁荣发展社会主义文艺的意见》，特别是在高度重视和切实加强文艺理论和评论工作方面要有所作为，能够走在学界前列。

来自中国社会科学院、北京大学、北京师范大学、中国人民大学等单位的文艺理论、文艺批评界的专家学者参加会议并发言。学者们表示，要贯彻落实好《关于繁荣发展社会主义文艺的意见》，不仅要创作出更多灵动、鲜活的文艺作品，揭示出时代的本质特征，而且在研究上也不能走简单化道路，要尊重文艺规律。要用鲜活、形象的艺术作品承载社会主义核心价值观。

（中国社会科学院办公厅刘玉杰编辑、供稿）

黉门对话——语言学研究的跨学科视野 10月16—18日，北京大学中国语言学研究中心、中国语言文学系、语言与人类复杂系统联合研究中心联合在北京大学举办了一期“黉门对话”，此次对话的中心议题是语言接触与语言演化的跨学科视野。“对话”分为五场，共邀请海内外20多名来自不同领域的学者围绕相应议题进行讨论。五场对话在语言本体研究的基础上，分别讨论基因学、认知心理学、考古学、社会学、人类学和数学等学科与语言学在研究对象和方法上的关联和差异，共同探讨跨学科研究中的关键问题，消除学科间的壁垒，勾勒跨学科研究的蓝图。

香港理工大学王士元教授与中国科学院北京基因组研究所曾长青研究员就“语言起源是单源还是多源”的话题展开了第一轮黉门对话。四川大学聂鸿音教授和中国台湾“中央”研究院曾志朗研究员就“文字认知与神经系统的演化”的话题展开了第二轮黉门对话。北京大学中文系陈保亚教授与北京大学考古文博学院雷兴山教授以“语言接触与考古背景”为主题展开了第三轮黉门对话。美国马萨诸塞大学的沈钟伟教授和台湾“中央”研究院历史语言研究所王明珂研究员以“语言接触的社会历史边界”为主题展开了第四轮黉门对话。北京大学中文系语音实验室主任孔江平教授与北京大学数学科学学院姚远研究员以“语言演化与接触的数学模型”为主题展开了第五轮黉门对话。

（北京大学社会科学部供稿）

博雅人文论坛 10月26日，首届北京大学“博雅人文论坛”在北京大学英杰交流中心举行。论坛的主题为“共享的世纪：中外文学与人文学的沟通”。论坛特邀2008年诺贝尔文学奖获得者、法国著名作家勒克莱齐奥先生（Jean Marie Gustave Le Clézio）以“文学与全球化”为题进行演讲。论坛开幕式由北京大学社科部部长王博主持。论坛开幕式上，北京大学常务副校长刘伟代表学校致欢迎辞。北京大学“博雅人文论坛”由北京大学社科部牵头，北京大学社会科学研究院、北京大学中国语言文学系和腾讯文化联合主办。论坛旨在邀请国内外最有影响力的作家、诗人和人文学者开展对话，就世界人文文化发展的动向、中国文化与文学的当代责任和作用、文学与人文学科在新世纪面临的挑战与机遇等相关主题进行深入探究。

（北京大学社会科学部供稿）

俄国文学史的多语种书写国际学术研讨会 11月21—22日，“俄国文学史的多语种书写”国际学术研讨会在首都师范大学外语学院举行。研讨大会由北京斯拉夫研究中心、俄罗斯普希金之家北京分部、首都师范大学外语学院和中国俄罗斯文学研究会联袂举办。会议邀请了包括俄国科学院俄国文学研究所所长弗谢沃洛德·巴格诺、英国牛津大学教授迈克尔·尼克在内的多位外籍专家和国内多位知名学者、专家。

大会为期两天，分为开幕式、主题发言和主题讨论三个部分。国内外17位专家先后进行主题发言，内容涵盖各国俄国文学史书写的总体情况、发展历史，作为俄国文学史作者的撰写心得和感悟体会等多个方面。

（首都师范大学社科处李志成供稿）

空间维度的中华文学史研究学术研讨会 11月28日，“空间维度的中华文学史研究”学术研讨会开幕式及主题发言在中国人民大学音乐厅举行。中国人民大学文学院院长孙郁致辞。在主题发言阶段，山东大学古籍所郑杰文教授探讨了从空间维度进入文学史的具体方法策略；南开大学文学院陈洪教授以新武侠小说为例阐述了空间与文体的内在关联；中国人民大学文学院李炳海教授叙述了《天问》作品对吴国的历史叙事及其所展现的空间价值；中国社会科学院民族文学研究所朝戈金教授从民俗学“经济文化类群”这一概念出发，探讨了不同民族的经济生活方式对其文学文体的影响；首都师范大学文学院左东岭教授以近古诗学为例，强调了比较方法和整体视野在研究地域文学中的重要作用；复旦大学中文系陈引驰教授论述了空间维度在文学史中展开的具体方法。11月28

日至29日，学者们针对从空间角度进入文学史的各项具体议题作分组讨论。

（中国人民大学科研处李素萍供稿）

论语言竞争的学术讲座　12月2日，应中国地质大学（北京）外国语学院副院长张焕香教授的邀请，北京语言大学党委书记李宇明教授在中国地质大学（北京）逸夫楼会议室做了专题讲座《论语言竞争》。院领导高度重视此次讲座，外国语学院的老师，研究生和部分本科生参加了本次讲座。讲座以“论语言竞争”为主题，李宇明就关于语言竞争的一系列问题为同学们做了详细的解说。讲座期间，李宇明用轻松幽默的话语营造了一个愉悦的氛围。讲座内容主要围绕着结构空间的语言竞争、功能空间的语言竞争、年龄空间的语言竞争以及地理空间的语言竞争展开，试图建立语言规划学的新理论框架，以便更加全面地观察语言竞争现象，更好地描述语言的活力状态，解释和预见语言矛盾和语言冲突，旨在通过语言规划来科学保护弱势语言，促进语言生活的和谐。

［中国地质大学（北京）科技处供稿］

2015当代语言学前沿论坛　12月5—6日，中国社会科学院语言研究所《当代语言学》主办的“2015当代语言学前沿论坛”在北京理工大学召开。“当代语言学前沿论坛”是《当代语言学》主办的小范围高层次语言学研讨会，通过引介国外语言学领域的最新进展，报告国内语言学研究的最新成果，为国内语言学发展提供前瞻性指导。来自中国社会科学院、复旦大学、南开大学、中山大学、北京师范大学、浙江大学、中国人民大学、同济大学、厦门大学、四川大学、湖南大学、北京理工大学、陕西师范大学、上海外国语大学、北京第二外国语学院、天津师范大学、曲阜师范大学的近30位学者参加了论坛。

会议主要就“语言的当下认知研究”“生物语言学研究”“优选论中的韵律研究以及和谐串行理论研究”“社会语音学”“语段理论”“语言学实验研究”“浸入式田野调查研究”“跨语言反身现象研究”“并列结构的语言类型研究”“命题态度的语言哲学研究”“时态和格在汉语中的句法地位”“语篇视角下的作格系统研究”等当代语言学前沿问题进行了讨论。

《当代语言学》主编胡建华教授作会议总结。

（中国社会科学院办公厅刘玉杰、语言研究所科研处供稿）

文化　艺术（含民俗）

牢记使命护持文物传统文化讲座　1月7日，北京市文物保护协会在东城区图书馆三楼举办了北京古都历史文化讲座，云居寺管理处王德军主任作为被邀主讲人，做了题目为“牢记使命　护持文物传承文化——浅谈云居寺文物保护工作”的讲座。协会会员和市民120余人前来听讲。讲座之后，由云居寺文物科科长续晓玉就云居寺相关的业务方面内容与会员兴趣的话题进行现场提问，面对面的互动交流。最后，还为在场的每位会员送上了一本云居寺的史料书籍。

（参见《北京社科联》2015年合订本）

第十二届中国文化产业新年论坛　1月10日，第十二届中国文化产业新年论坛在北京大学举办。本届文化产业新年论坛以“文化战略与产业融合”为主题，并结合国家社科基金重大项目“我国文化产业发展战略研究”最新研究成果，就文化产业领域前沿问题进行探讨。北京大学哲学社会科学资深教授、北京大学文化产业研究院院长叶朗教授首先为论坛致辞，回顾了往届的论坛内容，肯定了实践应用和产学研跨界融合发展的重要性，同时也对论坛的学术性和理论性提出了更高的要求。陈少峰、向勇、彭锋、花建、周庆山等专家学者出席论坛开幕式并做主题演讲。北京大学艺术学院院长王一川在最后以“当代中国的文化想象：中国文化软实力发展战略的思考”为题，畅谈了构建中国国家文化软实力的发展战略。

（北京大学社会科学部供稿）

国家品牌与文化论坛　1月16日，由中国社会科学院数量经济与技术经济研究所和恒源祥（集团）联合主办的“《国家品牌与国家文化软实力研究》发布会暨国家品牌与文化论坛”在北京召开。中国社会科学院副院长、党组成员蔡昉出席会议并为《国家品牌与国家文化软实力研究》新书揭幕。出席会议的还有商务部原副部长、中国商业联合会会长张志刚，恒源祥（集团）有限公司党委书记、董事长刘瑞旗等。发布会由中国社会科学院数量经济与技术经济研究所所长李平主持。“国家品牌与国家文化软实力研究”是中国社会科学院数量经济与技术经济研究所所长李平牵头的国家软科学重大研究计划课题，由中国社会科学院数量经济与技术经济研究所等与恒源祥（集团）有限公司组成的课题组合作完成。此次发布的

《国家品牌与国家文化软实力研究》一书是项目研究的最终成果之一。会议认为，没有国家独特的文化作为依托，不可能诞生具有全球影响力的国家品牌；没有优秀的国家文化作为支撑，国家品牌就无法让全世界产生深刻的认同。品牌是文化的载体，文化是品牌的核心。会议认为，“国家品牌”与“国家文化软实力”之间是一种叠加、耦合和协同的互动关系。具体表现为：本国的特色文化是国家品牌的特质内涵，又是国家文化软实力的本质内涵；国家品牌是国家文化软实力的传播载体；国家文化软实力提升国家品牌的价值。《国家品牌与国家文化软实力研究》一书从聚焦国家品牌与国家文化软实力的研究出发，着重从国家文化视角分析国家品牌构建问题，将品牌和文化提升到国家战略的层面进行探讨，唯有如此才能从根本上解决品牌危机。会议还就“国家品牌与文化软实力”“国家品牌与文化的机遇与挑战”等议题进行了讨论。

来自国家科技部、中国社会科学院、中国商业联合会、中国质量协会、上海社会科学院、北京大学等机构的专家学者参加会议。

（中国社会科学院办公厅刘玉杰编辑、供稿）

中华传统文化与语文教育研讨会　1月17—18日，由北京师范大学语文教育研究所和国学教育研究推广中心主办的“中华传统文化与语文教育”研讨会在北京师范大学召开。教育部社科司司长张东刚，北京师范大学副校长杨耕，资深教授童庆炳出席会议，来自北京大学、中国人民大学、人民教育出版社等的专家学者30余人参与研讨。

（北京师范大学社科处刘娜供稿）

2015艺术基础教育素描教学论坛　3月7日，清华大学美术学院和北京中间美术馆联合主办“2015艺术基础教育素描教学论坛”。论坛共有3场学术讨论，来自10所高校的20余位艺术系教授、老师，参与了本次论坛，发表了主题演讲并参加讨论环节。在第一部分“文化背景中的素描教学”的讨论中，老师们不仅重塑了和“素描”相关的各种概念在历史节点上和在当下的意义，还追溯了素描及艺术在世界范围的发展脉络、中国素描教育的特殊性及其得失。在第二部分“大学教育中的素描教学”中，各位老师介绍了各自院校中素描教学的现状、分享了自己的经验，还提出了所在的困境和未来可能改进的方向。在第三部分“创作思维中的素描教学”讨论中，各位老师延展了“素描”作为一种视觉感受方式和思维交流方式在创作中的更多可能性，也分享了自己在绘画中的体会。

（清华大学文科建设处刘金梅供稿）

中国传统文化与社会主义核心价值观研讨会　3月15日，中国传统文化与社会主义核心价值观研讨会暨周桂钿《秦汉思想研究》新书发布会在北京师范大学召开。这次活动由北京师范大学社会主义核心价值观协同创新中心、价值与文化研究中心、哲学学院及海峡出版发行集团、福建教育出版社联合举办，来自国际儒学联合会、中国社会科学院、北京大学、清华大学、中国人民大学、北京师范大学、中央民族大学等研究机构和高校的专家学者参加会议。大家围绕着“中国传统文化与社会主义核心价值观”这一主题展开了热烈讨论，并庆贺周桂钿《秦汉思想研究》新书的出版发行。社会主义核心价值观根植于中华优秀传统文化，传承着中华优秀传统文化的基因；中华传统文化也为社会主义核心价值观的培育和践行提供了宝贵的思想资源和丰厚滋养。北京师范大学副校长陈光巨首先致辞并对《秦汉思想研究》的出版表示热烈祝贺，他指出：此次活动既弘扬了中华传统优秀文化，又为新时期社会主义核心价值体系的建设尽了一分力量。秦汉哲学思想研究中所铸造的文化精神方向，既对此前的中国传统价值观做出了理性反思和重塑，也对现代社会的文化发展起着重要借鉴作用。

北京师范大学社会主义核心价值观协同创新中心成立于2014年5月，旨在满足国家急需、服务社会发展。中心成立以来，进行了一系列的体制机制创新，采取“以任务为导向、以团队为单位”的项目管理模式，不断加强人才队伍建设，持续开展关于社会主义核心价值观的学术研究和咨询服务。此次由北京师范大学社会主义核心价值观协同创新中心主办的“中国传统文化与社会主义核心价值观研讨会”暨《周桂钿文集》卷一《秦汉思想研究》新书发布会从价值、价值观的角度梳理秦汉思想、秦汉哲学，深入探讨了秦汉时期中国传统价值观的理论内涵、思想特征、体系结构、历史地位与影响，并进一步揭示秦汉思想价值观现代转化的理论创新点与发展新趋势，从而为当代中国社会主义核心价值观体系的建构提供有益之借鉴。

（北京师范大学社科处刘娜供稿）

2015文化中国讲坛　近日，以“春风化雨——新常态语境下的史识哲思与诗意”为主题的“2015文化中国讲坛”春季讲座在北京举行，由中国艺术研究院与北京横山书院联合主办。

讲坛举办期间，叶嘉莹等多名学者做了主题讲座，社会各界热爱国学、热心公益人士及嘉宾约600余人参加了这一文化盛典。据悉，“2015文化中国讲坛”以道德建设为重点，立足中华优秀传统文化，积极探索行之有效的活动载体，以高端论坛、文化讲座、雅集等方式，拓宽公共文化服务领域，传播博大精深的中华传统文化。

（参见《人民日报》2015年3月18日第12版）

中国高校系列专业期刊研讨会　日前，来自全国30多家学术期刊的主编、编辑汇聚清华大学，围绕学术期刊发展面临的形势以及如何在困境中突围这一议题进行了研讨。

《新华文摘》原总编辑张耀铭指出，学术期刊不仅是知识的载体，更是思想的载体。当前，一些学术期刊刊发的文章往往出现知识与思想之间断裂的情况，有些文章没有思想和生命力。作为有着深刻人文关怀的学术期刊，应多刊发一些有道义担当和思想担当的文章。《清华大学学报》副主编刘石指出，学术期刊要体现自己的生命力，一定要形成自己的特色，拒绝千刊一面和同质化，在学术发展潮流中起到引领作用。具体到一线编辑，就要做到“以学术为规”，不断提升自身学术水平，不断增强对学术的关怀。《南京大学学报》编审朱剑指出，纸本学术期刊发行数量下滑是既存事实，走数字化之路、创立新的传播渠道、推动高校学报集约化数字化发展任重而道远。同时他认为，在期刊数字化平台上，要从整刊传播和单篇传播转向“专栏”传播，把“专栏”作为在线数字传播的最佳单元，以“专栏”为基本单元的私人定制期刊将是未来期刊发展的新趋势。

（参见《人民日报》2015年3月30日第23版）

定福庄国际文化产业峰会　4月8日，由光明日报文化产业研究中心和定福庄文化产业促进会共同主办的定福庄国际文化产业峰会在北京东亿国际传媒产业园举行。国内外文化产业界著名专家学者和企业家齐聚一堂，围绕文化与金融合作、文化与科技融合、“互联网+”与“文化+”等文化产业领域热点问题展开深入研讨，为中国文化产业未来发展提出新的思路和建议。

第十一届全国政协副主席、著名经济学家厉无畏致辞并宣布峰会开幕。厉无畏指出，科技创新和文化创新，构成了促进我国带动、影响世界经济转型升级的两大引擎。文化产业，是当前我国经济进入新常态阶段，保障、实现“双高”转型增长的重要经济引擎。当前，经济和文化的融合发展已经成为新世纪全球产业经济的重点。世界各国成功的经验都是在科技、文化、商业等领域进行跨界融合的典范。科技是硬实力，文化是软实力，文化元素和科技含量有机融合才能够发挥巨大作用，形成新的产业，创造新的价值。以经济合作、拉动为开拓，以文化交流、辐射、影响为立足，经济是基础，“修文德以来之”，文化的远播、融合才是实现中国梦的大国力量。在国家文化产业创新实验区的具体推进上，首先要从政府层面切入思考。政府要考虑基础设施等方面的支持，探讨、出台落地性的优惠政策和措施，吸引优质企业集聚，重点是在金融、科技和传媒这三方面要提供具体支持政策。

著名经济学家厉以宁在主旨演讲中指出，创业和创新是当前中国经济发展中的大事。文化产业如今同样面临着创业和创新这样的大事。它们正在加快推动文化产业的大发展，并为文化产业在国民经济中发挥更大的作用，探路和引领新潮流。市场调节和政府调节是两种资源配置方式。市场调节是一只无形的手，靠供求规律发挥调节作用。政府调节是一只有形的手，靠法律、法规、政策发挥调节作用。道似有形却无形，道似无形却有形。在文化产业发展中，要重视道德力量调节。有了道德力量调节，市场调节和政府调节才会有效。

光明日报副总编辑刘伟在致辞中指出，中关村是科技的一张名片，而定福庄将成为也正在成为文化的一张名片。当前中国经济发展“创”字当先，要特别重视创业、创意、创新和创造，而文化产业将成为大众创业、万众创新的新动力。在未来更长远的发展中，文化产业将成为促进经济转型升级的重要支柱产业。

此次峰会上，韩国未来创造科学放送通信委员会委员长洪文钟、民生银行文化产业金融事业部总裁万晓芳、国务院发展研究中心东方文化与城市发展研究所所长杨晓东也发表了演讲。韩国韩中文化中心院长卢载宪、北京市文化创意产业促进中心主任梅松、香港著名导演徐克、中国电视剧导演工作委员会副会长阎建钢、光明网总裁杨谷等嘉宾就文化产业的前沿问题进行了话题互动，从不同层面、不同角度解读文化产业跨界融合发展的新特征与新趋势。

据了解，定福庄地区是北京市国家文化产业创新实验区的主力发展承载空间。历经5年多的大力发展，以定福庄为中心的文化产业聚集版块在腾笼换鸟、产业升级、创新发展的指导方针下，已集聚了国家广告产业园、国家版权贸易基地、国家音乐文化产业基地、国家动画产业基地等一批国家级文化产业基地，以及东亿国际传媒产业园、北京传媒总部基地等50余个文化创意产业集聚区。

（参见《光明日报》2015年4月9日第1版）

青年教师沙龙——当代艺术的观念性　4月18日，清华大学美术学院青年教师沙龙——当代艺术的观念性，在798艺术区北京悦美术馆举行。副院长张敢担任学术主持。绘画系副教授李天元，艺术史论系副教授陈岸瑛，雕塑系副教授李鹤以及视觉传达设计系副教授李德庚先后发表了他们对于当代艺术观念性的认识。李天元指出在今天的互联网世界中，信息多元化，观念多元化，创作的自由度很高，在这样的环境中，需要形成自己的判断和选择，形成个性化语言，真实的自我是艺术家在创作中需要体现的。陈岸瑛提出技法与思想并重，他指出艺术理论的研究方法和艺术史或艺术批评不太一样，首先要澄清概念，然后要对某种现象的有效讨论提供思想框架。李鹤提出丰富内涵，打破禁锢的观点。李鹤指出真正的观念艺术不能单纯地以视觉的审美和愉悦作为标准，更不能以技法的娴熟作为唯一标准。李德庚提出的观点是人文关怀，与时俱进。李德庚从事的是设计领域的研究，他从设计出发，诠释了自己对于当代艺术观念性的独到见解。几位演讲嘉宾发言后，与现场师生进行提问互动，大家都提出了自己对于当代艺术的观念性看法。

（清华大学文科建设处刘金梅供稿）

中国古村镇保护与利用学术研讨会　4月25—26日，中国古村镇保护与利用学术研讨会在北京召开，此次会议由北京市社会科学院主办，北京古都学会、北京永定河文化研究会、中国文物学会古村镇专业委员会联合承办。来自清华大学、北京大学、中国人民大学、北京师范大学、首都师范大学、华南理工大学、北京联合大学、中国建筑设计院、中国文物学会、中国古都学会、北京市社会科学院、北京永定河文化研究会、北京建工建筑设计研究院、宁夏社会科学院、人民日报社、中国文物报社等高校和科研院所，以及贵州、四川、福建、山西等相关古村镇研究机构的80余位专家学者参加会议。北京古都学会会长、北京市文史馆馆员、北京市社会科学院历史所所长王岗研究员主持会议。开幕式上，北京市社会科学院副院长周航、门头沟区委宣传部长彭利锋、中国文物学会古村镇专业委员会会长张囤生先后致辞。研讨会采取大会主题报告和学术讨论相结合的方式进行，与会学者围绕古村镇历史文化资源的整理与研究、古村镇的保护与利用、乡村旅游与古村镇发展规划、中外古村镇保护利用比较研究、中国传统村落申报等主题，展开了热烈的学术交流和讨论。随着国家关于传统村落保护的政策法规相继出台，专家学者对这一新型文化遗产的研究逐渐深入，同时也越来越多地受到社会的关注和重视。此次研讨会提出的若干理论和对策建议，将有助于北京古村镇的保护与利用拓宽思路、更新模式，推动中国传统村落的保护与可持续发展。

（北京市社会科学院科研处供稿）

抽象还是再现：20世纪60年代初的美国艺术讲座　4月27—29日美国肯塔基大学艺术学院副院长，艺术史及视觉研究系教授安娜·布莱茨基在清华大学美术学院举办了两场学术讲座，吸引了校内外众多师生参加。讲座由艺术史论系主任陈岸瑛主持。27日下午在题为《抽象还是再现：20世纪60年代初的美国艺术》的讲座中，安娜以一幅诺曼·洛克威尔作于1962年的《鉴赏者》为切入点，集中分析了诺曼·洛克威尔、杰克逊·波洛克、罗伯特·劳申伯格的艺术实践，以此揭示出20世纪60年代初美国艺术的特征与变化。同时期，来自不同背景的新兴艺术家也在尝试新的艺术形式和创作方式，例如罗伯特·劳申伯格和安迪·沃霍尔。他们用现成品和“挪用”的方式进行新的艺术实验和探索，挑战了“抽象表现主义”在艺术体制中的权威地位。29日上午在题为《艺术史研究与专业写作》的讲座中，安娜与清华大学美术学院师生分享了美国艺术史界学术规范及论文写作的基本方法。讲座主要围绕“什么是艺术史的研究”和“怎样做学术研究”展开，她特别强调学术研究应该具有“问题意识”，而不是材料或者事实的罗列。安娜还强调了文献综述的重要性。另外，她还提到了部分艺术史常用的研究方法和学术规范，并以马奈的作品《奥林匹亚》为例，阐释了以上自己关于学术论文写作的理论。安娜以独特的视角和生动的讲课方式，赢得了听课师生的一致好评。讲座后，安娜与同学们交流，回答了大家关于讲座和其他艺术史问题。安娜·布莱茨基，美国肯塔基大学艺术学院副院长，艺术史及视觉研究系教授。主要研究领域：文化和经济价值的问题，民族主义和现代主义的关系，艺术家和艺术圈运转的动力。

（清华大学文科建设处刘金梅供稿）

首届国际文化产业发展形势研讨会　4月28日，首届国际文化产业发展形势研讨会在北京市社会科学院礼堂举行。会议由北京市社会科学院传媒研究所、北京市文化创意产业研究中心、北京新元文智咨询服务有限公司共同举办。北京市社会科学院党组书记、院长谭维克研究员在会上以“我国文化产业发展必须处理好四大关系”为题发表了致辞，北京市社会科学院传媒所所长、北京市文化创意产业研究中心主任郭万超研究员主持会议。研讨会以“迈向新时代的文化产业国际战略”为主题，就2014年度国际文化产业发展战略政策与现状趋势，展开主题演讲和学术讨论相结合的交流。来自政府、学界、产业界、中央及北京市媒体等共计100多人参加会议。在研讨会上，谭维克提出，随着大力发展文化产业上升为国家战略，文化产业迎来了难得的历史机遇。郭万超发表了主题为“互联网文化产业发展新态势”的演讲，以李克强总理提出的“互联网+”为引言，介绍了互联网对文化产业颠覆性影响，互联网发展的四大新态势：移动互联网的兴盛、众筹模式的推广、微市场的崛起和知识产权凸显。在国家关于文化走出去的政策鼓励和扶持下，我国的文化产业开始了国际化征程，本次研讨会通过对国际文化产业发展的动态及趋势呈现，对各国信息源进行了整合和汇报，将为深度开展国际文化产业各领域研究提供有效参考，为我国文化产业走出去、文化企业国际化提供了有益的借鉴。

（北京市社会科学院科研处供稿）

提高当代中国的文化软实力学术讲座　5月5日，清华大学教授肖贵清在中国地质大学（北京）阶一教室作题为“提高当代中国的文化软实力”的学术讲座，讲座由思想政治教育学院申健教授主持。

肖贵清现任清华大学教授、“两课”教学部主任、马克思主义中国化研究专业教授、博士生导师，兼任中央实施马克思主义理论研究和建设工程“高校思想政治理论课教学大纲和教材编写组”首席专家，河北省中共党史学会副会长、河北省党建研究所特聘研究员等职。主要从事中共党史和马克思主义中国化等方面的研究；主持和参与研究10余项国家社科基金项目和河北省哲学社会科学规划项目。

本次讲座，肖贵清从文化软实力的内涵、提升文化软实力的重要意义以及如何提升当代中国文化软实力三个方面进行了阐述。在讲到提升文化软实力的重要意义时，肖贵清表示文化软实力的比拼，说到底是核心价值观的较量。肖贵清认为，传播文化软实力的基本功，是“讲好故事”。“曲高”的同时也能“和众”，中国传统的忠孝仁义靠民间故事宣传传承，我们需要用浅显的、通俗的方式传播文化。惟有润物细无声，软实力才能实至名归。要努力以人们喜闻乐见的方式讲好中国故事，传播好中国声。讲座后肖贵清认真细心回答了同学们提出的问题。

［中国地质大学（北京）科技处供稿］

21世纪商业文化论坛　日前，由中国商业文化研究院、北京大学光华管理学院和北京日报社主办的21世纪商业文化论坛在京举办。原商业部部长胡平、北京大学光华管理学院教授张国有、中国社科院研究员司马云傑等参加论坛并发表主旨演讲，北京日报社社长傅华主持活动。

论坛旨在探讨21世纪全球化市场和中国市场发展的基本理念和实际问题，就中国商业文化的渊源、发展、困惑及对策、对全球化市场的影响等问题进行了深入研讨。与会专家一致认为：新形势下商业文化大有作为。21世纪，价值理念、价值规则、价值行为、价值机制将成为商业文明的重要标志。在互联网的基础上，商业文明正在以前所未有的互动速度和互动规模向前推进。

中宣部理论局原副局长贾春峰、中国商业文化研究会常务副会长王作言、《中国商报》原总编辑李守仲等参加会议。

（参见《光明日报》2015年5月9日第7版）

亚欧古代物质文化讲座　5月18日，由清华大学美术学院艺术史论系主办的《亚欧古代物质文化讲座》在院举行。讲座邀请到伦敦大学亚非学院教授韦陀（Roderick Whitfield），龙门石窟研究院研究员张乃翥，以及艺术史论系的孙明利研究生。三人围绕亚欧古代物质文化展开了精彩的演讲。韦陀主要从事中国绘画和敦煌佛教美术研究，包括大英博物院藏斯坦因收集作品。此次讲座他讲授了敦煌瑞像图，主要有双头瑞像、弥勒白佛瑞像、指日月瑞像等，展示了现藏伦敦大英博物馆和印度新德里博物馆的敦煌瑞像绢画，以及敦煌莫高窟壁画作品，图像精美，中英双语讲授，场面活泼生动。张乃翥讲授了庞培遗址的文化生态与地中海文明的人文传统，向大家展示并解说了他在意大利实地拍摄的许多照片，包括建筑、雕塑、绘画、庞培遗址等，吸引眼球。孙明利演讲了四川唐五代观无量寿经变，展示了许多实地调查的图片和绘制的线图，并详细解说了四川唐五代观无量寿经变的图像类别、表现内容、思想内涵。讲座结束后，三位主讲人就讲座内容又进行了交流。韦陀教授还与史论系同学进行了互动，解答同学们的疑问，50余名学生到场。

（清华大学文科建设处刘金梅供稿）

全国高校联合申报文化遗产本科专业研讨会　5月23日，由首都师范大学教务处、历史学院联合举办的全国高校联合申报“文化遗产”本科专业研讨会在北京举行。来自浙江大学等14家高校的专家和学者汇聚一堂，共同商讨文化遗产本科专业的申报和专业设置。校副校长孟繁华、历史学院院长郝春文致欢迎辞。首都师范大学教务处处长王德胜详细介绍了本校“文化遗产”专业（方向）的设置情况。会议由历史学院郗志群教授主持。

会议围绕各高校“文化遗产”专业方向的设置和建设情况、各高校联合申报“文化遗产”本科专业的必要性和可行性以及各高校在联合申报中的分工安排等方面展开讨论。与会专家纷纷发言，对联合申报文化遗产专业献计献策。各高校代表达成共识，表示会全力支持文化遗产本科专业的申报工作。

（首都师范大学社科处李志成供稿）

加强北京传统村落保护座谈会　日前，市政协就“加强北京传统村落保护”召开对口协商座谈会。市政协副主席陈平出席。

会上，文史和学习委负责人介绍了委员针对传统村落保护开展的对口协商工作。市农委、市规划委、市文物局等相关委办局负责人介绍了各自工作进展。孔繁峙、宋大川、王岗等委员、民主党派成员、区县政协和专家学者代表发言，他们认为，传统村落是古都文化的重要组成部分，要深入挖掘其历史文化价值，科学制定保护规划，重视村民参与，留住北京的乡愁。

陈平讲话说，大家的发言不绕弯子、不兜圈子，既精彩又务实，体现了对这项工作的责任感。我们要充分认识到传统村落保护是落实习近平总书记重要讲话精神和京津冀协同发展战略的重要举措，认识到传统村落保护对北京历史文化名城建设的重要意义。下一步要继续发挥政协组织优势，探索各项协商形式，助推本市相关工作。

（参见《北京日报》2015年5月25日第2版）

杨琪的艺术哲学讲座　5月25日，清华大学美术学院举办了“春华秋实”系列讲座第九场——杨琪的艺术哲学。他的讲座由艺术哲学的几个问题入手，与在座的师生一同分享他数十年来，对于艺术本质属性、艺术与美的关系、艺术的真实以及艺术作品的主题等方面的探索与收获。杨琪的讲述深入浅出，特别是以中国书画艺术为例证，以中国哲学智慧为启发，阐释艺术哲学问题的研究方法，给与会师生在艺术哲学的道路上进一步探索指明了方向。讲座中，杨琪向学生们传授的不仅仅是知识、方法，更有志在圣贤、锲而不舍的治学精神。杨琪鼓励年轻学子做学问要有一种舍我其谁的气概。同时，在探讨艺术与美的关系时，杨琪告诫年轻人没有纯净善良的灵魂，是做不好学问的。在提问环节，杨琪对学生想提问一一回答。整场讲座，杨琪“发愤忘食，乐以忘忧，不知老之将至”的精神状态，深深地鼓励了在场的所有师生。杨琪，清华大学美术学院艺术史论系教授，今年已80岁高龄。杨琪退休至今，已出版十部专著，并一直参与中央电视台、北京电视台“世界文化广场”“名师讲坛”“西方艺术欣赏”等栏目的顾问和主讲，致力于让艺术之美惠及普罗大众。

（清华大学文科建设处刘金梅供稿）

21世纪东方文化论坛首届国际学术研讨会　6月6日，由北京大学东方学研究院和新加坡炎黄国际文化协会联合举办的“21世纪东方文化论坛”首届国际学术研讨会在北京大学百周年纪念讲堂开幕。研讨会开幕式和主旨发言分别由东方学研究院副院长张玉安教授和院长王邦维教授主持。北京大学副校长李岩松致欢迎辞，他热烈欢迎与会的中外嘉宾和专家学者，并预祝学术会议圆满成功。炎黄国际文化协会会长、创新基金主席林祥雄教授，北京大学外国语学院院长宁琦教授，欧盟文化中心合作组织前主席拉贾斯先生先后致辞。著名学者、新加坡国立大学东亚研究所理事会主席王赓武教授致开幕辞。他们高度赞赏和肯定了大会的学术价值及其举办的历史意义。来自海内外高等院校和科研机构的百余名学者参加了本届研讨会。

（北京大学社会科学部供稿）

第三届文化创新国际论坛　6月6日，“第三届文化创新国际论坛：文化资源的创意转化与产业激活”举行。论坛由北京师范大学主办，首都文化创新与文化传播工程研究院承办，国家外国专家局、北京市国有文化资产监督管理办公室、北京市社会科学联合会等单位的联合支持。国家外国专家局局长张建国，北京市委常委、宣传部部长李伟、北京师范大学党委书记刘川生，首都文化创新与传播工程研究院院长于丹等出席活动。

（北京师范大学社科处刘娜供稿）

亚洲文明对话座谈会　6月9日，由尼山世界论坛组委会主办的“亚洲文明对话”座谈会在北京举行。与会者围绕促进亚洲多文明对话交流互鉴，共同构建亚洲命运共同体，进行了专题学术研讨。全国人大常委会原副委员长、尼山世界文明论坛主席许嘉璐主持座谈会。

去年以来，习近平总书记先后在上海亚信会议第四次峰会、博鳌亚洲论坛年会上倡议召开亚洲文明对话大会，推动不同文明、不同宗教交流互鉴、取长补短、共同进步。习总书记的倡议引起学界和社会各界的关注和积极响应。参加此次座谈的专家学者一致认为，习近平总书记关于召开亚洲文明对话大会的倡议，以及关于开展世界不同文明对话的一系列重要论述，具有重大的现实意义和深远的历史意义，是推动亚洲文明对话交流的重要指导原则。

与会者认为，亚洲文明是世界文明的绚丽篇章，中国与其他亚洲国家一起创造的亚洲文明为人类的精神生活、世界的繁荣稳定作出了卓越贡献。亚洲地区地域广阔，人口密集，民族众多，文化的多样性很强，差异性很大，亚洲文明有着巨大的丰富性，亚洲文明交流对话的空间十分广泛。世界性精神信仰传统大多诞生于亚洲，如基督教、佛教、伊斯兰教、犹太教、印度教等，中国的儒家、道家等思想传统也有着广泛而深入持久的影响力。中华文明是亚洲文明的重要组成部分，在亚洲文明中有着举足轻重的历史地位。中国的儒家文明对东亚乃至整个亚洲文明进程有着重大历史影响。中华文明中道和谐的智慧为世界多样精神文明的和谐共处、相互借鉴、共同发展提供了历史经验，长期以来，儒、佛、道等精神信仰传统在中国相互渗透融合共同推动了中国人精神生活的成长。亚洲文明是世界文明的重要缩影，做好亚洲文明对话是做好世界文明对话的基础。文明发展史表明，任何一种文明长期在一个封闭的系统内，其命运必然是走向死寂，只有在与“他者文明”的交流融合中才能生生日新、保持旺盛生命活力。世界上没有一成不变的文明，各文明传统各有所长、没有高下优劣。文明发展史也表明，只有谦虚而主动地保持开放姿态、善于向他者学习的文明才能不断强盛。习总书记强调“中方倡议通过召开亚洲文明对话大会”也标志着当代中华文明包容开放的活力，及其对亚洲文明繁荣发展勇于担当的精神。作为屹立在世界东方的大国，中国有责任为亚洲和世界文明的繁荣发展贡献力量。千里之行，始于足下，中国要参与世界文明的新建构，必须从积极推进亚洲文明的新生开始，中华文明只有在亚洲文明中有响亮角色，才能在世界文明进程中发出时代的强音。

叶小文、邢贲思、吴建民、汝信、何东平、张立文、学诚、卢树民、张西平、蒋坚永、徐向红等在会上发言。

（参见《光明日报》2015 年6月10 日第4版）

《京张铁路百年轨迹》出版座谈会　6月9日，《京张铁路百年轨迹》出版座谈会在北京档案馆召开。副馆长马素萍主持会议，天津市档案馆，河北省、张家口市及宣化区档案馆，延庆、昌平、丰台等区县档案馆有关领导及编研工作人员，以及詹天佑纪念馆、铁道博物馆、铁道科学研究院、青龙桥火车站等有关专家共计20多人参加。史料处负责人介绍了《京张铁路百年轨迹》策划实施与编辑出版的情况。来自铁路相关部门和档案部门的专家学者纷纷发言，充分肯定了该书的出版价值，认为该书在档案编研开发方面起到了引领作用。河北省档案馆副馆长耿树伟和天津档案馆副馆长杨文杰在讲话中表示，该书开创了编研工作新模式和档案编研开发合作共赢的新机制。最后，馆长吕和顺就京津冀档案编研协同发展工作提出了三点意见。会后，与会代表还参观了特藏库及“见证抗战——纪念抗日战争胜利70周年京津冀档案文献展”。

（北京市档案局科教处胡晓燕供稿）

首届文化与经济论坛（2015） 6月20日，由中央财经大学经济学院与中国社会科学院经济研究所《经济研究》编辑部联合主办的首届文化与经济论坛（2015）在中央财经大学学术会堂召开。中国社会科学院经济研究所副所长兼院科研局副局长张平研究员，经济研究杂志社社长、副主编、编辑部主任王诚研究员，经济研究杂志社副社长张永山研究员，经济研究杂志社王利娜编审受邀出席了此次论坛。来自中央财经大学、新加坡南洋理工大学、北京大学、中山大学、上海财经大学等海内外高校的20余位专家学者参与了此次论坛并做了专题汇报。与会专家围绕当前文化与经济问题进行了交流和探讨，此次论坛作为国内外高校间沟通交流的重要渠道，作为文化与经济关系问题的专属研究平台，对强化联系、形成合力，推动文化与经济问题领域的研究具有重要意义。

（中央财经大学科研处供稿）

2015年北京蓝皮书系列新闻发布会暨学术研讨会 6月23日，由北京市社会科学院和社会科学文献出版社联合举办的“2015年北京蓝皮书系列新闻发布会暨学术研讨会”在京举行，正式发布了由我院编撰，社会科学文献出版社出版的五本皮书。北京市社会科学院党组书记、院长谭维克，社会科学文献出版社社长谢寿光，社会科学文献出版社皮书分社社长邓泳红出席了发布会。会议由北京社科院科研处处长王燕梅主持。参与发布的五本皮书的主编做了主题发言，解读了2014—2015年度北京公共服务、经济、社会治理、文化等方面发展的热点事件和面临的挑战，展望了2015年新形势下的北京经济、社会治理、文化等发展的新动向。应邀出席会议的闫玉刚教授、曹和平教授、文魁教授、唐任伍教授、万鹏飞教授对这五本皮书的出版发布表示了热烈的祝贺，并对五本皮书作了精彩的专家点评及深度剖析，提出了非常有建设性的意见和建议。谢寿光在发布会上对皮书的出版表示了祝贺，向长期关心支持北京蓝皮书研创的有关各方表示衷心的感谢。邓泳红在总结发言中对皮书作者、点评专家及关心支持院皮书发展的媒体朋友表达了诚挚的谢意。

（北京市社会科学院科研处供稿）

台湾学者看大陆：中国文化创意的历史波折与文化折扣现象讲座 6月24日，台湾辅仁大学应用美术学系所教授冯冠超受邀到清华大学美术学院做题为“台湾学者看大陆：中国文化创意的历史波折与：文化折扣现象”的讲座。院长鲁晓波作为学术主持，副院长马赛、建银国际医疗基金首席投资官马克作为嘉宾共同出席了此次讲座活动。来自清华大学美术学院各系师生30余人参加了讲座。冯冠超介绍了台湾的人文历史与台湾辅仁大学的基本情况，图文并茂地列举日常生活现象和历史事件，如在台湾开展的“寻本土符号”运动，以大花布作为台湾本土的文化符号，但这种大花布究其本源却是大陆北方乡村特有的文化产物，由此可见两岸的文化始终是同宗同源不可分割的。在文化符号的传播过程中，如果不能被充分理解，那么所包含的文化信息便被打上折扣，而北京奥运会贯穿始终的卷轴符号则是一个成功的案例。冯冠超深入浅出地阐述了台湾与大陆近现代设计的发展历程，并由此延伸分析了在不同时期中国文化元素在国际文化创意市场中发挥的作用，以及背后影响其风格变迁的诸多因素。他认为，如果文化创意产业想立足全球，文化差异不应成为障碍。中国的文化创意产品应当立足传统文化，培养创新意识，寻找能够让其他国家消费者看得懂的设计语言。中国经济正在飞速发展，文化创意市场具有巨大的潜力，希望在中国未来的30年能够实现文化上的复兴。冯冠超，系台湾辅仁大学应用美术系所教授，兼辅仁大学推广部主任，重庆师大、闽江大学、泉州师院客座教授，中国人民大学兼任教授，专业方向品牌设计策略研究。

（清华大学文科建设处刘金梅供稿）

重构中的儒学暨北京大学儒学研究院成立五周年学术研讨会 6月28日，“重构中的儒学暨北京大学儒学研究院成立五周年学术研讨会”在北京大学英杰交流中心举行。乐黛云先生、杜维明先生、牟钟鉴、许抗生、郭齐勇、陈来、张祥龙、杨国荣、陈少明等来自中国（含香港和台湾地区）的40余位学者出席了会议。会议全天分四个阶段，由院长王博教授、副院长干春松教授、院长助理杨立华教授和阳明学研究中心主任张学智教授主持，与会学者围绕“重构中的儒学”主题展开了积极的研讨。

在回顾汤一介先生的创院理念时，王博指出，儒学研究院将会继续遵循汤先生提出的创院宗旨和理念开展未来的工作，即“放眼世界文化潮流，传承儒学思想精粹，阐释儒学特殊理念，寻求儒学普遍价值，创构儒学新型体系。”这个理念从世界的视野，从儒学的特殊性到儒学的普遍性，最后落在了一个创建儒学新的思想上面。为了这样的一个目的，汤先生给儒学研究院设计了《中国经学史》（十卷本）、《中国解释学史》（三卷本）和“儒释道三教关系史研究”等几个非常重要的项目，目前几个项目都在顺利地开展中。与会学者以“重构中的儒学”为主题，分别对“儒家思想与现代社会关系”、“儒家思想在社会建构中的作用”、“儒家传统之研究与发展”等三个议题进行了深入研讨。

（北京大学社会科学部供稿）

影视艺术发展与戏剧影视学专业建设高峰论坛　7月3—5日，影视艺术发展与戏剧影视学专业建设高峰论坛在北京市举办。论坛由首都师范大学文学院和中国高校影视学会共同主办，邀请了全国各大高校戏剧影视学专业院长、系主任、负责人以及业界精英共同参与讨论。

来自清华大学等全国各地近40所高校的戏剧影视学负责人及专家参与了本次论坛。同时，新闻出版广电总局剧本中心主任苏小卫，中央新影集团副总编辑时间也应邀参与了论坛发言。

为期三天的论坛过程中，不仅有各位理论扎实，经验丰富的专家学者进行了精彩的发言，同时来自业界的代表也从就业和实操方面与参会人员进行了探讨。著名电影编剧苏小卫、央视著名制片人时间在论坛上发表了“谈编导人才培养”主题发言。针对与会代表普遍存在的技术教育方面的焦虑，两位业界代表一致认为高校技术的培养固然重要，但高校更应当注重“道”、注重培养学生的价值观、责任感。

（首都师范大学社科处李志成供稿）

可见的左翼：纪念夏衍逝世二十周年暨30年代反法西斯电影研讨会　7月18日，由中国人民大学文学院、当代电影杂志社联合主办的“可见的左翼”——纪念夏衍逝世二十周年暨30年代反法西斯电影研讨会在中国人民大学开幕。中国人民大学副校长洪大用、中国人民大学原副校长杨慧林、北京师范大学资深教授黄会林、中国戏剧出版社社长樊国宾、《人民日报》文艺部副主任李舫、浙江省文学学会会长陈坚、中国夏衍电影学会会长张建勇等来自各高校、研究机构、报社和出版社的近百名人士出席开幕式。中国人民大学文学院副院长陈奇佳主持开幕式。在为期两天的研讨会中，与会的学者在“夏衍研究”、“左翼文化”和“反法西斯电影”三个议题下分别进行讨论。

（中国人民大学科研处李素萍供稿）

《中国编辑思想史》出版研讨会　近日，《中国编辑思想史》出版研讨会在京召开。作为国家社科基金后期资助项目“中国编辑思想史研究”的成果，学习出版社出版的《中国编辑思想史》由武汉大学教授吴平与南通大学教授钱荣贵担任主编，历时八年完成。全书167万字，分上、中、下三卷出版，上卷为上古至魏晋南北朝时期，中卷为隋唐五代至元代，下卷为明代至民国时期。

与会专家一致认为，该书从思想史的角度对编辑历史进行了一次系统归纳与总结，作为我国第一部编辑思想史，该书的出版填补了编辑学研究领域的空白，具有重要的里程碑意义，标志着我国编辑学研究和学科建设进入了一个新的阶段。

（参见《光明日报》2015年7月20日第9版）

第五届书院传统和未来发展论坛　日前，由中国书院学会、中国书院研究中心、岳麓书院、白鹿洞书院和七宝阁书院联合主办的第五届书院传统和未来发展论坛召开，本届论坛的主题是“书院在民族复兴中的作用”。来自学术界、传统书院、当代书院、学堂、私塾以及高校传统文化类社团的150多名代表参加了论坛。

论坛组委会主席、北京大学哲学系教授楼宇烈认为，书院是对现行教育模式的一种有益补充，要通过老师们的以身作则，续接“师生如父子，书院如家庭”的传统，这对今天的教育来说是非常必要的。论坛执行主席、七宝阁书院院长马一弘提出，书院应该更多地承担优秀传统文化的传播和普及工作，也有利于推动社会主义核心价值观内化于心、外化于行。

该论坛从2011年开始每年举行一届，旨在通过观察国家、社会乃至世界格局中存在的问题和机遇，打开视野，探索新的教育模式。

（参见《人民日报》2015年8月12日第6版）

2015北京国际出版论坛　8月25日，2015北京国际出版论坛在京召开。国家新闻出版广电总局有关负责人在论坛上表示，中外出版交流应把内容质量放在首位。

本次论坛由国家新闻出版广电总局、国务院新闻办公室、中国民主促进会中央委员会联合主办。论坛主题为“出版国际化的战略选择”。来自国内外数百位出版界人士围绕“‘一带一路’与出版业的机遇和挑战”“出版业与资本的融合”和“互联网与大数据背景下的阅读与出版”等议题展开讨论。

国家新闻出版广电总局副局长吴尚之在发言中强调，中外出版交流应把内容质量放在首位。据悉，近年来，随着出版改革的深入，中外出版交流合作的成效显著。2011年中国出版物进出口总量是4577万册（张），2014年增长到4700万册（张）；贸易金额由2011年的4.99亿美元增长到2014年的5.94亿美元。2011年中国版权贸易总量是24422种，2014年增长到26988种。版权引进品种与版权输出品种比例由2004年的8.6∶1提高到1.6∶1，中外版权贸易逆差大幅缩小。中国已经成为世界上重要的图书版权输出国。

（参见《人民日报》2015年8月26日第6版）

文化遗产数字化保护的理论与方法研讨会 8月27—28日，由清华大学、武汉大学、浙江大学、敦煌研究院联合承担的国家重点基础研究发展计划（973计划）“文化遗产数字化保护的理论与方法”项目年度总结暨结题研讨会在清华大学美术学院召开。项目首席专家、深圳大学校长李清泉，项目特邀专家、两院院士李德仁，教授贾云得、林宗坚、潘志庚，清华大学副校长谢维和，美术学院院长鲁晓波，信息艺术设计系主任徐迎庆，科研院科研项目部副主任华琳，美术学院科研办主任董素学等共计50余人出席了会议。谢维和在会上代表清华大学致辞。与会的专家们就项目研究工作进行了交流与研讨。鲁晓波、徐迎庆分别承担了项目两个课题（共六个子课题）《文化遗产保护的方法验证与典型示范》和《雕塑、壁画类文化遗产的虚拟修复》的研究工作，带领其团队与敦煌研究院、武汉大学、浙江大学等专家合作，对敦煌的数字化保护进行基于艺术规律的科学数据验证和推理以及基于科学原理的艺术表现与演绎。课题的目标促进科研成果的转化和社会化传播，给人们带来新的精神财富和体验。此次是清华大学美术学院交叉学科建设和研究的一次重要实践，也是美术学院设计学科的团队首次承担973课题，前后共有10余名教师和20余名研究生参与了课题的研究工作。文化遗产的保护和开发问题是全世界共同关注的问题，数字化保护是文化遗产“永生”的最有效途径，也是艺术与科学密切结合的新兴研究领域。973项目“文化遗产数字化保护的理论与方法”围绕文化遗产数字化保护的核心内容，从理论和实证两个层面开展研究，重点解决文化遗产几何建模的精准性、色彩复原的逼真性和虚拟展示自适应所涉及的基础理论问题，项目的研究时间为2012年至2016年。

（清华大学文科建设处刘金梅供稿）

2015·中日生态文化研讨会 9月9日，2015·中日生态文化研讨会在北京商务会馆举办。本次研讨会由首都社会经济发心展研究所、日本经营管理教育协会、北京市决策学学会、北京决策研究基地共同主办，中日六位专家学者从宗教、伦理、文学、习俗等多个维度就生态文化发表演讲，相互交流和分享彼此在生态文化建设方面的思考和宝贵经验。研讨会由首都社会经济发展研究所所长盛继洪主持，北京市政协常委、北京市决策学学会理事长王丁力，日本经营管理教育协会会长下崎宽先生为研讨会开幕致辞，表达了双方对研讨会及中日交流合作的美好祝愿。来自首都社会经济发展研究所、日本经营管理教育协会、北京市决策学学会、北京林业大学、北京市社会科学院等单位的60余名研究人员参加了本次研讨会。

日本经营管理教育协会名誉会长宫本邦夫先生以“环境与宗教的关系——‘神道’的视角”为题发言。他认为，日本在20世纪60年代的经济高速发展时期，工业化带来的环境污染和自然破坏问题能够得到快速解决，神道精神发挥了重要作用；“神道”源自于日本人对于自然的崇拜而衍生出的宗教精神。“神道”的本质是万物有灵论，是在人与大自然接触的过程中自然产生并形成的万物皆神论，事实上反映出日本人与自然共存、感激崇拜自然的精神理念，并将其体现在宗教教义及宗教仪式中。日本人热爱自然环境的文化与宗教无法分离，“神道”精神是了解日本文化及环境与宗教关系的重要线索。

首都社会经济发展研究所盛继洪所长以“中国传统文化的生态文化意义”为题发言。他指出，“以人为本、天人合一”的中华传统文化，对于日益面临生态环境危机的当代社会，具有重要借鉴意义。传统文化本质上是农业社会文化，其生态意义主要体现在天地人一体的有情自然观、崇尚生机珍惜生命的价值观、把握规律的“时”“度”观、严格的义利之辨、审美的生活态度和节用的消费观等六个方面。深入挖掘和领会中国传统文化的生态文化意义，以本土化的文化资源、学术话语、政策话语为基础来建设生态文化，是生态文化学者和政策研究者的共同使命。

其后，日本经营管理教育协会特别顾问坂本晃作了主题为“日本生态文化与文学”的发言。北京林业大学人文社科学院副教授周国文博士作了主题为“生态和谐的社会共识与理论范式”的发言。日本经营管理教育协会大森启司先生作了主题为“日本人在生态方面的习惯及伦理”的发言。北京市社会科学院满学研究所副研究员晓春博士作了主题为“蒙古族的生态意识与环境传统”的发言。

（参见《北京社科联》2015 年合订本）

首届国家文化产业创新试验区高峰论坛　9 月 19 日，首届国家文化产业创新实验区高端峰会（2015）在北京朝阳规划艺术馆正式开幕。本次峰会以“新常态·新机遇·新模式”为主题，由国家文化部文化产业司、北京市委宣传部指导，中国传媒大学与北京 CBD 商务节组委会联合主办，中国传媒大学文化发展研究院和北京市朝阳区对外文化交流协会共同承办。文化部党组成员、部长助理刘玉珠，北京市委常委、宣传部长李伟，中宣部文化体制改革和发展办公室巡视员、副主任、中央文化企业国有资产监督管理领导小组副主任高书生，文化部文化产业司司长吴江波，北京市文化局局长陈冬，北京市文资办主任周茂非，北京市网信办党组书记、主任佟力强，北京市贸促会副会长于海波，市委宣传部副巡视员、市文促中心主任梅松，朝阳区委书记、区长吴桂英，朝阳区政协主席谢蓥等相关领导出席会议。校党委书记陈文申出席并发表致辞，副校长廖祥忠出席并担任大会主旨演讲环节主持人。朝阳区委常委、宣传部长、区委办主任刘军胜担任大会开幕式主持人。

陈文申表示，全国首个文化产业创新实验区的建立，是创新精神的时代产物，是深入贯彻落实党的十八大，十八届三中、四中全会和习近平总书记视察北京工作时的重要讲话精神、推动北京全国文化中心功能定位的重要举措，是全面提升首都文化产业创新发展，构建高精尖经济结构的重要部分。中国传媒大学作为国家文化产业创新实验区“两核三带多基地”的核心之一，与周边区域已经形成了文化科技创新区的良好格局。未来，该校与朝阳区经济发展的不断融合，将会在创新驱动下为全国文化中心的建设注入源源不断的人才资源和能量。

在主旨演讲环节，廖祥忠担任主持人，他指出，国家文化产业创新实验区的建设吹响了文化产业改革创新的冲锋号，实验区的建设应立足朝阳，放眼全国，辐射世界，拥有海纳百川的心态，联合政界的、学界、业界的专家共同探索实验区的未来走向。

中国传媒大学文化发展研究院院长范周在主旨演讲环节中提出，实验区未来的发展坐标，应当是以高端引领、创新驱动的发展模式，聚焦研发设计等上游环节、集聚高端产业形态、深度融合文化科技、跨门类跨区域协同发展的典范园区，其目标是通过改革创新，探索出一条以文化产业转型升级为先导的、人口疏解与产业发展相统一、园区建设与城市转型相协同的新型发展路子。

国家广告研究院院长、中国传媒大学广告学院院长丁俊杰在主旨演讲环节中提出，中国城市与文化产业的关系紧密联系，不可割裂，文化产业是在合适的城市土壤中成长起来的，而不是生拉硬套的建造。

（中国传媒大学文科科研处供稿）

中华经典海外传播国际研讨会　9 月 19—20 日，“中华经典海外传播国际研讨会”在中国传媒大学召开。会议是在中国作家协会指导下，中国传媒大学主办，中国传媒大学文法学部承办。来自海内外 50 余名专家与会，48 名专家作了精彩发言。

本次论坛邀请到来自韩国、日本、马来西亚、德国以及中国台湾地区的知名学者，与中国社会科学院、北京师范大学、中国人民大学、北京外国语大学、华东师范大学、上海外国语学院等单位的大陆专家一起，共同探讨中华经典海外传播的历史、现状、路径和未来。开幕式上，胡正荣副校长与中国作家协会主任胡殷红对海内外与会专家表示热烈欢迎，就会议筹办的背景、意义、预期等进行了说明。中国国家图书馆詹福瑞研究员作了“共同的遗产、共同关注与经典世界传播的可能性”的主题发言，中国社会科学院刘跃进研究员作了题为“以文化天下的启示”的主题发言。

上午的大会发言以海外专家为主，台湾大学何寄澎教授等专家们就中华经典的翻译、传播、研究等议题做了精彩纷呈的报告，郭英德、洪本健进行了介绍和精彩点评。

下午以语言组、艺术组、文学组为单元进行了分组讨论。与会专家们以中华经典的文本传播研究为中心（包含哲学、文学、史学、艺术等个案研究），辐射到语言学、社会学、传播学等学术领域，并就中华优秀文化海外传播的历史和现状进行了分析，探索了宏观战略和路径。

（中国传媒大学文科科研处供稿）

2015 音乐数字化生态发展研讨会 9月24日，为探讨“互联网+”时代音乐的数字化生态发展趋势，助力音乐艺术繁荣发展，由中国文联文艺资源中心、中国传媒大学艺术学部、中国文艺评论基地联合主办的“2015 音乐数字化生态发展研讨会”在中国传媒大学图书馆圆形报告厅举行。

中国文联文艺资源中心主任向云驹、副主任冉茂金、副主任彭宽，中国传媒大学副校长廖祥忠，国家新闻出版广电总局音像电子处处长左骏，中国音像与数字出版协会常务副理事长王炬，中音数协音乐产业促进工作委员会主任委员汪京京，中国音乐著作权协会副总干事刘平，中国音像著作权集体管理协会副总干事马继超，国广联合文化发展（北京）有限公司总经理邵军，原创文化管理集团副总裁兼艺术总监臧彦彬，广州太平洋影音公司总经理刘钦隆，中国唱片总公司副总经理侯钧，北京天桥演艺联盟秘书长姜桂荣、国家音乐产业基地 1919 园区负责人侯伟，中国音乐家协会理论研究部裴诺，《音乐周报》副总编辑张欢，网易云音乐高级总监王磊，索尼公司版权与法务总监修大普，腾讯音乐高级法律顾问黄洁，中科汇金数字科技（北京）有限公司总经理熊志远，东莞市海贝信息科技有限公司 CEO 孟凡贵等数十位专家学者出席研讨会，围绕音乐资源数字化、数字音乐传播与互联网音乐营销、数字音乐版权保护等问题展开交流讨论，共同探寻互联网语境下中国音乐数字化生态健康发展的路径、空间、面临的问题及应对措施。

（中国传媒大学文科科研处供稿）

国际研究型大学联盟图书馆馆长会议 9月24日，国际研究型大学联盟图书馆馆长会议在北京大学图书馆举行。来自北京大学、牛津大学、耶鲁大学、澳大利亚国立大学、国立新加坡大学、哥本哈根大学、瑞士联邦理工学院等七所高校的图书馆馆长参加了会议。会议由北京大学图书馆馆长朱强主持。

在瑞士联邦理工学院图书馆馆长的引导下，各校图书馆馆长仔细阅读了基准测试报告（Benchmarking Report）并进行讨论。馆长们积极肯定数据收集与分享的意义，认为其有助于联盟高校图书馆之间沟通信息、了解相互的发展状况，并在比较中促进各高校图书馆的建设。馆长们就图书馆经费、积极读者界定、职工支持、资源收集整合等方面进行深度讨论，明确统计指标的定义，完善相关数据的收集统计流程，分享各校图书馆的运行模式。随后，朱强以“建立新型学术交流系统”（Establishing a New Scholarly Communication Ecosystem）为题发表演讲，阐释学术交流的定义与学术开放的重要性，并结合目前数字化趋势，以北大图书馆发展模式为例，提出学术开放的四个维度。

会议期间，各高校馆长围绕资源数字化、资源分享、校际合作、评价体系等议题进一步交流讨论，并围绕图书馆层面实质性合作项目的可能性与实施方案展开讨论，深化联盟各校之间的合作与持续交流，共同促进国际研究型大学联盟整体学术水平与综合实力的发展。

（北京大学社会科学部供稿）

中国社会科学论坛（2015·文学）——数字化的口头传统：策略、实践与合作 10月10日，由中国社会科学院主办，中国社会科学院民族文学研究所和芬兰文学学会民俗档案馆共同承办的“中国社会科学论坛（2015·文学）——数字化的口头传统：策略、实践与合作”在北京开幕。

来自中国、芬兰、美国、德国、日本、蒙古国六个国家的十余位知名专家应邀出席了论坛。论坛主要围绕五个议题展开：（1）数字化、信息获取及方法论；（2）元数据标准与应用；（3）资源共享、“互联网+”策略与合作；（4）发展共同工作模型及其语言、平台和可能性；（5）数字化实践的个案研究与在建项目的样本分析。

论坛期间，芬兰文学学会民俗档案室主任劳里·哈维拉赫提（Lauri Harvilahti），中国社会科学院学部委员朝戈金，文化部民族民间文艺发展中心主任李松，印第安纳大学“传统音乐档案库”及“EVIA 数字档案项目”主管阿兰·伯德特（Alan R. Burdette），威斯康星大学麦迪逊分校传媒艺术系教授、比较文学和民俗学系主任和数字化研究项目主任罗伯特·格伦·霍华德（Robert Glenn Howard），德国罗斯托克大学民俗学研究所沃斯迪亚（WossiDiA）项目负责人克里斯托弗·施密特（Christoph Schmitt），日本专修大学文学部教授、东亚民俗数据库委员会主席樋口淳（Higuchi Atsushi）、中国民间文艺家协会研究部主任侯仰军、西北民族大学蒙古语言文化学院教授斯琴孟和、中国国家图书馆中国记忆项目中心负责人田苗、内蒙古大学蒙古学学院教授那顺乌日图等参加会议。会议就“口头传统研究的数字化建档”“信息化建设和国际合作”等专题进行了讨论。

（中国社会科学院办公厅刘玉杰编辑，民族文学研究所科研处供稿）

第二届艺术市场 · 北京论坛　10 月 17—18 日，由首都师范大学主办，美术学院、文化研究院承办、艺术市场杂志社协办的第二届“艺术市场 · 北京论坛”在京召开。论坛的主题为“新常态”与艺术市场，围绕该主题延伸出“中国艺术市场新常态”“‘互联网 +’时代的艺术品营销”“艺术市场专业人才培养模式的探索”“海内外艺术市场的互联互通”“中国艺术市场状况考察”五个议题，本届论坛首次增设了圆桌会议环节，通过主题发言结合圆桌讨论的形式，对艺术市场话题进行深度剖析。

中国拍卖行业协会文化艺术品拍卖专业委员会常务副主任刘幼铮、中国美术家协会理论委员会副主任尚辉等业界和高校学者代表参加了本次论坛。

（首都师范大学社科处李志成供稿）

首届世界文化论坛　10 月 18—19 日，“首届世界文化论坛”在北京召开。论坛的主题是“当代文化的先进性和多样化”。论坛由中国社会科学院马克思主义研究学部和拓展文化协会联合举办。中国社会科学院院长、党组书记王伟光发来主旨报告。出席会议并发言的还有中共中央组织部原部长张全景，中国社会科学院原副院长、世界社会主义研究中心主任李慎明，国防大学原副政委李殿仁中将以及中国社会科学院学部委员李崇富、埃及经济学家萨米尔 · 阿明、莫斯科国立大学教授布兹加林、上海社会科学院原院长王荣华等中外知名学者。中国社会科学院马克思主义研究学部主任程恩富主持论坛。来自 10 多个国家的 160 位专家学者参加会议。会议围绕广义文化发展和经济、政治、生态、军事等各领域的思想价值观，以及与建立人类共同体和改善全球治理体系的关系等问题进行了探讨。刘国光、有林、梁柱、张国祚、刘润为、柯瑞文、罗兰 · 博尔、布罗夫、包文德尔 · 辛格等中外知名学者也参加了大会和研讨。

（中国社会科学院办公厅刘玉杰编辑、供稿）

纪念习近平总书记文艺工作座谈会讲话一周年学习交流会　10 月 19 日，北京市委讲师团、宣讲家网联合光明日报举办了“纪念习总书记文艺工作座谈会讲话一周年理论学习交流会”。来自首都宣传思想文化界人士以及北京市委讲师团处级以上干部 50 余人参加会议。北京市委讲师团团长、宣讲家网总编辑贺亚兰同志主持会议。会议就习近平总书记在文艺工作座谈会上讲话的重大意义、当前文艺工作现状与发展对策、如何加强和改进党对文艺工作的领导，以及媒体如何将学习宣传习总书记讲话精神引向深入，营造浓厚的舆论氛围等问题进行了交流。《光明日报》北京站副站长董城、中国戏曲学院学术委员会主任兼中国文艺评论家协会副主席傅谨、中华全国新闻工作者协会书记处原书记顾勇华等专家学者纷纷发言。大家一致认为，总书记的讲话，为新形势下做好文艺工作提供了基本遵循。

（中共北京市委讲师团刘小丰供稿）

首届紫禁城论坛　日前，在故宫博物院迎来 90 华诞之际，33 位国内外重要博物馆馆长及国际博物馆协会主席、卢浮宫学院院长等来宾在京齐聚首届紫禁城论坛。会上正式通过《紫禁城宣言》，形成全球博物馆界未来发展的共同行动纲领。

故宫博物院院长单霁翔介绍，故宫有望与全球知名博物馆建立共同的数据库或者合作研发数字产品。届时，博物馆之间可以形成链接，游人可以足不出户，通过故宫官网点击游赏世界著名博物馆的珍贵馆藏。今后故宫每推出一个展览，都会提前 1 个月开通网络展览进行预热。目前故宫网络展览的点击率已达到每天 100 万人次以上。

（参见《人民日报 · 海外版》2015 年 10 月 20 日第 5 版）

白菊聚重阳文化论坛　近日，由国家文化产业规划设计研究院与延庆县联合举办的“百菊聚重阳”文化论坛，在延庆涵碧泉百菊园举行。

本次文化活动旨在推动延庆地区休闲农业美丽乡村游健康有效发展，以实现“休闲文化 + 花卉产业 + 生态营销 + 带动致富”的创新发展模式。同时，也为 2019 年延庆世界园艺博览会的举办建言献策，进行预热造势。

（参见《人民日报 · 海外版》2015 年 10 月 20 日第 5 版）

2015 汉学与当代中国座谈会 10月26日，由文化部和中国社会科学院主办的2015“汉学与当代中国”座谈会在北京召开。文化部副部长丁伟、中国社会科学院副院长张江出席开幕式并致辞。英国学术院中国区委员会主席赖特代表外方汉学家致辞。来自美国、俄罗斯、新加坡、法国、南非、日本、印度、匈牙利等22个国家国家的26位著名智库学者、汉学家，以及李君如、葛剑雄、张宇燕、阎学通、胡鞍钢、单霁翔、黄仁伟、张维为、范迪安等中国各领域著名专家参加会议。会议围绕“中国国际形象与国际关系”“‘一带一路’战略及地区关系”“历史与艺术”“文学翻译”“中国学研究”等议题进行深入研讨。

（中国社会科学院办公厅刘玉杰编辑、供稿）

孙中山文化专题研讨会 11月11日，在孙中山诞辰149周年之际，由民革中央孙中山研究会、人民政协报社和政协中山市委员会联合主办的“孙中山文化”专题研讨会在北京举行。与会学者认为，孙中山敢为人先的无畏精神、矢志不渝的爱国情怀、民生为本的济世风范、天下为公的博爱胸襟、放眼世界的开放心态等文化品格激励了一代代人。我国正处于从“经济崛起”走向“文化崛起”的关键时期，两岸关系也正面临新的历史机遇。在孙中山诞辰149周年之际召开“孙中山文化”专题研讨会，既是对伟大革命先行者的缅怀，也是对两岸人民福祉的寄望。

（参见《光明日报》2015年11月13日第7版）

中央网信办召开网络文化传播工作者座谈会 11月12日，中央网信办召开网络文化传播工作者“学习十八届五中全会精神，推进网络强国建设”座谈会。15名来自网络文化领域的专家学者围绕“繁荣网络文化，建设网络强国”主题展开热议。中央网信办副主任任贤良出席座谈会并讲话。任贤良强调，繁荣网络文化、建设网络强国，一要把握大局，切实增强使命感，网络文化传播工作者要主动融入建设网络强国的历史进程，为建设网络强国作贡献；二要珍惜机遇，发挥优势，着力促进网络文化繁荣发展；三要提升能力，率先垂范，传播主流价值。北京大学中文系教授孔庆东，清华大学新闻与传播学院教授沈阳，中国艺术研究院艺术人类学研究所所长方李莉，中国传媒大学新闻传播学部副学部长、教授王晓红，中国作协中国作家网副主编马季，北京邮电大学人文学院副院长、教授王文宏，中国动漫集团有限公司董事长、总经理庹祖海，北京理工大学低碳智慧研究院院长、知名博主杜少中等网络文化传播工作者分别就学习宣传贯彻五中全会精神的体会和建议作了专题发言。

与会人员纷纷表示，网络文化传播工作者将以学习宣传贯彻五中全会精神为契机，认真履行“十三五”时期网络文化传播工作者肩负的重要职责，充分发挥文化对经济社会发展的导航、引领、推动作用，努力开创网络文化发展新局面，积极唱响网上主旋律，传递网上正能量。

（摘自《光明日报》2015年11月13日第7版）

2015 文艺复兴高峰论坛 11月14—15日，由中国人民大学艺术学院、文艺复兴研究院联合文化创意产业技术研究院，以及人文学部文、史、哲、国各学院共同举办的“2015文艺复兴高峰论坛——文化视域下的‘一带一路’战略”年度峰会举行。论坛是对习近平总书记2014年10月文艺工作座谈会上提出的“有数量缺质量，有高原没高峰”的积极回应，也是对国家“一带一路”重大战略的文化阐释。来自俄罗斯、法国、英国、德国的专家学者齐聚一堂，聚焦“文化视域下的‘一带一路’战略”主题，就文学、哲学、历史、考古、宗教、艺术等多学科前沿问题展开深入讨论。中国人民大学党委副书记吴付来致辞。中国人民大学艺术学院执行院长丁方教授主持开幕式。

（中国人民大学科研处李素萍供稿）

《赵朴初全集》出版启动暨编纂研讨会 日前，《赵朴初全集》出版启动暨编纂研讨会在北京召开。该研讨会由时代出版传媒有限公司、安徽教育出版社主办。

赵朴初是中国社会活动家、宗教领袖、诗人、书法家、佛教居士。《赵朴初全集》由著名学者许嘉璐任主编。作为赵朴初最完备、最权威的著作资料整理成果，全集分10卷约300万字，收辑赵朴初讲话、论文、评论、序跋、散文、书信、诗、词、曲、联、题签、题名、题词等著述及书法作品，并附赵朴初年谱，拟于2017年赵朴初诞生110周年之际出版。

（参见《光明日报》2015年11月21日第4版）

人祖山文化研讨会 11月21日，光明日报社和山西省社科院等单位共同主办的人祖山文化研讨会在北京召开。山西省社科院院长李中元、企业文化专家贾春峰、北京交通大学教授张辉、上海大学旅游学院教授陈元夫、中国区域科学协会文化发展委员会秘书长许立勇等20余位专家学者就如何开发利用人祖山文化，发展旅游产业进行了热烈讨论。本报副总编辑沈卫星到会致辞。据介绍，人祖山的人文景观与自然景观富有无穷魅力，它以山顶祭祀女娲和伏羲而得名，为中华文明起源最早、最核心的“主根”发祥地。20世纪80年代，考古学者发现了位于人祖山主峰南麓的“柿子滩古旧石器人类文化遗址群”，震动了考古界。近两年，光明日报聚焦人祖山，刊发了一系列重点报道，其中“寻访人祖山上的远古火花”及“家乡的名山”栏目“人祖山：寻根上吉县”等稿件，在读者中引起很好反响。

研讨会上，专家们一致认为，弘扬、光大人祖山文化，一是要站在华夏文明长河源头看人祖山，让人祖山文化独特表达、精彩表达；二是要站在中华文明伟大复兴的角度，研究发掘人祖山文化，让传统文化实现现代表达、中国表达、世界表达；三是要站在现代旅游经济需求和现代社会人的需求高度，看人祖山文化和人祖山旅游景区，做到厚重文化轻松表达，人祖文化系统表达。

（参见《光明日报》2015 年 11 月 22 日第 4 版）

《毛泽东影响中国的88个关键词》出版座谈会　12月23日，由中国青年出版社出版的作家胡松涛新作《毛泽东影响中国的88个关键词》出版座谈会在北京举行。中央文献研究室副主任陈晋、武警政治部副主任张继钢、中国作协副主席、书记处书记李敬泽、团中央宣传部副部长张健为、中国青年出版总社社长郭美荐、总编辑韩亚军，以及李琦、张颐武、朱秀海、柳建伟、王久辛、杨敏等专家学者出席座谈会，座谈会由中国青年出版总社副总编辑李师东主持。

座谈会上，专家学者们对《毛泽东影响中国的88个关键词》一书给予高度评价，认为作者另辟蹊径，独具匠心，首次较为系统地梳理了毛泽东影响中国的一系列词汇。对每个词汇，作者一一旁征博引，细致考察其来龙去脉，并给予公允评说。大家一致认为该书材料扎实，文字活泼生动，对学习和研究毛泽东的思想及语言艺术很有价值，对当前改进话风文风也有启发性，是近年来在通俗理论读物方面一部别开生面的优秀图书。

（参见《光明日报》2015 年 12 月 24 日第 9 版）

东方与西方：文化的交流与影响国际学术研讨会　11月28—29日，首都经济贸易大学在北京主办“东方与西方：文化的交流与影响”国际学术研讨会。来自英国、美国、法国、德国等8个国家近60余所高校和科研院所的150余名专家学者及外语系50余名研究生，共同分享文化盛宴。

研讨会历时两天，分设了两次大会主旨发言和语言学及应用语言学、外国文学与比较文学、翻译与跨文化研究三个分会场分组讨论。此次研讨会不仅探讨了世界文学与东西方文学研究的国际前沿问题、当代语言学及应用语言学的发展趋势，以及翻译研究的最新进展，同时聚焦世界文化多样性与多元文化的交流与融合。本次研讨会由中国人民对外友好协会、首都国际文化研究基地、苏州大学比较文学研究中心协办，首经贸外语系、国际交流合作处、科研处承办，上海外语教学出版社、美国大使馆文化处、商务印书馆、中国社会科学报等业内机构提供支持。来自英国兰卡斯特大学、开放大学，美国马里兰大学、范德堡大学、休斯敦大学、加州理工州立大学，德国伯恩大学、伍伯塔尔大学，法国巴黎第七大学，澳门大学等的多位专家出席了本次学术会议。

（首都经济贸易大学科研处李琳供稿）

中国梦与中华优秀传统文化座谈会　11月29日，由中宣部文艺局主办、国家博物馆承办的“中国梦与中华优秀传统文化”座谈会29日在北京召开。座谈会由中宣部副部长景俊海主持。来自中央党校、中国社科院、北京大学、清华大学、复旦大学、中国艺术研究院等机构和高校的十余名专家就中国梦与中华优秀传统文化的关系、如何运用中华优秀传统文化资源阐释和研究中国梦进行了深入交流和广泛讨论。

与会专家一致认为，实现中华民族伟大复兴是中华民族近代以来最伟大的梦想，是国家梦、民族梦和个人梦的统一。中华优秀传统文化源远流长、博大精深，是中国人民世世代代积淀传承的精华，是5000多年文明智慧的基本元素和珍贵结晶，为中国梦提供了深厚的文明根基、不竭的精神动力和强大的价值支撑，是实现中国梦的智慧宝库。中国梦是对中华优秀传统文化的创新性发展和创造性转化，展现了高超的智慧，体现了实事求是的精神，丰富发展了中华优秀传统文化。以马克思主义为指导，科学、理性地对待中国传统文化，讲清楚中华文化的独特创造、价值理念、鲜明特色和特殊优势，进一步增强全国人民的文化自信和价值观自信，将为实现中国梦焕发出源源不断的精神力量。与会专家表示，弘扬和传承中华优秀传统文化是全社会的共同责任，应加快建构中华优秀传统文化传承创新体系，在礼敬传统、文明互鉴、创新发展中不断增强中华文化的生命力，为实现中华民族伟大复兴中国梦贡献智慧、凝聚力量。

（参见《光明日报》2015年11月30日第9版）

第三届近代文化与近代中国国际学术研讨会　近日，由北京师范大学历史学院中国近现代史研究中心举办的第三届“近代文化与近代中国”国际学术研讨会在北京举行。中国社会科学院学部委员、近代史研究所耿云志研究员，北京师范大学历史学院郑师渠教授，中国台湾“中央研究院”近代史研究所黄克武研究员，美国巴德学院高哲一教授，日本明治大学高田幸男教授等来自中央党校、中国社会科学院、北京大学、清华大学、北京师范大学、中国人民大学、复旦大学、南开大学、南京大学、浙江大学、中央民族大学、中国台湾东吴大学、美国巴德学院、日本明治大学、韩国东国大学等国内外高校和学术机构的60余名专家学者与会。

“近代文化与近代中国”国际学术研讨会是北京师范大学历史学院中国近现代史研究中心的重点学术活动。与会中外学者围绕近代文化史研究的理论方法和学术范式、中国传统文化的近代命运及其走向、新文化运动百年回眸及近代中国文化的新发展、近代社会与文化变迁、西学与近代中国文化、近代文化人物与文化转型等方面的问题展开了热烈讨论。

大家指出，中国文化由传统向近代的转型是一个长期、复杂、曲折的历史过程，也是一个与民族国家现代化进程基本同步的过程。近代文化转型不仅与政治、经济、社会等各领域变迁相互激荡相互制约，而且近代文化以中西古今文化碰撞交汇的时代特点，构成数千年中国文化发展史上一个承前启后的极为特殊的历史阶段。无论是近代文化转型所涵括之历史内容的广博，所关涉思想议题之深度，还是传统与现代、中国与西方文化相遇后所产生的巨大张力，都说明它是近代中国研究的一个基本而重要的命题。历史学不仅解释历史现象，更要回应重大时代课题。近代中国文化转型的历史研究，近代文化变迁与近代中国转型之间的广泛、复杂、深刻的历史关联的研究，就是理解、进入现当代中国文化及其内在困境的一把钥匙。汲取世界各民族的文化精华，实现中国传统文化的创造性转化，以成就具备高度民族主体性和适应现代发展需要的中国文化，都需要我们认真回顾和总结近代中国文化转型变迁的历史经验。

与会学者还总结了近代文化研究30多年来所取得的成就，认为改革开放后，确立了中国近代文化史的学科地位。从此，中国近代文化史研究和教学工作全面铺开，成就斐然，培养出大批研究人才，建成一些研究重镇，取得大量具有原创性的、重要的学术成果。这些变化，反映了近代文化史学科建设的发展和进步，对我国人文社会学科的整体发展起了很大促进作用。

（参见《光明日报》2015年12月2日第14版）

2015鲁迅文化论坛　12月4日，“2015鲁迅文化论坛”在京举行。本次论坛主题为“新媒体·新思想·新传播”，共分为两场，分别于4日在全国政协礼堂、5日在中国人民大学召开。来自国内信息传播领域、新闻界、文化界、汉学界的众多学者及新媒体代表人物与会，并共同探讨在全球互联互通的新技术条件下，新媒体传播的政策环境及媒体担当、媒体融合与产业实践、新媒体技术与信息传播、跨文化语境下的中外文化传播、国家形象及国际传播力等重要议题。鲁迅文化基金会副理事长兼秘书长周令飞在致辞中表示，传统媒体的势力正在消减，主流话语权被解构的同时，新媒体的异军突起却并未带来社会所期望的新声音。而鲁迅于100年前提出的“纾自由之言议，尽个人之天权，促共和之进行，尺政治之得失，发社会之蒙覆，振勇毅之精神”，将成为运用新媒体工具传承文化、传播思想的出发点和归宿。

论坛由鲁迅文化基金会、中国人民大学和北京外国语大学联合主办。中国文联国内联络部副主任谢力、中国人民大学新闻学院副院长周勇、北京外国语大学国际新闻与传播学院执行院长章晓英、北京外国语大学全球史研究院院长李雪涛、北京银行副行长杨书剑、光明网总裁杨谷、鲁迅文化基金会副理事长兼秘书长周令飞等领导及专家学者出席了会议。

（参见《光明日报》2015年12月5日第7版）

2015全球化与当代中国文化发展学术论坛　12月6日，由北京市社会科学界联合会、中国历史唯物主义学会人的发展研究会和首都师范大学联合主办，首都师范大学全球化与文化研究中心和政法学院承办的“2015全球化与当代中国文化发展”学术论坛在北区图书馆一层报告厅举行。论坛的主题是“全球化背景下中国价值与当代中国文化建设”。校党委副书记徐志宏、北京市社会科学界联合会副巡视员、副秘书长王彦京等和来自中国社会科学院等多所高校和首都师范大学师生等 80 多人以及《光明日报》等单位的记者、编辑出席本次论坛。

与会代表紧扣“全球化背景下中国价值与当代中国文化建设”这一主题，从全球化的宏阔背景，聚焦中国价值建设和社会主义核心价值观培塑，围绕多个议题展开探讨，充分体现了“全球化与当代中国文化发展”论坛所坚守的理论研讨与学术提升的价值追求。

（首都师范大学社科处李志成供稿）

陈先达教授从教六十周年学术研讨会　12 月 17 日，陈先达教授从教六十周年学术研讨会暨《陈先达文集》（14 卷）出版座谈会在中国人民大学举行。中央编译局局长贾高建，中国人民大学校长刘伟，教育部社会科学委员会副主任顾海良，教育部社会科学司司长张东刚，中国人民大学校长助理、中国人民大学出版社总编辑贺耀敏，北京师范大学原副校长、北京师范大学出版集团董事长杨耕等出席研讨会并致贺。中国人民大学校长助理、马克思主义学院院长郝立新主持开幕式。来自高校、科研机构的专家学者，政府部门负责人以及陈先达教授的学生等 100 余人出席研讨会。此次由中国人民大学出版社、北京师范大学出版社出版的十四卷本《陈先达文集》被认为是对陈先达教授学术生涯的一次全面展现和清晰回顾，汇集了其不同时期的著作。

（中国人民大学科研处李素萍供稿）

中国传统文化与《山海经》关系国际学术研讨会
日前，以“丝绸之路上的科技与文明”为主题，旨在解读中国传统文化与《山海经》关系的国际学术研讨会，在京召开。研讨会上特别推出了中外学者研究《山海经》的最新成果——论文集《〈山海经〉世界地理与中国远古文明》。书中提出，从世界地理角度而言，《山海经》地理路线很可能就是中国历史上的“一带一路”。

论文集收录了中外学者 2014 年在墨尔本举办的“《山海经》世界地理说与中国传统文化国际研讨会”的优秀论文，由澳大利亚社会科学院院士 David Bradley 教授和原拉筹伯大学中国研究中心主任裴丽昆教授任主编。该书围绕《山海经》世界地理说、《山海经》天人合一哲学观与中国传统文化、《山海经》世界民族语言三个专题，展开了深入的探讨。对于解读中国传统文化与《山海经》的渊源具有重要意义。该书中文版将由外研社于 2016 年春季出版。

本次学术研讨会由联合国教育科技及文化组织、国际人文大会、国际哲学与人文科学理事会、国际科学技术史学会主办，中国科学院大学人文学院、中国社会科学院民族文学研究所、中国科学技术史学会承办。该书的两位主编、香港科技大学意大利学者柏格义博士、北京大学教授陈连山、澳大利亚学者芦鸣等专家学者与会。

（参见《光明日报》2015 年 12 月 17 日第 9 版）

跨文化对话与我国文化软实力发展战略研究成果出版座谈会　12 月 22 日，由北京师范大学社会科学处、民俗典籍文字研究中心与商务印书馆共同主办，“跨文化对话与我国文化软实力发展战略研究成果出版座谈会”在北京师范大学京师学堂隆重召开，来自北京大学、清华大学、北京师范大学、中国人民大学等国家重点高校的一批著名学者和近年活跃在国家社会文化理论建设领域的前沿学者参加了会议，与会学者以商务印书馆近期出版的国家社科基金重大项目成果《中国文化软实力发展战略综论》和《中国民俗文化软实力发展战略专论》为题，就此展开深入讨论。参加本次座谈会的主要学者有：全国哲学社科规划办原主任、中国文化软实力研究中心主任张国祚先生，中国人民大学副校长、中国人大社会学系洪大用教授，北京师范大学资深教授、中国世界古代史研究会名誉理事长刘家和先生，北京师范大学资深教授、《民俗典籍文字研究》主编王宁先生，北师大中文系原主任、文艺学研究中心程正民教授，北京大学艺术学院院长王一川教授，北京大学东方文学研究中心主任王邦维教授，北京大学文化资源研究中心主任张颐武教授，北京大学文化产业研究院副院长向勇教授，清华大学人文学院肖鹰教授，北师大民俗典籍文字研究中心主任李国英教授，北师大中国民间文化研究所所长董晓萍教授，北师大文艺学研究中心主任赵勇教授，中国文联理论研究室主任庞井君研究员，中国社科院民族学与人类学研究所党委书记尹虎彬研究员，中国艺术研究院副院长贾磊磊研究员和《光明日报》资深记者宫苏艺等。来自在京高校师生、“我国文化软实力发展战略研究”课题组成员和商务印书馆主要负责人等70余人到会。北师大民俗典籍文字研究中心李国英主任和商务印书馆于殿利总经理主持会议。

我国文化软实力发展战略研究是当今世界格局变迁和我国改革开放以来所共同面临的重大课题。国家社科基金办原主任张国祚先生指出，党的十七大和十八大连续提出文化强国战略，已高屋建瓴地指明了正确方向，广大人文社会科学工作者要承担历史使命和社会责任，为国家文化软实力建设拿出有分量的理论新成果。中国教育学会会长、北师大原校长钟秉林教授长期重视人文社会科学学科建设。他多次谈到，人类社会进入现代化社会以来，西方发达国家和包括中国在内的发展中国家都在进行现代文化输出的战略转型，当今全球多元文化频繁交流与竞争，我国高校作为知识生产和人才培养的基地，要坚定继承中华民族优秀传统文化，也要注重文化创新、教育创新和方法创新，为国家文化软实力建设做出新贡献。中国人民大学副校长、中国人大社会学系洪大用教授强调社会建设与文化建设并举，清华大学社会科学学院院长李强教授曾参与中国文化符号和北京文化符号建设的讨论，也提出在社会学研究中加强文化研究大有必要，也要创新。北师大资深教授王宁先生指出，“软实力”一词是外来的，但是将跨文化对话与国家文化软实力同步建设是我们需要探索的新模式。文化软实力建设是内涵，是精神支撑；跨文化是传播途径，是开放视野，两者结合而非顾此失彼，才能使“中国形象”走向世界。中外文化交流史专家、北师大资深教授刘家和先生、北师大中俄比较文学专家、北京大学印度学研究中心主任王邦维教授指出，建设国家文化软实力和开展跨文化对话，都要做到知己知彼。在软实力和硬实力获得平衡发展后，中国的一些优秀传统文化理念，诸如“礼治”、“己所不欲，勿施于人”与“和而不同”等，才可能广为世界人民所接受。商务印书馆总经理于殿利编审认为，国家文化软实力的建设不可能封闭进行，商务印书馆近年来翻译出版了一批外国文化战略研究著作，同时也发掘我国学者研究文化软实力的优秀著作《中国文化软实力发展战略综论》和《中国民俗文化软实力发展战略专论》等予以出版，从双向着手，让出版界与国家社会文化重大需求联系得更加紧密。与会专家学者一致认为，跨文化对话与国家文化软实力建设的共同目标是形成我国文化软实力的综合柔性力量、上中下文化层构力量和对外文化传播力的互动形态，要使中国在世界各国面前展现推己达人的文化气度和文明风采，同时也表现出能把最好的传统价值观、当代文化创新与跨文化对话交流融汇一体的强大能力。会议最后，“我国文化软实力发展战略研究”重大项目首席专家、北京大学艺术学院院长王一川教授和北师大民俗典籍文字研究中心副主任董晓萍教授代表课题组做了工作总结，并对今后高校人文社科各学科携手创建国家社会文化建设新成果做了展望。

（北京师范大学社科处刘娜供稿）

中韩电视艺术与传媒文化研讨会 12月22—23日，中国传媒大学、韩国东国大学、中国文艺评论基地主办，艺术学部戏剧影视学院承办了“中韩电视艺术与传媒文化研讨会”。来自中国传媒大学、韩国中央大学、韩国东国大学、韩国培材大学的教授、学者与业界知名导演、专家等300余人济济一堂，共同探讨中韩两国电视艺术创新发展的新格局。

论坛以中韩综艺文化比较研究、韩国综艺模式与中国本土化研究、中韩电视剧叙事方式与文化内涵比较研究以及中韩电视剧产业发展模式比较研究为主要议题。

中国传媒大学副校长廖祥忠在致辞中指出，长期以来，在与韩国的合作方面，无论是在业界还是学界都顺利而愉快。韩国近十几年来的影视作品和综艺节目有很多经验和模式值得我们借鉴。在互联网背景下，如何创作出更好的作品去鼓舞人、塑造人，如何通过电视艺术的魅力去影响未来，值得我们深入探讨。

韩国东国大学文化内容研发中心主任李钟大教授发表了题为“TV contents的形成原理及发展方向”的主题演讲。

中国传媒大学艺术学部党委书记、副学部长彭文祥教授在题为“儒家文化在电视剧中的艺术景观和价值呈现问题”的主题发言中指出，当前环境下，我们应充分关注儒家文化在艺术创造和文化建构中的力量。

此次论坛分为“电视综艺”和“电视剧”两大板块。在媒介融合的背景下，中韩两国学者与业界精英进行对话交流，梳理中韩电视艺术发展规律和经验，共谋两国电视文化发展的多样性和可行性，这是艺术学部践行教学、科研和创作“三位一体”发展理念的积极举措。

（中国传媒大学文科科研处供稿）

2015全球化与当代文化发展学术论坛　近日，由北京市社会科学界联合会、中国历史唯物主义学会人的发展研究会、首都师范大学联合主办，首都师范大学全球化与文化研究中心、首都师范大学政法学院承办的“2015全球化与当代中国文化发展”学术论坛在北京举行，论坛的主题聚焦于经济全球化背景下的中国价值与当代中国文化建设。

首都师范大学政法学院教授杨生平、中国社会科学院哲学所研究员李鹏程、清华大学人文学院教授邹广文、北京师范大学哲学学院教授吴向东、国防大学马克思主义教研部教授黄书进、浙江师范大学法政学院教授叶险明做了主旨发言。杨生平认为，从理论价值和制度价值的研究与建设的方法论路径上看，我们要坚持以马克思主义为核心，充分吸纳和吸收古今中外先进的文化，并在具体的制度价值研究中，坚持以社会主义基本制度为核心，充分吸收和吸纳古今中外在制度问题上的先进资源。唯有如此，才能深入地提炼出中国价值，充实中国特色社会主义的话语体系内涵，进一步引领中国经济建设的发展，从而在国际舞台上发挥中国的积极作用。李鹏程论述了西方价值对中国价值观场的影响。他强调，我们要继续对中国价值、西方价值和其他文化的价值做进一步全面研究、学习、筛选，唯有如此才能为人类或者设定，或者提议，或者去构建共同的价值，从而引领世界的发展。邹广文强调，我们要以传统文化价值涵养现代文明，中华民族的文化是有着自我创新、自我选择甚至包容吸纳其他文化的这样一个健康的“体”在起作用的。中华民族文化的自我创新一是要在文化层面的建设成就上实现技术和经济的平衡，二是要在文化上注重人与自然的关系，三是要有开放从容的大国体魄，四是要整体提升公民素质，五是要建筑全民的信仰大厦，六是要有持续性的文化创新能力。吴向东认为，社会主义核心价值观是传统文化的创新性发展，在核心价值观和传统文化的关系上，一方面我们要强调中华传统文化是涵养社会主义核心价值观的重要源泉，另一方面我们传承中华文化既不是简单复古也不是盲目排外，要坚持古为今用，洋为中用，实现中国传统文化创造性转化和创新性发展。黄书进认为，当前中国制度文化建设和制度价值培塑应该从以下四个方面着手：一是应把我们的制度文化建设，放到中国特色社会主义文化建设全局当中来统筹考虑；二是要把培养制度价值体系和加强社会主义核心价值体系建设结合起来；三是要培养制度价值体系、培养制度的核心价值，即把“人民当家做主”作为最核心的价值进行制度化的培养与建构；四是要自觉将培养与塑造价值共识、提高信仰建设的制度化、遵守制度、维护制度、发展制度的文化自觉统一起来。叶险明教授认为，当代中国文化建设的核心问题是如何处理好“共同价值”与“中国价值”的关系问题。专家主题发言后，首都师范大学党委副书记徐志宏教授做了论坛点评。他认为专家们的发言具有比较性、历史性、现实性、理论性和学术性。同时，他希望与会专家进一步深化研究国外文化与中国文化、传统文化与当代文化以及学术研究与实践发展三方面关系，为进一步研究中国价值和当代中国文化发展打开有益的思路。

（参见《光明日报》2015年12月23日第14版）

艺术传媒高端论坛　12月26日，由中国传媒大学、文艺研究杂志社主办，艺术学部、现代传播杂志社、“中国文艺评论基地”承办的“艺术与传媒”高端论坛暨“中国文艺评论基地”揭牌仪式在中国传媒大学举行。论坛以“媒介新生态语境中的传媒艺术发展与理论创新”为主题，来自学界的数十位专家学者围绕此展开理论研讨和思想碰撞。论坛由艺术学部党委书记兼副学部长彭文祥主持。

“‘艺术与传媒’高端论坛”分为上午、下午两场。上半场，教育部“长江学者”特聘教授、传媒艺术与文化研究中心主任、《现代传播》主编胡智锋教授首先以“新形势下传媒艺术学研究和学科建设若干问题的思考”为题发表演讲。《当代电视》主编、中国文联文艺评论家协会副主席、中国文联电视艺术中心主任张德祥在题为“互联网时代艺术如何发展”的演讲中指出：传媒在改变世界，也必然改变艺术；在互联网时代，艺术发展的“道”、“器”辩证要求我们做到“守道随缘”，即，适应当今媒体发展的趋势谓之“随缘”，而坚守艺术“真善美”的灵魂谓之“守道”。艺术学部施旭升教授在主旨演讲中对“艺术传播学”的理论发展与实践探索进行了系统梳理和深入的阐述。随后，艺术学部杨乘虎、卢蓉、杨杰三位教授分别进行了有针对性、衍生性的点评，与会师生还展开了广泛的互动。

下半场，北京师范大学艺术与传媒学院张智华教授对当前“中国网络剧的发展路径”进行了分析和阐述。中国艺术报社社长、中国文联文艺评论家协会副主席向云驹就“网络文艺的现状与发展”发表看法。《文艺报》总编梁鸿鹰结合自身现实体验，对

“网络环境中的文艺创作走向”提出见解。

参加“论坛”的专家学者还有中国文联文艺评论中心张玉雯博士，学校学科建设办公室主任王宇、艺术学部教授会常务副主席路应昆、艺术学部副学部长李俊梅、艺术学部研究生培养与科研学科管理办公室主任付龙，以及邢北冽、佟雪娜副教授等。艺术学部相关专业方向的博士、硕士研究生100多人参加了“论坛”。

（中国传媒大学文科科研处供稿）

管理学（含人才学、信息学）

中国环境监管体制与大气污染治理国际研讨会 3月25日，国务院发展研究中心资源与环境政策研究所与英国驻华大使馆联合召开“中国环境监管体制与大气污染治理”国际研讨会。国务院发展研究中心副主任刘世锦和英国驻华大使馆公使兼副馆长安勇（Andrew Key）分别致辞，资源与环境政策研究所高世楫所长主持会议。本次国际研讨会旨在分享大气污染治理的国际经验；探讨中国环境监管体制存在的问题，以及如何提高环境监管的有效性；增进与会专家学者的交流、促进国内外机构在环境治理领域的合作。来自英国 Ricardo-AEA、亚洲开发银行、欧盟、加拿大国际可持续发展研究院的外方专家以及来自国家发改委综合改革司、中央机构编制委员会综合司、国务院法制办农林城建资源环保法制司、环境保护部监测司、环境保护部法规司、环境保护部科技标准司、环境保护部环境与经济政策研究中心、北京市环保局、安庆市发改委的有关领导和专家共计30余人参加此次会议。外方专家以及资源与环境政策研究所常纪文、陈健鹏、王海芹先后做专家发言。

（国务院发展研究中心办公厅科研处郭巍供稿）

从社会管理到社会治理——概念、理论和框架院长论坛 4月1日，由北京市社会科学院综治研究所承办的2015年第1期院长论坛在北京社科院二层报告厅举办。论坛由许传玺副院长主持，由北京大学政府管理学院万鹏飞教授主讲，题目为“从社会管理到社会治理——概念、理论和框架”。万鹏飞从概念、理论和框架三个方面展开了对社会管理与社会治理问题的阐述。万鹏飞结合首都社会治理的实际情况，深入介绍了首都社会治理规划的基本框架。他提出，首都社会治理的最终目标是增加人民的福祉，核心理念是区分政府治理和社会自治，侧重于社会关系重塑和社会结构与制度的构建。首都社会治理的原则应当注重首都功能的发挥，突出中央与地方的共治、国家与社会的合作、正式法与非正式法的结合，同时应当促进京津冀的协同发展。首都社会治理应坚持党政主导与多元主体参与“两大方向”，重点抓好党委政府主导板块、家庭与学校基础主体板块、企业商业主体板块、社会组织板块、社区生活居住板块等“六大板块”，只有这样才能促进首都社会治理的良性发展。万鹏飞主讲的本次院长论坛，结合首都社会治理的热点问题展开，具有实效性和前瞻性，理论联系实际，有利于全院科研人员深入和全面了解首都社会治理的前沿理论与实践问题。

（北京市社会科学院科研处供稿）

监管型国家的兴起——美国、欧盟和中国的理论与实践国际学术研讨会 5月10—11日，由中国政法大学法和经济学研究中心举办的“监管型国家的兴起？——美国、欧盟和中国的理论与实践”（TheRise of the Regulatory State? ——Theory and Practice of theUS，EU，and China）国际学术研讨会在北京召开。来自美国宾夕法尼亚大学、荷兰马斯特里赫特大学、鹿特丹伊拉斯谟大学、格罗宁根大学、乌特勒支大学、韩国崇实大学、意大利博洛尼亚大学、英国格拉斯哥大学、对外经济贸易大学、中央财经大学、北京行政学院、中国政法大学等国内外高校的60余名专家学者参加了研讨会。

开幕式由中国政法大学法和经济学研究中心徐光东副教授主持，法和经济学研究中心胡继晔教授和教育部特聘海外名师、荷兰鹿特丹伊拉斯谟大学 Michael Faure 教授分别致辞。胡继晔教授和 Michael Faure 教授先后介绍了法和经济学研究中心成立10年来的基本情况，并对本次研讨会做了简要介绍，对各位嘉宾的到来表示欢迎。

本次研讨会共分三个议题，分别是“监管，法律和社会”、“监管和金融市场”和“环境监管”。Michael Faure 教授、美国宾夕法尼亚大学 Jonathan Klick 教授、徐光东副教授和荷兰马斯特里赫特大学 Niels Philipsen 副教授分别主持了这些议题。

（中国政法大学科研处郭丰琪供稿）

明德论坛第109期暨公共管理前沿讲座 5月14日，由清华大学公共管理学院和创新治理协同创新中心联合主办的明德论坛第 109 期暨公共管理前沿讲座在公共管理学院举办，第十二届全国政协委员、国家发展和改革委员会原副主任徐宪平以《我国创新驱动发展战略：背景、问题、路径和举措》为题进行了主题演讲。公共管理学院副院长杨永恒主持论坛。讲座中，徐宪平针对党中央国务院印发的《关于深化体制机制改革加快实施创新驱动发展战略的若干意见》，结合自身参与该文件研究和起草的经历，深入讲解了我国实施创新驱动发展战略的宏观背景、突出问题、路径选择和改革举措。主题演讲之后，徐宪平与现场师生进行了互动交流。杨永恒在总结时指出，徐宪平的讲座实现了“精心准备、精彩演讲和精准解读”的统一，对于我们更加准确地认识我国创新驱动发展的现实国情、更加深入地理解党中央国务院的创新驱动发展战略，具有非常重要的意义和价值。徐宪平先后获中南大学工学硕士、湖南大学管理学博士，2003 年任美国哈佛大学肯尼迪学院访问学者，是第九届、第十届、第十一届全国人大代表，第十二届全国政协委员。2009 年起任国家发展和改革委员会副主任，他先后组织编制了《国民经济和社会发展第十二个五年规划》《全国主体功能区规划》《国家新型城镇化规划》、首个《综合交通运输体系规划》《国民经济和社会发展第十三个五年规划基本思路》等国家重大战略规划，组织研究出台了《关于深化收入分配制度改革若干意见》《关于依托黄金水道推进长江经济带发展的指导意见》《深化体制机制改革加快实施创新驱动发展战略的若干意见》等重大政策意见。

（清华大学文科建设处刘金梅供稿）

首届网络诚信宣传日主题座谈会　6 月 12 日，为全面推进网络诚信建设，国家互联网信息办公室今天举办以“网络诚信伴我行”为主题的首届网络诚信宣传日活动，并专门召开主题座谈会。

国家网信办副主任王秀军在座谈会上表示，举办首届网络诚信宣传日活动的目的是凝聚社会更多共识和力量，进一步营造诚实、自律、守信、互信的网络环境。网站坚持诚信办网，要做到“三实”：履行诚信办网责任要实，抵制网络失信行为要实，宣传诚信要实。网民坚持诚信上网，要力争“三主动”：主动维护网上诚信记录，主动加强网上诚信自律，主动防范和举报网络失信行为。

座谈会上，人民网发布了“你遭遇了哪些网络失信”调查报告。新华网、腾讯网、中国网络电视台、阿里巴巴、百合网、百度 6 家网站代表分别就加强网站诚信建设提出工作举措和意见建议。

首届网络诚信宣传日活动期间，各大新闻网站集中推出专题报道，加大网络诚信理念宣传。各地网信部门以线上线下相结合的方式，积极开展论坛、座谈、演讲、征文等系列活动，传播网络诚信理念、引领网络文明风尚。

（参见《人民日报》2016 年 6 月 13 日第 6 版）

国家知识产权文献及信息资料库建设研究学术研讨会　6 月 13—14 日，由中国政法大学无形资产管理研究中心举办、中国政法大学民商经济法学院知识产权法研究所协办的国家社会科学基金重大项目“国家知识产权文献及信息资料库建设研究”（10&ZD133）2015 年度工作会议暨学术研讨会在京举行。此次学术会议中，“国家知识产权文献及信息资料库建设研究”项目首席专家、中国政法大学民商经济法学院知识产权法研究所所长、中国政法大学无形资产管理研究中心主任冯晓青教授主持了全场会议，各场主持则分别由中国政法大学民商经济法学院知识产权法研究所李玉香教授、陈丽苹教授、刘瑛教授，以及湘潭大学知识产权学院博士生导师刘友华副教授、知识产权法研究所陈健副教授担任。国家图书馆、国家专利局、中国政法大学民商经济法学院知识产权法研究所、武汉大学信息管理学院、南开大学商学院、湘潭大学知识产权学院、哈尔滨工程大学知识产权法研究所、中山大学资讯管理学院、广东奥凯信息有限公司、万有网络科技有限公司等多家高等院校、科研研究机构的多名相关专家学者和课题组研究人员共约 70 人参加了此次会议的研讨。

此次学术研讨会取得了重要成果，展现了国家知识产权文献及信息资料库建设研究作为一个跨领域跨学科的国家重大科研项目其自身非凡的魅力和不菲的学术、实践价值。正如冯晓青教授最后总结到，“本次会议正如会议名称所言，既是工作会议，也是学术会议。从知信通的建设和发展来说，是工作会议，但同时也对很多信息技术、情报学、运营管理等方面的理论、实践问题进行了探讨研究，因此也是一个学术研讨会。大家的坚持和信念使我们的项目取得了重要成果，我们将克服各种困难，继续将课题做好”。

（中国政法大学科研处郭丰琪供稿）

简政放权　放管结合　优化服务座谈会　6 月 18

日，“简政放权 放管结合 优化服务”座谈会在国家行政学院举行，中共中央书记处书记、国务委员兼国务院秘书长、国家行政学院院长杨晶出席并讲话。

杨晶强调要按照党中央、国务院决策部署，直面问题、拿出实招，以改革的新成效增强群众获得感。杨晶指出，在党中央、国务院坚强领导下，经过各方面共同努力，两年多来简政放权改革取得了阶段性成果，有力激发了市场活力和社会创造力。同时改革过程中还存在放权含金量不高、工作推进不协调、监管服务跟不上等问题，需要下大力气攻坚解决。杨晶强调，要适应新形势、新要求，坚持简政放权、放管结合、优化服务“三管齐下”，在简政放权改革上提高协同性、系统性，在加强事中事后监管上转变观念、强化责任，在优化政府服务上拓展内涵、创新方式。政府部门要自加压力、带头作为，动员社会各界积极参与、献计献策，齐心协力把简政放权推向纵深，为促进经济社会持续健康发展、实现“两个一百年”奋斗目标和中华民族伟大复兴的中国梦作贡献。

座谈会全体大会由国家行政学院党委书记、副院长陈宝生主持。国家行政学院常务副院长马建堂、国家发改委副主任张勇、国家工商总局局长张茅分别作了题为“简政放权：来自社会的评价与基层的声音”、“权力和责任同步下放，调控和监管同步强化，推进简政放权、放管结合、职能转变向纵深发展”和“深入推进商事制度改革 激发市场经济内在活力”的发言。中央编办副主任王峰，国务院法制办副主任袁曙宏，中国行政体制改革研究会会长魏礼群，天津市委常委、常务副市长段春华，安徽省委常委、常务副省长詹夏来，北京天智航医疗科技股份有限公司董事长张送根也在全体大会上发言。国务院副秘书长孟扬，国家行政学院副院长陈立，国家行政学院党委委员、办公厅主任李季参加会议。

全体大会结束后，分4组进行座谈，主要围绕深化行政审批制度改革、激发市场和社会活力，推行三项清单制度、规范政府市场社会关系，深化商事制度改革、优化“双创”环境，推进“放管服”结合、更好发挥政府作用等专题进行了讨论。

来自国务院有关部门、部分地方政府领导及部门负责人、专家学者、部分民营企业负责人等150多人参加了座谈会。

（国家行政学院科研部刘斌供稿）

大数据治国战略研究课题组研讨会 日前，由中国行政体制改革研究会承担的国家社科基金特别委托项目“大数据治国战略研究”课题组在京召开研讨会。来自国务院办公厅、中央政策研究室、国务院研究室、国务院法制办、中央纪委研究室、财政部、商务部、国家行政学院、中国国际经济交流中心等部门的近50位专家学者就大数据带来的机遇与挑战、大数据与国家战略选择、大数据治国等问题展开研讨。

与会者认为，大数据时代的到来，让“数据驱动”成为新的全球大趋势。随着“数据”作为国家战略资产意识的增强，越来越多的国家将数据管理上升到战略层面，“大数据”颠覆性地改变了经济形态、国际安全态势、国家治理和资源配置模式，引发巨大的经济社会变革，成为世界很多国家全面提升治理能力新的战略支撑。可以说，实施“大数据治国”战略是治国理政的重要抉择，也理应成为我们的不二选择。

与会者表示，推动“大数据治国”，需要加强大数据战略研究，加快顶层设计，对我国大数据发展和应用工作进行全方位部署。应尽快整合力量，推出与我国经济社会发展目标相适应的《国家大数据战略》，推动大数据在政府决策、社会管理和公共服务等方面的应用，推进大数据与教育、医疗、交通、公安、环保、旅游等领域融合发展。

（参见《光明日报》2015年7月2日第16版）

全球人文科学大学联盟——北京论坛 7月6—7日，由中国传媒大学和英国巴斯斯巴大学联合主办、中国传媒大学学生国际交流部、新闻传播学部、文法学部、艺术学部联合承办的“全球人文科学大学联盟（GALA）——北京论坛”在中国传媒大学举办。中国教育国际交流协会副秘书长宗瓦，校副校长胡正荣校长，英国巴斯斯巴大学校长 Christina Slade，北京外国语大学副校长孙有中出席并致辞。来自6个国家7所盟校的53名国内外代表和正在中国传媒大学参加GALA暑期班的国际学生参加了论坛。

胡正荣向参会代表介绍了中国传媒大学的基本情况和国际合作项目，表示愿意借此机会，加深中国传媒大学和与会高校之间的交流合作，促进学生交换、访学讲座等项目的发展。Christina Slade 校长向大家简要介绍了全球人文科学大学联盟的背景和意义，表示不仅要建立合作关系，更希望实质性地推进人文学科、艺术、社会科学、传媒和新闻的发展。宗瓦副对中国传媒大学承办此次会议表示肯定和赞赏，并肯定了在举办国际暑期学校方面进行的实质性尝试。孙有中表示在加入全球人文科学大学联盟后，希望进一步推动全球教育的发展，让教育有全球化视角，提升学生在国际上的竞争力。

本届论坛首先由俄罗斯国民经济与公共管理大学人文学院院长 Evgeny Mirono 和中国传媒大学文法学部学部长李怀亮分别做了题为“俄罗斯创意文学方面的经验”和“中国文化产业发展趋势”的主题发言。接下来的一天半时间里，举办了四场研讨会：全球人文科学大学联盟的项目更新、跨界活动：处理文本、存档和数据——关于其他 GALA 成员活动的报告、中国教育、国际流动。

（中国传媒大学文科科研处供稿）

第六届中国行政改革论坛　7月19日，由中国行政体制改革研究会主办的第六届中国行政体制改革论坛在京举行。围绕“简政放权改革与法治政府建设”这一主题，来自中央和地方党政部门、科研院所、企事业单位等百余位专家学者参加会议，展开研讨。

开幕式上，国家行政学院常务副院长马建堂，国家发展和改革委员会副主任张勇，中央机构编制委员会办公室副主任、中国行政体制改革研究会副会长王峰，国务院法制办公室副主任袁曙宏，国家工商行政管理总局副局长刘俊臣分别发表演讲，就如何“放、管、服”三管齐下，加快转变政府职能；如何以简政放权优化服务为核心，深入推进行政审批制度改革；如何在法治轨道上把简政放权改革推向深入；如何正确认识和处理新形势下改革与法治的关系；如何深化上市制度改革，助力经济社会发展等主题深入阐释，表明观点。

湖南省委常委、省人大常委会副主任、省委秘书长韩永文，中国行政体制改革研究会副会长、国家行政学院教授周文彰，中国行政体制改革研究会副会长、中国（海南）改革发展研究院院长迟福林，中华全国总工会书记处书记赵世洪，北京市西城区区委书记王宁等在主论坛发言，畅谈了各自对行政体制改革、法治政府建设等的观点见解。

在分别以行政权力法治化、简政放权与依法监管、简政放权与优化服务为主题的三个分论坛上，数十位专家学者展开交流，盘点成绩，剖析问题，并为下一步工作建言献策。来自党中央、国务院有关部门、全国政协、部分省区市的负责同志，国家行政学院、地方行政学院、科研机构、高等院校、企事业单位的专家学者400余人，紧紧围绕党的十八届三中、四中全会精神，就深入推进简政放权、依法加强和创新监管、优化行政服务、加快法治政府建设等问题，进行了深入研讨和交流。论坛征集到论文200余篇，110多位论文作者受邀参加论坛。与会人员认为论坛为行政体制改革领域的理论与实际工作者提供了良好的交流平台，对于推动我国行政体制改革的理论创新和实践探索将发挥重要作用。

（国家行政学院科研部刘斌供稿）

2015（第十届）中国电子政务论坛　7月25日，由国家行政学院、国家信息中心联合主办的2015（第十届）中国电子政务论坛在京召开。来自中央和国家机关、地方政府、地方行政学院、有关科研单位和企业界的300多位代表参加了论坛，此次论坛的主题是：互联网+政府管理。

国家行政学院常务副院长马建堂，纪委书记杨文明、联合国副秘书长吴红波出席开幕式并致辞，工业和信息化部原副部长、国家行政学院电子政务专家委员会顾问杨学山、中国工程院院士刘韵洁、国家信息化专家咨询委员会常务副主任周宏仁、中央网信办信息化发展局徐愈局长出席论坛开幕式。论坛上发布了《2015中国城市电子政务调查报告》，《报告》从基础准备、在线服务、电子参与、移动政务四个方面客观评估我国城市电子政务发展水平，调查对象覆盖直辖市、副省级城市和计划单列市、省会城市、自治区首府、地级市共338个城市。与会代表围绕“电子政务与政府治理”、“网上政务服务”、“新技术发展与应用”以及“新时期电子政务发展”等方面的议题进行了专题研讨。

“中国电子政务论坛”由国家行政学院、国家信息中心联合发起创办，从2006年开始每年举办一届。论坛以“学术性、公益性、开放性、务实性”为原则，结合年度电子政务发展热点，由政府高层阐述政策导向；介绍具有创新性、普及性的优秀电子政务案例；交流电子政务应用的思路和成绩；探讨电子政务发展趋势；提供充分交流机会，促进政企合作，推动中国电子政务健康发展。“中国电子政务论坛”已成为国内外最具影响力的电子政务领域交流活动。

（国家行政学院科研部刘斌供稿）

国研智库论坛2015年会　9月12日，由国务院发展研究中心指导、中国发展出版社主办的“国研智库论坛 2015 年会”在北京举行，主题为“中国制造与区域发展：大战略、大格局”。来自中央和地方政府机构、各类智库和研究机构、国内外企业等各界代表约 500 人参加论坛，围绕“一带一路”、京津冀协同发展、长江经济带发展、“中国制造 2025”等重大战略问题进行了深入研讨。

国务院发展研究中心主任李伟在开幕致辞中说，当前，国际国内的发展环境依然十分复杂，全球资本市场剧烈震荡，新兴市场货币持续贬值；我国经济下行的压力依然较大，长期以来粗放式增长所积累的矛盾和风险集中暴露，经济增长旧动力日益减弱、新动力接续不足。虽然中国经济发展面临这样和那样的困难、风险和挑战，但我国作为发展中大国仍处于大有可为的重要战略机遇期没有改变，仍处于并长期处于社会主义初级阶段的基本国情没有改变，后发优势仍然是我国可能保持较快发展的基础性条件。我们对未来我国发展的前景有充分的依据充满信心。李伟说，首先，无论是从供给方面看，还是从需求方面看，作为一个发展中的大国，我国的发展空间都还十分巨大。一是由制造业大国向制造业强国转变蕴藏着产业发展的新机遇；二是推进高质量的城镇化，将创造巨大的投资需求；三是推动区域经济均衡化发展，将带来投资和消费需求的增长；四是居民收入水平的进一步提高蕴含着巨大的消费需求；五是对外开放的扩大和深化将拓宽发展的外部空间。其次，从支撑经济发展的力量来看，随着改革的推进和一系列政策的落实，我国经济新的增长动力正在形成。一是全面深化改革正在增强全社会发展动力；二是推进“大众创业、万众创新”正在释放全社会创业创新活力。总之，中国经济不仅有着巨大的发展空间，还有着强劲的增长动力，只要我们坚定不移地深化改革、扩大开放，坚持不懈地创造公平、透明、规范、有序、法治的市场竞争环境，真正发挥市场在资源配置中的决定性作用和更好地发挥政府作用，就一定能把巨大的发展空间和强劲的增长动力转变成强大的现实生产力，引领新常态，推动我国经济发展迈向更高阶段。李伟还介绍说，中央印发的《关于加强中国特色新型智库建设的意见》将国务院发展研究中心列为第一批国家高端智库建设试点单位，同时对包括国研中心在内的党和国家所属五大政策研究机构赋予“加强与智库沟通联系，高度重视、充分运用智库的研究成果”的责任。国务院发展研究中心已经向中央上报了高端智库建设试点方案，将努力建设成为高质量服务中央决策的核心智库，科学评估重大决策的重点机构，准确解读重大政策的新型组织，有效整合智库资源的高端平台，真正成为世界一流智库和国家软实力的重要载体。

“国研智库论坛”是为贯彻中央加强中国特色新型智库建设的精神，适应国务院发展研究中心打造“一流智库”和开展国家高端智库建设试点的需要，在国务院发展研究中心指导下，由中国发展出版社、中国发展观察杂志社、国研文化传媒股份有限公司共同举办的国内高端智库论坛。2014 年 9 月创办以来，先后成功举行“国研智库论坛 2014 年会”、“国研智库论坛·新年论·创新金融助力中国‘一带一路’战略峰会”等会议。

（国务院发展研究中心办公厅科研处部巍供稿）

首届中英社会治理现代化研讨会 日前，由北京师范大学中国社会管理研究院/社会学院和英国伦敦大学亚非学院中国研究院共同举办的首届中英社会治理现代化研讨会在北京师范大学举行。校长董奇会见嘉宾，副校级干部周作宇，国务院研究室原主任、北京师范大学中国社会管理研究院/社会学院院长魏礼群，伦敦大学亚非学院中国研究院院长米歇尔·贺麦晓院长出席开幕式并致辞。双方签署了合作协议。

（北京师范大学社科处刘娜供稿）

网络空间安全与博弈论学术研讨会 9 月 26 日，由中央财经大学信息学院举办的“网络空间安全与博弈论”学术研讨会在中国科学院大学国际会议中心召开。长江学者特聘教授、西安电子科技大学马建峰教授，中国科学院信息工程研究所副总工程师李凤华，解放军信息工程大学郭渊博教授，福建师范大学姚志强教授，河北师范大学赵冬梅教授、江苏大学王良民教授等专家，信息学院部分教师等 20 余人出席了本次会议。此次会议围绕网络空间安全的研究热点问题和网络空间安全与博弈论两个方面展开讨论，中国科学院信息工程研究所的副总工程师李凤华、西安电子科技大学张涛博士、中国科学院信息工程研究所芦翔博士、解放军信息工程大学郭渊博教授、贵州大学田有亮副教授、中央财经大学高胜博士、朱建明教授分别做了主题报告。专家们深入地讨论了网络空间安全的研究热点和博弈论在解决实际网络安全问题的有效应用的相关研究，有效地推动了网络空间安全学科的发展。

（中央财经大学科研处供稿）

第五届中国古籍数字化国际学术研讨会　近日，由首都师范大学电子文献研究所、中国诗歌研究中心等单位主办的“第五届中国古籍数字化国际学术研讨会”在北京召开。来自海内外的 70 余名专家学者，以“古籍数字化实验室建设”为主题，分别就古籍文献数字化保护手段、数字文献学学科建设与人才培养、简繁体转换与古籍数据库字形处理、数据库与网络出版、基于自动排版的古籍个性化出版等前沿课题进行了研讨。

国家图书馆原馆长詹福瑞指出，古籍数字化加快了古籍保护进程，并有效地解决了古籍利用和保护之间的矛盾。但是，目前的古籍数字化尚未形成严格规范的国家标准，古籍整理还存在许多问题，急需人工智能等技术创新。首都师范大学电子文献研究所所长尹小林对古籍数字化的发展提出了三个方向：一是内容的精细化，二是手段的现代化，三是传播的国家化。河北大学宋史研究中心姜锡东指出，古籍数据库对于研究者来说，最重要的是检索功能。现在，古籍数字化突飞猛进，需求更具个性化、多样化。中国敦煌吐鲁番学会副会长柴剑虹就海外所藏中国敦煌文献数字化问题提出，“合作创新模式”是古籍数字化发展的方向。浙江师范大学黄灵庚认为，国学网在古籍数字化方面走在前列，对于学术研究作出了很大的贡献。但是仍有一些值得改进的地方：第一，《全唐诗》不录异文。而异文对于学者研究是最重要的。第二，可以继续做专业化的数据库。如出土简帛数据库等。第三，应更加扩大数据库的规模。家谱、地方志应列入数据库。上海大学杨逢彬介绍了自己利用古籍数字化产品进行学术研究的心得。他说，“审句例”是解决古书疑难问题诸多途径中的最佳途径。复旦大学吴格介绍说复旦大学图书馆在古籍数字化方面的成绩主要包括两个方面：第一，古籍书影的制作，包括善本 9724 叶，普通古籍 9399 叶。第二，古籍全数据库的建设，收录古籍 3047 种，善本 1956 种，稿本、抄本 590 种。

美国辛辛那提大学图书馆馆长王雪茅指出现代学者的治学既要研究传统的人文学知识，也要利用现代技术，只有二者结合，才能进行有效的学术研究。埃及学者穆罕默德·谢赫对埃及现存古代典籍的收藏和保护现状做出了生动说明，并列举了埃及国家图书馆等收藏机构在古籍数字化方面的主要成绩。韩国大真大学李燕对韩国古籍收藏数量靠前的各个机关的电子化发展简史做了梳理与介绍。

与会者还听取了首都师范大学电子文献研究所与北京艺术博物馆联合于 2014 年创建的数字文献实验室的建设情况。这所全国首家以“数字文献学”为依托建成的科研实验室，目前已可以完整实现从线装古籍到当代新式纸质出版物及不同载体电子出版物的全套流程。未来将通过数字化技术对古籍善本进行加工、存储和利用。即要具备强大的处理古籍文本、碑帖、拓片、字画、舆图等文献资料的能力，将原始文本转换成数字资源；要建立超大规模数据库，以存储海量的数据信息并在这些信息之间建立超链接联系；要有对上述数据资源进行分类、管理、挖掘、汇总的能力，以随时根据需要将数据输出为数字化产品。

（参见《光明日报》2015 年 10 月 12 日第 16 版）

2015 年政府绩效管理理论与实践研讨会　10 月 15 日，在北京市社会科学院的资助和大力支持下，北京市社会科学院管理研究所北京市政府绩效管理研究中心主办的“2015 政府绩效管理理论与实践研讨会——治理能力现代化背景下政府重大事项绩效”学术研讨会在北京召开。研讨会重点围绕当前绩效评价工作中的理论和现实问题展开交流与讨论，共同探讨如何解决政府重大事项绩效问题、突破难题，探讨政府绩效管理的创新模式。北京市社会科学院党组成员、副院长周航、国家行政学院公共管理教研部主任刘旭涛、北京市政府绩效办副主任、绩效考评处处长张国兴在开幕式上做了重要发言。中国行政管理学会、国家科技部、环保部等相关部门、北京市政府办公厅、法制办、编办、市审计局、北京市各区县等多家政府机构绩效管理相关负责人，北京、上海、兰州、澳门等地的 20 余家科研院所、高校、咨询机构的专家学者，以及多家媒体记者等共约百人参加了研讨会。会议由北京市政府绩效管理研究中心主任张耘研究员、北京市社会科学院管理所所长施昌奎研究员主持。本次研讨会规模庞大、内容丰富、讨论热烈、反响较好，为解决本市政府绩效管理工作中所遇到的实际问题提供交流平台与科学支撑，并有助于形成学术研究与政府决策互助发展的良好态势。

（北京市社会科学院科研处供稿）

国家行政学院宏观调控创新研讨会　10 月 20 日，由国家行政学院主办的“宏观调控创新”研讨会在北京举行。研讨会以做好经济工作建言献策、促进学者沟通交流为目标，旨在探讨在适应经济环境和阶段的新变化的大背景下，如何不断推进宏观调控创新。在上午的全体会议上，国家行政学院常务副院长马建堂作了题为“新常态下我国宏观调控思路和方式的重大创新”的主报告演讲，会议由中国行政体制改革研究会会长魏礼群主持。

马建堂在主报告演讲中，围绕“宏观调控思路和方式”提出了五个方面的重大创新，即“全球眼光与战略思维”、“区间调控和定向调控”、“宏观调控与深化改革”、“长处着眼与短期入手”以及“创新指标体系和大数据”等，并强调，只有加强宏观调控创新才能引导国民经济在合理区间内运行。

在上午的主旨演讲中，财政部副部长朱光耀、国务院发展研究中心副主任王一鸣、中国社会科学院原副院长李杨、国家统计局副局长许宪春、中国人民银行研究局局长陆磊分别作了题为“准确把握国际国内经济走势，完善宏观经济政策，坚定推进改革开放”、“做好明年经济工作的几个重点方向”、“新常态下的宏观调控要有新思路”、“前三季度经济形势简析”和“流动性冲击、宏观调控与预期管理”的主旨演讲。学者们认为，鉴于我国外部经济环境仍然艰巨，内部发展环境复杂，当前宏观调控创新工作的紧迫性和重要性日益增强。我国宏观调整依旧面临着艰巨的任务，需要从多重视角去把握。在演讲中，主讲人从自身工作和研究领域入手，围绕宏观调控创新的思路和措施提出了具体而丰富的建议和思考。

来自国务院有关部门、有关地方政府领导及部门负责人、高校和科研机构专家学者代表、地方行政学院代表、民营企业代表等100多人出席了本次的研讨会。今日下午，研讨会将进入分组研讨阶段。20多位来自各领域的权威学者将围绕“宏观调控理论与实践创新经验总结”以及“当前宏观经济形势分析及政策建议”两大主题展开交流，并提出自己的建议举措。

（国家行政学院科研部刘斌供稿）

第二届京津冀协同发展研讨会　　10月21—22日，由京津冀三地社科联共同主办、天津市社科联承办的第二届京津冀协同发展研讨会在天津召开。来自京津冀三地社会科学界的专家学者、实际部门研究人员和媒体记者代表100余人出席会议。

研讨会旨在发挥社科联“桥梁纽带”和思想库智囊团重要作用，加强京津冀三地社科联协作，共同搭建学术研究交流平台，合力为推动京津冀协同发展提供有力的智力支持和理论支撑。会前，三地社科联通过广泛征文，收到来自30余个高校和科研院所专家学者撰写论文40余篇，集中反映了当前京津冀协同发展最新研究成果。

本届研讨会，深入学习贯彻党的十八大和十八届三中、四中全会精神，深入贯彻落实《京津冀协同发展规划纲要》精神，在京津冀协同发展国家重大战略迅速展开的新形势下，以“京津冀协同发展——目标与路径”为主题，抓住有序疏解北京非首都功能的战略核心和落实三地功能定位的战略关键，围绕交通一体化、生态环境保护、产业升级转移等重要内容，与会代表进行了广泛研讨，深入探索，集思广益，提出了许多新观点、新建议和新对策，切实起到了把思想认识和智慧力量进一步凝聚到中央的重大决策部署上来的作用。

与会专家学者一致认为，京津冀地缘相接、人缘相亲，地域一体、文化一脉，历史渊源深厚、交往半径相宜，协同发展基础深厚，战略地位十分重要；《京津冀协同发展规划纲要》是指导京津冀协同发展的纲领性文件，明确了区域功能定位，既强调处理好局部与全局的关系，又注重发挥三地各自比较优势，彰显了协同发展、促进融合、增强合力的基本理念，体现了坚持“一盘棋”、增强整体性的战略思想，突出了功能互补、错位发展、相辅相成的基本思路和发展方向，同时，立足现实基础，在把控好推进的步骤、节奏和力度的基础上确定了分阶段任务的时间表和路线图；《规划纲要》的制定，充分展现了中国特色社会主义制度的优越性和改革创新的时代精神，也标志着京津冀协同发展由“顶层设计”阶段转向“全面实施”阶段，这对于协调推进“四个全面”战略布局、实现“两个一百年”奋斗目标和中华民族伟大复兴的中国梦，具有重大现实意义和深远历史意义。

（北京市社会科学界联合会学术活动部供稿）

第10届公共管理高层论坛　　10月24日，清华大学公共管理学院成立15周年暨第10届公共管理高层论坛举行，论坛主题为“新常态与国家治理现代化”。清华大学党委副书记邓卫、中山大学副校长马骏在论坛开幕式上致辞。清华大学公共管理学院首任院长、原国务院发展研究中心副主任、党组书记陈清泰，国家发展和改革委员会原副主任、党组成员徐宪平，清华大学国情研究院院长、公共管理学院教授胡鞍钢等出席论坛并做主题发言。邓卫代表清华大学向15年来为清华大学公共管理学院发展壮大做出重要贡献的老同志、老教授和全体教职员工，以及长期关心、帮助、支持清华大学公共管理学院发展的各界人士和校友，表示衷心的感谢和崇高的敬意。他指出，公共管理学院成立 15 年来，不仅为清华走向综合性的一流大学增添了重要的学术门类，增加了重要的人才培养途径，而且积累了很多发展的经验。清华大学公共管理学院 15 年来走过的不平凡的道路，让我们深受感动和鼓舞。邓卫对清华大学公共管理学院的未来发展提出三点希望，一是彰显中国特色，着重加强基础理论建设；二是面向重大需求，着重解决中国发展的现实问题；三是发挥学科优势，为学校的建设发展，为现代大学制度的形成作出贡献。马骏代表兄弟院校对清华大学公共管理学院成立 15 周年和论坛的举办表示诚挚的祝贺。清华大学公共管理学院院长薛澜介绍了公共管理学院 15 年来的发展历程和未来展望。随后，十余位嘉宾围绕论坛主题，就“中央与地方关系”、“创新治理与发展”、“社会组织与社会治理”等问题进行深入研讨。来自国内外各兄弟高校的代表，科研院、文科处等单位的相关负责人，公共管理学院的师生和校友等参加开幕式。10 月 23—25 日，清华大学公共管理学院还举行了新时期公共管理学科建设专家研讨会、公共管理院长论坛：新时期公共管理教育发展、首届（2015）中国公共管理学术年会暨青年学者论坛、清华大学产业发展与环境治理研究中心（CIDEG）成立十周年学术会议等一系列活动，纪念学院成立 15 周年。

（清华大学文科建设处刘金梅供稿）

第六届中国电子文件管理论坛　10 月 24 日，数字记忆国际论坛暨第六届中国电子文件管理论坛在中国人民大学国学馆报告厅举行。论坛以“数字记忆：构建、认同与传承”为主题，由中国人民大学人文北京研究中心、电子文件管理研究中心和信息资源管理学院共同主办。中国人民大学校长陈雨露、国家档案局局长李明华、北京市哲学社会科学规划办公室主任王祥武出席论坛开幕式并为大会致辞。浙江省档案局局长刘芸，湖北省档案局局长黄国雄，中国人民大学人文北京研究中心主任、电子文件管理研究中心主任冯惠玲，以及来自中国（含台湾地区）、新加坡、英国、荷兰的业界和学界专家出席论坛。

（中国人民大学科研处李素萍供稿）

首期应急智库论坛　10 月 31 日，由中国应急管理学会发起的首期“应急智库论坛”在国家行政学院顺利举办。来自国务院应急办、发改委、工信部、国资委、国家安全监管总局、地震局等有关部委应急管理相关司局负责同志，北京、河北、山东、安徽、山西等地方政府应急办负责同志和高校、科研院所的专家学者，以及应急科技和应急产业领域的专家共 50 余人参与研讨交流。

中国应急管理学会“应急智库论坛”旨是面向国家应急管理工作需求，探索科学化应急管理路径，整合应急管理资源，促进应急体系建设，提升全社会风险防范与应急能力，打造“政产学研”共商应急体系建设大略的平台。本期座谈会主题为“‘互联网+’应急管理”，主要围绕大数据、应急产业及十三五应急体系建设等议题开展研讨。

座谈会上，国家行政学院副院长、中国应急管理学会会长洪毅同志表示，学会未来将不定期地选择中央领导和各级政府、实践一线急需应对、社会公众关注的重点难点问题开展专题研讨，融合与会专家的观点和思想，形成决策咨询报告，为政府应急管理工作服务，将“应急智库论坛”打造成为应急管理领域政产学研用一体化的新型交流合作平台。国务院办公厅国务院应急办主任李晓东同志在致辞中表达了对学会工作的高度重视，认为中国应急管理学会紧贴国家应急管理工作需求发起“应急智库论坛”，是激发凝聚各方智慧、推动应急体系建设的有益探索，也是非常重要的举措。他希望与会专家围绕论坛主题，深入交流研讨，为大数据推动应急产业的发展谋划好“十三五”应急体系建设提供强有力的智力支撑。

针对大数据、移动互联、云计算等新技术在应急平台的重要作用，北京大学计算机系教授汪国平提出“虚实融合的城市大数据与应急管理系统构建”，清华大学公共安全研究院副院长袁宏永提出“大数据移动互联对应急平台体系架构与服务模式的再构造”，暨南大学应急管理学院院长蔡立辉阐述了“大数据环境下的决策支持”，阿里巴巴网络技术有限公司安全部副总裁杜跃进演示了“大数据在公共安全应急事件中的价值应用”。

针对应急体系建设问题，中国科学院自动化所副所长王飞跃提出“平行应急管理系统的基本框架和方法”，广东省体制改革研究会会长周林生提出“关于社区应急管理的若干问题”，中国地震局震灾应急救援司副司长尹光辉提出“‘十三五’期间国家应急管理体系和应急能力建设的思考”，国家行政学院应急管理培训中心副教授游志斌提出“发达国家应急管理技术发展的几点启示：从概念技术到集成创新”。交通运输部应急办处长周旻提出“我国重大海上溢油应急信息共享机制建设有关问题的思考”，天津行政学院副教育长王重高教授阐述了“反思8·12事件，加强应急体系建设”。

此外，河北省人民政府应急办副主任张凌会还介绍了河北省应急平台建设经验。新华通讯社办公厅总值班室主任李劲松、新华网舆情监测分析中心内容总监兼分析部主任王通文也分别就“媒体应急体系建设和应急预案的制订”和“重大项目舆评的媒体角色”发表了演讲。

（国家行政学院科研部刘斌供稿）

推进国家治理体系和治理能力现代化院长论坛 11月4日，北京市社会科学院主办，科研处和外国问题研究所共同承办了院长论坛“推进国家治理体系和治理能力现代化”。论坛的主讲专家为北京大学政治学研究中心主任、政府管理学院院长，原中央编译局副局长俞可平教授。北京市社会科学院副院长许传玺研究员主持论坛，副院长赵弘研究员出席，院全体科研人员参加论坛。俞可平的报告主要围绕着三个问题展开：一、什么是现代化的治理体系与治理能力？二、为什么需要现代化的治理体系与治理能力？三、如何建设现代化的治理体系与治理能力？他充分结合自己的治学成果与中国政治生态现实情况，对这一重大理论与现实问题，展开了详细而权威的论述。

（北京市社会科学院科研处供稿）

《国务院取消和调整的行政审批项目等事项目录》出版座谈会 11月6日，大力推进简政放权切实转变政府职能暨《国务院取消和调整的行政审批项目等事项目录》出版座谈会在国家行政学院举行，中共中央书记处书记、国务委员兼国务院秘书长、国家行政学院院长杨晶出席并讲话，强调要深入贯彻党的十八届五中全会的新要求新部署，继续把简政放权改革推向纵深。座谈会由国家行政学院党委书记、副院长陈宝生主持，院党委委员、常务副院长马建堂作了发言，院党委委员、副院长杨克勤，院党委委员、办公厅主任李季出席。

杨晶指出，按照党中央、国务院决策部署，两年多来简政放权改革的范围不断扩展、力度持续加大、方式不断创新，取得显著成效。杨晶强调，要按照五中全会关于深化行政管理体制改革、进一步转变政府职能的重要部署，以抓铁有痕、驰而不息的韧劲，继续推进简政放权、放管结合、优化服务各项工作。要在放权给市场、还权于企业上下功夫，在提高改革措施的协调性配套性上下功夫，在推进行政权力规范化、优化服务上下功夫，让简政放权改革进一步激发市场活力和社会创造力，为促进经济中高速增长、迈向中高端水平，实现“两个一百年”奋斗目标作贡献。

国务院有关部门和单位负责同志，人民出版社相关同志和专家学者等参加座谈会。

（国家行政学院科研部刘斌供稿）

第二届全国人文社会科学评价高峰论坛 11月10日，由中国社会科学院中国社会科学评价中心主办的第二届全国人文社会科学评价高峰论坛在北京举行。国务院发展研究中心副主任、党组成员隆国强出席论坛开幕式并致辞。论坛开幕式由中国社会科学评价中心主任荆林波主持。由中国社会科学评价中心完成的全球智库百强排行榜在本次论坛期间发布。全球智库排名前十的分别是：美国卡内基国际和平基金会、比利时布鲁盖尔研究所、美国传统基金会、英国查塔姆社、瑞典斯德哥尔摩国际和平研究所、美国布鲁金斯学会、德国康拉德·阿登纳基金会、美国伍德罗·威尔逊国际学者中心、中国国务院发展研究中心、英国国际战略研究所。由于中国社会科学评价中心隶属于中国社会科学院，为保证评价的客观公正，未将中国社会科学院及所属智库纳入本排行榜。

来自全国社会科学研究机构、高等院校及美国、德国、韩国、日本、阿斯拜疆等国的专家学者共100余人参加论坛。会议期间，与会专家学者围绕顶级智库的经验、专业技术、对外宣传等热点话题进行交流探讨。

（中国社会科学院办公厅刘玉杰编辑、供稿）

国研智库论坛·“互联网+”金融峰会 11月14日，由国务院发展研究中心指导、中国发展出版社主办的“国研智库论坛·‘互联网+’金融峰会”就如何规范互联网金融、引导其回归服务实体经济的根本定位？主题进行解读探讨。国务院发展研究中心副主任隆国强，全国人大财经委副主任委员、民建中央副主席辜胜阻，全国工商联原副主席、国务院参事室特邀研究员保育钧等出席会议并致辞。会议由中国发展出版社社长包月阳和国务院发展研究中心市场所所长任兴洲主持。

隆国强指出，互联网金融要明确为实体经济服务的根本定位，应紧紧围绕如何提高资源配置效率、分散风险来开展活动，充分发挥互联网金融服务实体经济的作用。国务院发展研究中心金融研究所所长张承惠认为，中国互联网金融企业要提升综合的金融服务能力、专业服务能力和风控能力三种能力。

（参见《光明日报》2015 年 11 月 18 日第 4 版）

社区治理研讨会　11 月 27—29 日，由北京社区研究基地举办的“社区治理研讨会”在北京召开。会议由基地主任于燕燕研究员主持，来自民政部社区建设司、中央编译局、北京大学、清华大学、中国人民大学、上海大学、华南师范大学、香港大学、中国青年政治学院、中央民族大学、首都经贸大学、北京市哲学社会科学规划办、北京市社会科学院、北京城市学院、中国社工协会等多所大学和科研单位的专家学者、单位负责人以及基层社区的代表共 60 多人参加了会议，并进行了深入的探讨和交流。研讨会围绕社区治理存在问题、社区治理主体范围、社区协商民主、社区治理途径、社区治理模式、社区治理信息化、社区党建、基层治理范围等主题而展开。与会专家学者一致认为，社区治理是社区建设发展过程中的一个重要议题，是理论界极为关注的话题，也是一个富有争论的焦点，同时更是一个亟须理论与实践相结合的重大课题。此次研讨的召开，加强了社区研究基地的建设，搭建了社区研究者、社区建设者和社区指导部门交流的平台，整合了众多力量推动社区理论研究和实践经验交流，取得了良好成效。

（北京市社会科学院科研处供稿）

地方治理与危机管理论坛 · 2015　11 月 29 日，由中国政法大学地方治理与危机管理研究中心、中国政法大学政治与公共管理学院和北京市信访矛盾分析研究中心联合主办的“地方治理与危机管理论坛（2015）暨‘信访与国家治理’学术研讨会”在中国政法大学学院路校区科研楼召开。来自北京大学、香港中文大学、中国政法大学、北京航空航天大学、国家行政学院、北京市信访矛盾分析研究中心、北京市社科院、韩国水原市政研究院、全国人大法工委的专家学者以及我院教师和研究生逾 50 多人参加了本次会议。

在会议开幕式上，政管学院院长杨阳教授和北京市信访矛盾分析研究中心主任郑广淼博士分别代表主办方致辞，从国家治理的发展现状引出了此次研讨会主题的重要性，并对政管学院与北京市信访矛盾分析研究中心在危机管理和信访研究领域的长期合作做出了高度评价。

（中国政法大学科研处郭丰琪供稿）

首次国际网络研讨会　11 月 30 日，由中联部当代世界研究中心、中央编译局海外理论信息研究中心联合西班牙加利西亚国际研究所暨中国政策观察中心共同举办的“聚集‘十三五’：新常态，新规划”首届国际网络研讨会在北京闭幕。

这次为期 8 天的研讨会是首个以“十三五”规划为主题的国际网络研究会，旨在让海外人士更加及时、全面、准确理解“十三五”规划的主要内容和中国的发展走向。

研讨会最显著的特点是把围绕“十三五”规划的研讨活动从实地搬到网络平台，充分发挥网络便捷性与交互性的优势，打破时空限制，让全世界关注中国，特别是“十三五”规划的专家学者都能参与研讨，互动交流。

（参见《光明日报》2015 年 12 月 1 日第 12 版）

中国政府战略与公共政策论坛　12 月 6 日，由中国管理现代化研究会政府战略与公共政策研究专业委员会、中央财经大学中国财政发展协同创新中心、中央财经大学政府管理学院共同主办的“中国政府战略与公共政策论坛暨市长论坛（2015）”，在中财大厦二层报告厅举行。论坛分为开幕式、中国政府战略与公共政策论坛、中国市长论坛三个环节，并设分论坛“实践中的中国政府改革与创新”。中央财经大学副校长赵丽芬教授，中国管理现代化研究会联职理事长、发展中国家科学院院士石勇教授，中国工程院院士李京文教授出席了开幕式并致辞。国务院发展研究中心发展战略和区域经济研究部前部长李善同研究员、国家行政学院经济学部主任张占斌教授、中山大学城市与地方治理研究中心主任何艳玲教授分别对中国政府战略与公共政策进行了主题发言。山西省大同市市委书记张吉福、山东省青岛市委常委崂山区区委书记齐家滨、湖北省随州市委常委常务副市长蒋星华、江西省宜春市委常委副市长魏晓奎、内蒙古自治区赤峰市副市长梁淑琴在“市长论坛”上进行了发言。中国政府战略与公共政策论坛暨市长论坛是中国管理现代化研究会政府战略与公共政策研究专业委员会成立以来举办的首个大型全国性高层学术论坛，是委员会发展史上的重要里程碑事件。

（中央财经大学科研处供稿）

国际组织人才培养学术研讨会 12月6日，由外交学院外交学系政治学与公共管理教研室组织承办的“国际组织人才培养”学术研讨会在外交学院交流中心举行。来自外交学院和外交部、清华大学、复旦大学、中国人民大学、中国政法大学、对外经贸大学、四川外国语大学、西北工业大学、上海联合国研究会、世界卫生组织、联合国粮食计划署等单位的官员、学者及国际公务员共计40余人参加了本次研讨。外交学院前副院长郑启荣教授、外交部滕飞处长和院长助理高飞教授分别致辞。郑启荣在致辞中简要介绍了本次研讨会召开的背景和目的，希望专家学者献计献策，使本次会议对我国国际组织人才培养和外交学院国际组织课程设置和专业发展做出贡献。高飞致辞中表示，外交学院希望积极加强与兄弟院校关于国际组织人才培养方面的交流与合作，向国际组织输送优秀人才。外交部滕飞同志在致辞中介绍了中国参与组织的现状等问题。研讨共分三个主题：1. 中国与国际组织人才培养，2. 国际组织人才培养的目标要求，3. 国际组织人才培养的经验交流。上午的研讨主要围绕中国与国际组织人才培养进行讨论。郑启荣主持了本场讨论。复旦大学张贵洪教授以“中国联合国外交的转型及其对国际组织人才培养的启示”作了发言；清华大学陈琪教授结合清华大学国际组织课程设置和教学工作做了就中国与国际组织人才培养的主题做了发言；中国人民大学蒲傳副教授作了“人才培养与中国在国际组织中的地位”的发言，并提出了两个供参会专家讨论的问题；外交学院外交学系雷建锋副教授就国际组织与中国结构性权力的获取问题作了发言。下午讨论主题是国际组织人才培养的目标要求和国际组织人才培养的经验交流。牛仲君副教授主持了第一场讨论，四位专家作了发言。世界卫生组织前官员、卫生部外事司原司长宋允孚先生结合自己在世卫组织多年工作经历阐述了国际公务员对国籍国的重要意义、中国如何加强与国际组织合作的问题。世界粮食计划署中国代表处官员艾吉昌先生以“国际公务员与世界粮食计划署”为题，结合自己求学、通过世界粮食计划署的考试到及在世界粮食计划署工作经历和经验，介绍了如何成为国际公务员、国际公务员需要哪些素质、国际公务员如何做到代表国际组织的同时又能服务国籍国的问题。外交学院外交学系陈雪飞副教授发言阐述了跨文化交流与国际组织人才培养问题。她认为国际公务员来自于不同文化，要当好国际公务员首先要对不同文化具有热爱和包容意识，国际组织人才培养应注重学生的国际视野和服务于国际社会的胸怀。上海联合国研究会的孟文婷同志结合自己在联合国当志愿者的经历，与大家分享了在国际组织当志愿者对提高学生素质和成为国际公务员的关系。王春英教授主持了第二场讨论。四川外国语大学国际关系学院院长肖肃教授结合他们学院国际组织人才培养实验班的工作与专家分享了国际组织人才培养的宝贵经验。对外经贸大学熊李力副教授作了“国际组织人才培养的途径和目标”的发言，讲述了自身教学中的经验和体会。牛仲君副教授作了“加强中国国际组织人员培养的几点看法”的发言，主要阐述了日本等国在国际组织人才培养中的可资借鉴的经验和我国国际组织人才培养今后的努力方向问题。

外交学院外交学系系主任唐晓教授在做总结发言时认为，本次研讨会既有对国际组织的学理探讨，还有对具体国际组织的实务分析，重点研讨了在党中央号召加强国际组织外交和教育部要求加强国际组织人才培养的背景下，高校如何加强国际组织教学工作，如何为国际组织输送优秀人才，在服务国际社会的同时提高中国国际影响和维护中国国家利益问题。

（外交学院科研处供稿）

中国应急管理创新论坛·2015 12月12日，由公安部办公厅、民政部救灾司、卫计委应急办、国资委综合局、国家安全生产应急救援指挥中心和国家行政学院应急管理培训中心共同主办的“中国应急管理创新论坛（2015）”在京召开，论坛由中国应急管理学会承办，同期举办中国应急管理学会2015年年会。本次研讨会的主题是“构建公共安全网：实践创新与理论探索”。

全国人大常委、中国应急管理学会会长、国家行政学院原副院长洪毅在大会上作主题演讲。他指出，构筑全方位、立体化的公共安全网，既要注重现有公共安全与应急管理工作创新，又要从系统工程的角度对公共安全网的构建做出远景规划。他认为应客观分析公共安全形势挑战，加强应急管理体制机制创新，建立多方参与社会治理机制，切实夯实基层基础应急能力，并充分发挥现代科学技术支撑作用。

国务院办公厅国务院应急办巡视员兼副主任王守兴在致辞中指出，当前我国公共安全形势严峻，构筑国家公共安全网是一项系统工程，需要从体制、机制、法制上齐抓共管，在公共安全网构筑过程中，必须牢固树立并切实贯彻创新、协调、绿色、开放、共享的发展理念。

论坛分设“国家公共安全发展战略”、“‘十三五’应急体系建设展望”、“应急管理基本理论与教育培训”、“重大公共安全典型案例总结与反思”和“公共安全科技与应急产业”五个主题模块，并于12日晚组织“大会征文作者学术交流会”。来自政府部门、企事业单位、科研院所、高等院校及企业和社会团体的两百余位应急管理领域从事实践和理论研究工作的代表参加会议，交流经验、展示成果、推动创新。

会议同期举办了中国应急管理学会第一届理事会第三次会议，审议通过中国应急管理学会2015年度工作报告，表决通过了理事、常务理事增补建议名单，增补国务院办公厅国务院应急办巡视员兼副主任王守兴为学会副会长，并审议通过成立学术委员会，同意筹备成立网络舆情、社区安全、教育与校园安全三个专业委员会，以进一步推动中国应急管理学会工作开展。

（国家行政学院科研部刘斌供稿）

大数据与国家治理圆桌论坛　12月12日，由国家行政学院信息技术部信息化与信息技术研究中心主办、中国行政体制改革研究会秘书处协办、中国信息界杂志社等单位支持的“中关村大数据日—国家行政学院‘大数据与国家治理’圆桌论坛”在国家行政学院召开。学院常务副院长马建堂出席论坛并致辞。论坛秉持高端、开放、深入、务实的精神，邀请了领域内顶级专家、国家有关部委相关部门领导以及部分知名企业高管近90人与会。

马建堂在致辞中指出，大数据潮流浩浩荡荡，我们要以开放的心态，积极拥抱大数据，通过统一标准、强制开放、平台联通、法律保障、市场主体等五大举措，发展我国大数据产业。国家行政学院原副院长、中国行政体制改革研究会副会长周文彰在致辞时指出，实施大数据战略要有四个结合，即把政府数据开放和市场数据创新结合起来，把大数据与国家治理创新结合起来，把大数据与现代产业体系结合起来，把大数据与大众创业万众创新结合起来。

北京大学秘书长、中国区域科学协会会长杨开忠，贵阳市委常委、副市长刘春成，阿里巴巴副总裁杜跃进，工业和信息化部中国电子信息产业发展研究院副院长樊会文，国家信息中心信息化研究部副主任单志广，百度发展研究中心主任黄林莉，国家行政学院教授、博导许正中，本溪市副市长曲刚，中国行政体制改革研究会常务副秘书长王露，国家统计局中国经济景气监测中心研究员王志强，北京大学智慧城市研究中心主任、教授、博导李琦，亚信集团副总裁邹明达作了主旨演讲。分别从政府的角度、企业的角度、学者的角度分享了大数据的发展、应用、案例以及未来的发展方向，就大数据如何推动政府治理和经济社会发展等方面积极建言献策。

（国家行政学院科研部刘斌供稿）

北京中青年社科理论人才百人工程学者论坛　12月12日，由中共北京市委宣传部、北京市社会科学界联合会、北京市哲学社会科学规划办公室联合主办，北京第二外国语学院承办的第九届北京中青年社科理论人才“百人工程”学者论坛在京举办，论坛主题为“全面建成小康社会：五大发展理念与人才培养”。中共北京市委宣传部副部长赵卫东，北京市社会科学界联合会党组书记韩凯，北京市社会科学规划办主任王祥武，北京第二外国语学院党委书记冯培和来自首都高校的“百人工程”学者、首都社科界专家和北京第二外国语学院师生200余人参加了研讨交流。

本届论坛的主题以“全面建成小康社会：五大发展理念与人才培养”为主题，积极贯彻党的十八届五中全会提出的“创新、协调、绿色、开放、共享”五大发展理念，聚焦人才培养，坚持人才是第一资源理念，着眼服务“四个全面”战略布局，在首都未来发展中以更有效的政策措施，促进人才建设与经济建设、政治建设、文化建设、社会建设、生态文明建设和党的建设深度融合，为夺取全面建成小康社会决胜阶段的伟大胜利贡献力量。

赵卫东首先代表中共北京市委常委、市委宣传部部长李伟和主办单位向北京大学等七所高校和承办单位北京第二外国语学院表示诚挚谢意，向各位专家和学者表示亲切问候。他指出，实施中青年社科理论人才“百人工程”，事关首都哲学社会科学事业发展全局，也体现了市委市政府对中青年理论队伍建设的高度关注，对中青年学者的真切关心和殷切期望。他强调，首都社科界要深刻把握党的十八届五中全会提出的创新、协调、绿色、开放、共享的发展理念，有效创新人才培养模式，充分调动首都社科人才的积极性和创造性，激发经济社会各项事业发展的活力。

2015年是北京实施“百人工程”学者培养计划实施20周年，首都经济贸易大学原校长、首批“百人工程”学者文魁教授做了题为“百人工程 百年使命——北京市‘百人工程’20周年的回顾与展望”的发言，发言指出：“百人工程，这一取得了丰硕成果、积累了丰富经验的理论人才培养工程在新时期、新发展的背景下，有着特殊的重要意义。”北京大学苏剑教授、清华大学蒋耘中研究员、北京师范大学曾晓东教授、对外经济贸易大学卢进勇教授、中国人民大学国家发展与战略研究院副院长王莉丽分别从不同角度对创新与经济发展、复合型人才培养与评价、对外开放以及智库建设进行阐述。北京交通大学叶龙教授，根据前期和北京社科联联合调研成果，对首都社科理论人才发展现状及机遇进行了深入分析，提出要结合“十三五”规划，坚持好的传统，顺势而变，创新工作思路，推动优秀人才成长。

北京社科理论“百人工程”是北京市委为培养造就一批以马克思主义为指导，政治强、业务精、作风正的中青年社科理论拔尖人才而实施的人才培养计划。20年来，该项目共培养了566名政治方向明、业务精、作风正的中青年社科理论人才，大批入选者已成为首都学术界、教育界的中流砥柱、栋梁之才。“百人工程”学者论坛是“百人工程”培养计划的重要组成部分和学术交流平台，自2007年举办首届论坛以来，迄今已成功举办了九届，为推动首都哲学社会科学事业繁荣发展发挥了重大作用。

（北京市社会科学界联合会学术活动部供稿）

第三届中国—中东欧国家高级别智库研讨会 12月16日，由中国社会科学院、中国—中东欧国家合作秘书处和中国国际问题研究基金会联合主办的第三届中国—中东欧国家高级别智库研讨会暨“中国—中东欧国家智库交流与合作网络”揭牌仪式在北京举行。

中国社会科学院院长王伟光、中国外交部部长助理刘海星、中国国际问题研究基金会理事长刘古昌，罗马尼亚前总理蓬塔、克罗地亚前副总理西莫尼奇、波兰前副总理科沃德科等出席开幕式并致辞。中国和中东欧国家数十家有关智库、学术研究机构代表、多个部委的学者官员、中东欧国家前政要和驻华使馆人员、前资深外交官等200多人参加会议。

研讨会的主题是“以苏州会晤为新起点：智库交流为‘16+1合作’提供支撑”。王伟光在开幕式演讲中表示，期待通过智库对话和交流平台进一步加强同中东欧国家智库的合作，把“中国—中东欧国家智库交流和合作网络”建设成开放、公平的平台，办成中国—中东欧国家之间365天不间断的智库交流平台，努力打造“16+1合作”的“黄金名片”。

研讨会设有三个分论坛，主题分别是：“一带一路”：中国—中东欧国家如何推进互联互通；中欧合作：“16+1合作”如何发挥积极作用；智库合作：“中国—中东欧国家智库交流与合作网络”——新平台、新目标。

外交部部长助理刘海星和中国社会科学院副院长蔡昉共同为“中国—中东欧国家智库交流与合作网络”揭牌。

蔡昉还作了中国经济形势的演讲。

高级别智库研讨会由中国社会科学院欧洲研究所、国际合作局承办，中国世界政治研究会协办。

（中国社会科学院办公厅刘玉杰编辑，欧洲研究所科研处供稿）

大数据论坛 12月20日，中国人民大学统计与大数据研究院成立大会暨大数据论坛在世纪馆举行。来自高校、政府和企业的专家学者，围绕大数据人才培养和大数据应用与分析等相关问题进行深入交流和讨论。中国人民大学副校长查显友主持大会。中国人民大学常务副校长王利明宣布关于成立统计与大数据研究院的决定及研究院院长任命。“千人计划”国家特聘专家艾春荣教授担任研究院院长。刘伟校长致辞。成立大会后举行了大数据论坛。七位专家围绕“大数据人才培养”和“大数据科学研究”两个主题作了报告。

（中国人民大学科研处李素萍供稿）

中小微企业首次档案服务需求研讨会 12月21日，由北京市档案局承办的国家档案局“中小微企业首次档案服务需求研讨会”在北京经济技术开发区博大大厦召开。国家档案局经科司企业处处长蔡盈芳对此次研讨的目的及要求做了具体部署；开发区管委会办公室副主任郭福明汇报了会议前期摸底调查、中小微企业抽样选取情况；各企业代表分别介绍了本企业档案工作现况，提出了对档案工作的指导服务需求。随后，各方进行了开诚布公的交流互动。国家档案局经科司副司长姜延溪在讲话中充分肯定了此次会议，认为会议达到了三个目的：一是了解了中小微企业档案工作现况；二是了解了中小微企业对档案工作的需求；三是清楚了档案行政管理部门能为中小微企业的档案工作做些什么。她表示：下一步，国家档案局将在进一步调研的基础上，制定支持、鼓励和引导中小微企业档案工作发展的政策和要求，逐步建立档案行政管理部门、开发区档案部门及入区档案服务机构共同为中小微企业开展档案服务的体制机制，为中小微企业提供全方位、全领域、全时段的档案服务保障，使开发区中小微企业在“大众创业、万众创新”的活动中真正成为先行者、生力军。开发区通用电气、华德液压等30余家中小微企业及瑞云档案管理有限公司的代表参加了此次研讨会。

（北京市档案局科教处胡晓燕供稿）

综合（含新闻、国际关系、其他）

南南合作框架下中拉关系的新跨越国际研讨会 1月7日，由联合国拉美经委会、中国社会科学院拉丁美洲研究所、国务院发展研究中心发展研究所和北京师范大学新兴市场研究院共同举办的“南南合作框架下中拉关系的新跨越”国际研讨会在北京召开。

会议开幕式由中国社会科学院拉丁美洲研究所副所长王立峰主持。中国社会科学院副院长李培林、拉美经委会秘书长阿丽西亚·巴尔塞纳、中国社会科学院拉丁美洲研究所所长吴白乙、联合国开发计划署（UNDP）驻华代表处国别主任白桦在开幕式上致辞。

会议第一单元的主题是“中拉合作新局面及其对南南关系的新贡献”，由前中国驻拉美国家大使殷恒民主持。发言人有巴尔塞纳秘书长、中国人民大学国际关系学院全球治理研究中心主任庞中英等。

会议第二单元的主题是“中拉贸易、投资、产业对接的前景”，由北京师范大学新兴市场研究院院长胡必亮主持。发言人有联合国拉美经委会国际贸易和一体化部主任奥斯瓦尔多·罗萨莱斯、国务院发展研究中心世界发展研究所副所长丁一凡等。

会议还进行了两项成果发布，一是中国社会科学院拉丁美洲研究所与联合国拉美经委会共同出版的《中拉住房政策和城市化：视角和案例》（西文版）；二是北京师范大学新兴市场研究院组织撰写的《互利务实、共同发展：中拉经济合作新框架》。

（中国社会科学院办公厅刘玉杰编辑，
拉丁美洲研究所林华供稿）

2015年人文社会科学研究展望论坛 1月13日，2014年度“中国十大学术热点”发布会暨2015年人文社会科学研究展望论坛在中国人民大学举行。国家新闻出版广电总局新闻报刊司司长李军，上海市社会科学界联合会党组书记、专职副主席沈国明，校党委常务副书记张建明出席。该活动旨在梳理年度中国人文社会科学领域学术研究的成果，聚焦学术热点，反映和记录中国人文社科领域的学术发展脉络。

（中国人民大学科研处李素萍供稿）

从中欧视野看欧盟与中国更密切合作前景演讲会 2月3日，由中国社会科学院主办、中国社会科学院欧洲研究所承办的斯洛伐克共和国副总理兼外交与欧洲事务部长米罗斯拉夫·莱恰克演讲会在北京举办。莱恰克发表题为“从中欧视野看欧盟与中国更密切合作的前景”的主题演讲。来自中国社会科学院、中国国际问题研究院、中央编译局、现代国际关系研究院、重庆社会科学院、中国人民大学、复旦大学、中国政法大学的80余名专家学者参加演讲会。20多个国家的驻华使节、外交官也参加了演讲会。新华社、《光明日报》、《中国日报》、国际广播电台、环球网、中国网、中国社会科学网等国内媒体报道了演讲会。

（中国社会科学院办公厅刘玉杰编辑，
欧洲研究所科研处供稿）

中东形势回顾与展望（2015）研讨会 2月9日，由北京大学外国语学院阿拉伯语言文化系、北京大学阿拉伯—伊斯兰文化研究所、北京大学中东研究中心主办的第三届“中东形式回顾与展望”研讨会在北京举行。原外交部副部长杨福昌、现任中国中东问题特使宫小生，前中东问题特使王世杰、吴思科，前驻土耳其大使姚匡乙，前驻埃及、黎巴嫩大使安惠侯，前驻阿联酋、约旦大使刘宝莱等资深外交家，中国国际问题研究院研究员李国富就2014年中东局势变化及2015年走向等议题进行了深入的交流和讨论，对伊核问题、“伊斯兰国”、海湾局势、巴以和平进程等地区热点问题做出了深入解读和预测。北京大学外国语学院阿拉伯语系付志明教授主持了此次研讨会。

（北京大学社会科学部供稿）

庆祝中欧建交40周年：展望未来主题演讲会 3月18日，由中国社会科学院主办、中国社会科学院欧洲研究所承办的欧洲议会议长马丁·舒尔茨“庆祝中欧建交40周年：展望未来”主题演讲会在北京举办。

中国社会科学院副院长李扬主持演讲会。欧盟驻华大使史伟等参加演讲会。全国人大、外交部和商务部的代表，中国国际问题研究院、中国现代国际关系研究院、中央编译局、中国人民大学、对外经济贸易大学和中国社会科学院欧洲研究所、世界经济与政治研究所、美国研究所、亚太与全球战略研究院、西亚非研究所、世界历史研究所、政治学研究所、数量经济与技术经济研究所等机构的学者，以及欧洲国家驻华使节170余人参加了演讲会。

演讲结束后，与会嘉宾就“欧洲议会的权能和变化”“欧洲议会选举”“希腊债务谈判”“欧洲议会与中欧关系的未来发展”等问题与舒尔茨议长进行了互动。

（中国社会科学院办公厅刘玉杰编辑，欧洲研究所科研处供稿）

德国的公共外交与软实力学术讲座 3月18日，清华大学新闻与传播学院第二场新闻传播学前沿讲座在京举行。德国汉堡应用技术大学教授斯蒂芬·布克哈特（Steffen Burkhardt）以“德国的公共外交与软实力”为主题，向30多名同学介绍了德国自统一以来的公共外交发展历史和国家软实力。新闻与传播学院副院长史安斌在讲座之前会见了布克哈特，双方就未来进一步深化“中德媒体使者”项目合作和师生交换等进行了交流。布克哈特从德国1871年统一开始，介绍了德国的国际形象在不同阶段的呈现。他用图片展示了德国战后的重要外交事件。从1970年勃兰特的“华沙之跪”到1984年德法首脑的“手拉手”言和，德国的战后形象渐渐恢复。当今的德国是欧洲经济一大支柱，不仅具有硬实力，也具有软实力。一方面，德国早在1953年就建立了具有公信力和影响力的国际媒体“德国之声”（die Deutsche Welle），它提供23种语言的电视广播，还为德语学习者提供学习素材和课程；另一方面，德国的知名品牌如奥迪、奔驰、阿迪达斯、博世等，为德国在全球范围内获得了美誉，是德国政府的软实力策略之外的重要软实力组成部分。近年来，中德发展全方位战略伙伴关系，两国经贸、文化往来愈加密切。布克哈特以一张在德国十分风靡的中德领导人新闻照片为例，分析了成功的政治传播必须具备的特点。最后，就中德媒体关系，他希望双方能够搭建更多的机会，使双方记者能够深入了解对方，进行更多元化的报道。布克哈特在演讲结束后回答了现场同学的提问。史安斌主持了讲座。斯蒂芬·布克哈特在德国汉堡应用技术大学研究并教授新闻学和传播学，研究重点为传媒及舆论分析、媒体伦理以及政治交流。他同时还是德国汉堡应用技术大学国际媒体中心主任（IMC）主任。

（清华大学文科建设处刘金梅供稿）

第四届中国时政报道研讨会 4月10日，由中华全国新闻工作者协会与中国传媒大学新闻传播学部电视学院联合主办的第四届“中国时政报道研讨会”在中国传媒大学举办。中华全国新闻工作者协会书记处书记王冬梅、中国传媒大学党委书记陈文申出席论坛并致辞。来自新华社、《人民日报》、中央电视台、《光明日报》、凤凰卫视等九家新闻媒体的一线新闻工作者，结合今年的“两会”报道，就“多元语态下时政报道新特征”这一主题探讨了中国时政报道的改革和创新。

本次研讨会上，人民日报社媒体技术公司总经理叶蓁蓁从媒体人的机遇与责任的角度分析当下的时政报道；新华社总编室创意策划中心主任邹声文则分析了2015年新华社时政报道的创新探索；中央电视台时政部制片人李东畅谈了移动互联网时代电视时政报道的发展趋势；《光明日报》国内政治部副主任邓凯对媒体融合的“光明之路”进行了探讨。

中央人民广播电台中国之声时政采访部主任郭亮具体分析了如何做好时政高端访谈；对于2015年两会报道的国际媒体的转引转载情况，中国日报社技术部主任甘永清结合具体数据进行了探讨；《新京报》时政新闻部主编宋识径分享了新语境下的《新京报》时政报道；凤凰卫视记者雷宇则分析了“两会”报道中的娱乐化倾向；新浪新闻中心原创主编李大明对新浪2015年两会报道如何革故常新进行了探讨。

参加研讨会的还有北京市委宣传部新闻处副处长孙浩，北京市高校新闻出版类专业群的传媒教育工作者们。

（中国传媒大学文科科研处供稿）

战争前夜：苏联与欧洲外交关系讲座 4月13—24日，俄罗斯雅罗斯拉夫尔国立师范大学第一副校长、诺维科夫教授在北京师范大学进行了为期10天的学术交流。本次系列讲座的主题是“战争前夜：苏联与欧洲外交关系”，由历史学院世界近现代史研究中心主任张建华教授主持，北师大政府管理学院李兴教授、教育学部肖甦教授、中国社会科学院研究生院粟瑞雪老师、中国社会科学院俄罗斯东欧中亚研究所陈余老师也出席了讲座，并且同诺维科夫教授进行了探讨。诺维科夫教授为我们展现了西班牙内战期间苏联的国际援助及其复杂的国际关系，卫国战争前夜欧洲大国出于各种目的的政治博弈，希特勒德国的穷兵黩武和英法等国的绥靖政策，波兰芬兰等小国陷入危局的高傲立场，苏联的孤军奋战和外交上的折冲樽俎。

米·瓦·诺维科夫（M. B. Новиков）教授是俄罗斯雅罗斯拉夫尔国立师范大学第一副校长，撰写、主编的学术和教学著作320本，其中包括10本专著。他是创刊于1994年的学术杂志《雅罗斯拉夫师范通报》的副主编，也是历史学学位论文评定委员会的成员，参与并组织过多次国际级、国家级和地区级会议，参与过国际项目《历史》和《历史—2》、欧盟的《TEMPUS》项目。因在学术和教育方面做出的贡献而获得“俄罗斯科学与经济复兴事业贡献奖”（2000年），获“俄罗斯联邦高等职业教育荣誉工作者”（2000年）、“俄罗斯联邦功勋科学家”（2009年）称号，获雅罗斯拉夫尔州州长“科学功勋”荣誉奖章（2003年），并三次成为雅罗斯拉夫尔州州长奖金获得者。

（北京师范大学社科处刘娜供稿）

变化中的多变谈判：问题与挑战讲座 4月23日，李世光教授受邀到外交学院举办了题为“Changing multilateral negotiations：issues and challenges”的学术讲座。李世光教授现为哥伦比亚大学法学院教授，耶鲁大学联合教授。他曾在1967—1998年期间担任联合国秘书处的高级官员，负责条约制定、环境法、海洋法、国际法院、人权和维和等方面的事务。1993—1998年作为联合国建立国际刑事法院的负责人，参加了罗马规约谈判的全过程；1996—1999年担任联合国建立国际刑事法院会议的执行秘书，并长期担任联合国法律事务厅编撰司主任，曾出版了九部关于外空法、海洋法、核能、人道法、恐怖主义、国际法院和国际刑事法院的书，并在中外著名期刊中发表论文30余篇。

讲座中，李世光从多边谈判的主题出发，结合其多年的联合国法律工作实践，以及多年来在哥伦比亚大学和耶鲁大学的教学研究，介绍了联合国大会磋商机制、安理会决议机制、核武器控制、海洋争端以及气候变化等多个方面中多边协商机制发挥的作用，讨论了在多边协商中各国对于政治问题和法律问题的辩证考量，针对现有的联合国多边协商体制和双边协商体制的优缺点，以及正式谈判和非正式谈判的区别，深入浅出地分析多边协商机制的不同表现形式，在上述不同领域出现的新发展，指出现有体制显现出来的不足之处，以及展望未来多边协商的发展趋势和可能出现的挑战。

（外交学院科研处供稿）

战后七十年日本的思想轨迹国际学术研讨会 4月25—26日，由中国社会科学院日本研究所主办，日本国际交流基金协办的“战后七十年日本的思想轨迹”国际学术研讨会在北京召开。来自日本的上智大学、大阪大学、三重大学和中国的北京大学、北京外国语大学、中国社会科学院日本研究所、中国社会科学院文学研究所、中国社会科学院世界历史研究所、中国中日关系史学会、外交学院、南开大学、厦门大学、上海财经大学、国际关系学院、中国人民大学、四川外国语大学等国内外多家学术机构的50余名专家学者参加了会议。

会议开幕式上，中国社会科学院日本研究所所长李薇教授、国际交流基金北京日本文化中心副主任久保田淳一先后致辞。会议主要围绕“战后日本社会思潮的发展轨迹”和“战后日本人对自我和国家的认知”两大主题进行研讨。

在政治思想的变迁方面，东北师范大学副校长韩东育教授、南开大学日本研究院副院长刘岳兵教授、中国社会科学院日本研究所教授张建立、中国社会科学院日本研究所副教授唐永亮等分别从不同角度分析了战后70年日本政治思想的变迁。

在外交思想的变迁方面，日本大阪大学教授米原谦、中国社会科学院文学研究所教授赵京华分别探讨了战后70年日本外交思想的变迁。

在教育思想的变迁方面，日本上智大学副校长杉村美纪教授、中国社会科学院文学研究所教授董炳月分别探讨了战后70年日本教育思想的变迁。

（中国社会科学院办公厅刘玉杰编辑，日本研究所唐永亮供稿）

首届自然资源资产负债表编制的理论方法学术研讨会 4月26日，中国社会科学院工业经济研究所举办了国内首届“自然资源资产负债表编制的理论与方法”学术研讨会，并发布了中国社会科学院创新工程项目“自然资源资产负债表编制与应用”的阶段性研究成果。中国社会科学院副院长、党组成员李扬，国家统计局副局长、党组成员许宪春，财政部国库司巡视员娄洪，以及贵州省统计局、内蒙古自治区统计局等地方试点单位代表作主题发言。

研讨会上，中国社会科学院工业经济研究所“自然资源资产负债表编制与应用”课题组发布了阶段性成果。课题组在借鉴相关领域国际经验和对不同自然资源资产与负债界定的基础上，设计了自然资源资产负债表框架结构和报表体系，试编了中国2002年、2007年、2012年三年的自然资源资产负债表的实物量表和价值量表。根据试编结果，课题组认为，我国自然资源负债的形成主要源于自然资源消耗及其所造成的生态环境损害，且前者对负债的贡献更大。课题组就“如何完善我国统计制度，推进自然资源资产负债表编制”工作提出建议：一要推进自然资源资产负债表的理论研究；二要加紧颁布自然资源实物量统计和价值量核算准则；三要建立和完善自然资源台账系统；四要加大对自然资源统计手段与测量技术的投入力度；五要加快人才培养和队伍建设；六要加强组织协调，完善工作机制。

与会学者还就“自然资源资产负债表的理论框架、负债定义、编制范围以及如何估价”等问题进行了深入研讨，并在以下方面达成共识：自然资源资产负债表编制不能局限在会计核算范畴，而应以会计理论、统计理论和经济学理论为支撑，才能客观描述并反映经济活动的状态；编表工作应本着先易后难的原则，先行编制统计基础好、容易估价的自然资源品种，先行编制自然资源资产的实物量表；价值量表的编制相对复杂，而且掩盖了一些有价值的经济活动信息，还需要进一步研究。来自18所高校、科研院所和学术期刊编辑部的数十名专家学者参加研讨会。

（中国社会科学院办公厅刘玉杰编辑、供稿）

第五届中国——拉美国际论坛 5月15日，由中国社会科学院拉丁美洲研究所和拉丁美洲开发银行（CAF）主办的第五届中国—拉美国际论坛在北京召开。会议的主题为“公共安全与社会治理：中国和拉丁美洲面临的挑战”。论坛旨在进行中拉关于公共安全和社会治理方面的思想交流，深化新形势下中拉整体合作的全面发展。中国社会科学院副院长、党组成员李培林，拉丁美洲开发银行执行主席恩里克·加西亚，中国工程院院士、清华大学公共安全研究院院长范维澄，经济合作与发展组织发展中心主任马里奥·佩西尼出席开幕式并致辞。会议开幕式由中国社会科学院拉丁美洲研究所所长吴白乙主持。论坛研讨的重点问题有“中拉社会与安全治理面临的新挑战”“社会治理与国家现代化的拉美经验”“从预防和控制犯罪的新视角下的拉美安全以及教育”“技术和创新与拉美的经济转型”等。与会者一致认为，如何在经济增长基础上实现经济社会平衡发展，不断推进改革创新，加强国家能力建设和完善社会治理，是包括中国和拉美在内的广大发展中国家面临的重要任务。论坛还发布了中国社会科学院拉丁美洲研究所年度专题研究报告《拉美国家能力建设与社会环境治理》，拉丁美洲开发银行2014年经济和发展报告《为了一个更加安全的拉丁美洲：预防和控制犯罪的新视角》中文版，经济合作与发展组织、联合国拉美经委会和拉丁美洲开发银行联合出版的2015年《拉丁美洲经济展望：面向发展的教育、技术和创新》中文版，以及中国社会科学院拉丁美洲研究所《拉丁美洲和加勒比发展报告》（2014—2015）。

中央对外联络部、求是杂志社、中国社会科学院、外交部、中国进出口银行、中国国家开发银行、中国人民对外友好协会和国内研究机构、高等院校的官员和学者，以及拉美国家前政要和拉丁美洲开发银行执行主席、伊比利亚美洲峰会前秘书长恩里克·伊格莱西亚斯，哥伦比亚前外贸部部长、安全部部长玛尔塔·露西亚·拉米雷斯等出席会议并发言，部分拉美和加勒比国家驻华大使和外交官员等近200人出席了论坛。

（中国社会科学院办公厅刘玉杰编辑、供稿）

首届中国政治传播研究学术论坛 5月16日，由中国传媒大学文法学部主办，中国传媒大学政治传播研究所、国家社科基金重大课题“中国特色政治传播理论与策略体系研究”课题组承办的“首届中国政治传播研究学术论坛”在中国传媒大学举行。论坛得到了中国传播学会，校文科科研处、《现代传播》编辑部，中央编译局中央文献翻译研究中心、西北大学政治传播研究所、中国青年政治学院政治传播研究中心等单位的鼎力支持。来自中央编译局、新华社、《人民日报》、国家外文局、华中科技大学、复旦大学、中国政法大学、中国社会科学院、北京大学、中国人民大学、南开大学等业界与学界近80位专家与会。

论坛开幕式由中国传媒大学长江学者、《现代传播》主编胡智锋主持。校副校长胡正荣代表学校致辞，欢迎各位专家学者与会，期待在未来的发展中，大家齐心协力为中国新闻传播学的进步，包括政治传播交叉学科的进步而共同努力。文法学部学部长李怀亮代表学部致辞，高度评价了荆学民教授团队的研究成果，并对与会代表表示欢迎。随后，校政治传播研究所所长荆学民汇报了2011年国家社科基金重大课题“中国特色政治传播理论与策略体系研究”的研究进展与成果。

根据论坛议程，上午共10位专家学者作了大会交流发言。下午的论坛研讨分成三个分论坛，分别围绕“中国特色政治传播理论研究”、“中外政治传播史研究”、“当代政治传播实践研究”、“当代西方政治传播理论研究”和“其他政治传播相关主题研究”等议题展开。在研讨中，学者们思想碰撞，各抒己见，体现出了高水准的学术功力与思想活力。

（中国传媒大学文科科研处供稿）

第二届中国传媒经济博士论坛　5月17日，第二届中国传媒经济博士论坛暨第五届“五四”青年学术交流会在中国传媒大学国际交流中心召开。论坛主题为“传媒新经济——融合与跨越”。论坛由中国传媒大学经济与管理学院主办，传媒经济研究所承办，并得到研究生院的大力支持。会议邀请到了国家新闻出版广电总局网络视听节目管理司副司长董年初，以及周鸿铎、喻国明、时统宇、欧阳宏生、诸葛虹云、李岭涛、杨霖等学界业界专家出席会议。吕志胜副校长，李怀亮、王永滨、史萍、庞亮、张国涛、张树庭等学校各级领导出席会议。

在主旨演讲中，各位学界业界嘉宾互相交流意见。下午论坛分为两个部分，分论坛一是论坛征稿优秀论文作者演讲交流会。交流会上，来自各个高校的同学就传媒经济中“融合与跨越”的问题进行了深入交流，其关注焦点主要集中在三方面：一是媒介融合，二是多屏互动问题，三是传媒产业商业模式的探讨。分论坛二是“五四”青年学术交流会，其主题为“创新·融合·发展”。

整场会议期间，青年教师们深入阐述自身观点，并分享、探讨和交流科研经验，现场教师表示受益匪浅。在嘉宾点评环节，中外名人企业管理研究中心总经理孙辉，学院任锦鸾、李珍晖、方英、王晓艳等点评嘉宾对演讲老师的表现作出精彩点评。张树庭院长在总结发言中表示，经验交流会这种形式非常好，学院会努力营造这种氛围，希望老师们积极参加，面向社会，把实际与专业结合起来，同时还针对此次会议上老师们的演讲给出了建议。

（中国传媒大学文科科研处供稿）

全球化时代的传播、媒介与政府治理国际学术会议
5月23—24日，由中国传媒大学新闻传播学部与美国国家传播学会（NCA）联合举办的“全球化时代的传播、媒介与政府治理”国际学术论坛在中国传媒大学举行。中国记协书记处书记王冬梅、中国传媒大学副校长胡正荣、美国国家传播学会副主席 Stephen John Hartnett 出席会议并致辞，外交部新闻司副司长、新闻发言人洪磊等参加论坛。中国传媒大学新闻传播学部学部长高晓虹主持会议。

会议邀请了来自国内主流新闻传播教育机构、媒体和相关政府管理部门的多位专家，以及来自美国国家传播学会（National Communication Association）、科罗拉多大学（University of Colorado Denver）、太平洋大学（University of the Pacific）、爱默生学院（Emerson College）等教育研究机构的国际学者。

此次研讨会围绕“全球化时代的传播、媒介与政府治理”这一主题，设置了四个分论坛和两个研究生论坛。

5月23日上午，首场主题论坛“全球化语境下的媒介传播及政府治理”拉开帷幕。当天下午，三场别开生面的主题研讨继续展开。第二场主题论坛“社交媒体与全球公共话语空间”，第三场论坛主题“性别、种族与媒介”以及第四场主题论坛“全球化背景下的传媒教育”此外，两场研究生论坛“中国的草根媒介与政府治理”、“跨文化传播中的冲突与融合”于24日上午举办。

此次会议不仅从理论上讨论了传播的变革，同时深入到全球化语境中，探讨了管理机构在新传播时代如何与时俱进，加快策略调整，实际有效地应对压力与挑战。同时，媒介前沿的变化也带动高校学术研究的变化，此次论坛的召开促进学者将智慧激荡的研究成果带入到教学中，为传媒教育的良性发展提供助力。

（中国传媒大学文科科研处供稿）

第六届全国日本研究杂志研讨会 5月24日，中华日本学会、中国社会科学院日本研究所和《日本学刊》编辑部在北京召开“第六届全国日本研究杂志研讨会暨《日本学刊》创刊30周年纪念会”。国务院新闻办公室前主任赵启正、中国社会科学院副院长李培林、文化部前副部长刘德有、中国社会科学院前副院长武寅等参加会议并致辞。

北京大学、清华大学、北京日本学研究中心、南开大学、复旦大学、辽宁大学、东北师范大学、河北大学、解放军外国语学院、中国中日关系史学会等机构和《日本研究》《现代日本经济》《日语学习与研究》《中日关系史研究》《日本学研究》《日本研究集林》《现代日本》《南开日本研究》《世界经济与政治》《当代亚太》《西亚非洲》《欧亚经济》《世界知识》《东北亚论坛》《东北亚学刊》《外国问题研究》等中国主要日本研究杂志及相关国际问题研究期刊的代表等70余人参加了会议。

会议代表们回顾了《日本学刊》30年来的成长历程，见证了新版“日本学刊网”和日本学刊微信公众平台的上线仪式，探讨了《日本学刊》乃至全国日本研究杂志、中国的日本研究在未来的发展方向。

（中国社会科学院办公厅刘玉杰编辑，
日本研究所科研处供稿）

公共外交与跨文化交流讲座 5月27日，国务院新闻办公室原主任、中国人民大学新闻学院院长赵启正来外交学院为师生举办了一期“公共外交与跨文化交流”的讲座，郑启荣副院长主持了此次讲座。

赵启正首先为大家厘清了“公共外交”的概念。公共外交是跨文化交流活动，跨文化主要指跨语言、跨生活习惯、跨宗教以及跨意识形态。赵启正先生表示，很多人都懂外语，但是跨语言未必能跨文化，这需要人们树立自觉的公共外交意识。现在，人们需要实施公共外交推动文化和企业走出去的战略。因为文化是塑造“国缘”的重要手段，是推动人类文明进步的重要动力，而且具有巨大的经济效益。而对于企业走出去，他指出，企业家要走出国门，愈加需要面对他国的整个社会，既有挑战也充满机遇。而企业家如何做公共外交？他们不需要义正词言代表中国去说话，只要讲好他们自己的故事。从这个角度来说，公众的文化素质是公共外交的基础，不过中华文化的提升是个世纪任务，需要我们不懈的努力。

最后，赵启正就各国如何开展公共外交的竞争、如何应对新媒体的挑战以及宗教信仰自由等问题回答了学生的提问

（外交学院科研处供稿）

中国特色大国外交研讨会 5月30日，第十三届全国外交学学科建设年会暨中国特色大国外交研讨会在北京举行。会议由中国政法大学和外交学院一同主办，中国政法大学国际政治系承办，国家领土主权与海洋权益协同创新中心协办。参加本次会议的专家学者有近百人，分别来自北京大学、清华大学、中国人民大学、复旦大学、吉林大学、北京师范大学、北京外国语大学、对外经贸大学、北京语言大学、国际关系学院、中国传媒大学、国防大学、军事科学院、中国社科院、中国国际问题研究院、中国现代国际关系研究院等全国近30所地方和军队院校及科研机构。外交部、中联部的几位领导和前任大使出席了会议。《求是》杂志、《世界知识》、《人民日报》（海外版）等学术刊物编辑及媒体人士也参加了本届会议。

会议开幕式由中国政法大学副校长李树忠和外交学院院长秦亚青分别致辞，中国政法大学党委副书记、副校长常保国主持。李树忠在致辞中介绍了中国政法大学政治学科和国际关系学科的发展和所取得的成就，希望会议围绕我国的外交战略、外交学学科建设和人才培养等问题贡献智慧。秦亚青教授指出，中国的外交应该突破三个陷阱，即修昔底德的“战争不可避免性”陷阱、保罗·肯尼迪的“帝国战线太长”陷阱、奥尔森的“集体行动困境”陷阱。同时，中国应该统筹国际与国内政治，做到相互协调助益。

（中国政法大学科研处郭丰琪供稿）

美国亚太再平衡战略新挑战研讨会 6月4日，由中国社会科学院美国研究所、中华美国学会、社会科学文献出版社共同举办的“美国亚太再平衡战略新挑战”研讨会暨《美国蓝皮书：美国研究报告(2015)》发布会在北京举行。全国人大常委会委员、全国人大外事委员会主任委员、《美国研究报告(2015)》荣誉主编傅莹应邀在会上作主题演讲。中国社会科学院副院长、党组成员蔡昉出席会议并致辞。

发布会由中国社会科学院美国研究所郑秉文研究员主持。来自中国现代国际关系研究院、中国军事科学院、中国人民大学、复旦大学，以及中国社会科学

院亚太与全球战略研究院、美国研究所等单位的学者参加会议。

傅莹就当前美国战略界对华的多元看法以及中美稳定相处之道进行了重点主题阐述。中国社会科学院副院长蔡昉提出了对国际问题研究的要求。

会议就“美国国内政治、经济、社会发展态势”“美国的‘再平衡战略’”“中美新型大国关系”等相关议题进行了讨论。

（中国社会科学院办公厅刘玉杰编辑，美国研究所李墨、刁大明供稿）

中国与变革中的世界秩序：国内政治与国际关系视角研讨会　6月6—7日，由北京大学国际关系学院与美国中国政治研究学会（ACPS）联合主办的美国中国政治研究学会第28届年会暨“中国与变革中的世界秩序：国内政治与国际关系视角”研讨会在北京大学召开。北京大学国际关系学院院长贾庆国教授，美国中国政治研究学会会长、美国蒙特雷国际研究院梁微教授 出席大会开幕式并致辞。北京大学国际战略研究院院长王缉思教授、中国人民解放军军事科学院陈舟将军应大会邀请发表主旨演讲。大会开幕式由北京大学国际关系学院副院长王逸舟教授主持。来自美国、中国（含港澳台地区）、加拿大、英国、德国、俄罗斯、韩国、墨西哥、日本等17个国家和地区的70多位中国问题专家参加了此次会议。在为期两天的会议中，与会专家和学者就中国的改革、变革中的世界秩序与中国外交调整等议题展开了深入讨论。

本届年会分设“中国的社会变革与政体稳定性”“国家安全与领土争端”“中国及其邻国”“贸易与投资”“中拉投资关系的政治经济学”等16个议题。智利共和国驻华大使贺乔治（Jorge Heine）、弗吉尼亚大学教授布兰特利·沃马克（Brantly Womack）、南卡罗纳大学教授谢复生（John Fuh-sheng Hsieh）、旧金山州立大学教授郭苏建等众多专家学者分享了自己的研究成果和独到观点。

（北京大学社会科学部供稿）

超越霸权：中美在多节点世界里的竞争讲座　6月10日，美国弗吉尼亚大学政治系教授Brantly Womack应邀在外交学院展览路校区为学院师生作了题为《超越霸权：中美在多节点世界里的竞争》的讲座。外交学院院长助理孙吉胜教授主持讲座。

Brantly Womack提出三个主要观点：第一，中美竞争难以避免，但与冷战时期的美苏关系不同。由于定位不对称、体制差异、利益分歧、不信任等因素作用，中美之间表现为竞争性关系。但与冷战时期美苏之间相互孤立不同，中美竞争伴随频繁互动和紧密的相互依赖。在中美都无法作为霸权控制世界的后霸权时代，影响力竞争将替代霸权竞争，但竞争也可以是建设性的。第二，中美关系的全球背景与冷战时期完全不同。当今中美关系面对的是一个多节点世界，而非多极世界。对外关系的多元化战略越来越成为行为体的首选，排他性的联盟很难形成和维系。相对权力下降，国家在排他性联盟中失去的往往更多。第三，新的全球背景塑造战略选择，中美之间是影响力的竞争而不是控制权的竞争。在多节点世界里，牵制对方就是牵制自己，因此中美必须相互合作。

基于上述观点，Womack教授得出的结论是，中国对于美国而言是挑战，但不是美国霸权的挑战者。全球权力的环境和结构发生了改变，因此美国与中国进行对抗是不符合时代要求的。对于中国而言，中国的战略保证、互利开放包容的对外行为将为其争取相对有利的国际环境。

（外交学院科研处供稿）

第五届亚洲研究论坛　6月11日，由中国社会科学院亚洲研究中心、韩国高等教育财团主办，世界经济与政治研究所承办的第五届“亚洲研究论坛”在北京召开。论坛的主题是“‘一带一路’倡议与亚洲共赢”。来自俄罗斯、哈萨克斯坦、乌兹别克斯坦、土耳其、伊朗、印度尼西亚、韩国、泰国、越南、日本、缅甸、巴基斯坦、印度等国的学者和来自中国社会科学院、北京大学、中联部、中央党校、中国国际问题研究院等机构的专家学者参加了论坛。中国社会科学院亚洲研究中心理事长李扬、韩国高等教育财团事务总长朴仁国等出席会议并讲话。

围绕“一带一路与中国外交”问题，张蕴岭、陶坚、阎学通从战略、经济、安全角度分析了一带一路战略。学者们还从俄罗斯、中亚与西亚的视角，从东南亚的视角，从东北亚与南亚的视角，分析了中国与某一特定国家如何看待“一带一路”问题的，并重点分析了“一带一路”战略实施中存在的问题与挑战，以及为了克服这些挑战应该采取的措施。

（中国社会科学院办公厅刘玉杰编辑，世界经济与政治研究所郗艳菊供稿）

中非传媒研究国际学术研讨会 6月12—13日，由中国传媒大学新闻传播学部传播研究院非洲传媒研究中心主办的“中非传媒研究国际学术研讨会”在校图书馆圆形报告厅召开。来自中国、南非、加纳、莫桑比克等非洲及美国、德国、挪威等14个国家50多位中非传媒研究领域的专家、学者及业界专业人士等参会。

北京大学李安山教授、南非金山大学安东·哈勃教授分别作了题为“中非合作的基础：民间交往的历史、成就与特点”、“中非媒体与传播的提升：创制、合作与展望”的主题发言。

本次研讨会的主题为“媒介发展、跨文化传播与公共外交”，共分五个分议题，分别为“中非媒体发展”、“媒体报道中的中国与非洲”、“中非软实力建设与公共外交研究”、“中非电信发展与合作”、“中非跨文化传播”。张艳秋教授作了题为《中非传媒研究综述：反观与再思》的会议发言，在对中国学者就非洲媒体及中国媒体对非传播的研究文献进行综述分析的基础上指出，由于中非之间政治体制、经济发展水平、历史文化等不同，通过媒介增进双方互信至关重要，更为深入而务实的中非媒介学术研究与交流研讨尤为迫切。

此外，中国社会科学院西亚非洲研究所非洲研究室主任贺文萍研究员、北京外国语大学冉继军副教授、浙江师范大学非洲研究院副研究员牛长松、宁波诺丁汉大学副教授张晓玲和 Ulf Henning Richter 博士等，以及莫桑比克社会科学院、美国国际大学、佛罗里达大学《非洲研究》杂志编辑、南非金山大学、津巴布韦空军信息部、马拉维媒体代表等中外学界专家分别就五个议题发表主题演讲。

（中国传媒大学文科科研处供稿）

生态文明与环境报道国际会议 6月15—16日，由中国传媒大学新闻传播学部新闻学院与美国普利策中心联合主办的“生态文明与环境报道”国际会议在耶鲁北京中心举行。70余名来自中国、美国和加拿大的学者、环境学家和政府官员应邀与会，深入讨论“生态文明”这一由中国政府提出的应对全球环境问题的议题。

会议前，中国传媒大学副校长胡正荣、新闻传播学部学部长高晓虹分别会见了美国普利策中心执行董事琼·索叶代表团一行。双方就相关议题进行了交流，并希望今后能在环境报道、环境纪录片制作等方面开展合作。

新闻传播学部副学部长、新闻学院院长刘昶主持了“生态文明与环境报道”国际会议开幕式。胡正荣、琼·索叶、中国环境保护部科技标准司副司长刘志全、美国耶鲁大学宗教与生态论坛主任玛丽·艾芙琳·塔克分别致辞。

本次会议共设6场小组讨论，与会嘉宾分别从环境视角、视觉传播、文化与宗教视角、商业视角和环境报道记者培养视角，探讨了“生态文明”与“环境报道”这两大主题。

（中国传媒大学文科科研处供稿）

TV＋电视融合发展新生态高峰论坛 6月16日，由中国传媒大学主办，中国传播能力建设协同创新中心、中国传媒大学互联网信息研究院、天脉聚源（北京）科技有限公司联合承办的“‘视’界那么大，一起来看看”——TV＋电视融合发展新生态高峰论坛在综合实验楼报告厅举行。会议吸引了全国近千位媒体人前来参会，传媒、学术、技术、商业等各领域大咖齐聚一堂。来自中国传媒大学、天脉聚源（北京）传媒科技有限公司、国家新闻出版广电总局、中央电视台、各地方电视台等嘉宾亲临现场，无间隙地交流了传统电视和新兴媒体的融合趋势。

中国传媒大学副校长廖祥忠，国家新闻出版广电总局发展研究中心信息研究所所长李岚，天脉聚源（北京）传媒科技有限公司总裁伍昕分别致辞。

廖祥忠在致辞中指出，协同创新，一直以来是中国传媒大学的办学特色之一。中国传媒大学互联网信息研究院院长赵树清发布了《中国电视媒体跨屏互动融合创新趋势》研究报告，这是中国传媒大学在媒体融合领域研究方面的重要成果，也是与电视媒体、互联网企业协同创新的成果。

会上，以丁俊杰教授为主的学术站队和天脉站队发表了精彩演讲，以北京电视台新媒体发展中心主任蒋虎、CCTV-5新媒体业务组组长田洪、腾讯微信开放平台业务部高级产品经理孙博为代表的媒体人站队，分别带来了他们在工作第一线最具代表性的新媒体案例。

天脉聚源（北京）传媒科技有限公司执行总裁尹逊钰带来的《“媒体桥——让电视飞起来”现场秀》成为这场盛宴的最大互动亮点。现场观众的手机就是超级终端，激发出一系列引人入胜的媒体场景。

以中央电视台广告经营管理中心市场部副主任佘

贤君、深圳卫视广告部主任刘江为代表的电视台广告部站队，从广告角度点拨了电视人在电视融合新媒体这一进程中应该努力的方向。

（中国传媒大学文科科研处供稿）

中国周边外交与亚太梦的构想高级学者国际学术研讨会 6月22—26日，外交学院外交学与外事管理系在京举办第十二期中美澳高级学者交流研讨会。本项活动曾于2001年由外交学系苏浩教授与美国纽约州立大学石溪分校确定合作意向，作为美国高校教育基金会资助项目，于当年举办首期“短期课程研讨班”。美方参加者都是来自高校和研究机构的学者，有的是资深教授，该活动事实上是一种中外学者间的直接交流活动。因此，可以称为是一种高级学者间的交流研讨班。该活动进行以来至2014年，已举办了十二期。2008年美国高校基金会资助项目停止后，转由美国纽黑文大学资助并继续举办。2010年由于美方合作伙伴生病而没有举办。事实上澳大利亚邦德大学去年也给予了一定程度的资金支持。

该高级学者研讨班自举办以来，已有150多位西方学者参加，参会者主要是美国和澳大利亚的学者，但加拿大、德国、英国、比利时、韩国和土耳其的学者也曾参加活动，其影响也已超出了美国和澳大利亚。据与会者反映，通过为期一周的交流和研讨，他们从中方学者和官员这里较为系统地了解了中国外交与国防政策、中国与周边国家关系、中美关系、中国参与多边安全合作等方面的情况，增进了对中国的理解与认识。有的与会者还表示消除了过去对中国的误解，并对美国现行一些不合时宜的对华政策提出了异议。短期研讨交流活动的举行，对于扩大外交学院在西方国家学术界的影响、宣传我国外交政策、增进学者间相互了解、促进国际学术交流等，都将起到积极的作用。自2010年以来，还在活动之后召开了专题研讨会，该年度的参会论文还以论文集的形式在澳大利亚出版社编辑正式出版。

2015年6月22—25日题为“中国周边外交与亚太梦的建构”高级学者交流研讨班在国际交流中心举办。外交学系邀请中国驻联合国前大使/联合国前副秘书长沙祖康、军事科学院陈舟将军、中国社科院国际部张蕴岭主任、美国研究所周琪资深研究员、国际问题研究院杨希雨研究员等为学员分别宣讲中国的政策和立场并进行深度的学术交流，并安排外方代表到外交部进行参观并观摩新闻发布会。

2015年6月26日，由外交学院外交学与外事管理系在专门主办的“中国周边外交与亚太梦的构想”国际学术研讨会。会议由外交学院苏浩教授和澳大利亚邦德大学 Jonathan H. Ping 副教授共同主持，外交学与外事管理系主任唐晓教授到场致欢迎词。

此次“中国周边外交与亚太梦的构想”国际学术研讨会吸引了来自澳大利亚、美国、墨西哥、捷克、罗马尼亚等八位学者围绕中国周边外交尤其是“一带一路”倡议，分别就中国与“中等国家”关系、南海问题、太空政策、打击毒品犯罪等多个议题进行了发言陈述。相关发言陈述视角丰富，内容新颖，研究深入。外交学院外交学与外事管理系副主任熊炜副教授、外交学与外事管理系牛仲君副教授、樊超博士、国际关系研究所李海东教授、亚洲研究所李福建博士、中国人民外交学会袁幽薇女士等也出席了此次会议。与会中方学者就每位海外学者的发言陈述发表了评论并与发言人进行了深入探讨，会场气氛热烈。双方增进了各自对中国周边外交形势与政策的理解，形成了诸多共识，必将为中国亚太梦的建设发挥积极作用。

“东亚安全问题”年度国际交流研讨会已成为海内外相关领域专家学者探讨地区和平与发展问题的机制化学术交流平台，为增进海内外专家学者交流沟通产生了重大积极影响。

（外交学院科研处供稿）

新媒体发展研讨会 6月24日，《中国新媒体发展报告（2015）》发布会暨新媒体发展研讨会在北京举行。会议的主题是“国家新战略，媒体新机遇”。中国社会科学院副院长李培林、中央网信办网络新闻信息传播局局长姜军出席会议并致辞。中国社会科学院新闻与传播研究所党委书记、副所长赵天晓主持发布会。社会科学文献出版社社长谢寿光出席会议。

《中国新媒体发展报告（2015）》主编、中国社会科学院新闻与传播研究所所长唐绪军研究员介绍了《中国新媒体发展报告（2015）》的主要内容。《中国新媒体发展报告（2015）》分为总报告、热点篇、调查篇、传播篇和产业篇五个部分，深入探讨了中国网络空间安全、微信微博发展、社交媒体舆情、传统媒体转型、网络谣言治理、产业融合发展、数字媒体版权、政务微博观察、传播效果研究、移动终端分析、数据新闻现状等重要问题。同时，还总结了中外数字报纸、手机视频、智能可穿戴设备、IPTV 等新媒体产业的发展状况。

中央网信办、新华社、解放军报、人民网、中广网、中国人民大学、清华大学、中国政法大学、中国青年政治学院等单位的专家学者百余人参加了会议。

（中国社会科学院办公厅刘玉杰编辑，新闻与传播研究所科研处供稿）

东方历史上的海洋意识与国家发展国际学术研讨会 6月25日，为了总结中国历史上海洋意识的经验与教训，提高海洋意识，推动国内的东方外交史研究，由国家领土主权与海洋权益协同创新中心外交学院分中心主办、外交学院东方外交史研究中心协办的“东方历史上的海洋意识与国家发展”国际学术研讨会在外交学院国际交流中心召开。近50名参会代表分别来自中国（含港澳台地区）、美国等国内外知名高校与研究机构。此次会议也是外交学院领土主权与海洋权益协同创新中心成立以来首次主办的大型国际学术研讨会。

会议开幕式由外交学院领土主权与海洋权益协同创新中心秘书长樊莹教授主持，外交学院院长助理高飞教授代表外交学院向全体与会代表致欢迎辞。本次会议紧紧围绕着东方历史上的海洋意识、“一带一路”的战略定位、实施的具体途径以及可能面临的风险与挑战等诸多问题展开了讨论。在主题报告中，美籍华人李兆良教授提出了还原明代地理大发现的真相是海洋经济发展的支点这一重大问题，受到与会学者的关注；北京师范大学张建华教授以越南战争期间的“苏联形象”为题，从文化视角探讨了东南亚海洋意识的塑造问题；北京大学宋成有教授重点介绍了历史上的东亚海域交流，强调海洋问题研究应从古代东亚海域交流中汲取有益的历史经验，这对当今“一带一路”建设具有重大启示作用；外交学院苏浩教授通过分析历史发展的路径与经验，提出了“新大陆时代”背景下中国“亚洲主体外交”的新概念。上述种种新颖观点引起了与会者的浓厚兴趣与探索热情。

外交学院东方外交史研究中心主任陈奉林教授在发言中认为，无论中国历史上出现的“重农抑商”、“重海轻陆”，还是在民间形成的“以海为田”思想，都应该作为珍贵的遗产加以研究，经过剖垢磨光之后再应用于今天的治世实践，那些认为历史上中国没有取得海洋实绩的说法是不准确的。他认为，传统思想中的一些惰性如何被克服，如何建立新的海洋观，完全取决于我们的理性成长与发展的程度；现在的工作是克服历史中的一些惰性，去腐生新，把握发展的契机，不失时机地推进21世纪海上丝绸之路建设。

在海洋安全议题的发言中，台湾学者汪毓玮教授、方俊吉教授、任天豪副研究员以钓鱼岛为题分别探讨了东海主权与领土争议问题以及两岸面临的共同维权任务。在经济议题上，对外经济贸易大学王志民教授提出“一带一路”建设中“一带”和“一路”的结合问题。来自四川大学南亚研究所的曾祥裕副研究员强调“海上丝绸之路”的建设应注意与周边国家如印度的海洋发展战略的互动与互利。在这次会议上，各位学者从海洋发展战略的规划、布局与实施的高度出发，详细讨论了探索中国可持续发展的海陆丝绸之路战略。

北京大学董经胜教授以16—18世纪的马尼拉大帆船贸易为例，提出海上丝绸之路还应该包括跨太平洋的从东南亚到墨西哥的拉美海上贸易航线。澳门大学魏楚雄教授区分了古代中西海洋意识的异同，考察了中国的海洋意识的特点并强调其与当今海洋意识以及海洋战略发展的传承性。中国青年政治学院岳西宽教授和暨南大学张江河教授，从地缘政治和海洋战略创新的角度强调了提高东方海洋意识对国家发展的重要性问题。此外，辽宁大学孙立祥教授、香港亚太21学会吴军捷先生、中国海洋发展研究中心郁志荣教授、中国航海博物馆荣亮研究员、外交学院熊炜副教授、首都师范大学林精华教授，以及来自《武汉大学学报》、《华中师范大学学报》、《人文杂志》等多家单位的代表也都在自己研有专深的领域发表了观点。

（外交学院科研处供稿）

第四届全球智库峰会 6月26日，国务院总理李克强在人民大会堂会见来华出席“第四届全球智库峰会”的外方主要代表并座谈。

来自世界各国知名智库和研究机构的学者和负责人、前政要、国际组织和工商企业界代表50余人出席。欧盟委员会前主席、意大利前总理普罗迪，前美国总统气候变化及能源政策顾问波德斯塔，诺贝尔经济学奖得主萨金特，新加坡国立大学教授黄靖等代表围绕本届峰会“全球可持续发展：2015年后新路径”主题，就可持续发展、全球治理、应对气候变化等全球性挑战、中国经济等议题发表看法。李克强同他们进行交流并一一回答了提问。

李克强表示，联合国千年发展目标出台15年来，中国在发展中国家中率先实现减贫目标，在教育、就业、性别平等、公共卫生、环境保护、社会保障等领域也取得长足进展，总体实现了千年发展目标。中国作为最大的发展中国家，在南南合作框架下为其他发展中国家提供了力所能及的支持。中方愿同各方一道，以千年发展目标为基础，以消除贫困、促进发展为主题，携手制定公平、包容、可持续的2015年后发展议程。

李克强指出，中国经过30多年改革开放和快速工业化，积累了充裕的产能、较强的装备制造能力和比较丰富的发展经验，愿同各国加强分享与合作，共促可持续发展。中国同发展中国家和发达国家开展双边和三方产能合作是一个重要路径，有助于相互促进，共同发展，推动世界经济实现可持续复苏和增长。

李克强强调，当前中国经济的基本面是好的。今年5月以来，工业、投资、消费、进出口等主要经济指标稳中向好，就业稳中有升，经济运行处于合理区间。我们将继续实施区间调控，加强定向调控，深化简政放权、放管结合、优化服务等改革，推动大众创业、万众创新，增加公共产品、基本公共服务。我们有能力、有条件保持中国经济中高速增长，向中高端水平迈进。希望国际智库多为中国发展建言献策，为增进中国同世界的了解与合作发挥建设性作用。

与会代表表示，改善全球治理，推动发展减贫，应对包括气候变化在内的全球性问题是全人类面临的迫切任务。中国发展减贫取得巨大成就，为联合国千年发展目标的落实做出重要贡献。愿通过全球智库峰会平台，加强对华交流合作，共同推动可持续发展事业不断取得新的进展。

第四届全球智库峰会由中国国际经济交流中心主办，来自全球近30个国家、地区和国际组织的600多名代表出席。

（参见《光明日报》2015年6月27日第3版）

第四届世界和平论坛　6月27日，第四届世界和平论坛在清华大学举行，国家副主席李源潮出席开幕式并致辞。

本届论坛主题是“同舟共济：理解、协商、互助”，论坛主席唐家璇和约500名中外嘉宾出席。

李源潮说，当今时代，世界各国发展的共同性、利益的共同性、挑战的共同性、治理的共同性日益突显，人类正在走向同舟共济的命运共同体。中国人民的命运与各国人民的命运息息相关、休戚与共，中国是人类命运共同体的积极倡导者、务实构建者、坚定维护者。和平安全是人类共同发展的前提，我们应发扬理解、协商、互助精神，通过理解达到友好、尊重、平等，夯实和平安全的互信基础；通过协商达到和平、和睦、和解，努力实现不同民族、不同宗教、不同文化和谐共生，不同国家、不同制度、不同社会和平共处；通过互助达到共同发展、共克时艰、合作共赢，推动建立更加平等均衡的新型全球发展伙伴关系，携手构建人类和平安全命运共同体。

开幕式前，李源潮会见了出席论坛的印度尼西亚前总统苏西洛、法国前总理德维尔潘、澳大利亚前总理陆克文、美国前总统国家安全事务助理哈德利、欧盟前共同外交与安全政策高级代表索拉纳、俄罗斯前国家安全会议秘书伊万诺夫、印度前外交秘书萨仁山等外国前政要。

（参见《光明日报》2015年6月28日第3版）

“一带一路”战略与深化中泰战略合作国际研讨会　6月28日，对外经济贸易大学中国开放经济与国际科技合作战略研究中心、继续教育学院和泰中文化经济学会联合主办的以“‘一带一路’战略与深化中泰战略合作”为主题的国际研讨会在对外经济贸易大学召开。中泰双方官员、学者和企业家等近100人参加了此次国际研讨会。

会议就“一带一路”战略背景下如何深化中泰战略合作等问题进行了深度讨论，对外经济贸易大学中国开放经济与国际科技合作战略研究中心执行主任夏友富教授进行了“‘一带一路’战略与深化中泰战略合作”主题发言，原泰国副总理、国会议长、泰中文化经济协会会长颇钦·蓬拉军对“一带一路”战略的前景十分看好，希望将该战略进一步推动到民间层面，让全球社会都能认可习近平主席提出的“一带一路”战略。

（对外经济贸易大学科研处供稿）

中韩人文交流政策论坛　6月30日，由中国社会科学院和韩国经济·人文社会研究会共同主办、中国社会科学院信息情报院承办的“中韩人文交流政策论坛”在北京召开。论坛的主题为“中韩人文学的传承与创新”。中国社会科学院副院长、党组成员张江出席论坛并致欢迎词。韩国经济·人文社会研究会未来战略研究所所长高日东致开幕词。中国外交部亚洲司副司长邢海明、韩国驻华使馆政务公使朴俊勇致祝词。

中国社会科学院原副院长汝信阐述了加强中韩人文交流的重要意义，并阐述了中韩两国紧密友好合作伙伴关系的现状和发展前景而言。汝信认为，其关键在于需要把文化交流引向深入，提高到比普及的大众文化更高的层面，增加人文的含量，真正把两国文化的精粹、民族的思想财富介绍给对方，这样才能促进两国人民在精神上的相互理解和沟通。中国社会科学院文学研究所党委书记刘跃进、民族文学研究所所长朝戈金等中方学者以及几位韩方学者分别就“东方精神与传统智慧”“西方现代思潮与中韩人文学的应对”等议题发表了见解。与会专家认为，在全球化的当今世界，要开展深度的人文交流，就既要充分肯定传统文化的历史价值和当代意义，也要对传统文化实现创造性转化和创新性发展，赋予其新的时代内涵和现代表达形式，使之获得新的生命力。如何让优秀的传统文化成为涵养新时代价值理念的源泉，是每一位人文工作者的使命。

论坛还就中韩人文交流、中韩人文学的传承与创新等问题提出建设性意见和政策建议，并达成多项共识。来自中国社会科学院、韩国首尔大学、延世大学等两国著名高校和科研机构的40余位专家学者参加了论坛。

（中国社会科学院办公厅刘玉杰编辑、供稿）

中国与国际发展暨第三届国际发展研究网络年会 7月2日，由国际发展研究网络主办、英国国际发展部支持的“中国与国际发展暨第三届国际发展研究网络年会”在北京亮马河会议中心召开。来自联合国开发计划署、联合国世界粮食计划署、世界卫生组织、欧盟等各类国际组织和多家国内外学术机构的100余位专家、学者受邀参加了本次会议。

会上由来自伦敦政治经济学院（LSE）国际发展系的知名教授 James Putzel 和财政部亚太财经与发展中心北京分部的周强武主任分别做了题为“中国的发展：一个超越增长的叙事”、“亚洲基础设施投资银行：国际发展中的新型伙伴关系”的主旨演讲，发言引起了国内外与会者的高度关注和强烈反响。与会代表以“中国的发展合作与全球发展体系”和“在行动中的中国发展”为主题，围绕着“多边发展金融体系背景下的中国参与”、“对中国农业合作的观察”、“价值导向及其对中非关系的影响”、“投身非洲农业的中国援外人员生活世界”以及“公共产品还是商业机会？——对非农业技术示范中心的民族志研究”、“对外投资和援助中的相关研究”等议题，分别进行了热烈的讨论，专家认为上述研究的主题与当前国内外关注的热点话题紧紧相扣，具有一定的前瞻性，项目大多以人类学的参与观察法为主要方法、基于长期田野调查实践的研究对于理解和把握中国参与国际发展合作提供了新颖的视角和丰富的素材，期待项目组在今后做出与发展理论能够充分对话的、更为扎实的、有解释力的研究。与会的国内外专家同研究人员进行了充分的交流与沟通，并对下一步研究工作的开展提出了建设性意见。

（中国农业大学科学技术发展研究院王虹供稿）

历史节点——战后日本外交70年学术研讨会 7月4日，中国社会科学院日本研究所与日本研究所中日关系研究中心在北京举行了“历史节点——战后日本外交70年”学术研讨会。

来自上海交通大学、吉林大学、中国人民大学、中国传媒大学、中国社会科学院亚太与全球战略研究院、日本研究所等国内高校与科研机构的数十位专家学者参加研讨会并发言。

上海交通大学国际与公共事务学院教授王少普作题为“战后日本外交70年的基本脉络”的主旨发言。中国社会科学院日本研究所日本外交研究室主任吕耀东研究作题为“战后日本外交战略发展轨迹及评述”的发言。

（中国社会科学院办公厅刘玉杰编辑，日本研究所庞中鹏供稿）

体育传媒的使命与力量主题研讨会 7月4日，为庆祝2015年国际体育记者日，由中国体育新闻工作者协会、北京体育大学体育传媒系主办的“体育传媒的使命与力量”主题研讨会在京举行。会上发起倡议筹建体育传媒博物馆，其宗旨是凝聚体育传媒业力量，发挥高校的科研优势，挖掘和传播当代体育精神，创新和引领体育文化建设。这将是全国首家以体育新闻与传播为主题的博物馆。与会嘉宾针对未来体育传媒博物馆的建设以及体育传媒在新形势下的定位和作用等议题，展开了热烈的讨论。“体育新闻的历史瞬间”展览同日举行。该展览是2015国际体育记者日的主要庆祝活动之一，也是筹建体育传媒博物馆过程中的一次有益尝试。该展览由“北京体育大学体育传媒系—北京青年报社校外人才培养基地”项目资助建设，展品真实生动地反映了体育传媒在中国体育发展中重要的历史作用和地位。

（参见《光明日报》2015 年 7 月 5 日第 2 版）

中国—东盟思想库网络中方专家研讨会 7 月 6 日，外交学院亚洲研究所举办“中国—东盟思想库网络（下简称 NACT）中方专家研讨会”。研讨会的主题为“中国—东盟关系：形势、机遇与动力”。来自 NACT 广西基地、广东基地、云南基地、福建基地、贵州基地、湖北基地（筹）及中国国际问题研究院、中国现代国际关系研究院与外交学院的专家学者与会。外交部亚洲司黄溪连副司长率相关处领导全程与会，外交学院江瑞平副院长主持会议并在开幕式致辞。黄溪连副司长就中国—东盟关系面临的机遇与挑战做了主旨发言并对会议提出要求。他认为，中国—东盟关系总体稳定，合作深入，中国在本地区的影响力上升，合作势头明显。但南海问题、政治互信不足、大国因素干扰等挑战越来越突出，需要二轨贡献智慧，寻求解决之道。

江瑞平在开幕式上介绍了会议召开的背景，强调一、二轨之间交流的重要性。他指出，中国—东盟关系在各个层面、各个领域均取得较大进展，具有明显的示范效应，促进了东亚地区的整体合作。然而在取得成就的同时，亦存在不少问题。我们需要直面问题，但更需要寻求合作，让合作面超越问题面。

在两个阶段的讨论中，与会学者深入探讨了全球与地区形势对中国—东盟关系的影响，中国—东盟关系发展面临的机遇和挑战，中国与东盟合作的动力与方向，中国—东盟建立对话关系 25 周年纪念活动建议与设想，中国—东盟合作与东亚区域合作架构建设等问题。

NACT 于 2013 年提出，经各方酝酿于 2014 年正式启动。2014 年 11 月，李克强总理在东亚领导人系列会议上明确提出，要发挥“中国—东盟思想库网络”的积极作用，为东亚合作贡献智慧。

（外交学院科研处供稿）

“一带一路”广播随行国际论坛 日前，经国家新闻出版广电总局批准，由中央人民广播电台主办、国家新闻出版广电总局研修学院协办的“‘一带一路’广播随行”国际论坛在北京举行。来自“一带一路”沿线的阿富汗、孟加拉国、柬埔寨、斐济、印度、印度尼西亚等 24 个国家的广播机构代表，以及中国 17 家相关省级广播机构代表参加此次论坛。本次国际论坛为国家新闻出版广电总局“丝绸之路影视桥”工程下的活动之一，是中央人民广播电台《“一带一路”建设大型主题采访报道活动》项目中的一个子项目。

（参见《光明日报》2015 年 7 月 8 日第 8 版）

首届党报评论融合发展论坛 7 月 10 日，由人民日报社主办的首届党报评论融合发展论坛在北京召开。来自中央宣传部、中央网信办、中国记协等部门的领导，以及中央新闻单位和全国 31 家省级党报的主要领导及评论业务负责人，齐聚一堂交流经验、激荡思想，共同探讨党报评论融合发展问题。

中宣部副部长、国务院新闻办公室主任蒋建国指出，做好党报评论融合发展，一是要增强文化自信，说得出来，传得开去；二是要把握政治方向，守住正确导向这一媒体生命线；三是要搞好议题设置，构建更多新概念新范畴新表述；四是要讲究形式技巧，既要想“说什么”，也要想“怎么说”；五是要加强队伍建设，多选拔、多培训、多锻炼评论员队伍。

人民日报社社长杨振武在主题讲话中表示，在解放思想中统一思想，在多元价值中确立主导，在与公众的交流对话中凝聚共识，党报评论发挥着独特的重要作用。他强调，推动党报评论融合发展，需要增强“效果意识”，用传播效果体现政治立场；增强“公约数意识”，在多元多样中谋求最大共识；增强“共同体意识”，在观点竞争中打造评论国家队。

论坛举行期间，与会嘉宾结合传统媒体与新兴媒体融合发展的时代背景，围绕“党报评论如何用好‘金话筒’”“当评论遇上‘互联网 +’”“激发党报的‘共同体意识’”等议题，进行了广泛深入的讨论。大家认为，面对媒体融合的大趋势，在技术层面，需要主动适应新变化，保持新媒体敏感、提升新媒体指数；在表达层面，需要穿越不同舆论场，学会与不同类型的受众对话。

中央网信办副主任徐麟、中华全国新闻工作者协会党组书记翟惠生等出席会议并致辞，《人民日报》总编辑李宝善作了闭幕讲话，《人民日报》副总编辑卢新宁主持会议，本报副总编辑沈卫星出席会议。

（参见《光明日报》2015 年 7 月 11 日第 4 版）

中央国家机关媒体融合发展研讨会 7 月 15 日，“中央国家机关所属的众多媒体应当主动加快与新兴媒体的融合发展，牢固掌握网上意识形态领导权、管理权、话语权。”中央国家机关工委副书记邵旭军在北京表示，在竞争日趋激烈的互联网舆论场发出中国声音、讲好中国故事已经成为中央国家机关媒体必须面对的现实挑战。由中央国家机关工委紫光阁杂志社、龙源数字传媒集团共同举办的“中央国家机关媒体融合发展研讨会”在北京召开。《紫光阁杂志》、《法制日报》、《中国环境报》、《中国教育报》、《中国交通报》、《人民邮电报》、《中国劳动保障报》、《中国国土资源报》、中国农业新闻网等中央国家机关所属媒体代表在会议上发言，介绍了中央国家机关媒体单位推进传统媒体与新媒体融合发展的创新举措与成就，并就如何加强交流互动、服务传播大局作了深入研讨。与会者一致认为，推动中央国家机关媒体与新兴媒体的融合发展，既是一项重大改革任务，也是一项系统工程，应强化顶层设计和互联网思维，努力在体制机制创新、优质内容建设、先进技术支撑、人才队伍培养等方面取得新的突破。

（参见《光明日报》2015 年 7 月 16 日第 3 版）

外交学院与中日韩合作秘书处共同举办东亚合作研讨会　7 月 17 日，由外交学院与中日韩合作秘书处共同主办、外交学院亚洲研究所承办的“东亚合作学术研讨会”在北京召开。会议的主题是“从东盟共同体到东亚共同体”。外交学院院长秦亚青教授、中日韩合作秘书处岩谷滋雄秘书长、中国—东盟中心秘书长杨秀萍大使、外交部亚洲司谈天副处长出席会议并致辞。

来自外交部亚洲司、中日韩合作秘书处、中国—东盟中心、日本—东盟中心、韩国—东盟中心、老挝、新加坡、越南等东盟国家和中国、日本、韩国的近 40 名专家学者和国际组织代表出席了研讨会。经外交部批准成立的国内多家中日韩合作研究中心均派专家学者与会，外交学院江瑞平副院长对他们的支持表示感谢。

与会学者围绕“增进政治互信、促进地区和平”、“从东盟共同体到东亚共同体”、“培育东亚共同意识”、“东盟秘书处、中日韩合作秘书处和中日韩三个东盟中心的作用”等四个议题，就东盟共同体建设的成就与问题、东亚地区一体化的前景与挑战、如何深化东亚在政治、经济、社会文化领域的合作等展开深入讨论。

秦亚青院长在致辞中指出，东亚合作正处于关键阶段，东亚合作和地区一体化的紧张亟须东盟与中日韩的共同推动。今年年底，我们将见证东盟共同体的建成，作为亚洲第一个同类实体，东盟共同体的建成将代表着地区合作进入新的阶段，必将为更大范围内的地区合作与一体化带来新的机遇。秦院长进一步指出，当前国际局势变动不居，地区热点和局部动荡不断，需要所有国家都坚持地区共同体建设的大方向，采取切实步骤参与互利合作，培育东亚共同体意识，增强互信，力戒零和思维，确保东亚合作的大趋势不被打断。

杨秀萍大使指出，东亚国家地缘相近、经济互补、文化相通。加强东亚合作不仅有利于本地区的根本利益，也有利于世界的和平与稳定。当前东亚区域合作蓬勃开展，同时也面临不少困难。东亚共同体的实现需要本地区相关国家共同努力。今年底东盟共同体的建成将为地区合作注入新的活力，为推动东亚共同体建设发挥积极作用。

岩谷滋雄秘书长指出，中日韩三国合作是东亚合作的不可分割的重要组成部分，三国合作的深入以及东盟共同体的建成将会在二者之间形成一种协同效应，为地区合作注入新的动力。

（外交学院科研处供稿）

中国社会科学论坛——战后日本 70 年：轨迹与走向国际学术研讨会　8 月 16 日，由中国社会科学院主办、中国社会科学院日本研究所与中华日本学会承办的“中国社会科学论坛——战后日本 70 年：轨迹与走向”国际学术研讨会在北京召开。来自中日两国的近百名专家学者参加会议。

中国社会科学院副院长蔡昉、中日友好协会会长唐家璇和日本驻华大使木寺昌人分别在大会上致辞。会议在二战结束 70 周年之际召开，旨在共同对战后日本的发展轨迹进行系统回顾，找出其规律和特质，并对今后日本的走向进行前瞻和研判。来自中方的 8 名专家以及来自日方的 8 名专家分别就“战后 70 年来的日本国家战略与发展路线、日本政治、日本经济、日本外交、日本安全防卫、日本社会、日本文化思想以及中日关系”等议题作主题发言，并与参会的专家学者进行了研讨。

（中国社会科学院办公厅刘玉杰编辑，
日本研究所常思纯供稿）

中国社会科学论坛（2015）：“一带一路”与周边国际区域合作　8 月 21 日，由中国社会科学院中国边疆研究所主办的“中国社会科学论坛（2015）：‘一带一路’与周边国际区域合作”在北京举行。中国社会科学院副院长、党组成员蔡昉出席会议并致辞。

蔡昉在致辞中指出，在“一带一路”沿线国家中，中国周边国家占据重要位置。“一带一路”这个新型国际区域合作载体，既反映了中国的发展需求，也顺应了“一带一路”沿线国家尤其是周边国家的发展需求。在“一带一路”建设中，中国边疆作为连接中国与众多邻国的门户和纽带，稳定与发展是推进“一带一路”建设不可或缺的前提。如何在“一带一路”战略下，持续促进边疆长治久安与发展，成为急需解决的问题。

中国社会科学院国际合作局局长王镭、中国边疆研究所所长邢广程分别在会上致辞，中国边疆研究所党委书记李国强作主题发言。来自中国、日本、新加坡、俄罗斯、哈萨克斯坦、蒙古国、德国、土耳其、南非、加拿大等国家的30余位专家学者参加了论坛。论坛围绕“‘一带一路’与中国边疆发展”“‘一带一路’与中国周边国际环境”这两个主题进行了研讨。

（中国社会科学院办公厅刘玉杰编辑，边疆研究所供稿）

法语非洲国家政治风险研讨会 8月21日，外交学院法语国家研究中心组织了一场“法语非洲国家政治风险”研讨会。

参加会议的非方代表有贝宁驻华大使塞道藏·阿皮蒂，乍得驻华大使松吉．艾哈迈德，塞内加尔驻华公使衔参赞塞科·蒂蒂亚恩·萨尔，塞内加尔驻华参赞盖莫科·迪亚凯特，多哥驻华使馆临时代办、公使衔参赞梅桑甘·柯德沃维-贝萨，加蓬驻华使馆临时代办、一等参赞奥伊纳莫诺-弗朗西斯。

中方特约嘉宾有中国外交部原非洲司司长、原驻摩洛哥等非洲国家大使程涛，中国原驻刚果等国大使吴泽献，中国原驻加蓬大使李福顺，中国社会科学研究院西亚非所非洲研究室主任、研究员、博士生导师贺文萍教授，中国国防大学教授陈梓德，中央党校战略研究所非洲研究中心教授钱镇。出席这次研讨会的还有法语国家研究中心的理事、中国现代国际关系研究院西亚非洲所主任徐伟忠，中国现代国际关系研究院西亚非洲所副研究员余文胜、前中国国务院发展研究中心世界经济研究所副所长、现任清华大学国家战略研究院资深研究员丁一凡、中国国家进出口银行首席风险分析师赵昌会，中国社科院亚非信息研究室主任王洪一，中国传媒大学教授许铁兵，外交学院法语国家研究中心主任齐建华教授，外交学院外语系主任、法语国家研究中心副主任李旦教授，外交学院外语系龙云副教授，外交学院外语系侯琪斌博士。另外，出席会议的还有部分企业界代表：北京百发博伟动力科技有限公司董事长刘浩，中国葛洲坝集团国际工程有限公司孟高洁，中国水电罗霄巍。研讨会由外交学院法语国家研究中心主任齐建华教授主持。

外交学院副院长郑启荣教授代表学院领导向参会各方发表了热情洋溢的贺词。他强调了法语非洲国家在国际舞台上所扮演的重要角色，指出法语非洲地区政治环境的复杂性与多样性使得对法语非洲国家政治风险进行相关研究具有重要意义。希望通过本次研讨会增强中国对法语非洲的深入了解，促进双方在各方面的合作。郑启荣教授介绍了中国总体安全观，指出用中国总体安全观指导研究非洲安全的重要意义。在讲话的最后，郑启荣副院长对与会代表一直以来对外交学院法语国家研究中心的支持表达了感谢。

法语非洲的发展既是非洲和中国难得的机遇，也存在诸多风险，其中政治风险尤为突出。总结历史经验，发现规律，目的在于在全球化、信息化和相互依存的国际体系中，增强双边和多边政治互信与合作，促进非洲稳定、和平与发展，增进中非双方之间以及中法非各方之间的良性互动，自觉实现中国与世界的和谐融合。会议就法语非洲国家的政治风险与国际环境因素，法语非洲国家政治风险中的法国因素，法语非洲国家政治风险的内生因素，法语非洲国家政治风险的治理进行了讨论。法语国家研究中心主任齐建华认为，研究法语非洲是对非洲研究的深化，旨在为升级版中非关系创造有利条件。主张从中国新外交战略、总体安全观和世界变化四大趋势等新视角分析把握非洲安全。

第一轮圆桌会议由外交学院李旦教授主持。社科院研究员贺文萍从非洲国家内战与政治动荡、国内政治选举或政权更迭、恐怖主义与反政府武装、较差的社会治安与较高的犯罪率、中资企业及华人与当地文化及社会产生冲突矛盾进而引发的风险等这几个层次概述了非洲政治风险的主要因素。塞内加尔公使衔参赞塞科·蒂蒂亚恩·萨尔从不良政治管理、选举争端和宗教部族及边界冲突三方面分析了西非国家政治风险的内生因素，并且提出发挥非盟、区域组织作用以及中国可以向欧美学习对这些组织提供资助的对策建议；中国进出口银行分析师赵昌会从全球金融危机、法语非洲地区的发展明显落后于非洲其他地区、法语非洲在安全与防务方面所遇到的困境、外部大国力量的博弈与平衡、法国因素对法语非洲的影响、中国因素对于法语非洲的影响、恐怖主义对法语非洲的影响、非政府组织对法语非洲的影响这八个方面分析了影响法语非洲政治风险的国际因素及对策建议。贝宁大使塞道藏·阿皮蒂认为非洲各国最主要的政治风险与政治选举联系在一起。而政治选举面临如何保证选举工作的组织与选举本身的顺利进行、负责选举机构的架构、参加选举行为人的责任心这三大难题，也提出了相应的对策建议。吴泽献大使在点评中肯定各位的发言，以刚果金为例发表了对中非安全合作的看法，认为中国以往在非洲国家政治风险的应对问题上所起的积极作用，并提出中国应该加强与非盟的合作，共同应对非洲政治风险问题。

第二轮圆桌会议由齐建华教授主持。清华大学国家战略研究院研究员丁一凡从非洲国家建设遭遇的政治不稳定的源头、公共治理难题、民主化浪潮与非洲内部民族问题和宗教问题及强人政治间的矛盾、以及国家建设与一体化进程关系等视角分析了影响非洲政治风险的若干悖论。现代国际关系学院余文胜分析了法国对法语非洲历史和现实的政治经济文化等方方面面的影响、原因，以及2010年来的表现及其后果，特别指出，出于保护本国在非人员、资源、市场等原因，法国仍将继续增强对法语非洲各国的影响力。社科院亚非所王洪一认为，中国在法语非洲的利益越来越突出，但是在应对各种国家风险的能力却非常有限，提出中国需要制定对非多边合作的规则，中非安全合作机制建设等方面提出了应对政治风险的五点创新性对策。现代国际关系学院非洲研究院院长徐伟忠教授认为法语非洲的政治与安全风险与英语非洲相比更加突出、法语非洲地区尤其需要重点关注恐怖主义，原教旨主义，分裂主义，反政府势力以及当地的有组织犯罪。中国传媒大学许铁兵教授就法语非洲国家来源的合法性、基础设施建设与教育质量、国民身份认同、现代国家制度与传统部落制度共存现象、非洲军队作用、第二代第三代领导人执政理念的变化等几个方面的特征坦率且深刻地阐述了他对法语非洲政治风险内生因素的看法。在近30分钟的自由讨论期间，双方还就非洲民主进程、宗教与部族冲突、中法非合作等主题进行了坦率而深入的交流。

程涛大使给予会议高度评价：时间有限、内容丰富、视野开阔、思路新颖，建议恰当，交流坦诚。程大使同时对法语非洲政治风险的内部因素与外部因素做了扼要而精辟的分析，指出内部因素是主要的、决定性因素。内部因素又可以分成经济原因与政治原因。要解决非洲的政治风险，首先要解决民生问题，其次是利益分配不公和权力分配不公问题。外部因素中最重要的是法国因素。法国对非政策虽然一直在调整，但核心与目标是保护法国在当地的利益。中非合作的飞速发展，也使法国对非政策更加务实，并寻求与中国在非洲展开合作。

（外交学院科研处供稿）

中国社会科学论坛（2015·国际问题）："一带一路"与孟中印缅区域互联互通国际研讨会　8月25日，由中国社会科学院学部主席团主办、世界经济与政治研究所承办的"中国社会科学论坛（2015·国际问题）：'一带一路'与孟中印缅区域互联互通"国际研讨会在北京举行。来自中国社会科学院、北京大学、云南大学、缅甸战略与国际关系研究所、印度观察家研究基金会、孟加拉政策建议与治理研究所、斯里兰卡政策研究所、印度发展中国家研究与信息系统研究所等机构的专家学者约90人出席了论坛。

与会专家对智库合作、推动区域联通达成了共识。与会专家一致认为，塑造包容性区域合作，推动区域发展，大国责任重大。

中国社会科学院世界经济与政治研究所所长张宇燕认为，中印两国作为区域内的大国承担着重任，不仅自己要发展，还要促进区域内的共同发展。中国和巴基斯坦已经正在致力建立中巴经济走廊，如果能把巴基斯坦囊括在智库研究里，这也是非常有建设性的倡议。通过智库之间的交流，从而推动中国和南亚地区的经济合作与发展。

（中国社会科学院办公厅刘玉杰编辑，世界经济与政治研究所郗艳菊供稿）

"一带一路"与周边安全学术会议　8月29日，北京市社会科学院外国所联合中央民族大学民族学与社会学院在中央民族大学文华楼，共同举办"'一带一路'与周边安全"学术会议。会议邀请了瑞典安全与发展政策研究所所长Niklas Swanstrom教授和中央民族大学民族学与社会学院吴楚克教授作主题发言。Niklas Swanstrom教授提出，在中亚安全构建中，欧盟虽然有经验，但是不能起主导作用，而中国有能力和需要领导这个进程，欧盟可以配合中国在该问题上发挥更大的作用。吴楚克教授指出对待“新丝绸之路”这样的国家战略时，必须抛弃局部、单位、个人利益，才能认清这个宏大战略的未来意义，才能真正关心和爱护这个战略的实施。会议由北京市社科院外国所副所长刘波副研究员主持。与会者与两位主讲嘉宾进行了热烈互动，就“一带一路”战略、中欧合作中涉俄罗斯政策、中欧合作的可行性和重点、南方丝绸之路的中欧合作等问题进行了深入交流和探讨。

（北京市社会科学院科研处供稿）

中国与世界研讨会　9月9日，国务院发展研究中心与国际关系和可持续发展中心在钓鱼台国宾馆联合召开“中国与世界研讨会”。杨洁篪国务委员发来贺信，李伟主任宣读杨国委贺信并致开幕辞。国际关系和可持续发展中心主任耶雷米奇主持会议，外交部政策规划司司长王亚军、社科院世界经济与政治研究所所长张宇燕、意大利前外长弗拉蒂尼、德国科尔伯基金会执行理事会理事保尔森和中华能源基金委员会常务副会长何志平等就中国经济发展前景、新型大国关系、中欧合作、“一带一路”倡议等议题发表演讲并与现场来宾交流。

杨洁篪贺信由李伟宣读。杨洁篪在贺信中说，此次研讨会围绕“中国与世界”这一主题深入探讨，并发布《地平线》杂志中国专辑，这对于进一步增进中外相互理解、深化中外友好合作、推动中国与世界各国互利共赢具有积极意义。

杨洁篪在贺信中表示，当前，世界多极化和经济全球化继续发展，国际体系和国际秩序深入演变，新机遇新挑战层出不穷。中国正处于全面建成小康社会的关键阶段。我们致力于全面深化改革，建立开放型经济新体制，实现中华民族伟大复兴的中国梦这一奋斗目标。世界大发展大变革攸关中国的前途命运，中国和平发展也攸关世界的繁荣稳定。中国与世界各国日益成为安危与共、休戚相关的利益共同体和命运共同体。

李伟表示，中国的发展离不开世界，世界的发展也需要中国。人类社会发展与机遇的关系，至少有两种形式：一是抓住机遇，实现自我发展；二是创造机遇，谋求共同发展。过去三十多年，中国通过改革开放，抓住世界产业分工调整机遇，实现了经济发展和社会进步。今天，中国提出共建“一带一路”倡议、构建以合作共赢为核心的新型国际关系、打造人类命运共同体等一系列新理念，希望为世界的和平发展创造机遇，谋求各国共同发展作出自己的努力。

耶雷米奇在开场主持前发言说，如今，我们正处在世界经济发生巨大变化的波动时期，世界范围内的变化速度已经超过了过去任何时期，这亦是人类历史中没有出现过的。当今世界是一个多极化世界，中国在这个多极化世界中已变得日益重要，这也将在今后的几年甚至几十年中得到有力验证。他表示，从战略意义上来说，再没有比中国的崛起更加重要的事情。

研讨会上，在耶雷米奇的主持下，意大利国际组织协会主席、意大利前外长佛朗哥·弗拉蒂尼，中国外交部政策规划司司长王亚军，德国科尔伯基金会执行理事会理事托马斯·保尔森，中国社科院世界经济与政治研究所所长张宇燕，中华能源基金委员会常务副主席、秘书长何志平等围绕新常态下中国经济发展的前景、中美关系前瞻、世界如何从中国的不断发展中获益、“一带一路”给沿线各国带来何种机会等热点话题进行了坦诚交流，并与现场代表进行了热烈互动。

在此次会议举行前，李伟会见了外方嘉宾。耶雷米奇、佛朗哥·弗拉蒂尼、托马斯·保尔森、何志平、香港电讯盈科主席李泽楷以及国务院发展研究中心国际合作局局长程国强、办公厅副主任陶平生、国际合作局副局长蒋希蘅等会见时在座。

来自国际组织、各国驻华使馆、有关政府部门、企业、学术机构和中外新闻媒体的代表共300余人参加了会议。

（国务院发展研究中心办公厅科研处郭巍供稿）

新兴国家与世界秩序国际研讨会　9月9—10日，由外交学院国际关系研究所主办的“新兴国家与世界秩序”国际研讨会在外交学院展览路校区举行。来自中国、美国、俄罗斯、印度、巴西、澳大利亚和德国等国的50余名专家学者、政府官员和媒体记者参加了会议。外交学院副院长王帆教授在开幕式上致欢迎辞。研讨会围绕“新兴国家与世界秩序”主题，分别从世界秩序变革与新兴国家的地位、新兴国家发展中的成绩与问题、金砖国家合作动力和当前中国外交四个议题展开研讨。

关于世界秩序变革与新兴国家的地位，与会专家学者一致认为，世界力量的对比在发生深刻变化，世界地缘政治中心在发生转变，新兴国家崛起势头明显。有印度学者指出，到2050年，中国和印度的GDP将分别位居世界第一和世界第三。经济实力的变化意味着可能会出现三极或多极世界体系，未来的世界格局充满了不确定性。21 世纪的世界正面临着秩序危机，民族国家的观念与西方主流价值观均面临诸多挑战。有中国学者指出，全球化与全球问题的发展使得任何一国均不可能独自应对各种传统与非传统威胁，因此需要打造命运共同体，变零和博弈为双赢合作。在建构世界新秩序的努力中，需要各国充分发挥想象力，更要促进国家之间的对话，新兴国家要善于提出新理念，倡导新价值观，要就理想世界秩序及共同接受的规范达成共识，以塑造新的国际秩序。

关于新兴国家发展中的成绩与问题，与会美国学者指出，新兴国家之所以能够在国际体系中崛起，是因为其适应了以贸易为特点的全球化进程和以金融危机为特点的非全球化进程。新兴国家唯有适应国际关系发展新趋势才能发挥更大影响力。有中国学者通过对世界主要国家国际战略影响力关联指数的分析，认为新兴国家在知识创新、研发占 GDP 比重、国际组织参与程度、国际会议活跃度等指标上仍落后于发达国家，在国际社会中的影响力仍然很有限。还有学者通过分析当前主要新兴国家经济高速增长显现终结的原因，指出重视创新与增长模式的转型是新兴国家能够持续赶超发达国家，塑造新的国际秩序的唯一出路。有印度学者强调，当今的印度并不是国际秩序的革命者。印度遵守国际规范，印度国内战略共同体认为印度应该成为国际规则的制定者，以实现其世界多极化的理想。俄罗斯学者分析了俄罗斯由于近年来采取与西方对抗的外交政策，导致经济利益受损，进而指出俄罗斯在金砖国家的合作中不应该急于以消除西方在国际秩序中的影响力为目标。

在金砖合作动力问题上，与会学者一致主张要加强金砖合作的制度化，尽管在金砖机制是保持小型俱乐部形式还是适当扩员问题上有不同看法，但强化制度的合法性和有效性是大家的共识。中国学者指出，扩大、制度化、合作范围的稳妥推进与和将印巴南非（IBSA）对话论坛整合进入金砖机制是加强金砖国家合作的有效手段，中国不应过分强调自身在合作中的中心地位；金砖国家提出了一系列多边经济合作倡议，金砖国家可从改革现有制度、建立新制度、改善世界秩序和建立平行秩序四方面塑造世界经济秩序；金砖国家今后应加强在气候变化、网络安全、太空安全、知识产权等非传统安全领域中合作。俄罗斯学者认为，俄罗斯在金砖合作机制中具有重要利益和待开发的潜力，俄罗斯应通过具体的政策行动来进一步推进金砖国家的合作。巴西学者指出，金砖国家的发展取决于其能否与世界实现双赢合作，金砖国家应实现知识和科技创新，将多元化特征转化为竞争优势，通过融资来加强制度建设，以在世界上发挥更大作用。

关于当前中国外交，与会的美国学者指出，中国是一个崛起的国家，然而并不是一个革命性的国家。中国已经接受了威斯特伐利亚体系的规范，是国际体系的受益者，不会试图推翻现有秩序。中国学者指出，中国作为全球治理体系中的新兴大国，是全球治理的全面参加者，亦是协调与老牌大国关系的主要力量。中国应该在现有全球治理体系中发挥领导作用，发挥 21 世纪全球治理设计者的作用；中国外交需要在伸张性政策与审慎政策之间做出平衡，在准确研判国际战略形势的基础上推行更灵活实际的政策；中国在多边论坛中提出了很多国际倡议，随着中国影响力的扩大，中国所面临的风险也日趋全球化，中国需要加强国内治理，并通过国际合作来推进国际治理。针对当前中国面临的海事安全问题，中国学者指出，中国领导人提出了建立海洋强国的战略目标，在诸多海上争端之中，倘若其他国家挑战了中国的核心利益，中国更倾向于与之发生冲突，若没有挑战中国的核心利益，中国则倾向于合作。澳大利亚学者指出，东盟国家有关注内部稳定和安全的传统，“东盟方式”又倾向于回避问题而非解决问题，且东盟的制度缺乏执行效力，东盟若不进行改革将无力应对来自中国的挑战。

在此次会议上，来自新兴国家和发达国家的专家学者围绕着新兴国家与世界秩序的关系问题进行了坦诚深入的交流。各国专家高度评价新兴国家为建设更合理的国际秩序所做出的努力，认为它们是推动现有国际秩序变革的新生力量，尽管其塑造国际制度的努力仍面临诸多挑战。参会人员集思广益，对于新兴国家如何参与塑造更加民主、合理、有效的国际秩序提出了诸多富有创见的构想，碰撞出思想的火花，并深化了跨文化交流与相互理解。

（外交学院科研处供稿）

外交学院高翻·思享汇论坛　9 月 14 日，为庆祝外交学院建院 60 周年，充分展示外交学院在高端翻译人才培养方面所取得的成果，激励更多有志成为高翻的同学早日树立投身祖国外交事业的理想和信念，英语系在外交学院沙河校区礼堂举办了“外交学院高翻·思享汇”论坛。中国人民大学、北京外国语大学、北京第二外国语大学、中国传媒大学、北京交通大学、北京理工大学、中国石油大学、中国地质大学（北京）、北京林业大学及外交学院翻译教学实习基地北京思必锐翻译公司等单位参加了此次论坛。

“外交学院高翻 · 思享汇”的上半场活动由院长助理孙吉胜教授主持。此次活动邀请了来自外交部、中联部、新华社、中石油等活跃在翻译一线的各路顶尖高翻校友，与外交学院及部分兄弟院校师生分享他们的翻译学习经验和工作上的心得体会。

在第二部分的访谈中，各位校友介绍了外交部、中联部、新华社、中石油的工作状态和工作要求。外交部对译员的语言能力、政治素质和心理素质要求很高，译员在日常工作中需要勤学苦练，精益求精。戴庆利和张璐为大家分享了在两会期间担任翻译的经历和故事，比如遇到领导人古诗词今用的情况该如何应对等，同时她们也强调了日常积累的重要性。

在第三部分的互动环节，高翻校友们回答了同学通过微信平台等途径提出的问题，就如何练习口译、如何克服语音障碍、如何平衡工作和生活等问题分享了自己的经验。

（外交学院科研处供稿）

第十届博士生论坛　9 月 15 日，中国国际关系学会第十届博士生论坛作为外交学院 60 周年校庆系列活动之一在外交学院沙河校区成功举办。本次博士生论坛吸引了来自北京大学、中国人民大学、外交学院、中央党校、复旦大学、上海外国语大学、吉林大学、厦门大学等中国国际关系顶尖高校的 50 余篇论文投稿，论坛邀请了复旦大学陈志敏教授、吉林大学刘德斌教授、南开大学张睿壮教授、中国社会科学院李少军研究员、中国社会科学院袁正清研究员、外交学院陈志瑞编审、中山大学庞中英教授、上海外国语大学郭树勇教授等国内著名国际关系学者担任论文评审和现场点评专家。

中国国际关系学会常务副会长、外交学院院长秦亚青教授致开幕辞，中国国际关系学会秘书长、外交学院副院长王帆教授主持开幕式及上午的论坛，中国国际关系学会副秘书长、外交学院院长助理孙吉胜教授主持了下午的论坛。本次论坛的主题为“国际关系研究的发展与创新”。经过专家的匿名评审后，来自外交学院吉菲菲、刘帅、龙盾，北京大学孙文竹、曲鹏飞，中国人民大学刘乐，厦门大学庞铭辉，上海外国语大学荣正通，复旦大学寇培秋，南开大学迟勇，吉林大学王申蛟和中共中央党校刘笑阳共 12 名同学的论文脱颖而出，在论坛现场发言，并接受现场专家点评和指导。学者们在每位博士生提交的论文和现场发言的基础上，对他们的研究在理论建构、研究方法、研究假设和案例验证等方面进行了专业和独到的点评。与会的博士生们都表示本次论坛使他们受益匪浅。论坛会中，专家学者们还接受了现场提问，解答了部分参会同学的问题。

自 2006 年以来，中国国际关系学会主办的博士生论坛已经分别在外交学院、中国社会科学院世界经济与政治研究所、上海交通大学、南开大学、云南大学等全国著名高校和科研院所举办，参加过往几届论坛的博士生很多都已成长为国际关系学界的著名学者。十年发展，十年积淀，论坛已经成为国际关系学术界的品牌活动，产生了良好反响，为中国国际关系学科的发展起到了重要的推动作用。

（外交学院科研处供稿）

第二届中拉政策与知识高端研讨会　9 月 22—23 日，第二届“中拉政策与知识高端研讨会”在北京举行。会议由中国社会科学院与泛美开发银行主办，中国社会科学院国际合作局、政治学研究所与泛美开发银行发展机制部承办。会议的主题为“公共部门高级管理者领导力与能力建设”。中国社会科学院院长、党组书记王伟光，国家行政学院常务副院长马建堂，中共中央党校副校长黄浩涛，厄瓜多尔劳工部副部长帕乌拉 · 伊达尔戈，牙买加地方政府和社区发展部常务秘书登齐尔 · 索普，泛美开发银行发展机制部主任安娜 · 玛利亚 · 罗德里格斯出席会议，并分别作致辞讲话和主题发言。会议围绕“中国同拉美和加勒比国家的治理体制、治理能力”“公务员制度运行与潜力”“城市高级管理者的领导力”等问题进行了深入研讨和交流。中国改革开放的历史经验，中国发展模式及中国治国理政的重要经验成为拉美学者高度关注的话题。

来自智利、哥伦比亚、哥斯达黎加、厄瓜多尔、秘鲁、牙买加等国的政府官员、企业高管，泛美开发银行、世界银行等国际组织的专家，拉美和加勒比国家驻华使节，以及中国多家知名科研机构、高校的专家学者，北京、深圳等地的政府官员 120 余人参加会议。

（中国社会科学院办公厅刘玉杰编辑、供稿）

中美俄三国关系的现状与展望研讨会 9月28日，“中美俄三国关系的现状与展望”研讨会在外交学院国际交流中心举行。外交学院外交学与外事管理系、世界政治经济研究中心和共识网主办本次会议。来自外交学院、中国现代国际关系研究院、国际关系学院和美国伍德罗威尔逊国际学者中心的学者参加了此次会议。

会议由外交学院副教授施展主持，外交学系主任唐晓教授致欢迎词。在专家发言部分，美国伍德罗威尔逊国际学者中心基辛格研究所所长 Robert Daly 就美国的中国观及对华接触政策进行了发言。他讨论了中国崛起、中美之间战略目的、美国对华政策问题。他认为中美之间存在的战略判断误差问题导致两国之间出现战略冲突。外交学院副院长王帆教授则从中国的视角下论述了中美关系。他认为中美之间的合作将更有利于双方发展，冲突则会出现双输的情况。中美关系虽然存在误解但总体合作趋势稳定。中美需要解决战略误区。

美国伍德罗威尔逊国际学者中心凯南研究所所长 Matthew Rojansky 以美国的视角讨论了俄罗斯问题。美国认为俄国正在逐渐成为美国的对手。这改变了三国之间的战略取向。俄罗斯正在挑战美国的地缘政治和国际秩序利益。两国领导人之间沟通机制也存在消极因素。中国现代国际关系研究院俄罗斯研究所所长冯玉军则从中国的视角论述了中俄关系。俄国没有认识到因为资源和市场以及其思维方式的落后正在使俄罗斯从世界大国向地区大国下滑。俄国需要认清现在全球化趋势和科技突破的发展以及军事革命。之后，他从中俄之间的共同点和不同点分析了中俄关系。就中美俄三边关系，他认为已经不存在三角关系，三国应该就具体问题进行合作。

在四位学者发言后，各位专家学者就三国关系展开讨论并阐述了各自对三国未来关系走向的看法。最后，外交学院院长助理高飞教授对会议讨论进行了总结。

（外交学院科研处供稿）

“一带一路”媒体合作论坛 9月21日，共商丝路机遇，共筑丝路梦想。由人民日报社主办、以“命运共同体，合作新格局”为主题的2015“一带一路”媒体合作论坛今天在北京开幕。全国政协副主席、中联部部长王家瑞出席开幕式并致辞。

王家瑞在致辞中说，“一带一路”激发了区域合作的新浪潮，孕育着无限的生机和光明的前景。习近平主席多次强调，“一带一路”建设要秉承共商、共建、共享的原则。这是“一带一路”倡议的核心要义。共商，就是集思广益，好事大家商量着办，使“一带一路”建设兼顾双方或各方利益和关切，体现双方或各方智慧和创意；共建，就是各施所长，各尽所能，把优势和潜能充分发挥出来，聚沙成塔，积水成渊，持之以恒加以推进；共享，就是让建设成果更多更公平惠及沿线各国人民，打造利益共同体和命运共同体。王家瑞指出，媒体在传播理念、增进理解、汇聚共识方面大有可为，发挥着不可替代的作用。举办“一带一路”媒体合作论坛，对于增进沿线各国和各国人民之间的了解，促进媒体间的交流合作，推动媒体在“一带一路”建设中扮演更加重要的角色，具有非常重要的意义。

人民日报社社长杨振武在致辞中表示，今天我们所处的环境和面临的挑战，比以往任何时候都更加需要我们结成命运共同体。中国既是“一带一路”的倡议者，也是命运共同体的倡导者，更是坚定的践行者、推动者。站在人类命运共同体的新高度，加强合作、增信释疑、汇聚认同，为“一带一路”注入更多正能量，使这条绵延两千年、跨越亚非欧的“一带一路”重现昔日辉煌、增进人民福祉，媒体应做好三方面工作：一是凝心聚力，讲好丝路故事；二是开放包容，传扬丝路精神；三是深化交流，推进丝路合作。他希望各国媒体朋友继续关注、支持和参与“一带一路”建设，为共建“一带一路”加油鼓劲，为迈向命运共同体增色添彩，为世界的和平与繁荣赢得更美好的未来。

人民日报社总编辑李宝善主持开幕式。哈萨克斯坦哈萨克国际通讯社社长道连·季亚罗夫、印度尼西亚安塔拉通讯社总裁塞弗·哈迪、河南省委书记郭庚茂、陕西省委书记赵正永、甘肃省委书记王三运等先后致辞。中宣部、全国人大财经委、商务部、国务院发展研究中心、中国记协等部门和江苏、青岛、兰州、洛阳等省市领导，渤海商品交易所、兰州科天集团等企业界代表和专家学者200多人出席会议，来自60多个国家和国际组织的近140家主流媒体负责人共聚一堂，畅所欲言，坦诚交流。这是近年来由中国主流媒体主办的规模最大、参与国家最多、到会外国媒体最多的一次全球性媒体论坛。

（参见《人民日报·海外版》2015年9月22日第4版）

中巴合作：未来发展国际研讨会　10月9日，由对外经济贸易大学区域国别研究所葡语国家研究中心、巴西坎皮纳斯学院、复旦大学金砖国家研究中心联合主办的“中巴合作：未来发展国际研讨会”在对外经济贸易大学举行。对外经济贸易大学、巴西驻华大使馆、巴西坎皮纳斯学院、复旦大学金砖国家研究中心及葡语国家研究中心等单位的领导、专家学者30余人出席此次活动，来自中国国际广播电台、人民网的媒体朋友及北大、北外、复旦大学等高校的师生也参与了本次研讨会。

会议由中国-葡语国家经贸合作论坛（澳门）前秘书长王成安教授主持。开幕式上，对外经济贸易大学副校长赵忠秀、巴西驻华使馆代办公使马塞罗·德拉·尼纳、巴西坎皮纳斯学院副校长罗德里格·萨巴蒂尼分别致辞。研讨会分“巴西经济社会发展对金砖国家以及世界经济影响”和“中国与巴西合作在金砖国家中的地位与作用”两个专题进行。葡语国家研究中心副秘书长、本次活动协办方巴中书友会创始人刘薇玲总结致辞。

（对外经济贸易大学科研处供稿）

习主席访美与中美关系未来发展学术研讨会　10月12日，外交学院中国外交理论与实践协同创新中心主办的“习主席访美与中美关系未来发展”学术研讨会在外交学院国际交流中心举行。来自中联部当代世界研究中心、中国国际问题研究院、中国社科院、中国现代国际关系研究院、中国人民大学及外交学院的专家学者与会。会议开幕式由外交学院院长助理孙吉胜教授主持，外交学院副院长郑启荣教授致欢迎词。郑启荣教授指出，中国外交理论与实践协同创新中心是外交学院因应国家急需、响应教育部“2011计划”牵头组建的科研机构，致力于打造高水平学术研究平台和高端智库，促进中国外交理论的创新研究，为国家外交事业贡献学者智慧。此次研讨会正是这种努力的尝试之一。

在会议研讨阶段，与会的专家学者围绕习主席访美所积累的丰硕成果，就战略互动、危机管控、制度建设、经贸往来、地方合作等多个方面畅所欲言，对中美关系的现状进行了评估，对中美关系的未来发展进行了探讨。讨论气氛热烈，各位学者充分坦诚地交换了各自的观点。

中国人民大学教授、国务院参事时殷弘教授评估了十八大以来的中美关系，指出，在战略政治问题空前严重、经贸金融领域有所退步、其他领域合作取得压倒性进步的双边关系背景下，习主席此次访美非常必要，取得了一定成果，及时回答了美方与世界对于中国的若干重大疑问。时教授同时还分析了美国对华忧惧心理以及奥巴马政府的两大外交遗产，并指明了中美亚太竞争的几大基本态势。外交学院外交学系熊志勇教授指出，在中美关系进入关键时期的节点上，习主席主动提出访美，是非常英明的决策；同时，这次访美积累的成果超出了中美双方的预料，解决了许多积压已久的问题。熊教授还指出了中美关系中存在的一些问题和挑战。中国国际问题研究院甄炳禧研究员分析了当前世界经济形势及新兴市场国家所面临的挑战，从经贸合作角度阐述了习主席访美对中美经贸关系发展的影响。中国人民大学国际关系学院李庆四教授从共同利益有限性、实力意志两重性、政治经济割裂性等三个方面分析了中美关系所面临的挑战。

最后，郑启荣教授作会议总结，指出，本次研讨会很有代表性，既有学术权威与会，也有年轻学者参与。小型研讨会这种交流方式能够让与会学者针对具体问题集中交流，使大家的观点能够得到充分阐述和有效交流。本次研讨会讨论中充满真知灼见，达到了交流思想、启发思维的目的，是一次成功的学术研讨。

（外交学院科研处供稿）

首届日本研究论坛：前沿问题与学科建设研讨会　10月13日，中国社会科学院日本研究所《日本学刊》编辑部举办了首届“日本研究论坛：前沿问题与学科建设”研讨会。

论坛的主题为“前沿问题与学科建设”，旨在探讨对日本研究领域的研究水平、研究视野、研究方向和研究范式起引领作用的核心课题，为日本研究学科建设提供具有科学性、权威性和前瞻性的指导性观点。

国务院参事、中国人民大学教授时殷弘发表题为“传统中国经验与当今中国实践：战略调整、战略透支和伟大复兴问题”的演讲，讨论了中国对日外交战略选择的宏观格局。中国社会科学院荣誉学部委员、日本研究所研究员冯昭奎和日本研究所前所长、研究员蒋立峰先后围绕当前中国日本研究中的若干问题发表了主旨演讲。

（中国社会科学院办公厅刘玉杰编辑，
日本研究所科研处供稿）

新闻与传播发展论坛 10月15日，北京大学新闻与传播学院“新闻与传播发展论坛”在学院报告厅开幕。新华社总编室主任刘思扬、国家新闻出版广电总局宣传司司长高长力、新闻与传播学院院长陆绍阳、新闻与传播学院党委书记陈刚，以及来自全国各地的传媒业界人士及专家学者济济一堂，深入探讨新闻与传播学科发展中出现的问题，希望通过学界与业界的共同努力，谋求学科更好的发展。新华社总编室主任刘思扬以媒体融合为话题跟与会的学者们进行了交流。国家新闻出版广电总局宣传司司长高长力以“讲好中国故事，攀登正能量高峰”为题进行了发言。随后与会学者代表就“当前新闻教育应关注的几个问题”，“从‘大国外宣’到‘国家战略传播’：基于‘现实政治’和‘观念政治’的考量”，“‘微博时代’的终结？或新媒体的未来考古”，“新媒介赋权中日常生活对传播学转向的意义”等多个主题，同与会学者进行深入探讨。当日下午，以“移动互联网时代传播学的新发展：结构、重建与误构”“城市台生存与发展”和“马克思主义新闻观在中国的实践”为主题的三个分论坛分别举行，专家学者们就传播学、新闻学等学科发展前沿的新思路和新问题进行深刻的探讨和剖析。

（北京大学社会科学部供稿）

北京自然科学界和社会科学界联席会议高峰论坛 10月18日，2015北京自然科学界和社会科学界联席会议高峰论坛在北京科技活动中心举行，论坛由北京市科协党组书记、常务副主席夏强主持，北京市社科联党组书记、常务副主席韩凯代表主办单位致辞。两届联席会议顾问叶文虎、许建民、田雪原、白暴力、陈禹、雷家骕、陶铁男、王渝生、张开逊、吴季松以及来自首都自然科学界和社会科学界的相关专家学者、社团代表80余人参加论坛。

论坛围绕“科技与文化融合创新——协同助推首都城市战略发展”主题，北京市人大常委、民盟北京市委专职副主委宋慰祖，北京大学教授周程，中国人民大学国家发展与战略研究院研究员、教授金元浦，中国创意产业研究中心研究员张京成，北京生态修复学会理事长刘俊国，北京市交通信息中心副主任刘浩等六位专家分别从理念创新、文化软实力提升、产业发展升级、资源环境制约等不同学科视角为首都战略发展出谋划策。

许建民院士、田雪原学部委员、王渝生教授、吴季松教授、陈禹教授、张开逊教授等两届顾问围绕论坛主题发表了意见和建议，并对北京两界协作机制及取得的成绩表示高度肯定，认为科学与艺术是一枚硬币的两面，科技创新的源头在人文，建议在“十三五”全面建设小康社会决胜阶段，要更好的完善两界协同机制，为推进首都特大型城市建设、京津冀协同发展等重要战略任务作出积极贡献。

韩凯在致辞中指出，自2003年以来两届联席会议已经成功举办了12届，两届高峰论坛也发展成为首都智库品牌，论坛充分发挥首都自然科学界和社会科学界专家学者的整体合力，为京津冀协同发展背景下北京建设国际一流和谐宜居之都做出了独特的贡献。希望进一步加强深入协作工作机制，牢固树立问题意识、创新意识和品牌意识，不断创新工作思路，着力推进学科体系、学术观点和科研方法创新，为学界和学者提供更好的服务，推动自然科学界和社会科学界两界联席工作不断取得新进展。

（北京市社会科学界联合会学术活动部供稿）

多学科视角下的公共外交学术研讨会 10月28日，外交学院中国外交理论研究中心主办、外交学与外事管理系公共外交教研室协办的“多学科视角下的公共外交”学术研讨会在外交学院召开。来自清华大学、复旦大学、中国人民大学、外交学院、对外经贸大学、四川西华师范大学等高校、中国社会科学院、察哈尔学会、中国人民大学重阳金融研究院等智库和《人民日报》、《中国社会科学报》等单位的媒体代表参会。

外交学院中国外交理论研究中心主任王春英教授致欢迎词。她简要介绍了中国外交理论研究中心承担的“中国外交理论与实践协同创新中心”的基本情况，指出公共外交既是中心的重点研究领域，也是提升国家形象的重要任务。近年来，中国公共外交不论是在理论研究、还是在实践层面都得到了很大拓展。在新的国内国际形势下，如何加大公共外交的投入力度，做好公共外交工作，提升中国国际形象，为国家总体发展战略创造良好的舆论环境，是学界义不容辞的责任。

接下来，外国专家、美国康涅狄格大学政治学系荣誉教授、印度研究中心主任伊丽莎白·汉森（Elizabeth C. Hanson）做了题为“新公共外交”的主旨演讲。她指出，与传统公共外交相比，新公共外交具有双向性，更注重可持续伙伴关系的建构，也更强调在以政府为主体的公共外交中非政府行为体的作用。中国公共外交目前面临三个方面的挑战：第一，中国开展公共外交的目的是什么？第二，中国公共外交的基础是什么？中国的新公共外交政策可以在何种程度上使非政府组织、研究机构、个人等行为体参与进来？

之后，研讨从“公共外交学科前沿交流”、“公共外交在中美新型大国关系构建中的作用”以及“如何主动构建与印度和南亚国家关系”三方面展开讨论。首先，《公共外交概论》英文课的五位教师欧亚、任远喆、陈雪飞、周加李和樊超从外交学、传播学、社会学等跨学科视角探讨了公共外交学科建设与学术前沿的融合方向。樊超老师梳理了大使在公共外交观念塑造中的作用；欧亚副教授对信息传播技术演进下的公共外交及其效果评价进行了阐释；任远喆副教授专注于中国在周边地区国家形象的状况与公共外交的制约因素；周加李老师则从国家元首、社会精英与普通民众的不同行为体视角尝试分析公共外交；陈雪飞副教授则侧重于介绍中国公共外交及国际形象的历史嬗变。

第二议题由复旦大学国际关系与公共事务研究院郑宇教授主持。清华大学赵可金副教授和对外经贸大学檀有志副教授分别从跨网络政治和新型大国关系的视角解读了中美公共外交。中国人民大学重阳金融研究院周小林研究员、察哈尔学会高级研究员王冲博士、华侨大学黄日涵博士探讨了中国特色新型智库及新媒体在公共外交中的作用。察哈尔学会秘书长柯银斌高级研究员和中国社科院任晶晶副研究员聚焦跨国公司的角色和如何在“一带一路”建设中运筹公共外交。

第三议题聚焦印度和南亚地区的公共外交理论与实践，由柯银斌秘书长主持。首先，郑宇教授从区域内贸易关系的视角呈现了中国、印度和亚洲经济合作的困惑、缘由和启示；接下来，四川西华师范大学印度研究中心龙兴春副教授探讨了印度公共外交中值得中国借鉴的资源和实践；外交学院亚洲研究所吴琳博士则以印度对华谨慎平衡策略阐述了独到的观点。

最后，汉森教授对会议研讨进行了总结。她认为，与会学者在回答新公共外交内涵及行为体的问题时，呈现了深刻的见解，并提出了更多理论问题，涉及多种政策、举措和包括智库、新媒体、跨国公司、第一夫人等非政府行为体在内的多种角色，并将文化和经济外交的研究议程纳入进来。外延的模糊引发的新问题使该研究本身更为精彩。其次，在公共外交对改善国内外民众对外交政策的认知能否真正发挥作用的问题上，学者的共识在于：非国家与国家行为体不是分离的，而是合作、互补的，如果“软实力”的动力来自于社会，那么，二轨外交和跨国交流对于国家形象的转变则是有意义的。社会层面的互动对于改善中印关系或将起到重要作用。

（外交学院科研处供稿）

2015 年第三届大学生国际研讨会　10 月 28—30 日，应中国劳动关系学院邀请，俄罗斯劳动和社会关系学院、白俄罗斯劳动和社会关系国际大学、越南工会大学和日本爱知大学四所高校的师生代表团对中国劳动关系学院进行了友好访问，并参加了中国劳动关系学院主办的主题为“社会和谐与当代青年的志向”第三届大学生国际研讨会。院长李德齐、副院长刘丽红、吴万雄及各系（院）、相关职能部门领导出席了开幕式。开幕式上，李德齐院长致开幕词，对四所高校代表团的到来表示热烈欢迎。他指出，当代青年的社会责任感是青年不可或缺的品质，对社会的发展与进步至关重要。青年是时代的脉搏，青年人朝气蓬勃，象征着时代的希望和梦想。多年来中国劳动关系学院与参会的四所高校保持着长期友好合作，他希望借此次研讨会为五国青年提供学习与交流的平台，希望参会师生研讨会上，俄罗斯、白俄罗斯、越南、日本和中国劳动关系学院代表团分别发表了主题报告，从国家、社会、学校、家庭等多个维度阐释当代青年的责任与使命。中国劳动关系学院近百名学生代表参加了研讨会，并在小组讨论环节与各国代表团围绕会议主题进行了广泛、自由的交流，青年才俊各抒己见，将研讨会推向高潮。围绕会议主题深入思考、共同探讨、相互启发，在思想的融合与碰撞中拓宽学习视野。研讨会的成功举办为中国劳动关系学院大学生提供了良好的国际交流机会，开阔了广大师生的国际视野，加深了五校之间的友谊，为各校青年之间的交流与合作提供了良好平台，同时也赢得了外国代表团的一致好评和高度赞扬。

（中国劳动关系学院科研处陈邓海供稿）

第十二届北京论坛　11 月 6 日，第十二届北京论坛（2015）在京开幕。各国学者、政界商界精英共 600 余人汇聚一堂，以“文明的和谐与共同繁荣——不同的道路和共同的责任”为主题，探讨不同文明在和平环境中的交汇以及全球共同面对的变局和挑战。

论坛将历时三天，共设有五个分论坛，两个专场和一个学生分会，以“新常态下国际经济合作与发展暨‘一带一路’倡议”“美美与共——人类文明交流互鉴的回顾与展望”“大变局挑战中的社会创新”等主题，讨论国际关系、城镇化、“一带一路”、人类文明的交流等话题。

开幕式播放了联合国秘书长潘基文发来的祝贺视频，联合国副秘书长、联合国秘书长特别顾问伊克巴勒·里扎，中国教育部副部长杜占元，韩国SK集团全球董事长崔泰源，北京大学校长林建华分别致辞。联合国前副秘书长、联合国-阿盟叙利亚危机前联合特使拉赫达尔·卜拉希米作特邀报告。

北京论坛创办于2004年，每年举办一次，由北京大学、北京市教育委员会和韩国高等教育财团共同主办。

（参见《光明日报》2015年11月7日第6版）

中美拉美研究比较研讨会　11月9日，外交学院拉美研究中心在展览路校区主楼召开了“中美拉美研究比较”研讨会。孙吉胜副院长到会并致辞。来自中国社科院、北京大学、中国政法大学、中国人民大学、北京外国语大学、四川大学、以及外交学院等七所国内高校的研究人员、正在外交学院访问的美国康涅狄格大学拉美所主任马克·奥弗迈耶·贝拉斯克斯博士、中石化国际石油勘探开发公司的代表、《今日中国》和《中国社科报》记者，以及闻讯赶来的巴西坎皮纳斯学院的代表、外国留学生等共26人参加了研讨会。会议由拉美研究中心主任左晓园主持。

孙吉胜向参加研讨会的嘉宾简要介绍了外交学院的办学特色以及拉美研究中心的情况，她表示，外交学院作为外交部唯一直属高校，一直非常重视外交政策研究。随着中拉关系进入整体合作新阶段，外交学院也将加大对拉美研究的支持。

中国拉美学会副会长、中国社科院欧洲所副所长江时学研究员做了题为“中国拉美研究的回顾与展望”的主旨演讲。他简要回顾了中国拉美研究从无到有的发展历程、当前拉美学界的主要研究领域，重点指出中国拉美研究目前存在的问题，包括：缺乏足够的实地调查研究、以二手资料研究为主、缺乏训练有素的研究人员、缺乏正规的拉美研究课程设置、缺乏学界、政界、商界人员相互流动的机制、已发表的研究成果质量有待提高、论文的写作主要使用中文，缺乏国际声誉、缺乏学术争鸣等。最后，他阐释了中国拉美研究未来应关注的主题。

中国拉美史学会副理事长、北京大学历史系教授、拉美中心主任董经胜做了题为“中国拉美史研究主题和范式的演进”。他指出，中拉关系及国际国内政治、经济形式的变化推动了中国拉美史研究从无到有，以及主题和研究范式的演进。20世纪70年代初，随着中国重返联合国，许多拉美国家和中国建交，拉美史研究开始在中国兴起。“文化大革命”结束后，拉美史研究关注对拉美一些历史问题的评价，如许多文章从不同角度评价玻利瓦尔的历史地位。20世纪80年代，随着经济发展取代阶级斗争，拉美史研究开始关注拉丁美洲的现代化进程。通过综合多学科角度，对现代化的研究将历史和现实结合起来，拉美史研究丰富了中国的拉美研究。他还提出了中国拉美史研究目前面临的各种挑战。

美国康涅狄格大学拉美所主任马克·奥弗迈耶·贝拉斯克斯博士介绍了美国拉美研究的兴起与发展、拉美研究机构以及主要的政策研究智库及其政治倾向。他从政策研究机构及美国政府的优先性安排的角度和学术研究机构的角度，对美国拉美研究未来的主题进行了预测。他指出，美国官方很可能更关注以下研究领域：持续支持新生民主国家、能源问题（石油、可替代能源、墨西哥、委内瑞拉）、自由贸易区（南共市、TPP）、毒品与安全问题、移民以及中国在拉美的存在。拉美研究学术界未来可能关注地区研究和族裔问题的交叉研究，以国别、多地区比较研究、和跨国研究三种方法展开。政府政策优先性及需求以及学术界的主动行动的交互将继续塑造美国未来的拉美研究。

中国社科院拉美所综合理论研究室副主任郭存海副研究员对21世纪以来中国拉美研究的新变化进行了完整梳理。他指出，21世纪以来，西班牙语教育出现井喷式发展，造成师资严重短缺、教学质量堪忧；拉美研究机构数量显著增加，但新增的21家机构大多为非实体机构，研究人员年轻化、双外语应用趋势明显、日趋具有专业学科背景和研究方法、具有国际视野，但拉美研究人员总体有效数量不足；中国的拉美研究在研究方式上经历了从翻/编译到原创、从本土单独研究到国际合作研究的变化；研究目的由政策性导向等实用目的转向实用性与学术性并重；研究领域得到拓展，从主要由从政治和意识形态驱动（拉美政治、历史和国际关系研究）到经济驱动（拉美经济和中拉经济合作研究）；从政策性研究扩展到学术性综合研究。他概括了中国未来的一代拉美研究人员的特点，对中国拉美研究的发展充满信心。

中拉青年国际合作基金对外协调员、北京大学博士生柯裴介绍了拉美的中国问题研究的主要特点、研究机构及研究方向。她用案例研究的方法，阐述了拉美地区中国问题研究的发展变迁。她的结论主要包括，除了某些特别的文化课程外，拉美的大学中与中国问题相关的课程很少；大多数涉及中国问题的研究机构都是为亚洲或亚太地区的研究而设，很少有机构专门研究中国；绝大多数涉及中国问题的研究机构都少有或没有中国学者的身影，当地研究人员总体没有学过中文，也没有在中国学习过；拉美对中国问题的兴趣是在美国和欧洲形成的。她建议进一步加强学术层面的交流（不只是交换学生），以期促进双方的理解。

主旨演讲结束后，与会代表围绕会议主题、中国应如何加强在拉美的软实力及中国拉美研究的目的等问题展开了热烈讨论。

（外交学院科研处供稿）

丝绸之路与文明互动学术研讨会　11 月 14—15 日，首都师范大学文明区划研究中心（以下简称中心）举办“丝绸之路与文明互动”学术研讨会。

研讨会开幕前，民进中央副主席、中心主任刘新成教授和校党委书记郑萼在国际文化大厦贵宾室亲切会见了驻华使馆嘉宾和部分参会代表。包含：教育部国际交流司副司长陈盈晖、克罗地亚驻华大使奈博伊沙·科哈罗维奇和参赞法布里欧·碧塞拉等。中联部、外交部、新华社相关单位也派代表参加了开幕式。

此次研讨会设立了两个分会场，均在“丝绸之路和文明互动”的主题下进行讨论。各位代表深入探讨历史上的丝绸之路、当前国家的“一带一路”战略、文明之间的交流与互动和巴尔干半岛国家研究。

（首都师范大学计科处李志成供稿）

中国社会科学论坛（2015·国际关系）：习主席访美后的中美关系　11 月 17 日，由中国社会科学院美国研究所主办的中国社会科学论坛（2015·国际关系）“习主席访美后的中美关系”在北京举行。此次论坛旨在回顾和评估 2015 年习主席访美后的中美关系发展，并展望 2016 年中美关系。

中国社会科学院院长、党组书记王伟光出席开幕式并致辞。博鳌亚洲论坛秘书长、中国前驻美大使周文重，中国国际战略研究基金会学术委员、中国社会科学院近代史所学术委员会委员章百家，美国布鲁金斯学会高级研究员李侃如，美国约翰·霍普金斯大学中国研究中心主任蓝普顿，美国凯特琳基金会副主席陶美心等出席会议。周文重、李侃如、中国社会科学院国际学部主任张蕴岭、蓝普顿、外交部北美大洋洲司副司长徐学渊在开幕式上作主旨演讲。中国社会科学院美国研究所所长郑秉文主持开幕式。来自中国社会科学院、国防大学、复旦大学、中国现代国际关系研究院、清华—卡内基全球政策中心等机构的专家学者参加了会议。

（中国社会科学院办公厅刘玉杰编辑、供稿）

首届中国青年传播论坛　11 月 21 日，由中国青年政治学院主办，中国青年政治学院新闻传播学院、北京青年报社承办的“首届中国青年传播论坛”在京举行。来自国内外百余名专家学者参加了论坛，并围绕“改变未来：传播创新与青年发展”的主题进行了深入探讨。

本届论坛旨在搭建针对青年进行传播的学术交流平台，探讨青年传播的内涵与范式，以及构建“亲青时代”传播与青少年发展之间的和谐关系。在论坛的主旨演讲环节，北京青年报社常务副总编田科武、中国青年政治学院新闻传播学院教授李永健等先后从不同的角度阐释了新媒体环境下青年传播的发展现状，以及现代传播方式给青年带来的新问题和新思考。

除主旨演讲之外，本届论坛还设有 4 个分论坛，参会学者分别围绕“青年亚文化与媒体呈现”、“新媒体传播与青年认同”、“媒介素养与青年发展”、“青年传播与社会发展”等四个主题展开研讨，开拓多元思维，共享研究成果。

（中国青年政治学院科研处供稿）

中印发展圆桌研讨会 2015　11 月 24 日，“首届国务院发展研究中心与印度国家转型委员会对话会暨中印发展圆桌研讨会 2015”在京召开。国务院发展研究中心主任李伟、印度国家转型委员会副主席阿文德·帕纳加里亚出席并致辞。国务院发展研究中心副主任张来明主持会议，副主任隆国强作专题发言，副主任王一鸣、印度国家转型委员会首席执行官辛都什利·库勒尔作大会总结。国研中心党组成员、办公厅主任余斌、对外经济研究部部长赵晋平、印度国家转型委员会能源顾问阿尼尔·吉恩、长期规划顾问沙玛博士分别作专题发言，印度外交部东亚局联合秘书普拉迪普·拉瓦特主持部分会议。来自我国外交部、发改委、财政部、商务部和印度驻华大使馆代表以及有关单位专家学者出席对话会并参与研讨。

在为期一天的研讨会上，与会代表围绕“全球经济调整下的中印经济：机遇与挑战”、“区域贸易机制：对中国和印度的启示”和“加强中印经济合作：构建更紧密的发展伙伴关系”三个议题进行专题研讨。

印度国家转型委员会前身为国家计划委员会，目前由莫迪总理担任主席，主要职责是为印度经济转型和改革提供政策指导和技术支持，在印度的改革和发展进程中发挥重要作用。

作为分别服务于两国中央政府的重要智库，国务院发展研究中心与印度国家转型委员会于今年5月在两国总理共同见证下，签署谅解备忘录，建立机构间对话机制，确定围绕经济社会发展政策领域有关重大问题，轮流在两国召开研讨会。该对话机制已写入《中印联合声明》，此次对话会是双方联合举办的首届会议。

（国务院发展研究中心办公厅科研处郭巍供稿）

南海问题内部学术研讨会　11月26日，国家领土主权与海洋权益协同创新中心外交学院分中心在外交学院展览路校区举办了“南海问题”内部学术研讨会。来自武汉大学、南京大学、复旦大学、郑州大学、中国国际关系学院，以及外交学院等具有国际关系、国际法、外交学和国际经济等不同学术背景的20余位专家学者参会。

与会专家学者主要围绕“如何化解国家领土主权与海洋权益纠纷”这一主题，分别就“领土争端与中国周边安全”、“中菲在南海问题上的最新进展”，以及“海洋权益与中美关系”等议题展开了热烈、广泛而深入的讨论和交流。

开幕式由国家领土主权与海洋权益协同创新中心外交学院分中心主任郑启荣教授主持，外交学院党委书记袁南生大使、中国南海研究协同创新中心执行主任朱锋教授在会议上分别作了主旨发言。

会议主要围绕“领土争端与中国周边安全”、“中菲在南海问题上的最新进展”以及“海洋权益与中美关系”等三个议题展开讨论与观点交锋，取得了丰硕的成果。

最后，国家领土主权与海洋权益协同创新中心外交学院分中心主任郑启荣教授对此次会议做了总结。他认为这次会议举办得非常成功，各位学者观点多元、角度多样，对我们进一步研究相关问题有很大的帮助和启发。与会专家和学者也对这次会议给予了很高的评价，大家一致认为，像南海问题这样关乎国家利益的重大问题，涉及不同学科，因此召开这样的跨学科内部研讨会，为大家提供了不同的专业思考角度和观点整合平台，从而对多学科协同创新将产生积极的意义。

（外交学院科研处供稿）

东亚合作论坛2015　日前，“东亚合作论坛2015：东亚形势新变化与东亚合作前景”国际学术研讨会在北京举行。此次研讨会由中国人民大学国际关系学院东亚研究中心主办，来自中国、俄罗斯、韩国、日本、印度等国家的30多位专家学者围绕“东亚地区形势的新变化与新特点”“东亚安全新秩序的构建与安全困境的破解”“东亚经济新秩序的构建与区域合作的未来”三个议题展开坦率而深入的讨论。会议开幕式由东亚研究中心主任黄大慧教授主持。

中国人民大学国际关系学院院长陈岳教授在致辞中表示，东亚地区政治、经济、安全等各个领域的变化都会对世界产生影响。总结其变化和特征，对于探讨东亚区域安全合作机制，把握东亚地区经济合作发展动态，具有很强的现实意义，有助于推动东亚地区的和平发展。

与会学者从中美、中日等双边关系入手，畅谈东北亚地区形势变化，进而讨论东亚乃至亚太地区的合作前景。与会学者普遍认为，近期东亚地区形势发生了很大变化，尤其是其经济秩序面临重构，区域合作碎片化趋势可能加强。与世界其他地区比起来，目前东亚地区形势总体上是和平稳定的，矛盾处于可控范围内，值得一提的是中日关系近来有所改善。

东亚合作论坛创立于2005年，迄今已连续举办十一届，成为国内外相关领域专家学者探讨东亚地区和平、发展与合作问题的高层次、机制化学术交流平台，受到了国内外学界与媒体的广泛关注，取得了丰硕的学术成果。

（参见《光明日报》2015年11月29日第5版）

探索中韩新合作时代国际学术研讨会　12月1日，“探索中韩新合作时代”国际学术研讨会在北京举行。来自中韩两国的专家学者参加会议。会议围绕“促进东北亚共同繁荣”“中韩 FTA 与东北亚经济合作”“中韩文化合作”等主题进行了研讨。中国社会科学院副院长、党组成员蔡昉出席开幕式并致辞。出席开幕式并致辞的还有韩国经济人文社会研究会理事长安世英、中国社会科学院工业经济研究所所长黄群慧、韩国驻华大使馆经济公使朴银夏等。开幕式由中国社会科学院国际合作局局长王镭主持。研讨会由中国社会科学院、韩国经济人文社会研究会共同主办，中国社会科学院工业经济研究所、中国社会科学院亚太与全球战略研究院、韩国产业研究院承办，韩国驻中国大使馆给予支持。

（中国社会科学院办公厅刘玉杰编辑、供稿）

中美关系与中国领土主权和海洋权益问题学术研讨会 12 月 19 日，外交学院外交学与外事管理系主办，国家领土主权和海洋权益协同创新中心外交学院分中心协办的“中美关系与中国领土主权和海洋权益问题”学术研讨会在外交学院展览路校区举行。来自北京大学、华东师范大学、北京语言大学、中国人民大学、首都师范大学、国际关系学院、对外经贸大学、中共中央党校、中国社会科学院、中国国际问题研究院、中国现代国际关系研究院等高校和科研机构的 30 余位专家学者与会。

会议开幕式由外交学与外事管理系主任唐晓教授主持，外交学院党委书记、常务副院长袁南生教授和国家领土主权和海洋权益协同创新中心外交学院分中心主任郑启荣教授分别致辞。袁南生首先对各位学者来到外交学院参与本次学术会议表示诚挚的欢迎，并以自己在外交一线的工作经历阐述了当今中美关系的新特点，强调此次学术会议的召开有助于研究中美关系的新动向。最后，袁南生预祝此次学术会议取得成功。郑启荣向与会专家介绍了国家领土主权和海洋权益协同创新中心外交学院分中心的基本情况，表示研究解决中国的领土主权和海洋权益问题需要各单位专家的通力协作，欢迎各位专家学者参与和支持国家领土主权和海洋权益协同创新中心外交学院分中心的研究工作。

随后，会议分为四个阶段进行讨论，每一阶段的主题分别为：中美关系的历史与现状；中国解决领土边界问题的历史经验和前景展望；中美关系与中国海洋权益问题；构建中美新型大国关系。与会专家学者主要围绕如何从中美关系的历史中汲取经验教训；如何看待当今中美关系的特点；中国与相关国家边界问题的历史与现状；中美在南海问题上的博弈等问题进行了广泛而深入的讨论，会场气氛热烈。与会专家学者积极地为解决中国当前面临的领土主权和海洋权益问题献计献策，讨论取得了丰硕的成果。

最后，外交学院外交学与外事管理系熊志勇教授对会议进行了总结。熊志勇指出，当前，中美关系面临着一些新的问题，这些问题的解决需要学者的研究。学者进行研究时应当实事求是，务实谨慎，因为政策研究的影响较为重大。

在会议过程中，熊志勇还介绍了《中美关系讲义》一书的编写情况。《中美关系讲义》由外交学院和兄弟院校的老师共同编写。该书选取了一些涉及中美关系的外交文献的英文版本作为附录，可作为双语教材使用。

（外交学院科研处供稿）

东亚的挑战与未来讲座 12 月 24 日，应外交学院亚洲研究所邀请，中日韩三国合作秘书处秘书长杨厚兰大使访问外交学院沙河校区，出席“中日韩合作讲坛”并发表“东亚的挑战与未来”的主题演讲。来自外交学院、北京大学、吉林中日韩合作研究中心等单位的近百名师生参加本次活动。讲座由外交学院副院长江瑞平主持。

杨厚兰全面介绍了东亚区域合作发展现状，深入分析了东亚合作的挑战，并结合最新动态与趋势，对东亚合作的前景进行了展望。他指出，东亚合作面临四个方面的利好：中国的发展为周边带来机遇；东盟共同体将于年内建成，东亚国家推动地区一体化的意愿增强、共识增加；中日韩合作利在三国，惠及地区，成为拉动地区经济发展的重要力量；东亚合作机制化程度不断发展，政治、经济、人文各领域合作不断推进。同时，他也指出，东亚合作面临大国博弈、政治互信、领土争端、民意对立等四个方面的挑战。杨厚兰结合自己担任中国驻缅甸和阿富汗大使的亲身经历，就如何应对上述挑战提出了自己独到的见解。

演讲结束后，在场师生踊跃提问。杨厚兰就“一带一路”倡议的对外宣传、中日韩经贸合作、中国海外企业形象、TPP 对地区合作的影响、中国对外投资风险、日本历史认知问题、中日韩合作与东亚秩序以及中日韩三国合作秘书处的定位和职能等问题进行了解答。

（外交学院科研处供稿）

中国外交理论与实践的协同创新研究学术研讨会 12月25日，“中国外交理论与实践的协同创新研究”学术研讨会在外交学院国际交流中心召开。来自中共中央对外联络部、外交部的领导以及来自中国社会科学院、清华大学、中国人民大学、吉林大学、对外经济贸易大学、四川大学、上海对外经济贸易大学、天津师范大学、华东政法大学、浙江师范大学、合肥工业大学、中国新闻出版研究院及外交学院相关系、所的专家学者与会。会议开幕式由中国外交理论研究中心主任王春英教授主持，外交学院副院长王帆教授致欢迎辞。他代表学院向各位与会者表达了欢迎与致意，并向与会领导和专家学者介绍了本次学术研讨会的目的和重要意义。

研讨会的第一个议题是“中国特色大国外交的前沿思考”。与会专家认为，中国特色大国外交包含三个层面，即中国气派、中国风格和中国特色。一方面，中国必须对自身新处境有明确认识，才能发展统筹国内国外两个大局，制定适应自身发展需求的对外政策；另一方面，中国也应当正确对待国际社会对我的新认识，不能落入西方“国际责任论”的圈套。中国人民大学教授、国务院参事时殷弘指出，中国对外政策的真正中国特性在于国内事务的优先性、战略保守主义特色以及坚持和平发展的理念，中国对外政策的来源是复杂的，包括马克思主义、爱国主义、现实政治以及最为重要的中国经验的沉淀。天津师范大学教授王存刚从多个方面论述了自由主义思潮对当代中国外交的影响。中国人民大学教授王义桅指出，传播丝路文化、讲好丝路故事、阐明丝路精神是丝路外交的三大内涵，文明共同体、利益共同体、命运共同体是丝路外交的三大目标。清华大学副教授赵可金强调，党的十八大以来，中国外交制度在保持了基本框架延续性的基础上发生了新变化，包括更加强调顶层设计，强调统筹协调，强调立体外交，也包括首脑外交、第一夫人外交、经济外交、城市外交等新外交渠道。

25日下午，研讨会进行了分组讨论。第一组的议题是“全球治理体制变革中的中国方略”，由时殷弘教授主持。外交学院刘曙光教授、浙江师范大学卢凌宇教授、对外经济贸易大学赵鸿燕教授、外交学院杨莉教授、中国社会科学院任晶晶研究员、外交学院高尚涛副教授、中央财经大学白云真副教授、外交学院雷建锋副教授、中国新闻出版研究院龙晓柏副研究员、外交学院付韶军讲师、凌胜利讲师围绕中国经济外交的战略转型、理念创新与发展趋势，“一带一路”背景下的中国对外援助、直接投资风险与对策，中国参与国际安全体系进程分析等外交实践问题，以及国际关系理论的中国学派及相关外交理论问题进行了热烈充分的研讨。

第二组的议题是“命运共同体建设的理论探讨”，由赵可金副教授主持。吉林大学张景全教授、中国社会科学院王键研究员、外交学院张翠珍教授、四川大学周伟教授、对外经济贸易大学熊李力副教授、中国社会科学院孙西辉副研究员、外交学院陈雪飞副教授、华东政法大学章远副研究员、吉林大学孙兴杰讲师、合肥工业大学王建讲师、上海对外经济贸易大学胡勇讲师围绕中国的安全外交、公共外交、周边外交、社会化外交等议题展开融洽充分的讨论。

（外交学院科研处供稿）

2015年中共北京市委研究室开展决策研究 2015年，在中共北京市委员会的正确领导下，市委研究室（改革办）按照中央和市委“三严三实”统一部署，紧扣全面从严治党的新任务紧紧围绕服务市委科学决策，围绕京津冀协调发展、全面深化改革，圆满完成文稿起草、调查研究、信息服务和组织协调全市调查研究工作等各项任务。全年共完成各类文稿645篇，约200万字。其中，完成市委有关领导同志讲话320余篇，完成市委重要文件70余篇，调研报告30余篇。全年编辑《决策参考》48期15.4万余字，其中有5篇得到了市领导的批示。《北京调研》12期110万余字，编辑2014年下半年及2015年上半年市委书记郭金龙文稿汇编两册52万余字，搜集中央及市主要领导活动资料571篇，总编辑量178万余字。统筹全市2015年重点课题120余项，完成决策研究专业高级（正高级）职称评审委员会的换届和2015年度职称评审工作，培训全市调研系统干部110人，组织赴国外和境外调研学习25人次。

2015年分别组织召开市委全面深化改革领导小组第四、第五、第六次全体会议，审议通过了《市委十一届四次全会重要改革举措实施规划（2014—2020年）》、《市委全面深化改革领导小组2015年工作要点》、《2015年市委全面深化改革领导小组重点研究议题》、《2015年各区县重点探索推进的改革事项》等一系列重要改革文件，保障了领导小组对改革工作的科学领导决策。市委全面深化改革领导小组和市委常委会共审议49项改革议题，制定出台了一系列重要改革举措。

市委改革办领导带队开展各类调查研究 50 余次，围绕城市公立医院改革、街道社区管理体制改革、加快全国科技创新中心建设、预算体制改革等重点领域，组织召开区县部门座谈会、专家学者论证会 8 次。刊发各类简报信息 82 期，其中《北京改革工作简报》29 期、专刊 2 期，《北京改革情况交流》41 期，《北京改革调研报告》10 期。落实市委主要领导的指示精神，注重调查研究的专、细、深，服务市委科学决策，全年共形成调研成果 32 篇，《以改革创新精神打造轨道上的京津冀》、《北京城乡接合部社会治理问题研究》、《城镇集体企业不应成为被改革遗忘的角落》、《国外主要首都城市功能的设置、调整和疏解分析》等一批高质量的调研成果得到领导肯定。

（中共北京市委员会研究室冀淑萍、杜金帆、胡晓丹供稿）

北京市档案局 2015 年“档案见证北京”讲堂　市档案学会为大力宣传档案文化，每月 15 日准时在东城区图书馆进行“档案见证北京”文化系列讲座，全年举办 12 场，听众达 1700 余人。

2014 年北京市社会组织公益服务品牌评选揭晓，北京市档案局“档案见证北京”文化讲堂荣获铜奖。由北京市社会建设工作领导小组办公室牵头，历时 5 个月，经过申报、推荐、初选、专家评审、综合投票、网上公示等严格程序，从全市 36 家市级“枢纽型”社会组织和 16 个区县社工委推荐的 396 项参评对象中产生了 100 个社会组织公益服务品牌，其中金奖 10 个、银奖 30 个、铜奖 60 个。由我局主办、市档案学会承办的“档案见证北京”文化讲堂获得 2014 年度北京市社会组织公益服务品牌铜奖（名单见《北京日报》1 月 8 日第 10 版）。公益服务品牌，是指社会组织开展的具有公益性、标志性的服务项目或活动，特点是彰显公益精神、体现核心业务、运行管理规范、“品牌”效应突出。我局“档案见证北京”文化系列讲座创办五年来，借助文化讲座平台，加大档案历史文化宣传，加强公益服务意识，品牌效应日益凸显，得到上级部门的首肯和社会公众的广泛好评。为提升讲座品牌的社会宣传效应和品位，经评选委员会审定，本讲座名称改为“档案见证北京”文化讲堂。市档案学会已报主办部门同意，从今年起讲座更名为“档案见证北京”文化讲堂。

1 月 15 日，新年首场“档案见证北京”文化讲堂开讲。本期主讲嘉宾是国家档案局巡视员、中国档案学会副理事长、研究馆员邹爱莲，她依据大量翔实的清宫档案，从四个方面“以档证史说慈禧”。慈禧是清代历史中的重要人物，清末以来，社会上不仅对慈禧太后在历史上的功过是非有各种评议，对她的生平、家世等细节也有各种传说。主讲人对此进行了详细的解读辨析，为听众揭开了历史的面纱，受到百余名现场听众的欢迎。市档案学会为更好地宣传档案历史文化，使本讲座真正成为叫得响的公益服务品牌，今年起将讲座更名为“档案见证北京”文化讲堂。中国档案资讯网也将在视频栏目中增设讲座视频，满足广大网民的文化需求。

3 月 15 日，今年“档案见证北京”文化讲堂第三讲在东城区图书馆如期开讲。本期讲座特邀中国第一历史档案馆副馆长、研究馆员，清宫史研究会秘书长李国荣担任主讲嘉宾。他从热播的电视剧《甄嬛传》说起，通过大量珍贵的档案文献资料，从三个方面对明清皇宫档案作了详细介绍：一是历史沧桑，评介北洋时期的八千麻袋事件、抗战期间的南迁西运、后来的北京台北两地分存；二是珍藏概略，披陈从皇帝谕旨到臣工奏折、从大明地图到晚清电报、从御用膳单到清宫医案等各类宫中秘档；三是文化开发，阐释了皇家珍档在国家资治、文化建设、学术研究、影视创作、国际合作等诸多方面的独特作用。在随后的互动环节，主讲人还回答了听众有关雍正皇帝治吏以及反腐涉及“铁帽子王”的话题。到场近百名听众反响热烈，表示希望多多举办这样的文化讲座。

4 月 15 日，今年“档案见证北京”文化讲堂第四讲在东城区图书馆举行。北京史研究会会员、北京史地民俗学会会员、展陈处王兰顺同志担任主讲。去年 7 月，一部国产惊悚片“京城 81 号”的热映，把北京朝阳门内大街 81 号院炒得沸沸扬扬，“鬼宅”的故事充斥网络、微博、微信等载体。主讲人针对种种市井传闻，通过翻阅档案史料、进行实地调查以及追踪采访，终于揭开了朝内 81 号的神秘面纱。此次讲座，他以“破解朝内 81 号‘鬼宅’之谜”为题，讲述了曾经发生在这座小洋楼里的许多鲜为人知的陈年往事。精彩的讲解受到了 170 余名听众的热烈欢迎，讲座现场座无虚席，包括来自法国、爱尔兰、美国、丹麦等国的北京历史文化研究学者也聆听了此次讲座。

5 月 15 日，“档案见证北京”文化讲堂第五讲

“名人与北京的博物馆”在东城区图书馆举行。本期主讲嘉宾是中国国家博物馆研究员、资深讲解专家齐吉祥。他通过大量照片档案文献以及亲历亲见亲闻，倾情讲述了周恩来总理以及鲁迅、张伯驹、沈从文、王冶秋等知名人士对北京博物馆事业的贡献和许多鲜为人知的往事。近200名听众慕名而来，聆听了齐吉祥老师的精彩讲述。为配合今年“馆日”活动和纪念抗战胜利70周年活动，讲座现场还发放了《“国际档案日”暨北京市第七届“档案馆日”系列活动安排》和《北京市档案局（馆）关于征集抗日战争时期档案资料的公告》，受到听众欢迎。

7月15日，今年“档案见证北京”文化讲堂第七讲如期开讲。本期讲座特邀北京人艺戏剧博物馆馆长刘章春以“戏比天大——北京人艺台前幕后的故事”为题，讲述老一代艺术家们为话剧艺术创作演艺酸甜苦辣的经历，以及幕后为话剧艺术默默无闻制作舞美道具的老师傅们的独门绝技。次日，市档案学会又组织听众到人艺戏剧博物馆参观学习，请刘章春馆长围绕人艺发展历史、著名剧作家的手稿档案、演员人物塑造的心路历程、幕后舞美道具制作等方面，进一步做了深度解读。观众兴致勃勃地听讲解看实物，沉浸在话剧艺术的殿堂之中。大家由衷地感谢刘章春馆长如数家珍的讲解，感谢市档案学会将文化讲堂与实地参观学习相结合，拓展了活动形式，扩大了宣传效果，希望今后多组织这样丰富多彩喜闻乐见的活动。

12月15日，2015年度“档案见证北京”文化讲堂按照全年计划圆满结束。史料处副研究馆员鹿璐在东城区图书馆作了题为“安徽会馆：戊戌变法的策源地”讲座，为2015年“档案见证北京”文化讲堂画上了圆满句号。今年，市档案学会在理事会的领导下，除每月15日在东城区第一图书馆推出一期讲座外，还应邀把讲座延伸到朝阳区图书馆、西城区第二图书馆、史家胡同博物馆等文化场所，并首次走进中国人民大学、北京联合大学等高校，全年共举办35场讲座，听众达3300余人次。明年的“档案见证北京”文化讲堂计划在北京市档案信息网发布后，“档案那些事儿”、“京社科”等微信平台迅速转载，扩大了传播面，引起很大反响。很多听众在12月15日讲座当天纷纷索取明年讲座宣传页，对于主办方精心策划的讲座选题给予了高度评价。

（北京市档案局科教处胡晓燕供稿）

· 机　　构 ·

概　　述

本栏目记述了5个2015年新建立的北京市哲学社会科学研究基地。在已刊机构补充介绍中，记述了4所高校新增机构介绍，以及3所高校领导成员变更情况。

2015年新建立的北京市哲学社会科学研究基地

首都对外文化贸易研究基地

首都对外文化贸易研究基地是依托北京第二外国语学院建立的北京市哲学社会科学应用对策研究基地。2015年6月25日经北京市哲学社会科学规划办公室批准成立。基地主要围绕4个研究领域开展研究：（1）国际文化贸易基础理论体系的构建；（2）首都对外文化贸易的战略政策；（3）北京文化的国际市场培育与贸易拓展；（4）首都文化企业跨国经营与国际化发展。基地的建设目标是通过组建跨专业、跨院校、跨领域、跨国界的交叉学科研究团队，开展前瞻性、战略性研究，为首都北京乃至全国对外文化贸易的发展、经济结构的优化升级、发展方式的转变、文化软实力以及区域综合竞争力和国家综合国力的提升做出努力，打造首都对外文化贸易领域的新型智库，服务于首都北京“四个中心”的建设，服务于京津冀一体化国家战略的推进，服务于国家文化“走出去”以及社会主义文化强国战略。

基地负责人：李小牧

基地首席专家：李嘉珊

电话：65778155

传真：65778155

地址：北京市朝阳区定福庄南里1号北京第二外国语学院

邮编：100024

北京市高端服务业发展研究基地

北京市高端服务业发展研究基地是依托中共北京市委党校建立的北京市哲学社会科学应用对策研究基地。2015年6月25日经北京市哲学社会科学规划办公室批准成立。基地主要围绕5个研究领域开展研究：（1）高端服务业的理论、方法及其应用研究；（2）北京高端服务业的总体发展状况及其内部具体行业的发展状况研究；（3）北京高端服务业的国际化发展水平及其与国内外大都市圈的比较研究；（4）北京高端服务业的集聚、融合、升级与疏解研究；（5）北京高端服务业的战略政策措施体系研究。基地建设思路和目标是以应用对策研究和科研成果转化为导向，有效聚合首都党政部门、党校、高校、科研机构等优质科研力量，着力破解北京高端服务业发展和扩大对外开放的重大理论和现实问题，找准北京高端服务业发展的优势领域，探索其信息化、融合化、国际化、内涵集约化发展的有效路径，为北京高端服务业的选择、培育和升级，为北京构建“高精尖”现代产业体系、扩大服务业对外开放提供理论支撑、智力支持和决策咨询服务。

基地负责人：吴兵

基地首席专家：朱晓青

电话：68007063

传真：68007063

地址：北京市西城区车公庄大街6号中共北京市委党校

邮编：100044

中国化马克思主义发展研究基地

中国化马克思主义发展研究基地是依托北京大学建立的北京市哲学社会科学研究基地。2015年7月21日经北京市哲学社会科学规划办公室和北京市教育委员会联合批准成立。基地围绕马克思主义理论和实践中的若干重大和现实问题开展研究，主要包括3个研究领域：（1）中国发展道路与方向研究；（2）中国化马克思主义的理论创新研究；（3）人类文明发展视野中的“中国学”研究。基地的建设目标是致力于理论创新、推动实践创新、教育创新，形成对中国化马克思主义的具有代表性的突破性的理论建构；探索理论创新的科学机制，推动形成有中国气派和风格的理论流派；打造国内前沿、可以代表国内中国化马克思主义研究水平的理论队伍；形成国内颇有影响的智库，成为推动中国特色社会主义的新发展的研究机构。

基地负责人兼首席专家：程美东

电话：62766312

传真：62766312

地址：北京市海淀区颐和园路5号北京大学马克思主义学院

邮编：100871

北京经济社会可持续发展研究基地

北京经济社会可持续发展研究基地是依托北京理工大学建立的北京市哲学社会科学研究基地。2015年7月21日经北京市哲学社会科学规划办公室和北京市教育委员会联合批准成立。基地围绕北京市经济社会可持续发展过程中的重大理论和实践问题开展研究，主要包括3个研究领域：（1）能源经济可持续发展及复杂系统分析；（2）现代工业产业可持续发展及其风险管理；（3）战略新兴产业优化决策与可持续发展。基地建设目标是致力为首都经济社会可持续发展提供一流的科学决策支撑，成为北京制定经济社会可持续发展政策的智库，使首都的发展与资源环境的承载能力相适应，通过提升科学管理软实力来提升北京的城市竞争力，推动北京向中国特色世界城市迈出坚实的步伐。

基地负责人兼首席专家：魏一鸣

电话：68918009

传真：68918009

地址：北京市海淀区中关村南大街5号北京理工大学

邮编：100081

北京对外文化传播研究基地

北京对外文化传播研究基地是依托北京第二外国语学院建立的北京市哲学社会科学研究基地。2015年7月21日经北京市哲学社会科学规划办公室批准成立。研究基地围绕“一带一路”战略规划、全国文化中心和国际交往中心建设，立足北京文化软实力和对外文化传播能力提升的现实需要，从顶层设计的战略高度开展北京对外文化传播的战略性研究，主要包括4个研究领域：（1）传播学理论和范式研究；（2）文化传播能力与路径研究；（3）文化传播手段与媒介研究；（4）文化传播效果与评价研究。基地建设目标是通过项目推广和课题研究，聚集国内外研究资源，密切结合学术研究和社会实践，着眼于北京文化建设和对外传播的长远方向，提出提升北京文化影响力、北京对外文化传播能力和实现北京文化辐射力的具体举措，为市委、市政府文化战略决策提供咨询服务。

基地负责人：邱鸣

首席专家：曹卫东

电话：65778385

传真：65778385

地址：北京市朝阳区定福庄南里1号北京第二外国语学院

邮编：100024

（北京市哲学社会科学规划办公室供稿）

已刊机构补充介绍和领导成员变更情况

中央民族大学

校领导成员变更情况

经中共国家民委党组 2014 年 12 月 5 日研究，并商中共北京市委同意：

黄泰岩同志任中央民族大学党委副书记；

免去陈理同志中央民族大学党委副书记、党委常委、党委委员职务。

中国政法大学

2012 年新增机构

国家级“2011 计划”国家领土主权与海洋权益协同创新中心

国家领土主权与海洋权益协同创新中心由武汉大学牵头、复旦大学、中国政法大学、外交学院、郑州大学、中国社会科学院中国边疆史地研究中心、水利部国际经济技术合作交流中心等单位参与，于 2012 年 9 月正式组建，是获得国家“2011 计划”第二批认定的 24 个协同创新中心之一。

中心本着服务国家重大急需的宗旨，按照“需求导向、实体架构、专兼结合、开放运行、深度融合、创新引领”的原则，瞄准维护国家领土主权、保障和拓展国家海洋权益亟待解决的重大问题，以深化机制体制改革为核心，以重大任务为牵引，开展三位一体的协同创新，提出具有重要决策参考价值的咨询报告，形成学术上有重大突破、理论上有重大创新的研究成果，造就具有国际视野的复合型人才，催生领土海洋学科并带动相关学科发展，将中心建成集科学研究、决策咨询、人才培养、公共外交为一体的国家战略平台、世界一流智库。

中心将依托历史基础、法律依据、技术保障三大支撑，研究“陆地领土主权和权益维护”、“岛礁主权维护”、“海洋权益维护和拓展”、“极地权益保障和拓展”四大核心问题，为国家制定近期和长远的陆海联动的领土海洋政策，系统解决紧迫现实与重大战略问题，提供决策咨询、理论支撑、人才保障。组建以来，中心有效对接部委，依托一流平台，集成优势学科，汇聚高端学者，集中了本领域的创新要素，初步建成了领土主权与海洋权益国家战略平台。协同中心扬弃和发展武汉大学的已有经验，在较短时间内建立起一套有利于协同创新的体制与高效的日常运行机制，在资源汇聚整合、服务国家决策、科学研究、人才培养、国际交流等方面狠下功夫，规划、启动和实施了一批重大计划和项目，取得了显著的协同创新成效。

2015 年新增机构

中国政法大学资本金融研究院

2015 年 6 月 18 日，国内首家资本金融研究院在中国政法大学成立。旨在打造研究资本市场法制化发展的学术平台，重点培养精通法律与资本金融的复合型人才，为中国金融立法和金融发展提供科学理论依据，解决中国金融体制改革和资本市场发展中的法律与金融结合当中的实际问题。

在教学模式探索上，研究院采用“校内与校外”、“金融与法律”、“理论与实践”结合的双导师制，重点培养精通法律与资本金融的复合型人才。为国家培养金融法制所需要的金融实务、金融监管、金融审判、金融仲裁和金融法务方面的复合型、应用型和创造型高端人才。

研究院的建立体现了三个结合，即法律与金融的结合，理论与实践的结合，校内与校外的结合。研究院将发挥资本市场智库作用，为中国金融立法和金融发展提供科学理论依据，解决中国金融体制改革和资本市场发展中的法律与金融结合当中的实际问题。

首任院长为刘纪鹏教授。

中国政法大学互联网金融法律研究院

2015 年 12 月 4 日中国政法大学成立了国内首家互联网金融法律研究院。研究院宗旨是：建立我国金融创新、互联网金融、金融监管、金融消费权益保护及其法制的权威专家智库和咨询服务机构；建设成我国的金融创新与法律的研究基地和人才的培养基地。互联网金融法律研究院的使命是对金融创新过程中出现金融风险防范与控制的法律问题进行研究；根据金融创新过程中的人才需求进行人才培养模式研究和人才培养；为国家提出应对金融创新与互联网金融风险提出对策和建议。

中国政法大学互联网金融研究院是中国政法大学在编的科研机构，设立互联网金融法律方向的硕士研究生点与博士生点为国家培养金融创新与互联网金融及其法律高端人才。

中国政法大学互联网金融法律研究院是由中国政法大学设立的集科学研究、人才培养、学科建设和社会服务为一体的研究机构，由北京市金融局牵头成立的首都金融服务商会和华兴和投资基金管理（北京）有限公司赞助建设。紧紧围绕我国与首都互联网金融大发展中的前沿问题、综合问题和战略问题，突出金融创新与互联网金融发展过程中的法律问题进行研究与人才培养。

首任院长为李爱君教授。

中国政法大学仲裁研究院

中国政法大学仲裁研究院是由中国政法大学与中国有代表性的仲裁机构，在国家协同创新政策指导下，与社会共建的创新性科研机构。

仲裁研究院是中国政法大学在国家提出高等学校创新能力提升计划——“2011 计划”的背景下，在为仲裁行业提供专业教育培训的经验基础上，于 2012 年开始提出共建计划，于 2014 年在全国仲裁工作座谈会上面向仲裁机构提出，并得到积极响应后开始筹建。2014 年 12 月 19 日，中国国际经济贸易仲裁委员会，以及深圳、武汉、北京、广州、西安、重庆、天津、青岛、成都、哈尔滨、石家庄、贵阳等仲裁机构参与了中国政法大学举办的“仲裁研究院共建签约仪式”。2015 年在筹建过程中，法制日报社与人民法院报社两家专业媒体也应邀加入，成为仲裁研究院共建签约单位。

2015 年 12 月，仲裁研究院根据我校创新型科研机构成立的相关政策，通过学校审议正式成立。研究院定位是集仲裁学科建设、仲裁人才培养、仲裁科学研究、仲裁法制建设、仲裁咨询服务“五位一体”的协同创新中心。仲裁研究院施行理事会制，共建机构与法大共同组建的常务理事会议作为机构的最高决策单位，行使共同治理研究院的职责和权力。

首任院长为黄进教授。

校领导成员变更情况

2014 年 1 月 14 日，任命徐扬同志为中共中国政法大学委员会委员、常委；任命徐扬同志为中国政法大学副校长。

2015 年 5 月 5 日，任命黄进为中国政法大学校长，冯世勇、马怀德、李树忠、徐扬、时建中、常保国、于志刚为中国政法大学副校长；常保国任中共中国政法大学委员会委员、常委、副书记，时建中、于志刚任中共中国政法大学委员会委员、常委。

（中国政法大学科研处满学惠供稿）

对外经济贸易大学

2015 年新增机构

保险产业政策与法律研究中心

保险产业政策与法律研究中心成立于 2015 年，以对外经济贸易大学研究保险产业政策及保险法的学者为主，集合其他院校及实务界关注保险产业政策及保险法研究的各界人士，开展保险产业政策与保险法的理论研究与实践活动，加强国内外保险产业政策和保险法研究领域的学术交流与合作，为保险立法及法律实务提供智力支持，致力成为我国保险产业政策与保险法领域的重要智库。

中心的研究方向主要包括：中国保险产业政策的顶层设计研究；各国保险产业政策的比较研究；保险法基础理论研究；保险私法研究；保险监管法研究；保险资产管理及其法律监管研究；保险业法研究；保险法与相关学科的交叉研究等，以期推进我国保险产业和保险法的可持续发展。

中心主任：于海纯，联系方式：64493708

世界卫生组织烟草控制与经济政策合作中心

世界卫生组织烟草控制与经济政策合作中心成立于 2015 年，是世界卫生组织在对外经济贸易大学设立的全球首家经济政策合作中心，是世界卫生组织全球公共卫生事业国际合作网络的重要组成部分。中心将在世界卫生组织、中国相关部委以及对外经济贸易大学的领导下，积极开展包括烟草税在内的公共卫生经济领域的研究、教育和培训，配合世界卫生组织在中国及西太平洋区开展相关领域的各项组织协调和能力建设工作。

中心在多年与世界卫生组织和国家卫计委、财政部及相关兄弟单位的合作基础上，将进一步深入地开展在公共卫生经济领域的研究和教育培训、推动公共卫生经济领域的国际交流，为国际组织、国家相关部委和社会提供政策咨询、数据支持和社会服务，与专业人士及兄弟单位一起共同促进我国的公共卫生健康水平，共同为实现中国的健康强国战略目标而努力。

中心主任：郑榕，联系方式：64493332

私募投资基金研究中心

私募投资基金研究中心成立于 2015 年，是由对外经济贸易大学国际商学院联合中国证券投资基金业协会、国泰基金管理有限公司、杰思汉能资产管理公司核心人才资源共同发起成立的私募基金行业高端研究机构。中心整合各私募资金投资机构、研究机构和上市公司的智力资源，致力于奠定私募投资基金行业研究和咨询服务的龙头地位，使中心成为中国私募投资基金研究数据的发源地，为中国私募投资基金行业的持续、健康发展和国际化接轨做出贡献。

私募投资基金研究中心的定位以社会服务为主，致力于为私募投资机构提供专业咨询，构建投资资本与初创型企业的融资平台。中心的研究内容主要包括：私募投资基金年度报告；私募投资基金战略与资本运营咨询；私募投资项目收益风险管控机制；行业投资研究报告；私募基金 LP 的开发与维护等。

中心主任：周煊，联系方式：64493501

智慧商务研究中心

智慧商务研究中心成立于 2015 年，是对外经济贸易大学为了适应当前以大数据分析为基础的智慧商务的迫切需要、大力推动中国智慧商务理论和实践的研究而建立的。中心将引进和应用、并自主开发智慧商务理论、研究方法和应用技术，结合中国企业的实际情况，发展以智慧商务为主题，搭建产学研三结合，集智慧商务学术研究、案例研究与开发、商业模型开发和应用研究为一体的研究平台。

中心旨在开发智慧商务的相关商业模型、系列研究方法和研究工具促进与国内外智慧商务应用领域中的交流与合作，为政府和商界提供创新性研究成果和咨询建议。研究方向包括：大数据时代的新媒体投放与营销交互方式；基于数据挖掘的客户需求结构系统建立与分析；大数据模型识别过程；基于大数据的企业兼并模拟过程；海量消费者的背景特征与交互影响；移动互联网运营（商用 APP 定制开发、微信运营、数据库营销）。

中心主任：高充彦，联系方式：64493501

大数据风险管理研究中心

大数据与风险管理研究中心成立于 2015 年，是对外经济贸易大学统计学院、台北医学大学、国家统计局、北京大学、人民大学、中国商业统计学会、中华应用统计学会、北京商智通信息技术有限公司的人力智力资源共同发起设立的学术团体。中心结合大数据统计、数据挖掘、风险管理、互联网金融等领域，通过校内外合作的方式，加强学生的大数据统计应用能力和数据分析功底，旨在更好地培养学生大数据分析所需的技能，提升学生在未来职场中的优势，提供全校以及社会层面关于统计方法的咨询和培训服务，并推动统计学系更好的发展。主要工作内容包括：大数据分析方法的研究和创新、计算机辅助电话调查的社会服务、统计方法的咨询服务和风险管理数据分析的咨询服务。

中心主任：刘立新，联系方式：64493863

绿道贸易便利化研究中心

绿道贸易便利化研究中心成立于 2015 年，中心宗旨是建设具有先进科研能力的贸易便利化研究机构，开展贸易便利化、贸易合规和外贸综合服务等国际贸易便利化的研究工作。中心将通过组建研究专家团队、征集研究课题、确定研究方案、筹集研究经费、实施研究课题、组织相关研讨、交流活动等途径，提出切合市场实际、具有高度可实施性的研究成果。

研究中心的研究方向是开展贸易便利化、贸易合规和外贸综合服务等国际贸易便利化的研究工作。涵盖领域包括：跨境电商及产业园规划与便利化通关方案研究；海关特殊监管区域整合与转型改革研究；AEO 认证和国际互认研究；区域通关一体化改革研究；海关估价与转移定价、特许权使用费征税研究等。

中心主任：徐晨，联系方式：64497122

中国亚太经济文化研究中心

为响应落实国家关于“一带一路”“互联互通”和亚太自由贸易区建设等重大战略部署，整合经济、科技、企业、文化等各方资源，进一步推动中国与亚太地区的交流与合作，对外经济贸易大学与中国亚太经济信息管理中心合作成立中国亚太经济文化研究中心，旨在推进国家战略与地方发展的协同，企业发展与产业咨询的协同，人才需求与培养的协同以及经济与文化的协同。中心致力推动国内外政府、企业之间的交流，国内外学术界的合作研究，为其搭建全面沟通和交流的开放式平台。

中国亚太经济文化研究中心是集政企沟通桥梁、政策与战略研究、优质智库资源输出、咨询与培训等功能于一体的国家亚太合作总体布局的高端智囊机构，政府决策建议与转移中心，学术、科研与市场有机结合的政府—高效复合平台。中心将通过项目引领、问题引领、专家引领、市场需求引领，以政策资源、产业资源及学术资源为连接，引导相关产业的健康发展。在专业化运作方面将以特聘方式，邀请企业、国际关系等领域的高层管理人员、专家、部门官员及学者进行互动，实现信息互通共享，致力于推动中心开放、协同、创新性发展。

中心主任：韩红，联系方式：64493165

商事仲裁和争议解决研究中心

商事仲裁和争议解决研究中心成立于2015年，专注对国际商事仲裁法律相关问题开展研究，以期取得有利于我国仲裁法律制度完善的研究成果，为国家仲裁体制改革发展决策提供法律研究依据。中心研究方向包括：与仲裁法修改相关的问题研究；参加联合国贸法会（UNCITRAL）仲裁规则的起草小组，参与国际立法研究；承担每年编辑出版《中国仲裁年度报告白皮书》中英文版；我国仲裁法律制度的创新与完善；新形式争议解决的相关法律制度等。

中心主任：沈四宝，联系方式：64494288

国际商事和投资仲裁研究中心

"国际商事和投资仲裁研究基地"是经最高人民法院批准、最高人民法院民四庭决定在对外经济贸易大学设立的挂牌研究基地。依托该研究基地，对外经济贸易大学于2015年成立"国际商事与投资仲裁研究中心"。中心旨在依托对外经济贸易大学法学院的传统强项，进一步搭建理论研究和实务沟通的桥梁，联合各界力量，在国际商事和投资仲裁领域取得更多的研究成果，为更好地服务于我国涉外仲裁方面的司法实践做出重要贡献。中心具体研究内容包括临时仲裁、仲裁服务市场的开放、涉外因素以及投资争端的仲裁机制（ISDS）等。

中心主任：石静霞，联系方式：64494289

（对外经济贸易大学科研处供稿）

外交学院

2013年新增机构

中日韩合作研究中心

外交学院中日韩合作研究中心于2013年10月正式成立，是首家由官方认可的专门从事中日韩三国合作研究的学术机构，其宗旨是促进中日韩三国智库之间的交流与合作，为三国官产学媒对话搭建平台。

外交学院院长秦亚青教授担任中心主任，外交学院副院长江瑞平教授担任中心副主任。目前，外交部已批准在大连外国语大学、吉林省博览事务局、上海外国语大学、山东大学、南开大学、中国人民大学等多家高校和单位成立了中日韩合作研究中心。

2015年3月，第七次中日韩外长会决定推进三国智库网络等合作项目。外交学院亚洲研究所、日本国际关系论坛和韩国国立外交院已分别被指定为"中日韩思想库网络"的国家协调单位。

（外交学院科研处供稿）

中国青年政治学院

2015年新增机构

2015年6月新成立机构：国际交流教育学院

校领导成员变更情况

2015年9月退休的校领导：李家华（原校党委常委、副校长、纪律书记）

2015年9月新兼任纪律书记：林维（现任校党委常委、副校长）

（中国青年政治学院科研处供稿）

·大　事　记·

2015年

1月

5日　全国宣传部长会议在北京召开。中共中央政治局常委、中央书记处书记刘云山出席并讲话，强调要顺应党和国家事业发展新要求，扎实做好宣传思想工作，为全面建成小康社会、全面深化改革、全面依法治国、全面从严治党提供有力思想舆论支持。

刘云山指出，做好宣传思想工作，最根本的是用中国特色社会主义凝聚思想共识。要持续深入地学习宣传贯彻习近平总书记系列重要讲话精神，在领会精神实质上下功夫，在入脑入心上下功夫，做到学而信、学而用、学而行。学而信，就要坚定理想信念，筑牢精神支柱；学而用，就要坚持问题导向，用讲话精神指导解决实际问题；学而行，就要内化于心、外化于行，形成推动事业发展、实现中国梦的强大力量。

（摘自《人民日报》2015年1月6日第1版）

6日　正在中国进行国事访问的厄瓜多尔总统拉斐尔·科雷亚·德尔加多访问中国社会科学院，并出席其著作《厄瓜多尔：香蕉共和国的迷失》中文版首发式。中国社会科学院院长王伟光出席首发式并致欢迎词。中国社会科学院副院长李扬主持首发式。来自中国外交部、中共中央对外联络部、中国社会科学院、中国人民对外友好协会、中国现代国际关系研究院、中国国际问题研究基金会、对外经济贸易大学、在京主要中外媒体及部分拉美和加勒比国家驻华使团的近200位官员、专家学者和新闻记者参加了这一活动。

（中国社会科学院办公厅刘玉杰供稿）

7日　中国台湾高雄第一科技大学副校长樊国恕、环境与工业安全卫生系主任王振华、教授洪崇轩、李家伟访问中国劳动关系学院。中国劳动关系学院副院长刘玉方出席交流活动，外事办主任吴万雄，教务处处长王淑芬，安全工程系主任孟燕华以及相关教师、学生代表参加了交流会。刘玉方对四位教授的到来表示欢迎，对两校前期合作成果给予肯定。吴万雄介绍了学校情况，并表示会继续支持两校之间的合作与交流。王淑芬就学校教务管理情况向对方进行了介绍，并就有关问题作了讨论。双方教师还就各自的研究领域以及开展科研合作项目展开交流。最后，双方达成加强师生互换交流、开展科研课题合作与学术专题研讨、互派教师授课等项目合作意向。刘玉方与樊国恕代表双方签署教学与科研合作意向书。

（中国劳动关系学院科研处陈邓海供稿）

8日　北京市第十三届哲学社会科学优秀成果奖颁奖仪式在北京师范大学举行。北京市社科联党组书记、市哲学社会科学优秀成果奖评奖委员会副主任委员韩凯，北京师范大学党委书记刘川生出席颁奖仪式。北京师范大学副校长杨耕主持颁奖仪式。

（北京师范大学社科处刘娜供稿）

15日　经国家新闻出版广电总局批准，由教育部主管，中央财经大学主办的学术期刊《财经法学》创刊号正式出版。《财经法学》（双月刊），遵循求真求是、开放包容的原则，提倡学术原创，尊崇学术品格，宽容学术异见，弘扬学术精神；注重制度之构建与实务之运作，亦欢迎法理学、法哲学层面的理论思考；关心私权之辨析与保护，亦不偏废公权力之探究与规范；提倡研究方法与范式的规范化、现代化和国家化；提倡表达形式的多样化，学术专论、判解研究、译文等兼收并蓄。主编：陈华彬，中央财经大学法学院教授。

（中央财经大学科研处供稿）

16日　法治建设研讨会暨北京市决策学学会年会在北京会议中心召开，来自各部委办局、各区县理事共72人参加会议。学会理事长王力丁出席并讲话，学会秘书长盛继洪主持会议。根据会议主题，特邀市政府法制办信息中心副主任徐宗立、市司法局研究室主任刘兵作主题发言。盛继洪代表学会汇报2014年工作及2015年工作设想，部分理事对学会工作提出意见建议，市社科联学会管理部主任周志勇发表讲话。最后，王力丁作总结讲话。

（摘自《北京社科联》2015年合订本）

27日　世界媒体峰会首届全球新闻奖颁奖仪式27日在北京举行。新华社社长蔡名照出席颁奖仪式并讲话。

蔡名照说，世界媒体峰会全球新闻奖秉承“真实、客观、卓越”的宗旨，涵盖多种媒体业态，鼓励各国新闻从业人员提高专业水准、追求卓越品质、勇于创新变革，积极履行社会责任和公益使命。此次获奖作品，体现了媒体同仁对现实重大问题的敏锐视角和持续关注，对新闻职业精神的坚守，对先进传媒技术的探索和运用。

美联社高级副总裁戴茜薇说，中国在短时间内就在数字化领域取得了令人瞩目的进展，新华社广泛而具有深度的报道将推动中国的数字化事业。此次获奖的不少作品都有很强的新闻性和创新性。尤其值得一提的是，亚洲的声音在新闻奖评选过程中得到了倾听。

今日俄罗斯国际新闻通讯社社长基谢廖夫、印度教徒报公司董事会主席兼发行人拉姆、美联社高级副总裁戴茜薇、半岛媒体集团副总裁萨拉赫丁和南非米瑞德集团、路透社、共同社、特纳集团等有关媒体负责人出席颁奖仪式。联合国机构驻华代表和境外媒体驻京机构代表等参加了颁奖仪式。

世界媒体峰会首届全球新闻奖评选结果于去年10月揭晓，共产生4个获奖者和19个提名奖获得者。

（摘自《人民日报》2015年1月28日第6版）

30日　经市委宣传部批准：2015年，由市委宣传部会同市社会科学界联合会举办“社会主义核心价值观普及讲堂”。讲堂以基层乡镇、街道、社区干部群众为主要对象，分12个专题60讲（每个专题设5场讲座），系统对社会主义核心价值观三个层面12个主题词展开宣传阐释。

（北京市社科联社科普及部供稿）

2月

8日　中共中央政治局常委、中央书记处书记刘云山专程到中国人民大学，看望我国著名哲学家、中国人民大学一级教授、学术委员会主任陈先达，代表习近平总书记和党中央表示亲切慰问，致以美好祝福。中共中央政治局委员、中央书记处书记、中央宣传部部长刘奇葆，中央宣传部常务副部长、中央文明办主任黄坤明，教育部党组书记、部长袁贵仁，学校党委书记靳诺、校长陈雨露陪同看望慰问。

（中国人民大学科研处李素萍供稿）

10日　中国共产党的优秀党员、久经考验的忠诚的共产主义战士、无产阶级革命家、我党思想理论宣传战线的杰出领导人、马克思主义理论家、中国共产党第十二届中央书记处书记邓力群同志，因病医治无效，于2015年2月10日16时56分在北京逝世，享年100岁。

（摘自《人民日报》2015年2月11日第1版）

同日　《北平军事调处执行部亲历记》发行座谈会在东城区翠明庄宾馆召开。中共北京市委党史研究室主任谢荫明，东城区委常委、组织部部长吴松元出席会议并讲话。部分亲历者及其亲属、相关领域专家学者、编审人员、新闻媒体记者及区党史办工作人员40余人参加会议。会议认为《北平军事调处执行部亲历记》的出版具有重要意义：一是保存了宝贵的历史资料，是一部立体的、生动的教科书，为全市党史部门从本地出发研究党史提供了很好的范本；二是为学习中国共产党勤学、勤业、党性坚定的精神和对台工作的宝贵经验提供了重要的借鉴。

（中共北京市委党史研究室刘朔供稿）

13日　《中国社会科学报》暨中国社会科学网编委会2014年全体会议在北京举行。中国社会科学院院长、党组书记，《中国社会科学报》、中国社会科学网编委会主任王伟光出席会议并讲话。中央党校副校长黄浩涛，全国人大农业与农村委员会委员、国防大学原副政委李殿仁及来自中国社会科学院、中央党校、国防大学、北京外国语大学等单位的30余位编委出席会议。中国社会科学院秘书长、党组成员，中国社会科学杂志社总编辑，《中国社会科学报》、中国社会科学网编委会副主任高翔主持会议。

（中国社会科学院办公厅刘玉杰供稿）

15日　根据上级安排，北京大学在英杰交流中心阳光大厅隆重举行全校教师干部大会，宣布中共中央、国务院关于北京大学校长职务任免的决定。中组部副部长潘立刚，教育部党组书记、部长袁贵仁，北京市委常委、市委教育工委书记苟仲文，中组部干部三局局长喻云林，教育部人事司司长刘大为等领导出席了会议。北京大学党委书记朱善璐、前任校长王恩哥、新任校长林建华以及学校党政领导班子全体成员、学校老领导代表，医学部和各学院（医学院、系、所、中心）党政班子成员，机关部处、直属附属单位副职以上干部，院士、资深教授和中青年教师代表，各民主党派负责人，离退休老同志代表，教代会代表，校办产业负责人等共300余人参加了会议。会议由朱善璐主持。

（北京大学社会科学部供稿）

3月

2日　《中国司法文明指数报告2014》发布，这是我国首个全国性的司法文明指数报告，作为中国政法大学司法文明指数项目组倾力之作，为我国法治建设提供了量化评估工具。

（中国政法大学科研处王培供稿）

8日　国际妇女节，中共中央宣传部、中华全国妇女联合会在中国网络电视台向全社会公开发布李元敏等10位全国“最美女性”的先进事迹。

李元敏、梁芳、董明珠、王桂云、王焕荣、秦开美、王丽萍、章金媛、次仁卓嘎、柳清菊等10位来自不同民族、不同地区、不同行业的优秀女性，在各自岗位上开拓进取、拼搏奉献、勇攀高峰、争创一流，做出了不平凡的业绩，唱响了新时代的巾帼之歌。在她们身上，充分展示了当代中国女性自尊、自信、自立、自强的优秀品格，她们不愧为传承中华民族传统美德的典范，不愧为践行社会主义核心价值观的模范。

发布活动现场播放了她们的事迹短片，全国道德模范詹红荔向全国“最美女性”颁发荣誉证书。

（摘自《人民日报》2015年3月9日第6版）

12日　上午，首都各界人士会聚北京中山公园中山堂，举行简短而庄严的仪式，纪念孙中山先生逝世90周年，深切缅怀这位伟大的民主革命先行者。

上午11时，参加仪式的各界人士在孙中山先生塑像前肃立默哀并三鞠躬。全国政协副主席王家瑞代表中国人民政治协商会议全国委员会，全国人大常委会副委员长、民革中央主席万鄂湘代表中国国民党革命委员会中央委员会，中央统战部副部长林智敏代表中共中央统战部，北京市副市长程红代表北京市政府，民革中央副主席、民革北京市委会主委傅惠民代表中国国民党革命委员会北京市委员会，向孙中山先生像敬献了花篮。

纪念仪式由全国政协副主席、民革中央常务副主席齐续春主持。

万钢、罗富和、陈晓光、马培华和何鲁丽、周铁农、罗豪才、厉无畏以及全国人大、全国政协、中共中央统战部、民革中央、北京市等方面负责同志，部分在京参加十二届全国人大三次会议和全国政协十二届三次会议的代表、委员等出席仪式。

（摘自《人民日报》2015年3月13日第4版）

14日　以北京师范大学资深教授、中国文化国际传播研究院院长黄会林先生的名字命名的“会林文化奖”在京举行颁奖礼。瑞典汉学家罗多弼（Torbjörn Lodén）、著名艺术家韩美林共获2015年度“会林文化奖”，IDG创始人麦戈文（Patrick J. McGovern）先生获得“特殊贡献奖”。北京师范大学党委书记刘川生致辞，认为“会林文化奖”对推动“第三极文化”为核心的中国文化国际传播具有重要意义。颁奖礼由北京师范大学教授、著名学者于丹主持。

“会林文化奖”由北京师范大学会林文化基金和中国文化国际传播研究院主办，是面向国际的学院奖，旨在表彰为中国文化国际传播做出突出贡献的中外人士。全国政协常务委员龙新民为罗多弼颁奖。中国宋庆龄基金会党组书记、常务副主席齐鸣秋宣读颁奖词，认为罗多弼在瑞典文《四书》翻译及戴震思想研究方面取得了重要成果，是欧洲最具代表性的汉学家之一。美国夏威夷大学哲学系教授、夏威夷大学和美国东西方中心亚洲发展项目主任安乐哲（Roger T. Ames）为韩美林颁奖。中央文史馆馆员、中国文艺评论家协会主席仲呈祥宣读颁奖词，认为韩美林将中国传统艺术精髓与现代国际审美意识相结合，熟练运用东西方艺术语言，在绘画、书法、设计、雕塑、陶瓷、剪纸等门类均取得令人瞩目的成绩，是中国最具国际影响力的艺术家之一。安乐哲代表“会林文化奖”终评评委致辞，他在发言中提出：全球化时代人类面临着共同的危机，中国传统思想中“关系为本”的认识及儒家价值观将是解决人类危机的重要思想资源。

（北京师范大学社科处刘娜供稿）

15日　北京师范大学社会学院成立大会暨“社

会治理智库建设”研讨会在英东学术会堂举行。第十届全国人大常委会副委员长顾秀莲，国务院研究室原主任、国家行政学院原常务副院长魏礼群，北京师范大学党委书记刘川生，校长董奇，副校级干部周作宇，校长助理陈丽等出席会议。会议由副校长杨耕主持。

（北京师范大学社科处刘娜供稿）

18 日　应中华人民共和国全国人大常委会委员长张德江邀请，欧洲议会议长马丁·舒尔茨（Martin Schulz）对我国进行访问。访问期间，舒尔茨来到中国社会科学院发表了题为“庆祝中欧建交 40 周年：展望未来”的专题演讲。中国社会科学院副院长李扬主持演讲会。

演讲结束后，与会听众就欧洲议会的权能及变化、如何应对非传统安全挑战等问题，与舒尔茨进行了互动。

来自全国人大有关机构、外交部、商务部的代表，中国社会科学院、中共中央编译局、中国国际问题研究院、中国现代国际关系研究院、中国人民大学、对外经济贸易大学等机构的学者，欧盟驻华大使及欧洲国家驻华使节共 170 余人参加了演讲会。

（中国社会科学院办公厅刘玉杰供稿）

21 日　中国林学会林业史分会第三届换届会议在北京林业大学人文社会科学学院召开。来自北京、武汉、山西、河南等地 30 多名代表参加了会议。会议通过民主选举，产生了新一届委员会和常务理事人选，北京林业大学严耕教授担任主任委员，阎景娟、林震担任副主任委员，李莉担任秘书长。

（北京林业大学科技处张力供稿）

22 日　北京师范大学校园足球发展研究中心成立仪式举行。教育部体育卫生与艺术教育司司长王登峰，北京市教育委员会委员王定东，中国足球协会、教育部学生体育协会、北京市大学生体育协会等有关单位领导，足球界知名专家金志扬、马元安、商瑞华、张路等应邀到会。北京师范大学党委书记刘川生，党委副书记田辉出席成立仪式。

（北京师范大学社科处刘娜供稿）

24 日　由北京大学主办、中国高教学会引智分会协办的亚太国际教育协会（Asia-Pacific Association for International Education，简称 APAIE）2015 年年会在北京国际会议中心开幕，来自全球各地的高等学府、教育及咨询机构的专家学者和行政管理者参加了会议。亚太国际教育协会主席内田胜一（Katsuichi Uchida），北京大学常务副校长吴志攀、副校长李岩松，北京市教育委员会副主任郑登文等出席开幕式。亚太国际教育协会于 2006 年由韩国高丽大学发起，旨在推动亚太地区高等教育国际化。本次年会以“全球化背景下亚太高校交流与合作的新图景：挑战、机遇、对策”为主题，与会者通过主题论坛、展览、工作坊、圆桌会议等形式多样的活动开展密切交流，发表真知灼见，共襄盛会。

（北京大学社会科学部供稿）

27 日　中国地方志指导小组五届二次会议在北京召开。中国社会科学院院长、党组书记，中国地方志指导小组组长王伟光出席会议并作《深入学习贯彻落实习近平总书记系列重要讲话精神，全力推动地方志事业繁荣发展》的讲话。中国社会科学院副院长、党组成员，中国地方志指导小组常务副组长李培林主持会议，传达习近平总书记、李克强总理、刘延东副总理关于地方志工作的重要讲话、批示精神，并对指导小组部分组成人员变动及调整情况进行通报说明。

中国地方志指导小组办公室党组书记赵芮汇报中国地方志指导小组五届一次会议以来全国地方志工作情况、当前全国地方志事业发展形势以及 2015 年中国地方志指导小组办公室的工作设想。

第五届中国地方志指导小组副组长、成员近 30 人参加会议。

（中国社会科学院办公厅刘玉杰供稿）

30 日　为深入学习贯彻党的十八大及十八届三中、四中全会精神和习近平总书记系列重要讲话精神，中国社会科学院所局级主要领导干部学习习近平总书记系列重要讲话精神及马克思主义著作读书班在北京开班。中国社会科学院院长、党组书记王伟光在开班仪式上作开班动员讲话。副院长、党组成员张江、李扬、李培林，中央纪委驻院纪检组组长、党组成员张英伟，秘书长、党组成员高翔出席开班仪式。张英伟作题为“纪律建设永远在路上——学习习近平同志关于纪律建设重要讲话的体会”的报告。中国社会科学院原副院长朱佳木作关于“无产阶级专政理论的几个问题”的辅导报告。

院长助理、副秘书长以及院属各单位主要负责同志参加读书班。

（中国社会科学院办公厅刘玉杰供稿）

31 日　中国人民大学召开人文社会科学学术成果评价发布论坛。论坛由中国人民大学书报资料中心、人文社会科学学术成果评价研究中心和社会发展与转型协同创新中心主办。论坛发布了 2014 年度“复印报刊资料”转载学术论文指数排名及分析报告、2014 年版“复印报刊资料”重要转载来源期刊两项成果。

（中国人民大学科研处李素萍供稿）

4 月

2 日　由中共北京市委党史研究室、中国人民抗日战争纪念馆、首都互联网协会、北京青年报社四家单位在首都七家网站（千龙网、新浪网、搜狐网、网易网、凤凰网、百度网、北京网络广播电视台）共同推出的“缅怀先烈 圆梦中华”——中国人民抗日战争网上纪念馆上线一周年暨“清明节的铭记”专题正式上线。“缅怀先烈 圆梦中华”网络专题重点介绍民政部首批公布的抗日战争中为国捐躯的 300 位著名抗日英烈、英雄群体的生平，及北京市委党史研究室组织撰写的北京地区 40 位抗日英雄的生动故事，彰显“天下兴亡，匹夫有责”的民族英雄风貌，让广大网友铭记抗日英烈的不朽功勋。

（中共北京市委党史研究室刘岳供稿）

9 日　我国首个孔子学院教师培训中心在北京语言大学揭牌成立，中心将对派往各国的孔子学院教师和志愿者进行岗前、岗中培训，对汉语教师和志愿者开展语言及文化适应等方面的培训，预计每年培训学员 3500 人次。

据介绍，中心将采取市场化运作机制，拟在海外建立分中心，开展不同国别的本土教师资格证书培训及研究项目；建立全球汉语教师动态数据库，开展网络汉语教师培训；开展本土化培训教材以及教学示范课等资源建设。中心将培养高素质汉语教师，着眼于海外本土教师培训，为全球汉语国际教育和孔子学院发展输送符合不同国别需求的优秀教师，推动全球孔子学院及海外汉语教学的发展，努力打造一个具有世界影响力的“海内外汉语教师之家”。

此外，培训中心将设立孔子学院总部（国家汉办）教师资格认证考点，还将开展汉语教师自主培训、海外汉语教师委托培训、孔子学院院长汉语教学业务培训等工作。

（摘自《人民日报·海外版》
2015 年 4 月 10 日第 1 版）

10 日　北京市第三届人大制度理论研究会召开第三次理事大会。市人大常委会主任杜德印出席会议并讲话。

会议审议通过了研究会会长赵凤山所作的常务理事会工作报告。一年来，研究会围绕市人大及其常委会中心工作开展研究，全年共完成研究课题 16 项，申报省部级研究课题 5 项，智库建设进一步加强。会议还通过了研究会监事会工作报告和章程修改事项，吸收了部分理事、常务理事，公布了 2015 年度立项课题名单。

杜德印讲话说，研究会多年来紧密围绕人大制度在首都的创新实践开展研究工作，已成为人大工作格局中协调共进、不可分割的重要组成部分，为推进市人大及其常委会各项工作作出了积极贡献。研究会的活动方式和工作形式不断拓展，理论研究不断深入，进一步增强了我们对人大制度的自信和自觉。

杜德印指出，加强人民代表大会制度理论研究和工作对策研究，重点是要深入研究坚持党的领导、人民当家做主、依法治国有机统一的制度化、法治化问题。研究会要坚持开门办会，以问题为导向，更好地发挥智库功能作用，不断推进人大制度在首都的创新实践。

市人大常委会秘书长赵义、研究会顾问程湘清出席。

（摘自《北京日报》2015 年 4 月 11 日第 1 版）

12 日　首都知识产权服务业协会日前成立。这个全国首家知识产权服务业行业协会，将进一步提升知识产权服务行业的自身能力，更好地服务首都经济，将首都科技资源优势转化为经济社会发展的竞争优势。

国家知识产权局有关负责人评价，协会的成立，对我国知识产权服务业的发展具有里程碑式的意义。据了解，这也是为更好地落实国家知识产权局等九部委《关于加快培育和发展知识产权服务业的指导意见》，以及北京市政府《关于促进首都知识产权服务业发展的意见》，实现首都作为“科技创新中心”的战略部署和要求。

2014 年，本市专利申请 13.8 万件，发明专利占比 57%；万人发明专利拥有量达到 48.2 件；软件著作权登记量 4.78 万件，作品自愿登记数量 51.07 万件。截至 2014 年年底，本市有效注册商标 51 万余件。

同时，北京也是全国知识产权服务机构最集中的地方。知识产权服务业作为现代服务业的组成部分，已成为首都创新体系建设和创新驱动实现的重要力量。截至 2014 年年底，本市共有专利代理机构 307 家，占全国专利代理机构总量的近 28%；共有执业专利代理人 4143 名，占全国执业专利代理人总数的 39%。

新当选的会长李强表示，今后协会将建立并推行知识产权服务业行业的自律规范、服务标准和职业操守；利用网络等多种手段，将首都优质知识产权服务资源介绍给更多的国内外市场主体；还将搭建首都知识产权人才引进平台，吸引人才向首都知识产权服务业聚集。协会还将逐步建立首都知识产权服务业统计体系，积极推进知识产权行业诚信信用体系的建设，建立面向社会的知识产权行业信誉档案。

（摘自《北京日报》2015 年 4 月 12 日第 1 版）

13 日　经中央军委批准，《习近平国防和军队建设重要论述选编（二）》由解放军出版社出版发行，印发全军团以上领道干部。总政治部近日发出通知，要求全军和武警部队认真组织学习。

通知指出，着眼紧跟党的理论创新步伐，推动部队学习贯彻习主席系列重要讲话精神不断引向深入，总政治部组织编印《习近平国防和军队建设重要论述选编（二）》，与 2014 年编印的《习近平关于国防和军队建设重要论述选编》相衔接，作为全军团以上领道干部学习的基本教材，帮助团以上领道干部原原本本、全面系统学习把握习主席系列重要讲话精神特别是国防和军队建设重要论述。该书收录习主席 2014 年 1 月至 2014 年 12 月期间的重要文稿，集中体现了习主席 2014 年提出的关于国防和军队建设一系列重大战略思想、重大理论观点、重大决策部署。认真学好用好《习近平国防和军队建设重要论述选编（二）》，对于推动学习贯彻习主席系列重要讲话精神向纵深发展，帮助部队官兵进一步学好强军理论、干好强军事业，具有重要意义。

（摘自《光明日报》2015 年 4 月 14 日第 1 版）

同日　中国传媒大学和中国国际贸易促进委员会北京市分会共建教学科研实习基地签约仪式，在中国传媒大学举行。中国传媒大学副校长袁军、北京市贸促会副会长刘洋出席签约仪式。会上，双方本着优势互补、资源共享、互惠互赢、共同发展的原则，就建立教学科研实习基地的具体事宜展开讨论，积极探索双方资源整合与产学研创新合作的新模式。

签约仪式后，中国传媒大学新闻传播学部传播研究院将选派优秀学生参与 2015 年米兰世博会、第十八届中国北京国际科技产业博览会、第十届中国北京国际文化创意产业博览会等重要活动的科研教学实践，拓展本校在国际传播和文化、商贸交流等领域的协同创新工作。

（中国传媒大学文科科研处供稿）

15 日　《2014 中国创新报告——国家治理现代化元年》在中国人民大学正式发布。作为国内首部系统反映国家改革创新的白皮书，报告对 2014 年国家推出的一系列重大改革进行阐释、研究和评估，从全新的角度思考并总结国家治理现代化进程。报告由中国人民大学国家治理研究院与深圳创新发展研究院经过近一年的合作研究，联合发布。王利明常务副校长出席发布会并致辞讲话。《2014 中国创新报告——国家治理现代化元年》是第一本中国创新年度报告，作为新型社会智库，《中国创新年度报告》将作为重要研究成果，在每年推出不同主题的研究报告。

（中国人民大学科研处李素萍供稿）

16 日　由首都经济贸易大学和社会科学文献出版社共同举办的京津冀蓝皮书发布会在北京举行，发布会介绍了《京津冀发展报告（2015）——协同创新研究》的最新研究成果，并宣布由首都经济贸易大学北京市经济社会发展政策研究基地和龙信数据有限公司联合组建的“京津冀大数据研究中心”正式成立，该中心致力打造智库型产学研创新共同体，运用大数据思维，对京津冀区域多纬全量数据进行深入挖掘分析，运用现代化可视化技术手段，向政府、企业和理论工作者提供决策、资讯和数据服务。

中央办公厅，北京市人大预算工作委员会，北京市人民政府研究室，北京市社科规划办，北京市社科联，中关村管委会，朝阳区工商局，朝阳区 CBD 管委会，社会科学文献出版社，京津冀三地专家学者，《人民日报》、《光明日报》、《经济日报》等 20 多家媒体共 300 余人出席了此次活动。

据悉，京津冀蓝皮书是由首都经济贸易大学牵头、联合京津冀三地专家通力合作的系列性研究成果，每年围绕一个主题，对京津冀地区的发展状况和发展态势进行综合分析和前瞻性预测。先后出版了《京津冀区域一体化发展报告（2012）》、《京津冀发展报告（2013）——承载力测度与对策》、《京津冀发展报告（2014）——城市群空间优化与质量提升》等报告。主创团队由中国人民大学、首都经济贸易大学、北京市社会科学院、天津市社会科学院、河北工业大学等多家单位的专家学者组成。

（首都经济贸易大学科研处李琳供稿）

17—19 日　由北京大学国家发展研究院主办的“全球创新论坛 2015 年会：创新驱动未来”在北京会议中心召开。“全球创新论坛 2015 年会”汇聚国内外最具影响力的企业家、管理大师及学者。本次论坛由北大后 E 促进会承办，中国科学技术协会、中关村园区管理委员会和学习型中国促进会协办。中国科学技术协会副主席陈章良出席并讲话，北京大学国家发展研究院院长姚洋代表主办方致辞，科技部原部长、中科院院士徐冠华，新东方教育集团董事长俞敏洪，中坤集团董事长黄怒波，泰康人寿股份有限公司董事长兼 CEO 陈东升，新希望六和股份有限公司联席董事长陈春花，万科集团前高级副总裁毛大庆，北京大学国家发展研究院教授周其仁等多位知名学者和企业家围绕“创新驱动未来”作了精彩演讲。

（北京大学社会科学部供稿）

21 日　由外交学院中日韩合作研究中心和中日韩合作秘书处共同主办的第二届中日韩媒体合作交流会在外交学院举行。来自中日韩三国主流媒体的记者以及北京大学、中国人民大学、中国社会科学院、外交学院的 30 余名专家学者和“亚洲校园”项目在华学习的部分日、韩学生参会。三国记者和与会代表围绕“中日韩三国合作和媒体的责任”展开热烈讨论，会议取得圆满成功。外交学院副院长、中日韩合作研究中心副主任江瑞平、中日韩合作秘书处陈峰副秘书长出席会议并分别致辞。

江瑞平在致辞中指出，希望未来三国媒体在中日韩合作中扮演更重要的角色、发挥更大的作用，在三国民众、学界和政府之间架起交流与沟通的桥梁。三国媒体代表分别发言，介绍和分析了中日韩新闻报道中存在的现象和问题。随后，三国记者与专家学者就中日媒体间的误读、三国法律教育合作、环保合作、安全合作等问题交流了看法。

首届中日韩合作媒体交流会于 2014 年 3 月在北京召开。此项活动是外交学院和中日韩合作秘书处落实双方《合作备忘录》的具体举措，旨在打造中日韩媒体交流的机制化平台，加强三国媒体与专家之间的对话和交流，促进相互了解，正确引导三国舆论，推动中日韩合作。

（外交学院科研处供稿）

21—22 日　联合国前任秘书长、2001 年诺贝尔和平奖获得者、科菲·安南基金会主席科菲·安南（Kofi Annan）一行到访北京大学，展开对北京大学的访问和交流活动。安南先生高级顾问拉明·西塞（LaminSise），联合国秘书长办公室高级官员温佐（Zaw Win）陪同到访。安南此次到访，是应“北京大学‘大学堂’顶尖学者讲学计划”和“北京论坛系列高端演讲”的邀请，与师生座谈并发表演讲。北京大学“大学堂”顶尖学者讲学计划旨在通过在全球范围内邀请各领域学术大师来校举办讲座、开设课程、合作研究等，增强北京大学创建世界一流大学的综合竞争力。同时，北京论坛系列高端演讲围绕“文明的和谐与共同繁荣”的总主题，近年来已成功举办包括乔姆斯基、霍米·巴巴、迈克尔·桑德尔、傅高义等知名学者在内的演讲会。

（北京大学社会科学部供稿）

23 日　“韩礼德—韩茹凯语言学国际基金”成立仪式在北京师范大学英东学术会堂举行。北京市委教工委副书记张雪，教育部语言文字信息管理司副司长田立新，国际系统功能语言学领域的杰出学者代表，国内学界专家学者代表应邀到会。北京师范大学党委书记刘川生，副校级干部周作宇，相关职能部处负责人出席成立仪式。

（北京师范大学社科处刘娜供稿）

24 日　外交学院与中国外文局对外传播研究中心共建“翻译教学实习基地”合作框架协议签署暨揭牌仪式在外交学院展览路校区国际交流中心举行。外交学院院长助理孙吉胜教授、英语系主任、教学副主任、担任翻译课程的教师及英语系部分本科、研究生和外文局对外传播研究中心副主任陈燕研究员、综合舆情研究室、专项舆情研究室的领导和工作人员一行 8 人出席了此次活动。孙吉胜与陈燕共同签署了外交学院—中国外文局对外传播研究中心翻译教学实习基地合作框架协议，并共同为翻译教学实习基地揭牌。

继“外交学院—中国对外翻译出版集团公司翻译教学基地”及“外交学院—思必锐翻译责任有限公司翻译教学基地”建立后，该实习基地为本院学生检验和提高自己的翻译水平又搭建了一个新的平台，也为英语系探索新的实践教学模式及实习基地运行模式提供了机遇。

（外交学院科研处供稿）

27 日　为纪念中国人民抗日战争暨世界反法西斯战争胜利 70 周年，经市委领导和中央有关单位批准，北京市属媒体陆续播放和刊发北京地区 70 位抗日“京华英雄”的事迹。《北京日报》《京华时报》《北京晨报》《新京报》《北京晚报》《法制晚报》分别刊发《英雄母亲——邓玉芬》《抗日英雄佟麟阁：誓与卢沟桥共存亡不得退一步》等文章。北京电视台《北京新闻》从 4 月 30 日起推出抗日“京华英雄”系列报道。

（中共北京市委党史研究室徐香花供稿）

28 日　第六届圆明园论坛在北京青年政治学院举行。本届论坛的主题是"'大道之行'——中国共产党和中国社会主义"，论坛由共青团北京市委员会主办。清华大学马克思主义学院副教授何建宇和公管学院助理教授鄢一龙分别作了"激活人民社会，创新社会治理"和"论新时期党的领导权"的主题汇报，马克思主义学院院长助理刘震副教授、中国人民大学副教授张广生和北京大学副教授王维佳从不同的视角对二位青年学者的汇报作了精彩点评。论坛上，何建宇、刘震和鄢一龙等被团市委授予"圆明园学者"称号，同时，何建宇和鄢一龙还获聘北京市团校客座教授。

（清华大学文科建设处刘金梅供稿）

5 月

5 日　"纪念近代史研究所建所六十五周年座谈会"在中国社会科学院近代史研究所举行。中共中央文献研究室原常务副主任金冲及、求是杂志社社长李捷、北京师范大学历史学院教授郑师渠在开幕式上致辞。中共中央党史研究室原副主任章百家等学者作主题发言。

中国社会科学院近代史研究所，前身为延安马列学院历史研究室。1950 年 5 月 1 日成立中国科学院近代史研究所，1977 年 5 月改称现名。建所以来，涌现出范文澜、刘大年、罗尔纲、黎澍、李新、荣孟源、瞿同祖、余绳武、丁守和、李宗一等一批享誉海内外的著名史学家。《中国通史》《中国近代史稿》《中华民国史》《中国新民主主义革命史长编》《中国近代通史》等专著为学界瞩目。

中国社会科学院近代史研究所所长王建朗在开幕式上致欢迎词，党委书记周溯源主持开幕式。杨天石、耿云志、虞和平代表近代史所老领导、老专家发言。来自中国社会科学院有关部门和国内相关研究机构、高校的专家学者近 80 人参加座谈会。

（中国社会科学院办公厅刘玉杰供稿）

6 日　市领导决策咨询课题座谈会在市社科联举办。市委常委、常务副市长李士祥，市委常委、宣传部部长李伟，市政协副主席、党组副书记、市社科联主席沈宝昌出席座谈会，市政府副秘书长徐熙，市委宣传部副部长赵卫东，市政府研究室副主任李春荣，市发改委副主任刘伯正，市政府办公厅副巡视员卞杰成，市社科联党组副书记孟春利、刘颖、梁立新、荣大力，副巡视员王彦京参会。座谈会由市社科联党组书记韩凯主持。

围绕"首都城市战略定位与疏解北京非首都功能"主题，清华大学城市规划系主任吴唯佳教授，对外经济贸易大学校长助理丁志杰教授，市社科联副主席、首都经济贸易大学校长王稼琼教授，市社科联常委、首都师范大学副校长孟繁华教授，市社科联常委、北京市社会科学院副院长赵弘研究员，市社科联副主席、北京国际城市发展研究院院长连玉明研究员等首都社科界专家学者分别作了研讨发言。

李士祥、李伟、沈宝昌对各位专家学者的发言及市社科联组织开展的决策咨询工作给予了高度肯定，同时向与会同志介绍了京津冀协同发展国家战略背景下北京市在决策咨询研究领域的重点需求，并对市社科联进一步发挥首都智库作用提出了期望与要求。

（摘自《北京社科联》2015 年合订本）

16 日　中国教育学会青少年创新思维教育研究中心成立暨"青少年创客成长计划研讨会"在首都师范大学召开。会议由中国教育学会主办，首都师范大学数学科学学院承办。

著名数学家、中科院院士王元，中国教育学会副秘书长马建华，首都师范大学党委书记郑萼，国际博协科技馆委员会副主席李象益，中央电视台新影集团副总裁赵捷，中国科学院网络中心网络科普教育中心主任肖云，首都师范大学数学科学学院院长方复全、学院党委书记刘海涛等出席了会议。

中国教育学会于 2014 年 8 月批准设立"中国教育学会青少年创新思维教育研究中心"，旨在团结和组织全国从事青少年创新思维研究与实践的教育工作者，研究青少年创新思维教育的理论和实践问题，为提高我国青少年服务国家和人民的社会责任感、勇于探索的创新精神和善于解决问题的实践能力做出贡献。

（首都师范大学社科处李志成供稿）

19 日　经李克强总理签批，国务院日前批转发展改革委《关于 2015 年深化经济体制改革重点工作的意见》（以下简称《意见》）。

《意见》指出，今年是全面深化改革的关键之年，经济体制改革任务更加艰巨。要按照党中央、国务院决策部署和全面深化改革总目标，主动适应和引领经济发展新常态，紧紧围绕当前经济社会发展中存在的问题，以政府自身革命带动重要领域改革，着力抓好已出台改革方案的落地实施，抓紧推出一批激活市场、释放活力、有利于稳增长保就业增效益的改革新举措，使改革新红利转化为发展新动力。要牢牢把握问题导向，坚持顶层设计与基层创新相结合，自觉运用法治思维和法治方式推进改革，推动改革尽早有收获、尽快见成效。

《意见》提出了 8 个方面 39 项年度经济体制改革重点任务。一是持续简政放权，加快推进政府自身改革。深入推进行政审批和商事制度改革，加快投融资、价格、统一市场等改革，逐步形成权力清单、责任清单、负面清单管理新模式。二是深化企业改革，进一步增强市场主体活力。推进国企国资改革，深化电力等重点行业改革，完善产权保护制度，支持非公有制经济健康发展，进一步增强市场主体活力。三是落实财税改革总体方案，推动财税体制改革取得新进展。实行全面规范、公开透明的预算管理制度，力争全面完成营改增，研究推进资源税、个人所得税、环境保护税等改革。四是推进金融改革，健全金融服务实体经济的体制机制。进一步扩大金融业对内对外开放，推进利率汇率市场化和人民币资本项目可兑换，健全多层次资本市场。五是加快推进城镇化、农业农村和科技体制等改革，推动经济结构不断优化。六是构建开放型经济新体制，实施新一轮高水平对外开放。健全促进外贸转型升级的体制和政策，改革完善外商投资管理体制，加快完善互利共赢的国际产能合作体制机制，深入推进自贸试验区改革试点，加快实施“一带一路”战略和沿边开发开放，加快构建开放型经济新体制。七是深化民生保障相关改革，健全保基本、兜底线的体制机制。深化教育、医药卫生、文化以及收入分配、社会保障、住房等社会事业和民生保障领域改革。八是加快生态文明制度建设，促进节能减排和保护生态环境。加强顶层设计并开展相关试点，扎实推进以环境质量改善为核心的环境保护管理制度改革，落实国有林场林区改革，用制度保障生态文明。

《意见》要求，各地区、各部门要进一步强化责任意识、问题意识、攻坚意识，加强组织领导，完善务实高效的改革推进机制，建立落实责任制，强化督促评估，充分发挥试点的先行先试作用，做好改革宣传和舆论引导工作，以钉钉子精神抓好工作落实，确保完成各项改革任务。

（摘自《人民日报》2015 年 5 月 19 日第 1 版）

23 日　“袁宝华系列著作出版座谈会”在钓鱼台国宾馆举办。《袁宝华文集》由中国人民大学出版社近日出版，文集首次全面总结袁宝华在我国经济建设和改革发展中的实践经验和理论成果，对我国全面深化经济体制改革具有重要借鉴意义。中共中央政治局委员、国务院副总理马凯，原国务院总理朱镕基等出席了座谈会。袁宝华 1916 年 1 月生于河南南召，是我国宏观经济管理部门的卓越领导人、杰出经济学家和教育家，也是我国社会主义经济学和现代企业管理学创始人和奠基人之一，为社会主义革命建设和事业做出重要贡献。新中国成立以来，袁宝华一直担任我国工业主管部门和国民经济综合部门的主要负责人，曾任国家计划委员会常务副主任、国家经济委员会主任等重要职务，经历了我国社会主义建设各个历史时期，在推行经济体制改革、强化企业管理等方面做出了突出贡献。《袁宝华文集》共分十卷 450 多万字，选编了袁宝华 1945 年离开延安参加东北解放战争，到 2012 年回忆老战友长达 67 年间大部分文稿，以及从参加“一二・九”运动到现在的主要诗词，包括关于我国经济建设与管理、物资管理、企业管理、干部教育、高等教育等多方面重要论述。第十届全国人大常委会副委员长顾秀莲、第九届全国政协副主席陈锦华、第十届全国政协副主席王忠禹等老同志，国家发改委党组副书记、副主任何立峰，国资委主任张毅，侨联主席林军，中宣部副部长王世明，国家行政学院副院长杨克勤等中央部委领导，中国人民大学党委书记靳诺、校长陈雨露及来自企业界、教育界、学术界共 100 多人出席了座谈会。

（中国人民大学科研处李素萍供稿）

26 日　中国社会科学院新型智库启动仪式在北京举行。中国社会科学院院长、党组书记王伟光，副院长、党组成员张江、李培林，中央纪委驻院纪检组组长、党组成员张英伟，副院长、党组成员蔡昉，秘书长、党组成员高翔，党组成员荆惠民，原副院长李扬等出席会议。

中国社会科学院此次率先启动的 11 个专业智库分别是：马克思主义理论创新智库，意识形态研究智库，财经战略研究院，国家金融与发展实验室，生态文明研究智库，国家治理研究智库，新疆智库，中国文化研究中心，国家全球战略研究智库，世界经济与政治研究所，中国廉政研究中心。

（中国社会科学院办公厅刘玉杰供稿）

27 日　2015 年党史讲堂第一讲在海淀区花园路街道举办。中共党史学会常务副会长、中共中央党史研究室原副主任龙新民作了“中国共产党是全民族抗战的中流砥柱”的报告。讲堂由中国中共党史学会和市社科联联合举办。市社科联党组书记、常务副主席韩凯主持报告会，中共党史学会和北京市社科联的负责同志，海淀区的党员干部和群众共300多人聆听报告。

（北京市社科联社科普及部供稿）

28—30日　由中国心理卫生协会大学生心理咨询专业委员会主办的第十二届全国大学生心理健康教育与咨询学术交流会议在北京航空航天大学召开。30日上午，来自全国40多所高校的50余名代表齐聚首都师范大学，参加了首都师范大学承办的分会场研讨会——大学生心理健康教育的经验交流与分享。本校学生处处长孙建出席会议并讲话。心理素质教育与咨询中心的全体教师出席了会议。会议由本校心理素质教育与咨询中心副主任杨学主持。

（首都师范大学社科处李志成供稿）

29日　“全国高等教育质量监测评估研究基地”签约挂牌仪式在中国传媒大学举行。教育部高等教育教学评估中心主任吴岩、副主任王战军、周爱军，本校党委书记陈文申、校长苏志武、副校长廖祥忠出席仪式。仪式上，吴岩与苏志武签署了《“全国高等教育质量监测评估研究基地”建设协议书》，随后，吴岩与陈文申为基地揭牌。仪式由本校副校长胡正荣主持。

“全国高等教育质量监测评估研究基地”在中国传媒大学的设立，旨在建立一个专业的高等教育评估制度传播平台，实现优势互补，强强联合。基地将创新“五位一体”评估制度的传播模式，及时传播各项评估的模式和成效，开展系列质量报告的传播工作，负责传播效果的监测与反馈，为中国高等教育评估制度的传播工作翻开新篇章。

（中国传媒大学文科科研处供稿）

同日，“相逢在‘无止境’的‘第二空间’——‘蓝色东欧’新书发布暨东欧诗歌研讨会”在北京举行。会议由首都师范大学中国诗歌研究中心和花城出版社联合主办。

中国作协副主席、书记处书记、诗人吉狄马加，“蓝色东欧”丛书策划人朱燕玲，《第二空间》译者周伟驰，《无止境》译者李以亮，以及张清华等著名诗人和学者出席了会议。吉狄马加、赵敏俐、朱燕玲分别为大会致辞，会议由《世界文学》主编高兴和中国诗歌研究中心副主任孙晓娅主持。

与会嘉宾共同研讨东欧诗歌的文学成就，并对两位著名波兰诗人米沃什和扎加耶夫斯基其人其作进行了深入的讨论。部分与会嘉宾朗诵了两位诗人的代表作。

（首都师范大学社科处李志成供稿）

同日　由中国社会科学院中国边疆研究所主办的中国边疆智库合作发展座谈会在北京举行。会上同时举行了中国边疆研究所更名暨揭牌仪式。1983年成立的“中国边疆史地研究中心”，经过30多年的发展之后，现在正式更名为“中国边疆研究所”。

中国社会科学院院长、党组书记王伟光出席会议并发表题为“建设国内领先、国际知名的边疆研究新型高端智库”的讲话。

来自中国社会科学院、内蒙古社会科学院、云南省社会科学院、西藏自治区社会科学院、广西社会科学院、云南大学、四川大学、南京大学、武汉大学等研究机构和高校的领导、专家学者围绕边疆智库建设展开深入交流探讨。

（中国社会科学院办公厅刘玉杰供稿）

6月

3日　市社科联组织部分社科专家、机关干部赴延庆县沈家营镇深入开展社科普及进村镇活动。期间举办了社会主义核心价值观普及讲座、赠送社科书籍和社科普及通俗读物、与“最美沈家营人”座谈、开展党支部志愿服务等项目。市社科联党组书记、常务副主席韩凯，延庆县委常委、宣传部长祁金利，市社科联党组副书记、副主席荣大力等领导出席，沈家营镇干部群众200余人参加相关活动。

（北京市社科联社科普及部供稿）

同日　印度驻华大使康特访问中国社会科学院。中国社会科学院院长、党组书记王伟光与康特举行了会见。双方就中印关系、中印学术交流，以及即将在印度新德里举办的第一届中印智库论坛有关事宜交换了意见。中国社会科学院世界经济与政治研究所所长张宇燕、亚太与全球战略研究院院长李向阳、国际合作局局长王镭，以及印度驻华使馆官员参加会见。

（中国社会科学院办公厅刘玉杰供稿）

9日　京津冀档案局（馆）首度合作办展，成功推出“见证抗战——纪念抗日战争胜利70周年京津冀档案文献展”，是北京市推出的第一个抗战主题展。该展从三家档案馆400多万卷馆藏中精选出500余件抗战档案资料，以铁的事实深刻揭露了日本侵略者对中国人民犯下的滔天罪行，真实记录了三地英雄儿女共御外敌、争取民族独立的奋斗历程。展览于6月9日“国际档案日”向社会推出，至12月31日顺利结束，从展出到结束共接待观众14300多人次。展览引起了媒体的广泛关注，《光明日报》、《北京日报》、《北京青年报》、北京电视台、北京广播电台等媒体均以较大版面和时长进行了报道。新华每日电讯和北京电视台拍摄的《伟大的贡献》中都展现了展品。

（北京市档案局科教处胡晓燕供稿）

10—17日　中国台湾中国文化大学劳工关系系师生一行19人访问中国劳动关系学院，与劳动关系系师生开展了多层次的学术和文化交流活动。11日上午，劳动关系系乔健主任向台湾代表团做了题为“新常态下中国劳动关系现状及协调路径”的讲座。他首先对中国大陆劳动关系整体现状做了较为详细的梳理，重点介绍了近期颁布的劳动关系相关政策。通过讲解，台湾师生对中国大陆劳动关系现状和政府为构建和谐劳动关系所做的努力有了较为清晰的认识。下午，劳动关系系教师孙波做了题为“新型劳动关系下人力资源管理发展”的讲座，介绍了当今企业经营环境变化给大陆企业和台资企业带来的人力资源管理方面的新挑战，并提出人力资源管理的新策略。15—16日，台湾交流团教师白景文、陈正良在涿州校区为劳动关系系学生分别做了题为“台湾地区人才发展质量管理模式”、“台湾地区基层职业工会的制度优势及发展策略”的专题讲座。

（中国劳动关系学院科研处陈邓海供稿）

12—14日　由北京师范大学首都教育经济研究院和中国教育学会教育经济学分会联合主办的2015年中国教育经济学学术年会暨理事会换届大会在京举行。陈光巨副校长出席开幕式并代表学校致欢迎辞。学校校务委员会委员、我国著名教育经济学专家王善迈教授及本校教育经济学专业师生40余人参加了本次大会。来自全国27个省、区、直辖市的专家学者和研究生共计370余人到场参会。会议还邀请了中国教育学会会长、本校前任校长钟秉林教授、清华大学副校长谢维和教授、美国斯坦福大学Scott Rozelle教授等知名专家和政府官员做大会报告。此次大会的主要议题为“新常态下的教育资源配置”，与会代表围绕“政府的教育供给”、“高等教育改革与发展”、“教育资源的投入与产出”和“教育经费投入与保障”等主题展开热烈讨论。本次大会也是中国教育学会教育经济学分会理事会换届大会，王善迈任新一届理事会名誉理事长，北京师范大学教育学部杜育红教授当选为新一届理事会理事长，经济与工商管理学院袁连生教授任副理事长，教育学部成刚副教授任秘书长，另外还有多人当选为常务理事和理事。王善迈在大会上作了题为《“新常态”下教育经费增长的长效机制》的报告。

（北京师范大学社科处刘娜供稿）

14日　为提升京津冀高等教育服务区域协同发展能力，北京工业大学、天津工业大学、河北工业大学宣布携手成立“京津冀协同创新联盟”。

据介绍，联盟高校将促进管理经验和服务地方经济建设的交流与借鉴；共同构建国际化资源开放实验平台，实现校际间教师互聘和优秀管理干部相互挂职锻炼；围绕京津冀协同发展中的重大需求，联合申报和承担国家重大研究项目或国际科技合作项目，比如，以北京工业大学牵头成立“京津冀交通协同创新中心”，以天津工业大学牵头成立“京津冀环境污染控制协同创新中心”，以河北工业大学牵头成立“京津冀智能装备技术与系统协同创新中心”等。

（摘自《人民日报》2015年6月15日第9版）

16日　中共中央政治局原委员、中国社会科学院原院长李铁映看望无党派知名人士、著名文学家、翻译家、中国社会科学院外国文学研究所老专家杨绛，并向她致以诚挚问候。中国社会科学院院长、党组书记王伟光，秘书长、党组成员高翔陪同看望。

（中国社会科学院办公厅刘玉杰供稿）

18—19日　由外交部亚洲司主办，外交学院亚洲研究所承办的第一次中日韩合作研究中心联席会议在京召开。会议特邀嘉宾和代表包括外交部亚洲司黄溪连副司长，吉林省贸促会赵强华会长，商务部、教育部、文化部、环保部等相关部委主管官员和项目负责人，山东、上海、辽宁、天津等省市外事办公室副主任，上海外国语大学杨力副校长，大连外国语大学刘宏副校长，以及国内各中日韩合作研究中心负责人。黄溪连和外交学院江瑞平副院长分别致开幕辞。

与会代表围绕中日韩地方合作、各中心工作交流、中日韩合作政策等三个方面的议题展开了讨论。商务部国际贸易经济合作研究院副院长李光辉、教育部学位与研究生教育发展中心主任王立生、文化部外联局亚洲处处长常禹萌、环保部中国—东盟环保合作中心东北亚（中日韩）室主任周军分别介绍了中日韩自贸区、“亚洲校园”项目、“东亚文化之都”项目以及中日韩环保合作等领域的最新进展。

（外交学院科研处供稿）

18日　中国共产党优秀党员、我国著名文艺理论家和教育家、全国模范教师、中央马克思主义理论研究与建设工程文学组首席专家、原教育部人文社会科学重点研究基地北京师范大学文艺学研究中心主任、北京师范大学资深教授、博士生导师童庆炳先生的遗体告别仪式在八宝山殡仪馆东礼堂举行。童庆炳先生因病医治无效，于2015年6月14日18时18分在北京逝世，享年80岁。

（北京师范大学社科处刘娜供稿）

同日　陈云思想生平研究会在北京召开成立大会。中共中央文献研究室主任、中国中共文献研究会会长冷溶出席大会并致贺词。中共中央文献研究室等中央有关部门负责人、陈云同志亲属代表、陈云同志原身边工作人员及有关专家学者约100人出席。陈云思想生平研究会是专门从事陈云思想生平研究与宣传教育的全国性学术组织。

冷溶在致词中指出，把党的领袖人物研究好、宣传好、维护好，是党的思想理论建设中一项非常重要的工作。党的领袖人物与党的奋斗历史、思想理论、传统作风紧密相连，我们必须以高度的政治责任感做好这项工作。陈云思想生平研究会在这方面承担着重要职责。研究会成立后，要深入学习贯彻习近平总书记系列重要讲话精神，站在新的高度和新的认识水平上，进一步加强和深化对陈云同志革命业绩和历史贡献的研究，进一步加强和深化对陈云同志思想理论的研究，进一步加强和深化对陈云同志革命精神的研究，紧密结合协调推进“四个全面”战略布局的实际，结合正在开展的“三严三实”专题教育，为服务全党工作大局多作贡献。

与会者认为，习近平总书记在纪念陈云同志诞辰110周年座谈上的重要讲话，高度评价了陈云同志的历史功绩，深刻阐述了陈云同志的崇高精神风范，对于当前深入做好陈云思想生平的研究宣传工作，具有重要而深远的指导意义。在深入学习贯彻习近平总书记重要讲话之际，成立陈云思想生平研究会是一件非常有意义的事情。研究会的成立，搭建起了研究陈云思想生平的全国性学术平台，凝聚起一支由全国各有关研究机构、党校、干部学院、高校和陈云纪念地的研究人员组成的研究宣传队伍，将进一步推动和深化陈云生平业绩、思想理论和精神风范的研究和宣传。

（中央文献研究室科研管理部胡昌勇供稿）

28日　第三届清华大学五道口金融学院“未来金融领袖”（Financial Leaders of Tomorrow）国际暑期夏令营正式开营，来自全球美国、英国、澳大利亚等11个国家和地区的49名国际营员将在金融学院度过两周的学习生活。开营第一天，中信证券研究部首席国际宏观分析师张文朗为各国同学带来了题为“中国资本市场”（China’s Capital Markets）的精彩讲座，为同学们详细地介绍了中国的债券市场、股票市场的特点及构成，以及中国的经济周期和金融周期等内容。6月29日晚，夏令营开营仪式暨欢迎晚宴在金融学院融园餐厅举行，金融学院副院长康以同、院长助理袁源出席开营仪式。康以同为营员们致欢迎辞，表达了对远道而来的各国学生的热烈欢迎和美好祝愿。欢迎晚宴上，学院还为营员们组织了包饺子等形式新颖的传统活动，让营员们可以零距离接触中国传统文化。清华大学五道口金融学院“未来金融领袖”暑期夏令营是面向全球招生的国际公益夏令营，为期两周。

（清华大学文科建设处刘金梅供稿）

29日　德国五金工会国际及欧洲事务部代表克里斯蒂安·维斯（Christian Weis）一行5人到中国劳动关系学院进行友好访问。吴万雄副院长代表学院接待了代表团，工会学院、劳动关系系、法学系和公共管理系的教师代表参加了座谈会。吴万雄简要介绍了学院发展的基本情况，并就工会干部师资培训方面提出与德国五金工会（IG Metal）建立联系、形成常态化的培训交流机制。维斯先生对此提议表示非常欢迎和赞同，并表示将在今年年底前提出初步的合作计划。

会谈期间，维斯先生介绍了经济危机对欧盟、欧元区的冲击和影响，以及德国五金工会在此环境下发挥的作用和效果。同时，他围绕着“德国五金及电器行业劳动关系的前景”发表了主题报告，从劳资政策和工会当下面临的现实话题，为与会者介绍了德国五金工会的背景情况、工会工作的成功经验及面临的挑战、阐述了欧洲亟待解决的问题以及德国五金工会在其中所担负的任务等。劳动关系系主任乔健对维斯先生的报告进行了点评，部分与会教师就相关话题和维斯先生进行了探讨。德国五金工会是欧洲最大独立工会，拥有220万会员，是德国工会联合会（DGB）、IndustriAll Europe 和 IndustriAll Global 的会员。内设150多个管理机构，分布于七个五金工会区域（汽车工业和零部件，机械制造，钢铁工业，造船、航空航天，电子信息和通信产业、光学，纺织和服装产业，建材和家具产业），其董事会设在法兰克福。

（中国劳动关系学院科研处陈邓海供稿）

6月　由教育部语言文字信息管理司组编、国家语委发布的《中国语言生活绿皮书》A系列《藏文拉丁字母转写方案（草案）、信息处理用现代藏语分词规范（草案）、信息处理用现代藏语词类标记集规范（草案）》由商务印书馆正式出版发行。A系列中，信息处理二个（草案）是2010年1月国家语言文字工作委员会批准立项的“藏文分词标准评测系统研究”科研成果，它由中央民族大学语言资源监测与研究中心少数民族语言分中心承担。该中心通过建立规范合理的藏语分词、词类标记规范及评测语料库，研制了《信息处理用现代藏语分词规范（草案）》和《信息处理用现代藏语词类标记集规范（草案）》，推动藏语自动分词及标注的标准评测工作，促进藏文信息智能处理技术的发展与进步。

（中央民族大学科研处供稿）

7月

2日　泰国文化部部长威拉·诺帕那拉率代表团一行10人来北京市档案馆参观考察，北京市档案局（馆）领导吕和顺、李立军、陈立新等陪同。威拉·诺帕那拉主管档案馆、图书馆、博物馆等部门，今年恰逢中泰建交40周年，为加强两国文化交流，增进两国人民团结友好，威拉·诺帕那拉率代表团来京参加相关庆祝活动，特意提出到北京市档案馆参观考察。代表团先后参观了档案查阅利用大厅、“见证北京——档案的记忆”展览、档案修裱工作间、特藏库、纸质档案数字化制作中心，全面了解了本馆档案工作情况。在参观过程中，局（馆）领导做了详细介绍，并与代表团就档案管理与保护、档案馆建设、重大事件档案保存等问题进行了深入交流。

（北京市档案局科教处胡晓燕供稿）

3日　为深入贯彻落实中央关于京津冀协同发展的战略部署，市委市政府理论学习中心组举行学习（扩大）会，邀请国家京津冀协同发展专家咨询委员会委员、中国城市规划设计研究院院长李晓江，作关于优化首都功能的辅导报告。市委书记郭金龙，市委副书记、市长王安顺，市人大常委会主任杜德印，市政协主席吉林参加学习。

李晓江从首都功能的历史回顾与现状解析、首都功能的国际比较与经验借鉴、北京功能调整带来的新机遇三个方面作了系统解读。他说，大国首都城市的发展演进具有很强的规律性与无法超越的阶段性特点。中国是快速成长中的人口大国，北京的发展必然要服从于国家发展的规律和阶段特征。要认真贯彻落实京津冀协同发展国家战略，深化对北京首都功能的再认识，坚持和强化首都全国政治中心、文化中心、国际交往中心、科技创新中心的核心功能，适应城市功能提升和产业结构调整，加快疏解非首都功能，传承历史文化，优化生态环境，提升城市品质，努力把北京建设成为国际一流的和谐宜居之都。

市委常委、宣传部部长李伟主持学习（扩大）会。市委、市人大常委会、市政府、市政协领导，市人民检察院检察长参加学习。

（摘自《北京日报》2015年7月4日第1版）

4日　中华司法研究会成立大会在京举行，最高人民法院院长周强当选研究会会长。来自海峡两岸、港澳及海外法律界的350余人参加了会议。

周强表示，中华司法研究会的成立，标志着中华司法民间学术研究与交流的定期化与机制化。

要把中华司法研究会建设成为海峡两岸暨港澳司法及有关法治问题的共同研究平台和以全球华人法学家与法律家为主体的高端交流平台，为深化两岸暨港澳以及海外法律界的交流与合作，推动中华司法研究和法治进步，推动两岸关系和平发展和港澳长期繁荣稳定，实现中华民族伟大复兴的中国梦作出积极贡献。

在同日举行的首届中华司法研究高峰论坛上，最高人民检察院副检察长姜建初，中华司法研究会特邀顾问、台湾法曹协会名誉理事长高育仁，中华司法研究会特邀顾问、全国人大常委会香港基本法委员会副主任梁爱诗等分别致辞。

中华司法研究会副会长、中国法学会副会长张文显，中华司法研究会特邀顾问、台湾理律法律事务所所长陈长文等分别作了主题演讲。

（摘自《人民日报》2015年7月6日第6版）

同日　中国侨联在中国华侨历史博物馆举行“李辙先生、许伯夷先生捐赠日本军国主义侵华罪证史料新闻发布会”。

中国侨联副主席、新闻发言人乔卫介绍说，中国侨联自去年以来，公开向全球华侨华人征集二战时期日本军国主义的罪行史料。李辙和许伯夷积极与中国侨联联络，决定向中国华侨历史博物馆捐赠反映日军占领台湾和全面侵华战争期间诸多罪行的珍贵史料文物。目前该批史料已经由台湾运抵北京。经权威专家初步鉴定，该批文物具有数量种类丰富、时间跨度较大、日文史料居多、研究价值珍贵等特点。首批整理登记的珍贵史料就达1000余件，涵盖军需、书籍、报刊、公文、票据、债券等诸多方面，是对现有大陆相关史料的必要补充和拓展。

中国侨联主席林军向李辙和许伯夷颁发了捐赠证书。

（摘自《光明日报》2015 年 7 月 5 日第 3 版）

5 日　由香港大中华会和黄埔军校同学会联合举办的第一届“爱我中华·寻访历史大课堂”，日前在北京爱迪学校举行，主题为“纪念抗日战争胜利 70 周年”。包括“香港青少年访京团”、来自台湾的中小学生在内的上千名两岸三地青少年一同走进“大课堂”，聆听抗战历史课。

在“大课堂”上，林上元、李熙宗、尤广才、赵尔谦、赵廷楠 5 位抗战老军人慷慨陈词，讲述抗击侵略的亲身经历。陈赓大将之子陈知建、佟麟阁将军之子佟兵、周恩来总理侄女周秉德、胡靖安将军之女胡葆琳、冯志安将军之孙冯强等数位知名抗战将领后代娓娓道来，回忆先辈浴血奋战的感人事迹。在场的两岸三地青少年深受感动，纷纷表示要倍加珍惜今天的和平环境，传承和发扬抗战精神，为民族伟大复兴而努力学习。

（摘自《光明日报》2015 年 7 月 5 日第 3 版）

6 日　由国务院侨办和中国海外交流协会主办的首届世界华侨华人工商大会在京开幕，来自世界华侨华人工商社团和专业协会的海外嘉宾出席会议，其中包括一批知名侨商、“一带一路”沿线各国侨商以及海外主要华侨华人工商组织和专业协会负责人。

在开幕式上，国务院侨办主任裘援平高度评价了广大海外侨胞在促进中国和住在国经济社会发展、加强中外友好交流合作等方面作出的重要贡献，并希望海外侨胞抓住中国新一轮大开放大发展的新机遇，携手再创事业辉煌，同圆共享中华梦想。

为期两天的大会以“携手全球华商、同圆中华梦想”为主题，旨在加强增进全球侨商和专业人士与祖籍国的联系，引导海外侨胞积极参与中国现代化建设，助力建设“一带一路”等。大会高端论坛和分组座谈之后，与会代表还将分六路赴有关省市考察。

（摘自《光明日报》2015 年 7 月 7 日第 4 版）

7 日　纪念全民族抗战爆发七十八周年暨《伟大胜利 历史贡献》主题展览开幕式在中国人民抗日战争纪念馆举行。中共中央政治局常委、中央书记处书记刘云山发表讲话并宣布展览开幕。

刘云山在讲话中指出，78 年前的今天，日本军国主义蓄意制造震惊中外的卢沟桥事变，悍然发动全面侵华战争。面对民族存亡的危机，中国共产党毅然担负起民族救亡的历史重任，海内外全体中华儿女万众一心、众志成城，一批批抗日勇士和爱国将领义无反顾、浴血奋战，赢得了近代以来中国反抗外敌入侵的第一次完全胜利，为世界反法西斯战争胜利做出重大贡献。隆重纪念全民族抗战爆发 78 周年，举行《伟大胜利 历史贡献》主题展览，目的是铭记历史、缅怀先烈、珍爱和平、开创未来。

刘云山说，主题展览通过大量珍贵图片和实物，全景式展现了中华民族英勇抵抗日本军国主义侵略的光辉历史，展现了中国共产党的中流砥柱作用，展现了中国人民付出的巨大民族牺牲，展现了中国作为世界反法西斯战争东方主战场的作用，为进行爱国主义教育和革命传统教育提供了重要平台和生动课堂。要用好这个平台和课堂，引导广大干部群众从历史的艰辛奋斗中吸收养分，从民族的苦难辉煌中汲取力量。

刘奇葆、范长龙、栗战书、杨晶、王晨、杨洁篪、郭声琨、张庆黎和中央军委委员房峰辉出席开幕式。郭金龙主持开幕式。

在京参加过抗日战争的老战士老同志代表、抗战烈士亲属代表，中央党政军有关部门和北京市有关负责同志，首都各界群众代表约 1500 人参加开幕式。

（摘自《光明日报》2015 年 7 月 8 日第 3 版）

8 日　清华大学法学院院长王振民，法学院教授车丕照、傅廷中、杨国华，院党委副书记廖莹出席了在最高人民法院举行的最高人民法院“一带一路”司法研究中心成立仪式暨中国法学会“深入研究党的十八届四中全会精神”重点专项课题座谈会。出席该活动的还有外交部、交通运输部、商务部、国资委、国务院法制办、国家海洋局、中国法学会、国家开发银行等有关部门负责人，部分专家学者和最高人民法院特约监督员、特约咨询员，以及最高人民法院有关部门负责人和部分高级人民法院、海事法院有关负责人。成立仪式上，王振民代表清华大学法学院接受最高人民法院“一带一路”司法研究基地授牌。车丕照代表傅廷中、贾兵兵、高西庆、杨国华接受最高人民法院涉外商事海事审判专家库首批专家聘书，并作为专家代表在座谈会上就“一带一路”建设与中国法院的国际担当发表讲话。“一带一路”建设是以习近平为总书记的党中央主动应对全球形势深刻变化、统筹国内国际两个大局做出的重大战略部署，对开创我国全方位对外开放新格局、推动经济增长、促进和平发展将产生重大而深远的影响。法学院深刻认识到“一带一路”司法研究基地在“一带一路”建设中的重要职责，将继续坚持高标准定位，充分发挥法学院在相关学科领域的研究优势和人才优势，为“一带一路”建设提供有力智力支持。

（清华大学文科建设处刘金梅供稿）

9日　中央宣传部、中国作协在京召开全国儿童文学创作出版座谈会，学习贯彻习近平总书记系列重要讲话精神，着眼满足少年儿童阅读需要，繁荣儿童文学创作，研究如何更好地推动多出精品、多出人才，为少年儿童提供最好的精神食粮。

会议指出，广大儿童文学创作和出版工作者要大力唱响主旋律、传播正能量，突出中国梦时代主题，大力弘扬社会主义核心价值观，用好中华优秀传统文化这个思想道德宝库，推出更多具有中国特色、中国风格、中国气派的优秀作品，为少年儿童思想道德建设、意志品格塑造和心灵健康成长提供良好精神食粮，鼓励引导广大少年儿童从小学习做人、从小学习立志、从小学习创造，争当学习和践行社会主义核心价值观的小模范。要牢固树立精品意识，坚持以人民为中心的创作导向，始终把社会效益放在首位，精益求精、潜心创造，着力打造儿童文学的时代精品，培育优秀的儿童文学品牌。要高度重视和进一步加强儿童文学创作生产的评论工作，发挥好引导创作、多出精品、提高审美、引领风尚的重要作用。

共青团中央、教育部、国家新闻出版广电总局等有关部门负责同志，29家专业少儿出版单位主要负责人和百余位儿童文学作家、评论家参加会议。会议为期2天。

（摘自《光明日报》2015年7月10日第5版）

同日　中国文化遗产研究院举办“文物保护理念与技术国际学术研讨会”，以此庆祝自己的80岁生日。

中国文化遗产研究院是国家文物局直属的以从事文物研究、文物保护科学技术研究及出土古文献研究的国家级公益性科研单位。其前身可追溯至1935年1月成立的旧都文物整理委员会及其执行机构北平文物整理实施事务处。从1935年至1949年新中国成立，著名学者、故宫博物院院长马衡，中国古建筑研究及建筑工程界的代表人物朱启钤、梁思成、关颂声、谭炳训，学贯中西的著名学者胡适、袁同礼、谷钟秀，以及军政要员熊斌、何思源等都是这个机构的主要成员。在他们的努力下，明长陵、天坛、妙应寺白塔、中南海紫光阁、故宫午门等几十处北平的重要古建筑得以修缮。

1949年10月1日中华人民共和国成立，该机构正式更名为北京文物整理委员会，成为中华人民共和国第一个由中央政府主办并管理的文物保护专业机构。其办公地点设在南河沿南口东侧的皇堂子，由马衡任主任委员，梁思成任委员，俞同奎任秘书。此后，随着业务范畴的扩大，又先后更名为“文物保护科学技术研究所”“中国文物研究所”。2007年，“中国文化遗产研究院”正式挂牌。

据不完全统计，文研院目前是主持或参与全国重点文物保护单位维修设计、规划编制最多的科研机构。其中，山西永乐宫搬迁工程、河北赵州桥维修工程、西藏布达拉宫大修、柬埔寨吴哥古迹周萨神庙维修工程、天津蓟县独乐寺保护工程、重庆大足石刻千手观音保护工程等项目，都在中国文物研究和保护史上占据重要地位。

今天，文化部副部长、国家文物局局长励小捷出席会议，代表国家文物局向中国文化遗产研究院表示祝贺。他说：“中国文化遗产研究院八十年的发展历程，也是中国文化遗产保护事业发展的八十年历程。”他希望中国文化遗产研究院秉承传统，继续发挥在文化遗产学科建设中的引领作用，成长为真正的文化遗产保护“国家队”。

（摘自《光明日报》2015年7月10日第11版）

10日　经外交部批准，东亚思想库网络（NEAT）“东亚减贫合作”工作组会议在北京召开。会议由外交学院亚洲研究所主办，来自东盟及中日韩的25名代表参加了本次会议。会议得到中国外交部亚洲司和中国国际减贫中心的直接指导和大力支持。

与会代表围绕东亚减贫的进展与经验、东亚减贫合作面临的机遇、挑战及政策建议等议题进行了深入探讨。与会代表一致认为，消除绝对贫困、缩小发展差距是实现东亚一体化目标和本地区可持续发展的重要前提与基础，减贫合作应当成为“10+3”合作的优先重点领域。

（外交学院科研处供稿）

同日　由光明日报与北京语言大学联合创办的光明文学遗产研究院在北京语言大学会议中心举行揭牌仪式，在数十位师生的见证下，国内第一家以文学遗产命名的研究院宣告成立。

由本报与北京语言大学联合共建的“北京语言大学光明文学遗产研究院”，主要职责是为本报的《文学遗产》专刊提供学术支持和编辑平台。研究院聘请国内知名学者轮流担任《文学遗产》专刊主编。

（摘自《光明日报》2015年7月11日第4版）

同日　《习近平谈治国理政》蒙古、藏、维吾尔、哈萨克、朝鲜等5种少数民族文字版，已完成全部翻译工作，近日在全国出版发行。

为帮助民族地区广大干部群众全面准确学习理解以习近平同志为总书记的党中央治国理念和执政方略，切实运用习近平总书记系列重要讲话精神武装头脑、指导实践、推动工作，国务院新闻办公室会同国家民族事务委员会，组织中国民族语文翻译局和民族出版社，完成5种民族文字版《习近平谈治国理政》翻译出版工作。

《习近平谈治国理政》一书由国务院新闻办公室会同中央文献研究室、中国外文局编辑，收入了习近平在2012年11月15日至2014年6月13日期间的讲话、谈话、演讲、答问、批示、贺信等79篇，分为18个专题，还收入习近平各个时期照片45幅。

（摘自《光明日报》2015年7月10日第1版）

12日　第三届中华吟诵周开幕式在首都师范大学北一区体育馆举行。来自世界各地的1000多位传统吟诵调传承人、吟诵理论家、吟诵推广志愿者和吟诵爱好者在这里汇集一堂，共襄盛举。中共中央宣传部副部长王世明出席吟诵周开幕式并作重要讲话。首都师范大学党委书记郑萼、校长宫辉力、副校长周建设、沈千帆、李有增出席开幕式。

第三届中华吟诵周是2015年北京市教委项目，是由首都师范大学主办的海内外吟诵界的一次盛会。福州传统吟诵调传人陈倡白先生，中国台北师大潘丽珠教授，日本广岛大学副校长佐藤利行先生等，参与本次活动。本届吟诵周主体活　动为期一周，由“中华吟诵学术交流会议”、“中华吟诵教育交流会”、“中华吟诵教育观摩研讨会”组成。

（首都师范大学社科处李志成供稿）

同日　著名的经济学家和社会活动家，中国民主建国会和中华职业教育社的杰出领导人，中国共产党的亲密朋友，第九届、十届全国人民代表大会常务委员会副委员长，中国民主建国会第六届、七届、八届中央委员会主席，中华职业教育社第八届、九届理事会理事长成思危同志，因病于2015年7月12日0时34分在北京逝世，享年80岁。

（摘自《人民日报》2015年7月13日第1版）

14日　中共中央政治局委员、中央书记处书记、中宣部部长刘奇葆到中国社会科学院调研，强调马克思主义是我们立党立国的根本指导思想，广大哲学社会科学工作者要始终坚持以马克思主义为指导，自觉把马克思主义的立场、观点、方法贯穿到学术研究中，贯穿到各个学科和专业建设中，把握正确方向，掌握科学方法，更好地推动哲学社会科学繁荣发展。

调研期间，刘奇葆考察了中国社会科学院近代史研究所，听取了有关情况介绍，并与专家学者进行了座谈。

（中国社会科学院办公厅刘玉杰供稿）

15日　中国共产党中央委员会、中华人民共和国全国人民代表大会常务委员会、中华人民共和国国务院、中国人民政治协商会议全国委员会沉痛宣告：中国共产党的优秀党员，久经考验的忠诚的共产主义战士，杰出的无产阶级革命家、政治家，党和国家的卓越领导人，第七届全国人民代表大会常务委员会委员长万里同志，因病医治无效，于2015年7月15日12时55分在北京逝世，享年99岁。

（摘自《人民日报》2015年7月16日第1版）

同日　《2015中国高等职业教育质量年度报告》在北京发布。由全国高职高专校长联席会议委托上海市教育科学研究院和麦可思研究院共同编制的这份年度报告，已连续4年推出，今年首次全面覆盖了包括民办高职院校在内的所有独立设置高职院校。

该报告认为：高职教育促进教育公平的作用显著，过去一年，高职院校91%的毕业生为家庭第一代大学生，52%的毕业生家庭背景为“农民与农民工”，这两项比例4年来一直保持上升趋势。这说明，高职教育“以教育脱贫、阻断贫困代际传递”的功效非常明显。数据表明，高职学生毕业3年后月收入明显增长（94%）；而且，高职院校注重服务贫困地区、乡镇建设、县域经济和中小城市发展，53%的毕业生在本地就业，发挥了服务基层的优势。

（摘自《光明日报》2015年7月16日第6版）

16日　由总政治部主办的《中流砥柱——中国共产党及其领导的人民军队抗日战争主题展》在京开展。中共中央政治局委员、中央军委副主席范长龙参观展览，中共中央政治局委员、中央军委副主席许其亮出席开幕式并参观展览。

范长龙、许其亮指出，我们纪念抗日战争伟大胜利，就是要进一步铭记历史、缅怀先烈、珍爱和平、开创未来。要用好展览这个平台和课堂，教育引导官兵做到“三个牢记”，树立正确的历史观，大力弘扬伟大的抗战精神，从历史中汲取力量，争做“四有”新一代革命军人，为实现中国梦强军梦贡献力量。

（摘自《光明日报》2015年7月17日第3版）

23 日　由中国新闻出版研究院联合中国人民大学书报资料中心、众书网、人大数媒科技（北京）有限公司共同发起的中国学术数字出版联盟日前在京成立。

“联盟”将依托于《学术著作出版规范》系列标准、中国人民大学书报资料中心的人文社科学术成果质量评估指标体系、众书网搭建的“国际化按需出版数字传播网络”和“学者在线”“壹学者”等学术成果发布应用平台，打通“学术研究、出版、传播、应用、转化”全链条，重构学术出版生态圈，提升中国学术研究水平。

（摘自《光明日报》2015 年 7 月 23 日第 9 版）

24 日　由人民出版社主管，人民出版社、中国新闻文化促进会、中国金融思想政治工作研究会共同主办的《雷锋》杂志在京创刊。该刊旨在弘扬雷锋精神、传播雷锋文化，填补了半个世纪以来我国传播雷锋精神专业杂志的空白。

据《雷锋》杂志编委会主任李东东介绍，《雷锋》杂志力求实现坚持正确的舆论导向和办刊方向，深入阐释、大力弘扬雷锋精神，讲述新时代雷锋故事，褒扬学雷锋道德模范，交流学雷锋成果和经验，推进全社会培育和践行社会主义核心价值观。

据悉，作为一本以“好人家园，传递温暖”为主旨、弘扬正能量的杂志，《雷锋》杂志在栏目设计、叙事语言上力求创新，接得上地气、跟得上潮流，满足读者多种阅读需求。全国“雷锋”门户网站、“好人雷锋”微信公众号等也将逐步推出。

（摘自《人民日报》2015 年 7 月 25 日第 6 版）

同日　中华全国青年联合会第十二届委员会全体会议、中华全国学生联合会第二十六次代表大会在北京人民大会堂开幕。中共中央总书记、国家主席、中央军委主席习近平发来贺信，代表党中央向大会召开表示热烈祝贺，向全国各族各界青年和青年学生、向广大海外中华青年表示诚挚问候。

中共中央政治局常委、中央书记处书记刘云山出席大会开幕式。

习近平在贺信中说，紧跟时代砥砺前行，担当责任奋发有为，是我国青年的光荣传统，也是党和人民对广大青年的殷切期望。5 年来，在党的坚强领导和共青团帮助指导下，各级青联和学联组织围绕中心、服务大局，积极组织青年、宣传青年、教育青年、引导青年，各项工作取得可喜成绩。广大青年和青年学生响应党的号召，胸怀祖国和人民，奉献社会和他人，积极投身坚持和发展中国特色社会主义伟大实践，以实际行动证明，当代中国青年不愧为大有希望、大有作为的一代。

习近平指出，国家的前途，民族的命运，人民的幸福，是当代中国青年必须和必将承担的重任。当代中国青年要有所作为，就必须投身人民的伟大奋斗。前进要奋力，干事要努力。当代中国青年要自觉按照党和人民的要求锤炼自己、提高自己，做到志存高远、德才并重、情理兼修、勇于开拓，在火热的青春中放飞人生梦想，在拼搏的青春中成就事业华章。

习近平强调，青联和学联事业是党的群团事业的重要组成部分，青联和学联组织一定要不断保持和增强政治性、先进性、群众性，不断推进自身改革，认真履行自身职能，更好组织动员广大青年坚定地跟党走。

习近平指出，祖国的未来属于青年，重视青年就是重视未来。各级党委和政府要加强对青年工作的领导，为广大青年成长成才、建功立业创造良好环境和条件，帮助和支持广大青年在时代的舞台上展现风采、发光发热，努力为实现“两个一百年”奋斗目标、实现中华民族伟大复兴的中国梦贡献青春的激情和力量。

刘延东、刘奇葆、孙春兰、杜青林、赵洪祝、杨晶、沈跃跃、陈晓光出席开幕式。

共青团中央书记处第一书记秦宜智向大会致词。中国科协书记处第一书记尚勇代表人民团体向大会致贺词。共青团中央书记处常务书记、十一届全国青联主席贺军科和二十五届全国学联主席齐兴达，分别代表全国青联第十一届委员会常务委员会和全国学联第二十五届委员会作工作报告。

开幕式由贺军科主持。中央和国家机关及军队有关部门负责同志，首都各界青年和青年学生代表等参加了大会开幕式。出席全国青联十二届全委会的委员 1311 名，出席全国学联二十六大的代表 538 名。应全国学联邀请，香港特别行政区、澳门特别行政区的学生代表分别组成观摩团参加大会。

（摘自《光明日报》2015 年 7 月 25 日第 1 版）

26 日　中国国际文化传播中心民办博物馆联合会在京成立。

民办博物馆是我国文化事业的重要组成部分，如果说在国有博物馆看到的是城市文化的形象，那么在民办博物馆看到的则是城市文化的厚度。联合会的成立，不仅可以更好地整合民办博物馆资源，保护和传承中华文化遗产，而且可以充分发挥中国国际文化传播中心在国际文化交流领域的作用，促进民办博物馆的健康和可持续发展。

中国国际文化传播中心执行主席龙宇翔介绍，我国历来就有藏宝于民的传统和习俗，民办博物馆藏品丰富，视角独特，地域特色浓郁，既能对国有博物馆起到拾遗补缺的作用，又可以丰富发展我国的文化交流与传播。民办博物馆承担着国家文化交流与传播的责任和功能，具有不可替代的价值和作用。

（摘自《人民日报》2015 年 7 月 25 日第 12 版）

29 日　市社科联组织学习中宣部会议精神。社科联党组书记、中国特色社会主义理论体系研究中心常务副主任韩凯召集社科联相关部门学习 7 月 28 日中宣部会议精神。韩凯重点传达了中央政治局委员、中央书记处书记、中宣部部长刘奇葆的重要讲话。刘奇葆指出，“马克思主义理论研究和建设工程、中国特色社会主义理论体系研究中心、马克思主义学院、报刊网络理论宣传阵地‘四大平台’，是新形势下汇集力量深化拓展马克思主义理论研究和宣传教育、加强党的思想理论工作的重要抓手。推进‘四大平台’建设，要把推动思想理论工作创新发展作为共同使命，把研究重大理论和现实问题作为共同任务，用中国理论回答中国问题，用中国话语解读中国道路，更好地适应新的伟大实践对理论工作提出的新要求”。当前要“把研究阐释习近平总书记系列重要讲话精神作为重中之重，多讲 21 世纪中国的马克思主义、新时代的马克思主义，不断深化对重大现实问题、重大理论问题和重大实践经验的研究”。

（北京市中国特色社会主义理论体系研究中心供稿）

同日　市社科联召开 2015 年度国家社科基金特别委托项目课题研讨会。由市委宣传部常务副部长王海平牵头研究的“京津冀协调发展重大问题研究”被列为中宣部马克思主义理论研究和建设工程 2015 年重大实践经验总结课题，同时列为 2015 年度国家社科基金特别委托项目。为了更好地完成这项重大课题，受市委宣传部委托，由社科联科研工作部和中国特色社会主义理论体系研究中心共同参与课题研究。社科联党组书记、中特研究中心常务副主任韩凯召集科研工作部、中特研究中心两部门人员共商开展课题研究的工作方案。市委宣传部理论处副处长陈瑞、中国特色社会主义理论体系研究中心秘书长李翠玲、科研工作部主任程文进及有关人员参加会议。韩凯着重阐释了总书记关于京津冀协同发展、北京首都功能定位等重要讲话的精神；经过深入研讨，与会人员一致认为课题应从理论层面和实践层面两个部分对课题进行深入研究：理论层面重在解读习总书记十八大以来关于京津冀协同发展重要讲话，特别是“2·26”讲话关于首都功能定位等讲话的精神，以及党中央审议通过的《京津冀协同发展规划纲要》等重要文件的精神，深刻领会其中所包含的治国理政思想；实践从面重在总结梳理十八大以来北京市在京津冀协同发展、疏解非首都功能方面的做法、经验以及面临问题和破解对策。课题研究的开展拟组织两个团队，一是由高校、实际部门中的专家学者组成的课题组；一是由实际参与规划纲要制定等实际部门中的工作人员组成专家咨询组，对课题研究的脉络、内容、观点等给予必要的理论支撑。课题预计用半年左右的时间完成，预期成果分为三个部分：一个总报告；一个有关理论方面的报告；一个有关实践方面的报告。为高质量完成该项重大课题研究工作，会后制订了《“京津冀协同发展重大问题研究”课题研究计划》。

（北京市中国特色社会主义理论体系研究中心供稿）

30 日　教育部发布《2014 年全国教育事业发展统计公报》。《公报》显示，全国各类高等教育在学总规模达 3559 万人，高等教育毛入学率达 37.5%。普通高校中本科院校有 1202 所，全国共有研究生培养机构 788 个，普通高等教育本专科共招生 721.40 万人，研究生招生 62.13 万人。

在学前教育方面，全国共有幼儿园 20.99 万所，比上年增加 1.13 万所，在园幼儿（包括附设班）4050.71 万人，比上年增加 156.02 万人。学前教育毛入园率达 70.5%，比上年提高 3 个百分点。

在义务教育阶段，全国共有学校 25.40 万所，共招生 3106.25 万人。小学学龄儿童净入学率达 99.81%；其中，男女童净入学率分别为 99.80% 和 99.83%，女童高于男童 0.03 个百分点。

2014 年，全国高中阶段教育共有学校 2.57 万所，共招生 1416.36 万人，高中阶段毛入学率 86.5%，比上年提高 0.5 个百分点。

此外，2014 年，全国共招收特殊教育学生 7.07 万人，比上年增加 0.47 万人。2014 年，全国共有各级各类民办学校（教育机构）15.52 万所，比上年增加 0.63 万所；招生 1563.84 万人。

（摘自《光明日报》2015 年 7 月 31 日第 6 版）

8月

3 日　中国互联网发展基金会在北京正式挂牌。

这个基金会是中国，也是全球范围内第一家互联网领域公募基金会。

该基金会是经中国国务院批准，民政部登记注册，由国家互联网信息办公室主管，并具有独立法人地位的全国性公募基金会。该基金会理事长马利表示："'让互联网发展成果惠及13亿中国人民'是基金会的宗旨，也是基金会成立的出发点和落脚点。"

据了解，该基金会将致力于开展以下四个方面工作：支持中国互联网事业健康发展，使网络空间清朗起来；促进社会主义核心价值体系传播，维护国家网络安全和社会稳定；积极培育中国互联网人才资源，提升中国互联网国际话语权；关注并参与互联网相关的公益活动。

据该基金会秘书长秦昌桂介绍，基金会主要的业务范围包括：募集资金、专项资助；支持社会组织、单位和个人参与网络空间治理；国际交流与合作；专业培训等。

（摘自《光明日报》2015 年 8 月 4 日第 4 版）

7 日　中国共产党的优秀党员，久经考验的忠诚的共产主义战士，无产阶级革命家、政治家，党和国家的卓越领导人，中国共产党第十四届中央政治局委员、中央书记处书记，第十五届中央政治局常委、中央书记处书记，中央纪律检查委员会原书记，中华全国总工会原主席尉健行同志，因病医治无效，于2015年8月7日8时在北京逝世，享年85岁。

（摘自《人民日报》2015 年 8 月 8 日第 1 版）

12 日　北京诗词学会在京民大厦举行《中华诗词文库·北京词卷》现当代卷新书发布会。

中华诗词学会顾问、北京诗词学会名誉会长段天顺，北京诗词学会名誉会长杨金亭，红叶诗社执行副社长、北京诗词学会副会长高立元将军，中国工程院院士、北京诗词学会副会长王玉明，中华诗词杂志社执行主编高昌、副主编林峰、编辑部主任宋彩霞，《诗词之友》主编张脉峰，《诗刊·子曰》秘书长江岚，红叶诗社编辑部主任王琳等领导和众多嘉宾出席了发布会。

北京诗词学会常务副会长李增山主持会议。北京诗词学会常务理事、《北京诗苑》主编柳科正介绍了这本书的编辑出版情况，《北京诗词卷》现当代卷分为上、下两个分册。现代分册收入1919—1949年间北平地区的作者450人，诗词作品1468首；当代分册收入新中国成立前后作者604人，1876首作品。

（北京诗词学会陆奇供稿）

13 日　2015 年北京人文社科网络科普建设项目中标公司确定。经中经国际招投标集团有限公司公开招标、组织评标委员会评定，北京燕清联合文化产业发展中心中标。至此，社科普及网络工作由筹备转入实施阶段。

（北京市社科联社科普及部供稿）

15 日　国家文物局文物违法举报中心日前在北京北大红楼揭牌。作为国家层面的举报中心，国家文物局文物违法举报中心承担着文物违法行为举报受理的具体工作，并对各地工作情况进行统计分析。据中心主任王军介绍，举报中心是为严格文物执法，打击文物违法行为，加强文物保护而专门设立的。其主要职责是：负责受理涉及全国重点文物保护单位、馆藏一级文物，以及涉嫌损毁省级文物保护单位违法行为的实名举报；负责调查核实受理的涉嫌违法行为；负责举报信息的整理、管理、研究，提出预测预警建议。

在揭牌仪式上，文化部部长雒树刚指出，在国家层面设立文物违法举报中心，标志着国家文物督察制度建设迈出了重要一步。国家文物局局长励小捷表示，设立文物违法举报中心，是要重点解决当前存在的文物违法信息不畅甚至个别地方对违法案件不报、谎报、瞒报等问题，开门接受社会监督。

揭牌当天还向社会公布了全国统一举报电话"12359"，举报专用信箱——北京市1652信箱，以及举报网站 http：//jb. sach. gov. cn/和电子邮箱 jubao@sach. gov. cn。

（摘自《光明日报》2015 年 8 月 16 日第 4 版）

16 日　第九届茅盾文学奖在北京揭晓，格非《江南三部曲》、王蒙《这边风景》、李佩甫《生命册》、金宇澄《繁花》、苏童《黄雀记》5部长篇小说获得该项殊荣。

茅盾文学奖由中国作家协会主办，每4年评选一次。第九届茅盾文学奖的评奖范围为2011年至2014年间出版的长篇小说，共有252部作品参评，比上届增加74部。中国作家协会书记处聘请了来自全国各地的62位作家、评论家和文学组织工作者组成评奖委员会。经过5轮投票，于8月12日产生了10部提名作品并进行3天公示。16日，经第六轮投票，产生了5部获奖作品并向社会公布了实名投票情况。中国作协专门设立纪律监察组全程监督，并对评奖进行公证。

（摘自《人民日报》2015 年 8 月 17 日第 12 版）

18日 孙冶方经济科学奖评选结果日前正式公布。此次评选共有3部著作、4篇论文获奖。

此次评奖对象是1979年至2014年7月底我国经济学家已经公开发表的著作和论文。截至2014年11月底，孙冶方基金会办公室共收到报送的参评著作73部、论文137篇。经过层层会审与选拔，专家评委根据评奖规则的规定评出获奖作品名单，并向社会进行为期一个月的公示，于近日正式公布评选结果。《回溯历史——马克思主义经济学在中国的传播前史》等3部著作、《高投资、宏观成本与经济增长的持续性》等4篇论文分别获奖。

（摘自《光明日报》2015年8月18日第8版）

20日 中华炎黄文化研究会童蒙文化专业委员会成立大会暨第一届国际学术研讨会在首都师范大学北校区图书馆学术报告厅举行，来自海内外的专家学者100余人参加了会议。第十届全国人大常委会副委员长许嘉璐致贺信、中华炎黄文化研究会常务副会长兼秘书长、北京大学历史文化研究所所长张希清等出席并致辞。

（首都师范大学社科处李志成供稿）

22日 北京诗词学会散曲研究会揭牌仪式在门头沟区王平镇韭园村马致远故居举行。

北京诗词学会会长张桂兴，陕西省散曲研究会会长徐耿华，门头沟区文联主席彭天河，王平镇原镇长奚秋月，王平镇副镇长钟勇，北京诗词学会散曲研究会会长南广勋，副会长刘博如、张存寿、李乃富、京寅子等嘉宾30余人出席会议。

北京诗词学会散曲研究会副会长闫志德主持会议。北京诗词学会会长张桂兴讲话，他说北京竹枝词一直走在全国的领先地位。我们今天在马致远故居举行北京诗词学会散曲研究会揭牌仪式具有重要意义。是继承发扬中华优秀传统文化的又一项举措。我们大家要共同努力，让散曲文化发扬光大，唱响主旋律，传递正能量，为北京文化建设做出新贡献。门头沟区文联主席彭天河在讲话中说，散曲出自北京，马致远是北京人，他是元代散曲家，他的《散曲·天净沙》流传至今，人人皆知。北京诗词学会散曲研究会设在我们区，是对我们工作的大力支持，我们要担当好这个历史责任。门头沟区王平镇副镇长钟勇表示，我们一定要打造散曲之乡，让京西古道、北京散曲大放光彩。

北京诗词学会会长张桂兴代表学会向马致远故居纪念馆赠书。

（北京诗词学会陆奇供稿）

23日 中国妇女研究会第四届会员大会在北京召开。全国妇联主席沈跃跃当选中国妇女研究会第四届会长。

沈跃跃指出，要深入学习领会中央党的群团工作会议精神，用习近平总书记重要讲话精神指导妇女研究工作，坚定不移地走中国特色社会主义妇女发展道路；深刻认识保持和增强政治性先进性群众性的基本要求，牢牢把握为实现中国梦而奋斗的时代主题，围绕协调推进“四个全面”战略布局，进一步把握妇女研究的正确方向和重点任务；坚持以马克思主义基本原理为指导，不断提升妇女研究的科学水平；切实加强研究会自身建设，扎实做好中国妇女研究工作，更好地为大局服务、为妇女服务。

全国妇联党组书记、副主席、书记处第一书记，中国妇女研究会副会长宋秀岩主持会议。

（摘自《光明日报》2015年8月24日第3版）

24日 为纪念中国人民抗日战争暨世界反法西斯战争胜利70周年，“北平抗战实录”丛书首发式在西单图书大厦举办。该丛书由中共北京市委宣传部组织策划，共12册，200余万字。其中，市委党史研究室承担7本书的编写，分别是：《北平抗战简史》《卢沟桥事变：全民族抗战的起点》《沦陷时期的北平社会》《地火燃九城——抗战时期中共北平地下斗争》《一腔无声血——从〈四世同堂〉看沦陷时期的北平》《永远的丰碑——北平抗战英雄谱》《家风的传承——我们家鲜为人知的抗战故事》。这7本书从不同的视角阐释、解读北平抗战历史。丛书已入选中宣部、国家新闻出版广电总局“纪念中国人民抗日战争暨世界反法西斯战争胜利70周年重点出版物”（100种）和北京市2015年度文化精品工程重点项目。

（中共北京市委党史研究室陈丽红、徐香花、曹楠供稿）

同日 由北京师范大学民俗典籍文字研究中心和章黄学术思想研究中心共同主办的“章黄学术思想研讨会暨陆宗达先生诞辰110周年纪念会”举行。北京师范大学党委书记刘川生，中国文字学会会长、安徽大学文学院教授黄德宽，北京师范大学资深教授王宁先生出席开幕式。

（北京师范大学社科处刘娜供稿）

25日 第九届中华图书特殊贡献奖揭晓，20位外籍专家入选，其中包括今年首次增设的中华图书特殊贡献奖青年成就奖的5位获奖者。

荣获本届中华图书特殊贡献奖的15位专家分别是：澳大利亚汉学家、作家马克林，澳大利亚翻译家、澳洲国立大学汉学教授梅约翰，加拿大著名旅华作家李莎，法籍华裔翻译家程抱一，法国汉学家、法国国民教育部汉语总督学白乐桑，德国汉学家、德国汉学协会主席施寒微，荷兰翻译家、荷兰皇家艺术和科学院院士伊维德，老挝作家西昆·本伟莱，蒙古翻译家、蒙古国立大学教授其米德策耶，波兰出版家阿达姆·马尔沙维克，俄罗斯翻译家列·谢·彼列洛莫夫，斯洛伐克翻译家黑山，西班牙凯伊拉斯出版社社长安赫尔·费尔南德斯·菲尔默塞耶，美国纽约大学出版中心主任罗伯特·巴恩施和美国汉学家艾恺。

中华图书特殊贡献奖青年成就奖的5位获奖者分别是：埃及青年出版家艾哈迈德·赛伊德，缅甸籍华裔青年翻译家杜光民，匈牙利青年翻译家宗博莉·克拉拉，约旦青年作家萨米尔和美国青年翻译家艾瑞克·阿布汉森。

（摘自《光明日报》2015年8月26日第9版）

26日　中国外文局局长周明伟在第22届北京国际图书博览会上介绍，《习近平谈治国理政》一书全球发行量突破520万册，这是改革开放以来，中国国家领导人著作海内外发行的最高纪录。

《习近平谈治国理政》由国务院新闻办公室会同中共中央文献研究室、中国外文局编辑，外文出版社以中、英、法、俄、阿、西、葡、德、日等多语种于2014年9月向全球发行。该书的出版有助于各国读者全面准确了解中国领导人的治国理念和执政方略，增进国际社会对中国发展理念、发展道路、内外政策和价值取向的认识和理解。该书自出版以来，已发行到数十个国家和地区。

（摘自《光明日报》2015年8月27日第1版）

28日　民族地区经济社会协调发展与全面小康社会建设暨《中国民族地区经济社会调查报告》（以下简称《调查报告》）首批图书出版座谈会在北京举行。《调查报告》是《21世纪初中国少数民族地区经济社会发展综合调查》（以下简称《大调查》）项目的重要成果。《大调查》项目也称第三次“民族大调查”，是国家社科基金特别委托项目、中国社会科学院“创新工程”重大专项课题。第十届、十一届全国政协副主席，中国社会科学院原院长、党组书记陈奎元担任项目顾问委员会总顾问。中国社会科学院院长、党组书记王伟光担任项目学术指导委员会主任。项目由中国社会科学院民族学与人类学研究所组织实施。出席会议的还有求是杂志社社长，《大调查》项目学术指导委员会委员李捷；中共中央统战部副部长，《大调查》项目学术指导委员会委员斯塔；中共中央党校副校长，《大调查》项目学术指导委员会委员黄浩涛；中国社会科学院副院长、党组成员张江；中国社会科学院原副院长，《大调查》项目学术指导委员会委员武寅等。张江主持发布会。会议由中国社会科学院科研局、民族学与人类学研究所、中国社会科学出版社主办。来自中国社会科学院、国家民委、新疆社会科学院、中央民族大学的领导和专家学者，子项目主持人及课题组成员代表参加会议。

（中国社会科学院办公厅刘玉杰供稿）

29日　中国法学会董必武法学思想研究会在京举行会员大会，会上选举产生了新一届理事会，并宣布中国法学会决定在保留研究会现有名称的基础上，加挂“中国特色社会主义法治理论研究会”的牌子，将研究会的任务和业务范围拓展到中国特色社会主义法治理论研究。

新任研究会会长陈冀平认为发展符合中国实际、具有中国特色、体现社会发展规律的社会主义法治理论，为依法治国提供理论指导和学理支撑，“是当前法学法律界面临的最为重大、最为迫切的任务”。

（摘自《人民日报》2015年8月31日第11版）

9月

1日　9月1日出版的《求是》杂志第17期将发表中共中央总书记、国家主席、中央军委主席习近平《在会见全国优秀县委书记时的讲话》。

习近平在讲话中，对县一级在我们党的组织结构和国家政权结构中所处的关键作用给予充分肯定，对县委书记在发展经济、保障民生、维护稳定、促进国家长治久安中发挥的重要作用给予高度重视，指出县委是我们党执政兴国的“一线指挥部”，县委书记就是“一线总指挥”，是我们党在县域治国理政的重要骨干力量。

习近平在讲话中，对广大县委书记提出殷切期望。一要做政治的明白人；二要做发展的开路人；三要做群众的贴心人；四要做班子的带头人。要以受到表彰的全国优秀县委书记为榜样，始终做到心中有党、心中有民、心中有责、心中有戒，努力成为党和人民信赖的好干部。

这篇重要讲话的公开发表，对夯实党的组织根基和国家政权根基，充分发挥县委和县委书记的“一线指挥部”和“一线总指挥”作用，以“三严三实”作风贯彻落实“四个全面”战略布局，夺取全面建成小康社会决定性胜利，具有重要指导作用。

（摘自《人民日报》2015年9月1日第1版）

2日 中国人民大学—俄罗斯圣彼得堡国立大学俄罗斯研究中心在中国人民大学国学馆揭牌成立。俄罗斯研究中心是在中俄两国领导人的共同关心和见证下，为落实《〈中俄睦邻友好合作条约〉实施纲要(2013—2016)》，贯彻“中俄全面战略协作伙伴关系”，进一步加强两国交流，由学校和俄罗斯圣彼得堡国立大学联合发起创立的综合性学术机构，旨在进行科学研究、人才培养和文化艺术领域的交流与合作。中共中央政治局委员、国务院副总理刘延东，俄罗斯副总理戈洛杰茨为中心揭牌并致辞。校党委书记靳诺，圣彼得堡国立大学校长尼古拉·米哈伊洛维奇·克罗帕切夫分别代表两校致辞。陈雨露校长主持仪式。国务院副秘书长江小涓、教育部副部长郝平，俄罗斯驻华使馆公使衔参赞陶米恒、俄罗斯教育科学部第一副部长特列季亚克出席揭牌仪式。

（中国人民大学科研处李素萍供稿）

同日 “北京当代经济学基金会”（以下简称基金会），是北京市民政局批复设立的公益性社团组织，由国务院参事、国务院发展研究中心金融所名誉所长夏斌、复旦大学经济思想与经济史研究所所长韦森共同发起成立，该基金会日前在京举行了启动仪式。

据基金会理事长夏斌介绍，基金会将围绕“鼓励理论创新，繁荣经济科学”这一成立宗旨，逐年开展以下活动：1. 每年评选“中国经济学最高奖”；2. 每年评选若干名“全国经济学优秀博士论文奖”；3. 每年举办一次“思想中国”论坛，以中国为舞台，进行纯经济学理论的国际学术交流大会；4. 以中国经济学人为主，刊载理论经济学创新的学术成果，向全球出版发行，宣传中国经济学人的经济思想；5. 利用网络平台，激励与活跃中国经济学人的学术交流。其中，首届“思想中国”论坛将于今年9月12日在京举行。

该基金会设立学术委员会，并已从海内外著名大学邀请了27位世界著名经济学教授，分别代表古典经济学、新古典经济学、制度经济学、奥地利学派、历史学派、发展经济学、新政治经济学、转轨经济学、数量经济学以及经济思想史等研究领域。

此外，为了确保上述奖项评选的学术权威性，学术委员会还设有顾问委员会，其主要职责是当学术委员会在评奖中产生分歧时给最后评判。学术顾问主要由诺贝尔经济学奖获得者担任，目前受邀担任学术顾问的有：1996年诺贝尔经济学奖获奖者詹姆斯·莫里斯（James A. Mirrlees）、2001年诺贝尔经济学奖获得者约瑟夫·斯蒂格利茨（Joseph E. Stiglitz）、2007年诺贝尔经济学奖获奖、哈佛大学经济系教授埃里克·马斯金（Eric Maskin）。

（摘自《光明日报》2015年9月2日第15版）

4日 纪念中国人民抗日战争暨世界反法西斯战争胜利70周年宗教界和平祈祷活动在京举行。

中共中央书记处书记、全国政协副主席杜青林，全国政协副主席齐续春4日下午会见了参加和平祈祷活动的宗教界代表。

此次和平祈祷活动由中国宗教界和平委员会倡议，全国性宗教团体积极响应。中国佛教、道教、伊斯兰教、天主教、基督教都举行了各种形式的纪念活动和祈祷。中国宗教界和平委员会发表了《中国宗教界和平文告》，表达了中国宗教界铭记历史、缅怀先烈，愿与各国宗教界共同努力，为促进世界持久和平和共同发展贡献力量的愿望。

同日，佛教界、道教界分别在北京龙泉寺和白云观举行了和平祈祷法会，来自海峡两岸和港澳地区的佛教、道教界人士出席。参加祈祷的代表共同祭奠在中国人民抗日战争暨世界反法西斯战争中的遇难者，缅怀为反抗侵略、争取独立和自由而献身的英烈，祝福祖国和平统一、繁荣富强，人民幸福安康，祈祷世界持久和平。

（摘自《人民日报》2015年9月5日第4版）

同日 国家主席习近平夫人、联合国教科文组织促进女童和妇女教育特使彭丽媛在钓鱼台国宾馆会见了来华出席中国人民抗日战争暨世界反法西斯战争胜利70周年纪念活动的联合国教科文组织总干事博科娃，并与博科娃一起会见了参加“国际女童与妇女教育研讨班”的亚非国家学员。北京师范大学党委书记刘川生、校长董奇、副校级干部周作宇出席了活动。

彭丽媛表示，中国的发展得益于教育优先发展，中国妇女地位提高也离不开女性教育的普及，她将继续履行好教科文组织促进女童和妇女教育特使使命，为广大女童和妇女姐妹争取教育权益。中国教师节即将到来，彭丽媛向大家致以节日祝贺。

（北京师范大学社科处刘娜供稿）

5日 市社科联与北京狐狸元素科技有限公司签订《科普微信订阅号代运营合同书》，科普微信订阅号名称定为京社科。9月21日，京社科订阅号正式上线。

（北京市社科联社科普及部供稿）

8日　由北京师范大学和光明日报联合主办的首届启功教师奖揭晓，颁奖大会当晚在北京师范大学举行。来自老少边穷岛，在我国县及县以下地区基础教育一线从教30年以上并作出突出贡献的10名优秀教师受到表彰。

（摘自《光明日报》2015年9月9日第1版）

9日　今年以来，北京市已累计安排专项资金3000余万元，对抗战文物开展抢险修缮及环境整治。同时，京津冀将携手保护三地交界处的长城沿线抗战遗址。

北京市文物局局长舒小峰介绍，2014年，经过北京各区县文物部门的调查统计，全市共有各类抗战文物162处。对抗战文物，北京市各区县逐一走访和调查，基本摸清险情状况。市文物局与市民政等部门共同完成了60余处抗战文物的抢险加固和现场的整治工程，抗战文物保护状况得到明显改善。与此同时，北京对新发现抗战文物及时公布和保护。今年以来，各区县开展文物调研并深入研究，陆续发现了日军飞机掩体、碉堡等各类抗战文物20余处。

北京市文物部门在修缮和保护过程中，注重保证抗战文物的完整性，让抗战文物较为完整地展现自身风貌；全面保留战争遗迹细节，修缮中保留所有弹坑和炮洞等痕迹；增强文物的可读性，要求所有抗战遗址、遗迹类文物修缮配备永久标识碑。经过修缮保护的抗战文物，尽可能创造条件向社会开放。

此外，北京市重点开展长城沿线抗战遗址的保护工作，对爆发古北口战役的密云古北口长城卧虎山段、坚持敌后抗日的门头沟沿河城长城段等进行抢险加固和修缮。由于不少长城沿线的抗战遗迹位于京津冀三地交界处，结合京津冀协同发展战略，京津冀构建了三地历史文化遗产保护体系，建立文物保护与利用协调发展的沟通机制。北京已与河北、天津签订京津冀长城保护管理框架协议，推进三地交界的红石门长城、京冀交界的古北口长城、南口长城制定文物保护与利用区域发展规划，共同打造三地长城沿线抗战遗址宣传平台，加强三地长城保护联合执法等。

（摘自《人民日报》2015年9月7日第11版）

同日　《习近平在纪念中国人民抗日战争暨世界反法西斯战争胜利70周年系列活动上的讲话》一书已由人民出版社出版，即日起在全国新华书店发行。该书收录了中共中央总书记、国家主席、中央军委主席习近平《在纪念中国人民抗日战争暨世界反法西斯战争胜利70周年大会上的讲话》、《在纪念中国人民抗日战争暨世界反法西斯战争胜利70周年招待会上的讲话》和《在颁发“中国人民抗日战争胜利70周年”纪念章仪式上的讲话》共三篇重要讲话。

（摘自《光明日报》2015年9月7日第1版）

同日　在中国人民抗日战争暨世界反法西斯战争胜利70周年之际，国际二战博物馆协会在北京宣告成立。来自9个国家的30家二战博物馆馆长及国际博物馆协会、国际博协亚太地区联盟等相关国际组织代表共100余人出席了开幕式。

据了解，该协会的成立，搭建了国际二战博物馆间交流与合作的重要平台。该协会是第一个由中国抗战博物馆发起成立、秘书处常设中国的国际文博专业组织。目前正式确认参加国际二战博物馆协会的有中国、俄罗斯、美国、韩国、意大利、白俄罗斯、日本、乌克兰、巴西、马来西亚、斯洛伐克等11个国家的35家博物馆。

该协会的成立，主要是为加强国际二战博物馆间的横向联系，促进国际二战博物馆间的交流与合作，开展二战史共同研究和展示，进行和平教育。中国人民抗日战争纪念馆与俄罗斯卫国战争纪念馆于2013年初经友好协商，达成联合倡议发起成立国际二战博物馆协会的协议。中国人民抗日战争纪念馆承担了具体筹备工作，并得到了国际博物馆协会、国际博物馆协会亚太联盟、国际博物馆协会中国国家委员会、中国博物馆协会、俄罗斯卫国战争纪念馆等国内外二战博物馆的大力支持与配合。

（摘自《人民日报》2015年9月10日第9版）

同日　第三十一个教师节来临之际，中共中央总书记、国家主席、中央军委主席习近平给“国培计划（2014）”北京师范大学贵州研修班全体参训教师回信，对他们提出殷切希望，并向全国广大教师致以节日的祝贺和诚挚的祝福。

习近平在回信中表示，一年前，在北京师范大学“国培”课堂上，我同大家座谈，你们对教育的执着、对知识的渴望、对学生的关爱，给我留下了深刻印象。一年来，你们取得了新的进步，我感到很高兴。

习近平指出，到2020年全面建成小康社会，最艰巨的任务在贫困地区，我们必须补上这个短板。扶贫必扶智。让贫困地区的孩子们接受良好教育，是扶贫开发的重要任务，也是阻断贫困代际传递的重要途径。党和国家已经采取了一系列措施，推动贫困地区教育事业加快发展、教师队伍素质能力不断提高，让贫困地区每一个孩子都能接受良好教育，实现德智体美全面发展，成为社会有用之才。

习近平强调，发展教育事业，广大教师责任重大、使命光荣。希望你们牢记使命、不忘初衷，扎根西部、服务学生，努力做教育改革的奋进者、教育扶贫的先行者、学生成长的引导者，为贫困地区教育事业发展、为祖国下一代健康成长继续作出自己的贡献。

2014 年 9 月 9 日，习近平来到北京师范大学，走进“国培”课堂，看望正在参加培训的贵州省中小学语文教师，并同他们座谈，勉励他们加强学习、提升能力，为西部教育发展多作贡献。近日，当年参加座谈的教师给总书记写信，汇报了一年来的工作、学习、思想情况。他们在信中表示，要让总书记的期盼和嘱托通过他们的辛勤付出变成现实，让每一个孩子充分享受充满生机的教育，让每一个孩子带着梦想飞得更高更远。

2010 年，国家启动实施中小学教师“国家级培训计划”（简称“国培计划”），到 2014 年培训中小学、幼儿园教师 700 多万人次，实现了对中西部 640 万农村教师培训一轮的目标。从 2015 年起，“国培计划”集中支持中西部地区乡村教师校长培训。

（摘自《光明日报》2015 年 9 月 10 日第 1 版）

13 日　外交学院隆重举行建校 60 周年纪念活动，有关方面领导、社会各界嘉宾、海内外校友和全院师生 3000 余人欢聚外交学院沙河校区，共同参加了纪念活动。

外交部王毅部长、钱洪山部长助理、教育部高教司张大良司长、北京市教委线联平主任、外交部相关司局领导、北京市昌平区和西城区领导、兄弟院校有关领导、外交学院第四届董事会董事、校友代表以及师生代表出席大会。王毅发表重要讲话，外交学院秦亚青院长致辞。教育部领导、兄弟院校有关领导、校友代表及师生代表也分别致辞。大会由外交学院党委书记袁南生同志主持。

（外交学院科研处供稿）

15 日　“新文化运动百年——回顾与展望”纪念大会于北京大学英杰交流中心顺利召开，来自教育部、首都高校的领导和专家学者齐聚一堂，从不同角度共同回顾了新文化运动的发展历程，探讨了新文化运动的历史经验，展望了新形势下大学的未来发展。教育部社科司司长张东刚代表教育部副部长杜玉波到会致辞，北京大学党委书记朱善璐、清华大学党委书记陈旭、北京师范大学党委书记刘川生、中国人民大学副校长洪大用等参加了本次会议并发表讲话，求是杂志社社长李捷、北京大学马克思主义学院教授沙健孙、哲学社会科学资深教授厉以宁、中国科学院院士杨芙清进行了主旨报告；北京大学校长林建华、副校长王杰主持了本次会议。

（北京大学社会科学部供稿）

19 日　由国家体育总局支持和指导，由中央财经大学、中体鼎新体育基金、洪泰基金、新浪体育联合主办，中体鼎新冠军 VC 联合承办的“中国体育产业创新大会暨中国体育产业发展研究中心成立仪式”在中央财经大学学术会堂举行。北京奥组委执行副主席王伟、国家体育总局群体司副司长张栋、中国体育报业总社副社长、华奥星空董事长王平、中央财经大学党委副书记陈明、洪泰基金创始合伙人盛希泰、洪泰创新空间 CEO 王胜江、新浪高级副总裁魏江雷、中体鼎新董事长王保忠等多位业界专家出席。此次会议的召开标志着中国体育产业的创新发展有了可靠的研究和指导单位，体育产业的“大众创业、万众创新”掀开了新的篇章。

（中央财经大学科研处供稿）

20 日　北京师范大学智慧学习研究院举行《2015 中国智慧学习环境白皮书》（以下简称《白皮书》）发布会。发布会由北京师范大学教育学部副部长余胜泉教授主持，国家教育部科技司副司长雷朝滋、北京市教育委员会李奕委员、美国新媒体联盟 CEO Larry Johnson 先生、北京师范大学陈光巨副校长出席并致辞，参加会议的嘉宾还有中国互联网协会副理事长高新民先生、国家信息中心信息化研究部副主任单志广研究员、科技部智慧城市首席科学家熊璋教授、中国教育装备行业协会秘书长夏国民先生、天津和平区教育局局长张素华女士。另外还有来自部分省市教育部门的领导、专家、业界代表以及师生共 160 余人参加了发布会。《白皮书》项目由北京师范大学智慧学习研究院牵头立项，由网龙华渔教育公司资助并参与组织，联合来自相关领域的高校及科研机构近 30 位专家和学者共同完成。《白皮书》从智慧城市建设发展的视角全面解读了智慧学习和智慧学习环境，在国内各行政区域采集基础数据信息，监控智慧学习环境领域发展状态、广泛开展产业调查，通过真实的数据反映了中国智慧学习环境的发展水平。

（北京师范大学社科处刘娜供稿）

21 日　为期 3 天的首届北京诗歌节在北京密云落幕。在此间举办的“国人记忆：中小学课本里的诗（1949—2015）”公共空间展上，集中展出了 1949 年以来我国通用中小学语文教材里的诗篇，系首次对这些诗篇进行系统梳理和集中展示。

据了解，首届北京诗歌节由中国诗歌网主办，芒克、翟永明、唐晓渡、西川、杨炼、岳敏君等 20 余位诗人、画家受邀参加。

诗歌节还举办了“诗歌教育与人文素养的养成”研讨会，多位诗人和评论家针对当下诗歌教育的不足指出，诗歌教育的核心在于审美情趣的培养，诗歌教育需要系统化进行并在青少年中大力普及。

（摘自《人民日报·海外版》2015 年 9 月 22 日第 4 版）

同日　“2015·北京社会科学普及周”开幕式在大观园举办。此次科普周由市委宣传部、市委社会工委、市科委、市科协、市社科联、市西城区委区政府联合举办，市政协副主席、市社科联主席沈宝昌、市委宣传部副部长赵卫东、市社科联党组书记、常务副主席韩凯出席。科普周以“普及社科、弘扬我们的价值观”为主题，举行了“人文之光”社会科学知识竞赛决赛、社会主义核心价值观“抗战 爱国”专题讲座，“我们的价值观”百姓宣讲会和“红墙意识”主题研讨会，以及 16 区县社科普及精品活动展、京津冀协同发展主题展、社会主义核心价值观展、新西城五年发展展等活动。科普周持续到 25 日结束。

（北京市社科联社科普及部供稿）

22 日　目前，全国 19 个省（区、市）共有 3081 名残疾人考生被普通高校录取。

2015 年高考前夕，教育部、中国残联联合印发《残疾人参加普通高等学校招生全国统一考试管理规定（暂行）》，明确规定要为盲、聋和肢体不便的考生参加普通高考提供合理便利。如：使用盲文或大字号试卷；免除外语听力考试；可携带盲杖、光学放大镜，佩戴助听器、人工耳蜗，使用轮椅、拐杖、特殊桌椅等；可延长考试时间等。

中国残联教育就业部副主任李东梅说，随着我国社会文明程度的不断提高，残疾考生的特殊考试需求得到教育部、中国残联等有关部门的高度关注，多年来一直致力于推动出台惠及他们的相关政策。

（摘自《人民日报》2015 年 9 月 22 日第 19 版）

25 日　2015 年党史讲堂第二讲“中国人民抗日战争的伟大胜利与实现中国梦”在西城区大观园举办。中共中央党史研究室研究员、国务院政府特殊津贴专家，中央直属机关五一劳动奖章获得者王新生作报告，市社科联党组副巡视员王彦京主持报告会。讲堂由中国中共党史学会和北京市社科联联合举办，中共党史学会和市社科联的负责同志，西城区的党员干部和群众共 200 多人聆听报告。

（北京市社科联社科普及部供稿）

28 日　市档案学会在中国科技会堂隆重召开第七次会员代表大会，吕和顺同志当选新一届理事会理事长。市档案学会理事长陈乐人、中国档案学会副理事长兼秘书长方鸣、市社科联学会部主任周志勇到会并讲话，市社团办调研员侯庆权莅会指导。市档案学会副理事长、理事，监事长、监事和会员代表共 160 余人出席。第六届理事会副理事长王京彦和新当选的常务副理事长陶水龙分别主持了两个阶段的会议。与会代表审议通过了理事长陈乐人所做的《第六届理事会工作报告》，秘书长赵艳达所做的《第六届理事会财务报告》，监事长申玺朝所做的《第三届监事会工作报告》。副理事长李建平宣读了《关于表彰第六届北京市档案学会先进集体和先进工作者的决定》，东城区档案学会等 30 个先进集体和于海青等 50 名先进工作者的代表上台领奖。

（北京市档案局科教处胡晓燕供稿）

同日　由北大高等人文研究院与嵩阳书院联合承办的国际哲学学院 2015 年院士大会在北京大学开幕。参加此次会议的包括 23 名外籍院士和 40 名来自国内重点大学的哲学教授。

北京大学人文讲席教授、高等人文研究院院长杜维明在主题发言中，回顾了近代以来中华民族的艰难历程和中国文化所经受的考验。他指出，在当今世界，“学以成人”已成为最紧要的问题。人们应该通过交流、合作、谈判来取得共识并解决问题，更要容忍并尊重他者的内在价值，通过互相学习来丰富自我。哲学不应只是精英学说，而应是向全人类开放的智慧。当今世界的社会经济发展，需要哲学思想的指引。

国际哲学学院于 1937 年成立于法国巴黎，是国际哲学界最高学术组织和资深荣誉团体。这是国际哲学学院有史以来首次在中国召开院士大会。此次大会有助于中国哲学思想走向世界，提升中国哲学在世界上的地位，也有可能为世界哲学理论的发展与现实问题的解决提供资源。

（摘自《北京日报》2015 年 9 月 28 日第 24 版）

29日 中国社会科学院俄罗斯东欧中亚研究所成立五十周年学术报告会在北京举行。中国社会科学院院长、党组书记王伟光出席会议并讲话。

俄罗斯东欧中亚研究所是中国社会科学院下属的国际问题研究所，是国内研究俄罗斯和东欧中亚地区最大的综合性学术机构。研究所始建于1965年6月，随着时代变迁、国际形势的变化以及研究对象的变动，先后采用过苏联研究所、苏联东欧研究所、东欧中亚研究所等名称，2002年10月改为现名。

50年来，该所多次参与中央直接交办的重大科研任务，承担各类重点研究项目和国家社科基金项目，推出了一大批有分量的学术成果。中国社会科学院、中国现代国际关系研究院、中国国际问题研究院、北京大学、清华大学等单位专家学者参加会议，并就学科发展进行了讨论。

出席会议的还有教育部副部长刘利民，中国社会科学院副院长、党组成员张江，中央纪委驻院纪检组组长、党组成员张英伟，中共中央对外联络部原副部长于洪君等。

中国社会科学院俄罗斯东欧中亚研究所党委书记李进峰主持开幕式，所长李永全在开幕式上致辞。

（中国社会科学院办公厅刘玉杰供稿）

同日 北京师范大学社会科学处、中国文艺评论基地和艺术与传媒学院联合主办了首批国家级“中国文艺评论基地”揭牌典礼暨“当下中国文艺评论的现状和发展”研讨会。“中国文艺评论基地”是在中宣部高度重视和切实加强文艺评论工作精神的指导下，由中国文联倡导评选的国家级学术机构，全国共有100余家科研单位竞报，第一轮评审筛选出55家，终评结果为22家。北京师范大学艺术与传媒学院通过严格的资格初审、复审和实地考察，与北京大学艺术学院、清华大学新闻传播学院等单位共同成为全国首批“中国文艺评论基地”。周星教授担任基地主任。揭牌典礼在北京师范大学艺术楼何思敬讲堂举行。出席会议的基地特聘评论专家有四川大学艺术学院院长黄宗贤、中国艺术研究院舞蹈所所长欧建平、北京电影学院资深教授黄式宪、中国艺术研究院影视所副所长赵卫防、哈尔滨师范大学音乐学院副院长郁正民、南京大学艺术研究院副院长康尔、中央戏剧学院影视系著名教授路海波等十余名校外文艺专家等。

（北京师范大学社科处刘娜供稿）

同日 又是一年新学期，北京大学的开学季因为“一带一路”系列语言文化课程的设立而显得创意十足。

据悉，此次北大主动将课程资源和“一带一路”连结，面向全校学生开设总计40门语言和文化类课程，其中包括32门语言类课程和8门“一带一路”文化类公共选修课程。来自“一带一路”沿线的20多个国家的驻华使节将参与到这一项目中来。

外教老师来自母语国家

为了这次开设的“一带一路”系列课程，北大特别创设了4个部分的系统教学，即系列语言课程、讲座与文化课程、文化节活动和“大使眼中的‘一带一路’”。课程由北京大学外国语学院外教专家讲授，包括阿拉伯语、希伯来语、土耳其语、法语、伊博语、斯瓦希里语、俄语、西里尔蒙古语、孟加拉语、菲律宾语、越南语、西班牙语、韩语、德语、日语、阿姆哈拉语、缅甸语、泰语、印地语、乌尔都语、波斯语等在内的共几十种语言文化课程，基本涵盖了“一带一路”战略沿线国家和地区的主要语言。

北京大学教务部部长董志勇在接受报社采访时介绍说，教授课程用的都是母语国家的外教老师，并且这些外教不是临时聘用，而是已经在北大教课多年，经验丰富。

外校学生也可来听课

课程除面向北大全校学生开课外，也对其他高校的学生开放。董志勇说：“北大的资源应该向其他学校的学生部分开放，所以，在本校学生选课未满的情况下，可以实现课程资源共享。”

据了解，“32+8”的小语种和文化系列课程配合着“一带一路”国家大使的系列讲座和阿曼周、沙特阿拉伯周等文化节，第一课堂与第二课堂同时进行，使语言学习更加系统和完善。

32个小语种中，部分课程是首次开设。就读于北京大学中文系语言学专业的孙国轩对记者表示：“通过‘一带一路’沿岸国家的系列外语课程学习，可以接触到一些小语种，可以在理论之外获得更丰富的语料资源。”

除了语言，文化课程和大师讲座会涉及到大量沿线国家的政治经济相关内容，这样的创新结合将使选课的学生对“一带一路”国家的了解更加全面、立体。专业知识与外语交流能力并行，将为学生今后从事专业研究和各行业工作打下基础，而通过为期1年或半年的学习，将达到培养兼具本专业素养和外语交流能力的复合型人才的目的。

（摘自《人民日报·海外版》2015 年 9 月 29 日第 5 版）

10 月

10—11 日　由北京大学、北京大学马克思主义学院举办的首届世界马克思主义大会在北京大学举行。来自世界近 20 个国家的 400 多名马克思主义研究学者和中国问题研究专家参加，对马克思主义在世界范围内的交流、传播与发展，以及在推动社会进步和文明发展中的重要价值进行研讨。

会议共设马克思主义的起源和发展、马克思主义文本研究及其编译、中国道路与中国话语体系、习近平治国理政思想与中国马克思主义的发展、马克思主义与世界文明的未来走向等 8 个分论坛。还特别安排了“落后国家发展道路与马克思主义”、“中国道路与市场社会主义”、“中国近现代发展与马克思主义”三个专场，由中外著名学者发表专题讲演和进行高端对话。共有 120 余位专家学者在论坛发言。与会者认为，马克思主义的强大生命力，源于它的科学的世界观和方法论，源于它对社会历史发展的深刻洞察，源于它所阐明的实现人的自由全面发展的愿景。马克思主义在今天依然具有鲜活的生命力，它同人类命运和世界未来紧紧连在一起，对于我们认识当代世界，推动社会进步和文明发展，具有重要价值。

10 日，中央电视台《新闻联播》对大会的召开进行了报道。

（北京大学社会科学部供稿）

同日　清华大学法学院复建 20 周年大会在本校大礼堂举行。中共中央政治局前候补委员、全国人大常委会前副委员长王汉斌，最高人民检察院前检察长、法学院顾问委员会主任贾春旺，校长邱勇等领导、学界同仁、社会各界人士 700 余人出席了大会。中央政治局原常委、中纪委原书记吴官正学长为法学院复建 20 周年发来了贺信。校党委副书记邓卫宣读了吴官正学长的贺信。贺信向母校清华法学院复建 20 周年致以祝贺，并表示，在过去的岁月里，在校、院领导下，清华法学院坚持“自强不息、厚德载物”的校训，面向世界、面向现代化、面向未来，扎扎实实，开拓创新，赢得了社会的优良声誉，希望清华法学院百尺竿头更进一步，出更多优秀拔尖人才，出更多高水平学术成果，不断为依法治国做出突出贡献。邱勇在致辞中回顾了清华法学教育 86 年的历史，以及从中走出的灿若繁星的法学大家和杰出人才。他指出，法学院复建 20 年来始终坚持以人才培养为根本，以培养中国特色社会主义法治国家的建设者为己任，着力培养学生的责任担当；始终高度重视教育教学，逐步建立起了一支优秀的师资队伍，并自 2011—2015 年连续 5 年获评 QS 全球法学院 50 强。经过 20 年的发展，如今一大批法学院毕业生活跃在法学学术研究、立法、执法、司法和法律服务领域，为我国法治建设作出了重要贡献。法学院复建 20 周年院庆日当天，还举行了中国法学教育研究会 2015 年会、法学院顾问委员会 2015 年度会议、国际法律教育中心挂牌仪式以及法学院返校校友联谊会。

（清华大学文科建设处刘金梅供稿）

同日　北京师范大学对外汉语教学五十周年庆典举行。第九届、第十届全国人大常委会副委员长、人文宗教高等研究院院长、汉语文化学院院长许嘉璐，孔子学院总部总干事、国家汉办主任、国务院参事许琳，北京师范大学校长董奇，国际友好城市促进委员会会长华赞，北京外国语大学党委书记韩震，北京第二外国语学院校长曹卫东，北京国际汉语学院院长耿学超，孔子学院总部顾问张九桓，中国教育国际交流协会副会长钱一呈等出席庆典并致辞。庆典由北京师范大学副校长陈光巨主持。

（北京师范大学社科处刘娜供稿）

12 日　北京师范大学“郎平体育文化与政策研究中心”揭牌仪式暨中国女排精神研讨会在英东学术会堂举行。北京师范大学党委书记刘川生，校党委副书记田辉，副校长张凯，著名运动员、中国女排教练员、北京师范大学研究员郎平学长出席会议。教育部体育卫生与艺术教育司司长王登峰，国家体育总局排球运动管理中心副主任李全强，赖亚文、魏秋月、徐云丽、曾春蕾等中国女排教练员、运动员代表应邀出席。会议由中央电视台著名主持人张斌主持。

（北京师范大学社科处刘娜供稿）

14 日　清华大学美术学院教授、著名艺术家韩美林被联合国教科文组织授予“和平艺术家”称号，这是中国美术界第一个人得此殊荣。当晚，联合国教科文组织总干事博科娃在巴黎联合国教科文组织总部亲自为韩美林授奖。联合国教科文组织总干事博科娃表示，授予韩美林“和平艺术家”，是为了表彰他在中国长期致力于推动艺术和艺术教育的发展，尤其是通过设立韩美林艺术基金会支持为青年人提供优质教育，以及为实现教科文组织的理想和宗旨所做出的贡献。韩美林1936年出生于山东省济南市，是一位孜孜不倦的艺术实践者和开拓者。韩美林一生命途多舛，历经磨难与坎坷，然而他却将人生的种种阅历、遭遇的种种苦难，转化为源源不绝的艺术创造力。60余年的艺术生涯，韩美林涉猎了书法、绘画、陶瓷、雕塑、设计等领域，且在每个领域都取得了卓尔不群的成就。此外，韩美林还有一项终身事业—完成《中国古文字大典》。著名作家冯骥才曾说，韩美林创造了“一个人的敦煌”；著名作家余秋雨则盛赞韩美林创造了“千年后的汉唐”。据悉，联合国教科文组织“和平艺术家”是一批拥有杰出个人品质、在文化艺术教育领域做出杰出贡献的国际知名艺术家（或团体）。

（清华大学文科建设处刘金梅供稿）

19日　北京师范大学中国纪录片发展基金成立。这是中国高校第一支纪录片基金，也是中国纪录片界第一个学术基金。华夏五维文化产业股份有限公司向北京师范大学教育基金会捐资两千万元人民币，建立中国纪录片发展基金，支持北京师范大学纪录片中心的学术研究、人才培养与项目孵化。

北京师范大学人文底蕴深厚，纪录片研究与创作在国内高校居于领先地位。北京师范大学纪录片中心成立于2006年，主任张同道教授不仅从事电影教学和研究，而且带领学生进行创作。10年来，该中心在儿童纪录片项目、大型纪录片拍摄制作、博士和硕士生培养以及学术研究成果等方面成绩斐然。

（摘自《人民日报·海外版》
2015年10月19日第7版）

同日　世界汉学大会理事会会议（2015）在中国人民大学世纪馆北大厅召开。孔子学院总部总干事、国家汉办主任许琳，中国人民大学校长陈雨露教授、副校长伊志宏教授出席会议。参加会议的理事会成员包括德国歌德学院（中国区）阿克曼教授、英国牛津大学罗伯特·恰德教授等。陈雨露校长在致辞中回顾了历届汉学大会的主题，认为世界汉学大会推动了世界与中国的相互理解和相互阐发。孔子学院总部总干事、国家汉办主任许琳指出，世界汉学大会已经成为凝聚中外汉学家思想和智慧的基地，在汉语国际推广及孔子学院建设工作中发挥了重要的作用。美国普林斯顿大学柯马丁教授代表参会理事发言。会议上，陈雨露校长与许琳主任为到会的19位理事颁发了聘书和证章。在大会交流阶段，与会理事们针对理事会章程、第五届世界汉学大会的主题与时间、理事会会刊《世界汉学》等具体问题进行了深入的讨论。

（中国人民大学科研处李素萍供稿）

同日　英国《金融时报》（*Financial Times*）公布了2015年全球EMBA百强排名。清华大学经济管理学院与INSEAD（欧洲英士国际商学院）联合举办的双学位EMBA国际项目（Tsinghua-INSEAD Dual Degree Executive MBA Program，简称TIEMBA）排名全球第一。这是清华大学经济管理学院EMBA国际项目连续第四年参加此项排名，2012年、2013年和2014年分别位居全球第四、全球第二和全球第三。《金融时报》年度商学院教育项目排名是目前世界公认的评选流程最规范、信誉度最高的排名。清华大学经济管理学院EMBA国际项目致力于培养既通晓中国经济和企业管理，又熟知国际市场运作和国际商业规范的商业领袖。该项目采用全英文授课，教学内容以领导力培养和体验式教学贯穿始终。清华大学经济管理学院和INSEAD两院派出优秀师资授课，授课地点全球分布，包括北京和INSEAD的新加坡校区、法国枫丹白露校区及阿联酋阿布扎比校区。

（清华大学文科建设处刘金梅供稿）

同日　北京师范大学南南合作研究中心成立，并在人民大会堂举行揭牌仪式。仪式上，校党委书记刘川生宣读了《北京师范大学关于成立南南合作研究中心非建制性研究机构的决定》，并与秘鲁前总统亚历杭德罗·托莱多、美国新兴市场论坛执行主席哈瑞尔达·考利，以及北京师范大学国际交流与合作处主要负责共同为研究中心揭牌。北京师范大学胡必亮教授被聘任为北京师范大学南南合作研究中心主任。

（北京师范大学社科处刘娜供稿）

20日　京冀两地人大座谈交流会召开。会上，北京市副市长隋振江介绍了北京市经济社会发展和贯彻落实京津冀协同发展国家战略总体情况，市发展改革、规划、交通部门分别汇报了相关重点任务进展情况。河北省人大常委会常务副主任、党组书记宋恩华表示，要加强与京津人大的沟通交流，在推动京津冀协同发展中发挥重要作用，积极提出相关议案、建议。北京市人大常委会主任、党组书记杜德印对河北省多年来无私支援北京发展表示衷心感谢。他指出，京津冀协同发展的国家战略方向已经明确，北京市正在抓紧制定“十三五”规划。下一步要在具体工作中抓紧落实，切实克服“一亩三分地”的思想，解决好功能、布局、利益失衡的问题。用好市场和政府这两只手，充分调动市场主体的积极性，科学布局城市功能，治理好城市病，与津冀联手打造世界级城市群，在服务中央、服务全国中实现自身发展。

（北京市人大常委会研究室艾淑英供稿）

23日　清华大学经济管理学院首任院长、学院顾问委员会名誉主席朱镕基在钓鱼台国宾馆会见了参加清华大学经济管理学院顾问委员会2015年会议的顾问委员。朱镕基夫人劳安，中共中央政治局委员、国务院副总理刘延东，中共中央政治局委员、国务院副总理马凯，全国政协副主席陈元陪同会见。参加会见的有清华大学经济管理学院顾问委员会主席、凯雷投资集团联合创始人兼联席首席执行官大卫·鲁宾斯坦（David M. Rubenstein），巴理克黄金公司董事长、华盛顿布鲁金斯研究院理事会联席主席约翰·桑顿（John L. Thornton）等26位顾问委员会海外委员，以及中方委员楼继伟、陈吉宁、顾秉林、王大中、赵纯均、柳传志、李彦宏。国务院副秘书长江小涓，教育部副部长刘利民，清华大学校长、学院顾问委员会副主席邱勇，清华大学副校长杨斌，清华大学经济管理学院院长钱颖一、党委书记高建等一同参加会见。今年的顾问委员会会议是自清华大学经济管理学院顾问委员会2000年成立以来的第16次年度会议。在一个多小时的会见中，朱镕基认真听取了多位委员的发言。朱镕基在会见最后讲话，肯定了顾问委员会成立15年来对中国教育事业发展做出的贡献。他说，顾问委员会现任的委员以及荣退的委员都是掌握了世界上最先进的技术、掌握了世界发展方向的人，相信大家一定能够团结一心，把清华大学办好，把清华大学经济管理学院办好。

（清华大学文科建设处刘金梅供稿）

26日　中华历史文化大观园项目方案专家评审会在京举行。来自北京大学、清华大学、人民大学、中央文史馆、国家发改委、财政部、教育部、文化部、国家旅游局、国家文物局、国家广电新闻出版总局、佛教文化协会、道教文化协会、儒家文化协会、中医药文化协会、中华民族文化促进会的相关领导和专家学者共30余人与会。

中华历史文化大观园是一个由中国社会科学院历史研究所进行学术理论和可行性研究的大型综合文化旅游项目，一个展示中华历史文化的综合园区。它将以中华五千年的灿烂文明为背景，从三皇五帝到中华人民共和国成立，根据不同历史时期的记载，对中华历史的重要人物、历史事件、历史经典故事和众多历史素材进行筛选和整理，加以生动的展示。目前课题组已初步完成了9个历史文化专题展区的素材筛选和文字编写工作，共计40多万字并编制了初步规划方案。

（摘自《人民日报·海外版》
2015年10月26日第7版）

同日　北京大学—亚太经合组织健康科学研究院（PKU-APEC Health Science Academy，PKU-APEC HeSAY）揭牌仪式在北京大学举行。北京大学副校长李岩松，国家食品药品监督管理总局副局长、国家卫计委副主任吴浈，亚太经合组织生命科学创新论坛（APEC LSIF）代表Kate Clemans女士，教育部、商务部、国家卫计委等部委及有关部门的领导，APEC生命科学创新论坛RHSC代表Ranganathan博士，中国药学会、中国化药协会、中国医药创新促进会、PhRMA、RDPAC等有关机构的嘉宾和代表，中国药审中心、美国哈佛大学及国内中日友好医院、北京肿瘤医院等单位专家代表100多人出席了揭牌仪式。外交部专门负责亚太经合组织（简称APEC）事务的高官谈践专门委派代表对北京大学—亚太经合组织健康科学研究院的成立表示祝贺。

（北京大学社会科学部供稿）

30日　市社科联组织的社科普及进基层活动走进海淀区东北旺中心小学，向小学生捐赠图书，举办励志方面的社科普及讲座，北京市社科联副巡视员王彦京出席活动并致辞。

（北京市社科联社科普及部供稿）

同日　国务院任命陈雨露为中国人民银行副行长，免去陈雨露的中国人民大学校长职务。

（中国人民大学科研处李素萍供稿）

同日　联合国教科文国际民间艺术组织（IOV）全球副主席兼中国区主席陈平女士一行，来到中国劳动关系学院高等职业技术学院进行工作访问交流，学校李华东接待来宾一行，并进行了工作会谈。李华东副院长介绍了学院的发展历史、办学格局，以及高等职业技术学院的人才培养模式和发展规划等情况。陈平女士向与会人员介绍了联合国教科文国际民间艺术组织，及该组织在“非物质文化遗产传承与保护”方面所开展的工作情况，希望能将“非物质文化遗产传承人”的工作纳入现代职业教育体系，并借助联合国教科文组织的资源优势，与高等职业技术学院的专业教育平台相结合，联合培养“非物质文化遗产传承人”。并且，双方还就合作办学框架、人才培养模式等问题进行了深入的交谈，及其他共同关心的合作项目交换了意见。

（中国劳动关系学院科研处陈邓海供稿）

10月　中共中央宣传部正式下发通知，增补8个中央部门和省区市中国特色社会主义理论体系研究中心为全国研究中心，其中，共青团中央中国特色社会主义理论体系研究中心为唯一一个新入选的中央部委中心。经团中央研究决定，中心日常工作机构设置在中国青年政治学院，由中国青年政治学院按照中宣部要求起草相关实施方案、实施细则及相关制度等，并切实承担起中心的建设和发展任务。

（中国青年政治学院科研处供稿）

10月　《史学史研究》于2015年被中国国际图书贸易集团有限公司评选为“2015年度中文报刊海外发行最受海外机构欢迎期刊”，排名前50。《史学史研究》编辑部被评为“2015年度中文期刊最受海外欢迎百强排行榜”出版单位。中国国际图书贸易集团有限公司是中国规模最大的报刊出口单位，对国外代理中国出版的报纸400多种，期刊9000多种。《史学史研究》期刊由著名历史学家白寿彝先生创办于1961年。该刊为全国中文历史类核心期刊、中文社会科学引文索引（CSSCI）期刊源刊物、中国人文社会科学论文与引文数据库（CHSPCD）期刊源刊物、美国《历史文摘》（*Historical Abstracts*）和《美国：历史和生活》（*America*：*History and Life*）摘要、索引来源期刊。50余年来，该刊刊发了大量高质量的史学理论与史学史论文，已经成为国内史学理论与史学史学科的重要学术平台。该刊发行至美国、俄国、英国、法国、德国、意大利、荷兰、加拿大、澳大利亚、日本、韩国、越南、新加坡等国家以及中国香港、台湾地区，在国内外历史学界有较高的声誉。

（北京师范大学社科处刘娜供稿）

10月　清华大学法学院迎接复建20周年之际，清华大学向中共中央政治局原常委、全国人大常委会原委员长吴邦国报送了关于法学院复建20年相关事宜的报告，重点汇报了法学院复建20年来在人才培养、科学研究和社会服务等方面取得的突出成绩。吴邦国阅后，亲自在该报告上做出重要批示。在批示中，他首先说：“祝贺清华法学院复建二十周年，为二十年来法学院取得的成绩而高兴。”他还特别提到，“我在人大工作十年，深知具备高政治业务素质的法学领军人物之难得。在建设法治中国中，这一问题更加突出。对法学院大胆改革传统法学教育体系、培养忠于党和人民的人才培养模式的探索取得的成绩表示祝贺。”法学院自1995年复建后，20年来培养了6000多名优秀毕业生，培训了2万多名在职干部。现在，法学院不仅已经成为国内法学教育和研究的重镇，为全面推进依法治国做出了自己独特的贡献，而且连续5年跻身英国QS“国际高等教育研究机构排名榜”全球知名法学院50强，打破了世界法学教育长期由西方传统法学院引领的格局。

（清华大学文科建设处刘金梅供稿）

11月

1日　清华大学美术学院建院59周年值年校友大会举行。院长鲁晓波、党委书记李功强等院系领导及应邀出席的老院长常沙娜，老先生冯梅、周淑兰，刘巨德以及校友北京服装学院院长刘元凤、北京清尚建筑设计研究院院长吴晞等和值年返校的216位校友一起参加纪念大会。大会由1985届毕业的校友陈辉、简兰主持。鲁晓波首先致欢迎词，他详细介绍了清华大学美术学院的发展现状、成绩和未来的发展。为庆贺母校的生日，感恩母校的培养，85届毕业的5位校友和95届毕业的4位校友，分别将自己创作的油画、国画以及陶瓷作品共计10件捐给学院。2005届毕业的校友捐赠玉兰一株。院庆期间清华大学美术学院还举办85届校友“相逢与重聚”作品展。

（清华大学文科建设处刘金梅供稿）

2日　中华全国新闻工作者协会主办的第二十五届中国新闻奖评选揭晓。来自全国报社、通讯社、电台、电视台和新闻网站的294件作品获中国新闻奖，其中特别奖4件，一等奖47件（含10个新闻名专栏），二等奖91件，三等奖152件。

获本届中国新闻奖特别奖的《解放军报》、新华社通讯《生命线在强军兴军伟大征程中闪耀——习近平主席、中央军委领导和推进新形势下军队政治工作纪实》主题重大、气势恢宏，文章系统深刻地阐述了习近平同志建军治军的重要思想初步实践成效，是新闻性、思想性、艺术性高度融合的新闻精品。《人民日报》评论《标注共产党人的精神坐标》有机结合来自基层一线的深入采访实践与精辟理论辨析，从价值追求的角度，刻画政治生态的变化，挖掘党的群众路线教育实践活动的内涵，富有感染力和说服力。新华社通讯《更高举起改革开放伟大旗帜——写在邓小平同志诞辰110周年之际》史料丰富精准，事例典型，写作精到，历史纵深与现实画面自然呼应，是纪念小平同志诞辰的代表作。中央电视台电视系列《新春走基层·家风是什么》用深入基层的采访，客观真实的记录，大胆创新的手法，向海内外观众生动展示中国社会主流价值观，引发了公众对传统家教和“家国情怀”的强烈关注与思想共鸣。获一等奖的有：《江西日报》文字消息《项目审批“长征”698 天　泰豪动漫变“动慢”》、中央人民广播电台广播专题《巡航钓鱼岛亲历》、内蒙古广播电视台电视访谈《住在涵洞为讨薪》、北方网网络访谈《“当代鲁班”的中国梦》等作品。

（摘自《光明日报》2015 年 11 月 3 日第 4 版）

同日　由中国藏学出版社出版的《西藏通史》日前在京首发。《西藏通史》是由中国藏学研究中心牵头承担的国家重点科研课题，该书共 8 卷 13 册 900 余万字，是国内首部完整、全面、系统介绍西藏地方历史的通史著作，集中体现了中国西藏历史研究的成就，具有重要的学术价值和社会意义。

中国藏学研究中心原总干事、《西藏通史》总编拉巴平措在致辞中说，《西藏通史》用充足的史事、大量的史料和严密的分析，澄清了许多历史问题，有力地驳斥了西方反华势力和十四世达赖集团污蔑攻击西藏历史的不实之词和种种谬说，既有助于继承和弘扬优秀民族传统文化，又有助于培养中华民族共同体意识，服务于西藏的稳定与发展。中国藏学研究中心历史所所长、《西藏通史》执行总主编张云说，在编写《西藏通史》的过程中，还研究出版了《西藏通史专题研究丛刊》、藏文历史资料丛刊《历代达赖喇嘛传》和《历代班禅传》等一批科研成果，这些成果为深入研究西藏历史、服务西藏现实打下了扎实基础。

（摘自《光明日报》2015 年 11 月 3 日第 9 版）

3 日　纪念邹韬奋诞辰 120 周年座谈会在京举行。中共中央政治局委员、国务院副总理刘延东出席座谈会并讲话。第九届全国人大常委会副委员长邹家华作为亲属参加了座谈会。

邹韬奋是我国现代史上伟大的爱国者、卓越的文化战士、杰出的出版家和新闻记者。

刘延东指出，邹韬奋同志有着深厚的爱国情怀、坚定的理想信念、鲜明的人民立场、强烈的社会责任。今天我们纪念韬奋同志，就是要继承和发扬他的崇高风范，将老一辈新闻工作者开创的事业不断向前推进，更好地服务党和国家大局。

（摘自《光明日报》2015 年 11 月 4 日第 3 版）

4 日　由中国侨联和北京市侨联联合举办、北京大学承办的“2015 港澳及海外侨领国情研修班”正式开班。中国侨联副主席乔卫做开班动员。来自 27 个国家和地区共 56 名港澳及海外侨领参加了此次研修班。

本次研修班为期 7 天，课程内容涉及我国政治、经济、外交、侨务和国防等领域，包括如何当一个好侨领、中国经济形势、中国政治体制、“一带一路”战略解读、中国民族政策解读——西藏、新疆问题研究、习总书记“四个全面”战略解读、当前国际形势与中国安全环境等方面的专题课程。期间，还将安排嘉宾到中关村创业大街进行实地参观、考察。

（摘自《人民日报·海外版》2015 年 11 月 4 日第 6 版）

5 日　中国广播影视行业学习贯彻《新闻出版广播影视从业人员职业道德自律公约》座谈会在京召开。来自广播影视行业的专家、学者和从业人员代表表示，要努力践行社会主义核心价值观、坚守职业道德、树立行业良好风尚。

9 月 15 日，新闻出版广播影视行业 50 家社团在京联合签署了该公约。公约明确提出“十提倡”“十不为”，自发布以来在社会上和行业内引起积极反响。

中国广播电影电视社会组织联合会会长张海涛表示，自律公约的出台，是广播影视行业贯彻落实中央要求，加强行业职业道德建设的重要举措。他还透露，为落实公约，中广联合会将组建中国广播影视职业道德建设委员会。“要加强监督，打造立体化的监督执行体系，按照自律公约规定中的惩戒措施和道德委员会对违规行为的处理办法来严格执行，加大惩戒力度。”

中广联合会官网（www. carft. cn）也于 5 日正式升级开通。该平台将定期发布对广播影视行业出现的违反职业道德行为的处理情况。

（摘自《光明日报》2015 年 11 月 6 日第 5 版）

6 日　由教育部基础教育课程教材发展中心和首都师范大学共同发起成立的“中国基础教育教科书研究与评价中心”成立大会在首都师范大学举行。

教育部基础教育课程教材发展中心主任兼中国教育科学研究院院长田慧生研究员和宫辉力校长签署合作协议，并共同为中心揭牌。“中国基础教育教科书研究与评价中心”挂靠本校教育学院。

中心的成立，使我国的教科书研究有了更好的组织和学术平台，有利于统整和规划教科书的研究，有利于实现和境外教科书研究的对接，有利于把教科书研究的最新成果应用到教科书的编辑和使用过程中，为教科书质量的提升做出更大的贡献。

来自北京大学等高等院校的专家学者以及来自人民教育出版社等出版行业和媒体代表出席了本次成立大会。

（首都师范大学社科处李志成供稿）

7日　由北京市委社会工作委员会与北京工业大学合作成立的“北京社会建设课题组”近日联合社会科学文献出版社在京发布《社会建设蓝皮书：2015年北京社会建设分析报告》。

《报告》指出，2014年北京市社会治理体制不断完善，社会治理的成效已经显现。2014年北京市社会矛盾总体趋于缓和，主观水平得分为44.3分，较2013年下降了3.9%，为五年来的最低值，以公共政策为主的矛盾缓解机制起到了积极作用。

在社会结构方面，六成北京人口属社会中下层，社会阶层结构呈现蒙古包形。《报告》指出，北京人口问题的实质不在数量而在结构，建议应将北京市人口工作的重心从控制人口规模转移到优化人口结构上来，提升劳动力存量人口素质，使其继续释放人口红利。

《报告》调查显示，就业机会多是吸引外地户籍大学毕业生在京工作的最大因素。八成在京外地大学毕业生选择在35岁前离开北京。无法置办房产、看不到职业发展前景、经济状况长期得不到改善等成为离京主要原因。《报告》建议政府采取一定措施，使外地户籍大学毕业生在住房政策、就业、社会保障等方面有机会享受到同等社会福利和公共服务，缓解其生活及就业压力。

（摘自《光明日报》2015年11月8日第5版）

10日　由中国与全球化智库（CCG）编写、社会科学文献出版社出版的企业国际化蓝皮书《中国企业全球化报告（2015）》在京发布。通过分析中国企业2014—2015年对外投资现状与特点发现，中国企业跨国并购数量保持增长势头、“集群出海”成为中国企业“走出去”的新方式、民营企业成为我国企业“走出去”的主力军等；同时，标准国际化进程缓慢、金融体系与实体企业在海外市场不匹配、海外市场信息服务缺位等问题制约中国企业继续“走出去”。

针对中国企业“走出去”存在的问题，《报告》建议：加快推进中国标准“走出去”；加大金融对企业“走出去”的支持力度，为“走出去”的中国企业降低成本和规避风险；建立“走出去”数据库和海外突发安全事件信息通报机制等。

发布会上，“2015中国企业全球化50强”榜单揭晓。中国中化集团公司、联想控股有限公司、华为技术有限公司位列前三。

（摘自《光明日报》2015年11月11日第3版）

12日　适逢孙中山诞辰149周年之际，人民出版社主办的《孙中山全集》新书首发式在北京中山堂举行。全集主编尚明轩透露，全集收录了孙中山的20余篇从未在大陆出版过的文章。

《孙中山全集》被列为“十二五”国家重点图书规划项目，并获得2012年度国家出版基金资助。全集共16卷本，在前人研究成果的基础上，采用“百衲本”的方式，比较参证，加工整理，同时吸收近些年来中外各界人士最新研究成果，并增加了外文著述和题词遗墨两大类，共收集整理稿件11500余篇，计10106千字，以期能为读者提供一部全面反映孙中山政治思想文化的全集。

（摘自《光明日报》2015年11月13日第7版）

13日　由教育部语言文字应用管理司和中国传媒大学联合主办，中国传媒大学播音主持艺术学院承办的第17届齐越朗诵艺术节暨全国大学生朗诵大会总决赛在中国传媒大学综合实验楼1500人报告厅圆满落幕。来自本校播音主持艺术学院的作品《少年中国说》获得大会最高荣誉“齐越奖”，同时，《少年中国说》和重庆大学的《请铭记，雾重庆》荣获一等奖。中共北京市委教育工作委员会常务副书记张雪，教育部语言文字应用管理司司长姚喜双，中国传媒大学党委书记陈文申、校长苏志武、副书记刘守训和赵晖、副校长袁军和廖祥忠等出席了本次大会。

（中国传媒大学文科科研处供稿）

19日　第三届范敬宜新闻教育奖颁奖仪式暨首届主流媒体总编与新闻传播学院院长高层论坛在清华大学举行。

清华大学党委书记陈旭致辞。全国人大教科文卫委员会主任委员、清华大学新闻与传播学院院长柳斌杰，人民日报社总编辑李宝善，中华全国新闻工作者协会党组书记翟惠生作主题发言。

李宝善在主题演讲中说，“设立‘范敬宜新闻教育奖’，目的是激励青年学生学好新闻专业，投身新闻事业；鼓励高校教师在新闻教育战线上辛勤耕耘，培养人才；推动更多新闻界人士关心新闻教育，引导青年学生健康成长。今年春季学期，《人民日报》负责采编业务的几位领导同志尝试到清华大学讲授‘马克思主义新闻观’，从中收获了一些体会和心得：一是重视起来，把讲好‘马克思主义新闻观’当作分内职责；二是求真务实，实现对青年学子思想上的正确引领；三是有的放矢，坦诚回应青年学子的现实关切；四是生动表达，创新新闻观课程的授课方法；五是注重实践，着力让新闻观教育知行合一”。

本届范敬宜新闻教育奖的“良师奖”授予罗以澄（武汉大学新闻与传播学院教授）、童兵（复旦大学新闻学院教授）、马少华（中国人民大学新闻学院副教授）3位长期从事新闻传播教育的教师；“良友奖”授予湖北日报传媒集团董事长、湖北日报社社长邹贤启；“学子奖”授予贾宸琰、卢烨、马婧、钱一鸣、盛阳、周珊珊、张松超等7位在校学生或毕业生。

在其后的主流媒体总编与新闻传播学院院长高层论坛上，10位来自主流媒体的总编、副总编与全国10所新闻与传播学院院长、副院长围绕实践教学、马克思主义新闻观、融合人才的培养模式、学界与业界的互动与合作四个方面进行了深入对话和互动交流。

（摘自《人民日报》2015年11月20日第4版）

同日，中共中央宣传部原常务副部长徐惟诚、北京市社科联原主席满运来、市社科联党组原书记史秋秋、市国资委原党委书记张凤朝及文博协会领导等到北京全聚德展览馆参观考察。

全聚德展览馆新馆于2014年7月在和平门总店七层正式开馆。展览馆分为序厅、百年老字号、诚信德天下、食鸭品文化四个展区，通过500余件实物、照片和资料，真实再现了全聚德150年的发展历程，展示了全聚德挂炉烤鸭技艺以及2000多年来人们养鸭、食鸭的历史文化记忆。

考察结束后，徐惟诚等与全聚德集团有限责任公司党委书记云程，纪委书记、工会主席于嘉祥及和平门店领导等进行座谈，充分肯定全聚德展览馆融入饭店经营管理，实施文化兴企的战略眼光，并认为展览馆很好诠释了“全而无缺，聚而不散，仁德至上”的企业核心价值观，展品丰富，内涵深刻，层次分明，大气细腻，引人入胜。同时，对进一步加强品牌文化建设，增强企业的国际影响力，改进对外宣传方式，做好全聚德文化产品营销，为不同档次顾客提供更丰富的全聚德纪念品等方面提出了希望和建议。

（摘自《北京社科联》2015年合订本）

同日　为纪念胡耀邦同志诞辰100周年，由中共中央文献编辑委员会编辑的《胡耀邦文选》已由人民出版社出版，即日起在全国发行。

这部文选，收入了胡耀邦同志1952年5月至1986年10月这段时间内的重要著作77篇，约49万字，包括文章、讲话、报告、谈话、批示、书信、题词等，相当一部分是第一次公开发表。这些著作集中反映了胡耀邦同志为推动社会主义革命和建设、为推动改革开放和社会主义现代化、为推动中国特色社会主义事业作出的贡献和提出的重要思想观点，集中反映了胡耀邦同志信念坚定、心系人民的高尚品格，实事求是、勇于开拓的探索精神，公道正派、清正廉洁的优良作风。

（摘自《光明日报》2015年11月20日第3版）

20日　中共中央午在人民大会堂举行座谈会，纪念胡耀邦同志诞辰100周年。中共中央总书记、国家主席、中央军委主席习近平发表重要讲话强调，一切伟大的成就都是接续奋斗、接力探索的结果，一切伟大的事业都需要在承前启后、继往开来中推进。我们要团结一心、锐意进取，努力创造无愧于时代、无愧于人民、无愧于先辈的新业绩。这是我们对老一辈革命家的最好纪念。

中共中央政治局常委李克强、张德江、俞正声、王岐山、张高丽出席座谈会，中共中央政治局常委刘云山主持座谈会。

座谈会上，中央组织部常务副部长陈希、中央党校常务副校长何毅亭、中央党史研究室主任曲青山、共青团中央书记处第一书记秦宜智、湖南省委书记徐守盛先后发言。

部分中共中央政治局委员、中央书记处书记，中央党政军群有关部门、湖南省负责同志，各民主党派中央、全国工商联负责同志和无党派人士代表，胡耀邦同志亲属、生前友好、原身边工作人员和家乡代表等出席了座谈会。

（摘自《光明日报》2015年11月21日第1版）

23日　由国家图书馆（国家古籍保护中心）主办的“中国珍贵典籍史话丛书”出版座谈会在国家图书馆召开。据悉，这是第一部为典籍撰写史话的大型丛书，首批10种史话已经由国家图书馆出版社正式出版，其中既有为《文苑英华》《永乐大典》《史记》《皇舆全览图》《水浒传》《太平广记》《玉台新咏》等人们熟悉的一种珍贵典籍所写之史，也有为敦煌遗书、西夏文献等一类珍贵典籍所写之史。

（摘自《人民日报·海外版》2015年11月23日第4版）

24 日 中国社会科学院拉丁美洲研究所阿根廷研究中心成立仪式暨“中国—阿根廷关系”学术研讨会在北京举行。中国社会科学院拉丁美洲研究所所长吴白乙、阿根廷共和国驻华大使古斯塔沃·马蒂诺、中国社会科学院科研局局长马援、中联部拉美局局长魏强、阿根廷研究中心执行主任郭存海等先后致辞。

此次活动有来自外交部、中联部等党政部门以及京内外部分学术机构和高校，以及企业的代表等共计100余人参加。

（中国社会科学院办公厅刘玉杰供稿）

25 日 市社科联会同市委教育工委在社科联办公楼联合举办“高校青年教师社科普及基层行”项目启动暨培训会。会上介绍了全市社科普及工作的基本情况、基层对社科普及工作的需求，杨生平等4位社科普及专家介绍了开展社科普及工作的方法、技巧。来自首都10余所高校的近30名青年教师参加了培训，市社科联党组副书记、副主席荣大力、市委教育工委副书记韩俊兰出席会议并讲话。

（北京市社科联社科普及部供稿）

25 日 中国社会科学院新媒体研究中心在北京成立。中国社会科学院秘书长、党组成员高翔，中央网信办网络新闻信息传播局局长姜军出席成立大会并致辞。中国社会科学院新闻与传播研究所所长、新媒体研究中心主任唐绪军在发布会上介绍了中心的情况。成立大会由中国社会科学院新闻与传播研究所党委书记、副所长、中国社会科学院新媒体研究中心副主任赵天晓主持。

中国社会科学院新媒体研究中心是由中国社会科学院批准成立的院级非实体研究中心，由中国社会科学院新闻与传播研究所主持，旨在联合院内相关研究（院）所，以及全国学界、业界、政界相关研究机构，致力于新媒体传播规律的研究，推进新媒体在我国有序发展，提高国家治理和应用新媒体的能力。

（中国社会科学院办公厅刘玉杰供稿）

27 日—29 日 语言与跨文化交际国际学会（International Association for Languages and Intercultural Communication，IALIC）2015 年年会在北京大学召开。今年的会议主题是“跨文化交际与社会实践—对话视角与未来走向”。本届年会由北京大学外国语学院及语言与跨文化交际国际学会联合主办，北京大学外国语学院外国语言学及应用语言学研究所承办，北京大学出版社、外语教学与研究出版社协办。

北京大学外国语学院外国语言学及应用语言学研究所所长高一虹教授主持了开幕式。北京大学副校长兼外国语学院党委书记李岩松、IALIC 主席普鲁·福尔摩斯（Prue Holmes）、北京大学出版社副主编杨立范出席年会并分别致辞。开幕式嘉宾还包括英国坎特伯雷基督大学的艾德里安·霍利迪（Adrian Holliday）教授、澳大利亚墨尔本大学的约瑟夫·洛·比安科（Joseph Lo Bianco）教授、华南理工大学的安然教授、浙江大学的吴宗杰教授、北京大学的关世杰教授、英属哥伦比亚大学的邦妮·诺顿（Bonny Norton）教授、IALIC 副主席韦罗妮卡·克洛斯比（Veronica Crosbie）博士、北京大学外国语学院外国语言学及应用语言学研究所副所长高彦梅副教授和外语教学与研究出版社段长城主任等。来自中国、美国、英国、日本等18个国家的约140名代表共同参加了本届年会。

（北京大学社会科学部供稿）

11 月 首都体育学院科研处组织完成了本院承担的2015年教育部《国家学生体质健康标准》测试上报数据抽查复核工作。

这是首都体育学院第四次承担此项工作任务，这一次首都体育学院负责抽测河南省郑州市、焦作市、鹤壁市和安阳市四个地级市的96所中小学校、4所高校的共计5000余名学生。首都体育学院科研处在本校运动科学与健康学院、体育教育训练学院、武术与表演学院、休闲与社会体育学院和研究生部的大力支持和配合下，抽调了28名精干老师和12名研究生参加了此次抽测复核工作。

（首都体育学院科研处供稿）

12月

1 日 首届金砖国家媒体峰会在北京开幕。中共中央政治局委员、中央书记处书记、中宣部部长刘奇葆出席并致辞，强调要始终秉持开放、包容、合作、共赢的金砖精神，加强机制化交流合作，共同塑造金砖国家媒体业合作发展的美好未来。

刘奇葆指出，追求更加幸福美好的生活是金砖各国人民的共同梦想，金砖国家媒体应当生动讲述各国人民追梦圆梦的故事并相互传递，充分展示各国经济发展、社会进步的成就和前景，为金砖各国发展汇聚正能量。要积极传播和平发展、合作共赢的理念，在事关国际公理与正义的重大问题上共同发声，推动全球治理体系向着更加公正合理方向发展。

金砖国家媒体峰会由新华社倡议并联合巴西国家

传播公司、今日俄罗斯国际通讯社、印度教徒报、南非独立传媒集团共同发起。本届峰会由新华社承办，以“创新发展、合作互信”为主题，来自金砖五国的 25 家媒体负责人出席峰会。

（摘自《光明日报》2015 年 12 月 2 日第 1 版）

同日　由中国人民外交学会、亚洲和平和解理事会、中国人民大学共同主办，中国人民大学重阳金融研究院承办的“‘一带一路’：各国的看法”国际高层对话会在京举行。来自巴基斯坦、马来西亚、菲律宾、芬兰等国的前政要出席会议。中联部、国家发改委、中国人民外交学会、中国人民大学等研究和推进“一带一路”倡议的国内相关部门及高校代表与“一带一路”沿线国家代表共言机遇，共话建设。

会上发布了中国人民大学重阳金融研究院主编的国内首部以“支点城市”为研究对象的专著《“一带一路”国际贸易支点城市研究》。该书主要作者之一、中国人民大学重阳金融研究院执行院长王文表示，实现贸易畅通离不开国际贸易支点城市战略布局，离不开贸易支点城市发挥“以点带面”功能。要统筹考虑“一带一路”沿线城市特点，实现贸易支点城市的互联互通，形成“支点城市 + 配套城市”的框架性网络，拓宽国际贸易空间，优化国际贸易结构。

（摘自《光明日报》2015 年 12 月 2 日第 4 版）

2 日　由北京市委组织部、市委宣传部、市委教育工委联合举办的李小凡同志先进事迹报告会在北京大学百周年纪念讲堂举行。北京市委常委、市委教育工委书记苟仲文，市委组织部副部长李世新，市委宣传部秘书长张劲林，北京市教育工委常务副书记张雪，北京各高校党委书记、主管书记、组织部长、宣传部长、院系党组织书记及师生代表近 2000 人参加了报告会。报告会前，北京大学校长林建华、党委副书记叶静漪等校领导与苟仲文、张雪等市领导会面并亲切交谈。报告会最后，苟仲文表示，他为北京高校有这样的好教师、好党员、好干部感到自豪。最后，他呼吁各高校全体教师、党员遵照“深学、细照、笃行”的六字方针向李小凡学习。

（北京大学社会科学部供稿）

同日　《光明日报》城乡调查研究中心在京正式成立，中心是一个以调研报道我国经济社会发展建设情况并提供相关对策建议为主要任务的内设非营利机构。中心在上级部门指导下，依托光明日报各地记者站的资源优势，广泛联系政府部门、高等院校、科研单位、学术机构及重要企业等，以“一带一路”“长江经济带”“京津冀协同发展”及“新型城镇化”“文化强国”“生态文明建设”“智慧城市”“人文城市”“传统村落保护”等为基本调研报道内容，是一个集调查、研究、发布、决策咨询、社会服务为一体的开放式调研平台和新型智库平台。

（摘自《光明日报》2015 年 12 月 19 日第 7 版）

3 日　应中华全国总工会邀请，世界工会联合会（以下简称世界工联）干部代表团一行 16 人到中国劳动关系学院参观访问。李德齐院长、刘玉方副院长及干部培训学院何布峰主任接待了代表团，并进行了会谈。会谈期间，李德齐对世界工联代表团的到访表示热烈欢迎，并简要介绍了中国劳动关系学院发展历史、教育教学现状以及在我国全面深化改革背景下学校的任务和未来发展方向，刘玉方从不同历史时期学校的教育教学侧重点、教学使命、学术交流、科研指导方针、科研成果等方面，向代表团介绍了学校教育和科研概况，何布峰从工会干部培训规模、培训内容、培训对象等角度介绍了学校开展培训工作的情况。会后，刘玉方带领代表团参观了教学楼、图书馆等教育教学设施。代表团成员对学校教学、培训表现出高度关注。他们对学校的热情接待表示感谢，并称此次会谈进一步加深了他们对学校教育的了解，并希望能够开展双方合作。世界工会联合会是当前两大国际公会组织之一，成立于 1945 年 10 月 3 日，总部设在希腊，现有会员 6700 万。中国工会与世界工联有着深厚的传统友谊，双方在国际场合中一直相互支持，密切合作。

（中国劳动关系学院科研处陈邓海供稿）

4 日　中国民主促进会成立 70 周年纪念大会在京举行。中共中央政治局委员、中央统战部部长孙春兰出席大会并代表中共中央致贺词。孙春兰强调，我国多党合作制度重要优势在于，既有中国共产党的统一领导，又有各民主党派的广泛参与，体现了团结民主的制度理念、合作协商的制度设计、和衷共济的制度实践，是经济发展和社会稳定的重要保障。

全国人大常委会副委员长、民进中央主席严隽琪回顾了中国民主促进会 70 年的光辉历程，号召民进广大成员继承和弘扬优良传统，更加紧密地团结在中共中央周围，同心同德，为实现中华民族伟大复兴的中国梦再作新贡献。

全国人大常委会副委员长、民建中央主席陈昌智代表各民主党派中央和全国工商联致贺词。

全国政协副秘书长、民进中央副主席朱永新宣读了《民进中央关于表彰民进全国先进集体、先进个人的决定》。

全国政协副主席、民进中央常务副主席罗富和主持大会。民进中央原主席许嘉璐、原第一副主席张怀西，各民主党派中央、全国工商联负责人和有关部门负责同志出席大会。

（摘自《光明日报》2015 年 12 月 5 日第 4 版）

4 日　中宣部宣教局在京举办《重读抗战家书》出版座谈会。中宣部副部长王世明出席并讲话。《重读抗战家书》由中宣部宣教局组织编辑，中华书局出版。该书收录了吉鸿昌、赵一曼、左权、张自忠、戴安澜、彭雪枫等 32 位抗战英烈的家书。来自中央文献研究室、中央党史研究室、中国作协、中国出版集团、中国国家博物馆、中国人民革命军事博物馆、中国人民抗日战争纪念馆、中国社科院近代史研究所和中华书局有关负责同志，抗战英烈左权同志女儿左太北、袁国平同志儿子袁振威，围绕“重读抗战家书·弘扬抗战精神”进行了座谈。

（摘自《光明日报》2015 年 12 月 5 日第 4 版）

4—5 日　中国法学会体育法学研究会（中国体育法学研究会）理事会会议暨 2015 年学术年会在清华大学法学院召开。会议以纪念《体育法》颁布实施 20 周年和展望全面推进依法治国为主题。会议由中国体育法学研究会主办，清华大学法学院、法学院体育法研究中心承办。中国法学会党组成员、副会长、学术委员会主任张文显出席学术年会并讲话，清华大学党委副书记史宗恺出席学术年会并致辞。国家体育总局政策法规司司长刘岩等和来自高等院校、科研机构、律师事务所、行政机关及其他单位的 190 余位专家学者参加会议。会议首先进行理事会会议。刘岩当选为研究会会长。在学术年会开幕式上，史宗恺首先代表学校致辞并预祝大会取得圆满成功。张文显在讲话中指出，党的十八届五中全会提出了推进健康中国建设的目标和任务，体育法学研究会应当责无旁贷地积极投身于健康中国建设中，深入推进体育法学研究，加强体育法学学科建设，服务体育法治事业，为推动体育强国建设和依法治国进程做出更多贡献。刘岩表示，体育法学研究会将牢固树立政治意识、大局意识、宗旨意识、责任意识，以发展为核心，坚持理论创新，坚守社会主义法治理念，为建设体育强国和全面依法治国，为实现“两个一百年”的奋斗目标奉献更多力量。开幕式后，清华大学体育部主任刘波、国家体育总局体育科学研究所研究员鲍明晓等 12 位学者做大会学术报告，17 位学者做分组学术报告，多位知名学者分阶段主持会议，点评学术报告。与会人士围绕体育法学理论和体育法治实践展开了热烈讨论。中国体育法学研究会副会长于晓光做会议总结。

（清华大学文科建设处刘金梅供稿）

5 日　中国藏文学术期刊网上线发布会今天在北京中国藏学研究中心举行。该网由中国藏学研究中心主办，中国藏学杂志社和中国藏学网联合全国藏文学术期刊共同创建，为全国藏文学术期刊提供了统一的资源数据库与权威的传播渠道。

（摘自《人民日报·海外版》2015 年 12 月 6 日第 4 版）

7 日　中国新闻文化促进会第六次会员代表大会在京召开。中宣部副部长、国家新闻出版广电总局局长蔡赴朝出席大会并讲话。大会修改审议通过《中国新闻文化促进会章程》，选举产生了新一届理事会领导机构。全国政协委员、原新闻出版总署副署长李东东当选第六届理事会理事长。

（摘自《光明日报》2015 年 12 月 8 日第 9 版）

8—11 日　“国际哲学与人文科学理事会第 32 届大会”与“丝绸之路上的科技与文明国际学术研讨会”在北京召开。中国社会科学院副院长、党组成员蔡昉，联合国教科文组织社会与人文科学部助理干事长纳达·阿勒-纳西夫及来自亚洲、非洲、美洲、欧洲的数十位代表出席会议。

会议围绕“一带一路”倡议与古代丝绸之路文明研究等主题，从横跨欧亚大陆的天文学，文学、艺术、农业与地图学，科学与宗教，古代文明中的科学理性，考古学及人类学等五个视角深入交流，对人类社会当下面临的诸多困难和挑战给出了症结的诊断和发展的思路。

会议由国际哲学与人文科学理事会主办，中国社会科学院民族文学研究所、中国科学院大学人文学院和中国科学技术史学会共同承办。

（中国社会科学院办公厅刘玉杰供稿）

9 日　应中华全国总工会邀请，由主席阿育巴·瓦巴率领的尼日利亚劳工大会（以下简称尼劳大）代表团一行 12 人到中国劳动关系学院参观访问。吴万雄副院长及干部培训学院何布峰主任接待了代表团。会谈期间，吴万雄简要介绍了中国劳动关系学院发展历史和教育教学现状。何布峰从工会干部培训规模、培训内容、培训对象等角度介绍了中国劳动关系学院开展培训工作的情况。尼劳大代表团成员表示此次会谈进一步加深了对中国劳动关系学院教学的了解，对尼劳大开展办学工作有很大的启发。会谈结束之际，双方互赠礼品，访问圆满结束。尼劳大成立于1978年，是尼日利亚最有代表性的全国性工会组织，也是非洲工会统一组织和国际自由工联的成员，与中华全国总工会有着传统的友好关系。

（中国劳动关系学院科研处陈邓海供稿）

同日　我国著名历史学家、教育家、新中国世界史学科的奠基者和开拓者之一、首都师范大学历史学科的创建者之一、首都师范大学原校长齐世荣先生的遗体告别仪式在八宝山殡仪馆告别厅竹厅举行。齐世荣先生因病医治无效，于2015年12月3日晨6时15分，不幸于北京逝世，享年89岁。

齐世荣先生去世后，李克强、张高丽、李岚清、刘延东、郭金龙、杨晶等党和国家领导人，欧阳中石等老一辈学者，教育部等单位对先生逝世表示沉痛哀悼，向家属表示亲切慰问并敬献花圈。

（首都师范大学社科处李志成供稿）

10日　教育部在京发布《国家中长期教育改革和发展规划纲要（2010—2020年）》5年实施情况总体评估报告，报告评估认为，中国教育事业总体发展水平进入世界中上行列。

来自该报告的数据显示，2014年，我国学前3年毛入园率为70.5%，达到中高收入国家平均水平；小学净入学率为99.8%、初中毛入学率为103.5%，普及率高于高收入国家平均水平；高中阶段教育毛入学率为86.5%，高于中高收入国家平均水平；高等教育毛入学率为37.5%，超过中高收入国家平均水平。

值得关注的是，我国主要劳动年龄人口人均受教育年限进一步提高，其中受过高等教育的比例达15.83%。

报告还显示，我国教育“引进来”与“走出去”同步提高，高质量中外合作办学资源持续增多，5年新设4所中外合作大学、增加643个本科及以上层次中外合作办学机构和项目；海外办学迈出实质性步伐，已有4所机构、98个项目在境外落地。

据评估组透露，出国留学与学成归国同步扩大。2014年我国当年出国留学人员45.98万人，比2009年增加了100.5%；各类留学回国人员达36.48万人，比2009年增加了236.8%。来华留学与攻读学位人数同步增长，我国正成为新兴留学目的地国。

（摘自《人民日报·海外版》
2015年12月11日第4版）

11日　“中国民族语文翻译局成立60周年座谈会”在北京召开。全国人大常委会副委员长向巴平措，全国政协副主席、国家民委主任王正伟等出席座谈会，并参观了中国民族语文翻译局成立60周年展览。

中国民族语文翻译局隶属于国家民族事务委员会，于1955年12月12日经周恩来总理批准成立，是新中国诞生后在首都北京创建的担负党和国家重要翻译任务的民族语文翻译机构，现有在职职工近200人，少数民族约占80%。

王正伟指出，中国民族语文翻译局是国家民族语文翻译事业的“国家队”，职责重要，是党和国家与少数民族群众之间的重要桥梁，是助推少数民族文化繁荣发展、走向现代化的重要平台。60年来，民族语文翻译局圆满完成了党和国家交办的各项重大任务，把中央最新精神原汁原味地送到少数民族身边，贡献重大。

中国民族语文翻译局局长、总译审阿力木沙比提表示，如今，国家正处在开启中华民族多元一体发展的新时期。我们将以文化体制改革为契机，突出国家民族语文政策和语言战略需求，不断提高民族语文翻译质量和服务水平，扎实推进基础理论研究、信息技术创新，有效促进民族语文翻译服务能力整体升级，全力打造一流的国家级民族语文翻译基地。

（摘自《光明日报》2015年12月12日第3版）

同日　“公法与经济社会发展2015年会”在中央财经大学学术会堂举行。本次年会由中央财经大学法学院、法治与发展研究中心、《财经法学》编辑部主办，公法学研究工作坊协办。年会邀请了来自国务院法制办公室、中国社会科学院、北京市社会科学院、清华大学、北京大学、中国人民大学、中国政法大学、北京航空航天大学、北京师范大学、中国青年政治学院、中央民族大学、对外经贸大学、首都经贸大学等高校和科研机构的30余名专家学者出席。与会专家回顾2015年公法理论与实践的发展，对2015年公法与经济社会的热点事件展开研讨，以公法的视角审视中国经济社会发展中存在的重要问题，反思公法理论对于社会现实的回应以及经济社会发展对公法理论研究带来的变革和挑战，促进公法理论与经济社会发展的互动。中国人民大学法学院王贵松副教授对焦点问题进行了总结。

（中央财经大学科研处供稿）

12日　中华书局第二届双十佳图书评选会在京

举行，2015年度“古籍整理类十大好书”和“人文社科类十佳图书”揭晓。

古籍类十佳图书为《酉阳杂俎校笺》（全四册）、《古新圣经残稿》、《唐五代传奇集》（全六册）、《旧五代史》（全六册）（修订本）、《吕留良诗笺释》（全三册）、《王文成公全书》（全四册）、《王力全集》、《美国图书馆藏宋元版汉籍图录》、《切字捷要研究》、《皮锡瑞全集》（全12册）。

人文社科类十佳图书为《晚明大变局》、《京都古书店风景》、《故宫营造》（插图典藏本）、《衰世与西法：晚清中国的旧邦新命和社会脱榫》、《我相信中国的前途》、《前尘梦影新录》、《二重奏：红学与清史的对话》（全二册）、《百年斯文：文化世家访谈录》、《秋籁居忆旧》、《红楼梦日历（2016）》。

据介绍，中华书局将经过编辑部门、选题委员会、终评会三轮遴选出的50种备选书目交予各评委进行初选。这50部作品代表了中华书局2015年出版的大致情况。经过学者和媒体专家的阅读、讨论，并综合中华书局官方微信上的读者投票意见，最终评选出“双十佳”。

（摘自《北京日报》2015年12月14日第12版）

14日　中国政法大学法治政府研究院发布2015《法治政府蓝皮书》《法治政府评估报告》，对当年度中国法治政府建设情况进行了总体描述，并针对法治政府领域的重点、热点问题进行评述、梳理。

（中国政法大学科研处王培供稿）

15日　中华职业教育社温暖工程实施20周年总结大会在京举行。中共中央政治局委员、中央统战部部长孙春兰出席会议并讲话。

孙春兰强调，温暖工程始终践行“为国分忧、为民效力，急人所急、雪中送炭，灯亮一盏、光洒成片”的理念，以职业教育培训为抓手，帮助贫困群众提高就业本领，实现脱贫致富，用善举传递党和政府对贫困人口的关怀，用温暖激发贫困地区走向共同富裕的热情，用爱心点燃受助群众对美好生活的希望，是一项惠及百姓、功在千秋的民心工程。在全面建成小康社会、打赢脱贫攻坚战的决胜阶段，温暖工程要把坚持共享发展、增进人民福祉作为目标追求，把推动民生改善、服务社会事业作为着力方向，把发展职业教育、促进就业创业作为重要任务，扎实做好贫困地区职业技能培训工作，探索发展公益众筹扶贫等新形式，为促进经济发展、增进社会和谐、实现共同富裕作出更大贡献。

全国人大常委会副委员长、中华职业教育社理事长陈昌智作总结讲话。联合国公共信息部发来贺信。

全国政协副主席、中华职业教育社副理事长马培华主持会议。中央统战部、国务院有关部门、各省区市党委统战部、中华职业教育社负责同志等约300人参加会议。

（摘自《光明日报》2015年12月16日第4版）

16日　由中国社会科学院、中国—中东欧国家合作秘书处、中国国际问题研究基金会共同主办的第三届中国—中东欧国家高级别智库研讨会暨“中国—中东欧国家智库交流与合作网络”揭牌仪式在北京举行。

中国社会科学院院长、党组书记、学部主席团主席，中国—中东欧国家智库交流与合作网络理事长王伟光出席会议并作主旨演讲。外交部部长助理刘海星、罗马尼亚前总理维克多·蓬塔分别在开幕式上致辞。中国社会科学院副院长、党组成员，中国—中东欧国家智库交流与合作网络副理事长蔡昉，中国社会科学院原副院长王洛林，全国政协常委、中国世界政治研究会会长彭小枫，中联部原副部长、中国人民争取和平与裁军协会副会长于洪君，中国国际经济交流中心副理事长兼秘书长、商务部原副部长魏建国等，波兰前副总理格热戈日·科沃德科，克罗地亚前副总理安特·西莫尼奇出席会议。刘海星与蔡昉共同为“中国—中东欧国家智库交流与合作网络”揭牌。

会议主论坛主题为“以苏州会晤为新起点：智库交流为‘16+1合作’提供支撑”。三个分论坛分别围绕“‘一带一路’：中国与中东欧国家如何推进互联互通”、“中欧合作：‘16+1合作’如何发挥积极作用”、“智库合作：‘中国—中东欧国家智库交流与合作网络’——新平台、新目标”的主题进行广泛而深入的研讨。

来自中东欧国家数十个智库机构、国内数十家科研单位、国内多个部委的学者和官员，以及中东欧国家前政要和驻华使馆人员共约200多人参加了此次研讨会。

此次高级别智库研讨会由中国社会科学院欧洲研究所、国际合作局承办，中国世界政治研究会协办。

（中国社会科学院办公厅刘玉杰供稿）

17日　2015年“党史讲堂”第三讲在北京市委党校举行。中共中央党史研究室第二研究室巡视员、副主任齐彪教授为市委党校中青班学员作了“对反对历史虚无主义重大课题的认识——学习习总书记关于党的历史论述的体会”的报告。市社科联党组副书记、副主席荣大力参加讲座活动。

（北京市社科联社科普及部供稿）

同日　由北京师范大学艺术与传媒学院、北京师范大学中国艺术教育研究中心联合主办，美育网和北京师范大学艺术与传媒学院美术与设计系、书法系承办的“以美为心·育人为本——2015中国高校美术作品展”在北京太庙开幕。北京师范大学艺术与传媒学院院长周星教授、副院长甄巍教授、美术与设计系主任古棕教授、书法系主任邓宝剑教授、中国人生科学学会美育研究会副会长王旭晓教授、美育网执行主编崔彦海，以及众多美术界的专家学者和学生参加了开幕式。

（北京师范大学社科处刘娜供稿）

同日　第四届吴玉章人文社会科学终身成就奖在中国人民大学颁奖。本届终身成就奖分别授予著名经济学家、中国人民大学卫兴华教授，著名历史学家、古文字学家、清华大学李学勤教授。

卫兴华，著名经济学家。1925年10月出生，山西五台人，中共党员，中国人民大学荣誉一级教授。现任中国社会科学院马克思主义研究院特聘研究员、北京市中国特色社会主义理论体系研究中心学术顾问、中央马克思主义理论研究和建设工程课题组重要成员。曾任中国人民大学经济学系主任、校学术委员会副主任、校学位委员会委员和理论经济学分会主席、《中国人民大学学报》总编辑等职；曾任国务院学位委员会经济学科评议组成员、全国哲学社会科学经济学科规划小组成员、中国《资本论》研究会副会长。获省部级和国际奖25项，主要有孙冶方经济科学奖第一二届论文奖、世界政治经济学学会马克思经济学奖等。被境外誉为“《资本论》研究权威”、“中国稳健的改革派经济学家”。在我国经济学界具有举足轻重的理论地位和巨大的学术影响力。

卫兴华先生笔耕不辍，发表文章近1000篇。出版著作40多部，主要有《走进马克思经济学殿堂》、《经济运行机制概论》等。

李学勤，著名历史学家、古文字学家。1933年生于北京。1952—1953年，在中国科学院考古研究所参加编著《殷虚文字缀合》。1954—2003年，在中国科学院（后属中国社会科学院）历史研究所工作，历任研究实习员、助理研究员、研究员。中国社会科学院学术委员会成立后，任第一二届委员。第九届全国政协委员，国务院学位委员会第二三四届委员。2003年起全职回母校清华大学工作。现为中央文史研究馆馆员，中国文字博物馆馆长，清华大学历史系教授、出土文献研究与保护中心主任、出土文献与中国古代文明研究协同创新中心主任、国际汉学研究所所长。中国先秦史学会名誉理事长，楚文化研究会名誉理事长，“夏商周断代工程”专家组组长、首席科学家。曾任中国社会科学院历史研究所研究员、所长、清华大学思想文化研究所所长等，并任英国剑桥大学、美国加州大学（伯克利）等多所国外名校的客座教授以及多所国内高校的兼职教授。1997年当选为国际欧亚科学院院士，1986年被推选为美国东方学会荣誉会员。1984年获国家“有突出贡献的中青年专家”称号，1991年获国务院“政府特殊津贴”，2001年获“九五国家重点科技攻关计划突出贡献者”称号，2002年获“全国杰出专业技术人才”称号。2013年获首届汉语人文学术写作终身成就奖和孔子文化奖，2014年9月获首届“全球华人国学奖终身成就奖”。

从20世纪50年代起，已出版专著40余部，发表学术论文1000多篇。

（中国人民大学科研处李素萍供稿）

20日　由北京师范大学政府管理学院和江西师范大学联合研制的《2015中国地方政府效率研究报告——简政放权对政府效率的影响》在北京师范大学发布。学校党委副书记李晓兵教授出席发布会并致辞。来自北京市高校以及人民日报社、中央编译局、中国行政管理杂志社等20多位专家学者，围绕简政放权对政府效率的影响这一主题进行了热烈研讨。

《报告》根据政府提供公共服务、公共物品、政府规模、居民经济福利和电子政务五个一级指标、9个二级指标、28个三级指标，对全国除香港、澳门和台湾地区之外的31个省、自治区、直辖市的省级地方政府效率进行测度，结果显示，辽宁、上海、北京的政府效率排名三甲，紧接其后的是广东、浙江和江苏。《报告》还对我国经济实力较强的69个重点地级市的政府效率进行测度排名，排名前十位的地级市中，东莞市拔得头筹，苏州、鄂尔多斯、无锡、威海、佛山、常州、中山、潍坊、南通紧随其后。研究数据表明，效率高的地级地方政府中，除鄂尔多斯市属于西部地区外，其余的分属于江苏、广东和山东，这三个省同时也是我国排名前三的经济大省。由此可见，经济发展能够为居民提供更加充足的公共服务和公共产品，居民的经济福利水平也相对较高，因此政府效率提升明显。研究团队通过研究认为，我国省级地方政府效率呈现出自东向西、由高到低的阶梯型分布趋势，与区域经济社会发展水平具有很高的正相关性，政府效率高的大多是东部经济发达省份，而政府效率低的大多是西部省份。因此，要提升地方政府效率，关键是要坚持创新、协调、绿色、开放和共享发展。

（北京师范大学社科处刘娜供稿）

22 日　北京理论宣讲工作会在京举行，会议由市委宣传部和市委讲师团主办，首都部分理论专家代表和全市 41 家理论宣讲示范基地负责同志等百余人参会。经北京市委宣传部批准，会议授予北京市理论宣讲工作做出突出贡献的许耀桐等 10 位专家学者“北京市理论宣讲名师”称号。会议总结了今年北京市的理论宣讲成就，还对北京市理论宣讲示范基地进行了调整，表彰了 2015 年度优秀组织员和先进工作者。北京市委宣传部副部长赵卫东出席会议并讲话。赵卫东指出，做好理论宣讲工作，需要理论的力量、道德的力量、逻辑的力量和传播手段的力量。要聚焦 21 世纪的马克思主义，重点学习习近平总书记系列重要讲话精神，往深处讲、往新处讲，寓理于事、以事明理，讲好中国故事。会议由北京市委讲师团团长、宣讲家网总编辑贺亚兰主持。

（中共北京市委讲师团刘小丰供稿）

24 日　经过百余位学者 8 年修订，《辞源》第三版在京首发，《辞源》出版百年暨《辞源》第三版出版座谈会同时举行。《辞源》第三版吸收借鉴了近年来辞书编纂、古籍整理的优秀成果，收单字 14210 个、复音词 92646 个、插图 1000 余幅，共 1200 万字。与第二版相比，此次修订增补字头 1302 个、复词语 8512 个，书证和释义改动量达 40000 条，改动率达 40%。

1915 年商务印书馆出版的《辞源》是中国第一部现代辞书，开创了中国现代辞书编纂的科学范式，兼收传统文化条目和现代科技词语。1983 年《辞源》第二版修订完成，成为一部以收录语词为主，兼收有关辞章典故以及史地文物制度等百科性知识条目的古汉语词典。为适应时代需要，2007 年《辞源》第三版修订工作启动，集合全国近百所高校及科研院所的专业力量，从整理字形、考订注音、增补辞目、改进释义、优化书证、增补插图、完善体例等多个方面对旧版进行修订。

（摘自《光明日报》2015 年 12 月 25 日第 1 版）

25 日　中国社会科学院创新工程 2015 年度重大成果系列发布会首场发布在京举行，集中发布了 12 项年度重大基础研究成果。12 项成果分别为：《马克思主义中国化的当代理论成果》《历史虚无主义批判文选》《马克思主义史学思想史》《中华民族抗日战争史》《国家记忆：海外稀见抗战影像集》《襄汾陶寺——1978—1985 年发掘报告》《中美关系史》《世界佛教通史》《论语还原》《中国社会科学年鉴》《语音与语言的跨学科研究》和《中国通史》百集纪录片。

（摘自《光明日报》2015 年 12 月 26 日第 1 版）

同日　社会主义核心价值观普及讲堂“法治”专题讲座暨讲堂全年总结会在东城区建国门街道举行。国家行政学院法学教研部李勇教授就“法治”热词作了精彩阐释；市社科联党组副书记、副主席荣大力就讲堂全年工作作了总结，东城区委宣传部部长宋甘澍、市委宣传部理论处负责同志分别作了发言，来自建国门街道 150 余名市民群众参加会议。至此，贯穿 2015 年的社会主义核心价值观普及讲堂圆满结束，来自北大、清华、人大等 25 个院校、机构的 40 余名优秀专家、学者走进全市 16 区 60 个街道、社区，授课 60 余场，直接受众近万人次。

（北京市社科联社科普及部供稿）

同日　由江西省委宣传部、江西省委党史研究室与江西省方志敏研究会主办的《可爱的中国——方志敏狱中手稿》一书首发仪式在国家大剧院举行。

该书由江西省方志敏研究会主编，人民出版社、江西教育出版社联合出版，收录了方志敏 1935 年在狱中撰写的《方志敏自述》《可爱的中国》《清贫》《我从事革命斗争的略述》等 11 篇手稿。

2015 年是伟大的无产阶级革命家、政治家、军事家方志敏烈士英勇就义 80 周年。连日来，以方志敏事迹为主题的视听文化盛会在国家大剧院上演。

与此同时，国家大剧院、江西省委党史研究室和江西省方志敏研究会还联合主办了“可爱的中国——方志敏纪念展”。这一展览通过珍贵的历史照片，概要介绍了方志敏为了人民的解放事业奋斗不息的光辉一生，以及方志敏于长期斗争和革命根据地的创建过程中，在政治、军事、经济、法制、廉政和文化建设等方面所作出的杰出贡献。

（摘自《光明日报》2015 年 12 月 26 日第 4 版）

26 日　童庆炳先生学术思想座谈会暨《童庆炳文集》首发式在北京师范大学英东学术会堂举行。著名作家、文化部原部长王蒙，北京师范大学党委副书记刘利，中国社会科学院副院长张江，中国社会科学研究院研究员钱中文，北京第二外国语学院校长曹卫东等，应邀出席会议并致辞。童庆炳先生的生前好友，和来自全国各地的专家学者以及童门弟子一百余人参加了座谈会，并就童先生的教育理念、治学风格、为人品格等作了探讨和追忆。北京师范大学文艺学研究中心、文学院和童庆炳先生之子童小溪，代表童庆炳先生向与会嘉宾赠送了文集145套。

（中国社会科学院办公厅刘玉杰供稿）

同日　以“引领新常态，决胜‘十三五’”为主题的2015—2016中国经济年会在北京举行。结合中央经济工作会议精神，来自政府部门、研究机构、智库以及企业界的300余位嘉宾围绕结构性改革、供给侧管理和增长新动能等话题展开热烈讨论。

此次年会由中国国际经济交流中心主办，分为专题论坛和平行分论坛，主题设置紧紧围绕十八届五中全会提出的五大发展理念，专题论坛以“深化改革开放、释放发展潜力”为主题，平行论坛分别以“加快创新驱动，实现绿色发展”“共享发展成果、促进协调发展”为主题。中央财经工作领导小组办公室副主任杨伟民、国家发展和改革委员会副主任宁吉喆、中国社会科学院世界经济与政治研究所所长张宇燕发表主题演讲，对当前国内国际经济形势进行了深入解读。

（摘自《光明日报》2015年12月27日第1版）

29日　清华大学马克思主义学院《高校马克思主义理论研究》、《社会主义核心价值观研究》期刊创刊座谈会在清华大学主楼接待厅举行。中宣部原常务副部长徐惟诚，全国人大教科文卫委员会委员、教育部高校思想政治理论课教学指导委员会主任委员顾海良，全国工商联副主席谢经荣，教育部思政司司长冯刚，教育部社科司副司长徐艳国，北京市教工委常务副书记张雪，以及清华大学党委副书记、马克思主义学院党委书记邓卫，清华大学原党委副书记张再兴等出席座谈会。马克思主义学院院长艾四林主持座谈会。邓卫在致辞中指出，马克思主义理论与学科的建设具有重大意义，国家意识形态建设必须有马克思主义理论作为基础，高校学生思想政治教育必须以马克思主义理论学科为支撑，哲学社会科学学科群的发展必须有马克思主义理论作为指导。在国家推出的一系列支持、建设马克思主义理论学科的工作中，重要学术期刊的出版是一个重要组成部分。《社会主义核心价值观研究》主编、社会主义核心价值观协同创新中心主任吴潜涛介绍了期刊的创刊经过、期刊主旨、栏目设计和运行机制。他表示，《社会主义核心价值观研究》将坚持正确的办刊方向和舆论导向，反映社会主义核心价值观研究前沿、热点问题、权威观点、名家言论等，为培育和践行社会主义核心价值观提供理论支撑和工作指导，为社会主义核心价值观的国内外传播提供载体和平台。《高校马克思主义理论研究》执行主编、马克思主义学院副院长肖贵清介绍了期刊创刊的基本情况。他表示，《高校马克思主义理论研究》将坚持“入主流、学术性、高水准、国际化”的办刊特色，服务于马克思主义理论研究学术水平的提升，服务于高校马克思主义理论学科建设，服务于高校思想政治理论课建设，进而为当代中国马克思主义理论创新和经济社会发展发挥积极作用。座谈会上，徐惟诚、顾海良、谢经荣、冯刚等两刊的编辑委员会顾问和委员们纷纷发言，对两刊的创刊表示祝贺，对期刊的未来发展表示期待，并针对如何办好刊物提出了宝贵的意见和建议。来自国内高校及研究机构的近百位著名专家出席了座谈会。

（清华大学文科建设处刘金梅供稿）

同日　中国地方志学会第六届会员代表大会暨第六届理事会第一次会议在北京召开。中国社会科学院副院长、中国地方志指导小组常务副组长李培林出席会议并讲话。中国地方志指导小组秘书长兼办公室党组书记、主任赵芮，中国地方志指导小组副秘书长兼办公室副主任冀祥德等出席会议。

会议选举产生第六届学会会长、副会长、秘书长、副秘书长

名单；审议通过学术委员名单。来自各省（自治区、直辖市）、新疆生产建设兵团、全军、副省级城市、国务院有关部委局史志机构的代表参加会议。

（中国社会科学院办公厅刘玉杰供稿）

同日　全国地方志系统先进模范座谈会在人民大会堂召开。中共中央政治局常委、国务院总理李克强作出重要批示。批示指出：全国广大地方志工作者赓续传统，创新理念，涌现出一大批优秀人才。谨向受表彰的先进集体和先进工作者表示祝贺！方志流传绵延千载，贵在史识，重在致用。各级政府都要关心和支持地方志事业发展，也希望地方志工作者继续发扬方志人精神，志存高远，力学笃行，直笔著信史，彰善引风气，为当代提供资政辅治之参考，为后世留下堪存堪鉴之记述。

中共中央政治局委员、国务院副总理刘延东接见

与会代表并讲话。中国社会科学院院长、中国地方志指导小组组长王伟光出席会议并讲话。

中国社会科学院副院长、中国地方志指导小组常务副组长李培林主持会议并就贯彻落实李克强总理重要批示、刘延东副总理、王伟光组长重要讲话精神提出了具体要求。国家公务员局副局长卢雍政宣读《关于表彰全国地方志系统先进集体、先进工作者的决定》，与会领导为受表彰的32个全国地方志系统先进集体、10名先进工作者颁奖。国务院副秘书长、中国地方志指导小组副组长江小涓，军事科学院副院长、中国地方志指导小组副组长何雷，国家档案局局长、中国地方志指导小组副组长李明华，人力资源社会保障副部长信长星，文化部副部长陈宗荣，军事科学院战略军事历史和百科研究部部长曲爱国，北京市人大常委会原副主任段柄仁，中国地方志指导小组秘书长兼办公室党组书记、主任赵芮等出席接见活动和座谈会。与会的还有各省（自治区、直辖市）、新疆生产建设兵团、全军、武警部队、副省级城市地方志工作机构的代表。

（中国社会科学院办公厅刘玉杰供稿）

30日　方志出版社成立20周年座谈会在国家方志馆举行。中国社会科学院副院长、中国地方志指导小组常务副组长李培林出席座谈会并发表题为“凝心聚力 共谋发展 再创辉煌”的讲话。中国地方志指导小组副秘书长兼办公室副主任，方志出版社社长、总编辑冀祥德主持座谈会。来自全国31个省、自治区、直辖市以及15个副省级城市方志工作机构的主要领导，中国地方志指导小组办公室各处处长，全社新老职工共120余人参加会议。

（中国社会科学院办公厅刘玉杰供稿）

12月　周末社区大讲堂活动启动。截止12月，在全市16个区共举办讲座406场，直接受众近3万余人。

（北京市社科联社科普及部供稿）

· 附　　录 ·

概　　述

本栏目记述 2015 年北京市社会科学理论著作出版基金资助情况，包括每部著作的推荐单位、著作名称、申请人、出版社等；记述北京地区 17 所院校和 1 所科研单位 2015 年人文社会科学研究基本情况统计，包括研究人员情况、课题研究情况和研究成果情况。

北京市社会科学理论著作出版基金资助情况一览表

2015 年上半年（总第 46 批）批准资助著作名单

（排名不分先后）

序号	推荐单位	著作名称	申请人	出版社
1	北京大学	书写“中国气派”——当代文学（1940—1970）与“民族形式”建构	贺桂梅	北京大学出版社
2	北京大学	临水的纳蕤思：中国现代派诗歌的艺术母题	吴晓东	北京大学出版社
3	中国人民大学	布尔加科夫小说的神话诗学研究	梁　坤	北京大学出版社
4	北京大学	当代俄语的变化及其成因	褚　敏	北京大学出版社
5	北京大学	“永远的唐土”——日本平安朝物语文学的中国叙述	丁　莉	北京大学出版社
6	中国政法大学	民法典之婚姻家庭编立法研究	夏吟兰	北京大学出版社
7	北京大学	财税法总论	刘剑文	北京大学出版社
8	北京市社科院	德国物法体系之历史形成与发展研究	王伟伟	北京大学出版社
9	北京大学	重估马克思早期六部著作的价值与地位	林　锋	北京大学出版社
10	中国政法大学	新媒体环境下突发事件的危机管理与应对	姚广宜	北京大学出版社
11	北京市社科院	清初满蒙关系演变研究	哈斯巴根	北京大学出版社

续表

序号	推荐单位	著作名称	申请人	出版社
12	中国人民大学	“负利率”效应下的中国经济	伍　聪	中国人民大学出版社
13	中国人民大学	清代对帮会的治理	秦宝琦	中国人民大学出版社
14	中国人民大学	李斯特经济学在中国	贾根良	中国人民大学出版社
15	中国人民大学	储蓄投资金融政治经济学	陈享光	中国人民大学出版社
16	中国人民大学	结构与再生产——吉登斯的社会理论	赵旭东	中国人民大学出版社
17	清华大学	政治清明——新中国成立初期如何治理腐败	王传利	清华大学出版社
18	北京师范大学	青少年亲社会行为促进：理论与方法	寇　彧	北京师范大学出版社
19	北京师范大学	突发事件应对法律问题研究	郭　殊	北京师范大学出版社
20	首都师范大学	科学修辞的史学考察	谭　笑	首都师范大学出版社
21	首都师范大学	国外普通语言学典籍汉译研究（1906—1949）	贾洪伟	首都师范大学出版社
22	北京市委党校	完善党领导农村工作体制机制对策研究	刘智峰	首都师范大学出版社
23	首都师范大学	英法在东南亚的殖民模式及影响研究——以马来亚地区和印支地区为例	文　学	对外经贸大学出版社
24	对外经贸大学	国外对华反补贴案例研究	杨荣珍	对外经贸大学出版社
25	北京中医药大学	城市区域协作组织法治保障研究	邓　勇	首都经贸大学出版社
26	首都经济贸易大学	中国现代消遣小说综论	司新丽	首都经贸大学出版社
27	首都经济贸易大学	中国商业银行差异化监管研究——基于监管效率的视角	王婉婷	首都经贸大学出版社
28	中国戏曲学院	《鼎峙春秋》研究	李小红	北京出版社
29	市委宣传部	北平抗战简史	市委宣传部	北京出版社
30	市委宣传部	沦陷时期的北平社会	市委宣传部	北京出版社
31	市委宣传部	全民族抗战的起点——七七抗战	市委宣传部	北京出版社
32	市委宣传部	北平抗战中的100个瞬间	市委宣传部	北京出版社
33	市委宣传部	国际视野下的北平抗战	市委宣传部	北京出版社
34	市委宣传部	北平硝烟	市委宣传部	北京出版社
35	市委宣传部	文物背后的抗战故事	市委宣传部	北京燕山出版社
36	市委宣传部	心中的丰碑——北平抗战英雄谱	市委宣传部	北京燕山出版社
37	市委宣传部	永远的传承——我们家的抗战故事	市委宣传部	北京燕山出版社
38	市委宣传部	从《四世同堂》看真实的北平抗战	市委宣传部	北京联合出版公司
39	市委宣传部	暗战北平——抗战时期中国共产党北平地下斗争	市委宣传部	北京联合出版公司
40	市委宣传部	信仰改变中国：以思想建党塑造中国精神	市委宣传部	北京联合出版公司
41	市委宣传部	中国共产党思想建设的长征	市委宣传部	北京出版社
42	北京大学	反法西斯战争与苏联文学	李毓榛	北京大学出版社
43	北京日报出版社	美国记者眼中的八路军：还原震撼的敌后战场	萨　苏	北京日报出版社
44	首都师范大学	中学西渐丛书	乐黛云等	首都师范大学出版社

2015 年下半年（总第 47 批）批准资助著作名单

（排名不分先后）

序号	推荐单位	著作名称	申请人	出版社
1	北京大学	现代汉语连词的语篇连接功能研究	张文贤	北京大学出版社
2	北京大学	辽宋金异读字研究	张渭毅	北京大学出版社
3	北京大学	从六艺到十三经——以经目演变为中心	程苏东	北京大学出版社
4	北京大学	词科与南宋文学	管　琴	北京大学出版社
5	北京大学	西班牙二十世纪诗坛掠影	赵振江	北京大学出版社
6	北京大学	英国小说与浪漫主义——意识形态的冲突、妥协与包装	苏耕欣	北京大学出版社
7	清华大学	语言与世界	王　路	北京大学出版社
8	北京大学	事实行为的基础理论研究	常鹏翱	北京大学出版社
9	清华大学	天禄琳琅知见书录	刘　蔷	北京大学出版社
10	北京大学	艺术公赏力	王一川	北京大学出版社
11	北京市第二中级人民法院	不动产财产权利价值论	李俊晔	中国人民大学出版社
12	中国人民大学	作为政治的传播——中国大众传播史考察	赵云泽	中国人民大学出版社
13	中国人民大学	中国背景下职业成功观的结构、测量及其影响效应	周文霞	中国人民大学出版社
14	中国人民大学	21 世纪区域经济学发展研究	孙久文	中国人民大学出版社
15	北京大学	川上行舟——平权改革与法治变迁	阎　天	清华大学出版社
16	中央民族大学	合法性策略、社会资本与政策支持——转轨时期政府俘获深层机理的微观视角	李　健	清华大学出版社
17	北京林业大学	国有林场贫困问题理论分析及实践研究	刘俊昌	清华大学出版社
18	中央美术学院	中西绘画图式与时空观念比较	刘　斌	清华大学出版社
19	北京师范大学	农民土地权益保障法律机制研究——基于土地流转的视角	柴　荣	北京师范大学出版社
20	北京师范大学	宗教改革时期的新教与罗马公教研究	刘林海	北京师范大学出版社
21	北京师范大学	中国文化产品贸易理论与实证研究	曲如晓	北京师范大学出版社
22	北京师范大学	族群·身体·表征——当代白马人的舞蹈言说	王阳文	北京师范大学出版社
23	首都师范大学	散文中的北京地域文化书写	陈亚丽	首都师范大学出版社
24	首都师范大学	意义的生产与消费——文化经济学新论	秦　勇	首都师范大学出版社
25	对外经济贸易大学	我国典型合同立法研究	宁红丽	对外经济贸易大学出版社
26	对外经济贸易大学	中外跨国公司发展史（上、下卷）	卢进勇	对外经济贸易大学出版社
27	北京交通大学	中国物流业税收负担水平评价与优化研究	王冬梅	北京交通大学出版社
28	北京交通大学	北京农村土地可持续利用法律制度研究	郑　翔	北京交通大学出版社
29	北京大学	张世英文集	张世英	北京大学出版社
30	中央民族大学	中国经济热点前沿	黄泰岩等	经济科学出版社
31	中央民族大学	外国经济热点前沿	黄泰岩等	经济科学出版社
32	首都师范大学	北京社科名家文库	谢地坤等	首都师范大学出版社

（北京市社会科学理论著作出版基金办公室供稿）

北京地区社科研究单位(部分)2015年人文社会科学研究基本情况统计

北京大学2015年人文社会科学研究基本情况统计表

学科门类	研究人员情况						课题研究情况				研究成果情况		
	合计	教授	副教授	讲师	助教	初级	合计	基础研究	应用研究	其他	出版著作	发表论文	获奖成果（省部级及以上）
	1466	585	565	299	21	0	2050	841	1207	2	464	3316	49
管理学	91	39	32	18	2	0	275	94	181	0	43	514	1
马克思主义	21	10	6	4	1	0	41	26	15	0	24	172	2
哲学	74	41	27	5	1	0	52	46	6	0	28	89	3
逻辑学	6	4	2	0	0	0	2	2	0	0	1	12	0
宗教学	13	7	5	1	0	0	11	10	1	0	7	29	1
语言学	175	43	85	45	2	0	48	32	16	0	18	126	8
中国文学	75	41	28	6	0	0	47	47	0	0	60	312	2
外国文学	121	40	41	38	2	0	22	20	2	0	14	87	1
艺术学	27	17	8	2	0	0	58	25	32	1	28	155	1
历史学	83	52	23	7	1	0	66	54	12	0	44	209	7
考古学	48	23	16	9	0	0	137	58	79	0	29	136	2
经济学	183	76	73	34	0	0	322	130	192	0	29	382	9
政治学	77	38	27	12	0	0	138	44	94	0	7	31	1
法学	110	47	38	25	0	0	242	53	189	0	53	338	4
社会学	65	33	20	12	0	0	250	90	160	0	21	178	3
民族学	1	0	1	0	0	0	9	3	6	0	1	6	0
新闻学与传播学	21	10	10	1	0	0	90	25	64	1	15	140	2
图书、情报、文献学	157	33	56	61	7	0	80	30	50	0	11	134	0
教育学	43	16	21	6	0	0	141	47	94	0	28	257	2
统计学	8	3	4	1	0	0	1	0	1	0	0	0	0
心理学	7	2	4	1	0	0	2	0	2	0	0	0	0
体育学	60	7	37	11	5	0	16	5	11	0	3	9	0

（北京大学社会科学部供稿）

中国人民大学2015年人文社会科学研究基本情况统计表

学科门类	研究人员情况						课题研究情况				研究成果情况		
	合计	教授	副教授	讲师	助教	初级	合计	基础研究	应用研究	其他	出版著作	发表论文	获奖成果（省部级及以上）
	1913	660	682	547	24	0	4422	1524	2811	87	390	3134	41

续表

学科门类	研究人员情况						课题研究情况				研究成果情况		
	合计	教授	副教授	讲师	助教	初级	合计	基础研究	应用研究	其他	出版著作	发表论文	获奖成果（省部级及以上）
管理学	322	107	99	110	6	0	953	209	713	31	68	444	6
马克思主义	39	20	11	5	3	0	117	81	36	0	22	168	2
哲学	87	45	26	16	0	0	195	140	55	0	25	218	4
逻辑学	0	0	0	0	0	0	0	0	0	0	0	0	0
宗教学	13	7	5	1	0	0	37	19	18	0	3	46	0
语言学	143	26	59	58	0	0	70	54	16	0	18	89	0
中国文学	71	30	22	19	0	0	90	69	21	0	22	118	2
外国文学	34	8	11	13	2	0	11	7	4	0	3	9	0
艺术学	84	16	29	36	3	0	41	32	9	0	18	82	1
历史学	121	44	40	35	2	0	149	104	45	0	22	188	2
考古学	11	3	3	5	0	0	57	29	28	0	2	27	0
经济学	380	134	149	96	1	0	1056	249	779	28	61	837	11
政治学	79	39	27	13	0	0	150	63	87	0	20	132	1
法学	145	65	58	21	1	0	450	154	296	0	55	303	6
社会学	75	31	30	14	0	0	396	111	278	7	8	141	2
民族学	0	0	0	0	0	0	2	0	2	0	1	3	0
新闻学与传播学	59	21	19	19	0	0	159	51	103	5	12	111	2
图书、情报、文献学	85	17	27	36	5	0	138	47	91	0	9	54	1
教育学	71	26	25	20	0	0	119	44	70	5	2	34	0
统计学	42	16	16	10	0	0	175	38	131	6	11	50	1
心理学	13	3	3	6	1	0	47	18	24	5	4	62	0
体育学	39	2	23	14	0	0	10	5	5	0	4	18	0

（中国人民大学科研处供稿）

北京师范大学 2015 年人文社会科学研究基本情况统计表

学科门类	研究人员情况						课题研究情况				研究成果情况		
	合计	教授	副教授	讲师	助教	初级	合计	基础研究	应用研究	其他	出版著作	发表论文	获奖成果（省部级及以上）
	1126	383	385	351	7	0	3484	2466	1008	10	302	2306	43
管理学	71	23	27	21	0	0	290	187	103	0	35	174	3
马克思主义	24	9	10	5	0	0	70	62	8	0	18	43	1
哲学	39	21	10	8	0	0	125	116	9	0	10	121	4
逻辑学	2	0	1	1	0	0	2	2	0	0	0	0	0
宗教学	3	2	1	0	0	0	2	2	0	0	1	12	0
语言学	111	32	43	35	1	0	75	55	20	0	28	173	2

续表

学科门类	研究人员情况						课题研究情况				研究成果情况		
	合计	教授	副教授	讲师	助教	初级	合计	基础研究	应用研究	其他	出版著作	发表论文	获奖成果（省部级及以上）
中国文学	64	29	20	15	0	0	142	125	17	0	0	0	5
外国文学	21	8	8	5	0	0	28	27	1	0	0	0	1
艺术学	71	22	20	28	1	0	114	81	33	0	24	129	0
历史学	65	26	17	22	0	0	150	140	10	0	23	193	5
考古学	3	1	0	2	0	0	7	7	0	0	0	6	0
经济学	82	27	20	35	0	0	271	168	103	0	25	216	6
政治学	20	9	5	6	0	0	47	42	5	0	3	26	0
法学	94	33	33	27	1	0	255	171	84	0	29	231	2
社会学	42	12	19	11	0	0	287	175	112	0	12	66	0
民族学	2	1	1	0	0	0	22	12	10	0	3	25	0
新闻学与传播学	12	4	3	5	0	0	27	19	7	1	3	43	1
图书、情报、文献学	17	3	9	5	0	0	21	16	5	0	2	86	0
教育学	237	68	83	85	1	0	1261	876	377	8	61	436	11
统计学	11	4	4	3	0	0	56	36	19	1	3	38	1
心理学	88	33	29	26	0	0	194	120	74	0	18	244	1
体育学	47	16	22	6	3	0	38	27	11	0	4	44	0

（北京师范大学社会科学处供稿）

中央民族大学 2015 年人文社会科学研究基本情况统计表

学科门类	研究人员情况						课题研究情况				研究成果情况		
	合计	教授	副教授	讲师	助教	初级	合计	基础研究	应用研究	其他	出版著作	发表论文	获奖成果（省部级及以上）
	1002	186	260	464	53	49	469	274	195	0	109	2067	23
管理学	53	14	18	18	1	2	51	14	37	0	8	119	1
马克思主义	14	4	7	3	0	0	9	8	1	0	1	29	2
哲学	28	9	3	13	2	1	5	5	0	0	0	33	0
逻辑学	0	0	0	0	0	0	0	0	0	0	0	0	0
宗教学	7	2	2	2	0	1	15	13	2	0	1	33	0
语言学	138	18	38	68	8	6	87	72	15	0	22	183	4
中国文学	70	19	16	31	1	3	34	33	1	0	10	101	0
外国文学	45	3	11	26	3	2	2	2	0	0	0	30	0
艺术学	214	22	40	105	33	14	8	6	2	0	18	149	0
历史学	39	14	12	11	0	2	17	16	1	0	9	126	0
考古学	7	0	3	4	0	0	9	8	1	0	2	5	0
经济学	71	20	24	26	0	1	29	11	18	0	9	259	4

续表

学科门类	研究人员情况						课题研究情况				研究成果情况		
	合计	教授	副教授	讲师	助教	初级	合计	基础研究	应用研究	其他	出版著作	发表论文	获奖成果（省部级及以上）
政治学	14	2	5	7	0	0	14	8	6	0	2	71	4
法学	63	10	22	22	0	9	42	13	29	0	6	187	0
社会学	32	8	9	13	1	1	34	15	19	0	5	76	3
民族学	68	25	12	28	0	3	57	30	27	0	10	292	1
新闻学与传播学	27	4	7	14	1	1	3	0	3	0	2	169	1
图书、情报、文献学	43	2	9	29	1	2	1	0	1	0	0	17	0
教育学	41	6	10	23	1	1	35	18	17	0	3	164	3
统计学	1	0	0	0	1	0	12	0	12	0	0	12	0
心理学	1	0	0	1	0	0	0	0	0	0	0	0	0
体育学	26	4	12	10	0	0	5	2	3	0	1	12	0

（中央民族大学科研处供稿）

中国政法大学大学2015年人文社会科学研究基本情况统计表

学科门类	研究人员情况						课题研究情况				研究成果情况		
	合计	教授	副教授	讲师	助教	初级	合计	基础研究	应用研究	其他	出版著作	发表论文	获奖成果（省部级及以上）
	978	293	401	235	21	28	2036	448	1494	94	143	1152	7
管理学	48	10	21	15	0	2	92	16	75	1	13	64	1
马克思主义	46	4	13	24	5		47	16	30	1	2	26	
哲学	31	8	16	7			29	19	8	2	3	41	
逻辑学	7	3	4				3	2	1				
宗教学	3	2		1			4	2	2			2	
语言学	75	13	40	20			56	10	46		1	63	
中国文学	14	3	7	4			15	5	10		2	21	
外国文学	19	2	4	10	2	1	5	1	4		2	45	
艺术学	8	2	3	2		1	8	2	6			11	
历史学	19	5	9	5			19	12	7		3	17	
考古学													
经济学	34	14	13	7			62	12	48	2	7	43	
政治学	45	20	20	5			66	22	39	5	8	81	
法学	457	182	198	69	6	2	1494	304	1113	77	96	657	6
社会学	17	5	6	5	1		40	12	25	3	1	35	
民族学													
新闻学与传播学	28	5	12	10		1	78	10	66	2		25	

续表

学科门类	研究人员情况						课题研究情况				研究成果情况		
	合计	教授	副教授	讲师	助教	初级	合计	基础研究	应用研究	其他	出版著作	发表论文	获奖成果（省部级及以上）
图书、情报、文献学	66	8	6	30	5	17	1		1			10	
教育学	14	1	5	6	1	1	16	3	12	1	1	8	
统计学	4			3		1							
心理学	14	4	9	1									
体育学	29	2	15	11	1		1		1		4	3	

（中国政法大学科研处谭义供稿）

对外经济贸易大学2015年人文社会科学研究基本情况统计表

学科门类	研究人员情况						课题研究情况				研究成果情况		
	合计	教授	副教授	讲师	助教	初级	合计	基础研究	应用研究	其他	出版著作	发表论文	获奖成果（省部级及以上）
	982	171	347	375	60	29	1113	324	789	0	138	1486	19
管理学	214	32	79	76	15	12	341	102	239	0	26	368	4
马克思主义	42	5	8	17	11	1	27	13	14	0	3	64	0
哲学	2	0	2	0	0	0	2	2	0	0	1	11	0
逻辑学	0	0	0	0	0	0	0	0	0	0	0	0	0
宗教学	0	0	0	0	0	0	1	1	0	0	0	1	0
语言学	165	16	68	72	8	1	60	39	21	0	21	110	1
中国文学	18	2	12	4	0	0	19	17	2	0	11	46	0
外国文学	30	7	9	10	4	0	16	12	4	0	5	19	0
艺术学	3	0	1	1	1	0	0	0	0	0	4	11	0
历史学	1	0	0	1	0	0	5	4	1	0	1	11	0
考古学	0	0	0	0	0	0	0	0	0	0	0	0	0
经济学	309	81	113	105	5	5	410	57	353	0	44	505	13
政治学	32	2	13	17	0	0	29	9	20	0	2	71	0
法学	77	22	23	30	1	1	106	35	71	0	14	89	1
社会学	1	0	1	0	0	0	13	3	10	0	1	8	0
民族学	0	0	0	0	0	0	0	0	0	0	0	0	0
新闻学与传播学	4	0	1	3	0	0	18	5	13	0	1	19	0
图书、情报、文献学	31	0	5	16	1	9	2	0	2	0	1	18	0
教育学	10	0	2	3	5	0	33	10	23	0	0	101	0
统计学	18	3	1	14	0	0	21	8	13	0	2	20	0
心理学	0	0	0	0	0	0	0	0	0	0	0	0	0
体育学	25	1	9	6	9	0	10	7	3	0	1	14	0

（对外经济贸易大学科研处供稿）

中国地质大学（北京）2015 年人文社会科学研究基本情况统计表

学科门类	研究人员情况						课题研究情况				研究成果情况		
	合计	教授	副教授	讲师	助教	初级	合计	基础研究	应用研究	其他	出版著作	发表论文	获奖成果（省部级及以上）
	205	16	77	96	12	4	180	18	94	0	8	60	0
管理学	48	7	22	16	1	2	65	5	49	0	0	11	0
马克思主义	12	2	6	4	0	0	22	4	6	0	0	12	0
哲学	5	1	3	1	0	0	0	0	0	0	0	0	0
逻辑学	0	0	0	0	0	0	0	0	0	0	0	0	0
宗教学	0	0	0	0	0	0	0	0	0	0	0	0	0
语言学	52	2	17	27	6	0	18	3	4	0	0	11	0
中国文学	3	0	1	1	1	0	1	0	1	0	0	0	0
外国文学	8	0	3	5	0	0	0	0	0	0	0	0	0
艺术学	0	0	0	0	0	0	0	0	0	0	0	0	0
历史学	0	0	0	0	0	0	1	0	0	0	0	1	0
考古学	0	0	0	0	0	0	0	0	0	0	0	0	0
经济学	21	1	9	11	0	0	30	0	24	0	0	6	0
政治学	1	0	0	1	0	0	0	0	0	0	0	0	0
法学	11	0	4	7	0	0	2	1	1	0	0	0	0
社会学	2	0	0	2	0	0	14	4	4	0	3	3	0
民族学	0	0	0	0	0	0	0	0	0	0	0	0	0
新闻学与传播学	0	0	0	0	0	0	0	0	0	0	0	0	0
图书、情报、文献学	5	0	1	2	1	1	0	0	0	0	0	0	0
教育学	10	1	2	7	0	0	6	0	2	0	0	4	0
统计学	3	0	0	3	0	0	0	0	0	0	0	0	0
心理学	1	1	0	0	0	0	3	0	2	0	0	1	0
体育学	23	1	9	9	3	1	18	1	1	0	5	11	0

［中国地质大学（北京）科技处供稿］

北京科技大学 2015 年人文社会科学研究基本情况统计表

学科门类	研究人员情况						课题研究情况				研究成果情况		
	合计	教授	副教授	讲师	助教	初级	合计	基础研究	应用研究	其他	出版著作	发表论文	获奖成果（省部级及以上）
	432	69	167	194	1	1	722	359	363	0	27	167	0
管理学	64	18	25	21	0	0	117	60	57	0	6	54	0
马克思主义	31	6	11	13	1	0	101	30	71	0	3	21	0
哲学	11	2	6	3	0	0	13	7	6	0	2	8	0
逻辑学	0	0	0	0	0	0	1	1	0	0	0	1	0

续表

学科门类	研究人员情况						课题研究情况				研究成果情况		
	合计	教授	副教授	讲师	助教	初级	合计	基础研究	应用研究	其他	出版著作	发表论文	获奖成果（省部级及以上）
宗教学	0	0	0	0	0	0	0	0	0	0	0	0	0
语言学	82	5	25	52	0	0	64	56	8	0	7	20	0
中国文学	3	0	3	0	0	0	2	2	0	0	0	3	0
外国文学	19	1	7	11	0	0	15	15	0	0	3	12	0
艺术学	22	1	8	13	0	0	6	3	3	0	0	2	0
历史学	2	0	1	1	0	0	6	4	2	0	1	3	0
考古学	12	5	3	4	0	0	19	8	11	0	0	2	0
经济学	65	21	29	15	0	0	123	92	31	0	2	10	0
政治学	4	0	1	3	0	0	34	7	27	0	1	7	0
法学	23	2	10	11	0	0	51	10	41	0	0	3	0
社会学	9	2	4	3	0	0	70	21	49	0	2	11	0
民族学	0	0	0	0	0	0	4	0	4	0	0	0	0
新闻学与传播学	5	2	0	3	0	0	2	1	1	0	0	1	0
图书、情报、文献学	29	3	8	17	0	1	4	2	2	0	0	0	0
教育学	8	1	2	5	0	0	75	31	44	0	0	6	0
统计学	1	0	1	0	0	0	4	3	1	0	0	1	0
心理学	2	0	1	1	0	0	4	4	0	0	0	0	0
体育学	40	0	22	18	0	0	7	2	5	0	0	2	0

（北京科技大学科学研究与发展部供稿）

北京交通大学 2015 年人文社会科学研究基本情况统计表

学科门类	研究人员情况						课题研究情况				研究成果情况		
	合计	教授	副教授	讲师	助教	初级	合计	基础研究	应用研究	其他	出版著作	发表论文	获奖成果（省部级及以上）
	881	163	270	399	27	22	1430	667	765	0	50	335	6
管理学	313	82	100	114	9	8	578	182	398	0	6	66	3
马克思主义	31	10	9	10	1	1	38	22	16	0	1	26	0
哲学	11	3	4	1	3	0	9	7	2	0	2	2	0
逻辑学	0	0	0	0	0	0	0	0	0	0	0	0	0
宗教学	0	0	0	0	0	0	1	1	0	0	0	0	0
语言学	131	7	42	74	7	1	49	27	22	0	6	20	0
中国文学	4	0	1	2	1	0	5	5	0	0	0	1	0
外国文学	7	2	1	3	1	0	1	1	0	0	1	0	0
艺术学	64	8	17	38	1	0	140	70	70	0	6	71	0
历史学	3	1	2	0	0	0	1	0	1	0	1	1	0

续表

学科门类	研究人员情况						课题研究情况				研究成果情况		
	合计	教授	副教授	讲师	助教	初级	合计	基础研究	应用研究	其他	出版著作	发表论文	获奖成果（省部级及以上）
考古学	0	0	0	0	0	0	1	1	0	0	0	0	0
经济学	127	29	41	55	0	2	402	208	194	0	18	97	1
政治学	20	4	9	7	0	0	24	20	4	0	0	3	0
法学	41	6	12	18	2	3	51	29	22	0	2	11	0
社会学	5	0	2	2	1	0	30	19	11	0	0	2	0
民族学	1	0	1	0	0	0	6	4	2	0	0	0	0
新闻学与传播学	14	1	1	12	0	0	29	24	5	0	7	18	2
图书、情报、文献学	46	2	10	31	0	3	2	2	0	0	0	0	0
教育学	16	5	4	5	1	1	55	38	17	0	0	2	0
统计学	5	1	1	3	0	0	0	0	0	0	0	3	0
心理学	5	0	1	3	0	1	0	0	0	0	0	2	0
体育学	37	2	12	21	0	2	8	7	1	0	0	10	0

（北京交通大学社会科学处李敏供稿）

北京林业大学 2015 年人文社会科学研究基本情况统计表

学科门类	研究人员情况						课题研究情况				研究成果情况		
	合计	教授	副教授	讲师	助教	初级	合计	基础研究	应用研究	其他	出版著作	发表论文	获奖成果（省部级及以上）
管理学	85	20	44	21			29	10	19			6	
马克思主义	9	2	5	2			4	3	1			6	
哲学	15	2	9	4			12	11	1		3	5	
逻辑学													
宗教学													
语言学	63	5	29	29			15	15			2	56	
中国文学													
外国文学	14	1	13				9	9				13	
艺术学	59	5	24	30	2	0	33	2	26	0	28	3	
历史学													
考古学													
经济学	33	6	20	7			7	2	5				
政治学													
法学	16	1	8	7			23	19	4			17	
社会学													
民族学													
新闻学与传播学													

续表

学科门类	研究人员情况						课题研究情况				研究成果情况		
	合计	教授	副教授	讲师	助教	初级	合计	基础研究	应用研究	其他	出版著作	发表论文	获奖成果（省部级及以上）
图书、情报、文献学													
教育学													
统计学													
心理学	16	3	7	6			13	7	6		2	8	
体育学	34	5	14	14	0	1	6	1	5			26	15

（北京林业大学科技处张力供稿）

中国传媒大学2015年人文社会科学研究基本情况统计表

学科门类	研究人员情况						课题研究情况				研究成果情况		
	合计	教授	副教授	讲师	助教	初级	合计	基础研究	应用研究	其他	出版著作	发表论文	获奖成果（省部级及以上）
	1390	247	382	674	75	12	1795	363	1432	0	143	960	1
管理学	224	31	66	112	12	3	61	7	54	0	10	41	0
马克思主义	15	6	4	4	1	0	13	10	3	0	1	7	0
哲学	14	2	5	7	0	0	0	0	0	0	1	1	0
逻辑学	1	0	0	1	0	0	0	0	0	0	0	0	0
宗教学	0	0	0	0	0	0	1	0	1	0	0	0	0
语言学	175	24	48	92	11	0	73	24	49	0	23	59	0
中国文学	48	7	28	13	0	0	38	22	16	0	9	78	0
外国文学	18	1	5	11	1	0	1	1	0	0	1	12	0
艺术学	400	84	79	207	27	3	287	65	222	0	37	300	0
历史学	8	3	2	3	0	0	1	0	1	0	0	4	0
考古学	0	0	0	0	0	0	0	0	0	0	0	0	0
经济学	30	6	6	13	4	1	9	2	7	0	3	24	0
政治学	14	5	3	6	0	0	8	3	5	0	1	7	0
法学	19	2	4	12	0	1	8	3	5	0	1	15	0
社会学	9	1	1	7	0	0	20	9	11	0	3	20	0
民族学	2	1	0	1	0	0	3	1	2	0	0	6	0
新闻学与传播学	332	69	107	137	16	3	1140	183	957	0	50	363	1
图书、情报、文献学	18	0	6	11	1	0	4	2	2	0	1	5	0
教育学	34	2	8	21	2	1	114	24	90	0	2	13	0
统计学	0	0	0	0	0	0	4	3	1	0	0	0	0
心理学	2	0	0	2	0	0	3	2	1	0	0	0	0
体育学	27	3	10	14	0	0	7	2	5	0	0	5	0

（中国传媒大学文科科研处供稿）

中国农业大学 2015 年人文社会科学研究基本情况统计表

学科门类	研究人员情况						课题研究情况				研究成果情况		
	合计	教授	副教授	讲师	助教	初级	合计	基础研究	应用研究	其他	出版著作	发表论文	获奖成果（省部级及以上）
	382	99	175	104	3	1	865	130	724	11	31	761	1
管理学	88	29	35	22	1	1	308	25	279	4	16	268	
马克思主义	14	3	10	1	0	0	35	21	14	0	1	33	
哲学	6	1	5	0	0	0	3	2	1	0	0	1	
逻辑学	0	0	0	0	0	0	0	0	0	0	0	0	
宗教学	0	0	0	0	0	0	0	0	0	0	0	0	
语言学	31	6	13	12	0	0	5	2	3	0	0	11	
中国文学	3	0	3	0	0	0	0	0	0	0	0	0	
外国文学	2	0	1	1	0	0	0	0	0	0	0	0	
艺术学	2	0	0	2	0	0	6	2	4	0	0	0	
历史学	3	1	2	0	0	0	6	5	1	0	0	4	
考古学	0	0	0	0	0	0	0	0	0	0	0	0	
经济学	75	30	37	8	0	0	326	36	289	1	8	244	
政治学	1	0	1	0	0	0	0	0	0	0	1	0	
法学	18	3	11	4	0	0	27	2	25	0	0	20	
社会学	47	16	18	13	0	0	83	18	61	4	3	128	1
民族学	0	0	0	0	0	0	1	0	1	0	0	0	
新闻学与传播学	18	0	11	7	0	0	13	4	9	0	0	13	
图书、情报、文献学	44	5	15	23	1	0	22	2	19	1	0	18	
教育学	10	2	2	6	0	0	24	10	13	1	2	11	
统计学	0	0	0	0	0	0	2	0	2	0	0	0	
心理学	1	0	1	0	0	0	0	0	0	0	0	0	
体育学	19	3	10	5	1	0	4	1	3	0	0	10	

（中国农业大学科学技术发展研究院王虹供稿）

首都师范大学 2015 年人文社会科学研究基本情况统计表

学科门类	研究人员情况						课题研究情况				研究成果情况		
	合计	教授	副教授	讲师	助教	初级	合计	基础研究	应用研究	其他	出版著作	发表论文	获奖成果（省部级及以上）
	1121	213	457	412	24	15	14944	103	113	0	257	14461	10
管理学	46	4	17	22	2	1	22	5	17	0	8	411	0
马克思主义	30	2	19	4	4	1	16	6	10	0	20	458	0
哲学	37	12	14	8	2	1	7	3	4	0	10	727	1
逻辑学	1	0	1	0	0	0	0	0	0	0	0	4	1

续表

学科门类	研究人员情况						课题研究情况				研究成果情况		
	合计	教授	副教授	讲师	助教	初级	合计	基础研究	应用研究	其他	出版著作	发表论文	获奖成果（省部级及以上）
宗教学	1	0	0	1	0	0	1	0	1	0	0	30	0
语言学	223	17	84	120	2	0	11	8	3	0	22	1765	1
中国文学	147	41	52	52	1	1	15	12	3	0	30	2323	1
外国文学	0						4	4	0	0	11		0
艺术学	206	49	77	68	11	1	14	9	5	0	34	2193	0
历史学	72	28	19	22	1	2	27	22	5	0	31	1494	5
考古学	5	1	3	1	0	0	6	4	2	0	2	114	0
经济学	25	2	17	5	0	1	3	0	3	0	4	272	0
政治学	23	10	7	6	0	0	10	3	7	0	1	298	0
法学	26	3	13	10	0	0	6	2	4	0	4	461	0
社会学	17	2	10	4	0	1	8	2	6	0	3	22	0
民族学	0	0	0	0	0	0	0	0	0	0	4	35	0
新闻学与传播学	5	0	3	2	0	0	1	0	1	0	2	101	0
图书、情报、文献学	7	0	3	4	0	0	2	2	0	0	0	239	0
教育学	165	34	79	45	1	6	49	17	32	0	64	2661	1
统计学	1	0	0	1	0	0	0	0	0	0	0	7	0
心理学	42	7	23	12	0	0	11	4	7	0	1	562	0
体育学	42	1	16	25	0	0	3	0	3	0	6	284	0

（首都师范大学社科处李志成供稿）

首都经济贸易大学2015年人文社会科学研究基本情况统计表

学科门类	研究人员情况						课题研究情况				研究成果情况		
	合计	教授	副教授	讲师	助教	初级	合计	基础研究	应用研究	其他	出版著作	发表论文	获奖成果（省部级及以上）
	803	133	302	310	32	26	1337	199	1138	0	41	615	2
管理学	183	29	66	71	10	7	514	53	461	0	12	159	1
马克思主义	12	4	6	2	0	0	17	9	8	0	4	87	0
哲学	8	2	2	3	0	1	11	10	1	0	0	5	0
逻辑学	0	0	0	0	0	0	0	0	0	0	0	0	0
宗教学	0	0	0	0	0	0	0	0	0	0	0	0	0
语言学	53	4	11	36	1	1	17	8	9	0	2	11	0
中国文学	21	1	9	11	0	0	17	12	5	0	2	11	0
外国文学	6	1	2	2	1	0	4	4	0	0	0	3	0
艺术学	7	0	1	4	0	2	0	0	0	0	0	1	0
历史学	0	0	0	0	0	0	0	0	0	0	1	2	0

续表

学科门类	研究人员情况						课题研究情况				研究成果情况		
	合计	教授	副教授	讲师	助教	初级	合计	基础研究	应用研究	其他	出版著作	发表论文	获奖成果（省部级及以上）
考古学	0	0	0	0	0	0	0	0	0	0	0	0	0
经济学	306	64	134	93	7	8	481	43	438	0	12	214	1
政治学	3	1	1	1	0	0	3	1	2	0	0	1	0
法学	49	8	16	23	1	1	92	34	58	0	5	42	0
社会学	19	5	5	8	0	1	59	6	53	0	1	19	0
民族学	0	0	0	0	0	0	0	0	0	0	0	2	0
新闻学与传播学	24	3	10	9	2	0	22	5	17	0	0	9	0
图书、情报、文献学	31	2	12	8	5	4	4	0	4	0	0	1	0
教育学	33	3	7	20	3	0	32	4	28	0	0	24	0
统计学	24	5	10	8	1	0	51	6	45	0	1	13	0
心理学	1	0	1	0	0	0	0	0	0	0	0	0	0
体育学	23	1	9	11	1	1	13	4	9	0	1	11	0

（首都经济贸易大学科研处蔡万江供稿）

北京工商大学2015年人文社会科学研究基本情况统计表

学科门类	研究人员情况						课题研究情况				研究成果情况		
	合计	教授	副教授	讲师	助教	初级	合计	基础研究	应用研究	其他	出版著作	发表论文	获奖成果（省部级及以上）
	569	67	211	247	39	5	589	71	518	0	78	611	1
管理学	123	17	40	53	13	0	237	16	221	0	19	162	0
马克思主义	16	0	8	6	2	0	9	6	3	0	2	13	0
哲学	7	1	3	3	0	0	2	1	1	0	0	4	0
逻辑学	0	0	0	0	0	0	0	0	0	0	0	0	0
宗教学	0	0	0	0	0	0	0	0	0	0	0	0	0
语言学	62	1	19	40	2	0	8	4	4	0	2	63	0
中国文学	9	0	7	2	0	0	5	2	3	0	2	17	0
外国文学	10	1	0	5	2	2	3	2	1	0	0	4	0
艺术学	54	2	11	33	8	0	38	5	33	0	2	50	0
历史学	0	0	0	0	0	0	0	0	0	0	0	0	0
考古学	1	0	0	0	0	1	0	0	0	0	0	0	0
经济学	144	33	68	42	1	0	164	15	149	0	26	137	1
政治学	1	0	0	0	1	0	0	0	0	0	1	4	0
法学	53	6	20	21	4	2	48	6	42	0	15	41	0
社会学	0	0	0	0	0	0	3	2	1	0	0	3	0
民族学	0	0	0	0	0	0	1	1	0	0	0	0	0

续表

学科门类	研究人员情况						课题研究情况				研究成果情况		
	合计	教授	副教授	讲师	助教	初级	合计	基础研究	应用研究	其他	出版著作	发表论文	获奖成果（省部级及以上）
新闻学与传播学	27	3	7	16	1	0	35	4	31	0	4	45	0
图书、情报、文献学	6	0	6	0	0	0	0	0	0	0	0	6	0
教育学	16	1	4	10	1	0	22	7	15	0	3	47	0
统计学	9	0	7	2	0	0	9	0	9	0	1	7	0
心理学	2	1	0	0	1	0	0	0	0	0	0	0	0
体育学	29	1	11	14	3	0	5	0	5	0	1	8	0

（北京工商大学科学技术处供稿）

北京工业大学2015年人文社会科学研究基本情况统计表

学科门类	研究人员情况						课题研究情况				研究成果情况		
	合计	教授	副教授	讲师	助教	初级	合计	基础研究	应用研究	其他	出版著作	发表论文	获奖成果（省部级及以上）
	683	58	214	363	39	9	432	175	251	6	12	637	1
管理学	117	14	39	56	5	3	95	47	47	1	2	142	0
马克思主义	30	5	15	9	1	0	24	13	11	0	3	22	0
哲学	11	1	6	4	0	0	5	5	0	0	1	7	0
逻辑学	0	0	0	0	0	0	0	0	0	0	0	0	0
宗教学	0	0	0	0	0	0	1	1	0	0	0	0	0
语言学	104	3	28	67	5	1	3	2	1	0	0	46	0
中国文学	5	1	3	1	0	0	0	0	0	0	0	2	0
外国文学	3	1	2	0	0	0	2	2	0	0	0	13	0
艺术学	149	13	38	88	8	2	53	13	38	2	1	112	0
历史学	2	0	0	2	0	0	1	1	0	0	0	6	0
考古学	0	0	0	0	0	0	0	0	0	0	0	0	0
经济学	61	7	24	25	5	0	76	11	65	0	2	131	0
政治学	6	0	2	2	2	0	3	2	1	0	0	0	0
法学	35	2	8	21	3	1	9	5	4	0	0	17	0
社会学	23	3	12	8	0	0	83	30	52	1	1	51	1
民族学	0	0	0	0	0	0	0	0	0	0	0	0	0
新闻学与传播学	13	1	2	9	0	1	3	0	3	0	2	11	0
图书、情报、文献学	46	1	9	29	6	1	2	2	0	0	0	24	0
教育学	27	3	6	16	2	0	68	39	27	2	0	35	0
统计学	5	1	1	3	0	0	0	0	0	0	0	4	0
心理学	3	0	1	2	0	0	1	0	1	0	0	5	0
体育学	43	2	18	21	2	0	3	2	1	0	0	9	0

（北京工业大学供稿）

中共北京市委党校、北京行政学院社会科学队伍统计表

学科门类	按职称划分					按最后学历划分					按最后学位划分	
	小计	正高	副高	中级	初级	研究生	本科生	大专生	中专生	其他	博士	硕士
	153	20	56	66	11	136	16	0	0	1	85	37
哲学	13	4	6	3	0	13	0	0	0	0	11	2
经济学	19	3	11	5	0	19	0	0	0	0	15	2
政治学	11	1	4	6	0	11	0	0	0	0	9	1
党史党建	15	2	6	7	0	15	0	0	0	0	10	4
公共管理	14	4	4	6	0	13	0	0	0	1	7	6
工商管理	9	1	3	5	0	9	0	0	0	0	6	2
法学	15	2	7	6	0	15	0	0	0	0	11	3
社会学	13	2	7	4	0	13	0	0	0	0	12	0
语言文学	7	0	4	3	0	7	0	0	0	0	1	5
历史学	1	1	0	0	0	1	0	0	0	0	0	1
图书、情报、文献学	14	0	2	7	5	7	7	0	0	0	0	7
计算机工程	12	0	1	8	3	7	5	0	0	0	0	4
其他学科	10	0	1	6	3	6	4	0	0	0	3	0

注：该表统计截止时间为 2015 年 12 月底，参公人员不包括在内。

（中共北京市委党校、北京行政学院科研处供稿）

北京市社会科学院 2015 年人文社会科学研究基本情况统计表

研究部门	研究人员情况						课题研究情况				研究成果情况		
	合计	研究员	副研究员	助理研究员	实习研究员	初级	合计	基础研究	应用研究	其他	出版著作	发表论文	获奖成果（省部级及以上）
合计	156	24	74	56	2	0	171	64	107	0	42	462	0
文化所	14	4	5	5	0	0	13	12	1	0	4	77	0
历史所	18	5	9	4	0	0	20	20	0	0	3	40	0
哲学所	10	0	7	3	0	0	11	11	0	0	3	23	0
经济所	18	1	11	4	2	0	19	0	19	0	7	73	0
科社所	12	1	6	5	0	0	9	9	0	0	4	23	0
社会学所	11	2	3	6	0	0	12	2	10	0	2	22	0
城市所	14	3	7	4	0	0	13	0	13	0	3	30	0
外国所	6	0	4	2	0	0	7	0	7	0	3	24	0
满学所	8	1	3	4	0	0	6	6	0	0	1	16	0
管理所	12	1	6	5	0	0	18	0	18	0	4	21	0
综治所	9	3	3	3	0	0	9	2	7	0	1	30	0
市情调研中心	10	0	4	6	0	0	12	0	12	0	2	33	0
法学所	12	2	5	5	0	0	17	2	15	0	3	47	0
传媒所	2	1	1	0	0	0	5	0	5	0	2	3	0

（北京市社会科学院科研处供稿）

·索　　引·

本索引采取主题索引，又称内容分析索引法编纂。主题词（标目）以《北京社会科学年鉴》（2016卷）正文出现的文章作者名、文章名、著作名、学科名、科研课题名、获奖成果名、科研活动名、机构名为主。本年鉴包括文章体和条目体，故将文章体的检索与条目体的检索相互结合。

一、本索引基本按汉语拼音音序排列，汉字打头的标目，按首字的音序调依次排列，首字相同时，则以第二字排序，依次类推。以阿拉伯数字打头的主题词，排在最前面；以英文字母打头的主题词，列于其后。

二、除“大事记”外，年鉴的其他基本栏目均列入索引范围，以便检索使用。

三、本索引的文字部分为标目，标目之后的阿拉伯数字表示该标目所在的页码。

四、年鉴的目录文章名为索引标目或重要题目，用黑体字标明，其他标目用宋体字编排。

五、为反映索引栏目间的上下级关系，对于二级、三级等类目，采取在一级栏目下设置数字标号的编排形式，之后部分按汉语拼音音序排列；为反映索引类目间社会科学学科结构、同一单位内容的完整性，采取相同内容合并，之后再按各个内容先后顺序排列。

阿拉伯数字

B

C

D

E

F

G

H

J

K

L

M

Q

S

T

W

X

Y

Z